2023

Marcelo Abelha
RODRIGUES

Roberta Dias Tarpinian
DE CASTRO

Thiago Ferreira
SIQUEIRA

Trícia
NAVARRO

COORDENADORES

Adriano Camargo Gomes
Anderson de Paiva Gabriel
André Cremonesi · **Andrea Cristina** Zanetti
Araken de Assis · **Arlete Inês** Aurelli
Augusto Passamani Bufulin
Caio Souto Araújo · **Camila** Aguileira Coelho
Carlos Augusto Marcondes de Oliveira Monteiro
Carlos Frederico Bastos Pereira
Cassio Scarpinella Bueno
Cecília Rodrigues Frutuoso Hildebrand
Clarisse Frechiani Lara Leite
Danilo Monteiro de Castro
Edilson Vitorelli · **Eduardo** Arruda Alvim
Eduardo Talamini · **Elie Pierre** Eid
Érico Andrade · **Fabiane** Sena Freitas
Felippe Borring Rocha
Fernanda Gomes e Souza Borges
Fernanda Tartuce
Fernando Igor do Carmo Storary Santos
Flávia Pereira Hill · **Flávio** Cheim Jorge
Flávio Luiz Yarshell · **Gelson** Amaro de Souza
Frederico Martins de Figueiredo de Paiva Britto
Gilberto Fachetti Silvestre
Giovanna Miguel Covre da Silva
Henrique de Moraes Fleury da Rocha
Humberto Theodoro Júnior
Igor Campos Oliveira · **Ígor** Martins da Cunha
João Cánovas Bottazzo Ganacin
José Henrique Mouta Araújo
Juliana Melazzi Andrade
Júlio César Guzzi dos Santos
Larissa Clare Pochmann da Silva
Leonardo Greco · **Leonardo** Parentoni
Macário R. Júdice NT · **Marcelo** Abelha Rodrigues
Márcio Bellocchi · **Márcio** Carvalho Faria
Marco Félix Jobim · **Marcos Vinícius** Pinto
Maria Helena Diniz · **Mariana** Ribeiro Santiago
Milena Martinelli · **Olavo** de Oliveira Neto
Osmar Mendes Paixão Côrtes
Otávio Joaquim Rodrigues Filho
Paulo Henrique dos Santos Lucon
Pedro Pierobon Costa do Prado
Rafael Stefanini Auilo · **Raquel** Vieira Paniz
Roberta Dias Tarpinian de Castro
Rodrigo Dalla Pria · **Rodrigo** Mazzei
Rodrigo Ramina de Lucca · **Rogéria** Fagundes Dotti
Rogerio Licastro Torres de Mello
Rosalina Moitta Pinto da Costa
Rosane Pereira dos Santos
Sarah Merçon-Vargas · **Teresa** Arruda Alvim
Thiago Ferreira Siqueira
Tiago Figueiredo Gonçalves
Trícia Navarro · **Victor** Santos da Costa
Vinícius de Souza Sant'Anna

DESCONSIDERAÇÃO DA PERSONALIDADE JURÍDICA

ASPECTOS MATERIAIS E PROCESSUAIS

EDITORA FOCO

Dados Internacionais de Catalogação na Publicação (CIP) de acordo com ISBD

D448

Desconsideração da Personalidade Jurídica: Aspectos Materiais e Processuais / coordenado por Marcelo Abelha Rodrigues. - Indaiatuba, SP : Editora Foco, 2023.

1016 p. ; 17cm x 24cm.

Inclui bibliografia e índice.

ISBN: 978-65-5515-839-7

1. Direito. 2. Personalidade Jurídica. 3. Aspectos Materiais e Processuais. I. Rodrigues, Marcelo Abelha. II. Castro, Roberta Dias Tarpinian de. III. Siqueira, Thiago Ferreira. IV. Navarro, Trícia. V. Título.

2023-1790

CDD 340   CDU 34

Elaborado por Vagner Rodolfo da Silva – CRB-8/9410

Índices para Catálogo Sistemático:

1. Direito 340

2. Direito 34

Adriano Camargo Gomes
Anderson de Paiva Gabriel
André Cremonesi · **Andrea Cristina** Zanetti
Araken de Assis · **Arlete Inês** Aurelli
Augusto Passamani Bufulin
Caio Souto Araújo · **Camila** Aguileira Coelho
Carlos Augusto Marcondes de Oliveira Monteiro
Carlos Frederico Bastos Pereira
Cassio Scarpinella Bueno
Cecília Rodrigues Frutuoso Hildebrand
Clarisse Frechiani Lara Leite
Danilo Monteiro de Castro
Edilson Vitorelli · **Eduardo** Arruda Alvim
Eduardo Talamini · **Elie Pierre** Eid
Érico Andrade · **Fabiane** Sena Freitas
Felippe Borring Rocha
Fernanda Gomes e Souza Borges
Fernanda Tartuce
Fernando Igor do Carmo Storary Santos
Flávia Pereira Hill · **Flávio** Cheim Jorge
Flávio Luiz Yarshell · **Gelson** Amaro de Souza
Frederico Martins de Figueiredo de Paiva Britto
Gilberto Fachetti Silvestre
Giovanna Miguel Covre da Silva
Henrique de Moraes Fleury da Rocha
Humberto Theodoro Júnior
Igor Campos Oliveira · **Ígor** Martins da Cunha
João Cánovas Bottazzo Ganacin
José Henrique Mouta Araújo
Juliana Melazzi Andrade
Júlio César Guzzi dos Santos
Larissa Clare Pochmann da Silva
Leonardo Greco · **Leonardo** Parentoni
Macário R. Júdice NT · **Marcelo** Abelha Rodrigues
Márcio Bellocchi · **Márcio** Carvalho Faria
Marco Félix Jobim · **Marcos Vinícius** Pinto
Maria Helena Diniz · **Mariana** Ribeiro Santiago
Milena Martinelli · **Olavo** de Oliveira Neto
Osmar Mendes Paixão Côrtes
Otávio Joaquim Rodrigues Filho
Paulo Henrique dos Santos Lucon
Pedro Pierobon Costa do Prado
Rafael Stefanini Auilo · **Raquel** Vieira Paniz
Roberta Dias Tarpinian de Castro
Rodrigo Dalla Pria · **Rodrigo** Mazzei
Rodrigo Ramina de Lucca · **Rogéria** Fagundes Dotti
Rogerio Licastro Torres de Mello
Rosalina Moitta Pinto da Costa
Rosane Pereira dos Santos
Sarah Merçon-Vargas · **Teresa** Arruda Alvim
Thiago Ferreira Siqueira
Tiago Figueiredo Gonçalves
Trícia Navarro · **Victor** Santos da Costa
Vinícius de Souza Sant'Anna

Marcelo Abelha
RODRIGUES

Roberta Dias Tarpinian
DE CASTRO

Thiago Ferreira
SIQUEIRA

Trícia
NAVARRO

COORDENADORES

DESCONSIDERAÇÃO DA PERSONALIDADE JURÍDICA

ASPECTOS MATERIAIS E PROCESSUAIS

2023 © Editora Foco

Coordenadores: Marcelo Abelha Rodrigues, Roberta Dias Tarpinian de Castro,
Thiago Ferreira Siqueira e Trícia Navarro

Autores: Adriano Camargo Gomes, Anderson de Paiva Gabriel, André Cremonesi, Andrea Cristina Zanetti,
Araken de Assis, Arlete Inês Aurelli, Augusto Passamani Bufulin, Caio Souto Araújo, Camila Aguileira Coelho,
Carlos Augusto Marcondes de Oliveira Monteiro, Carlos Frederico Bastos Pereira, Cassio Scarpinella Bueno,
Cecília Rodrigues Frutuoso Hildebrand, Clarisse Frechiani Lara Leite, Danilo Monteiro de Castro,
Edilson Vitorelli, Eduardo Arruda Alvim, Eduardo Talamini, Elie Pierre Eid, Érico Andrade,
Fabiane Sena Freitas, Felippe Borring Rocha, Fernanda Gomes e Souza Borges, Fernanda Tartuce,
Fernando Igor do Carmo Storary Santos, Flávia Pereira Hill, Flávio Cheim Jorge, Flávio Luiz Yarshell,
Frederico Martins de Figueiredo de Paiva Britto, Gelson Amaro de Souza, Gilberto Fachetti Silvestre,
Giovanna Miguel Covre da Silva, Henrique de Moraes Fleury da Rocha, Humberto Theodoro Júnior,
Igor Campos Oliveira, Ígor Martins da Cunha, João Cánovas Bottazzo Ganacin, José Henrique Mouta Araújo,
Juliana Melazzi Andrade, Júlio César Guzzi dos Santos, Larissa Clare Pochmann da Silva, Leonardo Greco,
Leonardo Parentoni, Macário R. Júdice NT, Marcelo Abelha Rodrigues, Márcio Bellocchi,
Márcio Carvalho Faria, Marco Félix Jobim, Marcos Vinícius Pinto, Maria Helena Diniz,
Mariana Ribeiro Santiago, Milena Martinelli, Olavo de Oliveira Neto, Osmar Mendes Paixão Côrtes,
Otávio Joaquim Rodrigues Filho, Paulo Henrique dos Santos Lucon, Pedro Pierobon Costa do Prado,
Rafael Stefanini Auilo, Raquel Vieira Paniz, Roberta Dias Tarpinian de Castro, Rodrigo Dalla Pria,
Rodrigo Mazzei, Rodrigo Ramina de Lucca, Rogéria Fagundes Dotti, Rogerio Licastro Torres de Mello,
Rosalina Moitta Pinto da Costa, Rosane Pereira dos Santos, Sarah Merçon-Vargas, Teresa Arruda Alvim,
Thiago Ferreira Siqueira, Tiago Figueiredo Gonçalves, Trícia Navarro,
Victor Santos da Costa e Vinícius de Souza Sant'Anna

Diretor Acadêmico: Leonardo Pereira

Editor: Roberta Densa

Assistente Editorial: Paula Morishita

Revisora Sênior: Georgia Renata Dias

Capa Criação: Leonardo Hermano

Diagramação: Ladislau Lima e Aparecida Lima

Impressão miolo e capa: DOCUPRINT

DIREITOS AUTORAIS: É proibida a reprodução parcial ou total desta publicação, por qualquer forma ou meio, sem a prévia autorização da Editora FOCO, com exceção do teor das questões de concursos públicos que, por serem atos oficiais, não são protegidas como Direitos Autorais, na forma do Artigo 8º, IV, da Lei 9.610/1998. Referida vedação se estende às características gráficas da obra e sua editoração. A punição para a violação dos Direitos Autorais é crime previsto no Artigo 184 do Código Penal e as sanções civis às violações dos Direitos Autorais estão previstas nos Artigos 101 a 110 da Lei 9.610/1998. Os comentários das questões são de responsabilidade dos autores.

NOTAS DA EDITORA:

Atualizações e erratas: A presente obra é vendida como está, atualizada até a data do seu fechamento, informação que consta na página II do livro. Havendo a publicação de legislação de suma relevância, a editora, de forma discricionária, se empenhará em disponibilizar atualização futura.

Erratas: A Editora se compromete a disponibilizar no site www.editorafoco.com.br, na seção Atualizações, eventuais erratas por razões de erros técnicos ou de conteúdo. Solicitamos, outrossim, que o leitor faça a gentileza de colaborar com a perfeição da obra, comunicando eventual erro encontrado por meio de mensagem para contato@editorafoco.com.br. O acesso será disponibilizado durante a vigência da edição da obra.

Impresso no Brasil (07.2023) – Data de Fechamento (07.2023)

2023
Todos os direitos reservados à
Editora Foco Jurídico Ltda.
Rua Antonio Brunetti, 593 – Jd. Morada do Sol
CEP 13348-533 – Indaiatuba – SP

E-mail: contato@editorafoco.com.br
www.editorafoco.com.br

PREFÁCIO

É com grande honra que recebo o convite dos Coordenadores Marcelo Abelha, Roberta Tarpinian, Thiago Siqueira e Trícia Navarro para prefaciar a coletânea *Desconsideração da personalidade* jurídica: aspectos materiais e processuais.

O tema ganhou nova perspectiva com o advento do CPC/2015, que regulamentou o procedimento para tentar direcionar os profissionais do direito na prática forense. Contudo, ainda restam polêmicas e interessantíssimos debates acerca do assunto, tanto no aspecto material como no aspecto processual.

Diante disso, a coletânea vem trazendo importantes juristas que se debruçam sobre a matéria, e uma relação impressionante de artigos que enfrentam questões tormentosas acerca do tema.

A obra é dividida em dois grandes capítulos: I – Aspectos Processuais da Desconsideração da Personalidade Jurídica e II Aspectos Materiais da Desconsideração da Personalidade Jurídica.

Para facilitar a localização das informações conforme o interesse do leitor, cada capítulo é subdividido em tópicos temáticos, agrupando os artigos pela afinidade das matérias tratadas. Assim, no capítulo I, que aborda os aspectos processuais da desconsideração da personalidade jurídica, constam os seguintes subtítulos: I.1 – Geral; I.2 – Jurisdição e Competência; I.3 – Partes no Incidente de Desconsideração da Personalidade jurídica; I.4 – Tutela Provisória; I.5 – Provas; I.6 – Defesa; I.7 – Recursos; I.8 – Honorários em IDPJ; I.9 Decisão do Incidente de Desconsideração da Personalidade Jurídica – I.10 – Desconsideração da Personalidade Jurídica e Outras Fraudes.

Já no capítulo II, que tratada dos aspectos materiais da desconsideração da personalidade jurídica, constam os subtítulos: II.1 – Geral; II.2 – Desconsideração da Personalidade no Direito de Família; II.3 – Desconsideração da Personalidade no Direito Falimentar; II.4 – Desconsideração da Personalidade no Direito Tributário; II.5 – Desconsideração da Personalidade no Direito Administrativo e Sancionador; e II.6 – Desconsideração da Personalidade no Direito do Trabalho.

A obra se destaca não apenas pela contribuição de numerosos juristas, mas sobretudo pela excelência dos autores envolvidos neste projeto: Cassio Scarpinella Bueno; Eduardo Arruda Alvim, Rosane Pereira dos Santos e Ígor Martins da Cunha; Elie Pierre Eid; Érico Andrade e Leonardo Parentoni; Flávio Luiz Yarshell e Rafael Stefanini; Gelson Amaro de Souza; Leonardo Greco; Roberta Dias Tarpinian de Castro; Teresa Arruda Alvim e Márcio Bellocchi; Trícia Navarro e Fabiane Sena Freitas; Victor Santos da Costa e José Henrique Mouta Araújo; Eduardo Talamini; Felippe Borring Rocha; Arlete Inês Aurelli; Marcelo Abelha Rodrigues; Marco Félix Jobim e Raquel Vieira Paniz; Rodrigo Dalla Pria e Danilo Monteiro de Castro; Rodrigo Mazzei e Tiago Figueiredo Gonçalves; Rogéria Fagundes Dotti; Carlos Frederico Bastos Pereira; Clarisse Frechiani Lara Leite e Igor Campos Oliveira; Thiago Ferreira Siqueira; Flávia Pereira Hill, Fernanda Gomes e Souza Borges e Cecília Rodrigues Frutuoso Hildebrand; Juliana Melazzi Andrade; Júlio César Guzzi dos Santos; Larissa Clare Pochmann da Silva e Fernando Igor do Carmo Storary Santos; Rogerio Licastro Torres de Mello; Araken de Assis; Flávio Cheim Jorge e Vinícius de Souza Sant'Anna; Adriano Camargo Gomes; Márcio Carvalho Faria; Olavo de Oliveira Neto e Pedro Pierobon Costa do Prado; Anderson de Paiva Gabriel e Camila Aguileira Coelho; Augusto Passamani Bufulin e Caio Souto Araújo; Edilson Vitorelli e Giovanna Miguel Covre da Silva; Gilberto Fachetti Silvestre; João Cánovas Bottazzo Ganacin; Maria Helena Diniz e Mariana Ribeiro Santiago; Osmar Mendes Paixão Côrtes; Rodrigo Ramina de Lucca; Fernanda Tartuce e Andrea Cristina Zanetti; Henrique de Moraes Fleury da Rocha; Otávio Joaquim Rodrigues Filho; Humberto Theodoro Júnior; Macário R. Júdice; Milena Martinelli; Rosalina Moitta Pinto da Costa; Marcos Vinícius Pinto; Paulo Henrique dos Santos Lucon; Sarah Merçon-Vargas; André Cremonesi e Carlos Augusto Marcondes de Oliveira Monteiro e Frederico Martins de Figueiredo de Paiva Britto.

Como se vê, trata-se de uma obra de fôlego, seja no aspecto quantitativo, seja no qualitativo.

Dessa forma, agradeço aos cocoordenadores desta coletânea, Professores Marcelo Abelha, Roberta Tarpinian, Thiago Siqueira e Trícia Navarro, pela dedicação a este projeto tão completo e que traz grandes contribuições para a ciência do Direito, sobre tema tormentoso e relevante

Agradeço, também, à Editora FOCO, que prontamente acolheu o projeto, aceitou publicar o trabalho e o fez em exíguo tempo.

Desejo que a presente obra coletiva atenda às expectativas da comunidade jurídica e contribua como de fonte de pesquisa sobre as principais questões relacionadas à desconsideração da personalidade jurídica no Brasil.

Boa leitura.

Agosto/2023.

Ministro Marco Aurélio Bellizze

APRESENTAÇÃO

Em 2021 proferi uma aula no curso de pós-graduação on-line da PUC/SP a convite da minha querida professora e amiga Teresa Arruda Alvim sobre o tema da "execução das garantias contratuais". Ao me convidar me compartilhou o telefone da monitora dos trabalhos, Roberta Tarpinian, tecendo todos os elogios – que posteriormente vi serem realmente muito merecidos – não apenas sobre os predicados pessoais, mas também os acadêmicos, prenunciando que ela se dedicava ao estudo da desconsideração da personalidade jurídica.

O convite da Didi não foi por acaso, já que nesses pouco mais desses meus trinta anos de vida acadêmica, ela sempre soube e acompanhou meu gosto e prazer pelo estudo do processo, e, em especial pela execução civil. Sabia ela que eu me dedicava de modo muito específico e vertical ao estudo da responsabilidade patrimonial pois quando a convidei para integrar a minha banca de professor titular da UFES eu disponibilizei a minha tese sobre o tema.

Enfim, nesta aula conheci a professora Roberta Tarpinian que, como disse, possui inúmeros predicados pessoais e acadêmicos. Roberta estava com a recente publicação da versão comercial da sua dissertação de mestrado dedicada ao tema do Incidente de Desconsideração da Personalidade Jurídica, e, como eu preparava a minha tese de responsabilidade patrimonial e além disso tinha orientado um aluno que tinha acabado de defender o mesmo tema no mestrado, então assunto não faltou para que criássemos uma aproximação acadêmica, posteriormente estendida para o seu esposo, Danilo, também dedicado ao mundo acadêmico especialmente na área das garantias no direito tributário. Desde este primeiro contato não perdemos o convívio on-line e regularmente passamos a trocar informações acadêmicas sobre o tema da desconsideração da personalidade jurídica e da responsabilidade patrimonial.

Thiago Siqueira foi meu aluno na graduação e orientando no mestrado da UFES, e, seguramente, afirmo sem medo de errar, um os dos melhores que já tive, seja pelo seu talento, seja pelo seu esforço e dedicação, seja pelo seu caráter. Defendeu na dissertação do mestrado, sob minha orientação, o tema da Responsabilidade Patrimonial, posteriormente vertido para versão comercial pela RT, adotando, com absoluta liberdade, profundidade e sinceridade acadêmica, posição diversa da que eu defendia sobre a natureza material do instituto. Quando foi para São Paulo fazer o doutorado na USP eu tinha certeza de que de lá viria não apenas uma belíssima tese de doutorado, como de fato veio sobre as questões prejudiciais e a coisa julgada, como também um jurista ainda mais qualificado em todos os aspectos acadêmicos e profissionais. Sua banca de doutorado foi excepcional e rapidamente a tese virou livro pela Podivm. É meu colega professor da UFES e meu amigo, com muito orgulho, e não raramente conversamos durante o dia, pessoalmente ou pelo telefone, para trocar dúvidas e questionamentos.

Trícia Navarro eu conheço desde quando ainda cursava o ensino médio, pois era próxima de meu irmão (e meu melhor amigo Eduardo Abelha). Ela nunca teve um caminho fácil e, como eu, não nasceu em berço esplêndido, tendo que lutar muito para chegar aonde chegou. Com a idade e a competência que tem, certamente tem possibilidades acadêmicas e profissionais muito além e é motivo de sincero e genuíno orgulho para nossa comunidade jurídica. É uma *workaholic*, com enorme densidade jurídica, caráter irrepreensível, uma sensibilidade e inteligência emocional infinita que lhe permite percorrer todos os ambientes – seja uma reunião no Supremo Tribunal Federal ou numa sala de aula da graduação – e em todos eles transita com a mesma desenvoltura e naturalidade. Tem enorme senso pragmático e organizacional e não por acaso foi juíza auxiliar da Presidência do Conselho Nacional de Justiça quando este foi presidido pelo Ministro Luiz Fux. Além de ser magistrada estadual é professora da UFES, mestre, doutora e pós-doutora em direito processual tendo sido orientada no doutorado da UERJ por dois notáveis processualistas que estão na reservada galeria de professores que dominam como poucos a execução civil: Luiz Fux e Leonardo Greco. Sob a batuta de Paulo Henrique dos Santos Lucon, igualmente um excepcional estudioso da execução civil, defendeu seu pós-doutorado na USP sobre um tema, posteriormente vertido para versão comercial, sobre os limites da liberdade processual que é algo que toca, muito de perto, a responsabilidade patrimonial.

Pois bem, não há coincidências, e quando tive a ideia de fazer este livro, concebida a partir da minha inquietude de ver como diariamente o tema da responsabilidade patrimonial é maltratado academicamente e nos nossos tribunais e como isso interfere diretamente no instituto da desconsideração judicial da personalidade jurídica, me dirigi até a minha querida amiga Roberta Densa para saber se a "Foco" tinha interesse em publicar uma coletânea de artigos sobre o tema. O meu desejo era que tivéssemos uma coletânea de textos sobre a desconsideração da personalidade jurídica escritos por diversos autores, com enfoque tanto no direito material, quanto no processual. Com a resposta "positiva e empolgada" fiquei estimulado em dar início a este desafio, e, nunca nem cogitei fazer isso solitariamente.

Não tive dúvidas em convidar para esta hercúlea empreitada cada um dos coordenadores, Roberta-Thiago-Trícia, que sem pestanejarem aceitaram o desafio. As razões da escolha estão nos currículos e na vida acadêmica que possuem. Cada um deles conservam uma proximidade acadêmica muito grande com o tema ao longo de suas trajetórias profissionais, e todos possuem habilidades e competências diferenciadas que permitem dar uma completude para tornar realidade esta difícil tarefa. Como todo trabalho deve ser prazeroso, não nego que todos possuem uma relação muito querida comigo e entre si. Tudo se tornou muito fácil. Desde a primeira reunião até a última no nosso grupo de WhatsApp, e não foram poucas, sempre convivemos num clima muito focado e ao mesmo tempo descontraído... tanto que já estamos pensando em um segundo livro.

A escolha da Editora foi simples. Anos atrás Trícia me apresentou a Foco, na pessoa da Roberta Densa, com quem tenho canal direto de comunicação. Depois desse primeiro contato já publiquei o ação civil pública e meio ambiente, o execução por quantia contra devedor solvente, a responsabilidade patrimonial pelo inadimplemento das obrigações, e, vem muito mais por aí. Tenho dito que a vida tem me ensinado de uma forma muito dura que a finitude é logo ali e não devemos ter outras preocupações senão em tentar buscar o bem-estar consigo e com os outros. Sempre procurei uma editora que eu pudesse ter contraditório, convencer e ser convencido, ter o trabalho publicado sem delongas, numa relação cúmplice com o editor. Isso eu tenho com a Roberta e a Foco. Vivemos um casamento que se depender de mim não haverá divórcio. Esse mesmo pensamento é compartilhado por Roberta, Thiago e Trícia.

Pois bem, passamos aos convites que foram muitos. Infelizmente nem todos os que convidamos conseguiram atender o nosso pedido, o que é muito normal pois todos são professores renomados e com intensa vida profissional e acadêmica. Quem sabe numa nova edição? Tentaremos! Mesmo assim, o índice de adesão foi altíssimo dos professores e escritores que se tornaram colaboradores e que, com o rigor da palavra, são os verdadeiros autores do livro, pois são os que dão o recheio de tudo. Atrasos naturais aqui e acolá, e recebemos e lemos todos os textos que totalizaram 995 folhas deste livro que ora se apresenta.

É importante dizer que nem mesmo a escolha do Ministro Marco Aurelio Bellizze para prefaciar esta obra foi um "acaso do destino", antes o contrário. Há entre nós 04 uma admiração enorme pelo Ministro que é sem nenhum favor um dos maiores conhecedores do tema da Desconsideração da Personalidade Jurídica. Suas decisões são norte e guia para todos da comunidade jurídica e usamos e citamos seus precedentes em nossas aulas e escritos que publicamos. Somado a isso, a admiração ganha superlativa importância depois que eu e Trícia tivemos a oportunidade de participar pelo período de um ano no seleto grupo do CNJ, por ele presidido por indicação do Min. Luiz Fux, para debater sobre a execução civil no país e apresentar propostas e sugestões legislativas para aperfeiçoamento da dogmática executiva. Desse encontro de um ano nasceu o livro "Execução Civil", publicado pela Podivm, que foi coordenado pelo Ministro Bellizze, Teresa Arruda Alvim, Aluísio de Castro Mendes e Trícia Navarro. A experiencia ímpar de participar deste grupo não poderia ter sido mais frutuosa, e, um dos pontos de realce, friso, unânime, foi o nascimento de admiração uníssona pela pessoa do Ministro Bellizze: além de competente e dedicado que o qualificam como um notável Ministro do Superior Tribunal de Justiça, é um ser humano sem vaidades, muito objetivo, eficiente e extremamente cortês e gentil.

O Livro possui 51 artigos escritos por 73 professores e depois de muito debate entre nós, entendemos que seria interessante dividir em 2 partes: a primeira, dedicada aos aspectos processuais da desconsideração da personalidade jurídica, e a segunda voltada para o direito material. Cada uma destas partes possui subdivisões.

A primeira parte, dedicada ao direito processual, tem mais subitens que foram assim divididos: (1) geral, (2) jurisdição e competência, (3) partes, (4) tutela provisória, (5) provas, (6) defesa, (7) recursos, (8) honorários, (9) decisão; (10) DPJ e demais fraudes.

A segunda parte possui uma parte geral (1), outra dedicada ao instituto no direito de família (2), outra no direito falimentar (3), uma quarta relacionada com o direito tributário (4) uma quinta parte sobre a desconsideração da personalidade jurídica no direito administrativo e sancionador (5) e por fim uma última dedicada a desconsideração da personalidade jurídica no direito do trabalho (6).

Como disse mais acima o livro conta com 995 páginas e nossa expectativa é que com o tema está fervilhando no nosso mundo acadêmico e jurídico o livro receba uma enorme adesão do público. Mais uma vez agradecemos a parceria da Editora Foco e especialmente a todos os professores que confiaram seus escritos para publicar neste belíssimo livro coordenado a 8 mãos.

São Paulo e Vitória, 13.07.2023.

Marcelo Abelha
Roberta Tarpinian
Thiago Siqueira
Trícia Navarro
Coordenadores

SUMÁRIO

PREFÁCIO

Ministro Marco Aurélio Bellizze V

APRESENTAÇÃO

Marcelo Abelha, Roberta Tarpinian, Thiago Siqueira e Trícia Navarro VII

I – ASPECTOS PROCESSUAIS DA DESCONSIDERAÇÃO DA PERSONALIDADE JURÍDICA

I.1 – GERAL **3**

DO INCIDENTE DE DESCONSIDERAÇÃO DA PERSONALIDADE JURÍDICA AO INCIDENTE DE CORRESPONSABILIZAÇÃO

Cassio Scarpinella Bueno 3

TENDÊNCIAS ATUAIS SOBRE O INCIDENTE DE DESCONSIDERAÇÃO DA PERSONALIDADE JURÍDICA E PROPOSTAS LEGISLATIVAS

Eduardo Arruda Alvim, Rosane Pereira dos Santos e Ígor Martins da Cunha............. 15

RETROCESSOS AO INSTITUTO DA DESCONSIDERAÇÃO DA PERSONALIDADE JURÍDICA: UM EXAME DO PROJETO DE LEI 3.401/2008

Elie Pierre Eid 33

O INCIDENTE DE DESCONSIDERAÇÃO DA PERSONALIDADE JURÍDICA

Érico Andrade e Leonardo Parentoni... 47

PROPOSTA DE DECÁLOGO SOBRE A RESPONSABILIDADE PATRIMONIAL E A DESCONSIDERAÇÃO DA PERSONALIDADE JURÍDICA

Flávio Luiz Yarshell e Rafael Stefanini Auilo 67

DESCONSIDERAÇÃO DA PERSONALIDADE JURÍDICA NO BRASIL

Gelson Amaro de Souza 89

QUESTÕES PROCESSUAIS DA DESCONSIDERAÇÃO DA PERSONALIDADE JURÍDICA

Leonardo Greco 113

O INCIDENTE DE DESCONSIDERAÇÃO DA PERSONALIDADE JURÍDICA E A SUA INFLUÊNCIA EM TEMAS DE TEORIA GERAL DO PROCESSO CIVIL BRASILEIRO

Roberta Dias Tarpinian de Castro 137

DESCONSIDERAÇÃO DA PESSOA JURÍDICA – ASPECTOS PROCESSUAIS E DE DIREITO MATERIAL – ALGUMAS *REFLEXÕES*

Teresa Arruda Alvim e Márcio Bellocchi 161

O INCIDENTE DE DESCONSIDERAÇÃO DA PERSONALIDADE JURÍDICA E SUAS REPERCUSSÕES PROCESSUAIS

Trícia Navarro e Fabiane Sena Freitas 181

REPENSANDO O INCIDENTE DE DESCONSIDERAÇÃO DA PERSONALIDADE JURÍDICA: CRÍTICAS E SUGESTÕES PARA TRAZER ISONOMIA E SEGURANÇA JURÍDICA AO PROCEDIMENTO

Victor Santos da Costa e José Henrique Mouta Araújo 195

I.2 – JURISDIÇÃO E COMPETÊNCIA **219**

DESCONSIDERAÇÃO DE PERSONALIDADE JURÍDICA, EXECUÇÃO E CONVENÇÃO ARBITRAL

Eduardo Talamini 219

O INCIDENTE DE DESCONSIDERAÇÃO DA PERSONALIDADE JURÍDICA E SUA CONTROVERTIDA APLICAÇÃO NOS JUIZADOS ESPECIAIS CÍVEIS

Felippe Borring Rocha 243

I.3 – PARTES NO INCIDENTE DE DESCONSIDERAÇÃO DA PERSONALIDADE JURÍDICA **253**

NATUREZA JURÍDICA DA INTERVENÇÃO DOS CITADOS NA DESCONSIDERAÇÃO DA PERSONALIDADE JURÍDICA

Arlete Inês Aurelli 253

UTILIZAR O INSTITUTO DA DESCONSIDERAÇÃO DA PERSONALIDADE JURÍDICA PARA ATINGIR ALGUÉM QUE JÁ É RESPONSÁVEL PATRIMONIALMENTE?

Marcelo Abelha Rodrigues 265

RESPONSABILIDADE PESSOAL DOS SÓCIOS DIANTE DA DISSOLUÇÃO IRREGULAR DA SOCIEDADE: ENTRE A SUCESSÃO PROCESSUAL E A DESCONSIDERAÇÃO DA PERSONALIDADE JURÍDICA

Marco Félix Jobim e Raquel Vieira Paniz.. 295

I.4 – TUTELA PROVISÓRIA **307**

TUTELAS PROVISÓRIAS NO ÂMBITO DO INCIDENTE DE DESCONSIDERAÇÃO DA PERSONALIDADE JURÍDICA: DOS REQUISITOS NECESSÁRIOS À CONCESSÃO DE ARRESTO (ART. 301, CPC)

Rodrigo Dalla Pria e Danilo Monteiro de Castro.. 307

ENSAIO SOBRE A TUTELA PROVISÓRIA NO INCIDENTE DE DESCONSIDERAÇÃO DA PERSONALIDADE JURÍDICA

Rodrigo Mazzei e Tiago Figueiredo Gonçalves 323

TUTELA PROVISÓRIA NA DESCONSIDERAÇÃO DA PERSONALIDADE JURÍDICA: A SOMA DE PRESUNÇÕES E OS INDÍCIOS

Rogéria Fagundes Dotti.. 337

I.5 – PROVAS.. **355**

ASPECTOS PROBATÓRIOS DO INCIDENTE DE DESCONSIDERAÇÃO DA PERSONALIDADE JURÍDICA

Carlos Frederico Bastos Pereira 355

I.6 – DEFESA **375**

A TEORIA DA DESCONSIDERAÇÃO ATRIBUTIVA NO PROCESSO E OS LIMITES DA DEFESA NO INCIDENTE DE DESCONSIDERAÇÃO DA PERSONALIDADE JURÍDICA

Clarisse Frechiani Lara Leite e Igor Campos Oliveira.. 375

A DEFESA DO RÉU NO INCIDENTE DE DESCONSIDERAÇÃO DA PERSONALIDADE JURÍDICA

Thiago Ferreira Siqueira 403

I.7 – RECURSOS 427

INTERESSE RECURSAL DO SÓCIO NO INCIDENTE DE DESCONSIDERAÇÃO INVERSA DA PERSONALIDADE JURÍDICA: ANÁLISE DO JULGAMENTO DO RESP 1.980.607/DF PELO STJ

Flávia Pereira Hill, Fernanda Gomes e Souza Borges e Cecília Rodrigues Frutuoso Hildebrand 427

A LEGITIMIDADE E O INTERESSE RECURSAIS NO INCIDENTE DE DESCONSIDERAÇÃO DA PERSONALIDADE JURÍDICA: OS AVANÇOS COM O RECENTE JULGAMENTO DO RESP 1.980.607/DF

Juliana Melazzi Andrade 441

I.8 – HONORÁRIOS EM IDPJ 459

OS HONORÁRIOS ADVOCATÍCIOS SUCUMBENCIAIS NO INCIDENTE DE DESCONSIDERAÇÃO DA PERSONALIDADE JURÍDICA

Júlio César Guzzi dos Santos 459

HONORÁRIOS ADVOCATÍCIOS SUCUMBENCIAIS E O INCIDENTE DE DESCONSIDERAÇÃO DA PERSONALIDADE JURÍDICA: O RECURSO ESPECIAL 1.845.536-SC

Larissa Clare Pochmann da Silva e Fernando Igor do Carmo Storary Santos 473

O CABIMENTO DE HONORÁRIOS SUCUMBENCIAIS EM INCIDENTE DE DESCONSIDERAÇÃO DA PERSONALIDADE JURÍDICA

Rogerio Licastro Torres de Mello 481

I.9 – DECISÃO DO INCIDENTE DE DESCONSIDERAÇÃO DA PERSONALIDADE JURÍDICA 491

FORÇA DA DECISÃO NA DESCONSIDERAÇÃO DA PERSONALIDADE JURÍDICA

Araken de Assis 491

ATUAÇÃO DA EFICÁCIA PRECLUSIVA DA COISA JULGADA NA RESOLUÇÃO DA DEMANDA DE DESCONSIDERAÇÃO DA PERSONALIDADE JURÍDICA

Flávio Cheim Jorge e Vinícius de Souza Sant'Anna 519

I.10 – DESCONSIDERAÇÃO DA PERSONALIDADE JURÍDICA E OUTRAS FRAUDES **535**

DESCONSIDERAÇÃO DA PERSONALIDADE JURÍDICA E FRAUDES DO DEVEDOR: REGIME JURÍDICO E SISTEMATIZAÇÃO

Adriano Camargo Gomes 535

O INCIDENTE DE DESCONSIDERAÇÃO DE PERSONALIDADE JURÍDICA E O CONTRADITÓRIO: UMA NECESSÁRIA RELEITURA DO ART. 792, § 3º, DO CÓDIGO DE PROCESSO CIVIL

Márcio Carvalho Faria 561

O TERMO INICIAL DA FRAUDE À EXECUÇÃO NA DESCONSIDERAÇÃO DA PERSONALIDADE JURÍDICA

Olavo de Oliveira Neto e Pedro Pierobon Costa do Prado 591

II – ASPECTOS MATERIAIS DA DESCONSIDERAÇÃO DA PERSONALIDADE JURÍDICA

II.1 – GERAL **617**

A DESCONSIDERAÇÃO DA PERSONALIDADE JURÍDICA PELA UTILIZAÇÃO ABUSIVA NOS GRUPOS DE SOCIEDADE DE FATO

Anderson de Paiva Gabriel e Camila Aguileira Coelho 617

A LEI DA LIBERDADE ECONÔMICA E A DESCONSIDERAÇÃO DA PERSONALI-DADE JURÍDICA

Augusto Passamani Bufulin e Caio Souto Araújo 641

OS LIMITES DA RESPONSABILIDADE DO SÓCIO MINORITÁRIO NA APLICA-ÇÃO DO INCIDENTE DE DESCONSIDERAÇÃO DA PERSONALIDADE JURÍDI-CA: UMA ANÁLISE EMPÍRICA DAS DECISÕES DO TRIBUNAL DE JUSTIÇA DE SÃO PAULO

Edilson Vitorelli e Giovanna Miguel Covre da Silva 655

A DESCONSIDERAÇÃO EXPANSIVA DA PERSONALIDADE DA PESSOA JURÍDICA

Gilberto Fachetti Silvestre 679

"TEORIA MAIOR" E "TEORIA MENOR": FACES DA MESMA MOEDA?

João Cánovas Bottazzo Ganacin 699

REFLEXÕES SOBRE ALGUMAS PECULIARIDADES LEGAIS E JURISPRUDENCIAIS DA DESCONSIDERAÇÃO DA PERSONALIDADE JURÍDICA

Maria Helena Diniz e Mariana Ribeiro Santiago 717

O RESPEITO AOS REQUISITOS DA DESCONSIDERAÇÃO DA PERSONALIDADE JURÍDICA E O DEVIDO PROCESSO LEGAL

Osmar Mendes Paixão Côrtes 741

A DESCONSIDERAÇÃO DA PERSONALIDADE JURÍDICA POR ABANDONO DA SOCIEDADE LIMITADA

Rodrigo Ramina de Lucca 751

II.2 – DESCONSIDERAÇÃO DA PERSONALIDADE NO DIREITO DE FAMÍLIA **771**

DESCONSIDERAÇÃO INVERSA DA PERSONALIDADE JURÍDICA EM DIVÓRCIOS E DISSOLUÇÕES DE UNIÕES ESTÁVEIS: ASPECTOS PROCESSUAIS

Fernanda Tartuce e Andrea Cristina Zanetti 771

II.3 – DESCONSIDERAÇÃO DA PERSONALIDADE NO DIREITO FALIMENTAR **783**

DESCONSIDERAÇÃO DA PERSONALIDADE JURÍDICA NO PROCEDIMENTO FALIMENTAR

Henrique de Moraes Fleury da Rocha 783

DESCONSIDERAÇÃO DA PERSONALIDADE JURÍDICA NA FALÊNCIA E NA RECUPERAÇÃO JUDICIAL

Otávio Joaquim Rodrigues Filho 801

II.4 – DESCONSIDERAÇÃO DA PERSONALIDADE NO DIREITO TRIBUTÁRIO **821**

A EXECUÇÃO FISCAL E O INCIDENTE DE DESCONSIDERAÇÃO DA PERSONALI-DADE JURÍDICA (IDPJ) DISCIPLINADO PELO CPC/2015

Humberto Theodoro Júnior 821

BREVES APONTAMENTOS A PROPÓSITO DO INSTITUTO DA DESCONSIDERA-ÇÃO DA PERSONALIDADE JURÍDICA: ALGUMAS PECULIARIDADES SOBRE SUA APLICAÇÃO NAS EXECUÇÕES FISCAIS

Macário R. Júdice NT 839

O IDPJ E A PRESCRIÇÃO INTERCORRENTE NA EXECUÇÃO FISCAL

Milena Martinelli 869

APLICAÇÃO DO INCIDENTE DE DESCONSIDERAÇÃO DA PERSONALIDADE JURÍDICA NAS EXECUÇÕES FISCAIS: CRÍTICAS AO POSICIONAMENTO DO STJ E DO TRF

Rosalina Moitta Pinto da Costa 887

II.5 – DESCONSIDERAÇÃO DA PERSONALIDADE NO DIREITO ADMINISTRATIVO E SANCIONADOR **913**

REFLEXÕES SOBRE A DESCONSIDERAÇÃO DA PERSONALIDADE JURÍDICA NA LEI ANTICORRUPÇÃO

Marcos Vinícius Pinto 913

DESCONSIDERAÇÃO DA PERSONALIDADE JURÍDICA NOS PROCESSOS ADMINISTRATIVOS: PRINCÍPIOS REGENTES DA DESCONSIDERAÇÃO NO CÓDIGO DE PROCESSO CIVIL DE 2015 E SUA APLICAÇÃO AOS REGIMES ESPECIAIS

Paulo Henrique dos Santos Lucon 927

IMPROBIDADE ADMINISTRATIVA E DESCONSIDERAÇÃO DA PERSONALIDADE JURÍDICA

Sarah Merçon-Vargas 947

II.6 – DESCONSIDERAÇÃO DA PERSONALIDADE NO DIREITO DO TRABALHO **961**

ASPECTOS PROCESSUAIS DA DESCONSIDERAÇÃO DA PERSONALIDADE JURÍDICA

André Cremonesi e Carlos Augusto Marcondes de Oliveira Monteiro 961

O INCIDENTE DE DESCONSIDERAÇÃO DA PERSONALIDADE JURÍDICA NA EXECUÇÃO FISCAL E A DISCUSSÃO SOBRE OS VEÍCULOS INTRODUTORES DE RESPONSABILIDADE PATRIMONIAL

Frederico Martins de Figueiredo de Paiva Britto 973

I – ASPECTOS PROCESSUAIS DA DESCONSIDERAÇÃO DA PERSONALIDADE JURÍDICA

I.1 – GERAL

DO INCIDENTE DE DESCONSIDERAÇÃO DA PERSONALIDADE JURÍDICA AO INCIDENTE DE CORRESPONSABILIZAÇÃO

Cassio Scarpinella Bueno

Advogado formado pela Faculdade de Direito da Pontifícia Universidade Católica de São Paulo (PUC-SP), instituição na qual obteve os títulos de Mestre (1996), Doutor (1998) e Livre-docente (2005) em Direito Processual Civil, e onde exerce as funções de Professor-doutor de Direito Processual Civil nos cursos de Graduação, Especialização, Mestrado e Doutorado. Foi *Visiting Scholar* da Columbia University (Nova York) no ano acadêmico de 2000/2001. É Presidente do Instituto Brasileiro de Direito Processual (IBDP) e membro do Instituto Iberoamericano de Direito Processual (IIDP) e da Associação Internacional de Direito Processual (IAPL). Foi um dos quatro integrantes da Comissão Revisora do Anteprojeto do novo Código de Processo Civil no Senado Federal e participou dos Encontros de Trabalho de Juristas sobre o mesmo Projeto no âmbito da Câmara dos Deputados. Também integrou a Comissão de Juristas responsável pela elaboração de Anteprojeto da nova lei de improbidade administrativa. É autor de 23 livros, escreveu mais de 110 livros em coautoria e mais de 100 artigos científicos, alguns publicados no exterior.

Sumário: 1. Introdução – 2. Finalidade do incidente – 3. Hipóteses de cabimento; 3.1 A chamada desconsideração expansiva; 3.2 Para além de hipóteses de Desconsideração da Personalidade Jurídica – 4. Tutela provisória – 5. Considerações finais – 6. Referências.

1. INTRODUÇÃO

O Incidente de Desconsideração da Personalidade Jurídica é tema que vem merecendo especial atenção dos estudiosos do CPC desde sua época como Anteprojeto apresentado pela Comissão de Juristas nomeada pelo Presidente do Senado Federal, presidida pelo Ministro Luiz Fux.

Com a promulgação do Código, os estudos cresceram em número,[1] inclusive na perspectiva acadêmica, como mostram diversas dissertações de mestrado e teses de doutorado que, desde então, foram defendidas.[2]

---

1. Destaco, a propósito, as monografias de Christian Garcia Vieira (Desconsideração da personalidade jurídica no novo CPC: natureza, procedimentos, temas polêmicos); de Roberta Dias Tarpinian de Castro (O incidente de desconsideração da personalidade jurídica: as diferentes funções de um mesmo mecanismo processual); de Júlio César Guzzi dos Santos (A defesa no incidente de desconsideração da personalidade jurídica) e de Cris-

De igual modo, a aplicação prática dos institutos e o surgimento de tão diversas quanto interessantíssimas questões vêm se mostrando no dia a dia do foro e, consequentemente, na jurisprudência de nossos Tribunais.

Este artigo volta-se, fundamentalmente, à demonstração de que as hipóteses de utilização do incidente (a despeito de sua nomenclatura) podem ir além daquelas que, na perspectiva do direito material, merecem ser tratadas como desconsideração da personalidade jurídica.

2. FINALIDADE DO INCIDENTE

O incidente de desconsideração da personalidade jurídica é novidade (ao menos *textual*) trazida pelo Código de Processo Civil. Não que ao resultado por ele objetivado não fosse possível chegar anteriormente, porque, em última análise, a questão sempre se resumiu à devida concretização dos princípios constitucionais do contraditório e da ampla defesa no plano do processo.[3] Com a expressa disciplina dada pelos arts. 133 a 137 ao assunto, contudo, é irrecusável a percepção de que a sua observância é de rigor, inclusive, como expressamente revela o art. 1.062, no âmbito dos Juizados Especiais.

---

tiane Oliveira da Silva Pereira Motta (Desconsideração inversa da personalidade jurídica), além dos seguintes artigos: Andreza Cristina Baggio e Willian Padoan Lenhart (Sobre a instrumentalidade da desconsideração da personalidade jurídica no novo Código de Processo Civil); Renato Resende Beneduzi (Desconsideração da personalidade jurídica e arbitragem); Letícia Zuccolo Paschoal da Costa Daniel (Limites subjetivos da decisão do incidente de desconsideração da personalidade jurídica); Guilherme Calmon Nogueira da Gama (Incidente de desconsideração da personalidade jurídica); Lorruane Matuszewski Machado; Jonathan Barros Vita (Desconsideração da personalidade jurídica e as alterações do novo Código de Processo Civil: uma análise à luz da função social da empresa); Gustavo Viegas Marcondes (O incidente de desconsideração da personalidade jurídica para fins de responsabilidade: uma visão dualista da disregard doctrine); Heleno Ribeiro P. Nunes Filho (A desconsideração de ofício da personalidade jurídica à luz do incidente processual trazido pelo novo Código de Processo Civil brasileiro); Gelson Amaro de Souza (Desconsideração da personalidade jurídica no CPC 2015); Maurício Antonio Tamer (O perfil da desconsideração da personalidade jurídica no Código de Processo Civil de 2015); Viviane Rosolia Teodoro (A teoria da desconsideração da personalidade jurídica e o novo Código de Processo Civil); José Tadeu Neves Xavier (A processualização da desconsideração da personalidade jurídica); Alexandre Minatti (A aplicabilidade do incidente de desconsideração da personalidade jurídica no redirecionamento da execução fiscal – art. 135, III, do CTN: análise crítica da jurisprudência do Superior Tribunal de Justiça) e Rubismara Rodrigues de Sales e Celso Hiroshi Iocohama (Breves considerações sobre o contraditório no incidente de desconsideração da personalidade jurídica). Também dediquei artigo específico para o tema, intitulado: Incidente de desconsideração da personalidade jurídica: reflexões à luz do processo tributário.

2. Tive o privilégio de participar, de 2015 até o presente momento, de diversas bancas de mestrado e de doutorado cujos candidatos se debruçaram especificamente sobre o tema. Os trabalhos são os seguintes: Natureza jurídica do "incidente" de desconsideração, de Christian Garcia Vieira (Doutorado, USP, 2016); A amplitude das matérias de defesa no incidente de desconsideração da personalidade jurídica, de Júlio César Guzzi dos Santos (Mestrado, PUCSP, 2019) e Desconsideração da personalidade jurídica, de Henrique de Moraes Fleury da Rocha (Mestrado, PUCSP, 2019). Antes do interesse causado pelo CPC de 2015, André Pagani de Souza já defendera na PUCSP seu mestrado sobre o tema em 2007, iniciativa que ganhou publicação comercial pela Saraiva (com duas edições esgotadas), intitulada Desconsideração da personalidade jurídica: aspectos processuais. Além dela, destaco também a monografia de Gilberto Gomes Bruschi Aspectos processuais da desconsideração da personalidade jurídica publicada pela Juarez de Oliveira.

3. É o que sempre sustentei no volume 3 das versões de meu Curso sistematizado de direito processual civil anteriores ao CPC de 2015. Para esta discussão, v. o n. 3 do Capítulo 3 da Parte II daqueles volumes.

O instituto tem como objetivo legitimar, corrigindo, o que a prática forense anterior consagrou com o nome de "redirecionamento da execução" ou, de forma mais precisa, criar condições para que, ao longo do processo (de forma *incidental*, portanto, daí o nome "incidente"), sejam apuradas as razões pelas quais o *direito material* autoriza a "desconsideração da personalidade jurídica" e, como consequência, a prática de atos executivos contra o patrimônio da pessoa natural, e não apenas contra o da pessoa jurídica. Coerentemente, o inciso VII do art. 790 preceitua que ficam sujeitos à execução os bens do responsável, nos casos de desconsideração da personalidade jurídica. De forma mais ampla, mas não menos pertinente, o *caput* do art. 795 prescreve que "Os bens particulares dos sócios não respondem pelas dívidas da sociedade, senão nos casos previstos em lei", acentuando seu § 4º que "Para a desconsideração da personalidade jurídica é obrigatória a observância do incidente previsto neste Código".

Trata-se de intervenção *provocada* e que transformará o sócio, até então *terceiro* em relação ao processo – justamente porque sua personalidade jurídica e seu patrimônio são diversos do da sociedade –, em *parte* e, como tal, ficando sujeito aos atos executivos.[4]

3. HIPÓTESES DE CABIMENTO

As hipóteses pelas quais ocorrerá a desconsideração da personalidade jurídica são as previstas no direito material, como estatui o § 1º do art. 133 e o reitera o § 4º do art. 134, verbis:

> Art. 133. O incidente de desconsideração da personalidade jurídica será instaurado a pedido da parte ou do Ministério Público, quando lhe couber intervir no processo.
>
> (...)
>
> § 1º O pedido de desconsideração da personalidade jurídica observará os pressupostos previstos em lei. (os destaques são da transcrição).
>
> Art. 134. O incidente de desconsideração é cabível em todas as fases do processo de conhecimento, no cumprimento de sentença e na execução fundada em título executivo extrajudicial.
>
> (...)
>
> § 4º O requerimento deve demonstrar o preenchimento dos pressupostos legais específicos para desconsideração da personalidade jurídica. (os destaques são da transcrição).

A importância de tais dispositivos é inegável, na exata medida em que eles distinguem, pertinentemente, que o papel do CPC é disciplinar como se deve dar a desconsideração da personalidade jurídica. As razões para tanto, isto é, a pesquisa dos porquês da desconsideração, residem no plano material. Destarte, trata-se de mais um dos variados campos do direito processual civil em que o indispensável diálogo entre os planos material e processual não pode ser evitado e nem reduzida a sua importância.[5]

---

4. A classificação entre intervenções provocadas e voluntárias de terceiro é de Athos Gusmão Carneiro. Para aquela exposição, v., do saudoso processualista, seu Intervenção de terceiros, p. 83.

5. Que é, na minha visão, um dos pontos de toque mais importantes do estudo de todas as modalidades de intervenção de terceiros. Assim, por exemplo, em seu Partes e terceiros no processo civil brasileiro, p. 1/3 e também em seu Amicus curiae no processo civil brasileiro, p. 369/372.

Hipóteses incontestes de desconsideração da personalidade jurídica residem, por exemplo, na regra genérica do art. 50 do Código Civil,[6] no art. 28 do Código do Consumidor, no art. 4º da Lei 9.605/1998 em relação ao ressarcimento por danos ao meio ambiente, no art. 34 da Lei 12.259/2011 em relação às infrações à ordem econômica, no art. 14 da Lei 12.846/2013, conhecida como "Lei anticorrupção", em relação à prática de atos ilícitos e no § 7º do art. 16 e no § 15 do art. 17, ambos da Lei 8.429/1992, a lei de improbidade administrativa, com as modificações introduzidas em 2021.

O incidente aqui examinado também deve ser empregado quando se quiser responsabilizar pessoa jurídica por atos praticados pelas pessoas naturais que a controlam ou comandam. É o sentido da previsão do § 2º do art. 133, ao se referir à "desconsideração inversa da personalidade jurídica", admitindo, portanto, que pessoa jurídica seja responsabilizada por atos praticados por pessoas naturais de seus quadros sociais.

Até o advento da Lei 13.874/2019, não eram claras, na perspectiva do direito material, em que situações a "desconsideração *inversa*" poderia ocorrer. O § 3º do art. 50 do Código Civil, introduzido pelo precitado diploma legal, resolveu a questão de maneira expressa ao estabelecer que: "O disposto no *caput* e nos §§ 1º e 2º deste artigo também se aplica à extensão das obrigações de sócios ou de administradores à pessoa jurídica.". Trata-se de hipótese que tem tudo para ser frequentíssima em questões envolvendo alimentos.

O que o Código de Processo Civil exige, destarte, é que as razões de direito material que justificam a responsabilização do sócio pela pessoa jurídica (ou vice-versa) sejam apuradas (e decididas) em amplo e *prévio* contraditório.

3.1   A chamada desconsideração expansiva

Sem prejuízo da compreensão "clássica" da desconsideração da personalidade jurídica, cabe destacar que o incidente disciplinado pelos arts. 133 a 137 também deve ser empregado para lidar com a "desconsideração expansiva".

A chamada desconsideração expansiva, por vezes identificada também como indireta, da personalidade jurídica é aquela que objetiva atingir o patrimônio de terceiros, estranhos à pessoa jurídica que se pretende desconsiderar, e que buscam, com o devedor, ocultar bens capazes de satisfazer as dívidas contraídas.

Precisa nesse sentido é a lição de Roberta Dias Tarpinian Castro:

> A desconsideração expansiva da personalidade jurídica ocorre quando o patrimônio que se busca responsabilizar pela dívida da pessoa jurídica pertence a terceiro que não consta expressamente na estrutura societária.

---

6.   Com as modificações introduzidas pela Lei 13.874/2019, que "Institui a Declaração de Direitos de Liberdade Econômica". Interessante acórdão da 4ª Turma do STJ que trata do tema na perspectiva da nova redação do dispositivo é o REsp 1.838.009/RJ, rel. Min. Moura Ribeiro, j.un. 19.11.2019, DJe 22.11.2019, trazendo à tona a jurisprudência do STJ quanto a necessária observação da chamada "teoria maior" para fins de desconsideração, isto é, à "... a efetiva demonstração do abuso da personalidade jurídica, caracterizado pelo desvio de finalidade ou pela confusão patrimonial.".

Há quem separe esse fenômeno externo em: (i) desconsideração expansiva da personalidade jurídica, e (ii) desconsideração indireta da personalidade jurídica, mas que consideramos ser divisão desnecessária, ocorrendo muitas vezes confusão nas explicações de uma e de outra.

A desconsideração expansiva da personalidade jurídica seria quando há sócios ocultos ('laranjas'), e a desconsideração indireta, quando há grupos econômicos. (...)

Será expansiva a desconsideração da personalidade jurídica quando não ficar restrita à estrutura da pessoa jurídica, atingindo terceiros que, em princípio, parecem não ter qualquer relação com o devedor.[7]

André Vasconcelos Roque pronunciou-se do seguinte modo sobre o tema:

Admite-se, ainda, a chamada 'desconsideração expansiva', por meio da qual se busca atingir o patrimônio do sócio oculto, cuja empresa demandada encontra-se em nome de terceiro, coloquialmente denominado 'laranja'. Assim como se verifica na desconsideração tradicional, tal modalidade também deve ensejar a instauração de incidente próprio, na forma do CPC.[8]

Na sua importante dissertação que lhe rendeu o Título de Mestre pela Pontifícia Universidade Católica de São Paulo, Henrique de Moraes Fleury da Rocha, com fundamento nas lições de Guilherme Calmon Nogueira da Gama, Deilton Ribeiro Brasil e Ana Frazão, dedicou-se ao assunto quando escreveu o seguinte:

Nessa direção, menciona-se em doutrina a possibilidade de que seja decretada a desconsideração da personalidade jurídica para atingir empresas do mesmo grupo econômico, 'quando houver evidências de sua utilização com abuso de direito ou confusão patrimonial'. Encontra-se posição, ainda, segundo a qual 'não apenas o patrimônio das pessoas físicas dos controladores, dos administradores ou dos diretores pode ser atingido quando se desmascara uma pessoa jurídica, mas também e principalmente outras pessoas jurídicas ou físicas que direta ou indiretamente detêm o capital e o controle da pessoa desconsiderada'. A essas figuras costuma-se atribuir o nome de desconsideração indireta e expansiva.

Vale lembrar, na linha do que já foi exposto no item 5.2.4 do Capítulo 1, que essas hipóteses de desconsideração indireta e expansiva apenas reforçam que a desconsideração da personalidade jurídica não implica a ineficácia do próprio ato de registro da pessoa jurídica – situação que em nada impactaria aqueles que não são sócios –, mas apenas a inoponibilidade da separação patrimonial havida entre a pessoa jurídica e o terceiro atingido pela medida – de modo que, aos olhos do beneficiado, ambos os patrimônios sejam considerados como um só.[9]

Em outro trabalho que também tem sua origem em dissertação na Faculdade de Direito da Pontifícia Universidade Católica de São Paulo, Júlio César Guzzi dos Santos, entende que, em consonância com a teoria da chamada "desconsideração expansiva":

... é possível também estender os efeitos da desconsideração da personalidade jurídica aos 'sócios ocultos' para responsabilizar aquele indivíduo que coloca sua empresa em nome de um terceiro ou para alcançar empresas que integram o mesmo grupo econômico, como tratado no Item supra.[10]

---

7. CASTRO, Roberta Dias Tarpinian de. O incidente de desconsideração da personalidade jurídica: as diferentes funções de um mesmo mecanismo processual, p. 94-95, sem os destaques.
8. Comentários ao Código de Processo Civil, p. 200, sem os destaques.
9. Desconsideração da personalidade jurídica, p. 132-133, sem os destaques.
10. A defesa no incidente de desconsideração da personalidade jurídica, p. 78, sem os destaques.

Há diversos julgados do Eg. Tribunal de Justiça do Estado de São Paulo que vêm aplicando a precitada teoria para admitir a desconsideração da personalidade jurídica diante do reconhecimento de atos fraudulentos que, de alguma forma, podem comprometer a satisfação de credor.[11]

A orientação foi acolhida também na I Jornada de Direito Processual Civil promovida pelo Conselho da Justiça Federal, como faz prova seu Enunciado 11:

Aplica-se o disposto nos arts. 133 a 137 do CPC às hipóteses de desconsideração indireta e expansiva da personalidade jurídica. (os destaques são da transcrição).

É possível (e necessário) ir além.

3.2 Para além de hipóteses de desconsideração da personalidade jurídica

Sempre defendi a possibilidade de o incidente de desconsideração da personalidade jurídica voltar-se à apuração de situações de corresponsabilização estranhas à desconsideração da personalidade jurídica propriamente dita.

Sustentava tal ponto de vista antes mesmo de o CPC de 2015 entrar em vigor, acentuando a necessidade de todo e qualquer "redirecionamento da execução" só poder ser efetuado se e de acordo com o modelo constitucional do direito processual civil.[12]

Se é certo que aplaudi (e ainda aplaudo[13]) a iniciativa de introduzir um módulo cognitivo para, com base na desconsideração da personalidade jurídica, autorizar o redirecionamento dos atos constritivos para pessoas estranhas ao título executivo, sempre lamentei (e ainda lamento) que o legislador mais recente não tenha aproveitado a oportunidade para ampliar textualmente as hipóteses de corresponsabilização na perspectiva do direito material para além da desconsideração da personalidade jurídica propriamente dita.

Não vejo razão, a despeito do nome e das remissões (indiretas) ao específico tipo de direito material feito pelo § 1º do art. 133 e pelo § 4º do art. 134 do CPC, que o incidente

---

11. Assim, v.g., os seguintes julgados: 5ª Câmara de Direito Privado, rel. Des. Fernanda Gomes Camacho, Agravo de Instrumento 2084156-52.2021.8.26.0000, j.un. 07.06.2021, DJe 10.06.2021; 26ª Câmara de Direito Privado, rel. Des. Carlos Dias Motta, Agravo de Instrumento 2295355-24.2020.8.26.0000, j.un. 13.04.2021, DJe 19.04.2021; 2ª Câmara de Direito Privado, rel. Des. Rezende Silveira, Agravo de Instrumento 2018513-50.2021.8.26.0000, j.un. 23.02.2021, DJe 25.02.2021; 38ª Câmara de Direito Privado, rel. Des. Fernando Sastre Redondo, Agravo de Instrumento 2222081-27.2020.8.26.0000, j.un. 09.02.2021, DJe 10.02.2021; 4ª Câmara de Direito Privado, rel. Des. Fábio Quadros, Agravo de Instrumento 2211965-59.2020.8.26.0000, j.un. 29.09.2020, DJe 07.10.2020; 5ª Câmara de Direito Privado, rel. Des. Fernanda Gomes Camacho, Agravo de Instrumento 2170646-14.2020.8.26.0000, j.un. 26.08.2020, DJe 27.08.2020; 6ª Câmara de Direito Privado, rel. Des. Costa Netto, Agravo de Instrumento 2118410-22.2019.8.26.0000, j.un. 28.05.2020, DJe 02.06.2020 e 4ª Câmara de Direito Privado, rel. Des. Fábio Quadros, Agravo de Instrumento 2108248-65.2019.8.26.0000, j.un. 27.06.2019, DJe 15.07.2019.

12. É o que sustentava, por exemplo, na 7. edição do volume 3 de seu Curso sistematizado de direito processual civil, esp. p. 227-231, a última lançada antes do novo CPC, no ano de 2014.

13. Para fins de comparação com o texto indicado na nota anterior, v., a mais recente edição do volume 3 de meu Curso sistematizado de direito processual civil, a 10. edição, de 2021, p. 314-316.

aqui examinado seja circunscrito a hipóteses de desconsideração da personalidade jurídica "propriamente ditas".[14]

Destarte, a despeito do texto empregado pelo § 1º do art. 133 e pelo § 4º do art. 134, é correto entender que *outras causas* de corresponsabilização de sócios, que não guardam relação ou que não se confundam com a *desconsideração da personalidade jurídica, nem mesmo em seu formato "expansivo" ou "indireto", como analisado no item anterior* – e, por isso mesmo, que pretendam responsabilizar até mesmo *administradores* ou *grupos de empresas* –, *também* podem ser discutidas ao longo do processo, no *incidente cognitivo* disciplinado pelos arts. 133 a 137.

O fundamental, para tanto, é que a discussão observe o *procedimento* disciplinado pelos dispositivos do incidente em exame, respeitando-se a ampla defesa e o contraditório sobre as especificidades do direito *material* que dão fundamento ao pedido.

Esse entendimento merece ser difundido e aplicado largamente, não cabendo ao intérprete deixar-se levar pelo *nome* que o legislador acabou por dar ao instituto, limitando-o por força de sua enunciação textual. Exigir o incidente para a desconsideração da personalidade jurídica (art. 795, § 4º) de forma a sujeitar os bens do "responsável" à execução (art. 790, VII) não é excludente de querer sujeitar os bens do sócio "nos termos da lei" (art. 790, II), isto é, para além das hipóteses em que tal responsabilização se funda na desconsideração da personalidade jurídica. A exigência feita pelo § 4º do art. 795 apenas para o incidente aqui estudado merece ser interpretada de maneira ampla para albergar *outros* casos de responsabilização que não sejam, não se limitem e não se confundam com aquele instituto de direito material, a desconsideração da personalidade jurídica.

O ideal, nesse sentido, seria se referir ao incidente aqui tratado como incidente de *corresponsabilização*, englobando até mesmo o que o Código de Processo Civil acabou por *restritiva e inexplicavelmente* preservar para o chamamento ao processo, restrito às hipóteses (tradicionais) de solidariedade passiva e de fiança.[15]

Ademais, como a doutrina anterior ao Código de Processo Civil já reconhecia corretamente, o que importa para aquele fim é que a formação do *novo* título executivo *judicial* (apontando como devedor ou responsável também o sócio ou o administrador diante das respectivas razões de direito material que justifiquem sua corresponsabilização ao lado da sociedade) derive de *prévio* devido processo constitucional.[16]

---

14. Meu pensamento mais atual sobre o tema está no meu Curso sistematizado de direito processual civil, v. 1, p. 579-581.

15. No projeto de novo CPC aprovado no Senado Federal, propunha-se a ampliação do chamamento ao processo para além daquelas duas situações. A iniciativa, infelizmente, foi rechaçada pela Câmara dos Deputados. Para esta discussão, v. o meu Novo Código de Processo Civil anotado, p. 188, e o meu Curso sistematizado de direito processual civil, v. 1, p. 571-573.

16. Para essa demonstração, ver o n. 3 do Capítulo 3 da Parte II do volume 3 das edições anteriores ao CPC de 2015 do meu *Curso sistematizado de direito processual civil*.

4. TUTELA PROVISÓRIA

Crítica que existe com relação à necessidade do desenvolvimento do incidente de desconsideração da personalidade jurídica – inclusive quando se sofistica o direito material apto a conduzir à corresponsabilização de terceiros – reside no tempo que o contraditório prévio ocupa para a formação do escorreito título executivo.

Durante a tramitação do Projeto de Lei que se converteu no CPC de 2015, foi proposto dispositivo que evidenciasse a viabilidade de ser pedida e concedida tutela provisória no bojo do incidente de desconsideração da personalidade jurídica.[17]

A despeito de a iniciativa não ter subsistido aos trabalhos legislativos, não há como duvidar ser irrecusável que a tutela provisória possa ser empregada para os fins a que se destina, inclusive no âmbito do incidente de desconsideração da personalidade jurídica. Até porque, trata-se de instituto que, na atual codificação, está regulado no Livro V de sua Parte Geral, justamente para que não pairem quaisquer questionamentos acerca de sua aplicabilidade para as mais diversas situações e ocorrências processuais.[18]

Não é porque o incidente de desconsideração da personalidade jurídica tem em mira viabilizar o prévio contraditório com terceiro para verificar de que modo seu próprio patrimônio deve sujeitar-se à prática de atos executivos por dívida de outrem que a tutela provisória não pode (e, consoante o caso, não deve) ser empregada como forma de obviar danos decorrentes do fator tempo, ínsito à prestação da tutela jurisdicional. Trata-se, em tal contexto, de forma de postergar ou inverter o inevitável contraditório, não de suprimi-lo ou impedir sua realização.

Característica expressiva da tutela provisória no CPC de 2015 é a sua atipicidade ou generalidade, tendo abandonado a atual codificação a vetusta especificação que marcava o "processo cautelar" do CPC de 1973 pela tipologia das chamadas "cautelares nominadas", "específicas" ou "típicas".

A concessão da tutela provisória no CPC de 2015 pressupõe a demonstração da ocorrência de situações amoldáveis ao caput do art. 300 (urgência) e/ou ao art. 311 (evidência) sem necessidade de também haver conformidade com o arquétipo legal de outrora nos referidos procedimentos cautelares nominados.

É certo que o art. 301 do CPC chega a mencionar que "A tutela de urgência de natureza cautelar pode ser efetivada mediante arresto, sequestro, arrolamento de bens,

---

17. É o que noticio em seu Novo Código de Processo Civil anotado, p. 190.
18. Neste sentido, ainda que com variações de fundamentação, v. os seguintes autores: SOUZA, André Pagani de. Tutela antecipada recursal e desconsideração da personalidade jurídica, esp. p. 448-450; VIEIRA, Christian Garcia. Desconsideração da personalidade jurídica no novo CPC: natureza, procedimentos e temas polêmicos, p. 152-154; YARSHELL, Flávio Luiz. Comentários ao novo Código de Processo Civil, p. 236; FREIRE, Alexandre e MARQUES, Leonardo Albuquerque. Comentários ao Código de Processo Civil, p. 209; ARAÚJO, Fabio Caldas de. Intervenção de terceiros, p. 349-350; ROCHA, Henrique de Moraes Fleury da. Desconsideração da personalidade jurídica, p. 166-167 e PEREIRA, Lucas Lobo. Responsabilidade tributária e desconsideração da personalidade jurídica no novo CPC, p. 104. É também meu entendimento, como se pode aferir de meus Curso sistematizado de direito processual civil, v. 1, p. 587-588; Manual de direito processual civil, p. 215-216; Comentários ao Código de Processo Civil, v. 1, p. 580-581 e Novo Código de Processo Civil anotado, p. 190.

registro de protesto contra alienação de bem e qualquer outra medida idônea para asseguração do direito.".

O "arresto", o "sequestro", o "arrolamento de bens" e o "registro de protesto contra alienação de bem" lá referidos, contudo, não guardam nenhuma relação direta com a disciplina existente para aquelas situações pelos arts. 813, 822, 855 e 867, respectivamente, do CPC de 1973. Trata-se, muito mais, de indicativos das múltiplas finalidades e possibilidades que a tutela provisória de índole assecuratória pode assumir na atual codificação do que, propriamente, formas rígidas a serem observadas em prol do direito do credor.

Tanto assim, é que o próprio art. 301 autoriza a prática de "qualquer outra medida idônea para asseguração do direito", bastando a presença de "probabilidade do direito" e "[d]o perigo de dano ou o risco ao resultado útil do processo" (art. 300, caput), sem necessidade de comprovar, diferentemente do que ocorria para o sistema anterior, outros requisitos, variáveis conforme a tipologia "da" cautelar.[19]

Destarte, para obviar eventuais danos decorrentes do tempo necessário para a pesquisa dos terceiros que devem responder por dívida alheia, é suficiente que o credor requeira, inclusive na própria petição em que pleiteie a instauração do incidente de desconsideração da personalidade jurídica, concessão de tutela provisória narrando e comprovando a presença dos pressupostos específicos.

Das situações previstas no art. 301 do CPC, desprezando, pelas razões que acabei de destacar, as específicas exigências feitas pelo CPC de 1973, não há como perder de vista o arresto, o sequestro e o registro de protesto contra alienação de bens como medidas que se mostram bastante úteis para lidar com situações envolvendo débitos e responsabilidades de terceiros. Não, repito, como se o regime jurídico de tais cautelares nominadas, tal qual estabelecido pelo CPC de 1973, tivesse subsistido ao CPC de 2015, mas para se ter um norte de providências que podem ser adotadas para salvaguarda do direito de crédito de alguém. Aceitar-se, genericamente, que o magistrado pode determinar a "indisponibilidade patrimonial" de bens do terceiro, sempre com a preocupação da "asseguração do direito" (provável e periclitante) é providência que se harmoniza, por completo, com o atual sistema da tutela provisória.[20]

Uma última consideração se mostra pertinente: a tutela provisória, tal qual disciplinada no CPC, não se volta única e exclusivamente ao asseguramento de um direito, mas também, à pronta satisfação de um direito. É o que é rotulado ao longo dos arts. 294 a 311, de tutela provisória cautelar e antecipada, respectivamente.

---

19. Para o acerto de tal afirmação, v., com proveito, os seguintes autores: VIEIRA, Christian Garcia. Desconsideração da personalidade jurídica no novo CPC: natureza, procedimentos e temas polêmicos, p. 152 e CASTRO, Roberta Dias Tarpinian de. O incidente de desconsideração da personalidade jurídica: as diferentes funções de um mesmo mecanismo processual, p. 257. De minha parte, v. meus Curso sistematizado de direito processual civil, v. 1, p. 723-725; Manual de direito processual civil, p. 322-323 e Novo Código de Processo Civil anotado, p. 314.

20. É entendimento que bem se ilustra com a situação prevista (e frequentemente empregada) no art. 7º da Lei 8.429/1992, a chamada lei de improbidade administrativa, em detrimento do "sequestro" previsto no art. 16 daquele mesmo diploma legal. Tratando do tema, ainda que sob a égide do CPC de 1973, v. o meu Curso sistematizado de direito processual civil, v. 2, t. III, p. 169-170.

Aplicando tal compreensão ao presente trabalho, é correto entender que inexiste qualquer óbice para que seja concedida tutela provisória em favor do credor que possa não apenas acautelar/assegurar direito seu, mas muito mais que isto, efetivamente, satisfazê-lo. Exemplificando o alcance de tal afirmação: nada há que impeça que seja concedida tutela provisória em favor do credor que vá além de mera indisponibilidade patrimonial do terceiro (uma medida de índole cautelar, portanto) e que signifique a satisfação (pagamento) da dívida reclamada (uma medida de índole antecipada, portanto).

Mesmo a vedação constante do § 3º do art. 300 do CPC é afastada, não fossem diversas outras razões, pela sua própria literalidade quando inexiste risco de "irreversibilidade" da situação de fato gerada pela concessão da tutela provisória o que, em se tratando de medida em que predomine o viés acautelatório, é ainda mais evidente.[21]

5. CONSIDERAÇÕES FINAIS

É evidente que não pretendo, com as reflexões propostas neste singelo ensaio deixar de levar em conta o significado e os alcances, calcados no direito material da personalidade jurídica. Não é esta a tarefa que cabe ao processualista civil.

A proposta é diversa. O que importa sublinhar é que nos constantes diálogos entre os planos material e processual não há necessidade de ir além dos limites materiais da desconsideração da personalidade jurídica para justificar hipóteses de redirecionamento da execução. O que importa, para tanto, é constatar como o direito processual civil (invariavelmente pensado e aplicado desde o respectivo modelo constitucional) impõe que sejam apuradas as causas (de direito material) de débito ou de responsabilidade de alguém, legitimando o correlato título executivo. Os porquês para tanto são dados pelo direito material; ao direito processual cabe lidar com eles em respeito absoluto aos cânones do modelo constitucional, estabelecendo como o redirecionamento pode (ou não se dar).

Tal proposta, de evidenciar que o chamado incidente de desconsideração da personalidade jurídica, regulado pelos arts. 133 a 137 do CPC, pode (e deve) comportar discussões as mais amplas possíveis (e necessárias) que gravitem sobre situações de corresponsabilização que digam respeito a fraude e/ou a atos abusivos a direitos, independentemente de serem passíveis de configuração como desconsideração da personalidade jurídica propriamente dita, harmoniza-se, em última análise, com o art. 49-A do Código Civil, introduzido pela Lei 13.874/2019, segundo o qual: "A autonomia patrimonial das pessoas jurídicas é um instrumento lícito de alocação e segregação de riscos, estabelecido pela lei com a finalidade de estimular empreendimentos, para a geração de empregos, tributo, renda e inovação em benefício de todos." (os destaques são da transcrição)".

---

21. Para tanto, v. os trabalhos de ZAVASCKI, Teori Albino. Antecipação da tutela, p. 101, BEDAQUE, José Roberto dos Santos. Tutela cautelar e tutela antecipada, p. 352 E MITIDIERO, Daniel. Antecipação da tutela: da tutela cautelar à técnica antecipatória, p. 127, tratando do tema na perspectiva da necessária distinção entre irreversibilidade e satisfatividade. De minha parte, v. meus Curso sistematizado de direito processual civil, v. 1, p. 720; Manual de direito processual civil, p. 322 e Novo Código de Processo Civil anotado, p. 307-308.

6. REFERÊNCIAS

ARAÚJO, Fabio Caldas de. Intervenção de terceiros. São Paulo: Malheiros, 2015.

BAGGIO, Andreza Cristina; LENHART, Willian Padoan. Sobre a instrumentalidade da desconsideração da personalidade jurídica no novo Código de Processo Civil. Revista Brasileira de Direito Processual, v. 95. Belo Horizonte: Fórum, 2016.

BEDAQUE, José Roberto dos Santos. Tutela cautelar e tutela antecipada: tutelas sumárias e de urgência. 3. ed. São Paulo: Malheiros, 2003.

BENEDUZI, Renato Resende. Desconsideração da personalidade jurídica e arbitragem. Revista de Processo, v. 290. São Paulo: Ed. RT, abr. 2019.

BRUSCHI, Gilberto Gomes. Aspectos processuais da desconsideração da personalidade jurídica. São Paulo: Juarez de Oliveira, 2004.

CARNEIRO, Athos Gusmão. Intervenção de terceiros. 17. ed. São Paulo: Saraiva, 2008.

CASTRO, Roberta Dias Tarpinian de. O incidente de desconsideração da personalidade jurídica: as diferentes funções de um mesmo mecanismo processual. São Paulo: Quartier Latin, 2019.

DANIEL, Letícia Zuccolo Paschoal da Costa. Limites subjetivos da decisão do incidente de desconsideração da personalidade jurídica. Revista de Processo, v. 290. São Paulo: Ed. RT, 2019.

FREIRE, Alexandre; MARQUES, Leonardo Albuquerque. Comentários ao art. 137. In: STRECK, Lenio Luiz; NUNES, Dierle; CUNHA, Leonardo Carneiro da (Org.); FREIRE, Alexandre (Coord.). Comentários ao Código de Processo Civil. São Paulo: Saraiva, 2016.

GAMA, Guilherme Calmon Nogueira da. Incidente de desconsideração da personalidade jurídica. Revista de Processo, v. 262. São Paulo: Ed. RT, dez. 2016.

MACHADO, Lorruane Matuszewski; VITA, Jonathan Barros. Desconsideração da personalidade jurídica e as alterações do novo Código de Processo Civil: uma análise à luz da função social da empresa. Revista de Processo, v. 266. São Paulo: Ed. RT, abr. 2017.

MARCONDES, Gustavo Viegas. O incidente de desconsideração da personalidade jurídica para fins de responsabilidade: uma visão dualista da disregard doctrine. Revista de Processo, v. 252. São Paulo: Ed. RT, 2016.

MINATTI, Alexandre. A aplicabilidade do incidente de desconsideração da personalidade jurídica no redirecionamento da execução fiscal (art. 135, III, do CTN). Análise crítica da jurisprudência do Superior Tribunal de Justiça. Revista de Processo, v. 316. São Paulo: Ed. RT, 2021.

MITIDIERO, Daniel. Antecipação da tutela: da tutela cautelar à técnica antecipatória. 2. ed. São Paulo: Ed. RT, 2014.

MOTTA, Cristiane Oliveira da Silva Pereira. Desconsideração inversa da personalidade jurídica. Rio de Janeiro: Lumen Juris, 2020.

NUNES FILHO, Heleno Ribeiro P. A desconsideração de ofício da personalidade jurídica à luz do incidente processual trazido pelo novo Código de Processo Civil brasileiro. Revista de Processo, v. 258. São Paulo: Ed. RT, ago. 2016.

PEREIRA, Lucas Lobo. Responsabilidade tributária e desconsideração da personalidade jurídica no novo CPC. São Paulo: Almedina, 2019.

ROCHA, Henrique de Moraes. Desconsideração da personalidade jurídica (Mestrado, PUCSP, 2019).

ROQUE, Andre Vasconcelos. Comentários aos arts. 133 a 137. In: GAJARDONI, Fernando da Fonseca; DELLORE, Luiz; ROQUE, Andre Vasconcelos; OLIVEIRA JR., Zulmar Duarte de. Comentários ao Código de Processo Civil. 4. ed. Rio de Janeiro: GEN/FORENSE, 2021.

SALES, Rubismara Rodrigues de; IOCOHAMA, Celso Hiroshi. Breves considerações sobre o contraditório no incidente de desconsideração da personalidade jurídica. Revista de Processo, v. 306. São Paulo: Ed. RT, 2020.

SANTOS, Júlio César Guzzi. A defesa no incidente de desconsideração da personalidade jurídica. Belo Horizonte: D'Plácido, 2021.

SCARPINELLA BUENO, Cassio. Amicus curiae no processo civil brasileiro: um terceiro enigmático. 3. ed. São Paulo: Saraiva, 2012.

SCARPINELLA BUENO, Cassio. Comentários aos arts. 125 a 137 do CPC. In. SCARPINELLA BUENO, Cassio (Coord.). Comentários ao Código de Processo Civil. São Paulo: Saraiva, 2017. v. 1.

SCARPINELLA BUENO, Cassio. Curso sistematizado de direito processual civil. 11. ed. São Paulo: Saraiva, 2021. v. 1.

SCARPINELLA BUENO, Cassio. Curso sistematizado de direito processual civil. 7. ed. São Paulo: Saraiva, 2014. v. 2, t. I.

SCARPINELLA BUENO, Cassio. Curso sistematizado de direito processual civil. 4. ed. São Paulo: Saraiva, 2014. v. 2, t. III.

SCARPINELLA BUENO, Cassio. Curso sistematizado de direito processual civil. 7. ed. São Paulo: Saraiva, 2014. v. 3

SCARPINELLA BUENO, Cassio. Curso sistematizado de direito processual civil. 10. ed. São Paulo: Saraiva, 2021. v. 3.

SCARPINELLA BUENO, Cassio. Incidente de desconsideração da personalidade jurídica: reflexões à luz do processo tributário. Revista Brasileira de Direito Processual, v. 112. Belo Horizonte: Fórum, 2020.

SCARPINELLA BUENO, Cassio. Manual de direito processual civil. 7. ed. São Paulo: Saraiva, 2021.

SCARPINELLA BUENO, Cassio. Novo Código de Processo Civil anotado. 3. ed. São Paulo: Saraiva, 2017.

SCARPINELLA BUENO, Cassio. Partes e terceiros no processo civil brasileiro. 2. ed. São Paulo: Saraiva, 2006.

SOUZA, André Pagani de. Desconsideração da personalidade jurídica: aspectos processuais. 2. ed. São Paulo: Saraiva, 2011.

SOUZA, André Pagani de. Tutela antecipada recursal e desconsideração da personalidade jurídica. In: SCARPINELLA BUENO, Cassio; MEDEIROS NETO, Elias Marques de; OLIVEIRA NETO, Olavo de; OLIVEIRA, Patrícia Elias Cozzolino de; LUCON, Paulo Henrique dos Santos (Coord.) Tutela provisória no CPC: dos 20 anos de vigência do art. 273 do CPC/1973 ao CPC/2015. 2. ed. São Paulo: Saraiva, 2018.

SOUZA, Gelson Amaro de. Desconsideração da personalidade jurídica no CPC-2015. Revista de Processo, v. 255. São Paulo: Ed. RT, maio 2016.

TAMER, Maurício Antonio. O perfil da desconsideração da personalidade jurídica no Código de Processo Civil de 2015. Revista de Processo, v. 272. São Paulo: Ed. RT, out. 2017.

TEODORO, Viviane Rosolia. A teoria da desconsideração da personalidade jurídica e o novo Código de Processo Civil. Revista de Processo, v. 268. São Paulo: Ed. RT, jun. 2017.

VIEIRA, Christian Garcia. Desconsideração da personalidade jurídica no novo CPC: natureza, procedimentos, temas polêmicos. Salvador: JusPodivm, 2016.

YARSHELL, Flávio Luiz. Comentários ao art. 134. In: CABRAL, Antonio do Passo; CRAMER, Ronaldo (Coord.). Comentários ao novo Código de Processo Civil. 2. ed. Rio de Janeiro: Forense, 2016.

XAVIER, José Tadeu Neves. A processualização da desconsideração da personalidade jurídica. Revista de Processo, v. 254. São Paulo: Ed. RT, 2016.

ZAVASCKI, Teori Albino. Antecipação da tutela. 5. ed. São Paulo: Saraiva, 2007.

TENDÊNCIAS ATUAIS SOBRE O INCIDENTE DE DESCONSIDERAÇÃO DA PERSONALIDADE JURÍDICA E PROPOSTAS LEGISLATIVAS

Eduardo Arruda Alvim

Doutor e Mestre em Direito Processual Civil pela PUC/SP. Professor dos cursos de Doutorado, Mestrado, Especialização e Bacharelado da Pontifícia Universidade Católica de São Paulo e da Faculdade Autônoma de Direito – FADISP. Presidente da Comissão Permanente de Estudos de Processo Civil do Instituto dos Advogados de São Paulo. Membro do Instituto Brasileiro de Direito Processual. Advogado em São Paulo, Rio de Janeiro, Porto Alegre e Brasília.

Rosane Pereira dos Santos

Doutoranda em Direito Processual Civil pela Pontifícia Universidade Católica de São Paulo. Mestra Pontifícia Universidade Católica de São Paulo.

Ígor Martins da Cunha

Doutorando em Direito Civil pela Pontifícia Universidade Católica de São Paulo. Mestre em Direito pela Faculdade Autônoma de Direito – FADISP. Bacharel Ciências Jurídicas e Sociais pela Pontifícia Universidade Católica de Campinas. Coordenador da Revista de Direito e Medicina (Thomson Reuters Brasil). Diretor Executivo da Revista Forense. Advogado.

Sumário: 1. Introdução – 2. Análise das matérias versadas no Projeto de Lei 3.401/2008. Exame das razões do veto presidencial. Apresentação de propostas legislativas para melhor disciplina da matéria – 3. Conclusão – 4. Referências.

1. INTRODUÇÃO

O legislador brasileiro não costuma ser muito sistemático. Algumas vezes sua atividade se dá de forma açodada e imprecisa. É preciso reconhecer, por um lado, que tempo da política nem sempre é compatível com aquele necessário para que se alcance uma precisão científica. Por outro lado, não se pode simplesmente ignorar que, em algumas oportunidades, por mais que seja conveniente politicamente o aproveitamento de uma atividade legislativa que já está em estado avançado, quando esta já não está mais consonante com o atual ordenamento jurídico o seu prosseguimento pode gerar consequências substancialmente gravosas. Com isso, por vezes, ótimas oportunidades de efetiva evolução do tratamento legislativo de importantes temas acabam se perdendo.

Não são poucas as situações em que projetos de lei que acabam tramitando por anos e, quando aprovados, acabam por ser inseridos em um ordenamento jurídico que *não é mais compatível com suas disposições,* ou, ao menos, que não é mais aquele a respeito das quais suas disposições (ou parte delas) dizem respeito. Exemplo recente se deu com os Código de Processo Civil (Lei 13.105/2015) e o Estatuto da Pessoa Com Deficiência – EPD (Lei 13.146/2015). Os dois projetos de lei tramitaram contemporaneamente, mas de forma independente, quase como introduzidos em realidades paralelas e foram aprovados com menos de três meses de diferença.

Quando o CPC/2015 foi aprovado não houve uma preocupação de readequar o EPD. Uma matéria avançada não retornaria à estaca zero para receber nova redação.[1] O seu tramite seguiu *como se o CPC/2015* não tivesse sido aprovado. Consequentemente, o EPD, apesar de posterior, ingressou no ordenamento jurídico como se o CPC/2015 nunca tivesse existido. Isso gerou uma séria de consequências, como o fato de que o EPD deu nova redação a dispositivos do CC/2002 que o CPC/2015 havia revogado (v.g 1.768 a 1.772). Este fato, acrescido da circunstância de que o CPC/2015 possui uma *vacatio legis* maior (um ano) do que o EPD (seis meses), gerou uma série de controvérsias no âmbito doutrinário a respeito de qual seria o regramento de algumas questões jurídicas, ensejando novas discussões.[2]

O exemplo acima apenas evidência que a falta de cuidado do legislador pode gerar grande insegurança jurídica, de modo que este, ao tentar resolver um problema jurídico-social, pode reflexamente acabar por ampliar ainda mais as controvérsias existentes a respeito de uma dada matéria.

A situação acima merece ser colacionada tendo em vista que a o Incidente de Desconsideração da Personalidade Jurídica esteve a um passo de passar por fenômeno semelhante. No final de 2022 a Câmara dos Deputados aprovou o Projeto de Lei 3.401/2008 (Projeto de Lei 69, de 2014 do Senado Federal[3]), *causando grande preocupação aos processualistas.* Isto porque referido projeto de lei visou *criar* um "procedimento de desconsideração da personalidade jurídica", tratando a respeito de diversos aspectos processuais, deixando, contudo, de considerar as alterações promovidas pelas últimas legislações, em especial, a criação do Incidente de Desconsideração da Personalidade Jurídica pelo CPC/2015 (previsto nos arts. 133 a 137). Visou, portanto, criar algo *que já existia,* sem propriamente levar em consideração esta existência.

---

1. Quando aprovado o CPC/2015 o Projeto do EPD já estava aprovado na Câmara dos Deputados (sessão de 06/03/2015) e, dois dias após a promulgação do CPC/2015 retornou ao Senado para análise do Substitutivo da Câmara dos Deputados (conforme ofício de 17.03.2015), momento em que, segundo os arts. 285, 286 e 287, do Regimento Interno do Senado Federal, somente se admite aceitar ou rejeitar as alterações promovidas pela Câmara, além de realizar ajustes de redação, sem inovar no mérito.

2. Um dos autores do presente trabalho analisou as peculiaridades relativas ao conflito entre os dois diplomas, especialmente considerando os conceitos de existência e vigência, no seguinte trabalho: CUNHA, Ígor Martins; JAMPAR, José Américo. A capacidade para testemunhar após as modificações promovidas pelo Estatuto da Pessoa Com Deficiência. *Revista de Direito e Medicina,* v. 12. p. 1-10. São Paulo: Thomson Reuters Brasil, 2022. (revista eletrônica).

3. O projeto foi inspirado no PL 2.426/2003, apresentado pelo Deputado Ricardo Fiúza e arquivado em 2007, conforme é possível depreender da Justificativa apresentada pelo Deputado Bruno Araújo.

Veja-se que, ao contrário do que se deu com o EPD e o CPC/2015, a aprovação do projeto relativo à desconsideração da personalidade jurídica se deu com grande lapso temporal. Passaram-se mais de 7 anos entre a aprovação do CPC/2015 e a aprovação do Projeto de Lei 3.401/2008. Um tempo que seria mais do que suficiente para o regular trâmite das modificações necessárias para a adequação do projeto à nova realidade normativa. Isto, contudo, não seu deu, apesar da existência de algumas proposições visando alterar o projeto original.

Cumpre destacar que o Parecer da Comissão de Constituição e Justiça e Cidadania do Senado Federal, elaborado pelo Relator Senador Ricardo Ferraço, e datado de 2016, chegou a apontar que a matéria tinha sido objeto de regramento pelo CPC/2015. Contudo, o relator se posicionou no sentido de que ainda havia muitos pontos controversos e que, apesar de algumas das disposições já estivessem contidas no CPC/2015, "em virtude das distorções na aplicação do instituto" [...], o projeto contribuiria "para afastar interpretações equivocadas e disciplinar de forma adequada e detalhadamente a matéria, afastando, assim, a insegurança jurídica que decorre da aplicação disforme do instituto nas diferentes esferas da justiça brasileira."

A respeito de eventual conflito normativo, adicionou o relator que "por se tratar de um projeto de lei geral, não restringirá seu alcance ao processo civil. Além disso, naquilo em que discipline o que já foi disposto pelo Novo CPC, com este não conflitará, indo além ao regulamentar o instituto naquilo que este diploma foi omisso." Como se verá em sequência, de fato alguns dos temas realmente carecem de melhor regramento, tendo o projeto interessantes soluções a este respeito.

Diante disso, o Projeto de Lei teve seu regular trâmite sem *levar em consideração em seu texto o CPC/2015*. No Senado Federal chegou a ser aprovado um substitutivo que visava alterar o CC/2002, o CPC/2015, a CLT e o CDC, mas este acabou sendo rejeitado pela Câmara dos Deputados. Prevaleceu, portanto, o texto inicialmente aprovado.

No retorno à Câmara dos Deputados, o relator da Comissão de Constituição e Justiça, deputado Federal João Roma além de compreender que o substitutivo deveria ser rejeitado, se posicionou no sentido de que o tema da desconsideração da personalidade jurídica *ainda dependeria de complementação* de modo que seria adequado "estabelecer um rito procedimental próprio de caráter complementar ao incidente de desconsideração da personalidade jurídica do CPC, que assegure, simultaneamente, a plena efetivação do instituto, nas hipóteses de utilização indevida do ente moral para fins de locupletamento pessoal dos sócios, e a garantia do contraditório e da ampla defesa em relação àqueles pessoalmente atingidos pela desconsideração." Também compreendeu que a nova legislação não derrogaria as normas previstas nos arts. 133 a 137, do CPC/2015.[4]

---

4. Segundo o afirmou, mais precisamente: "Finalmente, cabe destacar que o projeto não derroga as normas previstas nos arts. 133 a 137 do CPC, salvo em um único aspecto. É que o art. 135 prevê o prazo de 15 (quinze) dias após instaurado o incidente para que o sócio ou a pessoa jurídica seja citado para defender-se, enquanto o § 2º do art. 3º reduz esse prazo para 10 (dez) dias, o que implicará a revogação tácita do art. 135 do CPC." Este aspecto, contudo, não constou na redação final, pois o prazo do art. 3º, § 2º, acabou sendo de 15 dias.

Nesta esteira, restou aprovado o Projeto de Lei, após deliberação realizada no dia 22 de novembro de 2022, no âmbito da Câmara dos Deputados. A compreensão era de que nova disposição não entraria em conflito com o CPC/2015, complementando a disposição vigente.

Contudo, uma vez encaminhado à sanção, o projeto restou vetado integralmente pelo presidente da República, conforme Mensagem 657 de 13 de dezembro de 2022. Dentre os diversos fundamentos, encontra-se o de que a proposição contrariaria o interesse público, "uma vez que a matéria de desconsideração da personalidade jurídica já se encontra devidamente disciplinada pelo ordenamento jurídico brasileiro." [...] "dessa maneira, a medida teria o potencial de causar discussão em âmbito judicial, o que ampliaria desnecessariamente o grau de incerteza quanto ao direito vigente." Em relação a algumas disposições específicas, ademais, o veto se baseou em outros fundamentos, como a inconstitucionalidade (por se tratar de matéria a ser disciplinada em Lei Complementar e não em Lei Federal), no que diz respeito à responsabilização no âmbito tributário, ao lado do risco de insegurança jurídica.

O fato de o legislador ter ignorado os atuais contornos do ordenamento jurídico e tentado criar algo que já existia, parece ter contribuído decisivamente para o veto integral da nova lei. Com este veto, deixou-se de caminhar no sentido de promover as modificações pretendidas para evitar "interpretações equivocadas" ou "distorções na aplicação do instituto", ainda que muitas das alterações sejam efetivamente controversas.

No presente artigo, visaremos analisar *quais seriam as questões relevantes previstas* no Projeto de Lei 3.401/2008 que significariam inovação no ordenamento jurídico, se efetivamente refletem as tendências atuais a respeito do Incidente de Desconsideração da Personalidade Jurídica e se estas modificações, mesmo após o veto integral, efetivamente *têm sentido juridicamente* de modo a se ponderar se ainda se mostra relevante que buscar, por meio de outros projetos de lei ou da derrubada do veto, *o regramento da matéria nos termos* aprovados pelo legislador ordinário e vetados pelo Presidente da República.

Com efeito, o que nos parece é que o projeto tinha soluções importantes, deixando, por exemplo, claro que determinadas situações que envolvessem atribuir responsabilidade a instituidores, membros, sócios ou administradores das pessoas jurídicas, a ele se submeteriam, ainda que não envolvessem propriamente desconsideração da personalidade jurídica. Nessa medida, este trabalho, ao lado de analisar mencionado projeto, procura identificar o que nele se continha que pode e deve ser objeto de tratamento pela lei ordinária.

2. ANÁLISE DAS MATÉRIAS VERSADAS NO PROJETO DE LEI 3.401/2008. EXAME DAS RAZÕES DO VETO PRESIDENCIAL. APRESENTAÇÃO DE PROPOSTAS LEGISLATIVAS PARA MELHOR DISCIPLINA DA MATÉRIA

O Código de Processo Civil institui o incidente de desconsideração da personalidade jurídica como uma modalidade de intervenção de terceiros, justamente porque, na sistemática estabelecida pela legislação processual, o requerente provoca incidentalmente o ingresso de terceiro com o objetivo de a ele dirigir os atos executivos em razão da sua responsabilidade patrimonial.[5] O regramento visou a garantir que o atingimento do patrimônio dos sócios (ou na desconsideração inversa, da pessoa jurídica) se desse tendo em vista o prévio contraditório e ampla defesa, ou seja, que fosse observado de forma íntegra o devido processo legal. Apenas é dispensado o incidente de desconsideração da personalidade jurídica quando o requerimento é feito em conjunto com a petição inicial (art. 134, § 2º, do CPC/2015), pois, nesta hipótese, haverá oportunidade do exercício do contraditório por meio da contestação.

Em que pese a desconsideração da personalidade jurídica já encontrasse previsão no direito brasileiro, como, por exemplo, nos arts. 50 do CC/2002 e 28 do CDC, no âmbito processual, até o CPC/2015, *inexistia previsão legislativa a respeito do procedimento a ser observado para que a desconsideração fosse decidida*. Exatamente neste contexto de ausência de previsão legislativa processual é que foi apresentado pelo Deputado Ricardo Fiuza o Projeto de Lei 2.426/2003 (arquivado em 2007), e posteriormente, retomando a ideia do projeto anterior, foi apresentado pelo Deputado Bruno Araújo o Projeto de Lei 3.401/2008, em especial, tendo em vista que na prática havia se consolidado a tese de que *a desconsideração poderia ser decretada independentemente de prévio contraditório*.[6] O contraditório seria exercido posteriormente, em eventual impugnação, embargos ou até mesmo exceção de pré-executividade. Antes da aprovação do projeto, no entanto, sobreveio o CPC/2015, regrando o tema.

Há muitos temas em que o regramento do Projeto em nada modificaria a disciplina do incidente de desconsideração da personalidade jurídica já positivado pelo CPC/2015. É o que se daria em relação à previsão de que, com o pedido, haverá instauração de incidente, devidamente registrado no distribuidor, para a análise da desconsideração (art. 3º, § 1º do Projeto e art. 134, § 1º, do CPC/2015); a previsão do contraditório prévio com possibilidade de apresentação de defesa e produção de provas (art. 3º, caput e § 2º do Projeto e art. 135 do CPC/2015); a inviabilidade de se decretar a desconsideração de ofício (art. 4º do Projeto e, em certa medida, o caput do art. 133 do CPC/2015 que refere a necessidade de pedido da parte);[7] e o reporte à legislação material no que diz respeito ao requisitos necessários para que haja desconsideração da personalidade jurídica. Os vetos, portanto, em relação a estes pontos, em nada influíram na realidade normativa, na medida em que as questões teriam tratamento idêntico.

---

5. Sobre o tema: ALVIM, Eduardo Arruda; GRANADO, Daniel Willian; FERREIRA, Eduardo Aranha. *Direito processual civil*. 6 ed. São Paulo: Saraiva Educação, 2019. p. 353; GANACIM, João Cánovas Bottazzo. *Desconsideração da personalidade jurídica*. 1. ed. e-book baseada na 1 ed. impressa. São Paulo: Thomson Reuters Brasil, 2020. Proview p. RB-2.1, Item 2.1.

6. Apontando os referidos projetos como antecedentes ao incidente criado pelo CPC/2015: CASTRO, Roberta Dias Tarpinian. *O incidente de desconsideração da personalidade jurídica*: as diferentes funções de um mesmo mecanismo processual. São Paulo: Quartier Latin do Brasil, 2019. p. 157.

7. Neste sentido: CÂMARA, Alexandre Freitas. Comentários ao art. 133. *Breves Comentários ao Novo Código de Processo Civil*. 3. ed. em e-book baseada na 3. ed. impressa. São Paulo: Ed. RT, 2016. Proview. Comentário 1, *caput*.

Há de ser destacado, ademais, que o Projeto de Lei 3.401/2008 (que retomou um projeto de 2003), na sua redação final, tinha inequivocamente diversos resquícios ideológicos do momento de sua proposição. Não é apenas a ausência consideração do CPC/2015 que evidencia esta questão. Basta indicar que o projeto está redigido como se não fosse cogitada a possibilidade de desconsideração inversa da personalidade jurídica, hipótese que teve origem doutrinária a jurisprudencial[8] e acabou sendo acolhida expressamente no art. 133, § 2º, do CPC/2015. Outro ponto que evidencia certa defasagem temporal consiste na previsão a respeito da permanência dos autos em cartório havendo *pluralidade* de pessoas físicas no polo do incidente e da possibilidade de obtenção de cópias reprográficas. No contexto atual, em que o processo eletrônico é uma realidade no País (e o CPC/2015 regra o tema), restando pouquíssimos processos físicos, referida previsão claramente é despicienda – e até mesmo pouco eficaz – e revela uma certa desconexão temporal do projeto.

Existiam, contudo, alguns pontos em que o projeto, uma vez sancionado, traria inovações e, nessa medida, propusemo-nos, como já sublinhado, a propor alterações no âmbito da legislação ordinária para aprimorar a disciplina do instituto da desconsideração da personalidade jurídica.

O principal deles é a previsão de que o incidente de desconsideração da personalidade jurídica não ficaria restrito tão somente às situações *típicas* de desconsideração, mas também seria aplicável às decisões ou atos judiciais de quaisquer dos órgãos do Poder judiciário que imputarem (ou reconheçam) responsabilidade direta, em caráter solidário ou subsidiário, a membros, instituidores, sócios ou administradores pelas obrigações da pessoa jurídica. Esta questão relevante e atualíssima foi objeto de previsão do *parágrafo único* do art. 1º, do Projeto de Lei, que possui a seguinte redação:

> Art. 1º. A desconsideração da personalidade jurídica para fins de estender obrigação da pessoa jurídica a seu membro, instituidor, sócio ou administrador obedecerá aos preceitos desta lei.
>
> Parágrafo único. Aplica-se, também, o disposto nesta Lei às decisões ou atos judiciais de quaisquer dos órgãos do Poder Judiciário que imputarem responsabilidade direta, em caráter solidário ou subsidiário a membros, a instituidores, a sócios ou a administradores pelas obrigações da pessoa jurídica.

O *caput*, efetivamente, não consistiria em efetiva inovação. Contudo, o parágrafo único visou a regrar um tema que vem sendo objeto de forte discussão no âmbito doutrinário e jurisprudencial. Isto porque rigorosamente, quando se fala em incidente de desconsideração da personalidade jurídica, pode se realizar uma interpretação literal no sentido de que a obrigatoriedade do incidente estaria restrita ao atingimento do patrimônio dos sócios e administradores decorrente de efetiva *desconsideração*. Estariam excluídas as demais hipóteses em que, apesar de não fundado em desconsideração, haveria atingimento do patrimônio dos sócios ou administradores.

---

8. Admitindo a desconsideração inversa antes da positivação da possibilidade no CPC/2015: STJ, Resp 948.117/MS, 3. T. j. 22.06.2010, rel. Min. Nancy Andrighi, *DJe* 03.08.2010.

Isto porque se a reponsabilidade do sócio pela obrigação estiver estampada de alguma forma prévia, direta ou solidária, pelo ordenamento jurídico, pode-se interpretar que não há necessidade de instauração de incidente para a determinar o atingimento do seu patrimônio, bastando o redirecionamento da execução ao seu patrimônio. Exemplo desta situação se dá no campo das execuções fiscais, em que se invoca frequentemente que não há necessidade de incidente de desconsideração da personalidade jurídica nas hipóteses previstas nos arts. 134, em especial, no inciso VII, e 135, inciso I, II e II, do CTN.[9]

Veja-se que o art. 135 do CTN faz referência expressa à responsabilização pessoal (e patrimonial) direta e não propriamente à situação em que se afasta a autonomia patrimonial da pessoa jurídica. Resta claro que não consiste efetivamente hipótese de desconsideração, *pelo menos na sua significação jurídica*, ainda que o fenômeno prático seja idêntico, no que diz respeito ao atingimento do patrimônio do sócio. Com base neste fundamento, por exemplo, a Escola Nacional de Formação e Aperfeiçoamento de Magistrados (ENFAM) editou o Enunciado 53, no sentido de que "o redirecionamento da execução fiscal para o sócio-gerente prescinde do incidente de desconsideração da personalidade jurídica previsto no art. 133 do CPC/2015."

A doutrina, no entanto, logo após positivado o CPC/2015, já apontava pela necessidade de aplicação mais ampla do incidente com vistas a englobar também outras hipóteses em que há atingimento do patrimônio do sócio ou do administrador. Isto porque os mesmos fundamentos presentes que justificaram a criação do incidente de desconsideração da personalidade jurídica, igualmente justificam a sua aplicação, ao menos analogicamente, a situações outras em que o patrimônio de sócio ou administrador é atingido, mesmo que em razão de responsabilidade direta ou solidária.

Veja-se que o que levou o legislador a positivar o incidente da desconsideração da personalidade jurídica foi a necessidade de preservação do devido processo legal, do contraditório e da ampla defesa. Até o CPC/2015, a interpretação corrente era no sentido de que a desconsideração da personalidade jurídica poderia ser reconhecida nos

---

9. "Art. 134. Nos casos de impossibilidade de exigência do cumprimento da obrigação principal pelo contribuinte, respondem solidariamente com este nos atos em que intervierem ou pelas omissões de que forem responsáveis:

I – os pais, pelos tributos devidos por seus filhos menores;

II – os tutores e curadores, pelos tributos devidos por seus tutelados ou curatelados;

III – os administradores de bens de terceiros, pelos tributos devidos por estes;

IV – o inventariante, pelos tributos devidos pelo espólio;

V – o síndico e o comissário, pelos tributos devidos pela massa falida ou pelo concordatário;

VI – os tabeliães, escrivães e demais serventuários de ofício, pelos tributos devidos sobre os atos praticados por eles, ou perante eles, em razão do seu ofício;

VII – os sócios, no caso de liquidação de sociedade de pessoas.

Parágrafo único. O disposto neste artigo só se aplica, em matéria de penalidades, às de caráter moratório.

Art. 135. São pessoalmente responsáveis pelos créditos correspondentes a obrigações tributárias resultantes *de atos praticados com excesso de poderes ou infração de lei, contrato social ou estatutos*:

I – as pessoas referidas no artigo anterior;

II – os mandatários, prepostos e empregados;

III – os diretores, gerentes ou representantes de pessoas jurídicas de direito privado." (destaques nossos).

próprios autos, independentemente da criação de um incidente ou de garantia de prévio contraditório e ampla defesa.[10] O contraditório, neste caso, se daria posteriormente, a depender da hipótese, em impugnação ao cumprimento de sentença, em embargos à execução ou até mesmo em exceção de pré-executividade.

A adoção desta sistemática sem a prévia citação/intimação e "oitiva" do terceiro, com contraditório posterior, consiste em opção substancialmente controversa. Afinal, como aponta Leonardo Greco[11] influir eficazmente nas decisões não é influir depois que as decisões já foram tomadas, é influir antes.

Tendo em vista a exigência do contraditório e ampla defesa, há parte da doutrina que compreende que não haveria de se afastar a adoção do incidente de desconsideração da personalidade jurídica somente com base na sua nomenclatura,[12] devendo o incidente se empregado para as demais hipóteses de responsabilização do sócio ou administrador. Nesta esteira, Cassio Sarpinella Bueno defende que "é correto entender que *outras causas* de corresponsabilização de sócios que não guardam relação ou que não se confundam com a *desconsideração da personalidade jurídica* – e, por isso mesmo, que pretendam responsabilizar até mesmo *administradores ou grupos de empresas – também* possam ser discutidas ao logo do processo, no *incidente cognitivo*, disciplinado pelos arts. 133 a 137."[13] Para o autor, inclusive, o incidente, em verdade, seria um incidente de corresponsabilização.[14]

Parece-nos claro que, em não havendo dispositivo específico regulamentando o atingimento nas hipóteses em que não há desconsideração da personalidade jurídica, tendo em vista a necessidade de observância dos princípios constitucionais do devido processo legal, do contraditório e da ampla defesa, há de se aplicar analogicamente o incidente de desconsideração da personalidade jurídica às demais hipóteses em que se objetive o reconhecimento no âmbito processual da responsabilidade do sócio ou administrador.

Evidentemente que referia aplicabilidade ficaria restrita ao âmbito processual. Isto é, quando o reconhecimento da responsabilidade se der incidentalmente no curso do processo. Em havendo reconhecimento prévio, por exemplo, quando há lançamento realizado em nome do sócio ou administrador, com a subsequente CDA em nome destes, não haveria de se falar em necessidade de incidente de desconsideração, pois, no caso, já haveria título executivo extrajudicial oponível contra aquele. O que seria necessário, na referida hipótese, seria a observância do devido processo legal no âmbito do processo administrativo.

---

10. STJ, AgRg no REsp 1.182.385/RS, 4. T., j. 06.11.2014, rel. Min. Luís Felipe Salomão, *DJe* 11.11.2014; e STJ, REsp 1.096.604/DF, 4. T., j. 02.08.2012, rel. Min. Luís Felipe Salomão, DJe 16.10.2012.
11. GRECO. *O processo de execução.* Rio de Janeiro: Renovar, 1999. v. 1, p. 269-272.
12. CUNHA, Leonardo Carneiro. *A Fazenda Pública em juízo.* 17. ed. Rio de Janeiro: Gen-Forense, 2020. p. 463.
13. SCARPINELLA, Cassio. *Curso sistematizado de direito processual civil*: teoria geral do direito processual civil, parte geral do Código de Processo Civil. 9. ed. São Paulo: Saraiva Educação, 2018. p. 562.
14. SCARPINELLA, Cassio. *Curso sistematizado de direito processual civil*: teoria geral do direito processual civil, parte geral do Código de Processo Civil. 9. ed. São Paulo: Saraiva Educação, 2018. p. 563.

É certo que se limitarmos o incidente a partir do seu efetivo nome, seria possível constatar que legislação processual seria omissa em relação ao procedimento para o reconhecimento da responsabilidade nas hipóteses acima – isto é, fora do âmbito estrito da efetiva desconsideração da personalidade jurídica –, sendo que, por uma exigência dos princípios constitucionais do devido processo legal, do contraditório e ampla defesa, haveria de se garantir a oportunidade de *manifestação e, se for o caso, de produção de provas previamente à decisão*. Nesta esteira, poderia se evocar, além da regra geral constante da LIDB (art. 4º), o art. 108 do Código Tributário Nacional no sentido de que, na ausência de disposição expressa se deve utilizar a analogia (inciso I). Também pode ser referido o art. 1º, da Lei 6.830/1980, no sentido referida disposição, em relação à execução fiscal, determina a aplicação subsidiária do CPC/2015. Em que pese a existência de relevante fundamentação neste sentido, nossos tribunais não estão acolhendo referido entendimento.

A este respeito a 1ª Turma do STJ, ao julgar o AREsp 1.173.201/SC compreendeu que o incidente "não se instaura no processo de execução fiscal na hipótese em que a Fazenda Pública exequente pretende alcançar pessoa jurídica distinta daquela contra a qual, originalmente, foi ajuizada a execução, caso haja norma legal estabelecendo a responsabilidade tributária de terceiro ou caso o nome da sociedade empresária conste na Certidão de Dívida Ativa."[15] Em síntese: na decisão compreendeu-se que há dispensa do incidente quando a responsabilidade foi apurada em fase administrativa e a CDA já foi emitida em nome da Pessoa Judicial e do responsável e, ainda, quando, no curso do processo se objetivar o redirecionamento direto, nas hipóteses legais, contra responsáveis tributários.

Foram analisadas no julgado, especificamente, a responsabilidade tributária dos sócios gerentes, nos termos do art. 135, do CTN, pois "a responsabilidade é atribuída por lei, de forma pessoal e subjetiva", na hipótese "de 'atos praticados com excesso de poderes ou infração da lei, contrato social ou estatutos'". Também restou analisada a desnecessidade na hipótese de responsabilidade subsidiária "do art. 134, VII, do CTN" que autoriza o redirecionamento da execução aos sócios na hipótese de não ser possível a exigência do tributo da sociedade empresária liquidada. Em igual medida, se considerou o art. 4º, inciso V e VI, da Lei 6.830/1980, que autoriza a execução fiscal contra o responsável legal por dívidas, tributárias ou não, das pessoas jurídicas de direito privado contra os sucessores a qualquer título.

Em conclusão, considerou o julgado que é "desnecessária sua instauração incidental nas execuções fiscais quando o fundamento legal em que se apoia o pedido fazendário se arrimar em responsabilidade pessoal, solidária ou subsidiária, daquele que se quer incluir no polo passivo." Quando muito, eventual controvérsia sobre a responsabilização deveria ser solucionada em embargos do devedor.

---

15. STJ, AREsp 1.173.201/SC, 1ª T. j. 21.02.2019. rel. Min. Gurgel de Faria. *DJe* 01.03.2019.

Contudo, apesar de ter adentrado nestas peculiaridades, a controvérsia do AREsp 1.173.201/SC *não se encaixava exatamente nas situações acima referidas.*[16] Isto porque o que a parte exequente objetivava era a desconsideração da personalidade jurídica da parte executada para alcançar outra pessoa jurídica, integrante do mesmo grupo econômico, que seria solidariamente responsável em razão de terem interesse comum na situação caracterizada no fato gerador (nos termos art. 124, inciso I, do CTN e art. 2º, § 2º, da CLT, referidos no julgado). A 1ª Turma, ao julgar o AREsp 1.173.201/SC, acabou por cassar a decisão, determinando novo julgamento do agravo de instrumento na origem tendo em vista que a decisão do Tribunal não tinha analisado os argumentos invocados pela Fazenda Nacional e as peculiaridades relativas à origem do débito, sem enfrentar explicitamente a necessidade ou não de instauração de incidente.

Em julgado mais recente, no entanto, a mesma 1ª Turma, em voto também de relatoria do Min. Gurgel de Faria, firmou claramente o entendimento de que o redirecionamento para pessoa jurídica que integra o mesmo grupo econômico, quando esta não conste na CDA, ou não se enquadra nas hipóteses do art. 134 e 135 do CTN, *depende de incidente de desconsideração da personalidade jurídica, pois pressupõe o desvio de finalidade ou confusão patrimonial, tal como consta no art. 50 do CC/2002.*[17]

Há de ser referida, contudo, decisão da 2ª Turma, de relatoria do Min. Francisco Falcão, no sentido de que a aferição de "sucessão de empresas com configuração de grupo econômico de fato das executadas com atuação no mesmo ramo de atividade econômica", não depende de incidente de desconsideração da personalidade jurídica. Nos fundamentos da decisão, o relator expressou que, em relação ao incidente de desconsideração da personalidade jurídica, *não haveria incidência subsidiária do CPC/2015 na sistemática da execução fiscal.* Dentre os fundamentos, além da incompatibilidade, considerou que o CPC/2015 quando pretendeu que o incidente fosse aplicado em outros sistemas o fez expressamente, como na situação do art. 1.062, do CPC/2015, no sentido de que o incidente se aplicaria aos Juizados Especiais.[18]

---

16. Rigorosamente, portanto, necessidade (ou melhor, desnecessidade) de instauração do incidente nas hipóteses do art. 134 e 135 do CTN não constituiu o cerne do julgado, mas sim um dos elementos analisados como fundamento para a conclusão do julgado.

17. STJ, REsp 1.775.269/PR, 1ª T. j, 21.02.2019, rel. Min. Gurgel de Faria, *DJe.* 01.03.2019. Também houve a interposição de embargos de divergência contra esta decisão, mas que não foi admitido, tendo em vista que a parte recorrente apontou como paradigma uma decisão que não era de mérito (em relação ao cerne dos embargos de divergência): STJ, AgInt no EREsp 1.775.269/PR, 2ª S., j. 04.01.2020. rel. Min. Assusete Magalhaes.

    Cumpre mencionar que a 1ª Turma chegou a enfrentar novamente o tema, partindo do pressuposto de que o pedido de redirecionamento nos termos dos arts. 134 e 135 do CTN, não haveria necessidade de instauração de incidente de desconsideração da personalidade jurídica. No caso concreto, tratava-se de hipótese de grupo econômico e solidariedade tributária. A decisão, contudo, não enfrentou a necessidade de instauração de IDPJ, tendo cassado a decisão do Tribunal por ela não ter analisado os elementos fáticos probatórios, impossibilitando o adequado exame da controvérsia sobre o aspecto da responsabilidade tributária. Desta feita, considerou que seria "prematuro, neste caso, o juízo de valor sobre o cabimento do IDPJ em relação à Recorrente em sede de recurso especial" (STJ, REsp 1.804.913/RJ. 1ª. T. j. 1.09.2020. rel. Min. Regina Helena Costa. *DJe* 02.10.2020).

18. STJ, REsp 1.786.311, 2ª T. j. 09.05.2019, rel. Min. Francisco Falcão. *DJe* 14.05.2019. Contra a decisão foram interpostos Embargos de Divergência, tendo como paradigma o REsp 1.775.269, acima referido. Contudo os

Sobrevieram, ademais, diversas decisões, tanto da Primeira quanto da Segunda Turma, compreendendo que é "desnecessária a instauração do incidente de desconsideração da personalidade jurídica, previsto nos arts. 133 a 137 do CPC/2015, para análise da pretensão pelo redirecionamento da execução fiscal a outra pessoa jurídica com a qual a executada formou grupo econômico de fato";[19] e de que "não é condição para o redirecionamento da Execução Fiscal, quando fundada nos arts. 124, 133 e 135 do CTN, a instauração do incidente de desconsideração da personalidade jurídica" pois "Há verdadeira incompatibilidade entre a instauração desse incidente e o regime jurídico da Execução Fiscal, considerando que deve ser afastada a aplicação da lei geral";[20] e que "não é preciso a instauração" quando o fisco "demonstre a responsabilidade, na qualidade de terceiro, em consonância com os arts. 134 e 135 do CTN."[21] Também há decisões no sentido de que é desnecessário o incidente para o "redirecionamento da execução a outra pessoa jurídica com a qual a executada tenha formado grupo econômico de fato."[22]

A partir das decisões acima referidas é possível verificar a existência de uma clara tendencia da jurisprudência do STJ no sentido de afastar de forma ampla a aplicabilidade do incidente de desconsideração da personalidade jurídica no âmbito da execução fiscal. Em essência tem se considerado não só o fato de que as hipóteses não são de efetiva desconsideração, como, ainda, a incompatibilidade do incidente com a sistemática da execução fiscal, pois, nesta, como regra, o contraditório só se dá por meio da após garantia do juízo em embargos à execução.

Em que pese a existência das decisões acima referidas do STJ, tendo em vista a existência de decisões no âmbito da Primeira Instância e do Tribunal, em diversos sentidos, o Tribunal Regional Federal da 3ª Região instaurou um Incidente de Resolução de Demandas Repetitivas com o objetivo de analisar a necessidade de instauração de incidente de desconsideração da personalidade jurídica.

O Órgão Especial, ao analisar a questão, fixou o seguinte entendimento: "Não cabe instauração de incidente de desconsideração da personalidade jurídica nas hipóteses de redirecionamento da execução fiscal desde que fundada, exclusivamente, em responsabilidade tributária nas hipóteses dos artigos 132, 133, I e II e 134 do CTN, sendo o IDPJ indispensável para a comprovação de responsabilidade em decorrência de confusão patrimonial, dissolução irregular, formação de grupo econômico, abuso de direito, excesso de poderes ou infração à lei, ao contrato ou ao estatuto social (CTN,

---

embargos não foram conhecidos por falta de comprovação da similitude entre os acórdãos: STJ, REsp 1.786.311/PR. Decisão monocrática, j. 27.06.2019, rel. Min. Regina Helena da Costa. *DJe* 1º.07.2019.

19. STJ AgInt no Resp 2.010.157/RJ, 2.T. j. 15.02.2022, rel. Des. Francisco Falcão, *DJe* 19.12.2022. No mesmo sentido: STJ AgInt no AREsp 2.033.750/RJ, 2. T. j. 28.11.2022, rel. Min. Francisco Falcão, DJe. 01.12.2022; STJ, AgInt no Resp 1.866.901/SC, 2ª T. j. 24.08.2022, rel. Min. Mauro Campbell Marques, *DJe* 27.08.2020.

20. STJ, AgInt no REsp 2.025462/RJ, 2ª T. j.15.12.2022, rel. Min. Herman Benjamim, *DJe* 19.12.2022. No mesmo sentido: STJ AgInt no REsp 2.009.902/RJ, 2ª T. j. 02.12.2022, rel. Min. Herman Benjamim, *DJe* 13. 12.2022.

21. STJ, AgInt no Resp 1.912.254/PE, 1ª. T., j. 23.08.2021, rel. Min Benedito Gonçalves, *DJe* 07.12.2022; STJ, AgInt no AREsp 2.156.171/RJ, 1ª. T. j. 05.12.2022, rel. Min. Regina Helena da Costa, *DJe* 07.12.2022.

22. STJ AgInt no AREsp 1.851.186/RS, j. 11.10.2021, rel. Min. Herman Benjamim, *DJe* 04.11.2022; STJ, AgInt no AResp 1.766.242/ES, 2ª T., j. 29.08.2022, rel. Min. Francisco Falcão. *DJe* 31.08.2022.

art. 135, incisos I, II e III), e para a inclusão das pessoas que tenham interesse comum na situação que constitua o fato gerador da obrigação principal, desde que não incluídos na CDA, tudo sem prejuízo do regular andamento da Execução Fiscal em face dos demais coobrigados."

Como é possível perceber, a tese fixada no âmbito do Tribunal Regional é mais ampla, no sentido de que dispensa a instauração do incidente nas hipóteses dos arts. 132, 133, I e II e 134, do CTN, determina sua aplicação nas hipóteses do art. 135, incisos I, II e III e para a inclusão de pessoas que tenham interesse comum na situação que constitua o fato gerador da obrigação principal. Contraria, portanto, diversas decisões do STJ, razão pela qual houve a interposição de recurso especial.

Atualmente, encontra-se pendente recurso especial interposto contra a decisão proferida pelo Órgão Especial do Tribunal Regional Federal da 3ª Região,[23] qualificado como "representativo da controvérsia" nos termos dos arts. 46-A e 256-H do Regimento Interno, sendo qualificado candidato à afetação (REsp 1.985.935/SP). Também discutem a necessidade de incidente e são candidatos à afetação do tema os REsp 2.023.844/SP,[24] e 2.035.716/SP.[25] Caso o procedimento de afetação tenha seu curso e os recursos sejam afetados como representativos da controvérsia, é bem possível que o STJ volte a enfrentar o tema.

O contexto acima demonstra a relevância do parágrafo único do art. 1º do Projeto de Lei. Teria o condão de afastar toda a controvérsia, ao dispor expressamente a necessidade de preservação do devido processo legal, do contraditório e da ampla defesa. Por consistir em disposição de Lei Federal, teria certamente influiria diretamente na resolução da questão, na medida em que determinaria expressamente a aplicação do incidente para toda e qualquer hipótese em que o Poder Judiciário for decidir a respeito da responsabilidade direta, em caráter solidário ou subsidiário a membros, a instituidores, a sócios ou a administradores pelas obrigações da pessoa jurídica. Estariam albergadas, portanto, as hipóteses do art. 134 e 135 do CTN, no que diz respeito ao atingimento dos membros, sócios, instituidores ou administradores. Não englobaria, por outro lado, ao menos de forma expressa, a situação de extensão da responsabilidade no caso de grupo econômico.

O veto ao parágrafo primeiro do art. 1º se deu por diversas razões (em conjunto com o veto ao caput). A primeira razão já foi referida: o fato que que a matéria já havia sido regrada pelo CPC/2015. Em verdade, é uma consideração imprecisa, na medida

---

23. STJ, REsp 1.985.935/SP. j. 01.01.2023, Rel. Min. Presidente da Comissão Gestora de Precedentes Paulo de Tarso Sanseverino.

24. O recurso especial discute a possibilidade de inclusão do sócio-gerente no polo passivo da ação de redirecionamento da execução fiscal quando constatada a dissolução irregular da pessoa jurídica, desde que esse possua poderes de gerência, nos termos do contrato social, sem a necessidade de instauração de IDPJ, em razão da independência das instâncias cível e penal.

25. O recurso especial discute a possibilidade de inclusão do sócio-gerente no polo passivo da ação de redirecionamento da execução fiscal quando constatada a dissolução irregular da pessoa jurídica, desde que esse possua poderes de gerência, nos termos do contrato social, sem a necessidade de instauração de IDPJ, em razão da independência das instâncias cível e penal.

em que, em relação à execução fiscal, a tendencia da jurisprudência é reconhecer que o tema não é regrado pelo CPC/2015 ante a *incompatibilidade*.

A este respeito, cumpre destacar que não vislumbramos qualquer incompatibilidade, não só pela necessidade de preservação do devido processo legal, do contraditório e da ampla defesa, como, também, pelo fato de que não há equiparação jurídica entre *os sujeitos que constam da CDA* e *estão sujeitos à execução* (podendo se defender por Embargos ou, em algumas hipóteses, por exceção de pré-executividade) e outros sujeitos que *não constam do título*. Em relação a este últimos, tendo em vista que estes não constam da CDA (e, portanto, não estão previamente sujeitos à execução), há, em nossa compreensão, de se garantir a oportunidade do contraditório e ampla defesa, em incidente especificamente destinado a este fim. Quando muito, poderia se cogitar a incompatibilidade apenas do § 3º, do art. 134, do CPC/2015,[26] que determina a suspensão do processo e não de todo regramento.

A segunda razão, que merece algum comentário, diria respeito à inconstitucionalidade do artigo tratar de matéria que seria reservada à lei complementar, nos termos do disposto na alínea *b* do inciso III do caput do art. 146, da Constituição.[27] Em relação a este último fundamento, não parece efetivamente prosperar. Isto porque, para nós, o tema do incidente no curso da execução é eminentemente processual, tema que, além de competência da união (art. 22, I, da CF/1988), não é reservado à lei complementar.[28] O procedimento para extensão *no curso do processo*, em nossa visão, é matéria tipicamente processual e não tributária.

Portanto, a inclusão de uma disposição no sentido determinar a aplicação do incidente, seria relevante para garantir o contraditório e ampla defesa. Contudo, o ideal, em nossa compreensão, seria que esta inclusão se desse no próprio CPC/2015, com a alteração da redação do § 2º, do art. 133, que, poderia passar a ter a seguinte redação "§

---

26. Rigorosamente compreendemos que a suspensão dos atos executivos contra a pessoa jurídica cuja personalidade se pretende desconsiderar não se justifica nem mesmo no âmbito do CPC/2015. Parece-nos plenamente possível que se continue buscando bens em nome da pessoa jurídica e, paralelamente, se instaure o incidente para visar o direcionamento aos sócios. Suspender o processo de execução contra a pessoa jurídica, em nossa visão, é substancialmente prejudicial ao credor, sendo certo que não há uma razão jurídica para isso, na medida em que os temas são diversos. Afinal, nem mesmo risco de interferência no procedimento há, na medida em que a desconsideração se processa de forma incidental, ou seja, paralelamente. Apenas haverá interferência caso seja satisfeita a execução após a localização de bens, hipótese em que o incidente de desconsideração perderá efetivamente seu objeto.
27. Art. 146. Cabe à lei complementar: [...] III – estabelecer normas gerais em matéria de legislação tributária, especialmente sobre: [....] a b) obrigação, lançamento, crédito, prescrição e decadência tributários.
28. Como bem esclarece Francisco Leite Duarte a Lei Complementar, no âmbito do Direito Tributário, a depender da hipótese, pode instituir tributos (Arts. 148, 153, VII, 154, I e 193, § 4º da CF/1988); dispor sobre conflitos de competência, regular as limitações constitucionais ao poder de tributar e estabelecer as normas gerais de direito tributário (art. 146, I, II e II, da CF/1988); estabelecer critérios especiais de tributação para prevenir desequilíbrios da concorrência (art. 146-A); estabelecer certos aspectos de alguns tributos (arts. 155, § 1, II, e § 2º, XII, e 156, §§ 3º, e 195, § 11, da CF/1988); e indicar alguns aspectos da repartição da receita tributária (art. 161, da CF/1988) (DUARTE, Francisco Leite. *Direito tributário*. 3. ed. rev. Atual. e ampl. São Paulo: Thomson Reuters Brasil, 2022. *proview*, p. RB-5-6). Não está elencado dentre os objetos da Lei Complementar o regramento de questões eminentemente processuais tributárias.

2º Aplica-se o disposto neste Capítulo à hipótese de desconsideração inversa da personalidade jurídica, *bem como a qualquer espécie de responsabilidade direta, em caráter solidário ou subsidiário, a membros, a instituidores, a sócios ou a administradores, ou a outra pessoa jurídica, pelas obrigações da pessoa jurídica.*"

Pois bem, outro ponto a ser mencionado em relação às novidades diz respeito a fato de que, enquanto o CPC/2015 faz referência apenas aos sócios (parte final do art. 134, § 1º e 135, do CPC/2015), o Projeto de Lei parece expressar realidade mais ampla (não envolvendo apenas as sociedades), para abranger também os membros, instituidores ou administradores (art. 1º, parágrafo único, do Projeto). Na prática, porém, não parece que a expressão mais limitada do CPC/2015 reduza a abrangência do instituto. Isto porque o incidente há, em nossa visão, ser aplicado a todos aqueles cujo patrimônio possa ser atingido em razão da desconsideração da personalidade jurídica. Em o direito material permitindo o atingimento, haverá de ser previamente instaurado o incidente. O veto, portanto, não parece ter gerado consequências jurídicas no regramento do instituto.[29] No entanto, a atribuição de uma nova redação ao § 2º, do art. 133, do CPC/2015, nos termos acima, deixaria evidente a amplitude do incidente e resolveria qualquer dúvida a respeito do tema.

Outro ponto a ser destacado é que o CPC/2015 exige que o requerimento de desconsideração da personalidade jurídica deve conter a demonstração de que estão presentes os requisitos específicos previstos no ordenamento jurídico (art. 134, § 4º, do CPC/2015), o projeto ia além ao exigir que a parte requerente indicará, necessária e objetivamente, em requerimento específico, quais os atos praticados que ensejariam a responsabilização, sob pena de indeferimento liminar (art. 2º, parágrafo único, do Projeto).

A previsão visava certamente evitar alguns abusos – que muitas vezes estão presentes no dia a dia forense de *pedidos genéricos de desconsideração*, mas, rigorosamente, em nossa visão, seria desnecessária, pois bastaria a exigência de demonstração dos requisitos específicos exigidos pelo ordenamento jurídico, tal como exige o CPC/2015. Isto porque, em algumas hipóteses, como no CDC e na legislação ambiental, o atingimento pode se dar sem a demonstração de um fato específico, tendo em vista que os requisitos são menos exigentes (bastando, por exemplo, insolvência ou encerramento ou inatividade da pessoa jurídica provocados por má administração, para o atingimento no âmbito do CDC, como se percebe a partir da parte final do art. 28, ou, a demonstração de que a personalidade constitui obstáculo ao ressarcimento de prejuízos causados à qualidade do meio ambiente, na hipótese do art. 4º, da Lei 9.605/1998). O veto, portanto, em nossa visão, não trouxe efetivo prejuízo ao regramento do tema.

---

29. Em certa medida se posicionando no sentido de que os entes abstratos que podem sofrer desconsideração da personalidade jurídica não necessariamente são pessoas jurídicas nos termos do art. 44, do CC/2002, mas todos os entes abstratos cuja existência formal e pública possa ser indevidamente utilizada para lesar credores: CASTRO, Roberta Dias Tarpinian. *O incidente de desconsideração da personalidade jurídica*: as diferentes funções de um mesmo mecanismo processual. São Paulo: Quartier Latin do Brasil, 2019. p. 57.

A questão, no entanto, poderia vir a ser regrada por meio de uma alteração do § 4º do art. 134 do CPC/2015, que poderia a passar a ter os seguintes termos: "O requerimento deve demonstrar o preenchimento dos pressupostos legais específicos para desconsideração da personalidade jurídica, *devendo a parte requerente, quando exigido pelo direito material, indicar quais os atos praticados que ensejariam a responsabilização e indicar por que meio pretende evidenciá-los, sob pena de indeferimento liminar.*"

Também havia a consequente previsão de que os efeitos da desconsideração da personalidade jurídica não atingiriam os bens particulares do membro, de instituidor, de sócio ou de administrador que não tenha praticado ato abusivo da personalidade jurídica em detrimento dos credores da pessoa jurídica ou em proveito próprio (art. 6º, do Projeto). Referido dispositivo, em verdade, deveria dizer mais respeito aos requisitos para *desconsideração* do que propriamente ao atingimento dos bens. Se houve desconsideração (e preenchidos os requisitos legais), de fato o atingimento está autorizado.

A questão poderia ser regrada a partir de uma inclusão de um parágrafo único no art. 137, no sentido de que "Parágrafo único. Os efeitos da desconsideração da personalidade jurídica não atingirão os bens particulares de membro, de instituidor, de sócio ou administrador cuja prática de atos não tenha sido averiguada ou demonstrada no incidente, salvo quando disposição legal autorizar o direcionamento dos atos executivos independentemente da prática de um ato específico e sua responsabilidade tiver sido reconhecida judicialmente." A ressalva da parte final tem por objeto evidenciar que, em algumas hipóteses, a desconsideração, pelo direito material, pode se dar independentemente da prática de qualquer ato específico (como na hipótese dano causado ao meio ambiente).

Havia dispositivo indicando que ficaria vedado ao juízo decretar a desconsideração da personalidade jurídica antes de facultar à pessoa jurídica a oportunidade de satisfazer a obrigação, em dinheiro, ou indicar meios pelos quais a execução possa ser assegurada (art. 5º, § 1º, do Projeto). Referida previsão não encontra semelhante no ordenamento jurídico. No entanto, no mais das vezes, a desconsideração se dá após frustradas as tentativas de localização de bens. Nestas hipóteses, não haveria sentido em se dar mais uma oportunidade para o pagamento. Nas demais, seria como reconhecer a criação de um requisito adicional, por exemplo, ao que prevê o art. 50 do CC/2002.

O projeto também previa que o Ministério Público deverá ser ouvido antes da decretação da desconsideração da personalidade jurídica (art. 5º, do Projeto). O veto, nesta hipótese, parece ser absolutamente correto. Isto porque exigir a presença do Ministério Público em todo em qualquer incidente significaria ampliar sua atuação, na medida em que boa parte dos incidentes evolve apenas direitos patrimoniais disponíveis. Rigorosamente, não parece haver interesses públicos, sociais ou individuais indisponíveis (art. 127 da CF/1988) em todo e qualquer incidente a ponto de ser exigida sempre a manifestação do Ministério Público. Se houvesse efetivo interesse públicos ou sociais, sequer seria necessário dispositivo legal expresso, dada a previsão do art. 127 da CF/1988 e do art. 178, incisos I, II e III, do CPC/2015.

Há de se destacar que enquanto o CPC/2015 prevê que se considera em fraude à execução a alienação realizada a partir da citação da *parte cuja personalidade se pretende desconsiderar* (art. 792, § 3º, do CPC/2015), o Projeto previa a fraude a partir da intimação ou citação a respeito *da pendência de decisão acerca do pedido de desconsideração da personalidade jurídica ou de responsabilização pessoa por dívidas da pessoa jurídica* (art. 7º, do Projeto). A nova disposição modificaria, em nosso ver, o direito positivo no que diz respeito ao termo a partir do qual a fraude à execução.[30] Haveria revogação tácita, nos termos do art. 2º, § 1º, da LINDB.

Cumpre referir, contudo, que parte da doutrina, em que pese a literalidade do art. 792, § 3º, do CPC/2015, interpreta o dispositivo no sentido de que a citação do sócio é que deve ser considerada e não a citação da pessoa jurídica.[31] A este respeito, para Humberto Theodoro Júnior a fraude à execução, na hipótese de haver desconsideração da personalidade jurídica, tem como marco temporal a citação do sócio, no caso de desconsideração direta, ou da sociedade, no caso da desconsideração inversa, pois, do contrário, para o autor, seria tutelado o interesse do exequente, em detrimento do terceiro que presumivelmente atuaria de boa-fé, dada a dificuldade de se saber previamente que a execução restará fraudada quando, ao tempo da alienação, nem sequer existia processo contra o alienante (sócio ou pessoa jurídica, a depender do caso).[32]

Em sendo admitida esta interpretação acima, em verdade, o projeto viria apenas ratificar a interpretação a ser dada ao art. 792, § 3º, do CPC/2015 e não modificar o regramento. Contudo, a literalidade do texto parece revelar situação diversa, ainda que o 792, § 3º, em nossa visão, deva ser interpretado levando em consideração a boa-fé de terceiro adquirente.[33]

Ainda que a intenção do legislador não tenha sido essa, pois a redação antecede o CPC/2015 (ou seja, não haveria de se falar propriamente em intenção de modificar o regramento do CPC/2015), ao que nos parece, referido dispositivo significaria efetiva alteração do tratamento da matéria com modificação do termo a ser considerado para a fraude à execução. Por uma questão de técnica legislativa, qualquer modificação deveria se dar na redação do próprio art. 792, § 3º, do CPC/2015.

---

30. Compreendendo que deve se considerar a data da citação da pessoa jurídica e não a ciência do sócio: NERY JR. Nelson. NERY, Rosa Marida de Andrade. *Código de Processo Civil comentado*. 6. ed. em e-book baseada na 20 ed. impressa. São Paulo: Thomson Reuters Brasil, 2022. Proview p. RL-1.154.

31. Em certa medida: indicando que o momento da fraude deve ser o momento da citação do "responsável": CÂMARA, Alexandre Freitas. Comentários ao art. 137. *Breves Comentários ao novo Código de Processo Civil*. 3. ed. em e-book baseada na 3. ed. impressa. São Paulo: Ed. RT, 2016. Proview. Comentário 1, ao art. 137.

32. THEODORO JR. Humberto. *Processo de execução e cumprimento de sentença*. 29 ed. São Paulo: Leud, 2017. p. 250-252.

33. Sobre o tema, um dos autores do presente trabalho já se posicionou da seguinte forma: "Parece-nos, pois, que é preciso compatibilizar o disposto no referido art. 792, § 3º, com a boa-fé, de modo a considerar como fraudulenta a alienação ou oneração de bens do sócio, a partir da citação da pessoa jurídica que terá sua personalidade posteriormente desconsiderada, apenas se for possível, minimamente, que o terceiro, diligentemente, possa ter conhecimento da pendência da ação contra a sociedade."(ALVIM, Eduardo Arruda; GRANADO, Daniel Willian; FERREIRA, Eduardo Aranha. *Direito processual civil*. 6. ed. São Paulo: Saraiva Educação, 2019. p. 353).

Estes foram os pontos que nos chamaram atenção e que, em nossa visão, ensejam alguma reflexão, especialmente tendo em vista o objetivo de aperfeiçoar o regramento do Incidente de Desconsideração da Personalidade Jurídica. Dentre os pontos, o que parece que efetivamente merece maior atenção diz respeito ao parágrafo único do art. 1º (a extensão do incidente para outras hipóteses de responsabilização), na medida em que visava regrar tema controverso no âmbito doutrinário e que ainda deve ser decidido definitivamente pelos nossos tribunais, embora exista certa tendência jurisprudencial no sentido mais restritivo, como visto.

3. CONCLUSÃO

A aprovação do Projeto de Lei 3.401/2008, sem levar em consideração o CPC/2015, acabou por ocasionar, dentre outras razões, o veto integral da lei aprovada. Buscou-se, com o veto, preservar certa coerência do tratamento legislativo do tema do Incidente de Desconsideração da Personalidade Jurídica. Com isso, certamente perdeu-se uma oportunidade de avançar em alguns temas relevantes, que forma pontualmente analisados no último item do presente trabalho, inclusive com proposta de novas alterações legislativas, com vistas a melhor regrar os assuntos.

O ponto mais relevante consiste, em nossa visão, no âmbito de abrangência do Incidente de Desconsideração da Personalidade Jurídica e na possibilidade de extensão do procedimento para outras hipóteses de responsabilização, com vistas a garantir o contraditório, a ampla defesa e o devido processo legal. Em não havendo dispositivo específico regulamentando o atingimento nas hipóteses em que não há desconsideração da personalidade jurídica, tendo em vista a necessidade de observância dos princípios constitucionais do devido processo legal, do contraditório e da ampla defesa, haveria de se aplicar analogicamente o incidente de desconsideração da personalidade jurídica às demais hipóteses em que se objetive o reconhecimento no âmbito processual da responsabilidade do sócio ou administrador.

Contudo, tendo em vista que este não é a atual compreensão da jurisprudência do STJ e que ainda há certa divergência no âmbito dos tribunais, a inclusão de uma disposição no sentido determinar a aplicação do incidente, seria relevante para garantir a preservação contraditório e ampla defesa. O ideal, em nossa compreensão, seria que esta inclusão se desse no próprio CPC/2015, com a alteração da redação do § 2º, do art. 133, que, passaria a ter a seguinte redação "§ 2º Aplica-se o disposto neste Capítulo à hipótese de desconsideração inversa da personalidade jurídica, *bem como a qualquer espécie de responsabilidade direta, em caráter solidário ou subsidiário, a membros, a instituidores, a sócios ou a administradores, ou a outra pessoa jurídica, pelas obrigações da pessoa jurídica.*"

4. REFERÊNCIAS

ALVIM, Eduardo Arruda; GRANADO, Daniel Willian; FERREIRA, Eduardo Aranha. *Direito processual civil*. 6. ed. São Paulo: Saraiva Educação, 2019.

CÂMARA, Alexandre Freitas. Comentários ao art. 137. *Breves Comentários ao Novo Código de Processo Civil*. 3. ed. em e-book baseada na 3. ed. impressa. São Paulo: Ed. RT, 2016. *Proview*.

CASTRO, Roberta Dias Tarpinian. *O incidente de desconsideração da personalidade jurídica:* as diferentes funções de um mesmo mecanismo processual. São Paulo: Quartier Latin do Brasil, 2019.

CUNHA, Ígor Martins; JAMPAR, José Américo. A capacidade para testemunhar após as modificações promovidas pelo Estatuto da Pessoa Com Deficiência. *Revista de Direito e Medicina,* v. 12. São Paulo: Thomson Reuters Brasil, 2022.

CUNHA, Leonardo Carneiro. *A Fazenda Pública em juízo.* 17. ed. Rio de Janeiro: Gen-Forense, 2020.

GANACIM, João Cánovas Bottazzo. *Desconsideração da personalidade jurídica.* 1. ed. e-book baseada na 1 ed. impressa. São Paulo: Thomson Reuters Brasil, 2020. *Proview*

GRECO. *O processo de execução.* vol. 1, Rio de Janeiro, Renovar.

NERY JR. Nelson. NERY, Rosa Marida de Andrade. *Código de Processo Civil comentado.* 6. ed. em e-book baseada na 20 ed. impressa. São Paulo: Thomson Reuters Brasil, 2022.

SCARPINELLA, Cassio. *Curso sistematizado de direito processual civil:* teoria geral do direito processual civil, parte geral do Código de Processo Civil. 9 ed. São Paulo: Saraiva Educação, 2018.

THEODORO JR. Humberto. *Processo de execução e cumprimento de sentença.* 29 ed. São Paulo: Leud, 2017.

RETROCESSOS AO INSTITUTO DA DESCONSIDERAÇÃO DA PERSONALIDADE JURÍDICA: UM EXAME DO PROJETO DE LEI 3.401/2008[1]

Elie Pierre Eid

Doutor e Mestre em Direito Processual Civil pela USP. Professor de Direito Processual Civil. Advogado. https://usp-br.academia.edu/ElieEid epeid89@gmail.com.

Sumário: 1. Introdução – 2. Equívocos do PL 3.401/2008; 2.1 Insegurança jurídica; 2.2 Defasagem com as normas jurídicas vigentes; 2.3 Vedação do incidente para outras hipóteses de ampliação de responsabilidade; 2.4 Fraude à execução; 2.5 Desconsideração da Personalidade Jurídica no processo administrativo – 3. Conclusões – Apêndice – Razões de veto do projeto de Lei 3.401/2008.

1. INTRODUÇÃO

Em 22 de novembro de 2022, após deliberação do Senado Federal, foi enviado à sanção presidencial o Projeto de Lei 3.041/2008[2] (PL 3.041/2008), que tinha por objeto disciplinar o "procedimento de desconsideração da personalidade jurídica".

Referido projeto teve origem em proposta apresentada pelo Deputado Federal Bruno Araújo, para resgatar a iniciativa do então Deputado Federal Ricardo Fiúza, retratada no arquivado Projeto de Lei 2.426/03, a fim de assegurar o exercício prévio do contraditório e da ampla defesa nas hipóteses de superação da personalidade jurídica. Conforme se depreende da justificativa do PL 3.041/2008, a preocupação foi disciplinar, no âmbito processual, um rito tanto para a desconsideração da personalidade jurídica quanto para os casos em que o sócio ou administrador respondam diretamente pela dívida.

Vale destacar o contexto em que o PL 3.041/2008 foi apresentado à sua época. A preocupação com garantias processuais fundamentais nas hipóteses de desconsideração da personalidade jurídica não é recente, especialmente porque o Código de Processo Civil de 1973, à época vigente, não previa procedimento específico para debate sobre os pressupostos materiais de extensão da responsabilidade ao sócio. Além disso, esses pressupostos podem ser distintos, a depender da natureza do débito, o que, consequentemente, exigiria a demonstração de seu preenchimento no caso concreto.

---

1. O presente texto é uma adaptação e ampliação da manifestação que elaborei a convite do Instituto Brasileiro de Direito Processual (IBDP) para subsidiar opinião institucional contrária à sanção do PL 3.041/2008.
2. Em sessão extraordinária realizada na mesma data, o Senado Federal rejeitou o substitutivo ao PL 3.401/2008, aprovado na Câmara dos Deputados em 27 de maio de 2014.

Embora se justificassem no momento de apresentação do PL 3.041/2008, seus objetivos foram completamente esvaziados por sucessivas leis que trataram não só de instituir procedimento específico, como o "incidente de desconsideração da personalidade jurídica", regulado pelos artigos 133 a 137 do Código de Processo Civil de 2015 (Lei 13.105/2015 – CPC/2015) e incorporado pelo artigo 855-A da CLT, como por modificações mais rígidas quanto aos requisitos (materiais) referentes ao abuso da personalidade jurídica (Lei 13.874/2019 – Lei da Liberdade Econômica).

Outros aspectos do PL 3.041/2008, a serem adiante examinados, mostraram-se preocupantes: a discrepância com a disciplina do CPC/2015; as imprecisões terminológicas dos seus dispositivos; a contrariedade a algumas posições já consolidadas na jurisprudência dos tribunais superiores; e, sobretudo, o risco de retrocesso diante do cenário normativo vigente.

Embora vetado ao final de dezembro de 2022, o projeto representou uma grave tentativa de retrocessos ao regime jurídico da desconsideração da personalidade jurídica. O presente texto tem por objetivo demonstrá-los e, ainda, fazer um registro histórico do tratamento do tema à luz do PL 3.041/2008.

2. EQUÍVOCOS DO PL 3.401/2008

O PL 3.401/2008 ficou defasado com relação às mudanças legislativas que lhe sucederam. O cenário atualmente existente demonstra que faltava de pertinência ao projeto, bem como os seus possíveis inconvenientes, caso sancionado, para se adequar ao direito positivo, tanto na perspectiva do direito processual, como na do direito material. Diante da observância do devido processo legislativo,[3] seria esperado que as casas legislativas federais nem mesmo tivessem votado o projeto, de modo que o controle ficou mesmo a cargo da Presidência da República.

2.1 Insegurança jurídica

O anacronismo do projeto é constatado de plano, pois seu texto não sofreu qualquer adaptação frente aos avanços legislativos acima mencionados. Não há menção sobre a necessidade de alteração de qualquer lei vigente, o que sugere que as disposições do PL 3.401/2008 teriam de conviver com aquelas do CPC/2015, com grande potencial de desarmonia interpretativa diante do contraste entre as respectivas disciplinas jurídicas.

Tanto o projeto quanto o CPC/2015 regulam o procedimento para desconsideração da personalidade jurídica de forma geral. Caso o projeto fosse sancionado, estaríamos diante do grave problema de saber em que medida os artigos 133 a 137 do CPC/2015 estariam revogados em razão de lei posterior e quais dispositivos (se do CPC/2015 ou do projeto) seriam aplicáveis aos processos eleitoral, administrativo e trabalhista, levando

---

3. No sentido sustentado por Ana Paula de Barcellos (*Direitos fundamentais e direito à justificativa*: devido procedimento na elaboração normativa. Belo Horizonte: Fórum, 2017, p. 91-92).

em conta que o artigo 8º[4] do projeto e o artigo 15[5] do CPC/2015 preveem a aplicação subsidiária das suas respectivas normas.

Outro exemplo é o art. 1º, *caput*,[6] do projeto, ao prever a desconsideração da personalidade jurídica apenas como forma de estender a responsabilidade da empresa ao sócio, embora nada disse sobre o inverso. Isso poderia levar à razoável indagação sobre a subsistência da chamada desconsideração inversa no ordenamento e se o seu reconhecimento estaria submetido ao rito.

Considerando se tratar de matéria de elevada relevância, e levando em conta os exemplos acima mencionados, constatou-se a insegurança jurídica proporcionada pelo projeto. Em reforço a isso, boa parte da sua tramitação ocorreu quando já estavam em vigor o CPC/2015 e a Lei de Liberdade Econômica, cuja menção nos trabalhos legislativos não ocorreu, nem mesmo para fins de adequação ao texto proposto.

2.2 Defasagem com as normas jurídicas vigentes

O conteúdo do projeto merece apreciação crítica por não se coadunar com a legislação vigente ou com a jurisprudência.

O seu artigo 2º[7] preocupou-se com o ônus de individualização e especificação de condutas, que recai sobre quem alega o abuso de personalidade para indicar qual sujeito praticou ou se beneficiou do ato ilícito. Esse ônus já se faz presente em razão do disposto no artigo 50, *caput*, do Código Civil e do artigo 134, § 4º, do CPC/2015. A rigor, por configurar imputação de ato ilícito, quem requer a desconsideração da personalidade jurídica deve não só descrever a conduta praticada como quem foram os agentes e seus beneficiários, desincumbindo-se dos ônus probatórios correlatos. Nesse ponto, portanto, não havia novidade alguma.

O parágrafo 2º do art. 3º[8] do projeto estava cercado de obscuridade. Previu que seria necessária a participação, no incidente, das pessoas para quem se pretende estender a responsabilidade mesmo se já atuassem em juízo. Isso criava a dúvida objetiva para saber se o incidente seria necessário mesmo nos casos em que esses sujeitos já foram demandados. Ou bem eles já estão sendo diretamente responsabi-

---

4. Art. 8º As disposições desta lei aplicam-se imediatamente a todos os processos em curso perante quaisquer dos órgãos do Poder Judiciário, em qualquer grau de jurisdição.

5. Art. 15. Na ausência de normas que regulem processos eleitorais, trabalhistas ou administrativos, as disposições deste Código lhes serão aplicadas supletiva e subsidiariamente.

6. Art. 1º A desconsideração da personalidade jurídica para fins de estender obrigação da pessoa jurídica a seu membro, instituidor, sócio ou administrador obedecerá aos preceitos desta Lei.

7. Art. 2º A parte que postular a desconsideração da personalidade jurídica ou a responsabilidade pessoal de membros, de instituidores, de sócios ou de administradores por obrigações da pessoa jurídica indicará, necessária e objetivamente, em requerimento específico, quais os atos por eles praticados que ensejariam a respectiva responsabilização, na forma da lei específica, o mesmo devendo fazer o Ministério Público nos casos em que lhe couber intervir no processo.

8. 2º Os membros, os instituidores, os sócios ou os administradores da pessoa jurídica serão citados ou, se já integravam a lide, serão intimados, para se defenderem no prazo de 15 (quinze) dias, sendo-lhes facultada a produção de provas, após o que o juiz decidirá o incidente.

lizados, ou bem o autor já pleiteou, em petição inicial, a superação da personalidade jurídica, ocasião em que arrolou como réus os sócios ou beneficiários dos atos ilícitos. Resultava dessa obscuridade do texto do projeto clara contradição com o art. 134, § 2º do CPC/2015,[9] que dispensa a instauração do incidente se houver pedido formulado na petição inicial.

O parágrafo 3º do artigo 3º[10] do projeto, além de reiterar disposições legais que acabaram sendo incorporadas ao CPC/2015, revelava sua defasagem por não acompanhar a evolução do processo eletrônico, uma realidade na maior parte do país. O dispositivo determinava que os autos (físicos) deveriam permanecer em cartório quando houvesse litisconsórcio passivo "entre várias pessoas físicas", assegurado o direito de obter "cópia reprográfica". Nota-se, de um lado, que o projeto, levado à sanção presidencial em 2022, não sofreu qualquer atualização nesse sentido, e, de outro, contém imprecisão no texto por assumir que o polo passivo do incidente será formado apenas por pessoa física, ao passo que a desconsideração poderá alcançar eventualmente outra pessoa jurídica.

O parágrafo primeiro do art. 5º[11] do projeto previu que o juiz não poderia pronunciar a desconsideração da personalidade jurídica sem antes facultar à pessoa jurídica o cumprimento da obrigação de pagamento em dinheiro ou a indicação dos meios pelos quais a execução será assegurada. Ao menos dois problemas podem ser observados: o primeiro é dar azo ao entendimento de que o PL 3.401/2008 só regulava a desconsideração como um fenômeno diretamente ligado à fase de cumprimento de sentença ou ao processo de execução, já que pressupõe haver obrigação certa, líquida e exigível constituída contra a pessoa jurídica; o segundo é o descompasso com o CPC/2015 nesse aspecto, pois a atual disciplina não só permite a instauração do incidente em qualquer fase do processo (art. 134, *caput*),[12] como também que os sócios integrem o polo passivo da demanda proposta pelo autor, arrolados já na petição inicial (art. 134, § 2º).

Finalmente, o projeto não previu a suspensão do processo em que requerida a instauração do incidente, diferentemente do art. 134, § 2º, do CPC/2015. Essa medida é fundamental para preservação do efetivo contraditório e da ampla defesa, notadamente se for reconhecida a extensão da responsabilidade, tendo em vista o direito de questionar os atos processuais pretéritos e participar da formação das decisões judiciais.

---

9. § 2º Dispensa-se a instauração do incidente se a desconsideração da personalidade jurídica for requerida na petição inicial, hipótese em que será citado o sócio ou a pessoa jurídica.

10. § 3º Sendo várias as pessoas físicas eventualmente atingidas, os autos permanecerão em cartório, e o prazo de defesa para cada um deles contar-se-á a partir da respectiva citação, quando não figuravam na lide como partes, ou da intimação pessoal se já integravam a lide, sendo-lhes assegurado o direito de obter cópia reprográfica de todas as peças e documentos dos autos ou das que solicitar e o de juntar novos documentos.

11. § 1º O juiz não poderá decretar a desconsideração da personalidade jurídica antes de facultar à pessoa jurídica a oportunidade de satisfazer a obrigação, em dinheiro, ou indicar os meios pelos quais a execução possa ser assegurada.

12. Art. 134. O incidente de desconsideração é cabível em todas as fases do processo de conhecimento, no cumprimento de sentença e na execução fundada em título executivo extrajudicial.

2.3 Vedação do incidente para outras hipóteses de ampliação de responsabilidade

Outro retrocesso estava na parte final do *caput* do art. 5o[13] do projeto, que previu a impossibilidade de utilização do incidente por "analogia ou interpretação extensiva."

Vale lembrar que essa posição restritiva vai de encontro ao histórico do instituto, que passa pela tentativa de preservação do crédito com a atuação dos tribunais para ampliar a responsabilidade diante de fraude ou abuso de direito, como é o emblemático exemplo da chamada desconsideração inversa (acolhida pelo art. 133, § 2º do CPC/2015),[14] e como se viu, recentemente, no julgamento do Recurso Especial 1.965.982, em que se estendeu os efeitos da desconsideração da personalidade jurídica a fundo de investimento.[15]

Além disso, o texto do projeto, ao prever essa limitação, também conflitava com os atuais debates sobre preservação do contraditório e da ampla defesa diante da possibilidade de empregar o incidente nas hipóteses em que se discuta a modificação subjetiva da execução, com impactos sobre o objeto litigioso.[16] Dessa forma, se o objetivo pretendido pelo projeto era assegurar o contraditório mesmo nas hipóteses de responsabilização direta, o dispositivo legal acima mencionado criava a contradição de restringir a segurança ao crédito, em vez de ampliar a referida garantia para outras hipóteses de extensão de responsabilidade.[17]

2.4 Fraude à execução

O art. 7o[18] do projeto tratou do marco temporal para caracterização da fraude à execução praticada por quem foi alcançado pela desconsideração da personalidade jurídica.

Prevê que a alienação ou oneração de bens capaz de reduzir à insolvência deverá ocorrer ao tempo em que "citados ou intimados da pendência de decisão acerca do pedido de desconsideração da personalidade jurídica, ou de responsabilização pessoal."

---

13. Art. 5º O juiz somente poderá decretar a desconsideração da personalidade jurídica ouvido o Ministério Público e nos casos expressamente previstos em lei, sendo vedada a sua aplicação por analogia ou interpretação extensiva.

14. § 2º Aplica-se o disposto neste Capítulo à hipótese de desconsideração inversa da personalidade jurídica.

15. REsp 1.965.982/SP, relator Ministro Ricardo Villas Bôas Cueva, Terceira Turma, julgado em 05.04.2022, DJe de 08.04.2022.

16. SANTOS, Silas Silva. *Redirecionamento da execução civil*: projeções da teoria do objeto litigioso. São Paulo: Ed. RT, 2021, cap. 3.

17. Esse problema parece persistir diante da aparente dificuldade de equilibrar a garantia do contraditório com a possibilidade de usar o incidente como arquétipo para discussão de qualquer hipótese de modificação de sujeitos responsáveis pelo débito. Exemplo disso é a decisão proferida no Incidente de Resolução de Demandas Repetitivas 0017610-97.2016.4.03.0000 (TRF da 3ª Região), em que se reconheceu cabível o incidente de desconsideração da personalidade jurídica na execução fiscal, mas não para os casos de responsabilidade tributária prevista nos arts. 132, 133 e 134 do CTN.

18. Art. 7º Considera-se em fraude à execução a alienação ou oneração de bens pessoais de membros, instituidores, sócios ou administradores da pessoa jurídica, capaz de reduzi-los à insolvência, quando, ao tempo da alienação ou oneração, tenham sido eles citados ou intimados da pendência de decisão acerca do pedido de desconsideração da personalidade jurídica, ou de responsabilização pessoal por dívidas da pessoa jurídica.

Há, aqui, dois inconvenientes: o primeiro se refere à contrariedade ao disposto no art. 792, § 3º do CPC/2015,[19] que estabelece o termo inicial para configuração da fraude à execução "a partir da citação da parte cuja personalidade se pretende desconsiderar", portanto com marco temporal anterior e sob o pressuposto de que os bens alienados ou onerados devem estar envolvidos no contexto do abuso da personalidade jurídica;[20] o segundo é ausência de clareza entre fraude à execução em desconsideração da personalidade jurídica e fraude à execução quando há responsabilidade direta do sócio (ex.: solidariedade), porquanto, nessa última, se este sujeito já foi demandado, a regra geral quanto ao termo inicial é a pendência da demanda capaz de reduzi-lo à insolvência, com regra já prevista pelo art. 792, IV do CPC/2015.[21]

2.5   Desconsideração da personalidade jurídica no processo administrativo

O art. 9º,[22] por sua vez, também mostrava o anacronismo do projeto frente a inúmeras transformações ocorridas no Direito Administrativo. O dispositivo condiciona a eficácia de ato da Administração Pública ao que denomina de "provisão judicial", dando a entender que seria necessário o controle prévio pelo Poder Judiciário. Bastaria mencionar, dentre tantos exemplos, a ausência de sincronia dessa redação com diversas leis que procuraram criar um arcabouço consistente no âmbito do Direito Administrativo sancionador ou mesmo instituíram consensualidade na atividade persecutória.

O caso do art. 14 da Lei 12.846/13 ("Lei Anticorrupção") é emblemático, pois prevê a possibilidade de desconsideração da personalidade jurídica no processo administrativo sancionador e não há, nesse aspecto, a necessidade de atuação subordinada à decisão judicial. Mais recentemente, o art. 160 da Lei 14.133/2021 ("Lei de Licitações") passou a prever, em caráter geral, a possibilidade de desconsideração da personalidade jurídica para aplicação de das sanções do art. 156 aos sócios, aos administradores, à empresa sucessora ou à empresa coligada ou controlada, em decorrência das condutas (art. 155) praticadas pelo licitante ou contratado em abuso do direito para facilitar, encobrir ou dissimular a prática desses atos ilícitos. Prevê, ainda, a necessidade de preservação do contraditório e da ampla defesa com obrigatoriedade "de análise jurídica prévia", o que, sistematicamente, deve indicar a necessidade de aplicação do incidente para discussão dos pressupostos de extensão da responsabilidade.

---

19. § 3º Nos casos de desconsideração da personalidade jurídica, a fraude à execução verifica-se a partir da citação da parte cuja personalidade se pretende desconsiderar.

20. SIQUEIRA, Thiago Ferreira. *A responsabilidade patrimonial no novo sistema processual civil*. São Paulo: Ed. RT, 2016, p. 321-330.

21. Art. 792. A alienação ou a oneração de bem é considerada fraude à execução: (...) IV – quando, ao tempo da alienação ou da oneração, tramitava contra o devedor ação capaz de reduzi-lo à insolvência;

22. Art. 9º A desconsideração da personalidade jurídica, bem como a imputação de responsabilidade direta, em caráter solidário ou subsidiário a membros, a instituidores, a sócios ou a administradores da pessoa jurídica, por ato da administração pública, será objeto de provisão judicial para sua eficácia em relação à parte ou a terceiros.

Não sem preocupação, já se observa que determinados tribunais administrativos, a exemplo do Tribunal de Contas da União,[23] passaram a reconhecer a possibilidade de superação da personalidade jurídica para imposição de sanções. Embora o debate sobre a possibilidade de decisões nesse sentido passe pelas competências constitucionais destes órgãos, não se pode ignorar que, no âmbito do Direito sancionador, a observância das garantias processuais fundamentais, como contraditório e ampla defesa, é essencial para preservar a legalidade do processo administrativo, o que deveria ser feito por meio do incidente regulado pelo CPC/2015.

3. CONCLUSÕES

O presente texto procurou demonstrar os retrocessos aos quais a disciplina da desconsideração da personalidade jurídica ficaria submetida caso sancionado o PL 3.041/2008. Nessa mesma medida, apontou-se que a regulamentação vigente é útil e apta a proporcionar a devida proteção aos sujeitos a quem se pretende estender a responsabilidade pelo débito, sendo certo que os diversos pontos ainda polêmicos podem ser, em boa medida, solucionados com a interpretação constitucional dos dispositivos legais do Código de Processo Civil.

Por fim, as preocupações atuais parece ser muito mais complexas do que pressupunha o projeto, como demonstram os exemplos da generalização do incidente para as mais variadas hipóteses de extensão subjetiva da responsabilidade, da desconsideração da personalidade jurídica em âmbito administrativo e os marcos temporais de contagem da prescrição.

APÊNDICE – RAZÕES DE VETO DO PROJETO DE LEI 3.401/2008

Senhor Presidente do Senado Federal,

Comunico a Vossa Excelência que, nos termos previstos no § 1º do art. 66 da Constituição, decidi vetar integralmente, por inconstitucionalidade e contrariedade ao interesse público, o Projeto de Lei 3.401, de 2008 (Projeto de Lei 69, de 2014, no Senado Federal), que "Disciplina o procedimento de declaração judicial de desconsideração da personalidade jurídica e dá outras providências".

Ouvidos, o Ministério da Economia, a Controladoria-Geral da União e a Advocacia-Geral da União manifestaram-se pelo veto aos seguintes dispositivos:

Art. 1º do Projeto de Lei

"Art. 1º A desconsideração da personalidade jurídica para fins de estender obrigação da pessoa jurídica a seu membro, instituidor, sócio ou administrador obedecerá aos preceitos desta Lei.

---

23. Ex.: Acórdão 495/2013, Acórdão 1.484/2022 e Acórdão 1.846/2020.

Parágrafo único. Aplica-se, também, o disposto nesta Lei às decisões ou atos judiciais de quaisquer dos órgãos do Poder Judiciário que imputarem responsabilidade direta, em caráter solidário ou subsidiário a membros, a instituidores, a sócios ou a administradores pelas obrigações da pessoa jurídica."

Razões do veto

"A proposição legislativa dispõe que a desconsideração da personalidade jurídica para fins de estender obrigação da pessoa jurídica a seu membro, instituidor, sócio ou administrador obedeceria aos preceitos dispostos em seu texto. Além disso, suas disposições seriam aplicáveis às decisões ou atos judiciais de quaisquer dos órgãos do Poder Judiciário que imputassem responsabilidade direta, em caráter solidário ou subsidiário, a membros, instituidores, sócios ou administradores pelas obrigações da pessoa jurídica.

Contudo, em que pese a boa intenção do legislador, a proposição legislativa contraria o interesse público, uma vez que a matéria de desconsideração da personalidade jurídica já se encontra devidamente disciplinada pelo ordenamento jurídico, nos artigos 134 a 137 da Lei 13.105, de 16 de março de 2015 – Código de Processo Civil e no art. 50 da Lei 10.406, de 10 de janeiro de 2002 – Código Civil.

Dessa maneira, a medida teria o potencial de causar discussão em âmbito judicial, o que ampliaria desnecessariamente o grau de incerteza quanto ao direito vigente.

Além disso, a medida visa estender o regime dedicado à desconsideração da personalidade jurídica à responsabilização direta de sócios, administradores e figuras assemelhadas. Assim, determina que as mesmas exigências processuais que recaíssem sobre a desconsideração seriam aplicáveis à responsabilização direta, o que contraria o disposto no inciso VII do caput do art. 134 e nos art. 135 e art. 137 da Lei 5.172, de 25 de outubro de 1966 – Código Tributário Nacional. Nesse sentido, incorre também em vício de inconstitucionalidade, pois a proposição legislativa refere-se a matéria reservada à legislação complementar, nos termos do disposto na alínea "b" do inciso III do caput do art. 146 da Constituição, por dispor sobre norma geral em matéria de legislação tributária.

Por fim, cumpre ressaltar que, nos casos de responsabilidade tributária, ao determinar nova fase processual específica, a proposição legislativa ensejaria lentidão nos processos executivos fiscais, bem como teria o condão de gerar a instauração de 2,8 milhões de incidentes de desconsideração da personalidade jurídica para dar ensejo a responsabilizações de sócios gerentes, gerando sobrecarga desmedida no Poder Judiciário e na própria Administração Fazendária, em desatenção aos princípios da eficiência da administração e da duração razoável dos processos, previstos na Constituição."

Art. 2º do Projeto de Lei

"Art. 2º A parte que postular a desconsideração da personalidade jurídica ou a responsabilidade pessoal de membros, de instituidores, de sócios ou de administradores por obrigações da pessoa jurídica indicará, necessária e objetivamente, em requerimento específico, quais os atos por eles praticados que ensejariam a respectiva responsabilização, na forma da lei específica, o mesmo devendo fazer o Ministério Público nos casos em que lhe couber intervir no processo.

Parágrafo único. O não atendimento das condições estabelecidas no caput ensejará o indeferimento liminar do pleito pelo juiz."

Razões do veto

"A proposição legislativa dispõe que a parte que postulasse a desconsideração da personalidade jurídica ou a responsabilidade pessoal de membros, instituidores, sócios ou administradores por obrigações da pessoa jurídica deveria indicar, necessária e objetivamente, em requerimento específico, quais os atos por eles praticados que ensejariam a respectiva responsabilização, na forma prevista em lei específica, o mesmo deveria fazer o Ministério Público nos casos em que lhe coubesse intervir no processo. Além disso, estabelece que o não atendimento das condições estabelecidas no *caput* do art. 2º da proposição legislativa ensejaria o indeferimento liminar do pleito pelo juiz.

Contudo, em que pese a boa intenção do legislador, a proposição legislativa contraria o interesse público, uma vez que a matéria de desconsideração da personalidade jurídica já se encontra devidamente disciplinada pelo ordenamento jurídico, nos art. 134 a art. 137 da Lei 13.105, de 2015 – Código de Processo Civil e no art. 50 da Lei 10.406, de 2002 – Código Civil. Dessa maneira, a medida teria o potencial de causar discussão em âmbito judicial, o que ampliaria desnecessariamente o grau de incerteza quanto ao direito vigente.

Ademais, a exigência de indicação objetiva dos atos praticados pelos sócios para fins de desconsideração pode dificultar, ou, até mesmo, inviabilizar a adoção do instituto, haja vista que, em muitos casos, a realização de prova pericial prévia se revela útil para a caracterização da abusividade.

Indo além, registre-se que, no direito do consumidor e na seara ambiental, exige-se como único elemento para desconsideração, o prejuízo ao credor, não sendo necessária sequer a demonstração de abuso. Dessa forma, ao exigir a demonstração de atos específicos praticados pelos sócios, a norma pode inviabilizar a adoção da teoria na seara consumerista ao impor todo o ônus da prova ao consumidor, parte hipossuficiente na relação de consumo.

Por fim, a medida promoveria expansões indevidas e desnecessárias sobre os processos judiciais na área fiscal, sobretudo no âmbito das execuções."

Art. 3º do Projeto de Lei

"Art. 3º Antes de decidir sobre a possibilidade de decretar a responsabilidade dos membros, dos instituidores, dos sócios ou dos administradores por obrigações da pessoa jurídica, o juiz estabelecerá o contraditório, assegurando-lhes o prévio exercício da ampla defesa.

§ 1º O juiz, ao receber a petição, mandará instaurar o incidente, em autos apartados, comunicando ao distribuidor competente.

§ 2º Os membros, os instituidores, os sócios ou os administradores da pessoa jurídica serão citados ou, se já integravam a lide, serão intimados, para se defenderem no prazo de 15 (quinze) dias, sendo-lhes facultada a produção de provas, após o que o juiz decidirá o incidente.

§ 3º Sendo várias as pessoas físicas eventualmente atingidas, os autos permanecerão em cartório, e o prazo de defesa para cada um deles contar-se-á a partir da respectiva citação, quando não figuravam na lide como partes, ou da intimação pessoal se já integravam a lide, sendo-lhes assegurado o direito de obter cópia reprográfica de todas as peças e documentos dos autos ou das que solicitar e o de juntar novos documentos."

Razões do veto

"A proposição legislativa dispõe que, antes de decidir sobre a possibilidade de decretar a responsabilidade dos membros, instituidores, sócios ou administradores por obrigações da pessoa jurídica, o juiz estabeleceria o contraditório, e lhes asseguraria o prévio exercício da ampla defesa. Além disso, ao receber a petição inicial, o juiz mandaria instaurar o incidente em autos apartados, e comunicaria o distribuidor competente. Os membros, instituidores, sócios ou administradores da pessoa jurídica seriam citados ou, se já integrassem a lide, seriam intimados para se defenderem no prazo de quinze dias, e seria facultada a eles a produção de provas, após o que o juiz decidiria o incidente.

A proposição legislativa estabelece ainda que, caso fossem várias as pessoas físicas eventualmente atingidas, os autos deveriam permanecer em cartório e o prazo de defesa para cada uma delas seria contado a partir da respectiva citação, quando não figurassem na lide como partes, ou da intimação pessoal, se já integrassem a lide, assegurado a elas o direito de obter cópia reprográfica de todas as peças e os documentos dos autos ou das que solicitassem e o de juntarem novos documentos.

Contudo, em que pese a boa intenção do legislador, a proposição legislativa incorre em vício de inconstitucionalidade e contraria o interesse público, uma vez que não seria conferido tratamento isonômico entre as partes. Ao impedir a instrução processual e a impugnação por parte do requerente, a medida beneficiaria o réu/devedor, em detrimento do requerente/credor, em ofensa aos princípios da igualdade, do devido processo legal, do contraditório e da ampla defesa, considerado o disposto no caput e nos incisos LIV e LV do caput do art. 5º da Constituição.

Ademais, ao vedar a concessão de tutela provisória no instituo da desconsideração, a proposição vai de encontro ao disposto no inciso XXXV do art. 5º da Constituição que assegura o acesso à justiça e, tão logo, a proteção eficaz e tempestiva aos direitos ameaçados. Em que pese a regra seja oportunizar o contraditório prévio, não se pode desconsiderar que, em alguns casos, exige-se a adoção de providências de natureza urgentes, com vistas a resguardar o resultado útil do processo.

A medida ainda geraria insegurança jurídica quanto à sua aplicação diante da contradição com as normas existentes, os art. 134 a art. 137 da Lei 13.105, de 2015 – Código de Processo Civil e no art. 50 da Lei 10.406, de 2002 – Código Civil."

Art. 4º do Projeto de Lei

"Art. 4º O juiz não poderá decretar de ofício a desconsideração da personalidade jurídica."

Razões do veto

"A proposição legislativa dispõe que o juiz não poderia decretar de ofício a desconsideração da personalidade jurídica.

Contudo, em que pese a boa intenção do legislador, a proposição legislativa contraria o interesse público, uma vez que a matéria de desconsideração da personalidade jurídica já se encontra devidamente disciplinada pelo ordenamento jurídico, positivada nos art. 134 a art. 137 da Lei 13.105, de 2015 – Código de Processo Civil e no art. 50 da Lei 10.406, de 2002 – Código Civil. Dessa maneira, a medida teria o potencial de causar discussão em âmbito judicial, o que ampliaria desnecessariamente o grau de incerteza quanto ao direito vigente.

Além disso, a proposição legislativa não prevê exceções. Entretanto, há casos envolvendo a ordem pública em que o magistrado poderá atuar de ofício, uma vez que, no exercício do poder geral de cautela, o Judiciário pode determinar medidas em caráter precário que visem assegurar o resultado final dos processos, permitida a adoção do contraditório diferido, retardado ou postergado, realizado no curso do processo."

Art. 5º do Projeto de Lei

"Art. 5º O juiz somente poderá decretar a desconsideração da personalidade jurídica ouvido o Ministério Público e nos casos expressamente previstos em lei, sendo vedada a sua aplicação por analogia ou interpretação extensiva.

§ 1º O juiz não poderá decretar a desconsideração da personalidade jurídica antes de facultar à pessoa jurídica a oportunidade de satisfazer a obrigação, em dinheiro, ou indicar os meios pelos quais a execução possa ser assegurada.

§ 2º A mera inexistência ou insuficiência de patrimônio para o pagamento de obrigações contraídas pela pessoa jurídica não autoriza a desconsideração da personalidade jurídica, quando ausentes os pressupostos legais."

Razões do veto

"A proposição legislativa dispõe que o juiz somente poderia decretar a desconsideração da personalidade jurídica após ouvir Ministério Público e nos casos expressamente previstos em lei, e que seria vedada a sua aplicação por analogia ou interpretação extensiva. O juiz também não poderia decretar a desconsideração da personalidade jurídica antes de facultar à pessoa jurídica a oportunidade de satisfazer a obrigação em dinheiro ou indicar os meios pelos quais a execução possa ser assegurada. Além disso, a mera inexistência ou insuficiência de patrimônio para o pagamento de obrigações contraídas pela pessoa jurídica não autorizaria a desconsideração da personalidade jurídica, quando ausentes os pressupostos legais.

Entretanto, em que pese a boa intenção do legislador, a proposição legislativa contraria o interesse público, uma vez que a exigência de atuação do Ministério Público em todos os processos de desconsideração da personalidade jurídica significaria a sua participação necessária em casos que envolvem meros interesses patrimoniais disponíveis.

Cumpre destacar, ainda, que a matéria de desconsideração da personalidade jurídica já se encontra devidamente disciplinada pelo ordenamento jurídico, nos art. 134 a art. 137 da Lei 13.105, de 2015 – Código de Processo Civil e no art. 50 da Lei 10.406, de 2002 – Código Civil. Dessa maneira, a medida teria o potencial de causar discussão em âmbito judicial, o que ampliaria desnecessariamente o grau de incerteza quanto ao direito vigente.

Por fim, a proposição legislativa tornaria mais lenta a tramitação dos processos, sobretudo as execuções, o que não seria compatível com a razoável duração do processo."

Art. 6º do Projeto de Lei

"Art. 6º Os efeitos da decretação de desconsideração da personalidade jurídica não atingirão os bens particulares de membro, de instituidor, de sócio ou de administrador que não tenha praticado ato abusivo da personalidade em detrimento dos credores da pessoa jurídica e em proveito próprio."

Razões do veto

"A proposição legislativa dispõe que os efeitos da decretação de desconsideração da personalidade jurídica não atingiriam os bens particulares de membro, instituidor, sócio ou administrador que não tivesse praticado ato abusivo da personalidade em detrimento dos credores da pessoa jurídica e em proveito próprio.

Todavia, em que pese a boa intenção do legislador, a proposição legislativa contraria o interesse público, pois não se observa o regramento previsto no art. 50 da Lei 10.406, de 2002 – Código Civil. Isso porque, mesmo nas hipóteses em que um sócio ou administrador não tenha participado ou praticado diretamente o ato de abuso da personalidade jurídica, seria possível a extensão da responsabilidade quando restasse demonstrado o beneficiamento direto ou indireto, o que teria o potencial de causar discussão em âmbito judicial e ampliaria desnecessariamente o grau de incerteza quanto ao direito vigente.

Além disso, a medida contraria o disposto no § 5º do art. 28 da Lei 8.078, de 11 de setembro de 1990 – Código de Defesa do Consumidor e no art. 4º da Lei 9.605, de 12 de fevereiro de 1998, que consideram desnecessária a comprovação do ato abusivo ou da fraude para fins de ressarcimento do consumidor e do dano ambiental.

Portanto, considerada que a matéria já se encontra devidamente disciplinada pelo ordenamento jurídico, a medida poderia acarretar, inclusive, a diminuição da proteção ao consumidor e ao meio ambiente."

Art. 8º e art. 10 do Projeto de Lei

"Art. 8º As disposições desta lei aplicam-se imediatamente a todos os processos em curso perante quaisquer dos órgãos do Poder Judiciário, em qualquer grau de jurisdição."

"Art. 10. Esta Lei entra em vigor na data de sua publicação."

Razões dos vetos

"A proposição legislativa prevê que as suas disposições seriam aplicáveis imediatamente a todos os processos em curso perante quaisquer dos órgãos do Poder Judiciário, em qualquer grau de jurisdição.

Contudo, em que pese a boa intenção do legislador, a proposição legislativa contraria o interesse público, uma vez que a matéria de desconsideração da personalidade jurídica já se encontra devidamente disciplinada pelo ordenamento jurídico, nos art. 134 a art. 137 da Lei 13.105, de 2015 – Código de Processo Civil e no art. 50 da Lei 10.406, de 2002 – Código Civil. Dessa maneira, a medida teria o potencial de causar discussão em âmbito judicial, o que ampliaria desnecessariamente o grau de incerteza quanto ao direito vigente.

Ademais, a proposição legislativa prevê a incidência em situações passadas, sem fazer qualquer distinção, e altera a forma de execução das obrigações decorrentes de decisões judiciais válidas, sem respeitar situações jurídicas já consolidadas, em harmonia com a proteção da confiança e da segurança jurídica relativamente à prática dos atos processuais e materiais já realizados."

Art. 9º do Projeto de Lei

"Art. 9º A desconsideração da personalidade jurídica, bem como a imputação de responsabilidade direta, em caráter solidário ou subsidiário a membros, a instituidores, a sócios ou a administradores da pessoa jurídica, por ato da administração pública, será objeto de provisão judicial para sua eficácia em relação à parte ou a terceiros."

Razões do veto

"A proposição legislativa dispõe que a desconsideração da personalidade jurídica e a imputação de responsabilidade direta, em caráter solidário ou subsidiário, a membros, instituidores, sócios ou administradores da pessoa jurídica, por ato da administração pública, seria objeto de provisão judicial para a sua eficácia em relação à parte ou a terceiros.

Contudo, em que pese a boa intenção do legislador, a proposição contraria o interesse público, uma vez que buscaria equiparar a desconsideração da personalidade jurídica à responsabilização pessoal de terceiros por atos ilícitos no âmbito administrativo, e determinaria que, em ambos os casos, a eficácia em relação à parte ou a terceiros ficaria condicionada à "provisão judicial". Assim, a medida mitigaria a atribuição administrativa de responsabilidade direta e pessoal de sócios, administradores e assemelhados, inibiria importante parcela da atividade da administração tributária, e imprimiria lentidão excessiva ao andamento dos feitos judiciais voltados a recuperar o crédito tributário, o que afrontaria o disposto no art. 142 da Lei 5.172, de 1966 – Código Tributário Nacional.

Ademais, cumpre perceber que a proposição teria o condão de gerar a instauração de 2,8 milhões de incidentes de desconsideração da personalidade jurídica para dar ensejo a responsabilizações de sócios gerentes, gerando sobrecarga desmedida no Poder Judiciário e na própria Administração Fazendária, em desatenção ao princípio da eficiência da administração e da duração razoável dos processos, previstos na Constituição.

Por fim, a medida incorre em vício de inconstitucionalidade, pois refere-se a matéria reservada à legislação complementar, nos termos do disposto na alínea "b" do inciso III do caput do art. 146 da Constituição, por dispor sobre norma geral em matéria de legislação tributária."

Ouvidas, a Advocacia-Geral da União e Controladoria-Geral da União manifestaram-se, ainda, pelo veto ao seguinte dispositivo:

Art. 7º do Projeto de Lei

"Art. 7º Considera-se em fraude à execução a alienação ou oneração de bens pessoais de membros, instituidores, sócios ou administradores da pessoa jurídica, capaz de reduzi-los à insolvência, quando, ao tempo da alienação ou oneração, tenham sido eles citados ou intimados da pendência de decisão acerca do pedido de desconsideração da personalidade jurídica, ou de responsabilização pessoal por dívidas da pessoa jurídica."

Razões do veto

"A proposição legislativa dispõe que seria considerada fraude à execução a alienação ou a oneração de bens pessoais de membros, instituidores, sócios ou administradores da pessoa jurídica, capaz de reduzi-los à insolvência, quando, ao tempo da alienação ou oneração, tivessem sido eles citados ou intimados da pendência de decisão acerca do pedido de desconsideração da personalidade jurídica, ou de responsabilização pessoal por dívidas da pessoa jurídica.

Contudo, em que pese a boa intenção do legislador, a proposição legislativa contraria o interesse público, uma vez que o art. 137 e o § 3º do art. 792 da Lei 13.105, de 2015 – Código de Processo Civil já disciplinam suficientemente a fraude à execução relacionada à desconsideração da personalidade jurídica.

Portanto, a proposição legislativa ensejaria contradição e insegurança jurídica quanto à aplicação da norma existente, em desacordo com o disposto no inciso IV do caput do art. 7º e no art. 9º da Lei Complementar 95, de 26 de fevereiro de 1998."

Essas, Senhor Presidente, são as razões que me conduziram a vetar os dispositivos mencionados do Projeto de Lei em causa, as quais submeto à elevada apreciação dos Senhores Membros do Congresso Nacional.

O INCIDENTE DE DESCONSIDERAÇÃO DA PERSONALIDADE JURÍDICA

Érico Andrade

Professor visitante na *Università degli Studi di Trento* (2022). Pós-doutorado na *Università degli Studi di Milano* (2019/2020). Doutor e Mestre em Direito pela UFMG. Professor da UFMG. Procurador do Estado de Minas Gerais – AGE/MG. Advogado.

Leonardo Parentoni

Doutor em Direito pela USP. Mestre em Direito pela UFMG. Professor da UFMG e do IBMEC/MG. Fundador e Conselheiro Científico do Centro de Pesquisa em Direito, Tecnologia e Inovação – DTIBR (www.dtibr.com). Fundador e Coordenador da área de concentração em Direito, Tecnologia e Inovação na Pós-Graduação da Faculdade de Direito da UFMG.

Sumário: 1. Introdução – 2. Noções fundamentais sobre a teoria da Desconsideração da Personalidade Jurídica – 3. Previsão no CPC/2015; 3.1 Considerações gerais; 3.2 Instauração e processamento do incidente; 3.3 Desconsideração da Personalidade Jurídica na execução fiscal; 3.4 Desconsideração *versus* fraude à execução; 3.5 Âmbito de defesa no incidente; 3.6 Breve nota sobre Desconsideração da Personalidade Jurídica e arbitragem – 4. Conclusão – 5. Referências.

1. INTRODUÇÃO

O Código de Processo Civil de 2015 (doravante mencionado apenas como CPC/2015), como resposta às críticas feitas por boa parte da literatura jurídica nacional,[1] introduziu na legislação brasileira, pela primeira vez, *procedimento específico* regulando a forma como deveria ser aplicada a desconsideração da personalidade jurídica. A intenção era uniformizar o rito processual do referido instituto, coibir alguns excessos que vinham sendo cometidos na jurisprudência e, assim, trazer maior previsibilidade e segurança jurídica a todos os envolvidos.

O escopo deste breve texto é analisar alguns pontos polêmicos do CPC/2015 a respeito do mencionado incidente, mais especificamente, os seguintes pontos: 1) como deve ser instaurado o incidente; 2) quais as peculiaridades de sua aplicação nas execuções fiscais; 3) como conciliá-lo com o instituto da fraude à execução; 4) qual deve ser o âmbito de defesa do acusado durante o incidente; e 5) uma brevíssima menção à desconsideração da personalidade em processos arbitrais. Antes, porém, faz-se necessário assentar algumas noções fundamentais em torno de alguns aspectos da desconsideração da personalidade jurídica.

---

1. Os diversos autores que sustentam cada entendimento serão mencionados posteriormente, ao longo deste artigo.

2. NOÇÕES FUNDAMENTAIS SOBRE A TEORIA DA DESCONSIDERAÇÃO DA PERSONALIDADE JURÍDICA

É sabido que a limitação de responsabilidade do investidor – notadamente a limitação de responsabilidade dos sócios em relação às dívidas contraídas pela sociedade – constitui técnica fundamental para permitir o cálculo racional do risco.[2] Quanto mais precisas, claras e objetivas forem essas regras, mais fácil se torna para o investidor calcular se vale e até que ponto vale a pena participar de determinado empreendimento. Ou seja, saber quais são os riscos associados a uma conduta, ao menos aproximadamente, é fundamental para a tomada de decisão.

Consequência lógica disto é que, quanto mais previsível for o sistema jurídico acerca da limitação de responsabilidade, maior tende a ser a segurança jurídica[3] e a confiança[4] do investidor, estimulando os investimentos. Afinal, poucos se arriscariam a investir se, em caso de fracasso, perdessem não apenas o montante aplicado no empreendimento, mas todo o seu patrimônio.

Por essas razões, *assegurar previsibilidade e segurança jurídica aos investidores* é algo importante não apenas para o bom fluxo das relações privadas, mas também para o Estado, no âmbito macroeconômico.[5] *Esses são os vetores axiológicos* que devem guiar as discussões acerca da desconsideração da personalidade jurídica.

Se, por um lado, o Direito deve assegurar previsibilidade e segurança jurídica aos investidores, com regras claras acerca da limitação de sua responsabilidade, por outro lado, esta limitação não pode ser absoluta. Afinal, nenhum direito é absoluto. Igualmente importante, então, é fixar *limites*, os quais, se transpostos, configuram *abuso do direito*.[6]

---

2. Aquilo que Max Weber convencionou chamar de *direito calculável*, enquanto Natalino Irti rotulou de *ordem jurídica do mercado*: WEBER, Max. *História geral da economia*. Trad. Calógeras A. Pajuaba. São Paulo: Editôra Mestre Jou, 1968. p. 251. "Direito racional, isto é, direito calculável. Para que a exploração econômica capitalista proceda racionalmente precisa confiar em que a justiça e a administração seguirão determinadas pautas."; IRTI, Natalino. *L'Ordine Giuridico del Mercato*. Roma: Laterza, 2001. p. 5. "Nessuno dubita che il mercato sia un *ordine*: taluni lo dichiarano esplicitamente, altri lo presuppongono o lo lasciano argomentare. Oridne, nel senso di *regolarità* e *prevedibilità dell'agire*: chi entra nel mercato – nel mercato di un dato bene – sa che l'agire, proprio e altrui, è governato da regole [...]."

3. FORGIONI, Paula Andrea. *Teoria geral dos contratos empresariais*. São Paulo: Ed. RT, 2009. p. 75. "Os contratos empresariais somente podem existir em um ambiente que privilegie a segurança e a previsibilidade jurídicas.

   Quanto maior o grau de segurança e de previsibilidade jurídicas proporcionadas pelo sistema, mais azeitado o fluxo de relações econômicas."

4. COSTA REGO, Anna Lygia. *Aspectos jurídicos da confiança do investidor estrangeiro no Brasil*. 2010. 351 f. Tese (Doutorado em Direito Econômico e Financeiro) – Faculdade de Direito, Universidade de São Paulo, São Paulo, 2010. p. 01. "(...) na sabedoria popular o segredo talvez seja a alma do negócio, mas a confiança é, sem dúvida, a espinha dorsal das transações econômicas."

5. PARENTONI, Leonardo. *Desconsideração contemporânea da personalidade jurídica*: dogmática e análise científica da jurisprudência brasileira (Jurimetria/*Empirical Legal Studies*). São Paulo: Quartier Latin, 2014. p. 44. Importante deixar claro que além de sua contribuição histórica, a limitação de responsabilidade – quer nas sociedades limitada e anônima, quer na empresa individual de responsabilidade limitada – desempenha também importante *função macroeconômica*, na medida em que permite ao empresário *delimitar o risco* decorrente de sua atividade, estimulando investimentos e favorecendo o progresso social."

6. BRASIL. Congresso Nacional. Código Civil. Brasília: 10 jan. 2002. "Art. 187. Também comete ato ilícito o titular de um direito que, ao exercê-lo, excede manifestamente os limites impostos pelo seu fim econômico ou social, pela boa-fé ou pelos bons costumes."

O INCIDENTE DE DESCONSIDERAÇÃO DA PERSONALIDADE JURÍDICA

Existem inúmeros instrumentos jurídicos para a prevenção e repressão ao abuso. No contexto específico do abuso do direito à limitação de responsabilidade do investidor, esse instrumento denomina-se *desconsideração da personalidade jurídica*.[7]

Com efeito, a regra no sistema jurídico brasileiro – assim como em diversos outros países – é a de que o próprio sujeito que contraiu a dívida (*debitum*) seja o principal responsável por pagá-la (*obligatio*).[8] Há, no entanto, situações excepcionais em que a dívida pode ser imputada a *sujeito diverso* de quem a contraiu.[9] Nestas hipóteses, há maior risco de abuso, porque quem aufere os benefícios proporcionados por determinada relação jurídica não terá que suportar os custos correspondentes.

A desconsideração da personalidade jurídica incide justamente nessas hipóteses. Ela é uma das técnicas disponíveis no sistema jurídico brasileiro para combater o abuso de direito ocorrido em situações de dissociação subjetiva entre dívida e responsabilidade.[10] Ou seja, ela sanciona quem utiliza a limitação de responsabilidade patrimonial em desacordo com os condicionantes jurídicos dessa limitação. O resultado é imputar responsabilidade pelo adimplemento de uma obrigação a sujeito diverso de quem havia contraído formalmente esta obrigação. A desconsideração da personalidade jurídica opera no *plano da eficácia*, tornando a limitação de responsabilidade ineficaz em relação a *credor determinado* e a *crédito específico*.[11]

Por abuso de direito entende-se o exercício inadmissível de posições jurídicas, segundo conhecida definição de Menezes Cordeiro: MENEZES CORDEIRO, António Manuel da Rocha e. *Da boa-fé no direito civil*. Coimbra: Almedina, 2011. p. 879.

Igualmente: LOPEZ, Teresa Ancona. Exercício do direito e suas limitações: Abuso do direito. *Revista dos Tribunais*. n. 885, p. 49-62, São Paulo: Ed. RT, jul. 2009.

7. PARENTONI, Leonardo. *Desconsideração contemporânea da personalidade jurídica*: Dogmática e análise científica da jurisprudência brasileira (Jurimetria/*Empirical Legal Studies*). São Paulo: Quartier Latin, 2014. p. 49-50. "A desconsideração da personalidade jurídica pode ser considerada *derivação* dessa ideia maior de abuso do direito, por ser técnica aplicável especificamente a fim de coibir abusos da limitação de responsabilidade cometidos por meio de centros autônomos de imputação de direitos e deveres, quando tal limitação for utilizada contra as razões históricas, econômicas e sociais que a condicionam."

8. GOMES, Orlando. *Obrigações*. 14. ed. Rio de Janeiro: Forense, 2000. p. 12-13. "Ao dever de prestação corresponde o debitum, à sujeição a obligatio, isto é, a responsabilidade. (...) Em princípio, há coincidência entre *debitum* e *obligatio*, por evidente que a responsabilidade se manifesta por consequência do débito. Há situações, porém, nas quais a decomposição se impõe para clarificar a exposição dogmática de vários institutos e pontos do Direito das Obrigações. Existem obrigações sem a coexistência dos dois elementos."

9. COMPARATO, Fábio Konder; SALOMÃO FILHO, Calixto. *O poder de controle na sociedade anônima*. 5. ed. Rio de Janeiro: Forense, 2008. p. 435. "Abre-se, com isso, mais um caso de dissociação subjetiva entre dívida e responsabilidade no direito moderno. A análise dualista da obrigação já havia demonstrado que, tanto do lado ativo da relação obrigacional, isto é, entre crédito e garantia, quanto do lado passivo, a vida jurídica oferecia exemplos de uma dissociação subjetiva."

10. PARENTONI, Leonardo. *Desconsideração contemporânea da personalidade jurídica*: dogmática e análise científica da jurisprudência brasileira (Jurimetria/*Empirical Legal Studies*). São Paulo: Quartier Latin, 2014. p. 49-50. "A desconsideração da personalidade jurídica pode ser considerada *derivação* dessa ideia maior de abuso do direito, por ser técnica aplicável especificamente a fim de coibir abusos da limitação de responsabilidade cometidos por meio de centros autônomos de imputação de direitos e deveres, quando tal limitação for utilizada contra as razões históricas, econômicas e sociais que a condicionam."

11. SALOMÃO FILHO, Calixto. *O novo direito societário*. 3. ed. São Paulo: Malheiros, 2006. p. 238. "A desconsideração também não implica qualquer alteração nas esferas coenvolvidas. Assim, de um lado, permanece intacta a personalidade jurídica, valendo a desconsideração apenas para aquele caso específico."

Diversos autores escreveram a respeito, com muita profundidade.[12] Nos estreitos limites do presente estudo, porém, cumpre apenas explicar, de maneira sucinta, alguns aspectos basilares do tema.

A desconsideração da personalidade jurídica pode ter como *causa* inúmeras situações de fato. Para maior precisão científica, a literatura jurídica cuidou de reunir essas situações em dois grandes grupos, denominados de causas subjetivas e objetivas.

As *causas subjetivas* compreendem todos os casos em que a limitação de responsabilidade patrimonial é *conscientemente* utilizada de maneira *abusiva*, configurando, deste modo, um desvio de finalidade em relação aos fins para os quais o ordenamento jurídico havia concedido a limitação de responsabilidade. Na hipótese envolvendo uma sociedade, por exemplo, a finalidade primeira desse tipo de limitação é estimular o exercício de atividade econômica e a partilha de resultados entre os sócios, ao mesmo tempo em que, nas sociedades de responsabilidade limitada (como a S/A e a LTDA), assegura-se que o patrimônio pessoal dos sócios não seja alcançado por dívidas contraídas exclusivamente pela sociedade da qual fazem parte. Todavia, esta proteção pressupõe

---

No mesmo sentido: COELHO, Fábio Ulhoa. Lineamentos da teoria da desconsideração da pessoa jurídica. *Revista do Advogado*. n. 36, p. 38-44, São Paulo: Associação dos Advogados do Estado de São Paulo, mar. 1992. "Em resumo, a teoria da desconsideração *suspende a eficácia episódica do ato constitutivo da pessoa jurídica*, para fins de responsabilizar direta e pessoalmente aquele que perpetrou um uso fraudulento ou abusivo de sua autonomia patrimonial [...]."

12. No exterior, por exemplo: BAINBRIDGE, Stephen M. Abolishing LLC Veil Piercing. *Law & Economics Research Paper Series*. Los Angeles: University of California Press, n. 1, p. 77-106, 2001; EASTERBROOK, Frank H.; FISCHEL, Daniel R. Limited Liability and the Corporation. *University of Chicago Law Review*. n. 52. 1985; HANSMANN, H.; KRAAKMAN, R. Toward Unlimited Shareholder Liability for Corporate Torts. In: *Foundations of Corporate Law*. New York/Oxford: Oxford Foundation Press, 1993; MENEZES CORDEIRO, António Manuel da Rocha e. *O Levantamento da Personalidade Colectiva no Direito Civil e Comercial*. Coimbra: Almedina, 2000; MÜLLER-FREIENFELS, Wolfram. Zur Lehre vom sogenannten 'Durchgriff' bei juristischen Personen im Privatrecht, *Archiv für die civilistische Praxis*, 1957; OH, Peter B. Veil-Piercing. *Texas Law Review*. n. 89, p. 81-145, February. 2010; SERICK, Rolf. *Forma e Realtà della Persona Giuridica*. Milano: Giuffrè, 1966; THOMPSON, Robert B. Piercing The Corporate Veil: An Empirical Study. *Cornell Law Review*. n. 76, July. 1991; VANDEKERCKHOVE, Karen. *Piercing the Corporate Veil*: A Transnational Approach. Aspen: Kluwer Law International, 2007. v. 2; e VERRUCOLI, Piero. *Il Superamento della Personalità Giuridica delle Società di Capitali nella Common Law e nella Civil Law*. Milano: Giuffrè, 1964.

No Brasil: BIANQUI, Pedro Henrique Torres. *Desconsideração judicial da personalidade jurídica pela óptica processual*. 2010. 198 f. Dissertação (Mestrado em Direito Processual) – Faculdade de Direito, Universidade de São Paulo, São Paulo, 2010; BRUSCHI, Gilberto Gomes. *Aspectos processuais da desconsideração da personalidade jurídica*. 2. ed. São Paulo: Saraiva, 2009; CEOLIN, Ana Caroline Santos. *Abusos na aplicação da teoria da desconsideração da pessoa jurídica*. São Paulo: Del Rey, 2002; COMPARATO, Fábio Konder. *O poder de controle na sociedade anônima*. 2. ed. São Paulo: Ed. RT, 1977; CORRÊA DE OLIVEIRA, José Lamartine. *A dupla crise da pessoa jurídica*. São Paulo: Saraiva, 1979; CORRÊA-LIMA, Osmar Brina. A teoria da desconsideração da personalidade jurídica descomplicada. *Revista da Faculdade de Direito Milton Campos*. v. 6, p. 225-229. Belo Horizonte: Faculdade de Direito Milton Campos, 1999; MADALENO, Rolf. *Desconsideração judicial da pessoa jurídica*. Rio de Janeiro: Forense, 2009; NUNES, Márcio Tadeu Guimarães. *Desconstruindo a desconsideração da personalidade jurídica*. São Paulo: Quartier Latin, 2007; PARENTONI, Leonardo. *Desconsideração contemporânea da personalidade jurídica*: dogmática e análise científica da jurisprudência brasileira (Jurimetria/*Empirical Legal Studies*). São Paulo: Quartier Latin, 2014; REQUIÃO, Rubens. Abuso de direito e fraude através da personalidade jurídica. *Revista dos Tribunais*. ano 58, v. 410, p. 12-24, São Paulo: Ed. RT, dez. 1969; SALOMÃO FILHO, Calixto. *O novo direito societário*. 3. ed. São Paulo: Malheiros, 2006; e WARDE JÚNIOR, Walfrido Jorge. *A crise da limitação de responsabilidade dos sócios e a teoria da desconsideração da personalidade jurídica*. 2004. 269 f. Tese (Doutorado em Direito Comercial) – Faculdade de Direito, Universidade de São Paulo, São Paulo, 2004.

que a sociedade seja utilizada somente para fins lícitos, bem como que a conduta de seus administradores e controladores seja igualmente lícita. Havendo uso consciente da limitação de responsabilidade para alcançar resultados ilícitos, caberia a aplicação da desconsideração da personalidade jurídica.

Essas várias hipóteses de "ilicitude subjetiva" foram reunidas, pelo art. 50 do Código Civil, atualizado pela "Declaração de Direitos de Liberdade Econômica" (Lei 13.874/2019), no conceito maior de "abuso da personalidade jurídica". Trata-se de conceito propositadamente amplo, a fim de coibir a fraude em suas mais diversas formas de manifestação:[13]

> Art. 50. Em caso de abuso da personalidade jurídica, caracterizado pelo desvio de finalidade ou pela confusão patrimonial, pode o juiz, a requerimento da parte, ou do Ministério Público quando lhe couber intervir no processo, desconsiderá-la para que os efeitos de certas e determinadas relações de obrigações sejam estendidos aos bens particulares de administradores ou de sócios da pessoa jurídica beneficiados direta ou indiretamente pelo abuso.
>
> § 1º Para os fins do disposto neste artigo, desvio de finalidade é a utilização da pessoa jurídica com o propósito de lesar credores e para a prática de atos ilícitos de qualquer natureza.
>
> (...)

Nessa linha, o Superior Tribunal de Justiça tem decidido, recentemente, que a simples existência de grupo econômico não autoriza, por si só, a desconsideração da personalidade jurídica;[14] ou que o só encerramento irregular da sociedade aliada à falta de bens para responder pelas dívidas, não é motivo suficiente para a desconsideração da personalidade jurídica, que tem de ser vista como medida excepcional, para o combate ao abuso da personalidade jurídica.[15] Diferentemente, nas *causas objetivas* o infrator pode até não ter a intenção de se comportar de modo ilícito, porém a sua *conduta*, por si só, extrapola os

---

13. BRASIL. Superior Tribunal de Justiça. 4ª Turma. AgInt no AREsp 1.826.448/PR, j. 29.11.2021, Rel. Ministro Raul Araújo. Trecho da Ementa: "A teoria da desconsideração da personalidade jurídica (*disregard of legal entity doctrine*) incorporada ao nosso ordenamento jurídico tem por escopo alcançar o patrimônio dos sócios--administradores que se utilizam da autonomia patrimonial da pessoa jurídica para fins ilícitos, abusivos ou fraudulentos, nos termos do que dispõe o art. 50 do CC."

14. BRASIL. Superior Tribunal de Justiça. 4ª Turma. AgInt no REsp 1.738.588/DF, j. 22.11.2021, Rel. Ministra Maria Isabel Gallotti. Trecho da Ementa: "A existência de grupo econômico não autoriza, por si só, a solidariedade obrigacional ou a desconsideração da personalidade jurídica."

15. BRASIL. Superior Tribunal de Justiça. 4ª Turma. AgInt no AREsp 1.712.305/SP, j. 12.04.2021, Rel. Ministra Maria Isabel Gallotti. Trecho da Ementa: 'A jurisprudência do STJ firmou o entendimento no sentido de que a existência de indícios de encerramento irregular da sociedade aliada à falta de bens capazes de satisfazer o crédito exequendo não constituem motivos suficientes para a desconsideração da personalidade jurídica, eis que se trata de medida excepcional e está subordinada à efetiva comprovação do abuso da personalidade jurídica, caracterizado pelo desvio de finalidade ou pela confusão patrimonial.'"

BRASIL. Superior Tribunal de Justiça. 4ª Turma. AgInt no AREsp 1.881.145/MG, j. 11.10.2021, Rel. Ministro Raul Araújo. Trecho da Ementa: "A jurisprudência do STJ firmou o entendimento no sentido de que a existência de indícios de encerramento irregular da sociedade aliada à falta de bens capazes de satisfazer o crédito exequendo não constituem motivos suficientes para a desconsideração da personalidade jurídica, eis que se trata de medida excepcional e está subordinada à efetiva comprovação do abuso da personalidade jurídica, caracterizado pelo desvio de finalidade ou pela confusão patrimonial."

No mesmo sentido: BRASIL. Superior Tribunal de Justiça. 4ª Turma. AgInt no AREsp 604.318/SP, j. 27.09.2021, Rel. Ministro Raul Araújo.

limites juridicamente autorizados para a limitação de responsabilidade.[16] Isto ocorre, por exemplo, na subcapitalização societária,[17] que significa constituir sociedade com capital manifestamente insuficiente para exercer as suas atividades. Neste caso, a insuficiência dos recursos aportados pelos sócios provavelmente conduzirá ao insucesso do empreendimento e à existência de dívidas inadimplidas. Ainda que os sócios não tenham agido de má-fé (porque consideravam que o capital por eles aportado seria suficiente), poderão ter seu patrimônio pessoal atingido para pagamento das dívidas contraídas pela sociedade. Outra causa objetiva de desconsideração da personalidade jurídica é a confusão patrimonial, também mencionada no art. 50 do Código Civil, atualizado pela citada Lei 13.874/2019:

> Art. 50. (...)
>
> § 2º Entende-se por confusão patrimonial a ausência de separação de fato entre os patrimônios, caracterizada por:
>
> I – cumprimento repetitivo pela sociedade de obrigações do sócio ou do administrador ou vice-versa;
>
> II – transferência de ativos ou de passivos sem efetivas contraprestações, exceto os de valor proporcionalmente insignificante; e
>
> III – outros atos de descumprimento da autonomia patrimonial.

Note-se que o Código Civil, ao tratar da confusão patrimonial, menciona a ausência de "*separação de fato*" entre o patrimônio da sociedade e o de seus sócios. O dispositivo legal *não* exige que isto seja feito de forma consciente, deliberada. Basta demonstrar a confusão em si, aferida de modo objetivo.[18]

Em suma, enquanto nas causas *subjetivas* a ilicitude decorre da *intenção* do agente – que abusa conscientemente da limitação de responsabilidade – nas causas *objetivas* a ilicitude decorre *da própria conduta* em dissintonia com os padrões de mercado,[19] mesmo se ausente a intenção de fraudar. Em qualquer caso, será cabível a incidência da desconsideração, desde que presentes os seus pressupostos.

Além das causas, o *modo* como se aplica a desconsideração da personalidade jurídica também se divide em dois grandes grupos: *desconsideração clássica* (ou "teoria maior") e *desconsideração contemporânea* (ou "teoria menor").[20]

---

16. O primeiro a tratar dessas causas no país foi: COMPARATO, Fábio Konder. *O poder de controle na sociedade anônima*. 2. ed. São Paulo: Ed. RT, 1977.

17. Vale destacar que o Direito brasileiro não fixa, *como regra*, capital mínimo para a constituição de sociedades. Sendo assim, apenas a subcapitalização evidente – tecnicamente denominada de subcapitalização *qualificada* – autoriza a desconsideração da personalidade jurídica. A escolha de capital ligeiramente inferior aos padrões de mercado, por sua vez, não permite aplicar a desconsideração.

    A este respeito, vide: SALOMÃO FILHO, Calixto. *O novo direito societário*. 3. ed. São Paulo: Malheiros, 2006. p. 221; DINIZ, Gustavo Saad. *Subcapitalização societária*: financiamento e responsabilidade. Belo Horizonte: Fórum, 2012.

18. SCALZILLI, João Pedro. *Confusão patrimonial no direito societário*. São Paulo: Quartier Latin, 2015. p. 93. "Em direito societário, confusão patrimonial consiste no estado de promiscuidade verificado entre os patrimônios de duas ou mais pessoas, consequência da apropriação, por parte dos sócios, administradores, terceiros ou outras sociedades componentes de um grupo econômico, dos meios de produção de uma determinada sociedade."

19. Valer destacar que o padrão de mercado é um dos critérios de interpretação dos negócios jurídicos, especialmente dos contratos empresariais, conforme previsto no art. 113, § 1º, II do Código Civil.

20. Registre-se que tais expressões "teoria maior" e "teoria menor" da desconsideração, conquanto não sejam tecnicamente as mais corretas, têm sido utilizadas na jurisprudência do STJ. BRASIL. Superior Tribunal de Justiça. 3ª

A *teoria clássica* foi a primeira a se desenvolver. Ela surgiu na jurisprudência da *common law*, no século XIX. Sua principal característica é presumir a igualdade formal entre os sujeitos nas relações contratuais, de modo que o ônus de provar a presença cumulativa de todos os seus pressupostos incumbe a quem alega o cabimento da desconsideração.[21] Inexistindo prova de qualquer desses pressupostos, o instituto não será aplicável. Incide, por exemplo, nos litígios envolvendo sociedades de porte econômico semelhante.

Por sua vez, a *desconsideração contemporânea* surgiu posteriormente, a partir da segunda metade do século XX, em decorrência das regras especiais aplicáveis a microssistemas legislativos, como o Direito do Consumidor, Ambiental e do Trabalho. Sua principal diferença em relação à teoria clássica é o fato de não se basear nos mesmos pressupostos, mas sim em argumentos de ordem econômica e na proteção de sujeitos vulneráveis. Com isso, a desconsideração contemporânea se tornou cada vez mais frequente, a ponto de ser aplicada em excesso, mesmo em situações nas quais não seria tecnicamente cabível. Contribuiu, portanto, para a crise de limitação de responsabilidade no Brasil.[22]

O surgimento da desconsideração contemporânea visou a facilitar que sujeitos vulneráveis fossem de fato ressarcidos, por meio do redirecionamento da cobrança aos sócios da pessoa jurídica devedora, nos casos em que esta não apresentasse patrimônio suficiente para arcar com as suas dívidas. O propósito era nobre: tutelar sujeitos vulneráveis, como consumidores[23] e empregados,[24] bem como assegurar a proteção de bens jurídicos estratégicos, como o meio ambiente.[25]

Turma. AgInt no AgInt no AREsp 1.789.298/MS, j. 25.10.2021, Rel. Ministro Ricardo Villas Bôas Cueva. Trecho da Ementa: "O Superior Tribunal de Justiça entende que a desconsideração da personalidade jurídica a partir da Teoria Maior (art. 50 do Código Civil) exige a comprovação de abuso, caracterizado pelo desvio de finalidade ou pela confusão patrimonial, pelo que a mera inexistência de bens penhoráveis ou o eventual encerramento irregular das atividades da empresa não justifica o deferimento de tal medida excepcional."

Sobre a atecnia dessa expressão, veja-se: PARENTONI, Leonardo. *O Incidente de Desconsideração da Personalidade Jurídica no CPC/2015*. Porto Alegre: Editora Fi, 2018. p. 60. "(...) essa nomenclatura não é adequada. Primeiro, porque a análise empírica revelou que essa teoria, em termos estatísticos, é tão ou mais presente na jurisprudência do que a modalidade clássica (portanto, não faz sentido chamá-la de "menor"). Em segundo lugar, porque não há graus de importância distintos entre elas. Não existe maior ou menor, principal ou acessória. Apenas ocorre que uma delas (a desconsideração contemporânea) surgiu como evolução e derivação da outra (teoria clássica), sendo-lhe acrescentados novos pressupostos."

21. Para análise detalhada desses pressupostos, consulte-se: PARENTONI, Leonardo. *Desconsideração Contemporânea da Personalidade Jurídica*: Dogmática e análise científica da jurisprudência brasileira (Jurimetria/*Empirical Legal Studies*). São Paulo: Quartier Latin, 2014. p. 62-72; 173 a 199.

22. SALAMA, Bruno. *O fim da responsabilidade limitada no Brasil*. São Paulo: Malheiros, 2014.

23. Código de Defesa do Consumidor: "Art. 28. (...) § 5º Também poderá ser desconsiderada a pessoa jurídica *sempre que* sua personalidade for, de alguma forma, obstáculo ao ressarcimento de prejuízos causados aos consumidores."

24. Consolidação das Leis do Trabalho: "Art. 2º. (...). § 2º *Sempre que* uma ou mais empresas, tendo, embora, cada uma delas, personalidade jurídica própria, estiverem sob a direção, controle ou administração de outra, constituindo grupo industrial, comercial ou de qualquer outra atividade econômica, serão, para os efeitos da relação de emprego, solidariamente responsáveis a empresa principal e cada uma das subordinadas."

25. Lei 9.605/1998. "Art. 4º Poderá ser desconsiderada a pessoa jurídica *sempre que* sua personalidade for obstáculo ao ressarcimento de prejuízos causados à qualidade do meio ambiente."

Nessas áreas, foram editadas *regras legais específicas*, coincidentemente contendo a determinação de que *"sempre que"* um desses sujeitos fosse lesado, seria cabível a desconsideração da personalidade jurídica na nova modalidade (desconsideração contemporânea), *sem necessidade de comprovação dos pressupostos clássicos*, como abuso da personalidade jurídica, subcapitalização ou confusão patrimonial. Bastaria que o credor fosse um dos sujeitos tutelados por essa *legislação especial* para que se pudesse desconsiderar a personalidade jurídica da sociedade devedora e atingir diretamente o patrimônio dos sócios. O principal efeito dessa vertente da desconsideração é imputar responsabilidade aos sócios da pessoa jurídica devedora *simplesmente* pela insuficiência patrimonial desta, mesmo *não* tendo havido qualquer conduta ilícita (subjetiva ou objetiva) por parte do sócio atingido. Funciona, na prática, como uma espécie de solidariedade passiva entre sócios e sociedade. Com o agravante de que *toda* atividade empresarial sujeita a uma das mencionadas leis especiais (como a comercialização de qualquer produto ou serviço a consumidor final, ou a generalidade das relações de emprego) geraria esse tipo de solidariedade passiva, *contrariando totalmente a finalidade de separação patrimonial* que motiva a constituição das sociedades empresárias com responsabilidade limitada.

Como já era de se esperar, dada a sua desmedida amplitude, essa nova modalidade rapidamente se tornou fonte de verdadeiros abusos e utilização indevida. Houve banalização do instituto da desconsideração da personalidade jurídica. Os tribunais passaram a fazer o redirecionamento das cobranças ao patrimônio pessoal dos sócios, de forma *automática*, inclusive por meio de decisões judiciais *ex officio*, sem que sequer o próprio credor houvesse solicitado o redirecionamento. Todos foram *responsabilizados simplesmente pelo fato de serem sócios*, com base numa aplicação atécnica e desmedida da desconsideração contemporânea. Nas últimas décadas, infelizmente, incontáveis decisões judiciais desse tipo foram proferidas no Brasil,[26] principalmente em processos trabalhistas.

Evidentemente, tais excessos provocaram fortes reações, não apenas no meio empresarial como também na comunidade jurídica. Passou-se a alertar para a necessidade de resgatar os pressupostos e limites do instituto da desconsideração. O título de alguns livros publicados à época ilustra bem isso. Por exemplo, *"O fim da responsabilidade limi-*

---

26. Vide, por exemplo: Tribunal Superior do Trabalho. 3ª Turma, AIRR. 87969-58.2001.5.15.5555, j. 08.05.2002, Rel. Juíza Convocada Eneida Melo Correia de Araújo: "A jurisprudência tem decidido que os bens particulares dos sócios devem ser penhorados quando a empresa esteja sem patrimônio, pois significa que o patrimônio social foi absorvido pelos sócios, que o transformaram em bens particulares." Tribunal de Justiça do Rio Grande do Sul. 9ª Câmara Cível, AI. 70032657991, j. 25.11.2009, Rel. Desembargadora Iris Helena Medeiros Nogueira "[...] deparando-se os exequentes com a frustração da execução, assiste-lhes razão ao pleitear a incidência da *disregard doctrine*. Tal pretensão está embasada no artigo 28, § 5º, do Código de Defesa do Consumidor e, como visto, dispensa comprovação da intenção do abuso." Tribunal de Justiça de Minas Gerais. 7ª Câmara Cível, AI 0668434-90.2006.8.13.0471, j. 15.09.2009, Rel. Desembargador Edivaldo George dos Santos: "A teoria menor da desconsideração, acolhida em nosso ordenamento jurídico excepcionalmente no Direito do Consumidor e no Direito Ambiental, incide com a mera prova de insolvência da pessoa jurídica para o pagamento de suas obrigações, independentemente da existência de desvio de finalidade ou de confusão patrimonial. [...]. No caso concreto, restou comprovada a insuficiência patrimonial da sociedade empresária, sendo a sua personalidade um obstáculo à satisfação da multa ambiental aplicada. Portanto, considerando a legislação citada bem como os princípios da reparabilidade e do poluidor-pagador, deve-se desconsiderar a personalidade jurídica da empresa agravada, possibilitando a inclusão dos sócios no polo passivo da presente execução."

tada no Brasil",[27] ou "*Desconstruindo a desconsideração da personalidade jurídica*".[28] Um dos autores do presente texto também abordou o assunto de forma bastante crítica,[29] em sua tese de doutorado, alertando para as consequências negativas dessas interpretações, tanto no aspecto micro quanto macroeconômico. Algum tempo depois, tais manifestações resultaram em *alterações legislativas importantes* no instituto da desconsideração da personalidade jurídica, com o *propósito comum* de restringir o seu alcance, resgatar os pressupostos clássicos e, consequentemente, trazer maior previsibilidade e segurança jurídica. Entre as principais reações destacam-se a Reforma da CLT, de 2017, e a "Declaração de direitos de liberdade econômica", de 2019, além do CPC/2015.

Tem-se consciência de que o tema desconsideração da personalidade jurídica é um dos mais controversos do Direito Comercial,[30] despertando acalorados debates. Seu estudo vai infinitamente além da sucinta contextualização feita neste tópico. Este estudo, porém, fez a opção por ser breve e trazer apenas uma introdução ao assunto para, em seguida, focar nos aspectos *processuais* do tema, com base no CPC/2015. Passa-se, então, ao exame desses aspectos.

3. PREVISÃO NO CPC/2015

3.1 Considerações gerais

O incidente de desconsideração da personalidade jurídica encontra-se previsto no CPC/2015 no *Título III, "Da Intervenção de Terceiros"*. Opção correta, uma vez que o

---

27. SALAMA, Bruno. *O fim da responsabilidade limitada no Brasil*. São Paulo: Malheiros, 2014.
28. NUNES, Márcio Tadeu Guimarães. *Desconstruindo a desconsideração da personalidade jurídica*. São Paulo: Quartier Latin, 2007.
29. PARENTONI, Leonardo. *Desconsideração contemporânea da personalidade jurídica*: dogmática e análise científica da jurisprudência brasileira (Jurimetria/*Empirical Legal Studies*). São Paulo: Quartier Latin, 2014.
30. PARENTONI, Leonardo. *Reconsideração da personalidade jurídica*: estudo dogmático sobre a aplicação abusiva da *disregard doctrine* com análise empírica da jurisprudência brasileira. 2012. 203 f. Tese (Doutorado em Direito Comercial) – Faculdade de Direito, Universidade de São Paulo, São Paulo, 2012. p. 15-16. "Intenso debate doutrinário foi travado para se definir qual seria a melhor nomenclatura para rotular esse ramo jurídico nascido da *praxis* mercantil, se *Direito Comercial* ou *Direito Empresarial*. A dificuldade começa já pelo fato de que o conceito de empresa, por si só, é controverso (...).

   Na visão deste pesquisador, podem-se divisar *três vertentes doutrinárias*: (i) aquela que entende deva ser utilizada a expressão Direito Empresarial, dada sua maior extensão, para identificar modernamente 'o direito das empresas mercantis': REQUIÃO, Rubens. *Curso de direito comercial*. 25. ed. São Paulo: Saraiva, 2003. v. 1. p. 6-8; (ii) a corrente teórica que sustenta, a partir da evolução histórica da atividade mercantil, que as expressões Direito Comercial e Direito Empresarial são sinônimas, pois designam o ramo jurídico que disciplina 'a atividade dos agentes econômicos *encarregados da geração de riqueza*': FORGIONI, Paula Andrea. *A evolução do direito comercial brasileiro: da mercancia ao mercado*. São Paulo: Ed. RT, 2009. p. 13; e (iii) por fim, o entendimento intermediário no sentido de que, a partir do 'critério diacrônico' (afeto à evolução histórica do comércio) as expressões seriam sinônimas, porém à luz do 'critério sincrônico' (relativo à observação simultânea dessas expressões) 'não haveria perfeita simetria entre os dois conceitos' uma vez que 'o direito empresarial constitui apenas uma parte – sem dúvida a mais importante delas, mas não a única – do direito comercial ou mercantil, estas duas últimas, sim, expressões que devem ser tomadas como rigorosamente sinônimas'. Exemplo desta dissociação sincrônica é o fato de que algumas relações jurídicas compreendidas no antigo Direito Comercial não se encaixam precisamente no Direito Empresarial, já que podem ser travadas sem a participação de qualquer empresário, tal como sucede com a emissão de alguns títulos de crédito: DE LUCCA, Newton. *A oportunidade de um novo Código Comercial para o Brasil. Enfoque Jurídico*. ano I, n. 4, p. 14, São Paulo: Enfoque Jurídico, jun. 2011. p. 14."

sujeito atingido pela desconsideração será terceiro em relação às partes originárias do processo, salvo se a medida houver sido requerida na própria petição inicial, caso em que ele deverá ser citado como parte, *ab initio* (art. 134, § 2º, CPC/2015). O CPC/2015 também deixou claro que as suas disposições tratam exclusivamente dos aspectos *processuais* do tema, reservando à lei material a definição dos pressupostos da desconsideração da personalidade jurídica (art. 133, § 1º, e 134, § 4º, CPC/2015),[31] tema abordado no tópico anterior. Assim, permanece a macro divisão entre as causas subjetivas e objetivas, bem como a diferença entre teoria clássica e contemporânea, pontos que devem ser comprovados no processo para que incida validamente a desconsideração.

Apesar de o art. 135 do CPC/2015 referir-se à "citação", trata-se de autêntico *incidente do processo* (tal como rotulado pela lei) e não de processo incidental.[32] Tanto assim que é julgado por meio de decisão interlocutória (art. 136, CPC/2015), enquanto os processos incidentais o são por sentença. Por isso, como vem decidindo o Superior Tribunal de Justiça, não cabe fixação de honorários de advogado no incidente,[33] ou mesmo cogitar-se de formação da coisa julgada em relação à decisão do incidente.[34]

3.2 Instauração e processamento do incidente

Na vigência do CPC revogado era comum que primeiro se aplicasse a desconsideração da personalidade jurídica, praticando atos de constrição patrimonial contra o sujeito para, somente depois, oportunizar-lhe o direito de defesa. Ou seja, havia contraditório diferido. Essa prática era amplamente aceita na jurisprudência.[35] Um dos objetivos do

---

31. CÂMARA, Alexandre Freitas. *O novo processo civil brasileiro*. 4. ed. Rio de Janeiro: Forense, 2017, p. 97-98, destaca que o CPC/2015 andou bem ao tratar apenas das normas procedimentais do incidente, pois "os pressupostos da desconsideração da personalidade jurídica devem ser estabelecidos pelo Direito Material, e não pelo Direito Processual, cabendo a este, tão somente, regular o procedimento necessário para que se possa verificar – após amplo contraditório – se é ou não o caso de desconsiderar-se a personalidade jurídica, tendo-a por ineficaz".

32. BRASIL. Superior Tribunal de Justiça. 4ª Turma, REsp 1.180.191/RJ, j. 05.04.2011, Rel. Ministro Luis Felipe Salomão. Trecho da Ementa: "A superação da pessoa jurídica afirma-se como um incidente processual e não como um processo incidente (...)".

33. BRASIL. Superior Tribunal de Justiça. 3ª Turma, AgInt no REsp 2.013.164/PR, j. 09.11.2022, Rel. Ministro Moura Ribeiro. Trecho da Ementa: "São incabíveis honorários advocatícios em incidente de desconsideração da personalidade jurídica, por ausência de previsão legal." BRASIL. Superior Tribunal de Justiça. 4ª Turma, AgInt no AREsp 1.691.479/SP, j. 1º.03.2021, Rel. Ministro Raul Araújo. Trecho da Ementa: "Conforme entendimento da Corte Especial do STJ, em razão da ausência de previsão normativa, não é cabível a condenação em honorários advocatícios em incidente processual, ressalvados os casos excepcionais."

34. BRASIL. Superior Tribunal de Justiça. 3ª Turma, REsp 1.685.353/SP, j. 09.03.2021, Rel. Ministro Ricardo Villas Bôas Cueva. Trecho da Ementa: "O ato que determina a desconsideração da personalidade jurídica em caráter incidental no curso de processo de execução não faz coisa julgada, por possuir natureza de decisão interlocutória. Decisões interlocutórias sujeitam-se à preclusão, o que impede a rediscussão da matéria no mesmo processo, pelas mesmas partes (art. 473 do CPC/1973). Precedentes. O trânsito em julgado da decisão que desconsidera a personalidade jurídica torna a matéria preclusa somente no tocante às partes que integravam aquela relação processual, não sendo possível estender os mesmos efeitos aos sócios, que apenas depois foram citados para responderem pelo débito."

35. BRASIL. Superior Tribunal de Justiça. 4ª Turma, REsp 331.478/RJ, j. 24.10.2006, Rel. Ministro Jorge Scartezzini; BRASIL. Superior Tribunal de Justiça. 4ª Turma, REsp 1.071.643/DF, j. 02.04.2009, Rel. Ministro Luis Felipe Salomão; BRASIL. Superior Tribunal de Justiça. 4ª Turma, REsp 1.180.191/RJ, j. 05.04.2011, Rel. Ministro Luis Felipe Salomão; BRASIL. Superior Tribunal de Justiça. 4ª Turma, REsp 1.096.604/DF, j. 02.08.2012, Rel. Ministro

CPC/2015 foi justamente o de evitar isso. Tanto que inseriu o contraditório prévio como norma fundamental de Processo Civil, nos art. 9º e 10.[36]

No caso da desconsideração da personalidade jurídica, o contraditório prévio é operacionalizado por meio do citado incidente, em procedimento específico. Reforça-se, assim, no âmbito da responsabilidade patrimonial de terceiros (CPC/2015 art. 790, VII), a obrigatoriedade de observância de um procedimento adequado a fim de que se possa realizar a desconsideração da personalidade jurídica e, consequentemente, por meio dela seja possível penhorar os bens pessoais dos sócios (CPC/2015 art. 795, § 4º). Destarte, restou superada a jurisprudência anterior em sentido contrário.[37]

Resumidamente, o incidente da desconsideração é cabível (com algumas ressalvas) em todas as fases do processo de conhecimento, inclusive no âmbito dos tribunais (art. 932, VI),[38] no cumprimento de sentença e no processo de execução fundado em título extrajudicial (art. 134), e, ainda, nos juizados especiais (art. 1062).[39]

Noutras palavras, o incidente pode ser instaurado a qualquer tempo,[40] mas só se pode cogitar da sua instauração a pedido da parte ou do Ministério Público (art. 133), este último quando atuar no processo civil como parte ou fiscal da ordem jurídica (art. 177 e 178),[41] observando-se, como visto, os pressupostos previstos no direito material,

---

Luis Felipe Salomão; e BRASIL. Superior Tribunal de Justiça. 3ª Turma, REsp 1.326.201/RJ, j. 07.05.2013, Rel. Ministra Nancy Andrighi.

36. Código de Processo Civil: "Art. 9º. Não se proferirá decisão contra uma das partes sem que ela seja previamente ouvida.

Parágrafo único. O disposto no caput não se aplica:

I – à tutela provisória de urgência;

II – às hipóteses de tutela da evidência previstas no art. 311, incisos II e III;

III – à decisão prevista no art. 701.

Art. 10. O juiz não pode decidir, em grau algum de jurisdição, com base em fundamento a respeito do qual não se tenha dado às partes oportunidade de se manifestar, ainda que se trate de matéria sobre a qual deva decidir de ofício".

37. BRASIL. Tribunal de Justiça do Rio de Janeiro. 11ª Câmara Cível, AI 0007569-57.2017.8.19.0000, j. 19.04.2017, Rel. Desembargador Otávio Rodrigues. Trecho da Ementa: "Com o advento do novo diploma processual, é necessária a formação do incidente de desconsideração da personalidade jurídica, na forma dos artigos 133 e seguintes (...).".

No mesmo sentido: BRASIL. Tribunal de Justiça de Minas Gerais. 7ª Câmara Cível, AI 1.0702.16.038355-1/001, j. 05.05.2017, Rel. Desembargador Oliveira Firmo.

38. CÂMARA, Alexandre Freitas. O novo processo civil brasileiro. 4. ed. Rio de Janeiro: Forense, 2017, p. 104-105, aponta que, no caso do incidente direto no tribunal, "autuará, pois, o relator, nesses casos, exatamente como o faria um juiz singular de primeira instância, a ele cabendo exercer o juízo preliminar de admissibilidade do incidente e, caso seja este positivo, determinar sua anotação nos registros do distribuidor, declarar (impropriamente) suspenso o processo e ordenar a citação do requerido. Caberá, ainda, ao relator conduzir toda a instrução probatória (art. 932, I), não obstante seja possível a expedição de carta de ordem para que um juízo de primeira instância colha alguma prova (art. 69, IV, combinado com o art. 69, § 2º, II, do CPC)".

39. Cf. YARSHELL, Flávio Luiz. Comentário aos arts. 133 a 137. In: CABRAL, Antonio do Passo; CRAMER, Ronaldo (Coord.). Comentários ao novo Código de Processo Civil. 2. ed. Rio de Janeiro: Editora Forense 2016. p. 230.

40. BRASIL. Superior Tribunal de Justiça. 3ª Turma, Resp 1.943.831/SP, j. 14.12.2021, Rel. Ministro Ricardo Villas Bôas Cueva. Trecho da Ementa: "A desconsideração da personalidade jurídica, quando preenchidos os seus requisitos, pode ser requerida a qualquer tempo."

41. MARINONI, Luiz Guilherme; ARENHART, Sérgio Cruz; MITIDIERO, Daniel. Curso de processo civil. São Paulo: Ed. RT, 2015, v. 2, p. 106, advertem, porém, que o legislador pode excepcionar a necessidade de requerimento

cabendo àquele que pretende a desconsideração o ônus da prova do preenchimento dos requisitos legais.[42]

A exigência de *prévio requerimento* da parte interessada foi inserida na lei processual como resposta à utilização desmedida da desconsideração da personalidade jurídica, sobretudo na Justiça do Trabalho, instância em que era comum os magistrados aplicarem a desconsideração *ex officio*, sem sequer ouvir as partes interessadas.

A instauração do mencionado incidente pode ser requerida *por simples petição* nos autos,[43] a qual deve *individualizar* quem se pretende atingir, indicando qual seria a causa – subjetiva ou objetiva – da desconsideração bem como demonstrar a presença de seus pressupostos (CPC/2015 art. 133, § 1º, e 134, § 4º). Pedidos genéricos de desconsideração devem ser indeferidos, como é o caso daqueles dirigidos indistintamente a "todos os sócios". Isto decorre tanto de razões processuais, uma vez que o CPC/2015 foi expresso neste sentido, quanto de fundamento material, textualmente contido, por exemplo, na parte final do art. 50 do Código Civil, em decorrência da alteração promovida pela "Declaração de Direitos de Liberdade Econômica" (Lei 13.874/2019), que acrescentou ao *caput* do mencionado artigo a necessidade de que o acusado tenha sido "beneficiado direta ou indiretamente pelo abuso".

3.3 Desconsideração da personalidade jurídica na execução fiscal

Nesse passo merece destaque a discussão apresentada pela literatura jurídica a respeito da aplicabilidade ou não do incidente de desconsideração da personalidade jurídica em sede de execução fiscal[44] e que tem repercutido na jurisprudência.

Com efeito, o Superior Tribunal de Justiça, por meio da sua Segunda Turma, tem entendido pela *não* aplicação do referido incidente na execução fiscal.[45]

---

da parte, como o faz na hipótese do art. 28 do CDC, em que o juiz pode determinar a desconsideração de ofício. Em sentido contrário, indicando que o art. 28 de CPC deve ser interpretado em consonância com o art. 133 do CPC/2015, de modo que "jamais" poderá a desconsideração ser decretada de ofício, CÂMARA, Alexandre Freitas. *O novo processo civil brasileiro*. 4. ed. Rio de Janeiro: Forense, 2017, p. 97.

42. MARINONI, Luiz Guilherme; ARENHART, Sérgio Cruz; MITIDIERO, Daniel. *Curso de processo civil*. São Paulo: Ed. RT, 2015, v. 2, p. 106-107: "É preciso deixar claro desde logo, porém, que a prova de que os motivos que levam à desconsideração de fato existem é de *quem requer o incidente* – e se esse é determinado de ofício, tem o juiz de prova-lo. Segue-se aqui a regra geral: quem alega, prova (art. 134, § 4º). Inexistindo prova das alegações que permite a desconsideração, tem-se que julgar de acordo com as regras do ônus da prova".

43. BRASIL. Tribunal de Justiça de São Paulo. 24ª Câmara de Direito Privado, AI 2233003-69.2016.8.26.0000, j. 23.02.2017, Rel. Desembargador Walter Barone. Trecho da Ementa: "Erro no procedimento. Inocorrência. Simples petição formulando pedido de instauração do incidente de desconsideração da personalidade jurídica, cabendo ao Juízo admitir ou não o seu processamento. No presente caso, foi determinado o processamento e preenchidos os requisitos formais do incidente, tais como, citação dos sócios da empresa executada, comunicação ao distribuidor e suspensão do processo."

44. Cf. PARENTONI, Leonardo. *O incidente de desconsideração da personalidade jurídica no CPC/2015*. Porto Alegre: Editora Fi, 2018. p. 160-161.

45. BRASIL. Superior Tribunal de Justiça. 2ª Turma. REsp 1.786.311/PR, j. 09.05.2019, Rel. Ministro Francisco Falcão. Trecho da Ementa: "A previsão constante no art. 134, caput, do CPC/2015, sobre o cabimento do incidente de desconsideração da personalidade jurídica, na execução fundada em título executivo extrajudicial, não implica a incidência do incidente na execução fiscal regida pela Lei 6.830/1980, verificando-se verdadeira

O INCIDENTE DE DESCONSIDERAÇÃO DA PERSONALIDADE JURÍDICA **59**

Em sentido contrário, a Primeira Turma do mesmo Tribunal tem realizado distinção interessante quanto à aplicabilidade ou não do incidente de desconsideração da personalidade jurídica na execução fiscal: caso o nome da pessoa, distinta daquela à qual foi originariamente direcionada a execução fiscal, já conste da CDA, ou se o fisco comprovar a responsabilidade do terceiro, na forma dos artigos 134 e 135 do CTN, é *possível* o redirecionamento direto da execução fiscal ao terceiro, sem necessidade de observância do incidente em questão.[46]

Do contrário, ou seja, se a pessoa contra a qual se pretende redirecionar a execução fiscal não constar da CDA e não for o caso de aplicação dos artigos 134 e 135 do CTN, a desconsideração da personalidade só pode ocorrer na forma do art. 50 do Código Civil e *mediante instauração do incidente* previsto no CPC/2015, dentro do próprio processo de execução fiscal.[47]

---

incompatibilidade entre o regime geral do Código de Processo Civil e a Lei de Execuções, que diversamente da Lei geral, não comporta a apresentação de defesa sem prévia garantia do juízo, nem a automática suspensão do processo, conforme a previsão do art. 134, § 3º, do CPC/2015".

Mais recentemente: BRASIL. Superior Tribunal de Justiça. 2ª Turma. AgInt no REsp 1.759.512/RS, j. 18.10.2019, Rel. Ministro Francisco Falcão. Trecho da Ementa: "'Há verdadeira incompatibilidade entre a instauração do incidente de desconsideração da personalidade jurídica e o regime jurídico da execução fiscal, considerando que deve ser afastada a aplicação da lei geral, – Código de Processo Civil –, considerando que o regime jurídico da lei especial, – Lei de Execução Fiscal –, não comporta a apresentação de defesa sem prévia garantia do juízo, nem a automática suspensão do processo, conforme a previsão do art. 134, § 3º, do CPC/2015."

No mesmo sentido: AgInt no REsp 1826357/RS, Rel. Ministro Og Fernandes, Segunda Turma, julgado em 30.08.2021, DJe 02.0962021; AgInt no REsp 1926186/CE, Rel. Ministro Francisco Falcão, Segunda Turma, julgado em 30.08.2021, DJe 02.09.2021; AgInt no REsp 1742004/SP, Rel. Ministra Assusete Magalhães, Segunda Turma, julgado em 07.12.2020, DJe 11.12.2020" (STJ, AgInt no REsp 1.831.059/PR, rel. Min. Mauro Campbell Marques, Segunda Turma, julg. 28.03.2022, DJe 1º.04.2022).

46. BRASIL. Superior Tribunal de Justiça. 1ª Turma. AgInt no AREsp. n. 2.092.285/RJ, j. 05.12.2022, Rel. Ministro Gurgel de Faria. Trecho da Ementa: "O pedido de redirecionamento da execução fiscal amparado na responsabilidade tributária por sucessão prevista no art. 133 do CTN (aquisição de estabelecimento ou de fundo de comércio) dispensa a instauração de incidente de desconsideração de personalidade jurídica. Precedente: AREsp 1.700.670/GO, relator Ministro Gurgel de Faria, Primeira Turma, julgado em 09.03.2021, DJe de 08.04.2021."

47. BRASIL. Superior Tribunal de Justiça. 1ª Turma. REsp 1.775.269/PR, j. 21.02.2019, Rel. Ministro Gurgel De Faria. Trecho da Ementa: "1. O incidente de desconsideração da personalidade jurídica (art. 133 do CPC/2015) não se instaura no processo executivo fiscal nos casos em que a Fazenda exequente pretende alcançar pessoa jurídica distinta daquela contra a qual, originalmente, foi ajuizada a execução, mas cujo nome consta na Certidão de Dívida Ativa, após regular procedimento administrativo, ou, mesmo o nome não estando no título executivo, o fisco demonstre a responsabilidade, na qualidade de terceiro, em consonância com os artigos 134 e 135 do CTN. 2. Às exceções da prévia previsão em lei sobre a responsabilidade de terceiros e do abuso de personalidade jurídica, o só fato de integrar grupo econômico não torna uma pessoa jurídica responsável pelos tributos inadimplidos pelas outras. 3. O redirecionamento de execução fiscal a pessoa jurídica que integra o mesmo grupo econômico da sociedade empresária originalmente executada, mas que não foi identificada no ato de lançamento (nome na CDA) ou que não se enquadra nas hipóteses dos arts. 134 e 135 do CTN, depende da comprovação do abuso de personalidade, caracterizado pelo desvio de finalidade ou confusão patrimonial, tal como consta do art. 50 do Código Civil, daí porque, nesse caso, é necessária a instauração do incidente de desconsideração da personalidade da pessoa jurídica devedora". No mesmo sentido, cf. ainda, mais recentemente: "A Primeira Turma deste Tribunal Superior tem pacífico entendimento jurisprudencial pela necessidade de instauração do Incidente de Desconsideração da Personalidade da Pessoa Jurídica, na hipótese em que a parte exequente pretenda alcançar pessoa distinta daquela apontada na Certidão de Dívida Ativa e não haja qualquer prova da ocorrência das hipóteses previstas nos artigos 134 e 135 do Código Tributário Nacional. E o só fato de estar caracterizado o grupo econômico não enseja a responsabilização tributária das empresas que o compõem. Precedentes" (AgInt no REsp 1.961.077/RS, rel. Min. Benedito Gonçalves, Primeira Turma, julg. 11.04.2022,

3.4 Desconsideração *versus* fraude à execução

Discussão interessante é a que contrapõe os institutos da desconsideração da personalidade jurídica e da fraude à execução.[48] O art. 137 do CPC/2015 dispõe que, acolhida a desconsideração, as eventuais alienações ou oneração de bens, realizadas, por exemplo, pelo sócio requerido no incidente, serão consideradas em fraude à execução e ineficazes face ao credor, requerente do incidente.

O regramento é complementado pelo § 3º do art. 792, ao dispor que, nos casos de desconsideração da personalidade jurídica, o marco temporal para a fraude à execução é a citação *da própria pessoa jurídica*, ré no processo principal, cuja personalidade se pretende desconsiderar, e não a citação *do sócio no incidente de desconsideração*, como seria mais natural.[49]

Essa previsão é altamente discutível. Considere-se a situação em que um terceiro compra determinado bem de um sócio, contra o qual, no momento da compra, não havia qualquer ação judicial ajuizada. Posteriormente, em ação contra a sociedade da qual este sócio participa, e somente na fase de cumprimento de sentença, o sócio que até então era um terceiro em relação ao processo movido contra a sociedade passa a ser formalmente incluído na lide, em razão do acolhimento do incidente de desconsideração da personalidade jurídica, sendo que *os efeitos dessa inclusão retroagiriam no tempo até o momento de citação da sociedade* para o processo original (e não da citação posterior

---

DJe 19.04.2022). "A instauração do incidente de desconsideração da personalidade jurídica – IDPJ, em sede de execução fiscal, para a cobrança de crédito tributário, revela-se excepcionalmente cabível diante da: (i) relação de complementariedade entre a LEF e o CPC/2015, e não de especialidade excludente; e (ii) previsão expressa do art. 134 do CPC quanto ao cabimento do incidente nas execuções fundadas em títulos executivos extrajudiciais. O IDPJ mostra-se viável quando uma das partes na ação executiva pretende que o crédito seja cobrado de quem não figure na CDA e não exista demonstração efetiva da responsabilidade tributária em sentido estrito, assim entendida aquela fundada nos arts. 134 e 135 do CTN. Precedentes" (STJ, AgInt no REsp 1963566/SP, Rel. Min. Regina Helena Costa, Primeira Turma, julg. 14.02.2022, DJe 17.02.2022).

48. A temática da fraude à execução vem regulada no âmbito do processo de execução no CPC/2015, com suas normas extensíveis também ao chamado cumprimento de sentença ou execução de sentença (art. 513 e 771 do CPC/2015), e traduz a possibilidade de se atingir terceiro adquirente de bem alienado pelo devedor executado na pendência do processo judicial, nos termos previstos no art. 792 do CPC/2015: "Art. 792. A alienação ou a oneração de bem é considerada fraude à execução: I – quando sobre o bem pender ação fundada em direito real ou com pretensão reipersecutória, desde que a pendência do processo tenha sido averbada no respectivo registro público, se houver; II – quando tiver sido averbada, no registro do bem, a pendência do processo de execução, na forma do art. 828 ; III – quando tiver sido averbado, no registro do bem, hipoteca judiciária ou outro ato de constrição judicial originário do processo onde foi arguida a fraude; IV – quando, ao tempo da alienação ou da oneração, tramitava contra o devedor ação capaz de reduzi-lo à insolvência; V – nos demais casos expressos em lei. § 1º A alienação em fraude à execução é ineficaz em relação ao exequente. § 2º No caso de aquisição de bem não sujeito a registro, o terceiro adquirente tem o ônus de provar que adotou as cautelas necessárias para a aquisição, mediante a exibição das certidões pertinentes, obtidas no domicílio do vendedor e no local onde se encontra o bem. § 3º Nos casos de desconsideração da personalidade jurídica, a fraude à execução verifica-se a partir da citação da parte cuja personalidade se pretende desconsiderar. § 4º Antes de declarar a fraude à execução, o juiz deverá intimar o terceiro adquirente, que, se quiser, poderá opor embargos de terceiro, no prazo de 15 (quinze) dias".

49. Nesse sentido, conferir: YARSHELL, Flávio Luiz. Comentário aos arts. 133 a 137. In: CABRAL, Antonio do Passo; CRAMER, Ronaldo (Coord.). *Comentários ao novo Código de Processo Civil*. 2. ed. Rio de Janeiro: Forense 2016. p. 241.

do sócio feita no incidente de desconsideração). Por essa interpretação literal, o negócio jurídico de aquisição do bem por um terceiro, celebrado de boa-fé e observando todas as cautelas de conferência documental (pois à época inexistia qualquer ação sequer ajuizada contra o sócio, alienante do bem) *viria a ser posteriormente considerado, de forma retroativa,* como sendo uma alienação em *fraude à execução.*

Todavia, fica muito claro na hipótese em exame que o terceiro adquirente agiu acobertado pela boa-fé, de modo que não se aplicaria a ineficácia prevista no § 1º do art. 792 do CPC/2015.[50] Esse é o entendimento que se considera tecnicamente mais correto para proteger quem celebrou negócio jurídico de boa-fé, sendo defendido pelos autores desde 2015. Felizmente, ele veio a ser posteriormente acolhido pelo Superior Tribunal de Justiça.[51]

3.5 Âmbito de defesa no incidente

Outro tema de grande relevância diz respeito ao *âmbito de defesa do sócio ou da pessoa jurídica chamada a participar do incidente* (CPC/2015 art. 135). Esta defesa envolveria só a temática da desconsideração da personalidade jurídica em si (defesa *restrita ao cabimento ou não do pedido de se estender responsabilidade* patrimonial a terceiro, por dívida alheia, sem adentrar a discussão do mérito do processo relativo à própria dívida), ou poderia/deveria o requerido no incidente de desconsideração da personalidade jurídica defender-se também quanto ao próprio *débito* discutido no processo originário (por exemplo, alegando prescrição ou questionando o valor da dívida)? Essa questão traz inúmeros efeitos práticos importantes.

Além disso, o cenário torna-se ainda mais complicado na hipótese de desconsideração da personalidade jurídica aplicada *na fase de cumprimento definitivo de sentença* transitada em julgado, proferida *apenas* contra a pessoa jurídica, devedora originária. Neste caso, poderia o sócio, que até então *não* fazia parte da lide, defender-se no incidente de desconsideração de forma ampla, *mesmo na fase de execução*, podendo questionar *qualquer aspecto* do débito, ou, diversamente, a sua defesa deveria ficar *adstrita* às matérias impugnáveis na fase de *execução*?[52]

---

50. PARENTONI, Leonardo. *O incidente de desconsideração da personalidade jurídica no CPC/2015.* Porto Alegre: Editora Fi, 2018. p. 127-129; e YARSHELL, Flávio Luiz. Comentário aos arts. 133 a 137. In: CABRAL, Antonio do Passo; CRAMER, Ronaldo (Coord.). *Comentários ao novo Código de Processo Civil.* 2. ed. Rio de Janeiro: Forense 2016. p. 242.

51. BRASIL. Superior Tribunal de Justiça. 3ª Turma, REsp. 1.391.830/SP, j. 22.11.2016, Rel. Ministra Nancy Andrighi. Trecho da Ementa: "A fraude à execução só poderá ser reconhecida se o ato de disposição do bem for posterior à citação válida do sócio devedor, quando redirecionada a execução que fora originariamente proposta em face da pessoa jurídica."

52. Tema igualmente relevante e polêmico, mas que não se insere no escopo deste artigo, é definir qual deve ser o âmbito de defesa do terceiro – não signatário – em processos arbitrais. Sobre este tema, recomenda-se a seguinte leitura: PEIXOTO, Leonardo Polastri Lima. *Arbitragem e Desconsideração da Personalidade Jurídica.* 2021. 108 f. Dissertação (Mestrado em Direito Empresarial) – Faculdade de Direito, Universidade Federal de Minas Gerais, Belo Horizonte, 2021.

A resposta parece se encaminhar no sentido positivo (possibilitando a discussão ampla do débito), considerando o contraditório efetivo implementado como norma fundamental do CPC/2015, especialmente nos art. 9º e 10. Significa dizer que o sócio poderia se defender *amplamente* não só quanto ao não preenchimento dos pressupostos para estender-lhe a responsabilidade patrimonial por dívida alheia (ou seja, quanto à ausência dos pressupostos da desconsideração da personalidade jurídica), mas também em relação ao próprio débito,[53] *inclusive no âmbito de cumprimento de sentença*, já que não fora parte do processo em que proferida a condenação e, por isso, a sentença proferida contra a pessoa jurídica não faz coisa julgada em relação ao sócio e, por consequência, não poderia vir a prejudicá-lo (art. 506, CPC/2015).[54]

Daí se deriva para outra indagação: a defesa, abrangendo tanto o tema da desconsideração quanto do débito, poderia ser apresentada no próprio incidente de desconsideração da personalidade jurídica? Ou deveria ser dividida em duas etapas: primeiro o tema da desconsideração sendo abordado no incidente e, depois, apenas se o incidente fosse decidido no sentido de incluir o sócio no processo, este sócio passaria então a discutir o débito em si? A maior eficiência processual (CPC/2015 arts. 4º e 8º) parece indicar que a resposta correta seria *cumular no incidente a análise de todos os temas de defesa*, até porque o incidente comporta produção probatória (CPC/2015 art. 136), de modo a resolver tanto a existência da *responsabilidade* do sócio/terceiro pela dívida original da sociedade, quanto eventuais questionamentos em torno *da própria*

---

53. YARSHELL, Flávio Luiz. Comentário aos arts. 133 a 137. In: CABRAL, Antonio do Passo; CRAMER, Ronaldo (Coord.). *Comentários ao novo Código de Processo Civil*. 2. ed. Rio de Janeiro: Forense 2016. p. 239: "Se o autor vislumbra fundamentos para a desconsideração, pode desde logo requerer a medida na petição inicial. Se o fizer, os potenciais responsáveis – não exatamente devedores – terão a oportunidade de atacar a existência e a exigibilidade da *dívida*. Se, contudo, o autor da demanda só vier a cogitar da responsabilidade mais adiante, então parece não só jurídico, mas justo, que se disponha a rediscutir o débito perante o terceiro que ele alega ser responsável patrimonial. Pensar diversamente seria, inclusive, abrir ensejo a eventual má-fé do autor que, embora podendo trazer o terceiro para o processo, aguardaria a consolidação da decisão sobre o débito para, só então, cogitar da desconsideração".

54. A literatura jurídica italiana é peremptória a respeito da impossibilidade de a coisa julgada atingir terceiros em relação ao processo em que proferida a decisão, conforme SASSANI, Bruno. *Lineamenti del processo civile italiano*. Seconda edizione. Milano: Giuffrè Editore, 2010, p. 425-425: "Per i terzi (estranei al processo e alla sentenza) non v'è alcun accertamento vincolante, nessun giudicato! Essi non possono quindi essere pregiudicati da una pronuncia resa *inter alios*". Especificamente em relação ao incidente de desconsideração da personalidade jurídica, cfr. YARSHELL, Flávio Luiz. Comentário aos arts. 133 a 137. In: CABRAL, Antonio do Passo; CRAMER, Ronaldo (Coord.). *Comentários ao novo Código de Processo Civil*. 2. ed. Rio de Janeiro: Forense 2016. p. 238, ao destacar que "o terceiro, sem ter participado da discussão que levou à formação do título executivo, não está vinculado pela imutabilidade própria da coisa julgada, dados os respectivos limites subjetivos (CF, art. 5º, LV e CPC, art. 506)".
   Igualmente: BIANQUI, Pedro Henrique Torres. *desconsideração da personalidade jurídica no processo civil*. São Paulo: Saraiva, 2011. p. 183. "Fere o *landmark* da garantia constitucional do contraditório e ampla defesa limitar o conteúdo da defesa de alguém que nunca participou do processo antes e não teve sequer chance de impor seus argumentos à cognição do Poder Judiciário. Mesmo porque a pessoa jurídica pode ter sido mal assessorada no processo de conhecimento e alguns elementos essenciais podem não ter sido discutidos. Portanto, o sócio pode plenamente (a) negar a qualidade de responsável, (b) discutir admissibilidade da desconsideração e (c) atacar a própria existência da relação jurídica principal."

dívida.[55] Não se trata, porém, de posicionamento pacificado, quer na literatura jurídica quer na jurisprudência.

3.6 Breve nota sobre desconsideração da personalidade jurídica e arbitragem

Outra questão interessante no âmbito da desconsideração da personalidade jurídica se relaciona com a arbitragem. Os princípios que estendem a responsabilidade patrimonial, sob o perfil substancial, por meio da desconsideração da personalidade jurídica, podem ou não ser aplicados ou estendidos para aqueles que não firmara a convenção de arbitragem. O tema, pela sua complexidade, não pode ser aqui examinado com mais vagar, mas apenas anunciado, com indicação de literatura que tem começado a se desenvolver na matéria.[56]

4. CONCLUSÃO

Este texto abordou – de forma propositadamente sucinta – o incidente de desconsideração da personalidade jurídica regulado no CPC/2015. Alguns anos após a introdução do referido incidente, questões importantes a respeito dele já começam a ser pacificadas na literatura jurídica nacional e na jurisprudência, a exemplo de quando se configura a fraude à execução com relação aos sujeitos que foram incluídos no processo, ao cabimento ou não do pagamento de honorários advocatícios e à impossibilidade de se aplicar a desconsideração da personalidade jurídica a grupos econômicos, simplesmente pela existência do grupo desacompanhada de prova das suas causas subjetivas ou objetivas que autorizam a desconsideração.

---

55. GRECO, Leonardo. *Instituições de direito processual civil.* Rio de Janeiro: Forense, 2015. v. I. p. 505. "Mas é de se esperar que, aberta com a citação para responder ao pedido de desconsideração a oportunidade para o requerido se defender, deva ele, nessa ocasião, aduzir a sua contrariedade a quaisquer pressupostos fáticos ou jurídicos da sua responsabilidade, de que resultem a própria certeza, liquidez ou exigibilidade do crédito, mesmo que já tenha sido objeto de decisão anterior e que também sobre essas questões lhe seja permitido formular alegações, propor e produzir provas, para que sejam em relação a ele apreciadas na decisão do pedido de desconsideração". Ao contrário, no sentido da separação dos temas de defesa no incidente de desconsideração: BENEDUZI, Renato. *Comentários ao Código de Processo Civil.* São Paulo: Ed. RT, 2018. v. II. p. 272-273. "Sua defesa deverá restringir-se à questão do cabimento ou não da desconsideração, sem se confundir com a eventual impugnação ao cumprimento de sentença ou com os embargos à execução que ele poderá vir a oferecer depois caso venha a se tornar executado com fundamento no acolhimento da desconsideração". Para discussão da amplitude da defesa no incidente, confira-se: PARENTONI, Leonardo. *O incidente de desconsideração da personalidade jurídica no CPC/2015.* Porto Alegre: Editora Fi, 2018. p. 116-122.

56. MARQUES, Ricardo Dalmaso; ALMEIDA, Fernanda Dias de; DAL MAS, Fernanda Marques. Os grupos de empresas e seus reflexos quanto aos efeitos da convenção de arbitragem. In: YARSHELL, Flávio Luiz; SETOGUTI, Guilherme J. Pereira (Coord.). *Processo societário II:* adaptado ao novo CPC – Lei 13.105/2015. São Paulo, 2015, p. 671. Cf., ainda, PARENTONI, Leonardo. *O Incidente de Desconsideração da Personalidade Jurídica no CPC/2015.* Porto Alegre: Editora Fi, 2018. p. 192 e ss. Tema igualmente relevante e polêmico, na matéria, é definir qual deve ser o âmbito de defesa do terceiro – não signatário – em processos arbitrais. Sobre este tema, recomenda-se a seguinte leitura: PEIXOTO, Leonardo Polastri Lima. *Arbitragem e desconsideração da personalidade jurídica.* 2021. 108 f. Dissertação (Mestrado em Direito Empresarial) – Faculdade de Direito, Universidade Federal de Minas Gerais, Belo Horizonte, 2021.

Por outro lado, temas de enorme importância prática ainda continuam provocando debates doutrinários, com posições absolutamente antagônicas, além de não encontrarem consenso na jurisprudência. É o caso de qual deve ser o âmbito de defesa do acusado no referido incidente, sobretudo quando instaurado na fase de execução do processo: se a defesa alcança qualquer matéria, de forma ampla, ou se deveria restringir-se apenas às matérias passíveis de serem invocadas na fase de execução. Os autores *reiteraram* o posicionamento que vêm defendendo desde 2015, no sentido de que o âmbito de defesa, nesse caso, deve ser *o mais amplo possível*, pelas razões técnicas elencadas ao longo do texto. Além de nos parecer o posicionamento mais proporcional e consentâneo com a interpretação sistemática do CPC/2015. Outro tema que carece de uniformização diz respeito à aplicação do incidente de desconsideração da personalidade jurídica nas execuções fiscais. Sobre ele atualmente vigoram entendimentos divergentes na Primeira e Segunda Turmas do Superior Tribunal de Justiça, como também demonstrado no texto.

Espera-se que estas sucintas reflexões sejam úteis a quem se interessa pelo tema.

5. REFERÊNCIAS

BENEDUZI, Renato. *Comentários ao Código de Processo Civil*. São Paulo: Ed. RT, 2018. v. II.

BIANQUI, Pedro Henrique Torres. *desconsideração da personalidade jurídica no processo civil*. São Paulo: Saraiva, 2011.

CÂMARA, Alexandre Freitas. *O novo processo civil brasileiro*. 4. ed. Rio de Janeiro: Editora Forense, 2017.

COELHO, Fábio Ulhoa. Lineamentos da teoria da desconsideração da pessoa jurídica. *Revista do Advogado*. n. 36, p. 38-44, São Paulo: Associação dos Advogados do Estado de São Paulo, mar. 1992.

COMPARATO, Fábio Konder. *O poder de controle na sociedade anônima*. 2. ed. São Paulo: Ed. RT, 1977.

COMPARATO, Fábio Konder; SALOMÃO FILHO, Calixto. *O poder de controle na sociedade anônima*. 5. ed. Rio de Janeiro: Forense, 2008.

COSTA REGO, Anna Lygia. *Aspectos jurídicos da confiança do investidor estrangeiro no Brasil*. 2010. 351 f. Tese (Doutorado em Direito Econômico e Financeiro) – Faculdade de Direito, Universidade de São Paulo, São Paulo, 2010.

DE LUCCA, Newton. A oportunidade de um novo Código Comercial para o Brasil. *Enfoque Jurídico*. ano I, n. 4, p. 14. São Paulo: Enfoque Jurídico, jun. 2011.

DIDIER JR., Fredie. *Curso de direito processual civil*. 18. ed. Salvador: JusPodivm, 2016. v. 1.

DIDIER JR., Fredie. *Regras processuais no Código Civil*. 3. ed. São Paulo: Saraiva, 2008.

DINAMARCO, Cândido Rangel. *Instituições de direito processual civil*: os fundamentos e as instituições fundamentais. 7. ed. São Paulo: Malheiros, 2013. v. I.

DINIZ, Gustavo Saad. *Subcapitalização societária*: financiamento e responsabilidade. Belo Horizonte: Fórum, 2012.

FORGIONI, Paula Andrea. *A evolução do direito comercial brasileiro*: da mercancia ao mercado. São Paulo: Ed. RT, 2009.

FORGIONI, Paula Andrea. *Teoria geral dos contratos empresariais*. São Paulo: Ed. RT, 2009.

GOMES, Orlando. *Obrigações*. 14. ed. Rio de Janeiro: Forense, 2000.

GRECO, Leonardo. *Instituição de direito processual civil*. 5. ed. Rio de Janeiro: Forense-Gen, 2015. v. I.

IRTI, Natalino. *L'Ordine Giuridico del Mercato*. Roma: Laterza, 2001.

LOPEZ, Teresa Ancona. Exercício do direito e suas limitações: Abuso do direito. *Revista dos Tribunais*. n. 885, p. 49-62, São Paulo: Ed. RT, jul. 2009.

MARINONI, Luiz Guilherme; ARENHART, Sérgio Cruz; MITIDIERO, Daniel. *Curso de processo civil*. São Paulo: Ed. RT, 2015. v. 2.

MARINONI, Luiz Guilherme; SILVA, Ricardo Alexandre. *Incidente de desconsideração da personalidade jurídica no Código de Processo Civil de 2015*. In: YARSHELL, Flávio Luiz; PEREIRA, Guilherme Setoguti J. (Coord.). *Processo Societário II*: Adaptado ao Novo CPC – Lei 13.105/2015. São Paulo: Quartier Latin, 2015. MENEZES CORDEIRO, António Manuel da Rocha e. *Da boa-fé no direito civil*. Coimbra: Almedina, 2011.

NEVES, Daniel Amorim Assumpção. *Manual de direito processual civil*. 8. ed. Salvador: JusPodivm, 2016.

NUNES, Márcio Tadeu Guimarães. *Desconstruindo a desconsideração da personalidade jurídica*. São Paulo: Quartier Latin, 2007.

PARENTONI, Leonardo. *Desconsideração contemporânea da personalidade jurídica*: dogmática e análise científica da jurisprudência brasileira (jurimetria/*empirical legal studies*). São Paulo: Quartier Latin, 2014.

PARENTONI, Leonardo. *O incidente de desconsideração da personalidade jurídica no CPC/2015*. Porto Alegre: Editora Fi, 2018.

PARENTONI, Leonardo. Prévio incidente de desconsideração da personalidade jurídica no novo CPC: a caminho de um novo paradigma? In: MAZIERO, Franco Giovanni Mattedi (Coord.). *O direito empresarial sob enfoque do novo Código de Processo Civil*. Rio de Janeiro: Lumen Juris, 2016.

PARENTONI, Leonardo. *Reconsideração da personalidade jurídica*: Estudo dogmático sobre a aplicação abusiva da *disregard doctrine* com análise empírica da jurisprudência brasileira. 2012. 203 f. Tese (Doutorado em Direito Comercial) – Faculdade de Direito, Universidade de São Paulo, São Paulo, 2012.

PEIXOTO, Leonardo Polastri Lima. *Arbitragem e desconsideração da personalidade jurídica*. 2021. 108 f. Dissertação (Mestrado em Direito Empresarial) – Faculdade de Direito, Universidade Federal de Minas Gerais, Belo Horizonte, 2021.

REQUIÃO, Rubens. *Curso de direito comercial*. 25. ed. São Paulo: Saraiva, 2003.

SALAMA, Bruno. *O fim da responsabilidade limitada no Brasil*. São Paulo: Malheiros, 2014.

SALOMÃO FILHO, Calixto. *O novo direito societário*. 3. ed. São Paulo: Malheiros, 2006.

SASSANI, Bruno. *Lineamenti del processo civile italiano*. Seconda edizione. Milano: Giuffrè Editore, 2010

SCALZILLI, João Pedro. *Confusão patrimonial no direito societário*. São Paulo: Quartier Latin, 2015.

WEBER, Max. *História geral da economia*. Trad. Calógeras A. Pajuaba. São Paulo: Editôra Mestre Jou, 1968.

YARSHELL, Flávio Luiz. Comentário aos arts. 133 a 137. In: CABRAL, Antonio do Passo; CRAMER, Ronaldo (Coord.). *Comentários ao novo Código de Processo Civil*. 2. ed. Rio de Janeiro: Forense, 2016.

YARSHELL, Flávio Luiz; SETOGUTI, Guilherme J. Pereira (Coord.). *Processo societário II*: adaptado ao novo CPC – Lei 13.105/2015. São Paulo, 2015.

PROPOSTA DE DECÁLOGO SOBRE A RESPONSABILIDADE PATRIMONIAL E A DESCONSIDERAÇÃO DA PERSONALIDADE JURÍDICA[1]

Flávio Luiz Yarshell

Professor Titular da Faculdade de Direito da Universidade de São Paulo. Advogado e árbitro.

Rafael Stefanini Auilo

Doutor e Mestre em Direito Processual pela Faculdade de Direito da Universidade de São Paulo. Advogado, árbitro e pesquisador.

Sumário: 1. Introdução – 2. Primeiro, segundo e terceiro preceitos: a regra é a de que a responsabilidade patrimonial é do devedor – 3. Quarto e quinto preceitos: há diferentes formas e requisitos para a extensão patrimonial; nenhuma se presume – 4. Sexto e sétimo preceitos: existência de grupo econômico e iliquidez do devedor não autorizam, por si sós, Desconsideração da Personalidade Jurídica – 5. Oitavo e nono preceitos: a regra é da prévia audiência do terceiro e a produção antecipada de prova pode ser um meio adequado para se proceder à investigação patrimonial – 6. Décimo preceito e conclusão – 7. Referências.

1. INTRODUÇÃO

Não se conhece fórmula perfeita para superar os problemas que, no Brasil, impedem a execução civil de ser eficiente e efetiva, sem que se renuncie à estrita observância do devido processo legal. Como ocorre com os óbices à distribuição da justiça em geral, na execução eles são de diversas ordens e alguns escapam à área estritamente jurídica.

Sem dúvida que essa assertiva tem sabor de lugar comum, mas a busca de soluções adequadas começa por um diagnóstico correto e, sem embargo do contexto heterogêneo (por exemplo, Fazenda Pública – como credora ou devedora – é um capítulo à parte), é possível identificar pelo menos duas grandes vertentes a partir das quais podem ser obtidos resultados mais satisfatórios: uma é a do aperfeiçoamento das técnicas executivas; a outra é a do alargamento da responsabilidade patrimonial. Na primeira, inscrevem-se

---

1. Ao ensejo é feita a ressalva de que parte expressiva do presente trabalho (por vezes, de forma literal) é fruto de artigo publicado no portal Conjur ("Extensão da responsabilidade patrimonial: sem equilíbrio não há solução", publicado em 9 de fevereiro de 2023) e de textos desenvolvidos em diferentes pareceres jurídicos, subscritos pelo primeiro coautor, elaborados com o relevante auxílio do segundo. Como não há identificação de caso ou de partes envolvidas; e como as opiniões dadas diante de casos concretos se alinha perfeitamente à construção conceitual ora apresentada, reputam-se desnecessárias outras referências de fonte, que não aquelas constantes das notas de rodapé ora lançadas.

temas como simplificação e racionalização do processo, incentivos para o adimplemento voluntário, mecanismos indiretos de coerção e emprego de tecnologia (inclusive o de inteligência artificial) e até a proposta de delegar atividades a entes privados; na segunda, alinham-se temas como garantias reais ou pessoais, relação entre pessoas que integram grupo econômico, fraude contra credores e de execução, alienação da coisa litigiosa, desconsideração da personalidade jurídica e sucessão empresarial.

Embora o mercado seja sensível a ambas as vertentes, é seguramente na segunda que parece residir o maior desafio. Se o sistema não é apto a satisfazer o credor a partir de algum patrimônio, não perde apenas o titular do crédito, mas também o interesse público – o que pode ser ilustrado pelo desperdício dos recursos empregados pelo Judiciário e aumento do custo do crédito. Em contrapartida, se o sistema, no afã de proporcionar resultados a qualquer custo, extrapola os limites pelos quais razoavelmente o patrimônio de determinada pessoa se sujeita à satisfação do credor, então o prejuízo não é apenas do titular dos ativos afetados, mas igualmente da coletividade: abala-se a segurança nas relações jurídicas e econômicas e, dessa forma, desestimula-se o investimento. Não é à toa, portanto, que a Lei 13.874/19 – qualificada como a da "liberdade econômica" – alterou a redação do art. 50 do Código Civil, quiçá na tentativa de corrigir distorções no tocante à desconsideração da personalidade jurídica.

É realmente difícil dizer onde está o equilíbrio. Contudo, parece possível tentar estabelecer parâmetros para tanto, a partir do ordenamento jurídico. Eis aqui, então, uma tentativa de contribuição para esse debate, tão relevante para o mercado. E, permita-se registrar, não interprete o eventual leitor que se trate de proposta pretensiosa ou presunçosa: conquanto apresentada sob a forma de preceitos agrupados, qualificados como integrantes de um decálogo, trata-se apenas de uma tentativa de tornar mais objetivo e direto o exame do tema, intrincado e complexo por natureza.

2. PRIMEIRO, SEGUNDO E TERCEIRO PRECEITOS: A REGRA É A DE QUE A RESPONSABILIDADE PATRIMONIAL É DO DEVEDOR

Primeiro: ter sempre em mente que a regra do ordenamento é a de que a responsabilidade patrimonial é do devedor e, portanto, de que a extensão desse encargo para outrem é exceção.

Segundo: interpretar as exceções à regra da vinculação entre débito e responsabilidade patrimonial de forma estrita ou restritiva, isto é, não de forma ampliativa e com grande cuidado no emprego de analogia. Por isso é que elas são exceções.

Terceiro: considerar que a extensão de responsabilidade patrimonial é usualmente subsidiária. Só se deve cogitar da invasão do patrimônio de outrem que não o devedor, se e quando tiverem sido razoavelmente exploradas as tentativas de satisfazer o credor a partir do patrimônio daquele que, no plano material, ostenta a dívida.

Embora soe verdadeiro truísmo, é fato que "quanto mais amplo o acervo sujeito à regra de responsabilidade patrimonial, tanto mais fácil (ou menos difícil) se torna a tarefa de satisfazer o credor". Assim, "essa maior amplitude objetiva do patrimônio penhorável pode derivar do alargamento do rol dos sujeitos portadores de responsabilidade patrimonial: quanto mais pessoas tiverem seu patrimônio sujeito à atuação dos meios executivos, mais se amplia o patrimônio penhorável e, de volta ao início, maior a tendência de se proporcionar satisfação ao credor".

Não obstante, "o problema surge quando, diante da perspectiva de impossibilidade de satisfação do credor diante do patrimônio penhorável apresentado pelo devedor ou responsável, busca-se a ampliação subjetiva e, consequentemente, objetiva do universo sujeito à regra de responsabilidade patrimonial". Daí o primeiro coautor deste artigo ter indagado: "a ampliação do rol de pessoas sujeitas à regra de responsabilidade patrimonial – e, assim, do acervo sujeito à expropriação – é mesmo caminho adequado para tornar a execução civil por quantia mais eficaz?" E a resposta doutrinária que então se propôs – e com a qual o segundo coautor concorda – foi a seguinte:

> De todo o exposto, é lícito responder de forma negativa. A vinculação entre débito e responsabilidade continua a ser a regra. Sua desvinculação, embora aceita legitimamente pelo sistema em determinadas hipóteses, permanece como exceção. Sendo excepcional o descasamento entre uma coisa e outra, as regras que disciplinam a matéria – seja no plano contratual, seja no plano legal – devem ser interpretadas de forma estrita.
>
> O processo, como cediço, é instrumento de atuação da vontade do direito material e não é fonte autônoma de direitos substanciais. A satisfação do credor, que o processo há de proporcionar, deve respeitar os limites estabelecidos naquele plano do ordenamento. Não compete ao Judiciário alargar as hipóteses legais de desvinculação entre débito e responsabilidade. Essa ruptura, se e quando desprovida de fundamento legal, é nociva e traz sério risco à segurança que deve presidir as relações jurídicas. Que as hipóteses previstas pela lei sejam aplicadas com efetividade. Mas que esse seja o limite. Fora daí, o processo se desvirtuará e enveredará para o arbítrio.
>
> Não teremos um processo civil melhor encontrando um responsável patrimonial a qualquer preço. Podemos e devemos trabalhar para que a atuação dos meios executivos seja mais racional e eficaz. Que os estudiosos do processo coloquem sua engenhosidade a serviço desse escopo legítimo, e não de outros que, em última análise, representam a negação do devido processo legal.[2]

O problema, como se percebe, gravita em torno do binômio *débito* e *responsabilidade*. Conforme página clássica da literatura processual, "A figura da relação jurídica obrigacional foi submetida nos últimos decênios a cuidadoso estudo analítico, do qual resultou uma doutrina que distingue nessa relação dois elementos conceitualmente separados: o *débito*, isto é, o dever da pessoa obrigada de cumprir a prestação, ao qual corresponde do lado ativo o direito de exigir o seu cumprimento; e a *responsabilidade*, isto é, a destinação dos bens do devedor a garantir a satisfação coativa daquele direito, à qual corresponde do lado ativo o direito de conseguir tal satisfação à custa desses bens, ou seja, o direito de agressão ao patrimônio do devedor".[3]

---

2. Cf. YARSHELL, Flávio Luiz. Aplicação da responsabilidade patrimonial: caminho para solução da falta de efetividade da execução civil brasileira? *Revista Mestrado em Direito, Direitos Humanos Fundamentais*, ano 13, n. 1, p. 221-245. 2013.

3. Cf. LIEBMAN, Enrico Tullio. *Processo de execução*. 5. ed. São Paulo, Saraiva, 1986, p. 33-36.

Ainda segundo essa clássica lição, "embora obrigação e responsabilidade normalmente coincidam no sentido que o próprio devedor condenado é que responde com seus bens para satisfazer coativamente ao credor, casos há em que, pelas relações existentes entre as partes e outras pessoas, estas respondem com seus bens para aquela finalidade. Acontece então que a responsabilidade se separa da obrigação e vai alcançar terceiro não devedor". À responsabilidade patrimonial das pessoas que não são titulares de obrigações dá-se o nome de "responsabilidade executória secundária" – por oposição à responsabilidade primária, que tem o sujeito passivo da obrigação.[4] Como prossegue a doutrina, a regra, ainda que sujeita a exceções, é a de que "a execução não pode abranger os bens e direitos de terceiros. Não poderia ser de outro modo e a afirmação não precisa de justificações especiais".[5] Daí a regra do art. 789 do CPC, segundo a qual "O devedor responde com todos os seus bens presentes e futuros para o cumprimento de suas obrigações, salvo as restrições estabelecidas pela lei"; que, como já dizia a doutrina formada sob a égide do diploma precedente, bifurca-se em duas proposições: "a) todos os bens do devedor respondem por suas obrigações e b) somente os bens do devedor respondem por suas obrigações".[6]

É certo que a regra comporta exceções "referentes às duas proposições em que se desdobra ele próprio: a) há bens do devedor que não respondem por suas obrigações; b) há bens de terceiro que respondem por elas";[7] como no caso da admissibilidade da expropriação de bens oferecidos à hipoteca ou à penhora por terceiro não obrigado.[8] Mas, o caráter excepcional da ruptura entre débito e responsabilidade remanesce: "O nexo que existe entre responsabilidade e obrigação é de instrumentalidade, tanto quanto o processo é instrumento do direito substancial. A responsabilidade patrimonial é instituída pela ordem jurídica com o escopo de propiciar a realização de direitos e obrigações pela via da execução forçada. Daí serem excepcionais os casos de obrigação sem responsabilidade ou de responsabilidade sem obrigação".[9]

Com efeito, é judiciosa a lição segundo a qual "a responsabilidade patrimonial, em princípio, recai sobre o patrimônio de quem assume a obrigação, posto que 'débito e responsabilidade' são 'faces diversas da mesma moeda'". Assim, "há casos legais e convencionais em que outrem submete o seu patrimônio para servir de sucedâneo nos casos de descumprimento da obrigação pelo devedor". Esse é caso do fiador que, embora não assuma o débito, tem os seus bens sujeitos à intervenção judicial se o devedor não cumprir a prestação. Em casos como esse, prosseguiu-se na doutrina, "não há coincidência entre a pessoa que assumiu a obrigação e a que vai experimentar o sacrifício de seus bens para satisfazer o direito do credor. Diz-se que, nesta hipótese, a 'responsabilidade patrimonial é secundária', em comparação com a 'responsabilidade patrimonial primária', que é a do

---

4. Cf. Idem, ibidem, p. 100.
5. Cf. Idem, ibidem, p. 104-105.
6. Cf. DINAMARCO, Cândido Rangel. *Execução civil*. 5. ed. São Paulo: Malheiros, 1997, p. 246.
7. Cf. Idem, ibidem, p. 246.
8. Cf. Idem, ibidem, p. 248.
9. Cf. Idem, ibidem, p. 249-250.

devedor".[10] Mas é preciso ressalvar que "A responsabilidade patrimonial secundária é excepcional e não se presume, posto implicar o sacrifício do patrimônio de outrem para satisfação de dívida alheia".[11] São postulados ressaltados pela generalidade da doutrina, processual e civilista.[12]

Firmada, então, a premissa da excepcionalidade da responsabilidade patrimonial secundária, a existência de patrimônio do devedor – não custa lembrar, responsável patrimonial primário – passa a ser um dado relevante para se decidir sobre se é ou não caso de se avançar no patrimônio de responsáveis que não são devedores; ainda que a insolvência do devedor não seja condição imprescindível para que se cogite da extensão de responsabilidade patrimonial.

Assim ocorre por uma razão de direito e de justiça: antes de se chegar ao patrimônio de quem não ostenta o débito, mas apenas a responsabilidade, é fundamental que sejam adequadamente exploradas as possibilidades de expropriação dos bens ofertados pelo próprio devedor. Isso inclusive é racional porque afasta a necessidade de eventuais novas medidas com natureza regressiva, do responsável que pagou em relação ao devedor propriamente dito (CPC, art. 795, § 3º). Por isso é que o CPC prevê que, na extensão de responsabilidade patrimonial a outrem que não exatamente o devedor, deve-se preferir a excussão de bens deste último (art. 795 e parágrafos). Essa é também a lição da doutrina, segundo a qual "A regra é de que a responsabilidade dos sócios em relação às dívidas sociais seja sempre subsidiária, ou seja, primeiro exaure-se o patrimônio da pessoa jurídica para depois, e desde que o tipo societário adotado permita, os bens particulares dos sócios ou componentes da pessoa jurídica serem executados".[13]

É certo que se poderia dizer que a preferência pelo patrimônio do devedor e a sua prévia tentativa de busca e expropriação não se aplicaria aos casos em que a responsabilidade decorre de desconsideração – e isso sob pretexto, quiçá, de que assim se estaria a prestigiar o uso abusivo da personalidade. Como leciona a doutrina, "A justificativa deste incidente – trazer um terceiro para submeter seu patrimônio à expropriação – existe porque há risco de que o responsável pela dívida (réu) não possua patrimônio suficiente para arcar com a dívida pela qual ele responde".[14] Porém, "Não se pode perder de vista que a doutrina da desconsideração da personalidade jurídica nasceu sob o sig-

---

10. Cf. FUX, Luiz. *Curso de direito processual civil*. Rio de Janeiro: Forense, 2001, p. 1025.
11. Cf. Idem, ibidem, p. 1032.
12. Cf. SANTOS, Moacyr Amaral. *Primeiras linhas de direito processual civil*. 22. ed. São Paulo: Saraiva, 2008, v. III, p. 269-270; LIMA, Alcides de Mendonça. *Comentários ao Código de processo civil*. Rio de Janeiro: Forense, 1974, v. VI, t. II, p. 465 e 471-472; GRECO, Leonardo. *O processo de execução*. Rio de Janeiro: Renovar, 2001, v. II, p. 7-8; ASSIS, Araken de. *Manual da execução*. 11. ed. São Paulo: Ed. RT, 2007, p. 202-203; WAMBIER, Luiz Rodrigues; ALMEIDA, Flávio Renato Correia; TALAMINI, Eduardo. *Curso avançado de processo civil*, 8. ed. São Paulo: Ed. RT, 2006, v. II, p. 110-111; ABELHA, Marcelo. *Manual de execução civil*. 2. ed. Rio de Janeiro: Forense, 2007, p. 104; CAHALI, Yussef Said. *Fraudes contra credores*. 4. ed. São Paulo: Ed. RT, 2008, p. 21-22; PEREIRA, Caio Mário da Silva. *Instituições de direito civil*. 6. ed. Rio de Janeiro; Forense, 1981, v. II, p. 29-30; MONTEIRO, Washington de Barros. *Curso de direito civil*: direito das obrigações. 17. ed. São Paulo: Saraiva, 1982, v. I, p. 24-25.
13. Cf. TARTUCE, Flávio. *Manual de direito civil*. 2. ed. São Paulo, Método, 2012, p. 148.
14. Cf. ABELHA, Marcelo. *Manual de direito processual civil*. 6. ed. Rio de Janeiro: Forense, 2016, p. 280.

no da excepcionalidade. Apenas em caráter excepcional é que deve ser decidida".[15] Daí porque já se disse que, qualquer seja "a razão para responsabilizar secundariamente o sócio, haverá a possibilidade do exercício do direito do *benefício de ordem* (art. 795, § 1º, do Novo CPC), podendo o sócio indicar bens da sociedade para que respondam à satisfação da dívida antes que seus bens sejam atingidos".[16]

3. QUARTO E QUINTO PRECEITOS: HÁ DIFERENTES FORMAS E REQUISITOS PARA A EXTENSÃO PATRIMONIAL; NENHUMA SE PRESUME

Quarto: fazer a devida distinção entre as diferentes formas pelas quais, de forma primária ou secundária, é possível chegar ao patrimônio de outrem que não o devedor. Fraude é uma palavra técnica no Direito, mas que, ao mesmo tempo, pode ter diferentes sentidos e alcances. Para cada eventual fraude há uma forma de reação adequada do sistema. Portanto, alienação de bem penhorado não se confunde com fraude de execução; fraude de execução não se confunde com desconsideração da personalidade jurídica, diversas por seus requisitos e efeitos. Desconsideração da personalidade jurídica não se confunde com sucessão empresarial, especialmente pelo fato de que essa última pressupõe que alguém assuma integralmente a posição jurídica de outra pessoa, que, por alguma razão, deixa de existir. Sucessão, por seu turno, não se confunde com a aquisição de ativos de devedor em dificuldades econômicas (inclusive em casos de recuperação judicial) quando, então, talvez se possa falar de ineficácia do ato por fraude de execução ou contra credores. Enfim, tratar de forma atécnica as diferentes situações que podem levar à extensão de responsabilidade é desprestigiar a dignidade que tem o sistema jurídico.

Quinto: ter em mente que fraude, embora seja repugnante e deva ser combatida com energia, não se presume. Inadimplemento é fato relevante para o Direito; nem por isso se pode dizer que todo devedor inadimplente seja fraudador. Portanto, é ônus da parte interessada – nos limites compatíveis com as garantias do acesso à justiça, ao devido processo legal e ao contraditório – alegar e provar a ocorrência de fraude, qualquer que seja a modalidade de que se cogite.

Não há dúvida de que a desconsideração da personalidade jurídica é medida excepcional uma vez que a regra, como já mencionado, é a de que débito e responsabilidade patrimonial sigam juntas. Além disso, abuso e fraude não se presumem. Deve-se respeitar a autonomia patrimonial das pessoas jurídicas e o levantamento episódico do véu da personalidade jurídica depende da adequada prova dos respectivos pressupostos de admissibilidade. Já se disse corretamente que "o ordinário se presume e o extraordinário se prova".[17] E "a eventual fraude cometida pelo devedor (ou por sócios da sociedade devedora) é fato constitutivo: fato constitutivo do direito da credora a

---

15. Cf. LÔBO, Paulo. *Direito civil*: parte geral. 4. ed. São Paulo: Saraiva, 2013, p. 169-172.
16. Cf. NEVES, Daniel Amorim Assumpção. *Manual de direito processual civil*. 10. ed. Salvador: JusPodivm, 2018, p. 1154.
17. Cf. DINAMARCO, Cândido Rangel. Desconsideração da personalidade jurídica, fraude, ônus da prova e contraditório. *Fundamentos do processo civil moderno*. 6. ed. São Paulo: Malheiros, 2010, p. 538. t. I.

satisfazer-se, excepcionalmente, à custa do patrimônio do sócio. Reside nos eventuais atos fraudulentos a causa que em tese pode conduzir a essa solução extraordinária. Sem fraude não se desconsidera; sem prova, a fraude não pode ser reconhecida".[18]

Daí porque "Se a fraude é alegada pela credora e seu reconhecimento beneficiará a ela, é a ela que cabe o ônus de demonstrar a efetiva ocorrência do alegado fato fraudulento (...)". A entendimento diverso só se poderia chegar "se a lei ditasse alguma *presunção de fraude*". Assim, "Sendo a má-fé considerada excepcional na vida das pessoas, aquele a quem o seu reconhecimento pelo juiz possa aproveitar tem o ônus de prová-la".[19]

A conclusão natural é a de que "a teoria da desconsideração só pode ser aplicada a casos singulares, extraordinários, quando se fizer mau uso da pessoa jurídica"[20] e que "a doutrina da desconsideração da personalidade jurídica nasceu sob o signo da excepcionalidade".[21] Ou, por outras palavras, "sem fraude não se desconsidera a personalidade jurídica, sendo extraordinários na ordem jurídica os casos de desconsideração".[22]

Como sabido, "O objetivo da teoria da desconsideração da personalidade jurídica (*disregard doctrine ou piercing the veil*) é exatamente possibilitar a coibição da fraude, sem comprometer o próprio instituto da pessoa jurídica, isto é, sem questionar a regra da separação de sua personalidade e patrimônio em relação aos de seus membros", de modo que "a teoria tem o intuito de preservar a pessoa jurídica e sua autonomia".[23] Assim, "entende-se aqui que o sistema – diante de determinadas situações anômalas – oferece como resposta o remédio da desconsideração da personalidade jurídica, como uma maneira de, até mesmo, preservá-la".[24]

Sobre isso, é ressabido que remonta à antiga jurisprudência inglesa e estadunidense o entendimento de que "quando o conceito de pessoa jurídica (*corporate entity*) se emprega para defraudar os credores, para subtrair-se a uma obrigação já existente, para desviar a aplicação de uma lei, para constituir ou conservar um monopólio, ou para proteger velhacos ou delinquentes, os tribunais poderão prescindir da personalidade jurídica e considerar que a sociedade é um conjunto de homens que participam ativamente de tais atos e farão justiça entre pessoas reais".[25]

No direito positivo brasileiro, como cediço, o mecanismo foi incorporado pelo art. 50 do Código Civil e por dispositivos constantes de legislação extravagante. Uma das

---

18. Cf. Idem, ibidem, p. 540.
19. Cf. Idem, ibidem, p. 540.
20. Cf. ALVIM, Thereza. Aplicabilidade da teoria da desconsideração da pessoa jurídica no processo falimentar. *Revista de Processo*, v. 22, n. 87, p. 212. jul./set. 1997.
21. Cf. LÔBO, Paulo. *Direito civil*: parte geral. 4. ed. São Paulo: Saraiva, 2013, p. 169-172.
22. Cf. DINAMARCO, Cândido Rangel. Desconsideração da personalidade jurídica, fraude, ônus da prova e contraditório. *Fundamentos do processo civil moderno*. 6. ed. São Paulo: Malheiros, 2010, t. I, p. 536.
23. Cf. COELHO, Fábio Ulhoa. *Curso de direito comercial*. 13. ed. São Paulo: Saraiva, 2009, v. II, p. 37-38.
24. Cf. BORGES, Roxana Cardoso Brasileiro; e MARTINS, Irena Carneiro. Incidente de desconsideração da personalidade jurídica. In: EHRHARDT JÚNIOR, Marcos; MAZZEI, Rodrigo (Coord.). *Coleção repercussões do novo CPC*: direito civil. Salvador: JusPodivm, 2017, v. 14, p. 264-265.
25. Cf. REQUIÃO, Rubens. Abuso de direito e fraude através da personalidade jurídica. *Revista dos Tribunais*, v. 91, n. 803, p. 410-413, set. 2002.

hipóteses expressamente previstas pela legislação para a desconsideração da personalidade jurídica é a confusão patrimonial, identificada pelos incisos do § 2º do mencionado dispositivo do Código Civil. Como se trata de situação consideravelmente ampla, podendo-se cogitar de uma plêiade de situações de "confusão patrimonial" que poderiam ocorrer no plano dos fatos, a previsão apenas de hipóteses fechadas acabaria por reduzir sobremaneira a eficácia do instituto. Daí porque a legislação, de forma coerente com a realidade, contemplou essa abertura ao pontuar que, além das duas hipóteses previstas nos incisos I e II, também se enquadra como confusão patrimonial "outros atos de descumprimento da autonomia patrimonial" (inciso III).

Assim, "o dispositivo menciona qualquer outro ato de descumprimento da autonomia patrimonial, o que representa uma cláusula geral, muito útil, para incluir outras hipóteses de mistura entre os patrimônios da pessoa jurídica e de seus sócios ou administradores e vice-versa. A ideia aqui é mostrar que o rol é exemplificativo, abrangendo todos os atos que representem o uso indevido da autonomia patrimonial".[26] Em suma, "As situações são amplas, como sociedades que sucederam, de fato – pretendendo evitar a caracterização da sucessão jurídica –, a outras sociedades; empresas de fachada, constituídas para acobertar outras sociedades",[27] merecendo ser "aplicada a desconsideração nos casos em que houver confusão entre o patrimônio dos sócios e da pessoa jurídica",[28] independentemente da forma concreta pela qual essa confusão se apresente.

Como a experiência revela, a confusão patrimonial ocorre justamente na perspectiva de burla de regra restritiva ou limitadora do uso ou destinação do patrimônio por uma pessoa jurídica – que, então, o transfere para outra pessoa, justamente para se ver livre dessas amarras. A fraude, como sói acontecer, ocorre de forma sorrateira, de maneira "disfarçada, embora real e oculta". Aliás, o traço característico da fraude à lei é a de resultar "em consequências não permitidas em lei, podendo atingir direitos subjetivos ou apenas preceitos de ordem pública", a qual, induvidosamente, constitui "fundamento para o desconhecimento da autonomia subjetiva da pessoa jurídica".[29] Mas, é importante que se diga, isso não deve servir como forma de diminuir o grau de suficiência da prova e, menos ainda, como desculpas para transformar o excepcional em ordinário. De volta ao que se disse, se as práticas ilícitas se aperfeiçoam e, portanto, dificultam a prova direta dos fatos ilícitos assim praticados, o sistema deve também aperfeiçoar os meios de investigação o que antecipa de certo modo um dos pontos ao qual se voltará mais a frente – o da utilização da produção antecipada de prova.

Assim, "na fraude a conduta aparentemente lícita resulta em uma violação ao espírito da lei, à sua vontade ou à vontade das partes expressa em um contrato. Ambas as

---

26. Cf. TOMAZETTE, Marlon. *Curso de direito empresarial*: teoria geral e direito societário. 12. ed. São Paulo: Saraiva, 2021, item 8.5.2. da versão eletrônica.
27. Cf. MAMEDE, Gladston. *Direito empresarial brasileiro*. São Paulo, Atlas, 2004, v. 2, p. 268.
28. Cf. NERY JUNIOR, Nelson; NERY, Rosa Maria de Andrade. *Código civil comentado*. 13. ed. São Paulo: Ed. RT, 2019, p. 277.
29. Cf. RODRIGUES FILHO, Otávio Joaquim. *Desconsideração da personalidade jurídica e processo*: de acordo com o Código de Processo Civil de 2015. São Paulo: Malheiros, 2016, p. 91.

figuras, abuso de direito e fraude à lei ou ao contrato, levam-nos a concluir que desaguam no desvio de função da pessoa jurídica a nortear sua atuação".[30] Trata-se de expediente pelo qual alguém exerce o direito "com o específico escopo de obter alguma vantagem material indevida e com prejuízo de outrem, por meio de condutas fraudulentas, assim burlando a lei, elidindo obrigação contratual ou, simplesmente, através de expedientes enganosos, prejudicando terceiro".[31]

Na esteira do que se disse a respeito da importância de se precisar tecnicamente o instituto aplicável a cada hipótese, impõe-se diferenciar desconsideração de sucessão e dessas com a solidariedade, especialmente diante da confusão que a prática, à míngua de dados estatísticos, acaba muitas vezes por revelar. *Suceder* é assumir a posição de outrem na relação jurídica processual. Cuida-se de fenômeno atrelado a outro no plano material, por força de ato *inter vivos* ou *causa mortis* – a título gratuito ou oneroso. Ela "ocorre quando outra pessoa assume o lugar do litigante, tornando-se parte na relação jurídica processual. Defende, em nome próprio, direito próprio decorrente de mudança da titularidade do direito material discutido em juízo".[32]

Com efeito, a sucessão no plano material "tem como causa determinante a extinção do sujeito ao qual convergiam os direitos e obrigações integrantes de um patrimônio (...). Tratando-se de pessoa física, esse desaparecimento se dá quando morre. As jurídicas extinguem-se pela *dissolução*, que não opera sucessão universal, ou pelos fenômenos da *incorporação, fusão,* ou *cisão* de sociedades, quando então ocorre a sucessão universal por ato *inter vivos*. Em todos esses casos, a transferência integral da universalidade de direitos e obrigações é natural desdobramento da superveniente inexistência da personalidade jurídica do primitivo titular (CC, arts. 1.116 – 1.119) – salvo casos, até corriqueiros nos negócios entre companhias, nos quais o ato de incorporação, fusão ou cisão especifica parcelas do patrimônio a serem transferidas a duas ou mais pessoas jurídicas".[33]

E se a sucessão no plano material importa na extinção da empresa sucedida, *a continuidade dessa última é logicamente incompatível* – inclusive no plano processual.[34] Daí porque parece correto dizer que a sua ocorrência é inconciliável com a ideia de *solidariedade* passiva entre devedor e o terceiro a quem se busca estender a responsabilidade patrimonial. Tal fenômeno pressupõe – por definição, extraída da regra do art. 264 do Código Civil – a existência de duas ou mais pessoas; o que, como visto, não ocorre no fenômeno da sucessão, em que uma das pessoas simplesmente deixa de ter existência

---

30. Cf. RODRIGUES FILHO, Otávio Joaquim. *Desconsideração da personalidade jurídica e processo*: de acordo com o Código de Processo Civil de 2015. São Paulo: Malheiros, 2016, p. 90.
31. Cf. MONTEIRO FILHO, Raphael Barros. *Comentários ao novo Código Civil*. 2. ed. São Paulo: Forense, 2012, v. I, p. 786-787.
32. Cf. FERREIRA, William Santos. Situação jurídica no processo do adquirente de bem litigioso e dos herdeiros e sucessores no caso de falecimento da parte, diante do novo Código Civil. In: DIDIER JR, Fredie; WAMBIER, Arruda Alvim (Coord.). *Aspectos polêmicos e atuais sobre os terceiros no processo civil*. São Paulo: Ed. RT, 2004, p. 1056-1057.
33. Cf. DINAMARCO, Cândido Rangel. *Instituições de direito processual civil*. 4. ed. São Paulo: Malheiros, 2019, v. IV, p. 115-116.
34. Cf. TJ-SP, 8ª Câmara do extinto 1º tac, AgRg n. 1.175.773-2/01, rel. Des. Carlos Alberto Lopes, j. 07.05.2003.

jurídica. Portanto, de duas uma: ou bem haveria sucessão; ou bem haveria solidariedade. As duas situações, por se excluírem reciprocamente, não podem conviver.

Para além disso, não obstante o texto da lei com eventual limitação ao caso de morte, entende-se que a sucessão no plano material – a qual se desdobrará em processual – pode decorrer de ato *inter vivos* – como ocorre nas acima destacadas hipóteses de incorporação, cisão e fusão de sociedades, "tendo legitimidade passiva ordinária superveniente para a execução a sociedade sucessora da que originalmente figurava como devedora".[35] A sucessão processual também pode decorrer da assunção da dívida por um terceiro; o que naturalmente exige não só *manifestação expressa de vontade de quem assume a dívida*, como ainda expresso consentimento do credor.[36]

Também convém destacar que as empresas sucessoras até podem ser executadas pelas dívidas constantes de títulos executivos de responsabilidade das empresas extintas ou sucedidas. Contudo, mesmo nesse caso "haverá, naturalmente, de observar-se o limite do patrimônio absorvido pela empresa sucessora",[37] além de respeitar, naquilo quanto aplicável, as demais regras de que está a se falar neste decálogo.

Finalmente, parece certo enfatizar a diferença entre solidariedade e extensão da responsabilidade patrimonial, tanto mais quando esta advém de desconsideração da personalidade jurídica. Com efeito, solidariedade é um fenômeno associado à *obrigação* – isto é, ao *débito* – e não exatamente à *responsabilidade patrimonial*. Tal é o que se extrai da letra do art. 264 do Código Civil, que atrela o conceito de solidariedade ao de *obrigação*. Ensina festejada doutrina, que "É solidária a obrigação de quem assume, em reforço, a dívida (adesão à dívida, *Schuldbeitritt*, ou coassunção de dívida (...)".[38] Assim, "A obrigação solidária passiva pode ser conceituada como a relação obrigacional, oriunda de lei ou de vontade das partes, com multiplicidade de devedores, sendo que cada um responde *in totum et totaliter* pelo cumprimento da prestação, como se fosse o único devedor"[39] – relembrando-se que "A *obrigação*, como categoria do direito material, é portanto uma situação jurídica visivelmente *estática*, que não contém em si nem oferece ao titular do direito qualquer força ou autorização para efetivamente trazer a seu patrimônio o que lhe é devido, contra a vontade do obrigado (...)". Já o tema da *responsabilidade patrimonial* "associa-se intimamente ao dessas atividades realizadas pelo Estado-juiz no exercício da jurisdição, não se confundindo com a problemática jurídico-substancial da determinação da existência, inexistência, conteúdo ou objeto dos direitos e obrigações".[40]

---

35. Cf. CÂMARA, Alexandre Freitas. *Lições de direito processual civil*. 22. ed. São Paulo: Atlas, 2013, v. II, p. 181.
36. Cf. Id. Ibid. Igual a lição de THEODORO JÚNIOR, Humberto. *Curso de direito processual civil*. 44. ed. Rio de Janeiro: Forense, 2009, v. II, p. 156.
37. Cf. THEODORO JÚNIOR, Humberto. *Curso de direito processual civil*. 44. ed. Rio de Janeiro: Forense, 2009, v. II, p. 156.
38. Cf. PONTES DE MIRANDA, Francisco Cavalcanti. *Tratado de direito privado*. São Paulo: Ed. RT, 2012, t. XXII, § 2754, n. 3, da versão eletrônica.
39. Cf. GONÇALVES, Carlos Roberto. *Comentários ao Código Civil brasileiro*. Rio de Janeiro: Forense, 2003, , v. III, p. 171.
40. Cf. DINAMARCO, Cândido Rangel. *Instituições de direito processual civil*. 4. ed. São Paulo: Malheiros, 2019, v. IV, p. 326-327.

Disso é possível extrair que o surgimento da solidariedade, ao menos por regra, deve ser *contemporâneo à constituição da própria obrigação* na medida em que é naquele momento que se define quem são os credores e os devedores. Se, depois daquele momento, alguém assume a posição de devedor solidário em relação a uma dada obrigação anteriormente constituída, isso só poderá ocorrer por obra de eventual nova manifestação de vontade; que, embora até prescinda da vontade do devedor originário, jamais dispensaria a expressa declaração da pessoa que também assumisse a dívida. Como destaca a doutrina, "se não houver menção explícita no título constitutivo da obrigação ou em algum artigo de lei, ela não será solidária, porque a solidariedade não se presume".[41] Ela pode "surgir simultaneamente com a obrigação a que adere, como acontece usualmente, como também em ato separado e posterior, que faça menção à obrigação originária"[42] – o que, como dito, pressupõe a voluntária e expressa *adesão* de um terceiro à dívida,[43] em verdadeira "associação de crédito mútuo", para empregar expressão cunhada pela doutrina brasileira clássica, que bem destacou: "Por ser excepcional em nosso direito civil a solidariedade, e, pois, impresumível, razão é conste no contrato ou no ato, inequivocamente"[44] – tal como resulta do disposto no art. 265 do Código Civil.

Tratando de fenômeno análogo, qual seja, o redirecionamento da execução para o "assuntor de dívidas",[45] a doutrina enfatiza que tal fenômeno está inserido nos domínios da autonomia da vontade, sendo certo que se trata de "sujeito que se insere na relação obrigacional como novo devedor", com base em "negócio jurídico bilateral". Embora a assunção da dívida não gere uma nova relação obrigacional, "esse câmbio subjetivo provoca a irrupção de um vínculo adstrito não mais ao devedor originário, mas sim a um terceiro, que é o assuntor. Em palavras diretas, o assuntor obriga-se".[46] Portanto, nos domínios do débito, a assunção de qualquer dívida não dispensa manifestação de vontade de que assume o débito.

Essas constatações têm repercussão das mais relevantes, na medida em que, diversamente do que se passa no caso de extensão de responsabilidade patrimonial fundada em desconsideração da personalidade jurídica (que, diga-se, pressupõe alguma forma de abuso ou de fraude), tratando-se de pretensão ao reconhecimento de *débito*, é imprescindível que *o suposto devedor tenha participado da formação da decisão condenatória*, isto é, que tenha integrado a fase de conhecimento, como decorre da letra expressa do § 5º do art. 513 do CPC, taxativo ao estatuir que "O cumprimento da sentença não poderá ser promovido em face do fiador, do coobrigado ou do corresponsável que não tiver participado da fase de conhecimento"; regra que, de resto, já se reconhecia sob a égide do

---

41. Cf. GONÇALVES, Carlos Roberto. *Comentários ao Código Civil brasileiro*. Rio de Janeiro: Forense, 2003, v. III, p. 148-149.
42. Cf. Idem, ibidem, p. 148-149.
43. Cf. LÔBO, Paulo. *Obrigações*. 2. ed. São Paulo: Malheiros, 2011, p. 137.
44. Cf. NONATO, Orosimbo. *Curso de obrigações*. Rio de Janeiro: Forense, 1959, v. II, p. 171 e 177.
45. Em comum com a solidariedade, está o fato de que alguém assume voluntariamente a figura de devedor.
46. Cf. SANTOS. Silas Silva. *Redirecionamento da execução civil*. São Paulo: Ed. RT, 2021, p. 142-144.

diploma precedente, consoante firme entendimento, bem ilustrado pelo teor do verbete 268 da jurisprudência sumulada do Superior Tribunal de Justiça.[47]

Sobre isso, cai como uma luva a lição segundo a qual "Essa circunstância de responsabilidade patrimonial executiva por débito alheio não se mescla com as hipóteses de responsabilidade patrimonial por fato de outrem, no mais das vezes advinda de responsabilização solidária de caráter civil. O divisor de águas entre as duas situações é a inexistência de débito próprio na hipótese de responsabilidade executiva secundária, além de ser esta materializável diretamente na seara executiva, ao passo que, nos cenários de responsabilidade patrimonial por fato de outrem, em geral, há estipulação legal responsabilizando alguém por agir alheio, geralmente em caráter solidário, porém exigente de apuração judicial prévia com consequente condenação em processo cognitivo, vale dizer, o responsável patrimonial por fato de outrem será responsável executivo primário, porque necessariamente terá que ter tido contra si a prolação de sentença condenatória prévia (será, portanto, devedor e responsável patrimonial)".[48]

De forma coerente com esse pensamento, o primeiro coautor deste trabalho já havia asseverado, em âmbito doutrinário, que "se o demandante entende que determinada pessoa está obrigada (plano do *débito*) a determinada prestação, ele tem o ônus de inserir o suposto devedor no polo passivo da relação processual em sua fase cognitiva: uma coisa é desconsiderar personalidade para estender responsabilidade patrimonial; outra – juridicamente inviável – é instaurar execução ou cumprimento de sentença à mingua de título executivo. Tal é o que se extrai do § 5º do art. 513 e do art. 783 do CPC 2015".[49] Esse é, aliás, o único entendimento possível à luz dos postulados constitucionais do devido processo legal e do contraditório.

Como é da doutrina, "em face do moderno alcance da garantia constitucional do *contraditório*, como expressão do princípio da *participação*, nenhum sujeito de direito pode ter atingida a sua esfera patrimonial por qualquer ato executório, sem que a lei lhe assegure a oportunidade de influir eficazmente na elaboração da decisão que o determinou ou no reexame imediatamente subsequente dessa decisão, bem como em todos os sucessivos atos do processo de execução em que isso ocorreu".[50] Tratando-se, exemplificativamente, de cumprimento de sentença, a limitação subjetiva do julgado de cujo cumprimento se poderia cogitar tem um importante significado: para aqueles que não figuraram no processo em que proferida a sentença que reconhece, com todos os elementos, obrigação não há título; e sem título não há execução, nem responsabilidade

---

47. "O fiador que não integrou a relação processual na ação de despejo não responde pela execução do julgado".
48. Cf. MELLO, Rogerio Licastro Torres de. *Responsabilidade executiva secundária: a execução em face do sócio, do cônjuge, do fiador e afins*. São Paulo: Ed. RT, 2016, n. 17 da versão eletrônica.
49. Cf. YARSHELL, Flávio Luiz. O incidente de desconsideração da personalidade jurídica no CPC 2015: aplicação e outras formas de extensão da responsabilidade patrimonial. In: YARSHELL, Flávio Luiz; PEREIRA, Guilherme Setoguti Julio. *Processo societário II*. São Paulo. Quartier Latin, 2015, p. 214-215. Nesse mesmo sentido, cf. YARSHELL, Flávio Luiz. Do incidente de desconsideração da personalidade jurídica. In: CABRAL, Antonio do Passo; CRAMER, Ronaldo. *Comentários ao novo Código de Processo Civil*. 2. ed. Rio de Janeiro: Forense, 2016, p. 229.
50. Cf. GRECO, Leonardo. *O processo de execução*. Rio de Janeiro: Renovar, 1999, v. I, p. 333-334.

patrimonial que possa ser invocada. Daí se reconhecer que "se o devedor principal for condenado, o vencedor não poderá, em hipótese alguma, executar o fiador que se obrigou como devedor solidário, se este não participou do contraditório no respectivo processo".[51]

A bem da verdade, a exigência legal de participação na fase de conhecimento não é apenas para coobrigados – como é o caso de devedores solidários. A exigência diz respeito também a *responsáveis patrimoniais*, como ocorre no caso do fiador ou do corresponsável, conforme letra expressa do já invocado § 5º do art. 513 do CPC em vigor. E assim ocorre pela circunstância de que, não se tratando de desconsideração da personalidade jurídica (que exige alegação e prova de fraude ou abuso), o responsável deve ter oportunidade de exercitar o contraditório antes que se chegue a eventual decisão condenatória.

4. SEXTO E SÉTIMO PRECEITOS: EXISTÊNCIA DE GRUPO ECONÔMICO E ILIQUIDEZ DO DEVEDOR NÃO AUTORIZAM, POR SI SÓS, DESCONSIDERAÇÃO DA PERSONALIDADE JURÍDICA

Sexto: a mera existência de grupo econômico não é, por si só, autorizadora de desconsideração de personalidade jurídica. Esse postulado nem deveria integrar o decálogo, considerando que isso é o que expressamente decorre da lei. Talvez ele devesse dar lugar a um outro postulado: não deixar de aplicar a vontade consagrada na lei, sob o pretexto – expresso ou velado – de que a escolha do Legislador não teria sido a melhor. Além disso, quando se trata de grupo, não se deixar levar pelo viés segundo o qual força econômica – na verdade, um sinal de bom funcionamento do sistema capitalista – seria sinônimo de abuso ou de aptidão para arcar com dívidas contraídas por outrem.

Sétimo: lembrar que iliquidez do devedor, ou mesmo ausência de patrimônio suficiente para satisfação de seus credores não são situações que, por si sós, autorizem extensão de responsabilidade patrimonial a terceiros. Aquela primeira, conquanto realmente seja um obstáculo a vencer, pode e deve ser enfrentada com racionalidade e engenhosidade, a partir das ferramentas ofertadas pelo sistema – dentre as quais o eventual emprego de medidas coercitivas indiretas, tendentes a estimular o devedor a contribuir para célere liquidação do patrimônio ou ainda o emprego de novas tecnologias, que surgem a todo momento. A outra (insolvência do devedor), desde que associada a demais circunstâncias, é dado potencialmente relevante para a configuração de fraude de execução; e, claro, pode ser determinante de eventual decreto de falência – mas não para a pura e simples extensão de efeitos dessa última a terceiros.

Nos termos do art. 265 do CC, a solidariedade decorre de Lei ou da vontade das partes. Por isso, convém relembrar que "para uma obrigação ser solidária é preciso que as partes, ou a lei, assim a definam, de modo expresso".[52] Sendo "exceção ao princípio *concursu partes fiunt*, ela não se presume: a solidariedade convencional tem de ser ex-

---

51. Cf. TUCCI, José Rogério Cruz e. *Limites subjetivos da eficácia da sentença e da coisa julgada civil*. São Paulo: Ed. RT, 2006, p. 287-288.
52. Cf. GOMES, Orlando. *Obrigações*. 18. ed. Rio de Janeiro: Forense, 2016, p. 66.

pressamente ajustada"[53] ou, quando menos, estar "fundada em manifestação da vontade inequívoca".[54] Ora, no caso de sociedades integrantes de um mesmo grupo, não apenas inexiste regra legal a impor a solidariedade com base no vínculo entre diferentes pessoas, como ainda é possível extrair do ordenamento o inverso: na esfera civil, *a regra é a de que grupo econômico não induz solidariedade das pessoas que o integram.*

É que, no referido âmbito, as pessoas jurídicas preservam sua autonomia e, portanto, sua personalidade jurídica própria. Tanto isso é correto que o parágrafo único do art. 49-A do Código Civil – em regra trazida pela recente Lei 13.874/19 e que bem se poderia qualificar como interpretativa – reconhece textualmente que "A autonomia patrimonial das pessoas jurídicas é um instrumento lícito de alocação e segregação de riscos, estabelecido pela lei com a finalidade de estimular empreendimentos, para a geração de empregos, tributo, renda e inovação em benefício de todos". Daí porque, nos termos do § 4º do art. 50 do mesmo diploma se estabelece que "A mera existência de grupo econômico sem a presença dos requisitos de que trata o *caput* deste artigo não autoriza a desconsideração da personalidade da pessoa jurídica".

Conquanto *débito* e *responsabilidade* sejam elementos distintos, conforme já se destacou, a vedação legal estabelecida pelo art. 50 do Código Civil – que impede extensão de responsabilidade patrimonial – confirma, com maior razão, que também não é possível estender para uma pessoa do grupo as dívidas porventura assumidas por outra. E se é verdade, como se procurou demonstrar, que o descasamento de débito e responsabilidade é excepcional, onde não se pode estender *responsabilidade* também não se pode – ainda com maior razão – estender *débito*.

Nem se argumente com eventuais exceções porque, nesses casos, elas apenas confirmam a regra. Com efeito, o ordenamento brasileiro até admite a solidariedade de sociedades integrantes de grupo em casos específicos – como é o do *crédito trabalhista* (CLT, art. 2º, § 2º) e aquele decorrente da obrigação de recolhimento de *contribuições previdenciárias* (Lei 8.212/1991, art. 30, IX). Tais disposições, contudo, devem ser entendidas no contexto da especial tutela que se pretende dar a hipossuficientes ou em prol do interesse coletivo – em qualquer caso, a comportar interpretação estrita, justamente porque se está diante de exceções, tal como preconiza a doutrina.[55]

---

53. Cf. PEREIRA, Caio Mário da Silva. *Instituições de direito civil*: teoria geral das obrigações. 32. ed. Rio de Janeiro: Forense, 2020, p. 78. Nesse mesmo sentido, cf. STJ, 4ª T., REsp 1.366.592/MG, rel. Min. Luis Felipe Salomão, j. 05.2017, DJe 26.05.2017, v.u.

54. Cf. LÔBO, Paulo. *Direito Civil*: obrigações. 5. ed. São Paulo: Saraiva, 2017, p. 147.

55. É essa a lição de Tércio Sampaio Ferraz Júnior: "interpretação restritiva ocorre toda vez que se limita o sentido da norma, não obstante a amplitude de sua expressão literal. Em geral, o intérprete vale-se de considerações teleológicas e axiológicas para fundar o raciocínio. Supõe, assim, que a mera interpretação especificadora não atinge os objetivos da norma, pois lhe confere uma amplitude que prejudica os interesses, ao invés de protegê-los". Dessa forma, "O mesmo se diga para as normas excepcionais: uma exceção deve sofrer interpretação restritiva", na medida em que "uma exceção é, por si, uma restrição que só deve valer para os casos excepcionais. Ir além é contrariar sua natureza" (Cf. FERRAZ JÚNIOR, Tércio Sampaio. *Introdução ao estudo do direito*. 6. ed. São Paulo: Atlas, 2008, p. 269-270). No mesmo sentido, cf. MAXIMILIANO, Carlos. *Hermenêutica e aplicação do direito*. 10. ed. Rio de Janeiro: Forense, 1988, p. 204-205; REALE, Miguel. *Lições preliminares de direito*. 27. ed. São Paulo: Saraiva, 2005, p. 292-293. Especificamente tratando da necessidade de interpretação restritiva das

E, não sendo possível estabelecer *solidariedade* a partir da simples existência de grupo econômico (que colocaria todos os integrantes da condição de coobrigados, desconsiderando a autonomia de cada um deles), igualmente não é possível dali extrair – não ao menos pela simples e objetiva circunstância da existência do grupo – a desconsideração da personalidade, como fundamento para se estender a responsabilidade patrimonial.

O Direito brasileiro vigente, portanto, expressa e energicamente repudia a extensão de responsabilidade patrimonial de empresa integrante de grupo, por débito contraído por outra integrante, via desconsideração da personalidade jurídica, se tal alargamento for pretendido tão-somente com base na própria existência do grupo. Com efeito, em se tratando de débito de natureza civil-empresarial, o art. 50 do Código Civil só permite que se estenda a responsabilidade de uma pessoa jurídica para outra, se e quando se alegar, demonstrar e decidir que houve desvio de finalidade (§ 1º) ou confusão patrimonial (§ 2º) – o que indica a adoção da teoria maior da desconsideração, conforme lembra a doutrina.[56]

Assim, nos termos expressos do § 4º daquele dispositivo, que vale a pena repetir, "A mera existência de grupo econômico sem a presença dos requisitos de que trata o *caput* deste artigo não autoriza a desconsideração da personalidade da pessoa jurídica", de sorte que, para efeito de desconsideração, é irrelevante a existência de grupo econômico entre a devedora original e aquela sociedade que pretende seja responsabilizada, tal como igualmente aponta a jurisprudência.[57] Assim ocorre porque, "se a personalidade jurídica constitui uma criação da lei, como concessão do Estado à realização de um fim", a relativização desse direito só é dada "para coibir os abusos ou condenar a fraude através de seu uso".[58] Portanto, "a existência de grupo econômico é indiferente para aplicação da desconsideração. Para a aplicação dessa medida excepcional, mostrar-se-ia necessário que, na realidade desse grupo econômico, se verifique o abuso da personalidade".[59]

Nem mesmo se poderia argumentar que a extensão de responsabilidade, nessa e noutras hipóteses, poderia estar fundada na insuficiência de patrimônio da

---

regras de desconsideração da personalidade jurídica em sede de relações civis, cf. enunciado 146 da III Jornada de Direito Civil do Conselho da Justiça Federal: "Nas relações civis, interpretam-se restritivamente os parâmetros de desconsideração da personalidade jurídica previstos no art. 50 (desvio de finalidade social ou confusão patrimonial)".

56. Cf. BRUSCHI, Gilberto Gomes; NOLASCO, Rita Dias; AMADEO, Rodolfo da Costa Manso Real. *Fraudes patrimoniais e a desconsideração da personalidade jurídica no Código de Processo Civil de 2015*. São Paulo.: Ed. RT, 2016, item 7.2 da versão *e-book*. Em sentido semelhante, cf. (i) enunciado 9 da I Jornada de Direito Comercial do Conselho da Justiça Federal: "Quando aplicado às relações jurídicas empresariais, o art. 50 do Código Civil não pode ser interpretado analogamente ao art. 28, § 5º, do CDC ou ao art. 2º, § 2º, da CLT"; (ii) STJ, 4ª T., AgInt nos EDcl no AREsp 100831-RS, rel. Min. Raul Araújo, j. 16.08.2016, DJe 1º.09.2016; (iii) NERY JR., Nelson; NERY, Rosa Maria de Andrade. *Código Civil comentado*, 13. ed. São Paulo: Ed. RT, 2019, p. RL-2.7, art. 50, nota #86 (casuística).

57. Cf. STJ, 3ª T., AgInt nos EDcl no REsp 1.875.130/RS, rel. Min. Nancy Andrighi, j. 11.05.2021, DJe 14.05.2021, v.u.

58. Cf. REQUIÃO, Rubens. Abuso de direito e fraude através da personalidade jurídica. *Revista dos Tribunais*, v. 58, n. 410, p. 15, dez./1969.

59. Cf. RODRIGUES JUNIOR, Otavio Luiz; LEONARDO, Rodrigo Xavier. *Comentários à Lei de Liberdade Econômica*. São Paulo: Ed. RT, 2019, p. 214.

devedora. É que, na esteira de judicioso e remansoso entendimento do Superior Tribunal de Justiça, "a inexistência ou não localização de bens da pessoa jurídica não caracteriza, por si só, quaisquer dos requisitos previstos no art. 50 do Código Civil, sendo imprescindível a demonstração específica da prática objetiva de desvio de finalidade ou de confusão patrimonial".[60] Aliás, indo-se além, entende-se que tais requisitos "não se presumem mesmo em casos de dissolução irregular ou de insolvência da sociedade empresária".[61]

Com efeito, de eventual sucessão ou desconsideração somente se pode cogitar "quando sociedade é criada, visando a substituir outra extinta, por iniciativa fraudulenta dos sócios, que agem o escopo de lesar credores".[62]

Por fim, cumpre destacar que, em caso de desconsideração da personalidade jurídica *per saltum*, visando a atingir membro do grupo que não a sócia direta da devedora, providência com tal elastério somente é possível se o credor alegar e comprovar "que todas as sociedades anteriores tiveram causas autorizadoras da desconsideração, ônus esse que é seu"; inclusive para que tais pessoas possam "defender-se pelos meios processuais adequados".[63]

5. OITAVO E NONO PRECEITOS: A REGRA É DA PRÉVIA AUDIÊNCIA DO TERCEIRO E A PRODUÇÃO ANTECIPADA DE PROVA PODE SER UM MEIO ADEQUADO PARA SE PROCEDER À INVESTIGAÇÃO PATRIMONIAL

Oitavo: não estender responsabilidade patrimonial sem prévia audiência do terceiro. Da mesma forma, isso não precisaria ser dito porque exatamente para isso é que foi positivado no Direito brasileiro o assim chamado incidente de desconsideração de personalidade jurídica – aplicável a todas as demais formas de extensão de responsabilidade patrimonial, por força da regra inscrita no art. 5º, LIV da Constituição Federal. Por precipitarem juízos sobre temas que devem ser analisados com largueza e profundidade, medidas deferidas naquela forma podem gerar julgamentos tão rápidos quanto equivocados. Tão nefasto quanto tolerar manobras fraudulentas é comprometer o patrimônio de quem não deve responder por dívidas de outrem. Portanto, constrições mediante tutela de urgência só devem ser empregadas em hipóteses excepcionalíssimas e, para tanto, o dever de fundamentação e o (alto) nível de exigência da prova devem ser estritamente observados.

---

60. Cf STJ, 4ª T., AI no REsp 1.585.391/SP, rel. Min. Luis Felipe Salomão, j. 07.11.2017, DJe 14.11.2017, v.u.
61. Cf STJ, 3ª T., REsp 1.686.162/SP, rel. p/ acórdão Min. Ricardo Villas Bôas Cueva, j. 26.11.2019, DJe 03.12.2019, m.v. No mesmo sentido: STJ, 3ª T., REsp 1.686.162/SP, rel. Min. Marco Aurélio Bellizze, j. 23.03.2020, DJe 30.03.2020, v.u.
62. Cf. BEDAQUE, José Roberto dos Santos. Sucessão de empresas e desconsideração da personalidade jurídica (parecer). In: YARSHELL, Flávio Luiz; PEREIRA, Guilherme Setoguti Julio (Coord.). *Processo societário*. São Paulo: Quartier Latin, 2012, p. 453.
63. Cf. BIANQUI, Pedro Henrique Torres. *Desconsideração da personalidade jurídica no processo civil*. Dissertação de mestrado, Faculdade de Direito da Universidade de São Paulo, São Paulo, 2010, p. 52. Na jurisprudência do STJ, no sentido de rejeitar a desconsideração por salto, veja-se 4ª T., REsp 1.412.997/SP, rel. Min. Luis Felipe Salomão, j. 08.09.2015, DJe 26.10.2015, m.v.

Nono: considerar que a produção antecipada de prova, com a amplitude estabelecida nos incisos II e III do Código de Processo Civil, pode ser, desde que não haja abuso, medida adequada a investigação patrimonial para revelação de eventuais fraudes, como forma de tutelar o credor e, ao mesmo tempo, não realizar constrições patrimoniais sobre terceiros, desprovidas de fundamento fático ou jurídico. Mas, também nessa hipótese, o contraditório deve ser respeitado.

Firmadas as premissas – já expostas – de que a "autonomia patrimonial das pessoas jurídicas há de ser respeitada, mesmo que sejam integrantes de um grupo econômico"; e somente "se poderá estender o vínculo jurídico-obrigacional a todas as empresas integrantes do mesmo grupo econômico" nas hipóteses de "desvio de finalidade ou da confusão patrimonial, nos termos do art. 50 do CC", então parece certo que para o seu devido reconhecimento "deverá ser instaurado o incidente para comprovar a confusão patrimonial, e/ou o abuso, e/ou a fraude à execução etc."[64] Trata-se de mecanismo que garante o contraditório e, portanto, o devido processo legal, traduzindo-se em exigência de participação que se apresenta como condição para legitimar o resultado do processo e, em particular, a invasão patrimonial;[65] tudo em fina sintonia com os artigos 9º e 10 do CPC, que preconizam, ainda mais expressamente, a vedação ao proferimento de decisões-surpresa.[66] Aliás, "a moderna doutrina processual enfatiza a ideia de contraditório como garantia de prévio conhecimento pelas partes da questão a ser objeto da decisão judicial", justamente porque se deve dar a elas a possibilidade de "influir no convencimento do julgador";[67] tanto mais quando se cuida de avançar sobre patrimônio de terceiro.

Nesse contexto e diante de tais fundamentos, ainda que não se busque eventual responsabilização mediante desconsideração propriamente dita, é de rigor a observância do devido processo legal instituído pelos artigos 133 a 137 do CPC a toda e qualquer pretensão de se estender alguma forma de responsabilidade patrimonial a terceiro.[68] A doutrina, aliás, entende que melhor teria sido se o incidente tivesse sido denominado como "de corresponsabilização", justamente para evitar dúvidas quanto à importância

---

64. Cf. BRUSCHI, Gilberto Gomes; NOLASCO, Rita Dias; AMADEO, Rodolfo da Costa Manso Real. *Fraudes patrimoniais e a desconsideração da personalidade jurídica no Código de Processo Civil de 2015*. São Paulo: Ed. RT, 2016, item 7.7.5. da versão *e-book*.
65. Cf. DINAMARCO, Cândido Rangel. O princípio do contraditório e sua dupla destinação. *Fundamentos do processo civil moderno*. 6. ed. São Paulo: Malheiros, 2010, t. I, p. 517-518.
66. Cf. APRIGLIANO, Ricardo de Carvalho. *Ordem pública e processo: o tratamento das questões de ordem pública no direito processual civil*. São Paulo: Atlas, 2011, p. 71; GRADI, Marco. Il principio del contraddittorio e le questioni rilevabili d'ufficio. *Revista de Processo*, v. 186, p. 109, ago. 2010; STEFANINI AUILO, Rafael. *O modelo cooperativo de processo civil no novo CPC*. Salvador: JusPodivm, 2017, p. 81-85.
67. Cf. BEDAQUE, José Roberto dos Santos. Sucessão de empresas e desconsideração da personalidade jurídica. In: YARSHELL, Flávio Luiz; PEREIRA, Guilherme Setoguti Julio (Coord.). *Processo societário*. São Paulo: Quartier Latin, 2012, p. 455.
68. Cf. YARSHELL, Flávio Luiz. O incidente de desconsideração da personalidade jurídica no CPC 2015: aplicação e outras formas de extensão da responsabilidade patrimonial. In: YARSHELL, Flávio Luiz; PEREIRA, Guilherme Setoguti Julio. *Processo societário II*. São Paulo: Quartier Latin, 2015, p. 218-224; SCARPINELLA BUENO, Cassio. *Comentários ao Código de Processo Civil*. São Paulo: Saraiva, 2017, v. 1, p. 573. Em sentido semelhante, cf. ASSIS, Araken de. *Processo civil brasileiro*: parte geral (institutos fundamentais). São Paulo: Ed. RT, 2015, v. II, t. I, p. 145.

do respeito ao devido processo legal em oportunidades que se busca invadir a esfera patrimonial de terceiros que não sejam aqueles originalmente responsáveis.[69]

Mais ainda: nessas hipóteses, justamente porque excepcionais, o dever de fundamentação do juiz e o *standard* probatório em desfavor do credor assumem perspectiva ainda mais rigorosa.

Nesse contexto, aliás, a produção antecipada de prova surge como ferramenta de potencial investigação patrimonial, para revelação de eventuais fraudes, como forma de tutelar o credor e, ao mesmo tempo, não realizar constrições patrimoniais sobre terceiros, desprovidas de fundamento fático ou jurídico. Mas, também nessa hipótese, a prévia audiência se mostra necessária: sem embargo das limitações defensivas decorrentes da limitação do objeto do processo (que envolve pretensão probatória), o requerido e interessados devem ter oportunidade de integrar a relação processual, até mesmo pela garantia constitucional do contraditório; o que, de resto, está positivado nas regras dos artigos art. 382, § 1º, 9º e 10 do CPC. Essa é, portanto, a oportunidade de o demandado e interessados aduzirem eventuais alegações defensivas e, a partir dali, acompanharem a produção da prova – inclusive com a possibilidade de eventualmente alargar seu objeto.

Afinal, embora seja reiteradamente afirmado que as denominadas ações probatórias autônomas não tenham caráter restritivo, "ainda que com variações de intensidade decorrentes das particularidades de cada meio de prova, a produção desta última importa sempre alguma forma de invasão da esfera individual – inclusive, eventualmente, de 'terceiros'. Em matéria probatória, conforme já visto, estão em jogo valores como intimidade, sigilo e privacidade, dentre outros. Portanto, (...) não se afigura exato invocar, ainda que a pretexto de manter a eficácia da prova produzida antecipadamente, o fundamento da inexistência de constrição ou caráter restritivo. Aliás, para que haja constrição não é preciso sejam adotados mecanismos de sub-rogação, como da busca e apreensão de documentos. Havendo determinação para que a prova se realize, o cumprimento voluntário do comando – no contexto de medidas coercitivas que podem vir a ser empregadas – não afasta, conceitualmente falando, a constrição que se opera na esfera jurídica".[70]

6. DÉCIMO PRECEITO E CONCLUSÃO

Décimo: lembrar que toda extensão de responsabilidade patrimonial que desconsidere as regras anteriores pode até gerar uma falsa sensação de que o sistema foi eficiente e efetivo; mas, ter em mente que encontrar a todo custo alguém que pague a conta deixada por outrem não é apenas injusto, mas tem perversas repercussões econômicas, não apenas para o terceiro, mas para todo o sistema – que, justamente por ter essa característica – é interligado.

---

69. Cf. SCARPINELLA BUENO, Cassio. *Comentários ao Código de Processo Civil*. São Paulo: Saraiva, 2017, v. 1, p. 573.
70. Cf. YARSHELL, Flávio Luiz. *Antecipação da prova sem o requisito da urgência e direito autônomo à prova*. São Paulo: Malheiros, 2009, p. 333-334.

Embora tenha sabor de truísmo, não é demais reconhecer que, principalmente em situações tais que haja invasão no patrimônio alheio (ainda mais quando não há correlação entre a pessoa responsável pelo débito e aquela cujo o patrimônio será responsabilizado), toda cautela é necessária; não para proteger devedores contumazes, mas para tutelar o sistema, que se ancora em garantias constitucionais, cuja violação é danosa para todos.

É natural que a frustração decorrente da inefetividade do exercício jurisdicional leve à tentação de se buscar atalhos para solucionar crise atávica. Contudo, o caminho correto parece ser mesmo o do equilíbrio entre soluções adequadas e inovadoras para o aperfeiçoamento das técnicas constritivas, de um lado; sem que se descure do respeito ao devido processo e da concepção de que a extensão da responsabilidade patrimonial é medida naturalmente excepcional, de outro lado.

7. REFERÊNCIAS

ABELHA, Marcelo. *Manual de direito processual civil*. 6. ed. Rio de Janeiro: Forense, 2016.

ABELHA, Marcelo. *Manual de execução civil*. 2. ed. Rio de Janeiro: Forense, 2007.

ALVIM, Thereza. Aplicabilidade da teoria da desconsideração da pessoa jurídica no processo falimentar. *Revista de Processo*, v. 22, n. 87, jul./set. 1997.

APRIGLIANO, Ricardo de Carvalho. *Ordem pública e processo*: o tratamento das questões de ordem pública no direito processual civil. São Paulo: Atlas, 2011.

ASSIS, Araken de. *Processo civil brasileiro*: parte geral (institutos fundamentais). São Paulo: Ed. RT, 2015. v. II, t. I.

ASSIS, Araken de. *Manual da execução*. 11. ed. São Paulo: Ed. RT, 2007.

BEDAQUE, José Roberto dos Santos. Sucessão de empresas e desconsideração da personalidade jurídica (parecer). In: YARSHELL, Flávio Luiz; PEREIRA, Guilherme Setoguti Julio (Coord.). *Processo societário*. São Paulo: Quartier Latin, 2012.

BIANQUI, Pedro Henrique Torres. *Desconsideração da personalidade jurídica no processo civil*. Dissertação de mestrado, Faculdade de Direito da Universidade de São Paulo, São Paulo, 2010.

BORGES, Roxana Cardoso Brasileiro; e MARTINS, Irena Carneiro. Incidente de desconsideração da personalidade jurídica. In: EHRHARDT JÚNIOR, Marcos; MAZZEI, Rodrigo (Coord.). *Coleção repercussões do novo CPC: Direito Civil*. Salvador: JusPodivm, 2017. v. 14.

BRUSCHI, Gilberto Gomes; NOLASCO, Rita Dias; AMADEO, Rodolfo da Costa Manso Real. *Fraudes patrimoniais e a desconsideração da personalidade jurídica no Código de Processo Civil de 2015*. São Paulo: Ed. RT, 2016.

CAHALI, Yussef Said. *Fraudes contra credores*. 4. ed. São Paulo: Ed. RT, 2008.

CÂMARA, Alexandre Freitas. *Lições de direito processual civil*. 22. ed. São Paulo: Atlas, 2013. v. II.

COELHO, Fábio Ulhoa. *Curso de direito comercial*. 13. ed. São Paulo: Saraiva, 2009. v. II.

DINAMARCO, Cândido Rangel. *Instituições de direito processual civil*. 4. ed. São Paulo: Malheiros, 2019. v. IV.

DINAMARCO, Cândido Rangel. O princípio do contraditório e sua dupla destinação. *Fundamentos do processo civil moderno*. 6. ed. São Paulo: Malheiros, 2010. t. I.

DINAMARCO, Cândido Rangel. Desconsideração da personalidade jurídica, fraude, ônus da prova e contraditório. *Fundamentos do processo civil moderno*. 6. ed. São Paulo: Malheiros, 2010. t. I.

DINAMARCO, Cândido Rangel. *Execução civil*. 5. ed. São Paulo: Malheiros, 1997.

FERRAZ JÚNIOR, Tércio Sampaio. *Introdução ao estudo do direito*. 6. ed. São Paulo: Atlas, 2008.

FERREIRA, William Santos. Situação jurídica no processo do adquirente de bem litigioso e dos herdeiros e sucessores no caso de falecimento da parte, diante do novo Código Civil. In: DIDIER JR., Fredie; WAMBIER, Arruda Alvim (Coord.). *Aspectos polêmicos e atuais sobre os terceiros no processo civil*. São Paulo: Ed. RT, 2004.

FUX, Luiz. *Curso de direito processual civil*. Rio de Janeiro: Forense, 2001.

GOMES, Orlando. *Obrigações*. 18. ed. Rio de Janeiro: Forense, 2016.

GONÇALVES, Carlos Roberto. *Comentários ao Código Civil brasileiro*. Rio de Janeiro: Forense, 2003. v. III.

GRADI, Marco. Il principio del contraddittorio e le questioni rilevabili d'ufficio. *Revista de Processo*, v. 186, ago. 2010.

GRECO, Leonardo. *O processo de execução*. Rio de Janeiro: Renovar, 2001. v. II.

GRECO, Leonardo. *O processo de execução*. Rio de Janeiro: Renovar, 1999. v. I.

LIEBMAN, Enrico Tullio. *Processo de execução*. 5. ed. São Paulo: Saraiva, 1986.

LIMA, Alcides de Mendonça. *Comentários ao Código de Processo Civil*. Rio de Janeiro: Forense, 1974. v. VI, t. II.

LÔBO, Paulo. *Direito civil*: parte geral. 4. ed. São Paulo: Saraiva, 2013.

LÔBO, Paulo. *Direito Civil*: obrigações. 5. ed. São Paulo: Saraiva, 2017.

LÔBO, Paulo. *Obrigações*. 2. ed. São Paulo: Malheiros, 2011.

MAMEDE, Gladston. *Direito empresarial brasileiro*. São Paulo: Atlas, 2004. v. 2.

MAXIMILIANO, Carlos. *Hermenêutica e aplicação do direito*. 10. ed. Rio de Janeiro: Forense, 1988.

MELLO, Rogerio Licastro Torres de. *Responsabilidade executiva secundária*: a execução em face do sócio, do cônjuge, do fiador e afins. São Paulo: Ed. RT, 2016.

MONTEIRO, Washington de Barros. *Curso de direito civil*: direito das obrigações. 17. ed. São Paulo: Saraiva, 1982. v. I.

MONTEIRO FILHO, Raphael Barros. *Comentários ao novo Código Civil*. 2. ed. São Paulo: Forense, 2012. v. I.

NERY JUNIOR, Nelson; NERY, Rosa Maria de Andrade. *Código civil comentado*. 13. ed. São Paulo: Ed. RT, 2019.

NEVES, Daniel Amorim Assumpção. *Manual de direito processual civil*. 10. ed. Salvador: JusPodivm, 2018.

NONATO, Orosimbo. *Curso de obrigações*. Rio de Janeiro: Forense, 1959. v. II.

PEREIRA, Caio Mário da Silva. *Instituições de direito civil*: teoria geral das obrigações. 32. ed. Rio de Janeiro: Forense, 2020. v. II.

PEREIRA, Caio Mário da Silva. *Instituições de direito civil*. 6. ed. Rio de Janeiro: Forense, 1981. v. II.

PONTES DE MIRANDA, Francisco Cavalcanti. *Tratado de Direito Privado*. São Paulo: Ed. RT, 2012. t. XXII.

REALE, Miguel. *Lições preliminares de direito*. 27. ed. São Paulo: Saraiva, 2005.

REQUIÃO, Rubens. Abuso de direito e fraude através da personalidade jurídica. *Revista dos Tribunais*, v. 91, n. 803, set. 2002.

REQUIÃO, Rubens. Abuso de direito e fraude através da personalidade jurídica. *Revista dos Tribunais*, v. 58, n. 410, dez. 1969.

RODRIGUES FILHO, Otávio Joaquim. *Desconsideração da personalidade jurídica e processo: de acordo com o Código de Processo Civil de 2015*. São Paulo: Malheiros, 2016.

RODRIGUES JUNIOR, Otavio Luiz; LEONARDO, Rodrigo Xavier. *Comentários à Lei de Liberdade Econômica*. São Paulo: Ed. RT, 2019.

SANTOS, Moacyr Amaral. *Primeiras linhas de direito processual civil.* 22. ed. São Paulo: Saraiva, 2008. v. III.

SANTOS. Silas Silva. *Redirecionamento da execução civil.* São Paulo: Ed. RT, 2021.

SCARPINELLA BUENO, Cassio. *Comentários ao Código de Processo Civil.* São Paulo: Saraiva, 2017. v. 1.

STEFANINI AUILO, Rafael. *O modelo cooperativo de processo civil no novo CPC.* Salvador: JusPodivm, 2017.

TARTUCE, Flávio. *Manual de direito civil.* 2. ed. São Paulo: Método, 2012.

THEODORO JÚNIOR, Humberto. *Curso de direito processual civil.* 44. ed. Rio de Janeiro: Forense, 2009. v. II.

TOMAZETTE, Marlon. *Curso de direito empresarial:* teoria geral e direito societário. 12. ed. São Paulo: Saraiva, 2021.

TUCCI, José Rogério Cruz e. *Limites subjetivos da eficácia da sentença e da coisa julgada civil.* São Paulo: Ed. RT, 2006.

WAMBIER, Luiz Rodrigues; ALMEIDA, Flávio Renato Correia; TALAMINI, Eduardo. *Curso avançado de processo civil.* 8. ed. São Paulo: Ed. RT, 2006. v. II.

YARSHELL, Flávio Luiz. Do incidente de desconsideração da personalidade jurídica. In: CABRAL, Antonio do Passo; CRAMER, Ronaldo. *Comentários ao novo Código de Processo Civil.* 2. ed. Rio de Janeiro: Forense, 2016.

YARSHELL, Flávio Luiz. O incidente de desconsideração da personalidade jurídica no CPC 2015: aplicação e outras formas de extensão da responsabilidade patrimonial. In: YARSHELL, Flávio Luiz; PEREIRA, Guilherme Setoguti Julio. *Processo societário II.* São Paulo: Quartier Latin, 2015.

YARSHELL, Flávio Luiz. Aplicação da responsabilidade patrimonial: caminho para solução da falta de efetividade da execução civil brasileira? *Revista Mestrado em Direito, Direitos Humanos Fundamentais,* ano 13, n. 1, 2013.

YARSHELL, Flávio Luiz. *Antecipação da prova sem o requisito da urgência e direito autônomo à prova.* São Paulo: Malheiros, 2009.

DESCONSIDERAÇÃO DA PERSONALIDADE JURÍDICA NO BRASIL

Gelson Amaro de Souza

Doutor em Direito Processual Civil pela PUC/SP. Membro do Instituto Panamericano de Derecho Procesal. Laureado com a Comenda Luciano Pinheiro de Souza do I Congresso de Direito Internacional de Direito Processual Civil. Professor concursado para os cursos de graduação e pós graduação *strito sensu* em direito da Universidade Estadual do Norte do Paraná – UENP (Campus de Jacarezinho). Ex-diretor e professor da Faculdade de Direito da Associação Educacional Toledo – AET de Presidente Prudente-SP. Procurador do Estado (aposentado) e advogado em Presidente Prudente- SP. advgelson@yahoo.com.br – Lattes: http://lattes.cnpq.br/3780014278637820.

Sumário: 1. Introdução – 2. Desconsideração da Personalidade Jurídica no direito material – 3. Desconsideração da Personalidade Jurídica no direito processual – 4. Execução e o sócio de sociedade – 5. Desconsideração da Personalidade Jurídica; 5.1 Desconsideração de Personalidade Inversa – 6. Requisitos materiais para a Desconsideração da Personalidade; 6.1 Impossibilidade de consideração objetiva; 6.2 Necessidade dos elementos subjetivos – 7. Procedimento da desconsideração; 7.1 Requisitos processuais para desconsideração; 7.2 Processo próprio; 7.3 Processo incidental e processo principal; 7.4 Suspensão do processo principal; 7.5 Ônus da prova; 7.6 Legitimidade – 8. Os sócios e a responsabilidade patrimonial; 8.1 Direito de regresso; 8.2 Direito ao benefício de ordem; 8.2.1 Sócio e benefício de ordem; 8.2.2 Benefício de ordem sob condição – 9. Desconsideração da Personalidade e a fraude à execução; 9.1 Momento da fraude à execução – 10. Referências.

1. INTRODUÇÃO

O direito está em permanente evolução sempre voltado para melhorar as condições de vida em sociedade. Neste sentido, em determinado momento foi instituída a personalidade jurídica, que depois foi separada em duas figuras diferentes, consistentes em personalidade da pessoa física e da pessoa jurídica. Esta separação apareceu como evolução do direito no sentido de dar segurança jurídica para os componentes de sociedades (pessoas físicas), cujos bens e direitos não se confundem com aqueles da sociedade (pessoa jurídica). Nesta duplicidade de personalidade, os bens, direitos e obrigações da sociedade não se confundem com os bens, direitos e obrigações das pessoas dos sócios. Mas, como nem toda regra deve ser considerada absoluta, casos existem em que a personalidade jurídica pode ser desconsiderada para que os sócios, diretores e administradores de sociedade podem responder pelas obrigações da sociedade e vice-versa (desconsideração da personalidade inversa).

A desconsideração da personalidade jurídica já vinha sendo tratada no meio doutrinário desde o meado do século passado,[1] mas não havia maior preocupação com o seu tratamento na sistemática jurídica. O Código Tributário Nacional (Lei 5.172/1966), em

---

1. REQUIÃO, Rubens. *Aspectos modernos de direito comercial.* São Paulo: Saraiva, 1977. p. 67:84.

seus artigos 134, VII e 135, III, já previa a responsabilidade dos sócios em alguns casos, o que, para alguns, corresponde à desconsideração da personalidade jurídica.[2] O Código de Defesa do Consumidor (Lei 8.078/1990) também tratou da desconsideração da personalidade jurídica do fabricante ou fornecedor. No âmbito do direito civil somente a partir do Código Civil de 2002 é que a matéria ganhou mais atenção a partir da redação do seu art. 50, mesmo assim, somente no aspecto material. No aspecto processual o tratamento da matéria passou a ser considerado somente a partir do CPC/2015, nos artigos 133 a 137, que trouxe como novidade a instituição do incidente de desconsideração de personalidade jurídica.

2. DESCONSIDERAÇÃO DA PERSONALIDADE JURÍDICA NO DIREITO MATERIAL

O Código Tributário Nacional Lei 5.172 de 1.966, parece ter sido a primeira norma a tratar de forma expressa da responsabilização dos sócios para responder por dívidas da empresa em determinados casos, como os previstos nos seus artigos 121, parágrafo único, II, 134, VII e 135, III. Neste ponto já previa a responsabilidade dos sócios nos casos ali previstos para responderem pelas obrigações da empresa.

Como a regra é a separação dos bens, direitos e obrigações da empresa em relação aos bens, direitos e obrigações dos sócios, sendo que somente aquela seja responsável pelo pagamento dos tributos.[3] A desconsideração da personalidade como imposição para que uma pessoa responda pelas obrigações de outra, somente pode ocorrer quando houver expressa previsão em lei,[4] a exemplo da norma dos artigos 121, parágrafo único, II, 132, 134, VII e 135, III, do CTN.

O primeiro dispositivo impõe responsabilidade para a pessoa jurídica de direito privado que resultar de fusão, transformação ou incorporação de outra ou em outra, passe a ser responsável pelos tributos devidos até a data do ato pelas pessoas jurídicas fusionadas, transformadas ou incorporadas. É uma clara hipótese em que uma pessoa jurídica passa a ser responsável pelas dívidas de outra. Já o art. 134, VIII, impõe responsabilidades aos sócios no caso de liquidação de sociedade de pessoas, sendo que o caput restringe esta responsabilidade somente para os casos de impossibilidade de cumprimento da obrigação principal, pessoa jurídica devedora, e ainda, somente quando a obrigação tiver por origem atos que interviram ou pelas missões de que forem responsáveis. O artigo

---

2. Para outros, trata-se de responsabilidade direta do administrador não se configurando desconsideração de personalidade jurídica. Assim: TOMAZETTE, Marlon. *Curso de direito comercial*: teoria geral e direito societário. São Paulo: Saraiva, 2021, v. 1, p. 288; SCALABRINI, Felipe e CUNHA, Guilherme Antunes da. Requisitos para a desconsideração da personalidade jurídica: *Revista de Processo*, v. 329, p. 79. São Paulo: Ed. RT, jul. 2022.

3. "Pode até mesmo acontecer, e constantemente acontece, que alguém se torne responsável pelo pagamento de um crédito tributário, sem ter, ao menos, participado do fato gerador da obrigação tributária". SOUZA, Gelson Amaro de Souza. *Responsabilidade tributária e legitimação passiva na execução fiscal*. 2. ed. Ribeirão Preto: SP, 2001. p. 60.

4. Constituição Federal: art. 5º: "II – Ninguém será obrigado a fazer ou deixar de fazer alguma coisa senão em virtude de lei".

135, III, de sua vez, atribui responsabilidade da pessoa física pelos créditos resultantes de seus atos com excesso de poder ou infração à lei, contrato social ou estatuto. Desde que atue na condição de diretores, gerentes ou representantes de pessoas jurídicas de direito privado. Fora estas previsões legais, parece ser impossível a desconsideração.

O Código de defesa do consumidor (Lei 8.078/1990) também contempla hipóteses de desconsideração da personalidade jurídica vista sob o ponto de vista do direito material. O art. 28 é expresso ao dizer que o juiz poderá desconsiderar a personalidade jurídica da sociedade quando em detrimento do consumidor, houver abuso de direito, excesso de poder, infração da lei, fato ou ato ilícito ou violação dos estatutos ou contrato social. Acresce-se que também pode haver a desconsideração quando houver falência, insolvência, encerramento ou inatividade da pessoa jurídica provocados por má administração, bem como, quando houver obstáculo ao ressarcimento de prejuízos causados aos consumidores.

Em caso de abuso da personalidade jurídica, em razão do desvio de finalidade ou pela confusão patrimonial, pode o juiz decidir, a requerimento da parte, ou do Ministério Público que os efeitos de certas relações de obrigações sejam estendidos aos bens particulares dos administradores ou sócios da pessoa jurídica, que passam também responder pelas dívidas da pessoa jurídica (art. 50 do Código Civil), nestas hipóteses restritas e previstas em lei.

3. DESCONSIDERAÇÃO DA PERSONALIDADE JURÍDICA NO DIREITO PROCESSUAL

Pela primeira vez a legislação processual civil faz referência à desconsideração da personalidade jurídica, matéria antes já ventilada em outras leis, como no Código Civil no artigo 50 e no Código Tributário no artigo 135 e no Código de defesa do consumidor (Lei 8.078/1990). Mas, a matéria ainda não havia sido tratada expressamente em sede do Código de Processo Civil até a vigência do CPC/2015, que assim passou a tratar da matéria de forma expressa. Assim, as normas agora instituídas sobre a desconsideração da personalidade jurídica nos artigos 790, VII, 792, § 3°, 795, § 4° e nos artigos 133 a 137, do CPC/2015, não tinham similar na legislação processual civil anterior.[5]

Desta forma, a previsão de desconsideração da personalidade jurídica é novidade na sistemática processual, motivo pelo qual, está a desafiar os profissionais do direito, para se chegar a uma interpretação condizente com a melhor aplicação da norma. A principal inovação está na dicção do art. 795, § 4°, do CPC/2015, ao exigir que antes seja instaurado procedimento próprio para a ocorrência da desconsideração da personalidade jurídica, que denominou de incidente de desconsideração da personalidade jurídica. Este procedimento está disciplinado nos artigos 133 a 137, do CPC/2015.

---

5. O art. 568 do CPC/1973, se limitava a dizer: "São sujeitos passivos na execução: I – o devedor reconhecido como tal no título executivo; V – o responsável tributário, assim definido na legislação própria". Não havia norma expressa em relação à desconsideração da personalidade jurídica.

É novidade no sistema processual, mas, essa providência já era reclamada pela doutrina, visto que sem ela não havia o atendimento ao devido procedimento legal, garantia constitucional (art. 5º LIV e LV da CF). Era, até então, corriqueira nos meios judiciais, a declaração de desconsideração da personalidade jurídica sem a existência de um procedimento próprio que viabilizasse o devido procedimento legal, o contraditório e a ampla defesa.

Todavia, ainda pode restar dúvida, se a exigência da novel legislação é um procedimento incidental em separado, ou se se trata de um simples incidente dentro dos mesmos autos principais. Isto porque a norma do art. 133, do CPC/2015, fala simplesmente em incidente de desconsideração da personalidade jurídica, mas não se refere a processo incidente. No entanto, o artigo 134, § 1º determina a anotação da instauração no cartório distribuidor, o que normalmente ocorre quando se trata de processo incidente. Se fosse simples incidente não se haveria de receber nova distribuição. Também o art. 135, fala em citação, o que é próprio de início de novo processo e não de mero incidente. A suspensão do processo principal (art. 134, § 3º) pela interposição do incidental é outro indicativo de se tratar de processo incidente e não mero incidente. Se fosse mero incidente não haveria como suspender o processo principal, porque a suspensão seria contraditória e suspenderia o próprio incidente. Isto tudo leva à conclusão de que se trata de processo incidente e não de mero incidente. Além do mais, o art. 134, § 2º dispensa a instauração quando o pedido de desconsideração da personalidade jurídica for feito junto (cumulativo) com o pedido principal na petição inicial, o que bem demonstra que se não houver pedido na petição inicial, somente através de outra petição e outro processo incidente, isto será possível.

4. EXECUÇÃO E O SÓCIO DE SOCIEDADE

A separação patrimonial entre a sociedade e seus sócios sempre foi adotada de forma imperiosa pela legislação pátria. Seguindo esta tradição o *caput* do art. 795 do CPC/2015 é claro em dizer que os bens particulares dos sócios não respondem pelas dívidas da sociedade, senão, excepcionalmente, nos casos previstos em lei. Neste mesmo sentido dispunha a sistemática anterior (CPC/1973, art. 596), não havendo novidade em relação a esta disposição. Trata-se de regra imposta pela Constituição Federal, quando solenemente afirma: *Ninguém será obrigado a fazer ou deixar de fazer alguma coisa senão em virtude de lei* (CF/1988, art. 5º, II). Diante da normatização constitucional, fica evidente, que qualquer obrigação, somente pode ser imposta por lei. No entanto, não é qualquer norma que poderá transferir obrigação para uma pessoa assumir dívida de outra. A lei que poderá impor responsabilidade a uma pessoa para pagar dívida de outra, precisa respeitar os princípios, garantias e direitos constitucionais. Entre estes, pode-se citar, os princípios da proporcionalidade, da relatividade, do interesse público, da dignidade da pessoa humana entres outros. Ainda, as garantias do devido procedimento legal, da ampla defesa e do contraditório. Entre os direitos constitucionais, podem ser anotados exemplificativamente, os direitos, de propriedade, à sobrevivência ou à manutenção da atividade empresarial, sem que se sacrifique alguém para se exigir o pagamento de dívida de outro. Não se pode imaginar-se, em razão de um devedor em situação de falência, sacrificar-se outra pessoa, levando-a também à situação equivalente.

Não se pode impor a transferência de responsabilidade de uma pessoa outra, senão, em caso excepcional. Para haver a transferência de obrigação e impor como responsabilidade de alguém o dever de pagar dívida de outrem, há necessidade que este esteja relacionado à ocorrência de algum fato ou a prática de algum ato específico, como será visto nos parágrafos seguintes. Essa imposição pela lei ocorre porque o credor tem direito de receber o seu crédito e, em algumas situações especiais, somente essa transferência de responsabilidade é que proporcionará o cumprimento da obrigação.[6]

5. DESCONSIDERAÇÃO DA PERSONALIDADE JURÍDICA

Quando se fala em desconsideração da personalidade, logo vem a ideia de que isto se dá, para alcançar o sócio e impor a ele a responsabilidade pelo pagamento das dívidas da empresa. Mas, não é só isto. A operação de desconsiderar a personalidade jurídica para que suas dívidas possam ser exigidas do sócio, é apenas uma das possíveis variantes da desconsideração. Hoje, a desconsideração da personalidade jurídica pode ser realizada não só com o objetivo de atingir algum sócio ou administrador, podendo, até mesmo ser ao contrário (desconsideração inversa), para desconsiderar a personalidade no sentido de impor à sociedade, a obrigação para que ela responda por dívida de seu sócio (CPC/2015, art. 133, § 2º). Pode ainda ocorrer a desconsideração da personalidade jurídica, para impor a uma empresa, a responsabilidade pela dívida de outra. Desconsideram-se as personalidades de empresas isoladas, para que se considere como se fosse só uma empresa e, assim, uma delas pode responder pelas dívidas das outras, tudo isto, com o objetivo de não deixar o credor sem receber o direito que tem.

5.1 Desconsideração de personalidade inversa

Hoje a legislação processual prevê, até mesmo, a possibilidade de desconsideração da personalidade de forma inversa. A desconsideração inversa, nada mais é do que uma variante da conhecida desconsideração da personalidade jurídica. Neste caso, em vez do sócio responder pelas dívidas da sociedade é esta quem deve responder pelas dívidas dos sócios. Isto ocorre quando o sócio pratica abusos em ato ou negócio jurídico, utilizando o seu nome para constituir débito, e para não honrar o compromisso, adquire ou transfere os bens que possui para a empresa da qual é sócio.[7] Com os bens em nome

---

6. "Se a efetividade da execução civil é condição para uma tutela adequada dos direitos, a desconsideração da personalidade jurídica é um instituto decisivo para viabilizar o cumprimento e a satisfação dos direitos do exequente". Requisitos para desconsideração da personalidade jurídica: A estrutura escalonada dos pressupostos exigidos pelo Código de Defesa do Consumidor, pelo Código Tributário Nacional e pelo Código Civil. SCALABRIN, Felipe e CUNHA, Guilherme Antunes. REpro, v. 329, p. 67/86, jul. 2020.

7. "A Fraude que a desconsideração invertida coíbe é, basicamente, o desvio de bens. O devedor transfere seus bens para a pessoa jurídica sobre a qual detém absoluto controle. Desse modo, continua a usufruí-los, apesar de não serem de sua propriedade, mas da pessoa jurídica controlada", justificando o "afastamento do princípio da autonomia patrimonial da pessoa jurídica para responsabilizar a sociedade por obrigação do sócio". COELHO, Fabio Ulhoa. Curso de Direito Comercial, vol. 2, p. 44-45. São Paulo: Saraiva, 2005.

da empresa, visa o sócio, afastar à constrição dos seus bens, buscando uma evasiva para não cumprir os seus compromissos, ou seja, não pagar as dívidas em seu nome. Neste caso, o que acontece é uma verdadeira confusão patrimonial, que justifica a penhora dos bens da empresa para atender compromisso feito em nome da pessoa do sócio como negócio particular.[8]

Nesta linha o CPC/2015 ao prever expressamente esta possibilidade, deu um passo importante, pois a legislação processual anterior não tinha previsão a respeito. Desde há muito, a doutrina já vinha manifestando neste sentido, tendo em vista, os inúmeros casos em que o sócio constitui dívida, mas, transfere seus bens para a empresa ou faz compra de bens para si, mas, registra-os em nome da empresa para burlar o direito de eventual credor. Também é o que se pode dar no caso de fraude à execução em que o sócio de uma empresa, para evitar que seus bens sejam alcançados por execução, incorpora-os ao da empresa. É caso que autoriza a desconsideração da personalidade da empresa para que ela responda pelas dívidas particular do sócio.

6. REQUISITOS MATERIAIS PARA A DESCONSIDERAÇÃO DA PERSONALIDADE

Para que se possa falar em desconsideração da personalidade jurídica é necessário o atendimento de alguns requisitos, sem os quais não se pode desconsiderar a personalidade. De regra, os requisitos para que isto ocorra a nas relações privadas, civis e empresariais estão previstas no Código Civil e foram aprimoradas após a Lei da Liberdade Econômica (Lei 13.874/19), bem como, a ocorrência cumulativa de prejuízo ao credor e ainda abuso da personalidade jurídica em benefício, direto ou indireto, do sócio ou administrador da pessoa jurídica a ser desconsiderada".[9]

A desconsideração da personalidade jurídica, somente pode acontecer quando houver a demonstração através de prova robusta da prática de ato ou de negócio jurídico realizado de má-fé que comprovadamente cause prejuízo a credores. Exige-se a ocorrência de algum fato ou a prática de algum ato nos quais é possível encontrar alguma forma de relação ou participação do sócio, como pode ser observado nos artigos 135 e 134, VII, do CTN e art. 28 da Lei 8.078 (Código de Defesa do Consumidor), entre outras normas especiais. É necessário observar que para que ocorra a desconsideração, exige um fato danoso em que um credor é prejudicado e a pessoa do sócio seja beneficiado com este fato ou ato.

---

8. "Desconsideração da personalidade jurídica – Modalidade inversa – admissibilidade – Execução – Devedor que assume vultuosas obrigações não possuindo qualquer bem que possa ser alcançado pelo exequente e que é detentor da quase totalidade das cotas sociais das empresas alcançadas – Confusão patrimonial que se evidencia, justificando a aplicação de medida". TJSP. AgIn. 0173152-12.2011.8.26.0000-12ª Câm. de D. Privado, j. 26.10.2011, vu. Rel. Des. Jacob Valente. RT. v. 917, p. 495, mar. 2012.

9. SCALABRINI, Felipe e CUNHA, Guilherme Antunes da. Requisitos para desconsideração da personalidade jurídica: a estrutura escalonada dos pressupostos exigidos pelo Código de Defesa do Consumidor, pelo Código Tributário Nacional e pelo Código Civil. *Repro*, v. 329, 75. São Paulo: Ed. RT, jul. 2022.

A simples falta de pagamento (inadimplemento de uma obrigação) por parte da sociedade, não pode dar ensejo à declaração de desconsideração da personalidade jurídica.[10] Assim, somente se justifica a desconsideração quando ocorrer a prática de atos contrários à lei, o contrato ou estatuto social,[11] pelos sócios ou por várias sociedades que se reúnem para praticar atos ou negócios prejudiciais a terceiros. Trata-se de comportamento fraudulento, adrede preparado, com o fim específico de causar prejuízo a terceiro com a obtenção de lucro em proveito próprio e indevido. Sem a ocorrência de algum ato ou negócio contrário à lei, ao estatuto ou o contrato social, não há motivo que justifique a desconsideração da pessoa jurídica e responsabilizar o sócio pessoalmente.[12] De outra forma, o sócio que não auferiu lucro com a situação, de regra, não pode sofrer prejuízo pela desconsideração[13] bem como, é discutível a responsabilidade dos sócios para os casos de imprevisto ou infortúnio, que para alguns, nestes casos não poderá haver a desconsideração.[14]

6.1 Impossibilidade de consideração objetiva

De regra não se pode aplicar à desconsideração a teoria da responsabilidade objetiva, que somente pode aplicada em casos excepcionais e quando expressamente previsto em lei. A desconsideração da personalidade jurídica não se confunde com a responsabilidade civil. A responsabilidade civil, de regra, exige culpa ou dolo, porquanto a desconsideração exige apenas o fato e o prejuízo e ainda a atuação ilegal ou contrária aos estatutos sociais da pessoa a ser desconsiderada.[15]

---

10. "A responsabilidade do administrador de empresa devedora de tributo está traçada no art. 135, III, do CTN. Todavia, a imputação de responsabilidade não está vinculada apenas ao inadimplemento da obrigação tributária, mas na configuração das demais condutas nele descritas: práticas de atos com excesso de poderes ou infração de lei, contrato social ou estatuto. Na espécie, ficou demonstrada a retirada do sócio da empresa devedora, antes da constituição do crédito tributário, o que afasta a sua responsabilização. Reconhecimento da ilegitimidade para ter bens penhorados e responder pela execução de débitos da empresa. Ausência de legitimidade para a causa. Apelação provida. (TJRS – 21ª Câm. Cível. AC. 70015208010. J. 28-06-2006, vu)". Bol. AASP 2510, p. 1317 – Ementário de 12 a 18.02.2007.
11. "Execução fiscal – Embargos do devedor – Sociedade comercial – 1. A simples condição de sócio não implica responsabilidade tributária. O que gera responsabilidade, nos termos do art. 135, III, CTN, é condição de administrador de bens alheios. 2 – O redirecionamento de execução fiscal só pode ocorrer em relação a diretores, gerentes ou representantes de pessoas jurídicas, se demonstrado que agiram com excesso de poderes ou infração de lei, contrato social ou estatutos. 3 – Sócio – cotista que não exerceu função de gerência ou administração. Ausência de responsabilidade pela dívida exequente. Recurso não provido (TJSP – 9ª Câm. De Direito Público. AC 268.483-5/7-00. rel. Des. Décio Notarangeli; j. 08.11.2006, vu. Bol. AASP 2529, p. 4361-Jur. De 25/06-01-07-2007.
12. "Execução fiscal – Encerramento da Falência. Art. 40 da Lei 6.830/1980. Impossibilidade. Redirecionamento da Execução Fiscal contra o sócio que não constava da CDA. 1 – Com o trânsito em julgado da sentença que decretou o encerramento da Falência e diante da inexistência de motivos que ensejaram o redirecionamento da Execução Fiscal, não restava outra alternativa senão decretar-se a extinção do processo, sem resolução do mérito, com fulcro no art. 267, IV, do CPC". STJ – 2ª T. REsp 875.132-RS. Rel. Min. Castro Meira, j. 28.11.2006, vu). Bol. AASP – Jur. 2525, p. 4329 de 28/5 a 3/6 de 2007.
13. "Assim, por exemplo, um sócio que não teve qualquer benefício com o ato fraudulento praticado por outro sócio não será responsabilizado", SCALABRINI, Felipe e CUNHA, *Guilherme Antunes da*. Obra citada. p. 75.
14. "Nesse sentido fatos imprevistos ou alheios a pessoa jurídica, ainda que haja prejuízo ao consumidor, não justificam a desconsideração", SCALABRINI, Felipe e CUNHA, *Guilherme Antunes da*. Obra citada, p. 81.
15. "Em síntese, no julgado se demonstrou que a desconsideração da personalidade jurídica não é regra de responsabilidade civil, mesmo porque não depende de prova da culpa. Ela atinge aqueles indivíduos que foram

Para a desconsideração da personalidade jurídica de alguma empresa ou de seus sócios, exige sim, atos concretos e objetivos, como a violação da lei, do contrato ou do estatuto social ou de alguma norma de ordem social. Mas, de regra, não podem ser levados em conta apenas estes elementos objetivos, pois, estes atos isolados e sem o concurso do elemento subjetivo que é a vontade livre e consciente de prejudicar, não podem se constituir em fundamento suficiente para a desconsideração.

Em se tratando de medida contra uma das modalidades de fraude, a desconsideração da personalidade jurídica, não pode ser tomada sem que haja o dolo, a vontade livre e espontânea com a consciência de assim agir. Da mesma forma, a exemplo do que acontece, com as demais fraudes, entre elas, a fraude à execução e a fraude contra credores, não se pode pensar que se trata de fraude objetiva, pois, em se tratando de fraude esta será sempre subjetiva. Os atos que autorizam a desconsideração da personalidade que também é uma modalidade de fraude,[16] em muito se assemelha ao das fraudes à execução e a contra o credor, pois, todos visam prejudicar credores e burlar o cumprimento da obrigação. Ao julgar questão de fraude à execução neste sentido, pronunciou-se o TST, cujo texto se aplica perfeitamente ao caso de desconsideração da personalidade jurídica, como o aqui tratado.[17]

É de sabença geral de que qualquer modalidade de fraude ser ela praticada sob o comando da vontade livre e consciente do agente e sempre com o envolvimento de no mínimo duas pessoas: uma para fraudar e a outra para ser vítima da fraude. Não podendo existir fraude objetiva, porque nesta modalidade de ilícito, sempre há de preponderar o elemento subjetivo do agente e, assim, também deve ser no caso de desconsideração da personalidade jurídica.[18]

---

efetivamente beneficiados com o abuso da personalidade jurídica, sejam eles sócios ou meramente administradores de uma sociedade. A responsabilidade, ao contrário, não exige este proveito, este benefício, mas apenas a culpa". FORNACIARI JUNIOR, Clito. *Notas de Processo Civil*, p. 159. Ribeirão Preto: Migalhas, 2022.

16. "A Fraude que a desconsideração invertida coíbe é, basicamente, o desvio de bens. O devedor transfere seus bens para a pessoa jurídica sobre a qual detém absoluto controle". COELHO, Fabio Ulhoa. *Curso de Direito Comercial*. São Paulo: Saraiva, 2005. v. 2, p. 44.

17. "A configuração de fraude à execução não pode ser absolutamente objetiva. Não se deve presumir que o adquirente do imóvel tivesse conhecimento de que o negócio jurídico em questão era viciado, para enquadrar-se, em tese, nos requisitos da fraude à execução. A ciência, pelo adquirente, da existência de demanda contra o alienante, constitui elemento subjetivo essencial para se perquirir sua qualidade, ou não, de terceiro de boa-fé. Na hipótese em questão, não há prova de que o ato alienatório foi praticado com a finalidade de frustrar a execução e de que a adquirente do bem tivesse conhecimento de procedimentos executórios os quais pudessem reduzir o devedor à insolvência, segundo a previsão do art. 593, II, do CPC". TST – 8ª T. RR.894-47.2011.5.10.0014. rel. Min. Dora Maria da Costa, j. 11.12.2013.

18. "2. O redirecionamento da execução fiscal só pode ocorrer em relação a sócios-gerentes, diretores e administradores de sociedades por quotas de responsabilidade limitada, ou anônimas, se demonstrado que agiram com excesso de poderes ou infração de lei, contrato social ou estatutos. 3. Da insolvência em si não decorre a presunção de que tenha havido exorbitância, abuso ou ilegalidade, por parte dos administradores. 4. A falta de pagamento do tributo não configura infração à lei capaz de ensejar a responsabilidade pessoal dos administradores da pessoa jurídica. 5. Em matéria de responsabilidade tributária não basta reproduzir mecânica e automaticamente o enunciado do art. 135, III, do CTN, como se tratasse de responsabilidade objetiva. É necessário identificar, descrever com clareza a conduta exorbitante, abusiva ou ilegal, narrando com objetividade quais os atos temerários de gestão praticados pelos administradores. Só isso é que faz surgir a responsabilidade pessoal dos sócios pelas dívidas tributárias da sociedade. Ausência de responsabilidade do administrador da devedora do tributo. Sentença confirmada. Reexame necessário não acolhido e recurso não provido". TJSP. Ap. 322.694-5/2-00. j. 25.10.2006. JTJSP-Lex, v. 315, p. 137 de agosto de 2007.

DESCONSIDERAÇÃO DA PERSONALIDADE JURÍDICA NO BRASIL | **97**

Este elemento subjetivo é o complemento que vai se unir aos elementos objetivos para que juntos sirvam de fundamento à desconsideração. Não se pode aceitar fraude alguma, sem o dolo. O ato a justificar a desconsideração, de regra, deve ser ato contrário à lei, o contrato social ou o estatuto da empresa, não servindo para justificá-la, a simples falta de pagamento, porque isto não é caso de infração à lei, que, de regra, não caso de fraude alguma.[19]

6.2   Necessidade dos elementos subjetivos

Não demais repetir-se que toda modalidade de fraude para a sua configuração exige-se o elemento subjetivo do agente,[20] no caso da desconsideração de personalidade jurídica, para ocorrer motivação para a sua decretação, é necessário que antes se apure o comportamento da pessoa, para averiguação se houve ou não dolo por parte do agente. Desta forma já decidiu o Superior Tribunal de Justiça.[21]

Desta forma, o simples encerramento das atividades da sociedade ou a sua disso-lução pura e simples, se não houver intenção no sentido de prejudicar terceiros, não pode ser caso de desconsideração da personalidade jurídica. Para se configurar caso de desconsideração da personalidade, é necessária a presença dos elementos subjetivos, consistentes na vontade deliberada de prejudicar outrem ou quando muito a atuação com alguma culpa.[22]

Como ocorre em qualquer outra modalidade de fraude, um dos requisitos prin-cipais é presença de dolo, elemento que representa à vontade, livre e espontânea de praticar o ato ou o negócio fraudulento.[23] Não alegado e nem demonstrado qualquer

---

19. "Execução fiscal – responsabilidade do sócio – ausência de prova quanto à prática, pelo embargante, de atos ilegais ou abusivos. Precedentes. 1. A simples falta de pagamento de tributo não configura, por si só, nem em tese, circunstância que acarreta a responsabilidade subsidiária do sócio. É indispensável, portanto, que tenha agido com excesso de poderes ou infração à lei, ao contrato social ou ao estatuto da empresa". TRF 3ª R. Ap. 1999.61.02.001369-0/SP. Rel. Des. Heraldo Vita, DJe 17.11.2010. Rep. IOB, v. I, n. 23, p. 798, 1ª Quinzena de dezembro de 2010.

20. "II – Por outro lado, para o pretendido redirecionamento da execução contra os sócios, *deve restar compro-vado o elemento subjetivo, uma vez que a responsabilidade do sócio não é objetiva*. Deve estar comprovado que o sócio agiu com excesso de mandato ou infringiu a lei, o contrato social ou o estatuto, ou ainda, que tenha ocorrido a dissolução irregular da sociedade". TRF 1ª R. 8ª T. AgIn 2007.01.00.059046-0/MG. Rel. Juiz Federal Conv. Osmane Antonio dos Santos – DJ 16.05.08 – p. 279, vu. RNDJ, v. 104, p.101, agosto de 2008.

21. "Para a aplicação da teoria maior da desconsideração da personalidade social, exige-se o dolo das pessoas naturais que estão por trás da sociedade desvirtuando-lhe os fins institucionais e servindo-se os sócios ou administradores desta para lesar credores ou terceiros". STJ –ED em REsp 1.306.553/SC, 2ª Seção, j. 10.12.2014. Rel. Min. Maria Isabel Gallotti. RMDCPC, v. 64, p. 16, de jan./fev. 2015.

22. "Não se quer dizer com isso que o encerramento da sociedade jamais será causa de desconsideração de sua per-sonalidade, mas que somente o será quando sua dissolução ou inatividade irregulares tenham o fim de fraudar a lei[...]". STJ –ED em REsp 1.306.553/SC, 2ª Seção, j. 10.12.2014. Rel. Min. Maria Isabel Gallotti. RMDCPC, v. 64, p. 16, de jan./fev. 2015.

23. "Desconsideração da personalidade jurídica – Inaplicabilidade – Execução – Título extrajudicial – Medida ex-cepcional que só deve ser aplicada ante a constatação de fraude, desvios ou mau uso da pessoa jurídica – Ausência de demonstração de confusão patrimonial entre a empresa executada e seus sócios". TJSP. AgIn. 726.4486-5-18ª Câm. DPriv. J. 21-07-2008 – vu. rel. Des. Rubens Cury. RT. 877. p. 230, novembro, 2008.

comportamento intencional no sentido prejudicar terceiros não se pode desconsiderar a personalidade jurídica.[24] Em apenas alguns casos específicos é que se pode aplicar a teoria menor dispensando o elemento subjetivo.[25]

7. PROCEDIMENTO DA DESCONSIDERAÇÃO

Apesar da aceitação da desconsideração da personalidade jurídica na esfera do direito material, faltava previsão para um procedimento justo e adequado na esfera processual. O novo Código de Processo Civil afastando-se da legislação processual anterior procurou estabelecer um procedimento para o caso de desconsideração da personalidade jurídica como se vê do artigo 795, § 4º do CPC/2015.[26]

Agora a norma do CPC/2015, inserida no art. 795, § 4º, fala que para a desconsideração da personalidade é necessária a instauração de incidente apropriado previsto no mesmo Código (CPC/2015, arts. 133 a 137). Ao se falar em incidente, parece que a norma disse menos do que queria dizer, pois, em verdade, trata-se de processo incidente, conforme pode ser visto pela redação dos artigos 133 a 137, do CPC/2015.

Não se pode negar que previsão do § 2º do art. 133, d o CPC representa avanço, visto que, até então não existia norma similar. Sempre se reclamou a necessidade de instauração de processo incidente para processar e julgar o pedido de desconsideração da personalidade, com o fundamento de que era necessário um procedimento democrático para aperfeiçoar ou cumprir o devido procedimento legal como ocorre agora (CPC/2015, artigos 133 a 137). Trata-se de reivindicação antiga da doutrina, que propugnava pela instalação de procedimento justo com respeito aos princípios e às garantias constitucionais, onde a sociedade e o sócio pudessem exercer todos os seus direitos, entre eles, o contraditório e a ampla defesa, visando buscar um procedimento justo (devido procedimento legal) e sem risco de arbitrariedade.

A exigência da formação de incidente é extremamente necessária para o atendimento do devido processo legal (em verdade, devido procedimento legal), com todas as garantias e direitos constitucionais, como o contraditório, a ampla defesa entre outros. Esse novo incidente tem natureza de processo autônomo incidente, visto que tem força

---

24. "Com esses fundamentos, não estando consignado no acórdão estadual que *a dissolução da sociedade tinha por fim fraudar credores ou ludibriar terceiros*, não se configurando, portanto, o desvio de finalidade social ou confusão patrimonial entre sociedade e sócios ou administradores, acolho os embargos de divergência para que prevaleça a tese adotada pelo acórdão paradigma e, por conseguinte, restabelecer o acórdão especialmente recorrido". STJ –ED em REsp 1.306.553/SC, 2ª Seção, j. 10.12.2014. Rel. Min. Maria Isabel Gallotti. RMDCPC, v. 64, p. 16, de jan./fev. 2015.

25. "Acórdão do Superior Tribunal de Justiça (REsp 1.766.093) bem demarcou as duas principais vertentes, reclamando a que se nomina como *Teoria Maior* a atuação fraudulenta do devedor e/ou terceiros, a culpa ou dolo, somente com o que (abuso ou confusão patrimonial) se faz possível a desconsideração para atingir os sócios. De outro lado, a chamada *Teoria Menor* tanto não exige, contentando-se, basicamente, com a situação de insolvência ou a impossibilidade de cumprimento da obrigação. FORNACIARI JUNIOR, Clito. *Notas de Processo Civil*, p. 141-142. Ribeirão Preto: Migalhas, 2022.

26. CPC. Art. 795, § 4º Para a desconsideração da personalidade jurídica é obrigatória a observância do incidente previsto neste Código.

para suspender o processo principal, até que a questão da qual surgiu o incidente, seja solucionada. Desta forma, o processo principal fica suspenso e o processo incidente continua até o julgamento do pedido com a solução da questão (ação incidental) sobre a desconsideração da personalidade jurídica. Neste caso, o processo incidente de desconsideração funciona como prejudicial externa do processo principal que pode ser processo de conhecimento ou processo de execução, devendo ser julgado em primeiro lugar, e o resultado do seu julgamento servirá para direcionar o processo principal. Por se tratar de questão prejudicial, o julgamento dela não afasta o julgamento do processo principal (como poderia acontecer se fosse questão preliminar), apenas servirá de bússola para a condução do processo principal.

A norma do parágrafo 4º do artigo 134, exige que no requerimento de propositura do incidente o interessado deve demonstrar o preenchimento dos pressupostos legais específicos para a desconsideração da personalidade jurídica. No entanto, não são apenas estes pressupostos específicos que precisam ser demonstrados, outros de ordem geral também precisam ser demonstrados, tais como os pressupostos processuais e condições da ação. Para confirmar isto, basta ver que o artigo 133, § 1º, já fala genericamente em pressupostos previstos em lei, não fazendo qualquer limitação, deixando em aberto a análise dos pressupostos.

7.1   Requisitos processuais para desconsideração

Como de regra acontece com as regras nova, a norma processual do art. 795, § 4º, do CPC/2015 não foi suficientemente clara ao se referir apenas à instauração de incidente, mas a conjugação desta com os artigos 133 a 137, do mesmo diploma, leva à conclusão de que se trata de processo incidente e não de mero incidente dentro dos mesmos autos do processo principal.

Não se pode negar que esta previsão representa avanço na processualística pátria, visto que na legislação anterior não existia norma similar. A necessidade de instauração de processo incidente para processar e julgar o pedido de desconsideração da personalidade faz parte de um procedimento democrático para aperfeiçoar ou cumprir o devido procedimento legal (CPC/2015, arts. 133 a 137). Trata-se de reivindicação antiga da doutrina, que propugnava, desde há muito, pela instalação de procedimento justo com respeito aos princípios e às garantias constitucionais, onde a sociedade e o sócio pudessem exercer todos os seus direitos, entre eles, o contraditório e a ampla defesa, visando buscar um procedimento justo (devido procedimento legal) e sem risco de arbitrariedade.

Até então, a desconsideração da personalidade jurídica era decidida sem processo próprio e sem o respeito aos direitos e garantias constitucionais, porque sem o auspício de um procedimento legal, o que colocava as decisões sempre sob suspeitas e sujeitas à sensação de injustiça. A recente inovação com essa concepção mais democrática e menos arbitrária, a novel legislação deu passo à frente rumo à processualística moderna, e à ordem jurídica justa.

7.2 Processo próprio

Ainda que a regra nova pode ser considerada incompleta, mesmo assim, com processo e procedimento próprio e com o respeito aos ditames constitucionais, haverá mais segurança jurídica e mais confiança dos jurisdicionados na lisura das decisões. No que diz respeito à legitimidade, pode pedir para instaurar o processo incidente de despersonalização, a parte interessada e o Ministério Público, nos casos em que caiba a sua intervenção (CPC/2015, art. 133) e como legitimada à impugnação do pedido pode ser qualquer pessoa que demonstre a possibilidade de sofrer prejuízo.

Levando em conta que norma fala apenas em incidente, o que poderia levar ao entendimento de mero incidente, sem a instauração de novo processo de desconsideração da personalidade jurídica. Mas, não é bem assim. Em verdade, exige-se um novo processo com a observância de todos os pressupostos previstos em lei (CPC/2015, art. 133, § 1º), bem como a citação do sócio e da pessoa jurídica para as respectivas defesas (CPC/2015, art. 135).[27]

Pode se ver que é verdade, que a norma inovadora exige um novo processo incidente porque além dos pressupostos processuais (CPC/2015, art. 133, § 1º) e das condições da ação (art. 133, *caput*), exige-se a citação (CPC/2015, art. 135), sendo que a citação é medida própria de início de processo. Mais ainda, a norma é imperativa ao dizer que uma vez instaurado o incidente será o processo (principal) suspenso (CPC/2015, art. 134, § 3º). Se se tratasse de mero incidente, além de não se exigir nova citação, também não poderia ter efeito suspensivo do processo. Quando processo é suspenso, suspende-se o que nele consta e, até mesmo, o incidente.

Ao se falar que o incidente de desconsideração suspende o processo, está se referindo a dois processos, em que a propositura do segundo suspende o andamento do primeiro. Fosse um processo só, com mero incidente em seu bojo, não poderia haver esta suspensão, porque se suspenso o único processo, qualquer incidente em seu corpo também será suspenso. Só se pode falar em suspensão de um processo por outro em separado e não em simples incidente interno do mesmo. Em sendo caso de mero incidente interno, suspendendo o processo, também suspenso estará o mais que dele consta internamente. Para se suspender o processo, como diz a lei (CPC/2015, art. 134, § 3º), e dar seguimento ao incidente, é porque este incidente esteja em outro processo, porque, se não fosse outro processo ele não poderia ter seguimento enquanto suspenso o único processo.

7.3 Processo incidental e processo principal

Nada obstante a falta de clareza da nova regra, mesmo assim, em interpretação mais cuidadosa, torna-se fácil perceber que a norma do CPC/2015, art. 795, § 4º, exige

---

27. "Desconsideração da personalidade jurídica – Execução – Pedido fundado em simples presunção de fraude – Insuficiência – Necessidade de ação própria para comprovação do uso da pessoa jurídica para a dissimulação de conduta ilícita – Impossibilidade de produção de provas necessárias e oportunidade de defesa, na via estreita do processo executivo". TJAP Ag.Rg. no AgIn. 2.242/08 – Câmara Única, j. 04.11.2008, vu. Rel. Des. Mário Doglas Evangelista – DOAP 19.11.2008. RT. 881, p. 247, março, 2009.

a instauração de um processo próprio (incidental) para apuração (com produção de prova) e decisão sobre a desconsideração da personalidade jurídica. Neste caso, exige-se novo processo e, não simples incidente, como pode parecer à primeira vista, em interpretação menos cuidadosa.

Pode-se ver que isso é verdade, e que se exige um novo processo, porque além dos pressupostos processuais (CPC/2015, art. 133, § 1º) e das condições da ação (art. 133, *caput*), exige-se a citação (CPC/2015, art. 135), sendo que a citação é medida própria que se cumpre para dar seguimento ao processo, logo após seu início. Se fosse mero incidente dentro mesmo processo, não haveria necessidade de nova citação da parte ou mesmo citação de qualquer outra pessoa interessada, bastando tão-somente a intimação de que já constava do processo. Exigindo-se, nova citação é porque se trata de novo processo incidente e não de mero incidente, porque se contenta com a simples intimação. Para o simples incidente, basta a intimação; para novo processo, exige-se citação.

7.4   Suspensão do processo principal

O que a norma quer dizer é que, com a propositura do processo incidente com pedido de desconsideração da personalidade jurídica, o processo principal seja suspenso. Em confirmação pode-se ver que a nova sistemática exige um processo novo (incidental), basta atentar para a imperatividade da norma ao dizer que uma vez instaurado o incidente será o processo (principal) suspenso (CPC/2015, art. 134, § 3º). Percebe-se que, se se tratasse de mero incidente, além de não exigir nova citação, também não poderia ter efeito suspensivo do processo, porque se trataria de apenas um processo e, não dois, a ponto de um poder suspender o andamento do outro.

Em falando que o incidente suspende o processo, está se referindo a dois processos, em que a propositura do segundo suspende o andamento do primeiro. Caso fosse um processo só, como mero incidente em seu bojo, não poderia haver esta suspensão, porque se suspenso, o único processo, qualquer incidente em seu interior também será suspenso e nunca se chegará à solução alguma. Quando se fala em suspensão de um processo em razão de pedido incidente, este pedido deve estar instrumentado em outro processo. Somente se pode falar em suspensão de um processo por outro, se este for instaurado em separado com outra autuação e não em simples incidente interno do mesmo. Suspendendo o processo, por consequência, suspenso estará o mais que dele consta internamente, inclusive os seus incidentes. Não fosse assim, seria o mesmo que rusticamente falar-se em outra seara: *embarcados os passageiros, a decolagem do avião fica suspensa, dando-se continuidade na viagem apenas os passageiros, sem o avião*? Isto não pode acontecer? Para suspender um, há de existir outro. Processo suspenso não anda (CPC/2015, art. 314) e não andando não se chega ao final. Não se chegando ao final – nada se resolve. De que serviria um incidente dentro de um processo suspenso? Quando se suspende algum processo, suspensos também ficarão todos os seus incidentes internos, somente se dá seguimento a processo incidental e não ao simples incidente interno (CPC/2015, art. 314).

7.5 Ônus da prova

Levando-se em conta que se trata de comportamento ilícito por parte da empresa ou de seus sócios, para justificar a desconsideração da personalidade jurídica, há necessidade de prova da ocorrência de atos objetivo neste sentido, bem como, de regra, a sua prática com dolo específico que é o fim de prejudicar terceiros, cujo encargo probatório fica a cargo de quem alega.[28] Não se pode se apegar em qualquer ato que cause prejuízo a terceiros, porque aquele que vai autorizar a desconsideração é aquele ato praticado com o intuito de obter lucro para quem pratica e, com prejuízo, para o terceiro. É necessária a prova de que este tenha sido praticado a finalidade de causar prejuízo a outrem. Assim, o que prepondera é a vontade livre e consciente de fraudar a lei, o estatuto ou contrato social com o fim de prejudicar e prejudicar terceiros.[29]

Percebe-se que prepondera na jurisprudência o entendimento de que para que possa haver a desconsideração da personalidade jurídica, são necessárias a alegação e a comprovação por parte do credor, da existência algum ato ou negócio lesivo, bem como que este ato ou este negócio tenha sido realizado com o fim de prejudicar terceiros. Quando o pedido de desconsideração da personalidade jurídica não se basear nos elementos subjetivos[30] e não se fundamentar em ato fraudulento através do qual o agente livre e consciente tenha agido com a finalidade de prejudicar terceiros, não poderá ser acolhido como já foi decidido pelo Superior Tribunal de Justiça.[31]

O encargo probatório fica com quem alega[32] a existência de ato ilícito que possa levar à desconsideração da personalidade jurídica. Sem esta prova que sempre cabe ao

---

28. "2 – Iniciada a execução contra a pessoa jurídica e, posteriormente, redirecionamento contra o sócio-gerente, que não constava da CDA, cabe ao Fisco demonstrar a presença de um dos requisitos do art. 135 do CTN. Se a Fazenda Pública, ao propor a ação, não visualizava nenhum fato capaz de estender a responsabilidade ao sócio-gerente e, depois, volta-se contra o seu patrimônio, deve demonstrar infração à lei, ao contrato social ou aos estatutos ou, ainda, dissolução irregular da sociedade". 3 – Recurso Especial improvido (STJ – 2ª T. REsp. 875.132-RS. Rel. Min. Castro Meira, j. 28.11.2006, vu). Bol. AASP-Jur. 2525, p. 4329 de 28/5 a 3/6-2007.

29. "Tratando-se de regra de exceção, de restrição ao princípio da autonomia patrimonial da pessoa jurídica, a interpretação que melhor se coaduna com o art. 50 do Código Civil é a que relega sua aplicação a casos extremos em que a pessoa jurídica tenha sido mero instrumento para fins fraudulentos por aqueles que idealizaram, valendo-se dela para encobrir os ilícitos que propugnaram seus sócios ou administradores". STJ –ED em REsp 1.306.553/SC, 2ª Seção, j. 10.12.2014. Rel. Min. Maria Isabel Gallotti. RMDCPC, v. 64, p. 16, de jan./fev. 2015.

30. "I – Para que haja responsabilidade pessoal do sócio gerente ou administrador, deve Fazenda comprovar que o sócio, contra quem pretende seja redirecionada a execução fiscal, exercia, ao tempo da constituição do crédito tributário, o cargo de gerência ou de administrador da pessoa jurídica.
    II – Por outro lado, para o pretendido redirecionamento da execução contra os sócios, *deve restar comprovado o elemento subjetivo, uma vez que a responsabilidade do sócio não é objetiva.* Deve estar comprovado que o sócio agiu com excesso de mandato ou infringiu a lei, o contrato social ou o estatuto, ou ainda, que tenha ocorrido a dissolução irregular da sociedade. TRF 1ª R. 8ª T. AgIn 2007.01.00.059046-0/MG. Rel. Juiz Federal Conv. Osmane Antônio dos Santos – DJ 16.05.08 – p. 279, vu. RNDJ, v. 104, p. 101, ago. 2008.

31. "Com esses fundamentos, não estando consignado no acórdão estadual que *a dissolução da sociedade tinha por fim fraudar credores ou ludibriar terceiros,* não se configurando, portanto, o desvio de finalidade social ou confusão patrimonial entre sociedade e sócios ou administradores, acolho os embargos de divergência para que prevaleça a tese adotada pelo acórdão paradigma e, por conseguinte, restabelecer o acórdão especialmente recorrido". STJ – ED em REsp 1.306.553/SC, 2ª Seção, j. 10.12.2014. Rel. Min. Maria Isabel Gallotti. RMDCPC, v. 64, p. 16, de jan./fev. 2015.

32. "I – Para que haja responsabilidade pessoal do sócio gerente ou administrador, deve Fazenda comprovar que o sócio, contra quem pretende seja redirecionada a execução fiscal, exercia, ao tempo da constituição do crédito

DESCONSIDERAÇÃO DA PERSONALIDADE JURÍDICA NO BRASIL | **103**

exequente, não se pode deferir tal medida.[33] Aquele que se alega credor, diante de fatos que podem ensejar a desconsideração da personalidade jurídica, fica com encargo probatório destes fatos (art. 373, I, do CPC). De outro lado, aquele que pretender impedir a desconsideração (réu ou terceiro interessado) fica com o ônus de provar eventuais fatos impeditivos (art. 373, II, do CPC) do direito do requerente.

7.6   Legitimidade

A questão relacionada à legitimidade para a propositura do processo incidente de desconsideração da personalidade, bem como, para se defender ou impugnar o pedido feito pelo requerente, por certo será palco de discussão e divergência. A lei fala em propositura pela parte ou pelo Ministério público (art. 133, do CPC), mas, o intérprete não pode perder de vista que outras pessoas também podem ter interesse nessa propositura. Além do mais, não fala quem pode impugnar tal pedido, apenas dizendo que será citado o sócio ou a pessoa jurídica (art. 135, do CPC), como se apenas estes pudessem impugnar o pedido. Todavia, não pode ser. A Constituição Federal assegura o acesso à justiça a todos que estejam correndo risco de sofrer algum prejuízo (art. 5º, XXXV, da CF),[34] de modo que qualquer pessoa que estiver sofrendo ameaça ou lesão em seu direito poderá impugnar o pedido de desconsideração.

O art. 133 do CPC, dispõe que o pedido de abertura de incidente de desconsideração da personalidade jurídica, pode ser feito pela parte ou pelo Ministério Público, quando a este couber intervir no processo. A lei fala em legitimidade para o pedido quando lhe couber intervir no processo, o que leva ao entendimento de se tratar apenas do processo principal, o que se apresenta por demais restritivo. Mas, não é só isso. Pode ocorrer caso em que o Ministério Público não precisa intervir no processo principal, mas, pode estar legitimado para intervir no processo incidente quando neste surgir pessoas incapazes. Para intervir no interesse do incapaz que somente surgiu no incidente, o Ministério Público pode não só pedir a formação do incidente, bem como, apresentar qualquer defesa para resguardar o direito do incapaz.[35]

Ainda, quando apresentado pedido de desconsideração inversa para que a sociedade assuma responsabilidade de dívida de algum sócio, os outros sócios que poderão

---

tributário, o cargo de gerência ou de administrador da pessoa jurídica". TRF 1ª R. 8ª T. AgIn 2007.01.00.059046-0/ MG. Rel. Ju9iz Federal Conv. Osmane Antonio dos Santos – DJ 16.05.08 – p. 279, vu. RNDJ, v. 104, p. 101, ago. 2008.

33.   "3. Não há elementos que levem a concluir pela responsabilidade de sócio/terceiro pela obrigação tributária da pessoa jurídica executada. Cabe à exequente a prova de que o sócio/terceiro praticou atos ilegais ou abusivos. 4. O exequente não demonstrou, de forma objetiva e pertinente, que o embargante praticou atos ilegais ou abusivos, de forma a caracterizar sua responsabilidade pela dívida da empresa. 5. Apelo e remessa oficial improvida". TRF 3ª R. Ap. 1999.61.02.001369-0/SP. Rel. Des. Heraldo Vita, DJe 17.11.2010. Rep. IOB, v. I, n. 23, p. 798, 1ª Quinzena de dezembro de 2010.

34.   CF: "Art. 5º, XXXV – a lei não excluirá da apreciação do Poder Judiciário lesão ou ameaça a direito".

35.   Exemplifica-se com o caso em que correndo uma execução da qual o incapaz não é parte, mas, estando sujeito a ser atingido indiretamente pela referida ação, em razão de pedido de desconsideração da personalidade jurídica, pode agir neste para impugnar o pedido ou diferentemente, em outra hipótese, necessita intervir com pedido de instauração do incidente para proteção de seus direitos, caso em que, o Ministério Público pode intervir, no polo ativo ou passivo do referido incidente.

ter seus direitos prejudicados, têm legitimidade para impugnar o pedido e entre estes pode figurar algum incapaz, situação que passa a atrair a participação do Ministério Público, mesmo que não participe do processo principal.

A legitimidade dos sócios que não são partes no processo principal para intervir no procedimento de pedido incidente, já foi reconhecido pelo Tribunal Superior de Justiça.[36] No caso, perante o STJ, o devedor argumentou que a prática dos atos que levaram à desconsideração foi atribuída à pessoa física do sócio administrador; por isso, seria evidente o seu interesse em rediscutir a decisão que lhe atribuiu o exercício da atividade empresarial mediante conduta antijurídica.[37]

Ainda, é de se ver que o uso do patrimônio da empresa para quitação da dívida de algum sócio, pode afetar relação entre sócios. Em Recurso Especial, o relator ministro Marco Aurélio Bellizze, observou que, pela literalidade da lei, na desconsideração da personalidade jurídica, apenas a parte cujo patrimônio será alcançado pela medida excepcional – o sócio ou a sociedade empresária (desconsideração inversa) – é que integrará o polo passivo do incidente, não se exigindo, em princípio, a intimação do devedor. No entanto, o ministro ressaltou que, em casos semelhantes, a doutrina considera evidente o interesse jurídico do devedor originário, pois, se o patrimônio da empresa for utilizado para a quitação da dívida, poderá haver ação de regresso, situação com potencial de influir na relação entre os sócios, levando à quebra da *affectio societatis* – vínculo psicológico entre os integrantes de uma sociedade, cuja perda conduz à sua dissolução parcial ou integral. O Min. Bellizze afirmou que, segundo a doutrina, o pedido de desconsideração formulado na petição inicial ou em caráter superveniente resultará, respectivamente, em litisconsórcio facultativo inicial ou ulterior. Para o magistrado, mesmo que o devedor não figure como litisconsorte no incidente, ele poderá intervir no feito na condição de assistente, dado o seu manifesto interesse jurídico,[38] quando então, poderá defender os seus direitos.

8.   OS SÓCIOS E A RESPONSABILIDADE PATRIMONIAL

Como foi exposto acima, os bens dos sócios,[39] de regra não respondem pelas dívidas da sociedade e, nem esta, responde por dívidas naqueles. Mas, em se tratando de desconsideração da personalidade jurídica, pode haver a imputação de responsabilidade do sócio para responder pelas dividas da sociedade e estas pelas dívidas daquele (Art. 133, do CPC).

---

36. "A Terceira Turma do Superior Tribunal de Justiça (STJ), por unanimidade, decidiu que o sócio devedor possui legitimidade e interesse recursal para impugnar a decisão que deferiu o pedido de desconsideração inversa da personalidade jurídica das empresas de que participa".

37. "Segundo o relator, são nítidos "o interesse e a legitimidade do sócio devedor tanto para figurar no polo passivo do incidente de desconsideração inversa da personalidade jurídica quanto para impugnar a decisão que lhe ponha fim – seja na condição de parte vencida, seja na condição de terceiro em relação ao incidente –, em interpretação dos artigos 135 e 996 do Código de Processo Civil de 2015". STJ REsp. 1.980.607/DF, j. 09/08/2022. Relator Min. Marco Aurélio Bellizze. Fonte: site do STJ, de 12.09.2022.

38. Idem. Fonte: site do STJ, de 12.09.2022.

39. CPC – Art. 795. Os bens particulares dos sócios não respondem pelas dívidas da sociedade, senão nos casos previstos em lei.

No entanto, a lei poderá autorizar a imposição de responsabilidade para uma pessoa pagar de dívida de outra, mas, para que isso ocorra, o aplicador da lei precisa respeitar uma série de princípios, garantias e direitos constitucionais. Entre estes, pode-se citar, os princípios da proporcionalidade, da relatividade, do interesse público, da dignidade da pessoa humana, entres outros. Ainda, é preciso atender as garantias do devido procedimento legal, da ampla defesa e do contraditório (art. 5º, LIV e LV, da CF), sem os quais o procedimento será nulo. Na ausência de atendimento a estes direitos fundamentais, além da arguição de nulidade do procedimento, o interessado pode se valer do mandado de segurança.[40]

Em determinadas situações pode acontecer de o sócio ser chamado a responder pela dívida da sociedade nos casos de desconsideração da personalidade jurídica e essa para responder pelas dívidas daquele. Neste caso, o sócio ou a sociedade se tornam responsáveis sem seres devedores.[41] Isto é, não são devedores, mas são responsáveis pelo pagamento da dívida de outrem. O sócio mesmo não sendo devedor, ele responde perante terceiro credor e fica com os bens sujeitos à execução. Como ele não é o devedor, quando efetuar o pagamento, poderá se voltar contra a sociedade que é a devedora, para receber desta os valores que despendeu para pagar o que ela devia e essa pode se voltar contra o sócio quando for obrigada pela dívida deste. Trata-se do chamado direito de regresso, que será visto a seguir.

8.1   Direito de regresso

O direito de regresso é aquele que assegura a quem paga dívida de outrem, buscar o ressarcimento daquilo que pagou. Como foi exposto acima, no caso de desconsideração da personalidade jurídica, o sócio que não é devedor, passa a ser responsável e é obrigado pelo pagamento da dívida empresa e essa pode ser obrigada por dívida daquele. Uma vez pagando a dívida que não é própria, quem paga se torna credor por sub-rogação do crédito do anterior e, pode se voltar contra o verdadeiro o devedor nos mesmos autos, para receber o que pagou em lugar de outrem (art. 795, § 3º, do CPC).[42]

O par. 3º do art. 795 é semelhante à norma do art. 794, § 2º, do CPC, que também permite ao fiador que pagar a dívida do afiançado, dar continuidade à execução contra este nos mesmos autos. Neste aspecto a mesma orientação se repete, permitindo-se, ao sócio que pagar a dívida da sociedade, sub-rogar-se no crédito e dar continuidade à

---

40. "Desconsideração da personalidade jurídica. Dirigir a execução contra pessoa que não foi parte no processo de conhecimento nem consta do título executivo, sem proporcionar prévio direito de defesa para arguir que não integra o grupo econômico reconhecido ou para indicar bens do devedor, ou outra qualquer legítima matéria de defesa que convenha, viola os arts. 133 a 137 do CPC, que tratam do incidente de desconsideração da personalidade jurídica, bem como o inc. IV do art. 5º da Constituição Federal de 1.988, que assegura o contraditório e a ampla defesa com os meios e recursos a ela inerentes, sendo cabível o mandado de segurança para salvaguardar a ordem processual e a higidez do procedimento". Súmula 24, do TRT-20. *Revista Bonijuris*, v. 678, p. 182 de out./nov. 2022.

41. Sobre este aspecto ver nosso: Responsabilidade patrimonial no CPC/2015. *Revista Dialética de Direito Processual*, n. 148, jul. 2015.

42. "Art. 795, § 3º O sócio que pagar a dívida poderá executar a sociedade nos autos do mesmo processo".

execução contra essa nos mesmos autos, para receber o que pagou, assumindo agora, as posições de credor e de exequente, sendo que este mesmo direito se reserva à sociedade na mesma situação.

No mesmo passo da mesma normatização destinada ao fiador (CPC, art. 794, § 2º), ao sócio ou a empresa que pagar dívida de outrem poderá sub-rogar na posição de credor e, dar seguimento, substituindo exequente originário, direcionando a execução, agora na condição de novo exequente contra a sociedade (CPC. art. 795, § 3º).

8.2 Direito ao benefício de ordem

Após pagar a dívida de outrem do sócio ou sociedade se sub-roga no direito de crédito que o credor originário tinha, também lhe é garantido antes de qualquer pagamento que ele se utilize do direito ao benefício de ordem. Este benefício é o que dá o direito de pedir que antes de seus serem alcançados pela execução, que seja primeiro penhorados os bens do devedor, como dispõe os artigos 795, § 1º e 133, § 2º do CPC.[43]

Nas relações comerciais a regra é responder pelas dívidas somente o devedor, mas, em se tratando de sociedade, nos casos previstos em lei, o sócio pode também pode ser chamado à responder por dívida daquela. No caso do art. 795, § 1º a lei restringe a aplicação da norma, apenas em relação ao sócio que também é réu para responder pelas dívidas da sociedade. No entanto, essa mesma norma, dá ao sócio o benefício de ordem, pelo qual, tem o sócio direito de exigir que antes, a execução recaia sobre bens da sociedade, para somente depois, recair sobre seus bens para pagamento de eventual remanescente, direito este que também se aplica à sociedade. Todavia, esse benefício de ordem não é absoluto, pois, somente se aplica para os bens localizados na mesma comarca. Trata-se de uma forma de responsabilidade subsidiária, de modo que, os bens do sócio somente serão alcançados, quando faltarem na mesma localidade, bens da sociedade para satisfazer a execução.

8.2.1 Sócio e benefício de ordem

A mesma diretriz em que é dedicada ao fiador o direito ao benefício de ordem, foi assegurado o benefício de ordem ao sócio e a sociedade no sentido de que, quando executado por dívida da sociedade ou essa por dívida do sócio, poderão também exigirem que antes da execução alcançar os seus bens, que ela recaia sobre os bens da sociedade (CPC. art. 795, § 1º).

É da tradição brasileira que a regra é responder pelas dívidas somente o devedor, mas, em se tratando de sociedade, nos casos previstos em lei, o sócio ou sociedade, pode também ser chamado à responsabilidade. A norma restringe a aplicação deste parágrafo, apenas em relação ao sócio que também é réu para responder pelas dívidas da sociedade.

---

43. CPC: "Art. 795, § 1º O sócio réu, quando responsável pelo pagamento da dívida da sociedade, tem o direito de exigir que primeiro sejam excutidos os bens da sociedade; Art. 133, § 2º. Aplica-se o disposto neste Capítulo à hipótese de desconsideração inversa da personalidade jurídica".

DESCONSIDERAÇÃO DA PERSONALIDADE JURÍDICA NO BRASIL

Todavia, essa mesma norma, dá ao sócio o benefício de ordem, pelo qual, tem o sócio direito de exigir que antes a execução recaia sobre bens da sociedade, para somente depois, recair sobre seus bens para pagamento de eventual dívida remanescente. Mas esse benefício de ordem não é absoluto, pois, somente se aplica para os bens localizados na mesma comarca (CPC/2015, art. 795, § 2º). É uma forma de responsabilidade subsidiária, de modo que, os bens do sócio somente serão alcançados, quando faltarem na mesma localidade, bens da sociedade para satisfazer a execução.

8.2.2   Benefício de ordem sob condição

O art. 795, § 1º concede o benefício ordem ao sócio que pagar a dívida da sociedade, mas, o parágrafo segundo impõe condição para que se faça uso deste direito. Pelo qual, incumbe ao sócio que alegar o benefício do § 1º nomear quantos bens da sociedade situados na mesma comarca, livres e desembaraçados, bastem para pagar o débito.

O benefício assegurado no parágrafo primeiro permanece sob a condição de que o sócio para utilizar este direito precisa indicar bens da sociedade localizados na mesma comarca. Não atendida esta condição, desaparecerá o benefício. Por isso, é que o art. 795, § 2º, afirma que incumbe ao sócio que alegar o benefício do § 1º, nomear quantos bens da sociedade, situados na mesma comarca, livres e desembargados, bastem para pagar o débito. O parágrafo reafirma a existência do benefício de ordem, mas condicionado, não só à existência de bens da sociedade na mesma comarca, bem como, impôs outra condição que é a nomeação de bens da sociedade, quantos bastem para pagar a dívida.

Não sendo atendidas ou não cumpridas estas duas condições pelo sócio, não haverá benefício de ordem algum. É um benefício condicionado em que se não cumprida a condição, ele desaparece. Parece até mesmo aquela velha expressão de que se dá com uma mão e tira com a outra. Isto porque, nem sempre o sócio vai ter condições de indicar bens da sociedade na mesma comarca. Qual a razão maior de não se aceitar a indicação de bens em outra comarca?

A preocupação do legislador em exigir que em primeiro sejam indicados bens da sociedade localizados na mesma comarca, é uma cautela louvável, mas, exigir que a seguir sejam penhorados bens do sócio, mesmo que a sociedade tenha bens em outra localidade, parece não ser uma boa escolha. Pensa-se que melhor é os bens dos sócios só responderem pelas dívidas da empresa, quando esta não tiver bens suficientes.

9.   DESCONSIDERAÇÃO DA PERSONALIDADE E A FRAUDE À EXECUÇÃO

Parece não ter o legislador processual de 2015, laborado com primor ao tentar regular conjuntamente a desconsideração da personalidade jurídica e a fraude à execução.[44] É certo que a desconsideração da personalidade jurídica e a fraude à execução são fundamentadas em atos ou negócios fraudulentos (oriundo de fraude), mas isso, não autoriza considerar a ocorrência da fraude à execução antes mesmo da desconsi-

---

44.   SOUZA, Gelson Amaro de. *Fraude à execução* – Teoria geral e temas específicos. Curitiba: Juruá, 2018.

deração da personalidade, como parece ter feito, ao retroagir a fraude à execução para o momento da citação da empresa desconsiderada, obviamente, antes da integração do sócio à execução, que somente se dá depois da desconsideração da personalidade jurídica.

Ao procurar disciplinar a desconsideração da personalidade jurídica conjuntamente com a fraude à execução, diz a norma processual que nos casos de desconsideração da personalidade jurídica, a fraude à execução verifica-se a partir da citação da parte cuja personalidade se pretende desconsiderar (Art. 792, § 3º, do CPC). Neste aspecto, denota-se também a inovação no sistema processual, visto que inexistia norma correspondente na sistemática anterior. A redação da norma, neste ponto, não parece ser das mais primorosas. Inicia falando em casos de desconsideração, dando a ideia de que esta já existe e, termina em sentido contrário, falando em personalidade que ainda se pretende desconsiderar.

A existência da desconsideração da personalidade jurídica é uma coisa, e a pretensão a desconsiderar é outra. Se já existe a desconsideração, não se pode mais falar em pretensão a desconsiderar, porque são duas situações incompatíveis: De duas uma: ou já se desconsiderou a personalidade jurídica, ou ainda, a questão está pendente de decisão, cujo resultado ainda é desconhecido, podendo a pretensão de desconsideração, ser acolhida ou rejeitada. Se rejeitada, não há de se falar em fraude à execução em relação ao sócio. Se acolhida, a norma considera a ocorrência de fraude à execução desde a citação da pessoa desconsiderada, o que de regra, é anterior à desconsideração.

Desta forma, a norma parece indicar que a fraude à execução se dará a partir da citação do sócio ou da pessoa jurídica a ser desconsiderada, Parece que o legislador confundiu a desconsideração de personalidade jurídica com o instituto da prescrição, pois, a contagem do prazo a partir da citação da pessoa a ser desconsiderada, somente tem sentido para o caso de prescrição da execução, e não para a fraude à execução que envolve o terceiro adquirente que não tem relação com a sociedade e, de regra, nem há como saber se a sociedade foi citada para alguma ação e, às vezes, nem saber se o vendedor é ou não sócio de alguma empresa. Melhor se tem decidido na jurisprudência pátria.[45] Para a prescrição, ocorrendo a citação da pessoa jurídica em um momento, mesmo que a sua desconsideração se dê em outro posterior, é a citação da empresa que deve servir como marco para a sua ocorrência, mas não para a fraude à execução. Melhor é a orientação jurisprudencial já estabelecida, que considera a fraude à execução praticada pelo sócio somente após a sua citação e não a da empresa.[46] Também já se decidiu que haverá

---

45. "IV – Em caso de pedido de redirecionamento da execução, a contagem do quinquênio previsto no art. 174, do CTN, tem como termo inicial a citação da pessoa jurídica executada, sendo que a prescrição está consumada quando decorridos mais de cinco anos entre a citação da empresa devedora e regular citação do sócio". TRF 1ª R. 8ª T. AgIn 2007.01.00.059046-0/MG. Rel. Juiz Federal Conv. Osmane Antonio dos Santos – DJ 16.05.08 – p. 279, vu. RNDJ, v. 104, p.101, agosto 2008.

46. "28768 – Direito Tributário e Processual Civil – Fraude à execução – Citação do Coobrigado – Para a caracterização da fraude de execução, na hipótese do art. 593, II, do CPC c.c. art. 185 do Código Tributário Nacional, necessário se faz que a alienação tenha sido efetuada após a citação válida do executado. Na hipótese de redirecionamento da execução contra sócio da empresa executada, somente após a sua citação poderia se cogitar de hipótese de fraude à execução. Precedentes do Superior Tribunal de Justiça". TJMG - Proc. 1.0079.03.07980-1/001(1) – rel. Maria Elza – DJ. 31.07.2008. RJ. 370, p. 151, agosto, 2008.

fraude à execução praticada pelo sócio somente depois de declarada a desconsideração da personalidade jurídica.[47] No mesmo sentido, existe decisão de que sem ação contra o sócio não se pode falar em fraude à execução.[48]

A precariedade da norma parece não deixar claro qual é o efeito da decisão de desconsideração da personalidade jurídica, se se cuida de efeito declarativo ou constitutivo? Ao falar que a fraude à execução se verifica a partir da citação da parte cuja personalidade jurídica se pretende desconsiderar, dá-se a ideia de que esta decisão tem efeito retroativo, o que a caracterizaria como de natureza declaratória com o efeito *ex tunc*. Fosse esta decisão de natureza constitutiva, somente produziria efeito para o futuro (*ex nunc*), o que deslocaria a verificação da fraude somente para o momento da desconsideração. Como a norma fala da verificação da fraude a partir da citação da pessoa a ser desconsiderada por decisão futura, indica, tratar-se de decisão com efeito declaratório.

Não há como negar o inconveniente desta postura legislativa, ao manter-se sob condição suspensiva a figura da fraude à execução, porque, o ato jurídico antes realizado, fica sob condição e sem definição até que surja decisão sobre a desconsideração da pessoa jurídica e o negócio praticado antes sem restrição, passa agora a ser considerado como em fraude à execução. Mal comparando, igualmente uma bomba de efeito retardado, que passa a produzir seus efeitos deletérios tempos depois de praticado o ato.

A figura da fraude à execução, não parece permitir a sobrevivência sob condição suspensiva e nem que sua caracterização possa se dar em momento outro, que não o da realização do negócio jurídico. O ato ou o negócio jurídico quando é praticado com fraude à execução é constatável de imediato, ou por outro lado, não se caracteriza como fraude, porque é impróprio dizer-se que o negócio está em pendência de ser ou não ser inquinado de fraude à execução. A final, é fraude ou não é fraude? Pois, a própria natureza desta não permite que a mesma fique sob condição suspensiva, a depender de evento

---

47. Tratando-se de bem de sócio, a alienação do bem deve ocorrer após a desconsideração da personalidade jurídica da empresa, vale dizer, quando a execução passar a correr em face dos sócios. Consequentemente, a operação de venda e compra de imóvel efetuado pela sócia, quando a execução corria em face da pessoa jurídica não configura o instituto previsto no art. 593 do CPC. Some-se a isto o fato de que há provas suficientes de que, à época da alienação do imóvel, a sócia possuía inúmeros outros bens que poderiam garantir a execução a que referida operação comercial não a levaria à insolvência. Não há, portanto, provas da ilegalidade da venda e de preenchimento dos requisitos *sine qua non* listados no art. 593 do CPC, razão pela qual não se pode falar em fraude à execução. Agravo de petição a que se nega provimento". TRT -2ª R. 00908200900402004 – AC. 20091066772-3ª T, rel. Des. Mércia Tomazinho, p. 12-01-2010. HS-JT, v. 314, p. 114, fevereiro, 2010.

48. "318/24. Alienação realizada pelo sócio da empresa executada ao tempo em que não figurava no polo passivo da demanda – Aquisição de boa-fé – Fraude à execução não configurada – Se o sócio da executada transferiu imóvel de sua propriedade em data em que nenhuma ação ou execução corria contra a sua pessoa, é inviável imputar qualquer tipo de ônus ao adquirente de boa-fé, porquanto, ainda que cauteloso na busca de possíveis processos judiciais contra o vendedor do bem, nenhum registro encontraria, devendo, assim, o bem penhorado ser liberado. Deve-se esclarecer que, apesar de ser aplicável o princípio da despersonalização da pessoa jurídica, não se pode entender que a alienação de bem particular do sócio, pessoa física, que não figurava no polo passivo da demanda e nem do processo executório, tenha ocorrido em fraude à execução, já que deve ser resguardado o direito do terceiro que age de boa-fé e que não poderia supor que o bem imóvel adquirido poderia vir a ser constrito judicialmente para garantir a execução trabalhista". TRT-3ª R. proc. 01912-2009-026-03-00-1-ap. 8ª T. rel. Des. Márcio Ribeiro do Valle, p. 26-04-2010. JT-HS, v. 318, p. 129, de junho, 2010.

110 GELSON AMARO DE SOUZA

futuro e incerto que é o do resultado de outro ato (julgamento da desconsideração) que não o próprio negócio jurídico de compra e venda.

9.1 Momento da fraude à execução

A questão relacionada ao momento em que se considera a concretização da fraude à execução, é palco de divergência, porque a lei não proporciona um entendimento unívoco, razão porque, são possíveis, os variados entendimento. O art. 137, do CPC, diz que acolhido o pedido de desconsideração, a alienação ou a oneração de bens, havida em fraude de execução, será ineficaz em relação ao requerente. Pela normatização somente será considerada a fraude à execução, após o acolhimento do pedido de desconsideração, ou seja, a alienação ou a oneração, até então tem plena eficácia, ficando sob condição suspensiva durante todo o período em que tramitar o incidente.

Todavia, o art. 792 do CPC dispõe que a alienação ou oneração somente será considerada em fraude à execução se preenchido os requisitos dos incisos I a V. O inciso I, fala sobre pendência de ação com averbação no registro público; O inciso II, exige que antes tenha sido averbada a pendência de execução; O inciso III, exige a averbação de ato de constrição judicial nos autos em que se alega a fraude; O inciso IV, exige a tramitação contra o alienante ação capaz de reduzi-lo à insolvência; O inciso V, tem disposição aberta para os demais casos previstos em lei. Quando se pede a desconsideração da pessoa jurídica, normalmente é esta que é executada e é citada, e não seu sócio. Ao se indicar o sócio para responder em lugar da empresa através do pedido de desconsideração, este deve ser citado (art. 135 do CPC), para somente a partir daí é que se pode pensar em fraude à execução, desde que presentes os requisitos do art. 792, I a V, do CPC. Se ação principal é proposta contra a sociedade, por óbvio, não haverá qualquer das averbações exigidas no art. 792, em relação ao sócio. Averbação em relação ao sócio somente poderá ocorrer após o acolhimento do pedido da desconsideração como se colhe do art. 137, do CPC).

Para se configurar fraude à execução é necessário interpretar art. 137, do CPC conjugado com a norma do art. 792 e seus incisos,[49] além da necessária verificação da má-fé do adquirente, sem a qual não existe fraude, bem como, deve existir insolvência do executado.[50] Somente com a conjugação das duas normas é que pode falar em fraude à execução.[51] Sem a citação do sócio na qualidade de devedor e as respectivas averba-

---

49. "O interesse geral, representado pelo anseio de infundir segurança nos negócios jurídicos, impõe que se reforce o princípio da publicidade dos registros públicos e se prestigie a boa-fé, que é o elemento que informa, estrutura e vivifica todas as relações e sobre o qual repousa o nosso direito".

50. "Creio que a ocorrência de fraude à execução para ensejar a desconstituição da transação celebrada entre o alienante devedor e o adquirente do bem, não se contenta com a simples existência de demanda contra o alienante, mas se exige que o credor de a instauração demonstre que a insolvência do devedor era do conhecimento da outra parte, salvo se pública e notória, ou que tenha havido má-fé na operação de alienação".

51. "Alienação posterior à citação de um dos devedores. Fraude à execução. Art. 593, II, do CPC. Não ocorrência. Terceiro adquirente de boa-fé. Ausência de registro junto à matrícula do imóvel. Sumula 375 do STJ. Má-fé não comprovada. Existência de outros bens. Insolvência do devedor não caracterizada. Decisão de 1° grau mantida. Precedentes do STJ. Recurso conhecido e não provido". TJPR. AgInstr 0953216-3, 7ª C.Civ; rel. Juiz conv. Victor Martin Batschke. DJPR 05.12.2012, p. 287. RMDCPC, v. 51, p. 157, nov./dez. 2012.

ções exigidas no art. 792, do CPC, não há fraude à execução.[52] A Terceira Turma do STJ, assentou entendimento que mais do que a prova da insolvência do devedor, o credor deve provar também a má-fé do adquirente.[53]

O Código Civil de 2002, afirma que sempre se presume a boa-fé (art. 164, do CC) e em tantas outras passagens, como o fez nos artigos 242, 686, 765, 856, par. único, 879, 1201, 1202, 1214, 1217, 1219, 1242, 1257, 1258, 1259, 1260. 1261, 1268, 1270 e 1561, protege a boa-fé de forma expressa e direta. Em outras passagens, preferiu a ela se referir de forma indireta (por exclusão da má-fé), como o fez nos artigos 766, 814 e 1203, entre outros. Estes últimos dispositivos, quando interpretados, *a contrário sensu*, chegar-se-á à conclusão de que o legislador teve em conta a proteção da boa-fé, no sentido de que, sem má-fé não haverá fraude.

Desta forma, só se pode falar em fraude à execução quando estiver presente todos os requisitos previstos nos artigos 792 e 137, do CPC, além da prova da insolvência do executado e da má-fé do adquirente.[54] Enquanto o sócio não for chamado para integrar a execução em que é devedora a sociedade, não se pode pensar em fraude à execução em caso de alienação ou oneração de seus bens.[55] Da mesma forma, em se tratando de desconsideração inversa, é necessária a citação da sociedade para integrar a execução em que o executado é o sócio para depois se poder falar em fraude à execução e não a simples citação do sócio na ação principal.[56]

10. REFERÊNCIAS

ASSIS, Araken de. *Manual do Processo de execução*. 21. ed. São Paulo: Ed. RT, 2021.

BARELLA, Ana Lúcia e BETTI JUNIOR, Leonel Vinicius Jaeguer. O incidente da desconsideração da personalidade jurídica no NCPC e sua aplicabilidade nos juizados especiais cíveis. *REpro*, v. 275. São Paulo: Ed. RT, jan. 2018.

---

52. "assim, para que haja fraude à execução é necessária que a alienação seja efetivada após o registro da constrição, salvo má-fé comprovada do adquirente, pois subsiste a venda em face de terceiros de boa-fé".

53. "Fraude de execução. Citação. Penhora. Falta de registro. Terceiro de boa-fé. Isso porque inexistindo registro da citação da ação ou da penhora do bem alienado a terceiro, incumbe ao exequente e embargado fazer prova de que o terceiro tinha conhecimento da ação ou da constrição. Art. 593, II e III do CPC". STJ. REsp. 136.342, RSTJ vol. 106, pág. 350, Brasília-DF. Junho/98.

54. "1.2. O reconhecimento da fraude de execução depende do registro da penhora do bem alienado ou da prova da má-fé do terceiro adquirente (Súmula 375/STJ). STJ-Corte Especial. REsp. 956.943/PR, relª. Minª Nancy Andrighi, Rel. para o acórdão Min. João Otávio de Noronha, j. 20.08.2014, DJe. De 1º.12.2014.

55. "Caso contrário, é inútil a determinaçao constante no § 1º do art. 134 do CPC/2015 para que o distribuidor realize as anotações devidas após a instauração do incidente, se for considerada fraude de execução a alienaçao ou oneração de bens por parte de alguém que nem sequer constava dos registros do distribuidor na época em que tal alienação ou oneração fora praticada". SOUZA, André Pagani de. Comentários aos art. 133 a 137 do CPC *in Código de Processo Civil Anotado*, p. 205. Coord. CRUZ E TUCCI, José Rogério e outros. Apoio da AASP e OAB-Paraná. Rio de Janeiro: GZ-Editora, 2016.

56. "Portanto, para proteger terceiros de boa-fé e garantir a segurança jurídica, o mais adequado seria considerar que a ineficácia da alienação do bem somente deve ser reconhecida se ela for realizada a partir da citação do sócio, administrador ou pessoa jurídica para manifestar-se no incidente". SOUZA, André Pagani de. Comentários aos art. 133 a 137 do CPC *in Código de Processo Civil anotado*, p. 205. Coord. CRUZ E TUCCI, José Rogério e outros. Apoio da AASP e OAB-Paraná. Rio de Janeiro: GZ-Editora, 2016.

BARROS, Suzana de Toledo. *O princípio da proporcionalidade e o controle de constitucionalidade das leis restritivas de direitos fundamentais*. Brasília-DF: Brasília Jurídica, 1996.

BATALHA, Wilson de Souza Campos. *Defeitos dos negócios jurídicos*. Rio de Janeiro: Forense, 1988.

BATISTA Nilo. Estelionato judiciário. *Revista da Faculdade de Direito da Universidade do Estado do Rio de Janeiro*. v. 5. Rio de Janeiro: Renovar, 1977.

BAYEUX FILHO, José Luiz. Fraude contra credores e fraude de execução. *Repro*, v. 61. São Paulo: Ed. RT, jan./mar. 1991.

CAHALI, Yussef Said. *Fraude contra credores*. São Paulo: Ed. RT, 1.989.

COELHO, Fabio Ulhoa. *Curso de direito comercial*. São Paulo: Saraiva, 2005. v. 2.

DELGADO, José A. Princípios processuais constitucionais. *Revista da Associação dos Juízes do Rio Grande do Sul* – AJURIS, v. 39. Porto Alegre, mar. 1987.

DINAMARCO, Cândido Rangel, *Fundamentos do Processo Civil Moderno*. São Paulo: Ed. RT, 1986.

ERPEN, Décio Antônio. *A fraude à execução e nova lei das escrituras públicas*. *Ajuris*, v. 40, Porto Alegre, julho de 1987.

ERPEN, Décio Antônio. Registro da penhora e eficácia frente a terceiros. *Ajuris*, v. 27. Porto Alegre, mar. 1998.

ERPEN, Décio Antônio. A fraude à execução e publicidade registral. *Ajuris*, v. 28. Porto Alegre – RS, jul. 1983.

FORNACIARI JUNIOR, Clito. *Notas de Processo Civil*. Ribeirão Preto: Migalhas, 2.022.

NADAIS, Carlos da Fonseca. O incidente de desconsideração da personalidade jurídica e suas peculiaridades. *RSDCPC*, v. 107. Porto alegre: Síntese, maio/jun. 2017.

SARDINHA, Alvaro Lima e DENARDI, Eveline. Desconsideração da personalidade jurídica e a arbitragem. *RMDCPC*, v. 105. São Paulo: Lex, nov./dez. 2021.

SCALABRINI, Felipe e CUNHA, Guilherme Antunes da. Requisitos para desconsideração da personalidade jurídica: a estrutura escalonada dos pressupostos exigidos pelo Código de Defesa do Consumidor, pelo Código Tributário Nacional e pelo Código Civil. *Repro*, v. 329. São Paulo: Ed. RT, jul. 2022.

SOUZA, André Pagani de. Comentários aos art. 133 a 137 do CPC. In: CRUZ E TUCCI, José Rogério e outros (Coord.). *Código de Processo Civil anotado*. Apoio da AASP e OAB-Paraná. Rio de Janeiro: GZ-Editora, 2016.

SOUZA, Gelson Amaro de. *Fraude à execução* – Teoria geral e temas específicos. Curitiba: Juruá, 2018.

SOUZA, Gelson Amaro de. *Fraude à execução e direito de defesa do adquirente*. São Paulo: Editora Juarez de Oliveira, 2002.

SOUZA, Gelson Amaro de. *Efeitos da sentença que julga os embargos à execução*. São Paulo: Editora-MP, 2007

SOUZA, Gelson Amaro de. Responsável tributário e a sujeição passiva na execução fiscal. In: MARTINS, Ives Gandra da Silva e BRITO, Edvaldo (Coord.). *Doutrinas Essenciais* – Direito Tributário. São Paulo: Ed. RT, 2011.

SOUZA, Gelson Amaro de. Execução e responsabilidade patrimonial no CPC/2015. In: DIDIER JR., Fredie (Coord. Geral). *Coleção novo CPC* –Doutrina selecionada, v. 5. Salvador-Bahia: 2. ed. 2016; *Revista Síntese de direito empresarial*, v. 49, mar/abril, 2016; RJ-Notadez, v. 469. Porto Alegre-RS: Síntese-No-tadez. novembro, 2016;

SOUZA, Gelson Amaro de. Desconsideração da personalidade jurídica no CPC-2015. *REpro*, 255. São Paulo: Ed. RT, maio, 2016.

SOUZA, Gelson Amaro de. Penhora e averbação – Inconstitucionalidade dos §§ 4º e 5º do art. 659 do CPC. *Revista Magister de Direito Civil e Processual Civil*, v. 28, p. 69:79. jan./fev. 2009.

SOUZA, Gelson Amaro de. Responsável tributário e a sujeição passiva na execução fiscal. *REpro*, v. 40. São Paulo: Ed. RT, 1985.

QUESTÕES PROCESSUAIS DA DESCONSIDERAÇÃO DA PERSONALIDADE JURÍDICA

Leonardo Greco

Professor Titular aposentado de Direito Processual Civil da Faculdade Nacional de Direito da Universidade Federal do Rio de Janeiro. Advogado.

Sumário: 1. Desconsideração e contraditório – 2. Casos de aplicação da disciplina dos artigos 133 a 137 do CPC – 3. Natureza do incidente – 4. Legitimidade ativa – 5. O direito material e o direito processual – 6. A desconsideração no processo de conhecimento – 7. Legitimidade passiva e direito de defesa – 8. O incidente na execução – 9. Coisa julgada – 10. Natureza da suspensão – 11. Considerações finais – 12. Referências.

1. DESCONSIDERAÇÃO E CONTRADITÓRIO

Fiel à tradição romano-canônica, transmitida pelo direito português, e ao direito material estruturado no Código Civil de 1916, o Código de Processo Civil de 1973 proclamou que a responsabilidade primária pelo cumprimento das obrigações do devedor deveria recair sobre os seus próprios bens, presentes e futuros (artigo 591).

No entanto, seguindo a mesma tradição, os referidos Códigos Civil e de Processo Civil previram algumas hipóteses em que a satisfação das dívidas de alguns poderia ser exigida de terceiros, cujos bens por elas responderiam, como os sucessores a título singular, os sócios, o cônjuge, o adquirente de bem alienado em fraude contra credores ou em fraude de execução (Código Civil de 1916, arts. 106 a 113; Código de Processo Civil de 1973, art. 592).

Se a responsabilidade do sucessor, do cônjuge e a aquisição de bens em fraude contra credores ou de execução dependiam de circunstâncias objetivas facilmente comprováveis, a dos sócios era frequentemente elidida porque restrita a poucos casos legalmente previstos e porque essa lacuna do ordenamento favorecia comportamentos ilícitos e fraudulentos, que, desviando os bens das pessoas jurídicas devedoras para os seus sócios ou administradores, impediam que os credores das pessoas jurídicas recebessem o que lhes era devido.

Nesse momento, que pode ser identificado com as últimas décadas do século XX, a doutrina comercialista e a jurisprudência foram buscar no direito anglo-americano o instituto da desconsideração da personalidade jurídica,[1] que, suplantando a barreira

---

1. *Disregard doctrine, piercing the corporate veil, lifting the corporate veil* ou *cracking open the corporate veil*, segundo XAVIER, José Tadeu Neves. A processualização da desconsideração da personalidade jurídica. *Revista de Processo.* n. 254, p. 153. São Paulo: Ed. RT, abr. 2016.

da quase impenetrável distinção entre o patrimônio da pessoa jurídica e o patrimônio dos seus sócios, permitiu que sobre os bens destes viesse a recair a responsabilidade pela satisfação das dívidas daquela e, mais adiante, igualmente em sentido contrário, sobre os bens daquela viesse a recair a responsabilidade pelo pagamento das dívidas destes, desde que concorresse a prática de determinados atos ilícitos ou a ocorrência de determinados fatos ilícitos ou ruinosos legalmente previstos.

A partir de então, diversos diplomas legais consagraram a desconsideração da personalidade jurídica como fundamento de extensão da responsabilidade patrimonial de sócios e administradores pelas dívidas de pessoas jurídicas e vice-versa, como o Código de Defesa do Consumidor (Lei 8.078/90, art. 28), a Lei 9.605/98 (art. 34) sobre sanções penais e administrativas derivadas de condutas e atividades lesivas ao meio ambiente, o Código Civil de 2002 (Lei 10.406, art. 50, na redação original e na redação da Lei 13.784/2019), a Lei 12.529/2011 (art. 34) sobre defesa da concorrência, a Lei 12.846/2013 (art. 14) sobre a responsabilidade administrativa e civil de pessoas jurídicas por atos contra a administração pública, e a Lei de Falências (Lei 11.101/2005, art. 82-A, acrescentado pela Lei 14.112/2020).

Antes mesmo de toda essa legislação, já previa o ordenamento jurídico brasileiro a responsabilidade patrimonial de pessoas jurídicas do mesmo grupo econômico em matéria trabalhista (CLT, Decreto-lei 5.452/1943, art. 2º) e em matéria tributária (CTN, Lei 5.172/1966, arts. 134 e 135), assim como a de administradores, sócios, mandatários, entre outros, de pessoas jurídicas no âmbito da legislação societária e falimentar, de pouca efetividade. Assim, a atual Lei de Falências (Lei 11.101/2005, art. 135), sujeita a ação revocatória atos fraudulentos praticados por terceiros em conluio com o falido, prevendo a restituição de bens adquiridos da massa falida e a indenização das perdas e danos.

Em algumas hipóteses de desconsideração da personalidade jurídica lei específica prevê o meio processual para promover a responsabilidade do terceiro. Um desses casos é justamente a ação revocatória da Lei de Falências. Outro caso clássico é o da fraude contra credores, em que os artigos 158 a 165 do Código Civil e o artigo 790 do Código de Processo Civil preveem ação autônoma dos prejudicados para anular a alienação fraudulenta e devolver ao patrimônio do devedor os bens que dela foram objeto.

Na fraude de execução, a lei não exige ação autônoma, mas determina que o juiz intime o terceiro adquirente, antes de declará-la (art. 792, § 5º), para opor, se quiser, embargos de terceiro, que, se procedentes, impedirão a perda do domínio ou da posse pelo terceiro, nos termos dos artigos 674 a 681 do Código de Processo Civil.

Nos casos em que a lei veio a referir-se expressamente à desconsideração, a partir do Código de Defesa do Consumidor, entretanto, não houve previsão de um procedimento específico para a extensão da responsabilidade patrimonial do devedor aos bens de terceiros, com a superação do véu da personalidade jurídica e da limitação dessa responsabilidade aos bens do próprio devedor, como preconiza o artigo 789 do CPC.

Ao estudar, no regime do CPC de 1973, as hipóteses a que Liebman[2] havia denominado de *responsabilidade executória secundária*, justamente nos casos em que a execução pode recair sobre bens de algum sujeito que não seja o devedor principal da obrigação, já salientávamos a insuficiência, em face da garantia constitucional do contraditório, de que interesses de terceiros viessem a ser atingidos na execução, sem que estes tivessem tido a possibilidade de se defender antes das decisões que impõem essa sujeição ou a tempo de impedir que essas decisões produzam efeitos na sua esfera jurídica e patrimonial.[3]

Com o advento da referida legislação, que expressamente tratou da desconsideração da personalidade jurídica, muitas dúvidas e controvérsias surgiram a respeito do modo como a sua implementação poderia ser compatibilizada com o absoluto respeito às garantias constitucionais do contraditório e da ampla defesa, não apenas quanto ao momento processual em que a desconsideração deveria ser reconhecida, mas também quanto à necessidade ou não de contraditório prévio ou de ação própria.

Com a inclusão da desconsideração como um incidente processual no âmbito da intervenção de terceiros, o Código de 2015 pretendeu pacificar definitivamente essas divergências no sentido da observância rigorosa da garantia do contraditório, tal como delineado no seu artigo 9º, garantia de que nenhuma desconsideração será decidida sem que ao sujeito que possa ser atingido por essa medida sejam assegurados com amplitude: a) a prévia, adequada e tempestiva notificação do ajuizamento do pedido e de todos os atos processuais; b) a ampla possibilidade de impugnar e contrariar os atos dos demais interessados, de modo que nenhuma questão seja decidida sem essa prévia audiência; c) a ampla possibilidade de apresentar em prazos razoáveis alegações, propor e produzir provas, participar da produção das provas requeridas pelos demais sujeitos ou determinadas de ofício e requerer providências aptas a influir substancialmente nas decisões; d) a paridade de tratamento no exercício de direitos e faculdades processuais, aos meios de defesa, aos ônus e deveres processuais (CPC, art. 7º).[4]

Se indispensável a tutela de urgência, como prevê o artigo 9º, parágrafo único, do Código, deve o atingido ter *a posteriori* ampla possibilidade de provocar o reexame da decisão, perante o mesmo órgão jurisdicional que a deferiu, sem prejuízo da impugnação recursal dirigida à instância superior.

A doutrina que, após o advento do Código de Processo Civil de 2015, se debruçou sobre o tema, é uníssona em identificar na eficácia preponderante que deve ter o contraditório prévio, como imperativo do devido processo legal, a razão da instituição do incidente regulado nos seus artigos 133 a 137.

---

2. LIEBMAN, Enrico Tullio. *Processo de execução*. 4. ed. São Paulo: Saraiva, 1980. p. 95.
3. GRECO, Leonardo. *O processo de execução*. Rio de Janeiro: Renovar, 1999. v. 1, p. 333.
4. Debrucei-me sobre o conteúdo do princípio ou garantia do contraditório em diversos estudos, especialmente em *Garantias fundamentais do processo: o processo justo* e em *O princípio do contraditório*, ambos publicados no volume GRECO, Leonardo. *Estudos de Direito Processual*. Editora Faculdade de Direito de Campos. 2005. p. 225-286 e 541-556.

Por todos, assim se pronuncia José Roberto dos Santos Bedaque:[5] "A legitimidade das decisões judiciais pressupõe prévio diálogo entre os sujeitos processuais e participação de todos na formação do ato. É a legitimação pelo contraditório e pelo devido processo legal a que se refere Dinamarco".

E mais adiante: "Admitir-se a invasão do patrimônio de alguém alheio às relações material e processual, sem prévio contraditório, constitui violação ao devido processo legal".[6]

Se quanto ao fundamento garantístico do incidente a doutrina é praticamente uníssona, as demais questões processuais do instituto suscitam, entretanto, muitas incertezas que, apesar de já decorridos quase sete anos da sua criação no Código de 2015, estão ainda muito longe de encontrarem a necessária pacificação. Cumpre examiná-las, pelo menos em seus aspectos mais marcantes, sem a pretensão de exaurimento do tema que a todo momento nos revela novas facetas a merecerem a nossa cuidadosa reflexão.

Essa complexidade ainda mais se acentua pela heterogeneidade das relações de direito material envolvidas, algumas fundadas no Direito Privado, outras no Direito Público, algumas objeto de ações individuais, outras de ações coletivas ou de procedimentos concursais que podem exigir tratamento diferenciado por parte do direito processual.

2. CASOS DE APLICAÇÃO DA DISCIPLINA DOS ARTIGOS 133 A 137 DO CPC

Como vimos acima, o direito brasileiro passou a utilizar a expressão *desconsideração da personalidade jurídica* em legislação extravagante a partir do Código de Defesa do Consumidor (Lei 8.078/1990) e no Código Civil de 2002 louvado na caracterização importada pela doutrina comercialista de instituto surgido no direito anglo-americano, somente ingressando no ordenamento processual codificado em 2015, com a edição do novo CPC.

O legislador codificado usou a mesma terminologia da legislação extravagante e do Código Civil de 2002 e não se preocupou em verificar se, porventura, em alguma das outras hipóteses em que a responsabilidade patrimonial na execução se estende a sujeitos diversos do devedor originário, também ocorre a desconsideração da personalidade jurídica, ou seja, alguém que não seja titular da relação de débito possa ter o seu patrimônio atingido para o cumprimento de prestação nominalmente vinculada a titular de personalidade jurídica diversa.

---

5. BEDAQUE, José Roberto dos Santos. *Comentários ao Código de Processo Civil*. São Paulo: Saraiva, 2019. v. III: arts. 119 a 187, p. 132 e 133.
6. No mesmo sentido SILVA, João Paulo Hecker. Desconsideração da personalidade jurídica e sucessão: consequências sobre a posição jurídica do terceiro em cada hipótese com relação aos seus ônus, deveres, faculdades e direitos processuais. In: TALAMINI, Eduardo. SICA, Heitor Vitor Mendonça. CINTRA, Lia Carolina Batista. EID, Elie Pierre (Coord.). *Partes e terceiros no processo civil*. Salvador: JusPodivm, 2020. p. 465; CÂMARA, Alexandre Freitas. *Manual de direito processual civil*. Barueri: Atlas, 2022. p. 217; BUENO, Cassio Scarpinella. *Manual de direito processual civil*. 8. ed. São Paulo: Saraiva, 2022. p. 222; DIDIER JR., Fredie. *Curso de direito processual civil*. Parte geral e processo de conhecimento. 23. ed. Salvador: JusPodivm, 2021. p. 663.

A meu ver na fraude contra credores, na fraude de execução, nos atos fraudulentos praticados pelo falido, na execução fiscal e em outras hipóteses, pode haver verdadeira desconsideração da personalidade jurídica, ou seja, redirecionamento da responsabilidade patrimonial pelo pagamento de certas dívidas para sujeito com personalidade jurídica diversa daquela que originariamente é sujeito passivo da obrigação.

Ora, se o fundamento da intervenção de terceiros instituída nos artigos 133 a 137 do CPC é o imperativo constitucional do contraditório prévio e da ampla defesa para que alguém possa ter o seu patrimônio atingido por dívida alheia, a sua disciplina deve estender-se a esses outros casos de desconsideração, mesmo que regulados pelo legislador sob rótulo diverso.

Nesse sentido, Alexandre Câmara corretamente sustenta ser cabível a instauração do incidente não só nos casos em que se busca a desconsideração propriamente dita, mas em qualquer outro caso no qual se pretenda provocar um redirecionamento da execução, de modo que ela venha a atingir alguém que não era, originariamente, parte na demanda.[7]

Igualmente, José Miguel Garcia Medina leciona[8] que, por interpretação teleológica, além da desconsideração inversa, a que se refere o artigo 133, § 2º, deve também admitir-se a desconsideração da personalidade jurídica nas hipóteses de sócio oculto, de empresa controladora integrante do mesmo grupo econômico e outras, desde que presentes os requisitos do artigo 50 do Código Civil.

Entretanto, parece-me judiciosa a restrição mencionada por Guilherme Calmon,[9] segundo a qual um dos pressupostos da desconsideração é a impossibilidade de aplicação da sanção pelo abuso ou fraude por modo diverso da desconsideração.

Ora, na fraude contra credores, o legislador expressamente exige ação autônoma para promover a responsabilidade do adquirente (Código Civil, arts. 158 e ss.; Código de Processo Civil, art. 790, inc. VI).

Na fraude de execução, o artigo 792, § 4º, do CPC, já obriga o juiz a intimar previamente o terceiro adquirente, facultando-lhe a oposição de embargos de terceiro, antes de declarar a referida fraude.

Na falência, o artigo 82-A da Lei 11.101/2005 (acrescentado pela Lei 14.112/2020) expressamente prevê a aplicação das regras dos artigos 133 a 137 do CPC à extensão da responsabilidade do falido a sócios, controladores e administradores, mas o artigo 130 exige ação revocatória para promover a responsabilidade de terceiros por atos fraudulentos praticados em prejuízo dos credores.

---

7. Op. cit., p. 219.
8. MEDINA, José Miguel Garcia. *Código de Processo Civil comentado*. 8. ed. São Paulo: Thomson Reuters Brasil, 2022, p. 203-204.
9. GAMA, Guilherme Calmon Nogueira da. Incidente de desconsideração da personalidade jurídica. *Revista de Processo*. n. 262, p. 63. São Paulo: Ed. RT, dez. 2016.

Quanto às execuções fiscais, a maior parte da doutrina pesquisada sustenta que a elas se aplica a obrigatoriedade do incidente dos artigos 133 a 137 do CPC. Assim, Alexandre Câmara,[10] ao argumento já referido de que a desconsideração é cabível em qualquer caso em que se pretenda atingir bens de quem não era originariamente devedor. Esse também é o entendimento de Cassio Scarpinella Bueno,[11] Daniel Neves[12] e Alexandre Minatti.[13] Andre Roque e Humberto Theodoro Júnior, diferentemente, entendem que as normas do CTN que preveem a responsabilidade tributária de sócios e administradores não constituem hipóteses de desconsideração da personalidade jurídica, mas ressaltam que não se deve admitir uma decisão definitiva de redirecionamento sem que se tenha assegurado o contraditório prévio ao sócio,[14] bem como que esse redirecionamento sem contraditório e ampla defesa para o terceiro estranho ao título constitui grave atentado à garantia constitucional do devido processo legal.[15] Apontam-se decisões da 1ª e da 2ª Turmas do Superior Tribunal de Justiça tanto no sentido da aplicação quanto no da inaplicação do incidente a essas execuções.

3. NATUREZA DO INCIDENTE

Há divergências na doutrina quanto a essa natureza, embora prevaleça o entendimento de que se trata de verdadeira demanda, ação incidente. Henrique Fleury da Rocha sustenta que o demandante exerce direito de ação, sem criar nova relação processual, mas incidentalmente no processo já em curso, devendo concorrer as condições para o exercício do direito de ação – legitimidade e interesse de agir, ficando o juiz vinculado aos limites da demanda propostos pelo autor, de acordo com os artigos 141 e 492 do CPC.[16]

No mesmo sentido, Davi Hibner e Gilberto Silvestre entendem que o pedido de desconsideração instaura demanda incidental, e não mero incidente processual.[17] Também Andre Roque afirma que o incidente tem natureza de demanda, veiculando nova postulação com mérito próprio, como demanda incidental dirigida ao terceiro.[18]

---

10. O. cit., p. 219.
11. Op. cit., p. 222.
12. NEVES, Daniel Amorim Assumpção. *Manual de direito processual civil*. Salvador: JusPodivm, 2021. p. 381.
13. MINATTI, Alexandre. A aplicabilidade do incidente de desconsideração da personalidade jurídica no redirecionamento da execução fiscal (art. 135, III, do CTN). Análise crítica da jurisprudência do Superior Tribunal de Justiça. *Revista de Processo*. n. 316. São Paulo: Ed. RT, jun. 2021.
14. ROQUE, Andre Vasconcelos. *Comentários aos artigos 133 a 137*. 4. ed. In: GAJARDONI, Fernando da Fonseca. ROQUE, Andre Vasconcelos. OLIVEIRA JR. Zulmar Duarte de. Rio de Janeiro: Forense, 2021. p. 200.
15. THEODORO JÚNIOR, Humberto. *Curso de direito processual civil*. 63. ed. Rio de Janeiro: Forense, 2022. v. 1, p. 345.
16. ROCHA, Henrique de Moraes Fleury da. *Desconsideração da personalidade jurídica*. São Paulo: JusPodivm, 2022. p. 118.
17. HIBNER, Davi Amaral. SILVESTRE, Gilberto Fachetti. Questões controvertidas sobre o 'incidente' de desconsideração da personalidade da pessoa jurídica no Código de Processo Civil de 2015. *Revista de Processo*. n. 289, p. 75. São Paulo: Ed. RT, mar. 2019.
18. Op. cit., p. 198-199.

Diferentemente, Júlio dos Santos, Leonardo Ribeiro e Daniel Neves defendem que não se trata de ação incidental, mas de processo incidental ou incidente processual.[19]

Relevante é igualmente a opinião de Flávio Luiz Yarshell no sentido de que o terceiro que se defende é que exerce o direito de ação por meio de uma ação declaratória negativa.[20]

Parece-nos que se trata verdadeiramente de ação incidente proposta no curso de processo preexistente, no qual o demandante formula pretensão de direito material consistente na criação da responsabilidade executória do demandado por dívida alheia, sujeitando assim o réu nessa demanda a tornar-se sujeito passivo da execução que poderá recair sobre os seus bens.

É uma ação constitutiva negativa incidente. Incidente é toda questão nova que surge no curso de um processo já em andamento. Incidente pode ser uma alegação de questão relativa a condição da ação ou pressuposto processual, sem propositura de uma nova pretensão de direito material. Ou pode ser uma verdadeira ação em que a própria parte ou um terceiro propõe uma nova pretensão de direito material que deva produzir efeitos no processo da ação anteriormente proposta ou no julgamento da primeira ação. Trata-se de postulação que extravasa os limites do próprio processo, projetando os seus efeitos no plano do direito material das partes. É diferente de um incidente tipicamente endoprocessual, como a arguição de suspeição do juiz, cujos efeitos se exaurem dentro do próprio processo, não afetando o direito material das partes.

No incidente de desconsideração o demandante aproveita a ação proposta em face do devedor originário e pede que seja estendida a responsabilidade pela dívida ao réu dessa nova ação. Como esclarece Bedaque,[21] representa verdadeira demanda incidental, em que o requerente pede tutela jurisdicional de natureza constitutiva, sujeitando os bens do novo demandado aos atos constritivos que vierem a ocorrer nesse mesmo processo. Nada impede que nesse mesmo incidente, o postulante peça que, além da constituição da responsabilidade do requerido pela dívida, seja este também condenado a pagá-la, sofrendo assim diretamente os atos executórios do subsequente cumprimento de sentença.

Não se nega que toda defesa a um pedido constitutivo positivo busque um provimento declaratório negativo e, nesse sentido, também constitua o exercício de direito de ação que, por si só, entretanto, não justifica a criação da responsabilidade executória do requerido em caso de improcedência da sua defesa e pressupõe o pedido do requerente como verdadeiro exercício de direito de ação.

Como esclarece Cassio Scarpinella Bueno,[22] o incidente de desconsideração tem como objetivo viabilizar o que a prática forense consagrou com o nome de "redirecio-

---

19. SANTOS, Júlio César Guzzi dos. RIBEIRO, Leonardo Ferres da Silva. A extensão das matérias de defesa no incidente de desconsideração da personalidade jurídica. *Revista de Processo*. n. 288, p. 79. São Paulo: Ed. RT, fev. 2019; NEVES, Daniel Amorim Assumpção: op. cit., p. 380.

20. YARSHELL, Flávio Luiz. Comentários aos artigos 133 a 137. In: CABRAL, Antonio do Passo. CRAMER, Ronaldo (Coord.). *Comentários ao novo Código de Processo Civil*. 2. ed. Rio de Janeiro: Forense, 2016. p. 233.

21. Op. cit., p. 112.

22. Op. cit., p. 221.

namento da execução", apurando as razões pelas quais o direito material autoriza a responsabilização de certas pessoas, normalmente pessoas naturais, por atos praticados por pessoas jurídicas, sujeitando, assim, os bens daquelas a atos executivos em cobrança de dívidas originalmente destas, ou vice-versa, na forma do inciso VII do art. 790 do CPC.

E Alexandre Câmara explica o conteúdo da ação de desconsideração: da decisão que acolhe o incidente decorrem dois efeitos processuais. O primeiro é a extensão da responsabilidade patrimonial a um responsável não devedor. O segundo é a ineficácia, em relação ao requerente, dos atos de alienação ou oneração de bens realizada pelo requerido.[23]

4. LEGITIMIDADE ATIVA

Como em qualquer ação, também no incidente de desconsideração requerente e requerido devem apresentar interesse de agir e legitimidade (CPC, arts. 17 e 485, inc. VII). O interesse é a necessidade ou utilidade da prestação jurisdicional que o requerente e o requerido devem ostentar no sentido de que agregam algum benefício à declaração ou satisfação do seu direito material pela extensão ou não extensão aos bens do requerido da responsabilidade patrimonial pelo pagamento da dívida cuja titularidade passiva é de sujeito com personalidade jurídica diversa.

Quanto à legitimidade, que é a pertinência subjetiva da demanda, em princípio, ninguém pode pleitear direito alheio em nome próprio, salvo quando autorizado pelo ordenamento jurídico, de acordo com o artigo 18 do CPC. Assim, seja ela proposta na petição inicial da ação contra o devedor originário, seja ela proposta como incidente desse processo anteriormente instaurado, deve o requerente revestir-se de legitimidade ativa.

Henrique Fleury da Rocha[24] sustenta que não é necessário ser credor da pessoa jurídica (ou do sócio, na desconsideração inversa), para ter legitimidade para a demanda de desconsideração.

Louvados em julgados do Superior Tribunal de Justiça, Paulo Osternack Amaral[25] José Tadeu Neves Xavier,[26] Guilherme Calmon Nogueira da Gama,[27] Daniel Amorim Assumpção Neves,[28] Andre Roque[29] e Fredie Didier Jr.[30] sustentam a legitimidade ativa da própria pessoa jurídica para pleitear a desconsideração da sua personalidade, para defender a sua regular administração e a sua autonomia.

---

23. Op. cit., p. 225.
24. Op. cit., p. 127-128.
25. AMARAL, Paulo Osternack. Incidente de desconsideração da personalidade jurídica. In: TALAMINI, Eduardo. SICA, Heitor Vitor Mendonça. CINTRA, Lia Carolina Batista. EID, Elie Pierre (Coord.). *Partes e terceiros no processo civil*. Salvador: JusPodivm,. 2020. p. 370.
26. Op. cit., p. 186.
27. Op. cit., p. 70.
28. Op. cit., p. 384.
29. Op. cit., p. 199.
30. Op. cit., p. 663.

Diante do disposto no artigo 18 do Código, parece-me que a legitimidade de qualquer pretensão de direito material relativa à sujeição do patrimônio alheio ao pagamento de qualquer crédito pertence exclusivamente ao titular desse crédito, àquele que pode mover a máquina judiciária para coativamente satisfazê-lo (art. 778). Qualquer outro interesse indireto de outros sujeitos não pode legitimá-los à ação de desconsideração, salvo se o próprio ordenamento jurídico expressamente lhes conferir por algum motivo legitimação extraordinária. O interesse da própria pessoa jurídica desconsiderada em defender a sua regular administração e a sua autonomia deve expressar-se em ações contra os sócios e administradores que possam lhes trazer algum proveito direto e não para conferir direitos a terceiros dos quais não tem procuração. Se conexas com a demanda que lhe é movida pelo credor, poderão eventualmente com ela reunir-se para julgamento conjunto, nos termos do artigo 55 do CPC. Dispõe, ainda, o demandado da denunciação da lide e do chamamento ao processo para voltar-se contra o sócio em casos de relação de garantia ou de solidariedade, nos termos dos artigos 123 a 131 do mesmo Código.

Quanto à legitimidade ativa do Ministério Público, a doutrina se divide.[31] O artigo 133 dispõe que o Ministério Público pode propor o incidente "quando lhe couber intervir no processo". Sou de entendimento de que se o Ministério Público não tem legitimidade ativa para pleitear a responsabilidade patrimonial do terceiro em demanda autônoma, também não a tem incidentalmente. Se como fiscal da ordem jurídica lhe couber intervir, deve ater-se aos poderes que lhe confere essa posição (art. 179).

Ainda quanto à iniciativa do incidente, doutrina majoritária sustenta que este não pode ser suscitado de ofício pelo juiz. Para José Tadeu Neves Xavier,[32] no direito do consumidor cabe a desconsideração por iniciativa do juiz porque é matéria de ordem pública e interesse social. Guilherme Calmon[33] concorda com este último entendimento que estende a iniciativa de ofício aos casos que envolvem a proteção do meio ambiente e o combate à corrupção. Vale aqui o mesmo argumento aduzido a respeito da iniciativa do Ministério Público como fiscal da ordem jurídica. Se não tem o juiz o poder de instaurar de ofício demanda autônoma de desconsideração da personalidade jurídica, também não o tem para instaurá-la incidentalmente. Trata-se de ação que veicula pretensão de direito material, cabendo ao seu titular promovê-la em respeito ao princípio da demanda. *Ne procedat iudex ex officio.*

O respeito à iniciativa exclusiva da parte diretamente interessada na decisão sobre o direito material é, ao mesmo tempo, uma garantia da liberdade privada e da imparcia-

---

31. Paulo Osternack Amaral (op. cit., p. 370). Flávio Yarshell (Op. cit., p. 233) e Daniel Neves (Op. cit., p. 380) vinculam a legitimidade do Ministério Público aos casos em que é autor, ou seja, aos casos em que a lei lhe dá legitimidade para postular em juízo quaisquer pretensões de direito material (CPC, art. 177). Henrique Fleury da Rocha (Op. cit., p. 128-129), Andre Roque (Op. cit., p. 199), Cassio Scarpinella (Op. cit., p. 222) e José Roberto Bedaque (Op. cit., p. 121) lhe reconhecem legitimidade ativa também quando intervém como fiscal da ordem jurídica. Este último lhe encontra fundamento no artigo 179, inciso II, salvo se a demanda for contrária à parte a quem deva defender.
32. Op. cit., p. 172.
33. Op. cit., p. 70.

lidade do juiz.[34] Quando a lei considera que algum interesse privado apresenta preponderante interesse público ou afeta a ordem pública, institui algum sujeito, que não o juiz, com legitimidade extraordinária para postulá-lo em juízo, como o Ministério Público. Mesmo nas relações de direito público a iniciativa de provocar a jurisdição nunca deve ser atribuída ao juiz, sob pena de irremediável comprometimento da sua imparcialidade. Na fraude de execução o juiz pode apreciá-la de ofício porque não há necessidade de nova demanda. A ineficácia da alienação ou oneração é apreciada incidentalmente como questão do próprio processo, com decisão revestida de eficácia endoprocessual. Já na fraude contra credores e em qualquer outro caso conhecido de desconsideração, se se busca um provimento de direito material que crie um novo vínculo jurídico com um novo sujeito, com eficácia de direito material que se revista da autoridade da coisa julgada, é indispensável a demanda, a iniciativa da parte interessada.

5. O DIREITO MATERIAL E O DIREITO PROCESSUAL

A sequência da nossa análise a respeito do incidente de desconsideração da personalidade jurídica exige que nos debrucemos sobre algumas questões que têm atormentado a doutrina e que, a meu ver, devemos tentar esclarecer.

Flávio Yarshell, no calor dos seus comentários logo após a edição do Código de 2015, talvez impressionado pela processualização do tema da desconsideração, até então objeto atento de civilistas e comercialistas, não hesitou em traçar distinção, que hoje me parece inteiramente artificial, entre uma suposta natural *materialidade* da noção de débito e uma natural *processualidade* da noção de responsabilidade patrimonial (*Schuld und Haftung*), para concluir que "é preciso distinguir a inclusão como devedor da inclusão como responsável patrimonial". A segunda seria meramente executória.[35]

Percebo – talvez me engane – que a simples repetição de normas sobre a execução do Código de 1973 no Código de 2015 pode ter causado a impressão de que o responsável patrimonial não seja devedor, porque ao sócio e ao atingido pela desconsideração da personalidade jurídica, ou seja, aquele que responde pela dívida com os seus bens, o legislador processual não conferiu expressamente a qualidade de parte na execução, tal como o devedor constante do título.

Aderindo a esse entendimento, Hibner e Silvestre[36] sustentam que, no plano do direito material, o pretenso responsável não é titular da relação de "crédito x débito"; seu patrimônio está apenas potencialmente sujeito à satisfação de débito contraído por outra pessoa (o devedor).

Com o devido respeito, para o direito processual pouco importa quem contraiu o débito. O que mais interessa é saber quem pode por ele responder em juízo, quem pode

---

34. GRECO, Leonardo. *Instituições de processo civil*. 5. ed. Rio de Janeiro: Forense, 2015. v. I, p. 511-513.
35. Op. cit., p. 235.
36. Op. cit., p. 76.

ser executado,[37] e que a este sejam asseguradas todas as garantias do devido processo legal, do contraditório e da ampla defesa. Essas garantias não se limitam ao processo de execução e ao cumprimento de sentença, mas a todos os procedimentos cognitivos, executivos ou de tutela provisória em que ao responsável patrimonial seja atribuída a posição subjetiva passiva, especialmente na atividade cognitiva necessária à criação da sua responsabilidade executória.

Portanto, do ponto de vista processual, na medida em que lhe é atribuída a responsabilidade pelo pagamento da dívida, o atingido pela desconsideração da personalidade jurídica passa a legitimar-se como sujeito passivo de todos os procedimentos que tenham por objeto o reconhecimento dessa responsabilidade ou a sua satisfação. Se a sua responsabilidade é exclusiva, solidária ou subsidiária ou se ele pode ou não indicar à penhora bens do devedor originário, cabe ao direito material definir. Mas o contraditório, a ampla defesa, o devido processo legal, devem lhe ser assegurados em igualdade de condições com qualquer outro sujeito do qual possa vir a ser pretendida ou exigida a satisfação dessa obrigação.

O pedido de desconsideração visa a criar uma nova relação de direito material entre o credor e o atingido, para que aquele possa dirigir contra este a pretensão executória, desde que exista título de obrigação certa, líquida e exigível.

6. A DESCONSIDERAÇÃO NO PROCESSO DE CONHECIMENTO

O CPC de 2015 deu um passo adiante muito valioso em direção à ampla eficácia concreta das garantias constitucionais do contraditório, da ampla defesa e do devido processo legal, ao instituir como uma nova modalidade de intervenção de terceiros o incidente de desconsideração da personalidade jurídica. A mensagem do legislador foi clara e incisiva. Não pode mais ser admitida aquela inclusão dos responsáveis pela desconsideração em qualquer processo, em qualquer fase, sem forma nem figura de juízo, sem contraditório, sem ampla defesa.

Não se nega valor à criação das novas figuras de responsabilidade por dívidas decorrentes das teorias da desconsideração. Mas os novos responsáveis devem ter essa responsabilidade reconhecida em processo regular, com todas as garantias de um processo justo.

Para deixar claro que o intuito do codificador não era o de esvaziar a desconsideração, nem inviabilizá-la, o novo texto abriu exceções a algumas características que geralmente apresentam as diversas hipóteses de cumulação de ações.

Uma dessas caraterísticas é a *unidade do procedimento*. Seja no litisconsórcio, seja na reunião de ações conexas, seja nas tradicionais modalidades de intervenção provocada de terceiros, como a denunciação da lide e o chamamento ao processo, as ações

---

37. Parece-me um preciosismo reservar o nome do *devedor* para o sujeito passivo da dívida de acordo com o direito material e o nome de *executado* ao sujeito passivo da respectiva execução, nos termos do direito processual.

cumuladas devem tramitar em conjunto com a demanda originária e serem resolvidas simultaneamente pelo mesmo provimento.[38]

Outra característica do sistema do Código de 2015 é que este não prevê qualquer hipótese, exceto a do incidente de desconsideração, de suspensão do processo em razão de propositura de ação incidente. As hipóteses de suspensão se encontram no artigo 313, que não prevê em qualquer caso que uma ação incidente seja proposta no curso de processo já em andamento. As ações incidentes previstas em outros dispositivos, como a reconvenção, a denunciação da lide, o chamamento ao processo, retardam o processo apenas no tempo necessário para que se complete o respectivo contraditório.

Trataremos inicialmente da cumulação de ações decorrente da ação de desconsideração no processo de conhecimento, postergando o exame desse fenômeno na execução e no cumprimento de sentença para o item 8 abaixo, porque parece-nos que devam sujeitar-se a regras diversas, como a seguir veremos.

Constata-se, portanto, que, no processo de conhecimento, a propositura inicial da desconsideração pelo autor, prevista no § 2º do artigo 134, deveria ser a sua modalidade usual e que o ajuizamento incidental da ação de desconsideração posteriormente, com a suspensão do processamento da causa principal, determina que, embora cumuladas, as duas ações se processem separadamente, em fases sucessivas do mesmo processo. A principal, apesar de pendente, aguarda o desfecho da ação incidente, o que não significa que o réu originário seja um estranho no processamento da ação incidente. Ele não deixa de ser sujeito passivo do processo, mesmo durante o tempo de suspensão da ação principal. Embora nada possa requerer ou promover relativamente à ação principal, nada o impede, como sujeito do processo como um todo, de intervir, requerer e manifestar-se em todo o curso da ação incidente, que é ação conexa à ação principal e cujo resultado pode repercutir no resultado da ação principal e pode alterar a sua responsabilidade na solução do débito, que a ambas as ações se refere. Por isso, no curso da ação incidente todos os sujeitos desse processo cumulativo devem ser intimados de todos os atos do processo e devem poder manifestar-se sobre os atos dos demais sujeitos, pois a isto corresponde a plenitude de defesa, embora nenhuma decisão deva adotar o juiz em relação à ação original enquanto não for decidida a ação incidente.

Quanto à suspensão do processo, cabem desde logo algumas observações. A primeira é a de que a suspensão no processo de conhecimento perdura até a decisão do incidente em primeiro grau. Se for de procedência ou de improcedência, o recurso cabível, o agravo de instrumento, não tem efeito suspensivo, retomando-se, a partir desse momento, o curso da ação principal. Outra observação é a de que no curso do incidente a suspensão do processamento da ação principal não pode perdurar indefinidamente. Ao tratar das outras hipóteses de suspensão, o legislador teve o cuidado de fixar prazos nos diversos parágrafos do artigo 313 e também nos artigos 146, § 2º, e 980.

---

38. GRECO, Leonardo. *Instituições de processo civil*. v. I., cit., p. 454-455.

A suspensão por prazo indefinido poderia representar verdadeira denegação de justiça para o réu da ação originária, impedido de obter o acesso à decisão de mérito da sua causa, mesmo que sobre ela exista prova cabal de improcedência. Parece-me que a razoabilidade, como postulado hermenêutico, impõe que se preencha essa lacuna com a aplicação por analogia do limite máximo de um ano de suspensão, que o legislador previu para o julgamento de ações prejudiciais no § 4º do artigo 313. Após esse prazo, é iníquo impor ao réu da causa originária a sua paralisação, parecendo-me razoável que o juiz avalie a conveniência de desdobrar o processo cumulativo para que a ação incidente e a ação originária sigam adiante separadamente, o que é perfeitamente possível no regime de ações conexas que tramitam no mesmo processo (art. 66, inc. III).

7. LEGITIMIDADE PASSIVA E DIREITO DE DEFESA

Também no exame destas questões, convém examinar inicialmente a desconsideração requerida no processo de conhecimento da que vier a ser requerida no cumprimento de sentença ou no processo de execução de título extrajudicial.

Se requerida na petição inicial do processo de conhecimento, a cumulação das duas ações do credor contra o devedor originário e contra o terceiro reúne estes em litisconsórcio passivo facultativo simples, intervindo ambos em todos os atos do processo.[39] Embora haja questões comuns de interesse dos dois réus, como as que dizem respeito à existência do crédito e ao seu valor, pode o réu originário, ao manifestar-se sobre a desconsideração, tanto aderir à posição adotada pelo terceiro atingido, quanto à do requerente da desconsideração, o que poderá vir a ser relevante no curso do processo para verificar os efeitos de eventuais omissões do terceiro, seja ao não contestar a desconsideração, seja ao não recorrer da decisão que a reconhecer.

Não havendo suspensão do processo nessa cumulação inicial de ações, serão ambas processadas, instruídas e decididas simultaneamente. Se a tramitação de uma das ações se retardar excessivamente poderá qualquer das partes na outra ação requerer o desdobramento do processo. São ações que têm em comum algumas questões de fato e de direito, mas entre elas parece-me que não há relação de necessária acessoriedade, nem de dependência. O autor pode cobrar a mesma dívida em processos diversos do réu originário e do que acredita ser responsável por desconsideração. Nada impede que

---

39. Para Paulo Osternack Amaral (op. cit., p. 373) o réu da demanda originária não é litisconsorte passivo no incidente; para Daniel Castro e Agnon Cavaeiro (CASTRO, Daniel Penteado de. CAVAEIRO, Agnon Éricon. A tutela provisória de urgência no incidente de desconsideração da personalidade jurídica. In: TALAMINI, Eduardo. SICA, Heitor Vitor Mendonça. CINTRA, Lia Carolina Batista. EID, Elie Pierre (Coord.). *Partes e terceiros no processo civil.* Salvador: JusPodivm, 2020. p. 433), Letícia Daniel (DANIEL, Letícia Zuccolo Paschoal da Costa. Limites subjetivos da decisão do incidente de desconsideração da personalidade jurídica. *Revista de Processo.* n. 290, p. 144. São Paulo: Ed. RT, abr. 2019), José Tadeu Xavier (op. cit., p. 186), Guilherme Calmon (op. cit., p. 75) e Alexandre Câmara (op. cit., p. 217) o desconsiderado somente se torna parte se acolhido o incidente; para Júlio César Santos e Leonardo Ribeiro (op. cit., p. 83) e Arruda Alvim (ALVIM, Arruda. *Manual de direito processual civil.* 20. ed. São Paulo: Thomson Reuters Brasil, 2021. p. 594) o terceiro, ao integrar o processo, passa a ser parte processual.

a responsabilidade do terceiro com fundamento na desconsideração seja demandada em processo autônomo.[40]

Se a cumulação de ações se der pela propositura da desconsideração incidentalmente na demanda cognitiva em curso, há divergência doutrinária sobre a posição do terceiro. Para alguns é desde o início litisconsorte do réu originário.[41] Para outros somente se forma esse litisconsorte se o incidente for julgado procedente.[42] Também polêmica é a posição do réu originário durante a tramitação do incidente. Há quem entenda que deva ser intimado para participar da demanda incidental, com possibilidade de oferecer defesa e produzir provas,[43] mas também, inversamente, há quem sustente com firmeza que o demandado originário, não tendo interesse direto no incidente, não deva ser necessariamente intimado da sua tramitação, o que, aliás, a lei não prevê.[44]

Parece-me que o processo cumulativo se completa com a citação do terceiro no incidente de desconsideração. A partir desse momento este e o réu originário se tornam litisconsortes passivos, devendo ser intimados de todos os atos do processo, o que, aliás, já sustentamos no item anterior, e podendo propor manifestações sobre quaisquer questões de fato e de direito, processuais ou de mérito relativas a quaisquer das ações cumuladas,[45] assim como a respeito da cumulação das duas ações e da suspensão do processamento da ação contra o réu originário.

É claro que o ônus de contestar a ação incidente é do terceiro, contra o qual é dirigido o pedido de desconsideração, sob pena de revelia.[46] Mas se os fatos alegados pelo requerente da desconsideração se tornarem controvertidos em razão da manifestação do demandado originário, controvertidos eles serão considerados nesse processo para todos que nele litigam em relação a ambas as ações cumuladas, e o terceiro não sofrerá a presunção de veracidade desses fatos decorrente da revelia ou da não impugnação específica de determinados fatos. Igualmente o réu originário não sofrerá no curso da ação originária o efeito substancial da revelia ou o ônus da impugnação especifica a respeito de fatos que tenham se tornado controvertidos no curso da ação incidente.

---

40. Henrique Fleury da Rocha: op. cit., p. 113; Paulo Osternack Amaral: op. cit., p. 368; Fredie Didier Jr.: op. cit., p. 662; em contrário José Tadeu Xavier: op. cit., p. 164-165.

41. SILVA, João Paulo Hecker. Desconsideração da personalidade jurídica e sucessão: consequências sobre a posição jurídica do terceiro em cada hipótese com relação aos seus ônus, deveres, faculdades e direitos processuais. In: TALAMINI, Eduardo. SICA, Heitor Vitor Mendonça. CINTRA, Lia Carolina Batista. EID, Elie Pierre (Coord.). *Partes e terceiros no Processo Civil*. Salvador: JusPodivm, 2020. p. 478.

42. Daniel Castro e Agnon Cavaeiro: op. cit., p. 433; Guilherme Calmon: op. cit., p. 75.

43. Davi Hibner e Gilberto Silvestre: op. cit., p. 92; José Tadeu Xavier: op. cit., p. 179; Flávio Yarshell: op. cit., p. 237.

44. Humberto Theodoro Júnior: op. cit., p. 344.

45. Para Davi Hibner e Gilberto Silvestre (op. cit., p. 92) o réu originário deve ser intimado para participar da demanda incidental, com oportunidade de oferecer defesa e produzir provas; no mesmo sentido, Flávio Yarshell (op. cit., p. 237) entende ser inegável o interesse do demandado de ser ouvido no incidente; idem José Tadeu Xavier (op. cit., p. 179); ao contrário, Humberto Theodoro Júnior (op. cit., p. 344) observa que o texto legal não prevê intimação do réu originário, o que evidencia que a intenção do legislador foi a de deixar o incidente se desenvolver apenas entre os seus sujeitos ativo e passivo. Não havendo no incidente interesse direto do demandado no processo principal, exclui-se a necessidade de intimá-lo.

46. Guilherme Calmon: op. cit., p. 75; Alexandre Câmara: op. cit., p. 223; Arruda Alvim: op. cit., p. 594; José Roberto Bedaque: op. cit., p. 114; Davi Hibner e Gilberto Silvestre: op. cit., p. 94.

QUESTÕES PROCESSUAIS DA DESCONSIDERAÇÃO DA PERSONALIDADE JURÍDICA **127**

O demandado originário e o terceiro são partes no processo e não apenas em uma ou outra ação, com liberdade para manifestar-se sobre qualquer ato ou questão, requerer o que lhe parecer adequado e recorrer de qualquer decisão desde que desfavorável ao seu próprio interesse ou ao interesse alheio em favor do qual tenha se manifestado no curso do processo.

Na sua defesa ao pedido de desconsideração incidente, deve o terceiro impugnar a sua responsabilidade executória, podendo desde logo impugnar a existência e o valor do crédito do autor e alegar todas as matérias de defesa relativas ao pedido do autor em face do réu originário. Embora a tramitação da ação de cobrança do crédito esteja suspensa desde o deferimento da citação do terceiro no requerimento de desconsideração incidente, todas as matérias de defesa que possam impedir o desfecho favorável desse pedido do autor interessam também ao réu da ação incidente. Se o crédito não estiver comprovado ou não puder ser exigido, não existe a sua responsabilidade. Se menor for o seu valor, menor será a sua responsabilidade. Se faltarem condições da ação ou pressupostos processuais que possam determinar a extinção do processo sem resolução do mérito, deverá ser igualmente extinta a ação incidente de desconsideração, salvo se o pedido de desconsideração abranger outros créditos.[47]

Mas o terceiro não sofre o ônus de alegar essas matérias de defesa sobre a ação originária no curso do pedido de desconsideração. Quando for proferida a decisão interlocutória de procedência do incidente, que examinará apenas a extensão da responsabilidade patrimonial ao terceiro, será retomado o andamento da ação de cobrança do crédito, ocasião em que o juiz deverá intimar o terceiro a exercer o seu direito de defesa em relação à demanda originária, passando a partir desse momento a responder como corréu desta ação juntamente com o réu originário.

Nessa decisão sobre o pedido de desconsideração o juiz apreciará apenas a extensão da responsabilidade do terceiro pela dívida. Em caso de procedência, qualquer alegação anterior de matéria de defesa de interesse comum do demandado originário e do terceiro deverá ficar pendente para apreciação no julgamento da ação principal, tanto em relação ao terceiro quanto em relação ao réu originário. Nesse caso, o juiz constituirá a responsabilidade do terceiro pelo pagamento da dívida, mas relegará para a sentença da causa originária o exame das questões relativas à validade do processo sobre essa causa, à concorrência das condições da ação, à existência e ao valor do crédito, impondo ao réu da ação incidente, se for o caso, a condenação ao pagamento da dívida. Se a desconsideração se referir apenas ao crédito objeto da ação sucessiva, a decisão de procedência da ação incidente representará em relação ao terceiro verdadeira sentença condicional, que perderá qualquer eficácia se não houver sentença de procedência da ação subsequente.

Em síntese: embora durante a suspensão da ação inicial julgada o juiz nada possa dizer sobre as questões que dizem respeito à existência do direito do autor em face do

---

47. Tem sido questionado se o pedido de desconsideração pode abranger mais de uma dívida. Penso que essa é uma questão de direito material, mas, à primeira vista, pelo menos nos casos em que o crédito foi ou é objeto de ação coletiva, isso me parece perfeitamente possível, especialmente em matéria consumerista.

réu originário, o terceiro pode alegá-las na sua defesa na ação incidente. Mas se não o fizer, ainda poderá alegá-las quando a tramitação da ação original for retomada após o acolhimento da demanda de desconsideração, porque somente a partir dessa retomada terá o terceiro o ônus de contestar as alegações do autor relativamente à existência da dívida, ao seu valor e a quaisquer outras matérias processuais ou de mérito que possam influenciar o desfecho da ação subsequente.

8. O INCIDENTE NA EXECUÇÃO

Quanto à execução e ao cumprimento de sentença, parece-me inteiramente procedente a opinião do douto Humberto Theodoro Júnior que sustenta inaplicar-se nesses procedimentos a cumulação inicial da desconsideração prevista no artigo 134, § 2º, porque o processo executivo não se dirige à prolação de uma sentença e a demanda de desconsideração visa sempre a uma sentença. Isso não impede que o credor requeira na inicial da execução ou do cumprimento ed sentença simultaneamente a execução contra o devedor originário e a desconsideração contra terceiro, mas as duas ações, embora no mesmo processo, seguirão procedimentos diversos. Nesse caso, a desconsideração deverá ser tratada como um incidente do procedimento executivo.

Também não parece razoável que, se o incidente for proposto no curso de processo executivo, ocorra a suspensão da execução contra o réu originário,[48] contra o qual o credor possui título executivo, cuja eficácia não pode ser frustrada pela propositura do incidente que, afinal de contas, visa a assegurar o contraditório e a ampla defesa em favor do terceiro e não esvaziar a presunção de certeza, liquidez e exigibilidade do crédito resultante do título contra o responsável originário. No processo falimentar, aliás, a inaplicação da suspensão está prevista no artigo 82-A, parágrafo único, da Lei 11.101/2005, acrescentado pela Lei 14.112/2020.

Na execução, se sofrer constrição sem que haja decisão em incidente de desconsideração, poderá o terceiro defender-se por embargos de terceiro (CPC, art. 674, § 2º, inc. III).

Acolhido o incidente no cumprimento de sentença, estará constituída a responsabilidade executória do arguido, mas não estará ele vinculado à coisa julgada relativa à existência e ao valor do débito, podendo sofrer a constrição nos seus bens e alegar na impugnação e em quaisquer outros meios de defesa todas as questões que possam elidir a procedência do crédito, mesmo as discutidas e decididas sem a sua participação na fase de conhecimento.

Acolhido o incidente na execução de título extrajudicial, ficará sujeito o até então terceiro aos atos constritivos para cumprimento da prestação, podendo então valer-se dos meios de defesa próprios desse procedimento executório, como os embargos à execução, nos quais poderá alegar todas as matérias de defesa, exceto as que pretendam excluir a sua responsabilidade executória.

---

48. No sentido do texto Henrique Fleury da Rocha: op. cit., p. 180; Humberto Theodoro Júnior: op. cit., p. 345; e o enunciado 110 da II Jornada de Direito Processual Civil do Conselho da Justiça Federal.

Se a execução contra o demandado originário se extinguir antes da decisão do incidente em razão da extinção do crédito (art. 794), extinguir-se-á igualmente o incidente se o pedido de desconsideração estiver restrito ao débito exequendo. Se a execução se extinguir por qualquer outra razão, como, por exemplo, a desistência do exequente, o incidente prosseguirá como ação autônoma de desconsideração, a menos que a extinção expressamente abranja o incidente.[49] Aliás, a mesma regra também se aplica se o incidente estiver em curso na fase de conhecimento, porque, embora suspensa a ação principal, nada impede que sobre o respectivo direito material do autor em relação ao réu originário ou sobre o respectivo processo recaia alguma causa de extinção.

Se a execução contra o devedor principal ficar suspensa por insuficiência de bens, aguardará que se conclua a tramitação do incidente. Julgado este procedente, prosseguirá sobre os bens do novo responsável. A meu ver, nesse caso, não importa o tempo que demore a conclusão do incidente. A prescrição estará interrompida até a decisão final do incidente.[50]

Como sujeito passivo da execução ou do cumprimento de sentença, o devedor principal intervirá em todos os atos do procedimento do incidente, facultando-se-lhe atuar nesse procedimento pelo modo que lhe parecer mais conveniente aos seus interesses. Poderá aderir ao pedido de desconsideração, resistir ao seu acolhimento, simplesmente velar pela sua regularidade ou silenciar. Poderá inclusive recorrer de qualquer decisão como terceiro, em defesa dos interesses que tiver patrocinado nesse procedimento, observado o disposto no artigo 996, parágrafo único do CPC.

Fluindo paralelamente os dois procedimentos – o executório e o pedido de desconsideração – tal como no processo de conhecimento o devedor originário e o terceiro serão litisconsortes passivos do processo como um todo. Embora não alcançado por qualquer ato executório no seu patrimônio enquanto não decidido o incidente de desconsideração, poderá o terceiro intervir no procedimento executório em favor do exequente ou do executado, conforme o seu interesse, inclusive propondo embargos de terceiro se algum ato executório atingir o seu patrimônio e recorrendo de qualquer decisão.

9. COISA JULGADA

É praticamente unânime na doutrina o entendimento de que a decisão de mérito do incidente produz coisa julgada material.[51] Trata-se de aspecto do instituto que me

---

49. Henrique Fleury da Rocha: op. cit., p. 134-135.
50. Na vigência do Código de 1973 examinei a questão da prescrição em face da suspensão da execução no meu *O processo de execução* (v. 1. Rio de Janeiro: Renovar. 1999, p. 229-230). Na verdade, trata-se de questão de direito material.
51. Henrique Fleury da Rocha: op. cit., p. 232; Paulo Osternack Amaral: op. Cit., p. 368; Renato Beneduzi: Desconsideração da personalidade jurídica e arbitragem. In: TALAMINI, Eduardo. SICA, Heitor Vitor Mendonça. CINTRA, Lia Carolina Batista. EID, Elie Pierre (Coord.). *Partes e terceiros no Processo Civil*. Salvador: JusPodivm, 2020. p. 501; Júlio César Santos e Leonardo Ribeiro: op. cit., p. 83; Davi Hibner e Gilberto Silvestre: op. cit., p. 80; Letícia Daniel: op. cit., p. 138; Andre Roque: op. cit., p. 198 e 204-205; Alexandre Câmara: op. cit., p. 224; Humberto Theodoro Júnior: op. cit., p. 347; Didier Jr., op. cit., p. 663; José Roberto Bedaque: op. cit., p. 113.

desperta particular interesse e sobre o qual me parece que o novel instituto mereça mais detida reflexão.

Já tive a oportunidade de observar que reformas processuais recentes em muitos países têm enveredado pela opção de sumarização dos procedimentos para reduzir os custos do processo e acelerar a sua solução.[52]

O legislador de 2015 em dois artigos (135 e 136) dispôs sucintamente sobre o procedimento do incidente, determinando apenas que o terceiro seja citado para manifestar-se e requerer as provas no prazo de 15 dias e que, concluída a instrução, se necessária, o incidente será resolvido por decisão interlocutória. Omissa a lei em relação aos demais atos do procedimento, a boa exegese do Código necessariamente recomenda que a ele se apliquem todas as regras da parte geral do Código, bem como as do procedimento comum, conforme expressamente previsto no artigo 318.

Quanto à extensão, observa-se uma ligeira sumarização do procedimento, pela não previsão expressa de audiência prévia de conciliação. Quanto à profundidade, não há qualquer limitação à proposição e produção de quaisquer questões de fato e de direito ou de provas, nem mesmo à provocação de incidentes processuais como a reconvenção e outras modalidades de intervenção de terceiros. Tampouco a duração do processo relativo ao incidente é reduzida. Como já vimos, a própria suspensão do processo precisa ter algum limite que, na omissão da lei, deve ser o mais largo existente no nosso ordenamento, conforme acima sugerido. Trata-se, portanto, de procedimento de cognição exaustiva, apto à formação da coisa julgada material.

Entretanto, algumas regras relativas ao incidente suscitaram, a princípio, alguma preocupação que hoje, após toda a reflexão doutrinária, a que neste estudo fiz parcial alusão, se encontra inteiramente dissipada. A primeira delas diz respeito à possibilidade de instauração em qualquer fase do processo, o que discrepa das regras das outras modalidades de intervenção provocada de terceiros, que limitam a sua instauração à fase postulatória do processo. Por outro lado, a introdução do incidente em fase avançada do processo poderia fazer o processo andar para trás, reabrindo a discussão sobre matérias vencidas. Não seria o caso de aplicar ao terceiro a *exceptio male gesti processus*, impedindo-o de rediscutir o já decidido, como previsto no artigo 123? A minha convicta resposta hoje é negativa. O terceiro não é assistente em causa alheia. É titular de interesse próprio. Não pode sofrer qualquer prejuízo no exercício da plenitude de defesa. Quanto ao autor, que já havia proposto e conduzido a causa originária e pode sentir-se prejudicado por alguma decisão e agora, com o incidente, pretende obter o que não conseguiu anteriormente, certamente o juiz há de estar atento a esse tipo de manobra que pode ser maliciosa, mas a verdade é que tudo que o autor requerer em relação ao incidente diz respeito a essa nova demanda contra réu diverso. Ainda que seja a mesma prova que foi anteriormente indeferida, o juiz deverá exigir que o autor demonstre a necessidade ou utilidade da prova para instrução do incidente. Mas se requerida agora pelo réu no

---

52. V. GRECO, Leonardo. Cognição sumária e coisa julgada. *Revista Eletrônica de Direito Processual*, ano 6, n. X, p. 275-301. Universidade do Estado do Rio de Janeiro, jul.-dez. 2012.

incidente, caberá ao juiz reavaliar a sua necessidade ou utilidade para a defesa deste, que não pode ter reduzidas suas possibilidades de defesa. Se, pelo princípio da comunhão da prova, no futuro os elementos coligidos forem usados contra o réu originário, este terá ampla oportunidade de se defender quando for retomada a marcha da demanda original.

Outra regra que exigiu atenta reflexão foi a previsão do incidente na execução e no cumprimento de sentença. Conforme já me pronunciei em recente estudo,[53] com exceção dos embargos do devedor e da impugnação ao cumprimento de sentença, todas as demais ações de conhecimento incidentes à execução são de cognição não exaustiva, não aptas a produzir coisa julgada. Acentuei naquela oportunidade:

A informalidade e a celeridade do procedimento executório, como imperativos da eficácia do título executivo, exigem que todas as questões suscitadas incidentalmente sejam solucionadas com elementos objetivos, prova preferencialmente pré-constituída, evitando desviar o procedimento dos seus objetivos primordiais, que são a satisfação do crédito representado pelo título executivo em benefício do credor, com a menor onerosidade para o devedor.

Entretanto, o incidente não se confunde com os meios de defesa como a exceção de pré-executividade, em nada impedindo a marcha da atividade executória em benefício do credor e direcionada a atingir o patrimônio do executado originário. O incidente de desconsideração, ao contrário, beneficia o credor e constitui uma outra ação que pretende atingir o patrimônio de outro executado, que sem essa ação estaria infenso à responsabilidade pelo pagamento dessa dívida.

Como ação de conhecimento que visa a criar a responsabilidade executória de um novo sujeito, não oferece limitações cognitivas. Ao contrário, deve revestir-se da mais ampla profundidade essa cognição, por imposição do contraditório e da ampla defesa em benefício do novo legitimado passivo.

Mais claro fica que o incidente na execução está aparelhado à cognição exaustiva com a adoção do entendimento de que não se suspende a execução contra o devedor originário pela propositura do incidente de desconsideração, conforme acentuado acima.

Outra regra a merecer reflexão é a que prevê julgamento do incidente pelo relator (arts. 136, parágrafo único, e 932, inc. VI), a sugerir para alguns que o incidente de desconsideração poderia ser proposto inicialmente perante tribunais de segundo grau na pendência de algum recurso.[54] Seria uma anomalia que a ação de desconsideração autônoma tivesse de ser proposta no primeiro grau de jurisdição, somente chegando ao

---

53. GRECO, Leonardo. Os meios de defesa na execução. In: DINAMARCO, Candido da Silva. CARMONA, Carlos Alberto. YARSHELL, Flávio Luiz. BEDAQUE, José Roberto dos Santos. TUCCI, José Rogerio Cruz e. DINAMARCO, Pedro da Silva. *Estudos em homenagem a Candido Rangel Dinamarco*. São Paulo: JusPodivm/ Malheiros. 2022.

54. Nesse sentido Daniel Castro e Agnon Cavaeiro: op. cit., p. 424; Guilherme Calmon: op. cit., p. 72-73 e 76; Andre Roque: op. cit., p. 201; e Daniel Neves: op. cit., p. 388. Em sentido contrário Henrique Fleury da Rocha: op. cit., p. 168; Flávio Yarshell: op. cit., p. 241; Alexandre Câmara: op. cit., p. 224; Humberto Theodoro Júnior: op. cit., p. 346; e José Roberto Bedaque: op. cit., p. 137.

tribunal de segundo grau na instância recursal e que o incidente pudesse ser proposto inicialmente em grau de recurso.

Os tribunais de segundo grau no julgamento dos recursos de mais amplo efeito devolutivo, como a apelação ou o agravo de instrumento, não exercem cognição tão ampla como os juízos de primeiro grau. Há muito os países ocidentais substituíram a ideia de um *novum judicium* pela chamada *revisio prioris instantiae*. Os tribunais de segundo grau somente fazem a revisão do que foi decidido em primeiro grau, nos limites do que lhes foi submetido pelo recorrente: *tantum devolutum quantum appellatum.*

Vale recordar que já em 1957, Pedro Batista Martins observara corretamente que a adoção de um modelo de duplo grau que se resume à renovação do julgamento final, sacrifica um dos princípios cardeais do sistema oral, a imediação, pela distância dos julgadores em relação às provas.[55] Juan Montero Aroca no mesmo sentido afirmava que somente há verdadeira segunda instância se as partes podem fazer novas alegações fáticas, propor e produzir novas provas.[56]

O duplo grau de jurisdição, pois, é um dos requisitos da cognição exaustiva nos julgamentos dos tribunais superiores, nas causas em que a lei limita a sua atuação como instância recursal. Ainda mais limitada é a profundidade da cognição no Supremo Tribunal Federal e no Superior Tribunal de Justiça.

A progressiva monocratização dos julgamentos dos tribunais e o crescente empobrecimento da sua cognição decorrente do processo eletrônico são fatores recentes ainda mais graves que afastam do julgamento de questões novas na instância recursal, sem que tenha havido prévia cognição em primeiro grau, qualquer juízo de probabilidade na justiça e acerto dessas decisões.[57]

Por fim, parece-me indispensável nessa matéria analisar a previsão do artigo 1062 do Código de 2015 que autoriza a propositura do incidente de desconsideração nos juizados especiais. É visível a intenção do legislador de dar a maior esfera de incidência possível à exigência de respeito ao prévio contraditório na desconsideração, inclusive nos juizados especiais, perante os quais se processam muitas causas em que surge a questão da desconsideração, especialmente em matéria consumerista.

Reporto-me a sucessivos pronunciamentos anteriores a respeito da cognição nos juizados especiais.[58] O procedimento dos juizados especiais possui inúmeros déficits

---

55. MARTINS, Pedro Batista. *Recursos e processos da competência originária dos tribunais.* Rio de Janeiro: Forense, 1957. p. 150.
56. MONTERO ROCA, Juan. *Proceso (civil y penal) y garantia.* Valencia: Tirant lo Blanch. 2006. p. 290. V. no mesmo sentido o meu estudo Princípios de uma teoria geral dos recursos. In: BASTOS, Marcelo Lessa. AMORIM, Pierre Souto Maior Coutinho de (Org.). *Tributo a Afrânio Silva Jardim*: escritos e estudos. Rio de Janeiro: Lumen Juris, p. 315-360.
57. V. o meu recente estudo sobre Processo e Tecnologia. In: COELHO, Fabio Ulhoa. TEPEDINO, Gustavo. LEMES, Selma Ferreira (Coord.). *A evolução do Direito no século XXI (Homenagem ao Professor Arnoldo Wald).* São Paulo: Editora IASP, 2022. v. 2. Direito privado.
58. GRECO, Leonardo. Os Juizados Especiais como tutela diferenciada. In: THEODORO JÚNIOR, Humberto. LAUAR, Maira Terra. *Tutelas diferenciadas como meio de incrementar a efetividade da prestação jurisdicional.* Rio

QUESTÕES PROCESSUAIS DA DESCONSIDERAÇÃO DA PERSONALIDADE JURÍDICA **133**

garantísticos, que impedem que possa ser considerado um procedimento de cognição exauriente. A redução da oralidade, a limitação do direito à prova, o julgamento por equidade sem a livre adesão de ambas as partes, a desigualdade das partes quando apenas uma delas é defendida por advogado, a audiência bilateral reduzida pela exiguidade de prazos e as deficiências de documentação dos atos processuais e de fundamentação das decisões são mais do que suficientes para excluir a cognição exauriente.

Por paradoxal que possa parecer, todavia, a legislação específica sobre os juizados não apresenta qualquer limitação à formação da coisa julgada. Ao contrário, ainda a fortalece ao não prever contra as suas decisões a possibilidade de propositura de ação rescisória (Lei 9.099/2005, art. 59).

Os juizados são uma modalidade de tutela diferenciada sumária, plenamente justificável pela simplicidade, celeridade e facilitação do acesso à justiça que apresentam.

Mas é forçoso reconhecer que as suas decisões não podem gozar da mesma estabilidade daquelas que resultaram de efetiva cognição exauriente.

Legem habemus. O incidente é cabível nos juizados. Mas em face da insuficiência cognitiva das suas decisões e da impossibilidade de propositura de ação rescisória, ao eventual prejudicado deve ser assegurado um outro meio de revisão da decisão, num processo em que tenha ampla oportunidade de contraditório e de exercício do direito de defesa. A via de um procedimento subsequente para corrigir eventuais erros de julgamento nos juizados encontra, portanto, suporte nas garantias constitucionais inscritas no artigo 5º da Carta Magna. Poderá ser o mandado de segurança, se a controvérsia for exclusivamente de direito. Se houver necessidade de produção de novas provas, a ação autônoma de impugnação, sob o procedimento comum, deverá ser admissível, perante juízo não sujeito às limitações cognitivas dos juizados.[59] Essa ação poderá também constituir o conteúdo dos embargos à execução ou da impugnação ao cumprimento de sentença, que são ações de cognição exauriente, embora da competência dos próprios juizados.

10. NATUREZA DA SUSPENSÃO

Deixei para o final esta questão porque me parece que a luz sobre ela somente transparece depois de examinadas as demais questões, em especial sobre a cumulação de ações, a legitimidade ativa e passiva e o direito de defesa. Não vejo na suspensão uma imposição da ordem pública. O seu abandono por entendimento doutrinário e jurisprudencial na execução e por opção legislativa no regime falimentar parece-me evidenciar que o Código a impôs para assegurar o cumprimento da finalidade última da própria

---

de Janeiro: Editora GZ. 2010. p. 711-736; GRECO, Leonardo. *Instituições de processo civil*. 3. ed. Rio de Janeiro: Forense, 2015. v. II – Processo de conhecimento, p. 417-423. V. também o meu estudo Cognição sumária e coisa julgada cit.

59. A admissibilidade da ação autônoma de impugnação foi igualmente defendida por Alexandre Freitas Câmara. *Juizados Especiais Cíveis Estaduais, Federais e da Fazenda Pública*: uma abordagem crítica. 6. ed. Rio de Janeiro: Lumen Juris, 2010. p. 152-156.

criação do incidente, que é a de garantir que o atingido pela desconsideração não seja objeto de qualquer efeito na sua esfera de interesses enquanto não tiver sido decidida em cognição exaustiva a sua responsabilidade pelo pagamento da dívida.

Ocorre que o regime extravagante de processo cumulativo que o incidente suscita, com a cisão da cognição e da decisão sobre as questões relativas à responsabilidade do atingido e as questões sobre a própria existência da dívida e a sua exigibilidade em relação ao devedor originário, repercutindo este último tipo de questão na própria responsabilidade do atingido, obriga que o procedimento, a cognição e o exercício da jurisdição sobre as duas ações cumuladas sofra uma cisão, obstando que no julgamento da ação antecedente o juiz conheça por inteiro das questões que interessam ao atingido porque essas questões em grande parte também interessam ao devedor originário.

Ora, se a finalidade da suspensão é a decisão da responsabilidade do atingido pela desconsideração com absoluto respeito ao contraditório e à amplitude da sua defesa, não me parece que esse objetivo seja desrespeitado, se ao apreciar a defesa deste na primeira ação, vier o juiz a reconhecer desde logo que a dívida não existe ou já se extinguiu ou é inexigível e que essa decisão resolva simultaneamente a ação antecedente e a ação subsequente. O que me parece iníquo é que, ao contrário, em razão da suspensão, ao julgar a primeira ação, o juiz não possa conhecer das matérias de defesa de interesse do atingido, simplesmente porque essas matérias são ao mesmo tempo de interesse do réu originário.

A suspensão instituída para assegurar a plenitude de defesa do atingido não pode ser aplicada para, ao contrário, prejudicar o seu direito de defesa.

Por isso, sustento que o interessado na suspensão é precipuamente o réu no incidente de desconsideração, que dela poderá abrir mão para propiciar no processo de conhecimento que a sua defesa seja apreciada desde logo por inteiro e, assim, que, processadas, instruídas e decididas simultaneamente a ação originária e a ação incidente, determine o juiz de uma vez com a autoridade da coisa julgada material se a dívida subsiste em relação aos réus das duas ações, como acontece, aliás, na denunciação da lide e no chamamento ao processo.

11. CONSIDERAÇÕES FINAIS

Estas e outras questões processuais da desconsideração devem permanecer em debate e certamente serão analisadas com mais profundidade e pertinência pelos mais doutos. Espero que nessa reflexão, que ainda dá os primeiros passos, as presentes considerações possam ter alguma utilidade.

12. REFERÊNCIAS

ALVIM, Arruda. *Manual de direito processual civil*. 20. ed. São Paulo: Thomson Reuters Brasil, 2021.

AMARAL, Paulo Osternack. Incidente de desconsideração da personalidade jurídica. In: TALAMINI, Eduardo. SICA, Heitor Vitor Mendonça. CINTRA, Lia Carolina Batista. EID, Elie Pierre (Coord.). *Partes e terceiros no processo civil*. Salvador: JusPodivm, 2020.

BEDAQUE, José Roberto dos Santos. *Comentários ao Código de Processo Civil*. São Paulo: Saraiva, 2019. v. III: arts. 119 a 187.

BENEDUZI, Renato Resende. Desconsideração da personalidade jurídica e arbitragem. In: TALAMINI, Eduardo. SICA, Heitor Vitor Mendonça. CINTRA, Lia Carolina Batista. EID, Elie Pierre (Coord.). *Partes e terceiros no processo civil*. Salvador: JusPodivm, 2020.

BUENO, Cassio Scarpinella. *Manual de direito processual civil*. 8. ed. São Paulo: Saraiva, 2022.

CÂMARA, Alexandre Freitas. *Juizados especiais cíveis estaduais, federais e da fazenda pública*: uma abordagem crítica. 6. ed. Rio de Janeiro: Lumen Juris, 2010.

CÂMARA, Alexandre Freitas. *Manual de direito processual civil*. Barueri: Atlas, 2022.

CASTRO, Daniel Penteado de. CAVAEIRO, Agnon Éricon. A tutela provisória de urgência no incidente de desconsideração da personalidade jurídica. In: TALAMINI, Eduardo. SICA, Heitor Vitor Mendonça. CINTRA, Lia Carolina Batista. EID, Elie Pierre (Coord.). *Partes e terceiros no processo civil*. Salvador: JusPodivm, 2020.

DANIEL, Letícia Zuccolo Paschoal da Costa. Limites subjetivos da decisão do incidente de desconsideração da personalidade jurídica. *Revista de Processo*. n. 290. São Paulo: Ed. RT, abr. 2019.

DIDIER JR., Fredie. *Curso de direito processual civil*. Parte geral e processo de conhecimento. 23. ed. Salvador: JusPodivm, 2021.

GAMA, Guilherme Calmon Nogueira da. Incidente de desconsideração da personalidade jurídica. *Revista de Processo*. n. 262. São Paulo: Ed. RT, dez. 2016.

GRECO, Leonardo. *O processo de execução*. Rio de Janeiro: Renovar, 1999. v. 1.

GRECO, Leonardo. *Estudos de Direito Processual*. Editora Faculdade de Direito de Campos, 2005.

GRECO, Leonardo. Os juizados especiais como tutela diferenciada. In: THEODORO JÚNIOR, Humberto. LAUAR, Maira Terra. *Tutelas diferenciadas como meio de incrementar a efetividade da prestação jurisdicional*. Rio de Janeiro: Editora GZ. 2010.

GRECO. Leonardo. Princípios de uma teoria geral dos recursos. In: BASTOS, Marcelo Lessa. AMORIM, Pierre Souto Maior Coutinho de (Org.). *Tributo a Afrânio Silva Jardim*: escritos e estudos. Rio de Janeiro: Lumen Juris, 2011.

GRECO, Leonardo. Cognição sumária e coisa julgada. *Revista Eletrônica de Direito Processual*, ano 6, n. X, Universidade do Estado do Rio de Janeiro, jul.-dez. 2012.

GRECO, Leonardo. *Instituições de processo civil*. 5. ed. Rio de Janeiro: Forense, 2015. v. I.

GRECO, Leonardo. *Instituições de processo civil*. 3. ed. Rio de Janeiro: Forense, 2015. v. II – Processo de conhecimento.

GRECO, Leonardo. Os meios de defesa na execução. In: DINAMARCO, Candido da Silva. CARMONA, Carlos Alberto. YARSHELL, Flávio Luiz. BEDAQUE, José Roberto dos Santos. TUCCI, José Rogerio Cruz e. DINAMARCO, Pedro da Silva. *Estudos em homenagem a Cândido Rangel Dinamarco*. São Paulo: JusPodivm/Malheiros, 2022.

GRECO, Leonardo. Processo e Tecnologia. In: COELHO, Fabio Ulhoa. TEPEDINO, Gustavo. LEMES, Selma Ferreira (Coord.). *A evolução do Direito no século XXI (Homenagem ao Professor Arnoldo Wald)*. São Paulo: Editora IASP, 2022. v. 2. Direito privado.

HIBNER, Davi Amaral. SILVESTRE, Gilberto Fachetti. Questões controvertidas sobre o 'incidente' de desconsideração da personalidade da pessoa jurídica no Código de Processo Civil de 2015. *Revista de Processo*. n. 289. São Paulo: Ed. RT, mar. 2019.

LIEBMAN, Enrico Tullio. *Processo de execução*. 4. ed. São Paulo: Saraiva, 1980.

MARTINS, Pedro Batista. *Recursos e processos da competência originária dos tribunais*. Rio de Janeiro: Forense, 1957.

MEDINA, José Miguel Garcia. *Código de Processo Civil comentado*. 8. ed. São Paulo: Thomson Reuters Brasil, 2022.

MONTERO ROCA, Juan. *Proceso (civil y penal) y garantia*. Valencia: Tirant lo Blanch. 2006.

NEVES, Daniel Amorim Assumpção. *Manual de direito processual civil*. Salvador: Editora JusPodivm, 2021.

ROCHA, Henrique de Moraes Fleury da. *Desconsideração da personalidade jurídica*. São Paulo: JusPodivm, 2022.

ROQUE, Andre Vasconcelos. *Comentários aos artigos 133 a 137*. 4. ed. In: GAJARDONI, Fernando da Fonseca. ROQUE, Andre Vasconcelos. OLIVEIRA JR. Zulmar Duarte de. Rio de Janeiro: Forense, 2021.

SANTOS, Júlio César Guzzi dos. RIBEIRO, Leonardo Ferres da Silva. A extensão das matérias de defesa no incidente de desconsideração da personalidade jurídica. *Revista de Processo*. n. 288. São Paulo: Ed. RT, fev. 2019.

SILVA, João Paulo Hecker. Desconsideração da personalidade jurídica e sucessão: consequências sobre a posição jurídica do terceiro em cada hipótese com relação aos seus ônus, deveres, faculdades e direitos processuais. In: TALAMINI, Eduardo. SICA, Heitor Vitor Mendonça. CINTRA, Lia Carolina Batista. EID, Elie Pierre (Coord.). *Partes e terceiros no processo civil*. Salvador: JusPodivm, 2020.

THEODORO JÚNIOR, Humberto. *Curso de direito processual civil*. 63. ed. Rio de Janeiro: Forense, 2022. v. 1.

XAVIER, José Tadeu Neves. A processualização da desconsideração da personalidade jurídica. *Revista de Processo*. n. 254. São Paulo: Ed. RT, abr. 2016.

YARSHELL, Flávio Luiz. Comentários aos artigos 133 a 137. In: CABRAL, Antonio do Passo. CRAMER, Ronaldo (Coord.). *Comentários ao novo Código de Processo Civil*. 2. ed. Rio de Janeiro: Forense, 2016.

O INCIDENTE DE DESCONSIDERAÇÃO DA PERSONALIDADE JURÍDICA E A SUA INFLUÊNCIA EM TEMAS DE TEORIA GERAL DO PROCESSO CIVIL BRASILEIRO

Roberta Dias Tarpinian de Castro

Mestre em Processo Civil pela PUC/SP, MBA em direito tributário pela FGV/SP, professora de processo civil dos cursos de pós-graduação da PUC/SP e Mackenzie.

Sumário: 1. Introdução – 2. Estruturação do IDPJ – 3. Dicotomia ação de conhecimento – Ação de execução – 4. Uma terceira espécie de decisão interlocutória; 4.1 Sustentação oral; 4.2 Técnica de julgamento estendido (art. 942, CPC) – 5. Conclusões – 6. Referências.

1. INTRODUÇÃO

O presente trabalho compila dois estudos anteriores. O primeiro estudo foi publicado na obra coletiva Aspectos Polêmicos dos Recursos Cíveis e Assuntos Afins, v. 15, sob o título "As peculiaridades do sistema recursal no incidente de desconsideração da personalidade jurídica".[1] O segundo, mais recente, faz parte do projeto Elas no Processo, publicado na coluna do portal Migalhas, e recebeu o título: "O pedido de desconsideração da personalidade jurídica em inicial de processo de execução (art. 134, § 2º) e a (in) utilidade da dicotomia processo de conhecimento – processo de execução".[2]

Os dois mencionados textos, que aparentemente tem em comum apenas o fato de trazerem o IDPJ como pano de fundo, compartilham reflexões sobre alterações (ao que parece não intencionais) que o IDPJ causou na teoria geral do processo civil brasileiro.

Para essa análise precisamos, primeiramente, versar como o IDPJ se estrutura.

2. ESTRUTURAÇÃO DO IDPJ

O IDPJ consiste em ação incidental[3] que pode ser instaurada tanto no processo de conhecimento (na fase cognitiva e de cumprimento de sentença) como em processo

---

1. CASTRO, Roberta Dias Tarpinian de. As peculiaridades do sistema recursal no incidente de desconsideração da personalidade jurídica, In: ARRUDA ALVIM, Teresa; NERY JUNIOR, Nelson (Coord.). *Aspectos polêmicos dos recursos cíveis e assuntos afins*. São Paulo: Ed. RT, 2021. v. 15.
2. CASTRO, Roberta Dias Tarpinian de. *O pedido de desconsideração da personalidade jurídica em inicial de processo de execução* (art. 134, § 2º) e a (in)utilidade da dicotomia processo de conhecimento – processo de execução. Disponível em: https://www.migalhas.com.br/coluna/elas-no-processo/376863/o-pedido-de-desconsideracao-da-personalidade-juridica.
3. Sobre a natureza de ação do IDPJ ver: VIEIRA, Christian Garcia. *Desconsideração da personalidade jurídica no novo CPC*. Salvador: JusPodivm, 2016.

de execução (art. 134, CPC). Outro ponto importante de se destacar é que o IDPJ pode tanto ser requerido na inicial do processo principal (cumulação de pedidos), como de maneira incidental.[4]

O art. 134, CPC, utiliza a palavra incidente com dois significados. O § 1º, do art. 134, ao falar em incidente refere-se tanto ao pedido de desconsideração da personalidade jurídica (conteúdo) como ao ambiente processual (continente). Já no §2º do art. 134, CPC, a palavra incidente tem o significado apenas de ambiente processual (continente), na medida em que o pedido de desconsideração da personalidade jurídica foi realizado na inicial do processo principal.

O IDPJ pode ser instaurado de seis formas diferentes:[5] (i) inicial de processo de conhecimento, (ii) incidentalmente a processo de conhecimento; (iii) petição de início de cumprimento de sentença; (iv) incidentalmente ao cumprimento de sentença; (v) inicial de processo de execução e (vi) incidentalmente a processo de execução.

E dessa diversidade de maneiras de se requerer a desconsideração da personalidade jurídica, surgem problemas práticos. Problemas constatados mais facilmente, como a questão da suspensão do processo (art. 134, 3º, CPC)[6] e o marco para a fraude à execu-

---

4. No livro "O incidente de desconsideração da personalidade jurídica: as diferentes funções de um mesmo mecanismo processual", propomos classificação atinente ao momento em que é requerida a desconsideração da personalidade jurídica. Se o pedido for na inicial (seja de processo de conhecimento, de cumprimento de sentença ou processo de execução) o IDPJ deve ser classificado como interno. Por outro lado, se o pedido de IDPJ for feito quando o processo principal já está em andamento, tornando necessária a formação de um incidente, o IDPJ deve ser classificado como externo. (CASTRO, Roberta Dias Tarpinian de. O *incidente de desconsideração da personalidade jurídica*: as diferentes funções de um mesmo mecanismo processual. São Paulo: Quartier Latin, 2019, p. 230).

5. Há quem defenda que o momento em que o IDPJ é instaurado é importante para definir a natureza jurídica do instituto. Se requerido na inicial do processo principal haveria apenas cumulação de pedidos; se requerido incidentalmente haveria incidente processual.

   Consideramos que um mesmo instituto não pode ter classificações diversas a depender do momento em que é instaurado. Em nosso sentir, o IDPJ tem natureza de ação seja requerido na inicial ou incidentalmente.

   Se a desconsideração da personalidade jurídica for requerida na inicial do processo principal haverá cumulação de pedidos, havendo um litisconsórcio facultativo, simples e eventual, o que, no entanto, não afasta a natureza de ação do IDPJ, que vale dizer, ocorre em qualquer situação de litisconsórcio, mormente quando simples (cumulação de pedidos nada mais é que cumulação de ações).

   Se a desconsideração da personalidade jurídica for requerida incidentalmente além de ação incidental haverá um processo incidental.

6. Pela literalidade do art. 134, § 3º, CPC, somente suspende-se o processo se a desconsideração da personalidade jurídica for requerida incidentalmente (externa).

   O problema da redação do art. 134, § 3º, CPC refere-se ao alcance do termo "suspensão do processo", e, observamos que os estudos doutrinários e jurisprudencial sobre esse alcance voltam-se com mais acuidade a situação do IDPJ incidental, olvidando-se do IDPJ interno.

   Destacamos a interpretação mais frequente que se faz do termo 'suspensão do processo' quando o IDPJ é incidental: "Deve-se fazer uma interpretação lógica e sistemática do referido dispositivo, no sentido de que a suspensão da execução em razão da instauração do incidente de desconsideração da personalidade jurídica não se aplica aos devedores originários, vez que estes já respondem inicialmente pela dívida exequenda." (PICIRONI, Cláudia Alline Ajita; RIBEIRO, Micaela Mayara. A inadmissibilidade de suspensão automática da execução em razão da instauração de incidente de desconsideração da personalidade jurídica, jan. 2022. Disponível em: https://www.medina.adv.br/a-inadmissibilidade-de-suspensao-automatica-da-execucao-em-razao-da-instauracao-de-incidente-de-desconsideracao-da-personalidade-juridica).

ção (art. 137, 795, § 4º e 792, § 3º, CPC);[7] e problemas mais camuflados como a maneira com que devem ser classificados os integrantes do polo passivo quando o pedido de desconsideração da personalidade jurídica é requerido em inicial de processo de execução ou em petição de início de cumprimento de sentença, e os problemas advindos da

---

No mesmo sentido é o Enunciado 110 da II Jornada de Direito Processual Civil da Justiça Federal: "A instauração do incidente de desconsideração da personalidade jurídica não suspenderá a tramitação do processo de execução e do cumprimento de sentença em face dos executados originários."

Na jurisprudência: "Agravo de instrumento – Execução de título executivo extrajudicial – Suspensão do feito em razão da desconsideração da personalidade jurídica – Suspensão imprópria prevista no art. 134, 3º do CPC – Inaplicabilidade – Recurso conhecido e não provido.

É verdade que o art. 134, § 3º, do CPC é expresso ao determinar a suspensão do processo na hipótese de instauração do incidente de desconsideração da personalidade jurídica, todavia, trata-se de suspensão imprópria, de modo que o processo deve ser suspenso apenas naquilo que dependa da solução da controvérsia criada com a instauração do incidente. Trata-se de exegese que mais se coaduna com a mens legis, não se justificando a paralisação de todo o processo de execução, de modo a compreender questões estranhas à parte chamada a compor a lide. Logo, no caso concreto, não há falar em suspensão da execução em razão da instauração do incidente." (TJMS, AgIn 1413848-30.2021.8.12.0000, 1ª Câmara Cível – j. 22.11.2021 – julgado por João Maria Lós – DJe 24.11.2021).

No entanto, se a desconsideração da personalidade jurídica for requerida internamente (em inicial), não há regra de suspensão.

Em relação ao pedido de desconsideração da personalidade jurídica feito em inicial de processo de conhecimento, sem qualquer prejuízo, não haverá suspensão do processo. Por ser um litisconsórcio eventual, os desconsiderandos deverão defender-se não só a respeito dos elementos ligados ao pedido de desconsideração da personalidade jurídica, mas, também, em relação aos pedidos direcionados ao réu "principal" (aquele com quem o autor detém relação jurídica de direito material). Na defesa atinente a relação jurídica de direito material da pessoa jurídica, os desconsiderandos atuarão como assistentes simples, tal qual acontece na situação da denunciação da lide quando o denunciado se manifesta sobre o pedido do autor.

Se por um lado a ausência de suspensão do processo quando o pedido de desconsideração da personalidade jurídica feito em inicial de processo de conhecimento não gera prejuízos, o mesmo não se pode dizer do pedido de desconsideração da personalidade jurídica feito em inicial de processo de execução ou em petição de início de cumprimento de sentença. A ausência de regra de suspensão da ação principal (execução) em relação aos desconsiderandos conflita com os arts. 795, §4º e a ideia de um contraditório prévio antes do atingimento do patrimônio dos sócios. No item 3 faremos estudo mais detalhado sobre a referida situação.

7.   Somente existe coerência de se aplicar a literalidade do art. 792, §3º, CPC (§ *3º Nos casos de desconsideração da personalidade jurídica, a fraude à execução verifica-se a partir da citação da parte cuja personalidade se pretende desconsiderar*), se o IDPJ for instaurado em inicial de processo de conhecimento ou de processo de execução, ou como Eduardo Talamini assevera, se se interpreta que o art. 792, §3º, CPC veicula apenas a situação de desconsideração inversa da personalidade jurídica (TALAMINI, Eduardo. Incidente de desconsideração da personalidade jurídica. Disponível em: http://www.migalhas.com.br/dePeso/16,MI234997,11049-Incidente+-de+desconsideracao+de+personalidade+juridica. Acesso em: 10.01.2023).

Defendendo que o marco para fraude à execução é a citação no IDPJ: FÜRST, Henderson; VICELLI, Gustavo de Melo Vicelli. Fraude à execução e a imprecisão normativa do Código de Processo Civil. *Revista de Processo*. v. 303, p. 157-180. São Paulo: Ed. RT, maio 2020; CASTRO, Roberta Dias Tarpinian de. A desconsideração da personalidade jurídica e o marco para configuração de fraude à execução – Interpretação do Art. 792, § 3º, CPC. *Revista Forense*. v. 430. Rio de Janeiro: Forense, dez. 2019 [Versão eletrônica disponível em: http://genjuridico. com.br/2020/04/08/personalidade-juridica-fraude-a-execucao/].

Em sentido contrário, qual seja, que o marco para a desconsideração da personalidade jurídica é a citação da pessoa jurídica (ou física no caso da desconsideração inversa) cuja personalidade se almeja desconsiderar, e não da citação dos desconsiderandos: PEREZ, Marcela Melo. *O incidente de desconsideração da personalidade jurídica e a fraude à execução no NCPC*. Disponível em: https://processualistas.jusbrasil.com.br/artigos/395467082/o--incidente-de-desconsideracao-da-personalidade-juridica-e-a-fraude-a-execucao-no-ncpc, Out. 2016. Acesso em: 10 jan. 2023.

opção legislativa de ter, como regra, que o IDPJ deve ser decidido por meio de decisão interlocutória (art. 136, CPC).

Como o objetivo deste breve ensaio não é versar sobre possíveis soluções aos supra narrados problemas, mas sim, demonstrar como muitas vezes é a partir da constatação deles (problemas) que se jogam luzes sobre temas aparentemente alienígenas, ater-nos-e-mos aos dois últimos pontos fazendo os seguintes questionamentos: (i) o IDPJ requerido em inicial de processo de execução seria mais um indicativo da prescindibilidade da dicotomia ação de conhecimento – ação de execução?; (ii) a decisão interlocutória que decide o IDPJ seria uma terceira espécie de decisão interlocutória?

3. DICOTOMIA AÇÃO DE CONHECIMENTO – AÇÃO DE EXECUÇÃO

Das seis possíveis maneiras de estruturar um IDPJ, duas merecem nossa atenção nesse tópico: instauração de IDPJ em inicial de processo de execução e em início de cumprimento de sentença. A narrada opção legislativa, juntamente com diversas alterações sofridas no sistema processual ao longo de décadas, reforça a prescindibilidade da dicotomia processo/ação de conhecimento – processo/ação de execução.

Primeiramente, no entanto, não podemos deixar de mencionar que parte da doutrina e da jurisprudência considera que o art. 134, § 2º, CPC, ao mencionar a possibilidade de se requerer a desconsideração da personalidade jurídica em inicial, se refere apenas ao processo de conhecimento.

Destacamos as lições de Hector Cavalcanti Chamberlain:

O art. 134, § 2º, CPC, aplica-se estritamente ao processo de conhecimento, eis que no processo autônomo de execução de título executivo extrajudicial, a absoluta dispensa do rito de desconsideração violaria o devido processo legal ao permitir de forma imediata a execução de terceiros alheios ao título, extirpando a proteção ao contraditório que fundamenta o incidente de desconsideração da personalidade jurídica e o novo sistema processual civil...[8]

No mesmo sentido o Tribunal de Justiça de São Paulo:

Agravo de instrumento. Ação de execução de título extrajudicial. Pedido de desconsideração da personalidade jurídica na petição inicial. Inadmissibilidade – procedimento do incidente que é incompatível com o processo executivo – inaplicabilidade do art. 134, § 2º, do CPC ao caso – precedentes deste TJSP. Decisão mantida. Agravo improvido.[9]

...Desconsideração da personalidade jurídica – pedido de desconsideração da personalidade jurídica formulado diretamente na petição inicial da execução – Procedimentos, entretanto, que são incompatíveis – Necessidade de deflagração do incidente, sob pena de ofender aos princípios do devido processo legal e do contraditório – Inaplicabilidade do art. 134, § 2º, do CPC no procedimento de exe-

---

8. CHAMBERLAN, Hector Cavalcanti. O *incidente de desconsideração da personalidade jurídica* – Atualização da disregard doctrine na perspectiva da responsabilidade patrimonial e reflexos no processo civil brasileiro. Londrina: Toth, 2021, p. 166.

9. TJSP; Agravo de Instrumento 2256108-02.2021.8.26.0000; Relator: Jovino de Sylos; Órgão Julgador: 16ª Câmara de Direito Privado; Foro Central Cível – 35ª Vara Cível; Data do Julgamento: 13.05.2022; Data de Registro: 13.05.2022.

cução de título extrajudicial – Submissão de terceiros à excussão patrimonial depende de instauração de incidente processual, com observância dos ditames do devido processo legal – Impossibilidade de cumulação de pedidos em caso de incompatibilidade procedimental – Artigo 327, § 1º, III do CPC – Indispensável, portanto, a instauração de incidente de desconsideração da personalidade jurídica no processo de execução...[10]

Em que pese os bons argumentos para se defender que a desconsideração da personalidade jurídica somente poderia ser requerida em inicial de processo de conhecimento, preferimos nos filiar a corrente que compreende que é possível se fazer pedido de desconsideração da personalidade jurídica em inicial de processo de execução,[11] situação que, embora possa tornar o processo mais desorganizado e confuso,[12] nos convida a reflexão sobre a utilidade da classificação das ações em conhecimento e execução.

A verdade é que ainda causa espanto quando se fala em tutela de conhecimento em processo de execução, mas o inverso, talvez em virtude da evolução legislativa das últimas décadas, é aceito com tranquilidade.

A tutela antecipada, introduzida pela Lei 8.952/94, trouxe a lume a existência de atividade executiva em um processo de conhecimento,[13] e o sincretismo processual (duas atividades jurisdicionais distintas em um mesmo processo) colocou em xeque a referida dicotomia.

Conforme assevera Cassio Scarpinella Bueno, não há como negar que "boa parte da sistematização histórica do direito processual civil levou em conta a distinção entre o

---

10. TJSP; Agravo de Instrumento 2097313-58.2022.8.26.0000; Relator: Achile Alesina; Órgão Julgador: 15ª Câmara de Direito Privado; Foro de Mogi das Cruzes – 1ª Vara Cível; Data do Julgamento: 10.05.2022; Data de Registro: 10.05.2022.

11. Neste sentido a 1ª Câmara Reservada de Direito Empresarial do Tribunal de Justiça de São Paulo: "O artigo 134, § 2º, do CPC preconiza que o requerimento de desconsideração da personalidade jurídica poderá ser formulado na petição inicial, caso em que o sócio será citado, dispensando-se a instauração do incidente.

    Art. 134, § 2º, CPC "Dispensa-se a instauração do incidente se a desconsideração da personalidade jurídica for requerida na petição inicial, hipótese em que será citado o sócio ou a pessoa jurídica."

    Como se pode perceber, referido dispositivo não restringe a sua incidência às ações de conhecimento, podendo ser aplicado tanto nelas como nas ações de execução. O legislador não limitou a possibilidade de requerimento de desconsideração da personalidade jurídica apenas às ações de conhecimento, motivo pelo qual não cabe ao intérprete restringi-la..." (TJSP, AgIn 2068197-75.2020.8.26.0000, 1ª Câmara Reservada de Direito Empresarial, j. 21.05.2020, relator Eduardo Azuma Nishi, DJe 21.05.2020).

    Na mesma linha: agravo de instrumento. Execução de título extrajudicial. Pleito de desconsideração da personalidade jurídica deduzido na inicial executiva. Possibilidade de requerimento de desconsideração de personalidade jurídica na petição inicial da execução de título extrajudicial. Parágrafo 2º, art. 134, do CPC. Desnecessidade de abertura de incidente específico (TJPR, 0018401-65.2019.8.16.0000, 15ª Câmara Cível, relator Shiroshi Yendo, j. 14.04.2021).

12. Consiste em constatação pragmática, pois, se houvesse compreensão de que não deveria existir ação de conhecimento e ação de execução, mas sim, simplesmente ação, e que para cada tipo de tutela há técnicas distintas, não haveria de se falar em confusão. Em nosso sentir o problema centra-se na falta de costume que os operadores têm de compreender que é possível a convivência de tutelas de naturezas distintas em um mesmo ambiente.

13. "A própria generalização da tutela antecipada (CPC, art. 273), por obra da Lei 8.952/1994, sinaliza a quebra de autonomia tanto da ação-processo de execução, quanto da ação-processo cautelar. Essa revolucionária inovação pôs a nu, de início, que atividades cognitivas e executivas podem se mesclar no processo, de tal sorte que o processo de conhecimento poderia abrigar atividade para realização concreta de um provimento antecipatório de tutela (sem que haja autônoma ação de execução)." (SICA, Heitor Vitor Mendonça. *O direito de defesa no processo civil brasileiro*. São Paulo: Atlas, 2011, p. 40).

processo de conhecimento e o processo de execução",[14] no entanto, consiste em critério classificatório[15] que, ao longo dos anos, mostrou-se insuficiente. Insuficiente porque existe execução no processo de conhecimento, existe cautelar no processo de execução, existe conhecimento no processo de execução, e assim sucessivamente.

Há inegável proveito prático em realizar classificações, mas temos que tomar cuidado para não cair em armadilhas. Nas palavras de Barbosa Moreira, temos que controlar "nosso *animus classificandi*, antes que ele tome o freio nos dentes e se transforme em cego e obsessivo furor *classificandi*".[16]

Quando a classificação consta na Lei o risco de cair em armadilhas é ainda maior, era o que ocorria com o processo cautelar no Código de Processo Civil de 1973. Não bastava a compreensão doutrinária de que seria possível proteger a efetividade da tutela final sem a necessidade de um processo autônomo,[17] foi preciso que a Lei 8.952/94 introduzisse no sistema a tutela antecipada. A expressa menção de um *processo* cautelar engessava a compreensão a respeito do ambiente processual em que a *tutela* cautelar (fosse de natureza antecipada ou cautelar)[18] poderia ser requerida.

Com as denominadas tutelas provisórias o Código de Processo Civil 2015 logrou êxito em demonstrar que há *tutela* cautelar, sem precisar existir um *processo* cautelar. No entanto, essa compreensão de que somente existe 'uma ação' na qual podem coexistir tutelas de diferentes naturezas, não ocorreu com o processo de conhecimento e processo de execução.

Apesar de algumas mudanças que, ao lado do sincretismo, robusteceram a inexistência de autonomia entre as atividades de conhecimento e execução, tal como as decisões parciais de mérito (art. 356, CPC), bem como as já conhecidas atividades essencialmente cognitivas no processo de execução (ex: fraude à execução[19]), a manutenção das expressões: "processo de conhecimento" e "processo de execução", nos Livros I e II do

---

14. BUENO, Cassio Scarpinella. *Curso sistematizado de direito processual civil*. 9. ed. São Paulo: Saraiva, 2018, v. 1, p. 313.

15. Critério que leva em consideração a atividade jurisdicional predominante: reconhecer o direito, satisfazer o direito e proteger o direito.

16. BARBOSA MOREIRA, José Carlos. Questões velhas e novas em matéria de classificação das sentenças. *Temas de direito processual*. Oitava série. São Paulo: Saraiva, 2004, p. 142.

17. Antes da Lei já havia obras a respeito da cautelaridade por meio de antecipação. Ver: GUERRA, Marcelo Lima. Reflexões em torno da distinção entre execução provisória e medidas cautelares antecipatórias. *Revista de Processo*. v. 57, p. 208-210. São Paulo: Ed. RT. jan.-mar. 1990; e MARINONI, Luiz Guilherme. *Tutela cautelar e tutela antecipatória*. São Paulo: Ed. RT. 1992.

18. Partimos dos ensinamentos de Piero Calamandrei de que a tutela antecipada é mera espécie do gênero cautelar: "...qui, in questo terzo gruppo, il provvedimento cautelare consiste proprio in una decisione anticipata e provvisoria del merito, destinata a durare fino a che questo regolamento provvisorio del rapporto controverso non si sovrapporrà il regolamento stabilmente conseguibile attraverso il più lento processo ordinario." (CALAMANDREI, Piero. *Introduzione Allo Studio Sistematico dei Provvedimenti Cautelari*. Pádua: Cedam, 1936, p. 38-39).

    Protege-se entregando o próprio bem da vida (tutela antecipada/satisfativa), ou protege-se a tutela jurisdicional final por outro meio (cautelar pura).

19. Embora o §4º do art. 792, CPC determine que antes de declarar a fraude à execução deve haver intimação do terceiro adquirente, para que esse, se quiser, apresente embargos de terceiro, a decisão que reconhece ou nega a existência de fraude é proferida no bojo no processo de execução e não nos embargos de terceiro.

CPC, respectivamente, fez permanecer vivo (ainda que com temperamentos) o dogma de que tutela cognitiva é exclusiva do processo de conhecimento e tutela executiva do processo de execução.

Manter-se expressamente a dicotomia do continente (processo) mostra-se descabida "por força da unitariedade e universalidade do conceito de ação"[20] (conteúdo).

Ação é "o direito de romper a inércia da jurisdição e de atuar ao longo do processo com vistas à concretização da tutela jurisdicional. É a tutela jurisdicional – se concedida – que desempenhará o papel que as diversas ações, seus respectivos pedidos e correlatas sentenças desempenhavam".[21] Não existe ação de conhecimento ou ação de execução, existe apenas ação, que pode ter como pedido tutela cognitiva, executiva, cautelar; tudo convivendo em um mesmo ambiente (processo).

Nas execuções de títulos extrajudiciais, o rompimento da inércia da jurisdição se dá com base em pedido de tutela executiva, portanto, classifica-se como sendo ação de execução. Por outro lado, se já existia prévia atividade jurisdicional (conhecimento), definir se no momento de buscar a tutela executiva haverá exercício de ação, ou mera continuidade do direito constitucional já iniciado, dependerá da análise do objeto litigioso, que, geralmente, mantém-se o mesmo.[22]

Se o objeto litigioso for o mesmo da fase cognitiva, não haverá "ação de execução", mas mera fase processual (cumprimento de sentença). Há evidente paradoxo, na medida em que a tutela de predominância requerida em um processo de execução de título extrajudicial é a mesma de um cumprimento de sentença – tutela executiva, mas no primeiro caso haverá classificação em "ação de execução", e no segundo "fase da ação de conhecimento".

Ponto fulcral é que a classificação de processo e ação, em conhecimento ou execução, leva à limitação no desenvolvimento da atividade jurisdicional. E limitar a atividade jurisdicional é ir de encontro com as normas fundamentais de processo civil de razoável duração do processo, celeridade e economia processuais.

Mas, se por um lado o Código de Processo Civil de 2015 manteve as expressões processo de execução e processo de conhecimento, trouxe inovação que expressamente autoriza a concessão de tutelas de naturezas diversas em um mesmo processo, e isso, no ambiente menos aceito pela jurisprudência: tutela cognitiva no processo de execução.

O Código de Processo Civil atual pouco inovou em matéria de execução, no entanto, com a introdução da possibilidade de requerer desconsideração da personalidade jurídica

---

Ilustrando, no caso ligado ao agravo de instrumento 2156917-86.2018.8.26.0000, não houve apresentação de embargos de terceiro, o que não impediu o juiz de primeira instância, *exercendo cognição*, negasse a existência de fraude. (TJSP; Agravo de Instrumento 2156917-86.2018.8.26.0000; Relator: Rebello Pinho; Órgão Julgador: 20ª Câmara de Direito Privado; Foro Central Cível – 5ª Vara Cível; Data do Julgamento: 26.06.2020; Data de Registro: 26.06.2020).

20. SICA, Heitor Vitor Mendonça. *Cognição do juiz na execução civil*. São Paulo: Ed. RT, 2017, p. 56.
21. BUENO, Cassio Scarpinella. *Curso sistematizado de direito processual* Civil. 9. ed. São Paulo: Saraiva, 2018, v. 1, p. 282.
22. SICA, Heitor Vitor Mendonça. *Cognição do juiz na execução civil*. São Paulo: Ed. RT, 2017, p. 106.

em inicial de processo de execução[23] (do art. 134, §2º) acabou, ainda que não intencionalmente, afastando o dogma de que em processo de execução só há tutela executiva.

Quando há pedido de desconsideração de personalidade jurídica em inicial de processo de execução, e em petição de início de cumprimento de sentença, o que existe é cumulação de pedidos de naturezas distintas e direcionados a partes diversas, tudo convivendo em um só processo. Há um litisconsórcio inicial, passivo, eventual e simples.

Para cada ocupante do polo passivo haverá um pedido de natureza distinta. Para aquele que figura como devedor no título executivo, a tutela será executiva, sendo qualificado processualmente como executado. Já em relação ao pedido direcionado ao pretenso responsável patrimonial secundário (art. 790, VII, CPC), a tutela inicialmente requerida será de conhecimento (desconsideração da personalidade jurídica), e por isso, de início, qualifica-se processualmente como réu. Somente se houver decisão de procedência do pedido desconsideração da personalidade jurídica é que o réu do IDPJ passará a ostentar a qualidade de executado.[24]

O processo com cumulação de pedidos de natureza cognitiva (desconsideração da personalidade jurídica) e executiva (em face do devedor constante no título) deveria prescindir de qualificação,[25] pois a adjetivação causa equívocos procedimentais.

Entre estes equívocos procedimentais podemos citar a autorização de penhora de bem do réu do incidente de desconsideração da personalidade jurídica, e até mesmo o emprego de expressões que, em nosso sentir, são tecnicamente erradas como "penhora cautelar".[26]

No processo de execução com pedido de desconsideração da personalidade, o executado pode sofrer penhora, pois em face dele há pedido de tutela executiva. Já o réu do IDPJ (pretenso executado) pode sofrer arresto (cautelar),[27] pois em face dele há

---

23. Heitor Vitor Mendonça Sica entende em sentido oposto, asseverando que quando a desconsideração da personalidade jurídica é requerida na inicial do processo de execução aplica-se "a técnica de cognição sumária com inversão de contraditório (art. 134, § 2º)." (SICA, Heitor Vitor Mendonça. *Cognição do juiz na execução civil.* São Paulo: Ed. RT, 2017, p. 205).

24. Sem adentrarmos na problemática de falta de compatibilidade dos incisos do art. 779 e 790, CPC, fato é que o art. 790, VII, em uma leitura sistêmica, nos leva à conclusão de que somente haverá legitimidade do sócio para constar como executado após decisão de desconsideração da personalidade jurídica.

25. "O que precisa haver (...) enquanto houver necessidade de atuação do Estado-juiz é *processo*, sem nenhuma adjetivação. O *processo* é um só: o devido desde o modelo constitucional, o *devido processo constitucional*." Grifos originais (BUENO, Cassio Scarpinella. *Curso sistematizado de direito processual civil.* 9. ed. São Paulo: Saraiva, 2018, v. 1, p. 316).

26. No julgamento do Agravo de Instrumento 2166422-62.2022.8.26.0000 (Relatora: Maria Lúcia Pizzotti; Órgão Julgador: 30ª Câmara de Direito Privado; Data do Julgamento: 18.08.2022; Data de Registro: 18.08.2022), embora tenha ficado claro que o IDPJ ainda não tinha sido decidido na origem, foi deferida penhora cautelar de imóvel. Penhora é ato típico de tutela executiva, de tal sorte que não poderia ter sido deferida antes do desfecho do IDPJ. O que poderia ter sido requerido como forma de garantir o resultado útil do processo, seria o arresto cautelar (tutela provisória) do imóvel. Embora em ambas situações (penhora e tutela provisória de arresto) ocorra a segregação do patrimônio, o mecanismo que leva a essa tem desdobramentos distintos, e por isso, é necessário deixar claro qual a motivação da segregação.

27. TJSP; Agravo de Instrumento 2072634-91.2022.8.26.0000; Relator: Rebello Pinho; Órgão Julgador: 20ª Câmara de Direito Privado; Foro Central Cível – 11ª Vara Cível; Data do Julgamento: 23.05.2022; Data de Registro: 23.05.2022.

pedido de tutela cognitiva e a apreensão de bens somente se justifica como tutela provisória. Embora o resultado da penhora e do arresto sejam praticamente iguais: segregar patrimônio para garantir a dívida, há diferenças entre os referidos institutos que não podem ser ignoradas.

A intenção do incidente de desconsideração da personalidade jurídica é autorizar que terceiro[28] passe a responder com seu patrimônio por dívida alheia; e este terceiro somente poderá responder com seu patrimônio próprio, por dívida alheia, *após* o trâmite do IDPJ (art. 795, § 4º[29]). Até a prolação da decisão interlocutória que decide o referido incidente, nenhum ato típico de tutela executiva deve se voltar ao sócio,[30] ainda que, no mesmo processo, possam acontecer atos típicos de tutela executiva em face do executado.

Como se vê, a autorização legal de instaurar incidente de desconsideração da personalidade jurídica em inicial de processo de execução e em início de cumprimento de sentença disse mais do que queria dizer. O art. 133 e seguintes do CPC acabou chancelando que é possível conviver em um mesmo ambiente (processo) ações de naturezas distintas.

No entanto, o Judiciário, por não estar acostumado com este tipo de situação, ou comete confusão (direciona atos típicos de execução aos desconsiderandos) ou, então, como vimos no início deste item, prefere rechaçar a possibilidade de se pedir desconsideração da personalidade jurídica em inicial de processo de execução.

Da mesma maneira que a tutela antecipada introduzida no CPC/73 por meio da Lei 8.952/94, ao conceber que pode haver tutela executiva no processo de conhecimento, colocou em xeque a dicotomia processo de conhecimento – processo de execução, o art. 134, §2º, CPC, ao autorizar que seja requerida desconsideração da personalidade jurídica em processo de execução (cumulação de pedidos de conhecimento e execução), exacerbou a prescindibilidade de se colocar em compartimentos estanques as tutelas jurisdicionais.

De fato, como inclusive já defendemos,[31] do ponto de vista de organização, o ideal seria o pedido de desconsideração da personalidade jurídica constar sempre em um processo incidental. Com isso o processo principal continuaria tramitando em face do

---

28. A posição de terceiro do réu do IDPJ ficou bastante clara com a opção legislativa de inserir o IDPJ como uma espécie de intervenção de terceiro.

29. O PL 487/2013, projeto de lei de Código Comercial, assevera no art. 199: "*Decretada* a desconsideração da personalidade jurídica, *deve ser incluído* no processo o nome do sócio, administrador ou da pessoa, natural ou jurídica, a quem se imputar responsabilidade.", deixando de maneira ainda mais evidente que o sócio só passa a ser parte no processo após todo o trâmite do IDPJ.

30. Mencionamos a palavra sócio, pois é a forma mais corriqueira de pedido de desconsideração da personalidade jurídica: desconsideração direta (devedor é a pessoa jurídica) e restritiva (limita-se aos integrantes da pessoa jurídica devedora).

31. "Seria preferível o IDPJ ser sempre externo, ainda que distribuído no mesmo momento da inicial do processo principal, mas não foi essa opção legislativa (art. 134, § 2º, CPC). O que objetivamos no presente capítulo é pontuar o necessário tratamento igualitário ao desenvolvimento do IDPJ, esteja tramitando em apartado ou não, destacando a imprescindível atenção ao seu desenrolar quando estiver contido em processo de execução *lato sensu*." (CASTRO, Roberta Dias Tarpinian de. *O incidente de desconsideração da personalidade jurídica*: as diferentes funções de um mesmo mecanismo processual. São Paulo: Quartier Latin, 2019, p. 230).

executado/[32]réu[33] pessoa jurídica, e o IDPJ tramitando paralelamente em autos apartados. Havendo decisão de procedência IDPJ, portanto, autorizando a intervenção de terceiro, haveria ampliação subjetiva no processo principal inserindo como parte, nos autos principais, o sócio (responsável patrimonial secundário).

Mas essa forma de organizar as tutelas jurisdicionais somente é necessária porque não há percepção de que é possível, em qualquer situação, conviverem em um mesmo ambiente tutelas de naturezas distintas. É importante rompermos com o paradigma que não há conhecimento na execução, pois a não aceitação de que há tutela cognitiva no processo de execução vai de encontro com as normas fundamentais de direito processual (economia, celeridade, melhor aproveitamentos dos atos judiciais etc.).

Como mencionamos no começo deste estudo, a nossa intenção nesse breve estudo não é discorrer a respeito de soluções sobre a melhor maneira de o IDPJ se estruturar, mas sim demonstrar que o legislador, ao que parece despretensiosamente, jogou luzes sobre importante tema: deve ser mantida a dicotomia ação/processo de conhecimento e ação/processo de execução?

Claramente o CPC ao estruturar o IDPJ colocou o direito material à frente do direito processual, especialmente em dois momentos. O primeiro momento é quando autoriza o pedido de desconsideração da personalidade jurídica (busca por responsabilidade patrimonial secundária[34]), ainda que sequer exista crédito em face da pessoa jurídica;[35]-[36] o segundo momento é quando autoriza o pedido de desconsideração da personalidade

---

32. Nomenclatura destinada ao ocupante do polo passivo se o processo principal for de execução ou cumprimento de sentença.

33. Nomenclatura destinada ao ocupante do polo passivo se o processo principal for de conhecimento.

34. A respeito do uso da expressão "responsabilidade patrimonial secundária", importantes são as lições de Marcelo Abelha Rodrigues, o qual demonstra em sua mais recente obra que, embora a classificação da responsabilidade patrimonial, em primária e secundária, tenha inegável proveito acadêmico, pode causar confusão do ponto de vista prático. Não existe subsidiariedade. A diferença entre o responsável patrimonial primário e o responsável patrimonial secundário é apenas que esse, ao contrário daquele, não contraiu a dívida, no entanto, o patrimônio de ambos, em igual grau, serve de garantia da dívida. (ABELHA RODRIGUES, Marcelo. *Responsabilidade patrimonial pelo inadimplemento das obrigações*: introdução ao estudo sistemático da responsabilidade patrimonial, Indaiatuba: Foco, 2022, p. 56-58).

35. Sobre o IDPJ em processo de conhecimento ver: DIAS, Handel Martins. Análise crítica do projeto de novo Código de Processo Civil com relação à desconsideração da personalidade jurídica. *Revista Síntese de direito Empresarial*. v. 32, p. 69-70. Maio-jun. 2013).

36. Marcelo Rodrigues Abelha afirma que "firmada a obrigação, há um direito de garantia que pode ser protegido por meio de técnicas de conservação do patrimônio do responsável; mas, havendo inadimplemento, abre-se para o credor o direito de ressarcir-se dos prejuízos que dele resultam, valendo-se justamente da garantia patrimonial existente..." (ABELHA RODRIGUES, Marcelo. *Responsabilidade patrimonial pelo inadimplemento das obrigações*: introdução ao estudo sistemático da responsabilidade patrimonial, Indaiatuba: Foco, 2022, p. 10).

Nesta linha de pensamento, tem-se que ainda que exista um pretenso devedor, e não um efetivo devedor (que somente surgirá se o processo de conhecimento for procedente), embora seja a procedência do processo de conhecimento, somada a inadimplência da obrigação que torne útil o pedido de desconsideração ("A priori, por exemplo, havendo solvabilidade do devedor pessoa jurídica, não se justifica – independentemente da forma como abusa ou confunde o patrimônio – a desconsideração para atingir os sócios da entidade."), considerando a natureza de garantia da responsabilidade patrimonial, há interesse de agir em instaurar IDPJ em processo de conhecimento (ABELHA RODRIGUES, Marcelo. *Responsabilidade patrimonial pelo inadimplemento das obrigações*: introdução ao estudo sistemático da responsabilidade patrimonial, Indaiatuba: Foco, 2022, p. 187).

jurídica em inicial de processo de execução (art. 134, § 2º, CPC), demonstrando que é possível haver tutela cognitiva dentro de um processo de execução.

Podemos extrair dos arts. 133 a 137, CPC que o importante é assegurar ao jurisdicionado o direito de buscar manifestação do Poder Judiciário a respeito de eventual abuso da personalidade, com respeito ao contraditório e a ampla defesa.

Há execução no processo de conhecimento, assim como há tutela cognitiva no processo de execução. O art. 134, § 2º, CPC, nos convida à reflexão sobre a utilidade de manutenção da dicotomia entre processo de conhecimento e processo de execução, que mais parece dificultar o alcance das tutelas jurisdicionais que auxiliar.

Os processos com predominância de tutela executiva (denominados de processos de execução) tornar-se-ão mais úteis com a concepção de que neles existem tutelas cognitivas, evitando-se, com isso, que questões simples deixem de ser conhecidas ou sejam relegadas a ambientes externos sob argumentos que parecem esquecer o princípio da instrumentalidade. Argumentos que parecem ignorar que o processo está à serviço do direito material e não o inverso. Como assevera José Roberto dos Santos Bedaque: "a importante e nobre missão do processualista moderno é fazer com que o processo seja meio efetivo de resolução de litígios e não fonte de problemas".[37]

4. UMA TERCEIRA ESPÉCIE DE DECISÃO INTERLOCUTÓRIA

Além de a autorização legal de se requerer desconsideração da personalidade jurídica em inicial de processo de execução causar reflexões sobre teoria geral de processo, pois, como versado no tópico anterior, impacta na dicotomia ação/processo de conhecimento – ação/processo de execução, o art. 136, CPC, ao dizer que o IDPJ será resolvido por decisão interlocutória, robustece o impacto do IDPJ em conceitos de teoria geral de processo.

Com o Código de Processo Civil de 2015 quebrou-se o paradigma de unicidade da sentença,[38] e de maneira bastante resumida, tem-se no CPC atual, de forma expressa, duas espécies de decisões interlocutórias: (i) *decisões interlocutórias puras*, que são os pronunciamentos judiciais que decidem questões incidentais; (ii) *decisões interlocutórias de mérito*, que são os pronunciamentos judiciais que, embora tenham conteúdo de sentença, por não encerrarem uma fase processual, são qualificados como interlocutórias.[39]

---

37. BEDAQUE, José Roberto dos Santos. *Direito e processo, influência do direito material sobre o processo.* 6. ed. São Paulo: Malheiros, 2011, p. 22.

38. Ainda que se considere que a Lei 10.444/02, que inseriu o § 6º ao art. 273, CPC ("§ 6º A tutela antecipada também poderá ser concedida quando um ou mais dos pedidos cumulados, ou parcela deles, mostrar-se incontroverso."), tenha quebrado com a ideia de unicidade da sentença, não se tratava de cognição exauriente apta a formar coisa julgada.

39. Teresa Arruda Alvim classifica as decisões interlocutórias de mérito (art. 356, CPC), assim como as decisões interlocutórias de conteúdo processual e terminativas, como interlocutórias atípicas. (ARRUDA ALVIM, Teresa. *Os agravos no CPC 2015.* 5. ed. Curitiba: EDC, 2021, p. 101).

O critério eleito pelo CPC para definir a natureza do ato judicial como sentença ou decisão interlocutória de mérito, não é o conteúdo, mas sim o momento em que é proferido.

Será decisão interlocutória se o ato judicial, mesmo analisando o mérito, não encerrar o trâmite em primeira instância. Por outro lado, se o ato judicial além de analisar o mérito encerrar o andamento em primeira instância, será denominado de sentença.

Notadamente, a classificação do pronunciamento judicial com base em critério temporal (se encerra ou não o trâmite em primeira instância) traz desequilíbrio no tratamento recursal,[40]-[41] mas, o que pretendemos demonstrar neste breve ensaio é que no caso do IDPJ o problema precede o tratamento recursal. O problema está na classificação do pronunciamento judicial que decide o IDPJ, a qual não segue o critério (temporal) eleito pelo CPC.

No item 2 deste ensaio demonstramos que a desconsideração da personalidade jurídica pode ser requerida de seis formas diferentes, e se requerida na inicial do processo principal, o desfecho *poderá* ser por meio de sentença. O desfecho de uma desconsideração da personalidade jurídica por meio de sentença consiste em evento raro, limitando-se a pedido requerido em inicial de processo de conhecimento, pois, a sentença em processo de execução tem a finalidade de extinguir o feito (art. 203, § 1º),[42] e a desconsideração da personalidade jurídica visa estabelecer a responsabilidade patrimonial secundária justamente porque há frustração no recebimento do crédito.[43]

---

40. A sentença está sujeita ao recurso de apelação (art. 1.009, CPC), recurso dotado de efeito suspensivo *ope legis*, com valor de preparo superior ao do recurso de agravo de instrumento, com possibilidade de aplicação da técnica de julgamento estendido (art. 942, CPC) sem a divergência atinente ao provimento ou desprovido do recurso, e com possiblidade de sustentação oral (art. 937, I, CPC). No entanto, se o mesmo conteúdo decisório estiver presente em uma decisão interlocutória, o recurso cabível será agravo de instrumento (art. 1.015, II, CPC), a qual tem outras características: não tem efeito suspensivo legal, o valor de preparo é menor, o julgamento estendido ocorrerá apenas se houver divergência para alteração da decisão, e, não há previsão de sustentação oral.

41. "Sob esse estigma, o modelo do agravo de instrumento deve adaptar-se ao conteúdo da decisão recorrida e ao regime recursal previsto para o julgamento de decisões de mérito (sentenças) permitindo-se, desse modo, a concessão de efeito suspensivo, a sustentação oral e a remessa necessária." (LINHARES, Isabella; QUARTIER, Rita. Decisão parcial de mérito conceitual e suas consequências recursais. In: ALVIM, Teresa Arruda; NERY JUNIOR, Nelson; OLIVEIRA, Pedro Miranda de (Coord.). *Aspectos polêmicos dos recursos cíveis*. São Paulo: Ed. RT, 2018, v. 4, p. 494).

    Sobre a necessidade de efeito suspensivo às decisões interlocutórias de mérito: CASTRO, Daniel Penteado de; MEDEIROS NETO, Elias Marques de; MOLLICA, Rogerio; e SOUZA, André Pagani. *Afinal*: o agravo de instrumento interposto contra a decisão parcial de mérito do artigo 356 do novo CPC deve ser admitido com o efeito suspensivo automático do artigo 1.012 do novo CPC? Disponível em: https://www.migalhas.com.br/coluna/cpc-na-pratica/264632/afinal-o-agravo-de-instrumento-interposto-contra-a-decisao-parcial-de-merito-do-artigo-356-do-novo-cpc-deve-ser-admitido-com-o-efeito-suspensivo-automatico-do-artigo-1012-do-novo-cpc. Acesso em: 02 maio 2020.

42. A extinção pode ocorrer pelas razões descritas no art. 924, CPC (Art. 924. "Extingue-se a execução quando: I – a petição inicial for indeferida; II – a obrigação for satisfeita; III – o executado obtiver, por qualquer outro meio, a extinção total da dívida; IV – o exequente renunciar ao crédito; V – ocorrer a prescrição intercorrente").

43. Importante frisarmos que é possível haver uma mesma sentença que em um capítulo extingue a dívida (portanto, reconhece a inexistência de responsabilidade para aquele caso), e, em outro capítulo declara a responsabilidade patrimonial secundária. No entanto, pragmaticamente, sabemos que é situação excepcional, pois, ainda se tem a ideia (indevida) de relação de dependência entre o pedido principal (receber o crédito) e o pedido

Observamos assim que na maioria dos casos o pedido de desconsideração da personalidade jurídica será decidido por meio de decisão interlocutória, cujo conteúdo é inegavelmente de mérito. E se o IDPJ for incidental (externo), além de o pronunciamento judicial ter conteúdo de sentença, *será proferido em momento de sentença*.

Surge uma terceira espécie de decisão interlocutória.

A decisão interlocutória que decide o incidente de desconsideração da personalidade jurídica instaurado externamente (incidental) tem conteúdo de sentença (mérito) e é proferida em momento de sentença, pois encerra o trâmite daquele processo incidental em primeira instância), ou seja, de interlocutória só tem o nome.

O fato de uma verdadeira sentença (apenas denominada de decisão interlocutória – art. 136, CPC) ser recorrida por agravo de instrumento traz danos processuais, e isso tudo, em situação material que é excepcional.

Melhor explicando.

A desconsideração da personalidade jurídica é medida excepcional, afinal quem deve responder com seu patrimônio é quem contraiu a dívida (art. 790, CPC). Se o tratamento material é excepcional, para se trazer a maior segurança possível no decreto de desconsideração da personalidade jurídica as regras processuais devem ser mais rígidas. Não é o que acontece.

As regras procedimentais atinentes ao agravo de instrumento (recurso padrão em situações de desconsideração da personalidade jurídica) detêm menos rigidez que as regras da apelação, pois, historicamente, consiste em recurso interposto em face de questões processuais incidentais (teoricamente menos importantes) e não de mérito. No entanto, mesmo tendo-se alterado as características das decisões interlocutórias, pouco se alterou em relação as regras do agravo de instrumento.

O agravo de instrumento permanece sendo recurso cujas regras de procedibilidade imprimem menor segurança no julgamento se comparado à apelação.

Se o surgimento no CPC das decisões parciais de mérito, por si só, já traz a necessidade de reflexões atinentes a sistemática dos agravos de instrumento (não se pode

---

de desconsideração da personalidade jurídica, mas apesar de serem pedidos interligados, são independentes (causas de pedir distintas). Conforme assevera Christian Garcia Vieira, há uma relação de influência, mas não de dependência. (VIEIRA, Christian Garcia. *Desconsideração da personalidade jurídica no novo CPC*. Salvador: JusPodivm, 2016. p. 87).

Exemplo: 'A' tem relação jurídica com a pessoa jurídica 'B' por conta de três contratos. 'A' ingressa com ação de execução em face de 'B' cobrando apenas 'contrato 1' e, já na inicial insere o sócio Bernardo no polo passivo requerendo desconsideração da personalidade jurídica. O Juízo observa que o crédito do 'contrato 1' está prescrito e profere sentença de extinção com julgamento do mérito, mas, observando que havia atos de abuso da personalidade jurídica, também declara a responsabilidade patrimonial secundária de Bernardo – sentença de extinção do crédito cumulada com declaração de responsabilidade patrimonial de Bernardo.

Nessa ação específica, inexiste praticidade para o capítulo da sentença que desconsiderou a personalidade jurídica, afinal houve reconhecimento da prescrição. No entanto, 'A', poderá utilizar o resultado dessa ação que reconheceu o abuso da personalidade jurídica praticado por Bernardo, em outro processo que vier a mover em face da pessoa jurídica 'B'.

aceitar que um mesmo conteúdo tenha tratamento de revisão pelo Poder Judiciário distinto, a depender do momento em que é proferido), com mais seriedade devem ser feitas reflexões no caso da decisão interlocutória que decide o IDPJ.

E dois são os pontos que tornam ainda mais necessárias as reflexões sobre as regras do agravo de instrumento em face da decisão final do IDPJ em comparação com as decisões parciais de mérito: (i) a cognição na decisão interlocutória proferida ao final do IDPJ é realmente exauriente;[44] (ii) o agravo de instrumento é único veículo que levará o processo (IDPJ) ao duplo grau.

A partir da constatação desses dois pontos que diferenciam a decisão interlocutória parcial de mérito e a decisão interlocutória que decide o IDPJ, duas importantes regras de julgamento precisam ser analisadas: sustentação oral e julgamento estendido.

4.1 Sustentação oral

A sustentação oral é o momento em que as partes têm a oportunidade de expor, verbalmente, as suas razões/contrarrazões recursais. Mais do que isso, a sustentação oral é o momento em que as palavras ganham vida na voz dos advogados.

Embora não obrigatória, a sustentação oral mostra-se como importante mecanismo nos julgamentos colegiados, sendo muitas vezes responsável por uma completa mudança nos votos pré-elaborados.[45]

No entanto, esse benefício da oralidade se defronta com o malefício do tempo. Afinal, se a todos recursos fosse dada oportunidade de sustentação oral,[46] haveria um colapso nos julgamentos presenciais.

---

44. A redundância na expressão "totalmente exauriente" se dá como forma de diferenciar o juízo exauriente em decisão parcial de mérito, o qual pode ser "aparentemente exauriente".

"Cognição exauriente, como atividade de conhecimento do magistrado, não se esgota no conteúdo decisório de mérito. O *momento* em que as decisões de mérito são prolatadas deve integrar a ideia de cognição exauriente.

Uma decisão interlocutória de mérito pode, ou não, ser considerada proveniente de cognição *plenamente* exauriente. Dependerá se a causa de pedir remota embasa os demais pedidos ainda não analisados naquele processo.

(...) Ainda que as decisões parciais tenham conteúdo de mérito, como são proferidas antes do esgotamento daquele grau de jurisdição, não podem, em alguns casos [quando a causa de pedir remota é a mesma], ser consideradas em grau de cognição plenamente exauriente. Poderá haver um juízo *aparentemente* exauriente." (CASTRO, Roberta Dias Tarpinian de. As peculiaridades do sistema recursal no incidente de desconsideração da personalidade jurídica, In: ARRUDA ALVIM, Teresa; NERY JUNIOR, Nelson (Coord.). *Aspectos polêmicos dos recursos cíveis e assuntos afins*. São Paulo: Ed. RT, 2021, v. 15).

45. OLIVEIRA, Pedro Miranda. O regime especial do agravo de instrumento contra decisão parcial (com ou sem resolução de mérito). *Revista de processo*. v. 264, p. 184. São Paulo: Ed. RT, fev. 2017.

46. A Lei 8.906/94 (estatuto da OAB) previa no art. 7º, inc. IX, que era prerrogativa do advogado: "sustentar oralmente as razões de qualquer recurso ou processo, nas sessões de julgamento, após o voto do relator, em instância judicial ou administrativa, pelo prazo de quinze minutos, salvo se prazo maior for concedido". Na ADIN 1.105-7 DF foi declarado inconstitucional o referido inciso do art. 7º do EOAB. Foram apresentados embargos de declaração, pois o acórdão se debruçava sobre a segunda parte do inciso IX do art. 7º do EOAB ("após voto do relator"), sem adentrar na questão atinente a possiblidade de sustentação oral em "qualquer recurso". Foi mantida a completa inconstitucionalidade do art. 7º, inc. IX da Lei 8.906/94.

Destarte, o que pregamos não é a sustentação oral em todos os recursos, mas coesão com as situações já autorizadas.

Nos termos do art. 937, CPC, a parte poderá sustentar oralmente as suas razões ou contrarrazões recursais, nas seguintes espécies de recurso: apelação, recurso ordinário, recurso especial, recurso extraordinário, embargos de divergência, ação rescisória, mandado de segurança, reclamação, e agravo de instrumento interposto contra decisões interlocutórias que versem sobre tutelas provisórias de urgência ou da evidência.

Embora exista previsão legal para sustentação oral em julgamento de agravo de instrumento,[47] esta previsão se limita ao agravo de instrumento do art. 1.015, I, CPC (apresentado em face de decisão que aprecia pedido de tutela provisória).

O agravo de instrumento atinente a decisões parciais de mérito (art.1.015, II, CPC), e o agravo de instrumento interposto em face de decisão que põe fim ao IDPJ (art. 1.015, IV, CPC), ambos recursos com grau de lesividade maior que o agravo de instrumento do art. 1.015, I, CPC, pois tem aptidão a formar coisa julgada, não tem previsão legal para sustentação oral.[48]

Afora a falta de lógica do art. 937, CPC permitir sustentação oral referentemente a agravo de instrumento apresentado em face de decisão de mérito proveniente de cognição sumária (art. 1.015, I, CPC), mas, não permitir em casos de agravos de instrumento apresentados em face de decisões, também de mérito, e em cognição exauriente (art. 1.015, II e IV, CPC), há ainda desequilíbrio se comparado com as decisões interlocutórias não agraváveis.

As decisões interlocutórias que devem ser recorridas imediatamente são aquelas que o legislador elegeu, objetivamente, como passíveis de causar à parte e ao processo lesão (art. 1.015, CPC[49]). Essas decisões interlocutórias, com exceção do inc. I do art. 1.015, CPC (tutelas provisórias), não têm a oralidade garantida.

Mas, em contrapartida, as decisões interlocutórias que podem esperar para serem recorridas por meio de apelação, ou contrarrazões de apelação (art. 1.009, § 1º, CPC), tem direito à sustentação oral[50] (art. 937, I, CPC), pois o direito à sustentação oral está ligado à espécie recursal e não ao conteúdo do recurso.

Atualmente há em trâmite o Projeto de Lei 5048/2019 de autoria da deputada Soraya Manato (PSL–ES) que propõe alteração no inc. VIII do art. 937, CPC, para inserir como

---

47. A tímida inserção do inc. VIII ao art. 937, CPC, apresenta avanço em relação ao CPC/73. No diploma revogado havia vedação expressa a sustentação oral para qualquer agravo de instrumento: Art. 554. "Na sessão de julgamento, depois de feita a exposição da causa pelo relator, o presidente, se o recurso não for de embargos declaratórios ou de agravo de instrumento, dará a palavra, sucessivamente, ao recorrente e ao recorrido, pelo prazo improrrogável de 15 (quinze) minutos para cada um, a fim de sustentarem as razões do recurso."

48. "Se cabe sustentação no regime do agravo no menos (cognição sumária) com muito mais razão deveria caber no mais (cognição exauriente)." (ALVES, Rodrigo Lucas da Silva Pereira da Gama. *O conteúdo do pronunciamento judicial como elemento de harmonia do sistema recursal brasileiro*. Dissertação de Mestrado. PUC/SP. 2017.p. 139).

49. Sobre o rol do art. 1.015, CPC ver: STJ, REsp 1.704.520/MT, Rel. Ministra Nancy Andrighi, Corte Especial, julgado em 05.12.2018, DJe 19.12.2018.

50. ASSIS, Araken de. *Manual dos recursos*. 9. ed. São Paulo: Ed. RT, 2017, p. 400.

passíveis de sustentação oral os agravos de instrumento interpostos em face de decisões parciais de mérito,[51] no entanto, o referido PL nada fala sobre a decisão interlocutória do art. 136, CPC.

Nos parece óbvio que o pronunciamento judicial que decide o IDPJ é uma decisão de mérito, e por isso estaria incluído na alteração proposta no PL 5.048/2019. No entanto, se o IDPJ for incidental (externo), a decisão interlocutória que o decidir será uma decisão *final* e não antecipada, tampouco parcial; bem como o recurso em face dessa decisão não será fundamentado no inc. II do artigo 1.015, e sim no inc. IV do mencionado artigo.

Não podemos fugir da prática, e, considerando o aumento de pedidos de sustentações orais nos Tribunais, notadamente a interpretação da proposta de nova redação do art. 937, inc. VIII, CPC, será a mais restritiva possível. Com isso, ainda que o PL 5048/2019 promova alteração no inc. VIII do art. 937, CPC, em relação ao agravo de instrumento do art. 1.015, IV, CPC, precisar-se-á contar com a boa interpretação dos Tribunais, ou de regimentos internos[52] (art. 937, IX, CPC),[53] para que se tenha o direito à sustentação oral garantido nos agravos de instrumento em face de decisões que decidem IDPJ.

Em nosso sentir, todas as decisões interlocutórias que analisam o mérito, por terem conteúdo de sentença, deveriam ter o direito a sustentação oral garantido. E no caso do IDPJ há ainda a justificativa de que será o único momento, *em todo o processo*, que a parte poderá exercer a oralidade no Tribunal.

No IDPJ encerrado por meio de decisão interlocutória nunca haverá sentença, com isso, a vedação a sustentação oral não se limita ao agravo de instrumento do art. 1.015, IV, CPC, atingindo todo o processo.

Defender a sustentação oral em agravo de instrumento interposto em face de decisão interlocutória que encerra o IDPJ vai além da isonomia decorrente do conteúdo recursal (de mérito), consiste em respeito à isonomia no acesso ao duplo grau de jurisdição após exaurido o trâmite em primeira instância. Consiste no direito da parte, de ao menos uma vez durante o processo de conhecimento (no caso IDPJ), se manifestar oralmente perante o Tribunal.

---

51. Proposta de alteração: art. 937. Na sessão de julgamento (...) dará a palavra, sucessivamente, ao recorrente, ao recorrido (...) a fim de sustentarem suas razões, nas seguintes hipóteses, nos termos da parte final do caput (...) VIII – no agravo de instrumento interposto contra decisões interlocutórias que versem sobre tutelas provisórias de urgência, da evidência e *do julgamento antecipado parcial do mérito*).

52. Embora o direito à sustentação oral no julgamento de agravos de instrumente somente seja garantido pelo CPC quando for interposto em face de decisão interlocutória que verse sobre tutela provisória, há regimentos internos de Tribunais que permitem a sustentação oral em outros casos.

   Os Tribunais Federais replicam os termos do inc. VIII do art. 937, CPC, portanto, somente permitem sustentação oral em julgamento de agravo de instrumento se a decisão interlocutória versar sobre tutela provisória (TRF1, art. 45, § 1º; TRF2, art. 140, § 2º; TRF3, art. 143, parágrafo único; TRF4, art. 105, V; TRF5, art. 137, V; e TRF6, art. 36).

   Em relação ao Tribunais estaduais alguns exemplos de autorização de sustentação oral em decisões parciais de mérito: TJ/MG (art. 105, f); TJSC (art. 175, e); TJPR (art. 210, III, b). TJES (art. 134, § 4º).

53. Nelson Nery Junior considera que o art. 937, IX, CPC é inconstitucional, pois, questão de sustentação oral seria matéria de direito processual, portanto, nos termos do art. 22, I, CF, somente Lei Federal poderia dispor a respeito (NERY JUNIOR, Nelson. *Código de processo civil comentado*. 16. ed. São Paulo: Ed. RT, 2016, p. 1991).

O IDPJ E A SUA INFLUÊNCIA EM TEMAS DE TEORIA GERAL DO PROCESSO CIVIL · 153

Por fim, a decisão interlocutória proferida ao final do IDPJ também tem o condão de trazer reflexões sobre o julgamento estendido (ampliação da colegialidade) nos termos do art. 942, CPC.

4.2 Técnica de julgamento estendido (art. 942, CPC)

A técnica do julgamento estendido, também denominada de ampliação da colegialidade,[54]

se aplica ao julgamento de apelação (caput do art. 942, CPC) e de agravo de instrumento interposto em face de decisão parcial de mérito (art. 942, § 3º, II CPC), e as críticas à referida técnica de julgamento iniciam-se pela diferença que se faz entre o julgamento da apelação e o julgamento de agravo de instrumento que visa modificar decisão parcial de mérito.

Para melhor visualização, apresentaremos exemplo falando de um mesmo caso, em que o desfecho por meio de pronunciamentos judiciais diversos (sentença, decisão interlocutória parcial de mérito e decisão interlocutória final de mérito) impacta na maneira com que será realizada a revisão pelo Poder Judiciário.

Situação 01: *José*, sócio da pessoa jurídica *JJF* teve a sua responsabilidade patrimonial secundária estabelecida por meio de sentença (IDPJ interno em processo de conhecimento, por exemplo), e então *José* apresenta recurso de apelação. Se houver voto divergente, seja para negar provimento ou dar provimento ao recurso de *José*, haverá ampliação da colegialidade (art. 942, *caput*, CPC). Para que *José* consiga um julgamento estendido nos termos do art. 942, CPC, precisa demonstrar *a apenas um desembargador* que não deve ser responsabilizado de maneira secundária.

Situação 02: *José*, sócio da pessoa jurídica *JJF*, teve a sua responsabilidade patrimonial secundária estabelecida por meio de decisão parcial de mérito, pois, a despeito de ter havido pedido de desconsideração da personalidade jurídica na inicial de processo de conhecimento, o processo ainda não se encerrou em primeira instância. *José* apresenta agravo de instrumento. O recurso de *José* somente comportará ampliação da colegialidade se for para dar provimento ao seu recurso, pois, a 'não unânime' para o julgamento de agravos de instrumento somente fomenta ampliação da colegialidade se for para a reforma da decisão. Ou seja, *José* terá que demonstrar a *dois desembargadores* que não deve ser responsabilizado de maneira secundária. Se apenas um desembargador se convencer que *José* não deve ser responsabilizado de maneira secundária, *José* será sucumbente.

Situação 03: *José*, sócio da pessoa jurídica *JJF*, foi citado para responder a um pedido de desconsideração da personalidade jurídica incidental (externo), e, portanto,

---

54. Sergio Shimura e Wanessa de Cássia Françolin denominam a técnica do artigo 942, CPC, como "colegiado do colegiado" (SHIMURA, Sergio; FRANÇOLIN, Wanessa de Cássia. Colegiado do colegiado: discussão sobre o julgamento estendido previsto no art. 942 do CPC. *Revista de Processo*. v. 318, p. 209-239. São Paulo: Ed. RT, ago. 2021).

resolvido por meio de decisão interlocutória final de mérito (art. 136, CPC). Na mesma linha da situação 02, o recurso de *José* somente comportará ampliação da colegialidade se for para dar provimento (e houver compreensão de que a decisão que encerra o IDPJ em primeira instância é uma decisão "parcial de mérito"). Se dois desembargadores entenderem que deve ser mantida a decisão de primeira instância, e um desembargador entender pela reforma, não haverá julgamento estendido.

Diante de uma mesma situação fática que se busca revisão: saber se José deve ou não responder com seu patrimônio pessoal pelas dívidas da *JJF*, observamos dois comportamentos distintos do Tribunal, o que, por si só, se mostra injusto no conceito mais singelo de justiça. Para piorar, no caso do IDPJ há complicador pragmático, pois, há entendimento de alguns Tribunais que sequer ampliação da colegialidade em decisões que versam sobre desconsideração da personalidade jurídica seria cabível, porque se entende (em nosso sentir, equivocadamente) que não é uma decisão de mérito:

> *Tribunal de Justiça do Espírito Santo*
>
> ... Apenas para rememorar, trata-se aqui de Agravo de Instrumento interposto (...), no qual esta impugna a r. decisão do MM. Juiz de Direito da 2ª Vara Cível de Cachoeiro de Itapemirim que rejeitara o incidente de desconsideração da personalidade jurídica da Executada Mármores Boa Fortuna Ltda. ME, ora Agravada.
>
> Pois bem. Ao ler atentamente as notas taquigráficas que me foram encaminhadas, verifiquei que após o Des. Júlio César Costa de Oliveira proferir seu voto de relatoria, a Desª Janete Vargas Simões inaugurou a divergência no julgamento, dissidência esta perfilhada também pelo Desº Fábio Clem de Oliveira.
>
> A partir desse cenário, o Eminente Presidente da Câmara, com base no art. 942 do CPC/2015, entendeu cabível a aplicação da referida técnica de julgamento, motivo pelo qual ocorrera a convocação de 2 (dois) outros Desembargadores.
>
> Entretanto, depois de refletir sobre a técnica de julgamento do art. 942 do CPC, parece-me que ela não se aplica ao caso em apreço, conclusão esta lastreada na exegese do inc. II do § 3º do referido dispositivo legal, assim redigido:
>
> (...)
>
> Sem embargo dos eventuais entendimentos em sentido contrário, parece-me, muito respeitosamente, que a questão veiculada no Agravo ora analisado, referente a uma desconsideração da personalidade jurídica em processo de execução, não diz respeito ao mérito da demanda originária, única situação na qual o CPC/2015 admite a ampliação do Colegiado.
>
> Salvo melhor juízo, se estivéssemos tratando de decisão sobre o art. 356 do CPC ou mesmo de outras rejeitando alegações de prescrição e decadência, decerto haveria lastro jurídico para a incidência da técnica de julgamento, mas não aqui, para decidir sobre uma desconsideração da personalidade jurídica no bojo de processo executivo...[55]

---

55. TJES, AgIn 0016986-07.2017.8.08.0011, 1.ª Câmara Cível, j. 18.09.2018, relatora Janete Vargas Simões – DJe 16.10.2018 – Área do Direito: Civil.

Apresentou posicionamento divergente (com o qual concordamos) o Des. Fabio Clem de Oliveira: "Confesso que não tenho absoluta segurança em relação a essa questão, mas, pelo menos, em princípio, parece-me que seria o caso de ampliação do quórum porque quando nós decidirmos essa desconsideração da personalidade jurídica, faremos influindo fatalmente na decisão do juízo de Primeiro Grau. Então, com todo o respeito, vou divergir pelo menos, por enquanto, até que eu me satisfaça intimamente com o convencimento de que não seria o caso, mas a questão de ordem fica acolhida, por maioria, e o julgamento fica encerrado."

> *Tribunal de Justiça de São Paulo*
>
> ... No caso dos autos, o fato de ter havido reforma da decisão que julgou o incidente de desconsideração da personalidade jurídica, não o transforma em recurso passível de sofrer a técnica do julgamento estendido, consoante os termos do art. 942, § 3º, inc. II, do CPC.
>
> A técnica de ampliação do colegiado não é aplicável em todas as hipóteses de julgamento de agravo de instrumento, mas apenas naquelas onde houver a reforma parcial do mérito, o que não ocorreu no caso dos autos.
>
> Além disso, como o incidente de desconsideração da personalidade jurídica foi apresentado em autos de execução de título extrajudicial, não há, por óbvio, debate processual que tenha um desfecho do mérito do pedido principal, como estabelece o art. 356 do CPC... [56]

Nos dois julgados apresentados há o mesmo equivoco: ignorar que o IDPJ é uma ação cognitiva, seja requerido como pedido cumulado (em inicial de processo de conhecimento ou de execução), seja requerido em autos apartados formando um processo incidental.

Conforme demonstramos no item 3 deste ensaio, a falta de compreensão de que é possível conviver em uma mesmo ambiente tutelas de naturezas distintas (cognição e execução) faz com que sejam proferidas decisões como as acima colacionas; decisões que não captam que a análise de pedido de desconsideração da personalidade jurídica é análise de mérito. Obviamente que não é o mérito do processo principal, mas sim o mérito atinente a relação jurídica que se pretende estabelecer entre o autor e o terceiro (sócio desconsiderando), qual seja, relação de responsabilidade patrimonial secundária (art. 790, VII, CPC).

Qualquer divergência no julgamento do agravo de instrumento do art. 1.015, IV, CPC deveria culminar em ampliação da colegialidade, sendo irrelevante se a maioria milita pelo provimento ou desprovimento recursal. Neste sentido são precisas as lições de Teresa Arruda Alvim:

> E essa figura [ampliação da colegialidade], ainda, é cheia de estranhezas: para que seja aplicada a tal técnica na *apelação*, não se exige que tenha havido reforma da sentença, nem que a sentença seja de mérito. Basta que haja falta de unanimidade: qualitativa ou quantitativa.
>
> Entretanto, se se tratar de *agravo*, interposto de decisão interlocutória de mérito, a coisa muda. Deve ter reformado a decisão impugnada, assim como ocorre quando se tratar de *ação rescisória*.
>
> Qual a razão dessa diferença de tratamento? Seria constitucional, principalmente quando se pensa na *apelação e no agravo interposto de decisão interlocutória de mérito*, que são recursos "equivalentes"? (grifos originais). [57]

Se conforme Teresa Arruda Alvim demonstra não há razão para a diferença de tratamento no julgamento da apelação e do agravo de instrumento interposto em face de decisão interlocutória de mérito, com muito mais segurança podemos dizer que não há razão para o julgamento de agravo de instrumento em face de decisão interlocutória que julga IDPJ, *uma autêntica sentença (em conteúdo e momento processual)*, não tenha sequer a ampliação da colegialidade nos termos do art. 942, § 3º, II, CPC, assegurada.

---

56. TJSP, EDcl 2042418-84.2021.8.26.0000, 21ª Câmara de Direito Privado, j. 08.11.2021, relator Ademir Benedito – DJe 08.11.2021.
57. ARRUDA ALVIM, Teresa. *Ampliar a colegialidade: a que custo?* 2017. Disponível em: https://revistadoutrina. trf4.jus.br/index.htm?https://revistadoutrina.trf4.jus.br/artigos/edicao077/Teresa_Arruda_Alvim.html.

Por bem, observamos em alguns julgados a ampliação da colegialidade no julgamento de agravos de instrumento em face de decisões que versam sobre desconsideração da personalidade jurídica;[58] e o Grupo de Câmaras Reservadas de Direito Empresarial, na revisão de enunciados ocorrida em 21.04.2021, embora especifique a situação de processos de falência e recuperação judicial, deixou claro que a decisão que analisa a desconsideração da personalidade jurídica *é decisão de mérito* e deve ter julgamento estendido em caso de maioria pelo provimento (aplicação do art. 942, § 3º, II, do CPC):

> A extensão do julgamento com base no art. 942, § 3º, II, do CPC, em processos de falência ou de recuperação judicial, se restringe às hipóteses em que, por maioria, (i) for reformada decisão de mérito relativa à homologação do plano de recuperação judicial ou que deliberar sobre seu encerramento; e (ii) quando se tratar de decisão de conteúdo sentencial, como, por exemplo, a que coloca fim a incidente que aprecia habilitação e/ou impugnação de crédito, *ou a que decide sobre desconsideração da personalidade jurídica*, ou ainda a que decide acerca da legitimidade ativa.[59] (grifamos).

Conquanto seja um alento os posicionamentos a favor da ampliação da colegialidade em julgamento de agravo de instrumento (art. 1.015, IV, CPC) interposto em face de decisão interlocutória que decide IDPJ (art. 136, CPC), o mais adequado sistemicamente seria aplicar o caput do art. 942, CPC, e não o § 3º, II do art. 942, CPC (mais restritivo).

A desconsideração da personalidade jurídica consiste em direito material excepcional de tal sorte que deve ser imprimida a maior segurança possível no seu decreto. Em que pese as vozes contrárias,[60] e até mesmo a intenção de eliminar a ampliação da

---

58. "Agravo de instrumento – Desconsideração da personalidade jurídica, pela via inversa incidente – Instauração – Pretensão de reforma da r. decisão que indeferiu a instauração do incidente de desconsideração da personalidade jurídica. Descabimento. Hipótese em que não estão preenchidos os requisitos legais que autorizariam a instauração do incidente de desconsideração da personalidade jurídica. Inexistência de bens que, por si só, não autoriza a desconsideração da personalidade jurídica da empresa ou mesmo a de seus sócios, pela via inversa (CPC, art. 134, § 4º). Recurso desprovido.

    Vistos, relatados e discutidos estes autos "Em julgamento estendido, nos termos do art. 942 do CPC, por maioria de votos, negaram provimento ao recurso, vencido o 2º Des. que declara voto. "de conformidade com o voto do Relator..."

    (TJSP – AgIn 2220224-77.2019.8.26.0000 – 13ª Câmara de Direito Privado – j. 25.11.2019 – julgado por Ana de Lourdes Coutinho Silva da Fonseca – DJe 29.11.2019 – Área do Direito: Civil; Processual).

59. Disponível em: https://www.tjsp.jus.br/Download/Rodape/GrupoCamarasEmpresariaisEnunciados.pdf?d=1581439506897.

60. Compreendendo que a técnica não é necessária, Sergio Shimura e Wanessa de Cássia Françolin asseveram que a ampliação da colegialidade, denominada pelos autores de colegiado do colegiado "traz um conceito e preocupação exagerados com relação ao voto vencido, criando-se um sistema que possui praticamente aplicação geral para tentar resolver uma questão que pode continuar insolúvel, pois mesmo com a ampliação do colegiado já existente a divergência pode continuar ocorrendo e acarretando algumas decisões díspares. (...) não nos parece que a busca pela maior colegialidade seja o caminho efetivamente útil para a busca de melhores decisões judiciais, uma vez que os esforços de pacificação e estabilização da jurisprudência interna dos Tribunais já deveria ser feita na esfera do "colegiado menor", sendo desproporcional a criação de uma nova técnica de julgamento que pode ser útil em casos pontuais (mas perfeitamente conciliáveis com o sistema) mas que, em contrapartida, impõe o prolongamento do julgamento e desprestígio do colegiado inicialmente já formado para julgamento do recurso." (SHIMURA, Sergio; FRANÇOLIN, Wanessa de Cássia. Colegiado do colegiado: discussão sobre o julgamento estendido previsto no art. 942 do CPC. *Revista de Processo*. v. 318, p. 209-239. São Paulo: Ed. RT, ago. 2021).

colegialidade do CPC (PL 3055/2020[61]), essa técnica quando aplicada no julgamento de agravos de instrumento em face de decisão de desconsideração da personalidade jurídica é de grande importância, mormente se considerarmos que se trata de direito material eminentemente fático e com imprescindível arcabouço probatório cuja análise se encerra nos Tribunais intermediários.

Neste sentido são as lições de Luiz Dellore e Walter Piva Rodrigues:

> Os cidadãos não podem ser privados da exata extensão do princípio do duplo grau de jurisdição se não for observado o julgamento do Colegiado em sua composição estendida quando não houver unanimidade no plano do direito, mas sobretudo em relação às questões controvertidas sobre fatos. O esgotamento do Colegiado exige nessas circunstâncias o 'ajuntamento' de todos que compõem a Câmara (cinco membros)".
>
> Isso se explica pela necessidade da "liturgia dos Tribunais Superiores" em erigir o prequestionamento e a discussão de matéria fática como impeditivos de acesso dos cidadãos à instancia soberana.
>
> Ou seja, considerando que os Tribunais Superiores apenas discutem tese jurídica, a última oportunidade de debater decorre exatamente da análise dos fatos e provas – que, portanto, não será analisada pelo tribunal superior...[62]

Novamente reforçamos que a nossa intenção primordial nesse artigo não foi criticar o IDPJ, mas sim demonstrar que o legislador, ao que parece despretensiosamente, alterou alguns conceitos de teoria geral de processo. No tópico 3 vimos que o legislador coloca em evidência a prescindibilidade da dicotomia ação/processo de conhecimento e ação/processo de execução, e neste tópico 4 vimos que o legislador acabou criando uma terceira espécie de decisão interlocutória.

O pronunciamento interlocutório que decide o IDPJ é uma autêntica sentença, em conteúdo e momento de prolação. E se existe uma terceira espécie de decisão interlocutória, para se conceder coerência sistêmica, o método de revisão dessa decisão precisa ser analisado com cuidado. Será que devemos continuar pautando as regras de procedibilidade recursal no invólucro (apelação ou agravo de instrumento), ou devemos nos orientar pelo conteúdo que se busca revisão no segundo grau?

5. CONCLUSÕES

Dia desses estava lendo sobre "descobertas por acaso". Cientistas mirando seus estudos em determinado objeto, acabavam descobrindo algo distinto. Assim ocorreu com a insulina, penicilina, raio-x dentre outras tantas "descobertas por acaso".

---

61. O referido PL de autoria do deputado Reinhold Stephanes Junior (PSD-PR) apresenta justificativa que, em nosso sentir, são de ordem procedimental e não substancial. Parece haver mais preocupação com a rapidez dos julgamentos, haja vista as justificativas de celeridade, momento em que deve ocorrer a próxima sessão; que preocupação com a qualidade e segurança jurídica que o julgamento estendido pode proporcionar. As justificativas do PL referem-se às dúvidas que o art. 942 suscita na sua aplicação, mas em momento algum há justificativa sobre a inutilidade da técnica. (https://www.camara.leg.br/propostas-legislativas/2254254).

62. DELLORE, Luiz; RODRIGUES, Walter Piva. Pela manutenção do "julgamento estendido" no CPC/2015 (art. 942). *Revista de Processo*. v. 320, p. 239-25. São Paulo: Ed. RT, out. 2021.

A intenção do IDPJ foi apenas criar um ambiente processual para se debater sobre o direito material da desconsideração da personalidade jurídica com obediência aos princípios do contraditório e da ampla defesa. Mas os arts. 133 a 137 do CPC dizem mais do que queriam dizer.

Os termos do caput e do § 2º do art. 134, autorizam o pedido de desconsideração da personalidade jurídica em inicial de processo de execução e petição de início de cumprimento de sentença, e com isso demonstra-se que é possível conviver em um mesmo ambiente processual tutelas de natureza executiva e cognitiva.

O art. 136, CPC, ao definir que o IDPJ será encerrado por meio de decisão interlocutória, cria uma terceira espécie de decisão interlocutória, e, exacerba a problemática de se estabelecer as regras recursais com base no invólucro do pronunciamento judicial (se sentença ou agravo de instrumento) e não com base no conteúdo que se visa revisão pelo Tribunal.

Mirou-se na criação de um ambiente para debater desconsideração da personalidade jurídica, e, acertou-se na necessidade de debates sobre a utilidade da classificação das ações/processos em conhecimento e execução, bem como na maneira com que o Código define as regras recursais.

6. REFERÊNCIAS

ABELHA RODRIGUES, Marcelo. *Responsabilidade patrimonial pelo inadimplemento das obrigações*: introdução ao estudo sistemático da responsabilidade patrimonial. Indaiatuba: Foco, 2022.

ALVES, Rodrigo Lucas da Silva Pereira da Gama. *O conteúdo do pronunciamento judicial como elemento de harmonia do sistema recursal brasileiro*. Dissertação de Mestrado. PUC/SP. 2017.

ARRUDA ALVIM, Teresa. *Os agravos no CPC 2015*. 5. ed. Curitiba: EDC, 2021.

ASSIS, Araken de. *Manual dos recursos*. 9. ed. São Paulo: Ed. RT, 2017.

BARBOSA MOREIRA, José Carlos. Questões velhas e novas em matéria de classificação das sentenças. *Temas de direito processual*. oitava série. São Paulo: Saraiva, 2004.

BEDAQUE, José Roberto dos Santos. *Direito e Processo, influência do direito material sobre o processo*. 6. ed. São Paulo: Malheiros, 2011.

CALAMANDREI, Piero. *Introduzione Allo Studio Sistematico dei Provvedimenti Cautelari*. Pádua: Cedam, 1936.

CASTRO, Daniel Penteado de; MEDEIROS NETO, Elias Marques de; MOLLICA, Rogerio; e SOUZA, André Pagani. *Afinal*: o agravo de instrumento interposto contra a decisão parcial de mérito do artigo 356 do novo CPC deve ser admitido com o efeito suspensivo automático do artigo 1.012 do novo CPC? Disponível em: https://www.migalhas.com.br/coluna/cpc-na-pratica/264632/afinal-o-agravo-de-instrumento-interposto-contra-a-decisao-parcial-de-merito-do-artigo-356-do-novo-cpc-deve-ser-admitido-com-o-efeito-suspensivo-automatico-do-artigo-1012-do-novo-cpc. Acesso em: 02 maio 2020.

CASTRO, Roberta Dias Tarpinian de. A desconsideração da personalidade jurídica e o marco para configuração de fraude à execução – Interpretação do Art. 792, § 3º, CPC. *Revista Forense*. v. 430. Rio de Janeiro: Forense, 2019 [Versão eletrônica disponível em: http://genjuridico.com.br/2020/04/08/personalidade--juridica-fraude-a-execucao/].

CASTRO, Roberta Dias Tarpinian de. As peculiaridades do sistema recursal no incidente de desconsideração da personalidade jurídica. In: ARRUDA ALVIM, Teresa; NERY JUNIOR, Nelson (Coord.). *Aspectos polêmicos dos recursos cíveis e assuntos afins*. São Paulo: Ed. RT, 2021. v. 15.

CASTRO, Roberta Dias Tarpinian de. *O incidente de desconsideração da personalidade jurídica*: as diferentes funções de um mesmo mecanismo processual. São Paulo: Quartier Latin, 2019.

CASTRO, Roberta Dias Tarpinian de. *O pedido de desconsideração da personalidade jurídica em inicial de processo de execução (art. 134, § 2º) e a (in)utilidade da dicotomia processo de conhecimento* – Processo de execução. Disponível em: https://www.migalhas.com.br/coluna/elas-no-processo/376863/o-pedido-de-desconsideracao-da-personalidade-juridica.

CHAMBERLAN, Hector Cavalcanti. *O incidente de desconsideração da personalidade jurídica* – atualização da *disregard doctrine* na perspectiva da responsabilidade patrimonial e reflexos no processo civil brasileiro. Londrina: Toth, 2021.

BUENO, Cassio Scarpinella. *Curso sistematizado de direito processual civil*. 9. ed. São Paulo: Saraiva, 2018. v. 1.

DELLORE, Luiz; RODRIGUES, Walter Piva. Pela manutenção do "julgamento estendido" no CPC/2015 (art. 942). *Revista de Processo*. v. 320, São Paulo: Ed. RT, out. 2021.

DIAS, Handel Martins. Análise crítica do projeto de novo Código de Processo Civil com relação à desconsideração da personalidade jurídica. *Revista Síntese de direito Empresarial*. v. 32, maio-jun. 2013.

FÜRST, Henderson; VICELLI, Gustavo de Melo Vicelli. Fraude à execução e a imprecisão normativa do Código de Processo Civil. *Revista de Processo*. v. 303. São Paulo: Ed. RT, maio 2020.

GUERRA, Marcelo Lima. Reflexões em torno da distinção entre execução provisória e medidas cautelares antecipatórias. *Revista de Processo*. v. 57. São Paulo: Ed. RT. jan.-mar. 1990.

LINHARES, Isabella; QUARTIER, Rita. Decisão Parcial de mérito conceitual e suas consequências recursais. In: ALVIM, Teresa Arruda; NERY JUNIOR, Nelson; OLIVEIRA, Pedro Miranda de (Coord.). *Aspectos polêmicos dos recursos cíveis*. São Paulo: Ed. RT, 2018. v. 4.

MARINONI, Luiz Guilherme. *Tutela cautelar e tutela antecipatória*. São Paulo: Ed. RT. 1992.

NERY JUNIOR, Nelson, *Código de processo civil comentado*. 16. ed. São Paulo: Ed. RT, 2016.

OLIVEIRA, Pedro Miranda. O regime especial do agravo de instrumento contra decisão parcial (com ou sem resolução de mérito). *Revista de processo*. v. 264. fev. 2017.

PEREZ, Marcela Melo. *O incidente de desconsideração da personalidade jurídica e a fraude à execução no NCPC*. Disponível em:: https://processualistas.jusbrasil.com.br/artigos/395467082/o-incidente-de-desconsideracao-da-personalidade-juridica-e-a-fraude-a-execucao-no-ncpc, Out. 2016. Acesso em: 10 jan. 2023.

PICIRONI, Cláudia Alline Ajita; RIBEIRO, Micaela Mayara. *A inadmissibilidade de suspensão automática da execução em razão da instauração de incidente de desconsideração da personalidade jurídica*. Disponível em: https://www.medina.adv.br/a-inadmissibilidade-de-suspensao-automatica-da-execucao-em-razao-da-instauracao-de-incidente-de-desconsideracao-da-personalidade-juridica. jan. 2022.

SICA, Heitor Vitor Mendonça. *O direito de defesa no processo civil brasileiro*. São Paulo: Atlas, 2011.

SICA, Heitor Vitor Mendonça. *Cognição do juiz na execução civil*. São Paulo: Ed. RT, 2017.

SHIMURA, Sergio; FRANÇOLIN, Wanessa de Cássia. Colegiado do colegiado: discussão sobre o julgamento estendido previsto no art. 942 do CPC. *Revista de Processo*. v. 318. São Paulo: Ed. RT, ago. 2021.

TALAMINI, Eduardo. *Incidente de desconsideração da personalidade jurídica*. Disponível em: http://www.migalhas.com.br/dePeso/16,MI234997,11049-Incidente+de+desconsideracao+de+personalidade+-juridica. Acesso em: 10 jan. 2023.

VIEIRA, Christian Garcia. *Desconsideração da personalidade jurídica no novo CPC*. Salvador: JusPodivm, 2016.

DESCONSIDERAÇÃO DA PESSOA JURÍDICA – ASPECTOS PROCESSUAIS E DE DIREITO MATERIAL – ALGUMAS *REFLEXÕES*

Teresa Arruda Alvim

Livre-docente, doutora e mestre em Direito pela PUC-SP. Professora dos cursos de graduação, especialização, mestrado e doutorado da mesma instituição. Professora Visitante na Universidade de Cambridge – Inglaterra. Professora Visitante na Universidade de Lisboa. Coordenadora da Revista de Processo – RePro, publicação mensal da Editora Thomson Reuters Brasil/Revista dos Tribunais. Advogada.

Márcio Bellocchi

Doutor em Direito Processual Civil pela USP. Mestre em Direito Processual Civil pela PUC-SP. Especialista em Direito Societário FGV/SP. Advogado.

Sumário: 1. Introdução – 2. Um pouco sobre a personalização da pessoa jurídica – 3. A gênese da teoria da Desconsideração da Pessoa Jurídica – sua *ratio*; 3.1 Sobre a terminologia: Desconsideração x Despersonalização – 4. Sobre as teorias maior e menor – 5. Teoria do grupo econômico – 6. Um pouco do direito material positivado; 6.1 No Código de Defesa do Consumidor; 6.2 Na legislação trabalhista; 6.3 Na legislação ambiental; 6.4 Na legislação tributária; 6.5 A cláusula geral da desconsideração da PJ – Art. 50, CC; 6.5.1 A desconsideração inversa da pessoa jurídica; 7. Aspectos gerais sobre o Incidente da Desconsideração da Personalidade Jurídica – IDPJ; 7.1 Fraude à execução – 8. Na arbitragem – 9. Referências.

1. INTRODUÇÃO

Nossa pretensão, com o presente ensaio, não se volta ao aprofundamento de aspectos relacionados as questões de direitos material e processual que envolvam a Desconsideração da Pessoa Jurídica.

Temos apenas o intuito de abordar diversos subtemas instigantes que giram em torno do tema central, até com o objetivo de fomentar reflexões e discussões associadas à matéria.

2. UM POUCO SOBRE A PERSONALIZAÇÃO DA PESSOA JURÍDICA

A pessoa jurídica foi e é uma forma engendrada pelo direito para facilitar as relações comerciais entabuladas e desenvolvidas entre as pessoas.

Inicialmente, as práticas dos negócios aconteciam entre pessoas naturais. Não havia pessoas jurídicas. As pessoas trocavam, emprestavam e vendiam serviços e produtos, entre si.

Com o incremento das práticas negociais, que, através do tempo, se tornaram – como se vem tornando – cada vez mais diversificadas e complexas, fez-se necessária a implementação de mecanismos relacionados com tais operações, com os mais variados objetivos.

A pessoa jurídica é um instrumento que protege o patrimônio das pessoas, em relação aos negócios por elas realizados. Visa-se, com isso, à concretização das práticas negociais com *fortes cores* de um maior profissionalismo e com muito mais segurança para os agentes envolvidos.

Com isso, estimula-se o desenvolvimento econômico, haja vista a maior segurança que se garante ao patrimônio do criador, do investidor. Em verdade, como previsto em nosso Código Civil: "A autonomia patrimonial das pessoas jurídicas é um instrumento lícito de alocação e segregação de riscos, estabelecido pela lei com a finalidade de estimular empreendimentos, para a geração de empregos, tributo, renda e inovação em benefício de todos" (parágrafo único do art. 49-A).

O desenvolvimento do regime jurídico a que se submete a pessoa jurídica se dá sob a premissa de que o seu patrimônio não pode e não deve ser confundido com o patrimônio de seu(s) sócio(s), manifestando-se, assim, o princípio da separação patrimonial.

Basicamente, a pessoa jurídica é a organização ou grupo de pessoas que tem direitos e deveres específicos, os quais não se misturam com os direitos e deveres de seus sócios.

Essa separação se revela, *v.g.*, na atual redação do art. 49-A, do CC. A Constituição Federal também expressa a segregação entre pessoa jurídica e seus dirigentes, impondo àquela deveres específicos, como bem se verifica do art. 173, § 5º: "A lei, sem prejuízo da responsabilidade individual dos dirigentes da pessoa jurídica, estabelecerá a responsabilidade desta, sujeitando-a às punições compatíveis com sua natureza, nos atos praticados contra a ordem econômica e financeira e contra a economia popular."

As pessoas jurídicas podem ser de direito público ou de direito privado (art. 40, do CC).

Como exemplos de pessoas jurídicas de direito privado, podemos citar as associações, as sociedades limitadas, as sociedades limitadas unipessoais e as sociedades anônimas (art. 44, CC).

Quanto às de direito público, estas podem ser de direito interno ou externo. As de direito público externo são os Estados estrangeiros, assim como todas as pessoas regidas pelo direito internacional público (art. 42, CC). No que toca às pessoas jurídicas de direito público interno, estas são compostas pela União, o Distrito Federal, os Estados, os Territórios, os Municípios, assim como as autarquias e todas as demais entidades de caráter público que tenham sido criadas por lei (art. 41, CC).

Para estas nossas anotações, interessam, essencialmente, as pessoas jurídicas de direito privado.

Com a criação da pessoa jurídica, cujo patrimônio, frise-se, não se confunde com o de seus sócios,[1] está-se diante de uma situação em que o patrimônio, como se observou antes, dos sócios fica muito menos vulnerável, em relação aos negócios desenvolvidos pela sociedade.

---

1. V. art. 1024, CC.

3. A GÊNESE DA TEORIA DA DESCONSIDERAÇÃO DA PESSOA JURÍDICA – SUA *RATIO*

A figura da desconsideração da pessoa jurídica, a nosso ver, integra uma lista de institutos, cujo objetivo é flagrar aquele que comete um ilícito, *aparentemente* revestido de legalidade. Trata-se de instituto cuja configuração é maleável e que, normalmente, afastam uma regra mais dura, que, exatamente por ser inflexível, não é capaz de cobrir as variações, as peculiaridades, a riqueza da vida em movimento. Assim é a desconsideração em relação à separação absoluta do patrimônio da pessoa jurídica e das pessoas físicas; assim é a teoria da imprevisão, em relação à regra "dura" do *pacta sunt servanda*.

E é, exatamente por esse motivo que, em certo momento histórico do direito, surge a figura da desconsideração da pessoa jurídica, como um mecanismo de repressão aos abusos e fraudes que podem ser perpetrados pelos sócios que, maliciosa e inescrupulosamente, escudam-se nas sociedades, como forma de escapar de suas responsabilidades decorrentes dos mencionados ilícitos.

O surgimento formal da teoria da desconsideração da pessoa jurídica, aproximadamente com as características que tem hoje, se dá, nos Estados Unidos, no início do século XIX (1809), com o caso Bank of US *v.* Deveaux et Al.[2]

Posteriormente, no final ainda do século XIX, outro caso emblemático, desta vez na Inglaterra, marca o advento da teoria da desconsideração da personalidade jurídica. Trata-se do Salomon *v.* Salomon.[3]

---

2. Como se extrai do trecho da obra Piercing the Veil of the Corporate Entity, Wormser, I. Maurice, Columbia *Law Review*, v. 12, n. 6, p. 496-518, Jun. 1912: "It is simply necessary for present purposes to note that as early as 1809, the United States Supreme Court did not regard it as reasonable that the operation of the concept should be permitted to oust the federal courts of their important and far-reaching jurisdiction over corporations, a result which any overzealous adherence to the theory of corporate entity would inevitably entail. Already at that day, 'courts have drawn aside the veil and looked at the character of the individual corporators'". *Tradução livre*: "Para os propósitos atuais, é simplesmente necessário observar que, já em 1809, a Suprema Corte dos Estados Unidos não considerava razoável que a operação do conceito fosse permitida para afastar os tribunais federais de sua importante e abrangente jurisdição sobre as corporações, um resultado que qualquer adesão excessivamente zelosa à teoria da entidade corporativa inevitavelmente causaria. Já naquela época, 'os tribunais tiraram o véu e olharam para os indivíduos pertencentes à cada corporação'". *Esse caso, em linhas extremamente breves, tratou da diferenciação entre sócios e sociedades, ao ter de fixar a competência dos Tribunais Americanos, em relação às sociedades e seus sócios.*
   Como aponta Roberta Tarpinian: "O caso americano de 1809 não foi especificamente de desconsideração da personalidade jurídica do ponto de vista do direito material como se conhece nos dias de hoje, mas sim para definir a competência das Cortes Federais Americanas" (CASTRO, Roberta Dias Tarpinian de. *O incidente de desconsideração da personalidade jurídica*: as diferentes funções de um mesmo mecanismo processual. São Paulo: Quartier Latin, 2019).
3. *Infere-se, desse caso, que*: "Separate Legal Personality (SLP) is the basic tenet on which company law is premised. Establishing the foundation of how a company exists and functions, it is perceived as, perhaps, the most profound and steady rule of corporate jurisprudence. Contrastingly, the rule of "SLP" has experienced much turbulence historically, and is one of the most litigated aspects within and across jurisdictions. Nonetheless, this principle, established in the epic case of Salomon v Salomon, is still much prevalent, and is conventionally celebrated as forming the core of, not only the English company law, but of the universal commercial law regime". *Basicamente*: "the case concerned claims of certain unsecured creditors in the liquidation process of Salomon Ltd., a company in which Salomon was the majority shareholder, and accordingly, was sought to be made personally liable for the company's debt. Hence, the issue was whether, regardless of the separate legal

O marco doutrinário da teoria se dá, em 1955, com a magistral obra de Rolf Serick, cujo título, no original, é: *Rechtsform und Realität Juristischer Personen: Ein Rechtsvergleichender Beitrag zu Frage des Durchgriffs auf die Personen oder gegenstände hinter der Juristischen Person.*[4]

Nessa obra, fruto da tese de doutorado que defendeu perante a Universidade de Tübingen, Serick sistematiza a teoria da desconsideração da personalidade jurídica e busca definir, essencialmente, com base na jurisprudência norte americana, os critérios legais que permitem a mitigação do princípio da autonomia patrimonial das pessoas jurídicas.

No Brasil, considera-se que a teoria teria chegado nos idos de 1960, quando da realização de uma palestra do Professor Rubens Requião, proferida na Universidade Federal do Paraná.

O Código Civil de 1916 nada dispunha a respeito. Na jurisprudência nacional, aponta-se[5] que a primeira decisão a respeito foi proferida pelo 1º Tribunal de Alçada Cível de São Paulo (1ºTACSP), por volta de 1955, em julgamento de recurso de apelação relatado pelo, então, Des. Edgard de Moura Bittencourt,[6] por influência da doutrina recentemente divulgada de Rolf Serick.

A primeira vez que o tema foi objeto de lei expressa, no Brasil, como veremos, adiante, foi no Código de Defesa do Consumidor (art. 28). Depois disso, diversas leis passaram a regulamentar o instituto, nos âmbitos trabalhista, ambiental e fiscal, por exemplo.

A teoria, também chamada de teoria da desconsideração da autonomia patrimonial da pessoa jurídica, se aplica a caso de sociedades em que a responsabilidade dos sócios seja limitada, como a S/A e as sociedades por quotas de responsabilidade limitada.

---

identity of a company, a shareholder/controller could be held liable for its debt, over and above the capital contribution, so as to expose such member to unlimited personal liability". *Textos retirados de*: https://www. lawteacher.net/cases/salomon-v-salomon.php. Acesso em: 26 mar. 2023. *Traduções livres*: "A Personalidade Jurídica Distinta é o princípio básico no qual a lei da empresa se baseia. Estabelecendo a base de como uma empresa existe e funciona, ela é percebida como, talvez, a regra mais profunda e constante da jurisprudência empresarial. A regra do "SLP" tem passado por muita turbulência historicamente, e é um dos aspectos sobre o que mais se litiga nas jurisdições e entre elas. No entanto, este princípio, estabelecido no caso épico Salomon v Salomon, ainda predomina e é convencionalmente celebrado como formador do cerne, não apenas do direito empresarial inglês, mas do regime do direito comercial universal". – "o caso dizia respeito às reivindicações de certos credores quirografários, no processo de liquidação da Salomon Ltd., uma empresa na qual Salomon era acionista majoritário e, portanto, foi instado a ser responsabilizado pessoalmente pela dívida da companhia. Portanto, a questão era saber se, independentemente da personalidade jurídica distinta de uma companhia, um acionista/controlador poderia ser responsabilizado por sua dívida, além da contribuição de capital, de modo a expor tal integrante à responsabilidade pessoal ilimitada".

4. A interpretação foi extraída dessa obra de Rolf Serick, traduzida para o espanhol, sob o título: *Apariencia y Realidad em Las Sociedades Mercantiles. El Abuso de Derecho por Medio de La Persona Juridica*, por Jose Puig Brutau. Barcelona: Ediciones Ariel, 1958.

5. BIANQUI, Pedro Henrique Torres. *Desconsideração da personalidade jurídica no processo civil*. São Paulo: Malheiros, 2011.

6. "A assertiva de que a pessoa da sociedade não se confunde com a pessoa dos sócios é um princípio jurídico, mas não pode ser um tabu a entravar a própria ação do Estado na realização de perfeita e boa justiça, que outra não é a atitude do juiz procurando esclarecer os fatos para ajustá-los ao Direito". (*RT* 238/394 – BRASIL, Tribunal Alçada da Justiça de São Paulo. Apelação Cível 9.247, 2ª T., Rel. Des. Edgar Moura Bittencourt).

DESCONSIDERAÇÃO DA PESSOA JURÍDICA – ALGUMAS *REFLEXÕES* | **165**

Como já dissemos, essa teoria surge como um mecanismo de repressão aos abusos e fraudes praticados por sócios e/ou administradores, através da "utilização" da pessoa jurídica. Visa à proteção da sociedade, mediante a retirada episódica da autonomia patrimonial da sociedade em relação a seus sócios. Mitiga-se, com isso, o princípio da autonomia patrimonial.

Interessante notar que teorias como a da desconsideração da personalidade jurídica ou a da imprevisão, já referida, confundem-se com a criação do próprio direito. Isso, porque são teorias que nascem da jurisprudência, normalmente nos países de *common law*, onde a jurisprudência é a fonte primária da criação do direito.

Teorias assim tendem a surgir, com mais facilidade, no âmbito pretoriano, já que o Judiciário propende e ter mais sensibilidade e agilidade, no sentido de adequar o direito à realidade da sociedade, do que o Legislativo. O processo legislativo costuma, no geral, ser mais complexo e mais lento do que o processo de formação do entendimento jurisprudencial, no âmbito judicial. Teorias como as antes mencionadas, por sua vez, surgem da necessidade de tratamento de situações não diretamente albergadas pela norma legislada, num primeiro momento.

A teoria da desconsideração da pessoa jurídica é uma exceção à regra da separação patrimonial da sociedade/sócio. Com ela, nos casos em que aplicável, mitiga-se o princípio mencionado, como já dissemos, com o objetivo de se preservar o patrimônio da sociedade.

Como se verá no bojo deste ensaio, quando da utilização da teoria da desconsideração, o sócio – que se pretende trazer ao processo – é considerado terceiro, em relação à sociedade. Com a procedência do incidente da desconsideração (sobre o que nos deteremos, mais à frente), o sócio terceiro, passa a integrar o processo na qualidade de litisconsorte facultativo necessário, mantendo-se a sociedade no polo processual.

Nossa reflexão gira em torno da seguinte questão: por qual motivo; nas situações em que é possível separar, nitidamente, a atuação de cada uma das partes (sociedade e sócio) e em que é possível imputar, exclusivamente, a responsabilidade ao sócio, pelo ato que praticou;[7] manter-se a sociedade no polo processual se a desconsideração tem por objetivo exatamente proteger o patrimônio social, fazendo com que a responsabilidade pelo prejuízo causado à parte antagônica seja suportado por seu real causador: o sócio/administrador?

A nosso ver, não há racionalidade jurídica na manutenção da sociedade – que nenhuma responsabilidade tem pelo evento danoso – no polo passivo de processo em que se discute um prejuízo que, por força do incidente de desconsideração instaurado e julgado procedente, já se determinou que, uma vez demonstrado, terá sido fruto de

---

7. Dizemos isso, pois há situações em que não há como se deixar de lado a sociedade, pois a obrigação perante o prejudicado, mesmo que assumida indevidamente pelo sócio, só pode ser cumprida por ela. Por exemplo, o cumprimento de um contrato. Outra situação, também, em que pode ficar prejudicada esta nossa reflexão é aquela em que há confusão patrimonial (sociedade/sócio), de forma que se torna difícil a identificação do patrimônio a ser responsabilizado.

ilícito praticado exclusivamente pelo sócio/administrador, em seu proveito exclusivo, apenas se utilizando da sociedade para praticar o ato ilícito, escondendo-o.

A única razão de mantença da sociedade no processo, a nosso ver, é econômica – *não jurídica* –, ou seja, para se garantir que a parte seja ressarcida do prejuízo que sofreu, na hipótese de o real responsável pelo ato não ter condições financeiras de suportar o prejuízo.

O que queremos, aqui, significar é que não vemos razão jurídica para não se excluir a sociedade do processo, sempre que for possível e de forma que não se acarrete prejuízo ao terceiro prejudicado, mantendo em seu polo apenas o sócio/administrador. Isso, porque, já que o intuito da desconsideração da pessoa jurídica é exatamente a proteção desta, melhor forma de se proteger, a nosso ver, é considerar a sociedade parte ilegítima!

3.1 Sobre a terminologia: desconsideração x despersonalização

Devemos evitar a equivocada utilização do termo *despersonalização* da pessoa jurídica para nos referirmos à teoria de que tratamos neste trabalho: a desconsideração da personalidade jurídica.

Trata-se, a desconsideração, de um efeito episódico, pontual, da pessoa jurídica, para que se possa, em relação a determinado ato, pretensamente praticado pela sociedade, alcançar a figura do sócio e/ou de seu administrador.

Como dito acima, a desconsideração ocorre apenas para um específico ato, em um determinado momento, e para um certo objetivo: atingir a figura do sócio/administrador infrator, que cometeu o ato como se em prol da sociedade fosse, com o intuito de proteger a pessoa jurídica contra o ato abusivo ou ilegal perpetrado por tal sócio/administrador.

Com a retirada episódica da autonomia patrimonial da pessoa jurídica, estendem-se os efeitos de suas obrigações à pessoa do sócio/administrador infrator.

Com a desconsideração da personalidade jurídica, não há afastamento definitivo do princípio da autonomia patrimonial da sociedade, mas, apenas, a sua mitigação, em determinado caso, visando-se à proteção da pessoa jurídica contra abusos praticados por seus integrantes sócios ou administradores.

A despersonalização, de outra banda, significa anular, definitivamente, a personalidade jurídica do ente. Ocorre, por exemplo, no caso de liquidação e extinção da sociedade. Esse é um caso típico de despersonalização da pessoa jurídica. O evento não é episódico, mas, definitivo.

O Professor Rubens Requião destacou, em sua palestra, aquela a que já nos referimos e que inaugurou, formalmente, a reflexão acerca da teoria, no Brasil, exatamente que: "o instituto não buscava a invalidação do processo de personificação; diversamente, apontou apenas a superação, para determinados casos, da autonomia patrimonial, de sorte que os sócios tivessem seus patrimônios atingidos para o adimplemento de determinada obrigação".[8]

---

8. CERVASIO, Daniel Bucar. Desconsideração da personalidade jurídica: panorama e aplicação do instituto no Brasil e nos Estados Unidos da América. *RDCC*, v. 8, jul.-set. 2016.

4. SOBRE AS TEORIAS MAIOR E MENOR

Como se disse, a desconsideração, no Brasil, foi tratada expressamente por lei no Código de Defesa do Consumidor, em setembro de 1990. E, com o tempo, surgem as Teorias Maior e Menor da Desconsideração da Pessoa Jurídica.

Com base na teoria maior, será hipótese de desconsideração da pessoa jurídica, quando preenchidos os requisitos subjetivo e objetivo: (i) o requisito subjetivo consiste no abuso da personalidade jurídica; enquanto o requisito objetivo é a insolvência da sociedade.

O abuso da personalidade (caracterizado pelo desvio de finalidade ou pela confusão patrimonial – art. 50, CC), por se tratar de requisito subjetivo, deve ser comprovado por quem o alegar. Uma vez não pago o débito, demonstrado estará o requisito objetivo: a insolvência.

A nosso ver, para a ocorrência da desconsideração fundada na teoria maior – mormente no caso de relações civis/empresariais, para o que se aplica o disposto no art. 50 CC –,[9] desnecessária a insolvência da empresa, bastando, para tanto, a prova de que houve abuso de personalidade da sociedade, ou seja, de que o sócio/administrador atuou com desvio de finalidade social ou agiu de modo a acarretar a confusão entre seu patrimônio e o da sociedade.

A ocorrência da insolvência da sociedade, nesses casos, é desnecessária, pois o que se pretende com a desconsideração é responsabilizar o efetivo agente do ato que praticou o prejuízo à parte (sócio/administrador). Não importa se a sociedade tem ou não saúde financeira para suportar os prejuízos ocasionados. Basta demonstrar a responsabilidade do sócio/administrador, hipótese em que não há se falar na responsabilização do ente, de forma que sua solvência é fato irrelevante.

A desconsideração da pessoa jurídica, como dito, tem um caráter protetivo do patrimônio da sociedade, e visa a corrigir a legitimidade pela responsabilização do ato causador de um dano. Não tem efeito sancionatório. Portanto, a solvência da sociedade é desimportante, pois não é ela a direta ou, mesmo, a indiretamente responsável pelo prejuízo. A responsabilização e, consequentemente, o dever de indenizar é do sócio/administrador. A insolvência deste, sim, importa.

Nesse sentido:

> 7. A inexistência ou não localização de bens da pessoa jurídica não é condição para a instauração do procedimento que objetiva a desconsideração, por não ser sequer requisito para aquela declaração, já que imprescindível a demonstração específica da prática objetiva de desvio de finalidade ou de confusão patrimonial.[10]

---

9. Em nosso sistema, essa é a cláusula geral da desconsideração da pessoa jurídica.
10. REsp 1.729.554/SP, j. em 08.05.2018.

Também o Enunciado 281, da IV Jornada de Direito Civil, do Conselho da Justiça Federal: "A aplicação da teoria da desconsideração descrita no art. 50 CC prescinde da demonstração da insolvência da pessoa jurídica".

Por outro lado, em conformidade com a teoria menor, a mera insolvência da sociedade, isto é, a verificação do requisito objetivo, basta para que se esteja diante de hipótese de desconsideração da pessoa jurídica. É o que ocorre, por exemplo, na hipótese do art. 28, § 5º, do CDC[11] assim como no art. 4º, da Lei 9.605/1998 (Lei do Meio Ambiente).[12]

A nosso ver, a teoria menor escapa do que efetivamente é o cerne da teoria da despersonalização da pessoa jurídica, ou seja, não trata, propriamente, de desconsideração. Isso, porque, com base na teoria objeto deste trabalho, são casos de desconsideração da personalidade jurídica, todos aqueles que se insiram no teor da cláusula geral da desconsideração: o art. 50 do CC (quando houver abuso de personalidade jurídica). Somente esses!

Assim, em tese, somente para esses casos dever-se-ia aplicar o incidente previsto nos arts. 133 a 137, do CPC, pois necessário o contraditório para a responsabilização do sócio/administrador.

Para as demais hipóteses, como a do CDC ou da Lei do Meio Ambiente, por exemplo, se a responsabilização do sócio decorrer da mera insolvência da sociedade, não é necessária a desconsideração da personalidade jurídica para que se adentre ao patrimônio do sócio e, consequentemente, não será necessário o respectivo incidente, pois de desconsideração não se trata, não sendo necessária a abertura de contraditório. A lei cria essa responsabilidade, que é objetiva e que, então, independe da prova de qualquer outro fato, bastando a mera insolvência da sociedade.

Nossa conclusão é de que, a jurisprudência brasileira, ao criar a teoria menor da desconsideração da pessoa jurídica, acabou por desvirtuar a natureza do instituto que, no passado, foi criado no contexto de países de *common law*. Quem sabe ainda temos tempo de corrigir a rota... e trabalharmos com os conceitos apropriados, de forma apropriada.

A nosso ver, tecnicamente, a teoria menor da desconsideração, como já dissemos, nada tem a ver com a aplicação da teoria da desconsideração da PJ. Em verdade, a teoria menor é uma extensão da responsabilidade da Pessoa Jurídica a seus sócios, em virtude da natureza dos valores preservados: meio ambiente e consumidor, por exemplo. É a mitigação, constante de expressa previsão legal, do princípio da separação patrimonial pessoa jurídica/sócio.

---

11. "§ 5º Também poderá ser desconsiderada a pessoa jurídica sempre que sua personalidade for, de alguma forma, obstáculo ao ressarcimento de prejuízos causados aos consumidores".

12. "Art. 4º Poderá ser desconsiderada a pessoa jurídica sempre que sua personalidade for obstáculo ao ressarcimento de prejuízos causados à qualidade do meio ambiente".

5. TEORIA DO GRUPO ECONÔMICO

A disciplina dos grupos econômicos, incluindo sua conceituação, vem estabelecida no art. 265 e seguintes, da Lei 6.404/1976 (Lei das S/A). Como prevê o caput do art. 265: "A sociedade controladora e suas controladas podem constituir, nos termos deste Capítulo, grupo de sociedades, mediante convenção pela qual se obriguem a combinar recursos ou esforços para a realização dos respectivos objetos, ou a participar de atividades ou empreendimentos comuns".

Normalmente, no grupo econômico, há o controle, por uma específica sociedade, sobre outras, controle esse que se pode fundar na detenção de ações ou quotas, pela sociedade controladora, ou em virtude da celebração de um acordo entre sócios. É o chamado grupo econômico de direito, ou seja, o que preenche os requisitos exigidos pela Lei das S/A.

Conforme lição de Fran Martins:

> O que caracteriza um grupo de sociedades é o fato de constituir ele um conjunto de sociedades "juridicamente independentes mas economicamente unidas". É, portanto, um modo de concentração de empresas, diverso de outros utilizados no campo da economia e do direito, como, por exemplo, a fusão ou incorporação de sociedades, quando há uma alteração radical nas ou pelo menos, em uma das pessoas jurídicas envolvidas na operação, com reflexo nos seus associados, acionistas ou não.[13]

A lei brasileira, portanto, considera haver grupo econômico quando um ajuntamento de sociedades, cada qual mantendo sua personalidade jurídica específica, é controlado por uma delas (a controladora), a qual as demais (as controladas) se subordinam.

O propósito do grupo de sociedades, como consta do art. 265 é "combinar recursos ou esforços para a realização dos respectivos objetos, ou a participar de atividades ou empreendimentos comuns". Assim, como lecionam Alfredo Lamy Filho e José Luiz Bulhões Pedreira:

> uma sociedade do grupo pode funcionar no interesse das demais integrantes do grupo. É uma exceção ao princípio geral de que a sociedade deve ser administrada no seu melhor interesse. No grupo de sociedades, e na medida estabelecida na convenção, as sociedades devem ser administradas no melhor interesse do grupo.[14]

O interesse do grupo de sociedades, comumente estabelecido na respectiva convenção, transcende o de cada uma das integrantes do grupo;[15] porém, é importante frisar, cada sociedade mantém sua autonomia jurídica e econômica.

O fato de haver um grupo econômico não leva, por si só, à desconsideração das pessoas jurídicas que o compõem.

---

13. MARTINS, Fran. *Comentários à Lei das Sociedades Anônimas. Artigo por Artigo.* 4. ed. Rio de Janeiro: Forense, 2010, p. 1111.
14. *Direito das companhias.* 2. ed. Rio de Janeiro: Forense, 2017, p. 1500.
15. TEIXEIRA, Egberto Lacerda; GUERREIRO, José Alexandre Tavares. *Das sociedades anônimas no direito brasileiro.* São Paulo: José Bushatsky, 1979. v. 2.

Assim, a existência do grupo econômico, não resulta na responsabilização de todas as sociedades, pelo ato praticado por uma delas, sejam controladas, seja a controladora.

Contudo, a legislação trabalhista, ao tratar do grupo econômico (art. 2º, § 2º, da CLT – Decreto-lei 5.452/1943), estabelece que:

> Sempre que uma ou mais empresas, tendo, embora, cada uma delas, personalidade jurídica própria, estiverem sob a direção, controle ou administração de outra, ou ainda quando, mesmo guardando cada uma sua autonomia, integrem grupo econômico, serão *responsáveis solidariamente* pelas obrigações decorrentes da relação de emprego. (g.n.)

Da leitura do dispositivo acima, percebe-se claramente que a CLT não criou hipótese de desconsideração da personalidade jurídica, quando houver relação de emprego com uma sociedade componente de um grupo econômico. A lei estipulou a *responsabilidade solidária* das demais sociedades integrantes do grupo. Não se trata de desconsideração da personalidade jurídica, pois não se encaixa na cláusula geral (art. 50, CC).

No ambiente trabalhista, portanto, basta haver grupo econômico, que as sociedades serão solidariamente responsáveis pelas obrigações decorrentes da relação de emprego de uma delas.

Nas demais searas do direito, contudo, essa solidariedade pelas obrigações de uma sociedade não existe. Só haveria se lei específica o previsse.

Não há como se legitimar decisões judiciais que aplicam a teoria do grupo econômico, como se de desconsideração expansiva da personalidade[16] se tratasse, quando ausentes os requisitos autorizadores da adoção da teoria da desconsideração da personalidade jurídica. *Uma coisa é uma coisa, outra coisa é outra coisa!*

Recentíssimo julgado do Tribunal de Justiça do Estado de São Paulo tangencia a questão e aponta, exatamente, o erro que não deve ser cometido pelas Cortes:

> Como ponderou a Magistrada em sua decisão: "incumbia exclusivamente à requerente demonstrar ao menos indícios concretos de desvio de finalidade e/ou confusão patrimonial". Ressaltando que "não há como se autorizar a desconsideração da personalidade jurídica, pelo simples fato de ambas as empresas participarem do mesmo grupo econômico (art. 50, § 4º, do CC)". Desta forma, não se vislumbra a existência de prova robusta apta a demonstrar o preenchimento dos requisitos necessários à desconsideração da personalidade jurídica para inclusão da correquerida no polo passivo da ação.[17]

A redação do § 4º do art. 50, CC, introduzida pela Lei 13.874/2019, retrata, exatamente, o quanto aqui apontado, de forma a resolver, vez por todas, qualquer confusão que pudesse existir entre as duas teorias em comento: "§ 4º A mera existência de grupo econômico sem a presença dos requisitos de que trata o caput deste artigo não autoriza a desconsideração da personalidade da pessoa jurídica".

---

16. Denominação que se dá ao fenômeno, quando a desconsideração atinge sociedades do mesmo grupo econômico.
17. AI 2306432-59.2022.8.26.0000, 25ª Câmara de Direito Privado, Rel. Des. Almeida Sampaio, j. em 28.03.2023, v.u.

6. UM POUCO DO DIREITO MATERIAL POSITIVADO

Neste tópico, faremos *un vol d'oiseau* sobre os dispositivos legais que tratam da teoria da desconsideração da personalidade jurídica, assim como daqueles que são assim entendidos, mas que, a nosso ver, desse fenômeno não tratam.

6.1 No Código de Defesa do Consumidor

Como já tivemos a oportunidade de afirmar, neste trabalho, o primeiro diploma a prever, expressamente, a teoria da desconsideração, no direito brasileiro, foi o Código de Defesa do Consumidor.

O *caput* do art. 28, prevê hipótese típica de aplicação da teoria da desconsideração. Isso, porque o dispositivo estabelece que, uma vez presentes os requisitos subjetivos: abuso de direito, excesso de poder, fato ou ato ilícito ou violação do estatuto ou contrato social, em detrimento do consumidor, o juiz poderá desconsiderar a personalidade jurídica. Essas são circunstâncias que acarretam a desconsideração: as hipóteses de incidência da teoria!

Nos demais eventos discriminados ao longo do dispositivo ora comentado, contudo, a despeito de entendimentos em sentido diverso, a nosso ver, não se trata de hipóteses de desconsideração da personalidade jurídica, mas, sim, de responsabilidade de terceiros pelo ato do agente, decorrente da previsão expressa em lei.

É o caso de parte do *caput* do dispositivo, que menciona a "desconsideração" quando houver falência ou estado de insolvência da pessoa jurídica. Ou, também, o quanto previsto no § 5º do art. 28, ao estabelecer que: "poderá ser desconsiderada a pessoa jurídica sempre que sua personalidade for, de alguma forma, obstáculo ao ressarcimento de prejuízos causados aos consumidores". Já dissemos, anteriormente, que a hipóteses como essas não se aplica a teoria da desconsideração, pois a responsabilidade do terceiro deriva diretamente da própria lei. Portanto, desnecessária a prova da ocorrência dos requisitos que levam à desconsideração.

O mesmo ocorre com os demais parágrafos do art. 28, que tratam: da responsabilidade subsidiária, quando da existência de grupo econômico (§ 2º), nas relações consumeristas; da responsabilidade solidária, em caso de consórcios (§ 3º) e da necessidade de comprovação da culpa da sociedade coligada (§ 4º). Ou seja, não se tratam de hipóteses de desconsideração propriamente dita.

Por fim, uma *reflexão* sobre o dispositivo em pauta: *de uma leitura um pouco mais acurada do § 5º do art. 28, poderíamos chegar à conclusão da desnecessidade da previsão constante do restante do artigo, seja em seu* caput, *seja em seus demais parágrafos, haja vista que a redação desse § 5º, a nosso ver, açambarca todas as demais hipóteses elencadas no artigo. Ela é extremamente genérica, de forma que todas as demais previsões nela se encaixam.*

O que poderia ser uma boa ponderação acerca de nossa reflexão acima, seria a doutrina que explica o erro no veto do § 1º do art. 28, isto é, tencionava-se vetar o § 5º, mas, erroneamente, foi vetado o § 1º.[18]

6.2 Na legislação trabalhista

A nós, parece que, na CLT, há previsão expressa de hipótese de desconsideração da personalidade jurídica. E, esta se encontra no bojo da redação do parágrafo único do, não tão recentemente, introduzido art. 10-A (por força da Lei 13.467/2017): "*O sócio retirante responderá solidariamente com os demais quando ficar comprovada fraude na alteração societária decorrente da modificação do contrato*". Não se trata da transferência integral da responsabilidade, mas da criação de solidariedade.

Nesse caso, tem-se a necessidade da demonstração do uso indevido da sociedade – mediante a fraude na alteração societária – em detrimento do empregado. Para tanto, necessário o Incidente da Desconsideração da Pessoa Jurídica, instituto também expressamente previsto na CLT, conforme previsão do art. 855-A.[19]

Isso não significa que essa seria a única situação em que seria permitida a desconsideração da pessoa jurídica, no âmbito do direito do trabalho. Como em todo e qualquer ramo do direito, uma vez identificada hipótese da cláusula geral da desconsideração, é caso da aplicação da teoria!

A hipótese constante da cabeça do artigo (10-A), no entanto, trata de hipótese de responsabilidade subsidiária do sócio, decorrente de expressa previsão em lei.

6.3 Na legislação ambiental

Como já mencionamos, anteriormente, parte da doutrina, assim como a jurisprudência, rotulam o art. 4º, da Lei 9.605/1998, como modelo da teoria menor da desconsideração da personalidade jurídica.

Também como já afirmamos, entendemos que a teoria menor, criada pela jurisprudência brasileira, acabou por desvirtuar o que, original e essencialmente, é a teoria da desconsideração da PJ, uma vez que para que seja aplicada, necessária a ocorrência do abuso da personalidade jurídica, hipótese que nada tem a ver com o disposto no dispositivo em comento.

---

18. TARTUCE, Flávio. *O novo CPC e o direito civil*. 2. ed. Rio de Janeiro: Forense, 2016, p. 77.
19. "Art. 855-A. Aplica-se ao processo do trabalho o incidente de desconsideração da personalidade jurídica previsto nos arts. 133 a 137 da Lei 13.105, de 16 de março de 2015 – Código de Processo Civil.

    § 1º Da decisão interlocutória que acolher ou rejeitar o incidente:

    I – na fase de cognição, não cabe recurso de imediato, na forma do § 1º do art. 893 desta Consolidação;

    II – na fase de execução, cabe agravo de petição, independentemente de garantia do juízo;

    III – cabe agravo interno se proferida pelo relator em incidente instaurado originariamente no tribunal.

    § 2º A instauração do incidente suspenderá o processo, sem prejuízo de concessão da tutela de urgência de natureza cautelar de que trata o art. 301 da Lei no 13.105, de 16 de março de 2015 (Código de Processo Civil)".

Também no que toca à lei ambiental, a nosso ver, trata, o art. 4º, de responsabilização do sócio, expressamente prevista em lei, independentemente da desconsideração da pessoa jurídica.

Qualquer que seja a situação em que a pessoa jurídica seja um empecilho para o ressarcimento dos danos causados ao meio ambiente, o sócio será diretamente responsabilizado. Mesmo que o dispositivo preveja a expressão "desconsiderar a pessoa jurídica", desnecessária será a instauração do incidente previsto nos arts. 133 a 137 do CPC para a responsabilização do sócio, na hipótese aqui tratada.

A nosso ver, a intenção do legislador, ao se utilizar da expressão "desconsiderar a pessoa jurídica", foi prever situação em que o princípio da separação patrimonial deve ser afastado em prol de algo ainda mais relevante que é o bem público consistente no meio ambiente. Não que isso implique a efetiva aplicação da teoria da desconsideração.

Diferente, contudo, será a situação em que efetivamente se esteja diante de circunstância em que estejam presentes os requisitos da desconsideração, em relação que envolva o meio ambiente. Para tanto, ou seja, para a efetiva responsabilização do sócio, será necessária a instauração do contraditório decorrente do IDPJ.

6.4 Na legislação tributária

Existem, no Código Tributário Nacional, dispositivos que estabelecem a responsabilidade dos sócios, por dívidas fiscais da sociedade. Podemos, já aqui, citar os arts. 124, 134 e 135, para ilustrar.

Nem todos eles, contudo, retratam hipóteses de desconsideração da pessoa jurídica.

Com efeito. A começar pelo art. 124, este estabelece a responsabilidade solidária das: I – *pessoas que tenham interesse comum na situação que constitua o fato gerador da obrigação principal*; e II – *pessoas expressamente designadas por lei*.

Para o inciso II, não nos parece haver dúvidas não ser caso de desconsideração, pois remete às hipóteses expressamente elencadas em lei. Já no que se refere ao inciso I, no entanto, não se trata de responsabilidade pessoal definida em lei, sendo necessário que se demonstre a conduta do sócio (responsabilidade subjetiva), suficiente a atrair a sua responsabilidade pelo fato gerador da obrigação tributária da sociedade.

Quanto ao art. 134, a responsabilidade dos sócios (inciso VII) pelo fato gerador da obrigação tributária de responsabilidade primária da sociedade, *apesar de constar como solidária*, "doutrina e jurisprudência já se encarregaram de esclarecer que as hipóteses aí contempladas *cuidam, em verdade, de responsabilidade subsidiária e não solidária*, como quer fazer crer a redação legal (STJ. EREsp 446.955/SC, Rel. Min. Luiz Fux, 1ª Seção, abril 2008), devendo se observar a técnica do benefício de ordem na exigência do tributo, *situação que não demanda a instauração de IDPJ, bastando para tanto a demonstração de execução frustrada em face do devedor originário (contribuinte), trazendo-se à lide executória a pessoa expressamente indicada em lei (responsável)*".[20] (g.n.)

---

20. TRF3, IRDR 0017610-97.2016.4.03.0000/SP, Rel. Des. Baptista Pereira.

Ao passo que o art. 134 não ilustra hipótese de desconsideração da pessoa jurídica, o art. 135, inciso III, ao revés, sim! Isso, porque: *"nas hipóteses contempladas exige-se a demonstração de atos específicos definidos na lei que não podem ser inferidos ou deduzidos sem que se estabeleça prévio e indispensável contraditório.* (...) Cuidando-se, portanto, de situações que importam na declaração de responsabilidade pessoal, por certo que *a instauração do IDPJ mostra-se necessário, pena de se incluir na sujeição executiva pessoa originariamente estranha ao fato gerador tributário, sendo imprescindível a demonstração da responsabilidade (pessoal/subjetiva),* posta pela cabeça do art. 135".[21] (g.n.)

6.5   A cláusula geral da desconsideração da PJ – Art. 50, CC

O art. 50, CC, com a redação que lhe foi dada pela Lei 13.874/2019 consiste, como já dissemos, na cláusula geral da desconsideração da personalidade jurídica.

Conforme o *caput* do dispositivo, havendo abuso da personalidade jurídica, caracterizado pelo desvio de finalidade ou pela confusão patrimonial, pode o juiz desconsiderar a PJ, para "que os efeitos de certas e determinadas relações de obrigações sejam estendidos aos bens particulares de administradores ou de sócios da pessoa jurídica beneficiados direta ou indiretamente pelo abuso".

Importante destacar que a desconsideração só pode gerar efeitos concretos e patrimoniais para o sócio/administrador que, efetivamente, tiver incorrido[22] no ilícito e tiver sido beneficiado, direta ou indiretamente, desse ato.

Os parágrafos 1º e 2º definem o que é desvio de finalidade e confusão patrimonial, respectivamente. Não se trata de rol taxativo, mas, apenas exemplificativo, de sorte que, uma vez comprovada a prática de tais atos, por outras formas que não as previstas na cláusula geral, estaremos diante de hipótese de abuso da personalidade jurídica.

6.5.1   A desconsideração inversa da pessoa jurídica

O parágrafo 3º do art. 50 do CC positiva situação criada pela jurisprudência de nossas Cortes – e que já era admitida e tratada por nossa doutrina –, consistente na denominada desconsideração inversa.

O CPC, no art. 133, § 2º, encampa o instituto, ao estabelecer que: "Aplica-se o disposto neste Capítulo à hipótese de desconsideração inversa da personalidade jurídica".

Assim, por exemplo, toda vez que se demonstrar que o sócio de utilizou, de forma abusiva, da separação patrimonial sócio/sociedade, transferindo à sociedade todos os seus bens individuais, de forma a ocultá-los e protegê-los contra o acesso por parte de seus credores, admite-se o levantamento do véu da sociedade, para que os bens desta respondam pela dívida do sócio.

---

21. TRF3, IRDR 0017610-97.2016.4.03.0000/SP, Rel. Des. Baptista Pereira.
22. Enunciado 7 da I Jornada de Direito Civil: "Só se aplica a desconsideração da personalidade jurídica quando houver a prática de ato irregular e, limitadamente, aos administradores ou sócios que nela hajam incorrido".

DESCONSIDERAÇÃO DA PESSOA JURÍDICA – ALGUMAS *REFLEXÕES*

Trata-se de situação exatamente inversa à desconsideração da PJ. A expressão desconsideração inversa, vai na mão oposta da teoria original: desconsidera-se a pessoa física, para se adentrar no patrimônio dela sociedade, porém, em virtude de obrigação originalmente assumida pelo sócio.

A teoria da desconsideração inversa é comumente adotada no direito de família, em situações em que um dos cônjuges, com vistas a evitar a partilha de bens comuns, devida quando do término da relação conjugal, tenha, anteriormente, transferido todos, ou parte de seus bens, para uma sociedade da qual não faça parte o outro cônjuge.[23]

7. ASPECTOS GERAIS SOBRE O INCIDENTE DA DESCONSIDERAÇÃO DA PERSONALIDADE JURÍDICA – IDPJ

O IDPJ é um incidente processual que, extremamente bem-vindo, foi introduzido no sistema, pelo CPC/2015. Antes disso, frequentemente, a inserção dos sócios nas demandas envolvendo as sociedades se dava sem respeito ao contraditório e à ampla defesa.

O IDPJ será instaurado, a pedido da parte[24] (o credor) ou do Ministério Público, quando a este couber intervir no processo (art. 133, caput). Não cabe instauração de IDPJ, de ofício, com base no princípio da inércia da jurisdição, já que se trata de uma ação incidental, de sorte que o magistrado deve estar adstrito aos limites propostos pelas partes.[25]

A legitimidade ativa, portanto, é do autor, do réu ou do MP. A legitimidade passiva, por sua vez, é do sócio ou da sociedade, como se verá mais adiante.

O sucesso do IDPJ depende de estarem preenchidos os pressupostos previstos no direito material, ou seja, a lei substantiva é que dita as regras a respeito de ser ou não caso de desconsideração da pessoa jurídica (art. 133, § 1º e art. 134, § 4º).

O IDPJ deverá ocorrer em amplo contraditório: todos os meios de prova são admitidos nesse incidente, admitindo-se, inclusive, a distribuição dinâmica do ônus da prova (art. 373, §§1º e 2º). O sócio será citado para exercício de sua defesa. No caso de desconsideração inversa da PJ (art. 133, § 2º), a sociedade é quem deverá ser citada para o exercício do contraditório (art. 135).

O IDPJ pode ser instaurado em qualquer fase do processo: conhecimento, cumprimento de sentença ou execução fundada em título executivo extrajudicial (art. 134, *caput*). É possível requerer sua instauração, em contestação, assim como em reconvenção, inclusive no Tribunal (art. 136, parágrafo único c/c art. 932, inciso VI).

---

23. V. art. 977 do CC, sobre a constituição de sociedade entre cônjuges.
24. A própria sociedade, de cuja personalidade se requer a desconsideração, pode requerer a instauração do IDPJ (REsp 1.421.464, 3ª T., Min. Nancy Andrighi, j. 24.04.2014).
25. "1. A ampliação subjetiva do polo passivo da execução fiscal não pode se dar de ofício pelo magistrado, exigindo-se pedido específico da parte interessada, sob pena de violação da regra da inércia de jurisdição, de usurpação do exercício do direito de ação e, na hipótese da execução fiscal, e indevida ingerência do Poder Judiciário em atribuição privativa do Poder Executivo" (REsp 2022/0351575-7, 1ª T., Rel. Min. Gurgel de Faria, j. em 07.02.2023).

Em tese, o IDPJ é cabível no âmbito das Cortes Superiores, porém, na prática, difícil vislumbrar hipóteses para sua instauração, tendo em vista o fato de: REsp e RE serem recursos de fundamentação vinculada que não admitem revolvimento de matéria fática, tampouco dilação probatória. Em relação às matérias de competência originária ou para as quais essas Cortes são a segunda instância, não vislumbramos hipótese em que seria possível o pedido de instauração do incidente.

A parte pode requerer a desconsideração da PJ, na própria inicial, caso em que não se estará diante de um incidente (art. 134, § 2º).

Cabe, aqui, uma observação quanto ao pedido de desconsideração da personalidade jurídica formulado na inicial do cumprimento de sentença ou do processo de execução de título extrajudicial. Muito embora, como estabelece a lei, o pedido de desconsideração, quando apresentado na inicial, não leve à necessidade da formação do incidente, uma vez requerido na inicial da execução ou do cumprimento de sentença, pode a parte requerer, ou o juiz assim entender, que se forme o incidente. Visa, tal atitude, a garantir o devido contraditório ao sócio, sem que ocorra tumultuo processual, evitando-se, também, a constrição de bens do sócio sem o devido processo legal.[26]

Uma vez instaurado o incidente, o distribuidor será, imediatamente, comunicado, a fim de que as anotações de praxe sejam realizadas, com vistas à informação de terceiros. Visa-se, com isso, à preservação de interesses de terceiros.

Tratando-se de IDPJ, o processo será suspenso: uma suspensão imprópria, haja vista que há atos que deverão ocorrer, como a constrição de bens, por exemplo. O que ficará suspenso é, exclusivamente, o que depender da decisão a ser proferida no incidente.

Possível a concessão de tutela provisória de urgência, no IDPJ, desde que preenchidos os pressupostos para tanto, hipótese em que o contraditório do sócio fica diferido, nos termos do art. 9º, CPC. Assim, absolutamente viável, em tese, a concessão de um arresto de bens de sócio.

Acresça-se, ademais, a possibilidade da concessão, também, da tutela de evidência, uma vez preenchidos os requisitos do art. 311. Não há qualquer proibição, tampouco incompatibilidade do instituto com o incidente em questão!

Com a instauração do incidente, forma-se uma lide paralela, para que o terceiro (o sócio), com a procedência do IDPJ, passe a integrar o processo como parte. No início, é uma espécie de litisconsórcio eventual que, com a procedência do IDPJ, converte-se em litisconsórcio regular.

O sócio, sendo admitido no processo como parte, frise-se, terá o direito de apresentar defesa. Se o pedido da desconsideração tiver sido realizado na inicial, em contestação o sócio deverá contestar o pedido de desconsideração assim como o mérito da própria obrigação exigida pelo credor (Enunciado 248 FPPC), ou seja, as matérias típicas do procedimento comum, nos termos dos arts. 335 a 342. Se, contudo, a desconsideração tiver sido requerida no bojo de um incidente, primeiro o sócio deverá contestar esse

---

26. TJSP: 2179223-44.2021.8.26.0000; 0020728-12.2021.8.16.0000; 2114694-16.2021.8.26.0000.

pedido que, por sua vez, deverá ser objeto de decisão interlocutória, desafiável por recurso de Agravo de Instrumento. (art. 1015, inciso IV).

Se o IDPJ tiver sido instaurado, no âmbito dos Tribunais, será apreciado e decidido pelo Relator, cuja decisão é impugnável por Agravo Interno (art. 136, parágrafo único).

Entretanto, a prática tem mostrado que os juízes têm decidido IDPJ e mérito da demanda "principal" em uma mesma decisão: na sentença. Nesse caso, por força do princípio da unirecorribilidade da decisão, o recurso cabível será a apelação. Assim, aconselhável que; mesmo na hipótese de instauração de IDPJ, a fim de evitar cerceamento de defesa ou a necessidade de interposição de recurso, com vistas a alegar a violação a tal princípio, o sócio, desde o momento de sua citação para responder ao IDPJ, já se adiante e proceda à defesa integral, seja do IDPJ seja do mérito da demanda principal, para que não seja entendido precluso o seu direito de, posteriormente, contestar a demanda "principal". Esta nossa posição é, apenas, pragmática e visa a evitar maiores desgastes processuais ao sócio ingressante no processo.

A interlocutória que tiver decidido o IDPJ, a nosso ver e ao contrário do que tem sido decidido pelo STJ,[27] deve condenar o sucumbente em honorários advocatícios, por força do princípio da causalidade.

A legitimidade para recorrer da decisão do IDPJ é, não só do sócio ou do MP – quando este intervém no processo – mas, também, da própria sociedade que teve sua personalidade jurídica desconsiderada ou do sócio, no caso da desconsideração inversa (REsp 1.421.464 e REsp 1.980.607).

A desconsideração da personalidade jurídica autoriza a prática de atos de natureza executiva em face do patrimônio do sócio, como preceitua o art. 790, inciso VII, assim como o art. 795, § 4º, que estabelece a obrigatoriedade do incidente aqui tratado, sempre que o patrimônio do sócio tiver de responder pela obrigação da sociedade, em virtude da desconsideração da personalidade jurídica.

De se notar que, para a hipótese prevista no inciso II do art. 790, que estabelece a responsabilidade patrimonial "do sócio, nos termos da lei", desnecessária é a instauração do incidente, pois que, como dissemos, de desconsideração não se trata.

Na hipótese do bem do sócio (ainda terceiro) ser penhorado, a ele cabe a oposição dos embargos de terceiro (art. 674, § 2º, III).[28] Só por isso, já se verifica a situação do

---

27. Agravo Interno no REsp 2022/0211899-0 e Agravo Interno no REsp 2021/0113860-6, sob o fundamento de que inexiste previsão legal a dar sustento à condenação em honorários, no IDPJ.

28. "Art. 674. Quem, não sendo parte no processo, sofrer constrição ou ameaça de constrição sobre bens que possua ou sobre os quais tenha direito incompatível com o ato constritivo, poderá requerer seu desfazimento ou sua inibição por meio de embargos de terceiro.
   (...)
   § 2º Considera-se terceiro, para ajuizamento dos embargos:
   (...)
   III – quem sofre constrição judicial de seus bens por força de desconsideração da personalidade jurídica, de cujo incidente não fez parte;
   (...)".

sócio, antes da resolução do incidente e a intenção do legislador de, com a procedência do IDPJ, transformar o sócio (terceiro) em parte.

7.1 Fraude à execução

Questão espinhosa, sobre a qual não podemos deixar de tecer alguns comentários, a que surge da leitura do art. 137 c/c o art. 792, § 3º. O primeiro estabelece que, com o acolhimento da desconsideração da personalidade jurídica, a oneração ou alienação de bens, havida em fraude à execução, será ineficaz em relação ao requerente. O art. 792, § 3º, por sua vez, determina que, nos casos de desconsideração, a fraude à execução verifica-se a partir da citação da parte cuja personalidade se pretende desconsiderar.

Da forma como redigido o dispositivo, a partir do momento em que a sociedade foi citada, poderá haver fraude à execução, tornando ineficaz a venda de bem do sócio, mesmo que o IDPJ (que o possa levar à insolvência) só se instaure no futuro e a alienação do bem tenha ocorrido, antes da instauração desse incidente. Ou seja, numa situação como essa, o credor do sócio pode ser prejudicado, mesmo que, à época do negócio realizado, tenha se cercado de todas as cautelas.

De se imaginar o tempo que pode levar entre a citação da sociedade e a desconsideração da personalidade jurídica...

Esse dispositivo nos parece inconstitucional, por violar os princípios do devido processo legal (art. 5º, LIV), da segurança jurídica e da inviolabilidade do negócio jurídico perfeito (art. 5º, XXXVI).

Na vigência do CPC, ainda de 1973, o STJ já se posicionava no sentido de que: "é necessário, para a configuração de fraude à execução, que corra contra o próprio devedor a demanda capaz de reduzi-lo à insolvência, exigindo-se, para tanto, que o ato da disposição do bem seja posterior à citação válida do sócio devedor, quando redirecionada a execução".[29]

De nossa parte, parece que o melhor entendimento para a fixação do marco temporal inicial, para a ocorrência da fraude à execução, seria a data da citação do sócio para responder ao IDPJ.

8. NA ARBITRAGEM

Há quem sustente a inviabilidade da desconsideração da personalidade jurídica que implicaria na expansão dos efeitos da cláusula compromissória (arbitral) a terceiro dela não signatário na arbitragem. Isso, em virtude de não haver cláusula escrita expressamente aceita por esse terceiro.

Assim, nessa esteira de pensamento, não se teria como expandir a eficácia da convenção arbitral, sem se violar o princípio da autonomia da vontade. Nesse aspecto, por todos, cite-se Renato Resende Beneduzi, para quem:

---

29. REsp 1.391.830.

(...) não se quer dizer obviamente, que não seja possível vincular um terceiro à convenção arbitral mediante o emprego de outras teorias, como a do grupo de sociedades (embora não se trate, a rigor, de uma autêntica extensão). A desconsideração da personalidade jurídica, no entanto, não deve servir de fundamento para esta vinculação em razão de seu caráter essencialmente sancionatório. Como resumem Fouchard, Gaillard e Goldman, fazendo referência a uma sentença arbitral ICC de 1990, `... because of the contractual basis of arbitration, the scope of arbitration agreement should not be extended to punish the behaviour of a third party. Such measures should only be taken by the courts, before which a party will always be able to argue that the corporate veil should be lifted.'[30]

Com a devida vênia, não concordamos com o fundado posicionamento, pois o terceiro que será atingido pelos efeitos da cláusula agiu com abuso da personalidade jurídica, desviando a finalidade da pessoa jurídica ou praticando atos que acarretem a confusão do patrimônio da sociedade e de seus sócios; enfim, utilizando-se da pessoa jurídica com o propósito de lesar credores e/ou praticar ato ilícito de qualquer natureza.

Por isso, aquele que agiu em desconformidade com o direito, disso tirando proveito, não se pode furtar à jurisdição contratada entre as partes, em cujo negócio esse terceiro se envolveu, sob a alegação de que "não contratou a arbitragem" e, com isso, esquivar-se dessa modalidade de resolução de disputas, quando foi ele – o terceiro – quem, efetivamente, deu azo ao conflito![31]

Em verdade, há jurisdições, como a americana, por exemplo, que têm flexibilizado o princípio da autonomia da vontade das partes para, em certas hipóteses como a aqui tratada de desconsideração da personalidade jurídica, alargar a força vinculativa da cláusula compromissória, a partes não signatárias, dependendo de circunstâncias fáticas e/ou contratuais.

Nesse sentido, é uma das teorias surgidas, no direito norte-americano, denominada, pelas cortes daquele país, de *direct benefits estoppel theory* (teoria do impedimento de benefícios diretos) para a qual

A non-signatory plaintiff seeking the benefits of a contract is estopped from simultaneously attempting to avoid the contract's burdens, such as the obligation to arbitrate disputes. The underlying principle behind this doctrine is that a nonparty [to a contract] cannot both have his contract and defeat it too.[32]

---

30. BENEDUZI, Renato Resende. Desconsideração da Personalidade Jurídica e Arbitragem. *Revista de Processo*, v. 290, p. 473-492, São Paulo, abr. 2019.

31. "Muito embora a fonte da arbitragem seja o contrato, não se pode olvidar que o seu resultado é jurisdicional, de tal modo que situações como aquelas previstas no CPC ao idealizar e regular os terceiros no processo, uma vez que fundadas diretamente na relação de direito material e situações de incindibilidade do direito em discussão, não podem ser ignoradas também no universo das disputas arbitrais" (MAZZONETTO, Nathalia. A discussão em torno dos terceiros na arbitragem e a modernização da lei de arbitragem brasileira. In: CAHALI, Francisco José; RODOVALHO, Thiago; FREIRE, Alexandre (Coord.). *Arbitragem*: estudos sobre a Lei 13.129, de 16.05.2015. São Paulo: Saraiva, 2016, p. 443-460).

32. *Um requerente não signatário, buscando benefícios do contrato, está impedido de, simultaneamente, tentar evitar os encargos desse contrato, como a obrigação de arbitrar disputas. O princípio subjacente a essa doutrina é que uma parte não signatária de um contrato não pode aceitá-lo e, também, negá-lo.* (CROZIER, Christina; TRACHTENBERG, Mark Ryan. *Arbitration-Related Litigation in Texas*. Disponível em: http://www.haynesboone.com/publications/ estoppel-doctrine-allows-arbitration-provisions-to-be-enforced-by-and-against-nonsignatories. Acesso em: 30 mar. 2023). *Tradução livre*: "um demandante não signatário que busca se beneficiar de um contrato não pode tentar simultaneamente evitar os ônus desse contrato, tais como a obrigação de arbitrar disputas. O princípio subjacente a essa doutrina é que uma 'não-parte' [de um contrato] não pode, ao mesmo tempo, aceitar e rejeitar o contrato".

No que diz respeito ao IDPJ, entendemos pelo seu descabimento, na arbitragem, já que é uma figura típica do processo civil. Contudo, mesmo assim, ao terceiro que se pretender trazer ao procedimento arbitral, com base na aplicação da teoria da desconsideração da pessoa jurídica, deve-se, inexoravelmente, conceder o direito ao exercício do contraditório, não só por força do disposto no art. 21, § 2º, da LArb, mas também em respeito ao devido processo legal, princípio de origem constitucional e, portanto, inexoravelmente aplicável à arbitragem.

9. REFERÊNCIAS

BENEDUZI, Renato Resende. Desconsideração da Personalidade Jurídica e Arbitragem. *Revista de Processo*, São Paulo, v. 290, p. 473-492, abr. 2019.

BIANQUI, Pedro Henrique Torres. *Desconsideração da personalidade jurídica no processo civil*. São Paulo: Malheiros, 2011.

CASTRO, Roberta Dias Tarpinian de. *O incidente de desconsideração da personalidade jurídica*: as diferentes funções de um mesmo mecanismo processual. São Paulo: Quartier Latin, 2019.

CERVASIO, Daniel Bucar. Desconsideração da personalidade jurídica: panorama e aplicação do instituto no Brasil e nos Estados Unidos da América. *RDCC*, v. 8, jul.-set. 2016.

CROZIER, Christina; TRACHTENBERG, Mark Ryan. *Arbitration-Related Litigation in Texas*. Disponível em: http://www.haynesboone.com/publications/estoppel-doctrine-allows-arbitration-provisions-to--be-enforced-by-and-against-nonsignatories. Acesso em: 30 mar. 2023.

LAMY FILHO, Alfredo; PEDREIRA, José Luiz Bulhões. *Direito das companhias*. 2. ed. Rio de Janeiro: Forense, 2017.

MARTINS, Fran. *Comentários à Lei das Sociedades Anônimas. Artigo por artigo*. 4. ed. Rio de Janeiro: Forense, 2010.

MAZZONETTO, Nathalia. A discussão em torno dos terceiros na arbitragem e a modernização da lei de arbitragem brasileira. *In*: CAHALI, Francisco José; RODOVALHO, Thiago; FREIRE, Alexandre (Coord.). *Arbitragem*: estudos sobre a Lei 13.129, de 16.05.2015. São Paulo: Saraiva, 2016.

RT 238/394 – BRASIL, Tribunal Alçada da Justiça de São Paulo. Apelação Cível 9.247, 2ª T., Rel. Des. Edgar Moura Bittencourt.

SERICK, Rolf. *Apariencia y Realidad em Las Sociedades Mercantiles. El Abuso de Derecho por Medio de La Persona Juridica*. Trad. Jose Puig Brutau. Barcelona: Ediciones Ariel, 1958.

TARTUCE, Flávio. *O novo CPC e o direito civil*. 2. ed. Rio de Janeiro: Forense, 2016.

TEIXEIRA, Egberto Lacerda; GUERREIRO, José Alexandre Tavares. *Das sociedades anônimas no direito brasileiro*. São Paulo: José Bushatsky, 1979. v. 2.

WORMSER, I. Maurice. Piercing the Veil of the Corporate Entity, *Columbia Law Review*, v. 12, n. 6, p. 496-518. Jun. 1912.

O INCIDENTE DE DESCONSIDERAÇÃO DA PERSONALIDADE JURÍDICA E SUAS REPERCUSSÕES PROCESSUAIS

Trícia Navarro

Pós-Doutora em Direito pela USP. Doutora em Direito Processual pela UERJ. Mestre em Direito Processual pela UFES. Professora da Graduação e do Programa de Pós-Graduação *Stricto Sensu* do PPGDIR/UFES. Juíza de Direito do Tribunal de Justiça do Estado do Espírito Santo. E-mail: tricianavarro@hotmail.com.

Fabiane Sena Freitas

Mestranda em Direito Processual pela Universidade Federal do Espírito Santo. Pós-graduada em Direito Civil e Empresarial pela Damásio Educacional. Pós-graduada em Direito do Trabalho e Processo do Trabalho pela Damásio Educacional. Pesquisadora do Grupo de Pesquisa "Direito Civil na Pós-Modernidade Jurídica". Assessora de Juiz de Direito do Tribunal de Justiça do Espírito Santo. E-mail: fabianesenfre@gmail.com.

Sumário: 1. Introdução – 2. A Desconsideração da Personalidade Jurídica: aspectos gerais – 3. O Incidente de Desconsideração da Personalidade Jurídica: mero incidente, processo incidente ou ação incidental? – 4. Repercussões processuais – 5. Conclusão – 6. Referências.

1. INTRODUÇÃO

O instituto da desconsideração da personalidade jurídica destina-se a afastar a autonomia patrimonial entre a sociedade e seus sócios ou administradores, com o objetivo de, em caso de abuso ou fraude, buscar patrimônio para responder pelas dívidas.

A referida técnica existe antes mesmo do advento do Código Civil de 2002 e do Código de Processo Civil de 2015, mas somente com o surgimento dessas legislações, assim como pelas alterações trazidas pela Lei de Liberdade Econômica (Lei 13.874/2019), passou a ter contornos mais nítidos.

Enquanto o artigo 50, do Código Civil apresenta os requisitos para permitir que se proceda com a desconsideração da personalidade jurídica, esclarecendo que só ocorrerá se as exigências legais forem observadas, a Lei de Liberdade Econômica visou elucidar determinados conceitos, como o de abuso da personalidade jurídica, o qual englobará as definições de desvio de finalidade e confusão patrimonial, expondo, em lei, o que já era há muito tempo discutido pela doutrina e pela jurisprudência.

O Código de Processo Civil, por sua vez, trouxe, dentro do capítulo de intervenções de terceiro (artigos 133 a 137) o procedimento a ser seguido para desconsiderar a personalidade jurídica, incluindo tanto a desconsideração direta, como a inversa (artigo 133, parágrafo 2º).

No entanto, remanesce uma discussão, que é o objeto de investigação deste artigo: o incidente de desconsideração da personalidade jurídica trata de mero incidente, processo incidente ou ação incidental?

A escolha do tema está intimamente associada ao fato de que a natureza da jurídica interferirá diretamente nos efeitos processuais, como é o caso da fixação ou não de honorários advocatícios.

Para atingir os fins a que se propõe, o trabalho objetiva, inicialmente, apresentar os aspectos gerais da desconsideração da personalidade jurídica para, em seguida, adentrar no assunto da natureza jurídica do incidente e, por fim, verificar algumas de suas repercussões processuais.

O estudo foi amparado nas normas vigentes, bibliografias acadêmicas, livros específicos sobre a temática, além da jurisprudência atual sobre a matéria.

Espera-se, ao final, que o artigo evidencie a relevância que o instituto traz para o cotidiano forense.

2. A DESCONSIDERAÇÃO DA PERSONALIDADE JURÍDICA: ASPECTOS GERAIS

Inicialmente, para tratar do instituto da desconsideração da personalidade jurídica, é importante reforçar a ideia de que a pessoa jurídica não se confunde com seus membros, uma vez que aquela possui personalidade autônoma, distinta e independente, sendo essa característica a mais relevante para que se entenda a figura da desconsideração. Isso porque o ordenamento jurídico brasileiro acolhe, em regra, o sistema de responsabilidade subsidiária e limitada do sócio, ante essa separação patrimonial.

A fim de fortalecer essa concepção, a Lei da Liberdade Econômica, Lei 13.874/2019, inseriu o artigo 49-A no Código Civil,[1] que dispõe sobre a autonomia patrimonial das pessoas jurídicas.

A distinção entre a pessoa jurídica e a pessoa do sócio advém da própria personalidade da pessoa jurídica, que é adquirida, no caso daquelas de direito privado, com o registro do seu ato constitutivo no órgão competente que lhe conferirá personalidade jurídica, em consonância com o artigo 45, do Código Civil.

Ainda, poderá desfrutar desse atributo com o arquivamento de seus autos constitutivos na Junta Comercial, no caso das sociedades empresárias, e com a inscrição do contrato social no Registro Civil das Pessoas Jurídicas, no caso da sociedade simples.

---

1. Artigo 49-A do Código Civil. A pessoa jurídica não se confunde com os seus sócios, associados, instituidores ou administradores.
   Parágrafo único. A autonomia patrimonial das pessoas jurídicas é um instrumento lícito de alocação e segregação de riscos, estabelecido pela lei com a finalidade de estimular empreendimentos, para a geração de empregos, tributo, renda e inovação em benefício de todos.

Assim, a personalidade jurídica "é uma ficção criada pela lei, para distinguir, separar ou ocultar os sócios da sociedade de que fazem parte".[2] Com isso, garante-se a limitação da responsabilidade civil dos sócios e dos administradores em determinadas situações, corroborando com a premissa de separação patrimonial da sociedade em relação aos seus sócios para fins de pagamento de dívida.

Esclarecido esse atributo da pessoa jurídica, insta adentrar na temática da desconsideração da personalidade jurídica.

A este respeito, encontram-se determinadas expressões associadas à desconsideração da personalidade jurídica, dentre as quais se pode destacar *disregard doctrine* e *lifting the corporate veil*, consistindo esta última "em 'erguer o véu da pessoa jurídica' para atingir quem estiver por trás de sua utilização".[3]

Para justificar o levantamento do véu, foram criadas duas formulações distintas, denominadas teorias maior e menor da desconsideração da personalidade jurídica.

A teoria maior da desconsideração, prevista no artigo 50, do Código Civil, se dá por meio de ato dos sócios de fraudar terceiros mediante abuso ou confusão patrimonial. Trata-se de concepção objetiva que leva em consideração não a intenção, mas o uso do direito em desacordo com a finalidade.

Por sua vez, a teoria menor da desconsideração ocorre mediante mero obstáculo à satisfação do credor. Basta a insuficiência patrimonial e abarca qualquer hipótese de responsabilização do sócio por dívida da pessoa jurídica. Ela está conecta a microssistemas, como é o caso do Código de Defesa do Consumidor, especialmente o artigo 28, *caput* e § 5º, do diploma legal em questão.[4]

Percebe-se que a diferença essencial entre ambas é que enquanto na teoria maior, exige-se desvio de finalidade ou confusão patrimonial, na teoria menor, a simples insuficiência patrimonial da sociedade basta para a desconsideração da personalidade jurídica.[5]

Outrossim, não se deve confundir desconsideração com despersonalização, porque a pessoa jurídica não deixa de existir, abrangendo apenas a eficácia dos efeitos da personalidade jurídica em si, que serão mitigados.[6]

---

2. BUENO, J. Hamilton. Desconsideração da personalidade jurídica. Doutrina e jurisprudência. Aspectos materiais e processuais. In: BUENO, Cassio Scarpinella (Coord.). *Impactos processuais do direito civil.* São Paulo: Saraiva, 2008. p. 85.

3. SCHREIBER, Anderson et al. *Código Civil comentado*: doutrina e jurisprudência [livro eletrônico]. Rio de Janeiro: Forense, 2019.

4. MAZZEI, Rodrigo. Aspectos processuais da desconsideração da personalidade jurídica no Código de Defesa do Consumidor e no Projeto do "Novo" Código de Processo Civil. In: BRUSCHI, Gilberto Gomes et al. *Direito processual empresarial.* Rio de Janeiro: Elsevier, 2012. p. 765-767.

5. DALLA, Humberto. *O incidente de desconsideração da personalidade jurídica do novo CPC.* Disponível em: http://genjuridico.com.br/2016/01/19/o-incidente-de-desconsideracao-da-personalidade-juridica-do-novo-cpc/. Acesso em: 04 ago. 2020.

6. ANDRADE JUNIOR, Mozart Vilela. A desconsideração da personalidade jurídica para fins de responsabilidade: uma visão dualista da disregard doctrine. *Revista de Processo.* v. 256. p. 59-77. fev. 2016.

Neste viés, Rodrigo Mazzei defende que "[...] a pessoa jurídica subsiste ainda que, em determinadas circunstâncias, o princípio da autonomia patrimonial, que a suporta, seja rompido",[7] falando de extensão de efeitos e de desconsideração.

Portanto, não se trata de extinção, liquidação ou dissolução da pessoa jurídica,[8] resultando apenas em desconsideração.

No que concerne à evolução normativa, acentua-se que, apesar de o Código Civil de 1916 não tratar, especificamente, da desconsideração da personalidade jurídica, seu artigo 20 dispunha que a pessoa jurídica possuía patrimônio e personalidade distintos de seus membros.

Ainda, pode-se citar o parágrafo único, do artigo 66, da Lei do Condomínio (Lei 4.591/1964), alcançando o responsável pelo empreendimento, de modo que este possa ser responsabilizado por danos causados pela incorporação.

Aponta-se também o Código Tribunal Nacional, o qual alude a responsabilização dos sócios por conduta praticada com o véu da pessoa jurídica, com fulcro no seu artigo 135.

Contudo, foi com o Código de Defesa do Consumidor (Lei 8.078/1990) que houve, especificamente, a previsão da desconsideração da personalidade jurídica, no seu artigo 28, instituindo-se, de fato, o "levantamento do véu societário" no ordenamento jurídico brasileiro.

Adiante, a Lei de Crimes Ambientais (Lei 9.605/1998), em seu artigo 4º, passou a autorizar a desconsideração da personalidade jurídica sempre que constituir "obstáculo ao ressarcimento de prejuízos causados à qualidade do meio ambiente".

Mas foi apenas em 2002, com o Código Civil, que a desconsideração da personalidade jurídica foi consolidada pelo Direito Privado, de maneira expressa, por meio do artigo 50.

A positivação da desconsideração da personalidade jurídica no Código Civil, por sua vez, não afastou as previsões legais anteriores, conforme Enunciado 51 do Conselho da Justiça Federal, aprovado na I Jornada de Direito Civil.[9]

Por sua vez, foi com a Lei de Liberdade Econômica (Lei 13.874/2019), que teve como embrião a Medida Provisória 881/2019, que se inaugurou um novo capítulo na história da desconsideração da pessoa jurídica no Direito pátrio, ressaltando o caráter

---

7. MAZZEI, Rodrigo. Aspectos processuais da desconsideração da personalidade jurídica no Código de Defesa do Consumidor e no Projeto do "Novo" Código de Processo Civil. In: BRUSCHI, Gilberto Gomes et al. *Direito processual empresarial*. Rio de Janeiro: Elsevier, 2012. p. 764.

8. BRUSCHI, Gilberto Gomes; NOLASCO, Rita Dias; AMADEO, Rodolfo da Costa Manso Real. *Fraudes patrimoniais e a desconsideração da personalidade jurídica no Código de Processo Civil de 2015* [livro eletrônico]. São Paulo: Ed. RT, 2016.

9. Enunciado 51 do Conselho da Justiça Federal (I Jornada de Direito Civil). A teoria da desconsideração da personalidade jurídica – *disregard doctrine* – fica positivada no novo Código Civil, mantido os parâmetros existentes nos microssistemas legais e na construção sobre o tema.

excepcional da medida de desconsideração da personalidade jurídica,[10] além de promover mudanças ao artigo 50, do Código Civil.[11]

Ao analisar o artigo 50, do Código Civil, observa-se que a desconsideração da personalidade jurídica apresenta como requisito o abuso de direito, caracterizado pelo desvio de finalidade ou pela confusão patrimonial.

Relativamente às mudanças trazidas pela Lei de Liberdade Econômica, merece destaque a modificação do *caput* do artigo supramencionado, o qual traz que a desconsideração deverá atingir "bens particulares de administradores ou de sócios da pessoa jurídica beneficiados direta ou indiretamente pelo abuso".

Assim, nota-se que houve a expansão da desconsideração da personalidade jurídica para além dos sócios, alcançando-se os administradores. Destarte, vale lembrar que estes últimos nem sempre são sócios, de modo que sua responsabilidade não ocorre apenas por meio da desconsideração da personalidade jurídica, mas sim por imputação direta, tendo em vista os atos no exercício da sua função.

Com isso, observa-se que se buscou "[...] delimitar subjetivamente a teoria maior, imputando as consequências da desconsideração especificamente ao patrimônio do sócio ou administrador beneficiado pelo abuso [...]",[12] o que elogiável, uma vez que não

---

10. MARQUES NETO, Floriano Peixoto; RODRIGUES JÚNIOR, Otavio Luiz; LEONARDO, Rodrigo Xavier. *Comentários a Lei de Liberdade Econômica*: Lei 13.874/2019 [livro eletrônico]. São Paulo: Thomson Reuters Brasil, 2019.

11. Artigo 50 do Código Civil. Em caso de abuso da personalidade jurídica, caracterizado pelo desvio de finalidade ou pela confusão patrimonial, pode o juiz, a requerimento da parte, ou do Ministério Público quando lhe couber intervir no processo, desconsiderá-la para que os efeitos de certas e determinadas relações de obrigações sejam estendidos aos bens particulares de administradores ou de sócios da pessoa jurídica beneficiados direta ou indiretamente pelo abuso.
§ 1º Para os fins do disposto neste artigo, desvio de finalidade é a utilização da pessoa jurídica com o propósito de lesar credores e para a prática de atos ilícitos de qualquer natureza.
§ 2º Entende-se por confusão patrimonial a ausência de separação de fato entre os patrimônios, caracterizada por:
I – cumprimento repetitivo pela sociedade de obrigações do sócio ou do administrador ou vice-versa;
II – transferência de ativos ou de passivos sem efetivas contraprestações, exceto os de valor proporcionalmente insignificante; e
III – outros atos de descumprimento da autonomia patrimonial.
§ 3º O disposto no *caput* e nos §§ 1º e 2º deste artigo também se aplica à extensão das obrigações de sócios ou de administradores à pessoa jurídica.
§ 4º A mera existência de grupo econômico sem a presença dos requisitos de que trata o caput deste artigo não autoriza a desconsideração da personalidade da pessoa jurídica.
§ 5º Não constitui desvio de finalidade a mera expansão ou a alteração da finalidade original da atividade econômica específica da pessoa jurídica.

12. VEZZONI, Marina; PATIÑO, Ana Paula Corrêa. A desconsideração da personalidade jurídica em face da sistemática da liberdade econômica (Lei 13.874/2019). *Revista de Direito Bancário e do Mercado de Capitais*, São Paulo, v. 88, p. 207-224, 2020. Disponível em: https://www.revistadostribunais.com.br/maf/app/resultList/document?&src=rl&srguid=i0ad6adc50000017605f42ce6375b277d&docguid=Iba3c56c07dc411eaa616ac-f825517a00&hitguid=Iba3c56c07dc411eaa616acf825517a00&spos=1&epos=1&td=1&context=36&crumb-action=append&crumb-label=Documento&isDocFG=false&isFromMultiSumm=&startChunk=1&end-Chunk=1. Acesso em: 19 nov. 2020.

abrange aqueles que não contribuíram com o abuso ou sequer participaram da administração da pessoa jurídica.[13]

Para além da mudança do *caput* do artigo 50, também foram acrescidos cinco parágrafos, os quais, ao disporem sobre elementos objetivos para configuração da desconsideração da personalidade jurídica, acabaram por promover maior segurança jurídica ao ordenamento jurídico brasileiro.

Diante disso, tem-se que: (i) o parágrafo 1º traz a definição de desvio de finalidade, englobando o "lesar credores" ou o "praticar atos ilícitos de qualquer natureza"; (ii) o parágrafo 2º trata da confusão patrimonial, definindo-a como "a ausência de separação de fato entre os patrimônios", sendo que a confusão patrimonial não é suficiente, devendo-se demonstrar também os prejuízos aos credores diante oriundos da indistinção patrimonial;[14] (iii) o parágrafo 3º consagra, materialmente, a noção de desconsideração inversa da personalidade jurídica; (iv) o parágrafo 4º dispõe sobre o grupo econômico, elucidando que a sua mera existência não é suficiente para autorizar a desconsideração da personalidade jurídica, devendo-se demonstrar os requisitos do artigo 50 do Código Civil para sua configuração, tendo em vista a compreensão unitária da pessoa jurídica;[15] e (v) o parágrafo 5º abrange a questão da expansão ou a alteração da finalidade original da atividade econômica.

Ainda, no que toca os requisitos autorizadores da desconsideração da personalidade jurídica, a jurisprudência do Superior Tribunal de Justiça vem entendendo pela necessidade da demonstração da ocorrência das exigências previstas no artigo 50 do Código Civil.[16]

---

13. Neste ponto, vale ressaltar que o teor do Enunciado 7 da Jornada de Direito Civil já trazia consigo essa ideia, dispondo que: "Só se aplica a desconsideração da personalidade jurídica quando houver a prática de ato irregular e, limitadamente, aos administradores ou sócios que nela hajam incorrido".

14. MARQUES NETO, Floriano Peixoto; RODRIGUES JÚNIOR, Otavio Luiz; LEONARDO, Rodrigo Xavier. *Comentários a Lei de Liberdade Econômica*: Lei 13.874/2019 [livro eletrônico]. São Paulo: Thomson Reuters Brasil, 2019.

15. MARQUES NETO, Floriano Peixoto; RODRIGUES JÚNIOR, Otavio Luiz; LEONARDO, Rodrigo Xavier. *Comentários a Lei de Liberdade Econômica*: Lei 13.874/2019 [livro eletrônico]. São Paulo: Thomson Reuters Brasil, 2019.

16. Agravo interno no agravo interno no agravo em recurso especial. *Desconsideração da personalidade jurídica. Código civil de 2002 (art. 50). Teoria maior. Relação de natureza civil-empresarial.* Acórdão em harmonia com a jurisprudência desta corte. Súmula n. 83/STJ. Revisão das conclusões do aresto recorrido. Impossibilidade. Incidência da súmula n. 7/STJ. Agravo interno improvido. 1. Esta Corte adotou orientação no sentido de que, *nas relações jurídicas de natureza civil-empresarial, o legislador pátrio adotou a teoria maior da desconsideração da personalidade jurídica, segundo a qual é exigida a demonstração da ocorrência de algum dos elementos objetivos caracterizadores de abuso da personalidade jurídica, tais como o desvio de finalidade (caracterizado pelo ato intencional dos sócios em fraudar terceiros com o uso abusivo da personalidade jurídica) ou a confusão patrimonial (configurada pela inexistência, no campo dos fatos, de separação patrimonial entre o patrimônio da pessoa jurídica e os bens particulares dos sócios ou, ainda, dos haveres de diversas pessoas jurídicas).* 2. Nos termos da jurisprudência desta Corte Superior, não há como afastar as premissas fático-probatórias estabelecidas pelas instâncias ordinárias, soberanas em sua análise, pois, na via estreita do recurso especial, a incursão em tais elementos esbarraria no óbice do enunciado n. 7 da Súmula do Superior Tribunal de Justiça. 3. Agravo interno improvido. (STJ – AgInt no AgInt no AREsp: 1580544 RJ 2019/0269127-5, Relator: Ministro Marco Aurélio Bellizze, Data de Julgamento: 16.08.2021, T3 – Terceira Turma, Data de Publicação: DJe 19.08.2021).

Já a desconsideração inversa,[17] que se caracteriza "[...] pelo afastamento momentâneo do princípio da autonomia patrimonial da pessoa jurídica, para que essa responda por obrigação do sócio[...]",[18] deve observar os mesmos requisitos da desconsideração direta da personalidade jurídica, quais sejam, o abuso de direito, concretizado através do desvio de finalidade da pessoa jurídica ou da confusão patrimonial, nos termos do parágrafo terceiro do artigo 50, do Código Civil.

Após expor os aspectos gerais da desconsideração da personalidade, prezando-se pela verificação de seus requisitos de ordem material, cabe adentrar no viés processual com alguns apontamentos sobre o incidente de desconsideração da personalidade jurídica e sua natureza jurídica.

3. O INCIDENTE DE DESCONSIDERAÇÃO DA PERSONALIDADE JURÍDICA: MERO INCIDENTE, PROCESSO INCIDENTE OU AÇÃO INCIDENTAL?

Conforme acima mencionado, o Código Civil de 2002 foi responsável pela normatização da desconsideração da personalidade jurídica, resolvendo a questão material desse instituto, uma vez que apresentou seus requisitos no artigo 50 do diploma civil em comento.

Ocorre que a legislação processual ainda não dispunha do procedimento atinente à desconsideração da personalidade jurídica. Assim, sanando essa lacuna, adveio o Código de Processo Civil de 2015, que nos artigos 133 a 137,[19] abordou o incidente de desconsideração da personalidade jurídica.

---

17. Quando se fala na previsão da desconsideração inversa no ordenamento jurídico pátrio, pode-se apontar o Enunciado 283 da IV Jornada de Direito Civil reconheceu ser "cabível a desconsideração da personalidade jurídica denominada 'inversa' para alcançar bens de sócio que se valeu da pessoa jurídica para ocultar ou desviar bens pessoais, com prejuízo a terceiro".

18. DIDIER JR., Fredie; LIPIANI, Júlia. Desconsideração inversa da personalidade jurídica – Princípio da boa-fé – Proibição do *tu quoque* – Aspectos processuais da desconsideração da personalidade jurídica. *Revista de Direito Civil Contemporâneo*. v. 13. p. 445-466. out-dez. 2017.

19. Art. 133. O incidente de desconsideração da personalidade jurídica será instaurado a pedido da parte ou do Ministério Público, quando lhe couber intervir no processo.

    § 1º O pedido de desconsideração da personalidade jurídica observará os pressupostos previstos em lei.

    § 2º Aplica-se o disposto neste Capítulo à hipótese de desconsideração inversa da personalidade jurídica.

    Art. 134. O incidente de desconsideração é cabível em todas as fases do processo de conhecimento, no cumprimento de sentença e na execução fundada em título executivo extrajudicial.

    § 1º A instauração do incidente será imediatamente comunicada ao distribuidor para as anotações devidas.

    § 2º Dispensa-se a instauração do incidente se a desconsideração da personalidade jurídica for requerida na petição inicial, hipótese em que será citado o sócio ou a pessoa jurídica.

    § 3º A instauração do incidente suspenderá o processo, salvo na hipótese do § 2º.

    § 4º O requerimento deve demonstrar o preenchimento dos pressupostos legais específicos para desconsideração da personalidade jurídica.

    Art. 135. Instaurado o incidente, o sócio ou a pessoa jurídica será citado para manifestar-se e requerer as provas cabíveis no prazo de 15 (quinze) dias.

    Art. 136. Concluída a instrução, se necessária, o incidente será resolvido por decisão interlocutória.

    Parágrafo único. Se a decisão for proferida pelo relator, cabe agravo interno.

Desse modo, enquanto o Código Civil tratou dos aspectos materiais, o Código de Processo Civil se dedicou aos aspectos processuais a serem observados.

O incidente de desconsideração da personalidade jurídica foi inserido no Título III, da Intervenção de Terceiros e, portanto, pode ser considerado como nova forma de intervenção de terceiros, com a ressalva de quando a desconsideração da personalidade jurídica que é pedida na petição inicial.

Além disso, o parágrafo 1º, do artigo 133 e o parágrafo 4º, do artigo 134 apontam que o pedido de instauração do incidente de desconsideração da personalidade jurídica deve demonstrar o preenchimento dos pressupostos legais específicos, os quais se encontram disposto no artigo 50, do Código Civil, uma vez que compete ao direito material estipular as exigências para aplicar a desconsideração da personalidade jurídica.

Ademais, vale acentuar que a observância deste incidente é obrigatória para que se promova a desconsideração da personalidade jurídica, sendo que esta pode ser requerida tanto na inicial,[20] como em petição autônoma apresentada no curso da ação. Registre-se que o momento em que se dá o requerimento da desconsideração da personalidade jurídica é essencial para se entender sobre a natureza jurídica do referido instituto.

Para Bruschi, Nolasco e Amadeo, o requerimento da desconsideração da personalidade jurídica na inicial não é o indicado, porque, em regra, o referido pedido só será julgado na sentença, enquanto o pedido incidental pode se mostrar mais célere, resolvido por meio de decisão interlocutória.[21]

Contudo, não se pode concordar com o referido, uma vez que, de qualquer forma, à parte contrária deve ser concedido o contraditório, inclusive com a produção de provas que considerar pertinentes, de modo a não ser possível vislumbrar, desde logo, sem uma casuística, extrema vantagem do pleito na modalidade incidental.

Ademais, como intervenção de terceiros, "[...] amplia subjetivamente a relação processual originária, sem alterar, contudo, o seu objeto litigioso. Forma-se, assim, litisconsórcio ulterior, passivo, facultativo e simples".[22]

Quando requerida na inicial, não se fala em intervenção de terceiros, na medida em que o pedido será direcionado para quem é réu no processo de origem.[23] Portanto, nota-se que a discussão da natureza jurídica gira em torno do pedido de desconsideração da personalidade jurídica que não é realizado no bojo da petição inicial.

Art. 137. Acolhido o pedido de desconsideração, a alienação ou a oneração de bens, havida em fraude de execução, será ineficaz em relação ao requerente.

20. Indubitavelmente, ao se requerer a desconsideração, além dos elementos materiais, deve-se atentar também aos requisitos da petição inicial, previstos no artigo 320 do Código de Processo Civil.

21. BRUSCHI, Gilberto Gomes; NOLASCO, Rita Dias; AMADEO, Rodolfo da Costa Manso Real. *Fraudes patrimoniais e a desconsideração da personalidade jurídica no Código de Processo Civil de 2015* [livro eletrônico]. São Paulo: Ed. RT, 2016.

22. GAJARDONI, Fernando da Fonseca *et al. Comentários ao código de processo civil.* 5. ed. Rio de Janeiro: Forense, 2022. p. 206.

23. GANACIN, João Cánovas Bottazzo. *Desconsideração da personalidade jurídica no processo civil* [livro eletrônico]. São Paulo: Thomson Reuters Brasil, 2020. RB-2.1.

Registre-se que o momento do requerimento da desconsideração da personalidade jurídica também promoverá efeitos na própria recorribilidade do pronunciamento judicial. Isso porque, se requerida junto à petição inicial (CPC, artigo 134, § 2º), referida questão será decidida por sentença, cabendo recurso de apelação. Ademais, quando pleiteada incidentalmente, havendo decisão interlocutória (CPC, artigo 136), falar-se-á em recurso de agravo de instrumento.

Dito isso, passa-se aos posicionamentos doutrinários a este respeito da natureza jurídica do instituto.

Humberto Dalla destaca que há tanto quem defenda tratar-se de ação de conhecimento para que se promova a referida desconsideração, como quem considere este requerimento de forma incidental. Para a primeira corrente doutrinária, o ajuizamento de ação autônoma prezaria as garantias do devido processo legal, contraditório e ampla defesa, devendo-se percorrer pela fase de conhecimento. Em contrapartida, para a segunda corrente, a propositura de ação própria prejudica a própria efetividade e a duração razoável do processo, de modo que o requerimento pode se dar tanto na fase cognitiva ou executória.[24]

Ao defender o requerimento de desconsideração da personalidade jurídica como incidente, assevera Dalla que:

> Pontue-se que o expediente aventado não representa violação ao princípio da *nulla executio sine titulo*, porquanto o incidente cognitivo terá o condão de integrar os sócios à relação processual e, caso deferida a desconsideração, estender-lhes a eficácia do título executivo. Também não pode ser considerado óbice à desconsideração incidental o princípio da estabilização da demanda, o qual, consistindo em vetor de garantia do devido processo legal (no sentido de ordenação formal do processo) e do contraditório, admite mitigações, desde que respeitados os valores que o informam.[25]

De acordo com Eduardo Talamini, está-se diante de uma ação incidental porque se amplia o objeto do processo, tratando-se de nova demanda em face de terceiro, no âmbito de um processo em curso.[26]

Por outro lado, Fernando da Fonseca Gajardoni, Luiz Dellore, Andre Vasconcelos Roque e Zulmar Duarte de Oliveira Jr. defendem que a natureza jurídica do incidente de desconsideração da personalidade jurídica é, como o próprio nome remete, um incidente processual, que dispensa a necessidade de ação autônoma.[27]

---

24. DALLA, Humberto. *O incidente de desconsideração da personalidade jurídica do novo CPC*. Disponível em: http://genjuridico.com.br/2016/01/19/o-incidente-de-desconsideracao-da-personalidade-juridica-do-novo-cpc/. Acesso em: 04 ago. 2020.

25. DALLA, Humberto. *O incidente de desconsideração da personalidade jurídica do novo CPC*. Disponível em: http://genjuridico.com.br/2016/01/19/o-incidente-de-desconsideracao-da-personalidade-juridica-do-novo-cpc/. Acesso em: 04 ago. 2020.

26. TALAMINI, Eduardo. *Incidente de desconsideração da personalidade jurídica*. Disponível em: https://www.migalhas.com.br/depeso/234997/incidente-de-desconsideracao-de-personalidade-juridica. Acesso em: 11 ago. 2020.

27. GAJARDONI, Fernando da Fonseca *et al. Comentários ao código de Processo Civil*. 5. ed. Rio de Janeiro: Forense, 2022. p. 206.

No entanto, esclarecem que a desnecessidade de ação autônoma não é impedimento para o seu ajuizamento, ficando a escolha a cargo da parte interessada, de modo que, ao optar por ingressar com nova demanda, esta deverá observar o procedimento comum.[28]

O fato é que, considerando-se incidente ou ação autônoma, "[...] o incidente em tela possui natureza de demanda, veiculando nova postulação do requerente, com mérito próprio, suscetível de formar coisa julgada material".[29]

Contrário à ideia de que o pedido de desconsideração da personalidade jurídica realizado dentro de um processo principal, na fase de conhecimento, de execução ou por meio de incidente específico, seja um processo incidental, tem-se o posicionamento de Rodrigues Filho, no sentido de que "[...] além de não ter a autonomia necessária, com objeto independente, não tem o poder de levar à extinção ou mesmo à redução do objeto do processo principal, características básicas que fazem distinguir o incidente do processo do processo incidente".[30]

Adota-se, neste estudo, a posição de que se trata de um incidente. A previsão legal trazida pelo artigo 134, do Código de Processo Civil, é clara: "O incidente de desconsideração é cabível em todas as fases do processo de conhecimento, no cumprimento de sentença e na execução fundada em título executivo extrajudicial". Logo, parece mais acertada a afirmação de que não há necessidade de ação autônoma, até porque o diploma processual civil foi expresso em sua disposição.

4. REPERCUSSÕES PROCESSUAIS

O CPC/15 disciplina o procedimento da desconsideração da personalidade jurídica e aponta caminhos seguros e condizentes com valores e princípios constitucionais.

O posicionamento adotado quanto à natureza de incidente da desconsideração da personalidade jurídica traz algumas consequências processuais. Aqui serão abordadas apenas alguns efeitos processuais para fins de contextualização do funcionamento do instituto.

A primeira delas é a simplificação do procedimento, objetivo perseguido pelo legislador como premissa da nova codificação, que primou pelo princípio da economia processual e da duração razoável do processo.

Com efeito, a desconsideração por meio de um incidente é capaz de atingir o objetivo esperado, que é ampliação objetiva e subjetiva da demanda, sem prazer maiores complexidades processuais.

---

28. GAJARDONI, Fernando da Fonseca et al. *Comentários ao código de processo civil.* 5. ed. Rio de Janeiro: Forense, 2022. p. 206.
29. GAJARDONI, Fernando da Fonseca et al. *Comentários ao código de processo civil.* 5. ed. Rio de Janeiro: Forense, 2022. p. 206.
30. RODRIGUES FILHO, Otavio Joaquim. *Desconsideração da personalidade jurídica e processo* [livro eletrônico]. São Paulo: Thomson Reuters Brasil, 2023. RB-10.22.

Na prática forense, justamente em razão da natureza jurídica da desconsideração, há divergência entre os juízos quanto à tramitação como incidente ou com a distribuição de novo processo, com numeração distinta dos autos principais. Contudo, com a suspensão das questões principais para a apuração da questão desconsideração da personalidade jurídica, reputa-se mais eficiente a tramitação incidente, já que não causará qualquer prejuízo ou tumulto nos autos, servindo, apenas, para otimizar as decisões eventualmente proferidas.

O incidente da desconsideração deve ser instaurado pela parte ou pelo Ministério Público (art. 133, *caput*), este último nos casos previstos no art. 179, do CPC. Contudo, a desconsideração também poderá ocorrer de ofício pelo juiz, nas hipóteses autorizadas por lei, envolvendo interesse público, como a tutela do consumidor (art. 28, CDC), meio ambiente e combate à corrupção.

Ademais, o incidente da personalidade jurídica, além de atender os pressupostos previstos na lei material, deve garantir o contraditório amplo em todas as suas modalidades, seja na desconsideração tradicional ou inversa (arr. 133 § 2º), bem como em todas as fases processuais permitidas, como a de conhecimento, no cumprimento de sentença e na execução fundada em título executivo extrajudicial (art. 134, *caput*).

Previsão importante foi a de que a instauração do incidente deve ser imediatamente comunicada ao distribuidor (art. 134, § 1º). O objetivo é para dar publicidade ao processo e eventual responsabilização do autor pela indevida inserção do terceiro.

O incidente também estará sujeito ao pagamento de custas processuais, caso o tribunal regulamente o tema.

Admitido o incidente, suspende-se o processo ou parte dele para a apuração da desconsideração da personalidade jurídica, o que deve ocorrer mediante a citação do sócio ou da pessoa jurídica para manifestação, por meio de contraditório efetivo e com possibilidade ampla de produção probatória (art. 135).

Após, o incidente será resolvido por meio de decisão interlocutória, sujeita a agravo de instrumento (artigo 1015, IV) ou agravo interno (art. 136, § único). Acolhido o pedido de desconsideração, a alienação ou a oneração de bens, havida em fraude de execução, será ineficaz em relação ao requerente (art. 137).

Outro ponto importante na discussão do tema diz respeito à fixação ou não de honorários advocatícios.

Embora não haja previsão no incidente de desconsideração da personalidade jurídica a respeito dos honorários advocatícios no ato que o resolve, Renato Beneduzi entende que "[...] a decisão que julga o incidente deve condenar o vencido ao pagamento de honorários e custas, exceto quando sua instauração se dever à iniciativa do Ministério Público".[31]

---

31. BENEDUZI, Renato. *Comentários ao Código de Processo Civil*: artigos 70 ao 187. 2. ed. São Paulo: Ed. RT, 2018. p. 229.

Sobre a possibilidade de fixação de honorários advocatícios sucumbenciais, tem-se também a posição de Ganacin, para quem o rol do artigo 85, § 1º, do Código de Processo Civil não é taxativo, de modo que a condenação do *caput* do referido artigo deve abranger todos os litígios. Portanto, há condenação em honorários advocatícios tanto para o requerimento realizado na inicial, quanto no pedido incidental.[32]

Para Rodrigues Filho, também deve haver fixação de honorários advocatícios sucumbenciais em incidentes no geral, como é o caso da desconsideração da personalidade jurídica, levando-se em consideração o trabalho realizado nesses casos. Neste contexto, deve ter fixação de honorários advocatícios tanto na demanda principal, quanto no incidente, porque resulta de um distinto direito de ação, agora em desfavor dos sócios da pessoa jurídica.[33]

Sobre o assunto, o Tribunal de Justiça do Estado de São Paulo verifica a possibilidade de fixação de honorários advocatícios sucumbenciais, na medida em que a parte foi instada a se manifestar no processo e constituiu advogado.[34]

Por outro lado, tem-se a jurisprudência do Tribunal de Justiça do Estado do Paraná, que entende pela inaplicabilidade de condenação em honorários sucumbenciais por se tratar de intervenção de terceiro.[35]

Em contrapartida, o entendimento atual do Superior Tribunal de Justiça é no sentido de serem incabíveis, posto que não há previsão legal para a referida condenação.[36]

O presente artigo filia-se ao posicionamento do Superior Tribunal de Justiça, cujo entendimento é da Corte Especial, devendo-se adotá-lo até mesmo em prol da segurança jurídica.

Após a decisão do incidente da desconsideração da personalidade jurídica, o processo retorna à sua tramitação regular, incluindo-se o resultado dos efeitos patrimoniais resultantes da apuração do incidente.

---

32. GANACIN, João Cánovas Bottazzo. *Desconsideração da personalidade jurídica no processo civil* [livro eletrônico]. São Paulo: Thomson Reuters Brasil, 2020. RB-2.13.

33. RODRIGUES FILHO, Otavio Joaquim. *Desconsideração da personalidade jurídica e processo* [livro eletrônico]. São Paulo: Thomson Reuters Brasil, 2023. RB-10.22.

34. TJ-SP – AC: 10152256820228260100 SP 1015225-68.2022.8.26.0100, Relator: Maria Lúcia Pizzotti, Data de Julgamento: 23.06.2022, 30ª Câmara de Direito Privado, Data de Publicação: 23.06.2022.

35. TJ-PR – AI: 00208921120208160000 PR 0020892-11.2020.8.16.0000 (Acórdão), Relator: Desembargador Fernando Antonio Prazeres, Data de Julgamento: 09.09.2020, 14ª Câmara Cível, Data de Publicação: 10.09.2020.

36. Processual civil. Agravo interno no agravo em recurso especial. *Incidente de desconsideração da personalidade jurídica. Incidente processual. Honorários advocatícios. Não cabimento.* Modificação. Vedação à "reformatio in pejus". Decisão mantida. 1. *"Conforme entendimento da Corte Especial do STJ, em razão da ausência de previsão normativa, não é cabível a condenação em honorários advocatícios em incidente processual, ressalvados os casos excepcionais"* (AgInt no AREsp 1.691.479/SP, Rel. Ministro Raul Araújo, Quarta Turma, julgado em 1º.03.2021, DJe 22.03.2021). 2. "A despeito da impossibilidade jurídica de fixação de honorários advocatícios na decisão interlocutória que resolve o incidente de desconsideração, como os recorridos não se insurgiram contra o acórdão da Corte de origem, não cabe sua modificação, por aplicação do princípio da vedação da *reformatio in pejus*" (REsp 1800330/SP, Rel. Ministra Nancy Andrighi, Terceira Turma, julgado em 1º.12.2020, DJe 04.12.2020). 3. Agravo interno a que se nega provimento. (STJ – AgInt no AREsp: 1745989 PR 2020/0211223-6, Relator: Ministro Antonio Carlos Ferreira, Data de Julgamento: 22.11.2021, T4 – Quarta Turma, Data de Publicação: DJe 26.11.2021).

Registre-se, por fim, que o incidente também é cabível no âmbito dos Juizados Especiais, nos termos o art. 1.062, do CPC.

Portanto, embora o incidente enseje outras discussões acadêmicas, as acima mencionadas configuram as que mais afetam os profissionais do direito.

5. CONCLUSÃO

Inicialmente, foi apresentada a pessoa jurídica, tendo como um de seus atributos mais importante a autonomia patrimonial entre a pessoa jurídica e a figura de seus sócios. Assim, os bens da empresa e de seus sócios não se confundem, logo, se a dívida pertence à pessoa jurídica, em tese a pessoa natural não pode ser responsabilizada, não pelo menos sem o devido procedimento a ser seguido.

Desse modo, nota-se que, essencialmente, para se desconsiderar a pessoa jurídica no âmbito do Direito Privado, devem estar preenchidos os requisitos do artigo 50, do Código Civil, no aspecto material.

Ainda, deve-se observar o procedimento disposto no Código de Processo Civil, nos seus artigos 133 a 137, os quais versam sobre o incidente de desconsideração da personalidade jurídica, o qual preza pela observância do exercício do contraditório antes de se efetuar a desconsideração.

O procedimento disposto no diploma processual civil traz que o requerimento de desconsideração da personalidade jurídica pode ocorrer tanto na petição inicial, quanto em caráter incidental, em processo já em curso, o que vai interferir na sua natureza jurídica.

Adota-se, neste trabalho o posicionamento de que se trata de um incidente, que deve ser processado sem complexidades, prezando-se pelo contraditório e ampla defesa.

Quanto à fixação de honorários advocatícios sucumbenciais em sede de incidente de desconsideração da personalidade jurídica, em que pese haja extenso entendimento doutrinário a este favor, prioriza-se o posicionamento do Superior Tribunal de Justiça, que entende que aquela é incabível.

As polêmicas acerca do tema não se esgotam no presente estudo, sendo relevante pontuar que a desconsideração da personalidade jurídica, ao ser processualizada no CPC, deve primar pela simplicidade e celeridade que foram idealizadas pelo legislador.

6. REFERÊNCIAS

ANDRADE JUNIOR, Mozart Vilela. A desconsideração da personalidade jurídica para fins de responsabilidade: uma visão dualista da disregard doctrine. *Revista de Processo*. v. 256. p. 59-77. fev. 2016.

BENEDUZI, Renato. *Comentários ao Código de Processo Civil*: artigos 70 ao 187. 2. ed. São Paulo: Ed. RT, 2018.

BRUSCHI, Gilberto Gomes; NOLASCO, Rita Dias; AMADEO, Rodolfo da Costa Manso Real. *Fraudes patrimoniais e a desconsideração da personalidade jurídica no Código de Processo Civil de 2015* [livro eletrônico]. São Paulo: Ed. RT, 2016.

BUENO, J. Hamilton. Desconsideração da personalidade jurídica. Doutrina e jurisprudência. Aspectos materiais e processuais. In: BUENO, Cassio Scarpinella (Coord.). *Impactos processuais do direito civil*. São Paulo: Saraiva, 2008.

DALLA, Humberto. *O incidente de desconsideração da personalidade jurídica do novo CPC*. Disponível em: http://genjuridico.com.br/2016/01/19/o-incidente-de-desconsideracao-da-personalidade-juridica--do-novo-cpc/. Acesso em: 04 ago. 2020.

DIDIER JR., Fredie; LIPIANI, Júlia. Desconsideração inversa da personalidade jurídica – Princípio da boa-fé – Proibição do *tu quoque* – Aspectos processuais da desconsideração da personalidade jurídica. *Revista de Direito Civil Contemporâneo*. v. 13. p. 445-466. out-dez. 2017.

GAJARDONI, Fernando da Fonseca et al. *Comentários ao Código de Processo Civil*. 5. ed. Rio de Janeiro: Forense, 2022.

GANACIN, João Cánovas Bottazzo. *Desconsideração da personalidade jurídica no processo civil* [livro eletrônico]. São Paulo: Thomson Reuters Brasil, 2020.

MARQUES NETO, Floriano Peixoto; RODRIGUES JÚNIOR, Otavio Luiz; LEONARDO, Rodrigo Xavier. Comentários a Lei de Liberdade Econômica: Lei 13.874/2019 [livro eletrônico]. São Paulo: Thomson Reuters Brasil, 2019.

MAZZEI, Rodrigo. Aspectos processuais da desconsideração da personalidade jurídica no Código de Defesa do Consumidor e no Projeto do "Novo" Código de Processo Civil. In: BRUSCHI, Gilberto Gomes et al. *Direito processual empresarial*. Rio de Janeiro: Elsevier, 2012.

RODRIGUES FILHO, Otavio Joaquim. *Desconsideração da personalidade jurídica e processo* [livro eletrônico]. São Paulo: Thomson Reuters Brasil, 2023.

SCHREIBER, Anderson et al. Código Civil comentado: doutrina e jurisprudência [livro eletrônico]. Rio de Janeiro: Forense, 2019.

TALAMINI, Eduardo. *Incidente de desconsideração da personalidade jurídica*. Disponível em: https://www.migalhas.com.br/depeso/234997/incidente-de-desconsideracao-de-personalidade-juridica. Acesso em: 11 ago. 2020.

VEZZONI, Marina; PATIÑO, Ana Paula Corrêa. A desconsideração da personalidade jurídica em face da sistemática da liberdade econômica (Lei 13.874/2019). *Revista de Direito Bancário e do Mercado de Capitais*, São Paulo, v. 88, p. 207-224, 2020. Disponível em: https://www.revistadostribunais.com.br/maf/app/resultList/document?&src=rl&srguid=i0ad6adc50000017605f42ce6375b277d&-docguid=Iba3c56c07dc411eaa616acf825517a00&hitguid=Iba3c56c07dc411eaa616acf825517a00&spos=1&epos=1&td=1&context=36&crumb-action=append&crumb-label=Documento&isDocFG=false&isFromMultiSumm=&startChunk=1&endChunk=1. Acesso em: 19 nov. 2020.

REPENSANDO O INCIDENTE DE DESCONSIDERAÇÃO DA PERSONALIDADE JURÍDICA: CRÍTICAS E SUGESTÕES PARA TRAZER ISONOMIA E SEGURANÇA JURÍDICA AO PROCEDIMENTO

Victor Santos da Costa

Graduado em Direito pelo Centro Universitário do Pará – CESUPA. Mestrando em Direito, Políticas Públicas e Desenvolvimento Regional no Programa de Pós-Graduação em Direito do CESUPA. Membro-Fundador e Conselheiro da Liga Acadêmica de Direito Empresarial – LADEMP. Pesquisador do Grupo de Pesquisa (CNPQ) "Inovações no Processo Civil". Advogado com atuação em Direito Comercial.

José Henrique Mouta Araújo

Pós-Doutor pela Faculdade de Direito da Universidade de Lisboa. Doutor e Mestre pela Universidade Federal do Pará. Professor do Centro Universitário do Estado do Pará – CESUPA e do Instituto Brasileiro de Ensino, Desenvolvimento e Pesquisa (IDP). Procurador do Estado do Pará e Advogado.

Sumário: 1. Introdução – 2. O Incidente de Desconsideração da Personalidade Jurídica, seus pressupostos e regras procedimentais – 3. A reunião dos Incidentes de Desconsideração da Personalidade Jurídica em um único juízo a partir da cooperação judiciária – 4. A aplicação do *multidistrict litigation* ao procedimento do IDPJ e sua efetividade – 5. A necessária vinculatividade da decisão que julga o IDPJ aos casos presentes e futuros a partir da coisa julgada e seus efeitos panprocessuais – 6. Considerações finais – 7. Referências.

1. INTRODUÇÃO

Aplicada no Brasil a partir dos anos 60, através dos ensinamentos trazidos pelo Professor Rubens Requião em seu artigo *Abuso de Direito e Fraude através da Personalidade Jurídica – disregard doctrine*, a Desconsideração da Personalidade Jurídica, ou, Disregard Doctrine, é o instituto através do qual, busca-se adentrar a esfera patrimonial dos sócios de determinada pessoa jurídica, constituindo assim, uma exceção à autonomia patrimonial da entidade e de seus sócios.[1]

Cumpre destacar que por ser uma exceção ao princípio da separação patrimonial, a desconsideração da personalidade jurídica deve ter suas hipóteses de cabimento bem delimitadas, buscando coibir excessos na invasão ao patrimônio alheio ao da pessoa jurídica.

---

1. DIDIER JR, Fredie. Aspectos processuais da desconsideração da personalidade jurídica. In: DIDIER JR., Fredie; MAZZEI, Rodrigo (Coord.). Reflexos do novo Código Civil no direito processual. 2018. v. 2.

Por tal motivo, a doutrina sempre se debruçou para fixar critérios objetivos de cabimento do instituto, pois, em um primeiro momento, sua utilização se restringia à jurisprudência, inexistindo qualquer delimitação legal dos pressupostos básicos para sua instauração.

No Brasil, com o passar dos anos, a Desconsideração da Personalidade Jurídica se tornou muito utilizada, o que levou a uma necessidade de regulação legislativa acerca do tema, o que ocorreu inicialmente através do Código de Defesa do Consumidor, em 1990, que previu em seu artigo 28,[2] os pressupostos para a declaração da desconsideração.[3]

Anos mais tarde, o Código Civil de 2002, passou a regular a Desconsideração da Personalidade Jurídica, trazendo novos pressupostos – distintos aos do Código de Defesa do Consumidor que adotara a Teoria Menor – como a confusão patrimonial e o desvio de finalidade dos atos da pessoa jurídica, conforme consta em seu artigo 50.[4]

Contudo, apesar da existente delimitação da Desconsideração da Personalidade Jurídica, do ponto de vista do direito material, existia uma necessidade de "processualização" deste instituto.[5] Tal instrumentalização, após os muitos anseios da doutrina comercialista e civilista, adveio com o Código de Processo Civil de 2015, que criou o Incidente de Desconsideração da Personalidade Jurídica, o IDPJ.

Neste procedimento, ficou consagrada a necessidade de um requerimento formal das partes legitimadas para que o Incidente seja instaurado, sendo vedada sua instauração de oficio. Também ficou bastante evidente em suas regras procedimentais, a preocupação do legislador com o devido processo legal em razão de tratar-se este instituto de uma sanção, motivo pelo qual há uma preocupação com o contraditório e a ampla defesa, sendo possível no incidente larga dilação probatória por ambas as partes.

Apesar disto, o legislador processual, deixou de preocupar-se com a efetividade e celeridade do procedimento. Isto porque, ao longo dos anos o IDPJ se demonstrou como um Incidente moroso e burocrático, o que acaba por torná-lo inefetivo quando analisam-se seus objetivos.

Também não se valeu o legislador, ao longo dos artigos que tratam do tema, de instrumentos processuais que garantissem isonomia e segurança jurídica aos jurisdicionados. E aqui destacamos especificamente a eficácia *erga omnes* da decisão que desconsidera a personalidade jurídica, e, a possibilidade de reunião dos incidentes que envolvam a mesma pessoa jurídica, perante um único juízo, seja para serem jul-

---

2. Art. 28. O juiz poderá desconsiderar a personalidade jurídica da sociedade quando, em detrimento do consumidor, houver abuso de direito, excesso de poder, infração da lei, fato ou ato ilícito ou violação dos estatutos ou contrato social. A desconsideração também será efetivada quando houver falência, estado de insolvência, encerramento ou inatividade da pessoa jurídica provocados por má administração.

3. SANTA CRUZ, André. *Manual de Direito Empresarial* –Volume único. 11. ed. rev., atual. e ampl. Salvador: JusPodivm, 2021.

4. COELHO, Fábio Ulhoa. *Manual de direito comercial*: direto de empresa. 28. ed. rev., atual. e ampl. São Paulo: Ed. RT, 2016.

5. DIDIER JR, Fredie. Aspectos processuais da desconsideração da personalidade jurídica. In: DIDIER JR., Fredie; MAZZEI, Rodrigo (Coord.). Reflexos do novo Código Civil no direito processual. 2018. v. 2.

gados, seja para que seja produzida a prova em conjunto da situação ensejadora da desconsideração.

Neste sentido, deve-se ter em mente que um mesmo ato ilícito utilizando determinada pessoa jurídica – seja desvio de finalidade ou confusão patrimonial – pode gerar a instauração de vários Incidentes de Desconsideração da Personalidade Jurídica, por partes diferentes.

Por exemplo, o sócio de determinada pessoa jurídica, buscando prejudicar seus credores como pessoa física, deposita valores na conta bancária da pessoa jurídica, bem como transfere seus bens pessoais para a referida entidade. Ou seja, através de mesmo ato pode gerar consequências à vários credores, que lesados, podem buscar a desconsideração da personalidade jurídica para alcançar os bens dos sócios, tendo em vista a confusão patrimonial existente.

Neste caso, múltiplos incidentes, originados de processos distintos, e que tramitam em juízos distintos, podem gerar decisões conflitantes e um cenário de insegurança jurídica, de risco à isonomia e de morosidade procedimental.

Assim, essa conjuntura levanta o questionamento sobre a necessidade de trazer uma uniformização das decisões proferidas em sede do Incidente de Desconsideração da Personalidade Jurídica, quando se tratar de um mesmo ato que gerou vários incidentes distintos, distribuídos a órgãos julgadores diversos.

Sendo assim, este trabalho possui a seguinte problemática: *De que forma pode-se trazer ao incidente de desconsideração da personalidade jurídica maior isonomia, celeridade e segurança jurídica?*

Portanto, o objetivo principal é analisar, primeiramente, a possibilidade de reunião em um único Juízo dos múltiplos IDPJ's em face de uma mesma pessoa jurídica, seguido da análise da viabilidade da aplicação do multidistrict litigation para produção conjunta da prova no procedimento do IDPJ, e por fim, o cabimento da aplicação da eficácia erga omnes da decisão proferida em sede de IDPJ.

Para responder a problemática proposta e alcançar os objetivos delimitados, são analisados, essencialmente, a doutrina de Direito Civil e de Direito Comercial que delimitam os pressupostos e objetivos da Disregard Doctrine, o Código Civil e do Código de Processo Civil, para entendermos o procedimento do IDPJ, bem como, da doutrina em torno da cooperação judiciaria, do multidistrict litigation e da coisa julgada.

Desse modo, primeiramente o presente estudo abordará o tratamento dado pelo direito material à desconsideração da personalidade jurídica, caracterizando seus pressupostos e objetivos. Em seguida, passar-se-á a analisar o tratamento conferido pelo Código de Processo Civil, que instrumentalizou o instituto com a criação do Incidente de Desconsideração da Personalidade Jurídica. Por fim, neste primeiro momento, conclui-se com o estudo acerca da efetividade do IDPJ, ou seja, se o objetivo principal do instituto da desconsideração da personalidade jurídica tem sido alcançado através do procedimento ora posto.

Secundariamente, será feita uma análise em torno da cooperação judiciaria e da possibilidade de reunião dos IDPJ`s em face da mesma pessoa jurídica em um único juízo.

Em seguida, tratar-se-á da utilização do multidistrict litigation, a fim de verificar a efetividade da produção conjunta da prova no procedimento do IDPJ.

E, por fim, será tratada a possibilidade de aplicação, da eficácia erga omnes da decisão que julga o Incidente de Desconsideração da Personalidade Jurídica.

2. O INCIDENTE DE DESCONSIDERAÇÃO DA PERSONALIDADE JURÍDICA, SEUS PRESSUPOSTOS E REGRAS PROCEDIMENTAIS

O termo "Pessoa Jurídica" identifica a entidade (sociedade empresária, associação civil, fundação etc.), formada por uma ou mais pessoas físicas, que pode ser detentora de objetivos, direitos e obrigações específicas e sobre a qual se atribui personalidade jurídica, conforme destaca o artigo 44[6] do Código Civil.

Há, portanto, uma nítida separação entre o que são diretos, deveres, obrigações ou mesmo o patrimônio da pessoa jurídica, e o que são os direitos, deveres, obrigações e patrimônio dos sócios dessa pessoa jurídica, devendo tal divisão ser bem delimitada no ato constitutivo que originou esta entidade.

Trata-se, pois, do que a doutrina convencionou a chamar de Princípio da Autonomia Patrimonial, e que significa que a pessoa jurídica possui responsabilidade patrimonial autônoma, e completamente distinta do patrimônio de seus sócios.

Neste sentido, destacam-se os ensinamentos de Fábio Ulhoa Coelho:

> A autonomia patrimonial da pessoa jurídica – princípio jurídico que a distingue de seus integrantes como sujeito autônomo de direito e obrigações – pode dar ensejo à realização de fraudes. (…) Para coibi-las, a doutrina criou a partir de decisões jurisprudenciais (nos EUA, Inglaterra e Alemanha, principalmente) a "teoria da desconsideração da personalidade jurídica", pela qual se autoriza o Poder Judiciário a ignorar a autonomia patrimonial da pessoa jurídica, sempre que ela tiver sido utilizada como expediente para a realização de fraude. Ignorando a autonomia patrimonial, será possível responsabilizar se, direta, pessoal e ilimitadamente, o sócio por obrigação que originariamente cabia à sociedade.[7]

Desta forma, quando esta separação patrimonial imposta pelo legislador é colocada em risco, a partir de uma confusão patrimonial entre os sócios e a pessoa jurídica, surge

---

6. Art. 44. São pessoas jurídicas de direito privado:

   I – as associações;

   II – as sociedades;

   III – as fundações.

   IV – as organizações religiosas;

   V – os partidos políticos.

7. COELHO, Fábio Ulhoa. *Manual de direito comercial*: direto de empresa. 28. ed. rev., atual. e ampl. São Paulo: Ed. RT, 2016, p. 125.

a necessidade de afastamento da autonomia patrimonial, por não mais se justificar a ocorrência dos efeitos da personalização.[8]

Acerca da autonomia patrimonial entre pessoa jurídica e sócios, e seu afastamento visando coibir a má utilização da personalidade jurídica, Marlon Tomazette nos ensina que:

> A lei reconhece a pessoa jurídica como um importantíssimo instrumento para o exercício da atividade empresarial, não a transformando, porém num dogma intangível. A personalidade jurídica das sociedades "deve ser usada para propósitos legítimos e não deve ser pervertida". Todavia, caso tais propósitos sejam desvirtuados, não se pode fazer prevalecer o dogma da separação patrimonial entre a pessoa jurídica e os seus membros. A desconsideração é, pois, uma forma de adequar a pessoa jurídica aos fins para os quais a mesma foi criada, vale dizer, é a forma de limitar e coibir o uso indevido deste privilégio que é a pessoa jurídica.[9]

Trata-se, portanto, a desconsideração da personalidade jurídica, de sanção que será aplicada ao sócio que, abusando da personalidade da sua pessoa jurídica, comete desvio de finalidade ou confusão patrimonial. É, pois, um instrumento que visa coibir o mau uso, ou mesmo, o uso fraudulento, da pessoa jurídica.

Sobre tal caráter sancionatório da desconsideração, nos ensina Rubens Requião, o precursor da *Disregard Doutrine* no Brasil:

> Se a personalidade jurídica constitui uma criação da lei, como concessão do Estado à realização de um fim, nada mais procedente do que se reconhecer no Estado, através de sua justiça, a faculdade de verificar se o direito concedido está sendo adequadamente usado. A personalidade jurídica passa a ser considerada doutrinariamente um direito relativo, permitindo ao juiz penetrar o véu da personalidade para coibir os abusos ou condenar a fraude através do seu uso.[10]

Convém destacar, que a desconsideração da personalidade jurídica é dividida, tanto na legislação, quanto doutrinariamente, em Teoria Maior e em Teoria Menor.

A Teoria Maior, foi acolhida pelo Código Civil de 2002, que em seu artigo 50,[11] estabeleceu os pressupostos para que ocorra a desconsideração, qual seja, o abuso de

---

8. SANTA CRUZ, André. *Manual de Direito Empresarial* –Volume único. 11. ed. rev., atual. e ampl. Salvador: JusPodivm, 2021.

9. TOMAZETTE, Marlon. A desconsideração da personalidade jurídica: a teoria, o CDC e o novo Código Civil. *Revista Jus Navigandi*, ISSN 1518-4862, Teresina, ano 7, n. 58, 1º ago. 2002, p. 229.

10. REQUIÃO, Rubens. Abuso de direito e fraude através da personalidade jurídica. *Revista dos Tribunais*. n. 410, a. 58. São Paulo: Ed. RT, dez. 1969, p. 15.

11. Art. 50. Em caso de abuso da personalidade jurídica, caracterizado pelo desvio de finalidade ou pela confusão patrimonial, pode o juiz, a requerimento da parte, ou do Ministério Público quando lhe couber intervir no processo, desconsiderá-la para que os efeitos de certas e determinadas relações de obrigações sejam estendidos aos bens particulares de administradores ou de sócios da pessoa jurídica beneficiados direta ou indiretamente pelo abuso.
   § 1º Para os fins do disposto neste artigo, desvio de finalidade é a utilização da pessoa jurídica com o propósito de lesar credores e para a prática de atos ilícitos de qualquer natureza.
   § 2º Entende-se por confusão patrimonial a ausência de separação de fato entre os patrimônios, caracterizada por: I – cumprimento repetitivo pela sociedade de obrigações do sócio ou do administrador ou vice-versa; II – transferência de ativos ou de passivos sem efetivas contraprestações, exceto os de valor proporcionalmente insignificante; e III – outros atos de descumprimento da autonomia patrimonial

personalidade jurídica, caracterizado pelo desvio de finalidade ou pela confusão patrimonial entre os sócios e a pessoa jurídica.

Calixto Salomão Filho,[12] exemplifica que tal Teoria se aplica em situações "quando a denominação social, a organização societária ou o patrimônio da sociedade não se distinguem em forma clara da pessoa do sócio, ou então quando formalidades societárias necessárias à referida separação não são seguidas".

Já a Teoria Menor, é aplicada no Brasil através do Código de Defesa do Consumidor e da Consolidação das Leis de Trabalho.

Prevista pelo artigo 28[13] do Código de Defesa do Consumidor, a Teoria Menor prevê a ocorrência da Desconsideração da Personalidade Jurídica em hipóteses mais abrangentes, não se limitando somente ao abuso da personalidade jurídica pautado em desvio de finalidade ou confusão patrimonial como na Teoria Maior.

Por exemplo, o CDC permite que ocorra a Desconsideração da Personalidade Jurídica em caso de falência ou insolvência da pessoa jurídica, e quando houver, em prejuízo ao consumidor, abuso de direito, excesso de poder, infração da lei, fato ou ato ilícito ou violação dos estatutos ou contrato social. Ou seja, basta aqui que o ato tenha causado prejuízo ao consumidor para que ocorra a desconsideração.

Tal diferenciação, se faz importante no presente trabalho, em razão de que, o objeto de estudo da presente pesquisa, se restringe à Desconsideração da Personalidade Jurídica, seus efeitos e procedimento, trazidos pelo Código Civil e Código de Processo Civil, que, conforme já exposto, adotaram a Teoria Maior.

Passa-se a seguir a adentrar no estudo específico dos dispositivos procedimentais em torno do Incidente de Desconsideração da Personalidade Jurídica. Vejamos.

Inicialmente, vale destacar que, a divisão entre Teoria Menor e Teoria Maior, possui reflexos também no âmbito procedimental. Isto porque, a Teoria Menor, como já vimos, é utilizada para proteção aos prejuízos do consumidor, e por isso, possui hipóteses mais abrangentes de cabimento da desconsideração, como no caso de insolvência, o que, consequentemente, gera uma desnecessidade de comprovação do abuso de personalidade jurídica, para a instauração do IDPJ, o que acaba tornando-o um procedimento mais simplificado e eficiente.

Já sob o prisma da Teoria Maior, defende-se que, para que o IDPJ seja instaurado, devem estar presentes os seus pressupostos, previstos no artigo 50 do Código Civil, sob pena de ser julgado liminarmente improcedente, em razão da ausência dos requisitos autorizadores de sua instauração. Tem-se, portanto, dois contextos distintos para análise do IDPJ dentro do judiciário.

---

12. SALOMÃO FILHO, Calixto. *O novo direito societário*. São Paulo: Malheiros Ed., 1998, p. 90.
13. Art. 28. O juiz poderá desconsiderar a personalidade jurídica da sociedade quando, em detrimento do consumidor, houver abuso de direito, excesso de poder, infração da lei, fato ou ato ilícito ou violação dos estatutos ou contrato social. A desconsideração também será efetivada quando houver falência, estado de insolvência, encerramento ou inatividade da pessoa jurídica provocados por má administração.

Passando-se para a análise dos dispositivos legais, destaca-se que o artigo 133[14] do Código de Processo Civil determina que a instauração do IDPJ deverá ser feita mediante requerimento a pedido da parte ou do Ministério Público quando atuar no processo. Desta forma, afastou-se o legislador a possibilidade do Juiz, de ofício, requerer a instauração do IDPJ.[15]

O artigo 134[16] do CPC, por sua vez, estabelece a possibilidade da desconsideração da personalidade jurídica ser requerida a qualquer tempo, na petição inicial ou incidentalmente (através do IDPJ), em todas as fases processuais e até mesmo na execução.

Também estabelece a suspensão do processo em que foi originado o incidente, conforme seu parágrafo 4º, o que contudo, entendemos deveria ser ampliado para suspender todos os processos que versarem sobre a mesma controvérsia jurídica – o abuso de personalidade jurídica da Pessoa Jurídica em questão.

Eduardo Talamini (2016) nos ensina que quando o IDPJ é instaurado, suspende-se o curso do processo até este incidente ser julgado. Em paralelo, no processo incidental, o sócio afetado pela desconsideração é citado para poder se defender, exercendo o contraditório e a ampla defesa. Ao final, se julgada procedente o incidente, com a declaração da desconsideração da personalidade jurídica, a ação principal será retomada, com o sócio figurando no lugar da pessoa jurídica originária. Em contrapartida, caso o incidente seja julgado improcedente, a demanda terá seguimento apenas em face da pessoa jurídica que inicialmente figurava na lide.[17]

Conforme já mencionado, houve por parte do legislador uma grande preocupação em garantir que a desconsideração – entendida como uma sanção contra um ato fraudulento que é o abuso de personalidade jurídica – pudesse ser aplicada obedecendo o devido processo legal, o contraditório e a ampla defesa.

E isto fica bastante evidente quando da análise do artigo 135[18] do CPC, o qual determina que tão logo instaurado o incidente, o sócio ou a pessoa jurídica será citado

---

14. Art. 133. O incidente de desconsideração da personalidade jurídica será instaurado a pedido da parte ou do Ministério Público, quando lhe couber intervir no processo.

    § 1º O pedido de desconsideração da personalidade jurídica observará os pressupostos previstos em lei.

    § 2º Aplica-se o disposto neste Capítulo à hipótese de desconsideração inversa da personalidade jurídica.

15. BUENO, Cassio Scarpinella. *Novo Código de Processo Civil anotado*. São Paulo : Saraiva, 2015.

16. Art. 134. O incidente de desconsideração é cabível em todas as fases do processo de conhecimento, no cumprimento de sentença e na execução fundada em título executivo extrajudicial.

    § 1º A instauração do incidente será imediatamente comunicada ao distribuidor para as anotações devidas.

    § 2º Dispensa-se a instauração do incidente se a desconsideração da personalidade jurídica for requerida na petição inicial, hipótese em que será citado o sócio ou a pessoa jurídica.

    § 3º A instauração do incidente suspenderá o processo, salvo na hipótese do § 2º.

    § 4º O requerimento deve demonstrar o preenchimento dos pressupostos legais específicos para desconsideração da personalidade jurídica.

17. TALAMINI, Eduardo. Incidente de desconsideração de personalidade jurídica. *Migalhas*. Publicado em 02 mar. 2016.

18. Art. 135. Instaurado o incidente, o sócio ou a pessoa jurídica será citado para manifestar-se e requerer as provas cabíveis no prazo de 15 (quinze) dias.

para apresentar sua defesa e requerer e produzir as provas que entender necessárias, conclamando o contraditório e a ampla defesa.

Sobre o tema, traz-se a lição do Professor Fredie Didier Jr.:

> Muito se discute a respeito do problema do cerceamento de defesa e da ofensa ao princípio do contraditório, nas hipóteses em que se busca dar efetividade à desconsideração da personalidade jurídica. O cerne da questão é o seguinte: é possível desconsiderar a existência da pessoa jurídica sem prévia atividade cognitiva do magistrado, de que participem os sócios ou outra sociedade empresária, em contraditório? A resposta é negativa: não se pode admitir aplicação de sanção sem contraditório.[19]

Por fim, os artigos 136[20] e 137[21] do Código de Processo Civil dispõe, em suma, que o IDPJ será resolvido por decisão interlocutória – e consequentemente, quando instaurado em Tribunais, por decisão monocrática do Relator, da qual caberá Agravo Interno – e que acolhido o pedido de desconsideração, qualquer alienação de bens será considerada ineficaz em relação ao requerente.

Não houve, portanto, um detalhamento, ou mesmo, uma preocupação em trazer efetividade, previsibilidade e celeridade às decisões originadas a partir do IDPJ. Tampouco, houve uma busca pela uniformidade na produção de provas e nas decisões em sede de IDPJ, nas situações em que um mesmo ato sob abuso de personalidade jurídica, tenha gerado efeitos à múltiplas partes distintas.

O que se vê, dos dispositivos estudados, que regulam o procedimento do IDPJ, é que se mostram insuficientes para regular e abarcar a totalidade das circunstâncias jurídicas que rodeiam o procedimento, motivo pelo qual, passa-se a estudar a seguir algumas sugestões para tornar o procedimento do IDPJ mais célere, seguro e isonômico.

3. A REUNIÃO DOS INCIDENTES DE DESCONSIDERAÇÃO DA PERSONALIDADE JURÍDICA EM UM ÚNICO JUÍZO A PARTIR DA COOPERAÇÃO JUDICIÁRIA

Inicialmente, na primeira fase do procedimento que sugerimos, para tornar o Incidente de Desconsideração da Personalidade Jurídica mais célere e isonômico, haveria a reunião de todos os incidentes em face daquela ato contra a pessoa jurídica, para um único Juízo, que analisaria, dentro de todas as situações apresentadas, se o sócio da pessoa jurídica agiu com desvio de finalidade ou confusão patrimonial, o que seria a segunda fase do procedimento.

A partir disso, concentrariam-se todos os IDPJ's perante um único julgador, que os analisará em conjunto, e em sua decisão final, decidirá se os sócios daquela pessoa

---

19. DIDIER JR, Fredie. Aspectos processuais da desconsideração da personalidade jurídica. In: DIDIER JR., Fredie; MAZZEI, Rodrigo (Coord.). Reflexos do novo Código Civil no direito processual. 2018. v. 2, p. 10.
20. Art. 136. Concluída a instrução, se necessária, o incidente será resolvido por decisão interlocutória. Parágrafo único. Se a decisão for proferida pelo relator, cabe agravo interno.
21. Art. 137. Acolhido o pedido de desconsideração, a alienação ou a oneração de bens, havida em fraude de execução, será ineficaz em relação ao requerente.

jurídica incorreram ou não nos atos previstos no artigo 50 do Código Civil. Da mesma forma quando tratar-se das hipóteses da Teoria Menor, previstas no Código de Defesa do Consumidor e na CLT.

Trata-se, pois, da presente sugestão, de uma materialização do Princípio da Cooperação, emanado pelo Código de Processo Civil de 2015, que se destina a transformar o processo em uma "comunidade de trabalho" "e a responsabilizar as partes e o tribunal pelos seus resultados.

Isto porque, através do Código de Processo Civil de 2015, a Cooperação foi alçada como norma fundamental, dando origem ao dever geral de cooperação, emanado pelo artigo 6º, CPC/15. Inovou o legislador, portanto, ao instituir um dever de recíproca cooperação entre os órgãos do Poder Judiciário, conforme o artigo 67 do CPC/2015.

O arcabouço normativo do dever de cooperação repousa no modelo cooperativo de processo consolidado a partir do novo Código, informado por todos os princípios processuais acima mencionados conquanto não diretamente e não somente pelo já mencionado Princípio da Cooperação.

Seu regramento, além, claro, dos artigos 67 à 69 do CPC/2015, também está contido na Recomendação 38/2011 e na Resolução 350/2020 – que instituiu a Rede Nacional de Cooperação Judiciária, juízes de cooperação, núcleos de cooperação – integração, diálogo, fluidez comunicação – cumprimento, rotina e procedimentos forenses[22] – ambos do Conselho Nacional de Justiça, além das Leis Estaduais e Regimentos dos Tribunais de Justiça.

Deste conceito geral de cooperação, trazido pelo CPC, deriva-se o conceito de cooperação judiciária, que segundo Rosalina Costa "é uma técnica de gerenciamento que permite ao Juiz alcançar, diante de cada caso concreto, a prestação tutela jurisdicional de forma mais célere e efetiva".[23]

Portanto, a cooperação judiciária passa a ser tida como técnica de gerenciamento racional de processos judiciais, em observância ao Princípio da Eficiência Jurisdicional, previsto no artigo 37[24] da Constituição Federal e no artigo 8º[25] do CPC/2015. Ou seja, a valorização do diálogo impulsionada pelo Novo Código de Processo Civil passa a se dar não somente entre os sujeitos do processo, mas também na esfera administrativa do judiciário.

---

22. COSTA, Rosalina Moitta Pinto da. A cooperação judiciária como técnica de gestão processual para a modificação de competência visando evitar decisões conflitantes. *Questões controvertidas de processo civil e temas afins*. Rio de Janeiro: Lumen Juris, 2022, p. 43.

23. COSTA, Rosalina Moitta Pinto da. A cooperação judiciária como técnica de gestão processual para a modificação de competência visando evitar decisões conflitantes. *Questões controvertidas de processo civil e temas afins*. Rio de Janeiro: Lumen Juris, 2022, p. 41.

24. Art. 37. A administração pública direta e indireta de qualquer dos Poderes da União, dos Estados, do Distrito Federal e dos Municípios obedecerá aos princípios de legalidade, impessoalidade, moralidade, publicidade e eficiência e, também, ao seguinte.

25. Art. 8º Ao aplicar o ordenamento jurídico, o juiz atenderá aos fins sociais e às exigências do bem comum, resguardando e promovendo a dignidade da pessoa humana e observando a proporcionalidade, a razoabilidade, a legalidade, a publicidade e a eficiência.

Trata-se de reforço à ideia de administração gerencial do Poder Judiciário, impondo a cooperação para a prestação da atividade jurisdicional de forma mais célere e eficaz, buscando alcançar resultados máximos no menor tempo e com dispêndio mínimo de valores.

Segundo Ferreira, "o conceito de jurisdição ganha novo sentido atrelado à ideia de gestão racional de processos e não de um só processo, numa perspectiva de proporcionalidade panprocessual: possibilita-se um olhar sobre o processo à luz dos demais.[26]

A cooperação judiciária pode ser de três tipos, através de solicitação, cujo instrumento são as cartas precatórias; de delegação, que se dá através das cartas de ordem; ou, concertação, que é a cooperação negociada, que ocorre por meio dos atos concertados.

Sobre esta cooperação negociada, Fredie Didier explica que é um "regramento geral, consensual e anterior à prática dos atos".[27] Logo, pode ser entendida como um negócio jurídico de direito público celebrado entre os juízes envolvidos.

Este Ato Concertado é, portanto, o instrumento através do qual a Cooperação se concretiza, e é indicado para disciplinar a cooperação permanente ou duradoura entre os juízes cooperantes. Pode ser um ato realizado entre vários juízes, a fim de definirem as melhores condições de exercer a atividade cognitiva, e pode versar sobre quaisquer das funções do órgão julgador, como condução; instrução, execução e até decisão.

A título de exemplo, utilizando-se do assunto tratado neste ensaio, qual seja, o Incidente de Desconsideração da Personalidade Jurídica, é através de um ato concertado, negociado e formalizado entre os juízos envolvidos, que haverá a concretização da reunião destes incidentes em um único juízo.

Quanto ao objeto da cooperação judiciaria, esta pode ser utilizada para a prática de qualquer ato processual, conforme o artigo 68 do CPC/2015, desde atos menos complexos, sem maiores formalidades, até mais complexos, como a reunião de processo para realização de atos processuais (ato conjunto).[28]

Gabriela Ferreira elucida que:

> Todas as funções do órgão julgador no processo pode ser objeto do ato concertado entre juízes cooperantes, sem que haja necessariamente violação ao princípio do juiz natural: a condução e instrução do processo, a produção de provas, o julgamento da ação e os atos executórios estão contempladas pelo parágrafo 2º do art. 69 do CPC/15.[29]

---

26. FERREIRA, Gabriela Macedo. O ato concertado entre juízes cooperantes: esboço de uma teoria para o Direito brasileiro. *Civil Procedure Review*. v. 10, n. 3. set.-dez. 2019, p. 16.
27. DIDIER JR, Fredie. *Cooperação judiciária nacional* – Esboço de uma teoria para o direito brasileiro. 2. ed. Salvador: JusPodivm, 2021.
28. COSTA, Rosalina Moitta Pinto da. A cooperação judiciária como técnica de gestão processual para a modificação de competência visando evitar decisões conflitantes. *Questões controvertidas de processo civil e temas afins*. Rio de Janeiro: Lumen Juris, 2022, p. 43.
29. FERREIRA, Gabriela Macedo. O ato concertado entre juízes cooperantes: esboço de uma teoria para o Direito brasileiro. *Civil Procedure Review*. v. 10, n. 3. set.-dez. 2019, p. 34.

Assim, dada a abrangência dos atos que poderão ser objeto da cooperação judiciária por concertação, passa-se a analisar se esta pode também ser utilizada para modificar competência, através da reunião de processos perante um único juízo, quando houver risco de decisões conflitantes.

É o que defende Rosalina Costa:

> Diante do risco de decisões conflitantes, a lei prevê a possibilidade de mudança de competência por ato formalizado entre os juízes cooperantes, isto é, a competência pode ser modificada por deliberação volitiva dos juízes cooperantes por ato único ou concertado, não havendo ferimento do juiz natural, mas um juízo de ponderação, privilegiando-se a eficiência na busca da efetividade da decisão judicial.[30]

Como exemplo de uma situação em que, haveria essa necessidade de reunião de processos, para evitar o risco de decisões conflitantes, Edilton Meireles destaca:

> O exemplo de demandas executivas contra o mesmo devedor. Concorrendo diversas ações, seja no mesmo juízo, seja em diversos órgãos executantes, em cada um deles, o oficial de justiça pode efetuar a penhora sobre o mesmo bem do devedor, ou seja, de modo ineficiente e burocrático, os oficiais de justiça executam a mesma tarefa (realizam idêntico ato processual) em distintos processos, quando bastaria um ato de penhora, vinculando-o a diversos processos.[31]

E, a partir deste exemplo, o autor passa a defender a possibilidade de modificação de competência através de Atos Concertados, para reunião de processos, a fim de evitar decisões conflitantes, e nas hipóteses de conexão e continência, defendendo inclusive que nestas hipóteses, "não se trata de uma faculdade, mas de uma disposição impositiva".[32]

Como requisitos ideais para sua realização, Meireles defende que os feitos a serem reunidos devem estar tramitando na mesma instância e sob a mesma competência".[33]

Para Rosalina Costa, que também partilha da possibilidade de modificação de competência para reunião de processos, "O CPC foi além, previu a reunião de processos para evitar decisões antagônicas ainda que entre eles não haja conexão, para dar concretude a um sistema de precedentes que preconiza a uniformidade das decisões".[34]

---

30. COSTA, Rosalina Moitta Pinto da. A cooperação judiciária como técnica de gestão processual para a modificação de competência visando evitar decisões conflitantes. *Questões controvertidas de processo civil e temas afins*. Rio de Janeiro: Lumen Juris, 2022, p. 58.

31. MEIRELES, Edilton. Reunião de processos, cooperação e conflito de competência. *Revista de Processo*, v. 294, p. 77-94, ago. 2019, p. 81.

32. MEIRELES, Edilton. Reunião de processos, cooperação e conflito de competência. *Revista de Processo*, v. 294, p. 77-94, ago. 2019, p. 78.

33. MEIRELES, Edilton. Reunião de processos, cooperação e conflito de competência. *Revista de Processo*, v. 294, p. 77-94, ago. 2019, p. 83.

34. COSTA, Rosalina Moitta Pinto da. A cooperação judiciária como técnica de gestão processual para a modificação de competência visando evitar decisões conflitantes. *Questões controvertidas de processo civil e temas afins*. Rio de Janeiro: Lumen Juris, 2022, p. 51.

Segundo a autora, "o pedido de cooperação jurisdicional deve ser prontamente atendido, prescinde de forma específica e pode ser executado como: II – reunião ou apensamento de processos" ou para "§ 2º [...] VI – a centralização de processos repetitivos".[35]

O Superior Tribunal de Justiça, também já manifestou seu entendimento favorável à reunião de processos através da modificação de competência por cooperação judiciária, traçando os parâmetros de interpretação de referido dispositivo, pacificando o entendimento de que é possível "a reunião de processos contra o mesmo devedor, por conveniência da unidade da garantia da execução, nos termos do art. 28 da Lei 6.830/1980".[36]

Isto ocorreu através do julgamento do REsp 1.158.766/STJ, no qual foram estabelecidos parâmetros para a reunião de processos, isto é, desde que preenchidos os requisitos previstos no art. 573 do CPC c/c art. 28 da Lei 6.830/1980, quais sejam: "(i) identidade das partes nos feitos a serem reunidos; (ii) requerimento de pelo menos uma das partes [...]; (iii) estarem os feitos em fases processuais análogas; (iv) competência do juízo".[37]

Contudo, umas das grandes polêmicas que envolvem a situação em comento, é acerca da possibilidade de modificação de competência para julgamento, através da reunião de processos por cooperação judiciária.

Concordam com a possibilidade que os atos concertados sejam utilizados inclusive para possibilitar a modificação de competência para julgamento, doutrinadores como Rosalina Costa;[38] Edilton Meireles[39] e Fredie Didier Jr.[40] Ou seja, por este entendimento, a reunião de processos poderia ocorrer para realização de atos mais simples, e até mesmo para produção conjunta da prova e julgamento conjunto dos feitos, perante um único juízo.

Dentre os doutrinadores que discordam da modificação de competência para julgamento através da cooperação judiciária, destacamos Avelino[41] e Marinoni.[42]

---

35. COSTA, Rosalina Moitta Pinto da. A cooperação judiciária como técnica de gestão processual para a modificação de competência visando evitar decisões conflitantes. *Questões controvertidas de processo civil e temas afins*. Rio de Janeiro: Lumen Juris, 2022, p. 53.

36. COSTA, Rosalina Moitta Pinto da. A cooperação judiciária como técnica de gestão processual para a modificação de competência visando evitar decisões conflitantes. *Questões controvertidas de processo civil e temas afins*. Rio de Janeiro: Lumen Juris, 2022, p. 55.

37. MEIRELES, Edilton. Reunião de processos, cooperação e conflito de competência. *Revista de Processo*, v. 294, p. 77-94, ago. 2019, p. 82.

38. COSTA, Rosalina Moitta Pinto da. A cooperação judiciária como técnica de gestão processual para a modificação de competência visando evitar decisões conflitantes. *Questões controvertidas de processo civil e temas afins*. Rio de Janeiro: Lumen Juris, 2022, p. 60.

39. MEIRELES, Edilton. Reunião de processos, cooperação e conflito de competência. *Revista de Processo*, v. 294, p. 77-94, ago. 2019, p. 65.

40. DIDIER JR, Fredie. *Cooperação judiciária nacional* – Esboço de uma teoria para o direito brasileiro. 2. ed. Salvador: JusPodivm, 2021, p. 87.

41. AVELINO, Murilo Teixeira. Breves comentários à cooperação nacional no Código de Processo Civil. *Revista Jurídica da Seção Judiciária de Pernambuco*. 187-196. 2015, p. 190.

42. MARINONI, Luiz Guilherme; MITIDIERO, Daniel. *Ação rescisória*: do juízo rescindente ao juízo rescisório. São Paulo: Ed. RT, 2017, p. 215.

Contudo, destacamos nosso posicionamento favorável à possibilidade de modificação de competência para julgamento através da cooperação judiciaria, tendo em vista que entendemos que não fere o Princípio do Juízo Natural, haja vista que, em uma ponderação com valores como celeridade, uniformidade e isonomia às decisões, diretamente ligados aos Princípios do Devido Processo Legal e da Isonomia, estes acabam por prevalecer.

Portanto, a cooperação judiciária representa um instrumento hábil para garantir tais objetivos, reduzindo em muito o risco de decisões conflitantes em casos que envolvam a mesma situação fático-jurídica.

Diante do exposto, entende-se que a reunião de processos através da modificação de competência por cooperação judiciaria, pode – e deve – ser aplicada aos Incidentes de Desconsideração da Personalidade Jurídica que versarem sobre o mesmo ato de abuso de personalidade, em face de uma determinada pessoa jurídica.

Isto porque, um mesmo ato ilícito utilizando a pessoa jurídica, seja por confusão patrimonial ou abuso de personalidade, pode gerar múltiplos IDPJ's em face dessa pessoa jurídica, e a reunião de todos estes múltiplos Incidentes, para tramitação, produção conjunta de provas e até mesmo, julgamento, evita o risco de decisões conflitantes, e garante economia processual, isonomia, segurança jurídica e celeridade. Vai, portanto, ao encontro dos princípios basilares do Código de Processo Civil de 2015.

Vale frisar que, em outras situações fáticas distintas, mas sob a mesma *ratio* em que pretende utilizar a reunião de processos para os IDPJ's, já tem sido aplicadas na prática este entendimento. Dentre estes exemplos, Gabriela Ferreira destaca que "a cooperação na fase executiva vem sendo adotado pela Justiça do Trabalho da Bahia, em Salvador, aonde são reunidas todas as demandas executivas contra grandes devedores que tramitam no Estado".[43]

Também sob esse mesmo prisma, destaca-se a realização de ato concertado entre juízos de Varas de Família para possibilitar a reunião de todos os processos de competência dos juízos cooperantes que envolvam uma mesma entidade familiar perante o juízo para o qual for distribuída a primeira demanda, mediante compensação no sistema de distribuição. Tal prática, realizada de forma inovadora pela 1ª e 2ª Varas de Família do Fórum Regional da Barra da Tijuca – Comarca da Capital do Tribunal de Justiça do Rio de Janeiro, deu concretude aos artigos 67 e 69 do CPC/15 e foi incluída no Repertório de Boas Práticas Processuais Brasileiras no Fórum Permanente de Processualistas Civis do ano de 2022.[44]

---

43. FERREIRA, Gabriela Macedo. O ato concertado entre juízes cooperantes: esboço de uma teoria para o Direito brasileiro. *Civil Procedure Review*. v. 10, n. 3. set.-dez. 2019, p. 35.
44. XI FÓRUM PERMANENTE DE PROCESSUALISTAS CIVIS – FPPC. Realização de ato concertado entre juízos de varas de família para possibilitar a reunião de todos os processos de competência dos juízos cooperantes que envolvam uma mesma entidade familiar perante o juízo para o qual for distribuída a primeira demanda, mediante compensação no sistema de distribuição. Repertório de Boas Práticas Processuais Brasileiras. Enunciado 05. Grupo de Cooperação Judiciária Nacional. Brasília, 2022.

Por fim, já tendo manifestado o nosso entendimento pela possibilidade de reunião dos processos de Incidentes de Desconsideração da Personalidade Jurídica, surge outra questão a ser debatida. Isto é, qual seria o juízo que reunirá todos os processos? O juízo para o qual foi distribuído o primeiro incidente? Ou o juízo que reúne mais incidentes?

Sobre o tema, Rosalina Costa se manifestou no seguinte sentido:

> Caberá aos juízes cooperantes analisar o juízo que deverá reunir os processos para o melhor desempenho da atividade jurisdicional. Logo, não sendo imperativo legal, mas fruto do diálogo entre os juízos, a reunião das ações ocorrerá não no juízo prevento (CPC, artigo 58), mas no juízo que, em análise pelo juízos cooperantes, permite a melhor prestação da tutela jurisdicional.[45]

Concordamos, pois com o entendimento da autora, haja vista que, a depender da situação concreta, variará a melhor prestação jurisdicional. Ou seja, nem sempre o juízo prevento, ou então o que possui mais Incidentes sob julgamento, será o que realizará a melhor prestação jurisdicional. Portanto, qualquer regra prefixada pode vir a comprometer a efetividade da cooperação, motivo pelo qual, entendemos que é o próprio ato concertado que reunirá os feitos, quem deve dispor acerca de qual será o juízo uno em que os processos passarão a tramitar.

Isto trará maior isonomia, celeridade, economia processual e reduzirá o risco de decisões conflitantes, fato que hoje se tornou recorrente nos tribunais brasileiros quando se trata de Desconsideração da Personalidade Jurídica.

4. A APLICAÇÃO DO *MULTIDISTRICT LITIGATION* AO PROCEDIMENTO DO IDPJ E SUA EFETIVIDADE

Passa-se a seguir a analisar a segunda fase do procedimento sugerido ao IDPJ. Nesta segunda fase, para garantir o contraditório e a ampla defesa, fundamentais ao regular processamento do incidente, os sócios da pessoa jurídica seriam citados para que respondessem aos IDPJ's e lhes seria oportunizado que apresentassem suas defesas aos IDPJ's, a qual poderia ser apresentada de forma una, contemplando todas as alegações havidas nos múltiplos incidentes.

Além disto, nesta fase, a principal solução apresentada, é a produção conjunta da prova do abuso de personalidade jurídica, através do procedimento, já adotado no ordenamento jurídico americano, denominado *Multidistrict Litigation*.

O *Multidistrict Litigation* trata-se de técnica processual regulamentada em 1968 (28 U.S. Code § 1407) que permite que as ações civis pendentes de julgamento em diversos tribunais federais americanos, que versem acerca de questões de fato comuns, sejam reunidas temporariamente diante de um único juízo, a fim de possibilitar uma fase instrutória una.

---

45. COSTA, Rosalina Moitta Pinto da. A cooperação judiciária como técnica de gestão processual para a modificação de competência visando evitar decisões conflitantes. *Questões controvertidas de processo civil e temas afins*. Rio de Janeiro: Lumen Juris, 2022, p. 55.

Segundo Ferreira, dentre os novos instrumentos que visam trazer celeridade e isonomia aos processuais judiciais "destaca-se o "multidistrict litigation", que reúne processos em trâmite perante juízos federais distintos para a produção de provas em um único juízo, quando for comum a todos os casos".[46]

Seu procedimento se inicia no momento do *pretrial*, em que ocorre uma espécie de triagem, com a análise da situação fática e de direito de que trata cada ação, sendo que, para serem reunidas, deverão apresentar uma ou mais semelhanças fáticas. É, portanto, um momento extremamente relevante, que possibilita a resolução das causas comuns já no início do processo.[47]

Assim, o que ocorrerá no MDL é a reunião das ações propostas perante diversos Juízos, diante de um único Juízo, o que pode se dar a partir de requerimento das partes ou, ainda, de ofício por parte do Judicial Painel of Multidistrict Litigation.

É o que ensinam Arenhart e Osna:

> Seria possível vislumbrar, por meio dela, um mecanismo idôneo para propiciar a produção coletiva de determinada prova.[48] (...) A produção coletiva da prova, traz um ganho de isonomia, incremento de acesso à justiça, reunindo esforços em um único feito.[49]

As críticas ao instrumento surgem quando o Judicial Painel elege o Juízo perante o qual as demandas serão reunidas, o que causa controvérsia entre as partes, uma vez que não existe um critério objetivo seguro para basilar essa decisão. São considerados, a princípio, a distribuição territorial das causas, o domicílio das partes envolvidas ou, ainda, das testemunhas a serem ouvidas, a experiência dos juízes do local e, também, o local de produção da prova necessária.

Surgem também questionamentos acerca da eleição do advogado, denominado *lead counsel*, que representará todos os litigantes diante do Juízo que conduzirá a fase instrutória. A escolha é realizada pelo Juízo eleito

Ressalta-se que, muito embora haja críticas ao procedimento, o nosso entendimento é de que não haveria qualquer prejuízo ao contraditório ou à ampla defesa, como parte da doutrina suscita em relação a algumas sugestões para tornar mais célere o procedimento de Desconsideração da Personalidade Jurídica

Isto, inclusive, do nosso ponto de vista, facilitaria o exercício do contraditório ao sócio, que ao invés de contratar advogado e produzir provas e alegações em cada um dos incidentes, o fará de forma UNA, prestigiando a economia processual, e estimulan-

---

46. FERREIRA, Gabriela Macedo. O ato concertado entre juízes cooperantes: esboço de uma teoria para o Direito brasileiro. *Civil Procedure Review*. v. 10, n. 3. set.-dez. 2019, p. 23.

47. ZANETTI, Giulia; PASCHOAL, Thaís Amoroso. Por um tratamento eficiente da prova: notas sobre o multidistrict litigation enquanto técnica coletiva de gestão de processos. *Revista Eletrônica de Direito Processual – REDP.* ano 15. v. 22. n 1. Rio de Janeiro, jan.-abr. 2021, p. 421.

48. ARENHART, Sérgio Cruz Arenhart; OSNA, Gustavo. *A cooperação nacional como mecanismo de coletivização*: algumas questões preliminares. Revista de Processo, São Paulo, v. 45, n. 310, p. 173-201, dez. 2020, p. 176.

49. ARENHART, Sérgio Cruz Arenhart; OSNA, Gustavo. *A cooperação nacional como mecanismo de coletivização*: algumas questões preliminares. Revista de Processo, São Paulo, v. 45, n. 310, p. 173-201, dez. 2020, p. 178.

do inclusive a autocomposição, como bem defendem Arenhart e Osna,[50] permitindo assim, uma resposta mais célere ao conflito, e reduzindo a litigiosidade em torno do Poder Judiciário.

5. A NECESSÁRIA VINCULATIVIDADE DA DECISÃO QUE JULGA O IDPJ AOS CASOS PRESENTES E FUTUROS A PARTIR DA COISA JULGADA E SEUS EFEITOS PANPROCESSUAIS

Nesta terceira fase do procedimento sugerido nesta pesquisa, passa-se a analisar a necessidade de atribuir caráter vinculante à decisão que julga o Incidente de Desconsideração da Personalidade Jurídica, a partir da utilização da coisa julgada e de seus efeitos panprocessuais.

Se o objetivo maior da *Diregarde Doutrine* é garantir o combate a fraudes e abusos por parte dos sócios da pessoa jurídica, tal procedimento precisa se mostrar efetivo, célere e isonômico para alcançar seu objetivo.

Pois, caso demonstre ser um procedimento ineficaz e moroso, acabará por fazer o efeito inverso ao objetivado pelo legislador, no sentido de incentivar negativamente a realização de práticas fraudulentas utilizando da pessoa jurídica, a partir de um cenário de inefetividade e incerteza quanto à declaração da sanção.

Deve-se assim, voltar-se os esforços comuns para trazer ao Incidente de Desconsideração da Personalidade Jurídica, previsibilidade, economia processual, segurança jurídica e isonomia.

Nosso entendimento é no sentido de que, a inexistência de vinculatividade na decisão que desconsidera a personalidade jurídica, pode corroborar para a inefetividade do procedimento, tendo em vista que, é bastante comum que uma mesma pessoa jurídica esteja tendo sua desconsideração requerida em múltiplos processos, com autores distintos, mas ambos com uma fraude, confusão patrimonial ou desvio de finalidade em seu escopo.

Todos estes pedidos, portanto, versam sobre uma mesma situação fático-jurídica, qual seja, o cometimento dos atos previstos no artigo 50 do Código Civil (desvio de finalidade ou a confusão patrimonial) por parte da pessoa jurídica.

Deve-se ter em mente que, quando em um dos processos em que foi requerida a instauração do incidente de desconsideração da personalidade jurídica, for declarada a desconsideração, pela ocorrência, hipoteticamente, de confusão patrimonial, em razão do sócio ter se utilizado da conta bancária da pessoa jurídica para fins pessoais, essa declaração deverá impactar a todos os demais processos em que envolvam o mesmo pedido.

Assim defende João Batista Amorim de Vilhena Nunes:

---

50. ARENHART, Sérgio Cruz Arenhart; OSNA, Gustavo. *A cooperação nacional como mecanismo de coletivização*: algumas questões preliminares. Revista de Processo, São Paulo, v. 45, n. 310, p. 173-201, dez. 2020, p. 181.

> Apenas se entrevê a necessidade de que este direito de ação seja exercitado de uma determinada forma, a fim de que não restem, depois de já ter havido um processo para solução de um litígio, arestas a serem aparadas, questões a serem discutidas sobre os mesmos fatos que originaram o conflito original entre as partes e que se quer definitivamente resolvido sem maiores dilações, sob pena de a prestação jurisdicional ficar afetada e limitada, tão somente porque o autor entende que assim o deva ser, concepção que, ao nosso ver, não se afina com os atuais escopos do processo, especialmente, com a busca constante que se faz para obter-se um processo que possa mesmo satisfazer a todos os interesses nele envolvidos.[51]

Ocorre que, dada a ausência de previsão legal quanto à aplicação vinculante desta decisão que declarou a desconsideração da pessoa jurídica aos outros processos em trâmite com o mesmo pedido, tem-se o risco de ter decisão conflitante, haja vista o magistrado ter o poder de decidir de forma distinta. Com isso, expõem as partes interessadas a um cenário de total insegurança jurídica.

Neste sentido, buscando trazer economia processual, celeridade, segurança jurídica e isonomia ao Incidente de Desconsideração da Personalidade Jurídica, analisaremos nesta seção os efeitos da decisão que julga procedente o IDPJ em um determinado processo, envolvendo todas as empresas integrantes do grupo e seus sócios.

Assim indaga-se, a referida decisão, que desconsidera a personalidade jurídica, faz coisa julgada, gerando efeitos panprocessuais para todo e qualquer processo envolvendo a mesma pessoa jurídica ou grupo econômico, ainda que em tramite perante outro juízo, ou, seria necessária a instauração de um IDPJ contra a mesma pessoa jurídica em cada um deles, caso em que seria considerada apenas como jurisprudência, sem caráter vinculante?

Entendemos que, para garantir isonomia, segurança jurídica e celeridade aos múltiplos IDPJ's ajuizados em face da mesma pessoa jurídica, deve-se atribuir à decisão que resolver o incidente, a ampliação dos limites da coisa julgada, como prevê o Código de Processo Civil de 2015, em seu artigo 503, Parágrafo 1.

Isto significa que, através da coisa julgada, empresta-se os efeitos panprocessuais, de tal modo que, em processos diversos, presentes ou futuros, sejam utilizados os fundamentos já assentados a fim de julgar o pedido.

A extensão dos efeitos da coisa julgada tem por fundamento ainda, o artigo 508 do Código de Processo Civil, consoante o qual alberga as questões implicitamente resolvidas, que abrangem o deduzido e o deduzível.

Em artigo específico, sobre o que denomina de coisas julgadas contraditórias ou antagônicas, e a necessidade ou não de interposição de ação rescisória para solucionar o problema, Marinoni conclui que "a primeira coisa julgada é legítima e a segunda uma simples violação da primeira", de modo que não produz efeitos, podendo o executado invocar, em sede de impugnação, a inexigibilidade do direito, admitindo, ainda, ser

---

51. NUNES, João Batista Amorim de Vilhena. *Da eficácia preclusiva da coisa julgada*. Tese de Doutorado apresentada no Programa de Pós-Graduação em Direito da Universidade de São Paulo – USP. São Paulo, 2010, p. 107.

"legítimo admitir o uso da ação declaratória de ineficácia quando, depois do decurso do prazo da rescisória, surge conflito prático entre duas coisas julgadas antagônicas".[52]

Em que pese o tema não ser muito discutido no que diz respeito a ações individuais, cabe citar o Processo TST-RR-84300-20.2009.5.04.0008, relatado pelo Ministro Walmir Oliveira da Costa, em uma hipótese, muito recorrente, em que se discutia se o fato de um imóvel ter sido declarado bem de família em um outro feito imporia que se observasse o decidido para além dele, em outros processos em que se estivesse discutindo a mesma questão.

Por maioria, o TST entendeu que havia que ser observada a decisão de mérito, proferida no outro feito, já transitada em julgado, em que se declarou a impenhorabilidade do imóvel, considerando que a eficácia da sentença também atingiria o exequente do processo então em julgamento, "em face de a sentença transitada em julgado ter decidido, em definitivo, a relação de direito material deduzida nesta demanda, abrangendo as questões de fatos e de direito que poderiam ter sido alegadas pelas padres ou interessados".[53]

De modo preciso, o relator fez constar da decisão que:

> ...a coisa julgada, assim considerada "a eficácia que torna imutável e indiscutível a sentença" (CPC, art. 467), não obstante produzir efeitos restritos "às partes entre as quais é dada" (CPC, art. 472), não impede que a sentença produza, como todo provimento estatal, efeitos naturais de amplitude subjetiva mais alargada, dentro do processo em que foi prolatada e, também, efeitos que se protejam para fora desse mesmo processo.[54]

Trata-se de aplicação clara do efeito "panprocessual"[55] à primeira decisão, de modo que a coisa julgada material produz efeitos que vão além das partes envolvidas no processo, porque resolve uma relação jurídica de direito material que estava litigiosa, de modo definitivo, a fim de não causar insegurança jurídica, impossibilitando que o mesmo bem seja considerado impenhorável em um processo, mas que seja penhorado em outro.

Faz-se ver que a decisão acima referida foi adotada antes mesmo da relevante alteração procedida pelo CPC de 2015, que estabeleceu a extensão da coisa julgada às questões prejudiciais, desde que, como previsto no art. 503, parágrafo 1, do CPC: i) dessa

---

52. MARINONI, Luiz Guilherme. A questão das coisas julgadas contraditórias. *Revista de Processo Civil*, v. 271, p. 297-307, set. 2017.

53. TST-RR-84300-20.2009.5.04.0008 – Relator Ministro Walmir Oliveira da Costa – julgado em 13.05.2015.

54. TST-RR-84300-20.2009.5.04.0008 – Relator Ministro Walmir Oliveira da Costa – julgado em 13.05.2015.

55. Partindo das lições do Professor Barbosa Moreira, o efeito panprocessual é na verdade a eficácia preclusiva da coisa julgada, entendida por ele como o "impedimento que surge, com o trânsito em julgado, à discussão e apreciação das questões suscetíveis de incluir, por sua solução, no teor do pronunciamento judicial, ainda que não examinadas pelo Juiz" (BARBOSA MOREIRA, 1977, p. 100). Afirma ainda que quando tal eficácia preclusiva é gerada a partir de uma coisa julgada material, "como a sentença definitiva, o efeito preclusivo projeta-se ad extra, fazendo sentir-se nos eventuais processos subsequentes, daí qualificar-se de pan-processual a eficácia preclusiva da coisa material" (BARBOSA MOREIRA, 1977, p. 101). *Ou seja, tem-se que para o autor, o efeito panprocessual é a imutabilidade que se deu à questão principal decidida na sentença, excluindo do resultado do processo após o transito em julgado, qualquer contestação juridicamente relevante com base em alegações já examinadas ou que venham a ser alegadas posteriormente* (BARBOSA MOREIRA, José Carlos. A eficácia preclusiva da coisa julgada material no sistema do processo civil brasileiro. *Temas de Direito Processual*. São Paulo. Saraiva, 1977).

resolução depender o julgamento do mérito; ii) a seu respeito tiver havido contraditório prévio e efetivo, não se aplicando no caso de revelia; e iii) o juízo tiver competência em razão da matéria e da pessoa para resolvê-la como questão principal.

Chaves (2019) aponta a falta de razoabilidade que haveria em permitir o relitígio, ou seja, a rediscussão de questão já decidida apenas "pelo vencido estar litigando com parte que, apesar de estar envolvida no conflito concreto, não participou do processo em que a questão prejudicial à tutela do seu direito foi resolvida."

A solução ora proposta observa a necessária segurança jurídica e empresta celeridade à solução de demandas, entendendo-se, por isso, ser ela aplicável ao IDPJ.

Com efeito, se, em um processo envolvendo a mesma pessoa jurídica, já tiver sido instaurado o IDPJ e se encontrarem presentes os requisitos acima destacados, e o juiz tiver concluído pela existência de desvio de finalidade da autonomia patrimonial, não há como, em processo em que o credor seja outro, concluir-se de modo contrário, sob pena de violar-se a coisa julgada.[56]

Assim, a questão já decidida em processo anterior, com amplo contraditório, fez coisa julgada entre as partes do processo originário, e também, se estende em benefício de terceiro, e, processo ajuizado contra a mesma demandada, pois decorrentes do mesmo fato (a confusão patrimonial ou desvio de finalidade utilizando a indevidamente a pessoa jurídica, ocasionando prejuízo a credores).

Desta forma, caso fique configurada a prática de tais atos fraudulentos em face da pessoa jurídica, declarando-se ou não a desconsideração da personalidade jurídica, essa decisão formaria coisa julgada, aplicando-se a todos os IDPJ's em trâmite em face daquela pessoa jurídica, e a todos os pedidos de desconsideração realizados em sede de petição inicial, que envolvam aquele mesmo ato de abuso de personalidade jurídica.

Frisa-se assim que não está-se aqui defendendo uma aplicação genérica e ampla do que for decidido em um Incidente de Desconsideração da Personalidade Jurídica. Ao contrário, busca-se uniformizar as decisões que envolvam a mesma situação fático-jurídica – qual seja o abuso de personalidade jurídica que gere efeitos à múltiplos sujeitos – não se tratando de generalizar o instituto, o que entendemos que colocaria o instituto em risco de desvirtuação e até mesmo banalização.

Destaca-se, contudo, que a solução aqui apresentada é polêmica, e apresentada entendimentos contrários, como o de Eduardo Talamini, o qual muito embora concorde com a reunião dos processos perante um único Juízo, bem como com a possibilidade de produção conjunta da prova, entende não ser possível a aplicação vinculante da decisão que julga o IDPJ, às demais que envolvam a mesma situação jurídica. Vejamos:

---

56. Neste sentido, destaca-se o disposto no artigo 506 do Código de Processo Civil, que veda a aplicação da coisa julgada em prejuízo a terceiros, o que não impede, contudo, que seja utilizada em benefício a terreiros, conforme se propõe no presente ensaio. Vejamos o referido dispositivo, *in verbis*: "Art. 506. A sentença faz coisa julgada às partes entre as quais é dada, não prejudicando terceiros".

A decisão de improcedência do pedido declara a impossibilidade de desconsiderar-se a personalidade jurídica (efeito declaratório negativo). A decisão de procedência declara o direito à desconsideração (efeito declaratório positivo) e desconstitui a eficácia da personalidade jurídica da sociedade, para o fim de atingir-se o patrimônio dela (na desconsideração invertida) ou o do sócio (na desconsideração em sentido estrito), no processo em curso.

A decisão de procedência da desconsideração opera seus efeitos relativamente ao processo em curso (e eventualmente a outros, entre as mesmas partes, que versem sobre causas que estejam em relação de prejudicialidade com a ação principal daquele processo). A desconsideração ali decretada, portanto, não é ampla e genérica. Até porque os pressupostos justificadores da desconsideração variam conforme o contexto da relação jurídico-material e as circunstâncias concretas. Por exemplo, um sócio que se utilizou em caráter abusivo e em desvio de finalidade de sua sociedade para lesar o fisco pode não ter feito o mesmo relativamente aos consumidores que adquiriram produtos dessa sua empresa – e vice-versa.

Em suma, a decisão determinando a desconsideração de personalidade jurídica num dado caso concreto não tem como genericamente ser utilizada em outros casos (ainda que a prova ali produzida possa vir a ser aproveitada em outros processos e incidentes em que se busque o reconhecimento da desconsideração para outros fins).[57]

Dentro deste panorama, acreditamos que a sugestão ora apresentada, de utilização da coisa julgada e de seus efeitos panprocessuais, em prol de terceiros que estejam em relação jurídica semelhante, seria possível, pautada dentro dos limites do Código de Processo Civil e dos dispositivos que regem a coisa julgada, e atribuiria assim caráter vinculante à decisão que julga o Incidente de Desconsideração da Personalidade Jurídica, garantindo segurança jurídica, isonomia, celeridade e efetividade ao procedimento da Desconsideração da Personalidade Jurídica, incentivando, ao fim, negativamente, a prática de atos fraudulentos utilizando a pessoa jurídica, o que entendemos por ser, o principal fim a que busca garantir o instituto.

6. CONSIDERAÇÕES FINAIS

O Incidente de Desconsideração da Personalidade Jurídica foi introduzido pelo Código de Processo Civil, a fim de instrumentalizar o instituto, que é aplicado no Brasil desde a década de 1960.

Contudo, o legislador, muito embora tenha atendido aos anseios dos civilistas e comercialistas, que almejavam as regras procedimentais da Disregard Doctrine, deixou de prezar pela celeridade e efetividade do procedimento, o que acabou por trazer, na prática a morosidade e a inefetividade prática do Incidente de Desconsideração da Personalidade Jurídica.

O presente trabalho teve, portanto, por objetivo analisar o procedimento do Incidente de Desconsideração da Personalidade Jurídica, seus objetivos e sua realidade prática, para formular críticas e algumas sugestões que em seguida passaram a ser dadas, buscando trazer mais celeridade, isonomia e segurança jurídica ao procedimento.

---

57. TALAMINI, Eduardo. Incidente de desconsideração de personalidade jurídica. *Migalhas*. Publicado em 02 mar. 2016.

Dentre as sugestões apresentadas neste ensaio, a primeira é a possibilidade de reunião dos IDPJ's que versarem sobre o mesmo ato de abuso de personalidade ou confusão patrimonial cometido pela pessoa jurídica, e que gera, vários Incidentes ajuizados por partes distintas.

Neste caso, entendemos que através da possibilidade de modificação de competência por cooperação judiciária, a partir das inovações sobre o tema trazidos pelo Código de Processo Civil de 2015, é possível reunir os IDPJ's, o que se mostra como uma medida necessária, sobretudo para garantir isonomia, segurança jurídica e celeridade aos Incidentes e às partes envolvidas.

A segunda sugestão apresentada, é a de que, após ocorrida a reunião de processos perante um único juízo, já mencionada, a pessoa jurídica será citada para apresentar sua defesa, que poderá congregar todos os argumentos trazidos por todos os IDPJ's reunidos, otimizando a defesa e facilitando o exercício do contraditório, que se faz tão importante neste procedimento, haja vista que se trata de uma sanção.

Nesta fase ainda, foi sugerido que, em observância aos princípios da eficiência, da ampla defesa e da economia processual, que seja utilizados nestas situações, em que a prova a ser produzida poderá ser utilizada de forma una em todos os IDPJ's, o instrumento denominado Multidistrict Litigation, muito utilizado nos Estados Unidos, e a partir do qual, a prova será produzida de forma coletiva, conjunta, com a ampla participação de todas as partes e do julgador, e aquela prova produzida – seja do abuso de personalidade, do desvio de finalidade ou da confusão patrimonial – será aplicada e utilizada em todos os Incidentes em trâmite.

Por fim, a última sugestão apresentada, é a de trazer vinculatividade à decisão que julga o Incidente de Desconsideração da Personalidade Jurídica. E isto ocorreria, através da aplicação do efeito panprocessual da coisa julgada, que é formada a partir do julgamento de um dos Incidentes em trâmite. Com isso, evitaria ainda mais o risco de decisões conflitantes, trazendo segurança jurídica, isonomia e celeridade ao procedimento do IDPJ.

Desta forma, para que o Incidente de Desconsideração da Personalidade Jurídica possa alcançar seu objetivo principal, qual seja, o de coibir a realização de fraudes utilizando-se indevidamente da pessoa jurídica, deve se mostrar um instrumento célere e efetivo, sob pena de, através de sua morosidade e inefetividade prática, seja um incentivo negativo a este objetivo.

7.   REFERÊNCIAS

ANDRADE JUNIOR, Mozart Vilela. A obrigatoriedade (?) do incidente de desconsideração da personalidade jurídica. *Revista dos Tribunais*. v. 977, p. 393-415, 2017.

ARENHART, Sérgio Cruz Arenhart; OSNA, Gustavo. *A cooperação nacional como mecanismo de coletivização*: algumas questões preliminares. *Revista de Processo*. v. 45, n. 310, p. 173-201. São Paulo, dez. 2020.

AVELINO, Murilo Teixeira. Breves comentários à cooperação nacional no Código de Processo Civil. *Revista Jurídica da Seção Judiciária de Pernambuco*. 187-196. 2015.

BARBOSA MOREIRA, José Carlos. A eficácia preclusiva da coisa julgada material no sistema do processo civil brasileiro. *Temas de Direito Processual*. São Paulo. Saraiva, 1977.

BRASIL. Lei 10.406, de 10 de janeiro de 2002. Institui o Código Civil. Disponível em: http://www.planalto.gov.br/ccivil_03/leis/2002/l10406compilada.htm. Acesso em: 21 jul. 2022.

BRASIL. Lei 13.105, de 16 de março de 2015. Código de Processo Civil. Disponível em: http://www.planalto.gov.br/ccivil_03/_ato2015-2018/2015/lei/l13105.htm. Acesso em: 21 jul. 2022.

BRASIL. Resolução do CNJ 350, de 27 de outubro de 2020. Estabelece diretrizes e procedimentos sobre a cooperação judiciária nacional entre os órgãos do Poder Judiciário e outras instituições e entidades, e dá outras providências. Disponível em: https://atos.cnj.jus.br/atos/detalhar/3556. Acesso em: 25 out. 2022.

BUENO, Cassio Scarpinella. *Novo Código de Processo Civil anotado*. São Paulo: Saraiva, 2015.

CABRAL, Antonio do Passo. *Juiz natural e eficiência processual*: flexibilização, delegação e coordenação de competências no processo civil. São Paulo: Ed. RT, 2021.

CHAVES, Guilherme Veiga. *Coisa julgada sobre questão em benefício de terceiro*. 27 jun. 2019. Disponível em: https://www.migalhas.com.br/depeso/305172/coisa-julgada-sobre-questao-em-beneficio-de-terceiro. Acesso em: 25 out. 2022.

COELHO, Fábio Ulhoa. *Manual de direito comercial*: direto de empresa. 28. ed. rev., atual. e ampl. São Paulo: Ed. RT, 2016.

COSTA, Rosalina Moitta Pinto da. A cooperação judiciária como técnica de gestão processual para a modificação de competência visando evitar decisões conflitantes. *Questões controvertidas de processo civil e temas afins*. Rio de Janeiro: Lumen Juris, 2022.

DIDIER JR, Fredie. Aspectos processuais da desconsideração da personalidade jurídica. In: DIDIER JR., Fredie; MAZZEI, Rodrigo (Coord.). *Reflexos do novo Código Civil no direito processual*. 2018. v. 2.

DIDIER JR, Fredie. *Cooperação judiciária nacional* – Esboço de uma teoria para o direito brasileiro. 2. ed. Salvador: JusPodivm, 2021.

DIDIER JR, Fredie. Os três modelos de direito processual: inquisitivo, dispositivo e cooperativo. *Revista do Ministério Público*. Rio de Janeiro: MPRJ, n. 49, jul./set. 2013. Disponível em: https://www.mprj.mp.br/documents/20184/2570844/Fredie_Didier_Jr.pdf. Acesso em: out. 2022.

FERREIRA, Gabriela Macedo. O ato concertado entre juízes cooperantes: esboço de uma teoria para o Direito brasileiro. *Civil Procedure Review*. v. 10, n. 3. set.-dez. 2019.

KOURY, Suzy Elizabeth Cavalcante. A desconsideração da personalidade jurídica (*disregard doctrine*) e os grupos de empresas. Grupo Gen-Editora Forense, 2011.

MARINONI, Luiz Guilherme. A questão das coisas julgadas contraditórias. *Revista de Processo Civil*, v. 271, p. 297-307, set. 2017.

MARINONI, Luiz Guilherme. *Coisa julgada sobre questão*. São Paulo: Thompson Reuters, Brasil, 2018.

MARINONI, Luiz Guilherme; MITIDIERO, Daniel. *Ação rescisória*: do juízo rescindente ao juízo rescisório. São Paulo: Ed. RT, 2017.

MEIRELES, Edilton. Cooperação judiciária e poderes do juiz na execução conforme o CPC de 2015. *Revista Jurídica Luso-Brasileira*. ano 04, n. 01. P. 455-507. 2018.

MEIRELES, Edilton. Reunião de processos, cooperação e conflito de competência. *Revista de Processo*, v. 294, p. 77-94, ago. 2019.

NUNES, JOÃO BATISTA AMORIM DE VILHENA. *Da eficácia preclusiva da coisa julgada*. Tese de Doutorado apresentada no Programa de Pós-Graduação em Direito da Universidade de São Paulo – USP. São Paulo, 2010.

REQUIÃO, Rubens. Abuso de direito e fraude através da personalidade jurídica. *Revista dos Tribunais*. n. 410, a. 58. São Paulo: Ed. RT, dez. 1969. Disponível em: https://pt.scribd.com/document/363546402/Requiao-Rubens-Abuso-de-Direito-e-FraudeAtraves-Da-Personalidade-Juridica. Acesso em: 05 jul. 2018.

RODRIGUES FILHO, Otávio Joaquim. *Desconsideração da personalidade jurídica e processo*. 2014. Dissertação (Mestrado) – Universidade de São Paulo, São Paulo, 2014. Acesso em: 26 jul. 2022.

SALOMÃO FILHO, Calixto. *O novo direito societário*. São Paulo: Malheiros Ed., 1998.

SANTA CRUZ, André. *Manual de Direito Empresarial* – Volume único. 11. ed. rev., atual. e ampl. Salvador: JusPodivm, 2021.

TALAMINI, Eduardo. *Incidente de desconsideração de personalidade jurídica*. Disponível em: https://www.migalhas.com.br/dePeso/16,MI234997,11049-Incidente+de+desconsideracao+de+personalidade+-juridica. Acesso em: 27 out. 2022.

TOMAZETTE, Marlon. A desconsideração da personalidade jurídica: a teoria, o CDC e o novo Código Civil. *Revista Jus Navigandi*, ISSN 1518-4862, Teresina, ano 7, n. 58, 1º ago. 2002. Disponível em: https://jus.com.br/artigos/3104. Acesso em: 31 out. 2022.

XI FÓRUM PERMANENTE DE PROCESSUALISTAS CIVIS – FPPC. Realização de ato concertado entre juízos de varas de família para possibilitar a reunião de todos os processos de competência dos juízos cooperantes que envolvam uma mesma entidade familiar perante o juízo para o qual for distribuída a primeira demanda, mediante compensação no sistema de distribuição. Repertório de Boas Práticas Processuais Brasileiras. Enunciado 05. Grupo de Cooperação Judiciária Nacional. Brasília, 2022. Disponível em: https://diarioprocessualonline.files.wordpress.com/2022/03/enunciados-fpcc-2022-1.pdf. Acesso em: 23 dez. 2022.

ZANETTI, Giulia; PASCHOAL, Thaís Amoroso. Por um tratamento eficiente da prova: notas sobre o multidistrict litigation enquanto técnica coletiva de gestão de processos. *Revista Eletrônica de Direito Processual* – REDP. ano 15. v. 22. n 1. Rio de Janeiro, jan.-abr. 2021.

I.2 – Jurisdição e Competência

DESCONSIDERAÇÃO DE PERSONALIDADE JURÍDICA, EXECUÇÃO E CONVENÇÃO ARBITRAL

Eduardo Talamini

Livre-docente, doutor e mestre (USP). Professor associado (UFPR). Advogado.

Sumário: 1. Introdução – 2. A coexistência de cláusula arbitral com a previsão de força de título executivo extrajudicial; 2.1 A orientação do STJ; 2.2 As manifestações doutrinárias; 2.3 A aplicação da diretriz a outras demandas cognitivas incidentais à execução – 3. A natureza cognitiva do pedido de Desconsideração de Personalidade Jurídica – 4. O alcance da convenção arbitral; 4.1 Alcance objetivo; 4.2 Alcance subjetivo – 5. O caráter unitário e necessário do litisconsórcio passivo diante da pretensão de reconhecimento de solidariedade passiva – 6. A superação da ideia da exclusiva vinculação do signatário; 6.1 A participação ativa como evidência de consentimento; 6.2 A objetivação do alcance subjetivo; 6.3 O caso Trelleborg; 6.4 O alcance subjetivo como garantia de eficácia da convenção arbitral; 6.5 A relevância da boa-fé; 6.6 A funcionalização da convenção arbitral – 7. A competência arbitral para o pedido de Desconsideração de Pessoa Jurídica; 7.1 A competência-competência; 7.2 O posicionamento do STJ; 7.3 O entendimento doutrinário – 8. A desconsideração destinada exclusivamente à aferição da responsabilidade executiva de terceiro (fraude): competência do juízo executivo – 9. Conclusões – 10. Referências.

1. INTRODUÇÃO

Há trinta anos a questão a resolver-se era se a convenção arbitral era legítima e como ela deveria ser implementada. Há pouco menos de vinte anos discutia-se como conjugar um título executivo extrajudicial com a convenção arbitral nele prevista. Há menos de dez anos ainda era objeto de resistências a ideia de que alguém só pode ter sua personalidade jurídica desconsiderada se lhe for dada possibilidade prévia de defesa. Essas questões foram, uma a uma, resolvidas: a convenção de arbitragem é constitucional e vinculante, quando celebrada observando seus pressupostos (STF, SEC 5.206); há uma divisão de tarefas entre juiz estatal e árbitro quando, além de título executivo extrajudicial, se tem cláusula compromissória (v. n. 2, adiante); a desconsideração de personalidade jurídica pressupõe devido processo legal, com contraditório e ampla defesa prévios (CPC, art. 133 a 137).

Mas a empreitada do profissional ou estudioso do direito é semelhante à do equilibrista em uma apresentação circense: primeiro ele equilibra na mão uma vareta com um prato na ponta; então ele equilibra essa vareta com o prato no nariz; a seguir ele equilibra

EDUARDO TALAMINI

ao mesmo tempo uma vareta na mão e outra no nariz – e aí outra na outra mão, e mais uma em um ombro, e em outro... Por fim, ele faz tudo isso em uma corda bamba. Os desafios vão se multiplicando e conjugando.

Assim, a questão que ora se põe é o modo de compatibilizar diferentes garantias: o acesso direto à execução judiciária por parte daquele que está munido de título executivo extrajudicial; a preservação da vontade das partes que, celebrando convenção arbitral, optaram por excluir do exame do Judiciário um litígio ou conjunto de litígios; o direito de defesa daquele de quem se pretende desconsiderar a personalidade jurídica.

Trata-se de saber a quem compete a desconsideração da personalidade jurídica quando, amparado em instrumento que é título executivo extrajudicial e que veicula cláusula compromissória, o credor pretende desde logo promover a execução, mas atingindo também outro(s) sujeito(s), que não consta(m) do título, sob o fundamento de que teria havido desvio de finalidade ou uso abusivo da pessoa jurídica, de modo que esse(s) sujeito(s) seria(m) verdadeiramente parte(s) da relação contratual, ainda que não tendo nela formalmente figurado. A hipótese que aqui prioritariamente se examinará é aquela em que, no pedido de desconsideração, imputa-se ao requerido a efetiva participação na relação contratual – a despeito de o contrato estar formalmente celebrado em nome de outra pessoa (uma sociedade de que o requerido é sócio; alguém que é sócio da sociedade requerida; outra empresa integrante do grupo etc.). No final deste texto, se cogitará de hipótese diversa, em que o abuso de pessoa jurídica se destina apenas ao esvaziamento patrimonial da parte contratante (v. n. 8).

A resposta à questão envolve dois distintos campos de investigação. Um concerne ao alcance subjetivo da convenção arbitral: ela se estende ao terceiro relativamente ao qual se pretende desconsiderar a personalidade jurídica? O outro aspecto diz respeito à repartição funcional de competências entre juiz e árbitro quando a questão da desconsideração é posta em sede executiva. O exame se iniciará por essa segunda questão.

2. A COEXISTÊNCIA DE CLÁUSULA ARBITRAL COM A PREVISÃO DE FORÇA DE TÍTULO EXECUTIVO EXTRAJUDICIAL

Na hipótese em análise, embora existindo convenção arbitral, há também cláusula contratual prevendo que o contrato serve de título executivo extrajudicial para obrigações líquidas, certas e exigíveis nele previstas (p. ex., CPC, art. 784, II a VI e VIII). A situação não é incomum na prática contratual.

Poderia parecer que isso constitui uma teratologia, com a consagração de duas disposições antagônicas – uma submetendo os litígios decorrentes do contrato à arbitragem (o que exclui a atividade executiva), outra autorizando a imediata atividade executiva (que é alheia ao processo arbitral). Mas a solução não reside em a eficácia de uma dizimar a outra – e sim o contrário: dar a cada uma delas a eficácia possível.

Não seria razoável afirmar que a parte credora teria antes de promover processo arbitral de conhecimento (condenatório) em relação àquelas obrigações (efetivamente

DESCONSIDERAÇÃO DE PERSONALIDADE JURÍDICA, EXECUÇÃO E CONVENÇÃO ARBITRAL | **221**

líquidas, certas e exigíveis), para só depois poder executar. Isso aniquilaria a eficácia do contrato como título executivo. A despeito da convenção arbitral, caberá reconhecer a direta competência do Judiciário para o processo de execução do título executivo extrajudicial.

Por outro lado, tampouco se concebe tornar letra morta a cláusula de arbitragem. Se as partes celebraram convenção arbitral, cumpre igualmente assegurar a eficácia desse negócio jurídico específico.

As duas cláusulas comportam conjugação adequada.

A pretensão de recebimento de obrigações líquidas, certas e exigíveis representadas no contrato podem ser objeto diretamente de processo executivo, perante o Poder Judiciário e sem prévia submissão ao juízo arbitral.

No entanto, toda disputa que surja e exija a cognição de aspectos de mérito deverá ser remetida à arbitragem. Não será de competência do Poder Judiciário. Por exemplo, se o executado opuser embargos de executado alegando defesas de mérito (a própria inexistência da obrigação, tal como a nulidade da sua constituição, ou qualquer fato extintivo, impeditivo ou modificativo da obrigação, *v.g.*, pagamento, compensação, prescrição...) a competência para julgamento de tais embargos será do juízo arbitral.

E a competência arbitral não se limita aos embargos de executado de mérito. Toda e qualquer outra discussão que envolva a relação substancial entre as partes (e não se limite à mera validade dos atos executivos) será de competência dos árbitros, e não do juiz estatal. Tome-se como exemplo a formulação de uma ação revisional do contrato ou até mesmo embargos de terceiro.[1]

2.1 A orientação do STJ

As diretrizes acima expostas estão consolidadas na jurisprudência do Superior Tribunal de Justiça.

O *leading case* relativo ao caso foi julgado ainda em 2008. Constou do voto da relatora de tal acórdão:

> A solução não aponta, no entanto, para o caráter mutuamente excludente destes institutos. Ao contrário, deve-se admitir que a cláusula compromissória possa conviver com a natureza executiva do título. Em primeiro lugar porque não se exige que todas as controvérsias oriundas de um contrato sejam submetidas à solução arbitral. O que equivale a admitir que algumas questões se sujeitem à arbitragem e outras não.[2]

O voto também invocou a doutrina de Carlos Alberto Carmona, que traça a precisa linha divisória das competências do Judiciário e juízo arbitral nessa hipótese: "Não há, porém, incongruência alguma entre a existência de um título executivo e a possibilidade

---

1. Nos casos em que esse terceiro se submeta também à convenção arbitral. A hipótese já foi explicitamente aventada pelo STJ, como se vê a seguir.
2. STJ, REsp 944.917, rel. Min. Nancy Andrighi, v.u., 3ª T., j. 18.09.2008, *DJe* 03.10.2008.

de arbitragem, mas a correlação entre os temas deve ser bem compreendida: *se houver alguma dúvida sobre o título (ou sobre as obrigações ali consignadas), tal crise de certeza deve ser dirimida pela via arbitral*; mas se houver inadimplemento, o credor socorrer-se-á desde logo da via judicial, propondo demanda de execução, sem que haja espaço para a arbitragem".[3]

Subsequentemente, diversos outros acórdãos foram proferidos no STJ no mesmo sentido, reafirmando e tornando ainda mais precisa essa distribuição de tarefas entre árbitro e juiz estatal.

Por exemplo, o REsp 1.949.566 foi mais específico na exata repartição de competências: "Na ação de execução lastreada em contrato com cláusula arbitral, apresentada impugnação pelo executado, o Juízo Estatal estará materialmente limitado a apreciar a defesa, não sendo de sua competência a resolução de questões que digam respeito ao próprio título ou às obrigações nele consignadas. 4. Nos casos em que a impugnação disser respeito à existência, constituição ou extinção do crédito objeto do título executivo ou às obrigações nele consignadas, sendo incompetente o Juízo Estatal para sua apreciação, revela-se inviável o prosseguimento da execução, dada a imperativa necessidade de solução pelo Juízo Arbitral de questão de mérito que antecede à continuidade da ação instaurada".[4]

Essa mesma divisão recebeu ainda maior detalhamento no REsp 1.465.535:

> 3. Na execução lastreada em contrato com cláusula arbitral, haverá limitação material do seu objeto de apreciação pelo magistrado. O Juízo estatal não terá competência para resolver as controvérsias que digam respeito ao mérito dos embargos, às questões atinentes ao título ou às obrigações ali consignadas (existência, constituição ou extinção do crédito) e às matérias que foram eleitas para serem solucionadas pela instância arbitral (*kompetenz e kompetenz*), que deverão ser dirimidas pela via arbitral. 4. A exceção de convenção de arbitragem levará a que o juízo estatal, ao apreciar os embargos do devedor, limite-se ao exame de questões formais do título ou atinentes aos atos executivos (v.g., irregularidade da penhora, da avaliação, da alienação), ou ainda as relacionadas a direitos patrimoniais indisponíveis, devendo, no que sobejar, extinguir a ação sem resolução do mérito.[5]

E não apenas os fatos constitutivos, modificativos, extintivos e impeditivos do crédito ficam sob a competência arbitral, mas também toda e qualquer outra discussão de mérito, tal como "revisão contratual, ante a onerosidade excessiva, decorrente da cobrança de juros compensatórios, remuneratórios e moratórios, de multa contratual, da capitalização de juros e da forma escolhida para a realização dos cálculos" (AREsp-AgInt 425.931).[6] Vale dizer, mesmo a definição dos acessórios incidentes sobre o crédito principal compete aos árbitros, pois é matéria de mérito.

---

3. CARMONA, Carlos Alberto. Considerações sobre a cláusula compromissória e a cláusula de eleição de foro. In: CARMONA, Carlos Alberto; LEMES, Selma Ferreira e MARTINS, Pedro Batista (Coord.). *Arbitragem*: estudos em homenagem ao Prof. Guido Fernando da Silva Soares, *in memoriam*. São Paulo, Atlas, 2007, p. 33-46. O voto da relatora cita também nesse mesmo sentido a doutrina de ABDALLA, Letícia Barbosa e Silva. Execução de título extrajudicial. Existência de cláusula compromissória. Exceção de pré-executividade. *Revista de Arbitragem e Mediação*. v. 15, p. 217-224. São Paulo, out./dez. 2007.

4. STJ, REsp 1.949.566, 4ª T., v.u., rel. Min. Luis Felipe Salomão, j. 14.09.2021, *DJe* 19.10.2021.

5. STJ, REsp 1.465.535, 4ª T., v.u., rel. Min. Luis Felipe Salomão, j. 21.06.2016, *DJe* 22.08.2016.

6. STJ, AgInt no AREsp 425.931, 3ª T., v.u., rel. Min. Ricardo Villas Bôas Cueva, j. 15.10.2018, *DJe* 17.10.2018.

No REsp 1.864.686, reconheceu-se que até a "exceção de pré-executividade" (objeção na execução), quando versar sobre fundamentos que "dizem respeito ao próprio mérito do título executivo em que inserida a cláusula compromissória", não pode ser conhecida pela Poder Judiciário. A competência para essas questões será do tribunal arbitral.[7]

No CC 150.830, foi-se ainda mais longe, para se reconhecer que embargos de terceiros que versem sobre questões substanciais decorrentes do contrato que contém a cláusula compromissória ficarão sujeitos ao juízo arbitral.[8] Como já indicado, isso só será admissível quando o terceiro estiver sujeito à convenção arbitral.

Cabe apenas um reparo à posição assumida pelo STJ. Em alguns desses julgados, afirma-se que instauração da discussão do mérito no juízo arbitral suspenderia de modo automático a tramitação da execução. Invoca-se para tanto inclusive o art. 313, V, *a*, do CPC. Mas se desconsidera o art. 784, § 1º, do CPC, segundo o qual "a propositura de qualquer ação relativa a débito constante de título executivo não inibe o credor de promover-lhe a execução" – não podendo tampouco suspender a execução já em curso. De resto, a oposição de embargos de executado também não suspende automaticamente a execução (CPC, art. 919) – e a formulação de defesas de mérito perante o juízo arbitral faz as vezes de embargos à execução. Logo, não há essa suspensão de pleno direito com a tão-só pendência das defesas do devedor em sede arbitral. O efeito suspensivo dependeria de uma decisão concessiva de tutela provisória pelo árbitro – tanto quanto isso seria necessário nos embargos de executado (CPC, art. 919, § 1º).[9]

2.2   As manifestações doutrinárias

Na doutrina, a mesma solução também tem sido de há muito uniformemente adotada. Como indicado, o próprio *leading case* do STJ já fazia referências a manifestações teóricas no sentido da orientação que adotou – e outras tantas foram emitidas depois da tomada de posição pela Corte.[10]

2.3   A aplicação da diretriz a outras demandas cognitivas incidentais à execução

Esses vetores amplamente consolidados não se aplicam apenas às defesas do executado ou de terceiros. Na medida em que existam obrigações líquidas, certas e exigíveis

---

7.   STJ, REsp 1.864.686, 3ª T., v.u., rel. Min. Moura Ribeiro, j. 13.10.2020, *DJe* 15.10.2020.

8.   STJ, CC 150.830, 2ª S., v.u., rel. Min. Marco Aurélio Bellizze, j. 10.10.2018, *DJe* 16.10.2018.

9.   Nesse sentido, DINAMARCO, Candido Rangel. *Instituições de direito processual civil*. 3. ed. São Paulo: Malheiros, 2009, v. IV, p. 93.

10.   Ver, entre outros: LEVY, Daniel. As interações entre Poder Judiciário e arbitragem. In: LEVY, Daniel e PEREIRA, Guilherme Setoguti J. (Coord.). *Curso de arbitragem*. São Paulo: Ed. RT, 2018, p. 337-338; ROQUE, Andre Vasconcelos. Comentários ao art. 914. In: GAJARDONI, Fernando da Fonseca; DELLORE, Luiz; ROQUE, Andre Vasconcellos e OLIVEIRA JR., Zulmar Duarte de (Coord.). *Execução e recursos*: comentários ao CPC de 2015. Rio de Janeiro: Forense, 2017, p. 506-507; DINAMARCO, Candido Rangel. *Instituições de direito processual civil*. 3. ed. São Paulo: Malheiros, 2009, v. IV, p. 93; ARAUJO, Luciano Vianna. Competência para julgar embargos à execução cujo título executivo extrajudicial consiste num contrato com cláusula compromissória. *Revista de Processo*, v. 272, São Paulo, out. 2017, versão digital.

representadas no contrato, elas podem ser objeto de direta execução fundada em título executivo extrajudicial. No entanto, isso não exclui que, nos limites de eficácia objetiva e subjetiva da cláusula compromissória, as demandas cognitivas de litígios relacionados com o contrato sejam submetidas à arbitragem.

3. A NATUREZA COGNITIVA DO PEDIDO DE DESCONSIDERAÇÃO DE PERSONALIDADE JURÍDICA

O pedido de desconsideração de personalidade jurídica, seja ele feito perante o Judiciário (incidentalmente ou em caráter principal) ou na arbitragem, constitui uma ação de conhecimento de natureza desconstitutiva.[11] A decisão de procedência do pedido declara o direito à desconsideração (efeito declaratório positivo) e desconstitui a eficácia da personalidade jurídica da sociedade, para o fim de atingir-se o patrimônio dela (na desconsideração invertida) ou o do sócio (na desconsideração em sentido estrito), no processo em curso. A decisão de improcedência declara a impossibilidade de desconsiderar-se a personalidade jurídica (efeito declaratório negativo).

No incidente judicial de desconsideração (art. 133 e seguintes do CPC), há a ampliação do objeto do processo. Isso significa que o requerimento de instauração do incidente, quando formulado pela parte interessada ou pelo Ministério Público, consiste em nova demanda em face do terceiro (a pessoa que terá sua esfera jurídica atingida pela desconsideração). Trata-se de uma ação incidental (i.e., uma ação que se formula e tramita dentro de um processo já em curso), pela qual se pretende a desconstituição da eficácia da personalidade de uma pessoa jurídica, para o fim de atingir o patrimônio dela (quando o sócio é a parte originária no processo) ou o patrimônio de seu sócio (quando ela é a parte originária).

Aliás, precisamente por constituir uma nova demanda, que amplia o objeto original do processo, as regras do incidente de desconsideração não comportam mitigação interpretativa, no que tange à impossibilidade de instauração de ofício pelo juiz. Isso implicaria uma exceção ao princípio de que uma tutela jurisdicional não será outorgada senão mediante pedido da parte legitimada (arts. 2º e 492 do CPC) – e depende, sempre, de expressa norma autorizadora.

Desenvolve-se atividade jurisdicional de cognição exauriente. O juiz investiga amplamente a configuração dos pressupostos para a desconsideração, com ampla instrução probatória, se necessário.

---

11. O exposto neste tópico toma essencialmente em conta considerações anteriormente feitas pelo signatário em sede doutrinária (WAMBIER, Luiz Rodrigues e TALAMINI, Eduardo. *Curso avançado de processo civil*. 21. ed. São Paulo: Ed. RT, 2022, v. 1, cap. 19, p. 413 e ss.). A orientação aqui exposta é pacificamente aceita na doutrina: DIDIER JR., Fredie. *Curso de direito processual civil*: introdução ao direito processual civil, parte geral e processo de conhecimento. 18. ed. Salvador: JusPodivm, 2016, v. 1, p. 526-528; SOUZA, André Pagani de. Comentários aos arts. 133 a 137. In: CRUZ E TUCCI, José Rogério; FERREIRA FILHO, Manoel Caetano; APRIGLIANO, Ricardo de Carvalho; MARTINS, Sandro Gilbert e DOTTI, Rogéria Fagundes (Coord.). *Código de Processo Civil anotado*. Rio de Janeiro: LMJ Mundo Jurídico, 2015, p. 227 – entre outros.

DESCONSIDERAÇÃO DE PERSONALIDADE JURÍDICA, EXECUÇÃO E CONVENÇÃO ARBITRAL | **225**

É essa mesma a natureza jurídica do pedido de desconsideração quando ele é formulado já em petição inicial, e não incidentalmente. Nessa hipótese, o sócio ou sociedade atingido por essa providência será desde logo citado como réu no processo. Ele será, desde o início, litisconsorte do réu da ação principal. Nessa hipótese, não se instaurará necessariamente o incidente do art. 133 e seguintes, do CPC. O pedido de desconsideração será processado juntamente com as outras demandas formuladas na inicial, se a ação principal for de conhecimento. Já se a demanda principal for executiva, como é o caso, haverá um incidente de cognição exauriente destinado ao processamento do pedido de desconsideração.

O incidente de desconsideração, quando decidido pelo Judiciário, será resolvido por decisão interlocutória (art. 136, *caput*, do CPC). Contra ela caberá agravo de instrumento (art. 1.015, IV, do CPC). A decisão pode não chegar a julgar o mérito da demanda de desconsideração, nas hipóteses do art. 485 do CPC (por exemplo, constata-se que já houve sentença entre as mesmas partes rejeitando a possibilidade da desconsideração pretendida, havendo coisa julgada que proíbe nova decisão da questão – art. 485, V). Mas tendo julgado o mérito do pedido de desconsideração, seja para acolhê-lo, seja para rejeitá-lo, a decisão do incidente fará coisa julgada material, assim que transitar em julgado (i.e., uma vez não interposto recurso ou exaurido todos os cabíveis). Trata-se de uma decisão interlocutória de mérito, apta a fazer coisa julgada material (arts. 356, § 3º, e 502, do CPC).

A decisão de improcedência do pedido declara a impossibilidade de desconsiderar-se a personalidade jurídica (efeito declaratório negativo). A decisão de procedência declara o direito à desconsideração (efeito declaratório positivo) e desconstitui a eficácia da personalidade jurídica da sociedade, para o fim de atingir-se o patrimônio dela (na desconsideração invertida) ou o do sócio (na desconsideração em sentido estrito), no processo em curso.

Portanto, o que se tem, em qualquer caso, é uma demanda de cognição exauriente. Mesmo quando formulado incidentalmente a um processo de execução, o pedido de desconsideração constitui atividade jurisdicional de conhecimento, com um mérito próprio, cuja decisão final é apta inclusive a fazer coisa julgada material. Sob esse aspecto, na divisão de tarefas entre juiz e árbitro, a que antes se aludiu, o pedido de desconsideração é apto a ser submetido à arbitragem.

Resta saber se, na hipótese em exame, a pretensão de desconsideração estaria abrangida pelos limites objetivos e subjetivos de eficácia da convenção arbitral.

4. O ALCANCE DA CONVENÇÃO ARBITRAL

Alude-se ao alcance da convenção arbitral para se definir os seus limites objetivos e subjetivos. Trata-se de saber quais matérias e pretensões estão abrangidas por tal convenção e quais sujeitos a ela se submetem.

Isso implica identificar um terreno de abrangência que já existia desde o início, isso é, desde que se pactuou a escolha pela arbitragem. Nesse sentido, o termo "alcance" é mais adequado e preferível a "extensão". "Extensão" sugere a ação de estender, de ampliar – o que não é o caso. Os limites objetivos e subjetivos da convenção existem desde o início. A decisão arbitral ou judicial que detecta tais limites é meramente declaratória: reconhece uma situação preexistente. *Não há* um provimento constitutivo que cria nova situação jurídica, estendendo a incidência da cláusula sobre um objeto ou pessoa a princípio não atingido por ela. Quando muito, se "restabelece a verdade jurídica de uma realidade travestida".[12] Não há nisso criação de uma nova realidade jurídica, mas desvendamento de algo que já existia.

É o que se passa na hipótese em exame – como se vê a seguir.

4.1 Alcance objetivo

Sob o prisma objetivo, não há maiores dificuldades em enquadrar a pretensão de desconsideração de personalidade jurídica no âmbito da convenção arbitral estabelecida no contrato relativamente ao qual se pretende fazer incidir essa desconsideração. Trata-se de pretensão de tutela cognitiva (desconstitutiva negativa) que decorre diretamente do contrato. A parte pretende que as obrigações contratualmente estabelecidas recaiam também sobre terceiros, que embora não tendo formalmente se vinculado à relação contratual, seriam igualmente contratantes; seriam devedores solidários, ao lado daquele que firmou o contrato. Na dimensão objetiva, é um imperativo lógico que a convenção arbitral abarque todas as disputas relativas à própria extensão do contrato a que ela se aplica, i.e., qual é precisamente o objeto contratual e quem são suas partes. Quando menos, essa é uma imposição da competência-competência (v. n. 7.1).

Com a devida vênia, não procede o argumento de que a desconsideração teria um caráter sancionatório,[13] alheio à relação contratual, que exigiria a investigação de fatos estranhos aos limites objetivos da cláusula compromissória.[14] Esse argumento confunde o objeto arbitrável (objeto do processo) com o objeto do conhecimento do julgador. O objeto do processo (o "mérito") consiste na pretensão a um provimento relativo a determinado "bem de vida".[15] Mas o objeto do processo não se confunde com as questões, processuais e de mérito, que o julgador deve resolver para solucionar a causa (o cha-

---

12. CLAY, Thomas. A extensão da cláusula compromissória às partes não contratantes (fora grupos de contratos e grupos de sociedades/empresas). *Revista Brasileira de Arbitragem*. v. 8, p. 74. Porto Alegre, out./dez. 2005.

13. Não se vai discutir aqui se a retirada da eficácia de um determinado ato ou instituto jurídico – que é o que se faz na desconsideração – constitui propriamente "sanção". Sobre o tema, tratando da questão sob a perspectiva da invalidade (mas com considerações aplicáveis à ineficácia), v. BOBBIO. Sanzione. *Contributi a un dizionario giuridico*. Turim: Giappichelli, 1994, p. 319-320.

14. Como pretende, por exemplo, BENEDUZZI, Renato. Desconsideração da personalidade jurídica e arbitragem. *Revista de Processo*, v. 290, p. 475-476. São Paulo, abr. 2019. Em sentido similar CARVALHO, João Victor Carloni de. Desconsideração da personalidade jurídica e arbitragem: uma análise acerca da extensão da cláusula compromissória a partes não signatárias. *Revista Eletrônica de Direito Processual*. v. 22, p. 505 e 509-510. Rio de Janeiro, jan./abr. 2021.

15. DINAMARCO, Candido Rangel. O conceito de mérito em processo civil. *Fundamentos do processo civil moderno*. 3. ed. São Paulo: Malheiros, 2000, v. I, n. 110, p. 254-255.

mado "objeto de conhecimento do juiz").[16] Os limites objetivos da convenção arbitral, assim como a arbitrabilidade objetiva, são estabelecidos à luz do *objeto do processo*. Na hipótese de desconsideração aqui cogitada, o credor a requer porque *pretende* exigir do terceiro (a rigor, parte, de acordo com sua pretensão) *as próprias obrigações contratuais*. O objetivo dele não é, em si, a aplicação da sanção de desconsideração. Mesmo porque o instituto da desconsideração não funciona como um mecanismo sancionatório autônomo e de caráter geral. Ele opera especificamente em face de determinada relação jurídica ou de determinadas posições dentro de uma relação jurídica (C. Civil, art. 50: "... desconsiderá-la para que os efeitos de certas e determinadas relações de obrigações sejam estendidos..."). Por isso, o pedido de desconsideração é sempre instrumental a outra pretensão. Na hipótese, a desconsideração é mecanismo invocado pelo credor visando à satisfação da obrigação contratual – e, como tal, é uma *questão* para conhecimento do julgador. Não há o que impeça o árbitro de enfrentar todas as questões de fato e de direito que se lhe ponham – tanto quanto enfrentaria o juiz estatal (Lei 9.307/1996, art. 18, primeira parte).[17] O objeto do processo permanece sendo as obrigações contratuais.

Cabe aqui uma comparação. Imagine-se que, em arbitragem em que duas empresas controvertem quanto ao cumprimento de obrigações previstas no contrato comercial celebrado entre elas, uma das partes impute à outra violação a normas de direito concorrencial. A ofensa a essas normas pode inclusive acarretar a incidência de sanções administrativas e penais. No âmbito do litígio entre as partes, a violação implicaria a nulidade ou inexigibilidade de determinadas obrigações. O tribunal arbitral poderá e deverá conhecer dessa alegação, para definir o tratamento jurídico aplicável às obrigações contratuais discutidas. Tratará da questão da ofensa à ordem econômica na motivação da sentença, como simples razão para decidir o objeto do processo (as posições jurídico-contratuais das partes). Seu pronunciamento não interferirá sobre o eventual exercício sancionatório pelos órgãos competentes.[18] A situação é comparável com a hipótese aqui em exame: a desconsideração é simples etapa lógica na atividade cognitiva do juiz para a definição do alcance das obrigações contratualmente estabelecidas.

De todo modo, como observa Luigi Viola, uma vez estabelecida cláusula compromissória "a competência arbitral estende-se depois a todas as controvérsias advindas de um liame de acessoriedade com a vivência do contrato, tais como aquelas de ressarcimento de danos com base em responsabilidade extracontratual ou de enriquecimen-

---

16. Ainda conforme leciona Dinamarco: "Todas as questões, enquanto tais, são decididas no processo *incidenter tantum*: mesmo as de mérito são resolvidas, como já se disse, na trajetória lógica do juiz rumo à decisão do próprio mérito. *Questões de mérito* não se confundem com o próprio mérito, da mesma forma como as dúvidas sobre a regularidade do processo se definem como questões processuais mas não se confundem com o processo em si mesmo" (O conceito de mérito..., cit., n. 111, p. 258-259). O autor retoma essas ideias, ao tratar especificamente do processo arbitral, em *A arbitragem na teoria geral do processo*, cit., n. 63, p. 169.

17. FERRAZ, Renato de Toledo Piza. *Desconsideração da personalidade jurídica na arbitragem*. Tese de doutorado, São Paulo, USP, 2022, p. 267.

18. O exemplo é de NORDENSON, ULF. Commentaire au rapport de Goldman. *Arbitrage international, 60 ans après*. Paris: CCI, 1984, p. 318 e ss.

to sem causa que encontrem sua origem na relação negocial".[19] Ou seja, a eficácia da convenção arbitral não se cinge às controvérsias direta e exclusivamente pertinentes às posições jurídicas internas ao contrato. Atinge igualmente aquelas que lhe são externas, mas apresentam um nexo de causalidade com a relação contratual. Nem é esse o caso aqui. O credor não tem uma pretensão extracontratual contra o atingido pela desconsideração. A desconsideração presta-se precisamente a viabilizar o endereçamento da pretensão contratual contra o atingido. Seja como for, ainda que se pudesse qualificar essa pretensão como "externa" – o que só se põe para argumentar –, jamais se poderia negar seu nexo de causalidade com o contrato.

4.2   Alcance subjetivo

Mais problemático é o enquadramento do terceiro nos limites subjetivos da convenção arbitral. Há quem defenda que seria necessária sua adesão explícita e voluntária ao pacto de arbitragem. Na medida em que ele não tivesse firmado o contrato, supostamente não poderia ser vinculado à cláusula compromissória.[20]

O tema exige considerações mais amplas, que serão feitas nos tópicos seguintes.

5.   O CARÁTER UNITÁRIO E NECESSÁRIO DO LITISCONSÓRCIO PASSIVO DIANTE DA PRETENSÃO DE RECONHECIMENTO DE SOLIDARIEDADE PASSIVA

Antes de se examinar o alcance subjetivo da cláusula arbitral, cabe destacar outro aspecto relevante para o tema. Quando o credor pretende a desconsideração da personalidade jurídica (normal ou invertida) para atingir terceiros, ele normalmente visa ao reconhecimento de solidariedade passiva entre o devedor formalmente indicado no título e esses terceiros. Esse pedido implica o estabelecimento de um litisconsórcio passivo unitário (e por consequência necessário) entre todos esses sujeitos aos quais se imputou a condição de devedores solidários.

Há litisconsórcio unitário quando pela natureza da relação jurídica exatamente um mesmo tratamento deve ser dado pela decisão final a todo um conjunto de sujeitos.[21] É o que se extrai do art. 116 do CPC,[22] em uma regra que é de teoria geral e, portanto, aplicável

---

19. *L'arbitrato nei confronti della Pubblica Amministrazione*. Piacenza: C. E. LaTribuna, 2003, cap. III, n. 1, p. 64 (original em italiano).

20. Nesse sentido, ARAGÃO, Leandro e DIDIER JR., Fredie. A desconsideração da personalidade jurídica no processo arbitral. In: YARSHELL, F. e PEREIRA, G. Setoguti (Coord.). *Processo societário*. São Paulo: Quarter Latin, 2012, p. 266-267. Assim também: CARVALHO, João Victor Carloni de. Desconsideração..., cit., p. 505 e 509-510.

21. "Consiste a unitariedade do litisconsórcio na indispensabilidade do julgamento uniforme do mérito para todos os litisconsortes. Pressuposto que em dado processo se tenha já formado um litisconsórcio, estando na relação processual dois ou mais autores ou réus, se esse litisconsórcio for unitário não poderá cada um daqueles ou destes ter sorte diferente da dos demais, quando o mérito for julgado" (DINAMARCO, Cândido Rangel. *Litisconsórcio*. 3. ed. São Paulo: Malheiros, 1994, n. 44, p. 133).

22. "Art. 116. O litisconsórcio será unitário quando, pela natureza da relação jurídica, o juiz tiver de decidir o mérito de modo uniforme para todos os litisconsortes."

a todas as modalidades de processos adjudicatórios, estatais ou não. E a unitariedade do litisconsórcio passivo implica a sua necessariedade (CPC, art. 114, parte final).[23]

É o que se tem na hipótese em exame. A pretensão do credor ao reconhecimento de que o devedor formalmente identificado no título e o(s) terceiro(s) são devedores solidários exige a presença de todos eles no processo. Não haveria como se reconhecer esse estado jurídico em face de um dos sujeitos sem que os outros também estivessem presentes. Não seria possível fazer isso em processos separados, com o risco de decisões diversas. Afinal, não haveria sentido e seria juridicamente inadmissível que uma decisão, em face do devedor formalmente identificado no título, por exemplo, afirmasse a sua condição de solidário do(s) terceiro(s) e, no outro processo, em face desse(s) terceiro(s), fosse negada essa mesma solidariedade. A solidariedade é um fenômeno biunívoco: se se afirma que A é solidário com B, B há de ser também necessariamente solidário com A.[24]

Enfim, é caso típico de unitariedade litisconsorcial. A situação é análoga à que se tem no clássico exemplo de litisconsórcio passivo unitário e necessário extraído dos manuais didáticos de processo: se o Ministério Público ajuíza ação de nulidade de casamento, ele tem de ajuizá-la necessariamente contra os dois cônjuges, pois ou bem os dois estão casados entre si ou não estão. Não há como A ser declarado casado com B e B ser declarado não casado com A.[25]

Então, na situação em exame, a pretensão do credor é uma e incindível em face do devedor identificado no título e do(s) terceiro(s) contra quem se pretende a desconsideração de personalidade normal ou invertida – sendo necessário demandá-los em litisconsórcio. Não seria viável a pulverização de demandas. Esse aspecto, por si só, não basta para fundamentar o alcance da convenção arbitral ao(s) terceiro(s). Afinal, diante da constatação da necessidade de litisconsórcio e da hipotética ausência de convenção arbitral vinculando todos os litisconsortes, a consequência poderia ser a da ineficácia da cláusula arbitral em relação aos que se vincularam a ela: todos, então, seriam demandados no Judiciário.

De todo modo, a unitariedade e necessariedade litisconsorcial é um importante fator, quando conjugado com outros a seguir expostos.

6. A SUPERAÇÃO DA IDEIA DA EXCLUSIVA VINCULAÇÃO DO SIGNATÁRIO

Está superada a ideia de que a convenção arbitral vincula apenas aquele que a celebrou, firmando o instrumento que a veicula. Há situações que justificam solução diversa.

---

23. "Art. 114. O litisconsórcio será necessário por disposição de lei ou quando, pela natureza da relação jurídica controvertida, a eficácia da sentença depender da citação de todos que devam ser litisconsortes."

24. A hipótese obviamente *não se confunde com a cobrança do crédito, quando há solidariedade passiva já reconhecida*. Aí o credor tem a faculdade de cobrá-la de apenas um, de alguns ou de todos os devedores solidários, como preferir (C. Civil, art. 275) – e o que se tem então é litisconsórcio facultativo. De resto, diante da pretensão de cobrança, cada devedor solidário pode ter defesas pessoais e não aproveitáveis aos demais devedores – o que faz com que tampouco exista necessariamente unitariedade do litisconsórcio.

25. WAMBIER e TALAMINI. *Curso avançado de processo civil*. 21. ed. São Paulo: Ed. RT, 2022, v. 1, p. 373.

Os exemplos são vários, no direito brasileiro e comparado. Eis alguns deles: (i) reconhece-se que há convenção arbitral válida e eficaz no caso em que, sendo o objeto arbitrável e as partes capazes, apesar de faltar uma convenção documentada por escrito, uma parte inicia a arbitragem e a outra a ela não se opõe – só vindo a pretender impugná-la depois de derrotada;[26] (ii) admite-se como válida e eficaz a convenção arbitral quando ela é proposta por uma parte, no bojo de uma proposta comercial, e a outra parte, embora sem aceitá-la expressamente, passa a executar o contrato conforme as condições daquela proposta e sem nenhuma ressalva (*estoppel* contratual);[27] (iii) afirma-se haver convenção arbitral tácita quando, embora não previsto no contrato, o emprego da arbitragem para a solução dos conflitos é costume assente naquele setor mercantil em que os contratantes estão plenamente inseridos;[28] (iv) reconhece-se a validade e eficácia da convenção arbitral estatutária, em sociedade anônima, mesmo em face do sócio que não votou favoravelmente à sua previsão no estatuto e não quis exercer o direito de recesso.[29]

É nesse contexto que se deve examinar a aplicabilidade da convenção arbitral ao pedido de desconsideração de personalidade jurídica.

6.1 A participação ativa como evidência de consentimento

Em uma fase inicial, prevaleceu o entendimento de que a participação ativa de não signatários da cláusula compromissória na negociação, execução e rescisão do contrato que a contém poderia ser considerada evidência de consentimento implícito para a arbitragem.[30]

Nessa linha, passou-se admitir que o consentimento para arbitragem poderia ser implícito, demonstrável pela participação ativa de terceiro na negociação, execução e rescisão do contrato que contém a cláusula compromissória.[31] No dizer de William W. Park, "a jurisdição arbitral baseada no consenso implícito envolve uma (parte) não

---

26. STJ, SEC 856, Corte Especial, v.u., rel. Min. Carlos A. M. Direito, j. 18.05.2005, *DJ* 27.06.2005; Lei modelo da UNCITRAL, art. 7º, n. 5 (primeira opção).

27. Ver UZELAC, Alan. The form of the arbitration agreement and the fiction of written orality: how far should we go? *Croatian Arbitration Yearbook*, v. 8, p. 92-93, 2001, onde são apresentados ainda diversos outros exemplos de convenção não necessariamente escrita.

28. Caso *Schubtex Inc. v. Allen Snyder Inc.*, EUA, *49 N.Y.2d 1*, Court of Appeals of the State of New York, argued September 4, 1979; decided November 27, 1979 (*obiter dictum*); caso *Cotton Yarn Antitrust Litigation*, Appeals from the United States District Court for the Middle District of North Carolina, at Durham. James A. Beaty, Jr., District Judge; argued: September 18, 2006; decided: October 12, 2007. Alemanha: decisão da Suprema Corte Federal (BGH), de 03.12.1992, caso n. III ZR 30/91 (publicado em NJW 1993, 1798).

29. Lei 6.404/1976, art. 136-A, acrescido pela Lei 13.129/2015.

30. "(...) there is general agreement on the fact that – all things being equal – active participation by a non-signatory in the negotiation, execution, performance and/or termination of the contract containing an arbitral agreement can be taken as evidence of implied consent to arbitrate" (ROMERO, Eduardo Silva e SAFFER, Luis Miguel Velarde. The extension of the arbitral agreement to non-signatories in Europe: a uniform approach? *American University Business Law Review*, v. 5, n. 3, p. 372, Washington, 2016). Ver também WALD, Arnoldo. A arbitragem, os grupos societários e os conjuntos de contratos conexos. *Revista de Arbitragem e Mediação*. v. 2, p. 58. São Paulo, maio/ago. 2004.

31. Eduardo Silva Romero e Luis Miguel Velarde Saffer, referindo-se à experiência da Suécia, Suíça, Espanha e França ("The extension...", cit., p. 385).

signatária que deveria razoavelmente esperar ser vinculada (ou beneficiada) por uma convenção arbitral assinada por outrem, possivelmente uma parte relacionada".[32]

6.2   A objetivação do alcance subjetivo

Atualmente, o atingimento de "terceiros" pela cláusula compromissória é reconhecido em termos mais amplos e objetivos.[33] Se, em um primeiro momento, os fundamentos para tanto eram subjetivos (ciência da existência de cláusula compromissória, presumida se o terceiro participou da execução do contrato),[34] agora os fundamentos são objetivos: a ciência da existência de cláusula compromissória é irrelevante: é suficiente que o terceiro esteja envolvido na execução do contrato ou nas disputas que dele decorrem.[35]

Como escreve Marcela Kohlbach de Faria:

> (...) é preciso observar que o consentimento previamente manifestado não é mais o elemento principal analisado pelos julgadores no momento de decidir pela inclusão ou não de terceiros no procedimento arbitral. A análise é feita de forma cada vez mais contextual, com a busca de elementos que possam inferir a existência de consentimento de forma indireta, mas não a real intenção das partes no momento da celebração do contrato. Ou seja, não se busca propriamente a prova de que as partes desejaram se vincular à convenção de arbitragem de forma *ex ante*. O que usualmente se perquire é a prova de ato das partes ao longo de toda a relação contratual que demonstram a ciência com relação à convenção de arbitragem ou, ao menos, que as partes deveriam saber da sua existência, bem como o grau de envolvimento das partes não signatárias na relação jurídica objeto da convenção de arbitragem.[36]

6.3   O caso Trelleborg

No Brasil, um dos precedentes mais conhecidos em matéria de alcance da cláusula compromissória a terceiro é o *caso Trelleborg*, julgado pelo Tribunal de Justiça de São

---

32. Original em inglês: "...arbitral jurisdiction based on implied consent involves a non-signatory that should reasonably expect to be bound by (or benefit from) an arbitration agreement signed by someone else, perhaps a related party" (Non-signatories and international contracts: an arbitrator's dilemma. *Public Law and Legal Theory Research Paper Series*, n. 17-27, p. 5. Boston, jan. 2008).
33. ROMERO, Eduardo Silva e SAFFER, Luis Miguel Velarde. The extension..., cit., p. 382 e ss. Conforme, ainda, MELO, Leonardo de Campos. *Extensão da cláusula compromissória e grupos de sociedades*. Rio de Janeiro: Forense, 2013, p. 107 e ss.; BARROCAS, Manuel Pereira. *Manual de arbitragem*. Coimbra: Almedina, 2010, p. 189 e ss.
34. ROMERO, Eduardo Silva e SAFFER, Luis Miguel Velarde. The extension..., cit., p. 382 e ss.
35. "Under the subjectivist approach, implied consent exists when (i) the non-signatory has an active role in the performance of the contract, and (ii) it is aware of the existence of the arbitral agreement (which is, in principle, presumed) (...). Under the objectivist approach, implied consent is only assessed based on behavior. Awareness as to the existence and/or scope of an arbitral agreement is irrelevant. In the Alcatel case, the Cour de Cassation said that "the effects of the international arbitration clause extend to parties directly involved in the performance of the contract and the disputes that may result from it" (ROMERO, Eduardo Silva e SAFFER, Luis Miguel Velarde. The extension..., cit., p. 383). Conforme, ainda, PINSOLLE, Philippe. A French view on the application of the arbitration agreement to non-signatories. In: BREKOULAKIS, Stavros L.; LEW, Julian D. M. e MISTELIS, Loukas A. (Coord.). *The evolution and the future of international arbitration*. Alphen aan den Rijn, *Kluwer Law International*, 2016, p. 210 e p. 216-218; BREKOULAKIS, Stravos L. *Third parties in international commercial arbitration*. New York: Oxford University Press, 2010, n. 5.05, p. 150.
36. *Participação de terceiros na arbitragem*. São Paulo: Quartier Latin, 2019, p. 81. Na mesma linha, GALLARD, Emmanuel e SAVAGE, JOHN. *Fouchard Gaillard Goldman on International Commercial Arbitration*. Holanda do Sul: Kluwer Law International, 1999, p. 281-282.

Paulo.[37] No julgamento em questão, o TJSP reconheceu a possibilidade de a cláusula compromissória aplicar-se a terceiro, quando este atua ativamente na execução do contrato.

Ao comentar o caso, Arnoldo Wald e Valeria Galíndez afirmam que "o mais importante fundamento da decisão (...) foi o fato de a holding ter (...) participação ativa (...), comprovado que colaborou ativamente no negócio jurídico, desde a sua negociação até a sua execução". Os autores concluem, então, que a extensão da cláusula compromissória a terceiro pode decorrer do exame da conduta das partes.[38] Em estudo anterior, Arnoldo Wald já concluía que se deve admitir a extensão da cláusula compromissória a terceiro quando esse tem "efetiva ingerência na operação, invocando-se tanto a teoria da aparência como a da desconsideração".[39]

6.4   O alcance subjetivo como garantia de eficácia da convenção arbitral

A aplicação da convenção arbitral ao não signatário, nessas condições, presta-se essencialmente a garantir a própria eficácia da arbitragem. Trata-se de casos em que o resultado útil do processo arbitral seria esvaziado, se não atingisse todos aqueles que diretamente estão envolvidos na execução do contrato a que a cláusula compromissória se refere e (ou) no litígio dele decorrente. Como observa Manuel Pereira Barrocas, em certos casos, é conveniente "resolver definitivamente um litígio, admitindo ou mesmo fazendo intervir terceiros no processo arbitral", sob pena de torná-lo ineficaz.[40]

É esse mesmo escopo que, dentro de certas condições, justifica o alcance da convenção arbitral sobre prepostos, empregados ou representantes da pessoa jurídica contratante. Nos casos normalmente cogitados, tem-se a aplicação da convenção arbitral a outras pessoas jurídicas do grupo daquela que assinou o contrato ou ao sócio da sociedade signatária. Mas esse mesmo conjunto de razões é aplicável a prepostos, empregados e agentes da empresa signatária da convenção.

Nesse sentido, Bernard Hanotiau noticia que a *Court of Appeals for the Third Circuit*, nos EUA, no caso *Pritzker* vs. *Merrill Lynch, Pierce, Fenner & Smith*, admitiu a aplicação

---

37.   TJSP, 7ª Câm. Dir. Priv., AC 9193203-03.2002.8.26.0000, v.u., rel. Des. Constança Gonzaga, j. 24.05.2006, reg. 1009499.

38.   "(...) o regime instituído pela Lei 9.307/1996 não condiciona a validade da cláusula compromissória à assinatura das partes. O art. 4º do referido diploma legal somente estabelece como requisito a forma escrita, enquanto o seu art. 1º exige tão somente a capacidade para contratar e a transigibilidade do direito em discussão. O mesmo se depreende da disposição do art. II (2) da Convenção de Nova Iorque. A aceitação da cláusula compromissória não deve, portanto, ser necessariamente demonstrado pela assinatura das partes. A prova da sua existência pode se dar, como no presente caso, por meio do exame da conduta das partes em todas as etapas da relação contratual, isto é, no momento da negociação, celebração e execução do contrato, ou, ainda, na própria arbitragem" (Caso Trelleborg. *Revista de Arbitragem e Mediação*. v. 10, p. 247. São Paulo, jul./set. 2006).

39.   A arbitragem, os grupos societários e os conjuntos de contratos conexos. *Revista de Arbitragem e Mediação*. v. 2, p. 40. São Paulo, maio/ago. 2004.

40.   *Manual de arbitragem*. Coimbra: Almedina, 2010, p. 182. Conforme, ainda, William W. Park, para quem "for arbitrators, motions to join non-signatories create a tension between two principles: maintaining arbitration's consensual nature, and maximizing an award's practical effectiveness by binding related persons" ("Non-signatories and international contracts: an arbitrator's dilemma", *Public Law and Legal Theory Research Paper Series*, n. 17-27, p. 4. Boston, jan. 2008).

da cláusula compromissória a terceiros que eram funcionários da parte signatária da convenção de arbitragem. O argumento foi o de que "uma pessoa jurídica como a Merril Lynch apenas pode agir por meio de seus empregados, e uma convenção arbitral seria de pequeno valor, se não se estendesse a eles".[41]

6.5   A relevância da boa-fé

E há ainda um fator adicional a considerar-se. O alcance da convenção arbitral sobre o não-signatário é tanto mais justificável quando houver indicativos de má-fé, abuso de direito ou fraude. A atuação de outras pessoas, em lugar do signatário, como uma forma de tentar evitar a incidência das previsões contratuais – tanto materiais quanto processuais, como é o caso da cláusula de arbitragem – deve ser diretamente censurada e neutralizada em termos práticos. O modo de se fazer isso é com o reconhecimento da incidência da eficácia contratual sobre o não signatário usado como "instrumento" nesse artifício.

Ou seja, o alcance subjetivo da cláusula, nesses casos, é delineado inclusive por imposições da boa-fé, como notam, entre outros, Pedro Baptista Martins[42] e Manuel Barrocas.[43] Trata-se de negar eficácia a práticas indevidas, "no caso de fraudes ou em situações análogas".[44]

6.6   A funcionalização da convenção arbitral

Com a consolidação da arbitragem, o aspecto formal, identificável na exigência de que os agentes envolvidos no processo arbitral tenham expressamente assinado o instrumento no qual está contida a cláusula de arbitragem, deve ceder espaço a uma visão funcionalizada do instituto. Assim é que Viviane Prado e Antonio Deccache identificam linhas de pensamento e julgados que valorizam aspectos relacionados a situações fáticas que reforçam a existência de estreita relação entre os signatários do contrato e o terceiro que se quer a ele vincular. Com base na experiência norte-americana apontam que "estender os efeitos da cláusula de arbitragem para uma parte não signatária com fundamento na teoria da desconsideração da pessoa jurídica, requer fortes evidências

---

41. BERNARD HANOTIAU. Complex arbitrations: multiparty, multicontract, multi-issue and class actions. Alphen aan den Rijn, *Kluwer Law International*, s. IV, n. 151, p. 75, 2006 – original em inglês: "an entity such as Merrill Lynch can only act through its employees, and an arbitration agreement would be of little value if it did not extend to them".

42. Arbitragem. Capacidade, consenso e intervenção de terceiros: uma sobrevista. In: FERRAZ, Rafaella e MUNIZ, Joaquim de Paiva (Coord.). *Arbitragem doméstica e internacional*. Rio de Janeiro: Forense, 2008, p. 296.

43. BARROCAS, Manuel Pereira. *Manual de arbitragem*, cit., p. 184. Ver também FARIA, Marcela Kohlbach de. *Participação de terceiros na arbitragem*, cit., p. 114-118; BREKOULAKIS, STRAVOS L. *Third parties in international commercial arbitration*. New York: Oxford University Press, 2010, n. 5.72, p. 169; MANTILLA, Yuri. O uso de doutrinas de equitable estoppel por não signatários de convenções de arbitragem: análise da recente Decisão da Suprema Corte dos Estados Unidos da América. *Revista Brasileira de Arbitragem*, v. 70, p. 152-153. Porto Alegre, jun. 2021.

44. WALD, Arnoldo. A arbitragem, os grupos societários e os conjuntos de contratos conexos. *Revista de Arbitragem e Mediação*. v. 2, p. 57. São Paulo, maio/ago. 2004.

de que uma empresa dominava as ações rotineiras de outra e/ou exercia este poder para fraudar ou cometer injustiças contra um terceiro".[45]

Nessa linha, na França, a *Cour d'Appel*, no caso *Orri* vs. *Societe des Lubrifiants Elf Aquitaine*, admitiu a incidência da cláusula compromissória sobre terceiros por reputar existente unidade econômica entre sociedades empresárias e, ainda, por reputar existente confusão patrimonial entre elas, "usando artifícios para evitar responsabilidades pessoais".[46]

7. A COMPETÊNCIA ARBITRAL PARA O PEDIDO DE DESCONSIDERAÇÃO DE PESSOA JURÍDICA

Por essas razões, não procede o argumento de que o terceiro contra quem se requer a desconsideração não ficaria submetido à convenção arbitral, por não haver assinado o contrato.

Há uma imposição lógica que desautoriza esse raciocínio. O objetivo da desconsideração é eliminar a personalidade jurídica do terceiro, de modo a identificá-lo com a parte original do contrato. Se julgado procedente o pedido de desconsideração, a esfera jurídica do terceiro será atingida como que se ele não existisse; como que se sua pessoa e seu patrimônio fossem a própria pessoa e o próprio patrimônio da parte da ação principal. Se o credor sustenta que as disposições materiais do contrato se aplicam ao terceiro – que seria, conforme a pretensão do credor, uma mesma e única pessoa que o devedor que figura no contrato –, cabe reconhecer que a disposição de negócio processual (cláusula de arbitragem) igualmente se aplicaria ao terceiro.[47] Em outros termos, a valer a tese do credor, se o terceiro deve ser considerado parte no contrato para o fim de se submeter solidariamente às obrigações nele previstas, igualmente se aplica ao terceiro a cláusula contratual de arbitragem. Se ocorrer a desconsideração da personalidade jurídica do terceiro, de modo que ele seja considerado vinculado às disposições substanciais do contrato, ele estará igualmente submetido a todo o contrato, inclusive à cláusula arbitral. Não há como segmentar uma coisa da outra.

---

45. Arbitragem e desconsideração da personalidade jurídica. *Conpedi*. Disponível em: http://www.publicadireito.com.br/artigos/?cod=f5496252609c43eb. Acesso em: 26 abr. 2023.

46. Ou seja, "tratava-se de um caso típico de desconsideração da personalidade jurídica" (BARROCAS, Manuel Pereira. *Manual de arbitragem*. Coimbra: Almedina, 2010, p. 190). "In this case, the court permitted piercing of the corporate veil and extension of the arbitration clause to a non-signatory since the appellant, a party to the arbitration agreement, had perpetrated fraud to avoid paying its creditors by using several marionette companies which were not, in fact, party to the arbitration agreement. The court's decision was based on the fact that the appellant was the sole decision maker in the particular association of companies and it would be inequitable to permit it to cower away from its obligation to pay on a mere formality" (BHARUCHA, M. P.; JAISINGH, Sneha e GUPTA, Shreya. The extension of arbitration agreements to non-signatories: a global perspective. *Indian Journal of Arbitration Law*, Mumbai, v. V, n. 1, p. 38-39, 2016).

47. Como escreveu Paula Butti Cardoso: "Note-se que a desconsideração da personalidade jurídica, com o fim de vincular um não-signatário a obrigações decorrentes de um contrato, o vinculará à convenção de arbitragem mesmo que essa não seja a intenção primária daquele que pleiteou a desconsideração" (*Limites subjetivos à convenção da arbitragem*. Dissertação de mestrado, São Paulo, USP, 2013, p. 152).

DESCONSIDERAÇÃO DE PERSONALIDADE JURÍDICA, EXECUÇÃO E CONVENÇÃO ARBITRAL | **235**

Portanto, examinar a questão da desconsideração em face de um contrato que contém cláusula de arbitragem significa também examinar a própria questão do alcance da cláusula arbitral nele veiculada.[48]

7.1 A competência-competência

O que se tem no primeiro momento são apenas afirmações do credor, requerente da desconsideração. Quando muito, as alegações serão acompanhadas de documentos que indiquem certo grau de plausibilidade na narrativa. E nem mesmo isso é exigível, pois o pedido de desconsideração não fica condicionado à apresentação de prova pré--constituída.

De todo modo, não cabe, para o fim da definição da competência do tribunal arbitral, investigar-se profundamente esse conjunto fático. Até porque ele concerne também e especialmente ao próprio mérito da pretensão do credor: caso comprovados os fatos que ele sustenta, e sendo procedentes suas teses de fundo, irá se reconhecer a aplicação aos não signatários não apenas da convenção arbitral, como também e sobretudo das próprias obrigações substanciais.

Aplica-se ao caso o princípio da competência-competência.[49]

Uma primeira e mais destacada decorrência desse princípio é que toda e qualquer autoridade é o juiz primeiro de sua própria competência. No âmbito da arbitragem, isso significa que compete ao próprio árbitro decidir primeiramente se detém jurisdição arbitral para o caso – cabendo intervenção judicial apenas eventualmente depois, se e quando houver ação de impugnação à sentença arbitral. O árbitro é o juiz primeiro da existência, validade *e eficácia (alcance objetivo e subjetivo) da convenção arbitral* (Lei 9.307/1996, art. 8º, par. ún.).

Mas há ainda uma segunda consequência, não menos importante, extraível do princípio em discurso: *a competência há de ser sempre definida à luz de critérios prévios, e não mediante o indevido adiantamento do exame do mérito.*

A competência é estabelecida à luz daquilo que é afirmado pela parte em sua demanda, independentemente da procedência do quanto afirmado. Ou seja, a definição da competência é feita *in status assertionis*. A definição da procedência concerne ao mérito. Por exemplo, se alguém promove demanda judicial afirmando ter sido empregado do réu da ação, e pretendendo por isso direitos trabalhistas, essa ação é de competência da Justiça do Trabalho, ainda que eventualmente sejam falsos os fatos afirmados pelo autor ou indevida a qualificação jurídica por ele sustentada, de modo

---

48. Na mesma linha, YARSHELL, Flávio. Sentença arbitral e desconsideração da personalidade jurídica na fase de cumprimento de sentença. In: SIMONS, Adriana e outros (Coord.). *Estudos em homenagem a Ada Pellegrini Grinover e José Carlos Barbosa Moreira*. São Paulo: Tirant lo Blanch, 2020, p. 605; e FERRAZ, Renato de Toledo Piza. Desconsideração da personalidade jurídica na arbitragem, cit., esp. p. 247-249.

49. Sobre o tema, remeto ao que expus com mais amplitude em Competência-competência e as medidas antiarbitrais pretendidas pela Administração Pública. *Revista de Arbitragem e Mediação*. v. 50, p. 127-153. São Paulo, jul./ set. 2016.

EDUARDO TALAMINI

que ele jamais tenha sido empregado ou mantido qualquer relação trabalhista com o réu. Mas, mesmo assim, competirá ao juiz trabalhista dizer que não há a relação de trabalho afirmada na demanda.

A situação é análoga na hipótese em exame. Quando se diz que o tribunal arbitral detém jurisdição também em face de terceiros, não signatários do contrato objeto da convenção arbitral, mas que estão diretamente envolvidos na sua execução; quando se diz que tal extensão da convenção arbitral aplica-se especialmente aos casos em que a intervenção do terceiro é um artifício para frustrar a eficácia da convenção arbitral ou do contrato como um todo, quer-se com isso indicar, precisamente, que compete *ao tribunal arbitral* averiguar inclusive se tais fatos ocorreram. Enfim, compete ao tribunal arbitral aferir o alcance subjetivo da convenção arbitral – e, se isso demanda demonstração probatória que se entrelaça com o próprio mérito da causa, o processo arbitral há de se desenvolver para tal fim.

Se o tribunal arbitral depois vier a constatar a ausência dos pressupostos para a desconsideração da personalidade jurídica, caber-lhe-á reconhecer não apenas a não incidência das disposições contratuais substanciais sobre o terceiro, mas também sua própria não submissão à convenção arbitral. Por outro lado, se o tribunal reconhecer os pressupostos da desconsideração, a questão poderá ser revista pelo Judiciário, não sob a perspectiva de reexame do mérito, mas da aferição da existência de convenção arbitral que vincule o terceiro atingido pela desconsideração (Lei 9.307/1996, arts. 32, IV, e 33). A situação é análoga àquela que se tem quando se argui a nulidade integral do contrato em que está inserida a cláusula compromissória: a primeira competência é do árbitro (Lei 9.307/1996, art. 8º, *caput*); constatada a nulidade (que atinja inclusive a própria cláusula) ele não declara a nulidade, mas sim a sua falta de jurisdição; descartada a nulidade, cabe controle pelo Judiciário, não para revisar o juízo de mérito acerca da validade do contrato, mas para aferir a questão da (in)validade da convenção arbitral (Lei 9.307/1996, arts. 32, I, e 33).

7.2   O posicionamento do STJ

Há importante precedente do Superior Tribunal de Justiça, que consolida essa orientação. O STJ reconheceu a possibilidade de, na arbitragem, desconsiderar-se personalidade jurídica, atingindo-se, por essa via, terceiro não signatário da cláusula compromissória. Ressaltou que esse é o caminho a ser adotado a fim de se impedir que, por condutas artificiosas, a parte indevidamente aniquile a eficácia da convenção arbitral (e do próprio contrato como um todo).

Conforme constou da ementa do julgado:

3.1 O consentimento tácito ao estabelecimento da arbitragem há de ser reconhecido, ainda, nas hipóteses em que um terceiro, utilizando-se de seu poder de controle para a realização de contrato, no qual há a estipulação de compromisso arbitral, e, em abuso da personalidade da pessoa jurídica interposta, determina tal ajuste, sem dele figurar formalmente, com o manifesto propósito de prejudicar o outro contratante, evidenciado, por exemplo, por atos de dissipação patrimonial em favor daquele.

3.2 Em tal circunstância, se prevalecer o entendimento de que o compromisso arbitral somente produz efeitos em relação às partes que formalmente o subscreveram, o processo arbitral servirá de escudo para evitar a responsabilização do terceiro que laborou em fraude, verdadeiro responsável pelas obrigações ajustadas e inadimplidas, notadamente se o instituto da desconsideração da personalidade jurídica – remédio jurídico idôneo para contornar esse tipo de proceder fraudulento – não puder ser submetido ao juízo arbitral.

3.3 É preciso atentar que, com exceção de questões relacionadas a direitos indisponíveis, qualquer matéria – naturalmente, afeta à relação contratual estabelecida entre as partes –, pode ser submetida à análise do Tribunal arbitral, que a decidirá em substituição às partes, com o atributo de definitividade. O pedido de desconsideração da personalidade jurídica não refoge a essa regra, a pretexto de atingir terceiros não signatários do compromisso arbitral.

3.4 No contexto de abuso da personalidade jurídica, fraude e má-fé da parte formalmente contratante, afigura-se possível ao Juízo arbitral – desde que provocado para tanto, após cuidadosa análise da pertinência das correlatas alegações, observado o contraditório, com exauriente instrução probatória (tal como se daria perante a jurisdição estatal) –, deliberar pela existência de consentimento implícito ao compromisso arbitral por parte desse terceiro, que, aí sim, sofreria os efeitos subjetivos de futura sentença arbitral. Afinal, o consentimento formal exigido na arbitragem, que tem por propósito justamente preservar a autonomia dos contratantes (essência do instituto), não pode ser utilizado para camuflar a real vontade da parte, por ela própria dissimulada deliberadamente.[50]

Em tal caso, o STJ reputou que, uma vez que os atos pretensamente fraudulentos tinham correlação objetiva com contrato em que havia convenção de arbitragem, a jurisdição do tribunal arbitral atraía, também, a competência para julgar o incidente de desconsideração da personalidade jurídica – de forma a ser competente para decidir quem são os responsáveis solidários pela dívida, mas não sem antes lhes oportunizar o exercício do contraditório e da ampla defesa durante o processo arbitral. O seguinte trecho do relator do acórdão põe em destaque o posicionamento adotado pelo STJ:

Veja-se que o contratante lesado não possui, formalmente, nenhuma relação jurídica com esse terceiro, circunstância que, por si só, obsta o ajuizamento direto de uma ação reparatória em seu desfavor perante a jurisdição estatal. Para atingir a responsabilização desse terceiro, afigura-se necessário, antes, promover a desconsideração da personalidade jurídica da empresa com quem formalmente estabeleceu a relação contratual. Todavia, se tal pretensão for promovida perante o Juízo estatal, a empresa demandada, com razão, poderia aventar a existência de compromisso arbitral, em que as partes relegaram ao árbitro a solução de todo e qualquer conflito advindo do contrato avençado, a ensejar a extinção do feito sem julgamento de mérito. Como se constata, o contratante lesado deve submeter ao Juízo arbitral o pedido de desconsideração da personalidade jurídica da empresa demandada, a fim de alcançar a responsabilidade dos sócios, pelos prejuízos percebidos em virtude do inadimplemento das obrigações contratuais.

7.3   O entendimento doutrinário

Na doutrina brasileira, são diversas as manifestações a esse respeito, reconhecendo a extensão subjetiva da convenção arbitral ao sujeito contra o qual se formula o pedido

---

50.   STJ, REsp 1.698.730, 3ª T., v.m., rel. Min. Marco Aurélio Bellizze, j. 08.05.2018, *DJe* 21.05.2018.

de desconsideração de personalidade jurídica (vinculada a uma posição jurídica decorrente do contrato em que há a cláusula compromissória).[51]

8. A DESCONSIDERAÇÃO DESTINADA EXCLUSIVAMENTE À AFERIÇÃO DA RESPONSABILIDADE EXECUTIVA DE TERCEIRO (FRAUDE): COMPETÊNCIA DO JUÍZO EXECUTIVO

Por fim, cabe ressalvar que, mesmo havendo convenção arbitral, há hipótese de desconsideração cuja competência é do Judiciário, e não do árbitro.

É o que se tem quando, para subtrair-se do débito já constituído, o devedor adota ardis para esvaziar seu patrimônio, e o faz mediante o abuso de personalidade jurídica. Aí não se trata de vincular o atingido pela desconsideração a uma obrigação contratual, mas sim de apenas imputar-lhe unicamente a condição de responsável executivo. Ou seja, não se sustenta então que esse terceiro integrou a relação contratual, a despeito de nela não ter figurado formalmente. Afirma-se apenas que se fez uso abusivo ou em desvio de finalidade de personalidade jurídica para a retirada de bens do patrimônio do devedor. Nessa hipótese, a questão vai cingir-se à definição do âmbito de responsabilidade patrimonial do devedor – em outros termos: definir quais são os bens penhoráveis. Trata-se de saber se os bens do terceiro integram, por força da desconsideração, a esfera de responsabilidade executiva do devedor. A questão é de legitimidade da penhora. E essa é uma questão afeita ao juízo executivo (CPC, art. 790, V e VI).

Também nessa hipótese a desconsideração deverá ser antecedida do devido processo, assegurando-se ao terceiro o direito prévio à ampla defesa. Mas o incidente será então de competência do juízo executivo.

9. CONCLUSÕES

A previsão de que o contrato constitui título executivo extrajudicial não afasta a incidência da cláusula arbitral também nele prevista. As duas disposições não se excluem. São passíveis de compatibilização. Na medida em que efetivamente existam obrigações líquidas, certas e exigíveis representadas no contrato, elas podem ser objeto de direta execução fundada em título executivo extrajudicial. No entanto, isso não exclui que, nos limites da eficácia objetiva e subjetiva da cláusula compromissória, as demandas cognitivas de litígios relacionados com o contrato sejam submetidas à arbitragem.

O pedido de desconsideração de personalidade jurídica, previsto no art. 133 e seguintes dos CPC, consiste em demanda de cognição exauriente. Busca-se provimento

---

51. A título meramente exemplificativo, pode-se referir: LESSA NETO, João Luiz. *Arbitragem e Poder Judiciário*: a definição da competência do árbitro. Salvador: JusPodivm, 2016, p. 112-113; CAHALI, Francisco José. *Curso de arbitragem*. 9. ed. São Paulo: E. RT, 2022, p. 177-178; WALD, Arnoldo. A desconsideração na arbitragem societária. *Revista de Processo*, v. 44, São Paulo, jan./mar. 2015, versão digital; PRADO, Viviane e DECCACHE, Antonio. Arbitragem e desconsideração da pessoa jurídica, cit., p. 236-237; FERRAZ, Renato de Toledo Piza. Desconsideração da personalidade jurídica na arbitragem, cit., esp. p. 366-368; YARSHELL, Flávio, "Sentença arbitral e desconsideração...", cit., *passim*.

jurisdicional desconstitutivo da esfera jurídica que se pretende desconsiderar. Mesmo quando formulado incidentalmente a um processo de execução, o pedido de desconsideração constitui atividade jurisdicional de conhecimento, com um mérito próprio, cuja decisão final é apta inclusive a fazer coisa julgada material.

Em regra, compete ao juízo arbitral conhecer do pedido de desconsideração de personalidade jurídica relacionada com o contrato que contém cláusula arbitral – mesmo quando esse contrato constitui título executivo. Trata-se de ação de conhecimento cujo mérito é constituído por uma lide decorrente de contrato que contém cláusula arbitral. Se a cláusula compromissória determina que é de competência dos árbitros todo litígio "decorrente", "originário", "relativo", "derivado" etc. do contrato, a pretensão de desconsideração reveste-se dessa característica. Toda discussão sobre a própria pertinência de uma posição jurídica ao contrato (saber se o contrato estabelece ou não determinada obrigação; saber se alguém está ou não vinculado ao contrato) também deve ser submetida à arbitragem. Mais ainda, a cláusula arbitral impõe que toda discussão sobre a existência, validade e eficácia da própria cláusula deva igualmente ser submetida em primeiro lugar ao juízo arbitral. Tudo isso é decorrência do próprio princípio da *Kompetenz-Kompetenz*. A aferição da competência deve ser feita *in status assertionis*: se ocorrer a desconsideração da personalidade jurídica de terceiros, de modo a eles serem considerados vinculados, eles estarão sujeitos a todo o contrato, inclusive à cláusula arbitral. Não há como segmentar uma coisa da outra. Bem por isso, o STJ já se pronunciou no sentido de reconhecer a competência arbitral para o julgamento de pedido de desconsideração de personalidade jurídica relacionada com contrato que continha cláusula compromissória.

O Poder Judiciário não detém competência para o processamento e conhecimento do pedido de desconsideração na hipótese em exame. Uma vez arguido o defeito no processo, o juízo executivo deve rejeitar liminarmente o incidente, com base no art. 485, VII, do CPC, que prevê a negativa de resolução do mérito quando a causa estiver sujeita a convenção arbitral. O pedido deve ser formulado em sede arbitral – e seu resultado subsequentemente aplicado ao processo executivo.

Ressalva-se apenas a específica hipótese em que a desconsideração tem por objeto exclusivamente a definição do âmbito de responsabilidade executiva do devedor (aferição de fraude perpetrada mediante o abuso ou desvio de finalidade de pessoa jurídica), e não a imputação da condição de contratante ao terceiro. Nesse caso, independentemente da existência de convenção arbitral, o incidente de desconsideração compete ao juízo executivo, por dizer respeito a uma questão da atividade de execução (saber quais os bens penhoráveis – CPC, art. 790, V e VI).

10. REFERÊNCIAS

ARAGÃO, Leandro e DIDIER JR., Fredie. A desconsideração da personalidade jurídica no processo arbitral. In: YARSHELL, F. e PEREIRA, G. Setoguti (Coord.). *Processo societário*. São Paulo: Quarter Latin, 2012.

ARAUJO, Luciano Vianna. Competência para julgar embargos à execução cujo título executivo extrajudicial consiste num contrato com cláusula compromissória. *Revista de Processo*, v. 272, São Paulo, out. 2017.

BARROCAS, Manuel Pereira. *Manual de arbitragem*. Coimbra: Almedina, 2010.

BENEDUZZI, Renato. Desconsideração da personalidade jurídica e arbitragem. *Revista de Processo*, v. 290, p. 475-476. São Paulo, abr. 2019.

BERNARD HANOTIAU. Complex arbitrations: multiparty, multicontract, multi-issue and class actions. Alphen aan den Rijn, *Kluwer Law International*, s. IV, n. 151, p. 75. 2006.

BHARUCHA, M. P.; JAISINGH, Sneha e GUPTA, Shreya. The extension of arbitration agreements to non--signatories: a global perspective. *Indian Journal of Arbitration Law*, Mumbai, v. V, n. 1, p. 38-39, 2016.

BOBBIO. Sanzione. *Contributi a un dizionario giuridico*. Turim: Giappichelli, 1994.

BREKOULAKIS, Stravos L. *Third parties in international commercial arbitration*. New York: Oxford University Press, 2010.

CAHALI, Francisco José. *Curso de arbitragem*. 9. ed. São Paulo: E. RT, 2022.

CARDOSO, Paula Butti. *Limites subjetivos à convenção da arbitragem*. Dissertação de mestrado, São Paulo, USP, 2013.

CARMONA, Carlos Alberto. Considerações sobre a cláusula compromissória e a cláusula de eleição de foro. In: CARMONA, Carlos Alberto; LEMES, Selma Ferreira e MARTINS, Pedro Batista (Coord.). *Arbitragem*: estudos em homenagem ao Prof. Guido Fernando da Silva Soares, *in memoriam*. São Paulo, Atlas, 2007.

CARVALHO, João Victor Carloni de. Desconsideração da personalidade jurídica e arbitragem: uma análise acerca da extensão da cláusula compromissória a partes não-signatárias. *Revista Eletrônica de Direito Processual*. v. 22, p. 505 e 509-510. Rio de Janeiro, jan./abr. 2021.

CLAY, Thomas. A extensão da cláusula compromissória às partes não contratantes (fora grupos de contratos e grupos de sociedades/empresas). *Revista Brasileira de Arbitragem*. v. 8, p. 74. Porto Alegre, out./dez. 2005.

DIDIER JR., Fredie. *Curso de direito processual civil*: introdução ao direito processual civil, parte geral e processo de conhecimento. 18. ed. Salvador: JusPodivm, 2016. v. 1.

DINAMARCO, Candido Rangel. *Instituições de direito processual civil*. 3. ed. São Paulo: Malheiros, 2009. v. IV.

DINAMARCO, Cândido Rangel. *Litisconsórcio*. 3. ed. São Paulo: Malheiros, 1994.

DINAMARCO, Candido Rangel. O conceito de mérito em processo civil. *Fundamentos do processo civil moderno*. 3. ed. São Paulo: Malheiros, 2000, v. I.

FARIA, Marcela Kohlbach de. *Participação de terceiros na arbitragem*. São Paulo: Quartier Latin, 2019.

FERRAZ, Renato de Toledo Piza. *Desconsideração da personalidade jurídica na arbitragem*. Tese de doutorado, São Paulo, USP, 2022.

GALLARD, Emmanuel e SAVAGE, JOHN. *Fouchard Gaillard Goldman on International Commercial Arbitration*. Holanda do Sul: Kluwer Law International, 1999.

LESSA NETO, João Luiz. *Arbitragem e Poder Judiciário*: a definição da competência do árbitro. Salvador: JusPodivm, 2016.

LEVY, Daniel. As interações entre Poder Judiciário e arbitragem. In: LEVY, Daniel e PEREIRA, Guilherme Setoguti J. (Coord.). *Curso de arbitragem*. São Paulo: Ed. RT, 2018.

MANTILLA, Yuri. O uso de doutrinas de equitable estoppel por não signatários de convenções de arbitragem: análise da recente Decisão da Suprema Corte dos Estados Unidos da América. *Revista Brasileira de Arbitragem*, v. 70, p. 152-153. Porto Alegre, jun. 2021.

MARTINS, Pedro Baptista. Arbitragem. Capacidade, consenso e intervenção de terceiros: uma sobrevista. In: FERRAZ, Rafaella e MUNIZ, Joaquim de Paiva (Coord.). *Arbitragem doméstica e internacional*. Rio de Janeiro: Forense, 2008, p. 296.

MELO, Leonardo de Campos. *Extensão da cláusula compromissória e grupos de sociedades*. Rio de Janeiro: Forense, 2013.

NORDENSON, ULF. Commentaire au rapport de Goldman. *Arbitrage international, 60 ans après*. Paris: CCI, 1984.

PARK, William W. Non-signatories and international contracts: an arbitrator's dilemma. *Public Law and Legal Theory Research Paper Series*, n. 17-27, p. 5. Boston, jan. 2008.

PINSOLLE, Philippe. A French view on the application of the arbitration agreement to non-signatories. In: BREKOULAKIS, Stavros L.; LEW, Julian D. M. e MISTELIS, Loukas A. (Coord.). *The evolution and the future of international arbitration*. Alphen aan den Rijn, *Kluwer Law International*, 2016.

ROMERO, Eduardo Silva e SAFFER, Luis Miguel Velarde. The extension of the arbitral agreement to non--signatories in Europe: a uniform approach? *American University Business Law Review*, v. 5, n. 3, p. 372, Washington, 2016.

ROQUE, Andre Vasconcelos. Comentários ao art. 914. In: GAJARDONI, Fernando da Fonseca; DELLORE, Luiz; ROQUE, Andre Vasconcellos e OLIVEIRA JR., Zulmar Duarte de (Coord.). *Execução e recursos*: comentários ao CPC de 2015. Rio de Janeiro: Forense, 2017.

SOUZA, André Pagani de. Comentários aos arts. 133 a 137. In: CRUZ E TUCCI, José Rogério; FERREIRA FILHO, Manoel Caetano; APRIGLIANO, Ricardo de Carvalho; MARTINS, Sandro Gilbert e DOTTI, Rogéria Fagundes (Coord.). *Código de Processo Civil anotado*. Rio de Janeiro: LMJ Mundo Jurídico, 2015.

TALAMINI, Competência-competência e as medidas antiarbitrais pretendidas pela Administração Pública. *Revista de Arbitragem e Mediação*. v. 50, p. 127-153. São Paulo, jul./set. 2016.

UZELAC, Alan. The form of the arbitration agreement and the fiction of written orality: how far should we go? *Croatian Arbitration Yearbook*, v. 8, p. 92-93, 2001.

VIOLA, Luigi. *L'arbitrato nei confronti della Pubblica Amministrazione*. Piacenza: C. E. La Tribuna, 2003.

WALD, Arnoldo e GALÍNDEZ, Valeria. Caso Trelleborg. *Revista de Arbitragem e Mediação*. v. 10, p. 247. São Paulo, jul./set. 2006.

WALD, Arnoldo. A arbitragem, os grupos societários e os conjuntos de contratos conexos. *Revista de Arbitragem e Mediação*. v. 2, p. 40. São Paulo, maio/ago. 2004.

WALD, Arnoldo. A desconsideração na arbitragem societária. *Revista de Processo*, v. 44, São Paulo, jan./mar. 2015.

WAMBIER, Luiz Rodrigues e TALAMINI, Eduardo. *Curso avançado de processo civil*. 21. ed. São Paulo: Ed. RT, 2022. v. 1.

YARSHELL, Flávio. Sentença arbitral e desconsideração da personalidade jurídica na fase de cumprimento de sentença. In: SIMONS, Adriana e outros (Coord.). *Estudos em homenagem a Ada Pellegrini Grinover e José Carlos Barbosa Moreira*. São Paulo: Tirant lo Blanch, 2020.

O INCIDENTE DE DESCONSIDERAÇÃO DA PERSONALIDADE JURÍDICA E SUA CONTROVERTIDA APLICAÇÃO NOS JUIZADOS ESPECIAIS CÍVEIS

Felippe Borring Rocha

Mestre (Universidade Estácio de Sá – UNESA) e Doutor (Universidade Federal Fluminense – UFF). Professor de Adjunto de Direito Processual Civil da Universidade Federal do Rio de Janeiro – UFRJ, de cursos de pós-graduação e de cursos preparatórios para concursos públicos. Articulista, palestrante e autor, dentre outros, dos livros *Teoria Geral dos Recursos Cíveis, Manual dos Juizados Especiais Cíveis Estaduais* e *Princípio da Jurisdição Equivalente*. Membro do IAB, do IBDP. Defensor Público do Estado do Rio de Janeiro.

Sumário: 1. Introdução – 2. A Desconsideração da Personalidade Jurídica e a problemática da sua aplicação aos processos judiciais – 3. A regulamentação procedimental do pedido de Desconsideração da Personalidade Jurídica pelo CPC/2015 e a determinação para aplicação nos juizados especiais – 4. A resistência à aplicação nos juizados especiais do Incidente de Desconsideração da Personalidade Jurídica – 5. Conclusões – 6. Referências.

1. INTRODUÇÃO

O objetivo do presente texto é analisar a questão da aplicação do incidente de desconsideração da personalidade jurídica no âmbito dos Juizados Especiais Cíveis Estaduais, regulados pela Lei dos Juizados Especiais (Lei 9.099/1995).

Embora o tema, a princípio, não devesse suscitar maiores indagações, diante da redação clara e peremptória do art. 1.062 do CPC/2015, que dispõe que o "incidente de desconsideração da personalidade jurídica aplica-se ao processo de competência dos juizados especiais", o que se verifica em parte da jurisprudência e da doutrina especializada é uma resistência ao cumprimento da determinação contida no comando legal.

Ademais, é preciso considerar tal resistência se insere num movimento muito mais amplo e sistemático, frequentemente vistos nos tribunais do País, de inaplicabilidade (parcial, seletiva e casuística), aos Juizados Especiais das regras presentes não apenas no Código de Processo Civil, mas também em outras leis e até na Constituição Federal. São exemplos deste movimento a discussão sobre a contagem dos prazos (art. 219 do CPC/2015),[1] antes da inclusão do art. 12-A na Lei dos Juizados Especiais, efetuado pela

---

1. Nesse sentido, vejam-se os Enunciados 164 e 165 do Fórum Nacional dos Juizados Especiais – FONAJE: "O art. 229, *caput*, do CPC/2015 não se aplica ao Sistema de Juizados Especiais" e "Nos juizados especiais cíveis, todos os prazos serão contados de forma contínua". Sobre o tema, vejam-se ROCHA, Felippe Borring. *Manual dos juizados especiais cíveis estaduais: teoria e prática*. 12. ed. São Paulo: Atlas, 2022, p. 116, MELO, Rogério Licastro Torres de.

Lei 13.728/2018,[2] e a fundamentação das decisões judiciais (art. 489, § 1º, do CPC/2015 e art. 93, IX da CF).[3]

Por tais motivos, a presente análise será inserida num recorte um pouco mais amplo, considerando não apenas os aspectos relativos à aplicabilidade do incidente de desconsideração da personalidade jurídica, mas também à tormentosa questão da integração normativa da Lei dos Juizados Especiais com as demais regras do ordenamento jurídico.

2. A DESCONSIDERAÇÃO DA PERSONALIDADE JURÍDICA E A PROBLEMÁTICA DA SUA APLICAÇÃO AOS PROCESSOS JUDICIAIS

Como se sabe, a teoria da desconsideração da autonomia da personalidade jurídica foi apresentada, de forma pioneira no Brasil, no final da década de 60 do século passada, pelo professor Rubens Requião,[4] tendo por base os estudos realizados pelo professor alemão Rolf Serick[5] e pelo professor italiano Piero Verrucoli.[6] Desde então, a teoria se consolidou na doutrina[7] e na jurisprudência pátria,[8] especialmente assentada nos prin-

---

Contagem de prazos nos juizados especiais cíveis devem obedecer à regra do novo CPC. Disponível em: http://www. conjur/br/artigos/rtyhvg/35586663/pdf. Acessado em: 18 dez. 2022, CAVALCANTE, Bruno Arcoverde. *Aplicações no novo Código de Processo Civil aos Juizados Especiais Cíveis.* Disponível em: http://jus.com.br/artigos/60320/aplicações_do_novo_codigo_de_processo_civil_aos_juizados_especiais_civeis/2. Acesso em: 18 dez. 2022, GAIO JÚNIOR, Antônio Pereira. *Juizados especiais cíveis e a regra da contagem de prazos.* Disponível em: https://www. gaiojr.adv.br/artigos/juizados_especiais_civeis_e_a_regra_da_contagem_de_prazos. Acesso em: 19 dez. 2022.

2. Diz o art. 12-A da Lei 9.099/1995 que na "contagem de prazo em dias, estabelecido por lei ou pelo juiz, para a prática de qualquer ato processual, inclusive para a interposição de recursos, computar-se-ão somente os dias úteis".

3. Nesse sentido, vejam-se o Enunciado 162 do Fórum Nacional dos Juizados Especiais – FONAJE: "Não se aplica ao Sistema dos Juizados Especiais a regra do art. 489 do CPC/2015 diante da expressa previsão contida no art. 38, caput, da Lei 9.099/95.". Sobre o tema, vejam-se ROCHA, Felippe Borring. *Manual dos juizados especiais cíveis estaduais: teoria e prática.* 12. ed. São Paulo: Atlas, 2022, p. 205, SILVA, Augusto Vinícius Fonseca e. Repercussão dos arts. 11 e 489, § 1º do novo Código de Processo Civil nas sentenças dos juizados especiais cíveis. In: REDONDO, Bruno Garcia et al (Coord.). *Coleção repercussões do Novo CPC.* Salvador: JusPodivm, 2015, v. 7 – Juizados Especiais, p. 509, PELEJA JÚNIOR, Antonio Veloso; OLIVEIRA, Humberto Santarosa de. O procedimento dos juizados especiais na perspectiva principiológica do novo Código de Processo Civil: Contraditório e motivação das decisões como alicerces do devido processo legal. In: REDONDO, Bruno Garcia et al (Coord.). *Coleção Repercussões do Novo CPC.* Salvador: JusPodivm, 2016, v. 7 – Juizados especiais, p. 65, e MALHEIROS, Nayron Divino Toledo. *A aplicação integral do art. 489, § 1º, do NCPC no sistema dos juizados especiais cíveis.* Disponível em: https://www.migalhas.com.br/depeso/233640/a-aplicacao-integral-do-art--489----1--do-ncpc--do-dever-de-fundamentacao-das-decisoes--no-sistema-dos-juizados-especiais-civeis. Acesso em: 20 dez. 2022.

4. REQUIÃO, Rubens. Abuso de direito e fraude através da personalidade jurídica (*disregard doctrine*). *Revista dos Tribunais.* v. 58, n. 410, p. 13, dez. 1969.

5. SERICK, Rolf. *Aparencia y Realidad en las Sociedades Mercantiles – El Abuso de Derecho por Médio de la Persona Jurídica.* Barcelona: Ariel, 1958. Trata-se da tradução comentada por José Puig Brutau para o espanhol da tese apresentada pelo professor Serick no concurso para o cargo de *privat-dozent* na Universidade de Tübingen.

6. VERRUCOLI, Piero. *Il Superamento della Personalità Giuridica delle Società, di Capitali nella 'Common Law' e nella 'Civil Law'.* Milano: A. Giuffre, 1964.

7. Por todos, vejam-se MIRANDA, Francisco Cavalcanti Pontes de. Tratado *de direito privado.* 3. ed. Rio de Janeiro, Borsoi, 1970, p. 138, COMPARATO, Fábio Konder. *O poder de controle na sociedade anônima.* São Paulo: Ed. RT, 1976, JUSTEN FILHO, Marçal. *Desconsideração da personalidade societária no direito brasileiro.* São Paulo: Ed. RT, 1987 e COELHO, Fabio Ulhôa. *Desconsideração da personalidade jurídica.* São Paulo: Ed. RT, 1989.

8. Nesse sentido, vejam-se os seguintes arestos: "'Habeas corpus'. – Esta Corte já firmou o entendimento de que o interesse direto ou indireto da magistratura, a que alude o artigo 102, I, n, da Constituição é o que diz respeito ao magistrado como tal, o que, evidentemente, não abarca filiação a pessoa jurídica do tipo de associação, ainda

O INCIDENTE DE DESCONSIDERAÇÃO DA PERSONALIDADE JURÍDICA E SUA APLICAÇÃO NOS JECs **245**

cípios constitucionais da boa-fé e da função social da propriedade, e foi gradativamente se incorporando ao ordenamento jurídico, com destaque para as previsões contidas no art. 28 do Código de Defesa do Consumidor (Lei 8.078/1990),[9] no art. 4º da Lei de Crimes Ambientais (Lei 9.605/1998),[10] no art. 34 da Lei do Sistema Brasileiro de Defesa da Concorrência (Lei 12.529/2011),[11] no art. 14 da Lei Anticorrupção (Lei 12.846/2013),[12] no art. 2º, § 2º, da Consolidação das Leis Trabalhistas (Decreto-lei 5.452/1943), com a redação dada pela Lei 13.467/2017,[13] e no art. 50 do Código Civil de 2002, com a redação dada pela Lei 13.874/2019.[14]

---

que de magistrados, quando a vítima do crime seja ela, não só, e principalmente, porque tem ela personalidade jurídica diversa da dos seus associados (a desconsideração da personalidade da pessoa jurídica só é admissível em caso de fraude), como também, porque, em se tratando de associação, eles nem sequer participam do capital social, não se rateando entre eles, em qualquer medida, vantagens ou desvantagens econômicas auferidas ou sofridas pela associação. – Não é o habeas corpus o instrumento processual idôneo para o exame de alegação de inocência. – Alegação genérica de que nas demais acusações feitas ao ora paciente não se levaram em conta os princípios do processo penal, do devido processo legal, da ampla defesa, da licitude da busca probatório, da presunção de inocência, da iniciativa das partes e da legalidade e da busca da verdade real, não pode ser apreciada em habeas corpus. "Habeas corpus" indeferido." (STF – 1ª Turma – HC 73881/GO – Rel. Moreira Alves, j. em 11.06.1996) e "Comercial e processual civil. Acórdão estadual. Nulidade não configurada. Embargos declaratórios ineptos em provocar prequestionamento. Ausência de fundamentação. Falência. Dações em pagamento fraudulentas aos interesses da massa. Desconsideração da personalidade jurídica no bojo do processo falencial. Desnecessidade de ação revocatória. Decreto-lei 7.661/1945, arts. 52 e seguintes. I. Não padece de omissão o acórdão estadual que enfrentou suficientemente as questões essenciais ao embasamento das conclusões a que chegou, apenas que desfavoráveis ao interesse da parte. II. Embargos declaratórios opostos perante a Corte a quo que padecem de inépcia, eis que se limitam a simplisticamente enumerar os dispositivos legais que desejam ver debatidos, sem apresentar, como compete ao recorrente, os fundamentos respectivos. III. Detectada a fraude na dação de bens em pagamento, esvaziando o patrimônio empresarial em prejuízo da massa falida, pode o julgador decretar a desconsideração da personalidade jurídica no bojo do próprio processo, facultado aos prejudicados oferecerem defesa perante o mesmo juízo. IV. 'A pretensão de simples reexame de prova não enseja recurso especial' (Súmula 7-STJ). V. Recurso especial conhecido e improvido." (STJ – 4ª Turma – RESP 418385/SP – Rel. Min. Aldir Passarinho Junior, j. em 19.06.2007).

9. "Art. 28. O juiz poderá desconsiderar a personalidade jurídica da sociedade quando, em detrimento do consumidor, houver abuso de direito, excesso de poder, infração da lei, fato ou ato ilícito ou violação dos estatutos ou contrato social.".

10. "Art. 4º Poderá ser desconsiderada a pessoa jurídica sempre que sua personalidade for obstáculo ao ressarcimento de prejuízos causados à qualidade do meio ambiente.".

11. "Art. 34. A personalidade jurídica do responsável por infração da ordem econômica poderá ser desconsiderada quando houver da parte deste abuso de direito, excesso de poder, infração da lei, fato ou ato ilícito ou violação dos estatutos ou contrato social.".

12. "Art. 14. A personalidade jurídica poderá ser desconsiderada sempre que utilizada com abuso do direito para facilitar, encobrir ou dissimular a prática dos atos ilícitos previstos nesta Lei ou para provocar confusão patrimonial – sendo estendidos todos os efeitos das sanções aplicadas à pessoa jurídica aos seus administradores e sócios com poderes de administração, observados o contraditório e a ampla defesa.".

13. "Art. 2º Considera-se empregador a empresa, individual ou coletiva, que, assumindo os riscos da atividade econômica, admite, assalaria e dirige a prestação pessoal de serviço. (...) § 2º Sempre que uma ou mais empresas, tendo, embora, cada uma delas, personalidade jurídica própria, estiverem sob a direção, controle ou administração de outra, ou ainda quando, mesmo guardando cada uma sua autonomia, integrem grupo econômico, serão responsáveis solidariamente pelas obrigações decorrentes da relação de emprego.".

14. "Art. 50. Em caso de abuso da personalidade jurídica, caracterizado pelo desvio de finalidade ou pela confusão patrimonial, pode o juiz, a requerimento da parte, ou do Ministério Público quando lhe couber intervir no processo, desconsiderá-la para que os efeitos de certas e determinadas relações de obrigações sejam estendidos aos bens particulares de administradores ou de sócios da pessoa jurídica beneficiados direta ou indiretamente pelo abuso. § 1º Para os fins do disposto neste artigo, desvio de finalidade é a utilização da pessoa jurídica com o propósito de lesar credores e para a prática de atos ilícitos de qualquer natureza. § 2º Entende-se por confusão

Apesar disso, poucos foram os estudos e debates realizados no Brasil sobre a estrutura procedimental da desconsideração da personalidade. O resultado é que, por longo período, o instituto foi aplicado nos processos judiciais de forma desregrada e casuística, violando os princípios processuais do contraditório e da ampla defesa e causando significativa insegurança jurídica.[15] Na maioria das vezes, a pessoa atingida pela desconsideração era incluída no processo sem ser citada ou mesmo ouvida, e somente tomava conhecimento disso quando seus bens eram apreendidos por alguma ordem judicial.

Nos Juizados Especiais Cíveis a situação não era diferente. A desconsideração da personalidade jurídica sempre foi utilizada sem maiores formalidades,[16] secundada, ainda, pela percepção de que os princípios informativos previstos no art. 2º da Lei 9.099/1995, notadamente os princípios da informalidade e da celeridade, seriam capazes de justificar a mitigação dos princípios constitucionais envolvidos.

3. A REGULAMENTAÇÃO PROCEDIMENTAL DO PEDIDO DE DESCONSIDERAÇÃO DA PERSONALIDADE JURÍDICA PELO CPC/2015 E A DETERMINAÇÃO PARA APLICAÇÃO NOS JUIZADOS ESPECIAIS

A insegurança jurídica causada pela falta do regulamento procedimental do pedido de desconsideração da personalidade jurídica, no entanto, não passou despercebido pelo legislador, que resolveu enfrentar a questão ao redigir o CPC/2015 (arts. 133 a 137). De fato, foi previsto, dentro do capítulo dedicado às intervenções de terceiro, que o pedido de desconsideração da personalidade jurídica, se não fosse formulado na própria petição inicial, deveria ser deflagrado por meio de um incidente processual que garantisse o contraditório e a ampla defesa do sócio ou da empresa atingida.[17]

---

patrimonial a ausência de separação de fato entre os patrimônios, caracterizada por: I – cumprimento repetitivo pela sociedade de obrigações do sócio ou do administrador ou vice-versa; II – transferência de ativos ou de passivos sem efetivas contraprestações, exceto os de valor proporcionalmente insignificante; e III – outros atos de descumprimento da autonomia patrimonial. § 3º O disposto no *caput* e nos §§ 1º e 2º deste artigo também se aplica à extensão das obrigações de sócios ou de administradores à pessoa jurídica. § 4º A mera existência de grupo econômico sem a presença dos requisitos de que trata o caput deste artigo não autoriza a desconsideração da personalidade da pessoa jurídica. § 5º Não constitui desvio de finalidade a mera expansão ou a alteração da finalidade original da atividade econômica específica da pessoa jurídica.".

15. Nesse sentido, vejam-se CÂMARA, Alexandre Freitas. *O novo processo civil brasileiro*. 3. São Paulo: Atlas, 2017, p. 110, GAJARDONI, Fernando da Fonseca; DELLORE, Luiz, ROQUE, Andre Vasconcelos; OLIVEIRA JR., Zulmar Duarte de. *Teoria geral do processo*: Comentários ao CPC de 2015: parte geral. São Paulo: Forense, 2015, p. 433, e AMARAL, Guilherme Rizzo. *Comentários às alterações do novo CPC*. São Paulo: Ed. RT, 2015, p. 204. Apesar das críticas doutrinárias, em geral a jurisprudência endossava a aplicação desregrada do instituto. Neste sentido, veja-se: "Segundo a jurisprudência do STJ, a desconsideração da personalidade jurídica, como incidente processual, pode ser decretada sem a prévia citação dos sócios atingidos, aos quais se garante o exercício postergado ou diferido do contraditório e da ampla defesa. Precedentes de ambas as Turmas que integram a Segunda Seção do STJ" (STJ – 3ª Turma – AgRg no REsp 1.523.930/RS – Rel. Min. Marco Aurélio Bellizze, j. em 16.06.2015).

16. Enunciado 60 do Fórum Nacional dos Juizados Especiais – FONAJE: "É cabível a aplicação da desconsideração da personalidade jurídica, inclusive na fase de execução". Por todos, veja-se LINHARES, Erick. *Juizados Especiais Cíveis*: Comentários aos Enunciados do FONAJE (Fórum Nacional de Juizados Especiais). 3. ed. Curitiba: Juruá, 2008, p. 34.

17. Importante sublinhar que este foi um dos raros casos de incidentes inseridos no ordenamento processual brasileiro pelo CPC/2015. De fato, vários incidentes previstos no CPC/1973 foram revogados pelo novo código,

O INCIDENTE DE DESCONSIDERAÇÃO DA PERSONALIDADE JURÍDICA E SUA APLICAÇÃO NOS JECs | **247**

Além de prever o meio pelo qual o pedido deveria ser formulado (art. 134), o Código dispôs que a instauração do incidente pressupunha a suspensão do processo e a citação do sócio ou da pessoa jurídica que se buscava incluir no processo (art. 135). Assentou, ainda, que se o julgamento do pedido de desconsideração fosse feito por meio de decisão interlocutória (art. 136), ela seria recorrível por meio de agravo de instrumento (art. 1.015, IV).[18] Ademais, firmou que uma vez acolhido o pedido de desconsideração, passaria a ser presumida a fraude de execução de eventuais alienações e onerações feitas pela parte incluída no processo (art. 137).

Não obstante, para afastar controvérsias existente sobre a interação entre os diplomas legais, o CPC/2015 estabeleceu expressamente o cabimento dessa modalidade especial de intervenção de terceiros nos Juizados Especiais, em suas disposições finais:

"Art. 1.062. O incidente de desconsideração da personalidade jurídica aplica-se ao processo de competência dos juizados especiais".

O CPC/2015, portanto, estabeleceu que o pedido de desconsideração da personalidade jurídica terá que seguir nos Juizados Especiais as regras previstas nos seus arts. 133-137.

4. A RESISTÊNCIA À APLICAÇÃO NOS JUIZADOS ESPECIAIS DO INCIDENTE DE DESCONSIDERAÇÃO DA PERSONALIDADE JURÍDICA

Tão logo o CPC/2015 foi publicado, surgiram vozes no sentido de que não seria possível promover a instauração do incidente de desconsideração da personalidade jurídica nos procedimentos previstos pela Lei dos Juizados Especiais, sob o fundamento de que isso seria incompatível com os seus princípios fundamentais (art. 2º).[19]

---

com o fundamento de desburocratizar e desformalizar os procedimentos judiciais. Sobre o tema, veja-se o item 3 da exposição de motivos do CPC/2015, assinada pela comissão de juristas nomeada pelo Senado Federal para elaborar o anteprojeto de lei que deu origem ao código.

18. Conforme será visto mais à frente, defendemos que a edição do CPC/2015 reforçou a posição favorável ao cabimento do agravo de instrumento nos Juizados Especiais.

19. Nesse sentido, vejam-se CHINI, Alexandre; HARTMANN, Rodolfo Kronemberg. *Os juizados especiais cíveis e a necessária flexibilização do incidente de desconsideração da personalidade jurídica. Direito em Movimento.* v. 15, n. 2, p. 49. Rio de Janeiro: EMERJ, 2º sem. 2017, DONIZETTI, Elpídio. A corte dos homens pobres e a principiologia do CPC/2015: o que serve ou não aos juizados especiais? In: REDONDO, Bruno Garcia et al (Coord.). *Coleção repercussões do novo CPC.* Salvador: JusPodivm, 2015, v. 7 – Juizados Especiais, p. 91, GAJARDONI, Fernando da Fonseca. A problemática compatibilização do novo CPC com os juizados especiais. Disponível em: http://jota.info/artigos/a-problematica-compatibilizacao-do-novo-cpc-com-os-juizados-especiais-11012016. Acesso em: 20 dez. 2022, e RIBEIRO, Sergio Luiz de Almeida. Hipóteses de cabimento do incidente de desconsideração da personalidade jurídica nos juizados especiais cíveis. In: REDONDO, Bruno Garcia et al (Coord.). *Coleção repercussões do novo CPC.* Salvador: JusPodivm, 2015, v. 7 – Juizados Especiais, p. 136. Veja-se, também, o seguinte julgado: "Ademais, como preleciona a melhor doutrina, o art. 1062 do CPC/2015 deve ser interpretado à luz dos princípios informativos previstos no art. 2º da Lei 9.099/1995, especialmente os da celeridade e informalidade. Assim, deve-se interpretar a aplicação do incidente de desconsideração previsto nos artigos 133 e 137 do CPC/2015 no que for compatível com a celeridade e informalidade preconizada para os Juizados Especiais Cíveis" (TJRJ – 1ª Turma Recursal – MS 0001379-78.2016.8.19.9000 – Rel. Juiz Paloma Rocha Douat Pessanha, j. em 30.01.2017).

Na visão desses estudiosos, como o CPC/2015 inseriu o incidente de desconsideração da personalidade jurídica dentro do capítulo dedicado às intervenções de terceiros, a medida não poderia ser aplicada nos Juizados Especiais, em razão da vedação contida no art. 10 da Lei 9.099/1995: "Art. 10. Não se admitirá, no processo, qualquer forma de intervenção de terceiro nem de assistência. Admitir-se-á o litisconsórcio."

Da mesma forma, sustentam que a suspensão do processo promovida pela instauração do incidente (art. 135 do CPC/2015) seria incompatível com os princípios da oralidade, informalidade e da celeridade previstos no art. 2º da Lei 9.099/1995.

Além disso, afirmam que o cabimento de agravo de instrumento contra a decisão que julgar o incidente de desconsideração (art. 1.015, IV, do CPC/2015) se chocaria com o entendimento prevalente de que tal recurso não é aplicável no âmbito dos Juizados Especiais.[20]

Nesse passo, conforme prenunciado na introdução deste texto, faz-se necessário destacar que a orientação no sentido da inaplicabilidade do incidente de desconsideração da personalidade jurídica aos procedimentos previstos na Lei dos Juizados Especiais está inserida num movimento que busca afastar a integração das regras da Lei 9.099/1995 com as demais regras processuais previstas no ordenamento jurídico brasileiro.

Embora não tenha uma uniformidade teórica, a base de pensamento desse movimento seria promover a preservação da "autonomia" e das "origens" dos Juizados Especiais do formalismo e cientificismo do processo civil comum.

A principal representante deste pensamento no País é, sem sombra de dúvidas, a ministra do STJ Fátima Nancy Andrighi. Para ela, as regras do Código de Processo Civil não se coadunam com o Sistema dos Juizados Especiais, que foram criadas para dar maior liberdade aos juízes para, com base nos princípios da informalidade e simplicidade que regem essas instâncias, adotarem o procedimento mais adequado à resolução dos conflitos.[21] Não por outro motivo, quando da edição do CPC/2015, a ministra declarou:[22-23]

> A Lei 9.099/95 veio sob o signo da simplicidade, da informalidade, da oralidade, da celeridade e da economia processual, critérios, que a fazem diferenciada, distinta e sem nenhuma semelhança com a Justiça Tradicional, tanto que, na parte Cível da referida Lei, sequer menciona eventual aplicação subsidiária do Código de Processo Civil.

---

20. Nesse sentido, veja-se o Enunciado 15 do Fórum Nacional dos Juizados Especiais – FONAJE: "Nos Juizados Especiais não é cabível o recurso de agravo, exceto nas hipóteses dos artigos 544 e 557 do CPC.".
21. ANDRIGHI, Fátima Nancy; BENETI, Sidnei Agostinho. *Juizados especiais cíveis e criminais*. Belo Horizonte: Del Rey, 1996, p. 12.
22. ANDRIGHI, Fátima Nancy. Redescobrindo os juizados especiais. In: REDONDO, Bruno Garcia et al (Coord.). *Coleção repercussões do novo CPC*. Salvador: JusPodivm, 2015, v. 7 – Juizados especiais, p. 30.
23. Embora a posição da ministra Andrighi seja uma grande referência, a maior parte dos integrantes do movimento de "autonomia" dos Juizados Especial tem um visão menos radical, admitindo a aplicação aos Juizados Especiais das regras comuns de forma "excepcional". Neste sentido, veja-se o Enunciado 161 do Fórum Nacional dos Juizados Especiais – FONAJE: "Considerado o princípio da especialidade, o CPC/2015 somente terá aplicação ao Sistema dos Juizados Especiais nos casos de expressa e específica remissão ou na hipótese de compatibilidade com os critérios previstos no art. 2º da Lei 9.099/95.".

O grande problema do movimento de "autonomia" dos Juizados Especiais é que sua aplicação é marcada pelo casuísmo, muitas vezes desprovido de técnica, lógica ou coerência. Além disto, é possível verificar, sem muita dificuldade, que em diversas situações o objetivo da inaplicação da legislação comum não é privilegiar os jurisdicionados ou mesmo as "origens" do instituto, mas, simplesmente, facilitar os trabalho dos julgadores e promover a extinção prematura dos processos.

Tome-se como exemplo o Enunciado 80 do Fórum Nacional dos Juizados Especiais – FONAJE, que diz que é o "recurso inominado será julgado deserto quando não houver o recolhimento integral do preparo e sua respectiva comprovação pela parte, no prazo de 48 horas, não admitida a complementação intempestiva (art. 42, § 1º, da lei 9.099/95)". Após a edição do CPC/2015, a orientação prevista neste enunciado foi reforçada pelo Enunciado 168, que aduz não ser aplicável "aos recursos dos Juizados Especiais o disposto no artigo 1.007 do CPC 2015".

Pois bem, quais são as justificativas para tal restrição? Uma interpretação literal do art. 42 da Lei 9.099/1995 (que reproduz parcialmente o teor da redação original do *caput* art. 511 do CPC/1973) e uma suposta defesa do princípio da celeridade.

De um lado, a questão da redação literal do mencionado art. 42 pode ser resolvida com a aplicação subsidiária tanto do § 2º do art. 511 do CPC/1973 ou dos §§ 2º, 4º e 5º do art. 1.007 do CPC/2015. Importante sublinhar também que a adoção da técnica interpretativa conhecida como "silêncio eloquente", para justificar que a falta de menção à complementação acarretaria a sua proibição, pressupõe um cotejo lógico com o sistema processual em vigor. Em outras palavras, não faz sentido que no sistema comum, onde a cobrança de custas é a regra, caiba a complementação, e nos Juizados Especiais, onde prevalece a gratuidade (art. 54 da Lei 9.099/1995), não caiba. Aliás, não é difícil identificar qual interpretação promove o acesso à justiça, no plano do acesso aos tribunais, e qual veda o acesso, fechando a via recursal aquele que está postulando a revisão do julgado.

Por outro lado, a intimação do recorrente para complementar o preparo do seu recurso, no prazo de 5 dias, no contesto da tramitação processual, não é suficiente para caracterizar uma lesão ao princípio da celeridade. O tempo médio de duração de um procedimento nos Juizados Especiais brasileiros é de quase 3 anos.[24] Mas, ainda que seja correto infirmar que a admissão do preparo possa ampliar a duração do processo, não por um atraso na sua marcha, mas para realização de uma nova etapa procedimental, isso não se sobrepõe ao princípio da primazia do mérito (art. 4º do CPC). Trata-se, em verdade, de um rigor formal inserido na chamada "jurisprudência defensiva".[25]

---

24. BRASIL. Conselho Nacional de Justiça. *Justiça em números 2022 (ano base 2021)*, v. 1, Brasília: CNJ, 2022. Disponível em: https://www.cnj.jus.br/pesquisas-judiciarias/justica-em-numeros/. Acesso em: 20 dez. 2022.

25. Em seu inesquecível discurso de posse no cargo de Presidente do STJ para o biênio 2008/2010, o ministro Humberto Gomes de Barros, dentre outras questões, defendeu abertamente a aplicação naquele tribunal daquilo que chamou de "jurisprudência defensiva", ou seja, a "criação de entraves e pretextos para impedir a chegada e o conhecimento dos recursos que lhe são dirigidos" (BARROS, Humberto Gomes de. Discurso de posse do Ministro Humberto Gomes de Barros no cargo de Presidente do STJ. *BDJur* de 28 de abril de 2008, Brasília: STJ. Disponível em: http://bdjur.stj.jus.br/xmlui/bitstream/handle/2011/16933/Discurso_Posse_Gomes%20de%20. Acesso em: 20 dez. 2022).

No caso do incidente de desconsideração da personalidade jurídica, o panorama é o mesmo. Ou, ainda pior.

O art. 1.062 do CPC/2015 é uma lei de mesma hierarquia que a Lei 9.099/1995. Só que, além de ser posterior, lhe faz expressa remissão, afastando a alegação de especialidade. Portanto, somente através de uma interpretação ab-rogante, que declarasse a inconstitucionalidade do art. 1.062 do CPC/2015, é que seria possível afastar sua incidência.

Ocorre que nenhum dos autores citados, que defendem a inaplicabilidade do art. 1.062 do CPC/2015, é capaz de apontar qualquer tipo de inconstitucionalidade no dispositivo. A inaplicabilidade seria, por assim dizer, decorrência natural da autonomia dos Juizados Especiais, que seria capaz de transformar em letra morta uma lei legitimamente aprovada pelo Poder Legislativo brasileiro. Trata-se, pois, de uma postura ativista, que viola os preceitos constitucionais de separação dos poderes da República (art. 2º da CF) e da primazia da legalidade (art. 5º, II, da CF).

Não se pode desconsiderar nessa discussão que a existência do incidente visa promover não apenas a segurança jurídica, mas também assegurar a observância dos princípios constitucionais do contraditório e da ampla defesa (art. 5º, LV, da CF e art. 10 do CPC/2015).

Por outro lado, a celeridade e a informalidade já deixaram de ser uma característica marcante da prática dos Juizados Especiais e, muitas das vezes, são usados como uma desculpa para legitimar o atingimento de outros propósitos. Neste sentido, é possível cogitar que a verdadeira motivação do entendimento em tela seja afastar, mais uma vez, o cabimento do agravo de instrumento dos Juizados Especiais (art. 1.015, VI, do CPC/2015), como já foi feito em outras oportunidades. Neste sentido, significativo lembrar que o orientação prevalente nos Juizados Especiais é que cabe recurso inominado da decisão interlocutória que, sem pôr fim ao procedimento executivo, julga a impugnação à execução ofertada pelo executado (art. 52, IX, da Lei 9.099/1995).[26]

Por fim, necessário frisar que, apesar de algumas das ponderações feitas pelos defensores da inaplicabilidade do incidente de desconsideração da personalidade ju-

---

26. Nesse sentido, veja-se o seguinte julgado: "Não procede o pedido de não conhecimento do recurso, sob o argumento de que a decisão atacada seria um mero despacho sem força sentencial, impedindo a interposição de recurso inominado. Isso porque as Turmas Recursais têm admitido o recurso interposto contra a decisão que julga a impugnação ao cumprimento de sentença, na medida em que não há no microssistema desta justiça especial a figura do agravo de instrumento." (TJRS – RI 0009094-49.2018.8.21.9000 – 4ª Turma Recursal – Rel. Juiz Silvia Maria Pires Tedesco, j. em 30.11.2018). Existe ainda orientação no sentido de que tal decisão seria "irrecorrível". Por exemplo: "Recurso inominado. Juizados especiais. Impugnação ao cumprimento de sentença. Recurso interposto contra decisão que não encerrou o cumprimento de sentença. Natureza interlocutória. Irrecorribilidade. Não cabimento. Recurso não conhecido." (TJPR – 2ª Turma Recursal – RI 0002020-90.2014.8.16.0053 – Rel. Juiz Marcel Luis Hoffmann, j. em 30.09.2022). Ainda que minoritária, parte da jurisprudência reconhece o cabimento do agravo de instrumento em face deste tipo de decisão. Com esse entendimento, veja-se: "Recurso inominado – Embargos à execução – Ato judicial atacado que não se caracteriza como sentença – Decisão interlocutória que não pode ser desafiada pelo recurso inominado previsto no art. 41, da Lei 9.099/95 – recurso não conhecido." (TJMT – Turma Recursal Única – RI 8043454-44.2019.8.11.0001 – Rel. Juiz Goncalo Antunes de Barros Neto, j. em 07.11.2022). Sobre o tema, veja-se ROCHA, Felippe Borring. *Manual dos juizados especiais cíveis estaduais: teoria e prática*. 12. ed. São Paulo: Atlas, 2022, p. 231.

rídica sejam efetivamente válidas – como por exemplo, a complexidade trazida para o procedimento com a instauração do incidente e a morosidade causada pela suspensão do processo –, isto não legitima o afastamento, puro e simples, do dispositivo. Na verdade, tais alegações devem ser levadas para o seu foro adequado, qual seja, o Congresso Nacional, para que eventual modificação seja feita por meio de lei.

5. CONCLUSÕES

Diante do exposto, parece inevitável defender a aplicação das regras previstas no CPC/2015 para reger o incidente de desconsideração da personalidade jurídica aos Juizados Especiais.[27] Isto porque os argumentos contrários à sua aplicação, embora parcialmente corretos, não têm o condão de afastar a incidência do art. 1.062 do CPC/2015, cuja constitucionalidade não tem sido questionada. Da mesma forma, os riscos à celeridade e à informalidade, de difícil comprovação na prática dos Juizados Especiais, não se sobrepõem aos princípios da segurança jurídica, do contraditório e da ampla defesa, prestigiados para aplicação das regras previstas nos arts. 133 a 137 do CPC.

6. REFERÊNCIAS

AMARAL, Guilherme Rizzo. *Comentários às alterações do novo CPC*. São Paulo: Ed. RT, 2015.

ANDRIGHI, Fátima Nancy. Redescobrindo os juizados especiais. In: REDONDO, Bruno Garcia et al (Coord.). *Coleção repercussões do novo CPC*. Salvador: JusPodivm, 2015. v. 7 – Juizados especiais.

ANDRIGHI, Fátima Nancy; BENETI, Sidnei Agostinho. *Juizados especiais cíveis e criminais*. Belo Horizonte: Del Rey, 1996.

BARROS, Humberto Gomes de. Discurso de posse do Ministro Humberto Gomes de Barros no cargo de Presidente do STJ. *BDJur* de 28 de abril de 2008, Brasília: STJ. Disponível em: http://bdjur.stj.jus.br/xmlui/bitstream/handle/2011/16933/Discurso_Posse_Gomes%20de%20. Acesso em: 20 dez. 2022.

BRASIL. Conselho Nacional de Justiça. *Justiça em números 2022 (ano base 2021)*, v. 1, Brasília: CNJ, 2022. Disponível em: https://www.cnj.jus.br/pesquisas-judiciarias/justica-em-numeros/. Acesso em: 20 dez. 2022.

CÂMARA, Alexandre Freitas. *Juizados especiais cíveis estaduais, federais e da fazenda pública*: uma abordagem crítica. 6. ed. Rio de Janeiro: Lumen Juris, 2010.

CÂMARA, Alexandre Freitas. *O novo processo civil brasileiro*. 3. ed. São Paulo: Atlas, 2017.

CAVALCANTE, Bruno Arcoverde. *Aplicações no novo Código de Processo Civil aos Juizados Especiais Cíveis*. Disponível em: http://jus.com.br/artigos/60320/aplicações_do_novo_codigo_de_processo_civil_a os_juizados_especiais_civeis/2. Acesso em: 18 dez. 2022.

CHINI, Alexandre; HARTMANN, Rodolfo Kronemberg. *Os juizados especiais cíveis e a necessária flexibilização do incidente de desconsideração da personalidade jurídica*. Direito em Movimento. v. 15, n. 2, p. 46-55. Rio de Janeiro: EMERJ 2º sem. 2017.

---

27. Sobre o tema, vejam-se ROCHA, Felippe Borring. *Manual dos juizados especiais cíveis estaduais: teoria e prática*. 12. ed. São Paulo: Atlas, 2022, p. 84, ROCHA, Felippe Borring. *Os impactos do novo CPC nos juizados especiais*. In: DIDIER JR., Fredie; MACÊDO, Lucas Buril de; PEIXOTO, Ravi Medeiros; FREIRE, Alexandre. *Coleção novo CPC– Doutrina selecionada*. Salvador: JusPodivm, 2015, v. 2 – *Processo de conhecimento e disposições finais e transitórias*, p. 1.070.

COELHO, Fabio Ulhôa. *Curso de direito comercial*: direito de empresa. 18. ed. São Paulo: Saraiva, 2012. v. 2.

DONIZETTI, Elpídio. A corte dos homens pobres e a principiologia do CPC/2015: o que serve ou não aos juizados especiais? In: REDONDO, Bruno Garcia et al (Coord.). *Coleção repercussões do novo CPC*. Salvador: JusPodivm, 2015. v. 7 – Juizados especiais.

GAIO JÚNIOR, Antônio Pereira. *Juizados especiais cíveis e a regra da contagem de prazos*. Disponível em: https://www.gaiojr.adv.br/artigos/juizados_especiais_civeis_e_a_regra_da_contagem_de_prazos. Acesso em: 19 dez. 2022.

GAJARDONI, Fernando da Fonseca. *A problemática compatibilização do novo CPC com os juizados especiais*. Disponível em: http://jota.info/artigos/a-problematica-compatibilizacao-do-novo-cpc-com-os-juizados-especiais-11012016. Acesso em: 20 dez. 2022.

GAJARDONI, Fernando da Fonseca; DELLORE, Luiz, ROQUE, Andre Vasconcelos; OLIVEIRA JR., Zulmar Duarte de. *Teoria geral do processo*: comentários ao CPC de 2015: parte geral. São Paulo: Forense, 2015.

JUSTEN FILHO, Marçal. *Desconsideração da personalidade societária no direito brasileiro*. São Paulo: Ed. RT, 1987.

LINHARES, Erick. *Juizados especiais cíveis*: comentários aos enunciados do FONAJE (Fórum Nacional de Juizados Especiais). 3. ed. Curitiba: Juruá, 2008.

MALHEIROS, Nayron Divino Toledo. *A aplicação integral do art. 489, § 1º, do NCPC no sistema dos juizados especiais cíveis*. Disponível em: https://www.migalhas.com.br/depeso/233640/a-aplicacao-integral-do-art--489----1--do-ncpc--do-dever-de-fundamentacao-das-decisoes--no-sistema-dos-juizados-especiais-civeis. Acesso em: 20 dez. 2022.

MIRANDA, Francisco Cavalcanti Pontes de. *Tratado de direito privado*. 3. ed. Rio de Janeiro: Borsoi, 1970.

PELEJA JÚNIOR, Antonio Veloso; OLIVEIRA, Humberto Santarosa de. O procedimento dos juizados especiais na perspectiva principiológica do novo Código de Processo Civil: contraditório e motivação das decisões como alicerces do devido processo legal. *In*: REDONDO, Bruno Garcia *et al* (Coord.). *Coleção repercussões do novo CPC*. Salvador: JusPodivm, 2015. *v. 7 – Juizados Especiais*.

REQUIÃO, Rubens. Abuso de direito e fraude através da personalidade jurídica (disregard doctrine). *Revista dos Tribunais*. v. 58, n. 410, p. 12-24, dez., 1969.

RIBEIRO, Sergio Luiz de Almeida. Hipóteses de cabimento do incidente de desconsideração da personalidade jurídica nos juizados especiais cíveis. In: REDONDO, Bruno Garcia et al (Coord.). *Coleção repercussões do novo CPC*. Salvador: JusPodivm, 2015. v. 7, Juizados Especiais.

ROCHA, Felippe Borring. *Manual dos juizados especiais cíveis estaduais: teoria e prática*. 12. ed. São Paulo: Atlas, 2022.

ROCHA, Felippe Borring. Os impactos do novo CPC nos Juizados Especiais. *In*: DIDIER JR., Fredie; MACÊDO, Lucas Buril de; PEIXOTO, Ravi Medeiros; FREIRE, Alexandre. *Coleção novo CPC– Doutrina selecionada*. Salvador: JusPodivm, 2015. vol. 2 – *Processo de conhecimento e disposições finais e transitórias*.

SILVA, Augusto Vinícius Fonseca e. Repercussão dos arts. 11 e 489, § 1º do novo Código de Processo Civil nas sentenças dos juizados especiais cíveis. In: REDONDO, Bruno Garcia et al (Coord.). Coleção repercussões do novo CPC. Salvador: JusPodivm, 2015. v. 7 – Juizados especiais.

SOUZA, Gisele. Simplicidade e informalidade: regras do novo CPC não se aplicam aos juizados, defende Nancy Andrighi. *Consultor Jurídico*. Disponível em: http://www.conjur.com.br/2016-mai-20/regras-cpc-nao-aplicam-aos-juizados-defende-nancy-andrighi. Acesso em: 22 maio 2016.

SOUZA, Marcia Cristina Xavier de; MIRANDA NETTO, Fernando Gama de. Impactos do Novo Código de Processo Civil no Sistema dos Juizados Especiais. *In:* CIANCI, Mirna *et al.* (Coord.). *Novo Código de Processo Civil*: impactos na legislação extravagante e interdisciplinar. São Paulo: Saraiva, 2016.

I.3 – Partes no Incidente de Desconsideração da Personalidade Jurídica

NATUREZA JURÍDICA DA INTERVENÇÃO DOS CITADOS NA DESCONSIDERAÇÃO DA PERSONALIDADE JURÍDICA

Arlete Inês Aurelli

Doutora e Mestre em Direito Processual Civil pela PUC/SP. Professora de direito processual civil nos cursos de graduação e pós-graduação *stricto sensu* da PUC/SP. Professora nos cursos ESA/SP. Membro do IBDP E CEAPRO. Advogada em São Paulo. E-mail: Arlete.aurelli@gmail.com.

Sumário: 1. Introdução – 2. Sujeitos do processo; 2.1 Partes; 2.2 Terceiros – 3. Natureza jurídica da intervenção dos citados na Desconsideração da Personalidade Jurídica – 4. Conclusão – 5. Referências.

1. INTRODUÇÃO

Primeiramente, gostaríamos de agradecer o convite e a oportunidade que nos foi concedida, pelos organizadores, para participar dessa importante obra coletiva sobre tema que é um dos mais intrincados da moderna processualística.

No presente texto pretendemos tratar sobre um dos pontos mais tormentosos do instituto da desconsideração, mas dificilmente enfrentados, que se refere à natureza jurídica da intervenção daqueles que serão citados para participar do procedimento.

De fato, o código de processo civil de 2015 fez a opção de inserir a desconsideração da personalidade jurídica, como forma de intervenção de terceiros, no Livro III, Título III – Da Intervenção De Terceiros, (Art. 119 A 138), especificamente no Capítulo IV – Do Incidente de Desconsideração da Personalidade Jurídica (art. 133 a 137).

No entanto, apesar de clara a opção do legislador, muitos doutrinadores definem os citados, na desconsideração da personalidade jurídica, como partes.

A discussão sobre a natureza jurídica da intervenção dos sujeitos citados na desconsideração se justifica porquanto, além do CPC estabelecer que devem ser citados, a participação desses sujeitos, se dá como se partes fossem. E a dúvida se avoluma, na previsão constante do § 2º do art. 134 do CPC/15 em que se a desconsideração for pleiteada pelo autor, os sujeitos deverão ser indicados na petição inicial e citados para responder ao processo, sem instauração de um incidente em apartado. Há, ainda, uma outra hipótese, em que a desconsideração por ser feita por simples petição, sem criar incidente e, caso o juiz acolha, já determina o ingresso no polo passivo, do sócio, ou da empresa, na invertida, ou seja, como parte.

Desta forma, entendemos ser necessário analisar a natureza jurídica da intervenção dos sócios na desconsideração da personalidade jurídica, ou da sociedade, na desconsideração invertida.

Para enfrentar essa árdua tarefa, primeiramente, precisamos entender o conceito de sujeitos do processo e estabelecer a necessária distinção entre parte e terceiros. Veja-se que, quando se enxerga a existência de uma relação jurídica processual subjacente bem como a autonomia dessa relação perante a de direito material, constata-se a importância da análise dos sujeitos processuais, que a compõem e desenvolvem. São os sujeitos processuais que são responsáveis por constituir, desenvolver e extinguir o processo.

2. SUJEITOS DO PROCESSO

Sujeitos do processo são todos aqueles que de certa forma contribuem para a constituição e/ou desenvolvimento do processo.

Conforme o Livro III, do CPC/2015, são considerados "sujeitos do processo" os seguintes: partes (CPC/2015, art. 70 e seguintes); procuradores (CPC/2015/art. 103 e seguintes); terceiros intervenientes, incluindo os assistentes, denunciados, chamados, responsáveis e *amici curiae* (CPC/2015, art. 119 e seguintes); juízes (CPC/2015, art. 139 e seguintes); Auxiliares da justiça, incluindo escrivães, chefes de secretaria, oficiais de justiça, peritos, depositários, administradores, intérpretes, tradutores, conciliadores, mediadores etc. (CPC/2015, art. 149 e seguintes); membros representantes do Ministério Público (CPC/2015, art. 176 e seguintes); Membros representantes da Advocacia Pública (CPC/2015, arts. 182 e seguintes); Membros da Defensoria Pública (arts. 185 e seguintes, do CPC/2015); e Terceiros não intervenientes que auxiliam o juízo com informações (CPC/2015, arts. 378 e 772, inc. III).

Para a análise que nos interessa aqui, é importante examinar o conceito de partes e terceiros.

2.1 Partes

O direito de ação é atribuído ao titular de um interesse em conflito com o interesse de outrem. Por meio da ação, um sujeito pretende a subordinação do interesse de outrem ao próprio, ao que este resiste. Assim, na ação há dois sujeitos, que são, normalmente, os mesmos que a lide visa compor, mas não necessariamente, um sujeito ativo – o autor e outro sujeito passivo, o réu, os quais são abrangidos pela denominação jurídica de partes. Então parte é aquele que pede a tutela jurídica, no processo, bem como aquele em relação contra quem a tutela é pedida. Utiliza-se para aferição de quem é parte, do

NATUREZA JURÍDICA DA INTERVENÇÃO DOS CITADOS **255**

critério exclusivamente processual, ou seja, é parte aquele indicado pelo autor para figurar no polo ativo e passivo do processo. Não importa se há coincidência, ou não, ou quem é titular da relação jurídica de direito material, mas apenas se constam do processo, como autor e réu.

O conceito de parte resulta, pois, da simples afirmação no processo. Tanto que parte ilegítima também é parte. O critério para conceituar parte não é adequado para aferir a *legitimidade ad causam,* a qual se relaciona a titularidade da relação jurídica de direito material, que é discutida em juízo. Portanto, o conceito de legitimidade não se confunde com o conceito de parte pois mesmo aquele que tem sua ilegitimidade ad causam decretada não deixa, só por isso, de ser parte.

Não importa, igualmente, em que momento o autor tenha indicado tais sujeitos para figurar nos polos da ação. Seja na petição inicial, ou posteriormente, se foram indicados pelo autor para figurar num dos polos da ação, será parte. Então, trata-se de conceito meramente formal que do processo deve ser extraído. O conceito de parte resulta do fato da propositura da ação. Assim, partes são as pessoas que pedem ou em face das quais se pede a tutela jurisdicional.

As partes ocuparão um dos polos da ação, sendo que, em regra, são indicados pelo autor. A exceção fica por conta da reconvenção, em que o réu, conforme os §§ 3º e 4º do art. 343 do CPC/15 poderá trazer terceiros para propor juntamente, com ele, a ação contra o autor, ou até mesmo inserir um terceiro, para juntamente com o autor, responder aos termos do pedido formulado por ele, réu.

Por outro lado, é certo que se um terceiro intervier num determinado processo, de forma espontânea, não será considerado parte e sim terceiro.

É importante ressaltar que no caso da técnica de correção de legitimidade passiva prevista nos arts. 338 e 339 do CPC/15, ao contrário do que entendem muitos juristas, não se trata de forma de intervenção de terceiros.

Por essa técnica, verifica-se a clara intenção de simplificar o procedimento, permitindo que o autor possa corrigir o polo passivo equivocado sempre que o réu vier a alegar sua ilegitimidade ad causam. Trata-se de um verdadeiro caso de sucessão processual,[1] em que o réu sairá do processo, deixando de ocupar o polo passivo, sendo substituído por aquele que vier a ser indicado pelo próprio réu e aceito pelo autor.

A inovação é muito bem-vinda e totalmente adequada à finalidade do CPC/2015, que é a de simplificar o procedimento, tencionando alcançar o máximo possível a satisfação do direito. Conforme afirmava Vicente Greco Filho, na hipótese de nomeação à autoria, nada mais há do que a busca da pertinência subjetiva da ação no polo

---

1. Nesse sentido, vide DIDIER JR, Fredie: "A regra, que confere um direito processual de alteração de polo passivo da demanda, é muito boa e simplificadora. Trata-se de uma modalidade nova de intervenção de terceiro, que tem por consequência a sucessão processual, que não depende de concordância do réu: ao alegar a ilegitimidade, o réu deve saber que poderá ser substituído, a critério do autor". *Curso de Direito Processual Civil.* 17. ed. rev., ampl. e atual. Salvador: JusPodivm, 2015. p. 647.

negativo.[2] Dessa forma, nada melhor que buscar essa pertinência subjetiva em todos os tipos de tutela e não somente naquelas hipóteses restritas previstas para a atual nomeação à autoria.

Sobre a novidade, Alexandre Freitas Câmara entende que "Tem-se, aí, uma espécie de nomeação à autoria (embora a lei processual não empregue esta denominação, a qual encontra suas origens na nominativo auctoris do Direito Romano), criando a lei para o réu o dever jurídico de, sempre que alegar sua ilegitimidade passiva, indicar o nome do verdadeiro responsável, sob pena de responder por perdas e danos".[3]

Aqui novamente o que ocorre é que, embora depois de o terceiro, que foi indicado pelo réu para ocupar o polo passivo, adentrar o processo, a atividade processual por ele realizada, será na condição de parte. No entanto, para definir se seria parte ou terceiro, faz-se necessário analisar sua posição antes de entrar no processo. Assim, vemos clara caracterização de terceiro.

No caso da previsão de o autor optar por manter o primitivo réu no polo passivo e também requerer que o terceiro indicado a ocupar o polo passivo venha responder conjuntamente, em litisconsórcio no polo passivo, entendemos que não se trata de mera correção do equívoco, mas sim de ampliação subjetiva. É uma forma de intervenção de terceiros muito parecida com o chamamento ao processo. A diferença é que essa forma de intervenção, tem hipóteses específicas e limitadas, mas na hipótese prevista no parágrafo do art. 339, a previsão é ampla, podendo ser utilizada em todas as formas de processo e em relação a qualquer espécie de direito.

A finalidade do chamamento ao processo é possibilitar a ampliação subjetiva da lide, bastando, para tanto, a comunhão de devedores, não havendo necessidade de tratar especificamente de obrigação solidária.

Nesse sentido, Luiz Rodrigues Wambier e Eduardo Talamini definem o chamamento ao processo como "um instituto que consiste num meio de formação de litisconsórcio passivo, por iniciativa do próprio réu. Observe-se que se trata de uma exceção, pois a facultatividade do litisconsórcio está sempre ligada a figura do autor, e não à do réu. Pode-se dizer, em linguagem coloquial, que aquele que lança mão do instituto do chamamento ao processo chama aqueles que devem tanto quanto ele, ou mais do que ele, para responderem conjuntamente a ação, ampliando-se, assim, o polo passivo da relação processual."[4]

Cassio Scarpinella Bueno, por sua vez, ensina que "a doutrina, de forma predominante, sustenta ser a finalidade do chamamento ao processo a de admitir que o réu crie um litisconsórcio passivo para que todos os litisconsortes respondam, diante de uma específica situação de direito material, perante o credor comum, é dizer, que o réu leve, para o plano do processo, uma específica situação de direito material para colocar, a seu

---

2. GRECO FILHO, Vicente. *Intervenção de terceiros*. São Paulo: Saraiva, 1973, p. 56.
3. *O novo processo civil brasileiro*. 2. ed. rev. e atual. São Paulo; Atlas, 2016. p. 206.
4. *Curso Avançado de processo civil*. 10. ed. atual. e ampl. São Paulo: Ed. RT, 12. ed., 2011, p. 329.

NATUREZA JURÍDICA DA INTERVENÇÃO DOS CITADOS **257**

lado e perante o credor comum (o autor) outros codevedores, todos na qualidade de corréus. Nessas condições, o instituto visa à formação de título executivo contra aqueles que são chamados ao processo..."[5]

No caso em questão, trata-se justamente de possibilitar, por economia processual, a ampliação do polo passivo da demanda. No entanto, entendemos que o objetivo da norma é mais amplo que o do chamamento ao processo, restrito a hipóteses de fiança e obrigações solidárias. De fato, nos parece que o objetivo da ampliação permitida pelos arts. 338 e 339 do CPC/2015 não estaria restrito apenas aos casos de tutela condenatórias, com a finalidade específica de possibilitar a formação de título executivo para posterior sub-rogação. Nos parece que também para outras espécies de tutela jurisdicional a via para a ampliação do polo passivo estará aberta. Então, pensamos que embora essa espécie nova de formação de litisconsórcio ulterior, inclua as hipóteses de chamamento ao processo, não está restrita a eles. Entendemos, ainda, que na hipótese do parágrafo segundo do art. 339 do CPC/15, tal opção, pelo autor, poderá ser utilizada tanto nas hipóteses de obrigações solidárias como subsidiárias. E essa circunstância, para alguns doutrinadores, já seria suficiente para afastar a caracterização dessa espécie de intervenção, do chamamento ao processo.

Além disso, sabe-se que a legitimidade exclusiva do chamamento ao processo é do réu, único que poderá chamar ao processo os demais devedores solidários, conforme se verifica da dicção do art. 130 do CPC/2015. No chamamento ao processo, o favorecido pela intervenção é o réu, eis que se permite a formação de título executivo dele contra os devedores chamados (embora uma corrente minoritária entenda que haverá formação de título executivo do autor contra os chamados).

No caso da nova técnica criada pelo CPC/2015 (correção da legitimidade passiva), verifica-se que a ideia é render ensejo ao princípio da primazia do mérito, o que beneficiará, em última análise o autor, que é aquele que poderá trazer o terceiro para fazer parte do polo passivo, conjuntamente com o réu. De fato, no caso em estudo, não foi por vontade do réu que o litisconsórcio foi formado, mas sim em função da vontade exclusiva do autor, o qual tenciona, claramente, ampliar as possibilidades de satisfação do direito por ele pleiteado. Essa característica tem o condão de, por si só, afastar essa forma de intervenção do chamamento ao processo.

Na verdade, parece-nos que nessa técnica de correção da legitimidade passiva, não se trata de uma forma de intervenção de terceiros, mas sim de ampliação subjetiva da lide, em que aquele que será trazido, pelo autor, para ocupar o polo passivo da demanda, o fará na condição de parte.[6] E, no dizer de Daniel Amorim Assumpção Neves, "*não se*

---

5. *Curso sistematizado de direito processual civil*. 5. ed. São Paulo: Saraiva, 2012, v. 2, t. 1, p. 566.
6. Nesse sentido, está o acórdão prolatado pelo TJDF cuja ementa reza: "O Novo Código de Processo Civil, por sua vez, em seu art. 338, altera essa indesejada solução. Assim, arguindo o réu, na contestação, a sua ilegitimidade, tal como ocorreu no caso concreto, deverá o juiz possibilitar ao autor a *mutatio libelli*, isto é, a modificação subjetiva da demanda, para providenciar a substituição do demandado."(Acórdão 1056121, unânime, Relator: Alfeu Machado, 6ª Turma Cível, data de julgamento: 25.10.2017).

entende a necessidade de que, por mais elástica que necessite ser a interpretação dos insti-tutos, novas normas de direito devam ser sempre encaixadas em institutos já existentes."[7]

2.2   Terceiros

Partes diferem de terceiros, embora ambos sejam sujeitos do processo. Na verdade, a qualidade da participação é diferente. Terceiro é um contra conceito uma vez que é assim considerado aquele que, embora exerça pretensão, não é parte no processo.

É importante ressaltar que, para aferir quem é terceiro, deve-se fazer essa análise antes de o sujeito entrar no processo. Isto porque, depois que o terceiro intervém no processo, a atividade por ele exercida é muito similar àquela exercida pelas partes.

A intervenção de terceiros é o ingresso de um sujeito em processo alheio pendente, mediante autorização legal, dada a proximidade entre o interesse desse terceiro e o objeto da causa.

O Código de Processo Civil de 2015, na sua Parte Geral, título III – Da intervenção de terceiros, arrola as seguintes hipóteses: Assistência (arts. 119 a 124); Denunciação da Lide (arts. 125 a 129); Chamamento ao Processo (arts. 130 a 132); Incidente de desconsideração da personalidade jurídica (arts. 133 a 137) e *Amicus Curiae* (arts. 138).

A assistência é modalidade de intervenção de terceiros voluntária, prevista no art. 119 do CPC/15, pela qual permite-se ao interveniente, chamado assistente, que, em virtude de seu interesse jurídico, concorra para a determinação do conteúdo da sentença. O assistente intervém para auxiliar uma das partes, chamada de assistido, a conseguir sentença, que sendo-lhe favorável favorecerá o interveniente.

Assistência simples – é aquela em que o terceiro é atingido pelos efeitos reflexos da sentença, mas não pela força da coisa julgada. No entanto, esse terceiro tem interesse jurídico que o habilita a intervir no feito.

Assistência litisconsorcial – é aquela em que o terceiro é atingido pela sentença com força de coisa julgada. Além disso, o terceiro tem relação jurídica com o adversário do assistido.

Conforme o art. 121 do CPC/15, o assistente simples atuará como auxiliar da parte principal, exercerá os mesmos poderes e sujeitar-se-á aos mesmos ônus processuais que o assistido.

Por outro lado, conforme o art. 122 do CPC/15, a assistência simples não obsta a que a parte principal reconheça a procedência do pedido, desista da ação, renuncie ao direito sobre o que se funda a ação ou transija sobre direitos controvertidos. No tocante à assistência litisconsorcial, o art. 124 do CPC/15 prevê que atua como litisconsorte,

---

7. Nesse sentido, está o entendimento de Daniel Amorim Assumpção Neves, ao analisar a intervenção de terceiros trazida pelo art. 1698 do código civil de 2002. Intervenção de terceiros e a ação de alimentos. Disponível em: http://www.professordanielneves.com.br/artigos/201011151804040.intervencaodeterceiroseacaodealimentos. pdf, acesso em 31/05/2016.

exercendo atividade autônoma e independente. Tem os mesmos poderes e ônus que a parte. Pode discordar da vontade do assistido que renuncie, desista ou faça acordo. Pode suprir atos que o assistido não tenha praticado.

O art. 123 do CPC/15 prevê que transitada em julgado a sentença no processo em que interveio o assistente, este não poderá, em processo posterior, discutir a justiça da decisão, salvo se alegar e provar que:

I – pelo estado em que recebeu o processo ou pelas declarações e pelos atos do assistido, foi impedido de produzir provas suscetíveis de influir na sentença;

II – desconhecia a existência de alegações ou de provas das quais o assistido, por dolo ou culpa, não se valeu.

O *amicus curae* é o sujeito processual, pessoa natural ou jurídica, que atua em processos, cuja matéria for relevante. ele não é parte. É terceiro interveniente. No entanto, o interesse jurídico que habilita sua participação não é o mesmo que habilita os demais terceiros. O interesse jurídico que o *amicus curae* manifesta é um interesse institucional, assim entendido aquele interesse jurídico que ultrapassa a esfera jurídica de um indivíduo apenas, mas sim que interessa a toda a sociedade e que é defendido por grupos ou segmentos sociais.

Esse tipo de intervenção, conforme art. 138 do CPC/15, depende do cumprimento de um dos seguintes pressupostos de admissibilidade:

• a) relevância da matéria;
• b) especificidade do tema objeto da demanda;
• c) repercussão social da controvérsia.

E no caso da desconsideração da personalidade jurídica?

Algumas hipóteses constantes do código de processo civil poderiam gerar dúvidas se a participação daquele que é convocado a participar do feito, seria como parte ou como terceiro. É o caso da desconsideração da personalidade jurídica e também da técnica de correção do polo passivo, previstas nos artigos 338 e 339 do CPC/15, em substituição à antiga nomeação à autoria. A desconsideração da personalidade jurídica está prevista no CPC/15, nos arts. 133 a 137, como hipótese de intervenção de terceiros.

Trata-se de modalidade de intervenção provocada/forçada, porque o terceiro é trazido independentemente de sua vontade: uma pessoa (física ou jurídica), estranha ao processo, será citada e passará a ser parte (ao menos até que o incidente seja resolvido). O pedido de desconsideração da personalidade jurídica deve ser recebido como "incidente processual" sempre que não for requerido na petição inicial. O § 2º art. 134 reza que, se a desconsideração for requerida na petição inicial, dispensa-se a instauração do incidente, e o sócio ou a pessoa jurídica será citado para apresentação de defesa.

O incidente de desconsideração da personalidade jurídica será instaurado a pedido da parte ou do Ministério Público, conforme o art. 133 do CPC/15, pelo que é certo que a desconsideração da personalidade jurídica não pode ser determinada de ofício, sendo necessária a sua provocação. O pedido de desconsideração da personalidade jurídica observará os pressupostos previstos em lei. Ressalte-se que a lei referida nos parágrafos § 1º do art. 133, e 4º do art. 134, é material: o art. 50 do CC[8] e o art. 28 do Código de Defesa do Consumidor, o art. 18 da Lei 8.884/94 (Lei Antitruste) e o art. 4º da Lei 8.078/90 (Lei do Meio Ambiente).O incidente aplica-se à desconsideração inversa da personalidade jurídica, conforme o art. 133 § 2º do CPC/15. O art. 50 do CC também contempla as duas formas de desconsideração: a "tradicional" e a inversa, sendo aplicável, pois, na responsabilidade solidária de empresas integrantes de um mesmo grupo econômico.

A desconsideração inversa caracteriza-se pelo afastamento da autonomia patrimonial da sociedade, para atingir o ente coletivo e seu patrimônio social, de modo a responsabilizar a pessoa jurídica por obrigações do sócio, administrador ou de outras empresas. O incidente de desconsideração é cabível em todas as fases do processo de conhecimento, no cumprimento de sentença e na execução fundada em título executivo extrajudicial. O processo deve ser suspenso nos termos do § 3º do art. 135 do CPC/15. Instaurado o incidente, o sócio ou a pessoa jurídica será citado para manifestar-se e requerer as provas cabíveis no prazo de 15 (quinze) dias.

Assim, diante de um pedido de desconsideração da personalidade jurídica, o juiz determinará a citação do sócio ou da pessoa jurídica para que, no prazo de 15 (quinze) dias, apresente defesa e requeira a produção das provas que entender cabíveis e relevantes para o caso. A instrução probatória pode ou não ocorrer, a depender do pedido formulado pelo responsável solidário, nos termos do art. 136 do CPC/15, e do juiz, a quem compete acatar o pedido de produção de outras provas além das apresentadas na manifestação preliminar da parte. Segundo o *caput* do art. 136 do CPC/15, em geral, a desconsideração da personalidade jurídica será resolvida através de decisão interlocutória. Afinal, ela ocorre em qualquer momento do processo e pode ser essencial para a resolução dele, como no caso do processo de execução. E sendo resolvida via decisão interlocutória, portanto, dela caberá agravo de instrumento. Caso, contudo, a desconsideração seja resolvida em sentença, caberá apelação.[9]

3. NATUREZA JURÍDICA DA INTERVENÇÃO DOS CITADOS NA DESCONSIDERAÇÃO DA PERSONALIDADE JURÍDICA

No caso da desconsideração feita nos próprios autos, como ocorre no caso de empresa individual (EI), a decisão do juiz já determinará a inclusão no polo passivo da demanda, pelo que o meio processual cabível para se insurgir contra uma tal decisão é o recurso de agravo de instrumento e não a propositura de embargos de terceiro. É que

---

8. O art. 50 foi alterado pela lei de liberdade econômica, passando a estabelecer claramente o significado dos requisitos para a desconsideração; o art. 50 do CC contempla as duas formas de desconsideração: a "tradicional" e a inversa, sendo aplicável, pois, na responsabilidade solidária de empresas integrantes de um mesmo grupo econômico.

9. Nesse sentido, está o Enunciado 390 do FPPC.

NATUREZA JURÍDICA DA INTERVENÇÃO DOS CITADOS | **261**

nesse caso, o juiz já determina a inclusão no processo, no polo passivo. Não é terceiro, mas sim parte.

Pelo regramento inserto em tais normas, com exceção do pedido formulado na própria inicial,[10] instaura-se um verdadeiro incidente, que suspende o processo até a decisão pelo acolhimento, ou não da desconsideração. Nesse incidente, a pessoa que seria afetada pela desconsideração é citada, para poder defender-se. Julgada procedente a desconsideração, a ação principal será retomada e poderá atingir a esfera jurídica da pessoa atingida pela desconsideração (como se fosse a própria esfera jurídica da parte originária). Caso seja rejeitada, a ação principal prosseguirá podendo apenas atingir e vincular diretamente a esfera jurídica das partes originárias.

Tendo em vista que, após a procedência da desconsideração, o terceiro que passará a responder juntamente com a parte, pela obrigação exigida, ocupará o polo passivo e passará a ter atividade de parte, praticando os mesmo atos e sujeitando-se aos mesmos ônus, há muita controvérsia na doutrina, sobre se nesse caso haveria efetivamente intervenção de terceiros ou inclusive de parte, no polo passivo.

Em nosso sentir, aquele que é convocado a participar do feito, na desconsideração da personalidade jurídica, é efetivamente terceiro. Não somente porque essa foi a opção do legislador, que incluiu a intervenção no capítulo destinado à intervenção de terceiros, mas também porque, pelo critério utilizado para diferenciar partes e terceiros, fica evidente que, nesse caso, trata-se, verdadeiramente de terceiro.

Devemos lembrar que para a aferição da participação de um determinado sujeito processual, como parte ou terceiro, devemos analisar sua participação antes da entrada em juízo. Isso porque, depois que o terceiro intervém, a regra é que sua atividade processual seja idêntica à da parte, inclusive, no que tange a ocupar um dos polos da ação.

No caso da desconsideração, verificamos que, num primeiro momento, em que o incidente é proposto, haverá todo um procedimento a ser desenvolvido, até que o juízo, ao decidir julgar procedente o pedido de desconsideração, venha a ocupar o polo passivo da ação de conhecimento ou execução.

Veja-se que primeiro, os sócios, ou a empresa, na invertida, são citados para se defenderem no incidente de desconsideração, e o fazem, na qualidade de terceiro. Somente no caso de o juízo considerar procedente a desconsideração, é que tais sujeitos, passarão a integrar a relação jurídica processual, na ação principal, por assim dizer, e ai o fazem na qualidade de parte.[11]

A mesma regra, acima referida, de que devemos analisar a participação como partes ou terceiros antes do ingresso na ação, vale aqui. Assim, sócios ou empresa será

---

10. Nesse caso, há formação de litisconsórcio conforme o Enunciado 125 FPPC: "Há litisconsórcio passivo facultativo quando requerida a desconsideração da personalidade jurídica juntamente com outro pedido formulado na petição inicial ou incidentemente no processo em curso."

11. Nesse sentido estão o entendimento de FREIRE, Alexandre e MARQUES, Leonardo Albuquerque. *Comentários ao Código de Processo Civil*. São Paulo: Saraiva, 2016, p. 206-207 e SANTOS, Julio Cesar Guzzi dos. *A defesa no incidente de desconsideração da personalidade jurídica*. São Paulo: Editora d. Plácido, 2021, p. 110-111.

citados para o incidente de desconsideração da personalidade jurídica, o que será feito na qualidade de terceiros, da mesma forma que ocorre cm denunciados ou chamados ao processo. Somente, no caso de a desconsideração ser considerada procedente, serão inseridos na ação como partes.

Em conclusão, a desconsideração da personalidade jurídica é perfeita forma de intervenção de terceiros.

No entanto, é preciso ressaltar e diferenciar a hipótese prevista no §2 do art. 134 do CPC/15, porquanto, nesse caso, o sócio, ou a empresa, na invertida, serão indicados na petição inicial, e citados para participar da própria ação, no polo passivo, que nos leva a concluir que tal participação será como parte e não como terceiro.

Justamente por isso, entendemos incorreta a conclusão constante do Enunciado 125 FPPC, que reza: "Há litisconsórcio passivo facultativo quando requerida a desconsideração da personalidade jurídica juntamente com outro pedido formulado na petição inicial ou incidentemente no processo em curso." Ora, o entendimento está correto apenas no caso do pedido de desconsideração da personalidade jurídica ser formulado na inicial. No caso, de ser pleiteado de forma incidental, criando-se o incidente, não é o que se verifica justamente porque aqueles que serão citados, não são considerados partes, mas apenas terceiros. Somente assumirão a qualidade de partes se a desconsideração for julgada procedente.

Por fim, no caso da desconsideração pleiteada por simples petição, como ocorre na hipótese de empresa individual, como já explanado acima, a intervenção se dá na qualidade de parte.[12]

Outro ponto que suscita reflexão é aquela prevista no art. 792, § 3º, do CPC/15, que reza que "Nos casos de desconsideração da personalidade jurídica, a fraude à execução verifica-se a partir da citação da parte cuja personalidade se pretende desconsiderar".

A dúvida que se tem aqui seria como conciliar o que determina a norma com o princípio do contraditório e com o disposto no art. 135 do CPC/15, que reza que, instaurado o incidente, o sócio ou a pessoa jurídica, na invertida, será citado para manifestar-se e requerer as provas cabíveis no prazo de 15 dias. Ora, violaria o contraditório decretar fraude a execução antes que os sócios ou a empresa, na invertida, pudessem ter a oportunidade de defesa. Há quem justifique a norma sob o entendimento de que a citação da pessoa jurídica foi feita na pessoa dos sócios e, por isso, não haveria violação ao contraditório. Na verdade, tal entendimento não colhe porque entender assim seria negar a independência da pessoa jurídica, como assevera Renata Tarpinian de Castro, porquanto "O processo principal não tem o sócio como réu. Por isso os efeitos que

---

12. Nesse sentido, o seguinte julgado: "3. Tratando-se de empresário individual, não é possível a aplicação da desconsideração da personalidade jurídica prevista no art. 50 do CC, eis que este instituto pressupõe a existência de pessoa jurídica". Acórdão 1131400, 07058751120188070000, Relator: Silva Lemos, 5ª Turma Cível, Data de Julgamento: 18.10.2018, Publicado no DJE: 21.11.2018.

produz, como alegação de fraude à execução,(conceito de tramitava ação) não podem se estender aos sócios."[13]

O inciso VII do art. 790 determina que ficará sujeito à execução os bens do responsável, nos casos de desconsideração da personalidade jurídica. O inciso III do § 2º do art. 674 determina que o sócio (ou a sociedade na invertida) que teve seu bem penhorado independentemente da instauração do incidente tem legitimidade para propor embargos de terceiro, o que deve fazer no prazo de 15 dias. Na verdade, a única forma de compatibilizar a aparente contradição entre os dispositivos é entender que art. 137 do CPC/15 não prevê o termo inicial da fraude à execução, limitando-se a afirmar que somente haverá tal espécie de fraude se o pedido de desconsideração for acolhido. [14]

4. CONCLUSÃO

Aquele que é convocado a participar do feito, na desconsideração da personalidade jurídica, é efetivamente terceiro. Não somente porque essa foi a opção do legislador, que incluiu a intervenção no capítulo destinado à intervenção de terceiros, mas também porque, pelo critério utilizado para diferenciar partes e terceiros, fica evidente que, nesse caso, trata-se, verdadeiramente de terceiro.

Para a aferição da participação de um determinado sujeito processual, como parte ou terceiro, devemos analisar sua participação antes da entrada em juízo. Isso porque, depois que o terceiro intervém, a regra é que sua atividade processual seja idêntica à da parte, inclusive, no que tange a ocupar um dos polos da ação.

No caso da desconsideração, verificamos que, num primeiro momento, em que o incidente é proposto, haverá todo um procedimento a ser desenvolvido, até que o juízo, ao decidir julgar procedente o pedido de desconsideração, venha a ocupar o polo passivo da ação de conhecimento ou execução. Os sócios, ou a empresa, na invertida, são citados para se defenderem no incidente de desconsideração, e o fazem, na qualidade de terceiro. Somente no caso de o juízo considerar procedente a desconsideração, é que tais sujeitos, passarão a integrar a relação jurídica processual, na ação principal, por assim dizer, e ai o fazem na qualidade de parte.

No entanto, é preciso ressaltar e diferenciar a hipótese prevista no §2 do art. 134 do CPC/15, porquanto, nesse caso, o sócio, ou a empresa, na invertida, serão indicados na petição inicial, e citados para participar da própria ação, no polo passivo, que nos leva a concluir que tal participação será como parte e não como terceiro.

---

13. *O incidente de desconsideração da personalidade jurídica* – As diferentes funções de um mesmo mecanismo processual. São Paulo: Quartier Latin, 2019, p. 222.
14. Flávio Luiz Yarshell critica a norma em questão, salientando que não se levou em consideração o impacto perante terceiros e, consequentemente, a segurança das relações negociais (In: CABRAL, Antonio do Passo; CRAMER, Ronaldo (Coord.). *Comentários ao código de processo civil*. Rio de Janeiro: Forense,2015, p. 249).

5. REFERÊNCIAS

ASSUMPÇÃO NEVES, Daniel Amorim. *Intervenção de terceiros e a ação de alimentos*. Disponível em: http://www.professordanielneves.com.br/artigos/201011151804040.intervencaodeterceiroseacaodealimentos.pdf. Acesso em: 30 dez. 2022.

CÂMARA, Alexandre Freitas. *O novo processo civil brasileiro*. 3. ed. São Paulo: Atlas, 2017.

CASTRO, Roberta Tarpinian. *O incidente de desconsideração da personalidade jurídica* – As diferentes funções de um mesmo mecanismo processual. São Paulo: Quartier Latin, 2019.

DIDIER JR., Fredie. *Curso de direito processual civil*: introdução ao direito processual civil, parte geral e processo de conhecimento. 17. ed. Salvador: JusPodivm, 2015.

FREIRE, Alexandre Freire e ALBUQUERQUE MARQUES, Leonardo. *Comentários ao Código de Processo Civil*. São Paulo: Saraiva, 2016.

GRECO FILHO, Vicente. *Intervenção de terceiros*. São Paulo: Saraiva, 1973.

GUZZI DOS SANTOS, Julio Cesar. *A defesa no incidente de desconsideração da personalidade jurídica*. São Paulo: Editora d.Plácido, 2021.

SCARPINELLA BUENO, Cássio. *Curso sistematizado de direito processual civil*. 9. ed. São Paulo: Saraiva, 2011.

SCARPINELLA BUENO, Cássio. *Curso sistematizado de direito processual civil*. 5. ed. São Paulo: Saraiva, 2012. v. 2, t. 1.

YARSHELL Flávio Luiz. Comentários ao Código de Processo Civil. In: CABRAL, Antonio do Passo; CRAMER, Ronaldo (Coord.). Rio de Janeiro: Forense, 2015.

UTILIZAR O INSTITUTO DA DESCONSIDERAÇÃO DA PERSONALIDADE JURÍDICA PARA ATINGIR ALGUÉM QUE JÁ É RESPONSÁVEL PATRIMONIALMENTE?

Marcelo Abelha Rodrigues

Pós-Doutor Universidade de Lisboa. Doutor PUC-SP. Mestre PUC-SP. Professor Titular UFES. Advogado e Consultor Jurídico.

Sumário: 1. Razões, objeto e finalidade deste ensaio – 2. Risco, segurança e garantia patrimonial – 3. Axioma: a responsabilidade patrimonial é instituto de direito material – 4. Responsabilidade patrimonial primária e secundária – 5. Segue *lege ferenda*: a responsabilidade patrimonial *principal e subsidiária* – 6. Responsabilidade patrimonial subsidiária ou teoria menor da Desconsideração da Personalidade Jurídica? – 7. A importância do Julgamento do Tema 1282 do STF. A responsabilidade patrimonial também deve estar revelada no título executivo judicial ou extrajudicial – 8. A desconsideração da personalidade como técnica de proteção da responsabilidade patrimonial – 9. Referências.

1. RAZÕES, OBJETO E FINALIDADE DESTE ENSAIO

Ao desenvolver a minha tese de professor titular da Universidade Federal do Espírito Santo, intitulada de "Introdução ao Estudo da Responsabilidade Patrimonial", que acabou ganhando uma versão comercial pela Editora Foco,[1] investiguei diversas questões materiais e processuais envolvendo hipóteses de responsabilização patrimonial e uma delas é a *responsabilidade patrimonial superveniente do sujeito atingido pela desconsideração da personalidade jurídica*.

O tema é seríssimo, mas nem a jurisprudência[2] e nem a doutrina, salvo algumas monografias excelentes[3] e poucos textos avulsos, se debruçaram sobre o assunto à altura que o tema – no seu viés processual/material – exige.

---

1. RODRIGUES, Marcelo Abelha. *Responsabilidade patrimonial pelo inadimplemento das obrigações*: introdução ao estudo sistemático da responsabilidade patrimonial. São Paulo: Foco, 2022.
2. Relembro que a questão de direito objeto do tema 1232 do Supremo Tribunal Federal é a *"possibilidade de inclusão no polo passivo da lide, na fase de execução trabalhista, de empresa integrante de grupo econômico que não participou do processo de conhecimento"*. O referido "tema" é fruto do reconhecimento da existência de repercussão geral da questão constitucional suscitada em recurso extraordinário interposto contra acórdão proferido pelo Tribunal Superior do Trabalho tendo por fundamento a violação aos artigos 5º, II, LIV e LV, 97 e 170 da Constituição Federal. Como se disse – o tema da responsabilidade patrimonial primária e subsidiária, inicial e superveniente, que tangencia com o que será tratado neste ensaio ainda pende de uma uniformização nos tribunais. Quando o 'excelso pretório' colocá-lo em julgamento terá a ímpar oportunidade de pavimentar um caminho mais lúcido do que aquele que tem sido trilhado até aqui pelo STJ e TST não apenas para a questão de direito extraída do próprio recurso extraordinário 1.387.795 de MG, mas também para tantas outras questões que emergem em razão da aplicação inadequada do instituto da responsabilidade patrimonial principalmente quando confrontado com a desconsideração da personalidade jurídica.
3. CASTRO, Roberta Dias Tarpinian de. *O incidente de desconsideração da personalidade jurídica*. São Paulo: Quartier Latin, 2019; CHAMBERLAIN, Hector Cavalcanti. *O incidente processual de desconsideração da*

Não pretendo trazer nenhuma solução, mas apenas pontos de reflexão.

2. RISCO, SEGURANÇA E GARANTIA PATRIMONIAL

Nesta semana fui contactado pelo meu corretor de seguros que me ofertou o plano de pagamento anual do seguro do meu veículo. Foi mantido o percentual de 2% do valor da tabela FIPE do ano do meu carro, com um bônus a ser decotado do preço final em razão de eu não ter "acionado" o seguro nos últimos cinco anos.

A rigor venho pagando há anos seguro do meu veículo para me trazer tranquilidade e segurança de que se um dia eu precisar – acidente, roubo etc. – não tenha que fazer uma despesa além do valor da franquia contratada.

Por meio deste contrato de seguro, segundo o Código Civil Brasileiro (Art. 757) "o segurador se obriga, mediante o pagamento do prêmio, a garantir interesse legítimo do segurado, relativo a pessoa ou a coisa, contra riscos predeterminados". Este contrato e proporciona paz, tranquilidade e segurança na medida que eu transfiro para o segurador os riscos de prejuízos que eventualmente e tenha no ano seguinte.

Este exemplo concreto e cotidiano acima serve para entender o que é a "responsabilidade patrimonial", bem como qualquer outro *direito de garantia*.

Nascida a relação jurídica obrigacional negocial ou extra negocial costuma-se enxergar apenas as *prestações* que devem ser realizadas pelos sujeitos que nela se inserem. Mesmo sabendo que a relação é complexa e dinâmica também é de costume titularizar de *credor e devedor* os sujeitos que encarnam, em posições jurídicas diferentes, a prestação principal que tipifica o referido vínculo.

Assim, por exemplo, nascida a relação contratual envolvendo José que pagou o preço X para que Maria realizasse a sua festa de casamento, considerando apenas a prestação principal, diz-se que o primeiro é, naquele momento, o credor e o segundo é o devedor que deve em data específica realizar o evento específico segundo as regras estabelecidas na avença.

O que normalmente não está necessariamente escrito na avença é que se Maria descumprir a prestação por motivo que a ela seja imputável, ela, Maria *responde*, com o seu patrimônio, pelos prejuízos causados pelo seu inadimplemento.

Como dito, não é necessário que na avença conste este "segundo vínculo" porque a própria lei expressamente prevê a regra geral de que *pelo inadimplemento das obrigações respondem todos os bens do devedor*. (art. 391 do CCB). E, mesmo que estivéssemos falando de violação de um dever jurídico, a obrigação legal de ressarcimento daí decorrente também contém esta proteção legal (art. 942).

---

personalidade jurídica. São Paulo: Toth. 2021.; VIEIRA, Christian Garcia. *A desconsideração da personalidade jurídica no novo CPC*. Salvador: JusPodivm, 2021; ROCHA, Henrique de Moraes Fleury da. *Desconsideração da personalidade jurídica*. Salvador: JusPodivm, 2022. RODRIGUES, Marcelo Abelha. *Responsabilidade patrimonial pelo inadimplemento das obrigações*: introdução ao estudo sistemático da responsabilidade patrimonial. São Paulo: Foco, 2022

Este "segundo vínculo" é o que se denomina de *responsabilidade patrimonial*. Na verdade, nada mais é do que a regra de que o patrimônio do devedor (ou de outro sujeito se a lei ou o negócio jurídico assim prevejam) se sujeita à satisfação do credor nos limites do prejuízo que teve em razão do inadimplemento da prestação.

A "responsabilidade patrimonial" funciona, assim como o contrato de seguro que contratei para o meu carro, como uma garantia contra o risco do inadimplemento. Essa segunda relação jurídica contida na obrigação é estabelecida entre o *credor prejudicado pelo inadimplemento da prestação* e o *garantidor* (normalmente o próprio devedor) dos prejuízos do referido inadimplemento. O objeto dessa garantia é o patrimônio, total ou parcial deste sujeito "responsável.

É preciso ficar claro que se o adimplemento acontecer, então estará tudo ótimo, e ao menos a *existência* da garantia da responsabilização patrimonial serviu para proporcionar paz, segurança e tranquilidade para o credor (ao mesmo tempo que também pode ter servido de estímulo para o devedor cumprir o débito evitando que seu patrimônio viesse a sujeitar-se à satisfação dos prejuízos suportado pelo credor).

Por outro lado, se acontecer o inadimplemento da prestação (imputável ao devedor) então restará ao credor exigir que se extraia do patrimônio do devedor/responsável o valor correspondente ao prejuízo decorrente do referido inadimplemento.

Percebam que a responsabilidade patrimonial nada mais é do que um *direito de garantia* que a própria lei insere em toda relação jurídica obrigacional como se fosse um *plano B* para o credor prejudicado pelo inadimplemento da prestação pelo devedor. Obviamente que todos desejam o cumprimento da prestação principal (dar ou fazer e não fazer) que é a forma normal de extinguir o vínculo, mas infelizmente isso pode não acontecer e não poderia o credor suportar o prejuízo resultante do inadimplemento.

Aliás, pensemos bem: já imaginaram o caos que seria se todas as relações creditícias não tivessem a *garantia da responsabilidade patrimonial*? Se o devedor soubesse que se não fosse cumprida a prestação nenhuma consequência ele teria?

Não há dúvidas de que ter-se-ia uma anarquia e o inadimplemento seria a regra e não a exceção. As prestações só seriam cumpridas pelo valor moral e ético do devedor, já que nenhuma consequência teria pelo seu inadimplemento. Essa a razão pela qual é a própria *lei que prevê a garantia da responsabilidade patrimonial, seja porque as obrigações naturais são exceções legais, seja porque a limitação patrimonial é cercada de cuidados pelo legislador* etc.

Assim, a *garantia da responsabilidade patrimonial* existente nas obrigações negociais ou extranegociais (violação de deveres jurídicos) é uma moeda com duas faces:

(i) a primeira que proporciona ao credor a paz e a tranquilidade de que o patrimônio do responsável serve de garantia para o caso de ocorrer o inadimplemento do devedor;

(ii) e a segunda de que uma vez ocorrido o inadimplemento passa a ser possível ao credor exigir a realização da garantia patrimonial, ou seja, que o patrimônio do responsável satisfaça os prejuízos que ele credor teve em razão do inadimplemento.

A regra – *e não a exceção* - é a de que a *garantia patrimonial do devedor* está inserta em toda e qualquer relação jurídica obrigacional, seja ela de natureza negocial (art. 391 do CCB), seja ela decorrente da violação de um dever legal (art. 942 do CCB).

3. AXIOMA: A RESPONSABILIDADE PATRIMONIAL É INSTITUTO DE DIREITO MATERIAL

Parcela considerável dos problemas atuais - ora insolúveis, ora inexplicáveis - envolvendo a responsabilidade patrimonial está no fato de a doutrina imperante, e de certa forma a nossa própria dogmática, ter fincado como premissa a regra de que a responsabilidade patrimonial seria um instituto de direito processual.

Isso se deu porque, ao seu tempo, em meados do século XX e com toda coerência que lhe era peculiar, Enrico Tulio Liebman[4] adotava e defendia a posição de Francesco Carnelutti[5] de que o instituto da responsabilidade patrimonial teria natureza processual,[6] afastando-se da corrente privatista e dualista das obrigações que tinha como um dos maiores expoentes o notável civilista Emilio Betti[7] e, na Alemanha, já se desenvolvia desde o início do século XX, de forma robusta com os trabalhos de Brinz e Gierke. Enquanto na Alemanha já se sedimentava a posição de que a *obrigação* era um "organismo", um "processo" e que se assentava em dois eixos a *prestação devida e responsabilidade patrimonial*, para a teoria processualista.

Como dito, Liebman, citando Carnelutti, defendeu a natureza processual da responsabilidade patrimonial não sem antes explicitar, com honestidade acadêmica, que o tema fervilhava na doutrina, mencionando inclusive a posição materialista sobre o tema (notável de Emilio Betti).[8] A posição do mestre Liebman[9] no clássico e seminal "Processo de Execução" foi entre nós defendida pelo seu então pupilo Cândido Rangel Dinamarco na sua tese de livre docência na Faculdade de Direito da Universidade de São Paulo intitulada de "execução civil", que veio a se tornar logo depois, na sua versão comercial, um verdadeiro divisor de águas no Brasil no estudo e compreensão da execução civil.[10]

O professor Cândido é, sem qualquer favor, até hoje, o maior processualista brasileiro sobre o tema da execução civil, e, todas homenagens são justas e merecidas, embora sejam até tímidas pelo acervo científico que nos proporciona.[11] No entanto, com

---

4. LIEBMAN, Enrico Tullio. *Processo de execução*. 3. ed. São Paulo: Saraiva, 1968, n. 41, p. 79.
5. CARNELUTTI, Francesco. *Diritto e processo*. Napoli: Morano, 1958, p. 315-316.
6. LIEBMAN, Enrico Tullio. *Processo de execução*. 3. ed., p. 61.; LIEBMAN, Enrico Tulio. *Manual de direito processual civil*. Rio de Janeiro: Forense, 1984. v. 1, p. 209.
7. BETTI, Emilio. *Teoría Generalde las Obligaciones*. Madrid: Editorial Revista de Derecho Privado, 1969. t. 1.
8. CF. *Teoria generale del negozio giuridico*. Torino: Unione Tipografico-editrice Torinese, 1943.
9. LIEBMAN, Enrico Tullio. *Processo de execução*. São Paulo: Saraiva, 1946.
10. DINAMARCO, Cândido Rangel. *Execução civil*: a execução na teoria geral do direito processual civil. São Paulo: Ed. RT, 1972.
11. A execução civil no Brasil é AC/DC, antes e depois de Cândido Rangel Dinamarco, por toda contribuição que este notável jurista dedicou ao estudo teórico do tema, num momento em que as bases conceituais de suas categorias fundamentais ainda estavam incipientes no país. Por sua vez, Cândido, foi um dos mais diletos pupilos de Liebman, um dos ícones mundiais da fase autonomista do direito processual tão desenvolvida na Alemanha e Itália.]

máximo respeito e envolto na enorme admiração que tenho pelo nosso Mestre, em meu sentir o direito processual civil e o direito civil alcançaram para um estágio posterior de refundação de ambos, redescobrindo o seu papel instrumental do processo na vida, anseios e direitos das pessoas – aqui, inclusive com insuperável contribuição do trabalho hercúleo de Dinamarco.[12]

Nesta lenta evolução, mas de rápida transformação social, é que se insere, a meu ver, atualmente, o reconhecimento da natureza material da garantia patrimonial. Não haveria "responsabilidade executiva" se não houvesse, antes, um direito material subjacente (garantia patrimonial) que lhe dá suporte e que legitima a sua atuação. Longe de afastar a natureza material, os argumentos da tese processualista reforçam e conectam com aquela. Vejamos.

Existem uma série de técnicas que servem para a proteção do crédito, inclusive, e especialmente, do *crédito pecuniário*, seja ele oriundo de uma relação negocial ou legal. Numa sociedade em que o dinheiro é essencial para a circulação, troca, comércio de mercadorias, bens e serviços, força de trabalho etc., é necessário que o crédito seja protegido seja *ex ante* ou *ex post* ao inadimplemento.

As *diversas técnicas de direito material de proteção do crédito* podem ser didaticamente classificadas didaticamente de diversas formas, e uma delas é a distinção entre as técnicas anteriores e posteriores ao inadimplemento. As primeiras, por óbvio, têm por finalidade *estimular* o devedor a realizar cumprimento da prestação pactuada (anteriores ao inadimplemento). Esse *estímulo* tanto pode ser pela outorga de um futuro benefício, quanto pela imposição de uma perda. Além da multa coercitiva, da possibilidade de protesto futuro do título, da posterior inclusão do nome do devedor em serviços de proteção ao crédito, da previsão de antecipação do momento do inadimplemento pelo descumprimento de um dever acessório prévio à prestação principal, etc. Até mesmo o exercício do direito de retenção (nas situações em que é admitida) pelo credor que poderá conservar consigo o bem do devedor que esteja em seu poder, privando-o da posse desse, enquanto (ele) não adimplir a prestação.[13-14]

Outra técnica bastante comum é a celebração de garantias reais ou pessoais para *ampliar* a proteção do crédito. Sabem, credor e devedor, e eventualmente um outro sujeito (garantidor), que *em caso de inadimplemento do devedor* o direito de garantia poderá ser realizado para satisfazer o direito do credor. Aqui interessa, *commodatis causa*, apenas a

---

12. CF. *A instrumentalidade do processo*. São Paulo: Ed. RT, 1987.

13. SERPA LOPES, Miguel Maria. *Curso de direito civil*. 6. ed. Rio de Janeiro: Freitas Bastos, 1995, 243. v. III.

14. Assim é, por exemplo, "o mandatário tem sobre a coisa de que tenha a posse em virtude do mandato, direito de retenção, até se reembolsar do que no desempenho do encargo despendeu" (art. 671 do CCB). Ver ainda Art. 527. Na segunda hipótese do artigo antecedente, é facultado ao vendedor reter as prestações pagas até o necessário para cobrir a depreciação da coisa, as despesas feitas e o mais que de direito lhe for devido. O excedente será devolvido ao comprador; e o que faltar lhe será cobrado, tudo na forma da lei processual.; Art. 708. Para reembolso das despesas feitas, bem como para recebimento das comissões devidas, tem o comissário direito de retenção sobre os bens e valores em seu poder em virtude da comissão.; Art. 742. O transportador, uma vez executado o transporte, tem direito de retenção sobre a bagagem de passageiro e outros objetos pessoais deste, para garantir-se do pagamento do valor da passagem que não tiver sido feito no início ou durante o percurso.

menção às técnicas que constituem um *direito material de garantia* para o caso de futuro e eventual inadimplemento.

Os direitos de garantia dão tranquilidade/segurança ao credor - e ao comércio em geral - porque o credor sabe que, em caso de *inadimplemento da prestação pelo devedor,* poderá satisfazer o seu crédito, valendo-se destas garantias previstas na lei ou no negócio jurídico. Por outro lado, para o devedor, este já sabe, desde o momento em que nasce o seu dever de adimplir a obrigação legal ou negocial que, se não o fizer, este inadimplemento permite que se execute a garantia existente, isto é, a garantia (o patrimônio garantidor) servirá, efetivamente, para satisfazer o direito do credor.

É de se recordar que existe a *garantia geral* e as *garantias especiais.* Quando o ordenamento jurídico adota a regra da responsabilidade patrimonial (é *o patrimônio, e não o corpo, do devedor que responde pelo seu inadimplemento*) ele expressamente assume que o patrimônio do devedor se apresenta um *direito material de garantia para os credores.* Por estar expressamente prevista na lei, a garantia patrimonial serve tanto para as relações jurídicas negociais quanto extranegociais e está embutida na estrutura da relação obrigacional.

A *garantia patrimonial* nasce com a relação obrigacional, mas ela se visualiza com feições distintas a depender do que ocorrer nas etapas do desenvolvimento da referida relação. O *inadimplemento* da obrigação de pagar é o fato jurídico ocorrido no curso da relação obrigacional que mimetiza (1) *o direito de ter o patrimônio como garantia, guardado para o futuro,* em (2) *direito atual de exigir a excussão desta garantia patrimonial.*

O equívoco da doutrina processualista é ver a responsabilidade patrimonial como um fenômeno executivo, uma espécie de sanção processual pelo inadimplemento, sem enxergar que o direito material subjacente que lastreia a futura atividade executiva é a *garantia patrimonial* inserta na própria relação jurídica obrigacional.

O inadimplemento do devedor é o fato jurídico eventual e incerto (que pode ou não acontecer na relação jurídica obrigacional) e autoriza o credor a exigir, desde que portador de título executivo, que se extraia (exproprie) do patrimônio do responsável o numerário que lhe seja devido. *Antes* do inadimplemento há o direito de ter a garantia patrimonial para o futuro, que por isso mesmo pode ser conservada e protegida juridicamente; depois dele (inadimplemento), esse direito de garantia projeta-se no direito potestativo de realizar a referida garantia por meio de expropriação de direitos que integram o patrimônio do responsável, que via de regra, se dá num processo executivo judicial, desde que o credor seja portador de um título executivo.[15]

Importante que fique claro que sob o mesmo guarda-chuva da corriqueira expressão "responsabilidade patrimonial" está o seu papel garantidor para o futuro, bem como o poder de excussão patrimonial do responsável após o *inadimplemento.*

---

15. Se nem a (a) prestação devida e a (b) garantia patrimonial estiverem estampadas num título executivo o credor precisará obter sentença que reconheça o dever de prestar e a respectiva garantia patrimonial.

UTILIZAR O IDPJ PARA ATINGIR ALGUÉM QUE JÁ É RESPONSÁVEL PATRIMONIALMENTE? **271**

Este é o fato jurídico eventual e incerto imputável ao devedor que pode acontecer no percurso da relação obrigacional que destrava a possibilidade de futura expropriação do patrimônio garantidor do responsável. O *antes e o depois* do inadimplemento imputável ao devedor são decisivos para a compreensão do fenômeno (faces distintas de uma mesma moeda): *antes* é um direito de garantia para uma indesejada situação futura; *depois* é o direito de satisfazer o direito por meio da realização da referida garantia.[16]

Tanto no Código Civil, quanto em leis específicas há a previsão da responsabilidade patrimonial. Cite-se aqui o Código Civil brasileiro como regra geral do tema:

Art. 391. Pelo inadimplemento das obrigações respondem todos os bens do devedor.

Art. 942. Os bens do responsável pela ofensa ou violação do direito de outrem ficam sujeitos à reparação do dano causado; e, se a ofensa tiver mais de um autor, todos responderão solidariamente pela reparação.

Parece claro que se não existisse a *garantia geral patrimonial* - e sendo totalmente vedada a *responsabilidade pessoal* -, nenhuma consequência existiria para o caso de o devedor inadimplir a obrigação. Ter-se-ia que confiar na honradez do devedor em cumprir a sua obrigação, o que seria um verdadeiro esculacho.

A *garantia geral* contra o incumprimento da obrigação legal ou negocial de pagar quantia – escondida sob o rótulo de "responsabilidade patrimonial" – nada mais é do que, sob a perspectiva do *credor do crédito inadimplido*, a existência de uma *posição jurídica ativa* que lhe proporciona um *poder* de extrair do patrimônio do responsável o numerário suficiente para satisfazer o seu direito de crédito inadimplido. Trata-se de *executar, realizar, satisfazer* a garantia representada pelo patrimônio.[17]

Já sob a perspectiva do *devedor/responsável,* nada mais é do que assumir uma *posição jurídica passiva de sujeição do seu patrimônio* que serve de garantia para satisfação da dívida inadimplida. Com a responsabilidade patrimonial, o devedor/responsável tem a certeza e a garantia de que seu corpo e sua vida estarão a salvo já que não mais existe a responsabilidade pessoal. Para o credor, há a certeza (e a situação jurídica ativa) de que o patrimônio do devedor/responsável *garante à satisfação* uma obrigação assumida pelo devedor, caso este não a cumpra.

Já as *garantias especiais* são assim chamadas porque constituem um *plus* em relação à garantia geral da responsabilidade patrimonial. Elas podem ser classificadas segundo o modo como são constituídas: (i) *legais* (privilégios/preferências de determinados créditos); (ii) *convencionais,* porque acordadas pelas partes (cláusula penal, arras); (iii)

---

16. O direito subjacente que sustenta o direito de expropriar o patrimônio é de forma *imediata* o direito à garantia patrimonial e apenas *mediatamente* o direito à prestação. Não por acaso é possível expropriar futuramente o patrimônio de sujeito "C" que seja o garantidor da prestação inadimplida pelo devedor "B".

17. O credor em favor do qual foi prestada a garantia de uma hipoteca tem a seu favor não só esta garantia especial, que poderá ser realizada caso aconteça o inadimplemento (execução hipotecária), mas também a garantia comum que recai sobre o patrimônio do devedor.

mistas porque tanto podem ser derivadas de lei ou por convenção das partes (penhor, hipoteca, fiança). É possível classificá-las ainda em *reais* e *pessoais*.

Do primeiro grupo, cite-se o penhor, a anticrese e a hipoteca; do segundo, o aval e a fiança. Não raramente, "terceiros" que não têm o dever de prestar assumem, pessoalmente ou com bens do seu patrimônio, a responsabilidade de garantir a prestação inadimplida, em típico exemplo do que se costuma chamar de *responsabilidade sem débito*.[18]

O fato de o direito de garantia ser *instrumental ou acessório* ao direito de crédito não lhes retira a característica de que constitui um *direito material em favor do credor* e suportável pelo devedor/responsável. Não havendo regra legal ou negocial específica, o direito à garantia patrimonial, proporcionado pela adoção da responsabilização patrimonial do devedor no nosso ordenamento, nasce no mesmo momento do direito de crédito/débito relativo à determinada prestação.

Tanto isso é verdade que desde o nascimento da relação obrigacional, pode-se *tutelar juridicamente a conservação do patrimônio com medidas judiciais que visem impedir ou reprimir desfalques prejudicais que comprometam o seu papel garantidor*. O *popular arresto* existe para proteção da garantia patrimonial que no futuro poderá, se ocorrido o inadimplemento, levar a expropriação do patrimônio do devedor/responsável.

Depois do inadimplemento é que se torna possível exigir a excussão do patrimônio do responsável (executar a garantia patrimonial). Antes do inadimplemento, esse direito de "execução da garantia" é mero *direito expectado de excussão patrimonial*. Deixa de ser um *direito expectado* e passa a ser um direito sem óbices (condição) de ser exercido quando (e se) ocorrer o inadimplemento.

O inadimplemento é *condictio iuris* para que o "direito do credor à garantia patrimonial" possa ser convolado e, concretizado, em "direito de satisfazer-se mediante a excussão da garantia". A *excussão do patrimônio garantidor* realizável, regra geral por meio de uma execução judiciária, é manifestação direta do direito de garantia à responsabilização patrimonial. Só se executa o patrimônio do devedor/responsável porque existe um direito material de garantia antecedente que recai sobre o referido patrimônio.

A eficácia atinente ao poder de excussão patrimonial *é condicionada ao evento incerto e futuro do "inadimplemento"*, que se coloca como condição jurídica para sua efetivação. Frise-se, isso não elimina o fato, antes o inverso, de que é um direito que nasce junto com a obrigação, reconhecido como um *direito de garantia* e, por isso,

---

18. Colocou-se a palavra *terceiro* entre aspas no texto porque o sujeito não é um *terceiro na relação jurídica obrigacional* porque ele titulariza a situação jurídica de garantia patrimonial. É incorretamente chamado de *terceiro* porque não é ele que tem o dever de *prestar*, mas tem o dever de *garantir a prestação inadimplida pelo devedor*. Não é propriamente um "terceiro" na relação jurídica obrigacional.

pode ser protegido juridicamente no que toca a sua função garantidora de uma situação futura.[19-20]

Depois do inadimplemento imputável ao devedor, tem o credor o direito de extirpar o seu prejuízo, valendo-se da *garantia patrimonial existente*. Enquanto não se satisfizer, mediante a expropriação do patrimônio garantidor, poderá valer-se de medidas de conservação da referida garantia. São as medidas conservativas que impedem ou restauram a sua higidez para que o patrimônio garantidor continue a ser útil à função que desempenha. Essas técnicas muitas vezes só podem ser utilizadas por meio de um processo judicial e podem ser classificadas didaticamente em (i) *conservativas preventivas*, algumas exercidas judicialmente, (v.g. arresto[21]) ou (ii) *conservativas restauradoras* (v.g. reconhecimento judicial da fraude contra credores e fraude à execução).

4. RESPONSABILIDADE PATRIMONIAL PRIMÁRIA E SECUNDÁRIA

A classificação da "responsabilidade patrimonial" em *primária* e *secundária* foi feita por Liebman[22] que, por sua vez, adotava a posição de Carnelutti[23] de que a responsabilidade patrimonial teria natureza processual,[24] afastando-se da corrente privatista e dualista das obrigações que tinha como um dos maiores expoentes o notável civilista Emilio Betti[25] e, na Alemanha, essa classificação já se desenvolvia de forma robusta com os trabalhos de Brinz e Gierke.

Para Carnelutti, a responsabilidade não teria natureza material, mas sim processual, ou seja, uma relação jurídica processual, invocando que corresponderia à ação executiva

---

19. Assim, por exemplo, Marcelo e Guilherme pretendem realizar um negócio jurídico vultuoso. Um quer vender caminhões e o outro adquiri-los ao longo de um ano. Assim, antes de assinarem o pacto decidem trocar informações sobre as suas respectivas situações patrimoniais. Só depois disso, é que Marcelo e Guilherme decidem por realizar um contrato onde o primeiro irá pagar ao segundo uma vultuosa quantia e o segundo irá entregar ao primeiro 15 caminhões seis meses depois da assinatura do pacto. Ora, é claro que se Marcelo tiver conhecimento de que o patrimônio de Guilherme sofreu redução ao longo do primeiro mês de forma que a "garantia patrimonial" existente no momento da realização do contrato possa estar comprometida ou em risco, não há dúvidas de que ainda que esteja no terceiro mês de contrato (não tenha acontecido o "inadimplemento"), mas esteja clara a dilapidação do patrimônio do responsável, então é perfeitamente possível a utilização de remédios judiciais para restaurar ou prevenir o desfalque quando indique um comprometimento do direito de garantia patrimonial.
20. É esse direito material de garantia, autônomo, mas acessório da prestação, que permite, inclusive e antes de se pensar em qualquer inadimplemento, ser objeto de convenção material restritiva entre o credor e o devedor nos limites legais.
21. Outro exemplo é a descrita no art. 477 do CCB em que se lê que "se, depois de concluído o contrato, sobrevier a uma das partes contratantes diminuição em seu patrimônio capaz de comprometer ou tornar duvidosa a prestação pela qual se obrigou, pode a outra recusar-se à prestação que lhe incumbe, até que aquela satisfaça a que lhe compete ou dê garantia bastante de satisfazê-la".
22. LIEBMAN, Enrico Tullio. *Processo de execução*. 3. ed. São Paulo: Saraiva, 1968, n. 41, p. 79.
23. CARNELUTTI, Francesco. *Diritto e processo*. Napoli: Morano, 1958, p. 315-316.
24. LIEBMAN, Enrico Tullio. *Processo de execução*. 3. ed., p. 61.; LIEBMAN, Enrico Tulio. *Manual de direito processual civil*. Rio de Janeiro: Forense, 1984. v. 1, p. 209.
25. BETTI, Emilio. *Teoría Generalde las Obligaciones*. Madrid: Editorial Revista de Derecho Privado, 1969. t. 1.

ensejadora de uma relação entre credor e estado-juiz que imporia uma "sujeição" e não uma "obrigação".[26]

Como já pontuado, não há relação jurídica de direito processual sem um direito material subjacente seja ele de que natureza for. A *tutela jurisdicional* impõe uma solução prevista e acobertada pelo direito material. O que justifica a possibilidade de excutir o patrimônio do executado, colocando-o numa posição de sujeição como acertadamente menciona Carnelutti, é justamente a existência dessa "respondência" existente no plano de direito material e que não por acaso está contida na estrutura da relação obrigacional.

É no direito material que está descrito que "o patrimônio do devedor responde pelo inadimplemento da prestação". A questão importante a *decifrar* é o que significa, no plano de direito material, a "respondência" em caso de inadimplemento.

Coube a Emilio Betti[27] a sagaz observação de que não haveria no direito italiano uma palavra que corresponderia com absoluta precisão conceitual ao termo alemão *haftung*, ao analisar a teoria dualista de Brinz (*schuld/haftung*), para em seguida concluir que a palavra mais próxima de *haftung* seria o de "garantia" do lado ativo e do lado passivo, algo que se aproximasse de "coisa obrigada".

De fato, o que prevê a regra da "responsabilidade patrimonial" é que, desde a formação da obrigação, existe o reconhecimento de que, se acontecer o inadimplemento imputável ao devedor, o seu patrimônio atual e futuro responderá pela dívida inadimplida. Há uma situação atual regulamentando uma situação futura, incerta e possível de acontecer. Estabelece-se uma regra atual para garantir o futuro, sendo que a regra do futuro é justamente a de submissão do patrimônio garantidor.

Essa equação implica reconhecer que a "submissão do patrimônio do devedor" está posta desde a formação da relação obrigacional como uma garantia para um evento incerto e futuro, ou seja, sabem credor e devedor que se esse último inadimplir a prestação, é o patrimônio dele que se sujeitará ao pagamento dos prejuízos. Isso é a "garantia patrimonial" que concede ao credor, caso de fato ocorra o inadimplemento do devedor, o direito de ele retirar deste patrimônio o numerário suficiente para cobrir o prejuízo que teve. Como isso não pode ser feito *per manus iniectio*, a tutela jurídica deste direito se realiza mediante o procedimento executivo expropriatório. Não se duvida de que o Judiciário está ali pronto para a atuação coativa dos direitos que não são cumpridos, mas nenhuma atuação coativa pode ser feita sem uma situação jurídica de direito material legitimante.

Frise-se: não é o "débito inadimplido" que legitima essa atuação, mas sim a previsão normativa de direito material de que "o patrimônio garante".

---

26. CARNELUTTI, Francesco. *Diritto e processo*. Napoli: Morano, 1958, p. 315-316.
27. BETTI, Emilio. *Teoría Generalde las Obligaciones*. Madrid: Editorial Revista de Derecho Privado, 1969, t. 1, p. 254: "La palabra italiana que equivaldría mejor al concepto de "Haftung" sería la de "garantía", Pero esta palabra expresa el lado activo de la relación de responsabilidad, no el lado pasivo como la palabra alemana, o como la latina de "obligatio", en el sentido asumido por ella en la expresión "obligatio rei"".

Retomando, a posição doutrinária defendida por Liebman teve forte adesão no solo brasileiro[28] e faz sentido atualmente apenas para compreender a distinção entre o *devedor (dívida)* e o *responsável (responsabilidade).*[29]

À sua época, defendendo a natureza processual com a maestria que lhe era peculiar, Liebman inclusive adjetivou a responsabilidade de *responsabilidade executiva.* No entanto, com a enorme evolução e sedimentação do conceito de obrigação a referida natureza jurídica processual da responsabilidade patrimonial nos parece superada como dito alhures, e a classificação que foi feita por Liebman de *primária e secundária* – inegavelmente importante do ponto de vista acadêmico – pode levar a falsas conclusões, se não for compreendido o contexto em que foi idealizada, pois, como dito, é majoritária a posição de que a *responsabilidade patrimonial* integra a relação jurídica obrigacional e, portanto, *não* seria um instituto de direito processual, ainda que no processo executivo ela seja efetivamente concretizada.

O equívoco que a classificação pode causar é de que ela possa sugerir a existência de uma obrigatória ordem de prioridade na responsabilização patrimonial, como se sempre o patrimônio do *devedor* tivesse que ser primeiramente atingido em relação ao patrimônio do *responsável,* ou, inversamente, de que o patrimônio deste último só seria atingido *depois* da sujeição do patrimônio do devedor. Trocando em miúdos, como se em primeiro lugar tivesse que sujeitar o patrimônio do devedor e em segundo lugar o patrimônio do responsável.

Está claro que a "responsabilidade patrimonial" enseja um *direito material de garantia* previsto na lei para os credores comuns e, com o inadimplemento, a *existência* da garantia dá lugar à necessidade de sua *efetivação.*[30] Logo, se além do próprio devedor, que é naturalmente *responsável garantidor,* há um outro sujeito que se responsabilizou pela dívida, é sobre o patrimônio de ambos que incidirá a garantia da responsabilização patrimonial.

Embora intuitivamente haja inclinação para se pensar que exista uma ordem de preferência para excussão de um patrimônio do devedor em relação ao do responsável pela dívida alheia não necessariamente isso ocorrerá, pois pode, perfeitamente:

(a) não existir preferência/ordem alguma,

(b) pode existir preferência de excussão do patrimônio do devedor sobre o do responsável como também;

---

28. CASTRO, Amilcar de. *Do procedimento de execução:* Código de processo civil – livro II – arts. 566 a 747. Rio de Janeiro: Forense, 2000; LIMA, Alcides de Mendonça. *Comentários ao Código de Processo Civil.* Rio de Janeiro: Forense, 1974, v. VI, t. II, n. 1.041, p. 471; ASSIS, Araken. *Manual da execução.* 18. ed. São Paulo: Ed. RT, 2016, p. 292; THEODORO Jr., Humberto. *Curso de direito processual civil.* 52. ed. Rio de Janeiro: Forense (Grupo Editorial Nacional), 2019, v. III, item 221.

29. *Schuld* corresponderia ao dever de prestar (dívida), e, *haftung,* à responsabilidade patrimonial (sujeição do patrimônio para garantir a satisfação da dívida). Assim, por exemplo, o fiador não é o *devedor,* mas tem *responsabilidade* pela dívida do afiançado.

30. "(...) às garantias especiais, que são aquelas estipuladas como um extra. Representa, pois, um reforço à garantia geral, que é o patrimônio do devedor". MENEZES CORDEIRO, António. *Tratado de direito civil português.* Coimbra: Almedina, 2010, v. II, t. IV, p. 503.

(c) pode existir a incomum situação de ordem de preferência de excussão do patrimônio do responsável pela dívida alheia para subsidiariamente atingir o patrimônio do próprio devedor inadimplente.

Como a responsabilidade patrimonial integra a própria estrutura da relação obrigacional, então, logo se vê que não sendo o próprio devedor o garantidor de dívida alheia, este sujeito não *é* propriamente um *"terceiro"* que esteja fora da relação obrigacional.

Reitere-se que justamente porque a relação jurídica obrigacional *engloba tanto o débito quanto a responsabilidade* não se pode dizer que o sujeito que é responsável pelo débito alheio seria um *terceiro* nesta relação obrigacional. A distinção dos personagens no plano do débito e da responsabilidade não coloca o garantidor na condição de "terceiro".

Isso fica claro num exemplo do nosso cotidiano. Vejamos.

A locador contrata com B locatário a locação de imóvel X e C, fiador, assume a responsabilidade de garantir a dívida de B. O dever de pagar e o benefício da moradia serão exercidos pelo locatário. É ele quem *deve*. No entanto, se não o fizer como determina o contrato, um outro sujeito C que integra o contrato (não é um *terceiro* na relação jurídica contratual) assumiu a *responsabilidade* pela eventual dívida do locatário. Imaginando que este contrato seja um título executivo extrajudicial e que expressamente C tenha renunciado ao benefício de ordem, então, o locador A poderá cobrar/executar a quantia e retirar o numerário correspondente do patrimônio de B quanto de C, sem ordem de preferência. Pode, inclusive, optar por executar apenas C, caso entenda que suas chances de obter mais rapidamente o seu direito seja buscando a tutela apenas quanto ao fiador.

Aquele que suportará a futura expropriação do patrimônio em um procedimento executivo será o *responsável* pela dívida (devedor / garantidor), desde que, obviamente, tenha sido vencido na ação de conhecimento ou que figure no título executivo extrajudicial.

Não parece suficientemente completa a afirmação de que o patrimônio do devedor é *"o primeiro exposto aos meios executórios"*, só porque o sujeito é *devedor* e ao mesmo tempo *responsável*. Isso porque também estará igualmente exposto, sem ordem de prioridade, o patrimônio do garantidor que conste no título executivo judicial ou extrajudicial.

Isso quer dizer que tanto o *responsável primário* quanto o *secundário,* usando a terminologia de Liebman para designar o *devedor e o "terceiro" garantidor de dívida alheia*, estarão sujeitos, *sem ordem de preferência*, à sujeição patrimonial para satisfação da dívida inadimplida.

Alcunhar de responsável *primário* o *devedor*, porque é ele que deve adimplir a prestação, e *secundário* o garantidor da dívida por ele não assumida, não altera em absolutamente nada a ordem de sujeição patrimonial de ambos. Sendo o devedor naturalmente responsável e existindo um garantidor de dívida alheia, ambos responderão patrimonialmente, *a priori, sem ordem de preferência* como sugere a terminologia utilizada para classificar as distintas posições de quem deve e de quem é responsável sem dever.

Apenas para deixar ainda mais clara a nossa crítica, o vocábulo "primário" indica aquilo que vem em primeiro lugar e "secundário" é o que vem em segundo. Logo, são palavras relacionais e transitivas que perpassam a noção de ordem (sequência), porque um objeto só pode ser "primário" ou "secundário" em relação a outro objeto.

Esta óbvia explicação acima serve para perceber a equivocada adjetivação da expressão "responsabilidade patrimonial" com o vocábulo "primário" ou "secundário" *com o sentido que se lhe quer emprestar.*

Ora, se a responsabilidade *primária ou secundária* serve apenas para designar, respectivamente, a responsabilidade do devedor e de outrem pelo débito alheio, então a terminologia é válida, embora conceitualmente criticável. Porém, se além disso, pretender dizer que é "primária" ou "secundária" para sustentar uma ordem de prioridade de submissão patrimonial então a classificação pode conduzir a equívocos.

Daí porque a classificação de Liebman pode gerar riscos de interpretação, pois inúmeros são os casos em que o "responsável secundário" pode ser conjuntamente demandando/executado com o "responsável primário" sem que exista qualquer ordem de prioridade de excutir primeiro o patrimônio deste e depois daquele.

Assim, só se poderia afirmar ser a responsabilidade patrimonial de A como sendo "primária" e a de B "secundária", se sempre houvesse nestas situações uma ordem preferencial de sujeição da garantia patrimonial de A em relação a de B, o que definitivamente não é verdadeiro.

Por isso, não parece adequada, embora consagrada, a utilização da expressão "responsabilidade patrimonial primária e secundária" para dizer que aquela é do devedor que assumiu a dívida e a secundária seria do garantidor débito alheio, pois na estrutura da relação jurídica obrigacional há a dívida e também a responsabilidade e, embora alguém possa ser responsável pela dívida de outrem, se ambos constam no título executivo representativo da obrigação, então o exequente pode promover a execução contra o "primário" e/ou conta o "secundário", de forma que não haverá uma ordem de preferência em relação à sujeição patrimonial de um ou de outro, ou excepcionalmente, se houver esta orem de preferência, haverá a possibilidade de alegar o benefício de ordem pelo secundário.

Ademais, em nada altera a conclusão acima, antes a confirma o fato de o legislador material trazer situações específicas de *ordem de prioridade de excussão do patrimônio do devedor antes do responsável* como o *benefício de ordem* na fiança.[31]

Segundo o art. 827 do CCB:

> Art. 827. O fiador demandado pelo pagamento da dívida tem direito a exigir, até a contestação da lide, que sejam primeiro executados os bens do devedor.

---

31. Art. 828. Não aproveita este benefício ao fiador:
    I – se ele o renunciou expressamente;
    II – se se obrigou como principal pagador, ou devedor solidário;
    III – se o devedor for insolvente, ou falido.

Parágrafo único. O fiador que alegar o benefício de ordem, a que se refere este artigo, deve nomear bens do devedor, sitos no mesmo município, livres e desembargados, quantos bastem para solver o débito.

Observa-se que o dispositivo pressupõe que o fiador tenha sido demandado e, na condição de legitimado passivo da demanda, possa arguir o *benefício de ordem* como aliás determina o artigo 794 do CPC:

Art. 794. O fiador, quando executado, tem o direito de exigir que primeiro sejam executados os bens do devedor situados na mesma comarca, livres e desembargados, indicando-os pormenorizadamente à penhora.

§ 1º Os bens do fiador ficarão sujeitos à execução se os do devedor, situados na mesma comarca que os seus, forem insuficientes à satisfação do direito do credor.

§ 2º O fiador que pagar a dívida poderá executar o afiançado nos autos do mesmo processo.

§ 3º O disposto no caput não se aplica se o fiador houver renunciado ao benefício de ordem.

Como se observa acima, não há que se falar em ordem secundária de *responsabilidade* do garantidor de dívida alheia, pois o eventual *benefício de ordem* previsto pode ser renunciado expressamente ou nem sequer existir se ele se obrigou como principal pagador ou como devedor solidário. Logo, pode haver responsabilidade sem débito (garantidor de dívida alheia), que exponha o patrimônio do responsável ao mesmo tempo e em pé de igualdade (na mesma ordem) ao do patrimônio do devedor inadimplente sem qualquer relação de preferência de submissão patrimonial.

Não é o fato de ser "responsável secundário", *tout court,* que dá a tal sujeito algum privilégio em relação à ordem de sujeição patrimonial. Ao assumir a responsabilidade por dívida alheia, ele é tão sujeito passivo de eventual responsabilização patrimonial, quanto o é o "devedor" tido como "responsável primário". Apenas em casos específicos é que a lei, ou a convenção das partes, pode dar o benefício de expropriação patrimonial prioritária do devedor em relação àquele que garantiu responsabilizar-se por dívida alheia.

Curiosamente, há hipóteses legais em que o garantidor de dívida alheia (alcunhado de responsável "secundário"), tem o seu patrimônio posto em ordem de *prioridade de excussão* em relação ao próprio devedor, alcunhado de responsável primário.

Prevê o artigo 928 do CCB que "*o incapaz responde pelos prejuízos que causar, se as pessoas por ele responsáveis não tiverem obrigação de fazê-lo ou não dispuserem de meios suficientes*".

Aqui nesta hipótese o incapaz é o devedor e "responsável primário", mas são os patrimônios de seus pais (responsáveis "secundários") que responderão prioritariamente pela dívida do filho.

A desmistificação de que a terminologia *primário responsável e secundário responsável* nada tem a ver com a ordem de preferência de excussão da garantia patrimonial pode ser colhida dos arts. 794 e 795 do CPC:

Art. 795. Os bens particulares dos sócios não respondem pelas dívidas da sociedade, senão nos casos previstos em lei.

§ 1º O sócio réu, quando responsável pelo pagamento da dívida da sociedade, tem o direito de exigir que primeiro sejam excutidos os bens da sociedade.

§ 2º Incumbe ao sócio que alegar o benefício do § 1º nomear quantos bens da sociedade situados na mesma comarca, livres e desembargados, bastem para pagar o débito.

§ 3º O sócio que pagar a dívida poderá executar a sociedade nos autos do mesmo processo.

§ 4º Para a desconsideração da personalidade jurídica é obrigatória a observância do incidente previsto neste Código.

Art. 796. O espólio responde pelas dívidas do falecido, mas, feita a partilha, cada herdeiro responde por elas dentro das forças da herança e na proporção da parte que lhe coube.

No caso do artigo 794 do CPC, o que diz o *caput* é que a regra geral é a da separação patrimonial da pessoa jurídica em relação aos bens particulares dos sócios. Contudo, o próprio dispositivo prevê que existem situações dispostas na lei em que o patrimônio do sócio responde conjuntamente pela satisfação da dívida assumida pela sociedade, ou seja, além da própria sociedade ser responsável pela sua dívida, também serão responsáveis os patrimônios dos seus sócios.

Nessas hipóteses, desde que ambos constem no título executivo, poderão ser demandados, e, seus patrimônios, atingidos. Há *responsabilidade patrimonial* destes sujeitos que não são *devedores*, de forma que, não são "terceiros", tampouco estranhos à relação obrigacional, considerando que nela estão na condição de garantidores.

É o caso da sociedade em nome coletivo e na comandita simples, respectivamente nos arts. 1039 e 1045 do CCB:

Art. 1.039. Somente pessoas físicas podem tomar parte na sociedade em nome coletivo, respondendo todos os sócios, solidária e ilimitadamente, pelas obrigações sociais.

Parágrafo único. Sem prejuízo da responsabilidade perante terceiros, podem os sócios, no ato constitutivo, ou por unânime convenção posterior, limitar entre si a responsabilidade de cada um.

Art. 1.045. Na sociedade em comandita simples tomam parte sócios de duas categorias: os comanditados, pessoas físicas, responsáveis solidária e ilimitadamente pelas obrigações sociais; e os comanditários, obrigados somente pelo valor de sua quota.

Parágrafo único. O contrato deve discriminar os comanditados e os comanditários.

Ainda se observa que o "benefício" trazido no artigo 794 do CPC é dado àqueles que seriam *responsáveis* junto com a própria pessoa jurídica. Conquanto sejam conjuntamente responsáveis, aí sim há o benefício de que *em primeiro lugar* se exproprie o patrimônio da devedora, e, residualmente, o dos sócios. Ambos são *corresponsáveis*, mas há preferência na ordem de expropriação patrimonial.

O que se poderia dizer para aproveitar a classificação de Liebman é que o responsável primário é quem deve, o próprio devedor, e o responsável secundário é aquele que não deve, mas se responsabiliza por garantir dívida alheia. Ambos são *corresponsáveis* (cogarantidores com seus respectivos patrimônios).

Já a questão da ordem de prioridade de excussão de um patrimônio em relação ao do outro sujeito é aspecto que não se prende a esta distinção. Enfim todo responsável

MARCELO ABELHA RODRIGUES

secundário se sujeita à execução tal como o responsável primário (devedor), e apenas quando a distinção estiver prevista no direito material (na lei ou no negócio jurídico quando a lei assim permitir), *normalmente* será o responsável secundário o sujeito contemplado com o "benefício da ordem" de excussão patrimonial, como no caso dos arts. 793 e 794 do CPC.

> É o caso também do artigo 134 do CPC que estabelece expressamente que determinados sujeitos descritos nos incisos do artigo respondem também com o seu patrimônio quando houver "impossibilidade de exigência do cumprimento da obrigação principal pelo contribuinte". Observe que a *responsabilidade* destas pessoas[32] só incide *quando não for possível exigir do contribuinte*. Aqui, como ali, há uma *ordem preferencial* de expropriação patrimonial do devedor, e depois do responsável.

Aqui é importante ficar atento para mais um aspecto.

É preciso observar a importantíssima regra de que em todos esses casos em que a lei ou o negócio jurídico preveem a responsabilidade, jamais um desses responsáveis poderá ter o seu patrimônio atingido se contra ele não existir título executivo judicial ou extrajudicial. Não basta ser um *garantidor com patrimônio responsável* para ser atingido pela expropriação judicial, como já dito alhures. É necessário que, além disso, exista contra ele um título executivo judicial ou extrajudicial que legitime atos de execução forçada contra o seu patrimônio.

Daí porque, no exemplo do art. 134 do CTN acima mencionado, se no curso de uma execução fiscal constatar-se que o contribuinte não possui bens, não se pode, com uma "canetada", *redirecionar* a execução contra os sujeitos descritos nos incisos do referido dispositivo, porque, embora *legalmente responsáveis secundários e subsidiários*, contra eles não há título executivo, devendo ser instaurado, no mínimo, um incidente cognitivo dentro da execução para que o sujeito (até então um terceiro no processo) possa ter o direito de opor exceções à dívida e à responsabilidade, que, se forem rejeitadas, aí sim poderá a execução prosseguir sobre os seus patrimônios.

Igualmente, é exatamente o que diz o infalível artigo 513, § 5º do CPC ao dizer que "o cumprimento da sentença não poderá ser promovido em face do fiador, do coobrigado ou do corresponsável que não tiver participado da fase de conhecimento".

5. SEGUE *LEGE FERENDA*: A RESPONSABILIDADE PATRIMONIAL *PRINCIPAL E SUBSIDIÁRIA*

Ao invés de se considerar como "secundária" a responsabilidade apenas pelo fato de que o responsável não é o devedor (responsabilidade e débito não coincidem na mesma pessoa), melhor seria se fosse adotada a terminologia de *responsabilidade secundária, ou indireta ou subsidiária* apenas para os casos em que o *responsável por garantir a dívida alheia* tenha algum benefício legal ou convencional que lhe permita exigir que o seu

---

32. I – os pais, pelos tributos devidos por seus filhos menores; II – os tutores e curadores, pelos tributos devidos por seus tutelados ou curatelados; III – os administradores de bens de terceiros, pelos tributos devidos por estes; IV – o inventariante, pelos tributos devidos pelo espólio etc.

patrimônio só seja expropriado depois de ter sido tentada, de modo infrutífera, a expropriação do patrimônio do devedor que inadimpliu a obrigação. Aí sim se teria uma situação de *ordem, prioridade, preferência* de excussão de um patrimônio (do devedor) em relação a outro (do responsável).

Existem inúmeros casos no direito material em que a lei estabelece a *responsabilidade subsidiária* de determinados sujeitos em razão do vínculo que mantém com o devedor (responsável primário, direto, principal). Um dos exemplos é o que se mencionou, valendo-se do artigo 134 do Código Tributário Nacional, pois apenas quando houver insuficiência patrimonial do contribuinte (devedor e responsável principal) é que poderá ser atingido o patrimônio dos sujeitos listados nos incisos do art. 134.

Exemplo bastante comum ocorre no processo trabalhista como se pode observar na Súmula 331, IV do TST:

> IV – o inadimplemento das obrigações trabalhistas, por parte do empregador, implica a responsabilidade subsidiária do tomador dos serviços quanto àquelas obrigações, desde que haja participado da relação processual e conste também do título executivo judicial.

A hipótese acima tem sido regularmente aplicada nas situações de *terceirização* de forma que a empresa que contrata a empresa terceirizada é responsável *subsidiariamente* pelas obrigações trabalhistas se estas não forem honradas.

Nestes dois exemplos, o requisito necessário para que se possa excutir o patrimônio do responsável subsidiário é que o primeiro responsável não tenha patrimônio suficiente para satisfazer a dívida inadimplida. Obviamente, em ambos os casos deve haver título executivo contra o responsável primário e também contra o responsável subsidiário para que este possa sofrer a expropriação de bens do seu patrimônio.[33]

6. RESPONSABILIDADE PATRIMONIAL SUBSIDIÁRIA OU TEORIA MENOR DA DESCONSIDERAÇÃO DA PERSONALIDADE JURÍDICA?

Em sequência ao que foi dito no tópico anterior é preciso apontar um equívoco criado pela jurisprudência brasileira, e que aos poucos vem sendo por ela sedimentado, que é o de atribuir ao fenômeno da responsabilidade patrimonial subsidiária (*garantia patrimonial subsidiária*) o nome de *teoria menor da desconsideração da personalidade jurídica*.[34]

---

33. O artigo 4º da Lei 9605 prescreve que "Poderá ser desconsiderada a pessoa jurídica sempre que sua personalidade for obstáculo ao ressarcimento de prejuízos causados à qualidade do meio ambiente". A rigor, não parece ser caso de *desconsideração da personalidade jurídica*, tratada como *teoria menor*, mas sim de hipótese de responsabilidade patrimonial subsidiária.

34. Segundo Felipe Peixoto Braga Netto: "No Brasil, a prática jurisprudencial criou, a propósito da desconsideração da pessoa jurídica, duas teorias diferenciadas. São elas a teoria maior (em suas vertentes subjetiva e objetiva) e a teoria menor". BRAGA NETO, Felipe Peixoto. *Manual de direito do consumidor à luz da jurisprudência do STJ*. 10. ed. Salvador: JusPodivm, 2015, p. 273.

Justifica-se o equívoco – ainda que bem-intencionado – pela forte influência (e estagnação) da teoria *processual* da responsabilidade patrimonial que não permitiu a jurisprudência enxergar, avançar e aplicar a responsabilidade patrimonial como um fenômeno do direito material.

Este é o fato que explica a invenção da *teoria menor da desconsideração da personalidade jurídica*, ao invés de simplesmente tratar esta situação jurídica como *incidência do fenômeno da responsabilidade patrimonial subsidiária*.

Trocando em miúdos, encontrou-se na criação da "teoria menor da desconsideração da personalidade jurídica" uma solução de direito material para situações que são, claramente, de *responsabilidade patrimonial (legal) subsidiária*, justamente porque o olhar da maciça doutrina ainda está vendado para o fato de que aqui se trata de um fenômeno de direito material.

Bastaria a compreensão de que [a] a responsabilidade patrimonial nada mais é do que um direito material de garantia previsto em toda relação jurídica obrigacional e que, [b] em caso de inadimplemento do devedor, [c] proporciona ao credor o direito de retirar do patrimônio garantidor a quantia correspondente aos prejuízos do inadimplemento, para se perceber que [d] a garantia patrimonial pode ser *principal* ou *subsidiária* e que [e] o critério que a lei normalmente estabelece para que se retire do patrimônio garantidor subsidiário, e não do principal, o valor devido é justamente [f] a insuficiência (estado de "insolvência") deste último em relação àquele.

Entretanto, em acórdão publicado em 2004, o Superior Tribunal de Justiça, impulsionado pela interpretação dos arts. 28, § 5º do CDC e art. 4º da Lei 9605, dá início à fixação da tese da "teoria menor da desconsideração da personalidade jurídica":

> Responsabilidade civil e direito do consumidor. Recurso especial. Shopping center de Osasco-SP. Explosão. Consumidores. Danos materiais e morais. Ministério público. Legitimidade ativa. Pessoa jurídica. Desconsideração. Teoria maior e teoria menor. Limite de responsabilização dos sócios. Código de defesa do consumidor. Requisitos. Obstáculo ao ressarcimento de prejuízos causados aos consumidores. Art. 28, § 5º.
>
> (...). A teoria maior da desconsideração, regra geral no sistema jurídico brasileiro, não pode ser aplicada com a mera demonstração de estar a pessoa jurídica insolvente para o cumprimento de suas obrigações. Exige-se, aqui, para além da prova de insolvência, ou a demonstração de desvio de finalidade (teoria subjetiva da desconsideração), ou a demonstração de confusão patrimonial (teoria objetiva da desconsideração). A teoria menor da desconsideração, acolhida em nosso ordenamento jurídico excepcionalmente no Direito do Consumidor e no Direito Ambiental, incide com a mera prova de insolvência da pessoa jurídica para o pagamento de suas obrigações, independentemente da existência de desvio de finalidade ou de confusão patrimonial. Para a teoria menor, o risco empresarial normal às atividades econômicas não pode ser suportado pelo terceiro que contratou com a pessoa jurídica, mas pelos sócios e/ou administradores desta, ainda que estes demonstrem conduta administrativa proba, isto é, mesmo que não exista qualquer prova capaz de identificar conduta culposa ou dolosa por parte dos sócios e/ou administradores da pessoa jurídica. A aplicação da teoria menor da desconsideração às relações de consumo está calcada na exegese autônoma do § 5º do art. 28, do CDC, porquanto a incidência desse dispositivo não se subordina à demonstração dos requisitos previstos no caput do artigo indicado, mas apenas à prova de causar, a mera existência da pessoa

jurídica, obstáculo ao ressarcimento de prejuízos causados aos consumidores. Recursos especiais não conhecidos. (REsp 279.273/SP, relator Ministro Ari Pargendler, relatora para acórdão Ministra Nancy Andrighi, Terceira Turma, julgado em 04.12.2003, DJ de 29.03.2004, p. 230).

Esta posição, ano após ano, restou sedimentada no Superior Tribunal de Justiça como se observa no recente julgado:

Processual civil. Agravo interno no agravo em recurso especial. Negativa de prestação jurisdicional. Inocorrência. Fundamentação. Ausente. Deficiente. Súmula 284/STF. Desconsideração da personalidade jurídica. Teoria menor. Art. 28, § 5º, do CDC.

(...) 3. Nos termos do art. 28, § 5º, do CDC, a aplicação da teoria menor da desconsideração da personalidade jurídica da empresa é justificada pelo mero fato de a personalidade jurídica representar um obstáculo ao ressarcimento de prejuízos causados aos consumidores (Súmula 568/STJ). 4. Agravo interno não provido.

(AgInt no AREsp 2.002.504/DF, relatora Ministra Nancy Andrighi, Terceira Turma, julgado em 02.05.2022, DJe de 04.05.2022).

Como se observa nos arestos citados a insuficiência do patrimônio do responsável principal destrava a possibilidade de que o patrimônio dos sócios possa ser atingido.

A rigor, o que se quer dizer, é que não há desconsideração da personalidade jurídica quando a própria lei (art. 28, § 5º do CDC e art. 4º da Lei 9.605) estabelece que o requisito para atingir o patrimônio do sócio é a insuficiência patrimonial do responsável principal.

Nestas hipóteses, denominada de "teoria menor da desconsideração da personalidade jurídica", o que se tem é apenas a previsão legal da responsabilidade patrimonial subsidiária, ou seja, nas dívidas da sociedade, se o seu patrimônio garantidor não for suficiente para satisfazer os prejuízos resultantes do seu inadimplemento, então é o patrimônio dos sócios que responderá subsidiariamente.

Não há nenhuma "quebra" nem "desconsideração" da personalidade jurídica como faz crer, erroneamente, por exemplo, o próprio texto do art. 4º da Lei 9605,[35] bem como os arestos citados que sedimentaram uma "teoria menor" da desconsideração da personalidade jurídica.

Observe que nestas hipóteses não há nenhum "ilícito" ou "violação da boa-fé"[36] praticado contra a garantia patrimonial do responsável garantidor principal e nenhuma "sanção de desconsideração" é aplicada judicialmente, simplesmente porque desde o momento de constituição da obrigação já existe, por ordem legal, tanto a garantia patrimonial principal (naquele caso do devedor), quanto a garantia patrimonial subsidiária do sócio.

---

35. Art. 4º Poderá ser desconsiderada a pessoa jurídica sempre que sua personalidade for obstáculo ao ressarcimento de prejuízos causados à qualidade do meio ambiente.

36. Sobre os pressupostos dogmáticos da desconsideração da personalidade jurídica, com enfoque na boa-fé, ver MENEZES CORDEIRO, António. *O levantamento da personalidade colectiva*. Coimbra: Almedina, 2000, p. 83 e ss.; 91 e ss.

O critério, absolutamente objetivo, para que incida a *garantia subsidiária* independe de qualquer verificação de qualquer ilicitude praticada pelo garantidor principal em relação à ocultação do seu patrimônio.[37] Logo, o magistrado não "rompe" a linha divisória da sociedade com os sócios simplesmente porque o patrimônio deste é garantidor subsidiário da sociedade que ele integra nestas hipóteses legais.[38]

Veremos mais adiante no capítulo 3, item 3 que é perfeitamente possível que a Lei, por opção política [como se vê no acórdão citado acima quando menciona a necessidade de proteger o consumidor], decida por estabelecer sujeitos responsáveis/garantidores (seus patrimônios) de dívidas alheias *seja solidariamente, seja subsidiariamente*, tudo para proporcionar maior segurança e proteção às relações creditícias.

No exemplo do art. 4º da Lei 9605, bem como no caso do artigo 28, § 5º do CDC, foi a importância do direito tutelado e a hipossuficiência do consumidor e da coletividade (titular do meio ambiente ecologicamente equilibrado) que motivaram o legislador a estabelecer a responsabilidade patrimonial subsidiária de "terceiro" por dívida alheia.

Considerando o que foi dito, dentre outras coisas, dois aspectos importantes devem restar claros.

(1) O primeiro é que por não ser propriamente uma *desconsideração da personalidade jurídica* não há que se falar em *desconsideração inversa*, ou seja, a lei fixa apenas a garantia patrimonial subsidiária de "terceiro" (sócio) em relação ao devedor (sociedade), mas não diz o inverso, qual seja, caso seja a pessoa física demandada e esta não tenha patrimônio suficiente para arcar com os prejuízos resultantes do inadimplemento, não está prevista na lei a garantia patrimonial subsidiária da sociedade. Isso não impede, como dito alhures, que possa ser efetivamente aplicada a regra da desconsideração da personalidade jurídica desde que exista ato ilícito de esvaziamento ou ocultação do patrimônio da pessoa física por meio da pessoa jurídica, caso em que o patrimônio desta será atingida.

(2) O segundo aspecto é que todas as técnicas de proteção do patrimônio garantidor, preventivas (arresto, medidas sub-rogatórias, arrolamento de bens etc.) ou repressivas (ex. *fraude à execução e fraude contra credores*), se aplicam sem nenhuma dificuldade também ao garantidor patrimonial subsidiário e, por não se tratar de "desconsideração propriamente dita", deve ser ele citado na demanda cognitiva para que contra ele seja formado o título executivo judicial.

7. A IMPORTÂNCIA DO JULGAMENTO DO TEMA 1282 DO STF. A RESPONSABILIDADE PATRIMONIAL TAMBÉM DEVE ESTAR REVELADA NO TÍTULO EXECUTIVO JUDICIAL OU EXTRAJUDICIAL

A questão de direito objeto do tema 1232 do Supremo Tribunal Federal é a seguinte:

possibilidade de inclusão no polo passivo da lide, na fase de execução trabalhista, de empresa integrante de grupo econômico que não participou do processo de conhecimento.

---

37. Sobre a necessidade de existência de um ilícito para a desconsideração ver: NERY JÚNIOR, Nelson; NERY, Rosa Maria de Andrade. *Código Civil comentado*. 6. ed. São Paulo: Ed. RT, 2008, p. 249; BRUSCHI, Gilberto Gomes. *Aspectos processuais da desconsideração jurídica*. 2. ed. São Paulo: Saraiva, 2009.

38. Inclusive, nada impede que efetivamente se promova a desconsideração da personalidade jurídica do garantidor subsidiário no caso de fraude ou ilícito para furtar-se à sua responsabilidade patrimonial subsidiária.

O referido "tema" é fruto do reconhecimento da existência de repercussão geral da questão constitucional suscitada em recurso extraordinário interposto contra acórdão proferido pelo Tribunal Superior do Trabalho tendo por fundamento a violação aos artigos 5º, II, LIV e LV, 97 e 170 da Constituição Federal.

Quando o 'excelso pretório' colocá-lo em julgamento terá a ímpar oportunidade de pavimentar um caminho mais lúcido do que aquele que tem sido trilhado até aqui pelo STJ e TST não apenas para a questão de direito extraída do próprio recurso extraordinário 1.387.795 de MG, mas também para tantas outras questões que emergem em razão da aplicação inadequada do instituto da responsabilidade patrimonial.

Pra começar, é de se dizer que tem sabor de obviedade a regra do artigo 513, §5º do CPC que assim diz:

> O cumprimento da sentença não poderá ser promovido em face do fiador, do coobrigado ou do corresponsável que não tiver participado da fase de conhecimento.

Até o mais neófito percebe que este dispositivo do CPC é uma natural projeção da a cláusula pétrea de que "*ninguém será privado dos seus bens sem o devido processo legal*" (art. 5º, LV da CF/88), ou seja, a regra básica e lógica de que *primeiro revela-se o direito, depois parte-se para a excussão do patrimônio.*

Essa "revelação do direito" é estampada nos títulos judiciais (art. 515) e extrajudiciais (art. 784) de forma que neles possam estar *evidentes* a existência de uma *obrigação líquida, certa e exigível.*

Ocorre que "o que" deve estar revelado de modo *evidente* no título executivo judicial ou extrajudicial não é apenas a *relação débito/crédito* que vincula *credor e devedor*, mas também a *relação acessória que envolve o credor e o responsável*, afinal de contas, ambas integram a relação jurídica obrigacional.

Assim, é pressuposto da atividade executiva sobre o patrimônio, que esteja identificado no título executivo tanto a (a) a relação entre o *credor e devedor* atinente à prestação devida, quanto a (b) relação entre o *credor e o responsável* que *garante* com seu patrimônio os prejuízos decorrentes de eventual inadimplemento da prestação. Trocando em miúdos, deve constar de modo evidente no título executivo judicial ou extrajudicial as seguintes informações: *a quem se deve, quem deve e quem responde, se é devido, e o quê ou quanto se deve.*

Não se duvida que tudo seria mais simples se o sujeito que encarnasse o papel de "responsável" fosse também o mesmo que personificasse o "devedor", como aliás acontecesse na maior parte dos casos. Assim, como visto antes num exemplo, Marcelo deve pagar uma quantia a Guilherme e o patrimônio de Marcelo é que responde pelo seu inadimplemento. Marcelo é o devedor e também o garantidor da dívida por ele assumida.

Por outro lado, tudo fica mais complexo, e todo cuidado passa a ser pouco como vimos mais acima, quando os tais sujeitos descoincidem, ou seja, quando, por meio de lei ou convenção das partes, Marcelo é o devedor de Guilherme, mas o responsável pelo débito de Marcelo é, além dele mesmo, um outro sujeito chamado de Pedro. Assim, Pedro, que não é o devedor, mas também é "cogarantidor" da dívida de Marcelo. Nesta hipótese, portanto, existem duas pessoas, e, dois patrimônios, que respondem pela dívida de apenas uma delas.

Especialmente nestes casos de *responsabilidade pela dívida de outrem* é preciso ter muita cautela e atenção porque no título executivo que aparelhará o processo de execução ou o cumprimento de sentença devem estar revelados os elementos objetivos e subjetivos do vínculo que une credor e devedor (da prestação devida) como também do que une o direito de garantia que conecta o responsável com o credor (responsabilidade patrimonial). Trocando em miúdos, é isso que diz o ululante art. 513, § 5º citado mais acima.

Segundo este claríssimo dispositivo do CPC, mesmo que a lei ou o contrato aponte que "C" seja o *garantidor* (*ou corresponsável*) pela dívida de "A" é preciso que o título executivo espelhe esta situação jurídica. Melhor explicando, numa ação condenatória proposta elo credor contra o devedor, caso o primeiro pretenda obter um título executivo judicial que lhe autorize uma futura expropriação patrimonial contra todos os responsáveis, deveria preocupar-se em colocar no polo passivo desta demanda, além do próprio devedor, os sujeitos que a lei ou o contrato impute a responsabilidade (garantia) pela referida dívida. Por "n" razões – estratégicas, econômicas, afetivas etc. – pode o credor optar por ajuizar a demanda condenatória apenas contra o devedor ao invés de colocar no polo passivo todos aqueles que a lei ou o contrato preveem como meros garantidores de dívida. Assim, num contrato sem eficácia de título executivo é perfeitamente possível que o credor A proponha demanda apenas contra o devedor B, ou contra o seu fiador C, ou contra ambos.

Por outro lado, é preciso que fique claro o reverso da moeda, ou seja, a consequência desta opção legitimamente feita por A, qual seja: acaso a demanda proposta apenas contra B venha a ser julgada procedente, não poderá simplesmente (re) direcionar o cumprimento da sentença contra C, posto que este último, mesmo sendo fiador de B (responsável patrimonialmente), não foi demandado por A e contra ele não se formou título executivo judicial.

O problema não está na formalidade de se ter ou não se ter o título executivo judicial contra determinada pessoa, e tampouco se trata de uma punição mesquinha à opção de "A" quando decidiu propor a demanda apenas contra um dos corresponsáveis.

O verdadeiro motivo é que existe um direito fundamental de que ninguém pode ser "executado" e sofrer uma expropriação judicial se não lhe for concedido o direito de exercer o contraditório, defesa de mérito (direta e indireta), tanto a respeito da relação principal (débito/crédito), quanto da relação acessória (crédito/responsabilidade) da qual ele figura como suposto responsável garantidor.

Frise-se mais uma vez que acaso a demanda condenatória seja proposta apenas contra o devedor, esta é uma opção do credor, de forma que apenas contra aquele réu por ele escolhido é que terá sido formado um título executivo judicial; título este que revelará uma obrigação (tanto o vínculo do débito, quanto da responsabilidade) líquida, certa e exigível. Apenas este sujeito, e, seu patrimônio, é que será legítimo para suportar a execução por expropriação.

A obviedade do § 5º do art. 513 do CPC é chocante: em respeito ao preceito constitucional de que *ninguém será privado de seus bens sem o devido processo*, não é possível executar (expropriar) patrimônios de quem quer que seja se contra estas pessoas não houver "títulos executivos", sejam eles judiciais ou extrajudiciais.

Retomando a análise do tema 1232 o que a situação ali revela é que naquele caso concreto houve a formação do título executivo judicial apenas contra o devedor e apenas contra este foi iniciado o cumprimento de sentença. Contudo, após ser verificado que aquele devedor não possuiria patrimônio expropriável *é que se pretendeu alcançar o patrimônio de outros sujeitos sob a alegação de que "integrariam o mesmo grupo econômico de fato"*.

Definitivamente não é possível *redirecionar* [mudar a direção] a execução contra estes outros sujeitos, como se a execução fosse a mira de uma arma onde, mascado o primeiro tiro, pudesse o calibre ser ajustado para pessoa diversa sem lhe permitir exercer o pleno e prévio contraditório à formação do título executivo. Não dá para inverter a lógica e exigir, no curso do cumprimento de sentença, que o "redirecionado" é que tenha que provar que ele não pertence ao mesmo grupo econômico de fato.

Não basta uma petição avulsa do exequente justificando a insuficiência patrimonial do atual executado e contendo argumentos de que haveria indícios de que os "novos alvos" integrariam o mesmo grupo econômico. Nem mesmo uma teratológica "desconsideração da personalidade jurídica" porque o pressuposto desta técnica é que o atingido pela desconsideração não seja *corresponsável* primário ou secundário.

A *decisão judicial* que deferir esse "redirecionamento" está, na verdade, inventando um título executivo judicial contra novos executados e seus patrimônios sem que estas pessoas tivessem tido a oportunidade de defesa prévia num processo cognitivo, seja em relação a dívida, seja em relação à responsabilidade patrimonial.

Vejamos o absurdo: contra o executado sem patrimônio foi necessário um processo judicial, mas contra os sujeitos que se presume integrar o mesmo grupo econômico de fato basta um "redirecionamento" da execução...

A hipótese é tão grave que não se trata apenas de violar o petrificado direito constitucional ao devido processo onde gravita o mantra de que o patrimônio de uma pessoa só pode scr expropriado se e quando contra ela exista um título executivo que revele de forma evidente *quem deve (e quem é responsável pela dívida), o quê ou quanto se deve, a quem se deve, se é devido.*

Uma de duas: ou o título executivo foi obtido por meio de prévio processo cognitivo, caso em que haverá uma fase subsequente de *cumprimento de sentença contra aquele que participou do processo cognitivo,* ou o título executivo insere-se naquelas taxativas hipóteses do artigo 784 do CPC, caso em que será proposto um processo de execução. Em ambas as hipóteses só pode ser *executado* o sujeito que integre o título executivo.

O que é mais cruel nesta hipótese que deu origem ao tema 1232 é que além de lhe ser negado o direito de discutir em processo cognitivo antecedente à formação do título executivo judicial as relações de *débito e de responsabilidade*, também lhe foi tolhido o direito de opor-se a alegação – feita em petição avulsa – de que "*compõem o mesmo grupo econômico de fato*".

Observe-se que na hipótese trazida pelo Tema 1232 não apenas redireciona-se a execução contra "terceiros" sem lhes outorgar o direito de discutir o débito e a responsabilidade, como ainda por presume-se esta responsabilidade pela premissa fixada no redirecionamento de que tais pessoas compõem, de fato, o mesmo grupo econômico.

Incrível como tudo se passa como se fosse um simples giro do cano da espingarda executiva, ou seja, possivelmente com base em elementos indiciários trazidos numa petição avulsa do exequente no curso do cumprimento de sentença, o magistrado recebe aquela petição e simplesmente decide que "X, Y e Z" devem ser também sujeitos passivos de um cumprimento de sentença sem que nunca tenham figurado em nenhuma demanda cognitiva prévia onde pudessem defender-se não apenas da alegação de que compõem o mesmo grupo econômico de fato, como ainda por cima, de questões envolvendo a dívida e a própria responsabilidade que lhes é imputada ali no curso da curso do cumprimento da sentença.

Observe-se que uma coisa é o reconhecimento judicial de que X, Y e Z compõem o mesmo grupo econômico de fato [*decidido superficialmente no "redirecionamento"*], outra coisa é o reconhecimento judicial que aqueles sujeitos que supostamente integrariam o mesmo grupo econômico de fato seriam corresponsáveis pela dívida do executado originário. É óbvio que tudo isso deve estar *acertado* previamente no processo cognitivo que dá origem ao título executivo judicial. Foi opção do autor da demanda condenatória ter colocado no polo passivo não apenas aquele que deve, mas todos aqueles que são corresponsáveis pela dívida por integrarem o mesmo grupo econômico de fato. Todo credor sabe que 10 entre 10 demandas condenatórias procedentes desaguam em cumprimento de sentença para expropriar do patrimônio do executado o valor devido. Conta-se no dedo os devedores que, condenados pagam o que é devido espontaneamente. Assim, quando se propõe demanda contra todos – devedores e responsáveis – por um lado amplia-se a dificuldade e o tempo da tutela cognitiva, mas por outro, abre-se a possibilidade de se formar títulos executivos judiciais contra mais pessoas, permitindo que mais patrimônios possam ser atingidos pela mira da execução.

De outra banda, tratando-se de título executivo extrajudicial não é diferente: ou os executados constam no título executivo extrajudicial e contra eles podem ser promovidas as execuções, ou não estão e contra eles não poderá ser iniciada nenhuma execução. Sem título executivo prévio não há execução aparelhada, e, se, eventualmente, ao iniciar o processo de execução o exequente se dá conta poderia ter inserido no título extrajudicial outras pessoas e respectivos patrimônios garantidores (ex. que integrariam o mesmo grupo econômico), não há a possibilidade de, como uma biruta ao sabor do vento, redirecionar a execução contra novos executados e novos patrimônios que não constam do título executivo extrajudicial.

Não pode o credor que decidiu propor demanda cognitiva apenas contra o devedor deixando de fora os garantidores responsáveis (corresponsáveis ou responsáveis subsidiários), pretender inseri-los no curso da execução sob alegação de que o patrimônio do devedor se mostrou insuficiente. Todo credor deveria lembrar-se que ao propor uma ação condenatória para pagamento de quantia que no final das contas, se for procedente a demanda, será o patrimônio do réu-executado que suportará a expropriação, se não for espontaneamente cumprida a sentença, como quase nunca é.

É opção potestativa do credor propor a demanda condenatória contra todos os corresponsáveis e responsáveis subsidiários além do próprio devedor. O que não dá para aceitar é que, sendo infrutífera a execução por falta de patrimônio do executado, possa ser dado um *salto carpado afastado grupado duplo* e neste instante redirecionar a execução para atingir o patrimônio de quem o credor, por opção, decidiu não demandar. É isso que deixa claro o artigo 513, §5º do CPC.

O que se está querendo dizer é que assim como há o direito de se discutir a dívida previamente à formação do título, há também o direito de se discutir a garantia (responsabilidade) patrimonial desta dívida, e, registre-se, todas as vezes que existir um responsável patrimonialmente que não seja o próprio devedor, este outro sujeito deverá ser citado para integrar a relação jurídica cognitiva prévia a formação do título executivo judicial caso o credor pretenda, futuramente e se procedente a demanda, excutir o patrimônio deste responsável.

Mas ainda é preciso ainda fazer dois apontamentos.

O primeiro é a distinção entre responsabilidade patrimonial prevista na lei ou na relação negocial como no caso do fiador, do responsável solidário, do responsável subsidiário etc., e, outra coisa, completamente diferente é a *imposição judicial da responsabilização patrimonial como sanção pelo ato ilícito de alguém que, por fraude, abuso etc. viola a garantia patrimonial de determinada dívida.*

Se a lei ou o negócio jurídico preveem que determinadas pessoas são corresponsáveis ou responsáveis subsidiários pela dívida de outrem, é o autor que deve decidir se propõe demanda contra um ou contra todos, assumindo as consequências de sua escolha. O título executivo judicial será formado contra aquele que participou do processo cognitivo. No caso de título executivo extrajudicial apenas aqueles que figuram como responsáveis no referido documento é que poderão ser executados.

Não tem cabimento, com a finalidade de driblar a opção equivocada de não propor a demanda contra todos os responsáveis, que o credor/exequente possa valer-se de um *redirecionamento executivo* ou, pior ainda, utilizar-se de um *incidente de desconsideração da personalidade jurídica*, incabível nesta hipótese, para trazer para o polo passivo do cumprimento de sentença aquele que já poderia ter participado do processo cognitivo porque já era corresponsável ou responsável subsidiário da dívida.

Não serve o incidente de desconsideração da personalidade jurídica (IDPJ) para remediar ali no cumprimento da sentença a escolha estratégica feita pelo autor quando ajuizou a demanda condenatória apenas contra o devedor, deixando de fora os demais responsáveis (*integrantes do mesmo grupo econômico*).

Em segundo lugar, é preciso dizer que onde há responsabilidade patrimonial legal ou convencional não há razão para "desconsideração da personalidade jurídica". A *desconsideração* só tem sentido lógico quando o sujeito atingido pela desconsideração não é formalmente responsável, pois passará a sê-lo por decisão judicial que reconheça o ilícito cometido com o devedor para violar a garantia patrimonial.

Assim, v.g. se a lei ou o negócio jurídico já estabelece a responsabilidade patrimonial subsidiária do sócio pela dívida da empresa, não há por que "desconsiderar a personalidade jurídica" desta última para atingir o seu sócio, simplesmente porque a lei já o considera responsável. Deveriam, portanto, por opção do autor da demanda ter figurado como réu em demanda condenatória para que contra ele pudesse ter título executivo como deixa claro o artigo 513, § 5º do CPC.

Como se disse mais acima, os nossos tribunais superiores têm aplicado de modo inadequado aa responsabilidade patrimonial, a saber, por exemplo:

(i) quando aceitam o incidente de desconsideração da personalidade jurídica para inserir na execução corresponsáveis e responsáveis subsidiários (ex. execução fiscal e grupo econômico de fato) que deveria ter integrado a relação cognitiva prévia à formação do título judicial,

(ii) quando, de forma rasa admitem o redirecionamento de uma execução contra um responsável subsidiário que não participou previamente do processo que deu origem ao título,

(iii) quando adotam a construção jurisprudencial equivocada da teoria menor da desconsideração da personalidade jurídica para assim admitir o ingresso do garantidor patrimonial subsidiário

(iv) quando aceitam como suficiente a intimação do terceiro garantidor quanto à penhora do imóvel hipotecado em garantia etc.

Toda esta dificuldade esta diretamente relacionada com o fato de não se enxergar a *responsabilidade patrimonial* como um fenômeno de natureza material, como uma relação jurídica prevista na lei ou no negócio jurídico envolvendo o credor e o responsável (devedor ou outrem) e que é instrumental e acessória da relação jurídica principal que ela visa garantir.

8. A DESCONSIDERAÇÃO DA PERSONALIDADE COMO TÉCNICA DE PROTEÇÃO DA RESPONSABILIDADE PATRIMONIAL

A *garantia da responsabilidade patrimonial* existe para proteger a prestação principal contra o possíveis prejuízos decorrentes do inadimplemento do devedor. O *patrimônio do garantidor* é que serve a este desiderato.

Dada a importância desta *garantia comum* o ordenamento jurídico excogita uma série de técnicas que se prestam à sua proteção, seja com a finalidade *evitar o desfalque do patrimônio garantidor*, seja para *reprimir* o desfalque já cometido. Nesta hipótese (desfalque já realizado) é ato ilícito comissivo ou omissivo praticado pelo sujeito que se apresenta, pela lei ou pelo negócio jurídico, como *garantidor* (responsável) dos prejuízos causados pelo inadimplemento da prestação.

A desconsideração da personalidade jurídica constitui uma dessas técnicas que servem para proteger a responsabilidade patrimonial *reprimindo* ilícitos comissivos ou omissivos que desfalcam o patrimônio garantidor. Todavia, ao contrário de outras técnicas repressivas que *restauram* o patrimônio violado, esta amplia, objetivamente e subjetivamente, a garantia patrimonial, ou seja, por meio dela um patrimônio de um terceiro que *não fazia parte da relação jurídica obrigacional* passa a responder também pelo inadimplemento da prestação.

Com a desconsideração da personalidade jurídica (1) um terceiro que não integrava a relação jurídica obrigacional e, portanto, (2) não era nem devedor e nem garantidor originário, (3) passa a condição de corresponsável por uma dívida alheia.

No caso da desconsideração da personalidade jurídica o "atingido pela desconsideração" é um corresponsável patrimonial, um verdadeiro "terceiro" que passa a responder por dívida alheia, porém essa responsabilidade patrimonial não é *subsidiária*, ou seja, não há para ele nenhum "benefício de ordem" que lhe permita arguir a defesa de que o primeiro patrimônio a ser atingido deva ser o patrimônio do devedor e só depois o seu patrimônio.

O sujeito atingido pela desconsideração passa a responder patrimonialmente em pé de igualdade com o devedor. Porquanto a sua responsabilidade seja *superveniente* ela não implica em nenhum privilégio de ordem de expropriação em relação ao responsável originário.

Assim, nesta hipótese, pode o exequente, se descoberto bens do devedor ou do sujeito atingido pela desconsideração, escolher aquele que é de mais fácil liquidação para levar a expropriação. Os "patrimônios" se sujeitam em pé de igualdade quando estamos diante da desconsideração da personalidade jurídica. O artigo 795 §§ 1º a 3º do CPC tratam da responsabilidade secundária subsidiária legal do sócio e não propriamente da responsabilidade patrimonial decorrente da DPJ. Não se pode contaminar o §4º com os demais, sob pena de enorme tautologia.

A desconsideração da personalidade jurídica é a imposição judicial de uma sanção por um ato ilícito permitindo que o patrimônio de um terceiro passe a ser responsável pela dívida de outrem. Exatamente por isso os pressupostos tipificadores do ato ilícito pelo qual se impõe a sanção judicial que *desconsidera a personalidade jurídica* devem estar todos previstos no direito material e envolvem atos de abuso, fraude etc. Tais situações se colocam como "pressupostos materiais" – verdadeiras causas de pedir – da *demanda* que pretende a desconsideração da personalidade jurídica. Uma vez decretada a desconsideração o patrimônio do atingido este passa a ter o seu patrimônio responsável pela dívida de outrem desde o momento em que se deu o ilícito, e sem qualquer ordem de subsidiariedade na futura excussão patrimonial. Assim, quando X é atingido pela desconsideração ele passa a responder pela dívida de A desde o momento do ilícito e em pé de igualdade, ou seja, sem qualquer preferência de excussão patrimonial sobre um ou outro.

Frise-se, já dissemos em tópicos anteriores, que quando o requisito para que o patrimônio de sujeito diverso do devedor (secundário) seja submetido à futura execução é apenas uma *situação jurídica objetiva de ausência de bens expropriáveis do devedor* que se apresenta como responsável *primário*, então não há "desconsideração" propriamente dita, mas simples responsabilidade patrimonial subsidiária legalmente prevista como em tantos outros casos do nosso ordenamento.[39]

Não se pode confundir a DPJ que é uma sanção jurídica decorrente de um ilícito,[40] com a responsabilidade subsidiária legalmente prevista no ordenamento.

Assim, quando o artigo 4º da Lei 9.605 diz que "*poderá ser desconsiderada a pessoa jurídica sempre que sua personalidade for obstáculo ao ressarcimento de prejuízos causados à qualidade do meio ambiente*", o que se tem aí não é, propriamente, uma desconsideração da personalidade jurídica, mas simplesmente responsabilidade patrimonial subsidiária de origem legal, ou seja, *ex legge* a lei ambiental prevê a responsabilidade patrimonial subsidiária dos sócios da pessoa jurídica quando, objetivamente, o patrimônio do responsável primário não seja suficiente para ressarcir o meio ambiente. Não há, nenhum requisito subjetivo, ou ilícito, envolvendo os sócios e a pessoa jurídica para que dita responsabilidade incida, senão apenas estes de caráter objetivo.[41]

Aliás, é de bom alvitre que a ação civil pública ambiental a ser proposta já coloque no polo passivo da demanda não apenas o responsável primário, mas também aquele que, por previsão legal, já *responde subsidiariamente* pela dívida de outrem.

A responsabilidade subsidiária tanto pode estar prevista na lei ou ser estabelecida por convenção das partes, como no caso da fiança (com benefício de ordem). O *benefício da ordem* nada mais é do que uma defesa indireta do responsável garantidor que consiste no direito de alegar, sob pena de preclusão, que o patrimônio de A (responsável primário) seja excutido antes do patrimônio de B (responsável subsidiário). É exatamente o que ocorre no caso da chamada "teoria menor da responsabilidade" como nesta hipótese do art. 4º da Lei de Crimes Ambientais.

Na verdadeira desconsideração, o terceiro atingido por ela não possui o benefício da "subsidiariedade", pois passa a integrar a relação jurídica passiva como responsável

---

39. Correta a orientação mais recente do Superior Tribunal de Justiça quando diz que "a mera dificuldade de encontrar bens suficientes para a satisfação do crédito discutido, associada à eventual constatação do estado de insolvência da empresa demandada, não constituem elementos suficientes para o deferimento do pedido de desconsideração de sua personalidade jurídica". (AgInt no AREsp 1872180/SP, Rel. Ministro Marco Buzzi, Quarta Turma, julgado em 20.09.2021, DJe 23.09.2021).

40. A mera "dissolução irregular" da pessoa jurídica não é "ilícito" que justifique configuração da hipótese da DPJ, como bem disse o STJ no AgInt no REsp 1939630/DF, Rel. Ministro Marco Aurélio Bellizze, Terceira Turma, julgado em 20.09.2021, DJe 23.09.2021.

41. Tanto é verdade que nesta hipótese legal o sócio responde subsidiariamente pela dívida da sociedade, mas não o inverso. Assim, hipoteticamente, se a demanda ambiental foi proposta contra o poluidor pessoa física, apenas o patrimônio deste responde pelo inadimplemento. No entanto, em caso de haver ilícito de desfalque patrimonial (omissivo ou comissivo) praticado pela pessoa física poderá, numa das hipóteses previstas no direito material, instaurar o incidente de desconsideração para atingir o patrimônio da sociedade que de alguma forma conecta-se com o ilícito cometido.

secundário em posição simétrica a do responsável patrimonial primário, como dito alhures. Isso fica evidente quando a desconsideração é obtida ainda na fase de conhecimento, mas como normalmente ela é iniciada na fase de execução ou de cumprimento de sentença, acaba por se ter a sensação, equivocada, de que a responsabilidade patrimonial do sujeito atingido pela desconsideração é protegido pela regra da subsidiariedade.

Ademais, é perfeitamente possível que se aplique contra o responsável subsidiário a *desconsideração da personalidade jurídica*, inclusive inversa, nas hipóteses em que tal sujeito comete o ilícito de desfalque patrimonial com intuito de livrar o seu patrimônio da garantia patrimonial, ainda que seja ela subsidiária.

9. REFERÊNCIAS

ASSIS, Araken. *Manual da execução*. 18. ed. São Paulo: Ed. RT, 2016.

BETTI, Emilio. *Teoría Generalde las Obligaciones*. Madrid: Editorial Revista de Derecho Privado, 1969. t. 1.

BETTI, Emilio. *Teoria generale del negozio giuridico*. Torino: Unione Tipografico-editrice Torinese, 1943.

BRAGA NETO, Felipe Peixoto. *Manual de direito do consumidor à luz da jurisprudência do STJ*. 10. ed. Salvador: JusPodivm, 2015.

BRUSCHI, Gilberto Gomes. *Aspectos processuais da desconsideração jurídica*. 2. ed. São Paulo: Saraiva, 2009.

CARNELUTTI, Francesco. *Diritto e Processo*. Napoli: Morano, 1958.

CASTRO, Amilcar de. *Do procedimento de execução*: Código de processo civil – livro II – arts. 566 a 747. Rio de Janeiro: Forense, 2000.

CASTRO, Roberta Dias Tarpinian de. *O incidente de desconsideração da personalidade jurídica*. São Paulo: Quartier Latin, 2019.

CHAMBERLAIN, Hector Cavalcanti. *O incidente processual de desconsideração da personalidade jurídica*. São Paulo: Toth. 2021.

DINAMARCO, Cândido Rangel. *Execução civil*: a execução na teoria geral do direito processual civil. São Paulo: Ed. RT, 1972.

DINAMARCO, Cândido Rangel. *A instrumentalidade do processo*. São Paulo: Ed. RT, 1987.

LIEBMAN, Enrico Tullio. *Processo de execução*. 3. ed. São Paulo: Saraiva, 1968.

LIEBMAN, Enrico Tullio. *Manual de direito processual civil*. Rio de Janeiro: Forense, 1984. v. 1.

LIMA, Alcides de Mendonça. *Comentários ao código de processo civil*. Rio de Janeiro: Forense, 1974. v. VI, t. II, n. 1.041.

MENEZES CORDEIRO, António. *Tratado de direito civil português*. Coimbra: Almedina, 2010. v. II, t. IV.

MENEZES CORDEIRO, António. *O levantamento da personalidade colectiva*. Coimbra: Almedina, 2000.

NERY JÚNIOR, Nelson; NERY, Rosa Maria de Andrade. *Código Civil comentado*. 6. ed. São Paulo: Ed. RT, 2008.

ROCHA, Henrique de Moraes Fleury da. *Desconsideração da personalidade jurídica*. Salvador: JusPodivm, 2022.

RODRIGUES, Marcelo Abelha. *Responsabilidade patrimonial pelo inadimplemento das obrigações*: introdução ao estudo sistemático da responsabilidade patrimonial. São Paulo: Foco, 2022.

SERPA LOPES, Miguel Maria. *Curso de direito civil*. 6. ed. Rio de Janeiro: Freitas Bastos, 1995. v. III.

THEODORO Jr., Humberto. *Curso de direito processual civil*. 52. ed. Rio de Janeiro: Forense (Grupo Editorial Nacional), 2019. v. III.

VIEIRA, Christian Garcia. *A desconsideração da personalidade jurídica no novo CPC*. Salvador: JusPodivm, 2021.

RESPONSABILIDADE PESSOAL DOS SÓCIOS DIANTE DA DISSOLUÇÃO IRREGULAR DA SOCIEDADE: ENTRE A SUCESSÃO PROCESSUAL E A DESCONSIDERAÇÃO DA PERSONALIDADE JURÍDICA

Marco Félix Jobim

Doutor em Direito pela Pontifícia Universidade Católica do Rio Grande do Sul – PU-CRS e Mestre em Direito pela Universidade Luterana do Brasil – ULBRA, com estágio pós-doutoral na Universidade Federal do Paraná – UFPR. Professor adjunto dos cursos de graduação e pós-graduação *lato* e *stricto sensu* da Pontifícia Universidade Católica do Rio Grande do Sul – PUCRS. Coordenador da Escola de Direito da PUCRS. Advogado sócio da Jobim & Salzano Advogados Associados. Lattes: http://lattes.cnpq.br/7781138223264118. E-mail: marco@jobimesalzano.com.br.

Raquel Vieira Paniz

Doutoranda e Mestre em Direito, na área de concentração Teoria Geral da Jurisdição e Processo, pela Pontifícia Universidade Católica do Rio Grande do Sul – PUCRS. Bolsista CAPES/PROEX. Bacharela em Ciências Jurídicas e Sociais pela Universidade Federal do Rio Grande do Sul – UFRGS. Advogada inscrita na OAB/RS. Lattes: http://lattes.cnpq.br/9388535531240000. E-mail: raquelpaniz@gmail.com.

Sumário: 1. Introdução – 2. Execução civil e IDPJ: a aplicação da teoria maior – 3. Dissolução irregular da sociedade e presunção de abuso da personalidade jurídica: o entendimento do STJ – 4. Sucessão processual e tutela do direito: a aplicação analógica dos artigos 110 e 779, inciso II, do CPC – 5. Considerações finais – 6. Referências.

1. INTRODUÇÃO

Em que pese o Incidente de Desconsideração da Personalidade Jurídica (IDPJ) tenha ganhado, enfim, regramento específico no Código de Processo Civil vigente, ainda pairam muitas dúvidas acerca das hipóteses que legitimam o seu manejo. Especificamente na execução civil, aqui entendida a expressão em sentido lato, isto é, contemplando o processo de execução e a fase de cumprimento de sentença, são muitos os pontos de interrogação que se colocam, mormente ao se considerar os requisitos impostos pela teoria maior da personalidade jurídica.

No que compete ao presente artigo, pretende-se, a partir de método de abordagem hipotético-dedutivo e de pesquisa bibliográfica, avaliar a possibilidade de o credor se valer da desconsideração da personalidade jurídica diante da dissolução irregular da sociedade inadimplente. Caso a resposta alcançada seja negativa, buscar-se-á delimitar, ainda, alternativa processual para a satisfação do direito do credor, à luz da legislação e do entendimento jurisprudencial e doutrinário pertinentes.

Com esse escopo, então, parte-se de breve análise das razões que conduziram à personificação, ainda que fictícia, de determinadas entidades, de forma a explicar as situações excepcionais que podem autorizar a desconsideração dessa personalidade jurídica e, pois, a supressão da autonomia patrimonial, desde que respeitados os requisitos próprios da teoria maior.

Na sequência, buscar-se-á abordar, de maneira sintética, o entendimento firmado pelo Superior Tribunal de Justiça no que se refere à possibilidade de presunção de abuso da personalidade ante a dissolução irregular da sociedade inadimplente, a legitimar, ou não, o uso do IDPJ no bojo da execução civil.

Ao final, intentar-se-á conferir alternativa ao credor de pessoa jurídica irregularmente encerrada, por meio da qual seja viabilizada a perseguição do crédito junto ao ex-sócios, que titularizavam o patrimônio da sociedade extinta, independentemente da demonstração de abuso da personalidade.

Delimitado o alcance da pesquisa que será exposta nas próximas linhas, parabenizamos e agradecemos, por fim, aos amigos e professores Marcelo Abelha, Roberta Tarpinian, Trícia Navarro Xavier Cabral e Thiago Ferreira Siqueira, pelo convite de participação em tão distinta obra que preencherá uma lacuna importante no trato do tema da desconsideração da personalidade jurídica no Brasil.

2. EXECUÇÃO CIVIL E IDPJ: A APLICAÇÃO DA TEORIA MAIOR

Para abordar a temática da desconsideração da personalidade jurídica na execução civil, é comum que sejam dedicadas algumas linhas preliminares para o exame da outra face dessa moeda, qual seja o princípio da autonomia patrimonial da pessoa jurídica. Tal esforço argumentativo não é sem razão de ser, na medida em que a decretação judicial da desconsideração da personalidade jurídica não é a regra no ordenamento jurídico pátrio. Aliás, muito pelo contrário, deve ser a exceção.[1]

Segundo Rubens Requião,[2] precursor no Brasil no estudo do tema, "(...) não devemos imaginar que a penetração do véu da personalidade jurídica se torne instrumento dócil na mão dos inábeis, dos que, levados ao exagero, acabassem por destruir o instituto da pessoa jurídica, construído através dos séculos". E é nessa esteira que, se partimos

---

1. Débora Carlotto Botan de Souza escreve: "Contudo, buscou destacar-se no presente trabalho, que a mitigação da autonomia patrimonial da pessoa jurídica, por meio da desconsideração da sua personalidade, é exceção, tendo em vista que a personalidade jurídica societária nada mais é do que o meio pelo qual a atividade econômica empresária se desenvolve e contribui para a sociedade brasileira capitalista vigente, constituindo-se como o instrumento eficaz ao desenvolvimento econômico e social em prol da coletividade" (SOUZA, Débora Carlotto Botan de. *Desconsideração (inversa) da personalidade jurídica*: a atuação estatal para prevenir abusos. Curitiba: Juruá, 2015. p. 231).

2. REQUIÃO, Rubens. Abuso de direito e fraude através da personalidade jurídica: disregard doctrine. *Revista dos Tribunais*, v. 803, p. 751-764, São Paulo, 2002.

da premissa de que a desconsideração da personalidade jurídica deve ser aplicada de forma residual, episódica e casuística,[3] mister se faz compreender a motivação da regra autonomia patrimonial da pessoa jurídica e, pois, as razões que conduziram à admissão excepcional do seu afastamento.

Pois bem. A constituição da pessoa jurídica tem como premissa a distinção entre as esferas patrimoniais da sociedade e dos seus sócios, bem como a consequente limitação da responsabilidade da pessoa física pelo exercício de determinada atividade.[4] Nesse sentido, conforme dispõe o parágrafo único do artigo 49-A do Código Civil, a autonomia patrimonial da pessoa jurídica trata-se de instrumento lícito de alocação e segregação de riscos, que tem como objetivos o estímulo ao empreendedorismo, de um lado, e a geração de empregos, tributo, renda e inovação, de outro.

É dizer, diferentemente das pessoas naturais, a pessoa jurídica é uma ficção do Direito, cuja criação teve como fim último (i.) proteger o patrimônio pessoal dos sócios, ao apartá-lo do patrimônio da sociedade; e (ii.) incentivar o desenvolvimento da atividade econômica, ao limitar a responsabilidade dos sócios ao capital investido.[5] Trata-se, ao fim e ao cabo, "(...) de uma técnica de incentivação, pela qual o direito busca conduzir e influenciar a conduta dos integrantes da comunidade jurídica".[6]

Só que, se o instituto da pessoa jurídica consiste em instrumento voltado essencialmente à facilitação do empreendedorismo e à proteção do direito de propriedade,[7] qualquer desvio ou abuso com relação a essas louváveis finalidades, em prejuízo dos

---

3. Nesse sentido, SALOMÃO FILHO, Calixto. *O novo direito societário*. São Paulo: Malheiros, 1998. p. 108.
4. Como assinala Luciana Amaro, "(...) a pessoa jurídica representa instrumento legítimo de destaque patrimonial, para a exploração de certos fins econômicos, de modo que o patrimônio titulado pela pessoa jurídica responda pelas obrigações desta, só se chamando os sócios à responsabilidade em hipóteses restritas" (AMARO, Luciano. Desconsideração da pessoa jurídica no Código de Defesa do Consumidor. *Revista de Direito do Consumidor*, v. 5, p. 169. São Paulo, jan./mar. 1993).
5. Nesse mesmo sentido, Gilberto Fachetti Silvestre e Davi Amaral Hibner explicam: "Um dos principais objetivos da ficção jurídica de considerar certos entes como pessoa é que, em decorrência da personificação, os direitos, os deveres e o patrimônio da pessoa jurídica não se confundem com os direitos, os deveres e o patrimônio das pessoas naturais que a compõe. A pessoa jurídica forma, destarte, um novo sujeito de direito, que titulariza relações jurídicas próprias, distintas das dos seus sócios. Pode-se afirmar, portanto, que o princípio da separação da pessoa jurídica da pessoa de seus sócios (*societas distat a singuli*) tem um duplo aspecto. (i) subjetivo, segundo o qual a personalidade da pessoa jurídica não se confunde com a de seus sócios; e (ii) objetivo, pelo qual a pessoa jurídica e os seus sócios possuem patrimônios distintos e autônomos" (SILVESTRE; Gilberto Fachetti; HIBNER, Davi Amaral. Questões controvertidas sobre o "incidente" da desconsideração da personalidade da pessoa jurídica no Código de Processo Civil de 2015. *Revista de Processo*, v. 289, p. 71-104, São Paulo, mar. 2019. Versão em PDF. Disponível em: https://revistadostribunais. com.br/. Acesso em: 15 fev. 2023. p. 2).
6. JUSTEN FILHO, Marçal. *Desconsideração da personalidade societária no direito brasileiro*. São Paulo: Ed. RT, 1987. p. 49.
7. No ponto, é interessante observar que Flávia Lefèvre Guimarães, secundada por outros doutrinadores que se debruçam sobre a temática, defende que a personalidade jurídica das sociedades nada mais é que uma manifestação do direito de propriedade, a ensejar, inclusive, o respeito à sua função social por parte dos administradores (GUIMARÃES, Flávia Lefèvre. *A desconsideração da personalidade jurídica no Código de Defesa do Consumidor: aspectos processuais*. São Paulo: Max Limonad, 1998. p. 24).

credores, deve conduzir à decretação da desconsideração da personalidade jurídica.[8] Aliás, a doutrina afeita à desconsideração da personalidade jurídica, que surgiu nos tribunais americanos e alemães, com o desenvolvimento do pensamento Professor Rolf Serick, tinha como objetivo final exatamente impedir fraude ou abuso mediante o uso da personalidade jurídica.[9]

Assim, ao se possibilitar a extensão dos efeitos das obrigações assumidas pela pessoa jurídica às pessoas naturais que a constituem, objetiva-se não só tutelar os interesses dos credores da sociedade, mas também sancionar o ilícito perpetrado pelos sócios e, em última análise, salvaguardar o próprio instituto da pessoa jurídica.

Nesse sentido, inclusive, é a doutrina de Fábio Ulhoa Coelho:[10]

> O objetivo da teoria da desconsideração da personalidade jurídica (*disregard doctrine* ou *piercing the veil*) é exatamente possibilitar a coibição da fraude, sem comprometer o próprio instituto da pessoa jurídica, isto é, sem questionar a regra da separação de sua personalidade e patrimônio em relação aos de seus membros. Em outros termos, a teoria tem o intuito de preservar a pessoa jurídica e a sua autonomia, enquanto instrumentos jurídicos indispensáveis à organização da atividade econômica, sem deixar ao desabrigo terceiros vítimas de fraude.

De mais a mais, a pessoa jurídica perde a razão de ser se a autonomia patrimonial que dela decorre for utilizada como subterfúgio para enganar credores, de tal modo que a viabilidade de decretação da desconsideração da personalidade jurídica não enfraquece o instituto da pessoa jurídica – pelo contrário, o endossa. E, para alcançar o ponto central do presente tópico, ainda vamos além: tanto é verídico o que ora se afirma que, na execução civil, a demonstração da inadimplência da pessoa jurídica não basta para o afastamento da autonomia patrimonial, tendo o ordenamento jurídico adotado, como regra geral, a teoria maior da personalidade jurídica. Explica-se.

Contrapondo-se à teoria menor, que considera suficiente à admissão da desconsideração da personalidade jurídica a verificação de prejuízo ao credor,[11] a teoria maior, agasalhada pelo artigo 50 do Código Civil brasileiro, exige, para além da aferição do inadimplemento, a comprovação do abuso da personalidade jurídica, isto é, a demons-

---

8. "Realmente, ao mesmo tempo que a possibilidade de autonomia patrimonial da pessoa jurídica é elemento imprescindível para o desempenho de diferentes atividades econômicas, a viabilidade de que essa autonomia seja casuisticamente desconsiderada – para evitar situações de abuso – também é indispensável. Somente assim a tutela da personalidade jurídica pode se manter fiel às suas finalidades originárias – evitando que o status jurídico atribuído a tais entidades se converta em uma patologia sistêmica" (OSNA, Gustavo. Desconsideração da personalidade jurídica e garantias fundamentais do processo: ônus da prova e ônus da argumentação. *Revista de Processo*, v. 305, p. 331-353, São Paulo, jul. 2020. Versão em PDF. Disponível em: https://revistadostribunais. com.br/. Acesso em: 15 fev. 2023. p. 2)

9. REQUIÃO, Rubens. Abuso de direito e fraude através da personalidade jurídica. *Revista dos Tribunais*, São Paulo, v. 803, p. 751-764, 2002.

10. COELHO, Fábio Ulhoa. *Curso de direito comercial*. 5. ed. São Paulo: Saraiva, 2002. v. 2. p. 35.

11. No ordenamento jurídico brasileiro, a teoria menor é aplicada no âmbito das relações de consumo e dos crimes ambientais, conforme se extrai da exegese do artigo 28 do Código de Defesa do Consumidor e do artigo 4º da Lei 9.605/1998.

tração do desvio de finalidade da pessoa jurídica ou a confusão entre o patrimônio da sociedade e o dos sócios.

É o que ensinam Guilherme Antunes da Cunha e Felipe Scalabrin:[12]

> A teoria maior, por sua vez, considera que cabe a desconsideração quando existir algo maior do que o inadimplemento [...]. O prejuízo ao credor – que decorre do inadimplemento – não é forte o suficiente para que a autonomia patrimonial da pessoa jurídica seja rompida. O elemento adicional proposto é o abuso da personalidade jurídica. Exige-se, então, algum desvirtuamento da função da pessoa jurídica para que 'caia o véu' da personalidade. Atualmente, o detalhamento consta no art. 50 do Código Civil com a redação atualizada pela Lei 13.874/19 (Lei da Liberdade Econômica).

Roberta Dias Castro,[13] de forma semelhante, aponta ser a teoria maior a autêntica teoria introduzida em solo brasileiro, razão pela qual defende ser a teoria menor um desprestígio à autonomia da pessoa jurídica. É de ser ressaltado que, recentemente, o Brasil quase passou por reforma legislativa no campo processual do procedimento do IDPJ, com o Projeto de Lei 3.401/08, que restou não sancionado pelo então Presidente do Brasil Jair Bolsonaro.

Com efeito, especificamente no âmbito da execução civil, o ordenamento jurídico brasileiro somente admite a desconsideração da personalidade jurídica ante (i.) a aferição de insatisfação de dívida contraída com o credor; e, ainda, (ii.) a comprovação de abuso da personalidade jurídica, caracterizado pelo desvio de finalidade ou pela confusão patrimonial. É dizer, em não se tratando de hipótese regida por lei específica, o princípio da autonomia patrimonial somente será afastado se, em análise casuística, ficarem demonstrados o prejuízo ao credor e, simultaneamente, o abuso da personalidade jurídica.

É para isso que há, hoje, um procedimento especificado na lei processual civil brasileira[14] e que merece ser respeitado, uma vez que, por ele, é que se pode resgatar o passado do instituto da desconsideração e a errônea forma que perdurou décadas no Poder Judiciário brasileiro.[15] Por isso, não é demais então concordar que a desconside-

---

12. CUNHA, Guilherme Antunes da; SCALABRIN, Felipe. Requisitos para desconsideração da personalidade jurídica: a estrutura escalonada dos pressupostos exigidos pelo Código de Defesa do Consumidor, pelo Código Tributário Nacional e pelo Código Civil. *Revista de Processo*, v. 329, p. 67-86, São Paulo, jul./2022. Versão em PDF. Disponível em: https://revistadostribunais.com.br/. Acesso em: 15 fev. 2023. p. 4.

13. Roberta Dias Tarpinian de Castro escreve: "Se, por um lado, a teoria menor mostra-se como desprestígio à autonomia da pessoa jurídica e à idealização da responsabilidade limitada dos sócios, por outro lado a teoria maior da desconsideração da personalidade jurídica é a autêntica teoria introduzida doutrinariamente no sistema brasileiro por Rubens Requião, a qual visa, antes de mais nada, preservar a pessoa jurídica, reafirmando a autonomia patrimonial como regra" (CASTRO, Roberta Dias Tarpinian de. *O incidente de desconsideração da personalidade jurídica*: as diferentes funções de um mesmo mecanismo processual. São Paulo: Quartier Latin, 2019. p. 80).

14. Para uma noção geral do IDPJ até sua consolidação no Código de Processo Civil de 2015, recomenda-se, enfaticamente, a obra: RODRIGUES FILHO, Otávio Joaquim. Desconsideração da personalidade jurídica e processo: de acordo com o Código de Processo Civil de 2015. São Paulo: Malheiros, 2016.

15. Rodrigo Cunha Ribas escreve: "De qualquer maneira, o fato é que anteriormente à vigência do Código de Processo Civil de 2015 não havia qualquer procedimento legalmente previsto para aplicar-se essa teoria no âmbito judicial, o que resultava em divergência a esse respeito, notadamente na doutrina e na jurisprudência" (RIBAS, Rodrigo Cunha. *Incidente de desconsideração da personalidade jurídica*. 3. ed. Curitiba: Juruá, 2022. p. 61).

ração da personalidade jurídica tem sido realizada no Brasil, como lembram Erasmo Valladão Azevedo e Novaes França e Marcelo Vieira von Adamek,[16] de forma bastante arbitrária, quer em sua modalidade de desconsideração para fins de imputação de responsabilidade (*Haftungsdurchgriff*), quer para uma desconsideração denominada atributiva (*Zurechnungsdurchgriff*).

O problema é que, embora o referido artigo 50 do Código Civil delimite as noções de desvio de finalidade e de confusão patrimonial ao longo dos seus cinco parágrafos, ainda pairam dúvidas acerca da congruência de determinadas situações concretas ao conceito de abuso da personalidade jurídica, para fins de admissão da desconsideração no bojo da execução civil. E é nessa zona cinzenta que se encontra a dissolução irregular da sociedade, como se verá com mais vagar no próximo tópico.

3. DISSOLUÇÃO IRREGULAR DA SOCIEDADE E PRESUNÇÃO DE ABUSO DA PERSONALIDADE JURÍDICA: O ENTENDIMENTO DO STJ

Conforme se depreende da leitura do artigo 51 do Código Civil, quando uma sociedade se encontra em processo de dissolução, ela subsistirá para os fins de liquidação. Assim, por força desse *iter* procedimental, deverá ser realizada, em um primeiro momento, a averbação da dissolução no registro no qual a sociedade estiver inscrita, para que depois, quando encerrada a liquidação, seja promovido o cancelamento da inscrição da pessoa jurídica.

Cediço, contudo, que rotineiramente tal procedimento não é observado, de forma a consubstanciar a dissolução irregular da sociedade. Em outras palavras, não é de todo incomum que a sociedade seja encerrada no mundo dos fatos, mas, no mundo do Direito, permaneça ativa, mantendo dívidas pendentes de liquidação. E aqui, nesse cenário de inobservância à disciplina do artigo 51 do Código Civil, é forçoso notar que o prejuízo ao credor da sociedade irregularmente encerrada é duplo: para além de sofrer os efeitos da própria inadimplência, ainda tem de enfrentar a dificuldade de cobrar a dívida de pessoa jurídica inativa, muitas vezes sem endereço físico e, pior, sem patrimônio.

Na busca pela salvaguarda dos interesses do credor de sociedade irregularmente dissolvida, então, passou-se a mirar na desconsideração da personalidade jurídica, na forma prevista no supracitado artigo 50 do Código Civil. Sucede que, no campo doutrinário, não há consenso se estaríamos diante de hipótese de abuso da personalidade

---

16. Erasmo Valladão Azevedo e Novaes França e Marcelo Vieira von Adamek escrevem: "Sob a equívoca expressão 'desconsideração da personalidade jurídica', em rigor, têm-se duas modalidades distintas de manifestação do instituto. A mais conhecida (em boa parte devido à forma desmesurada e arbitrária como foi aplicada entre nós) é a desconsideração da personalidade jurídica para fins de imputação de responsabilidade (*Haftungsdurchgriff*), atualmente regulada em caráter geral na Le civil (CC, art. 50). Outra exceção, menos estudada no Direito Brasileiro sob essa designação, mas nem por isso estranha ao nosso sistema, é dada pela aplicação daquilo que se tem qualificado de desconsideração atributiva (*Zurechnungsdurchgriff*), a partir da qual comportamentos, conhecimentos e qualidades dos sócios podem ser imputados à sociedade, e vice-versa" (FRANÇA, Erasmo Valladão Azevedo e Novaes; ADAMEK, Marcelo Vieira von. *Direito processual societário*: comentários breves ao CPC/2015. 2. ed. São Paulo: Malheiros, 2021. p. 107).

jurídica – aferição esta que se traduz, como visto, em requisito imprescindível para autorizar a supressão da autonomia patrimonial no campo da execução civil.

No ponto, observe-se que, para Anselmo Alvarez e Pablo Francisco dos Santos,[17] por exemplo, a dissolução de sociedade sem a devida liquidação consistiria em evidente abuso da personalidade jurídica, sob o argumento de que os sócios estariam negando observância a um sem-número de exigências do encerramento regular para, subvertendo as finalidades da constituição pessoa jurídica, prejudicar credores.[27] Já para Sérgio Campinho,[18] *a contrario sensu*, a dissolução irregular da sociedade se trataria não de abuso da personalidade jurídica, mas de ato ilícito praticado pelos sócios, a atrair, pois, a incidência do artigo 1.080 do Código Civil.

A esse propósito, ainda é interessante notar que o regramento aplicável à execução fiscal catalisou a referida discussão doutrinária. É que o Código Tributário Nacional, em seu artigo 135, inciso III, prevê expressamente que os diretores, gerentes ou representantes de pessoas jurídicas de direito privado são pessoalmente responsáveis pelos créditos correspondentes a obrigações tributárias resultantes de atos praticados com excesso de poderes ou infração de lei, contrato social ou estatutos. É dizer, no âmbito da execução fiscal, a dissolução irregular de sociedade enseja, por força de lei, o redirecionamento da cobrança às pessoas naturais que representam a pessoa jurídica inadimplente que foi encerrada em inobservância ao procedimento previsto no artigo 51 do Código Civil.

Aliás, de acordo com o enunciado da Súmula 435 do Superior Tribunal de Justiça, "presume-se dissolvida irregularmente a empresa que deixar de funcionar no seu domicílio fiscal, sem comunicação aos órgãos competentes, legitimando o redirecionamento da execução fiscal para o sócio-gerente". Mais: de acordo com a jurisprudência da Corte Superior,[19] secundada pelo enunciado da Súmula 112 do Tribunal Regional Federal da 4ª Região, a responsabilização dos sócios fundada na dissolução irregular da pessoa jurídica, no bojo da execução fiscal, inclusive prescinde da instauração do IDPJ, bastando a demonstração do encerramento das atividades da sociedade e das tentativas frustradas de citação da pessoa jurídica.[20]

Não obstante, o entendimento do Superior Tribunal de Justiça trilhou caminho diverso no que tange à execução civil. Pondo fim à discussão travada no âmbito doutrinário, a Corte Superior firmou o entendimento de que a existência de indícios de

---

17. ALVAREZ, Anselmo; SANTOS, Pablo Francisco dos. O "novo regime jurídico" da desconsideração da personalidade na sociedade anônima, estabelecido pela Lei de Liberdade Econômica (aspectos materiais e processuais). *Revista de Direito Bancário e do Mercado de Capitais*, v. 89, p. 41-68, São Paulo, jul./set. 2020.

18. CAMPINHO, Sérgio. *Curso de direito comercial*: direito de empresa. 15. ed. São Paulo: Saraiva Educação, 2018. p. 77.

19. Cf. EREsp 1.786.311/PR, Rel. Ministro Francisco Falcão, Segunda Turma, julgado em 09.05.2019, DJe 14.05.2019.

20. Importa, no ponto, repisar a seguinte ressalva: "O Superior Tribunal de Justiça pacificou o entendimento segundo o qual, para fins de aplicação do entendimento firmado na Súmula 435 do STJ, é necessária a verificação de cada caso concreto, não sendo suficiente para a presunção de dissolução irregular a simples devolução de AR-postal sem cumprimento, impondo-se que se utilizem de outros meios para verificação da atividade, localização e citação da sociedade empresária" (AgInt nos EDcl no REsp 1.907.651/PR, Rel. Ministro Gurcel de Faria, Primeira Turma, julgado em 17.10.2022, DJe 21.11.2022).

encerramento irregular da sociedade, aliada à ausência de bens capazes de satisfazer a dívida reclamada pelo credor, não constituem motivos suficientes para a desconsideração da personalidade jurídica na execução civil. De acordo com o Superior Tribunal de Justiça, portanto, a dissolução irregular da sociedade não se enquadra como hipótese nem de desvio de finalidade, nem de confusão patrimonial, restando afastado, portanto, o abuso da personalidade jurídica exigido pela teoria maior.[21]

Nessa ordem de considerações, o que se percebe é que, consoante entendimento consagrado pela Corte Superior, a teoria maior da desconsideração da personalidade jurídica, encartada pelo artigo 50 do Código Civil, impede a supressão da autonomia patrimonial diante da existência isolada de indícios de encerramento irregular da pessoa jurídica inadimplente. Indo além, vê-se que se mostra necessário, em adição à verificação da inadimplência da sociedade irregularmente dissolvida, a comprovação da intenção de lesar os credores, para fins de enquadramento no requisito do abuso de personalidade.

A questão que se coloca, contudo, é que se mostra muito difícil ao credor se desincumbir do ônus de fazer prova do dolo da pessoa jurídica que encerra as suas atividades na contramão do rito previsto no artigo 51 do Código Civil.[22] Assim, sob pena de se negar ao credor o direito à satisfação do seu crédito, é preciso buscar alternativas para se estender as obrigações assumidas pela sociedade irregularmente dissolvida às pessoas naturais que a integravam, tal como ocorre no âmbito da execução fiscal.

4. SUCESSÃO PROCESSUAL E TUTELA DO DIREITO: A APLICAÇÃO ANALÓGICA DOS ARTIGOS 110 E 779, INCISO II, DO CPC

Como referido anteriormente, a pessoa jurídica, diferentemente das pessoas naturais, consiste em ficção do Direito, criada especificamente para salvaguardar o patrimônio pessoal dos sócios e promover o desenvolvimento da atividade econômica. Só que, igualmente às pessoas naturais, a pessoa jurídica também pode encontrar o seu fim, isto é, a sua "morte", a justificar o redirecionamento dos processos de conhecimento ou de execução ajuizados contra o *de cujos* à sua sucessão. Senão, veja-se.

Voltando os nossos olhos para a disciplina legal do instituto da sucessão processual, verifica-se que o artigo 110 do Código de Processo Civil prevê que, ocorrendo a morte de qualquer uma das partes, dar-se-á a sucessão processual pelo seu espólio ou pelos seus sucessores, de forma a adequar o respectivo polo processual e, assim, manter como partes da demanda aqueles que de fato possam receber os efeitos da sentença e da coisa julgada. Na mesma linha, especificamente no que tange ao processo de execução, observa-se que o artigo 779, inciso II, do diploma processual civil, também autoriza a sua promoção contra o espólio, os herdeiros ou os sucessores do devedor.

---

21. Nesse sentido, cf. AgInt no AREsp 2.021.508/RS, Rel. Ministro Luis Felipe Salomão, Quarta Turma, julgado em 11.04.2022, DJe 19.04.2022; EREsp 1.306.553/SC, Rel. Ministra Maria Isabel Gallotti, Segunda Seção, julgado em 10.12.2014, DJe 12.12.2014.

22. Importa recordar que o artigo 373, § 1º, do Código de Processo Civil, veda a imposição de prova diabólica, isto é, de difícil ou impossível produção pela parte que normalmente teria o ônus da sua produção.

RESPONSABILIDADE PESSOAL DOS SÓCIOS DIANTE DA DISSOLUÇÃO IRREGULAR DA SOCIEDADE | **303**

Assim, embora o Código de Processo Civil não trate propriamente da hipótese de dissolução da sociedade nos aludidos dispositivos, é tranquilo o entendimento doutrinário e jurisprudencial no sentido de que a extinção da pessoa jurídica se equipara à morte da pessoa natural,[23] autorizando-se, por analogia, a decretação da sucessão processual. Por isso, e até mesmo por força do princípio da instrumentalidade das formas, verificada a extinção de pessoa jurídica que seja parte de processo de conhecimento ou de execução, bem como a natureza patrimonial do direito objeto de discussão, apenas redireciona-se a persecução às pessoas naturais que titularizavam o patrimônio da sociedade dissolvida, garantindo-se, ao fim e ao cabo, a continuidade da ação.

Aliás, foi exatamente nesse sentido que decidiu o Superior Tribunal de Justiça no julgamento do Recurso Especial 1.652.592/SP. Com efeito, ratificando a possibilidade de ex-sócios sucederem pessoa jurídica já extinta no polo ativo de ação de resolução de contrato, com fundamento no artigo 110 do Código de Processo Civil, o Ministro Relator Paulo de Tarso Sanseverino consignou que a entrada dos titulares do patrimônio da sociedade dissolvida na relação jurídica processual serviria, inclusive, para esclarecer se houve o efetivo término ou não da liquidação.[24]

Nessa ordem de considerações, retomando a celeuma inicialmente posta, tem-se que o Código de Processo Civil oferece alternativa para garantir a tutela efetiva do direito do credor de sociedade irregularmente dissolvida. É que, se não há espaço para a decretação da desconsideração da personalidade jurídica, ante eventual ausência de prova do preenchimento dos requisitos impostos pela teoria maior, a situação fática poderá se amoldar à hipótese de sucessão processual, a partir da aplicação dos artigos 110 e 779, inciso II, do Código de Processo Civil por analogia.

De forma a ilustrar o que ora se afirma, analisemos outro caso concreto. No bojo do julgamento de agravo de instrumento interposto em face de decisão prolatada em ação de execução, o Tribunal de Justiça do Estado de São Paulo consignou o entendimento de que "(...) a sucessão processual é providência que se impõe independentemente da apuração de abuso de personalidade jurídica", afastando, assim, a necessidade de instauração de IDPJ *in casu*. Ademais, na fundamentação do acórdão, foi defendida a aplicação analógica dos artigos 110 e 779, inciso II, do Código de Processo Civil, na hipótese de extinção da pessoa jurídica, razão pela qual foi determinada, ao final, a sucessão processual do polo passivo, para que fossem incluídos os sócios da sociedade devedora.

Assim é que, se o credor de sociedade irregularmente dissolvida obtiver provas contundentes do encerramento da pessoa jurídica no mundo dos fatos, a execução da dívida há de ser redirecionada aos ex-sócios, independentemente da comprovação da intenção de abusar da personalidade jurídica a partir da dissolução irregular – até

---

23. FERNANDES, Micaela Barros Barcelos. Responsabilidade na cisão parcial: interpretação conforme os arts. 233 da Lei 6.404/1976, 1.122 do Código civil, e as legislações tributária e trabalhista brasileiras. *Revista de Direito Privado*, São Paulo, v. 67, p. 241-276, jul./set. 2016.

24. REsp 1.652.592/SP, Rel. Ministro Paulo de Tarso Sanseverino, Terceira Turma, julgado em 05.06.2018, DJe 12.06.2018.

porque esta se trata de prova de produção quase impossível, que beira à classificação de "prova diabólica".

Salienta-se: não se está aqui buscando enfraquecer o instituto da pessoa jurídica, que, como já abordado, é de suma importância para o incentivo ao empreendedorismo. O que se quer, em verdade, é encontrar um justo meio entre a proteção da autonomia patrimonial e a tutela do direito dos credores.

Logo, se determinada sociedade encerra as suas atividades sem observar o rito previsto no artigo 51 do Código Civil, e se o credor desta, por isso, encontra óbice intransponível para alcançar o seu direito, ante a incidência da teoria maior da desconsideração da personalidade jurídica, o Direito não pode lhe deixar órfão de alternativas. Aliás, essa jamais foi a intenção por trás da criação da ficção da pessoa jurídica. E a alternativa que se intenciona abrir, no presente estudo, é a da sucessão processual, mediante aplicação dos artigos 110 e 779, inciso II, do Código de Processo Civil, por analogia.

5. CONSIDERAÇÕES FINAIS

Embora louváveis as finalidades do instituto da pessoa jurídica, bem como do princípio da autonomia patrimonial que dele decorre, não se pode perder de vista a necessidade de tutela do direito dos credores – ainda que isso custe, excepcional e subsidiariamente, a própria desconsideração da personalidade jurídica.

Nessa linha, o presente trabalho buscou demonstrar que a teoria maior da desconsideração da personalidade jurídica, positivada no artigo 50 do Código Civil, não deve se transmudar em instrumento de defesa cega da pessoa jurídica, capaz de deixar ao relento pretensões legítimas dos credores.

Assim, especialmente na hipótese de dissolução irregular da sociedade, viu-se que, se os requisitos da teoria maior da desconsideração da personalidade impedem o manejo do IDPJ, por não se entender configurado o abuso de personalidade, há de ser facultada ao credor a possibilidade de requerer a sucessão processual da pessoa jurídica encerrada sem a devida observância ao procedimento previsto no artigo 51 do Código Civil, desde que suficientemente comprovada a "morte" da sociedade inadimplente no mundo dos fatos.

6. REFERÊNCIAS

ALVAREZ, Anselmo; SANTOS, Pablo Francisco dos. O "novo regime jurídico" da desconsideração da personalidade na sociedade anônima, estabelecido pela Lei de Liberdade Econômica (aspectos materiais e processuais). *Revista de Direito Bancário e do Mercado de Capitais*, v. 89, p. 41-68, São Paulo, jul./set. 2020.

AMARO, Luciano. Desconsideração da pessoa jurídica no Código de Defesa do Consumidor. *Revista de Direito do Consumidor*, v. 5, São Paulo, jan./mar. 1993.

CAMPINHO, Sérgio. *Curso de direito comercial*: direito de empresa. 15. ed. São Paulo: Saraiva Educação, 2018.

CASTRO, Roberta Dias Tarpinian de. *O incidente de desconsideração da personalidade jurídica*: as diferentes funções de um mesmo mecanismo processual. São Paulo: Quartier Latin, 2019.

COELHO, Fábio Ulhoa. *Curso de direito comercial*. 5. ed. São Paulo: Saraiva, 2002. v. 2.

CUNHA, Guilherme Antunes da; SCALABRIN, Felipe. Requisitos para desconsideração da personalidade jurídica: a estrutura escalonada dos pressupostos exigidos pelo Código de Defesa do Consumidor, pelo Código Tributário Nacional e pelo Código Civil. *Revista de Processo*, v. 329, p. 67-86, São Paulo, jul./2022.

FERNANDES, Micaela Barros Barcelos. Responsabilidade na cisão parcial: interpretação conforme os arts. 233 da Lei 6.404/1976, 1.122 do Código civil, e as legislações tributária e trabalhista brasileiras. *Revista de Direito Privado*, v. 67, p. 241–276, São Paulo, jul./set. 2016.

FRANÇA, Erasmo Valladão Azevedo e Novaes; ADAMEK, Marcelo Vieira von. *Direito processual societário*: comentários breves ao CPC/2015. 2. ed. São Paulo: Malheiros, 2021.

GUIMARÃES, Flávia Lefèvre. *A desconsideração da personalidade jurídica no Código de Defesa do Consumidor*: aspectos processuais. São Paulo: Max Limonad, 1998.

JUSTEN FILHO, Marçal. *Desconsideração da personalidade societária no direito brasileiro*. São Paulo: Ed. RT, 1987.

OSNA, Gustavo. Desconsideração da personalidade jurídica e garantias fundamentais do processo: ônus da prova e ônus da argumentação. *Revista de Processo*, v. 305, p. 331-353, São Paulo, jul. 2020.

REQUIÃO, Rubens. Abuso de direito e fraude através da personalidade jurídica: *disregard doctrine*. *Revista dos Tribunais*, v. 803, p. 751-764, São Paulo, 2002.

RIBAS, Rodrigo Cunha. *Incidente de desconsideração da personalidade jurídica*. 3. ed. Curitiba: Juruá, 2022.

RODRIGUES FILHO, Otávio Joaquim. *Desconsideração da personalidade jurídica e processo*: de acordo com o Código de Processo Civil de 2015. São Paulo: Malheiros, 2016.

SALOMÃO FILHO, Calixto. *O novo direito societário*. São Paulo: Malheiros, 1998.

SILVESTRE; Gilberto Fachetti; HIBNER, Davi Amaral. Questões controvertidas sobre o "incidente" da desconsideração da personalidade da pessoa jurídica no Código de Processo Civil de 2015. *Revista de Processo*, v. 289, p. 71-104, São Paulo, mar. 2019.

SOUZA, Débora Carlotto Botan de. *Desconsideração (inversa) da personalidade jurídica*: a atuação estatal para prevenir abusos. Curitiba: Juruá, 2015.

I.4 – Tutela provisória

TUTELAS PROVISÓRIAS NO ÂMBITO DO INCIDENTE DE DESCONSIDERAÇÃO DA PERSONALIDADE JURÍDICA: DOS REQUISITOS NECESSÁRIOS À CONCESSÃO DE ARRESTO (ART. 301, CPC)

Rodrigo Dalla Pria

Doutor em Direito Processual Civil e Mestre em Direito Tributário pela Pontifícia Universidade Católica de São Paulo (PUC/SP). Professor dos programas de Pós-graduação *Stricto Sensu* (Mestrado) e *Lato Sensu* (Especialização) do Instituto Brasileiro de Estudos Tributários (IBET). Coordenador das unidades de Sorocaba/SP e Presidente Prudente/SP do IBET. Coordenador do curso de Extensão em Contabilidade Tributária e de Processo Tributário Analítico, também do IBET. Ex-Juiz do Tribunal de Impostos e Taxas do Estado de São Paulo (TIT/SP). Advogado.

Danilo Monteiro de Castro

Doutor e Mestre em Direito Tributário pela Pontifícia Universidade Católica de São Paulo (PUC/SP). Professor do Instituto Brasileiro de Estudos Tributários (IBET). Juiz do Tribunal de Impostos e Taxas do Estado de São Paulo (TIT/SP). Advogado.

Sumário: 1. Introdução – 2. A evolução legislativo-processual na responsabilização patrimonial de terceiro estranho à lide – 3. A impossibilidade de termos tutela antecipada no IDPJ – 4. Do cabimento da tutela cautelar (arresto) no IDPJ – 5. A ilustração do problema tendo como pano de fundo o uso do IDPJ em execuções fiscais – 6. O perigo de dano e o perigo de demora – 7. Reflexões finais – 8. Referências.

1. INTRODUÇÃO

Há, na doutrina brasileira, uma importante discussão em torno dos "diversos perigos" motivadores de um provimento provisório, se poderiam ou não justificar a segregação das espécies deste conjunto (tutelas provisórias) a depender do perigo presente, nos moldes da clássica doutrina de Piero Calamandrei.[1] Essa questão traz algumas

---

1. CALAMANDREI, Piero. *Introduzione Allo Studio Sistematico dei Provvedimenti Cautelari*. Pádua: CEDAM, 1936.

luzes ao problema que pretendemos enfrentar, sem, porém, ser o fundamento central a justificar a resolução que nos parece a mais acertada.

Desde o advento do CPC de 2015, temos no sistema jurídico-processual uma ferramenta especificamente forjada para instrumentalizar a pretensão de responsabilizar patrimonialmente terceiro estranho à lide, qual seja, o Incidente de Desconsideração da Personalidade Jurídica (IDPJ). Por meio deste expediente processual, ao invés do simples "redirecionamento" da execução (ou cumprimento de sentença) sem o exercício prévio do contraditório, a responsabilização patrimonial depende desta prévia defesa disponibilizada ao terceiro e, ainda, da realização de possível fase instrutória para, só então, acontecer (excepcional consequência).

Ora, se o sistema normativo-processual exige todo esse rigor (até 2015 inexistente) para a atribuição de responsabilidade patrimonial ao terceiro, tudo indica ser descabido o uso da tutela antecipada como instrumento de burla ao regime de maximização do contraditório que o IDPJ visa garantir (para permitir que o terceiro seja sumariamente alçado à condição de sujeito passivo de uma ação executiva, antes da prolação de decisão exauriente naquele processo incidental[2]).

Essa assertiva, no entanto, não pode constituir óbice a toda e qualquer pretensão de obtenção de provimento provisório no âmbito do IDPJ, pois não há problemas em utilizar a tutela cautelar (arresto, normalmente), o que irá refletir drasticamente na garantia consumada (aqui garantia assecuratória: arresto; lá garantia executiva: penhora).

O ponto, então, são os critérios que costumam ser utilizados para a concessão do arresto no IDPJ. Além da probabilidade do direito, não se verifica, em regra, a demonstração do perigo de dano, a ser materializado sob a forma de risco efetivo de dilapidação patrimonial a justificar a constrição cautelar. Isso tem como consequência o desvirtuamento do arresto cautelar, como se tutela antecipada fosse (muitas vezes, inclusive, sendo tratado com se penhora fosse).

Essa é, assim, a pretensão deste estudo: identificar e analisar os requisitos para a concessão do arresto em IDPJ (a gerar garantia cautelar, jamais penhora), com vistas à evitar a banalização de sua utilização como mero instrumento voltado à mitigação do contraditório prévio necessário à responsabilização patrimonial de terceiro estranho à lide, como regrado no CPC/2015.

2. A EVOLUÇÃO LEGISLATIVO-PROCESSUAL NA RESPONSABILIZAÇÃO PATRIMONIAL DE TERCEIRO ESTRANHO À LIDE

Antes da vigência do CPC/2015 era extremamente comum a formalização, pelo credor, de mero requerimento nos autos da ação de execução (ou cumprimento de sentença) para incluir terceiro estranho à lide no polo passivo da demanda, ao argumento de

---

2. Não analisaremos, neste texto, o uso do IDPJ no processo de conhecimento, em que pese sua regulamentação no CPC/2015.

que presentes estavam os requisitos de direito material necessários a essa consequência. Se o Juiz concordasse com tal pretensão, o terceiro passava a ostentar, automaticamente, a condição de réu na execução (ou no cumprimento de sentença).

Nesse contexto, verificava-se, tão somente, o exercício diferido do contraditório e da ampla defesa, já que, após a citação, o terceiro (agora executado) poderia trazer à baila os argumentos contrários ao pleito de responsabilização patrimonial secundária, almejando sua exclusão da relação jurídico-processual. Tudo isso, no entanto, já na incômoda condição de executado (réu na execução ou no cumprimento de sentença), em especial nas situações em que a técnica de redirecionamento era utilizada de forma arbitrária, o que se mostra extremamente gravoso ao terceiro, principalmente em ambientes processuais (como o executivo fiscal) em que a garantia ainda é condição a oposição de embargos à execução (vide art. 16, § 1º, da Lei 6.830/80).[3]

A inovação trazida com o CPC/2015 diz, justamente, com a obrigatoriedade de instauração de um processo incidental prévio (IDPJ) para apurar a alegada responsabilidade patrimonial do terceiro. Significa dizer que, a partir da vigência do CPC/2015, o terceiro não mais poderá ser alçado, de plano, à condição de sujeito passivo da execução (ou do cumprimento de sentença). Somente após o exercício de atividade cognitiva plena, realizada mediante contraditório prévio, poder-se-á, em caso de procedência do pedido (decisão interlocutória que reconheça a responsabilização patrimonial secundária deste terceiro), atribuir ao terceiro a condição de réu no processo executivo.[4]

Nesse contexto, com o advento do novel diploma processual, a regra que ordinariamente regula o procedimento de inclusão do terceiro no polo passivo dos processos executivos estabelece prévio – e necessário – contraditório (e ampla defesa). Somente após ouvir o terceiro e, principalmente, depois de produzidas as provas pertinentes, poder-se-á determinar a inclusão do terceiro no polo passivo da execução, o que implica a prolação de juízo de cognição plena acerca da procedência da pretensão deduzida no IDPJ.

Essa maximização do contraditório, vale lembrar, deve alcançar não apenas as situações clássicas de desconsideração da personalidade jurídica (art. 50, CC), mas também outras hipóteses de atribuição de responsabilidade patrimonial a terceiro (exemplo mais

---

3. "Neste ponto, vale lembrar que, à luz do sistema do CPC/1973, não existindo qualquer previsão legal do procedimento que deveria ser seguido para a aplicação da *disregard doctrine*, a jurisprudência do Superior Tribunal de Justiça entendia que a personalidade jurídica poderia ser desconsiderada no curso do procedimento executivo, sem contraditório prévio do sócio ou da pessoa jurídica. A este, então, caberia se defender por meio de embargos à execução ou de impugnação ao cumprimento de sentença, muitas vezes apenas após a ocorrência de constrição sobre algum de seus bens." (SIQUEIRA, Thiago Ferreira. *A responsabilidade patrimonial no novo sistema processual civil*. São Paulo: Ed. RT, 2016, p. 231/232).

4. "O incidente representa técnica processual concebida pelo legislador para suprir o déficit de contraditório que vigorava no sistema anterior, na tentativa de preservar a efetividade e ainda assim estar alinhada com o novo modelo de contraditório estabelecido pelas normas fundamentais do CPC de 2015..." (CHAMBERLAIN, Hector Cavalcanti. *O incidente processual de desconsideração da personalidade jurídica*: atualização da *disregard doctrine* na perspectiva da responsabilidade patrimonial e reflexos no processo civil brasileiro. Londrina: Thoth, 2021, p. 146).

próximo e comum à experiência jurídica é a imputação de responsabilidade tributária ulterior).[5]

É possível concluir, assim, que eventual penhora (em sentido estrito, isto é, como garantia satisfativa a permitir a adoção dos atos expropriatórios previstos em nosso sistema jurídico-processual) do patrimônio de terceiro, pressupõe anterior decisão exauriente no IDPJ (acerca da efetiva existência da responsabilidade patrimonial).

3. A IMPOSSIBILIDADE DE TERMOS TUTELA ANTECIPADA NO IDPJ

Se a responsabilização patrimonial do terceiro só pode se consumar com a decisão exauriente proferida no IDPJ, parece certo, também, que essa providência não pode ser efetivada por meio de provimento provisório, sob pena de ruir toda a segurança que o instituto (IDPJ) pretendeu instaurar ao procedimento de imputação de responsabilidade patrimonial secundária.

De fato, ao se admitir a concessão de tutela antecipada no IDPJ, para fins de inclusão sumária do terceiro no polo passivo da execução (possibilitando, assim, a prática de atos constritivos – penhora – ao patrimônio do terceiro), estar-se-á retornando ao regime procedimental vigente no período anterior à edição do CPC/2015.

Poder-se-ia argumentar, à *contrario sensu*, que a tutela antecipada, no cenário atual (do CPC/2015), haveria de ser considerada exceção legal à regra geral, isto é, somente em casos excepcionais ter-se-ia a possibilidade de atribuir ao terceiro, via tutela provisória, a condição de réu na execução, antes mesmo de prolação de decisão exauriente no IDPJ. Entretanto, essa pequena fresta (exceção) teria o condão de, pragmaticamente, verter-se em expediente comum, convertendo-se em regra, mormente em contextos em que o cabimento do IDPJ ainda é tema controverso (isso será aprofundado mais adiante).

O fato é que o legislador expressamente vedou a execução perante terceiro que ainda não foi efetivamente responsabilizado no procedimento próprio para tanto (IDPJ)

---

5. "O que o CPC de 2015 exige, destarte, é que as razões de direito material que justificam a responsabilização do sócio pela pessoa jurídica (e vice-versa, no caso da 'desconsideração inversa', expressamente autorizada pelo § 2º, do art. 133) sejam apuradas (e decididas) em amplo e prévio contraditório. Típico caso de transporte escorreito das realidades materiais para dentro do processo.

    A propósito do § 1º do art. 133, é correto entender que outras causas de corresponsabilização de sócios que não guardam relação ou que não se confundam com a desconsideração da personalidade jurídica – e, por isso mesmo, que pretendam responsabilizar, até mesmo, administradores – também possam ser discutidas ao longo do processo no incidente cognitivo disciplinado pelos arts. 133 a 137. O fundamental, para tanto, é que a discussão observe o procedimento disciplinado pelos dispositivos do incidente em exame, respeitando-se a ampla defesa e o contraditório." (BUENO, Cassio Scarpinella. *Comentários ao Código de Processo Civil*. São Paulo: Saraiva, 2017, v. 1. p. 573). "Parece-nos evidente que, apesar de seu nomen juris, o âmbito de aplicação do IDPJ vai muito além daquelas circunstâncias em que se verifiquem as condições de aplicação da regra do art. 50 do Código Civil, devendo ser a expressão 'desconsideração da personalidade jurídica', qualificadora do incidente processual em questão, interpretada como abrangente de toda e qualquer situação em que se verifique a pretensão de responsabilização patrimonial de sujeito não titular da relação jurídica de débito, isto é, que não seja sujeito passivo da obrigação inadimplida, apesar de seu patrimônio poder estar sujeito, por expressa determinação legal, a responder pelo débito." (DALLA PRIA, Rodrigo. *Direito processual tributário*. 2. ed. São Paulo: Noeses, 2021, p. 474).

e, por isso, em nosso sentir, a "tese" da excepcionalidade não procede, em especial por aquilo que prescreve o artigo 795, § 4º, CPC.

Ademais, é o próprio sistema processual que estabelece que o trâmite da execução (ou cumprimento de sentença) deverá ficar suspenso perante o terceiro (réu do IDPJ), supostamente responsável, enquanto não houver decisão exauriente no incidente instaurado. É essa, aliás, a interpretação mais adequada do enunciado constante no § 3º do artigo 134 do CPC, no sentido de que a suspensão dar-se-á tão somente perante o terceiro, jamais em relação ao executado (responsável patrimonial primário) que já compõe o polo passivo daquela ação.[6]

Tratando explicitamente sobre o tema, Roberta Dias Tarpinian de Castro[7] afirma ser a tutela antecipada no IDPJ conflitante com a própria teleologia desta ferramenta:

> Assim, pedido de tutela provisória de urgência antecipada em IDPJ visa declarar de maneira prematura a condição do sócio como executado/réu em processo movido em face da pessoa jurídica. Notamos, no entanto, que a tutela provisória antecipada no IDPJ conflita com a teleologia do referido processo incidental, qual seja, garantir a ampla defesa e o contraditório antes de incluir os sócios como parte nos processos movidos em face da pessoa jurídica.

Daí nossa conclusão pela incompatibilidade do provimento provisório antecipatório com o regime procedimental próprio do IDPJ.

4. DO CABIMENTO DA TUTELA CAUTELAR (ARRESTO) NO IDPJ

O que fora afirmado no tópico anterior, importante frisar, não afasta o cabimento do gênero "tutela provisória" no âmbito do IDPJ, mas tão somente a incompatibilidade do indigitado instituto com uma das espécies de provimento provisório, qual seja, a tutela antecipada (aquela que efetivamente almeja imputar ao réu do IDPJ, antes do seu desfecho, a condição de executado).

Entendemos, outrossim, ser totalmente cabível a concessão de tutela provisória cautelar (arresto, por regra, inclusive de forma ampla – indisponibilidade, geral e irrestrita, com posterior liberação daquilo que exceder ao valor em cobrança) no âmbito do IDPJ.

É bem verdade que a segregação destas subclasses (tutela antecipada e tutela cautelar), integrantes do conjunto tutela provisória, não costuma ser tarefa fácil, já que muitas

---

6. "Assumir o caráter de demanda, permitiria a interpretação (mais equilibrada) de que a suspensão abrange apenas a prática de atos executivos em face do 'potencial' executado (réu na demanda incidental), uma vez que ainda não foi inserido como parte no processo principal.

   (...) O objeto da lei, ao que parece e salvo melhor juízo, é deixar o réu da demanda incidental indene de atos executivos e potencialmente prejudiciais à sua esfera patrimonial, até que haja (eventual) atribuição de responsabilidade patrimonial.

   Por isso, a interpretação (sistemática) ao § 3º do art. 134 do CPC/15 que melhor se mostra consentânea com esse espírito é a de restringir a suspensão aos atos da ação executiva voltados aos bens do demandado no incidente." (VIEIRA, Christian Garcia. *Desconsideração da personalidade jurídica no novo CPC*: natureza, procedimentos e temas polêmicos. Salvador: JusPodivm, 2016, p. 167).

7. CASTRO, Roberta Dias Tarpinian de. *O incidente de desconsideração da personalidade jurídica*: as diferentes funções de um mesmo mecanismo processual. São Paulo: Quartier Latin, 2019, p. 259.

vezes temos elementos característicos de ambas no provimento concedido, ficando a critério do intérprete a definição daquilo que deve prevalecer na realização do discrímen.[8] Entretanto, essa segregação não é difícil aqui (no contexto do IDPJ):

Quando falamos acerca da incompatibilidade de provimento provisório no âmbito do IDPJ, estamos a tratar, exclusivamente, da tutela antecipada por meio da qual se pretende a antecipação integral da pretensão deduzida no IDPJ, cujo efeito material é, justamente, a inserção do terceiro no polo passivo da execução, permitindo que seu patrimônio responda, desde logo, pelo débito em cobro.

Diversamente, o provimento provisório de cunho acautelatório que vislumbramos cabível no IDPJ é aquele que determina a constrição provisória do patrimônio do terceiro, cujo objetivo é impedir a dilapidação patrimonial, sem, contudo, viabilizar a prática de atos executivos de natureza expropriatória.

Essa tutela provisória de cunho assecuratório se amolda, via de regra, à figura do arresto, disciplinado expressamente no artigo 301 do CPC, e cuja natureza eminentemente cautelar (ou a prevalência desta característica) não é objeto de controvérsia.[9]

Daí que, nesse contexto, caberia indagar: se ambos os provimentos provisórios (tutela antecipada e tutela cautelar) têm como efeito material a constrição do patrimônio do terceiro (tutela cautelar a implicar uma garantia assecuratória *versus* tutela antecipada a permitir penhora), qual a relevância da distinção entre a natureza de cada qual nesse específico ambiente procedimental? Mais ainda, dada a "identidade" de efeitos, como é possível ser um deles cabível no IDPJ (o provimento cautelar) e o outro (provimento antecipatório) não?

Tais objeções, no entanto, ignoram que as diferenças entre os retromencionados provimentos provisórios (antecipatório/acautelatório), aparentemente sutis e irrelevantes, implicam consequências práticas muito distintas.

A primeira delas diz com o tipo de garantia a ser constituída por meio de cada um dos provimentos provisórios citados. Nesse sentido, a garantia decorrente de provimento cautelar tem o condão de segregar o patrimônio do terceiro para fazer frente a eventual futura cobrança a recair sobre ele. Significa dizer que, somente se o terceiro vier a integrar o polo passivo da execução (com a procedência do IDPJ) a garantia assecuratória

---

8. "...nem sempre é simples distinguir até onde vai o 'assegurar' e onde começa o 'satisfazer' (e vice-versa). Até porque, a distinção repousa, quando bem compreendida, na preponderância ou na ênfase de uma característica sobre a outra, não de sua exclusividade, é dizer: assegurar pode também (ou é também) satisfazer, ainda que em menor intensidade...." (BUENO, Cássio Scarpinella. *Manual de direito processual civil*. 2. ed. São Paulo: Saraiva, 2016, p. 249).

9. "Pode-se conceituar o arresto como sendo a medida cautelar de garantia da futura execução por quantia certa, através da qual apreendem-se judicialmente bens indeterminados do devedor." (SHIMURA, Sérgio Seiji. *Arresto cautelar*. 2. ed. São Paulo: Ed. RT, 1997, p. 66). "Considerando, como dito, que os instrumentos de tutela da responsabilidade patrimonial voltam-se, diretamente, à tutela do próprio processo e de sua eficácia – e apenas indiretamente à tutela do direito de crédito –, parece claro que, nos casos em que atuam eles de modo preventivo, está-se diante de técnicas genuinamente cautelares." (SIQUEIRA, Thiago Ferreira. *A responsabilidade patrimonial no novo sistema processual civil*. São Paulo: Ed. RT, 2016, p. 269).

será convolada em penhora.[10] De outro lado, eventual garantia decorrente da inclusão prévia do terceiro no polo passivo do processo executivo fiscal, fruto de provimento antecipatório, já terá toda a roupagem de efetiva penhora, a viabilizar a prática de atos expropriatórios ínsitos às demandas deste jaez, antes mesmo de decisão exauriente no IDPJ.

Em face disso, é preciso insistir que, a teor do que expressamente determina o § 4º do artigo 795 do CPC, enquanto não houver decisão exauriente no IDPJ (acolhendo a pretensão de responsabilidade patrimonial secundária) não se tem preenchidos os requisitos necessários para que os atos executórios avancem perante o patrimônio do terceiro (a constrição sobre seus bens tem de ser meramente cautelar).

Não entender a importância destas diferentes espécies de garantia gera graves problemas, como a adoção de atos expropriatórios sobre garantia assecuratória (a incompatibilidade é latente: só se faz necessário acautelar quando não é possível satisfazer, logo, enquanto a garantia for assecuratória não é cabível atos de expropriação, quiçá os de cunho preparatório para tanto).

Incabível, em nosso sentir, falar em penhora de bens do terceiro, réu do IDPJ, se inexiste decisão exauriente neste incidente. É possível sim atingir, preventivamente, o patrimônio do terceiro, mas somente mediante tutela cautelar (arresto, por regra), e ainda assim se presentes os requisitos necessários para tanto (voltaremos a esse ponto, mais adiante). Esta espécie de tutela provisória tem o condão de gerar garantia meramente assecuratória, o que inviabiliza a prática de qualquer ato expropriatório dirigido ao patrimônio do terceiro.

A segunda consequência recai sobre as prerrogativas processuais, mormente aquelas relacionadas ao pleno exercício do contraditório e da ampla defesa, que podem ser adotadas por aqueles que ingressam na execução (ou no cumprimento de sentença).[11]

Nesse tocante, cogitar a possibilidade de concessão de tutela antecipada no IDPJ, voltada à imediata inclusão do terceiro no polo passivo da execução, implica a abertura de prazo para oposição de embargos à execução (ou impugnação ao cumprimento de sentença), circunstância esta que atenta contra a própria racionalidade do sistema processual, visto que totalmente incompatível com os escopos jurídicos do IDPJ.

---

10. "As garantias que se enquadram nesta classe (assecuratória) ocorrem, sempre, em momento anterior às garantias já estudadas (depósito, garantia pessoal em ambiente conflituoso e penhora), pois serão convoladas em uma daquelas no momento oportuno (quando não se faz mais necessário assegurar, pois presentes todos os requisitos a efetivamente executar)." (CASTRO, Danilo Monteiro de. *Garantias ao cumprimento da obrigação tributária*: uma proposta de classificação partindo dos peculiares efeitos da garantia prestada em contextos tributários. São Paulo: Noeses, 2022, p. 262).

11. "Há tênue diferença entre o que é uma tutela provisória antecipada e uma tutela provisória cautelar em IDPJ, pois o objetivo é sempre buscar bens do sócio para satisfazer dívidas da pessoa jurídica. Mas buscar esses bens (cautelar) como resultado de tutela provisória antecipada gera impactos processuais mormente nos meios de defesa, de tal sorte que a preservação da eficácia do IDPJ deve se dar por meio de tutela provisória cautelar, meio mais efetivo e que respeita as características do IDPJ." (CASTRO, Roberta Dias Tarpinian de. *O incidente de desconsideração da personalidade jurídica*: as diferentes funções de um mesmo mecanismo processual. São Paulo: Quartier Latin, 2019, p. 259).

A situação se agrava sensivelmente nos casos em que a oposição de embargos à execução pressupõe a existência de prévia garantia (penhora), realidade ainda presente, por exemplo, nos executivos fiscais.

Ora, se o legislador processual houve por bem permitir que os bens do terceiro somente pudessem ser atingidos pelos atos executivos após a resolução do incidente especificamente destinado ao reconhecimento de sua responsabilidade patrimonial secundária (IDPJ), como é possível vislumbrar a concomitante tramitação do indigitado incidente com os embargos do devedor opostos pelo terceiro?!?

Nesse contexto, se há mecanismo apto a viabilizar, a um só tempo, (i) a preservação dos bens no acervo patrimonial do terceiro (tutela cautelar) para fins de satisfação de eventual futura cobrança (situação que depende da procedência do IDPJ); bem como (ii) o pleno exercício dos direitos ao contraditório e à ampla defesa que estão na essência institucional do IDPJ, inexiste razão para aceitar o uso da tutela antecipada nesse específico procedimento, sob pena de esvaziar seus escopos jurídicos.

Interessante notar, ainda, como é fácil identificar e entender a transitividade que é inerente ao provimento cautelar (assecuratório para, em momento futuro – se houver a responsabilização patrimonial secundária – ser satisfativo[12]) quando este (provimento) é concedido no bojo do IDPJ, característica esta que restará completamente ausente se admitida a possibilidade de concessão de provimento antecipatório no IDPJ (que permite a imediata elevação do terceiro à condição de réu na execução).

Em se tratando de tutela antecipada, tudo que se pretende no "processo principal" (avanço sobre o patrimônio do terceiro para satisfazer o crédito em cobrança) já será concedido em caráter preliminar. No caso da tutela cautelar, diferentemente, o provimento provisório apenas se prestará a preservar o patrimônio do terceiro, sem, no entanto, agredi-lo, bem como sem obrigar o terceiro à prática de atos inerentes aos sujeitos que compõem o polo passivo da execução.

Tais polêmicas que giram em torno do IDPJ, conforme anotamos anteriormente, são corriqueiras nos processos executivos fiscais, até porque a mera possibilidade de manejo do referido incidente nesse específico ambiente procedimental é altamente controverso.

O que a prática tem nos mostrado, no entanto, é que, admitida a utilização do IDPJ no âmbito dos executivos fiscais, a concessão de tutelas provisórias (muitas delas como nítida tutela antecipada, ainda que denominada de arresto) passou a ser regra e, por conseguinte, o contraditório diferido também.

---

12. "Segundo Ovídio a ideia de referibilidade advém da ligação, da transitividade, entre a tutela cautelar e a tutela satisfativa, na medida em que a tutela cautelar destina-se apenas a assegurar uma pretensão, pretensão esta que jamais poderá ser satisfeita através da tutela de simples segurança.

(...) Se inexiste direito referível em uma pretensão que requer tutela urgente de cognição não exauriente, é porque a tutela é sumária antecipatória." (MARINONI, Luiz Guilherme. *Tutela cautelar e tutela antecipatória*. São Paulo: Ed. RT, 1994, p. 81).

5. A ILUSTRAÇÃO DO PROBLEMA TENDO COMO PANO DE FUNDO O USO DO IDPJ EM EXECUÇÕES FISCAIS

A necessária adoção do IDPJ em execuções fiscais, não só em observância à regra posta no artigo 50 do CC, mas também em questões atinentes a responsabilidade tributária ulterior (isto é, de terceiro que não figura no título executivo – CDA – mas que se enquadra em regras de responsabilidade tributária, especialmente as dispostas no artigo 135 do CTN) foi chancelada pelo Órgão Especial do Tribunal Regional Federal da 3ª Região (TRF3) quando do julgamento do Incidente de Resolução de Demandas Repetitivas (IRDR) 0017610-97.2016.4.03.0000 (e-DJF3 19/05/2021).[13]

Antes deste julgamento, porém, o entendimento prevalescente na 3ª Região (São Paulo e Mato Grosso do Sul) era pelo descabimento do uso desta ferramenta em execu-

---

13. Seguem trechos de dois dos votos vencedores:

"(...) O argumento segundo o qual o IDPJ não se aplica à execução fiscal é artificial.

(...) Antes de considerar a questão da amplitude da defesa do responsável tributário, é preciso, primeiro, fixar os limites da responsabilidade da autoridade fiscal na dedução de pretensão modificadora da parte original da execução extrajudicial. É disto que estamos falando. A interpretação judiciária desta questão deve ter como ponto de partida a proteção constitucional à livre iniciativa e ao desenvolvimento nacional.

(...) Pois tanto equivale a União não cobrar coisa alguma de quem deve, como expropriar injustamente quem não deve. Por este fundamento, peço licença para divergir do r. voto do senhor Relator e fixar a tese de que o incidente de desconsideração da personalidade jurídica é procedimento aplicável a todos os casos de imputação de responsabilidade tributária." (Trechos do voto do Desembargador Fábio Prieto de Souza).

" (...) é impossível – insisto, impossível – falar em Estado de direito sem que seus agentes devotem o mais cardial comprometimento ao direito de defesa, a ser assegurado a todos os litigantes em processo administrativo ou judicial.

(...) Interpretação dessa ordem, a despeito de ter-se assentado no âmbito da jurisprudência do Superior Tribunal de Justiça no que se refere aos casos de responsabilidade tributária previstos no CTN (aí incluída especialmente a situação de dissolução irregular de empresas, dando ensejo a redirecionamento da execução contra os sócios que se qualifiquem como corresponsáveis) sempre me pareceu equivocada, violando flagrantemente as normas constitucionais e o próprio sistema legal que estabelece o processo administrativo de determinação e exigência fiscal. Mas essa interpretação formou-se em contexto de ausência de uma previsão normativa expressa sobre a possibilidade de inclusão de novos executados, lacuna normativa esta que foi eliminada pelo advento do Novo CPC de 2015 ao instituir o novo IDPJ, cuja previsão normativa é ampla, abrangendo todos os tipos de processos judiciais, inclusive executivos. Essa nova previsão do CPC 2015, suprindo a lacuna legislativa mencionada, justifica a revisão da interpretação a respeito deste tema, no sentido de fazer prevalecer, agora por expressa determinação legal, o sistema legal representado pelas normas constitucionais e legais acima descrito.

(...) Em se configurando, a desconsideração da personalidade jurídica, instituto deveras excepcional e invasivo, a lei tratou de instituir um mecanismo específico a fim de garantir com maior intensidade o direito de defesa na materialização do disregard. Ocorre que, sensível à realidade, o legislador trouxe à luz o instituto inspirado por cirúrgica constatação: muitos abusos ao direito de defesa são cometidos na práxis da desconsideração da personalidade jurídica. Não é difícil perceber esse fato e louvar o legislador pela iniciativa. Vemos, na prática, que a lacônica disciplina da desconsideração (regida de forma bastante econômica pelo único art. 50 do CC, no âmbito civil) dá azo a arbitrariedades e atropelos, ensejando a responsabilização da pessoa natural por motivos fracos e muitas vezes sem que essa antes possa se fazer ouvida. A experiência revela que não é baixo o número de decisões de desconsideração de personalidade jurídica revertidas nos tribunais. Assim, é possível constatar que o IDPJ foi criado para melhor cumprir as normas constitucionais que tratam do direito de defesa, no contexto específico da desconsideração da personalidade jurídica. Sob o ponto de vista constitucional, é possível dizer que o IDPJ é obra legislativa que traz profundidade aos comandos constitucionais do devido processo legal, do contraditório e da ampla defesa." (Trechos do voto do Desembargador Souza Ribeiro).

ções fiscais, especialmente quando a pretensão era de imputação de responsabilidade tributária ulterior.

O precedente firmado no âmbito do TRF3, a despeito de ter sido objeto de Recurso Especial que pende de julgamento no STJ, tornou muito mais frequente o processamento do IDPJ nos processos de execução fiscal, inclusive em âmbito estadual (não abarcado por referido IRDR).

Todavia, esse aumento no uso do IDPJ em execuções fiscais trouxe, a reboque, a desenfreada concessão de arrestos sem o devido rigor em relação aos seus requisitos, em muitos dos casos produzindo efeitos materiais próprios aos provimentos antecipatórios (tratando a garantia a ser obtida como penhora, e não como meramente assecuratória). Vejamos este exemplo:

> Aduzem, ainda, que o v. acórdão é contraditório, uma vez que as embargantes não podem ser executadas, mas apenas rés no Incidente de Desconsideração da Personalidade Jurídica, de forma que não pode ser utilizada a palavra 'penhora', que é ato de constrição de bens exclusivamente executado, nos termos do artigo 779, do Código de Processo Civil. Ressaltam que os integrantes do polo passivo de um IDPJ somente podem ser qualificados como executados quando houver decisão de procedência do referido incidente (artigo 795, § 4º, do Código de Processo Civil).
>
> (...) Conheço dos embargos de declaração opostos, pois tempestivos, mas o rejeito no mérito.
>
> (...) a penhora é instituto típico da fase executiva, mas pode ser deferida após o deferimento da instauração do Incidente de Desconsideração da Personalidade Jurídica, o que foi verificado no caso dos autos.
>
> Apenas se exige o preenchimento dos requisitos para a concessão da tutela de urgência (artigo 300 do Código de Processo Civil) para o deferimento da penhora quando ainda não houve o contraditório no Incidente de Desconsideração da Personalidade Jurídica.[14]

Esse julgado, exarado pelo Tribunal de Justiça do Estado de São Paulo (TJ/SP), ilustra bem o problema.

In casu, o IDPJ foi instaurado em sede de Agravo de Instrumento, já que havia sido rejeitado na origem (por alegada incompatibilidade com o rito das execuções fiscais). Além de determinar a instauração do IDPJ, o Tribunal também concedeu a constrição de bens, mas classificando-a como penhora, gerando problemas na origem, que chegou a cogitar acerca da abertura de prazo para oposição de embargos à execução.

Após ser incitada para aclarar esse ponto, a Desembargadora Relatora reconheceu que: [i] deferida a *instauração* do IDPJ a penhora já é cabível; [ii] sendo possível que uma penhora seja determinada com fulcro no artigo 300 do CPC.

Os problemas práticos decorrentes da necessária distinção, teórica, das mencionadas categorias processuais (tutela provisória antecipada x tutela provisória cautelar) já foram exaustivamente demonstrados, de maneira a sinalizar a importância de saber exatamente o que pode ser concedido e mediante quais requisitos.

---

14. TJ/SP. 5ª Câmara de Direito Público. Embargos de Declaração 2015954-86.2022.8.26.0000/50002. Desembargadora Relatora Maria Laura Tavares. Data do julgado: 30.06.2022.

Não há razão alguma para instaurar incidente especificamente destinado a aferição de responsabilidade patrimonial secundária se, antes da resolução de referido incidente, o terceiro já figurar no polo passivo da execução, sofrendo todos os efeitos decorrentes desta condição (penhora de bens; abertura de prazos de defesa etc.), exatamente o que se quis evitar com as regras postas no CPC/2015.

Com efeito, se não for observado um mínimo de rigor no uso destas categorias (garantia cautelar, e não penhora; réu no IDPJ, e não executado; etc.), corre-se o risco de se esvaziar os escopos jurídicos do IDPJ.

O problema torna-se ainda mais grave quando os referidos institutos são corretamente utilizados, mas os requisitos para a concessão do arresto (a constituir garantia assecuratória) não estão presentes.

Esse desencaixe entre a fundamentação do *decisum* e os requisitos à concessão da tutela cautelar, vale destacar, não diz, necessariamente, com os requisitos relacionados à probabilidade do direito invocado, mas sim com aqueles vinculados a efetiva identificação do perigo de dano. Vejamos mais um exemplo:

> O risco ao resultado útil do processo também se faz presente, tendo em vista o expressivo montante devido pela empresa devedora e a sua dissolução irregular.[15]

No caso supra, a tutela provisória concedida no IDPJ, e mantida neste recurso julgado pelo TRF3, aponta, exclusivamente, para o devedor original (se o débito é vultuoso; e se houve dissolução irregular). Ora, se o *periculum* que motiva a concessão de um arresto cautelar é o risco *de o terceiro* cair em insolvência durante a tramitação do IDPJ (indícios de ocultação de bens; de dilapidação patrimonial; de assunção de dívidas que comprometam seu patrimônio; ou, até mesmo, do seu desaparecimento), resta evidente que a fundamentação trazida no julgado acima colacionado não guarda qualquer relação com os requisitos necessários à concessão de uma tutela assecuratória.

Isso evidencia, a despeito da "roupagem acautelatória", o viés antecipatório do provimento concedido, especialmente naquilo que expressamente consta como fundamento de sua manutenção: o perigo justificador do provimento provisório não é referível.

Quer nos parecer, portanto, que esse específico problema, jungido ao contexto do IDPJ e da impossibilidade de tutela antecipada voltada a inserção sumária do terceiro no polo passivo da execução, está muito relacionado à diferenciação conceitual das noções de "perigo de dano" e "perigo de demora", objeto de análise no próximo tópico.

---

15. TRF3. 1ª Turma. Agravo de Instrumento 5020886-41.2022.4.03.0000. Desembargador Relator Valdeci dos Santos. Data do julgado: 25.11.2022.

6. O PERIGO DE DANO E O PERIGO DE DEMORA

Piero Calamandrei há muito asseverou que, em casos de tutela cautelar ou de tutela antecipada (que para o mestre italiano é espécie do conjunto cautelar[16]), ter-se-á perigos diversos a serem demonstrados: aqui, na tutela satisfativa, o *pericolo di tardività*;[17] lá, na tutela assecuratória, o *pericolo di infruttuosità*.[18]

Utilizando exatamente os termos citados no título deste item (perigo de dano como sinônimo de *pericolo di infruttuosità*; e perigo de demora correspondente a *pericolo di tardività*), André Luiz Bäuml Tesser[19] afirma:

> ...a tutela cautelar tem como requisito ligado à urgência um *perigo de dano*, cujo dano jurídico pode ser efetivamente compreendido como a *não frutuosidade* futura do direito material controvertido; já a antecipação de tutela urgente tem como requisito ligado à urgência sempre um *perigo de demora* na efetiva prestação da tutela jurisdicional, de maneira tal, que se esta não for prestada imediatamente, corre-se o sério risco de não produção de efeitos fáticos derivados de sua outorga tardia.

É sabido que a existência destes "perigos" específicos para cada um dos provimentos provisórios fundados na urgência enseja embates doutrinários profundos (e relevantes) em âmbito nacional.

Em nosso sentir, o ponto chave destes conflitos acadêmicos (a refletir em sérias consequências práticas) está na dificuldade de encontrarmos pronunciamentos provisórios "puramente" cautelares ou "puramente" satisfativos (quando a preponderância dos elementos destas classes é de fácil percepção).

---

16. "...qui, in questo terzo grupo, il provvedimento cautelare consiste proprio in una decisione anticipata e provvisoria del merito, destinata a durare fino a che a questo regolamento provvisorio del rapporto controverso non si sovrapporrà il regolamento stabilmente conseguibile attraverso il più lento processo ordinario." (CALAMANDREI, Piero. *Introduzione Allo Studio Sistematico dei Provvedimenti Cautelari*. Pádua: Cedam, 1936, p. 38-39).

17. "In altri casi invece (e precisamente in quelli considerati sotto la lett, c), il provvedimento interinale mira ad accelerare in via provvisoria la sodisfazione del diritto perchè il periculum in mora è costituito no dal temuto venir meno dei mezzi ocorrenti per la formazione o per la esecuzione del provvedimento principale sul merito, ma proprio dal protrarsi, nelle more del processo ordinario, dello stato di insodisfazione del diritto, di cui si contende nel giudizio di merito." (CALAMANDREI, Piero. *Introduzione Allo Studio Sistematico dei Provvedimenti Cautelari*. Pádua: Cedam, 1936, 56-57).

18. "...ciò che è urgente, in altre parole, non è la sodisfazione del diritto, ma la assicurazione preventiva dei mezzi atti a far sì che il provvedimento principale, quando verrà, sai giusto e praticamente efficare (...) il regolamento provvisorio dato dal provvedimento cautelare riguarda la acquisizione dei mezzi di prova o la indisponibilità dei beni che potranno essere a suo tempo oggetto di esecuzione forzata..." (CALAMANDREI, Piero. *Introduzione Allo Studio Sistematico dei Provvedimenti Cautelari*. Pádua: Cedam, 1936, 55-56).

19. TESSER, André Luiz Bäuml. *Tutela cautelar e antecipação de tutela: perigo de dano e perigo de demora*. São Paulo: Ed. RT, 2014, p. 99.

    No mesmo sentido: "...o segundo elemento indispensável para a formação do conceito de tutela assegurativa (cautelar) é o que a doutrina costuma indicar como periculum in mora e que nós, por razões que ficarão claras no curso da exposição, preferimos tratar como perigo de dano iminente e irreparável. A locução periculum in mora não é incorreta, mas ambígua. Na verdade, a tutela cautelar legitima-se porque o direito, carente de proteção imediata, poderia sofrer um dano irreparável, se tivesse que submeter-se às exigências do procedimento ordinário. (...) Se, no entanto, estivermos a imaginar um remédio contra a demora (periculum in mora), provavelmente seremos levados a conceber algum meio de antecipar a proteção jurisdicional, outorgando, desde logo, a tutela que somente seria outorgada ao final do procedimento ordinário." (SILVA, Ovídio Araújo Baptista da. *Curso de processo civil*: processo cautelar (tutela de urgência). 3. ed., São Paulo: Ed. RT, 2000, v. 3, p. 54-55).

Isso porque, comum a presença, no *decisum* provisório, de elementos de ambas as espécies (satisfação e conservação), ocasião em que a "pureza da tutela" não se faz presente. Em tais situações, a classificação do provimento (prevalência de elementos de uma das classes em detrimento da outra) passa a ser extremamente subjetiva (ver, quanto a isso, o teor da nota de rodapé n. 8).

Assim, reconhecemos, inclusive pelo teor da legislação processual vigente, a dificuldade em defender que todo provimento cautelar deverá guardar relação exclusiva com um perigo de dano (*pericolo di infruttuosità*), bem como que todo provimento antecipatório deverá combater, tão somente, um perigo de demora (*pericolo di tardività*).[20]

No cenário em tela, no entanto, onde o provimento provisório que vislumbramos descabido possui elementos que nos permite identificá-lo como um típico provimento antecipatório, nos moldes definidos por Calamandrei, por meio do qual se materializa a efetiva satisfação do direito objeto da demanda; e, em contrapartida, o provimento acautelatório tido como cabível também se amolda à clássica definição de tutela cautelar, que se volta a conservar a situação, de fato ou de direito, a ser atingida futuramente, queremos crer que esse critério de diferenciação pode ser muito útil na identificação dos requisitos para concessão de arresto em IDPJ.

Ao inserir o terceiro no polo passivo da execução antes de existir decisão exauriente no IDPJ acolhendo sua responsabilidade patrimonial secundária, incabível afirmar que essa tutela provisória vislumbra um *pericolo di infruttuosità*, pois aquele ato (de já tornar o terceiro executado) permite a adoção de atos expropriatórios (a evitar a *tardività*). Por isso, incontroverso o seu viés satisfativo (antecipatório).

Como defendemos que essa satisfação antecipada não é possível, por expressa vedação do artigo 795, § 4º, além da suspensão trazida ao terceiro pelo artigo 134, § 3º, ambos do CPC, descabida qualquer tutela provisória no contexto do IDPJ que produza referido efeito, ou, ainda, que seja fundada, mesmo que implicitamente, no perigo de demora.

Em se tratando de tutela provisória concedida no âmbito do IDPJ, o objeto a ser resguardado diz com o acervo patrimonial do terceiro. E isso para que, após eventual decisão exauriente no IDPJ acerca da procedência da alegação de responsabilidade patrimonial secundária, haja bens suficientes para solver a dívida.

Significa dizer que, existindo elementos que apontem para o risco de o acervo patrimonial do terceiro desaparecer (ou ser reduzido drasticamente), a medida a ser adotada deverá se voltar à conversação. Com efeito, a razão desta *cautelari conservative* constitui,

---

20. "...não há espaço para distinção entre os dois tipos de periculum in mora no CPC de 2015. Não há, embora pudesse haver, nada que autorize, com segurança suficiente, a correlação entre o 'perigo de dano' e a tutela antecipada e, da mesma forma, nada que legitime a correlação entre o 'perigo de risco ao resultado útil do processo' e a tutela cautelar ou vice-versa. Menos pelo *caput* do art. 300 e mais pelo que se lê (e se interpreta) dos *caput* dos arts. 303 e 305." (BUENO, Cassio Scarpinella. A tutela provisória de urgência do CPC de 2015 na perspectiva dos diferentes tipos de *periculum in mora* de Calamandrei. In: ALVIM, Teresa Arruda e DIDIER Jr., Fredie (Coord.). *Doutrinas Essenciais* – Novo processo civil. São Paulo: Ed. RT, 2018,). v. III – Tutela Provisória, 167.

justamente, o elemento a ser demonstrado/provado pelo credor, constituindo-se sob a forma de verdadeiro perigo de dano (*pericolo di infruttuosità*).

Inexistindo esses elementos, qualquer pretensão de concessão de provimento provisório em sede de IDPJ implicará o desvirtuamento da medida (tutela antecipada travestida de arresto cautelar).

Por tudo que restou afirmado até aqui, nos parece incabível a concessão de um arresto cautelar em IDPJ sem a mínima demonstração do perigo de dano (jamais do perigo de demora), que deve passar por um desses indícios:

[i] de ocultação, alienação ou outra forma de redução dos bens que o terceiro possui (dilapidação patrimonial);

[ii] de ter o terceiro contraído (ou na iminência de contrair) dívidas a comprometer a liquidez do seu patrimônio; ou, até mesmo,

[iii] do desaparecimento do terceiro (dificuldades na sua localização, informação de que se ausentou injustificadamente etc.).

Dos três, o último item nos parece o mais frágil, e por isso deve ser conjugado com pelo menos um dos anteriores para justificar o arresto.

Presentes tais elementos, separadamente ou não (em especial diante da ressalva trazida no parágrafo anterior), será possível a constituição de uma garantia assecuratória, jamais executiva (penhora, por regra), ante a impossibilidade de serem adotados atos expropriatórios sobre tais bens.

A definição dos requisitos necessários à tutela conservativa, em especial a presença do perigo de dano (nunca o perigo de demora), tem exatamente o condão de minimizar as chances de equívocos quanto ao provimento provisório concedido neste específico ambiente processual e, principalmente, dificultar o desrespeito ao quanto disposto no artigo 795, § 4º, CPC (quando se concede uma tutela satisfativa travestida de arresto).

7. REFLEXÕES FINAIS

O que se pretendeu demonstrar nestas breves linhas é que no peculiar contexto-procedimental do IDPJ não há como antecipar a responsabilidade patrimonial do terceiro mediante sua inserção no polo passivo da execução (ou do cumprimento de sentença) antes da prolação de decisão exauriente no IDPJ, por força de regras expressas no CPC (art. 794, § 4º e art. 134, § 3º). Isso, porém, não impede a adoção de medidas conservativas do patrimônio do terceiro, a permitir a satisfação da dívida se, no futuro, vier a ser acolhida a pretensão de sua responsabilização patrimonial (procedência do IDPJ).

É justamente por se tratar de medida conservativa, que o viés da garantia constituída é de cunho acautelatório e, como tal, não pode ensejar a adoção de atos de expropriação, pelo menos enquanto ela (a constrição) não for convolada em penhora (transitividade entre a tutela cautelar e a satisfativa), o que somente ocorrerá por ocasião da procedência do IDPJ.

Mais que isso: se os elementos que justificam a concessão dessa tutela provisória (arresto) evidenciam, de forma gritante, sua natureza assecuratória, é o perigo de dano, jungido ao risco de o patrimônio do terceiro deixar de ser suficiente à satisfação da execução futura, que precisa ser demonstrado como requisito necessário à tutela de urgência. Qualquer questão ligada ao perigo de demora, ainda que implicitamente, haverá de ser aqui irrelevante.

Por essa razão, não deve ser concedida tal medida extrema se não restar demonstrado (linguagem das provas): [i] a ocultação, alienação ou outra forma, ainda que potencial, de redução dos bens que o terceiro possui (dilapidação patrimonial); [ii] que ele (terceiro) contraiu, ou está na iminência de contrair, dívidas a comprometer a liquidez do seu patrimônio; ou, até mesmo, [iii] o desaparecimento do terceiro (dificuldades na sua localização, informação de que se ausentou injustificadamente etc.).

8. REFERÊNCIAS

BUENO, Cassio Scarpinella. A tutela provisória de urgência do CPC de 2015 na perspectiva dos diferentes tipos de periculum in mora de Calamandrei. In.: ALVIM, Teresa Arruda e DIDIER JR., Fredie (Coord.). *Doutrinas Essenciais* – Novo processo civil. São Paulo: Ed. RT, 2018. v. III – Tutela Provisória.

BUENO, Cassio Scarpinella. *Comentários ao Código de Processo Civil*. São Paulo: Saraiva, 2017. v. 1.

BUENO, Cassio Scarpinella. *Manual de Direito Processual Civil*. 2. ed. São Paulo: Saraiva, 2016.

CALAMANDREI, Piero. *Introduzione Allo Studio Sistematico dei Provvedimenti Cautelari*. Pádua: Cedam, 1936.

CASTRO, Danilo Monteiro de. *Garantias ao cumprimento da obrigação tributária*: uma proposta de classificação partindo dos peculiares efeitos da garantia prestada em contextos tributários. São Paulo: Noeses, 2022.

CASTRO, Roberta Dias Tarpinian de. *O incidente de desconsideração da personalidade jurídica*: as diferentes funções de um mesmo mecanismo processual. São Paulo: Quartier Latin, 2019.

CHAMBERLAIN, Hector Cavalcanti. *O incidente processual de desconsideração da personalidade jurídica*: atualização da disregard doctrine na perspectiva da responsabilidade patrimonial e reflexos no processo civil brasileiro. Londrina: Thoth, 2021.

DALLA PRIA, Rodrigo. *Direito processual tributário*. 2. ed. São Paulo: Noeses, 2021.

MARINONI, Luiz Guilherme. *Tutela cautelar e tutela antecipatória*. São Paulo: Ed. RT, 1994.

SHIMURA, Sérgio Seiji. *Arresto cautelar*. 2. ed. São Paulo: Ed. RT, 1997.

SILVA, Ovídio Araújo Baptista da. *Curso de processo civil*: processo cautelar (tutela de urgência). 3. ed. São Paulo: Ed. RT, 2000. v. 3.

SIQUEIRA, Thiago Ferreira. *A responsabilidade patrimonial no novo sistema processual civil*. São Paulo: Ed. RT, 2016.

TESSER, André Luiz Bäuml. *Tutela cautelar e antecipação de tutela: perigo de dano e perigo de demora*. São Paulo: Ed. RT, 2014.

VIEIRA, Christian Garcia. *Desconsideração da personalidade jurídica no novo CPC*: natureza, procedimentos e temas polêmicos. Salvador: Juspodivm, 2016.

ENSAIO SOBRE A TUTELA PROVISÓRIA NO INCIDENTE DE DESCONSIDERAÇÃO DA PERSONALIDADE JURÍDICA

Rodrigo Mazzei

Doutor (FADISP) e Mestre (PUC-SP), com Pós-doutoramento (UFES). Líder do Núcleo de Estudos em Processo e Tratamento de Conflitos (NEAPI – UFES). Professor da UFES (graduação e PPGDir) e da FUCAPE Business School. Advogado, consultor jurídico e atuação em arbitragem.

Tiago Figueiredo Gonçalves

Doutor e Mestre pela PUC/SP. Professor da UFES (graduação e PPGDir) e da UNESC. Membro do (NEAPI – UFES). Coordenador da Graduação da UFES. Advogado e consultor jurídico.

Sumário: 1. Objeto do estudo – 2. Abordagem conceitual da Desconsideração da Personalidade Jurídica – 3. Devido processo legal e Desconsideração da Personalidade Jurídica – 4. O Incidente de Desconsideração da Personalidade Jurídica no CPC/2015 – 5. Tutela Provisória no Incidente de Desconsideração – 6. Referências.

1. OBJETO DO ESTUDO

A temática em torno da *desconsideração da pessoa jurídica* é amplíssima, apresentando uma gama de questões polêmicas, encaradas com afinco pela doutrina e pela jurisprudência, não sendo diferente naquilo que diz respeito a aspectos processuais do instituto.

No presente estudo, de forma breve, depois de feita abordagem conceitual sobre a desconsideração da personalidade jurídica, buscar-se-á atrelá-la à necessidade de observância do devido processo legal, apontar as inovações trazidas pelo Código de Processo Civil de 2015 relativamente ao incidente que pode levar ao seu reconhecimento, para, ao final, de forma destacada, examinar a concessão de tutela provisória no bojo do incidente de desconsideração.

2. ABORDAGEM CONCEITUAL DA DESCONSIDERAÇÃO DA PERSONALIDADE JURÍDICA

Uma regra geral, que rege uma das vertentes do direito empresarial, consiste na personificação das sociedades empresárias, diante da qual vigora nítida divisão entre o patrimônio da sociedade e o dos seus respectivos sócios e administradores.[1] Ao lon-

---

1. Sobre o princípio da personificação das sociedades empresárias, curial é a lição de Fábio Ulhoa Coelho: "A pessoa jurídica não se confunde com as pessoas que a compõem. Este princípio de suma importância para o

go do tempo, viu-se, contudo, a utilização indevida, na maioria das vezes abusiva, da pessoa jurídica, constituída (ou operante) para a obtenção de resultados indesejáveis, atípicos, ilegais, através de atos não menos repugnantes. A teoria da desconsideração da personalidade jurídica surge, então, historicamente, como antídoto para combater tal situação patológica.[2]

Há que se ter em mente que a regra da distinção patrimonial da pessoa jurídica em relação aos seus sócios não carrega em sua essência a proteção cega e irrestrita aos desmandos empresariais,[3] sendo, portanto, inadmissível suportar sua utilização para tanto. Logo, a desconsideração da personalidade jurídica emerge como exceção à regra geral, no intuito de assegurar o compromisso e o perfeito deslinde da atividade empresarial. Enquanto exceção à regra geral, pressupõe uma decisão judicial para que ocorra.

Em síntese, desconsiderar a personalidade da pessoa jurídica importa ignorar os efeitos da sua personificação numa determinada situação concreta, isto é, mitigar a existência de obstáculo à responsabilização dos sócios e administradores da sociedade. Com outras palavras, significa suspender os efeitos da personificação nos limites de uma relação jurídica contraída pela sociedade, desde que a situação examinada (e decidida) se enquadre nos moldes do gabarito previsto na legislação.[4]

---

regime dos entes morais, também se aplica à sociedade empresária. Tem ela personalidade jurídica distinta da de seus sócios; são pessoas inconfundíveis, independentes entre si" (*Manual de Direito Comercial*. 13. ed. São Paulo: Saraiva, 2002, p. 112).

2. O caso inglês Salomon v. A. Salomon & Co. Ltd é considerado o *leading case* da teoria da desconsideração da personalidade jurídica. Explica Fredie Didier Jr. (*Curso de Direito Processual Civil*. Salvador: JusPodivm, 2015, p. 515), que Aron Salomon era um fabricante de botas de couro e sapatos na segunda metade do século XIX. Após trinta anos de atividade como empresário individual, ele conseguiu amealhar riqueza considerável. No final do Século XIX, seus filhos mais velhos quiseram associar-se à empresa. Aron Salomon, então, constituiu em 1892 uma sociedade cujos sócios tinham responsabilidade limitada. Ele, a esposa e os cinco filhos mais velhos subscreveram capital. Aron Salomon integralizou sua parte no capital social com o próprio negócio do qual era proprietário individual, tendo recebido, ainda, alguns títulos como dívida da sociedade constituída para com ele. Após uma série de greves, o governo inglês, que era o principal cliente de Salomon, resolveu diversificar seus fornecedores de sapatos e botas de couro. Os estoques do A. Salomon Ltd., cresceram exponencialmente e não se conseguiu dar vazão à produção. A sociedade entrou em dificuldades financeiras. Os aportes feitos pelo próprio Salomon, pela esposa e por um terceiro (Edmund Broderip, que emprestou 5.000 mil libras para a sociedade e recebeu títulos de dívida –"debêntures" – remunerados com 10% de juros) também não foram suficientes para reerguer a sociedade. Na segunda metade de 1893, a sociedade entrou em liquidação. A discussão, a partir daí, passou a ser sobre a imputação da responsabilidade ao Aron Salomon pelo pagamento das dívidas das sociedades insolventes.

3. Interessante exposição acerca das finalidades do princípio da autonomia processual pode ser conferida em J. Hamilton Bueno (Desconsideração da personalidade jurídica. Doutrina e jurisprudência. Aspectos materiais e processuais. In: BUENO, Cássio Scarpinella. *Impactos processuais do direito civil*. São Paulo: Saraiva, 2008).

4. Com razão, afirma Sidnei Agostinho Beneti: "Pode-se conceituar desconsideração da pessoa jurídica como instituto pelo qual se ignora a existência da pessoa jurídica para responsabilizar seus integrantes pelas consequências de relações jurídicas que a envolvam" (Da desconsideração da sociedade e legitimidade *ad* causam: esboço de sistematização. In: DIDIER JR., Fredie e WAMBIER, Teresa Arruda Alvim Teresa Arruda Alvim (Coord.). *Aspectos polêmicos e atuais sobre os terceiros no processo civil e assuntos afins*. São Paulo: Ed. RT, 2004, p. 1006). Semelhante, Marçal Justen Filho leciona que: "Usualmente, utiliza-se a expressão 'desconsideração da pessoa jurídica' (ou outra equivalente, como 'superação', 'penetração', 'levantamento do véu societário' etc.) para indicar a ignorância, para um caso concreto, da personificação societária. Vale dizer, aprecia-se a situação jurídica tal como se pessoa jurídica não existisse, o que significa que se trata a sociedade e o sócio como se fossem uma mesma e única pessoa. Atribuem-se ao sócio ou à sociedade condutas (ou efeitos jurídicos de conduta) que,

Não há, assim, pela decisão que aplica a pena de desconsideração, a extinção da pessoa jurídica, mas apenas a consideração como *ineficaz* da personificação societária diante de situação concreta, alvo de julgamento.[5] A pessoa jurídica subsiste, ainda que, em determinadas circunstâncias, o princípio da autonomia patrimonial, que a suporta, seja rompido. Tem-se, então, que ao admitir a desconsideração da personalidade jurídica, a legislação brasileira, em momento algum, trata de extinção da pessoa jurídica, mas sim de "extensão de efeitos" e de "desconsideração".

Nesse contexto é que a desconsideração da personalidade jurídica se torna um caminho eficaz para a penetração no patrimônio dos sócios e administradores da sociedade empresária incapaz de arcar com as obrigações contraídas ou que atua na lesão de terceiro que tenha com ela contratado.[6]

No âmbito do ordenamento jurídico brasileiro, a não identificação entre a pessoa jurídica e as pessoas de seus sócios e administradores sempre foi assente. O Código Civil de 1916, expressamente, afirmava a existência distinta da pessoa jurídica em relação aos seus membros.[7] Conquanto não haja regra de conteúdo tão explícito como a do diploma de 1916, o Código Civil de 2002 mantém a figura da autonomia patrimonial da pessoa jurídica por força de interpretação a *contrario sensu* da regra contida em seu artigo 50, a qual permite a flexibilização temporária e pontual da personalização.

Sucede que o desvirtuamento do propósito dessa separação patrimonial – propósito que é, senão, a viabilização e proteção da saudável atividade empresarial – exigiu do legislador pátrio a inserção no direito positivo de um mecanismo de flexibilização da regra geral (da autonomia patrimonial da pessoa jurídica), mediante a absorção da construção teórica da desconsideração da personalidade jurídica. Assim, em determinadas situações, delimitadas pela lei, toma-se como legítima e indispensável, até mesmo para coibir o desvio de finalidade voltado para a prática de atos ilícitos por meio das sociedades,[8] *a suspensão dos efeitos da mencionada personificação*, o que resulta, por consequência, ainda que de *forma temporária*, na retirada do manto que separa a figura

---

não fosse a desconsideração, seriam atribuídos (respectivamente) à sociedade ou ao sócio" (*Desconsideração da personalidade societária no direito brasileiro*. São Paulo: Ed. RT, 1987, p. 55).

5. No sentido, confira-se: STJ, REsp. 158.051/RJ, 4ª Turma, j. 22.09.1998, DJ 12.04.1999, p. 159; e REsp. 63.652/SP, 4ª Turma, j. 13.06.2000, DJ 21.08.2000, p. 134.

6. Fique claro que a responsabilidade oriunda da desconsideração da pessoa jurídica em nada se confunde com a responsabilidade comercial dos sócios e administradores da sociedade, atribuída pelo próprio ato constitutivo ou contrato social, nem tampouco com a responsabilidade civil dos mesmos.

7. Art. 20. As pessoas jurídicas têm existência distinta da dos seus membros.

8. Parte-se da premissa de que a aplicação da desconsideração da personalidade jurídica possui natureza de *sanção* (de *pena*) pela prática de conduta ao arrepio da lei por parte da sociedade empresária. Na linha, Fredie Didier Jr.: "É forçoso admitir que, nesses casos, assim como o direito reconhece a autonomia da pessoa jurídica e a consequente limitação da responsabilidade que ela invoca, a própria ordem jurídica deve encarregar-se de cercear os possíveis abusos, restringindo, de um lado, a autonomia, e do outro, a limitação. É nesse cenário, portanto, que desponta a teoria da desconsideração da personalidade jurídica, visando a corrigir essa eventual falha do direito positivo. Trata-se, pois, de uma sanção à prática de um ato ilícito (Aspectos processuais da desconsideração da personalidade jurídica. In: DIDIER JR., Fredie e MAZZEI, Rodrigo (Coord.). *Reflexos do Novo Código Civil no Direito Processual*. Salvador: JusPodivm, 2006, p. 149).

da empresa da dos seus sócios e administradores, já que, em alguns casos, estes últimos se beneficiam da atividade empresarial para lesar terceiros de boa-fé.

A legislação que veio a lume[9] cuidou de disciplinar (ao menos com foco central) acerca da desconsideração da personalidade da pessoa jurídica no plano do direito material, apontando as hipóteses e condições que justificam, excepcionalmente, que a pessoa jurídica tenha sua personalidade desconsiderada no caso concreto.

Havia, contudo, lacuna na legislação relacionada à forma de 'procedimentalizar' a desconsideração no caso concreto. Afinal, quais os critérios e parâmetros processuais que deveriam ser observados para que a decisão pela qual operada a desconsideração fosse tomada por legítima e em consonância com as garantias e princípios inerentes à cláusula do devido processo legal? O Código de Processo Civil de 2015 buscou exatamente, ao inserir e disciplinar o incidente de desconsideração da personalidade jurídica entre as figuras intervencionais típicas, suprir esta lacuna legislativa, traçando regras procedimentais a serem observadas para que possa ocorrer a desconsideração (arts. 133-137).

3. DEVIDO PROCESSO LEGAL E DESCONSIDERAÇÃO DA PERSONALIDADE JURÍDICA

A higidez da aplicação da pena de desconsideração da personalidade da pessoa jurídica se encontra intimamente ligada a um vetor que deve orientar todas as fases da relação processual, que concerne à necessária e *comumente prévia* presença do contraditório e da ampla defesa.

A conjugação dos incisos LIV e LV do art. 5º da Constituição Federal de 1988,[10] em sua completude, traduz como direito fundamental das partes litigantes em processo judicial ou administrativo a garantia do regular desenvolvimento do processo, efetivando-se a diretriz, fundamentalmente, por intermédio da abertura de amplo contraditório que, devido à sua importância, encontra abrigo no texto constitucional como princípio cuja aplicação remonta a ambos os polos da relação jurídica processual.

---

9. Além do Código Civil de 2002 e do Código de Defesa do Consumidor (CDC), existem, no ordenamento brasileiro, vários outros diplomas legais que dispõem sobre situações que se aproximam ou se identificam com a desconsideração da pessoa jurídica. A Constituição Federal de 1988, em seu art. 173, § 5º, informa a base material do instituto, aduzindo que: "A lei, sem prejuízo da responsabilidade individual dos dirigentes da pessoa jurídica, estabelecerá a responsabilidade desta, sujeitando-a às punições compatíveis com sua natureza, nos atos praticados contra a ordem econômica e financeira e contra a economia popular". Já no âmbito infraconstitucional, além do Código Civil de 2002 e do Código de Defesa do Consumidor, há registro de regulações com algumas semelhanças, destacando-se: Lei das Sociedades por Quotas de Responsabilidade Limitada – Dec. 3.708/19 (art. 10); Consolidação das Leis do Trabalho – Dec. 5.452/43 (art. 2º, § 2º); Código Tributário Nacional – Lei 5.172/66 (art. 135); Lei das Sociedades por ações – Lei 6.404/76 (art. 117); Lei de Execução Fiscal – Lei 6.830/80 (art. 4º); Lei Antitruste – Lei 8.884/94 (art. 18); Lei de proteção ao meio ambiente – Lei 9.605/98 (art. 4º); Estatuto da Microempresa e da Empresa de Pequeno Porte – Lei 9.841/99 (art. 25); e Nova Lei de Falências – Lei 11.101/05 (art. 81).

10. Art. 5º – (...) LIV – ninguém será privado da liberdade ou de seus bens sem o devido processo legal; LV – aos litigantes, em processo judicial ou administrativo, e aos acusados em geral são assegurados o contraditório e ampla defesa, com os meios e recursos a ela inerentes.

Em termos singelos, efetivar o contraditório significa, em primeiro, dar ciência de todos os atos processuais às partes envolvidas no conflito. Em segundo, assegurar-lhes oportunidades isonômicas de se manifestarem (= *reagirem*), principalmente quando de alguma forma necessitam agir contra atos que lhe causem prejuízos, numa ordem dialética que contrapõe o direito de ação ao direito de defesa. Em terceiro, terem por assegurado e concretizado o poder de influência na formação do convencimento do julgador. Num processo cooperativo, cuja conformação remete a uma comunidade de trabalho, a ideia de contraditório qualificado, composto pela tríade ciência-reação-influência, integra o seu âmago.[11]

Observe-se que, pelo contraditório, da mesma forma que ao autor, na propositura da demanda, é assegurada a apresentação das razões de sua pretensão, ainda que com isso ao final não lhe seja conferida nenhuma situação de vantagem,[12] ao réu deve ser possibilitado apresentar reação – com a disponibilização, para tanto, de prazo razoável desde sua cientificação – mediante a formulação de razões de resistência, fazendo valer o seu direito de defesa, dentro de regras procedimentais previamente estipuladas.[13] O raciocínio é extensível aos demais atos postulatórios, e a todos os demais atos praticados pelas partes no processo, entre os quais os instrutórios. Para além disto, tem-se por pressuposto que, no curso desta atividade dialógica, os órgãos da jurisdição levem em consideração todo o material a eles apresentado e produzido ao longo da marcha processual. O contraditório, nessa perspectiva, deve ser encarado sob três ângulos distintos, que se calcam no trinômio *tese/antítese/síntese*: sob o enfoque do autor, e, portanto, do polo ativo da relação angularizada; sob o enfoque do réu, ocupante do polo passivo da mesma; e sob o enfoque do órgão da jurisdição.

E é justamente quanto à formação do polo passivo da demanda que o contraditório exerce grande influência no que tange à desconsideração da personalidade jurídica, tendo em vista acirrada discussão doutrinária acerca da necessária citação dos sócios e/ou administradores da sociedade a ser 'desconsiderada' na fase de conhecimento,[14] polêmica

---

11. O contraditório é dinâmico e está fincado em feixes, todos relevantes e que não poderão ser desprezados. No tema, Rodrigo Mazzei defende que "o direito ao contraditório não pode ser transigido e merece ser respeitado na plenitude, seja na sua *primeira dimensão* (bilateralidade dos atos, com informação a todos, para propiciar o dueto *ação e reação*), seja na *segunda dimensão* (direito ao diálogo e dever de debate do juiz). Isso porque o julgador está sim submetido ao contraditório num modelo de processo civil adequado ao Estado Constitucional de Direito" (*Embargos de declaração*: recurso de saneamento com função constitucional. Londrina: Editora Thoth, 2021, p. 357).

12. Razão pela qual Antônio Carlos de Araújo Cintra, Ada Pellegrini Grinover e Cândido Rangel Dinamarco afirmam (com base na teoria abstrata do direito de ação): "Segundo essa linha de pensamento o direito de ação independe da existência efetiva do direito material invocado: não deixa de haver ação quando uma sentença justa nega a pretensão do autor, ou quando uma sentença injusta a acolhe sem que exista na realidade o direito subjetivo material" (*Teoria geral do processo*. 19. ed. São Paulo: Malheiros, 2003, p. 252).

13. No mesmo sentido aponta a lição de Nelson Nery Júnior: "Por contraditório deve entender-se, de um lado, a necessidade de dar conhecimento da existência da ação e de todos os atos do processo às partes, e, de outro, a possibilidade de as partes reagirem aos atos que lhe sejam desfavoráveis" (*Princípios do processo civil na Constituição Federal*. 7. ed. São Paulo: Ed. RT, 2002, p. 137).

14. As discussões se acirravam ainda mais, pois, com a Lei 11.232/05, a execução de título judicial foi potencializada, não se optando mais pela divisão clássica de processo de conhecimento e processo de execução. Comentamos parte da Lei 11.232/05 nas obras *Reforma do CPC*, em cooperação com Daniel Amorim Assumpção Neves, Glauco Gumerato Ramos e Rodrigo da Cunha Lima Freire, São Paulo: Ed. RT, 2006.

que se tornou esvaziada com o advento do Código de Processo de 2015. Isso porque aludido diploma normativo alocou a desconsideração da personalidade jurídica como *incidente processual*, nos termos do art. 133 e seguintes, a ser instaurado tanto nas fases do processo de conhecimento, no cumprimento de sentença ou na execução fundada em título executivo extrajudicial, com a necessária citação do sócio ou administrador.

4. O INCIDENTE DE DESCONSIDERAÇÃO DA PERSONALIDADE JURÍDICA NO CPC/2015

O CPC em vigor traz, em capítulo específico, os pormenores do procedimento a ser seguido nas hipóteses de desconsideração da personalidade jurídica. Dessa forma, o debate acerca do mais adequado processamento legal do instituto tende a perder cenário, vez que o CPC/2015 expressamente alocou a desconsideração da personalidade jurídica como *incidente processual*, nos termos dos arts. 133-137 do diploma.

A criação de um *incidente processual* de desconsideração da personalidade jurídica seguiu a tendência que estava sendo adotada, majoritariamente, pela jurisprudência, com o propósito de positivar a prática consagrada nos tribunais.[15]

A proposição emerge como resposta a vários entraves sobre as quais a doutrina vinha se debruçando. Fica determinado, por exemplo, no *caput* do art. 134 do CPC/2015 que o incidente de desconsideração é cabível em todas as fases do processo de conhecimento, no cumprimento de sentença e na execução fundada em título executivo extrajudicial. Assim sendo, tem-se que a decisão que ordena a desconsideração pode emergir em qualquer procedimento ou processo, excluindo o entendimento daqueles que restringiam a decisão à fase de conhecimento ou à fase de execução.

Conquanto tratado no CPC como figura de intervenção de terceiros, caso o pedido de desconsideração da personalidade jurídica seja formulado na inicial, tem-se, em verdade, uma demanda proposta em litisconsórcio passivo, figurando desde logo como

---

15. Confira-se do STJ: "Processo civil. Recurso ordinário em mandado de segurança. Desconsideração da personalidade jurídica de sociedade empresária. Sócios alcançados pelos efeitos da falência. Legitimidade recursal. – A aplicação da teoria da desconsideração da personalidade jurídica dispensa a propositura de ação autônoma para tal. Verificados os pressupostos de sua incidência, poderá o Juiz, incidentemente no próprio processo de execução (singular ou coletiva), levantar o véu da personalidade jurídica para que o ato de expropriação atinja os bens particulares de seus sócios, de forma a impedir a concretização de fraude à lei ou contra terceiros. – O sócio alcançado pela desconsideração da personalidade jurídica da sociedade empresária torna-se parte no processo e assim está legitimado a interpor, perante o Juízo de origem, os recursos tidos por cabíveis, visando a defesa de seus direitos. Recurso ordinário em mandado de segurança a que se nega provimento". (RMS 16.274/SP, 3ª. Turma, j. 19.08.2003, DJ 02.08.2004, p. 359); "Competência. Falência. Execução trabalhista. Juízo falimentar e justiça do trabalho. – Decretada a falência e permanecendo no polo passivo da execução a falida, a competência para processá-la é sem dúvida do juízo universal da falência, na linha de remansosa jurisprudência oriunda da Segunda Seção.– "A remessa dos autos ao juízo da falência não exclui, por si só, a possibilidade, preenchidos os requisitos necessários, da expropriação dos bens da sucessora, 'Proforte – S/A Transporte de Valores', ante a aplicação da Teoria da Desconsideração da Personalidade Jurídica e para se evitar fraude contra terceiros. O prosseguimento da execução, bem como de seus incidentes, deve ocorrer no Juízo falimentar em razão da falência da executada 'SEG Serviços Especiais de Segurança e Transportes de Valores S/A'. (AgRg no CC 37.175-RJ, relator Ministro Carlos Alberto Menezes Direito). Embargos declaratórios recebidos como agravo regimental. Improvimento" (EDcl no CC 47.655/RJ, 2ª Seção, j. 09.11.2005, DJ 06.02.2006, p. 191).

réus não só a pessoa jurídica como também o(s) sócio(s) ou administrador(es) cujo patrimônio se busca atingir, restando dispensada a formação do incidente. Ressalta-se, que o incidente de desconsideração da personalidade jurídica, nos moldes dos arts. 133-137 do CPC em vigor, também é aplicado ao processo falimentar[16] e ao processo do trabalho.[17]

Merece registro elogioso que o CPC/2015 não olvidou da polêmica do contraditório. Para tanto, o parágrafo § 4º, do art. 134 aduz que o requerimento de desconsideração deve demonstrar o preenchimento dos pressupostos legais específicos para a desconsideração, e, ainda, no art. 135 está previsto que, instaurado o incidente de desconsideração, haverá a citação do sócio ou da pessoa jurídica para manifestar-se e requerer as provas cabíveis, tudo no prazo de quinze dias.

Requerida a desconsideração da personalidade jurídica na inicial, cabe ao sócio ou à pessoa jurídica, na contestação, impugnar não somente a própria desconsideração, mas também os demais pontos da causa.[18] Ou seja, oferta-se uma espécie de fase de instrução prévia àquela própria da desconsideração, para, ao final, o incidente ser resolvido por decisão interlocutória, impugnável por agravo de instrumento (art. 136 c/c art. 1.015, IV), ou por agravo interno caso a decisão seja proferida pelo relator.

Caso, contudo, a desconsideração da personalidade jurídica seja resolvida por sentença, o recurso cabível será o de apelação, nos termos dos arts. 136, *caput*, 1.105, IV e 1.009, § 3º, do CPC/2015.[19] No que diz respeito ao processo do trabalho, se a decisão que resolver o incidente de desconsideração for proferida na fase de execução deverá ser impugnada por agravo de petição, nos moldes do art. 897, "a", da CLT.[20]

Julgado procedente o pedido de desconsideração, a alienação ou a oneração de bens, havida em fraude de execução, será ineficaz em relação ao requerente. Por oportuno, é importante mencionar que a citação a que se refere o art. 792, § 3º, do CPC (fraude à execução em casos de desconsideração da personalidade jurídica) é a do executado originário e não aquela prevista no art. 135, do CPC.[21]

Ante a incidência do princípio da primazia da solução do mérito, previsto no art. 4º do CPC, que açambarca inclusive o mérito de incidentes processuais, em existindo

---

16. O Fórum Permanente de Processualistas Civis (FPPC) editou o Enunciado 247, prevendo que: "Aplica-se o incidente de desconsideração da personalidade jurídica no processo falimentar".

17. Enunciado 124 do FPPC: "A desconsideração da personalidade jurídica no processo do trabalho deve ser processada na forma dos arts. 133 a 137, podendo o incidente ser resolvido em decisão interlocutória ou na sentença".

18. É o que dispõe o Enunciado 248 do FPPC: "Quando a desconsideração da personalidade jurídica for requerida na petição inicial, incumbe ao sócio ou a pessoa jurídica, na contestação, impugnar não somente a própria desconsideração, mas também os demais pontos da causa".

19. Enunciado 390, FPPC: "Resolvida a desconsideração da personalidade jurídica na sentença, caberá apelação".

20. Enunciado 126, FPPC: "No processo do trabalho, da decisão que resolve o incidente de desconsideração da personalidade jurídica na fase de execução cabe agravo de petição, dispensando o preparo".

21. Enunciado 52 da ENFAM: "A citação a que se refere o art. 792, § 3º, do CPC/2015 (fraude à execução) é a do executado originário, e não aquela prevista para o incidente de desconsideração da personalidade jurídica (art. 135 do CPC/2015)".

algum vício, deve o órgão jurisdicional oportunizar a sua correção, se possível, para que o mérito seja apreciado.[22]

A intervenção do Ministério Público não é obrigatória no incidente de desconsideração da personalidade jurídica, nem mesmo na qualidade de fiscal da lei, devendo o *parquet* intervir apenas nos casos previstos no art. 178, do CPC atual.[23]

O ponto que aqui interessa diz respeito à possibilidade ou não de o juiz conceder tutela provisória, para determinar providências de cunho satisfativo ou acautelatório que atinjam diretamente as pessoas dos sócios ou administradores, antes mesmo de serem citados no incidente.

5. TUTELA PROVISÓRIA NO INCIDENTE DE DESCONSIDERAÇÃO

Como cediço, a legislação processual prevê que a concessão de tutela provisória, de urgência ou de evidência, cautelar ou antecipada (satisfativa), antecedente ou incidental, pode ocorrer antes ou depois de ouvida a parte contrária. O assunto está tratado no CPC em vigor basicamente no trecho entre os artigos 294 e 311, espaço legal que traz normas gerais e o detalhamento das espécies das tutelas provisórias.

Para o trabalho, interessa de forma especial a análise do *dueto contraditório e tutela provisória*, tendo em vista a necessidade da efetivação do primeiro para que possa ser proferida decisão final acerca da desconsideração (art. 138 do CPC). Diante da sensibilidade e variações que se aplicam ao tema, o dueto deve receber análise a partir dos gabaritos legais, pois há particularidades a depender da hipótese analisada.

Caso a concessão da tutela provisória ocorrer sem que a parte contrária seja previamente ouvida, tem-se situação em que o contraditório é diferido (art. 300, § 2º, do CPC). Trata-se de situação que, por regra, estará marcada pela "urgência", justificando que se postergue o contraditório em relação àquele que se submete aos efeitos da tutela provisória. A leitura do art. 9º, parágrafo único, I e II do CPC indica não só a autorização legal para a tutela provisória com contraditório diferido, mas também revela o seu apego maior à tutela provisória de urgência. Com efeito, enquanto admite-se a concessão de tutela provisória de urgência com contraditório diferido de forma genérica (art. 9º, parágrafo único, I e II), ou seja, para qualquer situação fática que receba encaixe em sua modulação geral, somente se permite o deferimento de tutela provisória de evidência sem prévio contraditório em situações específicas (art. 9º, parágrafo único, II), devidamente discriminadas pela legislação (art. 311, incisos II e III, do CPC).

---

22. É o que dispõe o Enunciado 372, do FPPC: "O art. 4º tem aplicação em todas as fases e em todos os tipos de procedimento, inclusive em incidentes processuais e na instância recursal, impondo ao órgão jurisdicional viabilizar o saneamento de vícios para examinar o mérito, sempre que seja possível a sua correção".

23. Enunciado 123 do FPPC: "É desnecessária a intervenção do Ministério Público, como fiscal da ordem jurídica, no incidente de desconsideração da personalidade jurídica, salvo nos casos que deva intervir obrigatoriamente, previstos no art. 178".

Quando se examina a tutela provisória de evidência, em seu caráter geral, constata-se não ser necessário que o postulante demonstre o "perigo de dano ou de risco ao resultado útil do processo". Justamente por tal situação íntima, a legislação é rigorosa acerca da colheita do contraditório na tutela de evidência, pois se não há "urgência" a regra é que o contraditório seja colhido de forma prévia à decisão. Tal base está plasmada no art. 311 do CPC em vigor, autorizando-se a concessão de tutela provisória de evidência sem prévio contraditório apenas nas hipóteses previstas nos incisos II e III do dispositivo, consoante expresso em seu parágrafo único.[24]-[25]

No incidente de desconsideração da personalidade jurídica, na forma demonstrada ao longo do estudo, houve preocupação de se estabelecer o contraditório como condição para que seja proferida decisão pelo julgador (preocupação externada no CPC, como verificado, com a previsão de citação do sócio ou administrador, e a abertura para a apresentação de manifestação – defesa – e a postulação de provas). Assim, uma vez convocado para se manifestar na forma supra, não há óbice para que a tutela provisória seja concedida, inclusive na modalidade de "evidência", notadamente nas hipóteses previstas nos incisos I e IV do art. 311 do CPC.

No pormenor, a tutela provisória de evidência pode ser deferida se na resposta prevista no art. 135 do CPC ficar "caracterizado o abuso do direito de defesa ou o manifesto propósito protelatório da parte" (art. 311, inciso I), assim como se a pessoa citada não conseguir contrapor satisfatoriamente, através de prova documentada, a postulação de desconsideração (art. 311, inciso IV). Na segunda hipótese, caso o pedido de desconsideração contenha prova documentada robusta ratificando seus fundamentos, é capital que a resposta traga prova (também documentada) para contrapor à postulação de desconsideração, pois, em tal caso, a tutela de evidência somente pode ser afastada se for apresentada manifestação que contenha "prova capaz de gerar dúvida razoável", adaptando-se o disposto no inciso IV do art. 311 do CPC para o "incidente de desconsideração".

Sem prejuízo do acima dito acerca da tutela provisória de evidência, a exigência de contraditório no incidente de desconsideração, contudo, não afasta a possibilidade de o juiz determinar providência de cunho cautelar ou satisfativo, mediante requerimento

---

24. Art. 311. A tutela da evidência será concedida, independentemente da demonstração de perigo de dano ou de risco ao resultado útil do processo, quando: I – ficar caracterizado o abuso do direito de defesa ou o manifesto propósito protelatório da parte; II – as alegações de fato puderem ser comprovadas apenas documentalmente e houver tese firmada em julgamento de casos repetitivos ou em súmula vinculante; III – se tratar de pedido reipersecutório fundado em prova documental adequada do contrato de depósito, caso em que será decretada a ordem de entrega do objeto custodiado, sob cominação de multa; IV – a petição inicial for instruída com prova documental suficiente dos fatos constitutivos do direito do autor, a que o réu não oponha prova capaz de gerar dúvida razoável. Parágrafo único. Nas hipóteses dos incisos II e III, o juiz poderá decidir liminarmente.

25. Em resenha apertada, as exceções trazidas nos incisos II e III trabalham com ações escoradas em prova documentada, com fundamentação deduzida e vinculada a determinadas hipóteses. O inciso II trabalha com a prevalência de precedentes vinculantes e a demonstração do perfeito enquadramento pelo autor permite a concessão da tutela de evidência, ao passo que a hipótese plasmada no inciso III envolve tutela provisória atrelada à ação de depósito, ou seja, uma técnica processual especial, já que circunscrita apenas à determinada situação de relação de direito material.

da parte, e desde que preenchidos os pressupostos legais. Às claras, não há, pois, embaraço para que seja concedida a tutela provisória de urgência no âmbito do "incidente de desconsideração", desde que perfeitamente configurada situação que a admita.[26]

A urgência, na hipótese em que a tutela provisória a tem como pressuposto (= *tutela provisória de urgência*), se sobressai, por exemplo, quando já existe conduta concreta do sócio ou administrador de transferência de patrimônio, ou quando há um risco de que esta conduta possa se concretizar com a sua citação. Determinar alguma providência de cunho provisório antes da citação, e ainda que sem a efetiva desconsideração, mostra-se muitas vezes imperiosa para que se tenha a prestação de tutela jurisdicional tempestiva e eficiente (arts. 4º e 8º do CPC).

Basta pensar nas situações que autorizavam o arresto – conforme modulação do CPC de 1973 (art. 813), já que, demonstrando uma superfície de probabilidade de êxito, era permitida a constrição patrimonial cautelar para garantir a satisfação de dívida. Mesmo que o CPC de 2015 não se valha da denominação arresto, a situação elencada no art. 813 da codificação anterior continua sendo abrigada pela proteção cautelar, conforme aduz o art. 301 do CPC atual[27] e pode ser perfeitamente importada para a desconsideração da personalidade jurídica. A tutela de urgência *antecipa* os efeitos da decisão prevista no art. 136 do CPC, com proteção patrimonial, que seria a constrição de bem para garantir os efeitos da própria desconsideração. Ao se antecipar os efeitos da desconsideração, tem-se por resguardados ou satisfeitos os efeitos da tutela pretendida em face da sociedade cuja personalidade jurídica é desconsiderada.

Saliente-se, de outro turno, que é preciso que os requisitos atinentes à tutela provisória estejam identificados. Dentre eles, devem existir elementos mínimos que revelem a probabilidade de a desconsideração ser deferida pela decisão que julga o incidente.

A probabilidade do direito, mencionada no art. 300 do CPC como requisito para a concessão da tutela provisória, deve, portanto, estar relacionada à desconsideração em si, e não ao direito material que se quer ver tutelado no processo em que instaurado o incidente. Deve, pois, guardar relação com os elementos colocados na legislação material como necessários para ocorrer a desconsideração, dispensando análise quanto à probabilidade do direito controvertido no processo.

Em ilustração, se o pedido de desconsideração é efetuado sob o fundamento de "desvio de finalidade", para a demonstração de probabilidade de sucesso cabe ao postulante apresentar elementos probatórios que convençam o julgador que ocorreu a "utilização da pessoa jurídica com o propósito de lesar credores e para a prática de atos ilícitos de qualquer natureza" (art. 50, § 1º, do Código Civil). Se assim não for feito, não sendo

---

26. Na mesma linha: Christian Garcia Vieira (*Desconsideração da personalidade jurídica no novo CPC*: natureza, procedimentos e temas polêmicos. Salvador: JusPodivm, 2016, p. 148-149).

27. Art. 301: "A tutela de urgência de natureza cautelar pode ser efetivada mediante, arresto, sequestro, arrolamento de bens, registro de protesto contra alienação de bem e qualquer outra medida idônea para asseguração do direito".

apresentado quadro robusto no sentido, capaz de demonstrar boa probabilidade de êxito da procedência do pedido de desconsideração, a tutela provisória não pode ser deferida.

Com tal anotação, é intuitivo que nas situações em que se aplica a *teoria menor da desconsideração* o postulante provavelmente fará exposição mais singela acerca dos requisitos necessários para a desconsideração, já que as hipóteses abarcadas por tal teoria requerem elementos mais simples para a penetração no patrimônio da parte convocada. De modo diverso, quando se tratar de situação alcançada pela *teoria maior da desconsideração,* em razão da exigência de comprovação de fatos específicos, de maior detalhamento, a exposição do postulante à desconsideração será mais complexa, projetando-se tal contexto para a produção probatória atrelada ao incidente.[28]

Perceba-se, com tal bússola, como os requisitos são diversos para as situações abarcadas pela *teoria menor* em relação à *teoria maior*. Nas situações alcançadas pela primeira teoria (por exemplo, relação de consumo – art. 28 do Código do Consumidor), a concessão da tutela provisória analisa os requisitos que lhe são íntimos, menos severos do que aqueles atrelados às hipóteses de que cuidam a *teoria maior* (por exemplo, relações contratuais civis – art. 50 do Código Civil).[29] Dessa forma, é possível que a concessão da tutela provisória seja deferida em determinada situação emparelhada à *teoria menor*, mas que seja indeferida em outra perfilada à *teoria maior*, embora as duas

---

28. Em apertada síntese, nos casos que se aplica a *teoria maior* da desconsideração, o postulante deverá comprovar a ocorrência de fatos específicos, capazes de justificar o pleito de penetração, tais como o desvio de finalidade ou confusão patrimonial (vide art. 50 do Código Civil). Nas situações jurídicas alcançadas pela *teoria menor*, bastará a comprovação de que em casos "de mero inadimplemento em que se observe, por exemplo, a ausência de bens de titularidade da pessoa jurídica, hábeis a saldar o débito" (STJ, REsp. 1.860.333/DF, 4ª. Turma, j. 11.10.2022, DJe de 27.10.2022). O assunto está plasmado de forma didática na ementa correspondente ao julgamento do REsp. 279.273/SP pela 3ª Turma do STJ: "(...) A teoria maior da desconsideração, regra geral no sistema jurídico brasileiro, não pode ser aplicada com a mera demonstração de estar a pessoa jurídica insolvente para o cumprimento de suas obrigações. Exige-se, aqui, para além da prova de insolvência, ou a demonstração de desvio de finalidade (teoria subjetiva da desconsideração), ou a demonstração de confusão patrimonial (teoria objetiva da desconsideração). A teoria menor da desconsideração, acolhida em nosso ordenamento jurídico excepcionalmente no Direito do Consumidor e no Direito Ambiental, incide com a mera prova de insolvência da pessoa jurídica para o pagamento de suas obrigações, independentemente da existência de desvio de finalidade ou de confusão patrimonial. Para a teoria menor, o risco empresarial normal às atividades econômicas não pode ser suportado pelo terceiro que contratou com a pessoa jurídica, mas pelos sócios e/ou administradores desta, ainda que estes demonstrem conduta administrativa proba, isto é, mesmo que não exista qualquer prova capaz de identificar conduta culposa ou dolosa por parte dos sócios e/ou administradores da pessoa jurídica. A aplicação da teoria menor da desconsideração às relações de consumo está calcada na exegese autônoma do § 5º do art. 28, do CDC, porquanto a incidência desse dispositivo não se subordina à demonstração dos requisitos previstos no caput do artigo indicado, mas apenas à prova de causar, a mera existência da pessoa jurídica, obstáculo ao ressarcimento de prejuizos causados aos consumidores. (...)" (j 04.12.2003, DJ de 29.03.2004, p. 230). Sobre o tema, trazendo repercussões práticas, confira-se: Rodrigo Mazzei (Aspectos processuais da desconsideração da personalidade jurídica no Código de Defesa do Consumidor e no Projeto do 'novo' Código de Processo Civil. In: BRUSCHI, Gilberto Gomes; COUTO, Mônica Bonetti; SILVA, Ruth Maria Junqueira de A. Pereira e; PEREIRA, Thomaz Henrique Junqueira de A. (Coord.). *Direito processual empresarial*: estudos em homenagem a Manoel de Queiroz Pereira Calças. Rio de Janeiro: Elsevier, 2012, p. 664-673).

29. A assertiva acima possui eco na jurisprudência do STJ, já que há julgado que reconhece a na teoria menor os requisitos para a desconsideração são mais simples. Confira-se: "Nas relações de consumo é possível a aplicação da chamada Teoria Menor da Desconsideração da Personalidade jurídica, cujos requisitos são menos severos do que aqueles previstos no artigo 50 do Código Civil, que veicula a chamada Teoria Maior" (AgInt no AREsp n. 2.102.462/PR, 4ª. Turma, j. 03.04.2023, DJe de 11.04.2023).

com semelhante fundamento jurídico (= causa) e comprovação documentada próxima. A análise do direito material, aferindo-se, no caso concreto, qual a teoria que deve ser aplicada na desconsideração a partir da relação jurídica entre as partes, é fator que pode influenciar decididamente a concessão da tutela provisória.

Trata-se de detalhe que merece ser amplificado, pois como as situações que envolvem a *teoria maior da desconsideração* demandam a produção de provas acerca de fatos específicos, não será raro que a tutela provisória venha a ser concedida mais facilmente na modalidade de evidência. Isso porque dificilmente o requerente da desconsideração, já na sua petição primeira, terá condições de comprovar de forma documentada a ocorrência das situações autorizadoras para a desconsideração alcançada pela *teoria maior*.

Diante da sua relevância para o "incidente de desconsideração", a decisão de concessão ou de indeferimento da tutela provisória, qualquer que seja a modalidade, deve se operar de forma fundamentada, aplicando-se, sobre ela, sem dúvida, o disposto no art. 489, § 1º, do CPC. A fundamentação é necessária não apenas em razão da análise dos requisitos aplicados à tutela provisória, mas também em relação à modalidade eleita pela parte. No ponto, determinado pedido de tutela provisória de urgência pode ser indeferido no limiar do incidente, fato que não impede, a depender do fundamento utilizado pelo juiz, que seja apresentado de forma "renovada" no curso do incidente a partir do avanço probatório, inclusive sobre a plataforma da tutela de evidência.

Perceba-se, ademais, que mediante a decisão de tutela provisória não há propriamente a desconsideração da personalidade jurídica, pois esta reclama que seja proferida decisão final, sempre precedida de contraditório (ciência, reação e influência). A tutela provisória (com as variações de contraditório e até de cognição) tem como alvo apenas a concessão de medidas, de cunho acautelatório ou satisfativo, com vistas a preservar ou concretizar o direito material que se busca ver tutelado no processo, sempre depois de verificado juízo de probabilidade de a desconsideração ser deferida.

Da mesma forma que não se pode confundir a decisão da tutela provisória com a decisão final do incidente, é inegável que deve ser feito seu afastamento em relação ao ato judicante decisório que recebe (= *admite*) a postulação de desconsideração. O juiz, ao receber o pedido de desconsideração, faz exame semelhante ao que é exigido para qualquer petição inicial, com as devidas adaptações das regras de recepção. E, dentro de tal missão, há de ter especial atenção ao disposto no art. 321 do CPC,[30] inclusive quanto à possibilidade de "emenda da inicial", intimando o postulante para que emende a peça, devendo, para tanto, indicar com precisão o que deve ser corrigido ou completado.

A admissão do pedido de desconsideração pelo juízo, dando seu trâmite legal e determinando a citação do(s) requerido(s), em hipótese alguma pode ser tido como decisão que concede a tutela provisória no "incidente". Consoante já afirmado, o deferimento

---

30. Art. 321. O juiz, ao verificar que a petição inicial não preenche os requisitos dos arts. 319 e 320 ou que apresenta defeitos e irregularidades capazes de dificultar o julgamento de mérito, determinará que o autor, no prazo de 15 (quinze) dias, a emende ou a complete, indicando com precisão o que deve ser corrigido ou completado. Parágrafo único. Se o autor não cumprir a diligência, o juiz indeferirá a petição inicial.

da tutela provisória requerer decisão fundamentada, devidamente vinculada a alguma das modalidades previstas na codificação processual, até porque cada uma delas possui requisitos próprios (vide a diferenciação entre as tutelas de urgência e de evidência).

Assim, nem sempre a demonstração feita pelo postulante acerca da admissão da sua postulação sobre a desconsideração será suficiente para escorar o pleito de tutela de tutela provisória, devendo este, portanto, ser feito de forma depurada e destacada na peça processual, indicando o preenchimento da modalidade da técnica que se requer (urgência ou evidência).

Como dito na parte introdutória, o presente texto, muito longe de esgotar o tema, apenas tencionou trazer para o debate alguns pontos importantes sobre a tutela provisória no âmbito do "incidente de desconsideração", assunto que certamente merece trabalho de mais fôlego.

6. REFERÊNCIAS

BENETI, Sidnei Agostinho. Da desconsideração da sociedade e legitimidade *ad* causam: esboço de sistematização. In: DIDIER JR., Fredie e WAMBIER, Teresa Arruda Alvim Teresa Arruda Alvim (Coord.). *Aspectos polêmicos e atuais sobre os terceiros no processo civil e assuntos afins.* São Paulo: Ed. RT, 2004.

BUENO, J. Hamilton. Desconsideração da personalidade jurídica. Doutrina e jurisprudência. Aspectos materiais e processuais. In: BUENO, Cássio Scarpinella. *Impactos processuais do direito civil.* São Paulo: Saraiva, 2008.

CINTRA, Antônio Carlos de Araújo; GRINOVER, Ada Pellegrini e DINAMARCO, Cândido Rangel. *Teoria geral do processo.* 19. ed. São Paulo: Malheiros, 2003.

COELHO, Fábio Ulhoa. *Manual de Direito Comercial.* 13. ed. São Paulo: Saraiva, 2002.

DIDIER JR., Fredie. Aspectos processuais da desconsideração da personalidade jurídica. In: DIDIER JR., Fredie e MAZZEI, Rodrigo (Coord.). *Reflexos do Novo Código Civil no Direito Processual.* Salvador: JusPodivm, 2006.

DIDIER JR., Fredie. *Curso de Direito Processual Civil.* Salvador: JusPodivm, 2015.

JUSTEN FILHO, Marçal. *Desconsideração da personalidade societária no direito brasileiro.* São Paulo: Ed. RT, 1987.

MAZZEI, Rodrigo. Aspectos processuais da desconsideração da personalidade jurídica no Código de Defesa do Consumidor e no Projeto do 'novo' Código de Processo Civil. In: BRUSCHI, Gilberto Gomes; COUTO, Mônica Bonetti; SILVA, Ruth Maria Junqueira de A. Pereira e; PEREIRA, Thomaz Henrique Junqueira de A. (Coord.). *Direito processual empresarial*: estudos em homenagem a Manoel de Queiroz Pereira Calças. Rio de Janeiro: Elsevier, 2012.

MAZZEI, Rodrigo. *Embargos de declaração*: recurso de saneamento com função constitucional. Londrina: Editora Thoth, 2021.

MAZZEI, Rodrigo; NEVES, Daniel Amorim Assumpção; RAMOS, Glauco Gumerato; FREIRE, Rodrigo da Cunha Lima. *Reforma do CPC.* São Paulo: Ed. RT, 2006.

NERY JÚNIOR, Nelson. *Princípios do processo civil na Constituição Federal.* 7. ed. São Paulo: Ed. RT, 2002.

VIEIRA, Christian Garcia. *Desconsideração da personalidade jurídica no novo CPC*: natureza, procedimentos e temas polêmicos. Salvador: JusPodivm, 2016.

TUTELA PROVISÓRIA NA DESCONSIDERAÇÃO DA PERSONALIDADE JURÍDICA: A SOMA DE PRESUNÇÕES E OS INDÍCIOS

Rogéria Fagundes Dotti

Doutora e Mestre em Direito Processual Civil pela Universidade Federal do Paraná, Presidente da Comissão de Processo Civil da OAB/PR, Secretária-Geral do Instituto Brasileiro de Direito Processual – IBDP, Advogada.

> "Two roads diverged in a yellow wood,
> And sorry I could not travel both
> (...)
> Two roads diverged in a wood, and I –
> I took the one less traveled by,
> And that has made all the difference"
>
> (The Road not Taken – Robert Frost)[1]

Sumário: 1. Introdução: as duas estradas no rumo da desconsideração – 2. O Projeto de Lei 3401/2008, a manifestação do Instituto Brasileiro de Direito Processual e o veto presidencial – 3. Os pressupostos para a Desconsideração da Personalidade Jurídica: teria maior e teoria menor – 4. Grau de convicção menor para aferição da probabilidade e a técnica da "redução do módulo da prova" – 5. As pautas móveis entre probabilidade e perigo de dano – 6. Mas como aferir a probabilidade? – 7. A conduta das partes como prova atípica para aferir a probabilidade – 8. Quando as provas indiciárias são suficientes para a probabilidade: a soma de presunções – 9. O risco de dano inverso pela não concessão da tutela provisória – 10. Conclusões – 11. Referências.

1. INTRODUÇÃO: AS DUAS ESTRADAS NO RUMO DA DESCONSIDERAÇÃO

O clássico poema de Robert Frost, utilizado na abertura desse texto, demonstra que, em determinados momentos da vida, é necessário fazer escolhas, ainda que sejam escassas as informações disponíveis. Como diz o poeta, as duas estradas que nascem em um mesmo ponto do trajeto podem parecer, à primeira vista, igualmente boas. Mas a opção por uma, naturalmente, impede a utilização da outra. Não é possível viajar em ambas.

No incidente de desconsideração da personalidade jurídica, a concessão (ou não) da tutela provisória pode ser comparada à difícil escolha do viajante que se depara com o ponto onde a estrada se divide em duas, ambas com a sinalização do destino final. Ele

---

1. FROST, Robert. *The Road not Taken and Other Poems.* London: Penguin Books Editions, 2015.

não tem informações suficientes. Ali estão duas rotas diferentes. E por mais que procure olhar ao longe, não é possível saber ao certo qual seria a melhor.[2]

Nessa situação há, naturalmente, um risco a ser assumido. A escolha da pior rota, obviamente, vai impactar o tempo e, por vezes, até mesmo o sucesso da viagem. Lembre-se que a opção pela "estrada mais longa" (ou seja, o indeferimento da tutela provisória) pode fazer com que os bens, prestes a serem desviados, nunca mais sejam encontrados.

Adotando essa premissa, busca-se demonstrar que na desconsideração da personalidade jurídica (baseada na teoria maior), a tutela provisória não apenas é cabível, como também pode se basear na soma das presunções e indícios. Nesses casos, a demonstração da probabilidade (*fumus boni juris*) pode decorrer das provas indiciárias e do comportamento das partes.

Com efeito, no incidente de desconsideração geralmente se está diante de alegações específicas de fraude ou de má-fé processual. Logo, a análise da probabilidade deve considerar o direito material que se busca proteger e a dificuldade inerente à comprovação de atitudes maliciosas. Esse é o raciocínio que se procura desenvolver nas próximas linhas.

2. O PROJETO DE LEI 3401/2008, A MANIFESTAÇÃO DO INSTITUTO BRASILEIRO DE DIREITO PROCESSUAL E O VETO PRESIDENCIAL

Inicialmente é preciso destacar que o incidente de desconsideração da personalidade jurídica teve seu procedimento regulado pelo Código de Processo Civil de 2015. Nos arts. 133 a 137, o legislador disciplinou: a quem compete tal iniciativa, os momentos processuais adequados, a necessidade de citação, a observância do contraditório, as consequências do seu acolhimento e o recurso cabível. Sem dúvida, a introdução desse procedimento no código significou um grande avanço.

Justamente em virtude disso, a aprovação do Projeto de Lei 3401/2008 pela Câmara dos Deputados e pelo Senado Federal, com seu envio à sanção presidencial em 22 de novembro de 2022, gerou muitas críticas. Além do projeto se mostrar bastante defasado,[3] a maior preocupação era o grave risco de retrocesso, considerando-se que tal iniciativa foi criada em outro momento (há mais de quatorze anos) e não se adaptou às inúmeras alterações legislativas ocorridas desde então. O novo CPC e a Lei da Liberdade Econômica (Lei 13.874/2019) esvaziaram muitos dos dispositivos do referido projeto. E o que pior, a dupla previsão legal, sem critérios para a aplicação de uma ou de outra norma, poderia produzir enorme insegurança jurídica.

Discordando completamente da aprovação do PL 3401/08, o Instituto Brasileiro de Direito Processual, por iniciativa de seu Presidente Cassio Scarpinella Bueno e de seu

---

2. No poema, o autor narra o esforço do viajante para tentar enxergar até onde lhe era possível: "And be one traveler, long I stood, And looked down one as far as I could, To Where it bent in the undergrowth" (FROST, Robert. *The Road not Taken and Other Poems*. London: Penguin Books Editions, 2015).

3. Por exemplo, referindo-se a "autos físicos" e "cópia reprográfica", realidade que não se aplica mais ao tempo atual, com a utilização do processo eletrônico em todo o país.

Vice-Presidente Alexandre Freitas Câmara, encaminhou à Presidência da República, em 06 de dezembro de 2022, uma manifestação formal, requerendo o veto integral da proposta legislativa.[4] Dentre vários fundamentos, destacou que o projeto trazia previsão do procedimento da desconsideração, quando isso já está estava disciplinado de forma diversa pelo Código de Processo Civil. Salientou também que o projeto poderia trazer grande retrocesso, pois seu art. 5º impedia a utilização do instituto da desconsideração por analogia ou interpretação extensiva. Como lá exposto, trata-se de restrição que contraria "o histórico do instituto, que passa pela tentativa de preservação do crédito com a atuação dos tribunais para ampliar a responsabilidade diante de fraude ou abuso de direito".[5] Um dos exemplos dessa ampliação é justamente a possibilidade da desconsideração inversa, prevista agora no art. 133, § 2º do CPC/2015.

O IBDP ainda salientou a divergência entre o PL e "as inúmeras transformações ocorridas no Direito Administrativo". Isto porque o art. 9º do projeto condicionava a eficácia do ato da Administração Pública ao crivo judicial, indicando que seria necessário o controle prévio pelo Poder Judiciário. Nesse sentido, a manifestação do Instituto mencionou o art. 14 da Lei 12.846/13 (Lei Anticorrupção), o qual prevê a desconsideração da personalidade jurídica no próprio processo administrativo sancionador, independentemente de análise pelo Judiciário.

Poucos dias após o envio da manifestação, o PL 3401/2008 foi vetado integralmente pela Presidência da República, conforme publicação no Diário Oficial da União de 14 de dezembro de 2022. Dentre os argumentos utilizados pelo Presidente, está justamente o fato da matéria já se encontrar disciplinada no Código Civil e no Código de Processo Civil de 2015. Segundo o texto do veto: "Dessa maneira, a medida teria o potencial de causar discussão no âmbito judicial, o que ampliaria desnecessariamente o grau de incerteza quanto ao direito vigente".[6]

3. OS PRESSUPOSTOS PARA A DESCONSIDERAÇÃO DA PERSONALIDADE JURÍDICA: TERIA MAIOR E TEORIA MENOR

O sistema jurídico brasileiro adota pressupostos distintos para a desconsideração da personalidade jurídica, de acordo com o direito material que se busca satisfazer.

No âmbito do Direito do Consumidor, por exemplo, aplica-se a chamada "Teoria Menor", segundo a qual, para a desconsideração é necessário tão somente a demonstração de que a personalidade jurídica representa um obstáculo à indenização dos prejuízos causados ao consumidor. É o que prevê o art. 28, § 5º do Código de Defesa do Consumidor.[7]

---

4. Disponível em: https://www.migalhas.com.br/quentes/378364/ibdp-pl-da-desconsideracao-da-personalida-de-juridica-deve-ser-vetado. Acesso em: 14 jan. 2023.

5. Fls 04 da manifestação do IBPD.

6. DOU, 14 de dezembro de 2022, fls. 11.

7. CDC Art. 28, § 5º Também poderá ser desconsiderada a pessoa jurídica sempre que sua personalidade for, de alguma forma, obstáculo ao ressarcimento de prejuízos causados aos consumidores.

O mesmo ocorre em relação ao Direito Ambiental. A Lei 9.605/1998 estabelece em seu art. 4º que poderá ser desconsiderada a pessoa jurídica sempre que sua personalidade for obstáculo ao ressarcimento de prejuízos causados à qualidade do meio ambiente.

Nessas esferas, portanto, basta a existência de dificuldades na satisfação do direito material para que ocorra a desconsideração.

Por outro lado, a Teoria Maior se aplica genericamente, isto é, sempre que não houver regramento específico. Por força disso, ela é adotada na grande maioria dos casos. Mas, para tanto, é necessário comprovar a ocorrência do abuso da personalidade, ou seja, a prática do desvio de finalidade ou a existência de confusão patrimonial. O art. 50 do Código Civil, com as alterações da Lei 13.874, de 2019,[8] exige, portanto, a demonstração do mau uso da pessoa jurídica. Não basta aqui o mero interesse em garantir o adimplemento da obrigação ou o pagamento da indenização. É preciso a verificação de um comportamento abusivo.

Ocorre que, durante a demora gerada por essa carga probatória, podem ocorrer prejuízos irreversíveis ao titular do direito material. Com efeito, uma vez citados os sócios da pessoa jurídica, é provável que estes procurem ocultar seu patrimônio para frustrar a execução. Daí a importância da tutela provisória para assegurar a futura realização do direito e a própria efetividade do incidente de desconsideração.

Como é natural, a concessão de uma liminar de indisponibilidade de bens, terá que se basear na demonstração da probabilidade desse abuso, ou seja, na plausibilidade da procedência do pedido de quebra da personalidade societária. Mas, para tanto, a parte poderá enfrentar a grandes dificuldades probatórias.

O que se pretende analisar nos tópicos seguintes é: Qual o grau de probabilidade exigido para a concessão da tutela provisória no incidente de desconsideração? Pode o magistrado basear-se no mero comportamento das partes ou em provas indiciárias para determinar medidas de urgência?

4. GRAU DE CONVICÇÃO MENOR PARA AFERIÇÃO DA PROBABILIDADE E A TÉCNICA DA "REDUÇÃO DO MÓDULO DA PROVA"

A concessão da tutela provisória em qualquer processo ou incidente depende, naturalmente, da constatação da probabilidade do direito e do *periculum in mora*.

---

8. CC Art. 50. Em caso de abuso da personalidade jurídica, caracterizado pelo desvio de finalidade ou pela confusão patrimonial, pode o juiz, a requerimento da parte, ou do Ministério Público quando lhe couber intervir no processo, desconsiderá-la para que os efeitos de certas e determinadas relações de obrigações sejam estendidos aos bens particulares de administradores ou de sócios da pessoa jurídica beneficiados direta ou indiretamente pelo abuso.

§ 1º Para os fins do disposto neste artigo, desvio de finalidade é a utilização da pessoa jurídica com o propósito de lesar credores e para a prática de atos ilícitos de qualquer natureza.

§ 2º Entende-se por confusão patrimonial a ausência de separação de fato entre os patrimônios, caracterizada por: I – cumprimento repetitivo pela sociedade de obrigações do sócio ou do administrador ou vice-versa; II – transferência de ativos ou de passivos sem efetivas contraprestações, exceto os de valor proporcionalmente insignificante; e III – outros atos de descumprimento da autonomia patrimonial.

No caso da desconsideração da personalidade jurídica, a análise da probabilidade (*fumus boni juris*) pode ser menos rígida quando as circunstâncias da causa apontam para a ocorrência de um ilícito. Ou seja, o grau de convicção do magistrado pode variar na aferição da probabilidade. Isso porque tais circunstâncias conduzem a uma mudança no nível de cognição necessário para a concessão da tutela provisória. O juiz deverá avaliar o contexto em que os fatos (diretos ou indiciários) ocorreram e a natural má-fé que envolve os diversos ambientes (societários, comerciais, industriais, familiares e assim por diante).

Há algum tempo, a doutrina processual já reconheceu que o grau de convicção na tutela provisória é variável, alterando-se caso a caso, dependendo das exigências do direito material, objeto da tutela definitiva. Não se pode, portanto, falar em um *standard* autônomo, devendo-se reconhecer sua *inerente mobilidade*.[9] Tais expressões são utilizadas por Daisson Flach, para demonstrar que a verossimilhança pressupõe um *standard* aderente ao *standard* probatório de referência para a concessão da tutela definitiva. Justamente por isso, o modelo de verossimilhança escolhido deve ter uma correlação com a natureza do direito material e com o que se exige para a concessão da tutela final.

Ou seja, é possível perceber uma variação significativa do *standard* de prova, de acordo com a natureza do direito discutido em juízo. Nesse aspecto, Daniel Mitidiero sustenta que a variação no nível de probabilidade pode dizer respeito à dificuldade da prova e ainda à maior ou menor gravidade social do litígio. Em outras palavras, as peculiaridades do direito material geram alteração no grau de convicção exigido para o magistrado.[10]

A doutrina destaca ainda a importância da técnica da "redução do módulo de prova" para a efetividade processual. Ela consiste na diminuição vertical da cognição, sempre que houver dificuldades probatórias relevantes. Como bem explica Arthur Carpes, a técnica "significa reduzir a exigência de profundidade da cognição do órgão judicial a respeito dos fatos da causa por excessiva dificuldade ou impossibilidade material de prova-los".[11] O mesmo autor apresenta, como exemplo, o caso das chamadas "pílulas de farinha", quando determinada indústria farmacêutica, por equívoco, lançou no mercado pílulas anticoncepcionais sem o princípio ativo que impedia a concepção. Tais medicamentos defeituosos causaram inúmeras situações de gravidez indesejada. Nos processos judiciais decorrentes desse fato, não foi exigida a prova de que houve o consumo dessas pílulas com defeito, mas apenas que a consumidora fazia uso regular do medicamento.

---

9. FLACH, Daisson. *A verossimilhança no processo civil e sua aplicação prática*. São Paulo: Ed. RT, 2009, p. 120 a 123.
10. MITIDIERO, Daniel. *Antecipação da tutela*. 3. ed. rev. atual. e ampl. São Paulo: Ed. RT 2017, p. 126.
11. CARPES, Arthur Thompsen. *Ônus da prova no novo CPC*: do estático ao dinâmico. MARINONI, Luiz Guilherme; ARENHART, Sergio Cruz e MITIDIERO, Daniel (Coord.). São Paulo: Ed. RT, 2017, p. 65.

Observe-se que não se trata da dinamização do ônus da prova (já que ambas as provas seriam diabólicas), mas sim da "aplicação da técnica que permita a máxima efetividade probatória em consonância com as peculiaridades do direito do consumidor".[12]

O mesmo raciocínio deve ser utilizado para a concessão da tutela provisória no incidente de desconsideração da personalidade jurídica. Como nessa seara a tutela definitiva busca aferir o desvio de finalidade ou a confusão patrimonial (condutas que são, ambas, eivadas de ilicitude, mas de difícil comprovação), o *standard* probatório para a concessão da tutela provisória não pode ser tão alto a ponto de dificultar a proteção do direito material.

Ao tratar do ônus da prova e das garantias processuais no tema da desconsideração, Gustavo Osna constata que "ao mesmo tempo que sua utilização não pode ser *arbitrária* ou *excessiva*, também é inidôneo torná-la *inviável* ou *infactível*. E a matéria probatória procura equilibrar esse pêndulo trivial do processo, criando alternativas para alcançar sua máxima efetividade".[13] O mesmo autor afirma ainda que apesar do ônus da prova no incidente ser do autor, "atualmente existe uma ampla admissão para que o próprio julgador – ao avaliar as particularidades do caso – modifique o regime geral de ônus probatório",[14] determinando que caso prevaleça o estado de dúvida, o prejudicado pela ausência da prova seja o réu.

Com efeito, a exigência de prova não pode afastar a efetividade do incidente de desconsideração. Logo, ainda que a prova feita pelo autor não pareça suficiente, pode o magistrado basear a concessão da tutela provisória na ausência de prova pelo réu, quanto à regularidade de sua conduta.

O que se está a dizer é que a gravidade social dessas condutas ilícitas[15] e sua dificuldade probatória autorizam não apenas a inversão do ônus da prova, mas também um *standard* probatório mais baixo para a concessão da tutela provisória.

Por fim, não há como negar que o juiz deve "tomar em conta também a gravidade relativa dos erros (tanto falsos positivos como falsos negativos) para cada tipo de decisão final ou interlocutória. Os custos do erro na sentença não são os mesmos que os de uma errônea decisão de receber a denúncia ou do deferimento errôneo de uma medida cautelar".[16]

---

12. CARPES, Arthur Thompsen. *Ônus da prova no novo CPC*: do estático ao dinâmico. MARINONI, Luiz Guilherme; ARENHART, Sergio Cruz e MITIDIERO, Daniel (Coord.). São Paulo: Ed. RT, 2017, 2017, p. 69.
13. OSNA, Gustavo. Desconsideração da personalidade jurídica e garantias fundamentais do processo: ônus da prova e ônus da argumentação. *Revista de Processo*, v. 305, p. 331-353. jul. 2020.
14. OSNA, Gustavo. Desconsideração da personalidade jurídica e garantias fundamentais do processo: ônus da prova e ônus da argumentação. *Revista de Processo*, v. 305, p. 331-353. jul. 2020.
15. Condutas que aqui se referem ao desvio de finalidade ou à confusão patrimonial. Com efeito, o art. 50 do Código Civil (com a redação dada pela Lei 13.874/2019) estabelece que o abuso da personalidade jurídica a autorizar a desconsideração é caracterizado pelo desvio de finalidade ou pela confusão patrimonial.
16. FERRER-BELTRÁN, Jordi. *Prova sem convicção – Standard de prova e devido processo.* Trad. Vitor de Paula Ramos. São Paulo: JusPodivm, 2022, p. 179.

A propósito da consideração dos erros, lembra Ravi Peixoto que "a definição do *standard* probatório passa por uma avaliação das consequências dos erros em relação à importância dos direitos e valores afetados, bem como ao grau de alteração da situação dos afetados pela decisão".[17]

Mesmo entre as várias formas de tutela de urgência, percebe-se que a gravidade do eventual erro deve ser considerada.[18] Nessa linha de raciocínio, a base probatória exigível para a suspensão liminar do poder familiar é diversa daquela relativa à sustação de um protesto ou à indisponibilidade de bens, por exemplo.

5. AS PAUTAS MÓVEIS ENTRE PROBABILIDADE E PERIGO DE DANO

O que se afirmou no capítulo anterior é que deve haver uma flexibilidade em relação ao *standard* probatório e uma mudança (para menos) no nível de cognição do magistrado na aferição da probabilidade, em decorrência da própria natureza do direito material (abuso da personalidade jurídica).

Mas, além disso, verifica-se que na desconsideração da personalidade jurídica também se aplicam as chamadas "pautas móveis" entre probabilidade e *periculum in mora*.[19]

Nesse sentido, entende-se que a exigência da probabilidade do direito não segue uma lógica do *tudo ou nada*, mas sim algo que varia em função dos *graus* de urgência e evidência, como sustenta Eduardo José da Fonseca Costa. Não há como deixar de ver aqui uma outra mobilidade: a presença fraca de um requisito da tutela provisória pode ser *compensada* pela forte existência do outro e vice-versa.[20]

A propósito dos requisitos para a concessão de liminares nos Estados Unidos, James, Hazard e Leubsdorf igualmente afirmam que a demonstração forte de um dos fatores pode compensar a presença fraca do outro.[21] A ideia que está na base desse raciocínio é que o *fumus boni juris* e o *periculum in mora* são vistos como *pautas móveis*, que agem em correlação e se apresentam em graus ou níveis distintos.[22]

Em outras palavras, o deferimento de uma liminar para a indisponibilidade dos bens ou ativos financeiros do sócio deve ocorrer diante do risco de sua evasão do país,

---

17. PEIXOTO, Ravi. Standards *probatórios no direito processual brasileiro*. São Paulo: JusPodivm, 2021, p. 133.
18. FERRER-BELTRÁN, Jordi. Prova sem convicção – *Standard* de prova e devido processo. Trad. Vitor de Paula Ramos. São Paulo: JusPodivm, 2022, p. 179.
19. Para uma leitura mais aprofundada sobre o tema, vide DOTTI, , Rogéria Fagundes. *Tutela da evidência*: probabilidade, defesa frágil e o dever de antecipar a tempo. São Paulo: Thomson Reuters Brasil, 2020, p. 142.
20. COSTA, Eduardo José da Fonseca. *O direito vivo das liminares*. São Paulo: Saraiva, 2011, p. 24 e 178.
21. "In general, a strong showing on one fator will compensate for a weaker showing on another. For example, a plaintiff who persuades a judge that a defendant is almost certainly violating the plaintiff's patent may obtain a preliminary injunction against infringement during the suit on a relatively weak showing that damages will not adequately remedy the infringement – for instance, because the defendant's impact on the plaintiff's share of the market will be hard to compute". (JAMES JR; Fleming; HAZARD JR, Geoffrey; LEUBSDORF, John. *Civil Procedure*. fifth edition. New York: New York Foundation Press, 2001, p. 339).
22. COSTA, Eduardo José da Fonseca. Tutela de evidência no projeto do novo CPC – uma análise dos seus pressupostos. In: ROSSI, Fernando et al (Coord.) *O futuro do processo civil no Brasil*: uma análise crítica ao projeto do novo CPC. Belo Horizonte: Fórum, 2011, p. 169.

por exemplo. Ou então quando houver receio de que ele esteja ocultando patrimônio. Isso vale, inclusive para os casos em que a probabilidade ainda não restar completamente demonstrada. Nessas hipóteses, a força do *periculum in mora* compensará a eventual fragilidade do *fumus boni juris*.

6. MAS COMO AFERIR A PROBABILIDADE?

No que diz respeito à probabilidade, vale lembrar que a palavra *provável* designa, etimologicamente, aquilo que pode ser provado como verdadeiro.[23] A probabilidade pode ser entendida, portanto, como a aferição a respeito da "existência de razões válidas para sustentar-se que um enunciado é verdadeiro ou falso".[24]

Não há como negar, portanto, uma forte ligação entre a probabilidade e os elementos de prova dos autos, sendo correto dizer que provável é aquela hipótese que adquire um nível maior de confirmação e um grau menor de refutação.[25]

Vale lembrar que, tanto para o juízo definitivo, como para o juízo provisória, o sistema processual brasileiro adota a teoria sueca da verossimilhança preponderante.[26] Para ela, o ônus da prova consiste no ponto central de uma régua, a qual é imaginada para aferir qual das partes deve perder ou ganhar. Logo, a parte que conseguir fazer com que a medida prevaleça para o seu lado, será vitoriosa. A análise leva em conta um mínimo de preponderância da prova, fazendo com que se a posição de uma das partes for mais provável que a da outra, mesmo que em percentual mínimo (51%, por exemplo), isso será suficiente para a vitória.[27]

Esse critério do "mais provável do que não" parte da criação de duas hipóteses para o mesmo fato, uma positiva e outra negativa. "Entre elas, o juiz escolhe aquela que, com base nas provas disponíveis, possui um grau de confirmação lógica superior à outra".[28]

Nesse sentido, fala-se na *convicção de probabilidade*, "o que significa que o material trazido ao processo deve indicar que o *direito do autor é mais provável que o direito do réu*".[29]

---

23. CALAMANDREI, Piero. *Studi sul processo civile*, volume sesto, Padova: Cedam Casa Editrice Dott. Antonio Milani, 1957, p. 117. No mesmo sentido, esclarece Calamandrei em um artigo específico sobre o tema: "*Possibile è ciò che può esser vero; verosimile è ciò che ha l'apparenza di esser vero. Probabile sarebbe, etimologicamente, ciò che si può provare come vero; ma nel linguaggio filosófico e teológico la parola si trova adoperata nel senso di ragionevole, 'ciò che a crederlo è contrario alla ragione'*" (CALAMANDREI, Piero. Verità e verosimiglianza nel processo civile. *Rivista di Diritto Processuale*, v. X, Parte I, , p. 170. Padova: Cedam – Casa Editrice Dott. Antonio Milani, Anno 1955).

24. TARUFFO, Michele. *Uma simples verdade*: o juiz e a construção dos fatos. Trad. Vitor de Paula Ramos. São Paulo: Marcial Pons, 2016, p. 113.

25. MARINONI, Luiz Guilherme; ARENHART, Sérgio Cruz. *Prova e convicção*: de acordo com o CPC de 2015. 4. ed., rev. atual. e ampl. São Paulo: Ed. RT, 2018, p. 355 e 356.

26. DOTTI, Rogéria Fagundes. *Tutela da evidência*: probabilidade, defesa frágil e o dever de antecipar a tempo. São Paulo: Thomson Reuters Brasil, 2020, p. 138 e ss.

27. MARINONI, Luiz Guilherme; ARENHART, Sérgio Cruz. *Prova e convicção*: de acordo com o CPC de 2015. 4. ed., rev. atual. e ampl. São Paulo: Ed. RT, 2018, p. 357.

28. TARUFFO, Michele. *A prova*. Trad. João Gabriel Couto. São Paulo: Marcial Pons, 2014, p. 297.

29. MARINONI, Luiz Guilherme; ARENHART, Sérgio Cruz. prova e convicção: de acordo com o CPC de 2015. 4. ed., rev. atual. e ampl. São Paulo: Ed. RT, 2018, p. 365.

A probabilidade nada mais é do que a projeção, baseada em provas e argumentos, a respeito do desfecho final do processo. Muitas vezes, essa probabilidade advém também da comparação entre as posições de autor e réu. Afinal, "o que determina o resultado de uma demanda, com efeito, é a suficiência de elementos de corroboração a favor de determinada hipótese fática, conforme essa beneficie o autor ou o réu".[30]

A doutrina de Salvatore Patti de igual forma esclarece que, na ausência de um grau de prova exigido pela lei, o juiz deve tomar a decisão de acordo com a prevalência da probabilidade, isto é, com base na verossimilhança preponderante.[31]

Justamente por isso, a certeza jurídica, no âmbito da cognição sumária, é totalmente desnecessária e contraproducente. Decidir com base na probabilidade preponderante implica *sacrificar o improvável em benefício do provável.*[32] Isso deve ocorrer independentemente de uma convicção de certeza. Afinal, não haveria sentido em ter o mesmo nível de exigência probatória na tutela provisória e na tutela definitiva. Nesse sentido, não é adequado "que haja um processo em que uma decisão fundada em cognição sumária requeira uma suficiência probatória maior do que a necessária para a prolação da decisão final de mérito, em cognição exauriente.[33]

Conforme defendem Luiz Guilherme Marinoni e Sérgio Arenhart, a decisão judicial nos termos do art. 300 do Código de Processo Civil pode ter por base a convicção de verossimilhança preponderante, consoante a teoria sueca.[34] Desse modo, será considerado provável aquilo que for minimamente preponderante, em termos de prova.[35]

Ao tratar dos standards probatórios na tutela provisória, Ravi Peixoto esclarece que "a hipótese fática do autor deve ser superior à do réu, bem como deve ser provável de ter ocorrido, de acordo com os elementos probatórios dos autos".[36]

Não há dúvida que elevar o nível de exigência probatória reduz a chance de se condenar um réu inocente, mas, por outro lado, aumenta a chance de se absolver um culpado.[37] Vale aqui lembrar a antiga (e ainda atual) lição de Calamandrei no sentido de que o processo civil vive o conflito entre o *far presto* e o *far bene.* Segundo o mestre

---

30. RAMOS, Vitor de Paula. *Ônus da prova no processo civil*: do ônus ao dever de provar. São Paulo: Ed. RT, 2015, p. 82.
31. PATTI, Salvatore. Le prove. *Trattato di Diritto Privato*, a cura di Giovanni Iudica e Paolo Zatti, parte generale, Milano: Giuffrè Editore, 2010, p. 230.
32. MARINONI, Luiz Guilherme. *Tutela de urgência e tutela da evidência*. 2. ed., rev., São Paulo: Thomson Reuters Brasil, 2018, p. 145.
33. PEIXOTO, Ravi. Standards *probatórios no direito processual brasileiro*. . São Paulo: JusPodivm, 2021, p. 295.
34. MARINONI, Luiz Guilherme; ARENHART, Sérgio Cruz. *Prova e convicção*: de acordo com o CPC de 2015. 4. ed., rev. atual. e ampl. São Paulo: Ed. RT, 2018, p. 358.
35. DOTTI, Rogéria Fagundes. *Tutela da evidência*: probabilidade, defesa frágil e o dever de antecipar a tempo. São Paulo: Thomson Reuters Brasil, 2020, p. 138 e ss.
36. PEIXOTO, Ravi. Standards *probatórios no direito processual brasileiro*. São Paulo: JusPodivm, 2021, p. 312.
37. FRIEDMAN, David D. *Law's order*: what economics has to do with law and why it matters. Princeton: Princeton University Press, 2000, p. 09.

ROGÉRIA FAGUNDES DOTTI

italiano, a opção deveria ser pelo *far presto*, deixando-se a preocupação entre o bem e o mal para o processo ordinário, ou seja, com cognição exauriente.[38]

A importância da tutela baseada em cognição sumária é justamente essa: prescindir da busca da certeza a fim de assegurar uma prestação jurisdicional mais célere e efetiva.

7. A CONDUTA DAS PARTES COMO PROVA ATÍPICA PARA AFERIR A PROBABILIDADE

A conduta das partes é outro elemento que pode servir para a avaliação da probabilidade. Ela possui relevância jurídica e está prevista como pressuposto para uma série de efeitos estabelecidos pela lei. Basta mencionar a revelia, a confissão ficta e a recusa em exibir documento ou coisa. Em todos eles, "a lei faz incidir efeitos probantes da conduta processual da parte ou, em termos mais gerais, de sujeitos do processo", incluindo-se aqui a conduta do representante legal (advogado).[39]

O sistema processual francês, de igual forma, exige que as partes colaborem com a instrução, autorizando o magistrado a aplicar efeitos jurídicos a partir da sua omissão ou recusa. É o que prevê o art. 11 do Code de Procédure Civile.[40] Ou seja, a conduta das partes pode gerar o efeito da presunção em relação ao fato que se queria demonstrar.

Mesmo sem previsão legal expressa, é possível que a conduta das partes gere presunções. É o que ocorre sempre que o réu se recusa à realização do exame de DNA, por exemplo. A jurisprudência dos tribunais se consolidou a tal ponto que o Superior Tribunal de Justiça editou a Súmula 301: "Em ação investigatória, a recusa do suposto pai a submeter-se ao exame de DNA induz a presunção juris tantum de paternidade".

Vale igualmente lembrar que no Brasil são admitidas as chamadas provas atípicas (CPC, art. 369),[41] isto é, aquelas não expressamente previstas em lei. Com efeito, como bem reconhece a doutrina, "parece certo que não é necessária previsão em lei para que o juiz seja autorizado a extrair argumentos de prova da conduta das partes e de terceiros que interferem na relação processual".[42]

---

38. "I provvedimenti cautelari rapresentano una conciliazione tra le due esigenze, spesso contrastante, della giustizia, quella della celerità e quella della ponderatezza: tra il far presto ma male, e il far bene ma tardi, i provvedimenti cautelari mirano innanzitutto a far presto, lasciando che il problema del bene e del male, cioè della giustizia intrínseca del provvediment, sia risolto sucessivamente colla necessaria ponderatezza nelle riposate forme del processo ordinário" (CALAMANDREI, Piero. *Introduzione allo studio sistemático dei provvedimenti cautelari*. Padova: Casa Editrice Dott. Antonio Milani, 1936, p. 20).

39. MARINONI, Luiz Guilherme; ARENHART, Sérgio Cruz. *Prova e convicção*. 6 ed., rev., atual. e ampl. São Paulo: Thomson Reuters Brasil, 2022, p. 414 e 415.

40. CPC Francês. Art. 11. Les parties sont tenues d'apporter leur concours aux mesures d'instruction sauf au juge à tirer toute conséquence d'une abstention ou d'un refus.

41. CPC. Art. 369. As partes têm o direito de empregar todos os meios legais, bem como os moralmente legítimos, ainda que não especificados neste Código, para provar a verdade dos fatos em que se funda o pedido ou a defesa e influir eficazmente na convicção do juiz.

42. MARINONI, Luiz Guilherme; ARENHART, Sérgio Cruz. *Prova e convicção*. 6 ed., rev., atual. e ampl. São Paulo: Thomson Reuters Brasil, 2022, p. 416 e 417.

A jurisprudência também vem evoluindo nesse sentido. É possível encontrar decisões que concedem a tutela provisória baseando-se primordialmente no comportamento das partes. Por exemplo, o Tribunal de Justiça do Rio Grande do Sul, aplicando a desconsideração inversa, autorizou o arresto de bens considerando o comportamento do Presidente de determinada empresa.[43] Com efeito, ele havia praticado outra fraude, a qual fora apurada em processo criminal relativo a outro ilícito, mas cujos fatos se assemelhavam muito aos ocorridos no processo de desconsideração. Sua conduta anterior, inclusive com a condenação criminal por fraude, foi considerada para o fim de se conceder a tutela provisória. Isso fica bastante claro no acórdão: "E os expedientes para a prática dos delitos, descritos na denúncia e esmiuçados na sentença, em alguns pontos se mostram muito próximos daqueles apontados no incidente de desconsideração e no agravo agora examinado. E tal aspecto não pode passar despercebido."[44]

Em outra situação, igualmente considerando a conduta das partes, foi concedida o arresto de bens de uma pessoa jurídica (desconsideração inversa) diante de alterações contratuais e da aquisição de patrimônio com o fito de torna-lo infenso às execuções promovidas contra o sócio majoritário.[45]

Tais julgados mostram que a conduta adotada pelo réu, antes ou durante a tramitação do incidente de desconsideração, pode constituir elemento de convicção do juízo para a concessão da tutela provisória.

8. QUANDO AS PROVAS INDICIÁRIAS SÃO SUFICIENTES PARA A PROBABILIDADE: A SOMA DE PRESUNÇÕES

A partir da adoção da teoria sueca (verossimilhança preponderante) e da própria dificuldade em se provar certos fatos, percebe-se que a conduta das partes e a existência de indícios, devidamente demonstrados por meio da prova indiciária, podem autorizar a concessão da tutela provisória na desconsideração.

Observe-se que um dos requisitos é o desvio de finalidade, ou seja, a utilização da pessoa jurídica para a prática de ilícitos ou para fraudar o interesse de credores. Tal pressuposto fático é de difícil comprovação. Muito raramente será possível comprovar que o intuito da criação de uma segunda empresa foi malicioso. Nesse sentido, "não é difícil imaginar situações em que o juiz não terá elementos capazes de representar nenhum dos fatos componentes do suporte fático que legitimaria a pretensão, mas apenas elementos que em torno dele gravitam, suficientes apenas para induzi-lo (ou por vezes o legislador) a convencer-se de que os fatos diretos (objeto da causa de pedir) efetivamente ocorreram".[46]

---

43. TJRS, AI 70080856750, 18ª Câmara Cível, Relator Heleno Tregnago Saraiva, j. 20.08.2019.
44. TJRS, AI 70080856750, 18ª Câmara Cível, Relator Heleno Tregnago Saraiva, j. 20.08.2019.
45. TJRS, AI 70084530039, 18ª Câmara Cível, Relator Helengo Tregnago Saraiva, j. 23.11.2020.
46. MARINONI, Luiz Guilherme; ARENHART, Sérgio Cruz. *Prova e convicção*. 6 ed., rev., .atual. e ampl. São Paulo: Thomson Reuters Brasil, 2022, p. 151.

Logo, em todas as hipóteses de dificuldade probatória, deve-se considerar a existência de indícios (e consequentemente de suas presunções) para se alcançar o convencimento judicial.

A valoração da prova indiciária foi bastante discutida no Supremo Tribunal Federal no julgamento da Ação Penal 470/MG, conhecida como "Mensalão", como destaca Antonio do Passo Cabral.[47] Nesta decisão, adotou-se a ideia de *função persuasiva* da prova, em oposição à ideia de que a prova deve ter sempre um aspecto *demonstrativo*.

Isso é de grande importância nas situações que envolvem ilícitos como fraudes, associações criminosas e delitos complexos, nas quais é praticamente inviável colher-se elementos de prova demonstrativa. Ou seja, nas situações típicas dos casos de desconsideração de personalidade jurídica.

Dificilmente será possível gravar uma reunião na qual se decida criar uma empresa apenas para a ocultação de patrimônio. Como muito bem destaca Cabral, a prova indiciária deve ser admitida, "até porque é raro que sejam assinados documentos que contenham os propósitos associativos, porque nem sempre se pode filmar ou gravar os envolvidos no ato de cometimento do delito, e também porque toda associação pressupõe acordos que normalmente são realizados a portas fechadas".[48]

A respeito dessa *função persuasiva* da prova, o Supremo Tribunal Federal "há décadas considera suficiente, inclusive para uma condenação criminal, um conjunto forte e sólido de indícios e circunstâncias comprovados, e que conduzam à conclusão segura de que o fato ocorreu".[49]

Adotando-se essa premissa, ou seja, a da suficiência da prova indiciária para a condenação (inclusive no processo penal), não há razões para discordar da possibilidade de sua utilização para a concessão da tutela provisória, no processo civil. Lembre-se que o processo penal sempre adotará, corretamente, a postura mais garantista em termos de prova. Com efeito, não há como aceitar a postura de parte da magistratura que exige prova documental do ilícito (prova demonstrativa) para a concessão da tutela provisória.

No cenário da desconsideração da personalidade jurídica – universo que se assemelha muito ao campo penal e ao direito administrativo sancionador – não se pode exigir prova demonstrativa do ilícito. Isso seria algo inviável e inadequado.

Por outro lado, nos incidentes de desconsideração, costumam surgir muitos indícios (fatos indiciários), isto é, aqueles fatos que não apontam diretamente para a confusão patrimonial ou para o desvio de finalidade, mas que demonstram fatos secundários que levam à conclusão de que houve o abuso da personalidade jurídica.

---

47. CABRAL, Antonio do Passo. Questões processuais no julgamento do Mensalão: valoração da prova indiciária e preclusão para o juiz de matérias de ordem pública. *Revista dos Tribunais*, v. 933, p. 131 e s., jul. 2013.

48. CABRAL, Antonio do Passo. Questões processuais no julgamento do Mensalão: valoração da prova indiciária e preclusão para o juiz de matérias de ordem pública. *Revista dos Tribunais*, v. 933, p. 131 e s. jul. 2013.

49. CABRAL, Antonio do Passo. Questões processuais no julgamento do Mensalão: valoração da prova indiciária e preclusão para o juiz de matérias de ordem pública. *Revista dos Tribunais*, v. 933, p. 131 e s., jul. 2013.

Considera-se assim que "o indício, ou fato indiciário, interessa aos contornos do raciocínio judicial, portanto, como instrumento destinado à investigação da hipótese fática incerta".[50]

Nesse sentido, sabe-se que a "prova indiciária não incide sobre fato da causa, mas sobre fato externo, que se liga a algum fato da causa por um raciocínio indutivo lógico. Por meio da prova indiciária são provados *fatos indiciários* (ou secundários), dos quais se pode *deduzir o fato direto*".[51]

Não é incomum, por exemplo, o abandono de uma empresa que possui muitas dívidas (dissolução irregular) e, logo em seguida, a criação de uma outra (com novo cnpj), mas com os mesmos sócios, mesma estrutura operacional e, por vezes, até o mesmo endereço. Todos esses fatos secundários constituem indícios de que há o objetivo malicioso do desvio de finalidade.

Considere-se ainda a situação de uma empresa devedora que encerrou suas atividades de forma irregular e cujos sócios criaram uma segunda empresa, com o mesmo objeto social em endereço distinto. Poder-se-ia argumentar que a prova desses dois indícios (encerramento irregular e identidade do quadro societário) não é suficiente para a desconsideração.

Agora, partindo desses mesmos elementos fáticos, imagine-se que os trabalhos de contabilidade de ambas as empresas são realizados pelo mesmo profissional e que o capital social da segunda empresa (em valor que não é pequeno – R$ 100.000,00) foi integralizado em espécie.

Todos esses fatos indiciários, quando somados, podem dar ensejo à concessão da tutela provisória e, mais tarde, à decisão definitiva de quebra da personalidade jurídica.

Sabe-se que a jurisprudência atual não admite o encerramento irregular como motivo, por si só, para a desconsideração da personalidade jurídica. Contudo, sempre que houver a soma de presunções de vários indícios, isso pode e deve ocorrer.

O importante para a análise judicial é considerar que todas essas provas sobre os fatos indiciários (provas indiciárias) vão gerar presunções que podem ser somadas para se alcançar o convencimento judicial.

A respeito dessa possibilidade de soma das presunções, esclarecem Marinoni e Arenhart que "quando uma presunção pode colaborar para demonstrar o fato direto, ela evidentemente pode ser somada a outra presunção para forma um juízo de procedência, embora seja necessário deixar claro que, para a elaboração desse juízo de procedência, não é imprescindível somar várias presunções". E prosseguem "uma única presunção,

---

50. CARPES, Arthur Thompsen. *Ônus da prova no novo CPC*: do estático ao dinâmico. MARINONI, Luiz Guilherme; ARENHART, Sergio Cruz e MITIDIERO, Daniel (Coord.). São Paulo: Ed. RT, 2017, p. 72.
51. MARINONI, Luiz Guilherme; ARENHART, Sergio Cruz. *Prova e convicção*. 6 ed., rev., atual. e ampl. São Paulo: Thomson Reuters Brasil, 2022, p. 122.

dependendo do caso concreto, pode ser suficiente para formar a convicção do juiz a respeito da procedência do pedido".[52]

Tais presunções nada mais são que o resultado do raciocínio judicial a partir de fatos que não dizem respeito diretamente ao objeto do pedido. Dessa forma, ao raciocinar a partir da demonstração dos indícios, o juiz acaba por criar várias presunções que, somadas, autorizam a concessão da tutela provisória. Trata-se da utilização da *função persuasiva* da prova.

9. O RISCO DE DANO INVERSO PELA NÃO CONCESSÃO DA TUTELA PROVISÓRIA

Em todas as hipóteses de desconsideração da personalidade jurídica, o indeferimento da tutela provisória tende a gerar um dano muito maior do que aquele decorrente de sua concessão.

O risco de dano inverso, com efeito, é muito significativo nos ambientes típicos de fraude, má-fé e ocultação de patrimônio. Neles, a concessão da tutela provisória pode ser o único caminho para evitar a frustração do direito do credor.

É notório que os devedores procuram ocultar patrimônio e dificultar a satisfação dos direitos de crédito. Essa é a realidade da grande maioria das execuções e cumprimentos de sentença. Logo, não há razões para supor que tais condutas maliciosas não vão ocorrer no incidente de desconsideração. Aliás, o inegável avanço trazido pelo CPC de 2015, ao assegurar o contraditório, gerou, por outro lado, o risco de dilapidação do patrimônio. Como é fácil perceber, "não mais subsistindo o 'elemento surpresa', não se pode ignorar o risco de o sócio (ou a pessoa jurídica, no caso de desconsideração inversa), sabedor da possibilidade de a desconsideração ser decretada, adotar providências com vistas a proteger ou esconder seu patrimônio dos atos de constrição".[53]

A propósito da tutela provisória, Cândido Rangel Dinamarco diz que o tempo é *fator de corrosão dos direitos* e destaca a ponderação que o juiz deve fazer na análise das repercussões da medida que pode ser concedida. Assim, ao *juízo do mal maior* deve se associar o *juízo do direito mais forte*.[54] A propósito dessa mesma ponderação, Andrea Proto Pisani afirma que o juiz deve avaliar comparativamente o dano que sofrerá o autor pela ausência da medida, com aquele que atingirá o réu pela sua concessão.[55]

---

52. MARINONI, Luiz Guilherme; ARENHART, Sergio Cruz. *Prova e convicção*: de acordo com o CPC de 2015. 4. ed., rev. atual. e ampl. São Paulo: Ed. RT, 2018, p. 156.

53. FERNANDES, Luis Eduardo Simardi; CAIRO, Isabella da Rocha. A desconsideração da personalidade jurídica e o termo inicial da fraude à execução. In: ASSIS, Araken de; BRUSCHI, Gilberto Gomes (Coord.). *Processo de execução e cumprimento de sentença*: temas atuais e controvertidos. São Paulo: Thomson Reuters Brasil, 2021, v. 2, p. 509.

54. DINAMARCO, Cândido. O regime jurídico das medidas urgentes. *Revista Forense*, v. 356, ano 97, p. 35, jul.-ago. 2001.

55. "In secondo luogo, ove sia richiesta una misura cautelare atípica ovvero una misura cautelare in cui il legislatore non prescinda del tutto dal requisito del *periculum*, il giudice deve valutare comparativamente il danno che subirebbe l'instante dalla mancata concessione del provvedimento cautelare el il danno che subirebbe la

Sempre que, nessa comparação, ficar claro que o prejuízo do indeferimento pode ser maior, a tutela provisória deve ser concedida. Trata-se, na verdade, da aplicação da garantia constitucional do acesso (adequado) à jurisdição. A propósito, "nesse caso, o princípio da efetividade (art.5º, inciso XXXV da CF) deve prevalecer, ainda que pontualmente, sobre o princípio do contraditório (art. 5º, inciso LV, CF), ambos corolários do devido processo legal (CF, art. 5º, inciso LIV)".[56]

Observe-se que, antes mesmo das inovações trazidas pelo Código de 2015, André Pagani de Souza já sustentava que, em face da urgência, deveria o juiz "evitar que um abuso de personalidade jurídica encoberte uma fraude que seja capaz de frustrar a efetividade da tutela jurisdicional".[57]

Não se está a negar que a liminar "inaudita altera parte" de indisponibilidade de bens pode, sem dúvida, gerar dano ao sócio que, mais tarde comprove que sua empresa nunca agiu em desvio de finalidade. Mas o inverso é ainda pior. Tal liminar, se indeferida, causará um dano certo ao credor que, tempos depois, se depare com o desaparecimento do patrimônio do sócio da empresa que agia com abuso.

Em tais situações e, parafraseando Dinamarco, ao "juízo do mal maior" deve se associar a presunção decorrente da soma de fatos indiciários. Assim, evita-se a frustração do incidente de desconsideração até que seja possível comprovar qual das partes tem o "direito mais forte".[58]

10. CONCLUSÕES

Partindo da premissa de que toda escolha gera riscos, o texto inicia com a ideia de que na desconsideração da personalidade jurídica, o deferimento ou indeferimento da tutela provisória conduz a caminhos diversos até a decisão final do incidente. E que o erro na opção por um deles pode gerar a frustração do próprio direito material que a desconsideração visa proteger.

Justamente por isso, quando o pedido de desconsideração tiver por base o art. 50 do Código Civil,[59] a análise do cabimento da tutela provisória deve considerar uma menor exigência na demonstração da probabilidade. Nessa situação, o bloqueio imediato de bens ou de ativos financeiros tende a se mostrar a opção mais adequada, justamente em virtude do cenário que, desde logo, aponta para o ilícito.

---

contraparte della sua concessione: e conseguentemente concederei il provvedimento solo quando il pregiudizio dell'instante sai qualitativamente o quantitativamente maggiore del danno súbito dlla controparte". (PROTO PISANI, Andrea. Appunti sulla tutela cautelare nel processo civile. *Rivista di Diritto Civile*. Padova: Cedam, 1987, p. 133).

56. MEDEIROS NETO, Elias Marques de; SOUZA, André Pagani de. Incidente de desconsideração da personalidade jurídica. In: ASSIS, Araken de; BRUSCHI, Gilberto Gomes (Coord.). *Processo de execução e cumprimento de sentença*: temas atuais e controvertidos. São Paulo: Thomson Reuters Brasil, 2021, p. 595.

57. SOUZA, André Pagani de. *Desconsideração da personalidade jurídica*: aspectos processuais. 2. ed. São Paulo: Saraiva, 2011, p. 143 e 144.

58. DINAMARCO, Cândido. O regime jurídico das medidas urgentes. *Revista Forense*, v. 356, ano 97, p. 35, jul.-ago. 2001.

59. Dispositivo que se refere ao desvio de finalidade ou confusão patrimonial.

Para tanto, admite-se que, nas hipóteses de dificuldade probatória, deve-se considerar a existência de indícios e consequentemente de suas presunções (inclusive somadas) para se alcançar o convencimento judicial.

Sabe-se que o grau de convicção do magistrado pode variar na aferição da probabilidade, alterando-se caso a caso, dependendo das exigências do direito material, objeto da tutela definitiva. Torna-se então necessário avaliar o contexto em que os fatos (diretos ou indiciários) supostamente ocorreram e a natural má-fé que envolve os diversos ambientes da desconsideração (societários, comerciais, industriais e familiares).

Como nosso sistema adota a teoria sueca (verossimilhança preponderante) e ainda considerando-se a dificuldade em se provar certos fatos ilícitos, percebe-se que a conduta das partes e a existência de indícios, devidamente demonstrados por meio da prova indiciária, podem autorizar a concessão da tutela provisória.

Ainda que a jurisprudência atual não considere o encerramento irregular de empresa como motivo suficiente para a tutela provisória na desconsideração, sempre que a ela forem somadas presunções de indícios de desvio de finalidade ou de confusão patrimonial, poderá haver base para a concessão. Afinal, em todas as hipóteses de desconsideração da personalidade jurídica, o indeferimento da tutela provisória tende a gerar um dano muito maior (dano inverso) do que aquele decorrente de sua concessão.

Na desconsideração, assim como no poema que faz a abertura desse texto, haverá sempre duas estradas. O que se quer evitar é o erro na opção por uma delas.

11. REFERÊNCIAS

CABRAL, Antonio do Passo. Questões processuais no julgamento do Mensalão: valoração da prova indiciária e preclusão para o juiz de matérias de ordem pública. *Revista dos Tribunais*, v. 933, jul. 2013.

CALAMANDREI, Piero. Verità e verosimiglianza nel processo civile. *Rivista di Diritto Processuale*, v. X, Parte I, Padova: Cedam – Casa Editrice Dott.Antonio Milani, Anno 1955.

CALAMANDREI, Piero. *Introduzione allo studio sistemático dei provvedimenti cautelari*. Padova: Casa Editrice Dott. Antonio Milani, 1936.

CALAMANDREI, Piero. *Studi sul processo civile,* volume sesto, Padova: Cedam Casa Editrice Dott. Antonio Milani, 1957.

CARPES, Arthur Thompsen. *Ônus da prova no novo CPC*: do estático ao dinâmico. MARINONI Luiz Guilherme; ARENHART, Sergio Cruz; e MITIDIERO, Daniel. São Paulo: Ed. RT, 2017.

COSTA, Eduardo José da Fonseca. *O direito vivo das liminares*. São Paulo: Saraiva, 2011.

COSTA, Eduardo José da Fonseca. Tutela de evidência no projeto do novo CPC – uma análise dos seus pressupostos. In: ROSSI, Fernando et al (Coord.). *O futuro do processo civil no Brasil*: uma análise crítica ao projeto do novo CPC. Belo Horizonte: Fórum, 2011.

DINAMARCO, Cândido. O regime jurídico das medidas urgentes. *Revista Forense*, v. 356, ano 97, jul.-ago. 2001.

DOTTI, Rogéria Fagundes. *Tutela da evidência*: probabilidade, defesa frágil e o dever de antecipar a tempo. São Paulo: Thomson Reuters Brasil, 2020.

FERNANDES, Luis Eduardo Simardi; CAIRO, Isabella da Rocha. A desconsideração da personalidade jurídica e o termo inicial da fraude à execução. In: ASSIS, Araken de; BRUSCHI, Gilberto Gomes (Coord.). *Processo de execução e cumprimento de sentença*: temas atuais e controvertidos. São Paulo: Thomson Reuters Brasil, 2021. v. 2.

FERRER-BELTRÁN, Jordi. Prova *sem convicção – Standard* de prova e devido processo. Trad. Vitor de Paula Ramos. São Paulo: JusPodivm, 2022.

FLACH, Daisson. *A verossimilhança no processo civil e sua aplicação prática*. São Paulo: Ed. RT, 2009.

FRIEDMAN, David D. *Law's order*: what economics has to do with law and why it matters. Princeton: Princeton University Press, 2000.

FROST, Robert. *The Road not Taken and Other Poems*. London: Penguin Books Editions, 2015.

https://www.migalhas.com.br/quentes/378364/ibdp-pl-da-desconsideracao-da-personalidade-juridica--deve-ser-vetado. Acesso em: 14 jan. 2023.

JAMES JR; Fleming; HAZARD JR, Geoffrey; LEUBSDORF, John. Civil *Procedure*. fifth edition. New York: New York Foundation Press, 2001.

MARINONI, Luiz Guilherme; ARENHART, Sérgio Cruz. *Prova e convicção*. 6. ed., rev. atual. e ampl. São Paulo: Thomson Reuters Brasil, 2022.

MARINONI, Luiz Guilherme; ARENHART, Sérgio Cruz. *Prova e convicção*: de acordo com o CPC de 2015. 4. ed., rev. atual. e ampl. São Paulo: Ed. RT, 2018.

MARINONI, Luiz Guilherme. *Tutela de urgência e tutela da evidência*. 2. ed. rev. São Paulo: Thomson Reuters Brasil, 2018, p. 145.

MEDEIROS NETO, Elias Marques de; SOUZA, André Pagani de. Incidente de desconsideração da personalidade jurídica. In: ASSIS, Araken de; BRUSCHI, Gilberto Gomes (Coord.). *Processo de execução e cumprimento de sentença*: temas atuais e controvertidos: São Paulo: Thomson Reuters Brasil, 2021. v. 2.

MITIDIERO, Daniel. *Antecipação da tutela*. 3. ed., rev. atual. e ampl. São Paulo: Ed. RT, 2017.

OSNA, Gustavo. Desconsideração da personalidade jurídica e garantias fundamentais do processo: ônus da prova e ônus da argumentação. *Revista de Processo*, v. 305, jul. 2020.

PATTI, Salvatore. Le prove. *Trattato di Diritto Privato*, a cura di Giovanni Iudica e Paolo Zatti, parte generale. Milano: Giuffrè Editore, 2010.

PEIXOTO, Ravi. Standards *probatórios no direito processual brasileiro*. São Paulo: JusPodivm, 2021.

PROTO PISANI, Andrea. Appunti sulla tutela cautelare nel processo civile. *Rivista di Diritto Civile*. Padova: Cedam, 1987.

RAMOS, Vitor de Paula. *Ônus da prova no processo civil*: do ônus ao dever de provar. São Paulo: Ed. RT, 2015.

SOUZA, André Pagani de. *Desconsideração da personalidade jurídica*: aspectos processuais. 2. ed. São Paulo: Saraiva, 2011.

TARUFFO, Michele. *A prova*. Trad. João Gabriel Couto. São Paulo: Marcial Pons, 2014.

TARUFFO, Michele. *Uma simples verdade*: o juiz e a construção dos fatos. Trad. Vitor de Paula Ramos. São Paulo: Marcial Pons, 2016.

I.5 – Provas

ASPECTOS PROBATÓRIOS DO INCIDENTE DE DESCONSIDERAÇÃO DA PERSONALIDADE JURÍDICA

Carlos Frederico Bastos Pereira

Doutor em Direito Processual pela Universidade de São Paulo (USP). Mestre em Direito Processual pela Universidade Federal do Espírito Santo (UFES). Professor na Faculdade de Direito de Vitória (FDV). Membro do Instituto Brasileiro de Direito Processual (IBDP). Advogado.

Sumário: 1. Introdução – 2. O que se prova (ônus de alegação e fixação do *thema probandum*) – 3. Quem prova (ônus probatório e possibilidade de dinamização) – 4. Como se prova (a questão dos indícios e dos meios de prova) – 5. Quando está provado (*standard* probatório e fundamentação das presunções); 5.1 *Standard* da prova clara e convincente; 5.2 Fundamentação com base em provas indiciárias – 6. Conclusões – 7. Referências.

1. INTRODUÇÃO

O incidente de desconsideração da personalidade jurídica é modalidade de intervenção de terceiro prevista nos arts. 133 a 137 do CPC para direcionar a responsabilidade patrimonial ao sócio de determinada empresa mediante um procedimento que lhe garanta o contraditório e a ampla defesa. Disso decorre, se for o caso, a possibilidade de abertura de instrução probatória para que tanto a parte que requereu a desconsideração, quanto o sócio que está se defendendo, possam produzir as provas necessárias à demonstração de suas alegações.

Ocorre que a doutrina processual examina pouco ou quase nada as questões probatórias do incidente de desconsideração da personalidade jurídica. Quando o faz, menciona apenas o ônus da prova, ignorando outros aspectos importantíssimos, como, por exemplo, a importância da fixação do *thema probandum*, os meios de prova cabíveis para a demonstração da fraude, a possibilidade ou não de utilização de prova indiciária, o *standard* de prova exigido para corroboração das hipóteses fáticas e os cuidados na fundamentação das decisões judiciais com base em presunções. Sem critérios objetivos e confiáveis propostos pela doutrina, a jurisprudência, sobretudo a do STJ, acaba produzindo decisões claudicantes em matéria probatória no julgamento de questões relacionadas ao incidente.

O objetivo do presente artigo é justamente suprir essa lacuna para promover uma sistematização dos aspectos probatórios que surgem por ocasião da instauração do incidente de desconsideração da personalidade jurídica.

2. O QUE SE PROVA (ÔNUS DE ALEGAÇÃO E FIXAÇÃO DO *THEMA PROBANDUM*)

A previsão do incidente no Código de Processo Civil pretende *processualizar* a desconsideração da personalidade jurídica, garantindo ao sócio, na condição de terceiro que poderá ser chamado à responsabilidade patrimonial, que a sua inclusão no processo seja feita com respeito às garantias processuais fundamentais.[1]

Assim, o direito fundamental ao contraditório surge como pilar fundamental para a desconsideração, desdobrando-se em diferentes posições jurídicas, dentre elas a do *direito à prova*. Se a quem alega tem que ser garantido o direito de provar o que foi afirmado em juízo, a quem rebate essas alegações também tem que ser assegurado o mesmo direito, de modo que ambos possam ter o direito de influenciar a decisão judicial que será proferida. Esse raciocínio é a pedra angular que norteia o desenvolvimento do incidente de desconsideração da personalidade jurídica, marcado pelo respeito ao contraditório.

Ocorre que, para compreender os aspectos probatórios que envolvem a desconsideração da personalidade jurídica, é preciso, primeiramente, analisar a efetiva *necessidade* de produção de provas para o julgamento do incidente. Para isso, é absolutamente fundamental perceber, primeiro, que o incidente possui *cognição limitada* e *exauriente*,[2] e que, segundo, a parte responsável por instaurá-lo tem o *ônus de alegação* da fraude cometida pelos sócios da empresa quando formula o seu requerimento.[3] Não se ignora, aqui, a viva discussão sobre os limites da cognição no incidente, notadamente a possibilidade de o terceiro impugnar somente o preenchimento dos requisitos que autorizam a desconsideração da pessoa jurídica (ou seja, a *responsabilidade*) ou também alegar matérias de

---

1. É interessante notar que a desconsideração da personalidade jurídica já passou por cinco fases, conforme diagnostico de LEONARDO, Rodrigo Xavier; RODRIGUES JR., Otavio Luiz. A desconsideração da pessoa jurídica: alteração do art. 50 do Código Civil: art. 7º. *Comentários à Lei da Liberdade Econômica*: Lei 13.874/2019. São Paulo: Ed. RT, 2019, p. 271-292: (i) a construção da tese doutrinária; (ii) a incorporação da tese doutrinária pela jurisprudência dos tribunais; (iii) a positivação no direito legislado; (iv) a imposição de limites por parte da doutrina, da jurisprudência e do próprio direito legislador; (v) a promulgação da Lei 13.874/2019, conhecida como Lei de Liberdade Econômica. Neste sentido, a previsão do incidente no CPC pode ser inserida dentro da *quarta fase* porque não deixa de ser uma forma de impor limites (processuais, no caso) à desconsideração da personalidade jurídica.

2. A cognição judicial, de um lado, pode ser limitada ou plena (plano horizontal), e, de outro, pode ser sumária ou exauriente (plano vertical), cfr. WATANABE, Kazuo. *Cognição no processo civil*. 4. ed. São Paulo: Saraiva, 2012, p. 118-131. Deste modo, "há um objeto cognitivo específico, limitado horizontalmente, e ilimitado verticalmente", de modo que "o debate no incidente versará apenas sobre o contraditório acerca dos pressupostos de cabimento da desconsideração e do pedido de desconsideração formulado" (RODRIGUES, Marcelo Abelha. Observações sobre o incidente de desconsideração da personalidade jurídica. *Revista Magister de Direito Civil e Processual Civil*, v. 17, n. 102, p. 7-31, maio/jun. 2021, esp. 10).

3. Afinal, "o ônus de afirmar antecede o de *provar*, uma vez que o objeto do conhecimento do juiz é composto pela afirmação das partes, e sem que haja estas não haveria sequer o que provar" (DINAMARCO, Cândido Rangel. *Instituições de direito processual civil*. 7. ed. São Paulo: Malheiros, 2017, v. II, p. 296).

ASPECTOS PROBATÓRIOS DO INCIDENTE DE DESCONSIDERAÇÃO DA PERSONALIDADE JURÍDICA | **357**

defesa relacionadas à própria higidez da dívida (ou seja, o *débito*).[4] Entretanto, é inegável que a discussão principal no incidente, a qual será o foco do presente trabalho, gira em torno da *alegação de fraude* por parte dos sócios da pessoa jurídica.

Essa questão relativa ao ônus de alegação surge como consectário natural da natureza de *demanda* que ostenta o incidente, posição que decorre do exercício do direito de ação. Para que a intervenção coata de terceiro se concretize e a responsabilidade patrimonial atinja o sócio liberando contra ele os meios executivos, é preciso que a parte interessada formule um requerimento que, nos termos do art. 134, § 4º, do CPC, "deve demonstrar o preenchimento dos pressupostos legais específicos para desconsideração da personalidade jurídica".

A interpretação correta desse dispositivo é aquela que exige da parte interessada que articule de forma argumentativa as razões de fato que ensejam a desconsideração com os requisitos de direito material previstos na legislação regente (p. ex. do art. 50, CC, para a *teoria maior*; e do art. 28, CDC, para a *teoria menor*).[5] Trata-se, em outras palavras, de expor a própria causa de pedir do incidente, tal qual exigido pelo art. 319, inc. III, do CPC.[6] Sugerir que o dispositivo exige a demonstração do abuso da personalidade jurídica por meio de *prova pré-constituída* logo no momento de requerimento, além de antecipar a fase instrutória indevidamente, contrariando o que dispõe expressamente o *caput* do art. 136, ignora que nem sempre será necessária a produção de provas.[7] A *demonstração dos pressupostos legais* a que se refere o texto do art. 134, § 4º, do CPC, diz respeito à afirmação do nexo lógico entre os fatos narrados e o direito que se *afirma* ter.[8] Essa é a hermenêutica adequada do dispositivo.

No entanto, não basta que a parte simplesmente alegue a ocorrência de fraude desacompanhada da indicação *precisa* e *concreta* de condutas que denotam o abuso da personalidade jurídica. Se o *fato constitutivo* do direito à desconsideração da persona-

---

4. Para um inventário da discussão, sugere-se a leitura de SIQUEIRA, Thiago Ferreira. *A responsabilidade patrimonial no novo sistema processual civil*. São Paulo: Ed. RT, 2016, p. 193-214.

5. GRECO, Leonardo. *Instituições de processo civil*: introdução ao direito processual civil. Rio de Janeiro: Forense, 2015, v. I, p. 504; ASSIS, Araken de. *Manual da execução*. 18. ed. São Paulo: Ed. RT, 2016, p. 308-309; SIQUEIRA, Thiago Ferreira. *A responsabilidade patrimonial no novo sistema processual civil*, p. 237.

6. Neste sentido, cfr. SIQUEIRA, Thiago Ferreira. A responsabilidade patrimonial no novo sistema processual civil, p. 237; BEDAQUE, José Roberto dos Santos. Comentários ao art. 135. *Comentários ao Código de Processo Civil: da intervenção de terceiros até da defensoria pública* (arts. 119 a 187). São Paulo: Saraiva jur, 2019, v. III, p. 129.

7. Sem razão, portanto, a exigência de juntada de prova pré-constituída no pedido de instauração do incidente, como defende, por exemplo, CÂMARA, Alexandre. Comentários ao art. 134. *Breves Comentários ao Código de Processo Civil*. São Paulo: Ed. RT, 2015, p. 431-432. Criticando o ponto – a nosso ver, corretamente –, cfr. SIQUEIRA, Thiago Ferreira. *A responsabilidade patrimonial no novo sistema processual civil*, p. 236; GANACIN, João Cánovas Bottazzo. *Desconsideração da personalidade jurídica no processo civil*. São Paulo: Ed. RT, 2020, p. 113; ROCHA, Henrique de Moraes Fleury da. *Desconsideração da personalidade jurídica*. Salvador: JusPodivm, 2022, p. 17; RIBAS, Rodrigo Cunha. *Incidente de desconsideração da personalidade jurídica*. 3. ed. Curitiba: Juruá, 2022, p. 86.

8. Por isso é que além do ônus de "*afirma*[r] a ocorrência de fatos que, segundo as normas de direito substancial, conduzem ao resultado jurídico permitido", é "também ônus do autor demonstrar, *afirmando-o*, o nexo lógico existente entre os fatos narrados e o direito que se *afirma* ter" (DINAMARCO, Cândido Rangel. *Instituições de direito processual civil*, v. II, p. 295).

lidade jurídica é a fraude,[9] quem a requer deve indicar de forma *concreta* e *específica* as eventuais condutas praticadas por parte do sócio que pretende a responsabilidade patrimonial atingir, denotando uso abusivo e iníquo da personalidade jurídica.[10]

Não poderão ser feitas alegações *genéricas*, valendo-se meramente de chavões retóricos e de situações abstratas, como, por exemplo, dizer que a desconsideração da personalidade jurídica deve ocorrer para prestigiar a efetividade da execução ou por causa da simples não localização ou inexistência de bens da empresa a serem executados.[11] Mais do que um simples ônus de alegação, a parte requerente tem um verdadeiro *ônus de argumentação* que impõe a ela essa demonstração concreta dos fatos que podem dar origem à desconsideração.[12]

Por exemplo, no caso da chamada *teoria maior*, lastreada no art. 50 do CC, o que justifica a intervenção coata de terceiro no processo é o abuso da personalidade jurídica que, por sua vez, é "caracterizado pelo desvio de finalidade ou pela confusão patrimonial". O requerimento formulado tem que indicar, portanto, quais foram as condutas praticadas pelo sócio (terceiro) que poderão ser consideradas confusão patrimonial e/ou desvio de finalidade, portanto, que são aptas a indicar o mau uso da pessoa jurídica.

Essas condutas indicadas na petição que requer a instauração do incidente serão submetidas ao contraditório do sócio que, ao exercê-lo, tem o ônus de impugnar de forma especificada os fatos alegados, na forma do art. 341, *caput*, do CPC.[13] Ele poderá silenciar sobre essas condutas, negá-las ou, ainda, poderá rebatê-las alegando fatos que infirmam a pretensão da desconsideração. Também poderá confessá-las, é claro. Na primeira hipótese, não haverá necessidade de produção de prova sobre esses fatos

---

9. É como a desconsideração da personalidade jurídica foi teorizada no direito brasileiro, cfr., por todos, REQUIÃO, Rubens. Abuso de direito e fraude através da personalidade jurídica (*disregard doctrine*). *Revista dos Tribunais*, v. 58, n. 410, p. 12-24, dez. 1969; COELHO, Fabio Ulhoa. *Desconsideração da personalidade jurídica*. São Paulo: Ed. RT, 1989.

10. No entanto, é importante não confundir a desconsideração da personalidade jurídica com a fraude contra credores ou com a fraude à execução, como bem observado por YARSHELL, Flávio Luiz. O incidente de desconsideração da personalidade jurídica no CPC 2015: aplicação a outras formas de extensão da responsabilidade patrimonial. In: YARSHELL, Flavio Luiz; PEREIRA, Guilherme Setoguti J. (Coord.). *Processo societário*. São Paulo: Quartier Latin, 2015, v. II, p. 213-224, esp. p. 215-216.

11. Ressaltando o ponto, cfr. DIDIER JR., Fredie. *Curso de direito processual* civil: introdução ao direito processual civil, parte geral e processo de conhecimento. 18. ed. Salvador: JusPodivm, 2016, v. 1, p. 527.

12. A questão é bem desenvolvida por OSNA, Gustavo. Desconsideração da personalidade jurídica e garantias fundamentais do processo: ônus da prova e ônus da argumentação. *Revista de Processo*, v. 45, n. 305, p. 331-353, jul. 2020, para quem, referindo-se à teoria maior, "é necessário que o desvio de finalidade ou a confusão patrimonial, responsáveis por caracterizar o eventual abuso, sejam claramente descritos e indicados no requerimento de perfuração" e que "na petição inicial do incidente indique-se a conduta específica que justifica a ineficácia, expondo com contundência sua caracterização. Somente assim o ônus argumentativo ligado a esse ponto terá sido devidamente exercido".

13. Embora defendendo um suposto *dever* de impugnação especificada dos fatos, com o qual não concordamos, Eduardo Aubert descreve de forma precisa o seu *objeto* ao afirmar que a impugnação especificada "incide sobre todas as proposições simples enunciadas pelo autor, desde que cada proposição seja necessária para preencher uma figura de fato normativa (um fato jurídico previsto no ordenamento) e desde que, em seu conjunto, essas proposições sejam suficientes para preenchê-la (caso contrário, a própria petição é inepta)" (AUBERT, Eduardo Henrik. *A impugnação especificada dos fatos no processo civil*: retórica, história e dogmática. São Paulo: Ed. RT, 2020, p. 206-218.

ASPECTOS PROBATÓRIOS DO INCIDENTE DE DESCONSIDERAÇÃO DA PERSONALIDADE JURÍDICA | **359**

alegados no requerimento diante do silêncio do sócio, presumindo-se verdadeira – em caráter relativo, é verdade – a ocorrência de fraude, salvo, é claro, se ocorridas algumas das hipóteses previstas nos incisos do art. 341 do CPC. Na segunda e terceira hipótese, como as alegações do requerente sobre os fatos que ensejam a desconsideração foram *controvertidas*, haverá a necessidade de produção de prova,[14] salvo se já houver sido juntado ao requerimento inicial prova pré-constituída que autorize o julgamento antecipado (art. 355, inc. I, do CPC).

Portanto, são apenas as alegações de fato controvertidas entre as partes que integrarão o *thema probandum* do incidente de desconsideração da personalidade jurídica, ou seja, que serão objeto de prova.

3. QUEM PROVA (ÔNUS PROBATÓRIO E POSSIBILIDADE DE DINAMIZAÇÃO)

Se a controvérsia entre as partes sobre uma alegação de fato é o elemento que gera a dúvida em torno da sua ocorrência ou inocorrência, o papel da prova é justamente o de eliminar essa dúvida para formar o convencimento do juiz e confirmar se a hipótese fática aventada no processo é verdadeira ou falsa. Por isso, uma vez fixada a necessidade de produzir provas para eliminar a dúvida em torno de alegações fáticas feitas pelas partes, é imperioso que elas, as partes, saibam de forma clara sobre quem recai o encargo de provar.

A fraude que justifica a desconsideração da personalidade jurídica não se presume,[15] tem que necessariamente ser comprovada no processo. Sendo assim, o ônus de provar a fraude e o abuso da personalidade jurídica pelos sócios é de quem os alega, ou seja, do credor, afinal, essas são os *fatos constitutivos* do direito à desconsideração pleiteada no incidente.[16] Segue-se, assim, a regra geral de distribuição do ônus da prova segundo o

---

14. Com o mesmo raciocínio, cfr. ASSIS, Araken de. *Manual da execução*, p. 309; SIQUEIRA, Thiago Ferreira. *A responsabilidade patrimonial no novo sistema processual civil*, p. 238; BEDAQUE, José Roberto dos Santos. Comentários ao art. 135. *Comentários ao Código de Processo Civil*, v. III, p. 137.

15. Isso porque "a desconsideração da personalidade jurídica é expediente que se justifica essencialmente pelo combate à conduta fraudulenta e abusiva", de modo que "é justamente essa mesma circunstância que imprime ao instituto um caráter excepcional: embora a patologia justifique o emprego do remédio, a patologia ainda tem caráter de exceção e não se presume" (GRINOVER, Ada Pellegrini. Da desconsideração da pessoa jurídica: aspectos de direito material e processual. *Revista Forense*, v. 100, n. 371, p. 3-15, jan.-fev. 2004). Igualmente, pela impossibilidade de presunção da fraude, cfr. BEDAQUE, José Roberto dos Santos. Comentários ao art. 135. *Comentários ao Código de Processo Civil*, v. III, p. 129; BIANQUI, Pedro Henrique Torres. *Desconsideração da personalidade jurídica no processo civil*. São Paulo: Saraiva, 2011, p. 149-150.

16. Trata-se de posição praticamente pacífica na doutrina brasileira antes mesmo da entrada em vigor do atual CPC, quando ainda não existia o incidente respectivo (cfr., por exemplo, DINAMARCO, Cândido Rangel. Desconsideração da personalidade jurídica, fraude, ônus da prova e contraditório. In: *Fundamentos do processo civil moderno*. 4. ed. São Paulo: Malheiros, 2001, t. II, p. 1180-1202, esp. 1187; BRUSCHI, Gilberto Gomes. *Aspectos processuais da desconsideração da personalidade jurídica*. 2. ed. São Paulo: Saraiva, 2009, p. 89; BIANQUI, Pedro Henrique Torres. *Desconsideração da personalidade jurídica no processo civil*, p. 149-150) e que permaneceu depois da vigência do atual CPC com a previsão do incidente como modalidade de intervenção de terceiro (cfr., por exemplo, SOUZA, Gelson Amaro de. Desconsideração da personalidade jurídica no CPC-2015. *Revista de Processo*, v. 41, n. 255, p. 91-113, maio 2016; BEDAQUE, José Roberto dos Santos. Comentários ao art. 135.

interesse, de acordo com o que dispõe o art. 373, inc. I, do CPC.[17] Isso ocorre, sobretudo, porque é o credor que instaura o incidente e que deve alegar o uso fraudulento da pessoa jurídica. E quem alega, tem que provar, já que "as peças do jogo são manejadas depositando-se esse fardo sobre aquele que quer trazer o terceiro à disputa".[18]

Ao mesmo tempo, também deve ser levado em consideração que o encargo de provar atribuído legalmente ao credor pela regra acima mencionada pode se mostrar *excessivamente difícil* ou até mesmo *impossível* em muitas situações que envolvem a demonstração da fraude cometida por sócios de pessoas jurídicas. É evidente que os sujeitos mais próximos das fontes de provas nessas situações de fraudes empresariais são os próprios sócios e administradores que integram os quadros sociais das empresas, já que os documentos de organização interna da sociedade empresarial, bem como os dados contábeis e financeiros, são de difícil acesso, quando não inacessíveis, ao credor, geralmente um sujeito estranho à empresa.

Em razão desse cenário, é possível que as peculiaridades da causa demonstrem a necessidade de redistribuição do encargo probatório diante da impossibilidade ou da excessiva dificuldade do credor em cumpri-lo. Como os sócios, na grande maioria das vezes, terão condições mais favoráveis de provar o fato contrário à pretensão do incidente, o juiz poderá, por decisão fundamentada, dinamizar o ônus da prova, na forma do art. 373, § 1º, do CPC.[19]

É preciso observar, no entanto, que a dinamização do ônus da prova não pode significar a imposição aos sócios de produzir *provas diabólicas* em sentido reverso, como, por exemplo, a prova de fatos negativos.[20] Se o credor que instaurou o incidente

---

Comentários ao Código de Processo Civil, v. III, p. 129; GANACIN, João Cánovas Bottazzo. *Desconsideração da personalidade jurídica no processo civil*, p. 114; CHAMBERLAIN, Hector Cavalcanti. *O incidente processual de desconsideração da personalidade jurídica*: atualização da *disregard doctrine* na perspectiva da responsabilidade patrimonial e reflexos no processo civil brasileiro. Londrina: Thoth, 2021, p. 188; ROCHA, Henrique de Moraes Fleury da. *Desconsideração da personalidade jurídica*, p. 170).

17. Conforma a síntese de Cândido Rangel Dinamarco, "diante da questão referente à desconsideração da personalidade jurídica, a eventual fraude cometida pelo devedor (ou por sócios da sociedade devedora) *é fato constitutivo*: fato constitutivo do direito da credora a satisfazer-se, excepcionalmente, à custa do patrimônio do sócio" (DINAMARCO, Cândido Rangel. Desconsideração da personalidade jurídica, fraude, ônus da prova e contraditório. *Fundamentos do processo civil moderno*, p. 1186-1187).

18. Na arguta percepção de OSNA, Gustavo. Desconsideração da personalidade jurídica e garantias fundamentais do processo: ônus da prova e ônus da argumentação. *Revista de Processo*, v. 45, n. 305, p. 331-353, jul. 2020.

19. Essa possibilidade é admitida pela grande maioria da doutrina, cfr., por exemplo, SCALZILLI, João Pedro de Souza. *Confusão patrimonial nas sociedades isoladas e nos grupos societários: caracterização, constatação e tutela dos credores*. 2014. Tese (Doutorado em Direito Comercial) – Faculdade de Direito, Universidade de São Paulo, São Paulo, 2014, p. 102; BIANQUI, Pedro Henrique Torres. *Desconsideração da personalidade jurídica no processo civil*, p. 151-15; CHAMBERLAIN, Hector Cavalcanti. *O incidente processual de desconsideração da personalidade jurídica*, p. 188; OSNA, Gustavo. Desconsideração da personalidade jurídica e garantias fundamentais do processo: ônus da prova e ônus da argumentação. *Revista de Processo*, v. 45, n. 305, p. 331-353, jul. 2020; ROCHA, Henrique de Moraes Fleury da. *Desconsideração da personalidade jurídica*, p. 171.

20. Muitos alertas foram feitos pela doutrina sobre os riscos do mau uso da dinamização do ônus da prova, valendo conferir em KNIJNIK, Danilo. As (perigosíssimas) doutrinas do "ônus dinâmico da prova" e da "situação de senso comum" como instrumentos para assegurar o acesso à justiça e superar a *probatio diabolica*. *Processo e Constituição: 75 anos – Estudos em homenagem ao professor José Carlos Barbosa Moreira*. São Paulo: Ed. RT, 2006, p. 942-951. A técnica da dinamização do ônus da prova também é criticada sob a perspectiva da falta de

está alegando confusão patrimonial, aos sócios não cabe provar simplesmente a inocorrência de confusão patrimonial, mas a regularidade e efetiva separação do patrimônio das pessoas físicas e jurídica com registros contábeis, declarações fiscais, distribuição proporcional de lucros e dividendos, dentre outros fatos.[21]

É por isso que a decisão que promove a redistribuição do ônus da prova deve demonstrar que os sócios têm condições mais favoráveis de cumprir o encargo, mediante acesso a documentos empresariais para demonstrar a higidez do uso da pessoa jurídica, caso contrário, a técnica de dinamização funcionará tão somente com instrumento de *mera* transferência de um prejuízo do credor aos sócios.[22]

Como se pode perceber, trata-se de questão fundamental para o equacionamento correto do direito à prova estabelecer de forma clara e precisa quem tem o ônus de provar os fatos que levam à desconsideração da pessoa jurídica.

4. COMO SE PROVA (A QUESTÃO DOS INDÍCIOS E DOS MEIOS DE PROVA)

Um dos grandes problemas em torno da desconsideração da pessoa jurídica recai na questão de como efetivamente demonstrar os atos fraudulentos praticados pelos sócios com abuso da personalidade jurídica, confusão patrimonial e desvio de finalidade.

Quem pratica fraude não o faz às claras, porque tem como objetivo justamente ocultá-la. Os sócios usam a pessoa jurídica com a finalidade escusa de ocultar patrimônio e os atos desta natureza são deliberadamente omitidos de registros e documentos na grande maioria das vezes, tornando difícil a comprovação pelo credor que instaurou o incidente. No entanto, é fundamental perceber que a instrução probatória do incidente contará com algumas especificidades em razão das próprias particularidades que revestem a demonstração da fraude. Afinal, se o cometimento de fraudes patrimoniais em geral pretende escamotear uma intenção dolosa do sócio, já que é feita com ardil e má-fé, exigir a prova *direta* de sua ocorrência praticamente esvaziaria o instituto de desconsideração.[23]

---

estímulos jurídicos às partes para a produção de provas porque acaba por apenas "distribuir de maneira diversa o risco pela insuficiente corroboração, o 'critério de desempate', e não a (inexistente) 'regra de instrução'", cfr. RAMOS, Vitor de Paula. *Ônus da prova no processo civil*: do ônus ao dever de provar. São Paulo: Ed. RT, 2015, p. 85-91.

21. Exemplos indicados por CHAMBERLAIN, Hector Cavalcanti. *O incidente processual de desconsideração da personalidade jurídica*, p. 188-189.

22. Sobre o ponto, alertam Luiz Guilherme Marinoni e Sérgio Arenhart que "quando se inverte o ônus é preciso supor que aquele que vai assumi-lo terá a *possibilidade* de cumpri-lo, sob pena de a inversão do ônus da prova significar a transferência de um prejuízo e não apenas um ônus" (MARINONI, Luiz Guilherme; ARENHART, Sérgio. *Prova e convicção*. 3. ed. São Paulo: Ed. RT, 2015, p. 229-231).

23. Afinal, "não será fácil ter elementos de prova de atos jurídicos que são adredemente preparados para serem feitos na surdina, ocultos ou com aparência de legalidade" (RODRIGUES, Marcelo Abelha. Observações sobre o incidente de desconsideração da personalidade jurídica. *Revista Magister de Direito Civil e Processual Civil*, p. 17). Igualmente, alerta a doutrina que "tratando-se de fraudes, que por essência são sempre ocultas, não há como sequer imaginar a possibilidade de produzir provas diretas a seu respeito. Afinal, ninguém assina um 'contrato de fraude', um 'termo de confissão de fraude' ou algo do gênero" (FAZANARO, Renato Vaquelli. *Os indícios e a prova indiciária no direito processual*: um estudo necessário. Salvador: JusPodivm, 2022, p. 333).

Por conta disso, a primeira premissa a ser traçada é a de que não existem maiores restrições à dilação probatória e são admissíveis *todos* os meios de prova lícitos e moralmente legítimos para a demonstração do abuso da personalidade jurídica no incidente (art. 369 do CPC).[24]

Diante das dificuldades probatórias ligadas à demonstração de fraudes patrimoniais, a *prova indiciária*, na condição de uma *prova indireta,* não pode ser considerada uma "prova menor" ou com valor inferior.[25] Muitas vezes, a prova indiciária é essencial, quando não for a única existente, para averiguar a existência de atos dos sócios que justifiquem a desconsideração da personalidade jurídica. O importante é perceber que não existe hierarquia entre provas diretas e indiretas em um sistema de persuasão racional como é o do modelo probatório brasileiro.

Mas, afinal, o que são indícios? Como eles operam no raciocínio judicial? Em que medida indícios podem ser utilizados e valorados na decisão judicial para desconsiderar a personalidade jurídica?

O indício nada mais é que um rastro, um vestígio, um traço de que algo aconteceu. Corresponde, assim, a um *fato conhecido* (também chamado de fato-base ou de fato indiciário) que serve à demonstração de um *fato desconhecido* (também chamado de fato probando ou de fato presumido). Na precisa definição de Moacyr Amaral dos Santos, o indício é o "fato conhecido que, por via do raciocínio, sugere o fato probando do qual é causa ou efeito".[26] Geralmente, o indício é um fato secundário que não produz consequências jurídicas por si só, enquanto o fato desconhecido é um fato primário e que produz consequências jurídicas na condição de fato constitutivo do direito pleiteado em juízo.

Ao raciocínio lógico de causa e efeito entre o fato indiciário e o fato desconhecido dá-se o nome de *inferência* que, por sua vez, pode implicar um raciocínio dedutivo, indutivo ou abdutivo.[27] O indício, portanto, nada mais é que o *ponto de partida* a partir do qual raciocínio será feito.[28] Por sua vez, o resultado desse raciocínio é denominado de *presunção,*[29] ou seja, a partir do indício presume-se que um determinado fato aconteceu

---

24. Destacando o ponto, cfr. CÂMARA, Alexandre. Comentários ao art. 136. In: *Breves comentários ao Código de Processo Civil*, p. 433-434; ASSIS, Araken de. *Manual da execução*, p. 309; ROCHA, Henrique de Moraes Fleury da. *Desconsideração da personalidade jurídica*, p. 171.

25. KNIJNIK, Danilo. *A prova nos juízos cível, penal e tributário*. Rio de Janeiro: Forense, 2007, p. 48. Para uma crítica à desvalorização das provas indiretas, designando um fenômeno que denomina de "«hipovaluación» de la prueba indirecta", cfr. VÁSQUEZ, Carlos de Miranda. Prueba directa "vs" prueba indirecta (un conflicto inexistente). *Doxa* – Cuadernos de Filosofía del Derecho, n. 38 (2015), p. 73-100.

26. SANTOS, Moacyr Amaral. *Prova judiciária no cível e no comercial*. 2. ed. São Paulo: Max Limonad, 1955, v. V, p. 338.

27. Para uma explicação destes conceitos, suas características e variáveis, recomenda-se a leitura, por todos, de SCHMITZ, Leonard. *Presunções judiciais*: raciocínio probatório por inferências. São Paulo: Ed. RT, 2020, p. 104-127.

28. BARBOSA MOREIRA, José Carlos. As presunções e a prova. *Temas de direito processual*. São Paulo: Saraiva, 1977, p. 55-71, esp. p. 59; MARINONI, Luiz Guilherme; ARENHART, Sérgio. *Prova e convicção*, p. 122; SCHMITZ, Leonard. *Presunções judiciais*, p. 205-206.

29. SANTOS, Moacyr Amaral. *Prova judiciária no cível e no comercial*, p. 350.

ASPECTOS PROBATÓRIOS DO INCIDENTE DE DESCONSIDERAÇÃO DA PERSONALIDADE JURÍDICA

ou não. Com esses conceitos bem definidos, é evidente que a presunção, a despeito de constar no art. 212, inc. IV, do CC, não é propriamente um meio de prova.

Prova indiciária é aquela que demonstra a existência de um indício que faz presumir a existência de outro fato.[30] Por conta disso, a sua utilização é bastante comum para comprovar fatos de difícil demonstração que ocorreram no passado e também para demonstrar fatos futuros. Ela trabalha no campo da *probabilidade*[31] e a justificação da ocorrência ou inocorrência do fato desconhecido vai depender da consistência dos argumentos empregados a partir do indício apontado. Nesse percurso intelectivo feito pelo juiz entre fato indiciário e fato presumido, é muito comum o emprego de regras de experiência, na medida em que noções gerais do que ordinariamente acontece são capazes de auxiliar na justificação da presunção acerca do fato.[32] Por exemplo, determinadas condutas fraudulentas praticadas por sócios em outros casos podem levar à conclusão de que, naquele caso concreto, tudo indica ter havido o cometimento de uma fraude também.

Ainda que, como se disse, a fraude seja praticada de forma a não ser descoberta, é também muito comum que atos fraudulentos cometidos para blindar a responsabilidade patrimonial da empresa deixem *rastros* que, por sua vez, poderão ser utilizados como *indícios* da fraude em si considerada. A relevância da prova indiciária para a desconsideração, como uma modalidade de prova *indireta* desses atos de abuso da personalidade jurídica mediante confusão patrimonial e desvio de finalidade, surge justamente neste contexto.[33] Em geral, as presunções que decorrem destes indícios acabam contribuindo para a demonstração das *intenções* e dos *estados subjetivos* de agentes que atuam de má-fé mediante dolo, fraude, simulação,[34] o que não é diferente em relação a sócios de pessoas jurídicas.

---

30. Indício não é prova, mas é um fato provado, cfr. MARINONI, Luiz Guilherme; ARENHART, Sérgio. *Prova e convicção*, p. 121-122.

31. Relacionando prova indiciária e probabilidade, cfr. MARINONI, Luiz Guilherme. Simulação e prova. *Gênesis: Revista de Direito Processual Civil*, v. 6, n. 22, p. 843-849, out./dez. 2001; CABRAL, Antonio do Passo. Questões processuais no julgamento do mensalão: valoração da prova indiciária e preclusão para o juiz de matérias de ordem pública. *Revista dos Tribunais*, v. 102, n. 933, p. 131-150, jul. 2013.

32. Relacionando "provas circunstanciais" e "regras de experiência", cfr. TARUFFO, Michele. *A prova*. Trad. João Gabriel Couto. São Paulo: Marcial Pons, 2014, p. 103-104.

33. Ressaltando que "nas causas que envolvam desconsideração da personalidade jurídica, tais presunções podem ter grande valia. Imagine-se, v.g., situação em que a empresa executada se ache em plena evolução comercial, com crescente número de empregados e estabelecimentos, mas em cujas contas não se localize valor algum. A prova da inexistência de dinheiro em caixa, jungida à noção comum de que a uma sociedade não é viável operar e prosperar sem dispor de numerário, autoriza a razoável dedução de que a devedora esteja movimentando recursos por contas de terceiros, possivelmente de seus sócios" (GANACIN, João Cánovas Bottazzo. *Desconsideração da personalidade jurídica no processo civil*, p. 115).

34. No Brasil, cfr., exemplificativamente, SANTOS, Moacyr Amaral. *Prova judiciária no cível e no comercial*, p. 457-459; MARINONI, Luiz Guilherme. Simulação e prova. *Gênesis: Revista de Direito Processual Civil*, v. 6, n. 22, p. 843-849, out./dez. 2001; FAZANARO, Renato Vaquelli. *Os indícios e a prova indiciária no direito processual*, p. 332-353. Ver também, no direito estrangeiro, PICÓ I JUNOY, Joan. Los indicios en la prueba de la simulación contractual. *Revista para el Análisis del Derecho*, n. 3, jul., 2017, p. 1-21; TRINDADE, Cláudia Sofia Alves. *A prova de estados subjetivos no processo civil*: presunções judiciais e regras de experiência. Coimbra: Almedina, 2016, p. 71-81.

Inúmeros fatos podem ser considerados fontes de um indício: um documento, uma informação disponível *online*, o depoimento de uma testemunha, a declaração do próprio sócio, o comportamento processual das partes, os registros contábeis e as declarações fiscais da empresa, além de muitas outras possibilidades. A bem da verdade, não existem restrições *a priori* e qualquer elemento pode ser considerado um indício válido para demonstração de um fato probando:[35] o que importa é a força da inferência.

Firmadas essas premissas, é curioso notar que as decisões do STJ em tema de desconsideração da personalidade jurídica exploram de maneira muito *tímida* a questão da prova indiciária.

No âmbito da Terceira e da Quarta Turma do STJ, responsáveis pelo julgamento de matéria cível ligada ao direito privado, é praticamente unânime o entendimento, no tocante à teoria maior (art. 50 do CC), de que "a existência de indícios de encerramento irregular da sociedade aliada à ausência de bens capazes de satisfazer o crédito exequendo não constituem motivos suficientes para a desconsideração da personalidade jurídica".[36]

Contudo, é preciso muita atenção na identificação da *ratio decidendi* desse entendimento, porque o STJ não proíbe *a priori* a utilização de indícios para desconsiderar a personalidade jurídica, mas apenas entende que o encerramento irregular da sociedade somada à inexistência de bens suficientes para pagamento do crédito exequendo não constitui indício suficiente para esta finalidade. Ou seja, a questão não é sobre a admissibilidade em abstrato do indício em si, mas sobre a força probante do indício (do fato conhecido) para servir de base à inferência que faz presumir a ocorrência da fraude que justifique a desconsideração.

O que o STJ está dizendo é que, isoladamente, o encerramento irregular da sociedade acrescido da mera inexistência de bens é um indício *insuficiente* para gerar a presunção de que uma fraude aconteceu. Isso porque, por exemplo, a inexistência de bens executáveis não necessariamente deriva da prática de uma fraude pelos sócios. Em outras palavras, o STJ está valorando a consistência de um indício específico como suficiente para alcançar uma determinada presunção, e não proibindo a sua utilização.

Em sede de teoria menor (art. 28 do CDC), a jurisprudência da Corte é ainda mais tímida e poucos são os casos que versam sobre suficiência ou não de indícios e inferências probatórias. Porém, a Terceira Turma do STJ tem uma decisão em especial na qual entende que "a desconsideração da personalidade jurídica de uma sociedade cooperativa, ainda que com fundamento no art. 28, § 5º, do CDC (Teoria Menor), não pode atingir o patrimônio pessoal de membros do Conselho Fiscal sem que haja a mínima presença

---

35. TARUFFO, Michele. *A prova*, p. 102.
36. Neste sentido, vale conferir, sem caráter exaustivo, os seguintes julgados: REsp 1.419.256/RJ, relator Ministro Ricardo Villas Bôas Cueva, Terceira Turma, DJe de 19.02.2015; AgInt no AREsp 2.205.498/DF, relatora Ministra Nancy Andrighi, Terceira Turma, DJe de 30.11.2022; AgInt no AREsp 1.712.305/SP, relatora Ministra Maria Isabel Gallotti, Quarta Turma, DJe de 14.04.2021; AgInt no AREsp 2.021.508/RS, relator Ministro Luis Felipe Salomão, Quarta Turma, DJe de 19.04.2022.

de indícios de que estes contribuíram, ao menos culposamente, e com desvio de função, para a prática de atos de administração".[37]

Diferentemente do entendimento anterior quanto à teoria maior, o STJ, nesse caso, não valorou a força probante de um indício em específico, mas, sim, que a desconsideração pressupõe minimamente a existência de indícios para ocorrer. Em outras palavras, levando em consideração esse julgado, é possível dizer que o STJ aceita a prova indiciária para este propósito.

Por fim, é interessante observar que a questão muda complemente de contornos quando se analisa a jurisprudência da Primeira e Segunda Turma do STJ, responsáveis pelo julgamento de matéria cível ligada ao direito público, em relação ao redirecionamento da responsabilidade patrimonial contra os sócios se tratando de execução fiscal. Antes de qualquer coisa, é preciso esclarecer ambas as Turmas do STJ entendem que, na execução fiscal, é possível redirecionar o processo executivo nas hipóteses descritas nos arts. 134 e 135 do CTN sem a necessidade de instauração do incidente de desconsideração da personalidade jurídica.[38]

Com essa premissa em mente, Primeira e Segunda Turma do STJ entendem que indícios, de maneira geral, são perfeitamente suficientes para redirecionar a execução fiscal contra os sócios, inclusive, sem necessidade de instauração do incidente.[39] Nota-se que não há valoração de um fato concreto em específico utilizado como indício para fazer presumir a fraude, como ocorre nos julgados da Terceira e Quarta Turma, mas a admissão generalizada de que indícios podem ser utilizados para redirecionamento da execução fiscal contra sócios.

Portanto, tem-se um tratamento desigual por parte da jurisprudência do STJ quanto à possibilidade de utilizar indícios e presunções no contexto do redirecionamento da execução para atingir o patrimônio do sócio. Na execução civil, o rigor é aparentemente maior, enquanto na execução fiscal, em que sequer o incidente é necessário, o rigor é menor e o uso de indícios de forma ampla e generalizada é autorizado. O tratamento

---

37. É que foi decidido no REsp 1.766.093/SP, relatora Ministra Nancy Andrighi, relator para acórdão Ministro Ricardo Villas Bôas Cueva, Terceira Turma, DJe de 28.11.2019.
38. Sem pretensão de exaurir a indicação de jurisprudência, cfr. AgInt no REsp 2.030.869/ES, relatora Ministra Regina Helena Costa, Primeira Turma, DJe de 22.03.2023; AgInt no REsp 1.909.732/SE, relator Ministro Benedito Gonçalves, Primeira Turma, DJe de 30.06.2021; AREsp 1.700.670/GO, relator Ministro Gurgel de Faria, Primeira Turma, DJe de 08.04.2021; AgInt no REsp 1.826.357/RS, relator Ministro Og Fernandes, Segunda Turma, DJe de 02.09.2021; AgInt no REsp 2.010.157/RJ, relator Ministro Francisco Falcão, Segunda Turma, DJe de 19.12.2022.
39. Neste sentido, por exemplo, vejamos o entendimento predominante na Segunda Turma no sentido de "não ser necessária a instauração do incidente de desconsideração da personalidade jurídica, previsto no art. 133 do CPC/2015, na hipótese em que constatados indícios de dissolução irregular da sociedade devedora a possibilitarem o redirecionamento da execução contra os sócios" (AgInt no AREsp 1.547.516/SC, relator Ministro Og Fernandes, Segunda Turma, DJe 12.08.2022). Não houve maiores alterações em relação ao antigo entendimento da Corte, construído durante a vigência do CPC/1973, quando ainda nem havia previsão do incidente, de que "havendo indícios de que a empresa encerrou irregularmente suas atividades, é possível redirecionar a execução ao sócio" (AgRg no REsp 643.918/PR, relator Ministro Teori Albino Zavascki, Primeira Turma, DJe 16.05.2005; REsp 474.105/SP, relatora Ministra Eliana Calmon, Segunda Turma, DJe 19.12.2003).

diferente até que poderia ser justificado se fosse baseado em um critério racional, no entanto, tudo indica que o mero fato de ser uma execução fiscal parece indicar o nível de rigor na utilização de indícios e presunções.

5. QUANDO ESTÁ PROVADO (*STANDARD* PROBATÓRIO E FUNDAMENTAÇÃO DAS PRESUNÇÕES)

A constatação de quando estão suficientemente provados os atos de abuso da personalidade jurídica para justificar o deferimento da desconsideração da pessoa jurídica passa, basicamente, por averiguar o *standard* probatório exigido para saber quando uma determinar hipótese fática está devidamente provada e estipular critérios específicos de *fundamentação* das decisões judiciais para essas hipóteses, notadamente quando lidar com presunções. A seguir, será analisado individualmente cada um desses elementos.

5.1 *Standard* da prova clara e convincente

Nenhum dispositivo do CPC traz sequer um indicativo de qual seria o *standard* probatório exigido para a desconsideração da personalidade jurídica.[40] A doutrina e a jurisprudência praticamente ignoram o tema, focando, como já foi dito, em aspectos relacionados ao ônus da prova no incidente. Isso, contudo, não quer dizer que o *standard* não exista, muito pelo contrário.

Ocorre que, sem definição ou sem clareza quanto ao *standard* probatório exigido, cabe aos juízes e tribunais definir aleatoriamente quando as provas serão suficientes para corroborar a hipótese fática que leva ao deferimento ou indeferimento do pedido de desconsideração. Sem critérios para orientar as decisões judiciais que serão proferidas nos incidentes, a questão fica restrita à discricionaridade de cada julgador, o que acaba criando um cenário de insegurança jurídica e desigualdade.[41] A ideia é que o *standard* de prova funcione como um elemento de orientação das partes e de distribuição de riscos para a decisão judicial, fornecendo critérios para a fundamentação da decisão judicial.[42]

O papel do *standard* probatório é conferir maior objetividade ao acertamento dos fatos no processo judicial e pode ser conceituado como um critério para definir um grau de exigência probatória mínimo para que uma hipótese fática seja considerada prova-

---

40. Essa ausência, por sua vez, não parece ser exclusiva do incidente de desconsideração da personalidade jurídica, mas do direito processual civil brasileiro de forma geral, como já denunciado pela doutrina: PONZONI, Christian. *Standards de prova no processo civil*. Londrina: Thoth, 2020; PEIXOTO, Ravi. *Standards probatórios no direito processual brasileiro*. Salvador: JusPodivm, 2021, p. 70.

41. A questão do *standard* de prova como uma pré-condição da fundamentação das decisões judiciais é bem colocada por FERRER BELTRÁN, Jordi. *Prova sem convicção: standards de prova e devido processo*. Trad. Vitor de Paula Ramos. Salvador: JusPodivm, 2022, p. 327-349: "para que uma decisão sobre a prova da hipótese H esteja justificada devemos mostrar que as provas disponíveis conferem a H determinado grau de corroboração e que esse grau de corroboração é suficiente, de acordo com *standard* de prova aplicável. Pois bem, se não conhecermos o *standard* de prova aplicável ou se esse restar indeterminado, não haverá formas de justificar que a corroboração é suficiente" (op. cit. 347).

42. Sobre essas funções, cfr. FERRER BELTRÁN, Jordi. *Prova sem convicção*, p. 187-240.

da.[43] Atua, portanto, como uma regra de decisão para averiguar quando determinada alegação de fato pode ser considerada como confirmada no processo.

A doutrina costuma apontar que litígios cíveis envolvendo disputas eminentemente patrimoniais não exigem um *standard* probatório elevado, de modo que a *preponderância de provas* se mostra adequada para solucionar o problema da correta justificação das questões fáticas.[44] Por outro lado, o que justificaria uma eventual elevação do *standard* probatório nos processos cíveis seria a *natureza do direito material* e as *consequências produzidas* pelo resultado do processo a uma das partes. A doutrina aponta como exemplos desse fenômeno a ação de improbidade administrativa, a ação rescisória, a ação de interdição, a ação de destituição do poder pátrio e a ação de reconhecimento de paternidade. Nesses casos, aponta-se como adequado o *standard* da prova clara e convincente.[45]

Diante dessas premissas, as particularidades que envolvem a desconsideração da personalidade jurídica exigem a adoção de um *standard* probatório que distribua os riscos de forma adequada entre, de um lado, a gravidade da medida que pretende atribuir ao sócio responsabilidade patrimonial pelo débito, e, de outro, as dificuldades probatórias em torno da demonstração em juízo de atos de abuso de personalidade jurídica, confusão patrimonial e desvio de finalidade por parte dos sócios.

É necessário, portanto, elevar o *standard* probatório do incidente de desconsideração da personalidade jurídica para o da *prova clara e convincente.*[46]

À primeira vista, a desconsideração da personalidade jurídica parece ser uma medida não muito grave, pois dotada de reflexos exclusivamente patrimoniais, afinal, a decisão busca atribuir responsabilidade *patrimonial* a um terceiro que não participou da formação do título executivo. No entanto, a gravidade da medida que se pretende impor é verificada justamente porque um sujeito *que não participou da formação do título executivo* poderá vir a sofrer medidas executivas expropriatórias. Ora, o contraditório,

---

43. Conceito para o direito processual brasileiro que pode ser encontrado em PEIXOTO, Ravi. *Standards probatórios no direito processual brasileiro*, p. 61.

44. De acordo com o *standard* da preponderância de provas, uma hipótese de fato é considerada provada quando a sua veracidade for mais provável que a sua falsidade, conforme as provas disponíveis no processo. É o conceito adotado, com algumas variações, por KNIJNIK, Danilo. *A prova nos juízos cível, penal e tributário*, p. 37-45; PEIXOTO, Ravi. *Standards probatórios no direito processual brasileiro*, p. 234-236. Este último autor prefere chamar o *standard* de "probabilidade da prova".

45. De acordo com o *standard* da prova clara e convincente, uma hipótese de fato é considerada provada quando a sua veracidade for considerada altamente provável, conforme as provas disponíveis no processo. É o conceito adotado, com algumas variações, por KNIJNIK, Danilo. *A prova nos juízos cível, penal e tributário*, p. 37-45; PEIXOTO, Ravi. *Standards probatórios no direito processual brasileiro*, p. 234-236. Este último autor prefere chamar o *standard* de "alta probabilidade da hipótese fática do autor".

46. Neste sentido, João Pedro de Souza Scalzilli defende que "a natureza da prova utilizada (*prova indiciária*) e a gravidade da medida com que se quer combater o abuso da personalidade jurídica (*desconsideração*) recomendam um *reforço do módulo de prova*", de modo "o *standard* exigido para a constatação da confusão patrimonial é que a ocorrência do fato probando (efetiva existência da mistura de patrimônios) seja mais do que *provável*, mas, sim, *altamente provável*" (SCALZILLI, João Pedro de Souza. *Confusão patrimonial nas sociedades isoladas e nos grupos societários*, p. 104-105).

além de garantia constitucional de todos os jurisdicionados (art. 5º, LV, da CF), é norma fundamental do processo civil brasileiro (arts. 9º e 10, do CPC).

A desconsideração da pessoa jurídica é uma medida excepcional e extrema que difere substancialmente de outros litígios cíveis que oportunizam à parte o direito ao contraditório e à ampla defesa desde o início do processo, inclusive, com possibilidade de produção de provas. Tanto é verdade que não se admite o deferimento da desconsideração com base em meras suspeitas ou conjecturas de fraude.

Como se não bastasse, o debate no incidente gira em torno principalmente da alegação de *fraude* cometida pelo sócio valendo-se do uso abusivo da pessoa jurídica que integra. Por sua vez, caso reconhecida, essa fraude pode ter reflexos não-patrimoniais. Por exemplo, embora sejam categorias diferentes, a conduta fraudulenta praticada pelo sócio pode ter utilizado a pessoa jurídica para cometer fraude à execução que, além de ilícito processual (art. 790, inc. V, e art. 792, ambos do CPC), também é tipificado como crime previsto no art. 179 do Código Penal, com pena de detenção, de seis meses a dois anos, ou multa.[47]

Além disso, a elevação do *standard* probatório no incidente de desconsideração da pessoa jurídica é justificada também porque, além da gravidade da medida, a fraude geralmente é demonstrada por prova indiciária, o que aumenta a chance de erro judiciário.[48] Como argumentado anteriormente, é muito comum nesses casos que a prova indiciária seja a única disponível para o juiz embasar o seu julgamento. E como a decisão sobre os fatos, na grande maioria dos casos, será lastreada apenas em provas *indiretas*, o reforço do *standard* probatório é recomendável. Não se trata de diminuir o valor das provas indiretas, que continuam sendo plenamente admissíveis e válidas para o reconhecimento de fraudes patrimoniais, mas de reconhecer que o grau de corroboração da hipótese fática precisa ser mais acentuado.

Nestes termos, a gravidade e excepcionalidade da medida, somada à natureza da prova exigida para demonstração da fraude, fazem com que o *standard* da *prova clara e convincente* surja como o mais adequado para a decisão a ser tomada no incidente de desconsideração da personalidade jurídica.

Não à toa, basta realizar uma simples consulta à jurisprudência dos tribunais brasileiros para verificar que diversos julgamentos exigem prova "robusta",[49] "con-

---

47. Danilo Knijnik expressamente defende a adoção do standard da prova clara e convincente para "os casos, por exemplo, em que há alegação de fraude – da qual possa redundar reflexos penais" (KNIJNIK, Danilo. A *prova nos juízos cível, penal e tributário*, p. 38). De forma mais severa, a 5ª Turma do STJ já chegou a afirmar que "ontologicamente não há qualquer distinção entre a fraude civil e a fraude penal, é dizer, uma e outra estão reunidas num mesmo conceito: utilização de meio fraudulentos para a obtenção de vantagem ilícita em prejuízo alheio. Não há por assim dizer, diferenças estruturais entre a lesão patrimonial per fraudem realizada quer na esfera civil, quer na esfera penal. A fraude é uma só!" (HC 76.106/CE, relator Ministro Felix Fischer, Quinta Turma, DJ de 24.09.2007).

48. SCALZILLI, João Pedro de Souza. *Confusão patrimonial nas sociedades isoladas e nos grupos societários*, p. 105-106.

49. Vejamos, por exemplo, com grifos nossos, o (i) julgados do TJMG no sentido de que "a aplicação do instituto de desconsideração da personalidade jurídica é uma medida excepcional, que deve ser concedida, para aquele

vincente"[50] ou "inequívoca"[51] para demostrar o abuso da personalidade jurídica, a confusão patrimonial ou o desvio de finalidade. É um indicativo de que *algo a mais* em comparação à mera preponderância de provas é exigida para demonstrar a fraude e ocorrer a desconsideração.

5.2 Fundamentação com base em provas indiciárias

Uma vez definido quem deve provar (ônus da prova) e qual é o grau de prova necessário à demonstração da fraude (*standard* probatório) no incidente de desconsideração da personalidade jurídica, é o caso de avaliar como deve operar a fundamentação da decisão judicial com base em provas indiciárias, aquelas que, como vimos, são mais comuns neste tipo de julgamento.

No sistema processual brasileiro vigora o princípio da persuasão racional, segundo o qual as provas, em regra, não possuem tarifação legal e força probante predeterminada pela legislação, cabendo ao juiz avaliar a fiabilidade das provas produzidas e justificar a veracidade ou falsidade de uma hipótese fática afirmada no processo (art. 371 do CPC). Neste contexto, não existe nenhuma particularidade em relação à prova indiciária que,

---

caso específico, *diante de provas robustas de ocorrência das hipóteses legais* que o autorizam" (TJMG, Agravo de Instrumento 1.0000.21.133782-9/001, Relator: Des. Pedro Aleixo, 16ª Câmara Cível, publicação em 25.02.2022) e de que "*inexistindo prova robusta*, a convencer, de que a sociedade se desfez de seus bens fraudulentamente, para se furtar à quitação de seus débitos, inaplicável a *disregard legal theory*" (TJMG, Agravo de Instrumento 1.0024.19.065901-1/001, Relator: Des. Domingos Coelho, 12ª Câmara Cível, publicação em 1º.09.2020); (ii) julgado do TJES no sentido de que "não cuidou a agravante de demonstrar, *com a necessária robustez*, a ocorrência de abuso da personalidade jurídica, perpetrado por quaisquer dos sócios da empresa devedora" (TJES, Agravo Interno 014149001027, Relatora: Des.ª Eliana Junqueira Munhós Ferreira, 4ª Câmara Cível, Data da Publicação: 19.01.2015); (iii) julgado do TJPR no sentido de que "inexistente indícios de confusão patrimonial ou abuso de personalidade da pessoa jurídica agravada, medida de caráter excepcional que *demanda prova robusta para acolhimento*" (TJPR – 7ª Câmara Cível – 0071605-53.2021.8.16.0000 – São Miguel do Iguaçu – Rel.: Des. Marcel Guimarães Rotoli de Macedo – J. 19.08.2022).

50. Vejamos, por exemplo, com grifos nossos, (i) o julgado do TJPR no sentido de que "a teoria da desconsideração da personalidade jurídica deve ser arguida *com supedâneo em prova robusta e convincente*" (TJPR – 8ª Câmara Cível – AI – Curitiba – Rel.: Des. Jorge Wagih Massad – J. 16.02.2005); e (ii) o julgado do TJRS no sentido de que "o redirecionamento da execução contra os sócios de pessoa jurídica implica verdadeira desconsideração da personalidade jurídica que, por se tratar de medida excepcional, uma vez que pode acarretar graves e irreversíveis prejuízos ao patrimônio particular dos sócios, *não deve ser deferida sem um mínimo de prova convincente da utilização fraudulenta do princípio da autonomia da separação patrimonial*" (TJRS, Agravo de Instrumento 70085409787, 19ª Câmara Cível, Relator: Des. Antônio Maria Rodrigues de Freitas Iserhard, Julgado em: 16.02.2023).

51. Vejamos, por exemplo, com grifos nossos, (i) o julgado do TJCE no sentido de que "destarte, *inexistindo prova inequívoca dos pressupostos específicos* [da desconsideração], a rejeição do pedido é medida que se impõe" (TJCE, Agravo de Instrumento 0627009-79.2019.8.06.0000, Rel. Des. Maria De Fátima de Melo Loureiro, 2ª Câmara Direito Privado, data da publicação: 18.08.2021); (ii) o julgado do TJMG no sentido de que "a desconsideração da personalidade jurídica configura medida excepcional, que *exige demonstração inequívoca de desvio de finalidade ou de confusão patrimonial* por ato dos sócios que se utilizaram da autonomia patrimonial da pessoa jurídica como instrumento de fraude" (TJMG – Agravo de Instrumento 1.0000.22.231425-4/001, Relator: Des. José Flávio de Almeida, 12ª Câmara Cível, publicação em 31.01.2023) e que "o reconhecimento da desconsideração da personalidade jurídica *exige inequívoca demonstração de desvirtuamento no uso da pessoa jurídica*, mediante a prática de fraude ou abuso de direito relacionados à sua autonomia patrimonial" (TJMG, Apelação Cível 1.0701.08.230086-7/001, Relator: Des. Marcelo Rodrigues, 2ª Câmara Cível, publicação em 27.09.2013).

assim como as demais provas, deverá ser valorada pelo juiz de acordo com as circunstâncias do caso concreto, o qual, por sua vez, deverá expor na fundamentação da sua decisão as razões pelas quais ela tem capacidade ou não de demonstrar a ocorrência ou inocorrência de uma alegação fática da parte.

A *força probatória* de uma prova indiciária vai depender não só da *qualidade*, mas também da *quantidade* de indícios (fatos conhecidos) existentes para sustentar a demonstração do fato probando (fato presumido).[52] Quanto mais indícios, e quanto mais confiáveis e convergentes forem esses indícios, maior será a chance de o fato probando ter presumidamente ocorrido.

Em outras palavras, a força probatória da prova indiciária vai depender da capacidade de os indícios proverem ao juiz elementos suficientes que permitam uma conexão lógica entre o fato conhecido e o fato desconhecido, com base nas possíveis inferências que ele fizer para presumir a ocorrência do fato, no caso do incidente, da fraude cometida pelos sócios que justifica a desconsideração. Como bem definido por Michele Taruffo, "a estrutura fundamental das provas circunstanciais está estabelecida pela conexão inferencial por meio da qual o julgador vincula uma circunstância (o *factum probans)* a um fato litigioso (o *factum probandum)*".[53]

De modo geral, o indício, quando analisado de forma isolada pelo juiz, dificilmente será suficiente para demonstrar o fato probando. A efetiva força probante de um indício está na sua *valoração global* com as demais provas produzidas no processo, inclusive com os demais indícios, sempre que o conjunto probatório convergir, conjuntamente, para a demonstração do fato desconhecido que é constitutivo do direito pleiteado em juízo.[54] Desta forma, é perfeitamente possível, até mesmo recomendável, que o juiz faça uma análise conglobante dos indícios constantes do processo que, valorados conjuntamente, levam à conclusão de que o fato probando presumidamente aconteceu.[55] Daí surgem expressões como "provas em cascata" ou "provas concatenadas" para explicar estruturas lógicas complexas que embasam o raciocínio presuntivo com base em vários indícios.[56]

A questão é como deve ocorrer a fundamentação da decisão judicial responsável julgar o incidente com base nas provas indiciárias. Tratando da importância da fundamentação acerca da prova da simulação, que é uma espécie de fraude, Luiz Guilherme Marinoni diferencia *prova* e *juízo* que, segundo ele, "é formado a partir do raciocínio do

---

52. Relacionando a qualidade e a quantidade de indícios como critérios de avaliação da força probatória da prova indiciária, cfr. PICÓ I JUNOY, Joan. Los indicios en la prueba de la simulación contractual. *Revista para el Análisis del Derecho,* esp. 11.
53. TARUFFO, Michele. *A prova,* p. 103. No mesmo sentido, cfr. FAZANARO, Renato Vaquelli. *Os indícios e a prova indiciária no direito processual,* p. 307-308.
54. FAZANARO, Renato Vaquelli. *Os indícios e a prova indiciária no direito processual,* p. 310-311.
55. Assume-se, aqui, a *teoria da múltipla conformidade* na valoração dos indícios, mais adequada ao processo civil, segundo a qual, por meio de uma única fase, o juiz procederá à valoração global dos indícios para atingir o standard probatório, cfr. KNIJNIK, Danilo. *A prova nos juízos cível, penal e tributário,* p. 49-57; SCALZILLI, João Pedro de Souza. *Confusão patrimonial nas sociedades isoladas e nos grupos societários,* p. 107-108; FAZANARO, Renato Vaquelli. *Os indícios e a prova indiciária no direito processual,* p. 314-316.
56. TARUFFO, Michele. *A prova,* p. 104.

juiz, que recai sobre a afirmação do fato, a prova produzida e as peculiaridades do caso concreto (por exemplo, a dificuldade de se demonstrar a alegação e a sua credibilidade, dentro das regras de experiência do magistrado)", destacando que "o juízo precisa ser explicado e isto é feito através da fundamentação ou da motivação das decisões judiciais".[57]

Entretanto, não basta a mera indicação dos indícios, como se isso fosse suficiente para demonstrar fraude, sendo necessário acompanhá-lo de argumentos que deem força à inferência realizada para demonstrar a sua ocorrência. Se, de um lado, a parte que pede a desconsideração deve expor na sua postulação a inferência realizada a partir dos indícios constantes do processo e a presunção que decorre desse raciocínio, de outro, o juiz que decide o incidente também deverá justificar na sua fundamentação porque a inferência é mais ou menos consistente para o atingimento da presunção acerca da fraude.[58] Como alerta Michele Taruffo, "o traço mais importante da estrutura lógica básica das provas circunstanciais é a inferência que o julgador traça ao conectar o *factum probans* ao *factum probandum*".[59]

Sendo assim, ao fundamentar a sua decisão, o juiz deverá seguir uma estrutura analítica que pode ser dividida em 03 (três) etapas:[60]

(i) em *primeiro lugar*, o juiz deve apontar a existência dos indícios, pois constituem o fato-base da presunção, afirmando se são controversos ou incontroversos, se foram devidamente provados ou não, e avaliando a credibilidade das fontes que emanam (p. exp. depoimentos de testemunhas e das partes, documentos e laudos produzidos, eventuais perícias etc.).[61]

(ii) em *segundo lugar*, o juiz deve explicar a inferência que guiou o seu raciocínio, explicitando, se for o caso, a regra de experiência que o guiará (art. 375 do CPC). Nesse ponto, é imprescindível justificar a utilização da regra de experiência no caso concreto, já que elas são frutos de noções comumente aceitas no meio cultural e representam uma indução abstrata e genérica fundada na realidade;[62]

---

57. MARINONI, Luiz Guilherme. Simulação e prova. *Gênesis: Revista de Direito Processual Civil*, p. 846.
58. Sobre a necessidade de participação das partes, em contraditório, na formação do conteúdo das presunções judiciais, cfr. SCHMITZ, Leonard. *Presunções judiciais*, p. 292-301.
59. TARUFFO, Michele. *A prova*, p. 103.
60. De modo semelhante, cfr. SCHMITZ, Leonard. *Presunções judiciais*, p. 308; TRINDADE, Cláudia Sofia Alves. *A prova de estados subjetivos no processo civil*, p. 317-325. No entanto, vale a ressalva de que "não há uma 'ordem' a ser seguida na fundamentação dos fatos. É a narrativa do julgador que comanda a sequência dos argumentos utilizados" (SCHMITZ, Leonard. *Presunções judiciais*, p. 303).
61. Isso porque pode acontecer de "o fato base não se apresenta no processo como especialmente provado para dele extrair-se a presunção" ou "o fato base consta do processo não porque haja sido especialmente demonstrado para dele inferir-se o fato desconhecido e sim porque resulta de meios de prova destinados a demonstrar outros fatos" (SANTOS, Moacyr Amaral. *Prova judiciária no cível e no comercial*, p. 419).
62. É nula por falta de fundamentação a decisão judicial que aplica uma regra de experiência e não explica as razões pelos quais aquilo que ordinariamente é válido para o caso concreto, constituindo hipótese atípica de decisão não fundamentada, conforme defendemos em PEREIRA, Carlos Frederico Bastos. *Fundamentação das decisões judiciais: o controle da interpretação dos fatos e do direito no processo civil*. São Paulo: Revista dos Tribunais, 2019, p. 152-156. Sobre a justificação das regras de experiência no direito processual brasileiro, cfr. também SCHMITZ, Leonard. *Presunções judiciais*, p. 301-309; PEIXOTO, Ravi. As regras de experiência, os deveres de justificação e os limites à discricionariedade do convencimento judicial. *Revista de Processo*, v. 46, n. 320, p. 75-93, out. 2021.

(iii) em *terceiro lugar*, o juiz deve anunciar o resultado final do seu raciocínio e a plausibilidade da presunção, ou seja, deverá demonstrar por qual motivo o fato é presumido a partir da inferência realizada, contextualizando o caminho percorrido entre o indício (fato-base conhecido) e a presunção (fato probando desconhecido).[63]

A título ilustrativo, podemos imaginar o seguinte exemplo envolvendo o julgamento de um incidente de desconsideração da personalidade jurídica, em que o juiz poderá justificar sua decisão fundamentando: *primeiro*, a existência de vários indícios de fraude, como inconsistências encontradas nos registros contábeis da empresa, o depoimento do sócio-administrador da empresa confessa que ele não sabia do lançamento de todas as operações comerciais e a incompletude dos balanços patrimoniais apresentados; *segundo*, todas essas provas indiciárias estão lastreadas em documentos fornecidos pela própria empresa em sede de incidente de exibição de documento e devidamente aportados ao processo; *terceiro*, esses número razoável de indícios convergem para a existência de confusão entre o patrimônio da pessoa jurídica e o patrimônio do sócio-administrador porque geralmente são indicativos de manipulação deliberada nas contas da empresa e prática de fraude patrimonial, como já aconteceu em outros casos; *quarto*, a partir destes indícios, é possível presumir a ocorrência de fraude que justifique a desconsideração da personalidade jurídica.

É imprescindível que a decisão judicial que resolve o incidente de desconsideração da personalidade jurídica esteja devidamente fundamentada, observando todas as diretrizes do art. 489, § 1º, do CPC.

6. CONCLUSÕES

O presente artigo buscou jogar luzes sobre aspectos probatórios do incidente de desconsideração da personalidade jurídica que são rotineiramente negligenciados tanto pela doutrina processual, quanto pelos tribunais brasileiros.

Acredita-se que as questões exploradas neste trabalho podem contribuir para compreensão e reflexões em torno do *direito fundamental à prova* no incidente de desconsideração da personalidade jurídica.

7. REFERÊNCIAS

ASSIS, Araken de. *Manual da execução*. 18. ed. São Paulo: Ed. RT, 2016.

AUBERT, Eduardo Henrik. *A impugnação especificada dos fatos no processo civil*: retórica, história e dogmática. São Paulo: Ed. RT, 2020.

BARBOSA MOREIRA, José Carlos. As presunções e a prova. *Temas de direito processual*. São Paulo: Saraiva, 1977.

---

63. O problema ligado à *probabilidade da presunção*, por sua vez, é mais bem justificado quando "a interpretação dos fatos dá-se de forma *conjunta*, pela criação de uma narrativa que dê conta de explicar a coerência da versão das partes e identificar qual é a mais adequada" (SCHMITZ, Leonard. *Presunções judiciais*, p. 306-309).

BEDAQUE, José Roberto dos Santos. *Comentários ao Código de Processo Civil*: da intervenção de terceiros até da defensoria pública (arts. 119 a 187). São Paulo: Saraiva jur, 2019. v. III.

BIANQUI, Pedro Henrique Torres. *Desconsideração da personalidade jurídica no processo civil*. São Paulo: Saraiva, 2011.

BRUSCHI, Gilberto Gomes. *Aspectos processuais da desconsideração da personalidade jurídica*. 2. ed. São Paulo: Saraiva, 2009.

CABRAL, Antonio do Passo. Questões processuais no julgamento do mensalão: valoração da prova indiciária e preclusão para o juiz de matérias de ordem pública. *Revista dos Tribunais*, v. 102, n. 933, p. 131-150, jul. 2013.

CÂMARA, Alexandre. Comentários aos arts. 134 ao 137. In: *Breves Comentários ao Código de Processo Civil*. São Paulo: Ed. RT, 2015.

CHAMBERLAIN, Hector Cavalcanti. *O incidente processual de desconsideração da personalidade jurídica*: atualização da *disregard* doctrine na perspectiva da responsabilidade patrimonial e reflexos no processo civil brasileiro. Londrina: Thoth, 2021.

COELHO, Fabio Ulhoa. *Desconsideração da personalidade jurídica*. São Paulo: Ed. RT, 1989.

DIDIER JR., Fredie. *Curso de direito processual civil*: introdução ao direito processual civil, parte geral e processo de conhecimento. 18. ed. Salvador: JusPodivm, 2016. v. 1.

DINAMARCO, Cândido Rangel. Desconsideração da personalidade jurídica, fraude, ônus da prova e contraditório. *Fundamentos do processo civil moderno*. 4. ed. São Paulo: Malheiros, 2001. t. II.

DINAMARCO, Cândido Rangel. *Instituições de direito processual civil*. 7. ed. São Paulo: Malheiros, 2017. v. II.

FAZANARO, Renato Vaquelli. *Os indícios e a prova indiciária no direito processual: um estudo necessário*. Salvador: JusPodivm, 2022.

FERRER BELTRÁN, Jordi. *Prova sem convicção*: standards de prova e devido processo. Trad. Vitor de Paula Ramos. Salvador: JusPodivm, 2022.

GANACIN, João Cánovas Bottazzo. *Desconsideração da personalidade jurídica no processo civil*. São Paulo: Ed. RT, 2020.

GRECO, Leonardo. *Instituições de processo civil*: introdução ao direito processual civil. Rio de Janeiro: Forense, 2015. v. I.

GRINOVER, Ada Pellegrini. Da desconsideração da pessoa jurídica: aspectos de direito material e processual. *Revista Forense*, v. 100, n. 371, p. 3-15, jan.-fev. 2004.

KNIJNIK, Danilo. *A prova nos juízos cível, penal e tributário*. Rio de Janeiro: Forense, 2007.

KNIJNIK, Danilo. As (perigosíssimas) doutrinas do "ônus dinâmico da prova" e da "situação de senso comum" como instrumentos para assegurar o acesso à justiça e superar a *probatio diabolica*. *Processo e Constituição: 75 anos* – Estudos em homenagem ao professor José Carlos Barbosa Moreira. São Paulo: Ed. RT, 2006.

LEONARDO, Rodrigo Xavier; RODRIGUES JR., Otavio Luiz. A desconsideração da pessoa jurídica: alteração do art. 50 do Código Civil: art. 7º. *Comentários à Lei da Liberdade Econômica*: Lei 13.874/2019. São Paulo: Ed. RT, 2019.

MARINONI, Luiz Guilherme. Simulação e prova. *Gênesis: Revista de Direito Processual Civil*, v. 6, n. 22, p. 843-849, out.-dez. 2001.

MARINONI, Luiz Guilherme; ARENHART, Sérgio. *Prova e convicção*. 3. ed. São Paulo: Ed. RT, 2015.

OSNA, Gustavo. Desconsideração da personalidade jurídica e garantias fundamentais do processo: ônus da prova e ônus da argumentação. *Revista de Processo*, v. 45, n. 305, p. 331-353, jul. 2020.

PEIXOTO, Ravi. As regras de experiência, os deveres de justificação e os limites à discricionariedade do convencimento judicial. *Revista de Processo*, v. 46, n. 320, p. 75-93, out. 2021.

PEIXOTO, Ravi. *Standards probatórios no direito processual brasileiro*. Salvador: JusPodivm, 2021.

PEREIRA, Carlos Frederico Bastos. *Fundamentação das decisões judiciais*: o controle da interpretação dos fatos e do direito no processo civil. São Paulo: Ed. RT, 2019.

PICÓ I JUNOY, Joan. Los indicios en la prueba de la simulación contractual. *Revista para el Análisis del Derecho*, n. 3, jul., 2017, p. 1-21.

PONZONI, Christian. *Standards de prova no processo civil*. Londrina: Thoth, 2020.

RAMOS, Vitor de Paula. *Ônus da prova no processo civil*: do ônus ao dever de provar. São Paulo: Ed. RT, 2015.

REQUIÃO, Rubens. Abuso de direito e fraude através da personalidade jurídica (*disregard doctrine*). *Revista dos Tribunais*, v. 58, n. 410, p. 12-24, dez. 1969.

RIBAS, Rodrigo Cunha. *Incidente de desconsideração da personalidade jurídica*. 3. ed. Curitiba: Juruá, 2022.

ROCHA, Henrique de Moraes Fleury da. *Desconsideração da personalidade jurídica*. Salvador: JusPodivm, 2022.

RODRIGUES, Marcelo Abelha. Observações sobre o incidente de desconsideração da personalidade jurídica. *Revista Magister de Direito Civil e Processual Civil*, v. 17, n. 102, p. 7-31, maio-jun. 2021.

SANTOS, Moacyr Amaral. *Prova judiciária no cível e no comercial*. 2. ed. São Paulo: Max Limonad, 1955. v. V.

SCALZILLI, João Pedro de Souza. *Confusão patrimonial nas sociedades isoladas e nos grupos societários*: caracterização, constatação e tutela dos credores. 2014. Tese (Doutorado em Direito Comercial) – Faculdade de Direito, Universidade de São Paulo, São Paulo, 2014.

SCHMITZ, Leonard. *Presunções judiciais*: raciocínio probatório por inferências. São Paulo: Ed. RT, 2020.

SIQUEIRA, Thiago Ferreira. *A responsabilidade patrimonial no novo sistema processual civil*. São Paulo: Ed. RT, 2016.

SOUZA, Gelson Amaro de. Desconsideração da personalidade jurídica no CPC-2015. *Revista de Processo*, v. 41, n. 255, p. 91-113, maio 2016.

TARUFFO, Michele. *A prova*. Trad. João Gabriel Couto. São Paulo: Marcial Pons, 2014.

TRINDADE, Cláudia Sofia Alves. *A prova de estados subjetivos no processo civil*: presunções judiciais e regras de experiência. Coimbra: Almedina, 2016.

VÁSQUEZ, Carlos de Miranda. Prueba directa "vs" prueba indirecta (un conflicto inexistente). *Doxa – Cuadernos de Filosofía del Derecho*, n. 38 (2015), p. 73-100.

WATANABE, Kazuo. *Cognição no processo civil*. 4. ed. São Paulo: Saraiva, 2012.

YARSHELL, Flávio Luiz. O incidente de desconsideração da personalidade jurídica no CPC 2015: aplicação a outras formas de extensão da responsabilidade patrimonial. In: YARSHELL, Flavio Luiz; PEREIRA, Guilherme Setoguti J. (Coord.). *Processo societário*. São Paulo: Quartier Latin, 2015. v. II.

I.6 – Defesa

A TEORIA DA DESCONSIDERAÇÃO ATRIBUTIVA NO PROCESSO E OS LIMITES DA DEFESA NO INCIDENTE DE DESCONSIDERAÇÃO DA PERSONALIDADE JURÍDICA

Clarisse Frechiani Lara Leite

Livre-Docente, Doutora e Mestre em Direito Processual Civil pela FDUSP. Advogada.

Igor Campos Oliveira

Graduado em Direito pela FDRP-USP. Mestrando em Direito Processual Civil pela FDUSP. Advogado.

Sumário: 1. Apresentação do problema: a delimitação da defesa da parte cujo patrimônio se busca alcançar pela desconsideração – 2. Premissa: discussões sobre desconsideração não ensejam identidade ou sucessão processual entre sócio e sociedade – 3. A teoria da desconsideração atributiva da personalidade jurídica – 4. O tratamento processual da desconsideração atributiva – 5. A desconsideração atributiva como forma de imputação de fatos dotados de efeitos processuais – 6. A desconsideração atributiva pode ser usada para limitar a defesa no incidente de desconsideração, devido às preclusões operadas contra a parte originária? – 7. Conclusões – 8. Referências.

1. APRESENTAÇÃO DO PROBLEMA: A DELIMITAÇÃO DA DEFESA DA PARTE CUJO PATRIMÔNIO SE BUSCA ALCANÇAR PELA DESCONSIDERAÇÃO

Uma das grandes e importantes novidades do Código de Processo Civil de 2015 é, sem dúvida, a disciplina do "incidente de desconsideração da personalidade jurídica" entre as várias formas típicas de intervenção de terceiros.

Conquanto muito aplaudida por prestigiar garantias constitucionais,[1] a novel regulação deixou ainda dúvidas relevantes sobre o tratamento processual do instituto.

---

1. A respeito, veja-se: MELLO, Rogerio Licastro Torres de. *Responsabilidade executiva secundária: a execução em face do sócio, do cônjuge, do fiador e afins.* 2. ed. São Paulo: Ed. RT, 2015, p. 188-189; SIQUEIRA, Thiago Ferreira. *A responsabilidade patrimonial no novo sistema processual civil.* São Paulo: Ed. RT, 2016, p. 231-232; BATISTA CINTRA, Lia Carolina. *Intervenção de terceiro por ordem do juiz: a intervenção iussu iudicis no processo civil.* São Paulo: Ed. RT, 2017, p. 165; SALOMÃO FILHO, Calixto. *O novo direito societário:* eficácia e sustentabilidade. 5. ed. São Paulo: Saraiva, 2019, p. 386; ZUFELATO, Camilo. *Contraditório e vedação às decisões-surpresa no*

Uma delas, decorrente da pouco esclarecedora redação do art. 135 do Código de Processo Civil,[2-3] refere-se à delimitação da amplitude da defesa consentida ao sócio – até então terceiro[4] –, inserido de modo tardio no processo instaurado em face da sociedade (ou vice-versa),[5] e, consequentemente, aos limites da cognição judicial preordenada à decisão sobre a responsabilização desse sujeito.

Em especial, discute-se *se* e *em que medida* poderão ser suscitadas defesas relativas ao próprio crédito invocado contra a sociedade, ao lado daquelas – inequivocamente admissíveis – concernentes aos pressupostos para a desconsideração.

A discussão agudiza-se quando o incidente é instaurado durante a execução, estando já recoberta pela coisa julgada a decisão – da fase de conhecimento ou dos embargos – sobre a existência, o valor e a exigibilidade do crédito.

Duas questões principais aí se apresentam. Em primeiro lugar, definir a legitimidade do sócio para suscitar defesas relativas ao débito (originariamente) da sociedade, independentemente do momento em que isso seja feito. Em segundo, decidir se ele fica alcançado pelas estabilidades formadas contra a sociedade.

A maior parte da doutrina reconhece a legitimidade do sócio para se defender quanto ao débito (embora para alguns apenas após acolhido o pedido de desconsideração), por ser esse um dos elementos necessários à sua responsabilização (*questão prejudicial*).[6]

---

processo civil brasileiro. Belo Horizonte: D'Plácido, 2019, p. 208; SILVA, João Paulo Hecker da. Desconsideração da personalidade jurídica e sucessão: consequências sobre a posição jurídica do terceiro em cada hipótese em relação aos seus ônus, deveres, faculdades e direitos processuais. In: TALAMINI, Eduardo et al (Coord.). *Partes e terceiros no processo civil*. Salvador: JusPodivm, 2020, p. 465.

2. "Art. 135. Instaurado o incidente, o sócio ou a pessoa jurídica será citado para *manifestar-se* e requerer as provas cabíveis" (itálico nosso).

3. Críticas à falta de clareza do dispositivo também são apresentadas por: BATISTA CINTRA, Lia Carolina. Análise crítica do vigente sistema brasileiro de intervenção de terceiros. *Publicações da Escola da AGU*, v. 8, n. 1, p. 218. Brasília, jan.-mar. 2016; RIBEIRO, Leonardo Ferres da Silva; SANTOS, Júlio César Guzzi dos. A extensão das matérias de defesa no incidente de desconsideração da personalidade jurídica. *Revista de Processo*, v. 288, p. 73-92. São Paulo, fev. 2019. Versão eletrônica disponível em Thomson Reuters Legal One, p. 1.

4. Quanto ao conceito de "partes" e "terceiros" no Brasil, cf. LIEBMAN, Enrico Tullio. *Manual de direito processual civil*. 3. ed. Tradução e notas de Cândido Rangel Dinamarco. São Paulo: Malheiros, 2005, v. 1, p. 123-124. A maior parcela atual da doutrina brasileira encampa as definições de Liebman de "partes" e "terceiros", como: SICA, Heitor Vitor Mendonça. *O direito de defesa no processo civil brasileiro*: um estudo sobre a posição do réu. São Paulo: Atlas, 2011, p. 54-55; BATISTA CINTRA, Lia Carolina. *Intervenção de terceiros por ordem do juiz*, p. 58; TUCCI, José Rogério Cruz e. Comentários ao art. 506. In: ARENHART, Sérgio Cruz; MITIDIERO, Daniel (Coord.). *Comentários ao Código de Processo Civil*. 3. ed. São Paulo: Ed. RT, 2021, v. VIII, p. 228-230; DINAMARCO, Cândido Rangel. *Litisconsórcio*. 9. ed. São Paulo: Malheiros, 2021, p. 23-25.

5. Com as devidas adaptações, as reflexões deste artigo aplicam-se tanto para as hipóteses de desconsideração "direta" da personalidade jurídica, quanto para as de desconsideração "indireta".

6. A título de exemplo, cf. YARSHELL, Flávio Luiz. Comentários aos arts. 133 a 137. In: CABRAL, Antonio do Passo; CRAMER, Ronaldo (Coord.). *Comentários ao novo Código de Processo Civil*. 2. ed. Rio de Janeiro: Forense, 2016, p. 238; CASTRO, Roberta Dias Tarpinian de. *O incidente de desconsideração da personalidade jurídica*: as diferentes funções de um mesmo mecanismo processual. São Paulo: Quartier Latin, 2019, p. 240 e 244 (para quem, antes de acolhida a desconsideração, a defesa do sócio quanto ao débito exibe-se como espécie de "assistência simples" em favor da sociedade); RODRIGUES, Marcelo Abelha. *Responsabilidade patrimonial pelo inadimplemento das obrigações*: introdução ao estudo sistemático da responsabilização patrimonial. Indaiatuba: Foco, 2023, p. 192-194. Em sentido diverso: TALAMINI, Eduardo; WAMBIER, Luiz Rodrigues. *Curso avançado de processo civil*. 17. ed. São Paulo: Ed. RT, 2018, v. I, esp. n. 19.8.4 e 19.8.7, p. 375 e 376.

É sobre a segunda questão que se centra com maior intensidade o debate.

De um lado, com fundamento nas garantias constitucionais do devido processo legal e do contraditório,[7] o art. 506 do Código de Processo Civil proíbe, em princípio, que a estabilidade da coisa julgada opere em prejuízo de terceiros. Sendo o sócio um *terceiro* inserido tardiamente no contraditório mediante a nova modalidade coata de intervenção, não se lhe deveria opor a coisa julgada formada contra a sociedade. Por decorrência, seria permitido ao sócio invocar quaisquer defesas para afastar a possibilidade de seu patrimônio vir a ser afetado (inclusive demonstrar que o crédito nunca existiu, que foi alcançado por prescrição antes da propositura da demanda de cobrança, que já havia sido pago, que não corresponde ao montante fixado na sentença etc.).[8-9]

> Parte da doutrina afirma que a insistência do sócio em rediscutir a higidez do débito, quando identificada atuação fraudulenta no plano substancial, poderia configurar litigância de má-fé e ato atentatório à dignidade da Justiça, a atrair a imposição das respectivas sanções[10] – o que não obstaria de todo modo à rediscussão em si das matérias defensivas.

De outro lado, há quem sustente a impossibilidade de o sócio rediscutir questões atinentes ao débito, por força da coisa julgada. De modo semelhante ao que se passa com o sucessor, a quem apenas se consente discutir a própria ocorrência da sucessão, ficando ele alcançado pelas decisões transitadas em julgado em face do sucedido (ao

---

7. Entre inúmeros doutrinadores, cf. TUCCI, José Rogério Cruz e. *Limites subjetivos da eficácia da sentença e da coisa julgada civil.* 2. ed. São Paulo: Marcial Pons, 2020, p. 33-34; ZUFELATO, Camilo. *Limites subjetivos da sentença e da coisa julgada em relação às pretensões individuais.* 2020. Tese de Titularidade inédita – Faculdade de Direito de Ribeirão Preto, Universidade de São Paulo, Ribeirão Preto, 2020, p. 21-22.

8. Em apoio a tal ideia, cf., por todos, SAMPAIO, Marcus Vinícius de Abreu. O incidente de desconsideração da personalidade jurídica e a coisa julgada: quais os seus limites? In: LUCON, Paulo Henrique dos Santos; OLIVEIRA, Pedro Miranda de (Coord.). *Panorama atual do novo CPC 2.* Florianópolis: Empório do Direito, 2017, p. 370; SANTOS, Júlio César Guzzi dos. *A defesa no incidente de desconsideração da personalidade jurídica.* Belo Horizonte: D'Plácido, 2022, p. 192-196.

9. É, ao que parece, a posição majoritária da doutrina. Cf.: DIDIER JUNIOR, Fredie. Aspectos processuais da desconsideração da personalidade jurídica. In DIDIER JUNIOR, Fredie; MAZZEI, Rodrigo. Coord. *Reflexos do novo Código Civil no direito processual.* 2. ed. Salvador: JusPodivm, 2007, p. 169-170; BONICIO, Marcelo José Magalhães. A dimensão da ampla defesa dos terceiros na execução em face da nova "desconsideração inversa" da personalidade jurídica. *Revista do Instituto dos Advogados de São Paulo,* v. 23, p. 232-249. São Paulo, jan.-jun. 2009. Versão eletrônica disponível em Thomson Reuters Legal One, p. 3-4; BIANQUI, Pedro Henrique Torres. *Desconsideração da personalidade jurídica no processo civil.* São Paulo: Saraiva, 2011, p. 176 e 182-183; BEDAQUE, José Roberto dos Santos. Sucessão de empresas e desconsideração da personalidade jurídica. In: PEREIRA, Guilherme Setoguti Julio Pereira; YARSHELL, Flávio Luiz (Coord.). *Processo societário.* São Paulo: Quartier Latin, 2012, p. 458-459; YARSHELL, Flávio Luiz. *Comentários aos arts. 133 a 137,* p. 238-239; RODRIGUES FILHO, Otávio Joaquim. *Desconsideração da personalidade jurídica e processo:* de acordo com o Código de Processo Civil de 2015. São Paulo: Malheiros, 2016, p. 323-324; SIQUEIRA, Thiago Ferreira. *A responsabilidade patrimonial no novo sistema processual civil,* p. 204 e p. 234-235; MARTINS, Guilherme Rossini. *A desconsideração da personalidade jurídica e seus aspectos processuais.* 2019. Dissertação de Mestrado – Faculdade de Direito, Universidade de São Paulo, São Paulo, 2019, p. 121 e p. 142; GANACIN, João Cánovas Bottazzo. *Desconsideração da personalidade jurídica no processo civil.* São Paulo: Ed. RT, 2020, p. 99-100; ZUFELATO, Camilo. *Limites subjetivos da sentença e da coisa julgada em relação às pretensões individuais,* p. 138-139; SANTOS, Silas Silva. *Redirecionamentos da execução civil:* projeções da teoria do objeto litigioso, p. 201-203.

10. YARSHELL, Flávio Luiz. *Comentários aos arts. 133 a 137,* p. 239.

menos sempre que a sucessão ocorrer após o trânsito), também ao sócio se permitiria apenas debater o preenchimento dos pressupostos da desconsideração da personalidade jurídica.[11] Em outras palavras: *ou* o sócio não deve ser alcançado pela desconsideração, por ausência dos pressupostos para tanto, *ou* deve ser alcançado e, nessa hipótese, será tratado como se fosse a própria sociedade ou seu sucessor, sendo atingido pelas preclusões a ela dirigidas.[12]

Há, por fim, posições intermediárias, segundo as quais nem todas as situações merecem o mesmo tratamento. De acordo com Leonardo Greco, quando a despeito da extensão da responsabilidade promovida pela desconsideração se estiver diante de "pessoas diversas", será preciso respeitar o direito de defesa do indivíduo que vem ao processo depois, "não se podendo falar de preclusão, muito menos de coisa julgada".[13] Todavia, nas hipóteses em que tiver havido *abuso intenso* da personalidade jurídica, reconhecendo-se na desconsideração que a sociedade e o sócio "são a mesma pessoa, com dois nomes ou duas fachadas diferentes", seria perfeitamente razoável impor a este "a coisa julgada e a preclusão de todas as decisões a que o réu originário tenha de submeter-se".[14]

A questão a ser resolvida é, pois, definir se, *para fins processuais*, também se aplica a espécie de "indistinção" de personalidades jurídicas que o incidente de desconsideração busca ao final impor no que respeita às esferas patrimoniais. Ou seja, decidir se sócio e sociedade envolvidos no processo em que se discute a desconsideração devem ser tratados como partes processuais absolutamente diversas, como sucedido e sucessor ou como a "mesma pessoa".

Uma das ferramentas aptas em tese a equacionar esse problema é a *teoria da desconsideração atributiva ou regulatória da personalidade jurídica*, que permite imputar, em determinados casos, a prática e as consequências de certos atos da sociedade ao sócio, ou vice-versa.

É esse o objeto da presente investigação.

---

11. LUCON, Paulo Henrique dos Santos. *Relação entre demandas*. 2. ed. Brasília: Gazeta Jurídica, 2018, p. 142.
12. Com variações de fundamentação, é a conclusão para a qual parecem convergir: ANDRADE JUNIOR, Mozart Vilela. A obrigatoriedade (?) do incidente de desconsideração da personalidade jurídica. *Revista dos Tribunais*, v. 977, p. 393-415. São Paulo, mar. 2017. Versão eletrônica disponível em Thomson Reuters Legal One, p. 6; TALAMINI, Eduardo; WAMBIER, Luiz Rodrigues. *Curso avançado de processo civil*, esp. n. 19.8.4 e 19.8.7, p. 375 e 376; LUCON, Paulo Henrique dos Santos. *Relação entre demandas*, p. 142; ROCHA, Henrique de Moraes Fleury da. *Desconsideração da personalidade jurídica*. 2019. Dissertação de Mestrado – Pontifícia Universidade Católica de São Paulo, São Paulo, 2019, p. 194; ALMEIDA FILHO, Eduardo Baptista Vieira de. *Desconsideração da personalidade jurídica no Código de Processo Civil de 2015*. 2020. Dissertação de Mestrado – Faculdade de Direito, Universidade de São Paulo, São Paulo, 2020, p. 97.
13. GRECO, Leonardo. *Comentários ao Código de Processo Civil*. São Paulo: Saraiva, 2020, v. XVI, p. 189.
14. GRECO, Leonardo. *Comentários ao Código de Processo Civil*, v. XVI, p. 189. Também nessa linha, Marcelo Abelha Rodrigues sustenta ser possível cogitar da estabilização das matérias atinentes ao débito quando o sujeito atingido pela desconsideração for *exatamente a mesma pessoa que já ocupava a posição de réu no processo*, o que ocorreria em hipóteses de *empresas individuais* ou de *responsabilização do sócio administrador e representante da sociedade* (*Responsabilidade patrimonial pelo inadimplemento das obrigações*, p. 194).

2. PREMISSA: DISCUSSÕES SOBRE DESCONSIDERAÇÃO NÃO ENSEJAM IDENTIDADE OU SUCESSÃO PROCESSUAL ENTRE SÓCIO E SOCIEDADE

Antes de ingressar no estudo da desconsideração atributiva, é preciso esclarecer que, na visão de quem escreve, não é possível afirmar a existência de relação de identidade processual ou de sucessão entre sócio e sociedade, nos casos de desconsideração.

A despeito das variadas formas de compreender a desconsideração de personalidade jurídica, e das dificuldades a que muitas vezes conduzem a denominação do instituto e as metáforas que o envolvem, a doutrina reconhece não haver efetiva *despersonalização*, isto é, desaparecimento da pessoa jurídica como sujeito autônomo ou como centro de imputação de normas – o que ao revés se configura nos casos de invalidade do contrato social ou dissolução e liquidação da sociedade. Na desconsideração, subsiste a autonomia e a distinção subjetiva entre a pessoa coletiva e as de seus sócios.[15]

Mesmo quando se explica a desconsideração como *suspensão episódica da personificação ou da eficácia dos atos constitutivos*, costuma-se limitar os efeitos dessa parcial ineficácia ao plano material, e, mais especificamente, patrimonial.[16] A pessoa jurídica é, contudo, entidade complexa, que não se resolve em mera constituição de patrimônio em separado. Por isso, o acolhimento da desconsideração para estender ao sócio a responsabilidade quanto a débitos da sociedade não faz desaparecer a personalidade jurídica.[17]

> Também é preciso ter em mente que a desconsideração pode operar com fundamento na chamada *"teoria menor"*, em que se dispensam por completo os elementos de fraude, abuso ou confusão patrimonial.[18] Nesses casos, com ainda maior razão, não seria legítimo identificar as personalidades jurídicas em virtude da imposição de responsabilidade.

Se mesmo quando acolhida a desconsideração as personalidades se mantêm distintas no plano material, não há sentido em afirmar, no plano processual, a identidade entre os diversos entes societários.[19]

Tampouco se pode falar, com rigor, em *sucessão*, seja no plano material, seja no processual. De um lado, não é de sucessão que falam a lei ou a maior parcela da doutrina, inclusive porque inexiste *transmissão* de posições jurídicas. Ademais, é relevante o fato de a legislação ter optado por tratar a figura como modalidade de intervenção de terceiro

---

15. COMPARATO, Fabio Konder; SALOMÃO FILHO, Calixto. *O poder de controle na sociedade anônima*. 6. ed. Rio de Janeiro: GEN-Forense, 2013. Versão eletrônica disponível em Minha Biblioteca, p. 306.
16. ASSIS, Araken de. *Processo civil brasileiro*. v. II. t. I. São Paulo: Ed. RT, 2016, p. 141; COELHO, Fabio Ulhoa. Lineamentos da teoria da desconsideração da personalidade jurídica no direito brasileiro. *Revista do Advogado*, São Paulo, n. 36, 1992, p. 40.
17. GANACIN, João Cánovas Bottazzo. *Desconsideração da personalidade jurídica no processo civil*, p. 48.
18. O alerta também é feito por Flávio Luiz Yarshell (*Comentários aos arts. 133 a 137*, p. 239).
19. Na mesma linha, João Paulo Hecker da Silva afirma que "pessoa jurídica e sócio permanecem com personalidades totalmente distintas", abondando-se "apenas o limite patrimonial da sociedade, para lograr a satisfação da pretensão também com o patrimônio dos sócios" (*Desconsideração da personalidade jurídica e sucessão*, p. 465). Diversamente, mas sem argumentos convincentes, Renato de Toledo Piza Ferraz entende que o decreto de desconsideração impõe que se ignore "totalmente a existência da pessoa jurídica" (*Desconsideração da personalidade jurídica na arbitragem*. 2022. Tese de Doutorado – Faculdade de Direito, Universidade de São Paulo, São Paulo, 2022, p. 353).

(ingresso de determinado sujeito no processo já existente em face de outro sujeito), e não como habilitação de sucessores.[20]

Por fim, conforme acentuado por Flávio Luiz Yarshell, não há norma estabelecendo que o devedor seja ou que atue como *substituto processual* do responsável,[21] para que se pudesse submeter este último indistintamente aos efeitos dos atos e estabilidades processuais decorrentes da atuação daquele.

Daí não ser legítimo afirmar de forma geral e apriorística a limitação do direito de defesa do réu na desconsideração – que até então era terceiro, mas poderá vir a ser condenado e ter seu patrimônio invadido – por força de sua vinculação às estabilidades formadas contra pessoa diversa (a sociedade).

Aliás, competindo exclusivamente ao credor escolher o momento de promover a desconsideração (CPC, art. 134, *caput*), seria manifestamente iníquo permitir que, por opção estratégica sua, a amplitude do direito de defesa do sócio pudesse ser restringida.[22]

Em regra, portanto, é preciso reconhecer a plena distinção das personalidades jurídicas de sócio e sociedade para fins de regime e efeitos processuais, inclusive quanto às estabilidades, nos termos do art. 49-A do Código Civil e dos arts. 9º, 10, 18, *caput*, e 506, do Código de Processo Civil.

Isso não significa, contudo, que, em certas e determinadas situações, não seja eventualmente possível imputar os efeitos (processuais) de atos praticados por um ente societário a outro, como vem sendo objeto de estudo pela doutrina da desconsideração atributiva da personalidade jurídica.

3. A TEORIA DA DESCONSIDERAÇÃO ATRIBUTIVA DA PERSONALIDADE JURÍDICA

Tradicionalmente, a despeito de alguma divergência,[23] a doutrina brasileira emprega o conceito de "desconsideração da personalidade jurídica" para designar o conhecido e polêmico instituto que permite a extensão de responsabilidade patrimonial ao sócio por dívida da sociedade (ou vice-versa), atualmente positivado no art. 50 do Código Civil.[24-24-26]

---

20. Em sentido semelhante: SILVA, João Paulo Hecker. *Desconsideração da personalidade jurídica e sucessão*, p. 465.
21. YARSHELL, Flávio Luiz. *Comentários aos arts. 133 a 137*, p. 238.
22. Conforme alerta Flávio Luiz Yarshell (*Comentários ao arts. 133 a 137*, p. 238).
23. Impende recordar que parcela minoritária da doutrina brasileira afirma que a desconsideração da personalidade jurídica enseja responsabilidade por dívida própria, e não alheia. A respeito, cf. SALOMÃO FILHO, Calixto. *A sociedade unipessoal*. São Paulo: Malheiros, 1995, p. 147-148; MOREIRA, Alberto Camiña. *Litisconsórcio no processo de execução*. 2001. Tese de Doutorado – Pontifícia Universidade Católica de São Paulo, São Paulo, 2001, p. 144-145; SALOMÃO FILHO, Calixto. *O novo direito societário*, p. 393.
24. Vários estudiosos abordam a "desconsideração da personalidade jurídica" como meio de estender a responsabilidade patrimonial ao sócio por dívida alheia, ou seja, por dívida da sociedade, vide: MELLO, Rogerio Licastro Torres de. *Responsabilidade executiva secundária*, p. 188; YARSHELL, Flávio Luiz. *Comentários aos arts. 133 a 137*, p. 229 e p. 231; SIQUEIRA, Thiago Ferreira. *A responsabilidade patrimonial no novo sistema processual civil*, p. 231; DINAMARCO, Cândido Rangel. *Instituições de direito processual civil*. 7. ed. São Paulo: Malheiros, 2017, v. II, p. 491; LONGO, Caricielli Maísa. *Natureza jurídica da decisão que julga a desconsideração da personalidade jurídica no processo civil*: extensão e limites. 2018. Tese de Doutorado – Pontifícia Universidade Católica de São Paulo, São

A seu lado, vem sendo crescentemente estudada pela doutrina nacional[27] outra "espécie" de desconsideração, denominada *desconsideração atributiva*[28] ou *desconsideração regulatória*.[29]

Por força do princípio da separação de personalidades jurídicas (CC, art. 49-A), não apenas o patrimônio, mas também as qualidades,[30] ações e posições jurídicas da sociedade são, em regra, inconfundíveis com as de seus membros.[31] Ordinariamente, os atos, os

---

Paulo, 2018, p. 175-176; TEMER, Sofia. *Participação no processo civil*: repensando litisconsórcio, intervenção de terceiros e outras formas de atuação. Salvador: JusPodivm, 2020, p. 190; ADAMEK, Marcelo Vieira von; FRANÇA, Erasmo Valladão Azevedo e Novaes. *Direito processual societário*: comentários breves ao CPC/2015. 3. ed. São Paulo: Malheiros, 2022, p. 164. Conquanto essa posição seja facilmente encontrada na doutrina brasileira, há múltiplas divergências, por exemplo, quanto à natureza declaratória, constitutiva ou condenatória da decisão que estende a responsabilidade patrimonial ao sócio. Em trabalho recente, André Nunes Conti criticou essa concepção predominante de que a desconsideração da personalidade jurídica possa ser entendida a partir da teoria dualista da obrigação (*Desconsideração atributiva no direito privado: a imputação de fatos da pessoa jurídica aos seus membros e vice-versa*. São Paulo: Quartier Latin, 2022, p. 65-72). Antes dele, Calixto Salomão Filho também já defendera que, na desconsideração da personalidade jurídica, "o sujeito responde por dívida própria, decorrente não de um ato mas de uma atividade abusiva" (*O novo direito societário*, p. 236-237).

25. É bastante difundida a ideia de que o instituto tem como origem histórica a jurisprudência inglesa do século XIX, especialmente formada a partir do caso *Salomon versus A Salomon & Co.*, devendo-se a célebre artigo de Rubens Requião da década de 1960 (Abuso de direito e fraude através da personalidade jurídica (disregard doctrine). *Revista dos Tribunais*, v. 58, n. 410, p. 12-24, dez. 1969) o início de sua difusão no Brasil. Nesse sentido, cf.: SIERVI NETO, Carmine de. *A evolução da teoria da desconsideração da personalidade jurídica no direito brasileiro*. 2005. Dissertação de Mestrado – Pontifícia Universidade Católica de São Paulo, São Paulo, 2005, p. 78; RODRIGUES JÚNIOR, Otavio Luiz; LEONARDO, Rodrigo Xavier. A desconsideração da personalidade jurídica e os 18 anos do Código Civil. In: BARBOSA, Henrique; SILVA, Jorge Cesa Ferreira da (Coord.). *A evolução do direito empresarial e obrigacional*: 18 anos do Código Civil. São Paulo: Quartier Latin, 2022, v. 1, p. 596-597.

26. Nosso sistema conta com outras hipóteses, previstas nos art. 28 do CDC e 4º da Lei 9.605/1998, mas para parte da doutrina haveria em tais casos mera responsabilidade ordinária e subsidiária, e não "verdadeira desconsideração" (GANACIN, João Canovas Bottazzo. *Desconsideração da personalidade jurídica no processo civil*, p. 59-60).

27. Algumas obras clássicas também já haviam abordado o tema: OLIVEIRA, José Lamartine Corrêa de. *A dupla crise da pessoa jurídica*. São Paulo: Saraiva, 1979; JUSTEN FILHO, Marçal. *Desconsideração da personalidade societária no direito brasileiro*. São Paulo: Ed. RT, 1987.

28. Expressão cunhada por Calixto Salomão Filho a partir do termo alemão *Zurechnungsdurchgriff* (cf. *A sociedade unipessoal*, p. 130, e *O novo direito societário*, p. 367) e acolhida, entre outros, por: BIANQUI, Pedro Henrique Torres. *Desconsideração da personalidade jurídica no processo civil*, p. 53-55; BUSCHINELLI, Gabriel Saad Kik. *Compra e venda de participações societárias de controle*. 2017. Tese de Doutorado – Faculdade de Direito, Universidade de São Paulo, São Paulo, 2017, p. 57-64; ADAMEK, Marcelo Vieira von; FRANÇA, Erasmo Valladão Azevedo e Novaes. *Direito processual societário*, p. 139; CONTI, André Nunes. *Desconsideração atributiva no direito privado*, p. 22-23.

29. É o termo adotado por Mariana Pargendler: Apontamentos sobre a desconsideração regulatória da personalidade jurídica (*veil peeking*): função e critérios. In: BARBOSA, Henrique; SILVA, Jorge Cesa Ferreira da (Coord.). *A evolução do direito empresarial e obrigacional: 18 anos do Código Civil*. São Paulo: Quartier Latin, 2022, p. 574. Em artigo anterior, publicado na língua inglesa, a autora apresenta sua original construção a partir de precedente da Suprema Corte dos Estados Unidos de 1809, no caso *Bank of the United States* versus *Deveaux*, e da doutrina norte-americana (Veil peeking: the corporation as a nexus for regulation. *University of Pennsylvania Law Review*, v. 169, p. 729, 2021).

30. PARGENDLER, Mariana. *Apontamentos sobre a desconsideração regulatória da personalidade jurídica*, p. 577.

31. Ao encontro disso, cf. CONTI, André Nunes. *Desconsideração atributiva no direito privado*, p. 32-34 e p. 36; ADAMEK, Marcelo Vieira von; FRANÇA, Erasmo Valladão Azevedo e Novaes. *Direito processual societário*, p. 136-138. De acordo com André Nunes Conti, o princípio separação tutela não só os sócios, mas também, em alguma medida, os administradores, usufrutuários de ações, credores garantidos por alienação fiduciária, entre outros (*Desconsideração atributiva no direito privado*, p. 35).

conhecimentos, as condições econômicas de sócio ou da sociedade repercutem apenas em sua própria esfera jurídica, sem gerar consequências imediatas para o outro sujeito.

A desconsideração atributiva permite excepcionar tal ordinária separação, procedendo-se à imputação a um desses sujeitos dos fatos e consequências jurídicas originariamente dizentes apenas com a esfera do outro. Como explica Calixto Salomão Filho, o *problema* da desconsideração surge "sempre que se trata de imputar certa norma, dever ou obrigação a pessoa diversa de seu destinatário normal", ou seja, "ao sócio ou à sociedade sem que esses sejam seus destinatários específicos".[32]

A compreensão do instituto fica mais clara a partir de alguns exemplos apresentados pela doutrina: (a) atribuição de características do sócio único à sociedade para configuração de erro essencial quanto à pessoa do destinatário da declaração, ensejando a anulação do ato; (b) extensão ao sócio de deveres de não concorrência impostos à sociedade;[33] (c) imputação à sociedade de conhecimentos do sócio, de modo a afastar eventual boa-fé em aquisições; (d) atribuição ao sócio, proprietário do imóvel locado, do uso do bem pela sociedade por ele controlada, para admitir a *retomada do imóvel* (especialmente quando a questão era enfrentada pela jurisprudência com base na Súmula 486 do STF),[34] e (e) imputação à companhia da nacionalidade de seus acionistas e administradores, com a finalidade de aplicar sanções às "sociedades inimigas" na Primeira Guerra Mundial.[35]

Há casos em que a própria lei cuida de derrogar a regra da separação de esferas jurídicas, como se passa com: (a) as atuais normas dos arts. 51, § 2º, e 52, inc. II, da Lei de Locações (n. 8.245/1991), que permitem a retomada para uso do imóvel por sociedade de que o locador detenha a maioria do capital, bem como o exercício, pela sociedade,

---

32. SALOMÃO FILHO, Calixto. *O novo direito societário*, p. 233-234.
33. Cf. SALOMÃO FILHO, Calixto. *O novo direito societário*, p. 220; PARGENDLER, Mariana. *Apontamentos sobre a desconsideração regulatória da personalidade jurídica*, p. 590. Nesse contexto, Judith Martins-Costa discute a aplicação da desconsideração para extensão de dever de não exercício de direito de preferência a sociedades controladas pelos mesmos controladores da sociedade contratante (Obrigação de abstenção do direito de preferência: violação do direito de crédito por "terceiro cúmplice" e desconsideração da personalidade jurídica. In: GOUVÊA, Carlos Portugal et. al (Org.). *Fusões e aquisições*: pareceres. São Paulo: Almedina, 2022, p. 143-193, esp. p. 185). Mas André Nunes Conti – para quem a desconsideração atributiva representa não apenas uma questão de interpretação teleológica, mas também de solução de conflito entre normas – distingue (a) a situação em que se deve simplesmente *interpretar a cláusula contratual* para definir se atos de terceiros (como sócios ou sociedades), violadores do contrato, podem ser imputados à parte contratante – questão de mera interpretação do ato negocial –, (b) dos "verdadeiros" problemas de desconsideração atributiva, em que se questiona se a sociedade ou o sócio podem ser reputados *partes do negócio celebrado pelo outro sujeito, imputando-se-lhe a declaração de vontade alheia*, em afronta ao princípio da separação (*Desconsideração atributiva no direito privado*, p. 143-145 e 149-152). Também para Conti escapariam do âmbito da desconsideração atributiva os casos em que a imputação do dever contratual dependesse da apuração de abuso, caracterizando-se, nessa hipótese, problema de desconsideração regulado no art. 50 do CC (*Desconsideração atributiva no direito privado*, p. 147-149 – v. nota 45 *infra*).
34. SALOMÃO FILHO, Calixto. *O novo direito societário*, p. 219-220 e p. 234.
35. PARGENDLER, Mariana. *Apontamentos sobre a desconsideração regulatória da personalidade jurídica*, p. 585. A autora refere-se ao caso *Daimler Co., Ltd. versus Continental Tyre and Rubber Co. (Great Britain) Ltd.*, em que a Câmara dos Lordes admitiu ser necessário "to look, at least for some purposes, behind the corporation and consider the quality of its members", com a finalidade de aplicar sanções a uma companhia constituída na Inglaterra, cujos administradores e a quase totalidade dos acionistas eram alemães e moravam na Alemanha.

do direito à renovação do contrato celebrado pelo sócio;[36] (b) as situações de exigência de controle nacional das sociedades atuantes em determinados setores econômicos, como o de comunicação (CF, art. 222, § 1º), e, (c) no âmbito tributário, o regulamento do Simples nacional, que leva em conta a identidade e outras participações do sócio da pessoa jurídica (Lei Complementar 123/2006, art. 3º, § 4º).[37]

O emprego do *método* da desconsideração atributiva só se torna necessário, segundo a doutrina, quando a derrogação do princípio da separação estatuído no art. 49-A do Código Civil não é expressamente determinada pelo legislador.[38]

Diferentemente do que se passa com o atual cenário da desconsideração para imposição da responsabilidade patrimonial, não há em nosso sistema norma geral, como o art. 50 do Código Civil, reguladora da utilização do instituto da desconsideração atributiva. Da perspectiva comparada, a doutrina observa que apenas a lei societária de Israel traz disposição geral a esse respeito, autorizando a imputação não apenas de obrigações, mas também de atributos e direitos do acionista à companhia.[39]

Mas assim como a ausência de positivação da desconsideração para fins patrimoniais não foi empecilho para a aplicação do instituto antes de sua consagração pelo legislador, os estudiosos do tema também não veem óbice ao emprego da desconsideração atributiva *de lege lata*, com fundamento em normas de superdireito sobre interpretação teleológica, integração de lacunas e solução de conflito entre normas.[40]

Afirma Mariana Pargendler que a desconsideração atributiva (ou regulatória) "entra em jogo quando a constituição, a lei, tratado ou contrato em questão não são claros quanto ao tratamento das pessoas jurídicas", devendo os tribunais "recorrer às técnicas tradicionais de integração de lacunas legais e contratuais, com especial atenção ao fim econômico e social da lei e do contrato em julgamento".[41]

---

36. CONTI, André Nunes. *Desconsideração atributiva no direito privado*, p. 45.

37. Os exemplos são de Mariana Pargendler (*Apontamentos sobre a desconsideração regulatória da personalidade jurídica*, p. 593).

38. CONTI, André Nunes. *Desconsideração atributiva no direito privado*, p. 45.

39. A observação é de Mariana Pargendler (*Apontamentos sobre a desconsideração regulatória da personalidade jurídica*, p. 589), que alude ao art. 6 da Companies Law.

40. Em sentido diverso, Renato Luiz Franco de Campos entende que, não estando a desconsideração atributiva contemplada no ordenamento brasileiro, seus efeitos devem ser obtidos por meio da teoria da aparência (*Desconsideração da personalidade jurídica: limitações e aplicações no direito de família e sucessões*. 2014. Dissertação de Mestrado – Faculdade de Direito, Universidade de São Paulo, 2014, p. 156-160). Para Calixto Salomão Filho, a teoria da aparência é um dos institutos cunhados para tratar do *problema* da desconsideração atributiva, que se vale, contudo, de *método* diverso daquele compreendido como o *método da desconsideração da personalidade jurídica* (*O novo direito societário*, p. 221).

41. PARGENDLER, Mariana. *Apontamentos sobre a desconsideração regulatória da personalidade jurídica*, p. 589-590. Em sentido semelhante, Hector Cavalcanti Chamberlain afirma que "a desconsideração-imputação dispensa autorização legal expressa", pois "não passa de um nome dado à interpretação-aplicação das normas vigentes" (...) Logo, o poder de aplicar a desconsideração-imputação é inerente à função prático-concreta da jurisdição e da administração; proibi-lo seria o mesmo que proibir a interpretação dos fatos e do direito" (*O incidente processual de desconsideração da personalidade jurídica: atualização da disregard doctrine na perspectiva da responsabilidade patrimonial e reflexos no processo civil brasileiro*. Londrina: Thoth, 2021, p. 49).

De forma semelhante, Calixto Salomão Filho entende que o método de desconsideração atributiva será usado diante de *interesse externo* que justifique diretamente a atribuição da norma ao sócio (para o que bastará então o controle), ou em casos nos quais seria irracional e formalístico não atribuir as situações subjetivas da sociedade ao sócio, como em diversas hipóteses envolvendo sociedade unipessoal – especialmente quando não regulada a sua disciplina pelo ordenamento, funcionando a desconsideração atributiva como forma de *suprir lacunas*.[42]

Por fim, para André Nunes Conti, Erasmo Valladão e Marcelo von Adamek, a aplicação da desconsideração atributiva da personalidade jurídica presta-se a resolver conflitos entre o princípio da separação e determinadas normas cuja interpretação teleológica exija levar em conta a típica relação de proximidade entre sócios e sociedade para imputar fatos (atos, conhecimentos, declarações de vontades, interesses, condições econômicas *etc.*) de um a outro.[43]

Como se observa, também para esses autores o conflito (a ser solucionado pela desconsideração atributiva) apenas surge com a prévia interpretação teleológica de norma que, em princípio, não contraria expressamente a regra da separação de esferas – inclusive porque, se o fizesse, integraria o grupo de hipóteses em que a desconsideração atributiva é já diretamente determinada pelo legislador. Verificado o conflito, a partir da identificação das finalidades de determinada regra, que demandam a imputação de fatos e consequências jurídicas de um ente a outro – e surgindo assim um *problema* de desconsideração atributiva –, passa-se então a avaliar se os interesses abarcados na *norma resultante da interpretação teleológica* são mais relevantes do que os propósitos tutelados pelo princípio da separação, isto é, do que o estímulo à livre iniciativa e a proteção dos interesses dos credores.[44]

De modo geral, entende a doutrina não ser necessário um ato abusivo para que a desconsideração atributiva ou regulatória opere. Mas eventual abuso pode ser no caso concreto relevante para evidenciar a prevalência de outros interesses sobre aqueles tutelados pelo princípio da separação.[45]

---

42. SALOMÃO FILHO, Calixto. *O novo direito societário*, p. 390-392.
43. CONTI, André Nunes. *Desconsideração atributiva no direito privado*, p. 23-24 e p. 38; ADAMEK, Marcelo Vieira von; FRANÇA, Erasmo Valladão Azevedo e Novaes. *Direito processual societário*, p. 140-141.
44. A respeito, cf. CONTI, André Nunes. *Desconsideração atributiva no direito privado*, p. 34 e p. 37-38 ADAMEK, Marcelo Vieira von; FRANÇA, Erasmo Valladão Azevedo e Novaes. *Direito processual societário*, p. 140-142. Ressalte-se que outros autores também atribuem, em alguma medida, importância à interpretação das finalidades ou dos escopos das normas para resolver problemas de desconsideração atributiva, como: JUSTEN FILHO, Marçal. *Desconsideração da personalidade societária no direito brasileiro*, p. 57-58; SALOMÃO FILHO, Calixto. *O novo direito societário*, p. 367 e p. 392.
45. ADAMEK, Marcelo Vieira von; FRANÇA, Erasmo Valladão Azevedo e Novaes. *Direito processual societário*, p. 140-142. Para André Nunes Conti, a necessidade de recorrer ao abuso (ou a outro fato que não a típica proximidade entre entes sociais) para imputar ao sócio dívida ou relação jurídica alheia (da sociedade) não se coaduna com o instituto da desconsideração atributiva. Nesses casos, tratar-se-á da hipótese "típica" de desconsideração da personalidade jurídica regulada no art. 50 do CC, ainda quando não envolva própria ou imediatamente responsabilidade patrimonial (pecuniária), mas imposição, por exemplo de deveres de não fazer, como nas cláusulas de não concorrência (*Desconsideração atributiva no direito privado*, p. 147-149). Em sentido diverso, Mariana Pargendler elege como critério distintivo entre os institutos o fato de se tratar de (a) exceção à separação

Tanto quanto se passa com os casos de imputação de responsabilidade patrimonial, também o problema da desconsideração atributiva deve ser resolvido à luz do caso concreto. Como há muito afirmado, *"the question whether a corporation is an entity separate and distinct from the stockholders cannot be asked, or answered, in vacuo"*.[46] E, nessa solução casuística, deve-se reconhecer que o princípio da separação se reveste do *status* de *regra geral*, pesando o ônus argumentativo e probatório *contra* a pretensão de afastá-lo.[47] Na dúvida, prevalece a separação.

Sem negar a necessidade de ponderação diante de situações e interesses concretos, André Nunes Conti realiza esforço de sistematização para delinear critérios legitimadores da desconsideração atributiva em alguns grupos representativos de situações práticas. Nesse exame, conclui, por exemplo, que a imputação a um ente societário de atos dolosos praticados pelo outro, vide o agravamento intencional do risco segurado (CC, art. 768), pode operar "para cima" (da sociedade para o sócio) ou "para baixo" (do sócio para a sociedade),[48] com base no simples poder de controle ou na relevância da participação (por força da qual o sócio seja considerado substancialmente beneficiário da garantia securitária).[49]

Igualmente, nas discussões sobre a imputação de *interesses* de um ente a outro – como em situações de conflito de interesses para exercício do direito de voto (Lei das SA, art. 115, § 1º) – evidencia-se para Conti a possível suficiência dos critérios de típica proximidade societária (controle e titularidade indireta relevante do patrimônio e dos lucros) para legitimar a desconsideração atributiva, devendo ser eles de todo modo examinados à luz das circunstâncias concretas.[50]

Já no que respeita a atos de manifestações de vontade, Conti reputa insuficiente a mera proximidade societária para imputar declarações de vontade de um ente a outro. Eventual extensão da manifestação de vontade normalmente operará por meios outros,

---

patrimonial ou (b) exceção à separação regulatória, para impor direitos ou deveres de um ente a outro. Todas as hipóteses de imputação de direitos e deveres que não ensejassem exceção à separação patrimonial escapariam, pois, do âmbito da disciplina positiva sobre a desconsideração da personalidade jurídica em nosso ordenamento (CC, art. 50; CDC, art. 28 e LArb, art. 4º, § 1º), ensejando um possível problema de desconsideração regulatória ou atributiva (*Apontamentos sobre a desconsideração regulatória da personalidade jurídica*, p. 576-580).

46. A expressão é atribuída por Mariana Pargendler (*Apontamentos sobre a desconsideração regulatória da personalidade jurídica*, p. 590) a Elvin Remus Latty (Corporate entity as a solvent of legal problems, *Michigan Law Review*, v. 34, n. 5, p. 597-636, 1936).

47. Cf. CONTI, André Nunes. *Desconsideração atributiva no direito privado*, p. 41-42.

48. As expressões "desconsideração para cima" e "para baixo" são usadas por André Nunes Conti (*Desconsideração atributiva no direito privado*, p. 87). Mariana Pargendler fala em "desconsideração regulatória inversa" (*reverse veil peeking*) para referir a atribuição de fatos relativos à sociedade a seus acionistas, havendo ordinária "desconsideração regulatória" quando certos direitos, deveres e qualidades dos acionistas são atribuídos à pessoa jurídica (*Apontamentos sobre a desconsideração regulatória da personalidade jurídica*, p. 579-580; *Veil peeking*, p. 738).

49. Cf. CONTI, André Nunes. *Desconsideração atributiva no direito privado*, p. 104-106. Acerca do tema, cf., também, ADAMEK, Marcelo Vieira von. Imputação de culpa grave em contrato de seguro no âmbito dos grupos de sociedade. In: GOLDBERG, Ilan; JUNQUEIRA, Thiago (Coord.). *Temas atuais de direito dos seguros*. São Paulo: Ed. RT, 2020, v. 1, p. 680-694.

50. CONTI, André Nunes. *Desconsideração atributiva no direito privado*, p. 163-167.

que não a declaração atributiva (conforme contornos atribuídos por Conti ao instituto), tais como o reconhecimento de uma "declaração tácita por comportamento concludente" ou a "outorga de poderes de representação por tolerância".[51]

Como se verá adiante, essa questão adquire relevo nas discussões sobre extensão da convenção de arbitragem.

Examina-se ainda a hipótese de imputação de *conhecimentos* dos sócios não gerentes à sociedade ou vice-versa – relevante, por exemplo, em discussões sobre vícios redibitórios (CC, arts. 441 a 446). Nos casos envolvendo gerência, o problema de desconsideração atributiva não se apresentaria, porque a doutrina brasileira tende a fundar a imputação de conhecimentos nas regras gerais sobre imputação de circunstâncias do representante ao representado, no âmbito da representação voluntária ou orgânica. Nas demais hipóteses, André Nunes Conti entende que a típica proximidade entre entes societários (expressa por poder de controle e titularidade indireta do patrimônio e dos lucros) *não* será suficiente para ensejar a desconsideração atributiva. Nelas, a imputação de conhecimentos dependerá de investigação casuística que leve em conta a forma pela qual o conhecimento é transmitido ou se torna pertinente, as possibilidades concretas de exercício dos direitos de informação e as normas que tratam dos deveres de diligência dos sócios.[52]

4. O TRATAMENTO PROCESSUAL DA DESCONSIDERAÇÃO ATRIBUTIVA

Como visto acima, a previsão legislativa do incidente de desconsideração da personalidade jurídica recebeu efusivo apoio de nossa doutrina. Em modelo de processo civil fortemente influenciado por garantias constitucionais, como o brasileiro,[53] constitui *regra* a observância do contraditório prévio e a concessão de oportunidade de defesa antes de atingir o patrimônio de terceiros (CF, art. 5º, incs. LIV e LV).[54]

A partir dessa premissa, grande parte da doutrina vem inclusive sustentando a necessidade de utilização da técnica em outras hipóteses de extensão, *lato sensu*, de responsabilidade patrimonial.[55]

---

51. CONTI, André Nunes. *Desconsideração atributiva no direito privado*, p. 152 e 156-157.
52. CONTI, André Nunes. *Desconsideração atributiva no direito privado*, p. 138-141.
53. DINAMARCO, Cândido Rangel. *Instituições de direito processual civil*. 10. ed. São Paulo: Malheiros, 2020, v. I, p. 239.
54. Por todos, cf. THEODORO JÚNIOR, Humberto. A desconsideração da personalidade jurídica no direito processual civil brasileiro. In: PEREIRA, Guilherme Setoguti Julio Pereira; YARSHELL, Flávio Luiz (Coord.). *Processo societário*. São Paulo: Quartier Latin, 2012, p. 317-318; DINIZ, Gustavo Saad; GAJARDONI, Fernando da Fonseca. Responsabilidade patrimonial do sócio, desconsideração da personalidade jurídica e integração processual. In: BRUSCHI, Gilberto Gomes et al (Coord.). *Direito processual empresarial*: estudos em homenagem a Manoel de Queiroz Pereira Calças. Rio de Janeiro: Elsevier, 2012, p. 323-324 e p. 327.
55. Nesse sentido, cf.: YARSHELL, Flávio Luiz. O incidente de desconsideração da personalidade jurídica no CPC 2015: aplicação a outras formas de extensão de responsabilidade patrimonial. In: YARSHELL, Flávio Luiz; PEREIRA, Guilherme Setoguti Julio (Coord.). *Processo societário II*. São Paulo: Quartier Latin, 2015, p. 222-224; BUENO, Cassio Scarpinella. Comentários aos arts. 133 a 138. In: BUENO, Cassio Scarpinella. *Comentários ao Código de Processo Civil*. São Paulo: Saraiva, 2017, v. 1, p. 133; BUENO, Cassio Scarpinella. *Curso sistematizado de direito processual civil*. 9. ed. São Paulo: Saraiva, 2018, v. 1, p. 562-563; CAVAEIRO, Agnon Éricon; RODRIGUES,

No que respeita à aplicação da desconsideração atributiva, contudo, ordinariamente não se mostrará necessária a utilização do incidente, porque a teoria será empregada como *fundamento* para legitimar a imposição de certa consequência jurídica ao indivíduo que *já figura como parte no processo*.[56] Nessas hipóteses, não haverá terceiro a ser integrado ao contraditório por via da modalidade interventiva.

Pense-se na demanda voltada à anulação de negócio por erro essencial quanto à pessoa do destinatário da declaração (a sociedade), em que se invoque a desconsideração atributiva para configurar o erro com base em características do sócio. A consequência jurídica pretendida – anulação do contrato – operará em face da sociedade, que participou do negócio e que há de figurar como ré no processo. O sócio – a quem pertencem efetivamente as características que se pretende imputar à sociedade – não é um sujeito "necessário" do contraditório, porque contra ele não se dirigirão os efeitos jurídicos da anulação pretendida.

Idêntico raciocínio aplica-se à hipótese em que determinado corretor de imóveis proponha demanda contra o sócio, parte no contrato de corretagem, para postular o pagamento da remuneração instituída nos arts. 725 e 727 do Código Civil, imputando-se ao réu a celebração do negócio realizado por pessoa jurídica por ele controlada – de modo a configurar a obtenção do resultado previsto no contrato de mediação.

Também é essa a situação verificada no caso de demanda securitária movida contra a (ou pela) sociedade segurada, em que se ponha a questão da desconsideração atributiva para imputar-lhe o agravamento intencional do risco promovido pelo sócio, com vista a reconhecer a perda da garantia (CC, art. 768). Como nenhum efeito jurídico será diretamente projetado pela sentença contra o sócio, não será necessária a sua participação no processo – embora seja plenamente possível a sua oitiva como testemunha ou, eventualmente, a sua participação como assistente da sociedade.

É ainda o que se passa quando se busque condenar a sociedade contratante pelo descumprimento de obrigação de não concorrência caracterizado por atos do sócio ou de outro ente societário – caso se reconheça ser essa, efetivamente, hipótese de desconsideração atributiva.

Por outro lado, nos casos em que se pretenda imputar, mediante desconsideração, um direito ou dever a quem não era destinatário originário da norma, virá tal sujeito ao processo desde o início como parte ativa ou passiva, porque dele será (ou contra ele se exercerá) a pretensão.

É o que se verificará quando se objetivar exigir do sócio não contratante o cumprimento de dever de não concorrência assumido pela sociedade, impondo-se

---

Álvaro José do Amaral Ferraz. A necessidade de instauração de processo incidental para apuração da extensão da responsabilidade patrimonial a terceiros. *Revista de Processo*, v. 287, p. 47-70, jan. 2019. Versão eletrônica disponível em Thomson Reuters Legal One, p. 2 e p. 8; ZUFELATO, Camilo. *Limites subjetivos da sentença e da coisa julgada em relação às pretensões individuais*, p. 141-142; SANTOS, Silas Silva. *Redirecionamentos da execução civil*, p. 129, p. 209-210 e p. 220.

56. CONTI, André Nunes. *Desconsideração atributiva no direito privado*, p. 83-84.

diretamente a ele condenação ao cumprimento de um não fazer.[57] Nesse caso, o sócio, terceiro no negócio jurídico, será diretamente incluído no polo passivo do processo (como litisconsorte da sociedade), porque é contra ele que se dirige a pretensão. Mas não se descarta a admissibilidade de instauração do incidente no curso do processo, quando originalmente o descumprimento fosse da sociedade e depois viesse a ser praticado pelo sócio.

Conquanto já regulada em lei – dispensando pois o emprego do método da desconsideração pelo julgador –, constitui um bom exemplo da hipótese diametralmente oposta, isto é, da imputação de *direito* de um ente a outro, aquela em que a demanda renovatória do contrato de locação celebrado pelo sócio venha a ser proposta pela sociedade, com fundamento no art. 51, § 2º, da Lei de Locações.

Figurando já no polo ativo ou passivo do processo o sujeito a quem se pretende sejam dirigidos os efeitos do provimento, com *fulcro* em desconsideração atributiva, bastará a observância do contraditório prévio (CPC, arts. 9º, *caput*, e 10) e, se o caso, da regra da demanda, que requer alegação pela parte dos elementos conformadores da pretensão (CPC, arts. 2º, 141 e 490).

Nas hipóteses em que a desconsideração atributiva consistir em simples *fundamento* para o acolhimento ou rejeição da pretensão (elemento integrante do *eixo lógico* do processo[58]), poderá o julgador extrair dos autos os elementos fáticos pertinentes sem a necessidade de alegação e conhecer de ofício dos fundamentos jurídicos, afastando pontualmente a regra da separação de esferas prevista no art. 49-A do Código Civil, para imputar a um ente societário os fatos e consequências jurídicas atinentes à esfera do outro.[59]

Mesmo nesses casos, por força da garantia constitucional do contraditório e da regra (agora expressa) do art. 10 do Código de Processo Civil, será indispensável conceder às partes a oportunidade de manifestação prévia acerca dos elementos fáticos e jurídicos envolvidos na aplicação da desconsideração atributiva.[60]

Se as partes não tiverem debatido os *aspectos fáticos e jurídicos* envolvidos na desconsideração atributiva, deverá pois o julgador provocar discussão *especificamente*

---

57. Todavia, conforme indicado na nota 33 *supra*, parte da doutrina não vê nessas situações a aplicação da desconsideração atributiva.

58. Sobre os diversos regimes do aporte fático e jurídico observado nos eixos lógico (fundamentos) e imperativo (demanda e *decisum*), cf. a tese de livre-docência da coautora Clarisse Frechiani Lara Leite, *Aporte de fatos ao processo e superação de estabilidades a partir de fatos e provas novos*, passim (cuja versão comercial se encontra no prelo).

59. Para André Nunes Conti, essa será a regra em todas as hipóteses de desconsideração atributiva, aplicando-se sempre o *iura novit curia* para legitimar a aplicação da teoria de ofício pelo julgador (*Desconsideração atributiva no direito privado*, p. 84).

60. A necessidade de observância do contraditório prévio também é destacada por André Nunes Conti (*Desconsideração atributiva no direito privado*, p. 84) – embora o autor repute tratar-se de questão exclusivamente relativa a fundamento jurídico (quando, para os presentes autores, há também relevantes questões fáticas envolvidas na desconsideração atributiva).

TEORIA DA DESCONSIDERAÇÃO ATRIBUTIVA E OS LIMITES DA DEFESA

sobre tais questões[61] – como as relativas ao objeto da imputação (atos, conhecimentos, declarações de vontade, interesses ou condições econômicas), à regra a ser aplicada e aos critérios capazes de afastar a norma oriunda do art. 49-A do Código Civil (em especial, poder de controle e titularidade indireta do patrimônio e dos lucros).

Por outro lado, a despeito da enorme dificuldade de diferenciar o que conforma a própria pretensão e o que constitui mero fundamento de seu acolhimento ou rejeição,[62] deve-se admitir que a desconsideração atributiva eventualmente figure como *causa de pedir* de determinada demanda. Nesse caso, integrará o objeto (litigioso) do processo, a exigir a observância das regras da demanda e da correlação (CPC, arts. 2º, 141 e 492, *caput*).[63]

5. A DESCONSIDERAÇÃO ATRIBUTIVA COMO FORMA DE IMPUTAÇÃO DE FATOS DOTADOS DE EFEITOS PROCESSUAIS

Identificados os contornos e o tratamento processual do instituto da desconsideração atributiva, observa-se que, entre os diversos fatos, atos e circunstâncias passíveis de imputação da sociedade ao sócio (ou vice-versa), incluem-se possivelmente aqueles dotados de efeitos processuais.

Um primeiro grupo de hipóteses referido pela doutrina é o da imputação, à sociedade, da sede, domicílio ou nacionalidade do sócio, para o fim de definição de competência ou jurisdição em processo envolvendo a sociedade.

No caso *Bank of the United States versus Deveaux*, julgado pela Suprema Corte dos Estados Unidos em 1809, assentou-se que, para definição da competência da Justiça federal ou estadual norte-americana (conforme tenham as partes domicílio no mesmo Estado federado ou em Estados diversos), deveriam ser considerados como partes, *substancial* e *essencialmente*, os seus sócios.[64] Apesar do relevo histórico desse caso no desenvolvimento da teoria da desconsideração atributiva, registra-se que tal critério foi abandonado já desde a metade do século XIX, por ensejar facilidade de manipulação e resultados disfuncionais – passando a Suprema Corte a recorrer ao critério do estado de constituição da sociedade.[65]

No que respeita à jurisdição, menciona-se o caso Daimler AG *versus* Bauman, também julgado pela Suprema Corte norte-americana, em que autor de nacionalidade argentina

---

61. Exigindo a indicação "clara e precisa" da questão a ser objeto de manifestação pelas partes, cf. ZUFELATO, Camilo. *Contraditório e vedação às decisões-surpresa no processo civil brasileiro*, p. 165.

62. Sobre a insuperável discussão quanto à participação da causa de pedir na delimitação da pretensão, cf. a obra clássica de José Rogério Cruz e Tucci (*A causa petendi no processo civil*. 3. ed. São Paulo: Ed. RT, 2009) e, mais recentemente, a já mencionada tese de livre-docência da coautora deste trabalho (*Aporte de fatos ao processo e superação de estabilidades a partir de fatos e provas novos*, esp. p. 49-78).

63. No ponto, discorda-se, portanto, de André Nunes Conti, que, aparentemente, entende ser a desconsideração atributiva sempre um fundamento jurídico, e nunca uma causa de pedir (*Desconsideração atributiva no direito privado*, p. 83-84).

64. Cf. BIANQUI, Pedro Henrique Torres. *Desconsideração da personalidade jurídica no processo civil*, n. 13, p. 54; PARGENDLER, Mariana. *Apontamentos sobre a desconsideração regulatória da personalidade jurídica*, p. 584.

65. Cf. PARGENDLER, Mariana. *Veil peeking*, p. 767; PARGENDLER, Mariana. *Apontamentos sobre a desconsideração regulatória da personalidade jurídica*, p. 585.

defendeu a possibilidade de promover, nos Estados Unidos, demanda indenizatória contra empresa alemã (por atos praticados por sua subsidiária argentina durante o regime militar), invocando como um dos fundamentos da jurisdição a existência de outra empresa do grupo Daimler, a Mercedes-Benz USA LLC, constituída no estado de Delaware.[66]

A doutrina também alude ao caso COMILOG, julgado pela Corte de Apelação de Paris, em que se reconheceu a jurisdição francesa para apreciar demanda movida por trabalhadores congoleses contra a COMILOG, uma companhia mineradora do Gabão, em virtude da nacionalidade francesa de sua maior acionista (ERAMET).[67]

Outra questão objeto de intensa discussão na doutrina, com base em fundamentos diversos, é a possibilidade de imputar, aos sócios, a convenção de arbitragem celebrada pela sociedade, com vista a vinculá-los pessoalmente à jurisdição arbitral. A partir de precedentes da arbitragem internacional, invoca-se às vezes a "teoria dos grupos de sociedades" para afirmar de forma genérica que "a intensa e direta participação" das sociedades de um grupo em tratativas concluídas com a celebração de contrato contendo convenção de arbitragem poderia legitimar o tratamento de tais sociedades como partes na convenção por elas não firmada.[68] Em outras ocasiões, mencionando-se a própria teoria da desconsideração atributiva, sustenta-se que o "desvirtuamento da personalidade jurídica" representaria expressão do consentimento do não signatário com a arbitragem.[69]

Por trás de tal argumentação, contudo, entende André Nunes Conti não se vislumbrar hipótese de desconsideração atributiva, mas outras possíveis figuras, como a "declaração tácita por comportamento concludente" ou a "outorga de poderes de representação por tolerância".[70]

De todo modo, como ressalva o autor, é no mínimo questionável a compatibilização de tal teoria com a exigência constante da lei brasileira de *forma escrita* para a validade da convenção arbitral (LArb, art. 4º, § 1º).[71] Em sentido semelhante, a coautora deste trabalho já criticou o entendimento doutrinário que admite a extensão da convenção a terceiro não signatário, ao argumento de que se poderia seccionar a *estipulação de convenção de arbitragem* (para a qual o art. 4º, § 1º da Lei 9.307/1996 requer a *forma*

---

66. PARGENDLER, Mariana. *Veil peeking*, p. 767-768. De acordo com a autora, conquanto tal fundamento não tenha sido enfrentado pela Suprema Corte, ele segue sendo invocado em outros casos a partir da construção elaborada pelo autor dessa demanda.
67. PARGENDLER, Mariana. *Veil peeking*, p. 768-769.
68. Sobre o desenvolvimento da teoria dos "grupos de sociedades" para vinculação de não signatários à convenção, cf.: JABARDO, Cristina Saiz. *"Extensão" da cláusula compromissória na arbitragem comercial internacional*: o caso dos grupos societários. 2009. Dissertação de Mestrado – Faculdade de Direito, Universidade de São Paulo, São Paulo, 2009, 125 p.; GUERRERO, Luis Fernando. *Convenção de arbitragem e processo arbitral*. 4. ed. São Paulo: Almedina, 2022, p. 170-174; COUTINHO, Renato Fernandes. *Convenção de arbitragem* – vinculação de não signatários. São Paulo: Almedina, 2020, p. 107-115; CONTI, André. *Desconsideração atributiva no direito privado*, p. 156.
69. Cf. FERRAZ, Renato de Toledo Piza. *Desconsideração da personalidade jurídica na arbitragem*, p. 320, 353, 355 e 369.
70. CONTI, André Nunes. *Desconsideração atributiva no direito privado*, p. 156.
71. CONTI, André Nunes. *Desconsideração atributiva no direito privado*, p. 156-157.

escrita) em dois supostos atos dotados de requisitos diversos: a enunciação escrita dos termos da convenção e a adesão por qualquer forma a tal enunciação.[72]

Resta, de todo modo, a discussão sobre a possibilidade de *imputar* a manifestação escrita de vontade, emitida pela parte da convenção arbitral, a sócio ou sociedade relacionados à signatária, com fundamento em desconsideração atributiva. A questão é desafiadora e escapa aos limites deste trabalho. Para André Nunes Conti, em coerência com sua visão geral acerca da impossibilidade de utilizar a teoria (com os estritos contornos que o autor lhe atribui) para a atribuição de atos de manifestação de vontade, não serve a desconsideração atributiva a esse fim. Em especial, entende o autor que os arts. 3º e 4º, *caput*, e § 1º, da Lei 9.307/1996 atribuem significativa importância à figura específica da pessoa que, por meio de declaração de vontade *própria*, manifesta a intenção de submeter a solução de *seus litígios* ao juízo arbitral. Portanto, parece a Conti inviável extrair o objetivo extremo de renúncia à jurisdição estatal a partir da influência que porventura os sócios exerçam sobre a celebração de convenção de arbitragem *pela sociedade*.[73]

Outra hipótese de desconsideração atributiva relacionada a efeitos processuais seria a imputação, à sociedade, das condições econômicas do sócio, para examinar o direito à gratuidade de justiça postulado pela pessoa jurídica, nos casos em que esta seja apenas uma "instância parcial das atividades desenvolvidas pelo seu sócio (por exemplo, quando se trata de uma subsidiária integral no contexto de grupo econômico)".[74]

Por fim, hipótese extremamente intrigante, relacionada à presente investigação, é a da imputação ao sócio da prévia propositura de demanda formalmente ajuizada pela sociedade, de modo a estender-lhe os efeitos da litispendência e da coisa julgada.

Para André Nunes Conti, embora o óbice ao ajuizamento de demandas em razão da litispendência e da coisa julgada constitua consequência gravosa, limitadora do acesso à justiça, do contraditório e da ampla defesa, o princípio da separação de esferas não poderia servir "para duplicar o direito dos sócios de defender em juízo seus interesses".[75] Assim, ressalvadas situações específicas, seria razoável vedar a propositura de nova demanda "quando os sócios que o desejam fazer (presumivelmente) já participaram concretamente, de modo indireto, da demanda anterior, ou quando a sociedade que

---

72. Cf. LEITE, Clarisse Frechiani Lara. Persuasão racional e prova documental na arbitragem brasileira, *Revista de processo*, v. 321, p. 395-424, nov. 2021. Versão eletrônica disponível em Thomson Reuters Legal One, p. 7. Como destacado naquela sede, questão diversa é definir, diante do avanço das comunicações eletrônicas, quais formas de manifestação podem reputar-se *escritas*.

73. CONTI, André Nunes. *Desconsideração atributiva no direito privado*, p. 157-158. No mesmo sentido, mas de modo mais sucinto, cf. XAVIER. Rafael Branco. A desconsideração na arbitragem? O consentimento atrás do véu, *Revista Brasileira de Arbitragem*, v. XVII, n. 66, p. 35-66, esp. p. 48. São Paulo, 2020. Sem recusar os efeitos que a desconsideração atributiva produziria, submetendo a parte não signatária à convenção arbitral, Guilherme Recena Costa reputa tal teoria supérflua, diante de outros institutos mais bem desenvolvidos na doutrina e jurisprudência arbitral, como o da boa-fé objetiva, a teoria dos atos próprios e o *equitable estoppel* (*Partes e terceiros na arbitragem*. 2015. Tese de Doutorado – Faculdade de Direito, Universidade de São Paulo, São Paulo, 2015, p. 146-147).

74. Cf. CONTI, André Nunes. *Desconsideração atributiva no direito privado*, p. 193.

75. Cf. CONTI, André Nunes. *Desconsideração atributiva no direito privado*, p. 123.

o deseja fazer vá apenas repetir uma tentativa de defender interesses dos sócios que já tiveram a oportunidade de fazê-lo".[76]

Com isso, seria impedida a *repetição* da demanda, em situações de exercício de controle especialmente intenso pelo sócio ou naquelas em que ele tenha interferido diretamente na tomada de decisão determinante do ajuizamento da demanda anterior. A hipótese inversa, de imputação da propositura da demanda pelo sócio à sociedade, apenas seria possível, de acordo com Conti, nos casos em que sua participação na sociedade beirasse os 100%.[77]

Tanto quanto se passa nos demais casos de desconsideração atributiva, também nos de imputação de efeitos processuais seria sempre necessário, segundo referido autor, examinar as circunstâncias concretas para avaliar a existência de lacunas no direito positivo diante da teleologia da norma em questão, confrontando-se os valores tutelados pela norma resultante de tal interpretação teleológica e pela regra da separação de esferas jurídicas.

A tarefa não é fácil, porque *identificar lacunas de acordo com a teleologia das normas* traduz, muitas vezes, a prevalência da vontade do intérprete sobre o conteúdo minimamente objetivo da disposição instituída pelo poder competente. Ou seja, é grande o risco de arbítrio ao empregar o método de interpretação teleológica.

E, conquanto a interpretação seja uma etapa inexorável na operação do direito, a envolver sempre alguma margem de interferência do intérprete,[78] compreende-se que uma das funções essenciais do ordenamento jurídico é gerar previsibilidade e, pois, segurança, mediante consensos intersubjetivos. Portanto, requer-se muita cautela com interpretações que se descolam em demasia da semântica e da sintática, (re)construindo normas a partir do que determinado sujeito reputa ser a teleologia dos enunciados positivados.

Em especial, sendo o processo instrumento de solução de controvérsias, não é desejável que se detenha em discussões abertas, refinadas e infindáveis sobre a produção de efeitos processuais. O ideal – nem sempre atingível na contemporaneidade – é que as normas processuais sejam o mais claras possível, deixando a maior área do campo do debate interpretativo para os próprios conflitos de interesses que requerem solução *mediante* o processo.

---

76. Cf. CONTI, André Nunes. *Desconsideração atributiva no direito privado*, p. 123.
77. Cf. CONTI, André Nunes. *Desconsideração atributiva no direito privado*, p. 120-125. O autor refere, de forma crítica, julgado do TJSP (2ª Câm. Dir. Priva., AI 2770793-48.2020.8.26.0000, Rel. Des. Araldo Telles, DJe 26.10.2021) em que se determinou a extinção de processo, por litispendência, por força de anterior demanda ajuizada por sociedade relacionada de forma tênue com a que ingressara pela segunda vez em juízo (com demanda, ademais, dotada de objeto diverso). Interessante observar que Conti – para quem a desconsideração atributiva não é ordinariamente compatível com a imputação de declarações de vontade – não considera a possível configuração da *demanda* como ato de *manifestação de vontade* (conforme defendido pela coautora e por farta doutrina em outro trabalho referida – *Aporte de fatos ao processo e superação de estabilidades a partir de fatos e provas novos*, esp. p. 33-40).
78. ÁVILA, Humberto. *Constituição, liberdade e interpretação*. São Paulo: Malheiros, 2019, p. 31-40.

TEORIA DA DESCONSIDERAÇÃO ATRIBUTIVA E OS LIMITES DA DEFESA **393**

Também é preciso considerar que a averiguação da teleologia de determinada norma requer necessariamente o exame do sistema em que ela se insere. No processo civil, para além dos aspectos usualmente mencionados pela doutrina de direito material em discussões sobre desconsideração (com destaque ao incentivo à livre iniciativa[79] e à proteção dos interesses dos credores[80]), outros valores, de índole constitucional, exercem papel fundamental na teleologia das normas, tais como segurança jurídica, devido processo legal, contraditório, ampla defesa, igualdade e eficiência.

Embora não se repute com isso definitivamente afastada a teoria da desconsideração atributiva do campo processual, parecem necessários cautela e juízo crítico redobrados no exame da viabilidade de sua aplicação por processualistas.

6. A DESCONSIDERAÇÃO ATRIBUTIVA PODE SER USADA PARA LIMITAR A DEFESA NO INCIDENTE DE DESCONSIDERAÇÃO, DEVIDO ÀS PRECLUSÕES OPERADAS CONTRA A PARTE ORIGINÁRIA?

À luz das considerações feitas nos itens anteriores, poderia a desconsideração atributiva ser usada, de *lege lata*, como fundamento teórico para a limitação da amplitude da defesa no incidente de desconsideração, por força da imposição ao sócio das estabilidades incidentes sobre a sociedade (ou vice-versa)?

Conforme esclarecido no item 2, *supra*, parte-se da premissa de que sócio e sociedade não podem ser tratados nem como a mesma pessoa jurídica nem como sucessor e sucedida. Em princípio, pois, deve-se assegurar a ampla defesa daquele que, não tendo participado do contraditório, não se encontra alcançado pela estabilidade da coisa julgada. A separação de esferas e a ampla defesa são, portanto, a regra.

É inegável, contudo, o incômodo em permitir a "rediscussão do mérito" pela pessoa que, conquanto formalmente não se identifique com o sujeito que figurara como parte, *substancialmente* participou do processo. Quando o sujeito contra quem o incidente vem a ser dirigido é o mesmo sócio que contratou advogados, outorgou procuração, participou da elaboração de defesa, depôs como representante *etc.*, questiona-se se a possibilidade de verdadeira "duplicação" da defesa não representaria uma afronta à paridade de armas e à segurança jurídica decorrente da estabilidade das decisões.

Diante dessa situação, parte da doutrina propõe solução casuística, que tangencia a teoria da desconsideração atributiva – sem todavia fazer referência ao instituto. Leonardo Greco, como visto, afirma que, em caso de *abuso muito intenso* da personalidade jurídica, nos quais se vislumbre que sociedade e sócio "são a mesma pessoa, com dois

---

79. Mariana Pargendler apresenta de forma bastante detalhada os benefícios advindos da separação de esferas e patrimônios, especialmente da perspectiva das sociedades anônimas, referindo, por exemplo, a livre circulação de ações, a liquidez, o mercado de controle societário e a própria viabilidade de empresas com muitos acionistas, ao proporcionar estabilidade e previsibilidade de regime jurídico (*Apontamentos sobre a desconsideração regulatória da personalidade jurídica*, p. 580-581).

80. Cf. CONTI, André Nunes. *Desconsideração atributiva no direito privado*, p. 34 e p. 37-38 ADAMEK, Marcelo Vieira von; FRANÇA, Erasmo Valladão Azevedo e Novaes. *Direito processual societário*, p. 140-142.

nomes ou duas fachadas diferentes", deve-se admitir que este fique alcançado por preclusões operadas contra aquela.[81]

Marcelo Abelha Rodrigues também admite a extensão das estabilidades em casos de "identidade de pessoas", caracterizada nas hipóteses de empresas individuais ou de sócio administrador e representante da sociedade.[82]

Por outra via, ao tratar dos intitulados "sujeitos processuais ocultos", Sofia Temer sustenta que alguém poderá reputar-se substancialmente parte de processo que formalmente não integrava, inclusive para se sujeitar a estabilidades processuais, quando presentes três elementos: (a) a ciência do litígio; (b) a existência de interesses (*lato sensu*) no processo e (c) o controle da atuação dos sujeitos aparentes (relevante ingerência quanto a decisões estratégicas, contratação de equipe jurídica, definição de parâmetros para transação, prática de atos processuais *etc.*), eventualmente configurando "representação virtual".[83]

Tais ideias, somadas aos ricos aportes teóricos acima vistos, instigam a defesa da tese de que a solução para a delimitação da defesa do sócio no incidente de desconsideração poderia ser dada pela aplicação do método da desconsideração atributiva.

Por meio dele, seria possível reconhecer as *regras gerais* da separação de esferas jurídicas (CC, art. 49-A) e da limitação dos efeitos desfavoráveis das estabilidades àqueles que figuraram como parte no processo (CPC, art. 506), mas, *em certas e determinadas situações, imputar ao sócio os efeitos decorrentes da prática de atos de defesa pela sociedade, de modo a sujeitá-lo às estabilidades obstativas da renovação de tais oportunidades defensivas.*

Como de certo modo percebido por Flávio Luiz Yarshell, o resultado seria a imposição de uma espécie de substituição processual,[84] ao mesmo tempo *ad hoc* e *ex post*.

Decerto, a finalidade do princípio da separação estatuído no art. 49-A do Código Civil não é duplicar o direito dos sócios de defender seus próprios interesses,[85] até porque essa permissão violaria nitidamente a paridade entre as partes, assegurada de forma ampla no art. 5º, *caput*, da Constituição e, de maneira expressa, no art. 7º do Código de Processo Civil.

Em sintonia com essa perspectiva teleológica, também se poderia dizer que a norma extraível do art. 135 do Código de Processo Civil não visa a autorizar a rediscussão de matérias antigas por sujeitos que já puderam fazê-lo de maneira mediata. Ao contrário, tal norma busca impedir o atingimento da esfera patrimonial de indivíduos que nunca atuaram no processo, sem que antes se lhes faculte o exercício do contraditório.

---

81. GRECO, Leonardo. *Comentários ao Código de Processo Civil*, v. XVI, p. 189.
82. RODRIGUES, Marcelo Abelha. *Responsabilidade patrimonial pelo inadimplemento das obrigações*, p. 194.
83. TEMER, Sofia. *Participação no processo civil*, n. 7.2, p. 418-420, 425 e 428.
84. YARSHELL, Flávio Luiz. *Comentários aos arts. 133 a 137*, p. 238.
85. CONTI, André Nunes. *Desconsideração atributiva no direito privado*, p. 123.

Nessa linha de raciocínio, pareceria plausível, *de lege lata*, usar os aportes da teoria da desconsideração atributiva a fim de, em certos casos, imputar ao sócio os atos, oportunidades e efeitos processuais pertinentes à esfera da sociedade, entre os quais as estabilidades incidentes sobre o reconhecimento do débito. Com isso, a defesa de tal sujeito ficaria limitada apenas aos pressupostos da desconsideração e às demais matérias ainda passíveis de invocação contra a execução forçada.

O principal critério apto a legitimar tal imputação seria o *controle da atuação da sociedade no processo* (indicados, por exemplo, pelo exercício da função de administrador, a contratação dos serviços advocatícios para a defesa da sociedade, a assinatura de procuração específica para patrocínio da demanda *etc.*), possivelmente associado à *relevante participação societária*.

Trata-se, como se vê, de elementos diversos daqueles que justificam a própria desconsideração para fins de imposição de responsabilidade patrimonial. Assim, a título de ilustração, mesmo que haja aparente motivo para a responsabilização patrimonial de sócios já egressos da sociedade ao tempo do processo ou de sócios não participantes da administração – pense-se nas situações de aplicação da chamada *"teoria menor"* – não seria em princípio possível limitar a defesa desses indivíduos no incidente de desconsideração mediante a aplicação da desconsideração atributiva, pois ausentes os elementos que justificam a imputação dos próprios atos e efeitos *processuais*.

Eventual abuso da pessoa jurídica *praticado no processo*, conquanto não essencial, serviria no máximo a reforçar a prevalência, em concreto, dos valores da segurança jurídica e da igualdade – tutelados pela aplicação da desconsideração atributiva – sobre o princípio da separação de esferas jurídicas e a ampla defesa a ele vinculada.

Nunca haveria de todo modo fórmula única e mágica para dirimir todos os problemas de desconsideração atributiva.[86] E sempre se deveria fazer recair os ônus argumentativo e probatório sobre a pretensão de negar a separação de esferas, resolvendo-se a maioria das situações, entre as quais as de dúvida, em favor do direito à ampla defesa do réu da desconsideração.

Tudo isso seria decidido após contraditório prévio no incidente de desconsideração, em que se discutiria a *desconsideração atributiva como justificativa para não conhecer de determinados fundamentos de defesa*, afirmando-se quanto a eles a existência de preclusão (inclusive a decorrente da eficácia preclusiva da coisa julgada – CPC, art. 508).

A solução parece, de fato, lógica e razoável.

Todavia, como visto no item anterior, ela esbarra no grave inconveniente de trazer para o curso do processo discussão complexa e casuística sobre o próprio funcionamento do método de solução de conflitos – cuja missão precípua é servir de instrumento ao direito material e à pacificação.

---

86. CONTI, André Nunes. *Desconsideração atributiva no direito privado*, p. 48.

Ou seja, além de discutir os elementos materiais envolvidos no conflito, os sujeitos do contraditório teriam que se empenhar em debater a refinada – e não positivada – teoria da desconsideração atributiva, para definir quais das matérias de defesa poderiam ser levadas em conta no julgamento da responsabilização patrimonial do réu do incidente.

Pior. A aplicação da desconsideração atributiva apenas teria efetivo relevo quando o sócio tivesse deduzido defesa no incidente de desconsideração apta a demonstrar a ilegitimidade da execução. Não conhecer de defesa inócua é tarefa simples. Difícil é ignorar defesa aparentemente fundada, ao argumento de que ela já se encontra alcançada por preclusão originariamente dirigida a outra parte. O dilema não será, pois, apenas entre uma estabilidade e uma *oportunidade* de defesa, mas entre uma estabilidade e uma aparente *injustiça*.

Diante desse quadro, entende-se que a teoria da desconsideração atributiva, nos moldes delineados pela doutrina e expostos neste artigo, não detém respaldo para excepcionar, sem base legal expressa, a observância de garantias constitucionais abarcadas no *due process of law* e outras regras processuais estruturadas sobre o princípio da separação (CC, art. 49-A). Entre elas, o art. 18, *caput*, que requer previsão legal para legitimar a substituição processual, e o art. 506, que limita os efeitos prejudiciais da coisa julgada às partes.

Não se crê, ademais, que os benefícios advindos de sua aplicação, na forma em que vem sendo defendida pela doutrina material, superariam os prejuízos relativos à maior ineficiência do método de solução de conflitos (decorrente do adensamento da discussão no incidente de desconsideração, que passaria a alcançar intrincados elementos atinentes à desconsideração atributiva) e à manutenção de erros judiciais (uma vez que não seria conhecida defesa eventualmente apta a elidir o débito formado contra a sociedade).

Mais adequado, portanto, é seguir aplicando o princípio da separação de esferas, para conferir a cada um dos entes societários as oportunidades prévias de participação e defesa constitucionalmente asseguradas diante da pretensão de expropriação de seus bens, ainda quando o fundamento da invasão patrimonial seja a aplicação da desconsideração da personalidade jurídica para a extensão da responsabilidade.

De lege ferenda, no entanto, é possível reconhecer *problemas* de desconsideração atributiva em certos casos de extrema proximidade entre entes societários e, a partir deles, *positivar* regra limitadora da defesa do réu no incidente de desconsideração, com base nas oportunidades que tenham sido oferecidas ao sujeito – sócio ou sociedade – que originariamente figurou como parte.

Com isso, evitar-se-iam os custos de eficiência envolvidos na tarefa excessivamente aberta de aplicação teleológica das normas processuais disciplinadoras da defesa e das estabilidades, ao mesmo tempo em que se removeriam os incômodos associados à possível quebra de paridade, pela sensação de "duplicação de defesa", em situações de grande proximidade entre entes societários chamados a participar do processo.

7. CONCLUSÕES

O sistema processual brasileiro evoluiu, sem dúvida, com a regulação do incidente de desconsideração da personalidade jurídica nos arts. 133 a 137 do Código de Processo Civil. Apesar disso, segue desafiando processualistas a questão da abrangência da defesa do sujeito – sócio ou sociedade – alcançado pelo incidente de forma tardia, especialmente quando já em curso a execução definitiva.

Tomando como premissa a separação das esferas jurídico-processuais dos entes societários, mas reconhecendo o incômodo da "duplicação de defesas" em situações de extrema proximidade, propôs-se o presente artigo a discutir o possível uso da *teoria da desconsideração atributiva* para imputar atos e efeitos processuais de uma esfera jurídica a outra e, com isso, limitar o âmbito da defesa do sujeito demandado no incidente.

Apresentadas as interessantíssimas bases teóricas de tal teoria – inconfundível com a construção relativa à desconsideração para fins de extensão de responsabilidade patrimonial – e examinadas suas projeções processuais, o artigo se deteve na análise da forma com que a desconsideração atributiva da personalidade jurídica poderia ser aplicada para, em certos casos, imputar ao sócio os efeitos da participação em contraditório da sociedade.

Nessa linha, diante das finalidades do princípio da separação (CC, art. 49-A) e das regras processuais disciplinadoras da defesa, pareceria lógico e razoável sustentar, por exemplo, a imputação a sócios controladores e administradores, responsáveis pela contratação de serviços advocatícios em prol da sociedade e pela assinatura de procuração específica, os efeitos decorrentes da defesa oferecida pela sociedade ou até mesmo de sua inércia (revelia), preservando as estabilidades sedimentadas em momentos anteriores do processo.

Legitimar-se-ia assim a ideia, encontrada em parte da doutrina, de limitação da defesa do réu no incidente de desconsideração, em casos de grande proximidade entre entes societários, por força da extensão a esse sujeito das estabilidades operadas contra a parte que já tivesse se defendido (ou tido a oportunidade de se defender) anteriormente.

Apesar da elegância da tese, chegou-se contudo à conclusão de que, sem disposição legal, não se pode excepcionar as garantias constitucionais e legais da ampla defesa e do contraditório, estruturadas sobre o princípio da separação. Ressalvadas as hipóteses de substituição processual disciplinadas em lei, *a cada sujeito se assegura o devido processo legal para a defesa de sua própria esfera jurídica, ainda quando o fundamento para a invasão patrimonial seja a desconsideração da personalidade jurídica com vista à extensão de responsabilidade.* Sem base legal expressa, não se pode deixar de conhecer de defesa do sócio, sobretudo daquela apta a fulminar a execução, ao argumento de que ele já teria tido a oportunidade de se defender "através" da sociedade.

A solução adequada é positivar, a partir da identificação de *problemas* de desconsideração atributiva – ou seja, de hipóteses de extrema proximidade societária em que se repute ameaçada a paridade de armas entre credor e devedor(es) pela possibilidade de "duplicação da defesa" –, norma imputando os efeitos da (oportunidade de) participação de um sujeito a outro, de modo a limitar a defesa do réu no incidente de desconsideração pelas preclusões dirigidas ao ente que tenha originariamente figurado como parte. Com isso, será possível resolver, com previsibilidade, a tensão entre o princípio da igualdade e o da ampla defesa, nas situações em que não se justifique a incidência da norma de separação de esferas jurídicas no âmbito processual.

8. REFERÊNCIAS

ADAMEK, Marcelo Vieira von; FRANÇA, Erasmo Valladão Azevedo e Novaes. *Direito processual societário*: comentários breves ao CPC/2015. 3. ed. São Paulo: Malheiros, 2022.

ADAMEK, Marcelo Vieira von. Imputação de culpa grave em contrato de seguro no âmbito dos grupos de sociedade. In: GOLDBERG, Ilan; JUNQUEIRA, Thiago (Coord.). *Temas atuais de direito dos seguros*. São Paulo: Ed. RT, 2020. v. 1.

ALMEIDA FILHO, Eduardo Baptista Vieira de. *Desconsideração da personalidade jurídica no Código de Processo Civil de 2015*. 2020. Dissertação de Mestrado – Faculdade de Direito, Universidade de São Paulo, São Paulo, 2020.

ANDRADE JUNIOR, Mozart Vilela Andrade. A obrigatoriedade (?) do incidente de desconsideração da personalidade jurídica. *Revista dos Tribunais*, v. 977, p. 393-415. São Paulo, mar. 2017. Versão eletrônica disponível em Thomson Reuters Legal One, p. 1-12.

ASSIS, Araken de. *Processo civil brasileiro*. São Paulo: Ed. RT, 2016. v. II. t. I.

BATISTA CINTRA, Lia Carolina. Análise crítica do vigente sistema brasileiro de intervenção de terceiros. *Publicações da Escola da AGU*, v. 8, n. 1, p. 185-238. Brasília, jan./mar. 2016.

BATISTA CINTRA, Lia Carolina. *Intervenção de terceiro por ordem do juiz*: a intervenção *iussu iudicis* no processo civil. São Paulo: Ed. RT, 2017.

BEDAQUE, José Roberto dos Santos. Sucessão de empresas e desconsideração da personalidade jurídica. In: PEREIRA, Guilherme Setoguti Julio Pereira; YARSHELL, Flávio Luiz (Coord.). *Processo societário*. São Paulo: Quartier Latin, 2012.

BIANQUI, Pedro Henrique Torres. *Desconsideração judicial da personalidade jurídica no processo civil*. São Paulo: Saraiva, 2011.

BONICIO, Marcelo José Magalhães. A dimensão da ampla defesa dos terceiros na execução em face da nova "desconsideração inversa" da personalidade jurídica. *Revista do Instituto dos Advogados de São Paulo*, v. 23, p. 232-249. São Paulo, jan.-jun. 2009. Versão eletrônica disponível em Thomson Reuters Legal One, p. 1-9.

BUENO, Cassio Scarpinella. Comentários aos arts. 133 a 138. *Comentários ao Código de Processo Civil*. São Paulo: Saraiva, 2017. v. 1.

BUENO, Cassio Scarpinella. *Curso sistematizado de direito processual civil*. 9. ed. São Paulo: Saraiva, 2018. v. 1.

BUSCHINELLI, Gabriel Saad Kik. *Compra e venda de participações societárias de controle*. 2017. Tese de Doutorado – Faculdade de Direito, Universidade de São Paulo, São Paulo, 2017.

CAMPOS, Renato Luiz Franco de. *Desconsideração da personalidade jurídica*: limitações e aplicações no direito de família e sucessões. 2014. Dissertação de Mestrado – Faculdade de Direito, Universidade de São Paulo, 2014.

CASTRO, Roberta Dias Tarpinian de. *O incidente de desconsideração da personalidade jurídica*: as diferentes funções de um mesmo mecanismo processual. São Paulo: Quartier Latin, 2019.

CAVAEIRO, Agnon Éricon; RODRIGUES, Álvaro José do Amaral Ferraz. A necessidade de instauração de processo incidental para apuração da extensão da responsabilidade patrimonial a terceiros. *Revista de Processo*, v. 287, jan. 2019, p. 47-70. Versão eletrônica disponível em Thomson Reuters Legal One, p. 1-15.

CHAMBERLAIN, Hector Cavalcanti. *O incidente processual de desconsideração da personalidade jurídica*: atualização da *disregard* doctrine na perspectiva da responsabilidade patrimonial e reflexos no processo civil brasileiro. Londrina: Thoth, 2021.

COELHO, Fabio Ulhoa. Lineamentos da teoria da desconsideração da personalidade jurídica no direito brasileiro. *Revista do Advogado*, São Paulo, n. 36, 1992.

COMPARATO, Fabio Konder; SALOMÃO FILHO, Calixto. *O poder de controle na sociedade anônima*. 6. ed. Rio de Janeiro: GEN-Forense, 2013. Versão eletrônica disponível em Minha Biblioteca.

CONTI, André Nunes. *Desconsideração atributiva no direito privado*: a imputação de fatos da pessoa jurídica aos seus membros e vice-versa. São Paulo: Quartier Latin, 2022.

COSTA, Guilherme Recena. *Partes e terceiros na arbitragem*. 2015. Tese de Doutorado – Faculdade de Direito, Universidade de São Paulo, São Paulo, 2015.

COUTINHO, Renato Fernandes. *Convenção de arbitragem* – Vinculação de não signatários. São Paulo: Almedina, 2020.

DIDIER JUNIOR, Fredie. Aspectos processuais da desconsideração da personalidade jurídica. In: DIDIER JUNIOR, Fredie; MAZZEI, Rodrigo (Coord.). *Reflexos do novo Código Civil no direito processual*. 2. ed. Salvador: JusPodivm, 2007.

DINAMARCO, Cândido Rangel. *Instituições de direito processual civil*. 7. ed. São Paulo: Malheiros, 2017. v. II.

DINAMARCO, Cândido Rangel. *Instituições de direito processual civil*. 10. ed. São Paulo: Malheiros, 2020. v. I.

DINAMARCO, Cândido Rangel. *Litisconsórcio*. 9. ed. São Paulo: Malheiros, 2021.

DINIZ, Gustavo Saad; GAJARDONI, Fernando da Fonseca. Responsabilidade patrimonial do sócio, desconsideração da personalidade jurídica e integração processual. In: BRUSCHI, Gilberto Gomes et al (Coord.). *Direito processual empresarial*: estudos em homenagem a Manoel de Queiroz Pereira Calças. Rio de Janeiro: Elsevier, 2012.

FERRAZ, Renato de Toledo Piza. *Desconsideração da personalidade jurídica na arbitragem*. 2022. Tese de Doutorado – Faculdade de Direito, Universidade de São Paulo, São Paulo, 2022.

GANACIN, João Cánovas Bottazzo. *Desconsideração da personalidade jurídica no processo civil*. São Paulo: Ed. RT, 2020.

GRAU, Eros Roberto. Princípios, a (in)segurança jurídica e o magistrado. *Revista Amagis Jurídica*, n. 7, ago. p. 1-9. 2019.

GRECO, Leonardo. *Comentários ao Código de Processo Civil*. São Paulo: Saraiva, 2020. v. XVI.

GUERRERO, Luis Fernando. *Convenção de arbitragem e processo arbitral*. 4. ed. São Paulo: Almedina, 2022.

JABARDO, Cristina Saiz. *"Extensão" da cláusula compromissória na arbitragem comercial internacional*: o caso dos grupos societários. 2009. Dissertação de Mestrado – Faculdade de Direito, Universidade de São Paulo, São Paulo, 2009.

JUSTEN FILHO, Marçal. *Desconsideração da personalidade societária no direito brasileiro*. São Paulo: Ed. RT, 1987.

LEITE, Clarisse Frechiani Lara. *Aporte de fatos ao processo e superação de estabilidades a partir de fatos e provas novos*. 2022. Tese de Livre-docência – Faculdade de Direito da Universidade de São Paulo, São Paulo, 2022.

LEITE, Clarisse Frechiani Lara. Persuasão racional e prova documental na arbitragem brasileira, Revista de processo, v. 321, nov. 2021, p. 395-424. Versão eletrônica disponível em Thomson Reuters Legal One, p. 1-25.

LIEBMAN, Enrico Tullio. *Manual de direito processual civil*. 3. ed. Tradução e notas de Cândido Rangel Dinamarco. São Paulo: Malheiros, 2005. v. 1.

LONGO, Caricielli Maísa. *Natureza jurídica da decisão que julga a desconsideração da personalidade jurídica no processo civil*: extensão e limites. 2018. Tese de Doutorado – Pontifícia Universidade Católica de São Paulo, São Paulo, 2018.

LUCON, Paulo Henrique dos Santos. *Relação entre demandas*. 2. ed. Brasília: Gazeta Jurídica, 2018.

MARTINS, Guilherme Rossini. *A desconsideração da personalidade jurídica e seus aspectos processuais*. 2019. Dissertação de Mestrado – Faculdade de Direito, Universidade de São Paulo, São Paulo, 2019.

MARTINS-COSTA, Judith. Obrigação de abstenção do direito de preferência: violação do direito de crédito por "terceiro cúmplice" e desconsideração da personalidade jurídica. In: GOUVÊA, Carlos Portugal et al (Org.). *Fusões e aquisições*: pareceres. São Paulo: Almedina, 2022.

MELLO, Rogerio Licastro Torres de. *Responsabilidade executiva secundária*: a execução em face do sócio, do cônjuge, do fiador e afins. 2. ed. São Paulo: Ed. RT, 2015.

MOREIRA, Alberto Camiña. *Litisconsórcio no processo de execução*. 2001. Tese de Doutorado – Pontifícia Universidade Católica de São Paulo, São Paulo, 2001.

NETO, Carmine de Siervi. *A evolução da teoria da desconsideração da personalidade jurídica no direito brasileiro*. 2005. Dissertação de Mestrado – Pontifícia Universidade Católica de São Paulo, São Paulo, 2005.

OLIVEIRA, José Lamartine Corrêa de. *A dupla crise da pessoa jurídica*. São Paulo: Saraiva, 1979.

PARGENDLER, Mariana. Apontamentos sobre a desconsideração regulatória da personalidade jurídica (*veil peeking*): função e critérios. In: BARBOSA, Henrique; SILVA, Jorge Cesa Ferreira da (Coord.) *A evolução do direito empresarial e obrigacional*: 18 anos do Código Civil. São Paulo: Quartier Latin, 2022.

PARGENDLER, Mariana. Veil peeking: the corporation as a nexus for regulation. *University of Pennsylvania Law Review*, v. 169, p. 717-781. 2021.

REQUIÃO, Rubens. Abuso de direito e fraude através da personalidade jurídica (*disregard doctrine*). *Revista dos Tribunais*, v. 58, n. 410, p. 12-24. dez. 1969.

RIBEIRO, Leonardo Ferres da Silva; SANTOS, Júlio César Guzzi dos. A extensão das matérias de defesa no incidente de desconsideração da personalidade jurídica. *Revista de Processo*, v. 288, p. 73-92. São Paulo, fev. 2019. Versão eletrônica disponível em Thomson Reuters Legal One, p. 1-11.

ROCHA, Henrique de Moraes Fleury da. *Desconsideração da personalidade jurídica*. 2019. Dissertação de Mestrado – Pontifícia Universidade Católica de São Paulo, São Paulo, 2019.

RODRIGUES FILHO, Otávio Joaquim. *Desconsideração da personalidade jurídica e processo: de acordo com o Código de Processo Civil de 2015*. São Paulo: Malheiros, 2016.

RODRIGUES JÚNIOR, Otavio Luiz; LEONARDO, Rodrigo Xavier. A desconsideração da personalidade jurídica e os 18 anos do Código Civil. In: BARBOSA, Henrique; SILVA, Jorge Cesa Ferreira da (Coord.) *A evolução do direito empresarial e obrigacional*: 18 anos do Código Civil. São Paulo: Quartier Latin, 2022. v. 1.

RODRIGUES, Marcelo Abelha. *Responsabilidade patrimonial pelo inadimplemento das obrigações*: introdução ao estudo sistemático da responsabilização patrimonial. Indaiatuba: Foco, 2023.

SALOMÃO FILHO, Calixto. *A sociedade unipessoal*. São Paulo: Malheiros, 1995.

SALOMÃO FILHO, Calixto. *O novo direito societário: eficácia e sustentabilidade*. 5. ed. São Paulo: Saraiva, 2019.

SAMPAIO, Marcus Vinícius de Abreu. O incidente de desconsideração da personalidade jurídica e a coisa julgada: quais os seus limites? In: LUCON, Paulo Henrique dos Santos; OLIVEIRA, Pedro Miranda de (Coord.). *Panorama atual do novo CPC 2*. Florianópolis: Empório do Direito, 2017.

SANTOS, Júlio César Guzzi dos. *A defesa no incidente de desconsideração da personalidade jurídica*. Belo Horizonte: D'Plácido, 2022.

SANTOS, Silas Silva. *Redirecionamentos da execução civil*: projeções da teoria do objeto litigioso. São Paulo: Ed. RT, 2021.

SICA, Heitor Vitor Mendonça. *O direito de defesa no processo civil brasileiro*: um estudo sobre a posição do réu. São Paulo: Atlas, 2011.

SILVA, João Paulo Hecker da. Desconsideração da personalidade jurídica e sucessão: consequências sobre a posição jurídica do terceiro em cada hipótese em relação aos seus ônus, deveres, faculdades e direitos processuais. In: TALAMINI, Eduardo et al (Coord.). *Partes e terceiros no processo civil*. Salvador: JusPodivm, 2020.

SIQUEIRA, Thiago Ferreira. *A responsabilidade patrimonial no novo sistema processual civil*. São Paulo: Ed. RT, 2016.

TALAMINI, Eduardo; WAMBIER, Luiz Rodrigues. *Curso avançado de processo civil*. 17. ed. São Paulo: Ed. RT, 2018. v. I.

TEMER, Sofia. *Participação no processo civil*: repensando litisconsórcio, intervenção de terceiros e outras formas de atuação. Salvador: JusPodivm, 2020.

THEODORO JÚNIOR, Humberto. A desconsideração da personalidade jurídica no direito processual civil brasileiro. In: PEREIRA, Guilherme Setoguti Julio Pereira; YARSHELL, Flávio Luiz (Coord.). *Processo societário*. São Paulo: Quartier Latin, 2012.

TUCCI, José Rogério Cruz e. *A causa petendi no processo civil*. 3. ed. São Paulo: Ed. RT, 2009.

TUCCI, José Rogério Cruz e. Comentários ao art. 506. In: ARENHART, Sérgio Cruz; MITIDIERO, Daniel (Coord.). *Comentários ao Código de Processo Civil*. 3. ed. São Paulo: Ed. RT, 2021. v. VIII.

TUCCI, José Rogério Cruz e. *Limites subjetivos da eficácia da sentença e da coisa julgada civil*. 2. ed. São Paulo: Marcial Pons, 2020.

XAVIER. Rafael Branco. A desconsideração na arbitragem? O consentimento atrás do véu, *Revista Brasileira de Arbitragem*, São Paulo, v. XVII, n. 66, p. 35-66, 2020.

YARSHELL, Flávio Luiz. Comentários aos arts. 133 a 137. In: CABRAL, Antonio do Passo; CRAMER, Ronaldo (Coord.). *Comentários ao novo Código de Processo Civil*. 2. ed. Rio de Janeiro: Forense, 2016.

YARSHELL, Flávio Luiz. O incidente de desconsideração da personalidade jurídica no CPC 2015: aplicação a outras formas de extensão de responsabilidade patrimonial. In: YARSHELL, Flávio Luiz; PEREIRA, Guilherme Setoguti Julio (Coord.). *Processo societário II*. São Paulo: Quartier Latin, 2015.

ZUFELATO, Camilo. *Contraditório e vedação às decisões-surpresa no processo civil brasileiro*. Belo Horizonte: D'Plácido, 2019.

ZUFELATO, Camilo. *Limites subjetivos da sentença e da coisa julgada em relação às pretensões individuais*: um estudo sob a perspectiva da ampliação da participação dos sujeitos no processo. 2020. Tese de titularidade inédita – Faculdade de Direito de Ribeirão Preto, Universidade de São Paulo, Ribeirão Preto, 2020.

A DEFESA DO RÉU NO INCIDENTE DE DESCONSIDERAÇÃO DA PERSONALIDADE JURÍDICA

Thiago Ferreira Siqueira

Pós-Doutor (UFES), Doutor (USP) e Mestre (UFES) em Direito Processual Civil. Professor dos cursos de Graduação e Mestrado da UFES. Advogado Membro do Instituto Brasileiro de Direito Processual (IBDP). thiago_siqueira@hotmail.com.

Sumário: 1. Introdução – 2. Dimensões do contraditório a ser exercido pelo réu do Incidente de Desconsideração da Personalidade Jurídica – 3. O problema fundamental do Incidente de Desconsideração da Personalidade Jurídica enquanto modalidade de intervenção de terceiros: intervenção ampliativa e coata, admissível em qualquer fase do procedimento – 4. A Desconsideração da Personalidade Jurídica requerida na petição inicial da fase de conhecimento – 5. A Desconsideração da Personalidade Jurídica requerida no curso da fase de conhecimento – 6. A Desconsideração da Personalidade Jurídica requerida perante os tribunais, inclusive na fase recursal – 7. A Desconsideração da Personalidade Jurídica requerida na fase de cumprimento de sentença – 8. A Desconsideração da Personalidade Jurídica requerida na petição inicial do processo de execução de título extrajudicial – 9. A Desconsideração da Personalidade Jurídica requerida no curso do processo de execução de título extrajudicial – 10. Conclusões – 11. Referências.

1. INTRODUÇÃO

Dentre os diversos aspectos em que inova em relação ao Código de 1973, o Código de Processo Civil de 2015 notabiliza-se pela preocupação em consagrar em seu texto diversas das garantias que a Constituição Federal estabelece como preceitos básicos do modelo de processo a ser seguido na ordem jurídica brasileira. Prova eloquente disso são as assim chamadas "Normas Fundamentais do Processo Civil", às quais o Código dedica seus primeiros artigos.

Neste contexto de valorização das garantias constitucionais do processo, o legislador parece ter dado especial atenção ao contraditório.

Indo além de incumbir o juiz de "zelar pelo efetivo contraditório" (art. 7º), o Código preocupou-se em consagrar, em normas de caráter geral, diversos dos aspectos do contraditório que vêm sendo destacados pela doutrina mais recente. É o que ocorre com a previsão de que o contraditório em regra deve ser prévio (art. 9º), com a vedação à decisão-surpresa (art. 10), e com o dever imposto ao julgador de levar em consideração os argumentos deduzidos pelas partes que possam, em tese, levar a uma decisão diversa daquela a ser proferida (art. 489, § 1º, IV).[1]

---

1. Mais recentemente, como se sabe, tem sido ressaltado que o contraditório visa a *garantir a participação do interessado na formação da decisão*, condição para que aquela, enquanto *ato de poder*, mostre-se *legítima* (para esse

Não é apenas, porém, em normas de caráter mais geral que esta preocupação se manifesta. Ao tratar dos mais diversos institutos, o Código procura estabelecer normas que visam a garantir a observância do contraditório. É o que ocorre, por exemplo, com a regulamentação da prova emprestada, cuja utilização pressupõe que seja "observado o contraditório" (art. 372). Ou, ainda, com a exigência de que tenha havido "contraditório prévio e efetivo" para que ocorra a extensão da coisa julgada às questões prejudiciais incidentais (art. 503, § 1º, II).

Foi exatamente esta a preocupação que levou à instituição do incidente de desconsideração da personalidade jurídica (arts. 133 e ss.). Atendendo a clamores da doutrina[2], o Código deixa claro que, para que ocorra a desconsideração da personalidade jurídica, é obrigatória a observância de *contraditório prévio* (art. 795, § 4º), o que ocorre por meio de incidente que franqueia ao sócio ou à pessoa jurídica cujo patrimônio se pretende alcançar por meio da desconsideração o direito de se defender e de produzir provas antes da prolação de decisão a este respeito. É notável, aliás, que a exposição de motivos do Código utilize justamente o tratamento dado à desconsideração da personalidade jurídica como exemplo de regra que se presta a dar "concreção a princípios constitucionais".[3]

Há, neste ponto, nítida evolução em relação ao sistema anterior, em que, à míngua de definição legal do procedimento adequado, a jurisprudência do STJ vinha entendendo ser desnecessária a citação prévia do sócio ou da pessoa jurídica, a quem bastaria a possibilidade de se defender "a posteriori" – ou seja, após a penhora de um bem de sua propriedade – por meio de embargos à execução, impugnação ao cumprimento de sentença ou exceção de pré-executividade.[4] Tratava-se, à toda evidência, de prática em total descompasso com

---

sentido do contraditório enquanto forma de participação democrática no processo decisório: DINAMARCO, Cândido Rangel. *A instrumentalidade do processo*. 15. ed. São Paulo: Malheiros, 2013. n. 14.4, p. 133-134; n. 16, esp. p. 156-163). Diante disso, a garantia é integrada, dentre outras situações jurídicas, pelo *direito de influência* sobre o conteúdo da decisão judicial, o que cria, para o órgão judicial, o *dever de consideração* em relação aos argumentos deduzidos pelas partes, vedando, ainda, a prolação das chamadas *decisões-surpresa*, o que impõe a *participação do juiz* no contraditório, em colaboração com as partes. Para essa visão contemporânea do contraditório, são pioneiros, no Brasil, os estudos de Cândido Rangel Dinamarco (O princípio do contraditório e sua dupla destinação. *Fundamentos do processo civil moderno*, t. I. 6. ed. São Paulo: Malheiros, 2010. passim, esp. n. 258-261, p. 523-528) e de Carlos Alberto Alvaro de Oliveira (O juiz e o contraditório. *Revista de processo*, n. 71, p. 31-39. São Paulo: Ed. RT, 1993. passim).

2. Na vigência do Código de 1973, Cândido Dinamarco defendia, por exemplo, ser "indispensável colocar em um processo ou fase de conhecimento, ou *ao menos em um incidente idôneo* do processo ou fase executiva, os fatos que o credor afirme serem caracterizadores de abuso da personalidade jurídica" (Desconsideração da personalidade jurídica, fraude, ônus da prova e contraditório. *Fundamentos do processo civil moderno*, t. I. 6. ed. São Paulo: Malheiros, 2010. p. 541). Embora com alguma variação, era isso o que defendia, ainda, Ada Pellegrini Grinover ("Da desconsideração da personalidade jurídica (aspectos de direito material e processual)". *O processo: estudos e pareceres*. São Paulo: Perfil, 2005. n. 3, p. 127-132).

3. "1) A necessidade de que fique evidente a *harmonia da lei ordinária em relação à Constituição Federal da República* fez com que se incluíssem no Código, expressamente, princípios constitucionais, na sua versão processual. Por outro lado, muitas regras foram concebidas, dando concreção a princípios constitucionais, como, por exemplo, as que preveem um procedimento, com *contraditório* e produção de provas, prévio à decisão que desconsidera da pessoa jurídica, em sua versão tradicional, ou "às avessas" (*Código de processo civil e normas correlatas*. 7. ed. Brasília: Senado Federal, Coordenação de Edições Técnicas, 2015. p. 26 – *destaques no original*).

4. "[...] A superação da pessoa jurídica afirma-se como um incidente processual, razão pela qual pode ser deferida nos próprios autos, dispensando-se também a citação dos sócios, em desfavor de quem foi superada a pessoa

as exigências que decorrem do contraditório, na medida em que permitia a constrição patrimonial de sujeito que não constasse do título executivo sem que, previamente, lhe fosse oportunizado discutir a existência de sua responsabilidade patrimonial.

Não há dúvidas, enfim, de que a criação do incidente de desconsideração da personalidade jurídica representa significativo avanço em direção à concretização do contraditório.[5]

Há, entretanto, relevantes dúvidas a respeito dos limites da defesa a ser concretamente exercida por aquele cujo patrimônio se pretende atingir por meio da desconsideração da personalidade jurídica, nas variadas situações em que o incidente é admissível. Isso ocorre porque, como deixa claro o art. 134, *caput*, o incidente é cabível nas mais diversas modalidades de procedimento, qualquer que seja a fase em que este se encontre.

É exatamente este o objeto da presente investigação, que busca esclarecer a amplitude da defesa que pode ser exercida por aquele a quem se procura imputar responsabilidade patrimonial por meio do incidente de desconsideração da personalidade jurídica nos diversos momentos em que o incidente pode ser instaurado.

2. DIMENSÕES DO CONTRADITÓRIO A SER EXERCIDO PELO RÉU DO INCIDENTE DE DESCONSIDERAÇÃO DA PERSONALIDADE JURÍDICA

Em ocasião anterior, tivemos a oportunidade de sustentar que a desconsideração da personalidade jurídica é instituto que permite a atribuição de responsabilidade patrimonial pelo inadimplemento de uma obrigação a um terceiro em relação à dívida. Afinal, por meio da desconsideração permite-se que sejam atingidos bens do sócio por dívida que recai sobre a sociedade (no caso da desconsideração direta), ou bens da sociedade por dívida do sócio (no caso da desconsideração inversa). A desconsideração da personalidade jurídica leva, então, à atribuição de responsabilidade patrimonial secundária ao sócio ou à sociedade.[6]

---

jurídica, bastando a defesa apresentada a posteriori, mediante embargos, impugnação ao cumprimento de sentença ou exceção de pré-executividade [...]." (REsp 1412997/SP, Rel. Ministro Luis Felipe Salomão, Quarta Turma, julgado em 08.09.2015, DJe 26.10.2015). No mesmo sentido, dentre outros: AgRg na MC 24.127/SP, Rel. Ministro Marco Buzzi, Quarta Turma, julgado em 07.05.2015, DJe 14.05.2015;

5. Não por outra razão, parte da doutrina vem sustentando que o incidente deva ser aplicável a outras hipóteses em que há a extensão de responsabilidade executiva para terceiros distintas da desconsideração da personalidade jurídica. Foi isso o que defenderam, por exemplo, Flávio Luiz Yarshell (O incidente de desconsideração da personalidade jurídica no CPC 2015: aplicação a outras formas de extensão da responsabilidade patrimonial. In: YARSHELL, Flávio Luiz e PEREIRA, Guilherme Setoguti J. (Coord.). *Processo societário*. São Paulo: Quartier Latin, 2015. n. 3, v. II, p. 218-224) e, mais recentemente, Silas Silva Santos (*Redirecionamentos da execução civil: projeções da teoria do objeto litigioso*. São Paulo: Ed. RT, 2021. n. 25-26, p. 193-210). Para a defesa da aplicação do incidente de desconsideração ao redirecionamento da execução fiscal, tomamos a liberdade de remeter o leitor ao que escrevemos em outra oportunidade: *A responsabilidade patrimonial no novo sistema processual civil*. São Paulo: Ed. RT, 2016. p. 209-210.

6. *A responsabilidade patrimonial no novo sistema processual civil*, p. 231. A questão, como se sabe, é bastante polêmica na doutrina brasileira: seja entre processualistas ou entre privatistas, há firme defesa tanto da tese de que o sujeito atingido pela desconsideração da personalidade jurídica seria *devedor e responsável*, quanto da tese de que seria *apenas responsável*. Para uma minuciosa análise de ambas as correntes, sustentando que a desconsideração leva à atribuição de obrigação, e não apenas de responsabilidade patrimonial, ver, com

Neste contexto, a desconsideração da personalidade jurídica pode ser enquadrada no contexto dos institutos que permitem a segregação da *responsabilidade* em relação ao *débito*, na medida em que, por meio dela, permite-se a imputação de responsabilidade patrimonial a sujeito que não é o devedor. Algo de semelhante ocorre, por exemplo, com a fraude contra credores e com a fraude à execução, ou, ainda, com a hipoteca prestada como garantia de dívida alheia.[7]

Dessa ideia pode-se extrair a constatação de que, para que se possa permitir a execução de bens do sócio por um débito da sociedade (ou a execução de bens da sociedade por um débito do sócio) com base na desconsideração da personalidade jurídica, se faz necessária a presença de dois elementos distintos.

Antes de tudo, é necessário haver uma *dívida* a ser satisfeita, sem a qual não se justifica a prática de atos executivos. Embora se possa diferenciar débito e responsabilidade – que, inclusive, podem recair sobre sujeitos distintos –, *não há responsabilidade patrimonial sem débito*. Afinal, a responsabilidade patrimonial nada mais é que o estado de sujeição de um determinado patrimônio para fins de satisfação de uma dívida.

Em segundo lugar, devem estar presentes os *pressupostos da desconsideração da personalidade jurídica*, sem os quais não há que se falar na *atribuição de responsabilidade patrimonial* àquele que não seja o devedor. É necessário, assim, que estejam presentes as circunstâncias que, segundo a lei, autorizam a desconsideração da personalidade jurídica, como aquelas descritas no art. 50 do Código Civil, no art. 28 do Código de Defesa do Consumidor, no art. 4º da Lei 9.605/98 etc.

Em outras palavras, para que se justifique a excussão do patrimônio do responsável por força da desconsideração da personalidade jurídica é necessária a presença de dois elementos: *débito* e *responsabilidade patrimonial*. E, assim sendo, a defesa do réu do incidente de desconsideração pode voltar-se a qualquer um desses elementos.

Antes de tudo, o réu poderá, evidentemente, buscar demonstrar que não estão presentes os pressupostos necessários à desconsideração da personalidade jurídica. Poderá, por exemplo, refutar a existência de desvio de finalidade ou confusão patrimonial, exigidos pelo art. 50 do Código Civil para que fique configurado o abuso de personalidade jurídica.

---

grande proveito: GANACIN, João Cánovas Bottazzo. *Desconsideração da personalidade jurídica no processo civil.* 2. tir. São Paulo: Ed. RT, 2020. n. 6, p. 70-75. Todavia, mesmo que se considere que o sujeito atingido pela desconsideração é verdadeiro devedor, e não mero responsável, não se altera o raciocínio que desenvolvemos neste tópico, na medida em que haverá, de todo modo, dois elementos de cognição a serem examinados: dívida e pressupostos necessários à desconsideração da personalidade jurídica.

7. Sobre a distinção entre obrigação e responsabilidade, sustentando que a responsabilidade, ao contrário da obrigação, teria natureza processual, tomamos a liberdade de remeter o leitor para obra monográfica que escrevemos a respeito: *A responsabilidade patrimonial no novo sistema processual civil*, *passim*, esp. Cap. 1 e 2 (p. 37-122). Para uma visão diversa, na doutrina brasileira, vale conferir, com grande proveito, o que escreveu Marcelo Abelha Rodrigues em recente monografia, que, embora diferencie débito e responsabilidade, sustenta que esta seria instituto de direito material: *Responsabilidade patrimonial pelo inadimplemento das obrigações*: introdução ao estudo sistemático da responsabilidade patrimonial. Indaiatuba: Foco, 2023. passim, esp. Cap. 1 a 3 (p. 1-88).

Nada impede, porém, que o réu procure discutir a existência, a validade ou a eficácia do crédito para cuja satisfação se procura alcançar seu patrimônio com base na desconsideração da personalidade jurídica. Conquanto não seja verdadeiramente o devedor, parece evidente que o responsável secundário tem interesse jurídico na demonstração da inexistência da relação obrigacional. Afinal, não havendo crédito a ser satisfeito, não terá suporte a execução que sobre ele recairia.[8]

Enfim, parece claro que a defesa do sócio ou da sociedade a quem se pretende imputar a responsabilidade patrimonial pode ter por objeto estes dois elementos de cognição: aspectos inerentes à dívida, de um lado, e os pressupostos autorizadores da desconsideração da personalidade jurídica, de outro.

É importante, ainda, perceber que existe, entre estes dois elementos de cognição, uma nítida *relação de prejudicialidade*: a existência do débito é condição necessária – mas não suficiente – para a imputação de responsabilidade patrimonial ao sócio ou à pessoa jurídica. Demonstrada a inexistência do débito, inexistente será a possibilidade de imputar a ele a responsabilidade patrimonial. Por outro lado, demonstrada a existência do débito, poderá ou não haver a desconsideração da personalidade jurídica, a depender da presença de seus pressupostos autorizadores.

Finalmente, a defesa do réu do incidente de desconsideração da personalidade jurídica pode tratar não apenas dos aspectos acima referidos, que dizem respeito ao *meritum causae*, mas, ainda, de questões de natureza processual que se mostrem relevantes. E isso, em dois âmbitos distintos.

O réu poderá, por um lado, tratar de questões processuais que dizem respeito especificamente ao incidente de desconsideração da personalidade jurídica. Poderá, então,

---

8. É esta a opinião de Flávio Yarshell: "Não há sentido em falar em responsabilidade patrimonial se não existe concretamente um débito, seja de quem for. Portanto, sob o ângulo do conteúdo das alegações (não exatamente da via processual em que dedutíveis), o terceiro tem legitimidade e interesse para atacar a existência, a validade e a eficácia da dívida" (Comentários aos arts. 133 a 137. In: CABRAL, Antonio do Passo e CRAMER, Ronaldo (Coord.). *Comentários ao novo Código de Processo Civil*. Rio de Janeiro: Forense, 2015. p. 243). No mesmo sentido, também defendendo a possibilidade de o réu do incidente discutir a existência da dívida: CAMARGO, Luiz Henrique Volpe. Comentários aos arts. 119 a 137. In: CABRAL, Antonio do Passo e CRAMER, Ronaldo (Coord.). *Comentários ao novo Código de Processo Civil*. Rio de Janeiro: Forense, 2015. p. 241; CHAMBERLAINT, Hector Cavalcanti. *O incidente processual de desconsideração da personalidade jurídica*: atualização da *disregard doctrine* na perspectiva da responsabilidade patrimonial e reflexos no processo civil brasileiro. Londrina: Toth, 2021. p. 180-181; GANACIN, João Cánovas Bottazzo. *Desconsideração da personalidade jurídica no processo civil*, n. 10, p. 98-100; HIBNER, Davi Amaral; SILVESTRE, Gilberto Fachetti. Questões controvertidas sobre o 'incidente' de desconsideração da personalidade da pessoa jurídica no Código de Processo Civil de 2015. *Revista de processo*, n. 289. São Paulo: Ed. RT, 2019.; MAZZEI, Rodrigo Reis. Aspectos processuais da desconsideração da personalidade jurídica no Código de Defesa do Consumidor e no projeto do novo Código de Processo Civil. *Revista Síntese Direito empresarial*, n. 24, p. 21. São Paulo: Síntese, 2011; RODRIGUES, Marcelo Abelha. *Responsabilidade patrimonial pelo inadimplemento das obrigações...*, p. 192-193; ROQUE, Andre Vasconcelos. *Teoria geral do processo*: comentários ao CPC de 2015: parte geral. São Paulo: Método, 2015. p. 440; SANTOS, Silas Silva. *Redirecionamentos da execução civil...*, p. 202-203. Em sentido contrário, afirmando que o sujeito atingido pela desconsideração, por ser mero responsável, não tem interesse e legitimidade para se defender das questões atinentes ao débito: ANDRADE JUNIOR, Mozart Vilela. A obrigatoriedade (?) do incidente de desconsideração da personalidade jurídica. *Revista dos tribunais*, n. 977. São Paulo: Ed. RT, 2017.

suscitar alguma causa de inadmissibilidade do próprio incidente, ou, ainda, a existência de vícios processuais em relação ao procedimento incidental.

Nada impede, contudo, que, ao ser citado para apresentar defesa no incidente de desconsideração, o demandado suscite a ausência de requisitos de admissibilidade *da demanda principal*. Afinal, justamente porque a desconsideração se processa por meio de incidente, a extinção do processo levará, inexoravelmente, à extinção do incidente de desconsideração.

Enfim, parece claro que a garantia constitucional do contraditório impede que se limite a amplitude da defesa a ser exercida no incidente de desconsideração da personalidade jurídica, que, em última análise, poderá tratar de toda e qualquer matéria que possa levar a uma decisão favorável ao réu, a saber: (i) questões processuais, seja (i.1) em relação ao incidente de desconsideração, seja (i.2) em relação ao procedimento principal; e (ii) questões de mérito, (ii.1) em relação à existência, validade e eficácia da dívida, e (ii.2) em relação aos requisitos necessários à desconsideração da personalidade jurídica.

3. O PROBLEMA FUNDAMENTAL DO INCIDENTE DE DESCONSIDERAÇÃO DA PERSONALIDADE JURÍDICA ENQUANTO MODALIDADE DE INTERVENÇÃO DE TERCEIROS: INTERVENÇÃO AMPLIATIVA E COATA, ADMISSÍVEL EM QUALQUER FASE DO PROCEDIMENTO

No tópico anterior, procurou-se demonstrar que a defesa do réu no incidente de desconsideração da personalidade jurídica não pode sofrer limitações em relação à matéria a ser abordada, podendo tratar de toda e qualquer questão que possa levar a uma decisão favorável a ele. A defesa, assim, pode tratar das mais diversas matérias, seja em relação à higidez do incidente ou do procedimento principal, seja em relação aos pressupostos da desconsideração ou, ainda, seja em relação à própria dívida.

O grande problema é que, sendo o incidente "cabível em todas as fases do processo de conhecimento, no cumprimento de sentença e na execução fundada em título executivo extrajudicial" (art. 133), é possível que seja ele suscitado em momento no qual já esteja superada, ao menos para as partes, a possibilidade de debate de alguma dessas questões, sobretudo a respeito da dívida.

Para que se possa compreender adequadamente o problema, parece relevante analisar o incidente de desconsideração no contexto das modalidades de intervenção de terceiros tipificadas pelo Código de Processo Civil, a fim de que fiquem claras algumas de suas peculiaridades.

É conhecida a distinção existente entre as modalidades de intervenção de terceiros *objetivamente ampliativas* e *não ampliativas*. Aquelas, por levarem à apresentação de nova demanda, ampliam o objeto do processo, que passa a contar com uma nova pretensão a ser julgada. Por outro lado, as intervenções não ampliativas não envolvem a apresentação de nova demanda ou a dedução de nova pretensão, mantendo inalterado o objeto do processo[9].

No atual Código de Processo Civil, são ampliativas (além do incidente de desconsideração, sobre o qual se falará adiante) a denunciação da lide (arts. 125 e ss.) e o chamamento ao processo (arts. 130 e ss.). Em ambos os casos, há a dedução de nova pretensão: na denunciação da lide, é formulado pedido condenatório em face do terceiro contra o qual o denunciante ostenta direito de regresso; no chamamento ao processo, além de ser ampliado subjetivamente o pedido inicial para que também o chamado possa responder pela dívida cobrada em juízo, é deduzido pedido pelo chamador de que o chamado seja condenado a indenizá-lo regressivamente caso arque sozinho com o pagamento do débito.

Para o que agora nos interessa, é muito relevante notar que tanto a denunciação da lide (art. 126) como o chamamento ao processo (art. 130) possuem momentos específicos até os quais podem ser manejados: em ambos os casos, a intervenção do terceiro deve ser requerida pelo réu até a contestação, sob pena de preclusão.

A explicação, como nos parece claro, está justamente no fato de que ambas as modalidades de intervenção resultam na formulação de nova pretensão, provocando a ampliação do objeto do processo. Nesse caso, é fundamental garantir ao terceiro coativamente trazido ao processo a mais ampla possibilidade de defesa em relação à demanda em face dele deduzida. A fim de evitar que o exercício do contraditório pelo terceiro interveniente cause tumulto no processo que já esteja em curso, limita-se a possibilidade de intervenção ao momento de apresentação da contestação.

Por outro lado, podem ser consideradas não ampliativas, no sistema do Código, a assistência (arts. 119 e ss.) e o *amicus curiae* (art. 138). Em ambos os casos, não há a formulação de pretensão própria pelo terceiro interveniente: o assistente ingressa no processo a fim de auxiliar a parte cuja vitória lhe interessa, buscando contribuir para a procedência ou para a rejeição da pretensão já deduzida, caso o assistido seja, respectivamente, o autor ou o réu. O *amicus curiae*, por sua vez, intervém a fim de fornecer subsídios para auxiliar na tomada de decisão a respeito da demanda já em curso.

Ao contrário do que ocorre com a denunciação da lide e com o chamamento ao processo, o assistente e o *amicus curiae*[10] podem ingressar em qualquer fase do processo,

---

9. Nas claríssimas palavras de Dinamarco, "há intervenções que ampliam o objeto do processo, e outras que não. *Alargar o objeto do processo* significa colocar diante do juiz uma pretensão que ainda não estava contida no processo pendente" (*Instituições de direito processual civil*. 7. ed. São Paulo: Malheiros, 2017. v. II, n. 683, p. 434 – *destaques no original*). Em obra monográfica sobre o tema, o autor procura, então, distinguir as modalidades de intervenção que ampliam o objeto do processo e sua estrutura subjetiva, daquelas que apenas ampliam sua estrutura subjetiva, para, a partir disso, extrair relevantes conclusões a respeito do alcance da coisa julgada em relação ao interveniente: *Intervenção de terceiros*. 4. ed. São Paulo: Malheiros, 2006. n. 7-12, p. 24-34. A classificação é também utilizada por Lia Carolina Batista Cintra, que procura analisar criticamente cada uma das modalidades interventivas a partir, inclusive, desta ótica (*Intervenção de terceiro por ordem do juiz: a intervenção iussu iudicis no processo civil*. São Paulo: Ed. RT, 2017. p. 132-133). Muito semelhante, ainda, é a classificação adotada por Athos Gusmão Carneiro, que fala em intervenção *por ação* e intervenção *por inserção* (*Intervenção de terceiros*. 19. ed. São Paulo: Saraiva, 2010. n. 31, p. 88).

10. Neste sentido, vale conferir, por todos, o que escreveu Cassio Scarpinella Bueno, que, embora demonstre que o momento mais oportuno para ingresso do *amicus curiae* seja quando do encerramento da fase postulatória,

justamente porque o exercício do contraditório por parte deles não se volta a sustentar ou a refutar uma nova pretensão. Aliás, em relação à assistência há regra expressa no sentido de que o interveniente recebe o processo "no estado em que se encontre" (art. 119, parágrafo único), de modo que sua intervenção não leva ao retorno a fases já superadas do procedimento ou ao afastamento de preclusões já consumadas.

Parece, enfim, haver certa razão de ser para o fato de que as intervenções ampliativas devem ocorrer até um momento inicial do processo, ao passo que as intervenções não ampliativas não estão sujeitas a esta limitação. Neste particular, o regime das intervenções de terceiros parece ser coerente com as regras de estabilização da demanda (art. 329), que são particularmente rígidas no sistema processual brasileiro.[11]

O incidente de desconsideração da personalidade jurídica, entretanto, parece não se adequar a estas conclusões.

Por um lado, o incidente pode ser manejado *"em todas as fases do processo"*, o que se explica pela necessidade de que, qualquer que seja o momento em que se descubra a existência de abuso da personalidade jurídica, se possa buscar redirecionar a responsabilidade patrimonial ao sócio ou à sociedade. Como parece evidente, esta circunstância se mostra particularmente vantajosa nos casos em que já esteja em curso o procedimento executivo. Do contrário, seria necessário dar início a um novo processo cognitivo, com a formulação de pretensão condenatória contra o sócio ou contra a pessoa jurídica. Apenas após a sua condenação, com a formação de título executivo, é que estaria autorizada a execução de seu patrimônio.

Por outro lado, porém, não há dúvidas de que o incidente veicula pretensão própria contra o terceiro ao qual se busca imputar a responsabilidade patrimonial[12]. E, neste

---

sustenta que é admissível sua intervenção em qualquer momento, desde que possa ter alguma utilidade para o julgamento da causa (*Amicus curiae no processo civil brasileiro*: um terceiro enigmático. 3. ed. São Paulo: Saraiva, 2012. p. 492-494). Embora escrevesse à luz do Código de 1973, parece claro que as referidas ideias se aplicam, integralmente, ao sistema atualmente vigente.

11. Sobre a tradicional caracterização do sistema processual brasileiro como um sistema rígido quanto à estabilização da demanda, em comparação com o que ocorre em outros ordenamentos, vale conferir, com grande proveito: PINTO, Junior Alexandre Moreira. "Sistemas rígidos e flexíveis: a questão da estabilização da demanda". In: CRUZ E TUCCI, José Rogério e BEDAQUE, José Roberto dos Santos (Coord.). *Causa de pedir e pedido no processo civil (questões polêmicas)*. São Paulo: Ed. RT, 2002. p. 53-90 (esp. n. 2.4.5, p. 77-78).

12. Em outra oportunidade, sustentamos que o pedido deduzido no incidente de desconsideração tem natureza *constitutiva*, consistente na imputação de responsabilidade patrimonial a um sujeito que, até então, não era responsável em relação a determinada dívida (*A responsabilidade patrimonial no novo sistema processual civil*, p. 232-233). Ao que interessa ao desenvolvimento deste trabalho, a doutrina é praticamente unânime no sentido de que o requerimento de instauração do incidente veicula pretensão própria, capaz de ampliar o objeto do processo, ainda que haja acirrada divergência quanto à natureza deste pedido. Sobre a natureza da pretensão deduzida no incidente, vale conferir, com grande proveito: CHAMBERLAIN, Hector Cavalcanti. *O incidente processual de desconsideração da personalidade jurídica...*, p. 100-108; GANACIN, João Cánovas Bottazzo. *Desconsideração da personalidade jurídica no processo civil*, p. 91-97. Em sentido contrário, vale mencionar o que escreveram Luiz Guilherme Marinoni e Ricardo Alexandre da Silva, para quem, no incidente, "não há propositura de demanda incidental, mas simples instauração de incidente" (Incidente de desconsideração da personalidade jurídica no Código de Processo Civil de 2015. In: YARSHELL, Flávio Luiz e PEREIRA, Guilherme Setoguti J. (Coord.). *Processo societário*. São Paulo: Quartier Latin, 2015. v. II, n. 3, p. 453). Ao que parece, os autores confundem aspectos meramente *procedimentais* (o fato de que a

A DEFESA DO RÉU NO INCIDENTE DE DESCONSIDERAÇÃO DA PERSONALIDADE JURÍDICA   **411**

caso, não se pode limitar as possibilidades de defesa do terceiro em relação à demanda que contra ele se propôs, devendo ser a ele franqueado o exercício do contraditório da forma mais ampla possível, com a possibilidade de discutir não apenas a existência dos pressupostos autorizadores de sua responsabilização, mas toda e qualquer questão processual que se mostrar relevante e, ainda, a existência da própria dívida.

Esta conclusão se torna fundamental quando se percebe que, além de ser ampliativa e de poder ocorrer em qualquer momento do processo, o incidente de desconsideração da personalidade jurídica é uma modalidade *coata* de intervenção de terceiros. Ou seja: o ingresso daquele a quem se pretende imputar responsabilidade patrimonial não depende de sua própria vontade, mas da vontade do demandante, a quem cabe definir não apenas *se* irá requerer a instauração do incidente, mas também *quando* o fará. Neste quadro, parece evidente que limitar o alcance da defesa que pode ser apresentada no incidente de desconsideração conforme o momento em que seja ele instaurado permitiria que o demandante efetivamente escolhesse a amplitude do contraditório que poderia ser exercido pelo réu do incidente, consequência que não parece ser aceitável.[13]

Pode ocorrer, de todo modo, de o incidente ser instaurado em momento no qual já esteja de algum modo superada, para as partes, a possibilidade de debater alguma dessas questões. Os próximos tópicos buscam justamente analisar cada uma dessas situações, buscando enfrentar as dificuldades que se apresentam

4.   A DESCONSIDERAÇÃO DA PERSONALIDADE JURÍDICA REQUERIDA NA PETIÇÃO INICIAL DA FASE DE CONHECIMENTO

A questão não apresenta maiores dificuldades nos casos em que a desconsideração da personalidade jurídica seja requerida já na petição inicial da fase de conhecimento.

Nesta hipótese, não haverá sequer incidente, devendo o sócio ou a pessoa jurídica ser citado juntamente com os demais demandados, figurando, assim, como réu, desde o início do processo (art. 134, § 2º). Uma vez citado como réu, caberá, ao sócio ou à pessoa jurídica cujo patrimônio se pretenda atingir, se defender pelos mesmos meios franqueados às partes. Poderá, assim, oferecer contestação, em que lhe será permitido

---

desconsideração dá início a um *incidente processual*, e não a um *novo processo*) com a discussão de haver, ou não, a apresentação de *demanda*, o que parece de todo evidente quando se considera que o incidente possui *pedido*, *causa de pedir* e *partes* próprios. Preciso, neste ponto, é o pensamento de Marcelo Abelha Rodrigues: "O fato de ser um *incidente processual* não elimina a situação de que nele há (1) uma *pretensão* daquele que provoca e requer a procedência do *pedido de desconsideração* (2) contra aquele (terceiro) que se quer atingir, e que deve estar (3) fundamentado em *pressupostos previstos em lei* [...]. Há, portanto, *pedido, causa de pedir* e *partes* do incidente processual de desconsideração da personalidade jurídica" (*Responsabilidade patrimonial pelo inadimplemento das obrigações...*, p. 190).

13.   Em obra fundamental sobre o direito de defesa no processo civil, Cleanto Guimarães Siqueira explica que o ingresso compulsório do réu na relação processual é um problema que deve ser resolvido a partir das garantias constitucionais (*A defesa no processo civil: as exceções substanciais no processo de conhecimento*. 3. ed. São Paulo: Saraiva, 2008. n. 6.2, p. 254-256). Em outras palavras: justamente porque, a partir do momento em que assume tal posição, o réu está sujeito a relevantes ônus, deve-se buscar uma interpretação para as normas relativas à defesa que busque dar o maior rendimento possível à garantia do contraditório.

não apenas se insurgir contra a desconsideração da personalidade jurídica, mas também em relação à própria obrigação.

Nos casos em que for requerida na petição inicial da fase de conhecimento, não havendo incidente, a decisão quanto à desconsideração da personalidade jurídica deverá ocorrer, a priori, juntamente com o julgamento do pedido condenatório deduzido em face do devedor, na sentença a ser proferida ao final do procedimento em primeiro grau de jurisdição.

Nada impede, contudo, que, estando a questão relativa à desconsideração apta a ser decidida de imediato – pela desnecessidade de qualquer outra prova além daquelas que porventura constem dos autos –, o juiz se utilize da técnica do julgamento antecipado parcial do mérito (art. 356) para resolvê-la antes do pedido condenatório concernente à dívida.[14] Nestes casos, nos termos do art. 203, § 2º, o julgamento se dará por meio de *decisão interlocutória*, contra a qual caberá o recurso de agravo de instrumento, como deixam claro o art. 356, § 5º e o art. 1.015, II.[15]

Deve-se atentar, neste ponto, para o fato de que, como dito, a pretensão à desconsideração da personalidade jurídica deduzida em face do responsável leva a uma cumulação de pedidos, permitindo, portanto, a fragmentação do julgamento do mérito.[16] Nos casos de desconsideração, segundo nos parece, a utilização da técnica será de grande proveito especialmente em situações nas quais o sócio ou a pessoa jurídica cujo patrimônio se pretende atingir consiga demonstrar, de plano, a inexistência dos pressupostos que autorizam a desconsideração, permitindo, o art. 356, que seja ele desde logo excluído da relação processual.

5. A DESCONSIDERAÇÃO DA PERSONALIDADE JURÍDICA REQUERIDA NO CURSO DA FASE DE CONHECIMENTO

Mais problemático é o que ocorre nas situações em que a desconsideração da personalidade jurídica não for requerida na inicial, mas apenas no curso da fase de conhecimento, mormente quando já superada a etapa destinada à apresentação de resposta pelos réus.

Mesmo nesta situação, porém, pelas razões acima apontadas, não se pode impedir que o sócio ou a pessoa jurídica deduza argumentos visando a discutir não apenas a sua condição de responsável secundário, mas a insubsistência do crédito. Neste caso, a

---

14. No mesmo sentido: ROQUE, Andre Vasconcelos. *Teoria geral do processo...*, p. 437.
15. Nestas situações, o cabimento do agravo de instrumento não decorre do inciso IV do art. 1015 – já que não terá havido "*incidente* de desconsideração da personalidade jurídica" –, mas de seu inciso II, vez que a decisão versa sobre parcela do mérito da causa.
16. Sobre a fragmentação do julgamento do mérito, pedimos licença para transcrever trecho do que escrevemos em outra sede: "É, então, justamente nessas e em várias outras situações [ligadas à cumulação de pedidos] que pode ocorrer o que chamamos de fragmentação do julgamento do mérito. Trata-se, por outras palavras, de possibilitar que o julgamento dos diversos pedidos porventura cumulados em um só processo se dê em momentos distintos do mesmo procedimento, na medida em que cada um deles se encontre "maduro" para tanto" (SIQUEIRA, Thiago Ferreira. O julgamento antecipado parcial do mérito no novo Código de Processo Civil brasileiro. *Civil Procedure Review*, v. 7, n. 1: 165-208, . p. 170, jan.-apr. 2016).

A DEFESA DO RÉU NO INCIDENTE DE DESCONSIDERAÇÃO DA PERSONALIDADE JURÍDICA **413**

conveniência por uma rápida solução do litígio não deve inibir o regular exercício do contraditório por aquele que, no futuro, pode vir a ter seu patrimônio atingido por atos de expropriação executiva.

Instaurado, assim, o incidente de desconsideração no curso do processo em primeiro grau de jurisdição, será o procedimento principal, de início, suspenso para que, uma vez citado, o sócio ou a pessoa jurídica possa apresentar a sua manifestação e requerer as provas pertinentes (art. 134, §§ 3º e 4º). É neste momento então, que, segundo nos parece, caberá ao responsável não apenas negar as hipóteses legais autorizativas da desconsideração da personalidade jurídica, mas, também, deduzir as alegações pertinentes ao débito.[17]

Cabe, neste ponto, fazer um breve esclarecimento: poder-se-ia questionar se não seria mais adequado que o sócio ou a pessoa jurídica questionasse a existência, validade ou eficácia da dívida principal apenas após a decisão que reconhecesse a sua responsabilidade patrimonial. Assim, a cognição no incidente se limitaria à presença, ou não, dos requisitos autorizativos da desconsideração da personalidade jurídica e, em caso afirmativo, abrir-se-ia a oportunidade para que o responsável apresentasse contestação.[18]

Deve-se perceber, todavia, que, do ponto de vista do sócio ou da pessoa jurídica, as alegações pertinentes à obrigação nada mais são do que *fundamentos* para a demonstração da inexistência de sua responsabilidade patrimonial, já que, não havendo dívida, não haverá que se falar em expropriação executiva. Considerando, então, a regra da eventualidade (art. 336), caberá ao sujeito, citado no incidente de desconsideração, deduzir naquele momento "toda a matéria de defesa", incluindo aspectos relacionados à dívida.[19] Trata-se, ademais, de interpretação que tem por vantagem a possibilidade de evitar, em caso de acolhimento do pleito de desconsideração, o retorno a fases processuais já superadas, com prejuízos em termos de eficiência do processo.

---

17. No mesmo sentido, confira-se o que escreveu Leonardo Greco: "[...] é de se esperar que, aberta com a citação para responder ao pedido de desconsideração a oportunidade para o requerido se defender, deva ele, nessa ocasião, aduzir a sua contrariedade a quaisquer pressupostos fáticos ou jurídicos de sua responsabilidade, de que resultem a própria certeza, liquidez ou exigibilidade do crédito, mesmo que já tenham sido objeto de decisão anterior e que também sobre elas lhe seja permitido formular alegações, propor e produzir provas, para que sejam em relação a ele apreciadas na decisão do pedido de desconsideração" (*Instituições de processo civil.* 5. ed. Rio de Janeiro: Forense, 2015. v. 1, p. 505). Também dando a entender que o sócio ou a pessoa jurídica deva se voltar contra a dívida já na defesa apresentada no incidente: CAMARGO, Luiz Henrique Volpe. Comentários..., p. 241; YARSHELL, Flávio Luiz. Comentários..., p. 246.
18. Neste sentido, expressamente: ADAMEK, Marcelo Vieira von; FRANÇA, Erasmo Valladão Azevedo e Novaes. *Direito processual societário*: comentários breves ao CPC/2015. 2. ed. São Paulo: Malheiros, 2021. p. 140; ASSIS, Araken de. *Processo civil brasileiro.* São Paulo: Ed. RT, 2015. v. II, t. I, p. 148; ROQUE, Andre Vasconcelos. *Teoria geral do processo...*, p. 441.
19. Exatamente em razão da regra da eventualidade é que não nos parece fazer sentido a ideia, sustentada recentemente, de que a defesa relativa à dívida poderia ser exercida no incidente, mas que não haveria preclusão caso o réu não o fizesse (é o que se defende em: RIBEIRO, Leonardo Ferres da Silva; SANTOS, Júlio César Guzzi dos. A extensão das matérias de defesa no incidente de desconsideração da personalidade jurídica. *Revista de processo*, n. 288. São Paulo: Ed. RT, 2019. n. 4).

Neste caso, estando o feito ainda em primeiro grau de jurisdição, e tendo sido suscitadas alegações relativas à inexistência do dever de pagar tanto pelos réus primitivos quanto pelo sócio ou pessoa jurídica, parece-nos recomendável que *cesse a suspensão do processo*, para que um só procedimento – e, especialmente, uma só instrução probatória – sirva para a análise de toda a matéria defensiva até então deduzida. Tudo se passará, então, como se a desconsideração houvesse sido requerida na inicial, caso em que, a priori, deve ser julgada juntamente com as pretensões iniciais.[20]

6. A DESCONSIDERAÇÃO DA PERSONALIDADE JURÍDICA REQUERIDA PERANTE OS TRIBUNAIS, INCLUSIVE NA FASE RECURSAL

Não há qualquer dúvida de que o incidente de desconsideração da personalidade jurídica pode ser instaurado originariamente perante os tribunais. É isso o que se extrai dos textos do art. 932, VI (que inclui o julgamento do incidente dentre os poderes do relator) e do art. 136, parágrafo único (que deixa claro que, da decisão do relator a respeito do incidente, caberá recurso de agravo interno). A doutrina, entretanto, tem divergido na delimitação de quais seriam os casos que admitiriam a instauração do incidente perante os tribunais.

Com efeito, parcela significativa da doutrina tem defendido que *apenas nos processos de competência originária* é que se poderia cogitar do processamento do incidente perante os tribunais. Ou seja: não haveria, para estes autores, a possibilidade de que o incidente fosse instaurado em tribunal quando da pendência de recurso. Argumenta-se, para tanto, que, por envolver o exercício do direito de ação, a permissão da instauração do incidente perante o tribunal levaria à criação de nova hipótese de competência originária, que, no entanto, deve estar taxativamente prevista na Constituição Federal.[21]

Não nos parece, entretanto, que se deva limitar a instauração do incidente nos tribunais às hipóteses de competência originária.[22] Ainda que envolva o ajuizamento de demanda, o fato é que a desconsideração, na forma estruturada pelo Código de Processo Civil, é julgada *no mesmo processo* em que tramita a demanda principal, em relação ao qual a competência do tribunal já estará estabelecida por força do recurso interposto nos autos. Uma vez estabelecida, a competência do tribunal abrange não

---

20. Tal possibilidade é aventada por Flávio Yarshell: "[...] quando a instauração do incidente ocorrer ainda em fase de conhecimento, a identidade de objeto poderá autorizar que se realize instrução única acerca de débito e de responsabilidade. Reitere-se: ainda que a opção legislativa tenha sido a de resolver a desconsideração da personalidade jurídica de forma incidental, não há obstáculo para que a pretensão de desconsideração seja decidida na sentença, juntamente com o objeto originariamente posto" (Comentários..., p. 246).

21. É o que defendem: ADAMEK, Marcelo Vieira von; FRANÇA, Erasmo Valladão Azevedo e Novaes. *Direito processual societário...*, p. 133; ALMEIDA, Eduardo Vieira de; VAUGHN, Gustavo Fávero. A instauração do incidente de desconsideração da personalidade jurídica em grau recursal. *Revista de direito privado*, n. 85. São Paulo: Ed. RT, 2019; BEDAQUE, José Roberto dos Santos. *Comentários ao Código de Processo Civil*. São Paulo: Saraiva, 2019. v. III, p. 137; CÂMARA, Alexandre Freitas. *Manual de direito processual civil*. 2. ed. São Paulo: Atlas, 2023. p. 261; YARSHELL, Flávio Luiz. *Comentários...*, p. 137.

22. No mesmo sentido: ALVIM, Arruda. *Manual de direito processual civil*. 19. ed. São Paulo: Ed. RT, 2020. p. 570; CHAMBERLAIN, Hector Cavalcanti. *O incidente processual de desconsideração da personalidade jurídica...*, p. 208.

apenas o julgamento do recurso, mas a prática dos atos inerentes à direção do processo, e a resolução de incidentes processuais. É de se lembrar, a este respeito, que a lei atribui aos tribunais a competência para o julgamento de uma série de incidentes não descritos expressamente no texto constitucional, como o incidente de impedimento ou suspeição do juiz, o incidente de resolução de demandas repetitivas, o incidente de assunção de competência etc.

Aliás, o Código de Processo Civil estabeleceu, até mesmo, a competência dos tribunais em geral para o julgamento de reclamação, que, conforme interpretação amplamente majoritária, possui natureza de ação.[23] Neste particular, o legislador ordinário foi muito além das competências previstas na Constituição Federal, que, quanto à reclamação, são restritas ao Supremo Tribunal Federal (art. 102, I, "l" e art. 103-A, § 3º), ao Superior Tribunal de Justiça (art. 105, I, "f") e ao Tribunal Superior do Trabalho (art. 111-A, § 3º).

É de se lembrar, ainda, que o Código de Processo Civil prevê a competência dos tribunais para processar e julgar o processo de habilitação (art. 689), competência que também não se encontra expressa na Constituição Federal.

Finalmente, é de se considerar que a criação de competência originária para processamento do incidente em hipótese não prevista expressamente na Constituição Federal também ocorre nos casos em que o incidente de desconsideração é instaurado nos tribunais no curso de processos de competência originária.

Enfim, não nos parece que haja qualquer violação ao texto constitucional pela previsão legal de que o incidente de desconsideração da personalidade jurídica seja processado perante os tribunais durante a fase recursal, justamente porque o incidente integra o mesmo processo para o qual o tribunal já seria competente por força do recurso interposto.

Como quer que seja, não parece haver qualquer dificuldade em relação ao pedido de desconsideração suscitado em processos de competência originária dos tribunais. Sendo ele requerido na petição inicial ou no curso do procedimento, será competente o relator para seu processamento e julgamento. Quanto à defesa do réu, são válidas as considerações feitas nos tópicos anteriores a respeito do que ocorre no requerimento feito em primeiro grau.

A questão se mostra mais complicada, porém, nos incidentes instaurados perante os tribunais em razão da pendência de recurso. Nesses casos, o incidente será suscitado após a prolação de sentença, quando o processo estiver em segundo grau de jurisdição ou perante os tribunais superiores para julgamento de recurso. Nestes casos, caberá ao relator decidir o incidente, nos termos do art. 932, VI. Será, então, suspenso o procedimento principal, e, uma vez citado, o sócio ou a pessoa jurídica poderá, em sua manifestação,

---

23. Sobre a natureza jurídica da reclamação, com minuciosa análise das diversas correntes doutrinárias, conferir, por todos: AZEVEDO, Gustavo. *Reclamação constitucional no direito processual civil*. São Paulo: Atlas, 2018. n. 2.5, p. 106-127.

se opor tanto em relação aos pressupostos autorizativos da desconsideração, quanto em relação à existência da dívida.

Julgado o incidente pelo relator, voltará a tramitar o procedimento principal. Neste caso, eventual juízo feito pelo julgador a respeito da inexistência do crédito poderá influenciar sua manifestação no julgamento dos recursos interpostos pelas partes originárias, desde que, é claro, a questão tenha sido devolvida ao tribunal.[24] Sendo interposto agravo interno contra a decisão do incidente, parece recomendável, inclusive, que o julgamento deste ocorra conjuntamente com o dos recursos pendentes de análise, evitando a prolação de decisões contraditórias.

Imagine-se, por exemplo, que, tendo sido condenada a pessoa jurídica, o relator, no julgamento do incidente de desconsideração instaurado em face do sócio, reconheça a inexistência da dívida. Em tal situação, parece-nos que aquele entendimento deverá, ao menos, ser levado em conta no julgamento de apelação interposta pelo devedor. Isso não significa, é claro, que o recurso será necessariamente provido, já que outros argumentos podem ter sido deduzidos e, sobretudo, porque, em se tratando de julgamento colegiado, não há como se antever o entendimento que terão os demais julgadores.

7. A DESCONSIDERAÇÃO DA PERSONALIDADE JURÍDICA REQUERIDA NA FASE DE CUMPRIMENTO DE SENTENÇA

A questão se mostra ainda mais intrincada em situações nas quais o incidente seja instaurado já em fase de cumprimento de sentença, após o trânsito em julgado da sentença condenatória proferida em desfavor do devedor.[25] Neste caso, poder-se-ia pensar que a coisa julgada, formada entre credor e devedor originário, impediria que a pessoa jurídica ou o sócio pudesse discutir a existência da dívida no incidente de desconsideração em face dele promovido.

O fato, contudo, é que, não tendo o sujeito responsável, nestes casos, participado da fase cognitiva, a coisa julgada formada *inter alios* não pode lhe prejudicar, nos termos do art. 506. Vale, aqui, a analogia com a ideia de que, tendo sido reconhecida a existência da dívida em ação condenatória promovida pelo credor em face do devedor principal, a coisa julgada não impede que, no futuro, o fiador – terceiro em relação àquele primeiro processo – volte a discutir a existência daquela mesma relação obrigacional.[26]

---

24. Caso contrário, terá sido formada, entre credor e devedor, coisa julgada a respeito da relação obrigacional, aplicando-se as considerações desenvolvidas no próximo tópico.

25. Problema semelhante coloca-se nos casos em que o incidente for suscitado em sede de *cumprimento provisório* de sentença. Conforme ensina Barbosa Moreira, nestes casos a exequibilidade da sentença, mesmo que não tenha sido ela acobertada pela coisa julgada, produz eficácia preclusiva capaz de impedir alegação de questões atinentes ao débito que poderiam ter sido suscitadas na fase de conhecimento ("A eficácia preclusiva da coisa julgada material no sistema do processo civil brasileiro". In: *Temas de direito processual: primeira série*. São Paulo: Saraiva, 1977. n. 8, p. 108-109). Também nestes casos, então, o problema abordado neste tópico se manifesta: esta eficácia preclusiva também atinge o réu do incidente de desconsideração da personalidade jurídica?

26. É esta a lição que se extrai da obra clássica de Liebman (*Eficácia e autoridade da sentença e outros escritos sobre a coisa julgada*. Trad. de Alfredo Buzaid e Benvindo Aires. 4. ed. Rio de Janeiro: Forense, 2007. n. 48, p. 157-158), e de autorizada doutrina que, recentemente, se dedicou ao tema dos limites subjetivos da coisa julgada no direito

Por isso, mesmo após o trânsito em julgado da sentença condenatória, poderá, o sujeito responsável, alegar, no incidente de desconsideração da personalidade jurídica, qualquer questão relativa à existência, validade ou eficácia do crédito principal, como fundamento para demonstrar ausência de sua responsabilidade patrimonial.[27] Considerando o regramento dos limites subjetivos da coisa julgada, não nos parece admissível que o trânsito em julgada da sentença condenatória prolatada em desfavor do devedor impeça que o terceiro responsável discuta a existência do débito.

Não se duvida que a aplicação concreta deste posicionamento poderá trazer consequências práticas que parecem indesejáveis. Basta imaginar a possibilidade de que, tendo transitado em julgado sentença condenatória contra determinada pessoa jurídica, seja instaurado, na fase de cumprimento de sentença, incidente de desconsideração da personalidade jurídica contra o administrador desta mesma pessoa jurídica, que tenha representado a empresa durante a fase de conhecimento, tendo outorgado procuração ao advogado ou, ainda, tendo participado de audiência de instrução e julgamento. Nessas situações, então, seria de certo modo intuitivo sustentar a extensão da coisa julgada formada em desfavor da pessoa jurídica para o administrador, como vem fazendo parte da doutrina.[28]

Mesmo nestes casos, porém, não é possível defender a extensão da coisa julgada em prejuízo de sujeito que não participou de sua formação, considerando-se não apenas o que consta da expressa dicção do art. 506 do CPC, mas sobretudo o que decorre das garantias constitucionais da inafastabilidade do controle jurisdicional, do devido processo legal, e do contraditório e da ampla defesa (CF, art. 5º, XXXV, LIV e LV).[29] Não nos parecem suficientemente convincentes os argumentos da doutrina que sustenta a extensão da coisa julgada ao réu do incidente nestas situações.

Assim, por exemplo, não nos afigura correta a ideia de se justificar a extensão da coisa julgada ao réu do incidente no pressuposto de que, tendo sido acolhido o pedido de desconsideração, tudo se passaria como se não houvesse distinção entre as persona-

---

brasileiro (TUCCI, José Rogério Cruz e. *Limites subjetivos da eficácia da sentença e da coisa julgada civil*. 2. ed. São Paulo: Marcial Pons, 2020. p. 208-209).

27. Neste sentido, expressamente: CAMARGO, Luiz Henrique Volpe. "Comentários...", p. 241; CHAMBERLAINT, Hector Cavalcanti. *O incidente processual de desconsideração da personalidade jurídica...*, p. 203; GANACIN, João Cánovas Bottazzo. *Desconsideração da personalidade jurídica no processo civil*, p. 98-100; HIBNER, Davi Amaral; SILVESTRE, Gilberto Fachetti. "Questões controvertidas sobre o 'incidente' de desconsideração...", n. 4; ROQUE, Andre Vasconcelos. *Teoria geral do processo...*, p. 441; SANTOS, Silas Silva. *Redirecionamentos da execução civil...*, p. 202; YARSHELL, Flávio Luiz. "Comentários...", p. 244; ZUFELATO, Camilo. *Limites subjetivos da sentença e da coisa julgada em relação às pretensões individuais: um estudo sob a perspectiva da ampliação da participação dos sujeitos no processo*. Tese de titularidade. Ribeirão Preto: USP, 2020. n. 6.4.2.2, esp. p. 142-144.

28. Embora com certas variações nos argumentos para tanto utilizados, é o que defendem: ANDRADE JUNIOR, Mozart Vilela. "A obrigatoriedade (?) do incidente de desconsideração da personalidade jurídica", n. 8; ROCHA, Henrique de Moraes Fleury. *Desconsideração da personalidade jurídica*. Dissertação de mestrado. São Paulo: PUC, 2019. p. 173-192; TALAMINI, Eduardo; WAMBIER, Luiz Rodrigues. *Curso avançado de processo civil*. 17. ed. São Paulo: Ed. RT, 2018. v. I, p. 376

29. Nesse sentido, explicando que a limitação da coisa julgada às partes decorre dos valores descritos no texto: TALAMINI, Eduardo. *Coisa julgada e sua revisão*. São Paulo: Ed. RT, 2005. p. 96. Para tratamento mais detalhado do tema, ver, por todos: TUCCI, José Rogério Cruz e. *Limites subjetivos...*, Cap. III (p. 77-123).

lidades jurídicas da pessoa jurídica e de seus sócios. Ou seja: o caso não seria, segundo este modo de pensar, de extensão da coisa julgada a um terceiro, mas de simplesmente aplicar a coisa julgada às próprias partes.[30] Parece claro, entretanto, que a desconsideração da personalidade jurídica não desfaz ou torna ineficaz, nem mesmo momentânea e episodicamente, a autonomia patrimonial do sócio e da pessoa jurídica; trata-se, tão somente, de hipótese de extensão de responsabilidade patrimonial a sujeito que não é o verdadeiro devedor.

Também não parece fazer sentido a ideia segundo a qual o réu do incidente não teria legitimidade e interesse para discutir a existência do crédito.[31] Como se procurou demonstrar anteriormente, a extensão da responsabilidade patrimonial ao sócio ou à sociedade com base na desconsideração da personalidade jurídica exige a presença tanto do débito quanto dos pressupostos autorizadores da desconsideração. Sustentou-se, ainda, que há, entre estes dois elementos de cognição, uma relação de prejudicialidade-dependência, de modo que a inexistência do débito leva, inexoravelmente, à impossibilidade de se desconsiderar a personalidade jurídica. Diante dessas considerações, parece claro que o réu do incidente tem verdadeiro *interesse jurídico* em demonstrar a inexistência da dívida, porque, ao assim fazer, obterá decisão favorável em relação ao pedido de desconsideração. A relação existente entre dívida e responsabilidade não é, à toda evidência, meramente de fato, mas verdadeiramente jurídica, na medida em que aquele primeiro elemento integra a *fattispecie* deste segundo; em outras palavras, a existência do débito é uma *condição jurídica* para a existência da responsabilidade patrimonial.

Esta conclusão não se altera pelo fato de o réu do incidente ser terceiro em relação à obrigação, e pelo fato de que a obrigação é prejudicial em relação à sua própria responsabilidade patrimonial. De semelhante modo, o interesse jurídico do réu do incidente em demonstrar a inexistência do débito não deixa de existir quando ocorre o trânsito em julgado da decisão.

Conhecidas, a este respeito, são as ideias de Enrico Tullio Liebman, segundo as quais o terceiro titular de relação jurídica que dependa de outra relação jurídica possui verdadeiro interesse jurídico em buscar afastar uma decisão desfavorável quanto àquela. Partindo, então, da distinção entre eficácia da sentença e coisa julgada, Liebman defendia que o terceiro poderia buscar afastar os efeitos negativos que decorreriam da sentença proferida *inter alios*, justamente porque, embora submetido à eficácia natural da sentença, o terceiro não seria alcançado pela coisa julgada.[32]

Seguindo esta linha de raciocínio, a doutrina brasileira tem repudiado a tese segundo a qual, nos casos de prejudicialidade-dependência, a decisão quanto à relação

---

30. Com pequenas variações, é este, em apertada síntese, o argumento defendido por Eduardo Talamini e Luiz Rodrigues Wambier (*Curso avançado de processo civil*, v. I, p. 376) e por Henrique Fleury Rocha (p. 173-192).
31. É este o argumento defendido por Mozart Vilela Andrade Júnior: A obrigatoriedade (?) do incidente de desconsideração da personalidade jurídica, n. 8.
32. Especificamente sobre a impossibilidade de a coisa julgada atingir terceiro titular de relação jurídica dependente, e sobre o interesse jurídico deste terceiro em buscar afastar a eficácia da sentença demonstrando sua injustiça, verificar, na obra de Liebman: *Eficácia e autoridade da sentença*, n. 32 (p. 103-109) e n. 40 (p. 142-143).

jurídica prejudicial, uma vez transitada em julgado, impediria a rediscussão da questão pelo terceiro titular da relação jurídica dela dependente.[33] Embora até se pudesse sustentar tal vinculação de um ponto de vista estritamente lógico, seria ela incompatível com o regime imposto pela Constituição Federal ao regramento dos limites subjetivos da coisa julgada.[34]

Em outras palavras, considerando que a existência do débito é prejudicial em relação à responsabilidade patrimonial do réu do incidente de desconsideração, não se pode impedir que este recoloque em discussão as questões atinentes à dívida, ainda que seja terceiro em relação a ela, e mesmo que já haja coisa julgada a respeito. Qualquer solução diversa violaria as garantias constitucionais que inspiram a regra segundo a qual a coisa julgada não pode prejudicar terceiros.

Ainda a respeito desta questão, é de se mencionar a posição de certo modo intermediária adotada por parte da doutrina, no sentido de defender que, embora não seja o que deva ocorrer em regra, a coisa julgada formada a respeito da dívida pode, excepcionalmente, alcançar o réu do incidente. Isso ocorreria em casos nos quais "o sujeito atingido pela desconsideração é exatamente a mesma pessoa atingida pela desconsideração", como ocorre nas empresas individuais ou quando o sócio administrador que tenha representado a empresa em juízo seja o réu do incidente de desconsideração.[35]

Mesmo nesses casos, porém, parece-nos que a extensão da coisa julgada a sujeito distinto daquele que participou da fase de conhecimento esbarraria no regramento dos limites subjetivos da coisa julgada e nas garantias constitucionais a ele inerentes.

Isso não quer dizer que se deva ficar indiferente a hipóteses em que a defesa do réu do incidente resumir-se à mera reiteração de argumentos já analisados e refutados quando do julgamento da demanda principal. Caberá ao julgador, nestes casos, avaliar se a conduta do réu configura litigância de má-fé ou ato atentatório à dignidade da justiça. Mesmo nestes casos, porém, eventual constatação de ato ilícito não deve resultar na extensão da coisa julgada, mas na aplicação das sanções pertinentes.[36]

---

33. A este respeito, conferir, dentre outros: BATISTA CINTRA, Lia Carolina. *Intervenção de terceiro por ordem do juiz...*, p. 64-65; DINAMARCO, Cândido Rangel. *Instituições de direito processual civil*. 7. ed. São Paulo: Malheiros, 2017. v. III, n. 1159, p. 388-389; TUCCI, José Rogério Cruz e. *Limites subjetivos...*, n. 20.3 (p. 143-145) e n. 21-22 (p. 156-157).
34. "A lógica poderia até justificar a solução segundo a qual, uma vez decidida a questão prejudicial, essa deveria ser tomada como premissa em processo no qual se discute a questão prejudicada ou dependente, mas ela deve sucumbir diante dos postulados do devido processo legal, especialmente o contraditório, a ampla defesa, o acesso à justiça e a isonomia (BATISTA CINTRA, Lia Carolina. *Intervenção de terceiro por ordem do juiz...*, p. 65).
35. RODRIGUES, Marcelo Abelha. *Responsabilidade patrimonial pelo inadimplemento das obrigações...*, p. 194. Em sentido semelhante, Leonardo Greco defende a extensão da coisa julgada "se ocorreu um abuso da personalidade jurídica tão intenso que a desconsideração reconhece que o réu originário e o requerido são a mesma pessoa, com dois nomes ou duas fachadas diferentes" (*Comentários ao Código de Processo Civil*. São Paulo: Saraiva, 2020. v. XVI, n. 26).
36. Neste mesmo sentido: HIBNER, Davi Amaral; SILVESTRE, Gilberto Fachetti. Questões controvertidas sobre o 'incidente' de desconsideração..., n. 4; YARSHELL, Flávio Luiz. Comentários..., p. 238.

Enfim, considerando que o incidente pode ser instaurado a qualquer momento, até mesmo após o trânsito em julgado da sentença condenatória, e tendo em vista que a coisa julgada formada em desfavor do devedor não pode atingir negativamente o réu do incidente, não há como se impedir que seja rediscutida a existência, a validade ou a eficácia do débito.

É de se questionar, porém, o que ocorreria, nestes casos, uma vez que viesse a transitar materialmente em julgado a decisão do incidente que reconheça a inexistência, invalidade ou ineficácia da dívida. Deve-se notar, primeiramente, que, conquanto a inexistência, a invalidade ou a ineficácia da dívida atue, aí, como questão prejudicial, poderá sobre ela recair a autoridade de coisa julgada, nos termos do art. 503, § 1º. Além disso, é importante lembrar que, no sistema do Código de 2015, ficou expressamente consagrada a ideia de que a coisa julgada *não pode prejudicar terceiros* (art. 506), não estando vedado, porém, que atue em seu *benefício*.[37]

Haveria, então, um *conflito de coisas julgadas*: uma primeiramente formada entre credor e devedor, sobre a sentença que reconheceu a existência da dívida; e outra, formada posteriormente entre credor e responsável, reconhecendo a inexistência do crédito.

E, nestes casos, segundo nos parece, deve prevalecer *a segunda coisa julgada* que venha a ser formada. E isso, não apenas por aplicação da ideia de que a segunda coisa julgada prevalece sobre aquela anteriormente formada,[38] mas sobretudo porque, neste específico caso, a segunda coisa julgada é a única de cuja formação participou o réu do incidente de desconsideração.[39] É de se perceber, neste ponto, que os argumentos geralmente utilizados pela doutrina que sustenta a prevalência da primeira coisa julgada sobre a segunda – todos ligados ao fato de que a segunda a ser formada seria viciada por desrespeito ao primeiro comando – sequer seriam aplicáveis, uma vez que, pelas razões até aqui expostas, a coisa julgada formada entre credor e devedor não seria oponível ao responsável secundário, não incidindo, portanto, a proibição de novo julgamento.

Diante disso, uma vez que, no incidente de desconsideração, seja formada coisa julgada sobre a questão prejudicial incidental atinente à inexistência do débito, poderão, os devedores já condenados na fase de conhecimento, valer-se da *declaração de inexistência da dívida* em seu favor,[40] levando à extinção do procedimento executivo.

---

37. Sobre a extensão da coisa julgada – e não apenas da eficácia da sentença – em benefício de terceiro, vale conferir: ZUFELATO, Camilo. *Limites subjetivos*..., n. 4.1, p. 79-85 (esp. p. 84-85).

38. É antiga, como se sabe, a divergência a respeito do que deve ocorrer quando haja conflito de coisas julgadas formadas em momentos distintos. Há, assim, autores que entendem – a nosso ver, corretamente – que deve prevalecer a segunda que venha a ser formada (dentre outros: DINAMARCO, Cândido Rangel. *Instituições*..., v. III, n. 1165, p. 396-397; LIEBMAN, Enrico Tullio. Giudicato: I. *Enciclopedia giuridica*, Roma: Treccani, 1988. v. XV, p. 5; TALAMINI, Eduardo. *Coisa julgada e sua revisão*, p. 153-158), e outros que defendem, com bons argumentos, que deve prevalecer a primeira (dentre outros: ALVIM, Arruda. *Direito processual civil: teoria geral do processo de conhecimento*. São Paulo: Ed. RT, 1972. v. II, p. 375-377; RIZZI, Sérgio. *Ação rescisória*. São Paulo: Ed. RT, 1979. p. 133-139).

39. Neste sentido, concordando com posição por nós já manifestada a respeito: ZUFELATO, Camilo. *Limites subjetivos*..., p. 142-143.

40. Para a defesa de que a questão prejudicial incidental alcançada pela coisa julgada formada com base no art. 503, § 1º é apta a produzir efeitos substanciais, inclusive de natureza declaratória, remetemos o leitor ao que

8. A DESCONSIDERAÇÃO DA PERSONALIDADE JURÍDICA REQUERIDA NA PETIÇÃO INICIAL DO PROCESSO DE EXECUÇÃO DE TÍTULO EXTRAJUDICIAL

Nos casos em que a desconsideração seja requerida na petição inicial da ação de execução de título extrajudicial, a literalidade do art. 134, § 2º determinaria que não haveria incidente, devendo o sócio ou a pessoa jurídica ser citado juntamente com os demais réus, figurando desde o início do processo como executado. Caberia a ele defender-se pelos mesmos meios franqueados ao devedor, podendo, então, oferecer embargos à execução, em que lhe seria permitido não apenas se insurgir contra a desconsideração da personalidade jurídica, mas também em relação à própria obrigação.

Apesar de ser isso o que decorreria da literalidade da lei, a razão parece estar com a parcela da doutrina que vem sustentando que, nos casos de processo de execução de título extrajudicial, haveria a necessidade de instauração de incidente *em qualquer hipótese*, mesmo que a desconsideração fosse requerida já na petição inicial.[41]

A explicação para tanto está na posição peculiar ocupada pelo executado em um processo de execução. Em razão da chamada *eficácia abstrata* do título executivo, uma vez admitida a demanda executiva, viabiliza-se a prática de atos de invasão patrimonial contra o executado independentemente da prévia investigação a respeito da existência do crédito exequendo. Cabe, então, ao executado, contrapor-se ao título por meio de *embargos à execução*, que, inclusive, não são dotados de efeito suspensivo automático (art. 919).

Esta sistemática, porém, não parece se adequar à situação do sócio ou da sociedade que se pretende tornar patrimonialmente responsável por força da desconsideração da personalidade jurídica. Considerando que não há, em relação a ele, título executivo, não há justificativa para submetê-lo, de imediato, à prática de atos executivos, sem que, antes disso, seja investigada a existência de sua responsabilidade patrimonial.

Por isso é que parece mais correto que, uma vez requerida a desconsideração da personalidade jurídica na petição inicial do processo de execução, sejam inaugurados, paralelamente, dois procedimentos distintos, que devem tramitar em autos apartados: de um lado, o executado que consta como devedor do título irá se submeter normalmente ao procedimento executivo, sendo intimado, por exemplo, para pagar a dívida no prazo de três dias sob pena de penhora (art. 829). De outro, o sócio ou a empresa que se pretende atingir por meio da desconsideração será citado para, no prazo de quinze dias, apresentar sua defesa em relação ao incidente.

---

escrevemos em outra oportunidade: *Limites objetivos da coisa julgada: objeto do processo e questões prejudiciais*. Salvador: JusPodivm, 2020. n. 3.7, p. 388-437 (especificamente, sobre a tutela declaratória: p. 411-417).

41. Neste sentido, com alguma variação: CHAMBERLAIN, Hector Cavalcanti. O incidente processual de desconsideração da personalidade jurídica..., p. 166-167; RODRIGUES, Marcelo Abelha. Responsabilidade patrimonial pelo inadimplemento das obrigações..., p. 196-197; THEODORO Jr., Humberto. *Curso de direito processual civil*, 58. ed. Rio de Janeiro: Forense, 2017. v. I, p. 406.

É importante, neste ponto, reforçar a necessidade de que os dois procedimentos tramitem paralelamente. Não há, a nosso ver, sentido em se determinar a suspensão do procedimento executivo para se aguardar o processamento do incidente,[42] pelo simples fato de que o processo de execução não se destina à investigação da existência ou da inexistência do direito material subjacente ao título.

Uma vez citado no incidente, caberá ao sócio ou à sociedade cujo patrimônio se pretende atingir por força da desconsideração defender-se, neste momento, não apenas em relação aos pressupostos autorizativos da desconsideração, mas também em relação a qualquer questão atinente à dívida ou ao procedimento executivo.[43] Neste sentido, uma vez que seja acolhido o pedido de desconsideração e que seja o réu incluído no processo executivo, não haverá oportunidade para ajuizamento de embargos à execução. A partir de então, apenas poderá suscitar questões atinentes a fatos supervenientes ou que não estejam sujeitas à preclusão.

9. A DESCONSIDERAÇÃO DA PERSONALIDADE JURÍDICA REQUERIDA NO CURSO DO PROCESSO DE EXECUÇÃO DE TÍTULO EXTRAJUDICIAL

Considerações análogas são válidas, ainda, quando a desconsideração da personalidade jurídica for requerida no curso do processo de execução de título extrajudicial: nesses casos, será instaurado incidente em face do sócio ou da sociedade cujo patrimônio se pretende atingir, cabendo a ele, uma vez citado, defender-se não apenas em relação aos pressupostos relativos à desconsideração, mas à própria dívida.

Parece acertada, a este respeito, a opinião de que, instaurado o incidente no curso do processo de execução, não deve ocorrer a suspensão do procedimento principal.[44] Como se disse, o processo de execução não se destina à investigação da existência ou da inexistência do direito material subjacente ao título, razão pela qual não há razão para retardar a prática de atos executivos enquanto se aguarda a definição da inclusão ou não do sócio ou da sociedade no processo.

---

42. Em sentido contrário, sugerindo a suspensão do procedimento executivo enquanto se processa o incidente de desconsideração: RODRIGUES, Marcelo Abelha. *Responsabilidade patrimonial pelo inadimplemento das obrigações...*, p. 196-197.

43. Neste sentido, sustentando que o réu do incidente tem o ônus de apresentar, neste momento, toda sua matéria defensiva sob pena de preclusão: SANTOS, Silas Silva. *Redirecionamentos da execução civil...*, p. 236-238. Em sentido contrário, afirmando que a defesa no incidente deve ficar restrita aos pressupostos autorizativos da desconsideração, sendo posteriormente oportunizada a apresentação de embargos por parte do sócio ou da sociedade: CHAMBERLAIN, Hector Cavalcanti. *O incidente processual de desconsideração da personalidade jurídica...*, p. 181-184.

44. É isso o que, em última análise, defende Hector Cavalcanti Chamberlain (*O incidente processual de desconsideração da personalidade jurídica...*, p. 176-178). O autor, na verdade afirma que a suspensão do processo executivo apenas ocorreria quando também estivesse presente alguma das hipóteses do art. 921. O fato, porém, é que, nesses casos, o art. 921 parece ser suficiente para justificar a suspensão do processo, que, portanto, não decorre da instauração do incidente. Por outro lado, ainda conforme o autor, ausente alguma das hipóteses do art. 921, não haveria que se falar na suspensão do processo.

10. CONCLUSÕES

No presente estudo, verificou-se que, conquanto fundamental para garantir a observância do contraditório prévio em relação à desconsideração da personalidade jurídica, o incidente criado pelo Código de 2015 impõe certas dificuldades quanto à definição dos limites da defesa a ser exercida por aquele a quem se procura imputar responsabilidade patrimonial por dívida alheia. Estas dificuldades, como se viu, decorrem da própria forma pela qual o incidente é estruturado em nosso sistema processual civil, como modalidade de intervenção de terceiro que, conquanto seja ampliativa e coata, pode ser manejada a qualquer tempo.

Conforme ficou demonstrado, o enfrentamento dessas dificuldades não pode ser feito por meio do sacrifício ao pleno exercício do contraditório por parte do réu do incidente de desconsideração da personalidade jurídica. É necessário, nesses casos, franquear ao sócio ou à pessoa jurídica a oportunidade de deduzir toda e qualquer matéria de defesa que possa levar a um resultado favorável, independentemente do momento processual em que isso ocorrer e das preclusões e estabilidades já verificadas até então.

11. REFERÊNCIAS

ADAMEK, Marcelo Vieira von; FRANÇA, Erasmo Valladão Azevedo e Novaes. *Direito processual societário*: comentários breves ao CPC/2015. 2. ed. São Paulo: Malheiros, 2021.

ALMEIDA, Eduardo Vieira de; VAUGHN, Gustavo Fávero. A instauração do incidente de desconsideração da personalidade jurídica em grau recursal. *Revista de direito privado*, n. 85. São Paulo: Ed. RT, 2019.

ALVIM, Arruda. *Direito processual civil*: teoria geral do processo de conhecimento. São Paulo: Ed. RT, 1972. , v. II.

ALVIM, Arruda. *Manual de direito processual civil*. 19. ed. São Paulo: Ed. RT, 2020.

ANDRADE JUNIOR, Mozart Vilela. A obrigatoriedade (?) do incidente de desconsideração da personalidade jurídica. *Revista dos tribunais*, n. 977. São Paulo: Ed. RT, 2017.

ASSIS, Araken de. *Processo civil brasileiro*. São Paulo: Ed. RT, 2015. v. II, t. I.

AZEVEDO, Gustavo. *Reclamação constitucional no direito processual civil*. São Paulo: Atlas, 2018.

BATISTA CINTRA, Lia Carolina. *Intervenção de terceiro por ordem do juiz*: a intervenção *iussu iudicis* no processo civil. São Paulo: Ed. RT, 2017.

BARBOSA MOREIRA, José Carlos. A eficácia preclusiva da coisa julgada material no sistema do processo civil brasileiro. *Temas de direito processual*: primeira série. São Paulo: Saraiva, 1977.

BEDAQUE, José Roberto dos Santos. *Comentários ao Código de Processo Civil*. São Paulo: Saraiva, 2019. v. III.

BUENO, Cassio Scarpinella. Amicus curiae *no processo civil brasileiro*: um terceiro enigmático. 3. ed. São Paulo: Saraiva, 2012.

CÂMARA, Alexandre Freitas. *Manual de direito processual civil*. 2. ed. São Paulo: Atlas, 2023.

CAMARGO, Luiz Henrique Volpe. Comentários aos arts. 119 a 137. In: CABRAL, Antonio do Passo e CRAMER, Ronaldo (Coord.). *Comentários ao novo Código de Processo Civil*. Rio de Janeiro: Forense, 2015.

CARNEIRO, Athos Gusmão. *Intervenção de terceiros*. 19. ed. São Paulo: Saraiva, 2010.

CHAMBERLAINT, Hector Cavalcanti. *O incidente processual de desconsideração da personalidade jurídica*: atualização da *disregard doctrine* na perspectiva da responsabilidade patrimonial e reflexos no processo civil brasileiro. Londrina: Toth, 2021.

DINAMARCO, Cândido Rangel. *A instrumentalidade do processo*. 15. ed. São Paulo: Malheiros, 2013.

DINAMARCO, Cândido Rangel. Desconsideração da personalidade jurídica, fraude, ônus da prova e contraditório. *Fundamentos do processo civil moderno*. 6. ed. São Paulo: Malheiros, 2010.

DINAMARCO, Cândido Rangel. *Instituições de direito processual civil*. 7. ed. São Paulo: Malheiros, 2017. v. II.

DINAMARCO, Cândido Rangel. *Instituições de direito processual civil*. 7. ed. São Paulo: Malheiros, 2017. v. III.

DINAMARCO, Cândido Rangel. *Intervenção de terceiros*. 4. ed. São Paulo: Malheiros, 2006.

DINAMARCO, Cândido Rangel. O princípio do contraditório e sua dupla destinação. *Fundamentos do processo civil moderno*. 6. ed. São Paulo: Malheiros, 2010. t. I.

GANACIN, João Cánovas Bottazzo. *Desconsideração da personalidade jurídica no processo civil*. 2. tir. São Paulo: Ed. RT, 2020.

GRECO, Leonardo. *Comentários ao Código de Processo Civil*. São Paulo: Saraiva, 2020. v. XVI.

GRECO, Leonardo. *Instituições de processo civil*. 5. ed. Rio de Janeiro: Forense, 2015. v. 1.

GRINOVER, Ada Pellegrini. Da desconsideração da personalidade jurídica (aspectos de direito material e processual). *O processo: estudos e pareceres*. São Paulo: Perfil, 2005.

HIBNER, Davi Amaral; SILVESTRE, Gilberto Fachetti. Questões controvertidas sobre o 'incidente' de desconsideração da personalidade da pessoa jurídica no Código de Processo Civil de 2015. *Revista de processo*, n. 289. São Paulo: Ed. RT, 2019.

LIEBMAN, Enrico Tullio. *Eficácia e autoridade da sentença e outros escritos sobre a coisa julgada*. Trad. Alfredo Buzaid e Benvindo Aires. 4. ed. Rio de Janeiro: Forense, 2007.

LIEBMAN, Enrico Tullio. Giudicato: I. *Enciclopedia giuridica*. Roma: Treccani, 1988. v. XV.

MARINONI, Luiz Guilherme; SILVA, Ricardo Alexandre da. Incidente de desconsideração da personalidade jurídica no Código de Processo Civil de 2015. In: YARSHELL, Flávio Luiz e PEREIRA, Guilherme Setoguti J. (Coord.). *Processo societário*. São Paulo: Quartier Latin, 2015. v. II.

MAZZEI, Rodrigo Reis. Aspectos processuais da desconsideração da personalidade jurídica no Código de Defesa do Consumidor e no projeto do novo Código de Processo Civil. *Revista Síntese Direito empresarial*, n. 24. São Paulo: Síntese, 2011.

OLIVEIRA, Carlos Alberto Alvaro de. O juiz e o contraditório. *Revista de processo*, n. 71. São Paulo: Ed. RT, 1993.

PINTO, Junior Alexandre Moreira. Sistemas rígidos e flexíveis: a questão da estabilização da demanda. In: CRUZ E TUCCI, José Rogério e BEDAQUE, José Roberto dos Santos (Coord.). *Causa de pedir e pedido no processo civil (questões polêmicas)*. São Paulo: Ed. RT, 2002.

RIBEIRO, Leonardo Ferres da Silva; SANTOS, Júlio César Guzzi dos. A extensão das matérias de defesa no incidente de desconsideração da personalidade jurídica. *Revista de processo*, n. 288. São Paulo: Ed. RT, 2019.

RIZZI, Sérgio. *Ação rescisória*. São Paulo: Ed. RT, 1979.

ROCHA, Henrique de Moraes Fleury. *Desconsideração da personalidade jurídica*. Dissertação de mestrado. São Paulo: PUC, 2019.

RODRIGUES, Marcelo Abelha. *Responsabilidade patrimonial pelo inadimplemento das obrigações*: introdução ao estudo sistemático da responsabilidade patrimonial. Indaiatuba: Foco, 2023.

ROQUE, Andre Vasconcelos. *Teoria geral do processo*: comentários ao CPC de 2015: parte geral. São Paulo: Método, 2015.

SANTOS, Silas Silva. *Redirecionamentos da execução civil*: projeções da teoria do objeto litigioso. São Paulo: Ed. RT, 2021.

SIQUEIRA, Cleanto Guimarães. *A defesa no processo civil*: as exceções substanciais no processo de conhecimento. 3. ed. São Paulo: Saraiva, 2008.

SIQUEIRA, Thiago Ferreira. A responsabilidade patrimonial no novo sistema processual civil. São Paulo: Ed. RT, 2016.

SIQUEIRA, Thiago Ferreira. *Limites objetivos da coisa jugada*: objeto do processo e questões prejudiciais. Salvador: JusPodivm, 2020.

SIQUEIRA, Thiago Ferreira. O julgamento antecipado parcial do mérito no novo Código de Processo Civil brasileiro. *Civil Procedure Review*, v. 7, n. 1: 165-208, jan.-apr. 2016.

TALAMINI, Eduardo. *Coisa julgada e sua revisão*. São Paulo: Ed. RT, 2005.

TALAMINI, Eduardo; WAMBIER, Luiz Rodrigues. *Curso avançado de processo civil*. 17. ed. São Paulo: Ed. RT, 2018. v. I.

THEODORO Jr., Humberto. *Curso de direito processual civil*. 58. ed. Rio de Janeiro: Forense, 2017. v. I.

TUCCI, José Rogério Cruz e. *Limites subjetivos da eficácia da sentença e da coisa julgada civil*. 2. ed. São Paulo: Marcial Pons, 2020.

YARSHELL, Flávio Luiz. Comentários aos arts. 133 a 137. In: CABRAL, Antonio do Passo e CRAMER, Ronaldo (Coord.). *Comentários ao novo Código de Processo Civil*. Rio de Janeiro: Forense, 2015.

YARSHELL, Flávio Luiz. O incidente de desconsideração da personalidade jurídica no CPC 2015: aplicação a outras formas de extensão da responsabilidade patrimonial. In: YARSHELL, Flávio Luiz e PEREIRA, Guilherme Setoguti J. (Coord.). *Processo societário*. São Paulo: Quartier Latin, 2015. v. II.

ZUFELATO, Camilo. *Limites subjetivos da sentença e da coisa julgada em relação às pretensões individuais*: um estudo sob a perspectiva da ampliação da participação dos sujeitos no processo. Tese de titularidade. Ribeirão Preto: USP, 2020.

I.7 – Recursos

INTERESSE RECURSAL DO SÓCIO NO INCIDENTE DE DESCONSIDERAÇÃO INVERSA DA PERSONALIDADE JURÍDICA: ANÁLISE DO JULGAMENTO DO RESP 1.980.607/DF PELO STJ

Flávia Pereira Hill

Doutora e mestre em Direito Processual pela UERJ. Professora Associada de Direito Processual Civil da UERJ e do PPGD da UNESA. Pesquisadora visitante da *Università degli Studi di Torino*, Itália. Membro da ABEP, IBDP, IAB, ICPC, AIDC e ABEC. Delegatária de serventia extrajudicial. E-mail: flaviapereirahill@gmail.com.

Fernanda Gomes e Souza Borges

Doutora e Mestre em Direito Processual pela PUC/Minas Professora Adjunta III do Departamento de Direito da Universidade Federal de Lavras – UFLA (2013). Líder do GEPPROC/UFLA (DGP/CNPq) (2018). Membro da ACADEPRO, ABDPRO, IBDP, AB-DPC, ABEP. Membro colaborador da Comissão de Processo Civil da OAB/MG (2021). E-mail: fernandagomes@ufla.br.

Cecília Rodrigues Frutuoso Hildebrand

Mestranda em Direito Processual pela UERJ. Coordenadora do Curso e do Núcleo de Prática Jurídica do Centro Universitário Anhanguera – Leme/SP. Professora. Advogada. Membra da ABEP – Associação Brasileira Elas no Processo. E-mail: ceciliahildebrand@gmail.com.

Sumário: 1. Introdução – 2. A Desconsideração da Personalidade Jurídica e a Desconsideração Inversa da Personalidade Jurídica – 3. Do interesse e da legitimidade na teoria geral dos recursos – 4. Do interesse e da legitimidade recursal do sócio na Desconsideração Inversa da Personalidade Jurídica e o REsp. 1.980.607/DF – 5. Considerações – 6. Referências.

1. INTRODUÇÃO

O patrimônio das pessoas jurídicas e das pessoas físicas não se confunde, sendo a autonomia patrimonial um importante instrumento em prestígio aos princípios da livre iniciativa, da propriedade privada e da iniciativa empreendedora. Todavia, tal distinção não pode ser invocada com vistas a lastrear a prática de atos voltados a fraudar credores. Nesse contexto, a teoria da desconsideração da personalidade jurídica foi criada precipuamente com o intuito de coibir tais práticas.

Apesar de a teoria ter sido positivada em diferentes diplomas legislativos, apenas no Código de Processo Civil de 2015 teve seu procedimento regulamentado. Cumpre destacar que a regulamentação de um procedimento para a desconsideração privilegia os princípios do devido processo legal e do contraditório, garantindo que os terceiros que passam a ser vinculados à responsabilidade patrimonial possam exercer seu direito de defesa e produzir provas.

Busca-se, com a presente pesquisa, enfrentar a discussão sobre a legitimidade e o interesse do sócio em recorrer da decisão que decreta a desconsideração inversa da personalidade jurídica.

Na desconsideração inversa, busca-se atingir o patrimônio da pessoa jurídica de que o devedor é sócio. Teria ele interesse e legitimidade para recorrer da decisão que desconsidera a personalidade jurídica para atingir os bens da pessoa jurídica?

Para responder a tal questão, em um primeiro momento, analisar-se-ão os aspectos processuais da desconsideração da personalidade jurídica trazidos pelo CPC de 2015. Em um segundo momento, passar-se-á a analisar os conceitos de interesse e de legitimidade recursal na teoria geral dos recursos e, por fim, verificar-se-á se o sócio teria interesse e legitimidade para recorrer, analisando-se os fundamentos decisórios do Superior Tribunal de Justiça no REsp 1.980.607/DF, julgado em 2022.

Utilizar-se-á do método dedutivo e de pesquisa bibliográfica documental consistente em livros, artigos científicos, legislação federal, projetos de lei e decisões judiciais.

2. A DESCONSIDERAÇÃO DA PERSONALIDADE JURÍDICA E A DESCONSIDERAÇÃO INVERSA DA PERSONALIDADE JURÍDICA

A existência da pessoa jurídica faz com que o seu patrimônio não se confunda com o patrimônio dos seus sócios. Essa autonomia patrimonial é instrumento legal e lícito de alocação e segregação de riscos, como previsto no art. 49-A do Código Civil.

Todavia, a proteção que a lei confere às pessoas jurídicas não pode ser utilizada como meio para fraudar credores e frustrar a satisfação dos débitos. Sendo assim, merece reflexão detida a hipótese em que o executado pretende desviar ou ocultar o seu patrimônio com o objetivo de não cumprir suas obrigações, valendo-se dessa barreira entre os patrimônios das pessoas físicas e jurídicas para frustrar a execução. A fim de coibir tal prática, o legislador passou a prever a possibilidade da desconsideração da personalidade jurídica.

A teoria da desconsideração da personalidade jurídica é baseada na *disregard of the legal entity* do direito comparado[1] e ganhou força no Brasil com a doutrina e a jurisprudência. Com base nela, alcançam-se pessoas, e seus respectivos bens, que se

---

1. TARTUCE, Flávio. A desconsideração da personalidade jurídica e suas aplicações ao direito de família e das sucessões. *RJLB*, a.4, n. 3, 2018.

escondam atrás do véu de uma pessoa jurídica para fins ilícitos ou abuso, para além dos limites do capital social.

Para a desconsideração não basta a simples insolvência, é pressuposto a ocorrência de fraude por meio da separação patrimonial, ou seja, é necessário que ocorra a manipulação da autonomia patrimonial.[2-3]

Na desconsideração da personalidade jurídica, levanta-se o véu que traz a autonomia entre pessoa física e jurídica, permitindo que, diante da presença das hipóteses legais, os efeitos de uma decisão contra a pessoa jurídica possam atingir os seus sócios ou vice-versa. "Quando aplicada a desconsideração da personalidade jurídica, os sócios responderão secundária e subsidiariamente por dívida da sociedade".[4]

No artigo 50 do Código Civil, que adota a chamada teoria maior, permite-se a desconsideração quando há abuso da personalidade jurídica, caracterizado pelo desvio de finalidade ou pela confusão patrimonial. Tal modalidade de desconsideração permite que os efeitos de certas e determinadas relações de obrigações sejam estendidos aos bens particulares de administradores ou de sócios da pessoa jurídica, beneficiados direta ou indiretamente pelo abuso.

O § 3º do art. 28 do Código de Defesa do Consumidor, por seu turno, prevê a chamada teoria menor da desconsideração, permitindo que a sua decretação quando a personalidade for, de alguma forma, obstáculo ao ressarcimento de prejuízos causados aos consumidores.

O ordenamento ainda prevê a desconsideração no art. 34 da Lei 12.529/11 (Lei Antitruste) e no art. 4º da Lei 9.605/98 (Lei de Crimes Ambientais) e no art. 14 da Lei 12.846/2013 (Lei Anticorrupção).

O Código de Processo Civil de 2015, por sua vez, regulamentou o procedimento do incidente de desconsideração da personalidade jurídica como espécie de intervenção de terceiros nos artigos 133 a 137. Para Barbosa Moreira, "é terceiro quem não seja parte, quem nunca o tenha sido, quer haja deixado de sê-lo em momento anterior àquele que se profira a decisão".[5]

Dentre as classificações sobre intervenção de terceiros, o incidente de desconsideração da personalidade jurídica é considerado como intervenção de terceiros provocada. Quem provoca o ingresso dos terceiros, sejam os sócios ou a pessoa jurídica, é o credor ou o Ministério Pública. O terceiro, portanto, possui relação jurídica com o devedor.

---

2. COELHO, Fábio Ulhoa. *Manual de direito comercial*. 28. ed. São Paulo: Ed. RT, 2016, p. 87.
3. No mesmo sentido, posicionou-se o Superior Tribunal de Justiça. BRASIL. Superior Tribunal de Justiça. REsp 1.729.554/SP, relator Ministro Luis Felipe Salomão, Quarta Turma, julgado em 08.05.2018, DJe de 06.06.2018.
4. WAMBIER, Luiz Rodrigues; LOBO, Arthur Mendes; LIBLIK, Regiane França. Tipologia das sociedades e a desconsideração da personalidade jurídica. *Revista Eletrônica de Direito Processual – REDP*. UERJ, a. 12, v. 19, n. 3, Rio de Janeiro, set. dez. 2018.
5. BARBOSA MOREIRA, José Carlos. *Comentários ao Código de Processo Civil*. Rio de Janeiro: Grupo Gen, 2013. 5 v. Disponível em: https://online.vitalsource.com/books/9788530950408.

A 2ª Turma do E. Superior Tribunal de Justiça firmou entendimento no sentido da desnecessidade de instauração do incidente de desconsideração da personalidade jurídica para fins do chamado "redirecionamento da execução fiscal", com fulcro nos artigos 124, 133 e 135 do Código Tributário Nacional.[6] Filia-se, contudo, ao entendimento doutrinário segundo o qual o procedimento do incidente de desconsideração da personalidade jurídica também deve ser empregado em outras hipóteses de responsabilização, inclusive no processo do trabalho e na execução fiscal.[7] Sendo assim, concorda-se com Debora da Silva Vieira e Rosalina Moitta Pinto da Costa ao entenderem ser necessária a instauração do incidente de desconsideração da personalidade jurídica nas execuções fiscais ajuizadas contra a pessoa jurídica para que se atinja o patrimônio do sócio, "sob pena de violação do contraditório e ampla defesa, bem como do devido processo legal".[8]

Cassio Scarpinella Bueno, com propriedade, afirma que poderia se referir ao incidente como incidente de corresponsabilização, englobando até mesmo as hipóteses de chamamento ao processo.[9] O art. 1.062 do CPC autoriza a aplicação do incidente aos processos em curso nos Juizados Especiais, excepcionando a regra geral de não cabimento de intervenção de terceiros. O Enunciado 247 do Fórum Permanente de Processualistas Civis, por seu turno, prevê o cabimento do incidente em processos falimentares.[10]

A desconsideração da personalidade pode ser requerida de duas formas: i) na petição inicial (seja de conhecimento ou de execução), alocando os sócios ou a pessoa jurídica como litisconsortes passivos;[11] ou ii) em incidente de desconsideração, com rito previsto nos artigos 133 a 137 do CPC. Apenas na segunda hipótese haverá a suspensão (imprópria) do processo.

É possível, ainda, que a desconsideração seja requerida na reconvenção. Nesse caso, segue-se o mesmo procedimento previsto para aquela requerida na inicial.[12] Por-

---

6. Superior Tribunal de Justiça. AgInt no REsp 2.025.462/RJ, relator Ministro Herman Benjamin, Segunda Turma, julgado em 15.12.2022, DJe de 19.12.2022.
7. Enunciado 124. A desconsideração da personalidade jurídica no processo do trabalho deve ser processada na forma dos arts. 133 a 137. Enunciado 126. (art. 134; art. 15) No processo do trabalho, da decisão que resolve o incidente de desconsideração da personalidade jurídica na fase de execução cabe agravo de petição, dispensado o preparo. Fórum Permanente de Processualistas Civis. Disponível em: https://diarioprocessual.com/2022/03/23/enunciados-fppc-2022/. Acesso em: 25 fev. 2023.
8. VIEIRA, Debora da Silva; COSTA, Rosalina Moitta Pinto da. Entre a instauração do incidente de desconsideração da personalidade jurídica e o redirecionamento para o sócio: a construção da torre de babel da execução fiscal? *Revista Eletrônica de Direito Processual* – REDP. UERJ, a. 14, v. 21, n. 3, Rio de Janeiro, set. dez. 2020.
9. BUENO, Cassio Scarpinella. *Curso sistematizado de direito processual civil*: teoria geral do direito processual civil: parte geral do Código de Processo Civil. 10. ed. São Paulo : Saraiva, 2020, p. 639 e 643.
10. Fórum Permanente de Processualistas Civis. Enunciados aprovados. Disponível em: https://diarioprocessual.com/2022/03/23/enunciados-fppc-2022/. Acesso em: 25 fev. 2023.
11. Enunciado 125. (art. 134) Há litisconsórcio passivo facultativo quando requerida a desconsideração da personalidade jurídica, juntamente com outro pedido formulado na petição inicial ou incidentemente no processo em curso. Fórum Permanente de Processualistas Civis. Disponível em: https://diarioprocessual.com/2022/03/23/enunciados-fppc-2022/. Acesso em: 25 fev. 2023.
12. Enunciado 689. Fórum Permanente de Processualistas Civis. Disponível em: https://diarioprocessual.com/2022/03/23/enunciados-fppc-2022/. Acesso em: 25 fev. 2023.

tanto, o incidente pode ser requerido em qualquer fase do processo de conhecimento, no cumprimento de sentença e na execução fundada em título executivo extrajudicial (art. 134 do CPC), inclusive em grau recursal.

A legitimidade para requerer o incidente será da parte credora ou do Ministério Público, quando a ele couber intervir no processo. O Enunciado 285 da IV Jornada de Direito Civil do Conselho da Justiça Federal prevê a legitimidade ativa da própria pessoa jurídica: "A teoria da desconsideração, prevista no art. 50 do Código Civil, pode ser invocada pela pessoa jurídica em seu favor".[13] No tocante à legitimidade passiva, essa corresponderá aos "potenciais atingidos pela medida à luz da análise de direito material da eficácia da operação desconsiderante".[14]

A previsão procedimental não altera aquelas de ordem material, sendo assim, os requisitos para a desconsideração serão os da lei material.

No requerimento de desconsideração, seja inicial ou incidente, deve-se demonstrar o preenchimento dos pressupostos legais previstos na legislação material. Haverá comunicação ao distribuidor e, recebido o incidente, serão os sócios ou a(s) pessoa(s) jurídica(s) citados para se manifestar no prazo de quinze dias úteis, que, segundo Roberta Tarpinian de Castro, possui natureza jurídica de contestação.[15]

Na hipótese de a desconsideração ser requerida na petição inicial, "constitui ônus do sócio ou da pessoa jurídica, na contestação, impugnar não somente a própria desconsideração, mas também os demais pontos da causa".[16]

O procedimento prevê a possibilidade de requerimento de produção de provas em fase instrutória. O ônus da prova é daquele que fez o requerimento da desconsideração.[17] Humberto Dalla levanta a possibilidade de flexibilização da distribuição do ônus da prova, quando presentes os requisitos do § 1º do art. 373, do CPC.[18]

O incidente tenderá a será solucionado em sede de decisão interlocutória, quando decidido em primeiro grau, sendo cabível a interposição de agravo de instrumento (artigo 1015, inciso IV, CPC/2015). Se a desconsideração for requerida na petição inicial,

---

13. Conselho da Justiça Federal. IV Jornadas. Enunciado 285. Disponível em: https://www.cjf.jus.br/enunciados/enunciado/254. Acesso em: 25 fev. 2023.
14. PINHO, Humberto Dalla Bernardina de; FONSECA, Marina Silva. O incidente de desconsideração da personalidade jurídica do Novo CPC. *Gen Jurídico*. Disponível em: http://genjuridico.com.br/2016/01/19/o-incidente-de-desconsideracao-da-personalidade-juridica-do-novo-cpc/. Acesso em: 24 fev. 2023.
15. CASTRO, Roberta Dias Tarpinian de. *O incidente de desconsideração da personalidade jurídica*: as diferentes funções de um mesmo mecanismo processual. São Paulo: Quartier Latin, 2019, p. 237.
16. Enunciado 248. Fórum Permanente de Processualistas Civis. Disponível em: https://diarioprocessual.com/2022/03/23/enunciados-fppc-2022/. Acesso em: 25 fev. 2023.
17. PINHO, Humberto Dalla Bernadina de; FONSECA, Marina Silva. O incidente de desconsideração da personalidade jurídica do Novo CPC. *Gen Jurídico*. Disponível em: http://genjuridico.com.br/2016/01/19/o-incidente-de-desconsideracao-da-personalidade-juridica-do-novo-cpc/. Acesso em: 24 fev. 2023.
18. PINHO, Humberto Dalla Bernadina de; FONSECA, Marina Silva. O incidente de desconsideração da personalidade jurídica do Novo CPC. *Gen Jurídico*. Disponível em: http://genjuridico.com.br/2016/01/19/o-incidente-de-desconsideracao-da-personalidade-juridica-do-novo-cpc/. Acesso em: 24 fev. 2023.

a resolução se dará por sentença, sendo cabível a apelação.[19] Se resolvido monocraticamente pelo relator em grau de recurso, o recurso cabível será agravo interno. Apesar do silêncio legislativo, são também cabíveis embargos de declaração,[20] tendo em vista que se trata de ato judicial com conteúdo decisório que pode conter omissão, obscuridade, contradição ou erro material.

A decisão da desconsideração tem efeito apenas *inter partes,* tornando ineficaz a alienação ou a oneração de bens realizada por fraude perante o requerente, não produzindo efeitos em outros processos.

No ano de 2022, foi vetado o projeto de Lei n. 69/2014 que havia sido aprovado no Senado Federal com propostas para modificar a disciplina do incidente de desconsideração da personalidade jurídica. O Projeto, que levava o número 3401/2008 na Câmara dos Deputados, era de autoria do Deputado Federal Bruno Araújo e traria modificações ao procedimento, dentre os quais a oitiva prévia do Ministério Público e a proibição para a desconsideração de ofício. O veto ao projeto fundamentou-se na inconstitucionalidade e na contrariedade ao interesse público.[21] Dessa forma, persiste a previsão originária do Código de Processo Civil.

A regulamentação do procedimento da desconsideração é salutar para garantir o devido processo legal e o direito ao contraditório, especialmente porque os dispositivos processuais deixaram expressa a oportunidade de defesa, de produção de provas e de recorrer da decisão que analisa a desconsideração. Apesar das previsões processuais, ainda persistem alguns pontos controversos. Um deles diz respeito à sua natureza jurídica, havendo autores que o consideram verdadeira ação incidental e não mero incidente,[22] entendimento do qual se ousa divergir.

Outro ponto diz respeito à produção ou não de coisa julgada. Cassio Scarpinella Bueno entende que, estando presente a tríplice identidade, há cognição exauriente proferida após contraditório, tendo condão de produzir coisa julgada com relação à ineficácia dos atos de oneração dos bens. Todavia, diante de novos fatos, haveria a possibilidade de novo pedido de desconsideração quando for julgada improcedente.[23]

---

19. Enunciado 390. (arts. 136, *caput*, 1.015, IV, 1.009, § 3º) Resolvida a desconsideração da personalidade jurídica na sentença, caberá apelação. (Grupo: Litisconsórcio e intervenção de terceiros). Fórum Permanente de Processualistas Civis. Disponível em: https://diarioprocessual.com/2022/03/23/enunciados-fppc-2022/. Acesso em: 25 fev. 2023

20. BUENO, Cassio Scarpinella. *Curso sistematizado de direito processual civil*: teoria geral do direito processual civil: parte geral do código de processo civil. 10. ed. São Paulo: Saraiva, 2020, p. 651.

21. Congresso Nacional. Veto 56/2022. Disponível em: https://www.congressonacional.leg.br/materias/vetos/-/veto/detalhe/15490. Acesso em: 25 fev. 2023.

22. Consideram como ação incidental: Roberta Dias Tapinian de Castro, Elpídio Donizetti Nunes, Christian Garcia Vieira, Heitor Vica Mendonça Sica Considera como mero incidente: Luiz Guilherme Marinoni, Alexandre Freire, Leonardo Albuquerque, Ricardo Alexandre da Silva (CASTRO, Roberta Dias Tarpinian de. *O incidente de desconsideração da personalidade jurídica*: as diferentes funções de um mesmo mecanismo processual. São Paulo: Quartier Latin, 2019, p. 164-171).

23. BUENO, Cassio Scarpinella. *Curso sistematizado de direito processual civil*: teoria geral do direito processual civil: parte geral do Código de Processo Civil. 10. ed. São Paulo: Saraiva, 2020, p. 653.

Com relação à condenação em honorários de sucumbência, Paulo Roberto Pegoraro Junior entende, com correção, que, tendo o terceiro contratado advogado, pelo princípio da causalidade, o autor, que provocou o incidente, deve arcar com a sucumbência.[24] De se acrescentar que a responsabilidade pelos ônus processuais evita que o incidente seja provocado de forma temerária. Em sentido contrário, André Roque não entende possível a condenação em honorários de sucumbência.[25]

A desconsideração inversa, por sua vez, permite que se atinja patrimônio da pessoa jurídica de que seja sócio o devedor e está expressamente prevista na legislação no § 3º, do art. 50 do Código Civil, incluído pela Lei 13.874 de 2019.

O Enunciado 283 das Jornadas de Direito Civil do Conselho da Justiça Federal dispõe que "é cabível a desconsideração da personalidade jurídica denominada 'inversa' para alcançar bens de sócio que se valeu da pessoa jurídica para ocultar ou desviar bens pessoais, com prejuízo a terceiros".[26]

A desconsideração inversa caracteriza-se pelo afastamento momentâneo do princípio da autonomia patrimonial da pessoa jurídica, para que essa responda por obrigação do sócio. A desconsideração inversa da personalidade jurídica é a técnica de suspensão episódica da eficácia do ato constitutivo da pessoa jurídica, utilizada para que se possa buscar no patrimônio da pessoa jurídica bens para satisfação de dívidas contraídas pelo sócio. Assim, ocorre em sentido contrário ao da desconsideração tradicional, já que é o sócio que figura como devedor e a suspensão do princípio da autonomia patrimonial irá permitir que o patrimônio da pessoa jurídica possa ser atingido.[27]

No próximo item, deter-se-á na análise da legitimidade e do interesse recursais do sócio na desconsideração da personalidade jurídica inversa.

3. DO INTERESSE E DA LEGITIMIDADE NA TEORIA GERAL DOS RECURSOS

Todo recurso está sujeito à análise sob dois aspectos: o primeiro destina-se a aferir se estão satisfeitos os requisitos prévios necessários à apreciação do conteúdo da postulação; o segundo, a examinar os fundamentos desta, para acolhê-la ou rejeitá-la.

Denomina-se juízo de admissibilidade aquele em que se declara a presença ou ausência dos referidos requisitos; e se chama juízo de mérito aquele em que se apura a existência

---

24. PEGORARO JUNIOR, Paulo Roberto. A desconsideração da personalidade jurídica no novo Código de Processo Civil. *Revista Eletrônica de Direito Processual* – REDP. UERJ, v. 16, jul. dez. 2015.

25. GAJARDONI, Fernando da F.; DELLORE, Luiz; Andre Vasconcelos Roque et al. *Comentários ao Código de Processo Civil*. Rio de Janeiro: Grupo GEN, 2022. E-book. ISBN 9786559644995. Disponível em: https://integrada. minhabiblioteca.com.br/#/books/9786559644995/. Acesso em: 23 fev. 2023, p. 214.

26. Conselho da Justiça Federal. IV Jornadas. Enunciado 283. Disponível em: https://www.cjf.jus.br/enunciados/enunciado/249. Acesso em: 25 fev. 2023.

27. DIDIER JÚNIOR, Fredie; LIPIANI, Julia. "Desconsideração inversa da personalidade jurídica –princípio da boa-fé-proibição do 'tu quoque' – aspectos processuais da desconsideração da personalidade jurídica". *Revista de Direito Civil Contemporâneo-RDCC* (Journal of Contemporary Private Law), v. 13, p. 445-467, 2017.

ou inexistência de fundamento para o que se postula: no caso dos recursos, a revisão da decisão impugnada, visando à sua reforma, invalidação, esclarecimento ou integração.[28]

O juízo de admissibilidade está presente no julgamento dos recursos e destina-se a examinar a presença dos requisitos necessários para a sua interposição. A essência do juízo de admissibilidade reside, portanto, na verificação da existência ou inexistência dos requisitos necessários para que o órgão competente possa legitimamente exercer sua atividade cognitiva, no tocante ao mérito do recurso.[29] E tanto a legitimidade quanto o interesse recursal são considerados requisitos do juízo de admissibilidade.

Em classificação traçada por Barbosa Moreira, os pressupostos de admissibilidade se dividem em intrínsecos e extrínsecos. Os requisitos intrínsecos são aqueles referentes à própria existência do poder de recorrer e os extrínsecos são relativos ao modo de se exercer esse poder. Por essa classificação os requisitos intrínsecos são: cabimento do recurso; legitimidade para recorrer; interesse recursal e inexistência de fato impeditivo ou extintivo do poder de recorrer. Já os requisitos extrínsecos são: tempestividade, regularidade formal e preparo.[30]

José Carlos Barbosa Moreira destaca, com propriedade, que legitimidade e interesse recursais são requisitos que não se confundem. Para o autor, o interesse de recorrer:

> resulta da conjugação de dois fatores: de um lado, é preciso que o recorrente possa esperar, da interposição do recurso, a consecução de um resultado a que corresponda situação mais vantajosa, do ponto de vista prático, do que a emergente da decisão recorrida; de outro lado, que lhe seja necessário usar o recurso para alcançar tal vantagem.[31]

Pode-se afirmar que o interesse recursal traz como premissa o binômio utilidade/ necessidade do recurso, pois só será útil àquele legitimado para interpô-lo, na medida em que tenha sofrido algum prejuízo em decorrência da decisão. Da mesma forma, o recurso só será necessário caso o interessado não possa atingir sua pretensão por outra via.[32]

Já quanto à legitimidade para recorrer, José Carlos Barbosa Moreira faz um paralelo com a legitimação para agir, ao afirmar que:

> Assim como a legitimação para agir é condição do exercício regular do direito de ação, e portanto da possibilidade de julgar-se o mérito da causa, analogamente a legitimação para recorrer é requisito de admissibilidade do recurso, que precisa estar satisfeito para que o órgão ad quem dele conheça, isto é, o julgue no mérito.[33]

---

28. GRINOVER, Ada Pellegrini; BRAGA, João Ferreira. Um estudo de teoria geral do processo: admissibilidade e mérito no julgamento dos recursos. *Revista de Processo*. v. 227. p. 171-196. jan. 2014.

29. JORGE, Flávio Cheim. Requisitos de admissibilidade dos recursos: entre a relativização e as restrições indevidas (jurisprudência defensiva). *Revista de Processo*. v. 217. p. 13-39. mar. 2013.

30. BARBOSA MOREIRA, José Carlos Barbosa Moreira. O juízo de admissibilidade no sistema dos recursos civis, *Revista de Direito da Procuradoria-Geral do Estado da Guanabara*, v. 19, n. 3. p. 46.

31. BARBOSA MOREIRA, José Carlos. *Comentários ao Código de Processo Civil*. 8. ed. Rio de Janeiro: Forense, 1999, n. 166, p. 295.

32. VALLADÃO NOGUEIRA, Luiz Fernando. *Recursos e procedimentos nos tribunais no Código de Processo Civil*. 5. ed. Belo Horizonte: D'Plácido, 2019. p. 66-67.

33. BARBOSA MOREIRA, José Carlos. *Comentários ao Código de Processo Civil*. 8. ed. Rio de Janeiro: Forense, 1999, n. 161, p. 287.

Assim, são legitimados para recorrer: a parte vencida, o Ministério Público e o terceiro prejudicado, conforme a redação do art. 996 do CPC/2015.

Portanto, além da legitimação, deve o recorrente ter interesse em recorrer e este interesse surge do prejuízo suportado pela parte sucumbente, ou seja, aquele a quem a lei reconhece um justificado motivo para pedir a remoção dele. Tem interesse em recorrer, portanto, quem ostente interesse jurídico na reforma da decisão.

Resumindo, em se tratando de legitimidade, a pergunta que deve ser feita é: *quem pode recorrer? Por outro lado, em sendo caso de interesse, a pergunta a ser feita será: quando se pode recorrer?*[34]

4. DO INTERESSE E DA LEGITIMIDADE RECURSAL DO SÓCIO NA DESCONSIDERAÇÃO INVERSA DA PERSONALIDADE JURÍDICA E O RESP. 1.980.607/DF

Primeiramente, cumpre consignar que as pessoas que detêm legitimidade para requerer a instauração do incidente igualmente possuem interesse recursal para se insurgir contra o provimento jurisdicional que indefira o pedido por elas formulado (artigo 133, CPC/2015).

Com relação à decisão que defere a desconsideração, haverá interesse recursal da pessoa física ou jurídica perante a qual o incidente tenha sido instaurado. Sendo assim, a princípio, seria de se concluir que, em caso de desconsideração tradicional da personalidade jurídica, a pessoa jurídica cuja personalidade jurídica tenha sido desconsiderada não teria interesse recursal em se insurgir contra a decisão que inclui o sócio no polo passivo, uma vez que a decisão, a rigor, teria sido prejudicial somente a este último,[35] visto que os seus bens passariam a responder pela dívida. À primeira vista, não se vislumbraria interesse recursal da pessoa jurídica, na medida em que, com a desconsideração e o subsequente alcance dos bens do sócio, a dívida contraída pela pessoa jurídica viria a ser satisfeita e o processo encerrado.

A 3ª Turma do Superior Tribunal de Justiça, todavia, já reconheceu o interesse da pessoa jurídica em recorrer nesses casos, como no REsp 1421464 SP, em que concluiu que ela teria interesse para defender "sua autonomia e regular administração, sem se imiscuir indevidamente na esfera de direitos dos sócios/administradores".[36]

---

34. BERALDO, Leonardo de Faria. O interesse de recorrer da decisão que determina a desconsideração da personalidade jurídica. *Cadernos da Ejef*, p. 67, 2006. Disponível em: https://bd.tjmg.jus.br/jspui/bitstream/tjmg/657/1/cad-ejef-processual1.pdf#page=67. Acesso em: 04. mar. 2023.

35. PINHO, Humberto Dalla Bernardina de; FONSECA, Marina Silva. O incidente de desconsideração da personalidade jurídica do Novo CPC. *Gen Jurídico*. Disponível em: http://genjuridico.com.br/2016/01/19/o-incidente-de-desconsideracao-da-personalidade-juridica-do-novo-cpc/. Acesso em: 24 fev. 2023.

36. BRASIL. Superior Tribunal de Justiça. Recurso Especial 1421464 SP. 3. Turma. Relatora Ministra Nancy Andrighi, 24 abr. 2014. Disponível em: https://scon.stj.jus.br/SCON/pesquisar.jsp?i=1&b=ACOR&livre=((%27RESP%27.clas.+e+@num=%271421464%27)+ou+(%27REsp%27+adj+%271421464%27).suce.)&thesaurus=JURIDICO&fr=veja. Acesso em: 24 fev. 2023. A mesma conclusão foi adotada no EREsp 1.208.852/SP em 2016.

Em outra oportunidade mais recente, contudo, a 3ª Turma do Superior Tribunal de Justiça, com base em recurso representativo da controvérsia REsp 1.347.627/SP, que teve como relator o Ministro Ari Pargendler, concluiu que "não cabe à sociedade empresária recorrer, em nome próprio, buscando afastar o redirecionamento do feito aos sócios".[37]

Sendo assim, caberia à pessoa jurídica interesse recursal apenas para discutir a regularidade de seus atos, mas não para defender interesses dos sócios que a compõem.

André Roque entende que o devedor originário possui interesse jurídico na desconsideração, podendo inclusive intervir no incidente como assistente simples. O interesse jurídico existiria em razão de possível extinção da obrigação em razão de cumprimento pelo terceiro após a desconsideração.[38] O autor vislumbra interesse de agir, pois, apenas na hipótese em que o devedor originário pugna pela desconsideração.

Na desconsideração inversa, a pessoa física é sócia da pessoa jurídica que sofrerá a desconsideração e, no REsp 1.980.607/DF, discutiu-se precisamente se o sócio, pessoa física, teria legitimidade e interesse para se insurgir, em grau recursal, contra a decisão judicial *que decreta a desconsideração*.

Com efeito, o Recurso Especial foi interposto contra a decisão proferida pela 4ª Turma Cível do Tribunal de Justiça do Distrito Federal no Agravo de Instrumento 0704987-71.2020.8.07.0000, que entendeu que o sócio não detém "legitimidade nem interesse recursal" quanto à decisão que defere o pedido de desconsideração inversa da personalidade jurídica em cumprimento de sentença contra ele instaurado.[39]

O voto do relator Ministro Marco Aurélio Bellizze reconheceu a "legitimidade ordinária do sócio para recorrer do julgado que deferiu a desconsideração inversa da personalidade jurídica" fundamentando sua conclusão no interesse jurídico do sócio que poderia intervir como assistente e na *affectio societatis*, uma vez que a desconsideração da personalidade jurídica poderia quebrar o liame de confiança entre os sócios e gerar até mesmo a extinção da sociedade. Participaram do julgamento os Ministros Moura Ribeiro, Nancy Andrighi, Paulo de Tarso Sanseverino e Ricardo Villas Bôas Cueva,[40] seguindo o entendimento capitaneado pelo Relator.

Na ementa, destaca-se o seguinte fundamento para reconhecer a legitimidade do sócio:

> Na desconsideração inversa da personalidade jurídica, por sua vez, verifica-se que o resultado do respectivo incidente pode interferir não apenas na esfera jurídica do devedor (decorrente do surgimento de eventual direito de regresso da sociedade em seu desfavor ou do reconhecimento do seu

---

37. BRASIL. Superior Tribunal de Justiça. Recurso Especial 1.980.607/DF. Relator Ministro Marco Aurélio Bellizze, Terceira Turma, julgado em 09.08.2022, DJe de 12.08.2022. Disponível em: https://scon.stj.jus.br/SCON/pesquisar.jsp. Acesso em: 12 fev. 2023.

38. GAJARDONI, Fernando da F.; DELLORE, Luiz; ROQUE, Andre Vasconcelos et al. *Comentários ao Código de Processo Civil*. Rio de Janeiro: Grupo GEN, 2022. E-book. ISBN 9786559644995. Disponível em: https://integrada.minhabiblioteca.com.br/#/books/9786559644995/. Acesso em: 23 fev. 2023, p. 213.

39. BRASIL. Superior Tribunal de Justiça. Recurso Especial 1.980.607/DF. Relator Ministro Marco Aurélio Bellizze, Terceira Turma, julgado em 09.08.2022, DJe de 12.08.2022. Disponível em: https://scon.stj.jus.br/SCON/pesquisar.jsp. Acesso em 12 fev. 2023.

40. Idem, ibidem.

estado de insolvência), mas também na relação jurídica de material estabelecida entre ele e os demais sócios do ente empresarial, como porventura a ingerência na *affectio societatis*.[41]

Como visto, na teoria geral dos recursos, para que se tenha interesse e legitimidade para recorrer é necessário que aquele recurso possa trazer alguma vantagem ao recorrente e que o recurso seja o instrumento apto e necessário para alcançar tal vantagem.

Na desconsideração inversa, o sócio é ao mesmo tempo devedor e membro da pessoa jurídica que será integrada ao processo, possuindo tanto legitimidade recursal, na medida em que já figura como parte no processo (por ser devedor/réu originário), quanto interesse recursal em evitar que a pessoa jurídica passe a ser responsável patrimonial por dívida por ele contraída, seja para resguardar o patrimônio daquela entidade da qual é sócio, seja para evitar desavenças entre ele (recorrente/devedor) e os demais sócios, zelando pela *affectio societatis*.

Por tais razões, entende-se que o E. Superior Tribunal de Justiça adotou posicionamento acertado ao reconhecer tanto a legitimidade quanto o interesse recursal do sócio para se insurgir contra decisão judicial que decreta a desconsideração inversa da personalidade jurídica, sendo um relevante julgado a ser invocado daqui em diante.

5. CONSIDERAÇÕES

Após breve análise do procedimento do incidente de desconsideração da personalidade jurídica, verificou-se que pode recorrer aquele que foi vencido em sua pretensão, o Ministério Público e o terceiro prejudicado.

Na desconsideração inversa da personalidade jurídica, a pessoa física figura como devedora e almeja-se alcançar os bens da pessoa jurídica da qual é sócia com vistas a saldar dívida por esta contraída.

Nesse contexto, entende-se, na esteira de recente julgamento proferido pelo Superior Tribunal de Justiça, que o sócio (pessoa física) possui interesse e legitimidade em recorrer contra a decisão que decreta a desconsideração inversa, com vistas a evitar que a pessoa jurídica seja integrada ao processo, uma vez que eventual responsabilidade patrimonial que fosse atribuída à pessoa jurídica poderia ser objeto de ação de regresso no futuro, malferir a *affectio societatis* ou, até mesmo, causar a falência da sociedade.

Em razão do princípio do devido processo legal e do contraditório, não se deve limitar a legitimidade ou interesse recursal de quem pode sofrer efeitos futuros da decisão do recurso. É preciso, portanto, interpretar o instituto do incidente de desconsideração de personalidade jurídica, seja tradicional ou inversa, de acordo com os valores e princípios constitucionais, razão pela qual entende-se que o E. Superior Tribunal de Justiça agiu com acerto no exame do tema.

---

41. Idem, ibidem.

6. REFERÊNCIAS

BARBOSA MOREIRA, José Carlos. *Comentários ao Código de Processo Civil*. Rio de Janeiro: Grupo Gen, 2013. 5 v. Disponível em: https://online.vitalsource.com/books/9788530950408.

BARBOSA MOREIRA, José Carlos Barbosa Moreira. O juízo de admissibilidade no sistema dos recursos civis. *Revista de Direito da Procuradoria-Geral do Estado da Guanabara*, v. 19, n. 3.

BERALDO, Leonardo de Faria. O interesse de recorrer da decisão que determina a desconsideração da personalidade jurídica. *Cadernos da Ejef*, p. 67, 2006. Disponível em: https://bd.tjmg.jus.br/jspui/bitstream/tjmg/657/1/cad-ejef-processual1.pdf#page=67. Acesso em: 04. mar. 2023.

BUENO, Cassio Scarpinella. Curso sistematizado de direito processual civil: teoria geral do direito processual civil: parte geral do código de processo civil. 10. ed. São Paulo: Saraiva, 2020.

BRASIL. Superior Tribunal de Justiça. REsp 1236916/RS, Rel. Ministra Nancy Andrighi, Terceira Turma, julgado em 22.10.2013, DJe 28.10.2013.

BRASIL. Superior Tribunal de Justiça. Recurso Especial 1.980.607/DF. Relator Ministro Marco Aurélio Bellizze, Terceira Turma, julgado em 09.08.2022, DJe de 12.08.2022. Disponível em: https://scon.stj.jus.br/SCON/pesquisar.jsp. Acesso em: 12 fev. 2023.

BRASIL. Superior Tribunal de Justiça. REsp 1.729.554/SP, relator Ministro Luis Felipe Salomão, Quarta Turma, julgado em 08.05.2018, DJe de 06.06.2018.

CASTRO, Roberta Dias Tarpinian de. O incidente de desconsideração da personalidade jurídica: as diferentes funções de um mesmo mecanismo processual. São Paulo: Quartier Latin, 2019.

COELHO, Fábio Ulhoa. *Manual de Direito Comercial*. 28. ed. São Paulo: Ed. RT, 2016.

CONGRESSO NACIONAL. Veto 56/2022. Disponível em: https://www.congressonacional.leg.br/materias/vetos/-/veto/detalhe/15490. Acesso em: 25 fev. 2023.

CONSELHO DA JUSTIÇA FEDERAL. IV Jornadas. Enunciado 283. Disponível em: https://www.cjf.jus.br/enunciados/enunciado/249. Acesso em: 25 fev. 2023.

CONSELHO DA JUSTIÇA FEDERAL. IV Jornadas. Enunciado 285. Disponível em: https://www.cjf.jus.br/enunciados/enunciado/254. Acesso em: 25 fev. 2023.

DIDIER JÚNIOR, Fredie; LIPIANI, Julia. Desconsideração inversa da personalidade jurídica – princípio da boa-fé – proibição do tu quoque – aspectos processuais da desconsideração da personalidade jurídica. *Revista de Direito Civil Contemporâneo* –RDCC (*Journal of Contemporary Private Law*), v. 13, p. 445-467, 2017.

FÓRUM PERMANENTE DE PROCESSUALISTAS CIVIIS. Disponível em: https://diarioprocessual.com/2022/03/23/enunciados-fppc-2022/. Acesso em: 25 fev. 2023.

GAMA, Guilherme Calmon Nogueira da. Incidente de desconsideração da personalidade jurídica. *Revista de Processo*, v. 262, p. 61-85, dez. 2016.

GAJARDONI, Fernando da F.; DELLORE, Luiz; ROQUE, Andre Vasconcelos et al. *Comentários ao Código de Processo Civil*. Rio de Janeiro: Grupo GEN, 2022. E-book. ISBN 9786559644995. Disponível em: https://integrada.minhabiblioteca.com.br/#/books/9786559644995/. Acesso em: 23 fev. 2023.

GRINOVER, Ada Pellegrini; BRAGA, João Ferreira. Um estudo de teoria geral do processo: admissibilidade e mérito no julgamento dos recursos. *Revista de Processo*. v. 227. p. 171-196. jan. 2014.

JORGE, Flávio Cheim. Requisitos de admissibilidade dos recursos: entre a relativização e as restrições indevidas (jurisprudência defensiva). *Revista de Processo*. v. 217. p. 13-39. mar. 2013.

MOTTA, Cristiane Oliveira da Silva Pereira. *Desconsideração inversa da personalidade jurídica: aspectos materiais e o incidente previsto no Código de Processo Civil*. Rio de Janeiro: Lumen Juris, 2020.

NEVES, Daniel Amorim Assumpção. *Manual de Direito Processual Civil*. 13. ed. Salvador: JusPodivm, 2021

PEGORARO JUNIOR, Paulo Roberto. A desconsideração da personalidade jurídica no novo Código de Processo Civil. *Revista Eletrônica de Direito Processual* – REDP. UERJ, v. 16, jul.-dez. 2015.

PINHO, Humberto Dalla Bernadina de; FONSECA, Marina Silva. O incidente de desconsideração da personalidade jurídica do Novo CPC. *Gen Jurídico*. Disponível em: http://genjuridico.com.br/2016/01/19/o--incidente-de-desconsideracao-da-personalidade-juridica-do-novo-cpc/. Acesso em: 24 fev. 2023.

SANTOS, Júlio César Guzzi dos Santos. *A defesa no incidente de desconsideração da personalidade jurídica*. Belo Horizonte: D´Plácido, 2022.

TARTUCE, Flávio. A desconsideração da personalidade jurídica e suas aplicações ao direito de família e das sucessões. *RJLB*, a.4, n. 3, 2018.

VALLADÃO NOGUEIRA, Luiz Fernando. *Recursos e procedimentos nos tribunais no Código de Processo Civil*. 5. ed. Belo Horizonte: D'Plácido, 2019.

VIEIRA, Debora da Silva; COSTA, Rosalina Moitta Pinto da. Entre a instauração do incidente de desconsideração da personalidade jurídica e o redirecionamento para o sócio: a construção da torre de babel da execução fiscal? *Revista Eletrônica de Direito Processual* – REDP. UERJ, a. 14, v. 21, n. 3, Rio de Janeiro, set.-dez. 2020.

WAMBIER, Luiz Rodrigues; LOBO, Arthur Mendes; LIBLIK, Regiane França. Tipologia das sociedades e a desconsideração da personalidade jurídica. *Revista Eletrônica de Direito Processual* – REDP. UERJ, a. 12, v. 19, n. 3, Rio de Janeiro, set. dez. 2018.

A LEGITIMIDADE E O INTERESSE RECURSAIS NO INCIDENTE DE DESCONSIDERAÇÃO DA PERSONALIDADE JURÍDICA: OS AVANÇOS COM O RECENTE JULGAMENTO DO RESP 1.980.607/DF

Juliana Melazzi Andrade

Mestranda em Direito Processual pela Universidade do Estado do Rio de Janeiro (UERJ). Pesquisadora do Grupo de Pesquisa Transformações nas Estruturas Fundamentais do Processo Civil – UERJ julianamelazzi.a@gmail.com.

Sumário: 1. Introdução – 2. IDPJ como intervenção de terceiros no CPC/2015 – 3. Intervenção do réu originário e de outros terceiros prejudicados no incidente – 4. Legitimidade e interesse para a interposição de recursos no incidente; 4.1 Recurso de terceiro prejudicado; 4.2 Interposição de recursos pelo réu originário; 4.3 Interposição de recursos por outros terceiros prejudicados – 5. Conclusão – 6. Referências.

1. INTRODUÇÃO

Apesar de a doutrina ter evoluído ao reconhecer a intervenção do réu originário no incidente de desconsideração da personalidade jurídica, há ainda controvérsias no que concerne à interposição de recursos. Como se verá, antes da vigência do CPC/15, a jurisprudência do Superior Tribunal de Justiça se consolidou por meio do rito dos recursos repetitivos em negar a legitimidade da pessoa jurídica em recorrer contra decisões que deferem a desconsideração da personalidade jurídica para atingir o patrimônio dos sócios.

No entanto, recentemente, o julgamento do REsp 1.980.607/DF[1] representou uma virada jurisprudencial importante. Apesar de ter sido um julgado isolado, de apenas uma das turmas do Superior Tribunal de Justiça, o presente artigo pretende se valer das razões que embasaram a sua fundamentação para defender uma legitimidade recursal ampla em sede de incidente de desconsideração da personalidade jurídica, tendo em vista os interesses reflexos que podem existir, tanto da pessoa cuja personalidade jurídica foi desconsiderada, quanto de terceiros interessados no resultado do julgamento.

2. IDPJ COMO INTERVENÇÃO DE TERCEIROS NO CPC/2015

A desconsideração da personalidade jurídica surgiu precipuamente com o objetivo de atingir o patrimônio daquele que se vale de uma pessoa jurídica para a prática de atos fraudulentos. O instituto, portanto, visa à ineficácia[2] meramente pontual da pessoa

---

1. STJ, REsp 1.980.607/DF, Terceira Turma, Rel. Min. Marco Aurélio Bellizze, julgado em 09.08.2022.
2. BRUSCHI, Gilberto Gomes. *Aspectos processuais da desconsideração da personalidade jurídica*. São Paulo: Juarez de Oliveira, 2004, p. 33-37.

jurídica, uma vez que, apesar de pretender coibir a prática de abusos, é preservada a própria pessoa jurídica.[3]

O incidente de desconsideração da personalidade jurídica (IDPJ), nesse sentido, foi introduzido no ordenamento jurídico brasileiro como forma de permitir, com base na aplicação das teorias civilistas de desconsideração da personalidade jurídica, seja assegurado um procedimento para a comprovação de que a desconsideração é devida, com a observância do contraditório e com ampla instrução probatória. Desde a vigência do CPC/15, não é mais possível ao magistrado simplesmente incluir outra pessoa física ou jurídica no polo passivo da demanda para responder por débitos do devedor.[4] O incidente representou, segundo Dinamarco, um "valioso culto à garantia do contraditório mediante a eliminação da extrema insegurança decorrente de desordenados redirecionamentos de execuções e arbitrárias extensões da responsabilidade executiva a sujeitos diferentes do obrigado".[5] Será necessária, então, a observância do procedimento para que, ao final, haja um pronunciamento judicial no sentido da desconsideração, sem prejuízo da prévia concessão de uma medida cautelar pelo juiz.

O objetivo do incidente foi criar condições para que, ao longo do processo, sejam apuradas as razões pelas quais o direito material autoriza a responsabilização de pessoas naturais por atos praticados por pessoas jurídicas, sujeitando, assim, os bens do sócio aos atos executivos e vice e versa.[6] Em se tratando de aplicação da teoria maior, caberá ao suscitante do incidente de desconsideração da personalidade jurídica comprovar a existência de abuso da personalidade jurídica, isto é, confusão patrimonial ou desvio de finalidade (art. 50 do Código Civil, art. 28, *caput*, do CDC e art. 34, *caput*, da Lei 12.529/2011). No caso da aplicação da teoria menor, esse ônus da prova é bem mais simples, mas ainda assim será necessário demonstrar que a personalidade jurídica é obstáculo ao ressarcimento de prejuízos causados pelo devedor (art. 28, § 5º, do CDC, art. 34, parágrafo único, da Lei 12.529/2011 e art. 4º da Lei 9.605/1998).[7]

---

3. COELHO, Fábio Ulhoa. *Desconsideração da personalidade jurídica*. São Paulo: Ed. RT, 1989, p. 13; COELHO, Fábio Ulhoa. *Curso de direito comercial*. 18. ed. São Paulo: Saraiva, 2014, v. 2, p. 58-59. Por todos, tendo sido o primeiro autor a tratar do tema no Brasil: REQUIÃO, Rubens. Abuso de direito e fraude através da personalidade jurídica (*disregard doctrine*). *Revista dos Tribunais*. v. 58, n. 410, p. 12-24, 1969.

4. Afirma-se que, antes do CPC/15, vigorava um silêncio legislativo relacionado à questão, tendo o novo diploma conferido tratamento mais exaustivo à matéria: OSNA, Gustavo. Desconsideração da personalidade jurídica e garantias fundamentais do processo: ônus da prova e ônus da argumentação. *Revista de Processo*, v. 305, p. 331-353. jul. 2020.

5. DINAMARCO, Cândido Rangel. O novo código de processo civil brasileiro e a ordem processual civil vigente. *Revista de Processo*, v. 247, p. 63-103, set./2015.

6. BUENO, Cassio Scarpinella. *Manual de Direito Processual Civil*. 8. ed., São Paulo: SaraivaJur, 2022, p. 221-222.

7. Sobre o ônus da prova no IDPJ: "Desse modo, esquematizando as previsões legislativas, pode-se assentar que, em uma primeira análise, incumbirá ao *requerente da desconsideração* fazer prova do seu suporte fático (o qual nem sempre será igual). Contudo, para que as suas *garantias processuais fundamentais* sejam protegidas, não restringindo de forma indevida sua prerrogativa de acesso, há caminhos procedimentais capazes de facilitar sua proteção. Nesse sentido, além de ser possível a exibição de coisa em favor de terceiro, é plenamente cabível, desde que atendidos os pressupostos legais, a eventual modificação do ônus probatório. Em nenhum dos casos, trata-se de desamparar as garantias de contraditório ou de ampla defesa asseguradas ao sujeito potencialmente atingido pela ineficácia. Pelo contrário, pretende-se equalizar os diferentes valores inseridos no jogo, compreendendo sua essencialidade e garantindo a melhor atuação do processo" (OSNA, Gustavo. Desconsideração da

A LEGITIMIDADE E O INTERESSE RECURSAIS NO IDPJ **443**

Além disso, ao pleitear a desconsideração da personalidade jurídica, a parte formula verdadeira demanda, sendo uma exigência autônoma submetida ao juiz. O demandante pretende obter provimento jurisdicional (a decisão de decretação da desconsideração), visando à ineficácia da separação patrimonial havida entre a pessoa jurídica e o sócio. Para tanto, deverá expor os fatos e fundamentos jurídicos que justifiquem o pedido e a causa de pedir, após o que haverá a citação daqueles cujo patrimônio se pretende atingir para integrar a relação jurídica processual. Trata-se, ainda, de um incidente processual que veicula demanda, tendo em conta que já existe uma relação processual, no âmbito da qual se propõe uma demanda nova.[8]

A partir da veiculação dessa demanda, haverá a inclusão de um sujeito novo ao processo, ampliando também o objeto litigioso deste. Por conseguinte, deve aquele que requer a desconsideração demonstrar os pressupostos legais que autorizam a instauração do incidente. O pedido de desconsideração é o mérito do incidente, isto é, a questão principal ou o objeto litigioso da demanda incidental, que será decidida após ser oportunizada a produção de todos os meios de prova, típicos ou atípicos.[9] Por outro lado, se a desconsideração for requerida já no processo de conhecimento originário na petição inicial (art. 134, § 2º, do CPC), por dispensar a instauração do incidente, a hipótese será de litisconsórcio.[10]

Como se vê, o incidente de desconsideração da personalidade jurídica não é apenas uma nova modalidade de intervenção de terceiros, inserida na legislação processual com o CPC/15, como também um incidente processual que veicula uma demanda.

3. INTERVENÇÃO DO RÉU ORIGINÁRIO E DE OUTROS TERCEIROS PREJUDICADOS NO INCIDENTE

O art. 135 do CPC prevê que, uma vez instaurado o incidente de desconsideração da personalidade jurídica, o sócio *ou* a pessoa jurídica será citado(a) para manifestar-se e requerer as provas cabíveis no prazo de 15 dias. Ou seja, deve ser

---

personalidade jurídica e garantias fundamentais do processo: ônus da prova e ônus da argumentação. *Revista de Processo*, v. 305, p. 331-353, jul. 2020).

8. ROCHA, Henrique de Moraes Fleury da. *Desconsideração da personalidade jurídica*. São Paulo: JusPodivm, 2022, p. 111 e 116. Também sobre a natureza de demanda, mas entendendo que o IDPJ é processo incidental: CASTRO, Roberta Dias Tarpinian de. *A função cautelar do incidente de desconsideração da personalidade jurídica na fase de conhecimento*. Pontifícia Universidade Católica de São Paulo, Dissertação de Mestrado, São Paulo, 2018, p. 120-125.

9. CASTRO, Roberta Dias Tarpinian de. *A função cautelar do incidente de desconsideração da personalidade jurídica na fase de conhecimento*. Pontifícia Universidade Católica de São Paulo, Dissertação de Mestrado, São Paulo, 2018, p. 189; DIDIER JR., Fredie; LIPIANI, Julia. Desconsideração inversa da personalidade jurídica – princípio da boa-fé – proibição do *tu quoque* – aspectos processuais da desconsideração da personalidade jurídica (parecer). *Revista de Direito Civil Contemporâneo*, n. 4, v. 13, p. 453-454, out.-dez. 2017.

10. Caso a desconsideração seja requerida em execução de título judicial, afirma Fredie Didier Jr. que, "tendo em vista que o sócio/sociedade não participou do processo de conhecimento, a ele será permitido formular defesa ampla, podendo rediscutir a existência da dívida" (DIDIER JR., Fredie. Aspectos processuais da desconsideração da personalidade jurídica. In: DIDIER JR., Fredie; MAZZEI, Rodrigo. *Reflexos do novo código civil no direito processual*. Salvador: JusPodivm, 2007, p. 169-170).

oportunizada a defesa àquele cujo patrimônio será atingido, que poderá ser o sócio, caso se trate de desconsideração direta, ou a pessoa jurídica, caso se trate de desconsideração inversa.

A manifestação da pessoa cuja personalidade jurídica foi desconsiderada, isto é, o demandado originário, não foi prevista pelo legislador. Apesar disso, foi se consolidando em doutrina o entendimento de que também o demandado originário deve ser intimado para se manifestar, com o intuito de defender sua regular administração e autonomia, notadamente por já ter legitimidade e interesse para suscitar a instauração do incidente (art. 133 do CPC).[11] Poderá, inclusive, produzir todos os meios de provas admitidos no Direito.[12]

Haveria, dessa maneira, interesse jurídico, e não apenas econômico, de que o réu originário intervenha no incidente. Isso porque, se o pedido de desconsideração for acolhido, os seus bens e direitos poderão ser preservados, tendo em vista que os meios executivos se voltarão ao patrimônio daquele que foi atingido pela desconsideração. Em sentido oposto, se o pedido de desconsideração for rejeitado, o débito e a responsabilidade continuarão a ser imputados ao demandado originário.[13]

No entanto, não sendo o réu originário parte no incidente, uma vez que o incidente é instaurado em face dos sócios (na desconsideração direta) ou da sociedade (na desconsideração inversa), não se pode falar em litisconsórcio passivo.[14] A natureza dessa participação do demandado originário, será, então, na qualidade de assistente simples, cujo interesse jurídico advém justamente da possibilidade de o seu patrimônio ser ou não atingido, a depender do acolhimento ou rejeição do incidente.[15]

Além do réu originário, também é possível admitir a intervenção de outras pessoas no incidente de desconsideração da personalidade jurídica, inclusive para a tutela de interesses que não o jurídico, como é exigido para a assistência.[16] A intervenção no incidente pode ocorrer, por exemplo, para a produção de provas, isto é, para viabilizar a produção probatória e para participar de sua produção. Trata-se, segundo Sofia Temer, de um outro interesse ou finalidade que fundamenta uma atuação no processo judicial, para além da tutela de interesse jurídico, que potencializa

---

11. ROCHA, Henrique de Moraes Fleury da. *Desconsideração da personalidade jurídica*. São Paulo: JusPodivm, 2022, p. 181.

12. NEVES, Daniel Amorim Assumpção. *Manual de direito processual civil*. 13. ed. Salvador: JusPodivm, 2021, p. 384-385.

13. RODRIGUES, Daniel Colnago. *Intervenção de terceiros*. São Paulo: Ed. RT, 2017, p. 104.

14. DIDIER JR., Fredie. *Curso de direito processual civil*. 24. ed. São Paulo: JusPodivm, 2022, p. 671; RODRIGUES, Daniel Colnago. *Intervenção de terceiros*. São Paulo: Ed. RT, 2017, p. 103.

15. YARSHELL, Flávio Luiz. Comentários ao art. 135. In: CABRAL, Antonio do Passo; CRAMER, Ronaldo (Coord.). *Comentários ao novo código de processo civil*. Rio de Janeiro: Forense, 2015, p. 242; ROQUE, Andre. Comentários ao art. 135. In: GAJARDONI, Fernando da Fonseca et. al. *Teoria geral do processo*: comentários ao CPC 2015: parte geral. 4. ed. rev., atual. e ampl. Rio de Janeiro: Forense, 2021, p. 205; BUENO, Cassio Scarpinella. *Curso sistematizado de direito processual civil*. 11. ed. rev., atual e ampl., São Paulo: SaraivaJur, 2021, p. 590.

16. Art. 119 do CPC: "Pendendo causa entre 2 (duas) ou mais pessoas, o *terceiro juridicamente interessado* em que a sentença seja favorável a uma delas poderá intervir no processo para assisti-la" (grifou-se).

A LEGITIMIDADE E O INTERESSE RECURSAIS NO IDPJ | **445**

o uso da prova emprestada (art. 372 do CPC), ao contornar objeções fundadas na violação ao contraditório.[17]

Pense-se no caso de outros credores pretenderem ajuizar uma ação de execução, com a formulação de pedido de desconsideração da personalidade jurídica. Ao perceberem que já houve a instauração do incidente em outro processo, podem intervir neste incidente para auxiliar na produção de provas, e depois aproveitá-las em seu próprio processo. A intervenção seria, então, justificada, pelo conjunto de fatos comuns sobre os quais recai a produção probatória.[18]

Além dos credores terem interesse em produzir provas para aproveitá-las em seu processo de execução, também o cônjuge do sócio que será atingido pela desconsideração da personalidade jurídica pode intervir para produzir provas contrárias à alegação de fraude e, assim, evitar o acolhimento do incidente. O interesse, nesse caso, é tanto jurídico quanto econômico, para a tutela dos bens que compõem a sua meação. Isso porque, nos termos do art. 843 do CPC, tratando-se de penhora de bem indivisível, o equivalente à quota-parte do cônjuge recairá sobre o produto da alienação do bem. Nessa esteira, como não é possível ao cônjuge impedir a penhora do bem – salvo se exercer o direito de preferência na sua arrematação (art. 843, § 1º, do CPC) –, a intervenção no incidente como assistente do sócio será justificada para auxiliá-lo e para impedir uma decisão de acolhimento do incidente.

Dessa forma, a intervenção no incidente pode ser tanto o réu originário, cuja personalidade jurídica foi desconsiderada, quanto de terceiros interessados no resultado do julgamento.

4. LEGITIMIDADE E INTERESSE PARA A INTERPOSIÇÃO DE RECURSOS NO INCIDENTE

4.1 Recurso de terceiro prejudicado

Segundo dispõe o art. 996, *caput*, do CPC, o recurso pode ser interposto pela parte vencida, pelo terceiro prejudicado e pelo Ministério Público, como parte ou como fiscal da ordem jurídica. Com relação à figura do "terceiro prejudicado", detalha o parágrafo único do art. 996 do CPC que cumpre ao terceiro "demonstrar a possibilidade de a decisão

---

17. Como destaca Sofia Temer, o entendimento que prevalece hoje é de que a prova emprestada é admissível, mesmo que não haja a identidade de partes (Enunciado 30 das Jornadas de Direito Processual do CJF). Melhor ainda se houver a possibilidade de todos os sujeitos participarem da efetiva produção da prova (TEMER, Sofia. *Participação no processo civil*: repensando litisconsórcio, intervenção de terceiros e outras formas de atuação. Salvador: Juspodivm, 2020, p. 275-276).

18. No mesmo sentido: "Um dos exemplos que se pode cogitar é o do incidente de desconsideração da personalidade jurídica: o sujeito pode querer intervir para auxiliar na produção da prova da fraude, com o objetivo de utilizar a prova posteriormente (sobretudo quando se afirma que o reconhecimento de fraude apenas tem eficácia perante o credor-parte" (TEMER, Sofia. *Participação no processo civil*: repensando litisconsórcio, intervenção de terceiros e outras formas de atuação. Salvador: JusPodivm, 2020, p. 279).

sobre a relação jurídica submetida à apreciação judicial atingir direito de que se afirme titular ou que possa discutir em juízo como substituto processual".

O terceiro é aquele que não participa do processo.[19] O recurso de terceiro é uma modalidade de intervenção de terceiro que faz com que esse terceiro, após recorrer, passe a fazer parte do processo. Como regra geral, deverá demonstrar a existência de interesse jurídico, de forma semelhante ao que ocorre para a intervenção do assistente no processo, e a possibilidade de a decisão lhe causar prejuízos em sua esfera jurídica.[20]

A definição de quem seria o terceiro prejudicado ou o terceiro interessado se relaciona aos conceitos de legitimidade e de interesse recursais. A legitimidade e o interesse *ad causam* podem se assemelhar em alguma medida, mas não se confundem. Em relação aos recursos, se o entendimento é de que o recorrente não pode tutelar interesse alheio em nome próprio, estar-se-ia negando a legitimidade da parte, por entender que o recorrente não tutela seu próprio direito ou interesse (legitimidade ordinária),[21] tampouco há norma do ordenamento jurídico que o autorize a tutelar o direito ou interesse de outrem (legitimidade extraordinária), na forma do art. 18, *caput*, do CPC. No âmbito dos recursos, é preciso que o recorrente seja ou a parte vencida ou um terceiro prejudicado para que preencha o requisito de admissibilidade da legitimidade recursal (art. 996 do CPC). Isso significa que a legitimidade é uma condição ou pressuposto que se volta a investigar o elemento subjetivo da demanda, ou seja, os sujeitos. É preciso que os sujeitos da demanda estejam em determinada posição jurídica que lhes autorize a conduzir o processo em que se discuta aquela relação jurídica de direito material deduzida em juízo.[22]

O interesse parte não mais de quem pode tutelar o direito, mas sim da utilidade e necessidade da tutela jurisdicional, isto é, aptidão de que traga uma vantagem à parte e o

---

19. ALVES, Francisco Glauber Pessoa. O cabimento do recurso de terceiro economicamente prejudicado. In: DIDIER JR., Fredie; WAMBIER, Teresa Arruda Alvim (Coord.). *Aspectos polêmicos e atuais sobre os terceiros no processo civil (e assuntos afins)*. São Paulo: Ed. RT, 2004, p. 391; DIDIER JR., Fredie; CUNHA, Leonardo Carneiro da. *Curso de direito processual civil*. 18. ed. rev., atual. e ampl., Salvador: JusPodivm, 2021, v. III, p. 154.

20. DIDIER JR., Fredie; CUNHA, Leonardo Carneiro da. *Curso de direito processual civil*. 18. ed. rev., atual. e ampl., Salvador: JusPodivm, 2021, v. III, p. 154. Segundo Fredie Didier Jr., não é da essência do conceito do instituto do recurso de terceiro a existência do prejuízo jurídico: "O que importa, para identificá-lo, é a circunstância de ser recurso – modalidade típica de impugnação à decisão judicial – proposto por um terceiro – estranho ao feito até aquele momento. O fato de se permitir recurso de terceiro sem prejuízo jurídico não o desqualifica como tal. Os condicionamentos, temperamentos e demais exigências variarão no tempo e no espaço, conforme os humores e posicionamentos científicos ou ideológicos do legislador". No entanto, na doutrina brasileira foi sendo pacificado o entendimento de que deve ser demonstrado vínculo jurídico em relação ao que é discutido no processo, assim como o interesse jurídico que autoriza a intervenção do assistente. Também há a necessidade de se comprovar prejuízo jurídico, e não moral, econômico ou afetivo. Nada impede, entretanto, que o legislador autorize o recurso de terceiro por prejuízo econômico ou emocional, por exemplo, desde que não altere a competência jurisdicional constitucionalmente estabelecida (DIDIER JR., Fredie. *Recurso de terceiro*: juízo de admissibilidade. 2. ed. rev., atual. e ampl. São Paulo: Ed. RT, 2005, p. 32 e 120-129).

21. ARMELIN, Donaldo. *Legitimidade para agir no direito processual civil brasileiro*. São Paulo: Ed. RT, 1979, p. 2, 102 e 146; BARBOSA MOREIRA, José Carlos. Apontamentos para um estudo sistemático da legitimação extraordinária. *Direito processual civil* – ensaios e pareceres. Rio de Janeiro: Borsoi, 1971, p. 58-59.

22. DIDIER JR., Fredie. *Pressupostos processuais e condições da ação*: o juízo de admissibilidade do processo. São Paulo: Saraiva, 2005, p. 228.

A LEGITIMIDADE E O INTERESSE RECURSAIS NO IDPJ **447**

fato de que a realização do direito material afirmado pelo demandante não pode ocorrer sem o processo.[23] O recurso deve ser, então, apto a beneficiar o recorrente e o meio para que esse benefício seja obtido.

Como o terceiro, para fim de recurso, é aquele que, no momento da decisão impugnada, mantinha-se alheio ao processo, pressupõe-se que o recorrente não haja praticado, antes, qualquer ato capaz de vinculá-lo à relação processual; e que não se haja praticado, ainda sem o seu concurso, qualquer ato de igual efeito. Além disso, terá interesse em recorrer sempre que puder esperar, de acordo com a lei, o advento de situação praticamente mais vantajosa, e lhe for preciso interpor recurso para assegurar-se de tal possibilidade.[24]

Na verdade, há intrínseca relação entre a legitimidade e o interesse processuais. A legitimidade, segundo Dinamarco, insere-se no âmbito do interesse de agir porque sua falta traduz-se em ausência de utilidade do provimento jurisdicional para determinado sujeito. Em um exemplo, se uma pessoa ajuíza uma ação para anular um contrato do qual não faz parte, além de não ter legitimidade, a tutela jurisdicional careceria de interesse-utilidade, porque eventual sentença não traria qualquer proveito jurídico direto para esse autor. Se uma pessoa ajuíza uma ação para que seja decretado o divórcio de terceiros, além de ser parte ilegítima, careceria de interesse porque nenhum proveito haveria para esse autor.[25]

Isso significa que a análise do requisito da legitimidade pode interferir na análise do requisito do interesse. Em sede recursal, o interesse do terceiro estranho aos autos para interpor recurso será sempre critério fundamental para que seja reconhecida a sua legitimidade, de maneira que, a partir da análise preliminar da existência de prejuízo, o sujeito estará legitimado para interpor o recurso.[26] Caso verificado que a tutela recursal é imprescindível para sanar a situação que originariamente tenha causado prejuízo ao recorrente e verificada a relevância do proveito ou vantagem a ser obtida pelo recurso – ou seja, se houver interesse recursal –, estará o recorrente legitimado para interpor o recurso.[27]

---

23. FREIRE, Rodrigo da Cunha Lima. *Condições da ação*: enfoque sobre o interesse de agir. 3. ed. São Paulo: Ed. RT, 2005, p. 167, 179 e 182; DINAMARCO, Cândido Rangel. *Instituições de direito processual civil*. 8. ed., rev. e atual. São Paulo: Malheiros, 2016, v. 2, p. 353-356.

24. BARBOSA MOREIRA, José Carlos. O juízo de admissibilidade no sistema dos recursos civis. Rio de Janeiro: Borsoi, 1968, p. 126 e 152.

25. DINAMARCO, Cândido Rangel. *Instituições de direito processual civil*. 8. ed., rev. e atual., São Paulo: Malheiros, 2016, v. 2, p. 359. Acrescenta Dinamarco: "Há várias disposições de lei que, ao cuidarem da legitimidade ativa ou passiva para uma série de demandas específicas, empregam o vocábulo *interessado* e não *legitimado*. Essa aparente desordem na escolha da palavra adequada é, na realidade, reflexo da dificuldade que existe para distinguir de modo radical os conceitos de legitimidade *ad causam* e interesse de agir. É justamente por ser aquela um destaque deste que o legislador, sem perceber, disse *interessados* quando queria aludir aos *legitimados*" (p. 359-360).

26. BARBOSA MOREIRA, José Carlos. O juízo de admissibilidade no sistema dos recursos civis. Rio de Janeiro: Borsoi, 1968, p. 152; UZEDA, Carolina. *Interesse recursal*. Salvador: JusPodivm, 2018, p. 189.

27. ALVES, Francisco Glauber Pessoa. O cabimento do recurso de terceiro economicamente prejudicado. In: DIDIER JR., Fredie; WAMBIER, Teresa Arruda Alvim (Coord.). *Aspectos polêmicos e atuais sobre os terceiros no processo civil (e assuntos afins)*. São Paulo: Ed. RT, 2004, p. 391-392.

Entretanto, isso não deve ocorrer apenas quando a parte postula no Poder Judiciário para obter proveitos *diretos*. Em algumas situações em que a parte não teria, em princípio, legitimidade, a interferência de uma decisão em sua esfera jurídica de forma *indireta* pode justificar a existência de interesse-utilidade e, por conseguinte, de legitimidade.[28] Nesse sentido, é plenamente possível haver um vínculo material apenas *indireto* ou *reflexo*, sem que aquele que vai a juízo seja o titular da relação de direito material. Se a decisão judicial pode afetar a sua esfera jurídica em razão desta decisão, a legitimidade recursal deve ser admitida.

Na verdade, a legitimidade para a tutela de interesses indiretos ou reflexos já é admitida pelo ordenamento jurídico brasileiro. Isso é o que, de certo modo, ocorre no disposto no art. 3º da Lei 12.016/2009 que prevê a impetração de mandado de segurança pelo titular de direito líquido e certo decorrente de direito, em condições idênticas, de terceiro, quando este não o fizer em trinta dias da notificação judicial.

Da mesma forma, a legitimidade para a proteção de interesses indiretos ou reflexos foi expressamente admitida pelo legislador no art. 51, § 2º, da Lei 8.245/91. Segundo consta no referido dispositivo, sociedade empresária tem legitimidade ativa para propor ação renovatória do contrato de locação, mesmo quando não for parte no contrato, quando "o contrato autorizar que o locatário utilize o imóvel para as atividades de sociedade de que faça parte e que a esta passe a pertencer o fundo de comércio".

Ainda, o art. 3º da Lei 13.966/2019 prevê que, se o franqueador sublocar ao franqueado o ponto comercial onde se acha instalada a franquia, "qualquer uma das partes terá legitimidade para propor a renovação do contrato de locação do imóvel". Assim, o sublocatário, que não tem relação jurídica com o proprietário do imóvel, poderá ajuizar a ação.

Em mais um exemplo, o legislador previu a legitimidade do credor do herdeiro para requerer a abertura do inventário, nos termos do art. 616, VI, do CPC, o que também ocorre pelo interesse apenas indireto na partilha de bens, qual seja, o pagamento do seu crédito.

Nessa esteira, o prejuízo a ser causado pela decisão que autoriza a legitimidade e interesse recursais, na forma prevista no art. 996, parágrafo único, do CPC, depende da demonstração da *possibilidade* de a decisão atingir direito que o recorrente se afirme titular, ainda que de forma indireta ou reflexa. Por prever o referido dispositivo a demonstração dessa *possibilidade*, não se exige que o prejuízo já tenha ocorrido com a mera prolação da decisão recorrida.[29]

---

28. Segundo Dinamarco, será "inadequado falar em *ilegitimidade* quando, ainda que contrariamente ao direito, do provimento se possa esperar o proveito jurídico e prático desejado" (DINAMARCO, Cândido Rangel. *Instituições de direito processual civil*. 8. ed., rev. e atual., São Paulo: Malheiros, 2016, v. 2, p. 360). É claro que não se pode propor que a legitimidade seja admitida de forma tão ampla a ponto de contrariar a lei. A interpretação da legitimidade admitida a partir de interesses indiretos deve sempre se dar em conformidade com a ordem jurídica.

29. Discordamos de Teresa Arruda Alvim, para quem apenas será admitida a interposição de recursos pelo terceiro quando tenha sido efetivamente atingido, pois, do contrário, não seria terceiro prejudicado "carecendo de

4.2 Interposição de recursos pelo réu originário

Tendo em vista que o incidente de desconsideração da personalidade jurídica surgiu com a intenção de atingir patrimônio alheio ao do devedor, à medida em que houve a ampliação da utilização do instituto nos tribunais brasileiros, foi sendo construída uma jurisprudência restritiva, que nega a possibilidade de o próprio devedor recorrer.

Entende-se que, como o patrimônio atingido é de um terceiro, o devedor não poderia recorrer, pois estaria tutelando direito alheio em nome próprio, sem o preenchimento do disposto no art. 18 do CPC. Dessa maneira, como o art. 18 do CPC prevê que ninguém poderá pleitear direito alheio em nome próprio, "salvo quando autorizado pelo ordenamento jurídico", não havendo qualquer autorização normativa para que o devedor interponha um recurso, essa legitimidade não seria admitida. Apenas se o recorrente figurasse como substituto legal é que o direito alheio poderia ser pleiteado em nome próprio, de modo a poder defender judicialmente os interesses da pessoa (física ou jurídica) atingida no incidente, tendo em vista o disposto no art. 18, parágrafo único, do CPC.[30] Alguns julgados, inclusive, por vezes se referem à ausência de legitimidade e, em outros casos, à ausência de interesse recursal.[31]

De certa forma, a jurisprudência que se formou para impossibilitar a interposição de recursos pela pessoa cuja personalidade jurídica foi desconsiderada baseia-se tanto no requisito da legitimidade, quanto do interesse. Nega-se que essa pessoa, física ou jurídica, possa recorrer, porque não é seu patrimônio que está sendo atingido, e sim de um terceiro, que ocupa o polo passivo do incidente. Também se nega conhecimento ao recurso porque nenhuma vantagem traria ao recorrente.

Todavia, esse raciocínio parte de uma análise bastante simples do cenário de um incidente de desconsideração da personalidade jurídica: se o pronunciamento judicial não afetou diretamente a esfera *patrimonial* do recorrente, inexistiria qualquer prejuízo que justificasse a legitimidade da parte, tampouco utilidade a ser obtida por meio da

---

interesse em recorrer" (ARRUDA ALVIM, Teresa. Comentários ao art. 996. In: CABRAL, Antonio do Passo; CRAMER, Ronaldo (Coord.). *Comentários ao novo código de processo civil*. 2. ed. rev., atual. e ampl. Rio de Janeiro: Forense, 2016, p. 1474).

30. Art. 18, parágrafo único, do CPC: "Parágrafo único. Havendo substituição processual, o substituído poderá intervir como assistente litisconsorcial".

31. Dentre outros, nos tribunais estaduais: TJPR, AI 0045245-18.2020.8.16.0000, 8ª Câmara Cível, Rel. Des. Marco Antonio Antoniassi, j. em 30.11.2020; TJRS, AI 0107710-45.2018.8.21.7000, 12ª Câmara Cível, Rel. Des. Pedro Luiz Pozza, j. em 24.05.2018; TJRJ, AI 0062074-61.2018.8.19.0000, 25ª Câmara Cível, Rel. Des. Luiz Fernando de Andrade Pinto, j. em 23.01.2019; TJDFT, AI 0708968-40.2022.8.07.0000, 2ª Turma Cível, Rel. Des. Hector Valverde Santanna, j. em 20.07.2022; TJMG, AI 0682005-32.2019.8.13.0000, 11ª Câmara Cível, Rel. Des. Alexandre Santiago, j. em 18.09.2019; TJSC, AI 4031348-61.2019.8.24.0000, 2ª Câmara de Direito Comercial, Rel. Des. Altamiro de Oliveira, j. em 09.06.2020; TJSC, AI e AgInt 4000275-37.2020.8.24.0000, 5ª Câmara de Direito Comercial, Rel. Des. Jânio Machado, j. em 14.05.2020; TJSP, AI 2157835-51.2022.8.26.0000, 26ª Câmara de Direito Privado, Rel. Des. Antonio Nascimento, j. em 19.11.2022; TJSP, AI 2077679-76.2022.8.26.0000, 17ª Câmara de Direito Privado, Rel. Des. Irineu Fava, j. em 29.06.2022; TJSP, AI 2073151-33.2021.8.26.0000, 29ª Câmara de Direito Privado, Rel. Des. Carlos Henrique Miguel Trevisan, j. em 20.07.2021; TJSP, AI 2122359-83.2021.8.26.0000, 6ª Câmara de Direito Privado, Rel. Des. Paulo Alcides, j. em 05.07.2021.

via recursal. Por conseguinte, não haveria a qualidade de um terceiro interessado que pudesse recorrer, nos termos do art. 996, parágrafo único, do CPC.

Todavia, como afirmado anteriormente, entendemos que a legitimidade e o interesse são requisitos que devem ser apreciados conjuntamente. É plenamente possível que aquele que, a princípio, não teria legitimidade para recorrer, passe a tê-la ao se observar a utilidade e a necessidade da alteração de um provimento jurisdicional. A interferência, ainda que reflexa, na esfera individual do recorrente, devidamente demonstrada no processo, pode torná-lo um terceiro prejudicado, em observância ao disposto no art. 996, parágrafo único, do CPC.

Sob este prisma, a jurisprudência que se formou no sentido de impossibilitar a interposição de recurso pela pessoa cuja personalidade jurídica foi desconsiderada ignora que um incidente de desconsideração da personalidade jurídica pode ocasionar prejuízos indiretos à esfera jurídica da parte que interpõe o recurso, o que pode justificar a legitimidade recursal. Em uma análise conjugada dos requisitos da legitimidade e do interesse, a legitimidade recursal seria justificada pelo interesse, ainda que indireto, em ver reformada a decisão judicial. Assim, a utilidade do provimento jurisdicional na esfera jurídica do recorrente pode ensejar o reconhecimento da legitimidade para recorrer.[32]

No caso da pessoa jurídica cuja personalidade jurídica foi desconsiderada, há prejuízos à sua imagem e à sua honra objetiva. Isso significa que, independentemente de a pessoa jurídica devedora principal fazer parte do incidente de desconsideração da personalidade jurídica, poderá recorrer de eventual decisão nele proferida, uma vez que o reconhecimento de que houve a prática de abuso afeta sobremaneira à sua imagem no mercado, perante consumidores e demais parceiros comerciais. A decisão, desse modo, pode não prejudicar diretamente a pessoa jurídica, mas indiretamente são causados prejuízos, conforme já entendeu o Superior Tribunal de Justiça.[33] O recurso seria na defesa de direito próprio, "relativo à sua autonomia ou à correição de sua administração".[34]

Havia, de fato, entendimento consolidado pela 1ª Seção do Superior Tribunal de Justiça no Tema 649 dos recursos especiais repetitivos no sentido de que pessoa jurídica "não tem legitimidade para interpor recurso no interesse do sócio".[35] O problema desse

---

32. Discordamos do entendimento de que o interesse de agir supõe a legitimidade: PISANI, Proto. *Lezioni di diritto processuale civile*. Napoli: Jovene, 2014, p. 312.
33. STJ, AgInt no AREsp 1.003.963/RJ, Quarta Turma, Rel. Min. Maria Isabel Gallotti, julgado em 03.10.2017; STJ, REsp 1.208.852/SP, Quarta Turma, Rel. Min. Luis Felipe Salomão, julgado em 12.05.2015.
34. STJ, AgInt no REsp 1.830.750/CE, Terceira Turma, Rel. Min. Marco Aurélio Bellizze, julgado em 10.08.2020; STJ, AgInt no AREsp 714.039/DF, Primeira Turma, Rel. Min. Napoleão Nunes Maia Filho, julgado em 25.05.2020; STJ, AgInt nos EDcl no AgInt no AREsp 995.378/SP, Quarta Turma, Rel. Min. Lázaro Guimarães (Desembargador Convocado do TRF 5ª Região), julgado em 17.05.2018; STJ, AgInt no AREsp 1.001.293/RJ, Terceira Turma, Rel. Min Marco Aurélio Bellizze, julgado em 27.04.2017; STJ, AgInt no AREsp 1.591.146, Terceira Turma, Rel. Min. Paulo de Tarso Sanseverino, julgado em 08.11.2016; STJ, REsp 1.421.464/SP, Terceira Turma, Rel. Min. Nancy Andrighi, julgado em 24.04.2014.
35. STJ, REsp 1.347.627/SP, Primeira Seção, Rel. Min. Ari Pargendler, julgado em 09.10.2013, julgado no rito dos recursos especiais repetitivos do CPC/73. No mesmo sentido: STJ, AgInt no REsp 1.625.563/MG, Quarta Turma, Rel. Min. Luis Felipe Salomão, julgado em 16.05.2017; STJ, AgInt no AREsp 882.075/SP, Terceira Turma, Rel.

entendimento é que, nitidamente, o interesse direto a ser tutelado na interposição de recurso em incidente de desconsideração da personalidade jurídica é dos sócios. São os sócios que, de fato, têm os seus patrimônios violados. Mas isso não quer dizer que não haja, indiretamente, a violação da esfera jurídica da pessoa jurídica – e vice e versa na desconsideração inversa da personalidade jurídica.

O entendimento do Superior Tribunal de Justiça, firmado no repetitivo ainda sob a égide do CPC/73, era bastante formalista: se a pessoa jurídica recorrente alegar nas razões recursais a violação à esfera moral e a violação à sua administração, a legitimidade seria reconhecida; se a parte recorrente não fizer uma alegação expressa nesse sentido, isso significaria que o recurso teria sido interposto apenas para tutelar a esfera patrimonial dos sócios. Essa conclusão, além de bastante rasa, ignora o interesse indireto da pessoa jurídica afetada pela decisão de desconsideração. Não há dúvidas de que um recurso interposto em incidente de desconsideração da personalidade jurídica terá o interesse precípuo de desfazer uma decisão que enseja a responsabilização dos sócios, pois é justamente esse o objeto e a fundamentação da decisão, mas há também o interesse indireto da pessoa jurídica a ser tutelado.

Com efeito, quando o incidente é julgado procedente, conclui-se pela existência de fraude no âmbito da pessoa jurídica, o que causa evidente dano à sua imagem e à sua honra objetiva. A pessoa jurídica tem, então, legitimidade para recorrer, afirmando que não houve qualquer abuso por parte de seus sócios. Em um cenário em que ao final o incidente é julgado improcedente, toda a dívida recairá sobre o patrimônio da pessoa jurídica, e não dos sócios, pelo que a pessoa jurídica pode recorrer por entender que o magistrado de primeiro grau não analisou adequadamente as provas do incidente e que, de fato, houve a prática de abusos pelos sócios que causaram prejuízo ao adequado fundamento da empresa. Nessa segunda hipótese, a sociedade pode se insurgir, afirmando ter sido prejudicada pela conduta de sócios que serão excluídos dos quadros societários. Dessa forma, a legitimidade e interesse recursais na qualidade de terceiro prejudicado existem para o caso de procedência do incidente e de improcedência, tendo em vista os interesses indiretos no julgamento.

Pensando, ainda, em um cenário em que a pessoa jurídica esteja em recuperação judicial, a instauração de um pedido de desconsideração da personalidade jurídica em execução movida por um dos credores pode ensejar prejuízos ao cumprimento do plano no juízo recuperacional. Com a desconsideração, esse credor atingiria o patrimônio dos sócios para receber, de imediato, os valores que lhe são devidos, em descumprimento à ordem de pagamentos prevista no plano de recuperação judicial e, por conseguinte, ao princípio da *par conditio creditorium*, que impõe a paridade entre os credores. Nesse contexto, a legitimidade e interesse da pessoa jurídica em recorrer adviria do abalo à higidez do plano e do processo de recuperação judicial, que visa ao seu soerguimento.

Min. Marco Aurélio Bellizze, julgado em 15.09.2016; STJ, AgRg no AREsp 745.118/MS, Rel. Min. Luis Felipe Salomão, Quarta Turma, julgado em 17.11.2015.

Nessa esteira é que foi decidido o REsp 1.980.607/DF[36] pela Terceira Turma do Superior Tribunal de Justiça. Segundo o STJ, em uma desconsideração da personalidade jurídica inversa, o sócio devedor tem legitimidade para recorrer em incidente de desconsideração da personalidade jurídica que pretende atingir os bens da sociedade empresária. Considerou-se, em primeiro lugar, que o fato de o sócio ter utilizado a pessoa jurídica para ocultar seu patrimônio em prejuízo de seus credores representa uma quebra da *affectio societatis*, podendo ensejar até mesmo a dissolução total ou parcial da sociedade, com a exclusão desse sócio.

Além disso, havendo o acolhimento do pleito de desconsideração e a satisfação da obrigação através do patrimônio do terceiro atingido pela desconsideração, surge para este o direito de regresso em face do devedor. Por outro lado, se houver a improcedência do incidente de desconsideração, o devedor originário continuará a ser atingido, podendo ensejar um estado de insolvência (art. 748 e ss. do CPC/73).[37]

Referido julgado merece ser elogiado ao contrariar uma jurisprudência defensiva de interpretação restritiva dos institutos da legitimidade e do interesse, que se cinge às consequências imediatas e diretas de um provimento jurisdicional. Ao contrário até mesmo de outras decisões do Superior Tribunal de Justiça,[38] a Terceira Turma demonstrou no REsp 1.980.607/DF uma abertura do sistema em prol dos direitos fundamentais processuais ao contraditório e à ampla defesa (art. 5º, LV, CRFB/88).

Sob este prisma, entendemos que a legitimidade e interesse recursais devem ser admitidas de forma ampla para aquele cuja personalidade jurídica foi desconsiderada. Seja na desconsideração direta, seja na inversa, a legitimidade recursal pode ser reconhecida com base em interesses indiretos do recorrente.

4.3   Interposição de recursos por outros terceiros prejudicados

Da mesma forma como deve ser admitida a interposição de recursos pelo réu originário pela existência de interesses indiretos, entendemos que outros sujeitos que

---

36. STJ, REsp 1.980.607/DF, Terceira Turma, Rel. Min. Marco Aurélio Bellizze, julgado em 09.08.2022.
37. Referidas ideias adotadas pelo Superior Tribunal de Justiça foram defendidas por Flávio Yarshell em: YARSHELL, Flávio Luiz. Comentários ao art. 135. In: CABRAL, Antonio do Passo; CRAMER, Ronaldo (Coord.). *Comentários ao novo código de processo civil*. Rio de Janeiro: Forense, 2015, p. 242.
38. Para o STJ, o fiador de mútuo bancário não teria legitimidade para pleitear em juízo em nome próprio a revisão e o afastamento de cláusulas e encargos abusivos constantes do contrato principal (STJ, REsp 926.792/SC, Terceira Turma, Rel. Min. Ricardo Villas Bôas Cueva, julgado em 14.04.2015). No entanto, se o fiador poderá vir a ser cobrado por este negócio jurídico, entendemos que seu interesse indireto pode, sim, viabilizar a sua legitimidade para ajuizar uma ação. Também de acordo com o STJ, o locatário não tem legitimidade para ajuizar ação contra o condomínio no intuito de questionar o descumprimento de regra estatutária, a ausência de prestação de contas e a administração de estabelecimento comercial. Isso porque o art. 18 do CPC exige a autorização pelo ordenamento jurídico para pleitear direito alheio em nome próprio, mas não "existe norma que confira ao locatário legitimidade para atuar em Juízo na defesa dos interesses do condômino locador" (STJ, REsp 1.630.199/RS, Quarta Turma, Rel. Min. Antonio Carlos Ferreira, julgado em 05.08.2021). Também discordamos desse entendimento, porquanto o locatário é quem reside no imóvel e quem paga pelas suas despesas, pelo que, ainda que a sua relação se dê de forma direta com o locador e apenas indireta com o condomínio, é afetado pela má administração deste.

possuam interesse indireto no resultado do julgamento devem poder recorrer, em virtude da possibilidade de a decisão repercutir na sua esfera jurídica.

Em realidade, não há óbice a que a intervenção no incidente para a interposição de recurso seja justificada por um interesse indireto *econômico*,[39] principalmente porque, por vezes, o interesse econômico e o interesse jurídico se confundem. A jurisprudência se consolidou em vedar a intervenção de terceiros no processo civil por interesse econômico, sendo exigida a demonstração de um interesse jurídico para que seja admitida.[40] Entretanto, na verdade, em muitas hipóteses em que um interesse classificado como "meramente" econômico, existe, por detrás, a intenção de se preservar direitos.[41]

A verdade é que toda relação patrimonial encontra abrigo no direito e pode ser com base nele defendida. Por conseguinte, a figura do terceiro prejudicado ou terceiro interessado, por mais que comumente associada à ideia de prejuízos jurídicos, também pode surgir para a tutela de interesses econômicos, por serem também jurídicos.[42]

Esse é o caso do fiador e do avalista do devedor principal,[43] que também detém legitimidade para recorrer de decisão proferida em incidente de desconsideração da personalidade jurídica. O avalista, na qualidade de responsável solidário, pode vir a ter o seu patrimônio atingido, caso o incidente seja rejeitado, com o prosseguimento da execução nos autos principais, por responder junto ao devedor principal. Igualmente, o fiador, na qualidade de responsável subsidiário da obrigação, pode, a depender do

---

39. Barbosa Moreira também já defendia a interposição de recurso por terceiro prejudicado para a defesa de interesses indiretos, mas restringia à defesa de direitos, ou seja, deveria ser demonstrada a violação apenas à esfera jurídica do recorrente (BARBOSA MOREIRA, José Carlos. *O juízo de admissibilidade no sistema dos recursos civis*. Rio de Janeiro: Borsoi, 1968, p. 155).

40. Exemplificativamente: STJ, REsp 1.854.492/RJ, Terceira Turma, Rel. Min. Marco Aurélio Bellizze, Rel. para acórdão Min. Nancy Andrighi, julgado em 24.11.2020; STJ, REsp 1.727.944/SP, Terceira Turma, Rel. Min. Nancy Andrighi, julgado em 19.06.2018; STJ, EDcl no REsp 1.336.026/PE, Primeira Seção, Rel. Min. Og Fernandes, julgado em 13.06.2018; STJ, AgRg no AgRg no Ag 1.278.735/SP, Quarta Turma, Rel. Min. Marco Buzzi, julgado em 18.04.2013.

41. TEMER, Sofia. *Participação no processo civil*: repensando litisconsórcio, intervenção de terceiros e outras formas de atuação. Salvador: Juspodivm, 2020, p. 268. Destaca-se o seguinte trecho: "Pensamos, então, que um dos parâmetros para aferir o interesse do sujeito em intervir pode ser a demonstração do efetivo impacto de tal processo para a satisfação de seus próprios direitos. Demonstrando que o 'exercício prático' pode realmente sofrer influências ou obstáculos – por exemplo, mediante a demonstração de que o processo *inter alios* tem potencialidade de esgotar os recursos financeiros do devedor –, deve ser permitida a atuação. Outro parâmetro pode ser a vedação da atuação em casos em que há mera expectativa de incremento patrimonial, e não risco à consistência prática de direito atual. Ademais, pode se somar a tais balizas a exigência de que o sujeito demonstre que não há outras formas para assegurar a satisfação de seus direitos que sejam tão eficientes e menos gravosas aos demais envolvidos. A demonstração da utilidade da intervenção adquire, também aqui, contornos distintos dos tradicionais" (p. 271-272). No mesmo sentido: GRECO, Leonardo. *Instituições de processo civil*. 5. ed. rev., atual. e ampl. Rio de Janeiro: Forense, 2015, v. I, p. 477.

42. ALVES, Francisco Glauber Pessoa. O cabimento do recurso de terceiro economicamente prejudicado. In: DIDIER JR., Fredie; WAMBIER, Teresa Arruda Alvim (Coord.). *Aspectos polêmicos e atuais sobre os terceiros no processo civil (e assuntos afins)*. São Paulo: Ed. RT, 2004, p. 400-401.

43. Defendendo a legitimidade do responsável solidário e subsidiário para requerer a instauração do incidente de desconsideração da personalidade jurídica: MEIRELES, Carolina Costa. Legitimidade e interesse jurídico do responsável subsidiário para requerer a desconsideração da personalidade jurídica do devedor principal. *Revista de Processo*, v. 305, p. 289-308. jul. 2020.

resultado do incidente, ter que responder pelo débito, se, havendo benefício de ordem, o devedor não tiver bens suficientes para a satisfação da dívida.

No caso de um incidente de desconsideração da personalidade jurídica instaurado em decorrência de um processo de falência, prevê o art. 82-A da Lei 11.101/05 a desconsideração da personalidade jurídica da sociedade falida, para fins de responsabilização de terceiros, grupo, sócio ou administrador por obrigação desta. Na esteira do defendido neste trabalho, além de a sociedade falida poder interpor um recurso, pelas lesões à sua imagem e à sua honra objetiva, e pelas possíveis lesões patrimoniais, também os demais sujeitos que participam do processo de falência poderiam recorrer. Os credores da sociedade falida têm evidente interesse na satisfação de seus créditos. O Ministério Público, que já intervém nos processos de falência como *custos legis*, tem legitimidade para recorrer no IDPJ para tutela do interesse público e da coletividade prejudicada no processo de falência. O administrador judicial tem legitimidade para recorrer por ter o papel de fiscalizar o andamento ao processo de falência (art. 22, I e III, da Lei 11.101/05). Trata-se, também, de uma aplicação analógica do disposto no art. 132 da Lei 11.101/05, que prevê a legitimidade destes sujeitos para o ajuizamento de uma ação revocatória.

Ressalte-se que, por mais que, inicialmente, não houvesse interesse processual em intervir no incidente para dele fazer parte, é plenamente possível que o interesse processual surja posteriormente, para a interposição de recursos no processo. Isso porque, tradicionalmente, as "condições da ação" ou pressupostos processuais da legitimidade e do interesse processuais eram avaliados para "propor ou contestar a ação", conforme constava na redação do art. 3º do CPC/73. A legitimidade e o interesse, portanto, relacionavam-se apenas ao processo como um todo.[44] Entretanto, a doutrina passou a entender que a legitimidade e o interesse não são avaliados apenas no momento da propositura da ação, pois podem se referir a atos processuais específicos. Para além da legitimidade de agir e do interesse de agir, temos a legitimidade *ad actum* e o interesse *ad actum*,[45] o que foi reforçado com o CPC/15, ao ter passado a prever em seu art. 17 que "para *postular em juízo* é necessário ter interesse e legitimidade", e não mais "para propor ou contestar a ação".[46]

Assim, a legitimidade processual pode se referir a cada ato processual, superando-se a polarização "autor-réu", "credor-devedor", "Caio-Tício", "ativo-passivo", para que a

---

44. LIEBMAN, Enrico Tulio. O despacho saneador e o julgamento de mérito. *Revista dos Tribunais*, v. 767, p. 737-753. set. 1999.

45. CABRAL, Antonio do Passo. Despolarização do processo e zonas de interesse: sobre a migração entre polos da demanda. *Revista Forense*, v. 404, ano 105, p. 4-42, jul.-ago. 2009. Também sobre o tema: DINAMARCO, Cândido Rangel. *Litisconsórcio*. 7. ed. São Paulo: Malheiros, 2002, p. 127.

46. "É crucial a modificação operada pelo novo diploma processual, porque rompe com a ideia de que tais pressupostos sejam necessariamente um espelhamento da lida. O que o CPC faz, portanto, é romper com a pressuposição de que todas as atuações no processo seriam mero desdobramento do ato inicial (demanda), abrindo espaço para reconhecer a diversidade de interesses e atuações e a dinamicidade de posições dos sujeitos processuais" (TEMER, Sofia. *Participação no processo civil*: repensando litisconsórcio, intervenção de terceiros e outras formas de atuação. Salvador: JusPodivm, 2020, p. 207-209).

demanda não mais se mantenha estável ao longo de todo o trâmite processual. Também o interesse processual pode ser analisado para cada ato processual ou momentos processuais específicos, tendo em vista que as dinâmicas interações da relação processual fazem de cada contexto situacional um específico ponto de interesses materiais diversos e cambiantes. A verificação do interesse de agir deve atentar para cada um desses momentos, ou para cada "zona de interesse" pertinente ao ato ou conjunto de atos que o sujeito deseja praticar. O interesse processual não será único e imutável, como definido tradicionalmente ligado à relação jurídica e ao direito subjetivo, mas deve refletir a utilidade cambiante da tutela jurisdicional na vida dos litigantes, o que está sujeito a constantes alterações.[47]

Isso significa que um terceiro que, a princípio, não poderia participar do incidente de desconsideração da personalidade jurídica por não ter legitimidade ou interesse, poderá ingressar no incidente apenas para interpor um recurso contra a decisão proferida ao final do procedimento, em razão de um interesse ou legitimidade específicos para a interposição daquele recurso.[48] Para tanto, caberá a esse terceiro comprovar os interesses indiretos existentes na interposição do recurso que, poderão ser, inclusive, interesses econômicos, com reflexos na esfera jurídica do indivíduo.

5. CONCLUSÃO

O incidente de desconsideração da personalidade jurídica visa a atingir o patrimônio de um terceiro, que não o réu ou executado em um processo judicial, em decorrência da prática de atos de confusão patrimonial ou desvio de finalidade (teoria maior) ou por não ter o credor conseguido satisfazer a dívida (teoria menor). Isso, contudo, não pode significar que, nos autos do incidente, aquele cuja personalidade jurídica foi desconsiderada não terá qualquer participação. Como se pretendeu demonstrar, a participação do réu originário cuja personalidade jurídica foi desconsiderada advém de interesses indiretos que o julgamento do incidente pode lhe causar. Ainda que, a princípio, seja pretendida a tutela dos interesses dos sócios ou da pessoa jurídica atingida pela desconsideração, o interesse indireto advém da possibilidade de a decisão causar prejuízos à esfera individual do desconsiderado.

---

47. CABRAL, Antonio do Passo. Despolarização do processo e zonas de interesse: sobre a migração entre polos da demanda. *Revista Forense*, v. 404, ano 105, p. 10-12 e 28-30, jul.-ago. 2009. Em um mesmo processo, um único sujeito pode assumir mais de uma posição jurídica processual. Essa circunstância, que é inerente ao fenômeno processual, faz com que a análise das capacidades processuais, do interesse de agir e da legitimidade não se restrinja à demanda: é preciso examiná-los ao longo de toda a cadeia processual, tendo em vista cada uma das relações processuais que se formam e que compõem o feixe de relações jurídicas que é o processo" (DIDIER JR., Fredie. *Curso de direito processual civil*. Salvador: JusPodivm, 2021, v. I, p. 485-486).

48. Segundo Carolina Uzeda, é possível encontrar hipóteses nas quais o sujeito não teria interesse para intervir no processo como assistente simples e, ao ser prejudicado pela decisão, passa a ser dotado de interesse recursal. Esse é o caso do terceiro que formula pedido de reserva de bens em inventário para a garantia de seus créditos, caso em que não poderia ingressar nos autos do inventário como assistente, mas, ao ser prejudicado pela decisão, passa a ser aberta a via recursal (UZEDA, Carolina. *Interesse recursal*. Salvador: JusPodivm, 2018, p. 190).

Dessa forma, será válida a interposição de recurso no IDPJ pelo devedor cuja personalidade jurídica foi desconsiderada, mas também podemos admitir a interposição de recursos por terceiros que eventualmente seriam prejudicados pela decisão. Para tanto, deverá ser verificado se a esfera individual do recorrente pode ser impactada pela decisão, por eventuais prejuízos patrimoniais, lesões à imagem e à honra, danos à correição da administração da pessoa jurídica, tutela do crédito e até mesmo da regularidade de um processo de recuperação judicial. Ou seja, a existência de interesses indiretos no julgamento do incidente pode justificar e fundamentar a legitimidade do recorrente como terceiro prejudicado, nos termos do art. 996, parágrafo único, do CPC.

6. REFERÊNCIAS

ALVES, Francisco Glauber Pessoa. *O cabimento do recurso de terceiro economicamente prejudicado*. In: DIDIER JR., Fredie; WAMBIER, Teresa Arruda Alvim (Coord.). *Aspectos polêmicos e atuais sobre os terceiros no processo civil (e assuntos afins)*. São Paulo: Ed. RT, 2004.

ARMELIN, Donaldo. *Legitimidade para agir no direito processual civil brasileiro*. São Paulo: Ed. RT, 1979.

ARRUDA ALVIM, Teresa. Comentários ao art. 996. In: In: CABRAL, Antonio do Passo; CRAMER, Ronaldo (Coord.). *Comentários ao novo código de processo civil*. 2. ed. rev., atual. e ampl. Rio de Janeiro: Forense, 2016.

BARBOSA MOREIRA, José Carlos. Apontamentos para um estudo sistemático da legitimação extraordinária. *Direito processual civil* – Ensaios e pareceres. Rio de Janeiro: Borsoi, 1971.

BARBOSA MOREIRA, José Carlos. *O juízo de admissibilidade no sistema dos recursos civis*. Rio de Janeiro: Borsoi, 1968.

BRUSCHI, Gilberto Gomes. *Aspectos processuais da desconsideração da personalidade jurídica*. São Paulo: Juarez de Oliveira, 2004.

BUENO, Cassio Scarpinella. *Curso sistematizado de direito processual civil*. 11. ed. rev., atual e ampl. São Paulo: SaraivaJur, 2021.

BUENO, Cassio Scarpinella. *Manual de direito processual civil*. 8. ed. São Paulo: SaraivaJur, 2022.

CABRAL, Antonio do Passo. Despolarização do processo e zonas de interesse: sobre a migração entre polos da demanda. *Revista Forense*, v. 404, ano 105, p. 4-42. jul.-ago. 2009.

CASTRO, Roberta Dias Tarpinian de. *A função cautelar do incidente de desconsideração da personalidade jurídica na fase de conhecimento*. Pontifícia Universidade Católica de São Paulo, Dissertação de Mestrado, São Paulo, 2018.

COELHO, Fábio Ulhoa. *Curso de direito comercial*. 18. ed. São Paulo: Saraiva, 2014. v. 2.

COELHO, Fábio Ulhoa. *Desconsideração da personalidade jurídica*. São Paulo: Ed. RT, 1989.

DIDIER JR., Fredie. Aspectos processuais da desconsideração da personalidade jurídica. In: DIDIER JR., Fredie; MAZZEI, Rodrigo. *Reflexos do novo Código Civil no direito processual*. Salvador: JusPodivm, 2007.

DIDIER JR., Fredie. *Curso de direito processual civil*. São Paulo: JusPodivm, 2022. v. I.

DIDIER JR., Fredie. *Curso de direito processual civil*. Salvador: JusPodivm, 2021. v. I.

DIDIER JR., Fredie; CUNHA, Leonardo Carneiro da. *Curso de direito processual civil*. 18. ed. rev., atual. e ampl. Salvador: JusPodivm, 2021. v. III.

DIDIER JR., Fredie; LIPIANI, Julia. Desconsideração inversa da personalidade jurídica – princípio da boa-fé – Proibição do *tu quoque* – Aspectos processuais da desconsideração da personalidade jurídica (parecer). *Revista de Direito Civil Contemporâneo*, n. 4, v. 13, p. 445-466. out.-dez. 2017.

DIDIER JR., Fredie; *Pressupostos processuais e condições da ação*: o juízo de admissibilidade do processo. São Paulo: Saraiva, 2005.

DIDIER JR., Fredie; *Recurso de terceiro*: juízo de admissibilidade. 2. ed. rev., atual. e ampl. São Paulo: Ed. RT, 2005.

DINAMARCO, Cândido Rangel. *Instituições de direito processual civil*. 8. ed., rev. e atual. São Paulo: Malheiros, 2016. v. 2.

DINAMARCO, Cândido Rangel. *Litisconsórcio*. 7. ed. São Paulo: Malheiros, 2002.

DINAMARCO, Cândido Rangel. O novo código de processo civil brasileiro e a ordem processual civil vigente. *Revista de Processo*, v. 247, p. 63-103. set. 2015.

FREIRE, Rodrigo da Cunha Lima. *Condições da ação*: enfoque sobre o interesse de agir. 3. ed., São Paulo: Ed. RT, 2005.

GRECO, Leonardo. *Instituições de processo civil*. 5. ed. rev., atual. e ampl. Rio de Janeiro: Forense, 2015. v. I.

LIEBMAN, Enrico Tulio. O despacho saneador e o julgamento de mérito. *Revista dos Tribunais*, v. 767, p. 737-753. set. 1999.

MEIRELES, Carolina Costa. Legitimidade e interesse jurídico do responsável subsidiário para requerer a desconsideração da personalidade jurídica do devedor principal. *Revista de Processo*, v. 305, p. 289-308, jul. 2020.

NEVES, Daniel Amorim Assumpção. *Manual de direito processual civil*. 13. ed. Salvador: JusPodivm, 2021.

OSNA, Gustavo. Desconsideração da personalidade jurídica e garantias fundamentais do processo: ônus da prova e ônus da argumentação. *Revista de Processo*, v. 305, p. 331-353, jul. 2020.

PISANI, Proto. *Lezioni di diritto processuale civile*. Napoli: Jovene, 2014.

REQUIÃO, Rubens. Abuso de direito e fraude através da personalidade jurídica (*disregard doctrine*). *Revista dos Tribunais*. v. 58, n. 410, p. 12-24. 1969.

ROCHA, Henrique de Moraes Fleury da. *Desconsideração da personalidade jurídica*. São Paulo: JusPodivm, 2022.

RODRIGUES, Daniel Colnago. *Intervenção de terceiros*. São Paulo: Ed. RT, 2017.

ROQUE, Andre. Comentários ao art. 135. In: GAJARDONI, Fernando da Fonseca et. al. *Teoria geral do processo*: comentários ao CPC 2015: parte geral. 4. ed. rev., atual. e ampl. Rio de Janeiro: Forense, 2021.

TEMER, Sofia. *Participação no processo civil*: repensando litisconsórcio, intervenção de terceiros e outras formas de atuação. Salvador: JusPodivm, 2020.

UZEDA, Carolina. *Interesse recursal*. Salvador: JusPodivm, 2018.

YARSHELL, Flávio Luiz. Comentários ao art. 135. In: CABRAL, Antonio do Passo; CRAMER, Ronaldo (Coord.). *Comentários ao novo Código de Processo Civil*. Rio de Janeiro: Forense, 2015.

I.8 – Honorários em IDPJ

OS HONORÁRIOS ADVOCATÍCIOS SUCUMBENCIAIS NO INCIDENTE DE DESCONSIDERAÇÃO DA PERSONALIDADE JURÍDICA

Júlio César Guzzi dos Santos

Mestre em Direito Processual Civil pela PUC-SP. Especialista em Direito Processual Civil pela ESA-OAB-SP. MBA em Gestão Estratégica de Negócios pela USP-SP, com extensão em Direito Contratual pela Harvard University. Pós-graduando em Direito de Proteção e Uso de Dados pela PUC-MG. Professor e Advogado. E-mail: julio@advocaciapvs.com.br.

Sumário: 1. Introdução – 2. Honorários advocatícios – um paralelo entre os princípios da sucumbência e o da causalidade – 3. Fracionamento do julgamento de mérito e a natureza da decisão proferida no IDPJ – 4. Honorários advocatícios sucumbenciais no incidente de Desconsideração da Personalidade Jurídica – 5. Considerações finais – 6. Referências.

1. INTRODUÇÃO

A codificação processual anterior (CPC/1973) é silente quanto à possibilidade de condenação em honorários advocatícios em incidentes processuais não expressamente catalogados. O atual código (CPC/2015), em que pese ter suprido uma lacuna procedimental quanto ao incidente de desconsideração da personalidade jurídica (IDPJ), manteve a omissão, perdendo a oportunidade de sanar de uma vez por todas a dúvida no tocante a verba honorária em demandas desta espécie.

Numa leitura menos atenta, poder-se-ia dizer que a ausência de positivação, por si só, justificaria a negativa do arbitramento da verba honorária.

Entretanto, o incidente de desconsideração da personalidade jurídica, regulado no atual CPC/2015, pode (e deve) comportar as mais amplas e possíveis discussões que gravitam sobre a condenação do vencido ao pagamento de honorários advocatícios, harmonizando os princípios da sucumbência e da causalidade para distribuir de forma justa os ônus sucumbenciais.

Indo além, desde a promulgação do CPC/2015, tem-se observado certa resistência dos Tribunais Pátrios na aplicação da Lei quando o assunto são "honorários". Exemplo mais recente disto, reside na reiterada afetação de casos envolvendo a temática honorários por equidade em causas de valor elevado,[1] enquanto a própria Corte Especial (STJ) em recurso repetitivo, havia fixado em precedente qualificado o entendimento da observância obrigatória do que está positivado no parágrafo 2º do artigo 85 do CPC/2015 (fixação de honorários entre o mínimo de dez e o máximo de vinte por cento sobre o valor da condenação, do proveito econômico obtido ou, não sendo possível mensurá-lo, sobre o valor atualizado da causa, atendidos alguns requisitos).[2]

Como consequência da dificuldade em respeitar as "regras do jogo" para as questões regulares – leia-se: tipificadas – a problemática se agrava para os casos que necessitam de um pouco de interpretação quanto a forma de remunerar o trabalho do(a) advogado(a), como ocorre no incidente de desconsideração da personalidade jurídica.

Por essa razão, mesmo que a sucumbência não abarque todas as situações envolvendo os custos do processo e que a causalidade não se aplique para todas as situações imagináveis, este artigo volta-se, fundamentalmente, à demonstração de que as hipóteses de fixação de honorários advocatícios sucumbenciais no incidente de desconsideração da personalidade jurídica (a despeito da omissão legislativa)[3] podem ir além daquelas previstas no rol do § 1º do art. 85 do CPC.

2. HONORÁRIOS ADVOCATÍCIOS – UM PARALELO ENTRE OS PRINCÍPIOS DA SUCUMBÊNCIA E O DA CAUSALIDADE

Os honorários advocatícios inserem-se no contexto das obrigações do processo e subdividem-se, sobretudo, em honorários convencionais (contratuais) e honorários sucumbenciais (arbitrados judicialmente em consideração à efetiva atuação do(a) advogado(a)).

Levando-se em conta ser o último que nos interessa para os fins propostos no presente artigo, importante traçar um paralelo entre os princípios da sucumbência e o da causalidade.

Quanto ao primeiro princípio, deve-se partir da premissa de que os honorários advocatícios sucumbenciais são, em suma, aqueles decorrentes de condenação imposta a uma das partes da relação processual que tenha experimentado o fracasso/derrota de sua pretensão em determinada ação judicial, ou seja, ser vencido.

---

1. Tema 1.076 – Pode ser consultado em: https://processo.stj.jus.br/repetitivos/temas_repetitivos/pesquisa. jsp?novaConsulta=true&tipo_pesquisa=T&cod_tema_inicial=1076&cod_tema_final=1076.
2. Nota-se que em curtíssimo lapso temporal, a Corte Especial – sem a aparente existência de *distinguishing* – está revisitando o tema para rever e decidir se confirma ou não o seu próprio entendimento, ou em outras palavras, o que está claramente tipificado. (Recursos Especiais afetados números 1.824.564/RS e 1.743.300/AM).
3. Para Thiago Asfor Rocha Lima e Marcus Claudius Saboia Rattacaso "ao que parece, o legislador nunca pretendeu tornar a fixação dos honorários parciais a regra do sistema, pois, se assim o fosse, poderia ter feito, quando menos, nas alterações processuais de 2005, ou dez anos depois, quando da promulgação do Novo CPC. Isso, todavia, não impede o magistrado, em situações específicas e justificadas, de estabelecer os honorários de sucumbências parciais e nas decisões parciais de mérito." (LIMA, Tiago Asfor Rocha; RATTACASO, Marcus Claudius Saboia. Honorários advocatícios parciais: muito além da interpretação literal do art. 85 do Novo CPC. In: COÊLHO, Marcus Vinicius Furtado; CAMARGO, Luiz Henrique Volpe. *Honorários advocatícios*. 2. ed. Salvador: JusPodivm, 2016. p. 347).

OS HONORÁRIOS ADVOCATÍCIOS SUCUMBENCIAIS NO IDPJ

Podemos dizer, portanto, que o vencido na lide (sucumbente), deve pagar honorários pelo fato de ter sido o derrotado no processo.

Feitos esses esclarecimentos iniciais a respeito do "princípio da sucumbência", na maior parte das vezes, fundamento suficiente para a condenação dos honorários sucumbenciais, mas por outro lado, insuficiente (inapto) para resolver satisfatoriamnete todas as situações concretas sobre a responsabilidade pelo pagamento das despesas processuais, necessário se mostra o enfrentamento, ainda que em poucas palavras, do princípio da causalidade.

De acordo com este princípio, aquele que der causa à uma demanda ou incidente processual, responde pelas despesas daí decorrentes.

Acerca do tema, lecionam Nelson Nery Júnior e Rosa Maria Andrade Nery:

> Pelo princípio da causalidade, aquele que deu causa à propositura da demanda ou à instauração de incidente processual deve responder pelas despesas daí decorrentes. Isto porque, às vezes, o princípio da sucumbência se mostra insatisfatório para a solução de algumas questões sobre a responsabilidade pelas despesas do processo.[4]

Observe-se, de início, que o princípio da causalidade não se contrapõe ao princípio da sucumbência. Ao contrário, ambos estão correlacionados e podem ser aplicados de forma complementar. Veja, por exemplo, que há situações que a parte vitoriosa mesmo não sucumbindo no plano de direito material, pode ser considerada como aquela que deu causa ao processo e todos os seus custos decorrentes.[5]

Assim, pode-se afirmar que o princípio da sucumbência funciona apenas como um primeiro parâmetro para a distribuição das despesas do processo, devendo ser articulado com o princípio da causalidade, conforme explanado pela Terceira Turma do C. STJ:

> O princípio da causalidade não se contrapõe ao princípio da sucumbência. Antes, é este um dos elementos norteadores daquele, pois, de ordinário, o sucumbente é considerado responsável pela instauração do processo e, assim, condenado nas despesas processuais. O princípio da sucumbência, contudo, cede lugar quando, embora vencedora, a parte deu causa à instauração da lide.[6]

Na mesma linha de pensar, precisos os ensinamentos de Rogério Licastro Torres de Mello para quem:

> os princípios da causalidade e da sucumbência não são princípios distintos, que não se tocam, como fossem tangentes.[7]

---

4. *Código de Processo Civil comentado; e legislação processual civil extravagante em vigor.* 3. ed. São Paulo: Ed. RT, 1997. p. 380.
5. Caso hipotético: Execução extinta pela prescrição intercorrente, quem deu causa à execução em razão da inadimplência foi o executado, portanto, ele deverá ser responsabilizado pelo ônus sucumbenciais.
6. REsp 303.597/SP, rel. Ministra Nancy Andrighi, Terceira Turma, julgado em 17.04.2001, REPDJ 25.06.2001, p. 174, DJ 11.06.2001, p. 209.
7. MELLO, Rogerio Licastro Torres de. *Honorários advocatícios:* sucumbenciais e por arbitramento. São Paulo: Thomson Reuters Brasil, 2019, p. 67.

Mais adiante, prossegue o referido professor afirmando que o princípio da causalidade se enquadra como, em suas próprias palavras, "super princípio" incidente sobre a temática dos honorários sucumbenciais e insere o princípio da sucumbência como uma espécie de manifestação mais frequente e óbvia do princípio da causalidade.

Desta feita, enquanto o arbitramento dos honorários pelo princípio da sucumbência parte da premissa da derrota na ação judicial, impondo-se ao vencido o seu pagamento, o princípio da causalidade, tem por norte a litigiosidade irresponsável e como consequência a condenação em honorários sucumbenciais àquele que, sem razão, deu causa à existencia da ação judicial.

3. FRACIONAMENTO DO JULGAMENTO DE MÉRITO E A NATUREZA DA DECISÃO PROFERIDA NO IDPJ

No que concerne à fixação de honorários e necessário enfrentamento sobre o alcance do art.85, caput e seu parágrafo 1º do CPC/2015,[8] imprescindível destacar a inovação do sistema da codificação revogada (CPC/73), com relação aos novos critérios de classificação dos atos do juiz.

Com efeito, vigia no CPC/73 a teoria da unidade estrutural da sentença, como forma de obstar a ocorrência de pluralidade de sentenças em uma mesma fase processual, marcando o final da tramitação da ação no primeiro grau de jurisdição, sendo que todas as demais decisões não terminativas estampavam natureza interlocutória.

No entanto, a imprescindibilidade de um novo modelo processual possibilitou o fracionamento do julgamento de mérito com a prolação, inclusive, de decisão parcial. A verdade é que no CPC/2015 passou a não mais viger o princípio da unicidade da sentença, viabilizando, ainda que de natureza interlocutória e atacável pela via recursal do agravo de instrumento, a prolação de decisões parciais de mérito.

Cremos que para dirimir controvérsias de mérito, havendo possibilidade de várias decisões serem proferidas no curso no processo, não se pode, no tocante ao tema honorários advocatícios sucumbenciais, interpretar o artigo 85, caput e seu parágrafo 1º de forma restritiva, portanto, apesar da dificuldade em alcançar o equilíbrio necessário numa legislação omissa, nos parece crível o arbitramento da verba honorária, inclusive no IDPJ. Explicamos:

A desconsideração da personalidade jurídica é uma técnica casuística, que objetiva solucionar abusos e desvios de funções da pessoa jurídica, sendo certo que os permissivos legais para o cabimento do incidente de desconsideração são elencados tanto sob o ponto de vista do direito material (cabimento da desconsideração) quanto formal (procedimento adequado).

Quanto ao conteúdo de direito material, em caso de abuso da personalidade jurídica caracterizado pelas hipóteses elencada no próprio direito material, por exemplo nos artigos

---

8. Art. 85. A sentença condenará o vencido a pagar honorários ao advogado do vencedor.

§ 1º São devidos honorários advocatícios na reconvenção, no cumprimento de sentença, provisório ou definitivo, na execução, resistida ou não, e nos recursos interpostos, cumulativamente.

50 do Código Civil, 28 do Código de Defesa do Consumidor, dentre outros, o juiz poderá em qualquer processo, depois de devidamente provocado, estender a responsabilidade patrimonial para atingir bens particulares de sócios, de administradores, da própria pessoa jurídica (na modalidade inversa), de empresas do mesmo grupo econômico etc.

Daí surge a possibilidade de ocorrência do incidente de desconsideração da personalidade jurídica em todas as fases do processo de conhecimento, do cumprimento de sentença e na execução fundada em título executivo extrajudicial (art.134, CPC/2015).

Assim, prescindindo de ação própria para promover a sua cognição e representando uma nova relação jurídico processual entre o credor e o terceiro, com a necessidade de se observar o contraditório prévio,[9] a desconsideração da personalidade jurídica possui característica de uma demanda (ação) incidental.

Cássio Scarpinella Bueno pronunciou-se do seguinte modo sobre o tema: "considerando a ampliação subjetiva da demanda, a decisão que julga o incidente seria *"equiparada a uma sentença que cria uma nova realidade jurídica, relativa à desconsideração"*.[10]

Há de se ter em mente que não se pode considerar o IDPJ como mero incidente processual e, por assim dizer, afastar, de plano, a condenação da verba honorária sem ao menos interpretar adequadamente o CPC/2015, não obstante a omissão legislativa.

É possível (e necessário) ir além.

4. HONORÁRIOS ADVOCATÍCIOS SUCUMBENCIAIS NO INCIDENTE DE DESCONSIDERAÇÃO DA PERSONALIDADE JURÍDICA

De acordo com o art.85 do Código de Processo Civil (CPC/2015), *verbis:* "A sentença condenará o vencido a pagar honorários ao advogado do vencedor."

Prossegue o § 1º no sentido que: "São devidos honorários advocatícios na reconvenção, no cumprimento de sentença, provisório ou definitivo, na execução, resistida ou não, e nos recursos interpostos, cumulativamente."

A referência do texto à "sentença", atrelada a inexistência de previsão específica quanto ao cabimento de honorários em incidente de desconsideração da personalidade jurídica fizeram com que a doutrina e a jurisprudência apresentassem entendimentos variados. Há um entendimento, muito bem fundamentado no sentido do cabimento de

---

9. A essencialidade do contraditório é ressaltada por Enrico Tullio Liebman (apud MARCATO, 1980, p. 111), para quem "a garantia fundamental da Justiça e regra essencial do processo é o princípio do contraditório, segundo este princípio, todas as partes devem ser postas em posição de expor ao juiz as suas razões antes que ele profira a decisão. As partes devem poder desenvolver suas defesas de maneira plena sem limitações arbitrárias, qualquer disposição legal que contraste com essa regra deve ser considerada inconstitucional e por isso inválida" (LIEBMAN, Enrico Tullio. In: MARCATO, Antônio Carlos. Preclusões: limitação ao contraditório? *Revista de Processo*, ano 5, n. 17, p. 111, , São Paulo, 1980).

10. BUENO, Cassio Scarpinella. *Comentários ao Código de Processo Civil.* São Paulo: Saraiva, 2017, v. 1 (arts. 1º a 317), p. 585.

honorários advocatícios sucumbenciais no incidente de desconsideração da personalidade jurídica,[11] porém, a posição majoritária vai em sentido contrário.[12]

Destarte, é fato notório que o artigo 85, § 1º, do CPC/2015, estabelece, numa aparente taxatividade, hipóteses em que será cabível a condenação ao pagamento de honorários advocatícios e que, dentro delas, o incidente de desconsideração da personalidade jurídica não se encontra.

Com efeito, as modificações no que tange a desconsideração da personalidade jurídica promovidas pela conversão da Medida Provisória 881/2019 na Lei 13.874/2019, também nada trouxe de novo sobre o tema.[13]

Contudo, não se pode deixar de registar a inovação do sistema do CPC/73 no que diz respeito aos novos critérios por meio dos quais são classificados os atos do juiz, revogando a teoria da unidade estrutural da sentença e possibilitando o fracionamento do julgamento de mérito em nítida fragmentação da coisa julgada.

Entendemos que a identificação da natureza jurídica do ato postulatório poderá trazer reflexos na interpretação do cabimento ou não da verba honorária no incidente de desconsideração da personalidade jurídica decidido por meio de decisão interlocutória, uma vez que a sucumbência parece estar, de fato, atrelada à sentença.

Há bem da verdade, o tema "honorários" vem encontrando destaque, principalmente na jurisprudência, que de uma certa forma encontra resistência em aceitar a remuneração dos advogados pela sua efetiva atuação profissional, além das hipóteses avençadas contratualmente com os seus clientes, como é o caso dos honorários sucumbenciais.

Por certo, o desafio da doutrina e da jurisprudência está, justamente, em aceitar o cabimento da verba honorária nos casos de desconsideração da personalidade jurídica.

Hodiernamente preocupa sobremaneira as fundamentações adotadas no sentido de que *(i)* o mero incidente processual no curso do processo não autoriza a fixação de honorários (atuação do profissional será avaliada e remunerada ao final como um todo) e; *(ii)* Rol exaustivo do artigo 85, § 1º, do CPC/2015 (ausência de previsão legal).[14]

---

11. Como exemplo no Tribunal de Justiça de São Paulo: (i) TJSP, AI 2131854-20.2022.8.26.0000, 36ª Câmara de Direito Privado, Rel.: Milton Carvalho, j. 28.07.2022; (ii) TJSP, AI 2092475-72.2022.8.26.0000, 13ª Câmara de Direito Privado, Rel.: Nelson Jorge Júnior, j. 21.07.2022.

12. No mesmo Tribunal: (i) TJSP, AI 2050958-87.2022.8.26.0000, 25ª Câmara de Direito Privado, Rel.: Hugo Crepaldi, j. 21.07.2022; (ii) TJSP, AI 2102335-97.2022.8.26.0000, 9ª Câmara de Direito Privado, Rel.: César Peixoto, j. 20.07.2022.

13. No mesmo sentido de omissão na solução de relevante tema jurídico controvertido, relativo à possibilidade de fixação de honorários advocatícios sucumbenciais nos julgamentos dos incidentes processuais em geral, especialmente, no de desconsideração da personalidade jurídica, andou o Projeto de Lei 3.401/2008, aprovado no Congresso Nacional, mas com o veto presidencial, acertado em nosso entender, uma vez que referido PL agrava, em nítido retrocesso ao CPC/2015, as dificuldades que os credores teriam para buscar a satisfação de seus créditos, sobretudo nos casos de abuso da personalidade jurídica.

14. Podemos observar os fundamentos no seguintes julgados do C. STJ: REsp 1943831/SP, Rel. Ministro Ricardo Villas Bôas Cueva, Terceira Turma, julgado em 14.12.2021, DJe 17.12.2021. No mesmo sentido: AgInt no AREsp 1745989/PR, Rel. Ministro Antonio Carlos Ferreira, Quarta Turma, julgado em 22.11.2021, DJe 26.11.2021;

Para dirimir a controvérsia, é necessário, portanto, uma interpretação sistemática do CPC/2015.

Sobre a natureza do incidente, partindo-se da premissa de que a instauração do incidente na desconsideração provoca[15] a formação de uma nova relação jurídica processual com intuito de transformar em "parte" o sócio ou a sociedade (na desconsideração inversa),[16] até então terceiros em relação ao processo que serão citados e exercerão o contraditório, possibilitando dilação probatória, com inegável decisão parcial de mérito por meio de decisão interlocutória, porquanto permanecerá em curso o processo quanto ao devedor que originalmente ocupa o polo passivo da demanda principal, curvamo-nos a corrente que entende que o incidente de desconsideração da personalidade jurídica ostenta natureza de demanda incidental, ao invés de mero incidente processual.[17]

Inclusive, para alguns estudiosos sobre o tema, como é o caso de Roberta Dias Tarpinian de Castro,[18] a questão da condenação em honorários sucumbenciais em incidente de desconsideração da personalidade jurídica, em razão da natureza da ação, não comportaria ampliada discussão, pois a problemática se insere na forma de calculá-lo.[19]

Já, quanto a natureza do rol § 1º, do artigo 85 do CPC/2015, nos parece que, diante de uma leitura mais atenda ao diploma processual, o posicionamento de taxatividade não se sustenta, pois se assim o fosse, não teríamos a previsão legal de fixação de verba honorária em outras passagens da codificação, como exemplo ao tratar-se da denunciação da lide (art. 129).

Mas isso de forma isolada não se alicerça.

Da redação dos artigos 354 e 356 do CPC/2015 é permitido visualizar o fracionamento do julgamento de mérito, com a prolação de sentença parcial, de natureza

---

AgInt no AREsp 1707782/SP, Rel. Ministra Nancy Andrighi, Terceira Turma, julgado em 22.03.2021, DJe 25.03.2021; AgInt no AREsp 1691479/SP, Rel. Ministro Raul Araújo, Quarta Turma, julgado em 1º.03.2021, DJe 22.03.2021; AgInt no REsp 1852515/SP, Rel. Ministro Moura Ribeiro, Terceira Turma, julgado em 24.08.2020, DJe 27.08.2020; AgInt no REsp 1834210/SP, Rel. Ministro Raul Araújo, Quarta Turma, julgado em 12.11.2019, DJe 06.12.2019; AgInt no REsp 1933606/SP, Rel. Ministro Paulo De Tarso Sanseverino, Terceira Turma, julgado em 21.02.2022, DJe 24.02.2022.

15. Fenômeno que denominados de intervenção provocada.

16. Para André Pagani de Souza, "aquele que é atingido por uma decisão de desconsideração da personalidade jurídica deve ser considerado parte no processo e não terceiro". (SOUZA, André Pagani de. *Desconsideração da personalidade jurídica*: aspectos processuais. 2. ed. São Paulo: Saraiva, 2011. p. 118-148.

17. SANTOS, Júlio César Guzzi. *A defesa no incidente de desconsideração da personalidade jurídica*. Belo Horizonte: D'Plácido, 2021. p.141.

18. CASTRO, Roberta Dias Tarpinian de. *O incidente de desconsideração da personalidade jurídica*: as diferentes funções de um mesmo mecanismo processual. São Paulo: Quartier Latin, 2019. p. 253.

19. Não enxergamos essa problemática de forma acintosa, pois se levarmos em conta que o incidente de desconsideração da personalidade jurídica possui, como de fato tem, proveito econômico, seja o mesmo valor da demanda principal ou não, ou mesmo o valor atualizado da dívida cuja responsabilização secundária se busca, mais uma razão para afastar a fixação por equidade e ser observado os percentuais dispostos no § 2º do artigo 85 do CPC, no sentido de que honorários advocatícios devem ser fixados entre o mínimo de dez por cento e o máximo de vinte por cento, sobre o valor da condenação, *do proveito econômico obtido* ou, não sendo possível mensurá-lo, sobre o valor atualizado da causa, atendidos o grau de zelo do profissional, o lugar de prestação do serviço, a natureza e a importância da causa e o trabalho realizado pelo advogado e o tempo exigido para o seu serviço.

interlocutória, portanto, passível de ser atacada pela via recursal do agravo de instrumento e, posteriormente, no mesmo processo, de sentença no fim da fase processual do primeiro grau de jurisdição para julgamento dos pedidos restantes, atacável por meio do recurso de apelação.[20]

Essa possibilidade de encerramento de parte do mérito da demanda (decisão parcial de mérito), ainda que venha acarretar a extinção parcial do processo sem resolução do mérito (decisões parciais sem mérito) gera o pagamento de ônus sucumbenciais e é impugnável pelo recurso de agravo de instrumento, razão pela qual ainda que omisso o artigo 85, *caput* e § 1º, do CPC/2015, não há motivos para interpretação restritiva das hipóteses que devem ser fixados os honorários de sucumbência.

Com essa ideia, Luiz Henrique Volpe Camargo leciona que:

> Inexistindo cisão do julgamento, não há qualquer complexidade: é na sentença que o juiz deve fixar os honorários de sucumbência em 1º grau. *Entretanto, quando, em razão de especificidades da causa, houver repartição do julgamento, o conteúdo de cada pronunciamento judicial definirá a necessidade de fixação de honorários advocatícios.*[21]

A nosso ver, a decisão proferida no IDPJ, ainda que seja parcial de mérito de natureza interlocutória, não pode ser enquadrada como genuína ou pura decisão interlocutória, uma vez que ela pode levar a extinção do incidente – leia-se, da demanda incidental – com relação a determinado litigante, no caso o terceiro cujo patrimônio visa a alcançar e que será citado para defender-se, porém o processo originário prosseguirá normalmente com relação ao ocupante do polo passivo da demanda (devedor primário).[22]

Em reforço a isso, o IDPJ, quando procedente, amplia subjetivamente a demanda ao alterar o rumo da ação principal, permitindo-se a inclusão ou exclusão de terceiro (sócio ou a sociedade) do alcance da execução intentada pelo credor de determinada obrigação inadimplida.

Observa-se, assim, que o pedido de desconsideração da personalidade jurídica manifestado via incidente, é procedido pelo credor para buscar a responsabilização patrimonial de terceiro, em nítido exercício do seu direito de ação, vez que presente todos os seus elementos: as partes, a causa de pedir e o pedido, ou seja, a natureza do incidente é semelhante a de um procedimento comum e autônomo que, uma vez

---

20. Neste sentido: CAMARGO, Luiz Henrique Volpe. Honorários Advocatícios em decisões parciais de mérito e em decisões parciais sem mérito. *Revista de Processo*: RePro, v. 43, n. 283, p. 133-151, São Paulo, set. 2018.
21. Conforme comentários ao art.85. In: WAMBIER, Teresa Arruda Alvim et al (Coord.). *Breves comentários ao novo Código de Processo Civil*. São Paulo: Ed. RT, 2015, p. 305.
22. Para Eduardo Talamini: "A decisão pode não chegar a julgar o mérito da demanda de desconsideração, nas hipóteses do art. 485 do CPC/2015 (por exemplo, constata-se que já houve sentença entre as mesmas partes rejeitando a possibilidade da desconsideração pretendida, havendo coisa julgada que proíbe nova decisão da questão, art. 485, V). Mas tendo julgado o mérito do pedido de desconsideração, seja para acolhê-lo, seja para rejeitá-lo, a decisão do incidente fará coisa julgada material, assim que transitar em julgado (i.e., uma vez não interposto recurso ou exaurido todos os cabíveis). Trata-se de uma decisão interlocutória de mérito, apta a fazer coisa julgada material (arts. 356, § 3º, e 502, do CPC/2015)" – Disponível em: https://www.migalhas.com.br/depeso/234997/incidente-de-desconsideracao-de-personalidade-juridica.https://www.migalhas.com.br/depeso/234997/incidente-de-desconsideracao-de-personalidade-juridica Acesso em: 21 dez. 2022.

OS HONORÁRIOS ADVOCATÍCIOS SUCUMBENCIAIS NO IDPJ **467**

atingido o seu objetivo com a demonstração e comprovação da prática de atos ilegais/ fraudulentos, o(s) sócio(s) ou a própria sociedade, nos casos de desconsideração inversa, serão acionados e responsabilizados patrimonialmente por dívida que não contraíram.

Nesse panorama, uma vez instaurado o incidente de desconsideração da personalidade jurídica com o preenchimento dos pressupostos legais específicos para a desconsideração da personalidade jurídica, o(s) sócio(s) ou a pessoa jurídica passam a integrar o polo passivo da demanda incidental de cunho econômico e a ver o(s) seu(s) nome(s) incluídos no distribuidor forense (§ 1º, art. 134, CPC/2015), necessitando, ainda, para a sua defesa (manifestação, como intitulou o CPC/2015 no artigo 135) da constituição de advogado(a) que a apresentará no prazo de 15 dias e atuará durante toda a instrução probatória até o desfecho, inclusive, recorrer (art. 1.015, IV, CPC/2015), com vistas a afastá-lo(a) da responsabilização executiva secundária.

Essa demanda incidental, inclusive, suspenderá o curso da ação principal (§ 4º, art. 134, CPC/2015) e o profissional contratado deverá atuar com total destreza, tal como na ação principal.

Não menos importante, é o tempo para a solução desta demanda, até para que seja atendido as necessárias diligências e respeitado o devido contraditório e ampla defesa, que será incerto, o que demonstra, portanto, estarmos muito além de um mero incidente processual.

Não é preciso muito empenho para verificar o trabalho desenvolvido pelo(a) advogado(a) no incidente de desconsideração da personalidade jurídica com todas as cautelas e afincos de sua profissão seja representando o autor ou o terceiro acionado e, este trabalho todo, obviamente, como qualquer outro, não poderá ficar sem a devida remuneração.

Destarte, o entendimento de que o trabalho do(a) advogado(a) desempenhado no incidente de desconsideração da personalidade jurídica será avaliado e remunerado somente ao final do processo originário, com a fixação de verba honorária única,[23] não se sustenta por si só, pois o profissional que atuará somente na demanda incidental (até por questão de especialidade no tema) poderá ser diverso daquele constituído primariamente e, assim, quem desempenhar o seu mister no incidente até a sua decisão final ficará sem receber a verba honorária sucumbencial.

Deve ser levado em consideração, ainda, outros fatores, como: *(i)* o trabalho desenvolvido na própria demanda incidental da desconsideração da personalidade jurídica, diante da insuficiência patrimonial do devedor primário; *(ii)* o diverso direito de ação discutido na demanda incidental, exercido em face dos sócios, administradores ou da própria pessoa jurídica, na modalidade inversa de desconsideração.

---

23. Na prática o que se vê é que no momento da fixação da verba honorária sucumbencial ao final do processo originário, todo o trabalho desenvolvido pelo(a) advogado(a) no incidente de desconsideração da personalidade jurídica é esquecido, tanto é que raríssimas vezes é citado nas razões de decidir do arbitramento.

Encerradas essas premissas, faz-se a advertência de que, para sua melhor compreensão, é necessário, por sua vez, harmonizar os princípios da causalidade e o da sucumbência, como forma de se evitar a litigiosidade irresponsável, afinal, o incidente de desconsideração da personalidade jurídica não pode ser utilizado para, como se diz no ditado popular, "se colar, colou".

Rogério Licastro Torres de Mello pronunciou-se sobre o assunto:

> Pensar o contrário (que o pedido de desconsideração não é ação, não tem expressão econômica, que sirva de base de cálculo à fixação de sucumbência etc.) *é defender a litigiosidade inconsequente, irresponsável, sem qualquer espécie de risco para o requerente da desconsideração.*[24]

Exige-se, portanto, cautela no requerimento de desconsideração, não somente porque o legislador foi taxativo em impor ao requerente a demonstração dos requisitos legais para o cabimento do incidente, mas também porque ele envolve, indubitavelmente, interesses patrimoniais e não se pode instaurá-lo, no nosso entender distribuí-lo, sem observância de quem efetivamente agiu em desconformidade com a lei e deverá compor o polo passivo da demanda incidental.

Da mesma forma, quem foi acionado, ao ser devidamente citado, em que pese o seu direito de questionar os atos processuais e participar das decisões judiciais para preservação do efetivo contraditório e da ampla defesa, deverá ter responsabilidade no manejo de sua defesa, evitando alegações desprovidas de qualquer fundamento, buscando apenar retardar ou impedir a satisfação do crédito.

Imaginemos, dentre tantos exemplos, a situação em que o incidente de desconsideração da personalidade jurídica é instaurado contra quem efetivamente não é sócio ou ainda que fosse, a empresa devedora primária não teria praticado nenhuma conduta a ensejar a demanda incidental. Citado, deverá ser contratado(a) advogado(a) para oferta de deverá, sob pena de responsabilização indevida por dívida alheia.

Em contrapartida, o autor do incidente poderá ter total razão seu pleito, tendo demonstrado o abuso da personalidade jurídica e o sócio acionado entenda, ainda que sem nenhuma justificativa, defender-se, com o único propósito de "ganhar tempo" e esquivar-se de sua responsabilização secundária.

Noutras palavras: em ambas as hipóteses, a demanda incidental, que possui valor econômico, deverá respeitar o seu trâmite processual até a decisão definitiva sobre a improcedência ou não do pedido de desconsideração da personalidade jurídica, cabendo, outrossim, recurso. Noutras palavras, ao final do incidente de desconsideração da personalidade jurídica haverá aquele "quem deu causa" e as figuras "vencedor" e "vencido", tal como ocorre em qualquer outro processo autônomo.

---

24. *Honorários advocatícios sucumbenciais e por arbitramento*, p. 90, sem os destaques.

OS HONORÁRIOS ADVOCATÍCIOS SUCUMBENCIAIS NO IDPJ

Justamente por isso, a nosso ver, qual a razão de não se cogitar no estabelecimento pelo magistrado de horários advocatícios sucumbenciais em situações específicas e justificadas?[25]

Portanto, no que tange à fixação de honorários no incidente de desconsideração da personalidade jurídica, necessário que se faça uma correta interpretação do alcance do art. 85, *caput* e seus parágrafos §§ 1º e 2º, do CPC/2015, em sintonia com os princípios da causalidade e o da sucumbência, na medida em que a condenação ao pagamento de honorários advocatícios é uma consequência necessária do processo.

Inevitável dizer que a condenação em verbas sucumbenciais visa a reparar ou ao menos mitigar os riscos do processo, como bem observa Chiovenda: "a atuação da lei não deve reresentar uma diminuição patrimonial para a parte a cujo favor se efetiva."[26]

Na mesma linha de pensamento, Liebman deixa claro ao afirmar que: "como seria injusto onerar o vencedor com as despesas que foram necessárias para obter o reconhecimento do seu direito, elas deverão recair sobre o sucumbente..."[27]

E mesmo cogitando-se na hipótese do vitorioso (não sucumbente) ter dado causa ao incidente de desconsideração da personalidade jurídica,[28] necessário também articular-se o princípio da sucumbência com o princípio da causalidade como forma de evitar a "não" remuneração do(a) advogado(a) pelo trabalho desenvolvido no incidente de desconsideração da personalidade jurídica, também de suma relevância na prática forense.

5. CONSIDERAÇÕES FINAIS

Numa leitura superficial e restrita da expressa disciplina dada pelos artigos 133 a 137, poder-se-ia dizer que a novidade textual não sofreu, na temática "verba honorária sucumbencial", grandes avanços com o advento do CPC de 2015.

É certo que a identificação da natureza jurídica do ato postulatório também poderá trazer reflexos na interpretação do cabimento da condenação da verba honorária, até porque a sucumbência parece estar atrelada à sentença (cf. artigos 82, § 2º e 85, *caput*, do CPC/2015) atacável pelo recurso de apelação, enquanto, no IDPJ, a solução dar-se--á mediante decisão interlocutória, passível de ser atacada pelo recurso de agravo de instrumento.

---

25. Quanto ao tema, já tive a oportunidade de sustentar, ainda que de forma sucinta, a possibilidade de fixação (arbitramento) de honorários advocatícios sucumbenciais no incidente de desconsideração da personalidade jurídica, vez que, na ocasião, não era o escopo do trabalho acadêmico produzido. *A defesa no incidente de desconsideração da personalidade jurídica*, p. 140-143.

26. CHIOVENDA, Giuseppe. *Instituições de direito processual civil*. Trad. Guimarães Menegale; introdução A. Buzaid; notas E.T. Liebman. 2. ed. São Paulo: Saraiva, 1965, v. 3, p. 207.

27. LIEBMAN, Enrico Tullio. *Manual de Direito Processual Civil*, cit., 3. ed., v. I, p. 171.

28. Como exemplo: Pedido de desconsideração da personalidade jurídica julgado improcedente, porém foi o terceiro (sócio) quem deu causa a instauração do incidente, uma vez que foi desidioso em não averbar corretamente o encerramento da empresa. Incidente embasado no encerramento irregular da empresa.

Irrecusável, portanto, a necessidade de uma interpretação mais atenta e abrangente do diploma processual vigente, tornando-se factível dar interpretação mitigada ao rol do § 1º do art. 85 do CPC/2015.

Tanto é assim, que se admite a condenação ao pagamento de honorários no âmbito de uma demanda encerrada por decisão interlocutória de mérito, como se vê da Denunciação da lide, prevista no parágrafo único do artigo 129, do mesmo diploma processual.

Além de tudo isso, não se pode perder de vista que honorários advocatícios também podem ser fixados em Acórdão,[29] bem como em exceção de pré-executividade, conforme recente julgado do C. STJ.[30]

Precisa nesse sentido é a lição de José Rogério Cruz e Tucci:

> Além disso, a tese de que incidente julgado por decisão interlocutória não comporta condenação em honorários sucumbenciais, deixa de considerar que: (i) o termo "sentença" no artigo 85, *caput*, é empregado em acepção genérica, como sinônimo de decisão, devendo ser interpretado de forma extensiva, pois, do contrário, honorários não poderiam ser fixados em acórdão...[31]

Vale lembrar, novamente, que os dois únicos argumentos utilizados pela doutrina e jurisprudência para a negativa do pedido de pagamento de honorários advocatícios aos vencedores no incidente de desconsideração da personalidade jurídica, quais sejam: *(i)* o mero incidente processual no curso do processo não autoriza a fixação de honorários e; *(ii)* ausência de previsão legal, não se alicerçam e são objetos de críticas.

As críticas procedem. O fundamental, para tanto, é que a discussão observe, inicialmente, que os honorários servem à remuneração do trabalho do advogado e todo o trabalho deve ser remunerado, não apenas aqueles que caminham para uma sentença, além do que a fixação de honorários sucumbenciais possui caráter condenatório punitivo[32] à parte derrotada que, acionou indevidamente (sem cautela, ou de forma irresponsável) a atividade jurisdicional.

---

29. Artigo 85, § 11, do CPC/2015: "O tribunal, ao julgar recurso, majorará os honorários fixados anteriormente levando em conta o trabalho adicional realizado em grau recursal, observando, conforme o caso, o disposto nos §§ 2º a 6º, sendo vedado ao tribunal, no cômputo geral da fixação de honorários devidos ao advogado do vencedor, ultrapassar os respectivos limites estabelecidos nos §§ 2º e 3º para a fase de conhecimento."
    Ainda, o Supremo Tribunal Federal (STF), no julgamento dos Embargos de Declaração no Agravo Regimental no RE 929.925 entendeu que: "é possível condenar a parte sucumbente em honorários advocatícios na hipótese de o recurso de embargos de declaração não atender os requisitos previstos no art. 1.022 do referido diploma e tampouco se enquadrar em situações excepcionais que autorizem a concessão de efeitos infringentes"
30. STJ, AREsp 2.231.216/SP, Rel. Ministro Francisco Falcão, Segunda Turma, julgado em 06.12.2012, DJe 09.12.2022.
31. Disponível em: https://www.conjur.com.br/2020-jun-30/paradoxo-corte-honorarios-incidente-desconsideracaonum-recente-precedente-stj. Acesso em: 03 jan. 2023.
32. O que Rogério Licastro denomina de conteúdo sancionatório, no sentido de imputar-se ao causador da ação judicial (e que tenha sido considerado sem razão no plano jurídico) os encargos inerentes ao processo (custas judiciais, honorários de advogado) (MELLO, Rogerio Licastro Torres de. *Honorários advocatícios*: sucumbenciais e por arbitramento. São Paulo: Thomson Reuters Brasil, 2019, p. 69).

A matéria em análise é, por natureza, delicada, todavia, em busca por uma jurisprudência íntegra, estável e coerente, nos parece ser perfeitamente possível o(a) vencido(a) arcar, no incidente de desconsideração da personalidade jurídica, com o ônus referentes à sucumbência, notadamente os honorários advocatícios, mesmo a despeito de não haver previsão expressa no CPC/2015, mercê dos princípios da sucumbência e da causalidade, de existência associada.

6. REFERÊNCIAS

ABDO, Helena Najjar. O (equivocadamente) denominado "ônus da sucumbência" no processo civil: *Revista de Processo*, v. 140, p. 37-53, out. 2006.

BUENO, Cassio Scarpinella. *Comentários ao Código de Processo Civil*. São Paulo: Saraiva, 2017. v. 1 (arts. 1º a 317).

BUENO, Cassio Scarpinella. Incidente de desconsideração da personalidade jurídica: reflexões à luz do processo tributário. *Revista Brasileira de Direito Processual*, v. 112. Belo Horizonte: Fórum, 2020.

CALAMANDREI, Piero. *Instituciones de Derecho Procesal Civil*. Buenos Aires: Ediciones Juridicas Europa-America, 1973. v. 2.

CAMARGO, Luiz Henrique Volpe. Honorários Advocatícios em decisões parciais de mérito e em decisões parciais sem mérito. *Revista de Processo*: RePro, v. 43, n. 283, p. 133-151, São Paulo, set. 2018.

CARNELUTTI, Francesco. *Sistema di Diretto Processuale Civile*. Padova: Casa Cedam. v. 2.

CASTRO, Roberta Dias Tarpinian de. *O incidente de desconsideração da personalidade jurídica*: as diferentes funções de um mesmo mecanismo processual. São Paulo: Quartier Latin, 2019.

CHIOVENDA, Giuseppe. *Instituições de direito processual civil*. Trad. Guimarães Menegale; introdução A. Buzaid; notas E.T. Liebman. 2. ed. São Paulo: Saraiva, 1965. v. 3.

COELHO, Fábio Ulhoa. *Desconsideração da personalidade jurídica*. São Paulo: Ed. RT, 1989.

CRUZ E TUCCI, José Rogério. *Limites da eficácia da sentença e da coisa julgada*. São Paulo: Ed. RT, 2006.

CRUZ E TUCCI, José Rogério. *Revista Consultor Jurídico*, 30 de junho de 2020. Disponível em: https://www. conjur.com.br/2020-jun-30/paradoxo-corte-honorarios-incidente-desconsideracaonum-recente-precedente-stj.

LIEBMAN, Enrico Tullio. L'azione nella teoria del processo civile. *Problemi del Processo Civile*. Nápoles: Morano, 1962.

LIEBMAN, Enrico Tullio. In: MARCATO, Antônio Carlos. Preclusões: limitação ao contraditório? *Revista de Processo*, ano 5, n. 17, São Paulo, 1980.

LIEBMAN, Enrico Tullio. *Instituições de direito processual civil*. Trad. Guimarães Menegale; introdução A. Buzaid; notas E.T. Liebman. 2. ed. São Paulo: Saraiva, 1965. v. 3.

LIEBMAN, Enrico Tullio. *Manual de direito processual civil*. 3.ed. Tradução e notas Cândido Rangel Dinamarco. Rio de Janeiro: Forense, 1985. v. 1.

LIMA, Tiago Asfor Rocha; RATTACASO, Marcus Claudius Saboia. Honorários advocatícios parciais: muito além da interpretação literal do art. 85 do Novo CPC. In: COÊLHO, Marcus Vinicius Furtado; CAMARGO, Luiz Henrique Volpe. *Honorários advocatícios*. 2. ed. Salvador: JusPodivm, 2016.

MARINONI, Luiz Guilherme; SILVA, Ricardo Alexandre da. Incidente de desconsideração da personalidade jurídica no Código de Processo Civil de 2015. In: YARSHELL, Flávio Luiz; PEREIRA, Guilherme Setoguti (Coord.). *Processo societário*. São Paulo: Quartier Latin, 2015. v. II.

MELLO, Rogerio Licastro Torres de. *Honorários advocatícios*: sucumbenciais e por arbitramento. 2. tir. São Paulo: Thomson Reuters Brasil, 2019.

NERY JR., Nelson. *Código de Processo Civil comentado; e legislação processual civil extravagante em vigor*. 3. ed. São Paulo: Ed. RT, 1997.

PAJARDI, Piero. *La responsabilità per le spese e i danni del processo*. Milão: Giuffrè, 1959.

RODRIGUES FILHO, Otávio Joaquim. *Desconsideração da personalidade jurídica e processo: de acordo com o Código de Processo Civil de 2015*. São Paulo: Malheiros, 2016.

SANTOS, Júlio César Guzzi. *A defesa no incidente de desconsideração da personalidade jurídica*. Belo Horizonte: D'Plácido, 2021.

SOUZA, André Pagani de. *Desconsideração da personalidade jurídica*: aspectos processuais. 2. ed. São Paulo. Saraiva, 2011.

TALAMINI, Eduardo. Disponível em: https://www.migalhas.com.br/depeso/234997/incidente-de-desconsideracao-de-personalidade-juridica.

WAMBIER, Teresa Arruda Alvim; CONCEIÇÃO, Maria Lúcia Lins; RIBEIRO, Leonardo Ferres da Silva e MELLO, Rogério Licastro Torres. *Primeiros comentários ao novo Código de Processo Civil artigo por artigo*. 2. ed. rev., atual e ampl. São Paulo: Ed. RT, 2016.

YARSHELL, Flávio Luiz. Art. 133 a 137. In: CABRAL, Antonio do Passo; CRAMER, Ronaldo. *Comentários ao novo Código de Processo Civil*. Rio de Janeiro: Forense, 2015.

HONORÁRIOS ADVOCATÍCIOS SUCUMBENCIAIS E O INCIDENTE DE DESCONSIDERAÇÃO DA PERSONALIDADE JURÍDICA: O RECURSO ESPECIAL 1.845.536-SC

Larissa Clare Pochmann da Silva

Pós-Doutora em Direito Processual pela Universidade do Estado do Rio de Janeiro (UERJ). Doutora e Mestre em Direito pela Universidade Estácio de Sá (UNESA). Membro da International Association of Procedural Law (IAPL), do Instituto Iberoamericano de Direito Processual (IIDP), do Instituto Brasileiro de Direito Processual (IBDP) e do Instituto Carioca de Processo Civil (ICPC). Professora Permanente do PPGD/UNESA. Coordenadora Nacional de Pesquisa, Extensão e Internacionalização do Grupo YDU-QS. Advogada. E-mail: larissacpsilva@gmail.com.

Fernando Igor do Carmo Storary Santos

Mestrando em Direito (UNESA). Especializando bolsista em Advocacia Cível (FMP/OAB), em Direito Processual: Grandes Transformações (UFRO) e especialista em Didática do Ensino Superior (UNIFACIMED). Advogado. E-mail: fernandoigordocarmo@gmail.com.

Sumário: 1. Introdução – 2. Incidente de Desconsideração da Personalidade Jurídica (IDPJ) – 3. Honorários advocatícios – 4. A incidência de honorários no Incidente de Desconsideração da Personalidade Jurídica (IDPJ): o julgamento do Recurso Especial 1.845.536-SC – 5. Considerações finais – 6. Referências.

1. INTRODUÇÃO

O Código de Processo Civil de 2015, em sintonia fina com a Constituição, previu e regulamentou um procedimento próprio para a operacionalização do instituto da desconsideração da personalidade jurídica, em consonância com as garantias fundamentais do processo. O tema é tratado nos artigos 133 a 137 do diploma processual, com a possibilidade de instauração do incidente desde que presentes os pressupostos legais (de direito material) que o autorizem, descortinando assim a pessoa jurídica e possibilitando atingir os bens dos sócios.

No entanto, ainda restaram diversos questionamentos sobre o instituto, que, desde a vigência do diploma processual, são objeto de debate na doutrina e são enfrentados pelos tribunais pátrios. Pode-se mencionar, a título de exemplo, se todos os sócios devem figurar no polo passivo da desconsideração, se o administrador que não seja sócio pode ser atingido pela desconsideração e, ainda, se é cabível a fixação de honorários sucumbenciais no incidente de desconsideração.

Considerando a amplitude das temáticas, o presente texto estará voltado para a incidência ou não de honorários sucumbenciais no incidente de desconsideração da personalidade jurídica, temática essa que já foi enfrentada pela Terceira e pela Quarta Turmas do Superior Tribunal de Justiça (STJ), tendo-se, porém, como foco o julgamento do Recurso Especial 1.845.536-SC.

2. INCIDENTE DE DESCONSIDERAÇÃO DA PERSONALIDADE JURÍDICA (IDPJ)

A regra é que o patrimônio dos sócios e da pessoa jurídica da qual fazem parte são autônomos e não se confundem. No entanto, em casos excepcionais é possível que seja a desconsiderada a personalidade jurídica para atingir o patrimônio dos sócios.

Para que isso ocorra, é necessário que seja modificada a relação processual, seja no início, através de inclusão do sócio ou da empresa no polo passivo, seja no decorrer do processo. O Código de Processo Civil de 2015 previu e regulamentou um procedimento próprio para a operacionalização do instituto da desconsideração da personalidade jurídica nos artigos 133 a 137, que respeite as garantias fundamentais do processo, assegurando um processo justo.[1] Nesse sentido, Elpídio Donizete,[2] comenta que: "o incidente de desconsideração da personalidade jurídica surge como instrumento de materialização do contraditório e da ampla defesa nos casos em que se pretende tornar ineficazes os atos realizados pela sociedade (...)".

No mesmo sentido, a Quarta Turma já consignou:

O CPC/2015 inovou no assunto prevendo e regulamentando procedimento próprio para a operacionalização do instituto de inquestionável relevância social e instrumental, que colabora com a recuperação de crédito, combate à fraude, fortalecendo a segurança do mercado, em razão do acréscimo de garantias aos credores, apresentando como modalidade de intervenção de terceiros (arts. 133 a 137)

(STJ. Recurso Especial 1.729.554 – SP. Rel. Min. Luis Felipe Salomão. Quarta Turma. DJ: 08.05.2018)

De acordo com o caput do artigo 133 do Código de Processo Civil, a desconsideração poderá ser solicitada pela parte ou pelo Ministério Público, quando este intervir no processo. Ressalta-se aqui que não cabe ao *Parquet* controlar a intervenção quando instaurada, mas apenas solicitar quando o órgão ministerial intervir nas hipóteses legais.

Nos termos do artigo 134 do Código de Processo Civil, o incidente de desconsideração é cabível em todas as fases do processo de conhecimento, no cumprimento de sentença e na execução fundada em título executivo extrajudicial. O incidente de desconsideração, contemplado como modalidade de intervenção de terceiro pelo Código de Processo Civil de 2015, deverá observar os pressupostos da legislação de direito

---

1. PINHO, Humberto Dalla Bernardina de. *O incidente de desconsideração da personalidade jurídica do novo CPC*. Disponível em http://genjuridico.com.br/2016/01/19/o-incidente-de-desconsideracao-da-personalidade-juridica-do-novo-cpc/. Acesso em: 27 fev. 2023.
2. DONIZETTI, Elpídio. *Novo Código de Processo Civil comentado*. 2. ed. São Paulo: Atlas, 2017, p. 211.

material, conforme artigo 133, § 1º. São legislações que tratam da desconsideração da personalidade jurídica o Código Civil, o Código de Defesa do Consumidor, a Consolidação das Leis Trabalhistas, a Lei de Crimes Ambientais, a Lei Anticoncorrência, a Lei Anticorrupção, Lei do Abastecimento dos Combustíveis, Lei do Desporto e Lei do Programa de Modernização da Gestão e de Responsabilidade Fiscal do Futebol Brasileiro (PROFUT).

Porém, o incidente será dispensado, nos termos do § 2º do mesmo dispositivo quando a desconsideração for pleiteada na petição inicial, hipótese que não se trataria de uma modalidade de intervenção de terceiro e sim litisconsórcio passivo.

O incidente aplica-se também à desconsideração inversa, segundo o artigo 133, § 2º, quando há a possibilidade de que o patrimônio da pessoa jurídica fosse atingido por conta de dívidas pessoais dos sócios.

A instauração do incidente suspenderá o processo, conforme artigo 134, §3º. Sobre o tema, a II Jornada de Direito Processual Civil, editou o Enunciado 110, que consignou que "A instauração do incidente de desconsideração da personalidade jurídica não suspenderá a tramitação do processo de execução e do cumprimento de sentença em face dos executados originários".

Instaurado o incidente, nos termos do artigo 135 do Código de Processo Civil, o sócio ou a pessoa jurídica será citado para manifestar-se e requerer as provas cabíveis no prazo de 15 (quinze) dias. Os sócios ou a pessoa jurídica deverão alegar tanto as matérias preliminares (por exemplo, sobre a inocorrência das hipóteses permissivas da desconsideração) como matéria de direito, sob pena de preclusão do direito de contestar. É esse o entendimento exarado no Enunciado 248 do Fórum Permanente de Processualistas Civis (FPPC):[3] "quando a desconsideração da personalidade jurídica for requerida na petição inicial, incumbe ao sócio ou a pessoa jurídica, na contestação, impugnar não somente a própria desconsideração, mas também os demais pontos da causa".

Sobre o tema, esclarece Gilberto Bruschi[4] que:

> Portanto, aplica-se, aqui, o disposto no CPC, arts. 336 (princípio da eventualidade) e 341 (ônus da impugnação específica), cabendo, tanto ao sócio quanto à pessoa jurídica, a impugnação específica da integralidade do narrado na inicial a apresentação, já na contestação, de todas as matérias de defesa que pretenda ou possa pretender levar ao exame da causa, sob pena de preclusão e, consequentemente, de restar fulminada a possibilidade de fazê-lo posteriormente (ressalvadas as exceções do artigo 342).

A falta ou deficiência na defesa técnica, por si só, não causa nulidade do incidente, nos termos do afirmam Luiz Guilherme Marinoni, Sérgio Cruz Arenhart e Daniel Mi-

---

3. DIDIER JR., Fredie (coordenador) *et. al. Enunciados do Fórum Permanente de Processualistas Civis. 24, 25 e 26 de março de 2017.* Florianópolis, SC. Disponível em: https://institutodc.com.br/wp-content/uploads/2017/06/FPPC-Carta-de-Florianopolis.pdf. Acesso em: 30 jan. 2023.

4. BRUSCHI, Gilberto G.; JUNIOR, Gilberto C. M. Do incidente de desconsideração da personalidade jurídica (arts. 133 a 137). In: PEIXOTO, Ravi (Coord.). et al. *Enunciados do Fórum Permanente de Processualistas Civis:* organizados por assunto, anotados e comentados. Salvador: JusPodivm, 2018, p. 123-136.

tidiero:[5] "(...) segundo o Superior Tribunal de Justiça, 'a falta de citação dos sócios, em desfavor de quem foi superada a pessoa jurídica, por si só, não induz nulidade, a qual apenas será reconhecida nos casos de efetivo prejuízo ao exercício de defesa'".

No mesmo sentido, o Superior Tribunal de Justiça (STJ) já decidiu que os sócios não citados poderão se manifestar e oferecer defesa quando intimados da penhora do bem, restando decidido que:

> A jurisprudência do STJ admite a desconsideração da personalidade jurídica de forma incidental no âmbito de execução, dispensando a citação prévia dos sócios, tendo em vista que estes poderão exercer seus direitos ao contraditório e à ampla defesa posteriormente, por meio dos instrumentos processuais adequados (embargos à execução, impugnação ao cumprimento de sentença ou exceção de pré-executividade)

> (STJ. REsp 1.572.655 – RJ. Rel. Min. Ricardo Villas Bôas Cueva. Terceira Turma. DJ: 20.03.2018).

Depois que são juntadas todas as provas e produzidas as que forem requeridas, o incidente será resolvido por meio de uma decisão interlocutória (art. 136 do CPC). Assim, por ser uma decisão interlocutória, o possível recurso é o Agravo de Instrumento, pelo que disposto no artigo 1.015, IV, do Código de Processo Civil.

Caso o pedido de desconsideração seja admitido, todos os atos de alienação ou oneração de bens daquelas pessoas (naturais ou jurídicas) que sofreram os efeitos do incidente, será havida como fraude de execução e serão ineficazes quanto ao requerente. Assim, com o procedimento decidido e quando não caber mais recursos sobre ele, os bens que estiverem em nome do sócio poderão ser alienados para cumprir a obrigação que a pessoa jurídica não quitou.

3. HONORÁRIOS ADVOCATÍCIOS

O processo judicial no ordenamento jurídico pátrio tem início por iniciativa das partes (vedada, via de regra, a atuação *ex officio* do magistrado) e desenvolve-se por impulso oficial, nos termos do art. 2º do Código de Processo Civil. As partes nos processos, como regra, devem estar acompanhadas de advogados, que, nos termos do artigo 133 da Constituição, são indispensáveis à administração da justiça.

Os honorários, assim como a atuação advocatícia, estão regulados pelo que determina o Estatuto da Advocacia (Lei 8.906/94) e Código de Ética e Disciplina da Ordem dos Advogados do Brasil.

O Estatuto da Advocacia dedica o capítulo VI inteiro aos honorários advocatícios, sendo que o art. 22 assim determina: "*a* prestação de serviço profissional assegura aos inscritos na OAB o direito aos honorários convencionados, aos fixados por arbitramento judicial e aos de sucumbência".

---

5. MARINONI, Luiz Guilherme.; ARENHART, Sérgio Cruz; MITIDIERO, Daniel. *Novo Código de Processo Civil comentado*. São Paulo: Ed. RT, 2015, p. 203.

Qualquer que seja a natureza dos honorários, eles possuem natural alimentar, por servirem para a manutenção e sobrevivência digna do advogado que, nos tribunais, é reforçado pela Súmula Vinculante 47[6] e, atualmente, também pelo artigo 85, § 14 do Código de Processo Civil.

Os honorários contratuais são aqueles em que a parte que participa de um processo paga diretamente ao seu advogado pelo serviço prestado, estabelecendo com ele uma relação de cliente/contratante e serviço/contratado. Em razão de ser uma relação entre cliente e prestador de serviço, ressaltam Anderson Mendes, André Tokashiki e Emílio Kühl:[7] "podem, assim, ser livremente pactuados como corolário da autonomia da vontade (...)".

Os honorários por arbitramento, por seu turno, são aquele em que está ausente o valor a ser pago pela prestação do serviço ou não tem acordo entre o advogado e cliente, disponho o § 2º do art. 22 que: "na falta de estipulação ou de acordo, os honorários são fixados por arbitramento judicial, em remuneração compatível com o trabalho e o valor econômico da questão, observado obrigatoriamente o disposto nos §§ 2º, 3º, 4º, 5º, 6º, 6º-A, 8º, 8º-A, 9º e 10 do art. 85 da Lei 13.105, de 16 de março de 2015 (Código de Processo Civil)".

Já os honorários sucumbenciais são aqueles estipulado em sentença a ser pago pela parte que perdeu (parcial ou totalmente) a demanda, sendo certo que esses honorários pertencem ao advogado que atuou na causa e não ao cliente. Regulados pelo artigo 85 do Código de Processo Civil, que dispõe, em "*a sentença condenará o vencido a pagar honorários ao advogado do vencedor*", sendo certo, nos termos do § 1º do mesmo artigo, que "são devidos honorários advocatícios na reconvenção, no cumprimento de sentença, provisório ou definitivo, na execução, resistida ou não, e nos recursos interpostos, cumulativamente".

Os honorários sucumbenciais podem ser arbitrados em todas as fases do processo, inclusive na reconvenção, cumprimento de sentença, execução e nos recursos.

Interessante ressaltar que a fixação dos honorários advocatícios no patamar entre 10 e 20% devem seguir parâmetros objetivos, quais sejam: o grau de zelo do profissional; o lugar de prestação do serviço; a natureza e a importância da causa; o trabalho realizado pelo advogado e o tempo exigido para o seu serviço.

4. A INCIDÊNCIA DE HONORÁRIOS NO INCIDENTE DE DESCONSIDERAÇÃO DA PERSONALIDADE JURÍDICA (IDPJ): O JULGAMENTO DO RECURSO ESPECIAL 1.845.536-SC

O julgamento do Recurso Especial 1.845.536-SC não foi a primeira vez que o Superior Tribunal de Justiça (STJ) enfrentou o cabimento da fixação de honorários no

---

6. Súmula Vinculante 47: os honorários advocatícios incluídos na condenação ou destacados do montante principal devido ao credor consubstanciam verba de natureza alimentar cuja satisfação ocorrerá com a expedição de precatório ou requisição de pequeno valor, observada ordem especial restrita aos créditos dessa natureza.

7. MENDES, Anderson C.; TOKASHIKI, André S.; KÜHL, Emílio F. P. Os honorários advocatícios sucumbenciais e o novo Código de Processo Civil. *Revista de Processo*. v. 258. p. 12-16. São Paulo: Ed. RT, ago. 2016.

incidente de desconsideração da personalidade jurídica (IDPJ), mas talvez seja o de maior debate sobre o tema.

De fato, já à luz do Código de Processo Civil de 2015, quando houve a regulamentação e a procedimentalização do incidente de desconsideração da personalidade jurídica. Ainda no ano de 2019, mais precisamente em 12 de maio, a Quarta Turma do Superior Tribunal de Justiça (STJ), no AgInt no Recurso Especial 1.834.210 – SP, de relatoria do Ministro Raul Araújo, decidiu que "conforme entendimento da Corte Especial do STJ, firmado por ocasião do julgamento dos EREsp 1.366.014/SP, em razão da ausência de previsão normativa, não são cabíveis honorários advocatícios nos incidentes processuais, exceto nos casos em que estes são capazes de extinguir ou alterar substancialmente o próprio processo principal".

Destaca-se que, embora todos as decisões que embasaram o julgado fossem proferidas já durante a vigência do Código de Processo Civil de 2015, elas se referiam, de forma mais ampla, ao não cabimento da fixação de honorários nos incidentes em geral, sem tratar especificamente do incidente de desconsideração de competência. E, de fato, nas disposições do Código de Processo Civil de 2015, não há previsão legal de que haverá condenação em honorários advocatícios, seja pela parte que deu causa ao incidente ou aquele que o requerente.

Porém, o tema foi objeto de mais uma apreciação no Superior Tribunal de Justiça (STJ) e o foco é o do Recurso Especial 1.845.536 – SC. No caso, tratava-se de decisão interlocutória que havia indeferido a desconsideração da personalidade jurídica, debatendo-se se haveria ou não a incidência de honorários.

Inicialmente, a relatora, Ministra Nancy Andrighi, consignou que deveria haver uma conjugação entre os princípios da sucumbência e da causalidade, motivo pelo qual não poderia o credor ser condenado a pagar honorários para a parte adversa, por conta do indeferimento da desconsideração da personalidade jurídica.

No voto divergente, o qual foi vencedor, o Ministro Marco Aurelio Bellizze asseverou que não se tratava de aplicação dos princípios da sucumbência ou da causalidade, mas sim sobre existir ou não previsão legal sobre o tema. Nesse sentido: "contudo, na hipótese dos autos, é dispensável a perquirição da causalidade e da sucumbência, porquanto a decisão de extinção de incidente não está presente no rol do art. 85, *caput* e § 1º, do CPC/2015", complementando em seguida que "outrossim, ainda que a título de obter *dictum* também não é razoável se atribuir ao sócio a responsabilidade pela promoção de incidentes de desconsideração de personalidade jurídica". Concluiu o Ministro que "afastada, de forma expressa, a natureza sentencial e não ressalvada a possibilidade de condenação em honorários advocatícios, essa pretensão revela-se juridicamente impossível".

A Ministra Nancy Andrighi aditou seu voto para destacar que:

somente não há fixação de honorários nas resoluções dos incidentes processuais se a decisão do incidente se enquadrar como uma pura, genuína ou típica interlocutória, em que não ocorre o julgamento de mérito de algum capítulo do pedido ou a extinção do processo em relação a determinado litigante.

> ...
>
> Na hipótese concreta, o incidente de desconsideração da personalidade jurídica tem natureza semelhante à de um procedimento comum e autônomo, capaz de alterar substancialmente o rumo da ação principal, monitória, em fase de cumprimento de sentença, porquanto poderia acarretar a inclusão ou a exclusão da sócia recorrida do alcance dos efeitos da execução forçada promovida em juízo.
>
> Nessas circunstâncias, portanto, a despeito de não haver previsão expressa no art. 85, § 1º, do CPC/15, a parte que requer a desconsideração e não obtém êxito em seu propósito deveria, em tese, arcar com os ônus referentes à sucumbência.
>
> Isso porque há, no julgamento ocorrido na vigência do CPC/15, inegável decisão parcial de mérito por meio de decisão interlocutória, porquanto permanece em curso o processo quanto à pessoa jurídica que originariamente ocupa o polo passivo da demanda.

A Quarta Turma teve mais um precedente sobre o não cabimento de honorários, no AREsp 1.561.339/RS, de Relatoria da Ministra Isabel Gallotti, decidido em 20 de abril de 2020 e, durante a pendência deste julgamento, a Terceira Turma enfrentou o tema no REsp 1.838.933/RJ, julgado em 12 de maio de 2020. Em seu voto-vista, além de citar os referidos precedentes, o Ministro Ricardo Villas Bôas Cueva analisou que:

> Por expressa disposição legal (artigo 136 do Código de Processo Civil de 2015), o incidente de desconsideração da personalidade jurídica será resolvido por decisão interlocutória, e não sentença.
>
> Além disso, no § 1º do artigo 85, o legislador excepcionou alguns casos em que são devidos honorários, embora não se trate de sentença, o que nos leva a concluir que, quando quis, o legislador relacionou os casos de decisão interlocutória passível de condenação em honorários advocatícios.

Veio o julgamento em apreço a ser concluído em 26 de maio de 2020, com o entendimento de que não seria cabível a incidência de honorários no incidente de desconsideração, alinhando-se ao entendimento da Quarta Turma e ao julgado proferido pela própria Terceira Turma, com uma possível indicação de pacificação do entendimento sobre o tema.

A nosso sentir, parece, porém, razoável exigir que uma parte que já sucumbiu no processo, autorizando, portanto, a instauração do incidente, seja compelida por todos os meios no processo para que cumpra a obrigação. Utilizando o que preceitua, por exemplo, o artigo 50 do Código Civil, haverá o abuso da personalidade a ensejar a desconsideração nos casos de desvio de finalidade ou pela confusão patrimonial, isto é, não são meros atos inconscientes de má gestão, mas sim atos para prejudicar credores. É preciso prestigiar o credor, que busca a efetivação do seu crédito, e isso, inclusive, veio consagrado no Código de Processo Civil de 2015, sobretudo no artigo 139, inciso IV, do diploma.

E tem-se, tal como preceituado pela Ministra Nancy Andrighi, no julgamento do incidente de desconsideração, "inegável decisão parcial de mérito por meio de decisão interlocutória, porquanto permanece em curso o processo quanto à pessoa jurídica que originariamente ocupa o polo passivo da demanda" a atrair a incidência dos honorários.

Ademais, a ausência de previsão legal não pode ser um obstáculo, já que o próprio incidente de desconsideração da personalidade jurídica não era previsto no ordenamento jurídico e isso não impediu que a doutrina e posteriormente a jurisprudência o consagrasse, vindo a ser regulamentado e procedimentalizado com o Código de Processo Civil de 2015.

5. CONSIDERAÇÕES FINAIS

O presente trabalho analisou a possibilidade ou não da condenação em honorários advocatícios na decisão sobre o incidente de desconsideração da personalidade jurídica.

Buscou-se analisar o tema à luz do entendimento firmado pela Terceira e Quarta Turmas do Superior Tribunal de Justiça, com foco no julgamento do Recurso Especial 1.845.536-SC, em que foi aberto um espaço de debate sobre o tema.

Não obstante o entendimento do Superior Tribunal de Justiça (STJ) caminhe no sentido da não incidência de honorários, embasado nos incidentes processuais em gerais, mesmo sabendo que esta não será a tendência, parece-nos que, além do nítido prestígio ao credor, que busca a efetivação de seu crédito, a decisão do incidente tem cunho de decisão parcial de mérito, a atrair a incidência dos honorários, a despeito de previsão legal expressa.

6. REFERÊNCIAS

BRUSCHI, Gilberto G.; JUNIOR, Gilberto C. M. Do incidente de desconsideração da personalidade jurídica (arts. 133 a 137). In: PEIXOTO, Ravi (Coord.) et al. *Enunciados do Fórum Permanente de Processualistas Civis*: organizados por assunto, anotados e comentados. Salvador: JusPodivm, 2018.

BUENO, Cassio Scarpinella. *Novo Código de Processo Civil*. 3. ed. São Paulo: Saraiva, 2017.

CÂMARA, Alexandre Freitas. *O novo processo civil brasileiro*. 3. ed. São Paulo: Atlas, 2017.

DIDIER JR., Fredie (Coord.) et al. *Enunciados do Fórum Permanente de Processualistas Civis. 24, 25 e 26 de março de 2017*. Florianópolis, SC. Disponível em: https://institutodc.com.br/wp-content/uplo-ads/2017/06/FPPC-Carta-de-Florianopolis.pdf. Acesso em: 30 jan. 2023.

DONIZETTI, Elpídio. *Novo Código de Processo Civil comentado*. 2. ed. São Paulo: Atlas, 2017.

MARINONI, Luiz Guilherme; ARENHART, Sérgio Cruz; MITIDIERO, Daniel. *Novo Código de Processo Civil comentado*. São Paulo: Ed. RT, 2015.

MEDINA, José Miguel Garcia. *O novo Código de Processo Civil comentado*: com remissões e notas comparativas ao CPC/1973. 4. ed. São Paulo: Ed. RT, 2016.

MENDES, Anderson C.; TOKASHIKI, André S.; KÜHL, Emílio F. P. Os honorários advocatícios sucumbenciais e o novo Código de Processo Civil. *Revista de Processo*. v. 258. p. 12-16. São Paulo: Ed. RT, ago. 2016.

PINHO, Humberto Dalla Bernardina de. *O incidente de desconsideração da personalidade jurídica do novo CPC*. Disponível em http://genjuridico.com.br/2016/01/19/o-incidente-de-desconsideracao-da-per-sonalidade-juridica-do-novo-cpc/. Acesso em: 27 fev. 2023.

PEIXOTO, Ravi (Coord.) et. al. *Enunciados do Fórum Permanente de Processualistas Civis*: organizados por assunto, anotados e comentados. Salvador: JusPodivm, 2018.

THEODORO JÚNIOR, Humberto. *Código de Processo Civil anotado*. 20. ed. Rio de Janeiro: Forense, 2016.

O CABIMENTO DE HONORÁRIOS SUCUMBENCIAIS EM INCIDENTE DE DESCONSIDERAÇÃO DA PERSONALIDADE JURÍDICA

Rogerio Licastro Torres de Mello

Doutor e Mestre em Direito Processual Civil pela PUC/SP. Professor de direito processual civil da FAAP – Fundação Armando Álvares Penteado. Advogado, perito arbitrador de honorários. Vice-presidente Cível da Comissão de Prerrogativas da OAB/SP.

Sumário: 1. A questão que se apresenta – 2. 1º argumento: a natureza jurídica do Incidente de Desconsideração da Personalidade Jurídica: mero incidente ou, em verdade, ação incidental? – 3. 2º argumento: o rol do § 1º do Art. 85 do CPC é exemplificativo, não taxativo – 4. 3º argumento: o princípio da causalidade aplica-se ao Incidente de Desconsideração da Personalidade Jurídica – 5. 4º argumento: o princípio da sanção e o caráter pedagógico da condenação em honorários sucumbenciais – 6. Conclusão – 7. Referência.

1. A QUESTÃO QUE SE APRESENTA

Em 2020, no Recurso Especial 1.845.536/SC, o STJ proferiu decisão no sentido de que, em incidente de desconsideração da personalidade jurídica, não caberia a fixação de honorários sucumbenciais em virtude (i) tal figura (o incidente de desconsideração) não se encontrar expressamente arrolada no § 1º do art. 85 do CPC[1] e (ii) não caber a estipulação de honorários de sucumbencial em mero incidente processual.

Para que melhor se ilustre o conteúdo da decisão a que se referiu acima, temos de sua ementa que:

1. Não é cabível a condenação em honorários advocatícios em incidente processual, ressalvados os casos excepcionais. Precedentes. 2. Tratando-se de incidente de desconsideração da personalidade jurídica, o descabimento da condenação nos ônus sucumbenciais decorre da ausência de previsão legal excepcional, sendo irrelevante se apurar quem deu causa ou foi sucumbente no julgamento final do incidente.

E há mais um detalhe relevante a observar: na decisão em questão, também constou que a circunstância de a decisao do IDPJ ter natureza interlocutória igualmente repele a possibilidade de existência de condenação em honorários sucumbenciais, os quais caberiam apenas em sentenças. No voto condutor emitido pelo relator, Min. Marco Aurélio Bellizze, consta expressamente que "Desse modo, afastada, de forma expressa,

---

1. Art. 85. A sentença condenará o vencido a pagar honorários ao advogado do vencedor.

§ 1º São devidos honorários advocatícios na reconvenção, no cumprimento de sentença, provisório ou definitivo, na execução, resistida ou não, e nos recursos interpostos, cumulativamente.

a natureza sentencial e não ressalvada a possibilidade de condenação em honorários advocatícios, essa pretensão revela-se juridicamente impossível."

O acórdão em referência, que foi proferido em julgamento de recurso especial não repetitivo (portanto, não formador de precedente de observância obrigatória, a teor do art. 927 do CPC[2]), vem produzindo uma espécie de efeito em cadeia, no sentido de servir, em larga escala, como orientação às instâncias ordinárias a, também, não imporem a condenação sucumbencial em incidente de desconsideração da personalidade jurídica.

De nossa parte, e registrando-se a devida vênia, entendemos que não se encontram corretos os fundamentos empregados na decisão supra referida, seja porque a circunstância de o IDPJ ser objeto de decisão interlocutória não afasta a condenação em honorários de sucumbência e, também, não se apresentar correto o entendimento de que o IPDJ, pese sua nomenclatura, seja mero incidente processual que não está expressamente previsto no § 1º do art. 85 do CPC, o que igualmente afastaria a incidência de verba honorária sucumbencial quando de seu julgamento.

A seguir, arrolamos e analisamos alguns argumentos que, em nosso olhar, servem de argumento à afirmação de que os honorários sucumbenciais devem, sim, ser objeto de fixação na decisão que julga o incidente de desconsideração da personalidade jurídica.

É o que expomos a seguir.

2. 1º ARGUMENTO: A NATUREZA JURÍDICA DO INCIDENTE DE DESCONSIDERAÇÃO DA PERSONALIDADE JURÍDICA: MERO INCIDENTE OU, EM VERDADE, AÇÃO INCIDENTAL?

De início, reputamos conveniente observar que nossa preocupação não se dá com a figura da desconsideração da personalidade jurídica em si: esta é utilíssima e necessária no foro, como mecanismo de coibição de fraudes e de otimização da produção de resultados práticos no âmbito do processo de execução.

O que nos preocupa, em realidade, é o seu uso irrefletido, irrefreado e sem consequências quaisquer para o requerente que faz o manejo irresponsável do incidente de desconsideração da personalidade jurídica, trazendo ao polo passivo deste incidente (que é registrado no distribuidor forense, tornando-se público) pessoas físicas e jurídicas que podem nada ter a ver com os graves fatos que soem ensejar o pedido de desconsideração.

---

2. Art. 927. Os juízes e os tribunais observarão:

   I – as decisões do Supremo Tribunal Federal em controle concentrado de constitucionalidade;

   II – os enunciados de súmula vinculante;

   III – os acórdãos em incidente de assunção de competência ou de resolução de demandas repetitivas e em julgamento de recursos extraordinário e especial repetitivos;

   IV – os enunciados das súmulas do Supremo Tribunal Federal em matéria constitucional e do Superior Tribunal de Justiça em matéria infraconstitucional;

   V – a orientação do plenário ou do órgão especial aos quais estiverem vinculados.

O que há que se ter em mente é que o requerimento da desconsideração da personalidade jurídica representa um autêntico acionamento do judicial de novas pessoas em face das quais se tenta redirecionar a execução, e qualquer condução de alguém à Justiça deve ser precedida de reflexão séria e deve, também, ter consequências em face de seu insucesso, pois assim é que funcionam 'as coisas' no direito processual civil brasileiro: que deu causa a um acionamento judicial sem razão, arca com os ônus sucumbenciais.

Acerca do cabimento de condenação em honorários sucumbenciais no âmbito do incidente de desconsideração da personalidade jurídica, a primeira reflexão que se faz necessária pode ser assim sintetizada: qual é a natureza jurídica do pleito de desconsideração da personalidade jurídica quando este se dá incidentalmente, vale dizer, durante a tramitação da ação originalmente movida em face da pessoa jurídica cuja personalidade se pretende desconsiderar?

Diz-se, comumente, que se trata (o pedido de desconsideração) de mero incidente processual.

Ocorre que, muito além de ser um simples incidente processual, pensamos que o pedido incidental de desconsideração da personalidade jurídica perfaz verdadeiro processo incidental, à medida que, por seu intermédio, colima-se a ampliação subjetiva (com a inclusão de novos integrantes do polo passivo) e objetiva (com o direcionamento de pleito de responsabilização patrimonial do requerido na desconsideração) da demanda, o que é algo absolutamente distinto de um mera questão processual incidental (como se daria, por exemplo, com a discussão a respeito da assistência judiciária gratuita, da impugnação ao valor da causa etc.).

Parece-nos induvidoso que se trata, fundamentalmente, do exercício do direito de ação em face do sócio da pessoa jurídica devedora cuja personalidade se quer superar.

Ao promover o pleito de desconsideração incidental da personalidade jurídica, o que se postula ao órgão jurisdicional é a responsabilização patrimonial do sócio por dívida que, em princípio, é da pessoa jurídica por ele integrada. Novos fatos, novos integrantes do polo passivo etc.

Trata-se, de fato, de redirecionamento da ação (cognitiva ou executiva) ao sócio (ou à pessoa jurídica, nos casos de desconsideração inversa da personalidade jurídica), imputando-se-lhe a prática de atos ilegais (essencialmente, aqueles previstos no art. 50 do CC).

E o sócio ou as pessoas jurídicas afetadas pelo pedido de desconsideração terão seus nomes apontados nos distribuidores forenses como integrantes do polo passivo, deverão constituir advogado, suportarão o risco de serem patrimonialmente afetados em caso de acolhimento do pleito de desconsideração, enfim, estarão presentes todas as características inerentes a uma ação judicial.

É certo que, pragmaticamente, o pedido de desconsideração da personalidade jurídica consiste em acionamento judicial do sócio.

E não há que existir qualquer espécie de surpresa ou sobressalto relativamente ao que se afirmou no parágrafo acima: se, em vez de ser requerida incidentalmente, a desconsideração da personalidade jurídica fosse postulada na petição inicial da ação de conhecimento, não seria indubitável a existência de ação em face do sócio?

Por que, então, recusar-se esta condição quando a desconsideração da personalidade jurídica for requerida incidentalmente, já estando em curso a ação original? Há no pedido de desconsideração, aliás, a presença dos elementos da ação, quais sejam, (i) as partes, (ii) a causa de pedir (alguma das circunstâncias do art. 50 do CC) e (iii) o pedido em face do sócio, que figurará como requerido.

Neste sentido, há julgados do TJ/SP, na esteira de outros já proferidos.[3]

Há, em suma, uma causa, uma ação em face do sócio ou de empresas potencialmente afetadas pelo pedido de desconsideração, com instrução probatória etc., e por força disto deve existir, também, a atribuição dos ônus sucumbenciais.

Pensar o contrário (que o pedido de desconsideração não é ação, não deve contar com atribuição de ônus sucumbenciais etc.) é defender a litigiosidade inconsequente, irresponsável, sem qualquer espécie de risco para o requerente da desconsideração.

E o direito processual hostiliza a litigiosidade irresponsável, inconsequente, prova disto é a própria existência da figura da condenação ao pagamento dos ônus sucumbenciais, que decorrem da harmonização dos princípios da sucumbência e da causalidade (deve arcar com as despesas processuais quem "perdeu" a ação e/ou quem deu causa, em virtude de sua conduta, à existência do processo).

E há alguns pontos adicionais a serem considerados.

Ao ter a iniciativa de postular a desconsideração da personalidade jurídica para fins de afetação do patrimônio do sócio (ou da pessoa jurídica, no caso da desconsideração inversa), o requerente veicula em juízo, evidentemente, uma pretensão imbuída de proveito econômico claro, qual seja, a satisfação do crédito em face do sujeito passivo da desconsideração.

De efeito, havendo pretensão de proveito econômico por intermédio da desconsideração da personalidade jurídica, deve existir a fixação de honorária sucumbencial ao advogado vitorioso em desfavor da parte vencida.

Observamos a adoção, pela jurisprudência, da correta orientação no sentido de que se deve fixar verba honorária sucumbencial no incidente de desconsideração da

---

3. "Agravo de instrumento. Incidente de desconsideração da personalidade jurídica.
1. A ausência de comprovação de abuso de personalidade impede sua desconsideração, nos termos do artigo 50 do Código Civil. 2. O incidente de desconsideração da personalidade jurídica apresenta natureza de ação, devendo arcar a parte vencida com os honorários advocatícios de sucumbência. 3. Inexistência de litigância de má-fé. Recurso parcialmente provido." (TJSP, AI 2201737 – 30.2017.8.26.0000; Re. Roberto Mac Cracken; J. 07.03.2018).

personalidade jurídica. São, com efeito, diversos os julgados nesse sentido nas instâncias ordinárias.[4]

Neste passo, e por tudo o que expusemos supra, a desconsideração da personalidade jurídica requerida em caráter incidental deve contar com condenação sucumbencial (custas, despesas processuais e honorários sucumbenciais) da parte derrotada, especialmente porque o exercício do direito de ação é algo sério, tem consequências igualmente sérias (o requerido deverá constituir advogado etc.), e deve ser balizado pela litigância responsável e sujeita aos ônus da sucumbência.

3. 2º ARGUMENTO: O ROL DO § 1º DO ART. 85 DO CPC É EXEMPLIFICATIVO, NÃO TAXATIVO

Um fundamento adicional utilizado na decisão proferida por ocasião do julgamento do Recurso Especial 1.845.536/SC para recusar a incidência de condenação em honorários sucumbenciais quando do julgamento do pedido incidental de desconsideração da personalidade jurídica foi o de que o incidente de desconsideração não está previsto no § 1º do art. 85 do CPC, no qual estão alistadas algumas figuras processuais como o cumprimento de sentença, a reconvenção, a execução e os recursos.

A partir desse fundamento empregado no acórdão acima referido, nota-se que, aos olhos dos prolatores de tal decisão, o § 1º do art. 85 do CPC seria um rol taxativo e, pois, o que nele não estiver expressamente arrolado, não admitirá condenação em honorários sucumbenciais.

Tal percepção, com a máxima vênia, encontra-se equivocada, dado que o rol § 1º do art. 85 do CPC não é tido como taxativo, porém meramente exemplificativo.[5]

Com efeito, figuras como a oposição e a denunciação da lide, *ad exemplum,* não se veem indicadas no precitado § 1º e nem por isso deixam de contar, induvidosamente, com a incidência de condenação em honorários de sucumbência quando de seu julgamento.

É necessário acrescer, ainda, que uma passagem legislativa que contempla apenas cinco situações ("reconvenção, no cumprimento de sentença, provisório ou definitivo, na execução, resistida ou não, e nos recursos interpostos, cumulativamente") obviamente não poderia ser considerada exauriente, pois há várias outras hipóteses nas quais existe a fixação de honorários sucumbenciais e que não estão indicadas às expressas no mencionado § 1º do art. 85 do CPC.

Nesse sentir, tal fundamento empregado no aresto do STJ acima referido não nos parece, *vênia concessa,* correto, dado não ser taxativo o rol do § 1º do art. 85 do CPC.

---

4. TJSP, AI 2023286-46.2018.8.26.0000, rel. Morais Pucci, j 21.03.2018, TJSP, ED 2185220- 47.2017.8.26.0000; rel. Silvia Rocha, j. 13.12.2017, dentre outros.

5. MELLO, Rogerio Licastro Torres de. *Honorários advocatícios* – Sucumbenciais e por arbitramento. 2. ed. São Paulo: Ed. RT, 2021. p. 92.

4. 3º ARGUMENTO: O PRINCÍPIO DA CAUSALIDADE APLICA-SE AO INCIDENTE DE DESCONSIDERAÇÃO DA PERSONALIDADE JURÍDICA

Como já observamos em outros escritos,[6] o tema 'honorários advocatícios sucumbenciais' é regido por alguns princípios, dentre os quais destacamos como um dos mais relevantes o princípio da causalidade, que nos parece o princípio regente da correta atribuição dos ônus sucumbenciais (principalmente os honorários de sucumbência) à parte que deu causa, sem razão, a determinada demanda judicial.

Com efeito, por força do princípio da causalidade, os custos inerentes à deflagração e ao desenvolvimento de um processo devem ser suportados por aquele que deu causa à ação.

Em termos gerais, o responsável pelos custos inerentes ao processo é o vencido, vale dizer, o sucumbente.

Deveras, ao ser a parte de uma ação judicial considerada, por decisão judicial, não detentora de razão no plano jurídico, revela-se que a existência desta ação deveu-se apenas e exclusivamente à postura não compatível com o ordenamento jurídico da parte sucumbente. Em outras palavras, foi a conduta da parte perdedora que ocasionou a existência de um processo judicial e de todos os custos a ele inerentes.

Se restou decidido, em uma ação judicial, que uma das partes não tem, juridicamente, razão, considera-se que esta parte deu *causa* à demanda, dando também causa, por conseguinte, a todos os custos inerentes a esta demanda. Em virtude dessa relação de causalidade entre a conduta do sucumbente (=derrotado) e a existência da ação judicial, àquele impõe-se o dever de suportar os custos decorrentes da existência da demanda, dentre os quais se inclui a figura dos honorários sucumbenciais.

Há, por assim dizer, uma relação de causalidade entre derrota e honorários sucumbenciais.

O princípio da causalidade serve de paradigma para fins de estipulação de honorários sucumbenciais em virtude não do insucesso da pretensão (o que é característico do princípio da sucumbência), porém da circunstância de uma das partes da ação haver dado causa ao ajuizamento desta.

Em virtude de ser visceralmente conectado à condenação em honorários sucumbenciais, o princípio da causalidade impregna a condenação sucumbencial de claro aspecto sancionatório inerente à fixação de honorária em decorrência da derrota na causa.

É algo intrínseco ao estabelecimento de condenação ao pagamento de honorários sucumbenciais um evidente componente sancionatório à parte derrotada, especialmente no sentido de impor-se a esta, além da condenação proporcionada pelo insucesso na causa (condenação que podemos chamar de "principal", relacionada ao direito material controvertido), uma consequência adicional consistente em punição patrimonial da parte vencida manifestada nos honorários sucumbenciais, funcionando como espécie

---

6. MELLO, Rogerio Licastro Torres de. *Honorários advocatícios* – Sucumbenciais e por arbitramento. 2. ed. São Paulo: Ed. RT, 2021. p. 44 e ss.

O CABIMENTO DE HONORÁRIOS SUCUMBENCIAIS EM IDPJ **487**

de agravamento imposto ao derrotado por ter gerado, com sua conduta, a existência de uma ação judicial e por haver experimentado insucesso nesta.

Os honorários de sucumbência têm, por assim dizer, clara relação com o caráter pedagógico produzido pelo insucesso na causa. Não fosse assim, inexistindo condenação em honorária sucumbencial, haveria evidente estímulo à litigiosidade sem maiores consequências, dado que seria pensamento comum que acometeria o inadimplente ou o violador de um direito deixar de solver seus problemas jurídicos extrajudicialmente porque, uma vez judicializadas as controvérsias, o resultado prático seria praticamente idêntico àquele vivenciado caso não houvesse ação judicial, acrescido ainda de alguma procrastinação.

A condenação em honorária sucumbencial, nesse passo, é dotada de evidente relevância no sentido de funcionar como elemento de agravamento da situação daquele que se concluiu ser violador de um direito da parte vitoriosa.

O princípio da causalidade, nessa linha de pensamento, apresenta forte matriz punitiva daquele derrotado no processo e tido como provocador, por força de sua conduta, da existência da ação judicial e todos os desgastes a esta inerentes, patrimoniais (dinheiro despendido etc.) ou não patrimoniais.

No caso específico do incidente de desconsideração da personalidade jurídica, a sua simples propositura, para além de configurar o exercício do direito de ação em face dos respectivos requeridos (os réus do incidente), como já apontamos acima, também acarreta consequências concretas relevantes e graves: haverá a anotação no distribuidor forense acerca da pendência do incidente, os requeridos se verão compelidos à constituição de advogado e sujeitos às despesas judiciais e extrajudiciais inerentes a uma demanda judicial, poderão ter sua vida patrimonial afetada pela existência do incidente de desconsideração (certidões forenses negativas, por exemplo, não serão emitidas relativamente aos requeridos, pois figurarão como réus no incidente), enfim, há toda uma sorte de consequências importantes produzidas pelo aforamento do pedido de desconsideração.

Destarte, à vista dos aspectos acima apontados, não nos parece tecnicamente correto isolar o incidente de desconsideração da personalidade jurídica da condenação em honorários sucumbenciais: tratando-se tal incidente, em verdade, de ação judicial e que será objeto de julgamento, com possível responsabilização patrimonial do requerido por dívida do devedor original, a respectiva decisão deverá contemplar os honorários de sucumbência, dado que será perfeitamente possível identificar qual das partes deu causa indevidamente à demanda.

5.   4º ARGUMENTO: O PRINCÍPIO DA SANÇÃO E O CARÁTER PEDAGÓGICO DA CONDENAÇÃO EM HONORÁRIOS SUCUMBENCIAIS

Observamos acima que identificamos, no princípio da causalidade, forte viés punitivo da parte derrotada na ação, no sentido de funcionar a imposição da condenação sucumbencial, particularmente dos honorários sucumbenciais, como elemento de punição em virtude de haver sido adotada determinada conduta geradora da necessidade de acionamento da atividade jurisdicional.

Quem, ao cabo do processo, foi tido como indevidamente causador deste, tem que arcar, além da condenação dita principal, com condenação sucumbencial; caso contrário, se não houvesse condenação sucumbencial, a parte que deu causa indevidamente à demanda sairia injustamente ilesa da experiência forense, vale dizer, vivenciaria, *ad absurdum,* experiência idêntica à que teria se houvesse espontânea e corretamente observado o bom direito na sua relação com a outra parte.

Podemos dizer, portanto, que a sanção, no sentido de punição, de repto, de penalidade, compõe fator relevante na fixação dos honorários sucumbenciais, pois apresenta claro escopo punitivo da parte derrotada para que não repita a conduta que gerou, indevidamente, a existência da causa, com todos os seus consectários danosos (acionamento da máquina forense, necessidade de pagamento de custas judiciais, contratação de advogado etc.).

O que queremos realçar é que a fixação de honorários sucumbenciais em desfavor da parte derrotada na causa serve de fator de desestímulo à litigância aventureira, irresponsável, oportunista.

O que há que se consignar com toda a clareza é que os honorários sucumbenciais devem atender a uma conjugação de elementos que se situam no mesmo patamar de relevância, como que se justificando reciprocamente: a honorária sucumbencial deve a um só tempo, e com a mesma potência, remunerar (o advogado vitorioso) e punir (a parte causadora do conflito intersubjetivo, produzindo a necessidade de acionamento do Judiciário).

Por tudo o que acima dissemos, o viés punitivo dos honorários sucumbenciais, pois, permite-nos indicar a existência do que chamamos de princípio da sanção inerente à estipulação da honorária de sucumbência.

E, em linha com o que já expusemos nos capítulos acima, não é admissível estremar a condenação em honorários sucumbenciais do incidente de desconsideração da personalidade jurídica: apresentando-se tal 'incidente' como manifestação do exercício do direito de ação, do que decorre a necessidade de incidência do princípio da causalidade, afigura-se óbvia, via de consequência, a aplicação do princípio da sanção ao incidente de desconsideração da personalidade jurídica, de modo a atuar como uma espécie de 'filtro de seriedade' que conduza o litigante a bem refletir antes de deflagrar uma ação judicial.

6. CONCLUSÃO

Encerramos este breve artigo registrando, à vista das considerações acima expostas, que reputamos, com a indevida vênia, incorreta a linha decisória adotada pelo STJ no sentido de que o incidente de desconsideração da personalidade jurídica não comportaria, em sua decisão, condenação em honorários sucumbenciais.

Ao contrário do que sua equívoca nomenclatura indica, o "incidente" de desconsideração da personalidade jurídica não é mero incidente, porém se trata de ação incidente, que dá azo a um processo incidental e, como tal, deve se submeter às regras atinentes à condenação sucumbencial, no sentido de esta condenação servir a um só tempo (i) sancionar o litigante que, sem razão, deu causa ao ajuizamento da demanda, (ii) desestimular a litigiosidade irresponsável e, dessarte, (iii) fomentar maior reflexão e zelo ao promover pleito de redirecionamento da execução a terceiros que originalmente não figuram no título executivo.

7. REFERÊNCIA

MELLO, Rogerio Licastro Torres de. *Honorários advocatícios* – Sucumbenciais e por arbitramento. 2. ed. São Paulo: Ed. RT, 2021.

I.9 – Decisão do Incidente de Desconsideração da Personalidade Jurídica

FORÇA DA DECISÃO NA DESCONSIDERAÇÃO DA PERSONALIDADE JURÍDICA

Araken de Assis

Doutor em Direito pela PUC/SP. Professor Emérito da PUC/RS. Professor Titular (aposentado) do PPGD (Mestrado e Doutorado) da PUC/RS. Desembargador (aposentado) do Tribunal de Justiça do Rio Grande do Sul.

Sumário: 1. Introdução – 2. Individualização da pretensão processual – 3. Classificação da pretensão processual consoante a força e efeitos – 4. Dívida e responsabilidade patrimonial – 5. Responsabilidade patrimonial primária e secundária do sócio – 6. Responsabilidade patrimonial secundária: imputação da responsabilidade – 7. Natureza e consequências do incidente de Desconsideração da Personalidade Jurídica: declaração da responsabilidade – 8. Efeitos *ex tunc* da declaração da responsabilidade – 9. Conclusões – 10. Referências.

1. INTRODUÇÃO

Um dos pontos altos do CPC avulta na disciplina conferida ao "incidente de desconsideração da personalidade jurídica". Talvez seja discutível a localização sistemática do incidente no Título dedicado à intervenção de terceiros. A desconsideração envolve a integração da capacidade processual tanto quanto a integração do cônjuge nas demandas em que há de figurar como parte e semelhante assunto não figura na mesma rubrica. Seja como for, a disciplina é louvável, assegurando a defesa prévia do sócio ou da pessoa jurídica (desconsideração inversa), em obsequiosa genuflexão aos direitos fundamentais processuais, a ponto de exigir o registro na distribuição (art. 134, § 3º do CPC), e reclamando provimento positivo quanto à responsabilidade executiva antes de ser admissível a excussão do patrimônio e dos negócios jurídicos dispositivos serem considerados em fraude contra a execução (art. 137 do CPC). Verdade que o contraditório prévio recebeu indevidas exceções, quer na execução na execução fiscal, em virtude de suposta e implausível incompatibilidade com a omissa Lei 6.830/1980,[1] quer na execução trabalhista, ao menos até o advento do art. 855-A da CLT, na redação da Lei 13.467/2017, e, ainda assim, sem a necessária uniformidade entre os diversos tribunais

---

1. 2ª T. do STJ, REsp 1.786.311/PR, 09.05.2019, Rel. Min. Francisco Falcão, *DJE* 14.05.2019.

por força do incrível regime do recurso de revista em matéria de execução. Em todo o caso, o incidente é um passo adiante e merece louvores.

Entretanto, há um aspecto em que a copiosa literatura especializada sobre a desconsideração ou é omissa ou não resolveu satisfatoriamente: a natureza da decisão que acolhe o incidente ou a força da pretensão deduzida em caráter principal nos termos do art. 134, § 2º, do CPC. Conforme a resposta dada a semelhante questão, obviamente dependente da classificação das ações e sentenças pelo critério usualmente adotado da força e dos efeitos, a eficácia intrínseca da desconsideração poderá retroagir ou não, e, ademais, importa definir se a dívida imputada ao sócio ou à pessoa jurídica exibirá, ou não, as mesmas garantias originárias. Essa última consequência importa sobremodo no caso da execução de que cogita o art. 49, § 1º, da Lei 11.101/2005 (LRF), encontrando-se o obrigado principal em recuperação judicial.

Tal é o objeto deste trabalho, modesta contribuição às discussões posteriores. Não se mostrará possível chegar a conclusões seguras, aqui como alhures, sem recorrer aos subsídios da teoria geral do processo.

2. INDIVIDUALIZAÇÃO DA PRETENSÃO PROCESSUAL

Segundo reza o art. 2º do CPC, o processo civil começa por iniciativa da parte. Chama-se autor a quem inicia o processo. Em geral, o ato postulatório principal do autor (petição inicial) descansa no princípio da oportunidade, ou seja, o autor escolhe a ocasião mais propícia, após reunir seus meios de ataque cuidadosamente, para ingressar em juízo contra o réu; por exceção, em virtude da qualidade do autor, vigora o princípio da obrigatoriedade, pelo qual o autor é obrigado a demandar. Tal particularidade evidencia o acerto da palavra "parte", não "particular", no mencionado dispositivo: o poder de provocar a jurisdição incumbe também a órgãos do Estado que, por força das suas atribuições, são constrangidos de ir a juízo para bem cumprir a sua função institucional.

Fundamentalmente, o art. 2º do CPC consagra o princípio da demanda. O órgão especialmente instituído pelo Estado para resolver os conflitos individuais ou transindividuais que surgem na vida social há de ser provocado para exercer sua atividade precípua, que é a jurisdição. Logo, a jurisdição é inerte. Esse é um dos aspectos vigentes do célebre princípio dispositivo.[2] Embora o instrumento da jurisdição, que é o processo, desenvolva-se sob a direção formal (*formelle Prozessleitung*) do órgão judiciário, ou seja, sob impulso oficial, poder posteriormente ampliado para a direção material (*materielle Prozessleitung*),[3] a exemplo do poder de instrução, consoante o itinerário predeterminado na lei processual (procedimento), o domínio das partes na exposição das suas razões de fato e razões de direito vincula o futuro pronunciamento a limites predeterminados, não cabendo julgamento aquém, além ou fora do que é exposto pelas partes, vínculo que se designa de princípio da congruência (art. 141 e art. 492, *caput*, do CPC).

---

2. Vide, MILLAR, Robert Wyness. *Los princípios formativos del procedimiento civil*, p. 68-77.
3. MUSIELAK, Hans-Joachin. *Grundkurs ZPO*, § 3, II, d, n. 105, p. 65.

Forma-se o processo por meio do exercício da pretensão à tutela jurídica estatal, que é um ônus da parte (imperativo do próprio interesse) e um direito,[4] gerando uma relação jurídica particular, ou relação processual, por sua vez dotada dos respectivos elementos de existência, requisitos de validade e fatores de eficácia. Um dos vultos da processualística brasileira chegou a afirmar que a tese de o processo constituir uma relação jurídica marcou o nascimento da ciência processual.[5] É uma relação jurídica, porque os sujeitos do processo – partes e órgão judiciário –[6] encontram-se mutuamente vinculados num complexo de direitos e de deveres recíprocos. A atividade desenvolvida por esses sujeitos progride por etapas, movimento que transforma a relação paulatinamente, chegando ao respectivo desfecho com a apresentação e a entrega da prestação jurisdicional.[7] É possível, ademais, distinguir fases nesse percurso – da formação à extinção da relação processual. É digno de registro que o art. 238, *in fine*, do CPC passou a reconhecer, formalmente, que a citação integra o réu à relação processual. Não só o dispositivo já mencionado indica que o réu é integrado ao vínculo preexistente, como o juízo de inadmissibilidade, *in limine*, por definição encerrará o processo, inexistindo a interposição do recurso próprio. Ora, ao órgão judicial competirá, inicialmente, examinar os elementos de existência, requisitos de validade e fatores de eficácia da relação processual, em geral *ex officio*, no que se designa de juízo de admissibilidade, pois somente não existindo obstáculo nessa esfera o processo poderá chegar a resultado proveitoso. Essas questões são agrupadas sob a equívoca designação de "pressupostos processuais" (*Prozessvoraussetzungen*).[8]

No entanto, ninguém insta o órgão judiciário a se pronunciar senão para obter certa vantagem, proveito, utilidade, benefício, bem da vida ou, mais tecnicamente, efeito jurídico perante o réu. Logo, há no processo um conteúdo ou objeto, individualizado por determinados elementos, inseridos na relação processual, subordinados à iniativa das partes, especialmente a do autor. Tais elementos individualizam a demanda, ou seja, a pretensão processual (*prozessualer Anspruch*), e distinguem um processo dos seus congêneres, separando certa demanda de qualquer outra.

A processualística germânica desenvolveu a noção de objeto litigioso (*Streitgegenstand*), ou mérito, emprestando-lhe a feição de polo fundamental, a fim de regular, em princípio uniformemente, quatro institutos fundamentais ao processo civil: a coisa julgada, a litispendência, a cumulação e a modificação da demanda.[9] Entre nós, a eficácia preclusiva da coisa julgada (art. 506 do CPC) estende o vínculo produzido pelo julgamento do mérito para além do objeto litigioso, embora se controverta o alcance dessa ampliação,[10] de modo que a uniformidade não é total.

---

4. LIEBMAN, Enrico Tullio. *Manuale di diritto processuale civile*, v. 1, n. 71, p. 115.
5. GUIMARÃES, Luiz Machado. *A instância e a relação processual*, p. 67.
6. JAUERNIG, Othmar. *Zivilprozessrecht*, § 32, III, p. 125.
7. BÜLOW, Oskar. *Die Lehre von den Prozesseinreden und die Prozessvoraussetzungen*, I, p. 2-4.
8. Idem, op. cit., II, p. 5.
9. MARQUES, José Frederico. *Instituições de direito processual civil*, v. 2, n. 265, p. 33.
10. ASSIS, Araken de. *Processo civil brasileiro*, v. 3, n. 2.144, p. 1.457-1.467.

Como quer que seja, além da autonomia de acudir à jurisdição, o domínio das partes envolve a individualização da demanda ou pretensão processual. É o autor, pois, que fixa o objeto litigioso. Ao pretender invalidar um contrato, por exemplo, e formulando o respectivo pedido constitutivo negativo, o autor pode alegar fatos que compõem o esquema do dolo ou da coação, simultaneamente, ou narrar apenas fatos (principais e secundários) que tipifiquem o esquema do dolo, em razão de considerações das mais variadas, inclusive a maior ou menor dificuldade de produzir prova a esse respeito dos fatos alegados.

O processo civil brasileiro estabeleceu critério específico para individualizar a pretensão processual. Ele exige que o aplicador compare os elementos de dois processos diferentes, com o fito de apurar se há identidade no todo ou em parte. Segundo o art. 337, § 2º, do CPC, "uma ação é idêntica a outra quando possui as mesmas partes, a mesma causa de pedir e o mesmo pedido". É a antiga máxima *eadem personae, eadem res* e *eadem causa petendi.*[11]

Os elementos arrolados no art. 337, § 2º, extraem-se da *"essência da ação".*[12] Em outras palavras, a identificação dos elementos ocorrerá na ação efetivamente proposta, também chamada de demanda ou pretensão processual.[13] Eis a razão pela qual se alude a "elementos da causa": o "direito de ação é único, variando apenas as lides deduzidas em juízo (i. é, as causas)".[14] Não é incomum que se mencione, com esse mesmo sentido, a elementos da pretensão (processual).[15]

Os elementos originam-se da relação substantiva trazida à apreciação judicial.[16] Não constituem, porém, realidades similares. A relação de direito material se transforma, em razão do litígio, e porque algum interessado acudiu à tutela jurídica do Estado, no objeto do processo e, aí, assumirá características especiais. A relação adquire caráter eventual – nada assegura a existência do direito alegado pelo autor – e hipotético, porque decorre da exposição do autor, a qual pode ou não corresponder à verdade. É claro que o autor se encontra adstrito a expor os fatos conforme à verdade (art. 77, I, do CPC). Porém, a lei processual encara o fiel cumprimento desse dever com salutar benevolência, senão indiferença: não há pessoa investida na função judicante que assuma as alegações de fato do autor como rigorosamente verdadeiras. O descumprimento do dever de veracidade exige a alteração intencional dos fatos.[17] Assim, as alegações do autor representam mera hipótese de trabalho,[18] atendo-se o órgão judicial "à simples possibilidade de existência do direito substantivo, a um direito meramente hipotético",[19] cuja existência ou não será apurada no curso do processo.

---

11. PESCATORE, Matteo. *Sposizione compendiosa della procedura civile e criminale*, v. 1, p. 168-183.
12. CHIOVENDA, Giuseppe. *Instituições de direito processual civil*, v. 1, n. 108, p. 489.
13. Idem, op. cit., v. 1, n. 108, p. 489. No mesmo sentido, no direito italiano, PISANI, Andrea Proto. *Dell'esercizio dell'azione*, n. 5, p. 1.057.
14. THEODORO JÚNIOR, Humberto. *Curso de direito processual civil*, v. 1, n. 104, p. 175.
15. MARQUES, José Frederico. *Manual de direito processual civil*, v. 1, n. 131, p. 154. n. 131.
16. MANDRIOLI, Crisanto. *Diritto processuale civile*, v. 1, n. 22, p. 150.
17. 2ª T. do STJ, REsp 266.546/PR, 25.09.2007, Rel. Min. João Otávio de Noronha, *DJU* 06.11.2007, p. 152.
18. MICHELI, Gian Antonio. *Corso di diritto processuale civile*, v. 1, n. 9, p. 30-31.
19. PISANI, Andrea Proto. *Dell'esercizio dell'azione*, n. 5, p. 1.056.

Em síntese larga, os elementos respeitam à ação de direito material, ou seja, ao objeto litigioso (mérito, lide, pretensão processual ou ação material), ao conteúdo do processo, e, não, ao remédio jurídico processual ou à "ação" do direito à tutela jurídica. Esta veicula, indiferente e universalmente, quaisquer ações e pretensões de direito material.

O critério hoje previsto no art. 337, § 2º, do CPC, não escapou da crítica dos primeiros comentadores do CPC de 1973, que o introduziu no direito pátrio. Em primeiro lugar, averbou-se a escolha legislativa de arcaica; ademais, prejudicada por supostas deficiências, razão por que rejeitada nas legislações modernas.[20] O autor do anteprojeto que resultou no CPC de 1973 replicou, promovendo rara, mas convincente defesa pública de suas opções técnicas, recordando que a teoria das três *eadem* gozava de aceitação de estatutos processuais modernos, como o de Portugal (art. 498) e o da Cidade do Vaticano (art. 306, § 2º), e lograra expressivas adesões doutrinárias.[21]

Do ponto de vista sistemático, a principal consequência do uso de três elementos para individualizar a demanda reside na impossibilidade de reduzir o objeto litigioso unicamente ao pedido.[22] O mérito é integrado também pela causa pedir, no que se chama de teoria binária (*zweigliedrige Streitgegenstandsbegriff*),[23] constituindo a opinião prevalecente – por exemplo, a teoria unitária não logrou maiores repercussões no direito austríaco –,[24] registrando-se a construção de Walter J. Habscheid.[25] À luz do critério legal, mostra-se inaceitável, no direito brasileiro, conceituar o objeto litigioso como o pedido imediato e mediato formulado pelo autor, servindo a causa tão só para esclarecer-lhe o alcance e o sentido.[26] Essa é a tese minoritária, no direito alemão a respeito da pretensão processual (*Streitgegenstand*).[27] A questão da relevância dos fatos na determinação do objeto do processo, que é o ponto de dissenso da processualística alemã, encontra um conceito – causa de pedir – que lhe calha perfeitamente.[28] Mais precisamente, o objeto litigioso abrange toda a *res in iudicio deducta*, "pois é em relação a ela que se estabelece o litígio e que é decidindo sobre ela que o juiz cumpre a prestação jurisdicional",[29] não se olvidando, destarte, a contribuição do réu na defesa de mérito. Também em outros ordenamentos a causa integra o objeto do processo. No direito espanhol, a *causa petendi* é importante para individualizar o objeto litigioso, porque o mesmo pedido pode se fundar em duas ou mais causas, não se logrando distinguir, na ausência, processos

---

20. BARBI, Celso Agrícola. *Comentários ao Código de Processo Civil*, v. 1, n. 55, p. 74-75.
21. BUZAID, Alfredo. *A ação declaratória no direito brasileiro*. n. 214, p. 352-353.
22. Neste sentido, na doutrina alemã, SCHWAB, Karl Heinz. *Der Streitgegenstand im Zivilprozess*, § 16, I, p. 183-185.
23. LÜKE, *Wolfgang. Zivilprozessrecht*, § 14, II, 2, p. 160-162.
24. RECHBERGER, Walter H. *Kommentar zur ZPO*, § 226, 18, p. 1.057, *in verbis*: "Wenig Rosonanz hat in Österreich der von Schwab... begründete eingliedrige... standsbegriff gefunden...".
25. HABSCHEID, Walter J. *Der Streitgegenstand im Zivilprozess*, § 15, 2, p. 221-222.
26. LEONEL, Ricardo de Barros. *Causa de pedir e pedido*, n. 2.1.11, p. 104.
27. SCHWAB, Karl Heinz. *Der Streitgegenstand im Zivilprozess*, § 16, I, p. 185, *in verbis*: "Immer kommt es also auf den ausgelegten Antrag an. Zur Auslegung aber muss der Sachverhalt herangezogen werden".
28. Neste sentido, GOUVEIA, Mariana França. *A causa de pedir na acção declarativa*, p. 56.
29. MELLO, Marcos Bernardes de. *Da ação como objeto litigioso no processo civil*, v. 1, p. 400.

que tenham causas diferentes, mas idêntico pedido;[30] no direito francês, *objet* (pedido) e *cause*, chamados de elementos objetivos do processo, determinam a coisa julgada e a litispendência.[31]

Eventual mudança em um dos elementos, de um processo para outro, revela a praticidade da regra prevista no art. 337, § 2º, do CPC. Discrepando um só deles, distinguir-se-á, de uma vez por todas, uma ação da outra. Por isso, o STJ proclamou o seguinte: "Ainda que ocorra identidade de partes e de pedido, não havendo em relação à causa de pedir, inatendível é a arguição de coisa julgada".[32]

Um raríssimo levantamento empírico apurou que, para efeitos de correlação (ou congruência) entre o objeto litigioso e a resposta do órgão judiciário, no ato decisório final (sentença), o STJ considera a *causa petendi* indispensável. "Esse entendimento foi sustentado em demandas indenizatórias, ações individuais fundadas em direito contratual e responsabilidade civil, ações relacionadas ao direito administrativo, direito previdenciário, direito tributário, direito de família, e nas ações coletivas pesquisadas".[33]

Estabelecida a noção de pretensão processual ou objeto litigioso, o passo seguinte para enfrentar o problema aqui versado recairá na classificação da pretensão do autor e, conseguintemente, da decisão sobre o mérito.

3. CLASSIFICAÇÃO DA PRETENSÃO PROCESSUAL CONSOANTE A FORÇA E EFEITOS

A observação é trivial. E já foi repetida diversas vezes. Mas, continua imprescindível para desfazer ou evitar imprecisões. É possível classificar o objeto litigioso segundo critérios heterogêneos e discrepantes, porque a racionalidade humana forja distinções, mourejando para localizar diferenças e semelhanças, consoante o *distinguo* escolástico. Assim, o art. 47 do CPC considera a natureza real ou pessoal do direito invocado pelo autor (*rectius*: do objeto litigioso, porque o direito material assume a condição de eventual e hipotético em juízo) para definir a competência territorial. Essa classificação é clássica, útil nesse contexto, mas muito limitada nos reflexos. Impende localizar algo mais expressivo para compreender a fenomenologia processual do que os esquemas antigos, ainda reverenciados,[34] sem cair no exagero de reputar a futura classificação como a única legítima e importante.[35]

Fez-se predominante nesse campo, em razão das suas virtudes intrínsecas, o critério fundado na força e nos efeitos do provimento judicial. Da divisão binária tão típica do processo civil romano, separando declaração e condenação, evoluiu-se com a identificação dos direitos formativos, gerando a nova classe das ações e sentenças

---

30. RAMOS, Manuel Ortells. *Derecho procesal civil*, p. 250.
31. GUINCHARD, Serge; FERRAND, Frédérique e CHAINAIS, Cécile. *Procédure civile*, n. 632, p. 554.
32. 4ª T. do STJ, REsp 2.074/RJ, 20.03.1990, rel. Min. Fontes de Alencar, *DJU*, 30.04.1990, p. 5.329. No mesmo sentido, 3ª T. do STJ, RMS 56.864/BA, 27.08.2019, Rel. Min. Mauro Campbell Marques, *DJE* 30.08.2019.
33. GABBAY, Daniela Monteiro. *Pedido e causa de pedir*, p. 157.
34. GUINCHARD, Serge; FERRAND, Frédérique e CHAINAIS, Cécile. *Procédure civile*, n. 95, p. 135.
35. Nesse sentido, porém, LIEBMAN, Enrico Tullio. *Manuale di diritto processuale civile*, v. 1, n. 76, p. 126.

constitutivas.[36] Posteriormente, surgiu a força mandamental,[37] atentando à jurisdição mais como *imperium* do que como *notio*, à qual se acrescentou a força executiva. Esse tema ensejou radical *"mudança de tratamento dado ao processo"*.[38] A classificação em somente três classes (declarativa, constitutiva e condenatória) revela-se ultrapassada, porque manifestamente insuficiente para abarcar a fenomenologia das ações e das sentenças. Um exemplo ilustra bem a insuficiência. Ao comentar a sentença substitutiva da declaração de vontade, atualmente prevista no art. 501 do CPC, um dos mais insignes processualistas brasileiros, adepto da classificação tripartida, depois de descartar a natureza declarativa, constitutiva e condenatória, conclui que tem natureza executiva.[39] Ora, identificada nova espécie, forçoso ampliar a classificação para quatro classes. É ainda mais insólita a tentativa de enquadrar as classes executiva e mandamental no gabarito da condenação.[40] Não são as novas categorias que precisam se adaptar à classificação, mas a classificação que há de ser expandida para acolher as novas categorias.

Desde logo se percebe um dado: mostra-se indiferente a alusão ao objeto litigioso ou à sentença, em razão do princípio da congruência. O objeto da classificação é uniforme e dependerá apenas da perspectiva adotada: ao se mencionar a força do objeto litigioso, alude-se à força da pretensão processual; aludindo à força da sentença de procedência, à pretensão acolhida pelo órgão judiciário.[41]

É digno de registro que, à semelhança da classificação da pretensão processual em pessoal ou real, para os fins do art. 47 do CPC, também a classificação que identifica cinco forças (ou energias) nas resoluções judiciais funda-se no direito material. Representa equívoco corriqueiro, nessa matéria, atribuir tais forças ao processo. O processo é um instrumento do direito material e se destina a compor relações litigiosas, mas, inexistindo litígio, os mesmos efeitos aparecem no seu âmbito natural: o das relações não-litigiosas.[42] Embora possa parecer fastidioso, convém reproduzir a lição de Pontes de Miranda:

> Imaginai uma tela que estivesse colocada no salão de exposição de pintura, em espaço correspondente às obras do autor B, mas fosse de autoria do pintor A. Se alguém enuncia que o quadro foi erradamente posto naquela parte da parede, porque o autor é A, e não B, esse observador bem informado declara a autoria de A, o que equivale a declarar que B não é o autor. Há um é, a respeito de A, e um não é, a respeito de B. Se A não expôs obras suas e foi B quem levou a tela, como se dela fosse o autor, o diretor da exposição pode chamar a B e dizer-lhe que tire de lá a tela: ao dano que B fez, expondo o que não era seu, o diretor da exposição faz corresponder outro dano, o dano correspondente ao con-dano, de onde vem o termo técnico 'condenação'. Suponhamos que B não retira o quadro. O diretor da exposição registra o quadro como de A e, após esse ato de constituição de concorrência de A à exposição, afixa o nome de A por sobre a tela. Pode acontecer que a função de registro esteja a cargo de alguma seção do instituto a que pertence a

---

36. ROCCO, Alfredo. *La sentenza civile*, n. 54-59, p. 125-135.
37. GOLDSCHMIDT, James. *Der Prozess als Rechtslage*, § 31, p. 496, nota 2.165. Vide, BARBOSA MOREIRA, José Carlos. *A sentença mandamental* – da Alemanha ao Brasil, p. 53-59.
38. COUTO E SILVA, Clovis do. *A teoria das ações em Pontes de Miranda*, p. 72.
39. THEODORO JÚNIOR, Humberto, *Processo de execução*, p. 232.
40. Com razão, SANT'ANNA, Paulo Afonso de Souza. *Ensaio sobre as sentenças condenatórias, executivas e mandamentais*, n. 5, p. 506-507.
41. SILVA, Ovídio A. Baptista da. *Curso de processo civil*, v. 1, p. 119.
42. PONTES DE MIRANDA, Francisco Cavalcanti. *Tratado das ações*, v. 1, § 26, p. 122-123.

exposição, subordinada ao diretor da exposição; então, manda ele que se proceda ao registro e à afixação. Se *A* já figurava como expositor, a transferência da tela, que se achava no espaço com a indicação de *B*, para o espaço com a indicação de *A*, ou por ato de *A*, ou por ato do diretor. Por ato de *B*, houve execução voluntária. Por ato de *A*, houve justiça de mão própria. Por ato do diretor, houve execução forçada.

Estão aí as cinco espécies de resoluções, na via diária, e fora da justiça".

O que se passa na justiça não é diferente, nem poderia ser. A lógica com que se conduz o homem, nas relações privadas, não é outra lógica: a justiça pelo Estado apenas se iniciou por medida de monopolização estatal da justiça, para que não pudesse e não tivesse o homem de se fazer justiça por si mesmo.

Podemos ir mais fundo na exploração daquelas proposições. A tela pertence a *C. C* enuncia que foi *A* que a pintou e acrescenta que é o melhor quadro da sua pinacoteca. Duas declarações fez *C*: dois enunciados de fato, emitidos claramente. Retenham-se as expressões: clara, claramente, declaração. Se, em vez de fazer declarações, *C* retira o quadro e põe-no junto aos outros trabalhos de *A*, algo ocorreu que fez o momento posterior ser nitidamente diferente do momento anterior. Se *C* diz que *B* copiou o quadro de *A* e não mais quer adquirir obras de *B*, *C* pune, de certo modo, a *B*. Se *B* havia apagado a assinatura de *A* e *C* manda verificar se a assinatura de *A* pode ser reavivada, alguém recebe esse mandamento. Se *B* a reaviva, ou ordena que se reavive, a autoria de *A* aparece, por efeito de ato de outrem. É possível que o próprio *B*, envergonhado, o faça.

Há expressões comuns a essas cinco situações: a primeira situação é a mesma que era, daí dizer é ou não é; a segunda faz existir algo que não existia, ou deixar de existir o que existia; a terceira afirma que houve ou não houve, e impõe que não haja ou que haja; a quarta resulta de ato de alguém que não fez, porém mandou que se fizesse; a quinta faz passar o que existe a outro lugar onde não existia, porque aí é que devia existir.

A classificação pela força e pelos efeitos emprega outro dado de relevância. Além da identificação de cinco classes autônomas – declarativa, constitutiva, condenatória, executiva e mandamental –, nenhuma pretensão processual e, conseguintemente, a respectiva decisão de mérito é pura.[43] Na verdade, há um feixe de eficácias, pois todos os efeitos se produzem simultaneamente, variando apenas seu relevo no caso concreto; em qualquer provimento de procedência desponta uma força, que corresponde ao bem da vida almejado pelo autor, genericamente, acompanhada das outras eficácias, todavia cada qual de menor intensidade na causa concreta, ao menos no que concerne ao mencionado bem da vida. Não é preciso adentrar em pormenores, por ora, vez que a tese da pluralidade de efeitos é aceita expressa ou implicitamente. Por exemplo, no direito francês já se identificou que o órgão judiciário, subsumindo a norma ao esquema de fato, e, em seguida, extraindo o efeito jurídico dessa operação, a um só tempo declara e constitui, variando tão só o relevo concreto desses elementos.[44]

A exatidão da multiplicidade de eficácias se comprova fácil e intuitivamente. Por exemplo, a ação de despejo, ao formular a regra jurídica concreta, predominantemente comanda a restituição do bem locado (eficácia principal ou força: executiva); porém, igualmente, desfaz o contrato de locação (eficácia imediata: constitutiva negativa); declara o direito de o autor recuperar o bem (eficácia mediata: declarativa); e, estando a locação registrada no álbum imobiliário, manda cancelar o registro (eficácia

---

43. PONTES DE MIRANDA, Francisco Cavalcanti. *Tratado das ações*, v. 1, § 26, p. 124.
44. CROZE, Hervé e MOREL, Christian. *Procédure civile*, n. 70, p. 80.

FORÇA DA DECISÃO NA DESCONSIDERAÇÃO DA PERSONALIDADE JURÍDICA **499**

mandamental); por fim, condena o vencido a sofrer o conjunto de efeitos próprios da respectiva sentença (eficácia condenatória). É outro problema, estranho à inteligência comum, distribuir pesos de 1 a 5 a tais eficácias, de modo que a soma total (15) seja invariável e constante. Essa dificuldade não elimina o acerto e o valor da tese principal: a coexistência das diferentes eficácias, em graus distintos, no âmbito do mesmo e único provimento.

E completa o panorama da classificação do objeto litigioso ou das sentenças pela força e pelos efeitos a constatação que a cada força corresponde um proveito, uma utilidade ou, em suma, determinado bem da vida, retratando a aspiração básica do autor ao ingressar em juízo. Em outras palavras, quem demanda, em razão de certa causa de pedir e do congruente pedido formulado – do contrário, a petição inicial revelar-se-á inepta, como prevê o art. 330, § 1º, II, do CPC –, almeja algo perante o réu. Para resumir, à declaração corresponde certeza; à constituição, estado jurídico novo; à condenação, a formação do título; à execução, o intercâmbio patrimonial; e à eficácia mandamental, a ordem. Os exemplos são banais, mas verdadeiros. O cônjuge que pretende separar-se, porque o parceiro infringiu os deveres do casamento e tornou a vida em comum insuportável, obviamente almeja um estado jurídico novo: a condição de separado. O autor que jamais entreteve união estável, e para dissipar a controvérsia convoca a juízo outra pessoa, objetiva certeza da inexistência dessa relação. A vítima do ilícito pretende a reprovação do réu e autorização para satisfazer o crédito com o patrimônio alheio. Já o locador que ingressa com a ação de despejo almeja recuperar a posse da coisa locada, promovendo o intercâmbio patrimonial. E o ex-cônjuge que é assediado pelo antigo parceiro busca ordem de restrição para as visitas inconvenientes.

Nem sempre, entretanto, a formulação da regra jurídica concreta na sentença de procedência, que é a atividade buscada na função de conhecimento (trabalho de gabinete), assegura o bem da vida ao vencedor. Pode acontecer o cumprimento voluntário do vencido. Ressalvados os casos da declaração e da constituição (positiva e negativa), em que o efeito jurídico se produz incontinenti, nas demais hipóteses (condenação, execução e mandamento), o descumprimento da regra jurídica concreta exigirá uma atividade complementar (trabalho de campo), por meio do deslocamento forçado de pessoas e de coisas, a fim de realmente alcançar o bem da vida. Assim, se o condenado não paga a dívida seus bens serão expropriados para satisfazer o credor; se o inquilino não desocupa o imóvel, no prazo legal, ocorrerá a desocupação forçada; se o antigo cônjuge não cessa seu assédio, pode ser afastado coativamente dos lugares frequentados por sua vítima.

Essas considerações permitirão definir qual a força do provimento quando a desconsideração da personalidade jurídica "for requerida na petição inicial", conforme reza o art. 134, § 2º, do CPC, ou seja, em caráter principal, e, *a fortiori*, qual a natureza e os efeitos da decisão que, no cumprimento da sentença ou no processo de execução (art. 134, *caput*, do CPC), desconsidera a personalidade jurídica. Mas, antes disso, impõe-se exame da responsabilidade patrimonial e das hipóteses de desconsideração.

4. DÍVIDA E RESPONSABILIDADE PATRIMONIAL

Longa evolução histórica humanizou a atividade jurisdicional tendente a realizar, no mundo real, a regra jurídica concreta formulada pelo Estado-juiz (título judicial) ou pelo Estado-legislador (título extrajudicial).[45] Um dos limites políticos dessa função jurisdicional consiste na incolumidade física do executado. Rejeitando a tradição romana e germânica, que consagrava a responsabilidade pessoal do obrigado pela dívida, em primeiro lugar livrou-se o devedor da escravidão em proveito do credor e, em época mais recente, da prisão pela dívida. Passou-se a distinguir a dívida (*Schuld*) da responsabilidade (*Haftung*).[46] Enquanto a dívida é pessoal, sucedendo o inadimplemento, que é fato superveniente à constituição da dívida, a responsabilidade recairá unicamente sobre o patrimônio do devedor. Por isso, o art. 391 do CC dispõe que "pelo inadimplemento das obrigações respondem todos os bens do devedor" e, por sua vez, o art. 789 do CPC declara que "*o* devedor responde com todos os seus bens presentes e futuros para o cumprimento de suas obrigações, salvo as restrições estabelecidas em lei". A cláusula final deste dispositivo ressalva a circunstância de que nem todo o patrimônio responderá pelo cumprimento da obrigação, pois a lei separa determinadas classes de bens (v.g., a residência da pessoa natural: art. 1º da Lei 8.009/1990) e as torna insuscetíveis a constrições judiciais, em geral para garantir o mínimo existencial da pessoa humana.[47]

Filia-se a responsabilidade patrimonial ao entendimento quanto à natureza da obrigação desenvolvida pela doutrina alemã no último quartel do Século XIX. Essa concepção mereceu análise arguta e completa em voto proferido por Alfredo Buzaid – autor do anteprojeto de lei do qual se originou, sem modificações relevantes, o CPC de 1973 – em vigoroso e esclarecedor julgado do Supremo Tribunal Federal.[48] Vale a pena transcrever, por sua erudição e pertinência, o inteiro teor dessa autêntica pedra preciosa, *in verbis*:

> A doutrina, fundada em dois famosos textos de direito romano (Inst. III, 13 e Dig. 44.7.3) asseverou que a essência da obrigação *a parte debitoris* consiste no dever de realizar a prestação e *a parte creditoris* no correspondente direito de exigi-la (GANGI, *Le Obbligazioni*, Giuffrè, 1951, p. 11). Esta concepção, que foi ensinada nas escolas da Idade Média e acolhida pelo direito moderno, dominou, com algumas variações até o último quartel do século XIX (Cf. Obligationum ao Dig. 44.7.3; BARTOLO, *Opera Omnia*, MDLXX, v. IX, p. 91; CUJACIO, *Opera omnia*, v. III, col. 417), "A noção dada pelo direito moderno da relação jurídica obrigacional", escreve RUGGIERO, 'não difere, nas suas linhas gerais, daquela que foi maravilhosamente construída pelos jurisconsultos romanos' (RUGGIERO, *Instituições de direito civil*, v. III, p. 8). Todavia, contra este conceito, que carrega o peso de uma tradição, duas vezes milenária, insurge-se a dogmática jurídica moderna.

> "O primeiro ensaio de revisão foi feito na Alemanha por BRINZ, que sustentou não estar a essência da obrigação no dever jurídico de executar a prestação e do corresponde direito de exigi-la, antes na responsabilidade patrimonial do devedor, isto é, havendo inadimplemento, na sujeição do seu patrimônio ao poder de agir do credor para a satisfação do seu crédito; portanto, o direito do credor não era um direito a um ato do devedor, isto é, a prestação, mas um direito sobre o patrimônio. (BRINZ, *Lehrbuch der Pandekten*, II, § 205).

---

45. A respeito, ZAVASCKI. *Processo de execução*, p. 272.
46. LARENZ, Karl. *Lerhbuch des Schuldrechts*, v. 1, § 2º, IV, p. 23.
47. FACHIN, Luiz Edson. *Estatuto jurídico do patrimônio mínimo*, p. 164.
48. 1ª T. do STF, RE 99.041-GO, 09.08.83, Rel. Min. Oscar Corrêa, *RTJSTF*, 107/883.

FORÇA DA DECISÃO NA DESCONSIDERAÇÃO DA PERSONALIDADE JURÍDICA | **501**

Esta penetrante análise deu lugar à formação de uma nova doutrina, conhecida pelo nome de doutrina da *dívida*, e da responsabilidade. Decompôs-se o conceito de obrigação em dois elementos, que geralmente se encontram unidos, mas que podem ser separados, a saber: a) a *dívida*, que consiste no *dever de prestar* por parte do devedor; b) e na *responsabilidade*, que exprime o estado de sujeição dos bens do obrigado à ação do credor. A dívida é assim um vínculo pessoal; a responsabilidade um vínculo do patrimônio (PUNTSCHART, *Die moderne Theorie der Privatrechts*, p. 229). O devedor *obriga-se*; seu patrimônio *responde*. Na obrigação o credor aspira à realização de um ato do devedor. Havendo inadimplemento, a lei confere ao credor o poder de agir sobre os seus bens. A autonomia destes dois elementos constitutivos da obrigação se realça nos casos de *dívida sem responsabilidade* e de *responsabilidade sem dívida*. A obrigação natural é uma dívida sem responsabilidade patrimonial. Se é paga, não dá lugar à repetição. Mas se não é paga, falece ao credor o poder de agir sobre os bens do devedor. Por outro lado, a responsabilidade pode existir sem dívida, como na fiança ou na hipoteca concedida em garantia de dívida de terceiro (GANGI, *Scritti giuridici vari*, p. 359 e 447).

Objetou-se contra esta doutrina que a dívida e a responsabilidade podem distinguir-se *conceitualmente*, mas na realidade são dois aspectos do mesmo fenômeno, não relações independentes. O dever jurídico contém imanente a coação e por isso a *responsabilidade* não é senão uma consequência da relação obrigacional. A dívida não é simplesmente o *dever de prestar*, mas o *dever prestar sob a coação da ordem jurídica* e por isso conduz não só à prestação voluntária do obrigado, mas também, no caso de inadimplemento, *a execução coativa da obrigação*, e onde esta não é possível ou não baste ao ressarcimento (substituição ou integração da dívida primária). O direito de excutir o patrimônio do devedor é, portanto, um efeito essencial do direito de crédito, sem o que este seria ilusório. A separação jurídica entre dívida e responsabilidade é semelhante àquela entre dever jurídico e coação: não existiria dever se lhe não estivesse integrada a reação da ordem jurídica, que pode conduzir à realização forçada (FERRARA, *Tratatto di diritto civile italiano*, v. I, p. 311).

Nesta polêmica viva e brilhante, coube todavia a Carnelutti o mérito de haver posto ordem nas ideias. Depois de estabelecer o binômio – direito do credor e obrigação do devedor e ação do credor e responsabilidade do devedor, indaga: em que consiste a ação do credor, a que corresponde a responsabilidade do devedor? Enquanto não surge o inadimplemento, o credor espera; quando surge, pretende. Pretende o credor a condenação do devedor e a realização da execução. Enquanto o direito de crédito tende a obter uma atitude do devedor, o direito à condenação tende a conseguir uma certa atitude do juiz, justamente porque aquele primeiro não funcionou. Esta atividade do juiz consiste na decisão da lide em torno da existência da dívida e do inadimplemento. Se a condenação não basta, faz-se a execução, a qual o devedor fica sujeito. Em que consiste a sujeição de uma pessoa à sanção jurídica? A sanção atinge a pessoa em seu bem e pode ser o corpo ou uma coisa. Cumpre distinguir o sujeito do objeto da responsabilidade. A pessoa está sujeita à sanção. Esta opera por dois modos diferentes: ou com a sujeição material do obrigado inadimplente, ou com a constituição a seu cargo de uma nova obrigação, sucedânea da obrigação violada. Estar sujeito à sanção significa não poder afastá-la ou dela desonerar-se, se a sanção atua. A responsabilidade consiste em não poder subtrair-se a ela, quando surge a ameaça e esta atua. Portanto, a responsabilidade é um estado estranho à vontade do obrigado; a obrigação é uma condição da sua vontade. Sofre-se a responsabilidade; a obrigação cumpre-se. A responsabilidade exclui a liberdade; a obrigação a supõe. A responsabilidade pela execução, do mesmo modo que a responsabilidade penal e diferentemente da responsabilidade pela indenização, resolve-se na sujeição a um poder. Não se cumpre a execução; submete-se a ela. Mas esta responsabilidade não é o *status subjectionis* genérico, mas uma sujeição específica na medida em que coexistem os pressupostos estabelecidos na lei.[49]

---

49. CARNELUTTI, Diritto e processo nella teoria delle obbligazioni. *Studi in onore di Chiovenda*, 1927, p. 319 e ss. (Os grifos são do original).

O princípio da responsabilidade limita a atuação dos meios executórios ou "espécies" de execução. A satisfação do credor dependerá da existência de patrimônio no caso da execução das prestações para entrega de coisa e, especialmente, das prestações pecuniárias.[50] O art. 2.910 do CC italiano, segundo o qual "il creditore per conseguire quanto gli è dovuto può far espropriare i beni del debitore" (o credor, para conseguir o que lhe é devido, pode expropriar os bens do devedor), e que corresponde ao art. 824 do CPC brasileiro – "A execução por quantia certa realiza-se pela expropriação de bens do executado, ressalvadas as execuções especiais" –, revela-se o complemento natural do art. 2.740 do CC italiano, "no qual tem seu pressuposto necessário".[51] Outras "espécies" de execução, a exemplo da tendente à realizar prestações de fazer e de não fazer, escapam à órbita desse princípio,[52] mas enfrentam o óbice da incolumidade física. Talvez seja desalentador, mas a atividade executiva apresenta limites práticos e políticos que, às vezes, impedem a cabal satisfação do credor.

No que aqui interessa, a responsabilidade patrimonial repercute na legitimidade passiva no caso da pretensão a executar. Em virtude da dissociação entre dívida e responsabilidade, tanto o obrigado (*v.g.*, o afiançado) quanto o responsável (*v.g.*, o fiador) assumem a qualidade de partes legítimas na execução promovida pelo credor, nada obstante a distinção, no plano material, entre o obrigado e o garante (afiançado e fiador, respectivamente). Por força dessas situações, há duas espécies de responsabilidade: (*a*) primária; (*b*) secundária.

O obrigado responde com seu patrimônio, porque contraiu a dívida. O patrimônio do obrigado é o primeiro a se expor à atividade jurisdicional executiva, no caso em que os bens constituem o objeto final ou instrumental da execução. Chama-se de responsabilidade patrimonial primária a semelhante situação. Mas, outras pessoas e, desse modo, outros patrimônios eventualmente sujeitam-se à atividade jurisdicional executiva. Uma das situações substanciais típicas de sujeição patrimonial assenta no corte entre responsabilidade (*haftung*) e obrigação (*schuld*). Embora sob o ângulo subjetivo em geral coincidam (de ordinário, a pessoa é responsável, porque deve), não se afigura rara a hipótese de atribuição de uma e de outra a pessoas diversas (há pessoas que respondem pela dívida, embora não devam).

Exemplo de pessoa responsável por dívida alheia, nos casos específicos previstos na lei material (*v.g.*, a dívida contraída pelo marido na compra e coisas "necessárias à economia doméstica", a teor do art. 1.643, I, do CC), é o cônjuge ou companheiro(a), assim previsto no art. 790, IV. O outro caso é o do sócio pela dívida social (art. 790, II). Essa responsabilidade sem dívida chama-se de responsabilidade secundária.[53]

É nesse ponto que surge a primeira controvérsia que não se pode dizer inteiramente pacificada. Os responsáveis que são convocados a juízo deixam de ser "terceiros",

---

50. RUBINO, Domenico. *La responsabilità patrimoniale*, n. 3, p. 11.
51. SATTA, Salvatore. *L'esecuzione forzata*, n. 13, p. 36.
52. GIORGIANNI, Michele. *Obbligazione (diritto privato)*, n. 38, p. 612.
53. LIEBMAN, Enrico Tullio. *Manuale di diritto processuale civile*, v. 1, n. 39, p. 65.

assumindo a qualidade de partes legítimas. Em primeiro lugar, é parte toda pessoa que figura como sujeito da relação processual. E terceiro é quem, por exclusão, não figura no processo. Ora, o responsável que terá seu patrimônio atingido para satisfazer dívida alheia figura na relação processual e se oporá à execução injusta e ilegal pelos meios consagrados para quem é executado. Ademais, a própria noção de responsabilidade não induz semelhante duplicidade incompreensível de papéis entre o devedor e o responsável no processo. Na verdade, o obrigado e o responsável são partes passivas na demanda, porque (releve-se o truísmo) executados: ambos sofrem os efeitos da agressiva atividade promovida pelo órgão judicial. É irrelevante que, segundo a relação obrigacional, um dos executados (*v.g.*, a afiançado) assumiu a dívida (e, por isso, também é "responsável"), enquanto o outro executado (*v.g.*, o fiador) chamou a si tão só a responsabilidade. Legitimam-se ambos, passivamente, na pretensão a executar. Tal assunto recebeu vigorosa análise, cuja acertada conclusão é a seguinte: "(...) resta demonstrado como o desquite entre os conceitos de dívida e responsabilidade (nos termos de titularidade subjetiva dos dois fenômenos) repercute sobre a esfera processual, em que releva a responsabilidade como definidora da sujeição passiva executiva e autorizadora de constrição executiva sobre o patrimônio de responsáveis não devedores, que, neste raciocínio, indubitavelmente são sujeitos passivos" (na execução).[54]

Por outro lado, a responsabilidade patrimonial recai sobre a pessoa natural e a pessoa jurídica. Entretanto, nessa última, a técnica da personificação visa precipuamente à autonomia patrimonial, distinguindo o patrimônio social do patrimônio individual dos sócios. As pessoas naturais que, ao se associarem formaram a pessoa jurídica, não assumem em nome próprio os direitos e os deveres decorrentes da atividade social. Essa autonomia patrimonial, no âmbito das sociedades empresárias, evita que os "*insucessos da exploração da empresa*", na qual o risco se afigura latente e comum, importem "a perda de todos os bens particulares dos sócios, amealhados ao longo do trabalho de uma vida ou mesmo de gerações, e, nesse quadro, menos pessoas se sentiriam estimuladas a desenvolver novas atividades empresariais".[55]

Ora, nem todos os tipos societários consagram a autonomia patrimonial, fundada na personificação, entre a pessoa jurídica e os seus integrantes. E há razões diversas que levam a lei a atribuir ao sócio a dívida da pessoa jurídica. Por isso, é necessário examinar os casos de responsabilidade patrimonial do sócio.

5. RESPONSABILIDADE PATRIMONIAL PRIMÁRIA E SECUNDÁRIA DO SÓCIO

Localizam-se no art. 790 do CPC as hipóteses em que a responsabilidade patrimonial é estendida aos responsáveis. Essa disposição arrola situações heterogêneas e indiferentes ao assunto aqui tratado, a saber: (*a*) o inc. I subordina o sucessor a título

---

54. MELLO, Rogério Licastro Torres de. *O responsável executivo secundário*, n. 6.4, p. 92.
55. COELHO, Fábio Ulhoa. *Curso de direito comercial*, v. 2, p. 16.

singular da parte, ou seja, quem adquiriu coisa litigiosa, à força da sentença, sendo a ação real ou reipersecutória, assunto que envolve a sucessão das partes em virtude da alienação da coisa litigiosa (art. 109 do CPC); (*b*) o inc. III torna irrelevante a posse direta de terceiro sobre bens do executado, recebida através de negócio jurídico; (*c*) o inc. IV declara o cônjuge responsável, nos termos da lei material, por dívida contraída pelo parceiro, atingindo bens próprios, reservados ou da meação; (*d*) o inc. V faz subsistir a responsabilidade patrimonial sobre bens que saíram ineficazmente do patrimônio do executado, ou que neles permaneceram gravados, porque alienados ou onerados em fraude contra a execução; (*e*) o inc. VI abarca a hipótese de desconstituição do negócio dispositivo, em virtude de fraude contra credores.

Embora versando responsabilidade patrimonial, os incisos I, III, IV, V e VI do art. 790 são estranhos desconsideração da pessoa jurídica. A tônica dessa última questão avulta no art. 790, II, que trata da responsabilidade "*do sócio, nos termos da lei*", e o art. 790, VII, cuidando da responsabilidade em caso específico da desconsideração da personalidade jurídica. Convém explicar a diferença das situações versadas nesses incisos.

Existem casos em que a lei ou o tipo da sociedade tornam o sócio responsável pela dívida social, nada obstante a personalidade própria e inconfundível da pessoa jurídica com a dos seus sócios, associados, instituidores ou administradores (art. 49-A do CC, na redação da Lei 13.874/2019), originada do registro (art. 985 do CC), e da sua autonomia patrimonial. Eis a razão por que o art. 790, II, do CPC, estende a eficácia do título executivo ou extrajudicial, no qual figura como obrigado a prestar a pessoa jurídica, ao respectivo sócio, que responderá solidária ou subsidiariamente pela dívida social, tal como acontece com o adquirente da coisa litigiosa,[56] consoante a disciplina legal porventura aplicável à sociedade e o disposto no contrato (*v.g.,* art. 46, V, do CC). Em tais casos, provindo o título de decisão condenatória judicial, decidiu o STJ que "a responsabilidade pelo pagamento do débito pode recair sobre devedores não incluídos no título judicial exequendo e não participantes da relação processual de conhecimento (...), sem que haja, com isso, ofensa à coisa julgada".[57] Na verdade, o art. 790, II, do CPC permite que a pretensão a executar seja dirigida contra o sócio. Não há execução sem título, pois a disposição legal dilata a responsabilidade, originalmente do devedor, para outra pessoa. É o direito material que possibilita a extensão da eficácia do título aos responsáveis.

E, de outro lado, não se cogitará de qualquer extensão à sociedade não personificada (art. 986 do CC), e, portanto, da incidência do art. 790, II, do CPC. Embora seja dotada de personalidade processual (art. 75, IX), e, portanto, podendo figurar como parte na relação processual, a "transparência" da sociedade implica responsabilidade patrimonial primária dos sócios.[58] Os bens e dívidas sociais formam, segundo o art. 988

---

56. 3ª T. do STJ, REsp 79.878/SP, 05.08.1997, Rel. Min. Carlos Alberto Direito, *DJU* 08.09.1997, p. 42.490.
57. 4ª T. do STJ, REsp 225.051/DF, 07.11.2000, Rel. Min. Sálvio de Figueiredo Teixeira, *RJSTJ* 141/159. No mesmo sentido, 3ª T. do STJ, AgRg no Ag 965.210/SP, 13.05.2008, Rel. Min. Massami Uyeda, *DJE* 03.06.2008.
58. CASTRO, Amílcar de. *Comentários ao Código de Processo Civil*, v. 8, n. 104, p. 71. No mesmo sentido, MELLO, Rogério Licastro Torres de. *O responsável executivo secundário*, n. 16.2.1, p. 195.

FORÇA DA DECISÃO NA DESCONSIDERAÇÃO DA PERSONALIDADE JURÍDICA | **505**

do CC, "patrimônio especial", respondendo os sócios "solidária e ilimitadamente pelas obrigações sociais" (art. 990 do CC).

Nas sociedades personificadas – categoria que se opõe às sociedades não personificadas (ou irregulares) –, subdivididas em sociedades simples e sociedades empresárias, conforme o modo de exploração do objeto social, a responsabilidade patrimonial do sócio não se afigura simétrica. Por exemplo, nas sociedades em nome coletivo, os sócios respondem ilimitadamente perante terceiros, a teor do art. 1.039 do CC; nas sociedades cooperativas, conforme o art. 1.095 do CC, a responsabilidade pode ser limitada ou ilimitada, consoante disposição específica do estatuto da cooperativa.[59] A responsabilidade pessoal decorrente do tipo social (*v.g.*, na sociedade em nome coletivo) origina-se da consecução dos objetivos sociais e da vontade original dos sócios de se apresentarem como responsáveis perante terceiros na eventualidade de insucesso do empreendimento. É, entretanto, responsabilidade subsidiária, subentendendo-se a insuficiência patrimonial da sociedade.[60]

Todavia, o comércio jurídico consagrou como tipos societários mais comuns, a sociedade anônima e a sociedade por cotas, porque nelas a regra é a autonomia patrimonial da sociedade, implicando, conseguintemente, a irresponsabilidade pessoal do sócio. No tocante a essas últimas espécies de sociedade é que surge o problema básico da responsabilização episódica do sócio. E, ao nosso ver, cumpre distinguir a responsabilidade direta e a responsabilidade indireta.

Com efeito, há situações em que regras jurídicas específicas imputam responsabilidade patrimonial, diretamente, ao sócio, às vezes tão só ao sócio-gerente e ao administrador. Caso expressivo dessa última responsabilidade patrimonial é a que decorre do art. 134, VII, c/c art. 135, III, do CTN, em virtude de dívida tributária, e objeto de larga controvérsia, afinal dirimida na jurisprudência do STJ. Firmou a orientação acertada o seguinte julgado: "O sócio-gerente de uma sociedade limitada é responsável, por substituição, pelas obrigações fiscais da empresa a que pertencera, desde que essas obrigações tributárias tenham fato gerador contemporâneo ao seu gerenciamento, pois age com violação à lei o sócio-gerente que não recolhe os tributos devidos".[61] É indispensável provar que o sócio-gerente "agiu com infração à lei ou contra o estatuto", ou a empresa se dissolveu irregularmente, esclareceu o STJ.[62] Em outras palavras, não basta o fato objetivo do inadimplemento da obrigação tributária para tornar responsável o sócio.[63] É preciso alegar e provar o abuso na representação ou do exercício dos poderes por parte do administrador e sócio.[64] O art. 1.025 do CC estabeleceu, no entanto, que o

---

59. MELLO, Rogério Licastro Torres de. *O responsável executivo secundário*, n. 16.2, p. 198-209.
60. OLIVEIRA, José Lamartine Corrêa de. *A dupla crise da pessoa jurídica*, p. 261.
61. 1ª T. do STJ, REsp 4.168/SP, 11.04.1994, Rel. Min. Milton Pereira, *RJSTJ* 53/652.
62. 1ª T. do STJ, REsp 550.258/RS, 14.10.2003, Rel. Min. Luiz Fux, *DJU* 17.11.2003, p. 221.
63. 2ª T. do STJ, REsp 453.438/RS, 28.10.2002, Rel. Min. João Otávio de Noronha, *DJU* 24.11.2003, p. 253.
64. AMENDOEIRA JÚNIOR, Sidnei. *Aspectos processuais da responsabilidade patrimonial dos sócios e da desconsideração da personalidade jurídica*, n. 3, p. 557.

sócio, "admitido em sociedade já constituída, não se exime das dívidas sociais anteriores à admissão", o que não abrange as dívidas tributárias, submetidas a disciplina própria.

Mas, a par da imputação direta da lei quanto à responsabilidade do sócio perante terceiros, há a responsabilidade patrimonial dos administradores e dos sócios quando a personalidade jurídica serviu de instrumento à fraude e ao abuso. Em tal caso, a autonomia patrimonial do sócio pode ser afastada com base na assim chamada desconsideração da pessoa jurídica ou *disregard doctrine*. Também incidiria, nessa hipótese, o art. 790, II, do CPC, para estender a eficácia do título executivo, no qual, originariamente, figura tão só a sociedade, mas não diretamente. Por isso, o art. 790, VII, do CPC, optou por destacar as hipóteses em que a imputação da responsabilidade do sócio ou da própria sociedade por dívida da pessoa natural (desconsideração inversa) é indireta. Logo, evitando superposição, o inc. II do art. 790 do CPC aplicar-se-á aos casos em que o sócio, nos termos da lei ou do contrato (*v.g.*, sociedade em nome coletivo), respondem pessoalmente pela dívida.

A responsabilidade nos casos de desconsideração é secundária, conforme assinala Otávio Joaquim Rodrigues Filho, *in verbis*:

> Contudo, em termos de desconsideração da personalidade jurídica, como referimos, a violação ao cumprimento de uma obrigação é feita de forma indireta, como nas situações em que há confusão patrimonial, atuação empresarial com capital evidentemente insuficiente, que tornam a sociedade insolvente e a impedem de cumprir suas obrigações, dentro do exercício normal da sua atividade. Nessa situação, o membro da pessoa jurídica, sócio ou administrador, viola interesses legítimos de terceiros, impedindo que a pessoa jurídica cumpra sua normal função. *É o caso, com a devida vênia, de responsabilidade secundária, porque, se a obrigação já preexistia e se referia unicamente à pessoa jurídica, ela está desvinculada da responsabilidade do sócio ou administrador, resultando, para estes, típico caso de responsabilidade sem obrigação".*[65] (destaques nossos).

A função da *disregard doctrine* afigura-se residual, a par de episódica, "só deve ser aplicada se a autonomia da pessoa jurídica se tornar um obstáculo para a coibição de fraudes e abusos de direito. Caso o sócio, o acionista, o administrador ou a sociedade sejam destinatários específicos de normas que lhes atribuam responsabilidades pelo abuso de direito ou pela realização de fraudes",[66] a responsabilidade patrimonial secundária é diretamente atribuída a tais pessoas por força do art. 790, II, do CPC. Não é o caso, ao invés, das regras que atribuem responsabilidade ao sócio por perdas e danos. Por exemplo, "responde por perdas e danos o sócio que, tendo em alguma operação interesse contrário ao da sociedade, participar da deliberação que a aprove graças a seu voto" (art. 1.010, § 3º, do CC). Essa responsabilidade há de ser objeto de ação autônoma e própria, não incidindo, destarte, o art. 790, II, do CPC.

Feitas as distinções necessárias, o art. 790, II e VII, incidirá em dois grandes grupos de casos: (*a*) responsabilidade patrimonial secundária, mas direta, em que a imputação da responsabilidade é legal; (*b*) responsabilidade patrimonial secundária, mas indireta, que exige a desconsideração da personalidade jurídica.

---

65. RODRIGUES FILHO, Otávio Joaquim. *Desconsideração da personalidade jurídica e processo*, n. 7.3, p. 173.
66. SOUZA, André Pagani de. *Desconsideração da personalidade jurídica*, n. 2.2.5, p. 79.

6. RESPONSABILIDADE PATRIMONIAL SECUNDÁRIA: IMPUTAÇÃO DA RESPONSABILIDADE

Vencida a outrora tormentosa questão de se reconhecer personalidade às pessoas jurídicas,[67] a reponsabilidade pessoal do sócio-gerente, solidária e ilimitadamente, constava do art. 10 do Decreto 3.708, de 10.01.1919, segundo o qual, nas sociedades por cotas de responsabilidade limitada, no caso de o gerente ter obrado com excesso de mandato ou realizado atos com violação do contrato ou da lei responderia perante a sociedade e terceiros (teoria *ultra vires*). Mas, sobretudo, deve-se à divulgação doutrinária da teoria da *disregard of legal entity*, por Rubens Requião,[68] a releitura do dispositivo para além da teoria da responsabilidade *ultra vires* do sócio. Também se revelou decisiva a obra de José Lamartine de Oliveira, identificando na necessidade geral de coibir o uso da pessoa jurídica para fins dissociados da sua função.[69] Posteriormente, várias leis consagraram a superação da personalidade jurídica, a exemplo do art. 28 da Lei 8.078/1990, nas relações de consumo; o art. 18 da Lei 8.884/1994, cuidando a repressão às infrações contra a ordem econômica; o art. 4º da Lei 9.605/1998, tutelando o meio ambiente; e, por fim, o art. 50 do CC.

Em geral, entende-se por desconsideração a suspensão episódica da eficácia da personificação da pessoa jurídica, relativamente a determinada obrigação, a fim de imputar responsabilidade patrimonial ao sócio ou, inversamente, à pessoa jurídica por dívida pessoal de alguém.[70] Por intermédio da desconsideração, abstrai-se a forma de que se revestiram pessoas ou bens, negando sua existência autônoma,[71] porque a pessoa jurídica obrou com "*finalidades distintas daquelas que inspiram o conjunto do sistema jurídico*".[72] Não há, entretanto, qualquer efeito sobre a personalidade da pessoa jurídica, que subsiste íntegra e, principalmente, válida.[73]

Nada obstante, a própria terminologia tradicional do instituto, "desconsideração", ou a germânica "penetração" (*Durchgriff*) – possivelmente adequada tão só na desconsideração inversa – não se mostram muito apropriadas para retratar o que acontece na realidade. O caso da desconsideração inversa ilustra a falta de pertinência: quando a dívida pessoal do sócio é imputada à pessoa jurídica, por óbvio inexistirá a "desconsideração" da personalidade desta última. A rigor, portanto, a essência do instituto reside na atribuição da responsabilidade patrimonial a quem praticou ilícito, valendo-se da pessoa jurídica, ou utilizando-a para proteger seu patrimônio.[74] Curiosamente, a palavra "imputação" não desfruta de irrestrita simpatia, porque retira o caráter subsidiário do

---

67. CARVALHO DE MENDONÇA, J. X. *Tratado de direito comercial brasileiro*, v. 3, n. 601, p. 77-78.
68. REQUIÃO, Rubens. *Abuso de direito e fraude através da personalidade jurídica*, p. 15.
69. OLIVEIRA, José Lamartine Corrêa de. *A dupla crise da pessoa jurídica*, p. 262.
70. COELHO, Fábio Ulhoa. *Desconsideração da personalidade jurídica*, n. 3.2, p. 54.
71. DOBSON, Juan M. *El abuso de la personalidad jurídica*, p. 11.
72. OLIVEIRA, José Lamartine Corrêa de. *A dupla crise da pessoa jurídica*, p. 262.
73. REQUIÃO, Rubens. *Curso de direito comercial*, v. 1, n. 218, p. 408.
74. Em termos, GIANNICO NETO, Francisco Ettore. *O incidente de desconsideração da personalidade jurídica na execução fiscal*, n. 3.6, p. 93.

instituto e há situações (v.g., na hipótese de simulação) que podem ser solucionadas sem recorrer à "desconsideração".[75] Qualquer que seja a nomenclatura adotada e, às vezes, como acontece com a palavra "jurisdição", apenas a força da tradição respalda seu uso, o efeito principal consiste em tornar os sócios e outras pessoas, incluindo as estranhas à sociedade, responsáveis patrimonialmente pela dívida social, a teor do art. 790, VII. Os pressupostos dessa responsabilização, por sinal o ônus da sua demonstração incumbe a quem a requerer (art. 134, § 4º, c/c art. 133, § 1º, do CPC), localizam-se no art. 50, *caput*, do CC. Esse dispositivo outorgou consistência mais precisa às hipóteses em que pode ocorrer a extensão da responsabilidade, o que sempre suscitou dificuldades em outros sistemas jurídicos,[76] consoante os heterogêneos pressupostos empregados.

Subjetivamente, como se extrai da referida disposição, a responsabilidade patrimonial assume contornos amplos, atingindo os "administradores" e, por igual, os "sócios da pessoa jurídica" beneficiados pelo desvio de finalidade, definido no art. 50, § 1º, do CC, não se caracterizando como tal, entretanto, a expansão ou a alteração dos fins sociais originais da pessoa jurídica (art. 50, § 5º, do CC). Também pode alcançar, apesar da omissão do texto, quem não figure como sócio, mas exerça efetivo controle sobre os negócios da pessoa jurídica. Essa extensão da responsabilidade se justifica, sem dúvida, para evitar que o responsável pelo abuso da personalidade jurídica, ou pela fraude, forre-se de qualquer responsabilidade, escondendo-se numa participação social secundária, e, através do sócio-gerente formal, manipule a empresa. A despeito de ao juiz incumbir, ainda de acordo com o art. 50, *caput*, "decidir, a requerimento da parte, ou do Ministério Público quando lhe couber intervir no processo, que os efeitos de certas e determinadas relações de obrigações sejam estendidos aos bens particulares", independentemente de prévia condenação, há que considerar a proposição nos devidos termos. A decisão interlocutória proferida no curso da demanda (art. 136, *caput, do CPC*), antecedida de prazo de defesa (art. 135 do CPC) e da coleta ampla de subsídios probatórios (art. 136, *caput*: "Concluída a instrução...") independentemente da função instrumental do processo (cognição ou execução predominantes), haverá de medir e pesar o fato típico que ensejará tal extensão da responsabilidade patrimonial.

Em que pesem os termos amplos da regra, não se revela possível, em razão da natureza ou da grandeza do privilégio do crédito (*v.g.*, o crédito trabalhista), estender a responsabilidade a todo e qualquer sócio, que jamais interferiu ou comandou, à distância ou por interposta pessoa, as operações sociais, e, por conseguinte, jamais esteve em condições de praticar atos abusivos ou fraudulentos. Por exemplo, o sobrinho X contrata sociedade com a idosa tia Y, mas proprietária de opulento patrimônio imobiliário, cuja participação no capital social é de um por cento, competindo a gestão da empresa somente ao sobrinho X. Não há norma que atribua responsabilidade patrimonial secundária direta à tia Y: a responsabilidade tributária pessoal por dívida social, por exemplo, é do gestor

---

75. OLIVEIRA, José Lamartine Corrêa de. *A dupla crise da pessoa jurídica*, p. 611.
76. SERIK, Rolf. *Forma e realtà della persona giuridica*, p. 95.

FORÇA DA DECISÃO NA DESCONSIDERAÇÃO DA PERSONALIDADE JURÍDICA

e, não, do sócio. E também faltará o elemento subjetivo para a incidência do art. 50 do CC. Não é este, porém, o entendimento usual, quanto à dívida trabalhista. Em geral, a responsabilidade recai sobre qualquer sócio, independentemente da sua participação nos negócios sociais ou da data da constituição da dívida.[77]

Esse tratamento peculiar, e as distorções na aplicação do instituto, sugeriu a formulação de duas teorias: (a) a "menor", em que basta o inadimplemento da dívida social, implicando a total eliminação do princípio da separação entre a pessoa jurídica e os respectivos sócios; e (b) a "maior", segundo a qual há de haver o intuito de fraudar o direito do credor ou confusão patrimonial, presentemente definida no art. 50, § 2º, do CC.[78]

É caso de desconsideração da pessoa jurídica, por exemplo, a criação de nova sociedade Y entre A e B, pois a antiga sociedade X, da qual também são sócios, é ré em ação de reparação de danos movida por C, vítima de acidente de trânsito provocado por motorista de X, cujo vulto abrangerá todo o seu patrimônio, razão pela qual A e B deixam de investir em X e concentram suas atividades em Y.[79] Em tal hipótese, o juiz poderá desconsiderar a pessoa jurídica X, estendendo a responsabilidade da dívida perante C para Y ou para os sócios A e B.

Em tema de desconsideração da pessoa jurídica, conforme assinalado, variam os entendimentos, outorgando-lhe a extensão maior ou menor. Não é um instituto unitário.[80] A teoria menor, francamente radical, baseia-se unicamente na insolvência ou insuficiência patrimonial da pessoa jurídica e que, como visto, predomina no processo trabalhista, ao abstrair a efetiva participação do sócio nos atos de gestão. Entretanto, há manifestações legislativas dessa concepção, a exemplo do art. 28, § 5º, da Lei 8.078/1990.[81] Segundo o STJ, em tal caso basta a dificuldade de o consumidor obter a reparação do dano.[82] Fora desse caso excepcional, exige-se a demonstração (ou seja, a prova) do desvio de finalidade (fraude ou abuso da personalidade jurídica) ou da confusão patrimonial.[83] As duas hipóteses aventadas correspondem às formulações subjetiva e objetiva da desconsideração da pessoa jurídica que polarizaram o desenvolvimento do instituto.[84]

Concebe-se a chamada desconsideração inversa, na qual a pessoa jurídica assume a responsabilidade da dívida pessoal do sócio, que desviou seus bens para a sociedade, blindando-o contra a pretensão a executar dos seus credores particulares.[85] O STJ já

---

77. SILVA, Alexandre Couto e. *A aplicação da desconsideração da personalidade jurídica no direito brasileiro*, n. 5.4, p. 142.
78. COELHO, Fábio de Ulhoa. *Curso de direito comercial*, v. 2, p. 49.
79. Idem, *Curso de direito comercial*, v. 2, p. 36.
80. JUSTEN FILHO, Marçal. *Desconsideração da personalidade societária no direito brasileiro*, p. 101.
81. SOUZA, André Pagani de. *Desconsideração da personalidade jurídica*, n. 2.2, p. 71.
82. 4ª T. do STJ, AgRg no REsp 1.106.072/MS, 02.09.2014. Rel. Min. Marco Buzzi, *DJE* 18.09.2014. No mesmo sentido, 3ª T. do STJ, REsp 737.000-MG, 01.09.2011, Rel. Min. Paulo de Tarso Sanseverino, *DJE* 12.09.2011.
83. 3ª T. do STJ, AgInt no AREsp 1.565.590/SP, 23.03.2020, Rel. Min. Marco Aurélio Bellizze, *DJE* 30.03.2020; 4ª T. do STJ, AgRg no AREsp 831.748/SC, 23.02.2016, Rel. Min. Raul Araújo, *DJE* 07.03.2016.
84. OLIVEIRA, José Lamartine Corrêa de. A dupla crise da pessoa jurídica, p. 608-613.
85. SOUZA, André Pagani de. *Desconsideração da personalidade jurídica*, n. 2.2.8, p. 94-97.

reconheceu a figura da desconsideração inversa.[86] E o art. 133, § 2º, do CPC, explicitamente, aludiu à hipótese.

Em síntese, à luz do art. 50 do CC, a regra geral é a teoria maior da desconsideração, subdividida em duas modalidades: (*a*) subjetiva, nos casos de desvio de finalidade, entendendo-se como tal o propósito dos sócios de fraudar terceiros com o uso abusivo da personalidade jurídica; e (*b*) objetiva, nos casos de confusão patrimonial, resultando da demonstração da inexistência, no plano dos fatos, de real separação entre os patrimônios da pessoa jurídica e dos sócios.[87] O art. 133, § 1º, do CPC, remete a essa disciplina do direito material, especificando: "O pedido de desconsideração da personalidade jurídica observará os pressupostos previstos em lei". Assim, a mera insolvência não é suficiente para atribuir responsabilidade patrimonial aos sócios.[88] Tampouco a dissolução irregular enseja esse efeito.[89]

7. NATUREZA E CONSEQUÊNCIAS DO INCIDENTE DE DESCONSIDERAÇÃO DA PERSONALIDADE JURÍDICA: DECLARAÇÃO DA RESPONSABILIDADE

Em razão dos dados coligidos, expondo a relação da *disregard doctrine* com a responsabilidade patrimonial secundária, a posição de parte passiva do responsável, na execução em geral (cumprimento da sentença e processo de execução), e os casos em que essa responsabilidade pela dívida social é imputada aos sócios, administradores ou, inversamente, a dívida pessoal é atribuída à sociedade, chegou-se a enunciação de que os fins próprios da desconsideração da personalidade jurídica residem na extensão da responsabilidade pelo cumprimento da obrigação a pessoas que não assumiram a dívida na relação obrigacional.

Para realizar semelhante extensão, a parte ou o Ministério Público, nos casos em que deva intervir no processo – portanto, não cabe decretação *ex officio* –,[90] podem requer a desconsideração em caráter (*a*) principal (art. 134, § 2º, do CPC), "hipótese em que será citado o sócio ou a pessoa jurídica", ou (b) incidental, ou seja, "em todas as fases do processo de conhecimento, no cumprimento de sentença e na execução fundada em título executivo extrajudicial". Claro está que essa última constitui a modalidade mais comum. É na execução que, inadimplida a obrigação e insuficiente ou inexistente patrimônio do(s) executado(s), mais importa estender a responsabilidade para outras

---

86. 3ª T. do STJ, AgInt no REsp 1.471.237/PI, 12.09.2017, Rel. Min. Ricardo Villas Bôas Cueva, *DJE* 21.09.2017; 3ª T. do STJ, REsp 948.117/MS, 22.06.2010, Rel. Min. Nancy Andrighi, *RT* 901/169.

87. 3ª T. do STJ, REsp 1.325.663/SP, 11.06.2013, Rel. Min. Nancy Andrighi, *DJE* 24.06.2013. No mesmo sentido, 4ª T. do STJ, AgRg no AREsp 159.889/SP, 15.10.2013, Rel. Min. Luis Felipe Salomão, *DJE* 18.10.2013.

88. 3ª T. do STJ, AgInt no REsp 1.776.605/RS, 01.07.2019, Rel. Min. Ricardo Villas Bôas Cueva, *DJE* 02.08.2019.

89. NUNES, Márcio Tadeu Guimarães. *Desconstruindo a desconsideração da personalidade jurídica*, p. 377; CEOLIN, Ana Caroline Santos. *Abusos na aplicação da teoria da desconsideração da pessoa jurídica*, n. 3.7.3, p. 124-126.

90. NUNES, Márcio Tadeu Guimarães. *Desconstruindo a desconsideração da personalidade jurídica*, p. 166; DIDIER JÚNIOR, Fredie. *Curso de direito processual civil*, p. 526; CEOLIN, Ana Caroline Santos. *Abusos na aplicação da teoria da desconsideração da pessoa jurídica*, p. 168. Em sentido contrário, SILVA, Osmar Vieira da. *Desconsideração da personalidade jurídica*, p. 158; SILVA, Alexandre Couto. *A aplicação da desconsideração da personalidade jurídica no direito brasileiro*, n. 6.1.4, p. 207.

FORÇA DA DECISÃO NA DESCONSIDERAÇÃO DA PERSONALIDADE JURÍDICA **511**

pessoas, em razão do desvio de finalidade ou da confusão patrimonial. Mas, na desconsideração pleiteada na petição inicial, logo aparece o problema da natureza da pretensão deduzida contra o obrigado e o responsável. Idêntica questão surge, *mutatis mutandis*, na desconsideração incidental, pouco importando que a resolução seja tomada em decisão interlocutória, porque há as que decidem o mérito e, por isso, revelam-se agraváveis (art. 1.015, II, do CPC).

Outra vez é preciso recorrer à teoria geral do processo para obter resultados seguros e aceitáveis. E o ponto inicial só pode ser classificação das formas de intervenção de terceiros.

Por definição, terceiro é quem não figura, a qualquer título, no processo pendente. Mas, ocorrendo intervenção do terceiro, espontânea (v.g., o assistente) ou forçadamente (v.g., o chamado ao processo), tornar-se-á parte a partir do seu ingresso. Essa é a primeira distinção na matéria, pois a intervenção pode ser dividida em (*a*) voluntária e (*b*) em compulsória. Também se menciona a intervenção (*a*) principal (v.g., a oposição), contraposta à (*b*) adesiva (v.g., a assistência), e intervenção (*a*) permanente e (*b*) transitória (v.g., o do adquirente do objeto litigioso, recusada o câmbio do alienante pela contraparte). Mas, é a distinção entre a intervenção por (*a*) inserção e por (*b*) ação que há de ser compreendida para entender a natureza da desconsideração principal e incidente.

Como já assentado, cumpre distinguir a relação processual, formada por meio do exercício da pretensão à tutela jurídica do Estado, e o objeto litigioso, que é a pretensão (processual) do autor perante o réu. Ora, a pluralidade de partes não é fenômeno coextensivo da pluralidade de objetos litigiosos. Não importa que a quantidade de sujeitos e o momento do respectivo ingresso, que pode ser inicial ou sucessivo à formação do processo, porque a presença de duas ou mais pessoas em um dos seus polos do processo não indica, necessariamente, a pluralidade do objeto litigioso – ou cumulação subjetiva de ações. Por exemplo, no caso de litisconsórcio necessário (*v.g.*, dos figurantes do negócio jurídico, na ação em que outra pessoa pede a respectiva dissolução), a pluralidade de partes, inicial ou sucessiva, não respeita ao objeto litigioso, que é único. Certo, a intervenção de terceiros sempre representará ampliação subjetiva na estrutura do processo. É preciso examiná-la, entretanto, no que tange às mudanças objetivas que possa introduzir no processo. Concebe-se que haja intervenção no processo, por inserção na relação processual pendente, e haja intervenção na lide (ou objeto litigioso).[91]

Figure-se a hipótese de o sublocatário *C* intervir na ação de despejo movida pelo locador *A* contra o locatário *B* típica da assistência simples. O sublocatário *C* almeja a vitória do locatário *B*, porque a dissolução da locação entre *A* e *B* implicará a dissolução da sublocação. Para tal finalidade, a lei processual autoriza sua intervenção no processo pendente, a fim auxiliar o locatário *B*, mas o direito do sublocatário *C* não será objeto da controvérsia. Por conseguinte, na assistência há simples inserção do terceiro na relação processual, sem qualquer mudança no objeto litigioso. As coisas se passam diferentemente, v.g., no chamamento ao processo. Ao convocar o réu o devedor

---

91. CARNEIRO, Athos Gusmão. *Intervenção de terceiros*, n. 31, p. 81.

principal ou o coobrigado, ocorrerá ampliação do objeto litigioso. Da pretensão única inicial, consistente no reconhecimento da obrigação do réu originário reclamada pelo autor, o chamamento do processo, a par de ampliar o número de partes passiva, passará a abranger "*a pretensão do chamador ao reconhecimento da obrigação do chamado*".[92] O futuro julgamento há de decidir a respeito das duas pretensões, sob pena de incorrer no vício *infra petita*, sem que o juízo positivo a respeito do primeiro implique a emissão de juízo de idêntico teor no segundo (*v.g.*, a fiança prestada pelo chamador pode ser válida, mas a do chamado é inválida), e a autoridade da coisa julgada vinculará o autor perante o chamado e o chamador perante o chamado.

E na desconsideração? É flagrante que, pretendendo *A* condenar o devedor *B* na prestação *X*, porque não dispõe de título executivo extrajudicial ou optou pelo processo de conhecimento (art. 785 do CPC), e, ao mesmo tempo, estender a responsabilidade de *B* para o sócio *C*, o autor *A* deduziu duas pretensões, *in simultaneo processu*, a primeira contra *B* e a segunda contra *C*.[93] Essas pretensões se distinguem pela *causa petendi*: a primeira se baseia na dívida contraída por *B*; a segunda, ao invés, nos pressupostos do art. 50, *caput*, do CC, permitindo a extensão da responsabilidade patrimonial perante *C*. São pretensões inconfundíveis. Forma-se, assim, litisconsórcio passivo facultativo inicial eventual,[94] porque só acolhimento da pretensão do autor *A* perante o réu *B* permitirá ao juiz apreciar, em qualquer sentido, a pretensão de *A* perante o réu *C*, objetivando "*a responsabilidade primária da sociedade, com a afetação do sócio para a satisfação do débito em relação à sociedade*".[95] O reconhecimento e a condenação do réu *B* é questão prejudicial ao exame da pretensão perante *C*. Em síntese, o processo cumulativo é modalidade de intervenção por ação, à semelhança (ao menos na concepção dominante) do chamamento em garantia (denunciação da lide). E as ações cumuladas serão julgadas simultaneamente por sentença apelável.

Também no caso da postulação incidente, no cumprimento da sentença (execução de título judicial) ou no processo de execução (título extrajudicial), há pretensão do exequente perante o responsável, que implicará a suspensão do processo (art. 134, § 3º, do CPC), e findará por decisão interlocutória de mérito, passível de agravo de instrumento (art. 136, *caput*, art. 1.015, II, do CPC) ou, requerida no tribunal, de agravo interno (art. 136, parágrafo único, do CPC). O sócio e a pessoa jurídica, conforme o caso, serão citados para contestarem e requererem provas (art. 135 do CPC), no prazo de quinze dias, passando-se à instrução da causa incidental.

A natureza do pedido imediato formulado na desconsideração autônoma e incidente suscita divergências. Em primeiro lugar, baseando-se na tese da suspensão episódica da personalidade jurídica, entende-se que o pedido consiste na declaração da

---

92. DINAMARCO, Cândido Rangel. *Intervenção de terceiros*, n. 11, p. 33.
93. DIDIER JÚNIOR, Fredie. Curso de direito processual civil, p. 527. No mesmo sentido, RODRIGUES FILHO, Otávio Joaquim. *Desconsideração da personalidade jurídica e processo*, n. 8.3.3, p. 209.
94. ASSIS, Araken de. *Processo civil brasileiro*, v. 2, t. 1, n. 580.5, p. 230. No mesmo sentido, DIDIER JÚNIOR, Fredie. *Curso de direito processual* civil, p. 527.
95. ARAÚJO, Fábio Caldas de. *Intervenção de terceiros*, p. 347.

FORÇA DA DECISÃO NA DESCONSIDERAÇÃO DA PERSONALIDADE JURÍDICA **513**

ineficácia relativa da personificação,[96] estendendo-se os efeitos de certas obrigações ao responsável. Em contraposição, outra opinião alvitra que a desconsideração modifica a situação dos sujeitos para imputar responsabilidade ao sócio;[97] nesse caso, a força do provimento se apresentaria como constitutiva positiva. E, por fim, apesar da extensão dos efeitos do título, na verdade estar-se-ia "diante de verdadeiro provimento condenatório que reconhece a existência de uma dívida do sócio e permite que se pratiquem atos constritivos em face do seu patrimônio".[98]

Não se pode perder de vista, no cotejo dessas teses discrepantes, que toda ação engloba mais de uma eficácia, nada obstante o predomínio de uma delas, chamada de força. Fixada essa premissa, não há dúvida que há eficácia constitutiva: a modificação do estado jurídico do responsável é evidente: antes era irresponsável, depois torna-se responsável. Por outro lado, a eficácia condenatória é irrelevante no caso. Um dos predicados do título executivo é a identificação das partes; em princípio, a execução terá lugar somente a favor e contra as pessoas designadas no título. Essa coincidência é, todavia, eventual e contingente. As posições subjetivas na relação material (crédito e dívida) podem ser transmitidas, *inter vivos* ou *causa mortis*; e, além disso, a responsabilidade patrimonial é passível de extensão a terceiros, fitando a relação substancial, a exemplo do cônjuge (art. 790, IV, do CPC).[99] Por essa razão, a força preponderante, na desconsideração principal ou incidente é declaratória, sem pejo de secundariamente se modificar a condição jurídica do desconsiderando. Não é incomum o efeito constitutivo secundário acompanhar a declaração.[100] O órgão judicial declara que o terceiro é responsável pela dívida e a execução pode contra ele ser promovida, tornando-o parte passiva legítima. Assim, volvendo ao exemplo ministrado, as ações cumuladas de *A* contra *B* e *C* se distinguem também pelo pedido imediato: a primeira é condenatória, a segunda declaratória.

O provimento que declara o sócio ou a pessoa jurídica responsável produz duas consequências notáveis. Não há transmissão da dívida do devedor para o responsável e, muito menos, constituição de obrigação própria deste último. No plano material, o desconsiderando não é obrigado, mas apenas responsável patrimonialmente. E, desse modo, a dívida pela qual o desconsiderando se tornou responsável é a originária, seja em seu conteúdo, seja em suas garantias. Por exemplo, se na execução promovida por *A* contra *B*, em recuperação judicial, baseada em crédito objeto de propriedade fiduciária (art. 49, § 3º, da Lei 11.101/2005), o que pode ser exigido do responsável *C*, uma vez acolhida a desconsideração, é esse mesmo crédito extraconcursal. O responsável *C* responderá nem mais nem menos pela dívida do devedor *B*.

---

96. BRUSCHI, Gilberto Gomes. *Aspectos processuais da desconsideração da personalidade jurídica*, n. 6.2, p. 34; SOUZA, André Pagani de. *Desconsideração da personalidade jurídica*, n. 4, p. 185-186.
97. JUSTEN FILHO, Marçal. *Desconsideração da personalidade societária no direito brasileiro*, p. 89.
98. GIANNICO NETO, Giovanni Ettore. *O incidente de desconsideração da personalidade jurídica na execução fiscal*, n. 6.4, p. 204.
99. ASSIS, Araken de. *Manual da execução*, n. 25.1, p. 192.
100. LOPES, João Batista. *Ação declaratória*, n. 3.8.2, p. 95.

Resta estipular a partir de qual momento se produzirá a responsabilidade patrimonial. Esse ponto exige considerações sobre os limites temporais dos provimentos judiciais.

8. EFEITOS *EX TUNC* DA DECLARAÇÃO DA RESPONSABILIDADE

Um dos pontos capitais da teoria geral do processo é a observação de que todo o provimento produz efeitos próprios ou naturais. Essa aptidão para produzir efeitos no plano material não se vincula, absolutamente, à autoridade da coisa julgada.[101] O pronunciamento ainda sujeito a recurso, conforme a via de impugnação cabível seja desprovida de efeito suspensivo, pode produzir seu efeito próprio; por exemplo, cuidando-se de decisão condenatória, desde logo comportará cumprimento provisório (art. 520 do CPC). O momento a partir do qual forma-se a situação jurídica criada pelo provimento final, revestida ou não da autoridade que a torna imune a controvérsias futuras, é questão do maior relevo. Ela exige atenta perquirição das dimensões mais profundas do fator tempo após o julgamento da causa. Os efeitos da sentença – ou, mais exatamente, os efeitos do processo – surgem no presente, mas reportam-se a algum momento, no passado, e, ainda, vão até certo ponto, no futuro.[102]

É possível distinguir, no concernente ao tempo, a eficácia (*a*) do ato e (*b*) do conteúdo. São fenômenos perfeitamente distintos. O ato decisório às vezes se confina em limites mais estritos do que os gerais ou subordina-se a condições e modalidades de eficácia alheias ao conteúdo que lhe é próprio.[103] Em geral, o ato decisório chamado de sentença (art. 203, § 1º, do CPC) produzirá seus efeitos após o esgotamento do prazo de interposição do recurso próprio, a apelação, porque esta é geralmente dotada de efeito suspensivo, e, substituída por acórdão do tribunal, a partir desse momento, porque o recurso porventura cabível não exibirá efeito suspensivo; por exceção, inexistindo efeito suspensivo na apelação, os efeitos naturais produzem-se incontinenti. Se essa é a regra, há exceções. Os efeitos podem surgir após o vencimento do *terminus paritionis*, a exemplo do prazo legalmente fixado para o inquilino desocupar voluntariamente o imóvel urbano locado (art. 63 da Lei 8.245/1991), independentemente do caráter definitivo ou provisório da execução. É vedado ao locador promover a desocupação forçada antes de esgotado o prazo.[104] E, por óbvio, tal prazo respeita ao pronunciamento judicial, pois é estranho à relação locatícia. Além disso, o ato judicial pode produzir os efeitos que lhes são próprios somente após o trânsito em julgado, como acontece na sentença substitutiva da declaração de vontade (art. 501 do CPC).

No tocante ao conteúdo, interessa a produção dos efeitos próprios das forças declarativa, constitutiva, condenatória, executiva e mandamental. Às vezes, a pretensão do autor influi diretamente no termo da relação substancial (v.g., a ação renovatória de locação comercial, a teor do art. 51 da Lei 8.245/1991),[105] e, dessa maneira, o envolvimento do

---

101. LIEBMAN, Enrico Tullio. *Efficacia ed autorità della sentenza*, n. 14, p. 39.
102. CARNELUTTI, Francesco. *Lezioni di diritto processuale civile*, v. 4, n. 385, p. 440-447.
103. Giovanni Cristofolini, *Efficacia della sentenza nel tempo*, n. 3, p. 297.
104. ASSIS, Araken de. *Locação e despejo*, n. 8.5, p. 66.
105. CRISTOFOLINI, Giovanni. *Efficacia della sentenza nel tempo*, n. 8, p. 313.

FORÇA DA DECISÃO NA DESCONSIDERAÇÃO DA PERSONALIDADE JURÍDICA | **515**

dado temporal integra o conteúdo do pronunciamento. Ressalva feita a essas hipóteses, as forças mencionadas têm dimensão temporal própria. Aqui importa a declaração, porque essa é a eficácia predominante da decisão que estende a responsabilidade patrimonial para o sócio ou a pessoa jurídica.

A declaração reporta-se à existência ou inexistência de uma relação jurídica pre-existente. Se a relação é inexistente até se pode pleitear a sua constituição; mas, aí, o provimento deixa de ser declaratório. Logo, fitando necessariamente fatos que incidi-ram na norma jurídica no passado,[106] o efeito declarativo opera *ex tunc*.[107] Remontará à época do nascimento do seu objeto, seja qual for, dotado de eficácia retroativa. Segunda arguta observação, a declaração produz "retroatividade total".[108] Eloquente é o exemplo da declaração da prescrição aquisitiva, que retroagirá, senão à data do início da posse,[109] à oportunidade em que se preencheram todos os pressupostos legais da modalidade de usucapião de que se cuidou.[110] Excepcionalmente, o juiz declara relação futura, maneira elíptica de aludir ao "que é presente, tal como, no futuro, produzirá, *inevitavelmente*, a relação jurídica de que se trata".[111] É o caso da ação em que se busca declarar quem é o beneficiário do contrato de seguro antes de se verificar o risco coberto.[112]

Lícito concluir, a essa altura, que a responsabilidade do sócio ou da pessoa jurí-dica, na desconsideração, retroage à data da constituição da dívida como sucede na força declarativa em geral. Nenhum motivo plausível abre exceção aos princípios nessa matéria. E, ao nosso ver, há argumento adicional, retirado dos próprios pressupostos insculpidos no art. 50, *caput*, do CC, o desvio de finalidade e a confusão patrimonial são circunstâncias preexistentes à desconsideração.

9. CONCLUSÕES

A natureza da ação pela qual se pretende desconsiderar a personalidade jurídica, estendendo a responsabilidade patrimonial a quem não é devedor, não recebeu exame mais detido e percuciente em nossa literatura jurídica. Entendendo-se a essência do instituto como a extensão da responsabilidade patrimonial secundária, porque o objetivo é alcançar quem não deve e executá-lo, a resposta à questão parece intuitiva. O credor ou o exequente buscam provimento declarar a responsabilidade do terceiro e, assim, torná-lo parte passiva legítima na execução futura ou pendente. O provimento não constitui o responsável como devedor, posto que seja modificada sua posição subjetiva

---

106. CAPONI, Remo. *L'efficacia del giudicato civile nel tempo*, p. 77. No mesmo sentido, PALACIO, Lino Enrique. *Derecho procesal* civil, v. 5, n. 677, p. 465-466, *in verbis*: "Las sentencias meramente declarativas, como principio, proyectan sus efectos hacia el momento en que tuvieron lugar los hechos sobre los quales versa la declaración de certeza..."

107. TUCCI, Rogério Lauria. *Curso de direito processual civil*, v. 3, p. 66.

108. COUTURE, Eduardo J. *Fundamentos del derecho procesal civil*, n. 205, p. 328.

109. Nesse sentido, 3ª T. do STJ, AgRg no Ag 1.319.516/MG, 28.09.2010, Rel. Min. Sidnei Beneti, *DJE* 13.10.2010.

110. ARAÚJO, Fábio Caldas de. *Usucapião*, p. 401.

111. PONTES DE MIRANDA, Francisco Cavalcanti. *Tratado de direito privado*, v. 14, § 1.570, p. 25.

112. CHIOVENDA, Giuseppe. *Azioni e sentenza di mero accertamento*, n. 3, p. 10.

em relação à dívida, e, muito menos, promove sua condenação – caso em que deixaria de ser responsável e passaria à condição de devedor. E, por se tratar de extensão da responsabilidade, a dívida pela qual responderá é a originária, respeitada sua natureza, privilégios e garantias. À semelhança de qualquer outro provimento declaratório, o provimento que acolhe a desconsideração surtirá efeitos *ex tunc*, retroagindo à oportunidade em que se verificaram seus pressupostos, estampados no art. 50, *caput*, do CC e demais dispositivos que tratam dessa figura.

10. REFERÊNCIAS

AMENDOEIRA JÚNIOR, Sidnei. Aspectos processuais da responsabilidade patrimonial dos sócios e da desconsideração da personalidade jurídica. In: BRUCHI, Gilberto Gomes; SHIMURA, Sérgio. *Execução civil e cumprimento da sentença*. São Paulo: Método, 2007. v. 2.

ARAÚJO, Fábio Caldas de. *Intervenção de terceiros*. São Paulo: Malheiros, 2015.

ARAÚJO, Fábio Caldas de. *Usucapião*. 2. ed. São Paulo: Malheiros, 2013.

ASSIS, Araken de. *Processo civil brasileiro*. 2. ed. São Paulo: Ed. RT, 2016.

ASSIS, Araken de. *Manual da execução*. 20. ed. São Paulo: Ed. RT, 2018.

ASSIS, Araken de. *Locação e despejo*. Porto Alegre: Fabris, 1992.

BAPTISTA DA SILVA, Ovídio A. Curso de processo civil. v. 1. Porto Alegre: Fabris, 1987.

BARBI, Celso Agrícola. *Comentários ao Código de Processo Civil*. 10. ed. Rio de Janeiro: Forense, 1998.

BARBOSA MOREIRA, José Carlos. A sentença mandamental – da Alemanha ao Brasil. *Revista de Processo*. v. 97. São Paulo: Ed. RT, 2000.

BRUSCHI, Gilberto Gomes. *Aspectos processuais da desconsideração da personalidade jurídica*. 2. ed. São Paulo: Saraiva, 2009.

BÜLOW, Oskar. *Die Lehre von den Prozesseinreden und die Prozessvoraussetzungen*. Reimpressão. Aalen: Scientia, 1969.

BUZAID, Alfredo. *A ação declaratória no direito brasileiro*. 2. ed. São Paulo: Saraiva, 1986.

CAPONI, Remo. *L'efficacia del giudicato civile nel tempo*. Milão: Giuffrè, 1991.

CARNEIRO, Athos Gusmão. *Intervenção de terceiros*. 19. ed. São Paulo: Saraiva, 2010.

CARNELUTTI, Francesco. *Lezioni di diritto processuale civile*. Reimpressão. Pádua: Cedam, 1933.

CARVALHO DE MENDONÇA, J. X. *Tratado de direito comercial brasileiro*. 6. ed. Rio de Janeiro: Freitas Bastos, 1963.

CASTRO, Amílcar de. *Comentários ao Código de Processo Civil*. 2. ed. São Paulo: Ed. RT, 1976. v. 8.

CEOLIN, Ana Caroline Santos. *Abusos na aplicação da teoria da desconsideração da pessoa jurídica*. Belo Horizonte: Del Rey, 2002.

CHIOVENDA, Giuseppe. *Instituições de direito processual civil*. Trad. de J. Guimarães Menegale. São Paulo: Saraiva, 1942.

CHIOVENDA, Giuseppe. Azioni e sentenza di mero acertamento. *Rivista di Diritto Processuale Civile*. v. 10. Pádua: Cedam, 1933.

COELHO, Fábio Ulhoa. *Curso de direito comercial*. 12. ed. São Paulo: Saraiva, 2008.

COELHO, Fábio Ulhoa. *Desconsideração da personalidade jurídica*. São Paulo: Saraiva, 1989.

FORÇA DA DECISÃO NA DESCONSIDERAÇÃO DA PERSONALIDADE JURÍDICA **517**

COUTO E SILVA, Alexandre. *A aplicação da desconsideração da personalidade jurídica no direito brasileiro*. 2. ed. Rio de Janeiro: Forense, 2009.

COUTO E SILVA, Clovis do. A teoria das ações em Pontes de Miranda. *Revista da Ajuris*. v. 43. Porto Alegre: s/e, 1988.

COUTURE, Eduardo J. *Fundamentos del derecho procesal civil*. Reimpressão. Buenos Aires: Depalma, 1977.

CRISTOFOLINI, Giovanni. Efficacia della sentenza nel tempo. *Rivista di Diritto Processuale Civile*. v. 12. Pádua: Cedam, 1935.

CROZE, Hervé; MOREL, Christian. *Procédure civile*. Paris: PUF, 1988.

DIDIER JÚNIOR, Fredie. *Curso de direito processual civil*. 18. ed. Salvador: JusPodivm, 2016. v. 1.

DINAMARCO, Cândido Rangel. *Intervenção de terceiros*. São Paulo: Malheiros, 1997.

DOBSON, Juan M. *El abuso de la personalidad jurídica (en el derecho privado)*. Buenos Aires: Depalma, 1985.

FACHIN, Luiz Edson. *Estatuto jurídico do patrimônio mínimo*. Rio de Janeiro: Renovar, 1991.

GABBAY, Daniela Monteiro. *Pedido e causa de pedir*. São Paulo: Saraiva, 2010.

GIANNICO NETO, Francisco Ettore. *O incidente de desconsideração da personalidade jurídica na execução fiscal*. Rio de Janeiro: Lumen Juris, 2019.

GIORGIANNI, Michele. Obbligazioni (diritto privato). *Novissimo Digesto Italiano*. Turim, UTET, 1968. v. 11.

GOLDSCHMIDT, James. *Der Prozess als Rechtslage*. Reimpressão. Aalen: Scientia, 1986.

GOUVÊA, Mariana França. *A causa de pedir na acção declarativa*. Coimbra: Almedina, 2004.

GUIMARÃES, Luiz Machado. *A instância e a relação processual*. Estudos de direito processual civil. Rio de Janeiro: Jurídica e Universitária, 1969.

GUINCHARD, Serge; FERRAND, Frédérique; CHAINAIS, Cécile. *Procédure civile*. 29. ed. Paris: Dalloz, 2008.

HABSCHEID, Walter J. *Der Streitgegenstand im Zivilprozess*. Bielefeld: Deutscher Heimat, 1956.

JAUERNIG, Othmar. *Zivilprozessrecht*. 26. ed. Munique: C. H. Beck, 2000.

JUSTEN FILHO, Marçal. *Desconsideração da personalidade societária no direito brasileiro*. São Paulo: Ed. RT, 1987.

LARENZ, Karl. *Lehrbuch des Schuldrechts*. 14. ed. Munique: C. H. Beck, 1987.

LEONEL, Ricardo de Barros. *Causa de pedir e pedido*. São Paulo: Método, 2006.

LIEBMAN, Enrico Tullio. *Manuale di diritto processuale civile*. 3. ed. Milão: Giuffrè, 1973.

LIEBMAN, Enrico Tullio. *Efficacia ed autorità della sentenza*. Reimpressão. Milão: Giuffrè, 1962.

LOPES, João Batista. *Ação declaratória*. 6. ed. São Paulo: Ed. RT, 2009.

LÜKE, Wolfgang. *Zivilprozessrecht*. 9. ed. Munique: C. H. Beck, 2006.

MANDRIOLI, Crisanto. *Diritto processuale civile*, 19. ed. Turim: Giappichelli, 2007.

MARQUES, José Frederico. *Instituições de direito processual civil*. 3. ed. Rio de Janeiro: Forense, 1971.

MARQUES, José Frederico. *Manual de direito processual civil*. São Paulo: Saraiva, 1974.

MELLO, Marcos Bernardes de. Da ação como objeto litigioso no processo civil. In: COSTA, Eduardo José da Fonseca; MOURÃO, Luiz Eduardo Ribeiro; NOGUEIRA, Pedro Henrique Pedrosa. *Teoria quinária da ação* – Estudos em homenagem a Pontes de Miranda nos 30 anos do seu falecimento. Salvador: JusPodivm, 2010.

MELLO, Rogério Licastro Torres de. *O responsável executivo secundário*. São Paulo: Quartier Latin, 2006.

MICHELI, Gian Antonio. *Corso di diritto processuale civile*. Milão: Giuffrè, 1959.

MILLAR, Robert Wyness. *Los princípios formativos del procedimiento civil*. Trad. de Catalina Grossmann. Buenos Aires: Ediar, 1945.

MUSIELAK, Hans-Joachim. *Grundkurz ZPO*. 8. ed. Munique: C. H. Beck, 2005.

NUNES, Márcio Tadeu Guimarães. *Desconstruindo a desconsideração da personalidade jurídica*. São Paulo: Quartier Latin, 2007.

OLIVEIRA, J. Lamartine Corrêa de. *A dupla crise da pessoa jurídica*. São Paulo: Saraiva, 1979.

ORTELLS RAMOS, Manuel. *Derecho procesal civil*. 6. ed. Navarra: Thomson-Aranzadi, 2005.

PALACIO, Lino Enrique. *Derecho procesal civil*. 2. ed. Buenos Aires: Abeledo-Perrot, 2005.

PESCATORE, Matteo. *Sposizione compendiosa della procedura civile e criminale*. Turim: UTET, 1864.

PISANI, Andrea Proto. Dell'esercizio dell'azione. In: ALLORIO, Enrico. *Commentario del codice di procedura civile*. Turim: UTET, 1973. v. 1. t. 2.

PONTES DE MIRANDA, Francisco Cavalcanti. *Tratado das ações*. São Paulo: Ed. RT, 1970. v. 1.

PONTES DE MIRANDA, Francisco Cavalcanti. *Tratado de direito privado*. Rio de Janeiro: Borsoi, 1955. v. 14.

RECHBERGER, Walter H. *Kommentar zur ZPO*. 3. ed. Viena-Nova Iorque: Springer, 2006.

REQUIÃO, Rubens. *Curso de direito comercial*. 28. ed. São Paulo: Saraiva, 2009.

REQUIÃO, Rubens. Abuso de direito e fraude através da personalidade jurídica. *Revista dos Tribunais*. v. 410. São Paulo: Ed. RT, 1969.

ROCCO, Alfredo. *La sentenza civile*. Reimpressão. Milão: Giuffrè, 1962.

RODRIGUES FILHO, Otávio Joaquim. *Desconsideração da personalidade jurídica e processo*. São Paulo: Malheiros, 2016.

RUBINO, Domenico. La responsabilità patrimoniale. In: VASSALI, Filippo. *Trattato di diritto civile*. Turim: UTET, 1952. v. 40. t. 1.

SANT'ANNA, Paulo Afonso de Souza. Ensaio sobre as sentenças condenatórias, executivas e mandamentais. COSTA, Eduardo José da Fonseca; MOURÃO, Luiz Eduardo Ribeiro; NOGUEIRA, Pedro Henrique Pedrosa. *Teoria quinária da ação* – Estudos em homenagem a Pontes de Miranda nos 30 anos do seu falecimento. Salvador: JusPodivm, 2010.

SATTA, Salvatore. *L'esecuzione forzata*. 4. ed. Turim: UTET, 1963.

SCHWAB, Karl Heinz. *Der Streitgegenstand im Zivilprozess*. Munique-Berlim: C. H. Beck'sche, 1954.

SERIK, Rolf. *Forma e realtà della persona giuridica*. Trad. Marco Vitali. Milão: Giuffrè, 1966.

SILVA, Osmar Vieira da. *Desconsideração da personalidade jurídica* – aspectos processuais. Rio de Janeiro: Renovar, 2002.

SOUZA, André Pagani de. *Desconsideração da personalidade jurídica* – aspectos processuais. São Paulo: Saraiva, 2011.

THEODORO JÚNIOR, Humberto. *Curso de direito processual civil*. 56. ed. Rio de Janeiro: Forense, 2015.

THEODORO JÚNIOR, Humberto. *Processo de execução*. 7. ed. São Paulo: LEUD, 1983.

TUCCI, Rogério Lauria. *Curso de direito processual civil*. São Paulo: Saraiva, 1989. v. 3.

ZAVASCKI, Teori Albino. *Processo de execução*. 3. ed. São Paulo: Ed. RT, 2004.

ATUAÇÃO DA EFICÁCIA PRECLUSIVA DA COISA JULGADA NA RESOLUÇÃO DA DEMANDA DE DESCONSIDERAÇÃO DA PERSONALIDADE JURÍDICA

Flávio Cheim Jorge

Doutor e Mestre em Direito pela Pontifícia Universidade Católica de São Paulo. Professor Titular da Universidade Federal do Espírito Santo. Advogado. E-mail: flavio@cjar.com.br.

Vinícius de Souza Sant'Anna

Mestre em Direito Processual na Universidade Federal do Espírito Santo. Especialista em Direito Processual Civil pela Faculdade de Direito de Vitória. Professor no Curso de Graduação em Direito na Faculdade Novo Milênio. Advogado. E-mail: vinicius_santanna@outlook.com.

Sumário: 1. Introdução – 2. Sistematização da Desconsideração da Personalidade Jurídica no CPC/2015 – 3. A demanda que veicula a pretensão de Desconsideração da Personalidade Jurídica – 4. Formação da coisa julgada sobre a decisão que julga a pretensão de Desconsideração da Personalidade Jurídica – 5. Finalidade da eficácia preclusiva da coisa julgada – 6. Alcance da eficácia preclusiva da coisa julgada: atuação sobre as esferas de direitos do *desconsiderando* e do *desconsiderante* – 7. Conclusão – 8. Referências.

1. INTRODUÇÃO

O presente ensaio tem por objetivo investigar se e em qual medida a decisão que julga a pretensão de desconsideração da personalidade jurídica produz eficácia preclusiva.

Inicialmente, realiza-se um corte metodológico na análise a ser empreendida, delimitando o objeto da investigação à *procedimentalização* da desconsideração da personalidade jurídica levada a efeito pelo CPC/2015.

Em seguida, busca-se verificar se o pedido de desconsideração da personalidade jurídica, quando realizado (seja na forma do *caput*, seja nos termos do § 2º do art. 134 do CPC/2015), enseja a instauração de uma demanda.

A partir daí, procura-se identificar se a decisão que julga o pedido de desconsideração goza de estabilidade, notadamente a coisa julgada, bem como se ela produz alguma eficácia preclusiva, delimitando seu alcance e atuação sobre as esferas de direitos do desconsiderante (aquele que pede a desconsideração) e do desconsiderando (contra quem o pedido é dirigido).

2. SISTEMATIZAÇÃO DA DESCONSIDERAÇÃO DA PERSONALIDADE JURÍDICA NO CPC/2015

Com o advento do CPC/2015, a desconsideração da personalidade jurídica foi alçada a uma espécie típica de intervenção de terceiro, inferência que se depreende da sua localização topográfica na lei processual, inserida no Capítulo IV ("Do incidente de desconsideração da personalidade jurídica"), do Título III ("Da intervenção de terceiros"), do Livro III ("Sujeitos Processuais"), da Parte Geral.[1]

A figura jurídica da desconsideração é amplamente conhecida no ordenamento brasileiro, encontrando fundamento em diversas normas de direito material, tais como o art. 50 do CC, o art. 28 do CDC, o art. 2º, § 2º, da CLT, o art. 135 do CTN, os arts. 117, 158, 245 e 246 da Lei 6.404/1976, o art. 4º da Lei 9.605/1998 e o art. 34 da Lei 12.529/2011.

Em linhas gerais, todos esses dispositivos preveem os requisitos para que a desconsideração da personalidade jurídica possa ser levada a efeito, não estabelecendo, contudo, o iter procedimental a ser percorrido nessa empreitada.

Assim, coube ao CPC/2015 *procedimentalizar* a desconsideração da personalidade jurídica, traçando o caminho a ser trilhado, em observância às garantias constitucionais do processo.[2]

Tendo isso em vista, nas linhas que se seguem procuraremos empreender *algumas reflexões focadas nesse iter procedimental*, não nos detendo a examinar os requisitos que as normas de direito material estabelecem para que a desconsideração da personalidade jurídica possa ser efetivada.[3]

Essas reflexões permitirão, ao final, que encontremos uma resposta para o problema que nos propomos a enfrentar, consistente em saber se e em qual medida a decisão que julga a pretensão de desconsideração produz eficácia preclusiva.

3. A DEMANDA QUE VEICULA A PRETENSÃO DE DESCONSIDERAÇÃO DA PERSONALIDADE JURÍDICA

Nos termos do art. 133 do CPC/2015, "o incidente de desconsideração da personalidade jurídica será instaurado *a pedido* da parte ou do Ministério Público, quando lhe couber intervir no processo".

---

1. Nesse sentido, dentre vários outros: RODRIGUES, Marcelo Abelha. "Observações sobre o incidente de desconsideração da personalidade jurídica". *Revista Magister de Direito Civil e Processual Civil*. n. 102, p. 8. Porto Alegre: Lex Magister, 2021.
2. É interessante notar que, antes do advento da CF/1988, a doutrina brasileira já defendia a *tutela constitucional do processo*: GRINOVER, Ada Pellegrini. *Os princípios constitucionais e o Código de Processo Civil*. São Paulo: Bushatsky, 1975, p. 3-19.
3. Aliás, essa preocupação passou ao largo do próprio legislador processual, o que se pode inferir a partir da leitura do art. 133, § 1º, do CPC/2015, segundo o qual "o pedido de desconsideração da personalidade jurídica observará os pressupostos previstos em lei".

Por sua vez, o art. 134, *caput*, do CPC/2015 enuncia que "o incidente de desconsideração é cabível *em todas as fases do processo de conhecimento*, no *cumprimento de sentença* e na *execução fundada em título executivo extrajudicial*".

Já o § 2º do art. 134 apregoa que, "dispensa-se a instauração do incidente se a desconsideração da personalidade jurídica for requerida na petição inicial, hipótese em que será citado o sócio ou a pessoa jurídica".

Da leitura desses dispositivos, infere-se que (i) a desconsideração não pode ser levada a cabo oficiosamente, *dependendo de iniciativa* da parte interessada ou do Ministério Público, quando lhe couber atuar como fiscal do direito; (ii) o pedido de desconsideração, que pode ser deduzido em qualquer fase do processo, enseja a *instauração de um incidente*;[4] (iii) a desconsideração pode ser postulada na petição inicial, hipótese em que não será necessária a deflagração de um incidente.

A impossibilidade de desconsideração da personalidade jurídica *ex officio* decorre do princípio dispositivo, do qual é corolário o princípio da livre iniciativa, prevendo o CPC/2015, em seu art. 2º, *caput*, que "o processo começa por iniciativa da parte e se desenvolve por impulso oficial, salvo as exceções previstas em lei".

Portanto, para que a desconsideração possa ocorrer, é imprescindível que, previamente, haja a prática de um ato de vontade daquele que almeja a obtenção de uma tutela jurisdicional. Esse ato de vontade materializa-se com a propositura de uma demanda, na qual se apresentará ao Estado-juiz uma pretensão, a fim de que seja julgada.

Parece-nos fora de dúvida que, quando a desconsideração da personalidade jurídica for postulada na petição inicial, juntamente com outro pedido (art. 327 do CPC/2015), ocorrerá uma cumulação de pretensões.

Isso porque, haverá a articulação de duas *pretensões processuais*, uma das quais voltada à suspensão episódica da eficácia do ato constitutivo da pessoa jurídica, de modo a possibilitar que se busque, no acervo patrimonial dos sócios (e vice-versa), bens que respondam por uma dívida.[5]

Essa pretensão processual, direcionada à desconsideração, se desdobrará em dois momentos lógicos e em dupla direção.[6]

---

4. Na vigência do CPC/1973, a jurisprudência do STJ já se posicionava no sentido da viabilidade da desconsideração da personalidade jurídica em sede incidental, sem a necessidade de instauração de processos autônomo (RMS 14168/SP, Rel. Min. Nancy Andrighi, Terceira Turma, julgamento em 30.04.2002, publicação em 05.08.2002; STJ, REsp 1.096.604/DF, Rel. Min. Luis Felipe Salomão, Quarta Turma, julgamento em 02.08.2012, publicação em 16.10.2012).

5. DIDIER JR., Fredie. *Curso de direito processual civil*: introdução ao direito processual civil, parte geral e processo de conhecimento. 17. ed. Salvador: JusPodivm, 2015. v. 1, p. 517-518; FREIRE, Alexandre; MARQUES, Leonardo Albuquerque. Comentários ao art. 133. In: STRECK, Lenio Luiz; NUNES, Dierle; CUNHA, Leonardo Carneiro da (Coord.). *Comentários ao Código de Processo Civil*. São Paulo: Saraiva, 2016, p. 204; RODRIGUES, Marcelo Abelha. Observações sobre o incidente de desconsideração da personalidade jurídica, p. 14.

6. Para essa abordagem da pretensão processual: TALAMINI, Eduardo. *Coisa julgada e sua revisão*. São Paulo: Ed. RT, 2005, p. 79.

Primeiramente, ela se apresentará como o anseio por um provimento jurisdicional de natureza constitutiva, visto que, por meio da desconsideração, almeja-se a criação de uma nova situação jurídica,[7] que permita que o patrimônio dos sócios responda pela dívida da sociedade empresária, ou o inverso.

No segundo momento lógico, essa pretensão se manifestará como o desejo por um determinado bem da vida, entendendo-se como tal a transformação da realidade produzida favoravelmente ao demandante pela aplicação do direito ao caso concreto;[8] o resultado prático que a tutela jurisdicional é capaz de conferir ao demandante.[9]

No caso da desconsideração, esse resultado prático consistirá na ampliação da garantia contra o inadimplemento.[10]

Ao acolher o pedido de desconsideração, o que o juiz fará será reconhecer a existência de responsabilidade patrimonial, constituindo uma nova situação jurídica[11] que destravará os meios executivos sobre o patrimônio da pessoa que, na relação jurídica de direito material, não figura como devedora.[12]

Logo se vê que a pretensão de desconsideração é formada pelo pedido imediato e pelo pedido mediato, não sendo diferente no caso da desconsideração da personalidade jurídica.

Além disso, quando pleiteada a desconsideração, será necessária a apresentação dos motivos ou fundamentos que lastreiam o respectivo pedido.

Noutras palavras, a parte interessada na desconsideração deverá justificar a sua pretensão, narrando as razões que lhe dão suporte. Em suma, deverá apresentar a sua causa de pedir.

Em nosso entendimento, a análise sistemática do CPC/2015, que perpassa pela constatação de que no processo civil brasileiro adota-se a regra da eventualidade, um sistema rígido de preclusões e o aforismo *iura novit curia*, permite-nos concluir que no Brasil se adotou a teoria da substanciação para fins de identificação da *causa petendi*.[13]

---

7. NEVES, Daniel Amorim Assumpção. *Novo código de processo civil comentado artigo por artigo*. Salvador: Jus-Podivm, 2016, p. 216.
8. MACHADO, Marcelo Pacheco. *A correlação no processo civil*: relações entre demanda e tutela jurisdicional. Salvador: JusPodivm, 2015, p. 77.
9. SANT'ANNA, Vinícius de Souza. *Eficácia preclusiva da coisa julgada*. Londrina: Thoth, 2022, p. 62.
10. RODRIGUES, Marcelo Abelha. Observações sobre o incidente de desconsideração da personalidade jurídica, p. 16.
11. Como bem observa Dinamarco, a *relação jurídica* representa os vínculos que o direito estabelece entre uma pessoa e outra, ou entra uma bem e um bem da vida (relações de direito pessoal, de direito real). Já a *situação jurídica* tem um significado menos técnico, mas amplo e mais vago, tratando-se do estado em que a pessoa se encontra perante o direito (DINAMARCO, Cândido Rangel. *Instituições de direito processual civil*. São Paulo: Malheiros, 2019. v. III, n. 1.110, p. 303).
12. YARSHELL, Flávio Luiz. "Comentários ao art. 133". In: CABRAL, Antonio do Passo; CRAMER, Ronaldo. (Coord.). *Comentários ao novo código de processo civil*. Rio de Janeiro: Forense, 2016, p. 231.
13. Para essa abordagem: SANT'ANNA, Vinícius de Souza. "Teorias da substanciação e da individuação: qual delas identifica a causa de pedir no processo civil brasileiro?" In: CARVALHO, Frederico Ivens Miná Arruda de; BRAZ, Miryã Bregonci da Cunha; SANT'ANNA, Vinícius de Souza (Coord.). *Temas contemporâneos de direito processual*. Belo Horizonte: Dialética, 2021, p. 41-54.

Sendo assim, a causa de pedir deve ser identificada, exclusivamente, pelos fatos constitutivos do direito alegado (causa de pedir remota), servindo os fundamentos jurídicos (causa de pedir próxima) como uma mera sugestão endereçada ao Estado-juiz sobre como a demanda a ele apresentada pode ser solucionada.[14]

Aproximando essas ideias do objeto da nossa investigação, tem-se que aquele que pleitear a desconsideração da personalidade jurídica, invocando, p. ex., a ocorrência de abuso da personalidade jurídica, caracterizado pela *confusão patrimonial* – tal como prevê o art. 50 do CC –, terá o ônus explicitar os fatos que particularizam a ocorrência dessa situação.

Noutras palavras, sobre o *desconsiderante* (quem pleiteia a desconsideração) recairá o encargo processual de expor as circunstâncias fáticas que envolvem a transferência de bens feita pelo devedor para o patrimônio da sociedade empresária de cujo quadro societário ele faça parte, com o intuito deliberado de se esquivar dos seus credores.

Ainda em relação ao art. 50 do CC, parece-nos que o abuso da personalidade jurídica, caracterizado pela confusão patrimonial, se difere da outra hipótese mencionada no dispositivo, consistente no *desvio de finalidade*.

Desse modo, caso se pretenda a desconsideração da personalidade jurídica em razão de ter havido desvio da finalidade, em decorrência de uma sociedade empresária, atuante no ramo de construção civil, ter passado a praticar agiotagem, empregando seus recursos nesses negócios espúrios, será imprescindível que, também nessa hipótese, sejam descritas as circunstâncias fáticas que particularizam essa outra *causa petendi*.

Enfim, não basta pleitear a desconsideração. É preciso justificar as razões conducentes do pedido, isto é, apresentar uma causa de pedir.

Como bem observa Arruda Alvim, o § 4º do art. 134 do CPC/2015 passa a falsa impressão de que seria necessária prova pré-constituída dos requisitos legais da desconsideração da personalidade jurídica, haja vista aludir que "o requerimento deve *demonstrar* o preenchimento dos pressupostos legais".

Essa intelecção, porém, não se revela adequada, bastando ao *desconsiderante* a alegação de circunstâncias fáticas que se amoldem ao arquétipo previsto em lei, de modo a delimitar a sua causa de pedir, já que o art. 136, *caput*, do CPC/2015 é claro ao dispor sobre o cabimento de instrução probatória.[15]

Finalmente, também se pode vislumbrar a presença de partes na demanda que visa à desconstituição da personalidade jurídica, na medida em que haverá, de um lado, o sujeito que formula um pedido com esse propósito (*desconsiderante*), e de outro lado o sujeito contra quem esse pleito é direcionado (*desconsiderando*).

---

14. DINAMARCO, Cândido Rangel. *Instituições de direito processual civil*. São Paulo: Malheiros, 2019, v. II, n. 528, p. 153.
15. ALVIM, Arruda. *Novo contencioso cível no CPC/2015*. São Paulo: Ed. RT, 2016, p. 111.

Portanto, estarão presentes os três elementos identificadores de uma demanda: pedido, causa de pedir e partes.

Disso decorre a tranquila conclusão de que, quando postulada na petição inicial, a desconsideração da personalidade jurídica consistirá numa autêntica demanda, que se achará cumulada a uma outra.

A dúvida que se coloca, porém, é se também se cogitará da propositura de demanda quando a desconsideração for pleiteada na forma do art. 134, *caput*, do CPC/2015, isto é, durante as fases do processo de conhecimento, do cumprimento de sentença e na execução fundada em título extrajudicial.

Essa dúvida é potencializada pela circunstância de o próprio CPC/2015 aludir à instauração, nesses casos, de um *incidente* de desconsideração da personalidade jurídica.

O desate desse nó exige, como ponto de partida, que se tenha uma clara noção do que seria um incidente processual.

Nesse sentido, colhe-se da doutrina que o incidente processual consiste num "fato jurídico superveniente, seja decorrente da vontade humana (ato jurídico), seja decorrente de agente da natureza (fato jurídico em sentido amplo), [...] que cai sobre a relação jurídica processual em movimento".[16]

Por se tratar de um ato-fato jurídico do processo, é factível que o incidente processual se apresente por meio de *pontos incidentes, questões incidentes e causas incidentes*.[17]

Tendo isso em mente, cremos ser perfeitamente possível cogitar de causas/demandas incidentes,[18] que se caracterizam pela confluência de uma sobre a outra.

Seguindo essa linha de raciocínio, há quem afirme, p. ex., que a reconvenção é "um incidente processual que amplia o objeto litigioso do processo. Não se trata de processo incidente: a reconvenção é demanda nova em processo já existente.[19]

Assim, acreditamos que, ao aludir à expressão "incidente", o art. 134, *caput*, do CPC/2015 refere-se a uma demanda incidente.[20]

Dessa forma, quando for pleiteada ao longo da marcha do processo de conhecimento, do cumprimento de sentença e do processo de execução lastreado em título

---

16. RODRIGUES, Marcelo Abelha. *Suspensão da segurança*: sustação da eficácia de decisão judicial proferida contra o poder público. 4. ed. rev., atual. e ampl. Salvador: JusPodivm, 2017, p. 27-28.
17. Para essa classificação: RODRIGUES, Marcelo Abelha. *Suspensão da segurança...*, p. 28.
18. Segundo Dinarmaco: "No momento em que a demanda é proposta nasce uma causa envolvendo dois sujeitos. [...] Como demanda e causa são conceitos muito próximos, falar em *causa* com tal significado não prejudica a boa compreensão dos fenômenos; essa é uma palavra capaz de transmitir razoavelmente a ideia da aspiração unilateral trazida a juízo e do fenômeno bilateral do conflito que envolve quem formulou a demanda e seu adversário (DINAMARCO, Cândido Rangel. *Instituições de direito processual civil*, v. II, n. 510, p. 130).
19. DIDIER JR., Fredie. *Curso de direito processual civil*, v. 1, p. 657.
20. Nesse preciso sentido: CINTRA, Lia Carolina Batista. *Intervenção de terceiro por ordem do juiz*. São Paulo: Ed. RT, 2017, p. 165; MAZZEI, Rodrigo. "Aspectos processuais da desconsideração da personalidade jurídica no Código de Defesa do Consumidor e no projeto do "novo" Código de Processo Civil" In: BRUSCHI, Gilberto Gomes et al (Coord.). *Direito processual empresarial*: estudos em homenagem ao professor Manoel Queiroz Pereira Calças. Rio de Janeiro: Elsevier, 2012, p. 775; YARSHELL, Flávio Luiz. Comentários ao art. 133, p. 231.

ATUAÇÃO DA EFICÁCIA PRECLUSIVA DA COISA JULGADA | **525**

executivo extrajudicial, a desconsideração da personalidade jurídica despontará como uma demanda incidente.

Repita-se: a terminologia "incidente", prevista no CPC/2015, deve ser compreendida em conjugação com o ato de demandar, resultando, pois, numa demanda incidente, cujo processamento se dará no mesmo feito, sem a necessidade de instauração de processo autônomo.

Assim se sucederá porque, nas hipóteses descritas no *caput* do art. 134 do CPC/2015, será possível identificar: (i) um ato de vontade em busca da obtenção de uma tutela jurisdicional (= uma demanda); (ii) os três elementos identificadores de uma demanda (= pedido, causa de pedir e partes).[21]

Será uma demanda incidente porque embutirá no processo em curso, que envolve as pessoas do autor e do réu, ou do exequente e do executado, uma outra demanda, ajuizada pelo *desconsiderante* contra o *desconsiderando* (isto é, aquele a quem se pretende estender a responsabilidade patrimonial e contra quem se quer destravar os meios de expropriação patrimonial).[22]

Portanto, seja incidentemente (*caput* do art. 134 do CPC/2015), seja por meio do cúmulo inicial de pedidos (§ 2º), a pretensão de desconsideração da personalidade jurídica, com vistas a ampliar a garantia do credor contra o inadimplemento, será veiculada por meio de uma demanda, particularizada por todos os seus elementos (pedido, causa de pedir e partes).

4. FORMAÇÃO DA COISA JULGADA SOBRE A DECISÃO QUE JULGA A PRETENSÃO DE DESCONSIDERAÇÃO DA PERSONALIDADE JURÍDICA

Coerente com a ideia de que a pretensão de desconsideração da personalidade jurídica é veiculada por meio de uma demanda, o CPC/2015 consagra a garantia da ampla defesa, na medida em que seu art. 136, *caput*, apregoa que, "*concluída a instrução, se necessária*, o incidente será resolvido por decisão interlocutória".

Por uma decorrência lógica do devido processo legal e de seus corolários, a produção de provas poderá ser requerida por ambas as partes (*desconsiderante* e *desconsiderando*), sendo factível que elas lancem mão de todos os meios probatórios admitidos pelo ordenamento jurídico.[23]

Não é de se descartar, porém, a viabilidade de julgamento antecipado da pretensão de desconsideração, na forma do art. 355 do CPC/2015.

---

21. Precisamente nesse sentido: "O fato de ser um incidente processual não elimina a situação de que nele há (1) uma *pretensão* daquele que provoca e requer a procedência do *pedido de desconsideração* (2) contra aquele (terceiro) que se quer atingir, e que deve estar (fundamentado em *pressupostos previstos em lei* [...]. Há, portanto, *pedido, causa de pedir* e *partes* do incidente processual de desconsideração da personalidade jurídica" (RODRIGUES, Marcelo Abelha. "Observações sobre o incidente de desconsideração da personalidade jurídica", p. 10).
22. CAMARGO, Luiz Henrique Volpe. "Comentários ao art. 134". In: CABRAL, Antonio do Passo; CRAMER, Ronaldo. (Coord.). *Comentários ao novo Código de Processo Civil*. Rio de Janeiro: Forense, 2016, p. 235-236.
23. NEVES, Daniel Amorim Assumpção. *Novo código de processo civil comentado artigo por artigo*, p. 240.

O já citado *caput* do art. 136 do CPC/2015 prevê que a pretensão de desconsideração da personalidade jurídica será julgada por uma *decisão interlocutória*, recorrível por agravo de instrumento (inciso IV do art. 1.015 do CPC/2015).

Entretanto, não se pode olvidar da possibilidade de, na hipótese de a desconsideração ser requerida na petição inicial (na forma do art. 134, § 2º, do CPC/2015), o julgamento vir a ser realizado por sentença juntamente com a outra pretensão cumulada,[24] muito embora esse entendimento não seja imune a críticas.[25]

Independentemente da natureza do pronunciamento judicial que debelar a pretensão de desconsideração da personalidade jurídica (decisão interlocutória ou sentença), haverá induvidoso *julgamento do mérito*, apto, por conseguinte, à formação de coisa julgada material.

Explica-se.

Por mérito, deve-se entender o objeto do processo ou a pretensão processual deduzida em juízo.[26]

Logo, se o pronunciamento judicial que debela o pedido de desconsideração da personalidade jurídica julga uma pretensão veiculada em demanda incidental, resta indubitável tratar-se de uma *decisão de mérito*.

Nada obstante o mérito geralmente seja julgado por sentença, que consiste no ato do juiz que põe fim à fase cognitiva do procedimento comum (com base nos arts. 485 e 487 do CPC/2015) ou extingue a execução, já se encontra sedimentada na literatura pátria a possibilidade de haver julgamento do mérito por meio de decisão interlocutória.

Nessa precisa direção, Dinamarco assevera que, "do objetivo de estabelecer segurança jurídica mediante a estabilização dos efeitos substanciais da decisão, decorre que a coisa julgada só pode ocorrer em relação às sentenças ou *decisões interlocutórias de mérito*.[27]

Aliás, é exatamente por isso que, quando se coteja o art. 467 do CPC/1973 e o art. 502 do CPC/2015, verifica-se que aquele primeiro previa que o que se tornava *imutável* e *indiscutível*[28] era a *sentença* não mais sujeita a recurso, ao passo que o

---

24. SANTOS, Neylton Agnaldo Moraes dos Santos. "Comentários ao art. 136". In: MARCATO, Antonio Carlos (Coord.). *Código de processo civil interpretado*. São Paulo: Atlas, 2022, p. 173.

25. Nesse sentido: "Não concordo com esse entendimento porque estando o incidente maduro para imediato julgamento, o que em regra deve sempre ocorrer antes do momento da prolação da sentença, não faz sentido manter-se o estado de indefinição jurídica quanto à responsabilidade patrimonial secundária de terceiros" (NEVES, Daniel Amorim Assumpção. *Novo código de processo civil comentado artigo por artigo*, p. 240). Em sentido semelhante: ALVIM, Arruda. *Novo contencioso cível no CPC/2015*, p. 113.

26. DINAMARCO, Cândido Rangel. *Instituições de direito processual civil*, n. 558, v. II, p. 211.

27. DINAMARCO, Cândido Rangel. *Instituições de direito processual civil*, v. III, n. 1.150, p. 367.

28. Segundo pensamos, os vocábulos imutabilidade e indiscutibilidade são complementares e designativos da mesma situação jurídica, qual seja, a impossibilidade de modificação de todo o conteúdo da decisão que julga o mérito. Esse, inclusive, parece ser o entendimento de Barbosa Moreira: "No fundo, a sentença trânsita em julgado é indiscutível porque imutável: para garantir-lhe a imutabilidade, proíbe o ordenamento não apenas a emissão de outra sentença divergente, mas a própria reapreciação da matéria decidida, já que não teria sentido facultar uma discussão cujo desfecho está de antemão fixado. [...] A *auctoritas rei iudicatae* abrange a imutabilidade e

código atual preconiza que a imutabilidade e indiscutibilidade cobrem a *decisão de mérito*.[29]

Portanto, uma vez debelada a pretensão de desconsideração da personalidade jurídica, seja mediante o seu acolhimento, seja com a sua rejeição, a decisão de mérito veiculadora desse julgamento, após o trânsito em julgado, fará coisa julgada material.[30]

Uma vez formada, a coisa julgada produzirá três diferentes efeitos ou funções.[31]

O efeito negativo (= função negativa) impedirá a propositura de demanda idêntica (tríplice identidade: mesmo pedido, mesma causa de pedir e mesmas partes) àquela na qual foi resolvida a pretensão de desconsideração da personalidade jurídica.

Por sua vez, o efeito positivo (= função positiva) tornará obrigatório que os juízes, ao julgarem nova demanda entre determinadas partes, tomem como premissa inafastável a situação jurídica imunizada em processo anterior que envolveu os mesmos litigantes, sempre que ela despontar, em novo feito, como uma questão prejudicial.

Finalmente, a coisa julgada produzirá um efeito preclusivo (= função preclusiva), objeto da nossa análise a seguir.

5. FINALIDADE DA EFICÁCIA PRECLUSIVA DA COISA JULGADA

Segundo o art. 508 do CPC/2015, "transitada em julgado a decisão de mérito, considerar-se-ão deduzidas e repelidas todas as *alegações* e as *defesas* que a parte poderia opor tanto ao acolhimento quanto à rejeição do pedido".

O dispositivo cuida daquilo que na Itália se convencionou chamar de *preclusão do deduzido e do dedutível*,[32] mas que no Brasil recebeu a alcunha de *eficácia preclusiva da coisa julgada*.

Parece-nos que a doutrina brasileira não diverge quanto ao objeto da eficácia preclusiva da coisa julgada, sendo consensual a compreensão de que se trata de um mecanismo de autodefesa da *res iudicata*, destinado a impedir que a parte vencida suscite

---

a incontestabilidade, que são como duas faces da mesma moeda" (BARBOSA MOREIRA, José Carlos. "Coisa julgada e declaração". In: *Temas de direito processual civil*. São Paulo: Saraiva, 1977, p. 88, nota 17).

29. Para essa observação: GAJARDONI, Fernando da Fonseca. Comentários ao art. 356. In: MARCATO, Antonio Carlos (Coord.). *Código de processo civil interpretado*. São Paulo: Atlas, 2022, p. 574.

30. DIDIER JR., Fredie. *Curso de direito processual civil*, v. 1, p. 521; RODRIGUES, Marcelo Abelha. Observações sobre o incidente de desconsideração da personalidade jurídica, p. 17-18; SANTOS, Neylton Agnaldo Moraes dos Santos. "Comentários ao art. 136", p. 173; ANDRADE JUNIOR, Mozart Vilela. A obrigatoriedade (?) do incidente de desconsideração da personalidade jurídica. *Doutrinas essenciais*, v. 2, São Paulo: Ed. RT, 2018, n. 11; YARSHELL, Flávio Luiz. Comentários ao art. 133, p. 233.

31. Sustentando a existência dos efeitos/funções negativo e positivo da coisa julgada, dentre vários outros: ARAGÃO, Egas Dirceu Moniz de. *Sentença e coisa julgada*: exegese do código de processo civil (arts. 444 a 475). Rio de Janeiro: Aide, 1992, p. 216-217; FABRÍCIO, Adroaldo Furtado. A coisa julgada nas ações de alimentos. *Revista de processo*, v. 62, n. 4. São Paulo: Ed. RT, 1991; MESQUITA, José Ignácio Botelho de. A coisa julgada. *A coisa julgada*. Rio de Janeiro: Forense, 2006, n. 4, p. 11-12; TALAMINI, Eduardo. *Coisa julgada...*, p. 130-131.

32. PISANI, Andrea Proto. Appunti sul giudicato civile e sui suoi limiti oggettivi. *Rivista di diritto processuale*. Padova: Cedam, 1990, n. 10, p. 408-410.

novos argumentos, não articulados e não analisados em demanda anterior, capazes de modificar a conclusão atingida num julgamento pretérito.[33]

Por outro lado, a mesma consensualidade não se faz sentir em relação ao conteúdo e alcance da eficácia preclusiva, colhendo-se da doutrina brasileira posições antagônicas, que serão explicitadas adiante.

É importante que se tenha claro que a eficácia preclusiva da coisa julgada não importa em julgamento implícito das alegações e das defesas dedutíveis, muito embora a expressão *considerar-se-ão deduzidas e repelidas*, presente no art. 508 do CPC/2015, possa transmitir essa falsa impressão.[34]

O que acontece, então, com essas alegações e defesas?

Há quem defenda que sobre elas se estende a coisa julgada, o que ensejaria, ao fim e ao cabo, uma ampliação dos seus limites objetivos.[35]

Em nosso sentir, porém, tais alegações e defesas não são imunizadas, mas apenas *se tornam juridicamente irrelevantes* se suscitadas em nova demanda com o propósito de elidir a coisa julgada anteriormente formada.

Também é preciso que se tenha claro que as áreas de atuação da eficácia preclusiva e da coisa julgada são distintas e não se confundem, embora sejam complementares.

Ao passo que a *res iudicata* atua imunizando o conteúdo da decisão de mérito, impedido o julgamento do mesmo pedido antes formulado, com base na mesma causa de pedir e envolvendo as mesmas partes, a eficácia preclusiva, como um efeito produzido pela coisa julgada, opera perante demandas distintas (baseadas em causas de pedir e em pedidos diferentes) que tenham sido propostas com o objetivo de neutralizar o julgamento precedente, aumentando a proteção que deve ser conferida ao litigante vencedor.[36]

Afigura-se clara, portanto, a função instrumental da eficácia preclusiva, o que significa dizer que ela somente operará quando a coisa julgada formada sobre decisão de mérito anterior for colocada em risco.

---

33. Por todos: DINAMARCO, Cândido Rangel. *Instituições de direito processual civil*, v. III, n. 1.161, p. 391.

34. A esse respeito, veja-se o que Barbosa Moreira afirma em relação ao art. 474 do CPC/2015, mas cuja crítica, à luz do que prevê o art. 508 do CPC/2015, se mantém atual: "Trata-se menos, com efeito, de 'reputar deduzidas e repelidas' as 'alegações, defesas e exceções' capazes de influir no resultado do processo, do que de proibir que tais 'alegações, defesas e exceções, deduzidas ou não, se venham a usar como instrumentos de ataque àquele resultado" (BARBOSA MOREIRA, José Carlos. A eficácia preclusiva da coisa julgada material no sistema do processo civil brasileiro. *Temas de direito processual civil*. São Paulo: Saraiva, 1977, n. 4, p. 102).

35. Com variações quanto à amplitude da extensão dos limites objetivos da coisa julgada: ALVIM NETO, José Manoel de Arruda. Dogmática jurídica e o novo código de processo civil. *Revista de processo*, v. 1, São Paulo: Ed. RT, 1976, n. 8-E; ASSIS, Araken de. Reflexões sobre a eficácia preclusiva da coisa julgada. *Ajuris*: v. 44, p. 40. Porto Alegre, 1988.

36. Para esse raciocínio: SANT'ANNA, Vinícius de Souza. *Eficácia preclusiva da coisa julgada*, p. 245-250.

ATUAÇÃO DA EFICÁCIA PRECLUSIVA DA COISA JULGADA

Enfim, a eficácia preclusiva deve ser compreendida como um empecilho ao ajuizamento de demandas distintas e incompatíveis com a situação jurídica imunizada pela coisa julgada, na medida dessa incompatibilidade.[37]

6. ALCANCE DA EFICÁCIA PRECLUSIVA DA COISA JULGADA: ATUAÇÃO SOBRE AS ESFERAS DE DIREITOS DO *DESCONSIDERANDO* E DO *DESCONSIDERANTE*

Conforme vimos acima, a eficácia preclusiva da coisa julgada torna juridicamente irrelevantes as alegações e as defesas que poderiam ter sido suscitadas na demanda em que se formou a coisa julgada – mas que dela ficaram de fora –, impedindo que sejam articuladas em demandas futuras com o propósito de neutralizar o julgamento precedente.

Em relação à esfera de direitos do *demandado*, parece-nos haver certa tranquilidade na literatura brasileira quanto à incidência da eficácia preclusiva da coisa julgada, que atuará de modo a impedi-lo de propor novas demandas para articular os argumentos defensivos (= causas de resistir) que acabaram ficando de fora de causa pretérita na qual tenha sido vencido.

Conforme salienta Bruno Lopes, esses argumentos dedutíveis não serão imunizados pela coisa julgada, razão pela qual poderão ser livremente articulados em outros processos, salvo se a sua utilização se destinar a frustrar ou minimizar a coisa julgada formada em demanda pretérita.[38]

Aproximando essa ideia do nosso objeto de investigação, tem-se que, julgada procedente a demanda de desconsideração da personalidade jurídica, de modo a se reconhecer a responsabilidade patrimonial do *desconsiderando* e destravar os meios executivos em relação ao seu patrimônio, sobre a decisão de mérito proferida, após o trânsito em julgado, se formará a *res iudicata*.

Assim, não será possível que, no futuro, o *desconsiderando* ajuíze demandas para veicular os argumentos que poderiam ter sido apresentados na causa pretérita, em que foi desconsiderada a personalidade jurídica, mas que dela ficaram de fora.

Isso porque, se se admitisse o julgamento do mérito dessas demandas contraditórias à coisa julgada que se formou na causa anterior, a situação jurídica imunizada pela *res iudicata* (o reconhecimento da responsabilidade patrimonial, com o destravamento dos meios executivos sobre o patrimônio do *desconsiderando*) seria exposta ao risco de ser violada, daí por que, cumprindo a função instrumental que lhe é inerente, a eficácia preclusiva atuará, ensejando a extinção anômala, por falta de interesse processual, dos processos futuros que veicularem essas demandas contraditórias.[39]

---

37. LOPES, Bruno Vasconcelos Carrilho. *Limites objetivos e eficácia preclusiva da coisa julgada*. São Paulo: Saraiva, 2012, p. 110.

38. LOPES, Bruno Vasconcelos Carrilho. *Limites objetivos e eficácia preclusiva da coisa julgada*, p. 112-113.

39. Sobre o desfecho do processo que veicula demanda contraditória do réu derrotado: SANT'ANNA, Vinícius de Souza. *Eficácia preclusiva da coisa julgada*, p. 281-286.

Por outro lado, a atuação da eficácia preclusiva da coisa julgada sobre a esfera de direitos do demandante é alvo de dissidência na doutrina brasileira, notadamente quanto ao significado da expressão *alegações*, contida no art. 508 do CPC/2015.

Para uma parcela da literatura pátria, a expressão *alegações* designaria os *fatos simples ou secundários* relativos à causa de pedir deduzida no processo em que a parte demandante foi vencida.[40] Para outra parcela, a expressão *alegações* corresponderia aos *fatos essenciais ou jurídicos* caracterizadores de outras causas de pedir, diversas daquela arguida na demanda em que a parte demandante foi derrotada.[41]

Em nosso entendimento, não são quaisquer fatos que identificam a causa de pedir.

A *causa petendi* é particularizada apenas pelos fatos principais ou essenciais, considerados como tais aqueles capazes de produzir a consequência jurídica pretendida, tendo em vista o seu enquadramento no modelo abstrato previsto pela norma de direito material relevante para o caso. Os fatos secundários ou simples consistem apenas em argumentos retóricos, relacionados a indícios de prova de outros fatos e à técnica processual.[42]

Tendo isso em mente, acreditamos que a atuação da eficácia preclusiva da coisa julgada sobre os fatos secundários ou simples se revela desnecessária, visto que, por não conformarem outra causa de pedir, a sua alegação em nova demanda, envolvendo as mesmas partes e na qual se formule o mesmo pedido, encontrará empecilho na função negativa da coisa julgada, tendo em vista a repetição da demanda anterior que já teve seu mérito resolvido.

Por outro lado, também não vislumbramos a possibilidade de a eficácia preclusiva atuar sobre os fatos principais ou essenciais conformadores de outras causas de pedir.

Alinhando essa ideia ao escopo do nosso exame, tem-se que, ao julgar improcedente a pretensão de desconsideração da personalidade jurídica, o Estado-juiz o fará em estrita conformidade com a causa de pedir deduzida.

Assim, se o *desconsiderante* tiver pleiteado a desconsideração da personalidade jurídica lançando mão do argumento (= causa de pedir) de ocorrência de confusão patrimonial em virtude da transferência de bens feita pelo devedor para o patrimônio da sociedade empresária de cujo quadro societário ele faça parte, com o intuito deliberado de se esquivar dos seus credores, a coisa julgada que recobrirá a decisão de mérito imunizará o pedido realizado apenas em relação a essa causa de pedir.

Não haverá empecilhos que a pretensão de desconsideração seja novamente trazida a juízo pelo *desconsiderante,* em desfavor do mesmo *desconsiderando,* se nessa nova

---

40. Nesse sentido: GRECO, Leonardo. *A teoria da ação no processo civil.* São Paulo: Dialética, 2003, p. 71; MARINONI, Luiz Guilherme; MITIDIERO, Daniel. *Código de processo civil comentado artigo por artigo.* São Paulo: Ed. RT, 2008, p. 451.
41. ASSIS, Araken de. Reflexões sobre a eficácia preclusiva da coisa julgada, p. 40-41; HOFFMANN JÚNIOR, Lírio. *A eficácia preclusiva da coisa julgada.* Salvador: JusPodivm, 2019, p. 332-361.
42. Para essa abordagem: SANT'ANNA, Vinícius de Souza. *Eficácia preclusiva da coisa julgada,* p. 80-81.

demanda for invocada outra *causa petendi* (p. ex., a ocorrência de desvio de finalidade em virtude de uma pessoa jurídica, atuante no segmento de construção civil, ter passado a praticar agiotagem, utilizando seus recursos nesses negócios ilícitos).

Isso será factível porque, repita-se, o julgamento de improcedência realizado na demanda anterior limitar-se-á a debelar o pedido de desconsideração à luz da *causa petendi* deduzida, valendo salientar que não existe no ordenamento jurídico brasileiro regra que imponha à parte demandante a cumulação de todas as causas de pedir eventualmente existentes.[43]

Logo, se é desnecessário recorrer à eficácia preclusiva para se impedir o ajuizamento de demandas em que sejam articulados fatos simples ou secundários e se não há espaço para ela atuar sobre os fatos essenciais ou primários, só resta concluir, em relação ao *desconsiderante*, que o efeito preclusivo funciona como um detalhamento/reforço da regra que impede o ajuizamento de demanda idêntica.[44]

Como se percebe, a eficácia preclusiva da coisa julgada atua sobre as esferas do demandante-desconsiderante e do demandado-desconsiderando com diferente intensidade.

Isso se justifica porque a admissão de propositura de novas demandas pelo demandante-desconsiderante derrotado, nas quais venha a formular pedidos ou apresentar causas de pedir (= fatos essenciais) deixados de fora de uma primeira demanda, não afronta a coisa julgada que nela se formou, porquanto a situação jurídica levada a juízo será outra, diferente da que antes foi debelada.

Por outro, a permissão de ajuizamento de demandas contraditórias pelo demandado-desconsiderando derrotado, para deduzir fatos essenciais (= causas de resistir) não suscitados na causa antecedente (que na demanda contraditória se trasmudariam em causas de pedir), vai de encontro à situação jurídica já imunizada pela *res iudicata*, daí por que a eficácia preclusiva deve entrar em cena, cumprindo o seu propósito de proteger a coisa julgada.[45]

7. CONCLUSÃO

Conforme pudemos verificar, seja incidentemente (nos moldes do *caput* do art. 134 do CPC/2015), seja por meio do cúmulo inicial de pedidos (em conformidade com § 2º do art. 134), a pretensão de desconsideração da personalidade jurídica, com vistas a ampliar a garantia do credor contra o inadimplemento, sempre será veiculada por

---

43. A respeito da liberdade de cumulação objetiva de demandas: SIQUEIRA, Thiago Ferreira. *Limites objetivos da coisa julgada*: objeto do processo e questões prejudiciais. Salvador: JusPodivm, 2020, p. 69-81; SANT'ANNA, Vinícius de Souza. *Eficácia preclusiva da coisa julgada*, p. 41-46.
44. LOPES, Bruno Vasconcelos Carrilho. *Limites objetivos e eficácia preclusiva da coisa julgada*, p. 106-107.
45. Para uma abordagem sobre a compatibilidade dessa maneira de enxergar a eficácia preclusiva com as normas fundamentais do processo civil do acesso à justiça, da eficiência, da boa-fé objetiva e da isonomia: SANT'ANNA, Vinícius de Souza. *Eficácia preclusiva da coisa julgada*, p. 286-334.

meio de uma demanda, particularizada por todos os seus elementos (pedido, causa de pedir e partes).

Havendo demanda, existirá um pedido a ser debelado, daí decorrendo a inferência da possibilidade de haver um julgamento de mérito, apto à formação de coisa julgada material, nos termos do art. 502 do CPC/2015.

Uma vez formada, a coisa julgada produzirá efeitos (ou funções) *negativo*, *positivo* e *preclusivo*.

Relativamente à eficácia preclusiva, observamos que ela possui um papel instrumental, destinado a proteger a coisa julgada contra demandas contraditórias à situação jurídica tornada imutável e indiscutível após o trânsito em julgado.

Com o estabelecimento dessas premissas, pudemos perceber que os processos que veiculam as demandas contraditórias propostas pelo demandado-desconsiderado para articular argumentos deixados de fora da causa pretérita em que a desconsideração foi julgada procedente, devem ser extintos anomalamente, por falta de interesse processual, de modo a se evitar que a situação jurídica já imunizada pela *res iudicata* seja violada.

Por outro lado, vimos que esse mesmo óbice não se impõe ao demandante-desconsiderante quando retorna a juízo para pedir novamente a desconsideração da personalidade jurídica, após ter sido derrotado em demanda anterior, se se valer de uma diferente causa de pedir, pois nessa hipótese estaremos diante de uma demanda diferente e que não conflita com a situação jurídica imunizada pela coisa julgada.

8. REFERÊNCIAS

ANDRADE JUNIOR, Mozart Vilela. A obrigatoriedade (?) do incidente de desconsideração da personalidade jurídica. *Doutrinas essenciais*. São Paulo: Ed. RT, 2018. v. 2.

ALVIM, Arruda. *Novo contencioso cível no CPC/2015*. São Paulo: Ed. RT, 2016.

ALVIM NETO, José Manoel de Arruda. Dogmática jurídica e o novo Código de Processo civil. *Revista de processo*, v. 1. São Paulo: Ed. RT, 1976.

ARAGÃO, Egas Dirceu Moniz de. *Sentença e coisa julgada*: exegese do código de processo civil (arts. 444 a 475). Rio de Janeiro: Aide, 1992.

ASSIS, Araken de. Reflexões sobre a eficácia preclusiva da coisa julgada. *Ajuris*. v. 44. Porto Alegre, 1988.

BARBOSA MOREIRA, José Carlos. Coisa julgada e declaração. *Temas de direito processual civil*. São Paulo: Saraiva, 1977.

BARBOSA MOREIRA, José Carlos. A eficácia preclusiva da coisa julgada material no sistema do processo civil brasileiro. *Temas de direito processual civil*. São Paulo: Saraiva, 1977.

CINTRA, Lia Carolina Batista. *Intervenção de terceiro por ordem do juiz*. São Paulo: Ed. RT, 2017.

CAMARGO, Luiz Henrique Volpe. Comentários ao art. 134. In: CABRAL, Antonio do Passo; CRAMER, Ronaldo. (Coord.). *Comentários ao novo Código de Processo Civil*. Rio de Janeiro: Forense, 2016.

DIDIER JR., Fredie. *Curso de direito processual civil*: introdução ao direito processual civil, parte geral e processo de conhecimento. 17. ed. Salvador: JusPodivm, 2015. v. 1.

DINAMARCO, Cândido Rangel. *Instituições de direito processual civil*. São Paulo: Malheiros, 2019, v. II.

DINAMARCO, Cândido Rangel. *Instituições de direito processual civil*. São Paulo: Malheiros, 2019. v. III.

FABRÍCIO, Adroaldo Furtado. A coisa julgada nas ações de alimentos. *Revista de processo*, v. 62. São Paulo: Ed. RT, 1991.

FREIRE, Alexandre; MARQUES, Leonardo Albuquerque. Comentários ao art. 133. In: STRECK, Lenio Luiz; NUNES, Dierle; CUNHA, Leonardo Carneiro da (Coord.). *Comentários ao Código de Processo Civil*. São Paulo: Saraiva, 2016.

GAJARDONI, Fernando da Fonseca. Comentários ao art. 356. In: MARCATO, Antonio Carlos (Coord.). *Código de Processo Civil interpretado*. São Paulo: Atlas, 2022.

GRECO, Leonardo. *A teoria da ação no processo civil*. São Paulo: Dialética, 2003.

GRINOVER, Ada Pellegrini. *Os princípios constitucionais e o código de processo civil*. São Paulo: Bushatsky, 1975.

HOFFMANN JÚNIOR, Lírio. *A eficácia preclusiva da coisa julgada*. Salvador: JusPodivm, 2019.

LOPES, Bruno Vasconcelos Carrilho. *Limites objetivos e eficácia preclusiva da coisa julgada*. São Paulo: Saraiva, 2012.

MACHADO, Marcelo Pacheco. *A correlação no processo civil*: relações entre demanda e tutela jurisdicional. Salvador: JusPodivm, 2015.

MARINONI, Luiz Guilherme; MITIDIERO, Daniel. *Código de processo civil comentado artigo por artigo*. São Paulo: Ed. RT, 2008.

MAZZEI, Rodrigo. "Aspectos processuais da desconsideração da personalidade jurídica no Código de Defesa do Consumidor e no projeto do "novo" Código de Processo Civil" In: BRUSCHI, Gilberto Gomes et al (Coord.). *Direito processual empresarial*: estudos em homenagem ao professor Manoel Queiroz Pereira Calças. Rio de Janeiro: Elsevier, 2012.

MESQUITA, José Ignácio Botelho de. *A coisa julgada*. Rio de Janeiro: Forense, 2006.

NEVES, Daniel Amorim Assumpção. *Novo Código de Processo Civil comentado artigo por artigo*. Salvador: JusPodivm, 2016.

PISANI, Andrea Proto. Appunti sul giudicato civile e sui suoi limiti oggettivi. *Rivista di diritto processuale*. Padova: CEDAM, 1990.

RODRIGUES, Marcelo Abelha. *Suspensão da segurança*: sustação da eficácia de decisão judicial proferida contra o poder público. 4. ed. rev., atual. e ampl. Salvador: JusPodivm, 2017.

RODRIGUES, Marcelo Abelha. Observações sobre o incidente de desconsideração da personalidade jurídica. *Revista Magister de Direito Civil e Processual Civil*. n. 102, p. 12-31. Porto Alegre: Lex Magister, 2021.

TALAMINI, Eduardo. *Coisa julgada e sua revisão*. São Paulo: Ed. RT, 2005.

SANT'ANNA, Vinícius de Souza. Teorias da substanciação e da individuação: qual delas identifica a causa de pedir no processo civil brasileiro?. In: CARVALHO, Frederico Ivens Miná Arruda de; BRAZ, Miryã Bregonci da Cunha; SANT'ANNA, Vinícius de Souza (Coord.). *Temas contemporâneos de direito processual*. Belo Horizonte: Dialética, 2021.

SANT'ANNA, Vinícius de Souza. *Eficácia preclusiva da coisa julgada*. Londrina: Thoth, 2022.

SANTOS, Neylton Agnaldo Moraes dos Santos. "Comentários ao art. 136". In: MARCATO, Antonio Carlos (Coord.). *Código de processo civil interpretado*. São Paulo: Atlas, 2022.

SIQUEIRA, Thiago Ferreira. *Limites objetivos da coisa julgada*: objeto do processo e questões prejudiciais. Salvador: JusPodivm, 2020.

YARSHELL, Flávio Luiz. Comentários ao art. 133. In: CABRAL, Antonio do Passo; CRAMER, Ronaldo. (Coord.). *Comentários ao novo Código de Processo Civil*. Rio de Janeiro: Forense, 2016.

I.10 – DESCONSIDERAÇÃO DA PERSONALIDADE JURÍDICA E OUTRAS FRAUDES

DESCONSIDERAÇÃO DA PERSONALIDADE JURÍDICA E FRAUDES DO DEVEDOR: REGIME JURÍDICO E SISTEMATIZAÇÃO

Adriano Camargo Gomes

Pós-doutorando em Direito Processual Civil pela UFPR. Doutor em Direito Processual pela USP. Mestre em Direito pela Universidade de Oxford. Advogado em Curitiba e São Paulo. adriano@camargoegomes.com.

Sumário: 1. Introdução – 2. Desconsideração da Personalidade Jurídica – 3. Fraudes do devedor; 3.1 Fraude contra credores; 3.2 Fraude à execução – 4. Aspectos da relação entre desconsideração da personalidade jurídica e fraudes do devedor – 5. Considerações finais – 6. Referências.

1. INTRODUÇÃO

O direito processual, em especial no âmbito das relações privadas, teria tarefa significativamente mais fácil se o cumprimento espontâneo das obrigações – comportamento já predominante nas relações jurídicas –, fosse ainda mais comum. Seria também mais fácil a tarefa dos processualistas, e significativamente menor o número de processos, se o condenado sempre cumprisse o comando judicial após o processo de conhecimento, sem a necessidade de execução. No entanto, não apenas esse comportamento não é dominante, como é muito frequente que o condenado ofereça significativa resistência – tanto no âmbito do processo, como fora dele.

Entre as situações comuns de resistência, encontradas na realidade externa ao processo, estão duas práticas muito conhecidas: a utilização de pessoas jurídicas que sirvam para garantir a assim chamada "blindagem patrimonial", protegendo o patrimônio dos sócios de tentativas de atingi-lo – figura que pode resultar em arranjo ilícito, embora, em geral, seja prática lícita; a alienação ou oneração de bens antes ou durante o processo judicial, reduzindo o devedor à insolvência – situações que frequentemente assumem caráter ilícito e fraudulento.

Em casos como esses, como forma de proteger o interesse lícito de credores, a legislação brasileira prevê um conjunto de institutos materiais, processuais ou bifrontes.

Este artigo se dedica a analisar três desses institutos: a desconsideração da personalidade jurídica, a fraude contra credores e a fraude à execução.

A necessidade de analisar e distinguir esses institutos decorre da possibilidade de que um mesmo ato jurídico configure, ao mesmo tempo, o suporte fático da desconsideração da personalidade jurídica, da fraude contra credores e da fraude à execução – é o caso, por exemplo, de negócios jurídicos que sejam celebrados, no curso do processo e em prejuízo ao patrimônio do devedor original, entre a pessoa jurídica e seu sócio. Se anterior ao processo, além da desconsideração, poderia estar preenchido o suporte fático da fraude contra credores – não da fraude à execução porque esta pressupõe a litispendência. Atos fraudulentos praticados entre sociedade e sócio ou entre pessoas jurídicas do mesmo grupo são comuns em momentos de crise, reclamando particular atenção dos operadores do direito.

Ademais, a distinção entre os institutos se justifica sob uma perspectiva pragmático-processual por, fundamentalmente, dois motivos: primeiro, porque o procedimento para desconsideração da personalidade jurídica – instauração de um incidente (art. 133, CPC) – é significativamente distinto daquele utilizado para o reconhecimento da fraude à execução, que se dá no curso do processo e desafia embargos à execução (art. 792, CPC), e da fraude contra credores, que exige ação própria (art. 161, CC); segundo, porque os efeitos jurídicos dos três institutos são – ou, ao menos, é o que se sustenta – substancialmente distintos, conquanto nos casos de desconsideração e fraude à execução estejam situados no mesmo plano (da eficácia).

Para explorar os institutos e as distinções existentes entre eles, este texto se divide em quatro partes, além desta introdução: uma voltada à análise da desconsideração da personalidade jurídica; outra à análise das fraudes contra credores e à execução; a seguinte dedicada a examinar alguns aspectos da relação entre desconsideração da personalidade jurídica e fraudes do devedor; e a última, na qual são apresentadas as considerações finais.

2. DESCONSIDERAÇÃO DA PERSONALIDADE JURÍDICA

Tratar de desconsideração da personalidade jurídica exige, por motivo de clareza, explicar o que se entende por personalidade jurídica.

A exemplo de diversos outros institutos, a personalidade jurídica enfrentou enorme polêmica doutrinária de caráter teórico-conceitual – são inúmeras e tão variadas as teorias que foram utilizadas para explicá-la, que ingressar nessa discussão demandaria, ao menos, um artigo exclusivamente dedicado ao tema.[1] Adota-se, para os fins deste artigo e por conveniência, a teoria da realidade técnica: o direito, reconhecendo

---

1. Ver, a respeito das diferentes teorias, o texto de Rodrigo Xavier Leonardo: LEONARDO, Rodrigo Xavier. Revisitando a teoria da pessoa jurídica na obra de J. Lamartine Corrêa de Oliveira. *Revista da Faculdade de Direito UFPR*, v. 46, Curitiba, dez. 2007.

a existência autônoma de determinados grupos, atribui-lhes personalidade jurídica.[2] Assim, como ensina Caio Mário da Silva Pereira, esses entes, criados pelas vontade humana, "[...] operam no mundo jurídico adquirindo direitos, exercendo-os, contraindo obrigações, seja pela declaração de vontade, seja por imposição da lei". Nesses termos, prossegue o civilista, nada em sua personalidade se confunde com a dos indivíduos que dela participam:

> Sua vontade é distinta da vontade individual dos membros componentes; seu patrimônio, constituído pela afetação dos bens, ou pelos esforços dos criadores ou associados, é diverso do patrimônio de uns e de outros; sua capacidade, limitada à consecução de seus fins pelo fenômeno da especialização, é admitida pelo direito positivo.[3]

Essa "inconfundibilidade" entre as pessoas dos associados e a pessoa jurídica produz ao menos três efeitos essenciais: "a) a não atribuição à pessoa dos sócios das condutas praticadas societariamente; b) a não atribuição à pessoa dos sócios dos direitos e poderes envolvidos na atividade societária; c) a não atribuição à pessoa dos sócios dos deveres envolvidos na atividade societária".[4] Em verdade, a separação entre as esferas jurídicas protege tanto a sociedade quanto o sócio, ao assegurar que um não responde (ou responde apenas subsidiariamente) pelos atos do outro.[5] Dessas características decorre, em alguns casos, outro efeito: a existência de autonomia patrimonial da pessoa jurídica – seu patrimônio não se confunde e não se sujeita àquele que possuem seus sócios.[6]

---

2. PEREIRA, Caio Mário da Silva. *Instituições de direito civil*. 26. ed. Rio de Janeiro: Forense, 2013, v. 1, p. 258.
3. PEREIRA, Caio Mário da Silva. *Instituições de direito civil*. 26. ed. Rio de Janeiro: Forense, 2013, v. 1, p. 260.
4. JUSTEN FILHO, Marçal. *Desconsideração da personalidade societária no direito brasileiro*. São Paulo: Ed. RT, 1987, p. 50.
5. Isso é reconhecido pelo STJ até mesmo nos casos de empresas individuais. Ver REsp 1.874.256/SP, relatora Ministra Nancy Andrighi, Terceira Turma, julgado em 17.08.2021, DJe de 19.08.2021; AgInt no REsp 1.962.045/RS, relator Ministro Marco Buzzi, Quarta Turma, julgado em 13.12.2021, DJe de 16.12.2021.
6. É problemático procurar explicar a personificação a partir da ideia de autonomia patrimonial. Araken de Assis, por exemplo, afirma que na pessoa jurídica "a técnica de personificação visa precipuamente à autonomia patrimonial", mas acaba reconhecendo, no parágrafo seguinte que "nem todos os tipos societários consagram a autonomia patrimonial fundada na personificação, entre a pessoa jurídica e os seus integrantes"; e que "razões diversas levam a lei a atribuir ao sócio a dívida da pessoa jurídica" [ASSIS, Araken de. *Processo civil brasileiro:* parte geral – institutos fundamentais. São Paulo: Ed. RT, 2015, v. II, t. I, p. 135]. Tanto a afirmação inicial, quanto a concessão feita parecem equivocadas. A personificação gera para todos os tipos societários uma separação entre esferas jurídicas, consequentemente, como reconhece o autor "as pessoas naturais que, ao se associarem formaram a pessoa jurídica, não assumem em nome próprio os direitos e os deveres decorrentes da esfera social". Isso se dá sem prejuízo de que determinados tipos societários prevejam que o sócio possui responsabilidade patrimonial secundária nos termos do art. 790, II e 795, CPC. Nesses casos, diferentemente do que ocorre na hipótese de desconsideração, a responsabilidade é secundária, porque o sócio é responsável sem ser devedor [ASSIS, Araken de. *Processo civil brasileiro:* parte geral – institutos fundamentais. São Paulo: Ed. RT, 2015, v. II, t. I, p. 136]. Essa responsabilidade não infirma, antes reforça a existência de autonomia patrimonial: o sócio responde como sócio e tem direito de regresso contra a sociedade (art. 795, § 3º, CPC). Em sentido contrário, embora reconhecendo se tratar de responsabilidade de terceiro, ver SIQUEIRA, Thiago Ferreira. *A Responsabilidade Patrimonial no Novo Sistema Processual Civil*. São Paulo: Ed. RT, 2016, p. 221. É por isso também que na sociedade não personificada, como defende Araken de Assis, a responsabilidade é primária: o sócio é tratado como devedor e responsável, não como responsável pelo débito de terceiro [ver ASSIS, Araken de. *Processo civil brasileiro:* parte geral – institutos fundamentais. São Paulo: Ed. RT, 2015, v. II, t. I, p. 138].

A compreensão dessa multiplicidade de efeitos decorrentes da atribuição de personalidade jurídica é essencial para que se possa entender corretamente no que consiste sua desconsideração – tema que, a exemplo de tantos outros no campo do direito, carece de uma adequada sistematização doutrinária.[7] Nesse caso, ao menos dois aspectos justificam as dificuldades enfrentadas pela doutrina: o instituto da desconsideração se origina de outros sistemas jurídicos (em especial da *disregard doctrine* do direito inglês) e, também em decorrência de sua origem, decorre de um exercício eminentemente indutivo (ou *bottom-up* – o instituto é fruto da abstração e da construção de princípios mais gerais a partir da decisão de casos concretos).[8] Com efeito, seja no direito inglês, onde foi inicialmente debatido no famoso caso *Salomon v. A Salomon & Co Ltd*, julgado no fim do século XIX pela House of Lord, seja no direito brasileiro, onde foi inicialmente adotado em julgado do Tribunal de Alçada do Estado de São Paulo,[9] a desconsideração da personalidade jurídica foi construída a partir da jurisprudência. A doutrina nacional a respeito do tema, inaugurada pelo texto de Rubens Requião publicado em 1969, desenvolveu-se ao longo de muitos anos sem nenhuma referência normativa além das decisões judiciais, e, embora muitos autores tenham analisado o tema, ele ainda suscita diversas dúvidas decorrentes da sua reduzida sistematização.[10]

A confusa redação do art. 50, CC, em nada contribuiu para sistematizar a disciplina da desconsideração. Mesmo com sua redação alterada pela Lei 13.874/2019, o texto do art. 50, CC, continua impreciso:

> Em caso de abuso da personalidade jurídica, caracterizado pelo desvio de finalidade ou pela confusão patrimonial, pode o juiz, a requerimento da parte, ou do Ministério Público quando lhe couber intervir no processo, desconsiderá-la para que os efeitos de certas e determinadas relações de obrigações sejam estendidos aos bens particulares de administradores ou de sócios da pessoa jurídica beneficiados direta ou indiretamente pelo abuso.

A primeira parte do dispositivo gera poucas dúvidas: a desconsideração cabe em caso de abuso da personalidade jurídica, caracterizado pelo desvio de finalidade ou pela

---

7. Nesse sentido, a crítica de Fredie Didier Jr. e Leandro Aragão para quem a temática "foi importada para o Brasil sem a devida atenção e em meio a muita confusão entre a aplicação da técnica da desconsideração da personalidade jurídica e as hipóteses existentes em lei para imputação direta de responsabilidade" [DIDIER JR., Fredie; ARAGÃO, Leandro. A desconsideração da personalidade jurídica em processo arbitral. In: YARSHELL, Flávio Luiz; PEREIRA, Guilherme Setoguti J. (Coord.). *Processo societário*. São Paulo: Quartier Latin, 2012, p. 255-268, p. 257].

8. Em oposição ao método denominado de *top-down*, que envolve a declaração de princípios gerais que são aplicados a casos concretos, tal como frequentemente ocorre nos países de *civil law*. Sobre o tema, ver RACHLINSKI, Jeffrey J. Bottom-Up versus Top-Down Lawmaking. *University of Chicago Law Review*, v. 73, n. 3, 2006. Disponível em: https://scholarship.law.cornell.edu/facpub/918. Acesso em: 10 jan. 2023.

9. BIANQUI, Pedro Henrique Torres. *Desconsideração judicial da personalidade jurídica pela óptica processual.* Orientador: Antonio Carlos Marcato. Dissertação (Mestrado em Direito) – Faculdade de Direito da Universidade de São Paulo – USP. São Paulo, 2010, p. 28.

10. É preciso reconhecer, a despeito da previsão do art. 50, CC, que o legislador não atendeu o reclamo de Marçal Justen Filho ao concluir sua obra a respeito do tema: "seria desejável uma consagração normativa sistemática e sistematizada a propósito da desconsideração, em nosso ordenamento". Afinal, ainda "existem inúmeros dispositivos legais, esparsamente editados" a respeito do tema [JUSTEN FILHO, Marçal. *Desconsideração da personalidade societária no direito brasileiro.* São Paulo: Ed. RT, 1987, p. 158].

confusão patrimonial; e pode ser requerida pela parte ou pelo Ministério Público. A segunda parte, porém, é pouco técnica ao tratar das consequências da desconsideração. Por um lado, corretamente se estabelece que a desconsideração envolve questão de eficácia, relativa aos "efeitos de certas e determinadas relações". Por outro lado, o dispositivo faz referência a "relações de obrigações" e extensão de efeitos a bens particulares, exigindo para tanto benefício direto ou indireto por parte de sócios e administradores.[11]

Embora a expressão "relações de obrigações" não seja a usualmente empregada, é possível supor que queira se referir a relações jurídicas ou obrigações de forma ampla. Assim, o termo "obrigação" não deve ser entendido, nesse caso, como algo restrito ao Livro I da Parte Especial do Código Civil, que trata do direito das obrigações, mas a qualquer vínculo ou relação jurídica a que esteja submetida a pessoa jurídica (ou o sócio, no caso de desconsideração inversa).[12] Da mesma forma que é possível a desconsideração ante o inadimplemento de uma obrigação de pagar, ela é possível em um conjunto de situações nas quais há descumprimento de um dever legal decorrente de vínculo não propriamente obrigacional.

A técnica do dispositivo também é ruim ao mencionar a extensão de efeitos sobre bens particulares de sócios e administradores. Se, por um lado, o dispositivo pretende que haja uma extensão subjetiva dos efeitos da relação jurídica ou obrigação ao sócio, por outro, não é possível imaginar que os efeitos de tal relação, que tem por objeto uma atividade a ser realizada pela pessoa obrigada, sejam impostos a bens: os bens obviamente não se obrigam a dar, fazer ou não fazer; não são nem mesmo os responsáveis patrimoniais, ainda que possam ser atingidos por força da execução. De qualquer forma, a má redação não é suficiente para que não se compreenda que o dispositivo afirma um dos mais relevantes efeitos da desconsideração da personalidade jurídica: a extensão da responsabilidade patrimonial ao sócio ou administrador pela dívida da pessoa jurídica – ou, na desconsideração inversa, à pessoa jurídica por dívida do sócio ou administrador.[13]

---

11. De acordo com a jurisprudência do STJ, em atenção ao texto do art. 50, CC, que indica a extensão de efeitos a sócio ou administrador beneficiado direta ou indiretamente pelo abuso: "a desconsideração da personalidade jurídica, em regra, deve atingir somente os sócios administradores ou quem comprovadamente contribuiu para a prática dos atos caracterizadores do abuso da personalidade jurídica". [AgInt no REsp 1.924.918/SP, relator Ministro Raul Araújo, Quarta Turma, julgado em 12.12.2022, DJe de 14.12.2022]. Ver também REsp 1.861.306/SP, relator Ministro Ricardo Villas Bôas Cueva, Terceira Turma, julgado em 02.02.2021, DJe de 08.02.2021; REsp 1.766.093-SP, Rel. Min. Nancy Andrighi, Rel. Acd. Min. Ricardo Villas Bôas Cueva, Terceira Turma, por maioria, julgado em 12.11.2019, DJe 28.11.2019 Nesse sentido, a responsabilização de sócios minoritários, não administradores, seria medida excepcional. Em sentido contrário, há julgados mais antigos, anteriores à alteração do art. 50, CC, que passou a exigir o benefício direto ou indireto: "nos termos da jurisprudência desta Corte Superior, não há distinção entre os sócios da sociedade empresária no que diz respeito à *disregard* doctrine, de forma que todos eles serão alcançados".
[AgInt no AREsp 1.347.243/SP, relator Ministro Marco Aurélio Bellizze, Terceira Turma, julgado em 18.03.2019, DJe de 22.03.2019; REsp 1.250.582/MG, relator Ministro Luis Felipe Salomão, Quarta Turma, julgado em 12.04.2016, DJe de 31.05.2016].

12. A desconsideração inversa é expressamente admitida pelo STJ: REsp 1.980.607-DF, Rel. Min. Marco Aurélio Bellizze, Terceira Turma, por unanimidade, julgado em 09.08.2022, DJe 12.08.2022.

13. SIQUEIRA, Thiago Ferreira. *A responsabilidade patrimonial no novo sistema processual civil*. São Paulo: Ed. RT, 2016, p. 231.

Seguindo o texto legal, a doutrina não coloca em dúvida que a desconsideração não enseja anulação da personalidade jurídica – ela continua a existir, não é extinta, desconstituída ou dissolvida, e continua a produzir diversos efeitos jurídicos –, mas constitui uma forma de ineficácia transitória (ou suspensão de eficácia).[14] Ademais, ao definir a extensão dessa ineficácia, a doutrina majoritária parece compreender que ela diz respeito apenas à separação patrimonial operada com a constituição da pessoa jurídica, resultando na responsabilidade patrimonial do sócio.

Nesse sentido, Thiago Siqueira sustenta que o que ocorre com a desconsideração da personalidade jurídica "[...] é a extensão da responsabilidade patrimonial ao sócio pela dívida da pessoa jurídica, ou, na hipótese inversa, à pessoa jurídica por débito do sócio".[15] Da mesma forma, Marinoni, Arenhart e Mitidiero entendem que o seu efeito "consiste na desconsideração da autonomia entre o patrimônio da pessoa jurídica e dos seus sócios [...]";[16] e Rodrigo Ramina, em texto desta coletânea, afirma que "o redirecionamento da responsabilidade pelo pagamento da obrigação ao sócio implica desconsiderar momentaneamente a *limitação da responsabilidade desse sócio* ao capital social subscrito".[17]

Contudo, a perspectiva defendida por esses importantes autores, francamente preponderante na doutrina, resulta em conflação: reduz-se a desconsideração da personalidade jurídica a um de seus efeitos, qual seja, a responsabilidade patrimonial a que se submete o sócio – ignoram-se, pois, todas as demais consequências que decorrem da desconsideração, não relacionada a essa responsabilidade.[18] Destoando dessa perspectiva,

---

14. BIANQUI, Pedro Henrique Torres. *Desconsideração judicial da personalidade jurídica pela óptica processual.* Orientador: Antonio Carlos Marcato. Dissertação (Mestrado em Direito) – Faculdade de Direito da Universidade de São Paulo – USP. São Paulo, 2010, p. 39. No mesmo sentido, COELHO, Fábio Ulhoa. *Curso de direito comercial*: direito de empresa. 15 ed. São Paulo: Saraiva, 2011, v. 2, p. 60-62.

15. SIQUEIRA, Thiago Ferreira. *A responsabilidade patrimonial no novo sistema processual civil.* São Paulo: Ed. RT, 2016, p. 231.

16. MARINONI, Luiz Guilherme; ARENHART, Sérgio Cruz; MITIDIERO, Daniel. *Código de Processo Civil comentado.* 3. ed. São Paulo: Thomson Reuters Brasil, 2018, p. 295.

17. O texto de Rodrigo Ramina nesta coletânea é intitulado "A desconsideração da personalidade jurídica por abandono da sociedade limitada. No mesmo sentido, Paulo Osternack Amaral afirma que "a desconsideração da personalidade jurídica é deferida com o objetivo de atingir o patrimônio de pessoa que atuou de forma fraudulenta" [AMARAL, Paulo Osternack. Incidente de desconsideração da personalidade jurídica. In: TALAMINI, Eduardo et al (Org.). *Grandes temas do novo CPC* – Partes e terceiros no processo civil. Salvador: JusPodivm, 2020, p. 365-379, p. 368.]. João Paulo Hecker da Silva, por sua vez, sustenta que "as personalidades da empresa e do sócio, frise-se, são e continuam sendo diversas; apenas se 'levanta o véu' da personalidade jurídica, a fim de atingir o patrimônio pessoal do sócio [...]" [SILVA, João Paulo Hecker da. Desconsideração da personalidade jurídica e sucessão: consequências sobre a posição jurídica do terceiro em cada hipótese com relação aos seus ônus, deveres, faculdades e direitos processuais. In: TALAMINI, Eduardo et al (Org.). *Grandes temas do novo CPC* – Partes e terceiros no processo civil. Salvador: JusPodivm, 2020, p. 461-487, p. 464]. Fábio Ulhoa Coelho: "Desconsideração inversa é o afastamento do princípio da autonomia patrimonial da pessoa jurídica para responsabilizar a sociedade por obrigação do sócio" [COELHO, Fábio Ulhoa. *Curso de direito comercial*: direito de empresa. 15. ed. São Paulo: Saraiva, 2011, v. 2, p. 65].

18. Essa afirmação se ajusta à conclusão de Didier Jr. e Aragão no sentido de que embora a desconsideração tenha surgido como instrumento destinado a "suprimir o privilégio da limitação da responsabilidade em determinados contextos [...] hoje, toda a construção doutrinária a respeito da teoria da desconsideração da personalidade jurídica alargou significativamente seu alcance, para incluir tipos de desconsideração que não mais guardam, necessariamente, relação com a questão da supressão da responsabilidade limitada" [DIDIER

parece mais correto o entendimento de Marçal Justen Filho, para quem desconsiderar a personalidade jurídica, como o próprio nome sugere, significa desconsiderar a separação entre as personalidades do sócio e da sociedade.[19] Com efeito, a desconsideração resulta na ineficácia da personalidade jurídica[20] – e, em alguns casos, de outros atos que com ela se relacionam, como a integralização do capital social – a partir do momento em que se verifica o ato ilícito que a fundamenta.[21] Nas palavras precisas de Marçal Justen Filho, "a decorrência da aplicação da teoria da desconsideração da personalidade jurídica é a do afastamento dos efeitos da personificação".[22]

Assim compreendida, a desconsideração produz diversos efeitos relacionados à superação (ainda que transitória) das consequências decorrentes da existência de esferas jurídicas distintas: condutas, direitos, deveres e obrigações passam a ser considerados como se fossem do sócio e da sociedade conjunta e concomitantemente.[23] Evidentemente, uma dessas consequências diz respeito, como reconhece amplamente a doutrina, à separação patrimonial: o patrimônio das duas pessoas será tratado como um só,

---

JR., Fredie; ARAGÃO, Leandro. A desconsideração da personalidade jurídica em processo arbitral. In: YARSHELL, Flávio Luiz; PEREIRA, Guilherme Setoguti J. (Coord.). *Processo societário*. São Paulo: Quartier Latin, 2012, p. 255-268, p. 264].

19. JUSTEN FILHO, Marçal. *Desconsideração da personalidade societária no direito brasileiro*. São Paulo: Ed. RT, 1987, p. 55 e ss. A consequência dessa perspectiva é tratar a responsabilidade patrimonial da sociedade como primária, ela passa ser devedora e responsável, não apenas responsável [ZAVASCKI, Teori. Comentários ao Código de Processo Civil: arts. 771 ao 796. In: MARINONI, Luiz Guilherme (Dir.); ARENHART, Sérgio Cruz; MITIDIERO, Daniel (Coord.). *Coleção Comentários ao Código de Processo Civil*. 2. ed. São Paulo: Thomson Reuters Brasil, 2018, v. XII, p. 199]. Ver também SOUZA, André Pagani de. *Desconsideração da personalidade jurídica*: aspectos processuais. 2. ed. São Paulo: Saraiva, 2011, p. 59. Em sentido contrário, SIQUEIRA, Thiago Ferreira. *A responsabilidade patrimonial no novo sistema processual civil*. São Paulo: Ed. RT, 2016, p. 231; AMARAL, Paulo Osternack. Incidente de desconsideração da personalidade jurídica. In: TALAMINI, Eduardo et al (Org.). *Grandes temas do novo CPC – Partes e terceiros no processo civil*. Salvador: JusPodivm, 2020, p. 365-379, p. 369; BIANQUI, Pedro Henrique Torres. *Desconsideração judicial da personalidade jurídica pela óptica processual*. Orientador: Antonio Carlos Marcato. Dissertação (Mestrado em Direito) – Faculdade de Direito da Universidade de São Paulo – USP. São Paulo, 2010, p. 159; TORRES DE MELLO, Rogerio Licastro. *Responsabilidade executiva secundária*: a execução em face do sócio, do cônjuge, do fiador e afins. 2. ed. São Paulo: Ed. RT, 2015, p. 187-193.

20. JUSTEN FILHO, Marçal. *Desconsideração da personalidade societária no direito brasileiro*. São Paulo: Ed. RT, 1987, p. 88. Em sentido similar, afirmam Didier e Aragão que a desconsideração consiste na suspensão dos efeitos da constituição da pessoa jurídica [DIDIER JR., Fredie; ARAGÃO, Leandro. A desconsideração da personalidade jurídica em processo arbitral. In: YARSHELL, Flávio Luiz; PEREIRA, Guilherme Setoguti J. (Coord.). *Processo societário*. São Paulo: Quartier Latin, 2012, p. 255-268, p. 262].

21. Entendendo que a desconsideração é "sanção aplicada a ato ilícito", ver DIDIER JR., Fredie; ARAGÃO, Leandro. A desconsideração da personalidade jurídica em processo arbitral. In: YARSHELL, Flávio Luiz; PEREIRA, Guilherme Setoguti J. (Coord.). *Processo societário*. São Paulo: Quartier Latin, 2012, p. 255-268, p. 262.

22. JUSTEN FILHO, Marçal. *Desconsideração da personalidade societária no direito brasileiro*. São Paulo: Ed. RT, 1987, p. 89.

23. Isso ajuda a explicar porque o STJ aplica a desconsideração da personalidade mesmo a entes jurídicos não personalizados, mas que possam ser titulares de direitos e obrigações em nome próprio [REsp 1.965.982-SP, Rel. Min. Ricardo Villas Bôas Cueva, Terceira Turma, por unanimidade, julgado em 05.04.2022, DJe 08.04.2022].O STJ também reconhece sua aplicação a sociedades não empresárias, como cooperativas [REsp 1.766.093/SP, relatora Ministra Nancy Andrighi, relator para acórdão Ministro Ricardo Villas Bôas Cueva, Terceira Turma, julgado em 12.11.2019, DJe de 28.11.2019 (*obiter dictum*); REsp 1.735.004/SP, relatora Ministra Nancy Andrighi, Terceira Turma, julgado em 26.06.2018, DJe de 29.06.2018] e não descarta sua aplicação a associações [REsp 1.398.438-SC, Rel. Min. Nancy Andrighi, por unanimidade, julgado em 04.04.2017, DJe 11.04.2017].

respondendo por dívidas de qualquer uma delas.[24] É dizer, a doutrina majoritária não está errada quando afirma que a desconsideração da personalidade jurídica importa em extensão da responsabilidade patrimonial; mas, erra ao restringir a desconsideração a esse único efeito, ignorando os demais.[25]

A compreensão da desconsideração da personalidade jurídica sem reduzi-la a seus efeitos estritamente patrimoniais tem consequências relevantes em relação a diversos atos do processo, porque a prática de atos pela sociedade será imputada ao sócio e vice--versa. Conquanto se reconheça a capacidade processual do sócio e da pessoa jurídica, as multas, sanções, ônus, entre outros, a que qualquer um deles se sujeite são tratados, por causa da desconsideração, como comuns. É por isso que se sustenta plenamente a conclusão de Wambier e Talamini, para quem a defesa daquele que será atingido pela desconsideração deve se limitar exclusivamente a este tema, não se reconhecendo a pos-sibilidade de que discuta o mérito do processo principal.[26] Afinal, como corretamente pontuam os autores, a desconsideração importa o fim da separação entre as esferas da pessoa jurídica e do sócio – é nesse sentido que afirmam que ambas as personalidades são desconsideradas; ambas as personalidades, antes juridicamente autônomas, são tratadas com a desconsideração como "uma coisa só".[27]

---

24. É notável como essa hipótese se distingue da responsabilidade subsidiária dos sócios pelas dívidas nas sociedades simples (art. 1.023, CC): "Se os bens da sociedade não lhe cobrirem as dívidas, respondem os sócios pelo saldo, na proporção em que participem das perdas sociais, salvo cláusula de responsabilidade solidária". Enquanto na desconsideração da personalidade jurídica, há ineficácia da separação entre as esferas jurídicas; a responsabili-dade subsidiária dos sócios é responsabilidade patrimonial secundária que, pois, pressupõe a existência de duas esferas jurídicas distintas. Ver REsp 895.792/RJ, relator Ministro Paulo de Tarso Sanseverino, Terceira Turma, julgado em 07.04.2011, DJe de 25.04.2011; REsp 1.398.438/SC, relatora Ministra Nancy Andrighi, Terceira Turma, julgado em 04.04.2017, DJe de 11.04.2017.
25. Não por acaso, ao se examinarem as diferentes hipóteses de desconsideração, é frequente que se coloquem juntas situações que dizem respeito tanto a fundamentos para desconsideração, quanto a efeitos da desconsideração [BIANQUI, Pedro Henrique Torres. *Desconsideração judicial da personalidade jurídica pela óptica processual.* Orientador: Antonio Carlos Marcato. Dissertação (Mestrado em Direito) – Faculdade de Direito da Universidade de São Paulo – USP. São Paulo, 2010, p. 42 e ss.]. Aparentemente, há uma dificuldade doutrinária em identificar os múltiplos fundamentos para desconsideração, sua amplitude da desconsideração e seus diversos efeitos.
26. TALAMINI, Eduardo; WAMBIER, Luiz Rodrigues. *Curso avançado de processo civil:* teoria geral do processo civil. 20. ed. São Paulo: Thomson Reuters Brasil, 2021, v. 1, p. 376. Em sentido contrário, AMARAL, Paulo Os-ternack. Incidente de desconsideração da personalidade jurídica. In: TALAMINI, Eduardo et al (Org.). *Grandes temas do novo CPC* – Partes e terceiros no processo civil. Salvador: JusPodivm, 2020, p. 365-379, p. 373-374; SIQUEIRA, Thiago Ferreira. *A responsabilidade patrimonial no novo sistema processual civil.* São Paulo: Ed. RT, 2016, p. 235; CASTRO, Daniel Penteado de; CAVAEIRO, Agnon Éricon. A tutela provisória de urgência no incidente de desconsideração da personalidade jurídica. In: TALAMINI, Eduardo et al (Org.). *Grandes temas do novo CPC* – Partes e terceiros no processo civil. Salvador: JusPodivm, 2020, p. 413-460, p. 425.
27. TALAMINI, Eduardo; WAMBIER, Luiz Rodrigues. *Curso avançado de processo civil:* execução. 17. ed. São Paulo: Thomson Reuters Brasil, 2020, v. 3, p. 161. Segue essa linha a afirmação, de Fredie Didier Jr. e Leandro Aragão, de que a desconsideração é "técnica de suspensão episódica da eficácia do ato constitutivo da pessoa jurídica" [DIDIER JR., Fredie; ARAGÃO, Leandro. A desconsideração da personalidade jurídica em processo arbitral. In: YARSHELL, Flávio Luiz; PEREIRA, Guilherme Setoguti J. (Coord.). *Processo societário.* São Paulo: Quartier Latin, 2012, p. 255-268, p. 262]. Em sentido similar, Paulo Osternack Amaral afirma que a desconsideração "[...] implica o reconhecimento de que, para fins de responsabilidade patrimonial, o patrimônio da pessoa jurídica e do sócio são uma coisa só" [AMARAL, Paulo Osternack. Incidente de desconsideração da personalidade jurídica. In: TALAMINI, Eduardo et al (Org.). *Grandes temas do novo CPC* – Partes e terceiros no processo civil. Salvador: JusPodivm, 2020, p. 365-379, p. 377]. A despeito disso, em determinados trechos, os autores

3. FRAUDES DO DEVEDOR

Em conhecido excerto, Enrico Tullio Liebman afirma que "o patrimônio do devedor representa para o credor a garantia de poder conseguir, em caso de inadimplemento, satisfação coativa pelos meios executivos".[28] Com efeito, restringidas ao longo do tempo as hipóteses de responsabilidade pessoal do obrigado – e de eventual terceiro –, ainda que a dívida seja pessoal, "a responsabilidade recai sobre o patrimônio".[29] Nesse sentido, o art. 789, CPC, dispõe que: "o devedor responde com todos os seus bens presentes e futuros para o cumprimento de suas obrigações, salvo as restrições estabelecidas em lei".

Assim, ressalvado o caso particular dos bens impenhoráveis (art. 833, CPC), "toda alienação dos bens do devedor é, pois, potencialmente um prejuízo para o credor, que corre o perigo de não poder realizar execução frutífera por falta de objeto".[30] A despeito disso, como também esclarece Liebman, ao devedor se reconhece "plena liberdade de contratar" e "alienar seus bens", com o limite de que isso não seja feito em prejuízo aos credores "por falta de outros bens capazes de garantir-lhes a satisfação de seus direitos".[31]

Com efeito, o direito brasileiro prevê técnicas repressivas a serem utilizadas em caso de ato lesivo à responsabilidade patrimonial, reagindo à disposição fraudulenta de bens por parte do devedor ou de terceiro responsável.[32] As duas principais técnicas consistem nos procedimentos que podem ser utilizados por aqueles que possuam crédito anterior ao ato de disposição,[33] para o reconhecimento da fraude contra credores e da fraude à execução.

Fraude contra credores e fraude à execução são espécies de fraude. "Fraudar é apenas violar indiretamente. Qualquer elemento subjetivo que se intrometa provém de confusão com outros elementos do suporte fático das regras sobre fraude; portanto de

---

relacionam a desconsideração exclusivamente com a limitação de responsabilidade patrimonial – premissa que, como visto, não é seguida neste artigo.

28. LIEBMAN, Enrico Tullio. *Processo de execução*. São Paulo: Saraiva, 1946, p. 169.
29. ASSIS, Araken de. *Processo civil brasileiro*: parte geral – institutos fundamentais. São Paulo: Ed. RT, 2015, v. II, t. I, p. 133-134.
30. LIEBMAN, Enrico Tullio. *Processo de execução*. São Paulo: Saraiva, 1946, p. 169.
31. LIEBMAN, Enrico Tullio. *Processo de execução*. São Paulo: Saraiva, 1946, p. 169. Note-se, porém, que como a frase de Liebman se refere à fraude contra credores, o autor faz referência a conhecimento do prejuízo – ao que se poderia acrescentar, por parte do devedor e do terceiro adquirente.
32. SIQUEIRA, Thiago Ferreira. *A responsabilidade patrimonial no novo sistema processual civil*. São Paulo: Ed. RT, 2016, p. 295.
33. A doutrina de forma praticamente uníssona indica a anterioridade do crédito em relação ao ato de disposição patrimonial como requisito para a caracterização das hipóteses de fraude. Ver, por todos, PONTES DE MIRANDA, Francisco Cavalcanti. *Tratado de direito privado*: Parte geral. 2. ed. Rio de Janeiro: Borsoi, 1954, t. IV, p. 436. Nesse sentido, o art. 158, § 2º, CC, estabelece que "só os credores que já o eram ao tempo daqueles atos podem pleitear a anulação deles". Não obstante, a jurisprudência do STJ, ao reconhecer a possibilidade de fraude predeterminada, tem relativizado o requisito da anterioridade: REsp 1.324.308/PR, relator Ministro João Otávio de Noronha, Terceira Turma, julgado em 18.02.2016, DJe de 26.02.2016; AgRg no AREsp 13.023/MT, relator Ministro João Otávio de Noronha, Terceira Turma, julgado em 10.09.2013, DJe de 16.09.2013; REsp 1.092.134/SP, relatora Ministra Nancy Andrighi, Terceira Turma, julgado em 05.08.2010, DJe de 18.11.2010. Fazendo essa referência e defendendo que, conforme a jurisprudência, nesses casos os bens "passados" à dívida sejam atingidos, ver SIQUEIRA, Thiago Ferreira. *A responsabilidade patrimonial no novo sistema processual civil*. São Paulo: Ed. RT, 2016, p. 301.

elementos que não são a fraude".[34] Em síntese, a "fraude é o contrário a direito, indiretamente".[35] Esse esclarecimento é essencial para que se compreenda a relevância de outros elementos para a configuração das espécies de fraude e para as respectivas sanções que serão atribuídas. A falta de qualquer um desses outros elementos, porém, não tem como consequência a inexistência de fraude, mas a não tipificação de uma particular espécie de fraude, ou, eventualmente, dos requisitos para que a sanção seja aplicada.

A respeito da distinção entre as fraudes voltadas a assegurar a responsabilidade patrimonial, Thiago Siqueira ensina que a existência de processo em curso configura o marco temporal a partir do qual "a alienação dos bens em prejuízo à responsabilidade patrimonial é considerada mais grave, a merecer, portanto, reação mais enérgica da ordem jurídica".[36] Não havendo litispendência é possível o reconhecimento de fraude contra credores; havendo, o de fraude à execução. Consequentemente, o momento em que ocorre o ato de dilapidação patrimonial analisado em função da existência ou não de processo em curso é determinante para estabelecer o regime jurídico aplicável à espécie. Por esse motivo, como afirma Siqueira, pode ser que "[...] um mesmo ato de alienação praticado pelo sujeito responsável configure, por exemplo, fraude à execução em relação a um credor, e fraude contra credores para outros".[37] Até mesmo, prossegue o autor, é possível que tal ato configure para um mesmo credor, titular de variados créditos face ao responsável, diferentes modalidades de fraude:

> [...] para um só credor, a alienação de um bem do devedor pode ser considerada em fraude à execução para os créditos já judicializados, fraude contra credores para aqueles que ainda não foram objeto de qualquer processo e, ainda, não ter qualquer efeito para aqueles créditos que apenas vierem a se constituir posteriormente ao ato [de disposição patrimonial].[38]

Além do aspecto temporal, as espécies de fraude também se distinguem quanto aos seus requisitos, tratamento processual e efeitos.

3.1 Fraude contra credores

No caso da fraude contra credores todos esses elementos (requisitos, tratamento processual e efeitos) foram ou são objeto de polêmica doutrinária. Quanto aos requisitos,

---

34. PONTES DE MIRANDA, Francisco Cavalcanti. *Tratado de direito privado*: parte geral. 2. ed. Rio de Janeiro: Borsoi, 1954, t. IV, p. 415.
35. PONTES DE MIRANDA, Francisco Cavalcanti. *Tratado de direito privado*: parte geral. 2. ed. Rio de Janeiro: Borsoi, 1954, t. IV, p. 419.
36. SIQUEIRA, Thiago Ferreira. *A responsabilidade patrimonial no novo sistema processual civil*. São Paulo: Ed. RT, 2016, p. 295. Nesse sentido, Liebman afirma que "a fraude toma aspectos mais graves quando praticada depois de iniciado o processo condenatório ou executório contra o devedor. É que então não só é mais patente que nunca o intuito de lesar os credores, como também a alienação dos bens do devedor vem constituir verdadeiro atentado contra o eficaz desenvolvimento da função jurisdicional já em curso, porque lhe subtrai o objeto sobre o qual a execução deverá recair" [LIEBMAN, Enrico Tullio. *Processo de execução*. São Paulo: Saraiva, 1946, p. 173].
37. SIQUEIRA, Thiago Ferreira. *A responsabilidade patrimonial no novo sistema processual civil*. São Paulo: Ed. RT, 2016, p. 296.
38. SIQUEIRA, Thiago Ferreira. *A responsabilidade patrimonial no novo sistema processual Civil*. São Paulo: Ed. RT, 2016, p. 296.

indiscutivelmente, exige-se que o ato de disposição prejudique o credor quirografário,[39] por gerar ou agravar a insolvência do devedor – o fato de causar dano (*eventos damni*).[40] Esse requisito é expressamente previsto pelo art. 158, CC: "os negócios de transmissão gratuita de bens ou remissão de dívida, se os praticar o devedor já insolvente, ou por eles reduzido à insolvência, ainda quando o ignore, poderão ser anulados pelos credores quirografários, como lesivos dos seus direitos". No caso de ato de disposição a título oneroso, porém, exige-se, de acordo com o art. 159, CC, que a insolvência seja notória ou que haja motivo para "ser conhecida do outro contratante". É a partir desse dispositivo que se costuma afirmar que para a configuração da fraude contra credores em negócios onerosos não basta o elemento objetivo (*eventos damni*), exigindo-se também a presença de um elemento subjetivo. A polêmica doutrinária se dá em torno do que consiste este elemento: embora frequentemente se diga que se trata do denominado *consilium fraudis* – por vezes equivocadamente chamado de *concilium fraudis*, no sentido de acordo, conluio fraudulento entre alienante e adquirente[41] –, a doutrina diverge até mesmo quanto ao conteúdo desse requisito. Para alguns, o *consilium fraudis* se define pela intenção de fraudar por parte do alienante,[42] mas outros costumam adotar uma noção mitigada para excluir a exigência do ânimo de prejudicar (*animus nocendi*), entendendo que o *consilium* se configura quando há "conhecimento dos danos resultantes da prática do ato", "a previsibilidade do prejuízo".[43] Há também aqueles que, em interpretação mais aderente ao texto da lei, entendem que se exige apenas a denominada *scientia fraudis*: "a notoriedade do fato da insolvência (= ciência por todos), ou, pelo menos, do outro figurante".[44] De forma ainda mais precisa, a jurisprudência do STJ entende, com fundamento no texto do art. 159, CC, que "o que se exige, de fato, é o conhecimento, pelo terceiro,

---

39. Por credor quirografário se entende todo aquele que não possui garantia real, uma vez que estes estão protegidos pelo direito de sequela [TEPEDINO, Gustavo; BARBOZA, Heloisa Helena; BODIN DE MORAES, Maria Celina. *Código Civil interpretado conforme a Constituição da República*. Rio de Janeiro: Renovar, 2004, v. I, p. 298]. Não obstante, conforme prevê o art. 159, § 1º, CC, "igual direito assiste aos credores cuja garantia se tornar insuficiente".

40. PONTES DE MIRANDA, Francisco Cavalcanti. *Tratado de direito privado*: parte geral. 2. ed. Rio de Janeiro: Borsoi, 1954, t. IV, p. 432. TEPEDINO, Gustavo; BARBOZA, Heloisa Helena; BODIN DE MORAES, Maria Celina. *Código Civil interpretado conforme a Constituição da República*. Rio de Janeiro: Renovar, 2004, v. I, p. 297-299.

41. Agravo 70078531167, Segunda Câmara Cível, Tribunal de Justiça do RS, Relator: Lúcia de Fátima Cerveira, Julgado em: 29.08.2018; REsp 1.141.990/PR, relator Ministro Luiz Fux, Primeira Seção, julgado em 10.11.2010, DJe de 19.11.2010; CARDOSO, Fabrício Pedroso. *A evicção no contexto da fraude contra credores e fraude à execução e os riscos imputados ao adquirente de imóvel*. Orientador: Paulo Rossano dos Santos Gabardo Júnior. Trabalho de Conclusão de Curso (Bacharelado em Direito) – Faculdade do Norte Novo de Apucarana – FAC-NOPAR. Apucarana, 2017. Atacando a confusão entre *consilium* e *concilium fraudis*, ver o voto-vista do Min. Luís Felipe Salomão no AgInt no REsp 1.294.462/GO, relator Ministro Lázaro Guimarães (Desembargador Convocado do TRF 5ª Região), Quarta Turma, julgado em 20.03.2018, DJe de 25.04.2018.

42. "Consubstanciado na intenção do devedor, ou deste aliado com terceiro, de prejudicar o credor, ilidindo [*sic*] os efeitos da cobrança" [TEPEDINO, Gustavo; BARBOZA, Heloisa Helena; BODIN DE MORAES, Maria Celina. *Código Civil interpretado conforme a Constituição da República*. Rio de Janeiro: Renovar, 2004, v. I, p. 297]

43. VENOSA, Sílvio de Salvo. *Direito civil*: parte geral. 7. ed. São Paulo: Atlas, 2007, p. 426.

44. PONTES DE MIRANDA, Francisco Cavalcanti. *Tratado de direito privado*: parte geral. 2. ed. Rio de Janeiro: Borsoi, 1954, t. IV, p. 435. No mesmo sentido, SIQUEIRA, Thiago Ferreira. *A responsabilidade patrimonial no novo sistema processual civil*. São Paulo: Ed. RT, 2016, p. 299.

do estado de insolvência do devedor, sendo certo que tal conhecimento é presumido quando essa situação financeira for notória ou houver motivos para ser conhecida do outro contratante".[45] Essa última perspectiva parece a correta: não se requer – e nada no art. 159, CC, faz crer o contrário – qualquer coisa relativa ao credor, seja sua consciência em relação à própria insolvência, seja sua intenção em fraudar.[46]

Do ponto de vista processual, como é sabido, o reconhecimento de fraude contra credores exige a propositura de uma ação com esse fim, denominada de ação pauliana ou revocatória, referida no art. 790, VI, CPC, e no art. 161, CC. A necessidade de ação autônoma é reforçada pela Súmula 195, STJ, que eliminou o debate sobre a possibilidade de que essa fraude fosse reconhecida em sede de embargos de terceiro ao estabelecer que "em embargos de terceiro não se anula ato jurídico, por fraude contra credores".[47] Esse entendimento foi reforçado pela referência a "ação autônoma" no texto do art. 790, VI, CPC. Além disso, em relação a essa demanda, o art. 161, CC, estabelece a legitimidade passiva do devedor, do adquirente que participou do ato fraudulento e "de outros terceiros adquirentes que hajam procedido de má-fé". Trata-se, de acordo com a jurisprudência, de litisconsórcio passivo necessário,[48] o que se justifica pelo fato de que não se pode anular ato jurídico *inter alios* sem convocar ao processo os participantes do ato.

Outra polêmica diz respeito às consequências do reconhecimento da fraude contra credores. A despeito do disposto no Código de Processo Civil (art. 790, VI, CPC) e, insistentemente, no Código Civil (arts. 158, *caput* e § 2º, 159, 171 e 178, CC) – que fazem referência expressa a anulabilidade, anulação etc. –, parte da doutrina, inspirada nas ideias de Liebman, afirma que se trata de caso de ineficácia relativa.[49] Contudo,

---

45. Ver o voto-vista do Min. Luís Felipe Salomão no AgInt no REsp 1.294.462/GO, relator Ministro Lázaro Guimarães (Desembargador Convocado do TRF 5ª Região), Quarta Turma, julgado em 20.03.2018, DJe de 25.04.2018. As razões do voto-vista, nesse ponto, foram acolhidas pelo relator. No mesmo sentido, ver REsp 1.926.646/SP, relatora Ministra Nancy Andrighi, Terceira Turma, julgado em 15.02.2022, DJe de 18.02.2022 Alguns julgados, porém, fazem referência a *consilium fraudis*: AgInt no AREsp 816.648/SP, relator Ministro Napoleão Nunes Maia Filho, Primeira Turma, julgado em 21.10.2019, DJe de 08.11.2019; AgInt no AREsp 1.595.443/SP, relator Ministro Herman Benjamin, Segunda Turma, julgado em 31.08.2020, DJe de 09.09.2020. Nesse sentido, "para a configuração de fraude em negócio *oneroso*, exige-se do credor prova de que o terceiro tinha ciência da insolvência, ou de que, em razão da situação concretamente apresentada, tinha o terceiro o dever de conhecê-la. Não há necessidade de demonstração ou da consciência da fraude *pelo devedor*" [DIDIER JR., Fredie; CUNHA, Leonardo Carneiro da; BRAGA, Paula Sarno; OLIVEIRA, Rafael Alexandria de. *Curso de direito processual civil*: execução. 8. ed. Salvador: JusPodivm, 2018, v. 5, p. 389].

46. SIQUEIRA, Thiago Ferreira. *A responsabilidade patrimonial no novo sistema processual Civil*. São Paulo: Ed. RT, 2016, p. 299.

47. Critica essa solução, SIQUEIRA, Thiago Ferreira. *A responsabilidade patrimonial no novo sistema processual civil*. São Paulo: Ed. RT, 2016, p. 307.

48. TJPR – 6ª Câmara Cível – 0023648-97.2014.8.16.0001 – Curitiba – Rel.: Desembargadora Lilian Romero – J. 15.02.2022; TJPR – 16ª Câmara Cível – 0024855-44.2018.8.16.0017 – Maringá – Rel.: Desembargador Lauro Laertes de Oliveira – J. 10.05.2021; TJPR – 12ª Câmara Cível – AC – Curitiba – Rel.: Desembargadora Denise Kruger Pereira – Unânime – J. 23.11.2016.

49. LIEBMAN, Enrico Tullio. *Processo de execução*. São Paulo: Saraiva, 1946, p. 169 e ss. Nesse sentido, colacionando diversos argumentos e julgados a favor desse entendimento, ver SIQUEIRA, Thiago Ferreira. *A responsabilidade patrimonial no novo sistema processual civil*. São Paulo: Ed. RT, 2016, p. 302 e ss. Alguns dos julgados, inclusive, pretendem que haja ineficácia relativa apenas ao credor autor da ação pauliana, mas equivocadamente tratam esse efeito como uma "invalidade" relativa apenas ao credor.

DESCONSIDERAÇÃO DA PERSONALIDADE JURÍDICA E FRAUDES DO DEVEDOR

além da explicitude dos dispositivos legais a respeito do tema, o entendimento de que o reconhecimento da fraude importa ineficácia também afronta o art. 165, CC, ao negar eficácia *erga omnes* à decisão da ação pauliana; afinal, de acordo com o referido dispositivo, a retirada do ato fraudulento do mundo jurídico beneficia o acervo patrimonial do devedor destinado ao concurso de credores.[50] Entendimento distinto importaria, como expressamente defendido por Tiago Siqueira, em sacrifício menor ao interesse do adquirente (que sabia estar adquirindo bem de vendedor em situação de insolvência). No entanto, a solução dada pelo direito brasileiro, que se distingue da de outros ordenamentos,[51] faz com que a anulação, por força de lei, aproveite a todos os credores e não apenas ao autor da ação pauliana – neste último caso, eventual saldo reverteria ao próprio adquirente. Essa eficácia *erga omnes*, que decorre da anulação *in totum* do ato de disposição, como bem ensina Pontes de Miranda, faz com que o adquirente possa, com fundamento na própria sentença de anulação, buscar indenização.[52] Aplica-se ao reconhecimento da fraude a lógica presente no art. 182, CC[53] (com redação bastante similar ao art. 158, CC/16, citado por Pontes de Miranda): para os credores, em decorrência da restituição da coisa; para o terceiro adquirente, em função da pretensão indenizatória.[54]

3.2 Fraude à execução

Na fraude à execução, o principal requisito é que o ato de disposição se dê após o início do processo judicial ou arbitral.[55] A litispendência é pressuposto comum a todas as espécies dessa fraude[56] e ocorre, para o réu, com a citação válida (art. 240, CPC) – que constitui o marco temporal a partir do qual é possível reconhecer fraude à execução. Não obstante, analisando a questão sob uma perspectiva teleológica, considera-se que, se o

---

50. Art. 165, CC: "anulados os negócios fraudulentos, a vantagem resultante reverterá em proveito do acervo sobre que se tenha de efetuar o concurso de credores".
51. PONTES DE MIRANDA, Francisco Cavalcanti. *Tratado de direito privado*: parte geral. 2. ed. Rio de Janeiro: Borsoi, 1954, t. IV, p. 468; SIQUEIRA, Thiago Ferreira. *A responsabilidade patrimonial no novo sistema processual civil*. São Paulo: Ed. RT, 2016, p. 306.
52. PONTES DE MIRANDA, Francisco Cavalcanti. *Tratado de direito privado*: parte geral. 2. ed. Rio de Janeiro: Borsoi, 1954, t. IV, p. 469.
53. Art. 182. Anulado o negócio jurídico, restituir-se-ão as partes ao estado em que antes dele se achavam, e, não sendo possível restituí-las, serão indenizadas com o equivalente.
54. PONTES DE MIRANDA, Francisco Cavalcanti. *Tratado de direito privado*: parte geral. 2. ed. Rio de Janeiro: Borsoi, 1954, t. IV, p. 469-470.
55. A litispendência nos casos de fraude à execução consiste na pendência de qualquer processo judicial (incluindo, o criminal) ou arbitral [SIQUEIRA, Thiago Ferreira. *A responsabilidade patrimonial no novo sistema processual civil*. São Paulo: Ed. RT, 2016, p. 318].
56. ZAVASCKI, Teori. Comentários ao Código de Processo Civil: arts. 771 ao 796. In: MARINONI, Luiz Guilherme (Dir.); ARENHART, Sérgio Cruz; MITIDIERO, Daniel (Coord.). *Coleção Comentários ao Código de Processo Civil*. 2. ed. São Paulo: Thomson Reuters Brasil, 2018, v. XII, p. 185. Importante destacar que se considera que "entre a prolação da sentença condenatória e o início da fase de cumprimento de sentença" há litispendência que, "iniciada com a propositura da demanda cognitiva, apenas se encerra com o fim da execução" [SIQUEIRA, Thiago Ferreira. *A responsabilidade patrimonial no novo sistema processual civil*. São Paulo: Ed. RT, 2016, p. 318].

devedor sabia da pendência do processo antes da citação, os atos de disposição desde a sua ciência são também fraudulentos.[57]

Assim, em todas as hipóteses de fraude à execução, exige-se para sua caracterização que o ato de disposição se dê após o início do processo e que, deste fato, tenha ciência o alienante. Os demais requisitos dependem de cada espécie.

No caso das hipóteses do art. 792, I, II e III, CPC, sua redação dá a impressão de que a averbação é elemento do suporte fático a ser preenchido para caracterização da fraude.[58] Conquanto essa interpretação seja possível, também é defensável que a exigência de averbação seja sempre interpretada à luz do art. 828, § 4º, CPC: "presume-se em fraude à execução a alienação ou a oneração de bens efetuada após a averbação". Nesse sentido, tal como estabelecido pela jurisprudência dominante, a averbação estabelece presunção absoluta, *iure et de iure*, de ocorrência da fraude à execução e de seu conhecimento por terceiros (art. 828, § 4º, e 844, CPC);[59] sua falta, porém, não a elide. A situação apenas é distinta nas hipóteses em que a averbação constitui o ato de individuação do bem que se sujeitará à execução – é o que ocorre nos casos de averbação da pendência de processo de execução (art. 792, II, CPC)[60] e da hipoteca judiciária (prevista pelo art. 792, III, CPC). Em alguns casos, também pode ser necessária decisão judicial, como ocorre em relação a outros atos de constrição (arresto, penhora etc.).[61]

Além disso, nas hipóteses do art. 792, I, II e III, CPC, é irrelevante a insolvência do devedor,[62] porque a fraude se relaciona com a atividade executiva que pode ser realizada sobre bens especificamente identificados. Nesses casos, a fraude não está ligada à falta de patrimônio, mas à disposição de bem específico que está ou estará sujeito à atividade executiva.

---

57. DIDIER JR., Fredie; CUNHA, Leonardo Carneiro da; BRAGA, Paula Sarno; OLIVEIRA, Rafael Alexandria de. *Curso de Direito Processual Civil*: execução. 8. ed. Salvador: JusPodivm, 2018, v. 5, p. 398. O ônus da prova, evidentemente, é suportado pelo credor, embora possa haver presunção a seu favor, como no caso de averbação da execução ou da ação no registro de bens (art. 792, II e 828, CPC).

58. Nesse caso, a falta de averbação faria com que não fosse possível caracterizar a fraude à execução. Sob essa perspectiva, conquanto seja ilícito e fraudulento o comportamento daquele que dispõe a coisa litigiosa – o que, é preciso destacar, pode ser feito pelo autor ou pelo réu do processo – não se aplicaria o regime específico da fraude à execução. Aquele que dispusesse da coisa litigiosa no curso do processo poderia cometer o crime do art. 171, II, CP, e praticar ato atentatório contra a dignidade da justiça (art. 77, VI, CPC), mas não cometeria fraude à execução.

59. EREsp 655.000/SP, relator Ministro Luis Felipe Salomão, Segunda Seção, julgado em 10.06.2015, DJe de 23.06.2015.

60. SIQUEIRA, Thiago Ferreira. *A responsabilidade patrimonial no novo sistema processual civil*. São Paulo: Ed. RT, 2016, p. 321-322. Como se sabe, essa averbação apenas é possível quando há juízo de admissibilidade positivo da execução [DIDIER JR., Fredie; CUNHA, Leonardo Carneiro da; BRAGA, Paula Sarno; OLIVEIRA, Rafael Alexandria de. *Curso de direito processual civil*: execução. 8. ed. Salvador: JusPodivm, 2018, v. 5, p. 403].

61. Para configuração da fraude à execução será necessário, então, a litispendência, a decisão judicial relativa ao ato constritivo e o ato de disposição.

62. Nas palavras de Teori Zavascki, "a caracterização da fraude independe da situação patrimonial do devedor" [ZAVASCKI, Teori. Comentários ao Código de Processo Civil: arts. 771 ao 796. In: MARINONI, Luiz Guilherme (Dir.); ARENHART, Sérgio Cruz; MITIDIERO, Daniel (Coord.). Coleção Comentários ao Código de Processo Civil. 2. ed. São Paulo: Thomson Reuters Brasil, 2018, , v. XII, p. 186].

Quanto à relevância da insolvência, as demais previsões são bastante distintas do art. 792, IV, CPC, em que a insuficiência patrimonial, a exemplo do que ocorre na fraude contra credores, é requisito para a sua caracterização. A prática de ato de disposição durante a litispendência é lícita, desde que esse ato não seja capaz de conduzir o devedor à insolvência ou seja, desde que a ação não seja capaz de, após o ato de disposição, reduzi-lo à insolvência – é nesse sentido que deve ser lido o texto do art. 792, IV, CPC.[63]

Do ponto de vista processual, o reconhecimento da fraude à execução é mais simples do que o da fraude contra credores. Enquanto neste caso se exige ação própria (pauliana), naquele, o reconhecimento se dá no próprio processo cognitivo ou executivo, de forma incidental. Além da possibilidade de ser requerida pela parte, admite-se a decretação da fraude à execução de ofício "diante de sua gravidade e do fato de prejudicar a própria atividade jurisdicional do Estado".[64] De todo modo, tanto em um caso quanto em outro, é fundamental que, sem prejuízo de eventual tutela de urgência,[65] seja observado o disposto no art. 792, § 4º, CPC: "antes de declarar a fraude à execução, o juiz deverá intimar o terceiro adquirente, que, se quiser, poderá opor embargos de terceiro, no prazo de 15 (quinze) dias". Nesse prazo, o terceiro adquirente tem o ônus de ajuizar demanda com finalidade declaratória negativa consistente no reconhecimento de não ocorrência de fraude.[66] Seu transcurso *in albis*, conquanto não tenha o efeito de levar ao reconhecimento da fraude, importa a decadência do direito potestativo do terceiro de impugná-la.[67] Há ainda a possibilidade, que não é incomum, de que o credor apenas tome ciência de que houve ato de disposição de determinado bem quando, após a constrição, é citado para responder embargos de terceiro ajuizado pelo adquirente (art. 674, CPC).[68] A fraude, então, pode ser alegada pelo credor, como matéria de defesa, na resposta aos embargos de terceiro.[69]

O principal efeito da fraude à execução é o reconhecimento da ineficácia do ato de disposição em relação ao credor. Em decorrência disso, determinado bem poderá ser atingido pela execução como se ainda integrasse o patrimônio do devedor, a despeito de ter sido válida e eficazmente transferido a terceiro adquirente.[70] É preciso notar, em

---

63. Ver DIDIER JR., Fredie; CUNHA, Leonardo Carneiro da; BRAGA, Paula Sarno; OLIVEIRA, Rafael Alexandria de. *Curso de direito processual civil*: execução. 8. ed. Salvador: JusPodivm, 2018, v. 5, p. 401.

64. DIDIER JR., Fredie; CUNHA, Leonardo Carneiro da; BRAGA, Paula Sarno; OLIVEIRA, Rafael Alexandria de. *Curso de direito processual civil*: execução. 8. ed. Salvador: JusPodivm, 2018, v. 5, p. 394.

65. A previsão do art. 792, § 4º, CPC não se dá em prejuízo da possibilidade, existente de maneira ampla no ordenamento jurídico brasileiro, de concessão de tutela de urgência liminar: *in casu*, para determinar a indisponibilidade provisória do bem com fundamento no art. 139, III, CPC, sem a necessidade de ouvir previamente o devedor ou o terceiro adquirente.

66. SIQUEIRA, Thiago Ferreira. *A responsabilidade patrimonial no novo sistema processual civil*. São Paulo: Ed. RT, 2016, p. 333.

67. SIQUEIRA, Thiago Ferreira. *A responsabilidade patrimonial no novo sistema processual civil*. São Paulo: Ed. RT, 2016, p. 334.

68. SIQUEIRA, Thiago Ferreira. *A responsabilidade patrimonial no novo sistema processual civil*. São Paulo: Ed. RT, 2016, p. 335.

69. SIQUEIRA, Thiago Ferreira. *A responsabilidade patrimonial no novo sistema processual civil*. São Paulo: Ed. RT, 2016, p. 335.

70. LIEBMAN, Enrico Tullio. *Processo de execução*. São Paulo: Saraiva, 1946, p. 174.

homenagem à técnica, que "[...] o reconhecimento da fraude à execução não leva ao retorno do bem ao patrimônio do alienante, mas, apenas, permite que o mesmo continue sujeito à atividade executiva, em relação à qual o ato [de disposição fraudulenta] é inoponível".[71] Assim, são sujeitos à execução os bens de terceiro quando a ele tiverem sido alienados em fraude à execução (art. 790, V, CPC).

Propositalmente, nada se disse até aqui a respeito do conhecimento da fraude pelo terceiro, além do fato de que ele é presumido (presunção absoluta) nos casos em que há averbação. Com frequência se afirma na doutrina[72] e na jurisprudência[73] que, para a configuração da fraude à execução, é necessária a má-fé do terceiro adquirente. Essa ideia, porém, não pode ser aceita. Afinal, se ela fosse adotada seria preciso considerar que a boa-fé do terceiro elide a fraude daquele que, no curso do processo, dispõe da coisa litigiosa, de bem sujeito à execução ou, ainda, desfaz-se de patrimônio caindo em insolvência. Ao contrário, é preciso reconhecer que a parte que pratica qualquer desses atos comete fraude à execução e ato atentatório à dignidade da justiça (art. 774, I, CPC), por mais que o terceiro esteja de boa-fé. O mesmo se diga em relação ao crime do art. 179, CP.[74] A má-fé ou boa-fé do terceiro não integra o suporte fático da fraude à execução, que, como visto, é composto pelo ato de disposição, pela litispendência e, em alguns casos, por decisão judicial, averbação ou insolvência. Presentes estes requisitos, a parte comete fraude à execução.[75] Isso não significa, por outro lado, que a boa-fé do terceiro seja irrelevante para a (não) verificação de um dos efeitos do reconhecimento dessa fraude, que é a ineficácia do ato de disposição em relação ao exequente (art. 792, § 1º, CPC).

Com efeito, a boa-fé do terceiro impede que ele sofra a sanção de ineficácia. Se ela lhe faltar, o bem que adquiriu de forma válida será atingido pela execução contra o alienante por força da responsabilidade patrimonial secundária que decorre da fraude. Diz-se, nesse caso, que o ato de disposição e, consequentemente, o direito real do terceiro sobre o bem são ineficazes perante o exequente. A boa-fé, porém, constitui fato impeditivo, estranho ao suporte fático da fraude à execução, mas suficiente para a não incidência da sanção da ineficácia sobre o terceiro.

A análise da boa-fé do terceiro se distingue entre os casos em que o bem alienado se sujeita a registro e aqueles em que não se sujeita. Se o bem é sujeito a registro, a averbação no registro público gera presunção absoluta do conhecimento pelo terceiro (art.

---

71. SIQUEIRA, Thiago Ferreira. *A responsabilidade patrimonial no novo sistema processual civil*. São Paulo: Ed. RT, 2016, p. 331.

72. Vide DIDIER JR., Fredie; CUNHA, Leonardo Carneiro da; BRAGA, Paula Sarno; OLIVEIRA, Rafael Alexandria de. *Curso de direito processual civil*: execução. 8. ed. Salvador: JusPodivm, 2018, v. 5, p. 394.

73. Vide AgInt no AREsp 1.259.814/SP, relator Ministro Raul Araújo, Quarta Turma, julgado em 13.02.2023, DJe de 24.02.2023.

74. "Art. 179. Fraudar execução, alienando, desviando, destruindo ou danificando bens, ou simulando dívidas: Pena – detenção, de seis meses a dois anos, ou multa".

75. Como ensina Liebman, é irrelevante a insolvência: "A lei dispensa a prova do elemento subjetivo da fraude, do *consilium fraudis*. A intenção fraudulenta está *in re ipsa*; e a ordem jurídica não pode permitir que, enquanto pende o processo, o réu altere a sua posição patrimonial, dificultando a realização da função jurisdicional" [LIEBMAN, Enrico Tullio. *Processo de execução*. São Paulo: Saraiva, 1946, p. 174].

DESCONSIDERAÇÃO DA PERSONALIDADE JURÍDICA E FRAUDES DO DEVEDOR | **551**

844, CPC). No entanto, se não for realizada a averbação, providência que incumbe ao exequente (art. 799, IX, CPC), há presunção relativa de desconhecimento por parte do terceiro e, consequentemente, de sua boa-fé.[76] Nesse caso, alegada a boa-fé pelo terceiro, em sede de embargos ou na própria execução, o exequente suporta o ônus da prova de superar a presunção estabelecida (vide Tese Firmada no Tema Repetitivo 243, STJ).[77]

Essas conclusões, é verdade, não se coadunam com uma interpretação literal da Súmula 375/STJ,[78] que faz crer que sem o registro da constrição ou a má-fé do terceiro adquirente, o devedor alienante não cometeu fraude. No entanto, analisando os julgados que fundamentaram a edição do enunciado, a impressão que se tem é que a *ratio decidendi* da maioria deles está relacionada à proteção da boa-fé e confiança do terceiro, não à exigência desse requisito para configuração da fraude.[79] De fato, em um antigo precedente sobre o tema, o Min. Eduardo Ribeiro, relator, não analisa a boa-fé do terceiro como requisito da fraude, mas fundamenta a decisão contra a ineficácia: (i) na insegurança gerada caso houvesse "a aceitação do entendimento que, sem outras

---

76. Trata-se de uma presunção difícil de ser superada, em especial diante do que prevê o art. 54, § 2º, Lei 13.097/2015, que deve ser aplicado aos casos relativos a bens imóveis sujeitos a registro: "Para a validade ou eficácia dos negócios jurídicos a que se refere o caput deste artigo ou para a caracterização da boa-fé do terceiro adquirente de imóvel ou beneficiário de direito real, não serão exigidas: I – a obtenção prévia de quaisquer documentos ou certidões além daqueles requeridos nos termos do § 2º do art. 1º da Lei 7.433, de 18 de dezembro de 1985; e II – a apresentação de certidões forenses ou de distribuidores judiciais". De fato, a presunção criada com a existência ou inexistência de averbação cria ônus para o credor, mas é solução que se justifica enquanto política pública judiciária. Em um país de dimensões continentais, identificar a pendência ou não de processos contra o vendedor é tarefa praticamente impossível, tal o número de comarcas, seções judiciárias etc. Por isso a praxe acabou levando – algo que em certa medida se mantém a despeito da fluidez territorial das relações contemporâneas – a que se consultasse a existência de processos apenas na comarca onde o vendedor possui domicílio e no foro do bem. Contudo, nos casos em o bem é sujeito é registro, é mais fácil exigir do credor que seja prudente e pratique um ato de averbação, do que simplesmente transferir esse ônus ao terceiro, para que realize inúmeras consultas a respeito da pendência de demanda. Esse ônus permanece, como se verá adiante, apenas nos casos em que o bem não se sujeita a registro, por força do art. 792, § 2º, CPC.

77. "Inexistindo registro da penhora na matrícula do imóvel, é do credor o ônus da prova de que o terceiro adquirente tinha conhecimento de demanda capaz de levar o alienante à insolvência" (REsp 956.943/PR, relatora Ministra Nancy Andrighi, relator para acórdão Ministro João Otávio de Noronha, Corte Especial, julgado em 20.8.2014, DJe de 1º.12.2014.). No caso de alienação de coisa litigiosa, a jurisprudência do STJ costumava ser mais rigorosa com a posição do terceiro, chegando até mesmo a apontar a irrelevância do seu conhecimento a respeito da litigiosidade para a produção dos efeitos da sentença [REsp 1.227.318/MT, relator Ministro Sidnei Beneti, Terceira Turma, julgado em 06.11.2012, DJe de 14.11.2012; REsp 1.102.151/MG, relator Ministro Honildo Amaral de Mello Castro (Desembargador Convocado do TJ/AP), Quarta Turma, julgado em 13.10.2009, DJe de 26.10.2009]. Consequentemente, (i) não são cabíveis Embargos de Terceiro pelo adquirente; e (ii)"os limites da coisa julgada formada na ação de despejo alcançam os adquirentes da coisa litigiosa, por lhes faltar a qualidade de terceiros estranhos ao processo" [AgRg no REsp 886.382/MT, relatora Ministra Maria Thereza de Assis Moura, Sexta Turma, julgado em 24.08.2010, DJe de 13.09.2010]. Não obstante, é difícil compatibilizar esse entendimento com a previsão do art. 792, I, CPC, que considera alienação de coisa litigiosa como espécie de fraude à execução. Por esse motivo, ao menos em princípio, deve ser aplicado o mesmo regime das demais hipóteses ao terceiro adquirente.

78. "O reconhecimento da fraude à execução depende do registro da penhora do bem alienado ou da prova de má-fé do terceiro adquirente". Por uma crítica ao enunciado, ver RODRIGUES, Marcelo Abelha. *O novo CPC e a tutela jurisdicional executiva*. Doutrinas Essenciais – Novo Processo Civil. São Paulo: Ed. RT, 2018. v. 6, p. 87-222, p. 164.

79. Ver, por exemplo, AgRg no Ag 4.602/PR, relator Ministro Athos Carneiro, Quarta Turma, julgado em 04.03.1991, DJ de 1º.04.1991, p. 3423; AgRg no Ag 54.829/MG, rel. Min. Antônio Torreão Braz, Quarta Turma, julgado em 16.12.1994, DJ de 20.02.1995, p. 3193.

considerações, reputa ineficazes todos os demais atos de alienação"; e (ii) na proteção da boa-fé do terceiro.[80] Há, ainda, outros julgados do STJ mais explícitos no sentido de que a má-fé do terceiro não é requisito da fraude à execução. Nessa linha, reconhecem que a existência de boa-fé impede não o reconhecimento da fraude, mas que ela, assim como a ineficácia resultante, seja oposta ao terceiro.[81] Isso, aliás, é o que pode ser compreendido a partir do art. 54, § 1º, Lei 13.097/2015,[82] aplicável aos negócios jurídicos relativos a bens imóveis sujeitos a registro. Com mais frequência, porém, os julgados que aplicam a Súmula 375/STJ tratam da averbação ou da prova de má-fé do adquirente como requisito para a configuração da fraude.[83] Não obstante, o equívoco dessa posição fica claro quando se analisa argumentos como o seguinte: "ausente o registro de penhora ou arresto efetuado sobre o imóvel, não se pode supor que as partes contratantes agiram em *consilium fraudis*".[84] Sob essa perspectiva, é como se o alienante, tendo sido citado (havendo, pois, litispendência), não tivesse agido com intenção ou consciência em relação à fraude; ou, ainda, não tivesse cometido fraude alguma por causa da boa-fé do terceiro. Essa conclusão não pode ser aceita. O mesmo se diga no caso de alienações sucessivas: se houver inequívoca má-fé do alienante e do terceiro adquirente, mas não dos adquirentes sucessivos, a boa-fé destes não elide a fraude reconhecida, apenas impede que eles sofram as suas consequências, notadamente, a ineficácia perante o exequente.[85]

---

80. [EREsp 114.415/MG, relator Ministro Eduardo Ribeiro, Segunda Seção, julgado em 12.11.1997, DJ de 16.02.1998, p. 19].
81. processo civil. Fraude à execução. Terceiro de boa-fé. A ineficácia, proclamada pelo art. 593, II, do Código de Processo Civil, da alienação de imóvel com fraude à execução não pode ser oposta ao terceiro de boa-fé. Embargos de divergência conhecidos, mas não providos. [EREsp 144.190/SP, relator Ministro Ari Pargendler, Segunda Seção, julgado em 14.09.2005, DJ de 1º.02.2006, p. 427]. Ver também Embargos de terceiro. Fraude à execução. Adquirente de boa fé. Penhora. Inexistência de registro. Alienação feita a antecessor dos embargantes. Ineficácia declarada que não os atinge. A sentença faz coisa julgada as partes entre as quais é dada, não beneficiando, nem prejudicando terceiros? (art. 472 do CPC). Ainda que cancelado o registro concernente à alienação havida entre o executado e os antecessores dos embargantes, a estes terceiros adquirentes de boa-fé é permitido o uso dos embargos de terceiro para a defesa de sua posse. Inexistindo registro da penhora sobre bem alienado a terceiro, incumbe ao exequente e embargado fazer a prova de que o terceiro tinha conhecimento da ação ou da constrição judicial. Precedentes do STJ. Recurso especial conhecido e provido. (REsp 144.190/SP, relator Ministro Barros Monteiro, Quarta Turma, julgado em 15.03.2005, DJ de 02.05.2005, p. 353).
82. "Não poderão ser opostas situações jurídicas não constantes da matrícula no registro de imóveis, inclusive para fins de evicção, ao terceiro de boa-fé que adquirir ou receber em garantia direitos reais sobre o imóvel, ressalvados o disposto nos arts. 129 e 130 da Lei 11.101, de 9 de fevereiro de 2005, e as hipóteses de aquisição e extinção da propriedade que independam de registro de título de imóvel".
83. Ver, por todos, (REsp 1.863.952/SP, relatora Ministra Nancy Andrighi, Terceira Turma, julgado em 26.10.2021, DJe de 29.11.2021).
84. AgRg no REsp 1.046.004/MT, relator Ministro Humberto Martins, Segunda Turma, julgado em 10.06.2008, DJe de 23.06.2008; REsp 865.974/RS, relator Ministro Teori Albino Zavascki, Primeira Turma, julgado em 02.09.2008, DJe de 10.09.2008.
85. Nesse sentido, apesar de partir da literalidade Súmula 375/STJ e de incluir a má-fé do adquirente como requisito para configuração da fraude, o STJ já concluiu que: "no que concerne ao requisito do registro da penhora ou da pendência de ação ou, então, da má-fé do adquirente, o reconhecimento da ineficácia da alienação originária, porque realizada em fraude à execução, não contamina, automaticamente, as alienações posteriores. Nessas situações, existindo registro da ação ou da penhora à margem da matrícula do bem imóvel alienado a terceiro, haverá presunção absoluta do conhecimento do adquirente sucessivo e, portanto, da ocorrência de fraude. Diversamente, se inexistente o registro do ato constritivo ou da ação, incumbe ao exequente/embargado a prova da má-fé do adquirente sucessivo" [REsp 1.863.999/SP, relatora Ministra Nancy Andrighi, Terceira Turma, julgado em 03.08.2021, DJe de 09.08.2021].

DESCONSIDERAÇÃO DA PERSONALIDADE JURÍDICA E FRAUDES DO DEVEDOR **553**

Por sua vez, havendo fraude à execução relativa bens não sujeitos a registro, não há dúvida de que o terceiro que alega boa-fé como fato impeditivo suporta o ônus da prova quanto às cautelas que adotou para aquisição do bem. Assim dispõe o art. 792, § 2º, CPC: "No caso de aquisição de bem não sujeito a registro, o terceiro adquirente tem o ônus de provar que adotou as cautelas necessárias para a aquisição, mediante a exibição das certidões pertinentes, obtidas no domicílio do vendedor e no local onde se encontra o bem". Trata-se de presunção: provadas as cautelas mediante exibição das certidões, reconhece-se a boa-fé do terceiro; do contrário, não. Em ambos os casos terá havido fraude à execução, mas apenas no último o terceiro adquirente sofrerá a sanção de ineficácia dela resultante.

4. ASPECTOS DA RELAÇÃO ENTRE DESCONSIDERAÇÃO DA PERSONALIDADE JURÍDICA E FRAUDES DO DEVEDOR

Analisados com clareza os institutos da desconsideração da personalidade jurídica, fraude contra credores e fraude à execução, é possível perceber que eles se diferenciam: a desconsideração importa o reconhecimento da ineficácia da personalidade jurídica de determinada pessoa (em geral, da pessoa jurídica em relação ao sócio); a fraude à execução, a ineficácia de um ato jurídico específico em relação a determinado credor; e a fraude contra credores, a anulação de um ato jurídico com efeito *erga omnes*. Cuida-se, então, de demonstrar brevemente a relevância de distinguir esses institutos e explicar de que forma eles se relacionam.

Em geral, os institutos estudados são importantes em um momento de crise, quando não é possível encontrar patrimônio em nome do devedor original ou de eventual garantidor. Frequentemente, o não pagamento de dívidas é um dos sintomas desse momento e a reação a ele costuma passar por expedientes, em geral lícitos, de disposição e reorganização patrimonial. Se o devedor fosse adimplente ou possuísse patrimônio suficiente, raramente os institutos seriam úteis – nos casos de desconsideração, por exemplo, apenas quando a finalidade dela não fosse a responsabilização patrimonial; na fraude à execução, apenas em relação à disposição de coisa litigiosa ou de bem constrito. Enfim, ressalvados os casos em que o objetivo deliberado do devedor é prejudicar seus credores, em geral o inadimplemento e a consequente disposição patrimonial são uma resposta à crise.

Essa situação faz com que seja frequente que, em um contexto de insolvência, aconteçam abusos da personalidade jurídica e atos de disposição fraudulentos que resultem em insolvência. Também é possível que um mesmo ato seja ao mesmo tempo as duas coisas – fraudulento e que resulte em abuso da personalidade jurídica – ou que uma mesma operação contemple sucessivamente as duas hipóteses.

A cessão de contrato ou de crédito a título gratuito para empresa do mesmo grupo é um exemplo de situação em que o mesmo ato pode configurar abuso e fraude. Com efeito, a desconsideração pode se justificar pela existência de desvio patrimonial; a fraude contra credores, pela hipótese do art. 158, CC, caso o ato reduza a empresa a insolvência;

e, havendo litispendência, pode-se caracterizar fraude à execução com ineficácia do ato dispositivo ao terceiro devido à sua má-fé, consubstanciada na *scientia fraudis* (em especial quando há unidade decisória entre as sociedades). O preenchimento de todos esses suportes fáticos dá ao exequente a possibilidade de optar estrategicamente por deduzir a sua pretensão conforme o instituto que lhe seja mais vantajoso. Exemplificativamente, pode ser melhor pedir o reconhecimento de fraude à execução para evitar o incidente de desconsideração ou a necessidade de ajuizar ação pauliana. Nesse caso, o fato de que executado e terceiro devedor sejam sociedade e sócio ou empresas do mesmo grupo é elemento totalmente acidental. Esse fato não pode ensejar tratamento distinto aos terceiros participantes da fraude: ele é irrelevante para o fim de configurá-la e não serve para elidir sua ocorrência. Ademais, reconhecer essas diferentes possibilidades também é fundamental para evitar que alguma delas seja injustamente subtraída ao credor sob o fundamento de que, por se tratar de empresas de um mesmo grupo, ou de sócio e sociedade, é necessária a instauração de incidente – denegando a utilização da via incidental mais célere na alegação de fraude à execução ou a utilização de ação pauliana, que pode ser benéfica ao credor devido à sua eficácia *erga omnes*.

A mesma conclusão é válida para um conjunto de outras situações, tão variadas quanto podem ser os atos de disposição patrimonial e reorganização societária. São exemplos: a dissolução parcial que leva à transferência de bem imóvel a um dos sócios sem que as dívidas anteriores tenham sido pagas; o desvio de clientela para outra pessoa jurídica com o mesmo objeto; a compra e venda de bem entre sócio e sociedade por valor menor do que o de mercado; a dação em pagamento para satisfazer dívidas com os sócios em detrimento dos demais credores, entre muitos outros. De fato, sempre que um mesmo ato envolver abuso da personalidade jurídica e o ato puder reduzir a pessoa à insolvência, há grandes chances de que estejam configuradas as hipóteses de desconsideração e de alguma das fraudes (qual delas dependerá da litispendência).

Outra questão relevante diz respeito à eficácia da desconsideração e sua relação com as fraudes do devedor. A desconsideração produz efeitos desde o momento em que ocorreu o abuso da personalidade jurídica; a partir de então, os atos de disposição de qualquer um deles são tidos como atos de disposição comuns (há aqui o que Justen Filho denominou de ineficácia da personificação de um certo sujeito).[86] Assim, se há desconsideração da personalidade jurídica para atingir o sócio com fundamento em desvio de finalidade, a partir da ocorrência deste é como se a disposição patrimonial do sócio fosse, para todos os fins, também da pessoa jurídica.

Em alguns casos pode ocorrer de apenas a desconsideração ser suficiente para garantir a satisfação do credor: o sócio ou, no caso da desconsideração inversa, a sociedade possui patrimônio ou o bem específico que estava sujeito à atividade jurisdicional. No entanto, também é possível que algum deles tenha praticado outros atos de disposição patrimonial envolvendo terceiros, inclusive no curso do processo, capazes de frustrar

---

86. JUSTEN FILHO, Marçal. *Desconsideração da personalidade societária no direito brasileiro*. São Paulo: Ed. RT, 1987, p. 89.

a execução. Nesse caso, deve-se notar que a ineficácia da desconsideração diz respeito à relação entre credor e sócio ou sociedade, mas não a eventual ato de disposição para terceiro. A análise sobre a eventual ineficácia dessa disposição, por sua vez, deve seguir o mesmo regime da fraude contra credores e da fraude contra a execução. É a partir de algum desses regimes que se cogita de eventual ineficácia de ato de disposição patrimonial, não do fato de que houve desconsideração da personalidade jurídica.

Sob esse pressuposto é que deve ser analisada a interpretação conferida pela doutrina ao art. 792, § 3º, CPC, que assim dispõe: "nos casos de desconsideração da personalidade jurídica, a fraude à execução verifica-se a partir da citação da parte cuja personalidade se pretende desconsiderar". A doutrina majoritária costuma afirmar que o correto seria considerar que a eventual fraude se verifica a partir da citação daquele que é réu no incidente, o atingido pela desconsideração.[87] No entanto, além de contrariar a precária literalidade do dispositivo – que apenas faz sentido para os casos de desconsideração direta –, essa interpretação ignora a relevância do ato ilícito que enseja a desconsideração: por um lado, até quando ele não tenha ocorrido, as personalidades são autônomas, o patrimônio é autônomo e, logicamente, não se pode cogitar de fraude cometida por quem não é responsável patrimonial; por outro, a partir do momento em que ele ocorreu, para todos os efeitos não se distingue a personalidade do sócio e da pessoa jurídica. E a partir deste momento, que pode ser anterior ao processo, qualquer ato de disposição é necessariamente realizado por responsável patrimonial e, portanto, passível de ser analisado à luz dos critérios para configuração de fraude estabelecidos no ordenamento jurídico. Nesse sentido, havendo desconsideração da personalidade jurídica, qualquer ato de disposição patrimonial praticado pela pessoa jurídica ou pelo sócio a partir do momento em que o primeiro deles tiver sido citado tem o potencial de – atendidos os demais requisitos – configurar fraude à execução;[88] antes da citação – e, também, obviamente, se atendidos os demais pressupostos – é possível que tenha ocorrido fraude contra credores. A interpretação pretendida por parte significativa da doutrina ao art. 792, § 3º, CPC, sob o fundamento de atender ao contraditório e à ampla

---

87. TALAMINI, Eduardo; WAMBIER, Luiz Rodrigues. *Curso avançado de processo civil*: execução. 17. ed. São Paulo: Thomson Reuters Brasil, 2020, v. 3, p. 161; SIQUEIRA, Thiago Ferreira. *A responsabilidade patrimonial no novo sistema processual civil*. São Paulo: Ed. RT, 2016, p. 240; AMARAL, Paulo Osternack. Incidente de desconsideração da personalidade jurídica. In: TALAMINI, Eduardo et al (Org.). *Grandes temas do novo CPC* – Partes e terceiros no processo civil. Salvador: JusPodivm, 2020, p. 365-379, p. 378. Ver REsp 1681021.

88. Nesse sentido, RODRIGUES, Marcelo Abelha. *O novo CPC e a tutela jurisdicional executiva*. Doutrinas Essenciais – Novo Processo Civil. São Paulo: Ed. RT, 2018. v. 6, p. 87-222, p. 99-100; ANDRADE JUNIOR, Mozart Vilela. *A obrigatoriedade do incidente de desconsideração da personalidade jurídica*. Doutrinas Essenciais – Novo Processo Civil. São Paulo: Ed. RT, 2018. v. 2, p. 855-875, p. 862. Ver também o Enunciado 52/ENFAM: "citação do executado original é o termo inicial para a eficácia da desconsideração". A questão não é pacífica nos tribunais, encontrando-se tanto julgados no primeiro sentido [TJSP, Agravo de Instrumento 2259791-52.2018.8.26.0000, Des. Relator Hugo Crepaldi, 25ª Câmara de Direito Privado, julgado em 12.04.2019; TJSP, Agravo de Instrumento 2035251-84.2019.8.26.0000, Des. Rel. Salles Vieira, 24ª Câmara de Direito Privado, publicado em 30.06.2020; TJRS, Embargos de Declaração 70076285238, Relator Pedro Luiz Pozza, 12ª Câmara Cível, julgado em 15.03.2018], quanto no segundo [TJSP, Apelação 1028349-84.2018.8.26.0577, Des. Relator Rosangela Telles, 27ª Câmara de Direito Privado, julgado em 29.07.2020; REsp 1.391.830/SP, relatora Ministra Nancy Andrighi, Terceira Turma, julgado em 22.11.2016, DJe de 1º.12.2016].

defesa,[89] contraria a própria finalidade da desconsideração da personalidade jurídica e ignora o que ela representa do ponto de vista jurídico; despreza o fato de que a previsão seria completamente inútil se, como em todos os casos, a litispendência e possível fraude à execução tivesse como marco temporal a citação da parte; pior, permite que o sócio abuse livremente da personalidade da pessoa jurídica no curso do processo, sem risco de responsabilização patrimonial ou de configuração de fraude, enquanto não citado (a despeito de ciente desse fato por meio da sociedade).[90] Seria, a prevalecer tal interpretação, verdadeira legalização da ilicitude.

Questão distinta, relacionada com as preocupações doutrinárias a respeito do art. 792, § 3º, CPC, mas que não diz respeito necessariamente à configuração da fraude, é a verificação de seu principal efeito: a ineficácia do ato de disposição patrimonial em relação ao terceiro adquirente. Nesse sentido, por mais que haja desconsideração da personalidade jurídica e a fraude à execução possa ocorrer a partir da primeira citação (da sociedade ou do sócio), isso não significa que, caso reconhecida a fraude, o terceiro adquirente será necessariamente sancionado com a ineficácia. A exemplo do que foi dito no item 3.2, a fraude se verifica quando há ato de disposição do sócio ou da sociedade durante a litispendência, somado, em alguns casos, a decisão judicial, averbação ou insolvência – ambos (sócio e sociedade) deverão sofrer as respectivas sanções. Em geral, também sofrerão a sanção o terceiro adquirente ou adquirentes sucessivos, exceto se tiverem agido de boa-fé, fato impeditivo em relação ao qual estes suportam o ônus de alegação. No caso de bem sujeito a registro, não haverá boa-fé se tiver havido averbação (presunção absoluta); sem averbação, há presunção de desconhecimento por terceiros e, consequentemente, de boa-fé. No último caso, para que o terceiro sofra os efeitos da fraude, o exequente precisará superar a presunção de desconhecimento, demonstrando a ciência do terceiro por outros meios. No caso de bem não sujeito a registro, não há presunções: além de alegar a boa-fé (fato impeditivo), o terceiro precisa comprovar que foi diligente (art. 792, § 2º, CPC) para não sofrer os efeitos da fraude à execução.[91]

É sem dúvida válida a preocupação manifestada por alguns autores de que os terceiros não sofram efeitos de uma desconsideração que desconheciam,[92] e ela se sustenta,

---

89. AMARAL, Paulo Osternack. Incidente de desconsideração da personalidade jurídica. In: TALAMINI, Eduardo et al (Org.). *Grandes temas do novo CPC* – Partes e terceiros no processo civil. Salvador: JusPodivm, 2020, p. 365-379, p. 378; ZAVASCKI, Teori. Comentários ao Código de Processo Civil: arts. 771 ao 796. In: MARINONI, Luiz Guilherme (Dir.); ARENHART, Sérgio Cruz; MITIDIERO, Daniel (Coord.). *Coleção comentários ao Código de Processo Civil.* 2. ed. São Paulo: Thomson Reuters Brasil, 2018, v. XII, p. 793.

90. Sufragaria esse entendimento leniente à fraude o art. 7º, PL 3.401/2008: "Considera-se em fraude à execução a alienação ou oneração de bens pessoais de membros, instituidores, sócios ou administradores da pessoa jurídica, capaz de reduzi-los à insolvência, quando, ao tempo da alienação ou oneração, tenham sido eles citados ou intimados da pendência de decisão acerca do pedido de desconsideração da personalidade jurídica, ou de responsabilização pessoal por dívidas da pessoa jurídica". Por uma visão crítica dessa perspectiva, ver RODRIGUES, Marcelo Abelha. *O novo CPC e a tutela jurisdicional executiva.* Doutrinas Essenciais – Novo Processo Civil. São Paulo: Ed. RT, 2018. v. 6, p. 87-222, p. 165-166.

91. Combinando os elementos da desconsideração e fraude à execução para os fins de atingir terceiro, ver TJDF, Apelação 0710186-42.2018.8.07.0001, Des. Relatora Sandra Reves, 2ª Turma Cível, julgado em 15.08.2019.

92. TALAMINI, Eduardo; WAMBIER, Luiz Rodrigues. *Curso avançado de processo civil*: execução. 17. ed. São Paulo: Thomson Reuters Brasil, 2020, v. 3, p. 161. No mesmo sentido, Thiago Siqueira, para quem a interpreta-

à luz do que foi dito, com a proteção da boa-fé. Ela não pode, porém, ser utilizada para elidir o reconhecimento de que, havendo desconsideração da personalidade jurídica, há fraude à execução do sócio que durante a litispendência contra a sociedade dispuser de patrimônio nas hipóteses do art. 792, CPC.[93]

5. CONSIDERAÇÕES FINAIS

O texto procurou examinar a desconsideração da personalidade jurídica e sua relação com as fraudes do devedor. Para tanto, examinou a noção de personalidade jurídica e, especialmente, no que consiste a sua desconsideração. Como resultado dessa análise concluiu que a desconsideração não se restringe ao aspecto patrimonial, como costuma entender a doutrina que a considera hipótese de responsabilidade secundária. Segundo a perspectiva adotada, a desconsideração importa ineficácia da personalidade jurídica, suspendendo a separação entre as esferas jurídicas do sócio e da sociedade (incluindo o aspecto patrimonial, mas a ele não se limitando): desconsiderada a personalidade jurídica, sociedade e sócio passam a ser tratados como "uma coisa só".[94]

Na sequência, ao analisar as fraudes do devedor, o texto abordou diversas polêmicas relevantes ao tema. Em relação à fraude contra credores, a análise permitiu concluir que, ao lado da insolvência, é requisito da sua verificação para negócios onerosos a *scientia fraudis*, e não o *consilium fraudis* como equivocamente repetido pela doutrina processual; também se concluiu que a consequência dessa fraude é, como explicitamente previsto na legislação, a anulação do ato de disposição com eficácia *erga omnes*. Em relação à fraude à execução, a principal preocupação foi compreender adequadamente seu suporte fático, composto pelo ato de disposição durante a litispendência e, em alguns casos, por outros requisitos como decisão judicial, averbação ou insolvência. A boa-fé de terceiro é fato impeditivo: não elide a fraude praticada e as consequências que devem ser sofridas pelo executado, mas impede que o terceiro sofra seus efeitos.

Examinados os suportes fáticos e os efeitos dos institutos, foi possível indicar que existem situações nas quais o suporte fático de desconsideração da personalidade jurídica e das fraudes pode se sobrepor porque o ato de disposição foi praticado entre sociedade e sócio. Da mesma forma que, havendo processo pendente, é possível que o exequente opte por pedir o reconhecimento de fraude contra credores (em ação pauliana) ou fraude à execução, há casos em que também terá como opção se valer da desconsideração da personalidade jurídica. Preenchido o suporte fático das fraudes e pretendido o seu reconhecimento, a relação entre sócio e sociedade é elemento acidental e que não reclama a instauração de incidente.

ção literal do art. 792, § 3º, CPC, causaria "[...] grave insegurança jurídica, surpreendendo com a decretação de fraude, terceiros que venham a adquirir bens do responsável *antes que este seja citado* em qualquer processo" [SIQUEIRA, Thiago Ferreira. *A responsabilidade patrimonial no novo sistema processual civil*. São Paulo: Ed. RT, 2016, p. 320].

93. A jurisprudência majoritária parece estar alinhada a esse entendimento, conforme nota de rodapé 87, acima.

94. TALAMINI, Eduardo; WAMBIER, Luiz Rodrigues. *Curso avançado de processo civil*: execução. 17. ed. São Paulo: Thomson Reuters Brasil, 2020, v. 3, p. 161.

A partir da relação entre os institutos também se examinou a previsão do art. 792, § 3º, CPC, para refutar a conclusão, contrária ao texto do dispositivo, de que não seria possível reconhecer fraude à execução caso o ato de disposição fosse praticado antes da citação do réu. A correta compreensão do dispositivo e da relação entre desconsideração e fraude à execução passa pelo reconhecimento de que a boa-fé do terceiro não compõe o suporte fático de nenhuma delas e não as elide, mas constitui fato impeditivo que pode obstar a produção de efeitos exclusivamente contra o terceiro.

Com essas conclusões, obtidas a partir da análise do regime jurídico dos institutos e de sua interpretação sistemática, este texto pretendeu contribuir para que o processo civil esteja mais alinhado ao combate de expedientes fraudulentos. Não obstante, há um conjunto de outros elementos, muitos deles empíricos, que precisam concorrer para que as fraudes sejam efetivamente desincentivadas na realidade brasileira. Uma interpretação do direito processual mais adequada a esse escopo é apenas um pequeno – mas necessário – primeiro passo.

6. REFERÊNCIAS

AMARAL, Paulo Osternack. Incidente de desconsideração da personalidade jurídica. In: TALAMINI, Eduardo et al (Org.). *Grandes temas do novo CPC* – Partes e Terceiros no Processo Civil. Salvador: JusPodivm, 2020.

ANDRADE JUNIOR, Mozart Vilela. *A obrigatoriedade do incidente de desconsideração da personalidade jurídica*. Doutrinas Essenciais – Novo Processo Civil. São Paulo: Ed. RT, 2018. v. 2.

ASSIS, Araken de. *Processo civil brasileiro*: parte geral – institutos fundamentais. São Paulo: Ed. RT, 2015. v. II, t. I.

BIANQUI, Pedro Henrique Torres. *Desconsideração judicial da personalidade jurídica pela óptica processual*. Orientador: Antonio Carlos Marcato. Dissertação (Mestrado em Direito) – Faculdade de Direito da Universidade de São Paulo – USP. São Paulo, 2010.

CARDOSO, Fabrício Pedroso. *A evicção no contexto da fraude contra credores e fraude à execução e os riscos imputados ao adquirente de imóvel*. Orientador: Paulo Rossano dos Santos Gabardo Júnior. Trabalho de Conclusão de Curso (Bacharelado em Direito) – Faculdade do Norte Novo de Apucarana – FAC-NOPAR. Apucarana, 2017.

CASTRO, Daniel Penteado de; CAVAEIRO, Agnon Éricon. A tutela provisória de urgência no incidente de desconsideração da personalidade jurídica. In: TALAMINI, Eduardo et al (Org.). *Grandes temas do novo CPC* – Partes e terceiros no processo civil. Salvador: JusPodivm, 2020.

COELHO, Fábio Ulhoa. *Curso de direito comercial*: direito de empresa. 15. ed. São Paulo: Saraiva, 2011. v. 2.

DIDIER JR., Fredie; ARAGÃO, Leandro. A desconsideração da personalidade jurídica em processo arbitral. In: YARSHELL, Flávio Luiz; PEREIRA, Guilherme Setoguti J. (Coord.). *Processo societário*. São Paulo: Quartier Latin, 2012.

DIDIER JR., Fredie; CUNHA, Leonardo Carneiro da; BRAGA, Paula Sarno; OLIVEIRA, Rafael Alexandria de. *Curso de direito processual civil*: execução. 8. ed. Salvador: JusPodivm, 2018. v. 5.

JUSTEN FILHO, Marçal. *Desconsideração da personalidade societária no direito brasileiro*. São Paulo: Ed. RT, 1987.

LEONARDO, Rodrigo Xavier. Revisitando a teoria da pessoa jurídica na obra de J. Lamartine Corrêa de Oliveira. *Revista da Faculdade de Direito UFPR*, v. 46, Curitiba, dez. 2007.

DESCONSIDERAÇÃO DA PERSONALIDADE JURÍDICA E FRAUDES DO DEVEDOR | **559**

LIEBMAN, Enrico Tullio. *Processo de execução*. São Paulo: Saraiva, 1946.

MARINONI, Luiz Guilherme; ARENHART, Sérgio Cruz; MITIDIERO, Daniel. *Código de Processo Civil comentado*. 3. ed. São Paulo: Thomson Reuters Brasil, 2018.

PEREIRA, Caio Mário da Silva. *Instituições de direito civil*. 26. ed. Rio de Janeiro: Forense, 2013. v. 1.

PONTES DE MIRANDA, Francisco Cavalcanti. *Tratado de direito privado*: parte geral. 2. ed. Rio de Janeiro: Borsoi, 1954. t. IV.

RACHLINSKI, Jeffrey J. Bottom-Up versus Top-Down Lawmaking. *University of Chicago Law Review*, v. 73, n. 3, 2006. Disponível em: https://scholarship.law.cornell.edu/facpub/918. Acesso em: 10 jan. 2023.

RODRIGUES, Marcelo Abelha. *O novo CPC e a tutela jurisdicional executiva*. Doutrinas Essenciais – Novo Processo Civil. São Paulo: Ed. RT, 2018. v. 6.

SILVA, João Paulo Hecker da. Desconsideração da personalidade jurídica e sucessão: consequências sobre a posição jurídica do terceiro em cada hipótese com relação aos seus ônus, deveres, faculdades e direitos processuais. In: TALAMINI, Eduardo et al (Org.). *Grandes temas do novo CPC* – Partes e terceiros no processo civil. Salvador: JusPodivm, 2020.

SIQUEIRA, Thiago Ferreira. *A responsabilidade patrimonial no novo sistema processual civil*. São Paulo: Ed. RT, 2016.

SOUZA, André Pagani de. *Desconsideração da personalidade jurídica*: aspectos processuais. 2. ed. São Paulo: Saraiva, 2011.

TALAMINI, Eduardo; WAMBIER, Luiz Rodrigues. *Curso avançado de processo civil*: execução. 17. ed. São Paulo: Thomson Reuters Brasil, 2020. v. 3.

TALAMINI, Eduardo; WAMBIER, Luiz Rodrigues. *Curso avançado de processo civil*: teoria geral do processo civil. 20. ed. São Paulo: Thomson Reuters Brasil, 2021. v. 1.

TEPEDINO, Gustavo; BARBOZA, Heloisa Helena; BODIN DE MORAES, Maria Celina. *Código Civil interpretado conforme a Constituição da República*. Rio de Janeiro: Renovar, 2004. v. I.

TORRES DE MELLO, Rogerio Licastro. *Responsabilidade executiva secundária: a execução em face do sócio, do cônjuge, do fiador e afins*. 2. ed. São Paulo: Ed. RT, 2015.

VENOSA, Sílvio de Salvo. *Direito civil*: parte geral. 7. ed. São Paulo: Atlas, 2007.

ZAVASCKI, Teori. Comentários ao Código de Processo Civil: arts. 771 ao 796. In: MARINONI, Luiz Guilherme (Dir.); ARENHART, Sérgio Cruz; MITIDIERO, Daniel (Coord.). *Coleção comentários ao Código de Processo Civil*. 2. ed. São Paulo: Thomson Reuters Brasil, 2018. v. XII.

O INCIDENTE DE DESCONSIDERAÇÃO DE PERSONALIDADE JURÍDICA E O CONTRADITÓRIO: UMA NECESSÁRIA RELEITURA DO ART. 792, § 3º, DO CÓDIGO DE PROCESSO CIVIL[1]

Márcio Carvalho Faria

Pós-doutor pela Universidade Federal da Bahia. Doutor e Mestre pela Universidade do Estado do Rio de Janeiro. Professor Adjunto na Faculdade de Direito da Universidade Federal de Juiz de Fora. Membro do Instituto Brasileiro de Direito Processual. Advogado. Contatos: professormarciofaria@gmail.com; @professormarciofaria (Instagram/Youtube/Facebook).

Sumário: 1. Considerações introdutórias – 2. A garantia fundamental do contraditório; 2.1 Noções gerais; 2.2 Especificamente: o contraditório das matérias de ordem pública e a impossibilidade de decisões-surpresa – 3. O Incidente de Desconsideração de Personalidade Jurídica como meio de preservação das garantias fundamentais processuais – 4. Desconsideração da Personalidade Jurídica e fraude à execução: uma importante distinção – 5. O marco temporal inicial para a Desconsideração da Personalidade Jurídica e para a fraude à execução: necessárias distinções; 5.1 O marco inicial para a Desconsideração da Personalidade Jurídica; 5.2 O cerne da questão: qual o marco inicial para o reconhecimento da fraude à execução? – 6. Considerações conclusivas – 7. Referências.

1. CONSIDERAÇÕES INTRODUTÓRIAS

O presente texto se destina, a partir da premissa da indispensável observância da garantia fundamental do contraditório, a analisar o § 3º do art. 792 do Código de Processo Civil (CPC), que dispõe sobre o marco inicial para a definição da responsabilidade do terceiro no incidente de desconsideração da personalidade jurídica quando estiver em jogo a possível ocorrência de fraude à execução.

Para tanto, será inicialmente realizado um *voo de pássaro* sobre a garantia fundamental do contraditório, com especial enfoque na impossibilidade de decisão judicial sem prévia oitiva das partes a respeito, mesmo em se tratando de matérias cognoscíveis de ofício.

Posteriormente, com apoio na doutrina e até mesmo na Exposição de Motivos do CPC, tentar-se-á a correlação entre o contraditório e o incidente de desconsideração da personalidade jurídica, previsto nos artigos 133 a 137 do CPC.

---

1. Agradeço ao Professor José Aurélio de Araujo pelas importantes contribuições ao presente texto, bem como ao Professor Marcelo Abelha Rodrigues pelo apoio incondicional.

Em sequência, serão investigadas as variadas formas de interpretação do § 3º do art. 792, do CPC, seja para informar o leitor sobre a relevância do problema, seja para tentar sinalizar os caminhos mais consentâneos com as premissas fincadas anteriormente.

Por fim, propõe-se uma *releitura* do marco inicial previsto no § 3º do art. 792, do CPC, especialmente para preservar os interesses do sócio (ou da pessoa jurídica, no caso da desconsideração da personalidade jurídica *inversa*) e do terceiro adquirente.

Antes de prosseguir, cabe considerar que o presente texto não abordará especificidades relativas às mais diversas possibilidades de desconsideração da personalidade jurídica – usualmente ligadas a diferentes ramos do direito material –, mencionando-as apenas a título exemplificativo.

2. A GARANTIA FUNDAMENTAL DO CONTRADITÓRIO

2.1 Noções gerais

Em outras oportunidades,[2] muito já se escreveu sobre a garantia constitucional do contraditório, sendo inúmeros, aliás, os bons e importantes trabalhos da doutrina nacional e estrangeira sobre o tema, para as quais se remete o leitor interessado.[3]-[4]

Apesar disso, para o que se pretende demonstrar neste texto, importante se afigura retomar, ainda que brevemente, algumas considerações gerais.

Pois bem.

Em síntese, pode-se dizer que, originariamente, o contraditório estaria limitado ao binômio *ciência + participação*,[5] sendo o primeiro de seus elementos de cunho obri-

---

2. FARIA, Márcio Carvalho. O princípio constitucional do contraditório, a boa-fé processual, as matérias cognoscíveis de ofício e as decisões judiciais de fixação de honorários de sucumbência. In: FUX, Luiz. (Coord.). *Processo constitucional.* Rio de Janeiro: Forense, 2013, p. 729-771. FARIA, Márcio Carvalho. A *lealdade processual na prestação jurisdicional*: em busca de um modelo de juiz leal. São Paulo: Ed. RT, 2017.

3. Sobre o tema, indica-se: GRECO, Leonardo. O princípio do contraditório. *Revista Dialética de Direito Processual,* v. 24, p. 71-79, São Paulo, 2005; OLIVEIRA, Carlos Alberto Alvaro de. O juiz e o princípio do contraditório. *Revista de Processo,* v. 71, p. 31-ss., São Paulo, 1993; LOPES, João Batista. Contraditório, paridade de armas e motivação da sentença. In: MEDINA, José Miguel Garcia et al (Coord.). *Os poderes do juiz e o controle das decisões judiciais*: estudos em homenagem à Professora Teresa Arruda Alvim Wambier. São Paulo: Ed. RT, 2008, p. 265-270; CABRAL, Antonio do Passo. *Nulidades do processo moderno*: contraditório, proteção da confiança e validade prima facie dos atos processuais. Rio de Janeiro: Forense, 2009, p. 109-246; SANTOS, Guilherme Luís Quaresma Batista. Algumas notas sobre o contraditório no processo civil. *Revista de Processo,* v. 194, p. 69-97, São Paulo, 2011, especialmente p. 70-71. SANTOS, Moacyr Amaral. *Primeiras linhas de direito processual civil.* 27. ed. São Paulo: Saraiva, 2010, v. 1, p. 37-40.

4. Interessante resumo histórico pode ser encontrado em THEODORO JÚNIOR, Humberto; NUNES, Dierle José Coelho. Princípio do contraditório: tendências de mudança de sua atuação. *Revista da Faculdade de Direito de Sul de Minas,* v. 28, p. 177-206, Pouso Alegre, jan./jun. 2009.

5. Nas palavras de Cassio Scarpinella Bueno: "O núcleo essencial do contraditório compõe-se, de acordo com a doutrina tradicional, de um binômio: "ciência e resistência" ou "informação e reação". O primeiro destes elementos é sempre *indispensável*; o segundo, *eventual ou possível*. (BUENO, Cassio Scarpinella. *Curso sistematizado de direito processual civil.* 2. ed. São Paulo: Saraiva, 2008, p. 107-108, v. 1).

O INCIDENTE DE DESCONSIDERAÇÃO DE PERSONALIDADE JURÍDICA E O CONTRADITÓRIO **563**

gatório e o segundo, por sua vez, aferível conforme a vontade e a observância de certos requisitos pelo interessado.[6-7]

Embora clássica, tal acepção não parece ser suficiente para contemplar os ditames do devido processo legal, sobretudo no atual estágio metodológico em que encontra a ciência processual. É intolerável, assim, a não observância do contraditório nos mais diversos ritos e procedimentos,[8] nos variados processos,[9] quer em jurisdição contenciosa, quer em jurisdição voluntária,[10] seja na tutela individual, seja na coleti-

---

6. Sobre o tema, Carlos Alberto Alvaro de Oliveira e Daniel Mitidiero: "(...) O conceito tradicional do princípio do contraditório está intimamente vinculado a uma concepção formal do processo, em que o juiz assumiria uma posição essencialmente passiva. Esse modo de ver o problema ressai claramente da clássica definição de Joaquim Canuto Mendes de Almeida, 1937, para quem o contraditório é 'a ciência bilateral dos atos e termos processuais e a possibilidade de contrariá-los'. Embora estejam presentes dois elementos fundamentais ao conceito, a informação e a possibilidade de reação, não se vislumbra ainda a necessidade de ser submetida ao contraditório toda a matéria que será objeto de decisão, mesmo quando decorrente do poder oficial do juiz. Na visão atual, o direito fundamental do contraditório situa-se para além da simples informação e possibilidade de reação, conceituando-se de forma mais ampla na outorga de poderes para que as partes participem no desenvolvimento e no resultado do processo, da forma mais paritária possível, influenciando de modo efetivo a formação dos pronunciamentos jurisdicionais. (...)". (OLIVEIRA, Carlos Alberto Alvaro; MITIDIERO, Daniel. *Curso de processo civil*. São Paulo: Atlas, 2010, v. 1: Teoria geral do processo civil e parte do direito processual civil. p. 35-36).

7. Para Cândido Rangel Dinamarco, contudo, poder-se-ia falar em um "trinômio", qual seja, "pedir-alegar-provar", para quem deve ser dada "a cada uma das partes, ao longo de todo o procedimento, oportunidades para *participar pedindo, participar alegando* e *participar provando*". (DINAMARCO, Cândido Rangel. *Instituições de processo civil*. 6. ed. São Paulo: Malheiros, 2009, v. I, p. 221-224).

8. Para Fernando Gama de Miranda Netto, é possível, inclusive, falar-se em contraditório no procedimento de investigações realizados pelas Comissões Parlamentares de Inquérito (CPI's), a fim de consagrar o devido processo parlamentar: "(...) Manoel Messias Peixinho e Ricardo Guanabara apoiam a tese do contraditório no inquérito parlamentar, mas não nos moldes em que é aplicado no Poder Judiciário. Discordamos. Com efeito, se a autoridade judicial não tem o poder de colher prova sem assegurar o contraditório e a ampla defesa, como poderá a comissão de inquérito, que aprovará um projeto que poderá macular para sempre a honra e a imagem de uma pessoa, ter o poder de investigar próprio das autoridades judiciais sem que se submeta aos seus mesmos deveres? (...) Luigi Comoglio, Corrado Ferri e Michele Taruffo ensinam que, para a existência de um *contraddittorio effetivo*, em processo jurisdicional ou não, é preciso conferir à defesa a real possibilidade de influenciar a formação do convencimento do órgão. (...)". (MIRANDA NETTO, Fernando Gama de. O poder de investigação das Comissões Parlamentares de Inquérito e as garantias processuais do indiciado. In: GRECO, Leonardo.; MIRANDA NETTO, Fernando Gama de (Org.). *Direito processual e direitos fundamentais*. Rio de Janeiro: Lumen Juris, 2005, p. 50-51).

9. Em que pese posição conhecida de *Liebman*, parece não haver dúvidas, atualmente, de que também na execução há obrigatoriedade do respeito ao contraditório, conforme disserta Alexandre Freitas Câmara: "(...) É certo que no processo de execução o juiz não é chamado a prover sobre o mérito da causa, não havendo nesse tipo de processo julgamento da pretensão do demandante ou declaração da existência do crédito exigido. Ocorre, porém, que no módulo processual de execução o juiz é chamado, a todo momento, a proferir decisões quanto a questões, como as referentes à presença das condições da ação e dos pressupostos processuais, ou dos requisitos necessários para a prática dos atos executivos. Basta um exemplo para demonstrar o que se acaba de afirmar. Proposta demanda de execução por quantia certa, é realizada a penhora de um automóvel do executado. Este bem é levado avaliação judicial, devendo as partes ser intimadas, logo após a elaboração da avaliação, para que tomem conhecimento do seu teor, podendo ainda manifestar-se sobre o mesmo. Isto é contraditório. (CÂMARA, Alexandre Freitas. *Lições de direito processual civil*. 17. ed. Rio de Janeiro: Lúmen Júris, 2008, v. 2, p. 51).

10. "Hoje o direito de influir eficazmente na prestação jurisdicional, seja qual for a sua natureza, com todos os meios aptos a alcançar esse resultado, é uma garantia da qual não pode ser privado qualquer cidadão, como exigência de participação eficaz, haja ou não litígio, haja ou não cognição exaustiva, haja jurisdição provocada ou de ofício, seja qual for o procedimento (Trocker). Pouco importa se a causa versa sobre direito disponível ou indisponível, se a matéria de fato é regida pelo princípio dispositivo ou pelo princípio inquisitório. Os poderes investigatórios do juiz não excluem a participação dos interessados. Recupera-se, assim, o caráter lógico-formal e metodológico do contraditório como instrumento da ordem judiciária, daquela ritualidade mínima que

MÁRCIO CARVALHO FARIA

va,[11] e mesmo a sua manifestação *postecipada* deve ser encarada, cada vez mais, como medida excepcional.[12]

Trata-se, indubitavelmente, de um direito fundamental processual que, nas palavras de Leonardo Greco, pode ser entendido como o "grande salto do nosso tempo".[13]

Nesse novo panorama, ganha destaque o papel *participativo* do juiz. Como se sabe, de há muito o processo não pode e não deve ser considerado como "coisa das partes", na qual o juiz, inerte e passivo, assiste ao "jogo"[14] travado entre as partes, a fim de que, posteriormente, venha a escolher, sob seu livre convencimento motivado (como, por exemplo, dispunham os arts. 131 e 436, CPC/73), aquele que, a seu talante, aparente ter razão (= verdade possível[15]).

Nesse prisma, a noção *estática* do contraditório – entendida como mera *bilateralidade*, no sentido de que, garantidas, aos interessados, ciência e possibilidade de intervenção, tudo estaria a contento – perde força.[16]

Passa-se, assim, a se falar em contraditório *dinâmico,* em que o juiz, em respeito à cooperação, de modo eminentemente democrático,[17] *participa e dialoga* com os interessados, ouvindo-lhes, consultando-lhes, advertindo-lhes e, sobretudo, permitindo que seu convencimento seja formado sob o crivo do debate prévio, efetivo e real.[18]

---

legitima o processo como revelador da vontade coletiva, como meio justo para um fim justo, ou melhor, como meio justo sem o qual não haverá possibilidade de reconhecer que o resultado seja justo". (GRECO, Leonardo. O princípio do contraditório..., op. cit., p. 77).

11. Nesse sentido: DINAMARCO, Cândido Rangel. *Instituições...,* op. cit., item 87, p. 225-226.

12. "Contraditório eficaz é sempre prévio, anterior a qualquer decisão, devendo sua postergação ser totalmente excepcional e fundamentada na convicção firme da existência do direito do requerente e na cuidadosa ponderação de interesses em jogo e dos riscos da antecipação e do retardamento da decisão. Conrado Ferri chega a afirmar que o prévio contraditório é um instrumento de civilidade jurídica e que o contraditório *a posteriori* distorce e reduz o sentido da garantia." (GRECO, Leonardo. O princípio do contraditório..., op. cit., p. 74-75).

13. "(...) Esse é o grande salto do nosso tempo: de princípio a garantia fundamental. Para isso, o contraditório não pode mais apenas reger as relações entre as partes e o equilíbrio que a elas deve ser assegurado no processo, mas se transforma numa ponte de comunicação de dupla via entre as partes e o juiz. Isto é, o juiz passa a integrar o contraditório, porque, como meio assecuratório do princípio político da participação democrática, o contraditório deve assegurar às partes todas as possibilidades de influenciar eficazmente as decisões judiciais. (...)". (GRECO, Leonardo. O princípio do contraditório..., op. cit., p. 73).

14. CALAMANDREI, Piero. Il processo come giuoco. *Rivista di Diritto Processuale,* p. 23-51, Padova, parte I, 1950.

15. Sobre o tema, com ampla discussão sobre a teoria das provas: SANTOS, Moacyr Amaral. *Primeiras linhas de direito processual.* 26. ed. São Paulo: Saraiva, 2010. v. 2.

16. "Por contraditório deve entender-se, de um lado, a necessidade de dar conhecimento da existência da ação e de todos os atos do processo às partes, e, de outro, a possibilidade de as partes reagirem aos atos que lhes sejam desfavoráveis." (NERY JÚNIOR, Nelson. *Princípios do processo na Constituição Federal.* 9. ed. São Paulo: Ed. RT, 2009, p. 206).

17. NUNES, Dierle José Coelho. *Processo jurisdicional democrático*: uma análise crítica das reformas processuais. 2. reimp. Curitiba: Juruá, 2008.

18. Sobre o tema, Leonardo Greco: "(...) complementando essas ideias, Giovanni Verde considera que o juiz possa ser terceiro e imparcial, mesmo quando exerce poderes próprios na investigação instrutória, em rigoroso respeito ao contraditório e aos direitos de defesa das partes. O juiz não pode ser no processo uma divindade imperturbável e distanciada. Por isso desde a Antiguidade o processo foi configurado como *actus trium personarum*. O mero contraditório entre as partes, sem nenhuma intervenção do juiz, não é suficiente e às vezes é até distorsivo. (...) O juiz que não confia na boa fé das partes e nos advogados é que tende a tornar-se autoritário, indo em busca de uma pretensa justiça com os seus próprios meios, e respeitando apenas formalmente o contraditório, a ampla

O INCIDENTE DE DESCONSIDERAÇÃO DE PERSONALIDADE JURÍDICA E O CONTRADITÓRIO **565**

Para tanto, imperioso se faz que o juiz desça de seu pedestal, colocando-se no mesmo nível das partes para revelar suas posições, pré-conceitos e preconcepções, a fim de que, primeiramente, os sujeitos parciais possam conhecer as posições daquele que irá julgá-las e, posteriormente – e sobretudo! – possam buscar influenciá-lo para, se for o caso, até mesmo fazer com que mude de posição.

Exige-se, assim, uma postura leal[19] do magistrado exige, a qual se consubstancia em três indispensáveis atitudes: inicialmente, deve apresentar as cartas na mesa, em uma postura franca e aberta acerca de seus pensamentos e teses acerca de determinada questão; depois, deve conceder às partes a oportunidade de apresentação de argumentos e razões que possam demovê-lo das concepções e convicções eventualmente preexistentes; por fim, deve se mostrar humilde e sóbrio o suficiente para se permitir se convencer.

O contraditório participativo, portanto, não se contenta com a possibilidade de se manifestar, de apresentar suas alegações em juízo, de recorrer, de agir, de *falar*; deve ser garantido, ademais, o direito de influenciar, de produzir resultados válidos no processo, de *ser ouvido*.

Para se ter uma melhor ideia do que aqui se afirma, basta-se pensar em alguns exemplos do cotidiano: quantas e quantas vezes um professor *falou* horas e horas para seus alunos, sem ser efetivamente *ouvido*? Do mesmo modo: quantas e quantas vezes os pais *falaram* a seus filhos, aconselhando-os, sem que fossem, de fato, *ouvidos*? Por fim, e no mesmo caminho: quantas e quantas vezes uma parte *falou* nos autos, sem que o julgador tivesse o mínimo de atenção para aquilo que é ali colocado, sem que, em síntese, ele lhe desse *ouvidos*?[20]

Tem-se, aqui, especialmente, um dos aspectos mais caros ao contraditório, qual seja, *a igualdade concreta ou material*, com a assunção de uma função paritária do juiz na condução do processo, em permanente diálogo humano, em um viés policêntrico e coparticipativo, afastando, à exceção do momento decisório, qualquer protagonismo.

---

defesa e o próprio princípio da demanda. É o juiz *führer* do processo, que somente acredita em si próprio". (GRECO, Leonardo. Publicismo e privatismo no processo civil. *Revista de Processo*, v. 164, p. 29-56, São Paulo, 2007).

19. Sobre o tema, com muito mais profundidade, consulte: FARIA, Márcio Carvalho. *A lealdade processual na prestação jurisdicional*: em busca de um modelo de juiz leal. São Paulo: Ed. RT, 2017.

20. Fredie Didier Júnior, de certo modo, aborda o tema, embora com outras palavras: "(...) A garantia da participação é a dimensão *formal* do princípio do contraditório. Trata-se da garantia de *ser ouvido*, de participar do processo, de ser comunicado, poder falar no processo. Esse é o conteúdo mínimo do princípio do contraditório e concretiza a visão tradicional a respeito do tema. De acordo com esse pensamento, o órgão jurisdicional efetiva a garantia do contraditório simplesmente ao dar ensejo à ouvida da outra parte. Há, porém, ainda, a dimensão *substancial* do princípio do contraditório. Trata-se do "poder de influência". Não adianta permitir que a parte simplesmente participe do processo. Apenas isso não é o suficiente para que se efetive o princípio do contraditório. É necessário que se permita que ela seja ouvida, é claro, mas em condições de poder influenciar a decisão do órgão jurisdicional. Se não for conferida a possibilidade de a parte influenciar a decisão do órgão jurisdicional – e isso é o *poder de influência*, de interferir com argumentos, ideais, alegando fatos, a garantia do contraditório estará ferida. É fundamental perceber isso: o contraditório não se efetiva apenas com a ouvida da parte; exige-se a participação com a possibilidade, conferida à parte, de influenciar no conteúdo da decisão. (...)". (DIDIER JÚNIOR, Fredie. *Curso de direito processual civil*. 23. ed. Salvador: JusPodivm, 2021, v. I, p. 123).

MÁRCIO CARVALHO FARIA

Vê-se, como Dierle José Coelho Nunes,[21] o contraditório como "fonte primordial para uma reconstrução democrática do exercício da função estatal".

Nesse sentido, sob a perspectiva de um processo apegado ao formalismo-valorativo[22] e objeto de uma verdadeira *comunidade de trabalho (Arbeitsgemeinschaft ou comunione del lavoro)*, não se tolera que uma decisão judicial possa ser prolatada sem a observância restrita desses contornos constitucionais.

2.2 Especificamente: o contraditório das matérias de ordem pública e a impossibilidade de decisões-surpresa

Como dito, as novas feições do contraditório, num Estado Democrático de Direito, dão diferentes contornos à atuação jurisdicional. Conforme Luiz Guilherme Marinoni,[23] o processo existe para implementar os direitos fundamentais e, portanto, não pode deixar de atender às garantias indispensáveis a um processo justo.

A partir dessas premissas, o contraditório passa a ser visto, simultaneamente, como regra processual, a ser observada invariavelmente em todos os ritos e tipos de processo e, também, como elemento indispensável à obtenção da igualdade concreta entre os litigantes, o julgador e todos os sujeitos intervenientes do processo, numa relação permanente, franca e perene de inter-relação.

Além disso, o direito de participar ativamente do processo, que decorre necessariamente do princípio constitucional do contraditório, determina que i) nenhuma decisão judicial seja tomada sem que as partes sejam ouvidas previamente, a fim de que suas falas e escritos possam ser tomados em conta pelo julgador quando da *construção* da decisão; ii) seja dada efetiva ciência, preferencialmente real, de todos os atos do processo, para que todos os interessados possam, eficazmente, dentro de um prazo razoável, analisá-los, estudá-los e, se for o caso, manifestar-se; iii) haja garantias de que todos os meios de prova constitucionalmente legítimos sejam facilmente manejados pelos interessados, para que as alegações retrocitadas possam, *realmente,* servir de elementos robustos e seguros para a formação do conhecimento do juiz.

Todas essas consequências decorrentes do princípio do contraditório passam, necessariamente, por uma *visão constitucional* das regras processuais positivadas em lei, por uma *mudança de paradigma.* Como já se afirmou,[24] se antigamente se defendia a observância estrita da lei, na qual cabia ao juiz *bouche de la loi* apenas respeitar a obra

---

21. NUNES, Dierle José Coelho. *O processo jurisdicional...*, op. cit., p. 53.
22. Sobre o tema, consulte: OLIVEIRA, Carlos Alberto Alvaro de. *Do formalismo no processo civil: proposta de um formalismo-valorativo.* 4. ed. São Paulo: Saraiva, 2010.
23. MARINONI, Luiz Guilherme. *Teoria geral do processo.* 4. ed. São Paulo: Ed. RT, 2010, p. 460.
24. Vide, a esse respeito: FARIA, Márcio Carvalho. Neoconstitucionalismo, Neoprocessualismo, pós-positivismo, formalismo-valorativo... a supremacia constitucional no estudo do processo. In: Revista Ética e Filosofia Política, n. 15, v. 2., dez. 2012. Disponível em: https://periodicos.ufjf.br/index.php/eticaefilosofia/article/view/17728. Acesso em: 10 mar. 2023.

O INCIDENTE DE DESCONSIDERAÇÃO DE PERSONALIDADE JURÍDICA E O CONTRADITÓRIO | **567**

do legislador,[25] atualmente, sobretudo após a Segunda Grande Guerra Mundial, vários países europeus se insuflaram contra a *legalidade estrita*, a fim de que as Cartas Políticas passassem a, *efetivamente, fundar, explicar, concretizar, nortear* toda regra legal.

Nessa medida, conforme relembra Eduardo Cambi,[26] a "superação do paradigma da validade meramente formal do direito, em que bastava ao Estado cumprir o processo legislativo para que a lei viesse a ser expressão do direito", tornou "intolerável que em nome da 'vontade do legislador', tudo que o Estado fizesse fosse legítimo". Tem-se, assim, a formação dos Estados Democráticos de Direito, nos quais a *valorização do sentimento constitucional* fez com que o núcleo axiológico da tutela jurídica passasse a ser a tutela da dignidade da pessoa humana.

Dessa forma, o contraditório deve servir, em todos seus aspectos e características, como *farol interpretativo* ao magistrado, atuando, por vezes, *supletivamente* ou até mesmo *criativamente* em relação à legislação infraconstitucional. Assim, por exemplo, ainda que determinada regra processual afirme ser dispensável a abertura de vistas à parte contrária para responder determinado recurso (como ocorria, por exemplo, na sistemática dos recursos de agravo interno e de embargos de declaração sob a égide do CPC/73[27]), deve o exegeta, à luz do contraditório constitucional, determinar, em cada caso concreto, que o direito de resposta seja garantido.

De mesmo modo, tem-se como notória violação à publicidade das decisões (a qual integra, indubitavelmente, o direito de participação incluído no art. 5º, LIV, CF/88) a mera *apresentação em mesa* para julgamento de determinados recursos como ocorria com o CPC/73,[28] nos quais o jurisdicionado não conseguia, de fato, acompanhar a re-

---

25. Sobre o positivismo jurídico, consulte: COMTE, Augusto. Discurso sobre o espírito positivo. primeira parte. *Os Pensadores*. São Paulo: Abril Cultural, 1983, p. 43-65; BOBBIO, Norberto. *O positivismo jurídico*: lições de filosofia do direito. São Paulo: Ícone, 1995, Parte II.

26. CAMBI, Eduardo. Neoconstitucionalismo e neoprocessualismo. In: FUX, Luiz et al (Coord.). *Processo e Constituição*: estudos em homenagem ao Professor José Carlos Barbosa Moreira. São Paulo: Ed. RT, 2006, p. 663-664.

27. Felizmente, o CPC/15 expressamente consagrou a necessidade de que o recorrido venha a se manifestar antes do julgamento do recurso interposto pela parte contrária. Nesse sentido, preveem os arts. 1021, § 2º (agravo interno) e 1023, § 2º (embargos de declaração) a obrigatoriedade de oitiva da parte contrária.

28. Embora o CPC/15 tenha restringido tal possibilidade, ela ainda subsiste na sistemática dos embargos de declaração, na forma do art. 1.024, § 1º. Vale ressaltar que, embora o mesmo dispositivo pareça trazer segurança ao jurisdicionado ao prever que a apresentação em mesa deve se dar logo "na sessão subsequente", sob pena de inclusão automatica em pauta, certo é que, conforme bem observa Guilherme Jales Sokal, o legislador não foi assim tão certeiro, na medida em que, diante da realidade diversa dos mais variados tribunais, nem sempre se é possível saber, com rigor, quando se dará a "sessao subsequente". Em suas palavras: "(...) O regime especial assim criado seria razoável se não fosse um *detalhe*: a falta de clareza da lei ao estabelecer o referencial para a expressão 'na sessão subsequente', que serve de marco temporal para a necessidade ou não de intimação da pauta e, por consequência, para a delimitação do dever de diligência do advogado. Em outras palavras, os Embargos de Declaração não dependem de intimação da pauta se forem julgados na sessão subsequente, como diz a lei, mas *subsequente a qual ato*? Uma primeira inclinação parece apontar para que o referencial seja a interposição do recurso. O confronto com o *caput* do mesmo art. 1.024, porém, faz com que tal linha seja logo descartada: se é assegurado o prazo de cinco dias ao juiz de primeiro grau para decidir os Embargos, não parece correto interpretar a regra do § 1º partindo da premissa da fixação de prazo menor para o julgamento nos Tribunais, uma vez que, conforme o cronograma das sessões de julgamento do órgão colegiado, é não só possível como provável que entre a interposição do recurso e a data da sessão subsequente medeie espaço menor de dias. Isso conduz

alização da sessão de julgamento, já que não tinha ciência inequívoca de quando – e se – ela se daria.[29] Tem-se, desse modo, a imperiosidade de uma interpretação prioritária da Constituição para, somente depois, analisar-se a lei, e não o contrário.[30]

Firmadas tais premissas, torna-se imprescindível revisitar a (im)possibilidade de conhecimento e julgamento *ex officio* no processo.

Como se sabe, há variadas questões que, mesmo não alegadas pelas partes no processo, devem ser analisadas *ex officio* pelo julgador, na medida em que, por opção legislativa, foram erigidas à condição de matérias de ordem pública. Tal se justifica porque, conforme Paulo dos Santos Lucon,[31] "diz(em) respeito a uma diretiva superior, relacionada com o papel do juiz no processo civil moderno", já que o "o próprio Estado tem interesse de que sejam respeitadas as regras que disciplinam o modo pelo qual o processo se desenvolve", porquanto "não interessa ao juiz, como representante do Estado, que o processo não se desenvolva regularmente e não possa chegar ao fim colimado, que é justamente o julgamento de mérito". São, assim, consideradas tão relevantes para o ordenamento que se permite uma exceção à inércia (art. 2º, CPC/15), fazendo com o juiz tenha o poder-dever de conhecê-las, conforme se retira, *ad exemplum*, dos artigos 485, § 3º e 337, § 5º, CPC/15, ainda que em grau recursal.[32]

---

a uma segunda perspectiva de interpretação, para afirmar que o referencial para a publicação ou não da pauta há de ser a sessão imediatamente subsequente ao transcurso dos cinco dias depois da interposição do recurso, conciliando o § 1º com o prazo do *caput*. Nem esse caminho, porém, é de todo suficiente, porque desconsidera um ingrediente fundamental na equação: a oportunidade de contrarrazões em Embargos de Declaração, que deve ser concedida ao embargado caso o eventual acolhimento do recurso implique modificação da decisão embargada (art. 1.023, § 2º). Assim, observando-se a garantia do contraditório como audiência bilateral, a 'sessão subsequente' só poderia ser aquela posterior à apresentação de contrarrazões pelo embargado – ou, a rigor, a imediatamente subsequente ao transcurso do prazo de cinco dias após o oferecimento das contrarrazões, guardando a sintonia com o *caput* –, pois somente a partir de então é que o recurso estaria em reais condições de julgamento. Mas mesmo essa última interpretação cai por terra se levado em conta um agravante: o embargante jamais terá conhecimento, de antemão, da inclinação do relator por considerar os Embargos de Declaração com possível efeito modificativo, do que depende, pelo Código, a concessão ou não de oportunidade de contrarrazões ao embargado, em um critério mais do que distante da desejável objetividade. Em um cenário com todas essas nuances, e dada a deficiência na redação da lei, é absolutamente impossível falar em balizas seguras para a imposição do dever de diligência para o advogado, que ao fim e ao cabo terá de comparecer a sucessivas sessões sob o risco de o feito ser julgado sem seu conhecimento, com isso suprimindo, quando menos, o direito de suscitar questão de ordem para esclarecimento de fato em atenção ao art. 7º, X, da Lei 8.906/94. Assim, a interpretação do dispositivo verdadeiramente compatível com a Constituição, à luz do contraditório como previsibilidade do procedimento, há de assegurar a intimação prévia da pauta para julgamento de Embargos de Declaração nos Tribunais em todo e qualquer caso, sem variações". (SOKAL, Guilherme Jales. A nova ordem dos processos no Tribunal: colegialidade e garantias no CPC/15. Disponível em: https://www.academia.edu/29626019/A_nova_ordem_dos_processos_no_Tribunal_colegialidade_e_garantias_no_CPC_15. Acesso em: 02 fev. 2023).

29. Sobre o tema, disserta Athos Gusmão Carneiro: "(...) Já a inclusão do agravo interno em pauta parece-nos obrigatória para ciência e comparecimento dos advogados, máxime nos casos em que o julgamento singular tenha sido de 'mérito', ante a possibilidade de que o colegiado, em negando provimento ao agravo e, pois, confirmando a decisão do relator, venha a prolatar *acórdão de mérito*". (CARNEIRO, Athos Gusmão. *Recurso especial, agravos e agravo interno*. 7. ed. Rio de Janeiro: Forense, 2011, p. 302).

30. Nesse sentido: BUENO, Cassio Scarpinella. *Curso sistematizado de direito processual civil...*, op. cit., p. 92-151.

31. LUCON, Paulo dos Santos. Art. 515, § 3º, do Código de Processo Civil, ordem pública e prequestionamento. In: MEDINA, José Miguel Garcia et al. *Os poderes do juiz e o controle das decisões judiciais*: estudos em homenagem à Professora Teresa Arruda Alvim Wambier. São Paulo: Ed. RT, 2009, p. 37-46, especialmente p. 41.

32. Essa possibilidade está ligada ao efeito translativo dos recursos, que permite que esses pontos sejam transladados ao órgão *ad quem*, mesmo se não houver transferência decorrente do efeito devolutivo. Trata-se, em verdade, de

O INCIDENTE DE DESCONSIDERAÇÃO DE PERSONALIDADE JURÍDICA E O CONTRADITÓRIO **569**

Ocorre, contudo, que se faz necessário distinguir, como já o faz a doutrina europeia desde meados do século passado, a possibilidade de *conhecimento ex officio,* necessária e fundamental, como dito, da possibilidade de *julgamento ex officio,* a qual deve respeitar, sob pena de violação à Constituição Federal, o princípio do contraditório.

Explica-se.

Um dos conteúdos do princípio do contraditório é, conforme leciona Leonardo Greco,[33] a possibilidade *efetiva e prévia* de influência, pelas partes, na formação do convencimento do julgador. Aqui se incluem, por exemplo, a possibilidade ampla de produção de provas e alegações em juízo (dês que respeitada, pelas partes e procuradores, a lealdade processual, obviamente); a ciência prévia e preferencialmente real de todos os atos do processo; a duração razoável dos prazos processuais, a fim de permitir a plena discussão dos pontos em debate; e, sobretudo, para o que aqui interessa, a *igualdade concreta* das partes em juízo, sendo o contraditório instrumento de civilidade jurídica.

Com efeito, a garantia do contraditório deve ser encarada – *não somente pelas partes, mas, e principalmente, pelo juiz* – como um *vetor* na condução do processo democrático, para que a sentença seja um resultado do diálogo exaustivo entre todos os sujeitos da relação jurídica. Afinal, conforme assevera Cândido Rangel Dinamarco,[34] democracia nada mais é que a observância, simultânea e indissociável, do trinômio liberdade, igualdade e participação (democracia = liberdade + igualdade + participação).

É aqui, exatamente, que se afigura, destarte, a *proibição* de julgamento *ex officio,* sob pena de violação ao *devido processo constitucional.*

Não se tolera, quiçá deve se permitir, a ocorrência de *decisões-surpresa* (*decisione della terza via,* no direito italiano, ou *Überraschungsentscheidungen,* no direito alemão),

---

situação excepcional, mas decorrente do princípio inquisitório e completamente compreensível sob o prisma da efetividade processual, vez que, caso contrário, chegar-se-ia ao absurdo de se vedar o conhecimento de tal matéria em grau recursal, mas restariam abertas as portas do Judiciário para que isso ocorresse em sede de ação rescisória, procedimento esse deveras mais custoso e complicado. De ser ver, por importante, que a eficácia de tal efeito é deveras inferior nos recursos de índole excepcional, por força do requisito do prequestionamento. Sobre o tema: LUCON, Paulo dos Santos. O art. 515, § 3º, CPC..., op. cit.

33. GRECO, Leonardo. O princípio do contraditório..., op. cit., p. 74-76.

34. "(...) Contraditório e o juiz. A garantia constitucional do contraditório endereça-se também ao juiz, como imperativo de sua função no processo e não mera faculdade (o juiz não tem faculdades no processo, senão deveres e poderes – infra, n. 497). A doutrina moderna reporta-se ao disposto no art. 16 do nouveau code de procédure civile francês como a expressão da exigência de participar, endereçada ao juiz. Diz tal dispositivo: "o juiz deve, em todas as circunstâncias, fazer observar ele próprio o princípio do contraditório". A globalização da ciência processual foi o canal de comunicação pelo qual uma regra de direito positivo de um país pôde ser guindada à dignidade de componente desse princípio universal, transpondo fronteiras. A participação que a garantia do contraditório impõe ao juiz consiste em *atos de direção, de prova e de diálogo.* A lei impõe ao juiz, entre seus deveres fundamentais no processo, o de participar efetivamente. Também pelo diálogo o juiz participa em contraditório. A moderna ciência do processo afastou o irracional dogma segundo o qual o juiz que expressa seus pensamentos e sentimentos sobre a causa, durante o processo, estaria prejulgando e, portanto, afastando-se do cumprimento do dever de imparcialidade. A experiência mostra que o juiz não perde a equidistância entre as partes quando tenta conciliá-las, avançando prudentemente em considerações sobre a pretensão mesma ou a prova, quando as esclarece sobre a distribuição sobre o ônus da prova ou quando as adverte da necessidade de provar melhor. (...) O juiz *mudo* tem também algo do *juiz Pilatos* e, por temor ou vaidade, afasta-se do compromisso de fazer justiça. (...)". (DINAMARCO, Cândido Rangel. *Instituições*..., op. cit., p. 230-236).

assim consideradas aquelas que se firmam em fundamentos de fato e/ou de direito que não foram alvo de debate prévio e efetivo das partes. O juiz não pode, como se fosse um mágico, extrair de sua cartola fundamento sobre o qual as partes não se manifestaram previamente, ainda que se trate de matéria *cognoscível* (e não resolúvel, frise-se!) *ex officio*.

Assim sendo, os adágios *iuri novit curia* e *da mihi factum dabo tibi ius* devem sofrer uma releitura para se adequar à exigência constitucional do contraditório,[35] já que o direito conhecido pelo magistrado, que só é revelado quando do julgamento, sem prévio controle e debate das partes, é ilegítimo e não condizente com o Estado Democrático de Direito.

Vale dizer: embora tal afirmação possa parecer vanguardista no direito brasileiro, a preocupação em se evitar os *julgamentos de algibeira* não é recente. Na Itália, *Vittorio Denti*,[36] desde 1968, alertava acerca dessa proibição.[37] Ao comentar a ZPO da Áustria,

---

35. "(...) Há um velho brocardo: *iura novit curia* (do Direito cuida o juiz). Há outro: *da mihi factum dabo tibi ius* (dá-me os fatos, que eu te darei o direito). São dois axiomas que devem ser repensados. Primeiro, sabe-se que não é sempre que o juiz conhece o Direito. Às vezes, o juiz não sabe do que se trata a causa, não tem ideia do que se trata (pode ser uma causa que verse sobre direito estrangeiro, por exemplo). Mas ele também não precisa saber, a princípio. Ele ouvirá o que uma vai dizer, ouvirá o que a outra disser e, pela (juris) prudência, decide. Nenhum juiz é obrigado a saber todo o Direito. *Da mihi factum dabo tibi ius* é expressão que me remete a uma imagem, assim, se me permitem, não muito aprazível. Porque, vejam, não sei se tem uma máquina de Coca-Cola, em que se diz: 'Joga uma moeda e aperta o botão escolhido'. *Da mihi factum* é o jogar a moeda; *dabo tibi ius* é a entrega do refrigerante, sai o 'direito escolhido'. Não é assim. O processo de constituição de direito é muito mais complexo. Não se opera de forma tão simples. Pode o magistrado decidir com base em um argumento, uma questão jurídica não posta pelas partes no processo? Percebam: o magistrado, por exemplo, verifica que a lei é inconstitucional. Ninguém alegou que a lei é inconstitucional. O autor pediu com base na lei tal, a outra parte disse que não se aplicava a lei. E o juiz entende de outra forma, ainda não aventada pelas partes: "Essa lei apontada pelo autor como fundamento do seu pedido é inconstitucional. Portanto, julgo improcedente a demanda. Ele pode fazer isso? Claro. O juiz pode aplicar o Direito, trazer, aportar ao processo questões jurídicas. Pode? Pode. Mas pode sem ouvir, antes, as partes? Não. Não pode. O juiz teria, nestas circunstâncias, já que ele trará ao processo fundamento jurídico que não está nos autos, intimar as partes para manifestar-se a respeito. Ele teria que dizer: 'Intimem-se as partes para se manifestar sobre a constitucionalidade da lei tal'. Tem que fazer isso. Aí pode alguém vir dizer: Está prejulgando? Não, não está prejulgando – até porque pode estar em dúvida sobre o tema, que lhe veio à cabeça quando estava a preparar a sua decisão. *Se ele fizer isso, estará sendo leal com as partes*. Por quê? Porque não pegará as partes de surpresa. Porque, se ele não fizer isso, ele vai reconhecer a inconstitucionalidade na sentença, sem ter dado ao autor a chance de poder tê-lo convencido do contrário: não teve a chance de mostrar ao magistrado que aquela lei era constitucional. E, agora, só com a apelação. Como é que se pode restringir o contraditório ao julgamento do recurso? O recurso confere a oportunidade de nova discussão; e não a primeira discussão. Recurso é para restabelecer o curso e não começar um novo curso, a partir dali, para discutir a questão só agora, no Tribunal. Vamos agravar a situação. Imagine o Tribunal de Justiça decidindo com base em questão jurídica não colocada pelas partes, sem a sua prévia manifestação: só lhes restarão os recursos extraordinário, com todas as dificuldades a eles inerentes. A possibilidade de acontecer isso em tribunal é muito grande, notadamente em razão da praxe forense denominada 'entrega de memoriais'. Quantas e quantas vezes, os advogados nos memoriais, dão uma ajeitada no processo, uma corrigida, acrescentando um argumento novo, que não estará nos autos porque os memoriais foram entregues em gabinete do magistrado. Parece-me, então, que o magistrado deve determinar a juntada dos memoriais ao processo, com a subsequente intimação da parte contrária para manifestar-se a respeito" (DIDIER JÚNIOR., Fredie. *Curso de direito processual civil*. 6. ed. Salvador: JusPodivm, 2006, v. 1, p. 62-63; destaques acrescentados).

36. DENTI, Vittorio. Questioni rilevabili d'ufficio e contraddittorio. *Rivista di Diritto Processuale*. v. 33, p. 221-222, Padova, 1968.

37. Sobre o tema, consulte: GRADI, Marco. Il principio del contraddittorio e le questioni rilevabili d'ufficio. *Revista de Processo*, v. 186, São Paulo, p. 109-160, 2010.

O INCIDENTE DE DESCONSIDERAÇÃO DE PERSONALIDADE JURÍDICA E O CONTRADITÓRIO **571**

Pollak afirmava, ainda em 1931, que o tribunal não deveria surpreender as partes com pontos de vista jurídicos que não tivessem sido alvo de análise em fase preliminar.[38]

O direito alienígena, aliás, a despeito da previsão constitucional do contraditório, houve por assegurar a observância dessa regra nas normas de menor calibre, como relatam Fredie Didier Júnior[39] e Nelson Nery Júnior.[40]

No Brasil, o CPC/15 também se ateve ao problema, trazendo várias passagens[41] em que há expressa vedação, ao magistrado, de julgamento de quaisquer matérias sem que, antes, seja conferido aos interessados o direito de manifestação.

De ressaltar, por sua relevância, o art. 10, que enfaticamente assevera que "o juiz não pode decidir, em grau algum de jurisdição, como base em fundamento a respeito do qual não se tenha dado às partes oportunidade de se manifestar, ainda que se trate de matéria sobre a qual deva decidir de ofício".

De igual conteúdo é, por exemplo, o teor do art. 921, § 5º, do CPC/15, que embora autorize o reconhecimento de ofício da prescrição intercorrente apta a extinguir a execução, impõe que antes de que tal decisão venha a ser proferida, o juiz deva ouça as partes.

---

38. O relato é de Humberto Theodoro Junior e Dierle Nunes: THEODORO JÚNIOR, Humberto; NUNES, Dierle José Coelho. Princípio do contraditório..., op. cit., p. 194.

39. Fredie Didier Júnior, após comentar a lei portuguesa (art. 3º, n. 3, CPC Português), faz referência à França (art. 16, Novo CPC Francês), à Itália (art. 101, 2, CPC Italiano) e a Macau (art. 8º, 2, CPC de Macau). (DIDIER JÚNIOR, Fredie. O princípio da colaboração: uma apresentação. *Revista de Processo*, v. 127, p. 17-18. São Paulo, 2005).

40. "(...) Nada obstante a proibição de a decisão-surpresa ser decorrência natural do princípio constitucional do contraditório, inserido na Constituição da maioria dos países democráticos, há Estados que explicitam aspectos processuais e procedimentais dessa proibição em seus códigos de processo civil. Na Alemanha a proibição da Überraschungsentscheidung foi instituída formalmente no direito positivo pela vereinfachungsnovelle, de 1976, pela redação da ZPO 278, III. O instituto vem sendo aperfeiçoado e está regulado, hoje, na ZPO 139, 2, com a redação dada pela reforma de 2001. A mudança do texto anterior da ex-ZPO § 278, III, para o atual, da vigente ZPO § 139, 2, é significativa. No texto anterior eram objeto da proteção apenas as situações jurídicas, ao passo que na redação atual qualquer situação, de fato ou de direito, é alcançada pela proteção contra decisão-surpresa. Outra alteração é relativa à obrigatoriedade de o tribunal fazer advertência às partes, comunicando-as sobre a possibilidade de haver questões que podem ter passado sem a percepção dos litigantes ou que, de ofício, podem ser decididas pelo juiz. Esse dever de advertência não constava da redação revogada, embora tenha sido sempre considerada, tanto pela doutrina como pela jurisprudência, como necessária. O dever de advertência atribuído ao juiz tem sido considerado pela doutrina como o núcleo central do princípio constitucional do contraditório. (...) Semelhante tratamento existe no direito processual civil da França, a propósito do CPC francês 16, que proíbe o juiz de fundar suas decisões sobre questões de direito examináveis *ex officio*, sem que tenha intimado as partes para apresentarem suas observações. (...) Reforma ocorrida no processo civil português introduziu regra assemelhada no CPC Português 3º, 3. Esse dispositivo não retira do juiz a liberdade de decidir de acordo com seu livre convencimento, que 'constitui, de resto, uma da essentialia da função jurisdicional: o que se trata é apenas de evitar, proibindo-as, as *decisões-surpresa*'. (NERY JÚNIOR, Nelson. *Princípios...*, op. cit., p. 228-229).

41. Veja-se, por exemplo, os seguintes dispositivos do CPC/15: (i) art. 487, parágrafo único: "Ressalvada a hipótese do § 1º do art. 332, a prescrição e a decadência não serão reconhecidas sem que antes seja dada às partes oportunidade de manifestar-se."; ii) art. 493, parágrafo único: "Se constatar de ofício o fato novo, o juiz ouvirá as partes sobre ele antes de decidir."; (iii) art. 845, §§ 4º e 5º: § 4º "Decorrido o prazo de que trata o § 1º sem manifestação do exequente, começa a correr o prazo de prescrição intercorrente. § 5º O juiz, depois de ouvidas as partes, no prazo de 15 (quinze) dias, poderá, de ofício, reconhecer a prescrição de que trata o § 4º e extinguir o processo.". (iv) art. 933. "Se o relator constatar a ocorrência de fato superveniente à decisão recorrida ou a existência de questão apreciável de ofício ainda não examinada que devam ser considerados no julgamento do recurso, intimará as partes para que se manifestem no prazo de 5 (cinco) dias. § 1º Se a constatação ocorrer durante a sessão de julgamento, esse será imediatamente suspenso a fim de que as partes se manifestem especificamente".

Tem-se, aí, conforme salienta Marcelo Abelha,[42] uma norma que afasta "qualquer tipo de autoritarismo ou situações de injustificada surpresa processual", a realçar o caráter democrático do CPC/15.[43]

Vale ressaltar, entretanto, que mesmo sob a égide do CPC/73 – ou seja, antes da alteração legislativa que faz menção expressa a esse dever de advertência (ou, em alguns casos, até mesmo um dever de consulta) – já era possível, quiçá imprescindível, falar-se na impossibilidade de julgamento ex officio das matérias de ordem pública.

Isso porque é no contraditório, regra-forte da consagração do princípio democrático no processo, que se encontra a raiz da obrigatoriedade de ciência inequívoca por todos os interessados dos atos do processo. Tal diretriz, contida expressamente no texto constitucional (art. 5º, LV), também pode ser visualizada na cláusula geral do devido processo legal (art. 5º, XXX) e, porque não dizer, no próprio *acesso à ordem jurídica justa* (art. 5º, XXXV), vez que não se concebe um efetivo acesso à tutela jurisdicional sem o respeito a um processo devido e, por seu turno, não se afigura cabível falar-se em processo devido sem o pleno respeito ao contraditório.[44]

Aliás, "se todo poder emana do povo", conforme dispõe o art. 1º, parágrafo único, CF/88, e é o processo o palco primordial para a busca e concretização dos mais comezinhos direitos fundamentais, dúvidas não restam de que, conforme Leonardo Greco,[45] é o contraditório o principal instrumento de efetivação do próprio Estado Democrático de Direito, "porque a Democracia do nosso tempo é essencialmente participativa, ou seja, é o regime de relações entre o Estado e os cidadãos nos quais a todos os indivíduos, nos limites dos seus interesses, é assegurado o direito de participação na formação da vontade estatal".

Dessa feita, e nessa ordem de ideias, entende-se que mesmo antes da existência do art. 10 do CPC no ordenamento jurídico brasileiro, deve-se reconhecer a ilegitimidade das decisões surpresa, como forma de aplicação direta do princípio do contraditório.[46]

---

42. RODRIGUES, Marcelo Abelha. *Manual de Direito Processual Civil*. 6. ed. Rio de Janeiro: Forense, 2016, p. 56.

43. Apesar de todos os elogios da doutrina, já surgem vozes no sentido de mitigar o alcance do dispositivo. Nesse sentido, vale citar – e lamentar – os enunciados da ENFAM (Escola Nacional de Formação e Aperfeiçoamento de Magistrados) aprovados por mais de 500 juízes em reunião realizada entre os dias 26 a 28 de agosto de 2015 que, dentre outros, chegam a afirmar que "[n]ão ofende a regra do contraditório do art. 10 do CPC/2015, o pronunciamento jurisdicional que invoca princípio, quando a regra jurídica aplicada já debatida no curso do processo é emanação daquele princípio", ou que "[é] desnecessário ouvir as partes quando a manifestação não puder influenciar na solução da causa", ou, ainda, que "[n]ão constitui julgamento surpresa o lastreado em fundamentos jurídicos, ainda que diversos dos apresentados pelas partes, desde que embasados em provas submetidas ao contraditório". Como se percebe, o trabalho da doutrina no sentido de se garantir um processo efetivamente democrático é árduo e não se esgota, infelizmente, com a publicação e a entrada em vigor do CPC/15. Para o inteiro teor dos enunciados, acesse: http://www.enfam.jus.br/wp-content/uploads/2015/09/ENUNCIADOS-VERS%C3%83O-DEFINITIVA-.pdf, acesso em 10 dez. 2022.

44. Vittorio Denti chega, inclusive, a cogitar o desenvolvimento de uma teoria de nulidades processuais derivadas diretamente do contraste com as normas constitucionais e, notadamente, por óbvio, com o contraditório. (DENTI, Vittorio. Questioni rilevabili d'ufficio e..., op. cit.).

45. GRECO, Leonardo. O princípio do contraditório..., op. cit., p. 79.

46. "(...) Princípio é uma espécie normativa. Trata-se da norma que estabelece um fim a ser atingido (...). Se essa espécie normativa visa a um determinado 'estado de coisas', e esse fim somente pode ser alcançado com determinados

O INCIDENTE DE DESCONSIDERAÇÃO DE PERSONALIDADE JURÍDICA E O CONTRADITÓRIO **573**

Não há dúvidas de que, assim, o julgador deva *conhecer* de determinadas matérias sem que, sobre elas, tenha havido prévia manifestação das partes; contudo, e tal distinção não pode ser olvidada, revela-se manifestamente ilegítima a *decisão ex officio* (de terceira via ou surpresa).

O contraditório prévio[47] sobre as questões de ordem pública, portanto, afigura-se como um limite dos poderes decisórios dos órgãos jurisdicionais, sob pena da construção de uma justiça antidemocrática e, porque não dizer, abusiva e desleal.

3. O INCIDENTE DE DESCONSIDERAÇÃO DE PERSONALIDADE JURÍDICA COMO MEIO DE PRESERVAÇÃO DAS GARANTIAS FUNDAMENTAIS PROCESSUAIS

Uma das novidades mais alvissareiras do CPC/15 foi a consagração de um procedimento prévio, seguro e definido em lei para a decretação da desconsideração da personalidade jurídica.[48]

Como se sabe, não foi o CPC/15 o diploma que previu, pela primeira vez, as hipóteses legais de desconsideração da personalidade jurídica, sendo possível citar, a título de exemplo, as situações descritas no art. 28 do Código de Defesa do Consumidor e no art. 50 do Código Civil.

Apesar disso – e aí reside o mérito dos arts. 133 a 137 do CPC/15 –, a prática mostrava que, a despeito da possibilidade da decretação da desconsideração da personalidade jurídica, a falta de uma regulamentação procedimental segura permitia, como ressalta

---

comportamentos, 'esses comportamentos passam a constituir necessidades práticos sem cujos efeitos a progressiva promoção do fim não se realiza'. Enfim, 'os princípios instituem o dever de adotar comportamentos necessários à realização de um estado de coisas ou, inversamente, instituem o dever de efetivação de um estado de coisas pela adoção de comportamentos a ele necessários'. O princípio pode atuar sobre outras normas de forma *direta* ou *indireta*. A eficácia direta de um princípio 'traduz-se na atuação sem intermediação ou interposição de um outro (sub-) princípio ou regra'. Nesse plano, os princípios exercem uma função *integrativa*: permite-se agregar elementos não previstos em subprincípios ou regras. *A despeito da ausência de previsão normativa expressa ou de um comportamento necessário à obtenção do estado de coisas almejado,* o princípio irá garanti-lo. (...)". (DIDIER JÚNIOR, Fredie. *Fundamentos do Princípio da Cooperação no direito processual civil português.* Coimbra: Coimbra Editora, 2010, p. 50-51).

47. Há lugar, aqui, para o chamado "dever de consulta", decorrente do princípio da cooperação. A esse respeito, coligando-o com a impossibilidade de decisões surpresa, consulte: MITIDIERO, Daniel. *Colaboração no processo civil*: pressupostos sociais, lógicos e éticos. São Paulo: Ed. RT, 2009, p. 93-94.

48. No mesmo sentido: "(...) Em excelente hora, traz o CPC/15 a disciplina do procedimento que pode levar à declaração de *desconsideração da personalidade jurídica.* (...) A decisão que desconsidera a personalidade jurídica não poderia, mesmo à luz do sistema infraconstitucional anterior, por causa da Constituição Federal, ser proferida sem ser antecedida de *contraditório amplo*, englobando *produção de provas*, como infelizmente, muito frequentemente se fazia, mas, de rigor, não se deveria fazer, à luz do CPC/15. Isto porque, de rigor, se trata de decisão que *equivale* àquela que coloca alguém na posição equivalente à do *réu*, já que sujeita seu patrimônio a responder por uma dívida, a ser objeto de atos de desapropriação. Em face disso, não há como se permitir que o juiz profira uma decisão com este alcance sem ouvir, antes, este terceiro, ressalvada, é claro, a possibilidade de concessão de decisão liminar, principalmente em caso de perigo de dano à realização prática do direito do autor (...)". (ALVIM, Teresa Arruda et al. *Primeiros comentários ao Código de Processo Civil.* 3. ed. São Paulo: Ed. RT, *versão online*; destaques no original).

Araken de Assis,[49] diversas "intervenções erráticas" do Judiciário, com seguidas violações aos direitos fundamentais processuais.

Por essas razões, portanto, mostra-se extremamente pertinente a positivação do *procedimento* para a decretação da desconsideração da personalidade jurídica, notadamente porque, como assevera Leonardo Greco, seu intento foi o de permitir que esse incidente observasse as garantias fundamentais processuais, em especial a do contraditório.[50]

Essa não é apenas uma opinião da doutrina, aliás.

A própria Exposição de Motivos do CPC/15 expressamente menciona a intenção do legislador de dar, ao rito da desconsideração da personalidade jurídica, concretude aos princípios constitucionais processuais.[51]

Veja-se que a 4ª Turma do STJ, nos autos do REsp 1.698.102/SP, expressamente fez questão de destacar que na vigência do CPC/1973 se mostrava prescindível a citação prévia de sócios e administradores cujo patrimônio viesse a ser atingido pela decisão de desconsideração, vez que foi o CPC/2015 que trouxe "procedimento específico prévio à desconsideração da personalidade jurídica".[52]

---

49. "(...) o incidente possibilita a defesa do responsável, e, portanto, disciplina a modalidade de intervenção no mínimo errática na vigência do CPC de 1973 – não raro, o órgão judiciário ordenava a citação do responsável sem qualquer motivação e exame mais detido das hipóteses do direito material – emprestando particular atenção aos direitos fundamentais processuais (...)".(ASSIS, Araken de. *Manual da execução...*, op. cit., p. 603).

50. "(...) A falta de uma disciplina processual do instituto tem levado o Judiciário a acolher essa desconsideração sem a observância das garantias fundamentais do contraditório e da ampla defesa, o que levou o Código de 2015 a instituir um incidente específico, inserido no capítulo da intervenção de terceiros, nos artigos 133 a 137 (...)".(GRECO, Leonardo. *Instituições de processo civil*. 5. ed. Rio de Janeiro: Forense, 2015, v. I, p. 504). Também com essa preocupação, leciona Araken de Assis: "(...) É indispensável assegurar, por imperativo do direito fundamental processual do contraditório (art. 5º, LV, da CF/1988), a audiência do sócio, ou da pessoa jurídica (desconsideração inversa) e, por influência da ampla defesa, a produção de prova pelas partes. (...)". (ASSIS, Araken de. *Manual da execução*. 20. ed. São Paulo: Ed. RT, 2018, p. 296).

51. "(...) A necessidade de que fique evidente a harmonia da lei ordinária em relação à Constituição Federal da República fez com que se incluíssem no Código, expressamente, princípios constitucionais, na sua versão processual. *Por outro lado, muitas regras foram concebidas, dando concreção a princípios constitucionais, como, por exemplo, as que preveem um procedimento, com contraditório e produção de provas, prévio à decisão que desconsidera da pessoa jurídica, em sua versão tradicional, ou "às avessas".* Está expressamente formulada a regra no sentido de que o fato de o juiz estar diante de matéria de ordem pública não dispensa a obediência ao princípio do contraditório (...)". (BRASIL. SENADO FEDERAL. *Código de processo civil e normas correlatas*. 7. ed. Brasília: Senado Federal, Coordenação de edições técnicas, 2015, p. 26; destaques acrescentados. Disponível em: https://www2.senado.leg.br/bdsf/bitstream/handle/id/512422/001041135.pdf. Acesso em: 15 mar. 2023.

52. Veja-se o trecho do voto do Min. Luis Felipe Salomão, Relator do REsp 1.698.102/SP, mais precisamente na página 26: "(...) este Colegiado concluiu – *na vigência do CPC/1973* –, pela prescindibilidade de citação prévia de sócios e administradores, cujo patrimônio fora atingido pela decisão de desconsideração. (...) Ademais, mesmo que assim não fosse, como os fatos antecedem o CPC/2015 – que disciplina procedimento específico prévio à desconsideração da personalidade jurídica –, verifica-se que os recorrentes reconhecem que tomara ciência da decisão e se apresentaram voluntariamente nos autos impugnando oportunamente a decisão. Dessarte, tal comportamento possui o condão de suprir eventual falta de citação, uma vez atendida sua finalidade, nos termos do art. 214, § 1º, do Código de Processo Civil de 1973, sendo certo que a inutilização do processo como um todo é medida excepcional, em face do influxo dos princípios processuais, em especial o relativo à instrumentalidade das formas (...)".

A despeito das críticas – já que, como se viu no item 2.2, mesmo sem previsão legal o contraditório deveria ser observado por decorrência do texto constitucional –, parecer ser possível perceber que, ao menos para os casos julgados sob a égide do CPC/2015, o STJ considera fundamental, para a decretação da desconsideração da personalidade jurídica, a prévia citação dos futuros responsáveis, exatamente como determina o art. 135 do CPC.

A partir desta premissa metodológica, portanto, parece fácil compreender e interpretar diversos dispositivos do Capítulo IV do Título III do Livro III da Parte Geral do Código de Processo Civil que regula o incidente de desconsideração da personalidade jurídica, como (i) o que impõe ao procedimento da desconsideração da personalidade jurídica a observância de todos os pressupostos previstos em lei (art. 133, § 1º, do CPC) e, ainda, determina que somente será possível se falar em desconsideração da personalidade jurídica se observado o mencionado procedimento (art. 795, § 4º, do CPC); (ii) o que estabelece seu cabimento em todo tipo de processo de conhecimento e de execução, ainda que em fase de cumprimento de sentença (art. 134, *caput*, do CPC) e mesmo nos juizados especiais (art. 1062, do CPC); (iii) o que impede sua instauração *ex officio* (art. 133, *caput*, do CPC); (iv) o que obriga ao requerente a demonstrar o preenchimento de todos os pressupostos específicos à desconsideração da personalidade jurídica, sob pena de inépcia[53] (art. 134, § 4º, do CPC); e, sobretudo, para o que aqui mais interessa, (v) o que garante ao terceiro, mediante citação prévia, "o direito de defender-se provando"[54] (art. 135 do CPC).

Ocorre, porém, que *nem sempre* tais premissas estão sendo levadas em consideração pela doutrina e, em especial, pela jurisprudência, sendo importante um olhar mais atento sobre o tema.

É o que se verá.

4. DESCONSIDERAÇÃO DA PERSONALIDADE JURÍDICA E FRAUDE À EXECUÇÃO: UMA IMPORTANTE DISTINÇÃO

Como se sabe, a desconsideração da personalidade jurídica amplia subjetivamente os limites originais da demanda, vez que inclui aquele que inicialmente não seria responsável pelo cumprimento da obrigação em seu polo passivo.

---

53. "(...) o pedido de instauração do incidente deve demonstrar o preenchimento dos pressupostos legais que autorizam a intervenção (art. 134, § 4º, CPC), sob pena de inépcia (ausência de causa de pedir, art. 330, § 1º, CPC). Não bastam, assim, afirmações genéricas de que a parte quer desconsiderar a personalidade jurídica em razão do 'princípio da efetividade' ou do 'princípio da dignidade da pessoa humana'. Ao pedir a desconsideração, a parte ajuíza uma *demanda* contra alguém; deve, pois, observar os pressupostos do instrumento da demanda. Não custa lembrar: a desconsideração é uma sanção para a prática de atos ilícitos; é preciso que a suposta conduta ilícita seja descrita no requerimento, para que o sujeito possa defender-se dessa acusação". (DIDIER JR., Fredie. *Curso de direito processual civil*. 23. ed. Salvador: JusPodivm, 2021, v. 1, p. 662-663).

54. A expressão é de Leonardo Greco, e pode ser encontrada em diversos de seus textos como, por exemplo, aqui: GRECO, Leonardo. *Garantias fundamentais do processo: o processo justo*. Disponível em: https://processoemdebate.files.wordpress.com/2010/09/processo-justo_leonardo-greco.pdf. Acesso em: 15 mar. 2023.

Assim, por exemplo, se uma determinada empresa "E" tiver, em desvio de finalidade, com o objetivo de lesar o credor "C", alienado seus bens penhoráveis para o sócio "S", o reconhecimento da desconsideração da personalidade jurídica fará com que a tutela jurisdicional possa atingir o patrimônio de "S", muito embora, inicialmente, tal dívida fosse apenas da empresa "E".

Trata-se, como bem assinala Marcelo Abelha Rodrigues,[55] de uma verdadeira "soma de patrimônios sujeitáveis", vez que o "terceiro passa a integrar a relação jurídica processual caso incida a sanção de desconsideração", ou seja, o credor "C" poderá buscar se satisfazer tanto junto ao sócio "S" como junto à pessoa jurídica "E".

Nesse cenário, de acordo com os arts. 789 e 790, inciso VI, ambos do CPC, o sócio "S" irá responder com todos seus "bens presentes e futuros", resguardadas eventuais exceções pontuais como um bem de família, por exemplo.

Situação diversa é a da ocorrência da fraude à execução, que pressupõe a existência de alienação ou oneração de um bem que se enquadre em uma das hipóteses legais, como, por exemplo, quando a alienação tiver sido precedida de uma penhora devidamente averbada no cartório respectivo (art. 792, III, do CPC).

Nesse caso, a alienação será considerada ineficaz em relação ao credor, que poderá buscar o bem do devedor originário junto ao terceiro que o adquiriu de modo fraudulento (art. 792, § 1º, do CPC).

Veja-se, portanto, que na fraude à execução o terceiro adquirente não terá seu patrimônio integralmente submetido à execução; somente responderá, via de regra, pelo bem que adquiriu em fraude, conforme expressamente prevê o art. 790, V, do CPC.

Como se percebe, são situações distintas – e como tal devem ser interpretadas –, embora não se desconheça que possa ocorrer, no bojo de um incidente de desconsideração da personalidade jurídica, uma alienação ou oneração fraudulenta.

5. O MARCO TEMPORAL INICIAL PARA A DESCONSIDERAÇÃO DA PERSONALIDADE JURÍDICA E PARA A FRAUDE À EXECUÇÃO: NECESSÁRIAS DISTINÇÕES

5.1 O marco inicial para a desconsideração da personalidade jurídica

Como se viu, não é possível confundir a desconsideração da personalidade jurídica – que faz com que haja uma espécie de superação da distinção entre a personalidade da pessoa jurídica e a do seu sócio – com a fraude à execução que, se reconhecida, provoca a ineficácia da alienação ou oneração tida por fraudulenta.

---

55. RODRIGUES, Marcelo Abelha. *Execução por quantia certa contra devedor solvente*. Indaiatuba: Foco, 2021, p. 102.

O INCIDENTE DE DESCONSIDERAÇÃO DE PERSONALIDADE JURÍDICA E O CONTRADITÓRIO

Para facilitar a compreensão do que pretende se demonstrar, pense-se em um exemplo, que se desdobrará em três situações diferentes, que serão nominadas de "X", "Y" e "Z".

Inicialmente, na situação "X", imagine-se que a empresa "E" tenha deixado de honrar seus compromissos junto a um consumidor "C" e, por força do art. 28, § 5º, do CDC, o juiz, após a oitiva dos sócios "S1" e "S2", tenha decretado a quebra de sua personalidade jurídica, para que, por meio do patrimônio de seus sócios "S1" e "S2", a dívida possa ser paga.

Observe-se, por importante, que nessa situação "X", mesmo sem que houvesse qualquer negócio jurídico fraudulento, os patrimônios dos sócios "S1" e "S2" já poderiam responder pelas dívidas da pessoa jurídica "E".

Noutros termos, e para que não reste qualquer dúvida: na hipótese "X", *não houve fraude à execução* e, ainda assim, foi decretada a desconsideração da personalidade jurídica da empresa "E" para estender a responsabilidade patrimonial aos sócios "S1" e "S2".

Nesse sentido, portanto, tendo sido decretada a desconsideração da personalidade jurídica, somente a partir da data da citação (ou da efetiva ciência, se ela se der de outro modo) dos terceiros no incidente é que se torna possível considerar seus respectivos patrimônios responsáveis pelas obrigações inadimplidas do devedor originário (arts. 135 c/c art. 137, do CPC).

5.2 O cerne da questão: qual o marco inicial para o reconhecimento da fraude à execução?

Imagine-se, agora, em uma situação "Y", na qual, antes de a decisão de desconsideração da personalidade jurídica ser proferida, *mas depois de efetivamente ter ciência, seja pela citação, seja por qualquer outro meio,* da existência do incidente contra si, o sócio "S1", sabedor de que as dívidas da empresa "E" poderiam ser a ele redirecionadas, aliene sua casa de praia para seu melhor amigo "A1", com o objetivo de frustrar os interesses do credor "C".

Nesse cenário, parece razoável concluir que, desde que presentes os pressupostos (art. 792, do CPC c/c Súm. 375/STJ), a alienação deva ser considerada em fraude à execução, vez que, sem a referida casa de praia, o sócio "S1" não conseguiria fazer frente à dívida, tornando-se insolvente (art. 792, IV, do CPC).

Assim, tal alienação seria ineficaz em relação ao credor "C", a permitir que a casa de praia viesse a ser penhorada e posteriormente expropriada para o pagamento da obrigação, ainda que o imóvel fizesse parte do patrimônio de "A1".

Pense-se, por fim, em uma situação "Z", na qual o sócio "S2", *antes de ter sido citado no incidente de desconsideração* – e, portanto, *sem ter ciência de que as dívidas da empresa*

"E" poderiam ser a ele direcionadas[56] –, aliene seu sítio para seu melhor amigo "A2", sendo este um terceiro de boa-fé que, inclusive, tomou todas as cautelas de praxe quando da aquisição do imóvel, como por exemplo a obtenção de certidões negativas de débito do imóvel e do vendedor, tanto no local de sua residência como onde se encontrava o bem adquirido.

Nesse caso "Z", parece razoável que se reconheça, assim como na situação "Y", como fraudulenta a alienação do sítio, fazendo com que os direitos de "S2" e, sobretudo, os de "A2" venham a ser prejudicados?

A resposta dessa questão passa pela definição de qual seria o *marco temporal inicial* para o reconhecimento da fraude à execução, ou seja, pela análise da melhor exegese para o § 3º do art. 792 do CPC que, pela sua relevância, merece ser transcrito: "Nos casos de desconsideração da personalidade jurídica, *a fraude à execução verifica-se a partir da citação da parte cuja personalidade se pretende desconsiderar*".

Isso porque, a depender de como se interpretar tal dispositivo, a solução para a situação "Y" e para a situação "Z" poderá ser, ou não, a mesma.

A primeira forma de interpretá-lo, defendida por autores como Araken de Assis,[57] Flávio Yarshell,[58] Antonio Adonias Bastos,[59] Andre Vasconcelos Roque,[60] Nelson Nery

---

56. Obviamente, tal situação não se aplica se o sócio for gerente, administrador ou de qualquer modo for responsável por receber as citações em nome da pessoa jurídica. Nesse caso, parece razoável concluir que o termo inicial de sua responsabilidade deve retroagir à data da citação da pessoa jurídica representada.

57. "(...) O art. 137 declara que, desconsiderada a personalidade jurídica, mediante decisão incidental, a alienação ou a oneração de bens, 'havida em fraude de execução, será ineficaz em relação ao requerente'. Por sua vez, o art. 792, § 3º, a fraude à execução verificar-se-á a partir 'da citação da parte cuja personalidade se pretende desconsiderar'. Apesar da redação pouco feliz, o art. 137 não é incompatível com o art. 792, § 3º. Haverá fraude contra a execução, resultante dos negócios dispositivos do responsável (art. 790, VII), uma vez acolhido o pedido de desconsideração (art. 137), a partir da citação 'da parte cuja personalidade se pretende desconsiderar', quer dizer, da parte originária do feito". (ASSIS, Araken de. *Manual da execução...*, op. cit., p. 298).

58. "(...) É certo que o art. 792, § 3º, previu expressamente que, nos casos de desconsideração da personalidade jurídica, a fraude tem como termo inicial a "citação da parte cuja personalidade se pretende desconsiderar", e não a citação do terceiro responsável pela desconsideração. Disso se poderia extrair que o terceiro ficaria limitado pela eficácia preclusiva da decisão proferida contra a pessoa jurídica, na medida em que – reconhecida a fraude – ambos seriam um só, ou que teria havido algo equivalente à substituição processual". (YARSHELL, Flavio Luiz. Comentários ao art. 135. In: CABRAL, Antonio do, P. e Ronaldo Cramer. *Comentários ao novo Código de Processo Civil*. 2. ed. Disponível em: Minha Biblioteca, Grupo GEN, 2016, p. 238).

59. "(...) Desconsideração da personalidade jurídica. Caso seja hipótese de desconsideração da personalidade jurídica da sociedade (art. 50 do Código Civil), deve-se instaurar o respectivo incidente, previsto pelos arts. 133 a 137 do CPC/2015, assegurando o contraditório e a ampla defesa do responsável. No entanto, a fraude à execução já se configurará com a alienação ou a oneração de bens particulares do responsável a partir da citação da parte cuja personalidade se pretende desconsiderar. Desta maneira, se, no curso de um processo movido contra uma empresa, for constatada a alienação de bens particulares do sócio responsável, eles responderão pela execução desde que a personalidade jurídica da sociedade tenha sido desconstituída por meio do adequado incidente e que o ato de alienação tenha acontecido depois da citação da empresa (não do sócio)". (BASTOS, Antonio Adonias Aguiar. Art. 792. In: CABRAL, Antonio do, P. e Ronaldo Cramer. *Comentários ao novo Código de Processo Civil*. 2. ed. Disponível em: Minha Biblioteca, Grupo GEN, 2016, p. 1149).

60. "(...) Marco temporal para a fraude à execução. Mais difícil, contudo, é a definição do marco temporal. A partir de que momento os atos de alienação ou oneração praticados pelo atingido poderão ser considerados fraude à execução? Da citação da parte originária ou da citação do atingido pela desconsideração no incidente instaurado para a sua decretação? À primeira vista, a solução mais coerente seria a segunda (pois é a partir

O INCIDENTE DE DESCONSIDERAÇÃO DE PERSONALIDADE JURÍDICA E O CONTRADITÓRIO   579

Jr. e Rosa Maria de Andrade Nery[61] e que já encontra eco na jurisprudência,[62] considera que o marco inicial para que se reconheça a fraude à execução é a citação da pessoa jurídica no bojo da demanda originária, pois é ela a "parte cuja personalidade se pretende desconsiderar".[63]

Para essa corrente, por conseguinte, tanto a alienação da casa de praia ocorrida entre o sócio "S1" e o terceiro "A1" (situação "Y") como a alienação do sítio ocorrida entre o sócio "S2" e o terceiro "A2" (situação "Z") seriam fraudulentas, uma vez que ambas foram realizadas após a citação da empresa "E", da qual "S1" e "S2" eram sócios.

Nessa ordem de ideias, portanto, pouca diferença faria a falta de ciência do sócio "S2" sobre a possibilidade de vir a suportar os débitos da empresa "E", e muito menos diferença ainda faria se o terceiro "A2" estivesse, ou não, de boa-fé.

Por consequência, antes de adquirir o sítio, a fim de se precaver *verdadeiramente*, "A2" deveria não apenas ter ciência de que "S2" fazia parte do quadro societário da empresa "E" – algo que demandaria, eventualmente, que ele tivesse que buscar certidões perante as Juntas Comerciais de cada Estado da Federação – como, ainda, deveria ter

---

desse momento que o responsável alienante passou a integrar a relação jurídica processual), como o Superior Tribunal de Justiça já decidiu tendo por perspectiva as regras do CPC/1973 (por exemplo, STJ, REsp 1.391.830, Relatora Ministra Nancy Andrighi, julgado em 22.11.2016). O CPC vigente, contudo, optou pela primeira alternativa, ao se referir no art. 792, § 3º à "parte cuja personalidade se pretende desconsiderar", estendendo parte dos efeitos da citação do devedor originário ao atingido pela desconsideração. Altera-se, assim, entendimento manifestado na primeira edição destes Comentários. 2.1. Ao que parece, o legislador buscou evitar que eventuais atos fraudulentos que tenham sido praticados antes do requerimento de desconsideração e que podem inclusive tê-lo motivado escapem dos domínios da fraude à execução. Portanto, a citação do devedor originário equivaleria à citação do atingido pela desconsideração. (...) Nada obstante antecipado o marco temporal, deve ser observado que, se o terceiro adquirente estiver de boa-fé (leia-se, não tinha conhecimento de que contra o alienante pendia o incidente de desconsideração), não pode ser reconhecida a fraude à execução, nos termos da Súmula 375 do STJ, sob pena de comprometimento da segurança jurídica (...)". (ROQUE, Andre Vasconcelos. Art. 137. In: GAJARDONI, Fernando da Fonseca et al. *Comentários ao Código de Processo Civil*. 5. ed. Rio de Janeiro: Forense, 2022, p. 215).

61. § 3º. *Desconsideração da personalidade jurídica*. Este parágrafo fixa um *dies a quo* para a estipulação dos atos fraudulentos em caso de desconsideração da personalidade jurídica. A prescrição deste parágrafo pode parecer óbvia, mas não o é, pois poderia se arguir que a fraude se caracterizaria a partir da ciência dos sócios. Porém, este argumento não prevalece, tendo em vista que não alcançaria o fim a que se presta a desconsideração da personalidade jurídica, que é justamente o de coibir a utilização da personalidade jurídica para encobrir atos fraudulentos. Ao mesmo tempo, resguarda-se a pessoa dos sócios não responsáveis contra eventual abuso de direito do credor, como já se registrou na prática (...)". (NERY JR., Nelson; NERY, Rosa Maria de Andrade. *Código de processo civil comentado*. 20. ed. São Paulo: Ed. RT, *versão online*).

62. "(...) Agravo de instrumento. Cumprimento de sentença. Decisão que indeferiu pedido de penhora e de reconhecimento de fraude à execução. Decisão alterada. Desconsideração da personalidade jurídica. *Fraude à execução que se verifica a partir da citação da pessoa jurídica e não do sócio. Inteligência do artigo 792, § 3º do CPC*. Configurada a fraude à execução, nos termos do artigo 792, inciso IV do CPC. Desnecessidade de registro da penhora quando evidenciada a má-fé do terceiro adquirente decorrente da relação familiar existente entre as partes. (TJSP; 22ª Câmara de Direito Privado, Agravo de Instrumento 2283033-98.2022.8.26.0000; Rel. Des. Campos Mello; j. 07.02.2023; destaques acrescentados).

63. No mesmo sentido, é o Enunciado 52 da Escola Nacional de Formação e Aperfeiçoamento de Magistrados (ENFAM): "A citação a que se refere o art. 792, § 3º, do CPC/2015 (fraude à execução) é a do executado originário, e não aquela prevista para o incidente de desconsideração da personalidade jurídica (art. 135 do CPC/2015)".

que ter retirado certidões de distribuição de feitos não apenas em face do sócio "S2", mas também da empresa "E".

Veja-se como seria difícil,[64] onerosa, demorada e burocrática a vida do adquirente "A2" que quisesse se acautelar.[65]

E o cenário poderia ainda ser pior: bastaria se pensar em uma situação na qual "S2", em vez de ser sócio apenas da empresa "E", fosse um grande empresário e sócio de outras quatro ou cinco empresas; com tanta dificuldade e insegurança, fosse "A2" um investidor estrangeiro, por exemplo, talvez seu advogado o aconselhasse a levar o dinheiro para outro país que tivesse um sistema jurídico mais confiável e menos burocrático.[66-67]

---

64. "(...) Para o terceiro adquirente, é dificílimo lidar com essa situação porque ao consultar o registro de bens eles estão livres e desembaraçados e é bem possível que não exista demanda contra o alienante e que nem mesmo saiba que ele é dono de uma empresa que está sendo demandada e que nesta demanda pode ser desconsiderada a sua personalidade (...)". (RODRIGUES, Marcelo Abelha. *Execução por quantia certa....* op. cit., p. 103, nota de rodapé n. 129).

65. Essa também foi a percepção de Gilberto Gomes Bruschi: "(...) Conforme já pudemos analisar em outra obra, a redação do art. 137 deve ser combinada com a do art. 792, § 3º, "e a fraude de execução deve ser considerada a partir da instauração do incidente de desconsideração", e não apenas quando houver seu acolhimento. *Também não deve retroagir a data da citação do devedor original, conforme estabelece o art. 792, § 3º, uma vez que não haveria como o pretenso adquirente tomar conhecimento de que existe uma ação contra a pessoa jurídica da qual o alienante do bem que pretende adquirir é sócio, uma vez que não há necessidade de se buscar certidão dos distribuidores forenses em geral de pessoa que não guarda relação alguma com a alienação.* Significa dizer que, se estou comprando um bem imóvel do sócio, devo apenas me precaver com relação a esse sócio e não há necessidade de se investigar se o alienante pertence ao quadro societário de alguma pessoa jurídica para depois pesquisar se essa pessoa jurídica é ré em alguma demanda. A ideia de imputar ao responsável a possibilidade de decretação da fraude de execução no caso de alienação ou oneração de bens após a instauração é perfeitamente possível, já que, apesar de não ter sido citado, o devedor principal já o foi e já se comunicou o distribuidor para o caso de, em eventuais pesquisas em nome do responsável, passe a constar como positivo, nos termos do art. 134, § 1º. A ideia de imputar ao responsável a possibilidade de decretação da fraude de execução no caso de alienação ou oneração de bens após a instauração é perfeitamente possível, já que, apesar de não ter sido citado, o devedor principal já o foi e já se comunicou o distribuidor para o caso de, em eventuais pesquisas em nome do responsável, passe a constar como positivo, nos termos do art. 134, § 1º. Tal interpretação prestigia a segurança jurídica e o terceiro de boa-fé, nos exatos termos da Súmula 375 do Superior Tribunal de Justiça. (BRUSCHI, Gilberto Gomes. Art. 137. In: ALVIM, Angélica A (Coord.). *Comentários ao código de processo civil.* 2. ed. São Paulo: Saraiva, 2017, p. 212-213; destaques acrescentados).

66. Daniel Amorim Assumpção Neves, de certo modo, também percebeu o problema da falta de segurança do terceiro adquirente: "(...) A questão do termo inicial de tal fraude [à execução], portanto, seria resolvida exclusivamente pelo § 3º do art. 792 do Novo CPC. E esse dispositivo não parece ter fixado o termo inicial, sendo mais adequado ao prever que haverá fraude à execução a partir da decisão da parte cuja personalidade se pretende desconsiderar. Não se trata, portanto, de citação dos 'réus' no incidente de desconsideração da personalidade jurídica, mas sim do demandado originário. O que, entretanto, não parece ser o mais correto, porque nesse caso cria-se uma presunção absoluta de ciência dos sujeitos que serão atingidos pela desconsideração da personalidade jurídica que não deveria existir. A norma protege o credor, mas deixa o terceiro em grande risco, bastando pensar na hipótese de um terceiro adquirir um imóvel sem qualquer gravame, de vendedor sem qualquer restrição, mas que venha muito tempo depois a ser atingido pela desconsideração da personalidade jurídica. É realmente legítimo falar-se nesse caso de fraude à execução?" (NEVES, Daniel Amorim Assumpção. *Manual de direito processual civil.* 10. ed. Salvador: JusPodivm, 2018, p. 1059-1060).

67. "(...) Não faz sentido exigir-se de terceiro interessado na aquisição de bem imóvel que percorra o País buscando obter nos foros cíveis, trabalhistas e federais certidões negativas acerca de eventual existência de ações que possam reduzir à insolvência o proprietário do imóvel a ser adquirido. Muito mais sensato e fácil é impor ao próprio credor interessado na penhora do imóvel o singelo dever de promover, na respectiva matrícula, o registro de

Há outro ponto a se considerar: se realmente as obrigações inadimplidas do devedor originário puderem ser submetidas ao terceiro retroativamente, não será difícil imaginar que este passe a optar por resguardar seu patrimônio para uma necessidade futura, em vez de realizar negócios jurídicos de toda sorte.

Esse "engessamento patrimonial", além de configurar uma indevida restrição ao direito de propriedade do terceiro (art. 1.228, CC), poderia, a rigor, até mesmo causar abalos à economia, vez que inúmeros negócios jurídicos deixariam de ser realizados apenas pelo receio de que, no futuro, o terceiro viesse a ser responsabilizado.[68]

Há, porém, uma segunda forma de interpretar o § 3º do art. 792 do CPC, a qual considera que a *"citação" descrita no dispositivo não pode ser a da demanda originária* (no caso, a da empresa "E"), *mas a do incidente de desconsideração da personalidade jurídica descrita no art. 135 do CPC.*

Essa é, por exemplo, a posição de autores como José Miguel Garcia Medina,[69] Cândido Rangel Dinamarco,[70] Humberto Theodoro Jr.,[71] Gustavo de Melo Vicelli e Henderson Fürst.[72]

---

sua pretensão sobre o bem ou da constrição já realizada, de modo a dar amplo conhecimento a todos (...)". (STJ, 4T., AgInt no AREsp n. 1.259.814/SP, Rel. Min. Raul Araújo, j. 13.02.2023, DJe de 24.02.2023).

68. Nesse sentido: RODRIGUES, Marcelo Abelha. *Execução por quantia certa....* op. cit., p. 103, nota de rodapé n. 129.

69. "(...) A alienação de bens realizada em fraude à execução é considerada ineficaz, em relação àquele que pediu a desconsideração. Há que se considerar, no caso, o que dispõe o § 3º do art. 792 do CPC/2015. (...). A citação a que se refere o § 3º do art. 792 do CPC/2015, segundo pensamos, é aquela mencionada no art. 135 do CPC/2015, já que se desconsideram as personalidades do demandado originário e do terceiro que ingressou no feito com a desconsideração. Assim, *como regra*, citado o sócio ou a pessoa jurídica (no caso de desconsideração inversa) para manifestar-se sobre o pedido de desconsideração, o ato de alienação ou de oneração de bens poderá ser considerado em fraude à execução, observadas as demais condições do art. 792 do CPC/2015 (essa solução foi adotada, pelo STJ, em julgado proferido à luz do CPC/1973 (...) – STJ, REsp 1.391.830/SP, rel. Min. Nancy Andrighi, 3ª T., j. 22.11.2016). (MEDINA, José Miguel Garcia. *Código de processo civil comentado.* 7. ed. São Paulo: Ed. RT, 2021, p. 1204).

70. "(...) Instaurado o incidente de desconsideração no curso de um processo já pendente, o suposto responsável será citado (a sociedade), considerando-se que somente a partir de então poderá configurar-se alguma fraude de execução por ele eventualmente praticada – e não da instauração do processo entre um possível credor e um possível devedor, ainda sem a presença e participação do terceiro. Diferente será a situação quando a desconsideração da personalidade jurídica houver sido requerida na petição inicial, sendo então o terceiro citado logo de início (art. 134, § 2º), dispensando-se o incidente e considerando-se fraudulentas eventuais alienações ou onerações por ele cometidas a partir deste momento (art. 792, § 3º). (...)". (DINAMARCO, Cândido Rangel. *Instituições de direito processual civil.* 4. ed. São Paulo: Malheiros, 2019, v. IV, p. 428).

71. "(...) Há quem afirme que se deva considerar, à luz do § 3º do art. 792, como marco inicial da possibilidade de configurar fraude à desconsideração o momento da citação da entidade devedora, no processo principal, e não o da citação do terceiro não devedor para o qual se quer estender a responsabilidade patrimonial. Desse modo, sendo executada a sociedade, o ulterior incidente de desconsideração da personalidade jurídica ensejaria a configuração da fraude à execução pelo sócio, retroativamente, às alienações por ele praticadas desde a citação da pessoa jurídica. Penso, todavia, que a sistemática da fraude à execução adotada pelo Código não conduz a uma interpretação do § 3º do art. 792 como a que se acaba de expor. Como poderá fraudar a execução quem não é executado, nem demandado em processo algum? Segundo a lógica e a tradição de nosso direito, a fraude, na espécie, pressupõe litispendência em que o alienante esteja envolvido, e a litispendência só existe, para o demandado, a partir de sua citação (CPC/2015, art. 240). É imprescindível, outrossim, que a análise da fraude à execução se faça não só do lado do devedor, mas também do lado do terceiro adquirente. Se não existe ação alguma contra o alienante (seja ou não sócio de alguma sociedade), não existirá também registro público de demanda ou de constrição judicial

em seu desfavor. Como, então, o adquirente poderia controlar a eventual ocorrência de fraude de execução, in casu? Não se pode pensar em proteger, a qualquer custo, o exequente, desamparando o terceiro adquirente de boa-fé. A prova acaso exigível do terceiro seria, no mínimo, duplamente diabólica: (i) apurar se o alienante é sócio de alguma empresa em todo o território nacional; e (ii) apurar se a eventual empresa estaria insolvente, e se os negócios sociais estariam sendo praticados abusivamente de modo a configurar as hipóteses de desconsideração da personalidade jurídica, segundo o direito material. Daí por que a melhor e mais justa interpretação do § 3º do art. 792 deve ser no sentido de a citação, ali qualificada como marco inicial da possibilidade da fraude, referir-se àquele contra quem se promoveu o redirecionamento da execução, transformando-o, a partir de então, em parte do processo em curso. Só assim a regra legal se conformaria com o princípio fundamental da boa-fé consagrado pelo art. 5º do Código atual, seja no tocante a quem aliena, seja a quem adquire, sem notícia alguma de processo que possa estar sendo prejudicado. Enfim, seria a suprema injustiça atribuir à instauração pura e simples do incidente de desconsideração da personalidade jurídica o efeito retroativo de tornar fraudulentas todas as alienações, mesmo as feitas em favor do terceiro de boa-fé, que nenhuma condição teria, ao tempo da transferência onerosa, de sequer suspeitar de algum prejuízo para qualquer pleito judicial pendente, capaz de afetar o patrimônio do transmitente. Aliás, o STJ já interpretou o § 3º do art. 792 do CPC/2015, deixando assentado que "a fraude à execução só poderá ser reconhecida se o ato de disposição do bem for posterior à citação válida do sócio devedor, quando redirecionada a execução que fora originariamente proposta em face da pessoa jurídica (THEODORO JR., Humberto. *Curso de direito processual civil*. 56. ed. Rio de Janeiro: Forense, 2023, v. III, p. 325).

72. "(...) *Fraude à execução e a desconsideração da personalidade jurídica*. Como último ponto de incongruências a ser destacado, cabe ressaltarmos a grave incorreção do CPC sobre a declaração de Fraude à Execução na hipótese de *desconsideração da personalidade jurídica*. Sabe-se que, de acordo com a sistemática atual, a desconsideração da personalidade jurídica (direta ou inversa) deverá ser alegada mediante incidente processual, nos termos do artigo 133 e seguintes do CPC, e em todas as espécies de processos, ou seja, nos processos de conhecimento, no cumprimento de sentença ou na execução de título executivo extrajudicial. Desta forma, o sócio ou a personalidade jurídica que se pretende atingir deverá ser devidamente citado nestes autos para, querendo, exercer seu direito de contraditório e ampla defesa. Assim, seguindo o entendimento jurisprudencial que já era majoritário na vigência do antigo código, o CPC/15 previu em no § 3º do artigo 792: "Nos casos de desconsideração da personalidade jurídica, a fraude à execução verifica-se a partir *da citação da parte cuja personalidade se pretende desconsiderar*". No entanto, *não é necessário um esforço excepcional para notar que a redação do referido dispositivo, na verdade, dispõe exatamente o contrário daquilo que se objetivava*. Segundo a referida norma, a fraude à execução ficará caracterizada nas alienações/onerações de bens posteriores à citação *da parte cuja personalidade se pretende desconsiderar*, ou seja, do próprio devedor (parte do processo originário), sobre o qual incidiu o pedido desconsideração da personalidade jurídica para atingir seus sócios ou pessoa jurídica. A título de exemplo, imagine o clássico exemplo de uma ação de execução de título extrajudicial contra determinada pessoa jurídica. Dada à confusão patrimonial, o exequente instaura incidente processual visando à desconsideração da personalidade jurídica da executada (pessoa jurídica), visando atingir o patrimônio dos seus sócios (pessoas físicas). Diante das fortes provas apresentadas pelo exequente e da sua alta probabilidade de sucesso na demanda, os sócios iniciam, em Fraude à Execução, a alienação/oneração de seus bens. Aplicando, neste contexto, a norma do § 3º do artigo 792, caso o exequente arguisse a Fraude à Execução, esta retroagiria e atingiria todos os atos praticados após a citação da pessoa jurídica na ação de execução de título extrajudicial – pessoa cuja personalidade pretende desconsiderar. Assim, mostra-se incoerente a redação do referido dispositivo, uma vez que, se aplicada em sua literalidade, os sócios de pessoas jurídicas teriam seus bens automaticamente "bloqueados" por qualquer ação proposta contra a empresa, cujo resultado pudesse suceder na condenação desta. Trata-se de uma posição desarrazoada e equivocada, tendo em vista que, no cenário econômico atual, quase que a totalidade das pessoas jurídicas possui pelo menos uma ação figurando no polo passivo, ainda que de cunho trabalhista. Ademais, a interpretação literal do referido dispositivo prejudica demasiadamente os terceiros de boa-fé que, obrigado a se cercar de cautelas, simplesmente não possui meios de verificar se o alienante do bem possui ou não pessoa jurídica em seu nome, uma vez que inexistente cadastro unificado das pessoas jurídicas em território nacional. Na verdade, o legislador idealizou a materialização do entendimento jurisprudencial, o qual afirma que a arguição de fraude à execução deve retroagir ao tempo da citação da pessoa que, *por meio da desconsideração da personalidade jurídica*, pretende-se atingir! Em outras palavras: a fraude à execução deverá retroagir até a citação do sócio no processo incidental proposto. Dessa forma, nota-se que se trata de um mero erro de estruturação do dispositivo, porém com sérias implicações práticas. (...)". (VICELLI, Gustavo de Melo; FÜRST, Henderson. Fraude à execução e a imprecisão normativa do Código de Processo Civil. *Revista de Processo*, v. 303. p. 157-180. São Paulo: Ed. RT, maio 2020, *versão online*; destaques acrescentados).

O INCIDENTE DE DESCONSIDERAÇÃO DE PERSONALIDADE JURÍDICA E O CONTRADITÓRIO **583**

Segundo tal raciocínio, as situações "Y" e "Z" acima mencionadas teriam soluções diferentes, uma vez que, não tendo o sócio "S2" sido citado no bojo do incidente de desconsideração da personalidade jurídica quando da alienação de seu sítio para o terceiro "A2", não seria possível considerar ter havido fraude à execução na situação "Z", ainda que, como visto, a pessoa jurídica "E" já tivesse sido citada.

Com esse entendimento, por consequência, caso o terceiro "A2" desejasse se acautelar antes da realização do negócio jurídico, bastar-lhe-ia a retirada de certidões relacionadas apenas ao vendedor "S2" e ao imóvel, e não necessariamente da empresa "E".

Bem pensadas as coisas, aliás, a interpretação de que o terceiro só pode vir a responder após ter sido citado no bojo do incidente da desconsideração da personalidade jurídica é medida que equipara a sua esfera jurídica (seja a do sócio, seja a pessoa jurídica, na desconsideração inversa) a de um devedor comum que, como se sabe, somente pode vir a responder por suas obrigações com seus bens *presentes e futuros*, na forma do art. 789 do CPC.[73]

Vale dizer: via de regra, os *bens pretéritos* do devedor, assim considerados aqueles existentes em seu patrimônio antes de sua citação, não podem responder pelo cumprimento de suas obrigações.

Em outras palavras: estabelecido o momento "presente" como a data da citação do devedor, tudo aquilo que estava em seu patrimônio antes disso não poderá, *a priori*, ser alvo de penhora e expropriação.

Essa é a posição pacífica da jurisprudência do Superior Tribunal de Justiça há quase duas décadas, ou seja, muito antes da entrada em vigor do CPC/15, notadamente porque, como se sabe, o art. 591 do CPC/73 tinha basicamente a mesma redação do art. 789 do CPC/15.

Veja-se, nesse sentido, o REsp 127.159/MG,[74] decidido pela 3ª Turma do STJ em 19 de maio de 2005, o REsp 1.252.353/SP,[75] julgado pela 4ª Turma do STJ em 21 de maio de 2013, e o REsp 956.943/PR,[76] decidido pela Corte Especial sob o regime dos recursos especiais repetitivos (tema 243), em 20 de agosto de 2014.

---

73. A redação do art. 789 do CPC/15 é a mesma do art. 591 do CPC/73 que, por sua vez, remete ao art. 2740 do *Codice Civile* italiano, cujo teor é o seguinte: "Art. 2740. (Responsabilita' patrimoniale). Il debitore risponde dell'adempimento delle obbligazioni con tutti i suoi beni presenti e futuri. Le limitazioni della responsabilita' non sono ammesse se non nei casi stabiliti dalla legge".

74. "(...) Este Superior Tribunal de Justiça consolidou entendimento no sentido de que a alienação ou oneração do bem, para que seja considerada em fraude de execução, deverá ocorrer após a citação válida do devedor, seja no curso da ação de execuçao, seja durante o processo de conhecimento.
(STJ, 3 T., REsp 127.159/MG, Rel. Min. Antônio de Pádua Ribeiro, j. 19.05.2005, DJ de 13.06.2005).

75. "(...) Os bens presentes e futuros – à exceção daqueles impenhoráveis –, respondem pelo inadimplemento da obrigação, conforme disposto nos arts. 591 do Código de Processo Civil [de 1973] e 391 do Código Civil. Com efeito, como é o patrimônio do devedor que garante suas dívidas, caracteriza fraude à execução a disponibilidade de bens pelo demandado, *após a citação*, que resulte em sua insolvência, frustrando a atuação da Justiça, podendo ser pronunciada incidentalmente nos autos da execução, de ofício ou a requerimento do credor prejudicado, sem necessidade de ajuizamento de ação própria (...)". (STJ, 4T., REsp 1.252.353/SP, Rel. Min. Luis Felipe Salomão, j. 21.05.2013, DJe de 21.06.2013; destaques acrescentados).

76. "(...) 1. Para fins do art. 543-C do CPC, firma-se a seguinte orientação: 1.1. *É indispensável citação válida para configuração da fraude de execução, ressalvada a hipótese prevista no § 3º do art. 615-A do CPC. 1.2. O*

Depois da entrada em vigor do CPC/15, a posição do STJ seguiu a mesma orientação, como se pode perceber, por exemplo, do teor do AgInt no AREsp 518.944/MG, do AgInt no AREsp 856.925/SP[77] e do AgInt no AREsp 1.877.541/DF, todos julgados pela 4ª Turma do STJ, em 9 de março de 2017, 21 de junho de 2018 e 2 de maio de 2022, respectivamente.[78]

E não poderia ser diferente.

Afinal, não parece fazer sentido que um Código que se preocupa, como visto anteriormente (capítulo 2), com a consagração de diversas normas fundamentais processuais, em especial com o contraditório material ou participativo, possa considerar correto que o patrimônio do sócio, apenas pela sua condição de sócio, possa ter que fazer frente às obrigações da pessoa jurídica, mesmo antes de ter tido oportunidade de se defender provando.

Ademais, se é fato, como se viu no item 1.2 acima, que o sistema processual pátrio exige a observância do contraditório até mesmo quanto às matérias cognoscíveis de ofício (art. 10 do CPC), parece no mínimo contraditório (com o perdão da ironia) que esse mesmo sistema considere legítimo que o patrimônio do sócio (e eventualmente do terceiro que com ele vier a ter celebrado um contrato) possa vir a responder por uma sobra a qual sequer teve ciência prévia (art. 9º, do CPC).

É bem verdade que essa forma de interpretar o art. 792, § 3º, do CPC poderia abrir margem à dilapidação dos patrimônios dos sócios assim que esses vierem a tomar ciência da citação da pessoa jurídica devedora, a fazer com que, quando os sócios viessem a ser efetivamente citados no bojo do incidente de desconsideração, pouco ou nada mais haveria em seus respectivos patrimônios para saldar as dívidas.[79]

---

reconhecimento da fraude de execução depende do registro da penhora do bem alienado ou da prova de má-fé do terceiro adquirente (Súmula 375/STJ). 1.3. A presunção de boa-fé é princípio geral de direito universalmente aceito, sendo milenar a parêmia: a boa-fé se presume; a má-fé se prova. 1.4. Inexistindo registro da penhora na matrícula do imóvel, é do credor o ônus da prova de que o terceiro adquirente tinha conhecimento de demanda capaz de levar o alienante à insolvência, sob pena de tornar-se letra morta o disposto no art. 659, § 4º, do CPC. 1.5. Conforme previsto no § 3º do art. 615-A do CPC, presume-se em fraude de execução a alienação ou oneração de bens realizada após a averbação referida no dispositivo (...)". (STJ, Corte Especial, REsp 956.943/PR, Rel. Min. Nancy Andrighi, Rel. p/acórdão Min. João Otávio de Noronha, j. 20.08.2014, DJe de 1º.12.2014; destaques acrescentados).

77. "(...) No caso dos autos, inexiste registro da penhora ou da existência da ação na matrícula do imóvel alienado, bem como não ficou comprovado que os agravados, terceiros adquirentes, tinham conhecimento da execução movida em desfavor do alienante, sendo, portanto, inviável o reconhecimento da fraude à execução (...)". (STJ, 4T., AgInt no AREsp 1.877.541/DF, Rel. Min. Raul Araújo, j. 02.05.2022, DJe de 08.06.2022).

78. "(...) A jurisprudência do Superior Tribunal de Justiça está consolidada no sentido de que se a doação ocorreu em momento *anterior à citação do devedor* (*in casu*, sócio da pessoa jurídica), fica descaracterizada a fraude à execução prevista no art. 593, inc. II, do CPC/73 (...)". (STJ, 4T., AgInt no AREsp 856.925/SP, Rel. Min. Marco Buzzi, j. 21.06.2018, DJe de 28.06.2018).

79. Essa crítica é feita por Marcelo Abelha Rodrigues que, embora considere que o marco inicial deveria ser o da citação do devedor originário, entende que o legislador adotou a posição oposta, ou seja, de que o marco inicial é a citação do futuro responsável após a desconsideração da personalidade jurídica: "(...) Desconsideração da personalidade jurídica e fraude à execução. A solução preconizada no art. 792, § 3º – que trata do momento da fraude à execução nos casos de desconsideração da personalidade jurídica – é de uma ingenuidade absurda por parte do legislador, simplesmente porque pode ser facilmente driblada pelo devedor, pois segundo o dispositivo

O INCIDENTE DE DESCONSIDERAÇÃO DE PERSONALIDADE JURÍDICA E O CONTRADITÓRIO **585**

Sucede, todavia, que esse receio – embora por vezes fundado, de fato – parece ser remediável de outra forma que não a "antecipação" do marco temporal da responsabilização dos sócios ainda não citados, ou seja, sem que seja preciso ferir o contraditório.

Nesse caso, bastaria ao credor interessado, seja quando da distribuição do incidente de desconsideração de personalidade jurídica, seja até mesmo antes, ainda no bojo do processo originário, requerer ao juízo a concessão de tutela provisória de urgência, com base no art. 301 do CPC, demonstrando, em seu pedido, os requisitos ensejadores respectivos.

É exatamente essa a posição de autores como Alexandre Freitas Câmara,[80] que considera que "nada impede (desde que presentes os requisitos, evidentemente) a decretação de uma medida cautelar de apreensão de bens do sócio (ou da sociedade) com o fim de assegurar a efetividade da futura execução". Tal medida, continua o autor, "serviria para garantir que, no futuro, uma vez desconsiderada a personalidade jurídica, encontrem-se no patrimônio do responsável bens livres e desembaraçados que permitam a satisfação do crédito exequendo, evitando-se deste modo o risco de que tais bens viessem a ser alienados ou gravados futuramente".[81]

No mesmo sentido, cabe salientar, é o enunciado de n. 42, aprovado na I Jornada de Direito Processual Civil do Conselho da Justiça Federal: "É cabível a concessão de tutela provisória de urgência em incidente de desconsideração da personalidade jurídica".

Esse é, também, a pensamento de Gisele Mazzoni Welsch Medeiros e Rafael de Souza Medeiros,[82] para quem a tutela provisória fundada no art. 301 do CPC pode ser a solução para a asseguração do direito, cabendo ao interessado requerê-la, se for o caso, juntamente com a instauração do incidente de desconsideração da personalidade jurídica.

"nos casos de desconsideração da personalidade jurídica, a fraude à execução verifica-se a partir da citação da parte cuja personalidade se pretende desconsiderar". Com isso se quer dizer que, se o exequente não encontrar bens no patrimônio do executado e requerer a instauração do incidente de desconsideração da personalidade jurídica nos termos dos arts. 133 e ss. do CPC, segundo o parágrafo terceiro acima, *a fraude à execução se verificará a partir da citação da pessoa jurídica neste incidente*. Ora, é óbvio que o devedor, atuando como representante legal da pessoa jurídica na posição de réu/executado (ou ao inverso, atuando como pessoa física no caso de desconsideração inversa), irá promover a "venda de bens" da pessoa física muito antes de ser contra ele instaurado o incidente, pois já será ele (na condição de representante da pessoa jurídica) réu ou executado na demanda capaz de levá-la a insolvência. Deveria o legislador ter fixado o momento da fraude na primeira citação, da pessoa física ou da jurídica, tratando-se, respectivamente, de desconsideração da personalidade jurídica ou inversa, ou no mínimo, no pior dos cenários, na data de instauração do incidente, sob pena de se tornar letra morta a fraude à execução nestes casos, e assim constituir uma brecha legal para o réu/devedor/ executado (representante da pessoa jurídica ou pessoa física) manipular a alienação de bens da pessoa (física ou jurídica) muito antes de ser instaurado o incidente (...)". (RODRIGUES, Marcelo Abelha. *Manual de direito processual civil.* 6. ed. Rio de Janeiro: Forense, 2016, p. 1011; destaques acrescentados).

80. CÂMARA, Alexandre Freitas. Capítulo IV: do incidente de desconsideração da personalidade jurídica. In: ALVIM, Teresa Arruda et al (Coord.). *Breves comentários ao novo Código de Processo Civil.* São Paulo: Ed. RT, 2015, p. 425-437, especialmente p. 436-437.

81. Idem, ibidem.

82. MEDEIROS; Gisele Mazzoni Welsch; MEDEIROS, Rafael de Souza. A tutela de urgência e o incidente de desconsideração da personalidade jurídica. In: ASSIS, Araken de; BRUSCHI, Gilberto Gomes (Coord.). *Processo de execução e cumprimento da sentença:* temas atuais e controvertidos. São Paulo: Ed. RT, 2022, v. 3, p. 431-438, especialmente p. 436-437.

Afinal, como bem observou Leonardo Greco[83] há mais de duas décadas, em lição que ainda se mostra atual, a garantia constitucional do devido processo legal não autoriza que antes de saber da existência de determinada demanda contra si (ou contra seu bem), o devedor e/ou o terceiro sejam prejudicados sem lhe(s) seja(m) assegurado amplo direito de defesa.

6. CONSIDERAÇÕES CONCLUSIVAS

Como se viu, o Código de Processo Civil de 2015, em boa hora, concretizou uma plêiade de garantias processuais fundamentais, notadamente em seus primeiros dispositivos intitulados, pelo próprio legislador, de "normas processuais fundamentais".

Dentre elas, merece destaque, por razões óbvias, a garantia constitucional do contraditório que, como visto, antes mesmo da entrada em vigor do CPC/15, já deveria ser aplicado no ordenamento jurídico pátrio tanto sob o seu viés formal ou clássico, como sob seu viés material ou participativo.

Foi exatamente com o objetivo de concretizar tais garantias que o legislador de 2015 se preocupou, notadamente no que aqui importa, em *processualizar a desconsideração da personalidade jurídica*, instituto que, como se viu, precisava ser regulado com um procedimento minimamente *seguro*.

Apesar disso, foi possível perceber, especificamente quanto à interpretação do § 3º do art. 792 do CPC, que importante parcela da doutrina, ao arrepio do contraditório e da proibição de não surpresa, tem considerado o marco inicial para a incidência dos efeitos da fraude à execução a citação do devedor originário, mesmo que os efeitos dessa decisão incidam gravemente na esfera patrimonial de terceiros e sucessores.

Como visto, tal exegese, a despeito da relevância acadêmica de seus defensores, parece criar regra própria de responsabilidade patrimonial de terceiros, a qual se mostra, aliás, mais rigorosa que a prevista no art. 789 do CPC para os devedores originários.

Ademais, considerar que a fraude à execução deve trazer efeitos ao patrimônio do sócio a contar da citação da pessoa jurídica pode significar, em última análise, inequívoco prejuízo aos terceiros de boa-fé que eventualmente podem ter negociado com o sócio

---

83. "(...) Com efeito, a garantia constitucional do *devido processo legal*, reconhecida no inciso LIV do artigo 5º da Constituição não autoriza que o adquirente venha a sofrer a expropriação judicial de bem de seu patrimônio, sem que esse prejuízo patrimonial tenha decorrido de sentença em processo cognitivo em que lhe tenham sido assegurados o contraditório e a ampla defesa (Constituição, art. 5º, inciso LV). (...). Para que a exigência do *devido processo legal* não se transforme em estímulo à fraude por parte do devedor, a incidência de medidas cautelares sobre esses bens pode impedir ou dificultar os atos de alienação ou de oneração na pendência de ações contra ele movidas. O que não é aceitável, do ponto de vista humanitário, é que o adquirente, que muitas vezes não sabia da existência de ação contra o devedor, ou porque em curso em foro diverso daquele em que foi celebrada a escritura ou registrado o imóvel, ou porque, por falha cartorária tão comum entre nós, não foi devidamente anotada no registro competente a distribuição de tal ação, venha a ser privado dos seus bens antes de que em regular processo de conhecimento tenha tido ampla possibilidade de demonstrar a existência de fraude e a eficácia da alienação ou oneração, mesmo em relação ao credor exequente. O *devido processo legal* constitucionalmente assegurado há de ser prévio (...)". (GRECO, Leonardo. *O processo de execução*. Rio de Janeiro: Renovar, 2001, v. II, p. 35-36).

antes mesmo que este tivesse ciência da possibilidade de, no futuro, vir a arcar com as dívidas da pessoa jurídica da qual faz parte.

A partir dessa interpretação, caso o terceiro deseje evitar – ou menos reduzir –seus riscos com dessa contratação, deverá, para além de se preocupar em obter certidões do vendedor e do bem, ter que envidar esforços para descobrir se o vendedor é sócio de alguma pessoa jurídica no território nacional e, se for, procurar obter certidões também da pessoa jurídica da qual o vendedor seja sócio.

Demais disso, a interpretação que considera que o § 3º do art. 792 do CPC adotou a citação do devedor originário como marco inicial da responsabilidade do terceiro – e não a citação do terceiro no bojo incidente de desconsideração da personalidade jurídica prevista no art. 135 do CPC – malfere o contraditório e não surpresa.

Isso porque, com esse entendimento, a decisão que decreta a desconsideração da personalidade jurídica retroagirá à data da citação da pessoa jurídica, época na qual o sócio sequer era parte do processo judicial – e, portanto, não teve assegurado seu direito a ser ouvido e, muito menos, o direito de influenciar o julgador.

Cabe reforçar, por fim, que a alegação pragmática que justificaria a retroatividade – a de que o sócio poderia, ao perceber a citação da pessoa jurídica, aproveitar o intervalo até que sua citação fosse realizada para dilapidar seu patrimônio sem o risco de que tais transações fossem consideradas em fraude à execução – não prospera.

Nesse caso, basta que o interessado, quando do requerimento de instauração do incidente de desconsideração da personalidade jurídica, ou mesmo durante a tramitação do procedimento, demonstre a existência dos requisitos previstos em lei e requeira a concessão de tutela de urgência, a fim de obstar os efeitos danosos das fraudes à execução a serem ou já praticadas (art. 301 do CPC).

Não custa lembrar: o ordenamento jurídico pátrio se preocupou, ao prever o cabimento de tutela de urgência em todo e qualquer tipo de procedimento, em garantir remédio contra os efeitos danosos da fraude à execução que envolva a desconsideração da personalidade jurídica; assim, não se mostra recomendável, e nem mesmo necessário que se pense na mitigação da garantia constitucional do contraditório para esse objetivo, sobretudo depois de tanto esforço do legislador para positivá-la no Código de Processo Civil.

Afinal, como se sabe, *two wrongs don't make a right*.

Por derradeiro, uma observação importante: ainda que se entenda que a citação a que se refere o § 3º do art. 792 do CPC seja a realizada na demanda originária (e não a do incidente, na forma do art. 135, do CPC), é imprescindível que, da instauração do incidente de desconsideração da personalidade jurídica, seja imediatamente comunicado o cartório distribuidor para as anotações devidas (art. 134 do CPC) não só em relação à pessoa jurídica "cuja personalidade se pretende desconsiderar" como em relação a seus sócios.

Com isso, o terceiro adquirente que desejasse contratar com qualquer dos sócios (ou com a pessoa jurídica, no caso da desconsideração inversa) poderia fazer a avaliação de risco de modo mais preciso, vez que, com a ciência da pendência do incidente de desconsideração da personalidade jurídica, ele poderia decidir com mais segurança se iria, ou não, estabelecer um negócio jurídico com o sócio e, ainda, em que condições isso se daria.

7. REFERÊNCIAS

ALVIM, Teresa Arruda et al. *Primeiros comentários ao Código de Processo Civil*. 3. ed. São Paulo: Ed. RT, versão online.

ASSIS, Araken de. *Manual da execução*. 20. ed. São Paulo: Ed. RT, 2018.

BASTOS, Antonio Adonias Aguiar. Art. 792. In: CABRAL, Antonio do Passo; CRAMER, Ronaldo (Coord.). *Comentários ao Novo Código de Processo Civil*. 2. ed. Rio de Janeiro: Forense, 2016.

BOBBIO, Norberto. *O positivismo jurídico*: lições de filosofia do direito. São Paulo: Ícone, 1995. Parte II.

BRASIL. SENADO FEDERAL. *Código de processo civil e normas correlatas*. 7. ed. Brasília: Senado Federal, Coordenação de edições técnicas, 2015. Disponível em: https://www2.senado.leg.br/bdsf/bitstream/handle/id/512422/001041135.pdf. Acesso em: 15 mar. 2023.

BRUSCHI, Gilberto Gomes. Art. 137. In: ALVIM, Angélica A (Coord.). *Comentários ao código de processo civil*. 2. ed. São Paulo: Saraiva, 2017.

BUENO, Cassio Scarpinella. *Curso sistematizado de direito processual civil*. 2. ed. São Paulo: Saraiva, 2008.

CABRAL, Antonio do Passo. *Nulidades do processo moderno*: contraditório, proteção da confiança e validade *prima facie* dos atos processuais. Rio de Janeiro: Forense, 2009.

CÂMARA, Alexandre Freitas. Capítulo IV: do incidente de desconsideração da personalidade jurídica. In: ALVIM, Teresa Arruda et al (Coord.). *Breves comentários ao novo Código de Processo Civil*. São Paulo: Ed. RT, 2015.

CÂMARA, Alexandre Freitas. *Lições de direito processual civil*. 17. ed. Rio de Janeiro: Lúmen Júris, 2008. v. 2.

CAMBI, Eduardo. Neoconstitucionalismo e neoprocessualismo. In: FUX, Luiz et al. (Coord.). *Processo e Constituição*: estudos em homenagem ao Professor José Carlos Barbosa Moreira. São Paulo: Ed. RT, 2006.

CALAMANDREI, Piero. Il processo come giuoco. *Rivista di Diritto Processuale*, p. 23-51, Padova, parte I, 1950.

CARNEIRO, Athos Gusmão. *Recurso especial, agravos e agravo interno*. 7. ed. Rio de Janeiro: Forense, 2011.

COMTE, Augusto. Discurso sobre o espírito positivo. Primeira parte. *Os Pensadores*. São Paulo: Abril Cultural, 1983.

DENTI, Vittorio. Questioni rilevabili d'ufficio e contraddittorio. *Rivista di Diritto Processuale*. v. 33, p. 221-222, Padova, 1968.

DIDIER JÚNIOR, Fredie. *Curso de direito processual civil*. 23. ed. Salvador: JusPodivm, 2021. v. I.

DIDIER JÚNIOR, Fredie. *Fundamentos do princípio da cooperação no direito processual civil português*. Coimbra: Coimbra Editora, 2010.

DIDIER JÚNIOR, Fredie. O princípio da colaboração: uma apresentação. *Revista de Processo*, v. 127, São Paulo, 2005.

DINAMARCO, Cândido Rangel. *Instituições de Processo Civil*. 6. ed. São Paulo: Malheiros, 2009. v. I.

DINAMARCO, Cândido Rangel. *Instituições de direito processual civil*. 4. ed. São Paulo: Malheiros, 2019. v. IV.

FARIA, Márcio Carvalho. *A lealdade processual na prestação jurisdicional*: em busca de um modelo de juiz leal. São Paulo: Ed. RT, 2017.

FARIA, Márcio Carvalho. Neoconstitucionalismo, neoprocessualismo, pós-positivismo, formalismo-valorativo... a supremacia constitucional no estudo do processo. *Revista Ética e Filosofia Política*, n. 15, v. 2, dez. 2012. Disponível em: https://periodicos.ufjf.br/index.php/eticaefilosofia/article/view/17728. Acesso em: 10 mar. 2023.

FARIA, Márcio Carvalho. O princípio constitucional do contraditório, a boa-fé processual, as matérias cognoscíveis de ofício e as decisões judiciais de fixação de honorários de sucumbência. In: FUX, Luiz. (Coord.). *Processo constitucional*. Rio de Janeiro: Forense, 2013.

GRADI, Marco. Il principio del contraddittorio e le questioni rilevabili d'ufficio. *Revista de Processo*, v. 186, p. 109-160, São Paulo, 2010.

GRECO, Leonardo. *Garantias fundamentais do processo*: o processo justo. Disponível em: https://processoemdebate.files.wordpress.com/2010/09/processo-justo_leonardo-greco.pdf. Acesso em: 15 mar. 2023.

GRECO, Leonardo. *Instituições de processo civil*. 5. ed. Rio de Janeiro: Forense, 2015. v. I.

GRECO, Leonardo. O princípio do contraditório. *Revista Dialética de Direito Processual*, v. 24, p. 71-79, São Paulo, 2005.

GRECO, Leonardo. *O processo de execução*. Rio de Janeiro: Renovar, 2001. v. 2.

GRECO, Leonardo. Publicismo e privatismo no processo civil. *Revista de Processo*. v. 164, p. 29-56, São Paulo, 2007.

LOPES, João Batista. Contraditório, paridade de armas e motivação da sentença. In: MEDINA, José Miguel Garcia et al (Coord.). *Os poderes do juiz e o controle das decisões judiciais*: estudos em homenagem à Professora Teresa Arruda Alvim Wambier. São Paulo: Ed. RT, 2008.

LUCON, Paulo dos Santos. Art. 515, § 3º, do Código de Processo Civil, ordem pública e prequestionamento. In: MEDINA, José Miguel Garcia et al. *Os poderes do juiz e o controle das decisões judiciais*: estudos em homenagem à Professora Teresa Arruda Alvim Wambier. São Paulo: Ed. RT, 2009.

MARINONI, Luiz Guilherme. *Teoria geral do processo*. 4. ed. São Paulo: Ed. RT, 2010.

MEDEIROS; Gisele Mazzoni Welsch; MEDEIROS, Rafael de Souza. A tutela de urgência e o incidente de desconsideração da personalidade jurídica. In: ASSIS, Araken de; BRUSCHI, Gilberto Gomes (Coord.). *Processo de execução e cumprimento da sentença*: temas atuais e controvertidos. São Paulo: Ed. RT, 2022. v. 3.

MIRANDA NETTO, Fernando Gama de. O poder de investigação das Comissões Parlamentares de Inquérito e as garantias processuais do indiciado. In: GRECO, Leonardo; MIRANDA NETTO, Fernando Gama de (Org.). *Direito processual e direitos fundamentais*. Rio de Janeiro: Lumen Juris, 2005.

MITIDIERO, Daniel. *Colaboração no processo civil*: pressupostos sociais, lógicos e éticos. São Paulo: Ed. RT, 2009.

NEVES, Daniel Amorim Assumpção. *Manual de direito processual civil*. 10. ed. Salvador: JusPodivm, 2018.

NERY JÚNIOR, Nelson. *Princípios do processo na Constituição Federal*. 9. ed. São Paulo: Ed. RT, 2009.

NERY JR., Nelson; NERY, Rosa Maria de Andrade. *Código de processo civil comentado*. 20. ed. São Paulo: Ed. RT, *versão online*.

NUNES, Dierle José Coelho. *Processo jurisdicional democrático*: uma análise crítica das reformas processuais. 2. reimp. Curitiba: Juruá, 2008.

OLIVEIRA, Carlos Alberto Alvaro de. *Do formalismo no processo civil*: proposta de um formalismo-valorativo. 4. ed. São Paulo: Saraiva, 2010.

OLIVEIRA, Carlos Alberto Alvaro de. O juiz e o princípio do contraditório. *Revista de Processo*, v. 71, p. 31-ss., São Paulo, 1993.

OLIVEIRA, Carlos Alberto Alvaro; MITIDIERO, Daniel. *Curso de processo civil*. São Paulo: Atlas, 2010. v. 1: Teoria geral do processo civil e parte do direito processual civil.

RODRIGUES, Marcelo Abelha. *Execução por quantia certa contra devedor solvente*. Indaiatuba: Foco, 2021.

RODRIGUES, Marcelo Abelha. *Manual de direito processual civil*. 6. ed. Rio de Janeiro: Forense, 2016.

ROQUE, Andre Vasconcelos. Art. 137. In: GAJARDONI, Fernando da Fonseca et al. *Comentários ao Código de Processo Civil*. 5. ed. Rio de Janeiro: Forense, 2022.

SANTOS, Guilherme Luís Quaresma Batista. Algumas notas sobre o contraditório no processo civil. *Revista de Processo*, v. 194, p. 69-97, São Paulo, 2011.

SANTOS, Moacyr Amaral. *Primeiras linhas de direito processual civil*. 27. ed. São Paulo: Saraiva, 2010. v. 1.

SANTOS, Moacyr Amaral. *Primeiras linhas de direito processual*. 26. ed. São Paulo: Saraiva, 2010. v. 2.

SOKAL, Guilherme Jales. *A nova ordem dos processos no Tribunal*: colegialidade e garantias no CPC/15. Disponível em: https://www.academia.edu/29626019/A_nova_ordem_dos_processos_no_Tribunal_colegialidade_e_garantias_no_CPC_15. Acesso em: 02 fev. 2023.

THEODORO JÚNIOR, Humberto. *Curso de direito processual civil*. 56. ed. Rio de Janeiro: Forense, 2023. v. III.

THEODORO JÚNIOR, Humberto; NUNES, Dierle José Coelho. Princípio do contraditório: tendências de mudança de sua atuação. *Revista da Faculdade de Direito de Sul de Minas*, v. 28, p. 177-206, Pouso Alegre, jan./jun. 2009.

VICELLI, Gustavo de Melo; FÜRST, Henderson. Fraude à execução e a imprecisão normativa do Código de Processo Civil. *Revista de Processo*, v. 303, p. 157-180. São Paulo: Ed. RT, maio 2020, *versão online*.

YARSHELL, Flavio Luiz. Comentários ao art. 135. In: CABRAL, Antonio do Passo; CRAMER, Ronaldo (Coord.). *Comentários ao novo Código de Processo Civil*. 2. ed. Rio de Janeiro: Forense, 2016.

O TERMO INICIAL DA FRAUDE À EXECUÇÃO NA DESCONSIDERAÇÃO DA PERSONALIDADE JURÍDICA

Olavo de Oliveira Neto

Pós-doutorado pela Università degli Studi di Milano. Livre-Docente, Doutor e Mestre pela PUC/SP. Professor de Direito Processual Civil nos cursos de Mestrado e de Graduação da PUCSP, do COGEAE, da Escola Paulista da Magistratura e de inúmeros cursos de especialização. Professor efetivo da Universidade Federal do Mato Grosso do Sul – UFMS. Ex-professor do programa de doutorado, mestrado, especialização e graduação da ITE-Bauru. Membro do IBDP e do CEAPRO. Vencedor do Prêmio *"Professor Nota 10"* de 1998. Ex-Procurador do Estado e ex-Promotor de Justiça no Estado de São Paulo. Magistrado aposentado do Tribunal de Justiça de São Paulo. Advogado e consultor jurídico.

Pedro Pierobon Costa do Prado

Doutor, Mestre e Especialista em Direito Processual Civil pela PUC/SP. Membro do IBDP e do CEAPRO. Advogado.

Sumário: 1. Introdução – 2. Patrimônio, responsabilidade patrimonial e responsabilidade executiva – 3. Fraude à execução fundada no Art. 792, IV, do CPC – 3.1 Perfil da hipótese legal – 3.2 Elementos do tipo – 4. A decisão que versa sobre a Desconsideração da Personalidade – 5. Termo inicial da ocorrência da fraude à execução no caso de decretação da desconsideração – 6. Conclusões – 7. Referências.

1. INTRODUÇÃO

O responsável executivo responde, nos termos do disposto no art. 789, do CPC, com seus bens presentes e futuros para a satisfação da prestação não adimplida, estando afastados de eventual expropriação, por razões evidentes, os bens *'passados'*. Isto porque alcançar bens que não mais estão no patrimônio do executado importaria em atingir bens pertencentes a terceiros, ocorrendo um desbordamento dos limites objetivos da atividade executiva, em desrespeito aos efeitos do ato jurídico perfeito, protegido pela Constituição da República.

Todavia, se não há margem para dúvidas quanto à dita limitação, o mesmo não se pode dizer quanto ao momento em que um bem deixa efetivamente de pertencer ao responsável executivo, passando pertencer a um terceiro, ou sobre a partir de qual momento um bem não pode mais ser alienado porque se encontra vinculado à atividade executiva, sendo a alienação ineficaz com relação ao exequente.

Esta natural dificuldade é potencializada, conforme demonstra à saciedade o dia a dia forense, pela já notória situação (no Brasil) de que é bastante comum por parte de devedores a prática de manobras ilícitas visando frustrar a satisfação da execução, com resultados nefastos decorrentes da exacerbada demora na prestação da tutela jurisdicional executiva.[1]

Neste teatro, torna-se necessário estabelecer, de forma segura, qual é o momento em que se dá a fraude à execução, em especial quando ela é praticada por quem vem a substituir o responsável executivo originalmente indicado como sujeito passivo pelo exequente. Mas a tarefa não é assim tão simples. Ocorre que a própria lei se incumbiu de gerar dúvida a respeito deste tema, apresentando proposições aparentemente antagônicas ao tratar do incidente de desconsideração da personalidade da pessoa jurídica e da fraude à execução.[2]

Enquanto o art. 792, §3º, do CPC, diz que nos casos de desconsideração a fraude se verifica "a partir da citação da parte cuja personalidade se pretende desconsiderar", o art. 137, do CPC, diz que dar-se-á a ineficácia da alienação ou da oneração praticadas em fraude à execução a partir do acolhimento do pedido formulado no incidente.

Em prol da segurança jurídica, portanto, torna-se forçoso definir o exato momento em que, no caso de desconsideração da personalidade, a alienação ou a oneração de bens é considerada em fraude à execução, com sua consequente ineficácia com relação ao exequente.[3]

---

1. CNJ. "Justiça em Números 2022.". Disponível em www.cnj.jus.br/wp-content/uploads/2022/09/justica-em--numeros-2022-1.pdf, capturado em 10.01.2023. "O Poder Judiciário contava com um acervo de 77 milhões de processos pendentes de baixa no final do ano de 2021, sendo que mais da metade desses processos (53,3%) se referia à fase de execução. [...] A maior parte dos processos de execução é composta pelas execuções fiscais, que representam 65% do estoque em execução. Esses processos são os principais responsáveis pela alta taxa de congestionamento do Poder Judiciário, representando aproximadamente 35% do total de casos pendentes e congestionamento de 90% em 2021. Há de se destacar, no entanto, que há casos em que o Judiciário esgotou os meios previstos em lei e ainda assim não houve localização de patrimônio capaz de satisfazer o crédito, permanecendo o processo pendente. Ademais, as dívidas chegam ao judiciário após esgotados os meios de cobrança administrativos, por isso a difícil recuperação. Nesse contexto, a análise das taxas de congestionamento líquidas e brutas são bastante relevantes, pois nessa fase o processo permanece pendente, com status de suspensão, deixando de impactar na taxa de congestionamento líquida (sem suspensos ou sobrestados ou em arquivo provisório).".
2. OLIVEIRA NETO, Olavo de, OLIVEIRA, Patrícia Elias Cozzolino de, MEDEIROS NETO, Elias Marques. *Curso de direito processual civil*. São Paulo: Verbatim, 2018. v. 03, p. 167. "...a lei foi bastante confusa ao definir o momento a partir do qual a alienação ou a oneração do bem pode ser considerada ineficaz com relação ao exequente, havendo antinomia entre o teor do art. 792, §3º, e o teor do art. 137, ambos do CPC. Ocorre que, enquanto para o art. 137 é a decisão que acolhe o pedido de desconsideração que gera a ineficácia, para o art. 792, § 3º, o que gera a ineficácia é a citação da parte cuja personalidade se pretende desconsiderar.".
3. THEODORO JUNIOR, Humberto. *Processo de execução e cumprimento de sentença*. 25. ed. São Paulo: Leud, 2008. p. 170. "Nosso legislador, de forma original e sábia, teve a felicidade de criar o instituto da fraude de execução, de maneira mais maleável e eficaz do que a tradicional fraude contra credores do direito civil. Quando o processo já existe, e o devedor desvia os bens necessários a que a prestação jurisdicional consume sua tarefa, a reação imaginada pelo legislador pátrio é muito mais simples, enérgica e eficaz do que a da ação pauliana. O processo simplesmente ignora o efeito da alienação. O bem é havido, para o processo pendente, como se não houvesse saído do patrimônio do devedor. Nossa lei adota, dessa maneira, o mecanismo da ineficácia. A alienação não reclama a anulação ou qualquer tipo de invalidação. Ela simplesmente não opera efeito algum diante do processo em curso".

O TERMO INICIAL DA FRAUDE À EXECUÇÃO NA DESCONSIDERAÇÃO DA PJ **593**

2. PATRIMÔNIO, RESPONSABILIDADE PATRIMONIAL E RESPONSABILIDADE EXECUTIVA

A execução forçada incide sobre a vontade do obrigado (execução por coerção) ou sobre o seu patrimônio, retirando-se o necessário para a satisfação do credor (execução por sub-rogação).[4] Segundo Pontes de Miranda, o patrimônio "está sempre in fieri, – bens e frutos saem, sendo de notar-se que pode existir (e é provável que exista) núcleo de bens que permanecem bem ou mais".[5] Assim, o patrimônio contempla valores positivos (riquezas) e negativos (dívidas) da pessoa, é universalidade em constante transformação; seu valor diminui ou aumenta ao longo dos tempos.[6]

Toda pessoa tem direitos e obrigações pecuniariamente apreciáveis. Ao "complexo desses direitos e obrigações denomina-se patrimônio. Nele se compreendem as coisas, os créditos e os débitos, enfim, todas as relações jurídicas de conteúdo econômico" das quais participem os sujeitos, motivo pelo qual é considerado "a representação econômica da pessoa".[7] Silvio de Salvo Venosa conceitua o patrimônio como sendo o "conjunto de direitos reais e de direitos obrigacionais, ativos e passivos, pertencentes a uma pessoa".[8]

Obrigação e responsabilidade, embora próximos, são institutos distintos que não guardam relação de necessária interdependência, havendo situações nas quais um existe sem o outro.

A análise dualista da relação obrigacional foi criada por Alois Brinz no século XIX, que a decompôs em *schuld* e *haftung*. O débito ou obrigação (*schuld*) coexiste com a responsabilidade (*haftung*), que é latente e só emerge com o inadimplemento. A primeira representa uma situação jurídica de desvantagem prevista no direito material (situação estática), a qual atribui um prestar em benefício do credor, porém sem força (coerção, coação) para lhe trazer o devido; enquanto a responsabilidade é dinâmica, fica aparente com o inadimplemento e viabiliza a invasão ao patrimônio do devedor, para dar cumprimento coativo à prestação, determinando quais bens (do devedor ou do terceiro) responderão pelo adimplemento.[9] A dívida é vínculo pessoal; a responsabilidade, vínculo patrimonial. O devedor obriga-se; o seu patrimônio responde.[10]

A responsabilidade só atua se o dever de prestação não for espontaneamente satisfeito pelo sujeito passivo da obrigação; o credor exerce seu direito coagindo o devedor a satisfazê-lo.[11] Na concepção originária de Alois Brinz, a responsabilidade era vista e

---

4. DINAMARCO, Cândido Rangel. *Instituições de direito processual civil*. São Paulo: Malheiros, 2019. v. 4. p. 35.
5. PONTES DE MIRANDA, Francisco Cavalcanti. *Comentários ao Código de Processo Civil*: art. 566 a 611. 2. ed. Rio de Janeiro: Forense, 2002. Tomo IX. p. 340-341.
6. CASTRO, Amílcar de. *Comentários ao Código de Processo Civil*. São Paulo: Ed. R T, 1974. v. 8. p. 60.
7. GOMES, Orlando. *Introdução ao direito civil*. 19. ed. atual. Reginalda Paranhos de Brito e Edvaldo Brito. Rio de Janeiro: Forense, 2007. p. 182.
8. VENOSA, Sílvio de Salvo. *Direito Civil: parte geral*. 6. ed. São Paulo: Atlas, 2006. p. 300.
9. DINAMARCO, p. 327-329.
10. CAHALI, Yussef Said. *Fraudes contra credores*: fraude contra credores, fraude à execução, ação revocatória falencial, fraude à execução fiscal e fraude à execução penal. 5. ed. São Paulo: Ed. RT, 2013. p. 21-23.
11. GOMES, p. 213-214.

examinada como categoria do direito material. Com a superação do sincretismo, Carnellutti retificou tal compreensão segundo os ditames da ciência moderna, vindo a ser incorporada a noção processual da responsabilidade por Liebman, cujas lições foram seguidas por Alfredo Buzaid.[12]

A visão unitarista do vínculo obrigacional, por outro lado, não destaca o débito da responsabilidade, isto é, entende que a obrigação já traz consigo a coação (responsabilidade). O débito já significa o dever de prestar sob coação da ordem jurídica, que pode conduzir ao adimplemento voluntário ou forçado. Assim, a responsabilidade decorre do próprio vínculo obrigacional, sendo a obrigação e a ação executiva peças que integram um mesmo sistema obrigacional.[13]

Seja como for, é evidente a existência de duas situações jurídicas distintas, quais sejam, a obrigação e a responsabilidade: a teoria dualista recorta os elementos do vínculo obrigacional em débito e responsabilidade, sendo que cada um deles pode ser titularizado por pessoa distinta, ambos sujeitos passivos do vínculo; já a teoria unitária coloca a responsabilidade como sendo a obrigação em movimento, dentro de uma mesma obrigação (duas peças dentro da relação obrigacional).[14]

Como consequência do princípio geral do direito que veda o enriquecimento sem causa, quem tem dívidas deve pagar os seus credores, reza o art. 789, do CPC, que o "devedor responde com todos os seus bens presentes e futuros para o cumprimento de suas obrigações, salvo as restrições estabelecidas em lei". Consagra-se, então, a máxima de que o patrimônio do devedor representa a garantia comum dos credores,[15] norma também extraível do artigo 391 do Código Civil, segundo o qual "[p]elo inadimplemento das obrigações respondem todos os bens do devedor".

---

12. DINAMARCO, p. 328. Também seguem essa linha de pensamento: VENOSA, p. 20-21; GOMES, p. 212-214; MARINONI, Luiz Guilherme; ARENHART, Sérgio Cruz. *Execução.* 5. ed. São Paulo: Ed. RT, 2013, v. 3. p. 258; CAVALIERI FILHO, Sergio. *Programa de responsabilidade civil.* 9. ed. São Paulo: Atlas, 2010. p. 2-3.
13. ABELHA, Marcelo. *Manual de execução civil.* 5. ed. Rio de Janeiro: Forense, 2015. p. 75; PEREIRA, Caio Mário da Silva. *Instituições de direito civil.* 20. ed. Rio de Janeiro: Forense, 2004. v. 2. p. 24-27; MONTEIRO, Washington de Barros. *Curso de Direito Civil:* direito das obrigações. Saraiva: São Paulo, 2003. p. 25-28.
14. MAZZEI, Rodrigo. Observações sobre a penhora envolvendo o direito de superfície (e outros direitos reais imobiliários) no Projeto do Código de Processo Civil. *Revista dos Tribunais.* v. 228, São Paulo: Ed. RT, 2014. Essa zona híbrida da responsabilidade patrimonial entre o direito material e o direito processual foi notada por Rodrigo Mazzei: "Observe-se que há uma zona híbrida, mesmo que com cargas não iguais, de direito material e direito processual quando se fala em responsabilidade patrimonial. Tanto assim que o tema acaba sendo tratado simultaneamente pelo Código Civil (LGL\2002\400) ("art. 391. Pelo inadimplemento das obrigações respondem todos os bens do devedor"), pelo Código de Processo Civil (LGL\1973\5) em vigor ("art. 591. O devedor responde, para o cumprimento de suas obrigações, com todos os seus bens presentes e futuros, salvo as restrições estabelecidas em lei") e pelo Projeto ("art. 805. O devedor responde com todos seus bens presentes e futuros para o cumprimento de suas obrigações, salvo as restrições estabelecidas em lei"). Destaque-se que há na doutrina grande discussão acerca da natureza da responsabilidade patrimonial, a fim de pontuá-la como instituto de direito material ou de direito processual, buscando visualizar a figura de uma forma pura, ou seja, com a sua delimitação exclusiva no campo processual ou no âmbito material. Tal linha de raciocínio, com todo respeito, não nos parece possível, pois pensamos existir carga híbrida de direito material e de direito processual na responsabilidade patrimonial, sendo, pois, um instituto bifronte, [...]".
15. CAHALI, p. 23.

A existência da responsabilidade não permite ao credor invadir privatisticamente o patrimônio do devedor para atender o seu direito, por mais razão que ostente, devendo-se valer, para tanto, de uma tutela jurisdicional executiva.[16] Ao mesmo tempo, a lei reprime os atos de disposição patrimonial aptos a gerar ou agravar um estado de insolvência, com objetivo de frustrar a satisfação do credor, caracterizando-os como fraudulentos.

Sempre que o devedor se desfaz do patrimônio ou o desfalca, a ponto de não poder mais suportar as suas obrigações, praticará lesão ao direito do credor. Em suma, o direito de propriedade é ilimitado enquanto não esbarrar no direito alheio; atingindo-o, a pretexto de exercer um direito, o proprietário (devedor) incorrerá em ato ilícito.[17]

Há uma diferença entre a responsabilidade oriunda de uma relação jurídica material (vínculo obrigacional) daquela de natureza pública existente por força de um processo judicial perante o Estado, único legitimado a excutir bens do devedor. Na última situação há responsabilidade processual, não mera responsabilidade patrimonial. Antes de iniciada a relação processual executiva, a responsabilidade permanece em um estado latente, inativo e potencial; os bens do devedor somente responderão efetivamente pela dívida quando movida a execução.[18]

As disciplinas legais da fraude de execução e da desconsideração da personalidade jurídica se relacionam intimamente com a responsabilidade patrimonial, tendo em vista a previsão da submissão, ao processo executivo, dos bens alienados ou gravados com ônus real em fraude à execução e do responsável, nos casos de desconsideração da personalidade jurídica (art. 790, V, VII, do CPC).

Portanto, somente os bens e direitos do devedor garantem a satisfação do crédito, ressalvada a responsabilidade executiva secundária, de que trata o art. 790, do CPC,[19] a qual autoriza que bens de terceiros estejam submetidos à expropriação executiva, hipótese em que a responsabilidade se separa da obrigação e atinge terceiro que não é parte da relação processual executiva.[20]

3. FRAUDE À EXECUÇÃO FUNDADA NO ART. 792, IV, DO CPC

3.1 Perfil da hipótese legal

As hipóteses legais da ocorrência da fraude à execução estão concentradas no art. 792, do CPC, sucessor do art. 593, do CPC de 1973, no qual estão relacionados quatro tipos específicos (incisos I a IV) e uma regra geral de fechamento do sistema (inciso V), o que faz com que somente seja possível detectar a existência desta modalidade de

---

16. FUX, Luiz. *O novo processo de execução*. Rio de Janeiro: Forense, 2008. p. 75.
17. LIMA, Alcides de Mendonça. *Comentários ao Código de Processo Civil*. 5. ed. Rio de Janeiro: Forense, 1987, v. 6. p. 467-468.
18. CAIS, Frederico F. S.. *Fraude de execução*. São Paulo: Saraiva, 2005. p. 9-10.
19. DINAMARCO, p. 353.
20. LIEBMAN, Enrico Tullio. *Processo de execução*. São Paulo: Saraiva, 1946. p. 167-168.

fraude quando expressamente prevista por lei e quando preenchidos todos os elementos do tipo legal.

Correto afirmar, portanto, que para a configuração da fraude, no que toca aos três primeiros incisos do preceito, há necessidade da averbação no registro do bem da existência de uma causa pendente ou da determinação de um ato de constrição judicial, sem o que a conduta praticada é atípica. Em outros termos, sem averbação não há fraude à execução, mas com ela, em contrapartida, desde que tipificada a conduta, há presunção absoluta da ocorrência da fraude.[21]

Nesse passo, se nas hipóteses tratadas no art. 792, I, II e III, do CPC, só há fraude quando há a averbação da causa pendente ou da determinação de constrição no registro do bem, e, se sobre bem pertencente àquele que será incluído na causa devido à desconsideração, ainda sem contato algum com o feito, dificilmente haverá tal averbação (o que se dará apenas quanto atingido na qualidade de terceiro alheio ao feito e legitimado a interpor embargos de terceiro); então a seara adequada para tratar da intersecção entre os institutos da desconsideração da personalidade e da fraude à execução reside na hipótese prevista no art. 792, IV, do CPC, consistente na alienação ou na oneração de bens quando pendente causa capaz de levar o responsável executivo à insolvência.

Tal modalidade de fraude à execução, que tem por escopo proteger a execução por quantia[22] e que prescinde da publicidade do registro público,[23] apresenta os seguintes elementos objetivos[24] e essenciais à concretização do tipo: a) a pendência de uma causa em juízo, b) a alienação ou a oneração de bens a partir da pendência desta causa e c) a caracterização do estado de insolvência, impossibilitando o adimplemento da prestação não satisfeita.

---

21. OLIVEIRA NETO, p. 163. "... as primeiras três hipóteses, constantes dos incisos I a III, podem ser agrupadas por um fator comum, já que a lei houve por bem determinar como elemento coincidente dos tipos a publicidade registral, obtida mediante averbação em registro público. Portanto as situações legais previstas nos três incisos prescindem da presença de elemento subjetivo, ou seja, dispensam o magistrado de perquirir se houve ou não a intenção de praticar a conduta fraudulenta. A averbação das situações descritas gera presunção absoluta da ocorrência de fraude à execução, praticamente limitando o âmbito de uma eventual impugnação ao pronunciamento judicial à ocorrência ou não dos elementos objetivos".

22. DINAMARCO, p. 554. "o art. 593, inc. II, do Código de Processo Civil define as fraudes que se praticam em detrimento de direitos de crédito em dinheiro, que são suscetíveis de execução por quantia certa (arts. 646 ss.); em termos práticos, essas fraudes visam a evitar a penhora do bem ou a sua alienação em hasta pública, que são atos inerentes a essa modalidade executiva. Consistem, portanto, na prática de atos potencialmente capazes de reduzir o acervo de bens economicamente apreciáveis, que constitui o patrimônio responsável do devedor (penhorável), gerando ou agravando um estado de insolvência".

23. OLIVEIRA NETO, p. 166. "Já a hipótese prevista no art. 792, IV, do CPC, não faz referência à publicidade decorrente do registro público, sendo a sua redação quase idêntica à situação que era prevista pelo art. 573, II, do CPC de 1973. Trata da alienação ou da oneração do bem quando já tramitava em juízo, contra o executado, qualquer ação capaz de levá-lo a insolvência, tornando frustrada a atividade executiva.".

24. Aqui fazemos um corte metodológico e deixamos de abordar – ao menos de forma *principaliter* – a polêmica acerca do elemento subjetivo, caracterizado pela necessidade de examinar ou não o ânimo do agente quando da prática da conduta, já que tal controvérsia, ligada à superação do entendimento objeto da Súmula 375, do Superior Tribunal de Justiça, após a entrada em vigor do atual CPC, desbordaria os limites da controvérsia aqui tratada.

3.2 Elementos do tipo

O primeiro elemento do tipo – *existência de ação pendente* – merece uma interpretação que o leve a abarcar todos os tipos de procedimentos aptos a gerar atividade executiva. Neste sentido ensinou Teori Albino Zavaski, ainda na vigência do CPC73, ao observar que "Por demanda em curso entende-se aquela que possa produzir título executivo de obrigação de pagar. Se ela for precedida de ação cautelar, em cuja petição inicial fiquem indicados, como devem ser (CPC, art. 801, III) os termos e fundamentos da futura lide principal de natureza condenatória, conta-se de lá o período da fraude à execução".[25]

Portanto, as ações de conhecimento condenatórias, as causas nas quais se pleiteia tutela antecipada antecedente ou nas quais se pleiteia tutela cautelar antecedente[26] e, obviamente, todas as modalidades executivas, já que uma vez frustrada a execução específica a prestação se converte em ressarcimento pecuniário, devem ser consideradas como causas pendentes para efeito da fixação da data a partir da qual o bem não pode ser considerado como um "bem passado", mas sim como um "bem presente", que pode ser alcançado pela atividade executiva.

Além disso, as causas que não se processam originariamente no juízo cível, mas que também são capazes de gerar título executivo porque relacionadas no art. 515, do CPC, como um processo de natureza criminal, um processo de natureza arbitral ou uma decisão estrangeira ainda não homologada, também estão abarcadas no conceito de 'causa pendente'.[27]

O segundo elemento do tipo, consistente na alienação ou na oneração de bens, faz com que os bens pertencentes ao responsável executivo deixem de integrar seu patrimônio líquido, potencializando a possibilidade de que a atividade executiva venha a se frustrar.

Compreende-se por "alienar" toda conduta praticada pelo executado que transfere a terceiro o bem, independente de se tratar de negócio realizado a título oneroso ou a título gratuito. Embora a venda simulada seja a hipótese de ocorrência mais comum no dia a dia forense, permanecendo o executado a gozar da posse do bem, mas colocando-o em nome de terceiro, também se configura a conduta improba quando a transmissão do bem se dá mediante permuta, dação em pagamento, doação ou outro negócio jurídico que importe em alienação.

---

25. ZAVASKI, Teori Albino. *Comentários ao Código de Processo Civil*. 2. ed. São Paulo: Ed. RT, 2003. v. 8. p. 270-271.

26. OLIVEIRA NETO, p. 158. "... se a fraude de execução é situação mais grave do que a fraude contra credores, onde além do prejuízo gerado para o credor ainda se encontra presente o desrespeito à função jurisdicional, então não se justifica sustentar que não possa ocorrer a retroação da eficácia de sua decretação até o momento da pendência de um pedido cautelar antecedente, quando o réu já podia antever a possibilidade de condenação e, por isso, tentar dilapidar os bens de seu patrimônio e frustrar futura execução".

27. DINAMARCO, p. 391. "... um ato de disposição realizado depois de instaurado o processo crime também é, em princípio, apto a frustrar uma futura execução, qualificando-se por isso como fraude a esta. O mesmo pode dar-se quanto ao processo arbitral, dado que os objetivos deste são em grande parte coincidentes com o da jurisdição estatal, sendo muito forte a tendência de incluí-lo entre os processos jurisdicionais".

Entretanto, não se concretiza a fraude à execução quando transmissão do bem se dá sem o concurso da vontade do executado, como nos casos de desapropriação ou mesmo do furto de um bem móvel. Isso porque não estava na esfera de disponibilidade do executado impedir a perda da propriedade, razão pela qual não pode ser responsabilizado por resultado que decorre de situação para a qual não concorreu. Nesse sentido, conforme a lição de Teori Albino Zavaski, "não se compreende como tal a transmissão do domínio por força de desapropriação, ainda que o preço seja ajustado por acordo de vontades, já que nessa hipótese a alienação é imposta por ato de Estado, cuja efetivação independe do concurso de vontade do proprietário. Mas, há de se entender como alienação o ato de renúncia a direito material (renúncia à herança, por exemplo), pois importa diminuição voluntária no patrimônio do devedor, com reflexos em interesses do credor".[28]

A maior dificuldade ligada a este elemento não reside propriamente em definir quando há alienação ou quando há oneração de bens,[29] mas sim na prova de que a vontade declarada no negócio realizado não corresponde à realidade. Isso porque a intenção do agente sempre dependerá de prova indireta, de produção difícil ou até mesmo impossível. Esta é uma das razões pelas quais sustentamos, diante da nova estrutura do art. 792, do CPC, em especial do seu §2º, que o entendimento da Súmula 375, do Superior Tribunal de Justiça está superado, dependendo a decretação da fraude à execução de elementos unicamente objetivos.[30]

O terceiro requisito, por fim, reside no reconhecimento incidental do estado de insolvência do responsável executivo, desde que decorrente da alienação ou da oneração de bens. Conforme já tivemos a oportunidade de salientar "Além da não necessidade da averbação no registro do bem como elemento essencial do tipo legal, outro aspecto relevante para diferenciar a presente hipótese das hipóteses anteriores é a necessidade do estado de insolvência do devedor, que implica, necessariamente, em prejuízo para o credor. Nas hipóteses anteriormente tratadas a alienação de um bem específico prejudica o credor porque este não pode mais obter o cumprimento específico da obrigação ou

---

28. ZAVASKI, p. 266-267.
29. ASSIS, Araken de. *Manual do Processo de execução*. 18. ed. São Paulo: Ed. RT, 2016. p. 388. "expressam oneração os direitos reais de garantia (penhor, hipoteca, anticrese) e os direitos reais limitados (art. 1.225, II a VII, do CC): por exemplo, o direito de superfície, o usufruto e a habitação ou porque outorgam privilégio a certo credor, ou porque desvalorizam a coisa".
30. OLIVEIRA NETO, p. 162. "Já no caso do art. 792, IV, do CPC, que corresponde à hipótese antes prevista no art. 593, II, do CPC de 1973, também não mais será possível afirmar que seja necessária a presença do elemento subjetivo, tendo que ser comprovada a intenção de fraudar do alienante ou do adquirente do bem. Isso porque a regra relativa aos bens não sujeitos a registro, prevista no §2º, indica que cabe ao adquirente provar que tomou todas as cautelas necessárias quando da aquisição do bem, o que não se justifica seja afastado para os bens que dependem de registro. Afinal, para quem adquire um bem imóvel o normal é tomar cuidados ainda mais rígidos do que tem o adquirente de bem que não é imóvel, mormente tendo em vista que os valores para a aquisição deste normalmente são bastante inferiores aos valores necessários para a aquisição daqueles. Cremos, portanto, que a nova configuração imposta pelo art. 792, do CPC, à fraude à execução, implica na superação da Súmula 375, do Superior Tribunal de Justiça, não sendo mais necessária a comprovação da má-fé do adquirente do bem para que se configure a pratica da conduta fraudulenta; o que também importa na afirmação de que para a decretação da fraude à execução bastam os elementos objetivos, não sendo necessária a concorrência do elemento subjetivo, referente à intenção de praticar o ato fraudulento".

O TERMO INICIAL DA FRAUDE À EXECUÇÃO NA DESCONSIDERAÇÃO DA PJ | **599**

ao menos a satisfação num bem previamente separado para tal finalidade, mas ainda poderá obter o cumprimento da obrigação mediante ressarcimento que se faz em outros bens integrantes do patrimônio do executado. No presente caso, todavia, a retirada dos bens do patrimônio do executado faz com que este não mais tenha bens suficientes para garantir a futura execução e, por isso, necessariamente, essa se tornará uma execução frustrada".[31]

Em suma, portanto, reconhecida pelo órgão julgador a ocorrência destes três elementos objetivos, na forma acima descrita, caracteriza-se a fraude à execução, com fundamento no art. 792, IV, do CPC.

4. A DECISÃO QUE VERSA SOBRE A DESCONSIDERAÇÃO DA PERSONALIDADE

A novidade introduzida pelo CPC/2015, em seus art. 133 até 137, não foi a desconsideração da personalidade jurídica em si mesma, mas a criação de um procedimento capaz de harmonizar as possibilidades de desconsideração da personalidade jurídica previstas na lei material com o modelo constitucional do processo civil.

A teoria da desconsideração da personalidade jurídica (*disregard doctrine*) foi difundida no Brasil desde a década de 1960 e remonta a artigo publicado por Rubens Requião, que assim a sintetizou:

> a disregard doctrine não visa anular a personalidade jurídica, mas somente objetiva desconsiderar, no caso concreto, dentro de seus limites, a pessoa jurídica, em relação às pessoas ou bens que atrás dela se escondem. É o caso de declaração de ineficácia especial da personalidade jurídica para determinados efeitos, prosseguindo, todavia, a mesma incólume para seus outros fins legítimos.[32]

Foi por isso que a exposição de motivos do anteprojeto do CPC assentou que muitas regras foram "concebidas, dando concreção a princípios constitucionais, como, por exemplo, as que preveem um procedimento, com contraditório e produção de provas, prévio à decisão que desconsidera a pessoa jurídica, em sua versão tradicional ou 'às avessas'".[33]

Com a criação desse instrumento processual, na lição de Arruda Alvim, garantiu-se, em observância às "garantias do contraditório e da ampla defesa (art. 5º, LV, da CF/1988), que aquele cujo patrimônio pode vir a ser atingido tenha a oportunidade de discutir em juízo se estão presentes os requisitos que a lei coloca para que possa ocorrer a desconsideração".[34] O grande objetivo do incidente foi eliminar a extrema insegurança "que vigia no sistema anterior em decorrência de desordenados redirecionamentos de

---

31. Idem, p. 166.
32. REQUIÃO, Rubens. Abuso de direito e fraude através da personalidade jurídica. *Revista dos Tribunais*. v. 410, p. 14. São Paulo: Ed. RT, 1969.
33. Brasil. Congresso Nacional. Comissão de Juristas Responsável pela Elaboração do Anteprojeto de Código de Processo Civil. *Anteprojeto do código de processo civil*. Brasília: Senado Federal. p. 15.
34. ARRUDA ALVIM NETO, José Manoel de. *Novo contencioso cível no CPC/2015*. São Paulo: Ed. RT, 2016. p. 110.

execuções e arbitrárias extensões da responsabilidade executiva a sujeitos diferentes do obrigado", razão pela qual 'extensões dessa ordem só serão admissíveis quando houver um prévio pronunciamento judicial a respeito'".[35]

Trata-se de uma modalidade de intervenção de terceiros porque alguém estranho ao processo – sócio ou sociedade, a depender do caso – será citado e passará "a ser parte no processo, ao menos até que seja resolvido o incidente e [...] caso se decida pela desconsideração, o sujeito que ingressou no processo passará a ocupar a posição de demandado, em litisconsórcio com o demandado original".[36]

O Código estabeleceu duas formas de se requerer a desconsideração da personalidade jurídica: (i) juntamente com a inicial; ou, ainda, (ii) por simples petição, instaurando-se um incidente no curso do processo.

O requerimento pode ser formulado pela parte ou pelo Ministério Público (art. 133, *caput*) e deve demonstrar o preenchimento dos pressupostos legais específicos para a sua decretação (art. 133, § 1º, e 134, § 4º), quais sejam, os previstos no art. 50, do Código Civil (Lei 10.406/2002), art. 28, *caput*, § 5º, do Código de Defesa do Consumidor (Lei 8.078/1990), art. 34, da Lei Antitruste (Lei 12.529/2011), art. 4º, da Lei 9.605/1998, art. 14, da Lei Anticorrupção (Lei 12.846/2013).[37]

Parcela da doutrina entende ser possível que o incidente seja instaurado "também de ofício, sempre que o direito material não exigir iniciativa da parte para essa desconsideração",[38] o que seria possível, por exemplo, em relações jurídicas de direito do consumidor e direito ambiental.[39]

---

35. DINAMARCO, Cândido Rangel; LOPES, Bruno Vasconcelos Carrilho. *Teoria geral do novo processo civil*. São Paulo: Malheiros, 2016. p. 163.

36. CÂMARA, Alexandre Freitas. *O novo processo civil brasileiro*. 2. ed. São Paulo: Atlas, 2016. p. 94.

37. NUNES FILHO, Heleno Ribeiro P. *A desconsideração de ofício da personalidade jurídica à luz do incidente processual trazido pelo novo código de processo civil brasileiro. Revista de Processo*. v. 258, São Paulo: Ed. RT, ago. 2016. "Frisa-se que tal constatação tem fundamento, ainda, na própria redação dos art. 133, § 1.º e 134, § 4.º, do CPC, segundo os quais, o requerimento de instauração do incidente deve observar e demonstrar o preenchimento dos pressupostos legais específicos para a desconsideração da personalidade jurídica. É evidente, portanto, que estes dispositivos estão se referindo às normas de direito substancial, as quais continuarão regulando os pressupostos exigidos em cada caso concreto, seja ele submetido ao Código Civil, seja ele submetido ao Código de Defesa do Consumidor ou à Lei de Crimes Ambientais".

38. MARINONI, Luiz Guilherme; ARENHART, Sérgio Cruz; MITIDIERO, Daniel. *Novo Código de Processo Civil comentado*. São Paulo: Ed. RT, 2015. p. 208.

39. TARTUCE, Flávio. *O novo CPC e o direito civil*: impactos, diálogos e interações. São Paulo: Método, 2015. p. 77-78. ASSIS, Araken de. *Manual da execução*. 21. ed. São Paulo: Ed. RT, 2021. p. 288. Araken de Assis refuta veemente essa possibilidade, argumentando que a "desconsideração escapa aos poderes de direção material do juiz. Em outras palavras, não é lícito ao órgão judicial, na hipótese do art. 790, VII, redirecionar a pretensão a executar contra o sócio ao seu talante. O incidente envolve, predominantemente, interesses patrimoniais. E quem tomar essa iniciativa assumirá os riscos financeiros perante as pessoas arroladas na petição. De resto, a desconsideração da pessoa jurídica provoca a formação de litisconsórcio facultativo passivo. Ao órgão judiciário é vedado, de ofício, a integrar terceiro à relação processual, o que significa violar o princípio da demanda. Essas razões se mostram superiores à que baseia no caráter excepcional da desconsideração o veto à atuação ex officio do juiz. É nula, por conseguinte, a integração de terceiro ao processo, determinada ex officio pelo juiz, a guisa de desconsideração da personalidade jurídica".

O TERMO INICIAL DA FRAUDE À EXECUÇÃO NA DESCONSIDERAÇÃO DA PJ **601**

As normas previstas no CPC são aplicáveis, também, à desconsideração inversa da personalidade jurídica – quando se objetiva atingir o patrimônio da sociedade, utilizando-o para responder pelas dívidas do sócio –, conforme dispõe o art. 133, § 2º.

Quando requerida a desconsideração da personalidade jurídica com a inicial, será realizada a citação do sócio e da pessoa jurídica para integrar o processo e contestar o pedido de desconsideração (art. 134, § 2º), dispensada a instauração de um incidente específico e a suspensão do processo. Nesse caso, haverá litisconsórcio facultativo passivo da pessoa jurídica (sócio ou administrador) com o(s) seu(s) integrante(s), sem necessidade de suspensão do processo. Ademais, as provas necessárias ao julgamento deste pedido poderão ser realizadas durante a regular instrução processual, sendo o pedido julgado com a sentença e desafiando recurso de apelação (art. 1.009, do CPC).

Nessa hipótese, em que houve a formação de um litisconsórcio passivo, caso algum sócio (já citado) ou a empresa (no caso da desconsideração inversa) promova a alienação ou oneração de bens, esse comportamento poderá configurar fraude à execução, desde que enquadrada em alguma das hipóteses do art. 792, do CPC.

Nada impede, todavia, que o pedido seja feito posteriormente, por meio de simples petição, também sendo necessária a comprovação dos requisitos legais. Nesse caso, a instauração do incidente suspenderá o processo (art. 134, § 3º), devendo haver imediata comunicação ao distribuidor para as anotações devidas (art. 134, § 1º), em razão da ampliação subjetiva da relação processual originária.

O sócio ou a pessoa jurídica (nos casos de desconsideração inversa) serão citados para apresentar defesa e requerer as provas cabíveis no prazo de quinze dias (art. 135), cumprindo-se com a garantia do contraditório e da ampla defesa.

Seja como for, o pedido de desconsideração não inaugura ação autônoma, instauran-do-se incidentalmente no processo, podendo ter o seu início nas fases de conhecimento, cumprimento de sentença e no processo autônomo de execução (art. 134, *caput*). Quando o requerimento de desconsideração ocorrer em sede de execução ou cumprimento de sentença, "caberá ao incidente a função de constituir o título legitimador da execução contra aqueles a que se imputa a responsabilidade patrimonial pela obrigação contraí-da em nome de outrem",[40] isto é, sem decisão acerca do redirecionamento da execução faltará título executivo para o atingimento dos bens de terceiros.

O incidente deverá ser julgado logo após a defesa ou depois de realizada a instru-ção, se necessária, por meio de decisão interlocutória, contra a qual caberá agravo de instrumento (art. 136, *caput*, e 1.015, IV). Se o incidente for resolvido em sede recursal, pelo relator, a decisão será atacável por meio de agravo interno (art. 136, § 1º).

Uma vez julgado o mérito do pedido de desconsideração, a sua rejeição ou aco-lhimento fará coisa julgada material, mesmo que se trate de decisão interlocutória (art. 356, § 3º, e 502). Essa decisão opera seus efeitos relativamente ao processo em curso (e

---

40. THEODORO JÚNIOR, Humberto. *Curso de direito processual civil*: teoria geral do direito processual civil, processo de conhecimento e procedimento comum. 56. ed. Rio de Janeiro: Forense. v. 1. p. 400.

eventualmente a outros, entre as mesmas partes, que versem sobre causas que estejam em relação de prejudicialidade com a ação principal daquele processo).

A desconsideração ali decretada, portanto, não é ampla e genérica. Até porque os pressupostos justificadores da desconsideração variam conforme o contexto da relação jurídico-material e as circunstâncias concretas, isto é, a decisão determinando a desconsideração de personalidade jurídica num dado caso concreto não tem como genericamente ser utilizada em outros casos (ainda que a prova ali produzida possa vir a ser aproveitada em outros processos e incidentes em que se busque o reconhecimento da desconsideração para outros fins).

5. TERMO INICIAL DA OCORRÊNCIA DA FRAUDE À EXECUÇÃO NO CASO DE DECRETAÇÃO DA DESCONSIDERAÇÃO

O ponto de partida para identificar o termo 'a quo' da ocorrência da fraude à execução, isso nos casos da desconsideração da personalidade da pessoa jurídica, qualquer que seja sua espécie, reside na fixação do momento em que uma causa deve ser considerada como 'causa pendente'. Sabemos que um pedido de tutela antecedente, um inquérito policial ou um procedimento arbitral, segundo a melhor doutrina, são abarcados pelo conceito de causa pendente, já que ostentam potencial para a formação de título executivo. Porém, qual deverá ser considerado o marco inicial destas causas e, em especial, do processo judicial? O momento em que a petição inicial é protocolada, nos termos do art. 312, do CPC, ou o momento no qual se efetiva a citação?

Ainda na vigência do CPC1973 se formaram dois entendimentos sobre a questão. Enquanto uma primeira corrente entendia que a realização da citação não era necessária, mas que uma vez efetivada fazia retroagir seus efeitos para a data da propositura da causa – na época o momento em que a petição inicial era distribuída ou despachada pelo magistrado – assim como se dá atualmente com o mecanismo da retroação do momento de interrupção da prescrição, previsto no art. 240, §1º, do CPC;[41] outra sustentava ser a citação ato imprescindível para o estabelecimento da litispendência, já que reconhecer de forma automática a ocorrência da fraude antes do réu ter ciência da demanda implicava em ofensa ao princípio do contraditório, não sendo possível a retroação.[42] Ainda no âmbito desta segunda corrente havia quem entendesse que apenas em casos excepcionais, nos quais o autor demonstrava que o réu tinha ciência inequívoca dos

---

41. DIAS, Ronaldo Brêtas de Carvalho. *Fraude no processo civil*. Del Rey: Belo Horizonte, 2000. p. 114. "... a demanda já está em curso, ou seja, corria demanda contra o devedor, segundo expressão legal (art. 593, II), a partir do instante em que o demandante faz a entrega de sua petição inicial ao poder Judiciário (art. 263 e 617), desnecessária a citação para caracterizá-la ...".

42. Idem, p. 112-113. Embora assuma posição contrária, noticia o autor que "... parte considerável da doutrina proclama que é indispensável a litispendência, ou seja, a citação do devedor, antes da alienação ou da oneração, para se falar em demanda pendente. Argumenta-se que o dispositivo pressupõe animus fraudatório, ao menos da parte do devedor, fazendo com que a presunção da lei processual só opere a partir do momento em que o demandado tenha conhecimento, pelo ato de comunicação adequada (arts. 213, 219 e 617), de que a ação foi proposta.".

O TERMO INICIAL DA FRAUDE À EXECUÇÃO NA DESCONSIDERAÇÃO DA PJ **603**

fatos antes mesmo da efetivação da citação – podendo por isso desde logo exercer o contraditório - seria possível a retroação à data da propositura da causa.[43]

Depois da entrada em vigor do atual CPC, em decisão proferida em recurso especial repetitivo, o STJ firmou entendimento no sentido de que 'é indispensável citação válida para a configuração da fraude de execução';[44] entendendo Araken de Assis não ser viável retroagir a ineficácia decorrente da decisão que reconhece a fraude para o momento da propositura da ação, na medida em que o art. 240, §§ 1º e 4º, do CPC, se refere expressamente à prescrição, à decadência e a outros prazos extintivos, não admitindo uma interpretação extensiva de regra que considera excepcional.[45] Nas palavras do próprio autor "É errônea, assim, a percepção generalizada de que todos os efeitos retroagem á data do ajuizamento. [...] o ato praticado pelo devedor antes da citação e depois do ajuizamento não constitui fraude contra a execução. Nesta hipótese somente se configurará fraude contra credores, [...] vedado ao credor penhorar o bem alienado independentemente do desfazimento da transmissão através da ação anulatória do art. 171, II, do CC.".[46]

Também no sentido de que a citação é essencial para a decretação da fraude à execução e de que, de ordinário, não há a possibilidade de retroagir a ineficácia para o momento em que a petição inicial é protocolada, dentre outras, encontramos as opiniões de José Miguel Garcia Medina,[47] de Rogério Licastro Torres de Mello[48] e de Thiago Ferreira Siqueira.[49]

Parte da doutrina, todavia, partindo do entendimento de que a citação é necessária para a caracterização da litispendência, entende ser possível fixar como marco inicial da ocorrência da fraude à execução o momento do protocolo da petição inicial (art. 312, do CPC), desde que reste comprovado nos autos que o sujeito passivo tinha conhecimento inequívoco da propositura da causa. Nesse sentido a posição de Cândido Rangel Dinamarco[50] e de Fredie Didier Junior et all.[51]

---

43. GRECO, Leonardo. *O processo de execução*. Rio de Janeiro: Renovar, 2001. v. 3.p. 40-41. "Esse efeito substancial da citação não retroage à data do ajuizamento, mas se produz a partir da efetivação do ato de citação. Excepcionalmente pode o credor requerer a retroação desse efeito a data anterior à citação, se lograr provar ciência inequívoca do devedor de que a ação foi proposta.". DINAMARCO, Cândido Rangel. *Execução civil*. 7. ed. São Paulo: Malheiros, 2000. p. 283.
44. STJ. Corte Especial. REsp 956.943/PR. Rel. Min. Nancy Andrighi - Rel. Acórdão Min. João Otávio Noronha. J. 20.08.2014, DJe 01.12.2014.
45. ASSIS, p. 384-385.
46. Idem, p. 385.
47. MEDINA, José Miguel Garcia. *Direito processual civil moderno*. 2. ed. São Paulo: Ed. RT, 2017. p. 1.020.
48. MELLO, Rogério Licastro Torres de, *Responsabilidade executiva secundária*. São Paulo: Ed. RT, 2015. p. 203.
49. SIQUEIRA, Thiago Ferreira. *A responsabilidade processual no novo sistema processual civil*. São Paulo: Ed. RT, 2016. p. 319.
50. DINAMARCO. *Instituições...*, p. 443. "Em princípio, reputa-se momento inicial do processo, para o fim de caracterização de fraude executiva, aquele em que é feita a citação do demandado e não aquele em que o processo tem início [...]; só então ele fica ciente da demanda proposta, não sendo razoável nem legítimo afirmar uma fraude da parte de quem ainda não tenha conhecimento da litispendência instaurada [...]. Mas esta razão cessa quando por algum modo o demandado já tiver conhecimento da pendência do processo, antes de ser citado; essa é uma questão de fato a ser apreciada caso a caso, sendo legítimo considerar até mais maliciosa a conduta daquele que se furta à citação com o objetivo de desfazer-se de bens ou onerá-los antes que esta se consuma".
51. DIDIER JUNIOR, Fredie, CUNHA, Leonardo Carneiro da, BRAGA, Paula Sarno, OLIVEIRA, Rafael Alexandria de. *Curso de direito processual civil*. 7. ed. Salvador: JusPodivm, 2017. v. 5, p. 393. "Todavia, se houver prova de

Não temos dúvida de que esta última posição é a que prevalece na atualidade, firmando-se o entendimento – derivado da interpretação do STJ e da doutrina que consideramos mais acertada – de que para a caracterização da existência de uma 'causa pendente', em regra, há necessidade da citação; que excepcionalmente poderá ser suprida pela prova de que o demandado tinha ciência inequívoca da propositura da causa, caso em que o marco inicial é o do protocolo da petição inicial.

Nada obstante o respeito que se deve a este entendimento, cremos ser possível questionar se o mais adequado não seria fixar o termo 'a quo' da ocorrência da fraude à execução, como regra geral, o momento do protocolo da petição inicial. Em outras palavras: será que na atualidade, diante da realidade que vivemos, não seria o mais correto reconhecer a existência de 'causa pendente' a partir do protocolo da petição inicial?

Pensemos partindo daquilo que realmente acontece, exigência imprescindível aos valores do processo civil contemporâneo. Quando alguém litiga em juízo, em especial com relação a procedimento que pode gerar título executivo, normalmente já tem ciência da possibilidade do ajuizamento da causa. A causa de pedir já é conhecida e, muita das vezes, já houve um contato prévio com a finalidade de tentar uma composição. É extremamente baixa – ou quase inexistente – a possibilidade de que alguém seja surpreendido com a propositura de uma ação que pleiteia uma tutela condenatória.

Por seu turno, com o advento do processo digital, hoje implantado em todas as unidades federativas e na justiça federal, seja a comum seja a especializada, basta a qualquer pessoa conectar seu computador no site do tribunal para saber da existência ou não da propositura de uma causa. Quem advoga bem sabe que, normalmente, a verdadeira ciência da decisão judicial chega muito tempo antes da intimação feita pelas vias oficiais.

Ora, se esta é a realidade, a manutenção do entendimento hoje existente – *apenas excepcionalmente e mediante prova o marco inicial da fraude é o protocolo da petição inicial* – abre uma enorme janela de oportunidade para que o responsável executivo pratique manobras visando descaracterizar a ocorrência da fraude à execução, levando a sua conduta para a seara da fraude contra credores, na qual a necessidade de comprovar o elemento subjetivo (*consilium fraudis*) implica em agravar uma posição jurídica de inferioridade que o fraudado apresenta frente ao fraudador. Afinal:

> ... não é desconhecido do senso comum que aqueles devedores que fraudam a execução compõem aquela categoria de pessoas que pode, com suas artimanhas, evitar o ato de citação por algum tempo, mesmo tendo ciência da demanda, com a finalidade de praticar atos em detrimento de seu credor. É por isso, aliás, que o código prevê a citação por hora certa, onde o sujeito passivo se oculta, maliciosamente, para não ser citado. Ademais, deve-se ter em mente que quem frauda não tem, propriamente, o comportamento de uma religiosa, mas costuma agir sub-repticiamente para obter vantagem ilícita em detrimento de outrem. Bastante comum, por isso, que tal categoria de pessoas

---

que o devedor sabia da pendência do processo antes da sua citação, os desfalques patrimoniais anteriores a ela, mas posteriores à propositura da demanda, também deverão ser considerados fraudulentos.".

tenha conhecimento da demanda bem antes do ato de citação, o que torna ... [o atual entendimento majoritário] ... bastante fraco para permitir um combate eficaz à prática da fraude.[52]

Em nossa opinião, portanto, diante da atual realidade dos fatos, de *lege lata* há necessidade da superação do posicionamento da doutrina e dos tribunais, com a adoção, de forma objetiva e independentemente da necessidade de comprovação de ciência inequívoca da demanda, do momento do protocolo da petição inicial como o momento que dá ensejo à *'causa pendente'* caracterizador da fraude à execução; ou, de *lege ferenda*, que nossa legislação seja alterada para fixar momento do protocolo da petição inicial como o momento caracterizador da *'causa pendente'* para efeito da decretação da fraude à execução.

Todavia, enquanto não se dá nenhuma das duas alterações, cabe repetir que o CPC não restringe o pedido de desconsideração da personalidade jurídica a uma única fase processual. Quando requerida a desconsideração juntamente com a petição inicial, não há dúvida quanto ao marco temporal para a configuração da fraude à execução – pelo entendimento atualmente consolidado – que é o momento da citação do requerido sócio ou pessoa jurídica (na desconsideração inversa). O grande problema surge quando a desconsideração da personalidade jurídica é requerida posteriormente à petição inicial, ensejando, com isso, a instauração do respectivo incidente processual (art. 134, § 1º), sendo necessária a citação do sócio ou pessoa jurídica, a depender do caso (art. 135).

Na fraude à execução praticada durante o curso do incidente de desconsideração da personalidade jurídica, o Código possui dispositivos que dão ensejo a interpretações conflitantes quanto ao marco inicial em que os atos de alienação ou oneração serão considerados em fraude à execução.

Pelo art. 137, do CPC, "acolhido o pedido de desconsideração, a alienação ou a oneração de bens, havida em fraude de execução, será ineficaz em relação ao requerente". Por este comando legal, a ineficácia dos atos fraudulentos teria como marco temporal a decisão que julga o incidente de desconsideração da personalidade jurídica, já no final do incidente, quando o sócio é efetivamente integrado no polo passivo do processo principal.[53]

Do outro lado, o parágrafo 3º, do art. 792, estabelece como marco temporal, para fins de configuração de fraude à execução, "a citação da parte cuja personalidade se pretende desconsiderar". Assim, a citação da pessoa jurídica no processo principal seria considerada o marco temporal para a caracterização da fraude à execução, antes mesmo de futura instauração do incidente de desconsideração da personalidade jurídica, ou seja, a citação do devedor principal é a data limite para o terceiro alienar e onerar seus bens.[54]

---

52. OLIVEIRA NETO. *Curso...*, p. 160.
53. AMADEO, Rodolfo da Costa Manso Real. Problemas de Direito Intertemporal na nova disciplina da fraude à execução no ordenamento jurídico brasileiro. *In:* YARSHELL, Flávio Luiz; PESSOA, Fabio Guidi (coords.). *Direito intertemporal.* Salvador: Juspodivm, 2016. p. 443.
54. Ao tratar do assunto, a Escola Nacional de Formação e Aperfeiçoamento de Magistrados elaborou o enunciado 52, segundo o qual "a citação que se refere o art. 792, §3º, do CPC/2015 (fraude à execução) é a do executado

Se o marco temporal para a caracterização da fraude à execução for a citação da pessoa jurídica cuja personalidade foi desconsiderada (art. 792, § 3º, do CPC), então um determinado negócio firmado por um sócio de uma sociedade empresária já demandada poderá ser reconhecido como ato praticado em fraude à execução, mesmo sem que existisse qualquer demanda contra o sócio, mas apenas contra a sociedade da qual faz ou fazia parte.

A dúvida, portanto, repousa em estabelecer se o momento a partir do qual a alienação do bem capaz de reduzir o devedor à insolvência pode ser considerada como ato praticado em fraude à execução: (i) o da primeira citação do réu para o processo originário; ou, ainda, (ii) o da citação daquele que vier a ser atingido pela desconsideração da personalidade jurídica para manifestação no incidente dos art. 133 a 137 do CPC.

Impende notar que a configuração da fraude à execução depende da presunção de que o terceiro adquirente do bem (ou beneficiário de sua oneração) tinha ou podia razoavelmente ter conhecimento da pendência da demanda, motivo pelo qual ganha relevo o registro da instauração do incidente no cartório distribuidor (art. 134, § 1º).

Entendendo pela ineficácia da alienação ou oneração do bem somente a partir da citação do sócio, administrador ou pessoa jurídica para se manifestar no incidente, Humberto Theodoro Júnior afirma que:

> Como a penhora só será viável depois da decisão do incidente, a medida do art. 137 resguarda, desde logo, a garantia extraordinária que se pretende alcançar por meio da desconsideração. Da mesma forma que se passa com a fraude cometida dentro da execução ordinária, a presunção legal de fraude do art. 137 pressupõe que o sujeito passivo da desconsideração da personalidade jurídica já tenha sido citado para o incidente, quando praticar o ato de disposição (art. 792, § 3º). Justifica-se a fixação desse termo a quo pela circunstância de que o sujeito passivo do processo só se integra a ele por meio da citação. Portanto, só pode fraudar a execução quem dela faça parte. Antes da citação, o devedor ou responsável não fica imune às consequências da fraude, mas se sujeita ao regime da fraude contra credores e não da fraude à execução. Há, não obstante, mecanismos de proteção cautelar que previnem.[55]

Nelson Nery Jr. e Rosa Maria de Andrade Nery prelecionam que a finalidade do dispositivo é punir a conduta do sócio ou administrador que aliena bens no curso do incidente de desconsideração. Porém, mostra-se mais correto considerar que a ineficácia "da alienação ou oneração de bens ocorrida nessa situação incida apenas caso ocorram após a citação do sócio ou administrador para responder aos ternos do incidente, ou após algum fato que dê a entender que tais pessoas tinham ciência da instauração".[56]

---

originário, e não aquela prevista para o incidente de desconsideração da personalidade jurídica (art. 135 do CPC/2015)". (BRASIL. Superior Tribunal de Justiça – Escola Nacional de Formação e Aperfeiçoamento de Magistrados. *Seminário – O poder judiciário e o novo código de processo civil*. Enunciado 52).

55. THEODORO JÚNIOR, p. 401.

56. NERY JUNIOR, Nelson; NERY, Rosa Maria de Andrade. *Código de processo civil comentado*. 17. ed. São Paulo: Ed. RT, 2018. p. 682. E, mais adiante, ao tratarem especificamente do art. 782, § 3º, afirmam que "este parágrafo fixa um 'dies a quo' para a estipulação dos atos fraudulentos em caso de desconsideração da personalidade jurídica. A prescrição deste parágrafo pode parecer óbvia, mas não o é, pois poderia se arguir que a fraude se caracteriza a partir da ciência dos sócios. Porém, este argumento não prevalece, tendo em vista que não alcançaria

Segundo José Miguel Garcia Medina, a citação referida no § 3º, do art. 792, do CPC, é aquela prevista no art. 135, ou seja, "citado o sócio ou a pessoa jurídica para manifestar-se sobre o pedido de desconsideração, o ato de alienação ou oneração de bens poderá ser considerado em fraude à execução, observadas as demais condições previstas no art. 792 do CPC/2015".[57] Na mesma linha afirma Alexandre Freitas Câmara que:

> ... o momento a partir do qual se considera fraude à execução a alienação ou oneração de bens pelo sócio (ou pela sociedade, no caso da desconsideração inversa) não é propriamente o momento de instauração do incidente (que é, como visto anteriormente, o momento em que proferida a decisão que o admite), mas o momento da citação do responsável. A partir daí, qualquer ato de alienação ou oneração de seus bens será tida como fraude à execução se estiverem presentes os requisitos estabelecidos pelo art. 792 do CPC.[58]

Cândido Rangel Dinamarco também erige a citação como marco temporal para o reconhecimento da fraude à execução, pois uma vez instaurado:

> o incidente de desconsideração no curso de um processo já pendente, o suposto responsável será citado (a sociedade), considerando-se que somente a partir de então poderá configurar-se alguma fraude de execução por ele eventualmente praticada – e não da instauração do processe entre um possível credor e um possível devedor, ainda sem a presença e participação do terceiro. Diferente será a situação quando a desconsideração da personalidade jurídica houver sido requerida na petição inicial, sendo então o terceiro citado logo de início (art. 134, § 2º), dispensando-se o incidente e considerando-se fraudulentas eventuais alienação ou onerações por ele cometidas a partir desse momento (art. 792, § 3º).[59]

Marcelo Abelha Rodrigues, ao criticar a posição segundo a qual só se cogitará de fraude à execução com a citação da pessoa no incidente, observa que:

> o devedor, atuando como representante legal da pessoa jurídica na posição de réu/executado (ou, ao inverso, atuando como pessoa física no caso de desconsideração inversa), irá promover a "venda de bens" da pessoa física muito antes de ser contra ele instaurado o incidente, pois já será ele (na condição de representante da pessoa jurídica) réu ou executado na demanda capaz de levá-la à insolvência. Deveria o legislador ter fixado o momento da fraude na primeira citação, da pessoa física ou jurídica, tratando-se, respectivamente, de desconsideração da personalidade jurídica ou inversa, ou, no mínimo, no pior dos cenários na data de instauração do incidente, sob pena de se tornar letra morta a fraude à execução nesses casos, e assim constituir uma brecha legal para o réu/devedor/executado

---

o fim a que se presta a desconsideração da personalidade jurídica, que é justamente o de coibir a utilização da personalidade jurídica para encobrir atos fraudulentos. Ao mesmo tempo, resguarda-se a pessoa dos sócios não responsáveis contra eventual abuso de direito do credor [...]."

57. MEDINA, José Miguel Garcia. *Novo Código de Processo Civil comentado*. São Paulo: Ed. RT, 2020. P. 1174-1175.

58. CÂMARA, Alexandre Freitas. *Manual de direito processual civil*. Barueri: Atlas, 2022. p. 225.

59. DINAMARCO, p. 428. "Ainda sobre a demanda capaz de reduzir o devedor à insolvência: necessidade, ou não, de prévia citação? Quanto à necessidade, ou não de prévia citação, tem prevalecido, no âmbito do STJ, o entendimento de que apenas se configura a fraude à execução quando a alienação do bem tenha ocorrido após a existência da demanda com citação válida. O NCPC nada trouxe que tenha o condão de modificar tal entendimento. Pelo contrário, o disposto no § 3.º reforça, porquanto, pela sua dicção, na hipótese de desconsideração da personalidade jurídica, a fraude à execução somente se consuma após a partir da citação da parte cuja personalidade se pretende desconsiderar".

(representante da pessoa jurídica ou pessoa física) manipular a alienação de bens da pessoa (física ou jurídica) muito antes de ser instaurado o incidente.[60]

Daniel Amorim Assumpção Neves, por sua vez, entende que o art. 137 não cuida do termo inicial da fraude à execução, pois se limita a afirmar que somente haverá essa espécie de fraude se o pedido de desconsideração for acolhido. A questão do termo inicial da fraude, portanto, é resolvida exclusivamente pelo § 3º, do art. 792, do CPC, nos seguintes termos:

> não parece ter fixado o termo inicial mais adequado ao prever que haverá fraude à execução a partir da citação da parte cuja personalidade se pretende desconsiderar. Não se trata, portanto, da citação dos "réus" no incidente de desconsideração da personalidade jurídica, mas sim do demandado originário. O que, entretanto, não parece o mais correto, porque nesse caso cria-se uma presunção absoluta de ciência dos sujeitos que serão atingidos pela desconsideração da personalidade jurídica que não deveria existir. A norma protege o credor, mas deixa o terceiro em grande risco, bastando pensar na hipótese de um terceiro adquirir um imóvel sem qualquer gravame, de vendedor sem qualquer restrição, mas que venha muito tempo depois a ser atingido pela desconsideração da personalidade jurídica. É realmente legítimo falar-se nesse caso de fraude à execução? O legislador teria sido mais técnico se tivesse se aproveitado do disposto no art. 134, § 1º, do Novo CPC, que prevê a comunicação da instauração do incidente de desconsideração da personalidade jurídica ao distribuidor para as anotações devidas. Nesse momento os nomes dos sujeitos que poderão ser afetados pela desconsideração se tornarão públicos, sendo esse o momento mais adequado para se configurar a fraude à execução. Infelizmente, entretanto, não foi essa a opção do legislador.[61]

André Vasconcelos Roque pontua que o CPC, ao se referir no art. 792, § 3º, à "parte cuja personalidade se pretende desconsiderar", estendeu parte dos efeitos da citação do devedor originário ao atingido pela desconsideração. Ao assim proceder:

> o legislador buscou evitar que eventuais atos fraudulentos que tenham sido praticados antes do requerimento de desconsideração e que podem inclusive tê-lo motivado escapem dos domínios da fraude à execução. Portanto, a citação do devedor originária equivaleria à citação do atingido pela desconsideração. [...]. Nada obstante antecipado o marco temporal, deve ser observado que, se o terceiro adquirente estiver de boa-fé (leia-se, não tinha conhecimento de que contra o alienante pendia o incidente de desconsideração), não pode ser reconhecida a fraude à execução, nos termos da Súmula 375 do STJ, sob pena de comprometimento da segurança jurídica.[62]

Cassio Scarpinella Bueno também assevera que o marco temporal para a fraude à execução está na citação do devedor originário:

> O art. 137 aponta uma das consequências do acolhimento do pedido, a de reconhecer a ineficácia da alienação ou da oneração de bens em relação àquele que formulou o pedido. Trata-se, nesse contexto, de um caso de fraude à execução (art. 792, V), que, quando devidamente reconhecida, fará com que os bens do(s) sócio(s) sejam direcionados à satisfação do crédito na medida em que se tenha reconhecido a prática do ato ilícito que justifica a instauração do incidente (arts. 133, § 1º, e 134, §

---

60. ABELHA, p. 153.
61. NEVES, Daniel Amorim Assumpção. *Manual de direito processual civil*. 13. ed. Salvador: JusPodivm, 2001. p. 389.
62. ROQUE, André Vasconcelos. Comentários ao art. 137. In: GAJARDONI, Fernando Fonseca (Coord.). *Comentários ao CPC 2015*: parte geral. Rio de Janeiro: Forense; São Paulo: Método, 2018. p. 489.

4º). A fraude à execução, nesses casos, verifica-se a partir da citação da parte cuja personalidade foi desconsiderada (art. 792, § 3º). Diante do amplo espaço de tempo que pode decorrer entre a citação, a desconsideração e os questionamentos relativos a existência de eventual fraude, importa destacar que o reconhecimento da fraude à execução, mesmo diante do art. 137, não pode ser entendido como "efeito anexo" da decisão que reconhece a desconsideração. Ela precisa ser identificada caso a caso, pesquisando, inclusive sobre a existência de eventuais adquirentes de boa-fé. Para esse fim, concordando com Flávio Luiz Yarshell, importa fazer adequada aplicação do disposto no § 2º do art. 792 e, mais amplamente, para fins de presunção da fraude, eventual averbação nos moldes autorizados pelos arts. 792, I e II, e 828. Também deverá ser levado em conta para esse fim que tenham sido realizadas as "anotações devidas" determinadas pelo § 1º do art. 134 e o instante em que as providências tenham sido tomadas, considerando, inclusive, a polêmica que a redação daquele dispositivo rende ensejo quanto ao ponto, na forma como escrevi no comentário n. 2 ao art. 134.[63]

Por sua vez, ao interpretar o art. 792, § 3º em confronto com o art. 137, comenta Sergio Shimura que:

> o CPC/2015 estabelece que a fraude à execução se verifica a partir da citação da 'devedora' (pessoa jurídica executada), e não da citação do sócio no incidente de desconsideração da personalidade jurídica. Aqui os efeitos do reconhecimento da fraude à execução retroagem à data da citação ocorrida nos autos principais (e não da citação no incidente procedimental). A lei presume que, quando da primeira citação, o sócio já está ciente da ação, passando, então, a alterar ou dissipar seu patrimônio pessoal.[64]

Diante do panorama que a doutrina apresenta a respeito do tema é forçoso reconhecer que o CPC foi extremamente confuso ao definir o momento a partir do qual a alienação ou oneração do bem pode ser considerada ineficaz com relação ao exequente, havendo antinomia entre o comando do art. 792, § 3º, e o comando do art. 137: enquanto para o art. 137, é a decisão que acolhe o pedido de desconsideração que gera ineficácia, para o art. 792, § 3º, é a citação da parte cuja personalidade se pretende desconsiderar que gera a ineficácia do ato de oneração ou disposição.[65]

Pode-se argumentar que o art. 792, § 3º, acabou por potencialmente considerar como fraude à execução um ato praticado por quem, à época da sua ocorrência, não era réu no processo respectivo.[66]

Também cumpre dizer que, na sistemática do CPC/73, o STJ havia firmado entendimento de que "é necessário, para a configuração de fraude à execução, que corra contra o próprio devedor a demanda capaz de reduzi-lo à insolvência, exigindo-se, para tanto,

---

63. BUENO, Cassio Scarpinella (Coord.). *Comentários ao Código de Processo Civil*. São Paulo: Saraiva, 2017. V. 1. P. 586. Também nesse sentido: "Anote-se, ainda, que a fraude à execução verifica-se a partir da citação da parte cuja personalidade se pretende desconsiderar (CPC, art. 792, § 3º)." (SANTOS, Nelton Agnaldo Moraes dos. Comentários ao art. 137, do CPC. In: MARCATO, Antônio Carlos. *Código Civil interpretado*. São Paulo: Atlas, 2022. p. 174.

64. SHIMURA, Sergio. Comentários ao art. 792: 6. Desconsideração da personalidade jurídica. In: BUENO, Cassio Scarpinella (Coord.). *Comentários ao Código de Processo Civil*. São Paulo: Saraiva, 2017. v. 3, p. 563.

65. OLIVEIRA NETO. V. 3, p. 167.

66. RODRIGUES, Daniel Colnago. *Intervenção de terceiros*. São Paulo: Ed. RT, 2017, p. 107. "[E]ntre a data da citação da pessoa jurídica demandada e a data da citação do sócio cujo patrimônio se almeja alcançar, pode ter decorrido um largo período de tempo, não sendo crível que a eficácia da desconsideração atinja, retroativamente, alienações de bens ocorridas há anos. Diante disso, uma provável solução é considerarmos, sempre, a boa-fé do adquirente, conforme § 2º do art. 792. Daí a importância do registro da instauração do incidente, aliás.".

que o ato de disposição do bem seja posterior à citação válida do sócio devedor, quando redirecionada a execução originariamente ajuizada contra a pessoa jurídica".[67] Ainda, ao tratar da venda de imóvel realizada por sócio de empresa executada, após a citação desta em ação de execução, mas antes da desconsideração da personalidade jurídica da empresa, o Tribunal decidiu que a fraude à execução só "poderá ser reconhecida se o ato de disposição do bem for posterior à citação válida do sócio devedor, quando redirecionada a execução que fora originariamente proposta em face da pessoa jurídica".[68]

Em contrapartida, pode-se considerar que o art. 792, § 3º, como uma hipótese autônoma de fraude, pois "estende todas as hipóteses de fraude para o responsável executivo secundário em caso da desconsideração da personalidade da pessoa jurídica, caracterizando, por isso, um 'arrastamento' das situações previstas para quem originalmente não era parte no processo".[69]

Nesse passo, sem prejuízo da necessidade de o Judiciário harmonizar a contradição entre o art. 137 e o art. 792, § 3º, ambos do CPC, entendemos que a decisão que acolhe o pedido de desconsideração apresenta eficácia constitutiva, pois altera a situação jurídica de quem antes não era parte e que agora passa a sê-lo,[70] o que implicaria apenas na possibilidade de produção de eficácia 'ex nunc', mas que a aplicação deste regime nos casos de desconsideração da personalidade acabaria por tornar totalmente inviável o reconhecimento da fraude à execução, permitindo ao fraudador praticar impunemente os atos de alienação ou de oneração de bens, cuja anulação em ação pauliana é extremamente difícil, devido à necessidade da produção de prova indireta.

Além disso, a experiência do dia a dia forense demonstra que as ações paulianas, justamente por conta da necessidade de comprovar o elemento subjetivo (*consilium fraudis*), costumam se estender por um período de tempo bastante longo, o que implica em agravar a posição de desvantagem do exequente e de ampliar a posição de vantagem do fraudador, o que muita das vezes conduz a frustração da prestação da tutela executiva, já que antes da anulação do negócio fraudulento o bem alienado ou onerado pode se deteriorar pelo desgaste natural que o tempo lhe impõe.

Em conclusão, excepcionalmente e diante da realidade imposta pelo processo eletrônico, entendemos que a proteção conferida pela decretação da fraude à execução nos casos de desconsideração da personalidade somente existirá se for considerado como termo 'a quo' da fraude o momento em que foi protocolada a petição inicial da causa que pode dar ensejo à formação de um título executivo. Esse é o exato momento em que aquele que virá a ser incluído no processo, em substituição ao que teve a personalidade desconsiderada, já tem toda possibilidade de ter ciência de que existe uma 'causa pendente' que pode atingir seus bens e, por isso, aliená-los ou onerá-los antes da decisão do incidente, frustrando a execução.

---

67. STJ, 3ª Turma, AgInt no AREsp 1.402.956/SP, rel. Ministro Marco Aurélio Bellize, DJe 17.09.2019.
68. STJ, 3ª Turma, REsp 1.391.830/SP, rel. Ministra Nancy Andrighi, DJe 01.12.2016.
69. OLIVEIRA NETO, p. 167-168.
70. Idem.

6. CONCLUSÕES

01. A hipótese de fraude à execução prevista pelo art. 792, IV, do CPC, que tem por escopo proteger a execução por quantia e que prescinde da publicidade do registro público, apresenta os seguintes elementos objetivos e essenciais à concretização do tipo: a) a pendência de uma causa em juízo, b) a alienação ou a oneração de bens a partir da pendência desta causa e c) a caracterização do estado de insolvência, impossibilitando o adimplemento da prestação não satisfeita.

02. Prevalece na atualidade o entendimento – derivado da posição do STJ e da doutrina que consideramos mais acertada – de que para a caracterização da existência de uma 'causa pendente', em regra, há necessidade da citação; que excepcionalmente poderá ser suprida pela prova de que o demandado tinha ciência inequívoca da propositura da causa, caso em que o marco inicial é o do protocolo da petição inicial.

03. Em nossa opinião, diante da atual realidade dos fatos, de *lege lata* há necessidade da superação do posicionamento da doutrina e dos tribunais, com a adoção, de forma objetiva e independentemente da necessidade de comprovação de ciência inequívoca da demanda, do momento do protocolo da petição inicial como o momento que dá ensejo à 'causa pendente' caracterizador da fraude à execução; ou, de *lege ferenda*, que nossa legislação seja alterada para fixar momento do protocolo da petição inicial como o momento caracterizador da 'causa pendente' para efeito da decretação da fraude à execução.

04. Quando requerida a desconsideração juntamente com a petição inicial, não há dúvida quanto ao marco temporal para a configuração da fraude à execução – pelo entendimento atualmente consolidado – que é o momento da citação do requerido sócio ou pessoa jurídica (na desconsideração inversa).

05. Sem prejuízo da necessidade de o Judiciário harmonizar a contradição entre o art. 137 e o art. 792, § 3º, ambos do CPC, entendemos que a decisão que acolhe o pedido de desconsideração apresenta eficácia constitutiva, pois altera a situação jurídica de quem antes não era parte e que agora passa a sê-lo - o que implicaria apenas na possibilidade de produção de eficácia 'ex nunc'–, mas que a aplicação deste regime nos casos de desconsideração da personalidade acabaria por tornar totalmente inviável o reconhecimento da fraude à execução, permitindo ao fraudador praticar impunemente os atos de alienação ou de oneração de bens, cuja anulação em ação pauliana é extremamente difícil, devido à necessidade da produção de prova indireta.

06. A experiência do dia a dia forense demonstra que as ações paulianas, justamente por conta da necessidade de comprovar o elemento subjetivo (*consilium fraudis*), costumam se estender por um período de tempo bastante longo, o que implica em agravar a posição de desvantagem do exequente e de ampliar a posição de vantagem do fraudador, o que muita das vezes conduz a frustração da prestação da tutela executiva, já que antes da anulação do negócio fraudulento o bem alienado ou onerado pode se deteriorar pelo desgaste natural que o tempo lhe impõe.

07. Excepcionalmente e diante da realidade imposta pelo processo eletrônico, entendemos que a proteção conferida pela decretação da fraude à execução nos casos de desconsideração da personalidade somente existirá se for considerado como termo *'a quo'* da fraude o momento em que foi protocolada a petição inicial da causa que pode dar ensejo à formação de um título executivo. Esse é o exato momento em que aquele que virá a ser incluído no processo, em substituição ao que teve a personalidade desconsiderada, já tem toda possibilidade de ter ciência de que existe uma *'causa pendente'* que pode atingir seus bens e, por isso, aliená-los ou onerá-los antes da decisão do incidente, frustrando a execução.

7. REFERÊNCIAS

ABELHA, Marcelo. *Manual de execução civil*. 5. ed. Rio de Janeiro: Forense, 2015.

AMADEO, Rodolfo da Costa Manso Real. Problemas de direito intertemporal na nova disciplina da fraude à execução no ordenamento jurídico brasileiro. In: YARSHELL, Flávio Luiz; PESSOA, Fabio Guidi (Coord.). *Direito intertemporal*. Salvador: JusPodivm, 2016.

ARRUDA ALVIM NETO, José Manoel de. *Novo contencioso cível no CPC/2015*. São Paulo: Ed. RT, 2016.

ALVIM, Teresa Arruda et al (Coord.). *Primeiros comentários ao novo Código de Processo Civil*: artigo por artigo. 2. ed. São Paulo: Ed. RT, 2016.

ASSIS, Araken de. *Manual do processo de execução*. 18. ed. São Paulo: Ed. RT, 2016.

ASSIS, Araken de. *Manual do processo de execução*. 21. ed. São Paulo: Ed. RT, 2021.

BRASIL. Congresso Nacional. Comissão de Juristas Responsável pela Elaboração do Anteprojeto de Código de Processo Civil. *Anteprojeto do Código de Processo Civil*. Brasília: Senado Federal.

BRASIL. Superior Tribunal de Justiça – Escola Nacional de Formação e Aperfeiçoamento de Magistrados. *Seminário – O poder judiciário e o novo código de processo civil*. Enunciado 52.

BUENO, Cassio Scarpinella (Coord.). *Comentários ao Código de Processo Civil*. São Paulo: Saraiva, 2017.

CAHALI, Yussef Said. *Fraudes contra credores*: fraude contra credores, fraude à execução, ação revocatória falencial, fraude à execução fiscal e fraude à execução penal. 5. ed. São Paulo: Ed. RT, 2013.

CAIS, Frederico F. S. *Fraude de execução*. São Paulo: Saraiva, 2005.

CÂMARA, Alexandre Freitas. *O novo processo civil brasileiro*. 2. ed. São Paulo: Atlas, 2016.

CÂMARA, Alexandre Freitas. *Manual de direito processual civil*. Barueri: Atlas, 2022.

CASTRO, Amílcar de. *Comentários ao Código de Processo Civil*. São Paulo: Ed. RT, 1974. v. 8.

CAVALIERI FILHO, Sergio. *Programa de responsabilidade civil*. 9. ed. São Paulo: Atlas, 2010.

CNJ – Conselho Nacional de Justiça. *Justiça em Números 2022*. Disponível em: www.cnj.jus.br/wp-content/uploads/2022/09/justica-em-numeros-2022-1.pdf. Acesso em: 10 jan. 2023.

DIAS, Ronaldo Brêtas de Carvalho. *Fraude no processo civil*. Del Rey: Belo Horizonte, 2000.

DIDIER JUNIOR, Fredie, CUNHA, Leonardo Carneiro da, BRAGA, Paula Sarno, OLIVEIRA, Rafael Alexandria de. *Curso de direito processual civil*. 7. ed. Salvador: JusPodivm, 2017.

DINAMARCO, Cândido Rangel. *Instituições de direito processual civil*. 4. ed. São Paulo: Malheiros, 2019.

DINAMARCO, Cândido Rangel. *Instituições de direito processual civil*. 3. ed. São Paulo: Malheiros, 2009.

DINAMARCO, Cândido Rangel. *Execução civil*. 7. ed. São Paulo: Malheiros, 2000.

O TERMO INICIAL DA FRAUDE À EXECUÇÃO NA DESCONSIDERAÇÃO DA PJ   613

DINAMARCO, Cândido Rangel; LOPES, Bruno Vasconcelos Carrilho. *Teoria geral do novo processo civil*. São Paulo: Malheiros, 2016.

FUX, Luiz. *O novo processo de execução*. Rio de Janeiro: Forense, 2008.

GOMES, Orlando. *Introdução ao direito civil*. 19. ed. atual. Reginalda Paranhos de Brito e Edvaldo Brito. Rio de Janeiro: Forense, 2007.

GRECO, Leonardo. O processo de execução. *Rio de Janeiro*: Renovar, 2001.

LIEBMAN, Enrico Tullio. *Processo de execução*. São Paulo: Saraiva, 1946.

LIMA, Alcides de Mendonça. *Comentários ao Código de Processo Civil*. 5. ed. Rio de Janeiro: Forense, 1987. v. 6.

MARINONI, Luiz Guilherme; ARENHART, Sérgio Cruz. *Execução*. 5. ed. São Paulo: Ed. RT, 2013. v. 3.

MARINONI, Luiz Guilherme; ARENHART, Sérgio Cruz; MITIDIERO, Daniel. *Novo Código de Processo Civil comentado*. São Paulo: Ed. RT, 2015.

MAZZEI, Rodrigo. Observações sobre a penhora envolvendo o direito de superfície (e outros direitos reais imobiliários) no Projeto do Código de Processo Civil. *Revista dos Tribunais*. v. 228, São Paulo: Ed. RT, 2014.

MEDINA, José Miguel Garcia. *Direito processual civil moderno*. 2. ed. São Paulo: Ed. RT, 2017.

MEDINA, José Miguel Garcia. *Novo código de processo civil comentado*. São Paulo: Ed. RT, 2020.

MELLO, Rogério Licastro Torres de. *Responsabilidade executiva secundária*. São Paulo: Ed. RT, 2015.

MONTEIRO, Washington de Barros. *Curso de direito civil*: direito das obrigações. Saraiva: São Paulo, 2003.

NERY JUNIOR, Nelson; NERY, Rosa Maria de Andrade. *Código de Processo Civil comentado*. 17. ed. São Paulo: Ed. RT, 2018.

NEVES, Daniel Amorim Assumpção. *Manual de direito processual civil*. 13. ed. Salvador: JusPodivm, 2001.

NUNES FILHO, Heleno Ribeiro P. A desconsideração de ofício da personalidade jurídica à luz do incidente processual trazido pelo novo código de processo civil brasileiro. *Revista de Processo*. v. 258, São Paulo: Ed. RT, ago. 2016.

OLIVEIRA NETO, Olavo de; OLIVEIRA, Patrícia Elias Cozzolino de; MEDEIROS NETO, Elias Marques. *Curso de direito processual civil*. São Paulo: Verbatim, 2018.

OLIVEIRA NETO, Olavo de *A defesa do executado e dos terceiros na execução forçada*. São Paulo: Ed. RT, 2000.

OLIVEIRA NETO, Olavo de *O poder geral de coerção*. São Paulo: Ed. RT, 2019.

PEREIRA, Caio Mário da Silva. *Instituições de Direito Civil*. 20. ed. Rio de Janeiro: Forense, 2004. v. 2.

PONTES DE MIRANDA, Francisco Cavalcanti. *Comentários ao Código de Processo Civil*: art. 566 a 611. 2. ed. Rio de Janeiro: Forense, 2002. t. IX.

REQUIÃO, Rubens. Abuso de direito e fraude através da personalidade jurídica. *Revista dos Tribunais*. v. 410, p. 14. São Paulo: Ed. RT, 1969.

RODRIGUES, Daniel Colnago. Intervenção de terceiros. São Paulo: Ed. RT, 2017.

ROQUE, André Vasconcelos. Comentários ao art. 137. In: GAJARDONI, Fernando Fonseca (Coord.). *Comentários ao CPC 2015*: parte geral. Rio de Janeiro: Forense; São Paulo: Método, 2018.

SANTOS, Nelton Agnaldo Moraes dos. Comentários ao art. 137, *do CPC*. In: MARCATO, Antônio Carlos. *Código de Processo Civil interpretado*. São Paulo: Atlas, 2022.

SHIMURA, Sergio. Comentários ao art. 792: 6. Desconsideração da personalidade jurídica. In: BUENO, Cassio Scarpinella (Coord.). *Comentários ao Código de Processo Civil*. São Paulo: Saraiva, 2017.

SIQUEIRA, Thiago Ferreira. *A responsabilidade processual no novo sistema processual civil*. São Paulo: Ed. RT, 2016.

TARTUCE, Flávio. *O novo CPC e o direito civil*: impactos, diálogos e interações. São Paulo: Método, 2015.

THEODORO JUNIOR, Humberto. *Processo de execução e cumprimento de sentença.* 25. ed. São Paulo: Leud, 2008.

THEODORO JUNIOR, Humberto. *Curso de direito processual civil: teoria geral do direito processual civil, processo de conhecimento e procedimento comum.* 56. ed. Rio de Janeiro: Forense.

VENOSA, Sílvio de Salvo. *Direito Civil: parte geral.* 6. ed. São Paulo: Atlas, 2006.

ZAVASKI, Teori Albino. *Comentários ao Código de Processo Civil.* 2. ed. São Paulo: Ed. RT, 2003.

II – ASPECTOS MATERIAIS DA DESCONSIDERAÇÃO DA PERSONALIDADE JURÍDICA

II.1 – Geral

A DESCONSIDERAÇÃO DA PERSONALIDADE JURÍDICA PELA UTILIZAÇÃO ABUSIVA NOS GRUPOS DE SOCIEDADE DE FATO

Anderson de Paiva Gabriel

Doutor e Mestre em Direito Processual pela Universidade do Estado do Rio de Janeiro (UERJ). Pesquisador Visitante (Visiting Scholar) na Stanford Law School (Stanford University) e na Berkeley Law School (University of California-Berkeley). Especialista em Direito Público e Privado pelo Instituto Superior do Ministério Público (ISMP), em Direito Constitucional pela Universidade Estácio de Sá (UNESA) e em Gestão em Segurança Pública pela Universidade do Sul de Santa Catarina (UNISUL). Membro do Instituto Brasileiro de Direito Processual (IBDP). Membro honorário do Conselho da HSSA (Humanities e Social Sciences Association) da University of California-Berkeley. Atualmente, exerce a função de Juiz Auxiliar no Supremo Tribunal Federal (STF). Juiz de Direito do Tribunal de Justiça do Estado do Rio de Janeiro (TJRJ), aprovado em 1º lugar no XLVII Concurso. Anteriormente, atuou como Delegado de Polícia do Estado do Rio de Janeiro e como Delegado de Polícia do Estado de Santa Catarina. Foi Juiz Auxiliar da Presidência do Conselho Nacional de Justiça (CNJ) na gestão do Ministro Luiz Fux, exercendo as atribuições de Coordenador Processual (2020/2022).

Camila Aguileira Coelho

Mestre em Direito Civil pela Universidade do Estado do Rio de Janeiro (2017). Especialista em Direito civil-constitucional pela Universidade do Estado do Rio de Janeiro (2012). Graduada em Direito pela Pontifícia Universidade Católica do Rio de Janeiro do Rio de Janeiro (2010). Advogada.

Sumário: 1. Os grupos de sociedades no ordenamento jurídico brasileiro – 2. Os fundamentos jurídicos para aplicação da Desconsideração da Personalidade Jurídica – 3. A aplicação da Desconsideração da Personalidade Jurídica pelos tribunais pátrios nos grupos de sociedades – 4. Conclusão – 5. Referências.

Atribui-se ao Professor Rubens Requião a introdução, no direito brasileiro, da teoria da desconsideração da personalidade jurídica. Em conferência proferida na Universidade do Paraná em 1969, posteriormente transcrita em artigo, o autor propunha que o instituto, desenvolvido originalmente pelos tribunais ingleses e norte-americanos (*disregard doctrine*), seria um importante mecanismo para coibir os casos em que a personalidade jurídica (e a separação patrimonial que dela decorre) é utilizada com abuso de direito ou para prejudicar credores ou violar a lei (fraude). Sugeria, ainda, que a teoria seria perfeitamente compatível com as regras e princípios do ordenamento jurídico brasileiro,[1] citando precedentes da jurisprudência nacional em que a teoria havia sido aplicada, ainda que sem fazer qualquer menção expressa a ela.

A partir daí, o estudo da desconsideração da personalidade jurídica se difundiu na doutrina e jurisprudência pátrias, mas o primeiro dispositivo a regular o tema foi promulgado apenas em 1990, no âmbito do Código de Defesa do Consumidor (art. 28). A partir dele, outras normas se seguiram, dispondo sobre a aplicabilidade de tal teoria em diferentes ramos do Direito: (i) o art. 18 da Lei 8.884/94[2] (Lei de Defesa da Concorrência), (ii) o art. 4º da Lei 9.605/98 (Lei de Proteção ao Meio Ambiente), (iii) o art. 18, § 3º, da Lei 9.847/99 (que dispunha sobre a fiscalização das atividades relativas ao abastecimento nacional de combustíveis), e (iv) o art. 50 do Código Civil de 2002.[3]

Com o advento do Código Civil de 2002, o direito brasileiro passou a ter uma cláusula geral de desconsideração, aplicável às relações jurídicas privadas – que é o foco do presente trabalho.[4]

Não obstante o substancial lapso temporal decorrido desde a sua introdução no ordenamento jurídico brasileiro e os avanços verificados no regramento da matéria, a aplicação da desconsideração da personalidade jurídica suscita, ainda hoje, viva controvérsia, subsistindo dúvidas e discussões sobre praticamente todos os seus pressupostos e desdobramentos.

Alerta, assim, Ana Frazão que, entre os abusos na utilização da personalidade jurídica e os abusos na aplicação da teoria da desconsideração, vive-se, atualmente, uma situação de grave instabilidade, motivada pelas inúmeras regras legais existentes sobre

---

1. REQUIÃO, Rubens. Abuso de Direito e Fraude através da Personalidade Jurídica (*disregard doctrine*). *Revista dos Tribunais*, n. 410, dez. 1969. Versão eletrônica.
2. O dispositivo foi posteriormente revogado pelo art. 34, da Lei 12.529/2011.
3. Mais recentemente houve ainda a edição da Lei 12.846/13 que prevê, em seu art. 14, a desconsideração nos casos em que se identificar a ocorrência de práticas de atos de corrupção envolvendo pessoas jurídicas.
4. Assim é que, no que diz respeito à apuração dos pressupostos para a desconsideração da personalidade jurídica, tratar-se-á, no presente trabalho, apenas da teoria maior (adotada pelo art. 50 do Código Civil), não se cogitando da aplicação da teoria menor (adotada pelo art. 28, do Código de Defesa do Consumidor, pelo art. 18 da Lei 8.884/94 – posteriormente revogado pelo art. 34, da Lei 12.529/2011 –, pelo art. 4º da Lei 9.605/98 e pelo art. 18, § 3º da Lei 9.847/99). A teoria maior exige, para que se opere a desconsideração, o preenchimento de determinados requisitos (fraude ou confusão patrimonial), ao passo que a teoria menor propõe que, sendo provada a insuficiência dos bens sociais e a solvência de qualquer um dos sócios para satisfazer a dívida, proceder-se-á à desconsideração para alcançar o seu patrimônio (TEPEDINO, Gustavo. Notas sobre a desconsideração da personalidade jurídica. *Temas de direito civil*. Rio de Janeiro: Renovar, 2009, t. 3. p. 76-78). Como bem alerta Roberta Dias Tarpinian de Castro, a teoria menor é uma criação nacional, que coloca em xeque a essência da pessoa jurídica como ente autônomo, na medida em que visa proteger o hipossuficiente (no caso do consumidor) e colocar situações consideradas de maior relevância (ambiental, ordem econômica e as atividades relativas ao abastecimento nacional de combustíveis) acima da teoria da pessoa jurídica. Ao assim propor acaba por se afastar das origens do instituto (*disregard doctrine*) acima referidas. (CASTRO, Roberta Dias Tarpinian de. *O incidente de desconsideração da personalidade jurídica*: as diferentes funções de um mesmo mecanismo processual. São Paulo: Quartier Latin, 2019. p. 76-77).

o assunto e pelas diversas interpretações que lhes são dadas pelos diferentes tribunais brasileiros.[5]

Como bem pontua Eduardo Secchi Munhoz:

A prática tem demonstrado que, em vez de eleger critérios tecnicamente adequados, que permitam uma distribuição equilibrada e segura dos riscos inerentes ao exercício da atividade empresarial, a teoria clássica da desconsideração surge como um remédio que ataca a doença (crise da pessoa jurídica) depois que ela se manifesta, definindo casuisticamente as situações em que a exteriorização dos riscos parece excessiva, sem maior preocupação sistemática. (...) Essa solução casuística acaba por turvar a verdadeira finalidade que deveria orientar a doutrina da desconsideração, qual seja, reequilibrar, numa situação concreta, a distribuição dos riscos da atividade empresarial, segundo os objetivos estabelecidos pelo ordenamento jurídico.[6]

São sintomáticas da instabilidade referida acima as recentes investidas legislativas na tentativa de objetivar os critérios e o procedimento previstos para a aplicação do instituto, representadas pelo advento da Lei 13.874/19 (Lei da Liberdade Econômica), que alterou a redação do art. 50 do Código Civil, e a aprovação, pelo Congresso Nacional, do Projeto de Lei 3.401/08, que acabou sendo objeto de veto pelo Presidente da República.[7]

A questão é especialmente sensível no que diz respeito à aplicação da desconsideração da personalidade jurídica aos grupos de sociedade, notadamente aos grupos de sociedade de fato[8] – de que cuida o presente artigo. Nessas hipóteses, muito embora não haja convenção disciplinando a relação estabelecida entre as sociedades deles integrantes,

---

5. FRAZÃO, Ana. Lei de Liberdade Econômica e seus impactos sobre a desconsideração da personalidade jurídica. In: SALOMÃO, Luis Felipe; CUEVA, Ricardo Villas Bôas; FRAZÃO, Ana (Coord.). *Lei de Liberdade Econômica e seus impactos no direito brasileiro*. São Paulo: Thomson Reuters Brasil, 2020. Versão eletrônica.

6. MUNHOZ, Eduardo Secchi. Desconsideração da personalidade jurídica e grupos de sociedades. *Revista de Direito Mercantil*, ano XLIII, v. 134, p. 25-47, abr./jun. 2004.

7. Segundo a mensagem de Veto 657, de 13.12.22, o projeto de lei teria sido vetado, dentre outras razões, porque "a matéria da desconsideração da personalidade jurídica já se encontra devidamente disciplinada pelo ordenamento jurídico, nos artigos 134 a 137 da Lei 13.105, de 16 de março de 2015 – Código de Processo Civil e no art. 50 da Lei 10.406, de 10 de janeiro de 2022 – Código Civil. Dessa maneira, a medida teria o potencial de causar discussão em âmbito judicial, o que ampliaria desnecessariamente o grau de incerteza quanto ao direito vigente". Disponível em: http://www.planalto.gov.br/ccivil_03/_ato2019-2022/2022/msg/vet/VET-657-22.htm. Acesso em: 02 jan. 2023.

8. Como observam Fabio Konder Comparato e Calixto Salomão Filho, os grupos de sociedade de direito (*i.e.*, aqueles formados mediante instrumento jurídico que, além de dispor sobre a sua constituição, estabelece regime jurídico específico a eles aplicável) são "letra morta na realidade empresarial brasileira, em função [de serem escassos e] sobretudo da inexistência de definição de regras de responsabilidade e da *possibilidade* de retirada em massa dos minoritários da sociedade quando da celebração da convenção de grupo [cf. arts. 270, § único, 136, V e 137, II, da Lei das Sociedades Anônimas]" (COMPARATO, Fabio Konder; SALOMÃO FILHO, Calixto. *O poder de controle na sociedade anônima*. 6. ed. Rio de Janeiro: Forense, 2014. p. 357). Viviane Muller Prado acrescenta ainda que outras possíveis razões para a não adoção de tal modalidade de agrupamento pelas empresas nacionais seriam, (i) a artificialidade do modelo (que foi importado da Alemanha, mesmo sem a existência de qualquer tradição no Brasil, e sem a concessão de incentivos econômicos para a sua utilização), (ii) a facultatividade da formação de grupos convencionais, e (iii) a oneração com a organização de estrutura administrativa necessária para tanto (PRADO, Viviane Muller. Grupos societários: análise do modelo da Lei 6.404/1976. *Revista de Direito GV*, v. 1, n. 2, jul.-dez. 2005. p. 16). Positivamente, o número de grupos de direito com convenções grupais registradas na Junta Comercial do Estado de São Paulo é insignificante. Por pesquisa realizada em 27.12.2022 identificou-se apenas nove grupos de sociedade formalmente constituídos perante a JUCESP.

ANDERSON DE PAIVA GABRIEL E CAMILA AGUILEIRA COELHO

sua interação é caracterizada pelo controle, em que uma sociedade, dita controladora, exerce direção unitária sobre as demais sociedades, ditas controladas.[9]

Disso decorre uma estrutural ruptura da autonomia patrimonial e organizacional da sociedade. O patrimônio separado, que caracterizava a sociedade isolada, dá lugar a um conjunto de ativos e passivos transferidos livremente entre as integrantes do grupo, segundo os interesses deste.[10]

No entanto – sem atentar para o fato de que nos grupos empresariais a direção unitária e a confusão patrimonial são inerentes à sua própria formação – algumas decisões judiciais vêm reconhecendo que a simples circunstância de haver um grupo de sociedades de fato configuraria, *per si*, utilização abusiva da personalidade jurídica, a ensejar a aplicação da teoria.[11]

A desconsideração da personalidade jurídica das sociedades integrantes dos grupos societários é utilizada, assim, para a responsabilização da controladora, mas nem sempre como resultado do mau uso da personalidade jurídica.

É a partir desse panorama que se pretende analisar a aplicação da desconsideração da personalidade jurídica aos grupos de sociedade. Partindo-se do exame (i) das principais características dos grupos de sociedade de fato, notadamente daqueles estabelecidos a partir de um vínculo de subordinação entre as sociedades que o compõem, (ii) do alcance e finalidade do instituto da desconsideração da personalidade jurídica, e (iii) de casos concretos julgados pela jurisprudência nacional, buscar-se-á apurar como se dá o emprego do instituto em consonância com os valores que o fundamentam.

1. OS GRUPOS DE SOCIEDADES NO ORDENAMENTO JURÍDICO BRASILEIRO

Os grupos de sociedades se firmaram como a principal técnica jurídica de organização da atividade empresarial contemporânea, especialmente em razão de sua capacidade de aliar a necessidade de contínua expansão e concentração às exigências de flexibilidade e diversificação funcional, setorial e geográfica impostas pela economia globalizada.[12]

As estruturas dos grupos de sociedades apresentam-se sob diversas modalidades: desde as mais simples, formadas por apenas duas unidades, até complexos conglomerados, em que a sociedade dominante controla diretamente outras sociedades e estas últimas, controlando direta ou indiretamente outras, propiciam à primeira o controle indireto de suas controladas.

---

9. Ressalve-se que, como se destacará detalhadamente mais adiante, o presente artigo terá como foco os grupos de sociedade de subordinação (em que há o exercício de controle).

10. MUNHOZ, 2004, Op. cit., p. 44-45.

11. Veja-se, nesse sentido, os precedentes transcritos, a título exemplificativo, na nota de rodapé n. 71.

12. MUNHOZ, Eduardo Secchi. *Empresa contemporânea e direito societário*: poder de controle e grupos de sociedades. São Paulo: Juares de Oliveira, 2002. p. 132.

A DESCONSIDERAÇÃO DA PERSONALIDADE JURÍDICA NOS GRUPOS DE SOCIEDADE DE FATO | **621**

Carlos Augusto da Silveira Lobo pondera que os grupos de sociedades comportam diferentes gradações de domínio pela sociedade dominante sobre as sociedades dominadas. Uma ponta dessa gradação compreenderia casos em que os órgãos da administração da sociedade dominante se dediquem apenas a verificar a observância de diretrizes, planos, projetos e orçamentos das controladas, ficando à discrição de suas respectivas administrações o detalhamento e a execução das normas expedidas pela administração da controladora. Na outra ponta, o comando da sociedade dominante se exerce por uma interferência estrita na administração das controladas, com a eleição de administradores comuns para exercerem, no próprio âmbito das controladas, a supervisão dos trabalhos de execução.[13]

As sociedades que integram o grupo mantêm a sua personalidade jurídica e patrimônios autônomos, reunindo-se sob uma direção única para, a partir do somatório de esforços, alcançar os objetivos comuns, cujo atingimento não seria possível pelas sociedades isoladas. É, portanto, a direção unitária que confere aos grupos a sua unidade econômica.[14]

Tal direção unitária está associada a um processo de transferência de soberania decisória individual das várias sociedades grupadas para a sociedade de comando, com a consequente centralização do poder de direção da atividade empresarial nesta sociedade de comando.[15]

No entanto, como já antecipado, a unidade de direção é formada sem a perda da autonomia jurídica e patrimonial das sociedades que integram o grupo, permitindo uma limitação ou divisão dos riscos da exploração empresarial. É possível, assim, que se restrinjam os riscos de cada negócio a um determinado patrimônio, separado pela personificação da sociedade encarregada de explorá-lo. Evita-se, desse modo, que as vicissitudes enfrentadas por uma das empresas dele integrante afete o grupo como um todo.[16]

Ao contratar com uma sociedade integrante de um grupo, os agentes econômicos, frequentemente, o fazem por confiar que o grupo confere à sociedade contratante um grau de idoneidade que ela não teria, caso considerada isoladamente. A dependência administrativa das sociedades dominadas perante a sociedade dominante do grupo conflita, portanto, com a autonomia que lhes é assegurada por lei.

---

13. LOBO, Carlos Augusto da Silveira. *Cláusula compromissória e grupo de sociedades. Revista de Arbitragem e Mediação.* vol. 48, São Paulo: Ed. RT, jan.-mar. 2016. Versão eletrônica.
14. PEDREIRA, José Luiz Bulhões. Acordo de acionistas sobre controle de grupo de sociedades. *Revista de Direito Bancário, do Mercado de Capitais e da Arbitragem,* ano 15, v. 26. São Paulo, p. 244, 2002; MUNHOZ, Eduardo Secchi. Empresa Contemporânea e Direito Societário. São Paulo: Juarez de Oliveira, 2002. p. 261. Como pondera José Augusto Antunes, "de facto, sem uma centralização junto da sociedade-mãe das competências de planificação, execução e fiscalização da política financeira do grupo, a coesão, eficiência lucrativa e sobrevivência deste enquanto unidade económica estaria posta em causa" (ANTUNES, José A. *Os grupos de sociedade.* 2. ed. Coimbra: Almedina, 2002. p. 94).
15. ANTUNES, Op. cit., 2002. p. 113-114.
16. MUNHOZ, Op. cit., 2002. p. 132.

Segundo o art. 265 da Lei das Sociedades Anônimas,[17] o grupo de sociedades é formalizado mediante convenção "pela qual se obriguem a combinar recursos ou esforços para a realização dos respectivos objetos, ou a participar de atividades ou empreendimentos comuns". Tal definição compreende, contudo, apenas os grupos de sociedades de direito.

A doutrina reconhece também a existência de grupos de sociedades de fato que, ao contrário do que ocorre com os grupos de direito, decorrem do mero exercício do poder de controle, direta ou indiretamente, pela sociedade dominante nas sociedades dominadas.[18]

A unidade de direção e a subordinação dos interesses das sociedades que o compõem aos interesses do grupo são determinadas por outros instrumentos e, em muitos casos, por meio de participações societárias majoritárias. Mas, pode também ser reflexo de uma relação de considerável dependência externa, por exemplo, no fornecimento de matéria-prima ou no escoamento da produção, de tal ordem que motive a integração de uma sociedade em um grupo de sociedades de fato.[19]

Nessas hipóteses, em que inexiste convenção grupal autorizando a subordinação do interesse das sociedades controladas ao interesse da sociedade controladora, a relação entre as sociedades integrantes do grupo é regida pelos princípios jurídico-societários gerais (previstos sobretudo nos arts. 243 a 265 da Lei das Sociedades Anônimas, que regulam as relações entre sociedades controladoras, controladas e coligadas).[20-21] A condução dos

---

17. Como observa Viviane Muller Prado, os grupos empresariais são disciplinados no sistema jurídico brasileiro de maneira esparsa em diversos diplomas legais (por exemplo, no art. 2º, § 2º, da CLT, no art. 17 da Lei 8.884/94 – posteriormente revogado pelo art. 33, da Lei 12.529/2011 –, no art. 28 do CDC e na Lei 9.605/08). Essas leis esparsas preveem consequências específicas oriundas da formação de grupos econômicos, em geral relacionadas com a responsabilidade das empresas que o formam, sem trazer nenhum critério que determine a caracterização do grupo. A disciplina sistemática sobre grupos societários está prevista na Lei das Sociedades Anônimas (PRADO, Viviane Muller; TRANCOSO, Maria Clara. Análise do fenômeno dos grupos empresariais na jurisprudência do STJ. *Revista de Direito Bancário e de Mercado de Capitais*, v. 40, abr.-jun. 2008. Versão eletrônica).

18. PRADO, Op. cit., 2005, p. 5.

19. COMPARATO; SALOMÃO FILHO, Op. cit., p. 387.

20. Os grupos de direito classificam-se invariavelmente como de subordinação ou dependência (em que há o exercício de controle), a teor do que dispõe o art. 265 da LSA, que se refere expressamente às figuras da sociedade controladora, ou de comando do grupo, e suas controladas. O grupo de fato, por outro lado, admite formações de coligação sem controle, com mera participação, sem ingerência preponderante de uma das sociedades componentes. Sobre tal distinção, esclarece Suzy Elisabeth Cavalcanti Koury que "nos grupos de coordenação, caracterizados pela unidade de direção entre empresas juridicamente autônomas, as relações estabelecidas entre elas têm índole igualitária, no sentido de igualdade de forças econômicas, de paridade de possibilidade de decisão, sem que isso implique em unidade de controle. (...) Por sua vez, os grupos de subordinação caracterizam-se fundamentalmente pela unidade de controle, ou seja, pela premência de uma empresa sobre a outra, com possibilidade de exercício de dominação, de controle da subordinada." (KOURY, Suzy Elizabeth Cavalcante. *A desconsideração da personalidade jurídica* (disregard doctrine) *e os grupos de empresas*. 2. ed. Rio de Janeiro: Forense, 1998. p. 59). Não obstante, cumpre esclarecer que o presente estudo não cuidará de questões relacionadas aos grupos de coordenação. E isso porque nessas formas de organização da atividade empresarial não há subordinação do interesse de uma sociedade à outra, mas mera conjunção de esforços para o desenvolvimento de um empreendimento comum, de modo que há pouco espaço para a prática que ato que caracterize o uso abusivo da personalidade jurídica (i.e., o desvio finalidade ou a prática de fraude) apto a ensejar a aplicação da desconsideração.

21. Como destaca Viviane Muller Prado, o Código Civil também dispõe sobre sociedades coligadas. Todavia, traz apenas uma descrição das situações de interligação entre sociedades sem apresentar disciplina diferenciada para a participação de uma sociedade no capital de outra. (PRADO, *Op. Cit.*, 2005, p. 3). Em sentido semelhan-

negócios sociais das sociedades deles integrantes deverá observar, portanto, as suas respectivas vontades e interesses sociais próprios,[22-23] sob pena de configurar abuso do poder de controle, conflito de interesses (arts. 246 e 115 da Lei das Sociedades Anônimas) e levar à responsabilização de seus administradores (art. 245 da Lei das Sociedades Anônimas).

Ocorre que esta independência entre as sociedades integrantes do grupo não existe, em alguns casos. O que se verifica é a existência de uma unidade econômica (em maior ou menor grau, a depender do caso), e o estabelecimento de uma política global a ser observada por todas as integrantes do grupo, em atenção a uma direção unitária que acaba por afetar direta ou indiretamente o interesse e o patrimônio das sociedades controladas.[24]

No entanto, não há nenhuma regra especial de proteção para os credores das sociedades integrantes de grupos de fato, aplicando-se a estes as mesmas regras de proteção existentes perante as sociedades individualmente consideradas.

Essa situação afeta particularmente os credores dotados de menor poder de negociação (por exemplo, fornecedores), que não são capazes de exigir garantias da sociedade dominante, como ocorre com as instituições financeiras, por exemplo.

Nesse contexto, em que inexiste regra que impute claramente as hipóteses de responsabilidade direta da controladora por ato da controlada, a desconsideração da personalidade jurídica vem sendo utilizada como recurso para se buscar um sistema mais adequado de alocação de risco e responsabilidade,[25] sem depender da efetiva ocorrência de abuso da personalidade jurídica – que como se verá é elemento essencial para a aplicação da desconsideração.

2. OS FUNDAMENTOS JURÍDICOS PARA APLICAÇÃO DA DESCONSIDERAÇÃO DA PERSONALIDADE JURÍDICA

A constituição da personalidade jurídica assegura a segregação patrimonial entre os bens da sociedade empresária e os de seus sócios, atuando como um importante pilar do direito societário, ao permitir que os detentores do capital financiem negócios de

---

te: CARVALHOSA, Modesto. *Comentários ao Código Civil*. Parte especial. Direito da empresa. Coordenação de Antonio Junqueira de Azevedo. São Paulo: Saraiva, 2003b. v. 13. p. 420. Por essa razão é que nesse artigo, tratar-se-á apenas da regulação da matéria disposta na Lei das Sociedades por Ações.

22. ANTUNES, Op. cit., 2002, p. 75-76.

23. "O interesse particular da sociedade controlada não se submete, portanto, a nenhum outro interesse, a não ser o interesse nacional. As conveniências da controladora e bem assim de qualquer outra sociedade vinculada não preponderam, consequentemente sobre o interesse particular da sociedade controlada, a qual mantém, por assim dizer, absoluta autonomia de objetivos, devendo seus administradores exercer as atribuições que a lei e o estatuto lhe conferem para lograr os fins e o interesse da companhia, satisfeitas, apenas, as exigências do bem público e da função social da empresa" (TEIXEIRA, Egberto Lacerda; GUERREIRO, José Alexandre Tavares. *Das sociedades anônimas no direito brasileiro*. São Paulo: Bushatsky, 1979. v. II. p. 698).

24. Como observam Fábio Konder Comparato e Calixto Salomão Filho, os grupos de fato caracterizam-se pela existência de um poder de disposição sobre unidades jurídicas autônomas, mas economicamente dependentes, havendo um controle unificado tanto dos rumos patrimoniais como dos rumos empresariais (COMPARATO; SALOMÃO FILHO, Op. cit., 2014, p. 315).

25. O alerta é feito por Ana Frazão (FRAZÃO, Op. cit., 2020, Versão eletrônica)

maior porte e risco, sem, contudo, expor todo o seu patrimônio aos credores da sociedade empresária instituída.[26]

Tal limitação de responsabilidade assegura, assim, a socialização parcial do risco empresarial, na medida em que sendo insuficiente o patrimônio da empresa, os prejuízos serão suportados pelos credores – garantindo-se à atividade empresarial segurança jurídica, previsibilidade e calculabilidade do risco.[27]

Nesse sentido, afirmam Fredie Didier Jr. e Júlia Lipiani que a pessoa jurídica é instrumento criado para o exercício do direito de propriedade, de modo a facilitar a organização da atividade econômica. O seu caráter de instrumentalidade implica, contudo, no condicionamento do instituto ao fim jurídico a que se destina, de modo que o desvio ou abuso dessa função dá margem à aplicação da desconsideração da personalidade jurídica.[28]

Tal concepção reflete a teoria objetiva da desconsideração da personalidade jurídica, capitaneada por Fabio Konder Comparato (redator do enunciado do art. 50 do Código Civil), segundo a qual a aplicação do instituto tem por fundamento a interpretação funcional da personalidade jurídica. Para esta corrente não é necessária a caraterização de fraude ou abuso de direito, pois estes últimos não abarcariam inúmeras situações nas quais a ineficácia da separação patrimonial ocorre em benefício do controlador sem que tais elementos estejam presentes.[29]

A disfunção ocorrerá sempre que "*o comportamento do sócio ou a relação estabelecida torna inútil ou ineficaz a organização societária*".[30] E isso porque a função da personalidade jurídica traduz-se na criação de um centro de interesses autônomo, que, uma vez ausente, justifica a desconsideração. Além disso, a desconsideração da personalidade jurídica ocorreria sempre em função do poder de controle societário. Assim, a confusão patrimonial entre controlador e controlado seria critério fundamental para sua aplicação.[31-32]

Essa teoria, contudo, não prevaleceu na doutrina e na jurisprudência brasileiras, que adotam a teoria subjetiva.[33] A teoria subjetiva, sustentada por Rubens Requião,[34] exige como requisito para a desconsideração da personalidade jurídica a demonstração de fraude (no

---

26. COELHO, Fabio Ulhoa. *Curso de direito comercial*: direito de empresa. 16. ed. São Paulo: Saraiva, 2016. v. 2. Versão eletrônica.
27. FRAZÃO, *Op. Cit.*, 2020. Versão eletrônica.
28. DIDIER JR., Fredie; LIPIANI, Júlia. Desconsideração inversa da personalidade jurídica – Princípio da boa-fé – Proibição do tu quoque – Aspectos processuais da desconsideração da personalidade jurídica. *Revista de Direito Contemporâneo*, v. 13. São Paulo: Thomson Reuters, out.-dez. 2017. Versão eletrônica.
29. TEPEDINO, Op. cit., 2009, p. 57.
30. COMPARATO; SALOMÃO FILHO, Op. cit., 2014. p. 309.
31. TEPEDINO, Op. cit., 2009, p. 58.
32. "A confusão patrimonial entre controlador e sociedade controlada é, portanto, o critério fundamental para a desconsideração da personalidade jurídica *externa corporis*. E compreende-se, facilmente, que assim seja, pois, em matéria empresarial, a pessoa jurídica nada mais é do que uma técnica de separação patrimonial. Se o controlador, que é o maior interessado na manutenção desse princípio, descumpre-o na prática, não se vê bem porque os juízes haveriam de respeitá-lo, transformando-o, destarte, numa regra puramente unilateral" (COMPARATO; SALOMÃO FILHO, Op. cit., 2014. p. 388).
33. TEPEDINO, Op. cit., 2009, p. 60. No mesmo sentido: Arruda Alvim e Thereza Alvim, *Comentários ao Código Civil brasileiro*. Rio de Janeiro: Forense, 2005, v. I, p. 443-445.
34. REQUIÃO, Op. cit., 1969, Versão eletrônica.

A DESCONSIDERAÇÃO DA PERSONALIDADE JURÍDICA NOS GRUPOS DE SOCIEDADE DE FATO **625**

sentido de descumprimento ostensivo da lei, embora sob a aparência de seu cumprimento)[35] ou abuso de direto (ou seja, utilização da pessoa jurídica para fins pessoais, verificando-se confusão entre a pessoa dos sócios e a sociedade, em autêntico desvio de finalidade do objeto social).[36] Em outras palavras, para que se desconsidere a personalidade jurídica, seria necessária a demonstração de fatos atribuíveis ao sócio ou administrador que frustrem legítimo interesse do credor mediante a manipulação fraudulenta da sociedade.[37]

Destaque-se que o abuso do direito considerado pela teoria subjetiva é o abuso do direito individual, sempre com a presença do elemento culpa, ao passo que a teoria objetiva se ocupa do abuso do instituto, que se caracteriza pela utilização da pessoa jurídica de forma contrária à função que lhe é atribuída pelo ordenamento.[38]

Como observa o Prof. Gustavo Tepedino, porém, não raro ambas as teorias – objetiva e subjetiva – têm sido adotadas conjuntamente. Sustenta-se, desse modo, que o art. 50 do Código Civil – como se viu, a regra geral acerca da aplicação da desconsideração às relações jurídicas privadas, teria contemplado *"não apenas a hipótese de abuso* [de direito individual, i.e., desvio de finalidade] *(teoria subjetiva) mas também a de confusão patrimonial (teoria objetiva)".*[39-40]

---

35. Ao tratar da fraude ensejadora da desconsideração da personalidade, Marlon Tomazette destaca que: "A fraude é o artifício malicioso para prejudicar terceiros, (...). O essencial na sua caracterização é o intuito de prejudicar terceiros, independentemente de se tratar de credores. Tal prática, a princípio, é lícita, sua ilicitude decorre do desvio na utilização da pessoa jurídica, dos fins ilícitos buscados no manejo da autonomia patrimonial. (...) Assim, é o uso da autonomia patrimonial para fins ilícitos que permite a desconsideração. Há que se ressaltar que não basta a existência de uma fraude, é imprescindível que ela guarde relação com o uso da pessoa jurídica, isto é, seja relativa à autonomia patrimonial. Fraudes podem ser cometidas pela pessoa jurídica, como a emissão de um cheque sem provisão de fundos, contudo, se tal fraude não tiver qualquer relação com a utilização da autonomia patrimonial não podemos aplicar a desconsideração" (TOMAZETTE, Marlon. *Curso de direito empresarial*: teoria geral e direito societário. 9. ed. São Paulo: Saraiva Educação, 2018. v. 1, p. 277-278).
36. Como bem esclarece Eduardo Secchi Munhoz, o abuso do direito considerado pela teoria subjetiva é o abuso do direito individual, sempre com a presença do elemento culpa, ao passo em que a teoria objetiva se ocupa do abuso do instituto, que se caracteriza pela utilização da pessoa jurídica de forma contrária à função que lhe é atribuída pelo ordenamento (MUNHOZ, Op. cit., 2004. p. 28-29).
37. TEPEDINO, Op. cit., 2009, p. 57.
38. MUNHOZ, Op. cit., 2004. p. 28-29.
39. LOPES, João Batista. Desconsideração da personalidade jurídica no novo Código Civil. *Revista dos Tribunais*, n. 818, dez. 2003. Versão eletrônica. Como observa o autor: "inicialmente, a teoria da desconsideração, por escassez de aplicação, baseava-se principalmente na ocorrência da fraude e do abuso – concepção subjetivista –, e com a evolução da teoria e a atuação dos tribunais em casos práticos pôde-se destacar fundamentos para a sua aplicação, dando-lhe um enfoque mais objetivista. Entretanto, deve-se depreender que a teoria não pode e nem deve ser entendida como de caráter exclusivamente subjetivista ou objetivista, como quiseram alguns doutrinadores. A coexistência de ambas as concepções é possível, completando uma à outra, pois a concepção objetivista não abrange todos os casos possíveis de aplicação da teoria, devendo-se socorrer da concepção subjetivista, que pode atingir maior número de hipóteses de aplicação da teoria". Defendendo também que o art. 50, do Código Civil compreenderia as duas teorias, veja-se: ASSIS, Araken de. *Processo civil brasileiro*. 2. ed. São Paulo: Ed. RT, 2016. v. 2, t. 1; BENETI, Sidnei Agostinho. Desconsideração da sociedade e legitimidade *ad causam*: esboço de sistematização. In: DIDIER JR., Fredie; WAMBIER, Teresa Arruda Alvim (Org.). *Aspectos polêmicos e atuais sobre os terceiros no processo civil (e assuntos afins)*. São Paulo: Ed. RT, 2004, p. 1.013-1.016; CASTRO, Op. cit., 2019. p. 83.
40. Pondera, com efeito, Fábio Ulhoa Coelho que se, por um lado, a teoria subjetiva impõe ao requerente o ônus de provar intenções subjetivas do requerido, implicando, muitas vezes, na inacessibilidade ao próprio direito, a teoria objetiva não exaure as hipóteses em que cabe a desconsideração, na medida em que nem todas as fraudes se traduzem em confusão patrimonial (COELHO, Op. cit., 2016, Versão eletrônica).

A teoria da desconsideração da personalidade jurídica consiste em:

supera[r] o escudo protetor conferido pela pessoa jurídica, episodicamente, a fim de atribuir os efeitos de determinada relação obrigacional, instituída de forma fraudulenta ou abusiva, aos seus sócios ou administradores, os quais passam, por conseguinte, a responder com seu patrimônio pela dívida da pessoa jurídica.[41-42]

Atua, dessa forma, como "mola propulsora da funcionalização da pessoa jurídica, garantindo as suas atividades e coibindo a prática de fraudes e abusos através dela – e nunca como forma de eliminação do princípio da separação patrimonial ou da pessoa jurídica".[43]

A indisfarçável preocupação dos estudiosos do assunto diz respeito à reafirmação do princípio da autonomia. Os pressupostos da desconsideração são a pertinência, a validade e a importância das regras que limitam a responsabilidade dos sócios por eventuais perdas nos insucessos da empresa, regras que, derivadas do princípio da autonomia patrimonial, servem de estimuladoras da exploração de atividades econômicas, com o cálculo do risco.[44]

O art. 50 do Código Civil estabelece critérios precisos para a sua aplicação,[45] revelando a preocupação do legislador em assegurar o caráter extraordinário do remédio da desconsideração.[46]

---

41. TEPEDINO, Gustavo. *A excepcionalidade da desconsideração da personalidade jurídica*. Soluções Práticas. São Paulo: Thomson Reuters, 2011. v. 3, versão eletrônica.
42. Fabio Ulhoa Coelho observa que, diante do efeito produzido pela aplicação da desconsideração da personalidade jurídica, esta "tem pertinência apenas quando a responsabilidade não pode ser, em princípio, diretamente imputada ao sócio, controlador ou representante legal da pessoa jurídica. (...) quando alguém, na qualidade de sócio, controlador ou representante legal da pessoa jurídica, provoca danos a terceiros em razão de comportamento ilícito, ele é o responsável pela indenização correspondente. (...) Não há, portanto, desconsideração da pessoa jurídica na definição da responsabilidade de quem age com excesso de poder, infração da lei, violação dos estatutos ou do contrato social, ou por qualquer outra modalidade de ato ilícito" (COELHO, Fabio Ulhoa. *Direito antitruste brasileiro*: comentários à Lei 8.884/94. São Paulo: Saraiva, 1995. p. 47). No mesmo sentido: LUCON, Paulo Henrique dos Santos. Incidente de Desconsideração da personalidade jurídica e Lei de Liberdade Econômica. In: SALOMÃO, Luis Felipe; CUEVA, Ricardo Villas Bôas; FRAZÃO, Ana (Coord.). *Lei de Liberdade Econômica e seus impactos no direito brasileiro*. São Paulo: Thomson Reuters Brasil, 2020. Versão eletrônica; PARENTONI, Leonardo Neto. *Desconsideração contemporânea da personalidade jurídica* – Dogmática e análise científica da jurisprudência brasileira. São Paulo: Quartier Latin, 2014. p. 72.
43. DIDIER JR., LIPIANI, Op. cit., 2017. Versão eletrônica.
44. COELHO, Fabio Ulhoa. A teoria maior e a teoria menor da desconsideração. *Revista de Direito Bancário e do Mercado de Capitais*, v. 65, jul.-set. 2014. Versão eletrônica.
45. Há quem sustente, em doutrina, que além dos requisitos previstos no art. 50 do Código Civil, a insolvência da(s) sociedade(s) envolvida(s) seria requisito indispensável para viabilizar a adoção da medida, uma vez que "como remédio excepcional, [a desconsideração] não se mostra necessária nem adequada quando a pessoa jurídica tem bens para suportar suas dívidas" (FRAZÃO, Ana. Desconsideração da personalidade jurídica e tutela de credores. In: COELHO, Fabio Ulhoa; RIBEIRO, Maria de Fátima (Coord.). *Questões de direito societário em Portugal e no Brasil*. Coimbra, Almedina, 2012). No mesmo sentido: ANDRADE JUNIOR, Mozart Vilela. A desconsideração da personalidade jurídica para fins de responsabilidade: uma visão dualista da disregard doctrine. *Revista de Processo*, v. 252, p. 69, fev. 2016; GAMA, Guilherme Calmon Nogueira de; BRASIL, Deilton Ribeiro. Aspectos relevantes (materiais e processuais) da teoria da desconsideração da personalidade da pessoa jurídica. In: GAMA, Guilherme Calmon Nogueira da (Org). *Desconsideração da personalidade jurídica visão crítica da jurisprudência*. São Paulo: Atlas, 2009. p. 12; CÂMARA JUNIOR, José Maria. Comentários ao art. 795. In: WAMBIER, Teresa Arruda Alvim et al (Org.). *Breves comentários ao Novo Código de Processo Civil*. 3. ed. São Paulo: Ed. RT, 2016. p. 2.029-2.03; ROCHA, Henrique de Moraes Fleury da. *Desconsideração da personalidade jurídica*. São Paulo: Jus Podivm, 2022. p. 50. Nada há na legislação, porém, que aponte a necessidade de tal elemento. Nos parece, assim, não ser necessária a demonstração de insolvência do devedor principal para

A DESCONSIDERAÇÃO DA PERSONALIDADE JURÍDICA NOS GRUPOS DE SOCIEDADE DE FATO **627**

Nessa direção é, com efeito, o Enunciado 146, da III Jornada de Direito Civil do Conselho da Justiça Federal, segundo o qual: "*n*as relações civis, interpretam-se restritivamente os parâmetros da desconsideração da personalidade jurídica previstos no art. 50 (desvio de finalidade ou confusão patrimonial)".

No mesmo sentido é também o entendimento do Superior Tribunal de Justiça que já consignou, em reiteradas oportunidades, que "a desconsideração da personalidade jurídica, prevista no art. 50 do Código Civil, a fim de que o patrimônio dos sócios responda pela dívida da sociedade empresária, somente é admitida em situações excepcionais, quando estiver demonstrada a ocorrência de desvio de finalidade ou de confusão patrimonial".[47]

O art. 50 do Código Civil[48] foi objeto de diversas alterações promovidas pela Lei 13.874/19 (Lei de Liberdade Econômica). Dentre tais modificações, destaca-se a inclusão dos §§ 1º, 2º e 5º ao art. 50, por meio dos quais o legislador pretendeu conceituar o que seria desvio de finalidade e confusão patrimonial.

---

que seja possível a aplicação da desconsideração. Essa é também a orientação adotada pelo Enunciado 281, da IV Jornada de Direito Civil do Conselho da Justiça Federal ("A aplicação da teoria da desconsideração, descrita no art. 50 do Código Civil, prescinde da demonstração de insolvência da pessoa jurídica").

46. ALVES, Alexandre Ferreira de Assumpção. *A desconsideração da personalidade jurídica à luz do direito civil-constitucional*: o descompasso entre as disposições do Código de Defesa do Consumidor e a *disregard*. (Tese). Rio de Janeiro: UERJ, 2003. Tese de doutorado p. 142.

47. Veja-se, dentre muitos outros, os seguintes julgados: STJ, AgInt no AREsp 2.159.188/DF, 4ª Turma, Rel. Min. Antonio Carlos Ferreira, j.: 12.12.2022, Pub.: 15.12.2022 | STJ, AgInt no AREsp 2094807/SP, 4ª Turma, Rel. Min. Raul Araújo, j.: 03.10.2022, Pub.: 21.10.2022 | STJ, AgInt no AREsp 2.028.471/MT, 4ª Turma, Rel. Min. Raul Araújo, j.: 26.09.2022, Pub.: 07.10.2022 | STJ, AgInt no AREsp 1.852.233/SP, 3ª Turma, Rel. Min. Ricardo Villas Bôas Cueva, j.: 13.12.2021, Pub.: 16.12.2021 | STJ, AgInt no AgInt no AREsp 1.789.298/MS, 3ª Turma, Rel. Min. Ricardo Villas Bôas Cueva, j.: 25.10.2021, Pub.: 03.11.2021 | STJ, EREsp 1.306.553/SC, 2ª Seção, Rel. Min. Maria Isabel Gallotti, j.: 10.12.2014, Pub.: 12.12.2014.

48. "Art. 50. Em caso de abuso da personalidade jurídica, caracterizado pelo desvio de finalidade ou pela confusão patrimonial, pode o juiz, a requerimento da parte, ou do Ministério Público quando lhe couber intervir no processo, desconsiderá-la para que os efeitos de certas e determinadas relações de obrigações sejam estendidos aos bens particulares de administradores ou de sócios da pessoa jurídica beneficiados direta ou indiretamente pelo abuso (Redação dada pela Lei 13.874, de 2019)".
§ 1º Para os fins do disposto neste artigo, desvio de finalidade é a utilização da pessoa jurídica com o propósito de lesar credores e para a prática de atos ilícitos de qualquer natureza (Incluído pela Lei 13.874, de 2019).
§ 2º Entende-se por confusão patrimonial a ausência de separação de fato entre os patrimônios, caracterizada por: (Incluído pela Lei 13.874, de 2019).
I – cumprimento repetitivo pela sociedade de obrigações do sócio ou do administrador ou vice-versa; (Incluído pela Lei 13.874, de 2019).
II – transferência de ativos ou de passivos sem efetivas contraprestações, exceto os de valor proporcionalmente insignificante; e (Incluído pela Lei 13.874, de 2019).
III – outros atos de descumprimento da autonomia patrimonial. (Incluído pela Lei 13.874, de 2019).
§ 3º O disposto no *caput* e nos §§ 1º e 2º deste artigo também se aplica à extensão das obrigações de sócios ou de administradores à pessoa jurídica (Incluído pela Lei 13.874, de 2019).
§ 4º A mera existência de grupo econômico sem a presença dos requisitos de que trata o *caput* deste artigo não autoriza a desconsideração da personalidade da pessoa jurídica. (Incluído pela Lei 13.874, de 2019)
§ 5º Não constitui desvio de finalidade a mera expansão ou a alteração da finalidade original da atividade econômica específica da pessoa jurídica.

Ao definir o desvio de finalidade no § 1º do art. 50,[49] o legislador incluiu a necessidade de demonstração de conduta intencional para a sua configuração. Como destacam Gustavo Tepedino e Milena Donato Oliva, contudo, embora o exame da utilização abusiva da pessoa jurídica compreenda o intuito emulativo ou o propósito de lesar, não se limita a essas hipóteses, havendo desvio de finalidade toda vez que, a despeito de faltar o elemento intencional, a pessoa jurídica tenha sua função vulnerada e, por consequência, sua autonomia comprometida.[50] Some-se a isso que o propósito de lesar credores, referido no dispositivo, não é de fácil comprovação, criando embaraços à aplicação do dispositivo.

Nessa direção, a melhor interpretação dos novos critérios estabelecidos pelo legislador parece ser no sentido de se averiguar a antijuridicidade da prática de ato incompatível com o objeto social, independentemente do propósito daquele que cometeu o ato abusivo.[51]

O § 2º do art. 50 trouxe dois novos parâmetros para a definição de confusão patrimonial, quais sejam: (i) o cumprimento repetitivo pela sociedade de obrigações do sócio ou do administrador ou vice-versa, e (ii) a transferência de ativos ou de passivos sem efetivas contraprestações, exceto os de valor proporcionalmente insignificante, elucidando que esses comportamentos não excluem outros que violem a autonomia patrimonial, a serem concretamente avaliados. Ocorre que pode haver esvaziamento patrimonial com um único ato, sendo certo que há inegável subjetividade ao se estabelecer o que seria valor proporcionalmente insignificante.[52]

Assim, como bem alerta Roberta Dias Tarpinian de Castro, ao tentar definir confusão patrimonial e desvio de finalidade, a Lei 13.874/19 acabou por restringir a aplicação da desconsideração de forma que poderá vir a estimular condutas indevidas.[53]

A Lei inseriu ainda, no *caput* do art. 50 do Código Civil, previsão restringindo os efeitos da desconsideração da personalidade jurídica aos administradores ou sócios da pessoa jurídica direta ou indiretamente beneficiados com o abuso.

---

49. Complementando o disposto no § 1º, o § 5º determina que "não constitui desvio de finalidade a mera expansão ou a alteração da finalidade original da atividade econômica específica da pessoa jurídica". Sobre o dispositivo, Ana Frazão alerta que "é preciso interpretá-lo adequadamente, uma vez que a alteração da finalidade da pessoa jurídica que modifique substancialmente o risco da atividade tem desdobramentos sobre os credores sociais anteriores". Dessa maneira, seria possível cogitar da aplicação da desconsideração quando houver aumento considerável do risco empresarial, que subverta as legítimas expectativas que os credores sociais tinham quando o crédito foi constituído, de tal modo que isso possa ser considerado um desvio de finalidade (FRAZÃO, Op. cit., 2020. Versão eletrônica).

50. TEPEDINO, Gustavo; OLIVA, Milena Donato. *Fundamentos do direito civil*: teoria geral do direito civil. Rio de Janeiro: Forense, 2020. v. 1, p. 133.

51. TEPEDINO, Gustavo; CAVALCANTI, Laís. Notas sobre as alterações promovidas pela Lei 13.874/2019 nos artigos 50, 113 e 421 do Código Civil. In: SALOMÃO, Luis Felipe; CUEVA, Ricardo Villas Bôas; FRAZÃO, Ana (Coord.). *Lei de Liberdade Econômica e seus impactos no Direito Brasileiro*. São Paulo: Thomson Reuters Brasil, 2020. Versão eletrônica. Como bem observam os autores, tal interpretação parece estar em consonância também com a exclusão, no contexto da tramitação da Medida Provisória 881/2019 – que deu origem à Lei de Liberdade Econômica – do adjetiva "dolosa", que qualificava a utilização da pessoa jurídica quando da definição de desvio de finalidade.

52. CASTRO, Op. cit., 2019. p. 87.

53. Ibidem, p. 88.

A DESCONSIDERAÇÃO DA PERSONALIDADE JURÍDICA NOS GRUPOS DE SOCIEDADE DE FATO **629**

Antes mesmo do advento da Lei de Liberdade Econômica muito se debatia sobre a extensão subjetiva da desconsideração da personalidade jurídica, especialmente quanto à sua incidência sobre os sócios minoritários ou que não exerciam funções de administração, ou sócios que não estivessem envolvidos com o abuso em questão.

Nesse sentido, se defendia que a desconsideração somente poderia atingir o sócio ou o administrador responsável pelo ato abusivo, os detentores do poder de controle, ainda que indireto, ou aqueles que se beneficiaram da ilicitude.[54]

Tal orientação era objeto do Enunciado 7 da I Jornada de Direito Civil do Conselho da Justiça Federal, segundo o qual "só se aplica a desconsideração da personalidade jurídica quando houver a prática de ato irregular e, limitadamente, aos administradores e sócios que nela hajam incorrido".

Havia, porém, julgados, inclusive do Superior Tribunal de Justiça, aplicando a desconsideração a todos os sócios indistintamente.[55] Nesse sentido, parece ter sido positiva a alteração promovida pela Lei de Liberdade Econômica.[56]

Não obstante, a principal alteração promovida pela Lei 13.874/19, para fins do presente artigo, foi a inclusão do §4º ao art. 50 do Código Civil,[57] para determinar que "a mera existência de grupo econômico sem a presença dos requisitos de que trata o *caput* deste artigo não autoriza a desconsideração da personalidade da pessoa jurídica".

Positivamente, a questão da desconsideração da personalidade jurídica em matéria de grupos de sociedade é de alta complexidade, especialmente porque, como se viu no Capítulo acima, em todo e qualquer grupo societário haverá – em princípio – alguma perda da autonomia patrimonial e de gestão empresarial por parte das sociedades mem-

---

54. GAMA; BRASIL, Op. cit., 2009. p. 13.
55. Veja-se, por exemplo: STJ, REsp 1.250.582/MG, Rel. Min. Luis Felipe Salomão, 4ª Turma, j.: 12.04.2016, Pub: 31.05.2016.
56. Ana Frazão pondera, porém, que nem sempre aqueles que participaram do desvio terão benefícios, sugerindo que o critério do benefício deveria ter sido acompanhado do critério do envolvimento no ato, de forma a atingir aqueles que se beneficiaram do abuso em conjunto com os que o praticaram (FRAZÃO, Op. cit., 2020. Versão eletrônica). No mesmo sentido, Gustavo Tepedino e Laís Cavalcanti sugerem que essa parece ser a melhor interpretação do dispositivo, pois privilegia o credor que sofreu com o ato do abuso, imputando à pessoa que dele tenha participado, ou deixado de impedir a sua ocorrência, o dever de responder pela obrigação assumida pela sociedade (TEPEDINO; CAVALCANTI, Op. cit., Versão eletrônica).
57. Além das alterações destacadas acima, a Lei de Liberdade Econômica também incluiu previsão expressa, no §3º do art. 50 do Código Civil, tratando da desconsideração inversa da personalidade jurídica, que já era amplamente admitida na doutrina (SCHREIBER, Anderson. *Manual de Direito Civil*. 2. ed. São Paulo: Saraiva Educação, 2019. p. 170; Enunciado 283, da IV Jornada de Direito Civil do Conselho da Justiça Federal: "É cabível a desconsideração da personalidade jurídica denominada 'inversa' para alcançar bens de sócio que se valeu da pessoa jurídica para ocultar ou desviar bens pessoais, com prejuízo a terceiros") e na jurisprudência (Dentre outros: STJ, REsp 1.810.414/RO, Rel. Min. Francisco Falcão, 2ª Turma, j.: 15.10.2019, Pub: 18.10.2019; STJ, AgInt no REsp 1.331.399/PR, Rel. Min. Luis Felipe Salomão, 4ª Turma, j.: 20.08.2019; Pub: 23.08.2019; STJ, REsp 1.522.142/PR, Rel. Min. Marco Aurélio Bellizze, 3ª Turma, j.: 13.06.2017; Pub: 22.06.2017; STJ, REsp 1.584.404/SP, Rel. Min. Paulo de Tarso Sanseverino, 3ª Turma, j.: 13.09.2016, Pub: 27.09.2016; STJ, REsp 1.236.916/RS, Rel. Min. Nancy Andrighi, 3ª Turma, j.: 22.10.2013; Pub: 28.10.2013).

bro.[58-59] Não é raro que sociedades controladas estejam vinculadas à controladora como se fossem departamentos desta última, o que compromete o princípio da autonomia da pessoa jurídica.[60]

Nelly Maria Potter Weltson alerta, assim, que para que se possa falar em desconsideração da personalidade jurídica em grupos societários de fato, faz-se essencial a verificação de um exercício abusivo do controle societário.[61]

Desse modo, a caracterização do desvio de finalidade somente se faria presente se dos atos praticados por uma ou mais sociedades resultarem prejuízos a terceiros, e desde que tais atos sejam incompatíveis com a função da pessoa jurídica.[62]

Ou seja, havendo manipulação das pessoas jurídicas pertencentes ao grupo societário, de forma que se verifique nas suas relações com terceiros – acionistas ou credores – que a autonomia patrimonial foi utilizada para burlar a lei e ferir os preceitos do ordenamento, deve a personalidade ser desconsiderada para se tratar o grupo como uma unidade econômica, sem distinções, como de fato é.[63]

A confusão patrimonial que suscita a desconsideração nessas hipóteses, por sua vez, deve ser de tal ordem que efetivamente descaracterize a autonomia patrimonial das sociedades membro, deixando nítida uma condução patrimonial que lesou os credores, configurando um desvirtuamento da função social do grupo.

---

58. Nas lições de Fábio Konder Comparato e Calixto Salomão Filho: "Ora, essa perda da autonomia da gestão empresarial traduz-se, frequentemente, senão sempre, pelo sacrifício dos interesses de cada sociedade ao interesse global do grupo. Os patrimônios sociais tendem a confundir-se, e tudo se passa nesse campo, como frisou um autor, analogamente ao princípio dos vasos comunicantes" (COMPARATO; SALOMÃO FILHO, Op. cit., 2014, p. 310).

59. Diante de tal peculiaridade, Eduardo Secchi Munhoz chegar a sustentar que o instituto da desconsideração da personalidade jurídica seria incompatível com o fenômeno dos grupos de sociedades: "Depreende-se, portanto, que nos grupos de sociedades, aquilo que a doutrina da desconsideração da personalidade jurídica chama de suspensão temporária e episódica da personalidade jurídica haveria de se tornar uma suspensão permanente e constante, pois a extinção da autonomia patrimonial e organizacional das sociedades-membros não constitui a exceção, mas, sim, a regra. A crise, portanto, não se localiza na utilização abusiva da pessoa jurídica em cada caso concreto, mas nos próprios objetivos definidos pelo ordenamento jurídico, que se tornaram anacrônicos, incompatíveis com a realidade socioeconômica dos dias atuais. Daí decorre a inadequação da doutrina clássica da desconsideração para solucionar os problemas jurídicos suscitados pelo fenômeno grupal. (...) Afinal, se a doença não se localiza em cada caso concreto, mas no próprio ordenamento jurídico, o que se exige não é a aplicação de uma teoria de origem jurisprudencial, de natureza casuística, mas, sim, a criação de uma nova disciplina jurídica, que seja apta a estabelecer princípios e objetivos consentâneos com as exigências da sociedade" (MUNHOZ, Op. cit., 2004, p. 45).

60. Nesse sentido, pondera Ana Frazão que "Se não existe autonomia nem mesmo de cada sociedade isolada em relação a seus sócios, a existência do grupo torna a personalidade jurídica de cada sociedade do grupo ainda menos importante. Tal fenômeno é ainda mais frequente em grupos formados por sociedades com identidade de sócios ou por sociedades com dois ou poucos sócios, mas com um sócio comum, especialmente se houver forte elemento pessoal, como ocorre nas sociedades familiares, e administração for exercida pelos mesmos sócios" (FRAZÃO, Op. cit., 2020. Versão eletrônica.

61. WELTSON, Nelly Maria Potter. Grupos societários de fato: aspectos de uma realidade societária contemporânea e as consequências de sua utilização abusiva. Tese de doutorado. Rio de Janeiro: UERJ, 2015. p. 197.

62. Ibidem, p. 207.

63. KOURY, Op. cit., 1998, p. 152.

A DESCONSIDERAÇÃO DA PERSONALIDADE JURÍDICA NOS GRUPOS DE SOCIEDADE DE FATO

Nessa configuração, é importante verificar se as operações financeiras e econômicas travadas entre as sociedades integrantes do grupo correspondem aos parâmetros médios de mercado ou se foram, por exemplo, subavaliadas.[64]

Nesse cenário, mantendo a controladora uma separação clara entre os seus negócios e os de suas controladas, não poderá ser responsabilizada por obrigações contraídas por essas últimas, mesmo que todas possuam administradores em comum.

A aplicação da desconsideração da personalidade jurídica em sede de grupos de sociedades assume, portanto, contornos peculiares, valendo recorrer à jurisprudência nacional para verificar a aplicação do instituto nos casos concretos.

3. A APLICAÇÃO DA DESCONSIDERAÇÃO DA PERSONALIDADE JURÍDICA PELOS TRIBUNAIS PÁTRIOS NOS GRUPOS DE SOCIEDADES

Em linha com a orientação predominante na doutrina,[65] a jurisprudência pacífica do Superior Tribunal de Justiça[66] é assente em reconhecer que a aplicação da desconsideração da personalidade jurídica aos grupos de sociedade demanda sejam comprovados pelo requerente (i) "pertence[r] a pessoa jurídica devedora a grupo de sociedades sob o mesmo controle e com estrutura meramente formal, o que ocorre quando as diversas pessoas jurídicas do grupo exercem suas atividades sob unidade gerencial, laboral e patrimonial",[67] e (ii) "o abuso de direito, caracterizado pelo desvio de finalidade (ato intencional dos sócios com intuito de fraudar terceiros), e/ou confusão patrimonial".[68]

Em consonância com a orientação fixada pelo Superior Tribunal de Justiça, os Tribunais estaduais igualmente vêm, de forma geral, exigindo a comprovação da presença de tais requisitos para fins de aplicação do instituto.

Não obstante, é oportuno destacar que, por vezes, apesar de se referirem à necessidade de demonstração de tais elementos, em certos casos acaba-se por negligenciar a investigação quanto à sua presença no caso concreto,[69] orientando-se, muito provavel-

---

64. WELTSON, Op. cit., p. 204.
65. CASTRO, Op. cit., 2019, p. 102; TEPEDINO, Gustavo. *Grupo econômico e desconsideração da personalidade jurídica*. Soluções Práticas. São Paulo: Thomson Reuters, 2011. v. 3.
66. Nesse sentido, dentre muitos outros: STJ, REsp 1.965.982/SP, Rel. Min. Ricardo Villas Bôas Cueva, 3ª Turma, j.: 05.04.2022, Pub: 08.04.2022; STJ, AgInt no AREsp 1.654.809/SP, Rel. Min. Raul Araújo, 4ª Turma, j.: 07.12.2020, Pub.: 1º.02.2021; STJ, AgInt no AREsp 1.635.669/SP, Relator Min. Raul Araújo, 4ª Turma, j.: 28.09.2020, Pub.: 20.10.2020; STJ, AgInt no AREsp 1.350.620/SP, Rel. Min. Raul Araújo, 4ª Turma, j.: 21.05.2019, Pub.: 05.06.2019; STJ, REsp 1.721.239/SP, Rel. Min. Paulo de Tarso Sanseverino, 3ª Turma, j.: 27.11.2018, Pub.: 06.12.2018; STJ, REsp 1.326.201/RJ, Rel. Min. Nancy Andrighi, 3ª Turma, j.: 07.05.2013, Pub.: 16.05.2013.
67. STJ, REsp 332.763/SP, 3ª Turma, Rel. Min. Nancy Andrighi, j.: 30.04.2002, Pub.: 24.06.2002.
68. STJ, REsp 1.965.982/SP, 3ª Turma, Rel. Min. Ricardo Villas Bôas Cueva, j.: 05.04.2022, Pub.: 08.04.2022.
69. Nessas hipóteses, o que se observa é que, mesmo havendo previsão expressa no art. 50, § 4º do Código Civil de que "a mera existência de grupo econômico sem a presença dos requisitos de que trata o caput deste artigo não autoriza a desconsideração da personalidade da pessoa jurídica" os julgados confundem a características do grupo econômico com presunções quanto a possível existência de desvio de finalidade ou confusão patrimonial. Esse é o caso, por exemplo, do acórdão proferido por ocasião do julgamento do Agravo de Instrumento 2016811-69.2021.8.26.0000, no âmbito do qual a 7ª Câmara de Direito Privado do Tribunal de Justiça do Estado de São Paulo manteve decisão de 1ª instância que havia deferido a desconsideração da personalidade para atingir empresa pertencente ao grupo

mente, pela finalidade de assegurar ao credor a satisfação de dívida contraída por empresa insolvente, através da responsabilização patrimonial de outra sociedade integrante do mesmo grupo econômico.

Cumpre mencionar, contudo, alguns exemplos em que o instituto foi aplicado pelo julgador de forma paradigmática, com robusta investigação da presença, no caso concreto, dos requisitos estabelecidos no 50 do Código Civil.

Em um primeiro caso, apreciado pela 24ª Câmara de Direito Privado do Tribunal de Justiça do Estado de São Paulo,[70] determinou-se a desconsideração da personalidade jurídica de empresa originalmente executada (Bracol Holding Ltda) para inclusão, no polo passivo da execução, das demais empresas do Grupo Bertin (grupo de sociedades de fato). A decisão foi proferida em sede de execução de título extrajudicial, lastreada em dois contratos de confissão e novação de dívida.

Positivamente, segundo destacou-se no referido acórdão (i) tais sociedades apresentavam-se ao público e clientes, como instituição única, usando, todas, o nome fantasia e o logotipo Bertin, (ii) desenvolviam atividades empresariais similares, e (iii) possuíam o mesmo procurador, além da identidade de nomes e marcas – o que evidenciou pertencerem a um mesmo conglomerado econômico, sendo meramente formal a divisão societária entre elas existente.

Teria restado comprovado, ainda, nos autos do processo a ocorrência de desvio de finalidade e confusão patrimonial. Segundo destacou o acórdão, a sociedade que teve sua

---

econômico da devedora. Considerou, para tanto, que *"restou comprovada a formação do grupo econômico e confusão patrimonial"*. E isso em razão das circunstâncias de que "as empresas ... funcionam no mesmo endereço, além de possuírem o mesmo sócio como presidente", tendo sido ainda destacado que "todas as tentativas de penhora de valores foram infrutíferas, bem como, localização de bens" (TJSP, Agravo de Instrumento 2016811-69.2011.8.26.0000, Rel. Des. José Rubens Queiroz Gomes, 7ª Câmara de Direito Privado, j. 26.10.2021, Pub.: 26.10.2021). Outro exemplo digno de nota pode ser extraído do julgamento do Agravo de Instrumento 0740594-48.2020.8.07.0000, no qual a 5ª Turma Cível do Tribunal de Justiça do Distrito Federal e dos Territórios manteve decisão de 1º grau que, no âmbito de ação de execução de título extrajudicial, deferiu a desconsideração da personalidade jurídica da sociedade executada para atingir o patrimônio de outra empresa, integrante do mesmo grupo econômico, sob a alegação de que "[seria] possível verificar através dos documentos acostados aos autos que o patrimônio das empresas se confunde, sobretudo pela identidade dos sócios, endereço comercial e semelhança do nome empresarial". Concluiu a c. Turma, apenas com base em tais elementos e no esgotamento patrimonial da devedora, que estaria delineada fraude e abuso da personalidade jurídica. (TJDFT, Agravo de Instrumento 0740594-48.2020.8.07.0000, Rel. Des. Josaphá Francisco dos Santos, 5ª Turma Cível, j.: 09.12.2020, Pub: 21.01.2021). Também no mesmo sentido, dentre muitos outros, veja-se: TJPR, Agravo de Instrumento 0034600-94.2021.8.16.0000, Rel. Des. Nilson Mizuta, 5ª Câmara Cível, j.: 27.08.2021, Pub.: 30.08.2021; TJSP, Agravo de Instrumento 2072845-64.2021.8.26.0000, Rel. Des. Flávio Cunha da Silva, 38ª Câmara de Direito Privado, j.: 02.07.2021, Pub.: 02.07.2021.

70. "Título hábil a execução – Bloqueio online – Desconsideração da personalidade jurídica – Extensão da execução às pessoas jurídicas diversas – Grupo econômico – I – Reconhecido que há título hábil a aparelhar a execução, cabível a determinação de bloqueio online de ativos financeiros da agravante – Inteligência dos arts. 587 e 655, c.c. 655-A, do CPC – III – Demonstrada a inter-relação e proximidade entre as atividades comerciais da agravante e demais empresas do Grupo Bertin S/A, inclusive com o enfraquecimento econômico da agravante em benefício das demais empresas – Correta desconsideração da personalidade jurídica da agravante para alcançar os bens das demais empresas do grupo econômico, e seus sócios, já que se trata de nítida sucessão de empresas – Presença de indícios de confusão patrimonial – Precedentes deste E. TJSP – Decisão mantida – Agravo improvido" (TJSP, Agravo de Instrumento 2163645-85.2014.8.26.0000, Rel. Des. Salles Vieira, 24ª Câmara de Direito Privado, j.: 23.04.2015, Pub.: 07.05.2015).

personalidade jurídica desconsiderada (assim como outras das sociedades integrantes do conglomerado) teria sido formada para assegurar a intangibilidade do patrimônio do Grupo Bertin, dado que uma série de filiais foram criadas e acabaram insolventes sem qualquer patrimônio capaz de atender aos credores, sempre envolvendo as pessoas a elas vinculadas.

Uma das sociedades atingidas pela referida decisão, mantida pela 24ª Câmara de Direito Privado do Tribunal de Justiça de São Paulo – a Bertin Fundo de Investimentos em Participações – veio a sofrer penhora *online* em suas contas bancárias, o que a levou a opor embargos à execução. Nos referidos embargos, a empresa sustentou, dentre outros pontos, que não teria restado demonstrado o desvio de finalidade ou confusão patrimonial, e que a suposta participação em grupo econômico não provaria a existência de desvio de finalidade ou confusão patrimonial, necessários à aplicação da desconsideração da personalidade jurídica.

Os embargos à execução foram julgados improcedentes, tendo a Bertin Fundo de Investimentos em Participações interposto apelação em face da respectiva sentença. Ao apreciar a apelação,[71] a 24ª Câmara de Direito Privado apreciou novamente a regularidade da desconsideração da personalidade jurídica da Bracol Holding Ltda., reiterando terem sido devidamente comprovados nos autos a existência de grupo econômico, o desvio de finalidade e a confusão patrimonial entre as empresas integrantes do Grupo Bertin. Destacou a Câmara, em adição ao que fora expresso no julgamento do Agravo de Instrumento 2163645-85.2014.8.26.0000, que o fundo de investimentos apelante tinha inicialmente como detentora integral das suas quotas a empresa Bracol Holding Ltda., que transferiu para a Blessed Holding LLC, em dezembro de 2009, 65,79% das quotas pelo valor de US$ 10.000,00, e, em novembro de 2010, 21,5% das quotas pelo valor de

---

71. "(...) Desconsideração da personalidade jurídica – Grupo econômico – Extensão da execução a fundo de investimento – Requisitos legais. I – Sentença proferida e recurso interposto sob a égide do CPC/1973. II – Aplicação do art. 50 do CC. Teoria Maior da desconsideração da personalidade jurídica. Possibilidade de desconsideração da personalidade jurídica, em casos excepcionais, desde que existam elementos indicativos de abuso de personalidade caracterizados pelo desvio de finalidade ou pela confusão patrimonial. III – Desconsideração da personalidade jurídica da empresa Bracol Holding S/A, com a consequente inclusão, no polo passivo da ação de execução, de diversas empresas que compõem o Grupo Bertin, entre as quais, a apelante, Bertin Fundo de Investimento em Participações. Desconsideração inversa da personalidade jurídica – Demonstrada a interrelação e proximidade entre as atividades comerciais da empresa Bracol Holding S/A e demais empresas do Grupo Bertin S/A, inclusive com o enfraquecimento econômico desta em benefício das demais empresas Blindagem patrimonial. Correta desconsideração da personalidade jurídica da empresa Bracol Holding S/A para alcançar os bens das demais empresas do grupo econômico, e seus sócios, já que se trata de nítida sucessão de empresas – Apelante que faz parte do grupo econômico Bertin Bracol Holding S/A, inicialmente, detentora integral das quotas da apelante. Posterior cessão de quotas à empresa norte americana, em valores absolutamente irrisórios, quando comparados aos valores efetivamente estimados em auditoria. Apelante, por sua vez, que é detentora unicamente de ações de empresa constituída para a criação de uma associação entre JBS S/A e Bertin S/A – Presença de indícios de confusão patrimonial. Precedentes deste E. TJ. IV – Ausente localização fortuita de ativos financeiros. Apelante que foi incluída anteriormente no polo passivo da ação. Irrelevância da natureza jurídica da apelante. Apelante que não foi objeto de desconsideração de personalidade jurídica, mas sim uma terceira empresa – Possibilidade de constrição de seu patrimônio, o qual materializa patrimônio do seu próprio condômino. Precedente deste E. TJ. Embargos à execução improcedentes. Sentença mantida. Apelo improvido" (TJSP, Apelação 1022098-31.2014.8.26.0564, Rel. Des. Salles Vieira, 24ª Câmara de Direito Privado, j.: 16.07.2020, Pub.: 21.07.2020).

R$ 17.000,00. E isso quando foi elaborado Parecer por auditores independentes no qual se apontou que, no período de 2009/2010, o valor de cada quota do FIP equivalia a R$ 2.787,00, de modo que o valor real de cada uma das duas operações equivaleria a R$ 3.2 bilhões e R$ 970 milhões.

Indicou-se, ainda, que a Bertin Fundo de Investimentos em Participações tinha como principal ativo a participação na sociedade FB Participações S.A., detendo 48,52% do seu capital social. Ocorre que a FB Participações S.A. teria sido constituída para criação de uma associação entre as companhias JBS S.A. e Bertin S.A. Assim, em 11.12.2009, teria sido integralizada no patrimônio da Bertin Fundo de Investimento em Participações a quantidade de 20.296.764 ações da Bertin S.A. Em 23.12.2009, foi aprovada, em Ata de Assembleia Geral Extraordinária, a incorporação das ações da Bertin S.A. pela JBS S.A., tendo o Fundo recebido 32,45518835 ações ordinárias da JBS S.A. para cada ação da Bertin S.A. sob sua titularidade. Em 28.12.2009, o Fundo assumiu a obrigação irrevogável e irretratável de entregar as ações ordinárias da JBS S.A. para a FB Participações S.A., passando a ser titular 2.334.370.128 ações ordinárias de emissão da FB Participações S.A., que representava 48,52% das ações ordinárias do capital social dessa companhia.

O caso foi, ainda, submetido ao Superior Tribunal de Justiça[72] que, ao julgar o recurso especial interposto pela Bertin Fundo de Investimentos em Participações, consignou que a desconsideração da personalidade jurídica foi aplicada, *in casu,* com base em desvio de finalidade e confusão patrimonial, em consonância com o entendimento do Superior Tribunal de Justiça; apesar de consignar não ser possível a análise, em sede de recurso especial, da efetiva caracterização de desvio de finalidade e confusão patrimonial nas operações referidas pelo Tribunal de Justiça do Estado de São Paulo no referido acórdão.

---

72. "Recurso especial. Processual civil. Impugnação à execução. Negativa de prestação jurisdicional. Cerceamento de defesa. Não ocorrência. Produção de provas. Necessidade. Reexame de prova. Súmula 7/STJ. Desconsideração da personalidade jurídica. Pedido e decisão judicial anterior. Existência. Regularidade formal. Fundo de investimento em participações (FIP). Natureza jurídica. Condomínio especial. Cotas. Constrição judicial. Possibilidade. (...) 2. Cinge-se a controvérsia a definir: a) se houve negativa de prestação jurisdicional; b) se houve cerceamento de defesa em virtude do indeferimento do pedido de produção de provas; c) se um fundo de investimento pode sofrer os efeitos da desconsideração da personalidade jurídica e d) se estão presentes, na espécie, os pressupostos necessários para a aplicação do referido instituto. (...) 8. A impossibilidade de responsabilização do fundo por dívidas de um único cotista, de obrigatória observância em circunstâncias normais, deve ceder diante da comprovação inequívoca de que a própria constituição do fundo de investimento se deu de forma fraudulenta, como forma de encobrir ilegalidades e ocultar o patrimônio de empresas pertencentes a um mesmo grupo econômico. 9. Comprovado o abuso de direito, caracterizado pelo desvio de finalidade (ato intencional dos sócios com intuito de fraudar terceiros), e/ou confusão patrimonial, é possível desconsiderar a personalidade jurídica de uma empresa para atingir o patrimônio de outras pertencentes ao mesmo grupo econômico. 10. Hipótese em que a desconsideração inversa da personalidade jurídica foi determinada com base em desvio de finalidade e confusão patrimonial, não constituindo o recurso especial a via processual adequada para modificar as conclusões do acórdão recorrido, obtidas a partir da análise da documentação juntada aos autos. Incidência da Súmula 7/STJ. 11. No momento da constrição determinada pelo juízo da execução, como consequência da desconsideração inversa da personalidade jurídica do devedor, o fundo de investimento que teve o seu patrimônio constrito possuía apenas dois cotistas, ambos integrantes do mesmo conglomerado econômico, a revelar que o ato de constrição judicial não atingiu o patrimônio de terceiros." (STJ, REsp 1.965.982/SP, Rel. Min. Ricardo Villas Bôas Cueva, 3ª Turma, j.: 05.04.2022, Pub.: 08.04.2022).

Em outro caso, julgado pelo Tribunal de Justiça do Estado do Rio de Janeiro,[73] aplicou-se a desconsideração da personalidade jurídica, no âmbito de ação ajuizada com a finalidade de obter a responsabilização dos ex-administradores e empresas integrantes do grupo econômico de fato formado por sociedade falida (Sata – Serviços Auxiliares de Transporte Aéreo S.A.), nos termos do art. 82 da Lei 11.101/05.

Com efeito, a 20ª Câmara Cível considerou ter sido devidamente evidenciado nos autos a efetiva existência de grupo de sociedades de fato formado pela Fundação Rubem Berta, que controlava a FRB-Par Investimentos, que controlava a VPSC – Varig Participações em Serviços Complementares, que controlava a SATA – Serviços Auxiliares de Transporte Aéreo S.A., a Companhia Tropical de Hotéis da Amazônia e a Amadeus.

Caracterizou-se, ademais, o abuso da personalidade jurídica entre as sociedades integrantes do grupo, em razão (i) da confusão patrimonial, ante a existência de caixa único entre controladoras e controladas, com evidências de desvios de valores, (ii) de o controle e administração das sociedades integrantes do grupo estarem concentrados nas mesmas pessoas (a prova oral produzida nos autos demonstrou a existência de uma direção unitária e central no conjunto de sociedades, com suas diretorias e conselhos sendo atribuídas a um mesmo grupo de pessoas que, ligadas à administração das controladoras, acumulavam funções em mais de uma empresa, subtraindo qualquer autonomia e independência àquelas sociedades).

Outro elemento destacado pelo acórdão como indicativo do abuso da personalidade jurídica das empresas envolvidas foi a celebração de "Contrato de Constituição de Consórcio de Empresas para Uniformização de Procedimentos Administrativos" entre as sociedades integrantes do grupo econômico, no qual declararam que "são empresas sob controle comum (...) atuam em segmentos similares ou que se complementam (...) resolvem constituir um consórcio para uniformização de procedimentos administrativos nas áreas de relação com investidores, controladoria, comunicação, jurídica e recursos humanos".

Em um terceiro caso, a 16ª Câmara Cível do Tribunal de Justiça do Estado do Paraná manteve decisão que, em sede de incidente de desconsideração da personalidade jurídica instaurado em ação de execução de título extrajudicial, deferiu o arresto cautelar dos bens de sociedades integrantes do mesmo grupo econômico de uma das empresas

---

73. "Agravo de instrumento. Falência. Incidente de desconsideração da personalidade jurídica. Direito civil e processual civil. Desconsideração inversa da personalidade jurídica. Empresas pertencentes a mesmo grupo econômico. Abuso da personalidade. 1. Controvérsia em torno da legalidade da desconsideração inversa da personalidade jurídica. 2. Abuso da personalidade jurídica. 3. Legalidade da desconsideração inversa da personalidade jurídica. 4. Aplicação da regra do artigo 50 do Código Civil. 5. Teoria da "disregard doctrine" que surgiu como mecanismo para coibir o uso abusivo da autonomia da pessoa jurídica na prática de atos ilícitos. 6. Pertencendo a falida a grupo de sociedades sob o mesmo controle e com estrutura meramente formal, o que ocorre quando as diversas pessoas jurídicas do grupo exercem suas atividades sob unidade gerencial, é legítima a desconsideração da personalidade jurídica inversa para que os efeitos do decreto falencial alcancem as demais sociedades do grupo. 7. Impedir a desconsideração da personalidade jurídica nesta hipótese implica prestigiar a fraude à lei e contra credores. 8. Precedentes do Superior Tribunal de Justiça. 9. Incensurável a decisão recorrida. 10. Desprovimento do recurso." (TJRJ, Agravos de Instrumento 0011835-19.2019.8.19.0000 e 0011119-89.2019.8.19.0000, 20ª Câmara Cível, Rel. Des. Marília de Castro Neves, j.: 17.07.2019, Pub.: 19.07.2019).

executadas.[74] E isso porque considerou a Câmara que os elementos acostados aos autos permitiam concluir que as sociedades cujo patrimônio se pretendia atingir com a aplicação da desconsideração (Novazef Participações Societárias Ltda. e Sitael Participações Societárias Ltda., "Novazef" e "Sitael") foram constituídas, direta ou indiretamente pelas pessoas físicas executadas (Reinaldo Zampieri Neto, Ana Paula Russo Zampieri e Célia Regina Assis Russo, "Reinaldo", "Ana Paula" e "Célia"), com o único objetivo de blindar o patrimônio destes últimos e frustrar credores.

Positivamente, a Novazef tinha como sócia majoritária (com 98% de suas quotas) a Z&Z Participações Societárias Ltda., que integralizou no capital social da Novazef os mesmos imóveis outrora nela integralizados por Reinaldo e Ana Paula, retirando-se posteriormente da Nozazef por meio de transferência de quotas, mas mantendo os imóveis integralizados em seu capital social. Foram ainda lavradas escrituras públicas em favor de Reinaldo e Ana Paula pelas sócias que se mantiveram na Novazef, de modo a permitir a sua ingerência na administração da sociedades.

Mecanismo semelhante foi também empregado com relação à Sitael, que foi criada na mesma data da Novazef (agosto de 2018), tendo como sócia majoritária Célia (com 99% das quotas), que integralizou no capital social da Sitael imóveis de sua propriedade localizados nas cidades de Londrina e Gramado, no Rio Grande do Sul. Dois meses após a constituição da sociedade, Célia cedeu e transferiu suas quotas sociais à outra sócia (Marlene de Assis). Assim como ocorreu com a Novazef, foi outorgada procuração pública pela sócia remanescente da Sitael a Célia, permitindo-lhe ingerência na administração da sociedade.

Com base em tais circunstâncias, concluiu a Câmara que as pessoas jurídicas Novazef e Sitael foram constituídas de forma artificiosa, com evidente desvio de finalidade.

Os elementos destacados nos referidos acórdãos indicam, de forma translúcida, que a autonomia patrimonial das pessoas jurídicas envolvidas teria sido utilizada para burlar a lei e ferir os preceitos do ordenamento jurídico brasileiro, mostrando-se, portanto, imperiosa a aplicação da desconsideração da personalidade jurídica.

4. CONCLUSÃO

Os grupos societários de fato são um fenômeno contemporâneo irreversível, de suma importância para o progresso da economia. Como visto, essa espécie de organização societária caracteriza-se pela direção unitária, que permite a orientação de todas as sociedades integrantes do grupo a um objetivo comum, perseguido a partir da união de seus esforços individuais.

---

74. "Agravo de instrumento. Incidente de desconsideração da personalidade jurídica. Pedido de concessão de tutela provisória de urgência de natureza cautelar. Arresto cautelar. Preenchimento dos requisitos previstos no art. 300 do CPC. Probabilidade do direito invocado, com a demonstração de indícios de formação de grupo econômico de forma abusiva, com o escopo de blindagem patrimonial e de frustração de credores. Evidente perigo ao resultado útil do processo, ante a inexistência de bens dos executados livres de ônus e a prática anterior de que se valeram, transferindo bens livres a terceiros como forma de ocultação/dilapidação patrimonial. Decisão mantida. Recurso desprovido" (TJPR, Agravo de Instrumento 0051575-31.2020.8.16.0000, Rel. Des. Lauro Laertes de Oliveira, 16ª Câmara Cível, j.: 25.11.2020, Pub.: 25.11.2020).

Apesar de já terem decorrido mais de 50 anos desde a introdução do instituto da desconsideração da personalidade jurídica no Direito brasileiro, sua origem eminentemente jurisprudencial, e, portanto, casuística, tem implicado a sua aplicação em múltiplas situações e sob variados critérios.

Nesse passo, a doutrina giza que, diante da inexistência de regulação que preveja proteção especial aos credores e acionistas minoritários no âmbito dos grupos de sociedade, a desconsideração vem sendo utilizada, em alguns casos, simplesmente como instrumento para assegurar a responsabilização da sociedades dominantes por obrigações contraídas por sociedades dominadas, independentemente do preenchimento dos requisitos previstos no art. 50 do Código Civil.

Considera-se, contudo, que a desconsideração da personalidade jurídica deve ser usada apenas para coibir o uso patológico da pessoa jurídica, portanto, de forma excepcional. A sua aplicação como forma de solucionar questões decorrentes das falhas existentes na legislação aplicável aos grupos de sociedade traz insegurança jurídica e pode resultar em responsabilização demasiado gravosa para a sociedade de controle do grupo, acabando, a longo prazo, por inviabilizar a utilização desta figura na prática empresarial.

Por tal razão, o presente artigo, a partir da análise dos fundamentos jurídicos que embasam a desconsideração nessa hipótese e da análise de casos concretos, buscou delinear os contornos da aplicação do instituto, em consonância com a finalidade prevista pelo ordenamento jurídico brasileiro, como forma de coibir o uso abusivo da personalidade jurídica.

5. REFERÊNCIAS

ALVES, Alexandre Ferreira de Assumpção. *A desconsideração da personalidade jurídica à luz do direito civil-constitucional*: o descompasso entre as disposições do Código de Defesa do Consumidor e a disregard. (Tese). Rio de Janeiro: UERJ, 2003. Tese de doutorado.

ANDRADE JUNIOR, Mozart Vilela. A desconsideração da personalidade jurídica para fins de responsabilidade: uma visão dualista da disregard doctrine. *Revista de Processo*, v. 252, p. 59-77, fev. 2016.

ANTUNES, José A. *Os grupos de sociedade*. 2. ed. Coimbra: Almedina, 2002.

ARAÚJO, Danilo Borges dos Santos Gomes de. Estratégias para regulação dos grupos de sociedades. *Revista dos Tribunais*, v. 987, p. 319-333, jan. 2018.

ASSIS, Araken de. *Processo civil brasileiro*. 2. ed. São Paulo: Ed. RT, 2016. v. 2, t. 1.

BENETI, Sidnei Agostinho. Desconsideração da sociedade e legitimidade ad causam: esboço de sistematização. In: DIDIER JR., Fredie; WAMBIER, Teresa Arruda Alvim (Org.). *Aspectos polêmicos e atuais sobre os terceiros no processo civil (e assuntos afins)*. São Paulo: Ed. RT, 2004.

BUENO, Cassio Scarpinella. *O incidente de desconsideração da personalidade jurídica para além da desconsideração*: uma homenagem ao Professor Fabio Ulhoa Coelho. Disponível em: https://www.scarpinellabueno.com/images/para-ler/IDPJ-Homenagem-Fabio-Ulhoa-Coelho-37.pdf. Acesso em: 22 jan. 2023.

CÂMARA JUNIOR, José Maria. Comentários ao art. 795. In: WAMBIER, Teresa Arruda Alvim et al (Org.). *Breves comentários ao novo Código de Processo Civil*. 3. ed. São Paulo: Ed. RT, 2016.

CARVALHOSA, Modesto. *Comentários ao Código Civil*. Parte especial. Direito da empresa. Coordenação de Antonio Junqueira de Azevedo. São Paulo: Saraiva, 2003b. v. 13.

CARVALHOSA, Modesto; LATORRACA, Nilton. *Comentários à Lei de Sociedades Anônimas*. São Paulo: Saraiva, 1997. v. 3.

CASTRO, Roberta Dias Tarpinian de. *O incidente de desconsideração da personalidade jurídica*: as diferentes funções de um mesmo mecanismo processual. São Paulo: Quartier Latin, 2019.

CERVASIO, Daniel Bucar. Desconsideração da personalidade jurídica: panorama e aplicação do instituto no Brasil e nos Estados Unidos da América. *Revista de Direito Civil Contemporâneo*, v. 8, p. 91-113, jul.-set. 2016.

COELHO, Fabio Ulhoa. A teoria maior e a teoria menor da desconsideração. *Revista de Direito Bancário e do Mercado de Capitais*, v. 65, p. 21-30, jul.-set. 2014.

COELHO, Fabio Ulhoa. *Curso de direito comercial*: direito de empresa. 16. ed. São Paulo: Saraiva, 2016. v. 2.

COELHO, Fabio Ulhoa. *Direito antitruste brasileiro*: comentários à Lei 8.884/94. São Paulo: Saraiva, 1995.

COMPARATO, Fabio Konder; SALOMÃO FILHO, Calixto. *O poder de controle na sociedade anônima*. 6 ed. Rio de Janeiro: Forense, 2014.

DIDIER JR., Fredie; LIPIANI, Júlia. Desconsideração inversa da personalidade jurídica – Princípio da boa-fé – Proibição do tu quoque – Aspectos Processuais da desconsideração da personalidade jurídica. *Revista de Direito Contemporâneo*, v. 13. São Paulo: Thomson Reuters, out.-dez. 2017.

FRANCO, Vera Helena de Mello. Concentração de poder econômico e grupos não acionários perante a ótica do Código Civil. *Revista dos Tribunais*, v. 908, p. 205-228, jun. 2011.

FRAZÃO, Ana. Desconsideração da personalidade jurídica e tutela de credores. In: COELHO, Fabio Ulhoa; RIBEIRO, Maria de Fátima (Coord.). *Questões de direito societário em Portugal e no Brasil*. Coimbra, Almedina, 2012. p. 479-514.

FRAZÃO, Ana. Lei de Liberdade Econômica e seus impactos sobre a desconsideração da personalidade jurídica. In: SALOMÃO, Luis Felipe; CUEVA, Ricardo Villas Bôas; FRAZÃO, Ana (Coord.). *Lei de Liberdade Econômica e seus impactos no direito brasileiro*. São Paulo: Thomson Reuters Brasil, 2020. Versão eletrônica.

GAMA, Guilherme Calmon Nogueira da. Função social da empresa. *Revista dos Tribunais*, v. 857, p. 11-28, mar. 2007.

GAMA, Guilherme Calmon Nogueira da. Incidente de desconsideração da personalidade jurídica. *Revista de Processo*, v. 262, p. 61-85, dez. 2016.

GAMA, Guilherme Calmon Nogueira da; BRASIL, Deilton Ribeiro. Aspectos relevantes (materiais e processuais) da teoria da desconsideração da personalidade da pessoa jurídica. In: GAMA, Guilherme Calmon Nogueira da (Org). *Desconsideração da personalidade jurídica*: visão crítica da jurisprudência. São Paulo: Atlas, 2009.

GRINOVER, Ada Pellegrini. Da desconsideração da pessoa jurídica: aspectos de direito material e processual. *Revista Jurídica*, v. 52, n. 320, p. 7-21, jun. 2004.

KOURY, Suzy Elizabeth Cavalcante. *A desconsideração da personalidade jurídica* (disregard doctrine) *e os grupos de empresas*. 2. ed. Rio de Janeiro: Forense, 1998.

LAMY FILHO, Alfredo; PEDREIRA, José Luiz Bulhões. *Direito das companhias*. Rio de Janeiro: Forense, 2009. v. II.

LOBO, Carlos Alberto da Silveira. Cláusula compromissória e grupo de sociedades. *Revista de Arbitragem e Mediação*. v. 48. São Paulo: Ed. RT, jan.-mar. 2016.

LOBO, Jorge. Grupo de sociedades. *Revista dos Tribunais*, v. 636. p. 33-52, out. 1988.

LOPES, João Batista. Desconsideração da personalidade jurídica no novo Código Civil. *Revista dos Tribunais*, n. 818, p. 36-46, dez. 2003. Versão eletrônica.

LUCON, Paulo Henrique dos Santos. Incidente de desconsideração da personalidade jurídica e Lei de Liberdade Econômica. In: SALOMÃO, Luis Felipe; CUEVA, Ricardo Villas Bôas; FRAZÃO, Ana (Coord.). *Lei de Liberdade Econômica e seus impactos no direito brasileiro*. São Paulo: Thomson Reuters Brasil, 2020. Versão Eletrônica.

MARGONI, Anna Beatriz Alves. *A desconsideração da personalidade jurídica nos grupos de sociedades*. Dissertação de Mestrado. São Paulo: USP, 2011.

MUNHOZ, Eduardo Secchi. Desconsideração da personalidade jurídica e grupos de sociedades. *Revista de Direito Mercantil*, ano XLIII, v. 134, p. 25-47, abr./jun. 2004.

MUNHOZ, Eduardo Secchi. *Empresa contemporânea e direito societário*: poder de controle e grupos de sociedades. São Paulo: Juares de Oliveira, 2002.

NUNES, Márcio Tadeu Guimarães. *Desconstruindo a desconsideração da personalidade jurídica*. São Paulo: Quartier Latin, 2007.

PARENTONI, Leonardo Neto. *Desconsideração contemporânea da personalidade jurídica* – dogmática e análise científica da jurisprudência brasileira. São Paulo: Quartier Latin, 2014.

PEDREIRA, José Luiz Bulhões. Acordo de acionistas sobre controle de grupo de sociedades. *Revista de Direito Bancário, do Mercado de Capitais e da Arbitragem*, ano 15, v. 26, p. 226-248. São Paulo, 2002.

PRADO, Viviane Muller. Grupos societários: análise do modelo da Lei 6.404/1976. *Revista de Direito GV*, v. 1, n. 2, p. 5-27, jul.-dez. 2005.

PRADO, Viviane Muller; TRANCOSO, Maria Clara. Análise do fenômeno dos grupos empresariais na jurisprudência do STJ. *Revista de Direito Bancário e de Mercado de Capitais*, v. 40, p. 97-120, abr.-jun. 2008.

REQUIÃO, Rubens. abuso de direito e fraude através da personalidade jurídica (*disregard doctrine*). *Revista dos Tribunais*, n. 410, dez. 1969.

ROCHA, Henrique de Moraes Fleury da. *Desconsideração da personalidade jurídica*. São Paulo: JusPodivm, 2022.

RODRIGUES, Ana Carolina; CURY, Maria Fernanda C. A. R. A desconsideração da personalidade jurídica aplicada aos grupos de sociedades e o Anteprojeto do Código Comercial. *Revista de Direito Público da Economia*. Belo Horizonte: Fórum, ano 13, n. 50, p. 9-41, abr.-jun. 2015.

SCHREIBER, Anderson. *Manual de direito civil*. 2. ed. São Paulo: Saraiva Educação, 2019.

SILVA, Alexandre Couto. Desconsideração da personalidade jurídica: limites para sua aplicação. *Revista dos Tribunais*, v. 780, p. 47-58, out. 2000.

TEIXEIRA, Egberto Lacerda; GUERREIRO, José Alexandre Tavares. *Das sociedades anônimas no direito brasileiro*. São Paulo: Bushatsky, 1979. v. II.

TEPEDINO, Gustavo. *A excepcionalidade da desconsideração da personalidade jurídica*. Soluções Práticas. São Paulo: Thomson Reuters, 2011. v. 3, Versão eletrônica.

TEPEDINO, Gustavo. Consensualismo na arbitragem e teoria do grupo de sociedades. *Revista dos Tribunais*, v. 903, p. 9-25, jan. 2011.

TEPEDINO, Gustavo. *Grupo econômico e desconsideração da personalidade jurídica*. Soluções Práticas. São Paulo: Thomson Reuters, 2011. v. 3.

TEPEDINO, Gustavo. Notas sobre a desconsideração da personalidade jurídica. *Temas de direito civil*. Rio de Janeiro: Renovar, 2009. t. 3.

TEPEDINO, Gustavo; CAVALCANTI, Laís. Notas sobre as alterações promovidas pela Lei 13.874/2019 nos artigos 50, 113 e 421 do Código Civil. In: SALOMÃO, Luis Felipe; CUEVA, Ricardo Villas Bôas; FRAZÃO, Ana (Coord.). *Lei de Liberdade Econômica e seus impactos no direito brasileiro*. São Paulo: Thomson Reuters Brasil, 2020. Versão eletrônica.

TEPEDINO, Gustavo; OLIVA, Milena Donato. *Fundamentos do direito civil*: teoria geral do direito civil. Rio de Janeiro: Forense, 2020. v.1.

TOMAZETTE, Marlon. *Curso de direito empresarial*: teoria geral e direito societário. 9. ed. São Paulo: Saraiva Educação, 2018. v. 1.

VEZZONI, Marina; PATIÑO, Ana Paula Corrêa. A desconsideração da personalidade jurídica em face da sistemática da Lei de Liberdade Econômica (Lei 13.874/2019). *Revista de Direito Bancário e de Mercado de Capitais*, v. 88, p. 207-224, abr.-jun. 2020.

VIO, Daniel de Avila. *Grupos societários*: ensaio sobre os grupos de subordinação, de direito e de fato, no direito societário brasileiro. São Paulo: Quartier Latin, 2016.

WALD, Arnoldo. Caracterização do grupo econômico de fato e suas consequências quanto à remuneração dos dirigentes de suas diversas sociedades componentes. *Revista de Direito Bancário e do Mercado de Capitais*, v. 25, p. 145-161, jul.-set. 2004.

WELTSON, Nelly Maria Potter. *Grupos societários de fato*: aspectos de uma realidade societária contemporânea e as consequências de sua utilização abusiva. Tese de doutorado. Rio de Janeiro: UERJ, 2015.

A LEI DA LIBERDADE ECONÔMICA E A DESCONSIDERAÇÃO DA PERSONALIDADE JURÍDICA

Augusto Passamani Bufulin

Doutor e Mestre em Direito (PUC-SP). Professor Adjunto do Departamento de Direito da Universidade Federal do Espírito Santo (UFES). Juiz de Direito (TJES). E-mail: contatoapb@protonmail.com. Link currículo Lattes: http://lattes.cnpq.br/8550788333713502.

Caio Souto Araújo

Mestre em Direito Processual pela Universidade Federal do Espírito Santo (UFES). Pós-graduado em Direito Administrativo pela Universidade Gama Filho (UGF). Juiz Federal Substituto. E-mail: caiosoutoa@gmail.com. Link currículo Lattes: http://lattes.cnpq.br/1016871291782153.

Sumário: 1. Introdução – 2. Autonomia patrimonial e Desconsideração da Personalidade Jurídica – 3. Conclusão – 4. Referências

1. INTRODUÇÃO

A Medida Provisória 881/2019 (MP da Liberdade Econômica), aprovada pelo Congresso Nacional em 23 de agosto de 2019, introduziu significativas alterações na legislação ordinária, em especial no tocante à livre iniciativa, à liberdade contratual e à responsabilidade dos sócios de sociedade empresária e de empresários individuais.

Em ofício conjunto[1] remetido pelo Ministério da Economia, Advocacia-Geral da União e Ministério da Justiça e Segurança Pública ao Presidente da República, encaminhando-lhe a proposta da medida provisória em questão, consta a seguinte descrição do que se entendeu, na concepção do ato normativo, por "liberdade econômica": "Liberdade econômica, em termos não científicos, é a extensão da conquista humana do Estado de Direito e dos direitos humanos clássicos e todas as suas implicações, em oposição ao absolutismo, aplicada às relações econômicas".

Como se nota, o propósito declarado dos autores da medida provisória e os dispositivos legais propostos se relacionam tanto com o direito privado quanto com o direito público, de modo que a sua entrada em vigor produziu significativas alterações sobretudo

---

1. Disponível em: https://legis.senado.leg.br/sdleg-getter/documento?dm=7946806&ts=1567799523956&disposition=inline. Acesso em: 06 set. 2019.

no Direito Civil, Empresarial, Administrativo, as quais, indubitavelmente, repercutem no Direito Processual Civil.

Não se ignora que é vedada a edição de medidas provisórias sobre matéria relativa a direito processual civil (art. 62, § 1º, I, *b*, da CRFB/88). Contudo, a complexidade das relações jurídicas contemporâneas tem demonstrado que as medidas provisórias que trazem modificações expressivas na ordem jurídica quase sempre tangenciam, quando não invadem mesmo, a matéria processual. Isso ocorre em grande medida por força da natureza mista ou híbrida de diversos institutos, disciplinados tanto pela legislação material quanto pela instrumental, mas também em razão de divergências de interpretação entre o Poder Executivo e o Poder Judiciário quanto a quais tipos de matérias podem ser consideradas processuais para efeito da aludida vedação constitucional ao poder de legislar.

Tais ocorrências suscitam intensos e complexos debates quanto ao alcance das medidas provisórias, acirrados por críticas ao seu uso aparentemente excessivo por parte do Poder Executivo (inclusive frente à relativização dos requisitos de relevância e urgência). Não é o escopo do presente trabalho, porém, o aprofundamento em tal questão, mas a análise das repercussões, no processo civil, do ato normativo sob foco.

É importante esclarecer, entretanto, que a referência para a elaboração desta versão do trabalho foi o texto da lei resultante da conversão da medida provisória na Lei 13.874/19 (Lei da Liberdade Econômica), isto é, após a aprovação no Congresso Nacional e a sanção presidencial.

Ainda numa consideração introdutória, cabe assinalar que o ato normativo examinado contém desde normas gerais e de caráter pretensamente principiológico até alterações legislativas pontuais em diversos atos normativos, relativos a temas variados.[2] Nota-se, portanto, que embora o texto da lei não seja extenso, ele se torna complexo em razão da marcante adoção de cláusulas abertas e conceitos jurídicos indeterminados, além de abordar uma gama de matérias diversas. Dessa forma, após um breve exame dos limites constitucionais à elaboração, por meio de medidas provisórias, de normas com aptidão para repercutirem no direito processual, tentaremos refletir o quanto possível, na estruturação do presente trabalho, a topografia dos capítulos contidos no ato normativo, buscando obter uma segmentação temática adequada.

Enfim, pretendemos analisar neste trabalho de que maneiras a Lei da Liberdade Econômica impacta o Direito Processual Civil, em especial no tocante à desconsideração da personalidade jurídica, bem como em quais pontos ela se revela omissa ou lacônica no regramento de institutos importantes para a disciplina.

---

2. A lei contém cinco capítulos, assim nominados: I. Disposições Gerais; II. Da Declaração de Direitos de Liberdade Econômica; III. Das Garantias de Livre Iniciativa; IV. Da Análise de Impacto Regulatório; V. Das Alterações Legislativas e Disposições Finais.

A LEI DA LIBERDADE ECONÔMICA E A DESCONSIDERAÇÃO DA PJ **643**

2. AUTONOMIA PATRIMONIAL E DESCONSIDERAÇÃO DA PERSONALIDADE JURÍDICA

O art. 7º da lei promove a inclusão do art. 49-A no Código Civil de 2002 (Lei 10.406/02),[3] com o aparente propósito de reafirmar a autonomia patrimonial das pessoas jurídicas. Trata-se, a nosso ver, de dispositivo desnecessário, uma vez que o tema não suscita controvérsias relevantes na doutrina e na jurisprudência. A propósito, leciona Rubens Requião:[4]

> O direito brasileiro reconheceu ampla personalidade às sociedades, quer civis, quer comerciais. A teoria se integrou na tradição brasileira, tendo em Teixeira de Freitas seu maior corifeu.
>
> No famoso Esboço de Código Civil, Teixeira de Freitas, malgrado a imaturidade da doutrina, sobretudo em nosso meio, apresentou a regulamentação das pessoas jurídicas, incluindo as sociedades na categoria de pessoas, mas não sem antes advertir: "Pela primeira vez tenta-se, e, o que é mais, em um Código, a temerária empresa de reunir em um todo o que há de mais metafísica na jurisprudência".
>
> (...) Depois de Teixeira de Freitas a matéria não se tranquilizou. O Prof. Porchat defendia em artigos doutrinários a tese da negativa de personificação das sociedades comerciais, enfrentando a oposição de J.X. Carvalho de Mendonça. Outros juristas se digladiaram na controvérsia, reacendendo-se a polêmica no ensejo da discussão do Projeto Clóvis Beviláqua, que reconhecia às sociedades a personalidade jurídica.
>
> Hoje, entre nós, não mais se discute o tema.

No mesmo sentido do dispositivo em questão, o § 7º ora incluído no art. 980-A do Código Civil[5] outorga ampla proteção ao patrimônio pessoal do titular de empresa individual de responsabilidade limitada, ressalvando apenas os casos de fraude. O dispositivo, ao restringir a caracterização de confusão patrimonial aos casos de fraude, parece extrapolar os limites da autonomia patrimonial conferida pelo ordenamento jurídico a qualquer outro tipo de pessoa jurídica, presentes as hipóteses de desconsideração que serão analisadas adiante.

O novel art. 49-A, embora desnecessário, dá o tom da nova redação do art. 50,[6] indicando que se pretende reforçar a autonomia patrimonial das pessoas jurídicas e limitar a aplicação da teoria da desconsideração da personalidade jurídica.

---

3. "Art. 49-A. A pessoa jurídica não se confunde com os seus sócios, associados, instituidores ou administradores. Parágrafo único. A autonomia patrimonial das pessoas jurídicas é um instrumento lícito de alocação e segregação de riscos, estabelecido pela lei com a finalidade de estimular empreendimentos, para a geração de empregos, tributo, renda e inovação em benefício de todos".

4. 2014, p. 473.

5. Art. 980-A. (...)
   § 7º Somente o patrimônio social da empresa responderá pelas dívidas da empresa individual de responsabilidade limitada, hipótese em que não se confundirá, em qualquer situação, com o patrimônio do titular que a constitui, ressalvados os casos de fraude.

6. Art. 50. Em caso de abuso da personalidade jurídica, caracterizado pelo desvio de finalidade ou pela confusão patrimonial, pode o juiz, a requerimento da parte, ou do Ministério Público quando lhe couber intervir no processo, desconsiderá-la para que os efeitos de certas e determinadas relações de obrigações sejam estendidos aos bens particulares de administradores ou de sócios da pessoa jurídica beneficiados direta ou indiretamente pelo abuso.

O dispositivo sempre abrigou a chamada "teoria maior" da desconsideração da personalidade jurídica, revelando-se como a regra geral para o manejo do instituto. A sua aplicação reclama, essencialmente, requisitos de ordem objetiva (insuficiência patrimonial ou insolvência por parte da pessoa jurídica) e subjetiva (desvio de finalidade ou confusão patrimonial). Tal teoria se opõe às "teorias menores", aplicáveis no Direito Ambiental (art. 4º da Lei 9.605/98[7]), no Direito do Trabalho (artigos 2º, § 2º, e 8º, da CLT[8]) e no Direito do Consumidor (art. 28, § 5º, do CDC[9]), as quais dispensam a comprovação dos requisitos de ordem subjetiva, buscando a máxima efetividade na reparação integral de danos ao meio ambiente, ao trabalhador e ao consumidor. A propósito, leciona Rodrigo Mazzei:[10]

> A análise dos dispositivos transcritos evidencia, como outrora registro, a proteção ampla do consumidor, pois assegura o acesso aos bens patrimoniais dos sócios e administradores da sociedade em outras várias hipóteses que não somente o desvio de finalidade ou confusão patrimonial, como acentua a *teoria maior* (regra geral do sistema).

---

§ 1º Para os fins do disposto neste artigo, desvio de finalidade é a utilização da pessoa jurídica com o propósito de lesar credores e para a prática de atos ilícitos de qualquer natureza.

§ 2º Entende-se por confusão patrimonial a ausência de separação de fato entre os patrimônios, caracterizada por:

I – cumprimento repetitivo pela sociedade de obrigações do sócio ou do administrador ou vice-versa;

II – transferência de ativos ou de passivos sem efetivas contraprestações, exceto os de valor proporcionalmente insignificante; e

III – outros atos de descumprimento da autonomia patrimonial.

§ 3º O disposto no caput e nos §§ 1º e 2º deste artigo também se aplica à extensão das obrigações de sócios ou de administradores à pessoa jurídica.

§ 4º A mera existência de grupo econômico sem a presença dos requisitos de que trata o caput deste artigo não autoriza a desconsideração da personalidade da pessoa jurídica.

§ 5º Não constitui desvio de finalidade a mera expansão ou a alteração da finalidade original da atividade econômica específica da pessoa jurídica.

7. Art. 4º Poderá ser desconsiderada a pessoa jurídica sempre que sua personalidade for obstáculo ao ressarcimento de prejuízos causados à qualidade do meio ambiente.

8. Art. 2º Considera-se empregador a empresa, individual ou coletiva, que, assumindo os riscos da atividade econômica, admite, assalaria e dirige a prestação pessoal de serviço.

(...)

§ 2º Sempre que uma ou mais empresas, tendo, embora, cada uma delas, personalidade jurídica própria, estiverem sob a direção, controle ou administração de outra, ou ainda quando, mesmo guardando cada uma sua autonomia, integrem grupo econômico, serão responsáveis solidariamente pelas obrigações decorrentes da relação de emprego. (Redação dada pela Lei 13.467, de 2017)

Art. 8º As autoridades administrativas e a Justiça do Trabalho, na falta de disposições legais ou contratuais, decidirão, conforme o caso, pela jurisprudência, por analogia, por equidade e outros princípios e normas gerais de direito, principalmente do direito do trabalho, e, ainda, de acordo com os usos e costumes, o direito comparado, mas sempre de maneira que nenhum interesse de classe ou particular prevaleça sobre o interesse público.

9. Art. 28. O juiz poderá desconsiderar a personalidade jurídica da sociedade quando, em detrimento do consumidor, houver abuso de direito, excesso de poder, infração da lei, fato ou ato ilícito ou violação dos estatutos ou contrato social. A desconsideração também será efetivada quando houver falência, estado de insolvência, encerramento ou inatividade da pessoa jurídica provocados por má administração.

(...)

§ 5º Também poderá ser desconsiderada a pessoa jurídica sempre que sua personalidade for, de alguma forma, obstáculo ao ressarcimento de prejuízos causados aos consumidores.

10. 2012, p. 767.

A LEI DA LIBERDADE ECONÔMICA E A DESCONSIDERAÇÃO DA PJ **645**

Assim, a aplicação da teoria menor fica restrita a determinados *microssistemas* (como é o caso do CDC, e também do Direito Ambiental – art. 4º da Lei 9.605/1998), funcionando como execução em hipóteses previamente estipuladas pelo legislador, diante da natureza do direito tutelado nas leis especiais. Assim, o art. 50 do Código Civil, de abrangência genérica, cede espaço quando a mesma matéria é regulada por normas específicas.

Como se pode notar, a redação da nova lei, ao tentar minudenciar o art. 50 do Código Civil, peca por incluir num mesmo dispositivo, com requisitos rígidos e complexos, situações muito díspares nas quais o instituto pode ser empregado. Afinal, a depender do tipo de relação jurídica obrigacional em questão ou da natureza do direito violado, poderá ter lugar a "teoria maior" ou a "teoria menor". Sobre o tema, asseveram Cristiano Chaves de Farias e Nelson Rosenvald:[11]

> Partindo de um prisma, a teoria *maior* propugna que a desconsideração da personalidade jurídica somente será possível episodicamente, em cada caso concreto, e que apenas é cabível ignorar a autonomia patrimonial da pessoa jurídica como uma forma de combate à fraude e abusos praticados através dela. Em síntese: *a teoria maior exige a presença de um requisito específico para que se efetiva a desconsideração e*, com isso, seja possível alcançar o patrimônio do sócio por uma dívida da pessoa jurídica. Essa tese diferencia, com nitidez, a teoria do *disregard* de outras figuras jurídicas que imponham a responsabilização pessoal do sócio, como, por exemplo, a responsabilidade por ato de má gestão nas sociedades anônimas ou os casos de responsabilização solidária entre o sócio e a empresa. Subdivide-se a teoria maior em teoria maior *objetiva* e teoria maior *subjetiva*, a depender da exigência, ou não, do elemento anímico para que se admita a aplicação da desconsideração. A teoria maior subjetiva estabelece a premente necessidade de demonstração da *fraude* ou do *abuso* com a *intenção* deliberada de prejudicar terceiros ou fraudar a lei. Há, pois, a inescondível presença de um elemento subjetivo. Já a teoria maior objetiva, bem desenvolvida por Fábio Konder Comparato, que redigiu o texto do art. 50 do Código Civil de 2002, está centrada mais nos aspectos funcionais do instituto do que na intenção do sócio. Assim, o fundamento da desconsideração seria a *disfunção* da empresa, causada não somente através do elemento subjetivo, mas, por igual, através de circunstâncias desatreladas da vontade, como a confusão patrimonial ou a desorganização societária. De qualquer sorte, a teoria maior exigirá, sempre, o atendimento de requisitos legais específicos para efetivas a desconsideração.
>
> De outra banda, a teoria *menor* trata como desconsideração da personalidade jurídica toda e qualquer hipótese de comprometimento do patrimônio pessoal do sócio por obrigação da empresa. Fundamenta o seu cerne no simples prejuízo do credor para afastar a autonomia patrimonial da pessoa jurídica. Com essa percepção, para a teoria menor toda e qualquer hipótese de atribuição de responsabilidade pessoal ao sócio por dívida da pessoa jurídica seria caso de desconsideração da personalidade jurídica. Exemplificativamente, a disposição contida no § 2º do art. 2º da Consolidação das Leis do Trabalho seria uma hipótese de desconsideração para a teoria menor, na medida em que se atribui responsabilidade solidária ao sócio por dívida trabalhista da empresa.

Conforme se observa, mesmo no âmbito da "teoria maior", a doutrina e a jurisprudência já avançaram o suficiente para estabelecer requisitos diferenciados, com maior ou menor rigor, conforme a natureza do direito envolvido, de sorte que, a nosso ver, o legislador falhou ao não encampar essas nuances já destrinchadas pela doutrina especializada e pelos tribunais, parecendo tomar como pressuposto uma desconfiança

---

11. 2018, p. 522-523.

em relação a toda e qualquer medida que implique o afastamento pontual da eficácia da autonomia patrimonial da pessoa jurídica.

Quanto aos aspectos processuais, os requisitos previstos no art. 50 do Código Civil repercutem significativamente no manejo do incidente de desconsideração da personalidade jurídica criado pelo CPC/2015 (artigos 133 a 137), uma vez que a lei processual não dispõe sobre os pressupostos de aplicação do instituto em si (teoria da desconsideração), mas somente sobre questões procedimentais, colmatando uma lacuna até então existente no ordenamento jurídico. Acerca do incidente, assevera Medina (2018):

> A desconsideração da personalidade jurídica tem por finalidade evitar que, protegidos pela personalidade coletiva, seus agentes pratiquem atos que, contrariando o sistema jurídico, evitem a sua responsabilidade.
>
> É possível a desconsideração da personalidade jurídica, desde que presentes os requisitos dispostos previstos em lei (cf. art. 133, § 1º do CPC/2015). É o que sucede, p. ex., no caso previsto no art. 50 do CC/2002, dentre outros.
>
> (...)
>
> À luz do CPC/2015, a questão relativa à desconsideração deve ser resolvida incidentalmente, ainda que se admita que o pedido de desconsideração seja veiculado com a petição inicial (cf. § 2º do art. 134 do CPC/2015). Segundo pensamos, a despeito de tramitar incidentalmente, a questão será resolvida como principal, de mérito, e não incidental, incidindo, no caso, o disposto no art. 503, caput do CPC/2015, podendo ser atacada de ação rescisória, consoante se expõe infra.
>
> Nesse contexto, admite-se a concessão de tutela provisória de urgência. P. ex., pode ser concedido o arresto cautelar de bens do sócio (art. 301 do CPC/2015), em incidente de desconsideração da personalidade jurídica instaurado em execução movida contra a sociedade.

Sobre a natureza e o objeto do incidente, lecionam Luiz Rodrigues Wambier e Eduardo Talamini:[12]

> No incidente de desconsideração, há a ampliação do objeto do processo. Isso significa que o requerimento de instauração do incidente, quando formulado pela parte interessada ou pelo Ministério Público, consiste em uma nova demanda em face do terceiro (a pessoa que terá sua esfera jurídica atingida pela desconsideração). Trata-se de uma ação incidente (i.e., uma ação que se formula e tramita dentro de um processo já em curso), pela qual se pretende a desconstituição da eficácia da personalidade de uma pessoa jurídica, para o fim de atingir o patrimônio dela (quando o sócio é a parte originária no processo) ou o patrimônio de seu sócio (quando ela é a parte originária).

Pois bem. Embora o caput do art. 50 não sofra alteração significativa, observa-se que o seu § 1º, incluído pela nova lei, exige um dolo específico para que se caracterize o desvio de finalidade.

Com efeito, não é difícil antever que esse dispositivo pode causar embaraços à aplicação da desconsideração, uma vez que prevê requisitos mais específicos para a sua utilização, sobretudo no que tange ao elemento anímico inerente às condutas caracterizadoras de desvio de finalidade e confusão patrimonial. Mais ainda, certamente resta muito limitada a possibilidade de concessão de tutelas de urgência que impliquem a

---

12. 2018, p. 374.

realização de atos constritivos em sede de incidente de desconsideração da personalidade jurídica, uma vez que deverá haver, ao menos, prova indiciária capaz de caracterizar a presença do elemento subjetivo.

Nesse contexto, é preciso ter em mente que muitas das situações fáticas que dão ensejo à desconsideração, a exemplo das ações civis públicas por ato de improbidade administrativa relacionadas a corrupção, lesão ao erário ou enriquecimento ilícito, envolvem grupos econômicos complexos, empresas de fachada, bem como movimentações de recursos financeiros ou bens entre diversas pessoas jurídicas sucessivamente criadas para viabilizar a dissipação de valores. Sendo assim, é difícil imaginar que os requisitos mais rigorosos impostos pelo diploma em análise permitirão ao Poder Judiciário aplicar medidas cautelares de urgência capazes de impedir a consumação de tais ilícitos.

Portanto, embora a nova redação do art. 50 possa ser salutar para evitar eventuais excessos, bem como para resguardar o patrimônio da sociedade em litígios de direito privado, nota-se um importante descompasso entre o novo parâmetro normativo e a realidade presente principalmente em lides de direito público que também se utilizam da "teoria maior" para efeito de desconsideração da personalidade jurídica. Comentando o novel § 1º do art. 50, vaticina Pablo Stolze:[13]

> Este parágrafo conceituou o *desvio de finalidade*.
>
> A sua redação não nos agrada.
>
> É tarefa primordial da doutrina firmar conceitos.
>
> Mas, ainda que se obtempere que a definição trazida pelo legislador traria uma maior segurança jurídica, por outro, a expressa menção à "utilização dolosa" como requisito para caracterizar o desvio é, em nosso sentir, um retrocesso.
>
> A desnecessidade de se comprovar o dolo específico – a intenção, o propósito, o desiderato – daquele que, por meio da pessoa jurídica, perpetrou o ato abusivo, moldou a teoria objetiva, mais afinada à nossa realidade socioeconômica e sensível à condição *a priori* mais vulnerável daquele que, tendo o seu direito violado, invoca o instituto da desconsideração.
>
> (...)
>
> Ora, a exigência do elemento subjetivo intencional (dolo) para caracterizar o desvio, colocaria por terra o reconhecimento objetivo da tese da disfunção.

Em sentido semelhante, assevera Flávio Tartuce:[14]

> Acrescento, do ponto de vista prático, as dificuldades que serão enfrentadas para a incidência da desconsideração da personalidade jurídica – notadamente na sua modalidade *inversa* – no âmbito do Direito de Família e das Sucessões, para os quais têm aplicação o art. 50 do Código Civil. Lembro que

---

13. *A Medida Provisória da Liberdade Econômica e a desconsideração da personalidade jurídica (art. 50, CC)*. Disponível em: https://jus.com.br/artigos/73648/a-medida-provisoria-da-liberdade-economica-e-a-desconsideracao-da-personalidade-juridica-art-50-cc#_ftn6. Acesso em: 26 ago. 2019.

14. A MP 881/19 (liberdade econômica) e as alterações do Código Civil. Primeira parte. Disponível em: https://www.migalhas.com.br/dePeso/16,MI301612,41046-A+MP+88119+liberdade+economica+e+as+alteracoes+do+Codigo+Civil. Acesso em: 12 set. 2019.

o elemento subjetivo foi afastado em demandas relativas a esses ramos jurídicos nos últimos anos e a medida provisória traz de volta a necessidade de sua análise para a desconsideração.

Como última nota, quanto às fundações, que podem ser também desconsideradas, o simples desvio de seus *fins nobres*, constantes do art. 62, parágrafo único do Código Civil, já bastaria para que o instituto seja aplicado. Sendo assim, e por tudo isso, penso que a última previsão, quanto à alteração da finalidade da pessoa jurídica, deve ser devidamente analisada e ponderada pelos deputados e senadores e, se for o caso, excluída do texto.

Desta feita, parece-nos que a lei mitigará excessivamente, nos casos sujeitos à teoria maior, a efetividade do incidente de desconsideração da personalidade jurídica, podendo frustrar, em muitos casos, a solução integral do mérito, sobretudo no que concerne à atividade satisfativa, militando na contramão dos princípios previstos nos artigos 4º e 6º do CPC.

Conquanto possa haver excessos na aplicação do instituto, poderia o legislador ter previsto situações especiais, conforme a natureza do direito material envolvido, o tipo de relação jurídica, ou empregado outros critérios específicos de modo a não inserir todo o espectro de abrangência da "teoria maior" num regime excessivamente rígido e descompassado com as situações que frequentemente se verificam na prática forense, além de considerar as dificuldades probatórias impostas, em especial, pela exigência de dolo específico.

Outra questão relevante que se coloca diz respeito à possibilidade de se implementar a desconsideração da personalidade jurídica no âmbito administrativo. No particular, sustenta Pablo Stolze:[15] "Em qualquer caso, a desconsideração não pode ser decretada de ofício, sendo matéria sob reserva de jurisdição – ou seja, de competência do Poder Judiciário –, a despeito de já ter havido precedente admitindo a desconsideração por ato direto da Administração (desconsideração administrativa)".

A propósito, pende de julgamento no Supremo Tribunal Federal o Mandado de Segurança 32.494/DF, no bojo do qual o Ministro Celso de Mello proferiu decisão monocrática[16] em que suspendeu, cautelarmente, a eficácia de parte de acórdão do Tribunal de Contas da União.

A matéria é complexa e não tem recebido tratamento uniforme por parte dos tribunais superiores.[17] Nos últimos anos, a controvérsia tem se tornado ainda mais intensa

---

15. *A Medida Provisória da Liberdade Econômica e a desconsideração da personalidade jurídica (art. 50, CC)*. Disponível em: https://jus.com.br/artigos/73648/a-medida-provisoria-da-liberdade-economica-e-a-desconsideracao-da-personalidade-juridica-art-50-cc#_ftn6. Acesso em: 26 ago. 2019.

16. MS 32494 MC, Relator: Min. Celso de Mello, decisão monocrática publicada em processo eletrônico DJe-224. Divulgado em 12.11.2013, publicado em 13.11.2013.

17. Confira-se, a título exemplificativo, o seguinte acórdão do Superior Tribunal de Justiça:

Administrativo. Recurso ordinário em mandado de segurança. Licitação. Sanção de inidoneidade para licitar. Extensão de efeitos à sociedade com o mesmo objeto social, mesmos sócios e mesmo endereço. Fraude à lei e abuso de forma. Desconsideração da personalidade jurídica na esfera administrativa. Possibilidade. Princípio da moralidade administrativa e da indisponibilidade dos interesses públicos.

– A constituição de nova sociedade, com o mesmo objeto social, com os mesmos sócios e com o mesmo endereço, em substituição a outra declarada inidônea para licitar com a Administração Pública Estadual, com o

A LEI DA LIBERDADE ECONÔMICA E A DESCONSIDERAÇÃO DA PJ **649**

diante das Leis 12.529/11 (Lei do CADE) e 12.846/13 (Lei Anticorrupção), cujos artigos 34[18] e 14,[19] respectivamente, preveem a possibilidade de desconsideração da personalidade jurídica extrajudicialmente, mediante processos administrativos.

Embora o art. 50 do Código Civil exija que a desconsideração nele prevista seja realizada pelo juiz, mediante requerimento da parte ou do Ministério Público, não nos parece que essa regra tenha o condão de limitar toda e qualquer hipótese de aplicação do instituto, ainda que prevista em outras leis de igual estatura. Sendo o art. 50 a regra geral acerca do instituto, somente lei especial poderia autorizar o seu manejo em sede extrajudicial, caso em que o aparente conflito se resolveria pelo princípio da especialidade (art. 2º, § 2º, da LINDB[20]).

Desta feita, somente em caso de inconstitucionalidade de tais dispositivos especiais se poderia negar a possibilidade de desconsideração na esfera administrativa, nas hipóteses neles contempladas. O deslinde da questão passa pela análise da existência, ou não, de uma reserva de jurisdição nessa matéria.

Nessa toada, analisando a decisão monocrática supramencionada, proferida pelo Ministro Celso de Mello no Mandado de Segurança 32.494/DF, observa-se que foi apresentada robusta fundamentação, legal, doutrinária e jurisprudencial, no sentido da juridicidade da desconsideração em sede administrativa. A decisão contempla, ainda, a informação de que, à época de sua prolação, encontrava-se em *vacatio legis* a Lei 12.846/13, acima referida, mas não foi realizado juízo acerca da constitucionalidade, no que tange ao art. 14. Portanto, constata-se que a medida liminar requerida naqueles autos foi deferida sobretudo para que se possa aprofundar tal discussão no âmbito do

---

objetivo de burlar à aplicação da sanção administrativa, constitui abuso de forma e fraude à Lei de Licitações Lei 8.666/93, de modo a possibilitar a aplicação da teoria da desconsideração da personalidade jurídica para estenderem-se os efeitos da sanção administrativa à nova sociedade constituída.

– A Administração Pública pode, em observância ao princípio da moralidade administrativa e da indisponibilidade dos interesses públicos tutelados, desconsiderar a personalidade jurídica de sociedade constituída com abuso de forma e fraude à lei, desde que facultado ao administrado o contraditório e a ampla defesa em processo administrativo regular.

– Recurso a que se nega provimento.

(RMS 15.166/BA, Rel. Ministro Castro Meira, Segunda Turma, julgado em 07.08.2003, DJ 08.09.2003, p. 262).

18. Art. 34. A personalidade jurídica do responsável por infração da ordem econômica poderá ser desconsiderada quando houver da parte deste abuso de direito, excesso de poder, infração da lei, fato ou ato ilícito ou violação dos estatutos ou contrato social.

Parágrafo único. A desconsideração também será efetivada quando houver falência, estado de insolvência, encerramento ou inatividade da pessoa jurídica provocados por má administração.

19. Art. 14. A personalidade jurídica poderá ser desconsiderada sempre que utilizada com abuso do direito para facilitar, encobrir ou dissimular a prática dos atos ilícitos previstos nesta Lei ou para provocar confusão patrimonial, sendo estendidos todos os efeitos das sanções aplicadas à pessoa jurídica aos seus administradores e sócios com poderes de administração, observados o contraditório e a ampla defesa.

20. Art. 2º Não se destinando à vigência temporária, a lei terá vigor até que outra a modifique ou revogue.

(...)

§ 2º A lei nova, que estabeleça disposições gerais ou especiais a par das já existentes, não revoga nem modifica a lei anterior.

Supremo Tribunal Federal com a devida parcimônia, mas não houve qualquer indicativo no sentido da inconstitucionalidade dos dispositivos legais em questão.[21]

Nada obstante, pensamos que os atos administrativos que apliquem a teoria da desconsideração da personalidade jurídica, afastando a eficácia da autonomia patrimonial da pessoa jurídica para alcançar patrimônio de terceiros (pessoas físicas ou jurídicas), não ostentam o atributo da autoexecutoriedade. Significa dizer que tais atos administrativos podem ter o condão de constituir novas relações jurídicas obrigacionais e até mesmo (quando previsto em lei) formar título executivo extrajudicial em face de terceiros, no bojo de processo administrativo regular, mas seus efeitos não poderão ser implementados pela própria administração pública, *manu militari*. Sobre o atributo da autoexecutoriedade, afirma Marçal Justen Filho (2018):

> Em situações excepcionais, o ato administrativo poderá adquirir o grau máximo de eficácia, sendo a Administração Pública autorizada a produzir os atos concretos necessários a implementar as suas determinações. Isso envolve também a exigência compulsória do cumprimento de condutas, valendo-se inclusive do uso da força física para tanto.
>
> A autoexecutoriedade indica a possibilidade de a Administração Pública obter a satisfação de um direito ou dirimir um litígio de que participa sem a intervenção imediata do Poder Judiciário, produzindo os atos materiais necessários a obter o bem da vida buscado. Isso pode compreender o impedimento concreto da prática de certos atos pelos particulares.
>
> Essas hipóteses estão previstas normativamente e refletem, muitas vezes, o exercício conjugado de competências estatais por diversos Poderes. Assim se passa com os atos da polícia judiciária, em que se trata de dar cumprimento a ordens judiciais.
>
> (...)
>
> Portanto, não há autoexecutoriedade sem lei que assim o preveja.
>
> (...)
>
> Fora das hipóteses emergenciais e daquelas em que a lei tenha autorizado a Administração a valer-se do uso da força, não há autoexecutoriedade do ato administrativo.

Com efeito, embora as Leis 12.529/11 (Lei do CADE) e 12.846/13 (Lei Anticorrupção) prevejam a desconsideração da personalidade jurídica, nelas não se identifica qualquer autorização para que os respectivos efeitos concretos sejam implementados

---

21. Vale referir a parte final da fundamentação da decisão: "Todas as considerações que venho de fazer, ainda que expostas em sede de sumária cognição e fundadas em juízo meramente precário (sem qualquer manifestação conclusiva, portanto, em torno da postulação mandamental), levar-me-iam a denegar o pleito cautelar ora deduzido na presente causa. Ocorre, no entanto, que razões de prudência e o reconhecimento da plausibilidade jurídica da pretensão deduzida pela parte impetrante impõem que se outorgue, na espécie, a pretendida tutela cautelar, seja porque esta Suprema Corte ainda não se pronunciou sobre a validade da aplicação da "disregard doctrine" no âmbito dos procedimentos administrativos, seja porque há eminentes doutrinadores, apoiados na cláusula constitucional da reserva de jurisdição, que entendem imprescindível a existência de ato jurisdicional para legitimar a desconsideração da personalidade jurídica (o que tornaria inadmissível a utilização dessa técnica por órgãos e Tribunais administrativos), seja porque se mostra relevante examinar o tema da desconsideração expansiva da personalidade civil em face do princípio da intranscendência das sanções administrativas e das medidas restritivas de direitos, seja, ainda, porque assume significativa importância o debate em torno da possibilidade de utilização da "disregard doctrine", pela própria Administração Pública, agindo "pro domo sua", examinada essa específica questão na perspectiva do princípio da legalidade".

extrajudicialmente. Sendo assim, por imposição da garantia constitucional do devido processo legal (art. 5º, LIV, da CRFB/88), a efetivação fática da desconsideração somente se viabiliza judicialmente. Isto é, não pode a administração pública, sem a intervenção judicial, praticar atos de constrição patrimonial, mas apenas imputar responsabilidades, constituindo o respectivo título e promovendo a sua cobrança.

Nesse contexto, sem a pretensão de esgotar o tema, parece-nos que a CRFB/88 não prevê reserva de jurisdição para a aplicação da teoria da desconsideração da personalidade jurídica, de modo que os órgãos e entidades da administração pública podem aplicá-la, nas hipóteses em que a lei expressamente o autoriza, sempre mediante processo administrativo regular, garantidos o contraditório e a ampla defesa.

Vale notar que o Projeto de Lei 3.401/08 foi vetado integralmente no ano de 2022 pelo então Presidente da República, Jair Bolsonaro. Cuidava-se de projeto polêmico, que recebeu opiniões divergentes de notáveis autores no âmbito do Direito Civil e do Direito Processual Civil.

O projeto pretendia disciplinar o procedimento de declaração judicial de desconsideração da personalidade jurídica, dentre outras providências, com fundamento no art. 133, § 1º, do CPC ("O pedido de desconsideração da personalidade jurídica observará os pressupostos previstos em lei"). A título exemplificativo, a proposição legislativa vedava a decretação da desconsideração de ofício, bem como a condicionava à prévia oitiva do Ministério Público e vedava a aplicação de analogia ou interpretação extensiva. Ainda, no parágrafo único do art. 1º, o projeto previa a sua aplicação "às decisões ou atos judiciais de quaisquer dos órgãos do Poder Judiciário que imputarem responsabilidade direta, em caráter solidário ou subsidiário a membros, instituidores, sócios ou administradores pelas obrigações da pessoa jurídica", em cláusula aberta que contemplava, por exemplo, a hipótese de redirecionamento da execução (muito comum na execução fiscal), e que não exige, na prática jurisprudencial, as solenidades do incidente de desconsideração da personalidade jurídica.[22]

A propósito da proposição legislativa, José Miguel Garcia Medina e Rafael Guimarães expuseram pertinentes críticas, tanto no aspecto material quanto no processual, tecendo um escorço histórico do projeto, deflagrado em 2008, e que se tornou defasado ao tempo de sua aprovação. Anotaram os professores:[23]

---

22. Tributário. Processual civil. Agravo interno no agravo em recurso especial. Execução fiscal. Grupo econômico de fato. Responsabilidade solidária. Revisão. Súmula 7/STJ. Instauração de incidente de desconsideração da personalidade jurídica. Desnecessidade. Precedentes.

    1. Aferir a exclusão da agravante do polo passivo da execução fiscal demandaria o reexame de todo o contexto fático-probatório dos autos, o que é defeso a este Tribunal em vista do óbice da Súmula n. 7 do STJ.

    2. "A jurisprudência da Segunda Turma do STJ é no sentido de que não é condição para o redirecionamento da Execução Fiscal, quando fundada nos arts. 124, 133 e 135 do CTN, a instauração do incidente de desconsideração da personalidade jurídica". (AgInt no REsp 2.025.462/RJ, relator Ministro Herman Benjamin, Segunda Turma, julgado em 15.12.2022, DJe de 19.12.2022.) Agravo interno improvido.

    (AgInt no AREsp n. 2.135.698/RJ, relator Ministro Humberto Martins, Segunda Turma, julgado em 17.04.2023, DJe de 19.04.2023).

23. Risco de retrocesso na disciplina da desconsideração da personalidade jurídica. *Revista Consultor Jurídico*. Disponível em: https://www.conjur.com.br/2022-nov-30/processo-novo-risco-retrocesso-desconsideracao--personalidade-juridica. Acesso em: 12 maio 2023.

Interessante notar que o projeto, no ponto, aproxima-se da concepção subjetiva, prevalecente na primeira metade do século XX na doutrina e jurisprudência alemãs, mas ultrapassada naquele país, que passou a orientar-se pela boa-fé objetiva para a construção dos pressupostos da desconsideração da personalidade jurídica.

(...)

Além disso, aspectos processuais tratados na proposta, rigorosamente, em nada inovam.

(...)

A 2ª parte do *caput* do artigo 5º do projeto contém disposição igualmente preocupante, ao estabelecer que somente se decretará a desconsideração "nos casos previstos em lei, sendo vedada a sua aplicação por analogia ou interpretação extensiva". Essa disposição acaba por contrariar a própria história do instituto. Há muito, por exemplo, admite-se a desconsideração *inversa* da personalidade jurídica, que se dá quando, em execução movida contra sócio, realiza-se a desconsideração a fim de se atingir bens da pessoa jurídica.

(...)

Doutrina e jurisprudência há muito evoluíram para admitir também outras modalidades de desconsideração, como as apelidadas de *expansiva* (para se responsabilizar o sócio oculto) e *indireta* (atingindo-se a empresa controladora, integrante do mesmo grupo econômico), desde que presentes as condições previstas no artigo 50 do Código Civil. Nesse mesmo sentido é o Enunciado 11 da Jornada de Direito Processual Civil CEJ/CJF: "Aplica-se o disposto nos arts. 133 a 137 do CPC às hipóteses de desconsideração indireta e expansiva da personalidade jurídica".

Em suma, não tendo sido derrubado o veto aposto pelo então Presidente da República, permanece o quadro normativo vigente após o CPC/2015 e a Lei da Liberdade Econômica, dispositivos ainda em constante ebulição na doutrina e na jurisprudência, demandando constante aprofundamento e estudos para que se possa harmonizar, de um lado, a efetividade da execução civil e, de outro, os direitos fundamentais das partes e terceiros, notadamente, o devido processo legal, o contraditório e a ampla defesa.

3. CONCLUSÃO

A Lei 13.874/19 (Lei da Liberdade Econômica), sobretudo em face do alto grau de abstração e vagueza de muitas de suas normas, tem aptidão para produzir importantes repercussões no processo civil, as quais procuramos investigar neste estudo preliminar.

Apontamos, assim, sem a pretensão de esgotar o tema, alguns dos principais impactos que, segundo nos parece, serão sentidos na prática forense. Porém, somente após o devido aprofundamento nas suas nuances por parte da doutrina e da jurisprudência será possível aquilatar a intensidade e a importância das alterações e inovações produzidas pelo novel ato normativo.

Conquanto algumas alterações pareçam salutares do ponto de vista da reafirmação da autonomia privada, da desburocratização e da simplificação de procedimentos, parece-nos que o legislador perdeu uma importante oportunidade de avançar nos temas da autocomposição e do autorregramento, sobretudo em relação aos conflitos que envolvem a administração pública.

Espera-se, ainda assim, que o diploma contribua para a construção de uma nova mentalidade no tratamento da matéria, criando um ambiente mais propício à celebração de negócios jurídicos em geral e capaz de mitigar a cultura do litígio.

4. REFERÊNCIAS

FARIAS, Cristiano Chaves de; ROSENVALD, Nelson. *Curso de direito civil: parte geral e LINDB*. 16. ed. rev. ampl. e atual. Salvador: JusPodivm, 2018.

JUSTEN FILHO, Marçal. *Curso de direito administrativo*. 5. ed. São Paulo: Thomson Reuters Brasil, 2018 (e-book).

MAZZEI, Rodrigo. Algumas notas sobre o ("dispensável") art. 232 do Código Civil. In: DIDIER JR., Fredie; MAZZEI, Rodrigo Reis (Org.). *Prova, exame médico e presunção*: o art. 232 do Código Civil. Salvador: JusPodivm, 2006.

MAZZEI, Rodrigo; CHAGAS, Bárbara Seccato Ruis. Breve ensaio sobre a postura dos atores processuais em relação aos métodos adequados de resolução de conflitos. In: ZANETI JR.; CABRAL, Trícia Navarro. *Justiça multiportas*: mediação, conciliação, arbitragem e outros meios de solução adequada para conflitos. Salvador: JusPodivm, 2016.

MAZZEI, Rodrigo; CHAGAS, Bárbara Seccato Ruis. Métodos ou Tratamentos Adequados de conflitos? *Revista Jurídica da Escola Superior de Advocacia da OAB-PR*. Edição Especial. ano 3, n. 1. maio 2018.

MAZZEI, Rodrigo; CHAGAS, Bárbara Seccato Ruis. Os negócios jurídicos processuais e a arbitragem. In: CABRAL, Antonio do Passo; Nogueira, Pedro Henrique (Org.). *Negócios processuais*. Salvador: JusPodivm, 2014.

MAZZEI, Rodrigo. Aspectos processuais da desconsideração da personalidade jurídica no código de defesa do consumidor e no projeto do "novo" código de processo civil. In: BRUSCHI, Gilberto Gomes; COUTO, Mônica Bonetti Couto; SILVA, Ruth Maria Junqueira de A. Pereira e Silva; PEREIRA, Thomaz Henrique Junqueira de A. Pereira (Coord.). *Direito processual empresarial*: estudos em homenagem ao professor Manoel de Queiroz Pereira Calças. Rio de Janeiro: Elsevier, 2012.

MAZZEI, Rodrigo. Notas iniciais à leitura do novo Código Civil. In: ALVIM, Arruda; ALVIM, Thereza (Coord.). *Comentários ao Código Civil Brasileiro, parte geral*. Rio de Janeiro: Forense, 2005. v. 1.

MEDINA, José Miguel Garcia. *Curso de direito processual civil moderno*. São Paulo: Ed. RT, 2018. 4. ed. (*e-book*).

REQUIÃO, Rubens. *Curso de direito comercial*. 33. ed. rev. e atual. São Paulo: Saraiva, 2014. v. 1.

STOLZE, Pablo. *A Medida Provisória da Liberdade Econômica e a desconsideração da personalidade jurídica (art. 50, CC)*. Disponível em: https://jus.com.br/artigos/73648/a-medida-provisoria-da-liberdade-e-conomica-e-a-desconsideracao-da-personalidade-juridica-art-50-cc#_ftn6. Acesso em: 26 ago. 2019.

TARTUCE, Flávio. *A "lei da liberdade econômica" (Lei 13.874/19) e os seus principais impactos para o Direito Civil. Primeira parte*. Disponível em: https://www.migalhas.com.br/dePeso/16,MI311604,91041-A+lei+-da+liberdade+economica+lei+1387419+e+os+seus+principais. Acesso em: 16 dez. 2019.

TARTUCE, Flávio. *A MP 881/19 (liberdade econômica) e as alterações do Código Civil. Primeira parte*. Disponível em: https://www.migalhas.com.br/dePeso/16,MI301612,41046-A+MP+88119+liberdade+e-conomica+e+as+alteracoes+do+Codigo+Civil. Acesso em: 12 set. 2019.

WAMBIER, Luiz Rodrigues; TALAMINI, Eduardo. *Curso avançado de processo civil*: teoria geral do processo. 17. ed. rev., atual. e ampl. São Paulo: Thomson Reuters, 2018. v. 1.

OS LIMITES DA RESPONSABILIDADE DO SÓCIO MINORITÁRIO NA APLICAÇÃO DO INCIDENTE DE DESCONSIDERAÇÃO DA PERSONALIDADE JURÍDICA: UMA ANÁLISE EMPÍRICA DAS DECISÕES DO TRIBUNAL DE JUSTIÇA DE SÃO PAULO

Edilson Vitorelli

Pós-doutor em Direito pela UFBA. Doutor em Direito pela UFPR. *Visiting scholar* na Stanford Law School. *Visiting researcher* na Harvard Law School. Mestre em Direito pela UFMG. Professor Adjunto na Universidade Federal de Minas Gerais e na Universidade Presbiteriana Mackenzie. É o único autor brasileiro vencedor do prêmio "Mauro Cappelletti", atribuído pela International Association of Procedural Law ao melhor livro de processo no mundo. Desembargador Federal do Tribunal Regional Federal da 6ª Região.

Giovanna Miguel Covre da Silva

Advogada formada pela Universidade Presbiteriana Mackenzie, cursando MBA em Direito e Regulação do Setor Elétrico no Instituto Brasileiro de Ensino, Desenvolvimento e Pesquisa (IDP). Bolsista do Programa CNPQ MackPesquisa em Projeto de Iniciação Científica nos anos de 2018 e 2019 com a pesquisa empírica "Os Limites da Responsabilidade do Sócio Minoritário na Aplicação do Incidente de Desconsideração da Personalidade Jurídica".

Sumário: 1. Introdução – 2. Referencial teórico; 2.1 A desconsideração da personalidade jurídica e as lacunas que norteiam a responsabilidade do sócio minoritário – 3. Metodologia da pesquisa empírica – 4. Resultado e discussão; 4.1 Achados da pesquisa empírica; 4.2 Discussões acerca dos achados empíricos – 5. Considerações finais – 6. Referências; Referências Bibliográficas; Referências de casos que integram a base de dados.

1. INTRODUÇÃO

As inovações legislativas do Código de Processo Civil da Lei de Liberdade Econômica colocaram em evidência, nos últimos anos, a proteção do patrimônio de sócios e gestores de determinada sociedade no que se refere à distinção entre pessoa física e jurídica, conforme fundamenta o princípio da autonomia patrimonial, representando medida de limitação de responsabilidade, que reflete na redução do risco empresarial. O problema se relaciona com a busca de um adequado ponto de equilíbrio: de um lado, não se pode dissolver a personalidade jurídica, uma das mais importantes construções do capitalismo. O propósito de evitar fraudes não pode significar que toda sociedade seja de responsabilidade virtualmente ilimitada.

Todavia, em outra vertente, é sabido que o Brasil não é dos países mais bem colocados em rankings de integridade e de honestidade, como demonstraram a sucessão quase interminável de esquemas fraudulentos públicos e privados, na última década. Se a sociedade empresarial passa a ser apenas um mecanismo de fraudes, favorece-se a concorrência desleal, o prejuízo aos credores e o abuso de direito.

O Código de Processo Civil procurou contribuir com esse debate criando o incidente de desconsideração da personalidade jurídica que, essencialmente, permite que os sócios alvo do pedido de desconsideração tenham direito ao contraditório, antes da afetação de seu patrimônio pessoal. O problema prático da desconsideração, que acarreta uma infindável celeuma teórica, é determinar quando ela pode ocorrer, ou seja, quando há suficiente razão para decretá-la. Como os pressupostos de sua incidência dependem de circunstâncias fáticas do caso, calcadas em categorias legais não autoexplicativas, há uma permanente impressão e, eventualmente, afirmação, de abuso do instituto pelos juízes.

O propósito deste artigo é analisar a aplicação do incidente especificamente em relação ao sócio minoritário. Foi realizado um levantamento das decisões do Tribunal de Justiça de São Paulo, de desconsideração da personalidade jurídica quanto a sócios minoritários, entre os anos de 2017 e 2021, com o propósito de verificar a consistência dos entendimentos do tribunal e as situações em que o pedido foi acatado.

2. REFERENCIAL TEÓRICO

2.1 A desconsideração da personalidade jurídica e as lacunas que norteiam a responsabilidade do sócio minoritário

A pergunta teórica básica, que inicia o questionamento proposto, pertine à indagação acerca da existência ou inexistência de relevância da condição de sócio minoritário para a aplicação da desconsideração da personalidade jurídica. Desta feita, se faz necessária a análise de quais os preceitos de promoção prática e embasamento legal para aplicação do incidente sob sócios minoritários e sem poderes de gestão.

É indubitável a importância da diferenciação das massas patrimoniais entre a pessoa jurídica e seus sócios ou gestores, razão pela qual o princípio da autonomia patrimonial consolida-se como pilar do direito societário e suas aplicações práticas no âmbito cível, nos termos em que fixa o artigo 49-A da Lei 13.874/19.[1]

Sucede que, por diversas vezes, em que pese a importância da autonomia patrimonial no direito societário, verificam-se situações em que o uso da proteção jurídica tem finalidade abusiva ou fraudulenta, com intuito de obter proveito próprio em detrimento

---

1. COELHO, Fábio Ulhoa. *Curso de direito comercial*: direito de empresa. 2. ed. São Paulo: Saraiva. 2000. v. 2. p. 15.

de outrem, razão pela qual sobrevém a necessidade de criação de mecanismos através de salvaguardas normativas criadas com escopo de resguardar as relações jurídicas.

Neste cenário, surge a Desconsideração da Personalidade Jurídica, também denominada como *Disregard Doctrine*, consubstanciando a antítese da proteção da autonomia patrimonial, visto que o sócio pode responder com seu patrimônio particular pela obrigação constituída pela personalidade jurídica, se constatada a presença dos requisitos legais, que giram em torno da instrumentalização da personalidade para lesar terceiros, conforme ensina Humberto Theodoro Júnior:[2]

> É a denominada *disregard doctrine* do direito norte-americano, que autoriza o Poder Judiciário a ignorar a autonomia patrimonial entre a empresa e seus sócios ou administradores, sempre que for manipulada para prejudicar os credores. Desta forma, o patrimônio dos sócios é alcançado na reparação de danos provocados pela empresa a terceiros, quando houver desvio de finalidade ou confusão patrimonial, para os quais os gestores tenham concorrido.

Cabe ainda lembrar que o instituto da desconsideração da personalidade jurídica, nas palavras de Cassio Scarpinella Bueno,[3] possui a finalidade:

> O instituto tem como objetivo viabilizar o que a prática forense consagrou com o nome de "redirecionamento da execução", ou, de forma mais precisa, criar condições para que, ao longo do processo (de forma incidental, portanto, daí o nome "incidente"), sejam apuradas as razões pelas quais o direito material autoriza a responsabilização de pessoas naturais por atos praticados por pessoas jurídicas, sujeitando, assim, os bens do sócio aos atos executivos, na forma do inciso VII do art. 790. (...) O que o CPC de 2015 exige, destarte, é que as razões de direito material que justifiquem a responsabilização do sócio pela pessoa jurídica sejam apuradas (e decididas) em amplo e prévio contraditório. Típico caso de transporte escorreito das realidades materiais para dentro do processo.

Como se sabe, a literatura indica a existência de dois conceitos normativos distintos de desconsideração de personalidade jurídica, conhecidos como teoria maior, delineada no art. 50 do Código Civil, com mais requisitos para configuração, e a teoria menor, utilizada pelo Código de Defesa do Consumidor e aplicada também ao Direito Ambiental.

Porém, questão mais delicada é saber de que forma essas teorias interagem com as diferentes posições que uma pessoa natural pode ter na sociedade empresária. Os sócios podem, à primeira vista, ser classificados como (i) majoritários; (ii) minoritários; (iii) administradores; (iv) não administradores. Há relevância dessa diferenciação para a desconsideração da personalidade jurídica? Se há, em que medida? Aqui a abordagem enfoca a situação do sócio minoritário.

Frisa-se que o conceito de "sócio minoritário" é atribuído àqueles que possuem menor percentual no capital social de uma empresa, o que implica limitações em seus poderes de gestão e decisão, além de vulnerabilidade em relação aos sócios majoritários. A questão é definir qual a relevância dessa condição diante de terceiros e de credores

---

2. THEODORO JÚNIOR, Humberto. *Curso de direito processual civil*. 56. ed. Rio de Janeiro: Forense. 2015. v. 1, § 35.
3. BUENO, Cassio Scarpinella. *Manual de direito processual civil*. 4. ed. São Paulo. Saraiva. 2018. v. único.

externos à sociedade. A legislação é omissa quanto a essa circunstância, de modo que a definição dos limites da desconsideração sobre o patrimônio do sócio minoritário passa a ser uma questão inteiramente jurisprudencial.

Essa afirmação se comprova pela leitura do art. 50 do Código Civil, ao determinar a possibilidade de desconsideração da personalidade jurídica para atingir *"bens particulares de administradores ou de sócios da pessoa jurídica beneficiados direta ou indiretamente pelo abuso"*. Como se percebe, o texto não esclarece se a participação no capital é ou não relevante para definir a procedência da desconsideração ou para estabelecer os seus limites. Em outras palavras, poderia o sócio minoritário pleitear que a desconsideração, caso deferida, o afete em menor medida ou até determinado valor, compatível com a sua participação no capital? Ou, sendo a lei omissa, ele deverá responder com todo o seu patrimônio, podendo, caso seja solvente, ser obrigado a arcar com dívidas significativamente maiores que a sua participação societária?

Há três entendimentos que disputam a primazia dessa questão: (i) o sócio minoritário pode ser totalmente responsabilizado, ainda que não tenha poderes de gerência ou não tenha participação no ato que ensejou a desconsideração da personalidade jurídica, uma vez que inexistente qualquer disposição contrária em lei material, havendo ainda, a possibilidade de direito de regresso do sócio minoritário em relação aos demais; (ii) a responsabilidade parcial do sócio, uma vez que seu ônus deve ser limitado ao capital que integralizou na sociedade; (iii) a isenção de responsabilidade do sócio que possua ínfimo percentual de capital integralizado na sociedade e não detenha poderes de gestão e decisão, desde que não tenha contribuído para ocorrência do abuso de personalidade.

Em alusão ao primeiro entendimento, Bruno Meyerhof Salama[4] denomina a *teoria da responsabilização total*, aduzindo que, independentemente do percentual de capital social pertencente a um determinado sócio, este pode ser totalmente responsabilizado pelo encargo em discussão, uma vez que, ao optar em integrar a empresa e participar dos seus resultados, detém solidariedade em relação aos demais sócios e as consequências administrativas, financeiras ou jurídicas que decorrem do compromisso pactuado:

> Imagine que o primeiro sócio tenha 99% e o segundo sócio 1% das quotas da empresa. Assim, se a empresa distribuir, digamos, $100.000 em dividendos, o primeiro sócio receberá $99.000 e o segundo receberá $1.000. Mas se a empresa quebrar e deixar créditos não pagos no valor de $100.000, esse mesmo segundo sócio que se beneficiaria de apenas 1% do lucro poderá ter que arcar com a totalidade da dívida.[5]

Essa linha é acolhida por parte da jurisprudência, utilizando como fundamento a ausência de dispositivo legal que faça distinção entre os sócios, de modo que todos estão sujeitos à satisfação do credor, uma vez desconsiderada a personalidade jurídica.

---

4. SALAMA, Bruno Meyerhof. *O fim da responsabilidade limitada no Brasil*. São Paulo. Malheiros, 2014, p.453.

5. SALAMA, 2014.

OS LIMITES DA RESPONSABILIDADE DO SÓCIO MINORITÁRIO

Comunga desse entendimento o Ministro Luis Felipe Salomão, em decisão proferida no REsp 1.250.582/MG, STJ:[6]

> Para os efeitos da desconsideração da personalidade jurídica, não há fazer distinção entre os sócios da sociedade limitada. Sejam eles gerentes, administradores ou quotistas minoritários, todos serão alcançados pela referida desconsideração" (REsp 1250582/MG, Relator Ministro Luis Felipe, Quarta Turma, data do julgamento: 12.04.2016).

Na mesma linha, segue o entendimento do Ministro Marco Aurélio Bellizze,[7] no ano de 2019, constantemente referenciado nas decisões que compartilham da teoria da responsabilização total:

> Por sua vez, para efeitos de responsabilização dos sócios prevalece entendimento do STJ que definiu que para os efeitos da desconsideração da personalidade jurídica, não há fazer distinção entre os sócios da sociedade limitada, sejam eles gerentes, administradores ou quotistas minoritários, hipótese em que todos serão alcançados pela desconsideração (REsp 2018/0190823-0, Relator Ministro Marco Aurélio Bellizze, 3ª Turma, publicado em 13.09.2019).

De outro lado, a teoria da *responsabilização total com direito de regresso* sustenta que, após ter seu capital utilizado para realização do pagamento, pode o sócio minoritário ingressar com ação de regresso para reaver seu capital em relação aos demais sócios, figurando como codevedores, nos termos do artigo 283 do Código Civil, sob risco de localizar insolvência dos demais sócios, arcando com o ônus da cobrança da dívida.

No que se refere ao segundo entendimento, que Salama[8] denomina *teoria da responsabilidade proporcional*, imputa-se a qualquer sócio, ainda que minoritário, o dever de arcar, perante os credores, com a totalidade dos prejuízos suportados, mas se lhe atribui o direito de buscar regresso perante os demais sócios, distribuindo entre eles, na proporção de sua participação no capital, o montante pago. Compartilha dessa concepção Fábio Ulhoa Coelho.[9]

Em tese, a teoria da responsabilização total com direito de regresso soa justa, uma vez que preserva a ideia de distribuição de responsabilidades e de benefícios que anima a distribuição do capital social. Na prática, contudo, ela é pouco aplicada e pouco aplicável, uma vez que, no mais das vezes, o sócio minoritário sofrerá a desconsideração juntamente com o majoritário, de forma que aquele arcará com o pagamento, no mais das vezes, em razão da insolvência deste. Ora, a mesma insolvência que inviabiliza o pagamento inviabiliza o regresso, de modo que essa teoria representa uma provável vitória de Pirro para o minoritário.

Há ainda o terceiro entendimento, que sustenta não se aplicar a desconsideração ao sócio minoritário, sem poderes de gestão, que não participou dos atos que ensejaram o

---

6. REsp 1250582/MG, Relator Ministro Luis Felipe, Quarta Turma, data do julgamento: 12.04.2016.
7. REsp 2018/0190823-0, Relator Ministro Marco Aurélio Bellizze, 3ª Turma, publicado em 13.09.2019.
8. SALAMA, Bruno Meyerhof. *O fim da responsabilidade limitada no Brasil*. São Paulo. Malheiros, 2014, p. 453.
9. COELHO, Fábio Ulhoa. *Manual de direito comercial. Direito de empresa*. 23. ed. São Paulo. Saraiva. 2011. p. 183.

660 EDILSON VITORELLI E GIOVANNA MIGUEL COVRE DA SILVA

desvio de finalidade ou confusão patrimonial. Ou seja, apenas devem constituir o polo passivo da desconsideração aqueles sócios que possuem algum poder de administração ou gerência, o que comprovaria a ciência ou participação no ato fraudulento. Asseveram Carlota Nascimento e Vanessa Laronka:[10]

> É fundamental resguardar o direito dos sócios minoritários, nos casos em que apenas o sócio contro-lador agiu de forma fraudulenta e contribuiu para que fosse desconsiderada a personalidade jurídica da sociedade, em prol do princípio da vedação do enriquecimento sem causa e do abuso de direito.[11]

No mesmo sentido, sobreveio a seguinte publicação no Enunciado 07 da I Jornada de Direito Civil do Conselho da Justiça Federal, sob a coordenação do Ministro Ruy Rosado de Aguiar: "Só se aplica a desconsideração da personalidade jurídica quando houver a prática de ato irregular e, limitadamente, aos administradores ou sócios que nela hajam incorrido".

Segundo Itamar Gaino:[12] "Com relação ao sócio minoritário, que não possui poderes de gestão, seus bens particulares estarão a salvo, pois a execução que porventura vier a ser proposta será contra os bens do sócio-gerente, ou seja, aquele que foi responsável pela gestão da sociedade"

Nesse passo, parte da jurisprudência baseia-se em julgado relatado pela Ministra Nancy Andrighi[13] para sustentar os fundamentos citados, ante a seguinte compreensão:

> De fato, em que pese não existir qualquer restrição no art. 50 do CC/02, a aplicação da desconsidera-ção de personalidade jurídica apenas deve incidir sobre os bens dos administradores ou sócios que efetivamente contribuíram na prática do abuso ou fraude na utilização da pessoa jurídica, devendo ser afastada a responsabilidade dos sócios minoritários que não influenciaram na prática do ato (REsp 1.315.110/SE, 3ª Turma, Relª. Minª. Nancy Andrighi, DJe de 07.06.2013).

Assim, após apurados os fatos do caso específico, ao comprovar sua irrisória par-ticipação na sociedade e inexistência de poderes de gestão, pode o sócio ser isento da responsabilidade de satisfazer o credor, recaindo o referido ônus àqueles que de fato ocasionaram a situação irregular.

De modo similar, o Ministro Ricardo Villas Boas Cueva, acompanhado dos votos em unanimidade dos. Ministros Marco Aurélio Bellizze, Moura Ribeiro, Nancy Andrighi e Paulo de Tarso Sanseverino, afirmou que a desconsideração da personalidade jurídica, em regra, deve atingir somente os sócios administradores ou que comprovadamente contribuíram para a prática dos atos caracterizadores do abuso da personalidade jurídica:

> Recurso especial. Ação de indenização por danos morais e materiais. Cumprimento de sentença. Desconsideração da personalidade jurídica. Herdeira. Sócio minoritário. Poderes de gerência ou

---

10. NASCIMENTO, Carlota Bertoli. LARONKA, Vanessa Lumertz. Desconsideração inversa da personalidade jurídica e a limitação ao patrimônio dos sócios minoritários. *Revista dos Tribunais*. v. 81, p. 69-99. set. 2017. DTR\2017\5599.
11. NASCIMENTO; LARONKA, 2017, p. 69-99.
12. GAINO, Itamar. *Responsabilidade dos sócios na sociedade limitada*. São Paulo: Saraiva, 2009.
13. REsp 1.315.110/SE, 3ª Turma, Relª. Minª. Nancy Andrighi, DJe de 07.06.2013.

administração. Atos fraudulentos. Contribuição. Ausência. Responsabilidade. Exclusão. 1. Recurso especial interposto contra acórdão publicado na vigência do Código de Processo Civil de 1973 (Enunciados Administrativos 2 e 3/STJ). 2. Cuida-se, na origem, de ação de indenização por danos morais e materiais na fase de cumprimento de sentença. 3. A questão central a ser dirimida no presente recurso consiste em saber se a herdeira do sócio minoritário que não teve participação na prática dos atos de abuso ou fraude deve ser incluída no polo passivo da execução. 4. A desconsideração da personalidade jurídica, em regra, deve atingir somente os sócios administradores ou que comprovadamente contribuíram para a prática dos atos caracterizadores do abuso da personalidade jurídica. 5. No caso dos autos, deve ser afastada a responsabilidade da herdeira do sócio minoritário, sem poderes de administração, que não contribuiu para a prática dos atos fraudulentos. 6. Recurso especial não provido. (STJ – REsp: 1861306 SP 2017/0131056-8, Relator: Ministro Ricardo Villas Boas Cueva, Data de Julgamento: 02.02.2021, T3 – Terceira Turma, Data de Publicação: DJe 08.02.2021)[14]

Essa breve análise demonstra a relevância da pesquisa ora proposta: resta evidente a divergência jurisprudencial quanto ao tema, bem como a indispensável necessidade de análise do caso para a tomada de decisão. Se é assim, a realização de pesquisa empírica é relevante para aclarar os limites da desconsideração, na prática.

3. METODOLOGIA DA PESQUISA EMPÍRICA

Para analisar a efetiva aplicação do instituto da desconsideração da personalidade jurídica ao sócio minoritário, foram analisados 168 (cento e sessenta e oito) acórdãos proferidos pelo Tribunal de Justiça de São Paulo nos anos 2017, 2018, 2019, 2020 e 2021. O propósito da análise foi contabilizar o percentual de decisões que determinaram a integral responsabilidade, a isenção de responsabilidade e a responsabilidade parcial do sócio minoritário, diante de uma desconsideração da personalidade jurídica que visa satisfazer credores.

Para tanto, realizou-se análise individual de todas as decisões que retornaram na ferramenta de pesquisa disponibilizada pelo TJSP, utilizando-se o conjunto das palavras-chave *"Desconsideração da Personalidade Jurídica"* e *"Sócio Minoritário"*. A partir da leitura de cada um dos resultados, foi elaborada uma classificação considerando o deferimento integral ou parcial da desconsideração, o órgão julgador e o fundamento da desconsideração.

Os principais resultados são discutidos a seguir.

4. RESULTADO E DISCUSSÃO

4.1 Achados da pesquisa empírica

No primeiro ano da pesquisa, 2017, foram encontrados 35 (trinta e cinco) acórdãos proferidos pelo Tribunal, dos quais 23 (vinte e três) deferiram a desconsideração da personalidade jurídica com total responsabilização ao sócio minoritário. Os outros 12

---

14. REsp 1861306 SP 2017/0131056-8, Relator: Ministro Ricardo Villas Boas Cueva, Data de Julgamento: 02.02.2021, T3 – Terceira Turma, Data de Publicação: DJe 08.02.2021.

(doze) julgados indeferiram o pedido de desconsideração, ao argumento de que sócios com ínfimo percentual de participação na sociedade e sem poderes de gestão não devem ser financeiramente responsabilizados pelos atos ilícitos que não exerceram.

No que tange à responsabilização parcial do sócio minoritário, refletindo os custos financeiros da condenação da demanda ao percentual de quotas que detém na sociedade, não foi localizada nenhuma decisão concisa no decorrer do ano de 2017, em que pese haver menção à teoria como tese subsidiária da defesa do sócio que busca sua isenção.

Como se nota, o ano de 2017 indica uma considerável dispersão da jurisprudência do TJSP no tema, com 65% das decisões deferindo a desconsideração em face do sócio minoritário e 35% indeferindo o pedido. Também percebe-se que essa divergência é de tese jurídica, sendo pouco influenciada pelas circunstâncias fáticas que levaram ao pedido de desconsideração.

No ano seguinte, 2018, foi possível verificar um avanço na uniformização de precedentes concebidos pelo Tribunal de Justiça do Estado de São Paulo, uma vez que, das 34 (trinta e quatro) decisões proferidas que discutem acerca da possibilidade ou não de desconsideração da personalidade jurídica de um sócio minoritário e sem poderes de gestão, 30 (trinta) delas mantiveram posicionamento favorável, utilizando como justificativa a integral responsabilidade do sócio, ainda que minoritário, sendo descabido alegar desconhecimento dos fatos abusivos praticados pela empresa. Dessa forma, apenas 4 (quatro) das decisões proferidas em 2018 mantiveram o entendimento da isenção de responsabilidade deste sócio,

Foram também analisados os Acórdãos proferidos pelo mesmo Tribunal no decorrer do ano de 2019, cujo número de decisões foi correspondente a 23 (vinte e três), das quais 17 (dezessete) deferiram a constrição patrimonial de sócios minoritários e 6 (seis) justificaram que apenas administradores da sociedade e seus acionistas controladores podem ser responsabilizados pelos atos de gestão e pela utilização abusiva da empresa, isentando os sócios minoritários. Novamente, não houve qualquer decisão que acolhesse a tese defensiva de responsabilidade parcial do sócio.

O ano de 2020 foi aquele em que se encontrou o maior número de decisões que exploraram a temática e a responsabilidade da figura do sócio minoritário diante da desconsideração da personalidade jurídica, totalizando 43 (quarenta e três) acórdãos específicos sobre o tema. Destes, 32 (trinta e duas) decisões ratificaram o entendimento de que a lei não faz distinção entre os sócios, independentemente de seu caráter minoritário ou ausência de poderes de administração, sendo permitida a afetação de seu patrimônio pessoal, indistintamente.

Em contrapartida, 11 (onze) decisões resguardam o patrimônio do sócio minoritário, ante ao entendimento de ausência de comprovação de que o sócio minoritário, pessoalmente, realizou atos tendentes a subsumir-se às hipóteses do art. 50, do Código Civil, ou ainda, que possuía poderes suficientes de gerência ou administração para que tivesse contribuído com os atos fraudulentos em debate. A tese de responsabilização parcial do sócio minoritário, novamente, não colheu frutos.

Por fim, em 2021, ainda prevalente o entendimento majoritário de viabilidade para constrição do patrimônio de sócios minoritários. Da totalidade de 33 (trinta e três) decisões, 23 (vinte e três) delas reiteraram a supracitada interpretação. Quanto às decisões remanescentes, foram todas voltadas para impossibilidade de desconsideração da personalidade jurídica ao sócio minoritário em vista da perspectiva de que a responsabilidade deve recair sobre o sócio que efetivamente exerce a administração da sociedade.

A Figura 1 sintetiza os achados da pesquisa empírica:

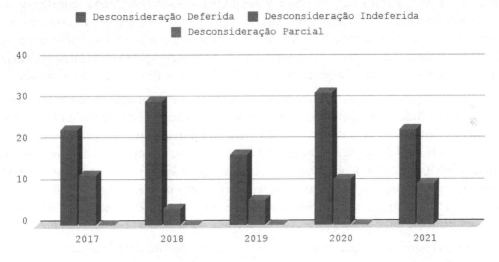

Figura 1 – Decisões do TJSP acerca da responsabilidade do sócio minoritário na desconsideração da personalidade jurídica (elaboração própria)

Ante ao exposto, apesar da existência de controvérsias na uniformização jurisprudencial, é notório o maior volume de decisões que direcionam para responsabilidade do sócio, independentemente de seu percentual de cotas, eis que o percentual de Acórdãos de deferimento da responsabilidade encontra-se em aproximadamente 65% para o ano de 2017, 88% para o ano de 2018, 74% para o ano de 2019, 74% para o ano de 2020 e 70% para o ano de 2021. Em média, portanto, 74% das decisões proferidas pelo Tribunal de Justiça do Estado de São Paulo, nos cinco anos abordados nesta pesquisa, concluíram pela responsabilidade total dos sócios diante da desconsideração da personalidade jurídica, independentemente de figurarem ou não como sócios minoritários.

4.2 Discussões acerca dos achados empíricos

A pesquisa empírica acima descrita apresenta uma interessante série de achados, que merece ser ponderada.

Em primeiro lugar, há, de fato, uma relevante lacuna legislativa quanto aos limites da responsabilidade do sócio minoritário, em caso da desconsideração da personalidade jurídica. Essa relevância é verificada pela efetiva existência de controvérsia quanto a questão, em um expressivo número de casos julgados no período pesquisado. Logo, esse seria um tema que poderia ter sido trabalhado pelo legislador, seja no CPC, seja na lei de liberdade econômica. Fosse para esclarecer a incidência ou a não incidência dessa responsabilidade, a lei poderia ter reduzido a esfera de um conflito que se protrai no tempo.

Em segundo lugar, impressiona que os diversos mecanismos de uniformização de jurisprudência previstos no art. 927 do CPC não tenham sido capazes de solucionar essa questão. É certo que a desconsideração da personalidade jurídica sempre será uma questão faticamente controversa, dado que os ingredientes de caracterização ou não da fraude ou abuso são tênues. Porém, o que se observa nos julgados pesquisados não é uma divergência analítica quanto aos fatos, mas sim uma simples discussão de interpretação de norma jurídica. Nesse sentido, tanto o TJSP, quanto o STJ teriam mecanismos para uniformizar, de forma vinculante, a divergência. Cabe recordar que a manutenção de uma jurisprudência "íntegra, estável e coerente" é tarefa que o art. 926 do CPC atribui a todos os tribunais.

Vista enquanto tese jurídica, essa não parece ser uma situação de complexa uniformização. Pode haver dificuldade na tomada de posição, certamente, dadas as implicações de uma ou de outra conclusão. Mas não parece haver incerteza suficiente no horizonte do debate para exigir, como dizem alguns, um maior "amadurecimento do debate". A questão aqui é apenas decidir e qualquer decisão implicaria melhora no cenário de segurança jurídica, par credores e devedores, do que a situação em que 74% dos casos terminam em desconsideração da personalidade e 26% são encerrados com o indeferimento da providência.

Em terceiro lugar, quanto ao mérito propriamente dito da discussão, parece haver, nos fundamentos dos acórdãos, pouco aprofundamento em relação à situação do sócio minoritário. Por exemplo, seria relevante se essa participação for de 1% ou de 30%? Seria relevante verificar o valor do capital, ou eventuais distribuições de lucros nos anos anteriores, para definir se a desconsideração deveria incidir ou não? Caberia uma ponderação entre os benefícios que a empresa gerou ao sócio minoritário e a sua participação no montante devido em virtude da desconsideração?

O que se percebe é que a divergência parece ter-se consolidado em torno de duas posições mais ou menos "pasteurizadas": há quem seja a favor da desconsideração, indistintamente, e há quem seja contra ela quando o alvo for um sócio minoritário, independentemente de quais são as suas condições. Essa eliminação das nuances dos casos faz com que a discussão não tenha para onde avançar, uma vez que as posições são estanques, não encontram caminho de diálogo que permita, por exemplo, que se encontrem em algum ponto intermediário.

Essa situação já foi observada em pesquisa anterior, na área penal. Marcelo Nunes e Júlio Trecenti estudaram o índice de reformas de decisões de 1º grau pelas câmaras criminais do TJSP, em apelações dos réus. Ao analisar 157.379 acórdãos, os autores concluíram que há "uma enorme variabilidade as taxas de improvimento em relação às câmaras julgadoras, discrepância esta que não pode ser explicada pela distribuição de tipos de crime julgados por cada câmara".[15] Isso quer dizer que o sorteio da câmara criminal responsável pelo julgamento da apelação tem decisiva influência sobre a pena que será imposta ao réu, o que implica insegurança jurídica indesejada pelo ordenamento.

As conclusões do presente estudo seguem na mesma linha. Para quem quer que seja sócio minoritário de uma empresa contra a qual foi direcionado um incidente de desconsideração, parece mais importante a sorte da distribuição do que a qualidade do advogado contratado, as circunstâncias de fato da suposta fraude, o percentual do capital detido etc.

A quarta consideração tem a ver com a situação do cidadão comum que, em algum momento, decide ingressar, de forma minoritária, em uma sociedade de responsabilidade limitada. É natural que essa pessoa leiga suponha – e até juristas não familiarizados com a matéria provavelmente também o fariam – que não poderá ser cobrada pelas dívidas da sociedade e, menos ainda, em valor que ultrapassa muitas vezes aquilo que investiu na sociedade. Essa pessoa, sem qualquer atuação concreta no cotidiano empresarial pode permanecer por anos a fio envolvida em litigância capaz de impactar todo o seu patrimônio penhorável. Em uma sociedade em que os credores – usualmente, bancos – tendem a ser mais sofisticados que os devedores – segundo dados do governo federal, 99% das empresas brasileiras são micro, pequenas ou MEI[16] – a insegurança que deriva desse entendimento tende a ser alocada sobretudo em detrimento das pessoas mais vulneráveis, que são os devedores. Note-se que aqui não se supõe que todo devedor seja inocente, nem que todo credor seja abusivo. Trata-se apenas de uma avaliação acerca da probabilidade de que o devedor, ao decidir ingressar em uma sociedade empresária de responsabilidade limitada no Estado de São Paulo, está assumindo o risco estatístico de 74% de probabilidade de ser responsabilizado para além do capital investido, se houver desconsideração da personalidade jurídica. Não parece razoável supor que essas pessoas consintam, de modo voluntário e orientado, com esse risco.

Esse é o mesmo problema que deriva do entendimento do STJ, firmado no Recurso Especial Repetitivo 1.341.624-SC, Rel. Min. Arnaldo Esteves Lima, julgado em 06.11.2012, ao definir que a fraude à execução tributária é presumida em qualquer alienação posterior à inscrição do débito em dívida ativa, após a edição da LC 118/2005. Há, com base nesse entendimento, julgados desfazendo alienações, por exemplo, de motoci-

---

15. NUNES, Marcelo G., TRECENTI, Julio A. Z. *Reformas de decisão nas câmaras de direito criminal em São Paulo*. Disponível em https://www.conjur.com.br/dl/estudo-camaras-criminais-tj-sp.pdf. Acesso em: 10 jan. 2023.

16. AGÊNCIA BRASIL, *Micro e pequenas empresas se destacam nos empregos gerados em 2022*. Disponível em https://agenciabrasil.ebc.com.br/geral/noticia/2022-10/micro-e-pequenas-empresas-se-destacam-nos-empregos-gerados-em-2022. Acesso em: 10 jan. 23.

cletas de baixo valor,[17] porque o vendedor era credor tributário. Sabe-se que, nesse tipo de negócio, não é usual que se perquira a vida financeira do vendedor, diferentemente do que ocorre na alienação de imóveis. No entanto, como o STJ deixou de fazer distinção, todos os compradores de veículos usados no Brasil assumem um risco, provavelmente inconsciente, de ver a aquisição desfeita pelo fisco, anos depois de ser concluída.

Esse tipo de incerteza, ao contrário do que se costuma dizer, não afeta o ambiente de negócios no Brasil para os grandes empresários ou para o investidor estrangeiro, que é capaz de precificar esse risco e proteger-se contra ele. O problema está nos 99% de pequenos empresários, que investem suas economias em negócios diminutos que, não raro, vão à falência. São essas pessoas que não sabem que estão investindo mais do que o capital que aplicam nos respectivos empreendimentos.

Finalmente, a própria argumentação contida nos julgados, favoráveis e contrários, pouco evolui ao longo dos anos, predominando a transcrição de decisões do Superior Tribunal de Justiça como a principal técnica argumentativa. Como há decisões nos dois sentidos no âmbito do tribunal superior, as duas correntes conseguem produzir votos de consistência argumentativa similar.

5. CONSIDERAÇÕES FINAIS

O presente estudo indica que a uniformização de entendimentos jurídicos ainda tem muito a avançar no Brasil. De um lado, parece haver reticência em firmarem-se

---

17. "1. A questão devolvida a esta E. Corte diz respeito à penhora sobre veículo.

2. A fraude à execução fiscal é regida pela norma vigente à época da alienação, de modo que, em relação aos negócios jurídicos celebrados na vigência da redação original do art. 185, caput, do CTN, a fraude é presumida somente a partir da citação válida do executado; quanto às transações realizadas posteriormente à LC 118/2005, configura-se a fraude desde a mera inscrição do débito tributário em dívida ativa. Orientação do STJ no REsp n. 1.141.990/PR, submetido à sistemática dos recursos repetitivos.

3. A má-fé é presumida de forma absoluta. A boa-fé do terceiro e seu desconhecimento da existência do débito tributário ou da execução fiscal são irrelevantes para descaracterizar a fraude à execução fiscal, sendo dispensada a necessidade de comprovação, pelo credor, de conluio ou má-fé.

4. De acordo com o parágrafo único do art. 185 do CTN, a presunção de má-fé somente é elidida quando o devedor alienante reserva patrimônio suficiente para garantia do débito em execução, mantendo-se solvente, sendo certo que a demonstração da solvência cabe ao adquirente embargante.

5. In casu, a dívida ativa objeto da execução fiscal subjacente foi inscrita em 26.11.2007, o ajuizamento do executivo data de 13.12.2007, e a citação do executado ocorreu em 28.10.2009.

6. Uma vez que a embargante adquiriu o veículo em 03.06.2019, resta configurada a fraude à execução e deve ser mantida a r. sentença. Precedentes (TRF 3ª Região, 3ª Turma, ApCiv – Apelação Cível, 0002760-94.2018.4.03.6102, Rel. Desembargador Federal Antonio Carlos Cedenho, julgado em 25.09.2020, e – DJF3 Judicial 1 Data: 1º.10.2020 / TRF 3ª Região, 3ª Turma, ApCiv – Apelação Cível,5137872-25.2020.4.03.9999,Rel. Desembargador Federal Luis Carlos Hiroki MutA,julgado em 08.12.2020, Intimação via sistema Data: 10.12.2020 / TRF 3ª Região, 3ª Turma, ApCiv – Apelação Cível,5278086-66.2020.4.03.9999, Rel. Desembargador Federal Denise Aparecida Avelar,julgado em 23.11.2020, Intimação via sistema DATA: 25.11.2020 / TRF 3ª Região, Terceira Turma, AI 0017424-11.2015.4.03.0000, Rel. Desembargador Federal Carlos Muta, julgado em 17.09.2015, e-DJF3 Judicial 1 Data:28.09.2015).

7. Apelação desprovida".

(TRF 3ª Região, 3ª Turma, ApCiv – Apelação cível – 0000336-18.2019.4.03.6111, Rel. Desembargador Federal Antonio Carlos Cedenho, julgado em 22.03.2021, Intimação via sistema DATA: 26.03.2021).

OS LIMITES DA RESPONSABILIDADE DO SÓCIO MINORITÁRIO

os entendimentos uniformes, mesmo no âmbito do Superior Tribunal de Justiça, que teria esse papel constitucional. Espera-se que o reforço dessa função, dado pela Emenda Constitucional 125/21, seja apto a ampliar as oportunidades de que o Tribunal firme entendimentos sobre a interpretação da lei federal.

Em outra vertente, a atuação do TJSP, na condição de tribunal de apelação, última instância revisora de fatos, parece ter sido, com o tempo, excessivamente reduzida à discussão do direito. A matéria da responsabilização dos sócios minoritários contempla uma série de nuances fáticas que poderiam enriquecer a discussão. Todavia, a amostra analisada indica que o debate uniformiza a questão fática e trata todos os minoritários da mesma forma, seja no conjunto de decisões concessivas, seja no conjunto de decisões denegatórias da desconsideração. Há poucos indicativos de que as decisões sejam influenciadas pelos fatos do caso, mais do que sejam definidas pela posição dos julgadores quanto ao cabimento ou não da desconsideração para todo e qualquer sócio minoritário, que não tem participação concreta na gestão da empresa.

Se esse cenário é perturbador para o estudioso do direito, ele é ameaçador para o sócio. Desfrutando da falsa sensação de segurança que estão arriscando apenas o capital que aportaram, milhares de sócios minoritários correm o risco de serem responsabilizados por condutas sobre cuja realização não tiveram nenhum domínio efetivo. É certo que esses não serão todos os casos e há sócios minoritários que estão plenamente envolvidos nas fraudes praticadas pelas suas sociedades. Porém, como essa discussão fática tende a ser relegada ao segundo plano da discussão processual, os minoritários honestos acabam sujeitos aos mesmos riscos que os desonestos.

Entre fraca discussão fática e pouca uniformização de entendimento jurídico, a situação de pessoas honestas e desonestas acaba sendo inapropriadamente influenciada pela sorte da distribuição.

6. REFERÊNCIAS

Referências Bibliográficas

AGÊNCIA BRASIL, Micro e pequenas empresas se destacam nos empregos gerados em 2022. Disponível em: https://agenciabrasil.ebc.com.br/geral/noticia/2022-10/micro-e-pequenas-empresas-se-desta-cam-nos-empregos-gerados-em-2022. Acesso em: 10 jan. 2023.

BUENO, Cassio Scarpinella. *Manual de Direito Processual Civil*. 4. ed. São Paulo. Saraiva. 2018. v. único.

COELHO, Fábio Ulhoa. *Curso de Direito Comercial*: direito de empresa. 2. ed. São Paulo: Saraiva, 2000. v. 2.

COELHO, Fábio Ulhoa. *Manual de direito comercial*. Direito de empresa. 23. ed. São Paulo. Saraiva. 2011.

GAINO, Itamar. *Responsabilidade dos sócios na sociedade limitada*. São Paulo: Saraiva, 2009.

NASCIMENTO, Carlota Bertoli. LARONKA, Vanessa Lumertz. Desconsideração inversa da personalidade jurídica e a limitação ao patrimônio dos sócios minoritários. *Revista dos Tribunais*. v. 81, p. 69-99. set. 2017. DTR\2017\5599.

NUNES, Marcelo G., TRECENTI, Julio A. Z. *Reformas de decisão nas câmaras de direito criminal em São Paulo*. Disponível em https://www.conjur.com.br/dl/estudo-camaras-criminais-tj-sp.pdf. Acesso em:10 jan. 2023.

SALAMA, Bruno Meyerhof. *O fim da responsabilidade limitada no Brasil*. São Paulo. Malheiros, 2014.

THEODORO JÚNIOR, Humberto. *Curso de direito processual civil*. 56. ed. Rio de Janeiro, Forense. 2015. v. 1.

Referências de casos que integram a base de dados

Agravo de Instrumento 2136114-53.2016.8.26.0000, 13ª Câmara de Direito Privado da Comarca de São Paulo do Tribunal de Justiça do Estado de São Paulo, Desembargador Relator Heraldo de Oliveira, Data do julgamento: 13.01.2017, Data de publicação: 13.01.2017.

Apelação Cível 0028321-56.2011.8.26.0003, 22ª Câmara Extraordinária de Direito Privado da Comarca de São Paulo do Tribunal de Justiça do Estado de São Paulo, Desembargador Relator Sérgio Shimura, Data do julgamento: 1º.02.2017, Data de publicação: 1º.02.2017.

Agravo de Instrumento 2133722-43.2016.8.26.0000, 29ª Câmara de Direito Privado da Comarca de Americana do Tribunal de Justiça do Estado de São Paulo, Desembargador Relator Fortes Barbosa, Data do julgamento: 1º.02.2017, Data de publicação: 02.02.2017.

Apelação Cível 1109957-85.2015.8.26.0100, 14ª Câmara de Direito Privado do Tribunal a Comarca de São Paulo de Justiça do Estado de São Paulo, Desembargador Relator Melo Colombi, Data do julgamento: 08.02.2017, Data de publicação: 14.02.2017.

Apelação Cível 1006062-42.2014.8.26.0004, 34ª Câmara de Direito Privado do Tribunal de Justiça do Estado de São Paulo, Desembargador Relator Antonio Tadeu Ottoni, Data do julgamento: 15.02.2017, Data de publicação: 17.02.2017.

Agravo de Instrumento 2192840-47.2016.8.26.0000, 19ª Câmara de Direito Privado da Comarca de Ribeirão Preto do Tribunal de Justiça do Estado de São Paulo, Desembargador Relator Mario de Oliveira, Data do julgamento: 20.02.2017, Data de publicação: 23.02.2017

Agravo de Instrumento 2256204-90.2016.8.26.0000, 37ª Câmara de Direito Privado da Comarca de São Paulo do Tribunal de Justiça do Estado de São Paulo, Desembargador Relator Israel Góes dos Anjos, Data do julgamento: 07.03.2017, Data de publicação: 09.03.2017.

Agravo Regimental Cível 2021040-14.2017.8.26.0000, 14ª Câmara de Direito Privado da Comarca de Birigui do Tribunal de Justiça do Estado de São Paulo, Desembargador Relator Carlos Abrão, Data do julgamento: 10.03.2017, Data de publicação: 10.03.2017.

Apelação Cível 1032486-36.2015.8.26.0506, 15ª Câmara de Direito Privado da Comarca de Ribeirão Preto do Tribunal de Justiça do Estado de São Paulo, Desembargador Relator Coelho Mendes, Data do julgamento: 14.03.2017, Data de publicação: 17.03.2017.

Agravo de Instrumento 2010322-55.2017.8.26.0000, 20ª Câmara de Direito Privado da Comarca de São Paulo do Tribunal de Justiça do Estado de São Paulo, Desembargador Relator Rebello Pinho, Data do julgamento: 24.04.2017, Data de publicação: 26.04.2017.

Agravo de Instrumento 2009545-70.2017.8.26.0000, 26ª Câmara de Direito Privado da Comarca de Ribeirão Pires do Tribunal de Justiça do Estado de São Paulo, Desembargador Relator Felipe Ferreira, Data do julgamento: 18.05.2017, Data de publicação: 18.05.2017

Agravo de Instrumento 2141168-97.2016.8.26.0000, 28ª Câmara de Direito Privado da Comarca de Itapetininga do Tribunal de Justiça do Estado de São Paulo, Desembargador Relator Cesar Luiz de Almeida, Data do julgamento: 23.05.2017, Data de publicação: 24.05.2017.

Agravo de Instrumento 2009545-70.2017.8.26.0000, 26ª Câmara de Direito Privado da Comarca de Ribeirão Pires do Tribunal de Justiça do Estado de São Paulo, Desembargador Relator Felipe Ferreira, Data do julgamento: 22.06.2017, Data de publicação: 22.06.2017

Agravo de Instrumento 2074645-69.2017.8.26.0000, 13ª Câmara de Direito Privado da Comarca de Sorocaba do Tribunal de Justiça do Estado de São Paulo, Desembargador Relator Heraldo de Oliveira, Data do julgamento: 28.06.2017, Data de publicação: 28.06.2017.

Agravo de Instrumento 2108170-42.2017.8.26.0000, 28ª Câmara de Direito Privado da Comarca de Ribeirão Preto do Tribunal de Justiça do Estado de São Paulo, Desembargador Relator Dimas Rubens Fonseca, Data do julgamento: 18.07.2017, Data de publicação: 24.07.2017.

Agravo de Instrumento 2028989-89.2017.8.26.0000, 38ª Câmara de Direito Privado da Comarca de Penápolis do Tribunal de Justiça do Estado de São Paulo, Desembargador Relator Achile Alesina, Data do julgamento: 26.07.2017, Data de publicação: 28.07.2017.

Agravo de Instrumento 2219168-14.2016.8.26.0000, 16ª Câmara de Direito Privado da Comarca de Lençóis Paulista do Tribunal de Justiça do Estado de São Paulo, Desembargador Relator Mauro Conti Machado, Data do julgamento: 25.07.2017, Data de publicação: 31.07.2017.

Agravo de Instrumento 2012841-03.2017.8.26.0000, 34ª Câmara de Direito Privado da Comarca de São Paulo do Tribunal de Justiça do Estado de São Paulo, Desembargador Relator Cristina Zucchi, Data do julgamento: 09.08.2017, Data de publicação: 16.08.2017.

Agravo de Instrumento 2088319-17.2017.8.26.0000, 18ª Câmara de Direito Privado da Comarca de Santos do Tribunal de Justiça do Estado de São Paulo, Desembargador Relator Helio Faria, Data do julgamento: 15.08.2017, Data de publicação: 17.08.2017.

Agravo de Instrumento 2116782-66.2017.8.26.0000, 3ª Câmara de Direito Privado da Comarca de Ferraz de Vasconcelos do Tribunal de Justiça do Estado de São Paulo, Desembargador Relator Carlos Alberto de Salles, Data do julgamento: 29.08.2017, Data de publicação: 29.08.2017.

Agravo de Instrumento 2135103-86.2016.8.26.0000, 9ª Câmara de Direito Privado da Comarca de São Paulo do Tribunal de Justiça do Estado de São Paulo, Desembargador Relator Galdino Toledo Júnior, Data do julgamento: 29.08.2017, Data de publicação: 25.09.2017.

Apelação Cível 1084103-55.2016.8.26.0100, 38ª Câmara de Direito Privado da Comarca de São Paulo do Tribunal de Justiça do Estado de São Paulo, Desembargador Relator Achile Alesina, Data do julgamento: 30.08.2017, Data de publicação: 31.08.2017.

Agravo de Instrumento 2127025-69.2017.8.26.0000, 20ª Câmara de Direito Privado da Comarca de Jandira do Tribunal de Justiça do Estado de São Paulo, Desembargador Relator Rebello Pinho, Data do julgamento: 04.09.2017, Data de publicação: 06.09.2017.

Agravo de Instrumento 2147940-42.2017.8.26.0000, 31ª Câmara de Direito Privado da Comarca de Piracicaba do Tribunal de Justiça do Estado de São Paulo, Desembargador Relator Adilson de Araujo, Data do julgamento: 14.09.2017, Data de publicação: 14.09.2017.

Agravo de Instrumento 2142760-45.2017.8.26.0000, 30ª Câmara de Direito Privado da Comarca de São Paulo do Tribunal de Justiça do Estado de São Paulo, Desembargador Relator Marcos Ramos, Data do julgamento: 04.10.2017, Data de publicação: 05.10.2017.

Agravo de Instrumento 2181468-67.2017.8.26.0000, 2ª Câmara Reservada ao Meio Ambiente da Comarca de Buri do Tribunal de Justiça do Estado de São Paulo, Desembargador Relator Paulo Ayrosa, Data do julgamento: 17.10.2017, Data de publicação: 17.10.2017.

Agravo de Instrumento 1028587-77.2016.8.26.0576, 16ª Câmara de Direito Privado da Comarca de São José do Rio Preto do Tribunal de Justiça do Estado de São Paulo, Desembargador Relator Miguel Petroni Neto, Data do julgamento: 10.10.2017, Data de publicação: 19.10.2017.

Agravo de Instrumento 2147314-23.2017.8.26.0000, 21ª Câmara de Direito Privado da Comarca de Campinas do Tribunal de Justiça do Estado de São Paulo, Desembargador Relator Virgilio de Oliveira Junior, Data do julgamento: 24.10.2017, Data de publicação: 24.10.2017.

Agravo de Instrumento 2035454-17.2017.8.26.0000, 18ª Câmara de Direito Privado da Comarca de Santos do Tribunal de Justiça do Estado de São Paulo, Desembargador Relator Roque Antonio Mesquita de Oliveira, Data do julgamento: 07.11.2017, Data de publicação: 08.11.2017.

Agravo de Instrumento 2197948-23.2017.8.26.0000, 2ª Câmara Reservada de Direito Empresarial da Comarca de Campinas do Tribunal de Justiça do Estado de São Paulo, Desembargador Relator Maurício Pessoa, Data do julgamento: 24.11.2017, Data de publicação: 24.11.2017.

Agravo de Instrumento 2136558-52.2017.8.26.0000, 23ª Câmara de Direito Privado da Comarca de Taubaté do Tribunal de Justiça do Estado de São Paulo, Desembargador Relator Sérgio Shimura, Data do julgamento: 29.11.2017, Data de publicação: 29.11.2017.

Agravo de Instrumento 2259241-28.2016.8.26.0000, 19ª Câmara de Direito Privado da Comarca de Igarapava do Tribunal de Justiça do Estado de São Paulo, Desembargador Relator Ricardo Negrão, Data do julgamento: 27.11.2017, Data de publicação: 30.11.2017.

Agravo de Instrumento 2211540-37.2017.8.26.0000, 15ª Câmara de Direito Privado da Comarca de Lins do Tribunal de Justiça do Estado de São Paulo, Desembargador Relator José Wagner de Oliveira Melatto Peixoto, Data do julgamento: 13.12.2017, Data de publicação: 13.12.2017.

Apelação Cível 1015333-65.2016.8.26.0114, 20ª Câmara de Direito Privado da Comarca de Campinas do Tribunal de Justiça do Estado de São Paulo, Desembargador Relator Luis Carlos de Barros, Data do julgamento: 11.12.2017, Data de publicação: 14.12.2017.

Agravo de Instrumento 1027477-56.2015.8.26.0001, 24ª Câmara de Direito Privado da Comarca de São Paulo do Tribunal de Justiça do Estado de São Paulo, Desembargador Relator Salles Vieira, Data do julgamento: 13.12.2017, Data de publicação: 13.12.2017.

Agravo de Instrumento 2229291-37.2017.8.26.0000, 21ª Câmara de Direito Privado da Comarca de São Bernardo do Campo do Tribunal de Justiça do Estado de São Paulo, Desembargador Relator Hugo Crepaldi, Data do julgamento: 04.02.2018, Data de publicação: 04.02.2018.

Agravo de Instrumento 1011855-67.2016.8.26.0011, 36ª Câmara de Direito Privado da Comarca de São Paulo do Tribunal de Justiça do Estado de São Paulo, Desembargador Relator Milton Carvalho, Data do julgamento: 07.02.2018, Data de publicação: 07.02.2018.

Agravo de Instrumento 9196916-39.2009.8.26.0000, 32ª Câmara de Direito Privado da Comarca de São José do Rio Preto do Tribunal de Justiça do Estado de São Paulo, Desembargador Relator Ruy Coppola, Data do julgamento: 08.02.2018, Data de publicação: 15.02.2018.

Agravo de Instrumento 9196916-39.2009.8.26.0000, 32ª Câmara de Direito Privado da Comarca de São José do Rio Preto do Tribunal de Justiça do Estado de São Paulo, Desembargador Relator Ruy Coppola, Data do julgamento: 08.02.2018, Data de publicação: 15.02.2018.

Agravo de Instrumento 0232954-04.2012.8.26.0000, 18ª Câmara de Direito Público da Comarca de Santo André do Tribunal de Justiça do Estado de São Paulo, Desembargador Relator Carlos Violante, Data do julgamento: 08.02.2018, Data de publicação: 16.02.2018.

Agravo de Instrumento 2177582-60.2017.8.26.0000, 3ª Câmara de Direito Privado da Comarca de São Carlos do Tribunal de Justiça do Estado de São Paulo, Desembargador Relator Egidio Giacoia, Data do julgamento: 20.02.2018, Data de publicação: 20.02.2018.

Agravo de Instrumento 2258689-63.2016.8.26.0000, 9ª Câmara de Direito Privado da Comarca de Santos do Tribunal de Justiça do Estado de São Paulo, Desembargador Relator Galdino Toledo Júnior, Data do julgamento: 27.02.2018, Data de publicação: 27.02.2018

Agravo de Instrumento 2201090-35.2017.8.26.0000, 16ª Câmara de Direito Privado da Comarca de Santos do Tribunal de Justiça do Estado de São Paulo, Desembargador Relator Coutinho de Arruda, Data do julgamento: 05.03.2018, Data de publicação: 05.03.2018.

Agravo de Instrumento 2250711-98.2017.8.26.0000, 14ª Câmara de Direito Privado da Comarca de São Paulo do Tribunal de Justiça do Estado de São Paulo, Desembargador Relator Melo Colombi, Data do julgamento: 06.03.2018, Data de publicação: 06.03.2018.

Agravo de Instrumento 2242160-32.2017.8.26.0000, 38ª Câmara de Direito Privado da Comarca de Osvaldo Cruz do Tribunal de Justiça do Estado de São Paulo, Desembargador Relator Fernando Sastre Redondo, Data do julgamento: 14.03.2018, Data de publicação: 15.03.2018.

Agravo de Instrumento 2235933-26.2017.8.26.0000, 25ª Câmara de Direito Privado da Comarca de São Bernardo do Campo do Tribunal de Justiça do Estado de São Paulo, Desembargador Relator Hugo Crepaldi, Data do julgamento: 16.03.2018, Data de publicação: 16.03.2018.

Agravo de Instrumento 2035454-17.2017.8.26.0000, 18ª Câmara de Direito Privado da Comarca de Santos do Tribunal de Justiça do Estado de São Paulo, Desembargador Relator Roque Antonio Mesquita de Oliveira, Data do julgamento: 20.03.2018, Data de publicação: 03.04.2018.

Agravo de Instrumento 1006186-96.2017.8.26.0011, 22ª Câmara de Direito Privado da Comarca de São Paulo do Tribunal de Justiça do Estado de São Paulo, Desembargador Relator Roberto Mac Cracken, Data do julgamento: 28.03.2018, Data de publicação: 28.03.2018.

Agravo de Instrumento 2232932-33.2017.8.26.0000, 10ª Câmara de Direito Público da Comarca de Mogi--Guaçu do Tribunal de Justiça do Estado de São Paulo, Desembargadora Relatora Teresa Ramos Marques, Data do julgamento: 26.03.2018, Data de publicação: 02.04.2018.

Agravo de Instrumento 2216148-78.2017.8.26.0000, 4ª Câmara de Direito Privado da Comarca de Piracicaba do Tribunal de Justiça do Estado de São Paulo, Desembargador Relator Enio Zuliani, Data do julgamento: 05.04.2018, Data de publicação: 06.04.2018.

Agravo de Instrumento 2216205-96.2017.8.26.0000, 4ª Câmara de Direito Privado da Comarca de Piracicaba do Tribunal de Justiça do Estado de São Paulo, Desembargador Relator Enio Zuliani, Data do julgamento: 05.04.2018, Data de publicação: 06.04.2018.

Agravo de Instrumento 2068399-23.2018.8.26.0000, 2ª Câmara de Direito Privado da Comarca de São Carlos do Tribunal de Justiça do Estado de São Paulo, Desembargador Relator Giffoni Ferreira, Data do julgamento: 09.052018, Data de publicação: 09.05.2018.

Agravo de Instrumento 2065776-83.2018.8.26.0000, 19ª Câmara de Direito Privado da Comarca de São Paulo do Tribunal de Justiça do Estado de São Paulo, Desembargadora Relatora Claudia Grieco Tabosa Pessoa, Data do julgamento: 21.05.2018, Data de publicação: 21.05.2018.

Agravo de Instrumento 2087545-50.2018.8.26.0000, 22ª Câmara de Direito Privado da Comarca de Mogi--Mirim do Tribunal de Justiça do Estado de São Paulo, Desembargador Relator Matheus Fontes, Data do julgamento: 11.06.2018, Data de publicação: 11.06.2018.

Agravo de Instrumento 1032759-07.2016.8.26.0562, 20ª Câmara de Direito Privado da Comarca de Santos do Tribunal de Justiça do Estado de São Paulo, Desembargador Relator Rebello Pinho, Data do julgamento: 09.04.2018, Data de publicação: 12.04.2018.

Agravo de Instrumento 2070720-31.2018.8.26.0000, 21ª Câmara de Direito Privado da Comarca de Santos do Tribunal de Justiça do Estado de São Paulo, Desembargador Relator Silveira Paulilo, Data do julgamento: 22.06.2018, Data de publicação: 22.06.2018.

Agravo de Instrumento 2086633-53.2018.8.26.0000, 6ª Câmara de Direito Privado da Comarca de São Carlos do Tribunal de Justiça do Estado de São Paulo, Desembargador Relator José Roberto Furquim Cabella, Data do julgamento: 25.06.2018, Data de publicação: 25.06.2018.

Agravo de Instrumento 2100364-19.2018.8.26.0000, 14ª Câmara de Direito Privado da Comarca de Santos do Tribunal de Justiça do Estado de São Paulo, Desembargador Relator Tavares de Almeida, Data do julgamento: 25.06.2018, Data de publicação: 25.06.2018.

Agravo de Instrumento 2107074-55.2018.8.26.0000, 37ª Câmara de Direito Privado da Comarca de Avaré do Tribunal de Justiça do Estado de São Paulo, Desembargador Relator Israel Góes dos Anjos, Data do julgamento: 26.06.2018, Data de publicação: 28.06.2018.

Agravo de Instrumento 2209480-91.2017.8.26.0000, 6ª Câmara de Direito Privado da Comarca de São Paulo do Tribunal de Justiça do Estado de São Paulo, Desembargador Relator Paulo Alcides, Data do julgamento: 27.06.2018, Data de publicação: 27.06.2018.

Agravo de Instrumento 1092650-55.2014.8.26.0100, 5ª Câmara de Direito Privado da Comarca de Tremembé do Tribunal de Justiça do Estado de São Paulo, Desembargadora Relatora Fernanda Gomes Camacho, Data do julgamento: 11.07.2018, Data de publicação: 12.07.2018.

Agravo de Instrumento 2086974-79.2018.8.26.0000, 6ª Câmara de Direito Privado da Comarca de São Carlos do Tribunal de Justiça do Estado de São Paulo, Desembargador Relator José Roberto Furquim Cabella, Data do julgamento: 13.07.2018, Data de publicação: 13.07.2018.

Agravo de Instrumento 2092895-19.2018.8.26.0000, 14ª Câmara de Direito Privado da Comarca de São Paulo do Tribunal de Justiça do Estado de São Paulo, Desembargador Relator Tavares de Almeida, Data do julgamento: 26.07.2018, Data de publicação: 26.07.2018.

Agravo de Instrumento 2124858-45.2018.8.26.0000, 36ª Câmara de Direito Privado da Comarca de São José do Rio Preto do Tribunal de Justiça do Estado de São Paulo, Desembargador Relator Milton Carvalho, Data do julgamento: 30.07.2018, Data de publicação: 30.07.2018.

Agravo de Instrumento 1066264-17.2016.8.26.0100, 31ª Câmara de Direito Privado da Comarca de São Paulo do Tribunal de Justiça do Estado de São Paulo, Desembargador Relator José Augusto Genofre Martins, Data do julgamento: 30.07.2018, Data de publicação: 30.07.2018.

Agravo de Instrumento 2079607-04.2018.8.26.0000, 6ª Câmara de Direito Privado da Comarca de Araraquara do Tribunal de Justiça do Estado de São Paulo, Desembargador Relator Rodolfo Pellizari, Data do julgamento: 1º.08.2018, Data de publicação: 1º.08.2018

Agravo de Instrumento 2226747-76.2017.8.26.0000, 27ª Câmara de Direito Privado da Comarca de Osasco do Tribunal de Justiça do Estado de São Paulo, Desembargador Relator Daise Fajardo Nogueira Jacot, Data do julgamento: 31.07.2018, Data de publicação: 13.08.2018.

Agravo de Instrumento 2034655-37.2018.8.26.0000, 22ª Câmara de Direito Privado da Comarca de Barueri do Tribunal de Justiça do Estado de São Paulo, Desembargador Relator Alberto Gosson, Data do julgamento: 02.08.2018, Data de publicação: 02.08.2018.

Agravo de Instrumento 2094934-86.2018.8.26.0000, 33ª Câmara de Direito Privado da Comarca de São Paulo do Tribunal de Justiça do Estado de São Paulo, Desembargador Relator Eros Piceli, Data do julgamento: 06.08.2018, Data de publicação: 06.08.2018.

Agravo de Instrumento 2241778-05.2018.8.26.0000, 3ª Câmara de Direito Privado da Comarca de Santos do Tribunal de Justiça do Estado de São Paulo, Desembargador Relator Donegá Morandini, Data do julgamento: 23.01.2019, Data de publicação: 23.01.2019.

Agravo de Instrumento 2128330-54.2018.8.26.0000, 33ª Câmara de Direito Privado da Comarca de Bauru do Tribunal de Justiça do Estado de São Paulo, Desembargador Relator Luiz Eurico, Data do julgamento: 04.02.2019, Data de publicação: 11.02.2019.

Agravo de Instrumento 2235352-74.2018.8.26.0000, 14ª Câmara de Direito Público da Comarca de Bragança Paulista do Tribunal de Justiça do Estado de São Paulo, Desembargadora Relatora Mônica Serrano, Data do julgamento: 07.02.2019, Data de publicação: 19.02.2019.

Agravo de Instrumento 2259825-27.2018.8.26.0000, 23ª Câmara de Direito Privado da Comarca de São Paulo do Tribunal de Justiça do Estado de São Paulo, Desembargador Relator Gilson Delgado Miranda, Data do julgamento: 13.02.2019, Data de publicação: 13.02.2019.

Agravo de Instrumento 2023328-61.2019.8.26.0000, 33ª Câmara de Direito Privado da Comarca de São Paulo do Tribunal de Justiça do Estado de São Paulo, Desembargador Relator Sá Moreira de Oliveira, Data do julgamento: 18.03.2019, Data de publicação: 19.03.2019.

Agravo de Instrumento 2205829-17.2018.8.26.0000, 18ª Câmara de Direito Privado da Comarca de Taubaté do Tribunal de Justiça do Estado de São Paulo, Desembargador Relator Henrique Rodriguero Clavisio, Data do julgamento: 19.03.2019, Data de publicação: 25.03.2019.

Apelação Cível 0023688-17.2009.8.26.0344, 3ª Câmara de Direito Público da Comarca de Marília do Tribunal de Justiça do Estado de São Paulo, Desembargadora Relatora Marrey Uint, Data do julgamento: 09.04.2019, Data de publicação: 10.04.2019.

Agravo de Instrumento 2108849-71.2019.8.26.0000, 25ª Câmara de Direito Privado da Comarca de Artur Nogueira do Tribunal de Justiça do Estado de São Paulo, Desembargador Relator Hugo Crepaldi, Data do julgamento: 30.05.2019, Data de publicação: 30.05.2019

Agravo de Instrumento 2272687-30.2018.8.26.0000, 4ª Câmara de Direito Público da Comarca de Sumaré do Tribunal de Justiça do Estado de São Paulo, Desembargadora Relatora Ana Liarte, Data do julgamento: 12.08.2019, Data de publicação: 28.08.2019.

Agravo de Instrumento 2254686-94.2018.8.26.0000, 37ª Câmara de Direito Privado da Comarca de São Paulo do Tribunal de Justiça do Estado de São Paulo, Desembargador Relator José Tarciso Beraldo, Data do julgamento: 18.06.2019, Data de publicação: 19.06.2019.

Agravo de Instrumento 2073074-92.2019.8.26.0000, 12ª Câmara de Direito Privado da Comarca de Pederneiras do Tribunal de Justiça do Estado de São Paulo, Desembargador Relator Sandra Galhardo Esteves, Data do julgamento: 19.06.2019, Data de publicação: 19.06.2019.

Agravo de Instrumento 2188148-34.2018.8.26.0000, 10ª Câmara de Direito Privado da Comarca de Conchas do Tribunal de Justiça do Estado de São Paulo, Desembargador Relator Coelho Mendes, Data do julgamento: 02.07.2019, Data de publicação: 02.07.2019.

Agravo de Instrumento 2188089-46.2018.8.26.0000, 10ª Câmara de Direito Privado da Comarca de Conchas do Tribunal de Justiça do Estado de São Paulo, Desembargador Relator Coelho Mendes, Data do julgamento: 02.07.2019, Data de publicação: 02.07.2019.

Agravo de Instrumento 2106407-35.2019.8.26.0000, 11ª Câmara de Direito Privado da Comarca de São Bernardo do Campo do Tribunal de Justiça do Estado de São Paulo, Desembargador Relator Gilberto dos Santos, Data do julgamento: 05.07.2019, Data de publicação: 05.07.2019.

Agravo de Instrumento 1000777-95.2018.8.26.0564, 33ª Câmara de Direito Privado da Comarca de São Bernardo do Campo do Tribunal de Justiça do Estado de São Paulo, Desembargador Relator Luiz Eurico, Data do julgamento: 22.07.2019, Data de publicação: 23.07.2019.

Agravo de Instrumento 2140761-86.2019.8.26.0000, 11ª Câmara de Direito Privado da Comarca de Santo André do Tribunal de Justiça do Estado de São Paulo, Desembargador Relator Marino Neto, Data do julgamento: 19.08.2019, Data de publicação: 19.08.2019.

Agravo de Instrumento 2094543-97.2019.8.26.0000, 34ª Câmara de Direito Privado da Comarca de São Paulo do Tribunal de Justiça do Estado de São Paulo, Desembargador Relator L. G. Costa Wagner, Data do julgamento: 18.09.2019, Data de publicação: 18.09.2019.

Agravo de Instrumento 2162358-14.2019.8.26.0000, 22ª Câmara de Direito Privado da Comarca de Americana do Tribunal de Justiça do Estado de São Paulo, Desembargador Relator Matheus Fontes, Data do julgamento: 25.09.2019, Data de publicação: 25.09.2019.

Agravo de Instrumento 2177271-35.2018.8.26.0000, 4ª Câmara de Direito Privado da Comarca de São Paulo do Tribunal de Justiça do Estado de São Paulo, Desembargador Relator Enio Zuliani, Data do julgamento: 26.09.2019, Data de publicação: 30.09.2019.

Agravo de Instrumento 1013347-81.2017.8.26.0004, 17ª Câmara de Direito Privado da Comarca de São Paulo do Tribunal de Justiça do Estado de São Paulo, Desembargador Relator Irineu Fava, Data do julgamento: 02.10.2019, Data de publicação: 03.10.2019.

Agravo de Instrumento 2173815-43.2019.8.26.0000, 19ª Câmara de Direito Privado da Comarca de Sorocaba do Tribunal de Justiça do Estado de São Paulo, Desembargadora Relatora Daniela Menegatti Milano, Data do julgamento: 18.10.2019, Data de publicação: 18.10.2019.

Agravo de Instrumento 2218974-09.2019.8.26.0000, 20ª Câmara de Direito Privado da Comarca de São Paulo do Tribunal de Justiça do Estado de São Paulo, Desembargador Relator Luis Carlos de Barros, Data do julgamento: 21.10.2019, Data de publicação: 24.10.2019.

Agravo de Instrumento 2220913-24.2019.8.26.0000, 25ª Câmara de Direito Privado da Comarca de São José dos Campos do Tribunal de Justiça do Estado de São Paulo, Desembargador Relator Hugo Crepaldi, Data do julgamento: 13.11.2019, Data de publicação: 13.11.2019.

Agravo de Instrumento 2261915-71.2019.8.26.0000, 28ª Câmara de Direito Privado da Comarca de Ribeirão Preto do Tribunal de Justiça do Estado de São Paulo, Desembargador Relator Dimas Rubens Fonseca, Data do julgamento: 20.01.2020, Data de publicação: 20.01.2020.

Embargos de Declaração 2189126-74.2019.8.26.0000, 31ª Câmara de Direito Privado da Comarca de Campinas do Tribunal de Justiça do Estado de São Paulo, Desembargador Relator José Augusto Genofre Martins, Data do julgamento: 21.01.2020, Data de publicação: 21.01.2020.

Agravo de Instrumento 2250994-53.2019.8.26.0000, 5ª Câmara de Direito Privado da Comarca de São Paulo do Tribunal de Justiça do Estado de São Paulo, Desembargadora Relatora Fernanda Gomes Camacho, Data do julgamento: 22.01.2020, Data de publicação: 22.01.2020.

Agravo de Instrumento 2234842-27.2019.8.26.0000, 9ª Câmara de Direito Privado da Comarca de São Paulo do Tribunal de Justiça do Estado de São Paulo, Desembargador Relator Edson Luiz de Queiróz, Data do julgamento: 28.01.2020, Data de publicação: 30.01.2020.

Agravo de Instrumento 2097393-27.2019.8.26.0000, 23ª Câmara de Direito Privado da Comarca de São Paulo do Tribunal de Justiça do Estado de São Paulo, Desembargador Relator José Marcos Marrone, Data do julgamento: 31.01.2020, Data de publicação: 31.01.2020.

Agravo de Instrumento 2156525-15.2019.8.26.0000 , 33ª Câmara de Direito Privado da Comarca de São Paulo do Tribunal de Justiça do Estado de São Paulo, Desembargador Relator Luiz Eurico, Data do julgamento: 03.02.2020, Data de publicação: 04.02.2020.

Agravo de Instrumento 2279884-02.2019.8.26.0000, 36ª Câmara de Direito Privado da Comarca de São Carlos do Tribunal de Justiça do Estado de São Paulo, Desembargador Relator Milton Carvalho, Data do julgamento: 11.02.2020, Data de publicação: 11.02.2020.

Agravo de Instrumento 2009718-89.2020.8.26.0000, 33ª Câmara de Direito Privado da Comarca de Ribeirão Preto do Tribunal de Justiça do Estado de São Paulo, Desembargador Relator Mario A. Silveira, Data do julgamento: 27.02.2020, Data de publicação: 27.02.2020.

Apelação 1019995-04.2014.8.26.0224, 1ª Câmara Reservada de Direito Empresarial da Comarca de Guarulhos do Tribunal de Justiça do Estado de São Paulo, Desembargador Relator Cesar Ciampolini, Data do julgamento: 04.03.2020, Data de publicação: 04.03.2020.

Agravo de Instrumento 2109859-53.2019.8.26.0000, 20ª Câmara de Direito Privado da Comarca de São Paulo do Tribunal de Justiça do Estado de São Paulo, Desembargador Relator Luis Carlos de Barros, Data do julgamento: 06.03.2020, Data de publicação: 06.03.2020.

Agravo de Instrumento 2274567-23.2019.8.26.0000, 29ª Câmara de Direito Privado da Comarca de Guaratinguetá do Tribunal de Justiça do Estado de São Paulo, Desembargador Relator Carlos Henrique Miguel Trevisan, Data do julgamento: 16.03.2020, Data de publicação: 16.03.2020.

Agravo de Instrumento 2216849-68.2019.8.26.0000, 37ª Câmara de Direito Privado da Comarca de Sorocaba do Tribunal de Justiça do Estado de São Paulo, Desembargadora Relatora Ana Catarina Strauch, Data do julgamento: 17.03.2020, Data de publicação: 17.03.2020.

Agravo de Instrumento 2004548-39.2020.8.26.0000, 32ª Câmara de Direito Privado da Comarca de Campinas do Tribunal de Justiça do Estado de São Paulo, Desembargador Relator Caio Marcelo Mendes de Oliveira, Data do julgamento: 20.03.2020, Data de publicação: 20.03.2020.

Agravo de Instrumento 2008548-82.2020.8.26.0000, 21ª Câmara de Direito Privado da Comarca de São Paulo do Tribunal de Justiça do Estado de São Paulo, Desembargador Relator Régis Rodrigues Bonvicino, Data do julgamento: 27.03.2020, Data de publicação: 27.03.2020.

Agravo de Instrumento 2270076-70.2019.8.26.0000, 22ª Câmara de Direito Privado da Comarca de Santos do Tribunal de Justiça do Estado de São Paulo, Desembargador Relator Roberto Mac Cracken, Data do julgamento: 31.03.2020, Data de publicação: 31.03.2020.

Agravo de Instrumento 2010922-71.2020.8.26.0000, 34ª Câmara de Direito Privado da Comarca de Mogi das Cruzes do Tribunal de Justiça do Estado de São Paulo, Desembargadora Relatora Cristina Zucchi, Data de julgamento: 03.04.2020, Data de publicação: 03.04.2020.

Agravo de Instrumento 2016968-76.2020.8.26.0000, 31ª Câmara de Direito Privado da Comarca de São Paulo do Tribunal de Justiça do Estado de São Paulo, Desembargador Relator Paulo Ayrosa, Data do julgamento: 13.04.2020, Data de publicação: 13.04.2020.

Agravo de Instrumento 2012711-08.2020.8.26.0000, 14ª Câmara de Direito Privado da Comarca de Bragança Paulista do Tribunal de Justiça do Estado de São Paulo, Desembargador Relator Grava Brazil, Data do julgamento: 24.04.2020, Data de publicação: 24.04.2020.

Agravo de Instrumento 2131248-94.2019.8.26.0000, 24ª Câmara de Direito Privado da Comarca de São Paulo do Tribunal de Justiça do Estado de São Paulo, Desembargador Relator Salles Vieira, Data do julgamento: 29.04.2020, Data de publicação: 29.04.2020.

Agravo de Instrumento 2033771-37.2020.8.26.0000, 2ª Câmara de Direito Privado da Comarca de Piracicaba do Tribunal de Justiça do Estado de São Paulo, Desembargador Relator José Joaquim dos Santos, Data do julgamento: 18.05.2020, Data de publicação: 18.05.2020.

Agravo de Instrumento 2082194-28.2020.8.26.0000, 34ª Câmara de Direito Privado da Comarca de Mirassol do Tribunal de Justiça do Estado de São Paulo, Desembargadora Relatora Cristina Zucchi, Data do julgamento: 10.06.2020, Data de publicação: 10.06.2020.

Agravo de Instrumento 2076632-38.2020.8.26.0000, 11ª Câmara de Direito Privado da Comarca de São Paulo do Tribunal de Justiça do Estado de São Paulo, Desembargador Relator Gilberto dos Santos, Data do julgamento: 16.06.2020, Data de publicação: 16.06.2020.

Agravo de Instrumento 2092392-27.2020.8.26.0000, 21ª Câmara de Direito Privado da Comarca de Santos do Tribunal de Justiça do Estado de São Paulo, Desembargador Relator Décio Rodrigues, Data do julgamento: 18.06.2020, Data de publicação: 18.06.2020.

Agravo de Instrumento 2083560-05.2020.8.26.0000, 34ª Câmara de Direito Privado da Comarca de Mogi das Cruzes do Tribunal de Justiça do Estado de São Paulo, Desembargadora Relatora Cristina Zucchi, Data do julgamento: 19.06.2020, Data de publicação: 19.06.2020.

Agravo de Instrumento 2284649-16.2019.8.26.0000, 22ª Câmara de Direito Privado da Comarca de Mauá do Tribunal de Justiça do Estado de São Paulo, Desembargador Relator Matheus Fontes, Data do julgamento: 02.07.2020, Data de publicação: 07.07.2020.

Agravo de Instrumento 2049712-27.2020.8.26.0000, 19ª Câmara de Direito Privado da Comarca de Araraquara do Tribunal de Justiça do Estado de São Paulo, Desembargador Relator João Camillo de Almeida Prado Costa, Data do julgamento: 13.07.2020, Data de publicação: 13.07.2020.

Agravo de Instrumento 2101000-14.2020.8.26.0000, 13ª Câmara de Direito Privado da Comarca de Campinas do Tribunal de Justiça do Estado de São Paulo, Desembargador Relator Cauduro Padin, Data do julgamento: 14.07.2020, Data de publicação: 14.07.2020.

Agravo de Instrumento 2284540-02.2019.8.26.0000, 31ª Câmara de Direito Privado da Comarca de São Paulo do Tribunal de Justiça do Estado de São Paulo, Desembargador Relator São Paulo, Data do julgamento: 28.07.2020, Data de publicação: 28.07.2020.

Agravo de Instrumento 1012707-05.2014.8.26.0224, 2ª Câmara de Direito Privado da Comarca de Guarulhos do Tribunal de Justiça do Estado de São Paulo, Desembargador Relator José Joaquim dos Santos, Data do julgamento: 07.08.2020, Data de publicação: 07.08.2020.

Agravo de Instrumento 2157274-95.2020.8.26.0000, 11ª Câmara de Direito Privado da Comarca de São Paulo do Tribunal de Justiça do Estado de São Paulo, Desembargador Relator Gil Coelho, Data do julgamento: 18.08.2020, Data de publicação: 18.08.2020.

Agravo de Instrumento 2219061-62.2019.8.26.0000, 21ª Câmara de Direito Privado da Comarca de Avaré do Tribunal de Justiça do Estado de São Paulo, Desembargador Relator Itamar Gaino, Data do julgamento: 26.08.2020, Data de publicação: 26.08.2020.

Agravo de Instrumento 2136306-44.2020.8.26.0000, 26ª Câmara de Direito Privado da Comarca de Boituva do Tribunal de Justiça do Estado de São Paulo, Desembargador Relator Vianna Cotrim, Data do julgamento: 08.09.2020, Data de publicação: 08.09.2020.

Agravo de Instrumento 2197333-28.2020.8.26.0000, 1ª Câmara de Direito Privado da Comarca de São Paulo do Tribunal de Justiça do Estado de São Paulo, Desembargador Relator Claudio Godoy, Data do julgamento: 15.09.2020, Data de publicação: 16.09.2020.

Agravo de Instrumento 2141960-46.2019.8.26.0000, 17ª Câmara de Direito Privado da Comarca de Santos do Tribunal de Justiça do Estado de São Paulo, Desembargador Relator Paulo Pastore Filho, Data do julgamento: 16.09.2020, Data de publicação: 17.09.2020.

Agravo de Instrumento 2243124-54.2019.8.26.0000, 8ª Câmara de Direito Privado da Comarca de São Paulo do Tribunal de Justiça do Estado de São Paulo, Desembargador Relator Silvério da Silva, Data do julgamento: 23.09.2020, Data de publicação: 25.09.2020.

Agravo de Instrumento 2155174-70.2020.8.26.0000, 2ª Câmara de Direito Privado da Comarca de São Paulo do Tribunal de Justiça do Estado de São Paulo, Desembargador Relator Penna Machado, Data do julgamento: 29.09.2020, Data de publicação: 29.09.2020.

Agravo de Instrumento 2159920-78.2020.8.26.0000, 7ª Câmara de Direito Privado da Comarca de São Paulo do Tribunal de Justiça do Estado de São Paulo, Desembargador Relator Miguel Brandi, Data do julgamento: 07.10.2020, Data de publicação: 07.10.2020.

Agravo de Instrumento 2194788-82.2020.8.26.0000, 19ª Câmara de Direito Privado da Comarca de São Paulo do Tribunal de Justiça do Estado de São Paulo, Desembargadora Relatora Claudia Grieco Tabosa Pessoa, Data do julgamento: 14.10.2020, Data de publicação: 14.10.2020.

Agravo de Instrumento 2169143-55.2020.8.26.0000, 4ª Câmara de Direito Privado da Comarca de Barretos do Tribunal de Justiça do Estado de São Paulo, Desembargadora Relatora Marcia Dalla Déa Barone, Data do julgamento: 08.10.2020, Data de publicação: 14.10.2020.

Agravo de Instrumento 2175674-60.2020.8.26.0000, 13ª Câmara de Direito Privado da Comarca de Campinas do Tribunal de Justiça do Estado de São Paulo, Desembargador Relator Heraldo de Oliveira, Data do julgamento: 21.10.2020, Data de publicação: 22.10.2020.

Apelação 1115105-43.2016.8.26.0100, 1ª Câmara Reservada de Direito Empresarial da Comarca de São Paulo do Tribunal de Justiça do Estado de São Paulo, Desembargador Relator Azuma Nishi, Data do julgamento: 28.10.2020, Data de publicação: 28.10.2020.

Agravo de Instrumento 2131730-08.2020.8.26.0000, 20ª Câmara de Direito Privado da Comarca de São Paulo do Tribunal de Justiça do Estado de São Paulo, Desembargador Relator Rebello Pinho, Data do julgamento: 23.10.2020, Data de publicação: 27.10.2020.

Agravo de Instrumento 2288421-50.2020.8.26.0000, 11ª Câmara de Direito Privado da Comarca de Regente Feijó do Tribunal de Justiça do Estado de São Paulo, Desembargador Relator Gilberto dos Santos, Data do julgamento: 21.12.2020, Data de publicação: 21.12.2020.

Agravo Interno Cível 2040404-64.2020.8.26.0000, 37ª Câmara de Direito Privado da Comarca de Santos do Tribunal de Justiça do Estado de São Paulo, Desembargador Relator José Tarciso Beraldo, Data do julgamento: 1º.02.2021, Data de publicação: 1º.02.2021.

Agravo de Instrumento 2123642-78.2020.8.26.0000, 23ª Câmara de Direito Privado da Comarca de São Paulo do Tribunal de Justiça do Estado de São Paulo, Desembargador Relator J. B. Franco de Godoi, Data do julgamento: 03.02.2021, Data de publicação: 09.02.2021.

Agravo de Instrumento 2278591-60.2020.8.26.0000, 17ª Câmara de Direito Privado da Comarca de Santos do Tribunal de Justiça do Estado de São Paulo, Desembargador Relator Irineu Fava, Data do julgamento: 22.02.2021, Data de publicação: 22.02.2021.

Agravo de Instrumento 2289745-75.2020.8.26.0000, 25ª Câmara de Direito Privado da Comarca de Praia Grande do Tribunal de Justiça do Estado de São Paulo, Desembargador Relator Hugo Crepaldi, Data do julgamento: 23.02.2021, Data de publicação: 23.02.2021.

Agravo de Instrumento 2016472-47.2020.8.26.0000, 29ª Câmara de Direito Privado da Comarca de Amparo do Tribunal de Justiça do Estado de São Paulo, Desembargador Relator Neto Barbosa Ferreira, Data do julgamento: 26.02.2021, Data de publicação: 26.02.2021.

Agravo de Instrumento 2288586-97.2020.8.26.0000, 17ª Câmara de Direito Privado da Comarca de São Paulo do Tribunal de Justiça do Estado de São Paulo, Desembargador Relator Irineu Fava, Data do julgamento: 23.03.2021, Data de publicação: 23.03.2021.

Apelação 1000260-32.2020.8.26.0011, 1ª Câmara de Direito Privado da Comarca de São Paulo do Tribunal de Justiça do Estado de São Paulo, Desembargador Relator Rui Cascaldi, Data do julgamento: 23.03.2021, Data de publicação: 24.03.2021.

Agravo de Instrumento 2163381-58.2020.8.26.0000, 1ª Câmara Reservada de Direito Empresarial da Comarca de Penápolis do Tribunal de Justiça do Estado de São Paulo, Desembargador Relator Alexandre Lazzarini, Data do julgamento: 24.03.2021, Data de publicação: 25.03.2021.

Agravo de Instrumento 2020491-62.2021.8.26.0000, 29ª Câmara de Direito Privado da Comarca de São Paulo do Tribunal de Justiça do Estado de São Paulo, Desembargador Relator Silvia Rocha, Data do julgamento: 31.03.2021, Data de publicação: 31.03.2021.

Agravo de Instrumento 2043204-31.2021.8.26.0000, 13ª Câmara de Direito Privado da Comarca de São Paulo do Tribunal de Justiça do Estado de São Paulo, Desembargadora Relatora Ana de Lourdes Coutinho Silva da Fonseca, Data do julgamento: 16.04.2021, Data de publicação: 16.04.2021.

Agravo de Instrumento 2168447-19.2020.8.26.0000, 26ª Câmara de Direito Privado da Comarca de São Paulo do Tribunal de Justiça do Estado de São Paulo, Desembargador Relator Antonio Nascimento, Data do julgamento: 11.05.2021, Data de publicação: 11.05.2021.

Agravo de Instrumento 2251573-64.2020.8.26.0000, 17ª Câmara de Direito Privado da Comarca de Barueri do Tribunal de Justiça do Estado de São Paulo, Desembargador Relator Paulo Pastore Filho, Data do julgamento: 20.05.2021, Data de publicação: 20.05.2021.

Agravo de Instrumento 2066090-24.2021.8.26.0000, 2ª Câmara de Direito Privado da Comarca de Taboão da Serra do Tribunal de Justiça do Estado de São Paulo, Desembargador Relator José Joaquim dos Santos, Data do julgamento: 25.05.2021, Data de publicação: 26.05.2021.

Agravo de Instrumento 2262757-17.2020.8.26.0000, 8ª Câmara de Direito Privado da Comarca de São Paulo do Tribunal de Justiça do Estado de São Paulo, Desembargador Relator Silvério da Silva, Data do julgamento: 26.05.2021, Data de publicação: 28.05.2021.

Agravo de Instrumento 2088068-57.2021.8.26.0000, 1ª Câmara de Direito Privado da Comarca de São Paulo do Tribunal de Justiça do Estado de São Paulo, Desembargador Relator Claudio Godoy, Data do julgamento: 28.05.2021, Data de publicação: 28.05.2021.

Agravo de Instrumento 2037944-70.2021.8.26.0000, 10ª Câmara de Direito Privado da Comarca de São Paulo do Tribunal de Justiça do Estado de São Paulo, Desembargador Relator Elcio Trujillo, Data do julgamento: 31.05.2021, Data de publicação: 31.05.2021.

Agravo de Instrumento 2062651-05.2021.8.26.0000, 12ª Câmara de Direito Privado da Comarca de Piracicaba do Tribunal de Justiça do Estado de São Paulo, Desembargador Relator Castro Figliolia, Data do julgamento: 11.06.2021, Data de publicação: 11.06.2021.

Agravo de Instrumento 2105556-25.2021.8.26.0000, 5ª Câmara de Direito Privado da Comarca de Ribeirão Preto do Tribunal de Justiça do Estado de São Paulo, Desembargador Relator James Siano, Data do julgamento: 17.06.2021, Data de publicação: 17.06.2021.

Apelação 1000423-17.2017.8.26.0108, 13ª Câmara de Direito Privado da Comarca de Cajamar do Tribunal de Justiça do Estado de São Paulo, Desembargador Relator Heraldo de Oliveira, Data do julgamento: 22.07.2021, Data de publicação: 22.07.2021.

Agravo de Instrumento 2118274-54.2021.8.26.0000, 11ª Câmara de Direito Privado da Comarca de Amparo do Tribunal de Justiça do Estado de São Paulo, Desembargador Relator Gil Coelho, Data do julgamento: 23.07.2021, Data de publicação: 23.07.2021.

Agravo de Instrumento 2226593-53.2020.8.26.0000, 4ª Câmara de Direito Privado da Comarca de Santo André do Tribunal de Justiça do Estado de São Paulo, Desembargadora Relatora Marcia Dalla Déa Barone, Data do julgamento: 29.07.2021, Data de publicação: 30.07.2021.

Agravo de Instrumento 2128353-92.2021.8.26.0000, 9ª Câmara de Direito Privado da Comarca de São Paulo do Tribunal de Justiça do Estado de São Paulo, Desembargador Relator José Aparício Coelho Prado Neto, Data do julgamento: 15.09.2021, Data de publicação: 15.09.2021.

Agravo de Instrumento 2115850-39.2021.8.26.0000, 21ª Câmara de Direito Privado da Comarca de São Paulo do Tribunal de Justiça do Estado de São Paulo, Desembargador Relator Ademir Benedito, Data do julgamento: 13.09.2021, Data de publicação: 16.09.2021.

Agravo de Instrumento 2167935-02.2021.8.26.0000, 32ª Câmara de Direito Privado da Comarca de São Paulo do Tribunal de Justiça do Estado de São Paulo, Desembargador Relator Ruy Coppola, Data do julgamento: 07.10.2021, Data de publicação: 07.10.2021.

Agravo de Instrumento 2213035-77.2021.8.26.0000, 30ª Câmara de Direito Privado da Comarca de da Comarca de Sorocaba do Tribunal de Justiça do Estado de São Paulo, Desembargadora Relatora Maria Lúcia Pizzotti, Data do julgamento: 13.10.2021, Data de publicação: 13.10.2021.

Agravo de Instrumento 2172972-10.2021.8.26.0000, 10ª Câmara de Direito Público da Comarca de Paulínia do Tribunal de Justiça do Estado de São Paulo, Desembargador Relator José Eduardo Marcondes Machado, Data do julgamento: 18.10.2021, Data de publicação: 18.10.2021.

Agravo de Instrumento 2151222-49.2021.8.26.0000, 38ª Câmara de Direito Privado da Comarca de São Paulo do Tribunal de Justiça do Estado de São Paulo, Desembargadora Relatora Anna Paula Dias da Costa, Data do julgamento: 03.11.2021, Data de publicação: 03.11.2021.

Agravo de Instrumento 2240818-44.2021.8.26.0000, 34ª Câmara de Direito Privado da Comarca de Santos do Tribunal de Justiça do Estado de São Paulo, Desembargadora Relatora Cristina Zucchi, Data do julgamento: 08.11.2021, Data de publicação: 08.11.2021.

Agravo de Instrumento 2163306-82.2021.8.26.0000, 19ª Câmara de Direito Privado da Comarca de São Paulo do Tribunal de Justiça do Estado de São Paulo, Desembargadora Relatora Cláudia Grieco Tabosa Pessoa, Data do julgamento: 09.11.2021, Data de publicação: 09.11.2021.

Agravo de Instrumento 2163850-70.2021.8.26.0000, 26ª Câmara de Direito Privado da Comarca de Araçatuba do Tribunal de Justiça do Estado de São Paulo, Desembargador Relator Vianna Cotrim, Data do julgamento: 09.11.2021, Data de publicação: 09.11.2021.

Agravo de Instrumento 2128708-05.2021.8.26.0000, 21ª Câmara de Direito Privado da Comarca de Amparo do Tribunal de Justiça do Estado de São Paulo, Desembargador Relator Maia da Rocha, Data do julgamento: 17.11.2021, Data de publicação: 17.11.2021.

Agravo de Instrumento 0001379-54.2019.8.26.0084, 5ª Câmara de Direito Privado da Comarca de Campinas do Tribunal de Justiça do Estado de São Paulo, Desembargador Relator Rodolfo Pellizari, Data do julgamento: 03.12.2021, Data de publicação: 03.12.2021.

Agravo de Instrumento 2271462-67.2021.8.26.0000, 8ª Câmara de Direito Privado da Comarca de São Paulo do Tribunal de Justiça do Estado de São Paulo, Desembargador Relator Silvério da Silva, Data do julgamento: 10.12.2021, Data de publicação: 10.12.2021.

A DESCONSIDERAÇÃO EXPANSIVA DA PERSONALIDADE DA PESSOA JURÍDICA

Gilberto Fachetti Silvestre

Pós-Doutor em Direito pela Faculdade Nacional de Direito da Universidade Federal do Rio de Janeiro (UFRJ). Doutor em Direito Civil pela Pontifícia Universidade Católica de São Paulo (PUC-SP). Mestre em Direito Processual Civil pela UFES. Professor do Departamento de Direito e do Programa de Pós-Graduação em Direito Processual da Universidade Federal do Espírito Santo (UFES). Advogado. E-mail: gilberto.silvestre@ufes.br.

Sumário: 1. Introdução – 2. O desenvolvimento da teoria da desconsideração da personalidade jurídica – 3. A desconsideração expansiva da personalidade jurídica: definição e caracterização – 4. Requisitos de aplicação – 5. Reflexos econômicos – 6. O Mandado de Segurança 32.494/DF do Supremo Tribunal Federal e as decisões do Superior Tribunal de Justiça de recepção da desconsideração expansiva – 7. Conclusão – 8. Referências.

1. INTRODUÇÃO

Esta pesquisa tem por objeto a desconsideração expansiva da personalidade jurídica, pela qual é possível afastar a personalidade de uma pessoa jurídica criada com mero intuito fraudatório e administrada por sócios ocultos. Operada esta desconsideração, é possível atingir o patrimônio de quaisquer dos seus sócios ocultos.

Como se trata de uma técnica de construção recente, esta pesquisa se propôs à sistematização teórica e à proposição de seus critérios próprios de aplicação.

A pesquisa não explorou ou aprofundou conceitos já consolidados na literatura jurídica e nas instâncias judiciais – tais como: o que é desconsideração, como é o incidente dos arts. 133 a 137 do Código de Processo Civil, as variadas teorias da desconsideração (direta, indireta, inversa, maior, menor) etc. –, tratando-os como premissas que aquele que se interessar pela leitura deste trabalho já deve ter.

Assim, foi realizada uma análise do surgimento da desconsideração e como os variados tipos e teorias foram surgindo ao longo do tempo, para demonstrar que a desconsideração expansiva é fruto das transformações tipicamente influenciadoras das novas modalidades de levantamento do véu da pessoa jurídica.

2. O DESENVOLVIMENTO DA TEORIA DA DESCONSIDERAÇÃO DA PERSONALIDADE JURÍDICA

Desde o *Corpus Juris Canonici* – que atribuiu personalidade civil a unidades corporativas e patrimoniais da Santa Sé e as reconheceu como pessoas (jurídicas) –, existe

GILBERTO FACHETTI SILVESTRE

uma autonomia e uma independência administrativa e patrimonial entre a *universitas* (*personarum* e *bonorum*) e as pessoas naturais que dela participam, seja como sócios, seja como administradores.

A independência e a autonomia representaram um avanço para as relações jurídicas estabelecidas entre pessoas jurídicas e entre pessoas jurídicas e pessoas naturais. Mas daí também resultaram problemas, destacando-se o uso abusivo pela pessoa natural da autonomia da *universitas* para fins torpes.

Como atribuir responsabilidade civil patrimonial ao sócio que utilizou a autonomia pessoal da pessoa jurídica para se beneficiar de uma transação econômica e causou prejuízos aos credores da pessoa jurídica?

Nesse sentido, foi concebida a tese de que, para casos como esse, não deveria existir a autonomia da pessoa jurídica em relação ao sócio; dever-se-ia afastar a personalidade da pessoa jurídica, de modo que ela acabaria sendo uma atividade do próprio sócio, ou seja, um fato inerente à pessoa natural. Não se trata de extinguir a personalidade, mas de *desconsiderá-la* naquele caso concreto em que a personalidade foi utilizada para beneficiar a própria torpeza do sócio ou do administrador.

Foi assim que, na Alemanha, Rolf Serick introduziu a ideia de *Durchgriff der juristichen Personen* – "penetração das pessoas jurídicas", em tradução livre –, pela qual a personalidade da pessoa jurídica é desconsiderada em situações de torpeza por parte do sócio.[1]

Funcionalmente, tal como concebida, essa *Durchgriff* (penetração) ou desconsideração consiste em uma ruptura da regra fundamental da relação entre pessoa jurídica e pessoa natural, a qual será de dois tipos: ruptura de responsabilidade e ruptura de imputação.[2]

A penetração na responsabilidade é quanto à separação dos bens; a penetração da imputação é quanto à separação das relações jurídicas e das circunstâncias que lhe dão causa, sem que a separação dos bens seja particularmente afetada.[3]

No caso da responsabilidade, o patrimônio separado da pessoa jurídica em relação ao patrimônio particular das pessoas naturais que a compõem é total ou parcialmente desconsiderado. Já na ruptura de imputação, afasta-se a distinção entre a pessoa jurídica e seus sócios quando as circunstâncias que afetam a pessoa jurídica sejam relevantes para as relações jurídicas dos sócios.[4]

Seja como for, a separação da pessoa jurídica da pessoa de seus membros é excepcional e legitimamente violada.

---

1. SERICK, Rolf. *Rechtsform und realität juristischer personen*: ein rechtsvergleichender Beitrag zur frage des Durchgriffs auf die personen oder gegenstande hinter der juristischen person. Berlin: W. de Gruyter, 1955.
2. DROBNIG, Ulrich. *Haftungsdurchgriff bei Kapitalgesellschaften*. Frankfurt a.M. und Berlin: Metzner, 1959.
3. HAAS, Maria Isabel. *Der Durchgriff im deutschen und spanischen Gesellschaftsrecht*. Berlin: Peter Lang Gmbh, 2003; DROBNIG, Ulrich. *Haftungsdurchgriff bei Kapitalgesellschaften*. Frankfurt a.M. und Berlin: Metzner, 1959.
4. HAAS, Maria Isabel. *Der Durchgriff im deutschen und spanischen Gesellschaftsrecht*. Berlin: Peter Lang Gmbh, 2003; DROBNIG, Ulrich. *Haftungsdurchgriff bei Kapitalgesellschaften*. Frankfurt a.M. und Berlin: Metzner, 1959.

A influência de Rolf Serick se expandiu para outros ordenamentos jurídicos.

Na Itália, por exemplo, foi desenvolvida por Piero Verrucolli a teoria do *superamento della personalità giuridica*, ou teoria da superação, que também parte das premissas de evitar abusos quanto à independência patrimonial e pessoal entre pessoa jurídica e pessoal natural.[5]

Na Espanha se desenvolveu a teoria do *levantamiento del velo de la persona jurídica* (levantamento do véu da pessoa jurídica, em tradução livre), demonstrando que a desconsideração (*levantamiento*) da personalidade (*velo*) da pessoa jurídica é excepcional e casuística, ou seja, não é perene, o que implicaria na extinção da pessoa jurídica.[6]

Na França e na Bélgica, fala-se em *la levée du voile social* ou *levée du voile corporatif* da *personnalité morale* (personalidade jurídica) da pessoa jurídica.[7] Aplica-se a teoria quando um sócio ou administrador explora o *status* da separação patrimonial da pessoa jurídica para cometer ilegalidades, como fraude ou abuso de direito.[8]

Na Holanda e na região belga de Flandres (Vlaanderen), surgiu o conceito de *Doorbraak*, igualmente influenciada pela *Durchgriff der juristichen Personen* de Rolf Serick. Nessa teoria da desconsideração há uma profunda preocupação com o chamado *feitelijke beheerder*,[9] ou administrador de fato, abrangendo também o sócio oculto. Administrador de fato e sócio oculto são os conceitos fundamentais da brasileira desconsideração expansiva da pessoa jurídica.

Foi nos Estados Unidos – aliás, no Direito anglo-americano como um todo – que se desenvolveu, a partir de Isaac Maurice Wormser,[10] a *disregard of legal entity doctrine* (ou *disregard doctrine*), influenciada pela teoria *Durchgriff der juristichen Personen* de Rolf Serick.[11] A *disregard doctrine* foi, dentre todas as outras teorias, a que mais influenciou o Direito Civil e o Direito Processual Civil brasileiros, pois estabeleceu pressupostos da desconsideração mais sistematizados, além de conceber mecanismos processuais que efetivam judicialmente a desconsideração da personalidade da pessoa jurídica.

---

5. VERRUCOLLI, Piero. *Il superamento della personalità giuridica delle società di capitali nella Common Law e nella Civil Law*. Milano: Giuffre, 1964.

6. HAAS, Maria Isabel. *Der Durchgriff im deutschen und spanischen Gesellschaftsrecht*. Berlin: Peter Lang Gmbh, 2003.

7. WYMEERSCH, Eddy. Le droit belge des groupes de sociétés. In *Liber Amicorum Commission droit et vie des affaires*. Bruxelles: Bruylant, 1998, p. 613; MEUNIER, Arnaud; DE CORDT, Yves. *Aux frontières de la personnalité morale*: la levée du voile social. Master en droit. Université catholique de Louvain. Faculté de droit et de criminologie. Louvain, 2012-2013.

8. GRELON, Bernard; DESSUS-LARRIVÉ, Carrole. La confusion des patrimoines au sein d'un groupe. *Revue des sociétés*, n. 2, p. 281-303, 2006, p. 281; MEUNIER, Arnaud; DE CORDT, Yves. *Aux frontières de la personnalité morale: la levée du voile social*. Master en droit. Université catholique de Louvain. Faculté de droit et de criminologie. Louvain, 2012-2013.

9. RONSE, Janneke; LIEVENS, Johan. De doorbraakproblematiek. *Rechten en plichten van moederen dochter-vennootschappen*. Antwerpen: Kluwer, 1985, p. 135.

10. WORMSER, Isaac Maurice. *Disregard of the corporate fiction and allied corporation problems*. Washington: Beard, 2000; WORMSER, Isaac Maurice. Piercing the Veil of Corporate Entity. *Columbia Law Review*, v. 12, p. 496, 1912.

11. PICKERING, Murray A. The company as a separate legal entity. *The Modern Law Review*, v. 31, n. 5, p. 481-511, Sep. 1968.

A *disregard doctrine* sistematizou as seguintes diretrizes a serem observadas para "*piercing the corporate veil*", isto é, "perfurar o véu" da pessoa jurídica e alcançar os sócios:[12]

- a personalidade da pessoa jurídica deve ser desconsiderada se ela for manipulada de modo abusivo para não cumprir obrigações legais e negociais, causando prejuízos a terceiros; e
- a independência da pessoa jurídica em relação aos seus sócios – considerada um "princípio" – deve prevalecer como a regra e somente deve ser desconsiderada excepcionalmente, quando se verificar situações abusivas no uso da personalidade da pessoa jurídica.

A partir da consolidação das teorias do levantamento do véu da pessoa jurídica na literatura e em ordenamentos jurídicos, outras formas de desconsideração passaram a ser concebidas. É o caso de quando se permite desconsiderar não a pessoa jurídica, mas a personalidade da pessoa natural que utiliza a corporação para blindar seu patrimônio pessoal contra seus credores. É a chamada desconsideração inversa, que no Brasil sempre foi admitida e só passou a ter previsão legislativa própria a partir do § 2º do art. 133 do Código de Processo Civil de 2015 e o § 3º do art. 50 do Código Civil (com a redação dada pela Lei 13.874/2019).

A desconsideração foi sendo dilatada ao longo do tempo, atingindo pessoa natural e até outras pessoas jurídicas. Os ordenamentos jurídicos têm sua teoria da desconsideração com nuances próprias, mas mantêm em comum os pressupostos originais, os mesmos objetivos e a essência (*ratio legis*). Nesse sentido, o Brasil também desenvolveu formas próprias de lidar com a independência entre sócio ou administrador e pessoa jurídica. Isso foi propiciado e legitimado pelos conceitos jurídicos indeterminados do art. 50 do Código Civil, antes das restrições de vagueza promovidas pela Lei 13.874/2019.

É aí que surge uma nova forma de desconsiderar a personalidade da pessoa jurídica, de perfurar seu véu, qual seja, a desconsideração expansiva da personalidade.

3. A DESCONSIDERAÇÃO EXPANSIVA DA PERSONALIDADE JURÍDICA: DEFINIÇÃO E CARACTERIZAÇÃO

A desconsideração expansiva não é uma teoria, mas uma maneira de desconsiderar a personalidade da pessoa jurídica dentro da teoria da desconsideração. Logo, é uma tese (propositiva) e não uma teoria. Consiste em um tipo, uma maneira, de se desconsiderar – e o que desconsiderar – em um tipo de situação que, até então, não se vislumbrava a possibilidade de perfurar o véu da pessoa jurídica. Trata-se de um aumento da abrangência da teoria da desconsideração. É uma forma de desconsideração criada, sistematizada e aplicada no Brasil.

A ideia de desconsideração expansiva foi desenvolvida por Rafael de Oliveira Mônaco, juiz de Direito do Tribunal de Justiça do Estado do Rio de Janeiro, em decisões

---

12. CLAUSEN, Nis. Use of the American Doctrine of Piercing the Corporate Veil: An Argument in Danish Business Law. *Berkeley Journal of International Law*, v. 5, issue 1, p. 44-69, 1987; VANDEKERCKHOVE, Karen. Piercing the Corporate Veil. *European Company Law*, v. 4, issue 5, p. 191-200, Oct. 2007.

A DESCONSIDERAÇÃO EXPANSIVA DA PERSONALIDADE DA PESSOA JURÍDICA

judiciais e aulas por ele proferidas. Coube a Mônica Gusmão,[13] inicialmente, difundir essa nova forma de desconsideração.

O objetivo desta tese é desconsiderar a personalidade de uma sociedade que foi criada para a prática de fraude contra terceiros. Ela se aplica naqueles casos em que a pessoa jurídica têm sócios ostensivos (de direito) e sócios ocultos (de fato).

Os sócios de direito são aqueles em nome dos quais está registrada a pessoa jurídica, ou seja, os titulares do contrato social. Ocorre que estes sócios apenas cumprem o papel formal-registral e não participam da rotina administrativa e produtiva da pessoa jurídica, isto é, não controlam a corporação. São, verdadeiramente, interpostas pessoas ou "laranjas".

Os sócios ocultos, por outro lado, são aqueles que efetivamente controlam a rotina administrativa, comercial e produtiva da pessoa jurídica, mesmo sendo *penitus extranei* (terceiros estranhos) ao contrato social. Mas, juridicamente falando, eles não são responsáveis pelos atos da pessoa jurídica, afinal, não são sócios de direito. Quem responde, portanto, são os sócios ostensivos, ou seja, as interpostas pessoas. Em havendo desconsideração da personalidade a ser aplicada em caso de fraude, *a priori*, quem sofreria os efeitos do levantamento do véu da pessoa jurídica seriam os sócios ostensivos. E aí vem a novidade da desconsideração expansiva: ela propõe que se desconsidere a pessoa jurídica para atingir os sócios ocultos ou de fato e para que estes respondam pelos danos que causaram a terceiros.

Para Mariana Rocha Corrêa, os sócios funcionam como um véu para a responsabilidade do sócio oculto, sendo certo que aquelas pessoas protegem os sócios ocultos.[14]

Dois exemplos permitem melhor visualizar as situações em que a expansão pode ser aplicada:

Em um primeiro exemplo, imagine que "A", "B" e "C" são sócios em uma pessoa jurídica cujo objeto é a prestação de um determinado serviço. Para enganar os credores, "A", "B" e "C" encerram as atividades da pessoa jurídica e constituem uma nova sociedade, que tem como objeto a mesma prestação de serviço que a primeira corporação prestava. Mas, para ludibriar os credores, "A", "B" e "C" registram a segunda pessoa jurídica em nome de "L", "M" e "N". Embora "L", "M" e "N" sejam os sócios ostensivos, quem efetivamente administra a nova empresa são "A", "B" e "C", os quais, neste caso, são sócios ocultos.

A princípio, se aplicada a desconsideração da personalidade puramente, seriam atingidos os sócios "L", "M" e "N", pois são eles quem respondem pela pessoa jurídica.

---

13. GUSMÃO, Mônica. *Lições de direito empresarial*. 12. ed. Rio de Janeiro: Forense, 2015, p. 316.
14. CORREA, Mariana Rocha. *A eficácia da desconsideração expansiva da personalidade jurídica no sistema jurídico brasileiro*. Artigo científico, Escola da Magistratura do Estado do Rio de Janeiro. Rio de Janeiro: EMERJ, 2011, p. 19. Apresenta, ainda, a principal vantagem dessa técnica de desconsideração: "verifica[-se] a grande inovação que esse novo desdobramento da personalidade jurídica trouxe ao nosso ordenamento jurídico, tendo em vista que a partir da implementação desta teoria nos casos concretos surgiu mais uma possibilidade dos credores terem o adimplemento das obrigações assumidas pelos devedores garantidas, pois não é necessário se limitar ao patrimônio dos sócios, que nos casos abrangidos por esta teoria geralmente são pessoas com poucas posses, para atingir o patrimônio do verdadeiro sócio que fica oculto diante do desenvolvimento de suas atividades para não ser responsabilizado por eventual inadimplemento da empresa." (p. 20).

Mas, expandindo a desconsideração, entende-se que ela também deve atingir os sócios ocultos. É isto que a desconsideração expansiva propõe: que os sócios ocultos respondam por seus atos junto à segunda pessoa jurídica.

Observe que o conceito fundamental da desconsideração expansiva é o de sócio oculto. E aí vem a pergunta: quem é responsável perante os credores, o sócio oculto ou o sócio ostensivo?

Pessoas que não tenham sido nomeadas como diretores, mas administram a pessoa jurídica, devem também ser responsabilizadas se tiverem cometido atos ilícitos e frau-datórios. Em países da Europa, essa regra existe desde meados do século XX.[15] Assim, a desconsideração expansiva é um instrumento que reforça a responsabilidade de quem real-mente administra uma pessoa jurídica e de quem é usado para os fins ilícitos da corporação.

Parece que essa tese se fundamenta no preceito do *honest vivere*, que está na base de todas as normas do Direito Privado. Se os sócios ocultos "A", "B" e "C" fossem blindados pelos sócios ostensivos "L", "M" e "N", estariam se beneficiando da própria torpeza e *nemo auditur propriam turpitudinem allegans*, ou seja, a ninguém é lícito se beneficiar da sua desonestidade.

O segundo exemplo é um caso de fraude contra credores. "D" e "E" são sócios de uma fábrica de móveis e tomam empréstimos para investimentos no negócio. A dívida é entre a financeira e a fábrica de móveis. Para não pagarem a dívida, "D" e "E" criam uma segunda pessoa jurídica, cujo objeto é marcenaria, e transferem os ativos e bens da primeira pessoa jurídica para a segunda. Dessa forma, a primeira fábrica não dispõe de patrimônio para pagar seu credor. É possível resolver o problema por meio da anulação da transferência de patrimônio da primeira para a segunda pessoa jurídica, em razão da fraude contra credores (arts. 158 a 165 do Código Civil). Mas também é possível, incidentalmente à ação pauliana, que se peça a desconsideração expansiva, pela qual a personalidade da primeira pessoa jurídica é desconsiderada para que se atinjam os bens da segunda pessoa. Assim, a desconsideração expansiva permite que também se alcance pessoas jurídicas "de fachada".

Há a proposta, ainda, de aplicação da desconsideração expansiva nos casos de responsabilidade tributária de grupos econômicos irregulares (ilícitos) constituídos a partir de sucessões empresariais ilícitas.[16] Sua utilização ocorreria, principalmente, durante a execução fiscal. Grupos econômicos irregulares não são sinônimos de grupos econômicos de fato, pois estes são lícitos.[17]

---

15. TIMP, Joeri. De feitelijke bestuurder in het vennootschapsrecht. *Jura Falconis*, jg 32, nr 2, p. 195-210, 1995-1996.
16. PAIVA, Fábio Holanda Gadelha de. A desconsideração expansiva da personalidade jurídica na sucessão em-presarial ilícita. *Revista Tributaria e de Finanças Públicas*, vol. 144, n. 28, p. 91-113, 2020. No mesmo sentido, CAZELATTO, Caio Eduardo Costa; SEGATTO, Antonio Carlos; SILVA, Naina Beatriz Ide da. "Disregard Doctrine": a aplicação da desconsideração da personalidade jurídica. *Revista do Direito Público*, v. 13, n. 1, p. 150-187, abr. 2018, p. 170-171.
17. PAIVA, Fábio Holanda Gadelha de. A desconsideração expansiva da personalidade jurídica na sucessão em-presarial ilícita. *Revista Tributaria e de Finanças Públicas*, v. 144, n. 28, p. 91-113, 2020.

Nestes casos de sucessão empresarial, haverá a constituição de um grupo econômico para suceder a um grupo empresarial anterior. Ocorre que essa sucessão pode ter como objetivo não a reorganização empresarial, mas o fim ilícito de não cumprir as responsabilidades fiscais.[18] Aí, então, "entra em cena a desconsideração expansiva da personalidade jurídica, sem a qual seria infrutífera a responsabilidade tributária das entidades envolvidas na sucessão empresarial abusiva".[19]

A desconsideração expansiva também pode cumprir um importante papel para responsabilizar e coibir quem causa danos ambientais. Por ela, será possível atingir o patrimônio de quem obtém lucros resultantes de danos ambientais causados por corporações administradas por pessoas ocultas.[20]

Veja que em todos os exemplos dados há um ponto em comum: o uso de sócio ou de pessoa jurídica de modo interposto, para escusar de responsabilidade o sócio que realmente administra e pratica os atos da corporação:

> No dizer do Prof. Rafael Mônaco, "cuida-se da situação do chamado 'sócio oculto', não nos termos da sociedade em conta de participação, fique claro, mas na condição *daquele que é sem nunca ter sido*', ou seja, daquele que é o protagonista da empresa se valendo de interpostas pessoas contratuais, denominadas na expressão popular de 'laranjas', 'testa de ferro', 'homem de palha' e 'boneco de gelo', a funcionar como um véu, um anteparo, uma cortina, enfim uma armadura à sua responsabilidade".[21]

Neste sentido, Mariana Rocha Corrêa assim resume as virtudes dessa desconsideração expansiva:

> nesta teoria é possível desconsiderar a personalidade o sócio que está usando uma sociedade sua, todavia, que está em nome de outras pessoas, isto é, o indivíduo se esconde atrás de um terceiro

---

18. PAIVA, Fábio Holanda Gadelha de. A desconsideração expansiva da personalidade jurídica na sucessão empresarial ilícita. *Revista Tributaria e de Finanças Públicas*, v. 144, n. 28, p. 91-113, 2020.
19. PAIVA, Fábio Holanda Gadelha de. A desconsideração expansiva da personalidade jurídica na sucessão empresarial ilícita. *Revista Tributaria e de Finanças Públicas*, v. 144, n. 28, p. 91-113, 2020. O autor apresenta o seguinte exemplo de aplicação envolvendo a matéria tributária: "Exemplo prático de aplicação da aludida desconsideração é o de uma empresa que esteja na iminência de se tornar portadora de significativo passivo tributário e, não desejando sofrer as consequências de uma futura execução fiscal, transfere – sem se extinguir – total ou parcialmente o seu patrimônio societário e o particular dos sócios para outra pessoa jurídica, originada de uma operação societária fática (sucessão empresarial ilícita), e constituída em nome de 'laranjas' após os fatos geradores das obrigações tributárias, inclusive sem possuir o mesmo objeto social da sociedade devedora. No aludido quadro hipotético, a desconsideração direta da personalidade jurídica seria ineficaz para a satisfação do crédito tributário, uma vez que o patrimônio da pessoa jurídica inadimplente não se encontra em nome dos sócios, mas sim no de outra sociedade empresária, composta por 'testas de ferro', com objeto social distinto, de modo a afastar dos olhos do Fisco qualquer vínculo formal econômico-jurídico com a entidade primeva. Igualmente, a desconsideração inversa seria também infrutífera, já que os bens particulares dos sócios não estão em nome da sociedade que integram, e sim foram transferidos para uma pessoa jurídica que não possui qualquer liame jurídico – mas apenas fático – com eles e com a empresa devedora. Resta, então, a desconsideração expansiva da personalidade jurídica, com o escopo de perseguir o patrimônio do devedor transferido abusivamente à novel sociedade que não possui qualquer relação com os fatos geradores das obrigações tributárias inadimplidas, mediante a demonstração dos requisitos previstos no Art. 50 do Código Civil de 2002" (p. 103).
20. MIRANDA, Igor Caio Alves de. Utilização da teoria expansiva da desconsideração da personalidade jurídica para a eficácia da c: análise \do caso da turmalina paraíba no município de Salgadinho/PB. *Percurso – Anais do II Conlubradec (Congresso Luso-brasileiro de Direito Empresarial e Cidadania)*, v. 2, n. 25, p. 59-65, dez. 2018.
21. GUSMÃO, Mônica. *Lições de direito empresarial*. 12. ed. Rio de Janeiro: Forense, 2015, p. 316.

para não ser responsabilizado por eventual inadimplemento de qualquer obrigação da sociedade, assim, a responsabilidade recairá sobre terceira pessoa alheia a seus negócios e este nunca terá seu patrimônio ameaçado pelos insucessos da atividade empresarial. Portanto, após a chegada desta Teoria é possível expandir os efeitos da desconsideração da personalidade jurídica aos "sócios ocultos", a fim de garantir o pagamento dos credores.[22]

Uma observação: não se deve confundir a desconsideração expansiva com a desconsideração reversa: a primeira se aplica a casos em que existam sócios ocultos; já a segunda tem lugar quando se tratar de grupos econômicos de fato, quando se verifica uma irregularidade na constituição de tais grupos. Na desconsideração expansiva, há sócios ocultos em uma pessoa jurídica regularmente constituída, mas irregularmente administrada.[23]

No ordenamento jurídico brasileiro, a teoria da desconsideração da personalidade jurídica foi recebida e está formulada normativamente na legislação. A título exemplificativo, a desconsideração da personalidade jurídica está prevista no art. 50 do Código Civil e no § 5º do art. 28 do Código de Defesa do Consumidor.[24]

O Código Civil adotou a teoria maior da desconsideração, exigindo para sua aplicação a presença dos pressupostos do desvio de finalidade ou da confusão patrimonial. O Código de Defesa do Consumidor, por sua vez, adotou a teoria menor, pela qual, para a aplicação da desconsideração, deve-se demonstrar apenas a insuficiência patrimonial da pessoa jurídica para o cumprimento da obrigação.[25]

O Código Civil manteve a teoria maior da desconsideração mesmo após a alteração da formulação normativa do art. 50 pela Lei 13.874/2019 (Declaração de Direitos de Liberdade Econômica).

As teorias maior e menor foram concebidas sem sequer imaginar a expansão da desconsideração a sócios ocultos. Então, como se tornou possível aplicar a desconsideração expansiva sem uma previsão expressa? A resposta a esta pergunta é importante para demarcar a legalidade – ou juridicidade – de sua aplicação e operabilidade. Pois bem, esta possibilidade existe com fundamento nos conceitos jurídicos indeterminados da formulação normativa do *caput* do art. 50 do Código Civil, tais como "abuso", "desvio de finalidade" e "confusão patrimonial".

Os conceitos jurídicos indeterminados do art. 50 do Código Civil proporcionam uma abertura para novos tipos de desconsideração. Antes da modificação da redação

---

22. CORREA, Mariana Rocha. *A eficácia da desconsideração expansiva da personalidade jurídica no sistema jurídico brasileiro*. Artigo científico, Escola da Magistratura do Estado do Rio de Janeiro. Rio de Janeiro: EMERJ, 2011, p. 18.
23. ALMEIDA, Daniela dos Santos Ferreira de. *A desconsideração reversa da personalidade jurídica*: uma variante empírica na representação taxonômica. Tese (Doutorado em Direito) – Faculdade de Direito, Universidade do Estado do Rio de Janeiro, Rio de Janeiro, 2022.
24. SILVESTRE, Gilberto Fachetti; HIBNER, Davi Amaral. Questões controvertidas sobre o "incidente" de desconsideração da personalidade da pessoa jurídica no Código de Processo Civil de 2015. *Revista de Processo*, v. 289, p. 71-104, mar. 2019, p. 75.
25. SILVESTRE, Gilberto Fachetti; HIBNER, Davi Amaral. Questões controvertidas sobre o "incidente" de desconsideração da personalidade da pessoa jurídica no Código de Processo Civil de 2015. *Revista de Processo*, v. 289, p. 71-104, mar. 2019, p. 76.

do art. 50 pela Lei 13.874/2019 (Declaração de Direitos de Liberdade Econômica), a formulação normativa era constituída por termos vagos e abertos, da seguinte maneira:

> Art. 50. Em caso de abuso da personalidade jurídica, caracterizado pelo desvio de finalidade, ou pela confusão patrimonial, pode o juiz decidir, a requerimento da parte, ou do Ministério Público quando lhe couber intervir no processo, que os efeitos de certas e determinadas relações de obrigações sejam estendidos aos bens particulares dos administradores ou sócios da pessoa jurídica.

As palavras e sintagmas abertos consistem em conceitos jurídicos indeterminados, uma maneira escolhida pelo legislador para redigir o documento legal. É uma técnica legislativa caracterizada pelo uso de termos gerais e abstratos que exigem intensa atividade interpretativa para relacionar um de seus significados a casos concretos ou a problemas da vida. Isso significa que eles podem se amoldar a variadas situações fáticas concretas.[26]

Eles são enunciações abstrato-gerais que exigem uma interpretação sofisticada para aplicar o dispositivo legal a um caso concreto, cuja consequência normativa já foi prevista pelo legislador. (Nas cláusulas gerais, por outro lado, o juiz deverá formular uma consequência, pois o legislador não a previu).[27]

O conceito jurídico indeterminado tem as seguintes características:[28]

- hipótese normativa: constituída por expressões ou palavras de conteúdo e extensão vagos, imprecisos, genéricos, abstrato e lacunosos;
- consequência normativa: a solução já está preestabelecida na própria norma; o juiz identifica se a norma vaga se aplica ao caso concreto, mas não tem função criadora, pois a lei já determinou a consequência dela advinda;
- papel do juízo: o juiz exerce função interpretativa (quanto ao significado das palavras) e aplicadora (das consequências previstas na própria norma vaga); e
- função: diminuir a rigidez do sistema jurídico.

Os conceitos jurídicos indeterminados estabelecem comportamentos, pois há sanção em caso de seu descumprimento, ou um prêmio por atender a certos requisitos. Mas se aplicam a situações que apresentam a necessidade de avaliação axiológica. A conduta ali esperada pretende concretizar um valor expresso na norma formulada com expressões indeterminadas. Ou seja, é uma situação em que a regra de conduta quer incrementar um valor no comportamento dos sujeitos de direito.[29]

Nesse sentido, a desconsideração expansiva foi construída no contexto da redação original do art. 50 do Código Civil, encontrando plena subsunção no art. 50 do Código

---

26. SILVESTRE, Gilberto Fachetti. *Cláusulas gerais e conceitos jurídicos indeterminados da Parte Geral do Código Civil brasileiro*: questões materiais e processuais. Coleção Pesquisa UFES, v. 7. Vitória: Edufes, 2021, p. 20 e ss.
27. SILVESTRE, Gilberto Fachetti. *Cláusulas gerais e conceitos jurídicos indeterminados da Parte Geral do Código Civil brasileiro*: questões materiais e processuais. Coleção Pesquisa UFES, v. 7. Vitória: Edufes, 2021, p. 20 e ss.
28. SILVESTRE, Gilberto Fachetti. *Cláusulas gerais e conceitos jurídicos indeterminados da Parte Geral do Código Civil brasileiro*: questões materiais e processuais. Coleção Pesquisa UFES, v. 7. Vitória: Edufes, 2021, p. 20 e ss.
29. SILVESTRE, Gilberto Fachetti. *Cláusulas gerais e conceitos jurídicos indeterminados da Parte Geral do Código Civil brasileiro*: questões materiais e processuais. Coleção Pesquisa UFES, v. 7. Vitória: Edufes, 2021, p. 20 e ss.

Civil, o que serve de elemento para atribuir juridicidade no atingimento do sócio oculto. Não se trata de um malabarismo hermenêutico – típico dos tempos de hoje... –, mas de uma forma que resguarda os valores da autonomia e independência da pessoa jurídica, bem como de não favorecer aqueles que agem com torpeza e os terceiros prejudicados.

A Lei 13.874/2019 diminuiu substancialmente a vagueza da formulação normativa do art. 50, pois inseriu os §§ 1º e 5º para definir o que é "desvio de finalidade" e um § 2º para determinar o que é "confusão patrimonial".

De toda forma, essa precisão não trouxe prejuízos à desconsideração expansiva; ao contrário, proporcionou um ambiente mais preciso e seguro para que a modalidade seja aplicada. Veja, por exemplo, que a tese foi construída por Rafael Mônaco de Oliveira para justamente responsabilizar sócios ocultos quando praticarem confusão e fraude patrimonial blindados pela pessoa jurídica. Isso consiste em um desvio de finalidade tal qual concebido pelo § 1º do art. 50: "desvio de finalidade é a utilização da pessoa jurídica com o propósito de lesar credores e para a prática de atos ilícitos de qualquer natureza".

4. REQUISITOS DE APLICAÇÃO

A desconsideração da personalidade é uma medida destinada a corrigir o uso abusivo da autonomia da pessoa jurídica.

Há abuso de direito quando a personalidade da pessoa jurídica é manipulada e a administração extrapola os limites impostos pela finalidade econômica. O objetivo não é atingir uma finalidade econômica legítima, mas um locupletamento fundado no *animus* de prejudicar terceiros.[30]

Sendo um tipo de desconsideração, o rompimento expansivo da personalidade se volta contra o abuso da personalidade, mas depende da verificação dos requisitos do art. 50 do Código Civil. A Lei 13.874/2019 (Declaração de Direitos de Liberdade Econômica) tornou mais precisos os conceitos indeterminados da formulação normativa original do art. 50.

A desconsideração da personalidade é autorizada quando se pratica o abuso da personalidade da pessoa jurídica.[31] Este abuso é caracterizado por dois tipos de condutas: 1) o desvio de finalidade; e 2) a confusão patrimonial.

O § 1º do art. 50 do Código Civil define o desvio de finalidade como a utilização da pessoa jurídica com o propósito de lesar credores e para a prática de atos ilícitos de qualquer natureza.

O desvio de finalidade ocorre quando:

---

30. CLÁPIS, Flávia Maria de Morais Geraigire. *Desconsideração da personalidade jurídica*. 2006. Dissertação (Mestrado em Direito) – Programa de Estudos Pós-Graduados em Direito, Pontifícia Universidade Católica de São Paulo, São Paulo, 2006, p. 145; REQUIÃO, Rubens. Abuso de direito e fraude através da personalidade jurídica. *Revista dos Tribunais*, v. 91, n. 803, p. 751-764, set. 2002, p. 752 e ss.

31. REQUIÃO, Rubens. Abuso de direito e fraude através da personalidade jurídica. *Revista dos Tribunais*, v. 91, n. 803, p. 751-764, set. 2002, p. 752 e ss.

A DESCONSIDERAÇÃO EXPANSIVA DA PERSONALIDADE DA PESSOA JURÍDICA

1) os atos praticados na pessoa jurídica não condizem os objetivos e as finalidades presentes em seu ato constitutivo, ou seja, a pessoa jurídica extrapola seu objeto; e

2) a constituição da pessoa jurídica e os atos praticados não condizem com as finalidades socioeconômicas típicas, isto é, a pessoa jurídica é utilizada com fins torpes, contrariando o que a lei e a sociedade esperam de uma pessoa jurídica.

Para que serve uma pessoa jurídica? Para produzir bens e serviços, circular riquezas, prestar serviços beneficentes, gerar empregos, desenvolver a economia *etc*. Se uma pessoa jurídica não é constituída para esses fins, mas para fraudar o cumprimento de obrigações, prejudicar terceiros ou escusar alguém de responsabilidade, então esta pessoa jurídica teve sua razão de ser – planejada pela lei e pela sociedade – desvirtuada.

A confusão patrimonial é definida no § 2º do art. 50 como a ausência de separação entre os patrimônios dos sócios e o da pessoa jurídica. Veja que se trata de falta de separação patrimonial de fato, ou seja, na vida real, concreta. Assim, o sócio utiliza o patrimônio da pessoa jurídica como se seu fosse e vice-versa.

Na confusão patrimonial, a pessoa jurídica cumpre as obrigações dos sócios ou do administrador repetida e constantemente, ou seja, a corporação paga as dívidas das pessoas naturais que a compõe. Ou, então, o sócio utiliza seu patrimônio para pagar as dívidas da pessoa jurídica.

Também haverá confusão se sócio ou pessoa jurídica transferirem entre si o patrimônio, mas sem qualquer contraprestação que a justifique. Por exemplo: a pessoa jurídica transfere valor pecuniário para o sócio sem que este tenha prestado serviço para receber *pro labore*; ou, então, o sócio transfere seus bens para a pessoa jurídica sem ser a título de integralização de quotas ou sem ser a título de compra e venda.

O inciso III do § 2º do art. 50 entende que há confusão patrimonial em qualquer ato que descumpra a autonomia de bens, ou seja, a precisa e a aparente separação de vida patrimonial entre pessoa jurídica e sócio ou administrador.

Quando a conduta prejudicial é praticada pelo administrador como extrapolação de seus poderes fixados em mandato ou no contrato social, há o ato *ultra vires* (*caput* do art. 1.015 do Código Civil). O ato *ultra vires* também é abusivo e, portanto, enseja a desconsideração.

Para aplicar a desconsideração expansiva, exige-se um requisito que lhe peculiar: a presença de sócio oculto ou de fato, que é aquele cujo nome ou sobrenome não consta da razão social da pessoa jurídica, porém pratica os atos de administração e de produção como se fosse sócio ostensivo.[32] O sócio oculto é um *penitus extraneus* à relação sócio-contratual entre sócios ostensivos e que constitui a pessoa jurídica. Esse *penitus extraneus*, porém, torna-se um interventor e se sobrepõe ao sócio de direito, a ponto de poder ser considerado socialmente um sócio ostensivo, já que as aparências assim levam a crer.

---

32. BIGIAVI, Walter. *L'imprenditore occulto*. Padova: Cedam, 1954, p. 20 e ss.

Observe o papel que a *teoria da aparência* exerce sobre a caracterização do abuso de personalidade por sócios ocultos, o que ensejará a desconsideração expansiva. A aparência sobre a qual se fundamenta a desconsideração expansiva é que o sócio oculto *parece* ser, socialmente, um sócio ostensivo.[33]

Pela teoria da aparência, as situações de fato prevalecem sobre as de direito. Logo, o sócio oculto prevalecerá sobre o ostensivo, afinal, é ele quem verdadeiramente administra a pessoa jurídica. Ao agir como se fosse um sócio ostensivo, a teoria da aparência propõe que a situação fática (sócio oculto) se sobreponha à situação de direito (sócio ostensivo).

Contudo, sob a perspectiva jurídica, os sócios ocultos não deixam de ser empresários. É que, embora o registro como empresário seja obrigatório (art. 967 do Código Civil), o Código Civil define o empresário como aquele que exerce atividade econômica organizada para a produção ou a circulação de bens ou de serviços (*caput* do art. 966), ou seja, que *exerce a atividade* de empresário, desde que estejam em pleno gozo da capacidade civil e não forem legalmente impedidos (art. 972).[34] Ora, os sócios ocultos são empresários nos termos da lei e são administradores conforme a teoria da aparência. Logo, desde que exerçam a atividade empresarial, apesar de não registrados no ato constitutivo da pessoa jurídica, os sócios ocultos estão envolvidos com a corporação e, consequentemente, é justificado e legítimo que sofram as consequências expansivas da desconsideração.

Por vezes, esse sócio oculto é ludibriado a ponto de sequer saber que se tornou sócio de direito (ostensivo) de uma pessoa jurídica. Em outras situações, porém, essa interposta pessoa ("laranja") é cônscia do papel que assume e, por isso, há um *consilium fraudis* junto ao sócio ostensivo.

Neste sentido, é irrelevante a boa ou má-fé do sócio ostensivo para a aplicação da técnica da desconsideração expansiva. Quando da aplicação da medida, o prejudicado tem a faculdade de pleitear a desconsideração para atingir o sócio (oculto ou ostensivo) que lhe seja mais favorável para indenizar seus prejuízos.

Há, ainda, uma questão processual: *auctori incumbit onus probandi*, ou seja, todo aquele que pleiteia um direito judicialmente deve prová-lo. No incidente de desconsideração expansiva da personalidade a regra do ônus da prova ganha um outro contorno, sendo um requisito da aplicação da técnica. Como a questão gira em torno das aparências do sócio oculto, as provas não se destinam apenas à convicção judicial, mas à própria caracterização da aparência.

Quer dizer, a prova da aparência não é só um requisito processual (*allegatio partis non facit jus*), mas um requisito de direito material, que irá caracterizar a aparência para permitir a desconsideração expansiva.

---

33. BIGIAVI, Walter. *Difesa dell'imprenditore occulto*. Padova: Cedam, 1962; BIGIAVI, Walter. *L'imprenditore occulto*. Padova: Cedam, 1954, p. 20 e ss.
34. MARINHO, Rodrigo Fonseca. Da desconsideração da personalidade jurídica na seara trabalhista: clássica, inversa e expansiva. *Athenas – Revista de Direito, Política e Filosofia*, v. 1, ano VI, p. 49-77, jan.-dez. 2017.

5. REFLEXOS ECONÔMICOS

O desenvolvimento e a aceitação da teoria da desconsideração no Brasil levaram a uma preocupação: os impactos econômicos da aplicação abusiva da teoria. Assim, a "desconsideração utilizada de forma arbitrária e abusiva pode ser grande colaboradora para a retração do desenvolvimento econômico, mas, se bem utilizada, pode ser um importante instrumento de punição aos fraudadores".[35]

Neste sentido, dentro da teoria da desconsideração, o surgimento de novas modalidades de desconsideração – como é o caso da expansiva – pode garantir a proteção de terceiros e das finalidades lícitas da pessoa jurídica, mas também pode impactar na economia. Assim, é preciso ver a desconsideração expansiva como uma medida excepcional, evitando a sua banalização.[36]

Daí a importância da *teoria da causa*, para verificar se o abuso da personalidade teve como causa a intenção de prejudicar alguém ou burlar o ordenamento jurídico. Verificada a causa ilícita, tem lugar a desconsideração.

Bruno Bastos de Oliveira destaca que o uso abusivo da desconsideração em causas trabalhistas e consumeristas serve de desestímulo à empregabilidade e ao comércio.[37] Destaca, também, que o sistema de bloqueio *on-line* de contas como consequência da desconsideração traz inconvenientes para a pessoa jurídica e para administradores e sócios. É que diretores e sócios, a qualquer tempo, podem ter suas contas bloqueadas por um débito gerado pela desconsideração em um processo judicial no qual essas pessoas não são partes.[38]

No caso das causas empregatícias, Rodrigo Fonseca Marinho aponta efeitos negativos da desconsideração e uma crítica existente no Brasil. A crítica aponta um impacto da aplicação exagerada ou sem controle efetivo da desconsideração, produzindo efeito na esfera social, porque abrir um negócio se torna um risco grande. Com isso, investimentos em atividade produtiva e vagas de emprego são reduzidos, prejudicam, inclusive, o próprio empregado.[39]

Não é que essas críticas proponham o fim da desconsideração; elas apenas pugnam por uma aplicação mais restrita e consciente dos efeitos negativos. Tanto é assim que Harshit Saxena, inclusive, diz que o *Lifting of Corporate Veil* é uma restrição à responsabilidade limitada tanto da pessoa jurídica quanto do sócio.[40] Desse modo, há uma limitação e não uma garantia patrimonial para o prejudicado.

---

35. OLIVEIRA, Bruno Bastos de. A desconsideração da personalidade jurídica e seus reflexos no desenvolvimento econômico. *Anais do XIII Congresso do Conpedi*, 2014, p. 83-105, p. 85.

36. OLIVEIRA, Bruno Bastos de. A desconsideração da personalidade jurídica e seus reflexos no desenvolvimento econômico. *Anais do XIII Congresso do Conpedi*, 2014, p. 83-105, p. 101.

37. OLIVEIRA, Bruno Bastos de. A desconsideração da personalidade jurídica e seus reflexos no desenvolvimento econômico. *Anais do XIII Congresso do Conpedi*, 2014, p. 83-105, p. 101.

38. OLIVEIRA, Bruno Bastos de. A desconsideração da personalidade jurídica e seus reflexos no desenvolvimento econômico. *Anais do XIII Congresso do Conpedi*, 2014, p. 83-105, p. 101-102.

39. MARINHO, Rodrigo Fonseca. Da desconsideração da personalidade jurídica na seara trabalhista: clássica, inversa e expansiva. *Athenas – Revista de Direito, Política e Filosofia*, v. 1, ano VI, p. 49-77, jan.-dez. 2017, p. 70.

40. SAXENA, Harshit. Lifting of Corporate Veil. *SSRN*. December 14, 2010, p. 1-2.

Mas esta ideia restritiva para proteger sócio e administrador também se aplicaria a sócios ocultos? Sim, desde que estes sócios de fato não estejam utilizando a pessoa jurídica com desvio de finalidade ou com confusão patrimonial ou impulsionado por uma causa ilícita.[41]

Neste contexto, Bruno Bastos de Oliveira aponta circunstâncias que, ao seu ver, constituem um cenário de (1) desaceleração do desenvolvimento econômico nacional, (2) desestímulo à atividade empresarial e (3) estimulando a informalidade.[42] As circunstâncias são duas:

1) entendimentos do Superior Tribunal de Justiça (STJ) sobre a aplicação do § 5º do art. 28 do Código de Defesa do Consumidor no sentido de que o patrimônio dos sócios e administradores sejam atingidos pela desconsideração, independentemente de estarem presentes os requisitos do *caput* do art. 28;[43-44-45-46] e

---

41. BIGIAVI, Walter. *Difesa dell'imprenditore occulto*. Padova: Cedam, 1962, p. 50 e ss.
42. OLIVEIRA, Bruno Bastos de. A desconsideração da personalidade jurídica e seus reflexos no desenvolvimento econômico. *Anais do XIII Congresso do Conpedi*, 2014, p. 83-105, p. 102.
43. OLIVEIRA, Bruno Bastos de. A desconsideração da personalidade jurídica e seus reflexos no desenvolvimento econômico. *Anais do XIII Congresso do Conpedi*, 2014, p. 83-105, p. 102.
44. O precedente do Superior Tribunal de Justiça é o Recurso Especial 279.273/SP: "Responsabilidade civil e Direito do consumidor. Recurso especial. Shopping Center de Osasco-SP. Explosão. Consumidores. Danos materiais e morais. Ministério Público. Legitimidade ativa. Pessoa jurídica. Desconsideração. Teoria maior e teoria menor. Limite de responsabilização dos sócios. Código de Defesa do Consumidor. Requisitos. Obstáculo ao ressarcimento de prejuízos causados aos consumidores. Art. 28, § 5º. – Considerada a proteção do consumidor um dos pilares da ordem econômica, e incumbindo ao Ministério Público a defesa da ordem jurídica, do regime democrático e dos interesses sociais e individuais indisponíveis, possui o Órgão Ministerial legitimidade para atuar em defesa de interesses individuais homogêneos de consumidores, decorrentes de origem comum. – A teoria maior da desconsideração, regra geral no sistema jurídico brasileiro, não pode ser aplicada com a mera demonstração de estar a pessoa jurídica insolvente para o cumprimento de suas obrigações. Exige-se, aqui, para além da prova de insolvência, ou a demonstração de desvio de finalidade (teoria subjetiva da desconsideração), ou a demonstração de confusão patrimonial (teoria objetiva da desconsideração). – A teoria menor da desconsideração, acolhida em nosso ordenamento jurídico excepcionalmente no Direito do Consumidor e no Direito Ambiental, incide com a mera prova de insolvência da pessoa jurídica para o pagamento de suas obrigações, independentemente da existência de desvio de finalidade ou de confusão patrimonial. – Para a teoria menor, o risco empresarial normal às atividades econômicas não pode ser suportado pelo terceiro que contratou com a pessoa jurídica, mas pelos sócios e/ou administradores desta, ainda que estes demonstrem conduta administrativa proba, isto é, mesmo que não exista qualquer prova capaz de identificar conduta culposa ou dolosa por parte dos sócios e/ou administradores da pessoa jurídica. – A aplicação da teoria menor da desconsideração às relações de consumo está calcada na exegese autônoma do § 5º do art. 28, do CDC, porquanto a incidência desse dispositivo não se subordina à demonstração dos requisitos previstos no caput do artigo indicado, mas apenas à prova de causar, a mera existência da pessoa jurídica, obstáculo ao ressarcimento de prejuízos causados aos consumidores. – Recursos especiais não conhecidos". (REsp 279.273/SP, Terceira Turma, Rel. Min. Ari Pargendler, Rel. p/ acórdão Min. Nancy Andrighi, julgado em 04.12.2003).
45. Em sentido contrário, o Enunciado 07 da I Jornada de Direito Civil (2002) do Centro de Estudos Judiciários do Conselho da Justiça Federal: "Enunciado 7. Só se aplica a desconsideração da personalidade jurídica quando houver a prática de ato irregular, e limitadamente, aos administradores ou sócios que nela hajam incorrido". Observe que no entendimento a desconsideração não é irrestrita, ou seja, aplicada para qualquer dívida da pessoa jurídica ou do sócio; ao contrário, necessita que haja uma fraude da finalidade e do patrimônio independente da pessoa jurídica e do sócio.
46. Segundo PINHEIRO, Luís Felipe; SILVA, Pedro Aurélio. *Desconsideração da personalidade jurídica e desenvolvimento econômico*. 2004, p. 1, "Essa interpretação ignora o esforço do legislador em definir com precisão as exceções à regra jurídica de 'autonomia patrimonial' visto que em todas as hipóteses descritas há a noção de 'conduta em contrariedade ao Direito', de acordo com a 'teoria maior da desconsideração da personalidade jurídica'".

A DESCONSIDERAÇÃO EXPANSIVA DA PERSONALIDADE DA PESSOA JURÍDICA **693**

2) na prática forense, a desconsideração da personalidade jurídica de uma sociedade é aplicada diante da simples ausência de patrimônio da pessoa jurídica para pagamento das indenizações, inclusive diante da ausência dos requisitos legais, especialmente quando se trata de verbas trabalhistas.[47]

Luís Felipe Pinheiro e Pedro Aurélio Silva entendem, com fundamento em Ronald Coase, que em certos casos é legítimo que o credor suporte prejuízos para a preservação do patrimônio do investidor:

> Ronald Coase ("The problem of Social Cost") faz profícua análise sobre a interdependência entre as transações de mercado e a definição da extensão de direitos subjetivos pelos tribunais. Tal análise busca reduzir os custos sociais de atribuições errôneas desses direitos, de maneira que alguns prejuízos de determinados credores devem ser considerados legítimos pelo Direito, em prol do benefício social propiciado pela preservação dos institutos centrados no desenvolvimento econômico.[48]

O impacto econômico negativo decorre do seguinte raciocínio do empresário: "muito menos arriscado permanecer na informalidade do que constituir uma empresa e no futuro ter que arcar com eventuais crises financeiras através do patrimônio pessoal. Essa é uma lógica que não pode e não deve ser estimulada".[49]

O surgimento de sócios ocultos, inclusive, pode decorrer da tentativa de fugir dessa manipulação abusiva da desconsideração. Pois bem, a desconsideração expansiva exerce um importante papel de desestímulo à prática do uso de "laranjas", mas o uso abusivo da desconsideração pode provocar o efeito reverso, ou seja, um aumento do número de sócios ocultos.

6. O MANDADO DE SEGURANÇA 32.494/DF DO SUPREMO TRIBUNAL FEDERAL E AS DECISÕES DO SUPERIOR TRIBUNAL DE JUSTIÇA DE RECEPÇÃO DA DESCONSIDERAÇÃO EXPANSIVA

Em 2013, o Tribunal de Contas da União (TCU) estendeu a uma pessoa jurídica os efeitos da sanção administrativa de suspensão de licitar e contratar com a Administração Pública Federal aplicada a outra pessoa jurídica, com base no art. 7º da Lei 10.520/2002 e com fundamento na teoria da desconsideração expansiva da personalidade jurídica, além dos princípios da moralidade administrativa e da indisponibilidade do interesse público.[50]

Contra esta decisão do Tribunal de Contas da União, foi impetrado em 2013 um mandado de segurança junto ao Supremo Tribunal Federal (MS 32.494/DF[51]). Dentre as

---

47. OLIVEIRA, Bruno Bastos de. A desconsideração da personalidade jurídica e seus reflexos no desenvolvimento econômico. *Anais do XIII Congresso do Conpedi*, 2014, p. 83-105, p. 102.
48. PINHEIRO, Luís Felipe; SILVA, Pedro Aurélio. *Desconsideração da personalidade jurídica e desenvolvimento econômico*. 2004, p. 1.
49. OLIVEIRA, Bruno Bastos de. A desconsideração da personalidade jurídica e seus reflexos no desenvolvimento econômico. *Anais do XIII Congresso do Conpedi*, 2014, p. 83-105, p. 102.
50. TCU, Processo 000.723/2013-4, Acórdão 2593/2013, Plenário, Rel. Min. Walton Alencar Rodrigues, julgado em 25.09.2013.
51. STF, MS 32.494/DF, Rel. Min. Celso de Melo, Rel. substituto Min. Kássio Nunes, decisão monocrática julgada em 11.11.2013.

postulações do impetrante, constava a questão da compatibilidade da desconsideração expansiva da personalidade jurídica com os princípios da legalidade e da intranscendência das sanções administrativas e das medidas restritivas.

O impetrante discutia a aplicação da teoria da desconsideração da personalidade jurídica em sede administrativa, pois, à época, o STF ainda não havia decidido sobre a legalidade de tal aplicação administrativamente.

Em decisão monocrática para decidir a postulação cautelar, o relator consignou que "se mostra relevante examinar o tema da desconsideração expansiva da personalidade civil em face do princípio da intranscendência das sanções administrativas e das medidas restritivas de direitos, seja, ainda, porque assume significativa importância o debate em torno da possibilidade de utilização da '*disregard doctrine*'".

Quanto à tutela cautelar, o relator decidiu monocraticamente a favor da pretensão do impetrante e deferiu o pedido de medida liminar, suspendendo a eficácia do acórdão do TCU.[52]

A abordagem da desconsideração expansiva na decisão monocrática não indica que o relator no Supremo Tribunal Federal concorda com ela e admite sua juridicidade no Brasil. Mas também não significa que é contra. Outrossim, não significa que há uma posição do tribunal, uma vez que se trata de uma matéria enfrentada monocraticamente.

A Procuradoria-Geral da República (PGR) foi instada a se manifestar. Na manifestação, a PGR opinou favoravelmente à aplicação da teoria da desconsideração em sede administrativa. Contudo, não se manifestou especificamente sobre a desconsideração expansiva. Veja: foi aplicada a desconsideração expansiva pelo TCU e, dentre o debate sobre a possibilidade de um órgão administrativo desconsiderar a personalidade de uma pessoa jurídica, a Procuradoria-Geral entendeu como possível a desconsideração realizada administrativamente, mas nada disse sobre a possibilidade ou não de uma desconsideração expansiva. Mas, obviamente que, nas entrelinhas, a PGR concordou com a tese.

No âmbito do Superior Tribunal de Justiça (STJ), a teoria da desconsideração expansiva começou a ser mencionada em decisões monocráticas a partir do ano de 2020.

Utilizando os termos de busca "desconsideração expansiva" e "teoria expansiva" no sistema de consulta de jurisprudência do sítio eletrônico do tribunal no dia 14 de fevereiro de 2023, foram obtidos os seguintes resultados: zero súmulas, zero acórdãos e 23 decisões monocráticas.

Dentre as decisões monocráticas, nove foram expurgas. Assim, foram selecionadas para análise os seguintes julgados que mencionavam a desconsideração expansiva:

---

52. Em 10 de novembro de 2020, o relator foi substituído e na data de 14 de fevereiro de 2023 o processo se encontrava concluso desde 23 de junho de 2022.

- Agravo em Recurso Especial 2.198.546/SP;[53]
- Agravo em Recurso Especial 2.249.042/RS;[54]
- Agravo em Recurso Especial 2.217.207/SP;[55]
- Agravo Interno no Agravo em Recurso Especial 2.107.725/SP;[56]
- Agravo em Recurso Especial 2.096.693/SP;[57]
- Agravo em Recurso Especial 2.066.769/SP;[58]
- Agravo em Recurso Especial 2.061.863/SP;[59]
- Recurso Especial 1.937.386/RS;[60]
- Agravo em Recurso Especial 1.999.827/SP;[61]
- Agravo em Recurso Especial 1.923.066/SP;[62]
- Agravo em Recurso Especial 1.894.988/SP;[63]
- Agravo em Recurso Especial 1.826.427/PR;[64]
- Agravo em Recurso Especial 1.723.087/SP;[65] e
- Agravo em Recurso Especial 1.668.261/RJ.[66]

Observe, inicialmente, que se tratam de decisões monocráticas em agravos. Analisando o conteúdo das decisões, percebeu-se que nelas não se julgava o mérito da aplicação ou não da desconsideração expansiva pela instância de apelação, pois o agravo era contra a inadmissibilidade do recurso especial. Mas, as decisões nos agravos tangenciavam a desconsideração expansiva e em todas se admitia esta nova figura, por vezes designada de extensiva.

Assim, a instância especial não está aplicando a desconsideração expansiva; os relatores estão reconhecendo, em decisões monocráticas em agravos, que ela é possível no ordenamento jurídico brasileiro, ou melhor, eles admitem que se aplique tal técnica.

Analisando os acórdãos da instância de apelação que chegaram ao Superior Tribunal de Justiça, foi possível confirmar a ampla aceitação e aplicação da desconsideração expansiva nas instâncias de piso e de apelação. Como não houve refutação no STJ quanto ao ponto, é possível afirmar – ainda que de forma indireta ou nas entrelinhas – que os tribunais corroboram com a aplicação da tese.

---

53. STJ, AREsp. 2.198.546, Rel. Min. Antonio Carlos Ferreira, julgado em 07.02.2023.
54. STJ, AREsp. 2.249.042, Rel. Min. Maria Thereza de Assis Moura, julgado em 1º.02.2023.
55. STJ, AREsp. 2.217.207, Rel. Min. Maria Isabel Gallotti, julgado em 19.12.2022.
56. STJ, AgInt. no AREsp. 2.107.725, Rel. Min. Antonio Carlos Ferreira, julgado em 08.09.2022.
57. STJ, AREsp. 2.096.693, Rel. Min. Humberto Martins, julgado em 30.05.2022.
58. STJ, AREsp. 2.066.769, Rel. Min. Ricardo Villas Bôas Cueva, julgado em 17.05.2022.
59. STJ, AREsp. 2.061.863, Rel. Min. Marco Aurélio Bellizze, julgado em 27.04.2022.
60. STJ, REsp. 1.937.386, Rel. Min. Gurgel de Faria, julgado em 25.04.2022.
61. STJ, AREsp. 1.999.827, Rel. Min. Marco Aurélio Bellizze, julgado em 18.02.2022.
62. STJ, AREsp. 1.923.066, Rel. Min. Humberto Martins, julgado em 23.09.2021.
63. STJ, AREsp. 1.894.988, Rel. Min. Humberto Martins, julgado em 16.08.2021.
64. STJ, AREsp. 1.826.427, Rel. Min. Antonio Carlos Ferreira, julgado em 05.05.2021.
65. STJ, AREsp. 1.723.087, Rel. Min. Raul Araújo, julgado em 14.08.2020.
66. STJ, AREsp. 1.668.261, Rel. Min. João Otávio de Noronha, julgado em 02.06.2020.

7. CONCLUSÃO

Identifica-se aquilo que parece ser a tendência quanto à teoria da desconsideração da personalidade da pessoa jurídica no Brasil: a desconsideração expansiva se consolidando como uma modalidade a mais para responsabilizar os abusadores da autonomia da pessoa jurídica. Isso se revela pela posição das instâncias especial e de apelação – que não refutam sua aplicação –, pela literatura e pela comunidade jurídica, conforme se expressa no Enunciado 11 da I Jornada de Direito Processual Civil do Conselho da Justiça Federal (2017): "Aplica-se o disposto nos arts. 133 a 137 do CPC às hipóteses de desconsideração indireta e expansiva da personalidade jurídica".

Os resultados das pesquisas bibliográfica e documental revelam a total pertinência da desconsideração expansiva com o ordenamento jurídico brasileiro, não apenas na perspectiva conceitual, mas também na perspectiva teleológica de coibir o abuso da sacralizada autonomia da pessoa jurídica e o benefício da própria torpeza. Tanto é assim que não se verificaram críticas teóricas e nem judiciais à técnica de expandir a desconsideração.

A contribuição que se pretende deixar com esta pesquisa é demonstrar como a desconsideração expansiva pode ser aplicada, quais suas vantagens, qual seu apoio para a autonomia da pessoa jurídica, como pode coibir o abuso de personalidade e quais seus limites, para que não seja utilizada de modo a causar prejuízos econômicos e sociais.

Registre-se aqui uma justa – apesar de singela – menção ao idealizador da desconsideração expansiva, o Professor Rafael de Oliveira Mônaco, que se preocupou muito mais com os efeitos favoráveis de sua tese que com os prêmios que poderia obter com ela.

8. REFERÊNCIAS

ALMEIDA, Daniela dos Santos Ferreira de. *A desconsideração reversa da personalidade jurídica*: uma variante empírica na representação taxonômica. Tese (Doutorado em Direito) – Faculdade de Direito, Universidade do Estado do Rio de Janeiro, Rio de Janeiro, 2022.

BIGIAVI, Walter. *L'imprenditore occulto*. Padova: Cedam, 1954.

BIGIAVI, Walter. *Difesa dell'imprenditore occulto*. Padova: Cedam, 1962.

BITTENCOURT, Hayna. *A desconsideração da personalidade jurídica a desconsideração da personalidade jurídica* – Modalidades e possibilidade. Artigo científico, Escola da Magistratura do Estado do Rio de Janeiro. Rio de Janeiro: EMERJ, 2013.

CASTRO, Roberta Dias Tarpinian de. *A função cautelar do incidente de desconsideração da personalidade jurídica na fase de conhecimento*. 2018. Dissertação (Mestrado em Direito) – Programa de Estudos Pós-Graduados em Direito, Pontifícia Universidade Católica de São Paulo, São Paulo, 2018.

CAZELATTO, Caio Eduardo Costa; SEGATTO, Antonio Carlos; SILVA, Naina Beatriz Ide da. "Disregard Doctrine": a aplicação da desconsideração da personalidade jurídica. *Revista do Direito Público*, v. 13, n. 1, p. 150-187, abr. 2018.

CLÁPIS, Flávia Maria de Morais Geraigire. *Desconsideração da personalidade jurídica*. 2006. Dissertação (Mestrado em Direito) – Programa de Estudos Pós-Graduados em Direito, Pontifícia Universidade Católica de São Paulo, São Paulo, 2006.

A DESCONSIDERAÇÃO EXPANSIVA DA PERSONALIDADE DA PESSOA JURÍDICA   **697**

CLAUSEN, Nis. Use of the American Doctrine of Piercing the Corporate Veil: An Argument in Danish Business Law. *Berkeley Journal of International Law*, v. 5, issue 1, p. 44-69, 1987.

CORRÊA, Mariana Rocha. *A eficácia da desconsideração expansiva da personalidade jurídica no sistema jurídico brasileiro.* Artigo científico, Escola da Magistratura do Estado do Rio de Janeiro. Rio de Janeiro: EMERJ, 2011.

DROBNIG, Ulrich. *Haftungsdurchgriff bei Kapitalgesellschaften.* Frankfurt a.M. und Berlin: Metzner, 1959.

GRELON, Bernard; DESSUS-LARRIVÉ, Carrole. La confusion des patrimoines au sein d'un groupe. *Revue des sociétés*, n. 2, p. 281-303, 2006.

GUSMÃO, Mônica. *Lições de direito empresarial.* 12. ed. Rio de Janeiro: Forense, 2015.

HAAS, Maria Isabel. *Der Durchgriff im deutschen und spanischen Gesellschaftsrecht.* Berlin: Peter Lang Gmbh, 2003.

MARINHO, Rodrigo Fonseca. Da desconsideração da personalidade jurídica na seara trabalhista: clássica, inversa e expansiva. *Athenas – Revista de Direito, Política e Filosofia*, v. 1, ano VI, p. 49-77, jan.-dez. 2017.

MEUNIER, Arnaud; DE CORDT, Yves. *Aux frontières de la personnalité morale: la levée du voile social.* Master en droit. Université catholique de Louvain. Faculté de droit et de criminologie. Louvain, 2012-2013.

MIRANDA, Igor Caio Alves de. Utilização da teoria expansiva da desconsideração da personalidade jurídica para a eficácia da c: análise \do caso da turmalina paraíba no município de Salgadinho/PB. *Percurso – Anais do II Conlubradec (Congresso Luso-brasileiro de Direito Empresarial e Cidadania)*, v. 2, n. 25, p. 59-65, dez. 2018.

OLIVEIRA, Bruno Bastos de. A desconsideração da personalidade jurídica e seus reflexos no desenvolvimento econômico. *Anais do XIII Congresso do Conpedi*, 2014, p. 83-105.

PAIVA, Fábio Holanda Gadelha de. A desconsideração expansiva da personalidade jurídica na sucessão empresarial ilícita. *Revista Tributaria e de Finanças Públicas*, v. 144, n. 28, p. 91-113, 2020.

PICKERING, Murray A. The company as a separate legal entity. *The Modern Law Review*, v. 31, n. 5, p. 481-511, Sep. 1968.

PINHEIRO, Luís Felipe; SILVA, Pedro Aurélio. *Desconsideração da personalidade jurídica e desenvolvimento econômico.* 2004. Disponível em: https://sbdp.org.br/publication/desconsideracao-da-personalidade--juridica-e-desenvolvimento-economico/. Acesso em: 12 fev. 2023.

REQUIÃO, Rubens. Abuso de direito e fraude através da personalidade jurídica. *Revista dos Tribunais*, v. 91, n. 803, p. 751-764, set. 2002.

RONSE, Janneke; LIEVENS, Johan. De doorbraakproblematiek. *Rechten en plichten van moederen dochter--vennootschappen.* Antwerpen: Kluwer, 1985.

SAXENA, Harshit. Lifting of Corporate Veil. *SSRN.* December 14, 2010. Disponível em: https://ssrn.com/abstract=1725433. Acesso em: 14 fev. 2023.

SERICK, Rolf. *Rechtsform und realität juristischer personen*: ein rechtsvergleichender Beitrag zur frage des Durchgriffs auf die personen oder gegenstände hinter der juristischen person. Berlin: W. de Gruyter, 1955.

SILVESTRE, Gilberto Fachetti. *Cláusulas gerais e conceitos jurídicos indeterminados da Parte Geral do Código Civil brasileiro*: questões materiais e processuais. Coleção Pesquisa UFES, v. 7. Vitória: Edufes, 2021.

SILVESTRE, Gilberto Fachetti; HIBNER, Davi Amaral. Questões controvertidas sobre o "incidente" de desconsideração da personalidade da pessoa jurídica no Código de Processo Civil de 2015. *Revista de Processo*, v. 289, p. 71-104, mar. 2019.

TIMP, Joeri. De feitelijke bestuurder in het vennootschapsrecht. *Jura Falconis*, jg 32, nr 2, p. 195-210, 1995-1996.

VANDEKERCKHOVE, Karen. Piercing the Corporate Veil. *European Company Law*, v. 4, issue 5, p. 191-200, Oct. 2007.

VERRUCOLLI, Piero. *Il superamento della personalità giuridica delle società di capitali nella Common Law e nella Civil Law*. Milano: Giuffre, 1964.

WORMSER, Isaac Maurice. *Disregard of the corporate fiction and allied corporation problems*. Washington: Beard, 2000.

WORMSER, Isaac Maurice. Piercing the Veil of Corporate Entity. *Columbia Law Review*, v. 12, p. 496-520, 1912.

WYMEERSCH, Eddy. Le droit belge des groupes de sociétés. In *Liber Amicorum Commission droit et vie des affaires*. Bruxelles: Bruylant, 1998.

"TEORIA MAIOR" E "TEORIA MENOR": FACES DA MESMA MOEDA?

João Cánovas Bottazzo Ganacin

Doutor, Mestre e Graduado pela Faculdade de Direito da USP. Advogado.

Sumário: 1. Introdução – 2. Pessoa jurídica, autonomia patrimonial e limitação de responsabilidade – 3. Fontes da limitação de responsabilidade – 4. O abuso da personalidade jurídica e a origem da desconsideração – 5. A "teoria maior" da desconsideração – 6. A "teoria menor": falsa hipótese de desconsideração – 7. Consequências práticas – 8. Conclusão – 9. Referências.

1. INTRODUÇÃO

Na década de 1960, Rubens Requião trouxe à comunidade jurídica brasileira uma novidade. Em palestra na Faculdade de Direito da Universidade do Paraná, o jurista apresentou instituto forjado na jurisprudência dos Estados Unidos e que despertara a atenção dos alemães.[1] Tratava-se, nas suas palavras, de medida voltada a "impedir fraude ou abuso através do uso da personalidade jurídica",[2] propiciando a responsabilização pessoal de sujeitos que se valiam de estruturas societárias para escapar de credores. Na ocasião, Requião mencionou que os americanos chamavam o instituto de *disregard of legal entity* e logo traduziu a expressão: "com permissão dos mais versados no idioma inglês, acreditamos que não pecaríamos se traduzíssemos as expressões referidas como 'desconsideração da personalidade jurídica'".[3]

Com o passar dos anos, a desconsideração consagrou-se no Brasil como o mais conhecido remédio contra o uso de pessoas jurídicas para manobras patrimoniais ilícitas. Hoje em dia, dificilmente haverá operador ou estudioso do direito brasileiro que não tenha alguma familiaridade com o tema, e a maioria de nós acostumou-se a ver a *disregard* segregada em duas "teorias": a maior, para cuja aplicação seria preciso comprovar abuso; e a menor, na qual a existência de abuso seria irrelevante, bastando a insolvência do devedor inadimplente.

O propósito deste artigo é analisar criticamente essa divisão, que se tornou tradicional na doutrina e foi abraçada pela jurisprudência. Faz sentido afirmar a existência de duas "teorias" da desconsideração da personalidade jurídica? Trata-se, realmente, de espécies do mesmo gênero?

---

1. A palestra foi convertida no célebre artigo "Abuso de direito e fraude através da personalidade jurídica", publicado na *Revista dos Tribunais*, n. 410, 1969.
2. "Abuso de direito e fraude através da personalidade jurídica", n. 2.
3. Idem.

Antes de se responder a essas questões, algumas ideias devem ser bem compreendidas, começando-se pela autonomia patrimonial e pela forma como a limitação de responsabilidade pode ser disciplinada.

2. PESSOA JURÍDICA, AUTONOMIA PATRIMONIAL E LIMITAÇÃO DE RESPONSABILIDADE

A legislação brasileira, a exemplo de outros países, permite que pessoas criem organizações independentes, aos quais possam ser vinculados direitos e deveres próprios. Tais entidades são chamadas de pessoas jurídicas, cujo traço marcante é ter um patrimônio autônomo, que não se confunde com o de seus integrantes.[4]

Nas relações das pessoas jurídicas com terceiros, essa distinção patrimonial tem enorme importância.[5] Tendo a pessoa jurídica patrimônio autônomo, e sendo ela titular dos direitos e obrigações concernentes ao seu funcionamento, seus próprios bens responderão pelas dívidas que contrair. Não cabe à entidade responder por obrigações pessoais de seus integrantes.[6] Dessa forma, o patrimônio da pessoa jurídica e a atividade por ela desempenhada ficam resguardados de eventuais infortúnios econômicos de seus membros.

O inverso não é necessariamente verdadeiro. Entre as pessoas jurídicas voltadas ao lucro, há organizações cujas dívidas são suportadas por seus integrantes mesmo havendo separação entre seus patrimônios. São espécies societárias que, embora dotadas de autonomia patrimonial, sujeitam os bens pessoais de seus integrantes a responder por obrigações sociais.

A sociedade em nome coletivo é um bom exemplo. Nesse tipo societário, sócios respondem solidária e ilimitadamente pelas obrigações sociais (CC, art. 1.039). A responsabilidade é *solidária* porque de cada um dos integrantes da sociedade – independentemente do vulto de sua participação – pode ser exigida a integralidade da dívida contraída pela pessoa jurídica. E é ilimitada porque não haverá um valor máximo até o qual os sócios poderão ser chamados a responder. Assim, na hipótese de a sociedade ser constituída por cinco sócios que tenham aplicado dez mil reais cada um, caso ela venha a contrair uma dívida de um milhão de reais, o credor da pessoa jurídica poderá de mandar de quaisquer deles o pagamento total do valor devido, pouco importando o fato de a dívida ser muito superior ao montante investido na sociedade. Em todo caso, porém, a responsabilidade será subsidiária: seus bens particulares não deverão responder pelas obrigações sociais enquanto não houver esgotado o patrimônio da pessoa jurídica (CC, art. 1.024).[7]

---

4. Entre outros, cf. CARVALHO SANTOS, *Código Civil brasileiro interpretado*, v. I, p. 338-339; 389-391; SILVIO RODRIGUES. *Direito civil*, v. I, p. 85-87; KELSEN, *Teoria pura do direito*, p. 194-195.
5. Cf. ASCARELLI, O contrato plurilateral, p. 313.
6. SZTAJN, Terá a personificação das sociedades função econômica?, p. 66; FERRER CORREIA, A autonomia patrimonial como pressuposto da personalidade jurídica, p. 561.
7. Cf. GAGGINI, A responsabilidade dos sócios nas sociedades empresárias, p. 69-70; SZTAJN, Contrato de sociedade e formas societárias, p. 67-68; ABREU, Responsabilidade patrimonial dos sócios nas sociedades comerciais de pessoas, p. 36-37.

Nesses tipos societários, o fato de os sócios responderem subsidiariamente por obrigações sociais não desmente a existência de separação entre seus patrimônios particulares e o patrimônio da pessoa jurídica. O escalonamento sucessivo da responsabilidade, aliás, pressupõe a existência de patrimônios distintos, em ordem de prioridade.[8] Seja como for, o que se destaca nesse regime é a situação de vulnerabilidade em que se inserem os participantes da sociedade. Afinal, em caso insolvência da pessoa jurídica, sua autonomia patrimonial não impedirá que os bens particulares dos sócios sejam consumidos até a integral satisfação das obrigações sociais.

Para quem queira exercer atividades econômicas por meio de pessoas jurídicas, tal regime é desencorajador, sobretudo porque ingressar no mercado implica submissão a um sem-número de riscos, muitos dos quais escapam a qualquer tentativa de controle. Mesmo o mais preparado e cauteloso empreendedor ficará temeroso de tomar parte em uma pessoa jurídica quando puder ser responsabilizado por suas obrigações. Por uma desdita empresarial, os frutos do trabalho de uma vida poderiam perder-se.

Esse receio é extremamente nocivo para o desenvolvimento de uma nação, pois inibe a realização de atividades econômicas que gerariam empregos, incrementariam o recolhimento de tributos e proporcionariam maior número de bens e serviços para a população. Por consequência, prejudica a concorrência, já que o ingresso de novos agentes no mercado depende de iniciativas empreendedoras, que se reduzem em cenários de maior risco.[9]

O quadro ainda dificulta a atuação dos chamados agentes passivos, que financiam sociedades empresárias sem participar da gestão da pessoa jurídica.[10] Como a tais pessoas não seria viável exercer nenhum tipo de controle sobre os prejuízos que lhes poderiam ser imputados em caso de insucesso do negócio, elas receariam participar de pessoas jurídicas na condição de investidoras. Então, diversas iniciativas empreendedoras ficariam sem financiamento.[11]

---

8. Em comentário ao art. 1.024 do Código Civil, Rachel Stazjn e Priscila Corrêa da Fonseca corroboram o raciocínio: "determinado que os sócios respondem pelo pagamento de todas as obrigações, são responsáveis pelo saldo não coberto se os bens da sociedade forem para tanto insuficientes, segue-se a regra de que a apreensão dos bens particulares dos sócios é subsidiária. Portanto, a responsabilidade patrimonial pessoal dos sócios só emerge depois de esgotados os bens da sociedade. A norma parte da separação patrimonial decorrente da personificação da sociedade" (*Código Civil comentado*, v. XI, p. 386-387).

9. WARDE JR., Responsabilidade dos sócios – a crise da limitação e a teoria da desconsideração da personalidade jurídica, p. 146-148.

10. Cf. GAGGINI, A responsabilidade dos sócios nas sociedades empresárias, p. 115-116.

11. "Os financiamentos de negócios em bases relacionais tendem a ser impactados pelo regime de responsabilidade. Familiares, amigos e outros investidores que se envolvem em um negócio na base da confiança quase sempre desejam se tornar sócios para participarem do sucesso; de vez em quando o fazem para ajudar um empreendedor por quem têm apreço, amizade ou laços de família; mas quase nunca estão dispostos a simplesmente arriscar todo o seu patrimônio pessoal em um único investimento. É nesse ponto que o tipo de regime jurídico de responsabilidade de sócio passa a ser importante, porque sob responsabilidade ilimitada o investidor poderá perder todo o seu patrimônio se a empresa vier a naufragar. Repare que esse problema é particularmente verdadeiro no caso de novos negócios, porque estes têm, sabidamente, maiores chances de quebrar do que negócios já estabelecidos há muito tempo. É nesse sentido que afirmo que a ilimitação de responsabilidade do sócio pode

702 JOÃO CÁNOVAS BOTTAZZO GANACIN

Diante disso, o Estado busca oferecer mecanismos que mitiguem os riscos daqueles que se propõem ao desenvolvimento de atividades econômicas. Trata-se de uma escolha política, que vê no empreendedorismo um motor de desenvolvimento econômico-social e visa a fomentá-lo. Entre esses mecanismos, destaca-se o regime de limitação de responsabilidade.

O regime de limitação não afeta, vale esclarecer, a responsabilidade da própria pessoa jurídica.[12] O que se restringe, na verdade, é o risco patrimonial dos integrantes da pessoa jurídica. Em caso de insolvência social, eles perderão apenas os recursos que tiverem investido na formação do capital da pessoa jurídica e nada mais.[13]

Tal regime encoraja a atuação de empreendedores e investidores passivos, pois lhes proporciona uma ferramenta de contenção de riscos. Ao ingressar numa sociedade com limitação de responsabilidade, agentes podem dimensionar a perda que estão dispostos a experimentar. Isso constitui inequívoco incentivo ao empreendedorismo.

É importante ressaltar que a limitação de responsabilidade não elimina o risco da atividade empresarial; esse risco é simplesmente colocado sobre os ombros dos credores. Existindo limitação de responsabilidade, o passivo que o patrimônio social não é capaz de absorver acaba imputado aos sócios. Já num regime de limitação, o passivo que exceder o patrimônio social é suportado pelos credores da pessoa jurídica, que, sem obter a satisfação de seus créditos, sofrem baixas em seus próprios patrimônios.

3. FONTES DA LIMITAÇÃO DE RESPONSABILIDADE

A limitação ou não da responsabilidade decorre, de maneira geral, do tipo societário da pessoa jurídica. Por isso, a doutrina promove uma tradicional divisão entre tipos societários de responsabilidade ilimitada, cujos integrantes respondem de forma ordinária e subsidiária por obrigações sociais, e tipos societários de responsabilidade limitada, nos quais inexiste responsabilidade subsidiária dos sócios por dívidas da pessoa jurídica.[14]

A classificação não contém equívoco, mas a ela deve agregar-se um ponto importante: a natureza da obrigação contraída pela pessoa jurídica também pode interferir na limitação ou não de responsabilidade dos sócios. Vale dizer: é possível que, mesmo nos tipos societários de responsabilidade limitada, o ordenamento jurídico institua exceções, determinando que os sócios respondam subsidiariamente por obrigações de determinada espécie. Basta haver uma escolha político-legislativa nesse sentido.

---

ser considerada um entrave adicional ao empreendedorismo, isto é, à abertura de novos negócios". SALAMA, *O fim da responsabilidade limitada no Brasil* – história, direito e economia, p. 276.

12. Cf. SZTAJN, Contrato de sociedade e formas societárias, p. 99.
13. Cf. COUTINHO DE ABREU, Curso de direito comercial, v. II, p. 84, nr. 69; WARDE JR., Responsabilidade dos sócios – a crise da limitação e a teoria da desconsideração da personalidade jurídica, p. 10-11.
14. Entre outros, cf. BORBA, *Direito societário*, p. 48-49; SILVA, *A aplicação da desconsideração da personalidade jurídica no direito brasileiro*, p. 158-159. Os autores referem ainda a sociedades com regime de responsabilidade misto, vale dizer, em que só parte dos sócios se beneficia da limitação – caso das sociedades em comandita (CC, art. 1.045).

A doutrina norte-americana traz exemplo ilustrativo. Nos Estados Unidos, autores defendem uma possível distinção entre *voluntary* e *involuntary creditors* das sociedades com limitação de responsabilidade: os primeiros seriam essencialmente os credores contratuais, que têm a sociedade como devedora em razão de uma relação deliberada (fornecedor, v.g.); já os credores involuntários seriam os que têm um crédito com a sociedade não por escolha, senão por um evento imprevisível (sujeito atropelado por automóvel da pessoa jurídica, p. ex.).[15] A partir dessa divisão, os autores opinam que a limitação de responsabilidade deve produzir efeitos apenas sobre credores voluntários, já que contrataram com a sociedade cientes de que os patrimônios dos sócios não responderiam pela dívida em caso de insolvência social e, portanto, puderam compensar essa desvantagem no próprio negócio entabulado com a pessoa jurídica (mediante cobrança de juros mais elevados, exigência de garantia etc.). Os credores involuntários, por outro lado, mereceriam tratamento distinto. Como seu crédito não decorre de uma escolha em se relacionar com uma sociedade de responsabilidade limitada, não seria justo colocar sobre seus ombros os ônus do regime de limitação de responsabilidade dos sócios.[16] Logo, frente a esses credores, mesmo os integrantes de sociedades de responsabilidade limitada deveriam responder subsidiariamente com seus patrimônios particulares.[17]

Sobre essa distinção de tratamento a credores voluntários ou involuntários, devem-se fazer duas anotações. A primeira é um tanto óbvia: ela não se sustenta à luz do ordenamento jurídico brasileiro,[18] pela inexistência de normas que estabeleçam essa disciplina. A segunda anotação é a de que essa proposta de divisão deve ser criticada, pois classificar credores entre voluntários e involuntários é deveras simplista e ignora relevantes diferenças entre os integrantes de cada um desses grupos, como explica Bruno Meyerhof Salama:

> Tanto os contratantes comerciais quanto os empregados podem, a rigor, ser considerados credores voluntários. Afinal, comerciantes contratam entre si, o mesmo ocorrendo entre empresas e empregados. [...] Nem todo credor voluntário está em condições de se compensar *ex ante facto*, isto é, de embutir no preço e nas condições do contrato os riscos relativos à solvência da empresa devedora. A capacidade de precificar e embutir os riscos de perda no valor das obrigações voluntariamente assumidas depende de diversas considerações sobre o credor, duas das quais são particularmente importantes: (1) da sua capacidade de precificar riscos e (ii) do seu poder de barganha. A capacidade de precificar riscos depende principalmente de terem os credores voluntários acesso a informações da empresa e capacidade de processarem tais informações. [...] Já o poder de barganha depende principalmente da demanda da empresa pelo bem ou serviço ofertado pelo contratante. De nada adianta um credor ser capaz de precificar com alguma precisão o valor da compensação *ex ante facto*

---

15. Cf., v. g., EASTERBOOK-FISCHEL, Limited liability and the corporation, p. 104-107.
16. "A relevância da distinção está relacionada à possibilidade, existente apenas para o credor de obrigação negociável, de se preservar economicamente contra os riscos da insolvabilidade da pessoa jurídica devedora" (COLHO, "A teoria maior e a teoria menor da desconsideração", n. 4).
17. Cf. GAGGINI, A responsabilidade dos sócios nas sociedades empresariais, p. 119.
18. Cf. COELHO, Curso de direito comercial, v. II, p. 417-419; CEOLIN, Abusos na aplicação da teoria da desconsideração da pessoa jurídica, p. 105-106.

que lhe cabe pelo aumento do risco de solvência dos seus créditos se não dispõe, na prática, de força para exigir a correspondente elevação da prestação da empresa.[19]

Mesmo assim, é interessante atentar para essa proposta de classificação porque ela joga luz sobre algo que, muitas vezes, passa despercebido: é perfeitamente possível que o legislador determine que obrigações de determinada classe não se sujeitem ao regime de limitação de responsabilidade. Em outras palavras: a limitação de responsabilidade pode estar ligada não apenas ao tipo societário da pessoa jurídica, senão também à natureza da obrigação que recai sobre ela. Tudo depende da lei.

4. O ABUSO DA PERSONALIDADE JURÍDICA E A ORIGEM DA DESCONSIDERAÇÃO

Autonomia patrimonial e limitação de responsabilidade são direitos legítimos, assegurados pela legislação em prol de iniciativas empreendedoras. Porém, isso lamentavelmente não impede que tais prerrogativas sejam deturpadas. Como sucede com todo direito, o abuso também é passível de ocorrer nesses casos.

Nos Estados Unidos, juízes passaram a perceber que a autonomia patrimonial de pessoas jurídicas passou a ser manejada de modo pernicioso. Sujeitos começaram a utilizar sociedades em estratégias de fuga de responsabilidade, formando barreiras aparentemente lícitas contra a pretensões de credores. Houve, então, um movimento de reação do Judiciário.

Quem primeiro registrou esse movimento foi Maurice Wormser. No início do século XX, o autor publicou artigo noticiando que, no âmbito dos tribunais, "it was perceived that in many cases the literal application of the notion that a corporation is only a legal entity, and nothing more, would work injustice".[20] Juízes começaram, então, a desconsiderar a autonomia patrimonial das pessoas jurídicas e a responsabilizar pessoalmente sujeitos que estavam atuando por meio de sociedades para prejudicar credores.[21]

O estudo de Wormser é inegavelmente relevante, por diferentes razões.

---

19. SALAMA, O fim da responsabilidade limitada no Brasil – história, direito e economia, p. 415-422.
20. "Piercing the corporate veil of corporate entity", p. 497. O artigo foi reproduzido na coletânea *Disregard of the corporate fiction and allied corporation problems*.
21. Eis um dos casos relatados por Wormser: "One other case will serve to make it clear that the courts ignore the concept of legal corporate entity when used as a shield for fraudulent attempts to swindle creditors. In *First National Bank of Chicago* v. *Trebein Company*, an insolvent individual, one F.C. Trebein, together with his wife, his daughter, his son-in-law, and his brother-in-law, formed a corporation and then conveyed to it every vestige of tangible property which he owned. His creditor insisted and proved that the purpose in creating the corporation was to hinder and defraud them. The court held that 'the corporation was in substance another F.C. Trebein', and that 'his identity as owner of the property was no more changed by his conveyance to the company than it would have been by taking off one coat and putting on another'. It was held to be immaterial that four out of five hundred shares of stock were held not by Trebein himself but by his relatives; that circumstance quite properly did not deter the Supreme Court of Ohio from deciding that the corporation was 'in substance another F.C. Trebein'" ("Piercing the corporate veil of corporate entity", p. 502).

"TEORIA MAIOR" E "TEORIA MENOR": FACES DA MESMA MOEDA? **705**

Em primeiro lugar, porque Wormser foi primeiro autor a se debruçar sobre a repressão ao abuso da personalidade jurídica. Não se conhecem estudos anteriores que tenham tratado do tema.[22]

Em segundo lugar, por apontar a origem da desconsideração da personalidade jurídica, que resultou da atuação de tribunais norte-americanos no dia a dia. Tempos depois, Menezes Cordeiro destacaria que a *disregard* não surgiu de "lucubrações teóricas", mas a partir de "problemas reais postos pela personalidade colectiva".[23]

Em terceiro lugar, porque Wormser desenvolveu uma ideia até hoje muito relevante: a desconsideração não visa a pôr abaixo a autonomia patrimonial da pessoa jurídica, e sim a atuar de forma pontual, em caráter excepcional, sobre casos concretos, em relação a obrigações específicas. No estudo, o autor ressaltou que a medida "is not an 'open sesame', which will open all gates".[24]

Em quarto lugar, porque Wormser foi quem primeiro utilizou a expressão *disregard of corporate entity* para se referir às medidas adotadas para reprimir o abuso da personalidade jurídica.[25] Assim teve origem o *nomen iuris* do instituto, entre nós traduzido para desconsideração da personalidade jurídica.

As referências ao pioneirismo de Wormser e à origem da desconsideração na jurisprudência norte-americana podem causar estranhamento a alguns. Afinal de contas, a doutrina geralmente não atribui a origem da *disregard* a qualquer dos casos referidos por Wormser, e sim ao caso *Salomon v. Salomon & Co. Ltd.*, julgado na Inglaterra em 1897.[26]

O litígio envolveu um comerciante que constituiu com sua esposa e seus quatro filhos a companhia Salomon & Co. Ltd. Cada familiar recebeu uma ação da empresa, enquanto ao comerciante foram atribuídas 20.000 ações, pagas com a transferência do fundo de comércio que lhe pertencia. Como o fundo do comércio tinha valor superior

---

22. NUNES-BIANCHI, A desconsideração da personalidade jurídica: considerações sobre a origem do princípio, sua positivação e a aplicação no Brasil, p. 301.
23. *O levantamento da personalidade colectiva no direito civil e comercial*, p. 115. No mesmo sentido aponta Marçal Justen Filho: "o tema não se coloca ao nível do sistema ou da teoria; não é cogitável aprioristicamente pelo trabalho doutrinário. O doutrinador, que raciocina o direito independentemente de questões concretas, dispõe da solução sistemática e teórica. Ou seja, se há um agrupamento personificado, a decorrência é a inconfundibilidade entre tal pessoa jurídica e seus sócios. [...] O tema se põe, isto sim, perante o aplicador do direito, que se vê diante do problema concreto e avalia as repercussões efetivas da incidência de um certo princípio teórico. É que visualiza a inadequação dessa solução perante certos valores. Vale dizer: a teoria da desconsideração não foi produzida pela ciência do direito, mas a partir da jurisprudência (ou seja, da atividade judiciária de aplicação do direito ao caso concreto)" (*Desconsideração da personalidade societária no direito brasileiro*, p. 54).
24. Piercing the corporate veil of corporate entity, p. 496.
25. Cf. ALTING, Piercing the veil in American and German law – liability of individuals and entities: a comparative view, p. 190, nr. 6; p. 192.
26. "A maioria dos doutrinadores acredita que a teoria da personalidade jurídica teve sua origem na Inglaterra, no caso Salomon v. Salomon & Co. Ltd., de 1892" (SILVA, "Desconsideração da personalidade jurídica: limites para sua aplicação", n. 7). A título de exemplo, cf.: BRUSCHI, *Aspectos processuais da desconsideração da personalidade jurídica*, p. 50; BLOK, "Desconsideração da personalidade jurídica: uma visão contemporânea", n. 4; RODRIGUES FILHO, *Desconsideração da personalidade jurídica e processo*, p. 45; GUIMARÃES, *Desconsideração da personalidade jurídica no Código do Consumidor* – aspectos processuais, p. 21-23; VIEIRA, *Desconsideração da personalidade jurídica no novo CPC* – natureza, procedimentos e temas polêmicos, p. 45, n. 12.

ao das ações atribuídas ao comerciante, ele ainda se tornou credor da empresa, com garantia real constituída em seu favor. A Salomon & Co. Ltd. caiu em insolvência. Iniciada a sua liquidação, os bens da empresa foram suficientes apenas para a satisfação do crédito do comerciante, sem que nada restasse demais credores. Diante do quadro, o liquidante nomeado afirmou que a Salomon & Co. Ltd. fora criada para servir como barreira contra o pagamento de dívidas e concluiu que o comerciante deveria ser responsabilizado pelos débitos sociais.[27] Em duas instâncias, venceu a tese defendida pelo liquidante. Porém, com fundamento na existência distinta da pessoa jurídica, a decisão final foi favorável ao comerciante.[28-29]

Como se vê, o caso *Salomon v. Salomon & Co. Ltd.* não foi o primeiro em que aplicada a desconsideração. Na verdade, nem se trata do primeiro caso em que a *disregard* foi cogitada. Em seu ensaio, Wormser menciona julgamentos anteriores a 1897 e nos quais a desconsideração da personalidade jurídica foi implementada. O caso *Montgomery Web Company v. Dienelt*, v.g., foi definitivamente julgado em 1890, na Pensilvânia. No litígio, o credor da empresa Aronia Company acusou seus sócios de desviar ativos para outra pessoa jurídica, chamada Montgomery Web Company, deixando a sociedade anterior apenas com as dívidas. O tribunal deu razão ao credor e decidiu que a segura empresa deveria responder pelas dívidas da primeira: "Is the Montgomery Company so completely a new and different person from the Aronia Company that the law must close its eyes to the fact that the difference is a mere juggle of names? We do not think there is any compulsion to such legal blindness".[30]

No sistema jurídico romano-germânico, o pioneirismo coube ao alemão Rolf Serick, que publicou a tese *Rechtform und Realität Juristicher Personen* (Forma jurídica e realidade das pessoas jurídicas).[31] Sua contribuição para o desenvolvimento do tema

---

27. VERRUCOLI, Il superamento della personalità giuridica delle società di capitali nella common law e nella civil law, p. 91.

28. "Lord Herschell ponderou que, uma vez que se admite que a sociedade, por seu liquidante, possa fazer valer determinados direitos contra seu sócio principal, está-se evidentemente a reconhecer sua personalidade jurídica distinta, não sentido, portanto, dizer-se que a sociedade é mero *alias* de seu sócio. O mesmo juiz salientou que a circunstância de estarem quase todas as ações em nome de Aaron e de estarem as poucas ações restantes em mãos de pessoas de sua família (que seriam meros figurantes, *testas-de-ferro* do marido e pai) não tinha por si o condão de afetar a circunstância de que a sociedade fora validamente constituída nem o de fazer nascer contra a pessoa dos sócios deveres que, de outra forma, inexistiriam. Lord Macnaghten, em seu voto, enfrentou também a problemática da sociedade unipessoal, sustentando que a circunstância de virem as ações a ser transferidas durante a vida a uma só pessoa não afeta em nada a existência nem a capacidade de uma sociedade à qual a personalidade jurídica foi reconhecida" (CORRÊA DE OLIVEIRA, *A dupla crise da pessoa jurídica*, p. 457). Segundo Paola Manes, a decisão tomada pela *House of Lords* foi "fortemente condizionata dall'assoluta mancanza di prove dell'utilizzazione frodatoria della società o dell'abuso dello schermo societario: infatti, se questi requisiti fossero stati presenti, l'esito sarebbe statto probabilmente diverso" (*Il superamento della personalità giuridica* – l'esperienza inglese, p. 145).

29. VERRUCOLI, Il superamento della personalità giuridica delle società di capitali nella common law e nella civil law, p. 92.

30. Piercing the corporate veil of corporate entity, p. 501.

31. O título original do trabalho, segundo Corrêa de Oliveira, era "'Rechtsform und Realität juristischer Personen – Ein rechtsvergleichender Beitrag zur Frage des Durchgriffs auf die Personen oder Gegenstände hintter der juristischen Person' (literalmente, 'Forma jurídica e realidade das pessoas jurídicas – Contribuição de Direito Comparado à questão da penetração destinada a atingir pessoas ou objetos situados atrás da pessoa jurídica')" (*A dupla crise da pessoa jurídica*, p. 296).

"TEORIA MAIOR" E "TEORIA MENOR": FACES DA MESMA MOEDA? **707**

foi grandiosa. Na linha de Wormser, Serick consolidou a ideia de que a autonomia patrimonial das pessoas jurídicas não deveria ser derrogada, mas apenas excepcionada pontualmente, quando verificado abuso em casos concretos.[32]

Ao Brasil, como referido na abertura deste artigo, o tema chegou pelas mãos de Rubens Requião, que o apresentou em meio a uma série de advertências. O comercialista paranaense ressaltou que os tribunais norte-americanos limitavam sua aplicação a casos excepcionais, nos quais deparavam com provas de fraude, e alertou para o perigo de banalização do instituto. Na ocasião, Requião apontou: "não devemos imaginar que a penetração do véu da personalidade jurídica e a desconsideração da personalidade jurídica se tornem instrumento dócil nas mãos inábeis dos que, levados ao exagero, acabassem por destruir o instituto da pessoa jurídica".[33-34]

---

32. Apariencia y realidad en las sociedades mercantiles – el abuso de derecho por medio de la persona jurídica, p. 136.
33. "Abuso de direito e fraude através da personalidade jurídica", n. 11.
34. A partir de relato de Corrêa de Oliveira sobre a tramitação do projeto do Código Civil de 2002, percebe-se que as ideias transmitidas por Rubens Requião não foram corretamente interpretadas de início: "No 1º Anteprojeto elaborado pela Comissão residida pelo Prof. Miguel Reale, introduziu-se norma que, segundo o Supervisor da Comissão, visava justamente incorporar ao futuro Código as sugestões derivadas da contribuição do Prof. Requião, basicamente as de seu artigo que vem de ser comentado [Abuso de direito e fraude através da personalidade jurídica, *Revista dos Tribunais*, n. 410, 1969]. Com efeito, dizia o Prof. Reale: '... acolhendo-se sugestões do Prof. Rubens Requião, cuidou-se de prevenir e repelir os abusos perpetrados à sombra da personalidade jurídica'. O dispositivo a que se referia o Prof. Reale era o art. 49, assim redigido: 'A pessoa jurídica não pode ser desviada dos fins que determinaram a sua constituição, para servir de instrumento ou cobertura à prática de atos ilícitos, ou abusivos, caso em que caberá ao juiz, a requerimento do lesado ou do Ministério Público, decretar-lhe a dissolução. Parágrafo único. Neste caso, sem prejuízo de outras sanções cabíveis, responderão, conjuntamente com os da pessoa jurídica, os bens pessoais do administrador ou representante que dela se houver utilizado de maneira fraudulenta ou abusiva, salvo se norma especial determinar a responsabilidade solidária de todos os membros da administração'. O texto do Anteprojeto, principalmente em seu *caput*, não correspondia, de nenhum modo, às ideias básicas das teses de desconsideração. Em verdade, o artigo misturava coisas distintas – a ideia de desconsideração com a de dissolução por ter passado a entidade a servir a finalidades ilícitas, matéria diversa e já há muito objeto, entre nós, de norma especial (art. 6º do Decreto-lei 9.085, de 25 de março de 1946). As críticas não se fizeram esperar, fazendo sentir o Prof. Requião, de modo particular, que se puniam com tal dispositivo os sócios inocentes (em relação à fraude) com a dissolução da sociedade. Na versão de 1973, seria alterada a norma criticada, referindo o Prof. Reale a solução adotada, 'que condena o uso indevido da personalidade jurídica, quando desviada dos fins econômico-sociais que legitimam a distinção entre o patrimônio dos sócios e o das pessoas jurídicas'. E acrescenta: 'Foi julgada procedente a crítica quanto à excessiva sanção prevista no Anteprojeto anterior, estatuindo-se, agora, ou tão somente a exclusão do sócio responsável, que responderá perante a pessoa jurídica e terceiros, ou então, tais sejam as circunstâncias, até mesmo a dissolução da associação ou sociedade'. De fato, o novo texto (art. 48), mantendo idêntica a redação do parágrafo único, dava a seguinte redação ao *caput* da norma: 'A pessoa jurídica não pode ser desviada dos fins estabelecidos no ato constitutivo, para servir de instrumento ou cobertura à prática de atos ilícitos, ou abusivos, caso em que poderá o juiz, a requerimento de qualquer dos sócios ou do Ministério Público, decretar a exclusão do sócio responsável, ou, tais sejam as circunstâncias, a dissolução da entidade'. A dissolução aparecia já aqui, portanto, como solução alternativa, excepcional, 'tais sejam as circunstâncias'. A sanção normal seria a de exclusão do sócio responsável. E a legitimidade para requerer a medida deslocava-se para os sócios. Foi esse o texto mantido no art. 48 do Projeto 634/1975, enviado pelo Executivo à Câmara dos Deputados. Perante a Câmara, assim se expressou o Prof. Requião: 'O anteprojeto havia dado solução diferente, determinando a dissolução da sociedade. Mas isso, como contraditamos na ocasião, importa em punir os demais sócios, que não deviam responder pela truculência e fraude do sócio atingido. Não seria justo. A comissão, porém, embora melhorando o texto, não acolheu a doutrina em toda a sua pureza...'" (*A dupla crise da pessoa jurídica*, p. 555-557). No fim das contas, o dispositivo felizmente foi promulgado com redação bem distinta (art. 50 do Código Civil). Cf. PASSOS-LIMA, *Memória legislativa do Código Civil*, p. 18.

Analisando a jurisprudência brasileira, Requião apontou o que seria um descabido afastamento da autonomia patrimonial da pessoa jurídica:

> Na apelação cível de São Paulo 90.636, entre apelantes Antônio dos Santos Morais e outros e apelada Adail S/A., desastradamente se desconsiderou a distinção entre a pessoa dos sócios e a personalidade jurídica, a pretexto de que essa limitação diz respeito às operações de caráter comercial e a espécie era de caráter civil. Vejamos a ementa, que é elucidativa: 'Ocorrendo incêndio do prédio alugado a uma sociedade por cotas de responsabilidade limitada, não podem os sócios invocar a limitação da sua responsabilidade até o limite do capital. Tal limitação diz respeito às operações de caráter comercial'.

> Sustentou o acórdão que não provara a locatária, sociedade comercial, que o incêndio que ocorrera em prédio que se instalara não resultou de caso fortuito, e que não haviam tomado providência de segurar o armazém sinistrado contra fogo, embora nele depositassem material facilmente inflamável.

> E conclui o fundamento do acórdão: 'Em tais condições, a responsabilidade dos réus era inafastável. A pretendida limitação dos sócios à responsabilidade pelas dívidas até o limite do capital social não tem cabimento. Tal limitação diz respeito às operações de caráter comercial e a dívida aqui cobrada resulta de culpa de natureza civil'.

> Ora, houve desconsideração da pessoa jurídica da sociedade, penetrando o acórdão o seu véu, para fixar a responsabilidade dos sócios. Apenas o agrupamento não é válido, pois a limitação da responsabilidade da sociedade comercial não distingue entre as obrigações civis e as obrigações comerciais, para que se chegasse a tão condenável e injusta decisão.[35]

Nos textos de Wormser, Serick e Requião, a despeito de suas particularidades, há um inequívoco denominador comum. Todos eles ligam a desconsideração da personalidade jurídica ao abuso de sua patrimonial. Para nenhum deles basta a incapacidade da sociedade de arcar com suas dívidas. A legislação brasileira, porém, trilhou rumo distinto: ao menos no papel, a desconsideração da personalidade jurídica acabou associada ao abuso em alguns casos e à mera insolvência em outros.

5. A "TEORIA MAIOR" DA DESCONSIDERAÇÃO

No Brasil, o tema da desconsideração da personalidade jurídica tem como principal referência legal o art. 50 do Código Civil.[36] O dispositivo determina que a medida seja imposta "em caso de abuso da personalidade jurídica, caracterizado pelo desvio de finalidade ou pela confusão patrimonial".

Com o advento da Lei 13.874/2019, que alterou o art. 50 do Código Civil, o legislador deu definições a essas duas modalidades de abuso. Desvio de finalidade seria "a utilização da pessoa jurídica com o propósito de lesar credores e para a prática de atos ilícitos de qualquer natureza" (§ 1º). Já a confusão patrimonial consistiria na "ausência de separação de fato entre os patrimônios" da pessoa jurídica e de seus integrantes (§ 2º).

Deve-se notar que a lei rechaça como desvio de finalidade "a mera expansão ou a alteração da finalidade original da atividade econômica da pessoa jurídica" (§ 5º). Essa

---

35. Abuso de direito e fraude através da personalidade jurídica, n. 11.
36. Cf. SOUZA, Desconsideração da personalidade jurídica – aspectos processuais, p. 102; BIANQUI, Desconsideração da personalidade jurídica no processo civil, p. 67.

"TEORIA MAIOR" E "TEORIA MENOR": FACES DA MESMA MOEDA? **709**

disposição, de cunho explicativo, também foi incluída no art. 50 do Código Civil pela Lei 13.874/2019 e pôs fim a uma corrente doutrinária que sustentava estar sujeita à desconsideração a pessoa jurídica em cujo nome fossem praticados atos "com fins distintos daqueles estabelecido no objeto social".[37] Entretanto, tal conduta corresponde à prática de atos *ultra vires societatis* ("além das forças da sociedade"), matéria regulada em outro artigo do Código Civil[38] e que não se relaciona com o instituto da desconsideração. Na atuação *ultra vires societatis*, discutem-se a validade e a eficácia de atos praticados em desacordo com o objeto social.[39] Isso não está em causa na desconsideração da personalidade jurídica, que implica responsabilização dos sujeitos que tenham abusado da autonomia patrimonial de uma pessoa jurídica.

O *desvio de finalidade* definido pelo art. 50, § 1º, do Código Civil corresponde ao uso de pessoas jurídicas para propósitos antijurídicos quando deveria ser utilizada para a organização e o desenvolvimento de atividades legítimas. Trata-se, assim, de desviar-se a pessoa jurídica de sua finalidade como instituto.[40] Na exposição de motivos do Código Civil, aliás, Miguel Reale já havia identificado o abuso da personalidade jurídica ao desvio dos "objetivos socioeconômicos" do instituto.[41]

A confusão patrimonial, por sua vez, corresponde àquilo que os portugueses chamam de *mistura de patrimónios*.[42] Em linhas gerais, trata-se da utilização de recursos

---

37. SALAMA, *O fim da responsabilidade limitada no Brasil* – história, direito e economia, p. 202. Na mesma linha, Nestor Duarte dizia ser cabível a desconsideração quando contrariadas suas "finalidades estatutárias" (*Código Civil comentado*, p. 58).

38. "A teoria *ultra vires societatis* foi elaborada e desenvolvida no direito inglês, com o intuito de limitar a responsabilidade da sociedade aos atos praticados em estrita observância de seu objeto social, como forma de proteger acionistas e credores. [...] De fato, enquanto a teoria *ultra vires societatis* teve superado o seu modelo clássico, que fulminava de nulidade atos praticados além do objeto social, pelo entendimento doutrinário e jurisprudencial, até a sua abolição no direito estrangeiro, o legislador brasileiro aprovou a regra do art. 1.015, parágrafo único, inciso III, que assim prevê: 'No silêncio do contrato, os administradores podem praticar todos os atos pertinentes à gestão da sociedade; não constituindo objeto social, a oneração ou a venda de bens imóveis depende do que a maioria dos sócios decidir. Parágrafo único. O excesso por parte dos administradores somente pode ser oposto a terceiros se ocorrer pelo menos uma das seguintes hipóteses: I – se a limitação de poderes estiver inscrita ou averbada no registro próprio da sociedade; II provando-se que era conhecida do terceiro; III – tratando-se de operação evidentemente estranha aos negócios sociade'. Em uníssona manifestação, os autores que vêm se dedicando ao estudo do dispositivo legal reprovam-no, atribuindo-lhe o caráter de verdadeiro retrocesso em relação à evolução que se verifica na matéria" (AZEVEDO-GUERRA, Teoria *ultra vires societatis*, p. 360; 382-383).

39. "Il problema è quello degli atti compiuti dagli amministratori di società per azioni al di fuori dell'oggetto sociale. Di Esso sono astrattamente possibili (o immaginabili) queste soluzioni: o si ritiene che l'atto estraneo compiuto dagli amministratori è radicalmente nullo; o, invece, si ritiene che l'atto è semplicemente inefficace, in quanto eccedente i poteri degli amministratori; o, infine, si considera l'atto estraneo valido ed efficace in ogni caso, riducendo in tal modo l'indicazione statutaria dell'oggetto sociale ad una mera norma interna di amministrazione" (CASELLI, *Oggetto sociale e atti* ultra vires, p. 3-4).

40. "Se a personalidade jurídica constitui uma criação da lei, como concessão do Estado objetivando, como diz Cunha Gonçalves, 'a realização de um fim', nada mais procedente do que se reconhecer ao Estado, através de sua justiça, a faculdade de verificar se o direito concedido está sendo adequadamente usado". (REQUIÃO, "Abuso de direito e fraude através da personalidade jurídica"). Em raciocínio semelhante, Fredie Didier Jr. aponta que a pessoa jurídica constitui manifestação do direito de propriedade, devendo, portanto, ser utilizada em conformidade com sua função social (Const., art. 5º, XXIII) e ter sua autonomia patrimonial desconsiderada quando se desviar desse propósito (*Regras processuais no Código Civil*, p. 1-5).

41. "Exposição de motivos do supervisor da comissão revisora e elaboradora do Código Civil", p. 20.

42. RIBEIRO, A tutela dos credores da sociedade por quotas e a 'desconsideração da personalidade jurídica', p. 55.

sociais para a realização de interesses pessoas dos sócios, deixando-se de observar a separação que deve haver entre os patrimônios particulares e da sociedade. De certa forma, a desconsideração fundada em confusão patrimonial decorre do repúdio do ordenamento jurídico ao *venire contra factum proprium*, pois "quem ignora a separação patrimonial, confundindo o seu patrimônio com o patrimônio social, não pode, contraditoriamente, invocar a separação que ignorou".[43-44] Nos incisos no § 2º do art. 50 do Código Civil, o legislador exemplifica condutas configuradoras de confusão patrimonial.

Como se vê, a disciplina do art. 50 do Código Civil está inequivocamente ligado à desconsideração da personalidade jurídica tal qual concebida originalmente – isto é, mediante comprovação de fraude e abuso. Essa seria, de acordo com terminologia que se tornou corrente no Brasil, a "teoria maior" da desconsideração, porque efetivamente ligada às raízes do instituto. A legislação brasileira, no entanto, associou a *disregard* a outras hipóteses de responsabilização dos sócios por dívidas societárias.

6. A "TEORIA MENOR": FALSA HIPÓTESE DE DESCONSIDERAÇÃO

A responsabilização dos sócios por dívidas da sociedade não passa necessariamente passa pela desconsideração da personalidade jurídica, e não é difícil demonstrá-lo.

Nas sociedades de responsabilidade ilimitada, como a sociedade em nome coletivo, a lei ordena que as obrigações sociais sejam imputadas aos sócios quando insolvente a pessoa jurídica, independentemente de abuso ou fraude. Não se conhecem autores que associem esse regramento à desconsideração da personalidade jurídica, e nem faria sentido que houvesse semelhante associação. Por óbvio, não se podem confundir hipóteses em que integrantes da sociedade respondam ordinária e subsidiariamente por dívidas sociais e casos nos quais a responsabilidade é imputada aos sócios em caráter extraordinário, como consequência de manipulação abusiva da autonomia patrimonial da pessoa jurídica.[45]

Isso nem sempre é visualizado com clareza. Em Portugal, Maria de Fátima Ribeiro diz que a doutrina frequentemente "cede à tentação" de qualificar como *desconsideração da personalidade jurídica* toda e qualquer situação em que os integrantes de uma socieda-

---

43. LEÃES, *Pareceres*, v. I, p. 378.
44. Sobre o ponto, Maria de Fátima Ribeiro desenvolve raciocínio interessante: "a expressão 'desconsideração' da personalidade jurídica ou da autonomia patrimonial para descrever a solução para o problema 'mistura de patrimónios' não será a mais indicada, por não traduzir correctamente a realidade que lhe subjaz: uma eventual solução de responsabilização em consequência da mistura de patrimónios vai, quando muito, 'considerar' a situação que eles próprios criaram. Por outras palavras: se durante a vida da sociedade algum dos seus sócios adoptou sistematicamente comportamentos capazes de pôr em causa a autonomia patrimonial, na vertente de responsabilidade do património da pessoa colectiva exclusivamente por obrigações por si contraídas (e nunca pelas obrigações de seus membros), então a autonomia patrimonial e a própria personalidade jurídica dessa sociedade já estão 'desconsideradas' e 'levantadas' pelo sócio" (*A tutela dos credores da sociedade por quotas e a 'desconsideração da personalidade jurídica'*, p. 265-266).
45. Cf. THEODORO JR. *Curso de direito processual civil*, v. III, p. 314-315; GIANNICO, *Expropriação executiva*, p. 90-94.

"TEORIA MAIOR" E "TEORIA MENOR": FACES DA MESMA MOEDA? **711**

de venham a responder por suas dívidas.[46] No Brasil, Walfrido Warde[47] aponta tendência parecida, de se imaginar que a desconsideração seria rota necessária para se chegar à responsabilidade dos sócios por obrigações sociais.[48] Contudo, trata-se de impressão falsa, mesmo com relação aos integrantes de sociedades com limitação de responsabilidade.

Membros de sociedades de responsabilidade limitada, como regra, não respondem ordinária e subsidiariamente por obrigações sociais. Mas isso não significa que não possam existir exceções. Como visto (*supra*, n. 3), o legislador pode muito bem definir que obrigações de determinada classe não estejam sujeitas à limitação de responsabilidade. Basta haver uma escolha político-legislativa nesse sentido.[49]

No Brasil, há obrigações protegidas e colocadas fora do âmbito de incidência da limitação de responsabilidade. Não se trata de "créditos involuntários", e sim das obrigações decorrentes de relação de consumo e das de natureza ambiental. Nesses dois casos, uma vez esgotado o patrimônio da sociedade, respondem os sócios pela dívida social. Logo, não se está diante de responsabilização extraordinária, decorrente de abuso da personalidade jurídica, senão de responsabilidade ordinária, que a lei impõe aos sócios independentemente de terem agido de forma abusiva.

Textualmente, o legislador associou à desconsideração da personalidade jurídica as normas que disciplinam a responsabilidade subsidiária dos sócios por obrigações de natureza ambiental ou consumerista. A Lei 9.605/1998 dispõe que "poderá ser desconsiderada a pessoa jurídica sempre que sua personalidade for obstáculo ao ressarcimento de prejuízos causados à qualidade do meio ambiente" (art. 4º). O Código de Defesa do Consumido vale-se de fórmula idêntica, estabelecendo que "poderá ser desconsiderada a pessoa jurídica sempre que sua personalidade for, de alguma forma, obstáculo ao ressarcimento de prejuízos causados aos consumidores" (art. 28, § 5º). Entretanto, analisando-se a substância desses dispositivos, percebe-se que eles tão somente apontam que os sócios serão ordinária e subsidiariamente responsáveis por dívidas consumeristas e ambientais da pessoa jurídica. A imprópria referência do texto normativo à expressão "desconsideração da personalidade jurídica" não altera essa realidade, porque, como diria Barbosa Moreira, "mudança de rótulo não influi no conteúdo da garrafa".[50]

Sem atentar para isso, boa parte da doutrina enxergou nesses dispositivos autênticas hipóteses de *disregard* e, diante da dispensa do abuso, criaram a artificiosa categoria da "teoria menor" da desconsideração da personalidade jurídica.[51] A jurisprudência, por sua vez, adotou sem maiores reflexões essa classificação.[52]

---

46. A tutela dos credores da sociedade por quotas e a 'desconsideração da personalidade jurídica', p. 102-103.
47. Responsabilidade dos sócios – a crise da limitação e a teoria da desconsideração da personalidade jurídica, p. 286.
48. Idem, p. 297.
49. Cf. GAGGINI, A responsabilidade dos sócios nas sociedades empresárias, p. 100-101.
50. "A nova definição de sentença", p. 170.
51. Entre outros, cf. SILVA, A aplicação da desconsideração da personalidade jurídica no direito brasileiro, p. 138-140.
52. "A teoria maior da desconsideração, regra geral no sistema jurídico brasileiro, não pode ser aplicada com a mera demonstração de estar a pessoa jurídica insolvente para o cumprimento de suas obrigações. Exige-se, aqui, para além da prova de insolvência, ou a demonstração de desvio de finalidade (teoria subjetiva da descon-

No entanto, o que se convencionou de chamar de "teoria menor" nada tem a ver com o instituto da desconsideração, consistindo, na verdade, em responsabilidade ordinária e subsidiária dos sócios por dívidas de natureza consumerista ou ambiental. Trata-se simplesmente de uma opção político-legislativa no sentido de não submeter tais débitos ao regime de limitação de responsabilidade.[53]

7. CONSEQUÊNCIAS PRÁTICAS

Apontou-se ser incorreta a divisão da desconsideração da personalidade jurídica em duas "teorias". Como sustentado, a legislação brasileira não dispõe duas espécies de *disregard*; na realidade, estabelece hipóteses de autêntica desconsideração da personalidade jurídica (responsabilidade extraordinária dos sócios) e casos de responsabilidade subsidiária e ordinária equivocadamente relacionados ao instituto.

Pode-se pensar que o apontamento não passa de preciosismo acadêmico, como se a única relevância prática em reconhecer a distinção já estivesse colocada na dualidade de teorias – uma pressupondo o abuso, outra prescindindo dele. Entretanto, há outro relevante ponto para o qual se deve atentar.

Em autênticos casos de desconsideração, pode haver responsabilização do sócio não administrador quando estiver provado o seu envolvimento no abuso da personalidade jurídica, conforme dispõe o art. 50 do Código Civil. Por outro lado, nas hipóteses de responsabilidade ordinária e subsidiária dos sócios, entre as quais se incluem os casos de "teoria menor", não cabe semelhante implicação do gestor que não integra o quadro social. A razão que preserva o administrador não sócio de responder por dívidas com base na "teoria menor" é a mesma que poderia ser invocada se tentassem vinculá-lo a dívidas de uma sociedade de responsabilidade ilimitada: ele não participa do capital social.

Em junho de 2021, o Superior Tribunal de Justiça pronunciou-se sobre o tema ao julgar recurso especial interposto contra acórdão proferido pelo Tribunal de Justiça do Distrito Federal e dos Territórios em caso envolvendo direito do consumidor. A Terceira Turma apontou que, "a considerar as origens históricas da *disregard doctrine*, não se poderia afirmar que a hipótese contemplada no § 5º do art. 28 do CDC trata do

---

sideração), ou a demonstração de confusão patrimonial (teoria objetiva da desconsideração). A teoria menor da desconsideração, acolhida em nosso ordenamento jurídico excepcionalmente no Direito do Consumidor e no Direito Ambiental, incide com a mera prova de insolvência da pessoa jurídica para o pagamento de suas obrigações, independentemente da existência de desvio de finalidade ou de confusão patrimonial" (STJ, 3ª T., REsp 279.273-SP, rel. Min. Nancy Andrighi, j. 04.12.2013).

53. "A tutela aos direitos do consumidor, especialmente do direito de crédito de sua titularidade, ganhou – em detrimento da limitação da responsabilidade dos sócios – a preferência do legislador. [...] A insuficiência de ativos componentes do patrimônio social, por obediência à norma do artigo 28, § 5º, é causa única da imputação de responsabilidade aos sócios. [...] Torna-se claro, portanto, que o legislador, preferindo a satisfação do crédito do consumidor à limitação da responsabilidade dos sócios da sociedade devedora, pretendeu ab-rogar – relativamente às questões de consumo – as normas dos artigos 1.045, 1.052 do Código Civil e 1º da Lei de Sociedades Anônimas" (WARDE JR., *Responsabilidade dos sócios* – a crise da limitação e a teoria da desconsideração da personalidade jurídica, p. 296-297).

mesmo instituto, a despeito das expressões utilizados pelo legislador".[54] Então, por esse fundamento, o STJ deu provimento ao recurso especial para evitar que o administrador não sócio fosse responsabilizado subsidiariamente por dívida derivada de relação de consumo, reformando decisão de segunda instância.

Assim, do ponto de vista do direito material, há enorme relevância prática em divisar com clareza a desconsideração da personalidade jurídica de hipóteses de responsabilidade ordinária e subsidiária dos sócios – principalmente daquelas que a lei impropriamente denominada de desconsideração, onde a chance de confusão é expressiva.

Do ponto vista do direito processual, alguns poderão cogitar que, pelo fato de se ter apontado que os casos envolvendo a "teoria menor" não são autênticos casos de desconsideração da personalidade jurídica, a responsabilização dos sócios por essa via prescindiria da instauração do incidente disciplinado nos arts. 133 e seguintes do Código de Processo Civil, bastando o redirecionamento da execução.[55] Entretanto, o raciocínio não procede, por esbarrar na garantia de que ninguém pode ser privado de seus bens sem o devido processo legal.

Ressalvados os provimentos jurisdicionais emitidos *inaudita altera parte*, que a lei admite em situações excepcionais, não será jamais legítimo sujeitar o patrimônio de sujeito sem que lhe tenha sido dada oportunidade prévia de discutir sua responsabilidade (ainda que ordinária e subsidiária). Conforme lição de Leonardo Greco, "influir eficazmente nas decisões não é influir depois que as decisões já foram tomadas, é influir antes". A realização de constrições sobre o patrimônio do sócio previamente ao contraditório só será justificável à luz de circunstância que indiquem a necessidade de tutela provisória. Fora dessa hipótese, deve o sócio ser intimado com antecedência para apresentar possíveis argumentos de defesa – demonstrando que a sociedade não é insolvente, por exemplo.

Inexistindo procedimento específico para a apuração da responsabilidade ordinária e subsidiária do sócio, o incidente de desconsideração da personalidade jurídica deve ser exigido por analogia, por se tratar da mais óbvia alternativa para a implementação do contraditório, tal como aponta a doutrina.[56] Não há como defender o redirecionamento automático da execução, sem instauração do incidente, somente por não se estar diante de autêntica hipótese de *disregard*. Qualquer caminho que ignore o direito de prévia defesa será contrário ao devido processo legal.

---

54. REsp 1.862.557-DF, Rel. Min. Ricardo Villas Bôas Cueva, j. 15.06.2021.
55. Nesse sentido, cf. MEIRELES, "Responsabilidade ordinária do sócio e do sócio retirante pelos débitos trabalhistas", n. 4.
56. SCARPINELLA BUENO, *Comentários ao Código de Processo Civil*, v. I, p. 573; "Aspectos gerais da intervenção de terceiros no novo Código de Processo Civil", p. 152. Também pela utilização analógica do incidente de desconsideração da personalidade jurídica, cf. YARSHELL, "O incidente de desconsideração da personalidade jurídica no CPC 2015: aplicação a outras formas de extensão da responsabilidade patrimonial", p. 218-224.

8. CONCLUSÃO

Como demonstrado, a "teoria menor" da desconsideração da personalidade jurídica não representa verdadeiro caso de *disregard*. Trata-se, na verdade, de hipóteses de responsabilidade ordinária e subsidiária dos sócios, nas quais basta a insolvência da devedora originária para que os integrantes da sociedade respondam por obrigações sociais.

Na prática, isso não significa que não deva haver instauração do incidente de desconsideração da personalidade jurídica para apuração da responsabilidade dos sócios em tais casos. Ao contrário: a necessidade de prévio contraditório é obrigatória, por necessidade de respeito ao devido processo legal e à anterioridade da defesa, servindo a instauração do incidente como via analógica para a implementação da oitiva prévia do sócio (sem prejuízo, é claro, à possibilidade de concessão de tutela provisória).

Por outro lado, há uma relevante repercussão de direito material: por não terem participação no capital social, administradores não sócios não podem ser atingidos em casos de responsabilidade ordinária e subsidiária dos integrantes da sociedade, como corretamente tem decidido o Superior Tribunal de Justiça. Apenas em autênticos casos de desconsideração – isto é, quando há abuso de personalidade jurídica – podem ser atingidos gestores não que fazem parte do quadro societário.

9. REFERÊNCIAS

ABREU, Iolanda Lopes. *Responsabilidade patrimonial dos sócios nas sociedades comerciais de pessoas*. São Paulo: Saraiva, 1988.

ALTING, Carsten. Piercing the corporate veil in American and German Law – liablity of individuals and entities: a comparative view. *Tulsa Journal of Comparative and International Law*, n. 187, 1994.

ASCARELLI, Tullio. O contrato plurilateral. *Problemas das sociedades anônimas e direito comparado*. São Paulo: Saraiva, 1945.

AZEVEDO, Luis Augusto Roux; GUERRA, Viviane Alves Bertogna. Teoria *ultra vires societatis*. In: AZEVEDO, Erasmo Valladão e FRANÇA, Novaes (Coord.). *Direito societário contemporâneo I*. São Paulo: Quartier Latin, 2009.

BARBOSA MOREIRA, José Carlos. A nova definição de sentença. *Temas de direito processual – nona série*. São Paulo: Saraiva, 2007.

BIANQUI, Pedro Henrique Torres. *Desconsideração da personalidade jurídica no processo civil*. São Paulo: Saraiva, 2011.

BIANQUI, Pedro Henrique Torres; NUNES, Simone Lahorgue. A desconsideração da personalidade jurídica: considerações sobre a origem do princípio, sua positivação e a aplicação no Brasil. In: AZEVEDO, Erasmo Valladão e FRANÇA, Novaes (Coord.). *Direito societário contemporâneo I*. São Paulo: Quartier Latin, 2009.

BLOK, Marcela. Desconsideração da personalidade jurídica: uma visão contemporânea. *Revista de Direito Bancário e do Mercado de Capitais*, n. 59, 2013.

BORBA, José Edwaldo Tavares. *Direito societário*. Rio de Janeiro: Renovar, 1999.

BRUSCHI, Gilberto Gomes. *Aspectos processuais da desconsideração da personalidade jurídica*. São Paulo: Saraiva, 2009.

CARVALHO SANTOS, João Manuel de. *Código Civil brasileiro interpretado*. Rio de Janeiro: Freitas Bastos, 1984. v. I.

CARVALHO SANTOS, João Manuel de. *Curso de direito comercial*. São Paulo: Saraiva, 2010. v. I.

CARVALHO SANTOS, João Manuel de. *Curso de direito comercial*. São Paulo: Saraiva, 2010. v. II.

CASELLI, Giovanni. *Oggetto sociale e atti* ultra vires. Pádua: Cedam, 1970.

CEOLIN, Ana Caroline Santos. *Abusos na aplicação da teoria da desconsideração da pessoa jurídica*. Belo Horizonte: Del Rey, 2002.

CORRÊA DA FONSECA, Priscila Maria Pereira; SZTAJN, Rachel. In: AZEVEDO, Álvaro Villaça de (Coord.). *Código Civil comentado*. São Paulo: Atlas, 2008. v. XI.

CORRÊA DE OLIVEIRA, José Lamartine. *A dupla crise da pessoa jurídica*. São Paulo: Saraiva, 1979.

COUTINHO DE ABREU, Jorge Manuel. *Curso de direito comercial*. Coimbra: Almedina, 2011. v. II.

DIDIER JR., Fredie. *Regras processuais no Código Civil*. São Paulo: Saraiva, 2008.

DUARTE, Nestor. In: PELUSO, Antonio Cezar (Coord.). *Código Civil comentado*. São Paulo: Manole, 2013.

EASTERBOOK, Frank H.; FISCHEL, Daniel R. Limited liability and the corporation. *University of Chicago Law Review*, v. LII, n. 89. 1985.

FERRER CORREIA, António de Arruda. A autonomia patrimonial como pressuposto da personalidade jurídica. *Estudos vários de direito*. Coimbra: Universidade de Coimbra, 1982.

FISCHEL, Daniel R.; EASTERBOOK, Frank H. Limited liability and the corporation. *University of Chicago Law Review*, v. LII, n. 89. 1985.

GAGGINI, Fernando Schwarz. *A responsabilidade dos sócios nas sociedades empresárias*. São Paulo: EUD, 2013.

GUERRA, Viviane Alves Bertogna; AZEVEDO, Luis Augusto Roux. Teoria *ultra vires societatis*. In: AZEVEDO, Erasmo Valladão e FRANÇA, Novaes (Coord.). *Direito societário contemporâneo I*. São Paulo: Quartier Latin, 2009.

GUIMARÃES, Flávia Lefèvre. *Desconsideração da personalidade jurídica no Código do Consumidor* – Aspectos processuais. São Paulo: Max Limonad, 1998.

JUSTEN FILHO, Marçal. *Desconsideração da personalidade societária no direito brasileiro*. São Paulo: Ed. RT, 1987.

KELSEN, Hans. *Teoria pura do direito*. Trad. João Baptista Machado. São Paulo: Martins Fontes, 2006.

LEÃES, Luiz Gastão Paes de Barros. *Pareceres*. São Paulo: Singular, 2004. v. I.

LIMA, João Alberto de Oliveira; PASSOS, Edilenice. *Memória legislativa do Código Civil*. Brasília: Senado Federal, 2012.

MANES, Paola. *Il superamento della personalità giuridica – L'esperienza inglese*. Pádua: CEDAM, 1999.

MEIRELES, Edilton. Responsabilidade ordinária do sócio e do sócio retirante pelos débitos trabalhistas. *Revista de Direito do Trabalho*, n. 227, 2023.

MENEZES CORDEIRO, António Manuel da Rocha e. *O levantamento da personalidade colectiva no direito civil e comercial*. Coimbra: Almedina, 2000.

NUNES, Simone Lahorgue; BIANQUI, Pedro Henrique Torres. A desconsideração da personalidade jurídica: considerações sobre a origem do princípio, sua positivação e a aplicação no Brasil. In: AZEVEDO, Erasmo Valladão e FRANÇA, Novaes (Coord.). *Direito societário contemporâneo I*. São Paulo: Quartier Latin, 2009.

PASSOS, Edilenice; LIMA, João Alberto de Oliveira. *Memória legislativa do Código Civil*. Brasília: Senado Federal, 2012.

REALE, Miguel. Exposição de motivos do supervisor da comissão revisora e elaboradora do Código Civil. *Revista da EMERJ*, n. 1, 1998.

REQUIÃO, Rubens. Abuso de direito e fraude através da personalidade jurídica. *Revista dos Tribunais*. n. 410, 1969.

RIBEIRO, Maria de Fátima. *A tutela dos credores da sociedade por quotas e a desconsideração da personalidade jurídica*. Coimbra: Almedina, 2012.

RODRIGUES FILHO, Otávio Joaquim. *Desconsideração da personalidade jurídica e processo*. São Paulo: Malheiros, 2016.

SALAMA, Bruno Meyerhof. *O fim da responsabilidade limitada no Brasil* – História, direito e economia. São Paulo: Malheiros, 2014.

SALOMÃO FILHO, Calixto. *O novo direito societário*. São Paulo: Saraiva, 2011.

SERICK, Rolf. *Apariencia y realidad en las sociedades mercantiles* – El abuso de derecho por medio de la persona jurídica. Trad. Jose Puig Brutau. Barcelona: Ariel, 1958.

SILVA, Alexandre Couto. *A aplicação da desconsideração da personalidade jurídica no direito brasileiro*. Rio de Janeiro: Forense, 2009.

SILVA, Alexandre Couto. Desconsideração da personalidade jurídica: limites para sua aplicação. *Revista dos Tribunais*, n. 780, 2000.

SILVIO RODRIGUES. *Direito civil*. São Paulo: Saraiva, 2003. v. I.

SOUZA, André Pagani de. *Desconsideração da personalidade jurídica* – Aspectos processuais. São Paulo: Saraiva, 2011.

SZTAJN, Rachel. *Contrato de sociedade e formas societárias*. São Paulo: Saraiva, 1989.

SZTAJN, Rachel. Terá a personificação das sociedades função econômica? *Revista da Faculdade de Direito da Universidade de São Paulo*, n. 100, 2005.

SZTAJN, Rachel; CORRÊA DA FONSECA, Priscila Maria Pereira. In: AZEVEDO, Álvaro Villaça (Coord.). *Código Civil comentado*. São Paulo: Atlas, 2008. v. XI.

THEODORO JR., Humberto. In: GOUVÊA, José Roberto F. et. Al (Coord.). *Comentários ao Código de Processo Civil*. São Paulo: Saraiva, 2017. v. XV.

VERRUCOLI, Piero. *Il superamento della personalità giuridica delle società di capitali nella common law e nella civil law*. Milão: Giuffrè, 1964.

VIEIRA, Christian Garcia. *Desconsideração da personalidade jurídica no novo CPC* – Natureza, procedimentos e temas polêmicos. Salvador: JusPodivm, 2017.

WARDE JR., Walfrido Jorge. *Responsabilidade dos sócios* – A crise da limitação e a teoria da desconsideração da personalidade jurídica. Belo Horizonte: Del Rey, 2007.

WORMSER, I. Maurice. *Disregard of the corporate fiction and allied corporation problems*. Washington: Beard Books, 2000.

REFLEXÕES SOBRE ALGUMAS PECULIARIDADES LEGAIS E JURISPRUDENCIAIS DA DESCONSIDERAÇÃO DA PERSONALIDADE JURÍDICA

Maria Helena Diniz

Mestre e Doutora em Teoria Geral do Direito e Filosofia do Direito pela Pontifícia Universidade Católica de São Paulo – PUCSP. Livre Docente e Titular de Direito Civil da Pontifícia Universidade Católica de São Paulo – PUCSP, por Concursos de Títulos e Provas. Professora de Direito Civil no Curso de Graduação da Pontifícia Universidade Católica de São Paulo – PUCSP. Professora de Filosofia do Direito, de Teoria Geral do Direito e de Direito Civil Comparado nos Cursos de Pós-Graduação (Mestrado e Doutorado) em Direito da Pontifícia Universidade Católica de São Paulo – PUCSP. Coordenadora do Núcleo de pesquisa em Direito da Pontifícia Universidade Católica de São Paulo – PUCSP. Membro da Academia Paulista de Direito (Cadeira 62 – patrono Oswaldo Aranha Bandeira de Mello); da Academia Notarial Brasileira (Cadeira 16 – patrono Francisco Cavalcanti Pontes de Miranda), do Instituto de Direito Comparado Luso-brasileiro. Membro honorário da internacional Federação dos Advogados da Língua Portuguesa (FALP). Presidente do Instituto Internacional de Direito – IID, São Paulo (Brasil).

Mariana Ribeiro Santiago

Doutora e Mestre em Direito das Relações Sociais pela Pontifícia Universidade Católica de São Paulo. Especialista em Contratos pela Pontifícia Universidade Católica de São Paulo. Bacharel em Direito pela Universidade Federal da Bahia. Professora do Programa de Pós-Graduação em Direito da Universidade de Marília. Editora-Chefe da Revista Argumentum. Advogada.

Sumário: 1. Breve nota introdutória – 2. Impacto da Lei de Liberdade Econômica na Desconsideração da Personalidade Jurídica – 3. Polêmica da Desconsideração da Personalidade Jurídica da sociedade limitada unipessoal – 4. Forma procedimental da Desconsideração da Personalidade Jurídica e a necessidade de citação do sócio ou da sociedade no pedido – 5. Influência da Lei 14.112/2020 Na Desconsideração da Personalidade Jurídica – 6. A Desconsideração da Personalidade Jurídica no Código de Defesa do Consumidor e o confronto entre o Art. 28, § 5º e a função social da empresa – 7. Desconsideração da Personalidade Jurídica e ressarcimento a dano ao meio ambiente – 8. Conclusão – 9. Referências.

1. BREVE NOTA INTRODUTÓRIA

A existência da pessoa jurídica, enquanto sujeito de direito, dotada de personalidade e patrimônio independentes de seus sócios, é um avanço da técnica jurídica, a qual permite que uma ficção seja reconhecida e movimente o mundo jurídico, por demandas de ordem econômica e social, participando ativamente do desenvolvimento nacional.

O exercício de qualquer empresa obedece aos princípios gerais da livre iniciativa e da livre concorrência, visando a obtenção do lucro que é legítimo no sistema capitalista, devendo, contudo, obedecer o limite imposto pela sua função social, ou seja, não se utilizar do biombo da proteção patrimonial para lesar a coletividade.

Ocorre que a blindagem patrimonial que é garantida por lei às pessoas jurídicas por vezes sofre grandes desvios, quando é utilizada para fraudar credores ou obtenção de vantagens ilícitas, o que demanda a superação da personalidade jurídica em determinadas situações para se alcançar os bens particulares de sócios e administradores.

O presente artigo, assim, visa investigar os contornos da desconsideração da personalidade jurídica nos diversos diplomas jurídicos em que está prevista, como Código Civil, Código de Processo Civil, Lei de Recuperação Judicial, Extrajudicial e Falência, Código de Defesa do Consumidor e Lei de Crimes Ambientais, verificando suas peculiaridades e a relação entre essas regulamentações.

A escolha do tema se justifica pela importância que a empresa assume atualmente para o desenvolvimento da economia e do ambiente social, potencializando a demanda por mais segurança na definição das hipóteses em que a blindagem patrimonial poderá ser superada para alcançar os bens particulares de sócios e administradores.

Para tanto, de início se aborda o impacto da Lei de Liberdade Econômica na desconsideração da personalidade jurídica, bem como as mudanças promovidas no Código Civil sobre o tema. Na sequência, estuda-se os efeitos da desconsideração da personalidade jurídica da sociedade limitada unipessoal e a possibilidade da desconsideração inversa. Após isso, analisa-se a forma procedimental da desconsideração da personalidade jurídica, diante das alterações sobre a matéria trazidas pelo Código de Processo Civil. Mais adiante, o foco do trabalho se volta para a influência da Lei 14.112/2020 na desconsideração da personalidade jurídica. Trabalha-se, ainda, a desconsideração da personalidade jurídica no Código de Defesa do Consumidor e o confronto entre o art. 28, § 5º e a função social da empresa. Por fim, o texto se volta para a desconsideração da personalidade jurídica e ressarcimento a dano ao meio ambiente.

Com base no tridimensionalismo jurídico de Miguel Reale é utilizado na análise da temática o método lógico-dialético, buscando uma dialética da implicação e da polaridade entre norma, fato e valor (categorias ontológicas e gnosiológicas). Utiliza-se como procedimento a pesquisa bibliográfica, mediante a utilização de obras especializadas, e a pesquisa documental, com estudo de jurisprudência.

2. IMPACTO DA LEI DE LIBERDADE ECONÔMICA NA DESCONSIDERAÇÃO DA PERSONALIDADE JURÍDICA

A pessoa jurídica é uma realidade autônoma, capaz de direitos e obrigações, independentemente dos membros que a compõem. Realmente, seus componentes somente responderão por seus débitos dentro dos limites do capital social, ficando a salvo o patrimônio individual. Se o patrimônio da sociedade personalizada não se identifica com o dos sócios, fácil será lesar credores, ou ocorrer abuso de direito, para subtrair-se de um dever.

Ante sua grande independência e autonomia devido ao fato da exclusão da responsabilidade dos sócios, a pessoa jurídica, às vezes, tem-se desviado de seus princípios e fins, cometendo fraudes e desonestidades, provocando reações legislativas, doutrinárias e jurisprudenciais que visam coibir tais abusos, desconsiderando sua personalidade jurídica.

Os tribunais declaram que há diferença de personalidade entre a sociedade e seus sócios, só que a da pessoa jurídica não constitui um direito absoluto por estar sujeita às teorias da fraude contra credores e do abuso de direito.

Há a mais completa independência entre os sócios ou associados e as pessoas jurídicas de que fazem parte, inexistindo qualquer responsabilidade daqueles para com as dívidas destas, no que é confirmado pelo *caput* do art. 795 do Código de Processo Civil de 2015. Somente em raríssimas exceções, previstas em lei, é que o sócio poderá ser demandado pelo pagamento do débito, tendo direito de exigir que sejam primeiro excutidos os bens da sociedade (CPC/2015, art. 795, § 1º).[1]

Daí o fato de o novo Código Civil, em seu art. 50 (§§ 1º e 5º, com redação da Lei 13.874/2019), ter-se inspirado na doutrina da desconsideração ao estatuir: "Em caso de abuso de personalidade jurídica, caracterizado pelo desvio de finalidade, ou pela confusão patrimonial, pode o juiz a requerimento da parte, ou do Ministério Público quando lhe couber intervir no processo, desconsiderá-la para que os efeitos de certas e determinadas relações de obrigações sejam estendidos aos bens particulares dos administradores ou sócios da pessoa jurídica beneficiados direta ou indiretamente pelo abuso". Desvio de finalidade se funda no dolo por ser o uso da pessoa jurídica com o propósito de lesar credores e para a prática de atos ilícitos de qualquer natureza, mas a mera expansão ou alteração da finalidade econômica específica da pessoa jurídica não constitui desvio de finalidade. Confusão patrimonial exige *culpa*, se caracterizando pela ausência de separação de fato entre os patrimônios caracterizada por: cumprimento repetitivo pela sociedade de obrigações do sócio ou do administrador; transferência de ativos ou de passivos sem efetivar contraprestações, exceto os de valor proporcional-

---

1. O Tribunal de Alçada Civil de São Paulo assim se pronunciou (*RT*, 456:151): "A penhora de bens de sócios para pagamento de dívida fiscal só se justifica se a impossibilidade do cumprimento das obrigações pela sociedade resulta de atos ou omissões pelos quais sejam os sócios responsáveis".
   Pelo Enunciado 7 do Centro de Estudos Judiciários do Conselho da Justiça Federal, "só se aplica a desconsideração da personalidade jurídica quando houver a prática de ato irregular, e, limitadamente, aos administradores ou sócios que nela hajam incorrido" e pelo enunciado 51, "a teoria da desconsideração da personalidade jurídica (*disregard doctrine*) fica positivada no novo Código Civil, mantidos os parâmetros existentes nos microssistemas legais e na construção jurídica sobre o tema". Pelo seu Enunciado 146 (aprovado na Jornada de Direito Civil de 2004): "Nas relações civis, interpretam-se restritivamente os parâmetros de desconsideração da personalidade jurídica previstos no art. 50 (desvio de finalidade social ou confusão patrimonial)". Tal Enunciado em nada prejudica o seu Enunciado 7, acima mencionado.
   Pelo Enunciado 91: "A desconsideração da personalidade jurídica de sociedades integrantes de mesmo grupo societário (de fato ou de direito) exige a comprovação dos requisitos do art. 50 do Código Civil por meio do incidente de desconsideração da personalidade jurídica ou na forma do art. 134, §2º, do Código de Processo Civil" (aprovado na III Jornada de Direito Comercial).

mente insignificante e outros atos de descumprimento de autonomia patrimonial. Há uma prática administrativa imprudente, negligente ou imperita.

Pelo Código Civil (art. 50), quando a pessoa jurídica se *desviar dos fins* que determinaram sua constituição, em razão do fato de os sócios ou administradores a utilizarem para alcançar finalidade diversa do objetivo societário para prejudicar alguém ou fazer mau uso da finalidade social, ou quando houver *confusão patrimonial* (mistura do patrimônio social com o particular do sócio, causando dano a terceiro) em razão de abuso da personalidade jurídica, o magistrado, a pedido do interessado ou do Ministério Público, está autorizado, com base na prova material do dano, a desconsiderar, episodicamente, a personalidade jurídica, para coibir fraudes e abusos dos sócios que dela se valeram como escudo, sem importar essa medida numa dissolução da pessoa jurídica. Com isso, subsiste o princípio da autonomia subjetiva da pessoa coletiva distinta da pessoa de seus sócios, mas tal distinção é afastada, provisoriamente, para um dado caso concreto.

A nova redação dada pela Lei da Liberdade Econômica (Lei 13.874/19) ao art. 50 do Código Civil se insere num contexto de tentativa de fortalecimento de garantias de livre mercado. As mudanças, contudo, não se prolongaram para alterar dispositivos do Código de Defesa do Consumidor, aplicando-se, exclusivamente, sobre relações de direito civil, empresarial, econômico, urbanístico e do trabalho (Lei 13.874/19, art. 1º, § 1º).

Em seu próprio art. 2º, a Lei 13.874/19 estabelece como seus princípios: a liberdade como uma garantia no exercício de atividades econômicas; a boa-fé do particular perante o poder público; a intervenção subsidiária e excepcional do Estado sobre o exercício de atividades econômicas; e o reconhecimento da vulnerabilidade do particular perante o Estado. Repete, assim, muitos dos paradigmas constitucionais sobre o assunto (ex. arts. 170-174, da CF).

O que se observa, todavia, é que a Lei de Liberdade Econômica apenas expressou o que a doutrina e a jurisprudência majoritárias já entendiam sobre a hermenêutica do mencionado art. 50 do Código Civil, ou seja, a desconsideração é medida de extrema exceção. Mormente após as alterações já realizadas no instituto da desconsideração da personalidade jurídica pelo Código de Processo Civil, a Lei 13.874/19 não traz inovações sobre a matéria.

Nesse sentido, ensina Eduardo Tomasevicius Filho:[2]

> Considerando a existência de histórico legislativo de tentativas frustradas ou ineficazes de pôr fim à desburocratização, para facilitar o exercício da livre iniciativa, a Lei 13.874 dificilmente terá vigor suficiente para impor a mudança desses comportamentos arraigados desde há muito tempo na cultura brasileira. Como visto, existe um vazio normativo na "Declaração de Direitos de Liberdade Econômica", porque quase nada se inovou em relação ao que já existia na Constituição Federal de 1988, no capítulo sobre a ordem econômica. Se já havia regra anterior e nada havia mudado, não será agora com a Lei 13.874, que tudo se transformará rapidamente.

---

2. TOMASEVICIUS FILHO, Eduardo. A tal "lei da liberdade econômica". *Revista da Faculdade de Direito*, Universidade de v. 114, p. 101-123, São Paulo, *[S. l.]*, 2019. DOI: 10.11606/issn.2318-8235.v114p101-123. Disponível em: https://www.revistas.usp.br/rfdusp/article/view/176578. Acesso em: 02 nov. 2022.

A desconsideração de pessoa jurídica tem, portanto, por escopo evitar abusos e fraudes de sócios, administradores gerentes ou representantes, sob o véu da independência patrimonial existente entre entidade e pessoas que a compõem (CC, art. 50; Lei 8.078/90, art. 28), possibilitando que o magistrado desconsidere a autonomia da sociedade para que haja responsabilidade patrimonial dos sócios ou administradores por dano causado a terceiro.

Mas será necessário prova[3] específica não só do abuso da personalidade jurídica, ou seja, do desvio de finalidade ou confusão patrimonial, mediante a utilização da pessoa jurídica para lesar credores ou praticar ilicitudes, como também do benefício direto ou indireto do ato.

---

3. Sobre exemplo do que pode ser considerado prova para fins de desconsideração da personalidade jurídica, segue jurisprudência: "processual civil. Tributário. Imposto sobre produtos industrializados/IPI. (...) Com efeito, a Turma entendeu que 'restou demonstrada a existência de grupo econômico entre Ulug-Es do Brasil Comércio Importação e Exportação Ltda (pessoa jurídica executada), CAOA Montadora de Veículos e Hyundai CAOA do Brasil, de modo a atrair a incidência do disposto nos arts. 124, 132 e 133 do CTN, pois restou demonstrado nos autos que Carlos Alberto Oliveira Andrade comanda com unidade de direção e objetivos econômicos'. Por outro lado, consignou que a caracterização do grupo econômico igualmente restou evidenciada pelo fato de que 'o endereço da filial da executada no cadastro CNPJ é o mesmo do dirigente da executada e da Hyundai CAOA, além de seus filhos e esposa serem sócios de outra sociedade que também é sócia da Hyundai CAOA, reforçando a tese de existência de confusão patrimonial entre as sociedades mencionadas e seu dirigente'. Diante disso, reconheceu que houve dissolução irregular, na medida em que consta da execução fiscal originária certidão do Oficial de Justiça informando que, em visita ao endereço do domicílio fiscal da empresa, em 07.07.2011, constatou-se sua inatividade, e, além disso, não foi juntado documento relativo ao distrato ou à dissolução perante a junta comercial (fl. 41). Apesar de que na data em que se constatou a dissolução irregular, o Sr. Carlos Alberto já não constava como dirigente da Executada, os documentos de fls. 42/54 demonstraram a existência de formação de grupo econômico entre a executada e as pessoas jurídicas do grupo CAOA. Como consignado pelo Juízo de origem, na execução fiscal, 'a dívida em comento se refere aos exercícios de 2000 e 2001 quando a empresa ULUG-ES girava sob a denominação social C. A. de Oliveira Andrade Comércio Importação e Exportação Ltda, ou seja, esta era a titular da dívida, inscrita posteriormente em razão da adesão a parcelamentos (PAES, PAEX), os quais suspenderam a exigibilidade dos tributos. Não bastasse isso, outros elementos indicam a intrincada relação jurídica existente entre tais sociedades empresárias e outras empresas pertencentes aos mesmos sócios, as quais têm centralização administrativa, concentração de capital acionário e unidade negocial, levando ao reconhecimento de existência de grupo econômico entre a devedora principal e as demais empresas'. [...] Da análise dos documentos encartados nos autos, restou demonstrado que houve uma sucessão de empresas, retirando-se o principal sócio e responsável pela denominação social Carlos Alberto Oliveira Andrade, havendo demonstração de que outras sociedades foram constituídas cujos sócios são sua esposa e filhos. Dessa forma, resta evidente que é Carlos Alberto De Oliveira Andrade quem comanda as empresas mencionadas, com unidade de direção e objetivos econômicos idênticos. Vale destacar, também, que a marca CA A era de propriedade da empresa executada desde 27.10.1998, a qual foi transferida para CA A Montadora De Veículos S/A em 28.09.2010 o que configura a transferência de fundo de comércio capaz de gerar uma responsabilidade tributária na forma do art. 131 do CTN para as empresas do grupo CA A (fls. 376-378). Com a transferência da marca, a executada transferiu seu maior patrimônio, quando pendente de débitos com o fisco, esvaziando seu patrimônio em detrimento dos credores. Desse modo, não há como se afastar a responsabilidade dos embargantes pelas dívidas objeto da Execução Fiscal 0007518-76.2003.4.02.5001. 'Ademais, o STJ, quando do julgamento do REsp 1721239 SP, em que se questionava a legalidade da desconsideração inversa da personalidade jurídica das empresas e partes envolvidas no presente feito, reconheceu a existência de abuso de personalidade jurídica do grupo econômico e fraude por parte de Carlos Alberto Oliveira Andrade, diante de alienação 'maliciosa' de quase a totalidade de sua participação societária para sua esposa'. (...)" (STJ, AgInt no AREsp 1.766.242/ES, relator Ministro Francisco Falcão, Segunda Turma, julgado em 29.08.2022, DJe de 31.08.2022).

3. POLÊMICA DA DESCONSIDERAÇÃO DA PERSONALIDADE JURÍDICA DA SOCIEDADE LIMITADA UNIPESSOAL

O instituto da empresa individual de responsabilidade limitada – EIRELI ingressou no ordenamento jurídico brasileiro através da Lei 12.441/2011, a qual inseriu o art. 980-A no Código Civil, atualmente revogado pela Lei 14.382/2022.

As empresas individuais limitadas eram regidas no que coubesse pelas normas alusivas à sociedade limitada e poderiam resultar da concentração de quotas de outra modalidade societária num único sócio, independentemente dos motivos conducentes àquela concentração. O seu nome

empresarial era formado pela inclusão do termo Eireli após a firma ou denominação social (CC, 980-A, §§ 1º a 6º). E pelos Enunciados 3 e 4 da I Jornada de Direito Comercial não era sociedade unipessoal, mas um novo ente distinto da pessoa do empresário e da sociedade empresária e uma vez subscrito e efetivamente integralizado o capital, a Eireli não sofria nenhuma influência decorrente de alterações do salário mínimo.

Tratou a Lei 12.441/2011 de uma tentativa de regularizar uma situação da realidade empresarial brasileira, onde muitas vezes os casais ou demais familiares constituíam uma sociedade meramente formal, com o intuito de limitar a responsabilidade patrimonial da empresa, pela inexistência de uma figura jurídica eficiente para a proteção dos interesses do empresário individual. Em praças comerciais como a de São Paulo, contudo, a nova figura legal não foi efetiva, deixando de contar com a adesão empresarial, principalmente porque o capital social mínimo exigido para sua constituição era de cem salários mínimos, a ser totalmente integralizado quando da constituição, o que foi considerado muito elevado.[4]

Ocorre que a Lei de Liberdade Econômica (Lei 13.874/2019) promoveu alterações também nessa seara, para criação da sociedade limitada unipessoal, inserida no Código Civil, nos seus §§ 1º e 2º, do art. 1.052. Dessa forma, a sociedade limitada passou a poder ser constituída apenas por uma pessoa, nesse caso sendo aplicadas ao documento de constituição as disposições compatíveis sobre contrato social, sem limitação mínima ou máxima para a constituição do capital social, ou a integralização imediata do mesmo. No mais, a sociedade unipessoal segue as regras previstas para as sociedades limitadas em geral.

Note-se que, como o art. 980-A, que tratava da empresa individual de responsabilidade limitada – EIRELI, só foi revogado em 2022, pela Lei 14.382, este instituto conviveu até então com a figura da sociedade limitada unipessoal, de forma a causar imprecisões técnicas e conflitos no ordenamento jurídico brasileiro.

Com a revogação dos arts. 44, VI do CC e do Título I – A do Livro II da Parte Especial pela Lei 14.382/2022 e do art. 1.033, IV do CC pela Lei 14.195/2021 sempre se poderá transformar as *Eirelis* em *sociedades limitadas unipessoais*, independentemente

---

4. TOMASEVICIUS FILHO, Eduardo. A tal "Lei da Liberdade Econômica". *Revista da Faculdade de Direito*, Universidade de v. 114, p. 101-123, São Paulo, *[S. l.]*, 2019. DOI: 10.11606/issn.2318-8235.v114p101-123. Disponível em: https://www.revistas.usp.br/rfdusp/article/view/176578. Acesso em: 02 nov. 2022.

de qualquer alteração em seu ato constitutivo, pois a DREI disciplinará tal transformação (CC, art. 1.052, §§ 1º e 2º, 1.113 a 1.115; Lei 14.195/2021, art. 41, parágrafo único).

Será que para desconsiderar personalidade jurídica de sociedade limitada unipessoal será necessária a prévia instauração de incidente de desconsideração da personalidade jurídica inversa?

A 3ª Turma do STJ (REsp 1874256 – rel. Min. Nancy Andrighi) considerou que a instauração prévia do incidente (CPC, art. 133 e seguintes) é indispensável, tanto para autorizar a busca de bens pessoais do empresário, havendo débito da sociedade, quanto na situação inversa, que requer penhora de patrimônio empresarial para pagar obrigações do empresário individual. Isto porque os patrimônios não se confundem, salvo na hipótese de fraude, quando p. ex., o empresário abusa de blindagem patrimonial da pessoa jurídica, para ocultar seus pertences pessoais. Conclui a relatora que com a prévia instauração do incidente será possível garantir o exercício do contraditório e da ampla defesa da pessoa jurídica ou da pessoa natural que a constituiu, demonstrando a presença ou a ausência dos pressupostos específicos para a superação momentânea da autonomia patrimonial. E ao determinar o processamento do incidente na execução promovida contra o titular da sociedade, reformou o acórdão do TJSP que deferiu, sem a prévia instauração de incidente de desconsideração da personalidade jurídica inversa, penhora de bens de uma Eireli para assegurar pagamento de débitos contraídos pela pessoa natural que a titulariza.

Em relação à possibilidade e ao procedimento para desconsideração da personalidade jurídica, dessa forma, a sociedade unipessoal seguirá todas as normas aplicáveis às sociedades limitadas em geral, inclusive na hipótese de desconsideração inversa, que visa alcançar o patrimônio da pessoa jurídica em face de débito da pessoa física titular.

4. FORMA PROCEDIMENTAL DA DESCONSIDERAÇÃO DA PERSONALIDADE JURÍDICA E A NECESSIDADE DE CITAÇÃO DO SÓCIO OU DA SOCIEDADE NO PEDIDO

O CPC/2015 veio abarcar normas sobre a forma procedimental da desconsideração da personalidade jurídica, evitando que haja ativismo judicial, usurpando as funções do Poder Legislativo, ao fazer uso de técnica procedimental equivocada, ao ampliar inadvertidamente as hipóteses de aplicação desse instituto, desestimulando a atividade empresarial e, até mesmo, a participação no capital social das sociedades. Realmente, não havia entendimento unívoco sobre a ocorrência da desconsideração durante o processo e ocorriam fatos oriundos da ampliação da responsabilidade pela desconsideração no curso da demanda, não havendo, às vezes, citação prévia das pessoas atingidas, afrontando norma constitucional segundo a qual ninguém pode ser privado de seus bens sem o devido processo legal.

A desconsideração poderá ser pleiteada em qualquer momento processual, seja na fase de conhecimento, seja na de cumprimento de sentença ou nas execuções fundadas em título executivo extrajudicial.

Os motivos conducentes à desconsideração são os previstos legalmente como: desvio de finalidade nas atividades da pessoa jurídica, confusão patrimonial, provocando, na prática de atos ilícitos, enriquecimento indevido de sócios, insolvência ou inatividade da pessoa jurídica. Tais causas deverão ser provadas pelo sócio, administrador ou pessoa jurídica (se inversa for a desconsideração).

O CPC/2015, art. 133, §§ 1º e 2º, trata da forma de requerimento da desconsideração da personalidade jurídica, adotando, para tanto, o pedido incidental feito pela parte ou pelo Ministério Público, quando lhe couber intervir, pois o órgão judicante não poderá desconsiderar *ex officio*. A formulação de pedido incidental é cabível em qualquer fase do processo de conhecimento, no cumprimento de sentença e na execução fundada em título executivo extrajudicial (CPC, art. 134). Pode dar-se, portanto, incidentalmente e apenas no processo em que foi requerido, e tem valia somente para as partes litigantes, durante o andamento daquele processo, logo, fora da seara processual, sua personalidade jurídica permanece intacta. E aplica-se também, pelo CPC, art. 1.062, ao processo de competência dos Juizados Especiais, se o valor da causa for pequeno. Mas se requerida for a desconsideração na petição inicial, dispensada estará a instauração do incidente, sendo, então, citado o sócio ou a pessoa jurídica para se defender em contestação. Assim sendo, se for requerida pela parte quando o processo estiver em andamento, inclusive na fase recursal (CPC, art. 932, VI), ter-se-á incidente do processo dependente de pedido da parte ou do Ministério Público quando lhe couber intervir. A desconsideração é uma espécie de incidente do processo, sendo, portanto, um processo novo, que surge de um Já existente, nele se incorporando.

Esse incidente provoca a citação do sócio ou da pessoa jurídica para defender-se da acusação de má utilização da pessoa jurídica, podendo vir a responder em nome próprio pelas obrigações da sociedade, ré originária do processo.

Pelo vigente CPC é imprescindível a citação prévia do sócio ou da sociedade (TJSP, AI 2101763-15.2020.8.26.0000; TJRS, AI 209530-73.2019.8.21.7000; TJMG, Ap. Civ. 1.0000.17.021395-3/002; TJRJ, AI 0038598-57.2019.8.19.0000; TJDFT, 2ª Turma Cível, AI 0703773-45.2020.8.07.0000 DF; TJSP, 18ª Câmara de D. Privado, AI 2150548-08.2020.8.26.000-SP).[5]

---

5. "Agravo interno no agravo. Execução. Desconsideração de personalidade jurídica do banco, determinada a inclusão dos sócios no polo passivo da demanda originária em fase de execução. 1. A alegada negativa de prestação jurisdicional não se vislumbra, uma vez rebatido, pela Corte estadual, o argumento de que omisso o acórdão quanto à necessidade de apresentação de quadro societário atualizado do executado e de prévia oitiva das pessoas chamadas a responder pelo débito. 2. No que diz respeito à aventada ilegitimidade passiva *ad causam* do ora agravante (sob o argumento de não ser mais sócio do banco executado, tendo se retirado e renunciado ao cargo de diretor em maio de 1999), constata-se que o óbice da Súmula 7/STJ inviabiliza o exame da controvérsia. 3. Nos termos da jurisprudência do STJ: () 'sob a égide do CPC/73, a desconsideração da personalidade jurídica pode ser decretada sem a prévia citação dos sócios atingidos, aos quais se garante o exercício postergado ou diferido do contraditório e da ampla defesa', e (ii) 'de acordo com a Teoria Menor, a incidência da desconsideração se justifica: a) pela comprovação da insolvência da pessoa jurídica para o pagamento de suas obrigações, somada à má administração da empresa (art. 28, *caput*, do CDC); ou b) pelo mero fato de a personalidade jurídica representar um obstáculo ao ressarcimento de prejuízos causados aos consumidores, nos termos do $ 5º do art. 28 do CDC' (REsp 1.735.004-SP, Rel. Min. Nancy Andrighi, 3ª Turma, julgado em 26.06.2018, DJe 29.06.2018).

Nada obsta, como bem observa José Tadeu Neves Xavier, que se faça o pedido originário de desconsideração, apresentando-se no momento da propositura da demanda, dando azo ao litisconsórcio passivo, desde o início do processo, caso em que sócio ou administrador (ou, eventualmente, a pessoa jurídica, havendo desconsideração inversa) farão parte do processo desde o seu início, sendo citados para apresentar sua defesa, e o órgão judicante decidirá não só sobre a responsabilidade, mas também sobre o objeto da demanda. E tal decisão poderá dar-se durante o curso do processo, sob a forma de interlocutória, ou ao final do feito. O art. 133, § 2º, admite a *desconsideração inversa*, que consiste em se responsabilizar a pessoa jurídica por obrigações de seu sócio, que, por ex., desvia seus bens particulares para o patrimônio social, mediante fraude, para não dividir com ex-cônjuge os bens do casal, passando-os para o nome da empresa. Se tal ocorrer, os demais sócios deverão ser citados e poderão dissolver a sociedade ou optar pela expulsão do sócio de má-fé. Logo, na desconsideração inversa, não se desconsidera o patrimônio da sociedade, para atingir o dos sócios ou administrador, mas para alcançar o da pessoa jurídica, para satisfazer credores dos seus sócios.

Com a desconsideração inversa da personalidade jurídica (CPC, art. 133, § 2º), não se tem por escopo a extinção da pessoa jurídica, ter-se-á suspensão temporária da eficácia do seu ato constitutivo para que, atendendo os credores, os bens de seu patrimô-

---

4. A Corte estadual atestou o fato da personalidade jurídica representar um obstáculo ao ressarcimento de prejuízos causados aos consumidores, razão pela qual considerou incidente a teoria menor da desconsideração da personalidade jurídica à espécie, o que encontra amparo na jurisprudência desta Corte. 5. Agravo interno não provido" (STT – 4ª Turma, Agint no Agravo em Recurso Especial 1.575.588-RJ, Rel. Min. Luis Felipe Salomão, J. 20.02.2020).
"Incidente de desconsideração da personalidade jurídica. Execução de título extrajudicial. Rejeição do incidente. Inconformismo da exequente. Acolhimento. Encerramento prematuro do incidente. Necessidade de citação dos sócios da agravada e de abertura da instrução probatória. Inteligência dos arts. 135 e 136 do Código de Processo Civil. Nítida relação de consumo. Requisitos autorizadores da medida que devem ser avaliados com base no art. 28 do Código de Defesa do Consumidor. Decisão cassada. Recurso provido" (TJSP, 5ª Câmara de Direito Privado, Agravo de Instrumento 2101763-15.2020.8.26.0000-SP, Rel. Des. J. L. Mônaco da Silva, J. 06.07.2020).
"Agravo de instrumento. Decisão que deferiu o requerimento de bloqueio de ativos dos sócios pelo Bacen-Jud e efetuou consulta via InfoJud e Renajud. Incidente de desconsideração da personalidade jurídica. Imposição de contraditório por força dos arts. 135 e 9º do Código de Processo Civil. Ausência de citação ou intimação dos sócios após a determinação de sua inclusão no polo passivo da ação. Impossibilidade. Cerceamento de defesa configurado. Necessidade de citação dos sócios. Recurso ao qual se dá provimento" (TJRJ – 6ª Câmara Cível, Agravo de Instrumento 0038598-57.2019.8.19.0000-RJ, Rel. Des. Teresa de Andrade, J.17.02.2020).
"Processual civil. Civil. Agravo de instrumento. Cumprimento de sentença. Incidente de desconsideração da personalidade jurídica. Indisponibilidade de bens dos sócios. Averbação nos registros do veículo. Incabível. Necessidade de citação dos sócios da empresa. Exercício do contraditório e da ampla defesa. Trata-se de agravo de instrumento interposto contra decisão que indeferiu o pedido de expedição de ofício ao Detran-DF a fim de se averbar nos registros dos automóveis de propriedade de um dos sócios da empresa executada a indisponibilidade de venda. 2. Sob a égide do Código de Processo Civil de 2015, a desconsideração da personalidade jurídica possui natureza de intervenção de terceiro, devendo ser instaurado o respectivo incidente e observados os ditames dos arts. 133 a 137 daquele diploma processual, sendo necessária a citação do sócio da empresa devedora ou da pessoa jurídica para se manifestar e requerer as provas cabíveis. Somente após o encerramento da fase instrutória, o magistrado deve resolver o incidente por decisão interlocutória. 3. Não tendo o magistrado apreciado o incidente de desconsideração da personalidade jurídica e, consequentemente, atribuído responsabilidade aos sócios pelo adimplemento da obrigação, revela-se prematura e indevida a adoção de qualquer medida constritiva contra o patrimônio dos sócios da empresa. 4. Recurso conhecido e desprovido" (TJDFT, 7ª Turma Cível, Agravo de Instrumento 0703773-45.2020.8.07.0000-DF, Rel. Des. Sandoval Oliveira, J. 10.06.2020).

nio respondam pelos débitos de seu sócio (STJ, RESp 948.117/MS, j. 2206-2010; RESp 1236913, j. 22.10.2013, rel. Min. Nancy Andrighi).

Instaurado o incidente, o sócio, ou a pessoa jurídica, será citado (CPC, art. 135) para manifestar-se e requerer a instrução, o incidente será decidido por meio de decisão interlocutória, que poderá ser discutida em segunda instância em via de agravo de instrumento (CPC/2015, art. 1.015, IV). Mas se o incidente for instaurado em sede recursal, o recurso cabível será o agravo interno (CPC, art. 1.021) se a decisão for proferida pelo relator (CPC/2015, art. 136 e Parágrafo único).[6]

A tutela provisória de urgência pode ser aplicada ao incidente se presentes os requisitos do CPC, arts. 300 a 311 para que sejam concedidos os efeitos da antecipação de desconsideração.

A processualização da desconsideração que passa a ser tida como uma nova modalidade de intervenção de terceiro. A natureza jurídica fica evidente a partir da análise da localização dos dispositivos sobre o tema da desconsideração dentro do próprio Código de Processo Civil, que inseriu o instituto no seu Título III, intitulado "Da intervenção de terceiros". Sendo inegável a distinção entre a pessoa jurídica e a pessoa física dos seus membros, desconsiderar a personalidade jurídica é, de fato, estender os efeitos patrimoniais de uma sentença a quem não figurou formalmente como parte no processo.[7]

5. INFLUÊNCIA DA LEI 14.112/2020 NA DESCONSIDERAÇÃO DA PERSONALIDADE JURÍDICA

A legislação especial sobre o tema da recuperação judicial, extrajudicial e falência historicamente recebeu críticas, pela incapacidade de promover a retomada saudável

---

6. E pelo Conselho da Justiça Federal, na Jornada de Direito Civil, em seus Enunciados: a) n. 281 – "A aplicação da teoria da desconsideração, descrita no art. 50 do Código Civil, prescinde da demonstração de insolvência da pessoa jurídica"; b) n. 282 – "O encerramento irregular das atividades da pessoa jurídica, por si só, não basta para caracterizar abuso de personalidade jurídica"; c) n. 283 – "É cabível a desconsideração da personalidade jurídica denominada 'inversa' para alcançar bens de sócio que se valeu da pessoa jurídica para ocultar ou desviar bens pessoais, com prejuízo a terceiros"; d) n. 284 – "As pessoas jurídicas de direito privado sem fins lucrativos ou de fins não econômicos estão abrangidas no conceito de abuso de personalidade jurídica"; e e) n. 285 – "A teoria de desconsideração, prevista no art. 50 do Código Civil, pode ser invocada pela pessoa jurídica em seu favor".

E, pelo Enunciado 17 da Jornada Paulista de Direito Comercial: "Na falência, é admissível a responsabilidade patrimonial do sócio da falida nos casos de confusão patrimonial que justifiquem a desconsideração da personalidade jurídica, observado o contraditório prévio e o devido processo legal".

Segundo os Enunciados do Fórum Permanente de Processualistas Civis:

a) 123: "É desnecessária a intervenção do Ministério Público, como fiscal da ordem jurídica, no incidente de desconsideração da personalidade jurídica, salvo nos casos em que deva intervir obrigatoriamente, previstos no art. 179 (art. 178 do novo CPC)".

b) 125: "Há litisconsórcio passivo facultativo quando requerida a desconsideração da personalidade jurídica juntamente com outro pedido formulado na petição inicial ou incidentalmente no processo em curso".

C) 248: "Quando a desconsideração da personalidade jurídica for requerida na petição inicial, incumbe ao sócio ou à pessoa jurídica, na contestação, impugnar não somente a própria desconsideração, mas também os demais pontos a causa"

7. BARROSO, Carlos Eduardo Ferraz de Mattos. *Processo civil*: teoria geral do processo e processo de conhecimento. 17. ed. São Paulo: Saraiva, 2019. p. 17.

REFLEXÕES SOBRE ALGUMAS PECULIARIDADES LEGAIS E JURISPRUDENCIAIS DA DESCONSIDERAÇÃO DA PJ **727**

da empresa ao mercado, de forma a solucionar também as demandas dos credores, mantendo postos de trabalho e circulação de riqueza para a economia.

A promulgação da Lei 14.112/2020, no auge da pandemia Covid-19, criou expectativas nos empresários brasileiros, devido à proposta de agilizar e desburocratizar os segmentos da recuperação judicial e extrajudicial, bem como da falência.

Nesse contexto, tema que merece menção é a desconsideração da personalidade jurídica nos casos de falência, insolvência, encerramento ou inatividade da empresa, em razão de sua má administração. Interessantes a esse respeito são as observações de Adalberto Simão Filho de que, diante de abusos e de comprovada fraude contra credores, é possível excepcionalmente a desconsideração da pessoa jurídica (CDC, art. 28), que teve decretada sua falência, sem que haja necessidade de propor ação judicial da responsabilidade, prevista no art. 82 da Lei 11.101/2005, desde que: 1) se tenha dado ao sócio a chance de se manifestar sobre o pleito desconsideratório; 2) as razões que deram causa à despersonificação estejam presentes após a manifestação ou omissão do sócio; e 3) o órgão judicante gradue o âmbito da desconsideração e seus efeitos jurídicos, fundamentando constitucionalmente sua decisão. Configurando-se tais requisitos poder-se-á obter o sequestro dos bens do patrimônio dos sócios e sua condenação pelo limite da responsabilidade patrimonial (TJSP, AI 190.367-1-SP, rel. Des. Munhoz Soares, j. 29.04.1993; TJSP, AI 227.528-1-SP, rel. Des. Munhoz Soares, j. 25.08.1994; TJSP, AI 190.368-1-SP, rel. Des. Munhoz Soares, j. 15.04.1993; TJSP, AgRg 178.660- SP, rel. Yussef Cahali. j. 17.09.1992).

Em relação à falência será proibida sua extensão ou a de seus efeitos, no todo ou em parte aos sócios de responsabilidade limitada, aos controladores e aos administradores da sociedade falida, admitida, contudo, a *desconsideração da personalidade jurídica* da sociedade falida, para fins de responsabilização de terceiro, grupo, sócio ou administrador por obrigação desta, que somente poderá ser decretada pelo juízo falimentar, observando-se o art. 50 do CC, arts. 133 a 137 do CPC, não se aplicando a suspensão do § 3º art. 134 do CPC (art. 82-A e parágrafo único da Lei 11.101/2005).

Há interesse para o pedido da superação da personalidade jurídica na falência pelos credores devidamente habilitados (Lei de Falências, arts. 94, § 1º, 97, IV), pelo administrador judicial (Lei de Falências, art. 22, II, b) e pelo representante do Ministério Público (Lei de Falências, art. 187, § 2º). Até mesmo o magistrado poderia decretá-la de ofício se no processo todos os pressupostos para tanto estiverem presentes, fundamentando essa sua decisão na própria sentença convolatória da recuperação judicial (Lei de Falências, arts. 3º, 73, 82, § 2º). Após a desconsideração, surgirão duas massas patrimoniais ativas (Lei de Falências, arts. 82, § 2º, 108, 110, § 2º, III e IV): a dos bens dos sócios e a do patrimônio da empresa. Se a desconsideração adveio, em razão de falência, de pedido de credor consumidor, sem que estejam configurados os requisitos normais da despersonalização, apenas ele poderá concorrer sobre essas duas massas patrimoniais. Se, além da falência, o despacho de superação da personalidade jurídica concluir pela fraude ou abuso de direito de personificação, todos os credores estão habilitados a concorrer sobre as duas massas, obedecendo-se às suas preferências e privilégios. Se um credor consumidor vier a concorrer com os demais sobre o patrimônio composto pelos bens dos sócios, terá nessa massa preferência sobre os outros, pois a lei apenas a ele tornou possível o pleito de desconsideração.

A jurisprudência do Superior Tribunal de Justiça[8] sobre desconsideração da personalidade jurídica em casos de falência é firme em considerar que, diante de fraude e confusão patrimonial entre a falida e outras empresas, é possível, a qualquer tempo, a desconsideração das personalidades jurídicas no próprio processo falimentar, de forma incidental, inclusive para arrecadação de bens das sociedades empresariais envolvidas.

Quando o pedido de falência envolve grupo econômico, há posicionamento do Superior Tribunal de Justiça[9] esclarecendo, por sua vez, que a existência do grupo, por si só não justifica a desconsideração da personalidade jurídica ou ainda a solidariedade obrigacional, deixando claro que há a necessidade da comprovação dos requisitos previstos no art. 50, do Código Civil.

Merecem menção ainda os casos de concomitância entre recuperação judicial e falência e ações trabalhistas onde se processem a desconsideração da personalidade jurídica para constrição dos bens dos sócios. Nesse sentido, o Superior Tribunal de

---

8. "Recurso especial. Processo civil. Personalidade jurídica. Desconsideração. Bens. Restituição. Massa falida. Possibilidade. Ação própria. Desnecessidade. Prova emprestada. Utilização. Contraditório. Prazo prescricional. Não aplicação. Direito potestativo. Previsão legal. Ausência. (...). 4. Conforme orientação jurisprudencial consolidada, uma vez verificada a ocorrência de fraude e confusão patrimonial entre a falida e outras empresas, é possível a desconsideração das personalidades jurídicas incidentalmente no processo falimentar, independentemente de ação própria (anulatória ou revocatória), inclusive com o objetivo de arrecadar bens das sociedades empresariais envolvidas na fraude reconhecida pelas instâncias ordinárias. Precedentes. 5. A desconsideração da personalidade jurídica, quando preenchidos os seus requisitos, pode ser requerida a qualquer tempo, não se submetendo, à míngua de previsão legal, a prazos decadenciais ou prescricionais. Precedentes. 6. Recurso especial conhecido e não provido" (STJ, REsp 1.686.123/SC, relator Ministro Ricardo Villas Bôas Cueva, Terceira Turma, julgado em 22.03.2022, DJe de 31.03.2022).

"Recurso especial. Falência. Pedido de providências. Desconsideração da personalidade jurídica. Sucessão. Falha na prestação jurisdicional. Ausência. Coisa julgada. Inexistência. Ação autônoma. Necessidade afastada. Prescrição. Decadência. (...) 4. A formação da coisa julgada deve levar em conta os limites de cognição do instrumento processual em que analisada a matéria. Os anteriores pronunciamentos quanto à existência de sucessão não analisaram a ocorrência de fraude, diante da necessidade de dilação probatória, motivo pelo qual não se pode falar em sua imutabilidade. 5. A desconsideração da personalidade jurídica para apuração da existência de sucessão irregular prescinde de ação autônoma, podendo ser requerida incidentalmente na falência. 6. A desconsideração da personalidade jurídica, quando preenchidos os seus requisitos, pode ser requerida a qualquer tempo. 7. O entendimento do Superior Tribunal de Justiça é firme no sentido de que os pedidos formulados pelos recorrentes devem ser analisados a partir de uma interpretação lógico-sistemática, não podendo o magistrado se esquivar da análise ampla e detida da relação jurídica posta em exame. 8. No incidente de desconsideração da personalidade jurídica não cabe a condenação nos ônus sucumbenciais diante da ausência de previsão legal. 9. Recurso especial parcialmente conhecido e, nessa extensão, parcialmente provido" (STJ, REsp 1.943.831/SP, relator Ministro Ricardo Villas Bôas Cueva, Terceira Turma, julgado em 14.12.2021, DJe de 17.12.2021).

9. "Agravo interno em recurso especial. Falência. Crédito. Habilitação. Grupo econômico. Solidariedade. Inexistência. Não provimento. 1. A existência de grupo econômico não autoriza, por si só, a solidariedade obrigacional ou a desconsideração da personalidade jurídica. 2. Agravo interno a que se nega provimento" (STJ, AgInt no REsp n. 1.738.588/DF, relatora Ministra Maria Isabel Gallotti, Quarta Turma, julgado em 22.11.2021, DJe de 25.11.2021).

REFLEXÕES SOBRE ALGUMAS PECULIARIDADES LEGAIS E JURISPRUDENCIAIS DA DESCONSIDERAÇÃO DA PJ   729

Justiça[10] tem decidido que não viola a competência do juízo universal da falência ou da recuperação judicial, por si só, a decisão que desconsidera a personalidade jurídica da empresa, desde que o patrimônio da massa falida não seja objeto de constrição.

De modo geral, a inovação trazida pela Lei 14.112/2020 sobre a possibilidade da desconsideração da personalidade jurídica no juízo da falência, desde que configurados os requisitos do art. 50, do Código Civil, trouxe avanços ao fomentar a efetiva recuperação do crédito com segurança jurídica.

6. A DESCONSIDERAÇÃO DA PERSONALIDADE JURÍDICA NO CÓDIGO DE DEFESA DO CONSUMIDOR E O CONFRONTO ENTRE O ART. 28, § 5º E A FUNÇÃO SOCIAL DA EMPRESA

Sobre a temática consumerista, é preciso ressaltar, inicialmente que o Código de Defesa do Consumidor demonstra uma fundamental diferença em relação às legislações que lhe precederam. O referido *Codex* nasceu amparado por Garantia Constitucional (CF, art. 5º, XXXII, e art. 170, V), o que implica na segurança de que nenhuma lei ordinária poderá revogar os seus preceitos, sob pena de nulidade.

Configura-se, assim, numa lei de função social, que ocasiona modificações profundas nas relações jurídicas, tutelando um grupo específico de indivíduos, vulneráveis no livre mercado, intervindo de maneira imperativa.

---

10. "Agravo interno no recurso especial – Autos de agravo de instrumento na origem – Decisão monocrática que negou provimento ao reclamo. Insurgência DOS agravantes. 1. Nos termos da jurisprudência da Segunda Seção desta Corte, não viola a competência do juízo universal da falência ou da recuperação judicial, por si só, a decisão que desconsidera a personalidade jurídica da empresa. 1.1. Se o patrimônio da massa falida não é objeto de constrição, mas sim os bens dos sócios não atingidos pela decretação da falência, não se cogita de competência do juízo falimentar para decidir sobre a execução do crédito reclamado. Incidência da Súmula 83/STJ. 2. Agravo interno desprovido" (STJ, AgInt no REsp 1.883.886/SP, relator Ministro Marco Buzzi, Quarta Turma, julgado em 05.10.2021, DJe de 14.10.2021).
    "Agravo interno no conflito de competência. Recuperação judicial e ação trabalhista. Inexistência de atos de constrição direcionados ao patrimônio da empresa recuperanda. Desconsideração da personalidade jurídica promovida no juízo laboral. Possibilidade. Conflito não conhecido. Agravo interno não provido. 1. Esta Corte Superior de Justiça possui firme o entendimento no sentido de que os atos de constrição tendentes à expropriação de bens essenciais à atividade empresarial e ao próprio soerguimento da empresa devem ser submetidos ao controle do Juízo da recuperação, até mesmo nos casos em que o crédito não se submeta ao plano de recuperação judicial, na esteira do regramento do artigo 49, e parágrafos, da Lei 11.101/2005. 2. Todavia, no caso sob análise, inexiste demonstração de constrição patrimonial direcionada à suscitante, mas apenas à sócios e coobrigados. 3. Segundo a redação da Súmula 581/STJ, "a recuperação judicial do devedor principal não impede o prosseguimento das ações e execuções ajuizadas contra terceiros devedores solidários ou coobrigados em geral, por garantia cambial, real ou fidejussória". 4. A recuperação judicial do devedor principal não impede o prosseguimento das execuções nem induz suspensão ou extinção de ações ajuizadas contra terceiros devedores solidários ou coobrigados em geral, por garantia cambial, real ou fidejussória, pois não se lhes aplicam a suspensão prevista nos arts. 6º, *caput*, e 52, inciso III, ou a novação a que se refere o art. 59, caput, por força do que dispõe o art. 49, § 1º, todos da Lei 11.101/2005 (REsp 1333349/SP, Rel. Ministro Luis Felipe Salomão, Segunda Seção, julgado em 26.11.2014, DJe 02.02.2015). 5. Não configura conflito de competência, em regra, a constrição de bens dos sócios da empresa em recuperação judicial, à qual foi aplicada, na Justiça Especializada, a desconsideração da personalidade jurídica (AgInt no CC 155.358/SP, Rel. Ministro MARCO BUZZI, Segunda Seção, julgado em 23.05.2018, DJe 30.05.2018) 6. Agravo interno não provido" (STJ, AgInt no CC 180.309/SP, relator Ministro Luis Felipe Salomão, Segunda Seção, julgado em 19.10.2021, DJe de 22.10.2021).

O próprio art. 1º, do referido código, dispõe que suas normas se dirigem à proteção prioritária dos consumidores e se constituem em normas de ordem pública, inafastáveis pela vontade individual, interessando, assim, mais diretamente à sociedade que aos particulares, na árdua tarefa de transformar uma realidade social, como uma faceta do exercício da cidadania.[11]

Tendo em vista que um código significa um conjunto sistemática e logicamente ordenado de normas jurídicas, o Código de Defesa do Consumidor, enquanto codificação, está sistematicamente organizado, de forma autônoma, visando a especial proteção do consumidor, o que o caracteriza como um microssistema, de caráter especial, a prevalecer sobre os demais, a exceção do sistema da própria Constituição.[12]

Acresce que o Código de Defesa do Consumidor pode, ainda, ser definido como uma lei principiológica, modelo até então inexistente no ordenamento jurídico brasileiro, a partir do momento em que ingressa no sistema jurídico e produz um corte horizontal, atingindo toda e qualquer relação jurídica que possa se configurar como consumerista e concretizando princípios e garantias constitucionais que se perfazem em cláusulas pétreas.[13]

É dentro dessa lógica de proteção aos vulneráveis que, também nas relações de consumo, com a Lei 8.078/90, o órgão judicante está autorizado a desconsiderar a personalidade jurídica da sociedade. Deveras, o Código de Defesa do Consumidor, no art. 28, prescreve que o juiz poderá desconsiderar a personalidade jurídica da sociedade quando, em detrimento do consumidor, houver abuso de direito, excesso de poder, infração da lei, fato ou ato ilícito ou violação dos estatutos ou contrato social. A desconsideração também será efetivada quando houver falência, estado de insolvência, encerramento ou inatividade da pessoa jurídica provocados por má administração. E no seu art. 28, §5º, estabelece que também poderá ser desconsiderada a pessoa jurídica sempre que sua personalidade for, de alguma forma, obstáculo à reparação de prejuízos causados aos consumidores, desde que a sanção que lhe for aplicável não seja de cunho pecuniário, como p. ex.: proibição de fabricação de produto; suspensão temporária de atividades ou de fornecimento de produto ou serviço (CDC, art. 56, V, VI e VII).

Portanto, em nosso País, com o advento da Lei 8.078/90, art. 28 e § 5º, o órgão judicante está autorizado, nas relações de consumo, a desconsiderar a personalidade jurídica da sociedade, se houver, de sua parte:

a) abuso de direito, desvio ou excesso de poder, lesando consumidor;

b) infração legal ou estatutária, por ação ou omissão, em detrimento do consumidor;

c) falência, insolvência, encerramento ou inatividade, em razão de sua má administração;

---

11. MELLO, Sônia Maria Vieira de. *O direito do consumidor na era da globalização*: a descoberta da cidadania. Rio de Janeiro: Renovar, 1998. P. 15.
12. MARQUES, Cláudia Lima. *Contratos no Código de Defesa do Consumidor*: o novo regime das relações contratuais. 4 ed. rev., atual. e ampl. São Paulo: Ed. RT, 2002. p.505-506. NUNES, Luis Antonio Rizzatto. *Curso de direito do consumidor*. 8 ed. rev. e atual. São Paulo: Saraiva, 2013. p. 113-114.
13. FILOMENO, José Geraldo Brito. *Manual de direitos do consumidor*. 3 ed. São Paulo: Atlas, 1999. p. 28.

REFLEXÕES SOBRE ALGUMAS PECULIARIDADES LEGAIS E JURISPRUDENCIAIS DA DESCONSIDERAÇÃO DA PJ | **731**

d) obstáculo ao ressarcimento dos danos que causar aos consumidores, pelo simples fato de ser pessoa jurídica, desde que a sanção que lhe for aplicável não seja de cunho pecuniário, como p. ex.: proibição de fabricação de produto; suspensão temporária de atividade ou de fornecimento de produto ou serviço (CDC, art. 56, V, VI e VII).

Quando o dispositivo legal comentado estabelece que o juiz "poderá desconsiderar a personalidade jurídica", o verbo "poderá" deve ser entendido não como uma faculdade ou ato de discricionariedade, mas como um dever, caso se configurem os requisitos legais da desconsideração.[14]

Há menção na doutrina há um conflito de normas entre o *caput* do art. 28 do CDC e seu § 5º, no sentido de que o referido parágrafo não poderia avançar para além dos parâmetros de desconsideração previstos no *caput*, alargando consideravelmente o âmbito da desconsideração. Sobre o tema, Cláudia Lima Marques[15] assevera que:

> a previsão ampla englobando todas as hipóteses detectadas no direito comparado e na experiência jurisprudencial brasileira sobre o tema, deixa bem clara a opção legislativa pela proteção ao consumidor através da desconsideração sempre que a "personalidade" atribuída à sociedade for obstáculo ao ressarcimento dos danos sofridos pelo consumidor".

Sobre o referido conflito, Rizzatto Nunes também assevera que "com a disposição do § 5º, bastante ampla, não só fica atente o caráter exemplificativo do rol de hipóteses apresentadas, como se percebe a disposição da lei em decretar a garantia de ressarcimento dos danos sofridos pelo consumidor em qualquer outro caso em que haja obstáculo ao saneamento do prejuízo".

Há de fato, contradição na redação do *caput*[16] do art. 28 e do seu § 5º,[17] uma vez que o primeiro estabelece critérios restritivos para a desconsideração; o segundo, uma amplitude generalista. Tal conflito, por sua vez, não se mostra apenas como um conflito aparente de normas, uma vez que não pode ser solucionado pelos critérios normativos estabelecidos para tal finalidade: hierárquico, cronológico e especialidade. É o caso de antinomia real.

Neste ponto, cabe previamente frisar a diferenciação entre as figuras da interpretação, da integração e da aplicação da norma. A aplicação da norma se dá em decorrência da competência de um órgão ou autoridade, que impõe uma diretriz de direito num caso concreto. Antes de aplicar o direito, ou seja, antes do processo de subsunção, contudo,

---

14. NUNES, Luis Antonio Rizzatto. *Curso de direito do consumidor*. 8. ed. rev. e atual. São Paulo: Saraiva, 2013. p. 785.

15. MARQUES, Claudia Lima. *Contratos no Código de Defesa do Consumidor*: o novo regime das relações contratuais. 4 ed. rev., atual. e ampl. São Paulo: Ed. RT, 2002. p. 639.

16. Art. 28. "O juiz poderá desconsiderar a personalidade jurídica da sociedade quando, em detrimento do consumidor, houver abuso de direito, excesso de poder, infração da lei, fato ou ato ilícito ou violação dos estatutos ou contrato social. A desconsideração também será efetivada quando houver falência, estado de insolvência, encerramento ou inatividade da pessoa jurídica provocados por má administração".

17. "Também poderá ser desconsiderada a pessoa jurídica sempre que sua personalidade for, de alguma forma, obstáculo ao ressarcimento de prejuízos causados aos consumidores".

o órgão ou autoridade precisa interpretá-lo, ou seja, proceder à escolha, de natureza axiológica, de vários sentidos possíveis para a norma.[18]

A interpretação se limita, assim, a esclarecer o sentido verdadeiro e alcance da norma, reproduzindo, em termos diversos, o pensamento já contido nela. Mas, mais que isso, é restituir sentido a um texto corrompido, numa perspectiva crítica. Nesse objetivo, existem várias técnicas interpretativas, como a gramatical, a lógica, a sistemática, a histórica, a sociológica ou teleológica, todas complementares, não se excluindo reciprocamente. Mas, se a norma apresenta lacuna, o processo de interpretação não é suficiente para preencher tal vazio, fazendo-se necessário o uso da integração.[19]

É possível se identificar as espécies de lacuna, quais sejam, a) a normativa, na ausência de norma para a resolução do caso; b) a ontológica, quando, havendo norma, esta não corresponda aos fatos sociais; c) a axiológica, na falta de norma justa, ou seja, se da aplicação da norma resulte uma solução insatisfatória ou injusta; e d) lacunas de conflito ou antinomias reais, que se observam na existência de várias soluções incompatíveis para a aplicação de determinada norma, deixando o julgador numa situação insustentável, porque não há solução normativa cabível ou porque não há uma solução unívoca.[20]

No conflito analisado no presente artigo, parece clara a ocorrência de antinomia real, onde há necessidade de decisão, e a posição do sujeito é insustentável, pois existe uma incompatibilidade de normas e os critérios normativos de resolução de conflitos (hierárquico, cronológico e especialidade) não solucionam o caso, tendo em vista que os dispositivos se inserem no próprio Código de Defesa do Consumidor.[21]

Uma vez identificada a antinomia real, o mecanismo de solução se encontra previsto na Lei de Introdução às Normas do Direito Brasileiro, em seu art. 5º. Trata-se, assim, da equidade. Aplicando-se um juízo de equidade para a solução do conflito relatado, nota-se que não seria justo não adotar o dispositivo mais benéfico ao consumidor, sendo que todo o direito do consumidor visa proteger os vulneráveis, tendo, inclusive, o status de direito fundamental, vigorando a proibição do retrocesso.[22]

Nesse contexto, reconhece-se que a teoria adotada pelo Código de Defesa do Consumidor quanto à desconsideração da personalidade jurídica, diferentemente do que ocorre no Código Civil, é a teoria menor, pela qual basta a prova da insolvência da pessoa jurídica para o pagamento de suas obrigações pelos sócios, independentemente

---

18. REALE, Miguel. *Lições preliminares de direito.* 27 ed. atual. 7 tir. São Paulo: Saraiva, 2002. p. 295-296; ENGISCH, Karl. *Introdução ao pensamento jurídico.* Trad. J. Baptista Machado. 8. ed. Lisboa: Fundação Calouste Gulbenkian, 2001. p. 96.
19. DINIZ, Maria Helena. *As lacunas do direito.* 7. ed. atual. São Paulo: Saraiva, 2002. p. 276-278; SAVIGNY, Friedrich Carl Von. *Metodologia jurídica.* Tradução Hebe A. M. Caletti Marenco. Campinas, SP: Edicamp, 2001. p. 8-11; REALE, Miguel. *Lições preliminares de direito.* 27 ed. atual. 7. tir. São Paulo: Saraiva, 2002. p. 296.
20. DINIZ, Maria Helena. *As lacunas do direito.* 7. ed. atual. São Paulo: Saraiva, 2002. p. 279 e 950.
21. DINIZ, Maria Helena. *As lacunas do direito.* 7. ed. atual. São Paulo: Saraiva, 2002. p. 24-26.
22. DINIZ, Maria Helena. *As lacunas do direito.* 7. ed. atual. São Paulo: Saraiva, 2002. p. 134-135.

da existência do desvio de finalidade ou confusão patrimonial, imputando-se o risco normal da atividade ao próprio empresário.[23]

Ressalve-se que o art. 28 do CDC, sendo norma de ordem pública (art. 1º), não pode ser objeto de analogia ou interpretação extensiva. Nesse sentido, pelo Enunciado 9: "Quando aplicado às relações jurídicas empresariais, o art. 50 do Código Civil não pode ser interpretado analogamente ao art. 28, § 5º, do CDC ou ao art. 2º, § 2º, da CLT" (aprovado na I Jornada de Direito Comercial).

Pelo art. 28, §§ 2º, 3º e 4º, desse diploma legal, no que atina às obrigações dele oriundas, em prol do interesse do consumidor, haverá, na hipótese de desconsideração:

a) responsabilidade subsidiária das sociedades integrantes do grupo societário e das controladas;

b) responsabilidade solidária das sociedades consorciadas; e

c) responsabilidade subjetiva das coligadas, que responderão se sua culpabilidade for comprovada.

Por fim, cabe ressaltar que a desconsideração da personalidade jurídica no direito do consumidor está pautada também no princípio da função social da empresa. Sobre tal princípio, pode-se dizer que este limita a vontade e o interesse dos detentores do capital, substituindo o poder arbitrário do dono da empresa e o seu interesse particular pelo equilíbrio que deve passar a existir entre as forças que cooperam para o desenvolvimento das finalidades empresariais, respeitando-se o interesse social.[24] A livre-iniciativa, assim, não autoriza a empresa a desrespeitar os direitos dos consumidores, sob pena de sanção aos sócios.

Do ponto de vista procedimental, importante o reconhecimento de que muitas das ações judiciais acerca do direito do consumidor se processam diante dos juizados especiais cíveis, os quais possuem lei própria (Lei 9.099/95), sendo a incidência do Código de Processo Civil apenas subsidiária.

A par disso, o Código de Processo Civil estabelece, no seu art. 1.062, que: "O incidente de desconsideração da personalidade jurídica aplica-se ao processo de competência dos juizados especiais". Por sua vez, o art. 10, da Lei 9.099/95, determina: "Não se admitirá, no processo, qualquer forma de intervenção de terceiro nem de assistência. Admitir-se-á o litisconsórcio".

Se observado que o rito dos juizados especiais não comporta ação incidental, a desconsideração da personalidade jurídica deverá ocorrer no bojo do próprio cumprimento de sentença, conforme já reconhecido pelo Tribunal de Justiça do Estado de São Paulo.[25]

---

23. SILVA, Daniel Magalhães Albuquerque. *A desconsideração da personalidade jurídica na relação consumerista*: eficácia, efetividade e a jurisprudência do Superior Tribunal de Justiça. Orientadora: Mariana Ribeiro Santiago. 2016. 168f. Dissertação (Mestrado), Faculdade de Direito, Universidade de Marília, Marília/SP, 2016. p. 85.

24. SANTIAGO, Mariana Ribeiro e CAMPELLO, Livia Gaigher Bósio. Função social e solidária da empresa na dinâmica da sociedade de consumo. *Scientia Iuris*, v. 20, n. 1, p. 119-143, Londrina, abr. 2016. COELHO, Fábio Ulhoa. *Princípios do direito comercial*. São Paulo: Saraiva, 2012. p. 40.

25. "Agravo de Instrumento contra decisão que determinou a inclusão da SPE no polo passivo de cumprimento de sentença contra a primeira agravante, determinando, ainda, a imediata constrição de bens da SPE (patrimônio de afetação). Alegação de risco de lesão grave. Indícios de esvaziamento do patrimônio da devedora pela trans-

7. DESCONSIDERAÇÃO DA PERSONALIDADE JURÍDICA E RESSARCIMENTO A DANO AO MEIO AMBIENTE

O artigo 170 da Constituição Federal brasileira, ao disciplinar os princípios gerais da atividade econômica, traz consigo o embrião da sustentabilidade, como balizador do desenvolvimento, ao determinar, em termos de sustentabilidade ambiental, a "defesa do meio ambiente, mesmo por meio de tratamento de acordo com o impacto ambiental de produtos e serviços e seus processos de produção e desempenho". Na perspectiva social, determina a "redução das desigualdades regionais e sociais"; e na perspectiva da sustentabilidade econômica, menciona a "busca pelo pleno emprego" e "tratamento privilegiado para as pequenas empresas constituídas de acordo com a legislação brasileira e que tenham sede e administração no país".

---

ferência de bens para a sociedade, transformando a autonomia patrimonial da SPE obstáculo ao ressarcimento de prejuízos causados pela devedora, sua única sócia, a consumidores. Incidente de desconsideração da personalidade jurídica em sede de Juizado Especial. Inaplicabilidade do rito previsto no Código de Processo Civil, por se tratar da Teoria Menor da desconsideração da personalidade jurídica, bem como em razão dos princípios norteadores do Juizado Especial. Decisão, ademais, que diferiu o exercício do contraditório e da ampla defesa, por meio de embargos. Arresto cautelar que visa tão somente assegurar a satisfação da obrigação, ficando ressalvada a possibilidade de futura revogação da medida. Ausência de comprovação da impenhorabilidade. Agravo negado" (TJSP; Agravo de Instrumento 0100308-51.2021.8.26.9009; Relator (a): Carlos Alberto Maluf; Órgão Julgador: 1ª Turma; Foro de Sorocaba – 1ª Vara do Juizado Especial Cível; Data do Julgamento: 18.03.2022; Data de Registro: 18.03.2022).

"Agravo de instrumento. Decisão que deferiu a desconsideração da personalidade jurídica da Executada Esser Miami, para incluir Esser Holding LTDA no polo passivo da ação. Sustentam os Agravantes que o incidente de desconsideração da personalidade jurídica não poderia ser aplicado aos processos submetidos ao Juizado Especial Cível, bem como que não há confusão patrimonial entre Esser Miami e Esser Holding. Sustentam que não houve demonstração de má administração, má-fé, imperícia, ou imprudência dos administradores. Teoria menor aplicada no caso em questão, conforme artigo 28, § 5º do CDC. Desnecessidade de esgotamento das providências voltadas à localização dos bens da parte executada. Obstáculo à satisfação do credor que se mostra suficiente para o deferimento da desconsideração da personalidade jurídica. Decisão que não merece reparo. Recurso desprovido" (TJSP; Agravo de Instrumento 0100251-94.2020.8.26.9000; Relator (a): Vitor Frederico Kümpel; Órgão Julgador: Primeira Turma Cível; Foro Central Juizados Especiais Cíveis – 2ª Vara do Juizado Especial Cível – Vergueiro; Data do Julgamento: 28.05.2020; Data de Registro: 28.05.2020).

"Agravo de instrumento. Decisão que acolheu pedido de desconsideração da personalidade jurídica. Entendimento predominante nesta Turma Recursal acerca do cabimento do referido instituto em sede de juizados especiais. Manutenção da decisão. Agravo improvido" (TJSP; Agravo de Instrumento 0100172-05.2019.8.26.9048; Relator (a): Rodrigo Rissi Fernandes; Órgão Julgador: 1ª Turma Cível; Foro de Jardinópolis – Juizado Especial Cível e Criminal; Data do Julgamento: 02.12.2019; Data de Registro: 02.12.2019).

"Agravo de instrumento – Decisão que deferiu a desconsideração da personalidade jurídica Inobservância da necessidade de instauração do incidente Art. 1.062 do CPC Incidente que também se aplica ao âmbito dos Juizados Especiais Decisão reformada AGRAVO PROVIDO" (TJSP; Agravo de Instrumento 0101139-97.2019.8.26.9000; Relator (a): Tonia Yuka Kôroku; Órgão Julgador: Segunda Turma Cível; Foro Central Juizados Especiais Cíveis – Unidade Avançada de Atend. Judic. das M.E. e E.P.P; Data do Julgamento: 04.11.2019; Data de Registro: 04.11.2019).

"Recurso inominado Pedido de desconsideração da personalidade jurídica Incidente liminarmente rejeitado, com base na proibição de intervenção de terceiros prevista no art. 10 da Lei 9.099/95 Recurso do exequente provido Inteligência do art. 1.062 do NCPC Compatibilidade do instituto com os Juizados Especiais Cíveis Enunciado 60 do FONAJE – Efetividade da jurisdição que deve ser garantida, especialmente em demandas de consumo" (TJSP; Recurso Inominado Cível 0001204-73.2019.8.26.0597; Relator (a): Hermano Flávio Montanini de Castro; Órgão Julgador: 3ª Turma Cível; Foro de Sertãozinho – Vara do Juizado Especial Cível e Criminal; Data do Julgamento: 31.10.2019; Data de Registro: 31.10.2019).

Especificamente em relação ao meio ambiente, a Constituição Federal dedicou o art. 225, pelo qual, em seu *caput*, "todos têm direito ao meio ambiente ecologicamente equilibrado, bem de uso comum do povo e essencial à sadia qualidade de vida, impondo-se ao Poder Público e à coletividade o dever de defendê-lo e preservá-lo para as presentes e futuras gerações".

A melhor técnica teria sido a utilização, pela Constituição Federal, das expressões "bem de interesse comum do povo" ou "bem de interesse difuso", facilitando sua caracterização como um bem de interesse híbrido, público e privado, de relevância pública, comunitária e cultural.

Para assegurar a proteção do meio ambiente, a Constituição Federal determina que compete ao Poder Público: I – preservar e restaurar os processos ecológicos essenciais e proporcionar o manejo ecológico das espécies e ecossistemas; II – preservar a diversidade e integridade do patrimônio genético do país e fiscalizar as entidades dedicadas à investigação e manipulação de material genético; III – definir, em todas as unidades da Federação, os espaços territoriais e seus componentes a serem especialmente protegidos, permitindo sua alteração e supressão apenas por lei, sendo vedado qualquer uso que comprometa a integridade dos atributos que justifiquem sua proteção; IV – exigir, na forma da lei, para a instalação de obra ou atividade potencialmente causadora de significativa degradação do meio ambiente, prévio estudo de impacto ambiental, que será divulgado; V – controlar a produção, comercialização e uso de técnicas, métodos e substâncias que representem risco à vida, à qualidade de vida e ao meio ambiente; VI – promover a educação ambiental em todos os níveis de ensino e a conscientização da população para a preservação do meio ambiente; e VII – proteger a fauna e a flora, proibir, na forma da lei, práticas que coloquem em risco sua função ecológica, provoquem a extinção de espécies ou sujeitem os animais à crueldade.

Sobre este último ponto, a Constituição Federal ressalva, por meio da Emenda Constitucional 96/2017, que esportes que utilizam animais não são considerados cruéis, desde que sejam manifestações culturais, registradas como imaterialidade que faz parte do patrimônio cultural brasileiro, devendo ser regulamentado por lei específica que garanta o bem-estar dos animais envolvidos.

Em termos de responsabilidade civil por danos causados – ao meio ambiente, a Constituição Federal estabelece que: a) quem explora recursos minerais é obrigado a recuperar o meio ambiente degradado, de acordo com a solução técnica exigida pelo órgão público competente, de acordo com a lei; e b) as condutas e atividades consideradas lesivas ao meio ambiente sujeitarão os infratores, pessoas físicas ou jurídicas, a sanções penais e administrativas, independentemente da obrigação de reparar os danos causados.

Por fim, está estabelecido na Constituição Federal que a Floresta Amazônica Brasileira, a Mata Atlântica, a Serra do Mar, o Pantanal Mato-Grossense e a Zona Costeira são patrimônio nacional, e seu uso será, na forma da lei, dentro do condições que assegurem a preservação do meio ambiente, incluindo o uso dos recursos naturais.

No Código Florestal Brasileiro (Lei 12.651/2012), consta que a conservação das florestas e outras formas de vegetação nativa, bem como da biodiversidade, do solo, dos recursos hídricos e da integridade do sistema climático têm como objetivo o bem-estar das gerações presentes e futuras, mencionando-se a sustentabilidade ao longo do texto.

Outro ponto extremamente importante é a Lei 9.605/98, referente aos crimes ambientais, que criminaliza inclusive atos de crueldade contra animais, como a prática de maus-tratos, ferimentos ou mutilações em animais selvagens, domésticos ou domesticados, nativos ou exóticos, realizar experimentos dolorosos ou cruéis em animais vivos, inclusive para fins educacionais ou científicos, quando houver recursos alternativos.

Frise-se que os crimes ambientais são ataques ao meio ambiente e seus componentes (flora, fauna, recursos naturais, patrimônio cultural) que ultrapassam os limites estabelecidos por lei, ou mesmo condutas que desrespeitam as normas ambientais legalmente estabelecidas, mesmo que o meio ambiente não seja prejudicado.

Da mesma forma, a omissão ou retenção de dados técnicos e científicos durante um processo de licenciamento ou autorização ambiental pode ser considerado crime ambiental. Ou ainda a concessão de autorização, alvará ou licença por agente público em desacordo com as leis ambientais.

De acordo com a legislação brasileira sobre crimes ambientais, temos seis tipos de crimes ambientais: crimes contra a fauna, crimes contra a flora, poluição, crimes contra o planejamento urbano e patrimônio cultural, crimes contra a administração ambiental e contraordenações. Aqui temos uma peculiaridade no aspecto penal, que é a possibilidade, mesmo prevista na Constituição Federal, da condenação de pessoa jurídica.

No que se refere às penas para crimes ambientais, no sistema brasileiro, as penas restritivas de direitos são autônomas e substituem a pena privativa de liberdade quando: I – o crime for culposo ou for aplicada a pena privativa de liberdade inferior a quatro anos; II – a culpa, os antecedentes, o comportamento social e a personalidade do sentenciado, bem como os motivos e circunstâncias do crime indiquem que a substituição é suficiente para fins de reprovação e prevenção do crime. Essas penas restritivas de direitos terão a mesma duração da pena privativa de liberdade substituída.

As sanções restritivas da lei são: I – prestação de serviços à comunidade; II – interdição temporária de direitos; III – suspensão total ou parcial das atividades; IV – benefício pecuniário; V – prisão domiciliar.

Para pessoas jurídicas, as sanções aplicáveis são: 1) multa; 2) prestação de serviços à comunidade, como financiamento de programas e projetos ambientais, realização de obras de restauração em áreas degradadas, manutenção de espaços públicos e contribuição a entidades públicas ambientais ou culturais; e 3) restrição de direitos, como suspensão parcial ou total das atividades, proibição temporária de estabelecimento, trabalho ou atividade, proibição de contratação com o Poder Público, bem como a obtenção de subsídios ou doações.

No Brasil, está pendente o Projeto de Lei 2.787/2019, que modifica a Lei de Crimes Ambientais para incluir o crime de ecocídio. O projeto prevê pena de quatro a doze anos de reclusão, além de multa, para quem "causar um grande desastre ambiental ou produzir estado de calamidade pública, com destruição significativa da flora ou morte de animais, por poluição, água ou solo". Se o crime for culposo, a pena será de um a três anos de prisão, além de multa. Se o crime resultar na morte de uma pessoa, a pena será aplicada independentemente da pena prevista para o homicídio.

Atualmente, a legislação sobre crimes ambientais prevê até cinco anos de prisão para o crime de poluição. Por isso é necessário diferenciar o crime do ecocídio, com uma punição mais severa. O projeto também aumenta os valores das multas previstas na legislação ambiental. O valor mínimo passaria de cinquenta reais para dois mil reais; e o máximo passaria de cinquenta milhões para um bilhão de reais.

A França foi pioneira na luta política pela criminalização do ecocídio, com a aprovação dos procedimentos para isso em novembro de 2020. Esse país já havia incluído a obsolescência programada como crime em seu código de defesa do consumidor desde 2015, com pena de prisão de até dois anos e multa até trezentos mil euros. Isso tem um impacto notável em termos de meio ambiente em uma sociedade de consumo, com excesso de descarte de mercadorias. Há uma conjunção entre consumo e meio ambiente.

No Brasil, pelo art. 4º da Lei 9.605/98 (Lei de Crimes Ambientais), está determinado que "poderá ser desconsiderada a personalidade jurídica sempre que sua personalidade for obstáculo ao ressarcimento dos prejuízos à qualidade do meio ambiente".

Assim, conforme o direito pátrio, as sanções pecuniárias referentes aos danos ambientais aplicáveis às pessoas jurídicas podem alcançar os bens dos sócios e administradores, tendo em vista a possibilidade de desconsideração da personalidade jurídica, o que se justifica por se tratar de direitos difusos, que envolvem inclusive a proteção das gerações futuras.

8. CONCLUSÃO

A Lei de Liberdade Econômica alterou o art. 50, do Código Civil, acerca da desconsideração da personalidade jurídica. Contudo, a novel legislação apenas atualizou o referido artigo com o que a doutrina e a jurisprudência majoritárias já entendiam sobre o assunto, ou seja, a desconsideração é medida de extrema exceção. Considerando-se, ainda, as alterações procedimentais realizadas no tema pelo Código de Processo Civil, a Lei 13.874/19 não traz reais inovações.

A personalidade jurídica, por essa doutrina, será, então, considerada como um direito relativo, permitindo ao órgão judicante derrubar a radical separação entre a sociedade e seus membros, para decidir mais adequadamente, coibindo o abuso de direito e condenando as fraudes, ordenando, para tanto, a penhora de bens particulares dos sócios (RT, 713:138, 711:117, 673:160, S11:199; JB, 164:294). Portanto, o magistrado, segundo a *disregard doctrine*, poderá desconsiderar a autonomia jurídica da pessoa jurídica, quando utilizada abusivamente, para fins contrários à lei. Não tem por finalidade retirar a personalidade jurídica, mas tão somente desconsiderá-la, levantando o véu protetor, em determinadas situações, no que atina aos efeitos de garantir a desvinculação da responsabilidade dos sócios da sociedade.

Com isso o sócio passará a ser responsável, não mais respondendo subsidiariamente pelas obrigações sociais com o seu patrimônio particular. O direito do sócio de ver intangíveis os seus bens em face das obrigações da sociedade não é mais absoluto. Havendo fraude ou abuso de direito cometido por meio de personalidade jurídica que a sociedade representa, os sócios não ficarão imunes a sanções, pois permitida estará a desconsideração dessa personalidade, para que seus integrantes sejam responsabilizados pela prática daquele abuso. Essa doutrina tem por escopo responsabilizar os sócios pela prática de atos abusivos sob o manto de uma pessoa jurídica, coibindo manobras fraudulentas e abuso de direito, mediante a equiparação do sócio e da sociedade, desprezando-se a personalidade jurídica para alcançar as pessoas e os bens que nela estão contidos.

Todas essas considerações sobre a possibilidade e procedimento para desconsideração da personalidade jurídica, ressalve-se, serão aplicadas igualmente para a sociedade unipessoal, assim como para as sociedades limitadas em geral, inclusive na hipótese de desconsideração inversa.

Do pronto de vista processual, nota-se que o legislador privilegiou a segurança jurídica no procedimento para desconsideração da personalidade jurídica, estabelecendo a necessidade de contraditório e ampla defesa, inclusive pela necessidade de instauração de incidente processual se a matéria for alegada no curso do processo. A natureza jurídica é claramente a de figura de intervenção de terceiros.

A matéria da desconsideração também foi introduzida na Lei de Recuperação Judicial, Extrajudicial e Falência pela Lei 14.112/2020. É possível a desconsideração da personalidade jurídica no juízo da falência, dentro dos limites estabelecidos pelo art. 82-A, da Lei 11.101/2005, desde que configurados os requisitos do art. 50, do Código Civil. Trata-se de avanço para a efetiva recuperação do crédito com segurança jurídica.

Por sua vez, a teoria adotada pelo Código de Defesa do Consumidor quanto à desconsideração da personalidade jurídica, diferentemente do que ocorre no Código Civil, é a teoria menor, pela qual basta a prova da insolvência da pessoa jurídica para o pagamento de suas obrigações pelos sócios, independentemente da existência do desvio de finalidade ou confusão patrimonial, imputando-se o risco normal da atividade ao próprio empresário. Quanto ao procedimento, caso a ação judicial se processe nos juizados especiais, deverá se compatibilizar com a legislação específica, que prevalece em face do Código de Processo Civil.

Na seara ambiental, pelo direito pátrio, inclusive com previsão expressa na Lei de Crimes Ambientais, as sanções pecuniárias referentes aos danos ambientais aplicáveis às pessoas jurídicas podem alcançar os bens dos sócios e administradores, uma vez decretada judicialmente a desconsideração da personalidade jurídica, em face da natureza de direitos difusos, que envolvem a proteção das gerações futuras.

9. REFERÊNCIAS

Azambuja, Mariana M. B.. Os limites de desconsideração de personalidade jurídica. *Revista Síntese – Direito Empresarial*, 24: 41-49.

BARROSO, Carlos Eduardo Ferraz de Mattos. *Processo civil*: teoria geral do processo e processo de conhecimento. 17 ed. São Paulo: Saraiva, 2019.

BITTENCOURT, Mário D. Correa. Fraude através da pessoa jurídica. *JB*, 160:50-55.

Bueno, Cássio S.. *Novo Código de Processo Civil anotado*. São Paulo: Saraiva, 2015.

COELHO, Fábio Ulhoa. *Princípios do direito comercial*. São Paulo: Saraiva, 2012.

DINIZ, Maria Helena. A oportuna processualização da desconsideração da personalidade jurídica. *Revista Thesis Juris*, v. 5, p. 193-217.

DINIZ, Maria Helena. *As lacunas do direito*. 7. ed. atual. São Paulo: Saraiva, 2002.

DINIZ, Maria Helena. *Curso de direito civil brasileiro*. São Paulo: Saraiva, 2021. v. 1.

DINIZ, Maria Helena. *Curso de direito civil brasileiro*. São Paulo: Saraiva, 2021. v. 8.

Correia, Luís Alberto R. A desconsideração da personalidade jurídica: da origem ao sentido atual no Brasil. *Revista Síntese – Direito Civil e Processual Civil*, 106:98-114.

DOBARRO, Sérgio L. C. e VILLAVERDE, André. Reflexões em torno da teoria da desconsideração da personalidade jurídica no Código de Defesa do Consumidor, a controversa configuração de seu § 5º do art. 28 e sua relação com a função social da empresa. *Revista Jurídica Luso-Brasileira*, n. 2, ano 3, p. 957-994, 2017.

ENGISCH, Karl. *Introdução ao pensamento jurídico*. Trad. J. Baptista Machado. 8 ed. Lisboa: Fundação Calouste Gulbenkian, 2001.

FERREIRA, Helio R.. O incidente de desconsideração inversa da personalidade jurídica. *Revista Síntese – Direito Empresarial*, 54: 22-38.

FILOMENO, José Geraldo Brito. *Manual de direitos do consumidor*. 3 ed. São Paulo: Atlas, 1999.

IRANO, Ligia. A necessidade de citação do sócio no pedido de desconsideração da personalidade jurídica. *Boletim AASP* n. 3113, p. 10-16.

MARINONI, L. G. e LIMA JR., M. A.. Fraude – Configuração, prova – Desconsideração da personalidade jurídica. *RT*, 783:137.

MARQUES, Claudia Lima. *Contratos no Código de Defesa do Consumidor*: o novo regime das relações contratuais. 4 ed. rev., atual. e ampl. São Paulo: Ed. RT, 2002.

MARTINS, Sérgio P. Desconsideração da personalidade jurídica da empresa. *Revista Síntese – Direito Empresarial*, 54:39-55.

MAZZEI, Rodrigo. Aspectos processuais da desconsideração da personalidade jurídica no Código de Defesa do Consumidor e no Projeto do Novo Código de Processo Civil. *Revista Síntese – Direito Empresarial*, 24: 9-40.

MELLO, Sônia Maria Vieira de. *O direito do consumidor na era da globalização*: a descoberta da cidadania. Rio de Janeiro: Renovar, 1998.

Nadais, Carlos da Fonseca. Desconsideração da personalidade jurídica: um estudo doutrinário, normativo e jurisprudencial atualizado (incluindo o novo CPC). *Revista Síntese – Direito Civil e Processual Civil*, 97:415-444.

Nery Jr., Nelson e Nery, Rosa M. de A.. *Comentários ao Código de Processo Civil*. São Paulo: RT, 2015.

NUNES, Luis Antonio Rizzatto. *Curso de direito do consumidor*. 8 ed. rev. e atual. São Paulo: Saraiva, 2013.

OLIVEIRA, J. Lamartine Corrêa de. *A dupla crise da pessoa jurídica*. São Paulo: Saraiva, 1979.

PALHARES, Felipe. A aplicação da teoria da desconsideração inversa da personalidade jurídica à luz do ordenamento jurídico brasileiro. *Revista de Direito Civil Contemporâneo*, v. 2, p. 55-80.

PAZINI, Ronaldo Z. A desconsideração da personalidade jurídica como um golpe letal ao direito empresarial. *Revista Síntese – Direito empresarial*, 51:41-45.

PIERRI, Deborah. Desconsideração da personalidade jurídica no novo Código Civil e o papel do Ministério Público. In: REIS, Selma N. P. dos (Coord.). *Questões de direito civil e o novo Código*. São Paulo: Imprensa Oficial, 204.

REALE, Miguel. *Lições preliminares de direito*. 27 ed. atual. 7. tir. São Paulo: Saraiva, 2002.

REQUIÃO, Rubens. Abuso de direito e fraude através da personalidade jurídica ("*disregard doctrine*"). *Enciclopédia Saraiva do Direito*, v. 2, p. 58-76, 1977.

SANTIAGO, Mariana Ribeiro e CAMPELLO, Livia Gaigher Bósio. Função social e solidária da empresa na dinâmica da sociedade de consumo. *Scientia Iuris*, Londrina, v. 20, n. 1, p. 119-143, abr. 2016.

SAVIGNY, Friedrich Carl Von. *Metodologia jurídica*. Trad. Hebe A. M. Caletti Marenco. Campinas, SP: Edicamp, 2001.

SILVA, Alexandre Couto. Desconsideração da personalidade jurídica: limites para sua aplicação. *RT*, 780:47.

SILVA, Daniel Magalhães Albuquerque. *A desconsideração da personalidade jurídica na relação consumerista*: eficácia, efetividade e a jurisprudência do Superior Tribunal de Justiça. Orientadora: Mariana Ribeiro Santiago. 2016. 168f. Dissertação (Mestrado), Faculdade de Direito, Universidade de Marília, Marília/SP, 2016.

Simão Filho, Adalberto. A superação da personalidade jurídica no processo falimentar. In: SIMÃO FILHO, Adalberto e LUCCA, Newton de (coord.). *Direito empresarial contemporâneo*. São Paulo: Juarez de Oliveira, 2000.

SZTAJN, Rachel. Sobre a desconsideração da personalidade jurídica. *RT*, 762:81.

Tartuce, Flavio. *O novo CPC e o direito civil*. São Paulo: Método, 2015.

TOMASEVICIUS FILHO, Eduardo. A tal "lei da liberdade econômica". *Revista da Faculdade de Direito*, Universidade de São Paulo, *[S. l.]*, v. 114, p. 101-123, 2019. DOI: 10.11606/issn.2318-8235.v114p101-123. Disponível em: https://www.revistas.usp.br/rfdusp/article/view/176578. Acesso em: 2 nov. 2022.

VIEGAS, Claudia M. de A. R. e PALHARES, Franchesco Leopoldino. Incidente de desconsideração da personalidade jurídica à luz do novo Código de Processo Civil. *Revista Síntese – Direito de família*, 98:45-56.

XAVIER, José Tadeu. Primeiras reflexões sobre o incidente de desconsideração da personalidade jurídica. *Revista Síntese – Direito Empresarial*, 48:59 e s.

O RESPEITO AOS REQUISITOS DA DESCONSIDERAÇÃO DA PERSONALIDADE JURÍDICA E O DEVIDO PROCESSO LEGAL

Osmar Mendes Paixão Côrtes

Pós-Doutor em Processo Civil pela UERJ. Doutor em Direito pela PUC/SP. Mestre em Direito e Estado pela Unb. Professor do doutorado/mestrado do IDP/DF. Advogado.

Sumário: 1. Introdução – 2. A importância do respeito ao devido processo legal – 3. Breves considerações sobre a Desconsideração da Personalidade Jurídica – 4. O respeito aos requisitos da Desconsideração da Personalidade Jurídica e a jurisprudência dos tribunais – 5. Conclusão – 6. Referências.

1. INTRODUÇÃO

O presente estudo tem como objetivo analisar a importância de observância dos requisitos para a desconsideração da personalidade jurídica para que haja o respeito ao devido processo legal.

Para tanto, inicialmente, são feitas considerações sobre a importância do devido processo legal, princípio constitucionalmente garantido, de vital importância para a realização das demais garantias constitucionais.

Em um segundo momento, trata-se brevemente da desconsideração da personalidade jurídica, seu objetivo e sua regulamentação.

Posteriormente, liga-se o devido processo legal à observância dos requisitos para a desconsideração da personalidade jurídica. Só com o estrito respeito aos requisitos realiza-se o devido processo legal. Ao final, refere-se a jurisprudência e o posicionamento das Cortes Superiores sobre o assunto.

2. A IMPORTÂNCIA DO RESPEITO AO DEVIDO PROCESSO LEGAL

O devido processo legal é uma garantia constitucional. Estampado no inciso LIV do artigo 5º, da Constituição Federal, ele consubstancia a necessidade de respeito a ritos e a garantias para que determinados atos aconteçam.

A todos é garantido o respeito às regras, ao direito de defesa, ao direito ao contraditório, para que sejam privados da liberdade ou de seus bens.

A primeira menção ao devido processo legal, em um ordenamento jurídico, ocorreu na Magna Carta, de João Sem Terra, em 1215, na Inglaterra. Não houve referência à expressão *due process of law*, mas, no artigo 39, à *law of the land*. Assegurava-se, aos homens livres, em especial aos barões vitoriosos e aos proprietários de terra, a inviolabilidade de seus direitos relativos à vida, à liberdade e à propriedade, que só poderiam ser suprimidos pela *law of the land*, conforme os procedimentos legais da *common law*.

Somente em 1354, no reinado de Eduardo III, utilizou-se a expressão *due process of law*, no *Statute of Westminster of the Liberties of London*.

Vale lembrar que, em 1066, a Inglaterra foi conquistada pelos Normandos, a partir de quando o direito inglês tomou vulto e ganhou importância, com o surgimento de um poder forte, central, fruto da experiência dos povos dominadores.

Os conquistadores, que foram para a Inglaterra com Guilherme, duque da Normandia, sentiram a necessidade, em um país estranho, onde até a língua era desconhecida, de se unirem em torno do soberano, até para defender suas conquistas e propriedades.

Antes de 1066, a Assembleia dos Homens Livres (*County Court* ou *Hundred Court*) tomava suas decisões com base no costume local. Após a conquista, essa Corte passou a ser, gradativamente, substituída por jurisdições senhoriais (como as *Courts Baron, Courts Leet, Manorial Courts*) que, no início, também decidiam com base em um direito costumeiro local. O sistema do *common law*, do direito comum a toda a Inglaterra, todavia, só desenvolveu-se com os chamados Tribunais Reais de Justiça, ou Tribunais de Westminster (local onde serão estabelecidos, a partir do século XIII), que detinham a exclusividade da sua elaboração.

A competência dos Tribunais Reais de Justiça que, inicialmente, não era universal, pois os conflitos eram levados às Cortes de jurisdição senhorial, aumentou com o passar do tempo.

Aos senhores, habituados a decidir e a controlar seus domínios, não agradava estar submetido aos Tribunais Reais, mas o soberano desejava aumentar a sua autoridade, estendendo o seu poder, assim como o Chanceler (colaborador do rei) e os juízes reais. E a própria população começou a procurar mais os Tribunais Reais, por considerar a jurisdição real superior às outras.

A competência dos Tribunais reais, dessa forma, foi estendida a tal ponto que, no final da Idade Média, eram praticamente os únicos a administrar a justiça.[1]

Esse aumento de demandas em curso nos Tribunais Reais, todavia, sofreu a oposição de senhores feudais que queriam controlar a justiça, posição que prevaleceu na Magna Carta, de 1215, tendo os senhores conseguido obstar o avanço da jurisdição real. Em 1285, também o *Statute os Westminster II*, atendeu aos anseios dos senhores, conciliando seus interesses com os do rei.

Assim, nota-se que a Magna Carta, que se refere à *law of land*, e o *Statute of Westminster of the Liberties of London*, que prevê o *due process of law*, surgiram em um contexto de resguardar liberdades individuais, em especial a dos senhores feudais, em face do avanço do poder real.

---

1. Tanto as jurisdições senhoriais como as jurisdições municipais e comerciais passaram, gradualmente, a apreciar somente questões de menor relevância. E as jurisdições eclesiásticas a questões relativas ao casamento e ao clero.

O devido processo legal, nesse contexto, apesar de inicialmente concebido como simples limitação às ações reais, surgiu como uma conquista no sentido de proteger e garantir as liberdades fundamentais individuais em face do Estado, do Poder Público. Nelson Nery Júnior reconhece que:

> Embora a *Magna Carta* fosse instrumento de acentuado e deliberado reacionarismo, criada como uma espécie de garantia dos nobres contra os abusos da coroa inglesa, continha exemplos de institutos originais e eficazes do ponto de vista jurídico, que até hoje têm provocado a admiração dos estudiosos da história do direito e da historiografia do direito constitucional.[2]

Pelo *due process*, como concebido na Magna Carta, os direitos relativos à vida, à liberdade e à propriedade não poderiam ser suprimidos, e só poderiam sofrer limitações respeitados os procedimentos da *common law*.

Paulo Fernando Silveira bem nota:

> Instituiu-se, aí, pela primeira vez na História, o devido processo legal, que constitui a essência da liberdade individual em face da lei, ao afirmar que ninguém perderá a vida ou a liberdade, ou será despojado de seus direitos ou bens, salvo pelo julgamento de seus pares, de acordo com a lei da terra. A expressão 'law of the land' foi interpretada extensivamente para incluir o que hoje os constitucionalistas denominam 'due process of law', até que veio a emenda de 1354.[3]

Nos países continentais, em geral, só a partir do século XVIII o Poder Público sofreu limitações, em especial pela Constituição. Vital Moreira nota que sob qualquer ângulo que se analise a questão, a ideia que acompanha o nascimento do constitucionalismo foi a de submissão do poder político contra as invasões do Estado. Houve uma "autoconstituição da coletividade subordinando o Estado".[4]

Sobre a cláusula do *due process*, sabe-se que ingressou desde o início nas colônias inglesas da América do Norte, antes mesmo da Constituição Federal dos Estados Unidos de 1787. A "Declaração dos Direitos" da Virgínia, de 16.08.1776, a "Declaração de Delaware", de 02.09.1776, já traziam expressa a regra da *Magna Carta*.

Isso porque os dissidentes protestantes que foram para os Estados Unidos em 1607 levaram consigo os fundamentos da *common law* solidamente embasados na Magna Carta, que contemplou o princípio do *due process of law*.

Válido ressaltar que a recepção da garantia da *law of the land* ou *due process of law* do direito inglês no direito norte-americano, e sua definitiva consagração na Constituição Federal, fez com que os Estados Unidos da América fosse o país dos que mais o trabalhou e desenvolveu.

No Brasil, apesar de as Constituições, desde 1891, fazerem menção a corolários do devido processo legal, a de 1988 foi a primeira a, no inciso LIV do artigo 5º, trazer,

---

2. *Princípios do processo civil na Constituição Federal*. 5. ed. São Paulo: Ed. RT, 1999. p. 31.
3. *Devido processo legal*. 3 ed. Belo Horizonte, Del Rey, 2001. p. 19.
4. GRAU, Eros Roberto e GUERRA FILHO, Willis Santiago (Org.). *Direito Constitucional* – Estudos em homenagem a Paulo Bonavides. São Paulo: Malheiros, 2001. p. 314.

pela primeira vez, expressa a garantia do devido processo legal: "LIV – ninguém será privado da liberdade ou de seus bens sem o devido processo legal."

Não obstante esse atraso, o devido processo legal é, hoje, além de consagrado, no Brasil, uma garantia importante, trabalhando o legislador e o Poder Judiciário sempre na busca da sua efetividade.

O devido processo legal, constitucionalmente previsto, é o princípio fundamental do processo civil, base de todos os demais. Nelson Nery Júnior[5] chega a destacar que bastaria que a Constituição garantisse o *due process of law* para que daí decorressem as demais garantias processuais.

O princípio, em sentido genérico, como previsto na atual Constituição brasileira, significa o direito à tutela da vida, liberdade e propriedade, em todos os seus aspectos. Tecnicamente, pode-se dividi-lo em *substantive due process* e *procedural due process*.

Comumente, relaciona-se a expressão à tutela processual, mas há o aspecto substancial do devido processo legal, ligado ao direito material.

A proibição de leis penais com efeitos retroativos, a presunção de inocência, o princípio da legalidade do Direito Administrativo e a liberdade de contratar (autonomia da vontade) são exemplos claros do devido processo material.

Um maior desenvolvimento desse aspecto do *due process of law* ocorreu e tem ocorrido no direito norte-americano, em especial a partir de 1856, destacando Nelson Nery Júnior a construção do princípio da razoabilidade das leis pela Suprema Corte; ou seja, toda "lei que não for *razoável*, isto é, que não seja a *law of the land*, é contrária ao direito e deve ser controlada pelo Poder Judiciário."[6]

O Ministro Carlos Mário Velloso, em liminar concedida na ADIn 1511/DF bem diferenciou os dois aspectos do devido processo legal:

> Due process of law, com conteúdo substantivo – *substantive due process* – constitui limite ao Legislativo, no sentido de que as leis devem ser elaboradas com justiça, devem ser dotadas de razoabilidade (*reasonableness*) e de racionalidade (*rationality*), devem guardar, segundo W. Holmes, um real e substancial nexo com o objetivo que se quer atingir. Paralelamente, *due process of law*, com caráter processual – *procedural due process* – garante às pessoas um procedimento judicial justo, com direito de defesa.

Pelo aspecto substancial do devido processo legal, em geral, a lei é encarada no seu aspecto negativo – de abstenção, de não interferência do Estado em determinadas áreas sensíveis do direito, como os direitos fundamentais.

De nada adiantaria, todavia, falar em devido processo legal ou em seu corolário direito à defesa se não houvesse a garantia de implementação pelo processo, judicial e administrativo.

---

5. Op. cit. p. 30.
6. Idem, p. 37.

O RESPEITO AOS REQUISITOS DA DESCONSIDERAÇÃO DA PERSONALIDADE JURÍDICA

São expressões do devido processo legal no sentido processual, entre outras, as seguintes garantias: igualdade entre as partes, acesso à Justiça, direito à ampla defesa e contraditório.

3. BREVES CONSIDERAÇÕES SOBRE A DESCONSIDERAÇÃO DA PERSONALIDADE JURÍDICA

A desconsideração da personalidade jurídica é uma construção que permite, em dadas circunstâncias, ultrapassar a personalidade jurídica de determinada pessoa para atingir outra.

Isso porque a personalidade jurídica constitui uma criação da lei para assegurar aos entes a possibilidade de atuarem livremente nas suas atividades, de forma distinta e independente daqueles que a integram ou constituíram.

O objetivo da desconsideração é evitar que o fato de a pessoa jurídica ter existência distinta das pessoas que a integram sirva de escudo para a sua utilização para finalidades duvidosas, distintas daquelas para a qual a pessoa foi criada. Por exemplo, utilizar-se de uma pessoa jurídica para contrair dívidas pessoais e se esquivar do pagamento.

A teoria da desconsideração corrobora o princípio da autonomia patrimonial da pessoa jurídica e protege sócios e acionistas que atuam em prol do bem comum da sociedade empresarial, sem abusos ou desvios de finalidade. E só analisando o caso concreto é que se poderá decretar a desconsideração, tendo em vista a comprovação de atos práticos (ou não).

Desenvolvido inicialmente nas Cortes e na doutrina estrangeira, no final da década de 60 ingressou no Brasil pelas mãos de doutrinadores.[7]

Por razões de segurança jurídica, a desconsideração só pode ocorrer sob determinadas circunstâncias. A legislação, nessa linha, preocupou-se em estabelecer alguns requisitos. Desde a concepção nos Estados Unidos da *disregard doctrine* houve a preocupação em se pontuar que não pode a desconsideração ser a regra, mas a exceção.

Fabrício Zamprogna bem anota que a "*disregard doctrine,* de origem anglo-saxônica, é o instrumento de que se vale o direito para coibir que a personalidade jurídica seja usada como anteparo para a fraude e para a prática de atos ilícitos, violadores do bom ordenamento jurídico".[8]

A principal referência legislativa no Brasil é o artigo 50 do Código Civil que autoriza a desconsideração quando verificado abuso da personalidade jurídica, caracterizado pelo desvio de finalidade ou pela confusão patrimonial. Nessas hipóteses, a pedido da parte ou do Ministério Público pode o juiz desconsiderar a personalidade jurídica. E

---

7. João Cánovas Bottazzo Ganacin (*A desconsideração da personalidade jurídica no processo civil*. São Paulo: Thomson Reuters Brasil, 2020. p. 43 e ss.) bem destaca o protagonismo de Rubens Requião em conferência de 1969 tratando do tema.

8. MATIELLO, Fabrício Zamprogna. *Curso de Direito Civil*. São Paulo: LTR, 2008. v. 1, p. 125.

os parágrafos do dispositivo legal explicitam o que é desvio de finalidade e confusão patrimonial.

O CDC no artigo 28 também trata da desconsideração da personalidade jurídica de uma sociedade quando, em detrimento do consumidor, houver abuso de direito, excesso de poder, infração da lei, ato ou fato ilícito, violação do estatuto ou contrato social ou má administração que cause falência, estado de insolvência, encerramento ou inatividade da pessoa jurídica. E o § 5º do referido artigo vai ainda um pouco além e autoriza também a desconsideração se a personalidade for obstáculo ao ressarcimento de prejuízos causados aos consumidores.

Ainda, a Lei Antitruste prevê a desconsideração da personalidade jurídica do responsável por infração da ordem econômica quando houver abuso de direito, excesso de poder, infração da lei, fato ou ato ilícito ou violação dos estatutos ou contrato social (artigo 34).

As hipóteses de desconsideração previstas nos diversos diplomas assemelham-se na medida em que não autorizam que simplesmente se ultrapasse o véu da pessoa jurídica por qualquer motivo. Deve-se, no caso concreto, demonstrar-se que houve alguma ação equivocada, que tenha causado prejuízo e esteja em desconformidade com as normas gerais, os estatutos ou os contratos sociais.

O atual Código de Processo Civil (artigos 133 a 137) trouxe a previsão expressa de um incidente específico para a desconsideração da personalidade jurídica. Os dispositivos acerca do assunto não se sobrepõem aos já referidos, da legislação material, mas os complementam na medida em que criam um rito para que se ultrapasse a personalidade jurídica.

A intenção da legislação processual foi conciliar a observância aos requisitos com um procedimento que garantisse o respeito ao devido processo legal, à ampla defesa e ao contraditório. Além de respeitar às hipóteses de desconsideração, o Poder Judiciário deve seguir as regras processuais estabelecidas.

4. O RESPEITO AOS REQUISITOS DA DESCONSIDERAÇÃO DA PERSONALIDADE JURÍDICA E A JURISPRUDÊNCIA DOS TRIBUNAIS

Conforme anotado, há regras estabelecidas sobre o cumprimento de requisitos para que haja a desconsideração da personalidade jurídica. E há, também, regras de processo que devem ser observadas. A não observância leva, de forma inquestionável, ao desrespeito ao devido processo legal, processual ou material.

A jurisprudência dos Tribunais tende a seguir as regras para a desconsideração da personalidade jurídica. Veja-se, por exemplo:

> Civil e processual civil. Agravo interno no agravo em recurso especial. Incidente de desconsideração da personalidade jurídica. Apreciação de todas as questões relevantes da lide. Ausência de afronta aos arts. 489 e 1.022 do CPC. Desvio de finalidade e confusão patrimonial. Revisão. Reexame do conjunto fático-probatório dos autos. Súmula 7 do STJ. Decisão mantida.

1. Inexiste afronta aos arts. 489 e 1.022 do CPC/2015 quando o acórdão recorrido e a decisão agravada pronunciam-se, de forma clara e suficiente, acerca das questões suscitadas nos autos, manifestando-se sobre todos os argumentos que, em tese, poderiam infirmar a conclusão adotada pelo Juízo. 2. "A teoria da desconsideração da personalidade jurídica, medida excepcional prevista no art. 50 do Código Civil, pressupõe a ocorrência de abusos da sociedade, advindos do desvio de finalidade ou da demonstração de confusão patrimonial. A mera inexistência de bens penhoráveis ou eventual encerramento irregular das atividades da empresa não enseja a desconsideração da personalidade jurídica" (AgInt no AREsp 924.641/SP, Relator Ministro Marco Buzzi, Quarta Turma, julgado em 29.10.2019, DJe 12.11.2019).

3. O recurso especial não comporta exame de questões que impliquem revolvimento do contexto fático-probatório dos autos (Súmula 7 do STJ). 4. No caso concreto, o Tribunal de origem, analisando a prova dos autos, concluiu não estar comprovada a confusão patrimonial nem o desvio de finalidade. Alterar tal conclusão é inviável em recurso especial. 5. Agravo interno a que se nega provimento. (STJ – AgInt no ARESP 2159188/DF. Rel. Min. Antonio Carlos Ferreira. Quarta Turma. DJ de 15.12.2022).

Agravo interno no recurso especial – Autos de agravo de instrumento na origem – Decisão monocrática que negou provimento ao reclamo. Insurgência recursal da agravante.

1. O entendimento do Superior Tribunal de Justiça é no sentido de que a desconsideração da personalidade jurídica a partir da Teoria Maior (art. 50 do Código Civil) exige a comprovação de abuso, caracterizado pelo desvio de finalidade ou pela confusão patrimonial, pelo que a mera inexistência de bens penhoráveis ou eventual encerramento irregular das atividades da empresa não justifica o deferimento de tal medida excepcional. Precedentes. Incidência da Súmula 83 do STJ.

1.1. Não cabe, em recurso especial, reexaminar matéria fático-probatória (Súmula 7/STJ).

2. Agravo interno a que se nega provimento. (STJ – AgInt no RESP 2021473/MT. Rel. Min. Marco Buzzi. Quarta Turma. DJ de 16.12.2022).

Questões, como a desnecessidade de instauração do incidente de desconsideração quando ocorre o redirecionamento da execução fiscal para outra pessoa jurídica do mesmo grupo econômico, já foram definidas pelo STJ:

Processual civil. Tributário. Execução fiscal. Grupo econômico. Redirecionamento da execução. Incidente de desconsideração da personalidade jurídica. Instauração. Desnecessidade. Acórdão recorrido alinhado com a jurisprudência do STJ. I – Na origem, trata-se de agravo de instrumento interposto por Multidecision-dados, Modelos e Inteligência Ltda. contra a decisão que, nos autos da execução fiscal ajuizada pela União, reconheceu a existência de grupo econômico e incluiu a agravante no polo passivo da execução. II – No Tribunal a quo, a decisão foi mantida. Esta Corte negou provimento ao recurso especial. III – A jurisprudência do Superior Tribunal de Justiça é firme no sentido de que é desnecessária a instauração do incidente de desconsideração da personalidade jurídica, previsto nos arts. 133 a 137 do CPC/2015, para análise da pretensão pelo redirecionamento da execução fiscal a outra pessoa jurídica com a qual a executada formou grupo econômico de fato. IV – O Tribunal de origem, ao analisar o conteúdo fático-probatório dos autos, consignou expressamente que "o grupo econômico de fato restou configurado a partir do entrelaçamento de participações societárias e de situações fáticas que conectam uma empresa à outra.", assentando, em seguida, que "Tais fatos revelam a ocorrência de confusão de atividades, de quadro societário e administração centralizada, bem como de patrimônio entre as empresas.", concluindo, em seguida, que "restou exaustivamente demonstrado pela Exequente no processo de origem que há fortes indícios de que a Executada se vale de diversas sociedades empresárias que exploram a mesma atividade comercial, com os mesmos sócios e endereços idênticos, a fim de se esquivar do pagamento da vultosa dívida contraída junto ao Fisco". V – Verifica-se que o acórdão recorrido encontra-se alinhado com a jurisprudência do STJ.

Nesse sentido destacam-se: (AgInt no REsp 1.907.874/SC, relator Ministro Mauro Campbell Marques, Segunda Turma, julgado em 21.03.2022, DJe de 25.03.2022, AgInt no REsp 1.928.740/RS, relator Ministro Mauro Campbell Marques, Segunda Turma, julgado em 14.03.2022, DJe de 17.03.2022 e AgInt no AREsp 1.851.186/RS, relator Ministro Herman Benjamin, Segunda Turma, julgado em 11.10.2021, DJe de 04.11.2021.) VI – Agravo interno improvido. (STJ – AgInt no RESP 2010157. Rel. Min. Francisco Falcão. Segunda Turma. DJ de 19.12.2022).

O Supremo Tribunal Federal, pela natureza das normas, não costuma adentrar detalhes atinentes ao preenchimento ou não de requisitos para a desconsideração:

Agravo interno no recurso extraordinário com agravo. Processual civil. Execução trabalhista. *Desconsideração* da *personalidade jurídica*. Competência. Necessidade de interpretação de legislação infraconstitucional. Ofensa reflexa. Revolvimento do conjunto fático-probatório dos autos. Impossibilidade. Súmula 279 do STF. Agravo interno desprovido (STF – Agr no ARE 1080541. Rel. Min. Luiz Fux. Primeira Turma. DJ de 19.12.2017).

Todavia, há ainda algumas discussões que pendem de definição, como, por exemplo, a possibilidade de desconsideração originariamente em execução ou cumprimento de sentença, sem que haja a prévia garantia ao contraditório e à ampla defesa no processo de conhecimento. A possibilidade de ofensa, nesses casos, ao devido processo legal é clara. Notadamente na Justiça do Trabalho há intensos debates sobre essa possibilidade ou não.

Parece-nos não ser possível somente na execução de sentença desconsiderar a personalidade jurídica para se atingir sócio, acionista etc., e responsabilizá-lo solidariamente, sob pena de desrespeito ao devido processo legal. Se a pessoa não consta do título executivo e não participou da fase cognitiva ela não pode ser sumariamente integrada à lide sem a observância das normas garantidoras do amplo direito de defesa e do contraditório.

Isso ocorre principalmente ao se estender a possibilidade de reconhecimento de grupo econômico após a revogação da antiga súmula 205 do TST que estabelecia expressamente ser necessária a participação do responsável solidário na execução.

A alternativa é se garantir o direito ao devido processo legal também na execução. Por isso, o Código de Processo Civil trata do incidente de desconsideração da personalidade jurídica, a partir do artigo 133, que também tem lugar em execução.

Por isso, o Supremo Tribunal Federal, nos autos do RE 1387795/MG (Rel. Min. Presidente. DJ 13.09.2022) decidiu pela existência de repercussão geral. Veja-se:

Recurso extraordinário. Representativo da controvérsia. Direito processual civil e trabalhista. Execução. Inclusão de empresa integrante do mesmo grupo econômico no polo passivo. Responsabilidade solidária. Empresa que não participou da fase de conhecimento. Procedimento previsto no artigo 513, § 5º, do Código de Processo Civil. Alegada ofensa à súmula vinculante 10 e aos princípios da ampla defesa e do contraditório. Multiplicidade de recursos extraordinários. Papel uniformizador do supremo tribunal federal. Relevância da questão constitucional. Manifestação pela existência de repercussão geral.

Do voto do relator, merece destaque:

O RESPEITO AOS REQUISITOS DA DESCONSIDERAÇÃO DA PERSONALIDADE JURÍDICA

Nessa linha, a presente controvérsia se refere à proteção de direitos decorrentes de relações de trabalho, com observância do procedimento legal de execução trabalhista, em que observado o substantive *due process of law*, a ampla defesa e o contraditório, reverberando tanto no objetivo de desenvolvimento sustentável para a promoção da paz, da justiça e de instituições eficazes (ODS 16), como no de trabalho decente e crescimento econômico (ODS 8), previstos na Agenda 2030 das Nações Unidas. Está configurada, em suma, a relevância da matéria sob as perspectivas jurídica, social e econômica (artigo 1.035, § 1º, do Código de Processo Civil), bem como a transcendência da questão que ora se submete ao escrutínio desta Suprema Corte, uma vez que a controvérsia constitucional em apreço ultrapassa os interesses das partes.

5. CONCLUSÃO

O respeito ao devido processo legal pressupõe o respeito às regras estabelecidas, o que garante a segurança jurídica, o contraditório e a ampla defesa.

Isso tanto material quanto processualmente, já que o devido processo legal tem esses dois aspectos. Não obstante, a ofensa eventual ao devido processo legal processual é o que ordinariamente mais ocorre ou corre o risco de ocorrer, porque não pode haver o atropelo de regras que estabelecem em que hipóteses podem ocorrer a desconsideração, mas, também, o modo como ela deve ser processada.

O Superior Tribunal de Justiça tem sido muito rígido na ênfase ao respeito às regras acerca da desconsideração. E o incidente deve ser instaurado com a observância às leis processuais, sob pena de também ofender o devido processo legal. Só libera-se o magistrado de instaurar o incidente em casos excepcionais, consoante visto.

Atento a isso, o Supremo Tribunal Federal não tem fechado as portas à matéria e reconheceu a repercussão geral da discussão, até porque a garantia do devido processo legal tem assento constitucional.

6. REFERÊNCIAS

ALVIM, Teresa Arruda *et al*. *Primeiros Comentários ao Código de Processo Civil*. 3 ed. São Paulo: Thomson Reuters, 2020.

DIDIER JR, Fredie. *Curso de direito processual civil*. 19. ed. Salvador: JusPodivm, 2017. v. I.

GANACIN, João Cánovas Bottazzo. *A desconsideração da personalidade jurídica no processo civil*. São Paulo: Thomson Reuters Brasil, 2020.

MARINONI, Luiz Guilherme, ARENHART, Sérgio Cruz, MITIDIERO, Daniel. *Novo Código de Processo Civil comentado*. São Paulo: Ed. RT, 2015.

MATIELLO, Fabrício Zamprogna. *Curso de direito civil*. São Paulo: LTR, 2008. v. 1.

MENDES, Gilmar Ferreira, BRANCO, Paulo Gustavo Gonet. *Curso de direito constitucional*. 15. ed. São Paulo: Saraiva, 2020.

NERY JR, Nelson. *Princípios do processo civil na Constituição Federal*. 5. ed. São Paulo: Ed. RT, 1999.

SILVEIRA, Paulo Fernando. *Devido processo legal*. 3 ed. Belo Horizonte, Del Rey, 2001.

GRAU, Eros Roberto, GUERRA FILHO, Willis Santiago (Org.). *Direito Constitucional* – Estudos em homenagem a Paulo Bonavides. São Paulo: Malheiros, 2001.

WAMBIER, Teresa Arruda Alvim, DIDIER JR., Fredie, TALAMINI, Eduardo, DANTAS, Bruno (Coord.). *Breves comentários ao novo Código de Processo Civil*. 3 ed. São Paulo: Ed. RT, 2016.

A DESCONSIDERAÇÃO DA PERSONALIDADE JURÍDICA POR ABANDONO DA SOCIEDADE LIMITADA

Rodrigo Ramina de Lucca

Doutor e Mestre em Direito Processual Civil pela Universidade de São Paulo. Advogado.
rodrigo.ramina@rbcadvogados.com.br.

Sumário: 1. Considerações iniciais – 2. O abandono da sociedade limitada e a chamada "dissolução irregular da sociedade" – 3. A jurisprudência do Superior Tribunal de Justiça – 4. Os equívocos da jurisprudência formada pelo STJ; 4.1 Autonomia patrimonial, limitação da responsabilidade e desconsideração da personalidade jurídica; 4.2 *Não há* "encerramento ou dissolução irregular" de sociedade limitada por abandono da pessoa; 4.3 O pedido de decretação de falência é um *dever* do devedor insolvente; 4.4 A manutenção da pessoa jurídica e os demonstrativos contábeis anuais; 4.5 O agravamento da posição dos credores da sociedade em caso de abandono; 4.6 O abandono da pessoa jurídica é ato ilícito que desvirtua a sua finalidade; 4.7 A distribuição equivocada do ônus da prova entre o agente infrator e o sujeito prejudicado – 5. Conclusão: a Desconsideração da Personalidade Jurídica por abandono da sociedade limitada – 6. Referências.

1. CONSIDERAÇÕES INICIAIS

Uma das principais contribuições do atual Código Civil, tanto ao direito obrigacional quanto ao direito societário, foi a positivação da construção doutrinária,[1] posteriormente acolhida pela jurisprudência, de que o sócio e o administrador devem responder por obrigações da pessoa jurídica em caso de abuso da sua personalidade. De acordo com o art. 50 do Código Civil, o abuso da personalidade jurídica ocorre quando há desvio de finalidade ou confusão patrimonial.

Os conceitos são, acertadamente, abertos. Seria impossível ao legislador elencar todas as hipóteses de abuso da personalidade jurídica por desvio de finalidade ou confusão patrimonial. A Lei 13.874/2019 até tentou dar alguma concretude aos dois conceitos ao definir o desvio de finalidade como "utilização da pessoa jurídica com o propósito de lesar credores e para a prática de atos ilícitos de qualquer natureza" (art. 50, § 1º, do CC), e a confusão patrimonial como "ausência de separação de fato entre os patrimônios" (art. 50, § 2º, do CC). Deu exemplos de confusão patrimonial: "cumprimento repetitivo pela sociedade de obrigações do sócio ou do administrador ou vice-versa" (art. 50, § 2º, I, do CC) e "transferência de ativos ou de passivos sem efetivas contraprestações, exceto os de valor proporcionalmente insignificante" (art. 50, § 2º, II, do CC). Contudo, utilizou também conceitos abertos para definir o desvio de finalidade e obrigou-se a abrir

---

1. Por todos, o trabalho pioneiro de REQUIÃO, Rubens. Abuso de direito e fraude através da personalidade jurídica (*disregard doctrine*). *Revista dos Tribunais*, 410/12, 1969.

novamente as hipóteses de confusão patrimonial a "outros atos de descumprimento da autonomia patrimonial" (art. 50, § 2º, III, do CC).

É inevitável, portanto, que a identificação das hipóteses concretas que autorizam a responsabilização dos sócios por obrigações sociais (e da sociedade por obrigações dos sócios) recaia sobre a jurisprudência.

Algumas dessas hipóteses são evidentes, a exemplo do mencionado "cumprimento repetitivo pela sociedade de obrigações do sócio ou do administrador ou vice-versa", que sempre fora reconhecida como confusão patrimonial pelos tribunais e está agora expressamente prevista em lei. Outras, porém, geram dúvidas, divergências e incertezas.

Entre essas hipóteses polêmicas de responsabilização dos sócios por obrigações sociais está o abandono da sociedade limitada – ou a "dissolução irregular da pessoa jurídica", como normalmente se refere, impropriamente, a jurisprudência.

Por bastante tempo o Superior Tribunal de Justiça decidiu que o abandono da sociedade limitada era ato ilícito suficiente a autorizar a responsabilização do sócio faltoso pela obrigação social. Esse entendimento foi alterado em 2014 e, atualmente, o STJ considera que o abandono não é causa, por si só, para desconsiderar a personalidade jurídica.

O objetivo deste trabalho é avaliar o entendimento jurisprudencial do STJ e analisar, de forma breve e objetiva, se o abandono da pessoa jurídica é hipótese de abuso da personalidade que autoriza a responsabilização dos sócios e administradores pelas obrigações da sociedade limitada.

2. O ABANDONO DA SOCIEDADE LIMITADA E A CHAMADA "DISSOLUÇÃO IRREGULAR DA SOCIEDADE"

De um modo geral, pode-se dizer que a pessoa jurídica é uma entidade formada por um conjunto de pessoas ou por um conjunto de bens ao qual o Direito atribui personalidade e, como consequência, permite que contraia direitos e obrigações em nome próprio. As pessoas jurídicas são, portanto, *sujeitos de direitos* autônomos,[2] com autonomia de atuação e autonomia patrimonial,[3] que não se confundem com as pessoas que a compõem como sócias, associadas, instituidoras ou representantes (art. 49-A, do Código Civil).

À semelhança da pessoa natural, a pessoa jurídica tem um ato de criação, uma fase de desenvolvimento e um ato de extinção. Contudo, à diferença da pessoa natural, o ciclo de vida da pessoa jurídica é caracterizado pela formalidade e pela prática de negócios jurídicos. Ainda que o Direito preveja consequências jurídicas a determinadas realida-

---

2. O que não significa que alguns entes despersonificados não sejam capazes de adquirir direitos e contrair obrigações – como é o caso do condomínio. São chamados por parte de doutrina de "sujeitos de direito não personificados" – p.ex., FRANÇA, Erasmo Valladão Azevedo e Novaes; ADAMEK, Marcelo Vieira von. *Direito processual societário*. 2. ed. São Paulo: Malheiros, 2021. p. 104.

3. V. GONÇALVES NETO, Alfredo de Assis. *Lições de direito societário*. 2. ed. São Paulo: Juarez de Oliveira, 2004. p. 26-28.

A DESCONSIDERAÇÃO DA PERSONALIDADE JURÍDICA POR ABANDONO DA SOCIEDADE LIMITADA **753**

des fáticas, a personalidade jurídica, por ser uma ficção legal, depende de atos solenes previstos em lei. A sociedade de fato, p.ex., é considerada "sociedade não personificada" "enquanto não inscritos os atos constitutivos" (art. 986 do CC).

Atribuir personalidade jurídica a entidades informais seria fonte de insegurança jurídica e de incontáveis abusos por pretensos sócios, associados e administradores. Terceiros não saberiam com quem contratar, a quem pagar e de quem cobrar.[4]

É justamente por isso que o art. 45 do Código Civil condiciona "a existência legal das pessoas jurídicas de direito privado" à "inscrição do ato constitutivo no respectivo registro", impondo-se a averbação no registro das alterações promovidas no ato constitutivo. No mesmo sentido, o art. 985 do Código Civil atribui personalidade à sociedade quando efetuada a *"inscrição*, no registro próprio e na forma da lei, dos seus atos constitutivos".[5]

Se a personalidade jurídica das sociedades limitadas inicia com o registro dos atos constitutivos no órgão competente, a extinção da personalidade ocorre com o cancelamento da sua inscrição, *após encerrada a liquidação* (art. 51, § 3º, do Código Civil).

Há uma série de hipóteses que autorizam a dissolução societária (art. 1.013 do CC e ss.): (a) consenso unânime dos sócios em caso de sociedade com prazo determinado, (b) vencimento do prazo de duração, (c) deliberação dos sócios por maioria absoluta quando a sociedade tiver prazo indeterminado, (d) extinção da autorização para funcionar, (e) anulação da constituição, (f) exaurimento do fim social, (g) inexequibilidade, (h) outras causas de dissolução previstas em contrato, "a serem verificadas judicialmente quando contestadas", (i) decretação de falência.

Uma vez dissolvida a sociedade, os administradores devem "providenciar imediatamente a investidura do liquidante", "restringir a gestão própria aos negócios inadiáveis" e absterem-se de praticar quaisquer novas operações, "pelas quais responderão solidária e ilimitadamente" (art. 1.036 do Código Civil).

O procedimento de liquidação societária é rigoroso e se aplica a todas as pessoas jurídicas de direito privado (art. 51, § 2º, do CC). Deve-se nomear um liquidante, cuja função vem acompanhada de relevantes deveres (art. 1.103 do CC), incluindo: (a) "arrecadar os bens, livros e documentos da sociedade, onde quer que estejam" (inc. II), (b) elaborar um inventário e um balanço geral do ativo e do passivo (inc. III), (c) "realizar o ativo, pagar o passivo e partilhar o remanescente entre os sócios ou acionistas" (inc. IV), (d) "confessar a falência da sociedade e pedir concordata, de acordo com as formalidades prescritas para o tipo de sociedade liquidanda" (inc. VII).

---

4. Explica Orlando Gomes: "Para adquirirem personalidade, deveria bastar a realização do ato constitutivo, como preconizam os partidários do *sistema da livre formação*. Começariam a existir logo que constituídas, celebrado o contrato ou realizado o ato coletivo, mas a conveniência de *proteger interesses de terceiros, ou sociais*, determina a adoção de outros critérios, conforme a finalidade que se tem em vista". *Introdução ao direito civil.* 12. ed. Rio de Janeiro: Forense, 1997. p. 193.

5. " Sem contrato social escrito ou sem arquivamento do contrato escrito no registro próprio, a sociedade não adquire personalidade jurídica (...)". GONÇALVES NETO, Alfredo de Assis. *Lições de direito societário.* 2. ed. São Paulo: Juarez de Oliveira, 2004. p. 75.

A liquidação só se encerra com a prestação de contas pelo liquidante aos sócios, depois de "pago o passivo e partilhado o remanescente" (arts. 1.108 e 1.109 do CC).

Ou seja, a extinção da personalidade jurídica é um *ato solene* que depende da configuração de uma hipótese de dissolução, sucedida do procedimento de liquidação. Dispõe o art. 51 do Código Civil: "Nos casos de dissolução da pessoa jurídica ou cassada a autorização para seu funcionamento, *ela subsistirá para os fins de liquidação*, até que esta se conclua". Apenas depois de "encerrada a liquidação" é que se promove o "cancelamento da inscrição da pessoa jurídica" (art. 51, § 3º, do CPC).

Tornou-se comum, porém, que sócios e administradores de sociedade limitada, protegidos pela limitação de responsabilidade que é inerente a esta modalidade societária, simplesmente abandonem a pessoa que constituíram. Sem que haja hipótese de dissolução e sem observar o obrigatório procedimento de liquidação, sócios e administradores encerram informalmente as atividades da sociedade, desocupam a sua sede e deixam de praticar quaisquer outros atos em seu nome. Como regra, esse abandono acontece quando a pessoa jurídica está já em estado de insolvência, desprovida de ativos em nome próprio para pagar o passivo acumulado. Uma vez executada por seus credores, a sociedade é um casco vazio sem bens, sem sede, sem administrador de fato e sem contabilidade.

A esse fenômeno a jurisprudência atribuiu o inadequado nome "encerramento ou dissolução irregular da sociedade".

3. A JURISPRUDÊNCIA DO SUPERIOR TRIBUNAL DE JUSTIÇA

Até o final de 2014, o Superior Tribunal de Justiça majoritariamente considerava que o abandono da sociedade limitada, ou a sua "dissolução irregular", configurava ato ilícito suficiente a justificar a desconsideração da personalidade.

O entendimento antecedia a vigência do Código Civil de 2002.[6] O raciocínio partia do pressuposto de que a limitação da responsabilidade dos sócios ao montante integralizado no capital social dependia da estrita observância da legalidade por esses sócios. Como afirmou a Quarta Turma do STJ em decisão de outubro de 2004, "a parêmia *universitas distat a singulis* se aplica a situações de plena normalidade". Contudo, "se a empresa é desativada irregularmente – sem cumprir as suas obrigações, sem contar inclusive com um estabelecimento comercial –, os bens particulares do sócio podem ser objeto de constrição, na forma da lei".[7] Por isso, o comportamento ilícito dos sócios que deixavam de dissolver corretamente a sociedade atraía a aplicação do art. 10 do Decreto 3.708/1919[8] e afastava a limitação da responsabilidade.

---

6. Para referências a decisões tanto do STJ quanto de Tribunais estaduais das décadas de 80 e 90, v. CEOLIN, Ana Caroline Santos. *Abusos na aplicação da teoria da desconsideração da pessoa jurídica*. Belo Horizonte: Del Rey, 2002. p. 107-116.

7. STJ, REsp 140.564/SP, Quarta Turma, julgado em 21.10.2004.

8. Art. 10. Os socios gerentes ou que derem o nome á firma não respondem pessoalmente pelas obrigações contrahidas em nome da sociedade, mas respondem para com esta e para com terceiros solidaria e illimitadamente pelo excesso de mandato e pelos actos praticados com violação do contracto ou da lei.

A promulgação do atual Código Civil não alterou o estado das coisas. Embora reconhecesse a excepcionalidade da responsabilização dos sócios por obrigações sociais, o STJ entendia que a "dissolução irregular da empresa" era ato ilícito suficiente a configurar "desvio de finalidade da empresa".[9]

A mudança jurisprudencial ocorreu em dezembro de 2014, no julgamento dos Embargos de Divergência 1.306.553/SC. A divergência foi instaurada entre o REsp 1.306.553/SC, da Terceira Turma, e o REsp 1.098.712/RS, da Quarta Turma, mas já havia, antes disso, decisões conflitantes.[10] Por unanimidade, a Segunda Seção concluiu que "É a intenção ilícita e fraudulenta, portanto, que autoriza, nos termos da teoria adotada pelo Código Civil, a aplicação do instituto em comento". Consequentemente, "a ausência de intuito fraudulento ou confusão patrimonial afasta o cabimento da desconsideração da personalidade jurídica, ao menos quando se tem o Código Civil como o microssistema legislativo norteador do instituto, a afastar a simples hipótese de encerramento ou dissolução irregular da sociedade como causa bastante para a aplicação do *disregard doctrine*". A decisão fez, ainda, a seguinte ressalva: "Não se quer dizer com isso que o encerramento da sociedade jamais será causa de desconsideração de sua personalidade, mas que somente o será quando sua dissolução ou inatividade irregulares tenham o fim de fraudar a lei, com o desvirtuamento da finalidade institucional ou confusão patrimonial".

Em outras palavras, o STJ minimizou a gravidade "da simples hipótese de encerramento ou dissolução irregular da sociedade", rejeitando que tal ato configurasse intuito fraudulento, desvio de finalidade da pessoa jurídica ou confusão patrimonial.

Desde então, o precedente formado nos Embargos de Divergência 1.306.553/SC vem sendo pacificamente aplicado pelo tribunal.[11]

4. OS EQUÍVOCOS DA JURISPRUDÊNCIA FORMADA PELO STJ

A mudança jurisprudencial promovida pelo STJ não foi correta e não está em consonância com as regras e princípios que regem o sistema das sociedades limitadas.

Acima de tudo, há uma grave omissão na análise das questões realmente relevantes para averiguar se o abandono da pessoa jurídica configura abuso da personalidade. O STJ limita-se a apresentar um discurso de valorização da autonomia patrimonial da pessoa jurídica, mas não enfrenta *o significado jurídico* do abandono dessa pessoa e, principalmente, *as consequências fáticas e jurídicas* desse abandono a terceiros.

Também há equívocos na compreensão da personalidade jurídica, na identificação das obrigações e deveres dos sócios e administradores e na distribuição dos ônus probatórios entre as partes.

---

9. P.ex., STJ, AgRg no REsp 1.088.303/DF, Terceira Turma, julgado em 05.04.2011.
10. Rejeitando a dissolução irregular como causa para a desconsideração, p.ex., STJ, AgRg no REsp 1173067/RS, Terceira Turma, julgado em 12.06.2012.
11. P.ex., STJ, AgInt no AREsp 2.205.498/DF, julgado em 28.11.2022; STJ, AgInt no AREsp 2.120.681/MS, julgado em 26.09.2022; STJ, REsp 1.604.011/PR, julgado em 25.09.2018; STJ, AgInt nos EDcl no AREsp 148.408/SP, julgado em 1º.12.2016.

4.1 Autonomia patrimonial, limitação da responsabilidade e desconsideração da personalidade jurídica

Ao concluir que "o encerramento das atividades ou dissolução, ainda que irregulares, da sociedade não são causas, por si só, para a desconsideração da personalidade jurídica", o STJ parte do pressuposto de que "a criação teórica da pessoa jurídica foi avanço que permitiu o desenvolvimento da atividade econômica, ensejando a limitação dos riscos do empreendedor ao patrimônio destacado para tal fim". Embora reconheça que "abusos no uso da personalidade jurídica justificaram (...) a tipificação de hipóteses em que se autoriza o levantamento do véu da personalidade jurídica para atingir o patrimônio de sócios", a desconsideração da personalidade seria "regra de exceção, de restrição ao princípio da autonomia patrimonial da pessoa jurídica (...) que relega sua aplicação a casos extremos". O Tribunal então conclui que "entendimento diverso conduziria, no limite, em termos práticos, ao fim da autonomia patrimonial da pessoa jurídica, ou seja, regresso histórico incompatível com a segurança jurídica e com o vigor da atividade econômica". (STJ, EREsp 1.306.553/SC).

A decisão confunde a personalidade jurídica e a sua autonomia patrimonial com a limitação da responsabilidade do sócio pelas obrigações sociais.

Em primeiro lugar, embora a pessoa jurídica adquira em nome próprio os seus direitos e obrigações, a responsabilidade pelo pagamento não é sempre coincidente com a titularidade da obrigação.[12] Mesmo que a obrigação seja exclusiva da pessoa jurídica, isso não significa que a pessoa jurídica será, necessariamente, apenas por ser dotada de personalidade e autonomia patrimonial, a única responsável pelo pagamento. Obrigação, responsabilidade e pagamento são relacionados, mas distintos. O pagamento pode ser realizado por quem não é responsável; o responsável pode não ser titular da obrigação; o titular da obrigação pode transferir a sua responsabilidade etc. Basta lembrar que "qualquer interessado na extinção da dívida pode pagá-la" (art. 304 do Código Civil), seja, ou não, o efetivo devedor. Da mesma forma, o fiador responde pelo pagamento de obrigação que não é sua; a responsabilidade, que pode ser solidária ou subsidiária, decorre de negócio jurídico específico para a assunção da responsabilidade, e não da obrigação.

Em segundo lugar, a noção de que os sócios não respondem por obrigações sociais decorre da ampla utilização de modalidades societárias específicas em que, por expressa previsão legal, limitam a responsabilidade do sócio. No caso da sociedade limitada, o sócio é responsável por integralizar o capital social subscrito, nada além disso (art. 1.052 do Código Civil). Essa não é, porém, uma consequência automática da personalidade jurídica ou mesmo da formação de uma sociedade.[13]

---

12. Também faz essa importante distinção ANDRADE FILHO, Edmar Oliveira. *Desconsideração da personalidade jurídica no novo Código Civil.* São Paulo: MP, 2005. p. 63.
13. Constatação evidente igualmente feita por SALOMÃO FILHO, Calixto. *O novo direito societário.* 5. ed. São Paulo: Saraiva, 2019. p. 390.

Citem-se alguns exemplos: (a) na constituição de sociedades simples, tidas como modelo geral das sociedades pelo Código Civil, o contrato social deve indicar se os sócios respondem, ou não, subsidiariamente, pelas obrigações sociais (art. 997, VIII, do CC) – assim, mesmo quando formalmente constituída uma sociedade dotada de autonomia patrimonial, os seus sócios podem responder subsidiariamente por suas obrigações; (b) o art. 17 da Lei 8.906/94 atribui aos sócios e ao titular da sociedade individual de advocacia a responsabilidade subsidiária pelos danos causados aos clientes por ações ou omissão no exercício da advocacia, ainda que a contratada tenha sido a sociedade; (c) os sócios respondem solidariamente com a sociedade em caso de distribuição de lucros ilícitos ou fictícios (art. 1.009 do Código Civil).

Por outro lado, entidades despersonificadas juridicamente reconhecidas, como os fundos de investimentos, podem limitar a responsabilidade das pessoas que as compõem (art. 1.368-D, I, do CC).

A ausência de responsabilidade do sócio pelas obrigações sociais não decorre da personalidade jurídica em si, mas do específico regime jurídico previsto em lei. A sociedade limitada não isenta o sócio do pagamento de dívidas sociais porque é pessoa jurídica, mas porque é uma *espécie* de pessoa jurídica que garante essa proteção.

Em terceiro lugar, responsabilizar um sócio ou administrador por obrigação social não significa "desconsiderar a personalidade jurídica". Inobstante consagrada na doutrina, na jurisprudência e acolhida pelo legislador, a expressão é tecnicamente inadequada e não reflete a realidade das coisas. O redirecionamento da responsabilidade pelo pagamento da obrigação ao sócio implica desconsiderar momentaneamente a *limitação da responsabilidade desse sócio* ao capital social subscrito.[14]

Em quarto lugar, não há nenhuma dúvida que a pessoa jurídica exerce uma função social de extrema importância: organiza os meios de produção, permite a associação organizada de bens e de esforços, dissocia o sócio da pessoa que está exercendo a atividade produtiva, permite que se limite a responsabilidade do sócio, estimulando o empreendedorismo e a livre iniciativa, os quais trazem inovação e progresso social. Contudo, é falso o argumento de que admitir a responsabilização de sócio por abandono da pessoa jurídica "conduziria, no limite, em termos práticos, ao fim da autonomia patrimonial da pessoa jurídica, ou seja, regresso histórico incompatível com a segurança jurídica e com o vigor da atividade econômica". Uma coisa não tem nenhuma relação com a outra.

É evidente que não se pretende aqui relativizar o direito dos sócios de não responder por obrigações sociais quando a sua responsabilidade for limitada. De forma alguma. A limitação da responsabilidade é, repete-se, fundamental para o progresso econômico e

---

14. Com a mesma crítica à "denominação do instituto", Erasmo Valladão e Marcelo von Adamek diferenciam a "desconsideração atributiva", pela qual se atribuem à pessoa jurídica "fatos, estados ou qualidades", da hipótese clássica de "desconsideração para fins de imputação de responsabilidade". Como bem ressaltam, "bem vistas as coisas, a aplicação do instituto não leva propriamente à desconsideração da personalidade jurídica, mas apenas de alguns de seus atributos, em especial da regra de separação patrimonial e da correlata regra de limitação de responsabilidade, cuja eficácia é episodicamente suspensa". FRANÇA, Erasmo Valladão Azevedo e Novaes; ADAMEK, Marcelo Vieira von. *Direito processual societário*. Op. cit., p. 106-110.

social; ou, como dispõe o retórico e impreciso, mas importante, art. 49-A, parágrafo único, do Código Civil, "a autonomia patrimonial das pessoas jurídicas é um instrumento lícito de alocação e segregação de riscos, estabelecido pela lei com a finalidade de estimular empreendimentos, para a geração de empregos, tributo, renda e inovação em benefício de todos".

Entretanto, o direito à limitação da responsabilidade do sócio não decorre da personalidade jurídica nem da autonomia patrimonial da sociedade; decorre, repete-se, da escolha por um *tipo* de sociedade que proporciona esse benefício ao sócio e que é regida por várias outras regras e princípios.[15]

Por isso é que a análise da desconsideração da personalidade jurídica por abandono da sociedade limitada não deve se circunscrever à ponderação entre o interesse dos credores e o respeito da personalidade jurídica e de sua autonomia patrimonial, mas deve necessariamente passar (a) pelo estudo das *normas jurídicas* que regem as sociedades limitadas, (b) pela função que essas normas jurídicas têm no sistema societário, (c) pela análise da observância, ou não, dessas normas jurídicas pelos sócios que querem se valer da proteção que as sociedades limitadas lhes conferem e, principalmente, (d) pelas consequências que as inobservâncias dessas normas provocam no funcionamento do sistema e na posição dos credores.

Em outras palavras, a avaliação do abandono da pessoa jurídica como causa de desconsideração da personalidade jurídica deve ir muito além de um mero discurso de valorização da pessoa jurídica e de sua autonomia patrimonial.[16] Deve, acima de tudo, averiguar quais normas jurídicas estão sendo violadas pelos sócios e administradores que abandonam a pessoa jurídica e quais são as consequências desse ilícito para os credores da pessoa abandonada.

Essa análise não foi feita no julgamento dos Embargos de Divergência 1.306.553/SC, tampouco nas sucessivas decisões que aplicaram o entendimento ali formado.

4.2 *Não há* "encerramento ou dissolução irregular" de sociedade limitada por abandono da pessoa

Sem avaliar quais são os atos jurídicos que deixam de ser praticados pelos sócios e administradores quando abandonam a pessoa jurídica, e sem ponderar as consequências desse comportamento, o STJ concluiu que "a mera insolvência ou dissolução, ainda que irregular, da sociedade não são suficientes para a invasão patrimonial dos sócios" (EREsp 1.306.553/SC). A decisão cita, como reforço argumentativo, o enunciado 282 da

---

15. Após diferenciar adequadamente personalidade jurídica e responsabilidade limitada, Oksandro Gonçalves observa, com pertinência, que "personalidade jurídica não importa necessariamente limitação da responsabilidade", mas "uma das principais vantagens da pessoa jurídica é a limitação". *Desconsideração da personalidade jurídica*. Curitiba: Juruá, 2008. p. 41.

16. Em obra publicada anos antes de formado o entendimento jurisprudencial analisado neste trabalho, Calixto Salomão Filho já apontava, criticamente, que, "no Brasil, a discussão a respeito da desconsideração continua centrada no problema da essência e da função da personalidade jurídica. As soluções, mesmo sem admiti-lo, tendem sempre a um raciocínio regra/exceção". *O novo direito societário*. 3. ed. São Paulo: Ed. RT, 2006. p. 226. A passagem também está na 5. edição da mesma obra, alhures citada, de 2019, na fl. 377.

A DESCONSIDERAÇÃO DA PERSONALIDADE JURÍDICA POR ABANDONO DA SOCIEDADE LIMITADA **759**

IV Jornada de Direito Civil: "o encerramento irregular das atividades da pessoa jurídica, por si só, não basta para caracterizar abuso da personalidade jurídica".

Evidentemente, "a mera insolvência" não pode jamais ser causa de invasão patrimonial dos sócios – mas não é "a mera insolvência" que o Tribunal se propunha a analisar naquele caso. Era o abandono da pessoa jurídica ou, como afirmou, a "dissolução, ainda que irregular, da sociedade".

Ocorre que não existe essa "dissolução, ainda que irregular, da sociedade". Ou a sociedade é juridicamente dissolvida ou não é juridicamente dissolvida. Assim como a criação da pessoa jurídica, o encerramento da pessoa jurídica é formal. É claro que a dissolução pode ser válida ou inválida do ponto de vista jurídico (vício na vontade do sócio quando a dissolução decorrer de "consenso unânime dos sócios", p.ex.), mas não há "dissolução irregular" por falta de interesse dos sócios na sobrevivência da sociedade. A dissolução decorre de hipóteses previstas em lei, como as do art. 1.033 do Código Civil.

Se o abandono da pessoa jurídica não é causa legal de dissolução de sociedade, então uma sociedade abandonada não é uma sociedade dissolvida. É apenas uma sociedade que vem sendo ilicitamente negligenciada por seus sócios e administradores.

Além disso, mesmo se houvesse "dissolução irregular", a sociedade ainda teria que ser liquidada para que houvesse extinção da personalidade (art. 51 do Código Civil).[17]

Lembre-se que, em caso de extinção da autorização da sociedade para funcionar, compete ao Ministério Público promover a liquidação judicial da sociedade, se isso não tiver sido feito pelos sócios e administradores em trinta dias (art. 1.037 do Código Civil); e na omissão do Ministério Público, é a "autoridade competente para conceder a autorização" quem "nomeará interventor com poderes para requerer a medida e administrar a sociedade até que seja nomeado o liquidante". Então mesmo quando a sociedade é dissolvida por extinção da autorização para funcionar, ainda assim a lei considera imprescindível a liquidação para que haja a sua adequada extinção.[18]

A suposição de que o abandono fático de uma sociedade implica a sua "dissolução irregular" está equivocada.

4.3 O pedido de decretação de falência é um *dever* do devedor insolvente

O risco de insucesso da empresa é inerente a qualquer atividade produtiva e a qualquer ato de empreendedorismo. Insolvências, falências e inadimplementos fazem parte da realidade e todo aquele que contrata sabe que o risco de não receber o pagamento existe.

---

17. Alfredo de Assis Gonçalves Neto ensina: "A liquidação de uma sociedade pode ser entendida (i) como a situação jurídica que se estabelece após sua dissolução e (ii) como um processo ou um conjunto de atos que se destina a pôr fim ao seu patrimônio e a extinguir a pessoa jurídica por ela constituída". *Direito de empresa*. 2. ed. São Paulo: Ed. RT, 2007. p. 465.

18. "Significa que, após a ocorrência da causa de dissolução, há nomeação do liquidante, *longe de se considerar a sociedade como extinta*. Está marcado um início de extinção, com a produção dos atos necessários a este fim, previstos no art. 1.103 do CC". ALBUQUERQUE, Luciano Campos de. *Dissolução de sociedades*. 2. ed. São Paulo: Malheiros, 2015. p. 138.

Entretanto, "mera insolvência" é muito diferente de abandonar uma pessoa jurídica insolvente.

A insolvência é situação a que toda sociedade empresária está sujeita, mas há ritos e procedimentos que devem ser observados pelos sócios e pelos administradores quando ela ocorre.

De acordo com o art. 105 da Lei 11.101/2005, "o devedor em crise econômico-financeira que julgue não atender aos requisitos para pleitear sua recuperação judicial *deverá* requerer ao juízo sua falência". O enunciado normativo não poderia ser mais claro: o pedido de falência é um autêntico e inequívoco *dever* do "devedor em crise econômico-financeira".[19]

De igual modo, uma vez dissolvida a sociedade e instituída a liquidação, cumpre ao liquidante inventariar todo o ativo e o passivo da sociedade e providenciar o pagamento das dívidas (art. 1.103, IV, do CC). Porém, se constatada a insolvência da pessoa jurídica, o liquidante tem o *dever* de "confessar a falência da sociedade e pedir concordata, de acordo com as formalidades prescritas para o tipo de sociedade liquidanda" (art. 1.103, VII, do CC). Esses são, insista-se, "deveres do liquidante" (art. 1.103, *caput*, do CC).

Seja por iniciativa dos sócios e administradores, seja como consequência da dissolução societária, a sociedade empresária insolvente sem chances de recuperação *sempre* deverá ser extinta por falência.

Supor que o Direito admite o abandono da pessoa jurídica insolvente porque os sócios não têm mais perspectiva de extrair lucros de suas atividades é erro que fecha os olhos a todo o sistema do direito societário.

4.4 A manutenção da pessoa jurídica e os demonstrativos contábeis anuais

Se a criação e a extinção da pessoa jurídica são atos solenes decorrentes de negócios jurídicos (ou de atos jurídicos em sentido estrito no caso da extinção), também o é o seu desenvolvimento e manutenção.

A sociedade deve ter uma *sede* (art. 997, II, do Código Civil); a sociedade deve ter um *efetivo representante* (art. 997, VI, do Código Civil); a sociedade deve, "ao término de cada exercício social, proced[er] à elaboração do inventário, do balanço patrimonial e do balanço de resultado econômico" (art. 1.065 do Código Civil).

O abandono da sociedade implica descumprimento desses deveres básicos de manutenção da pessoa jurídica. Como regra generalíssima, a sede deixa de existir; o

---

19. Após observar que o pedido de falência é um dever desprovido de sanção legal, Fábio Ulhoa Coelho destaca: "Se o devedor conclui que a empresa por ele explorada não tem mais recuperação, ou não tem ele o mínimo interesse em tentá-la, a autofalência – caso não tenha cometido nenhuma irregularidade à testa do negócio – pode-se apresentar como alternativa mais rápida de pôr fim a ela e, em certo sentido, desincumbir-se das tarefas de liquidação. O empresário honesto, em outros termos, tem o direito de transferir ao Estado a liquidação de sua empresa frustrada, por meio do pedido de autofalência". COELHO, Fábio Ulhoa. *Comentários à nova Lei de Falências e de Recuperação de Empresas*. 2. ed. São Paulo: Saraiva, 2005. p. 296.

A DESCONSIDERAÇÃO DA PERSONALIDADE JURÍDICA POR ABANDONO DA SOCIEDADE LIMITADA **761**

administrador constituído não é mais administrador de fato; não são mais mantidos os documentos contábeis essenciais; não há mais declaração de imposto de renda.

Note-se que a "elaboração do inventário, do balanço patrimonial e do balanço de resultado econômico" ao final de cada exercício social não é ato exclusivamente endógeno à sociedade – não é somente prestação de contas do administrador aos sócios, embora seja essa a sua principal função. É, também, desdobramento da autonomia patrimonial da pessoa jurídica e da necessidade de se registrar *a sua* evolução de patrimônio, a qual interessa sobretudo aos sócios, mas também a terceiros. Esses documentos contábeis são imprescindíveis em caso de falência da sociedade limitada para que se apure a ocorrência de fraudes e de crimes falimentares. A simples omissão na elaboração dos "documentos de escrituração contábil obrigatórios" "antes ou depois da sentença que decretar a falência" é, por si só, *crime* (art. 178 da Lei 11.101/2005).

Em outras palavras, o abandono da sociedade limitada insolvente é considerado *crime* pela Lei de Falências, mas não é considerado ato suficientemente grave, segundo o STJ, para autorizar a responsabilização dos sócios pelas obrigações sociais.

4.5 O agravamento da posição dos credores da sociedade em caso de abandono

A discussão sobre a desconsideração da personalidade jurídica por abandono da sociedade pressupõe que a sociedade abandonada esteja em estado de insolvência e não haja notícias de bens disponíveis à satisfação do crédito executado pelo credor. Primeiro porque seria pouco crível que sócios abandonariam uma sociedade solvente que pudesse, em procedimento de liquidação, pagar todo o passivo e distribuir-lhes os bens remanescentes; segundo porque, se existentes ativos suficientes ao pagamento da dívida, não haveria nem sequer que ingressar na discussão sobre a responsabilização dos sócios por obrigações sociais.

Portanto, quando se debate a desconsideração da personalidade por abandono da sociedade, está-se diante de pessoa jurídica insolvente, incapaz de pagar as suas dívidas. Supondo que os sócios não têm mais interesse em promover a sociedade (por isso foi abandonada), restariam duas alternativas juridicamente válidas ao mero abandono: (ii) pedir a decretação de falência; (ii) deliberar a dissolução da sociedade e proceder à sua liquidação – que, diante da insolvência, culminaria em pedido de falência pelo liquidante.

Em última análise, a falência é a alternativa adequada, legítima e *necessária* ao abandono da sociedade limitada por seus sócios.

Há diferenças significativas entre a falência e o abandono da pessoa jurídica por seus sócios – sobretudo ao credor da falida. Além da adequação e legitimidade do processo de falência para a extinção da sociedade limitada insolvente, conferem-se várias atribuições ao administrador judicial nomeado, incluindo "examinar a escrituração do devedor" (art. 22, III, 'b', da Lei 11.101/2005)[20] e apresentar "relatório sobre as causas e circunstâncias que conduziram à situação de falência, no qual apontará a responsabilidade civil e penal dos envolvidos" (art. 22, III, 'e', da Lei 11.101/2005).[21]

Isso significa que o processo de falência impõe uma avaliação crítica dos demonstrativos contábeis da sociedade falida e das causas da falência, permitindo que sejam identificadas eventuais fraudes, confusões patrimoniais, desvio de bens etc. A falência também carrega, em si, a ameaça de cometimento de uma série de crimes falimentares aos sócios e administradores, incluindo o "ato fraudulento de que resulte ou possa resultar prejuízo aos credores" (art. 168 da Lei 11.101/2005) – com aumento de pena em caso de omissão "na escrituração contábil ou no balanço, lançamento que neles deveria constar" (art. 168, § 1º, II, da Lei 11.101/2005). Há muitos outros atos tipificados como crimes que impõem absoluta idoneidade aos sócios e administradores na condução da sociedade empresária.

Por outro lado, o mero abandono da pessoa jurídica pelos sócios e administradores dificulta sobremaneira ao credor arrecadar eventuais bens da sociedade, identificar as causas do insucesso econômico-financeiro da sociedade, averiguar se a sociedade foi propriamente administrada ou se houve a prática de atos fraudulentos, confusão patrimonial, desvio de bens para o patrimônio pessoal dos sócios etc.

O abandono da sociedade limitada insolvente em detrimento do impositivo pedido de falência é muitíssimo prejudicial aos seus credores.

É claro que os credores também têm legitimidade para pedir a decretação de falência da sociedade abandonada (art. 97, IV, da Lei 11.101/2005); a legitimidade concorrente dos credores, porém, não afasta a constatação de que o abandono da pessoa jurídica por seus sócios não é mera irregularidade sem maiores consequências, mas autêntico ato ilícito que causa prejuízos a terceiros e não tem nenhum amparo no sistema societário brasileiro.

4.6   O abandono da pessoa jurídica é ato ilícito que desvirtua a sua finalidade

O STJ parte do pressuposto de que o abandono da pessoa jurídica não é propriamente uma ilicitude, mas uma mera irregularidade sem maiores consequências. Isso ficou claro no julgamento dos Embargos de Divergência 1.306.553/SC, mas, antes dele,

---

20. "A partir do exame em causa, o administrador judicial tomará conhecimento da situação do devedor, sob os ângulos patrimonial e financeiro, bem como levantará importantes elementos para o exercício de sua fiscalização. Conforme se verificou acima, os livros e documentos contábeis do devedor farão prova para todos os efeitos da falência, a favor e contra o devedor. A simples inexistência de alguns ou de todos os livros obrigatórios, e omissões relativas a lançamentos que deveriam ter sido feitos, serão fatos imputados contra o devedor, pela configuração de crimes falimentares, tal como previsto, por exemplo, no art. 168 desta Lei". VERÇOSA, Haroldo Malheiros Duclerc. Comentário ao art. 22. In: SOUZA JUNIOR, Francisco Satiro de e PITOMBO, Antônio Sérgio A. de Moraes (Coord.). *Comentários à Lei de Recuperação de Empresas e Falência*. 2. ed. São Paulo: Ed. RT, 2007. p. 171-172.

21. Haroldo Verçosa ressalta a "elevada e evidente importância" desse que é um dos "três grandes relatórios" do processo falimentar. Ibidem, p. 172-173.

o STJ já havia decidido: "a mera circunstância de a empresa devedora ter encerrado suas atividades sem baixa na Junta Comercial, se não evidenciado dano decorrente de violação ao contrato social da empresa, fraude, ilegalidade, confusão patrimonial ou desvio de finalidade da sociedade empresarial, não autoriza a desconsideração de sua personalidade para atingir bens pessoais de herdeiro de sócio falecido".[22]

Ou seja, o STJ literalmente afirmou que "a mera circunstância de a empresa devedora ter encerrado suas atividades sem baixa na Junta Comercial" não é, por si só, uma "ilegalidade" – a qual precisa ser "evidenciada" para autorizar a desconsideração da personalidade.

Como vem sendo demonstrado, a "ilegalidade" (ou, mais corretamente, *ilicitude*) do abandono da sociedade limitada é evidente e inquestionável.

Primeiro porque abandonar uma sociedade não é uma opção legalmente admitida. Se os sócios e administradores não querem mais manter a pessoa jurídica, devem necessariamente dissolvê-la e liquidá-la.

Segundo porque são obrigatórias as manutenções de sede e de administrador de fato para a pessoa jurídica.

Terceiro porque é obrigatória a elaboração anual do balanço patrimonial e do balanço de resultado econômico da sociedade.

Quarto porque, se a sociedade está em estado falimentar, é dever dos sócios e administradores pedir a decretação de falência.

Por isso, repete-se: não existe dissolução irregular ou informal de uma pessoa jurídica.[23]

Não custa lembrar mais uma vez que, se instaurado o processo de falência, o simples fato de o falido "deixar de elaborar, escriturar ou autenticar, antes ou depois da sentença que decretar a falência (...) os documentos de escrituração contábil" é *crime*. Seria absurdo supor que o mesmo comportamento que enseja crime falimentar não seria considerado nem sequer ato ilícito civil em caso de abandono da pessoa jurídica insolvente.

Além da patente ilegalidade do abandono da pessoa jurídica, também é de se reconhecer o desvio da sua finalidade.

O objetivo da pessoa jurídica, em especial de uma sociedade, é facilitar e fomentar empreitadas sociais ou econômicas, organizando a associação de esforços, bens e recursos. A pessoa jurídica, como bem expõe Marçal Justen Filho, é uma "*sanção positiva* prevista pelo ordenamento jurídico"[24] que "atribui um regime jurídico peculiarmente

---

22. STJ, AgRg no REsp 762.555/SC, julgado em 16.10.2012.
23. Em trabalho publicado pouco antes da vigência do atual Código Civil, Ana Caroline Santos Ceolin já destacava que "O sócio-gerente comete infração de dever legal pelo simples fato de ter dissolvido irregularmente a sociedade, deixando-a sem lastro patrimonial e sem definir de forma válida o destino do acervo social". *Abusos na aplicação da teoria da desconsideração da pessoa jurídica*. Op. cit., p. 117.
24. JUSTEN FILHO, Marçal. *Desconsideração da personalidade societária no direito brasileiro*. São Paulo: Ed. RT, 1987. p. 50.

benéfico para o exercício associativo da atividade econômica".[25] A limitação da responsabilidade, quando existe, mitiga o risco dos sócios em caso de fracasso dessa empreitada ao capital inicialmente empregado, incentivando o empreendedorismo, a livre iniciativa e o desenvolvimento socioeconômico.[26]

Contudo, tanto os lucros esperados pelo sócio ao formar uma sociedade limitada (e é sempre a expectativa de lucros que impulsiona um sócio a investir na formação de uma sociedade limitada) quanto, acima de tudo, a limitação dos riscos envolvidos na formação dessa sociedade devem ter como contrapartida responsabilidade e observância do regime jurídico societário. No mínimo é de se esperar que os sócios tenham o "incômodo" de promover a extinção da pessoa que criaram – seja ao pedir a decretação de falência, seja ao liquidá-la.

Como registra com muita felicidade Calixto Salomão Filho ao tratar da teoria da desconsideração como forma de redistribuição de riscos, "a desconsideração enquadra-se em uma regra geral de repressão ao comportamento de *free-rider*". Entende-se como *free-rider* "o agente que quer gozar das vantagens, mas não dos custos da responsabilidade limitada".[27]

Admitir que um sócio tenha todos os benefícios inerentes às sociedades limitadas, mas, uma vez fracassada a iniciativa, possa simplesmente virar as costas e abandonar a sociedade com dívidas e credores frustrados implicaria premiar a irresponsabilidade, o descomprometimento e a ilicitude. Direitos não podem ser de tal forma desacompanhados de deveres e responsabilidades.

Chega a ser um contrassenso promover retoricamente a personalidade jurídica e a sua autonomia patrimonial, mas admitir que essa valorizada pessoa jurídica seja livremente abandonada pelos sócios quando não mais lhes interessa.

Obviamente, não é essa a solução legal. A rejeição que uma sociedade possa ser "encerrada" pelo mero abandono da pessoa jurídica pelos sócios é corroborada por importantíssima previsão legal contida no art. 1.001 do Código Civil: "As obrigações dos sócios começam imediatamente com o contrato, se este não fixar outra data, e *terminam quando, liquidada a sociedade*, se extinguirem as responsabilidades sociais".

O raciocínio aqui desenvolvido também converge com a péssima tentativa do legislador de definir "desvio de finalidade" no §1º do art. 50 do Código Civil, o qual dispõe: "desvio de finalidade é a utilização da pessoa jurídica com o propósito de lesar credores e para a prática de atos ilícitos de qualquer natureza".[28] O abandono da pessoa jurídica é um ato ilícito que lesa credores.

---

25. Ibidem, p. 49.
26. "A vinculação do insucesso econômico do empresário à sua ruína pessoal é, sem dúvida, um custo muito alto que desincentiva a atividade empresarial". SALOMÃO FILHO, Calixto. *O novo direito societário*. Op. cit., p. 363.
27. O autor complementa a definição de *free rider*: "(...) ou seja, aquele agente que usa a responsabilidade limitada não passivamente, como um meio de salvação no caso extremo de falência, mas ativamente, como elemento estratégico para a externalização de riscos em maneira diversa daquela prevista no ordenamento. Ibidem, p. 402.
28. O dispositivo é de todo infeliz porque pretendia dar concretude a um conceito que necessariamente deve ser vago e indeterminado. Não por acaso, mantém a indeterminação ao referir-se a "propósito de lesar credores" e

A DESCONSIDERAÇÃO DA PERSONALIDADE JURÍDICA POR ABANDONO DA SOCIEDADE LIMITADA | **765**

Por imperativo lógico, o sujeito deve ter a salvaguarda de seu direito, desde que cumpra as obrigações que lhe são correspondentes. É justamente por isso que, em contratos bilaterais, não se admite a exigência do pagamento de prestação obrigacional antes de cumprida a própria obrigação pelo contratante, garantindo-se ao devedor que invoque exceção de contrato não cumprido e afaste a sua mora (art. 476 do Código Civil).

De igual modo, não se pode garantir o direito do sócio à limitação de sua responsabilidade se ele não cumpre as suas obrigações sociais, desrespeita regras basilares do direito societário e, com isso, agrava a posição dos credores da sociedade.

Tinha absoluta razão o STJ quando decidia que "a parêmia *universitas distat a singulis* se aplica a situações de *plena normalidade*".[29] Deve-se garantir *inexoravelmente* ao sócio a limitação da sua responsabilidade – desde que esse sócio cumpra *todos* os deveres e obrigações *essenciais* inerentes a tal condição.

Se de um lado não se pode violar gratuitamente a limitação da responsabilidade prevista em lei, de outro lado não se pode admitir com complacência que sócios e administradores pratiquem ilícitos que agravem a posição dos credores das sociedades e dificultem a satisfação dos seus direitos.

4.7 A distribuição equivocada do ônus da prova entre o agente infrator e o sujeito prejudicado

Embora negue que o abandono da pessoa jurídica seja causa, por si só, de desconsideração da personalidade jurídica, o STJ fez a seguinte ressalva: "não se quer dizer com isso que o encerramento da sociedade jamais será causa de desconsideração de sua personalidade, mas que somente o será quando sua dissolução ou inatividade irregulares tenham o fim de fraudar a lei, com o desvirtuamento da finalidade institucional ou confusão patrimonial" (EREsp 1.306.553/SC).

Isso quer dizer que o abandono da pessoa jurídica poderia ser causa de desconsideração da personalidade jurídica, desde que o credor frustrado comprove que esse abandono teve como finalidade "fraudar a lei, com o desvirtuamento da finalidade institucional".

Há, ao menos, dois equívocos no raciocínio.

O primeiro equívoco está em erigir a má-fé, "o fim de fraudar a lei", como critério determinante para a desconsideração da personalidade jurídica.[30] A desconsideração

---

"prática de atos ilícitos de *qualquer natureza*". Ou seja, longe de definir adequadamente o que é uso abusivo da pessoa jurídica e desvio de sua finalidade, o enunciado normativo mantém as incertezas (quando há propósito de lesar credores? quando um credor é lesado? quando uma sociedade é utilizada para a prática de atos ilícitos de qualquer natureza?) e cria ainda mais confusão (p.ex., a prática de ilícitos tributários é "ato ilícito de qualquer natureza" que autoriza a desconsideração da personalidade em relação entre particulares?).

29. STJ, REsp 140.564/SP, Quarta Turma, julgado em 21.10.2004.

30. Calixto Salomão Filho é preciso: "Característico da jurisprudência brasileira é o valor paradigmático atribuído à pessoa jurídica, que fez com que a separação patrimonial seja frequentemente reafirmada e sua desconsideração só seja admitida em presença de previsão legal expressa ou de comportamentos considerados fraudulentos. As decisões brasileiras não são, consequentemente, classificáveis segundo o tipo de atuação a justificar a desconside-

da personalidade jurídica decorre do *abuso da personalidade jurídica* (art. 50 do CC),[31] independentemente de *dolo* dos sócios e administradores.[32] O exercício de direito com excesso aos limites impostos por seu fim econômico e social é, por si só, abusivo; assim como é abusivo o exercício de direito em contrariedade à boa-fé objetiva (art. 187 do Código Civil), a qual independe de *dolo*.

Tanto isso é verdade que o mencionado §1º do art. 50 do Código Civil, não obstante ter sido editado alguns anos depois de proferida a decisão citada, considera que há desvio de finalidade quando a pessoa jurídica é utilizada não só "com o propósito de lesar credores", mas também para a "*prática de atos ilícitos de qualquer natureza*". Ainda que o dolo seja umas das hipóteses que autorizam a desconsideração, não é elemento constitutivo *necessário* do desvio de finalidade da pessoa jurídica.[33]

Da mesma forma, o sócio que confunde o seu patrimônio com o da sociedade limitada viola a autonomia patrimonial e *abusa da personalidade jurídica*, mesmo sem *intuito* fraudulento nessa confusão.

O segundo equívoco está na criação de uma presunção judicial a partir do *improvável*.

Ainda que as premissas estabelecidas pelo STJ estivessem corretas, a distribuição do ônus da prova está invertida. Atribui-se ao credor o ônus de provar um *intuito fraudulento* dos sócios e administradores que deveria, no mínimo, presumir-se a partir do abandono da pessoa jurídica.

Sabe-se que presunções são inferências cognitivas extraídas de determinado fato, pautadas por aquilo que é razoável e provável. De um fato processual secundário (indiciário) extrai-se um fato processual primário,[34] levando-se em consideração o que normalmente ocorre no mundo real.

No caso do abandono da pessoa jurídica, o STJ criou uma presunção judicial de que o abandono não configura intuito fraudulento, tampouco má-fé, transferindo ao

---

ração (confusão de esferas, subcapitalização ou abuso de forma), mas segundo o fundamento jurídico invocado para fundamentar a não consideração da personalidade societária". *O Novo Direito Societário*. Op. cit., p. 381.

31. "O não-exercício e o exercício segundo modalidades diversas daquelas que derivam da função da situação subjetiva devem ser considerados abusos. O abuso é uma noção que não se exaure na configuração dos limites da cada poder, mas, sim, na correlação (*collegamento*) à mais ampla função da situação global da qual o poder é expressão". PERLINGIERI, Pietro. *Perfis do direito civil*. 2. ed. Rio de Janeiro: Renovar, 2002. p. 122.

32. Ao tratar da hipótese de desconsideração da personalidade jurídica por abuso de forma, Calixto Salomão Filho menciona o abuso de forma individual e o abuso de forma institucional. O abuso de forma individual é o que tem "o objetivo específico de causar dano a terceiro. (...) Trata-se do caso clássico de desconsideração da personalidade jurídica baseada em critérios subjetivos". O abuso de forma institucional "ao contrário, caracteriza-se por uma utilização do privilégio da responsabilidade limitada contrária a seus objetivos e à sua função". *O novo direito societário*. Op. cit., p. 371.

33. Em seu trabalho seminal, Rubens Requião cuidadosamente se refere à fraude *e* ao abuso de direito como hipóteses distintas de desconsideração, insistindo que, quanto ao abuso, "o sujeito não exercitará seus direitos egoisticamente, mas tendo em vista a função deles, a finalidade social que objetiva". *Abuso de direito e fraude através da personalidade jurídica (disregard doctrine)*. Ob. cit. p. 5 (versão online).

34. Sobre os fatos processuais primários e secundários, v. TUCCI, José Rogério Cruz e. *A causa petendi no processo civil*. 3. ed. São Paulo: Ed. RT, 2009. p. 162-164.

A DESCONSIDERAÇÃO DA PERSONALIDADE JURÍDICA POR ABANDONO DA SOCIEDADE LIMITADA **767**

credor o ônus de quebrar essa presunção com provas do dolo dos sócios e administradores.[35]

Deixando de lado a ilicitude do abandono da pessoa jurídica, ao menos a boa-fé objetiva exigiria que os sócios e os administradores de uma sociedade limitada, ciosos da responsabilidade limitada que lhes é garantida por lei, deparados com a insolvência da pessoa jurídica, praticassem os atos exigidos em lei para encerrar essa sociedade de forma adequada e legal. Se o sócio criou e conduziu a sociedade de forma hígida, então é natural (e legalmente impositivo) que também valorize essa higidez na sua extinção. O obrigatório pedido de falência, precedido ou não de liquidação, implicaria a averiguação das causas da falência e da escorreita condução dos negócios sociais.[36]

Insista-se: a insolvência da sociedade é inerente à livre iniciativa. Empresas dão certo e dão errado; faz parte da dinâmica empresarial. Quem contrata sabe que existe o risco de inadimplência e deve adotar as cautelas necessárias. Não há nada de errado, por si, com a falência de uma sociedade empresária.

Mas quando os sócios e administradores evitam o procedimento legal de encerramento da sociedade insolvente para, na surdina, de forma sorrateira, simplesmente abandoná-la com dívidas, deveria ser natural concluir que, *muito provavelmente*, há má-fé. Boa-fé objetiva certamente inexiste (elemento que, violado, é suficiente para configurar abuso de direito); má-fé, não se tem certeza, mas não é razoável presumir que os sócios e administradores que abandonam ilicitamente a sociedade agiram, até aquele momento, de maneira hígida em todo o seu desenvolvimento e condução. Se uma presunção tivesse que ser criada, deveria ser a de que os sócios e administradores que abandonaram a sociedade o fizeram com intuito fraudulento.

É claro que tal presunção seria relativa e os sócios e administradores poderiam comprovar que (a) não houve abandono da sociedade limitada, (b) que inexistiu qualquer abuso da personalidade jurídica ou (c) que não houve agravamento da posição dos credores, dificultando a satisfação do direito. Contudo, em qualquer hipótese, o ônus dessa comprovação teria que ser *dos sócios e administradores que abandonaram a sociedade*, jamais dos credores.

A decisão do STJ, além de tratar com complacência comportamento que encerra *vários* ilícitos, cria ao agente faltoso uma benéfica presunção de boa-fé, transferindo ao

---

35. Em decisões mais recentes, o STJ vem afirmando que "a teoria maior da desconsideração da personalidade jurídica exige a comprovação de abuso, caracterizado pelo desvio de finalidade (ato intencional dos sócios com intuito de fraudar terceiros) ou confusão patrimonial, requisitos que não se presumem mesmo em casos de dissolução irregular ou de insolvência da sociedade empresária" (REsp 1.572.655/RJ), mas não há qualquer desenvolvimento argumentativo para justificar essa conclusão.

36. João Cánovas Gancin menciona a dificuldade do credor de provar o abuso da personalidade jurídica quando não se tem acesso às informações contábeis da sociedade. Acertadamente defende que a negativa em exibir os registros contábeis e a exibição de escrituração irregular devem gerar a presunção do abuso, autorizando-se a desconsideração (*Desconsideração da personalidade jurídica no processo civil*. São Paulo: Ed. RT, 2020. p. 113-114). Esse mesmo raciocínio, com ainda mais razão, deve ser aplicado quando a sociedade é abandonada e a contabilidade deixa de ser mantida ou não se tem notícia do seu paradeiro.

terceiro o ônus de provar uma intenção fraudulenta que nem sequer deveria ser critério para desconsideração da personalidade jurídica.

5. CONCLUSÃO: A DESCONSIDERAÇÃO DA PERSONALIDADE JURÍDICA POR ABANDONO DA SOCIEDADE LIMITADA

A pessoa jurídica exerce uma função social de extrema importância: organiza os meios de produção, permite a associação organizada de bens e de esforços, dissocia o sócio da pessoa que está exercendo a atividade produtiva, permite, em alguns casos, a limitação da responsabilidade do sócio ao capital social subscrito, estimulando o empreendedorismo e a livre iniciativa, os quais trazem inovação e progresso social. Tanto a pessoa jurídica quanto a limitação da responsabilidade são *sanções positivas* do Estado, o qual confere privilégios aos sócios em prol do bem comum.

Contudo, os benefícios que a criação da sociedade limitada proporciona aos sócios (que a exploram para fins egoísticos) são acompanhados de deveres de observância de normas legais que impõem procedimentos formais tanto para a manutenção quanto para a extinção dessa sociedade. Os bônus conferidos pelo legislador estão acompanhados de ônus voltados a promover a idoneidade da utilização dessa pessoa jurídica.

Sob nenhum ponto de vista o Direito brasileiro convive com o simples abandono de uma sociedade limitada. Seja porque a sociedade limitada deve ter sede, administrador e contabilidade organizada e atualizada, seja porque a extinção dessa sociedade depende da configuração de hipótese de dissolução seguida de procedimento de liquidação, seja porque o pedido de falência é uma imposição legal decorrente da incapacidade de recuperar uma sociedade insolvente, na qual são averiguadas as causas da falência e a correção da contabilidade, o abandono da pessoa jurídica não é opção legítima conferida aos seus sócios e administradores.

Se o abandono da pessoa jurídica configura a prática de vários atos ilícitos por seus sócios e administradores, também agrava a posição dos credores e dificulta a satisfação dos seus créditos. Entre várias outras consequências, o credor fica privado: (a) do inventário de bens que necessariamente são feitos na liquidação e na falência, (b) de informações sobre a condução dos negócios e das causas da insolvência, (c) de informações sobre a destinação dada aos bens e direitos da sociedade etc.

Admitir o abandono da pessoa jurídica é incompatível com a valorização que a jurisprudência pretende dar, contraditoriamente, a essa pessoa. Uma pessoa jurídica valorizada não é uma pessoa jurídica abandonada.

Também erra a jurisprudência do STJ em erigir a má-fé como pressuposto da desconsideração da personalidade jurídica. A desconsideração da personalidade jurídica decorre, acima de tudo, do abuso da personalidade jurídica – e é curial que o abuso do direito prescinde do dolo.

Mas mesmo se a desconsideração da personalidade jurídica dependesse do intuito fraudulento de seus sócios e administradores, o abandono da pessoa jurídica deveria ser comportamento apto a fazer *presumir* a má-fé. De um lado, não é razoável que a presunção de boa-fé favoreça quem inegavelmente praticou atos ilícitos; de outro lado, um mínimo de convivência com a realidade permite constatar que os sócios e administradores que simplesmente abandonam uma pessoa jurídica, descumprindo as suas obrigações legais, muito provavelmente o fazem para lesar credores.

Em resumo, como bem destaca Calixto Salomão Filho, a desconsideração da personalidade jurídica tem como objetivo coibir o sócio de extrair as vantagens da limitação da responsabilidade, mas ignorar as obrigações e incumbências que a acompanham. A complacência conferida pela jurisprudência ao abandono da pessoa jurídica é um indevido prêmio concedido a esse tipo de sócio descomprometido e desleal.

6. REFERÊNCIAS

ALBUQUERQUE, Luciano Campos de. *Dissolução de sociedades*. 2. ed. São Paulo: Malheiros, 2015.

ANDRADE FILHO, Edmar Oliveira. *Desconsideração da personalidade jurídica no novo Código Civil*. São Paulo: MP, 2005.

CEOLIN, Ana Caroline Santos. *Abusos na aplicação da teoria da desconsideração da pessoa jurídica*. Belo Horizonte: Del Rey, 2002.

COELHO, Fábio Ulhoa. *Comentários à nova Lei de Falências e de Recuperação de Empresas*. 2. ed. São Paulo: Saraiva, 2005.

FRANÇA, Erasmo Valladão Azevedo e Novaes; ADAMEK, Marcelo Vieira von. *Direito processual societário*. 2. ed. São Paulo: Malheiros, 2021.

GANCIN, João Cánovas. *Desconsideração da personalidade jurídica no processo civil*. São Paulo: Ed. RT, 2020.

GOMES, Orlando. *Introdução ao direito civil*. 12. ed. Rio de Janeiro: Forense, 1997.

GONÇALVES NETO, Alfredo de Assis. *Direito de empresa*. 2. ed. São Paulo: Ed. RT, 2007.

GONÇALVES NETO, Alfredo de Assis. *Lições de direito societário*. 2. ed. São Paulo: Juarez de Oliveira, 2004.

GONÇALVES, Oksandro. *Desconsideração da personalidade jurídica*. Curitiba: Juruá, 2008.

JUSTEN FILHO, Marçal. *Desconsideração da personalidade societária no direito brasileiro*. São Paulo: Ed. RT, 1987.

PERLINGIERI, Pietro. *Perfis do direito civil*. 2. ed. Rio de Janeiro: Renovar, 2002.

REQUIÃO, Rubens. Abuso de direito e fraude através da personalidade jurídica (*disregard doctrine*). *Revista dos Tribunais*, 410/12, 1969.

SALOMÃO FILHO, Calixto. *O novo direito societário*. 3. ed. São Paulo: Ed. RT, 2006.

SALOMÃO FILHO, Calixto. *O novo direito societário*. 5. ed. São Paulo: Saraiva, 2019.

TUCCI, José Rogério Cruz e. *A causa petendi no processo civil*. 3. ed. São Paulo: Ed. RT, 2009.

VERÇOSA, Haroldo Malheiros Duclerc. Comentário ao art. 22. In: SOUZA JUNIOR, Francisco Satiro de e PITOMBO, Antônio Sérgio A. de Moraes (Coord.). *Comentários à Lei de Recuperação de Empresas e Falência*. 2. ed. São Paulo: Ed. RT, 2007.

II.2 – DESCONSIDERAÇÃO DA PERSONALIDADE NO DIREITO DE FAMÍLIA

DESCONSIDERAÇÃO INVERSA DA PERSONALIDADE JURÍDICA EM DIVÓRCIOS E DISSOLUÇÕES DE UNIÕES ESTÁVEIS: ASPECTOS PROCESSUAIS*

Fernanda Tartuce

Doutora e Mestra em Direito Processual pela USP. Professora em cursos de pós graduação. Presidenta da Comissão de Soluções Consensuais de Conflitos da OAB/SP, da Comissão de Processo Civil do IBDFAM e da comissão de Mediação do IBDCont. Vice-presidente da Comissão de Mediação do IBDP. Diretora do CEAPRO. Membra do IASP e da ABEP. Advogada, mediadora e autora de publicações jurídicas.

Andrea Cristina Zanetti

Doutora e Mestra em Direito pela PUC/SP. Concluiu o programa de pós-doutorado no ramo de Ciências Jurídico-Civis da Faculdade de Direito da Universidade de Lisboa (FDUL) em 2021. Professora Doutora do Departamento de Direito Privado e Processo Civil (DPP) da Faculdade de Direito de Ribeirão Preto (FDRP-USP). Associada ao IDIP (Instituto de Direito Privado) e ao Instituto Brasileiro de Responsabilidade Civil (IBERC).

Sumário: 1. Previsões e nomenclatura – 2. Aplicabilidade da desconsideração inversa em demandas familiares – 3. Divórcio e dissolução de união estável; 3.1 Hipóteses; 3.2 Ampliação da legitimidade passiva; 3.3 Atenção à necessidade de instrução; 3.4 Importância do contraditório e necessidade de pleito expresso – 4. Considerações finais – 5. Referências.

1. PREVISÕES E NOMENCLATURA

A desconsideração da personalidade jurídica iniciou sua incidência normativa nos Códigos Civil e no Código de Defesa do Consumidor. Após anos de prática, os legisladores do CPC/2015 o incluíram como modalidade de intervenção de terceiros entre os artigos 133 e 137.

A instauração do incidente de desconsideração da personalidade jurídica visa "garantir o recebimento de débito da pessoa jurídica por meio de patrimônio dos sócios, autêntica situação de responsabilidade sem dívida".[1]

A modalidade invertida passou a ser mencionada expressamente no CPC a partir da regra sobre serem aplicáveis à desconsideração inversa da personalidade jurídica todas as disposições constantes no capítulo que trata do incidente (art. 133, § 2º).[2]

A desconsideração inversa/invertida foi positivada também no § 3º do art. 50 do Código Civil por força de modificação promovida pela Lei da Liberdade Econômica (Lei 13.874/2019) no seguinte sentido: "o disposto no *caput* e nos §§ 1º e 2º deste artigo também se aplica à extensão das obrigações de sócios ou de administradores à pessoa jurídica"; vale ressaltar que as previsões material e processual "equivalem-se, sem qualquer distinção de conteúdo".[3]

Esclarece o Enunciado 283 da IV Jornada de Direito Civil do Conselho da Justiça Federal ser cabível a desconsideração da personalidade jurídica "inversa" para alcançar bens de sócio que se valeu da pessoa jurídica para ocultar ou desviar bens pessoais com prejuízo a terceiros.

Como bem expressa a lei processual, a promoção do incidente é cabível em todas as fases do processo de conhecimento, no cumprimento de sentença e na execução de título executivo extrajudicial, devendo o requerimento demonstrar o preenchimento dos pressupostos legais para sua instauração (que suspenderá o processo, segundo o art. 134, § 3.º do CPC).

O presente artigo objetiva destacar alguns casos em que a aplicação da desconsideração foi pleiteada para traçar um breve panorama sobre as melhores condições de aplicação do instituto em demandas familiares.

2. APLICABILIDADE DA DESCONSIDERAÇÃO INVERSA EM DEMANDAS FAMILIARES

No plano doutrinário, bem antes da existência de normas, Rolf Madaleno tratou com pioneirismo do tema sob a perspectiva do Direito de Família: o autor defendeu ser imperiosa a desconsideração na via inversa em casos de fraude à divisão dos bens conjugais e de desvirtuamento abusivo da função da empresa.[4]

---

* Artigo aceito para publicação na *Revista Magister de Direito das Famílias e Sucessões*, edição de maio/2023.

1. CASTRO, Roberta Dias Tarpinian de. O pedido de desconsideração da personalidade jurídica em inicial de processo de execução. Migalhas, 11 nov. 2022. Disponível em: https://www.migalhas.com.br/coluna/elas-no-processo/376863/o-pedido-de-desconsideracao-da-personalidade-juridica. Acesso em: 09 fev. 2023.

2. FLEISCHMANN, Simone Tassinari Cardoso; POMJÉ, Caroline. Ensaio sobre a dupla dimensão procedimental da desconsideração inversa da personalidade jurídica aplicada ao direito de família. *Revista Brasileira de Direito Civil – RBDCivil*, v. 27, p. 69. Belo Horizonte, jan./mar. 2021.

3. TARTUCE, Flávio. A desconsideração da personalidade jurídica e suas aplicações ao Direito de Família e das Sucessões. Disponível em: https://flaviotartuce.jusbrasil.com.br/artigos/512847682/a-desconsideracao-da-personalidade-juridica-e-suas-aplicacoes-ao-direito-de-familia-e-das-sucessoes. Acesso em: 08 fev. 2023.

4. MADALENO, Rolf. *Curso de direito de família*. 7. ed. Rio de Janeiro: Forense, 2016, p. 186.

A partir das contemplações normativas da desconsideração, passou-se a dividi-la em teorias maior e menor. Como explica Flávio Tartuce, há duas teorias a respeito da desconsideração: pela teoria maior, adotada pelo Código Civil,

> a incidência do instituto exige dois requisitos, quais sejam o abuso da personalidade jurídica e o prejuízo ao credor que pretende a quebra da autonomia da pessoa jurídica frente aos seus membros. Por seu turno, segundo a teoria menor, retirada do art. 28, § 5º, do Código de Defesa do Consumidor, a desconsideração da personalidade jurídica exige apenas o prejuízo ao credor, estando facilitada no campo prático em favor dos consumidores, tidos como vulneráveis nas relações contratuais.[5]

A aplicação da desconsideração aplicada ao Direito de Família atrai a incidência da teoria maior da desconsideração (pertinente a relações civis e empresariais), exigindo-se dois requisitos: abuso da personalidade jurídica e prejuízo ao credor que pretende a quebra da autonomia da pessoa jurídica frente aos seus membros.[6]

Como bem apontado em acórdão do Tribunal de Justiça cearense, tal peculiar desconsideração vem sendo usada, em demandas familiares,

> para combater ações desonestas e ardis articuladas para omitir bens com o claro e inequívoco fito de ludibriar alguém que possui legítimo direito sobre eles. Assim, nos casos de divórcio, partilha de bens ou pensão alimentícia, pode ser utilizado como remédio adequado para combater ação do cônjuge que 'esconde' um bem do casal transferindo-o para a empresa pessoa jurídica do qual é sócio subtraindo e reduzindo o acervo a ser partilhado pelo casal.[7]

Nesse caso, a autora pediu medida liminar no incidente e, por ter demonstrado a presença dos requisitos da tutela de urgência (previstos no art. 300 do CPC), foi atendida. Como a maioria dos bens alegadamente adquiridos pelo ex-casal durante a união estável estava registrada em nome das empresas do marido (que as administrava), a Desembargadora relatora deferiu a tutela de urgência para determinar a inscrição da cláusula de inalienabilidade nos registros de bens imóveis e veículos realizados em nome da pessoa jurídica.

Como bem apontado no *decisum,* costuma haver aplicação da desconsideração inversa da personalidade em demandas familiares de alimentos e situações ligadas à partilha de bens. Assim, merece análise detida a situação que envolve o fim de casamentos e uniões estáveis, situações em que muitas vezes há expedientes fraudulentos para

---

5. A desconsideração da personalidade jurídica aplicada ao Direito de Família e das Sucessões e a medida provisória 881/2019 (liberdade econômica) – Visão crítica, cit.

6. TARTUCE, Flávio. A desconsideração da personalidade jurídica aplicada ao Direito de Família e das Sucessões e a medida provisória 881/2019 (liberdade econômica), cit.

7. TJCE, AI 0628252-63.2016.8.06.0000, 2.ª Câmara de Direito Privado, Rel.ª Des.ª Maria de Fátima de Melo Loureiro, *DJCE* 05.06.2018, p. 89. No mesmo sentido: "Agravo de instrumento. Ação de divórcio litigioso. Incidente de desconsideração inversa da personalidade jurídica. Decisão que determina a entrega da documentação referente ao veículo descrito nos autos, registrado em nome da pessoa jurídica, mas na posse da agravada, sob pena de fixação de multa diária. Confirmação. Evidências de confusão patrimonial, assim como da tentativa do varão de fraudar a partilha de bens mediante a transferência de parcela do patrimônio do casal a terceiros, familiares seus, sem o conhecimento da virago. Questões já evidenciadas em anterior julgamento colegiado. Automóvel cujas despesas são integralmente custeadas pela agravada. [...]" (TJRS, Agravo de Instrumento 70081975989, Rel.ª Sandra Brisolara Medeiros, j. 25.09.2019).

evitar a devida divisão do acervo patrimonial entre o casal. Afinal, há "fraude quando é alcançado um resultado proibido pela lei, ou cuja manipulação termina por contrariar seu sentido normativo, frustrando o resultado previsto na lei".[8]

3. DIVÓRCIO E DISSOLUÇÃO DE UNIÃO ESTÁVEL

3.1 Hipóteses

A solidariedade familiar, que é (ou deveria ser) a diretriz reinante em casamentos e uniões estáveis, pode desaparecer quando o final da união é visto como destino certo por pelo menos uma das pessoas integrantes do casal e a lealdade deixa de ter lugar.

Infelizmente é comum que, ao conversar sobre a partilha de bens, a cônjuge – que vivenciou parâmetros típicos de uma confortável situação financeira – seja informada que não há acervo patrimonial relevante a ser dividido.

Ao abordar o tema, Maria Berenice Dias aponta os diferentes artifícios usualmente adotados com o objetivo "de desviar patrimônio pertencente a ambos os cônjuges ou companheiros":

(1) registro de bens móveis e imóveis em nome da pessoa jurídica da qual um dos cônjuges/companheiros participa;

(2) retirada fictícia do sócio da empresa, o qual vende sua parte na sociedade a terceiro, a fim de afastar da partilha as quotas sociais ou o patrimônio do casal que havia sido revertido ao ente societário;

(3) dissolução da sociedade, com a finalidade de ocultar patrimônio partilhável;

(4) alteração contratual;

(5) percepção de pró-labore, pelo sócio, que não condiz com o padrão de vida ostentado. Tal fenômeno é potencializado na medida em que o Código Civil, em seu art. 978, dispensa a outorga conjugal ao cônjuge empresário, independentemente do regime de bens, estabelecendo terreno fértil ao desenvolvimento de manobras fraudatórias.[9]

Há ainda situações em que "laranjas" são usados para que o patrimônio não seja descoberto; como bem explica Mário Delgado,

Nas disputas matrimoniais, é frequente a situação do cônjuge empresário que se esconde sob o manto da sociedade, para onde desvia grande parte dos bens comuns, os quais, não obstante adquiridos ao longo do casamento, são registrados em nome de empresas de que participa um dos consortes. Muitas vezes, e isso infelizmente ocorre cada vez mais, essa participação se materializa por interposta pessoa, o vulgo 'laranja'. Os bens que deveriam integrar a meação estão titularizados pela sociedade empresária, de cujo quadro social o cônjuge fraudador sequer participa. Nada no seu nome. E seu nome não aparece na empresa. O cônjuge se apresenta ora como empregado registrado da empresa, ora como um mero procurador do sócio formal. Hipótese típica de abuso, caracterizada pelo desvio

---

8. MADALENO, Rolf. A disregard nos alimentos. Disponível em: https://www.rolfmadaleno.com.br/web/artigo/a-disregard-nos-alimentos. Acesso em: 08 fev. 2023.

9. FLEISCHMANN, Simone Tassinari Cardoso; POMJÉ, Caroline. Ensaio sobre a dupla dimensão procedimental da desconsideração inversa da personalidade jurídica aplicada ao direito de família. *Revista Brasileira de Direito Civil – RBDCivil*, v. 27, p. 64. Belo Horizonte, jan./mar. 2021.

de finalidade, pois a personalidade jurídica passa a ser usada apenas para ocultar o patrimônio e lesar o outro cônjuge.[10]

Em cenários como esses, se a sociedade foi usada abusivamente para encobrir a responsabilidade pessoal de sócio, visando a

prejudicar o credor deste sócio que não dispõe de patrimônio ou lastro capaz de garantir sua dívida, descortina-se o véu societário para afastar a fraude ou o abuso, em prestígio da regularidade e da segurança das práticas comerciais, mas, não somente delas, e de igual, para a proteção de terceiros que se veem impedidos de buscarem seus direitos pela superada sacralização da personalidade jurídica, agora relativizada pelo recurso à teoria da sua despersonalização.[11]

Realmente é importante avançar para não permitir que artifícios ilegais ensejem o êxito pretendido. Como explica Mario Delgado,

No lugar de responsabilizar o sócio pelas obrigações da sociedade, na *disregard* inversa procura-se alcançar o patrimônio da sociedade para responder pelos débitos do sócio. Em razão da utilização indevida do ente societário por seus sócios, deve ser afastada a autonomia patrimonial da sociedade, para atingir o ente coletivo e seu patrimônio social, responsabilizando a pessoa jurídica por obrigações do sócio, quer seja sócio de fato, quer seja sócio de direito. Assim, os ativos sociais serão chamados a suportar o pagamento do cônjuge ou credor prejudicado pelo sócio, que usa a pessoa jurídica para ocultar patrimônio.[12]

3.2   Ampliação da legitimidade passiva

É clássica a afirmação de que apenas o casal tem legitimidade para figurar em demandas de divórcio. Por força da desconsideração, poderão ser admitidas mais pessoas? A resposta é positiva.

Afinal, pelo fato de a desconsideração inversa da personalidade jurídica ter "como efeito principal a ineficácia dos atos praticados com intuito fraudatório",[13] é primordial assegurar a possibilidade de participação dos sócios afetados.

Flávio Tartuce afasta eventuais inquietações com o fato de que sócios e administradores passem a compor o polo passivo de demandas sobre o fim do casamento ou da união estável, ressaltando que eles deverão ser tratados como *partes* e não como terceiros, nos casos de desconsideração da personalidade jurídica: tanto isso é verdade que o art. 790, inciso VII, do CPC passou a enunciar que, nas situações de desconsideração da personalidade jurídica, ficam sujeitos à execução os bens do responsável.[14]

---

10.   DELGADO, Mario. Divórcio no Novo CPC. In: TARTUCE, Fernanda; MAZZEI, Rodrigo Reis; CARNEIRO, Sergio Barradas (Org.). *Famílias e sucessões*, cit., v. 1, p. 299.

11.   MADALENO, Rolf. A *disregard* nos alimentos. Disponível em: https://www.rolfmadaleno.com.br/web/artigo/a-disregard-nos-alimentos. Acesso em: 08 fev. 2023.

12.   DELGADO, Mario. Divórcio no Novo CPC. In: TARTUCE, Fernanda; MAZZEI, Rodrigo Reis; CARNEIRO, Sergio Barradas (Org.). *Famílias e sucessões*. Salvador: JusPodivm, 2016. v. 1, p. 298-299 – Coleção Repercussões do Novo CPC.

13.   FLEISCHMANN, Simone Tassinari Cardoso; POMJÉ, Caroline. Ensaio sobre a dupla dimensão procedimental da desconsideração inversa da personalidade jurídica aplicada ao direito de família. *Revista Brasileira de Direito Civil – RBDCivil*, v. 27, p. 76. Belo Horizonte, jan./mar. 2021.

14.   TARTUCE, Flávio. A desconsideração da personalidade jurídica e suas aplicações ao direito de família e das sucessões – Parte II. Disponível em: https://flaviotartuce.jusbrasil.com.br/artigos/525944996/a-desconsideracao-da-personalidade-juridica-e-suas-aplicacoes-ao-direito-de-familia-e-das-sucessoes-parte-ii. Acesso em: 08 fev. 2023.

Tais entendimentos vêm sendo reconhecidos em decisões judiciais.

Em certo caso reconheceu o Superior Tribunal de Justiça que a sócia da empresa cuja personalidade jurídica se pretende desconsiderar – que teria sido beneficiada por suposta transferência fraudulenta de cotas sociais por um dos cônjuges – "tem legitimidade passiva para integrar a ação de divórcio cumulada com partilha de bens, no bojo da qual se requereu a declaração de ineficácia do negócio jurídico que teve por propósito transferir a participação do sócio/ex-marido à sócia remanescente (sua cunhada), dias antes da consecução da separação de fato".[15]

Em outro julgado reconheceu-se que a jurisprudência do STJ "encontra-se consolidada no sentido de que as sociedades empresárias, cuja personalidade jurídica se pretende desconsiderar, têm legitimidade passiva para integrar a demanda que busca, em última análise, a partilha de bens do casal".[16]

3.3   Atenção à necessidade de instrução.

Concluída a instrução, se necessária, o incidente de desconsideração da personalidade jurídica será resolvido por decisão interlocutória; se a decisão for proferida pelo relator, caberá agravo interno (CPC, art. 136). Acolhido o pedido de desconsideração, a alienação ou a oneração de bens, havida em fraude de execução, será ineficaz em relação ao requerente (CPC, art. 137).[17]

Expostas as regras gerais do CPC, vale a pena analisar a situação específica da desconsideração inversa.

Eis trecho de decisão que demonstra como a instrução é essencial:

Não é admissível a desconsideração inversa da personalidade jurídica de ente empresarial do qual o ex-cônjuge seja sócio, quando ausente provas, ou indícios, de que tenham sido transferidos para a empresa supostos bens particulares, prejudicando, assim, a meação da mulher quando da separação/divórcio. 4 Inexistem bens a partilhar quando o casal utiliza temporariamente o patrimônio adquirido e registrado em nome da pessoa jurídica de que o cônjuge varão era sócio, quando não comprovado que na constância da relação foram adquiridos bens particulares, dissociados do ente empresarial.[18]

---

15. STJ, REsp 1.522.142/PR, Rel. Min. Marco Aurélio Bellizze, j. em 13.06.2017, DJe: 22.06.2017.

16. STJ, AgInt no REsp 1.625.826/SP, Rel. Min. Ricardo Villas Bôas Cueva, j. em 1º.10.2018 a 1º.10.2018.

17. DELLORE, Luiz; TARTUCE, Fernanda. *1.001 dicas sobre o Novo CPC*, cit., p. 35.

18. TJSC, AC 0308276-44.2014.8.24.0023, Florianópolis, 5.ª Câmara de Direito Civil, Rel. Des. Luiz Cézar Medeiros, *DJSC* 16.03.2017, p. 206. No mesmo sentido: "Apelação cível – Divórcio litigioso – Regime de comunhão parcial de bens – Empresas constituídas na constância do casamento – Pratrimônio [*sic*] comum do casal – Irrelevância do nome do cônjuge que figura como titular das cotas ou que esteja a administrá-las – Partilha das dívidas empresariais – Impossibilidade – Ativos e passivos da pessoa jurídica que não se confundem com o dos cônjuges – Não comunicação das dívidas da empresas – Partilha que se resume às cotas sociais – Inexistência de hipóteses que autorizem cogitar da desconsideração da personalidade jurídica – Ausência de demonstração de que a dívida foi contraída em prol do casal ou que tenha havido confusão patrimonial – Partilha inviabilizada – Empresa constituída e integradada [*sic*] pelo varão durante o casamento – Prova suficiente – Devisão [*sic*] das cotas que se impõe. Embargos declaratórios – Ausência de caráter protelatório – Pretensão da embargante que fosse observado documento acostado aos autos – Prova, inclusive, que ampara a procedência parcial do recurso – Multa afastada [...]" (TJPR, Proc. 0002310-14.2017.8.16.0017, Rel. Des. Gil Francisco de Paula Xavier Fernandes Guerra, j. 1º.03.2021).

Há decisão em sentido similar no Tribunal paranaense: ao apreciar certo recurso, afirmou expressamente a "impossibilidade de desconsideração inversa da personalidade jurídica sem provas para tanto".[19]

Sobre o tema, Simone Tassinari Cardoso e Caroline Pomjé propõem uma questão muito relevante: como lidar com a produção de provas sobre o preenchimento dos pressupostos que autorizam a desconsideração da personalidade jurídica da empresa em cenários de ocultação e dificuldade de acesso a informações?

Realmente situações árduas tendem a ocorrer, já que o déficit de dados é natural em cenários de disputa. O sistema jurídico precisa ter instrumentos para fazer frente a casos assim, já que ninguém pode se beneficiar da própria torpeza...

As autoras exemplificam: imaginemos a situação de alguém que, no curso de um processo de divórcio ou de dissolução de união estável, não tem como provar que o ex--marido/ex-companheiro (ou ex-esposa/ex-companheira) efetuava reiteradamente o pagamento de despesas da empresa, ou vice-versa, em potencial confusão patrimonial entre sócio e sociedade:

> A impossibilidade de que o requerente efetue essa prova decorre, simplesmente, do fato de não ter acesso à conta bancária do(a) ex e da respectiva empresa, não havendo outra forma de comprovar o adimplemento. Situação semelhante condiz com a impossibilidade de que o divorciando tenha conhecimento sobre qual o patrimônio imobilizado pertencente à sociedade em que o ex-cônjuge/ex-companheiro figurava como sócio.[20]

Simone Tassinari Cardoso e Caroline Pomjé explicam que o próprio procedimento de desconsideração da personalidade jurídica acaba sendo usado para franquear a verificação dos dados da empresa e a confirmação da ocorrência ou não de fraudes patrimoniais:

> O acesso às informações da pessoa jurídica, consequentemente, ocorre por intermédio do procedimento de desconsideração – enquanto que o art. 134, §4º, do CPC/2015, determina que o próprio requerimento de desconsideração já deveria demonstrar o preenchimento dos pressupostos legais específicos para a desconsideração da personalidade jurídica (quais sejam, desvio de finalidade e/ou confusão patrimonial, na forma do art. 50, do CCB/2002). O procedimento de desconsideração da

---

19 TJPR, ApCiv 1367040-7, Maringá, 11ª Câmara Cível, Rel. Des. Sigurd Roberto Bengtsson, j. 20.04.2016, *DJPR* 09.05.2016, p. 202. No mesmo sentido: "Apelação cível. Família. Ação de divórcio litigioso. [...] Desconsideração inversa da personalidade jurídica de empresa cujo sócio majoritário é o varão. Prova de fraude ou confusão patrimonial. Inviabilidade. Partilha. Quotas sociais. Imóvel. Ausência de prova da propriedade ou posse do réu. Alimentos transitórios. Necessidade da virago. Não comprovação.. [...] Ausente prova de fraude no sentido de que a pessoa jurídica apelada tenha sido utilizada para esvaziamento patrimonial do varão, descabida a desconsideração inversa da personalidade jurídica. 5. Considerando que a autora não comprovou que a admissão da genitora do réu na sociedade se deu a título de doação (art. 373, I, do CPC/15), correta a sentença que determinou a partilha apenas das quotas efetivamente adquiridas pelo varão no curso do matrimônio. 6. À mingua de comprovação acerca da propriedade ou posse do varão sobre imóvel, descabida a partilha do referido bem. [...]" (TJMG, Apelação Cível 1.0000.21.076221-7/001, Rel. Des. Bitencourt Marcondes, j. 29.07.2021).

20. FLEISCHMANN, Simone Tassinari Cardoso; POMJÉ, Caroline. Ensaio sobre a dupla dimensão procedimental da desconsideração inversa da personalidade jurídica aplicada ao direito de família. *Revista Brasileira de Direito Civil – RBDCivil*, v. 27, p. 76. Belo Horizonte, jan./mar. 2021.

personalidade jurídica, que deveria se revestir de caráter excepcional, acaba sendo instaurado para possibilitar a verificação sobre o seu próprio cabimento.[21]

As autoras propõem o desmembramento do incidente de desconsideração da personalidade jurídica em duas dimensões: uma mais superficial para viabilizar o acesso a informações da sociedade e "outra, mais profunda, efetivamente referente à desconsideração da personalidade jurídica diante da comprovação (na primeira fase/dimensão) da presença dos pressupostos autorizadores do levantamento do véu da sociedade".[22]

Elas ressaltam que não se estaria criando um procedimento especial, mas gerando espaços para definir quais situações seriam objeto de apreciação em cada momento processual; tal iniciativa asseguraria, simultaneamente, a possibilidade de a parte interessada ter acesso a informações da sociedade e o direito desta de não ter o patrimônio atingido por tutelas de urgência, por exemplo, antes da demonstração do preenchimento dos pressupostos da desconsideração da personalidade jurídica.[23]

Realmente elas têm razão em sua proposta:

> Deferidas as providências prévias à aplicação "completa" da teoria da desconsideração da personalidade jurídica e verificada a presença de elementos probatórios suficientes para que se concluísse pela presença dos pressupostos previstos pelo direito material (conforme exigência do art. 133, §1º, do CPC/2015), poder-se-ia cogitar da continuidade do procedimento de desconsideração da personalidade jurídica, com a formulação de requerimento de efetiva ineficácia dos atos praticados com intuito fraudatório (...). Tal medida, absolutamente gravosa ao sócio e à pessoa jurídica, somente teria cabimento, assim, diante da presença de respaldo probatório suficiente, obtido mediante procedimento em contraditório – com a oportunidade de defesa por parte do sócio e da pessoa jurídica.[24]

3.4   Importância do contraditório e necessidade de pleito expresso

Mostrando preocupação com a garantia do contraditório, o legislador também previu que, instaurado o incidente de desconsideração da personalidade jurídica, o sócio ou a pessoa jurídica seja citado para se manifestar e requerer as provas cabíveis em até 15 dias (CPC, art. 135).

No ponto, o procedimento do incidente de desconsideração da pessoa jurídica previsto no CPC mereceu elogios por representar um avanço importante na preservação

---

21. FLEISCHMANN, Simone Tassinari Cardoso; POMJÉ, Caroline. Ensaio sobre a dupla dimensão procedimental da desconsideração inversa da personalidade jurídica aplicada ao direito de família. *Revista Brasileira de Direito Civil – RBDCivil*, v. 27, p. 76. Belo Horizonte, jan./mar. 2021.

22. FLEISCHMANN, Simone Tassinari Cardoso; POMJÉ, Caroline. Ensaio sobre a dupla dimensão procedimental da desconsideração inversa da personalidade jurídica aplicada ao direito de família. *Revista Brasileira de Direito Civil – RBDCivil*, v. 27, p. 77. Belo Horizonte, jan./mar. 2021.

23. FLEISCHMANN, Simone Tassinari Cardoso; POMJÉ, Caroline. Ensaio sobre a dupla dimensão procedimental da desconsideração inversa da personalidade jurídica aplicada ao direito de família. *Revista Brasileira de Direito Civil – RBDCivil*, v. 27, p. 78. Belo Horizonte, jan./mar. 2021.

24. FLEISCHMANN, Simone Tassinari Cardoso; POMJÉ, Caroline. Ensaio sobre a dupla dimensão procedimental da desconsideração inversa da personalidade jurídica aplicada ao direito de família. *Revista Brasileira de Direito Civil – RBDCivil*, v. 27, p. 79. Belo Horizonte, jan./mar. 2021.

DESCONSIDERAÇÃO INVERSA DA PJ EM DIVÓRCIOS E DISSOLUÇÕES DE UNIÕES ESTÁVEIS | **779**

de direitos fundamentais e trazer maior segurança jurídica para sócios e empresários ao impor a observância do contraditório.[25]

O fato de não haver limite temporal para a desconsideração da personalidade jurídica – a ponto de poder ser requerida mesmo na pendência de fase executiva pode ensejar "problemas práticos especialmente sobre amplitude da defesa" que poderá "ser apresentada por aquele que se pretende responsabilizar".[26]

O incidente de desconsideração da personalidade jurídica poderá ser instaurado, observados os pressupostos legais, a pedido da parte interessada (credora) ou do Ministério Público, quando lhe couber intervir no processo".[27]

Em caso sobre união estável, julgado pelo Tribunal Catarinense, apesar de haver um evidente esforço comum, houve pleito de partilha de um veículo que se encontrava em nome da pessoa jurídica de propriedade da ré – mas o requerimento foi considerado inviável ante a inexistência de pedido de desconsideração inversa da personalidade jurídica.[28]

No mesmo sentido entendeu o Tribunal de Justiça do Paraná em um cumprimento de sentença em ação de divórcio, partilha, alimentos, guarda e regulamentação de visitas. A decisão recorrida indeferiu a inclusão de pessoa jurídica no polo passivo da demanda em vista de formação de grupo econômico do executado com outra empresa. O indeferimento foi mantido porque a exequente não observou a necessidade de instauração do devido incidente processual.[29]

Mesmo Flávio Tartuce – que defende a desconsideração da personalidade jurídica *ex officio* em casos envolvendo matérias de ordem pública (como hipóteses envolvendo consumidores e danos ambientais) – descarta a atuação de ofício em demandas familiares.[30]

Como se pode notar, a desconsideração inversa da personalidade jurídica em demandas de divórcio e dissolução de união estável merece ser objeto de atenção e cuidado técnico para que possa promover a tão almejada efetividade.

---

25. WAMBIER, Luiz Rodrigues; LOBO, Arthur Mendes; LIBLIK, Regiane França. Tipologia das sociedades e a desconsideração da personalidade jurídica. *Revista Eletrônica de Direito Processual – REDP*, v. 19, ano 12, n 3, p. 527. Rio de Janeiro, set./dez. 2018.

26. BATISTA CINTRA, Lia Carolina. Análise crítica do vigente sistema brasileiro de intervenção de terceiros. Publicações da Escola da AGU: Direito, Gestão e Democracia, v. 8, 2016, p. 217-218.

27. WAMBIER, Luiz Rodrigues; LOBO, Arthur Mendes; LIBLIK, Regiane França. Tipologia das sociedades e a desconsideração da personalidade jurídica. *Revista Eletrônica de Direito Processual – REDP*, v. 19, ano 12, n 3, p. 527. Rio de Janeiro, set./dez. 2018.

28. TJSC, AC 0003146-41.2007.8.24.0008, Blumenau, 5ª Câmara de Direito Civil, Rel.ª Des.ª Cláudia Lambert de Faria, *DJSC* 14.06.2017, p. 119.

29. TJPR, Proc. 0072863-35.2020.8.16.0000, Rel.ª Des.ª Lenice Bodstein, j. 12.04.2021.

30. TARTUCE, Flávio. A desconsideração da personalidade jurídica e suas aplicações ao Direito de Família e das Sucessões – parte II. Disponível em: https://flaviotartuce.jusbrasil.com.br/artigos/525944996/a-desconsideracao-da-personalidade-juridica-e-suas-aplicacoes-ao-direito-de-familia-e-das-sucessoes-parte-ii. Acesso em 08 fev. 2023.

4. CONSIDERAÇÕES FINAIS

A desconsideração da personalidade jurídica pressupõe a comprovação de fraude ou abuso da personalidade jurídica em prejuízo de terceiros. Em demandas familiares, sua aplicação tem sido frequente em ações de alimentos e demandas em que se discute partilha de bens. Nesses casos, o devedor utiliza diversos meios para ocultar bens e fraudar relações jurídicas. A desconsideração inversa, como reação a tais iniciativas, objetiva responsabilizar a empresa pelas obrigações do sócio que fez uso indevido de sua personalidade jurídica.

Neste artigo, algumas situações foram problematizadas – como a ampliação subjetiva nos casos em que se requer a desconsideração inversa da personalidade jurídica, as decisões judiciais que deferiram ou indeferiram o pedido com base em requisitos legais, a necessidade de contraditório e as dificuldades de comprovação do abuso da personalidade jurídica pelos credores prejudicados.

Ao final, ponderamos sobre as melhores condições de utilização do instituto, destacando aspectos como a possibilidade de requerimento de provas no processo para a comprovação da fraude e a verificação dos requisitos legais com a ampliação do contraditório em qualquer fase do processo judicial.

5. REFERÊNCIAS

BATISTA CINTRA, Lia Carolina. Análise crítica do vigente sistema brasileiro de intervenção de terceiros. *Publicações da Escola da AGU*: Direito, Gestão e Democracia, v. 8, p. 185-238, 2016.

BASTIANETTO, Lorena Machado Rogedo; REZENDE, Élcio Nacur. A desconsideração da personalidade jurídica na convoluta sistemática da responsabilidade civil: uma abordagem inovadora à luz do Código de Processo Civil de 2015. *Revista De Direito Civil Contemporâneo*, v. 11, p. 125-142, 2017.

CASTRO, Roberta Dias Tarpinian de. O pedido de desconsideração da personalidade jurídica em inicial de processo de execução. *Migalhas*, 11 nov. 2022. Disponível em: https://www.migalhas.com.br/coluna/elas--no-processo/376863/o-pedido-de-desconsideracao-da-personalidade-juridica. Acesso em: 09 fev. 2023.

COLOMBO, Maici Barboza dos Santos. Proposta de releitura da desconsideração inversa da personalidade jurídica à luz dos interesses existenciais decorrentes da obrigação alimentar. In: TEPEDINO, Gustavo; TEIXEIRA, Ana Carolina Brochado; ALMEIDA, Vitor (Coord.). *Da dogmática à efetividade do Direito Civil*: Anais do Congresso Internacional de Direito Civil Constitucional – IV Congresso do IBDCIVIL. Belo Horizonte: Fórum, 2017.

DELGADO, Mario. Divórcio no Novo CPC. In: TARTUCE, Fernanda; MAZZEI, Rodrigo Reis; CARNEIRO, Sergio Barradas (Org.). *Famílias e sucessões*. Salvador: JusPodivm, 2016. v. 1 – Coleção repercussões do novo CPC.

DELLORE, Luiz; TARTUCE, Fernanda. *1.001 dicas sobre o Novo CPC*. 2. ed. Indaiatuba: Editora Foco, 2016.

FLEISCHMANN, Simone Tassinari Cardoso; POMJÉ, Caroline. Ensaio sobre a dupla dimensão procedimental da desconsideração inversa da personalidade jurídica aplicada ao direito de família. *Revista Brasileira de Direito Civil – RBDCivil*, v. 27, p. 63-81, Belo Horizonte, jan./mar. 2021.

MADALENO, Rolf. *Curso de direito de família*. 7. ed. Rio de Janeiro: Forense, 2016.

MADALENO, Rolf. A *disregard* nos alimentos. Disponível em: https://www.rolfmadaleno.com.br/web/artigo/a-disregard-nos-alimentos. Acesso em: 08 fev. 2023.

NACLE, Ricardo Amin Abrahão; CASTRO, Roberta Dias Tarpinian de. Decisão do STJ sobre o IDPJ não reflete melhor interpretação do tema. *Revista Consultor Jurídico*, 24 jun. 2020. Disponível em: https://www.conjur.com.br/2020-jun-24/nacle-castro-decisao-stj-idpj. Acesso em: 09 fev. 2023.

TARTUCE, Fernanda. *Processo civil no direito de família:* teoria e prática. 7. ed. São Paulo: Método, 2023.

TARTUCE, Flávio. A desconsideração da personalidade jurídica aplicada ao direito de família e das sucessões e a medida provisória 881/2019 (liberdade econômica) – Visão crítica. *Migalhas*, 29 maio 2019. Disponível em: https://www.migalhas.com.br/coluna/familia-e-sucessoes/303198/a-desconsideracao-da-personalidade-juridica-aplicada-ao-direito-de-familia-e-das-sucessoes-e-a-medida-provisoria-881-2019--liberdade-economica----visao-critica. Acesso em: 08 fev. 2023.

TARTUCE, Flávio. Da desconsideração inversa da personalidade jurídica na execução de alimentos. *Migalhas*, 29 jul. 2020. Disponível em: https://www.migalhas.com.br/coluna/familia-e-sucessoes/331333/da-desconsideracao-inversa-da-personalidade-juridica-na-execucao-de-alimentos. Acesso em: 08 fev. 2023.

TARTUCE, Flávio. *A desconsideração da personalidade jurídica e suas aplicações ao direito de família e das sucessões.* Disponível em: https://flaviotartuce.jusbrasil.com.br/artigos/512847682/a-desconsideracao-da-personalidade-juridica-e-suas-aplicacoes-ao-direito-de-familia-e-das-sucessoes. Acesso em: 08 fev. 2023.

TARTUCE, Flávio. *A desconsideração da personalidade jurídica e suas aplicações ao direito de família e das sucessões* – parte II. Disponível em: https://flaviotartuce.jusbrasil.com.br/artigos/525944996/a-desconsideracao-da-personalidade-juridica-e-suas-aplicacoes-ao-direito-de-familia-e-das-sucessoes-parte-ii. Acesso em: 08 fev. 2023.

WAMBIER, Luiz Rodrigues; LOBO, Arthur Mendes; LIBLIK, Regiane França. Tipologia das sociedades e a desconsideração da personalidade jurídica. *Revista Eletrônica de Direito Processual – REDP*, v. 19, ano 12, n 3, p. 523-542, Rio de Janeiro, set./dez. 2018. Disponível em: https://www.e-publicacoes.uerj.br/index.php/redp/article/view/39182. Acesso em: 08 fev. 2023.

II.3 – DESCONSIDERAÇÃO DA PERSONALIDADE NO DIREITO FALIMENTAR

DESCONSIDERAÇÃO DA PERSONALIDADE JURÍDICA NO PROCEDIMENTO FALIMENTAR

Henrique de Moraes Fleury da Rocha

Doutorando em Direito Processual pela Universidade do Estado do Rio de Janeiro. Mestre em Direito Processual Civil pela Pontifícia Universidade Católica de São Paulo. Pós-Graduado em Direito Processual Civil pela Pontifícia Universidade Católica do Rio de Janeiro (Especialização). Sócio do escritório Gustavo Tepedino Advogados.

Sumário: 1. Considerações iniciais e objeto do estudo – 2. Desconsideração da Personalidade Jurídica no procedimento falimentar; 2.1 Extensão dos efeitos da falência (art. 81 da Lei 11.101/2005); 2.2 Responsabilidade pessoal dos sócios de responsabilidade limitada e dos controladores e administradores da sociedade falida (art. 82 da Lei 11.101/2005); 2.3 Desconsideração da personalidade jurídica decretada em sede de falência (art. 82-A da Lei 11.101/2005); 2.4 Limites à competência do Juízo falimentar no âmbito do incidente de desconsideração da personalidade jurídica instaurado na falência – 3. Conclusões – 4. Referências.

1. CONSIDERAÇÕES INICIAIS[1] E OBJETO DO ESTUDO

O conceito de desconsideração (*Durchgriff*, em sentido amplo) pode ser dividido em duas espécies: a desconsideração atributiva (*Zurechnungsdurchgriff*) e a desconsideração para fins de responsabilidade (*Haftungsdurchgriff* ou *Durchgriffshaftung*).[2]

A desconsideração atributiva permite imputar, no caso concreto, características, comportamentos, conhecimentos, direitos e deveres dos sócios à sociedade (e vice--versa).[3]

---

1. As ideias expostas a título de considerações iniciais refletem a posição apresentada em: FLEURY DA ROCHA, Henrique de Moraes. *Desconsideração da personalidade jurídica*. São Paulo: Juspodivm, 2022. passim.
2. OLIVEIRA, José Lamartine Corrêa de. *A dupla crise da pessoa jurídica*. São Paulo: Saraiva, 1979. p. 332.
3. Calixto Salomão Filho indica os seguintes exemplos para a desconsideração atributiva: (i) características pessoais do sócio podem ser atribuídas à sociedade; (ii) comportamentos do sócio podem ser atribuídos à sociedade; (iii) conhecimentos do sócio podem ser atribuídos à sociedade; e (iv) proibições impostas ao sócio podem ser estendidas também à sociedade (e vice-versa). V. SALOMÃO FILHO, Calixto. *O novo direito societário*. 4. ed. São Paulo: Malheiros, 2015. p. 244-245. Exemplo da aplicação da desconsideração atributiva no ordenamento jurídico brasileiro é encontrado no Enunciado 486 da Súmula do STF, segundo o qual "admite-se a retomada para sociedade da qual o locador, ou seu cônjuge, seja sócio, com participação predominante no capital social". No exemplo citado, a desconsideração atributiva se dá em benefício da pessoa jurídica.

A desconsideração para fins de responsabilidade, a seu turno, implica a inoponibilidade (ineficácia relativa),[4-5] em favor da pessoa beneficiada pela medida, da separação patrimonial existente entre pessoa jurídica e sócio (ou outro legitimado), de maneira a permitir que eventual poder de constrangimento (pretensão)[6] de titularidade daquela parte beneficiada alcance o patrimônio do atingido pela desconsideração – patrimônio este que será considerado como parte integrante do patrimônio do responsável originário.

Por meio da desconsideração da personalidade jurídica, o potencial atingido não se torna parte da relação obrigacional eventualmente mantida entre demandante e responsável originário. O desconsiderando, portanto, não é devedor e tampouco responsável pela obrigação. Diante da inoponibilidade da separação patrimonial havida entre responsável originário e potencial atingido, contudo, afigura-se possível alcançar, mediante a relação de compromisso existente em face do responsável originário, o patrimônio do potencial atingido – patrimônio este que, aos olhos do credor, será considerado como parte integrante do patrimônio do responsável originário.[7]

A desconsideração para fins de responsabilidade, em sentido clássico, viabiliza que o patrimônio de um sócio (ou de outro legitimado)[8] venha a responder por obrigações de responsabilidade da pessoa jurídica. Em sentido inverso, a desconsideração permite que o patrimônio da pessoa jurídica seja atingido para satisfazer obrigações originárias de sócios (ou administradores, diretores etc.).

No ordenamento jurídico brasileiro, há duas principais teorias que regem os pressupostos para a aplicação da desconsideração da personalidade jurídica: (i) a teoria maior, que subordina a desconsideração ao preenchimento de determinados

---

4. Há muito a doutrina pátria equipara os conceitos de inoponibilidade e ineficácia relativa. Sobre o assunto, confira-se: CARVALHO, Francisco Pereira de Bulhões. Ineficácia do ato jurídico e a reforma do Código Civil. *Revista de jurisprudência do Tribunal de Justiça do Estado da Guanabara*, v. 5, n. 12, p. 1-79, 1966. p. 3. Na mesma esteira, é ver-se: DINAMARCO, Cândido Rangel. *Execução civil*. 8. ed. São Paulo: Malheiros, 2001. p. 270-271; GRECO, Leonardo. *O processo de execução*. Rio de Janeiro: Renovar, 2001. v. 2, p. 45; MUNIZ, Francisco José Ferreira. Notas sobre a ação revocatória. *Órgão oficial do Ministério Público do Estado do Paraná*, v. 1, n. 1, p. 59-68, 1972. p. 64-65; THEODORO JÚNIOR, Humberto. *Fraude contra credores*: a natureza da sentença pauliana. 2. ed. Belo Horizonte: Del Rey, 2001. p. 181-182.

5. Interessante observar que o *Código Civil y Comercial de la Nación*, promulgado em 2014 na Argentina, trata do fenômeno da desconsideração sob a denominação *inoponibilidad de la personalidad jurídica* (art. 144). O vocábulo inoponibilidade já era utilizado anteriormente pela doutrina local: RICHARD, Efraín Hugo. Inoponibilidad de la personalidad jurídica: imputabilidad y responsabilidad. *Revista de Derecho Privado y Comunitario*, v. 3, p. 191-246, 2008.

6. Na visão de Fábio Konder Comparato, a obrigação moderna seria composta por dois elementos: a relação de crédito e dívida (*Schuld*), designada como *dever* (*devoir*) – ou relação de *débito* –, e a relação de constrangimento e responsabilidade (*Haftung*), denominada *compromisso* (*engagement*). Essa forma de abordagem do tema traduz a teoria dualista ou binária da obrigação. Sob o ponto de vista do sujeito ativo da relação de compromisso, tem-se o poder de constrangimento (pretensão), que não se confunde com o direito de crédito que ele visa a proteger nem com o direito de ação – que seria o seu meio normal de exercício. Sobre o tema, v. COMPARATO, Fábio Konder. *Essai d'analyse dualiste de l'obligation en droit privé*. Paris: Librairie Dalloz, 1964. passim.

7. FLEURY DA ROCHA, Henrique de Moraes. *Desconsideração da personalidade jurídica*. São Paulo: Juspodivm, 2022. p. 64-93.

8. Sobre os legitimados ativos e passivos para o pedido de desconsideração, remeta-se a: FLEURY DA ROCHA, Henrique de Moraes. *Desconsideração da personalidade jurídica*. São Paulo: Juspodivm, 2022. p. 119-144.

requisitos; e (ii) a teoria menor, em que a insuficiência dos bens sociais, aliada à solvência de qualquer um dos sócios para satisfazer a dívida, se afigura suficiente para permitir a desconsideração.[9]

A teoria maior é retratada pelo art. 50 do Código Civil,[10] que consubstancia a regra geral de incidência do instituto da desconsideração da personalidade jurídica, refletindo suas vertentes subjetiva (que depende de culpa) e objetiva (que independe de culpa).[11] Os arts. 34 da Lei 12.529/2011[12] e 14 da Lei 12.846/2013[13] caracterizam outros exemplos

---

9. FLEURY DA ROCHA, Henrique de Moraes. *Desconsideração da personalidade jurídica*. São Paulo: Juspodivm, 2022. p. 48-52.

10. Art. 50 do Código Civil: "Em caso de abuso da personalidade jurídica, caracterizado pelo desvio de finalidade ou pela confusão patrimonial, pode o juiz, a requerimento da parte, ou do Ministério Público quando lhe couber intervir no processo, desconsiderá-la para que os efeitos de certas e determinadas relações de obrigações sejam estendidos aos bens particulares de administradores ou de sócios da pessoa jurídica beneficiados direta ou indiretamente pelo abuso. § 1º Para os fins do disposto neste artigo, desvio de finalidade é a utilização da pessoa jurídica com o propósito de lesar credores e para a prática de atos ilícitos de qualquer natureza. § 2º Entende-se por confusão patrimonial a ausência de separação de fato entre os patrimônios, caracterizada por: I – cumprimento repetitivo pela sociedade de obrigações do sócio ou do administrador ou vice-versa; II – transferência de ativos ou de passivos sem efetivas contraprestações, exceto os de valor proporcionalmente insignificante; e III – outros atos de descumprimento da autonomia patrimonial. § 3º O disposto no caput e nos §§ 1º e 2º deste artigo também se aplica à extensão das obrigações de sócios ou de administradores à pessoa jurídica. § 4º A mera existência de grupo econômico sem a presença dos requisitos de que trata o caput deste artigo não autoriza a desconsideração da personalidade da pessoa jurídica. § 5º Não constitui desvio de finalidade a mera expansão ou a alteração da finalidade original da atividade econômica específica da pessoa jurídica".

11. Segundo a vertente subjetiva (também denominada de teoria subjetiva), seria necessária a demonstração de culpa atribuível ao sócio (por exemplo, fraude ou abuso) para permitir a desconsideração. Já de acordo com a teoria objetiva, a desconsideração seria cabível nos casos de desvio de função da personalidade jurídica, independentemente de culpa (por exemplo, nas hipóteses de confusão patrimonial). V. TEPEDINO, Gustavo. Notas sobre a Desconsideração da Personalidade Jurídica. In: *Temas de direito civil*. Rio de Janeiro: Renovar, 2009. t. 3, p. 71-73. Já se afirmou, nesse sentido, que o art. 50 do Código Civil – em sua versão originária – teria contemplado "não apenas a hipótese de abuso (teoria subjetiva) mas também a confusão patrimonial (teoria objetiva)" (LOPES, João Batista. Desconsideração da Personalidade Jurídica no Novo Código Civil. *Revista dos Tribunais*, ano 92, v. 818, p. 36-46, dez. 2003. p. 43). Na mesma linha: ASSIS, Araken de. *Processo civil brasileiro*. 2. ed. São Paulo: Ed. RT, 2016. v. 2, t. 1, p. 145; BENETI, Sidnei Agostinho. Desconsideração da sociedade e legitimidade *ad causam*: esboço de sistematização. In: DIDIER JR., Fredie; WAMBIER, Teresa Arruda Alvim (Org.). *Aspectos polêmicos e atuais sobre os terceiros no processo civil (e assuntos afins)*. São Paulo: Ed. RT, 2004. p. 1.013-1.016. A observação permanece válida mesmo diante da atual redação do art. 50 do Código Civil, conforme alterada pela Lei 13.874/2019, a qual manteve a alusão a "abuso da personalidade jurídica, caracterizado pelo desvio de finalidade ou pela confusão patrimonial". Em sentido contrário, afirmando que o Código Civil teria adotado a teoria subjetiva, confira-se: DANTAS, Marcelo Navarro Ribeiro. Comentários ao art. 50. In: ALVIM NETTO, J. M. A.; ALVIM, Thereza (Org.). *Comentários ao Código Civil Brasileiro*. Rio de Janeiro: Forense, 2005. v. 1, p. 456-457.

12. Art. 34 da Lei 12.529/2011: "A personalidade jurídica do responsável por infração da ordem econômica poderá ser desconsiderada quando houver da parte deste abuso de direito, excesso de poder, infração da lei, fato ou ato ilícito ou violação dos estatutos ou contrato social. Parágrafo único. A desconsideração também será efetivada quando houver falência, estado de insolvência, encerramento ou inatividade da pessoa jurídica provocados por má administração".

13. Art. 14 da Lei 12.846/2013: "A personalidade jurídica poderá ser desconsiderada sempre que utilizada com abuso do direito para facilitar, encobrir ou dissimular a prática dos atos ilícitos previstos nesta Lei ou para provocar confusão patrimonial, sendo estendidos todos os efeitos das sanções aplicadas à pessoa jurídica aos seus administradores e sócios com poderes de administração, observados o contraditório e a ampla defesa".

de aplicação da teoria maior. Já a teoria menor se fundamenta principalmente nos arts. 28, § 5º, do CDC,[14] 4º da Lei 9.605/1998[15] e 18, § 3º, da Lei 9.847/1999.[16]

No plano material, há autonomia entre a relação obrigacional e a relação que viabiliza a desconsideração. A relação que permite a desconsideração não tem natureza obrigacional. O que há é direito, de natureza potestativa,[17] à decretação da desconsideração da personalidade jurídica. Segundo a teoria maior, o direito potestativo se constitui independentemente da existência de crédito. Aplicando-se a teoria menor, por outro lado, verifica-se que o crédito é requisito indispensável para o nascimento do direito à desconsideração.[18]

No plano processual, o pleito de desconsideração da personalidade jurídica traduz demanda – compreendida como ato processual por meio do qual determinada parte submete uma exigência (ou aspiração) ao juiz, composta pela exigência de obter provimento jurisdicional (decisão decretando a desconsideração) e pela exigência de obter bem da vida (ineficácia relativa da separação patrimonial entre responsável originário e potencial atingido).[19]

Feitas essas preliminares considerações, passemos ao objeto de nosso estudo, que consiste em analisar a hipótese de a desconsideração da personalidade jurídica ser requerida em sede de procedimento falimentar.

2. DESCONSIDERAÇÃO DA PERSONALIDADE JURÍDICA NO PROCEDIMENTO FALIMENTAR

O art. 82-A da Lei 11.101/2005, introduzido pela Lei 14.112/2020, estabelece em seu *caput* ser "vedada a extensão da falência ou de seus efeitos, no todo ou em parte, aos sócios de responsabilidade limitada, aos controladores e aos administradores da sociedade falida, admitida, contudo, a desconsideração da personalidade jurídica". O parágrafo único do aludido dispositivo legal, a seu turno, dispõe que "a desconsideração

---

14. Art. 28, § 5º, do CDC: "Também poderá ser desconsiderada a pessoa jurídica sempre que sua personalidade for, de alguma forma, obstáculo ao ressarcimento de prejuízos causados aos consumidores".

15. Art. 4º da Lei 9.605/1998: "Poderá ser desconsiderada a pessoa jurídica sempre que sua personalidade for obstáculo ao ressarcimento de prejuízos causados à qualidade do meio ambiente".

16. Art. 18, § 3º, da Lei 9.847/1999: "Poderá ser desconsiderada a personalidade jurídica da sociedade sempre que esta constituir obstáculo ao ressarcimento de prejuízos causados ao abastecimento nacional de combustíveis ou ao Sistema Nacional de Estoques de Combustíveis".

17. No caso dos direitos potestativos, "o exercício do poder não visa ao cumprimento de um dever, e sim à criação, modificação ou extinção de uma relação jurídica" (AMORIM FILHO, Agnelo. As ações constitutivas e os direitos potestativos. *Revista dos Tribunais*, ano 56, v. 375, p. 11-23, jan. 1967. p. 14), exatamente como ocorre com o direito à desconsideração da personalidade jurídica, em que se busca a ineficácia da separação patrimonial havida entre pessoa jurídica e sócio. Com efeito, na desconsideração, "o ônus que sofre o sujeito passivo não é um *dever*, mas uma *sujeição*" (AMORIM FILHO, Agnelo. As ações constitutivas e os direitos potestativos. *Revista dos Tribunais*, ano 56, v. 375, p. 11-23, jan. 1967. p. 15).

18. FLEURY DA ROCHA, Henrique de Moraes. *Desconsideração da personalidade jurídica*. São Paulo: Juspodivm, 2022. p. 121-139.

19. FLEURY DA ROCHA, Henrique de Moraes. *Desconsideração da personalidade jurídica*. São Paulo: Juspodivm, 2022. p. 95-118.

da personalidade jurídica da sociedade falida, para fins de responsabilização de terceiros, grupo, sócio ou administrador por obrigação desta, somente pode ser decretada pelo juízo falimentar com a observância do art. 50 da Lei 10.406, de 10 de janeiro de 2002 (Código Civil) e dos arts. 133, 134, 135, 136 e 137 da Lei 13.105, de 16 de março de 2015 (Código de Processo Civil), não aplicada a suspensão de que trata o § 3º do art. 134 da Lei 13.105, de 16 de março de 2015 (Código de Processo Civil)".

Extrai-se imediatamente da leitura do dispositivo aludido que os institutos da desconsideração da personalidade jurídica e da extensão dos efeitos da falência não se confundem.[20] Daí decorre que eventual decretação da desconsideração da personalidade jurídica em âmbito falimentar não pode significar a extensão dos efeitos da falência àqueles atingidos pela medida.

A redação do art. 82-A, *caput*, da Lei 11.101/2005 evidencia ainda outra questão: a extensão dos efeitos da falência somente é aplicável aos sócios de responsabilidade ilimitada da pessoa jurídica, em linha com o art. 81 da Lei 11.101/2005,[21] sendo "vedada a extensão da falência ou de seus efeitos, no todo ou em parte, aos sócios de responsabilidade limitada".

O assunto já foi objeto de análise pelo Tribunal de Justiça do Estado de São Paulo, destacando-se que a desconsideração da personalidade jurídica decretada na falência se limitaria a "eventual responsabilização patrimonial (...) por dívidas da sociedade".[22]

Analisemos, a seguir, as hipóteses dos arts. 81, 82 e 82-A da Lei 11.101/2005.

2.1 Extensão dos efeitos da falência (art. 81 da Lei 11.101/2005)

Apenas nos tipos societários nos quais os sócios têm responsabilidade ilimitada é que se pode considerá-los falidos em conjunto com a sociedade, com a instauração de concurso universal de credores com relação às pessoas dos sócios.

Essa é a situação prevista no art. 81 da Lei nº. 11.101/2005, que estabelece, em seu *caput*, que "a decisão que decreta a falência da sociedade com sócios ilimitadamente responsáveis também acarreta a falência destes, que ficam sujeitos aos mesmos efeitos jurídicos produzidos em relação à sociedade falida e, por isso, deverão ser citados para apresentar contestação, se assim o desejarem".

---

20. Nessa esteira: SACRAMONE, Marcelo Barbosa. Extensão da falência e a desconsideração da personalidade jurídica. In: COSTA, Daniel Carnio (Org.). *Comentários completos à Lei de Recuperação de Empresas e Falências.* Curitiba: Juruá, 2015. v. 3, p. 202.

21. Art. 81 da Lei 11.101/2005: "A decisão que decreta a falência da sociedade com sócios ilimitadamente responsáveis também acarreta a falência destes, que ficam sujeitos aos mesmos efeitos jurídicos produzidos em relação à sociedade falida e, por isso, deverão ser citados para apresentar contestação, se assim o desejarem. § 1º O disposto no *caput* deste artigo aplica-se ao sócio que tenha se retirado voluntariamente ou que tenha sido excluído da sociedade, há menos de 2 (dois) anos, quanto às dívidas existentes na data do arquivamento da alteração do contrato, no caso de não terem sido solvidas até a data da decretação da falência. § 2º As sociedades falidas serão representadas na falência por seus administradores ou liquidantes, os quais terão os mesmos direitos e, sob as mesmas penas, ficarão sujeitos às obrigações que cabem ao falido".

22. TJSP, AI 2078990-10.2019.8.26.0000, 2ª Câmara Reservada de Direito Empresarial, Rel. Des. Grava Brazil, julg. 10.9.2019.

Em outras palavras, somente quando se tratar de sócios de responsabilidade ilimitada é que se poderia admitir a falência concomitante da pessoa jurídica e de seus sócios.[23]

Trata-se, portanto, de medida excepcional. Nessa linha, parte da doutrina defende que, mesmo nas estritas hipóteses de aplicação do art. 81 da Lei 11.101/2005, não se cogitaria de decretação de falência dos sócios ilimitadamente responsáveis.[24]

---

23. "Algumas conclusões podem ser extraídas do acima exposto. Primeira – descabe a extensão da falência, salvo expressa disposição legal. Ou seja, em nosso sistema jurídico, a falência de uma sociedade só pode ser estendida ao sócio de responsabilidade ilimitada e, mesmo assim, após regularmente citado e assegurado o devido processo legal, respeitado o contraditório e permitida a ampla produção de provas" (TOLEDO, P. F. C. S. Extensão da falência a sócios ou controladores de sociedades falidas. *Revista do Advogado*, v. 105, p. 153-158, 2009. p. 158); "A Lei 11.101/2005 prevê, de outra parte, a extensão da falência aos sócios ilimitadamente responsáveis: 'Art. 81. (...)'. Contudo, a extensão só se aplica em caso de sociedade em nome coletivo e comandita simples, em que a responsabilidade dos sócios é ilimitada, vedada a extensão na hipótese de LTDA. e S.A." (SALOMÃO, Luis Felipe; SANTOS, Paulo Penalva. *Recuperação judicial, extrajudicial e falência: teoria e prática*. 3. ed. Rio de Janeiro: Forense, 2017. p. 148); "Art. 81 (...) Pela nova disciplina, esses sócios terão sua falência decretada *junto* com a da sociedade. Note-se que a lei criou, aqui, uma hipótese de concurso falimentar em que o devedor não é necessariamente empresário individual ou sociedade empresária. A falta de implicação prática relevante reside no âmbito de incidência do preceito. Ele diz respeito unicamente às sociedades em nome coletivo, comandita simples (em relação ao comanditado) e por ações (em relação ao acionista-diretor). Apenas nesses tipos societários há sócios ilimitadamente responsáveis pelas obrigações da sociedade" (COELHO, Fábio Ulhoa. *Comentários à Lei de Falências e Recuperação de Empresas*. 13. ed. São Paulo: Thomson Reuters, 2018. p. 294); "O *caput* do art. 81 e os arts. 115 e 190 da LREF estipulam que a decisão que decreta a falência de uma sociedade com sócios ilimitadamente responsáveis também acarreta a falência destes. Essa categoria de sócio também acaba inabilitada e desapossada de seus bens, o que, *a contrario sensu*, evidencia que os sócios de responsabilidade limitada não se sujeitam aos efeitos da falência" (SCALZILLI, João Pedro; SPINELLI, Luis Felipe. *Recuperação de empresas e falência*: teoria e prática na Lei 11.101/2005. 3. ed. São Paulo: Almedina, 2018. p. 644). "Inovação introduzida na nova Lei Falimentar determina que a mesma decisão que decreta a falência da sociedade empresária acarretará também o mesmo *status* aos sócios que respondem ilimitadamente (art. 81). (...) somente nos resta concluir que os sócios ostensivo (na sociedade em conta de participação), tratador (na sociedade comum) e comanditado (nas sociedades em comandita simples e por ações) terão decretadas suas falências pessoais como efeito da sentença falimentar incidente sobre a sociedade em que participam" (NEGRÃO, Ricardo. *Curso de Direito comercial e empresa*: recuperação de empresas, falência e procedimentos concursais administrativos. 14. ed. São Paulo: Saraiva Educação, 2020. p. 421).

24. "O fato de os sócios, com esse tipo de responsabilidade, ficarem sujeitos à eficácia resultante da decretação da falência da pessoa jurídica não pode alargar conceitos, para despersonalizar a sociedade, a fim de formalmente declará-los falidos de direito. Uma coisa é ser falido, outra é ficar sujeito aos efeitos da falência. (...) Essa interpretação encontra-se em plena sintonia com a regra do art. 1º, da Lei de Recuperação e Falência, que adota o sistema restritivo do instituto, erigindo como sujeitos passivos o empresário individual e a sociedade empresária. Igualmente, mantém o padrão de consonância com o regramento do Código Civil de 2002, que preconiza não apenas formal, mas também substancialmente, a distinção entre empresário e não-empresário e, no campo societário, entre sociedade empresária e sociedade simples. Não sendo os sócios empresários, não podem ser declarados falidos, quer por obrigações pessoais, de sua direita responsabilidade, ou por obrigações da sociedade de que participam. A exegese sustentada afastaria a impropriedade maior do preceito" (CAMPINHO, Sérgio. *Falência e recuperação de empresa*: o novo regime da insolvência empresarial. 7. ed. Rio de Janeiro: Renovar, 2015. p. 221-223); "A interpretação literal da regra do art. 81, portanto, não se justifica. Referido artigo deverá ser interpretado conforme a redação anterior do Decreto-lei 7.661/45, que, na hipótese de falência, apenas estendia os efeitos patrimoniais aos sócios ilimitadamente responsáveis, mas não impunha a decretação de sua falência. Apenas os efeitos patrimoniais da falência deveriam ser aos sócios estendidos, com a arrecadação dos bens particulares, cuja liquidação ocorreria apenas após a insuficiência dos bens sociais" (SACRAMONE, Marcelo Barbosa. *Comentários à Lei de Recuperação de Empresas e Falência*, São Paulo: Saraiva, 2018, p. 317).

2.2 Responsabilidade pessoal dos sócios de responsabilidade limitada e dos controladores e administradores da sociedade falida (art. 82 da Lei 11.101/2005)

O art. 82, *caput*, da Lei 11.101/2005 estabelece que "a responsabilidade pessoal dos sócios de responsabilidade limitada, dos controladores e dos administradores da sociedade falida, estabelecida nas respectivas leis, será apurada no próprio juízo da falência, independentemente da realização do ativo e da prova da sua insuficiência para cobrir o passivo, observado o procedimento ordinário previsto no Código de Processo Civil".

O dispositivo legal, ao fazer referência aos "sócios de responsabilidade limitada", "controladores" e "administradores da sociedade falida", não trata de extensão dos efeitos da falência, mas de demanda própria para apurar a responsabilidade de tais pessoas em caso de infrações previstas nos regimes societários específicos. Assim, o resultado da demanda de responsabilidade pessoal, em caso de procedência, consistirá na condenação ao pagamento de indenização em favor da massa falida.

Essa situação não se confunde com a desconsideração da personalidade jurídica e tampouco com a extensão dos efeitos da falência.[25] Trata-se de ação específica que tem como consequência a responsabilização direta[26] do sócio, administrador ou controlador pelo prejuízo causado por seus atos, na forma da legislação própria, e não a sujeição de seu patrimônio ao concurso universal de credores da falência. Ao contrário, havendo condenação do sócio, a massa falida se torna sua credora, e eventual cobrança se submeterá ao regime do concurso singular (arts. 797[27] e 908[28] do CPC).

---

25. "Como se sabe, em se tratando de falência, a responsabilidade dos sócios de responsabilidade limitada e os controladores/administradores (S.A.) será apurada por ação própria, no juízo falimentar, à semelhança do que estabelecia a lei anterior (art. 6º). Assim dispõe o art. 82 da Lei de Recuperação e Falência: (...). Diferente, portanto, das situações relativas à desconsideração da personalidade jurídica para atingir bens particulares dos sócios, como mencionados nos casos concretos trazidos a exame. Não há confundir, pois, as situações, que são bem distintas" (SALOMÃO, Luis Felipe; SANTOS, Paulo Penalva. *Recuperação judicial, extrajudicial e falência: teoria e prática*. 3. ed. Rio de Janeiro: Forense, 2017. p. 148). "A massa falida, representada pelo administrador judicial, pode propor ação contra os sócios, controladores e administradores da sociedade falida, nos termos do art. 82 da LREF. É isa que ponto chega o desapossamento: o administrador judicial, na busca por recomposição do patrimônio social lesado (patrimônio da sociedade falida) em decorrência de atos ilícitos praticados, pode buscar a responsabilização dos próprios sócios (o que, evidentemente, também abarca os grupos de sociedade), controladores e administradores (de direito e de fato) da sociedade em ação que, julgada procedente, terá por efeito o incremento da massa falida objetiva com a indenização alcançada" (SCALZILLI, João Pedro; SPINELLI, Luis Felipe. *Recuperação de empresas e falência*: teoria e prática na Lei 11.101/2005. 3. ed. São Paulo: Almedina, 2018. p. 667).

26. Nesse caso, o sócio condenado será *devedor* e *responsável* perante a massa falida. A doutrina utiliza a expressão *responsabilidade primária* para essa hipótese. Sobre a estrutura da obrigação e as expressões responsabilidade primária e responsabilidade secundária, pede-se vênia para fazer remissão a: FLEURY DA ROCHA, Henrique de Moraes. *Desconsideração da personalidade jurídica*. São Paulo: Juspodivm, 2022. p. 52-71.

27. Art. 797 do CPC: "Ressalvado o caso de insolvência do devedor, em que tem lugar o concurso universal, realiza-se a execução no interesse do exequente que adquire, pela penhora, o direito de preferência sobre os bens penhorados. Parágrafo único. Recaindo mais de uma penhora sobre o mesmo bem, cada exequente conservará o seu título de preferência".

28. Art. 908 do CPC: "Havendo pluralidade de credores ou exequentes, o dinheiro lhes será distribuído e entregue consoante a ordem das respectivas preferências. § 1º No caso de adjudicação ou alienação, os créditos que recaem sobre o bem, inclusive os de natureza *propter rem*, sub-rogam-se sobre o respectivo preço, observada a ordem de preferência. § 2º Não havendo título legal à preferência, o dinheiro será distribuído entre os concorrentes, observando-se a anterioridade de cada penhora".

2.3 Desconsideração da personalidade jurídica decretada em sede de falência (art. 82-A da Lei 11.101/2005)

Diferentemente do que ocorre com a extensão dos efeitos da falência (art. 81 da Lei 11.101/2005) e a procedência da ação de responsabilidade (art. 82 da Lei 11.101/2005), a desconsideração da personalidade jurídica tem como consequência, como antecipado, a inoponibilidade, em favor da pessoa beneficiada pela medida, da separação patrimonial existente entre pessoa jurídica e sócio (ou outro legitimado), de maneira a permitir que a parte beneficiada alcance o patrimônio do atingido pela desconsideração (o *desconsiderando*).

O art. 82-A, parágrafo único, da Lei 11.101/2005 deixa clara, nesse sentido, a necessidade de que sejam demonstrados os requisitos do art. 50 do Código Civil para a decretação da desconsideração da personalidade jurídica, devendo ainda ser instaurado o incidente regulado pelos arts. 133 e seguintes do CPC, não sendo o caso de suspensão do processo.

À primeira vista, seria possível imaginar não haver grande diferença quanto aos efeitos da decretação da desconsideração da personalidade jurídica em procedimentos falimentares. No entanto, permitir que o patrimônio da pessoa atingida pela desconsideração simplesmente responda, em sua integralidade, por todo o passivo da massa falida equivaleria, na prática, à submissão do patrimônio do desconsiderando ao concurso universal de credores, em situação análoga à extensão dos efeitos da falência – mesmo que se adote a interpretação restritiva do art. 81 da Lei 11.101/2005 mencionada acima.

O art. 82-A, *caput*, da Lei 11.101/2005, no entanto, como já adiantado, não deixa margem para dúvidas quanto à necessária diferenciação entre a desconsideração da personalidade jurídica e a extensão da falência ou de seus efeitos.

Ao enfrentarem a questão, Paulo Fernando Campos Salles de Toledo e Adriana Valéria Pugliesi defendem que, no caso da desconsideração da personalidade jurídica decretada na falência, a "responsabilidade patrimonial é circunscrita ao valor correspondente ao benefício indevido que resulta para aquele que praticou o ato". A posição, defendida desde antes da promulgação da Lei 14.112/2020, merece destaque:

> Como se vê da estrutura processual e dos claros termos da redação do art. 82 da Lei 11.101/2005, os sócios de responsabilidade limitada, controladores e administradores somente respondem por dano decorrente de ato ilícito, com nexo causal comprovado em ação de rito ordinário. Essa figura, portanto, não se confunde, e em nada se aproxima, como instituto da desconsideração da personalidade jurídica, que não está sequer previsto no sistema da Lei 11.101/2005, tal como ocorre no direito argentino. É evidente que a falta de previsão legal não tem o condão de afastar sua aplicação, a qual, todavia, vem sendo indevida e inexplicavelmente confundida com a disciplina da extensão da falência ou dos efeitos desta. (...)

> Aqui já é possível identificar uma diferença fundamental entre a desconsideração da personalidade jurídica e o instituto da extensão dos efeitos da falência: na primeira, a responsabilidade patrimonial é circunscrita ao valor correspondente ao benefício indevido que resulta para aquele que praticou o ato; ao passo que no segundo, todo o patrimônio será atingido pelos efeitos estendidos da quebra.

> A segunda diferença, talvez ainda mais relevante, está no fato de que na desconsideração da personalidade jurídica a ineficácia de separação patrimonial dá-se em caráter provisório e atinge apenas o patrimônio correspondente ao benefício pessoal (experimentado pelo sócio ou administrador)

relacionado ao caso concreto específico em que houve fraude ou confusão patrimonial. Ou seja, na desconsideração da personalidade jurídica fica mantida integralmente a separação patrimonial de bens do sócio e da sociedade para todos os demais efeitos de direito e atos não abrangidos pelo desvio de finalidade. Diferentemente, na extensão dos efeitos da falência, todo o patrimônio daquele que é atingido será alcançado com a quebra, numa verdadeira equivalência de despersonificação completa da sociedade".[29]

Dito de modo diverso, segundo defendem Paulo Fernando Campos Salles de Toledo e Adriana Valéria Pugliesi, não só a pretensão beneficiada pela ineficácia relativa ficaria limitada ao valor correspondente ao benefício indevidamente experimentado, como também a inoponibilidade da separação patrimonial havida entre pessoa jurídica e sócio (ou outro legitimado) estaria circunscrita ao "patrimônio correspondente ao benefício pessoal (experimentado pelo sócio ou administrador) relacionado ao caso concreto específico".

Em casos recentes, o Tribunal de Justiça do Estado de São Paulo, mais especificamente a 2ª Câmara Reservada de Direito Empresarial, tem se posicionado em sentido similar.

Na falência da sociedade Mondelli Indústria de Alimentos S.A., a massa falida instaurou incidente de desconsideração da personalidade jurídica perante Gelsomina Mondelli Accolini Participações Ltda., Espólio de Gelsomina Mondelli Accolini e Rosana Aparecida Accolini Dalla Coletta. Em 1º grau, foi decretada a desconsideração para "responsabilização, também das requeridas indicadas na inicial do incidente, pelo passivo apurado, estendendo a elas os efeitos do decreto de quebra, até o limite da dívida".[30] Ou seja, a desconsideração foi decretada de modo a colocar os patrimônios dos desconsiderandos à disposição para responder pelo passivo total da falida.

Os desconsiderandos interpuseram Agravo de Instrumento contra a decisão, distribuído à 2ª Câmara Reservada de Direito Empresarial do Tribunal de Justiça do Estado de São Paulo, sob a relatoria do Desembargador Grava Brazil. No julgamento, que também contou com a participação dos Desembargadores Ricardo Negrão e Sérgio Shimura, algumas conclusões relevantes podem ser destacadas.

Em primeiro lugar, com base no entendimento segundo o qual a desconsideração da personalidade jurídica apenas atinge pessoas direta ou indiretamente beneficiadas pelo abuso da personalidade – entendimento atualmente refletido no *caput* do art. 50 do Código Civil, conforme a redação da Lei 13.874/2019, e que já era defendido pelo Superior Tribunal de Justiça anteriormente –,[31] a 2ª Câmara Reservada de Direito Empresarial do Tribunal de Justiça do Estado de São Paulo considerou que:

---

29. TOLEDO, P. F. C. S.; PUGLIESI, Adriana Valéria. In: CARVALHOSA, Modesto (Org.). *Tratado de direito empresarial*. 2. ed. São Paulo: Ed. RT, 2018. v. 5, p. 290-291.

30. TJSP, AI 2078990-10.2019.8.26.0000, 2ª Câmara Reservada de Direito Empresarial, Rel. Des. Grava Brazil, julg. 10.9.2019.

31. "4. Salvo em situações excepcionais previstas em leis especiais, somente é possível a desconsideração da personalidade jurídica quando verificado o desvio de finalidade (Teoria Maior Subjetiva da Desconsideração), caracterizado pelo ato intencional dos sócios de fraudar terceiros com o uso abusivo da personalidade jurídica,

[O] pleito de desconsideração da personalidade jurídica não pode ser formulado, fundamentado, examinado ou deferido genericamente. Tampouco é suficiente reproduzir discurso já amplamente disseminado nos autos sobre as fraudes apuradas na empresa e o suposto benefício experimentado por todos os sócios e administradores. O incidente de desconsideração da personalidade jurídica deve ser fundamentado em relação a cada sócio ou administrador que se pretenda alcançar, e instruído com a necessária prova do benefício econômico direto ou indireto experimentado por tal sócio ou administrador em decorrência da confusão patrimonial ou do desvio de finalidade da pessoa jurídica com o intuito de fraudar credores.[32]

Em segundo lugar, entendeu-se que a desconsideração da personalidade jurídica apenas poderia atingir o patrimônio dos desconsiderandos nos limites do benefício experimentado como resultado do desvio de finalidade ou da confusão patrimonial. Confira-se o que explicitou a 2ª Câmara Reservada de Direito Empresarial do Tribunal de Justiça do Estado de São Paulo quando do julgamento do recurso:

(...) deve-se examinar, no que tange ao pedido de desconsideração da personalidade jurídica ora em exame, (i) se está efetivamente comprovado, nestes autos, o benefício direto ou indireto experimentado pelas agravantes como resultado do desvio de finalidade ou da confusão patrimonial, e, (ii) se comprovado, qual o montante desse benefício. Limita-se a este, no entendimento deste Relator, *data venia* de entendimento diverso, a eventual responsabilização patrimonial das agravantes por dívidas da sociedade pela via da desconsideração da personalidade jurídica, em linha com a doutrina de Paulo Fernando Campos Salles de Toledo e Adriana Valéria Pugliesi e com os julgados da E. Terceira Turma do C. STJ acima colacionados.[33]

No mérito, a 2ª Câmara Reservada de Direito Empresarial do Tribunal de Justiça do Estado de São Paulo, apesar de reconhecer ter havido desvio de finalidade da pessoa jurídica e confusão patrimonial na sociedade falida, não identificou "a existência de prova de que as agravantes, pessoas físicas e pessoa jurídica, tenham se beneficiado, direta ou indiretamente, do desvio de finalidade e da confusão patrimonial fraudulentos apontados pela administradora judicial".[34] Por essa razão, foi dado provimento ao recurso para julgar improcedente o pedido de desconsideração da personalidade jurídica.

Na falência do Grupo Atlântica, embora adotando-se o mesmo racional do acórdão acima citado, a conclusão da 2ª Câmara Reservada de Direito Empresarial do Tribunal

---

ou quando evidenciada a confusão patrimonial (Teoria Maior Objetiva da Desconsideração), demonstrada pela inexistência, no campo dos fatos, de separação entre o patrimônio da pessoa jurídica e os de seus sócios. 5. Os efeitos da desconsideração da personalidade jurídica somente alcançam os sócios participantes da conduta ilícita ou que dela se beneficiaram, ainda que se trate de sócio majoritário ou controlador" (STJ, REsp 1.325.663, 3ª T., Rel. Min. Nancy Andrighi, julg. 11.6.2013); "Do ponto de vista teórico, a solução ainda é correta, porque a desconsideração não é propriamente uma regra de responsabilidade civil, mas uma técnica pela qual se permite definir quem está diretamente vinculado a certa obrigação. Na desconsideração, importa mais saber quem se beneficiou do abuso da personalidade do que saber quem o praticou com culpa. (...) A desconsideração exige benefício daquele que será chamado a responder" (STJ, REsp 1.036.398, 3ª T., Rel. Min. Nancy Andrighi, julg. 16.12.2008).

32. TJSP, AI 2078990-10.2019.8.26.0000, 2ª Câmara Reservada de Direito Empresarial, Rel. Des. Grava Brazil, julg. 10.9.2019.
33. TJSP, AI 2078990-10.2019.8.26.0000, 2ª Câmara Reservada de Direito Empresarial, Rel. Des. Grava Brazil, julg. 10.9.2019.
34. TJSP, AI 2078990-10.2019.8.26.0000, 2ª Câmara Reservada de Direito Empresarial, Rel. Des. Grava Brazil, julg. 10.9.2019.

de Justiça do Estado de São Paulo foi diversa em razão de particularidade excepcional do caso concreto. Naquela hipótese, a massa falida havia instaurado incidente de desconsideração da personalidade jurídica perante determinadas pessoas físicas, dentre as quais Mila Serebrenic Caló, na qualidade de sócia e administradora das falidas. O pedido foi julgado procedente em 1ª instância, inclusive para determinar a extensão dos efeitos da falência como decorrência da desconsideração da personalidade jurídica, tendo sido interposto recurso de Agravo de Instrumento, o qual veio a ser julgado, assim como ocorreu na falência da sociedade Mondelli Indústria de Alimentos S.A., pela 2ª Câmara Reservada de Direito Empresarial do Tribunal de Justiça do Estado de São Paulo, com a participação dos Desembargadores Grava Brazil (Relator), Sérgio Shimura e Ricardo Negrão.

Seguindo o raciocínio adotado no julgamento do caso da Mondelli Indústria de Alimentos S.A., a 2ª Câmara Reservada de Direito Empresarial do Tribunal de Justiça do Estado de São Paulo, inicialmente, reiterou a impossibilidade de extensão dos efeitos da falência como decorrência da desconsideração da personalidade jurídica:

> Ora, com relação à extensão dos efeitos da falência, conquanto se reconheça a relevância dos argumentos que lhe são favoráveis, o já mencionado art. 50, do CC, não faz qualquer alusão a essa possibilidade, ao passo que a Lei 11.101/2005 contém expressa previsão para sua incidência, desde que se trate especificamente de sócio com responsabilidade ilimitada (art. 81), do que aqui não se cuida.
>
> Assim, a extensão da falência, cujo efeito vai muito além do que o simples avanço sobre o patrimônio do sócio ou administrador, visto que atribui à pessoa natural a condição de falido, com restrições de diversas ordens e impondo a arrecadação total de seu patrimônio, sem sequer se cogitar de bens pessoais ou impenhoráveis, implicaria em excepcionar o que já é excecional, ampliando as consequências da desconsideração, sem previsão legal, ou melhor, com previsão legal restritiva e, bem por isso, que não comporta interpretação ampliativa.
>
> Não há, portanto, sempre com a devida vênia, amparo para a extensão dos efeitos da falência, quer na lei de regência, quer na legislação codificada aplicada supletiva e excepcionalmente para a admissibilidade da desconsideração (...)
>
> Logo, admitir a possibilidade de 'extensão dos efeitos da falência', com consequente arrecadação indiscriminada de todos os bens do sócio ou administrador, para compor a massa falida objetiva e responder pelo passivo falimentar, na prática, equivale a admitir a despersonificação completa da sociedade, com efeitos de responsabilização ilimitada e solidária por criação jurisprudencial, em violação ao art. 265, do CC, e afronta indireta ao art. 81, da Lei 11.101/2005.[35]

No caso concreto, a 2ª Câmara Reservada de Direito Empresarial do Tribunal de Justiça do Estado de São Paulo confirmou a ocorrência de desvio de finalidade da pessoa jurídica e confusão patrimonial, assim como a participação da agravante nos respectivos atos de desvio e confusão. Atestou também ter a agravante se beneficiado em decorrência do abuso da personalidade jurídica.

Ao avaliar a extensão do benefício da agravante, a 2ª Câmara Reservada de Direito Empresarial do Tribunal de Justiça do Estado de São Paulo considerou que, em razão

---

35. TJSP, AI 2285095-19.2019.8.26.0000, 2ª Câmara Reservada de Direito Empresarial, Rel. Des. Grava Brazil, julg. 25.08.2020.

de "irregularidade da escrituração contábil" das falidas, não seria possível, na prática, "dimensionar o *quantum* efetivamente desviado",[36] de modo que, em razão dessa circunstância extraordinária, foi autorizado, excepcionalmente, que o patrimônio total da agravante respondesse, ainda que de modo subsidiário, pelo passivo das falidas:

Sopesando todos esses aspectos, possível admitir que a situação se mostra excepcional, por conta do que se pode chamar de prática reiterada de atos de confusão patrimonial ou desvio de finalidade, implicando na impossibilidade de se apurar, por culpa da agravante, o montante desviado, de forma a permitir separar os respectivos patrimônios ou delimitar o benefício experimentado.

Diante desse quadro, o patrimônio da agravante deverá ser arrecadado e responder subsidiariamente pelo passivo da falida, sendo essa a única solução possível, sob pena de se reconhecer a ausência de efetividade do processo.

Não se nega que, sob determinado ângulo, a desconsideração pode estar a fazer as vezes da ação de responsabilidade, prevista no art. 82, da Lei 11.101/2005, com a qual o IDPJ não se confunde.

Embora essa não nos pareça a solução ideal, uma vez garantido o contraditório e a ampla defesa, como a instrução probatória demonstra, que possibilitou à agravante, inclusive, a farta produção de prova documental em segundo grau, a solução se mostra adequada para o caso concreto, ainda que reconhecida sua excepcionalidade.[37]

Diante disso, foi dado parcial provimento ao recurso, "julgando-se o incidente de desconsideração da personalidade jurídica parcialmente procedente, afastando a extensão dos efeitos da falência, mas reconhecendo a possibilidade de arrecadação de todo o patrimônio da agravante, o qual responderá subsidiariamente pelo passivo da massa falida, excluídos os bens impenhoráveis (CPC, art. 833)".[38] Como se percebe, tratou-se de solução excepcional considerando não ter sido possível identificar, no caso específico, quais bens do patrimônio da agravante não estavam relacionados ao abuso da personalidade jurídica verificado.

Na falência de Saturnia Sistemas de Energias S.A., a credora Pollus Engenharia Ltda. instaurou incidente de desconsideração da personalidade jurídica com o objetivo de atingir os patrimônios de Eaton Holding S.à.r.l. e Eaton Ltda. O pedido foi julgado improcedente pelo Juízo de 1º grau, de modo que a credora interpôs Agravo de Instrumento, julgado pela 2ª Câmara Reservada de Direito Empresarial do Tribunal de Justiça do Estado de São Paulo, mais uma vez com votos dos Desembargadores Grava Brazil (Relator), Sérgio Shimura e Ricardo Negrão.

---

36. TJSP, AI 2285095-19.2019.8.26.0000, 2ª Câmara Reservada de Direito Empresarial, Rel. Des. Grava Brazil, julg. 25.08.2020.
37. TJSP, AI 2285095-19.2019.8.26.0000, 2ª Câmara Reservada de Direito Empresarial, Rel. Des. Grava Brazil, julg. 25.08.2020.
38. TJSP, AI 2285095-19.2019.8.26.0000, 2ª Câmara Reservada de Direito Empresarial, Rel. Des. Grava Brazil, julg. 25.08.2020.

DESCONSIDERAÇÃO DA PERSONALIDADE JURÍDICA NO PROCEDIMENTO FALIMENTAR

Na ocasião, reafirmou-se a posição adotada no caso da falência da Mondelli Indústria de Alimentos S.A., segundo a qual o alcance da desconsideração da personalidade jurídica decretada na falência estaria restrito ao benefício experimentado pelo desconsiderando:

> O atrelamento da desconsideração da personalidade jurídica ao benefício experimentado em decorrência da confusão patrimonial e/ou do desvio de finalidade corrobora a tese de que a responsabilização, nessa hipótese, está limitada ao benefício, direto ou indireto, comprovadamente experimentado pelo sócio ou administrador a quem se dirige o pedido de desconsideração, diversamente do que ocorre na ação de responsabilidade prevista no art. 82, da Lei 11.101/05.[39]

É necessário destacar que os três casos acima não refletem posição pacífica da jurisprudência dos Tribunais pátrios. Em pesquisa realizada perante diversos Tribunais, verificou-se grande confusão quanto à aplicação do instituto da desconsideração da personalidade jurídica em procedimentos falimentares.

Apesar disso, deve ser elogiado o movimento conduzido pela doutrina, especialmente por Paulo Fernando Campos Salles de Toledo e Adriana Valéria Pugliesi, e pela jurisprudência, com destaque para a 2ª Câmara Reservada de Direito Empresarial do Tribunal de Justiça do Estado de São Paulo, no sentido de bem delimitar a extensão da desconsideração da personalidade jurídica decretada na falência, que não pode ser equiparada às hipóteses de extensão dos efeitos da falência prevista no art. 81 da Lei 11.101/2005 ou da ação de responsabilidade pessoal a que alude o art. 82 da Lei 11.101/2005.

2.4 Limites à competência do Juízo falimentar no âmbito do incidente de desconsideração da personalidade jurídica instaurado na falência

O art. 76, *caput*, da Lei 11.101/2005 estabelece que "o juízo da falência é indivisível e competente para conhecer todas as ações sobre bens, interesses e negócios do falido, ressalvadas as causas trabalhistas, fiscais e aquelas não reguladas nesta Lei em que o falido figurar como autor ou litisconsorte ativo". Segundo o parágrafo único do mesmo dispositivo, "todas as ações, inclusive as excetuadas no *caput* deste artigo, terão prosseguimento com o administrador judicial, que deverá ser intimado para representar a massa falida, sob pena de nulidade do processo".

Como se nota, o Juízo falimentar detém competência para decidir sobre bens da falida, o que é comumente denominado de *vis attractiva* do Juízo falimentar.[40]

Por outro lado, mesmo na hipótese de falência da sociedade, afigura-se possível a satisfação dos créditos perante os coobrigados mediante execução individual, na forma do art. 49, § 1º, da Lei 11.101/2005.[41]

---

39. TJSP, AI 2048585-54.2020.8.26.0000, 2ª Câmara Reservada de Direito Empresarial, Rel. Des. Grava Brazil, julg. 16.10.2020.

40. COELHO, Fábio Ulhoa. *Comentários à Lei de Falências e Recuperação de Empresas*. 13. ed. São Paulo: Thomson Reuters, 2018. p. 288-290.

41. Art. 49, § 1º, da Lei 11.101/2005: "Os credores do devedor em recuperação judicial conservam seus direitos e privilégios contra os coobrigados, fiadores e obrigados de regresso".

Tal entendimento foi corretamente confirmado pelo Superior Tribunal de Justiça em sede de Recurso Especial julgado sob o rito dos recursos repetitivos:

> A razão de ser da norma que determina, tanto na falência quanto na recuperação judicial, a suspensão das ações dos credores particulares dos sócios solidários repousa no fato de que, na eventualidade de decretação da falência da sociedade, os efeitos da quebra estendem-se àqueles, nos mencionados tipos societários menores, mercê do que dispõe o art. 81 da Lei 11.101/2005: (...).
>
> Assim, na falência, a *vis attractiva* do Juízo universal determina a suspensão das ações individuais contra o falido (inclusive as ajuizadas contra os sócios solidários), devendo o crédito ser habilitado na execução concursal. Na recuperação judicial, por sua vez, a crise da empresa revela-se como aquela do próprio sócio ilimitada e solidariamente responsável, devendo este participar ativamente do processo de soerguimento da sociedade – e dele próprio – sob pena de, futuramente, ser-lhe decretada a falência por extensão da quebra da pessoa jurídica.
>
> Nesse sentido, e por todos, confira-se o magistério de Fábio Ulhoa Coelho: *'Quando, por outro lado, se trata de sociedade de tipo menor, é necessário distinguir a situação jurídica do sócio com responsabilidade ilimitada (qualquer um, na sociedade em nome coletivo; comanditado, na sociedade em comandita simples; acionista-diretor, na comandita por ações) da dos que respondem limitadamente (comanditário, na comandita simples e o acionista não diretor, na comandita por ações) pelas obrigações sociais. Na falência, de sociedade de tipo menor, os bens dos sócios de responsabilidade ilimitada são arrecadados pelo administrador judicial juntamente com os da sociedade. Estão, assim, sujeitos à mesma constrição judicial do patrimônio da falida'* (COELHO, Fábio Ulhoa. Curso de direito comercial. volume 3. 10 ed. São Paulo: Saraiva, 2009, p. 286).
>
> A situação é bem diversa, por outro lado, em relação aos devedores solidários ou coobrigados. Para eles, a disciplina é exatamente inversa, prevendo a Lei expressamente a preservação de suas obrigações na eventualidade de ser deferida a recuperação judicial do devedor principal. Nesse sentido é o que dispõe § 1º do art. 49 da Lei: (...). Portanto, não há falar em suspensão da execução direcionada a codevedores ou devedores solidários pelo só fato de o devedor principal ser sociedade cuja recuperação foi deferida, pouco importando se o executado é também sócio da recuperanda ou não, uma vez não se tratar de sócio solidário.[42]

Posteriormente, o Superior Tribunal de Justiça editou o Enunciado 581 da Súmula do Tribunal, o qual, embora faça menção apenas à recuperação judicial, também se aplica aos procedimentos falimentares:

> A recuperação judicial do devedor principal não impede o prosseguimento das ações e execuções ajuizadas contra terceiros devedores solidários ou coobrigados em geral, por garantia cambial, real ou fidejussória.

Ou seja, o Juízo falimentar não tem competência para decidir sobre bens, interesses e negócios dos coobrigados do falido, exceto nas hipóteses do art. 81 da Lei 11.101/2005 – isto é, exceto no caso de coobrigados que sejam sócios de responsabilidade ilimitada e a quem serão estendidos os efeitos do decreto falimentar. Portanto, credores que busquem reaver seus créditos perante coobrigados (inclusive sócios de responsabilidade limitada) devem ajuizar demandas próprias perante os respectivos Juízos competentes. O Juízo falimentar não pode interferir na competência desses outros Juízos.

---

42. STJ, REsp 1.333.349, 2ª S., Rel. Min. Luis Felipe Salomão, julg. 26.11.2014.

Essa conclusão não é alterada por eventual pedido de desconsideração da personalidade jurídica formulado na falência. A desconsideração da personalidade jurídica não se confunde com a extensão dos efeitos da falência. O Juízo falimentar, caso venha a decretar a desconsideração da personalidade jurídica na falência, poderá atingir bens do desconsiderando associados ao benefício experimentado pelo desconsiderando para que tais bens respondam pelo passivo da falida até o limite do benefício verificado em decorrência do abuso. Ao atingir tais bens, o Juízo falimentar não pode se sobrepor às competências dos demais Juízos responsáveis por demandas perante esse desconsiderando.

Isso ocorre porque, mesmo em caso de desconsideração da personalidade jurídica decretada na falência (inclusive perante sócios de responsabilidade limitada), não é instaurado concurso universal de credores com relação ao patrimônio do desconsiderando. Portanto, ainda que o Juízo falimentar possa atingir bens do desconsiderando, eventuais constrições se submetem ao regime do concurso singular, na forma dos arts. 797 e 908 do CPC.

Em definitivo, embora o Juízo falimentar tenha competência, em decorrência da *vis attractiva*, para decidir sobre o destino dos bens da falida, não pode interferir em execuções individuais movidas perante coobrigados (inclusive sócios limitadamente responsáveis dessa mesma sociedade falida), vez que os respectivos credores têm direito à satisfação de seus créditos, considerando não se cogitar, sequer em tese, de concurso universal instaurado com relação a tais coobrigados.

3. CONCLUSÕES

Com base no exposto ao longo deste trabalho, conclui-se que:

1. No caso da extensão dos efeitos da falência, prevista no art. 81 da Lei 11.101/2005 e restrita a sócios ilimitadamente responsáveis, a pessoa atingida pela medida responde com todo o seu patrimônio pela integralidade do passivo da falida, instaurando-se em relação a ela concurso universal de credores.

2. Na ação de responsabilidade prevista no art. 82 da Lei 11.101/2005, se julgada procedente a demanda, o réu responderá por dívida própria perante a massa falida, com todo o seu patrimônio até o limite da dívida, sem que se instaure concurso universal de credores.

3. A decretação da desconsideração da personalidade jurídica na falência, que depende do preenchimento dos requisitos do art. 50 do Código Civil e da instauração do incidente de desconsideração da personalidade jurídica regulado pelo CPC, tem como consequência a inoponibilidade (ineficácia relativa) da separação patrimonial entre pessoa jurídica e sócio (ou outro legitimado), de modo que o patrimônio do desconsiderando responderá até o limite do benefício comprovado e na extensão do benefício experimentado em razão do abuso da personalidade jurídica, não sendo o caso de concurso universal de credores.

4. O Juízo falimentar, a despeito de sua competência, em decorrência da *vis attractiva*, para decidir sobre bens da falida, não tem competência para interferir em execuções individuais movidas perante coobrigados dessa sociedade, mesmo quando requerida a desconsideração da personalidade jurídica na falência para atingir tais coobrigados – exceto na hipótese de sócios ilimitadamente responsáveis, caso em que sequer seria necessária a desconsideração, já que a tais sócios serão estendidos os efeitos da falência por força do art. 81 da Lei 11.101/2005 –, tendo os credores direito à satisfação de seus créditos em face dos coobrigados perante os Juízos competentes – os quais conservam suas respectivas competências.

4. REFERÊNCIAS

AMORIM FILHO, Agnelo. As ações constitutivas e os direitos potestativos. *Revista dos Tribunais*, ano 56, v. 375, p. 11-23, jan. 1967.

ASSIS, Araken de. *Processo civil brasileiro*. 2. ed. São Paulo: Ed. RT, 2016. v. 2, t. 1.

BENETI, Sidnei Agostinho. Desconsideração da sociedade e legitimidade *ad causam*: esboço de sistematização. In: DIDIER JR., Fredie; WAMBIER, Teresa Arruda Alvim (Org.). *Aspectos polêmicos e atuais sobre os terceiros no processo civil (e assuntos afins)*. São Paulo: Ed. RT, 2004.

CAMPINHO, Sérgio. *Falência e recuperação de empresa*: o novo regime da insolvência empresarial. 7. ed. Rio de Janeiro: Renovar, 2015.

CARVALHO, Francisco Pereira de Bulhões. Ineficácia do ato jurídico e a reforma do Código Civil. *Revista de jurisprudência do Tribunal de Justiça do Estado da Guanabara*, v. 5, n. 12, p. 1-79, 1966.

COELHO, Fábio Ulhoa. *Comentários à Lei de Falências e Recuperação de Empresas*. 13. ed. São Paulo: Thomson Reuters, 2018.

COMPARATO, Fábio Konder. *Essai d'analyse dualiste de l'obligation en droit privé*. Paris: Librairie Dalloz, 1964.

DANTAS, Marcelo Navarro Ribeiro. Comentários ao art. 50. In: ALVIM NETTO, J. M. A.; ALVIM, Thereza (Org.). *Comentários ao Código Civil Brasileiro*. Rio de Janeiro: Forense, 2005. v. 1.

DINAMARCO, Cândido Rangel. *Execução civil*. 8. ed. São Paulo: Malheiros, 2001.

FLEURY DA ROCHA, Henrique de Moraes. *Desconsideração da personalidade jurídica*. São Paulo: Juspodivm, 2022.

GRECO, Leonardo. *O processo de execução*. Rio de Janeiro: Renovar, 2001. v. 2.

LOPES, João Batista. Desconsideração da personalidade jurídica no novo Código Civil. *Revista dos Tribunais*, ano 92, v. 818, p. 36-46, dez. 2003.

MUNIZ, Francisco José Ferreira. Notas sobre a ação revocatória. *Órgão oficial do Ministério Público do Estado do Paraná*, v. 1, n. 1, p. 59-68, 1972.

NEGRÃO, Ricardo. *Curso de direito comercial e empresa*: recuperação de empresas, falência e procedimentos concursais administrativos. 14. ed. São Paulo: Saraiva Educação, 2020.

OLIVEIRA, José Lamartine Corrêa de. *A dupla crise da pessoa jurídica*. São Paulo: Saraiva, 1979.

RICHARD, Efraín Hugo. Inoponibilidad de la personalidad jurídica: imputabilidad y responsabilidad. *Revista de Derecho Privado y Comunitario*, v. 3, p. 191-246, 2008.

SACRAMONE, Marcelo Barbosa. Extensão da falência e a desconsideração da personalidade jurídica. In: COSTA, Daniel Carnio (Org.). *Comentários completos à Lei de Recuperação de Empresas e Falências*. Curitiba: Juruá, 2015. v. 3.

SACRAMONE, Marcelo Barbosa. *Comentários à Lei de Recuperação de Empresas e Falência*, São Paulo: Saraiva, 2018.

SALOMÃO, Luis Felipe; SANTOS, Paulo Penalva. *Recuperação judicial, extrajudicial e falência: teoria e prática*. 3. ed. Rio de Janeiro: Forense, 2017.

SALOMÃO FILHO, Calixto. *O novo direito societário*. 4. ed. São Paulo: Malheiros, 2015.

SCALZILLI, João Pedro; SPINELLI, Luis Felipe. *Recuperação de empresas e falência*: teoria e prática na Lei 11.101/2005. 3. ed. São Paulo: Almedina, 2018.

TEPEDINO, Gustavo. Notas sobre a desconsideração da personalidade jurídica. *Temas de direito civil*. Rio de Janeiro: Renovar, 2009. t. 3.

THEODORO JÚNIOR, Humberto. *Fraude contra credores*: a natureza da sentença pauliana. 2. ed. Belo Horizonte: Del Rey, 2001.

TOLEDO, P. F. C. S. Extensão da falência a sócios ou controladores de sociedades falidas. *Revista do Advogado*, v. 105, p. 153-158, 2009.

DESCONSIDERAÇÃO DA PERSONALIDADE JURÍDICA NA FALÊNCIA E NA RECUPERAÇÃO JUDICIAL

Otávio Joaquim Rodrigues Filho

Doutor e Mestre em Direito Processual pela Universidade de São Paulo – USP. Procurador de Justiça do Ministério Público do Estado de São Paulo. Membro do Instituto Brasileiro de Estudos de Recuperação de Empresas – IBR.

Sumário: 1. Introdução – 2. Os fundamentos para a Desconsideração da Personalidade Jurídica e a função social da empresa e de outras entidades personalizadas – 3. Meio processual para a efetivação da Desconsideração da Personalidade Jurídica na falência – 4. A extensão da falência e a Desconsideração da Personalidade Jurídica – 5. A Desconsideração da Personalidade do grupo de empresas na recuperação judicial: a chamada "consolidação substancial" – 6. Conclusão – 7. Referências.

1. INTRODUÇÃO

Impossível imaginar a vida moderna sem as diversas espécies de entes personalizados, sejam sociedades anônimas, limitadas, associações, fundações etc. e basta um olhar ao passado para se constatar que a associação de pessoas reunidas para fins comuns remonta aos primórdios da história; no entanto, a personalidade jurídica não é instituto tão antigo, sua completa concepção não se deu entre os romanos ou no Direito germânico dos povos bárbaros, somente se consolidou posteriormente, no século XIX, quando a sociedade da época já sentia os avanços sociais e econômicos trazidos pela Revolução Industrial.

Com a disseminação do uso da personalidade jurídica, não tardaram os abusos ainda naquele mesmo século, que levavam a flagrantes injustiças e a consequente reação dos tribunais com decisões que terminavam por desconsiderar a personalidade, para atingir aquelas pessoas que agiam por trás dessas sociedades, conforme as notícias dos primeiros casos nos Direitos inglês e norte-americano.[1]

Não obstante esses casos, a doutrina somente passou a se dedicar sobre o assunto na segunda metade do século passado, muito depois da atuação dos tribunais, sendo que a primeira obra expressiva que sistematizou os casos de aplicação da teoria da desconsideração foi a de Rolf Serick,[2] na Alemanha, em 1954, seguida da obra de outros autores europeus.

---

1. Cf.: VERRUCOLI, Piero. *Il Superamento della Personalità Giuridica delle Società di Capitali nella Common Law e nella Civil Law*. Milão: Giuffrè, 1964, p. 91-93.
2. A obra referida: SERICK, Rolf. *Forma e Realtà della Persona Giuridica*. Trad. Marco Vitale. Milão: Giuffrè.

OTÁVIO JOAQUIM RODRIGUES FILHO

A teoria que se formou foi idealizada para combater o uso abusivo e fraudulento da pessoa jurídica como forma de proteção a esse importantíssimo instituto do Direito, que em última análise permite conceber entes que sejam sujeitos de direitos e obrigações diferentes dos membros que os compõem, com responsabilidade patrimonial própria, para o incentivo ao empreendedorismo.

E esse estímulo resulta justamente da proteção contra os riscos empresariais, com base na separação de patrimônios e responsabilidades entre a entidade formada e seus investidores, que limitam o risco de perdas ao montante do capital investido, propiciando a expansão do mercado com a maior oferta de produtos e serviços gerados pelas empresas criadas.[3]

No Brasil, após a introdução da doutrina da desconsideração por Rubens Requião ainda na década de 70, hoje há diversas obras que se dedicam ao assunto, tanto sob o aspecto do direito material, como sob a ótica do processo, como também leis que disciplinam a matéria, sendo as principais o Código Civil, em seu art. 50, e o CPC, nos artigos 133 a 137, que regulamenta o incidente de desconsideração da personalidade como uma das formas de intervenção de terceiros.

Com base nas previsões abstratas do nosso sistema jurídico, a aplicação da teoria da desconsideração da personalidade jurídica pode se dar para fins relacionados ou não à responsabilização patrimonial.

Para fins diversos da responsabilização, a desconsideração tem emprego quando uma sociedade representa uma ficção criada para violar a lei, algum contrato ou ainda impedir a eficácia de determinada decisão judicial ou administrativa, hipóteses das quais são exemplo a criação ou utilização de pessoa jurídica para esconder a formação de monopólio ou cartel no mercado ou para burlar a proibição de participação de outras sociedades em licitações ou, ainda, com a finalidade de violar o cumprimento de clausula contratual, como a de não concorrência na venda de estabelecimento comercial.

Na falência ou em execuções singulares, a desconsideração da personalidade é utilizada para fins de responsabilização patrimonial de sócios e administradores de pessoas jurídicas, estejam ou não falidas, com base na fraude ou abuso de direito praticados.

Muitas empresas que fazem parte de um grupo econômico têm suas atividades intrinsecamente ligadas, como também não é incomum o compartilhamento de obrigações e inclusive de ativos, que podem não estar perfeitamente atrelados à respectiva empresa a qual pertencem. Nessas situações, havendo crise financeira, aumentará o

---

3. Consoante a doutrina de Christopher Frost: "Limited liability is perhaps the most well-recognized and important attribute of the corporation. Early analyses of the corporation justified limited liability as a logical extension of the view that corporations exist as entities separate from their investors. More recent models of the corporation see the rule as necessary to achieve the benefits of diversification and the aggregation of capital at low cost". E continua: "Perhaps the most compelling justification for limited liability is its beneficial effect on the processes by which capital is aggregated in the market. A rule of unlimited liability would reduce the benefits of diversification, because investing in a number of firms would entail a higher risk of losing all or a substantial portion of an individual's wealth" (Cf. FROST CHRISTOPHER W. Organizational Farm, Misappropriation Risk, and the Substantive Consolidation of Corporate Groups, 44 (1993) *Hastings Law Journal*, 449, p.453-463.

DESCONSIDERAÇÃO DA PERSONALIDADE JURÍDICA NA FALÊNCIA E NA RECUPERAÇÃO JUDICIAL 803

risco de corresponsabilização das empresas do grupo, justamente pela inexistência da perfeita separação dos patrimônios de tais pessoas jurídicas.[4]

Havendo necessidade de ajuizamento do pedido de recuperação judicial, a superação da personalidade jurídica será necessária para reconhecer as hipóteses de litisconsórcio ativo entre empresas de determinado grupo, especificamente, quando há confusão patrimonial entre estas, o que justifica a chamada consolidação substancial de ativos e passivos das sociedades devedoras, caso estejam presentes as hipóteses previstas na lei, as quais serão abordadas mais adiante.

2. OS FUNDAMENTOS PARA A DESCONSIDERAÇÃO DA PERSONALIDADE JURÍDICA E A FUNÇÃO SOCIAL DA EMPRESA E DE OUTRAS ENTIDADES PERSONALIZADAS

O que justifica a medida extrema de desconsideração da personalidade de determinada pessoa jurídica é a atuação de seus membros em desconformidade ao direito de forma a produzir resultados lesivos a terceiros, sejam esses membros sócios, pessoas físicas ou jurídicas, nos casos de grupos de empresas,[5] ou administradores da sociedade. A atuação da pessoa jurídica na ordem econômica deve ser comprometida com o respeito aos bens jurídicos protegidos pelo ordenamento, norteando o que venha a ser abuso do direito de personalidade para o fim de sua desconsideração.

Os fins sociais e as exigências do bem comum na aplicação da lei vinculam a atuação dos dirigentes da sociedade e impõem à empresa e aos outros entes personalizados a obrigação de cumprir sua função social, em respeito aos diversos direitos protegidos

---

4. No dizer de Henry Peter: "It is well-known that more and more often – nowadays, we would even say as a matter of principle – the activity of any enterprise is not conducted through a single legal entity but through a more or less complex web of related corporations, each, formally, with its own assets and liabilities (i.e. with its "estate"). This is true in respect of "national" businesses but even more so in the presence of enterprises the components of which are spread out internationally, which, at a certain level and in a world of increasing globalization, tends to be standard. The reasons thereof are manyfold and range from management efficiency to tax planning, including national requirements or historical factors. In some cases, those reasons could be criticized, but usually they are perfectly reasonable, not to say even the result of a sound management of the business considered as a whole" Cf. PETER, Henry. From atomism to consolidation in group's insolvency. In: NOBEL, Peter. *Internationales Gesellschaftsrecht*. Bem: Stampfli, 1998. p. 90. Disponível em: http://archiveouverte.unige.ch/unige:22804 Acesso em: 10 jan. 2023.

5. Como enfatiza Blumberg: "Putting aside the matter of corporate forms, the factors inherent in the intertwined relationships that characterize enterprises collectively conducted by corporate affiliates are found in numerous other familiar economic relationships involving dominant and subservient interrelated parties. These other relationships also are characterized by the very same factors of "control" (albeit resting on contract rather than stock), collective conduct of an economically integrated enterprise, use of a common public persona, and financial and administrative interdependence. Of these comparable relationships, franchise systems are the leading example... A surprisingly large number of comparable other relationships exist. These include health care organizations and medical staff; licensors and licensees... Adoption of enterprise principles has served as the response of the legal system to the challenges presented by the inadequacy of traditional legal doctrines to cope with the problems presented by the complexities of the modern society. This is evident not only in corporation law but in many other areas as well. It is a profound development in world jurisprudence." (Cf. BLUMBERG, Philip I. The transformation of modern Corporate Law. The law of corporate groups. *Connecticut Law Review*, 37. 2005. p. 113-114).

pelo sistema jurídico, como aqueles relativos ao meio ambiente, relações de consumo, trabalhistas, concorrenciais etc., e que não devem ser sobrepujados com a atividade empresarial.

O descumprimento da função social da empresa se dá com a violação desses valores, seja por meio do abuso de direito ou pela fraude em suas mais variadas formas.

A Lei 13.874/2019 trouxe nova redação ao artigo 50 do Código Civil, com a definição do desvio de finalidade que pode se manifestar na condução da atividade empresarial, delimitando-a como a "utilização da pessoa jurídica com o propósito de lesar credores e para a prática de atos ilícitos de qualquer natureza".

Apesar da evidente concepção subjetiva do desvio de finalidade adotada pelo legislador, evidente pela necessária constatação do dolo para a configuração da conduta, importante notar que incumbe a sócios e administradores a atuação com base no conhecimento sobre as reais condições econômico-financeiras da empresa, não havendo, na maioria das situações, como sustentar o desconhecimento do potencial lesivo da prática de atos que diminuam o patrimônio social e deixem desguarnecidos os credores da sociedade.

A administração da empresa deve se dar, nesse contexto, conforme a boa-fé, expressa no dever de lealdade e retidão de uma pessoa comum diante de determinada situação, o que serve não apenas para relações obrigacionais, justifica também todos os aspectos relacionados à responsabilidade societária.

Para a finalidade de responsabilização patrimonial de sócios e administradores, é preciso fazer referência às chamadas "teorias maior e menor" da desconsideração da personalidade jurídica, reconhecidas na doutrina e também na jurisprudência não sem alguma controvérsia.

A teoria maior, trata de responsabilidade subjetiva e se funda em diversas causas de pedir, que podem ser combinadas ou ocorrer isoladamente, sendo a mais comum a confusão patrimonial, conhecida por "mistura de patrimônios" que, após a confusão, não mais podem ter sua propriedade identificada sem o dispêndio considerável de tempo e de recursos.[6] Essa causa é suficiente e não precisa ser combinada com nenhuma outra para a superação da personalidade, inclusive, com expressa previsão em lei.[7]

A confusão patrimonial é uma das espécies da confusão de esferas que pode se manifestar sobre os elementos internos das empresas. Mas, veja-se, que a confusão de esferas pode justificar também a desconsideração da personalidade quando há confusão propositada dos elementos externos da sociedade, ou seja, a imagem que ela projeta

---

6. A confusão patrimonial pode se manifestar por diversas formas e à qual se pode acrescentar a livre distribuição de lucros e prejuízos em contrariedade à lei, e o simples desvio de patrimônios da sociedade em favor dos sócios, sejam eles pessoas físicas ou sociedades do mesmo grupo, situações que demonstram, em suma, que a unidade econômica é a regra e não exceção.

7. Cf. art. 50, *caput*, do Código Civil.

perante terceiros, como a utilização de nomes semelhantes, veiculação de propaganda conjunta, utilização do mesmo endereço e outros elementos externos que confundem o público ao qual são dirigidos. Essas situações geralmente são combinadas com a confusão patrimonial, mas, sendo ou não, deverá estar presente o critério da insuficiência patrimonial da sociedade devedora, como, aliás, em todas as hipóteses para fins de responsabilização.

Também serve de fundamento à desconsideração da personalidade a subcapitalização absoluta (ou qualificada), sobre a qual há pouquíssimos julgados em nossa jurisprudência e sobre a qual também pouco se ocupou a nossa doutrina, sendo mais desenvolvida no D. europeu, especialmente nos Direitos alemão e norte americano, que compreenderam serem fundamentais as análises da suficiência do capital social e da estrutura empresarial, que as tornem apta para produzir rendimentos, para coibir o abuso do direito da personalidade pela atuação de sociedades desestruturadas.

A subcapitalização que importa não é aquela relativa, resultante de pequena diferença entre ativos e passivos da sociedade; mas, aquela resultante da gritante diferença entre o capital social e as dívidas da sociedade e, também, da sua aptidão ou falta dela para produzir lucros, de um lado, e, de outro, o volume das obrigações geradas pela sua normal atividade, o que pode demonstrar que a atuação da empresa no mercado é inviável, justamente porque não fora capitalizada ou estruturada de forma minimamente suficiente ou eficiente.[8]

Tomando por base a importância da atuação dos tribunais na formação do Direito, é preciso que se forme jurisprudência nesse sentido, de forma a coibir a prática da atuação de sociedades quando não há um mínimo respaldo em seu patrimônio e em sua estrutura empresarial para o cumprimento das obrigações. Essa postura certamente diminuirá o número de falências e reduzirá os prejuízos do mercado.

Já a chamada "teoria menor" da desconsideração se refere à inadimplência a certas espécies de obrigações, como a responsabilidade solidária das sociedades do mesmo grupo por débitos trabalhistas, ou a responsabilidade subsidiária dos sócios por débitos resultantes da violação de interesses difusos, coletivos e individuais homogêneos, como em relação aos direitos do consumidor ou por lesão ao patrimônio público, ao meio ambiente e outras hipóteses previstas em leis específicas.[9]

---

8. Não se pode confundir, contudo, esse fundamento com a aplicação da desconsideração da personalidade pela simples inadimplência, sobre a qual encontrávamos inúmeros julgados em outros tempos, hoje felizmente mais raros, porque o não cumprimento das obrigações sociais pode decorrer efetivamente de outros fatores que não a atuação ilícita de seus gestores.
9. Essa é chamada teoria menor da desconsideração da personalidade jurídica, o que alguns dizem que não se trata de Desconsideração, mas de responsabilidade objetiva. Particularmente, entendo que se tratam esses casos também de hipóteses de desconsideração, justamente porque, para serem aplicados, deve-se necessariamente não levar em conta a separação de responsabilidades, decorrente da existência personalidades jurídicas distintas, algo que se dá porque o Direito elege alguns direitos como mais relevantes do que os direitos tutelados pela personalidade jurídica ou porque protege algumas pessoas, por presumi-las em regra hipossuficientes, especialmente, diante de algumas situações.

3. MEIO PROCESSUAL PARA A EFETIVAÇÃO DA DESCONSIDERAÇÃO DA PERSONALIDADE JURÍDICA NA FALÊNCIA

Antes do CPC de 2015, parcela da doutrina admitia a realização de atos de constrição sobre o patrimônio dos membros da pessoa jurídica, postergando-se contraditório para eventuais exceções de pré-executividade, impugnação ao cumprimento de sentença, embargos ou recurso do terceiro prejudicado. Contudo, prevaleceu o entendimento de que a inversão do contraditório viola frontalmente a disposição da Constituição Federal que determina que ninguém será privado da liberdade ou de seus bens sem o devido processo legal (art. 5º, LIV).

Na atualidade, as disposições do CPC, constantes de seus artigos 133 a 137, preveem a desconsideração da personalidade como forma de intervenção de terceiros,[10] o que se pode considerar efetivo progresso, porque contém essa disciplina procedimento que confere oportunidade ao contraditório e à ampla defesa

Para os processos no geral que se referem à desconsideração para fins de responsabilização patrimonial de membros de sociedades (sócios e administradores), conforme previsto no CPC, há dois meios adequados possíveis: o incidente ou a cumulação de pedidos, quando pleiteada a desconsideração com a inicial do processo de conhecimento ou de execução.[11]

Quando realizada incidentalmente, a desconsideração pode ser pleiteada em qualquer momento do processo e, conforme o art. 134 do CPC, em qualquer espécie de processo, embora geralmente se aplique aos processos que objetivam condenação e às execuções individuais, coletivas ou mesmo concursais, como são os casos de falência, desde que presentes a utilidade e a necessidade de responsabilização dos membros da sociedade ré.

Nesse contexto, o incidente de desconsideração pode ser instaurado a qualquer momento do processo principal, o que aqui pode levar a concluir que até mesmo durante o pedido de falência ou depois de decretada, o que é vantajoso em termos de tempo e oportunidade de defesa.

---

10. Veja-se que em algumas situações não se aplicam o incidente previsto no CPC. Seriam as hipóteses que nos referimos em que a desconsideração não se volta para a responsabilização dos membros da pessoa jurídica, mas para outras finalidades, como, por exemplo, coibir uma empresa de participar de licitação, porque criada ficticiamente para desenvolver a atividade de outra que fora proibida de delas participar. Nesses casos, caberá ação própria para essa finalidade.

11. Nessa última hipótese, de cumulação de pedidos no próprio processo, teremos um pedido por regra de condenação da pessoa jurídica por qualquer obrigação e outro, em face de seus membros, quando se antevê que a pessoa jurídica não terá bens para garantir a futura execução, havendo aquelas hipóteses que ensejam a desconsideração da personalidade, como a confusão patrimonial, subcapitalização ou mesmo a responsabilidade objetiva pelo descumprimento de determinadas obrigações. Assim, teremos no processo causas de pedir distintas para a pessoa jurídica e para os seus sócios e haverá apenas uma sentença com capítulos diversos. Caso seja cumulado o pedido de desconsideração com o de execução de título extrajudicial, embora não preveja a lei procedimento específico, pensamos que ele deva ser decidido antes dos atos de agressão ao patrimônio dos sócios, para que não se viole a garantia do devido processo legal.

DESCONSIDERAÇÃO DA PERSONALIDADE JURÍDICA NA FALÊNCIA E NA RECUPERAÇÃO JUDICIAL

Desta maneira, na falência, deve ser utilizada a via incidental,[12] tendo em conta que, tratando-se de demanda, a desconsideração deve preencher as condições da ação,[13] consistentes no interesse de agir, com a necessidade e a adequação do provimento pleiteado, e a legitimidade ativa, que deve ser exercida pelo credor ou pelo Ministério Público, nas hipóteses em que deva intervir, ou ainda pelo Administrador Judicial nos casos de falência, e a legitimidade passiva, lembrando sempre que a desconsideração serve para atingir aqueles que agem por trás da sociedade e não ao seu lado, como terceiros que eventualmente agiram em conluio com os sócios. Entretanto, pensamos que pode ser utilizado o incidente para atingir o sócio e esses terceiros, cumulando-se os pedidos, com economia de tempo e de recursos e evitando-se decisões conflitantes, embora se trate, para esses terceiros, de responsabilidade civil e não desconsideração da personalidade jurídica.[14]

Para o incidente, deve haver inicial própria, atendendo todos os seus requisitos, como em um processo autônomo; deve ser realizada a citação dos sócios e não intimação, porque, apesar de representantes da pessoa jurídica, até então, não são tais pessoas partes do processo. E após o prazo de defesa, de 15 dias, será realizada instrução, caso necessária, seguindo-se a decisão interlocutória que resolverá o incidente.

Veja-se que a lei dispõe que o processo principal ficará suspenso até decisão do incidente (§ 3º do art. 134), o que não se aplica ao processo de falência, eis que, em se tratando de execução concursal, que incide sobre todo o ativo do devedor e à qual concorrem todos os seus credores, deverão ser praticados inúmeros atos processuais de realização do ativo e apuração do passivo, pelo que a suspensão certamente comprometeria a celeridade do processo. Abre-se exceção unicamente à hipótese na qual se suponha ser superavitária a falência em curso, já que nessa rara situação, poderá estar

---

12. Observe-se que há uma zona de intersecção entre o que pode ser arguido em um incidente de desconsideração da personalidade jurídica na falência e as causas de pedir que podem dar ensejo a uma ação de responsabilidade fundada no artigo 82 da Lei Falimentar, embora esta última seja mais abrangente. Como sustentamos em outro trabalho, existem certas condutas que prejudicam o exercício da empresa dentro da normalidade e por via reflexa lesam os interesses dos seus credores, como o desvio de bens da sociedade e a confusão patrimonial e, dessa maneira, nada impede que se veicule por meio da ação de responsabilidade a pretensão à responsabilização patrimonial de sócios e administradores por fatos que justificam o emprego da disregard doctrine. Por outras palavras, nessas situações, é aplicável a fungibilidade de meios (Cf. RODRIGUES FILHO, Otávio Joaquim. *Desconsideração da personalidade jurídica e processo*. São Paulo: Malheiros. 2016. p. 195-199).

13. A possibilidade jurídica do pedido, mesmo que agora não se trate mais de condição da ação, continua útil por permitir em algumas situações que se julgue o feito antecipadamente, com economia de tempo e de recursos. A possibilidade jurídica absoluta é aquela que se refere a ausência de proibição no ordenamento para a providência pleiteada e, no caso da DPJ, não só não há vedação como há previsões específicas, que constituem seus fundamentos legais, como o art. 50 do CC ou o artigo 28 do CDC, entre outros dispositivos. A impossibilidade jurídica também pode ser relativa, quando relacionada aos outros elementos da demanda, ou seja, relativa a determinadas causas ou em relação a algumas pessoas. Como exemplo da impossibilidade do pedido em relação a algumas pessoas, poderia se mencionar a impossibilidade de responsabilização patrimonial dos dirigentes das fundações públicas, autarquias, empresas públicas, e a impossibilidade jurídica em relação a determinadas causas, por exemplo, a simples inadimplência de qualquer espécie de obrigações, que não aquelas que geram a responsabilidade objetiva dos membros da sociedade.

14. A esse propósito, ver: RODRIGUES FILHO, Otávio Joaquim. *Desconsideração da personalidade jurídica e processo*. São Paulo: Malheiros. 2016. p. 105-108 e 253.

comprometido o interesse de agir para o incidente de desconsideração da personalidade, que, em regra, trata de responsabilidade patrimonial subsidiária.

Quanto à competência para o processamento do pedido de desconsideração da personalidade, havendo falência da pessoa jurídica, forma-se o juízo universal e suspendem-se em regra as execuções individuais, pelo que passará a ser competente para apreciar o pedido de desconsideração da personalidade o juízo em que tramita a falência do devedor.[15.]

Esse entendimento foi reforçado com a reforma da lei falimentar trazida pela Lei 14.112/2020, mais especificamente, com a disposição contida no parágrafo único do artigo 82-A da Lei 11.101/05, introduzido com a reforma, que dispõe que a "...desconsideração da personalidade jurídica da sociedade falida, para fins de responsabilização de terceiros, grupo, sócio ou administrador por obrigação desta, somente pode ser decretada pelo juízo falimentar".

Contudo, não se deve aplicar esse dispositivo a todas as hipóteses, é essencial verificar se os fundamentos da desconsideração se referem ou não a toda a coletividade de credores.

Assim, se a causa que autoriza a desconsideração se refere a determinadas obrigações de responsabilidade objetiva, aplicável apenas a um grupo de credores (como, p. ex., os credores trabalhistas), rompendo a regra geral, entendemos que continua cabível a propositura da demanda de desconsideração da personalidade ou sua continuidade no juízo em que já tramita o processo de conhecimento ou a execução singular.[16]

Note-se que, quando a desconsideração tem por fundamento a conduta de sócios e/ou administradores da sociedade devedora e, portanto, se refere à responsabilidade subjetiva, permitir a sua aplicação nas execuções individuais prejudicaria aos demais credores, que também foram atingidos por tais condutas, permitindo tratamento não isonômico àqueles que se encontram em iguais condições. Mas, quando se trata de responsabilidade objetiva, pela qual a lei privilegia determinadas espécies de credores, não há que se falar em ofensa à *par conditio creditorum*,[17] quanto ao prosseguimento das execuções individuais em face de responsáveis subsidiários.

---

15. Nesse sentido: BELMONTE, Pedro Ivo Leão Ribeiro Agra e BELMONTE, Viviana Rodrigues Moraya Agra. Principais alterações trabalhistas da Lei 14.112/2020 acerca da recuperação judicial, da recuperação extrajudicial e da falência do empresário e da sociedade empresária. *Rev. TST*. v. 87, n. 3, p. 246. São Paulo, jul./set. 2021.

16. Nesse sentido: "A despeito do referido entendimento, constata-se que o art. 82-A, parágrafo único, da Lei 11.101/05 não determinou a competência exclusiva do Juízo Universal para promover qualquer desconsideração da personalidade jurídica da empresa recuperanda ou falida, mas apenas estabelece que o juízo universal somente pode desconsiderar a personalidade jurídica com base no art. 50 do CC. Ademais, não se extrai do aludido dispositivo qualquer proibição de que isso fosse feito por outro juízo que não o universal, no âmbito de sua competência, desde que, por óbvio, os bens dos sócios já não tenham sido atingidos pela recuperação judicial ou falência" (Cf. LOPES, Adriano Marcos Soriano e SANTOS Solainy Beltrão. A desconsideração da personalidade jurídicas de empresas em recuperação judicial ou falidas na Justiça do Trabalho. *Revista do Tribunal Regional do Trabalho da 12ª Região*, v. 25 n. 34, 2022).

17. Nesse sentido: "Recurso de revista interposto na eficácia da lei 13.467/2017. Recurso de revista. Competência da justiça do trabalho. Execução trabalhista. Falência da empresa executada. Pedido de redirecionamento da execução contra os sócios. Transcendência política. A decisão regional contraria o entendimento da SBDI-1

DESCONSIDERAÇÃO DA PERSONALIDADE JURÍDICA NA FALÊNCIA E NA RECUPERAÇÃO JUDICIAL

Em termos de prescrição, havendo falência da pessoa jurídica devedora, deve ser aplicado o prazo de dois anos para a responsabilização dos gestores da sociedade falida, nos termos do art. 82 da Lei 11.101/2005, que começará a correr a partir da sentença de encerramento da falência.[18]

Sob a vigência da Lei 11.101/2005 e do CPC também são devidos honorários advocatícios de sucumbência no incidente de desconsideração da personalidade, bem como as despesas processuais, se houver litigiosidade, seja julgado extinto por qualquer motivo, improcedente ou procedente, já que não há disposição de exclusão da regra geral de atribuição dos custos do processo em caso de sucumbência, nos termos da lei processual (§ 2º do art. 82 do CPC/2015) e nem na lei falimentar.[19]

Some-se a possibilidade de ser requerida a indisponibilidade de bens como providência cautelar que restringe a livre disposição do patrimônio de eventuais responsáveis patrimoniais, com o objetivo de assegurar a tutela do direito de crédito[20] e garantir a efetividade do processo de falência, e até mesmo do incidente de desconsideração da personalidade, para levar à ineficácia relativa de quaisquer atos de disposição diante dos credores, podendo ser decretada com arrimo no disposto no § 2º do art. 82 da Lei 11.101/2005, *ex officio* ou a requerimento do Ministério Público, do administrador judicial ou de qualquer credor.

4. A EXTENSÃO DA FALÊNCIA E A DESCONSIDERAÇÃO DA PERSONALIDADE JURÍDICA

Tem sido comum o equívoco de confundir a extensão da falência de uma sociedade a outra do mesmo grupo econômico com a desconsideração da personalidade jurídica, especialmente, pelas partes e em decisões que tratam dessas pretensões de forma indistinta. Todavia, consubstanciam-se em providências diversas, que têm causas e efeitos diferentes.

---

do TST, que reconhece a competência da Justiça do Trabalho para os atos executórios decorrentes do redirecionamento da execução contra os sócios da empresa falida. Transcendência política reconhecida. Recurso de revista. Competência da justiça do trabalho. Execução trabalhista. Falência da empresa executada. Pedido de redirecionamento da execução contra os sócios. Segundo jurisprudência majoritária desta Corte, mediante reiteradas decisões, a falência ou a recuperação judicial determina a limitação da competência trabalhista após os atos de liquidação dos eventuais créditos deferidos, não se procedendo aos atos tipicamente executivos. Contudo, tal entendimento é ressalvado nos casos em que há a possibilidade de redirecionamento da execução a empresas componentes do grupo econômico, devedores subsidiários ou mesmo sócios da empresa falida ou em recuperação judicial, não sendo afetados os atos satisfativos pela competência do juízo universal falimentar. Assim, esta Justiça especializada é competente para julgar pedido de prosseguimento da execução contra os sócios da empresa em processo falimentar, bem como averiguar, se for o caso, a responsabilidade das empresas do grupo econômico. Recurso de revista conhecido e provido (TST, RR-10205-20.2018.5.18.0103, 6ª Turma, Relator Ministro Augusto Cesar Leite de Carvalho, DEJT 28.05.2021).

18. Cf. VASCONCELOS, Ronaldo. *Direito processual falimentar*. São Paulo: Quartier Latin, 2008, p. 304.

19. Deve ser feita exceção ao Ministério Público, que no caso de se sagrar vencedor ou vencido no referido incidente, não deve haver condenação em honorários, aplicando-se a esse órgão a mesma disciplina dos processos coletivos.

20. Cf. QUARTIERI, Rita. *Tutelas de urgência na execução civil*. São Paulo: Saraiva, 2009. p. 159.

Com relação às causas da extensão da falência, no nosso direito atual, estão restritas a certos tipos de sociedade, que têm sócios ilimitadamente responsáveis, conforme as disposições do artigo 81 da Lei 11.101/05, casos raríssimos na prática; já a desconsideração da personalidade jurídica, ainda que aplicada a devedora em estado falimentar, tem como causas as hipóteses de fraude e abuso da personalidade jurídica, como nos referimos anteriormente.

Também diversas as consequências, sendo que a desconsideração da personalidade jurídica no campo obrigacional, ou mais propriamente da responsabilidade patrimonial, gera a extensão de responsabilidade aos sócios e administradores, enquanto a extensão da falência, além de estender a responsabilidade pelas dívidas da empresa, fazendo deflagar a execução concursal, impossibilita ao responsabilizado a administração da sociedade; sujeita-o ao cumprimento de deveres previstos na Lei Falimentar e a eventual responsabilidade penal por crimes que têm como pressuposto a decretação da falência; leva ao vencimento antecipado das obrigações e a todas as consequências derivadas da falência, com as limitações ou impossibilidade de funcionamento, disposição de ativos etc. Vê-se, portanto, que as consequências de extensão da quebra são bem mais abrangentes e sujeitam o responsabilizado a regime jurídico mais severo e gravoso.

Conforme aponta Fábio Ulhôa Coelho, a extensão da falência "... foi uma criação da jurisprudência para instrumentalizar a desconsideração da personalidade jurídica no âmbito do processo falimentar, num tempo em que não havia ainda, na legislação processual, nenhum incidente específico para isso".[21]

E as anteriores Leis de Falências, como a Lei 2.024/1908 e o Decreto 5.746/1929, previam a extensão da falência restrita aos sócios de responsabilidade ilimitada, mesmo que dela houvessem saído há menos de dois anos,[22] e sequer faziam referência o abuso ou uso disfuncional da personalidade jurídica. Da mesma forma o Decreto-lei 7.661/1945, que, no art. 5º, previa a extensão dos efeitos da falência ao sócio de responsabilidade ilimitada, já que autorizava a extensão apenas aos "sócios solidária e ilimitadamente responsáveis pelas obrigações sociais" (art. 5º, *caput*).

Em outros sistemas, a extensão da falência é tratada como decorrência das causas que devem levar à desconsideração da personalidade, como na lei argentina, por exemplo, que prevê a extensão da falência ao sócio, pessoa física ou jurídica, que haja incorrido nas hipóteses previstas nos artigos 160 e 161 *da Ley de Quiebras*, nos casos de abuso da personalidade jurídica.[23] O Direito italiano também tratava da extensão da falência em

---

21. Cf. COELHO, Fábio Ulhôa. *Comentários à Lei de Falências e de Recuperação de Empresas*. 21. ed. São Paulo: Ed. RT, p. 112.
22. Cf. PACHECO, José da Silva. *Processo de falência e concordata*. 5. ed. Rio de Janeiro: Forense, 1988, p. 179.
23. No dizer da doutrina: "...La extensión de la quiebra como sanción que resulta de las previsiones de nuestra legislación concursal implica abrir un proceso liquidativo de una empresa in bonis afectando a sus acreedores y dejando de lado el principio de conservación de la empresa al detectarse insolvencia en agrupamientos producto de conductas ilícitas y reprobables determinadas. Esta solución diluye aspectos propios de la personalidad violentando el principio de personalidad diferenciada de las sociedades" (Cf. GERINGER Carolina – ROSALES Agostina. La Insolvencia Grupal en la Ley de Concursos y Quiebras, p. 13. Disponível em: https://repo.unlpam. edu.ar/bitstream/handle/unlpam/6701/tg-gerlai020.pdf?sequence=1&isAllowed=y. Acesso em: 09 jan. 2023).

hipóteses de desvirtuamento da pessoa jurídica; mas, após a reforma de 2006, a *Legge Fallimentare* italiana recebeu nova disciplina sobre o tema, prevendo a extensão da falência tão somente aos sócios de reponsabilidade ilimitada.[24]

No Direito francês, irregularidades na gestão da empresa em crise propiciam a propositura de ação de responsabilidade para a apuração da responsabilidade dos administradores pela insuficiência do ativo que resultam na declaração da falência da pessoa do sócio ou dirigente, implicando ainda a proibição de direção ou exploração de outra atividade econômica, podendo haver a extensão dos procedimentos coletivos para outras sociedades,[25] caso haja confusão patrimonial ou se as pessoas jurídicas distintas representam mera ficção.[26]

Em nosso Direito, a Lei 11.101/2005, antes das alterações trazidas pela Lei 14.112/2020, restringia a extensão da falência aos sócios de responsabilidade ilimitada, ou seja, para as sociedades de fato e para aquelas para as quais vige a responsabilidade objetiva do sócio por todo o passivo a descoberto, nos termos do art. 81 da referida lei.

Dessa maneira, antes da alteração trazida pela Lei 14.112/2020, a extensão da falência se restringia aos sócios de responsabilidade ilimitada, para os quais a extensão da quebra ao sócio ocorre para que possa responder pessoalmente por todo o passivo da sociedade,[27] sem qualquer previsão de extensão da falência em casos de desconsideração da personalidade jurídica, embora fossem muitos os julgados com esse fundamento.

Com a reforma da Lei falimentar ao final de 2020, empreendida pela Lei 14.112/2020, remanesceu idêntica a redação do artigo 81, que prevê que "A decisão que decreta a falência da sociedade com sócios ilimitadamente responsáveis também acarreta a falência destes..."; sendo ainda acrescentado o artigo 82-A, que veda "a extensão da falência ou de seus efeitos, no todo ou em parte, aos sócios de responsabilidade limitada, aos controladores e aos administradores da sociedade falida, admitida, contudo, a desconsideração da personalidade jurídica" (*caput*).

Parte da doutrina entende que a proibição somente se aplica às pessoas naturais e não às jurídicas, porque a lei faz menção da proibição de extensão apenas aos sócios de responsabilidade limitada, aos controladores e aos administradores da sociedade fali-

---

24. Cf. art. 147 da *Legge* Fallimentare.
25. Cf. arts. L621-2, L653-3 e 653-4 do Code de Commerce.
26. Consoante observa a doutrina, "...la procédure ouverte peut être étendue à d'autres persones en cas de confusion de leurs patrimonies ou de fictivité de la persone morale" (cf. SAINT-ALARY-HOUIN, Corinne. *Droit des entreprises en difficulté*. 9. ed. Paris: LGDJ. 2014, p. 269).
27. Conforme observa Camiña Moreira, "...Poderá haver coincidência entre os efeitos de certas e determinadas relações de obrigações e a integralidade do passivo; ou poderá, por alguma razão a ser demonstrada, coincidir o dano-quantia com o passivo. Porém, é preciso ter bastante clareza de que a existência do passivo da falência não se equipara a ilícito-quantia para fins de responsabilização, seja direta, dos administradores ou dos sócios, seja por meio da desconsideração da personalidade jurídica. A massa falida, seja por meio de incidente processual, seja por meio de ação ordinária, precisa demonstrar o ilícito praticado e a extensão do dano sofrido pela falida". (Cf. MOREIRA, Alberto Camiña. *Comentários à Lei de Recuperação de Empresas*. São Paulo: Thomson Reuters ProView, 2021).

da.[28] Não obstante a alteração legislativa, há decisões favoráveis à extensão da falência[29] e também outras, em sentido oposto, fazendo alusão à vedação de extensão que agora consta no artigo 82-A da Lei 11.101/05.[30]

Contudo, nos parece clara a lei no sentido de prever a extensão da falência somente para os casos de sócios de responsabilidade ilimitada (art. 81 da Lei 11.101/05) e a proteção dos sócios de responsabilidade limitada, controladores e administradores, com vedação à extensão da falência, sem qualquer ressalva dessa proteção a pessoas físicas ou jurídicas.[31]

Contudo, vedar a aplicação da extensão da falência foi realmente o melhor caminho que poderia trilhar o legislador?

Apontam alguns argumentos iniciais para a resposta positiva, de que o caminho escolhido teria sido o melhor: 1) porque essa escolha, de vedar a extensão da falência, favoreceria o intuito de preservação da empresa, já que daria oportunidade de sobrevivência à empresa responsabilizada secundariamente e certamente esse é o mais importante argumento; 2) e, ainda, porque a extensão da falência tende a unificar ativos e passivos das sociedades envolvidas e certamente essa pode não ser a solução mais justa para todos os credores, principalmente, aqueles das sociedades menos endividadas do grupo.

Se a vedação da extensão da falência parece ser a melhor solução como regra geral, considerados esses importantes argumentos, assim não se mostra para todos os casos, principalmente, aqueles extremos, para os quais a extensão da falência pode ser o melhor remédio, conforme alguns argumentos básicos que apontam para essa necessidade.

Nesse sentido, no sistema resultante da lei falimentar, temos duas espécies de inadimplência: uma que gera responsabilidade patrimonial para a devedora principal,

---

28. Cf. BEZERRA FILHO, Manoel Justino. *Lei de Recuperação de Empresas e Falência*. São Paulo: Thomson Reuters Brasil, 2021, p. 361.

29. Nesse sentido: TJSP; Agravo Interno Cível 2104705-49.2022.8.26.0000; Relator (a): Ricardo Negrão; Órgão Julgador: 2ª Câmara Reservada de Direito Empresarial; Foro de Barueri – 1ª Vara Cível; Data do Julgamento: 1º.12.2022; Data de Registro: 02.12.2022.

30. Nesse sentido: TJSP; Agravo de Instrumento 2112079-53.2021.8.26.0000; Relator (a): Sérgio Shimura; Órgão Julgador: 2ª Câmara Reservada de Direito Empresarial; Foro Central Cível – 3ª Vara de Falências e Recuperações Judiciais; Data do Julgamento: 08.07.2022; Data de Registro: 08.07.2022.

31. Nesse sentido, como tem enfatizado a doutrina: "Pois para nós, em primeiro lugar, a extensão dos efeitos da falência aos sócios somente pode ser aplicada no campo da responsabilidade ilimitada, o que foi reforçado pelo caput do artigo 82-A da Lei 11.101/2005. Aqui, a repercussão da falência da sociedade sobre a pessoa dos sócios é tão relevante que a lei determina que eles também devem ser citados quanto aos termos da ação falimentar. Como se vê, não parece correto falarmos em extensão da quebra a sócios de empresa com limitação de responsabilidade (Cf. SANTA CRUZ, André e RODRIGUES, Daniel Conalgo. "A desconsideração da personalidade jurídica na falência e a Lei 11.101/2005" in Consultor Jurídico 2021, fev., disponível em: https://www.conjur.com.br/2021-fev-09/opiniao-personalidade-juridica-falencia-lei-111012005, último acesso em 29.12.2022). Nesse sentido, ainda: RIBAS, Rodrigo Cunha. "A desconsideração da personalidade jurídica na Nova Lei de Falências", in Consultor Jurídico 2021, jan., disponível em: https://www.conjur.com.br/2021-jan-22/ribas-personalidade-juridica-lei-falencias, último acesso em 29.12.2022; e CAMILO JUNIOR, Ruy Pereira. A proibição de extensão da falência e a aplicação da desconsideração da personalidade jurídica nos feitos falimentares. *Revista do Advogado* n. 150, p. 262-279. jun. 2021.

DESCONSIDERAÇÃO DA PERSONALIDADE JURÍDICA NA FALÊNCIA E NA RECUPERAÇÃO JUDICIAL **813**

que, caso não adimplida, levará à quebra da devedora; e outra espécie de dívida, que leva à responsabilidade patrimonial, mas que, caso não cumprida, não levará à falência da sociedade a ser responsabilizada; esta última corresponde às hipóteses de desconsideração da personalidade. Temos aí duas soluções diferentes para situações semelhantes, ambas de inadimplência, o que representa incoerência do sistema e que pode levar ao efeito de estímulo para que as empresas utilizem o escudo da personalidade jurídica, multiplicando sua estrutura jurídica.

Também se constata soluções diversas para o mesmo problema nas quebras antecedidas por recuperação judicial e naquelas derivadas do simples pedido de falência.

Vedando-se a extensão nos processos individuais de falência, ter-se-á o efeito indesejado de estímulo para que o grupo econômico em que haja confusão patrimonial entre as empresas componentes não pleitear a recuperação em consolidação substancial, porque enfrentar os pedidos individuais de falência diretamente poderia poupar eventualmente da quebra algumas empresas do grupo, o que certamente constitui desestímulo para o instrumento da recuperação judicial prevista no próprio sistema.

Se houver critérios para a extensão da falência, certamente ela não contrariará o propósito de preservação previsto no artigo 47 da Lei 11.101/05.

E o critério que deve diferenciar os casos nos quais se deve aplicar apenas da desconsideração da personalidade e as hipóteses em que, além desta, deverá haver também a extensão da falência e esse critério deve ser o da análise da viabilidade da empresa responsabilizada secundariamente, já considerada a extensão dos efeitos das obrigações. Se, mesmo se tornando responsável pelas obrigações de outra sociedade a empresa a ser responsabilizada permanecer viável, não haverá motivo para extensão da quebra; do contrário, a falência parece ser a melhor solução.

5. A DESCONSIDERAÇÃO DA PERSONALIDADE DO GRUPO DE EMPRESAS NA RECUPERAÇÃO JUDICIAL: A CHAMADA "CONSOLIDAÇÃO SUBSTANCIAL"

A recuperação judicial, embora seja processo concursal que congrega grande parte do passivo do devedor, não tem a estrutura do processo de execução e não se inicia por vontade dos credores; trata-se primordialmente de meio processual que se vale em grande parte da consensualidade, para propiciar a reorganização da empresa por diversas formas tendentes a equacionar o seu passivo e melhor estruturá-la sob vários aspectos.

Foge ao objeto do processo de recuperação judicial, portanto, o objetivo do alargamento da responsabilização patrimonial tal qual se dá na execução e na falência, o que não impede seja a desconsideração da personalidade intentada individualmente pelos credores ou, após, seja ela proposta pelo administrador judicial ou pelo Ministério Público quando estiver falida a devedora. Inclusive, em sede recurso perante o Tribunal de Justiça do Estado de São Paulo, já fora abordada essa questão de forma precisa, afastando-se a possibilidade de extensão da responsabilidade patrimonial para terceiros na recuperação judicial.[32]

Se a iniciativa do credor para estender a responsabilidade patrimonial a sócios e administradores na recuperação judicial não tem lugar; não se pode olvidar que o próprio grupo de empresas devedoras pode, em conjunto, ajuizar a demanda tendente ao seu reerguimento e pleitear a chamada consolidação substancial.

Não se trata da simples consolidação processual, pela qual um grupo de sociedades requer em conjunto a recuperação judicial por razões de economia processual e até mesmo pela necessidade de reerguimento conjunto, que em muitas situações deriva da interdependência das componentes grupais;[33] nessas hipóteses, não haverá solução única, eis que os passivos continuarão separados e diversa poderá ser a sorte das componentes grupais, para as quais podem ser obtidos diferentes resultados.

Muitas empresas, contudo, fazem parte de grupo econômico não somente com atividades intrinsecamente ligadas, mas, também com o compartilhamento de obrigações e de ativos, que podem não estar perfeitamente atrelados à respectiva empresa à qual pertencem. Havendo crise financeira, aumentará o risco corresponsabilização das empresas do grupo justamente pela inexistência da perfeita separação dos patrimônios de tais pessoas jurídicas.[34]

Nessas situações, o litisconsórcio ativo na recuperação judicial pode objetivar medidas mais profundas com a unificação dos ativos e passivos para fins de responsabilidade patrimonial frente aos credores das diversas sociedades do grupo, necessária em vista da perspectiva de responsabilização de tais componentes em futuros processos individuais dos credores. A unificação de ativos e passivos é possível em vista de fatores que justificam a desconsideração da personalidade jurídica, principalmente, a mistura

---

32. Nesse sentido: "Recuperação judicial. Incidente de desconsideração de personalidade jurídica de recuperanda, objetivando ver reconhecido grupo de fato, integrado pela devedora e terceiros, com abuso de personalidade jurídica de seus membros, de forma a responsabilizá-los todos pelo passivo da recuperação judicial. Incidente extinto liminarmente, sem resolução de mérito..." (TJSP; Agravo de Instrumento 2144067-92.2021.8.26.0000; Relator (a): Cesar Ciampolini; Órgão Julgador: 1ª Câmara Reservada de Direito Empresarial; Foro de Santo André – 3ª Vara Cível; Data do Julgamento: 07.12.2021; Data de Registro: 09.12.2021).

33. A consolidação processual está prevista no art.69-G da Lei 11.101/05, que foi introduzido pela Lei 14.112/2020 à Lei Falimentar. Nessa modalidade, o litisconsórcio dos devedores será útil pela existência de um processo de recuperação para todas as empresas do grupo, havendo efetiva economia de recursos, como a nomeação de único administrador judicial, a realização de apenas uma assembleia de credores ou outra forma de votação do plano, a coordenação de atos processuais e sincronia das medidas a serem tomadas em favor do reerguimento das empresas, o que pode ser fundamental à recuperação do grupo.

34. No dizer de Henry Peter: "It is well-known that more and more often – nowadays, we would even say as a matter of principle – the activity of any enterprise is not conducted through a single legal entity but through a more or less complex web of related corporations, each, formally, with its own assets and liabilities (i.e. with its "estate"). This is true in respect of "national" businesses but even more so in the presence of enterprises the components of which are spread out internationally, which, at a certain level and in a world of increasing globalization, tends to be standard. The reasons thereof are manyfold and range from management efficiency to tax planning, including national requirements or historical factors. In some cases, those reasons could be criticized, but usually they are perfectly reasonable, not to say even the result of a sound management of the business considered as a whole" Cf. PETER, Henry. From atomism to consolidation in group's insolvency. In: NOBEL, Peter. *Internationales Gesellschaftsrecht*. Bem: Stampfli, 1998. p. 90. Disponível em: http://archiveouverte.unige.ch/unige:22804 Acesso em: 10 jan. 2023.

DESCONSIDERAÇÃO DA PERSONALIDADE JURÍDICA NA FALÊNCIA E NA RECUPERAÇÃO JUDICIAL

de patrimônios entre essas empresas, e, evidentemente, a necessidade de reorganização para enfrentar a crise financeira vivenciada pela qual passam as devedoras.[35]

Na chamada consolidação substancial obrigatória, há verdadeira desconsideração da personalidade,[36] eis que baseada na superação da personalidade diante da inobservância da separação de patrimônios e das respectivas responsabilidades das sociedades que compõem único grupo.

Dessa maneira, a consolidação substancial se dá por requerimento dos próprios devedores, que pleiteiam a unificação das dívidas do grupo baseados na lei (art. 69-J), que dispõe sobre a possibilidade de ser aplicada tal medida quando houver interconexão ou confusão entre passivos e ativos dos devedores, de forma que não seja possível identificar sua titularidade sem excessivo dispêndio de tempo e de recursos.

Admitida a consolidação substancial, terá lugar a unificação dos passivos das sociedades, de forma que todas as empresas terão o mesmo destino, inicialmente traçado pelo plano unitário para todas as sociedades do grupo.[37] O destino comum se revelará pela recuperação de todo o grupo ou pela falência de todas as empresas que o compõem.[38]

---

35. Consoante aponta a doutrina norte-americana: "Consolidation may be beneficial in reorganizations because it eliminates concerns over the priority of intercompany claims, problems stemming from fraudulent transfer, and claims of creditors against two or more members of the group...Substantive consolidation is the combination of the assets and liabilities of two related bankruptcy estates into one entity for purposes of distribution in a liquidation or under a plan of reorganization. The result of a consolidation order is similar to a merger under state law. Creditors of the separately incorporated entities become creditors of the consolidated group, sharing in the combined assets with all of the group's creditors. Joint claims against two or more pre-consolidation entities become one claim against the consolidated entity. Substantive consolidation also eliminates intercompany obligations and renders moot fraudulent transfer claims between the consolidated entities". (Cf. FROST CHRISTOPHER W., Organizational Farm, Misappropriation Risk, and the Substantive Consolidation of Corporate Groups, 44 (1993) Hastings Law Journal, 449, p. 450, 453. p. 493).

36. No dizer de Domingos Refinetti: "...a consolidação substancial é verdadeira desconsideração da personalidade jurídica por iniciativa e em benefício do próprio devedor, na medida em que, ao propor a desconsideração dos limites de responsabilidade e autonomia patrimonial impostos pela legislação civil e societária, autoriza que empresas em recuperação judicial pertencentes ao mesmo grupo econômico se responsabilizem, mutuamente, umas pelas obrigações das outras" (Cf. REFINETTI, D. Consolidação substancial e recuperação judicial, 08 de outubro de 2018. Disponível em: http://idetpesquisas.com.br/noticia-08-10-2018-consolidacaosubstancial-e-recuperacao-judicial. Acesso em: 10 jan. 2023).

37. Consoante pondera a doutrina: "Consolidation is the combination of the assets and liabilities of two or more related legal entities into one entity. It is the translation in a liquidation (or reorganization) prospective of what consolidation is from an accounting stand point. It has been said that the result of consolidation is similar to that of a merger". Creditors of the various and separately incorporated entities become creditors of the consolidated group's estate, sharing in the combined assets with all other group creditors. Joint claims against two or more pre-consolidated entities become, by confusion, one single claim against the consolidated estate. Intercompany obligations or claims disappear together with all down side costs and delays that inevitably exist when the atomistic approach is adopted" (Cf. PETER, Henry. From atomism to consolidation in group's insolvency. In: NOBEL, Peter. Internationales Gesellschaftsrecht. Bem: Stampfli, 1998. p. 90. Disponível em: http://archiveouverte.unige.ch/unige:22804. Acesso em: 10 jan. 2023).

38. No dizer de Henry Peter: "As has already been pointed out, consolidation and Durchgriff fundamentally have the same roots and, as the US experience shows, some of the cases in which consolidation is granted are cases in which, in a corporate law scenario, the "corporate veil" would be "lifted" or "pierced". This being admitted, we would take one more step and suggest that substantive consolidation is nothing else than a generalization of the "Durchgriff" doctrine; in fact, it can be equiparated to a multi-lateral – as opposed to bi-lateral – application of the same theory" (Cf. PETER, Henry. From atomism to consolidation in group's insolvency. In: NOBEL, Peter. Internationales Gesellschaftsrecht. Bem: Stampfli, 1998, p. 109. Disponível em: http://archiveouverte.unige.ch/unige:22804. Acesso em: 10 jan. 2023).

No Brasil, apesar da possibilidade de se tratar de instrumento favorável à preservação da empresa, pouco se tem debatido sobre o uso indiscriminado da chamada consolidação substancial,[39] que pode não ser a melhor solução em todos os casos de crise econômico-financeira de grupos empresariais, podendo resultar certas distorções que levam a prejuízos a determinados grupos de credores das recuperandas[40] e até algumas das sociedades do grupo.

Pondere-se que as empresas de um grupo econômico podem ter diferentes números de credores, como também ter diversos coeficientes de solvência, que podem ser obtidos pela comparação da totalidade de ativos e passivos de cada sociedade. Nessas situações, integrar a responsabilidade patrimonial de todas as sociedades de um grupo, além de aumentar injustificadamente o risco de quebra a algumas dessas sociedades, pode representar a diluição do poder de votos dos credores das sociedades menos endividadas do conjunto econômico, assim como diminuir a garantia de recebimento dos seus respectivos créditos, já que serão unificados aos de outras sociedades em piores condições de solvência.[41]

Contudo, se houver causa que fundamente a unificação desses ativos e passivos, relativa à confusão de esferas entre as sociedades envolvidas,[42] especialmente, a confusão

---

39. Cf. REFINETTI, D. Consolidação substancial e recuperação judicial, 08 de outubro de 2018. Disponível em: http://idetpesquisas.com.br/noticia-08-10-2018-consolidacaosubstancial-e-recuperacao-judicial. Acesso em: 10 jan. 2023.

40. Chega Foster à mesma constatação no Direito norte-americano: "The primary difficulty with the substantive consolidation doctrine is that its application is uncertain and unprincipled. As a result, limited liability, a fundamental baseline rule regarding the allocation of risk of business failure, is also rendered uncertain" (Cf. FROST CHRISTOPHER W., Organizational Farm, Misappropriation Risk, and the Substantive Consolidation of Corporate Groups, 44 (1993) *Hastings Law Journal*, 449, p. 453. p. 462).

41. Henry Peter, abordando o Sistema norte-americano, com razões que podem ser aproveitadas para o sistema brasileiro, afirma que: "... A further question is at know whether consolidation can be extended non Bankruptcy (usually referred to as "non debtor") entities (supposedly members of the same group). The problem in such case is that consolidation may threaten solvent entities; the latter indeed risk at be forced into liquidation through consolidation with one or more heavily insolvent related companies, thereby jeopardizing their own creditors. The answer given by the bankruptcy courts is that consolidation of debtor and non-bankrupt entities is possible, although it should occur only in unusual circumstances" (Cf. PETER, Henry. From atomism to consolidation in group's insolvency. In: NOBEL, Peter. *Internationales Gesellschaftsrecht*. Bem: Stampfli, 1998. p. 90-91. Disponível em: http://archiveouverte.unige.ch/unige:22804 Acesso em: 10 jan. 2023).

42. Na experiência norte-americana, "Different standards have been employed by courts to determine the propriety of substantive consolidation. Common to all of these tests is a fact-intensive examination and an analysis of consolidation's impact on creditors. For example, in Eastgroup Properties v. Southern Motel Assoc., Ltd., the Eleventh Circuit adopted a modified version of the standard articulated by the District of Columbia Circuit in In re Auto-Train Corp., Inc., under which the proponent of consolidation must demonstrate that: (i) there is substantial identity between the entities to be consolidated; and (ii) consolidation is necessary to avoid some harm or to realize some benefit. Factors that may be relevant in satisfying the first requirement include: 1. Fraud or other complete domination of the corporation that harms a third party; 2. The absence of corporate formalities; 3. Inadequate capitalization of the corporation; 4. Whether funds are put in and taken out of the corporation for personal rather than corporate purposes; 5. Overlap in ownership and management of affiliated corporations; 6. Whether affiliated corporations have dealt with one another at arm's length; 7. The payment or guarantee of debts of the dominated corporation by other affiliated corporations; 7. The commingling of affiliated corporations' funds; and 8. The inability to separate affiliated corporations' assets and liabilities." (Cf. DOUGLAS, Mark G. Substantive Consolidation and Nondebtor Entities: The Fight Continues. may/June. 2011. *Jones Day Publications*, p. 1. Disponível em: https://www.jonesday.com/en/insights/2011/06/substantive-consolidation-and-nondebtor-entities-the-fight-continues. Acesso em: 10 jan. 2023).

DESCONSIDERAÇÃO DA PERSONALIDADE JURÍDICA NA FALÊNCIA E NA RECUPERAÇÃO JUDICIAL | **817**

patrimonial, não há que se falar propriamente em prejuízo a determinados grupos de credores de uma ou mais empresas do grupo, porque a corresponsabilização das diversas sociedades também poderia ser alcançada em processos individuais dos credores e se chegaria, ao final, ao mesmo resultado do compartilhamento de ativos das devedoras entre os credores.

Conforme dispõe a Lei 11.101/05 (incisos I a IV do artigo 69-J), para a utilização da consolidação substancial é necessária a "interconexão e a confusão entre ativos ou passivos dos devedores", como ainda a cumulação de dois outros requisitos dentre os elencados pela lei, que são: a existência de garantias cruzadas, a relação de controle ou dependência entre as empresas; a identidade parcial ou total no quadro societário e a atuação conjunta no mercado

Não parece ter cabimento a exigência cumulativa de mais dois outros requisitos além da confusão patrimonial, eis que somente esta já autorizaria em tese a desconsideração da personalidade das sociedades do grupo em processos individuais dos credores. Indispensável é a análise, em concreto, se a confusão patrimonial comprometeu ou não a solvabilidade das empresas do grupo, se existem garantias cruzadas em grande proporção e se há dependência de umas das empresas em relação às outras do grupo; tais requisitos são essenciais para a admissão dessa modalidade de litisconsórcio ativo na recuperação judicial dos grupos econômicos.

Embora não preveja a lei, pode haver também a forma consensual de consolidação substancial, caso seja admitida pelas maiorias necessárias à aprovação de um plano de recuperação judicial, não somente do total dos credores, mas de cada uma das sociedades que integram o polo ativo da ação, para que não haja diluição do poder de voto dos credores das sociedades menos endividadas do grupo. Nessa hipótese, porém, não estaremos diante de desconsideração da personalidade, dado o caráter consensual que justifica essa solução de corresponsabilização.

Tendo ocorrido confusão patrimonial entre as empresas de um grupo, porém, imprescindível a consolidação substancial, como forma de reorganização conjunta, com a apresentação de um plano único e a unificação dos credores das diversas sociedades que o compõem. Nessa hipótese, a superação da personalidade jurídica será requerida pelas próprias devedoras, com a inicial do pedido de recuperação judicial, e deferida pelo juízo, caso tenha constado as referidas situações que a justificam.

6. CONCLUSÃO

A completa concepção da personalidade jurídica, apesar de relativamente recente na história, certamente representou grande evolução para o desenvolvimento econômico e social, constituindo abstração que permitiu a separação de responsabilidades patrimoniais e, em decorrência, inegável incentivo aos investimentos.

Para evitar abusos da personalidade, foi fundamental o desenvolvimento da Teoria da desconsideração da personalidade e as ideias centrais de que deve ser instrumentalizada por incidente ou processo estruturados de forma que possam minimizar os prejuízos dos credores, com procedimentos céleres e aptos a garantir a futura satisfação do crédito.

Isso não quer dizer que se possa renunciar ao direito à ampla defesa e todas as garantias que se congregam no devido processo legal, como o julgamento por juiz competente, o direito de alegar toda a matéria de defesa, o contraditório e também de produção de provas, de recorrer etc.; somente nesse caminho, ter-se-á o que se chama "processo justo", capaz de dar a cada um o que efetivamente lhe pertence.

A disciplina contida no Código de Processo Civil relativamente ao incidente de desconsideração da personalidade, tomado como forma de intervenção de terceiros, tem o potencial de efetividade e de garantia de proteção contra os excessos. Essas mesmas disposições são aplicadas ocorrendo a inadimplência nos casos em geral, como ainda nos casos em que o devedor se encontra em estado falimentar.

A falência representa o agravamento, o ápice da crise de inadimplência e a prática demonstra que não são comuns as falências superavitárias, mas aquelas cujo ativo, quando existente, não consegue fazer frente ao passivo. Nessas hipóteses, havendo causas para justificar a superação da personalidade, devem ser atingidos os patrimônios de sócios e administradores que se valeram do uso disfuncional da pessoa jurídica.

O remédio previsto na lei não permite a extensão da falência à pessoa física dos sócios, administradores ou controladores e nem mesmo a outras pessoas jurídicas, solução que se deve utilizar apenas em casos extremos, para aquelas outras sociedades do mesmo grupo quando não sejam mais viáveis do ponto de vista econômico, hipótese em que não estará sendo violado o princípio da preservação da empresa, que não se presta à proteção de sociedades que não mais têm condições de cumprir o seu papel na economia.

Se os sócios, administradores e controladores estão protegidos pela lei com relação à extensão da falência, o mesmo não se pode dizer com relação à responsabilização patrimonial via desconsideração da personalidade, o que pode permitir a efetividade do direito dos credores na falência.

Até na recuperação judicial, a consolidação substancial, ainda que voluntária, ou seja, provocada pelas sociedades de determinado grupo econômico, que pedem a unificação de seus ativos e passivos para fins de responsabilidade patrimonial nos casos em que há confusão patrimonial, pode representar, ao menos em tese, instrumento efetivo tanto para o equacionamento do passivo das devedoras como para a reorganização empresarial; mas, somente se presentes as circunstâncias que dão ensejo a sua aplicação; do contrário, determinados credores podem sofrer inegáveis prejuízos ou até mesmo levar à quebra empresas economicamente viáveis.

A doutrina e a jurisprudência têm demonstrado visível avanço no tema da desconsideração da personalidade jurídica; todavia, necessário o constante aperfeiçoamento de aspectos materiais e processuais, para que haja a efetiva proteção da personalidade jurídica e o cumprimento da função social da empresa. A importância do instituto da personalidade tem mostrado a relevância dos instrumentos destinados à sua proteção e ao desestímulo aos abusos nesse campo.

7. REFERÊNCIAS

BELMONTE, Pedro Ivo Leão Ribeiro Agra e BELMONTE, Viviana Rodrigues Moraya Agra. Principais alterações trabalhistas da Lei 14.112/2020 acerca da recuperação judicial, da recuperação extrajudicial e da falência do empresário e da sociedade empresária. *Rev. TST*, v. 87, n. 3, São Paulo, jul./set. 2021.

BEZERRA FILHO, Manoel Justino. *Lei de Recuperação de Empresas e Falência*. São Paulo: Thomson Reuters Brasil, 2021.

BLUMBERG, Philip I. The transformation of modern Corporate Law. The law of corporate groups. *Connecticut Law Review*, 37. 2005.

CAMILO JUNIOR, Ruy Pereira. A proibição de extensão da falência e a aplicação da desconsideração da personalidade jurídica nos feitos falimentares. *Revista do Advogado* n. 150, p. 262-279. jun. 2021.

COELHO, Fábio Ulhôa. *Comentários à Lei de Falências e de Recuperação de Empresas*. 21. ed. São Paulo: Ed. RT, 2011.

DOUGLAS, Mark G. Substantive Consolidation and Nondebtor Entities: The Fight Continues. may/June. 2011. *Jones Day Publications*, p. 1. Disponível em: https://www.jonesday.com/en/insights/2011/06/substantive-consolidation-and-nondebtor-entities-the-fight-continues. Acesso em: 10 jan. 2023.

FROST CHRISTOPHER W. Organizational Farm, Misappropriation Risk, and the Substantive Consolidation of Corporate Groups, 44 (1993) *Hastings Law Journal*, 449.

GERINGER Carolina; ROSALES Agostina. La *Insolvencia Grupal en la Ley de Concursos y Quiebras*, p. 13. Disponível em: https://repo.unlpam.edu.ar/bitstream/handle/unlpam/6701/tg-gerlai020.pdf?sequence=1&isAllowed=y. Acesso em: 09 jan. 2023.

LOPES, Adriano Marcos Soriano e SANTOS Solainy Beltrão. A desconsideração da personalidade jurídicas de empresas em recuperação judicial ou falidas na Justiça do Trabalho. *Revista do Tribunal Regional do Trabalho da 12ª Região*, v. 25, n. 34. 2022.

MOREIRA, Alberto Camiña. *Comentários à Lei de Recuperação de Empresas*. São Paulo: Thomson Reuters ProView, 2021.

PACHECO, José da Silva. *Processo de falência e concordata*. 5. ed. Rio de Janeiro: Forense, 1988.

PETER, Henry. From atomism to consolidation in group's insolvency. In: NOBEL, Peter. *Internationales Gesellschaftsrecht*. Bem: Stampfli, 1998. p. 90. Disponível em: http://archiveouverte.unige.ch/unige:22804 Acesso em: 10 jan. 2023.

QUARTIERI, Rita. *Tutelas de urgência na execução civil*. São Paulo: Saraiva, 2009.

REFINETTI, D. *Consolidação substancial e recuperação judicial*, 08 de outubro de 2018. Disponível em: http://idetpesquisas.com.br/noticia-08-10-2018-consolidacaosubstancial-e-recuperacao-judicial. Acesso em: 10 jan. 2023.

RIBAS, Rodrigo Cunha. A desconsideração da personalidade jurídica na Nova Lei de Falências. *Consultor Jurídico* 2021. Disponível em: https://www.conjur.com.br/2021-jan-22/ribas-personalidade-juridica--lei-falencias. Acesso em: 29 dez. 2022.

RODRIGUES FILHO, Otávio Joaquim. *Desconsideração da personalidade jurídica e processo*. São Paulo: Malheiros. 2016.

SAINT-ALARY-HOUIN, Corinne. *Droit des entreprises en difficulté*. 9. ed. Paris: LGDJ. 2014.

SANTA CRUZ, André e RODRIGUES, Daniel Conalgo. A desconsideração da personalidade jurídica na falência e a Lei 11.101/2005. *Consultor Jurídico* 2021. Disponível em: https://www.conjur.com.br/2021-fev-09/opiniao-personalidade-juridica-falencia-lei-111012005. Acesso em: 29 dez. 2022.

SERICK, Rolf, *Forma e Realtà della Persona Giuridica*. Trad. de Marco Vitale. Milão: Giuffrè, 1966.

VASCONCELOS, Ronaldo. *Direito processual falimentar*. São Paulo: Quartier Latin, 2008.

VERRUCOLI, Piero, *Il Superamento della Personalità Giuridica delle Società de Capitali nella Common Law e nella Civil Law*. Milão: Giuffrè, 1964.

II.4 – Desconsideração da Personalidade no Direito Tributário

A EXECUÇÃO FISCAL E O INCIDENTE DE DESCONSIDERAÇÃO DA PERSONALIDADE JURÍDICA (IDPJ) DISCIPLINADO PELO CPC/2015

Humberto Theodoro Júnior

Doutor em Direito. Professor Titular aposentado da Faculdade de Direito da UFMG. Membro da Academia Brasileira de Letras Jurídicas, da Academia Mineira de Letras Jurídicas, do Instituto dos Advogados de Minas Gerais, do Instituto dos Advogados Brasileiro, do Instituto de Direito Comparado Luso-Brasileiro, do Instituto Brasileiro de Direito Processual, do Instituto Ibero-Americano de Direito Processual e da International Association of Procedural Law, da Association Henri Capitant des Amis de la Culture Juridique Française. Desembargador aposentado do TJMG. Advogado.

Sumário: 1. Introdução – 2. Inovações do art. 50 do Código Civil, introduzidas pela Lei 13.874/2019 – 3. O redirecionamento de execução fiscal e o incidente traçado pelo CPC (arts. 133 A 137) – 4. A resistência à aplicação do IDPJ às execuções fiscais, em matéria tributária – 5. Uma distinção necessária entre as causas de responsabilidade tributária de terceiro, previstas no CTN – 6. Posição do stj e sua evolução – 7. Redirecionamento da execução fiscal e devido processo legal – 8. Procedimentos que se prestam à decretação da Desconsideração da Personalidade Jurídica – 9. Desconsideração requerida com a petição inicial – 10. Desconsideração requerida como incidente – 11. Conclusão inevitável – 12. Referências.

1. INTRODUÇÃO

O Código Civil de 2002 normatizou conduta que já vinha sendo adotada pela jurisprudência, de desconsiderar a personalidade jurídica, a fim de imputar aos sócios ou administradores a responsabilidade pelo ato ilícito praticado pela empresa. De tal sorte, os bens particulares dos sócios que concorreram para a prática do ato respondem pela reparação dos danos provocados pela sociedade.

Assim dispõe o art. 50 da lei substantiva: "em caso de abuso da personalidade jurídica, caracterizado pelo desvio de finalidade, ou pela confusão patrimonial, pode o juiz decidir, a requerimento da parte, ou do Ministério Público quando lhe couber intervir no processo, que os efeitos de certas e determinadas relações de obrigações sejam estendidos aos bens particulares dos administradores ou sócios da pessoa jurídica".[1]

---

1. Além do Código Civil (art. 50), há várias fontes de direito material que preveem a desconsideração da personalidade jurídica, como o CTN (art. 135), o CDC (art. 28), a Lei 9.605/1998 (art. 4º), a Lei 12.529/2011 (art. 34) e a Lei 12.846/2013 (art. 14).

Antes do Código Civil de 2002, o Código de Defesa do Consumidor (Lei 8.078/1990) já dispunha em seu art. 28 que "o juiz poderá desconsiderar a personalidade jurídica da sociedade quando, em detrimento do consumidor, houver abuso de direito, excesso de poder, infração da lei, fato ou ato ilícito ou violação dos estatutos".[2] Também de longa data, a jurisprudência vinha admitindo e emprego extensivo da desconsideração da personalidade jurídica em hipóteses não expressamente previstas pela legislação substancial, mas que juridicamente guardavam alguma similitude com a *ratio* das figuras já disciplinadas no direito positivo. Entre elas podem ser citadas a desconsideração entre empresas do mesmo grupo econômico e a desconsideração inversa.[3]

É a denominada *disregard doctrine* do direito norte-americano, que autoriza o Poder Judiciário a ignorar a autonomia patrimonial entre a empresa e seus sócios ou administradores, sempre que for manipulada para prejudicar os credores. Desta forma, o patrimônio dos sócios é alcançado na reparação de danos provocados pela empresa a terceiros, quando houver desvio de finalidade ou confusão patrimonial, para os quais os gestores tenham concorrido.[4]

A despeito da previsão na lei material, o instituto carecia de regulação processual. Assim, coube à jurisprudência dar forma à desconsideração. Entendiam os tribunais que ela poderia ocorrer incidentalmente nos próprios autos da execução, sem necessidade de ajuizamento de ação própria.[5] Demonstrando o credor estarem presentes os requisitos legais, o juiz deveria levantar o véu da personalidade jurídica para que o ato de expropriação atingisse os bens particulares de seus sócios, de forma a impedir a concretização de fraude à lei ou contra terceiros. Somente após a desconsideração, os sócios eram chamados a integrar a lide e interpor os recursos cabíveis.[6] O contraditório e a ampla defesa, destarte, eram realizados *a posteriori*, mas de maneira insatisfatória, já que, em grau de recurso, obviamente, não há como exercer plenamente a defesa assegurada pelo devido processo legal.

Suprindo a lacuna processual, o Código atual cuidou da matéria nos arts. 133 a 137, traçando o procedimento a ser adotado na sua aplicação, de maneira a submetê-lo,

---

2. Previa, ainda o mesmo art. 28, *caput*, do CDC, que "a desconsideração também será efetivada quando houver falência, estado de insolvência, encerramento ou inatividade da pessoa jurídica provocada por má administração". Além disso, o § 5º do citado artigo do CDC dispunha que "também poderá ser desconsiderada a pessoa jurídica sempre que sua personalidade for, de alguma forma, obstáculo ao ressarcimento de prejuízos causados aos consumidores".

3. NEVES, Daniel Amorim Assumpção. *Manual de direito processual civil* – volume único. 14.ed. Salvador: JusPodivm, 2022, n. 8.5.1, p. 381.

4. "1. A teoria da desconsideração da personalidade jurídica, medida excepcional prevista no art. 50 do Código Civil de 2002, pressupõe a ocorrência de abusos da sociedade, advindos do desvio de finalidade ou da demonstração de confusão patrimonial. 2. A mera inexistência de bens penhoráveis ou eventual encerramento irregular das atividades da empresa não ensejam a desconsideração da personalidade jurídica" (STJ, 4ª T., AgInt no AREsp 1.018.483/SP, Rel. Min. Marco Buzzi, ac. 12.12.2017, *DJe* 01.02.2018).

5. STJ, 3ª T., RMS 16.274/SP, Rel. Min. Nancy Andrighi, ac. 19.08.2003, *DJU* 02.08.2004, p. 359. No mesmo sentido: STJ, 4ª T., REsp 1.096.604/DF, Rel. Min. Luis Felipe Salomão, ac. 02.08.2012, *DJe* 16.10.2012.

6. STJ, 4ª T., AgRg REsp 1.182.385/RS, Rel. Min. Luis Felipe Salomão, ac. 06.11.2014, *DJe* 11.11.2014. No mesmo sentido: STJ, 3ª T., AgRg no REsp 1.459.843/MS, Rel. Min. Marco Aurélio Bellizze, ac. 23.10.2014, *DJe* 04.11.2014.

A EXECUÇÃO FISCAL E O IDPJ DISCIPLINADO PELO CPC

adequadamente, à garantia do contraditório e ampla defesa. Doravante, portanto, a sujeição do patrimônio do terceiro em razão da desconsideração só poderá ser feita em juízo com a estrita observância do procedimento incidental instituído pelo CPC/2015[7] sob o rótulo de Incidente de Desconsideração da Personalidade Jurídica (IDPJ).

De qualquer maneira, uma advertência tem sido feita pela jurisprudência: Tratando-se de regra de exceção, a interpretação e aplicação da desconsideração da personalidade jurídica devem ser feitas segundo interpretação restritiva.[8] Em doutrina também prevalece esse entendimento.[9] Nesse sentido, tem se decidido que não se justifica a desconsideração com a simples demonstração de insolvência e da irregular dissolução da empresa, sem que restem comprovados os requisitos do art. 50 do CC.[10]

Nessa perspectiva, a jurisprudência ressalta que "a inexistência ou não localização de bens da pessoa jurídica não é condição para a instauração do procedimento que objetiva a desconsideração, por não ser sequer requisito para aquela declaração, já que imprescindível a demonstração específica da prática objetiva de desvio de finalidade ou de confusão patrimonial".[11]

O fato de o incidente de desconsideração da personalidade jurídica ter sido disciplinado pelo CPC/2015 entre as intervenções de terceiro cabíveis no procedimento civil comum não exclui sua aplicação aos procedimentos especiais e à execu-

---

7. TAMER, Maurício Antônio. Pontos sobre a desconsideração da personalidade jurídica no Código de Processo Civil de 2015: conceito, posição do requerido e outros aspectos processuais. *Revista Brasileira de Direito Comercial*, v. 11, p. 12, jun.-jul. 2016; CÂMARA, Alexandre Freitas. *O novo processo civil brasileiro*. 2. ed. São Paulo: Atlas, 2016, p. 95.

8. "1. (...) Tratando-se de regra de exceção, de restrição ao princípio da autonomia patrimonial da pessoa jurídica, a interpretação que melhor se coaduna com o art. 50 do Código Civil é a que relega sua aplicação a casos extremos, em que a pessoa jurídica tenha sido instrumento para fins fraudulentos, configurado mediante o desvio da finalidade institucional ou a confusão patrimonial. 2. O encerramento das atividades ou dissolução, ainda que irregulares, da sociedade não são causas, por si sós, para a desconsideração da personalidade jurídica, nos termos do Código Civil" (STJ, 2ª Seção, EREsp 1.306.553/SC, Rel. Min. Maria Isabel Gallotti, ac. 10.12.2014, *DJe* 12.12.2014). Nesse sentido: "A mera demonstração de insolvência e a dissolução irregular da empresa, por si sós, não ensejam a desconsideração da personalidade jurídica (STJ, 3ª T., AgRg no AREsp 243.839/RJ, Rel. Min. João Otávio de Noronha, *DJe* 30.06.2016).

9. Para decretar a desconsideração da personalidade jurídica, "é indispensável a comprovação do uso indevido da sociedade, não se devendo aplicar o instituto de forma indiscriminada, mas de maneira a preservar não só o interesse do lesado, como também a atividade econômica e a posição dos sócios, daí a importância do contraditório prévio" (LIMA, Júlia Lins das Chagas. A desconsideração inversa da personalidade jurídica no novo CPC: uma análise sob o âmbito do direito de família. *Ideias e Opiniões – Informativo do Escritório Wambier e Arruda Alvim Wambier*, n. 22, p. 25, ago.-set.-out. 2015. Ensina Arruda Alvim: "A aplicação da teoria da desconsideração não pode acarretar, em termos práticos, a extinção do instituto da pessoa jurídica (...). Há que se observar que a personalidade jurídica é verdadeiro desdobramento da inafastável garantia constitucional da propriedade privada (arts. 170, II, e 5º, XXII, da CF/88)" (ARRUDA ALVIM NETO, José Manoel. Teoria da desconsideração da pessoa jurídica. *Soluções práticas*. São Paulo: Ed. RT, 2011, v. III, p. 143-144). Fala-se, por isso, em "medida eminentemente excepcional", porque "a regra é a preservação da pessoa jurídica e da separação patrimonial entre os bens dela e de seus sócios" (TAMER, Maurício Antônio. *Op. cit.*, p. 09).

10. STJ, 3ª T., AgInt no REsp 1.636.680/MG, Rel. Min. Paulo de Tarso Sanseverino, ac. 07.11.2017, *DJe* 13.11.2017. No mesmo sentido: STJ, 2ª S., AgInt nos EAREsp 960.926/SP, Rel. Min. Maria Isabel Gallotti, ac. 09.08.2017, *DJe* 21.08.2017.

11. STJ, 4ª T., REsp 1.729.554/SP, Rel. Min. Luís Felipe Salomão, ac. 08.05.2018, *DJe* 06.06.2018.

ção forçada.[12] Tampouco afasta de seu alcance os processos da Justiça do Trabalho, por duas razões principais: *(i)* inexiste procedimento para a matéria na legislação especial trabalhista, de sorte que há de prevalecer aqui a regra da aplicação subsidiária do CPC/2015, preconizada pelo seu art. 15; e, *(ii)* deitando raízes nas garantias constitucionais do devido processo legal e do contraditório e ampla defesa (CF, art. 5º, LIV e LV), a disciplina do incidente, nos moldes do CPC/2015, não poderá ser ignorada pelos processos administrativos e trabalhistas.[13]

Tendo sido enquadrada legalmente como "intervenção de terceiro", a desconsideração estaria afastada, em princípio, dos procedimentos dos juizados especiais. O CPC, contornando esse inconveniente, cuidou de autorizar, expressamente, a aplicação do incidente também aos processos de competência dos juizados especiais (art. 1.062).

2. INOVAÇÕES DO ART. 50 DO CÓDIGO CIVIL, INTRODUZIDAS PELA LEI 13.874/2019

A Lei 13.874/2019 alterou o art. 50 do Código Civil, para melhor precisar os alcançados pela desconsideração e definir as circunstâncias em que o incidente tem cabimento, de modo a superar controvérsias que reinavam na matéria:

(a) assim ficou estatuído que a extensão da responsabilidade pela obrigação da pessoa jurídica deve alcançar os bens particulares dos administradores ou sócios *beneficiados direta ou indiretamente pelo abuso* (art. 50, *caput, in fine);*

(b) para os fins da desconsideração, *desvio de finalidade* vem a ser "a utilização da pessoa jurídica com o propósito de lesar credores e para a prática de atos ilícitos de qualquer natureza" (art. 50, § 1º);

(c) pela confusão patrimonial deve-se entender "a ausência de separação de fato entre os patrimônios, caracterizada por: I – cumprimento repetitivo pela sociedade de obrigações do sócio ou do administrador ou vice-versa; II – transferência de ativos ou de passivos sem efetivas contraprestações, exceto os de valor proporcionalmente insignificante; e III – outros atos de descumprimento da autonomia patrimonial (art. 50, § 2º);

(d) a mera existência de grupo econômico sem a presença dos requisitos de que trata o *caput* do art. 50, "não autoriza a desconsideração da personalidade da pessoa jurídica" (art. 50, § 4º), ou seja: mesmo em se tratando de relações entre pessoas jurídicas integrantes de grupo econômico, a desconsideração só ocorrerá se configurados os requisitos do desvio de finalidade ou da *confusão patrimonial;*

---

12. "O incidente de desconsideração da personalidade jurídica pode ser aplicado ao processo falimentar" (Enunciado 111/CEJ).

13. "Assim, o fato de o novo Código de Processo Civil disciplinar, de forma inédita, um procedimento relativo ao instituto da desconsideração da personalidade jurídica exige que tais disposições sejam transportadas ao processo do trabalho, uma vez que há total omissão desse ramo processual a respeito" (NASCIMENTO, Sonia Mascaro. Alguns impactos do novo Código de Processo Civil no processo do trabalho. *In:* CIANCI, Mirna *et al. Novo Código de Processo Civil: impactos na legislação extravagante e interdisciplinar.* São Paulo: Saraiva, 2016, v. 2, p. 459).

(e) "não constitui desvio de finalidade a mera expansão ou a alteração da finalidade original da atividade econômica específica da pessoa jurídica" (art. 50, § 5º).

Os acréscimos efetuados pela Lei 13.874/2019 ao art. 50 do Código Civil consolidaram a prevalência, nas relações paritárias de direito privado, da denominada *teoria maior* da desconsideração da personalidade jurídica, segundo a qual a medida é excepcional e só se aplica quando cumpridos os requisitos do desvio de finalidade ou da confusão patrimonial. Referida lei, no entanto, não alterou o Código de Defesa do Consumidor, cujo § 5º, do art. 28, adotou, para as relações de consumo, a *teoria menor*, segundo a qual a desconsideração se contenta com a insolvência da pessoa jurídica para estender a responsabilidade ao patrimônio dos sócios e administradores.[14]

O fato, porém, de se tratar de desconsideração feita objetivamente à luz do CDC, ou seja, sem o requisito da conduta abusiva do sócio, não afasta a necessidade de observar o procedimento legal do CPC (arts. 133-137). É que a pretensão de incluir o patrimônio do sócio na responsabilidade por obrigação da sociedade é sempre objeto de uma demanda, que só se viabiliza segundo o devido processo legal, que não dispensa a citação do novo demandado (CPC, art. 239), e o inteiro respeito ao contraditório e ampla defesa (CF, art. 5º, LV).[15]

Também a Lei 9.605/1998, ao cuidar da repressão às atividades lesivas ao meio ambiente, adotou a teoria menor da desconsideração da personalidade jurídica, como já decidiu o STJ, de modo a afastar dita repressão do regime geral do Código Civil.[16]

3. O REDIRECIONAMENTO DE EXECUÇÃO FISCAL E O INCIDENTE TRAÇADO PELO CPC (ARTS. 133 A 137)

Quanto às execuções fiscais regidas pela Lei 6.830/1980, há alguma resistência de parte da doutrina e de alguns acórdãos do STJ em aplicar a cobrança das obrigações tributárias o incidente de desconsideração da personalidade jurídica, na forma regulada pelo CPC.

---

14. "A aplicação da teoria menor da desconsideração às relações de consumo está calcada na exegese autônoma do § 5º do art. 28, do CDC, porquanto a incidência desse dispositivo não se subordina à demonstração dos requisitos previstos no *caput* do artigo indicado, mas apenas à prova de causar, a mera existência da pessoa jurídica, obstáculo ao ressarcimento de prejuízos causados aos consumidores" (STJ, 3ª T., REsp 279.273/SP, Rel. p/ ac. Min. Nancy Andrighi, ac. 04.12.2003, *DJU* 29.03.2004, p. 230). Na doutrina: TEPEDINO, Gustavo; OLIVA, Milena Donato. *Fundamentos do direito civil* – Teoria geral do direito civil. Rio de Janeiro: Forense, 2020, v. 1, p. 136.

15. "Por se tratar de demanda, o pleito de desconsideração da personalidade jurídica deve observar as condições para o regular exercício do direito de ação – legitimidade e interesse de agir" (ROCHA, Henrique de Moraes Fleury da. *Desconsideração da personalidade jurídica*. Salvador: JusPodivm, 2022, p. 237).

16. "No que tange à aplicação do art. 4º da Lei 9.605/1998 (= lei especial), basta tão somente que a personalidade da pessoa jurídica seja 'obstáculo ao ressarcimento de prejuízos causados à qualidade do meio ambiente', dispensado, por força do princípio da reparação *in integrum* e do princípio poluidor-pagador, o requisito do 'abuso', caracterizado tanto pelo 'desvio de finalidade', como pela 'confusão patrimonial', ambos próprios do regime comum do art. 50 do Código Civil (= lei geral)" (STJ, 2ª T., REsp 1.339.046/SC, Rel. Min. Herman Benjamin, ac. 05.03.2013, *DJe* 07.11.2016).

Argumenta-se que, em face do regime do CTN, caberia ao juiz quando provocado pela Fazenda exequente, diretamente no bojo da execução fiscal, deferir o seu direcionamento para responsabilizar tanto o sócio como o sucessor empresarial da sociedade executada, nos casos previstos na legislação tributária, sem necessidade, pois, de passar pelo procedimento específico da lei processual comum.[17]

No entanto, acórdãos mais recentes das duas Turmas que compõem a 1ª Seção do STJ, em decisões mais atuais, parecem convergir, na maioria dos casos, também para a necessidade de proceder-se, no redirecionamento da execução fiscal, segundo o incidente previsto nos arts. 133 a 137, do CPC, como a seguir procuraremos demonstrar.

4. A RESISTÊNCIA À APLICAÇÃO DO IDPJ ÀS EXECUÇÕES FISCAIS, EM MATÉRIA TRIBUTÁRIA

O Código de Processo Civil aplica-se subsidiariamente às execuções fiscais, por expressa previsão legal (art. 1º, da Lei 6.830/80), sempre que não houver regra específica na legislação especial. Em matéria, portanto, de desconsideração da personalidade jurídica, por falta de regulamentação na LEF, impõe-se, em princípio, observar, supletivamente, o procedimento da lei processual geral (CPC/2015, arts. 15 e 318, parágrafo único).

Ao tempo do CPC/1973, que não previa procedimento específico para o incidente de desconsideração, coube à jurisprudência tratar da matéria, sob o ângulo da preservação da garantia do contraditório.

Assim, nos autos da execução, sem qualquer incidente prévio, reconhecia-se à Fazenda a possibilidade de requerer o redirecionamento que, sendo deferido pelo juiz, acarretava a citação do sócio. Sua defesa, destarte, seria feita *a posteriori*, em embargos do devedor, com o que se entendia resguardado o contraditório.

Ocorre que o CPC de 2015, suprindo a lacuna processual existente, instituiu procedimento próprio a ser adotado na desconsideração da personalidade jurídica, de maneira a submetê-lo, adequadamente, à garantia efetiva do contraditório e ampla defesa (CPC, arts. 133 a 137), em qualquer que seja o momento da respectiva arguição. Logo, antes de expedir o mandado executivo contra o sócio, deve sua extraordinária responsabilidade pela obrigação da sociedade ser apurada e certificada segundo o procedimento do IDPJ.

A partir de então, portanto, esse procedimento passou a ser de adoção necessária também nas execuções fiscais, exigindo alteração da sistemática antes observada pelo Fisco ao desconsiderar a personalidade jurídica da empresa executada e redirecionar a execução ao sócio-gerente que praticou ato em infringência à lei, ao contrato social ou ao estatuto.

Há quem defenda a tese de que o incidente em contraditório previsto pelo CPC para redirecionar a execução da sociedade para o sócio ou administrador, não seria aplicável à hipótese fundada em dissolução irregular da empresa, ao argumento de que

---

17. STJ, 2ª T., REsp 1.786.311/PR, Rel. Min. Francisco Falcão, ac. 09.05.2019, *DJe* 14.05.2019.

A EXECUÇÃO FISCAL E O IDPJ DISCIPLINADO PELO CPC | **827**

ela não decorreria do art. 50 do Código Civil, mas do art. 135, II, do Código Tributário Nacional.[18] Ter-se-ia, segundo tal doutrina, um retrocesso caso se exigisse a observância do procedimento instituído pelo CPC. Sendo diversos os requisitos da desconsideração daquele invocado para a corresponsabilidade derivada da dissolução irregular, não haveria necessidade, nesta última hipótese, de exigir-se da Fazenda exequente a instauração do procedimento dos arts. 133 a 137, do CPC.[19] O enfoque, diga-se logo, parte de uma regra de natureza material para extrair um efeito processual que não foi cogitado no respectivo dispositivo legal.

É certo que o CPC, ao arrolar os bens sujeitos à execução, indica os do sócio, nos termos da lei, e os dos responsáveis pela incidência da desconsideração da personalidade jurídica, em dispositivos diferentes: incisos II e VII, do art. 790. Disso, porém, não se pode extrair que a responsabilidade do sócio prevista em lei nunca possa ser objeto de apuração em IDPJ, e tenha sempre de ser acatada de plano no processo de execução, sem forma nem figura de juízo. Pelo contrário, o CPC instituiu a arguição de desconsideração da personalidade jurídica como objeto de um incidente de intervenção de terceiro, na sua Parte Geral, revelando que a aplicabilidade do incidente caberá em qualquer procedimento, seja do processo de conhecimento ou do processo de execução, seja ele um procedimento comum ou especial. Aliás, o art. 134, do CPC não deixa margem à dúvida quanto ao cabimento do IDPJ "no cumprimento de sentença e na execução fundada em título executivo extrajudicial", gênero a que pertence a execução fiscal.[20]

A explicação para a dualidade das hipóteses do art. 790 é bem outra, a qual decorre do seguinte:

a) O primeiro dispositivo (inciso II) cuida dos casos em que, *nos termos de lei*, o sócio é sempre corresponsável pelas dívidas da pessoa jurídica, como se passa com as sociedades irregulares e com as sociedades solidárias, bem como com todas as demais sociedades para as quais a lei preveja, genericamente, esse tipo de corresponsabilidade, sem indagar das condições concretas em que a sociedade tenha contraído a obrigação. É claro que, não havendo fato a ser apurado na conduta do sócio, sua responsabilidade executiva independa de certificação no incidente de desconsideração da personalidade jurídica.

---

18. O art. 135, II, do CTN, no entanto, cuida responsabilidade tributária do sócio ou administrador por débito da sociedade no plano de direito material, sem nada dispor acerca do modo de fazê-la atuar dentro do processo judicial.

19. MELO FILHO, João Aurindo de. Modificações no polo passivo da execução fiscal: consequências da falência, da morte, da dissolução irregular da pessoa jurídica e da sucessão empresarial no processo executivo. *In* MELO FILHO, João Aurino de (coord). *Execução fiscal aplicada*. 4. ed. Salvador: Editora JusPodivm, 2015, p. 451. No mesmo sentido: BOTTESINI, Maury Ângelo; FERNANDES, Odmir. *Execuçao fiscal. Defesa e cobrança do crédito público* São Paulo: Atlas, 2018, n. 12.4, p. 244-245.

20. "Embora profundamente alterado o rito da execução fiscal, o certo é que sua estrutura processual continua sendo a da execução por quantia certa, no que toca aos requisitos básicos e à natureza dos atos processuais que o compõem. E o Código de Processo Civil permanece sendo fonte de regulamentação em tudo aquilo que não foi expressamente regulado pela Lei 6.830 (art. 1º)" (THEODORO JÚNIOR, Humberto. *Curso de direito processual civil*. 55. ed. Rio de Janeiro: Forense, 2022, v. III, n. 260, p.307).

828 HUMBERTO THEODORO JÚNIOR

b) Já na segunda hipótese do art. 790 (inciso VII), a responsabilidade patrimonial do sócio não é geral, mas especial, e só se configura quando um quadro fático anormal, descrito expressamente na lei, autoriza a desconsideração da personalidade jurídica, permitindo, em consequência, que a dívida da sociedade seja executada excepcionalmente sobre o patrimônio particular do sócio.

Nenhuma relevância, portanto, tem a duplicidade de tratamento do art. 790 dispensado à responsabilidade executiva do sócio para justificar a pretensão interpretativa de que, não tendo origem em título de crédito, mas derivando da própria lei (CTN, arts. 133 e 135), a execução fiscal possa sempre ser direcionada ao sócio da empresa devedora, sem passar pelo procedimento traçado pelo CPC para o reconhecimento da desconsideração. No entanto, para os que adotam essa linha interpretativa, bastaria à Fazenda Pública invocar a hipótese prevista no CTN para que a legitimidade passiva do sócio para responder pela dívida fiscal da sociedade, se configurasse.

O que, entretanto, importa realmente para definir a necessidade do incidente em contraditório não é a existência pura e simples de previsão da possibilidade de uma dívida societária ser exigida diretamente do sócio ou administrador, mas sim a necessidade de se apurar dados fáticos estranhos ao título executivo para se definir a incidência, ou não, da norma excepcional autorizadora do desvio da responsabilidade patrimonial.

Se o fato constitutivo do crédito exequendo não é o mesmo que fundamenta o direcionamento da execução sobre o patrimônio do sócio ou administrador, e, se não foi ele ainda apurado administrativamente e atestado através da Certidão de Dívida Ativa, inexistirá título executivo para legitimar a execução pessoal do terceiro gestor da empresa. Somente, portanto, através do processo judicial de conhecimento ou do incidente executivo da desconsideração, será cabível preparar o caminho processual para que, em devido processo legal, se possa instaurar a execução forçada de forma lícita.[21]

De fato, a aplicação do instituto na execução fiscal é muitas vezes indispensável, já que será por seu intermédio que se cumprirá o contraditório e a ampla defesa, princípios caros à Constituição e ao Código de Processo Civil (arts. 7º, 9º e 10). Em resposta àqueles que defendem que o contraditório, na execução fiscal redirecionada, poderia ser exercido por meio da exceção de pré-executividade ou em embargos à execução, Leandro Lopes Genaro bem esclarece:

> Contudo, nesse caso, o contraditório não se mostra efetivo e substancial, mas apenas formalístico. De fato, na nova sistemática processual, o contraditório é elemento essencial das relações jurídicas tributárias, e deveria ocorrer antes de o Magistrado tomar qualquer decisão, com o objetivo de asse-

---

21. "Nesse contexto, percebe-se, pois, que a responsabilidade tributária dos sócios referida no art. 135 do CTJ insere-se no âmbito da desconsideração da personalidade jurídica. Assim como o art. 50 do CC/2002 deve ser aplicado nos casos que envolvam direitos civis por meio do novel incidente de desconsideração da personalidade jurídica, o art. 135 do CTN deve ser aplicado nas execuções fiscais também pelo incidente de desconsideração de personalidade jurídica" (MACEDO, Bruno Regis Bandeira Ferreira. As mudanças do CPC no papel da Fazenda Pública: considerações sobre a capacidade postulatória, prazo processual e o reexame necessário. *In* ARAÚJO, José Henrique Mouta; CUNHA, Leonardo Carneiro da; RODRIGUES, Marco Antonio. *Repercussões do Novo CPC. Fazenda Pública.* 2 ed. Salvador: Editora JusPodivm, 2016, v. 3, p. 83).

A EXECUÇÃO FISCAL E O IDPJ DISCIPLINADO PELO CPC

gurar a possibilidade de a parte influenciar na decisão judicial que será proferida (aspecto substancial do contraditório), exceto nas taxativas hipóteses legalmente previstas no Código de Processo Civil para o diferimento do contraditório.[22]

Registre-se que, na execução fiscal, os embargos só são viabilizados depois que o executado tiver sofrido a penhora (Lei 6.830, art. 16, § 1º). Assim, a prevalecer a tese de que o redirecionamento seja imediato e informal, ter-se-ia uma execução iniciada contra o sócio antes de existir título executivo contra ele, o que, sem dúvida, ofende a garantia constitucional do devido processo legal (CF, art. 5º, LIV).

Se, pois, nem os embargos à execução são suficientes para assegurar o devido processo legal ao sócio a quem se pretenda estender a responsabilidade por débito da sociedade, muito menos cumpre esse papel a informal exceção de pré-executividade, que pouca ou quase nenhuma defesa, que pudesse ser qualificada como *ampla,* enseja à parte.[23]

Assim, conclui Genaro que a aplicação do incidente de desconsideração da personalidade jurídica às execuções fiscais é "medida assecuratória dos constitucionais princípios do contraditório e da ampla defesa e da dignidade da pessoa humana",[24] não podendo ser afastado sem ofensa ao devido processo legal.

O que, em boa hora, o CPC/2015 cuidou de implantar foi um procedimento para que, em qualquer situação, de responsabilização do sócio ou gestor por dívida da sociedade, com suporte fático ainda não devidamente apurado, a imputação de tal responsabilidade só se tornasse viável mediante observância de procedimento capaz de cumprir a garantia constitucional do devido processo legal e do contraditório e ampla defesa, sem as quais não se pode configurar o processo justo assegurado pelo moderno Estado Democrático de Direito. Afinal, não se concebe em nosso sistema processual civil a execução forçada senão com apoio em título legalmente qualificado como executivo e que retrate a existência de obrigação do executado certa, líquida e exigível. E isto em relação a corresponsabilidade do sócio não solidário somente acontecerá depois que o fato constitutivo tenha sido reconhecido judicialmente em procedimento adequado.

---

22. GENARO, Leandro Lopes. O incidente de desconsideração da personalidade jurídica e as execuções fiscais. *Revista dos Tribunais,* v. 978, São Paulo: Ed. RT, p. 315-316, abr. 2017.

23. "A orientação assente da jurisprudência do Superior Tribunal de Justiça caminha no sentido de que a exceção de pré-executividade é cabível em qualquer tempo e grau de jurisdição, quando a matéria nela invocada seja suscetível de conhecimento de ofício pelo juiz e a decisão possa ser tomada sem necessidade de dilação probatória" (STJ, 2ª Seção, EREsp 905.416 /PR, Rel. Min. Marco Buzzi, ac. 09.10.2013, *DJe* 20.11.2013).

24. GENARO, Leandro Lopes. Op. cit., p. 317. Além disso, a aplicação do incidente se justificaria em razão da aplicação subsidiária do CPC às execuções fiscais (art. 1º da Lei de Execução Fiscal), sempre que a lei específica for omissa. Havendo omissão "quanto aos procedimentos para a atribuição da sujeição passiva tributária de terceiros", ou seja, sendo a lei silente "quanto aos procedimentos necessários para a aferição de responsabilidade tributária ou para possibilitar o redirecionamento da execução fiscal", possível a aplicação do CPC (p. 312). No mesmo sentido: LEHFELD, Lucas de Souza; NUNES, Danilo Henrique; FERREIRA, Letícia de Oliveira Catani. Da possível incidência do incidente de desconsideração da personalidade jurídica em execuções fiscais. *Juris Plenum,* n. 86, p. 102, mar. 2019.

HUMBERTO THEODORO JÚNIOR

Aliás, não é na lei material, como o Código Civil ou o Código Tributário Nacional, que se encontram os elementos do devido processo legal, mas na legislação processual e em suas raízes constitucionais. Não se pode, por isso, excluir ou incluir a execução do sócio nos parâmetros procedimentais apenas em razão da lei tributária, mas sim mediante observância do que dispõem as leis processuais pertinentes, *in casu*, a LEF e o CPC. É nelas e apenas nelas que o problema da necessidade ou não do incidente de desconsideração haverá de encontrar solução.

5. UMA DISTINÇÃO NECESSÁRIA ENTRE AS CAUSAS DE RESPONSABILIDADE TRIBUTÁRIA DE TERCEIRO, PREVISTAS NO CTN

A responsabilidade tributária de terceiro acha-se regulada pelos arts. 134[25] e 135[26] do Código Tributário Nacional, inclusive no tocante à situação dos sócios e administradores de pessoas jurídicas de direito privado.

A previsão de possível responsabilidade do sócio por obrigação tributária da pessoa jurídica consta: (a) do art. 134, VII, do CTN, que cuida particularmente do caso de *liquidação de sociedade de pessoas*; e (b) do art. 135, III, do mesmo Código, que trata da responsabilidade pessoal dos diretores, gerentes ou representantes de pessoas jurídicas de direito privado, *pelas obrigações tributárias resultantes de atos praticados com excesso de poderes ou infração de lei, contrato social ou estatutos.*

Na hipótese do inciso VII do art. 134, a responsabilidade do sócio é evidente, de modo que ao Fisco, para executar o seu patrimônio pessoal pela obrigação tributária da sociedade, bastará exibir documento comprobatório da liquidação da sociedade de pessoas. Não precisará de recorrer formalmente ao incidente de desconsideração da pessoa jurídica, a qual, na verdade, nem mais existirá. Diversa será a situação se a dissolução da sociedade se passou de forma irregular. Aí sim haverá necessidade de um procedimento adequado à apuração da participação dos sócios na irregularidade, para tê-los como sujeitos a responder pessoalmente por obrigação tributária contraída pela sociedade.

Quanto ao caso do excesso ou abuso de gestão (CTN, art. 135, III), a responsabilidade do sócio-gerente ou do administrador não decorre da simples falta de pagamento do tributo devido pela sociedade. Há de ser apurado e certificado um dado

---

25. Art. 134. Nos casos de impossibilidade de exigência do cumprimento da obrigação principal pelo contribuinte, respondem solidariamente com este nos atos em que intervierem ou pelas omissões de que forem responsáveis: I – os pais, pelos tributos devidos por seus filhos menores; II – os tutores e curadores, pelos tributos devidos por seus tutelados ou curatelados; III – os administradores de bens de terceiros, pelos tributos devidos por estes; IV – o inventariante, pelos tributos devidos pelo espólio; V – o síndico e o comissário, pelos tributos devidos pela massa falida ou pelo concordatário; VI – os tabeliães, escrivães e demais serventuários de ofício, pelos tributos devidos sobre os atos praticados por eles, ou perante eles, em razão do seu ofício; VII – os sócios, no caso de liquidação de sociedade de pessoas. Parágrafo único. O disposto neste artigo só se aplica, em matéria de penalidades, às de caráter moratório.

26. Art. 135. São pessoalmente responsáveis pelos créditos correspondentes a obrigações tributárias resultantes de atos praticados com excesso de poderes ou infração de lei, contrato social ou estatutos: I – as pessoas referidas no artigo anterior; II – os mandatários, prepostos e empregados; III – os diretores, gerentes ou representantes de pessoas jurídicas de direito privado.

A EXECUÇÃO FISCAL E O IDPJ DISCIPLINADO PELO CPC | **831**

fático extraordinário, que está ligado ao fato gerador do tributo, mas que não o integra substancialmente. Trata-se de fato externo praticado pelo gestor, cuja eficácia no plano tributário depende de regular comprovação em juízo. Muito dificilmente contará o Fisco com a comprovação documental pré-constituída, como aquela em que o sócio, nas vias administrativas, teria confessado a responsabilidade pessoal pelo inadimplemento do tributo devido pela pessoa jurídica sob sua administração.

Daí que, para a hipótese do art. 135, III, do CTN, em regra, a execução fiscal contra o sócio gerente ou o administrador, só se torna viável mediante apuração prévia de sua responsabilidade, o que pode acontecer em processo administrativo ou em incidente de processo judicial apto a cumprir a garantia do contraditório e ampla defesa.

6. POSIÇÃO DO STJ E SUA EVOLUÇÃO

Eis, em síntese a posição do STJ quanto ao tema:

a) Para a 2ª Turma do STJ, em julgados tomados com base ainda no regime do CPC de 1973, se a hipótese tratada na execução fiscal se enquadrasse nas situações previstas nos arts., 124, 133 e 135, do CTN, não haveria necessidade de utilização da desconsideração da personalidade jurídica para o redirecionamento do processo executivo contra o sócio:

> A previsão constante no art. 134, *caput*, do CPC/2015, sobre o cabimento do incidente de desconsideração da personalidade jurídica, na execução fundada em título executivo extrajudicial, não implica a incidência do incidente na execução fiscal regida pela Lei 6.830/1980, verificando-se verdadeira incompatibilidade entre o regime geral do Código de Processo Civil e a Lei de Execuções, que diversamente da Lei geral, não comporta a apresentação de defesa sem prévia garantia do juízo, nem a automática suspensão do processo, conforme a previsão do art. 134, § 3º, do CPC/2015. Na execução fiscal 'a aplicação do CPC é subsidiária, ou seja, fica reservada para as situações em que as referidas leis são silentes e no que com elas compatível' (REsp 1.431.155/PB, Rel. Ministro Mauro Campbell Marques, Segunda Turma, julgado em 27.05.2014). Evidenciadas as situações previstas nos arts. 124, 133 e 135, todos do CTN, não se apresenta impositiva a instauração do incidente de desconsideração da personalidade jurídica, podendo o julgador determinar diretamente o redirecionamento da execução fiscal para responsabilizar a sociedade na sucessão empresarial.[27]

b) Por outro lado – já sob a regência do CPC de 2015 –, a posição, principalmente da 1ª Turma foi assim enunciada: se o nome do sócio ou terceiro que se pretende alcançar

---

27. STJ, 2ª T., REsp. 1.786.311/PR, Rel. Min. Francisco Falcão, ac. 09.05.2019, *DJe* 14.05.2019. No mesmo sentido, esclarecendo que se tratava de imputação de responsabilidade tributária pessoal e direta pelo ilícito: STJ, 2ª T., AgInt no Resp 1.926.476/SP, Rel. Min. Herman Benjamin, ac. 16.08.2021, *DJe* 31.08.2021). No caso concreto, a Turma Julgadora explicou que "seria contraditório afastar a instauração do incidente para atingir os sócios- -administradores (art. 135, III, do CTN), mas exigi-la para mirar pessoas jurídicas que constituem grupos econômicos para blindar o patrimônio em comum, sendo que nas duas hipóteses há responsabilidade por atuação irregular, em descumprimento das obrigações tributárias, não havendo que se falar em desconsideração da personalidade jurídica, mas sim de imputação de responsabilidade tributária pessoal e direta pelo ilícito". O problema, porém, é que não se pode imputar em juízo responsabilidade obrigacional a ninguém sem que se cumpram as exigências do devido processo legal que compreendem, entre outras, as do contraditório e ampla defesa (CF, art. 5º, LIV e LV).

HUMBERTO THEODORO JÚNIOR

não constar da Certidão de Dívida Ativa, a instauração do incidente será devida, ainda se se tratar de empresas do mesmo grupo econômico:

> 1. O incidente de desconsideração da personalidade jurídica (art. 133 do CPC/2015) não se instaura no processo executivo fiscal nos casos em que a Fazenda exequente pretende alcançar pessoa jurídica distinta daquela contra a qual, originalmente, foi ajuizada a execução, mas cujo nome consta na Certidão de Dívida Ativa, após regular procedimento administrativo, ou, mesmo o nome não estando no título executivo, o fisco demonstre a responsabilidade, na qualidade de terceiro, em consonância com os artigos 134 e 135 do CTN.

> 2. Às exceções da prévia previsão em lei sobre a responsabilidade de terceiros e do abuso de personalidade jurídica, o só fato de integrar grupo econômico não torna uma pessoa jurídica responsável pelos tributos inadimplidos pelas outras.

> 3. O redirecionamento de execução fiscal a pessoa jurídica que integra o mesmo grupo econômico da sociedade empresária originalmente executada, mas que não foi identificada no ato de lançamento (nome na CDA) ou que não se enquadra nas hipóteses dos arts. 134 e 135 do CTN, depende da comprovação do abuso de personalidade, caracterizado pelo desvio de finalidade ou confusão patrimonial, tal como consta do art. 50 do Código Civil, daí porque, nesse caso, é necessária a instauração do incidente de desconsideração da personalidade da pessoa jurídica devedora.[28]

c) A sujeição do redirecionamento da execução fiscal ao regime procedimental do incidente de desconsideração da personalidade jurídica, nos moldes do CPC/2015, acha-se atualmente reconhecida em jurisprudência consolidada da 1ª Turma do STJ: de início referido órgão judicial qualifica, de maneira categórica, como "equivocado" o entendimento que afirma a "incompatibilidade do incidente de desconsideração da personalidade jurídica com a execução fiscal".[29]

Na verdade, a posição jurisprudencial assumida pela Turma julgadora é no sentido de que:

> II – A instauração do incidente de desconsideração da personalidade jurídica – IDPJ, em sede de execução fiscal, para a cobrança de crédito tributário, revela-se excepcionalmente cabível diante da: (i) relação de complementariedade entre a LEF e o CPC/2015, e não de especialidade excludente; e (ii) previsão expressa do art. 134 do CPC quanto ao cabimento do incidente nas execuções fundadas em títulos executivos extrajudiciais.]

> III – O IDPJ mostra-se viável quando uma das partes na ação executiva pretende que o crédito seja cobrado de quem não figure na CDA e não exista demonstração efetiva da responsabilida-

---

28. STJ, 1ª T., REsp 1.775.269/PR, Rel. Min. Gurgel de Faria, ac. 21.02.2019, *DJe* 01.03.2019. No mesmo sentido: STJ, 1ª T., AgInt no REsp. 1.940.931/RS, Rel. Min. Regina Helena Costa, ac. 04.10.2021, *DJe* 08.10.2021; "A instauração do incidente de desconsideração da personalidade jurídica – IDPJ, em sede de execução fiscal, para a cobrança de crédito tributário, revela-se excepcionalmente cabível diante da: (i) relação de complementariedade entre a LEF e o CPC/2015, e não de especialidade excludente; e (ii) previsão expressa do art. 134 do CPC quanto ao cabimento do incidente nas execuções fundadas em títulos executivos extrajudiciais. O IDPJ mostra-se viável quando uma das partes na ação executiva pretende que o crédito seja cobrado de quem não figure na CDA e não exista demonstração efetiva da responsabilidade tributária em sentido estrito, assim entendida aquela fundada nos arts. 134 e 135 do CTN. Precedentes" (STJ, 1ª T., REsp. 1.804.913/RJ, Rel. Min. Regina Helena Costa, ac. 01.09.2020, *DJe* 02.10.2020); STJ, 1ª T., AgInt no REsp 1.912.254/PE, Rel. Min. Benedito Gonçalves, ac. 23.08.2021, *DJe* 25.08.2021.

29. STJ, 1ª T., AgInt no REsp 1.963.566/SP, Rel. Min. Regina Helena Costa, ac. 14.02.2022, *DJe* 17.02.2022.

de tributária em sentido estrito, assim entendida aquela fundada nos arts. 134 e 135 do CTN. Precedentes.[30]

No mesmo sentido:

3. O redirecionamento de execução fiscal a pessoa jurídica que integra o mesmo grupo econômico da sociedade empresária originalmente executada, mas que não foi identificada no ato de lançamento (nome na CDA) ou que não se enquadra nas hipóteses dos arts. 134 e 135 do CTN, depende da comprovação do abuso de personalidade, caracterizado pelo desvio de finalidade ou confusão patrimonial, tal como consta do art. 50 do Código Civil, daí porque, nesse caso, é necessária a instauração do incidente de desconsideração da personalidade da pessoa jurídica devedora.[31]

É bom registrar que, por expressa declaração do próprio órgão julgador, restou proclamado que:

A Primeira Turma deste Tribunal Superior tem pacífico entendimento jurisprudencial pela necessidade de instauração do Incidente de Desconsideração da Personalidade da Pessoa Jurídica, na hipótese em que a parte exequente pretenda alcançar pessoa distinta daquela apontada na Certidão de Dívida Ativa e não haja qualquer prova da ocorrência das hipóteses previstas no artigos 134 e 135 do Código Tributário Nacional. E o só fato de estar caracterizado o grupo econômico não enseja a responsabilização tributária das empresas que o compõem. Precedentes.[32]

7. REDIRECIONAMENTO DA EXECUÇÃO FISCAL E DEVIDO PROCESSO LEGAL

Diante das garantias constitucionais do processo, é inadmissível que o redirecionamento da execução fiscal contra quem não figura no título executivo formado administrativamente e, consubstanciado na Certidão de Dívida Ativa, ocorra sem que a esse terceiro sejam oportunizados o contraditório e a ampla defesa (CF, art. 5º, LV), sob pena de, em sua falta, cometer-se gravíssimo atentado à garantia constitucional do devido processo legal (CF, art. 5º, LIV).

É, pois, sem sentido, a resistência de alguns à submissão do executivo fiscal ao procedimento de desconsideração da personalidade jurídica, quando se pretender o redirecionamento da execução da sociedade para o sócio, o sucessor, ou qualquer outra pessoa a quem se atribua corresponsabilidade executiva ainda não acertada judicial ou extrajudicialmente.

---

30. STJ, 1ª T., AgInt no REsp 1.963.566, cit.
31. STJ, 1ª T., REsp 1.775.269/PR, Rel. Min. Gurgel de Faria, ac. 21.02.2019, *DJe* 01.03.2019. No mesmo sentido: STJ, 1ª T., AREsp 1.173.201/SC, Rel. Min. Gurgel de Faria, ac. 21.02.2019, *DJe* 01.03.2019.
32. STJ, 1ª T., AgInt no REsp 1.963.597/DF, Rel. Min. Bendito Gonçalves, ac. 11.04.2022, *DJe* 19.04.2022. No mesmo sentido: "1. O redirecionamento de execução fiscal a pessoa jurídica que integra o mesmo grupo econômico da sociedade empresária originalmente executada, mas que não foi identificada no ato de lançamento (nome na CDA) ou que não se enquadra nas hipóteses dos arts. 134 e 135 do CTN, depende da comprovação do abuso de personalidade, caracterizado pelo desvio de finalidade ou confusão patrimonial, tal como consta do art. 50 do Código Civil, daí porque, nesse caso, é necessária a instauração do incidente de desconsideração da personalidade da pessoa jurídica devedora' (REsp 1.775.269/PR, Rel. Ministro Gurgel de Faria, Primeira Turma, DJe 1º.03.2019). 2. *Inexiste incompatibilidade de instauração do incidente de desconsideração da personalidade jurídica no âmbito das execuções fiscais nas hipóteses acima especificadas*" (g.n.) (STJ, 1ª T., AgInt no REsp 1.889.340/RS, Rel. Min. Sérgio Kukina, ac. 20.06.2022, *DJe* 23.06.2022).

Ainda que sem o rótulo do incidente de desconsideração da personalidade jurídica, algum procedimento contencioso similar obrigatoriamente haverá de ser observado para que a força do título de dívida ativa aperfeiçoado contra a empresa possa estender-se a terceiro coobrigado tributário contemplado nos arts. 134 e 135 do CTN.[33]

Apenas e tão somente quando o Fisco dispuser de prova plena pré-constituída de enquadrar-se o sócio ou o terceiro inequivocamente nas situações identificadas nos arts. 134 e 135 do CTN, é que o redirecionamento da execução fiscal será viável sem a prévia observância do procedimento do IDPJ, ou de outro que a ele se equivalha no acertamento contencioso da corresponsabilidade tributária.

8. PROCEDIMENTOS QUE SE PRESTAM À DECRETAÇÃO DA DESCONSIDERAÇÃO DA PERSONALIDADE JURÍDICA

A lei processual atual prevê duas oportunidades para se requerer a desconsideração da personalidade jurídica: (i) juntamente com a inicial; ou, (ii) em petição autônoma, como incidente processual, protocolada no curso da ação. Em qualquer caso, o pedido pode ser feito pela parte ou pelo Ministério Público, quando lhe couber intervir no processo (art. 133, *caput*).

Dispõe, expressamente, o CPC, que o incidente é cabível em todas as fases do processo de conhecimento, no cumprimento de sentença e *na execução fundada em título executivo extrajudicial* (art. 134, *caput*). Daí porque perfeitamente consentâneo com as execuções fiscais, já que a Lei 6.830/1980 não disciplina a matéria e o CPC aplica-se subsidiariamente às execuções regidas pela Lei 6.830/1980, por expresso comando do art. 1º dessa lei especial.

O requerimento deve demonstrar, ainda, o preenchimento dos pressupostos legais específicos, que, nos termos do art. 50, do CC, são o desvio de finalidade da pessoa jurídica e a confusão patrimonial entre ela e os sócios (CPC, arts. 133, § 1º e 134, § 4º). E para a hipótese de execução fiscal, competirá à Fazenda Pública comprovar a ocorrência de algum dos requisitos arrolados pelos arts. 134 e 135 do CTN.

Segundo o entendimento do STJ, na ausência de previsão legal, o pedido pode ser feito a qualquer momento no processo, não se aplicando nos casos cogitados nos referidos artigos do CTN os prazos decadenciais para o ajuizamento das ações revocatória falencial e pauliana.[34]

As normas previstas no Código são aplicáveis, também, à desconsideração inversa da personalidade jurídica (CPC, art. 133, § 2º), que se verifica quando o redirecionamento da execução se faz do sócio para a sociedade.

---

33. STJ, 2ª T., REsp 1.775.269/PR, cit; STJ, 1ª T., AgInt no REsp 1.940.931/RS, Rel. Min. Regina Helena Costa, ac. 04.10.2021, *DJe*.
34. STJ, 4ª T., REsp. 1.180.191/RJ, Rel. Min. Luis Felipe Salomão, ac. 05.04.2011, *DJe* 09.06.2011.

A EXECUÇÃO FISCAL E O IDPJ DISCIPLINADO PELO CPC | **835**

9. DESCONSIDERAÇÃO REQUERIDA COM A PETIÇÃO INICIAL

Pode a Fazenda Pública, ao ajuizar a execução fiscal, apresentar provas da utilização indevida da personalidade jurídica da empresa e requerer a sua desconsideração, para atingir os bens particulares dos sócios ou administradores responsáveis pelos atos abusivos, sempre que seus nomes não constarem da CDA. Nesse caso, o requerente promoverá a citação do sócio para integrar a lide e contestar o pedido de desconsideração (CPC, art. 134, § 2º), passando o tema a figurar como objeto dos atos normais do processo.[35] Há que se fazer, porém, uma distinção entre o processo de cognição e o de execução, já que a atividade executiva pressupõe certeza jurídica da obrigação exequenda. Os atos executivos – mesmo requeridos na petição inicial – só poderão atingir a esfera patrimonial do sócio após reconhecimento judicial interlocutório acerca da configuração de hipótese legal de desconsideração da personalidade jurídica, no caso concreto (CPC, art. 136, *caput*).

No processo de conhecimento, é possível relegar a solução da desconsideração para a sentença final, motivo pelo qual a lei fala em "dispensa da instauração do incidente" quando o pedido já vem formulado na petição inicial (CPC, art. 134, § 2º). É que o tema assim proposto já integrará, desde a origem, o objeto litigioso (mérito da causa).

No processo de execução, todavia, a responsabilidade patrimonial tem de ser previamente definida, sob pena de iniciar-se a atividade executiva expropriatória sobre patrimônio de alguém contra o qual o credor ainda não dispõe de título executivo. Daí que, fora os casos de solidariedade do sócio, objetivamente estatuída em lei em função da natureza jurídica da sociedade devedora, a desconsideração da personalidade jurídica, no bojo do processo de execução, exigirá sempre deliberação judicial prévia à penhora dos bens particulares do sócio ou administrador da empresa devedora. Havendo necessidade de produção de prova, será realizada a instrução processual, devendo o juiz julgar o pedido de desconsideração por meio de decisão interlocutória (CPC, art. 136). Somente após esse acertamento judicial incidente, é que a penhora se viabilizará sobre o patrimônio particular do sócio ou do administrador da pessoa jurídica originariamente devedora.

É bom lembrar que, no processo de execução, não há sentença para julgamento do mérito da causa, que pudesse cumular a solução do pedido principal com a do pedido de desconsideração da personalidade jurídica. É por isso que, na ação executiva e no cumprimento de sentença, a desconsideração será sempre resolvida por meio de decisão interlocutória.

10. DESCONSIDERAÇÃO REQUERIDA COMO INCIDENTE

Se a Fazenda Pública, ao ajuizar a execução fiscal, não tiver conhecimento da atuação abusiva da pessoa jurídica, o pedido de desconsideração poderá ser feito posteriormente,

---

35. WAMBIER, Teresa Arruda Alvim et al. *Primeiros comentários ao novo Código de Processo Civil: artigo por artigo.* São Paulo: Ed. RT, 2015, p. 254.

durante a marcha processual, por meio de simples petição em que se comprovem os requisitos legais (CC, art. 150, e CTN, arts. 134 e 135). Em tal circunstância, a instauração do incidente suspenderá o processo (CPC, art. 134, § 3º).

A instauração do incidente de desconsideração será imediatamente comunicada ao distribuidor para as anotações devidas (CPC, art. 134, § 1º), em decorrência da ampliação subjetiva da relação processual originária. Além disso, o sócio será citado para apresentar defesa e requerer as provas cabíveis no prazo de quinze dias (CPC, art. 135), a fim de cumprir-se a garantia fundamental do contraditório.

O incidente deverá ser julgado pelo juiz logo após a defesa ou depois de realizada a instrução, se necessária, por meio de decisão interlocutória, contra a qual caberá agravo de instrumento (CPC, arts. 136, *caput* e 1.015, IV). Conforme se vê, esse incidente tem a função de constituir o título legitimador da execução contra os sócios gerentes ou os administradores a quem se imputa a responsabilidade patrimonial, a fim de justificar o redirecionamento da execução fiscal.

11. CONCLUSÃO INEVITÁVEL

Se, nos casos arrolados pelos 134 e 135 do CTN, a responsabilidade do sócio-administrador não decorre propriamente de uma desconsideração da pessoa jurídica, em sentido estrito, o certo é que nem sempre se trata de uma corresponsabilidade automática decorrente do simples exercício da administração societária, mas sim de uma responsabilidade extraordinária que pressupõe conduta irregular configuradora de abuso de gestão ou de violação da lei ou do contrato social. Assim, não há como redirecionar a execução da pessoa jurídica para o sócio, sem que antes sejam apurados os fatos geradores de sua extraordinária coobrigação, se esta já não constar da CDA (título que dá sustentação à execução fiscal) ou de prova documental completa pré-constituída de alguma das situações contempladas nos arts. 134 e 135 do CTN.

A apuração desses eventos básicos, como é óbvio, não pode acontecer originariamente no bojo da execução fiscal, sem que de alguma forma se instaure um incidente em contraditório, para cumprir a exigência constitucional do devido processo legal.[36] Ainda que não se queira denominá-lo de "incidente de desconsideração da personalidade jurídica", ter-se-á, necessariamente, um procedimento em tudo igual ao previsto nos arts. 133 a 137, do CPC. Assim, a polêmica sobre a compatibilidade ou não do IDPJ com a execução fiscal fica reduzida a uma questiúncula de rótulo do procedimento apenas.[37]

---

36. CUNHA, Leonardo José Carneiro da. *A Fazenda Pública em juízo*. 13. ed. Rio de Janeiro: Forense, 2016, p. 411-416; PEIXOTO, Marco Aurélio Ventura; PEIXOTO, Renata Cortez Vieira. *Fazenda Pública e execução*. 2.ed. Salvador: Ed. JusPodivm, 2020, p. 189.

37. Para Daniel Amorim, é "incorreta" a resistência do STJ à admissão do IDPJ nas execuções fiscais, pois "não resta dúvida de que o entendimento do tribunal contraria a *ratio* da norma, que se justifica na exigência de um procedimento em respeito ao contraditório sempre que a execução seja direcionada do devedor para um responsável patrimonial secundário" (NEVES, Daniel Amorim Assumpção. *Manual de direito processual civil* – volume único. 14.ed. Salvador: Ed. JusPodivm, 2022, n. 8.5.1, p. 381).

12. REFERÊNCIAS

ARRUDA ALVIM NETO, José Manoel. Teoria da desconsideração da pessoa jurídica. *Soluções práticas*. São Paulo: Ed. RT, 2011. v. III.

BOTTESINI, Maury Ângelo; FERNANDES, Odmir. *Execução fiscal. Defesa e cobrança do crédito público* São Paulo: Atlas, 2018.

CÂMARA, Alexandre Freitas. *O novo processo civil brasileiro*. 2. ed. São Paulo: Atlas, 2016.

CUNHA, Leonardo José Carneiro da. *A Fazenda Pública em juízo*. 13.ed. Rio de Janeiro: Forense, 2016.

GENARO, Leandro Lopes. O incidente de desconsideração da personalidade jurídica e as execuções fiscais. *Revista dos Tribunais,* v. 978, São Paulo: Ed. RT, abr. 2017.

LEHFELD, Lucas de Souza; NUNES, Danilo Henrique; FERREIRA, Letícia de Oliveira Catani. Da possível incidência do incidente de desconsideração da personalidade jurídica em execuções fiscais. *Juris Plenum*, n. 86, mar. 2019.

LIMA, Júlia Lins das Chagas. A desconsideração inversa da personalidade jurídica no novo CPC: uma análise sob o âmbito do direito de família. *Ideias e Opiniões* – Informativo do Escritório Wambier e Arruda Alvim Wambier, n. 22, ago.-set.-out. 2015.

MACEDO, Bruno Regis Bandeira Ferreira. As mudanças do CPC no papel da Fazenda Pública: considerações sobre a capacidade postulatória, prazo processual e o reexame necessário. In: ARAÚJO, José Henrique Mouta; CUNHA, Leonardo Carneiro da; RODRIGUES, Marco Antonio. *Repercussões do Novo CPC. Fazenda Pública.* 2 ed. Salvador: Editora JusPodivm, 2016. v. 3.

MELO FILHO, João Aurindo de. Modificações no polo passivo da execução fiscal: consequências da falência, da morte, da dissolução irregular da pessoa jurídica e da sucessão empresarial no processo executivo. In: MELO FILHO, João Aurino de (Coord.). *Execução fiscal aplicada*. 4. ed. Salvador: Editora JusPodivm, 2015.

NASCIMENTO, Sonia Mascaro. Alguns impactos do novo Código de Processo Civil no processo do trabalho. *In:* CIANCI, Mirna *et al. Novo Código de Processo Civil: impactos na legislação extravagante e interdisciplinar.* São Paulo: Saraiva, 2016, v. 2.

NEVES, Daniel Amorim Assumpção. Manual de direito processual civil – volume único. 14. ed. Salvador: Ed. JusPodivm, 2022.

PEIXOTO, Renata Cortez Vieira. *Fazenda Pública e execução*. 2.ed. Salvador: JusPodivm, 2020.

ROCHA, Henrique de Moraes Fleury da. *Desconsideração da personalidade jurídica*. Salvador: JusPodivm, 2022.

TAMER, Maurício Antônio. Pontos sobre a desconsideração da personalidade jurídica no Código de Processo Civil de 2015: conceito, posição do requerido e outros aspectos processuais. *Revista Brasileira de Direito Comercial*, v. 11, jun.-jul. 2016.

TEPEDINO, Gustavo; OLIVA, Milena Donato. *Fundamentos do direito civil* – Teoria geral do direito civil. Rio de Janeiro: Forense, 2020. v. 1.

THEODORO JÚNIOR, Humberto. *Curso de direito processual civil*. 55.cd. Rio de Janeiro: Forense, 2022, v. III.

WAMBIER, Teresa Arruda Alvim et al. *Primeiros comentários ao novo Código de Processo Civil*: artigo por artigo. São Paulo: Ed. RT, 2015.

BREVES APONTAMENTOS A PROPÓSITO DO INSTITUTO DA DESCONSIDERAÇÃO DA PERSONALIDADE JURÍDICA: ALGUMAS PECULIARIDADES SOBRE SUA APLICAÇÃO NAS EXECUÇÕES FISCAIS

Macário R. Júdice NT

Mestre em Direito pela Fadisp/SP. Juiz Federal – TRF2.

Sumário: 1. Considerações iniciais e gerais: a força da doutrina que inspirou a elaboração legislativa – 2. Da extensão dos efeitos da Desconsideração da Personalidade Jurídica: o plano da eficácia e o alcance da responsabilidade patrimonial de terceiros – 3. Das teorias menor (contemporânea) e maior e das suas repercussões na doutrina e na jurisprudência no âmbito das execuções fiscais: análise de alguns julgados – 3.1 Da teoria menor ou contemporânea – 3.2 Da teoria maior e sua repercussão nas execuções fiscais – 4. Considerações finais – 5. Referências.

---

1. CONSIDERAÇÕES INICIAIS E GERAIS: A FORÇA DA DOUTRINA QUE INSPIROU A ELABORAÇÃO LEGISLATIVA

Como o intuito do presente estudo é, apenas, discorrer breves apontamentos a propósito do instituto da desconsideração da personalidade jurídica no âmbito das execuções fiscais, por certo, não será objetivo realizar uma incursão histórica sobre seu surgimento e evolução, nada obstante, mereça ser destacada a sua origem na experiência anglo-saxônica tendo sido, a partir de então, designada pela expressão *"disregard doctrine" (disregard of legal entity)*. Em nosso ordenamento jurídico, no entanto, sua expressa previsão normativa é, ainda, recente, destacando-se, como primeiro marco, a sua acolhida explícita pela Lei 8.078/1990, conhecida como *Código de Proteção e de Defesa do Consumidor* (CDC, art. 28 e parágrafos).[1]

Da dicção da lei consumerista, já se depreende que a finalidade do instituto da desconsideração da personalidade jurídica é superar a autonomia da separação patrimonial

---

1. Art. 28: "O juiz poderá desconsiderar a personalidade jurídica da sociedade quando, em detrimento do consumidor, houver abuso de direito, excesso de poder, infração da lei, fato ou ato ilícito ou violação dos estatutos ou contrato social. A desconsideração também será efetivada quando houver falência, estado de insolvência, encerramento ou inatividade da pessoa jurídica provocados por má administração.

    § 1º (Vetado).

    § 2º As sociedades integrantes dos grupos societários e as sociedades controladas, são subsidiariamente responsáveis pelas obrigações decorrentes deste código.

    § 3º As sociedades consorciadas são solidariamente responsáveis pelas obrigações decorrentes deste código.

    § 4º As sociedades coligadas só responderão por culpa.

    § 5º Também poderá ser desconsiderada a pessoa jurídica sempre que sua personalidade for, de alguma forma, obstáculo ao ressarcimento de prejuízos causados aos consumidores." (CDC, 1990).

da sociedade, em face dos seus sócios e administradores, a fim de alcançar o patrimônio desses últimos, permitindo, na plano fático-jurídico, a responsabilização patrimonial subjetivamente mais ampla em benefício do direito dos credores por obrigações originariamente contraídas e de titularidade da sociedade personificada.

O princípio da autonomia patrimonial,[2] segundo o qual o patrimônio da sociedade não se confunde com o patrimônio dos sócios, está estabelecido, com clareza, no nosso ordenamento jurídico, a exemplo dos artigos 49-A[3] e 1.024,[4] do Código Civil e, também, do artigo 795, *caput,*[5] do atual Código de Processo Civil. Entretanto, ocorrendo o fenômeno da disfunção do uso da sociedade personificada, o princípio da autonomia patrimonial deve ser mitigado, ou melhor, desconsiderado, afastando-se, nas hipóteses concretas, a sua eficácia jurídica, por intermédio e necessariamente, do instituto processual da desconsideração da personalidade jurídica, tal qual previsto no § 4º do retro-referido artigo 795, do Diploma Processual.[6]

Atualmente, como norma geral, a desconsideração da personalidade jurídica encontra previsão no artigo 50 e parágrafos do Código Civil, cuja redação se viu alterada e ampliada pela Lei 13.874/2019 (Lei da Declaração de Direitos da Liberdade Econômica). Assim, o que, restrita e primeiramente, fora estabelecido para as relações de consumo, por ocasião do advento do Código de Proteção e de Defesa do Consumidor, agora se encontra positivado na codificação civil como regra geral inserida no nosso sistema jurídico. Não obstante, há outros microssistemas legais que regulam, particularmente, no âmbito das relações jurídicas específicas, a desconsideração da personalidade jurídica, saber: a Lei de Proteção ao Meio Ambiente (Lei 9.605/1998, art. 4º),[7] a Lei Antitruste (Lei 12.529/2011, art. 34 e parágrafo único),[8] Lei 12.846/2013 (art. 14)[9] e Lei 9.615/1998 (Lei Pelé, art. 27, *caput*),[10] com redação conferida pela Lei 10.672, de 2003.

---

2. COELHO, Fábio Ulhoa. *Curso de Direito Comercial.* v. 2. 13. ed. São Paulo: Saraiva, 2009, p. 146.
3. Art. 49-A: "A pessoa jurídica não se confunde com os seus sócios, associados, instituidores ou administradores. (Incluído pela Lei 13.874, de 2019)

   Parágrafo único. A autonomia patrimonial das pessoas jurídicas é um instrumento lícito de alocação e segregação de riscos, estabelecido pela lei com a finalidade de estimular empreendimentos, para a geração de empregos, tributo, renda e inovação em benefício de todos".
4. Art. 1.024: "Os bens particulares dos sócios não podem ser executados por dívidas da sociedade, senão depois de executados os bens sociais".
5. Art. 795: "Os bens particulares dos sócios não respondem pelas dívidas da sociedade, senão nos casos previstos em lei".
6. "§ 4º Para a desconsideração da personalidade jurídica é obrigatória a observância do incidente previsto neste Código".
7. Art. 4º: "Poderá ser desconsiderada a pessoa jurídica sempre que sua personalidade for obstáculo ao ressarcimento de prejuízos causados à qualidade do meio ambiente".
8. Art. 34: "A personalidade jurídica do responsável por infração da ordem econômica poderá ser desconsiderada quando houver da parte deste abuso de direito, excesso de poder, infração da lei, fato ou ato ilícito ou violação dos estatutos ou contrato social.

   Parágrafo único. A desconsideração também será efetivada quando houver falência, estado de insolvência, encerramento ou inatividade da pessoa jurídica provocados por má administração".
9. Art. 14: "A personalidade jurídica poderá ser desconsiderada sempre que utilizada com abuso do direito para facilitar, encobrir ou dissimular a prática dos atos ilícitos previstos nesta Lei ou para provocar confusão patrimonial, sendo estendidos todos os efeitos das sanções aplicadas à pessoa jurídica aos seus administradores e sócios com poderes de administração, observados o contraditório e a ampla defesa".

BREVES APONTAMENTOS A PROPÓSITO DO IDPJ **841**

Como embrionariamente já salientado, a desconsideração da personalidade jurídica "trata-se de um mecanismo de que se vale o ordenamento para, em situações absolutamente excepcionais, desencobrir o manto protetivo da personalidade jurídica autônoma das empresas, podendo o credor buscar a satisfação de seu crédito junto às pessoas físicas que compõem a sociedade ou as tenha administrado, mais especificamente, seus sócios e/ou administradores".[11-12] Ou, em mão invertida, desencobrir o véu protetor da pessoa física para alcançar bens da pessoa jurídica, na modalidade da desconsideração inversa.

Até que se positivasse, em nosso ordenamento jurídico, o instituto da desconsideração da personalidade jurídica, a doutrina pátria já a consagrava como mecanismo necessário e efetivo para se afastar, episodicamente, a dicotomia existente entre o patrimônio da pessoa jurídica e àquele inerente aos seus sócios e/ou administradores, a partir do princípio da autonomia patrimonial, em situações em que se constatassem abuso da personalidade jurídica, fraude à lei e ao contrato social.

A primeira vez que o tema fora abordado academicamente no Brasil ocorreu nos idos anos de 1969, na Universidade Federal do Paraná, em conferência ministrada pelo saudoso jurista Rubens Requião.[13] De lá para cá, até que o instituto fosse explicitamente previsto, em lei, no ordenamento brasileiro – o que somente se incorporou em 1990, com o advento da Lei 8.078 (artigo 28 e parágrafos) –, a doutrina brasileira, amadurecendo o tema e as ideias a propósito da desconsideração da personalidade jurídica, passou a reconhecer e a defender tal possibilidade diante da necessidade de aplicação concreta, à luz das regras gerais e legais do nosso ordenamento, para por cobro aos desvirtuamentos verificados na prática, mediante desvio de finalidade, abuso de direito e fraude aos contratos e objetivos sociais.

Não podemos nos esquecer da memorável obra do civilista José Lamartine Corrêa de Oliveira, quem, já em 1979, defendia a essencialidade do predomínio da realidade sobre a mera aparência, em especial quando "em verdade é uma outra pessoa que está a agir, utilizando a pessoa jurídica como escudo, e se é essa utilização da pessoa jurídica,

---

Registra-se que, na hipótese do art. 14 da Lei Anticorrupção, a desconsideração dar-se-á em âmbito administrativo. Por certo, tal decisão administrativa poderá ser questionada e revista no âmbito de uma demanda judicial. Sobre o tema, conferir o teor do julgado no RMS-STJ 15.166/BA, Rel. Min. Castro Meira, bem como MC em MS 32.494, Rel. Min. Celso de Mello.

10. Art. 27: "As entidades de prática desportiva participantes de competições profissionais e as entidades de administração de desporto ou ligas em que se organizarem, independentemente da forma jurídica adotada, sujeitam os bens particulares de seus dirigentes ao disposto no art. 50 da Lei 10.406, de 10 de janeiro de 2002, além das sanções e responsabilidades previstas no *caput* do art. 1.017 da Lei 10.406, de 10 de janeiro de 2002, na hipótese de aplicarem créditos ou bens sociais da entidade desportiva em proveito próprio ou de terceiros". (Redação dada pela Lei 10.672, de 2003)

11. Por certo, há a desconsideração inversa da personalidade jurídica, tal qual previsto no § 2º do artigo 133, do CPC/2015 c/c § 3º do artigo 50 do CCB/2002.

12. Excerto do voto do Ministro Massami Uyeda, no julgamento do Recurso Especial 1.169.175 – DF.

13. REQUIÃO, Rubens. Abuso de direito e fraude através da personalidade jurídica (*disregard doctrine*). *Revista dos Tribunais*. v. 58, n. 410, dez. 1969.

fora de sua função, que está tornando possível o resultado contrário à lei, ao contrato, ou às coordenadas axiológicas".[14]

A força da doutrina foi tão densa que inspirou inúmeras decisões judiciais[15] sem que o instituto, ainda, estivesse expressamente previsto no nosso ordenamento jurídico.

Exemplo desse vigor doutrinário pode ser encontrado em decisão proferida pelo saudoso ministro Celso de Mello, por ocasião do exame da Medida Cautelar em Mandado de Segurança 32.494, ao analisar a técnica lógico-racional, fundada na *teoria dos poderes implícitos*, para reconhecer que o Tribunal de Contas da União "dispõe de meios necessários à plena concretização de suas atribuições constitucionais, ainda que não referidos, explicitamente, no texto da Lei Fundamental". Nesse sentido, reconheceu legitimidade constitucional na aplicação da *disregard doctrine* pela Corte Maior de Contas, sendo-lhe permitido adotar medidas necessárias ao fiel cumprimento de suas funções institucionais e ao pleno exercício das competências que lhe foram outorgadas na Constituição da República. Assim, fez uma observação muito própria a respeito da força embrionária da doutrina brasileira, ao destacar que "*a despeito de o instituto da desconsideração da personalidade jurídica somente haver sido objeto de regulação legislativa em tempos mais recentes*, como se verifica do Código Civil (artigo 50) e dos diversos microssistemas legais, como aqueles resultantes do Código de Defesa do Consumidor (artigo 28), da Lei 9.615/1998 ("Lei Pelé", artigo 27), da Lei Ambiental (Lei 9.605/1998, artigo 4º) e da Lei 12.529/2011 (artigo 34), entre outros instrumentos normativos, *parece-me que a ausência de autorização legal outorgando ao Tribunal de Contas da União competência expressa para promover the lifting of the corporate veil não violaria, aparentemente, o postulado da legalidade, eis que a aplicação, em nosso sistema jurídico, da disregard doctrine, como sabemos, precedeu, em muitos anos, a própria edição dos diplomas legislativos anteriormente referidos, como resulta de decisões proferidas por nossos Tribunais judiciários (RT 511/199 – RT 560/109 – RT 568/108 – RT 654/182-183 – RT 657/86 – RT 657/120 – RT 660/181 – RT 673/160)*".

Portanto, a autoridade da doutrina se fez ecoar e surtir efeitos concretos e jurídicos, mesmo antes de haver previsão legal do instituto da desconsideração da personalidade jurídica no ordenamento brasileiro, não sendo excessivo relembrar as luzes trazidas pelo pioneiro estudo realizado pelo professor Rubens Requião,[16] bem como as lições

---

14. OLIVEIRA, José Lamartine Corrêa de. *A dupla crise da pessoa jurídica*. São Paulo: Saraiva, 1979. p. 613.

15. *RT* 511/199 – *RT* 560/109 – *RT* 568/108 – *RT* 654/182-183 – *RT* 657/86 – *RT* 657/120 – *RT* 660/181 – *RT* 673/160.

16. A propósito, excerto da decisão do Ministro Celso de Mello, na Medida Cautelar em Mandado de Segurança 32.494, passagem, na qual, faz uma adequada síntese da teoria defendida por Rubens Requião: "Nela, a teoria é apresentada como superação do conflito ente as soluções éticas, que questionam a autonomia patrimonial da pessoa jurídica para responsabilizar sempre os sócios, e as técnicas, que se apegam inflexivelmente ao primado da separação subjetiva das sociedades. *Requião sustenta*, também, *a plena adequação ao Direito brasileiro* da teoria da desconsideração, defendendo a sua utilização pelos juízes, *independentemente de específica previsão legal*. Seu argumento básico é o de que as fraudes e os abusos perpetrados através da pessoa jurídica *não poderiam ser corrigidos caso não adotada a disregard doctrine* pelo Direito brasileiro. *De qualquer forma, é pacífico na doutrina e na jurisprudência que a desconsideração da personalidade jurídica não depende* de qualquer alteração legislativa *para ser aplicada*, na medida em que se trata de instrumento de repressão a atos fraudulentos. *Quer*

de Fábio Ulhoa Coelho[17] a respeito do tema, enfatizando-se, desde aquela época, a ausência de regra legal específica prevendo a incidência, em nosso sistema jurídico, da *disregard doctrine*. Essa força doutrinaria engrandeceu o instituto, inspirando o legislador.[18]

Pode-se afirmar que a desconsideração da personalidade jurídica constitui instrumento extraordinário destinado a coibir o abuso de direito e a inibir a prática de fraude mediante indevida manipulação do principio da autonomia patrimonial das pessoas jurídicas em face das pessoas físicas e vice-versa.[19-20-21]

Deve-se ter em mente não ser adequado e lícito a utilização da pessoa jurídica para a realização de fraudes e abuso de direito. Em isso ocorrendo, por certo, urge admitir-se a possibilidade de superar a autonomia de sua existência e da sua personalidade. Nesse passo, a desconsideração da personalidade jurídica pressupõe sua ilegal e abusiva utilização, na contramão das boas práticas societárias e empresariais.

A pessoa jurídica não pode ser manipulada com o ilícito objetivo de viabilizar fraudes à lei, ao contrato social, abuso de direito, confusão patrimonial e desvio de finalidade.

Visando coibir essas práticas, o sistema jurídico pátrio prevê, em dispositivos próprios, enunciados legais específicos que disciplinam a matéria.

2. DA EXTENSÃO DOS EFEITOS DA DESCONSIDERAÇÃO DA PERSONALIDADE JURÍDICA: O PLANO DA EFICÁCIA E O ALCANCE DA RESPONSABILIDADE PATRIMONIAL DE TERCEIROS

Salienta-se, desde já, que a análise da desconsideração da personalidade jurídica, principalmente por sob o prisma da teoria maior – já que, por sob o prisma da teoria menor, entendemos não ser a hipótese de incidência do instituto – não implica extinção, anulação, desconstituição da personalidade civil nem alcança a liberdade de inciativa, uma vez que as sociedades personificadas (simples ou empresárias) tem a sua autonomia jurídico-institucional preservada, bem como a sua autonomia patrimonial em relação a terceiros.[22]

A desconsideração da personalidade jurídica, apenas e tão somente, afasta a eficácia do princípio da autonomia, que protege tanto as personalidades quanto os patrimônios

---

dizer, deixar de aplicá-la, a pretexto de inexistência de dispositivo legal expresso, significaria o mesmo que amparar a fraude (destacou-se)".

17. COELHO, Fábio Ulhoa, *Curso de direito comercial:* Direito de empresa. v. 2/60, 16. ed. São Paulo: Saraiva, 2012.
18. Fluxo desse viés já não mais se verifica na doutrina, atualmente, havendo poucas luzes ou luzes opacas a influenciarem o legislador na adoção e no aprimoramento dos institutos jurídicos. Essa é uma triste realidade.
19. GRINOVER, Ada Pellegrini. Da desconsideração da pessoa jurídica: Aspectos de direito material e processual. *Revista Forense*, v. 371, p. 3-15, 2008.
20. ARRUDA ALVIM, José Manoel. *Desconsideração da personalidade jurídica. Direito* comercial – Estudos e pareceres. São Paulo: Ed. RT, 2008.
21. BORBA, José Edwaldo Tavares, *Direito societário*. Rio de Janeiro: Freitas Bastos, 1997.
22. Cf. RODRIGUES, Marcelo Abelha. *Responsabilidade patrimonial pelo inadimplemento das obrigações:* introdução ao estudo sistemático da responsabilização patrimonial. Indaiatuba, SP: Editora Foco, 2023.

das pessoas jurídicas e físicas de seus sócios, administradores e controladores, nas hipóteses albergadas pela lei, quando se autoriza ultrapassar essa barreira e desnudar esse véu protetor que as separam.

Segundo a doutrina mais autorizada, inspirada nos ensinamentos de Fábio Ulhôa Coelho,[23] a desconsideração da personalidade jurídica, no plano fático-jurídico, permite a "superação pontual, transitória e episódica da eficácia do ato constitutivo da pessoa jurídica, desde que se torne possível verificar que ela foi utilizada como instrumento para a realização de fraude ou abuso de direito".

Opera, pois, o instituto no plano da eficácia, tornando, assim, ineficaz, em face de credores e de créditos específicos, a limitação da responsabilidade à pessoa jurídica. Cuida-se de medida pontual, sem eficácia *erga omnes*, quanto à expansão da responsabilidade a determinados terceiros responsáveis. Todos os atos praticados pela pessoa jurídica, quando analisados por sob o prisma da desconsideração, não são valorados sob a ótica de sua validade jurídica e de seus consectários. Podem, eventualmente, até serem nulos, mas eventuais nulidades não interessam ao campo de cognição do quanto se conhece e se decide no curso do procedimento da desconsideração da personalidade jurídica.

Leonardo Parentoni,[24] em densa monografia, afirma, com propriedade, que

> o negócio jurídico alvo desta medida subsiste válido em toda a sua extensão, bem como eficaz em relação aos demais sujeitos não beneficiados pela desconsideração da personalidade jurídica. Ou seja, a desconsideração da personalidade jurídica não elimina, *erga omnes*, a limitação de responsabilidade prevista em lei. Consequentemente, caso ela seja aplicada em proveito de credor determinado, num processo específico, isto, por si só, não autoriza que incida automaticamente a favor dos demais credores do sujeito atingido através da desconsideração em processos diversos. Pelo contrário, incumbirá a cada um deles (eventualmente em litisconsórcio) fazer prova dos pressupostos e das causas da desconsideração, em seu respectivo processo, para que a seu favor também seja declarada ineficaz a limitação de responsabilidade patrimonial do devedor.

Calixto Salomão Filho,[25] no mesmo sentido, adverte que a desconsideração "não implica qualquer alteração nas esferas coenvolvidas", permanecendo "intacta a personalidade jurídica, valendo a desconsideração apenas para aquele caso específico."

Na mesma linha de pensamento, Fábio Ulhôa Coelho[26] afirma que a "desconsideração suspende a eficácia episódica do ato constitutivo da pessoa jurídica, para fins de responsabilizar direta e pessoalmente aquele que perpetrou um uso fraudulento ou abusivo de sua autonomia patrimonial [...]."

---

23. COELHO, Fábio Ulhôa. *Desconsideração da personalidade jurídica*. São Paulo: Ed. RT, 1989. p. 54.
24. PARENTONI, Leonardo. *Desconsideração da personalidade jurídica*. Série Ciências Jurídicas & Sociais. Porto Alegre: Editora Fi, 2018. p. 37-38.
25. SALOMÃO FILHO, Calixto. *O novo direito societário*. 3. ed. São Paulo: Malheiros, 2006. p. 238.
26. COELHO, Fábio Ulhôa. Lineamentos da teoria da desconsideração da pessoa jurídica. *Revista do Advogado/ Associação dos Advogados do Estado de São Paulo*, n. 36, p. 38, mar. 1992.

BREVES APONTAMENTOS A PROPÓSITO DO IDPJ

Em síntese, a desconsideração da personalidade jurídica opera no campo da (in) eficácia dos atos praticados em nome da sociedade empresária.[27-28]

3. DAS TEORIAS MENOR (CONTEMPORÂNEA) E MAIOR E DAS SUAS REPERCUSSÕES NA DOUTRINA E NA JURISPRUDÊNCIA NO ÂMBITO DAS EXECUÇÕES FISCAIS: ANÁLISE DE ALGUNS JULGADOS

As teorias sobre a desconsideração da personalidade jurídica subdividem-se em duas categorias, bem delineadas, pela doutrina: a menor (ou contemporânea) e a maior.[29]

Falaremos, primeiramente, dos aspectos importantes da cognominada teoria menor ou contemporânea.

3.1 Da teoria menor ou contemporânea

A teoria menor da desconsideração parte de premissas distintas da teoria maior, bastando, para tanto, apenas a prova da insolvência da pessoa jurídica para o pagamento de suas obrigações, independentemente da existência de desvio de finalidade ou de confusão patrimonial.

Na teoria menor, leva-se em consideração o risco empresarial normal às atividades econômicas, de modo que essa situação não pode ser suportada por terceiros alheios à pessoa jurídica que com ela manteve qualquer relação jurídica (seja ela oriunda de dever jurídico, seja oriunda de obrigação *stricto sensu*), de modo a exsurgirem obrigações

---

27. Por certo, há modelos societários ou sociedades personificadas que não operam essa proteção aos sócios, como a sociedade em comandita simples (em relação aos sócios comanditados) e a sociedade em nome coletivo.

28. RODRIGUES, Marcelo Abelha. *Execução por quantia certa contra devedor solvente*. Indaiatuba, SP: Editora Foco, 2021. p. 75. Para o doutrinador capixaba, a desconsideração da personalidade jurídica tem natureza constitutiva, fazendo com que o terceiro passe a integrar a relação e, no plano do direito material, ter reconhecida a sua responsabilidade patrimonial a garantir a dívida *sub judice*. Pessoalmente, entendemos que essa conclusão é bastante simplória e merece outras considerações, não sendo este texto adequado para tanto. Em síntese, defendemos que a desconsideração declara a ineficácia da cláusula legal que separa as responsabilidades patrimoniais, inserindo o terceiro no quadro de responsável pelo pagamento do débito, de modo a também responder por aquele. Portanto, a carga é meramente declaratória, no pormenor. Se o título já estiver constituído, com muito mais razão a natureza declaratória. Se a formação do título executivo for *a posteriori* à desconsideração, na ocasião de se dar ela, embrionária e antecipadamente, à formação do título executivo, este, então, formar-se-á por uma sentença condenatória e não constitutiva, prevalecendo uma exortação ao cumprimento da obrigação que, não sendo cumprida voluntariamente, ensejará a fase de execução, pelo cumprimento de sentença.

29. BARROS, André Borges de Carvalho. *O atual panorama da desconsideração da personalidade jurídica nas relações privadas...* Op. cit. p. 58 e ss. O ilustre doutrinador questiona, argutamente, a nomenclatura "teoria menor", ao argumento de que hoje, na contemporaneidade, a sua incidência, em hipóteses específicas, já de grande constatação, em vários microssistemas legais, de modo que seria inadequada a nomenclatura, sugerindo denomina-la de "teoria contemporânea", a saber: *"Há quem a rotule de 'teoria menor' da desconsideração da personalidade jurídica. Entretanto, essa nomenclatura não é adequada. Primeiro, porque a análise empírica revelou que essa teoria, em termos estatísticos, é tão ou mais presente na jurisprudência do que a modalidade clássica (portanto, não faz sentido chamá-la de 'menor'). Em segundo lugar, porque não há graus de importância distintos entre elas. Não existe maior ou menor, principal ou acessória. Apenas ocorre que uma delas (a desconsideração contemporânea) surgiu como evolução e derivação da outra (teoria clássica), sendo-lhe acrescentados novos pressupostos".* Pensamos que a expressão "teoria menor", ao contrário de significar menor importância ou estatísticas forenses, refere-se a menor exigência de pressupostos e fundamentos.

patrimoniais a serem cumpridas. Na impossibilidade de a pessoa jurídica não solver suas obrigações, a lei prevê a possibilidade de se alcançar o patrimônio dos sócios, administradores e/ou controladores, ainda que estes demonstrem conduta administrativa regular, isto é, mesmo que não exista qualquer prova capaz de identificar conduta culposa ou dolosa por parte dos sócios.

Vale enfatizar, a nosso ver, que a cognominada teoria menor da desconsideração, na verdade, não se cuida de uma vertente própria, autônoma. A detida análise quanto aos pressupostos da desconsideração permite-nos observar uma circunstância elementar que afasta a sua ocorrência quando da aplicação específica da teoria menor.

As hipóteses nas quais a doutrina aponta haver a desconsideração da personalidade jurídica pelo viés da teoria menor, essencialmente, cuida-se de situações abstratas, previstas em lei, *de imputação de responsabilidade a um terceiro (sócio ou administrador)*, transformando-o em responsável devedor, a partir de um evento objetivo, qual seja, a mora e o estado de insolvência da sociedade personificada (simples ou empresariais).

Esse estado imputacional, por certo e por óbvio, já alça o terceiro ao *status* jurídico de responsável. Portanto, esse vínculo legal é prévio à existência da obrigação (dívida) e atrai a responsabilidade patrimonial deste para responder pelas obrigações inadimplidas por aquela. Dessa feita, o vínculo de responsabilidade previsto na lei atrai a responsabilidade patrimonial do terceiro para responder pela relação obrigacional preexistente. Essa situação nada tem a ver com a desconsideração da personalidade jurídica; pelo contrário, afasta a sua necessidade pela prévia previsão subjetiva de certos terceiros, que deverão responder pelas obrigações da pessoa jurídica insolvente.

Um dos pressupostos para a desconsideração da personalidade jurídica, de feição negativa, de modo que, em se verificando, afasta a sua adequação e cabimento, é a inexistência, no ordenamento jurídico, de previsão de outros meios para a responsabilização de quem cometeu fato ilícito ou de terceiros responsáveis pelo seu cometimento.[30] Havendo tal previsão, afastado está o seu cabimento.

Havendo responsabilidade pessoal e direta de terceiros relacionados à pessoa jurídica (sócios, cotistas, administradores e controladores), ou seja, em sendo possível a responsabilização diretas daqueles, não há razão alguma para se utilizar do instituto da desconsideração, vocacionado, exatamente, para quando, inexistente imputação legal de responsabilidade, apresenta-se necessário superar a barreira do princípio da autonomia que separam as personalidades, tanto da pessoa jurídica, quanto das pessoas físicas, respectivamente, que a administram e a compõe. No ponto, veja a hipótese do § 3º do artigo 2º, do Código de Proteção e de Defesa do Consumidor (Lei 8.078/1990), ao prever que "as sociedades consorciadas são solidariamente responsáveis pelas obrigações decorrentes deste código".

---

30. PARENTONI, Leonardo. *Desconsideração da personalidade jurídica*. Série Ciências Jurídicas & Sociais. Porto Alegre: Editora Fi, 2018. p. 46-47.

Situação peculiar, mas pontual quanto ao que estamos afirmando, pode ser destacada do julgamento do REsp 1.398.438/SC, Rel. Min. Nancy Andrighi, ao enfatizar, com razão, que, se houver previsão específica, no sistema legal, de responsabilidade pessoal e direta do sócio, não se aplica a técnica da desconsideração da personalidade jurídica,[31] apontando o quanto previsto no artigo 1.023 do Código Civil.[32]

Igualmente, o Superior Tribunal de Justiça, no julgamento do REsp 895.792, de relatoria do Min. Paulo de Tarso Sanseverino, destacou a desnecessidade de utilizar-se a desconsideração da personalidade jurídica quando houver imputação direta de responsabilidade aos sócios para efeito de responderem por obrigações societárias.[33]

Portanto, por mais que a teoria menor ou contemporânea tenha por escopo tutelar sujeitos de direitos vulneráveis, bens e valores específicos, previstos em microssistemas legais próprios (v.g. Direito do Trabalho; Direito do Consumidor; Direito Ambiental; Lei Anticorrupção etc.), há uma traço comum em todos eles, qual seja, "o distanciamento dos pressupostos clássicos da desconsideração da personalidade jurídica", inserindo-se "fundamentos de ordem econômica para fazer com que, de providência subsidiária e cabível em hipóteses restritas, a desconsideração da personalidade jurídica se tornasse *cláusula geral de extensão da responsabilidade*".[34]

---

31. "Volta-se a atenção sobre a possibilidade de aplicação do artigo 1.023 do CC/02 às associações civis, como pleiteado pelo recorrente. [...] não se trata propriamente de desconsideração da personalidade jurídica, como equivocadamente afirmam o recorrente e o acórdão do TJ/SC, mas demera subsidiariedade de responsabilidade."

32. Art. 1.023: "Se os bens da sociedade não lhe cobrirem as dívidas, respondem os sócios pelo saldo, na proporção em que participem das perdas sociais, salvo cláusula de responsabilidade solidária."

33. Recursos especiais. Civil e empresarial. Extinta Rio 2004 S/C. Contratação de serviços de marketing. Ação de cobrança e de ressarcimento ajuizada em face das suas antigas sócias.

    I – Contratação de serviços de marketing pela extinta RIO 2004 S/C, sociedade cujo objetivo social consistia na organização e promoção da candidatura da Cidade do Rio de Janeiro como sede dos Jogos Olímpicos de 2004.

    II – Condenação das suas antigas sócias ao pagamento dos valores devidos em razão da confecção, pela prestadora dos serviços, da parte relativa ao marketing do texto entregue ao Comitê Olímpico e, ainda, ao ressarcimento de quantias adiantadas.

    III – Inexistência de violação aos arts. 128, 165, 458 e 535 do CPC.

    IV – Nas sociedades em que a responsabilidade dos sócios perante as obrigações sociais é ilimitada, como ocorre nas sociedades simples (art. 1023 do CC/02), não se faz necessária, para que os bens pessoais de seus sócios respondam pelas suas obrigações, a desconsideração da sua personalidade. Doutrina.

    V – Consequente legitimidade passiva 'ad causam' das antigas sócias da RIO 2004 S/C para responderem pelas obrigações contratuais assumidas pela sociedade.

    VI – Admissível a utilização de prova exclusivamente testemunhal para a comprovação de serviços prestados. Precedentes específicos, inclusive da Segunda Seção.

    VII – Reconhecido o cumprimento da prestação a cargo da contratada, incabível a arguição, pelas sócias da contratante, da exceção de contrato não cumprido, recaindo sobre elas o ônus da comprovação dos fatos impeditivos, modificativos ou extintivos. Inteligência dos arts. 1092 do CC/16 e 333, I e II, do CPC.

    VIII – Recursos especiais desprovidos.

    (REsp 895.792/RJ, relator Ministro Paulo de Tarso Sanseverino, Terceira Turma, julgado em 07.04.2011, DJe de 25.04.2011).

34. PARENTONI, Leonardo. *Desconsideração da personalidade jurídica*. Série Ciências Jurídicas & Sociais. Porto Alegre: Editora Fi, 2018. p. 60-61.

Exemplificando, basta conferir o artigo 28, § 5º do CDC,[35] o artigo 2º, § 2º da CLT, o artigo 4º da Lei 9.605/1998 e o artigo 14 da Lei 12.846/2013, pois estes têm em comum a expressão *"sempre que"* a personalidade jurídica torna-se obstáculo à reparação dos danos causados, além de não mencionarem as causas subjetivas ou objetivas para a desconsideração, tal como fizera o artigo 50 do Código Civil. Em verdade, de hipóteses excepcionais, restritivas, tornaram-se, por força da sua literalidade, media comum e não excepcional.

Veja-se que a teoria menor ou contemporânea cuida-se de uma *previsão legal imputacional de extensão de responsabilidade.*

Muitas críticas têm sido dirigidas à teoria menor ou contemporânea ao se afastar a limitação de responsabilidade das pessoas (físicas e jurídicas) integrantes de outras pessoas jurídicas pelas dívidas a estas imputadas direta e originariamente. Afastar essa limitação, abstrata e absolutamente, é o mesmo que imputar responsabilidade solidária ou subsidiária a terceiros, o que, tecnicamente, não configura desconsideração da personalidade jurídica. Haveriam de ser previstos e construídos pressupostos complementares capazes de delimitar essa imputação de responsabilidade.[36]

A Lei 13.467/2017, que instituiu a Reforma Trabalhista, trouxe uma importante inovação no tema da teoria menor, amplamente aplicada na seara das relações de emprego e nas demandas trabalhistas, ao introduzir importante regra legal, um parágrafo § 3º, no âmbito do artigo 2º, da CLT, além de ter alterado a dicção do § 2º.

Embora sutil a alteração introduzida no § 2º, ao substituir-se a anterior expressão ("constituindo grupo industrial, comercial ou de qualquer outra atividade econômica") por uma mais adequada e técnica ("ou ainda quando, mesmo guardando cada uma sua autonomia, integrem grupo econômico"), houve um grande avanço para efeitos de interpretação e aplicação do enunciado legal, doravante.

> § 2º Sempre que uma ou mais empresas, tendo, embora, cada uma delas, personalidade jurídica própria, estiverem sob a direção, controle ou administração de outra, constituindo grupo industrial, comercial ou de qualquer outra atividade econômica, serão, para os efeitos da relação de emprego, solidariamente responsáveis a empresa principal e cada uma das subordinadas. (redação anterior)

---

35. Art. 28. § 5º: "Também poderá ser desconsiderada a pessoa jurídica *sempre que* sua personalidade for, de alguma forma, obstáculo ao ressarcimento de prejuízos causados aos consumidores;".
"Art. 2º, § 2º: *Sempre que* uma ou mais empresas, tendo, embora, cada uma delas, personalidade jurídica própria, estiverem sob a direção, controle ou administração de outra, ou ainda quando, mesmo guardando cada uma sua autonomia, integrem grupo econômico, serão responsáveis solidariamente pelas obrigações decorrentes da relação de emprego. [...]
Art. 4º: Poderá ser desconsiderada a pessoa jurídica *sempre que* sua personalidade for obstáculo ao ressarcimento de prejuízos causados à qualidade do meio ambiente. [...]
Art. 14: A personalidade jurídica poderá ser desconsiderada *sempre que* utilizada com abuso do direito para facilitar, encobrir ou dissimular a prática dos atos ilícitos previstos nesta Lei ou para provocar confusão patrimonial, sendo estendidos todos os efeitos das sanções aplicadas à pessoa jurídica aos seus administradores e sócios com poderes de administração, observados o contraditório e a ampla defesa."
36. PARENTONI, Leonardo. *Desconsideração da personalidade jurídica*, op. cit., p. 65.

§ 2º Sempre que uma ou mais empresas, tendo, embora, cada uma delas, personalidade jurídica própria, estiverem sob a direção, controle ou administração de outra, *ou ainda quando, mesmo guardando cada uma sua autonomia, integrem grupo econômico*, serão responsáveis solidariamente pelas obrigações decorrentes da relação de emprego (redação conferida pela Lei 13.467/2017).

Ficou claro, por sua vez, que o parágrafo 2º cuida da hipótese de *grupo econômico de direito*, devidamente constituído, em que a imputação de responsabilidade é prévia e direta, sendo despiciendo falar-se em desconsideração da personalidade jurídica, ao passo que, para a hipótese de existência de *grupo econômico de fato*, deve-se observar a nova inserção normativa constante do parágrafo 3º:

§ 3º Não caracteriza grupo econômico a mera identidade de sócios, sendo necessárias, para a configuração do grupo, a demonstração do interesse integrado, a efetiva comunhão de interesses e a atuação conjunta das empresas dele integrantes.

À luz da dicção do parágrafo 3º supra transcrito, será necessário, para descortinar os véus da personalidade das pessoas jurídicas integrantes de *grupo econômico de fato*, valer-se do instituto da desconsideração da personalidade jurídica nos termos dos artigos 133 a 137 do CPC/2015, nos termos do artigo 855-A e seus parágrafos, inseridos no âmbito da CLT pela Lei 13.467/2017.[37]

3.2 Da teoria maior e sua repercussão nas execuções fiscais

Vejamos, agora, os pressupostos objetivos e subjetivos da teoria maior.

Conforme já sinalizado, a teoria maior exige pressupostos específicos, que podem ser subjetivos e/ou objetivos, não se contentando, apenas, com a mera demonstração de insolvência da pessoa jurídica para com o cumprimento de suas obrigações. Para além da prova da insolvência, exigem-se a demonstração de "desvio de finalidade" ou a comprovação de "confusão patrimonial".

O *desvio de finalidade* constitui-se a partir de atos intencionais dos sócios, administradores e/ou controladores em fraudar terceiros, fazendo crer o uso abusivo da personalidade jurídica, via fraude à lei, ao contrato social ou ao estatuto social.

Por sua vez, a *confusão patrimonial* faz incidir a *teoria maior objetiva* da desconsideração, consistindo pela inexistência, no campo dos fatos, de separação patrimonial entre os patrimônios da pessoa jurídica e dos seus sócios, administradores e controla-

---

37. Art. 855-A. "Aplica-se ao processo do trabalho o incidente de desconsideração da personalidade jurídica previsto nos arts. 133 a 137 da Lei 13.105, de 16 de março de 2015 – Código de Processo Civil.
§ 1º Da decisão interlocutória que acolher ou rejeitar o incidente:
I – na fase de cognição, não cabe recurso de imediato, na forma do § 1º do art. 893 desta Consolidação;
II – na fase de execução, cabe agravo de petição, independentemente de garantia do juízo;
III – cabe agravo interno se proferida pelo relator em incidente instaurado originariamente no tribunal.
§ 2º A instauração do incidente suspenderá o processo, sem prejuízo de concessão da tutela de urgência de natureza cautelar de que trata o art. 301 da Lei 13.105, 16 de março de 2015.

dores; ou, ainda, dos haveres de diversas pessoas jurídicas,[38] em envolvendo de grupos econômicos de fato.

Seja pelo viés subjetivo, seja pelo viés objetivo, a teoria maior da desconsideração da personalidade jurídica representa a regra geral no sistema jurídico pátrio, atualmente positivada no artigo 50 e parágrafos do Código Civil Brasileiro, com a nova redação conferida pela Lei 13.874/2019 (Lei da Liberdade Econômica). Assim, cuida-se de regra geral para os micros ordenamentos que não possuem regramento específico.

Até o advento da Lei da Liberdade Econômica, a redação do artigo 50 do Código Civil,[39] em vigor, previa o critério subjetivo, "desvio de finalidade", como requisito para a desconsideração, ao lado do viés objetivo condizente com a "confusão matrimonial",[40] todavia sem qualquer definição.

Na redação anterior, a desconsideração cingia-se ao "abuso da personalidade jurídica, caracterizado pelo desvio de finalidade e/ou pela confusão patrimonial" (sic), regulação que acabou por fazer exsurgir divergências doutrinarias e jurisprudenciais sobre o que se deveria entender por "desvio de finalidade e "confusão patrimonial", gerando insegurança jurídica.

Com as inovações introduzidas no artigo 50 do Código Civil pela Lei da Liberdade Econômica, houve, a nosso ver, uma melhor disciplina dos requisitos e dos vieses subjetivos e objetivos da teoria maior da desconsideração.

A Exposição de Motivos da Medida Provisória 881/2019, convertida na Lei 13.874/2019 – que institui a Declaração de Direitos de Liberdade Econômica – destacou a possibilidade de resolução de questões concretas de insegurança jurídica, "sempre ao amparo da melhor doutrina", de modo a proteger empreendedores que não dispõem de condições de litigar até as instâncias superiores.

---

38. Cf. acórdão no REsp 279.273/SP, rel. p/ acordão Min. Nancy Andrighi.

39. Art. 50. "Em caso de abuso da personalidade jurídica, caracterizado pelo desvio de finalidade, ou pela confusão patrimonial, pode o juiz decidir, a requerimento da parte, ou do Ministério Público quando lhe couber intervir no processo, que os efeitos de certas e determinadas relações de obrigações sejam estendidos aos bens particulares dos administradores ou sócios da pessoa jurídica."

40. Cf. PARENTONI, Leonardo. *Desconsideração da personalidade jurídica*: Série Ciências Jurídicas & Sociais. Porto Alegre: Editora Fi, 2018. p. 40-41. A propósito, interessante excerto: "Diferentemente, nas causas objetivas o infrator pode até não ter a intenção de se comportar de modo ilícito, porém a sua conduta, por si só, extrapola os limites juridicamente autorizados para a limitação de responsabilidade. Isto ocorre, por exemplo, na subcapitalização societária, que significa constituir sociedade com capital manifestamente insuficiente para exercer as suas atividades. Neste caso, a insuficiência dos recursos aportados pelos sócios provavelmente conduzirá ao insucesso do empreendimento e à existência de obrigações inadimplidas. Ainda que os sócios não tenham conscientemente agido de má-fé (porque consideravam que o capital por eles aportado seria suficiente), poderão ter seu patrimônio pessoal atingido para pagamento das dívidas contraídas pela sociedade. Lembrando que a subcapitalização societária não se confunde com as hipóteses nas quais a lei impõe responsabilidade solidária pela ausência de perfeita integralização do capital, como nos artigos 1.004, parágrafo único, 1.052 e 1.055, § 1º do Código Civil. Como será visto adiante, havendo solidariedade não incide a desconsideração da personalidade jurídica, porque desnecessária. Outra causa objetiva de desconsideração da personalidade jurídica é a confusão patrimonial, também mencionada no art. 50 do Código Civil".

A partir da atual redação do artigo 50 do Código Civil Brasileiro/2002,[41] percebe-se, com clareza, uma benéfica modificação ao apresentar conceitos legais do que se deve entender por "desvio de finalidade" (constante no parágrafo primeiro) e o que *não* pode ser interpretado com desvio de finalidade (parágrafo quinto), bem como o que se deva entender por a confusão patrimonial (parágrafo segundo).

Por sua vez, o parágrafo 3º do artigo 50 passou a prever, em consonância com o § 2º artigo 133, do CPC/2015,[42] a desconsideração inversa da personalidade jurídica, ao regular o cabimento da desconsideração da personalidade para a hipótese de extensão das obrigações de sócios ou de administradores à pessoa jurídica. Já o parágrafo 4º, conferindo segurança jurídica, a fim de impedir interpretações abusivas, afirma que "a mera existência de grupo econômico, sem a presença dos requisitos de que trata o caput deste artigo, não autoriza a desconsideração da personalidade da pessoa jurídica", pondo cobro a inúmeras decisões judiciais que viam na mera existência de *grupos econômicos,* de fato e de direito, indícios de desvio de finalidade e abuso de da personalidade jurídica, a fim de dificultar o direito de credores.

Vale registrar que o *abuso da* personalidade, por intermédio do *desvio de finalidade,* deve ser entendido como o desenvolvimento de atividade ilícita da sociedade empresária, pois o ordenamento jurídico brasileiro não admite constituição de pessoa jurídica para desenvolvimento de atividades contrárias à lei, ou seja, desempenhadas em fraude à lei ou ao contrato social ou ao estatuto social, pelo que, ocorrendo situações irritas, ao arrepio das regras legais, capazes de prejudicar terceiros, por coerente, os sócios, administradores e controladores devem responder diretamente, não podendo se esconder sob o manto das suas personalidades distintas, afastando-se, assim, por

---

41. Art. 50. Em caso de abuso da personalidade jurídica, caracterizado pelo desvio de finalidade ou pela confusão patrimonial, pode o juiz, a requerimento da parte, ou do Ministério Público quando lhe couber intervir no processo, desconsiderá-la para que os efeitos de certas e determinadas relações de obrigações sejam estendidos aos bens particulares de administradores ou de sócios da pessoa jurídica beneficiados direta ou indiretamente pelo abuso. (Redação dada pela Lei 13.874, de 2019)

§ 1º Para os fins do disposto neste artigo, desvio de finalidade é a utilização da pessoa jurídica com o propósito de lesar credores e para a prática de atos ilícitos de qualquer natureza. (Incluído pela Lei 13.874, de 2019)

§ 2º Entende-se por confusão patrimonial a ausência de separação de fato entre os patrimônios, caracterizada por: (Incluído pela Lei 13.874, de 2019)

I – cumprimento repetitivo pela sociedade de obrigações do sócio ou do administrador ou vice-versa; (Incluído pela Lei 13.874, de 2019)

II – transferência de ativos ou de passivos sem efetivas contraprestações, exceto os de valor proporcionalmente insignificante; e (Incluído pela Lei 13.874, de 2019)

III – outros atos de descumprimento da autonomia patrimonial. (Incluído pela Lei 13.874, de 2019)

§ 3º O disposto no *caput* e nos §§ 1º e 2º deste artigo também se aplica à extensão das obrigações de sócios ou de administradores à pessoa jurídica. (Incluído pela Lei 13.874, de 2019)

§ 4º A mera existência de grupo econômico sem a presença dos requisitos de que trata o *caput* deste artigo não autoriza a desconsideração da personalidade da pessoa jurídica. (Incluído pela Lei 13.874, de 2019)

§ 5º Não constitui desvio de finalidade a mera expansão ou a alteração da finalidade original da atividade econômica específica da pessoa jurídica. (Incluído pela Lei 13.874, de 2019).

42. Art. 133. (...)

§ 2º Aplica-se o disposto neste Capítulo à hipótese de desconsideração inversa da personalidade jurídica.

coerência, o princípio da autonomia que os protegia para alcançar seus patrimônios particulares, e vice-versa.[43]

Igualmente estará caracterizado *o abuso da personalidade* no desempenho das atividades empresariais quando se detectar *confusão patrimonial*, vale dizer, quando não se respeitar a necessária distinção entre o patrimônio da pessoa jurídica e o patrimônio das pessoas físicas (sócios, administradores e controladores). Como adverte André Borges de Carvalho Barros, "a lógica é simples e decorre da vedação ao comportamento contraditório (*nemo potest venire contra factum proprium*): se os próprios sócios desrespeitam a divisão entre os patrimônios não têm como exigirem de seus credores o respeito".[44]

Não se deve omitir, todavia, o fato de a doutrina e a jurisprudência pátrias terem avançado por demais sobre o tema, antes mesmo da Lei da Liberdade Econômica, podendo-se destacar alguns enunciados interpretativos das Jornadas de Direito Civil do Conselho da Justiça Federal, destacando-se:

> Enunciado 51/CJF: A teoria da desconsideração da personalidade jurídica –*disregard doctrine*– fica positivada no novo Código Civil (LGL\2002\400), mantidos os parâmetros existentes nos microssistemas legais e na construção jurídica sobre o tema.

> Essa proposição deixa clara a manutenção dos microssistemas previstos em normas especiais[45] e autoridade das doutrinas desenvolvidas sobre o tema, em específico, a aceitação da comprovação da fraude à lei e ao contrato (abuso contratual) nas atividades empresariais, o que foi corrigido pela Lei da Liberdade Econômica (Lei 13.874/2019) ao introduzir o § 1º ao art. 50 do Código Civil em vigor.

> O Enunciado 283, das Jornadas, admitiu, expressamente, a aplicação da teoria da desconsideração na modalidade inversa, ou seja, para a hipótese em que o devedor é a pessoa do sócio ou administrador, sendo que a personalidade autônoma é desconsiderada para invadir o patrimônio da pessoa jurídica, por trás da qual esconde seu patrimônio. Essa proposta doutrinária, foi expressamente acolhida pelo nosso ordenamento jurídico e, ao depois, pela legislação de regência (§ 2º do art. 133, do CPC/2015 c/c § 3º do art. 50 do CCB/2002).

---

43. Agravo interno no agravo em recurso especial. Civil e processual civil. Execução por quantia certa. Desconsideração da personalidade jurídica. Ausência dos requisitos legais (CC, art. 50). Matéria de prova (súmula 7/STJ). Agravo interno desprovido.

    1. É entendimento pacífico desta Corte Superior que "a desconsideração da personalidade jurídica, prevista no art. 50 do Código Civil, a fim de que o patrimônio dos sócios responda pela dívida da sociedade empresária, somente é admitida em situações excepcionais, quando estiver demonstrada a ocorrência de desvio de finalidade ou de confusão patrimonial" (AgInt no AREsp 1.362.690/DF, Rel. Ministro RAUL ARAÚJO, Quarta Turma, julgado em 10.12.2019, DJe de 19.12.2019).

    2. *No presente caso, houve a doação de cotas da sociedade empresária, com o respectivo esvaziamento do patrimônio, fato, inclusive, admitido pelo recorrente, em indubitável desvio de finalidade.*

    3. O Tribunal de Justiça concluiu, portanto, estar caracterizado o desvio de finalidade, viabilizando a desconsideração da personalidade jurídica. A modificação de tal entendimento demandaria o revolvimento do acervo fático-probatório, insindicável em sede de recurso especial, nos termos da Súmula 7/STJ.

    4. Agravo interno desprovido.

    (AgInt no AREsp 2.094.807/SP, relator Ministro Raul Araújo, Quarta Turma, julgado em 03.10.2022, DJe de 21.10.2022.)

44. BARROS, André Borges de Carvalho. O atual panorama da desconsideração da personalidade jurídica nas relações privadas (empresariais, consumeristas e trabalhistas) no direito brasileiro. *Revista dos Tribunais*, v. 994, p. 411-435, ago. 2018.

45. CDC (Lei 8.078/1990) ; Lei 9.605/1998, art. 4º), a Lei Antitruste (Lei 12.529/2011, art. 34 e parágrafo único), Lei 12.846/2013 (art. 14) e Lei 9.615/1998 (Lei Pelé, art. 27, *caput*), com redação conferida pela Lei 10.672, de 2003.

Sendo a desconsideração da personalidade jurídica um instrumento para ser utilizado em casos excepcionais, *ad cautelam*, não deve ter sua aplicação desvirtuada e indiscriminada, de modo a permitir alcance de patrimônio de todos os sócios ou administradores, sendo adequado, apenas, que a mesma alcance e atinja, tão somente, a responsabilidade patrimonial os sócios, administradores e controladores que tenham praticado e/ou se beneficiado do ilícito, tal qual, hoje, previsto na parte final do *caput* do artigo 50 do nosso Diploma Civil, redação que lhe foi conferida pela Lei 13.874, de 2019 (Lei da Liberdade Econômica). O texto prevê que a desconsideração somente seja estendida ao administradores ou aos sócios da pessoa jurídica beneficiados direta ou indiretamente pelo abuso e que nele tenham incorrido, o que já era consignado no Enunciado 7 da I Jornada de Direito Civil do Conselho da Justiça Federal[46] e pela jurisprudência do Superior Tribunal de Justiça.[47]

Aliás, veja-se, no ponto, o entendimento do Superior Tribunal de Justiça, em época anterior à Lei da Liberdade Econômica, ao conhecer e prover Recurso Especial para reformar o acórdão recorrido com a finalidade de afastar os efeitos da desconsideração da personalidade jurídica "[...] em relação aos recorrentes, pessoas naturais, na condição de administradores não sócios".[48] Muito embora, no referido caso concreto, o acórdão não tenha admitido a possibilidade de a desconsideração alcançar administradores não

---

46. Enunciado 7 da I Jornada de Direito Civil do Conselho da Justiça Federal: Só se aplica a desconsideração da personalidade jurídica quando houver a prática de ato irregular e, limitadamente, aos administradores ou sócios que nela hajam incorrido".
47. REsp 1.325.663/SP, Rel. Min. Nancy Andrighi, 3ª T., j. 11.06.2013 REsp 1686162 / SP REsp 2.016/0297682-6, 3ª T., Rel. Ministro Ricardo Villas Bôas Cueva, julg. 26.11.2019; REsp 1325663 / SP (2012/0024374-2), Rel. Min. Nancy Andrighi, 3. T., j. 11.06.2013.
48. Recurso especial (ART. 105, INC. III, "a" e "c", da CRFB/88) – Autos de Agravo de Instrumento na origem – Incidente de desconsideração da personalidade jurídica acolhido pelas instâncias ordinárias. Insurgência dos administradores não sócios. Teoria menor da desconsideração da personalidade jurídica – Código de Defesa do Consumidor – Ausência de previsão normativa específica para aplicação do § 5º do art. 28 aos administradores não sócios – Impossibilidade de interpretação extensiva.

    Hipótese: incidente de desconsideração da personalidade jurídica requerido com fulcro no artigo 28, parágrafo 5º, do Código de Defesa do Consumidor, e acolhido pelas instâncias ordinárias, à luz da teoria menor, para responsabilização de administradores não sócios.

    1. O parágrafo 5º do artigo 28 do Código de Defesa do Consumidor, lastreado na teoria menor, é autônomo em relação ao caput e incide em hipóteses mais amplas/flexíveis, isto é, sem a necessidade de observância aos requisitos como abuso da personalidade jurídica, prática de ato ilícito ou infração à lei ou estatuto social;

    aplica-se, portanto, em casos de mero inadimplemento em que se observe, por exemplo, a ausência de bens de titularidade da pessoa jurídica, hábeis a saldar o débito. Com efeito, dada especificidade do parágrafo em questão, e as consequências decorrentes de sua aplicação – extensão da responsabilidade obrigacional –, afigura-se inviável a adoção de um interpretação extensiva, com a atribuição da abrangência apenas prevista no artigo 50 do Código Civil, mormente no que concerne à responsabilização de administrador não sócio.

    1.1 "O art. 50 do CC, que adota a teoria maior e permite a responsabilização do administrador não sócio, não pode ser analisado em conjunto com o parágrafo 5º do art. 28 do CDC, que adota a teoria menor, pois este exclui a necessidade de preenchimento dos requisitos previstos no caput do art. 28 do CDC permitindo a desconsideração da personalidade jurídica, por exemplo, pelo simples inadimplemento ou pela ausência de bens suficientes para a satisfação do débito. Microssistemas independentes". (REsp 1.658.648/SP, relator Ministro Moura Ribeiro, Terceira Turma, julgado em 07.11.2017, DJe de 20.11.2017) 1.2 Na hipótese, a partir da leitura da decisão proferida pelo magistrado singular e do acórdão recorrido, observa-se que a desconsideração da personalidade jurídica operou-se com base exclusivamente no artigo 28, parágrafo 5º, do Código de Defesa do Consumidor (teoria menor), ante a ausência de bens penhoráveis de titularidade da executada, não tendo

sócios sob a incidência da teoria menor, em *obter dictum*, admitiu-a, *apenas*, para as hipóteses em que seja adotada a teoria maior, o que, atualmente, diante da nova e atual redação do artigo 50 do Código Civil, a desconsideração sempre deve alcançar todos aqueles beneficiados diretamente pelo abuso, sócios ou não sócio/administradores.

Quanto ao Enunciado 281,[49] das Jornadas, ao estabelecer que a desconsideração prescinde da insolvência, por certo, o mesmo, desde sempre, a nosso pensar, esteve equivocado e, hoje, apresenta-se desatualizado doutrinariamente, pois o estado de insolvência, mormente nas hipóteses da teoria menor, caracterizado pela falta de bens patrimoniais o devedor principal, é requisito objetivo e necessário, e, ao lado dos demais (abuso da personalidade, fraude à lei e ao contrato social e confusão patrimonial), na teoria maior, incidem para afastar o véu da autonomia da personalidade jurídica, a garantir a expropriação, o pagamento e a solvência da relação jurídico-obrigacional em favor dos credores.

Nesse sentido, expressa-se André Borges de Carvalho Barros:[50]

> para que seja decretada a desconsideração devem estar presentes três requisitos: O primeiro é a insuficiência patrimonial da pessoa jurídica: a desconsideração não deve ser adotada se a pessoa jurídica possuir bens penhoráveis[8] e suficientes para solvência da dívida. Esse requisito é material e processual, pois falta interesse de agir ao credor em caso de solvência da sociedade. Entretanto, para que seja decretada a desconsideração não é necessária prova cabal da insolvência da pessoa jurídica, bastando que o juiz se convença da necessidade da medida diante das tentativas infrutíferas do credor em executar o patrimônio da pessoa jurídica.

Já o Enunciado 282,[51] das Jornadas do CJF, afirma que o encerramento irregular das atividades da pessoa jurídica, por si só, não basta para caracterizar abuso da personalidade jurídica, orientação essa que foi adotada pelo Superior Tribunal de Justiça para o efeito de obstar o incidente de desconsideração da personalidade jurídica, o que se apresenta absolutamente correto e justo.[52]

---

sido indicada, tampouco demonstrada, pelos requerentes, a prática de qualquer abuso, excesso ou infração ao estatuto social e/ou à lei.

2. Recurso Especial conhecido e provido, a fim de reformar o acórdão recorrido para afastar os efeitos da desconsideração da personalidade jurídica de JFE 10 Empreendimentos Imobiliários LTDA. em relação aos recorrentes, pessoas naturais, na condição de administradores não sócios.

(REsp n. 1.860.333/DF, relator Ministro Marco Buzzi, Quarta Turma, julgado em 11.10.2022, DJe de 27.10.2022).

49. Enunciado 281-CJF: A aplicação da teoria da desconsideração, descrita no art. 50 do Código Civil, prescinde da demonstração de insolvência da pessoa jurídica.

50. BARROS, André Borges de Carvalho. *O atual panorama da desconsideração da personalidade jurídica nas relações privadas (empresariais, consumeristas e trabalhistas) no direito brasileiro.* Op. cit., p. 3. Observamos, por oportuno, que entendemos que há mais de três requisitos, melhor dizendo, pressupostos para fazer aplicar as regras da desconsideração da personalidade jurídica, conforme será delineado neste modesto trabalho.

51. Enunciado 282-CJF: O encerramento irregular das atividades da pessoa jurídica, por si só, não basta para caracterizar abuso da personalidade jurídica.

52. Processual civil. Agravo interno no agravo em recurso especial. Incidente de desconsideração da personalidade jurídica. Indícios de dissolução irregular e insolvência da sociedade. Requisitos insuficientes. Abuso da personalidade jurídica. Reconhecimento. Reexame de provas. Não cabimento.

1. Incidente de desconsideração da personalidade jurídica.

BREVES APONTAMENTOS A PROPÓSITO DO IDPJ **855**

Todavia, a Corte Superior, para efeito de redirecionamento da execução fiscal, já ajuizada, tem admitido que o encerramento irregular autoriza lançar os responsáveis tributários, previstos em lei, no polo passivo da execução fiscal, independentemente, de constarem ou não da Certidão de Dívida Ativa (CDA),[53] admitindo cuidar-se de hipótese de fraude à lei, nos estritos termos da Súmula 435: "presume-se dissolvida irregularmente a empresa que deixar de funcionar no seu domicílio fiscal, sem comunicação aos órgãos competentes, legitimando o redirecionamento da execução fiscal para o sócio gerente".

Em resumo, o encerramento irregular das atividades da pessoa jurídica não é fundamento jurídico suficiente para autorizar o manejo do Incidente de Desconsideração da Personalidade Jurídica (IDPJ), não sendo adequado expandir a responsabilidade por meio deste instituto, principalmente as execuções fiscais, mesmo porque os responsáveis tributários encontram-se bem delineados nos arts. 121, I, 124, 125, 131, 132, 133, 134 e 135, todos do CTN. Não se necessita, no ponto, justificar o redirecionamento ou o reconhecimento de uma expansiva responsabilidade, sob um viés subjetivo de abuso da personalidade jurídica, quando a lei já estabelece a própria responsabilidade e a jurisprudência entende a circunstância fático-jurídica como fraude à lei fiscal.

A questão que não quer calar refere-se à possibilidade, ou não, de redirecionamento da execução fiscal, já incoada, caso as pessoas físicas responsáveis, por lei, não tenham participado do procedimento administrativo-fiscal e também não constem do título executivo (CDA) *sub judice*. Na seara fiscal, por hipótese, não figurando os mencionados responsáveis, devidamente apontados em lei, no lançamento fiscal e na Certidão de Dívida Ativa (CDA), entendemos não ser adequado redirecionar as execuções fiscais, já ajuizadas, em face das pessoas jurídicas, para alcançar as pessoas físicas. Do contrário, haverá direta violação do devido processo legal administrativo.

A responsabilidade está destacada na lei. Portanto, é na seara administrativo-fiscal que essa imputação haverá de ser feita, previamente, por ocasião do lançamento fiscal, para a formação do título executivo em face das pessoas físicas dos respectivos responsáveis, nos termos do artigo 142 do CTN.[54] Aliás, há a Portaria PGFN 180, de 26.02.2010,

---

2. A presença de indícios de encerramento irregular da sociedade somada à inexistência de bens suficientes para pagamento do crédito exequendo não constitui motivo bastante para a desconsideração da personalidade jurídica, sendo necessária a comprovação do abuso da personalidade jurídica.

3. A pretensão de reexame das provas dos autos não é cabível na via do recurso especial.

4. Agravo interno não provido.

(AgInt no AREsp 2.205.498/DF, relatora Ministra Nancy Andrighi, Terceira Turma, julgado em 28.11.2022, DJe de 30.11.2022). No mesmo sentido: AgInt no AREsp 1275976-MG, AgInt no AREsp 1872180-SP, AgInt nos EDcl no AREsp 1431560-SP.

53. AgInt no AResp 1572856/CE, 2ª T., Rel. Min. Francisco Falcão: "Quanto ao disposto no art. 135 do CTN, o entendimento pacífico desta Corte Superior é de que a dissolução irregular da empresa é motivo suficiente para justificar o redirecionamento da execução fiscal em desfavor dos sócios. Nesse diapasão: AgInt nos EDcl no REsp 1.920.635/PR, relator Ministro Herman Benjamin, Segunda Turma, DJe de 04.11.2021; e AgInt no REsp 1.860.439/SP, relator Ministro Herman Benjamin, Segunda Turma, DJe de 21.08.2020".

54. Art. 142. "Compete privativamente à autoridade administrativa constituir o crédito tributário pelo lançamento, assim entendido o procedimento administrativo tendente a verificar a ocorrência do fato gerador da obrigação

alterada pela Portaria PGFN 713, de 14.10.2011, que privilegia o procedimento administrativo fiscal,[55] devendo-se observar o quanto previsto nos respectivos artigos 4º e 5º.[56]

Compete à autoridade administrativa fiscal a qualificação dos fatos capazes de demonstrar a existência do crédito tributário e quem é o contribuinte e, na sequência, o responsável tributário, quantificando o valor devido por intermédio do procedimento de lançamento, sendo, pois, atividade privativa da administração fazendária. Dessa feita,

> realizar o redirecionamento é usurpar a competência da autoridade administrativa, passando ao Poder Judiciário o poder para determinar a alguém a obrigação de pagar tributo, contrariamente àquilo que determina não só o Código Tributário Nacional mas também a Constituição Federal.[57]

Não obstante, esse não é o entendimento hoje sufragado pelo Superior Tribunal de Justiça que admite o redirecionamento a terceiros responsáveis diretamente da execução fiscal, independentemente de esses constarem da CDA. O entendimento pacífico da Corte Superior é de que a dissolução irregular da empresa é motivo suficiente para justificar

---

correspondente, determinar a matéria tributável, calcular o montante do tributo devido, identificar o sujeito passivo e, sendo caso, propor a aplicação da penalidade cabível."

Parágrafo único. A atividade administrativa de lançamento é vinculada e obrigatória, sob pena de responsabilidade funcional.

55. C.f. Portaria PGFN 180, de 26.02.2010, alterada pela Portaria PGFN 713, de 14.10.2011:

Art. 1º Para fins de responsabilização com base no inciso III do art. 135 da Lei 5.172, de 25 de outubro de 1966 – Código Tributário Nacional, entende-se como responsável solidário o sócio, pessoa física ou jurídica, ou o terceiro não sócio, que possua poderes de gerência sobre a pessoa jurídica, independentemente da denominação conferida, à época da ocorrência do fato gerador da obrigação tributária objeto de cobrança judicial.

Art. 2º "A inclusão do responsável solidário na Certidão de Dívida Ativa da União somente ocorrerá após a declaração fundamentada da autoridade competente da Secretaria da Receita Federal do Brasil (RFB) ou da Procuradoria-Geral da Fazenda Nacional (PGFN) acerca da ocorrência de ao menos uma das quatro situações a seguir:

I – excesso de poderes;

II – infração à lei;

III – infração ao contrato social ou estatuto;

IV – dissolução irregular da pessoa jurídica.

Parágrafo único. Na hipótese de dissolução irregular da pessoa jurídica, deverão ser considerados responsáveis solidários: (Redação dada pelo(a) Portaria PGFN 713, de 14 de outubro de 2011)

I – os sócios-gerentes e os terceiros não sócios com poderes de gerência à época da dissolução irregular; (Incluído(a) pelo(a) Portaria PGFN 713, de 14 de outubro de 2011)

II – os sócios-gerentes e os terceiros não sócios com poderes de gerência à época da dissolução irregular, bem como os à época do fato gerador, quando comprovado que a saída destes da pessoa jurídica é fraudulenta". (Incluído(a) pelo(a) Portaria PGFN 713, de 14 de outubro de 2011)

56. Art. 4º "Após a inscrição em dívida ativa e antes do ajuizamento da execução fiscal, caso o Procurador da Fazenda Nacional responsável constate a ocorrência de alguma das situações previstas no art. 2º, deverá juntar aos autos documentos comprobatórios e, após, de forma fundamentada, declará-las e inscrever o nome do responsável solidário no anexo II da Certidão de Dívida Ativa da União."

Art. 5º "Ajuizada a execução fiscal e não constando da Certidão de Dívida Ativa da União o responsável solidário, o Procurador da Fazenda Nacional responsável, munido da documentação comprobatória, deverá proceder à sua inclusão na referida certidão."

57. PINTO, Edson Antônio Souza Pontes e GASPERIN, Carlos Eduardo Makoul. É cabível a instauração do incidente de desconsideração da personalidade jurídica nos casos de responsabilidade tributária de terceiros? ainda sobre a incompatibilidade do novo instituto com o direito processual tributário. *Revista dos Tribunais*. v. 983. p. 6. São Paulo, set. 2018.

o redirecionamento da execução fiscal em desfavor dos sócios, *integrando eles, ou não, do título executivo* (CDA – Certidão de Dívida Ativa), sendo indicativos o seguintes julgados: AgInt nos EDcl no REsp 1.920.635/PR, relator Ministro Herman Benjamin, Segunda Turma, DJe de 4/11/2021; AgInt no REsp 1.860.439/SP, relator Ministro Herman Benjamin, Segunda Turma, DJe de 21/8/2020, AgInt no AREsp 1832978/PR e AgInt no REsp 1986995/SP, relator Ministro Herman Benjamin, Segunda Turma, DJe 23.09.2022.

Portanto, para o Superior Tribunal de Justiça, presume-se dissolvida irregularmente a empresa que deixar de funcionar no seu domicílio fiscal, sem comunicação aos órgãos competentes, legitimando o redirecionamento da execução fiscal para o respectivo responsável tributário,[58] a teor do quanto previsto na Súmula 435, inclusive alcançando o administrador, sócio ou não sócio, que, ao tempo da dissolução irregular, gerenciava a pessoa jurídica,[59] independente de, ao tempo do fato gerador, não a ter administrado ou ter integrado a sociedade.

---

58. Processual civil e tributário. Execução fiscal. Dissolução irregular. Redirecionamento. Possibilidade. reexame de fatos e provas. Inviabilidade.

    1. A dissolução irregular da pessoa jurídica devedora constatada por meio de certidão do oficial de justiça em que atestado o encerramento das atividades no endereço informado é causa suficiente para o redirecionamento da execução fiscal em desfavor do sócio-gerente.

    Inteligência da Súmula 435 do STJ.

    2. Hipótese em que o recurso especial encontra óbice na Súmula 7 do STJ, porquanto a verificação da ausência de responsabilidade tributária em razão de dissolução irregular da sociedade empresária depende do exame de provas, providência inadequada em sede de recurso especial.

    3. Agravo interno desprovido.

    (AgInt no AREsp 1.832.978/PR, relator Ministro Gurgel de Faria, Primeira Turma, julgado em 26.09.2022, DJe de 03.10.2022.)

59. Processual civil. Embargos de divergência no recurso especial. Execução fiscal. Redirecionamento em face de sócio que não integrava a sociedade quando da ocorrência do fato gerador, mas exercia a gerência/administração quando da dissolução irregular. Possibilidade. Mudança de entendimento no âmbito da Segunda Turma/STJ.

    1. Não obstante o entendimento que prevalecia no âmbito das Turmas que integram a Primeira Seção/STJ, a Segunda Turma/STJ, em recentes julgados, passou a entender que é suficiente que o sócio exerça a gerência/administração da sociedade quando de sua dissolução irregular, de modo que é irrelevante se o sócio integrava a sociedade ou exercia atos de gerência na data da ocorrência do fato gerador da obrigação tributária (REsp 1.520.257/SP, Rel. Ministro Og Fernandes, Segunda Turma, julgado em 16.06.2015, DJe 23.06.2015).

    2. Conforme constou do voto do Ministro OG Fernandes, "propõe-se a mudança de orientação jurisprudencial para definir que o redirecionamento da execução fiscal, na hipótese de dissolução irregular da sociedade ou de sua presunção, deve recair sobre o sócio-gerente que se encontrava no comando da entidade quando da dissolução irregular ou da ocorrência de ato que presume a sua materialização, nos termos da Súmula 435/STJ, sendo irrelevantes a data do surgimento da obrigação tributária (fato gerador) bem como o vencimento do respectivo débito fiscal".

    3. Impende acrescentar que o redirecionamento decorrente da dissolução irregular da pessoa jurídica não se funda na inadimplência, mas no próprio encerramento das atividades da pessoa jurídica sem os procedimentos previstos em lei, sobretudo no que se refere à liquidação da sociedade. Ressalte-se que os arts. 153 e 154, "caput", da Lei 6.404/76 dispõem que: "Art. 153. O administrador da companhia deve empregar, no exercício de suas funções, o cuidado e diligência que todo homem ativo e probo costuma empregar na administração dos seus próprios negócios; Art. 154. O administrador deve exercer as atribuições que a lei e o estatuto lhe conferem para lograr os fins e no interesse da companhia, satisfeitas as exigências do bem público e da função social da empresa." No mesmo sentido, o art. 1.011 do Código Civil, ao disciplinar a administração da sociedade simples, estabelece que "o administrador da sociedade deverá ter, no exercício de suas funções, o cuidado e a diligência que todo homem ativo e probo costuma empregar na administração de seus próprios negócios".

A propósito, no mesmo sentido, conferir REsp 1643944 / SP (Representativo de Controvérsias), Rel. Min. Assuzete Magalhães, 1ª Seção, julgado em 25.05.2022. Tese fixada: Tese jurídica firmada:

> O redirecionamento da execução fiscal, quando fundado na dissolução irregular da pessoa jurídica executada ou na presunção de sua ocorrência, pode ser autorizado contra o sócio ou o terceiro não sócio, com poderes de administração na data em que configurada ou presumida a dissolução irregular, ainda que não tenha exercido poderes de gerência quando ocorrido o fato gerador do tributo não adimplido, conforme art. 135, III, do CTN.[60]

No julgamento do REsp 1.775.269/PR, a 1ª Turma do Superior Tribunal de Justiça, em julgamento da Relatoria do Ministro Gurgel de Faria, entendeu que a imputação de responsabilidade tributária aos sócios-gerentes, nos termos dos artigos 134 e 135 do CTN, não depende de se instaurar o incidente de desconsideração da personalidade jurídica (IDPJ), previsto no artigo 133 do CPC/2015, *pois a responsabilidade dos sócios é atribuída pela própria lei, de forma pessoal e subjetiva, na hipótese de* "atos praticados com excesso de poderes ou infração de lei, contrato social ou estatutos".

A nosso ver, correta a interpretação sistemática conferida aos microssistemas CTN e CPC, na medida em que, estando preestabelecida na lei, a extensão da responsabilida-

---

4. Não obstante tais preceitos se refiram a espécies específicas de sociedade (sociedade por ações e sociedade simples), eles estabelecem regras gerais que podem ser aplicadas a todos os tipos societários. Nesse contexto, não é dado ao sócio que figura na condição de gerente ou administrador da sociedade promover o encerramento da atividade empresarial de forma irregular. Essa atuação implica inobservância dos deveres de diligência e probidade, previstos em lei, além de afronta ao princípio da boa-fé objetiva.

5. Por outro lado, a inadimplência, por si só, não implica responsabilidade do sócio, conforme entendimento hoje sumulado no âmbito deste Tribunal – Súmula 430/STJ: O inadimplemento da obrigação tributária pela sociedade não gera, por si só, a responsabilidade solidária do sócio-gerente. Em se tratando de hipótese na qual o passivo (tributário, inclusive) pode desencadear a própria extinção da sociedade, cabe ao administrador diligente promover a sua dissolução regular. Conforme jurisprudência do STJ, a falência constitui modo regular de dissolução da sociedade e sua ocorrência, por si só, não gera responsabilidade ao sócio.

Ressalte-se que o próprio devedor pode requerer a sua falência (art. 97, I, da Lei 11.101/2005), quando não autorizado a requerer a recuperação judicial (art. 105). Contudo, se o sócio-gerente opta por encerrar irregularmente as atividades da pessoa jurídica, assume o risco de se obrigar por esse passivo (inclusive o tributário).

6. Por fim, cumpre esclarecer que o redirecionamento da execução em face do sócio-gerente apenas faz presumir a imputação de responsabilidade. Assim, o momento oportuno para se verificar a efetiva ocorrência de atos praticados com excesso de poderes ou infração de lei, contrato social ou estatuto, é em sede de defesa apresentada pelo sócio incluído no polo passivo da execução fiscal. Cumpre registrar que "não se pode confundir a relação processual com a relação de direito material objeto da ação executiva. Os requisitos para instalar a relação processual executiva são os previstos na lei processual, a saber, o inadimplemento e o título executivo (CPC, artigos 580 e 583). Os pressupostos para configuração da responsabilidade tributária são os estabelecidos pelo direito material, nomeadamente pelo art. 135 do CTN. (...)

Havendo indícios de que a empresa encerrou irregularmente suas atividades, é possível redirecionar a execução ao sócio" (AgRg no REsp 643.918/PR, Rel. Ministro Teori Albino Zavascki, Primeira Turma, julgado em 03.05.2005, DJ 16.05.2005, p. 248).

7. Embargos de divergência providos.

(EDv nos EREsp 1.530.483/SP, relator Ministro Mauro Campbell Marques, Primeira Seção, julgado em 22.06.2022, DJe de 30.06.2022).

60. Cf. REsp 1643944 / SP (Representativo de Controvérsias), Rel. Min. Assuzete Magalhães, 1ª Seção, julgado em 25.05.2022.

BREVES APONTAMENTOS A PROPÓSITO DO IDPJ **859**

de patrimonial aos responsáveis devidamente discriminados, afasta-se a necessidade/adequação de se instaurar, para tanto, o IDPJ no âmbito das execuções fiscais. O redirecionamento, todavia, apresentar-se-á conforme ao devido processo legal desde que analisada a questão no âmbito do procedimento administrativo fiscal.

Caso não se analise, na seara administrativa, o redirecionamento e não venha constar, na CDA, o nome do responsável redirecionando, e, *per saltum*, seja feito no âmbito da execução já em curso, por certo, impõe-se à fazenda pública o ônus da prova das circunstâncias objetivas e subjetivas previstas nos artigos 134 e 135, do CTN (excesso de poderes ou infração de lei, contrato social ou estatutos). Foi o que bem ressaltou o Ministro Gurgel de Faria na seguinte passagem do seu voto:

> caso o pedido de redirecionamento da execução fiscal mire pessoas jurídicas não elencadas na Certidão de Dívida Ativa, *após a comprovação, pela Fazenda, da caracterização de hipótese legal de responsabilização dos terceiros indicados*, o magistrado também pode decidir pela inclusão no polo passivo sem a instauração do incidente de desconsideração, pois a responsabilização de terceiros tratada no Código Tributário Nacional não necessita da desconsideração da pessoa jurídica devedora.[61]

Eis a advertência do Min. Gurgel de Faria: "daí porque o art. 4º, incisos V e VI, da Lei 6.830/1980 explicita a possibilidade de ajuizamento da execução fiscal contra o responsável legal por dívidas, tributárias ou não, das pessoas jurídicas de direito privado e contra os sucessores a qualquer título".

Por outro lado, ainda, no julgamento do referido Recurso Especial 1.775.269/PR, ficou delineado ser necessária, todavia, a instauração do Incidente de Desconsideração da Personalidade Jurídica (IDPJ) – previsto pelo artigo 133 e seguintes do Código de Processo Civil de 2015 – *quando houver necessidade de redirecionamento da execução fiscal à pessoa jurídica que integra o mesmo grupo econômico da sociedade originalmente executada*, mas que não foi identificada no ato de lançamento (na Certidão de Dívida Ativa) ou que não se enquadra nas hipóteses dos artigos 134 e 135 do Código Tributário Nacional (CTN). Essa conclusão, a nosso ver, está corretíssima e deve prevalecer. Registra-se que este entendimento fora confirmado no âmbito de Embargos de Divergência.[62]

Merece destaque, todavia, que a posição supra, mantida em sede de Embargos de Divergência, nem sempre é seguida em todos os arestos pelo Superior Tribunal de Justiça, sendo possível encontrar inúmeros os acórdãos, inclusive recentes,[63] que vêm afirmando

---

61. REsp 1.775.269/PR, a 1ª Turma do Superior Tribunal de Justiça.
62. Este acórdão foi mantido em sede de Embargos de Divergência, já transitado em julgado. Disponível em: https://processo.stj.jus.br/processo/julgamento/eletronico/documento/mediado/?documento_tipo=5&documento_sequencial=108429858&registro_numero=201802809059&peticao_numero=202000013846&publicacao_data=20200414&formato=PDF. Acesso em: 25.01.2023.
63. (AgInt no AREsp 2033750 / RJ, Rel. Min. Francisco Falcão, 2ª Turma, julgado em 28.11.22. No mesmo sentido: AgInt no Resp 1.866.901-SC; REsp 1.786.311-PR; AgInt no AREsp 2156171 / RJ, Rel. Min. Regina Helena, 1ª Turma, 05.12.22). C.f. a seguinte ementa:
Processual civil e tributário. Decisão singular. Possibilidade. Princípio da colegialidade não violado. Ofensa aos arts. 498 e 1.022 do CPC/2015 não configurada. Instauração de incidente de desconsideração da personalidade jurídica. Desnecessidade. Existência de grupo econômico. Art. 124, II, do CTN. Contexto fático-probatório.

que a previsão constante nos artigo 134, caput, do CPC/2015, sobre o cabimento do incidente de *desconsideração* da personalidade jurídica no curso das execuções fundadas em título extrajudicial, não implica seu cabimento e adequação nas execuções fiscais regidas pela Lei 6.830/1980, verificando-se verdadeira incompatibilidade entre o regime geral do Código de Processo Civil e o da Lei de Execuções Fiscais, que, diversamente do Código de Processo Civil, não comporta a apresentação de defesa sem prévia garantia do juízo, nem a automática suspensão do processo, conforme disciplina o § 3º do artigo 134 do CPC/2015.

Ao que nos parece, o enfoque deve ser absolutamente outro, *d.v.*, pois já se pacificou no âmbito da 1ª Seção do Superior de Justiça, em sede de Embargos de Divergência, haver, sim, compatibilidade entre o instituto da desconsideração da personalidade jurídica e o rito das execuções fiscais, regidas pela Lei 6.830/1980, sendo adequada a sua aplicação quando necessária for a demonstração, via dilação probatória e ônus da prova da fazenda pública, da ocorrência de *grupo econômico*, com abuso das personalidades das pessoas jurídicas e físicas envolvidas, fraude à lei, aos contratos e aos estatutos sociais. Simples assim; demonstrou-se, no julgamento do Recurso Especial 1.775.269/PR, até o nível dos Embargos de Divergência, não haver qualquer incompatibilidade entre o regime da Lei das Execuções fiscais e àquele instituto previsto nos artigos 133 a 137, do CPC/2015.

Afigura-se-nos, da leitura de todos os arestos que fizemos, que a questão está em outro quadrante, de índole processual e material, qual seja: do cabimento, da adequação e

---

Revisão. Impossibilidade. Súmula 7/STJ. Divergência jurisprudencial. Análise prejudicada. Falta de identidade entre paradigmas e fundamentação do acórdão recorrido.

1. A Corte regional expressamente consignou que "aos débitos de todas as contribuições para financiamento da Seguridade Social, e, no caso, CSLL (...), PIS (...) e COFINS (...), aplicam-se as normas previstas na Lei 8.212/1991, notadamente o artigo 30, inciso IX, que atribui responsabilidade solidária às empresas que integram grupo econômico, conjugado com o art. 124 do CTN".

2. Ademais, o aresto julgou que "aos débitos de tributos que não visam custear a Seguridade Social, no caso, o IRPJ (...), a responsabilidade solidária do grupo econômico tem por fundamento o abuso da personalidade jurídica por desvio da finalidade ou confusão patrimonial, na forma do artigo 50 do CC".

3. Conforme constou na decisão monocrática, não há violação dos arts. 489 e 1.022 do CPC/2015. Não se constata omissão, obscuridade ou contradição no acórdão recorrido capaz de torná-lo nulo, especialmente porque o Tribunal de origem apreciou a demanda de forma clara e precisa, estando bem delineados os motivos e fundamentos que embasam o decisum.

4. Não se pode confundir julgamento desfavorável ao interesse da parte com negativa ou ausência de prestação jurisdicional.

5. A jurisprudência da Segunda Turma do STJ é no sentido de que não é condição para o redirecionamento da Execução Fiscal, quando fundada nos arts. 124, 133 e 135 do CTN, a instauração do incidente de desconsideração da personalidade jurídica.

6. *Há verdadeira incompatibilidade entre a instauração desse incidente e o regime jurídico da Execução Fiscal, considerando que deve ser afastada a aplicação da lei geral.*

7. Dessa forma, as inúmeras constatações fáticas de confusão patrimonial, as quais não podem ser contrariadas sem violação da Súmula 7/STJ, atraem a responsabilidade solidária do art. 124 do CTN.

8. Quanto à alegada divergência jurisprudencial, observa-se que a incidência da Súmula 7/STJ impede o exame do dissídio, por faltar identidade entre o paradigma apresentado e o acórdão recorrido.

9. Agravo Interno não provido.

(AgInt no REsp 2.009.902/RJ, relator Ministro Herman Benjamin, Segunda Turma, julgado em 07.12.2022, DJe de 13.12.2022.)

da utilidade do instituto da desconsideração da personalidade jurídica, considerando-se as regras de direito material de matriz tributária.

Vale dizer, não havendo prova contundente, a cargo da Fazenda Pública, quanto à existência de *grupo econômico de fato*, de modo a, desde logo, no curso do procedimento fiscal, seja manejado o redirecionamento, lançando-se na CDA o(s) nome(s) dos responsável(eis) redirecionando(s), demonstrando que o(s) terceiro(s) a ser(em) responsabilizado(s) tenha(m) participado da dinâmica do fato gerador ("as pessoas que tenham interesse comum na situação que constitua o fato gerador da obrigação principal"), tal como previsto pelo CTN nos arts. 124, I, c/c 128, ("a responsabilidade pelo crédito tributário a terceira pessoa, vinculada ao fato gerador da respectiva obrigação"), ou, na hipótese do incido II, do artigo 124, quanto às pessoas expressamente designadas em lei, cuja responsabilidade é incontornável (cf. arts. 134 e 135, do CTN), por certo será útil, adequado e necessário instaurar-se a desconsideração da personalidade jurídica, para, após o contraditório prévio, dilação probatória, cujo ônus da prova será do Estado, decidir-se a respeito: a expansão, ou não, da responsabilidade tributária a terceiros; portanto, em tese, não há incompatibilidade alguma entres os microssistemas do CTN e do CPC, no pormenor. Há um equívoco de perspectiva, aliás, corrigido por ocasião do julgamento do Recurso Especial 1.775.269/PR.

Vale lembrar que o Supremo Tribunal Federal, pelo órgão plenário, no julgamento do RE 562.276/PR, em 03 de novembro de 2010 (Rel. Min. Ellen Gracie), assentou que a responsabilidade tributária deve ser, sempre, prevista em lei, devendo-se observar o quanto dispõe o inciso II do art. 124, do CTN:

> preceito do art. 124, II, no sentido de que são solidariamente obrigadas 'as pessoas expressamente designadas por lei', não autoriza o legislador a criar novos casos de responsabilidade tributária sem a observância dos requisitos exigidos pelo art. 128 do CTN, tampouco a desconsiderar as regras matrizes de responsabilidade de terceiros estabelecidas em caráter geral pelos arts. 134 e 135 do mesmo diploma.

Em resumo, valendo-se de excerto do voto do Min. Gurgel de Faria no julgamento do REsp 1.775.269/PR, em síntese,

> o redirecionamento de execução fiscal a pessoa jurídica que integra o mesmo grupo econômico da sociedade empresária originalmente executada, *mas que não foi identificada no ato de lançamento (nome da CDA) ou que não se enquadra nas hipóteses dos arts. 134 e 135 do CTN*, depende mesmo da comprovação do abuso de personalidade, caracterizado pelo desvio de finalidade ou confusão patrimonial, tal como consta do art. 50 do Código Civil, daí porque, nessa hipótese, é obrigatória a instauração do incidente de desconsideração da personalidade da pessoa jurídica devedora.

Invoca-se, como elucidativo de tal correção de rota e perspectiva, o julgamento, em 15.08.22, do AgInt no Recurso Especial 1.977.696-AL, Rel. Min. Francisco Falcão, 1ª Turma, no qual a matéria foi novamente decidida e a *racio decidendi* merece ser devidamente explorada. Nesse aresto, observa-se, a partir da realidade fático-jurídica, que a Fazenda Pública, nos autos da execução fiscal em curso, não conseguiu fornecer provas contundentes, irrefutáveis, de modo a possibilitar, *ictu oculi*, ao magistrado de 1º grau ser possível, naquele momento, redirecionar o executivo fiscal para alçar ao polo passivo os terceiros responsáveis, pessoas jurídicas e físicas, supostamente integrante de um *grupo econômico de fato.*

Vale lembrar que o § 4º, do artigo 50 do Código Civil, acrescido pela Lei da Liberdade Econômica, dispõe que "a mera existência de grupo econômico sem a presença dos requisitos de que trata o *caput* deste artigo não autoriza a desconsideração da personalidade da pessoa jurídica".[64]

Adentrando no âmago da fundamentação do acórdão da Corte Superior, tendo por base o quanto decidido no acórdão recorrido oriundo do Tribunal Regional Federal da 5ª Região, observa-se que o redirecionamento fiscal, indeferido no âmbito da execução fiscal em curso, teve por base o disposto no inciso X, do artigo 30 da Lei 8.112/1990, que dispõe: "as empresas que integram grupo econômico de qualquer natureza respondem entre si, solidariamente, pelas obrigações decorrentes desta Lei" e, com esse fundamento, invocou os artigo 4, § 2º da Lei 6.830/1980[65] c/c art. 124, I e II do CTN.[66]

Entretanto, esses dispositivos, por si sós, não autorizam, de plano, o reconhecimento, *ictu oculi,* da existência de grupo econômico de fato, pois o grupo econômico constituído nos termos da Lei 6.404/1976 (Lei das S/A's) é o *grupo econômico de direito,* e não de fato, e, ademais, tanto a Lei das Execuções Fiscais quanto o CTN falam em responsáveis nos termos da lei e conforme disciplinado nas normas da responsabilidade prevista na legislação tributária.

E, quanto ao disposto no inciso I, do artigo 124, do CTN, essa circunstância de interesse comum, todavia, cuida-se de questão de fato que merece ser apurada *tanto para os grupos econômicos de direito quanto para os grupos econômicos de fato* – pois a mera existência de grupo econômico não enseja a desconsideração das personalidades jurídicas sem que haja o abuso, constituído pela desvio de finalidade e pela confusão patrimonial – e, bem assim, tal apuração deve ser feita no curso do procedimento fiscal, para, ao final, constar os responsáveis da CDA. No caso retratado no julgamento do AgInt

---

64. No mesmo sentido: AgInt no REsp 1.912.254/PE, Rel. Ministro Benedito Gonçalves, Primeira Turma, julgado em 23.08.2021, DJe 25.08.2021 e AgInt no REsp 1.866.138/SC, Rel. Ministro Gurgel de Faria, Primeira Turma, julgado em 19.04.2021, DJe 06.05.2021.

65. "Art. 4º A execução fiscal poderá ser promovida contra:

I – o devedor;

II – o fiador;

III – o espólio;

IV – a massa;

V – o responsável, nos termos da lei, por dívidas, tributárias ou não, de pessoas físicas ou pessoas jurídicas de direito privado; e

VI – os sucessores a qualquer título.

§ 2º À Dívida Ativa da Fazenda Pública, de qualquer natureza, aplicam-se as normas relativas à responsabilidade prevista na legislação tributária, civil e comercial".

66. Art. 124. "São solidariamente obrigadas:

I – as pessoas que tenham interesse comum na situação que constitua o fato gerador da obrigação principal;

II – as pessoas expressamente designadas por lei."

BREVES APONTAMENTOS A PROPÓSITO DO IDPJ **863**

no Recurso Especial 1.977.696-AL, a Fazenda Pública preferiu percorrer caminho menos conservador, valendo-se, tão somente de suas alegações e documentos unilaterais que, conquanto possam ser valorados com certa carga de convencimento, não leva ao grau de certeza que a lei atribui e exige para a vinculação e para o alcance do título executivo.

O argumento utilizado pela Fazenda Pública, no caso mencionado, foi colorido com a afirmação de que a instauração da desconsideração da personalidade jurídica violaria o princípio da razoável duração do processo e da efetividade da execução, prolongando o tempo de duração do processo e inviabilizando o alcance imediato dos bens das empresas componentes do grupo econômico, prejudicando a própria satisfação do crédito fiscal.

Com todo respeito, "efetividade da execução" não constitui princípio jurídico algum, mas, sim, objetivo e característica a ser cultuada e aplicada, observado, sempre, o devido processo legal. Devemos afastar esse panprincipiologismo. A questão fática para a desconsideração da personalidade jurídica, quando requer dilação probatória, urge seja operacionalizada de acordo com a lei de regência e, nessa hipótese, não o será no bojo de uma execução fiscal, mediante petição e defesas incidentes, mas, sim, mediante o IDPJ previsto nos artigos 133 a 137 do CPC/2015, cuja natureza é de ação incidente, com cognição exauriente horizontal e vertical, com a propriedade de o provimento final poder ser alcançado pela autoridade da coisa julgada material e formal.

Deve-se ter em conta que há situações em que as sociedades não se encontram coligadas ou controladas, formalmente e de direito, podendo-se extrair, por vezes, uma influência administrativa de uma em outra, sócios comuns que exercem administração e cargos de direção, influenciando nas deliberações sociais, até participação no capital social uma da outra, exibindo um *grupo econômico de fato*. Aliás, vale lembrar que a atual redação do artigo 50 do Código Civil, em seu § 4º, não desconhece a existência da "mera existência de grupo econômico" *de fato*; todavia, exige os elementos objetivos previstos no *caput*.

Entretanto, o direito pátrio prevê e regulamenta o *grupo econômico de direito*, devidamente constituído, nos termos das leis de regência, entre sociedades e por elas controladas, tudo estabelecido "por meio de convenções devidamente arquivadas perante o registro do comércio, pelas quais as empresas convenentes obrigam-se a combinar recursos e/ou esforços para a realização dos respectivos objetos sociais ou para participar de atividades ou empreendimentos em comum" (artigo 265 c. c/ artigo 271 da Lei 6.404/1976),[67] e, por sua vez,

> a legislação societária vigente nada dispõe sobre o grupo econômico de fato, existente na realidade, mas não formalizado. No entanto, vem se reconhecendo a existência não só dos grupos econômicos de direito como também dos grupos econômicos de fato para fins de delimitação de responsabilidade das sociedades componentes do grupo e de seus respectivos administradores.[68]

---

67. O que pode ser aplicado subsidiariamente à sociedade limitada por força do parágrafo único, do art. 1.053 do Código Civil.

68. Excerto da ementa correspondente ao acórdão do TRF5, item 5, citado no voto proferido pelo Min. Francisco Falcão, por ocasião do julgamento do AgInt nº REsp 1.977.696-AL.

Em quaisquer hipóteses, grupos econômicos de direito e de fato, urge que seja apurado, no âmbito do procedimento fiscal, o quanto previsto no inciso I, do artigo 124 c/c artigo 128, do CTN. Ademais, o simples fato, por sua vez, de se tratar de grupo econômico de direito não enseja a responsabilização direta nos termos do artigo 124, II, do CTN.

No caso retratado por ocasião do julgamento do AgInt REsp no 1.977.696-AL, apesar de existirem indícios fortes da existência de grupo econômico de fato, tais como coincidência de sócios; total ou parcial identidade de endereço entre algumas delas; sobreposição de endereços; atuação idêntica, similar ou complementar; atuação coordenada, comunhão ou conexão de negócios; existência de interligação familiar entre as empresas; fechamento e abertura de empresas devedoras, mantidas ativas com CNPJ originário, enquanto são esvaziadas de suas atividades produtivas, que são "absorvidas" por outras empresas do grupo, cumulando diversos CNPJs distintos, ou seja, a simples existência de *grupo econômico de fato* – e, também, de direito – não autoriza a responsabilidade tributária com fulcro nos incisos I e II do artigo 124, do CTN e, por outro lado, a jurisprudência do STJ entende que:

> a responsabilidade solidária do art. 124 do CTN, c/c o art. 30 da Lei 8.212/1991, não decorre exclusivamente da demonstração da formação de grupo econômico, mas demanda a comprovação de práticas comuns, prática conjunta do fato gerador ou, ainda, quando há confusão patrimonial.[69]

A análise da *racio decidendi* do acórdão e votos extraídos do paradigmático julgamento do AgInt n° REsp no 1.977.696-AL indica que, nos casos de *grupo econômico, de fato e de direito,* o Fisco deve se preocupar, na seara administrativa fiscal, em apurar a participação efetiva de todos os responsáveis pela prática ilícita e da ocorrência do fato imponível ou gerador, sob pena de, no futuro, vê-se obrigada a provar a extensão da responsabilidade no curso do IDPJ, tal qual previsto nos artigos 133 e seguintes, do CPC/2015, valendo transcrever:

> Oportuno registrar que o art. 30, IX, da Lei 8.212/1991 ("as empresas que integram grupo econômico de qualquer natureza respondem entre si, solidariamente, pelas obrigações decorrentes desta lei") não permite o redirecionamento de execução fiscal a pessoa jurídica que não tenha participado da situação de ocorrência do fato gerador, ainda que integrante do grupo econômico.
>
> *A correta leitura desse dispositivo depende de sua conjugação com as regras do Código Tributário Nacional, daí porque o fisco deve lançar o tributo com a indicação das pessoas jurídicas que estejam vinculadas ao fato gerador, não lhe sendo permitido, no curso do processo executivo, redirecionar a cobrança para pessoa jurídica estranha ao fato imponível, ainda que integrante do mesmo grupo econômico da devedora original.*
>
> Em conclusão, o redirecionamento de execução fiscal a pessoa jurídica que integra o mesmo grupo econômico da sociedade empresária originalmente executada, mas que não foi identificada no ato de lançamento (nome da CDA) ou que não se enquadra nas hipóteses dos arts. 134 e 135 do CTN, depende mesmo da comprovação do abuso de personalidade, caracterizado pelo desvio de finalidade ou confusão patrimonial, tal como constado art. 50 do Código Civil, daí porque, nessa hipótese, é obrigatória a instauração do incidente de desconsideração da personalidade da pessoa jurídica devedora.

---

69. AgRg no AREsp 89.618/PE, 1ª Turma, rel. Min. Gurgel de Faria, julgado em 23.06.2016, DJ 18.08.2016.

À luz da teoria maior, a desconsideração da personalidade jurídica, prevista no artigo 50 do Código Civil, exige a inequívoca ocorrência do abuso da personalidade empresária em razão de excesso de mandato, fraude à lei e ao estatuto social, desvio de finalidade mediante atos intencionais dos sócios, administradores e/ou controladores em fraudar terceiros, entre os quais o Fisco, ou, ainda, a demonstração concreta de confusão patrimonial caracterizada pela inexistência, no campo dos fatos, de separação patrimonial entre o patrimônio da pessoa jurídica e dos sócios ou, ainda, dos haveres de diversas pessoas jurídicas.[70]

Portanto, afigura-se definida, na jurisprudência do Superior Tribunal de Justiça, a tese sobre o cabimento do IDPJ no âmbito das execuções fiscais. A nosso sentir, negar aplicação ao instituto da desconsideração da personalidade jurídica em sede das execuções fiscais, quando se cuidar de alegação de grupo econômico, ao argumento de incompatibilidade de regimes, é um equívoco. Vejamos o fundamento utilizado, qual seja: não comportar, nas execuções fiscais, qualquer defesa prévia sem a anterior garantia do juízo, tomando por base o enunciado do § 1º artigo 16 da Lei 6.830/1980 ("§ 1º. Não são admissíveis embargos do executado antes de garantida a execução"). A nosso sentir, esse entendimento não pode prevalecer sobre as regras constitucionais e processuais do devido processo legal substancial e procedimental de garantir-se o contraditório e a ampla defesa, até porque o artigo 1º da Lei das Execuções Fiscais afirma a aplicação subsidiária do Código de Processo Civil.[71]

Como se detectar, em face de grupos econômicos, fraude à lei, ao contrato social, confusão patrimonial e abuso de personalidade, *prima facie*, sem defesa prévia, adentrando-se no patrimônio de terceiros, pessoas jurídicas e, até mesmos, pessoas físicas daquelas integrantes do quadro societário, sem oportunizar o contraditório, postergando-o? Foi esse o sentido de a lei processual em vigor, a partir dos artigos 133 a 137, ao assegurar o contraditório prévio.

4. CONSIDERAÇÕES FINAIS

Bem caminhou o Superior Tribunal de Justiça no progresso de sua jurisprudência para admitir o cabimento do Incidente de Desconsideração da Personalidade Jurídica (IDPJ), tal qual disciplinado nos artigos 133 a 137 do CPC/2015, superando o equivocado entendimento de haver uma incontornável incompatibilidade com microssistema das execuções fiscais regido pela Lei 6.830/1980, legislação anterior à Constituição Federal de 1988, garantidora do direito fundamental ao devido processo legal substancial e procedimental, cujos corolários da ampla defesa e do contraditório também se encontram positivados como direitos fundamentais.

---

70. Cf. STJ, AgRg no AREsp 159.889 / SP, Ministro Luis Felipe Salomão, DJe 18.10.2013.
71. Art. 1º "A execução judicial para cobrança da Dívida Ativa da União, dos Estados, do Distrito Federal, dos Municípios e respectivas autarquias será regida por esta Lei e, subsidiariamente, pelo Código de Processo Civil".

O artigo 1º da Lei das Execuções fiscais, quando autoriza a aplicação subsidiária do Diploma Processual, indica que tal codificação deve subsidiar, inclusive, as matérias de defesa naquela órbita específica, valorizando efetivamente os princípios constitucionais, sendo certo, ademais, ser o IDPJ um incidente moderno e importantíssimo para o redirecionamento extensivo das responsabilidades obrigacionais de terceiros pelas dívidas dos devedores originários, nas hipóteses de abuso da personalidade jurídica, seja pelo desvio de finalidade (fraude à lei, ao contrato social e ao estatuto social) e/ou confusão patrimonial, impedindo-se, assim, a consumação definitiva de lesão aos credores.

Apesar da especialidade procedimental prevista na Lei das Execuções Fiscais (Lei 6.830/1980), o IDPJ não inviabiliza a efetividade da satisfação do crédito fiscal. Ao contrário, garante a sua satisfação, ampliando, com a devida segurança da ampla defesa e do contraditório, a ampliação e o alcance subjetivo da responsabilidade patrimonial de terceiros que tenham participado e se beneficiado do ilícito. Em resumo, é adequado interpretar a execução fiscal como subespécie de execução singular forçada por quantia certa, com base em título executivo extrajudicial, detentora, portanto, das mesmas bases estruturais traçadas pelo Código de Processo Civil.

O que se afigura incompatível com o procedimento das execuções fiscais é a não observância de garantias fundamentais, entre as quais o direito ao contraditório e à ampla defesa, assegurando pela Constituição Federal, em se artigo 5º, LIV e LV. Certamente, a garantia do contraditório, prevista nos artigos 133 a 137 do CPC/2015, é medida de suma importância, capaz de evitar acolhimentos de pedidos *inaudita altera parte* e, consequentemente, adoção de medidas constritivas.

A experiência bem demonstrou que hipóteses deferimento de desconsideração prévia da personalidade jurídica, em processos judiciais, sem o prévio contraditório e com a imputação de responsabilidades e constrição de bens ou valores, a reversão futura, em sede recursal, dessas decisões deixa um lastro de consequência negativas e deletérias, com muitos efeitos colaterais irreversíveis.

5. REFERÊNCIAS

ANTUNES VARELA, João de Matos. *Das obrigações em geral*. 3. ed. Coimbra: Almedina, 1980. 2 v.

ANTUNES VARELA, João de Matos. *Das obrigações em geral*. 10. ed. Coimbra: Almedina, 2014. 1 v.

ARRUDA ALVIM, José Manoel. *Desconsideração da personalidade jurídica. Direito comercial* – Estudos e pareceres. São Paulo: Ed. RT, 2008.

BARROS, André Borges de Carvalho. O atual panorama da desconsideração da personalidade jurídica nas relações privadas (empresariais, consumeristas e trabalhistas) no direito brasileiro. *Revista dos Tribunais*, n. 994, p. 411-435, ago. 2018.

BORBA, José Edwaldo Tavares, *Direito societário*. Rio de Janeiro: Freitas Bastos, 1997.

BRUSCHI, Gilberto Gomes. *Aspectos processuais da desconsideração da personalidade jurídica*. São Paulo: Juarez de Oliveira, 2004.

CASTRO, Roberta Dias Tarpinian de. *O incidente de desconsideração da personalidade jurídica*: as diferentes funções de um mecanismo processual. Quartier Latin: São Paulo, 2019.

COELHO, Fábio Ulhoa. *Curso de direito comercial*. 13. ed. São Paulo: Saraiva, 2009. 2 v.

COELHO, Fábio Ulhoa. *Curso de direito comercial:* direito de empresa. 16. ed. São Paulo: Saraiva, 2012. 2 v.

COELHO, Fábio Ulhôa. *Desconsideração da personalidade jurídica*. São Paulo: Ed. RT, 1989.

COELHO, Fábio Ulhôa. Lineamentos da teoria da desconsideração da pessoa jurídica. *Revista do Advogado/ Associação dos Advogados do Estado de São Paulo*, n. 36, São Paulo, mar. 1992.

GENARO, Leandro Lopes. O incidente de desconsideração da personalidade jurídica e as execuções fiscais. *Revista dos Tribunais*, v. 978, abr. 2017.

GRINOVER, Ada Pellegrini. Da desconsideração da pessoa jurídica: Aspectos de direito material e processual. *Revista Forense*, v. 371, p. 3-15, 2008.

OLIVEIRA, José Lamartine Corrêa de. *A dupla crise da pessoa jurídica*. São Paulo: Saraiva, 1979.

PARENTONI, Leonardo. *Desconsideração da personalidade jurídica*: Série Ciências Jurídicas & Sociais. Porto Alegre: Editora Fi, 2018.

PINTO, Edson Antônio Souza Pontes; GASPERIN, Carlos Eduardo Makoul. É cabível a instauração do incidente de desconsideração da personalidade jurídica nos casos de responsabilidade tributária de terceiros? ainda sobre a incompatibilidade do novo instituto com o direito processual tributário. *Revista dos Tribunais*, v. 983, São Paulo, set. 2018.

RAMALHETE, Clóvis. Sistema de legalidade na "desconsideração da personalidade jurídica". *Revista dos Tribunais*, n. 586, São Paulo, ago. 1984.

REQUIÃO, Rubens. Abuso de direito e fraude através da personalidade jurídica (*disregard doctrine*). *Revista dos Tribunais*. v. 58, n. 410, dez. 1969.

RODRIGUES, Marcelo Abelha. *Execução por quantia certa contra devedor solvente*. Indaiatuba, SP: Editora Foco, 2021.

RODRIGUES, Marcelo Abelha. *Responsabilidade patrimonial pelo inadimplemento das obrigações; introdução ao estudo sistemático da responsabilização patrimonial*. Indaiatuba, SP: Editora Foco, 2023.

SALOMÃO FILHO, Calixto. *O novo direito societário*. 3. ed. São Paulo: Malheiros, 2006.

O IDPJ E A PRESCRIÇÃO INTERCORRENTE NA EXECUÇÃO FISCAL

Milena Martinelli

Mestranda no IBET. Pós-graduada em Direito Tributário pelo IBET. Pós-graduada em Direito Processual Civil pela Faculdade de Direito de Sorocaba/SP. Advogada.

Sumário: 1. Introdução – 2. O IDPJ como instrumento voltado à satisfação do crédito inadimplido – 3. Prescrição intercorrente como a perda do direito de exigir e satisfazer o crédito tributário; 3.1 Definição do conceito de prescrição intercorrente; 3.2 Cômputo do prazo de prescrição intercorrente considerando o entendimento fixado no Recurso Especial Repetitivo 1.340.553/RS – 4. A influência da prescrição intercorrente sobre o IDPJ – 5. Considerações finais – 6. Referências.

1. INTRODUÇÃO

O cenário no qual a obrigação tributária constituída em face do sujeito passivo sempre seria extinta com o pagamento espontâneo realizado pelo devedor, conquanto represente o ideal a ser alcançado pelas disposições normativas (alguns diriam até utópica), trata-se, em verdade, de uma contingência. Isso, inclusive, é o que justifica o sistema jurídico processual, responsável por conferir efetividade, por via transversa, ao direito material violado (ou na iminência de violação) tão logo instaurado o *fato jurídico conflituoso*.[1]

Diante dessa relação de *conexidade instrumental*[2] entre direito material e direito processual, a execução fiscal há de ser promovida e impulsionada sem perder de vista a relação jurídica conflituosa subjacente, assim como as categorias processuais aplicadas durante o seu curso devem se reportar constantemente à substância do vínculo material descrito na causa de pedir (ante a indissociabilidade do *conteúdo* de sua *forma*,[3] isto é, de seu instrumento) cujo cumprimento é perseguido na dinâmica da *causalidade circular*.[4]

---

1. "Tomada a circunstância de as relações jurídicas funcionarem, sintaticamente, como segundo membro da estrutura normativa (seu consequente, noutro falar), é de se as supor necessariamente vinculadas a um certo antecedente lógico. Esse papel, ordinariamente cumprido pela noção de *fato jurídico*, no caso específico do processo é exercido pela ideia (igualmente específica) de *conflito. Conflito é, assim fato jurídico*". (...) Conflito é, pois, fato jurídico que se constitui pela competente linguagem da petição inicial". CONRADO, Paulo Cesar. *Processo tributário*. 3. ed. São Paulo: Quartier Latin, 2001. p. 29-30.
2. VILANOVA, Lourival. *Causalidade e relação no direito*. 5. ed. São Paulo: Noeses, 2015. p. 169.
3. "A prevalência do conteúdo sobre a forma é mais um dentre os falsos problemas que perturbam a compreensão do direito positivo. Isso porque forma e conteúdo longe de serem aspectos separáveis a ponto de preterir o outro, são dimensões de um objeto incindível". CARVALHO, Paulo de Barros. *Direito tributário*: linguagem e método. 7. ed. São Paulo: Noeses, 2018, p. 190-191.
4. "Note-se que tudo começa e termina na seara material, num deslocamento cíclico que pode ser chamado de causalidade circular. Neste movimento, o processo configura mero parêntese no ciclo de concretização do direito, estando destinado a possibilitar a constituição de normas individuais e concretas efectuais (materiais) que, ao se tornarem definitivas, retornarão ao ponto inicial para retomar ou encerrar o processo de positivação". DALLA

Sob essa perspectiva, direito material e direito processual mantém relação de coimplicação, o que nos faz questionar em que medida institutos como o da prescrição intercorrente relacionada diretamente com o direito de exigir (e satisfazer) o crédito tributário, afetam o manejo de instrumentos processuais de inclusão de litisconsórcio passivo ulterior – especificamente, o caso do Incidente de Desconsideração da Personalidade Jurídica – no âmbito da Execução Fiscal.[5] É o que se pretende investigar a seguir.

2. O IDPJ COMO INSTRUMENTO VOLTADO À SATISFAÇÃO DO CRÉDITO INADIMPLIDO

Adotando-se a Teoria Dualista da Obrigação, *obrigação* e *responsabilidade patrimonial* são relações jurídicas distintas e verificadas em momentos cronológicos diferentes. O crédito tributário constituído pelo lançamento (em sentido amplo[6]) consubstancia o liame *obrigacional* entre o Fisco e o sujeito passivo da relação (seja ele o *contribuinte* ou o *responsável tributário* nos termos do art. 121, parágrafo único, incisos I e II, Código Tributário Nacional), estatuindo o dever do último de pagar determinada quantia em dinheiro a título de tributo ao primeiro, no prazo previamente definido.

Expirado o lapso temporal estabelecido para o cumprimento espontâneo da obrigação, o fato jurídico do inadimplemento poderá ser constituído mediante a inscrição do débito em dívida ativa, da qual poderá ser extraída a respectiva certidão e, portanto, o título executivo extrajudicial a respaldar o ajuizamento da ação exacional.

Mais do que servir de mero documento a instruir a petição inicial, o que a certidão de dívida ativa materializa é, em verdade, a relação jurídica de *responsabilidade patrimonial* tributária – esta, portanto, a relação jurídica de direito material conflituosa[7] –, autorizando o exercício da *pretensão* do sujeito credor, e obrigando o sujeito devedor a suportar os atos de constrição e expropriação sobre seu patrimônio, por intermédio do Estado-juiz, já que ao crédito tributário são, agora, conferidos os atributos da *exigibilidade* e *exequibilidade*.[8]

PRIA, Rodrigo. O direito ao processo. In: CONRADO, Paulo Cesar (Coord.). *Processo tributário analítico*. 3. ed. São Paulo: Noeses, 2015, v. 1, p. 29.

5. Naturalmente, parte-se da premissa de que o IDPJ é cabível no âmbito da Execução Fiscal, em função do que dispõe o art. 1º da Lei 6.830/80, ainda que não se adentre no mérito quanto à sua aplicabilidade nas hipóteses de responsabilidade tributária previstas no Código Tributário Nacional, permanecendo possível sua instauração com fundamento no art. 50 do Código Civil.

6. Aqui incluído, somente para fins didáticos, o procedimento de constituição do crédito pelo próprio sujeito passivo, embora se reconheça tratar-se de institutos distintos.

7. "Eis o porque a relação jurídica conflituosa subjacente à demanda executiva fiscal não é, propriamente, a relação jurídica obrigacional em sentido estrito, cuja existência e legitimidade são presumidas (eficácia abstrata do título executivo), mas sim a relação jurídica que dela decorre, isto é, a responsabilidade patrimonial tributária, a qual fundamenta os atos de constrição e expropriação realizados em ambiente processual". DALLA PRIA, Rodrigo. O direito ao processo. In: CONRADO, Paulo Cesar (Coord.). *Processo tributário analítico*. 3. ed. São Paulo: Noeses, 2015, v. 1. p. 444-445.

8. "Aperfeiçoado o ato de lançamento, devidamente notificado ao particular, ou, sendo o caso de tributo sujeito a lançamento por homologação, editada a norma individual e concreta pelo contribuinte e comunicada ao órgão público, tem-se a constituição do crédito tributário *(existência)*. Com o vencimento do prazo para pagamento do tributo instaura-se sua *exigibilidade*. Todavia, o qualificativo da *exequibilidade* só estará presente quando

O IDPJ E A PRESCRIÇÃO INTERCORRENTE NA EXECUÇÃO FISCAL **871**

Não por outro motivo é que a legitimidade para figurar no polo passivo da execução fiscal será aferida mediante o juízo (sumário) de identidade[9] realizado entre os sujeitos envolvidos na relação jurídica de *responsabilidade patrimonial* tributária, e as partes afirmadas na petição inicial (seguindo a teoria da asserção[10]). Daí a conclusão segundo a qual a *pretensão*, caracterizada como o direito de exigir (e, acrescenta-se, *satisfazer* – o que será aprofundado no próximo tópico) o crédito tributário, somente poderá ser realizada em face daqueles indicados como *devedores*[11] no título executivo.

Ademais, a obrigação se suportar os atos de constrição e expropriação – a *responsabilidade patrimonial* – requer, antes, a sua prévia constituição em linguagem normativa, o que se faz por intermédio de instrumento próprio designado pela lei para a imputação desse dever, qual seja, a Certidão de Dívida Ativa.

Sob essa perspectiva, e considerada a natureza *dúplice*[12] das regras de responsabilidade *tributária* previstas nos arts. 129 a 135 do Código Tributário Nacional, o lançamento e, portanto, a constituição da obrigação tributária poderá ocorrer diretamente em face das pessoas indicadas como responsáveis *tributários*. Nessa situação, a *responsabilidade patrimonial* decorrente do inadimplemento será aquela designada pela dogmática jurídica como *responsabilidade patrimonial primária* (dita, "com débito").

Disciplinar que o dever de pagar determinado tributo poderá ser imputado não apenas àquele que tenha relação *pessoal e direta* com o fato tributável (contribuinte), mas

---

formado o título executivo, passando a ser suscetível de execução judicial, nos termos da Lei 6.830/80". TOMÉ, Fabiana Del Padre. Exigibilidade do crédito tributário: amplitude e efeitos de sua suspensão. In: SOUZA, Priscila de (Coord.). *Direito tributário e os conceitos de direito privado*. São Paulo: Noeses, 2010, p. 06.

9. "O *vínculo de identidade* entre as partes e os sujeitos da relação jurídica de direito material afirmada constitui, por si só, o critério de definição do conceito de legitimidade ordinária *ad causam* (...) A noção de legitimidade de partes, desse modo, há de ser definida como a *relação de identidade* que se estabelece entre os sujeitos parciais do processo (partes) e os sujeitos de direito que integram a relação jurídica de direito material conflituosa objetivada na causa de pedir". (DALLA PRIA, Rodrigo. *Direito processual tributário*. São Paulo: Noeses, 2020, p. 98-99).

10. "Diante desse quadro, o exame da relação substancial destinado a identificar a presença das condições da ação deve limitar-se às afirmações da inicial. Em princípio, nenhuma prova é necessária à aferição da possibilidade jurídica, do interesse e da legitimidade, salvo em casos excepcionais. Parte legítima para figurar no polo ativo, por exemplo, é quem se diz titular do direito afirmado, salvo se a lei exigir, para seu exercício, determinada posição jurídica – como a situação de casado para pleitear separação. Nesse caso, a prova respectiva deve acompanhar a inicial. Se, todavia, a pretensão não estiver relacionada a determinada especificidade do autor, a simples afirmação da titularidade lhe confere legitimidade". BEDAQUE, José Roberto dos Santos. *Direito e processo*: influência do direito material sobre o processo. 5. ed. São Paulo: Malheiros, 2009, p. 103.

11. Tendo em vista a afirmação feita acima de que é a relação de responsabilidade patrimonial tributária que constitui o vínculo conflituoso resultado da crise de inadimplemento, utiliza-se a expressão "devedores" na acepção de *responsáveis patrimoniais tributários primários* (ou secundários, na hipótese de a responsabilidade patrimonial ser aferida após a constituição do crédito tributário, mas antes do ajuizamento da execução fiscal, como ocorre com o Procedimento Administrativo de Reconhecimento de Responsabilidade – PARR, mencionado a seguir).

12. "Significa dizer que as regras de responsabilidade tributária (por sucessão, de terceiros e por infrações) prescritas no Código Tributário Nacional têm natureza dúplice, funcionando ora como típicas normas definidoras dos sujeitos passivos do dever jurídico tributário em sentido estrito (quando aplicadas por ocasião da constituição do crédito tributário), ora como normas atributivas de mera responsabilidade patrimonial àquele que, eventualmente, não haja sido incluído no polo passivo da obrigação tributária por ocasião de sua constituição (no mais das vezes, após o início do processo executivo fiscal), mas que tenha sua condição de responsável verificada em momento posterior". DALLA PRIA, Rodrigo. *Direito processual tributário*. São Paulo: Noeses, 2020, p. 454.

também aos sujeitos cuja obrigação decorra de disposição expressa de lei (responsável *tributário*), ainda que isso possa ser questionado, foi, em verdade, uma opção legislativa, a resultar no atual cenário onde aquele que, mesmo não tendo relação com a situação fática ensejadora da tributação, pode compor o vínculo da obrigação tributária. O "responsável tributário" é, nessa hipótese, devedor (e não terceiro).

Por outro lado, se a despeito dessa autorização expressa, o crédito tributário (inadimplido) for constituído apenas em face do contribuinte, os enunciados normativos dos arts. 129 a 135, CTN fundamentam – se, e somente se, preenchidos os requisitos estabelecidos – o reconhecimento da *responsabilidade patrimonial* de terceiro (assim considerado por não integrar o vínculo obrigacional). Essa, a denominada *responsabilidade patrimonial secundária*, isto é, "sem débito".

Em âmbito federal, essa imputação de responsabilidade *patrimonial* tributária em momento posterior à constituição do crédito tributário – e relativamente às hipóteses de responsabilidade de terceiros por infração à lei consistente na dissolução irregular – poderá ocorrer mesmo antes de ajuizada a ação exacional, através de procedimento especificamente criado para alcançar essa finalidade em conjunto com às garantias do contraditório e ampla defesa, qual seja, o *Procedimento Administrativo de Reconhecimento de Responsabilidade* (PARR), regulamentado pela Portaria PGFN 948/2017.[13]

O resultado positivo do reconhecimento da *responsabilidade patrimonial* de terceiro no aludido procedimento administrativo implica, por exemplo, a inclusão de seu nome no livro da dívida ativa,[14] possibilitando, consequentemente, que a Execução Fiscal seja ajuizada diretamente em face dele. Há, com isso, constituição da relação jurídica de *responsabilidade patrimonial secundária* conflituosa, título executivo e, acrescente-se, solidariedade entre patrimônios.

Entretanto, no exemplo acima, como o vínculo obrigacional (crédito tributário) foi estabelecido com o *contribuinte*, o direito de constranger e expropriar o patrimônio do aludido responsável *tributário* (terceiro) somente existiu em decorrência da possibilidade conferida pelo PARR de constituição da relação de *responsabilidade patrimonial tributária secundária*, repercutindo na expedição de título executivo indispensável ao ingresso sobre o seu patrimônio.

---

13. Disponível em: http://normas.receita.fazenda.gov.br/sijut2consulta/link.action?idAto=86309. Acesso em: 08 fev. 2023.

14. "Art. 7º Na hipótese de rejeição da impugnação ou do recurso administrativo, o terceiro será considerado responsável pelas dívidas.

§ 1º *O disposto no caput implicará a sensibilização dos sistemas de controle da dívida ativa e poderá ter efeito sobre todos os débitos fiscais já inscritos em dívida ativa ou que vierem a ser, em cobrança judicial ou não, em nome da pessoa jurídica irregularmente dissolvida e dos corresponsáveis.*

§ 2º A responsabilidade referida no caput somente poderá ser afastada em relação aos outros débitos fiscais não relacionados no PARR se demonstradas, fundamentadamente, peculiaridades fáticas ou jurídicas que infirmem a responsabilidade.

(...)". Disponível em: http://normas.receita.fazenda.gov.br/sijut2consulta/link.action?idAto=86309. Acesso em: 08 fev. 2023.

O IDPJ E A PRESCRIÇÃO INTERCORRENTE NA EXECUÇÃO FISCAL **873**

A experiência, por outro lado, revela (inclusive porque nem todos os entes públicos fazendários regulamentaram procedimentos de responsabilização patrimonial administrativa de terceiros, como o PARR), ser, majoritariamente, já em ambiente executivo fiscal que a busca pela afetação do patrimônio de terceiro, para responder pelo débito inadimplido pelo devedor, se materializa.

Sem adentrar ao mérito – em virtude da limitação temática e espacial inerente a este artigo – quanto ao cabimento[15] (ou não[16]) do Incidente de Desconsideração da Personalidade Jurídica (IDPJ) para a imputação de todas as responsabilidades tributárias previstas nos arts. 129 a 135, CTN, ou se a sua aplicação seria restrita a hipóteses específicas,[17] admite-se a compatibilidade de sua instauração no âmbito da execução fiscal, por

---

15. Tributário. Agravo interno no recurso especial. Execução fiscal. Redirecionamento. Grupo econômico. Incidente de desconsideração da personalidade jurídica. Caso concreto. Cabimento. Ausência de incompatibilidade com o rito especial. Precedentes da primeira turma.

   1. "O redirecionamento de execução fiscal a pessoa jurídica que integra o mesmo grupo econômico da sociedade empresária originalmente executada, mas que não foi identificada no ato de lançamento (nome na CDA) ou que não se enquadra nas hipóteses dos arts. 134 e 135 do CTN, depende da comprovação do abuso de personalidade, caracterizado pelo desvio de finalidade ou confusão patrimonial, tal como consta do art. 50 do Código Civil, daí porque, nesse caso, é necessária a instauração do incidente de desconsideração da personalidade da pessoa jurídica devedora" (REsp 1.775.269/PR, Rel. Ministro Gurgel de Faria, Primeira Turma, DJe 1º.03.2019). 2. Inexiste incompatibilidade de instauração do incidente de desconsideração da personalidade jurídica no âmbito das execuções fiscais nas hipóteses acima especificadas. 3. Agravo interno não provido. (AgInt no REsp 1.889.340/RS, relator Ministro Sérgio Kukina, Primeira Turma, julgado em 20.06.2022, DJe de 23.06.2022.)

16. Processo civil. Tributário. Execução fiscal. Empresa do grupo econômico. Inclusão no polo passivo. Incidente de desconsideração da personalidade jurídica. Instauração. Desnecessidade. Acórdão recorrido em confronto com a jurisprudência do STJ.

   I – (...) II – (...) III – A jurisprudência do Superior Tribunal de Justiça é firme no sentido de que a previsão constante no art. 134, caput, do CPC/2015, sobre o cabimento do incidente de desconsideração da personalidade jurídica, na execução fundada em título executivo extrajudicial, não implica a incidência do incidente na execução fiscal regida pela Lei 6.830/1980, verificando-se verdadeira incompatibilidade entre o regime geral do Código de Processo Civil e a Lei de Execuções, que, diversamente da Lei geral, não comporta a apresentação de defesa sem prévia garantia do juízo, nem a automática suspensão do processo, conforme a previsão do art. 134, § 3º, do CPC/2015. IV – A presente controvérsia versa sobre a necessidade de instauração do incidente de desconsideração da personalidade jurídica, nos termos dos arts. 133 a 137 do CPC/2015, para análise da pretensão de redirecionamento da execução fiscal a outra pessoa jurídica com a qual a executada formou grupo econômico de fato. V – Verifica-se que o acórdão recorrido encontra-se em dissonância à jurisprudência do Superior Tribunal de Justiça, a qual tem se firmado no sentido de que o incidente de desconsideração da personalidade jurídica, previsto nos arts. 133 a 137 do CPC/2015, é incompatível com a execução fiscal regida pela Lei 6.830/1980, dada a incompatibilidade, no ponto, entre os dois sistemas. Nesse sentido, confiram-se: (STJ, REsp 1.786.311/PR, relator Ministro Francisco Falcão, Segunda Turma, DJe de 14.05.2019 e AgInt no REsp 1.866.901/SC, relator Ministro Mauro Campbell Marques, Segunda Turma, DJe de 27.08.2020). VI – Agravo interno improvido. (AgInt no AREsp 2.033.750/RJ, relator Ministro Francisco Falcao, Segunda Turma, julgado em 28.11.2022, DJe de 1º.12.2022.)

17. "Não cabe instauração de incidente de desconsideração da personalidade jurídica nas hipóteses de redirecionamento da execução fiscal desde que fundada, exclusivamente, em responsabilidade tributária nas hipóteses dos arts. 132, 133, I e II e 134 do CTN, sendo o IDPJ indispensável para a comprovação de responsabilidade em decorrência de confusão patrimonial, dissolução irregular, formação de grupo econômico, abuso de direito, excesso de poderes ou infração à lei, ao contrato ou ao estatuto social (CTN, art. 135, incisos I, II e III), e para a inclusão das pessoas que tenham interesse comum na situação que constitua o fato gerador da obrigação principal, desde que não incluídos na CDA, tudo sem prejuízo do regular andamento da execução fiscal em face dos demais coobrigados". (TRF-3. IRDR 0017610-97.2016.4.03.0000. Órgão Especial. Relator Desembargador Federal Baptista Pereira. Relator para o Acórdão Desembargador Federal Wilson Zauhy. Julgamento: 10.02.2021. Dje: 19.05.2021).

força do que dispõe o art. 1º da Lei 8.630/80, sendo, porém, considerada indispensável, ao menos se a pretensão de *responsabilização patrimonial* de terceiro, estiver fundada no art. 50 do Código Civil.

De um modo ou de outro, através do IDPJ há uma ampliação subjetiva da demanda executiva fiscal e, em certa medida, da pretensão do Fisco-credor. Ademais, é a decisão proveniente desse *processo incidental*,[18] ante a comprovação dos requisitos estabelecidos em lei, que representa a base empírica da relação jurídica de *responsabilidade patrimonial secundária* e, concomitantemente, constitui o título executivo necessário à prática dos atos coercitivos em face do, agora, executado (antes, terceiro).

Disso decorre que o efeito pragmático do IDPJ no domínio da execução fiscal – não obstante se reconheça não poder reduzir esse instituto a apenas uma perspectiva de seus efeitos – é permitir à Fazenda Pública credora o direito de exigir (e satisfazer) seu crédito contra mais de um patrimônio. A *pretensão* executiva (direito de exigir e satisfazer) é, portanto, a mesma – ante a manutenção do estado de inadimplemento do débito tributário –, embora a *responsabilidade patrimonial* seja atribuída, pós procedência do IDPJ, a mais de um executado.

O IDPJ representa, assim, mais um instrumento processual à disposição do credor para, cumpridos os requisitos legais, alargar a *responsabilidade patrimonial*[19] e obter o adimplemento do crédito coercitivamente. Embora, muitas vezes, a defesa pela instauração do IDPJ na Execução Fiscal seja analisada como obstáculo à persecução célere do pagamento do crédito tributário, é inegável que a sua faceta essencial também se revela, na medida em que confere possibilidade ao Fisco-credor de se valer de mecanismos judiciais – quebra de sigilo, por exemplo – para fazer prova do seu direito de obter a *responsabilização patrimonial* de terceiros.

É, portanto, ferramenta que interessa não apenas os pretensos devedores (terceiros), ante a garantia do exercício prévio do contraditório e ampla defesa, mas, principalmente do credor, tanto por estar muitas vezes limitado na questão probatória, quanto pelos favoráveis efeitos que a procedência do IDPJ poderá repercutir na incessante busca pelo adimplemento do crédito exequendo.

E é exatamente essa concepção atinente a natureza adjetiva (processual) do IDPJ, voltada precipuamente à satisfação do direito de exigir o pagamento do crédito tributário (direito material), que permite sustentar a sua natureza *condicionada*: pode ser manejado se, e somente se, a relação jurídica de *responsabilidade patrimonial* subjacente

---

18. Utiliza-se essa expressão para aludir à natureza de ação do IDPJ, não obstante a designação atribuída pela legislação, de "incidente processual". Nesse sentido, Roberta Dias Tarpinian de Castro defende: "É o conteúdo do pronunciamento judicial que deve determinar a sua natureza processual, e também é por meio do conteúdo do IDPJ, e não pelo nome dado (incidente de desconsideração da personalidade jurídica em vez de processo incidental de desconsideração da personalidade jurídica), que devemos repousar nossa conclusão atinente à natureza do IDPJ, se processo incidental ou incidente processual". CASTRO, Roberta Dias Tarpinian de. *O incidente de desconsideração da personalidade jurídica*. São Paulo: Quartier Latin, 2019, p. 167.

19. Disponível em: https://www.conjur.com.br/2023-fev-09/flavio-luiz-yarshell-extensao-responsabilidade-patrimonial. Acesso em: 09 fev. 2023.

O IDPJ E A PRESCRIÇÃO INTERCORRENTE NA EXECUÇÃO FISCAL | **875**

ao feito executivo fiscal – a qual se busca realizar com o auxílio da ampliação subjetiva almejada pelo IDPJ –, não houver sido extinta. E uma das formas do credor Fazendário se ver frustrado nesse seu desiderato, correspondente, exatamente à consumação da prescrição intercorrente.[20]

3. PRESCRIÇÃO INTERCORRENTE COMO A PERDA DO DIREITO DE EXIGIR E SATISFAZER O CRÉDITO TRIBUTÁRIO

Partindo da premissa de que a razão de ser do sistema jurídico processual é garantir a efetividade do direito material violado (ou na iminência de violação), e, desse modo, dirimir a relação jurídica conflituosa afirmada na inicial, sobrevindo a extinção desta, não há mais que se falar em tutela jurisdicional a ser prestada.

Nesse sentido, considerando que no domínio da execução fiscal o vínculo conflituoso consiste na relação de *responsabilidade patrimonial* na qual ao direito de exigir (e satisfazer) o crédito tributário do Fisco-credor está contraposta a obrigação do sujeito devedor de suportar os atos de constrição e expropriação patrimoniais, uma vez extinto esse vínculo, o monopólio coercitivo do Estado-juiz não mais poderá ser exercido – seja contra o patrimônio do devedor da obrigação tributária inadimplida (responsabilidade *patrimonial primária*), seja contra o patrimônio de terceiro que, por expressa disposição legal (responsabilidade *patrimonial secundária*), possa ser chamado a responder pelo pagamento.

É nesse cenário que surge a importância de retomar o tema da prescrição intercorrente, compreendida como desdobramento natural da prescrição ordinária,[21] verificada no bojo do processo executivo tributário em razão do esgotamento do prazo para a Fazenda Pública exigir e satisfazer seu crédito através do mecanismo judicial coercitivo.

3.1 Definição do conceito de prescrição intercorrente

Compreendida pelo seu conteúdo semântico, e não pelo seu efeito,[22] a prescrição ordinária (da qual decorre a prescrição intercorrente) é a norma jurídica em sentido

---

20. Lembrando que em ambiente tributário, por literal disposição de lei, a prescrição é causa de extinção do crédito tributário (art. 156, V, CTN). Isso será reiterado ao longo do texto.

21. Paulo de Barros Carvalho, discorrendo sobre a Teoria das Classes, ensina o seguinte: "Os diversos grupos de uma classificação recebem o nome de espécies e gêneros, sendo que espécies designam os grupos contidos em um grupo mais extenso, enquanto gênero 'o grupo mais extenso que contém as espécies', sendo a 'diferença específica' o 'conjunto das qualidades que se acrescentam ao gênero para a determinação da espécie', de tal modo que é lícito enunciar: 'a espécie é igual ao gênero mais a diferença específica (E=G + De)'." CARVALHO, Paulo de Barros. *Direito tributário, linguagem e método*. 7. ed. São Paulo: Noeses, 2018, p. 124.

   Seguindo as lições do renomado Professor, é possível dizer que há identidade entre a prescrição e a prescrição intercorrente quanto ao conteúdo normativo, pois ambas disciplinam o fim do limite do tempo para exigir e satisfazer o crédito tributário. No entanto, a "diferença específica" que qualifica a prescrição intercorrente como espécie do gênero prescrição, é o pressuposto do processo executivo fiscal.

22. Na doutrina, é comum encontrar definições do instituto da prescrição, como sendo a "perda do prazo para propor a ação competente". Contudo, entende-se ser mais apropriado defini-lo pelo núcleo semântico contido na norma jurídica que a veicula.

estrito que disciplina o fim do limite do tempo para o sujeito ativo exigir e satisfazer o crédito tributário vencido. Se, dentro do limite temporal (no caso, de 05 anos, conforme art. 174, *caput*, CTN – contados a partir da data do vencimento do prazo para pagamento) o direito não for exercido, a norma da prescrição será aplicada, fulminando-o.

Esse posicionamento é ligeiramente mais amplo do que aquele defendido por Renata Elaine Silva Ricetti Marques, para quem a norma jurídica da prescrição veicula o limite do tempo tão somente para a exigibilidade do direito ao crédito (e não para a sua satisfação), de modo que a mera "afetação com a constrição do patrimônio do devedor (penhora)" teria a aptidão para fazer "cessar a exigibilidade e consequentemente o prazo de prescrição".[23]

Todavia, pensamos que como consequência desse entendimento, a constrição sobre um imóvel – ainda que avaliado pelo valor integral da dívida –, por exemplo, liberaria o Fisco-credor de promover os atos tendentes à alienação/adjudicação do bem em tempo razoável, podendo a penhora permanecer gravada na matrícula por tempo indefinido e, portanto, a relação jurídica conflituosa seguiria sem o esperado desfecho.

Para além de se tratar de mero interesse do credor obter a resolução da avença, a garantia Constitucional à prestação jurisdicional em tempo razoável (art. 5º, LXXVIII), transcende aos limites das partes, o que significa dizer que ainda que a *providência* última e necessária à satisfação do objeto litigioso seja atribuída exclusivamente ao credor, o *interesse* na sua realização em tempo razoável alcança a todos indistintamente, evitando que o estado de patologia normativa (inadimplemento) se torne perene.

Por isso, pelo viés aqui defendido, embora a constrição do patrimônio do devedor configure manifestação do direito de exigir da Fazenda Pública, não é suficiente para satisfazê-lo, o que apenas ocorrerá mediante a prática exitosa dos atos de expropriação. Não por outro motivo é que o depósito judicial, por exemplo, não basta, por si só, para extinguir a relação jurídica, mas somente a sua conversão em renda (art. 156, VI, CTN) a satisfaz. Sendo assim, compreende-se que o direito de *satisfazer* também integra o consequente da noma de prescrição.

3.2 Cômputo do prazo de prescrição intercorrente considerando o entendimento fixado no Recurso Especial Repetitivo 1.340.553/RS

O direito de exigir (e satisfazer), decorrente do inadimplemento do crédito, constitui a *pretensão* do sujeito ativo de promover os atos de cobrança restritivos de direitos e passíveis de realização no âmbito administrativo (protesto da certidão de dívida ativa, inclusão no cadastro de devedores inadimplentes, impedimento na expedição de certidão de regularidade fiscal etc.), bem como atos tendentes a constrição/expropriação do patrimônio do devedor inadimplente efetivados sob a tutela do Estado-juiz.

---

23. MARQUES, Renata Elaine Ricetti Silva. *Curso de decadência e de prescrição no direito tributário*. 4. ed. São Paulo: Noese, 2020, p. 88.

O IDPJ E A PRESCRIÇÃO INTERCORRENTE NA EXECUÇÃO FISCAL **877**

Para que o credor fazendário possa ter tempo de exercer esse direito mediante a utilização dos instrumentos coercitivos da autoridade judicial, o legislador estabeleceu uma forma de interromper o fluxo temporal da *prescrição ordinária* após a propositura da execução fiscal, atualmente, o despacho do juiz que ordena a citação (art. 174, parágrafo único, inciso I, do CTN).

A interrupção da prescrição equivale, portanto, à interrupção do tempo da exigibilidade (na acepção aqui defendida). É considerada (a interrupção) como o efeito jurídico[24] que tem por objetivo cessar a contagem de um prazo legalmente estabelecido e já em andamento, para, concomitantemente, reiniciá-lo. Interromper o período da exigibilidade é a justa medida encontrada para compatibilizar a necessidade de dilação do tempo para que o credor se socorra da tutela executiva com vistas à satisfação de seu crédito, com a segurança jurídica pretendida pela não perpetuação das relações jurídicas, já que o prazo reiniciado não é indefinido, mas limitado em 05 (anos).

O despacho do juiz que ordena a citação tem, portanto, o efeito de renovar o limite de tempo de que dispõe o sujeito ativo para exigir e satisfazer seu crédito, agora, no âmbito de um processo executivo fiscal. Ao fluxo temporal reiniciado, atribui-se o nome de prescrição intercorrente.

Paulo Cesar Conrado,[25] embora construa sua interpretação partindo de premissas processuais, corrobora com esse posicionamento ao dispor:

Encontra-se aí, precisamente, a base lógica da ideia de prescrição intercorrente: no plano das execuções, o Estado-juiz deve ser provocado no prazo por lei estabelecido (prescrição propriamente dita); mas não só: em tal plano, as condições necessárias à outorga da correlata tutela (informações acerca do paradeiro do devedor e de seu patrimônio) precisam ser oferecidas no tempo apropriado, sob pena de se frustrar sua conferência (da referida tutela), quedando o processo em aberto *ad infinitum* – resultado repudiado pelo valor que atua por trás da noção de prescrição (segurança jurídica). (...)

Profligamos, com tudo isso, a tese de que a prescrição intercorrente é fenômeno inerente à natureza dos processos executivos, funcionando como corolário inexorável da noção de segurança jurídica para tais modalidades – assim como o é o conceito de prescrição (propriamente dita) para todos os demais tipos processuais.

Dessa maneira, conclui-se: o reconhecimento da prescrição intercorrente independe da existência de enunciado legal que a preveja com foros de especificidade, bastando, antes disso, que o correspondente fato implicador se verifique, a saber, a inércia do interessado (exequente), por tempo igual ou superior ao da prescrição (propriamente dita) (...) (grifo nosso).

Dizendo o mesmo com outras palavras, a prescrição intercorrente ocorre durante o curso da execução fiscal, tendo em vista que o prazo de 05 (cinco) anos reiniciado pelo despacho do juiz que ordenou a citação, esgotou sem que tenha havido a satisfação do crédito tributário.

---

24. MARQUES, Renata Elaine Silva Ricetti. *Curso de decadência e de prescrição no direito tributário*. 4. ed. São Paulo: Noeses, p. 319.
25. CONRADO, Paulo Cesar. Execução fiscal em matéria tributária: decretabilidade *ex officio* da prescrição intercorrente. In: CARVALHO, Aurora Tomazini de (Coord.). *Decadência e prescrição em direito tributário*. 2. ed. São Paulo: MP, 2010, p. 191.

Some-se a isso, a necessidade de compatibilização do prazo da prescrição intercorrente, com os marcos interruptivos atualmente considerados pelo Superior Tribunal de Justiça ao julgar o Repetitivo 1.340.553/SC,[26] cuja melhor interpretação, acredita-se, resulta em conceber a existência de 02 (dois) cenários possíveis: um antes do prazo de 1 (um) ano de suspensão previsto no art. 40 da Lei 6.830/80 e outro depois.

Em todos eles, deve-se partir da premissa de que o despacho do juiz que ordena a citação interrompe o curso da prescrição ordinária (art. 174, I, CTN), o qual é concomitantemente reiniciado, mas agora, sob o qualificativo "intercorrente", vez que no curso do processo executivo fiscal. A citação do devedor, por sua vez, deve ocorrer durante esse prazo reiniciado (de cinco anos), cabendo ao credor ser diligente e zelar pelo cumprimento tempestivo da ordem, alertando ao juiz, se o caso, acerca da demora no atendimento de sua determinação. Fixada a premissa, apresentam-se os cenários possíveis com relação aos marcos interruptivos consolidados pela Corte Superior:[27]

---

26. STJ. Recurso Especial Repetitivo 1340553/SC. Relator Ministro Mauro Campbell Marques. Primeira Seção. Julgamento: 12.09.2018. DJE: 16.10.2018.

27. Recurso especial repetitivo. Arts. 1.036 e seguintes do CPC/2015 (art. 543-C, do CPC/1973). Processual civil. Tributário. Sistemática para a contagem da prescrição intercorrente (prescrição após a propositura da ação) prevista no art. 40 e parágrafos da lei de execução fiscal (Lei 6.830/80).

O espírito do art. 40, da Lei 6.830/80 é o de que nenhuma execução fiscal já ajuizada poderá permanecer eternamente nos escaninhos do Poder Judiciário ou da Procuradoria Fazendária encarregada da execução das respectivas dívidas fiscais.

2. Não havendo a citação de qualquer devedor por qualquer meio válido e/ou não sendo encontrados bens sobre os quais possa recair a penhora (o que permitiria o fim da inércia processual), inicia-se automaticamente o procedimento previsto no art. 40 da Lei 6.830/80, e respectivo prazo, ao fim do qual restará prescrito o crédito fiscal. Esse o teor da Súmula 314/STJ: "Em execução fiscal, não localizados bens penhoráveis, suspende-se o processo por um ano, findo o qual se inicia o prazo da prescrição quinquenal intercorrente".

3. Nem o Juiz e nem a Procuradoria da Fazenda Pública são os senhores do termo inicial do prazo de 1 (um) ano de suspensão previsto no caput, do art. 40, da LEF, somente a lei o é (ordena o art. 40: "[...] o juiz suspenderá [...]"). Não cabe ao Juiz ou à Procuradoria a escolha do melhor momento para o seu início. No primeiro momento em que constatada a não localização do devedor e/ou ausência de bens pelo oficial de justiça e intimada a Fazenda Pública, inicia-se automaticamente o prazo de suspensão, na forma do art. 40, caput, da LEF. Indiferente aqui, portanto, o fato de existir petição da Fazenda Pública requerendo a suspensão do feito por 30, 60, 90 ou 120 dias a fim de realizar diligências, sem pedir a suspensão do feito pelo art. 40, da LEF. Esses pedidos não encontram amparo fora do art. 40 da LEF que limita a suspensão a 1 (um) ano. Também indiferente o fato de que o Juiz, ao intimar a Fazenda Pública, não tenha expressamente feito menção à suspensão do art. 40, da LEF. O que importa para a aplicação da lei é que a Fazenda Pública tenha tomado ciência da inexistência de bens penhoráveis no endereço fornecido e/ou da não localização do devedor. Isso é o suficiente para inaugurar o prazo, ex lege.

4. Teses julgadas para efeito dos arts. 1.036 e seguintes do CPC/2015 (art. 543-C, do CPC/1973):

4.1.) O prazo de 1 (um) ano de suspensão do processo e do respectivo prazo prescricional previsto no art. 40, §§ 1º e 2º da Lei 6.830/80 – LEF tem início automaticamente na data da ciência da Fazenda Pública a respeito da não localização do devedor ou da inexistência de bens penhoráveis no endereço fornecido, havendo, sem prejuízo dessa contagem automática, o dever de o magistrado declarar ter ocorrido a suspensão da execução;

4.1.1.) Sem prejuízo do disposto no item 4.1., nos casos de execução fiscal para cobrança de dívida ativa de natureza tributária (cujo despacho ordenador da citação tenha sido proferido antes da vigência da Lei Complementar 118/2005), depois da citação válida, ainda que editalícia, logo após a primeira tentativa infrutífera de localização de bens penhoráveis, o Juiz declarará suspensa a execução.

4.1.2.) Sem prejuízo do disposto no item 4.1., em se tratando de execução fiscal para cobrança de dívida ativa de natureza tributária (cujo despacho ordenador da citação tenha sido proferido na vigência da Lei Complementar 118/2005) e de qualquer dívida ativa de natureza não tributária, logo após a primeira tentativa frustrada de citação do devedor ou de localização de bens penhoráveis, o Juiz declarará suspensa a execução.

O IDPJ E A PRESCRIÇÃO INTERCORRENTE NA EXECUÇÃO FISCAL **879**

Cenário 01 – antes da suspensão do processo: localizado o devedor dentro do prazo de 05 (cinco) anos reiniciado com o despacho que ordena a citação, haverá nova interrupção da prescrição (item 4.3 da ementa), dispondo a Fazenda Pública de novo período de 05 (cinco) anos para localizar os bens do devedor (naturalmente, se este não tiver realizado o pagamento, tampouco arguido qualquer das causas suspensivas previstas no art. 151 do CTN). Realizada a constrição patrimonial, o prazo prescricional será novamente interrompido, e o credor terá o prazo renovado para buscar a complementação da constrição, se esta for parcial, a substituição do bem penhorado, ou promover a realização dos atos expropriatórios.

Cenário 02 – após a suspensão do processo: Não encontrado o devedor, a data da intimação da exequente a respeito da primeira tentativa infrutífera, suspende o curso do processo por 01 (um) ano, bem como da prescrição intercorrente, devendo o magistrado, sem prejuízo dessa contagem automática, declarar ter ocorrido a suspensão da execução (isso se o despacho ordenador da citação ocorrer após a LC 118/2005 – item 4.1.2 da ementa). Citado o devedor e não localizados bens penhoráveis, a data da ciência da Fazenda Pública a respeito da primeira tentativa infrutífera, iniciará o procedimento previsto no art. 40 da LEF (inclusive para os casos onde o despacho ordenador da citação foi proferido antes da LC 118/2005 – item 4.1.1 da ementa), cuja interrupção será reconhecida tão logo sejam constritos bens do executado.

Importante reforçar que a inserção de mais 1 (um) ano no cômputo do prazo da prescrição intercorrente, em razão da suspensão do processo, decorre da previsão do enunciado do art. 40 da Lei 6.830/80,[28] cuja constitucionalidade está sendo analisada

---

4.2.) Havendo ou não petição da Fazenda Pública e havendo ou não pronunciamento judicial nesse sentido, findo o prazo de 1 (um) ano de suspensão inicia-se automaticamente o prazo prescricional aplicável (de acordo com a natureza do crédito exequendo) durante o qual o processo deveria estar arquivado sem baixa na distribuição, na forma do art. 40, §§ 2º, 3º e 4º da Lei 6.830/80 – LEF, findo o qual o Juiz, depois de ouvida a Fazenda Pública, poderá, de ofício, reconhecer a prescrição intercorrente e decretá-la de imediato;

4.3.) A efetiva constrição patrimonial e a efetiva citação (ainda que por edital) são aptas a interromper o curso da prescrição intercorrente, não bastando para tal o mero peticionamento em juízo, requerendo, v.g., a feitura da penhora sobre ativos financeiros ou sobre outros bens. Os requerimentos feitos pelo exequente, dentro da soma do prazo máximo de 1 (um) ano de suspensão mais o prazo de prescrição aplicável (de acordo com a natureza do crédito exequendo) deverão ser processados, ainda que para além da soma desses dois prazos, pois, citados (ainda que por edital) os devedores e penhorados os bens, a qualquer tempo – mesmo depois de escoados os referidos prazos –, considera-se interrompida a prescrição intercorrente, retroativamente, na data do protocolo da petição que requereu a providência frutífera.

4.4.) A Fazenda Pública, em sua primeira oportunidade de falar nos autos (art. 245 do CPC/73, correspondente ao art. 278 do CPC/2015), ao alegar nulidade pela falta de qualquer intimação dentro do procedimento do art. 40 da LEF, deverá demonstrar o prejuízo que sofreu (exceto a falta da intimação que constitui o termo inicial – 4.1., onde o prejuízo é presumido), por exemplo, deverá demonstrar a ocorrência de qualquer causa interruptiva ou suspensiva da prescrição.

4.5.) O magistrado, ao reconhecer a prescrição intercorrente, deverá fundamentar o ato judicial por meio da delimitação dos marcos legais que foram aplicados na contagem do respectivo prazo, inclusive quanto ao período em que a execução ficou suspensa.

5. Recurso especial não provido. Acórdão submetido ao regime dos arts. 1.036 e seguintes do CPC/2015 (art. 543-C, do CPC/1973).

28. Art. 40. O Juiz suspenderá o curso da execução, enquanto não for localizado o devedor ou encontrados bens sobre os quais possa recair a penhora, e, nesses casos, não correrá o prazo de prescrição.

pelo Supremo Tribunal Federal através do julgamento do Recurso Extraordinário 636.562/SC (Tema 390[29]), ante a alegação de que o referido dispositivo previsto em lei ordinária, regula prazo atinente à prescrição intercorrente, matéria esta reservada pela Constituição Federal à lei complementar (art. 146, III, "b", CF).

O julgamento, iniciado em 10 de fevereiro de 2023, mas ainda não finalizado até a conclusão deste artigo, já conta com o voto do Relator Ministro Roberto Barroso, chancelando a constitucionalidade do art. 40, LEF, justamente por considerar que o seu conteúdo versa sobre *suspensão do processo*[30] e não sobre *suspensão da prescrição intercorrente.*

O resultado do julgamento do RE 636.562/SC, porém, afetará tão somente a necessidade de observância do prazo ânuo adicional, mantendo intacto o entendimento quanto aos marcos interruptivos fixados no Repetitivo 1.340.553/SC (fato esse, inclusive, previsto pelo Superior Tribunal de Justiça na mesma oportunidade[31]) e, por conseguinte, dos dois cenários acima identificados.

4. A INFLUÊNCIA DA PRESCRIÇÃO INTERCORRENTE SOBRE O IDPJ

A relação jurídica de *responsabilidade patrimonial* tributária representa, como visto, o vínculo entre o direito do Fisco-credor de exigir e satisfazer o seu crédito inadimplido (*pretensão*), e a obrigação do devedor de suportar os atos de constrição e expropriação sobre seu patrimônio (*responsabilidade patrimonial*).

Esse ônus, no entanto, pode decorrer do inadimplemento do crédito tributário constituído pelo lançamento em deu desfavor (responsabilidade *patrimonial primária*), bem como da apuração, em momento posterior à constituição do crédito, dos requisi-

---

§ 1º Suspenso o curso da execução, será aberta vista dos autos ao representante judicial da Fazenda Pública.

§ 2º Decorrido o prazo máximo de 1 (um) ano, sem que seja localizado o devedor ou encontrados bens penhoráveis, o Juiz ordenará o arquivamento dos autos.

§ 3º Encontrados que sejam, a qualquer tempo, o devedor ou os bens, serão desarquivados os autos para prosseguimento da execução.

§ 4º Se da decisão que ordenar o arquivamento tiver decorrido o prazo prescricional, o juiz, depois de ouvida a Fazenda Pública, poderá, de ofício, reconhecer a prescrição intercorrente e decretá-la de imediato.

§ 5º A manifestação prévia da Fazenda Pública prevista no § 4º deste artigo será dispensada no caso de cobranças judiciais cujo valor seja inferior ao mínimo fixado por ato do Ministro de Estado da Fazenda.

29. Tema 390: Reserva de lei complementar para tratar da prescrição intercorrente no processo de execução fiscal.

30. [trecho do voto disponibilizado]: "(...) Tampouco se pode dizer que o prazo de suspensão de 1 (um) ano deveria estar previsto em lei complementar. Trata-se de mera condição processual para que haja o início da contagem do prazo prescricional de 5 (cinco) anos, de modo a ser possível constatar uma probabilidade remota ou improvável de satisfação do crédito tributário. Em outras palavras, cuida-se de um intervalo temporal razoável fixado por lei dentro do qual o credor deve buscar bens para submissão à penhora."

31. [Trecho do voto do Ministro Relator Mauro Campbell Marques]: "De início, registro não haver qualquer relação de prejudicialidade do presente julgamento em relação ao RE 636.562/SC, em repercussão geral, a ser julgado pelo STF, em razão de estar-se aqui diante de tema puramente infraconstitucional, além de não haver nos autos a presença de recurso extraordinário. Outrossim, o que se julgará em repercussão geral no RE 636.562/SC é a constitucionalidade do prazo de 1 (um) ano de suspensão do processo, dentro da sistemática do art. 40, da LEF, o que não afeta o resultado do presente julgamento que poderá a ele ser adaptado, caso se entenda pela retirada desse prazo inicial de 1 (um) ano".

tos necessários à responsabilização, sejam aqueles embasados na natureza dúplice das disposições previstas no Código Tributário Nacional (arts. 128 a 135), sejam aqueles fundamentados no art. 50 do Código Civil (responsabilidade *patrimonial secundária*).

Entretanto, tendo sido a execução fiscal proposta somente em face do contribuinte-devedor, sobrevindo o interesse da Fazenda Pública em obter o reconhecimento da *responsabilidade patrimonial* de terceiros, mediante a instauração do IDPJ, será imprescindível analisar se o direito de exigir (e satisfazer) o seu crédito tributário ainda se mantém, ou se foi fulminado por alguma das causas extintivas da relação jurídica material subjacente, a exemplo da prescrição intercorrente.

Não se está aqui a sustentar, como bem observou Paulo Guilherme Gorski de Queiroz,[32] da existência de um limite temporal, delimitado por norma jurídica, direcionado especificamente ao IDPJ, como se a sua instauração estivesse sujeita a prazo, justamente por se tratar de um *direito potestativo* – natureza esta afirmada reiteradamente pela jurisprudência do Superior Tribunal de Justiça.[33]

Contudo, defender que o IDPJ é um direito potestativo e que, portanto, pode ser exercido a qualquer tempo, *não significa dizer que o seu uso não possa ser impactado pelo transcurso do lapso temporal que afeta o direito material instrumentalizado.*

É exatamente aquele vínculo de *conexidade instrumental*, destacado logo nas primeiras linhas, que condiciona a fruição das técnicas processuais previstas – dentre as quais está inserido o IDPJ – à manutenção do estado de conflituosidade da relação jurídica de *responsabilidade patrimonial* judicializada:

> Um aspecto peculiar chama a atenção, porém: a instrumentalidade da norma do artigo 50 do Código Civil gera uma relação umbilical entre o direito à desconsideração e a obrigação que busca satisfazer, sendo a preexistência dessa obrigação elemento básico na aplicação da desconsideração – é a obrigação, em suma, que justifica a existência e os peculiares efeitos do art. 50.[34]

---

32. A desconsideração da personalidade jurídica deriva de um direito potestativo, sem prestação ou violação, avesso à aplicação de normas prescricionais. QUEIROZ, Paulo Guilherme Gorski de. *O limite temporal da desconsideração da personalidade jurídica na cobrança judicial do crédito tributário*. Dissertação de Mestrado. Fundação Getúlio Vargas, Escola de São Paulo. São Paulo, 2022, p. 70.

33. Agravo interno. Agravo em recurso especial. Desconsideração da personalidade jurídica. Revisão. Súmula 7 do STJ. Prescrição. Inocorrência. Dissídio jurisprudencial 1. (...).
2. "Relativamente aos direitos potestativos para cujo exercício a lei não vislumbrou necessidade de prazo especial, prevalece a regra geral da inesgotabilidade ou da perpetuidade, segundo a qual os direitos não se extinguem pelo não uso. Assim, à míngua de previsão legal, o pedido de desconsideração da personalidade jurídica, quando preenchidos os requisitos da medida, poderá ser realizado a qualquer momento." (REsp 1180191/RJ, Rel. Ministro Luis Felipe Salomão, Quarta Turma, julgado em 05.04.2011, DJe 09.06.2011) 3. Uma vez aplicada a Súmula 7/STJ quanto à alínea "a", fica prejudicada a divergência jurisprudencial, pois as conclusões divergentes decorreriam das circunstâncias específicas de cada processo e não do entendimento diverso sobre uma mesma questão legal. 4. Agravo interno não provido. (AgInt no AREsp 2.053.016/SP, relator Ministro Luis Felipe Salomão, Quarta Turma, julgado em 11.04.2022, DJe de 19.04.2022).

34. QUEIROZ, Paulo Guilherme Gorski de. *O limite temporal da desconsideração da personalidade jurídica na cobrança judicial do crédito tributário*. Dissertação de Mestrado. Fundação Getúlio Vargas, Escola de São Paulo. São Paulo, 2022, p. 77.

Sob essa ótica, se o direito de exigir e satisfazer o crédito tributário, exercido tempestivamente pela Fazenda Pública, for fulminado pela prescrição intercorrente em qualquer dos dois cenários indicados no tópico anterior, faltar-lhe-á *interesse de agir* para a instauração do IDPJ, já que em virtude da sua natureza jurídica de *ação*, é imprescindível a observância de *todas as regras inerentes a uma ação*,[35] incluindo o interesse de agir.

Os dois atributos que qualificam o interesse processual, sabe-se, consistem na *necessidade* da prestação da tutela jurisdicional a ser requerida, bem como da *utilidade* desse provimento na proteção do direito afirmado como violado (ou na iminência de violação), novamente condicionados àquilo que o direito material objetivado pela causa de pedir revela, como também[36] observou Cassio Scarpinella Bueno:

> Aqui também não há razão para negar a relação existente entre o plano material e processual. É a perspectiva de alguém, no plano material, que se sente lesionado ou ameaçado em direito seu que justifica o rompimento da inércia jurisdicional para obter determinada utilidade. É entender *necessária* a prestação jurisdicional para a proteção de dado bem da vida (*utilidade*) que alimenta a *ação*, cujo exercício dará início ao processo.[37]

Voltando os olhos para as relações jurídicas de direito material que envolvem todo o contexto da execução fiscal em que requerido o IDPJ (interno ou externo), por exemplo, observa-se que a crise de inadimplemento implicou a *relação jurídica de responsabilidade patrimonial primária* que está sendo executada, e a crise de incerteza fundamenta a potencial relação jurídica de *responsabilidade patrimonial secundária* que se pretende ver reconhecida através do processo incidental.

Conquanto sejam relações jurídicas distintas, com causas de pedir e pedidos diversos – fatos esses que, inclusive, afastam o reconhecimento por alguns doutrinadores de relação de prejudicialidade entre o processo principal e o IDPJ[38] – a segunda está intrínseca e materialmente ligada à primeira: a *necessidade* de obter o reconhecimento judicial da *responsabilidade patrimonial secundária*, somente se verifica enquanto a

---

35. CASTRO, Roberta Dias Tarpinian de. *O incidente de desconsideração da personalidade jurídica*. São Paulo: Quartier Latin, 2019, p. 172.
36. José Roberto dos Santos Bedaque já afirmava: "O Estado prevê medidas processuais adequadas para cada situação de direito material. Para verificar a presença de interesse, indaga-se, à luz dos fatos narrados pelo autor e com dados da relação material, se o provimento judicial pleiteado será útil para o fim do processo; se a medida requerida é necessária e adequada aos objetivos jurídicos, políticos e sociais do processo, estes também, exteriores à relação processual. Todo este exame, portanto, é feito com os olhos voltados para fora do processo, para a situação da vida trazida à apreciação do juiz. Verifica-se se o instrumento escolhido é útil, necessário, adequado ao seu objeto". BEDAQUE, José Roberto dos Santos. *Direito e processo*: influência do direito material sobre o processo. 5. ed. São Paulo: Editora Malheiros, 2009, p. 105.
37. BUENO, Cassio Scarpinella. *Curso sistematizado de direito processual civil*. 10. ed. São Paulo: Saraiva, 2020, v. 1: teoria geral do direito processual civil: parte geral do Código de Processo Civil, p. 302.
38. Nesse sentido, Roberta Dias Tarpinian de Castro: "Falar em suspensão do processo de conhecimento quando instaurado IDPJ, além de negar a responsabilidade patrimonial secundária (exceção aos limites subjetivos da coisa julgada), a natureza de ação do IDPJ (não existe relação de prejudicialidade como em um incidente processual), a inegável distinção de causas de pedir e pedidos ainda seria contraproducente". CASTRO, Roberta Dias Tarpinian. *O incidente de desconsideração da personalidade jurídica*. São Paulo: Quartier Latin, 2019, p. 233-234.

pretensão (direito de exigir e satisfazer) do credor, permanecer ativa, pois apenas nesse cenário será *útil* a tutela cognitiva perseguida.

Por isso, a configuração da prescrição intercorrente que tem o condão de extinguir a execução fiscal *com resolução do mérito* (art. 487, inciso II, CPC), já que fulmina a relação jurídica de *responsabilidade patrimonial primária* – e, por uma opção legislativa, também a relação *obrigacional*, nos termos do art. 156, incido V, CTN – implica óbice à pretensão de imputação da *responsabilidade patrimonial secundária*, pois a sua constituição mediante a prestação da tutela jurisdicional, com vistas a satisfazer, em última instância, o crédito perseguido, não mais será *necessária*, tampouco *útil*, ante extinção do vínculo que lhe deu origem.

Essa concepção, viabiliza, inclusive, que questões atinentes à prescrição intercorrente (mais do que mera possibilidade) devam ser arguidas em preliminar de defesa pelos terceiros incluídos no polo passivo do IDPJ, no caso de o pedido de instauração ser formulado em momento posterior ao transcurso do lapso quinquenal, mas ainda não reconhecido (o esgotamento do prazo) no processo executivo fiscal. Na hipótese, porém, de seu requerimento de instauração ter sido formulado concomitantemente ao ajuizamento da execução fiscal, defende-se ser possível arguir no incidente a perda, superveniente, do interesse de agir.

Esse também seria o panorama na hipótese de o vínculo da *responsabilidade patrimonial primária* ser extinto em função do pagamento, por exemplo. Inexistirá (ou desaparecerá) o interesse processual do Fisco-credor de pleitear (ou continuar perseguindo) o reconhecimento da *responsabilidade patrimonial secundária*.

E a possibilidade de a prescrição intercorrente ser reconhecida mesmo após a instauração desse processo incidental se confirma quando reconhecido que a ordem de *suspensão do processo*, prevista no art. 134, § 3º, CPC,[39] alcança somente à pretensão do credor contra as pessoas incluídas no polo passivo do IDPJ (e não do devedor-executado). Roberta Dias Tarpinian de Castro é assertiva ao sustentar:

> O que de fato deve acontecer, e talvez tenha sido essa a intenção do legislador, é que, durante o trâmite do IDPJ, aquele que terá o patrimônio invadido em caso de procedência do processo incidental não deve ser considerado parte no processo original. O processo principal ficará suspenso em relação ao sócio.
>
> Ainda que sem a melhor técnica no uso do vocabulário, compreendemos a finalidade do art. 134, § 3º, CPC, que reforça que somente com a decisão do IDPJ o sócio será parte no processo movido em

---

39. Art. 134. O incidente de desconsideração é cabível em todas as fases do processo de conhecimento, no cumprimento de sentença e na execução fundada em título executivo extrajudicial.

§ 1º A instauração do incidente será imediatamente comunicada ao distribuidor para as anotações devidas.

§ 2º Dispensa-se a instauração do incidente se a desconsideração da personalidade jurídica for requerida na petição inicial, hipótese em que será citado o sócio ou a pessoa jurídica.

§ 3º *A instauração do incidente suspenderá o processo*, salvo na hipótese do § 2º.

§ 4º O requerimento deve demonstrar o preenchimento dos pressupostos legais específicos para desconsideração da personalidade jurídica.

face da pessoa jurídica. O processo principal fica "suspenso" tão somente em relação a quem se busca a responsabilização patrimonial secundária.[40]

A bem da verdade, especificamente em ambiente executivo (inclusive fiscal), essa disposição do art. 134, § 3º, CPC, seria despicienda, pois a impossibilidade de que atos constritivos voltados à satisfação do débito inadimplido (penhora), pudessem ser praticados em face de terceiros – o que justamente o conteúdo daquele dispositivo pretendeu evitar – decorre da inexistência de constituição da relação jurídica de *responsabilidade patrimonial secundária* em seu desfavor e, por conseguinte, de título executivo a respaldar a pretensão.

O processo executivo fiscal, então, prosseguirá com o seu trâmite regular contra o devedor ainda que instaurado o IDPJ, o que implica admitir que o prazo de prescrição intercorrente continuará a fluir, sendo apenas interrompido quando constatada a presença de algum dos marcos interruptivos (citação do devedor – e não de terceiro – ou efetiva penhora) estabelecidos de modo vinculante, como visto, pelo STJ.

De um lado, poder-se-ia questionar a "razoabilidade" em se admitir a fluência do prazo de prescrição intercorrente após a instauração do IDPJ mesmo nas hipóteses em que for atestada a inexistência de bens do devedor, situação deveras prejudicial a ser suportada pelo Fisco-credor. Entretanto, não é excessivo recordar que a mera ausência de bens do executado não é fator determinante para autorizar a instauração do IDPJ.

Por outro lado, indagar-se-ia se o pedido de instauração do processo incidental formulado pela Fazenda Pública não seria apto a afastar o reconhecimento da "inércia" e, portanto, servindo de marco importante a influir sobre a prescrição intercorrente, seja mediante a suspensão ou a interrupção do seu fluxo.

Ocorre que, considerando a *ratio decidendi* veiculada no Repetitivo 1.340.553/RS, a definição de "inércia" da Fazenda Pública – antes considerada pela inexistência de pedidos de diligências formulado nos autos dentro do prazo quinquenal – está, atualmente, condicionada ao êxito da providência requerida. Isto é, se o credor tiver sucesso na localização do devedor ou de seus bens, não será considerada inerte.

Somente por essa perspectiva já seria possível afirmar que formalização do pedido de atribuição de *responsabilidade patrimonial* a terceiros não configuraria marco interruptivo do curso do prazo prescricional intercorrente. No entanto, há, ainda, óbice legal em considerar o pedido (ou a efetiva instauração) do IDPJ como fato interruptivo/suspensivo.

Além de inexistir previsão normativa inclusive no Código de Processo Civil a respeito do assunto, a Constituição Federal é expressa ao atribuir à Lei Complementar a competência para versar sobre tema relacionado à prescrição em matéria tributária (art. 146, III, "b", CF), o que afastaria qualquer interpretação, ainda que extensiva, fundada na Lei 13.105/2015, visando a sua aplicação em ambiente executivo fiscal.

---

40. CASTRO, Roberta Dias Tarpinian de. *O incidente de desconsideração da personalidade jurídica*. São Paulo: Quartier Latin, 2019, p. 234.

Admitir a inexistência de influência do pedido ou da própria instauração do IDPJ sobre o curso do prazo prescricional intercorrente, não implica reconhecer, porém, que a recíproca é verdadeira: uma vez interrompido (e reiniciado) o fluxo quinquenal pelo despacho do juiz que ordena a citação e ausente quaisquer das causas interruptivas previstas, atualmente, pelo ordenamento jurídico (e reunidas naqueles dois cenários analisados), o direito da Fazenda Pública de exigir e satisfazer o seu crédito tributário será extinto pela prescrição intercorrente, afetando, por conseguinte, o seu *interesse de agir* quanto à *responsabilização patrimonial secundária.*

Se o pedido de instauração do IDPJ ainda não houver sido formulado, o Fisco-credor, não deverá, (prudentemente) fazê-lo. Se o pedido já for apresentado, o juiz terá plena liberdade para negar a instauração frente a inexistência de interesse de agir, matéria, pois, de ordem pública. Por outro lado, na hipótese de o processo incidental já ter sido instaurado, o reconhecimento da prescrição intercorrente deverá ocasionar na extinção imediata do IDPJ.

5. CONSIDERAÇÕES FINAIS

A análise do tema relacionado à instauração do Incidente de Desconsideração da Personalidade Jurídica, especialmente no contexto da ação executiva fiscal, revela a existência de situações deveras controvertidas para além da questão atinente à necessidade de sua observância nas hipóteses de *responsabilidade tributária* previstas no Código Tributário Nacional.

Partindo da premissa, ao menos, de que referido processo incidental é cabível em ambiente de execução fiscal, voltar o olhar para a íntima relação estabelecida entre direito material e direito processual – bem como a natureza eminentemente instrumental do último para a efetivar o primeiro – passa a ser imprescindível à superação de dúvidas originadas do confronto de categorias aplicáveis a essas duas instâncias coimplicadas.

O fato de a prescrição intercorrente afetar diretamente o direito da Fazenda Pública de exigir e satisfazer o seu crédito tributário perante o responsável *primário* (direito material), através dos mecanismos coercitivos aplicados pelo Estado-juiz – dentre eles, o IDPJ – impede que esse instrumento processual de atribuição de responsabilidade *secundária* seja manejado, já que fundado na pretensão reputada extinta.

6. REFERÊNCIAS

BEDAQUE, José Roberto dos Santos. *Direito e processo*: influência do direito material sobre o processo. 5. ed. São Paulo: Editora Malheiros, 2009.

BUENO, Cassio Scarpinella. *Curso sistematizado de direito processual civil*. 10. ed. São Paulo: Saraiva, 2020. v. 1: teoria geral do direito processual civil: parte geral do Código de Processo Civil.

CARVALHO, Paulo de Barros. *Direito tributário*: linguagem e método. 7. ed. São Paulo: Noeses, 2018.

CASTRO, Roberta Dias Tarpinian de. *O incidente de desconsideração da personalidade jurídica*. São Paulo: Quartier Latin, 2019.

CONRADO, Paulo Cesar. Execução fiscal em matéria tributária: decretabilidade *ex officio* da prescrição intercorrente. In: CARVALHO, Aurora Tomazini de (Coord.). *Decadência e prescrição em direito tributário*. 2. ed. São Paulo: MP, 2010.

CONRADO, Paulo Cesar. *Processo tributário*. 3. ed. São Paulo: Quartier Latin, 2001.

CONRADO, Paulo Cesar. O direito ao processo. In: CONRADO, Paulo Cesar (Coord.). *Processo tributário analítico*. 3. ed. São Paulo: Noeses, 2015. v. 1.

DALLA PRIA, Rodrigo. *Direito processual tributário*. São Paulo: Noeses, 2020.

MARQUES, Renata Elaine Ricetti Silva. *Curso de decadência e de prescrição no direito tributário*. 4. ed. São Paulo: Noese, 2020.

QUEIROZ, Paulo Guilherme Gorski de. *O limite temporal da desconsideração da personalidade jurídica na cobrança judicial do crédito tributário*. Dissertação de Mestrado. Fundação Getúlio Vargas, Escola de São Paulo. São Paulo, 2022.

TOMÉ, Fabiana Del Padre. Exigibilidade do crédito tributário: amplitude e efeitos de sua suspensão. In: SOUZA, Priscila de (Coord.). *Direito tributário e os conceitos de direito privado*. São Paulo: Noeses, 2010.

VILANOVA, Lourival. *Causalidade e relação no direito*. 5. ed. São Paulo: Noeses, 2015.

YARSHELL, Flávio Luiz. *Extensão da responsabilidade patrimonial: sem equilíbrio não há solução*. Disponível em: https://www.conjur.com.br/2023-fev-09/flavio-luiz-yarshell-extensao-responsabilidade-patri-monial.

APLICAÇÃO DO INCIDENTE DE DESCONSIDERAÇÃO DA PERSONALIDADE JURÍDICA NAS EXECUÇÕES FISCAIS: CRÍTICAS AO POSICIONAMENTO DO STJ E DO TRF

Rosalina Moitta Pinto da Costa

Doutora em Direito das Relações Sociais – ênfase em Processo Civil (PUC/SP). Mestre em Direito Agrário (UFPA). Professora Titular da Universidade Federal do Pará-UFPA) (graduação, mestrado e doutorado). Coordenadora do Norte da Associação Brasileira Elas no Processo – ABEP. Associada do Instituto Brasileiro do Direito Processual – IBDP, da Associação Norte Nordeste de Professores de Processo – ANNEP Coordenadora do Grupo de Pesquisa "Inovações no Processo Civil" (UFPA/CNPQ). E-mail: rosalinacosta@ufpa.br.

Sumário: 1. Introdução – 2. Responsabilidade tributária de terceiros: uma espécie do gênero responsabilidade patrimonial; 2.1 Responsabilidade patrimonial; 2.2 Responsabilidade tributária; 2.2.1 Espécies de responsabilidade tributária; 2.2.2 Responsabilidade tributária de terceiros ou responsabilidade sem dívida – 3. O Incidente de Desconsideração da Personalidade Jurídica (IDPJ): espécie de intervenção de terceiros que alberga as hipóteses de responsabilidade sem dívida; 3.1 O IDPJ é espécie de intervenção de terceiros; 3.2 O IDPJ alberga todas as hipóteses de responsabilidade sem dívida ditadas pelo direito material – 4. Aplicação do IDPJ nas hipóteses de responsabilidade tributária de terceiros: críticas ao posicionamento do STJ e do TRF; 4.1 A aplicação da teoria do diálogo das fontes como mediadora das interações entre o CPC e a LEF no processo de execução fiscal; 4.2 Aplicabilidade do IDPJ nas hipóteses de responsabilidade tributária previstas nos artigos 134 e 135 do CTN; 4.3 Críticas aos posicionamentos do STJ E do TRF – 5. Conclusão – 6. Referências.

1. INTRODUÇÃO

Até a publicação do Código de Processo Civil (CPC), não havia controvérsia acerca do redirecionamento contra os supostos responsáveis tributários na execução fiscal.

O rito não era controverso: compreendida a suficiência de documentação hábil a comprovar o enquadramento da responsabilidade nas hipóteses previstas no Código Tributário Nacional (CTN), o juiz de 1ª instância poderia deferir o redirecionamento do feito executivo ao responsável, sem, para isso, submetê-lo a qualquer rito específico de constatação da responsabilidade.

O CPC de 2015, buscando compatibilizar a desconsideração da personalidade jurídica prevista no Código Civil (CC) com os preceitos constitucionais do contraditório e da ampla defesa, introduziu no ordenamento processual a figura do incidente de desconsideração da personalidade jurídica (IDPJ).

A matéria passou a ser controvertida na doutrina e na jurisprudência. No âmbito dos tribunais, a dissensão chegou ao Superior Tribunal de Justiça (STJ), que se dividiu em duas correntes, e ao Tribunal Regional Federal (TRF), que, em incidentes de resolução de demandas repetitivas (IRDR), criou precedente com base em novos argumentos.

O presente trabalho visa analisar a aplicação do IDPJ nas execuções fiscais.

Inicia-se com o estudo da responsabilidade patrimonial e da responsabilidade tributária, visando demonstrar que a responsabilidade tributária de terceiros é uma espécie do gênero responsabilidade patrimonial. A seguir, analisa-se o IDPJ, mostrando que se trata de instituto que alberga todas as hipóteses de responsabilidade sem dívida ditadas pelo direito material. Ao final, após constatar que a teoria do diálogo das fontes deve ser utilizada como mediadora das interações entre o CPC e a Lei de Execução Fiscal (LEF) no processo de execução fiscal, conclui-se pela aplicabilidade do IDPJ nas hipóteses de responsabilidade tributária previstas nos artigos 134 e 135 do CTN, fazendo-se críticas aos posicionamentos do STJ e do TRF.[1]

O trabalho utilizou, como opção metodológica, o método dedutivo, apoiando-se em uma pesquisa bibliográfica.

2. RESPONSABILIDADE TRIBUTÁRIA DE TERCEIROS: UMA ESPÉCIE DO GÊNERO RESPONSABILIDADE PATRIMONIAL

2.1 Responsabilidade patrimonial

A admissibilidade da execução contra quem não é devedor deve-se à moderna distinção que se faz no plano jurídico entre *dívida* e *responsabilidade*.[2]

Quando o devedor vincula-se a uma obrigação, é o seu patrimônio – e não a pessoa física do devedor – que responderá caso o crédito não seja devidamente satisfeito.[3]

Como não há execução sobre a pessoa do devedor, mas apenas sobre seus bens,[4] pois o princípio que informa o processo de execução dita que "toda execução é real" (não pessoal), a *responsabilidade* do devedor é *patrimonial*.[5] Logo, no direito moderno,

---

1. Tema apresentado nas XIV Jornadas Brasileiras de Direito Processual, coordenadas pelo Instituto Brasileiro de Direito Processual (IBDP), que ocorreram em Gramado (RS), de 23 a 25 de outubro de 2022.
2. DINAMARCO, Cândido Rangel. *Instituições de direito processual civil*. 4. ed. São Paulo: Malheiros, 2019. v. 3, p. 323; LIMA, Alcides de Mendonça. *Comentários ao Código de Processo Civil*. Rio de Janeiro: Forense, 1974. v. 6, t. 2, p. 471; REIS, José Alberto dos. *Processo de execução*. 2. ed. Coimbra: Coimbra Editora, 1982. v. 1, p. 8-9; THEODORO JÚNIOR, Humberto. *Curso de direito processual civil*. 50. ed. Rio de Janeiro: Forense, 2017. v. 3, p. 309.
3. THEODORO JÚNIOR, Humberto. *Curso de direito processual civil*. 50. ed. Rio de Janeiro: Forense, 2017. v. 3, p. 309.
4. "Só excepcionalmente, nos casos de dívida de alimentos, é que a lei transige com o princípio da responsabilidade exclusivamente patrimonial, para permitir atos de coação física sobre a pessoa do devedor, sujeitando-o à prisão civil (art. 528, § 3º)" (THEODORO JÚNIOR, Humberto. *Curso de direito processual civil*. 50. ed. Rio de Janeiro: Forense, 2017. v. 3, p. 309).
5. O Supremo Tribunal Federal (STF), em 2008, reconheceu a inconstitucionalidade da prisão civil do depositário infiel prevista no CPC/1973 (RE n. 466.343-1/SP), considerando que "desde a ratificação pelo Brasil, em 1992, do Pacto Internacional dos Direitos Civis e Políticos (art. 11) e da Convenção Americana sobre Direitos Humanos – Pacto de San José da Costa Rica (art. 7º, 7), não há base normativa para a prisão civil do depositário infiel (parte final do art. 5º, inciso LXVII, CF)".

APLICAÇÃO DO IDPJ NAS EXECUÇÕES FISCAIS **889**

o objeto da execução são os bens e direitos que se encontram no patrimônio do executado ou de terceiro.[6]

A *obrigação*, portanto, pode ser desdobrada em dois elementos: a) um de *caráter pessoal*, que é a *dívida*, a ser satisfeita voluntariamente pelo devedor; b) outro de *caráter patrimonial*, que é a *responsabilidade*, que se traduz na sujeição do patrimônio que sofrerá a sanção civil.

O grande mérito da teoria dualista[7] foi desmembrar os dois momentos da obrigação,[8] decompondo o vínculo obrigacional em dois elementos: dívida e responsabilidade, cada uma dessas situações podendo ser titularizada por um sujeito distinto. Contudo, não se pode dizer que a responsabilidade seja relação tipicamente processual, pois, embora a sujeição do patrimônio de terceiro possa ocorrer sem que ele tenha contraído a obrigação, é o inadimplemento da obrigação que gerará a submissão do patrimônio de terceiro.

Geralmente os dois elementos da obrigação[9] (dívida e responsabilidade) reúnem-se numa só pessoa que ocupa o polo passivo, que é o devedor, pois não existe dívida sem responsabilidade. Mas o contrário pode acontecer: o devedor assume uma obrigação, e uma outra pessoa, que não seja o devedor, sujeita o seu patrimônio ao cumprimento daquela obrigação. Por exemplo: o fiador judicial diante da dívida do executado, o sócio solidário em relação à dívida da sociedade. Nesses casos, o devedor é um, e o responsável é outro. Há, então, a evidente dissociação dos elementos da obrigação: dívida e responsabilidade.[10-11]

---

6. Em determinadas situações, a lei permite atos de coação física sobre a pessoa do devedor, sujeitando-o à prisão (dívida de alimentos (CPC/2015, art. 528, § 3º)), mas, mesmo nesses casos, não se trata propriamente de execução da dívida sobre o corpo do devedor, como ocorria no direito romano, quando se vendia o executado com escravo. A prisão do executado, nessas execuções, é feita como medida de coação para obter do devedor o cumprimento da obrigação. Não há sub-rogação do Estado para realizar a prestação em lugar do devedor.

7. Para outra parte da doutrina – visão unitarista –, a relação obrigacional não se decompõe em débito e responsabilidade, isto é, a obrigação não é composta de dois fenômenos: débito (dívida) e responsabilidade. Nessa visão, são "elementos da obrigação", "aspectos do mesmo fenômeno", "momentos inseparáveis da obrigação", não podendo ser destacados da obrigação. Cf.: LIMA, Alcides de Mendonça. *Comentários ao Código de Processo Civil*. Rio de Janeiro: Forense, 1974. v. 6, t. 2, p. 445; MARQUES, José Frederico. *Manual de direito processual civil*. São Paulo: Saraiva, 1976. v. 4, p. 41-42; PEREIRA, Caio Mário da Silva. *Instituições de direito civil*. 20. ed. Rio de Janeiro: Forense, 2004. v. 2, p. 24-27; SILVA, Ovídio A. Baptista da. *Curso de processo civil*. 6. ed. Rio de Janeiro: Forense, 2008. v. 1, t. 2, p. 57.

8. Nesse sentido: BUZAID, Alfredo. *Do concurso de credores no processo de execução*. São Paulo: Saraiva, 1952, p. 17-18; CARNELUTTI, Francesco. *Diritto e processo*. Napoli: Morano, 1958, p. 314 e p. 318; LIEBMAN, Enrico Tullio. *Processo de execução*. 4. ed. São Paulo: Saraiva, 1980, p. 85-86; THEODORO JÚNIOR, Humberto. *Curso de direito processual civil*. 50. ed. Rio de Janeiro: Forense, 2017. v. 3, p. 339 e p. 254; ZAVASCKI, Teori Albino. *Comentários ao Código de Processo Civil*. São Paulo: Ed. RT, 2000. v. 8, p. 261.

9. A obrigação ocorre quando uma parte tem o dever de satisfazer o direito da outra (fazer, não fazer, dar coisa ou pagar). Quando o sujeito passivo não realiza a prestação devida, voluntariamente, ocorre o inadimplemento, surgindo a possibilidade de sujeição do patrimônio de alguém – geralmente de quem contraiu a obrigação, que é o devedor – para assegurar a satisfação do direito do credor Cf.: DINAMARCO, Cândido Rangel. *Instituições de direito processual civil*. 4 ed. São Paulo: Malheiros, 2019. v. 3, p. 325; NEVES, Daniel Amorim Assumpção. *Manual de direito processual*. 9. ed. Salvador: JusPodivm, 2017, p. 1131; THEODORO JÚNIOR, Humberto. *Curso de direito processual civil*. 50. ed. Rio de Janeiro: Forense, 2017. v. 3, p. 160.

10. O Código Civil português, de 1966, prevê expressamente essa dissociação, dispondo no seu artigo 818: "o direito de execução pode incidir sobre bens de terceiro, quando estejam vinculados à garantia do crédito, ou quando sejam objeto de ato praticado em prejuízo do credor, que este haja procedentemente impugnado". O Código de Processo Civil português, de 2013, complementa: "estão sujeitos à execução todos os bens do devedor susceptíveis de penhora que, nos termos da lei substantiva, respondem pela dívida exequenda".

11. THEODORO JÚNIOR, Humberto. *Curso de direito processual civil*. 50. ed. Rio de Janeiro: Forense, 2017. v. 3, p. 49.

890 ROSALINA MOITTA PINTO DA COSTA

A responsabilidade satisfaz-se mediante intervenção estatal, por meio da execução forçada.[12] É instituto que existe para o caso de inadimplemento da obrigação. Trata-se da sujeição genérica e potencial[13] do patrimônio do devedor ou de terceiros responsáveis (CPC, art. 790) para a satisfação do direito substancial do credor.

Assim, normalmente, o sujeito passivo da execução é o devedor, reconhecido como tal no título executivo (CPC, art. 779, I), isto é, o vencido na ação de conhecimento ou o devedor que figure como tal no título extrajudicial; consequentemente, são seus bens que devem sujeitar-se à execução forçada. Pelo instituto da responsabilidade, outras pessoas podem ter seu patrimônio atingido pela execução, mesmo que não figurem primitivamente no título. São terceiros que, ou sucederam ao devedor, ou assumiram voluntariamente a responsabilidade solidária pelo cumprimento da obrigação, ou são assim determinados pela lei. São eles, conforme determina o artigo 779, II a IV, do CPC: a) o espólio, os herdeiros ou os sucessores do devedor; b) o novo devedor que assumiu, com o consentimento do credor, a obrigação resultante do título executivo; c) o fiador do débito constante em título extrajudicial; d) o responsável titular do bem vinculado por garantia real ao pagamento do débito; e) o responsável tributário, assim definido em lei.[14]

O instituto da responsabilidade patrimonial permite que aquele que não contraiu a obrigação tenha seu patrimônio atingido pela execução, *porque há um vínculo que o liga ao inadimplemento da obrigação.*

2.2 Responsabilidade tributária

2.2.1 Espécies de responsabilidade tributária

A obrigação tributária ocorre com a concretização de fato descrito na hipótese de incidência tributária (regra geral e abstrata), cabendo ao sujeito passivo (contribuinte ou "responsável" tributário) o dever jurídico de pagar ao sujeito ativo (fisco) determinada quantia em dinheiro. É vínculo que se estabelece entre sujeito passivo e sujeito ativo e se materializa no documento constitutivo do vínculo obrigacional tributário, que é o lançamento (CTN, arts. 142 a 150) que indica o sujeito passivo da obrigação tributária.

O CTN divide a responsabilidade tributária em: a) responsabilidade dos sucessores; b) responsabilidade de terceiros; c) responsabilidade por infrações. A responsabilidade

---

12. Diz Alberto dos Reis que os dois elementos passivos da obrigação (dívida e responsabilidade) correspondem para o credor a "dois direitos distintos: a) direito à *prestação*, que se faz pelo cumprimento voluntário da obrigação pelo devedor; b) direito de *garantia* ou de *execução*, que se satisfaz mediante intervenção estatal, através da execução forçada" (REIS, José Alberto dos. *Processo de execução*. 2. ed. Coimbra: Coimbra Editora, 1982. v. 1, p. 215, grifo nosso).

13. DINAMARCO, Cândido Rangel. *Instituições de direito processual civil.* São Paulo: Malheiros, 2004. v. 4, p. 321.

14. A responsabilidade patrimonial do devedor é primária, enquanto, nas situações previstas em lei, a responsabilidade do sujeito que não é obrigado (plano do direito material) é secundária. Cf.: MARINONI, Luiz Guilherme; ARENHART, Sérgio Cruz; MITIDIERO, Daniel. *Novo Código de Processo Civil comentado.* 3. ed. São Paulo: Ed. RT, 2017, p. 306; THEODORO JÚNIOR, Humberto. *Curso de direito processual civil.* 50. ed. Rio de Janeiro: Forense, 2017. v. 3, p. 161; ZAVASCKI, Teori Albino. *Comentários ao Código de Processo Civil.* São Paulo: Ed. RT, 2000. v. 8, p. 193-195.

patrimonial sem dívida é apenas a de terceiros, pois, embora sob o título "responsabilidade tributária" o fisco identifique uma pessoa no polo passivo da relação jurídico-tributária (constituinte constitucional ou contribuinte legal), trata-se de hipóteses diferentes.

Na responsabilidade por sucessão, há a *troca*, a *substituição* do sujeito passivo (constitucional ou legal) por outra pessoa. É o que ocorre quando uma pessoa compra um imóvel, arcando com os débitos tributários que porventura existam (CTN, art. 130), ou quando há o falecimento do sujeito passivo tributário, caso em que os sucessores e cônjuge meeiro arcarão com o pagamento dos tributos, se tiver havido a partilha ou a adjudicação (CTN, art. 131, II), ou o espólio responderá pelas dívidas, se a partilha e a adjudicação já aconteceram (art. 131, III).[15]

Do mesmo modo, o desaparecimento da pessoa jurídica não impedirá a cobrança do tributo. No caso de fusão, transformação ou cisão, haverá uma transmutação da relação jurídico-tributária, uma substituição do sujeito passivo originário pelo substituto tributário, incidindo sempre o tributo (CTN, art. 133).

São situações previstas pelo fisco para que haja a tributação independentemente da substituição do sujeito passivo, impedindo que a pessoa física ou jurídica se exima do pagamento do tributo em razão de morte, venda, cisão, incorporação etc. Em todas essas situações, há o perecimento do sujeito passivo original e a sobrevivência do crédito tributário, que precisa ser satisfeito.

Por isso, a responsabilidade tributária por sucessão é uma espécie própria de sujeição passiva tributária. São situações que ocorrem para fins de cobrança do tributo. A substituição veio em momento posterior ao nascimento do crédito tributário.

O mesmo ocorre com a responsabilidade por infrações, que são casos em que o legislador tipifica conduta e práticas como lesivas ao fisco, não se inserindo no campo da responsabilidade patrimonial tributária.

Vê-se, pois, que, sob o título "responsabilidade tributária", o CTN abarca diferentes situações de sujeição passiva tributária, não se podendo classificar todas como espécies do instituto "responsabilidade patrimonial tributária", que ocorre quando um terceiro que não contraiu a obrigação é atingido pela execução, conforme se demonstrará no item seguinte.

2.2.2 Responsabilidade tributária de terceiros ou responsabilidade sem dívida

Como visto, o instituto da responsabilidade patrimonial permite que o patrimônio daquele que não contraiu a obrigação seja alcançado pela execução, *porque há um vínculo que o liga ao inadimplemento da obrigação.*

É o que ocorre com a responsabilidade tributária de terceiros (CTN, art. 134 e 135), quando o terceiro que não participou da relação jurídica que a originou pode ter seus bens sujeitos à execução para satisfazer o direito do credor. Observa-se que, na

---

15. BECHO, Renato Lopes. *Responsabilidade tributária de terceiros*. São Paulo: Saraiva, 2014, p. 50.

expressão adotada pelo direito tributário – contribuinte e responsável (CTN, art. 121) –, há, igualmente, a responsabilidade patrimonial do responsável que, por força de expressa de disposição legal, desde que tenha um vínculo indireto com a situação que corresponda ao fato gerador, responderá com seu patrimônio pela obrigação tributária pessoal e direta do contribuinte.

A responsabilidade sem dívida ou responsabilidade patrimonial (tributária) é um vínculo que surge a partir do (eventual) inadimplemento da obrigação (tributária), permite que o sujeito ativo da obrigação, por meio de ação executiva, possa submeter o patrimônio do devedor a atos de expropriação, visando ao cumprimento da obrigação tributária inadimplida. Trata-se do instituto da responsabilidade patrimonial disciplinado pelo CPC (art. 790), que adotou a distinção entre débito e responsabilidade[16] para admitir que os bens de um terceiro, que não participou da obrigação, possam ser responsáveis pela dívida de outrem.[17]

O tributo deve ser cobrado da pessoa que pratica o fato gerador – sujeito passivo direto ("contribuinte"). Contudo, em certos casos, o Estado pode cobrar o tributo de uma terceira pessoa, que não o contribuinte, que será o sujeito passivo indireto ("responsável tributário"), em razão de expressa determinação legal, mas desde que tenha um vínculo indireto com a situação que corresponde ao fato gerador.[18]

Na relação tributária, o Estado não pode solicitar ao sujeito passivo a indicação de fiadores e avalistas, listando o CTN, no artigo 134,[19] aqueles que serão responsáveis pela dívida. Mas, como os sujeitos não assumiram voluntariamente a condição de garantidores da dívida, o direito tributário impõe algumas especificidades. Portanto, embora conste, na primeira parte do *caput* do artigo 134 do CTN, que se trata de responsabilidade solidária, a responsabilidade sobre as pessoas previstas nos dispositivos I a VII do artigo 134 só surgirá em caso de impossibilidade de exigência do tributo diretamente do contribuinte, havendo

---

16. MEDINA, José Miguel Garcia. Notas sobre a distinção entre partes e terceiros na execução civil: algumas situações limítrofes. In: DIDIER JR., Fredie; WAMBIER, Teresa Arruda Alvim (Coord.). *Aspectos polêmicos e atuais sobre os terceiros no processo civil e assuntos afins*. São Paulo: Ed. RT, 2004, p. 569. Em similar sentido: "A responsabilidade pelo cumprimento das obrigações atinge de modo primário todos aqueles que formam o vínculo jurídico. [...] Todavia, sob o ponto de vista da responsabilidade patrimonial, o sistema jurídico permite que determinados sujeitos assumam a responsabilidade patrimonial subsidiária mesmo sem a partição na formação originária do vínculo obrigacional" (ARAÚJO, Fábio Caldas de. *Intervenção de terceiros*. São Paulo: Malheiros, 2015, p. 355).

17. DALLA PRIA, Rodrigo. O incidente de desconsideração da personalidade jurídica (IDPJ) e seu cabimento na execução fiscal. In: CARVALHO, Paulo de Barros; SOUZA, Priscila (Org.). *XV Congresso Nacional de Estudos Tributários*: 30 anos da Constituição Federal e o sistema tributário brasileiro. São Paulo: Noeses, 2018, p. 1091.

18. "Em princípio, o tributo deve ser cobrado da pessoa que pratica o fato gerador. Nessas condições, surge o sujeito passivo direto ('contribuinte'). Em certos casos, no entanto, o Estado pode ter necessidade de cobrar o tributo de uma terceira pessoa, que não o contribuinte, que será o sujeito passivo indireto ('responsável tributário')" (SABBAG, Eduardo. *Manual de direito tributário*. 10. ed. São Paulo: Saraiva, 2018, p. 807).

19. "Art. 134. [...]: I – os pais, pelos tributos devidos por seus filhos menores; II – os tutores e curadores, pelos tributos devidos por seus tutelados ou curatelados; III – os administradores de bens de terceiros, pelos tributos devidos por estes; IV – o inventariante, pelos tributos devidos pelo espólio; V – o síndico e o comissário, pelos tributos devidos pela massa falida ou pelo concordatário; VI – os tabeliães, escrivães e demais serventuários de ofício, pelos tributos devidos sobre os atos praticados por eles, ou perante eles, em razão do seu ofício; VII – os sócios, no caso de liquidação de sociedade de pessoas".

APLICAÇÃO DO IDPJ NAS EXECUÇÕES FISCAIS | **893**

uma espécie de benefício de ordem, razão por que se diz que a responsabilidade de terceiros é subsidiária, conforme já foi ressaltado na doutrina[20] e na jurisprudência do STJ.[21]

Segundo a doutrina, a responsabilidade do artigo 134 exige dois pressupostos: que o contribuinte não possa cumprir a obrigação e que a atuação para que isso ocorra seja culposa. Assim, para que o terceiro seja responsável, não basta o mero vínculo decorrente da relação de tutela, inventariança etc., é preciso também que esse terceiro tenha praticado algum ato (omissivo ou comissivo). Nas hipóteses dos incisos I e II do artigo 134 do CTN, por exemplo, os pais, os tutores ou curadores somente serão responsáveis pelos tributos devidos pelos seus filhos menores, tutelados ou curatelados se houver uma relação entre o não pagamento da obrigação tributária e o comportamento do terceiro responsável.[22-23] Do mesmo modo, os sócios e administradores também devem ser responsabilizados por culpa, representando o artigo 134 do CTN uma responsabilidade subjetiva culposa.[24]

O artigo 135 do CTN prevê a responsabilidade pessoal e exclusiva, contudo, a doutrina e a jurisprudência do STJ[25] tendem a considerar como responsabilidade pessoal e solidária. Na verdade, há uma grande dissensão doutrinária.[26]

---

20. Afirma Hugo de Brito Machado: "[...] a referência à responsabilidade solidária, contida no caput do art. 134, deve ser entendida como dizendo respeito ao vínculo existente entre os responsáveis entre si, e não entre esses e os contribuintes" (MACHADO SEGUNDO, Hugo de Brito. *Código Tributário Nacional*. São Paulo: Atlas, 2007, p. 247). No mesmo sentido, Luciano Amaro leciona: "O Código Tributário Nacional rotula como responsabilidade solidária casos de impossibilidade de exigir o cumprimento da obrigação principal pelo contribuinte. Trata-se de responsabilidade subsidiária. Anote-se que o próprio Código disse (art. 124, parágrafo único) que a solidariedade não comporta benefício de ordem (o que é óbvio); já o art. 134 claramente dispõe em contrário, o que infirma a solidariedade" (AMARO, Luciano. *Direito tributário brasileiro*. 12. ed. São Paulo: Saraiva, 2006, p. 326). "[...] Esta responsabilidade é, na realidade, subsidiária, e não solidária como consta da primeira parte do caput do art. 134, já que há uma espécie de benefício de ordem, por não haver possibilidade de escolha do Fisco entre os devedores [...]" (ABRAHAM, Marcus. *Curso de direito tributário brasileiro*. Rio de Janeiro: Forense, 2018, p. 121).

21. "[...] Flagrante ausência de tecnicidade legislativa se verifica no artigo 134, do CTN, em que se indica hipótese de responsabilidade solidária 'nos casos de impossibilidade de exigência do cumprimento da obrigação principal pelo contribuinte', uma vez cediço que o instituto da solidariedade não se coaduna com o benefício de ordem ou de excussão. Em verdade, o aludido preceito normativo cuida de responsabilidade subsidiária [...]" (STJ. 1ª Seção. EREsp 446.955/SC. Relator: Min. Luiz Fux. Julgamento: 09.04.2008. *DJe* de 19.05.2008).

22. BECHO, Renato Lopes. *Responsabilidade tributária de terceiros*. São Paulo: Saraiva, 2014, p. 88.

23. "A responsabilidade de terceiros, prevista no art. 134 do CTN, pressupõe duas condições: a primeira é que o contribuinte não possa cumprir sua obrigação, e a segunda é que o terceiro tenha participado do ato que configure o fato gerador do tributo, ou em relação a este se tenha indevidamente omitido" (MACHADO, Hugo de Brito. *Curso de direito tributário*. 31. ed. São Paulo: Malheiros, 2010. p. 167).

24. ASSIS, Emanuel Carlos Dantas de. Arts. 134 e 135 do CTN: responsabilidade culposa e dolosa dos sócios e administradores de empresas por dívidas tributárias da pessoa jurídica. In: FERRAGUT, Maria Rita; NEDER, Marcos Vinicius (Coord.). *Responsabilidade tributária*. São Paulo: Dialética, 2007, p. 149.

25. "[...] 4. O decisum recorrido interpretou exclusivamente pelo método gramatical/literal a norma do art. 135, III, do CTN, o que, segundo a boa doutrina especializada na hermenêutica, pode levar a resultados aberrantes, como é o caso em análise, insustentável por razões de ordem lógica, ética e jurídica. 5. É possível afirmar, como fez o ente público, que, após alguma oscilação, o STJ consolidou o entendimento de que a responsabilidade do sócio-gerente, por atos de infração à lei, é solidária. Nesse sentido o enunciado da Súmula 430/STJ: 'O inadimplemento da obrigação tributária pela sociedade não gera, por si só, a responsabilidade solidária do sócio-gerente'" (STJ. 2ª Turma. REsp 1.455.490/PR. Relator: Min. Herman Benjamin. Julgamento: 26.08.2014. *DJe* de 25.09.2014).

26. Há uma grande divergência doutrinária quanto à definição se a responsabilidade do artigo 135 do CTN é solidária, subsidiária ou pessoal. Para parte da doutrina, o artigo 135 do CTN é espécie de responsabilidade pessoal, em razão da expressão "pessoalmente", que significa que a responsabilidade do terceiro não é compartilhada com o

ROSALINA MOITTA PINTO DA COSTA

O que importa, para os fins do presente estudo, é que, em todas essas hipóteses do CTN (arts. 134 e 135), há uma responsabilidade sem dívida, tal qual aquela prevista no CPC, mas apenas atendendo as especificidades do direito tributário.

3. O INCIDENTE DE DESCONSIDERAÇÃO DA PERSONALIDADE JURÍDICA (IDPJ): ESPÉCIE DE INTERVENÇÃO DE TERCEIROS QUE ALBERGA AS HIPÓTESES DE RESPONSABILIDADE SEM DÍVIDA

3.1 O IDPJ é espécie de intervenção de terceiros

No CPC, o IDPJ está previsto entre as formas de intervenção de terceiros, cujo conceito é obtido, em caráter residual, a partir da noção de "parte". Terceiro é quem não é parte. Logo, se parte é o titular da relação jurídica processual, o terceiro é o sujeito que ingressa em um dos polos (ativo ou passivo) após a formação da relação jurídica processual sem ser o titular dessa relação jurídica e, portanto, sem ser considerado, ao menos inicialmente, parte.

O terceiro é o sujeito que não faz parte da relação jurídica processual inicial, mas pode vir a integrá-la após sua formação. Para isso, deve demonstrar a existência de um *interesse jurídico*, que é o vínculo jurídico que permite que um sujeito alheio à relação jurídica processual originária ingresse em processo já em andamento. Por isso, dependendo da espécie de interesse jurídico, poderá haver um vínculo direto entre o terceiro interveniente e a relação jurídico-material litigiosa ou não. Isso significa dizer que o terceiro interveniente, admitido no processo, pode compor um dos polos (ativo ou passivo) da relação jurídico-material conflituosa, assumindo a condição de parte ou, ao contrário, pode continuar na relação jurídica na sua condição originária de "terceiro".

Como não há um vínculo direto entre o terceiro interveniente e a relação jurídico-material litigiosa, o terceiro interveniente *poderá ou não* compor um dos polos da relação jurídico-material conflituosa. Assim, o terceiro nem sempre ingressa no processo para integrar um dos polos da relação jurídica processual, pois tal circunstância não é o critério que define sua condição de terceiro.[27] Em algumas situações, ao ingressar no processo, o "terceiro" torna-se "parte", como ocorre, por exemplo, no chamamento ao

---

contribuinte, cabendo somente ao terceiro responder pessoalmente (AMARO, Luciano. *Direito tributário brasileiro*. 12. ed. São Paulo: Saraiva, 2006, p. 327). Para outros, a responsabilidade seria subsidiária, pois haveria uma "substituição" do sujeito passivo direto, contribuinte (CTN, art. 121, I), tornando-se o terceiro o único ocupante do polo passivo da obrigação (SABBAG, Eduardo. *Manual de direito tributário*. 3. ed. São Paulo: Saraiva, 2018, p. 703). Há quem defenda que se trata de responsabilidade por substituição, pessoal, não exclusiva, em razão da não exclusão do contribuinte do polo passivo executório, ou seja, há a responsabilidade "por substituição", pessoal, direta e exclusiva do terceiro, mas a pessoa jurídica permanece na execução como litisconsorte, sendo sujeito passivo com o sócio – gerente infrator. Para Hugo Machado, não há a "exclusão" do contribuinte do polo passivo da obrigação tributária porque se trata de matéria de lei formal expressa, na forma do artigo 128 do CTN (MACHADO, Hugo de Brito. *Curso de direito tributário*. 31. ed. São Paulo: Malheiros, 2010, p. 168). O STJ também já se manifestou entendendo que não há a exoneração da pessoa jurídica da sujeição passiva executória (STJ. 2ª Turma. REsp 1.455.490/PR. Relator: Min. Herman Benjamin. Julgamento: 26.08.2014. *DJe* de 25.09.2014).

27. BUENO, Cassio Scarpinella (Coord.). *Comentários ao Código de Processo Civil*. São Paulo: Saraiva, 2017. v. 1, p. 525.

APLICAÇÃO DO IDPJ NAS EXECUÇÕES FISCAIS

processo, na denunciação da lide e no incidente de desconsideração da personalidade jurídica. Em outros casos, o interveniente manterá sua condição de terceiro, apesar da sua intervenção, como se dá com o assistente simples e o *amicus curiae*.[28]

No chamamento ao processo, por exemplo, o terceiro, ao ingressar, assume a condição de parte, uma vez que se trata de solidariedade passiva. O devedor é citado para figurar no polo passivo da relação jurídica processual na condição de litisconsorte (CPC, art. 131), deixando, portanto, de ser terceiro para tornar-se parte. O chamado é o codevedor; ele mantém com o adversário do chamante a mesma relação que o chamante tem. Diferentemente do que ocorre com o assistente simples, que é uma modalidade de intervenção *ad coadjuvandum*, em que o terceiro pode ingressar em qualquer dos polos do processo, mas, como não agrega ao processo nenhum pedido novo, mantém-se na sua condição originária de terceiro.

O IDPJ é uma forma de intervenção de terceiros que regulamenta a hipótese de responsabilidade sem dívida, segundo a qual o terceiro, que não assumiu a dívida, tem seus bens constritos. Costuma-se associar o IDPJ apenas à hipótese clássica do artigo 50 do CC. Contudo, conforme se demonstrará no item seguinte, as hipóteses albergadas no IDPJ abarcam todas as situações em que ocorre a responsabilidade patrimonial.

3.2 O IDPJ alberga todas as hipóteses de responsabilidade sem dívida ditadas pelo direito material

As hipóteses do IDPJ são determinadas pelo direito material.[29] O § 1º do artigo 133 do CPC prevê que o referido incidente observará os pressupostos estabelecidos em lei, o que significa que os pressupostos para o IDPJ são tema de direito material, não estando tratados pelo CPC.

A hipótese clássica do IDPJ está prevista nos artigos 50 do CC e 28 do Código de Defesa do Consumidor (CDC), quando a sociedade empresarial figura como devedora e os sócios, como responsáveis patrimoniais secundários, ou seja, mesmo não sendo devedores, responderão com o seu patrimônio pela satisfação da dívida.[30]

O artigo 50 do CC prevê o instituto de responsabilidade sem dívida, nominado "desconsideração da personalidade jurídica", quando houver abuso da personalidade jurídica, caracterizado pelo desvio de finalidade ou pela confusão patrimonial. Conforme alteração trazida pela Lei 13.874, de 2019, confusão patrimonial é a ausência de separação de fato entre os patrimônios, caracterizada pelo cumprimento repetitivo pela sociedade de obrigações do sócio ou do administrador ou vice-versa, pela transferência de ativos ou de passivos sem efetivas contraprestações, e por quaisquer outros atos de descumprimento da autonomia patrimonial.

---

28. Entende que o *amicus curiae* não é parte: COSTA, Rosalina Moitta Pinto da. O *amicus curiae* como instrumento de participação democrática e de realização dos direitos fundamentais. *Revista Jurídica da Presidência*, v. 15, n. 16, p. 339-372, Brasília, DF, jun./set. 2013.

29. ABELHA, Marcelo. *Manual de direito processual civil*. 6. ed. Rio de Janeiro: Forense, 2016, p. 279.

30. NEVES, Daniel Amorim Assumpção. *Manual de direito processual*. 9. ed. Salvador: JusPodivm, 2017, p. 377.

O artigo 28 da Lei 8.078/1990 (CDC) permite a desconsideração da personalidade jurídica nos casos de abuso de direito, excesso de poder, infração à lei, fato ou ato ilícito, ou ainda nos casos de violação dos estatutos ou do contrato social, bem como nos caso de falência, estado de insolvência, encerramento ou inatividade da pessoa jurídica provocados por má administração (CDC, art. 28), sendo as sociedades integrantes de grupos societários, bem como as sociedades controladas, subsidiariamente responsáveis, e as sociedades consorciadas, solidariamente responsáveis pelas obrigações em questão (CDC, art. 28, §§ 2º e 3º).

Além da norma clássica prevista no artigo 50 do CC[31] e no artigo 28 da Lei 8.078/1990 (CDC), há outras normas de leis específicas, como o artigo 4º[32] da Lei 9.605/1998 (proteção do meio ambiente), o artigo 34[33] da Lei 12.259/2011 (repressão das infrações contra a ordem econômica), o artigo 14[34] da Lei 12.846/2013 (combate de atos lesivos à administração pública), o artigo 2º, § 2º, da Consolidação das Leis do Trabalho (CLT),[35] o artigo 18, § 3º, da Lei 9.847/1999[36] (atividades relativas ao abastecimento nacional de combustíveis), *bem como os artigos 134 e 135 do CTN*, conforme admite a doutrina.[37]

Observa-se, portanto, que a desconsideração da personalidade jurídica é uma espécie de responsabilidade sem dívida, quando são alcançados bens daquele sócio que não fez parte do título executivo extrajudicial.

---

31. O artigo 50 do CC/2002, alterado pela Lei 13.874/2019, reconhece a possibilidade de desconsideração da personalidade jurídica nos casos de abuso da personalidade jurídica, caracterizado pelo desvio de finalidade ou pela confusão patrimonial: "Art. 50. Em caso de abuso da personalidade jurídica, caracterizado pelo desvio de finalidade ou pela confusão patrimonial, pode o juiz, a requerimento da parte, ou do Ministério Público quando lhe couber intervir no processo, desconsiderá-la para que os efeitos de certas e determinadas relações de obrigações sejam estendidos aos bens particulares de administradores ou de sócios da pessoa jurídica beneficiados direta ou indiretamente pelo abuso. (Redação dada pela Lei 13.874, de 2019)".
32. "Art. 4º Poderá ser desconsiderada a pessoa jurídica sempre que sua personalidade for obstáculo ao ressarcimento de prejuízos causados à qualidade do meio ambiente".
33. "Art. 34. A personalidade jurídica do responsável por infração da ordem econômica poderá ser desconsiderada quando houver da parte deste abuso de direito, excesso de poder, infração da lei, fato ou ato ilícito ou violação dos estatutos ou contrato social. Parágrafo único. A desconsideração também será efetivada quando houver falência, estado de insolvência, encerramento ou inatividade da pessoa jurídica provocados por má administração".
34. "Art. 14. A personalidade jurídica poderá ser desconsiderada sempre que utilizada com abuso do direito para facilitar, encobrir ou dissimular a prática dos atos ilícitos previstos nesta Lei ou para provocar confusão patrimonial, sendo estendidos todos os efeitos das sanções aplicadas à pessoa jurídica aos seus administradores e sócios com poderes de administração, observados o contraditório e a ampla defesa".
35. "Art. 2º Considera-se empregador a empresa, individual ou coletiva, que, assumindo os riscos da atividade econômica, admite, assalaria e dirige a prestação pessoal de serviço. [...] § 2º Sempre que uma ou mais empresas, tendo, embora, cada uma delas, personalidade jurídica própria, estiverem sob a direção, controle ou administração de outra, ou ainda quando, mesmo guardando cada uma sua autonomia, integrem grupo econômico, serão responsáveis solidariamente pelas obrigações decorrentes da relação de emprego".
36. "Art. 18. Os fornecedores e transportadores de petróleo, gás natural, seus derivados e biocombustíveis respondem solidariamente pelos vícios de qualidade ou quantidade, inclusive aqueles decorrentes da disparidade com as indicações constantes do recipiente, da embalagem ou rotulagem, que os tornem impróprios ou inadequados ao consumo a que se destinam ou lhes diminuam o valor. (Redação dada pela Lei 11.097, de 2005). [...] § 3º Poderá ser desconsiderada a personalidade jurídica da sociedade sempre que esta constituir obstáculo ao ressarcimento de prejuízos causados ao abastecimento nacional de combustíveis ou ao Sistema Nacional de Estoques de Combustíveis".
37. NEVES, Daniel Amorim Assumpção. *Manual de direito processual*. 9. ed. Salvador: JusPodivm, 2017, p. 376.

APLICAÇÃO DO IDPJ NAS EXECUÇÕES FISCAIS **897**

Até o advento do CPC/2015, nos casos de desconsideração da personalidade jurídica, não havia a exigência da prévia oitiva do terceiro, cujo patrimônio visava submeter aos meios executórios. Esse terceiro só se defendia após a determinação de constrição de seu patrimônio, com a propositura de embargos de terceiro. Era um posicionamento que já estava assentado até mesmo no STJ em julgados depois de 2015 gerados pelo CPC de 1973.[38] A falta de uma previsão expressa fazia com que a desconsideração ocorresse sem grandes formalidades,[39] sendo palco de excessos e de ilegalidades. Mas, com a previsão legal a partir do CPC/2015, o IDPJ garante àquele sujeito (pessoa física ou jurídica) cujo patrimônio está sob ameaça de constrição em razão de débito de terceiro, o direito de ver instaurado procedimento incidental especificamente destinado a averiguar, *mediante pleno regime contraditório*, a procedência da responsabilidade patrimonial que lhe é imputada.[40]

Assim, o IDPJ previsto no CPC é uma forma de intervenção de terceiros que assegura o contraditório ao sujeito que teve seu patrimônio invadido por atos que praticou, embora não seja o sujeito passivo da relação jurídica processual. A aplicação do IDPJ, portanto, não se circunscreve à clássica hipótese do artigo 50 do CC, podendo-se dizer que esse procedimento alcança todas as hipóteses ditadas pelo direito material nas quais ocorre a responsabilidade do terceiro que não assumiu a obrigação de direito material.

Observa-se, portanto, que o IDPJ alberga as hipóteses de responsabilidade sem dívida, quando são alcançados bens do sócio que não fez parte do título executivo extrajudicial. Por isso, o âmbito de aplicação do IDPJ vai muito além daquelas circunstâncias em que se verifiquem as condições de aplicação da regra clássica do artigo 50 do CC. Deve a expressão "desconsideração da personalidade jurídica", que qualifica o

---

38. "1. A questão relativa à prévia citação do sócio ou da pessoa jurídica atingida pela aplicação da *disregard doctrine*, anteriormente à vigência do novo Código de Processo Civil, encontra precedentes no âmbito do Superior Tribunal de Justiça, no sentido de que: 'A superação da pessoa jurídica afirma-se como um incidente processual, razão pela qual pode ser deferida nos próprios autos, dispensando-se também a citação dos sócios, em desfavor de quem foi superada a pessoa jurídica, bastando a defesa apresentada a posteriori, mediante embargos, impugnação ao cumprimento de sentença ou exceção de pré-executividade' (REsp 1.414.997/SP, Rel. Ministro Luis Felipe Salomão, Quarta Turma, DJe de 26.10.2015). 2. Agravo interno a que se nega provimento" (STJ. 4ª Turma. AgInt no AREsp 698.171/SP. Relator: Min. Raul Araújo. Julgamento: 29.08.2017. *DJe* de 21.09.2017); "[...] 3. Segundo a jurisprudência do STJ, a desconsideração da personalidade jurídica, como incidente processual, pode ser decretada sem a prévia citação dos sócios atingidos, aos quais se garante o exercício postergado ou diferido do contraditório e da ampla defesa. Precedentes de ambas as Turmas que integram a Segunda Seção do STJ" (STJ. 3ª Turma. AgRg no REsp 1.459.784/MS. Relator: Min. Marco Aurélio Bellizze. Julgamento: 04.08.2015. *DJe* de 14.08.2015).

39. "Somente após a desconsideração, os sócios eram chamados a integrar a lide e interpor os recursos cabíveis. O contraditório e a ampla defesa, destarte, eram realizados a posteriori, mas de maneira insatisfatória, já que, em grau de recurso, obviamente não há como exercer plenamente a defesa assegurada pelo devido processo legal. Suprindo a lacuna processual, o novo Código cuidou da matéria nos arts. 133 a 137, traçando o procedimento a ser adotado na sua aplicação, de maneira a submetê-lo, adequadamente, à garantia do contraditório e ampla defesa" (THEODORO JÚNIOR, Humberto. *Curso de direito processual civil*. 59. ed. Rio de Janeiro: Forense, 2018. v. 1. p. 419). Cf. também: YARSHELL, Flávio Luiz. Arts. 133 a 137. In: CABRAL, Antonio do Passo; CRAMER, Ronaldo. *Comentários ao novo Código de Processo Civil*. Rio de Janeiro: Forense, 2015, p. 232.

40. DALLA PRIA, Rodrigo. O incidente de desconsideração da personalidade jurídica (IDPJ) e seu cabimento na execução fiscal. In: CARVALHO, Paulo de Barros; SOUZA, Priscila (Org.). *XV Congresso Nacional de Estudos Tributários*: 30 anos da Constituição Federal e o sistema tributário brasileiro. São Paulo: Noeses, 2018, p. 1078.

898 ROSALINA MOITTA PINTO DA COSTA

incidente processual, ser interpretada como abrangente de *toda e qualquer situação em que se verifique a pretensão de responsabilização patrimonial de sujeito que não componha o polo passivo da obrigação exigível,* isto é, que não seja sujeito passivo da relação prestacional inadimplida, embora seu patrimônio possa estar sujeito, por expressa determinação legal, a garantir o débito,[41] englobando a responsabilidade tributária de terceiros, conforme se demonstrará.

4. APLICAÇÃO DO IDPJ NAS HIPÓTESES DE RESPONSABILIDADE TRIBUTÁRIA DE TERCEIROS: CRÍTICAS AO POSICIONAMENTO DO STJ E DO TRF

4.1 A aplicação da teoria do diálogo das fontes como mediadora das interações entre o CPC e a LEF no processo de execução fiscal

O "neoprocessualismo" provocou um redimensionamento do processo, retirando as leis e os códigos do centro do sistema jurídico e colocando a Constituição como a base da interpretação e da argumentação jurídicas. Diante dessa mudança de paradigma na forma de interpretar o processo, que não pode mais ser dissociado da Lei Fundamental, o CPC de 2015, trazendo toda a carga valorativa das normas constitucionais, apresentou no seu Capítulo I as normas fundamentais do processo civil.[42]

A constitucionalização do direito, contudo, não é inerente apenas ao direito processual. As premissas metodológicas e valorativas previstas constitucionalmente espraiam-se por todo o ordenamento jurídico, resultando na constitucionalização dos direitos e garantias processuais, inclusive na aplicação das normas infraconstitucionais anteriores à Constituição,[43] como se dá com a LEF (Lei 6.830/1980).[44]

Desse modo, embora a LEF tenha sido editada em momento anterior à Constituição Federal, não se pode ignorar que sobre ela incide o fenômeno do neoprocessualismo, que trouxe uma nova concepção de processo baseada no reconhecimento da força normativa da Constituição.

Assim, ainda que a LEF tenha sido recepcionada, há um evidente descompasso metodológico e principiológico entre a Lei 6.830/1980 e a Constituição Federal de 1988, colocando frente a frente dois modelos de processo nitidamente distintos. Deve-se en-

---

41. DALLA PRIA, Rodrigo. O incidente de desconsideração da personalidade jurídica (IDPJ) e seu cabimento na execução fiscal. In: CARVALHO, Paulo de Barros; SOUZA, Priscila (Org.). *XV Congresso Nacional de Estudos Tributários*: 30 anos da Constituição Federal e o sistema tributário brasileiro. São Paulo: Noeses, 2018, p. 1078.

42. SILVA, Luiz Octavio Pinheiro Carvalho da; SCIOLLA, Daniella de Jesus Silva. Execução fiscal e novo Código de Processo Civil: haverá um processo realmente justo? In: DUARTE, Fernanda; BOMFIM, Gilson; MURAYAMA, Janssen (Org.). *A LEF e o Novo CPC*: reflexões e tendências. O que ficou e o que mudará. Rio de Janeiro: Lumen Juris, 2016, p. 10.

43. SILVA, Luiz Octavio Pinheiro Carvalho da; SCIOLLA, Daniella de Jesus Silva. Execução fiscal e novo Código de Processo Civil: haverá um processo realmente justo? In: DUARTE, Fernanda; BOMFIM, Gilson; MURAYAMA, Janssen (Org.). *A LEF e o Novo CPC*: reflexões e tendências. O que ficou e o que mudará. Rio de Janeiro: Lumen Juris, 2016, p. 10.

44. E também com o CTN, Lei 5.172, de 25 de outubro de 1966.

tão arguir qual deles é o mais adequado para atender o devido processo legal, previsto constitucionalmente.[45]

Os elementos clássicos de interpretação e os critérios tradicionais de solução de conflitos não são capazes de lidar com essa incoerência,[46] porque a rigidez das soluções interpretativas tradicionais é incompatível com o novo paradigma jurídico-filosófico adotado a partir da Constituição de 1988. Com efeito, deve-se buscar uma maleabilidade interpretativa, razão pela qual a moderna teoria do diálogo das fontes apresenta-se como mediadora das interações entre o CPC e a LEF no processo de execução fiscal.

A teoria do diálogo das fontes, idealizada pelo alemão Erik Jayme e aplicada, no Brasil, pela primeira vez, por Claudia Lima Marques, a fim de preservar a coexistência entre o CDC e o novo CC, prega a superação da noção de conflito de leis pela ideia de coordenação de leis, à luz dos valores e direitos fundamentais consagrados na Constituição e dos direitos humanos. Parte do entendimento de que as leis com campos de aplicação diferentes, mas convergentes, convivem de forma harmônica num mesmo sistema jurídico, interagindo com as diferentes possibilidades de diálogo para que alcancem, assim, suas finalidades.[47]

Antonio Herman Benjamin e Claudia Lima Marques[48] sustentam que a teoria do diálogo das fontes busca promover a plasticidade, pois o diálogo é contra a rigidez do monólogo, típico do discurso metodológico tradicional.

O diálogo das fontes, portanto, apresenta-se como o meio hábil para a solução de problemas da antinomia que resulta da incoerência entre regras jurídicas, porque os princípios conferem unidade axiológica ao sistema jurídico, funcionando como guias para orientar o intérprete na solução de antinomias.[49]

---

45. SANTIAGO, Julio Cesar. A influência do Novo CPC na cobrança judicial do crédito tributário. In: DUARTE, Fernanda; BOMFIM, Gilson; MURAYAMA, Janssen. *A LEF e o Novo CPC*: reflexões e tendências. O que ficou e o que mudará. Rio de Janeiro: Lumen Juris, 2016, p. 26. Nesse mesmo sentido, Lorenzoni e Rocha: "Não obstante, devemos recordar que a LEF foi promulgada na época em que o país vivia um período de exceção através do Regime da Ditadura Militar. Então, a despeito da lei ter sido recepcionada pelo novo ordenamento constitucional de 1988, fato é que o NCPC se adequa melhor aos anseios do constituinte originário e derivado" (LORENZONI, Brunno; ROCHA, Sergio André. O incidente de desconsideração da personalidade jurídica e sua aplicação no processo de execução fiscal. In: DUARTE, Fernanda; BOMFIM, Gilson; MURAYAMA, Janssen (Org.). *A LEF e o Novo CPC*: reflexões e tendências. O que ficou e o que mudará. Rio de Janeiro: Lumen Juris, 2016, p. 215).
46. FARIA, Marcio Gustavo Senra. Interações entre o Novo CPC e a LEF: a teoria do diálogo das fontes no processo de execução fiscal. In: DUARTE, Fernanda; BOMFIM, Gilson; MURAYAMA, Janssen (Org.). *A LEF e o Novo CPC*: reflexões e tendências. O que ficou e o que mudará. Rio de Janeiro: Lumen Juris, 2016, p. 54-61.
47. FARIA, Marcio Gustavo Senra. Interações entre o Novo CPC e a LEF: a teoria do diálogo das fontes no processo de execução fiscal. In: DUARTE, Fernanda; BOMFIM, Gilson; MURAYAMA, Janssen (Org.). *A LEF e o Novo CPC*: reflexões e tendências. O que ficou e o que mudará. Rio de Janeiro: Lumen Juris, 2016, p. 60-61.
48. "Plasticidade, pois diálogo é contra a rigidez do 'monólogo', é contra o discurso metodológico rígido tradicional (de um método superando outro, de uma lei revogando a outra, de outra fonte ou valor ser superior ao outro)" (BENJAMIN, Antonio Herman; MARQUES, Claudia Lima. A teoria do diálogo das fontes e seu impacto no Brasil: uma homenagem a Erik Jayme. *Revista de Direito do Consumidor*, São Paulo, v. 27, n. 115, jan./fev. 2018, p. 23).
49. LEAL, Pastora do Socorro Teixeira. "Diálogo" das fontes e responsabilidade civil: um aporte para a formulação do conceito de dano de conduta. In: LOURENÇO, Cristina Silvia Alves; BARBALHO, Lucas de Siqueira Mendes; RODRIGUES, Victor Russo Fróes; NÓVOA, Victor Siqueira Mendes de (Org.). *Estudos de ciências criminais e filosofia do direito*: homenagem ao emérito Professor Ney Siqueira Mendes. Rio de Janeiro: Lumen Juris, 2019, p. 247.

Pela teoria do diálogo das fontes, o processo de execução fiscal deve ser interpretado à luz das normas fundamentais trazidas pelo CPC, uma vez que este, por ser norma genérica, albergando os valores constitucionais, deve preponderar sobre aquele, pelo seu evidente descompasso principiológico em relação à Constituição Federal.

Logo, para os objetivos do presente trabalho, da teoria do diálogo das fontes, pode-se extrair o entendimento de que o IDPJ, previsto no artigo 134, *caput*, do CPC, por ser norma genérica mais consentânea aos valores constitucionais, estatuindo o contraditório na execução fundada em título executivo extrajudicial, é preferível ao redirecionamento da execução fiscal, que dispensa o contraditório na execução fiscal, como dispõe a LEF.

4.2 Aplicabilidade do IDPJ nas hipóteses de responsabilidade tributária previstas nos artigos 134 e 135 do CTN

Como visto, a desconsideração da personalidade jurídica prevista no artigo 50 do CC, que deu nome ao incidente, é apenas uma das espécies do gênero "responsabilidade patrimonial", cabendo, portanto, o IDPJ em todas as hipóteses de responsabilidade sem dívida, inclusive a responsabilidade tributária.

Sob o título "desconsideração da personalidade jurídica", o artigo 50 do CC trata de invasão no patrimônio do sócio em razão de atos por ele praticados (desvio de finalidade ou confusão patrimonial), figurando a sociedade empresarial como devedora e os sócios como responsáveis patrimoniais secundários. Hipóteses similares ocorrem no âmbito das obrigações tributárias (CTN, arts. 134 e 135), quando há, do mesmo modo, sujeitos que não participaram da obrigação tributária originária respondendo com seu patrimônio pelos atos executivos.[50] O que acontece, apenas, é que, no campo das relações privadas, escolhe-se o responsável (fiador, avalista), enquanto, no campo das relações públicas, é a própria lei que o indica (tutor, administrador, inventariante, segundo o CTN). As hipóteses são similares, tratando-se, ambas, de responsabilidade sem dívida, cada uma sendo regulada por uma lei específica, com requisitos próprios em razão das especificidades do direito material.

Para parte da doutrina, não seria cabível considerar o "responsável tributário" –aquele que preenche as condições previstas nos artigos 134 e 135 do CTN (responsabilidade de terceiros) como "terceiro interessado", visto que ele seria o "sujeito passivo" da relação obrigacional que suporta a execução fiscal, e não um "terceiro" propriamente dito.[51] Tal argumento não tem condições de prosperar.

---

50. PINHO, Américo Andrade; MIRANDA, Felipe Augusto. O incidente de desconsideração da personalidade jurídica e a execução fiscal. *Revista de Processo*, v. 44, n. 288, p. 354. São Paulo, fev. 2019.
51. COUTINHO, Sheyla Yvette Cavalcanti Ribeiro. A responsabilidade tributária e a não aplicação da teoria da Desconsideração da personalidade jurídica na área tributária. *Revista de Direito Tributário Contemporâneo*, v. 5, n. 24, p. 173-202, São Paulo, maio/jun. 2020; GENARO, Leandro Lopes. O incidente de desconsideração da personalidade jurídica e as Execuções fiscais. *Revista dos Tribunais*, v. 106, n. 978, p. 177. São Paulo, abr. 2017.

Conforme o brocardo latino *nulla executio sine titulo*, não há execução sem título. É necessário um título judicial ou extrajudicial para que haja o procedimento de constrição. Logo, toda execução precisa ser embasada no título executivo, que é a condição necessária e suficiente para a execução. É a função abstrata do título, o título executivo, por si só, comprova a existência da obrigação e dá legitimidade às partes. Portanto, a legitimidade, tanto ativa quanto passiva, é aferida em razão do título. Desse modo, a tutela executiva só pode ser promovida pelo credor, reconhecido como tal no título executivo, do mesmo modo que somente podem ser executados os bens daquele que é reconhecido como devedor no título executivo. O instituto da responsabilidade patrimonial, no entanto, permite que o terceiro que não participou da relação obrigacional e cujo nome não consta no título seja alcançado pela execução.

Quando o sujeito tido por responsável tributário não consta na certidão de dívida ativa (CDA), somente sendo identificado após a constituição do crédito tributário, ou seja, após a inscrição do débito em dívida ativa e consequentemente após a formação do título executivo e a propositura da ação executiva fiscal, ele não é *sujeito passivo* da relação jurídica processual, porque não faz parte da relação jurídica processual, mas *terceiro*.

Ora, se a expedição da CDA, ou seja, do título executivo, ocorre sem que dele consta o responsável tributário, não há título executivo expedido contra ele, o que significa que ele não é *parte*, mas seu patrimônio responderá pela obrigação; logo ele é *terceiro*, responsável patrimonial.[52]

O IDPJ garante o contraditório ao terceiro – aquele que não figura como devedor, mas a quem se atribuiu a responsabilidade patrimonial e sobre cujo patrimônio incidem os meios executivos.[53] A finalidade do IDPJ é garantir que o terceiro seja citado.[54] Logo, se processado na inicial o pedido de desconsideração da personalidade jurídica, desnecessário será a instauração do incidente, uma vez que o réu será citado; mas, se a necessidade de desconsideração ocorre após iniciado o processo, admissível o incidente a fim de que seja observado o contraditório.[55-56]

Por isso, a princípio, não se cogita a instauração do incidente quando há a formação do título executivo com a prévia inclusão dos responsáveis tributários após a

---

52. Nesse sentido: DALLA PRIA, Rodrigo. O incidente de desconsideração da personalidade jurídica (IDPJ) e seu cabimento na execução fiscal. In: CARVALHO, Paulo de Barros; SOUZA, Priscila (Org.). *XV Congresso Nacional de Estudos Tributários*: 30 anos da Constituição Federal e o sistema tributário brasileiro. São Paulo: Noeses, 2018, p. 1097.

53. YARSHELL, Flávio Luiz. Arts. 133 a 137. In: CABRAL, Antonio do Passo; CRAMER, Ronaldo. *Comentários ao novo Código de Processo Civil*. Rio de Janeiro: Forense, 2015, p. 231.

54. "[...] ao fim e ao cabo, o que se busca com o incidente é garantir a esse terceiro o secular direito de ser citado" (RODRIGUES, Daniel Colnago. *Intervenção de terceiros*. São Paulo: Ed. RT, 2017, p. 96). Na mesma direção: SOUZA, Artur César de. *Código de Processo Civil*: anotado, comentado e interpretado. São Paulo: Almedina, 2015. v. 1, p. 751.

55. BUENO, Cassio Scarpinella (Coord.). *Comentários ao Código de Processo Civil*. São Paulo: Saraiva, 2017. v. 1, p. 573.

56. PINHO, Américo Andrade; MIRANDA, Felipe Augusto. O incidente de desconsideração da personalidade jurídica e a execução fiscal. *Revista de Processo*, v. 44, n. 288, p. 349. São Paulo, fev. 2019.

formalização da inscrição do débito em dívida ativa mediante processo administrativo. Se os responsáveis tributários constam na CDA e se a responsabilidade do sócio foi apurada previamente à efetiva inscrição do crédito tributário na esfera administrativa, pressupõe-se que houve o contraditório.[57] Nessa hipótese, não se trata de intervenção de terceiro, pois o sócio foi incluído no polo passivo da execução fiscal desde seu início, sendo *legitimado passivo* no título executivo, cabendo o *redirecionamento da execução fiscal*, e não o IDPJ.[58]

Em suma, o título executivo é o documento necessário e suficiente para desencadear a execução e permite que o terceiro, que não participou da relação obrigacional, tenha seu patrimônio alcançado pelos atos executórios, *porque há um vínculo que o liga ao inadimplemento da obrigação*. O IDPJ é o incidente que assegura o contraditório a esse terceiro. O *sujeito passivo* da relação jurídica tributária é aquele que pode ser identificado pelo título executivo como titular da relação jurídica obrigacional, caso em que caberá o redirecionamento. Para aquele que teve seu patrimônio atingido sem participar da relação jurídica obrigacional tributária, cabível será o IDPJ, uma vez que se trata de terceiro.

A responsabilidade tributária de terceiro, portanto, é espécie de responsabilidade sem dívida, cabendo o IDPJ nas execuções fiscais para garantir o contraditório em todas as hipóteses em que aquele que não figura como devedor no CDA tem seu patrimônio atingido pelos atos executivos.

---

57. "1. A orientação da Primeira Seção desta Corte firmou-se no sentido de que, se a execução foi ajuizada apenas contra a pessoa jurídica, mas o nome do sócio consta da CDA, a ele incumbe o ônus da prova de que não ficou caracterizada nenhuma das circunstâncias previstas no art. 135 do CTN, ou seja, não houve a prática de atos 'com excesso de poderes ou infração de lei, contrato social ou estatutos'. 2. Por outro lado, é certo que, malgrado serem os embargos à execução o meio de defesa próprio da execução fiscal, a orientação desta Corte firmou-se no sentido de admitir a exceção de pré-executividade nas situações em que não se faz necessária dilação probatória ou em que as questões possam ser conhecidas de ofício pelo magistrado, como as condições da ação, os pressupostos processuais, a decadência, a prescrição, entre outras. 3. Contudo, no caso concreto, como bem observado pelas instâncias ordinárias, o exame da responsabilidade dos representantes da empresa executada requer dilação probatória, razão pela qual a matéria de defesa deve ser aduzida na via própria (embargos à execução), e não por meio do incidente em comento. 4. Recurso especial desprovido. Acórdão sujeito à sistemática prevista no art. 543-C do CPC, c/c a Resolução 8/2008 – Presidência/STJ" (STJ. 1ª Seção. REsp 1.104.900/ES. Relatora: Min. Denise Arruda. Julgamento: 25.03.2009, *DJe* de 1º.04.2009).

58. "[...] 1. Depreende-se do artigo 135, do CTN, que a responsabilidade fiscal dos sócios restringe-se à prática de atos que configurem abuso de poder ou infração de lei, contrato social ou estatutos da sociedade. 2. A Primeira Seção, no julgamento do EREsp 702.232/RS, de relatoria do Ministro Castro Meira, assentou entendimento segundo o qual: 1) se a execução fiscal foi promovida apenas contra a pessoa jurídica e, posteriormente, foi redirecionada contra sócio-gerente cujo nome não consta da Certidão de Dívida Ativa, cabe ao Fisco comprovar que o sócio agiu com excesso de poderes ou infração de lei, contrato social ou estatuto, nos termos do art. 135 do CTN; 2) se a execução fiscal foi promovida contra a pessoa jurídica e o sócio-gerente, cabe a este o ônus probatório de demonstrar que não incorreu em nenhuma das hipóteses previstas no mencionado art. 135; 3) se a execução foi ajuizada apenas contra a pessoa jurídica, mas o nome do sócio consta da CDA, o ônus da prova também compete ao sócio, em virtude da presunção juris tantum de liquidez e certeza da referida certidão [...]" (STJ. 2ª Turma. REsp 879.993/MT. Relator: Min. Humberto Martins. Julgamento: 15.03.2007. *DJ* de 28.03.2007, p. 207).

APLICAÇÃO DO IDPJ NAS EXECUÇÕES FISCAIS **903**

4.3 Críticas aos posicionamentos do STJ E do TRF

Grande dissensão envolve a aplicação do IDPJ na execução fiscal. A matéria passou a ser ponto de controvérsia na doutrina, com correntes favoráveis[59] e desfavoráveis,[60-61] e na jurisprudência, chegando ao STJ e ao TRF.

No âmbito do STJ, formaram-se duas correntes, tendo a 1ª Seção consolidado dois posicionamentos majoritários.

A 2ª Turma do STJ[62] consolidou a tese segundo a qual é incabível a incidência do IDPJ na execução fiscal por entender que, nessa seara, a aplicação do CPC é subsidiária,

---

59. ARAÚJO, Fábio Caldas de. *Intervenção de terceiros*. São Paulo: Malheiros, 2015, p. 349; ASSIS, Araken de. *Processo civil brasileiro*. São Paulo: Ed. RT, 2015. v. 2, t. 1, p. 141; BUENO, Cassio Scarpinella (coord.). *Comentários ao Código de Processo Civil*. São Paulo: Saraiva, 2017. v. 1, p. 580; CASSONE, Vittorio; ROSSI, Júlio César; CASSONE, Maria Eugénia Teixeira. *Processo tributário: teoria e prática*. 15. ed. São Paulo: Saraiva, 2017, p. 99; CUNHA, Leonardo Carneiro da. *A Fazenda Pública em juízo*. 15. ed. São Paulo: Saraiva, 2018, p. 457; GENARO, Leandro Lopes. O incidente de desconsideração da personalidade jurídica e as execuções fiscais. *Revista dos Tribunais*, v. 106, n. 978, p. 301-322, São Paulo, abr. 2017; MARINONI, Luiz Guilherme; ARENHART, Sérgio Cruz; MITIDIERO, Daniel. *Novo Código de Processo Civil comentado*. 3. ed. São Paulo: Ed. RT, 2017, p. 278; PINHO, Américo Andrade; MIRANDA, Felipe Augusto Miranda. O incidente de desconsideração da personalidade jurídica e a execução fiscal. *Revista de Processo*, São Paulo, v. 44, n. 288, fev. 2019, p. 354; PINTO, Edson Antônio Sousa Pontes, GASPERIN, Carlos Eduardo Makoul. É cabível a instauração do incidente de desconsideração da Personalidade jurídica nos casos de responsabilidade Tributária de terceiros? Ainda sobre a incompatibilidade do novo instituto com o direito processual tributário. *Revista dos Tribunais*, v. 106, n. 983, p. 291-309, São Paulo, set. 2017; SOUZA, André Pagani. Arts. 133 a 137. In: TUCCI, José Rogério Cruz e; FERREIRA FILHO, Manoel Caetano; APRIGLIANO, Ricardo de Carvalho; DOTTI, Rogéria Fagundes; MARTINS, Sandro Gilbert (Coord.). *Código de Processo Civil anotado*. 2. ed. Rio de Janeiro: GZ Editora, 2017, p. 205; YARSHELL, Flávio Luiz. Arts. 133 a 137. In: CABRAL, Antonio do Passo; CRAMER, Ronaldo. *Comentários ao novo Código de Processo Civil*. Rio de Janeiro: Forense, 2015, p. 230.

60. Cf., entre outros: PEIXOTO, Marco Aurélio Ventura; PEIXOTO, Renata Cortez Vieira. *Fazenda Pública e execução fiscal*. Salvador: JusPodivm, 2018, p. 157. Sheyla Coutinho afirma ser incabível a aplicação da teoria da desconsideração da personalidade jurídica no direito tributário, pois há uma equiparação indevida entre a desconsideração da personalidade jurídica e o redirecionamento da execução fiscal (COUTINHO, Sheyla Yvette Cavalcanti Ribeiro. A responsabilidade tributária e a não aplicação da teoria da Desconsideração da personalidade jurídica na área tributária. *Revista de Direito Tributário Contemporâneo*, v. 5, n. 24, p. 173-202, São Paulo, maio/jun. 2020). "[...] a existência de dano ao erário público decorrente do mero inadimplemento da obrigação tributária não é causa suficiente para a atribuição de responsabilidade tributária de terceiros, pois inexistente qualquer previsão legal autorizativa nesse sentido" (GENARO, Leandro Lopes. O incidente de desconsideração da personalidade jurídica e as Execuções fiscais. *Revista dos Tribunais*, v. 106, n. 978, p. 177. São Paulo, abr. 2017).

61. Também já se pronunciaram desfavoravelmente a Escola Nacional de Formação e Aperfeiçoamento de Magistrados (Enfam) e a Escola da Magistratura Regional Federal da 2ª Região (Emarf). No Enunciado 53, aprovado durante a *vacatio legis* do CPC/2015, a Enfam assim se manifestou: "O redirecionamento da execução fiscal para o sócio-gerente prescinde do incidente de desconsideração da personalidade jurídica previsto no art. 133 do CPC/2015". A Emarf, no Enunciado 6 do Fórum de Execuções Fiscais da 2ª Região, declarou: "A responsabilidade tributária regulada no art. 135 do CTN não constitui hipótese de desconsideração da personalidade jurídica, não se submetendo ao incidente previsto no art. 133 do CPC/2015".

62. "[...] A atribuição de responsabilidade tributária aos sócios-gerentes, nos termos do art. 135 do CTN, não depende do incidente de desconsideração da personalidade jurídica da sociedade empresária prevista no art. 133 do CPC/2015, pois a responsabilidade dos sócios, de fato, já lhes é atribuída pela própria lei, de forma pessoal e subjetiva" (AREsp 1.173.201/SC, Rel. Min. Gurgel de Faria, Primeira Turma, DJe 1º.03.2019).[...] (STJ. 2ª Turma. AgInt no REsp 1.826.357/RS. Relator: Min. Og Fernandes. Julgamento: 30.08.2021. *DJe* de 02.09.2021). "[...] IV – A previsão constante no art. 134, *caput*, do CPC/2015, sobre o cabimento do incidente de desconsideração da personalidade jurídica, na execução fundada em título executivo extrajudicial, não

ou seja, fica reservada para as situações em que a LEF é silente e no que é compatível com o CPC. Logo, para essa primeira, há uma completa incompatibilidade entre a aplicação do IDPJ e a LEF, não incidindo automaticamente o artigo 134, *caput*, do CPC/2015 na execução de título extrajudicial regulada por lei especial, uma vez que a responsabilidade dos sócios já lhes é atribuída pela própria LEF, de forma pessoal e subjetiva. Desse modo, somente por meio de embargos à execução poderia o suposto responsável tributário defender-se em sede de execução fiscal, nos termos do artigo 16, *caput*, da LEF.

O posicionamento da 2ª Turma do STJ nega o fenômeno do neoprocessualismo, considerando a LEF um sistema à parte, que não é atingida pelo novo paradigma, o qual coloca os valores constitucionais como a base da interpretação e da argumentação jurídicas.

Conforme visto, o neoprocessualismo mudou o paradigma da interpretação do processo, que não pode mais ser dissociado da Lei Fundamental. As premissas metodológicas e valorativas da Constituição espraiam-se por todo o ordenamento jurídico, *inclusive na aplicação das normas infraconstitucionais anteriores a ela, como a LEF.*

O princípio da especialidade da LEF, invocado pelo STJ para afastar o cabimento do IDPJ nas execuções fiscais, segundo o qual "lei especial derroga lei geral", deve ser analisado à luz das novas premissas, não se podendo ignorar que sobre a LEF incide o fenômeno do neoprocessualismo, desprezando-se, assim, a carga valorativa das normas constitucionais trazidas pelo Código atual.

Diante do conflito normativo entre o CPC e a LEF no processo de execução fiscal, a teoria do diálogo das fontes surge como mediadora, propondo a coordenação de leis, à luz dos valores e direitos fundamentais consagrados na Constituição. Logo, o IDPJ, previsto no artigo 134, *caput*, do CPC, por ser norma genérica mais consentânea aos valores constitucionais, estatuindo o contraditório na execução fundada em título executivo extrajudicial, é preferível ao redirecionamento da execução fiscal, que dispensa o contraditório na execução fiscal.

---

implica a incidência do incidente na execução fiscal regida pela Lei n. 6.830/1980, verificando-se verdadeira incompatibilidade entre o regime geral do Código de Processo Civil e a Lei de Execuções, que, diversamente da Lei geral, não comporta a apresentação de defesa sem prévia garantia do juízo, nem a automática suspensão do processo, conforme a previsão do art. 134, § 3º, do CPC/2015. Na execução fiscal, 'a aplicação do CPC é subsidiária, ou seja, fica reservada para as situações em que as referidas leis são silentes e no que com elas compatível' (REsp 1.431.155/PB, Rel. Ministro Mauro Campbell Marques, Segunda Turma, julgado em 27.05.2014). V – Evidenciadas as situações previstas nos arts. 124, 133 e 135, todos do CTN, não se apresenta impositiva a instauração do incidente de desconsideração da personalidade jurídica, podendo o julgador determinar diretamente o redirecionamento da execução fiscal para responsabilizar a sociedade na sucessão empresarial. Seria contraditório afastar a instauração do incidente para atingir os sócios-administradores (art. 135, III, do CTN), mas exigi-la para mirar pessoas jurídicas que constituem grupos econômicos para blindar o patrimônio em comum, sendo que nas duas hipóteses há responsabilidade por atuação irregular, em descumprimento das obrigações tributárias, não havendo que se falar em desconsideração da personalidade jurídica, mas sim de imputação de responsabilidade tributária pessoal e direta pelo ilícito. [...]" (STJ. 2ª Turma. REsp 1.786.311/PR. Relator: Min. Francisco Falcão. Julgamento: 09.05.2019. *DJe* de 14.05.2019).

APLICAÇÃO DO IDPJ NAS EXECUÇÕES FISCAIS **905**

Como se vê, a tese consolidada na 2ª Turma do STJ é suscetível de críticas, situando a LEF como um sistema à parte.

Por sua vez, a 1ª Turma do STJ,[63] adotando outro entendimento, afastou o IDPJ nos casos de redirecionamento da execução fiscal (CTN, arts. 134 e 135), mas manteve

---

63. "[...] O IDPJ mostra-se viável quando uma das partes na ação executiva pretende que o crédito seja cobrado de quem não figure na CDA e não exista demonstração efetiva da responsabilidade tributária em sentido estrito, assim entendida aquela fundada nos arts. 134 e 135 do CTN. IV – Equivocado o entendimento fixado no acórdão recorrido, que reconheceu a incompatibilidade total do IDPJ com a execução fiscal. [...] (AgInt no REsp 1.963.566/SP, relatora Ministra Regina Helena Costa, Primeira Turma, julgado em 14.02.2022, DJe de 17.02.2022) [...] IV – O Tribunal regional levou em conta que: '[...] naquele julgamento do REsp 1.775.269/PR, o qual se passa a acompanhar, o redirecionamento de execução fiscal a pessoa jurídica que integra o mesmo grupo econômico da sociedade empresária originalmente executada, mas que não foi identificada no ato de lançamento (nome da CDA) ou que *não se enquadra nas hipóteses dos arts. 134 e 135 do CTN*, depende da comprovação do abuso de personalidade, caracterizado pelo desvio de finalidade ou confusão patrimonial, tal como consta do art. 50 do Código Civil, e, nessa hipótese, é obrigatória a instauração do incidente de desconsideração da personalidade da pessoa jurídica devedora' (fl. 147). [...] VI – Quando mais não seja, o entendimento do Tribunal a quo está em consonância com a jurisprudência desta Corte de Justiça. Veja-se: (AgInt no REsp 1.912.254/PE, relator Ministro Benedito Gonçalves e AgInt no REsp 1.866.138/SC, relator Ministro Gurgel de Faria, Primeira Turma, julgado em 19.04.2021, DJe 06.05.2021) VII – Agravo interno improvido. [...]" (STJ. AgInt no REsp 1.977.696/AL. Relator: Min. Francisco Falcão. Julgamento: 15.08.2022. *DJe* de 19.08.2022). "[...] 1. 'O redirecionamento de execução fiscal a pessoa jurídica que integra o mesmo grupo econômico da sociedade empresária originalmente executada, mas que não foi identificada no ato de lançamento (nome na CDA) ou que *não se enquadra nas hipóteses dos arts. 134 e 135 do CTN*, depende da comprovação do abuso de personalidade, caracterizado pelo desvio de finalidade ou confusão patrimonial, tal como consta do art. 50 do Código Civil, daí porque, nesse caso, é necessária a instauração do incidente de desconsideração da personalidade da pessoa jurídica devedora' (REsp 1.775.269/PR, Rel. Ministro Gurgel de Faria, Primeira Turma, DJe 1º.03.2019). 2. Inexiste incompatibilidade de instauração do incidente de desconsideração da personalidade jurídica no âmbito das execuções fiscais nas hipóteses acima especificadas. 3. Agravo interno não provido" (STJ. 1ª Turma. AgInt no REsp 1.889.340/RS. Relator: Min. Sérgio Kukina. Julgamento: 20.06.2022. *DJe* de 23.06.2022). "[...] 1. A Primeira Turma, no julgamento do REsp 1.775.269/PR, DJe 1º.03.2019, ratificou entendimento no sentido de que não é preciso instauração de Incidente de Desconsideração da Personalidade Jurídica (art. 133 do CPC/2015) no processo executivo fiscal nos casos em que a Fazenda exequente pretende alcançar pessoa jurídica distinta daquela contra a qual, originalmente, foi ajuizada a execução, nas hipóteses em que o nome consta na Certidão de Dívida Ativa, após regular procedimento administrativo, ou, mesmo que o nome não esteja no título executivo, o fisco demonstre a responsabilidade, na qualidade de terceiro, em consonância com os artigos 134 e 135 do CTN. Todavia, na hipótese de se pretender '[o] redirecionamento de execução fiscal a pessoa jurídica que integra o mesmo grupo econômico da sociedade empresária originalmente executada, mas que não foi identificada no ato de lançamento (nome na CDA) ou que não se enquadra nas hipóteses dos arts. 134 e 135 do CTN, [deve haver a] comprovação do abuso de personalidade, caracterizado pelo desvio de finalidade ou confusão patrimonial, tal como consta do art. 50 do Código Civil, daí porque, nesse caso, é necessária a instauração do incidente de desconsideração da personalidade da pessoa jurídica devedora'. 2. No caso dos autos, tendo em vista que o Tribunal a quo entendeu pelo redirecionamento da execução a empresas terceiras somente com fundamento na existência de formação de grupo econômico, sem consignar a ocorrência de abuso da personalidade jurídica, confusão patrimonial ou desvio de finalidade, de rigor a necessidade de instauração de Incidente de Desconsideração da Personalidade Jurídica. 3. Agravo interno não provido" (STJ. 1ª Turma. AgInt no REsp 1.912.254/PE. Relator: Min. Benedito Gonçalves. Julgamento: 23.08.2021. *DJe* de 25.08.2021). "[...] III – 'O redirecionamento de execução fiscal à pessoa jurídica que integra o mesmo grupo econômico da sociedade empresária originalmente executada, mas que não foi identificada no ato de lançamento (nome na CDA) ou que não se enquadra nas hipóteses dos arts. 134 e 135 do CTN, depende da comprovação do abuso de personalidade, caracterizado pelo desvio de finalidade ou confusão patrimonial, tal como consta do art. 50 do Código Civil, daí porque, nesse caso, é necessária a instauração do incidente de desconsideração da personalidade da pessoa jurídica devedora' (REsp 1.775.269/PR, Rel. Ministro Gurgel de Faria, Primeira Turma, DJe 1º.03.2019). [...]" (STJ. 1ª Turma. AgInt no REsp 1.940.931/RS. Relatora: Min. Regina Helena Costa. Julgamento: 04.10.2021. *DJe* de 08.10.2021). "[...] 1. A Primeira Turma, no julgamento do REsp

sua necessidade para os casos em que a desconsideração é baseada no artigo 50 do CC. Logo, comprovado o abuso de personalidade jurídica por desvio de finalidade ou por confusão patrimonial, seria necessária a instauração do IDPJ. Posicionou-se a 1ª Turma do STJ pela compatibilidade da IDPJ apenas nas hipóteses do artigo 50 do CC, afastando claramente seu cabimento nas hipóteses dos artigos 134 e 135 do CTN, porque esses casos tratam de responsabilidade tributária, quando se deve aplicar o redirecionamento da execução fiscal.[64]

---

n. 1.775.269/PR, DJe 1º.03.2019, ratificou entendimento no sentido de que não é preciso instauração de Incidente de Desconsideração da Personalidade Jurídica (art. 133 do CPC/2015) no processo executivo fiscal nos casos em que a Fazenda exequente pretende alcançar pessoa jurídica distinta daquela contra a qual, originalmente, foi ajuizada a execução, nas hipóteses em que o nome consta na Certidão de Dívida Ativa, após regular procedimento administrativo, ou, mesmo que o nome não esteja no título executivo, o fisco demonstre a responsabilidade, na qualidade de terceiro, em consonância com os artigos 134 e 135 do CTN. Todavia, na hipótese de se pretender '[o] redirecionamento de execução fiscal a pessoa jurídica que integra o mesmo grupo econômico da sociedade empresária originalmente executada, mas que não foi identificada no ato de lançamento (nome na CDA) ou que não se enquadra nas hipóteses dos arts. 134 e 135 do CTN, [deve haver a] comprovação do abuso de personalidade, caracterizado pelo desvio de finalidade ou confusão patrimonial, tal como consta do art. 50 do Código Civil, daí porque, nesse caso, é necessária a instauração do incidente de desconsideração da personalidade da pessoa jurídica devedora.' [...]" (STJ. 1ª Turma. AgInt no REsp 1.912.254/PE. Relator: Min. Benedito Gonçalves. Julgamento: 23.08.2021. *DJe* de 25.08.2021). "[...] 1. O incidente de desconsideração da personalidade jurídica (art. 133 do CPC/2015) não se instaura no processo executivo fiscal nos casos em que a Fazenda exequente pretende alcançar pessoa jurídica distinta daquela contra a qual, originalmente, foi ajuizada a execução, mas cujo nome consta na Certidão de Dívida Ativa, após regular procedimento administrativo, ou, mesmo o nome não estando no título executivo, o fisco demonstre a responsabilidade, na qualidade de terceiro, em consonância com os artigos 134 e 135 do CTN. 2. Às exceções da prévia previsão em lei sobre a responsabilidade de terceiros e do abuso de personalidade jurídica, o só fato de integrar grupo econômico não torna uma pessoa jurídica responsável pelos tributos inadimplidos pelas outras. 3. O redirecionamento de execução fiscal a pessoa jurídica que integra o mesmo grupo econômico da sociedade empresária originalmente executada, mas que não foi identificada no ato de lançamento (nome na CDA) ou que não se enquadra nas hipóteses dos arts. 134 e 135 do CTN, depende da comprovação do abuso de personalidade, caracterizado pelo desvio de finalidade ou confusão patrimonial, tal como consta do art. 50 do Código Civil, daí porque, nesse caso, é necessária a instauração do incidente de desconsideração da personalidade da pessoa jurídica devedora. [...]" (STJ. 1ª Turma. REsp 1.775.269/PR. Relator: Min. Gurgel de Faria. Julgamento: 21.02.2019. *DJe* de 1º.03.2019).

64. "[...] 1. Aos recursos interpostos com fundamento no CPC/2015 (relativos a decisões publicadas a partir de 18 de março de 2016) serão exigidos os requisitos de admissibilidade recursal na forma nele prevista (Enunciado 3 do Plenário do STJ). 2. O redirecionamento de execução fiscal à pessoa jurídica que integra o mesmo grupo econômico da sociedade empresária originalmente executada, mas que não foi identificada no ato de lançamento (nome na CDA) ou que não se enquadra nas hipóteses dos arts. 134 e 135 do CTN, depende da comprovação do abuso de personalidade, caracterizado pelo desvio de finalidade ou confusão patrimonial, tal como consta do art. 50 do Código Civil, daí por que, nesse caso, é necessária a instauração do incidente de desconsideração da personalidade da pessoa jurídica devedora. 3. Hipótese em que o Tribunal de origem, em conformidade com a orientação jurisprudencial deste Tribunal Superior, concluiu que o redirecionamento da execução fiscal fundamentado apenas na formação de grupo econômico depende da prévia instauração de incidente de desconsideração da personalidade jurídica. Incidência da Súmula 83 do STJ. 4. Agravo interno desprovido" (STJ. 1ª Turma. AgInt no REsp 1.866.138/SC. Relator: Min. Gurgel de Faria. Julgamento: 19.04.2021. *DJe* 06.05.2021). "[...] 1. O redirecionamento de execução fiscal à pessoa jurídica que integra o mesmo grupo econômico da sociedade empresária originalmente executada, mas que não foi identificada no ato de lançamento (nome na CDA) ou que não se enquadra nas hipóteses dos arts. 134 e 135 do CTN, depende da comprovação do abuso de personalidade, caracterizado pelo desvio de finalidade ou confusão patrimonial, tal como consta do art. 50 do Código Civil, daí por que, nesse caso, é necessária a instauração do incidente de desconsideração da personalidade da pessoa jurídica devedora. [...]" (STJ. 1ª Turma. AgInt no REsp 1.941.136/AL. Relator: Min. Gurgel de Faria. Julgamento: 13.06.2022. *DJe* de 1º.07.2022.). "[...] II – A instauração do incidente de desconsideração

Referido posicionamento admite, portanto, que somente cabe o incidente nos casos em que o IDPJ é baseado nas hipóteses de responsabilidade patrimonial disciplinadas no CC, isto é, quando comprovado o abuso da personalidade jurídica por desvio de finalidade ou por confusão patrimonial (CC, art. 50). Acontece que não se trata aí de responsabilidade tributária, em sentido estrito (CTN, arts. 134 e 135).

Logo, essa corrente, na realidade, *não* admite o IDPJ nas hipóteses de responsabilidade tributária previstas no CTN, mas apenas nas hipóteses de responsabilidade patrimonial previstas no CC. Embora essa posição já constitua um pequeno avanço – por admitir o IDPJ nas execuções fiscais –, não enfrenta a grande dissensão, que é a possibilidade de incidência do IDPJ nas hipóteses de responsabilidade tributária previstas na LEF.

Como visto, a responsabilidade tributária é espécie de responsabilidade patrimonial, isto é, responsabilidade sem dívida, apenas estão reguladas por leis específicas. O artigo 50 do CC, sob o nome "desconsideração da personalidade jurídica", trata de invasão no patrimônio do sócio em razão de atos por ele praticados – hipótese que ocorre no âmbito das obrigações tributárias. Logo, a desconsideração da personalidade jurídica é uma espécie de responsabilidade sem dívida, que é exatamente o que ocorre com a responsabilidade tributária secundária de terceiros. Ambas, portanto, estão albergadas no IDPJ.

Finalmente, importa examinar a corrente consolidada no Órgão Especial do Tribunal Regional Federal da 3ª Região, que, julgando o IRDR nos autos 0017610-97.2016.4.03.0000, em 10 de fevereiro de 2020, *ampliou a interpretação atual do STJ acerca da compatibilidade da LEF com o IDPJ para além das hipóteses do artigo 50 do CC*. Sem dúvida um grande avanço, que deixa, porém, espaço para muitas indagações.

O voto que prevaleceu no caso foi exarado pelo desembargador Wilson Zauhy. A tese foi fixada nos seguintes termos:

> Não cabe instauração de incidente de desconsideração da personalidade jurídica nas hipóteses de redirecionamento da execução fiscal desde que fundada, *exclusivamente, em responsabilidade tributária* nas hipóteses dos artigos 132, 133, I e II, e 134 do CTN, sendo o IDPJ indispensável para a comprovação de responsabilidade em decorrência de *confusão patrimonial, dissolução irregular, formação de grupo econômico, abuso de direito, excesso de poderes ou infração à lei, ao contrato ou ao estatuto social (CTN, art. 135, incisos I, II e III), e para a inclusão das pessoas que tenham interesse comum na situação que constitua o fato gerador da obrigação principal*, desde que não incluídos na CDA, tudo sem prejuízo do regular andamento da Execução Fiscal em face dos demais coobrigados.[65]

---

da personalidade jurídica – IDPJ, em sede de execução fiscal, para a cobrança de crédito tributário, revela-se excepcionalmente cabível diante da: (i) relação de complementaridade entre a LEF e o CPC/2015, e não de especialidade excludente; e (ii) previsão expressa do art. 134 do CPC quanto ao cabimento do incidente nas execuções fundadas em títulos executivos extrajudiciais. III – O IDPJ mostra-se viável quando uma das partes na ação executiva pretende que o crédito seja cobrado de quem não figure na CDA e não exista demonstração efetiva da responsabilidade tributária em sentido estrito, assim entendida aquela fundada nos arts. 134 e 135 do CTN. Precedentes. [...]" (STJ. 1ª Turma. AgInt no REsp 1.963.566/SP. Relatora: Min. Regina Helena Costa. Julgamento: 14.02.2022. *DJe* de 17.02.2022).

65. TRF3 (Órgão especial). IRDR 0017610-97.2016.4.03.0000. Julgamento: 10.02.2021. Acórdão disponibilizado no *DJE* em 19.05.2021, grifo nosso.

A decisão levou em consideração a Lei de Liberdade Econômica (Lei 13.874, 20 de setembro de 2019), que modificou o artigo 50 do CC, ampliando o termo "desvio de finalidade", passando a incluir a hipótese do artigo 135 do CTN: excesso de poderes ou infração de lei, contrato social ou estatutos.

Conforme a tese vencedora, foi consolidado o entendimento de que não cabe o IDPJ na execução fiscal nas hipóteses dos artigos 132, 133, I e II, e 134 do CTN, porque essas hipóteses tratam da "responsabilidade exclusivamente tributária". Distinguiu o Acórdão duas hipóteses: a) "responsabilidade exclusivamente tributária" – situações tipificadas nos artigos 132, 133, I e II, e 134 do CTN, as quais não demandam prova e, por isso mesmo, o IDPJ seria dispensado; b) situações também previstas no CTN que demandam prova e por isso caberia o IDPJ – que são os casos discriminados: responsabilidade em decorrência de confusão patrimonial, dissolução, formação de grupo econômico, abuso de direito, excesso de poderes ou infração à lei, ao contrato e ao estatuto social, ou para inclusão das pessoas que tenham interesse comum.

Como se vê, a tese consolidada no TRF da 3ª região traz uma classificação sem nenhum suporte doutrinário, porque parte do pressuposto falso de que as situações tipificadas nos artigos 132, 133, I e II, e 134 do CTN não demandariam prova, o que pode ser facilmente contestado, pois, por exemplo, na hipótese do artigo 132 do CTN, pode haver necessidade de comprovação do destino do patrimônio. Quanto à hipótese do artigo 133 do CTN, pode ser preciso provar a aquisição de fundo de comércio ou a cessação da exploração do objeto pelo alienante e, ainda, pode ser necessário comprovar as omissões pelas quais os intervenientes sejam responsáveis (CTN, art. 134).

Observa-se, portanto, que, para *admitir* o IDPJ na execução fiscal, a decisão criou uma categoria chamada "responsabilidade exclusivamente tributária", estabelecendo que as situações tipificadas nos artigos 132, 133, I e II, e 134 do CTN não demandariam prova, o que não encontra nenhuma base doutrinária ou pragmática. Para as hipóteses em que caberia o IDPJ, restaram as situações também previstas no CTN, que demandariam prova, as quais foram enumeradas de forma taxativa: confusão patrimonial, dissolução, formação de grupo econômico, abuso de direito, excesso de poderes ou infração à lei, ao contrato e ao estatuto social, ou para inclusão das pessoas que tenham interesse comum.

Constata-se, pois, que, embora a decisão seja um avanço – por admitir o IDPJ na execução fiscal –, parte de premissas contestáveis, criando uma classificação frágil e sem suporte doutrinário.

5. CONCLUSÃO

A desconsideração da personalidade jurídica prevista no artigo 50 do CC, que deu nome ao incidente, é apenas uma das espécies do gênero "responsabilidade patrimonial", cabendo, portanto, o IDPJ em todas as hipóteses de responsabilidade sem dívida, ou responsabilidade patrimonial, isto é, em todas as situações em que o terceiro que não participou da relação obrigacional tem seu patrimônio alcançado pelos atos executórios.

A responsabilidade tributária de terceiros (CTN, art. 134 e 135) é espécie de responsabilidade sem dívida, pois versa sobre hipóteses em que o terceiro que não participou da relação jurídica obrigacional tributária tem o seu patrimônio atingido por atos executivos.

No âmbito tributário, a responsabilidade patrimonial (tributária) nasce do inadimplemento da obrigação tributária e constitui-se a partir da formalização de seu respectivo fato jurídico (o inadimplemento), veiculado por meio da "certidão de dívida ativa", que a legislação processual qualifica como título executivo. Para o *sujeito passivo*, aquele que pode ser identificado pelo título executivo como titular da relação jurídica obrigacional, caberá o redirecionamento. Contudo, aquele que não participou da relação jurídica obrigacional tributária, mas tem o seu patrimônio atingido por atos executivos, encontra-se na condição de *terceiro*, cabendo-lhe o manejo do IDPJ, para exercer o contraditório na execução fiscal em que está sendo demandado.

Assim, considerando que, pela teoria do diálogo das fontes, o IDPJ, previsto no artigo 134, *caput*, do CPC, por ser norma genérica mais consentânea aos valores constitucionais, estatuindo o contraditório, deve ser preferível ao redirecionamento da execução fiscal, é cabível o IDPJ na execução fiscal para todas as hipóteses de responsabilidade sem dívida ou responsabilidade tributária patrimonial (arts. 134 e 135).

6. REFERÊNCIAS

ABELHA, Marcelo. *Manual de direito processual civil*. 6. ed. Rio de Janeiro: Forense, 2016.

ABRAHAM, Marcus. *Curso de direito tributário brasileiro*. Rio de Janeiro: Forense, 2018.

AMARO, Luciano. *Direito tributário brasileiro*. 12. ed. São Paulo: Saraiva, 2006.

ARAÚJO, Fábio Caldas de. *Intervenção de terceiros*. São Paulo: Malheiros, 2015.

ASSIS, Araken de. *Processo civil brasileiro*. São Paulo: Ed. RT, 2015. v. 2, t. 1.

ASSIS, Emanuel Carlos Dantas de. Arts. 134 e 135 do CTN: responsabilidade culposa e dolosa dos sócios e administradores de empresas por dívidas tributárias da pessoa jurídica. In: FERRAGUT, Maria Rita; NEDER, Marcos Vinicius (Coord.). *Responsabilidade tributária*. São Paulo: Dialética, 2007.

BECHO, Renato Lopes. *Responsabilidade tributária de terceiros*. São Paulo: Saraiva, 2014.

BENJAMIN, Antônio Herman; MARQUES, Claudia Lima. A teoria do diálogo das fontes e seu impacto no Brasil: uma homenagem a Erik Jayme. *Revista de Direito do Consumidor*, v. 27, n. 115, p. 21-40, São Paulo, jan./fev. 2018.

BUENO, Cassio Scarpinella (Coord.). *Comentários ao Código de Processo Civil*. São Paulo: Saraiva, 2017. v. 1.

BUZAID, Alfredo. *Do concurso de credores no processo de execução*. São Paulo: Saraiva, 1952.

CARNELUTTI, Francesco. *Diritto e processo*. Napoli: Morano, 1958.

CASSONE, Vittorio; ROSSI, Júlio César; CASSONE, Maria Eugenia Teixeira. *Processo tributário*: teoria e prática. 15. ed. São Paulo: Saraiva, 2017.

COSTA, Rosalina Moitta Pinto da. O *amicus curiae* como instrumento de participação democrática e de realização dos direitos fundamentais. *Revista Jurídica da Presidência*, Brasília, DF, v. 15, n. 16, p. 339-372, jun./set. 2013.

COUTINHO, Sheyla Yvette Cavalcanti Ribeiro. A responsabilidade tributária e a não aplicação da teoria da desconsideração da personalidade jurídica na área tributária. *Revista de Direito Tributário Contemporâneo*, v. 5, n. 24, p. 173-202, São Paulo, maio/jun. 2020.

CUNHA, Leonardo Carneiro da. *A Fazenda Pública em juízo*. 15. ed. São Paulo: Saraiva, 2018.

DALLA PRIA, Rodrigo. O incidente de desconsideração da personalidade jurídica (IDPJ) e seu cabimento na execução fiscal. In: CARVALHO, Paulo de Barros; SOUZA, Priscila (Org.). *XV Congresso Nacional de Estudos Tributários*: 30 anos da Constituição Federal e o sistema tributário brasileiro. São Paulo: Noeses, 2018.

DINAMARCO, Cândido Rangel. *Instituições de direito processual civil*. 4 ed. São Paulo: Malheiros, 2019. v. 3.

DINAMARCO, Cândido Rangel. *Instituições de direito processual civil*. São Paulo: Malheiros, 2004. v. 4.

FARIA, Marcio Gustavo Senra. Interações entre o Novo CPC e a LEF: a teoria do diálogo das fontes no processo de execução fiscal. In: DUARTE, Fernanda; BOMFIM, Gilson; MURAYAMA, Janssen (Org.). *A LEF e o Novo CPC*: reflexões e tendências. O que ficou e o que mudará. Rio de Janeiro: Lumen Juris, 2016.

GENARO, Leandro Lopes. O incidente de desconsideração da personalidade jurídica e as execuções fiscais. *Revista dos Tribunais*, v. 106, n. 978, p. 301-322, São Paulo, abr. 2017.

LEAL, Pastora do Socorro Teixeira. "Diálogo" das fontes e responsabilidade civil: um aporte para a formulação do conceito de dano de conduta. In: LOURENÇO, Cristina Silvia Alves; BARBALHO, Lucas de Siqueira Mendes; RODRIGUES, Victor Russo Fróes; NÓVOA, Victor Siqueira Mendes de (Org.). *Estudos de ciências criminais e filosofia do direito*: homenagem ao emérito Professor Ney Siqueira Mendes. Rio de Janeiro: Lumen Juris, 2019.

LIEBMAN, Enrico Tullio. *Processo de execução*. 4. ed. São Paulo: Saraiva, 1980.

LIMA, Alcides de Mendonça. *Comentários ao Código de Processo Civil*. Rio de Janeiro: Forense, 1974. v. 6, t. 2.

LORENZONI, Brunno; ROCHA, Sergio André. O incidente de desconsideração da personalidade jurídica e sua aplicação no processo de execução fiscal. In: DUARTE, Fernanda; BOMFIM, Gilson; MURAYAMA, Janssen (Org.). *A LEF e o Novo CPC*: reflexões e tendências. O que ficou e o que mudará. Rio de Janeiro: Lumen Juris, 2016.

MACHADO SEGUNDO, Hugo de Brito. *Código Tributário Nacional*. São Paulo: Atlas, 2007.

MACHADO, Hugo de Brito. *Curso de direito tributário*. 31. ed. São Paulo: Malheiros, 2010.

MARINONI, Luiz Guilherme; ARENHART, Sérgio Cruz; MITIDIERO, Daniel. *Novo Código de Processo Civil comentado*. 3. ed. São Paulo: Ed. RT, 2017.

MARQUES, José Frederico. *Manual de direito processual civil*. São Paulo: Saraiva, 1976. v. 4.

MEDINA, José Miguel Garcia. Notas sobre a distinção entre partes e terceiros na execução civil: algumas situações limítrofes. In: DIDIER JR., Fredie; WAMBIER, Teresa Arruda Alvim (Coord.). *Aspectos polêmicos e atuais sobre os terceiros no processo civil e assuntos afins*. São Paulo: Ed. RT, 2004.

NEVES, Daniel Amorim Assumpção. *Manual de direito processual*. 9. ed. Salvador: JusPodivm, 2017.

PEIXOTO, Marco Aurélio Ventura; PEIXOTO, Renata Cortez Vieira. *Fazenda Pública e execução fiscal*. Salvador: JusPodivm, 2018.

PEREIRA, Caio Mário da Silva. *Instituições de direito civil*. 20. ed. Rio de Janeiro: Forense, 2004. v. 2.

PINHO, Américo Andrade; MIRANDA, Felipe Augusto. O incidente de desconsideração da personalidade jurídica e a execução fiscal. *Revista de Processo*, v. 44, n. 288, p. 347-371, São Paulo, fev. 2019.

PINTO, Edson Antônio Sousa Pontes; GASPERIN, Carlos Eduardo Makoul. É cabível a instauração do incidente de desconsideração da personalidade jurídica nos casos de responsabilidade tributária de terceiros? Ainda sobre a incompatibilidade do novo instituto com o direito processual tributário. *Revista dos Tribunais*, v. 106, n. 983, p. 291-309, São Paulo, set. 2017.

REIS, José Alberto dos. *Processo de execução*. 2. ed. Coimbra: Coimbra Editora, 1982. v. 1.

RODRIGUES, Daniel Colnago. *Intervenção de terceiros*. São Paulo: Ed. RT, 2017.

SABBAG, Eduardo. *Manual de direito tributário*. 10. ed. São Paulo: Saraiva, 2018.

SANTIAGO, Julio Cesar. A influência do Novo CPC na cobrança judicial do crédito tributário. In: DUARTE, Fernanda; BOMFIM, Gilson; MURAYAMA, Janssen. *A LEF e o Novo CPC*: reflexões e tendências. O que ficou e o que mudará. Rio de Janeiro: Lumen Juris, 2016.

SILVA, Luiz Octavio Pinheiro Carvalho da; SCIOLLA, Daniella de Jesus Silva. Execução fiscal e novo Código de Processo Civil: haverá um processo realmente justo? In: DUARTE, Fernanda; BOMFIM, Gilson; MURAYAMA, Janssen (Org.). *A LEF e o Novo CPC*: reflexões e tendências. O que ficou e o que mudará. Rio de Janeiro: Lumen Juris, 2016.

SILVA, Ovídio A. Baptista da. *Curso de processo civil*. 6. ed. Rio de Janeiro: Forense, 2008. v. 1, t. 2.

SOUZA, André Pagani. Arts. 133 a 137. In: TUCCI, José Rogério Cruz e; FERREIRA FILHO, Manoel Caetano; APRIGLIANO, Ricardo de Carvalho; DOTTI, Rogéria Fagundes; MARTINS, Sandro Gilbert (Coord.). *Código de Processo Civil anotado*. 2. ed. Rio de Janeiro: GZ Editora, 2017.

SOUZA, Artur César de. *Código de Processo Civil*: anotado, comentado e interpretado. São Paulo: Almedina, 2015. v. 1.

THEODORO JÚNIOR, Humberto. *Curso de direito processual civil*. 59. ed. Rio de Janeiro: Forense, 2018. v. 1

THEODORO JÚNIOR, Humberto. *Curso de direito processual civil*. 50. ed. Rio de Janeiro: Forense, 2017. v. 3.

YARSHELL, Flávio Luiz. Arts. 133 a 137. In: CABRAL, Antonio do Passo; CRAMER, Ronaldo. *Comentários ao novo Código de Processo Civil*. Rio de Janeiro: Forense, 2015.

ZAVASCKI, Teori Albino. *Comentários ao Código de Processo Civil*. São Paulo: Ed. RT, 2000. v. 8.

II.5 – DESCONSIDERAÇÃO DA PERSONALIDADE NO DIREITO ADMINISTRATIVO E SANCIONADOR

REFLEXÕES SOBRE A DESCONSIDERAÇÃO DA PERSONALIDADE JURÍDICA NA LEI ANTICORRUPÇÃO

Marcos Vinícius Pinto

Doutor e Mestre em Direito pela USP. Professor da Faculdade de Direito de Vitória (FDV). Advogado. E-mail: mviniciuspinto@gmail.com.

Sumário: 1. Introdução – 2. Premissa: a natureza punitiva da ação judicial prevista na lei anticorrupção – 3. O regime jurídico de garantias aplicável no processo judicial ajuizado com base na lei anticorrupção – 4. *A extensão de todos os efeitos das sanções aplicadas às pessoas jurídicas* por força da Desconsideração da Personalidade Jurídica; 4.1 A aplicação dos arts. 133 a 137 do CPC; 4.2 A defesa dos sócios e administradores atingidos pela desconsideração; 4.3 Indisponibilidade e a desconsideração – 5. Conclusão – 6. Referências.

1. INTRODUÇÃO

A Lei 12.846/2014, que se consagrou como Lei Anticorrupção,[1] instituiu a responsabilização objetiva de pessoas jurídicas por atos contra a Administração Pública.[2] Trata-se de diploma legal que, como a Lei de Improbidade Administrativa, integra o arcabouço jurídico de defesa da moralidade administrativa.[3-4] Diferentemente da Lei de Improbidade Administrativa, que se volta precipuamente à punição de agentes pú-

---

1. O objeto tutelado pela Lei é mais amplo, de modo que se trata, a rigor, de uma Lei de Probidade Administrativa Empresarial (ZOCKUN, Maurício. Comentários ao art. 1º. In: DI PIETRO, Maria Sylvia Zanella; MARRARA, Thiago. *Lei Anticorrupção comentada*. Belo Horizonte: Fórum, 2017, p. 15-16).
2. A Lei Anticorrupção incorporou diretrizes de normas internacionais de combate à corrupção (LOBO FILHO, Fernando Rissoli. *A Lei Anticorrupção e o regime jurídico do direito administrativo Sancionador*. Dissertação de mestrado apresentada ao programa de pós-graduação da Faculdade de Direito de São Paulo, 2017, p. 48. No mesmo sentido: OLIVEIRA, José Roberto Pimenta. Comentários ao art. 2º. In: DI PIETRO, Maria Sylvia Zanella; MARRARA, Thiago. *Lei Anticorrupção comentada*. Belo Horizonte: Fórum, 2017, p. 23).
3. MOREIRA NETO, Diogo de Figueiredo; FREITAS, Rafael Verás de. A juridicidade da Lei Anticorrupção: reflexões e interpretações prospectivas. *Fórum Administrativo* – FA, ano 14, n. 156, p. 9-20, fev. 2014.
4. Há quem afirme que tal Lei é também uma reação legislativa às manifestações de rua ocorridas no ano de 2013 contra a corrupção (PEREIRA NETO, Miguel. Lei Anticorrupção e ética. *Revista do advogado*, a. XXXIV, n. 125, p. 85, dez. 2014).

blicos,[5] a Lei Anticorrupção tem por objetivo principal a responsabilização de pessoas jurídicas[6-7] pela prática de ilícitos contra Administração Pública.[8]

A responsabilização prevista na Lei Anticorrupção pode se dar em sede administrativa (artigo 6º) e em âmbito judicial (artigo 19).

Além das pessoas jurídicas que praticam atos contra a Administração Pública, o artigo 14 da Lei Anticorrupção prevê a possibilidade de *desconsideração da personalidade jurídica* para que haja extensão dos efeitos das sanções aos administradores e aos sócios, na hipótese em que a personalidade jurídica for utilizada com *abuso de direito* para *facilitar, encobrir ou dissimular a prática dos atos ilícitos previstos na Lei* ou para *provocar confusão patrimonial.*[9]

Tal disposição legal desperta importantes reflexões de direito material e processual. No plano material, trata-se de nova hipótese legal de desconsideração da personalidade jurídica, submetida a requisitos específicos e que tem como consequência jurídica prevista a *extensão dos efeitos das sanções*. É preciso compreender adequadamente o significado e o alcance desta expressão, para se aferir sua constitucionalidade e para determinar suas repercussões para o processo, seja na perspectiva das garantias constitucionais e, especialmente, do devido processo legal, seja na perspectiva do procedimento a ser aplicado para extensão dos efeitos das sanções aos administradores e sócios.

O tema ganhou mais um elemento com a promulgação do Código de Processo Civil de 2015, que instituiu um *incidente* para a desconsideração da personalidade jurídica, disciplinado nos artigos 133 a 137. Neste cenário, é importante refletir também sobre a aplicabilidade de tal procedimento à hipótese do artigo 14 da Lei Anticorrupção, notadamente em razão da natureza punitiva da ação judicial voltada à aplicação das sanções previstas no artigo 19 da Lei Anticorrupção.

---

5. Há previsão de punição de particulares, pessoas físicas e jurídicas, que induzam ou concorram dolosamente para a prática do ato de improbidade administrativa (cf. artigo 3º, da Lei 8.429/92). As pessoas jurídicas, no entanto, não serão punidas por improbidade administrativa se o ato praticado também for sancionado pela Lei 12.846 (art. 3º, § 2º, da Lei 8.429/92).

6. DI PIETRO, Maria Sylvia Zanella. In: DI PIETRO, Maria Sylvia Zanella; MARRARA, Thiago. *Lei Anticorrupção comentada*. Belo Horizonte: Fórum, 2017, p. 116; MOREIRA NETO, Diogo de Figueiredo; FREITAS, Rafael Verás de. A juridicidade da Lei Anticorrupção: reflexões e interpretações prospectivas. *Fórum Administrativo* – FA, ano 14, n. 156, p. 9-20, fev. 2014.

7. As sanções também possam vir a ser aplicadas a pessoas físicas, em certas hipóteses, por força do art. 3º:
"Art. 3º A responsabilização da pessoa jurídica não exclui a responsabilidade individual de seus dirigentes ou administradores ou de qualquer pessoa natural, autora, coautora ou partícipe do ato ilícito. § 1º A pessoa jurídica será responsabilizada independentemente da responsabilização individual das pessoas naturais referidas no caput. 2º Os dirigentes ou administradores somente serão responsabilizados por atos ilícitos na medida da sua culpabilidade."

8. Para Diogo de Figueiredo Moreira Neto, a Lei Anticorrupção justifica-se, no contexto nacional, em razão da estreita e conhecida relação entre excesso de burocracia estatal e corrupção. (MOREIRA NETO, Diogo de Figueiredo; FREITAS, Rafael Verás de. A juridicidade da Lei Anticorrupção: reflexões e interpretações prospectivas. *Fórum Administrativo* – FA, ano 14, n. 156, p. 9-20, fev. 2014).

9. "Art. 14. A personalidade jurídica poderá ser desconsiderada sempre que utilizada com abuso do direito para facilitar, encobrir ou dissimular a prática dos atos ilícitos previstos nesta Lei ou para provocar confusão patrimonial, sendo estendidos todos os efeitos das sanções aplicadas à pessoa jurídica aos seus administradores e sócios com poderes de administração, observados o contraditório e a ampla defesa."

REFLEXÕES SOBRE A DESCONSIDERAÇÃO DA PERSONALIDADE JURÍDICA NA LEI ANTICORRUPÇÃO

A questão, permeada de direito material e processual, é complexa e não se tem aqui o propósito de traçar conclusões definitivas sobre a desconsideração da personalidade prevista na Lei Anticorrupção. O objetivo principal é, a partir de reflexões preliminares, destacar aspectos que devem ser levados em consideração no exame dos aspectos processuais da previsão do artigo 14 da Lei Anticorrupção.

2. PREMISSA: A NATUREZA PUNITIVA DA AÇÃO JUDICIAL PREVISTA NA LEI ANTICORRUPÇÃO[10]

O artigo 5º da Lei Anticorrupção instituiu ilícitos não penais que podem ensejar a aplicação das seguintes sanções: *(i)* em sede administrativa (cf. artigo 6º), *multa e publicação extraordinária da decisão condenatória; (ii)* em âmbito judicial (cf. artigo 19), *perdimento dos bens, direitos ou valores que representem vantagem ou proveito direta ou indiretamente obtidos da infração, suspensão ou interdição parcial de atividades, dissolução compulsória da pessoa jurídica e proibição de receber incentivos, subsídios, subvenções, doações ou empréstimos de órgãos ou entidades públicas e de instituições financeiras públicas ou que sejam controladas pelo Poder Público.* As sanções previstas para a fase administrativa podem ser aplicadas judicialmente na hipótese de omissão da autoridade competente, por força do artigo 20, desde que haja pedido formulado pelo autor.[11]

Não há consenso na doutrina sobre a natureza dos ilícitos ou das sanções previstas nesta lei.[12]-[13] Adota-se, neste breve estudo, a posição de que se trata de *sanções não penais,* de índole *punitiva,* aplicadas no exercício da soberana função estatal de punir, de elevada severidade e com amplo potencial de restrição de direitos, podendo se chegar à dissolução compulsória da pessoa jurídica (artigo 19, § 1º) e à suspensão ou interdição de atividades, que são inovações em relação ao rol de sanções da Lei de Improbidade Administrativa.

Não há dúvida, portanto, de que tais sanções são bastante graves e podem repercutir na esfera de direitos do particular de forma drástica, tanto do ponto de vista financeiro,

---

10. Essa premissa se encontra extensamente desenvolvida em: MERÇON-VARGAS, Sarah. *Teoria do processo judicial punitivo não penal.* Salvador: JusPodivm, 2018, p. 117-122.
11. MARTINS JÚNIOR, Wallace Paiva. In: DI PIETRO, Maria Sylvia Zanella; MARRARA, Thiago. *Lei Anticorrupção comentada.* Belo Horizonte: Fórum, 2017, p. 258.
12. Segundo Vicente Greco Filho e João Daniel Rassi, as sanções são administrativas e se submetem a regime de Direito Administrativo Sancionador. [A corrupção e o direito administrativo sancionador. In: BLAZECK, Luiz Mauricio Souza; MARZAGÃO JÚNIOR, Laerte I. (Coord.). *Direito administrativo sancionador.* São Paulo: Quartier Latin, 2014, p. 324].
13. Para Maria Sylvia Zanella Di Pietro, as sanções são administrativas (artigo 6º) e civis (artigo 19). (DI PIETRO, Maria Sylvia Zanella. In: DI PIETRO, Maria Sylvia Zanella; MARRARA, Thiago. *Lei Anticorrupção comentada.* Belo Horizonte: Fórum, 2017, p. 118). Para Modesto Carvalhosa, instituiu-se um processo penal-administrativo, de efeitos civis, mediante ação civil pública. Ademais, por se tratar de sanções com amplo potencial de restrição de direitos fundamentais, o autor enfatizou o seu caráter punitivo e defende a aplicação de princípios penais. (*Considerações sobre a Lei Anticorrupção das pessoas jurídicas:* Lei 12.846/2016. São Paulo: Ed. RT, 2015, p. 32-34). No mesmo sentido: CUNHA FILHO, Alexandre Jorge Carneiro da. Lei 12.846/13 – Lei Anticorrupção empresarial: considerações sobre o processo como instrumento de controle da administração sancionadora. In: PEREZ, Marcos Augusto; SOUZA, Rodrigo Pagani de (Coord.). *Controle da administração pública.* Belo Horizonte: Fórum, 2017, p. 310.

916 MARCOS VINÍCIUS PINTO

como na perspectiva da liberdade de exercício de determinada atividade empresarial. Assim como uma ação penal, trata-se de uma ação judicial em que se veicula uma pretensão de natureza punitiva e que dá origem a uma relação jurídica processual de imputação entre o Estado e o particular.

3. O REGIME JURÍDICO DE GARANTIAS APLICÁVEL NO PROCESSO JUDICIAL AJUIZADO COM BASE NA LEI ANTICORRUPÇÃO

A definição do regime jurídico de garantias aplicável à ação judicial ajuizada para a aplicação das sanções previstas na Lei Anticorrupção perpassa pelo exame de aspectos de direito material e processual. No plano do direito material, como visto, trata-se de ilícitos graves puníveis com sanções severas e com alto potencial de repercussão na esfera de direitos do particular.

No plano do processo, é preciso levar em conta que se trata de uma ação que veicula exercício de pretensão punitiva estatal. Isso significa que a relação jurídica processual se forma entre Estado, representado pelo Ministério Público ou por pessoa jurídica de direito público, e o particular, para a imputação de um ilícito grave. A pretensão de imputação de ilícito, no exercício do *ius puniendi*, tem importantes repercussões na configuração da relação jurídica processual, que tem por característica uma desigualdade estrutural.

Essa desigualdade, que se caracteriza pela natureza da pretensão se instrumentaliza a partir do conjunto de ferramentas institucionais de que dispõe o Estado para o exercício do *ius puniendi* deve ser compensada, no processo, com a atribuição, aos réus, de garantias processuais voltadas à limitação do exercício de poder. À semelhança do que se passa no processo penal, em que também há uma desigualdade estrutural da relação jurídica processual, no processo judicial da Lei Anticorrupção, o *standard* de garantias deve ser mais adensado, para que, à luz do princípio da paridade de armas, possa se chegar, ao menos idealmente, a um processo menos desigual.

Apesar de alocada na jurisdição civil e, portanto, fora do universo do Direito Penal, o processo judicial da Lei Anticorrupção serve-se do *catálogo* de garantias constitucionais previstas para o processo penal – mas que, a rigor, são garantias essenciais em todo processo judicial em que haja imputação de ilícitos graves e aplicação de sanções restritivas de direitos fundamentais. Tais garantias estão previstas na Constituição Federal e na Convenção Americana de Direitos Humanos – Pacto de São José da Costa Rica e são absolutamente indispensáveis à configuração do *devido processo legal* em processos que veiculam pretensões estatais punitivas. Excluem-se apenas as garantias que se relacionam apenas à aplicação de penas de prisão, que não ultrapassam a fronteira do Direito Penal.

Isso significa que o réu no processo judicial da Lei Anticorrupção, a quem se imputa a prática de ilícitos, tem mais garantias do que é usual na chamada jurisdição civil (no sentido de não penal). Aplicam-se as garantias constitucionais do juiz natural, do contraditório, da ampla defesa e as garantias específicas previstas no Pacto de São José da Costa Rica (direito ao tradutor/intérprete, direito à ciência prévia e pormenorizada

REFLEXÕES SOBRE A DESCONSIDERAÇÃO DA PERSONALIDADE JURÍDICA NA LEI ANTICORRUPÇÃO **917**

da imputação, direito de entrevista prévia com defensor a sua escolha, direito de assistência judiciária gratuita), da presunção de inocência, do direito à prova, da motivação, da publicidade, do direito ao recurso e da proibição de *ne bis in idem*.

É importante destacar que esse regime jurídico mais adensado de garantias aplica-se àquele a quem se imputa a prática de ilícitos não penais e em relação a quem se postula a aplicação das sanções previstas na Lei Anticorrupção.

Neste cenário, é relevante perquirir sobre o regime jurídico de garantias aplicável aos administradores e sócios com poderes de administração, que podem ser atingidos pela *extensão de todos os efeitos das sanções*, por força do artigo 14 da Lei Anticorrupção, na hipótese em que se pleiteie a desconsideração da personalidade jurídica sob a alegação de *abuso do direito para facilitar, encobrir ou dissimular a prática de atos ilícitos*.

4. A *EXTENSÃO DE TODOS OS EFEITOS DAS SANÇÕES APLICADAS ÀS PESSOAS JURÍDICAS* POR FORÇA DA DESCONSIDERAÇÃO DA PERSONALIDADE JURÍDICA

A expressão empregada pelo legislador na norma do artigo 14 da Lei Anticorrupção é fonte de dúvidas relevantes, notadamente à luz do artigo 5º, inciso XLV, da Constituição Federal. A primeira delas, atrelada à literalidade do que consta da disposição legal, é saber o que significa *efeito da sanção* e, nesta medida, distinguir – se é que é possível – a sanção em si de seus efeitos.

Veja-se o caso da sanção de *suspensão parcial de atividades*. A pessoa jurídica que sofre a sanção é que terá suas atividades parcialmente suspensas, mas qual seria o *efeito* disso para um sócio administrador? A consequência de ter a pessoa jurídica de que é administrador suspensa é um efeito da própria aplicação da sanção à empresa, de modo que não há um efeito adicional que justifique a extensão de efeitos ao sócio. Não parece ser este o caminho.

Uma alternativa seria interpretar a disposição legal como uma hipótese de extensão de *responsabilidade*, para que os sócios e os administradores passem a responder pela repercussão patrimonial dos ilícitos praticados, a exemplo que consta do artigo 4º, §1º, da Lei Anticorrupção em relação aos sucessores.[14] Mas, neste caso, seria de se estranhar o emprego de redações muito diferentes (no artigo 14 e no artigo 4º, §1º da Lei Anticorrupção) para designar o mesmo fenômeno (extensão de responsabilidade).

Não parece adequado interpretar o artigo 14 de forma ampla, para se entender que a *extensão de todos os efeitos das sanções* significaria aplicar aos administradores e sócios com poderes de administração, por força da desconsideração da personalidade jurídica, as mesmas sanções aplicadas às pessoas jurídicas. As únicas sanções passíveis de extensão são, a nosso ver, a multa e o perdimento dos bens (embora esta última não

---

14. Neste sentido, entretanto, entende-se que não há como pretender a extensão dos efeitos da pena de multa, diante da garantia da norma do artigo 5º, inciso XLV, da Constituição Federal.

seja propriamente punição).[15] As demais não guardam correspondência lógica com a punição da pessoa física e adaptá-las a esta seria tamanho esforço que, em verdade, constituiria verdadeira criação de punição sem prévia lei que a cominasse. Isto é, a adaptação equivaleria à uma inconstitucional pena sem lei.

A nosso ver, novas punições nasceriam, sem previsão legal, se o sócio ou diretor fosse impedido de trabalhar, a pretexto de estender a ele a suspensão ou interdição das atividades (art. 19, inc. II da Lei Anticorrupção); se deixasse, permanentemente, de exercer atividade, ao fundamento de ter sido atingido pela dissolução compulsória da pessoa jurídica (art. 19, inc. III da Lei Anticorrupção); se ficasse impedido de aderir a um REFIS ou contrair empréstimo com instituição pública porque essa punição foi aplicada à pessoa jurídica que dirigia ou da qual era sócio (art. 19, inc. IV da Lei Anticorrupção). Não há como impor essas punições sem uma boa dose de invenção, analogia e ampliação da pena, sem previsão legal. A ideia ofenderia a Constituição.

Sobre a extensão da punição à pessoa física dos sócios ou diretores, Marçal Justen Filho sustenta posição de que "a responsabilidade apenas pode se relacionar aos efeitos patrimoniais da ilicitude".[16] Para o autor, o responsável (caso do diretor ou sócio) não está sujeito à sanção cominada a quem efetivamente praticou o ilícito (a pessoa jurídica). Cogitar o contrário, em sua ótica, implicaria violação à garantia constitucional da pessoalidade das penas.

O ponto que nos afasta de adotar a posição do prestigiado administrativista reside na premissa, a nosso ver equivocada, de que o sócio ou o administrador nada fez para merecer sanção, quando o legislador apenas a estende àquele que, comprovadamente, protagonizou ou concorreu para a prática do ilícito. São graves as condutas que ensejam a responsabilização do sócio ou do diretor, uma vez ser necessário que a acusação comprove que este facilitou, encobriu ou dissimulou a prática dos atos ilícitos previstos na Lei Anticorrupção. Dito de outro modo, embora se fale em extensão, o sócio ou diretor punido será aquele que praticou o ilícito (como preposto da pessoa jurídica) ou que para este concorreu ou contribuiu.

A ideia principal da desconsideração prevista na Lei Anticorrupção Empresarial é o descortinar o "véu" que protege as pessoas físicas que se escudam na pessoa jurídica para a prática de atos ilícitos,[17] sem prejuízo da responsabilização autônoma a que os sócios e diretores se sujeitam em outras esferas (art. 3º da Lei Anticorrupção).

---

15. Não entendem o perdimento como sanção em relação à Lei de Improbidade Administrativa, mas com clara sinergia com o tema da Lei Anticorrupção: BEZERRA FILHO, Aluizio. *Processo de improbidade administrativa.* 2. ed. Salvador: JusPodivm, 2019. p. 362-365. ZAVASCKI, Teori Albino. *Processo coletivo.* 7. ed. São Paulo: Ed. RT, 2017. Item 5.3. *E-book.* Item 5.3. *E-book*; GARCIA, Emerson. A consensualidade no direito sancionador brasileiro: potencial incidência no âmbito da Lei 8.429/1992. *Revista Síntese: Direito Administrativo*, Edição Especial – 25 anos da Lei de Improbidade Administrativa, ano XII, n. 141, p. 585, set. 2017.

16. JUSTEN FILHO, Marçal. Desconsideração da personalidade societária e responsabilização de terceiros na Lei de Improbidade Administrativa e na Lei Anticorrupção. *Revista Jurídica da Procuradoria-Geral do Estado do Paraná*. Edição comemorativa 10 anos (Direito do Estado em debate), Curitiba: PGE/PR, 2019. Disponível em: https://www.pge.pr.gov.br/sites/default/arquivos_restritos/files/documento/2020-01/2019_008%20Desconsi-deracao%20da%20personalidade%20societaria_Justen%20Filho%20M.pdf. Acesso em: 31 jan. 2023.

17. DIPP, Gilson; CASTILHO, Manoel L. Volkmer de. *Comentários sobre a Lei Anticorrupção.* São Paulo: Saraiva, 2016. E-book. ISBN 9788502630987. Disponível em: https://integrada.minhabiblioteca.com.br/#/books/9788502630987/. Acesso em: 22 fev. 2023.

É claro que se o sócio ou diretor praticou diretamente o ato ilícito é caso de ser responsabilizado também de forma direta na legislação própria. Contudo, haverá risco de haver múltipla persecução punitiva sobre o mesmo fato, o que esbarraria na cláusula do *ne bis in idem*. Caberá ao órgão julgador avaliar qual é a via mais profícua em termos punitivos: se preferirá seguir com o incidente desconsideração pela Lei Anticorrupção ou se pedirá punição na via apropriada, tal como na improbidade administrativa (art. 3º, § 2º da Lei 8.429/1992) . A escolha por uma via exclui a outra. Se optar por ambas, necessariamente, incorrerá em vedada duplicidade.

Por fim, é importante definir que existe um elemento distintivo entre a responsabilização da pessoa jurídica e o da pessoa física: enquanto aquela é de natureza objetiva (art. 2º da Lei Anticorrupção), esta será de ordem subjetiva (art. 3º, § 1º da Lei Anticorrupção).

Em outras palavras, no incidente de desconsideração da personalidade jurídica o órgão acusador precisará buscar o elemento subjetivo doloso. A culpa está excluída por não ser presumida e, por razões óbvias, ela não consta da Lei Anticorrupção.

Não existe transitividade das sanções decorrentes da responsabilização objetiva da pessoa jurídica para os sócios ou diretores, até mesmo porque, por força da própria Lei Anticorrupção, somente aqueles que têm poderes de gestão é que podem ser potencialmente punidos (e não todo e qualquer sócio).[18] Os sócios cotistas ou diretores de áreas distintas daquela de onde emanou o ilícito não estão sujeitos à punição.

4.1 A aplicação dos arts. 133 a 137 do CPC

A parte final art. 14 da Lei Anticorrupção impõe que a extensão dos efeitos das sanções aos administradores e sócios com poderes de administração respeitará a observância do contraditório e da ampla defesa, mas não consta da norma qualquer disposição sobre como essa responsabilização ocorrerá em termos processuais.

Existe, portanto, lacuna normativa sobre como a personalidade jurídica poderá ser desconsiderada na Lei Anticorrupção Empresarial. Outro dado que ora se rememora para a finalidade aqui pretendida é que essa desconsideração está inserida no âmbito administrativo da responsabilização, e não no processo judicial, embora a prática forense revele pedidos de desconsideração também no segundo caso, em ações rotuladas como ações civis públicas.[19]

Se não existe previsão a respeito do procedimento da desconsideração da personalidade jurídica na Lei Anticorrupção, qual será a norma de regência a assegurar o contraditório e a ampla defesa? A nosso sentir, a resposta é a colmatação dessa lacuna

---

18. PESTANA, Marcio. *Lei Anticorrupção*: exame sistematizado da Lei 12.846/2013. Barueri: Editora Manole, 2016. E-book. ISBN 9788520450567. Disponível em: https://integrada.minhabiblioteca.com.br/#/books/9788520450567/. Acesso em: 22 fev. 2023.

19. TJPR, AgInstr 0037916-81.2022.8.16.0000, Quinta Câmara Cível, Rel. Des. Luiz Mateus de Lima, Julg. 30.01.2023, DJPR 31.01.2023. TJCE, AI 0628802-19.2020.8.06.0000, Terceira Câmara de Direito Público, Rel. Des. Inácio de Alencar Cortez Neto, Julg. 26.04.2021, DJCE 07.05.2021, p. 55.

mediante aplicação do incidente de desconsideração da personalidade jurídica previsto nos arts. 133 a 137 do CPC, afinal, o art. 15 do CPC estende suas disposições, de forma supletiva e subsidiária, para os processos administrativos; na esfera judicial, de igual modo, as disposições do CPC quanto ao incidente se aplicam pela combinação do art. 21 da Lei Anticorrupção (que impõe a aplicação da Lei de Ação Civil Pública) e o art. 19 da Lei de Ação Civil Pública, que traz a aplicação do CPC naquilo que não contrarie as suas disposições.

Seja na esfera administrativa, seja na esfera judicial, o pedido de instauração do incidente de desconsideração da personalidade jurídica deverá indicar, com precisão, os pontos nos quais se encontram presentes os *indícios de confusão patrimonial ou de abuso do direito*. Embora a lei não tenha mencionado o termo "indícios", não nos parece razoável impor que ainda no momento embrionário da acusação formulada contra os sócios e administradores se exija prova cabal da participação desses sujeitos, quando, em todo o sistema punitivo, essa fase requer uma prova com *standard* rebaixado, algo suficiente para se cogitar que, hipoteticamente, o ilícito possa ter ocorrido. Tampouco nos parece razoável permitir que o pedido seja formulado sem mínimas evidências da contribuição individualizada de cada sócio ou administrador, até mesmo porque a presunção de inocência também recai sobre esse procedimento e ela funciona como um escudo contra a deflagração de acusações sem mínimo respaldo probatório que justifique a movimentação da máquina punitiva estatal.

Reiteramos, contudo, não ser possível prescindir da indicação precisa do ilícito na peça que pedir a desconsideração para o seu processamento, sob pena de inépcia (e consequente indeferimento). Essa é a forma de se garantir a comunicação prévia e pormenorizada da acusação dirigida a essas pessoas (art. 8.2.b da Convenção Americana de Direitos Humanos), viabilizando, assim, que a defesa se concentre nesses atos. Impende destacar que a mera inadimplência não implica a desconsideração da personalidade jurídica, pois esta tem a peculiaridade de estar inserida na esfera punitiva – ou seja, os administradores e sócios com poderes de administração se expõem às graves sanções restritivas de direitos previstas na lei.

Em razão disso, devem estar muito claros os pontos nos quais a acusação identifica terem eles concorrido para a facilitação, encobrimento ou dissimulação da prática dos atos ilícitos previstos na Lei Anticorrupção.

Por proporcionalidade, o prazo para a defesa dos administradores e sócios com poderes de administração deverá ser o mesmo daquele indicado para a pessoa jurídica ou outro maior, se assim entender a Comissão Processante ou o órgão jurisdicional.

Quanto ao momento da instauração, parece-nos que a norma faz uma distinção entre a deflagração do incidente e a responsabilização. Nesse sentido, entendemos que o art. 14 da Lei Anticorrupção autoriza que o procedimento se dê a qualquer tempo, desde que haja indícios de que o sócio ou administrador tenha incorrido nas condutas previstas na norma. A sua responsabilização – que é fenômeno distinto –, contudo, fica condicionada à prévia punição da pessoa jurídica, pois apenas se pode *estender* punições

REFLEXÕES SOBRE A DESCONSIDERAÇÃO DA PERSONALIDADE JURÍDICA NA LEI ANTICORRUPÇÃO

se estas efetivamente existirem. É perfeitamente possível, por exemplo, que se deflagre o incidente de desconsideração da personalidade jurídica logo no início do processo; que, em seu curso, fique comprovada a confusão patrimonial da empresa com patrimônio do sócio diretor, mas com a "absolvição" da pessoa jurídica por prescrição, nada se possa fazer quanto a ele (diretor), aos menos no que concerne à Lei Anticorrupção.

4.2   A defesa dos sócios e administradores atingidos pela desconsideração

É fundamental definir qual é o espectro de defesa dos sócios e administradores atingidos pelo incidente de desconsideração da personalidade jurídica no âmbito da Lei Anticorrupção Empresarial: ela está adstrita aos requisitos ensejadores da desconsideração (*confusão patrimonial ou de abuso do direito*) ou poderá abranger também quaisquer matérias de defesa associadas à pessoa jurídica?

Em nosso entender, a resposta a esse questionamento é a de que o sócio ou administrador poderá exercer o contraditório pleno, sem limitações, o que abrange atacar as defesas que dizem respeito também à pessoa jurídica. Se esta não for responsabilizada, aquele tampouco será, o que lhe assegura o direito de buscar a melhor defesa possível, ainda que diga respeito a outrem. Restringir de qualquer forma a defesa do sócio ou do administrador violaria o próprio art. 14 da Lei Anticorrupção, que assegura o direito pleno ao contraditório e a ampla defesa, garantias que também encontram ampara da Lei Maior.

A título de exemplo, imagine-se o processo administrativo de responsabilização em que uma empresa é acusada de frustrar a higidez de pregão eletrônico mediante combinação de preços, sendo pedida a desconsideração da personalidade jurídica a pretexto de ter o sócio abusivamente encoberto os atos que demonstrariam o arranjo. Nesse contexto, é possível que o sócio se defenda com a alegação de que não houve encobertamento abusivo (requisito do art. 14 da Lei Anticorrupção), mas também poderá se insurgir contra a imputação principal, qual seja, a de que houve a combinação entre os concorrentes. Acolhida essa tese, a própria pessoa jurídica dela poderá se beneficiar. Poderia o sócio também alegar prescrição ou qualquer outra matéria de defesa que dissesse respeito à empresa, sem ficar adstrito às exceções pessoais ou defesas que lhe dissessem respeito com exclusividade.

Não existindo responsabilização da pessoa jurídica, não haverá responsabilização do sócio ou administrador.

Fora dos quadrantes aqui propostos, o tema da amplitude da defesa do terceiro no incidente de desconsideração da personalidade jurídica no processo civil encontra divergências doutrinárias, havendo aqueles[20] que entendem pela subordinação dos sócios aos requisitos da desconsideração (confusão patrimonial e abuso do direito) e outros,[21]

---

20. CAMBI, Eduardo; DOTTI, Rogéria; PINHEIRO, Paulo Eduardo d'Arce; KOZIKOSKI, Sandro Marcelo. *Curso de processo civil completo*. São Paulo: Ed. RT, 2017. p. 150.

21. "[...] não é correto confundir débito e responsabilidade. Mesmo para o mero responsável (ao qual se chegaria mediante desconsideração da personalidade jurídica), a eventual inexistência ou inexigibilidade do crédito leva à exclusão de responsabilidade. Não há sentido falar em responsabilidade patrimonial se não existe con-

com os quais concordamos, que entendem pela abrangência da defesa à possibilidade de impugnação da própria existência da dívida. Em relação à Lei Anticorrupção, não há espaço para se discutir essa limitação da defesa no âmbito da desconsideração. Adotar esse pensamento feriria o direito de o acusado discutir todos os elementos da imputação; significaria, por isso, também impor ao sócio ou administrador que aceitasse o cabimento da responsabilização, restando-lhe apenas discutir se a pena é ou não extensível a ele.

Imagine-se situação em que, em ação civil pública, a empresa é revel e acaba sendo condenada nas sanções previstas na Lei Anticorrupção. Seria irrazoável que o sócio aceitasse a responsabilização sem discutir a essência dela, em contraditório e com ampla defesa, por suposta limitação dos temas a serem abordados em sua peça defensiva.

4.3   Indisponibilidade e a desconsideração

O art. 19, § 4º da Lei Anticorrupção autoriza que haja a indisponibilidade de bens e valores necessários ao pagamento da multa e/ou à reparação do dano causado. O que ora se cogita é da aplicação do referido dispositivo à desconsideração da personalidade jurídica, isto é, se é possível a indisponibilização dos bens dos diretores e sócios. A resposta a esse questionamento é a de que sim, é possível – o que ocorre no meio forense –,[22] mas de forma excepcional e com temperamentos que justifiquem a atuação do Estado juiz sobre a livre disposição dos bens de alguém, quais sejam:

a) Deve haver fundado indício de que o sócio ou diretor facilitou, encobriu ou dissimulou a prática dos atos ilícitos previstos na Lei Anticorrupção ou provocou confusão patrimonial, no que consiste o *"fumus comici delicti"* para a espécie;

b) Análise do *periculum in mora*, sobre se a medida é proporcional (se é o meio adequado a atingir o fim) e necessária (se realmente estão ou não comprometidos o adimplemento da mula e/ou a reparação do dano).

É importante consignar que não deve prevalecer o entendimento de que é prescindível o *periculum in mora* (tal como ocorria com a Ação de Improbidade Administrativa

---

cretamente um débito, seja de quem for. Portanto, sob o ângulo do conteúdo das alegações (não exatamente da via processual em que dedutíveis), o terceiro tem legitimidade e interesse para atacar a existência, a validade e a eficácia da dívida" YARSHELL, Flávio Luiz. Comentários aos arts. 133 a 137. In: CABRAL, Antonio do Passo e CRAMER, Ronaldo (Coord.). *Comentários ao novo Código de Processo Civil.* Rio de Janeiro: Forense, 2015. p. 243). "Também é direito do executado ter a oportunidade de discutir, pelas vias adequadas e nos limites pertinentes, a higidez do título executivo e do crédito a ele subjacente. Tal faculdade deve se estender, segundo nos parece, ao responsável secundário, na medida em que, conquanto não seja ele o devedor, tem interesse jurídico na demonstração da inexistência da relação obrigacional. Afinal, não havendo crédito a ser satisfeito, não terá suporte a execução que sobre ele recairia." SIQUEIRA, Thiago Ferreira. A responsabilidade patrimonial no novo sistema processual civil. São Paulo: Ed. RT, 2016. p. 197. No mesmo sentido: AMARAL, Paulo Osternack. Incidente de desconsideração da personalidade jurídica. In: TALAMINI, Eduardo; SICA, Heitor Vitor Mendonça; CINTRA, Lia Carolina Batista; EID, Elie Pierre (Org.). *Partes e terceiros no processo civil.* Salvador: JusPodivm, 2020. p. 373-375.

22.   Pelo indeferimento da medida de indisponibilidade dos bens dos sócios: TJPR, AgInstr 0037916-81.2022.8.16.0000, Quinta Câmara Cível, Rel. Des. Luiz Mateus de Lima, Julg. 30.01.2023, DJPR 31.01.2023. Pela concessão da medida para indisponibilizar os bens dos sócios: TJCE, AI 0628802-19.2020.8.06.0000, Terceira Câmara de Direito Público, Rel. Des. Inácio de Alencar Cortez Neto, Julg. 26.04.2021, DJCE 07.05.2021, p. 55.

antes da Lei 14.230/2021). Essa não é, portanto, uma tutela de evidência. Se ausente o perigo de que a reparação ou pagamento da multa ocorram, o pedido de tutela provisória de indisponibilidade merece ser indeferido. Ainda que seja provável a prática do ato pelo sócio ou diretor (presente, portanto, o *fumus comici delicti*), a indisponibilidade antecipada afeta seu direito de propriedade, sem que haja risco efetivo à reparação do dano ou ao adimplemento da multa, implica antecipação da sanção.[23] Há, por isso, afronta "à presunção de inocência com a dispensa no requisito do *periculum in mora* por constituir, por via oblíqua, a combatida antecipação dos efeitos da pena, ainda que de modo parcial, consequência que apenas adviria com o trânsito em julgado da sentença condenatória".[24]

Há de se observar, ainda, que a indisponibilidade depende de requerimento da parte, não podendo o magistrado concedê-la de ofício, sob pena de se imiscuir na figura do órgão acusador.[25]

5. CONCLUSÃO

A guisa de conclusão, entendemos que a desconsideração da personalidade jurídica é possível em qualquer etapa do processo de aplicação das sanções da Lei Anticorrupção. Por não haver disciplina a esse respeito na lei, o procedimento a ser respeitado será aquele previso no CPC, devendo o órgão acusador apresentar indícios relevantes da ocorrência da facilitação, encobrimento ou dissimulação da prática dos atos ilícitos ou dos atos que demonstrem a hipotética ocorrência de confusão patrimonial.

É preciso assegurar ao sócio ou diretor a ampla defesa e o contraditório, o que não pode prescindir da descrição pormenorizada de seus atos no pedido de desconsideração, que é, na espécie, a peça acusatória voltada contra essas pessoas. Em sua defesa, poderá o acusado discutir tanto exceções pessoais, como também a própria responsabilização da pessoa jurídica, afinal, apenas haverá responsabilização da pessoa física se a pessoa jurídica for apenada.

É possível que haja pedido de indisponibilidade de bens do sócio, condicionado o deferimento à presença de elementos que demonstrem a ocorrência dos atos descritos no parágrafo anterior (*fumus comici delicti*), bem como o risco concreto de que o dano não seja reparado ou de que a multa pode não ser paga, tal como ocorre nas situações de dilapidação de bens. O *periculum in mora* não é presumido e deve ser comprovado, sob pena de se antecipar a pena, violando assim a presunção de inocência. Para além disso, é imperiosa a análise da proporcionalidade e necessidade da medida, a fim de evitar de que o instrumento seja banalizado.

---

23. Sobre as cautelares reais no processo penal, "também estas dependem da existência do *periculum in mora*, sendo ilegítimo, à vista da presunção de inocência, adotá-las exclusivamente com base na existência da imputação" (GOMES FILHO, Antonio Magalhães. *Presunção de inocência e prisão cautelar*. São Paulo: Saraiva, 1991. p. 43).

24. PINTO, Marcos Vinícius. *Ação de improbidade administrativa*: presunção de inocência e nebis in idem. Salvador: JusPodivm, 2022. p. 282.

25. Em sentido oposto: ZENKNER, Marcelo. *Integridade governamental e empresarial*. Belo Horizonte: Fórum, 2019. p. 487-488.

Em últimas palavras, ao sócio ou diretor somente são aplicáveis a multa e o perdimento (que sequer é propriamente sanção), as únicas com eles compatíveis. As outras punições dependeriam de analogias e adaptações que não constam da lei, e, por se tratar de normas sancionatórias, dependentes da estrita legalidade, são inaplicáveis. Diferentemente da pessoa jurídica, será perquirida a responsabilidade subjetiva do sócio ou diretor, na modalidade dolosa, tendo em vista que a culpa não se presume. Deverá o órgão acusador comprovar que o sócio teve a intenção de facilitar, encobrir ou dissimular atos ilícitos ou a confusão patrimonial.

6. REFERÊNCIAS

AMARAL, Paulo Osternack. Incidente de desconsideração da personalidade jurídica. In: TALAMINI, Eduardo; SICA, Heitor Vitor Mendonça; CINTRA, Lia Carolina Batista; EID, Elie Pierre (Org.). *Partes e terceiros no processo civil*. Salvador: JusPodivm, 2020.

BEZERRA FILHO, Aluizio. *Processo de improbidade administrativa*. 2. ed. Salvador: JusPodivm, 2019.

CARVALHOSA, Modesto. *Considerações sobre a Lei Anticorrupção das pessoas jurídicas*: Lei 12.846/2016. São Paulo: Ed. RT, 2015.

CUNHA FILHO, Alexandre Jorge Carneiro da. Lei 12.846/13 – Lei Anticorrupção empresarial: considerações sobre o processo como instrumento de controle da administração sancionadora. In: PEREZ, Marcos Augusto; SOUZA, Rodrigo Pagani de (Coord.). *Controle da administração pública*. Belo Horizonte: Fórum, 2017.

DIPP, Gilson; CASTILHO, Manoel L. Volkmer de. *Comentários sobre a Lei Anticorrupção*. São Paulo: Saraiva, 2016. E-book. ISBN 9788502630987. Disponível em: https://integrada.minhabiblioteca.com.br/#/books/9788502630987/. Acesso em: 22 fev. 2023.

DI PIETRO, Maria Sylvia Zanella. In: DI PIETRO, Maria Sylvia Zanella; MARRARA, Thiago. *Lei Anticorrupção comentada*. Belo Horizonte: Fórum, 2017.

GARCIA, Emerson. A consensualidade no direito sancionador brasileiro: potencial incidência no âmbito da Lei 8.429/1992. *Revista Síntese: Direito Administrativo*, Edição Especial – 25 anos da Lei de Improbidade Administrativa, ano XII, n. 141, p. 585, set. 2017.

GOMES FILHO, Antonio Magalhães. *Presunção de inocência e prisão cautelar*. São Paulo: Saraiva, 1991.

GRECO FILHO, Vicente; RASSI, João Daniel. A corrupção e o direito administrativo sancionador. In: BLAZECK, Luiz Mauricio Souza; MARZAGÃO JÚNIOR, Laerte I. (Coord). *Direito administrativo sancionador*. São Paulo: Quartier Latin, 2014.

JUSTEN FILHO, Marçal. Desconsideração da personalidade societária e responsabilização de terceiros na Lei de Improbidade Administrativa e na Lei Anticorrupção. *Revista Jurídica da Procuradoria-Geral do Estado do Paraná*. Edição comemorativa 10 anos (Direito do Estado em debate), Curitiba: PGE/PR, 2019. Disponível em: https://www.pge.pr.gov.br/sites/default/arquivos_restritos/files/documento/2020-01/2019_008%20Desconsideracao%20da%20personalidade%20societaria_Justen%20Filho%20M.pdf. Acesso em: 31 jan. 2023.

LOBO FILHO, Fernando Rissoli. *A Lei Anticorrupção e o regime jurídico do direito administrativo sancionador*. Dissertação de mestrado apresentada ao programa de pós-graduação da Faculdade de Direito de São Paulo, 2017.

MARTINS JÚNIOR, Wallace Paiva. In: DI PIETRO, Maria Sylvia Zanella; MARRARA, Thiago. *Lei Anticorrupção comentada*. Belo Horizonte: Fórum, 2017.

MERÇON-VARGAS, Sarah. *Teoria do processo judicial punitivo não penal*. Salvador: JusPodivm, 2018.

MOREIRA NETO, Diogo de Figueiredo; FREITAS, Rafael Verás de. A juridicidade da Lei Anticorrupção: reflexões e interpretações prospectivas. *Fórum Administrativo – FA*, ano 14, n. 156, fev. 2014.

OLIVEIRA, José Roberto Pimenta. Comentários ao art. 2º. In: DI PIETRO, Maria Sylvia Zanella; MARRARA, Thiago. *Lei Anticorrupção comentada*. Belo Horizonte: Fórum, 2017.

PEREIRA NETO, Miguel. Lei Anticorrupção e ética. *Revista do advogado*, a. XXXIV, n. 125, dez. 2014.

PESTANA, Marcio. *Lei Anticorrupção*: Exame sistematizado da Lei 12.846/2013. Barueri: Editora Manole, 2016. E-book. ISBN 9788520450567. Disponível em: https://integrada.minhabiblioteca.com.br/#/books/9788520450567/. Acesso em: 22 fev. 2023.

PINTO, Marcos Vinícius. *Ação de Improbidade Administrativa*: presunção de inocência e ne *bis in idem*. Salvador: JusPodivm, 2022.

SIQUEIRA, Thiago Ferreira. *A responsabilidade patrimonial no novo sistema processual civil*. São Paulo: Ed. RT, 2016.

YARSHELL, Flávio Luiz. Comentários aos arts. 133 a 137. In: CABRAL, Antonio do Passo e CRAMER, Ronaldo (Coord.). *Comentários ao Novo Código de Processo Civil*. Rio de Janeiro: Forense, 2015.

ZAVASCKI, Teori Albino. *Processo coletivo*. 7. ed. São Paulo: Ed. RT, 2017. *E-book*.

ZENKNER, Marcelo. *Integridade governamental e empresarial*. Belo Horizonte: Fórum, 2019.

ZOCKUN, Maurício. Comentários ao art. 1º. In: DI PIETRO, Maria Sylvia Zanella; MARRARA, Thiago. *Lei Anticorrupção comentada*. Belo Horizonte: Fórum, 2017.

DESCONSIDERAÇÃO DA PERSONALIDADE JURÍDICA NOS PROCESSOS ADMINISTRATIVOS: PRINCÍPIOS REGENTES DA DESCONSIDERAÇÃO NO CÓDIGO DE PROCESSO CIVIL DE 2015 E SUA APLICAÇÃO AOS REGIMES ESPECIAIS

Paulo Henrique dos Santos Lucon

Livre-Docente, Doutor e Mestre em Direito Processual Civil pela mesma Instituição. Professor-Associado da Faculdade de Direito do Largo de São-Francisco – USP. Vice--Presidente do Conselho do Instituto Brasileiro de Direito Processual – IBDP, instituição da qual foi Presidente. Advogado.

Sumário: 1. Incidente de Desconsideração da Personalidade Jurídica no Código de Processo Civil de 2015 – 2. Aplicação do Código de Processo Civil aos processos administrativos – 3. Desconsideração da Personalidade Jurídica nos processos administrativos – 4. Encerramento – 5. Referências – Bibliografia – Decisões.

1. INCIDENTE DE DESCONSIDERAÇÃO DA PERSONALIDADE JURÍDICA NO CÓDIGO DE PROCESSO CIVIL DE 2015

Na Parte Geral do Código de Processo Civil de 2015, no título destinado à disciplina da intervenção de terceiros, há previsão de instauração de "incidente de desconsideração da personalidade jurídica". Trata-se de uma relevante inovação do Código, já que até então tal prática se realizava sem um referencial normativo seguro capaz de permitir a apuração dos pressupostos materiais para a desconsideração da personalidade jurídica e a devida tutela ao contraditório. Até então, a desconsideração era realizada com contraditório diferido, cabendo ao terceiro se valer da via dos embargos de terceiro para destituir atos de constrição de seu patrimônio.

A desconsideração da personalidade jurídica não se confunde com o instituto da sucessão. Esta diz respeito ao fenômeno que enseja a modificação do polo de uma relação jurídica de direito material ou processual, como, a título de exemplificação, a sucessão empresarial dos artigos 1.116 e 1.119 do Código Civil. O instituto da desconsideração da personalidade jurídica, como se demonstrará à frente, não modifica o polo de uma relação jurídica, somente faz cessar a eficácia da separação patrimonial decorrente da personificação em uma determinada situação.[1] Lógica similar ocorre com a desconside-

---

1. A Lei 13.874/2019, que alterou a redação do art. 50 do Código Civil, fez por bem esclarecer que a desconsideração da personalidade jurídica faz com que "os efeitos de certas e determinadas relações de obrigações sejam estendidos aos bens particulares [...]". A desconsideração da personalidade não se confunde com sua desconstituição. Assim, "os efeitos da desnaturação da personalidade jurídica são restritos aos atos fraudulentos que se

ração inversa da personalidade jurídica, em que o uso abusivo da personalidade autoriza agredir o patrimônio da pessoa jurídica por obrigações contraídas por seus sócios.

Com efeito, sob a ótica do processo adequado, que exige a adaptação da técnica processual às necessidades do direito material, a responsabilidade executiva secundária imposta aos sócios de uma pessoa jurídica (ou à pessoa jurídica, no caso da desconsideração inversa), não pode se dar sem que a estes responsáveis seja oportunizado o direito de se manifestar previamente a respeito – ressalvadas as hipóteses justificadas de tutela provisória. A ausência de integração ao processo desses terceiros resulta em afronta ao art. 5º, inc. LIV da Constituição Federal, que estabelece a garantia de que ninguém será privado de seus bens se não for respeitado o devido processo legal. Tal situação é diferente do caso de sucessão, uma vez que nesta hipótese o sucessor assume a posição jurídica do sucedido tal qual estava no momento da sucessão, recebendo o processo no estado em que se encontre e não podendo repetir atos já praticados.

Na vigência do revogado Código de Processo Civil de 1973, a ausência de um procedimento a ser seguido para os casos de desconsideração da personalidade jurídica permitia que terceiros tivessem sua esfera jurídico-patrimonial atingida sem que pudessem previamente se manifestar a respeito. Tal prática representa uma violação à essência do contraditório que, segundo sua concepção mais consentânea com as atuais características do Estado Democrático de Direito, consiste no dever imposto ao julgador de conferir às partes a efetiva possibilidade de influenciar a formação de seu convencimento, inclusive nos casos em que as questões a serem resolvidas possam ser cognoscíveis de ofício – como atualmente expresso pelo art. 10 do Código de Processo Civil de 2015.

O Código de Processo Civil atual veio a disciplinar essa situação, com ênfase na participação do terceiro em contraditório para que possa expor seus argumentos antes de ter seu patrimônio agredido, o que se evidencia no art. 135 do Código.[2] Não se nega a

---

deseja coibir, sendo mantida a sua integridade e autonomia, porém, no que tange ao restante de suas atividades" (LUCON, Paulo Henrique dos Santos. Incidente de desconsideração da personalidade jurídica e lei de liberdade econômica. In: SALOMÃO, Luis Felipe; CUEVA, Ricardo Villas Bôas e FRAZÃO, Ana (Org.). *Lei de Liberdade Econômica e seus impactos no direito brasileiro*. São Paulo: Ed. RT, 2020, p. 521).

2. "Por isso, a melhor interpretação é a de que atos executivos em face do sócio (ou da pessoa jurídica quando se tratar de 'desconsideração inversa') não podem ser praticados antes da resolução do incidente" (BUENO, Cassio Scarpinella. *Comentários ao Código de Processo Civil*. São Paulo: Saraiva, 2017, v. 1, p. 577). Há na doutrina, inclusive, posição de que a previsão do incidente de desconsideração de personalidade jurídica não afasta por completo o manejo dos embargos de terceiro, justamente nos casos em que o procedimento não seja observado, diante da violação ao contraditório: "Por fim, a não instauração do incidente de desconsideração da personalidade jurídica autoriza o sócio ou a pessoa jurídica (terceiro) a propor embargos de terceiro (art. 674, § 2º, III, do CPC/2015) caso tenha bem seu penhorado ou objeto de qualquer constrição judicial. Trata-se de garantia de terceiros contra a invasão ilegítima de seu patrimônio ocorrida sem a devida observância do contraditório e do devido processo legal decorrente da instauração do incidente de desconsideração" (REQUIÃO, Maurício. O incidente de desconsideração da personalidade jurídica: o novo Código de Processo Civil entre a garantia e a efetividade. *Revista de Direito Civil Contemporâneo*, v. 10, p. 31-50, São Paulo, 2017). Como dito a seguir no texto, não obstante esse entendimento, há situações em que a fraude se mostra tão contundente, com o grave risco de inefetividade da execução por conta da possibilidade de rápido desvio de bens, que se impõe a necessária ordem judicial de imediato bloqueio de bens, *inaudita altera parte*, com o diferimento do contraditório.

DESCONSIDERAÇÃO DA PERSONALIDADE JURÍDICA NOS PROCESSOS ADMINISTRATIVOS | **929**

importância do contraditório, mas em muitos caso deve ser ele posticipado ou diferido, por conta do risco de desvio do patrimônio, o que pode comprometer definitivamente o resultado útil da execução.

A própria observância do procedimento previsto nos artigos 133 a 137 do Código de Processo Civil para a desconsideração da personalidade jurídica é reforçada no Código em ao menos duas passagens. A primeira é o art. 795, § 4º, segundo o qual os bens particulares dos sócios não responderão pelas dívidas da sociedade, exceto nos casos previstos em lei, sendo obrigatória a observância do incidente previsto no Código para a desconsideração da personalidade jurídica. Também é possível abstrair a obrigatoriedade do incidente através do art. 790, inc. VII, que estatui que também sejam sujeitos à execução os bens dos responsáveis, nos casos de desconsideração da personalidade jurídica. Cabe notar que o incidente deve ser observado inclusive no âmbito dos juizados especiais (CPC, art. 1.062).

De acordo com o art. 133 do Código de Processo Civil, a legitimidade para requerer a instauração do incidente de desconsideração da personalidade jurídica pertence à parte ou ao Ministério Público, quando lhe couber intervir no processo. Depreende-se, logo, que o incidente de desconsideração da personalidade jurídica não pode ser instaurado de ofício pelo juiz e isso tem sua razão de ser, já que a tutela prestada pelo incidente atende a um interesse exclusivo da parte que pretende ampliar o patrimônio sujeito à sua pretensão satisfativa. Por conta disso, na condição de fiscal da lei, o Ministério Público não é parte legítima para instaurar o incidente, exceto nos casos de ação coletiva proposta por outro legitimado coletivo.[3]

Para averiguar a legitimidade das partes que requerem a instauração do incidente e o correspondente interesse processual, necessária a atenção ao direito material que estipula os pressupostos necessários para a desconsideração (CPC, art. 133, § 1º). O art. 50 do Código Civil, por exemplo, autoriza a desconsideração em caso de abuso da personalidade jurídica, caracterizado pelo (i) desvio de finalidade, ou pela (ii) confusão patrimonial. A desconsideração, à luz dessas balizas, tem por objetivos conter o abuso praticado por pessoa jurídica por intermédio de seu administrador ou sócio (que são figuras que normalmente se fundem em uma mesma pessoa) ou a confusão patrimonial dos bens da sociedade com os de determinada pessoa (natural ou jurídica). Essas práticas prejudicam (i) a função social da empresa; (ii) o *affectio societatis*, dirimindo, em certa medida, a afinidade entre os sócios e a manutenção da pluralidade de sócios; (iii) a busca pelo fim comum; (iv) as relações estabelecidas com fornecedores, credores e quaisquer pessoas que se relacionem direta ou indiretamente com ela, porquanto a credibilidade da atividade desempenhada pela sociedade é mitigada pelos atos de impro-

---

3. Ver: BRUSCHI, Gilberto Gomes; NOLASCO, Rita Dias; AMADEO, Rodolfo da Costa Manso Real. *Fraudes patrimoniais e a desconsideração da personalidade jurídica no Código de Processo Civil de 2015.* São Paulo: Ed. RT, 2016, p. 161-162. Em sentido semelhante: YARSHELL, Flávio Luiz. In: CABRAL, Antonio do Passo; CRAMER, Ronaldo (Coord.). *Comentários ao novo Código de Processo Civil.* 2. ed. Rio de Janeiro: Forense, 2016, p. 233-234.

bidade realizados por aqueles que se valem da blindagem patrimonial da personalidade jurídica da empresa etc.

Todavia, os *players* do mercado, cientes dos riscos inerentes da atividade econômica, não podem se onerar com a aplicação da desconsideração pela mera insolvência ou inadimplemento de obrigação, sob o risco de ofensa à ordem econômica e financeira, desestimulando a livre iniciativa e a concorrência do mercado, corolários do art. 170 da Constituição Federal. O próprio art. 1º, inc. IV, da CF, estabelece como um dos fundamentos do Estado Democrático de Direito brasileiro a livre iniciativa. A disciplina especial de responsabilidade limitada nos tipos societários empresariais visa justamente à preservação e promoção de ambiente de mercado apto ao desempenho e desenvolvimento de atividades econômicas, ou seja, que proporcione justa concorrência, livre iniciativa e segurança jurídica àqueles com intenção de ingressar em algum mercado relevante. Tem-se, portanto, que para as relações de natureza civil a mera insolvência não é apta a autorizar a desconsideração, sob pena de tornar ilimitada a responsabilidade dos sócios da pessoa jurídica.[4]

Em se tratando especificamente de ofensa à ordem econômica, ademais, a Lei 12.529/2011 dispõe em seu art. 34 que a desconsideração pode ocorrer "por infração da ordem econômica", desde que haja abuso de direito, excesso de poder, infração da lei etc. Autarquias com função repressiva, como a CVM – Comissão de Valores Mobiliários e o CADE – Conselho Administrativo de Defesa Econômica, reconhecem a possiblidade de desconsideração da personalidade jurídica, embora a apliquem de maneira restrita justamente pela excepcionalidade da medida – o CADE com espectro mais amplo de aplicação, considerando o teor do art. 34 acima mencionado.[5] Contudo, há exceção na qual a desconsideração pode ocorrer mesmo inexistindo essas condicionantes, ou seja, mesmo em se tratando de mera insolvência, falência, encerramento ou inatividade da pessoa jurídica decorrentes de má administração. Para tanto, essas hipóteses devem estar de acordo com as infrações previstas por essa lei e, concomitantemente, devidamente fundamentadas e justificadas, porquanto essa severa punição não pode vir desacom-

---

4. Ver: "Em nosso ordenamento, não se pode admitir a responsabilidade dos sócios pelas dívidas da sociedade, a menos que haja enorme desproporção entre o ativo e o passivo da sociedade, a chamada subcapitalização material ou nominal qualificada, ou quando o fundamento da subcapitalização deva ser utilizado em favor de credores involuntários, que efetivamente não escolheram manter qualquer espécie de relação com a pessoa jurídica e não puderam verificar, antes de se constituírem seus créditos, se a sociedade estava suficientemente amparada para assumir responsabilidades" (RODRIGUES FILHO, Otávio Joaquim. *Desconsideração da personalidade jurídica e processo*. São Paulo: Malheiros, 2016, p. 79). Para André Pagani de Souza tais dispositivos não diriam respeito à *disregard doctrine*: "Tais dispositivos não guardam relação com a teoria da desconsideração da personalidade jurídica, pois seus pressupostos de incidência são outros: desvio de finalidade ou confusão patrimonial. Por isso que se rejeita a ideia de que o §5º do art. 28 do Código de Defesa do Consumidor e os demais dispositivos retrocitados versem sobre a disregard doctrine" (SOUZA, André Pagani de. *Desconsideração da personalidade jurídica*: aspectos processuais. São Paulo: Saraiva, 2009, p. 39).
5. Nesse sentido: na CVM: Processo Administrativo Sancionador CVM SEI 19957.004535/2018-16, Rel. Dir. Henrique Balduino Machado Moreira, j. 13.11.2018 e Processo Administrativo Sancionador CVM RJ 2014/0578, Rel. Dir. Henrique Balduino Machado Moreira, j. 27.05.2019; e no CADE: Processo Administrativo 08700.004455/2016-94, Rel. Cons. Luiz Augusto Azevedo de Almeida Hoffmann, voto-vista Cons. Sérgio Costa Ravagnani, j. 16.06.2021.

panhada de um correspondente esclarecimento sobre as especificidades do caso que demandam por esse tratamento. Isso é confirmado pelo Enunciado 146 do Conselho da Justiça Federal, segundo o qual: "Nas relações civis, interpretam-se restritivamente os parâmetros de desconsideração da personalidade jurídica previstos no art. 50 (desvio de finalidade social ou confusão patrimonial)".

Em outras situações, tendo em vista a natureza do direito material afetado, também se admite, excepcionalmente, que a mera insolvência da pessoa jurídica possa levar a desconsideração de sua personalidade a fim de que seus sócios respondam pela inadimplência de seus débitos. É o que ocorre, por exemplo, no âmbito do direito do trabalho (CLT, art. 2º, § 2º) e na reparação de danos ao meio ambiente (Lei 9.605/98, art. 4º) – neste último caso, conforme posição do Superior Tribunal de Justiça, a teoria da desconsideração se aplica "com absoluto rigor", dispensando-se o requisito do abuso.[6]

Note-se que essas exceções se justificam pelo tratamento que a Constituição Federal lhes ofereceu. Direitos trabalhistas, considerados indisponíveis e fundamentais (art. 6º da Constituição Federal de 1988), recebendo tratamento prioritário em diversos ramos do Direito (Recuperação Judicial, Falência, Justiça do Trabalho etc.), ensejam a desconsideração da personalidade jurídica, se desrespeitados, desde que expressamente prevista em lei, como no caso do art. 2º, § 2º. No tocante à reparação de danos ao meio ambiente, a desconsideração da personalidade decorre de o meio ambiente ser um direito fundamental de terceira geração protegido pelo art. 225 da CF.

No caso do direito do consumidor (CDC, art. 28, § 5º), a personalidade jurídica poderá ser desconsiderada quando, "de alguma forma", constituir obstáculo ao ressarcimento dos prejuízos causados aos consumidores (teoria menor da desconsideração).[7] A justificativa para essa medida reside na assimetria de informações, em geral significativa, entre consumidor e fornecedor ou prestador de serviço, de forma que os legisladores

---

6. Ver o seguinte trecho de ementa: "[...] 5. Não custa lembrar que o Direito Ambiental adota, amplamente, a teoria da desconsideração da personalidade jurídica (in casu, v.g., os arts. 4º da Lei 9.605/1998 e 81 e 82 da Lei 11.101/2005). Sua incidência, assim, na Ação Civil Pública, vem a se impor, em certas situações, com absoluto rigor. O intuito é viabilizar a plena satisfação de obrigações derivadas de responsabilidade ambiental, notadamente em casos de insolvência da empresa degradadora. No que tange à aplicação do art. 4º da Lei 9.605/1998 (= lei especial), basta tão somente que a personalidade da pessoa jurídica seja 'obstáculo ao ressarcimento de prejuízos causados à qualidade do meio ambiente', dispensado, por força do princípio da reparação in integrum e do princípio poluidor-pagador, o requisito do 'abuso', caracterizado tanto pelo 'desvio de finalidade', como pela 'confusão patrimonial', ambos próprios do regime comum do art. 50 do Código Civil (= lei geral)." Ver: STJ, REsp 1.339.046/SC, 2ª T., Rel. Min. Herman Benjamin, julgado em 05.03.2013, DJ 07.11.2016.

7. Conforme recente decisão do Superior Tribunal de Justiça: "[...] 1. O parágrafo 5º do artigo 28 do Código de Defesa do Consumidor, lastreado na teoria menor, é autônomo em relação ao caput e incide em hipóteses mais amplas/flexíveis, isto é, sem a necessidade de observância aos requisitos como abuso da personalidade jurídica, prática de ato ilícito ou infração à lei ou estatuto social; aplica-se, portanto, em casos de mero inadimplemento em que se observe, por exemplo, a ausência de bens de titularidade da pessoa jurídica, hábeis a saldar o débito. Com efeito, dada especificidade do parágrafo em questão, e as consequências decorrentes de sua aplicação – extensão da responsabilidade obrigacional –, afigura-se inviável a adoção de um[a] interpretação extensiva, com a atribuição da abrangência apenas prevista no artigo 50 do Código Civil, mormente no que concerne à responsabilização de administrador não sócio." Ver: STJ, REsp 1.860.333/DF, 4ª T., Rel. Min. Marco Buzzi, julgado em 11.10.2022, DJ 27.10.2022.

federal e constitucional optaram por privilegiar o liame mais frágil da relação de consumo a fim de mitigar a desigualdade e de promover isonomia no tratamento entre *players* do mercado e consumidor.

Com relação ao momento para instauração do incidente, dispõe o art. 134 do Código de Processo Civil que ele é cabível em todas as fases do processo de conhecimento, no cumprimento de sentença e na execução fundada em título executivo extrajudicial. A instauração do incidente não será necessária, contudo, se a desconsideração for requerida desde logo na petição inicial, dado que, se isso ocorrer, a citação do sócio ou da pessoa jurídica se dará desde logo e resguardado, portanto, estará o princípio do contraditório (CPC, art. 134, § 2º). A fim de garantir a publicidade necessária a esse incidente, o § 1º desse artigo determina que sua instauração seja comunicada ao distribuidor para as anotações devidas.

Com a instauração do incidente, o processo será suspenso, exceto se o requerimento de desconsideração for formulado na petição inicial. Essa suspensão, no entanto, apenas atinge os atos do processo principal relacionados ao pedido de desconsideração. Não fosse essa a lógica, uma suspensão integral do processo privilegiaria o executado em detrimento dos interesses do exequente. Assim, outros atos executivos requeridos pelo exequente que não digam respeito ao incidente terão regular prosseguimento. Nesse passo, cumpre registrar que o termo inicial do prazo prescricional da pretensão contra o responsável secundário nas hipóteses de desconsideração se dá quando constatada a ausência de bens da sociedade e a concomitante presença dos pressupostos materiais para desconsideração. Por se tratar de responsabilidade secundária, no entanto, prescrita a pretensão contra o devedor principal, também se operará a prescrição contra o devedor secundário.

O art. 135 do Código de Processo Civil consagra a devida tutela ao contraditório promovida pelo incidente de desconsideração da personalidade jurídica. Nesse dispositivo estão os requisitos mínimos para o procedimento voltado à desconsideração, seja ela realizada em qualquer espécie de processo: ciência do terceiro interessado e consequente oportunidade para que ele possa demonstrar a ausência dos requisitos materiais para desconsideração. De acordo com esse dispositivo, com efeito, instaurado o incidente, o sócio, ou a pessoa jurídica, será citado para manifestar-se e requerer as provas que entender cabíveis no prazo de quinze dias. Assegura-se, assim, a efetivação do contraditório e se evita a intromissão na esfera jurídica de um terceiro sem que a ele se tenha dado a oportunidade prévia de se insurgir contra a pretensão que lhe é oposta. Em atenção ao contraditório, a cognição para a desconsideração da personalidade jurídica deve ser ampla e exauriente, vertical e horizontalmente, daí o motivo pelo qual deve ser oportunizada ao terceiro a possibilidade de ele produzir todas as provas que entender necessárias.

Encerrada a instrução, o incidente de desconsideração da personalidade jurídica será resolvido, então, por decisão interlocutória, impugnável, portanto, pela via do agravo de instrumento (CPC, art. 1.015, inc. IV). Com efeito, embora verse sobre questão de

DESCONSIDERAÇÃO DA PERSONALIDADE JURÍDICA NOS PROCESSOS ADMINISTRATIVOS

mérito a decisão que julga o incidente não é apta a extinguir o processo, daí o porquê da sua natureza interlocutória, em conformidade com o conceito de sentença adotado pelo artigo 203, §1º do Código de Processo Civil. Sendo julgado procedente o pedido de desconsideração, tendo havido fraude de execução, a alienação ou oneração de bens será ineficaz em relação ao requerente (CPC, art. 137).

Essas são, em síntese, algumas das características do procedimento criado pelo Código de Processo Civil de 2015 para a disciplina do incidente de desconsideração da personalidade jurídica. À luz desse contexto normativo, o objetivo deste ensaio é demonstrar a validade da desconsideração realizada nos processos administrativos. Para tanto, no item a seguir é analisado o art. 15 do Código de Processo Civil que determina a aplicação supletiva e subsidiária de seus dispositivos aos processos eleitorais, trabalhistas e administrativos. Verificar-se-á, então, que o Código de Processo Civil por conter dispositivos que concretizam normas-princípio da Constituição Federal que conformam o devido processo legal deve ser obrigatoriamente aplicado nos casos de insuficiência ou incompletude de outros microssistemas processuais, o que justifica, pois, desde logo, a aplicação do incidente de desconsideração da personalidade jurídica tal como está ele previsto no Código de Processo Civil aos processos administrativos com as devidas adaptações necessárias em atenção às particularidades desse microssistema.

2. APLICAÇÃO DO CÓDIGO DE PROCESSO CIVIL AOS PROCESSOS ADMINISTRATIVOS

O Código de Processo Civil, desde a unificação da legislação processual realizada na década de 1930, consiste no principal diploma jurídico nacional a regular a relação jurídica que se estabelece entre o Estado-juiz e os cidadãos quando estes se valem do Poder Judiciário para resolver os conflitos surgidos no plano do direito material. Isso significa que no Código de Processo Civil estão previstas as normas mais gerais relativas ao procedimento e às situações jurídicas dos litigantes, de modo que ante a ausência ou insuficiência de regulação por parte de algum microssistema processual (eleitoral, trabalhista, administrativo) ao Código de Processo Civil é que se deve acorrer.

Por regulamentar o Código de Processo Civil a relação entre os cidadãos e o Poder Judiciário – uma das formas de manifestação dos direitos políticos de participação nas atividades do Estado –, o conjunto de normas nele presente deve ser compreendido como a opção encontrada pelo legislador para dar concretude às normas-princípio presentes na Constituição Federal que conformam o devido processo legal (por isso o Código de Processo Civil pode ser compreendido como a própria Constituição Federal aplicada).

Assim, se a Constituição estabelece que ninguém será privado da liberdade ou de seus bens sem o devido processo legal (CF, art. 5º, LIV), ou que aos litigantes, em processo judicial ou administrativo, são assegurados o contraditório e a ampla defesa, com todos os recursos a ela inerentes (CF, art. 5º, LV), o Código de Processo Civil materializa essas garantias em dispositivos como o que veda a emissão de decisões-surpresa (CPC, art. 10), o que exige uma motivação analítica das decisões judiciais (CPC, art. 489, § 1º) e o que determina que a desconsideração da personalidade jurídica se dê apenas após ciência do terceiro interessado e consequente oportunidade para o exercício do direito de defesa (CPC, art. 135). Diante dessa opção do legislador que consagra garantias mínimas para os cidadãos, eventuais restrições impostas por outros microssistemas processuais apenas se justificam se demonstrada a existência de uma relação com as finalidades do direito material que eles visam a atuar.

Consagra-se, assim, com essa visão de que no Código de Processo Civil estão previstas as garantias mínimas a serem observadas em todos os métodos de resolução de conflitos, a teoria geral do processo como um método capaz de sintetizar os conceitos, os princípios e as garantias de todo o sistema processual. A teoria geral do processo, em outras palavras, é esse método, aplicável principalmente ao processo jurisdicional, mas também ao processo administrativo, com a observância dos modelos estabelecidos pela lei processual e material (*due process of law* e *substantive process of law*). Os próprios Tribunais Superiores já se posicionaram sobre a relevância de que os princípios processuais do contraditório e da ampla defesa sejam observados no processo administrativo.[8]

Nesse sentido, as garantias de participação e ampla defesa inserem-se nessa sequência cronológica, coordenada e lógica, voltada a um provimento justo. Seja no processo estatal ou não, toda a sequência de atos que almeja um fim legítimo deve observar os grandes conceitos, estruturas e princípios do direito processual consagrados na Constituição Federal e no Código de Processo Civil. Por isso, afirma-se que, concebendo o processo como procedimento em contraditório,[9] percebe-se que determinados princípios e conceitos devem ser aplicáveis não só ao processo jurisdicional, mas também ao processo administrativo.[10] Por esta razão, "o direito à defesa e ao contraditório tem plena aplicação não apenas em relação aos processos judiciais, mas também em relação aos procedimentos administrativos de forma geral".[11]

O processo, sob o ponto de vista jurídico, enquanto instrumento da jurisdição estatal, existe para dar atuação às normas de direito material. É para atender a esse fim que a sua estrutura é concebida e é sob essa ótica que as suas normas são interpretadas. Assim, embora cada ramo do processo mereça ser estudado de acordo com as particu-

---

8. Ver: "[...] Ordem de revisão de contagem de tempo de serviço, de cancelamento de quinquênios e de devolução de valores tidos por indevidamente recebidos apenas pode ser imposta ao servidor depois de submetida a questão ao devido processo administrativo, em que se mostra de obrigatória observância o respeito ao princípio do contraditório e da ampla defesa [...]" (STF, RE 594.296/MG, Pleno, Rel. Min. Dias Toffoli, julgado em 21.09.2011, DJ 13.02.2012. Em sentido similar: STF, MS 27.640/DF, 2ª T., Rel. Min. Ricardo Lewandowski, julgado em 06.12.2011, DJ 19.12.2011; STJ, AgRg no RMS 24.768/MG, 5ª T., Rel. Min. Arnaldo Esteves Lima, julgado em 16.12.2008, DJ 16.02.2009.

9. Ver: Elio Fazzalari, *Istituzioni di diritto processuale civile*. 8. ed. Padova: Cedam, 1996, p. 29.

10. Ver: LUCON, Paulo Henrique dos Santos. Novas tendências na estrutura fundamental do processo civil. *Revista do Advogado*, v. 46, p. 59, São Paulo, 2006. Ver: "Tanto processualistas como administrativistas forneceram subsídios para se cogitar de uma processualidade que transcende à função jurisdicional e, portanto, de uma processualidade administrativa" (MEDAUAR, Odete. *A processualidade no direito administrativo*. São Paulo: Ed. RT, 1993, p. 16).

11. MENDES, Gilmar Ferreira e BRANCO, Paulo Gustavo Gonet. *Curso de direito constitucional*. 16. ed. São Paulo: Saraiva, 2021, p. 515.

laridades do direito material que eles visam a atuar, há uma vinculação necessária de cada microssistema processual às diretrizes que informam a teoria geral do processo e que são expressas na cláusula do devido processo legal. Por isso, não há de se falar em discricionariedade quando o que está em jogo é a aplicação supletiva e subsidiária do Código de Processo Civil a outros ramos do processo. Respeitadas as características de cada microssistema, na ausência ou insuficiência de disciplina normativa para um determinado fenômeno processual obrigatória a aplicação do quanto disposto no Código de Processo Civil.

3. DESCONSIDERAÇÃO DA PERSONALIDADE JURÍDICA NOS PROCESSOS ADMINISTRATIVOS

Fixadas essas premissas atinentes à disciplina do incidente de desconsideração da personalidade jurídica pelo Código de Processo Civil de 2015 e à necessária observância das normas previstas nesse diploma por outros microssistemas processuais, dado serem elas concretizações de normas-princípio da Constituição Federal que conformam o devido processo legal, neste item se procura demonstrar a validade da aplicação do incidente de desconsideração da personalidade jurídica aos processos administrativos.

Esse tema, aliás, da validade da desconsideração da personalidade jurídica realizada nos processos administrativos não é matéria estranha ao conhecimento dos tribunais brasileiros.

O Supremo Tribunal Federal, por exemplo, em julgamento ainda não definitivo, apresentou argumentos em sentido favorável à desconsideração de personalidade jurídica levada a cabo pelo Tribunal de Contas da União.[12] Com efeito, de acordo com o Min. Celso de Mello, relator do mandado de segurança interposto contra acórdão do TCU que determinou a desconsideração da personalidade jurídica de uma empresa para evitar abuso em processo licitatório, estaria a administração pública autorizada a adotar tal prática, mesmo diante da ausência de previsão legal, por conta da eficácia direta de princípios constitucionais que regem sua atuação, como o princípio da moralidade administrativa e da indisponibilidade do interesse público, por exemplo. Em outras palavras, se não aplicada a teoria da *disregard doctrine* diante de constatado abuso de forma e fraude à lei, tendo sido observado o contraditório e a ampla defesa, estaria a administração pública contrariando as normas estruturantes que a ela foram impostas pela própria Constituição Federal. Daí afirmar o Supremo Tribunal Federal, com base na teoria dos poderes implícitos da Constituição, que estaria o Tribunal de Contas da União autorizado a realizar a desconsideração da personalidade de pessoa jurídica que incorreu em fraude.

Em sentido semelhante, o Superior Tribunal de Justiça, em julgado anterior à manifestação do Supremo Tribunal Federal, reconheceu a validade de desconsideração

---

12. Ver: STF, MS 32.494 MC, Relator(a): Min. Celso de Mello, julgado em 11.11.2013, publicado em processo eletrônico DJe-224, divulg. 12.11.2013, public., 13.11.2013.

da personalidade jurídica realizada nos processos administrativos visando à tutela de princípios que conformam a administração pública. Com efeito, no julgamento do Recurso Ordinário em Mandado de Segurança 15.166/BA, sob a relatoria do Min. Castro Meira, o STJ reconheceu que a desconsideração da personalidade jurídica levada a cabo em sede de processo administrativo não violaria o ordenamento jurídico, desde que assegurado ao interessado o contraditório e a ampla defesa. Reconhecer a validade da desconsideração da personalidade jurídica no âmbito administrativo, segundo o STJ, significa garantir à administração pública um instrumento capaz de servir a promoção de princípios que a informam, tal como delineado pela Constituição Federal.[13]

Da análise que se faz dos fundamentos dessas decisões, constata-se que a validade da desconsideração da personalidade jurídica realizada no âmbito dos processos administrativos está relacionada com a violação a algum princípio constitucional ligado à função administrativa e a correlativa tutela do contraditório e da ampla defesa daquele que será atingido pelo ato resultante da desconsideração. Por isso, tem-se de assentar o seguinte postulado: a ameaça ao estado de coisas exigido pelos princípios constitucionais que estruturam a função administrativa, por si só, basta para que sejam tomadas medidas no próprio âmbito administrativo visando a tutelar tais princípios e dentre as possíveis medidas a serem adotadas está a desconsideração da personalidade jurídica quando constatado que a violação à Constituição se deu a partir de um uso desvirtuado da personalidade civil.

Essa conclusão, contudo, deve ser compreendida à luz da própria função do instituto da desconsideração. A finalidade da desconsideração é impedir que a separação patrimonial gerada pela personalização dê ensejo ao uso abusivo. Portanto, toda e qualquer medida de desconsideração – seja no âmbito judicial ou administrativo – deverá partir da existência de indícios desse uso abusivo, na forma do art. 50 do Código Civil (ou pela legislação específica aplicável ao caso), de modo que as garantias legais advindas da personificação não sejam colocadas em risco.[14]

Enquanto princípios jurídicos,[15] as normas constitucionais que disciplinam a administração pública produzem efeitos sobre outras normas jurídicas de forma direta e indireta. Por conta da eficácia direta os princípios exercem uma *função integrativa*, pois agregam elementos não previstos em subprincípios ou regras. Além dessa eficácia direta, os princípios também exercem uma eficácia indireta sobre outras normas jurídicas. Uma dessas funções é a chamada *função definitória*, segundo a qual os princípios definiriam, ou seja, delimitariam o comando de um sobreprincípio que lhe é axiologicamente

---

13. Ver: STJ, RMS 15.166/BA, 2ª T., Rel. Min. Castro Meira, julgado em 07.08.2003, DJ 08.09.2003, p. 262.

14. Reitere-se aqui o já mencionado Enunciado 146 do Conselho da Justiça Federal: "Nas relações civis, interpretam-se restritivamente os parâmetros de desconsideração da personalidade jurídica previstos no art. 50 (desvio de finalidade social ou confusão patrimonial".

15. Ver: na definição de Humberto Ávila "os princípios são normas imediatamente finalísticas, primariamente prospectivas e com pretensão de complementariedade e de parcialidade, para cuja aplicação se demanda uma avaliação da correlação entre o estado de coisas a ser promovido e os efeitos decorrentes da conduta havida como necessária à sua promoção" (*Teoria dos princípios*, 10. ed. São Paulo: Malheiros, 2009, cap. 2, n. 2.4.3, p. 78-79).

superior.[16] Além dessa função definitória, os princípios também desempenham uma *função interpretativa*, uma vez que são utilizado na atividade de interpretação de normas construídas a partir de outros textos normativos, restringindo ou ampliando seus sentidos. Por fim, tem-se que os princípios jurídicos exercem uma *função bloqueadora* que consiste na capacidade de afastar elementos incompatíveis com o estado ideal de coisas a ser por eles promovidos.

Essas funções desempenhadas pelos princípios jurídicos evidenciam que, se constatada alguma ameaça à princípios que conformam a administração pública por meio do abuso da personalidade jurídica, legítima a adoção de medidas que atinjam aquele que faz uso indevido do "véu" da personalidade jurídica, desde que a este seja garantido o contraditório e a ampla defesa. Com efeito, pois, se a função bloqueadora do princípio da moralidade administrativa e da supremacia do interesse público exigem a adoção de medidas contra o abuso da personalidade jurídica, as funções bloqueadora e integrativa do contraditório exigem que ao terceiro seja assegurada a oportunidade de demonstrar que a desconsideração não se justifica no caso. Nesse contexto é que o incidente de desconsideração da personalidade jurídica se adequa aos processos administrativos na medida em que ele apenas permite a afetação da esfera jurídica de terceiro após ser assegurado a ele o contraditório e a ampla defesa (CPC, art. 135). O incidente de desconsideração da personalidade jurídica, assim, pode ser suscitado e instaurado em qualquer fase de processo administrativo, pela administração pública ou outro interessado (concorrentes em um processo licitatório, por exemplo), e deve, respeitado o contraditório e a ampla defesa, destinar-se a apurar eventuais violações às normas que disciplinam a administração pública por meio do uso desvirtuado de uma personalidade jurídica. Assim, por exemplo, poderá a administração pública em um processo administrativo licitatório estender a declaração de inidoneidade imposta a uma pessoa jurídica a outra criada com o propósito de acobertá-la.

Exemplo de desconsideração da personalidade jurídica no âmbito dos processos administrativos autorizado por lei pode ser encontrado em dispositivos da Lei 12.846/2013, a denominada Lei Anticorrupção.[17] Com efeito, referida lei dispõe a respeito da responsabilização administrativa e civil de pessoas jurídicas pela prática de atos contra a administração pública, nacional ou estrangeira. Ao lado de outros dispositivos contidos no Código Penal, na Lei de Licitações (8.666/93) e na Lei de Improbidade Administrativa (8.429/92), por exemplo, os dispositivos da Lei Anticorrupção compõem um microssistema normativo voltado à tutela da administração pública, de seu patrimônio e dos princípios que a informam.

A Lei 12.846/2013 contém 31 (trinta e um) artigos dispostos em sete capítulos. O primeiro deles (arts. 1º a 4º) versa a respeito dos sujeitos de direito que podem ser sancionados caso incorram em alguma das condutas típicas previstas no art. 5º dessa

---

16. Ver: ÁVILA, Humberto. *Teoria dos princípios.* 10. ed. São Paulo: Malheiros, 2009, cap. 2, n. 2.4.8.1.3, p. 98 e ss.
17. Ver: LUCON, Paulo Henrique dos Santos. Procedimento e sanções na lei anticorrupção (Lei 12.846/2013). *Revista dos Tribunais*, v. 103, p. 267-279, São Paulo. Impresso, 2014.

lei. O art. 1º, parágrafo único, da Lei 12.846/2013 estabelece que essa lei é aplicável às "sociedades empresárias e às sociedades simples, personificadas ou não, independentemente da forma de organização ou modelo societário adotado, bem como a quaisquer fundações, associações de entidades ou pessoas, ou sociedades estrangeiras, que tenham sede, filial ou representação no território brasileiro, constituídas de fato ou de direito, ainda que temporariamente". A legitimidade dessas pessoas jurídicas para figurarem no polo passivo de eventual demanda com fundamento na Lei Anticorrupção, de acordo com o art. 4º dessa lei, persiste ainda que ocorra qualquer alteração contratual, transformação, incorporação, fusão ou cisão societária,[18] com expressa previsão para desconsideração da personalidade jurídica no art. 14 da lei. Evita-se, com isso, qualquer tentativa de manobra que configure uma fuga de responsabilidade. Além disso, dado o regime diferenciado de responsabilização das pessoas físicas e jurídicas, o art. 3º, da Lei 12.846/2013, deixa claro que a aplicação da Lei Anticorrupção às pessoas jurídicas não exclui a responsabilidade individual de seus dirigentes ou administradores.[19] Por certo, nesses casos a responsabilidade desses sujeitos se submete a um regime jurídico diverso (responsabilidade subjetiva) em que é apurada a culpabilidade dos envolvidos.

Importante frisar, contudo, que essa liberdade de persecução adotada pela lei, envolvendo maior facilidade para desconsideração da personalidade e inclusão de empresas do mesmo grupo econômico, não pode significar a banalização do instituto da desconsideração. Figuras como a da desconsideração *per saltum*[20] não podem ser admitidas sem que haja demonstração específica e concreta do envolvimento das pessoas jurídicas e físicas que se pretende atingir.[21]

---

18. In verbis: "Art. 4. Subsiste a responsabilidade da pessoa jurídica na hipótese de alteração contratual, transformação, incorporação, fusão ou cisão societária. §1. Nas hipóteses de fusão e incorporação, a responsabilidade da sucessora será restrita à obrigação de pagamento de multa e reparação integral do dano causado, até o limite do patrimônio transferido, não lhe sendo aplicáveis as demais sanções previstas nesta Lei decorrentes de atos e fatos ocorridos antes da data da fusão ou incorporação, exceto no caso de simulação ou evidente intuito de fraude, devidamente comprovados. § 2º As sociedades controladoras, controladas, coligadas ou, no âmbito do respectivo contrato, as consorciadas serão solidariamente responsáveis pela prática dos atos previstos nesta Lei, restringindo-se tal responsabilidade à obrigação de pagamento de multa e reparação integral do dano causado".

19. In verbis: "Art. 3º A responsabilização da pessoa jurídica não exclui a responsabilidade individual de seus dirigentes ou administradores ou de qualquer pessoa natural, autora, coautora ou partícipe do ato ilícito. § 1º A pessoa jurídica será responsabilizada independentemente da responsabilização individual das pessoas naturais referidas no *caput*. § 2º Os dirigentes ou administradores somente serão responsabilizados por atos ilícitos na medida da sua culpabilidade".

20. "Um salto em busca de patrimônio. [...] A desconsideração da personalidade jurídica *per saltum* nada mais é do que a tentativa de se responsabilizar, por meio do incidente de desconsideração da personalidade, a sociedade que detém vínculo de controle apenas indireto com a sociedade originalmente devedora, independentemente da demonstração do uso abusivo da personalidade pelas entidades que compõem cada degrau da cadeia". (MÜSSNICH, Francisco Antunes Maciel; GUEDES, Gisela Sampaio da Cruz e VAZ, Marcella Campinho. A desconsideração da personalidade jurídica nos grupos de sociedade: crítica à chamada desconsideração *per saltum*. In: COELHO, Fábio Ulhoa; TEPEDINO, Gustavo e LEMES, Selma Ferreira (Org.). *A evolução do Direito no século XXI*: seus princípio e valores (Homenagem ao Professor Arnoldo Wald). São Paulo: IASP, 2022, v. 2, p. 789 e 802-803).

21. "[A] desconsideração não é uma teoria que pode ser utilizada como panaceia para a solução de todos os casos de inadimplência envolvendo sociedades, devendo-se, por isso mesmo, ser afastada a chamada desconsideração *per saltum* [...] O direito do credor em receber o que lhe é devido é legítimo e deve, evidentemente, ser protegido. Contudo, isso não poderá ser feito em detrimento do relevante princípio da autonomia patrimonial da pessoa

O art. 5º, como visto, estabelece as condutas típicas que ensejam a aplicação das sanções previstas na Lei 12.846/2013. De acordo com tal dispositivo, constituem atos lesivos à administração pública: (i) prometer, oferecer ou dar, direta ou indiretamente, vantagem indevida a agente público, ou a terceira pessoa a ele relacionada; (ii) comprovadamente, financiar, custear, patrocinar ou de qualquer modo subvencionar a prática dos atos ilícitos previstos nesta Lei; (iii) comprovadamente, utilizar-se de interposta pessoa física ou jurídica para ocultar ou dissimular seus reais interesses ou a identidade dos beneficiários dos atos praticados; (iv) no tocante a licitações e contratos: a) frustrar ou fraudar, mediante ajuste, combinação ou qualquer outro expediente, o caráter competitivo de procedimento licitatório público; b) impedir, perturbar ou fraudar a realização de qualquer ato de procedimento licitatório público; c) afastar ou procurar afastar licitante, por meio de fraude ou oferecimento de vantagem de qualquer tipo; d) fraudar licitação pública ou contrato dela decorrente; e) criar, de modo fraudulento ou irregular, pessoa jurídica para participar de licitação pública ou celebrar contrato administrativo; f) obter vantagem ou benefício indevido, de modo fraudulento, de modificações ou prorrogações de contratos celebrados com a administração pública, sem autorização em lei, no ato convocatório da licitação pública ou nos respectivos instrumentos contratuais; ou g) manipular ou fraudar o equilíbrio econômico-financeiro dos contratos celebrados com a administração pública; (v) dificultar atividade de investigação ou fiscalização de órgãos, entidades ou agentes públicos, ou intervir em sua atuação, inclusive no âmbito das agências reguladoras e dos órgãos de fiscalização do sistema financeiro nacional. Tais fatos serão considerados ilícitos ainda que praticados em benefício de terceiro (art. 2º),[22] portanto, as pessoas jurídicas que figurarem como rés em ação civil pública com fundamento na Lei Anticorrupção não podem alegar como fato impeditivo ao exercício do *ius puniendi* estatal, eventual ausência de benefício próprio auferido com tal prática. A rigor, a Lei Anticorrupção adota uma sistemática punitiva baseada na responsabilidade objetiva da empresa (art. 2º), isto é, sem a necessidade de demonstração do elemento subjetivo para realização do ilícito e em contrapartida, adota a premiação à vigilância, consubstanciada, por exemplo, na adoção de programas efetivos de integridade da empresa punida, que geram reduções das multas estipuladas na lei (arts. 7º, inc. VIII, combinado com os arts. 23, inc. V, 56 e 57 do Decreto 11.129/2022, que abordam o programa de integridade).

Nos países que adotam o sistema do contencioso administrativo os conflitos envolvendo os indivíduos e a administração pública ficam a cargo de uma jurisdição especial, e sobre eles o Poder Judiciário não pode se manifestar.[23] No Brasil, no entanto, a jurisdição

---

jurídica, o qual só poderá ser afastado quando se estiver diante de provas concretas de todos os requisitos que justificam a aplicação da teoria da desconsideração da personalidade jurídica". (MÜSSNICH, Francisco Antunes Maciel; GUEDES, Gisela Sampaio da Cruz e VAZ, Marcella Campinho. A desconsideração da personalidade jurídica nos grupos de sociedade: crítica à chamada desconsideração *per saltum*. In: COELHO, Fábio Ulhoa; TEPEDINO, Gustavo e LEMES, Selma Ferreira (Org.). *A evolução do Direito no século XXI*: seus princípio e valores (Homenagem ao Professor Arnoldo Wald), São Paulo: IASP, 2022, v. 2, p. 789 e 802-803).

22. In verbis: "Art. 2º As pessoas jurídicas serão responsabilizadas objetivamente, nos âmbitos administrativo e civil, pelos atos lesivos previstos nesta Lei praticados em seu interesse ou benefício, exclusivo ou não".

23. Ver, a propósito, conhecida obra de RIVERO, Jean. *Curso de direito administrativo comparado*. 2. ed. Trad. José Cretella Jr. São Paulo: Ed. RT, 2004, esp. p. 157 e ss.

é uma e a garantia constitucional do acesso à justiça assegura a todos os indivíduos que sofram uma lesão, ou uma simples ameaça, a algum direito seu, seja ele de qualquer natureza, a possibilidade de recorrerem ao Poder Judiciário a qualquer instante (CF, art. 5º, inc. XXXV). Esse amplo acesso ao Poder Judiciário, no entanto, não retira dos processos de natureza administrativa a necessidade de observar os imperativos estabelecidos pela Constituição para a solução de qualquer litígio. A Constituição estendeu, em outras palavras, aos que litigam em procedimento administrativo, as garantias processuais do contraditório e da ampla defesa (CF, art. 5º, inc. LV). Dessa forma, além de lhes propiciar acesso amplo e irrestrito ao Poder Judiciário, a Constituição lhes assegura as garantias das quais se podem extrair uma série de outras (publicidade, motivação, imparcialidade etc.). Não bastasse a previsão expressa dessas garantias no texto da Constituição, que se observadas caracterizariam o que se poderia denominar de devido processo legal administrativo, uma série de normas infraconstitucionais também as disciplinam. O art. 3º, da Lei 9.784/99, norma geral que regula o processo administrativo no âmbito da administração pública federal, por exemplo, confere aos administrados o direito de obterem todas as informações necessárias dos processos administrativos em que tenham interesse e a possibilidade de reagir a elas, formulando alegações e apresentando documentos que deverão ser objeto de consideração pelo órgão competente. O procedimento é elemento essencial do processo e o contraditório é o que lhe garante legitimidade.[24]

O Capítulo IV da Lei 12.846/2013 (arts. 8º a 15) é destinado à disciplina do processo administrativo para a apuração de responsabilidade de quem incorrer nas condutas nela estabelecidas como ilícitas. De acordo com o art. 8, *caput*, dessa Lei, a instauração, que pode se dar de ofício ou por provocação dos interessados, e o julgamento de processo administrativo que tenha essa finalidade, cabem à autoridade máxima de cada órgão envolvido com a suposta prática de atos ilícitos, competência essa que pode ser delegada uma única vez. A Controladoria-Geral da União, nos casos de ilícitos praticados no âmbito do Poder Executivo Federal, tem competência não só para instaurar processos administrativos de responsabilização, como também para avocar os processos instaurados com fundamento nessa lei a fim de apurar sua regularidade ou corrigir-lhe o andamento. À Controladoria-Geral da União compete ainda a apuração e o julgamento dos atos ilícitos praticados contra a administração pública estrangeira.[25]

---

24. Há na doutrina o entendimento de que a correlação entre a desconsideração da personalidade jurídica no processo administrativo e as garantias do processo civil (sob a ótica de um modelo constitucional) seja tão forte que não se poderia excluir nem mesmo um acesso ao duplo grau , em derivação do art. 5º, inc. LV da Constituição Federal. Nesse sentido: "Essa previsão constitucional garante o direito de revisibilidade de decisões proferidas em processo administrativo (e judicial) do que se deduz que o pronunciamento do primeiro julgador não esgota a questão, já que à parte sucumbente é outorgada a possibilidade de rever o ato primário por órgão superior ou, excepcionalmente, pela mesma autoridade prolatora da decisão. Pode-se afirmar, então, que o recurso é uma extensão, verdadeiro prolongamento, do direito de petição administrativa, que operacionaliza a garantia constitucional à ampla defesa com os "meios e recursos" a ele (processo administrativo) inerentes." (MEDEIROS NETO, Elias Marques de e VERGUEIRO, Camila Campos. A desconsideração da personalidade jurídica na Lei Anticorrupção, o processo administrativo e o incidente de desconsideração da personalidade jurídica. *Revista de Processo*, v. 335, p. 213-234, São Paulo, 2023).

25. In verbis: "§ 1º Considera-se administração pública estrangeira os órgãos e entidades estatais ou representações diplomáticas de país estrangeiro, de qualquer nível ou esfera de governo, bem como as pessoas jurídicas contro-

Uma comissão, designada pela autoridade administrativa competente, composta por pelo menos dois servidores estáveis, conduzirá o processo administrativo para apuração de responsabilidade por violação à Lei 12.846/2013. Para o exercício dessa tarefa, o art. 10, § 1º prevê que os responsáveis pela condução do processo administrativo poderão contar com o auxílio do Poder Judiciário em especial para a efetivação de medidas necessárias ao bom desenvolvimento da fase instrutória, como por exemplo, as medidas de busca e apreensão. A comissão processante deverá concluir os seus trabalhos, bem como apresentar os relatórios que serão remetidos à autoridade instauradora em cento e oitenta dias contados da data que a instituiu para julgamento sobre os fatos apurados e sobre a responsabilidade da pessoa jurídica investigada, sugerindo, de forma motivada, as sanções a serem aplicadas. Após a conclusão do processo administrativo será dada ciência ao Ministério Público para apuração de eventuais delitos praticados. Para a apresentação de sua defesa, à pessoa jurídica será concedido o prazo de trinta dias, contados a partir da intimação.

O art. 14 da Lei 12.846/2013 prevê como medida a ser adotada no âmbito dos processos administrativos a possibilidade de ser desconsiderada a personalidade da pessoa jurídica "sempre que utilizada com abuso do direito para facilitar, encobrir ou dissimular a prática dos atos ilícitos previstos nesta Lei ou para provocar confusão patrimonial, sendo estendidos todos os efeitos das sanções aplicadas à pessoa jurídica aos seus administradores e sócios com poderes de administração, observados o contraditório e a ampla defesa". A teoria da desconsideração da personalidade jurídica constitui, portanto, meio adequado para efetivação das sanções previstas na Lei 12.846/2013, podendo as sanções eventualmente impostas à pessoa jurídica atingir seus administradores e sócios com poderes de administração sempre que a personalidade jurídica for utilizada para facilitar, encobrir ou dissimular a prática de atos ilícitos previstos em referida lei.

Deve-se ter sempre em mente, contudo, que a prova dos fatos que constituem substrato para aplicação da Lei Anticorrupção e de suas sanções – como a desconsideração da personalidade jurídica – deve ser clara e convincente. Tanto é assim que consta do art. 5º, incs. II e III, uma expressão ("comprovadamente") que só faz reforçar a necessidade de que as provas da prática do ilícito levem a uma conclusão acima de qualquer dúvida razoável. O *standard* probatório exigido para eventual condenação com fundamento na Lei 12.846/2013, portanto, dada a natureza das suas sanções, claramente restritivas de direitos, deve ser mais rigoroso se comparado ao das ações cíveis de natureza meramente ressarcitória. Os procedimentos que tiverem por fundamento a Lei Anticorrupção devem ser tratados a partir de uma perspectiva maior, pois voltadas à preservação da

---

ladas, direta ou indiretamente, pelo poder público de país estrangeiro. § 2º Para os efeitos desta Lei, equiparam-se à administração pública estrangeira as organizações públicas internacionais. § 3º Considera-se agente público estrangeiro, para os fins desta Lei, quem, ainda que transitoriamente ou sem remuneração, exerça cargo, emprego ou função pública em órgãos, entidades estatais ou em representações diplomáticas de país estrangeiro, assim como em pessoas jurídicas controladas, direta ou indiretamente, pelo poder público de país estrangeiro ou em organizações públicas internacionais."

moralidade pública à custa da imposição de severas sanções independentemente de qualquer juízo valorativo a respeito do elemento volitivo dos agentes.

As penas impostas para os casos de descumprimento da Lei Anticorrupção não se limitam a ressarcir os prejuízos causados aos cofres públicos, mas constituem verdadeira manifestação do *ius puniendi* estatal, por esse motivo aqueles que estão sujeitos a ela merecem o mesmo tratamento dispensado aos que violam os dispositivos penais. A natureza punitiva das sanções impõe, portanto, aos procedimentos – o incidente de desconsideração da personalidade jurídica inclusive –, que visam à aplicação da Lei Anticorrupção um regime jurídico processual próprio, próximo ao das ações penais. A Lei Anticorrupção constitui uma manifestação inequívoca do poder punitivo do Estado, inserindo-se, portanto, no quadro geral do chamado Direito Administrativo Sancionador,[26] o que impõe a observância de uma série de garantias que, embora tradicionalmente ligadas ao direito material e processual penais, compõem um núcleo comum, de *status* constitucional, que sempre deve se manifestar diante do exercício do *ius puniendi* estatal. Um exemplo claro disso está na limitação da punição à culpabilidade, presente inclusive na punição às pessoas jurídicas, ainda que de forma diferenciada.[27] Pode-se dizer, portanto, que existe no campo do Direito Administrativo Sancionador uma inevitável "atração (...) de princípios típicos do processo penal",[28] assumindo essas demandas um "caráter acentuadamente penal",[29] ainda que a jurisprudência do Supremo Tribunal Federal não sobreponha diretamente todas as garantias penais ao Direito Administrativo Sancionador.[30]

Seja como for, o certo é que devem ser observadas as seguintes normas estruturantes na aplicação das sanções dessa natureza: tipicidade da conduta punível, grau de convencimento do julgador superior àquele típico das ações cíveis,[31] e individualização

---

26. Ver: Fábio Medina Osório. *Direito administrativo sancionador*. 3. ed. São Paulo: Ed. RT, 2009, passim, que refere especificamente a ação de improbidade como exemplo típico de medida administrativa sancionadora (n. 2.1.2.1, p. 82).

27. "No plano do Direito Administrativo Sancionador, pode-se dizer que a culpabilidade é uma exigência genérica, de caráter constitucional, que limita o Estado na imposição de sanções a pessoas físicas. Não se trata de exigência que alcance também as pessoas jurídicas, com o mesmo alcance. Pode-se sinalizar que a culpabilidade das pessoas jurídicas remete à evitabilidade do fato e aos deveres de cuidado objetivos que se apresentem encadeados na relação causal. É por aí que passa a culpabilidade". (OSÓRIO, Fábio Medina. *Direito administrativo sancionador*. São Paulo: Ed. RT, 2009).

28. Ver: ZAVASCKI, Teori Albino. *Processo coletivo*. 2. ed. São Paulo: Ed. RT, 2007, n. 5.6, p. 118 (em relação ao processo de improbidade).

29. "Na seara dos processos administrativos pertinentes à aplicação de sanções, não deve o agente decisório deixar de levar em consideração a rica trama principiológica do direito penal" (FERRAZ, Sérgio e DALLARI, Adilson de Abreu. *Processo administrativo*. 2. ed. São Paulo: Malheiros, 2007, n. 3.1.7, p. 195).V., ainda, KNIJNIK, Danilo. *A prova nos juízos cível, penal e tributário*. Rio de Janeiro: Forense, 2007, n. 4.3.2, p. 167.

30. Um exemplo é o recente entendimento firmado pelo Supremo Tribunal Federal de que o princípio da retroatividade da lei penal mais benéfica (art. 5º, inc. XL da Constituição Federal) não se aplica automaticamente para os ilícitos civis de improbidade administrativa que tenham penas abrandadas – no caso em questão, a Corte negou aplicação retroativa da Lei 14.230/2021 para os ilícitos culposos, uma vez que referida lei extinguiu a modalidade culposa dos ilícitos de improbidade administrativa. Ver: STF, ARE 843.989/PR, Pleno, Rel. Min. Alexandre de Moraes, julgado em 18.08.2022, DJ 12.12.2022.

31. Ver: KNIJNIK, Danilo. *A prova nos juízos cível, penal e tributário*. Rio de Janeiro: Forense, 2007.

das sanções aplicadas. Além disso, não há demasia em se ressaltar que a aplicação de qualquer sanção em virtude de descumprimento da Lei Anticorrupção deve ser precedida do devido processo legal (processual e substancial) e dos seus consectários lógicos, tais como o direito fundamental ao exercício do contraditório e à prova, por expressa previsão constitucional (CF, art. 5º, LIV).[32] Assim, diante da natureza essencialmente punitiva da Lei Anticorrupção, esta deve ser compreendida à luz do regime jurídico do Direito Administrativo Sancionador, que guarda um núcleo comum com as normas estruturantes do direito penal e processual penal, impondo a observância, pelo *ius puniendi* estatal, da tipicidade das condutas, do *standard* probatório além da dúvida razoável, bem como da sua respectiva individualização das sanções.

4. ENCERRAMENTO

Após destacadas algumas características do incidente de desconsideração da personalidade jurídica tal como está ele previsto no Código de Processo Civil de 2015 e após verificar a necessária vinculação dos demais microssistemas processuais à disciplina do Código de Processo Civil, pode-se constatar a compatibilidade e conveniência da aplicação do incidente de desconsideração da personalidade jurídica aos processos administrativos, permitindo-se, assim, que a administração pública possa tutelar os princípios que a informam, respeitados os direitos dos terceiros envolvidos eventualmente responsabilizados. Constatou-se, também, que nesses casos, dada a aplicação de sanções de natureza tipicamente penal, aplica-se aos incidentes de desconsideração da personalidade jurídica a lógica do direito administrativo sancionador.

5. REFERÊNCIAS

Bibliografia

ÁVILA, Humberto. *Teoria dos princípios*. 10. ed. São Paulo: Malheiros, 2009.

BRUSCHI, Gilberto Gomes; NOLASCO, Rita Dias; AMADEO, Rodolfo da Costa Manso Real. *Fraudes patrimoniais e a desconsideração da personalidade jurídica no Código de Processo Civil de 2015*. São Paulo: Ed. RT, 2016.

BUENO, Cassio Scarpinella. *Comentários ao Código de Processo Civil*. São Paulo: Saraiva, 2017. v. 1.

FAZZALARI, Elio. *Istituzioni di diritto processuale civile*. 8. ed. Padova: Cedam, 1996.

FERRAZ, Sérgio; DALLARI, Adilson de Abreu. *Processo administrativo*. 2. ed. São Paulo: Malheiros, 2007.

KNIJNIK, Danilo. *A prova nos juízos cível, penal e tributário*. Rio de Janeiro: Forense, 2007.

LUCON, Paulo Henrique dos Santos. *Devido processo legal substancial*. Disponível em: www.direitoprocessual. org.br, site oficial do Instituto Brasileiro de Direito Processual (estudo apresentado nas IV Jornadas de

---

32. Ver: LUCON, Paulo Henrique dos Santos. *Devido processo legal substancial*. Disponível em: www.direitoprocessual.org.br, site oficial do Instituto Brasileiro de Direito Processual (estudo apresentado nas IV Jornadas de Direito Processual Civil, no dia 8 de agosto de 2001) e em *Revista Iberoamericana de Derecho Procesal*, v. II, Buenos Aires, 2002. Atualizado e publicado em *Leituras complementares de processo*. 3. ed. Salvador: JusPodivm, 2005 (coord. Fredie Didier).

Direito Processual Civil, no dia 8 de agosto de 2001) e em *Revista Iberoamericana de Derecho Procesal*, v. II, Buenos Aires, 2002. Atualizado e publicado em Leituras *complementares de processo*. 3. ed. Salvador: JusPodivm, 2005 (coord. Fredie Didier).

LUCON, Paulo Henrique dos Santos. Incidente de desconsideração da personalidade jurídica e lei de Liberdade Econômica. In: SALOMÃO, Luis Felipe; CUEVA, Ricardo Villas Bôas e FRAZÃO, Ana (Org.). *Lei de liberdade econômica e seus impactos no direito brasileiro*. São Paulo: Ed. RT, 2020.

LUCON, Paulo Henrique dos Santos. Novas tendências na estrutura fundamental do processo civil. *Revista do Advogado*, v. 46, p. 59, São Paulo, 2006.

LUCON, Paulo Henrique dos Santos. Procedimento e sanções na lei anticorrupção (Lei 12.846/2013). Revista dos Tribunais, v. 103, p. 267-279, São Paulo, impresso, 2014.

MEDAUAR, Odete. *A processualidade no direito administrativo*. São Paulo: Ed. RT, 1993.

MEDEIROS NETO, Elias Marques de; VERGUEIRO, Camila Campos. A desconsideração da personalidade jurídica na Lei Anticorrupção, o processo administrativo e o incidente de desconsideração da personalidade jurídica. *Revista de Processo*. v. 335, p. 213-234, São Paulo, 2023.

MENDES, Gilmar Ferreira; BRANDO, Paulo Gustavo Gonet. *Curso de direito constitucional*. 16. ed. São Paulo: Saraiva, 2021.

MÜSSNICH, Francisco Antunes Maciel; GUEDES, Gisela Sampaio da Cruz; VAZ, Marcella Campinho. A desconsideração da personalidade jurídica nos grupos de sociedade: crítica à chamada desconsideração per saltum". In: COELHO, Fábio Ulhoa; TEPEDINO, Gustavo; LEMES, Selma Ferreira (Org.). *A evolução do Direito no século XXI: seus princípio e valores* (Homenagem ao Professor Arnoldo Wald). São Paulo: IASP, 2022. v. 2.

OSÓRIO, Fábio Medina. *Direito administrativo sancionador*. 3. ed. São Paulo: Ed. RT, 2009.

REQUIÃO, Maurício. O incidente de desconsideração da personalidade jurídica: o novo Código de Processo Civil entre a garantia e a efetividade. *Revista de Direito Civil Contemporâneo*. v. 10, p. 31-50, São Paulo, 2017.

RIVERO, Jean. *Curso de direito administrativo comparado*. 2. ed. Trad. José Cretella Jr. São Paulo: Ed. RT, 2004.

RODRIGUES FILHO, Otávio Joaquim. *Desconsideração da personalidade jurídica e processo*, São Paulo: Malheiros, 2016.

SOUZA, André Pagani de Souza. *Desconsideração da personalidade jurídica*: aspectos processuais, São Paulo: Saraiva, 2009.

YARSHELL, Flávio Luiz. In: CABRAL, Antonio do Passo; CRAMER, Ronaldo (Coord.). *Comentários ao novo Código de Processo Civil*. 2. ed. Rio de Janeiro: Forense, 2016.

ZAVASCKI, Teori Albino. *Processo coletivo*. 2. ed. São Paulo: Ed. RT, 2007.

Decisões

CADE, Processo Administrativo 08700.004455/2016-94, Rel. Cons. Luiz Augusto Azevedo de Almeida Hoffmann, voto-vista Cons. Sérgio Costa Ravagnani, j. 16.06.2021.

CVM, Processo Administrativo Sancionador CVM RJ 2014/0578, Rel. Dir. Henrique Balduino Machado Moreira, j. 27.05.2019.

CVM, Processo Administrativo Sancionador CVM SEI 19957.004535/2018-16, Rel. Dir. Henrique Balduino Machado Moreira, j. 13.11.2018.

STF, ARE 843.989/PR, Pleno, Rel. Min. Alexandre de Moraes, julgado em 18.08.2022, DJ 12.12.2022.

STF, MS 27.640/DF, 2ª T., Rel. Min. Ricardo Lewandowski, julgado em 06.12.2011, DJ 19.12.2011.

STF, MS 32.494 MC, Relator(a): Min. Celso de Mello, julgado em 11.11.2013, publicado em processo eletrônico DJe-224, divulg. 12.11.2013, public., 13.11.2013.

STF, RE 594.296/MG, Pleno, Rel. Min. Dias Toffoli, julgado em 21.09.2011, DJ 13.02.2012.

STJ, AgRg no RMS 24.768/MG, 5ª T., Rel. Min. Arnaldo Esteves Lima, julgado em 16.12.2008, DJ 16.02.2009.

STJ, REsp 1.339.046/SC, 2ª T., Rel. Min. Herman Benjamin, julgado em 05.03.2013, DJ 07.11.2016.

STJ, REsp 1.860.333/DF, 4ª T., Rel. Min. Marco Buzzi, julgado em 11.10.2022, DJ 27.10.2022.

STJ, RMS 15.166/BA, 2ª T., Rel. Min. Castro Meira, julgado em 07.08.2003, DJ 08.09.2003.

IMPROBIDADE ADMINISTRATIVA E DESCONSIDERAÇÃO DA PERSONALIDADE JURÍDICA

Sarah Merçon-Vargas

Doutora e Mestre em Direito pela USP. Professora e Advogada da FUCAPE. sarahmerconvargas@gmail.com.

Sumário: 1. Introdução – 2. A ação de improbidade administrativa e os regimes jurídicos aplicáveis a ela – 3. Autoria, legitimidade e Desconsideração da Personalidade Jurídica – 4. Pedidos, regimes jurídicos e Desconsideração da Personalidade Jurídica – 5. A norma do artigo 16, § 7º, da Lei 8.429/92 – 6. A norma do artigo 17, § 15, da Lei 8.429/92 – 7. Conclusão – 8. Referências.

1. INTRODUÇÃO

A Lei 14.230/2021 fez alterações fundamentais na Lei 8.429/92 no plano do direito material e do direito processual. A análise das mudanças evidencia que o substrato normativo da Lei de Improbidade Administrativa – LIA cresceu. Essa diretriz extensiva, em especial no âmbito processual, é positiva, pois, antes da reforma, havia poucas normas que regulavam o processo e o procedimento. O procedimento era – e continua a ser – especial, mas faltava regramento legal, o que contribuía para o estabelecimento e para a permanência de grandes controvérsias na doutrina e na jurisprudência sobre a ação de improbidade administrativa.[1-2]

---

1. A propósito da própria natureza jurídica da ação, refiro os seguintes autores, em obras anteriores à reforma trazida pela Lei 14.230/2021. Para Maria Sylvia Zanella Di Pietro, o ilícito da Lei de Improbidade Administrativa teria natureza civil e política e o procedimento a ser adotado em juízo seria processual civil (DI PIETRO, Maria Sylvia Zanella. *Direito administrativo*. 26. ed. São Paulo: Atlas, 2013, p. 893-894). Para Fábio Medina Osório, as sanções têm natureza *administrativa* e, por isso, inserem-se no ramo do Direito Administrativo Sancionador (OSÓRIO, Fábio Medina. *Teoria da improbidade administrativa*: má gestão pública, corrupção, ineficiência. 3. ed. São Paulo: Ed. RT, 2013, p. 192). Para Marçal Justen Filho, as sanções têm natureza civil, administrativa ou penal. Segundo ele, a sanção de reparação do dano é civil, a perda do cargo ou função é sanção de natureza administrativa e a perda de cargo eletivo e a suspensão de direitos políticos é sanção penal, diante da exigência legal de intervenção judicial (JUSTEN FILHO, Marçal. *Curso de direito administrativo*. 9. ed. São Paulo: Ed. RT, 2013, p. 1076). Ao avançar para o âmbito do direito processual, o autor afirma que a ação principal a que alude o artigo 17 da Lei 8.429/92 seria uma ação penal (Ibidem, p. 1093). Em obra recente, após a Lei 14.230/2021, Marçal Justen Filho salienta que, com a reforma legislativa, passa a haver previsão de que a ação de improbidade é uma "ação típica" e não uma ação civil pública (JUSTEN FILHO, Marçal. *Reforma da Lei de Improbidade Administrativa comparada e comentada*. Rio de Janeiro: Forense, 2022, p. 186). José dos Santos Carvalho Filho defende que algumas sanções seriam de natureza política (p. ex. suspensão dos direitos políticos) e outras de natureza civil (indisponibilidade de bens, ressarcimento de danos e perda de função pública) (CARVALHO FILHO, José dos Santos. *Manual de direito administrativo*. 25. ed. São Paulo: Atlas, 2012, p. 1061). O autor chega a afirmar que algumas das sanções têm inegável conteúdo penal, o que, todavia, não seria suficiente para lhes retirar a natureza civil (*Ibidem*, p. 1075). Por fim, Marino Pazzaglini Filho sustenta que as sanções têm natureza: política (p. ex. suspensão dos direitos políticos), político-administrativa (p. ex. perda da função pública), administrativa (p. ex. proibição de contratar com o Poder Público ou receber benefícios ou incentivos fiscais ou creditícios) e civil (p. ex. a multa, o ressarcimento, e a perda dos bens e valores ilicitamente acrescidos ao patrimônio) (PAZZAGLINI FILHO, Marino. *Lei de Improbidade Administrativa comentada*. 3. ed. São Paulo: Atlas, 2007, p. 148).

2. Uma das controvérsias centrais diz respeito à natureza da ação, que, para muitos autores, seria coletiva: LEONEL, Ricardo de Barros. *Manual do processo coletivo*. 4. ed. São Paulo: Malheiros, 2017, p. 149-153; NEVES, Daniel

O adensamento normativo promovido guiou-se pela atribuição, de forma expressa, da natureza de ação *repressiva* (*punitiva* ou *sancionatória*) à ação de improbidade administrativa.[3] Cumpre destacar, ao ensejo, que o fenômeno aqui não é de alteração da natureza das coisas pela simples mudança do rótulo jurídico – o que a rigor, nem poderia acontecer. A natureza da ação de improbidade administrativa era, e continua a ser, punitiva;[4] a norma incluída no artigo 17-D, da Lei 8.429/92 apenas reconhece isso.

A natureza punitiva da ação de improbidade administrativa decorre de seu objeto, que consiste, necessariamente, da imputação de ilícito grave e da postulação de aplicação de severas sanções, algumas delas restritivas de direitos fundamentais. Com essa conformação, o regime jurídico processual aplicável à ação de improbidade administrativa pressupõe um *standard* mais robusto de *devido processo legal*, com incidência de rol mais extenso de garantias [aproveitando-se as garantias do processo penal, exceto as relativas às penas privativas de liberdade], além de garantias mais densas, na comparação com o processo civil em geral.[5]

O fato é que, para além de pedidos de natureza punitiva, a ação de improbidade administrativa comporta também pedidos de ressarcimento de danos ao erário e de perda dos bens e valores ilicitamente acrescidos ao patrimônio do agente. Além desses pedidos, não há óbice a que outros pleitos, como, por exemplo, a anulação do ato administrativo, também sejam deduzidos. Mas é importante que se compreenda que esses pedidos não são *essenciais* na ação e nem tem natureza *punitiva*. Essa constatação é absolutamente central e tem repercussões fundamentais para o tema em análise; tornaremos a ela em tópico específico.

Nesse contexto – e passando mais diretamente ao tema deste artigo –, a Lei 14.230/2021 incluiu na Lei de Improbidade Administrativa, de forma expressa, a possibilidade de *desconsideração da personalidade jurídica* na ação de improbidade administrativa.[6]

Amorim Assumpção; OLIVEIRA, Rafael Carvalho Rezende. *Improbidade administrativa*: direito material e processual. 8. ed. Rio de Janeiro: Forense, 2019, p. 153-155.

3. Há autores que, mesmo após a Lei 14.230/2021, mantêm a posição de que o processo seria ainda coletivo. Nessa linha: veja-se Hermes Zaneti Jr (DIDIER JR, Fredie; ZANETI JR; Hermes. *Curso de direito processual civil*: processo coletivo. 16. ed. Salvador: JusPodivm, 2022, nota dos autores sobre o impacto da Lei 14.230/2021). Fredie Didier Jr, no entanto, convenceu-se de que o processo da ação de improbidade administrativa não é coletivo, em nova orientação que publicou em 2022 nessa mesma nota dos autores.

4. YARSHELL, Flávio Luiz; SICA, Heitor Vitor Mendonça. Reposicionamento da ação de improbidade administrativa. *Conjur*, 22.01.2022. Disponível em: https://www.conjur.com.br/2022-jan-26/yarshell-sica-reposicionamento-acao-improbidade. Acesso em: 13 fev. 2023; MERÇON-VARGAS, Sarah. *Teoria do processo judicial punitivo não penal*. Salvador: JusPodivm, 2018, p. 16-17.

5. Essa premissa se encontra extensamente desenvolvida em: MERÇON-VARGAS, Sarah. *Teoria do processo judicial punitivo não penal*. Salvador: JusPodivm, 2018, p. 117-122.

6. "Art. 16. § 7º A indisponibilidade de bens de terceiro dependerá da demonstração da sua efetiva concorrência para os atos ilícitos apurados ou, quando se tratar de pessoa jurídica, da instauração de incidente de desconsideração da personalidade jurídica, a ser processado na forma da lei processual." "Art. 17. § 15. Se a imputação envolver a desconsideração de pessoa jurídica, serão observadas as regras previstas nos arts. 133, 134, 135, 136 e 137 da Lei 13.105, de 16 de março de 2015".

IMPROBIDADE ADMINISTRATIVA E DESCONSIDERAÇÃO DA PERSONALIDADE JURÍDICA **949**

A Lei 12.846/2013 – a Lei Anticorrupção – prevê, em seu artigo 14, a possibilidade de desconsideração da personalidade jurídica para que haja extensão dos efeitos das sanções aos administradores e sócios, na hipótese em que a personalidade jurídica for utilizada com abuso de direito para facilitar, encobrir ou dissimular a prática dos atos ilícitos previstos na Lei ou para provocar confusão patrimonial.[7]

Pela leitura das normas, fica claro que o projeto legislativo na Lei Anticorrupção era ter uma desconsideração da personalidade jurídica bastante ampla,[8] ao passo que, na Lei 8.429/92, o texto legal é indicativo de uma proposta mais restrita.

O fato é que, se bem utilizada, a inovação[9] é oportuna por aumentar a possibilidade de satisfação das pretensões ressarcitória e de perda de bens e valores ilicitamente acrescidos ao patrimônio do agente. É preciso, no entanto, perceber o caráter estrito dessa inovação legislativa, para bem compreender seu real alcance.

Para isso, é importante examinar, ainda que de forma breve, a natureza da ação de improbidade administrativa e, por conseguinte, os regimes jurídicos aplicáveis a ela. Além disso, é necessário analisar as normas da Lei 14.230/2021 que contemplam a possibilidade de desconsideração da personalidade jurídica.

2. A AÇÃO DE IMPROBIDADE ADMINISTRATIVA E OS REGIMES JURÍDICOS APLICÁVEIS A ELA

Como já salientado, a ação de improbidade administrativa tem natureza *punitiva*; ela visa a aplicação de sanções a agentes públicos que pratiquem atos ímprobos e a particulares que para eles induzam ou concorram dolosamente. Esse é o objeto necessário da

---

7. "Art. 14. A personalidade jurídica poderá ser desconsiderada sempre que utilizada com abuso do direito para facilitar, encobrir ou dissimular a prática dos atos ilícitos previstos nesta Lei ou para provocar confusão patrimonial, sendo estendidos todos os efeitos das sanções aplicadas à pessoa jurídica aos seus administradores e sócios com poderes de administração, observados o contraditório e a ampla defesa."

8. Essa disposição legal, por sinal, deve ser lida à luz da garantia constitucional do artigo 5º, XLV.

9. A rigor, mesmo antes da do advento da previsão legislativa expressa, não havia óbice a que se determinasse a desconsideração da personalidade jurídica na ação de improbidade administrativa, desde que ligada às pretensões não punitivas. Explicaremos esse ponto ao longo do artigo. Veja-se, no STJ, os seguintes julgados: "processual civil. Agravo interno no recurso especial. Incidente de desconsideração da personalidade jurídica. Condenação da sociedade empresária por improbidade administrativa. Responsabilidade dos sócios. Pretensão dependente do exame de provas. Inadmissibilidade. 1. Como enuncia a Súmula 7 do STJ, a via do recurso especial é inadequada à impugnação de acórdão quando necessário o reexame do acervo probatório dos autos. 2. No caso dos autos, ao julgar agravo de instrumento originado de incidente de desconsideração da personalidade jurídica, o órgão julgador a quo, atento à hipótese de desvio de finalidade, manteve decisão do juízo da Fazenda Pública pela desconsideração da personalidade da sociedade empresária condenada em ação de improbidade, apontando, de consequência, a responsabilidade dos sócios. Nessa linha, na doutrina: GAJARDONI, Fernando da Fonseca; CRUZ, Luana Pedrosa de Figueiredo; GOMES JUNIOR, Luiz Manoel; FAVRETO, Rogerio. *Comentários à nova Lei de Improbidade Administrativa*. 5. ed. São Paulo: Ed. RT, 2021, p. 357. 3. O recurso especial encontra óbice na Súmula 7 do STJ, tendo em vista o contexto fático contido no acórdão recorrido não permitir eventual conclusão em sentido contrário (nem sequer para a análise da tese violação do art. 1.022 do CPC/2015). 4. Agravo interno não provido (AgInt no REsp 1.858.057/RO, relator Ministro Benedito Gonçalves, Primeira Turma, julgado em 08.02.2021, DJe de 11.02.2021).

ação de improbidade; se não houver pedido de aplicação de sanções, não se está diante de uma ação de improbidade administrativa.[10]

A natureza punitiva tem, por consequência lógica, para a ação de improbidade administrativa, a incidência do regime jurídico punitivo, o que, no universo judicial cível – ou não penal – é uma novidade, no plano do direito material e do direito processual. Pela via constitucional do devido processo legal, o regime jurídico punitivo de direito material acarreta a incidência de regime jurídico punitivo de direito processual, cujo principal diferencial é a incidência de um rol mais extenso de garantias e, ao mesmo tempo, de garantias mais densas do que as processo civil em geral.[11] Essa é a primeira premissa central que se adota neste artigo.

No plano infraconstitucional, essa leitura decorre, atualmente, da norma do artigo 1º, § 4º, da Lei 8.429/92, incluída pela Lei 14.230/2021, que prevê expressamente a incidência de princípios constitucionais do direito administrativo sancionador no processo de improbidade. Esse regime jurídico processual tem repercussões no procedimento e nas técnicas processuais aplicáveis à ação de improbidade administrativa, mas isso seria tema para um estudo específico.

O fato é que, para além do pedido de aplicação de *sanções* àqueles a quem se imputa a prática de atos ímprobos, a ação de improbidade administrativa *pode* conter outros pedidos. A ênfase no *pode* é fundamental, para se perceber que essa *possibilidade* não infirma a premissa anterior, quanto à essência *punitiva* desta ação.

É usual que a ação de improbidade administrativa, para além dos pedidos punitivos, contenha também pedido de *reparação de danos* causados pelo ato ímprobo. Na perspectiva do processo, a ideia aqui é aproveitar que o objeto do processo inclui o ato ímprobo para apuração e fixação de eventual responsabilidade civil (ou civil administrativa). Nesse ponto, cabe a advertência de que aqui se trata de responsabilidade como objeto do processo e não como elemento constitutivo do tipo ímprobo previsto no art. 10, da Lei 8.429/92[12] – atos de improbidade administrativa que causam prejuízo ao erário.

Em um primeiro momento, a ideia de aproveitar o processo – que já versa sobre o ato ímprobo – para extrair responsabilidades faz sentido, mas é preciso considerar também outros elementos. Em especial, é preciso considerar que, em tratando de responsabilidade civil, o regime jurídico de direito material é *civil* – ou civil administrativo – e o regime de direito processual é o do *Código de Processo Civil*.

---

10. Conforme Tema 1089, STJ, a ação de improbidade administrativa pode prosseguir com o pedido de reparação de danos se as demais sanções estiverem prescritas, veja-se: "Na ação civil pública por ato de improbidade administrativa é possível o prosseguimento da demanda para pleitear o ressarcimento do dano ao erário, ainda que sejam declaradas prescritas as demais sanções previstas no art. 12 da Lei 8.429/92." Diante do caráter punitivo da ação de improbidade administrativa, entendemos que, nessa hipótese, a ação deveria prosseguir, mas reclassificada como ação de reparação de danos.

11. MERÇON-VARGAS, Sarah. *Teoria do processo judicial punitivo não penal*. Salvador: JusPodivm, 2018, p. 117-122.

12. "Art. 10. Constitui ato de improbidade administrativa que causa lesão ao erário qualquer ação ou omissão dolosa, que enseje, efetiva e comprovadamente, perda patrimonial, desvio, apropriação, malbaratamento ou dilapidação dos bens ou haveres das entidades referidas no art. 1º desta Lei, e notadamente: (...)".

IMPROBIDADE ADMINISTRATIVA E DESCONSIDERAÇÃO DA PERSONALIDADE JURÍDICA

Em paralelo, é também possível que, em ação de improbidade administrativa, seja formulado pedido de *perda de bens e direitos ilicitamente acrescidos ao patrimônio do agente*, por força da prática de ato ímprobo. Aqui é importante perceber que, embora arrolado como *sanção* no artigo 12, incisos I e II, da Lei de Improbidade Administrativa, tal cominação constitui sanção apenas no sentido amplo do termo – como *consequência jurídica* da norma – mas não é sanção no sentido *punitivo* do termo.[13]

Isso significa que, relativamente a esse pedido, o regime jurídico de direito material e processual também não é punitivo. É *civil*, ligado à ideia de *enriquecimento sem causa* (art. 884, do Código Civil) – em sua face material – e *processual civil* – em sua face processual. Na perspectiva do processo e do procedimento, portanto, segue o mesmo regime do pedido de reparação de danos causados pelo ato ímprobo.

Neste ponto, é preciso considerar, então, que, em caso de cumulação de pedidos punitivos com pedidos de responsabilidade ou de perda de bens ilicitamente acrescidos ao patrimônio, haveria de se conjugar, em um mesmo processo, regimes jurídicos muito diferentes, no plano do direito material e do direito processual. Seriam eles compatíveis entre si?

Por imperativo da garantia do devido processo legal, não há dúvida de que a eventual incidência do regime jurídico material e processual da reparação de danos – civil e processual civil – jamais poderia se dar em prejuízo do regime jurídico material e processual punitivo.

Nesse campo e já em domínio infraconstitucional, é inevitável lembrar da norma do art. 327, § 2º, do Código de Processo Civil, que trata exatamente deste tema.[14] Ela prevê que, em caso de cumulação objetiva que remeta a mais de um procedimento, a base deve ser a do procedimento comum. O emprego de técnicas processuais especiais não fica vedado, mas deve ser compatível com o procedimento comum.

Esse raciocínio, aplicado à ação de improbidade administrativa, permite alcançar a conclusão de que é possível cumular pedido de reparação de danos com pedido de aplicação de sanções punitivas, mas, para isso, não pode haver prejuízo ao regime jurídico material e processual punitivo.[15] Esse é o regime jurídico *essencial* da ação de improbidade administrativa e aqui temos a segunda ideia fundamental deste artigo.

---

13. PINTO, Marcos Vinícius. *Ação de improbidade administrativa*: presunção de inocência e *ne bis in idem*. Salvador: JusPodvim, 2022, p. 54-59.
14. "Art. 327. (...) § 2º Quando, para cada pedido, corresponder tipo diverso de procedimento, será admitida a cumulação se o autor empregar o procedimento comum, sem prejuízo do emprego das técnicas processuais diferenciadas previstas nos procedimentos especiais a que se sujeitam um ou mais pedidos cumulados, que não forem incompatíveis com as disposições sobre o procedimento comum."
15. Sobre o tema, sugere-se a leitura de: DIDIER JR, Fredie; CABRAL, Antonio do Passo; CUNHA, Leonardo Carneiro da. *Por uma nova teoria dos procedimentos especiais*: dos procedimentos às técnicas. 2. ed. Salvador: JusPodivm, 2021, p. 39-42.

3. AUTORIA, LEGITIMIDADE E DESCONSIDERAÇÃO DA PERSONALIDADE JURÍDICA

À vista do tema deste artigo, é também essencial ter delineados os planos relativos à autoria, à legitimidade e à desconsideração da personalidade jurídica.

O primeiro ponto central é perceber que, se há indícios de que alguém praticou, de forma dolosa, ato de improbidade administrativa, ou de que alguém concorreu ou induziu para a sua prática, essa pessoa deve ser incluída no polo passivo da ação de improbidade administrativa (artigos 2º e 3º, da Lei de Improbidade Administrativa).[16] Do conjunto de indícios de autoria sobressai a legitimidade passiva.

Essa assertiva não exclui a possibilidade de haver diferentes graus de participação na prática do ato de improbidade administrativa, o que deverá ser levado em consideração pelo legitimado ativo ao ajuizar a ação e pelo magistrado, inclusive em eventual dosimetria de pena.

O fato é que, se configurada a legitimidade passiva para a ação de improbidade administrativa, a pessoa, física ou jurídica, deve ser incluída no polo passivo da ação, para responder por isso, e não há que se cogitar de desconsideração da personalidade jurídica em relação a ela. Ainda que se trate de pessoa física que seja sócia ou acionista de pessoa jurídica envolvida nos atos praticados, se houver indícios de que a pessoa física praticou pessoalmente o ato ímprobo, ela deve ser incluída no polo passivo.[17] Esse é o conteúdo da norma do artigo 3º, § 1º, da Lei 8.429/92, com as alterações feitas pela Lei 12.430/2021.[18]

Em situações como essa, a hipótese não é de desconsideração da personalidade jurídica, pois a questão não é de *responsabilidade patrimonial* e sim de *imputação* e de *punição* pela prática de um ato de improbidade administrativa.

4. PEDIDOS, REGIMES JURÍDICOS E DESCONSIDERAÇÃO DA PERSONALIDADE JURÍDICA

À vista das premissas acima desenvolvidas, chega-se, então, ao ponto de indicar a conexão entre elas e o tema desta obra – desconsideração da personalidade jurídica.

---

16. Ressalvada, é claro, a hipótese de o legitimado ativo avaliar que seria o caso de celebrar um acordo de não persecução cível.

17. Nesse sentido: "(...) IV – Segundo os acórdãos, os atos ilícitos, imorais e iníquos imputados ao agente foram pessoal e diretamente realizados. Não se deram na condição de representante da pessoa jurídica. Ora, se praticou a conduta em nome próprio, não há necessidade de responsabilização principal da pessoa jurídica. Em outras palavras, não há necessidade de instauração de incidente de desconsideração da personalidade jurídica (CPC/15, art. 133), com a demonstração da presença dos requisitos do art. 50 do CC, muito menos se exige o prévio esgotamento patrimonial da sociedade de advogados (Estatuto da Advocacia, art. 17)" (AREsp 1.535.119/PR, Rel. Ministro Francisco Falcão, Segunda Turma, julgado em 10.03.2020, DJe de 19.03.2020.)

18. Art. 3º, § 1º Os sócios, os cotistas, os diretores e os colaboradores de pessoa jurídica de direito privado não respondem pelo ato de improbidade que venha a ser imputado à pessoa jurídica, salvo se, comprovadamente, houver participação e benefícios diretos, caso em que responderão nos limites da sua participação.

IMPROBIDADE ADMINISTRATIVA E DESCONSIDERAÇÃO DA PERSONALIDADE JURÍDICA **953**

A desconsideração da personalidade jurídica liga-se à ação de improbidade administrativa apenas em relação aos pedidos que não tem natureza punitiva. Isso significa que não se pode, por intermédio do instituto da desconsideração da personalidade jurídica, pretender *imputar* conduta ímproba a alguém e, muito menos, pretender que sejam aplicadas sanções punitivas.

Isso seria um completo desvirtuamento dos objetivos precípuos do instituto da desconsideração da personalidade jurídica e implicaria a utilização de um *incidente* processual para o exercício de uma pretensão punitiva, o que é inadmissível. Com efeito, o paradigma de devido processo legal exigido em um processo dessa natureza jamais poderia caber dentro de um incidente, ainda que requerido na petição inicial.

Para que se impute conduta ímproba a alguém, é imprescindível que essa pessoa seja *ré* na ação de improbidade administrativa,[19] na forma dos artigos 2º – agente público – ou 3º – particular – da Lei e que responda à ação, observadas as garantias do devido processo legal aplicáveis a esse tipo de processo.

Com efeito, a desconsideração da personalidade jurídica, instituto cuja base legal-normativa se encontra no Código Civil,[20] implica a extensão subjetiva de responsabilidade *patrimonial*. Quer dizer, aquele que, de saída, não responderia por certas obrigações – que é *terceiro*, sob a ótica do processo – passará a responder por elas, se estiverem presentes as hipóteses autorizadoras. Esse é o objeto da desconsideração.

Não há, portanto, âmbito para que, por intermédio da desconsideração da personalidade jurídica se pretenda *imputar* a alguém ou *condenar* alguém por ato de improbidade administrativa. O direito material – civil – não autoriza; o direito processual – civil – também não.[21]

---

19. Nessa linha: "Em se tratando de pessoa jurídica, configura-se a autoria do ato ilícito quando o sujeito que atua como órgão dela pratica, em tal condição, uma conduta tipificada. Em tais hipóteses, o ato ilícito é diretamente imputado à pessoa jurídica, a qual é submetida às diversas sanções cabíveis. Em tais casos, incide o regime jurídico punitivo, que compreende a exigência de culpabilidade, a pessoalidade da sanção e todas as demais características já expostas." (JUSTEN FILHO, Marçal. Desconsideração da personalidade societária e responsabilização de terceiros na Lei de Improbidade Administrativa e na Lei Anticorrupção. *Revista Jurídica da Procuradoria-Geral do Estado do Paraná*, n. 10, p. 175-196, Curitiba, 2019).

20. "Art. 50. Em caso de abuso da personalidade jurídica, caracterizado pelo desvio de finalidade ou pela confusão patrimonial, pode o juiz, a requerimento da parte, ou do Ministério Público quando lhe couber intervir no processo, desconsiderá-la para que os efeitos de certas e determinadas relações de obrigações sejam estendidos aos bens particulares de administradores ou de sócios da pessoa jurídica beneficiados direta ou indiretamente pelo abuso. § 1º Para os fins do disposto neste artigo, desvio de finalidade é a utilização da pessoa jurídica com o propósito de lesar credores e para a prática de atos ilícitos de qualquer natureza. § 2º Entende-se por confusão patrimonial a ausência de separação de fato entre os patrimônios, caracterizada por: I – cumprimento repetitivo pela sociedade de obrigações do sócio ou do administrador ou vice-versa; II – transferência de ativos ou de passivos sem efetivas contraprestações, exceto os de valor proporcionalmente insignificante; e III – outros atos de descumprimento da autonomia patrimonial. § 3º O disposto no caput e nos §§ 1º e 2º deste artigo também se aplica à extensão das obrigações de sócios ou de administradores à pessoa jurídica. § 4º A mera existência de grupo econômico sem a presença dos requisitos de que trata o caput deste artigo não autoriza a desconsideração da personalidade da pessoa jurídica. § 5º Não constitui desvio de finalidade a mera expansão ou a alteração da finalidade original da atividade econômica específica da pessoa jurídica."

21. Se, de um lado, o autor da ação não pode imputar por meio do incidente de desconsideração, isso não significa que, de outro, não possa o potencial *responsável* trazer à baila questões relativas à própria inocorrência do ato de improbidade administrativa, no esforço de manter seu patrimônio. Sobre o tema, de forma ampla, veja-se:

A conclusão que se chega é que a previsão de desconsideração da personalidade jurídica na ação de improbidade administrativa deve, necessariamente, estar ligada a pedidos cujo regime jurídico seja civil (ou civil-administrativo) e processual civil (não punitivo). Essa é, sem dúvida, a conclusão mais importante deste artigo.

A desconsideração da personalidade jurídica na ação de improbidade administrativa tem, por essa razão, escopo estrito e não atrelado à essência punitiva do processo.

Neste ponto, é importante trazer uma distinção fundamental. A multa civil prevista na Lei de Improbidade Administrativa como sanção para a prática do ato ímprobo tem natureza *punitiva* e por isso se submete a regime jurídico material e processual punitivo. A circunstância de se tratar de uma sanção punitiva patrimonial não altera a sua natureza e nem permite que, por isso, a responsabilidade pelo seu pagamento seja estendida a terceiros ou mesmo aos sucessores do agente ou do particular.[22]

Essa distinção entre sanções punitivas e sanções não punitivas e a possibilidade de extensão de responsabilidade apenas em relação às segundas tem amparo também na garantia constitucional prevista no artigo 5º, inciso XLV.[23] A Constituição Federal veda que as penas passem da pessoa do condenado; permite-se que sejam passadas aos sucessores apenas a obrigação de reparar o dano e a decretação da pena de perdimento de bens, até o limite do valor do patrimônio que foi transferido. Nesses casos, o regime jurídico é civil e não punitivo.

5. A NORMA DO ARTIGO 16, § 7º, DA LEI 8.429/92

A reforma feita pela Lei 14.230/2021 na Lei 8.429/92 incluiu duas normas que fazem referência à desconsideração da personalidade jurídica na ação de improbidade administrativa. A primeira delas consta do artigo 16, § 7º, da Lei 8.429/92.

Esse artigo trata da indisponibilidade de bens dos réus, que pode ter dois objetivos: garantir a integral recomposição do erário, à vista do dano causado, e recuperar o acréscimo patrimonial resultante do enriquecimento ilícito. A indisponibilidade, portanto, somente pode estar ligada a pedidos de natureza não punitiva.[24] Por conseguinte, só

RODRIGUES, Marcelo Abelha. *Responsabilidade patrimonial pelo inadimplemento das obrigações*: introdução ao estudo sistemático da responsabilização patrimonial. Indaiatuba: Editora Foco, 2023, p. 192-194.

22. Em sentido contrário: "Se o sujeito é responsável, então não é constitucionalmente cabível a aplicação a ele de penas reservadas para o autor do ilícito. Em face da ordem jurídica, apenas é admissível estabelecer que o sujeito arcará com os efeitos patrimoniais do sancionamento. (...) O responsável apenas pode ser submetido, portanto, à obrigação de responder patrimonialmente pela reparação do dano, tal como pelo pagamento da multa." (JUSTEN FILHO, Marçal. Desconsideração da personalidade societária e responsabilização de terceiros na Lei de Improbidade Administrativa e na Lei Anticorrupção. *Revista Jurídica da Procuradoria-Geral do Estado do Paraná*, n. 10, p. 175-196, Curitiba, 2019).

23. "Art. 5º, XLV – nenhuma pena passará da pessoa do condenado, podendo a obrigação de reparar o dano e a decretação do perdimento de bens ser, nos termos da lei, estendidas aos sucessores e contra eles executadas, até o limite do valor do patrimônio transferido".

24. Ao ensejo, resta superado o entendimento consagrado no tema repetitivo 1055, do STJ: "É possível a inclusão do valor de eventual multa civil na medida de indisponibilidade de bens decretada na ação de improbidade administrativa, inclusive naquelas demandas ajuizadas com esteio na alegada prática de conduta prevista no art. 11 da Lei 8.429/92, tipificador da ofensa aos princípios nucleares administrativos".

cabe desconsideração da personalidade jurídica quanto às pretensões de ressarcimento de danos e de perda de valores resultantes de enriquecimento ilícito. Essa é uma baliza importante que foi expressamente estabelecida pelo legislador.

Uma vez delimitado o seu âmbito de incidência, cabe, então, examinar os contornos específicos da norma do artigo 16, § 7º, da Lei 8.429/92:

> § 7º A indisponibilidade de bens de terceiro dependerá da demonstração da sua efetiva concorrência para os atos ilícitos apurados ou, quando se tratar de pessoa jurídica, da instauração de incidente de desconsideração da personalidade jurídica, a ser processado na forma da lei processual.

A redação empregada na norma pode trazer dificuldades ao intérprete. A primeira parte parece aludir a uma regra geral para o atingimento de bens de terceiro, por força de responsabilidade patrimonial:[25] deve ser demonstrada a sua efetiva concorrência para os ilícitos. A segunda parte, precedida de uma locução alternativa – "ou" – refere-se à hipótese específica de o terceiro ser uma pessoa jurídica.

Observe-se que a previsão da desconsideração da personalidade jurídica aqui é *meio* para que se possa decretar a indisponibilidade de bens de terceiro. Aliás, por *terceiro* aqui, entende-se aquele que não é parte no processo[26] – em face dele nada se pede (ou, pelo menos até esse momento, nada se pedia).

Pela regra geral, o patrimônio do terceiro somente poderá ser atingido por indisponibilidade se houver, em relação a ele, elementos indicativos de sua *efetiva concorrência* para os atos ilícitos apurados. Ao ensejo, essa *concorrência* aqui – inserida em âmbito civil – não é a mesma concorrência a que alude o artigo 3º– inserida em domínio punitivo.[27] Trata-se de concorrência guiada por pressupostos civis – e não punitivos – de responsabilidade. Com efeito, se a *concorrência* para o ato de improbidade fosse a mesma do artigo 3º, o terceiro haveria de ser – ou de ter sido – réu na ação de improbidade administrativa.[28]

Ainda assim, é preciso ter presente que a desconsideração da personalidade jurídica pressupõe a comprovação de uso abusivo da ficção jurídica prevista no artigo 45 do Código Civil.[29] Por ser uma exceção ao regime de personificação das sociedades, o seu emprego somente pode ser autorizado em situações excepcionais, descritas no artigo 50 do Código Civil.[30]

---

25. SIQUEIRA, Thiago Ferreira. *A responsabilidade patrimonial no novo sistema processual civil*. São Paulo: Ed. RT, 2016, p. 286-287.
26. DINAMARCO, Candido Rangel. *Instituições de direito processual civil*. 7. ed. São Paulo: Malheiros, 2017, v. II, p. 433.
27. "Art. 3º As disposições desta Lei são aplicáveis, no que couber, àquele que, mesmo não sendo agente público, induza ou concorra dolosamente para a prática do ato de improbidade.
28. É possível imaginar a hipótese em que alguém, sem saber exatamente a finalidade exata, empresta seu nome para figurar como sócio de determinada empresa.
29. "Art. 45. Começa a existência legal das pessoas jurídicas de direito privado com a inscrição do ato constitutivo no respectivo registro, precedida, quando necessário, de autorização ou aprovação do Poder Executivo, averbando-se no registro todas as alterações por que passar o ato constitutivo."
30. JUSTEN FILHO, Marçal. *Reforma da Lei de Improbidade Administrativa comparada e comentada*. Rio de Janeiro: Forense, 2022, p. 61-62.

A possibilidade de desconsideração da personalidade jurídica se abre quando se trata de terceiro pessoa jurídica. Nessa hipótese, os bens cuja titularidade seja de pessoa jurídica que não esteja no polo passivo na ação de improbidade administrativa somente poderão ser atingidos depois de desconsiderada a personalidade jurídica,[31] na forma do artigo 16, § 7º, da Lei de Improbidade Administrativa, observado o procedimento dos artigos 133-137 do Código de Processo Civil.

Verifica-se, então, que a hipótese de desconsideração da personalidade jurídica prevista pelo legislador é para o atingimento de bens de terceiro pessoa jurídica, observados os pressupostos[32] do artigo 50 do Código Civil,[33] relativamente aos pedidos de ressarcimento de danos causados pelo ato ímprobo ou de perda de bens e valores ilicitamente acrescidos ao patrimônio do agente.

Trata-se de desconsideração *inversa*, em que, por intermédio do incidente de desconsideração da personalidade jurídica, um terceiro, pessoa jurídica, poderá ter seus bens atingidos por indisponibilidade.

6. A NORMA DO ARTIGO 17, § 15, DA LEI 8.429/92

A segunda norma alusiva à desconsideração da personalidade jurídica na ação de improbidade administrativa, introduzida pela Lei 14.230/2021, está no artigo 17, § 15, da Lei 8.429/92.

A norma é simples em sua estrutura, mas sua hipótese de incidência deve ser lida com cautela:

> § 15. Se a imputação envolver a desconsideração de pessoa jurídica, serão observadas as regras previstas nos arts. 133, 134, 135, 136 e 137 da Lei 13.105, de 16 de março de 2015 (Código de Processo Civil).

Manda o legislador que, se a imputação envolver a desconsideração da personalidade jurídica, devem ser seguidas as regras do incidente previstas no Código de Processo Civil.

Neste ponto, valem as mesmas delimitações feitas nos tópicos precedentes quanto ao objeto do incidente e quanto à pujança do devido processo legal em relação a pedidos punitivos.

---

31. A pessoa jurídica pode ser ré na ação de improbidade administrativa (artigo 3º, § 1º, da Lei de Improbidade Administrativa), observada a ressalva do artigo 3º, § 2º, da mesma Lei.

32. Como bem pontuou Marcelo Abelha, é no direito material que estão estabelecidas as hipóteses de cabimento da desconsideração da personalidade jurídica. (ABELHA, Marcelo. *Manual da execução civil*. 5. ed. Rio de Janeiro: Forense, 2015, p. 117.

33. "1. Tendo o Tribunal de origem firmado a compreensão no sentido de que não estariam presentes os requisitos legais para a desconsideração da personalidade jurídica da sociedade F & A Construções Civis e Elétricas Ltda – existência de indícios de desvio de finalidade da pessoa jurídica condenada ou da confusão do patrimônio desta com o do seu representante –, rever tal entendimento esbarra na vedação contida na Súmula 7/STJ. Precedentes: REsp 1.550.615/RN, Rel. Ministro Og Fernandes, Segunda Turma, DJe 18.10.2017; REsp 1.693.633/RJ, Rel. Ministro Herman Benjamin, Segunda Turma, DJe 23.10.2017" (AgInt no REsp 1.445.844/PB, relator Ministro Sérgio Kukina, Primeira Turma, julgado em 24.04.2018, DJe de 04.05.2018).

O incidente de desconsideração da personalidade jurídica não pode veicular imputação de ato ímprobo: ela deve ser feita na própria ação de improbidade administrativa, de forma principal. O que pode ser veiculado por meio de incidente de desconsideração da personalidade é a extensão de responsabilidade ou a perda de bens ilicitamente acrescidos ao patrimônio, por estarem ligados ao ato de improbidade administrativa.

Assim, por exemplo, na hipótese de o réu na ação de improbidade administrativa ser sócio de certa empresa, em que haja elementos indicativos de que houve uso abusivo dela para alocação de patrimônio originário do ato ímprobo, poderá o autor da ação pleitear, na petição inicial, a desconsideração inversa, a fim de que a responsabilidade patrimonial possa ser estendida para a pessoa jurídica. É claro que, se houvesse elementos de que a própria empresa praticou o ato de improbidade administrativa – e de que não era hipótese de aplicação da Lei Anticorrupção, conforme artigo 3º, § 2º, da Lei 8.429/92 – o caso seria de incluí-la no polo passivo da ação, como particular legitimada.[34]

Na mesma linha, é possível pleitear, já na petição inicial, a desconsideração da personalidade jurídica para atingir sócios de determinada empresa apenas em relação à reparação dos danos causados pelo ato ímprobo ou para a perda dos bens ilicitamente acrescidos ao patrimônio.[35] O objeto do processo, em relação a eles, ficará restrito à extensão da responsabilidade patrimonial, mas a defesa poderá ser ampla, no esforço de afastar a própria ocorrência de ato de improbidade administrativa.

Além disso, o standard de devido processo legal exigido em processos punitivos jamais poderia ser acomodado dentro de um incidente processual. É por isso que não pode haver imputação de ato de improbidade administrativa por seu intermédio.

7. CONCLUSÃO

À vista das ideias desenvolvidas neste artigo, convém registrar, em caráter final, as premissas estabelecidas e as conclusões que, a partir delas, foram construídas.

A primeira premissa adotada é a de que a ação de improbidade administrativa tem natureza punitiva e, por isso, segue regime jurídico processual próprio, cujo principal diferencial é a incidência de rol mais extenso de garantias e, ao mesmo tempo, de garantias mais densas do que as processo civil em geral.

A segunda premissa adotada é a de que, embora seja possível cumular, na ação de improbidade administrativa, pedido de reparação de danos e de perda de bens ilicitamente recebidos – que são pedidos de natureza civil – com pedidos punitivos, essa

---

34. Em sentido semelhante: MUDROVITSCH, Rodrigo de Bittencourt; NÓBREGA, Guilherme Pupe. *Lei de Improbidade Administrativa comentada*: de acordo com a Reforma pela Lei 14.230/2021. Rio de Janeiro: Lumen Juris, 2022, p. 53-54.
35. Nesse sentido: NEVES, Daniel Amorim Assumpção; OLIVEIRA, Rafael Carvalho Rezende. *Comentários à Reforma da Lei de Improbidade Administrativa*: Lei 14.230 de 25.10.2021 comentada artigo por artigo. Rio de Janeiro: Forense, 2022, p. 89.

cumulação não pode trazer prejuízo ao regime jurídico *essencial* da ação de improbidade administrativa, que é processual punitivo.

Essas premissas foram importantes para se chegar à conclusão de que, na ação de improbidade administrativa, o incidente de desconsideração da personalidade jurídica deve ter escopo estrito. Ele se presta, tão somente, à extensão da responsabilidade patrimonial a terceiros, relativamente a pedidos não punitivos, como é o caso do pedido de reparação de danos ao erário e da perda de bens e valores ilicitamente acrescidos ao patrimônio. Não é possível, por seu intermédio, que se impute a prática de ato de improbidade administrativa e nem que se pretenda a aplicação de sanções punitivas; para isso, é preciso que a pessoa, agente público ou particular, física ou jurídica, seja incluída como ré no polo passivo da ação.

A possibilidade de extensão da responsabilidade patrimonial a terceiros não se aplica à pena de multa civil, que tem caráter punitivo. O simples fato de ser uma sanção de caráter patrimonial não autoriza extensão de responsabilidade.

8. REFERÊNCIAS

ABELHA, Marcelo. *Manual da execução civil*. 5. ed. Rio de Janeiro: Forense, 2015.

CARVALHO FILHO, José dos Santos. *Manual de direito administrativo*. 25. ed. São Paulo: Atlas, 2012.

DI PIETRO, Maria Sylvia Zanella. *Direito administrativo*. 26. ed. São Paulo: Atlas, 2013.

DIDIER JR, Fredie; CABRAL, Antonio do Passo; CUNHA, Leonardo Carneiro da. *Por uma nova teoria dos procedimentos especiais*: dos procedimentos às técnicas. 2. ed. Salvador: JusPodivm, 2021.

DIDIER JR, Fredie; ZANETI JR; Hermes. *Curso de direito processual civil*: processo coletivo. 16. ed. Salvador: JusPodivm, 2022.

DINAMARCO, Candido Rangel. *Instituições de direito processual civil*. 7. ed. São Paulo: Malheiros, 2017. v. II.

GAJARDONI, Fernando da Fonseca; CRUZ, Luana Pedrosa de Figueiredo; GOMES JUNIOR, Luiz Manoel; FAVRETO, Rogerio. *Comentários à nova Lei de Improbidade Administrativa*. 5. ed. São Paulo: Ed. RT, 2021.

JUSTEN FILHO, Marçal. *Curso de direito administrativo*. 9. ed. São Paulo: Ed. RT, 2013.

JUSTEN FILHO, Marçal. Desconsideração da personalidade societária e responsabilização de terceiros na Lei de Improbidade Administrativa e na Lei Anticorrupção. *Revista Jurídica da Procuradoria-Geral do Estado do Paraná*, n. 10, p. 175-196. Curitiba, 2019.

JUSTEN FILHO, Marçal. *Reforma da Lei de Improbidade Administrativa comparada e comentada*. Rio de Janeiro: Forense, 2022.

LEONEL, Ricardo de Barros. *Manual do processo coletivo*. 4. ed. São Paulo: Malheiros, 2017.

MERÇON-VARGAS, Sarah. *Teoria do processo judicial punitivo não penal*. Salvador: JusPodivm, 2018.

MUDROVITSCH, Rodrigo de Bittencourt; NÓBREGA, Guilherme Pupe. *Lei de Improbidade Administrativa comentada*: de acordo com a Reforma pela Lei 14.230/2021. Rio de Janeiro: Lumen Juris, 2022.

NEVES, Daniel Amorim Assumpção; OLIVEIRA, Rafael Carvalho Rezende. *Comentários à reforma da Lei de Improbidade Administrativa*: Lei 14.230 de 25.10.2021 comentada artigo por artigo. Rio de Janeiro: Forense, 2022.

NEVES, Daniel Amorim Assumpção; OLIVEIRA, Rafael Carvalho Rezende. *Improbidade administrativa*: direito material e processual. 8. ed. Rio de Janeiro: Forense, 2019.

OSÓRIO, Fábio Medina. *Teoria da improbidade administrativa*: má gestão pública, corrupção, ineficiência. 3. ed. São Paulo: Ed. RT, 2013.

PAZZAGLINI FILHO, Marino. *Lei de Improbidade Administrativa comentada*. 3. ed. São Paulo: Atlas, 2007.

PINTO, Marcos Vinícius. *Ação de improbidade administrativa: presunção de inocência* e ne bis in idem. Salvador: JusPodvim, 2022.

RODRIGUES, Marcelo Abelha. *Responsabilidade patrimonial pelo inadimplemento das obrigações*: introdução ao estudo sistemático da responsabilização patrimonial. Indaiatuba: Editora Foco, 2023.

SIQUEIRA, Thiago Ferreira. *A responsabilidade patrimonial no novo sistema processual civil*. São Paulo: Ed. RT, 2016.

YARSHELL, Flávio Luiz; SICA, Heitor Vitor Mendonça. Reposicionamento da ação de improbidade administrativa. *Conjur*, 22.01.2022. Disponível em: https://www.conjur.com.br/2022-jan-26/yarshell-sica-reposicionamento-acao-improbidade. Acesso em: 13 fev. 2023.

II.6 – Desconsideração da Personalidade no Direito do Trabalho

ASPECTOS PROCESSUAIS DA DESCONSIDERAÇÃO DA PERSONALIDADE JURÍDICA

André Cremonesi

Mestre em Direito do Trabalho pela Pontifícia Universidade Católica de São Paulo (PUC). Especialista em Tutela de Direitos Difusos e Coletivos pela Escola Superior do Ministério Público do Estado de São Paulo. Professor universitário de graduação e de pós-graduação *lato sensu*. Autor de livros e artigos jurídicos. Juiz do Trabalho Aposentado, Ex-Procurador do Trabalho.

Carlos Augusto Marcondes de Oliveira Monteiro

Doutor e Mestre em Direito do Trabalho pela Pontifícia Universidade Católica de São Paulo (PUC). Coordenador e Professor dos cursos de pós-graduação da Escola Paulista de Direito (EPD). Professor convidado para os Cursos de Pós-Graduação da Faculdade de Direito de São Bernardo do Campo (FDSBC), da Escola Superior da Advocacia (ESA) e da PUC-COGEAE-SP, autor de livros e artigos jurídicos. Advogado.

Sumário: 1. Introdução: da efetividade da tutela jurisdicional – 2. Desconsideração da Personalidade Jurídica – Conceito – 3. Da teoria maior e da teoria menor na aplicação da Desconsideração da Personalidade Jurídica – 4. A Desconsideração da Personalidade Jurídica à luz do Código de Processo Civil de 2015 – 5. Da Desconsideração da Personalidade Jurídica na Consolidação das Leis do Trabalho – 6. Do veto ao Projeto de Lei 3.401-C de 2008 – 7. Conclusão – 8. Referências.

1. INTRODUÇÃO: DA EFETIVIDADE DA TUTELA JURISDICIONAL

Muitos foram e ainda são os questionamentos feitos por operadores do direito e bem assim pelos jurisdicionados acerca da efetividade da tutela jurisdicional no âmbito do Poder Judiciário.

Na esfera processual trabalhista, no tocante ao tema em estudo, os inconformismos muitas vezes partem das reclamadas e dos seus sócios, estes últimos incluídos como réus pelos juízes da execução trabalhista em decorrência de atos de gestão de suas empresas.

De outra banda, os reclamantes, embora satisfeitos com a outrora conduta do Poder Judiciário Trabalhista, até então adotada de mera inclusão dos sócios no polo passivo e respectiva determinação de penhora, também questionavam acerca da efetividade da tutela jurisdicional quando os sócios deixam de ser incluídos como réus ou são incluídos nessa condição depois de já terem dilapidado seu patrimônio pessoal ou de tê-los blindado, o que, no mais das vezes, inviabilizou por completo a execução do seu crédito trabalhista.

Contudo, o novo regramento legal impôs a necessidade de desconsideração da personalidade jurídica da empresa para incluir seus sócios no polo passivo, em observância estrita ao amplo direito de defesa e do contraditório, como determina a Carta Magna de 1988 (artigo 5º, inciso LV, da CF/88).

Assim, neste modesto trabalho abordaremos especificamente os aspectos processuais da desconsideração da personalidade jurídica, sem nos atermos à profundidade que o instituto merece no tocante à origem e aos seus fundamentos jurídicos como instituto de direito material.

Por óbvio que aqui não pretendemos esgotar o tema no espectro processual, mas apenas trazer alguns pontos de reflexão àqueles que já se debruçam com afinco sobre o tema.

Também não trataremos da desconsideração da personalidade jurídica inversa ou invertida, eis que, a princípio, não é o objeto deste estudo.

Para finalizar este tópico introdutório e visando contribuir com o estudo e para demonstrar o quanto o tema mostra-se árido, deixamos aqui a seguinte pergunta:

> É possível aplicar o incidente de desconsideração da personalidade jurídica para incluir pessoas jurídicas no polo passivo de uma ação trabalhista sabendo-se que, como regra, o referido instituto foi criado para incluir apenas pessoas físicas que sejam sócias da empresa executada?

2. DESCONSIDERAÇÃO DA PERSONALIDADE JURÍDICA – CONCEITO

Embora o presente trabalho vá tratar apenas e tão somente dos aspectos processuais do instituto em questão, mostra-se necessário definir o que vem a ser a desconsideração da personalidade jurídica, outrora nominado de despersonalização da pessoa jurídica.

Nesse sentido, cunhamos um conceito singelo do instituto para definir Desconsideração da Personalidade Jurídica como sendo o ato judicial, praticado de ofício pelo julgador ou requerido pela parte autora ou pelo Ministério Público, de descobrir o manto da pessoa jurídica devedora e omissa quanto à satisfação do crédito de outrem, com o intuito de alcançar bens dos seus sócios, a fim de que estes satisfaçam o direito do autor com o seu patrimônio particular.

Assim, propositalmente deixamos de comentar alguns dispositivos legais, por estarem inseridos no ordenamento jurídico como direito material, v.g., o artigo 135 do

Código Tributário Nacional, o artigo 28 do Código de Defesa do Consumidor e o artigo 50 do Código Civil Brasileiro.

3. DA TEORIA MAIOR E DA TEORIA MENOR NA APLICAÇÃO DA DESCONSIDERAÇÃO DA PERSONALIDADE JURÍDICA

No que respeita à responsabilidade dos sócios das empresas a doutrina consagrou duas teorias distintas, a saber: a Teoria Maior e a Teoria Menor.

Em seu livro, o excelente doutrinador Mauro Schiavi, citando o doutrinador Fábio Ulhoa Coelho, assim preleciona:

> Há no direito brasileiro, na verdade, duas teorias da desconsideração. De um lado, a teoria mais elaborada, de maior consistência e abstração, que condiciona o afastamento episódico da autonomia patrimonial das pessoas jurídicas à caracterização da manipulação fraudulenta ou abusiva do instituto. Nesse caso, distingue-se com clareza a desconsideração da personalidade jurídica e outros institutos jurídicos que também importam a afetação do patrimônio de sócio por obrigação da sociedade (p. ex. a responsabilização por ato de má gestão, a extensão da responsabilidade tributária ao gerente etc.). Ela será chamada, aqui, de teoria maior. De outro lado, a teoria menos elaborada, que se refere à desconsideração em toda e qualquer hipótese de execução do patrimônio de sócio por obrigação social, cuja tendência é condicionar o afastamento do princípio da autonomia à simples insatisfação de crédito perante a sociedade. Trata-se da teoria menor, que se contenta com a demonstração pelo credor da inexistência de bens sociais e da solvência de qualquer sócio, para atribuir a este a obrigação da pessoa jurídica.[1]

Assim, enquanto a Teoria Maior implica no reconhecimento de fraude perpetrada pela empresa com a consequente instauração de desconsideração da personalidade jurídica, para a Teoria Menor basta apenas e tão-somente que a empresa esteja inadimplente para incluí-la de imediato no polo passivo, sem a instauração de qualquer incidente nesse sentido, com a consequente determinação de penhora de bens.

A adoção da Teoria Menor implicava na inclusão automática dos sócios da reclamada no polo passivo, sem a obrigatoriedade de instauração de qualquer incidente, com a consequente determinação de penhora de seus bens, no caso de restar frustrada a penhora de bens da reclamada. Um procedimento bem mais simples, portanto. Por outro lado, uma vez aplicada a Teoria Maior, hoje devidamente positivada no ordenamento jurídico pátrio, resta impossível penhorar bens sem a instauração do Incidente de Desconsideração da Personalidade Jurídica, sob pena de violação do princípio constitucional da ampla defesa e do contraditório (artigo 5º, inciso LV, da CF/88).

Registramos, por oportuno, que ambas as teorias, ainda que se traduzam em direito material, tem inquestionáveis reflexos processuais, inclusive no direito processual trabalhista, como veremos mais adiante.

---

1. SCHIAVI, Mauro. *Manual de direito processual do trabalho de acordo com o novo CPC.* 12. ed. Editora LTr, 2017, p. 1128-1129.

4. A DESCONSIDERAÇÃO DA PERSONALIDADE JURÍDICA À LUZ DO CÓDIGO DE PROCESSO CIVIL DE 2015

O vetusto Código de Processo Civil de 1973, também conhecido como Código Buzaid, embora se tratasse de verdadeira obra prima do direito adjetivo, não contemplou nenhum dispositivo legal a respeito a desconsideração da personalidade jurídica.

Com efeito, à época de sua aprovação, o legislador do Código de Processo Civil de 1973 dificilmente se debruçaria no tema, como de fato não o fez, se consideradas as relações jurídicas, as quais não eram tão complexas como as que estão presentes há algumas décadas e também nos dias de hoje.

Por óbvio que, com o passar do tempo, tais relações jurídicas se mostraram mais complexas e, com isso, houve um aumento significativo de descumprimentos de direitos previstos em lei e em cláusulas contratuais, com o que entendeu o legislador ordinário que o tema mereceria regulamentação específica.

Nesse sentido, o Congresso Nacional houve por bem aprovar o novo Código de Processo Civil no ano de 2015, que assim regulamentou o instituto denominado de Incidente de Desconsideração da Personalidade Jurídica, nos artigos 133 a 137, in verbis:

> Art. 133. O incidente de desconsideração da personalidade jurídica será instaurado a pedido da parte ou do Ministério Público, quando lhe couber intervir no processo.
>
> § 1º O pedido de desconsideração da personalidade jurídica observará os pressupostos previstos em lei.
>
> § 2º Aplica-se o disposto neste Capítulo à hipótese de desconsideração inversa da personalidade jurídica.
>
> Art. 134. O incidente de desconsideração é cabível em todas as fases do processo de conhecimento, no cumprimento de sentença e na execução fundada em título executivo extrajudicial.
>
> § 1º A instauração do incidente será imediatamente comunicada ao distribuidor para as anotações devidas.
>
> § 2º Dispensa-se a instauração do incidente se a desconsideração da personalidade jurídica for requerida na petição inicial, hipótese em que será citado o sócio ou a pessoa jurídica.
>
> § 3º A instauração do incidente suspenderá o processo, salvo na hipótese do § 2º.
>
> § 4º O requerimento deve demonstrar o preenchimento dos pressupostos legais específicos para desconsideração da personalidade jurídica.
>
> Art. 135. Instaurado o incidente, o sócio ou a pessoa jurídica será citado para manifestar-se e requerer as provas cabíveis no prazo de 15 (quinze) dias.
>
> Art. 136. Concluída a instrução, se necessária, o incidente será resolvido por decisão interlocutória.
>
> Parágrafo único. Se a decisão for proferida pelo relator, cabe agravo interno.
>
> Art. 137. Acolhido o pedido de desconsideração, a alienação ou a oneração de bens, havida em fraude de execução, será ineficaz em relação ao requerente.

O artigo 133 acima citado contempla o pedido de instauração do Incidente de Desconsideração da Personalidade Jurídica, que pode ser requerido tanto pela parte a quem interessa, como ao Ministério Público. Lembramos, contudo, que no conceito

ASPECTOS PROCESSUAIS DA DESCONSIDERAÇÃO DA PERSONALIDADE JURÍDICA **965**

cunhado singelamente no item 2 deste trabalho sustentamos a possibilidade de decreto de instauração de ofício pelo juízo, em homenagem à necessidade incessante de busca da efetividade da prestação jurisdicional no sentido amplo da palavra. Isto porque de nada adianta uma sentença condenatória com trânsito em julgado, sem que o bem da vida juridicamente protegido seja entregue ao autor.

O artigo 134 do mesmo diploma legal prevê a possibilidade de instauração do Incidente de Desconsideração da Personalidade Jurídica em qualquer fase processual, embora tal ocorra com maior frequência na fase executória, dispensada essa instauração, se os sócios forem incluídos de plano no polo passivo na exordial. Acerca disso, teceremos mais comentários quanto ao momento mais adequado para se postular a aplicação desse instituto processual quando tratarmos do mesmo no processo trabalhista.

O artigo 135 da lei adjetiva civil contempla a observância do princípio constitucional da ampla defesa e do contraditório (artigo 5º, inciso LV, da CF/88) a prever o direito de os sócios apresentarem suas defesas e requererem a produção de provas no prazo de 15 (quinze) dias. Não há possibilidade de incluir o sócio sem instauração da desconsideração da personalidade jurídica e assim complementa Amaury Rodrigues Pinto Junior:

> A natureza alimentar do crédito trabalhista justifica a adoção de pressupostos menos rigorosos para que se autorize a desconsideração, mas não afasta a necessidade de se observar o procedimento legalmente estatuído. A adaptação desse procedimento às peculiaridades do Processo do Trabalho não poderá desvirtuar ou frustrar os objetivos da regulamentação original que, a toda evidência, foi proporcionar um consistente direito de defesa ao sócio da pessoa jurídica que tem o seu patrimônio pessoal ameaçado.[2]

Neste seguimento, a 7ª Turma do Tribunal Superior do Trabalho compreendeu que incluir o sócio sem a instauração do incidente de desconsideração da personalidade jurídica fere o devido processo legal, bem como configura cerceamento de defesa:

> Agravo interno em agravo de instrumento em recurso de revista do executado. Lei 13.015/2014. CPC/2015. Instrução normativa 40 do TST. Negativa de prestação jurisdicional. Decisão *per relationem*. A negativa de seguimento ao agravo de instrumento, mediante decisão monocrática que mantem o despacho proferido pelo Tribunal Regional, por motivação referenciada – *per relationem* – incorpora essas razões e, portanto, cumpre integralmente os ditames contidos nos artigos 93, IX, da Constituição Federal, 832 da CLT e 489 do Código de Processo Civil de 2015. Precedentes desta Corte e do Supremo Tribunal Federal. Agravo conhecido e não provido. Negativa de prestação jurisdicional não configurada. Não ocorre nulidade por negativa de prestação jurisdicional quando o Tribunal Regional, mediante decisão fundamentada, justifica suas razões de decidir, declinando os motivos de convencimento sobre as questões e a matéria em debate, ainda que em sentido contrário à pretensão da parte . Agravo conhecido e não provido. Nulidade processual. Devido processo legal. Cerceamento de defesa. Redirecionamento da execução contra o sócio. Desconsideração da personalidade jurídica sem a instauração do incidente. Constatado equívoco na decisão agravada, dá-se provimento ao

---

2. PINTO JUNIOR, Amaury Rodrigues. Incidente de desconsideração da personalidade jurídica: compatibilidade com o processo do trabalho. *Revista do Tribunal Superior do Trabalho*, v. 82, n. 2, p. 39-60, São Paulo, abr./jun. 2016.

agravo para determinar o processamento do agravo de instrumento. Agravo conhecido e provido. Agravo de instrumento em recurso de revista. Lei 13.015/2014. CPC/2015. Instrução normativa 40 do TST. Nulidade processual. Devido processo legal. Cerceamento de defesa. Redirecionamento da execução contra o sócio. Desconsideração da personalidade jurídica sem a instauração do incidente. Agravo de instrumento a que se dá provimento para determinar o processamento do recurso de revista, em face de haver sido demonstrada possível violação do artigo 5º, LIV e LV, da Constituição Federal. Recurso de revista. Lei 13.015/2014. CPC/2015. Instrução normativa 40 do TST. Nulidade processual. Devido processo legal. Cerceamento de defesa. Redirecionamento da execução contra o sócio. Desconsideração da personalidade jurídica sem a instauração do incidente. Os artigos 133 a 137 do CPC, plenamente aplicáveis ao processo do trabalho, por força do disposto nas Instruções Normativas 39/2016 (art. 6º) e 41/2018 (art. 17), ambas do TST, e no próprio artigo 855-A da CLT, incluído pela Lei 13.467/2017, determinam a instauração, o processamento e julgamento de incidente de desconsideração da personalidade jurídica como medida prévia para se legitimar a inclusão dos sócios no polo passivo da execução. A criação do mencionado incidente tem por escopo fundamental resguardar o contraditório e a ampla defesa e dar segurança jurídica aos terceiros (pessoas jurídicas ou naturais), aí inclusos os sócios da devedora principal. Ademais, o IDPJ assegura garantias fundamentais como o direito de propriedade e o devido processo legal, de modo que a pessoa integrante da sociedade não venha a sofrer expropriação patrimonial em razão de dívida que não lhe competia satisfazer. Nesse contexto, a inclusão do sócio no polo passivo da execução, sem a devida instauração do incidente de desconsideração da personalidade jurídica, nos moldes do disposto nos artigos 133 a 137 do CPC, viola o artigo 5º, LIV e LV, da Constituição Federal. Decisão regional que merece reforma. Recurso de revista conhecido e provido.[3]

Mas também deve-se salientar que a aplicação da desconsideração da personalidade jurídica, seguindo os ditames legais, traz efetividade ao processo trabalhista. E assim compreendeu o ministro aposentado, Pedro Paulo Teixeira Manus, antes mesmo de a CLT legislar sobre a matéria: "Nada obstante, sua necessária aplicação ao processo do trabalho trará a necessária segurança às partes, com uniformidade de procedimento, com o necessário respeito ao devido processo legal, ao direito ao contraditório e à ampla defesa".[4]

No artigo 136 do Código de Processo Civil o legislador ordinário classifica a decisão judicial como sendo de natureza interlocutória, sendo que, se proferida pelo relator, caberá agravo interno. Importa-nos lembrar que, no processo do trabalho, diferentemente do processo civil, as decisões interlocutórias são irrecorríveis de imediato, exceção feita às hipóteses contempladas na Súmula 214 do Colendo Tribunal Superior do Trabalho. Com isso, faz-se necessária a adaptação do referido dispositivo legal em matéria processual trabalhista.

Por fim, o artigo 137 do Código de Processo Civil trata da ineficácia da alienação ou oneração de bens no caso de acolhimento do pedido de desconsideração da personalidade jurídica pelo juízo ou de seu decreto judicial de ofício.

---

3. BRASIL. Tribunal Superior do Trabalho. Recurso de Revista 70900-36.2009.5.02.0511. Recorrente: Marc Emile Destailleur. Recorridos: Josemar De Araújo Albuquerque e outros. Relator: Claudio Mascarenhas Brandão. Brasília, 25.11.2022.

4. MANUS, Pedro Paulo Teixeira. Aplicação do novo CPC ao processo do trabalho trará segurança às partes. *Consultor Jurídico*. Disponível em: https://www.conjur.com.br/2015-ago-14/reflexoes-trabalhistas-aplicacao--cpc-processo-trabalho-trara-seguranca#top. Acesso em: 22 dez. 2022.

O Código de Processo Civil, apenas por conta da necessidade de instauração do Incidente de Desconsideração da Personalidade Jurídica, podemos concluir que o legislador ordinário houve por bem adotar a Teoria Maior.

5. DA DESCONSIDERAÇÃO DA PERSONALIDADE JURÍDICA NA CONSOLIDAÇÃO DAS LEIS DO TRABALHO

Na esteira do que foi aprovado no Código de Processo Civil, o legislador ordinário, ao aprovar a Lei 13.467/2017, também denominada de Reforma Trabalhista, houve por bem aprovar o artigo 855-A que trata do tema, *in verbis*:

> Art. 855-A. Aplica-se ao processo do trabalho o incidente de desconsideração da personalidade jurídica previsto nos *arts. 133 a 137 da Lei 13.105, de 16 de março de 2015 – Código de Processo Civil*.
>
> § 1º Da decisão interlocutória que acolher ou rejeitar o incidente:
>
> I – na fase de cognição, não cabe recurso de imediato, na forma do *§ 1º do art. 893 desta Consolidação*;
>
> II – na fase de execução, cabe agravo de petição, independentemente de garantia do juízo;
>
> III – cabe agravo interno se proferida pelo relator em incidente instaurado originariamente no tribunal.
>
> § 2º A instauração do incidente suspenderá o processo, sem prejuízo de concessão da tutela de urgência de natureza cautelar de que trata o *art. 301 da Lei 13.105, de 16 de março de 2015 (Código de Processo Civil)*.

Com efeito, deixou claro o legislador ordinário que o Incidente de Desconsideração da Personalidade Jurídica deve ser aplicado no direito processual trabalhista e que o procedimento a ser adotado é aquele previsto nos artigos 133 a 137 do Código de Processo Civil.

O dispositivo legal contempla, ainda, quando e qual recurso pode ser interposto da decisão de natureza interlocutória trazendo verdadeira distinção quando o feito tramitar na fase de conhecimento ou na fase de execução.

A norma não aborda quanto à iniciativa da instauração do IDPJ, de modo que a Instrução Normativa n. 41/2018 do TST determina que a iniciativa do juiz do IDPJ segue a mesma sorte da iniciativa do juiz na execução trabalhista. Nestes termos, elucida Mauricio Godinho Delgado:

> Esclareça-se, por fim, que a Instrução Normativa 41/2018, do TST, editada em face da vigência da Lei n. 13.467/2018, considerando que o IDPJ, regulado pelo CPC, aplica-se ao processo do trabalho com as inovações trazidas pela Lei 13.467/2017 (art. 17, IN 41/2018), esclareceu que "a iniciativa do juiz na execução de que trata o art. 878 da CLT e no incidente de desconsideração da personalidade jurídica a que alude o art. 855-A da CLT ficará limitada aos casos em que as partes não estiverem representadas por advogado" (art. 13, IN 41/2018).[5]

Resta consagrado que a instauração do incidente suspenderá o processo, sem prejuízo de concessão de tutela de urgência de natureza cautelar de que trata o artigo 301 do Código de Processo Civil. Referido dispositivo legal preconiza que:

---

5. GODINHO, Mauricio Delgado. *Curso de direito do trabalho*. 18. ed. São Paulo: LTr, 2019. p. 601.

Art. 301. A tutela de urgência de natureza cautelar pode ser efetivada mediante arresto, sequestro, arrolamento de bens, registro de protesto contra alienação de bem e qualquer outra medida idônea para asseguração do direito.

É possível evitar a instauração do Incidente de Desconsideração da Personalidade Jurídica, quando adotado caminho processual de postulá-la de plano, mediante a inclusão dos sócios na peça de ingresso. Nesse sentido, pensamos que os juízes do trabalho haverão de adotar postura bem mais tolerante do que aquela adotada antes do regramento previsto no artigo 855-A da Consolidação das Leis do Trabalho, quando o juiz do trabalho indagava quem seria o empregador do reclamante, e ao obter resposta de que seria a empresa, determinava a exclusão dos sócios então incluídos no polo passivo, sob o argumento de que poderiam estes ser incluídos diretamente na fase executória sem a necessidade de qualquer incidente processual para tanto. Pensamos, com a devida vênia e respeito a opiniões em contrário, que o melhor caminho é mesmo de incluir os sócios quando da propositura da ação trabalhista com o intuito de evitar inegável atraso na prestação jurisdicional se o reclamante apenas incluí-los no polo passivo na fase executória.

Importante destacar que a fundamentação jurídica do pedido e ao próprio pedido, os quais devem constar expressamente na petição inicial, quando os sócios forem incluídos de plano na peça vestibular, devem ser observados pelo autor da ação, pois referido pedido não pode ser entendido implícito, mas sim deve ser expresso. Exemplo que podemos trazer à baila é a justificativa, devidamente fundamentada e com, no mínimo, algum indício de prova, de que a reclamada está dilapidando seu patrimônio, o que pode ensejar, no futuro, uma execução frustrada. Tudo isso sob pena de inépcia da petição inicial.

Também importante destacar o extenso prazo fixado pelo legislador para que os sócios exerçam seu direito de defesa quando o Incidente de Desconsideração da Personalidade Jurídica ocorra na fase executória. Nesse sentido, pensamos que há necessidade da observância do artigo 855-A, parágrafo 2º, do Texto Consolidado, e em conjunto com o artigo 301 do Código de Processo Civil, de aplicação subsidiária e supletiva no direito processual do trabalho, quando deverá o juiz do trabalho adotar medidas restritivas à reclamada em favor do direito do reclamante, a fim de evitar a frustração da execução, se não localizar bens livres e desembaraçados para penhora. Nos preocupamos particularmente quando o bem objeto de penhora seja dinheiro, posto que revela-se possível frustrar a determinação judicial de garantia do juízo, diferentemente do que ocorre se o bem for um imóvel, um veículo, uma máquina etc.

6. DO VETO AO PROJETO DE LEI 3.401-C DE 2008

Nos idos de 2008 o Deputado Bruno Araújo apresentou o Projeto de Lei 3.401 com o intuito de adotar procedimento de declaração judicial de desconsideração da personalidade jurídica.

Em 05.06.2014, o referido Projeto de Lei foi aprovado pela Câmara dos Deputados, ocasião em que foi encaminhado ao Senado Federal.

No Senado Federal a proposição tramitou como PLC – Projeto de Lei da Câmara 69 de 2014 e acabou por ser aprovado, mediante Substitutivo, ou seja, com alterações em relação ao texto vindo da Câmara Federal.

Em 11.05.2018 a Mesa do Senado encaminhou esta proposição às Comissões de Desenvolvimento Econômico, Indústria, Comércio e Serviços para exame de mérito e de Constituição e Justiça e de Cidadania.

No referido PLC 69 o artigo 50 do Código Civil teria sua redação alterada, além das inclusões dos artigos 137-A no Código de Processo Civil e dos parágrafos 3º e 4º ao artigo 855-A da Consolidação das Leis do Trabalho, tudo de molde a criar maior dificuldade para o acolhimento judicial da desconsideração da personalidade jurídica, inclusive vedando a decretação desta de ofício pelo juízo, tese que já defendemos ser possível no presente artigo.

Contudo, eleito relator da matéria, o Deputado Vitor Lippi, votou pela rejeição do Substitutivo do Senado Federal ao Projeto de Lei 3.401 de 2008 com a consequente manutenção do Projeto de Lei 3.401 de 2008, conforme aprovado pela Câmara dos Deputados, ou seja, com sua redação original.

Registramos que o fundamento para rejeição do Substitutivo aprovado pelo Senado Federal reside no fato de que não teria sido encontrado o necessário equilíbrio que atenderia aos interesses de todos os envolvidos, na medida em que, se aprovado como foi o Substitutivo, este atenderia de forma incontestável os interesses do investidor, ou seja, do devedor, restando a pecha de que a lei do mais forte sempre prevaleceria, enquanto que se atendidos os interesses do credor haveria uma inevitável restrição aos investimentos, o que causaria a condenação do povo à estagnação.

Assim, prevalece o regramento já existente no ordenamento jurídico pátrio, muito mais rigoroso com a adoção da Teoria Maior em detrimento da Teoria Menor.

7. CONCLUSÃO

Retornamos à pergunta que deixamos para reflexão juntamente com a conclusão.

Concluímos que a instauração do incidente de desconsideração da personalidade jurídica foi inserida no ordenamento jurídico pátrio com o intuito inequívoco de conferir observância ao princípio constitucional da ampla defesa e do contraditório, em seu sentido mais amplo possível.

Por óbvio que alguma medida de natureza acautelatória deva ser tomada pelo juízo da execução de modo a salvaguardar a eficácia desta quanto aos bens daqueles sócios que venham a ser chamados no feito e que poderão ter seus bens futuramente penhorados para satisfação do crédito trabalhista.

No tocante à indagação no item 1 deste trabalho, pensamos, com a devida vênia e respeito a opiniões em contrário, que o instituto da Desconsideração da Personalidade Jurídica, se instaurado e julgado procedente deve observar os seguintes apontamentos:

a) por se tratar de ato de envolva responsabilização patrimonial e o respectivo gravame de bens, deva ser interpretado na sua literalidade, de modo que somente possa atingir os sócios da empresa executada e jamais para permitir a inclusão de outras empresas de suposto mesmo grupo econômico no polo passivo na fase executória;

b) some-se a isso o fato de que a eleição do polo passivo na ação trabalhista, vale lembrar, cabe ao reclamante que, a nosso ver, deva ser diligente quando da propositura desta, de modo a evitar futuros questionamentos na fase executória, o que inequivocamente devem ser incluídos dos os supostos responsáveis na petição inicial;

c) contudo, ante a polêmica que evolve o tema, ficamos no aguardo de que o Colendo Tribunal Superior do Trabalho, uma vez instado pela decisão monocrática do Ministro Gilmar Mendes do Egrégio Supremo Tribunal Federal, nos autos do processo ARE 1.160.361, com o devido trânsito em julgado no dia 06.10.2021, a revisitar o disposto no artigo 513, parágrafo 5º, do Código de Processo Civil, acerca da possibilidade ou não de inclusão de empresas de mesmo grupo econômico no polo passivo – e consequentemente de seus sócios – quando o feito estiver tramitando na fase executória, o que implicaria, inarredavelmente, ao restabelecimento da Súmula 205 da Suprema Corte Trabalhista, cancelada no ano de 2003.

8. REFERÊNCIAS

ARAÚJO, Bruno. *PL 3401/2008*. Disciplina o procedimento de declaração judicial de desconsideração da personalidade jurídica e dá outras providências. Disponível em: https://www.camara.leg.br/proposicoesWeb/fichadetramitacao?idProposicao=394313. Acesso em: 23 dez. 2022.

BRASIL. Lei 10.406, de 10 de janeiro de 2002. *Código Civil*. Brasília. Disponível em: http://www.planalto.gov.br/ccivil_03/leis/2002/l10406compilada.htm#art2044. Acesso em: 23 dez. 2022.

BRASIL. Lei 8.078, de 11 de setembro de 1990. *Código de Defesa do Consumidor*. Dispõe sobre a proteção do consumidor e dá outras providências. Brasília. Disponível em: http://www.planalto.gov.br/ccivil_03/Leis/L8078.htm. Acesso em: 23 dez. 2022.

BRASIL. Lei 13.105. de 16 de março de 2015. *Código de Processo Civil*. Brasília. Disponível em: https://www.planalto.gov.br/ccivil_03/_ato2015-2018/2015/lei/l13105.htm. Acesso em: 23 dez. 2022.

BRASIL. Lei 5.452, de 1º de maio de 1943. *Consolidação das Leis do Trabalho*. Aprova a Consolidação das Leis do Trabalho. Rio de Janeiro. Disponível em: https://www.planalto.gov.br/ccivil_03/decreto-lei/del5452.htm. Acesso em: 23 dez. 2022.

BRASIL. *Constituição da República Federativa do Brasil de 1998*, de 5 de outubro de 1988. Brasília. Disponível em: http://www.planalto.gov.br/ccivil_03/constituicao/constituicao.htm. Acesso em: 23 dez. 2022.

BRASIL. Lei 13.105. de 16 de março de 2015. *Código de Processo Civil*. Brasília. Disponível em: https://www.planalto.gov.br/ccivil_03/_ato2015-2018/2015/lei/l13105.htm. Acesso em: 23 dez. 2022.

BRASIL. Lei 5.172, de 25 de outubro de 1966. *Código Tributário Nacional*. Dispõe sobre o Sistema Tributário Nacional e institui normas gerais de direito tributário aplicáveis à União, Estados e Municípios. Disponível em: https://www.planalto.gov.br/ccivil_03/leis/l5172compilado.htm. Acesso em: 23 dez. 2022.

BRASIL. *Tribunal Superior do Trabalho*. Recurso de Revista 70900-36.2009.5.02.0511. Recorrente: Marc Emile Destailleur. Recorridos: Josemar De Araújo Albuquerque e outros. Relator: Claudio Mascarenhas Brandão. Brasília, 25.11.2022.

GODINHO, Mauricio Delgado. *Curso de direito do trabalho*. 18. ed. São Paulo: LTr, 2019.

MANUS, Pedro Paulo Teixeira. Aplicação do novo CPC ao processo do trabalho trará segurança às partes. *Consultor Jurídico*. Disponível em: https://www.conjur.com.br/2015-ago-14/reflexoes-trabalhistas-aplicacao-cpc-processo-trabalho-trara-seguranca#top. Acesso em: 22 dez. 2022.

PINTO JUNIOR, Amaury Rodrigues. Incidente de desconsideração da personalidade jurídica: compatibilidade com o processo do trabalho. *Revista do Tribunal Superior do Trabalho*, São Paulo, v. 82, n. 2, p. 39-60, abr./jun. 2016.

SCHIAVI, Mauro, *Manual de Direito Processual do Trabalho de acordo com o novo CPC*. 12. ed. Editora LTr, 2017.

O INCIDENTE DE DESCONSIDERAÇÃO DA PERSONALIDADE JURÍDICA NA EXECUÇÃO FISCAL E A DISCUSSÃO SOBRE OS VEÍCULOS INTRODUTORES DE RESPONSABILIDADE PATRIMONIAL

Frederico Martins de Figueiredo de Paiva Britto

Mestrando em Direito Econômico, Financeiro e Tributário na Universidade de São Paulo. LLM em Direito Internacional Privado pela (Steinbeis, Alemanha, 2017). Pós-graduado em Direito Processual Civil (PUC, 2001). Procurador do Município de Vitória/ES.

Sumário: 1. Introdução – 2. Delimitação do problema e sua relevância. Apresentação dos principais pontos de discussão – 3. Definições essenciais para a compreensão do tema; 3.1 Parte e terceiro; 3.2 Contribuinte (devedor principal) e responsável; 3.3 Quem são os terceiros: fontes e tipologias de imputação de responsabilidade; 3.4 Diferentes formas de peticionar nas Execuções Fiscais: direcionamento, redirecionamento e IDPJ – 4. A Desconsideração da Personalidade Jurídica na execução fiscal: base legal e hipóteses que exigem o incidente; 4.1 Limites cognitivos (e subjetivos) da execução fiscal; 4.2 Suporte de cabimento do IDPJ nas execuções fiscais; 4.3 Conclusão do estudo: o IDPJ enquanto único produto da enunciação adequada quando a causa de pedir se funda na responsabilidade patrimonial do terceiro, sob pena de nulidade do veículo introdutor da norma individual e concreta; 4.4 Oscilação na jurisprudência do STJ sobre as hipóteses de cabimento do IDPJ: necessidade de ser firmar precedente vinculante – 5. Conclusões – 6. Referências.

1. INTRODUÇÃO

As execuções são fundadas em título executivo líquido, certo e exigível e que, diferentemente do que sucede nas ações de conhecimento, são vocacionadas para realização de créditos. Logo, o próprio título executivo (certidão de dívida ativa) estipula os limites subjetivos e objetivos da Execução Fiscal.

Por conseguinte, a sujeição aos efeitos da Execução Fiscal depende, em regra (cujas exceções serão tratadas), das seguintes condições: (i) apuração de responsabilidade mediante processo administrativo de lançamento, definindo-se o devedor principal, subsidiário ou responsável, aos quais – segundo a jurisprudência que será cotejada – deve ser assegurado o direito ao contraditório na via administrativa; (ii) inclusão do nome na certidão de dívida ativa, com igual observância ao contraditório na esfera jurisdicional.

Em preciso texto escrito sobre o tema 1.232 do STF, Marcelo Abelha predica que a atividade executiva sobre o patrimônio reclama que conste do título executivo judicial ou extrajudicial as seguintes informações: "a quem se deve, quem deve e quem responde, se é devido, e o quê ou quanto se deve".[1]

Essas informações mínimas também são caras ao Direito Tributário. Tanto assim o é que Humberto Ávila adverte para o problema da "indeterminação no direito" por genericidade com potencial de violar princípios constitucionais nos casos de falta de especificação em relação a informação sem a qual a regra de tributação não logre cumprir sua função de orientar o contribuinte a exercer plenamente a sua autonomia, nem lhe permita saber com segurança sobre o que deve pagar, onde e quando surge a obrigação de pagar e a quem e quanto deve pagar.[2]

A partir desses ensinamentos, se extrai premissa de hialina clareza: "quem deve" e "o que deve" são elementos que, em regra, devem vir desde o início das Execuções Fiscais.

Por conseguinte, até pela incidência da cláusula pétrea de que "ninguém será privado dos seus bens sem o devido processo legal" (art. 5º, LV da CF/88), a Execução Fiscal é parametrizada por limites cognitivos e não constitui, ordinariamente, a via legalmente apropriada para apurar responsabilidade diversa daquele que está subjetivamente indicado na certidão de dívida ativa (devedor ou executado).

É bem verdade que não há nenhuma novidade em relação à ampliação subjetiva das Execuções Fiscais em relação aos sócios administradores através de petição simples que a prática forense cunhou de "redirecionamento". Esse tipo de petição vem sendo admitido independentemente de o nome do sócio constar, ou não, na certidão de dívida ativa como coexecutado,[3] nas hipóteses em que o sócio tenha agido com excesso de poderes, infração à lei ou contrato social, ou ainda no caso de dissolução irregular da empresa (Súmula 435/STJ).[4]

Porém, para além da pessoa dos sócios ou responsáveis tributários, passou a ser frequente a prática nas Execuções Fiscais de imputar responsabilidade a terceiros, isto é, pessoas que contra as quais a Fazenda Púbica inicialmente não ajuizou a execução e contra as quais não praticou o lançamento tributário.

Há um motivo aparente para o aumento das hipóteses em que a Fazenda Pública pretende ampliar subjetivamente as execuções para atingir terceiros, a saber, a própria ineficiência das Execuções Fiscais, retratada por números sublimes.

Nesse sentido, ao compulsar o Relatório "Justiça em Números 2022" elaborado pelo Conselho Nacional de Justiça, percebe-se que as execuções fiscais constituem relevante parcela de morosidade imputável ao Poder Judiciário. Os dados são impressionantes a ponto de encartar as execuções fiscais como verdadeiro calcanhar de alquiles da justiça brasileira:

---

1. MIGALHAS. O tema 1.232 do STF – O corpo ainda é pouco e o pulso ainda pulsa. *Migalhas de Peso*, São Paulo, 18 fev. 2021. Disponível em: https://www.migalhas.com.br/depeso/377391/o-tema-1-232-do-stf---o-corpo--ainda-e-pouco-e-o-pulso-ainda-pulsa. Acesso em: 8 mar. 2023.
2. ÁVILA, Humberto. *Legalidade tributária material*: conteúdo, critérios e medida do dever de determinação. São Paulo: Malheiros: JusPodivm, 2022, p. 53.
3. STJ, 2ª T., REsp. 904.131, Rel. Min. Eliana Calmon, ac. 19.11.2009, DJe 15.10.2009.
4. STJ, Súmula 435: Presume-se dissolvida irregularmente a empresa que deixar de funcionar no seu domicílio fiscal, sem comunicação aos órgãos competentes, legitimando o redirecionamento da execução fiscal para o sócio-gerente.

A maior parte dos processos de execução é composta pelas execuções fiscais, que representam 65% do estoque em execução. Esses processos são os principais responsáveis pela alta taxa de congestionamento do Poder Judiciário, representando aproximadamente 35% dos casos pendentes e congestionamento de 90% em 2021.[5]

O congestionamento (processos parados) se deve às dificuldades que vão desde o simples ato de localizar o devedor (ato de citação), estabelecer garantia (penhora de bens) até a satisfação do crédito (por expropriação ou pagamento).

Entretanto, em tempos recentes vem ocorrendo verdadeira "virada de chave" em prol da solução dos interesses na realização dos créditos Fazenda Pública, muito em razão da amplitude das ferramentas de tecnologia e inteligência.

A Fazenda Pública, notadamente no âmbito federal, passou a dispor de diversos instrumentos de pesquisa que permitem investigação de dados pessoais e patrimoniais que envolvem desde a própria empresa executada e seus sócios até outras pessoas jurídicas ou físicas (terceiros).

Por meio de convênios firmados com o Banco Central, alguns meios de bloqueios de ativos financeiros tornaram-se parte do cotidiano judicial, a exemplo das penhoras on-line, via BACENJUD, agora SISBAJUD. Por convênio firmado com a Secretária da Receita Federal (o INFOJUD), magistrados têm acesso às declarações de imposto de renda de pessoas físicas e jurídica, além do RENAJUD (convênios firmados com os Departamentos Estaduais de Trânsito como medida de impor a restrição judicial nos veículos).

E, para ampliar o arsenal, exsurge a nova plataforma disponibilizada pelo Conselho Nacional de Justiça, o SNIPER (Sistema Nacional de Investigação Patrimonial e Recuperação de Ativo), que tem representado a grande inovação da Justiça 4.0.[6]

A partir do cruzamento das informações colhidas com essa panaceia de instrumentos de busca e pesquisa, o Poder Público credor vem postulando o ingresso de "terceiros" como responsáveis pela dívida veiculada nas Execuções Fiscais, sob os mais variados argumentos e tipologias de responsabilidade tributária, a saber: (i) grupo econômico por suposto interesse comum ou participação conjunta na situação que constitua o fato gerador (art. 124 do CTN); (ii) abuso de personalidade jurídica por confusão patrimonial (art. 50 do Código Civil); (iii) grupo econômico irregular ou quando supostamente se simula a existência de uma nova empresa para fins de blindagem patrimonial (art. 149, VII, do CTN); (iv) simples sucessão empresarial de fato pela transferência de maquinários, carteira de clientes etc.

Nesse passo, o foco objetal deste artigo incide sobre essa circunstância fática que vem acontecendo com expressiva frequência no bojo das Execuções Fiscais, a saber, o ingresso de "terceiros" que: (i) não participaram da fase administrativa de constituição do crédito tributário pelo lançamento (i.e., não impugnaram o lançamento e sequer

---

5. Conselho Nacional de Justiça. Justiça em números 2022. Disponível em: https://www.cnj.jus.br/wp-content/uploads/2022/09/justica-em-numeros-2022-1.pdf. Acesso em: 30 abr. 2023, p. 164.
6. Conselho Nacional de Justiça (CNJ). Sniper. Disponível em: https://www.cnj.jus.br/tecnologia-da-informacao-e-comunicacao/justica-4-0/sniper/. Acesso em: 08 mar. 2023.

tiveram a "chance" de quitar o crédito fiscal com as reduções de encargos moratórios e multas punitivas); (ii) tampouco figuram como parte (devedor, responsável ou coobrigado) no polo passivo da Execução Fiscal, sendo que muitas das vezes esse terceiro "debuta" em processo após décadas já assolado por penhora de conta corrente capaz de falir e inviabilizar a empresa.

Será visto que essa ampliação subjetiva exige que se faça um *discrímen* entre tipologias de responsabilidade tipicamente tributária e responsabilidade patrimonial.

Embora o esgotamento desses temas exija uma incursão interdisciplinar no âmbito do Direito (tributário, societário e processual), este estudo se propõe a estudar a causa e a forma de inclusão de terceiros, com recorte específico nas hipóteses de necessidade/cabimento do Incidente de Desconsideração da Personalidade Jurídica (IDPJ) no âmbito das Execuções Fiscais.

2. DELIMITAÇÃO DO PROBLEMA E SUA RELEVÂNCIA. APRESENTAÇÃO DOS PRINCIPAIS PONTOS DE DISCUSSÃO

Conforme referido, o estudo se dedica à discussão acerca da causa e forma de inclusão de terceiros, com ênfase nas hipóteses de cabimento do Incidente de Desconsideração da Personalidade Jurídica (IDPJ) no âmbito das Execuções Fiscais.

A ampliação de "alvos" nas Execuções Fiscais é relevante, por um lado, sob a perspectiva financeira e arrecadatória (aumento de performance nas execuções). Mas também o é, por outro lado, sob o prisma da defesa dos terceiros cujo patrimônio é ameaçado.

Ponderada a relevância, é preciso melhor recortar e definir o objeto a ser estudado.

Goffredo da Silva Telles Júnior,[7] com a erudição que lhe era característica, advertia para a importância da definição, pois "ela demarca o objeto a estudar, impossibilitando o risco de se tomar um objeto por outro".

A relevância em definir o objeto sobre o qual se discorre é corroborada por Lucas Galvão de Britto,[8] para quem "aquele que deseja investigar um objeto qualquer, deve primeiro realizar as operações mentais aptas a abstrair todos os demais elementos da experiência que não sejam, propriamente, o objeto ao qual se pretende conhecer".

De fato, se este artigo pretende discutir a causa e a forma de inclusão de terceiros no polo passivo da execução fiscal, algumas definições precisam ser especificadas em pelo menos dois eixos principais: *(i)* para a compreensão sobre "o que" se está falando; *(ii)* para que se entenda "o que" se está defendendo, senão vejamos:

Objetivando compreender sobre "o que" se está falando, será relevante definir:

---

7. TELLES JÚNIOR, Goffredo. *Tratado da consequência*: curso de lógica formal. 7. ed. São Paulo: Saraiva: 2014, p. 113.
8. BRITTO, Lucas Galvão de. Sobre o uso de definições e classificações na construção do conhecimento e na prescrição de condutas. In: CARVALHO, Paulo de Barros (Coord.). *Lógica e Direito*. São Paulo: Noeses, 2016, p. 316.

Que é "parte" e o que lhe diferencia de "terceiro" em termos de ônus e prerrogativas processuais? Que é "devedor", "responsável" e "coobrigado"? Em aproximação específica com as Execuções Fiscais, que é "direcionamento", "redirecionamento" ou "incidente de desconsideração da pessoa jurídica"?

Bem definidas essas questões, objetivando compreender "o que se está de defendendo", será importante definir:

Quais as particularidades legais e casuísticas que tornam importante discutir o cabimento ou a necessidade do incidente de desconsideração da pessoa jurídica (IDPJ) nas Execuções Fiscais para incluir "terceiros", a despeito do "direcionamento" ou "redirecionamento"? Qual o estado da arte sobre o assunto? Atualmente existe posicionamento vinculante exarado por Tribunal Superior? Há estabilidade jurisprudencial ou vacilação nos posicionamentos?

O estudo colocará em evidência os vícios que decorrem na hipótese em que, a despeito de ser necessário instaurar incidente de desconsideração para vindicar a responsabilidade de terceiro, utiliza-se do redirecionamento, quando então o "produto da enunciação" será maculado de nulidade.

3. DEFINIÇÕES ESSENCIAIS PARA A COMPREENSÃO DO TEMA

A teor do que se expusera antes, num aspecto macro, três são as definições preliminares para compreender o objeto a cujo respeito se está falando: *(i)* sobre parte (executado) e terceiro, para fins de Execução Fiscal; *(ii)* sobre contribuinte (devedor principal) ou responsável (coobrigado); *(iii)* sobre direcionamento, redirecionamento e Incidente de Desconsideração da Pessoa Jurídica.

Para evitar que as definições protagonizem a ideia central do artigo, invocamos as lições de Kelley e Hutchins[9] a respeito da estrutura lógica de uma boa definição, notadamente no aspecto em que ela não deve ser excessivamente ampla, nem excessivamente restrita.

Delimitados esses objetivos precursores, passemos, pois, às definições necessárias.

Antes, porém, importante rememorar: o artigo propõe discutir o incidente de desconsideração da pessoa jurídica na Execução Fiscal (IDPJ) como via necessária para incluir e responsabilizar terceiro.

Por lógica, então, convém definir parte *"versus"* terceiro e contribuinte *"versus"* responsável, principalmente para fins de Execuções Fiscais. Na sequência, a definição sobre a forma de peticionar nas execuções (direcionamento, redirecionamento e IDPJ).

3.1 Parte e terceiro

Consoante clássica e concisa definição de Alexandre Freitas Câmara "partes são os sujeitos parciais do processo. São aqueles que participam em contraditório da formação do resultado do processo".[10]

---

9. KELLEY, David/HUTCHINS, Debby. *The Art of Reasoning*: na Introduction to Logic. 5. ed. New York, Norton, p. 25.
10. CÂMARA, Alexandre F. *O Novo Processo Civil Brasileiro*. 8. ed. Grupo GEN: 2022, p. 76.

No pormenor, o relevante é que, em regra, a jurisdição atua "*inter partes*", isto é, não extravasa, na sua dinâmica, os limites subjetivos de sua atuação, limites esses que correspondem, em regra, às partes que solicitaram ou que se sujeitaram à sua intervenção.[11]

Nesse passo, a significação de "terceiro" se obtém a partir da própria definição negativa (isto é, terceiro é aquele que "não é parte").

Esses lineamentos sobre "parte" e "terceiro" à luz da legislação processual civil servem de base principiológica para definir o que significa ser "parte" ou "terceiro" levando em conta as particularidades das Execuções Fiscais, como se passa a fazer:

O conceito de parte no processo civil é obtido com base na teoria da asserção. Em termos práticos: o "réu" ou "demandado" é identificado com base no que é afirmado pelo autor na petição inicial.

Noutro giro, para fins de Execução Fiscal, o conceito de parte é extraído com algum esforço exegético, pela leitura conjugada dos artigos 2º, § 5º e 6º, § 1º, da Lei 6.830/80 (Lei de Execução Fiscal – LEF).

O indigitado art. 6º, § 1º da Lei de Execução Fiscal prescreve que "a petição inicial será instruída com a Certidão da Dívida Ativa, que dela fará parte integrante, como se estivesse transcrita".

Logo, a lei de regência concebe a Certidão de Dívida Ativa como elemento suficiente para exprimir o objeto da execução (o que se deve e quanto se deve) e designar a "parte" (quem deve).

De seu turno, o art. 2º, § 5º da mesma lei exige que do Termo de Inscrição em Dívida Ativa conste: "o nome do devedor, dos corresponsáveis".

Consequentemente, para fins de Execução Fiscal, podemos definir parte como aqueles sujeitos designados como "credor" e "devedor"/"executado" (ou corresponsáveis) na Certidão de Dívida Ativa.

A partir de tudo quanto se expôs até aqui, importante que se retenha o que foi dito: contribuinte e responsável indicados na Certidão de Dívida Ativa ingressam no conceito de "parte" (devedor/executado), pois são os legitimados prescritos na Lei 6.830/80.

Essa definição, por exclusão, facilita o conceito de "terceiro": *(i)* aqueles que não participaram da fase administrativa de lançamento e inclusão em Dívida Ativa na condição de parte ou responsável, e: *(ii)* adicionalmente, aqueles contra quem, por alguma causa imputada durante o curso da Execução Fiscal, o fisco credor pretende a ampliação do alvo de responsabilidade patrimonial (art. 790, VII, do CPC).

Em termos práticos: o terceiro é aquele que não se transforma em parte, mas a quem se imputa causas de responsabilidade patrimonial para satisfazer a execução.

Então, cabe especificar aqueles que são suscetíveis de inscrição em Dívida Ativa, ou sejam, os que podem ser conotados como "parte". Na sequência, o sentido conotativo de "terceiro".

---

11. ARMELIN, Donaldo. *Embargos de terceiro*. São Paulo: Saraiva, 2017, p. 11.

3.2 Contribuinte (devedor principal) e responsável

Conforme exposto no tópico anterior, além do Poder Público (credor), considera-se "parte" na Execução Fiscal os sujeitos designados como "devedor" ou "responsável" na Certidão de Dívida Ativa.

Então, é preciso trazer as definições sobre "contribuinte" (devedor principal) e "responsável" (coobrigado):

A definição de contribuinte (devedor principal) passa pelo exame do critério pessoal da regra-matriz de incidência, que irá indicar os sujeitos desta relação jurídica. Assim, "sujeito ativo, credor ou pretensor, de um lado, e sujeito passivo ou devedor, do outro".[12] O sujeito ativo, em sua capacidade de credor, pode-se enquadrar enquanto União, Estados, Distrito Federal, Municípios e suas pessoas jurídicas de direito público;[13] o sujeito passivo "é aquela pessoa obrigada ao pagamento do tributo ou da penalidade pecuniária, sendo titular do dever jurídico de observar a conduta prescrita na norma jurídica tributária ou da responsabilidade de suportar os efeitos de seu não cumprimento".[14]

Para simplificar a compreensão do conceito de contribuinte ou devedor principal, reporta-se ao art. 121, parágrafo único, I, do CTN, pelo qual se define contribuinte como a pessoa, física ou jurídica, que tenha relação de natureza econômica, pessoal e direta com a situação que constitua o respectivo fato gerador.

Fixadas essas premissas, o "contribuinte" (devedor principal) se caracteriza por: *(i)* ter a responsabilidade originária, participando pessoal e diretamente do fato imponível, isto é, aquele que pratica a conduta descrita no verbo; *(ii)* aquele que aufere vantagem econômica ou pratica ato economicamente relevante sob o prisma da legislação tributária.

Entretanto, mesmo que, em regra, seja imputável ao próprio contribuinte (sujeito da obrigação tributária principal) o ônus da relação direta e pessoal com o fato gerador da respectiva obrigação, "a lei pode atribuir a um terceiro, que não é contribuinte, a condição de sujeito passivo da obrigação tributária".[15]

Descortina-se, então, o conceito de "responsável".

O "responsável" é a pessoa que, sem se revestir da condição de contribuinte (isto é, sem praticar a conduta descrita no fato imponível), tem sua obrigação decorrente de disposição expressa de lei. Dessarte, o responsável é sujeito passivo indireto, sendo sua responsabilidade derivada, por decorrer da lei, e não da referida relação (art. 121, parágrafo único, II, CTN). Logo, a obrigação de pagamento do tributo é atribuída pela lei.

Em síntese: (i) o contribuinte será o devedor principal, já que comporta a ligação com o fato gerador; (ii) o responsável, é aquele que não é o devedor, mas tem vínculo

---

12. CARVALHO, Paulo de Barros. *Curso de Direito Tributário*. 22. ed. São Paulo: Saraiva, 2010. p. 348.
13. Art. 119. Sujeito ativo da obrigação é a pessoa jurídica de direito público, titular da competência para exigir o seu cumprimento.
14. MACHADO SEGUNDO, Hugo de Brito. *Manual de direito tributário*. 12. ed. Barueri: Atlas, 2022, p. 141.
15. Ibidem, p. 143.

com o fato gerador, razão pela qual o legislador tributário optou por lhe atribuir responsabilidade como forma de facilitar o cumprimento da obrigação (art. 128 do CTN[16]). Ou seja, é aquele que "sem ser contribuinte, é, mesmo assim, chamado a responder pelo débito, por expressa previsão legal".[17]

Já se vê, pois, que o "responsável" pode, por força das hipóteses que lhe atribuem responsabilidade tributária, figurar em Execuções Fiscais como "parte" para fins processuais porque o legislador optou por imputá-lo a obrigação de pagamento do tributo o que, por conseguinte, legitima alocá-lo como "parte" diretamente na Certidão de Dívida Ativa.

A imputação da condição de "responsável" com a consequente inscrição em Dívida Ativa depende de processo administrativo.

Mutatis mutandis, a figura do responsável se assemelha à do avalista ou fiador, os quais também podem figurar como "parte" em títulos executivos extrajudiciais.

3.3 Quem são os terceiros: fontes e tipologias de imputação de responsabilidade

Antes de tudo, importa fazer uma advertência assaz relevante: o "responsável tributário" pode figurar tanto na condição de "terceiro", como na condição de "parte".

Tudo depende do motivo e da forma como ele vai ingressar na Execução Fiscal.

No que tange ao motivo, ganha relevo o seguinte *discrímen*: responsabilidade genuinamente tributária "*versus*" responsabilidade patrimonial.

Importante, também, retomar a definição de terceiro, delineada ao final do tópico 3.1, isto é, com esteio em duas condições: (i) não ter participado da fase administrativa de lançamento e inclusão em Dívida Ativa na condição de parte ou responsável; (ii) por alguma causa imputada durante o curso da Execução Fiscal, o fisco credor perquire sua responsabilidade patrimonial (art. 790, VII, do CPC).

Avivada essa noção, incumbe-nos definir quais as fontes e tipologias de responsabilidade (tributária ou patrimonial).

Primeiro, versaremos as tipologias de responsabilidade tributária.

Em primeiro plano, temos os artigos 129 a 133, que disciplinam a responsabilidade de sucessores.

Mas, para efeito deste estudo, será importante traçar distinção entre sucessão regular e irregular.

A sucessão regular decorre dos atos de concentração econômica previstos no art. 90 da Lei 12.529/2011 (transformação, incorporação, fusão, cisão).

---

16. Art. 128. Sem prejuízo do disposto neste capítulo, a lei pode atribuir de modo expresso a responsabilidade pelo crédito tributário a terceira pessoa, vinculada ao fato gerador da respectiva obrigação, excluindo a responsabilidade do contribuinte ou atribuindo-a a este em caráter supletivo do cumprimento total ou parcial da referida obrigação.

17. MACHADO SEGUNDO, Hugo de Brito. *Manual de direito tributário*. 12. ed. Barueri: Atlas, 2022, p. 143.

EXECUÇÃO FISCAL E VEÍCULOS INTRODUTORES DE RESPONSABILIDADE PATRIMONIAL **981**

Essas hipóteses de sucessão regular decorrentes de fatos lícitos não ingressam no conceito de terceiros e, como será visto à frente, não reclamam a instauração de IDPJ (mas singela petição de redirecionamento[18]), pelo fato de que, nesses casos os sucessores:

> passam a ocupar a posição do contribuinte, assumindo seu lugar. Só não são contribuintes, sendo intituladas de responsáveis, porque não têm relação pessoal e direta com a situação que configura o fato gerador, a qual foi praticada pelo próprio contribuinte antes da sucessão.[19]

Conforme será visto, os casos de responsabilidade de terceiros que exigem IDPJ são afetos às sucessões irregulares (fatos ilícitos).

Adiante, o CTN trata da responsabilidade de terceiros, nos artigos 134 e 135.[20]

Entretanto, os terceiros aludidos nos arts. 134 e 135 do CTN não entram no conceito processual de "terceiros" para fins de necessidade de instalar-se Incidente de Desconsideração da Personalidade Jurídica.

Essa interpretação tem abono na doutrina. Explica-se:

Ao citar o Professor Heleno Taveira Torres, didático artigo escrito por Juciléia Lima predica a lúcida conclusão de que os artigos 134 e 135 não têm o condão de permitir formas de desconsideração da personalidade jurídica. Esses dispositivos tratam, unicamente, da relação jurídico-tributária formada entre as pessoas ali elencadas e os que sofrem qualquer consequência patrimonial decorrente dos atos práticos com excesso de poderes ou infração à lei, contrato social e/ou estatutos. Essas hipóteses não têm correlação com a desconsideração da personalidade jurídica.[21]

E mais: será visto, no tópico que se adianta, que essas hipóteses propiciam a petição de redirecionamento da execução fiscal, e não a instauração do IDPJ.

Por conseguinte, é preciso deixar claro que o Código Tributário Nacional não tem regra que regule a desconsideração da personalidade jurídica por responsabilidade

---

18. Nesse sentido, ao julgar o REsp 1.848.993-SP (rel. Min. Gurgel de Faria) a 1ª Seção do STJ entendeu que a execução fiscal pode ser redirecionada em desfavor da empresa sucessora para cobrança de crédito tributário relativo a fato gerador ocorrido posteriormente à incorporação empresarial e ainda lançado em nome da empresa sucedida, sem a necessidade de modificação da Certidão de Dívida Ativa, quando verificado que esse negócio jurídico não foi informado oportunamente ao fisco.

19. MACHADO SEGUNDO, Hugo de Brito. *Manual de direito tributário*. 12. ed. Barueri: Atlas, 2022, p. 153.

20. Art. 134. Nos casos de impossibilidade de exigência do cumprimento da obrigação principal pelo contribuinte, respondem solidariamente com este nos atos em que intervierem ou pelas omissões de que forem responsáveis: I – os pais, pelos tributos devidos por seus filhos menores; II – os tutores e curadores, pelos tributos devidos por seus tutelados ou curatelados; III – os administradores de bens de terceiros, pelos tributos devidos por estes; IV – o inventariante, pelos tributos devidos pelo espólio; V – o síndico e o comissário, pelos tributos devidos pela massa falida ou pelo concordatário; VI – os tabeliães, escrivães e demais serventuários de ofício, pelos tributos devidos sobre os atos praticados por eles, ou perante eles, em razão do seu ofício; VII – os sócios, no caso de liquidação de sociedade de pessoas. Parágrafo único. O disposto neste artigo só se aplica, em matéria de penalidades, às de caráter moratório.

Art. 135. São pessoalmente responsáveis pelos créditos correspondentes a obrigações tributárias resultantes de atos praticados com excesso de poderes ou infração de lei, contrato social ou estatutos: I – as pessoas referidas no artigo anterior; II – os mandatários, prepostos e empregados; III – os diretores, gerentes ou representantes de pessoas jurídicas de direito privado.

21. LIMA, Jucileia, 2020, p. 219 apud TORRES, 2003, p. 465.

patrimonial, justamente porque os critérios do art. 135 do CTN são diferentes daqueles previstos no do art. 50 do Código Civil.

Aí ingressam as espécies de responsabilidade patrimonial, lastreadas nos critérios do art. 50 do C. Civil, estes sim, são os que propiciam a desconsideração da pessoa jurídica, até pela complexidade fática que reclama a instauração de incidente.

Além disso, as hipóteses de sucessão irregular e grupos econômicos "de fato" são as que, mercê da importante carga fática e probatória, tornam o IDPJ necessário.

Condensando esse tópico, em quadro didático, a Professora Maria Rita Ferragut[22] ilustra a diferença das tipologias de responsabilidade:

NORMA	Aplicabilidade aos Grupos Econômicos	Fato ilícito	Situação Aplicável
Art. 124, I, do CTN.	Sim	Lícito	Interesse comum na situação que constitua o fato gerador da obrigação tributária.
Art. 124, II do CTN + Art. 30 da Lei 8.212/91	Sim	Lícito	Participação conjunta na situação que constitua o fato gerador (observância do art. 128 do CTN para criação de novas hipóteses de responsabilidade tributária.
Art. 50 do Código Civil	Sim	Ilícito	Abuso da personalidade jurídica (desvio de finalidade e confusão patrimonial)
Art. 149, VII, do CTN	Sim	Ilícito	Dolo, fraude e simulação de existência de personalidade jurídica/grupo econômico irregular, conluio para obtenção de benefício fiscal, operações fictícias).

3.4 Diferentes formas de peticionar nas Execuções Fiscais: direcionamento, redirecionamento e IDPJ

Antes de tudo, mister definir os dois primeiros conceitos que se entrelaçam entre si, a depender do momento em que se peticiona (no momento da distribuição ou durante o processo), a saber: direcionamento e redirecionamento da Execução Fiscal.

Tomamos como referencial as elucidativas lições de Paulo César Conrado,[23] para quem a definição transita pelo momento de formação do litisconsórcio.

De modo sintetizado, se o litisconsórcio for inicial, no momento do ajuizamento da ação, fala-se em direcionamento da Execução Fiscal. Já se o litisconsórcio for ulterior, durante o curso da ação, fala-se em redirecionamento da Execução Fiscal.

Logo, para que se fale em direcionamento, necessário que a Execução Fiscal (e Certidão de Dívida Ativa que lhe aparelha) seja ajuizada, desde o início, em face da parte (contribuinte e/ou responsável).

E para que se fale em redirecionamento, depara-se com a hipótese na qual, embora a ação executiva seja somente proposta em desfavor do contribuinte (ou devedor principal), em litisconsórcio ulterior o fisco volta sua pretensão para o responsável.

---

22. FERRAGUT, Maria Rita. *Responsabilidade tributária*. 4. ed. São Paulo: Noeses, 2020, p. 223.
23. CONRADO, Paulo Cesar. *Execução Fiscal*. 5. ed. São Paulo: Noeses, 2021, p. 53.

EXECUÇÃO FISCAL E VEÍCULOS INTRODUTORES DE RESPONSABILIDADE PATRIMONIAL | **983**

Por conseguinte, o redirecionamento define-se como petição simples (*"petitio simplex"*), sem previsão normativa (*"de lege ferenda"*), pautado na prática forense, destituído de regulação procedimental própria, que visa a formação de litisconsórcio sob o fundamento de responsabilidade genuinamente tributária prevista no art. 4º, inc. V, da Lei 6.830/80. Tem como finalidade atrair o responsável tributário que inclusive já poderia figurar no polo passivo desde o ajuizamento da ação, caso sua responsabilidade tivesse sido apurada em processo administrativo com inclusão de seu nome na Certidão de Dívida Ativa.

O incidente de desconsideração da personalidade jurídica (IDPJ) se trata de questão incidental, com previsão normativa própria, veiculado através de requerimento manejado pelo autor (exequente) ou pelo Ministério Público, onde se objetiva a imputação de responsabilidade patrimonial a quem não figura como "parte" no processo. O IDPJ tem como traço peculiar o preenchimento dos pressupostos legais específicos, que, nos termos do art. 50 do Código Civil, são o desvio de finalidade da pessoa jurídica e a confusão patrimonial entre ela e os sócios (arts. 133, § 1º, e 134, § 4º do Código de Processo Civil).

Verifica-se, então, que redirecionamento e incidente de desconsideração têm pontos em comum: (i) ambos podem ser manejados pelo autor (exequente); (ii) visam trazer para o processo sujeito contra quem inicialmente a ação não foi proposta; (iii) são provocados por petição no curso do processo.[24]

Entretanto, será visto com maior detença que existem duas diferenças essenciais em relação ao redirecionamento e o incidente: (i) o redirecionamento se funda em *responsabilidade tributária em sentido estrito* (arts. 134 e 135 do CTN), propiciando incluir responsáveis na forma do art. 4º, inc. V, da Lei 6.830/80. O incidente se funda na possibilidade de desconsiderar a personalidade jurídica em razão de outras tipologias de *responsabilidade patrimonial* (confusão patrimonial, sociedades de fato, abuso de direito, blindagens etc.); (ii) redirecionamento e incidente têm notáveis diferenças em termos processuais.

Nesse passo, para além das distinções conceituais acima delineadas, no tópico 4.3 este estudo focalizará as diferenças com relevância processual, ou seja, os casos em que o protocolo de simples petição de redirecionamento importa em prejuízo e nulidade, tendo em mira o cabimento, procedimento e garantias.

4. A DESCONSIDERAÇÃO DA PERSONALIDADE JURÍDICA NA EXECUÇÃO FISCAL: BASE LEGAL E HIPÓTESES QUE EXIGEM O INCIDENTE

4.1 Limites cognitivos (e subjetivos) da execução fiscal

Inicialmente, mister tecer breves considerações propedêuticas sobre os limites cognitivos do processo de Execução Fiscal, porquanto necessárias para conduzir o racional sobre o cabimento e a própria necessidade, enquanto garantia mínima do ter-

---

24. O incidente de desconsideração da personalidade jurídica é cabível em qualquer fase do processo (art. 134 do CPC).

ceiro, de instaurar-se o Incidente de Desconsideração da Pessoa Jurídica no leito deste procedimento.

Deveras, o debate sobre a possibilidade de inclusão de terceiros no polo passivo da Execução Fiscal tem como ponto de partida a o fato de se tratar de rito especial recepcionado pelo ordenamento processual aos títulos executivos extrajudiciais.

A Lei de Execução Fiscal ("LEF") como constituidora do procedimento de execução fiscal, "tem o objetivo de regular a cobrança judicial dos créditos da Fazenda Pública inscritos em Dívida Ativa (...) e admite a execução fiscal como procedimento judicial aplicável tanto à cobrança dos créditos tributários como dos não tributários".[25]

E, em consonância com essa sistematização, "nem sequer se exige que haja previsão contratual a respeito da possibilidade de executar-se o crédito fazendário. Basta apurar-se a sua liquidez e realizar-se a devida inscrição em Dívida Ativa, para que a Fazenda Pública esteja autorizada a promover a execução fiscal".[26]

Entretanto, esse privilégio de inscrição em Dívida Ativa não se transmuta em "arbitrariedade", haja vista a garantia constitucional ao contraditório e ampla defesa franqueados ao contribuinte.

A Professora Marina Vieira de Figueiredo se dedicou com afinco ao estudo do lançamento tributário, qualificando-o como norma individual e concreta, mas não deixa de advertir para a observância da garantia constitucional:

> Afinal, não pode o sujeito passivo se insurgir contra a exigência fiscal se não dispõe de elementos suficientes para determinar em que consiste essa exigência, se ela encontra amparo na lei, se há provas da ocorrência do fato gerador do tributo etc.[27]

É de obviedade constitucional afirmar que, além da garantia de contraditório no processo administrativo, o contribuinte tem prerrogativa no âmbito judicial. Com efeito, a partir da expedição da CDA, o contribuinte será notificado para apresentar, em prazo tempestivo, sua defesa em face da execução fiscal, a exemplo, pode pleitear a nulidade do próprio título,[28] sem prejuízo ao exercício das ações antiexacionais (declaratória ou repetição de indébito).

O que interessa, para fins dos limites cognitivos, é que a execução somente subsistirá quando o título for líquido, certo e exigível (art. 783, do CPC). Porém, o ordenamento apresenta uma janela que tempera essa exigência. Nesses termos, o artigo 2º, § 8º assevera que, "Até a decisão de primeira instância, a Certidão de Dívida Ativa poderá ser emendada ou substituída, assegurada ao executado a devolução do prazo para embargos".[29] Esta emenda ou substituição se dá pela necessidade de "corrigir erros materiais do título executivo ou mesmo da inscrição que lhe serviu de origem", o que não se confunde com

---

25. ABELHA, Marcelo, 2019, p. 21.
26. Ibidem.
27. FIGUEIREDO, Marina Vieira de. *Lançamento Tributário*: revisão e seus efeitos. São Paulo: Noeses, 2014, p. 214.
28. THEODORO JÚNIOR, Humberto. 2022, p. 29.
29. Ibidem, p. 33.

EXECUÇÃO FISCAL E VEÍCULOS INTRODUTORES DE RESPONSABILIDADE PATRIMONIAL | **985**

convalidação de um ato administrativo, de nulidade plena, do próprio procedimento legal de lançamento e apuração do crédito fazendário.[30]

Entretanto, há limites para a correção do título. Nessa toada, com o intuito de clarear a controvérsia quanto à incerteza de um título que contempla erros materiais, o Superior Tribunal de Justiça sumulou entendimento 392 quanto ao impedimento de alteração do sujeito passivo, e que a prerrogativa dada pela Lei 6.830/80 somente comportava casos de erro formal ou material:

> Súmula 392 do STJ – A Fazenda Pública pode substituir a certidão de dívida ativa (CDA) até a prolação da sentença de embargos, quando se tratar de correção de erro material ou formal, vedada a modificação do sujeito passivo da execução (07.10.2009).[31]

Deste modo, até pela circunstância de que os limites cognitivos (e subjetivos) das Execuções Fiscais são parametrizados pela Certidão de Dívida Ativa (CDA), esse rigor de alteração da certidão se transporta para a forma de inclusão daqueles que não estão inseridos na CDA na condição de devedor ou responsável (isto é, os terceiros).

4.2 Suporte de cabimento do IDPJ nas execuções fiscais

Uma visão interdisciplinar conduzirá à fecunda verificação de que o cabimento do IDPJ nas Execuções Fiscais demanda exame sob as perspectivas: *(i)* do direito material (origem do instituto e cabimento à luz de outros ramos do Direito) e; *(ii)* do direito processual (fonte normativa e aplicabilidade ao rito das Execuções Fiscais).

Passemos a delinear a origem do instituto, cabimento sob a perspectiva de outros ramos do Direito e conformação com o Direito Tributário:

Iniciemos com brevíssima digressão a nível propedêutico a respeito do acolhimento, pelo Direito Tributário, dos conceitos e formas de direito privado.

Com o didatismo e acuidade jurídica que lhe é peculiar, o Professor Paulo Ayres Barreto tece importantes considerações sobre o alcance dos artigos 109 e 110 do Código Tributário Nacional:

> O Direito Tributário é reconhecido como um direito de sobreposição, no sentido de que colhe, em outros ramos do Direito, institutos de que se utiliza para a previsão de produção de efeitos tributários. As referências constantes da própria legislação tributária, nos arts. 109 e 110 do CTN, e, bem assim, aos princípios gerais, aos institutos, conceitos e formas de direito privado são prova eloquente seja dessa sobreposição, seja da relevância que o exame do direito privado tem para o conhecimento dos efeitos de natureza tributária.[32]

Na traça coerente de que o Direito Tributário colhe, em outros ramos do Direito, institutos de que se utiliza para produzir efeitos tributários, vamos delinear de forma bem objetiva a desconsideração da personalidade jurídica no artigo 50, do Código Civil, de 2002, que agora contempla a nova redação dada pela Lei da Liberdade Econômica 13.874/2019:

---

30. Ibidem.
31. STJ, 1ª T., REsp 1.279.899/MG, Rel. Min. Napoleão Nunes Maria Filho, ac. 18.02.2014, DJe 11.03.2014.
32. BARRETO, Paulo Ayres. *Planejamento tributário*: Limites Normativos. São Paulo: Noeses, 2016, p. 139.

Art. 50. Em caso de abuso da personalidade jurídica, caracterizado pelo desvio de finalidade ou pela confusão patrimonial, pode o juiz, a requerimento da parte, ou do Ministério Público quando lhe couber intervir no processo, desconsiderá-la para que os efeitos de certas e determinadas relações de obrigações sejam estendidos aos bens particulares de administradores ou de sócios da pessoa jurídica beneficiados direta ou indiretamente pelo abuso. (...)

Trataremos, então, do cabimento do IDPJ sob o viés processual, a saber, determinar qual seria sua fonte normativa e tratar da divergência doutrinária que paira em torno da aplicabilidade do incidente ao rito das Execuções Fiscais.

Em razão do cenário pós Código Civil de 2002, o Código de Processo Civil, de 2015, em seu artigo 133,[33] passou a admitir que, a pedido da parte ou do Ministério Público e, a qualquer momento do processo, (art. 134, do CPC[34]) poderá instaurar o Incidente de Desconsideração da Personalidade Jurídica, a fim de levar ao juízo as razões que fundamentem o desvio da finalidade ou de confusão patrimonial, da personalidade jurídica.

A questão a ser dirimida consiste em delinear se cabe, ou não, o incidente de desconsideração da personalidade jurídica. Ou seja, se o incidente do Código de Processo Civil pode ser importado e aplicado no procedimento especial das Execuções Fiscais:

A solução, em análise perfunctória, aparenta ser óbvia: não existe regulação da própria da desconsideração da personalidade jurídica na Lei de Execução Fiscal. Então, se o artigo 1º da Lei de Execução Fiscal (LEF) já designa o papel de fonte supletiva ou subsidiária atribuído ao Código de Processo Civil (CPC), seria logicamente dedutível a aplicação do incidente nos executivos fiscais.

O Superior Tribunal de Justiça tem precedente trilhando no sentido de que se aplica a lei processual geral (CPC) à Lei de Execução Fiscal:

É induvidoso que a relação executiva fiscal poderá receber o influxo da norma processual de caráter geral. Isso porque a Lei 6.830/80, previsivelmente, não traz disciplina exauriente sobre todos os incidentes e procedimentos inerentes ao processo executivo fiscal" (STJ, 1ª T, REsp 1.297.250/PR, Rel. p/ acórdão Min. Regina Helena Costa, ac. 08.06.2017, DJe 22.06.2017).

Sucede que, conquanto a resposta fundamentada na aplicação subsidiária do CPC pareça ser óbvia, o assunto ganha contornos de complexidade, porquanto há quem defenda o descabimento do IDPJ nas Execuções Fiscais.

Nesse sentido, Luciano Amaro defende que a lei tributária apresente vários exemplos em que a responsabilidade de uma pessoa é imputada a terceiros, mas que não existe nesses casos a desconsideração da personalidade jurídica. Então, pelo princípio da legalidade em matéria tributária, não haveria suporte normativo para responsabilizar outra pessoa sem apoio em prévia descrição legal. Por conseguinte, não caberia

---

33. Art. 133. O incidente de desconsideração da personalidade jurídica será instaurado a pedido da parte ou do Ministério Público, quando lhe couber intervir no processo.
(...)
34. Art. 134. O incidente de desconsideração é cabível em todas as fases do processo de conhecimento, no cumprimento de sentença e na execução fundada em título executivo extrajudicial.

o IDPJ, nas contendas tributárias. Passemos à transcrição das razões esposadas pelo ilustre tributarista:[35]

> Nessa formulação teórica da doutrina da desconsideração, não vemos possibilidade de sua aplicação em nosso direito tributário. Nas diversas situações em que o legislador quer levar a responsabilidade tributária além dos limites da pessoa jurídica, ele descreve as demais pessoas vinculadas ao cumprimento da obrigação tributária. Trata-se, ademais, de preceito do próprio Código Tributário Nacional, que, na definição do responsável tributário, exige norma expressa de lei (arts. 121, parágrafo único, II, e 128), o que, aliás, representa decorrência do princípio da legalidade. Sem expressa disposição de lei, que eleja terceiro como responsável em dadas hipóteses descritas pelo legislador, não é lícito ao aplicador da lei ignorar (ou desconsiderar) o sujeito passivo legalmente definido e imputar a responsabilidade tributária a terceiro.

Contrariando essa perspectiva, há expressiva corrente que defende o cabimento. Existem aqueles que acreditam que, no mundo prático, o Poder Judiciário incorporou o instituto civilista (art. 50, CC) e, mais especificamente na seara das execuções fiscais, à luz dos preceitos aqui elencados sobre Responsabilidade Tributária, presente no Capítulo V, Seção II (arts. 129 a 135, do CTN).

Nesse diapasão, Paulo César Conrado[36] predica que o incidente encontra-se cravado na estrutura do Código de Processo Civil de 2015 no título que trata das "intervenções de terceiros", sendo que essa posição geográfica revelaria que o mecanismo viabiliza o reconhecimento do "fato gerador" da desconsideração (redutível à fórmula do art. 50 do C. Civil), com a consequente responsabilização do patrimônio do terceiro, e não o cometimento da condição, em seu desproveito, de legitimado passivo e consequente redirecionamento.

Conrado explica, então, que por força do incidente o terceiro não "vira" parte na execução, mas tem sua personalidade jurídica desconsiderada.

Renato Lopes Becho enaltece o cabimento do incidente nas Execuções Fiscais, e acertadamente aponta que se trata de uma grande novidade que corrige uma distorção processual, que é uma execução sem título.[37]

Becho aponta que a Procuradoria da Fazenda Nacional (PGFN), em determinados casos, vem manifestando resistência ao cabimento do IDPJ em execuções fiscais. Pondera, entretanto, que os argumentos contrários ao cabimento não se sustentam:

> Tais argumentos não nos impressionaram. Caso a comunidade jurídica brasileira queira ver a execução fiscal com novos olhos, o incidente de que se cuida será um avanço importante e plenamente compatível com a nova leitura da legislação de 1980. Sobre a necessidade de instauração do incidente ficar a cargo dos exequentes, cria-se uma curiosa situação: quando o exequente quiser, a lei será aplicável; quando não quiser, não! Ou seja, o Código de Processo Civil passa a ser facultativo, aplicável a depender das partes.

---

35. AMARO, Luciano. *Direito tributário brasileiro*. 24. ed. São Paulo: Saraiva Educação, 2021, p. 106.
36. Op. cit., p. 65.
37. BECHO, Renato Lopes. *Execução fiscal*: análise crítica. São Paulo: Noeses, 2018.

Portanto, detida consideração nos permite assinalar o cabimento do Incidente de Desconsideração da Personalidade Jurídica nas Execuções Fiscais, nas perspectivas do direito material e processual.

O tópico subsequente fará o seguinte recorte: especificar as hipóteses em que, para além de "cabível", o IDPJ se afigura "necessário", sob pena de nulidade.

4.3 Conclusão do estudo: o IDPJ enquanto único produto da enunciação adequado quando a causa de pedir se funda na responsabilidade patrimonial do terceiro, sob pena de nulidade do veículo introdutor da norma individual e concreta

Deveras, o racional deste estudo é de que existem hipóteses em que a atribuição de responsabilidade a terceiro só pode se dar pela via do IDPJ, inviabilizando o ingresso por simples petição de redirecionamento, sob pena de nulidade.

Como método de aportar a essa conclusão, importa dirimir a seguinte questão: o incidente de desconsideração (IDPJ) exprime o procedimento produtor de enunciados (enunciação) apto a ensejar veículo introdutor da norma individual e concreta de responsabilidade em desfavor do terceiro nas Execuções Fiscais?

A necessidade de confrontar a enunciação para aferir a adequação da produção normativa é precisamente justificada pelo Professor Tárek Moisés Moussalem:

> (...) a partir da linguagem do veículo introdutor (enunciação-enunciada), reconstruímos a linguagem do procedimento produtor de enunciados (enunciação), e realizamos o confronto entre esta e a linguagem da norma de produção normativa (fundamento de validade do veículo introdutor) para aferirmos se a produção normativa se deu ou não em conformidade com o prescrito no ordenamento.[38]

Demarcada a importância de sindicar a adequação do procedimento produtor de enunciados (enunciação), passemos às razões pelas quais se compreende ser o IDPJ única via vocacionada para imputar responsabilidade em hipóteses ora delimitadas:

A conformidade do procedimento produtor de enunciados, a nosso ver, deve ter como norte um *discrímen* (i) em relação à causa de pedir (responsabilidade tributária ou responsabilidade patrimonial); (ii) em virtude do procedimento instrutório (produto da enunciação) exigido a partir da própria causa de pedir (isto é, o procedimento de instrução processual necessário pela natureza dos fatos narrados).

Prefacialmente, não se descura que existe quem defenda a inexistência de diferença entre os institutos (ou seja, há quem coloque IDPJ e redirecionamento na vala comum).

Equivocadamente (a nosso ver) se considerou que o redirecionamento da execução fiscal "nada mais é" do que a desconsideração da pessoa jurídica:

> Porém, no mundo real e prático, com base no art. 135 do CTN, o Poder Judiciário tem admitido e denominado o "redirecionamento da execução fiscal" do débito societário à pessoa física do sócio

---

38. MOUSSALLEM, Tárek Moysés. *Fontes no direito tributário*. 2. ed. São Paulo: Noeses, 2006, p. 141.

ou do gerente na execução fiscal, o que, por seus efeitos similares ou idênticos, nada mais é do que a pura e simples desconsideração da personalidade jurídica.[39]

Respeitosamente, divergimos desse posicionamento. Compreendemos que existem diferenças, e que elas são importantes.

A rigor, defendemos que há fundado receio em vulgarizar e ampliar irrestritamente as hipóteses de cabimento da petição de redirecionamento. A relevância de distinguir os casos de cabimento é bem delineada por Leandro Paulsen:

> O redirecionamento da execução fiscal demanda cuidados. Cada pessoa é sujeito de direitos e obrigações próprios, não sendo possível estender responsabilidades sem que estejam presentes razões jurídicas e pressupostos de fato para tanto, e sem que sejam observados os procedimentos administrativos ou judiciais apropriados. Qualquer execução contra alguém pressupõe, a princípio, título executivo que o aponte como devedor, com presunção de certeza e liquidez. Constando como devedor no título executivo, pode ser citado.[40]

À guisa de demonstrar esse raciocínio, cumpre primeiramente demarcar as hipóteses de cabimento de simples petição de redirecionamento.

Como visto na parte dedicada às definições (item 3.4), o redirecionamento exprime petição simples protocolada pelo fisco-exequente no curso da execução fiscal, quando se pretende a formação de litisconsórcio ulterior visando trazer aos autos o responsável, para que ele seja coadjuvante do contribuinte no polo passivo.

Retenha-se o que foi dito no tópico anterior: redirecionamento tem como fundamento casos de responsabilidade tributária em sentido estrito (arts. 134 e 135 do CTN). Essa é a causa de pedir que demarca o redirecionamento.

Um retrato fiel da causa de pedir que propicia o redirecionamento pode ser extraído da seguinte hipótese casuística que ocorre com larga frequência: (i) o fisco entra com Execução Fiscal apenas contra o contribuinte (devedor principal). Então, o fisco não apura "responsável" em processo administrativo. Até porque, para inscrever alguém (sócio de uma empresa) em Dívida Ativa, o Fisco deve franquear defesa na fase administrativa que antecede a inscrição. Isso demanda trabalho e formalidades que por várias vezes o Fisco não reputa convenientes; (ii) desse modo, o fisco opta por ajuizar a ação apenas em face do devedor. Ou seja: não direciona (ajuíza) a ação em face do sócio administrador (potencial responsável tributário). Na prática, abre mão de apurar responsabilidade e ajuizar imediatamente a ação contra alguém; (iii) ocorre que, no curso da Execução, sequer consegue citar o executado, e o Oficial de Justiça certifica que tentou encontrar o devedor, mas a empresa encerrou suas atividades.

Em casos que tais, conforme assinalado deste o início, não se nega a possibilidade de que, embora não tivesse apurado previamente a responsabilidade, deparando-se com uma Certidão de Oficial de Justiça, o fisco possa usar do expediente de uma petição sim-

---

39. LIMA, Jucileia. 2020, p. 220 (apud SILVA, 2017, p. 666-667).
40. PAULSEN, Leandro. *Curso de direito tributário completo.* 13. ed. São Paulo: SaraivaJur, 2022, p. 602.

ples (redirecionamento) para buscar a responsabilidade do sócio, assunto sedimentado pela já reportada Súmula 435 do STJ e pelo Tema Repetitivo 981 do STJ.

A razão de admitir uma simples petição de redirecionamento, com simplificação e inexigibilidade de maior rigor formal, decorre do fato de que o fisco pretende formar um litisconsórcio ulterior com base em fato que o contribuinte deveria informar mas omitiu: o contribuinte (empresa) deixou de funcionar, encerrou suas atividades de forma irregular e não informou os órgãos competentes. Esse fato (encerramento da empresa) é documentado no processo por Certidão de Oficial de Justiça, o que, em regra, dispensa complexidade probatória.

De igual forma, no Tema Repetitivo 702 firmou-se a tese de que mesmo quando a falência é decretada antes do ajuizamento da Execução Fiscal o fisco pode alterar a legitimidade passiva e pedir o redirecionamento da execução contra a massa falida.

Pela mesma interpretação que dá suporte a esses temas repetitivos, como dito anteriormente, as sucessões regulares e os atos lícitos de concentração societária (transformação, incorporação, fusão, cisão) podem propiciar a petição simples de redirecionamento.

O problema, cuja relevância processual se propõe discutir, é quando o fisco imputa fatos supervenientes, complexos, com base elementos descobertos ou investigados durante o curso de Execuções Fiscais que geralmente tramitam há anos, com base nos quais pretende responsabilizar terceiros.

Nesses casos mais complexos, lastreados em responsabilidade patrimonial, é que ganha relevo discutir se é caso de dirimir a pretensão por simples petição de redirecionamento ou através de incidente formal, com procedimentos e garantias (Incidente de Desconsideração da Personalidade Jurídica).

Fala-se em complexidade porque normalmente sucede o seguinte: como referido, milhares de Execuções Fiscais tramitam há anos, e em muitas delas sequer se consegue citar (encontrar) os devedores. As Procuradorias geralmente classificam seus créditos ajuizados e elencam os chamados "grandes devedores", constituindo equipes especializadas em investigação desses devedores.

Após ampla investigação desses núcleos especializados, as Procuradorias estabelecem vínculos que conectam as partes executadas a terceiros (não formalmente sócios ou falidos), contra quem até então não se cogitava responsabilizar.

Essas hipóteses geralmente decorrem de inferências, ou seja, diferentemente de circunstâncias lícitas, regulares e objetivamente tratadas no Código Tributário Nacional, a imputação de responsabilidade decorre da interpretação de um plexo de informações pautadas em atos ilícitos, com base nos quais se funda a alegação de responsabilidade patrimonial de terceiros.

As ilicitudes suscetíveis do incidente não são fundamentadas na responsabilidade tributária, mas na responsabilidade patrimonial decorrente do uso abusivo da pessoa jurídica, ou da tentativa de misturar patrimônio de empresas através de simulacros (véu) para acobertar ilicitudes.

EXECUÇÃO FISCAL E VEÍCULOS INTRODUTORES DE RESPONSABILIDADE PATRIMONIAL 991

Postas essas premissas, posicionamo-nos no sentido de que o cabimento do incidente de desconsideração da personalidade jurídica se destina às seguintes hipóteses, não exaustivamente elencadas: (i) criação de empresa nova (sucessão de fato) por membro da mesma família do sócio, no mesmo ramo de atividade da empresa executada, mediante indícios fáticos (transferência de maquinários, carteira de clientes etc.); (ii) confusão patrimonial (art. 50 do Código Civil) entre a empresa executada e terceiro, com transações bancárias suspeitas e despidas de lastro negocial (nota fiscal); (iii) formação de grupo econômico irregular (informal e destituído de registro nos órgãos competentes); (iv) abuso de direito, mediante a "desidratação" e inatividade da empresa executada e, paralelamente, a criação de nova empresa para fins de blindagem patrimonial.

Não se ignora a gravidade dessas hipóteses fraudulentas que visam fraudar o crédito fiscal, mas existe uma forma processualmente adequada para tratar do tema.

Por conseguinte, defendemos que nesses casos não cabe mera petição simples (redirecionamento), porquanto se trata de um "novo" direcionamento em face de terceiro, fundado em responsabilidade patrimonial (e não em responsabilidade tributária) que desperta ampla discussão fática e atividade probatória.

Parece-nos que o descabimento de uma petição simples de redirecionamento decorra de exigências probatórias que exorbitam o estreito campo cognitivo do processo de Execução Fiscal (vide item 4.1), haja vista que a causa de pedir (sociedade de fato, abuso, confusão patrimonial) recomenda ampla instrução, com juntada de documentos, oitiva de testemunhas e, por vezes, perícia contábil.

Pela mesma razão, existem razões de ordem processual que ultrapassam o limitado campo da Execução Fiscal. Ainda que as execuções comportem, como quaisquer procedimentos, a prolação de decisões interlocutórias que resolvam questões incidentais, diferentemente do que sucede nas petições simples (redirecionamento), o incidente de desconsideração da personalidade jurídica exige o cumprimento de certas etapas (procedimentos).

Especificamente, o IDPJ exige procedimentos que não ocorrem no redirecionamento, a saber: (i) citação do responsável (art. 135 do CPC), ao qual se outorga chance de defesa pela imputação de responsabilidade patrimonial; (ii) suspensão da execução (art. 134, § 3º do CPC); (iii) fase probatória (audiências, fixação de pontos controvertidos, oitiva de testemunhas, perícia técnica etc.); (iv) decisão do incidente (art. 136 do CPC), após amplo contraditório, quando então se definirá se ao terceiro se pode, ou não, imputar responsabilidade patrimonial; (v) com a decisão do incidente, abre-se ensejo a recurso (Agravo de Instrumento); (vi) se vencido na questão incidental (isto é, se após contraditório e ampla defesa, for realmente decidido que existe motivo para lhe imputar responsabilidade patrimonial), forma-se título em desfavor do terceiro, com aptidão de autorizar atividades de constrição patrimonial contra ele.

E no redirecionamento, há citação formal? Não, porque na maioria das vezes, o terceiro descobre a existência da execução quando há algum ato de penhora em sua conta corrente. Qual o meio de defesa? Não há regulação específica.

Isso desperta profunda insegurança jurídica. Se não sabe se é parte ou terceiro, não se sabe se maneja Embargos à Execução ou Embargos de Terceiro. Afinal, ontologicamente, não se sabe se é penhora ou esbulho. A par disso, não sabendo se é caso de redirecionamento ou incidente de desconsideração, não se sabe o tipo de manifestação a ser feita nos autos do processo (petição simples ou contestação?). Tampouco se sabe as garantias e recursos que disporá para combater a imputação.

Acertadamente, ao que versar sobre o redirecionamento da execução à terceiros, Leandro Paulsen conclui que a mera petição da Fazenda Pública nos autos da execução fiscal (redirecionamento), representa uma violação ao devido processo legal.[41]

Por todas essas razões, defendemos que as hipóteses que desafiam o Incidente de Desconsideração da Personalidade Jurídica, caso veiculadas através de simples petição de redirecionamento e não observarem as garantias de contraditório, podem ensejar a declaração de nulidade dos atos praticados, considerando que a conformidade do veículo introdutor da norma individual e concreta em desfavor do terceiro está afivelada à pertinência/adequação do procedimento produtor de enunciados (enunciação).

4.4 Oscilação na jurisprudência do STJ sobre as hipóteses de cabimento do IDPJ: necessidade de ser firmar precedente vinculante

Não há um posicionamento que atribua certeza e segurança a respeito das hipóteses de cabimento dos institutos aqui tratados, nos julgamentos do Superior Tribunal de Justiça (a quem compete pacificar a interpretação em torno da legislação processual federal).

Ao revés, a Corte Cidadã enveredou por conclusões diferentes em julgamentos sobre o cabimento do Incidente de Desconsideração nas execuções fiscais.

O primeiro precedente a ser citado deriva do Recurso Especial 1.775.269/PR, de 2019, em que a 1ª Turma decidiu pela possibilidade de instauração quando respeitados os critérios do artigo 50, do Código Civil:

1. O incidente de desconsideração da personalidade jurídica (art. 133 do CPC/2015) não se instaura no processo executivo fiscal nos casos em que a Fazenda exequente pretende alcançar pessoa jurídica distinta daquela contra a qual, originalmente, foi ajuizada a execução, mas cujo nome consta na Certidão de Dívida Ativa, após regular procedimento administrativo, ou, mesmo o nome não estando no título executivo, o fisco demonstre a responsabilidade, na qualidade de terceiro, em consonância com os artigos 134 e 135 do CTN.

2. Às exceções da prévia previsão em lei sobre a responsabilidade de terceiros e do abuso de personalidade jurídica, o só fato de integrar grupo econômico não torna uma pessoa jurídica responsável pelos tributos inadimplidos pelas outras

3. O redirecionamento de execução fiscal a pessoa jurídica que integra o mesmo grupo econômico da sociedade empresária originalmente executada, mas que não foi identificada no ato de lançamento (nome na CDA) ou que não se enquadra nas hipóteses dos arts. 134 e 135 do CTN, depende da comprovação do abuso de personalidade, caracterizado pelo desvio de finalidade ou confusão patrimo-

---

41. Ibidem.

nial, tal como consta do art. 50 do Código Civil, daí porque, nesse caso, é necessária a instauração do incidente de desconsideração da personalidade da pessoa jurídica devedora.[42]

Todavia, dois meses depois, a 2ª turma deste superior tribunal no Recurso Especial 1.786.311/PR, 2019, foi em direção contrária e afirmou a incompatibilidade entre IDPJ e a LEF (Lei 6.830/80) e, por isto, não haveria a necessidade de instaurar o incidente para atingir os sócios-administradores.

IV – A previsão constante no art. 134, caput, do CPC/2015, sobre o cabimento do incidente de desconsideração da personalidade jurídica, na execução fundada em título executivo extrajudicial, não implica a incidência do incidente na execução fiscal regida pela Lei 6.830/1980, verificando-se verdadeira incompatibilidade entre o regime geral do Código de Processo Civil e a Lei de Execuções, que diversamente da Lei geral, não comporta a apresentação de defesa sem prévia garantia do juízo, nem a automática suspensão do processo, conforme a previsão do art. 134, § 3º, do CPC/2015. Na execução fiscal 'a aplicação do CPC é subsidiária, ou seja, fica reservada para as situações em que as referidas leis são silentes e no que com elas compatível' (REsp 1.431.155/PB, Rel. Ministro Mauro Campbell Marques, Segunda Turma, julgado em 27.05.2014).

V – Evidenciadas as situações previstas nos arts. 124, 133 e 135, todos do CTN, não se apresenta impositiva a instauração do incidente de desconsideração da personalidade jurídica, podendo o julgador determinar diretamente o redirecionamento da execução fiscal para responsabilizar a sociedade na sucessão empresarial. Seria contraditório afastar a instauração do incidente para atingir os sócios-administradores (art. 135, III, do CTN), mas exigi-la para mirar pessoas jurídicas que constituem grupos econômicos para blindar o patrimônio em comum, sendo que nas duas hipóteses há responsabilidade por atuação irregular, em descumprimento das obrigações tributárias, não havendo que se falar em desconsideração da personalidade jurídica, mas sim de imputação de responsabilidade tributária pessoal e direta pelo ilícito.[43]

Os pronunciamentos distintos produzem uma insegurança jurídica.

Há uma cristalina violação ao art. 926 do CPC, pois – com a máxima vênia – o tribunal se descura do dever de uniformizar sua jurisprudência e mantê-la estável, íntegra e coerente.

Como visto, divergimos da conclusão de que o IDPJ não cabível nas Execuções Fiscais.

Melhor nos parece, então, o posicionamento perfilhado em julgamentos mais recentes do Superior Tribunal de Justiça, notadamente o capitaneado pela Excelentíssima Ministra Regina Helena Costa (Ministra, Professora e referência em Direito Tributário):

Tributário. Processual civil. Incidente de desconsideração da personalidade jurídica – IDPJ. Arts. 133 a 137 do CPC/2015. Execução fiscal. Cabimento. Necessidade de observância das normas do código tributário nacional.

I – Consoante o decidido pelo Plenário desta Corte na sessão realizada em 09.03.2016, o regime recursal será determinado pela data da publicação do provimento jurisdicional impugnado. Aplica-se, *in casu*, o Código de Processo Civil de 2015.

II – A instauração do incidente de desconsideração da personalidade jurídica – IDPJ, em sede de execução fiscal, para a cobrança de crédito tributário, revela-se excepcionalmente cabível diante da:

---

42. STJ, Primeira Turma, REsp 1.775.269/PR, 2019.
43. STJ, Primeira Turma, REsp 1.775.269/PR, 2019.

(i) relação de complementariedade entre a LEF e o CPC/2015, e não de especialidade excludente; e (ii) previsão expressa do art. 134 do CPC quanto ao cabimento do incidente nas execuções fundadas em títulos executivos extrajudiciais.

III – O IDPJ mostra-se viável quando uma das partes na ação executiva pretende que o crédito seja cobrado de quem não figure na CDA e não exista demonstração efetiva da responsabilidade tributária em sentido estrito, assim entendida aquela fundada nos arts. 134 e 135 do CTN. Precedentes.

IV – Equivocado o entendimento fixado no acórdão recorrido, que reconheceu a incompatibilidade total do IDPJ com a execução fiscal.

V – Recurso Especial conhecido e parcialmente provido para determinar o retorno dos autos ao tribunal a quo para o reexame do agravo de instrumento com base na fundamentação ora adotada.[44]

Todavia, os julgamentos sobre a matéria vêm sendo proferidos por diferentes Turmas do Superior Tribunal de Justiça que, como analisado acima, firmaram conclusões divergentes.

Compreende-se, então, ser necessário que se firme precedente vinculante em relação à conformidade e hipóteses de cabimento do incidente de desconsideração nas Execuções Fiscais (julgamento em sede de recursos repetitivos) por Seção Especializada da Corte Cidadã.

Do contrário, persistirá, tal como ora se vê, o indesejável estado de "falha na utilização de precedentes vinculantes em matéria tributária pelas Cortes Superiores Brasileiras", objeto de argutas críticas por causar insegurança jurídica.[45]

5. CONCLUSÕES

O estudo se propõe a discutir a hipótese casuística em que, após décadas de tramitação das Execuções Fiscais, o fisco-exequente postula, por petição simples (redirecionamento) o ingresso de terceiros nas Execuções Fiscais.

A prática forense vem amiúde permitindo que, por simples petição, o fisco passe a ampliar subjetivamente os limites da Certidão de Dívida Ativa, passando a imputar responsabilidade patrimonial a terceiros, isto é, sujeitos que não participaram da fase administrativa de constituição do crédito tributário pelo lançamento e também não figuram como parte (devedor, responsável ou coobrigado) no polo passivo da Execução Fiscal.

Na prática, o terceiro ingressa nessas Execuções Fiscais sem ato formal de citação, sem informação quanto a prazo e forma de se defender, surpresando-se com a ciência através de ato intimação da penhora de conta corrente capaz de falir e inviabilizar os compromissos ordinários da empresa (impostos e folha de pagamento).

---

44. STJ, 1ª Turma, REsp 1804913/RJ, Rel. Min. Regina Helena Costa, ac. 1º.09.2020, DJe 02.10.2020.

45. TAVARES, Gustavo Perez. Falhas na utilização de precedentes vinculantes em matéria tributária pelas Cortes Superiores Brasileiras. In: MARQUES, Renata Elaine Silva Ricetti; JESUS, Isabela Bonfá De (Coord.). *Novos rumos do processo tributário*: judicial, administrativo e métodos alternativos de cobrança do crédito tributário. São Paulo: Noeses, 2020. v. I.

EXECUÇÃO FISCAL E VEÍCULOS INTRODUTORES DE RESPONSABILIDADE PATRIMONIAL **995**

A doutrina vem alertando sobre a "corrosão da função protetiva do lançamento no direito brasileiro", ponderando que a ascensão do lançamento por homologação cria preocupante ambiente de paulatina privação à função protetiva do lançamento.[46]

Ocorre que, bem ou mal, em tais casos os contribuintes acabam por ter oportunidade de exercer o contraditório contra as investidas do fisco-credor, seja no contencioso administrativo (impugnações e recursos aos autos de infração), seja no contencioso judicial (através dos Embargos à Execução).

Então, se existe relevância na discussão sobre a corrosão da função protetiva do lançamento tributário em relação ao contribuinte, com maior razão é indispensável examinar os meios de proteção e defesa de terceiros.

Isso porque, ao contrário do que se assegura às partes nas Execuções Fiscais (contribuintes ou responsáveis), os terceiros a quem se imputa responsabilidade exclusivamente na via judicial não têm nenhuma oportunidade de defesa no contencioso administrativo tributário porque contra eles, repita-se, não existe constituição do crédito tributário, seja por lançamento (art. 142 do CTN), seja por declaração (art. 150, § 4º do CTN).

Em desfavor de tais terceiros, emerge uma espécie de fonte exógena de sanção tributária-patrimonial, a saber: decisão judicial enquanto veículo introdutor de norma individual e concreta, sem que exista, antes dela, correspondente veículo introdutor com aptidão de estabelecer o "dever-ser" ínsito às obrigações tributárias (lançamento).

Daí a preocupação externada neste estudo, porque se não existe oportunidade de defesa no âmbito administrativo, é de imposição constitucional (art. 5º, LV da CF/88) que se assegure e especifique tal oportunidade no plano judicial.

Para esse propósito, considera-se ser essencial aferir a pertinência e adequação do procedimento produtor de enunciados (enunciação), sob pena de a decisão judicial lastreada em procedimento equivocado tornar-se inválida e inapta a ensejar veículo introdutor da norma individual e concreta em desfavor do terceiro.

Tal preocupação é agravada porque as garantias do terceiro podem ser sonegadas ou sensivelmente reduzidas, tudo a depender da forma como ocorre a persecução de sua responsabilidade.

Especificamente em relação à forma de responsabilização, o estudo defende a premissa de que existem situações em que a atribuição de responsabilidade a terceiro só pode se dar pela via do Incidente de Desconsideração da Personalidade Jurídica nas Execuções Fiscais, o que inviabiliza o ingresso por simples petição de redirecionamento, sob pena de nulidade.

---

46. O compliance tributário como função pública sob o viés da função protetiva do lançamento e a criação dessa espécie de dever instrumental de confessar a dívida é tratado, com notável acuidade por SCHOUERI e GALENDI JÚNIOR. (In: SCHOUERI, Luís Eduardo; GALENDI JÚNIOR, Ricardo André. *Compliance* Tributário como Política Pública: a função protetiva do lançamento e a culpabilidade no sistema de multas. In MARTINS, Ives Gandra da Silva; MARTINS, Rogério Gandra da Silva (Org.). Compliance *no Direito Tributário*. São Paulo: Thomson Reuters Brasil Conteúdo e Tecnologia Ltda., 2021, v. 7, p. 25-58.

Após análise genética do instituto sob as perspectivas de direito material e processual, trilhou-se pela conclusão de que, para além de adaptável e cabível no âmbito do Direito Tributário e no leito das Execuções Fiscais, o Incidente de Desconsideração da Personalidade Jurídica previsto no artigo 133 e seguintes do Código de Processo Civil preenche lacuna indispensável ao exercício do contraditório e ampla defesa.

As conclusões se pautam em duas premissas: a uma, porque as Execuções Fiscais exprimem procedimento de cognição limitada onde, em regra, não se permite a ampliação ou alteração dos sujeitos previamente indicados na Certidão de Dívida Ativa; a duas, porque o redirecionamento se trata de petição simples, cujo processamento não fornece ao terceiro garantias mínimas de contraditório e defesa.

Em suma, com base nessas premissas, conclui-se que a necessidade de ingressar com incidente de desconsideração (ao invés da petição simples de redirecionamento) decorre tanto em razão da causa de pedir, quanto em razão da instrução probatória exigida pela complexidade dos fatos.

Focalizando a causa de pedir, defende-se que: (i) cabível o redirecionamento quando fundada em responsabilidade tributária em sentido estrito (arts. 134 e 135 do CTN), o que legitima o ingresso de responsáveis na forma do art. 4º, inc. V, da Lei 6.830/80; (ii) por outro lado, mostra-se imprescindível Incidente de Desconsideração da Personalidade Jurídica quando se pretende o ingresso de terceiro em razão de responsabilidade patrimonial.

Preponderam, ainda em relação à necessidade do incidente de desconsideração, razões de ordem probatória e a necessidade de outorgar garantias processuais mínimas aos terceiros.

Não teria sentido permitir que, por petição simples de redirecionamento, se pudesse decidir, sem instrução probatória, aspectos de alta indagação e relevância fática ínsitos aos casos de responsabilidade patrimonial, tal como sucede nos casos de abuso de personalidade jurídica por confusão patrimonial, grupo econômico irregular, simulação de estabelecimento, blindagem patrimonial, ou naqueles casos em que, no campo fático, uma empresa é a mera continuidade de outra falida que lhe transfere maquinários, carteira de clientes e usa verdadeiros diretores "laranjas".

Paulo Ayres Barreto adverte que essas hipóteses de meras capas de formalidade podem ser desconstituídas com base em argumentos de cunho substancialista.[47]

Sucede que existe uma forma processual adequada de desconstituir ilegalidades praticadas sob o véu da personalidade jurídica que prejudicam o crédito fiscal, e é disso que se trata.

Nesses termos, após detida comparação *"vis a vis"* entre a petição simples de redirecionamento e o incidente de desconsideração (IDPJ) previsto no art. 133 e ss. do Código de Processo Civil deixou assente que o incidente previsto na lei processual geral é o único com aptidão de fornecer garantias mínimas aos terceiros.

Afinal, não se pode imputar a terceiros responsabilidade lastreada em inferências e cruzamento de informações, sem lhe outorgar amplo direito de defesa, premissa que

---

47. BARRETO, Paulo Ayres. *Planejamento tributário*: Limites Normativos. São Paulo: Noeses, 2016, p. 257.

decorre do "sistema dos fundamentos óbvios", parafraseando a clássica expressão de Alfredo Augusto Becker.[48]

A ponderação deste artigo finca-se no direito processual-constitucional que, vertido em linguagem simples, tem um significado certeiro: preservar a forma adequada e regular de imputar responsabilidade patrimonial a terceiros.

Portanto, para "ampliar os alvos" e atingir terceiros, é preciso ter uma "mira" acurada e segura quanto ao motivo, forma, procedimentos e prazos para atingir e constranger patrimonialmente o novo alvo.

6. REFERÊNCIAS

AGUIAR JÚNIOR, Ruy Rosado de (Coord.). *Jornadas de direito civil I, III, IV e V*: enunciados aprovados. Brasília: Conselho da Justiça Federal, Centro de Estudos Judiciários, 2012.

AMARO, Luciano. *Direito tributário brasileiro*. 24. ed. São Paulo: Saraiva Educação, 2021.

ARMELIN, Donaldo. *Embargos de terceiro*. São Paulo: Saraiva, 2017.

ÁVILA, Humberto. *Teoria da indeterminação no Direito*: entre a indeterminação aparente e a determinação latente. São Paulo: Malheiros/JusPodivm, 2022.

ÁVILA, Humberto. *Legalidade tributária material*: conteúdo, critérios e medida do dever de determinação. São Paulo: Malheiros/JusPodivm, 2022.

BARRETO, Paulo Ayres. *Planejamento tributário*: Limites Normativos. São Paulo: Noeses, 2016.

BECKER, Alfredo Augusto. *Teoria geral do direito tributário*. 7. ed. São Paulo: Noeses, 2018.

BECHO, Renato Lopes. *Execução fiscal*: análise crítica. São Paulo: Noeses, 2018.

BRASIL. CNJ. Justiça em números 2018. Brasília: CNJ, 2018. Disponível em: http://www.cnj.jus.br/files/conteudo/arquivo/2018/08/44b7368ec6f888b383f6c3de40 32167.pdf. Acesso em: 08 mar. 2023.

BRASIL. CNJ. Sniper. Disponível em: https://www.cnj.jus.br/tecnologia-da-informacao-e-comunicacao/justica-4-0/sniper/. Acesso em: 08 mar. 2023.

BRASIL. Constituição Federal da República Federativa do Brasil 1988. Brasília, DF, out. 1988.

BRASIL. Decreto-lei 5.452, de 1º de maio de 1943. Aprova a consolidação das leis do trabalho. Brasília, DF, ago./1943. Disponível em: http://www.planalto.gov.br/ccivil_03/decreto-lei/del5452.htm. Acesso em: 4 jan. 2020.

BRASIL. Lei 6.830, de 22 de setembro de 1980. Dispõe sobre a cobrança judicial da Dívida Ativa da Fazenda Pública, e dá outras providências. Brasília, DF, set. 1980. Disponível em: http://www.planalto.gov.br/ccivil_03/leis/l6830.htm. Acesso em: 20 jan. 2020.

BRASIL. Lei 8.397, de 6 de janeiro de 1992. Institui medida cautelar fiscal e dá outras providências. Brasília, DF, jan. 1992. Disponível em: http://www.planalto.gov.br/ccivil_03/leis/L8397.htm. Acesso em: 29 jan. 2020.

BRASIL. Lei 10.406, de 1º de janeiro de 2002. Institui o Código Civil. Brasília, DF, jan. 2002. Disponível em: http://www.planalto.gov.br/ccivil_03/leis/2002/l10406.htm#art2044.

BRASIL. Superior Tribunal de Justiça. Recurso Especial 1.786.311/PR. Relator: Ministro Francisco Falcão. Segunda Turma. Julgamento em 09 de maio de 2019. Diário da Justiça Eletrônico de 14 de maio de 2019.

BRASIL. Superior Tribunal de Justiça. Recurso Especial 1.775.269Q/PR, Relator Ministro Gurgel de Faria, Primeira Turma, Diário da Justiça Eletrônico de 1º de março de 2019.

BRASIL. Superior Tribunal de Justiça. Recurso Especial 45.636/SP. Relator Ministro Castro Moreira. Brasília, julgado em 07 de abril de 2014.

---

48. BECKER, Alfredo Augusto. *Teoria geral do direito tributário*. 7. ed. São Paulo: Noeses, 2018, p. 12.

BRASIL. Superior Tribunal de Justiça. Recurso Especial 904.131. Relatora Ministra Eliana Calmon. Acórdão de 19 de novembro de 2009. Diário da Justiça Eletrônico de 15 de outubro de 2009.

BRASIL. Superior Tribunal de Justiça. Recurso Especial. PET no REsp 1283168/SC, Rel. Ministro OG. FERNANDES, Brasília, julgado em 19 de outubro de 2017.

BRASIL. Superior Tribunal de Justiça. Recurso Especial 1201993 SP, Relator Ministro Herman Benjamin, julgado em 08 de maio de 2019, Primeira Seção, processo 2010/0127595-2, publicado no Diário da Justiça eletrônico em 12 de dezembro de 2019.

BRITTO, Lucas Galvão de. Sobre o uso de definições e classificações na construção do conhecimento e na prescrição de condutas. In: CARVALHO, Paulo de Barros (Coord.). *Lógica e Direito*. São Paulo: Noeses, 2016.

CÂMARA, Alexandre F. *O Novo Processo Civil Brasileiro*. 8. ed. Grupo GEN: 2022.

CARVALHO, Paulo de Barros. *Curso de Direito Tributário*. 22. ed. São Paulo: Saraiva, 2010.

CONRADO, Paulo Cesar. *Execução Fiscal*. 5. ed. São Paulo: Noeses, 2021.

DELGADO, Mauricio Godinho. *Curso de direito do trabalho*: obra revista e atualizada conforme a lei da reforma trabalhista e inovações normativas e jurisprudenciais posteriores. 18. ed. São Paulo: LTr, 2019.

FIGUEIREDO, Marina Vieira de. *Lançamento Tributário*: revisão e seus efeitos. São Paulo: Noeses, 2014.

KELLEY, Davi/HUTCHINS, Debby. *The Art of Reasoning*: na Introduction to Logic. 5. ed. New York, Norton, 2020.

LIMA, Jucileia. Incidente de Desconsideração da Personalidade Jurídica e a sua Aplicabilidade na Execução Fiscal à Luz da Teoria do Diálogo das Fontes. *Revista Direito Tributário Atual*. n. 44. p. 213-237. São Paulo: IBDT, 1º semestre 2020.

MACHADO SEGUNDO, Hugo de Brito. *Manual de direito tributário*. 12. ed. Barueri: Atlas, 2022.

MIGALHAS. O tema 1.232 do STF – O corpo ainda é pouco e o pulso ainda pulsa. *Migalhas de Peso*, São Paulo, 18 fev. 2021. Disponível em: https://www.migalhas.com.br/depeso/377391/o-tema-1-232-do--stf---o-corpo-ainda-e-pouco-e-o-pulso-ainda-pulsa. Acesso em: 8 mar. 2023.

MOUSSALLEM, Tárek Moysés. *Fontes no direito tributário*. 2. ed. São Paulo: Noeses, 2006.

PAULSEN, Leandro. *Curso de direito tributário completo*. 13. ed. São Paulo: SaraivaJur, 2022.

PARENTONI, Leonardo Netto. *Reconsideração da personalidade jurídica*: estudo dogmático sobre a aplicação abusiva da *disregard doctrine* com análise empírica da jurisprudência brasileira. Tese de Doutorado. Universidade de São Paulo, 2012.

PEREIRA, Caio Mário da Silva. *Instituições de direito civil*. Atual. Maria Celina Bodin de Moraes. v. I .

REQUIÃO, Rubens. Abuso e fraude através da personalidade jurídica (*disregard doctrine*). *Revista dos Tribunais*. p. 4. São Paulo: Ed. RT, dez. 1969.

RODRIGUES, Marcelo Abelha. *Manual de Execução Civil*. Rio de Janeiro: Forense, 2019.

RODRIGUES, Marcelo Abelha. Direito Ambiental; coord. Pedro Lenza. 9. ed. São Paulo: SaraivaJur, 2022.

SCHOUERI, Luís Eduardo; GALENDI JÚNIOR, Ricardo André. *Compliance* Tributário como Política Pública: a função protetiva do lançamento e a culpabilidade no sistema de multas. In: MARTINS, Ives Gandra da Silva; MARTINS, Rogério Gandra da Silva (Org.). Compliance *no Direito Tributário*. São Paulo: Thomson Reuters Brasil Conteúdo e Tecnologia Ltda., 2021. v. 7.

THEODORO JÚNIOR, Humberto. *Lei de Execução Fiscal*. 14. ed. São Paulo: SaraivaJur, 2022.

TAVARES, Gustavo Perez. Falhas na utilização de precedentes vinculantes em matéria tributária pelas Cortes Superiores Brasileiras. In: MARQUES, Renata Elaine Silva Ricetti; JESUS, Isabela Bonfá De (Coord.). *Novos rumos do processo tributário*: judicial, administrativo e métodos alternativos de cobrança do crédito tributário. São Paulo: Noeses, 2020. v. I.

TELLES JÚNIOR, Goffredo T. *Tratado da consequência*: curso de lógica formal. 7. ed. São Paulo: Saraiva: 2014.

TRIBUNAL DE JUSTIÇA DO ESTADO DO RIO DE JANEIRO. Agravo de Instrumento 0048996-34.2017.8.19.0000. Relator: Des(a). Cleber Ghelfenstein. Julgamento em 13 de junho de 2018. Décima Quarta Câmara Cível. Publicação em 5 de dezembro de 2022.